Introdução à Economia

(3.ª Edição)

FERNANDO ARAÚJO

Professor da Faculdade de Direito da Universidade de Lisboa

Introdução à Economia

(3.ª Edição)

7.ª Reimpressão da edição de Fevereiro/2005

ALMEDINA

INTRODUÇÃO À ECONOMIA

FERNANDO ARAÚJO

EDITOR
EDIÇÕES ALMEDINA, SA
Rua Fernandes Tomás, n.ᵒˢ 76-80
3000-167 Coimbra
Tel.: 239 851 904
Fax: 239 851 901
www.almedina.net
editora@almedina.net

PRÉ-IMPRESSÃO
G.C. – GRÁFICA DE COIMBRA
IMPRESSÃO E ACABAMENTO
PAPELMUNDE

Agosto, 2019

DEPÓSITO LEGAL
221946/05

Os dados e as opiniões inseridos na presente publicação
são da exclusiva responsabilidade do(s) seu(s) autore(s)

Toda a reprodução desta obra, por fotocópia ou outro qualquer processo,
sem prévia autorização escrita do Editor, é ilícita
e passível de procedi mento judicial contra o infractor.

Biblioteca Nacional de Portugal – Catalogação na Publicação

ARAÚJO, Fernando

Introdução à economia. – 3ª ed., 7.ª reimp.
(Manuais universitários)
ISBN 978-972-40-2459-2

CDU   33
      378

À minha tia Maria Antónia Calvão Borges, a primeira docente da família:

"Nada o muy poco sé de mis mayores
portugueses, los Borges: vaga gente
que prosigue en mi carne, oscuramente,
sus hábitos, rigores y temores.
Tenues como si nunca hubieran sido
y ajenos a los trámites del arte,
indescifrablemente forman parte
del tiempo, de la tierra y del olvido.
Mejor así. Cumplida la faena,
son Portugal, son la famosa gente
que forzó las murallas del Oriente
y se dio al mar y al otro mar de arena.
Son el rey que en el místico desierto
se perdió y el que jura que no ha muerto."

JORGE LUIS BORGES [1]

À memória do Doutor António Luciano de Sousa Franco, que está ausente do corpo e a habitar com o Senhor (2 *Coríntios* 5:8):

"Cheguei à tua frente, ó Fortuna, e erigi as minhas fortificações contra os teus ataques furtivos. E não nos entregaremos como cativos a ti ou a qualquer outra circunstância; pelo contrário, quando chegar a hora de sairmos daqui, desdenharemos a vida e aqueles que em vão se apegam a ela, e partiremos deste mundo proclamando, num belo cântico triunfal, que a vida nos sorriu".

EPICURO[2]

---

[1] Borges, Jorge Luis, "Los Borges", *El Hacedor* (1960) *in Obras Completas. II*, Barcelona, Emecé, 1996, 209.

[2] Epicuro, *Sententiae Vaticanae* 47, *in The Essential Epicurus. Letters, Principal Doctrines, Vatican Sayings, and Fragments* (1993) (trad. p/ Eugene O'Connor), Amherst NY, Prometheus Books, 77ss.. [Epicuro ou Metrodoro? Cfr. Clay, Diskin (1983), *Lucretius and Epicurus*, Ithaca NY, Cornell University Press, 260-261.]

Nota prévia da 3.ª edição

Procura-se, com a 3.ª edição da *Introdução à Economia*, atingir o ponto de equilíbrio que era visado já nas edições anteriores[3], ou seja, uma densidade e estruturação que permitam ao leitor alcançar, no espaço de um único texto, uma visão razoavelmente ampla e actualizada dos temas básicos da Ciência Económica.

O Manual continua a chamar-se «*Introdução*», não obstante a crítica que me foi muito frequentemente dirigida por causa da excessiva modéstia do título face às dimensões já atingidas na 2.ª edição – pois é bem claro que, apesar do propósito panorâmico, há áreas inteiras da ciência económica que não são senão tenuemente vislumbradas, e as que são expressamente abordadas não o são com mais profundidade do que aquela que é consentida por aquele propósito, como de resto resultará evidente com a abundância de referências bibliográficas, sugestivas da extensão que cada tema tem alcançado no debate científico (uma extensão frequentemente incomportável, diga-se – um excesso de *informação* a reclamar triagem *formativa*)[4].

A estrutura dos capítulos mantém-se, conquanto tenha sido dado maior destaque (nos Capítulos 11 a 16) aos temas que genericamente poderíamos agregar sob a designação «Economia Pública», a conexão entre Economia e Política na qual hoje se joga um dos grandes papéis que socialmente está reservado ao Direito. Tentou-se ainda melhorar a apresentação dos gráficos em geral, e alguns tópicos de actualidade são objecto de maior desenvolvimento.

Dito isto, torna-se também mais explícito que o público-alvo deste Manual é o de estudantes de Direito, procurando enfatizar-se diversos pontos de grande relevância na perene simbiose entre as duas ciências sociais, sem por um lado entrarmos nos domínios mais particulares da «Análise Económica do Direito» («*Law and Economics*»), a merecerem tratamento autónomo, e sem por outro nos preocuparmos demasiado com a demonstração da actual relevância dos estudos jurídico-económicos, ponto que há muito deveria ter deixado de ser controverso[5].

Sem embargo do que adiante se lerá no texto, ilustremo-lo referindo que a «Crise da Justiça», essa tragédia social e política que tanto se tem agravado recentemente, com consequências tão dilacerantes para a identidade do Direito e para a confiança nas instituições, é na sua maior parte o simples resultado da violação de cânones de racionalidade económica, um puro fenómeno de «falha de coordenação» e de esgotamento de recursos comuns por colapso da regulação, por ausência de adequados «preços de congestionamento», por ilusão de «gratuitidade de acesso»[6].

Sublinhemos também que, para o mundo do Direito, o vocabulário económico é crescentemente uma necessidade, dado o modo como esse vocabulário tem vindo crescentemente a predominar na ágora política e na «vida dos negócios»: seja pelas más razões de denotar um mundo crescentemente ganancioso e materialista, que tudo dissolve em venalidade e sucesso mundano, seja pelas boas razões de espelhar vivências pluralistas e multiculturais dentro de repúblicas tolerantes, nas quais a prosperidade e a heterogeneidade cultural geram oportunidades pela dissolução de valores num oceano de «caos individualista», no qual deixa de haver referências impostas ou convicções partilhadas[7], surgindo aí a visão económica como mínimo

---

[3] Araújo, F. (2002, 2004).

[4] A propósito, veja-se o manancial informativo disponível via Internet, recomendando-se *sites* como:
http://rfe.org/sc.html
http://economics.about.com/
http://directory.google.com/Top/Science/Social_Sciences/Economics/
http://dir.yahoo.com/Social_Science/Economics/

[5] Sobre a integração dos estudos de Economia no Curso de Direito, ver: Cunha, P.P., A.L.S. Franco, E.P. Ferreira, J.L.S. Sanches & F. Araújo (2000), 1033-1040.

[6] Sobre os fundamentos básicos do fenómeno, veja-se a lapidar síntese de: Patrício, M.C.T. (2003).

[7] Aaron, H., T.E. Mann & T. Taylor (orgs.), 103.

denominador comum, o único alicerce para propostas de despojado pragmatismo, julgando a organização colectiva das instituições pelos respectivos *resultados*, com um grau ínfimo de constrangimentos ideológicos, de inflamações doutrinárias ou de pretextos para a intolerância.

Pesem embora muitas perversões no seu já longo caminho de protagonismo cultural, a ciência económica procurou originariamente não ser mais do que a ciência do *homem comum*, observado em esforços de resolução dos seus comezinhos problemas quotidianos *em liberdade*, isto é, de acordo com a sua própria definição de interesses e prioridades, sem outras limitações que não as do respeito pelos interesses e prioridades dos seus semelhantes – e não de acordo com desígnios superiores, grandiloquentes e insondáveis, aos quais ele devesse ser funcionalizado, ou até escravizado.

É também em atenção a esse propósito originário que a ciência económica continua repleta de princípios simples e óbvios, susceptíveis de serem abarcados pelo senso comum, de serem manipulados por cálculos intuitivos[8]. A sofisticação teórica de que a ciência económica tem sido capaz não desmente essa verdade elementar, e por isso procurar-se-á manter, no texto que se segue, a máxima simplicidade que não destrua a riqueza deste ramo da ciência. Muito frequentemente o texto afadigar-se-á na enunciação, e repetição, daquilo que é óbvio (ou daquilo que o autor já considera óbvio), mas o imperativo pedagógico é o da necessidade de transmissão desse «óbvio» para as novas gerações de estudantes[9]. Como nas palavras do fundador da moderna ciência económica, Adam Smith [1723-1790], "*Estou sempre disposto a correr o risco de me tornar enfadonho para ter a certeza de que sou claro*"[10].

Talvez um leitor mais cáustico proponha que se me aplique a máxima da retórica político-partidária norte-americana, o princípio KISS: "*Keep It Simple, Stupid!*", o princípio que preside à lamentável redução de toda a argumentação pública a barragens de «*sound bytes*»; pedirei emprestada, em minha defesa, uma variante do princípio KISS: "*Keep It Sophisticatedly Simple*"[11], não apenas por crer que só assim farei justiça a um ramo de conhecimento que é tão pujante e dinâmico, mas igualmente por acreditar que sem alguma sofisticação não é possível a espíritos ágeis e ávidos, como os das jovens elites académicas que ingressam na Universidade, *interiorizarem* esse conhecimento, convertendo-o em *práti-*

ca convicta, o escopo último da *formação*: "*Porque o que queremos não é saber o que é a coragem mas sermos corajosos, não o que é a justiça mas sim sermos justos*"[12].

Essa sofisticação requer também espírito crítico, alguma reserva céptica, alguma amplitude relativizadora: o leitor que se acautele quanto a quaisquer afirmações peremptórias e conclusivas que encontre no texto que se segue – porque, a nível universitário, são sempre preferíveis a dúvida e a incerteza ao dogmatismo e à adulação subserviente: a independência na formação de convicções será sempre, idealmente, a norma. Exorta-se o leitor a que lide com o autor deste Manual, e com todos os autores, com a atitude que Séneca preconizava já ao seu discípulo Lucílio:

"*"Zenão diz assim." – e tu, que dizes?* "Cleantes afirma..." *E tu, que afirmas? Até quando andarás sob as ordens de outro? Dá tu as ordens, diz algo digno de memória, afirma alguma coisa por tua conta! (...) "ter na memória" e "saber" são duas coisas diferentes. "Ter na memória" é reter alguma coisa que se memorizou; "saber", pelo contrário, é fazer nosso o que aprendemos, sem estar dependentes de um modelo nem olhar constantemente para o mestre. – "Este pensamento é de Zenão, este outro de Cleantes". Deixa que algo se interponha entre ti e o livro*"[13].

De novo me cumpre agradecer aos colegas que ajudaram a detectar erros da 2.ª edição e que formularam algumas sugestões para esta 3.ª edição – destacando desta feita o esforço adicional desenvolvido pelos Mestres Ruth Saraiva, Tânia Simões, Miguel Patrício e Ricardo Borges, particularmente empenhados nesse ingrato labor de minúcia.

Um agradecimento também à pintora Isabel Botelho, que autorizou a reprodução, na capa deste livro, de uma das suas magníficas obras – um bálsamo visual para futuros leitores, com os seus azuis cerúleos a evocarem René Magritte ou David Hockney –.

Entre a publicação da 2.ª e da 3.ª edições deste Manual, a Faculdade de Direito da Universidade de Lisboa foi colocada no topo do *ranking* das escolas de Direito portuguesas (*ex aequo* com a sua congénere coimbrã). Isso investe o autor na responsabilidade de fazer deste Manual o mais modesto dos contributos para que essa reputação de qualidade se mantenha, mas

---

[8] Como dizia Norbert Wiener, "*Economics is a one or two digit science*". Cit. *in* Morgenstern, O. (1963), 116.
[9] Bauer, P.T. (1984), 160-161, 179; Bauer, P.T. (1987), 41-42.
[10] Smith, A. (1976b), 46 (=I, 118).
[11] Zellner, A. (1992), 1-6.
[12] Aristóteles, *Ética a Eudemo*, 1216b22, *in* Aristóteles (1995), II, 1926.
[13] Séneca, L.A. (2004), 124-125 (Carta 33).

torna mais evidente ainda a dívida que o autor tem para com um ambiente intelectualmente muito estimulante e activo, um ambiente de busca incansável da excelência académica, de generosa partilha do «bem público» da educação, de mútuo incentivo, de escrupulosa devoção pedagógica. Se este Manual, na limitação dos seus meios, visa também um ponto de equilíbrio que possa aproximá-lo da excelência, deve-o principalmente ao ambiente de fraterna emulação que é vivido na Faculdade de Direito. É que, novamente nas palavras de Adam Smith, *"A emulação, o desejo premente de nos tornarmos excelentes, baseia-se originariamente na nossa admiração da excelência dos outros"*[14].

Lisboa, Novembro de 2004

---

[14] Smith, A. (1976), 114.

Nota prévia da 2.ª edição

Confrontado com a necessidade de publicação de uma 2.ª edição da *Introdução à Economia*, aproveitei para corrigir aquilo que considero serem as mais notórias insuficiências da 1.ª edição: a falta do aparato académico (conquanto houvesse vantagens pedagógicas nessa omissão, como então assinalei[15]); a falta de bibliografia; a falta de gráficos ilustrativos de algumas das passagens cruciais da matéria (sabendo-se que a visualização permite muitas vezes dissipar dúvidas que podem gerar-se a partir de uma reconstrução mental assente numa mera descrição verbal, e também que amiúde uma imagem vale mil palavras); e a falta de explicitação do contexto académico-intelectual em que emergiram muitos dos conceitos e debates a que se fazia alusão.

Tudo isso é alterado agora, aproveitando-se também para emendar alguns erros de detalhe que se foram evidenciando na 1.ª edição – embora, como se sabe, atrás das emendas possam vir muitos outros lapsos e erros, que ficarão para emendar numa 3.ª edição, e assim sucessivamente.

A dimensão do Manual aumenta significativamente nesta edição – em larga medida por força da abordagem mais detalhada de muitos dos pontos de maior actualidade na ciência económica, com os quais se julga ser possível familiarizar um pouco mais o leitor, sem o desencorajar demasiado e sem o fazer perder totalmente a visão do conjunto. O objectivo é proporcionar-se um contacto maior com os temas de vanguarda da mais dinâmica das ciências sociais, proporcionando ao leitor uma *alfabetização mínima* naquilo que passou a ser, bem ou mal, o vocabulário básico da análise dos fenómenos sociais, e também a mais consensual *lingua franca* dos *interesses* individuais, colectivos, nacionais e internacionais.

Continua, como é óbvio numa *Introdução*, a não se pressupor qualquer familiarização prévia com as matérias económicas, a qual se procurará *formar* à medida que formos avançando no texto – até se pedir do leitor, no final, alguma agilidade na conexão e articulação de matérias razoavelmente complexas e sofisticadas, procurando-se fornecer-lhe, em contrapartida, uma base segura para o debate científico da maior parte dos mais interessantes e cruciais temas da actualidade política, social e cultural, uma base para perceber minimamente aquilo de que falam os economistas, os políticos, e até crescentemente os juristas, quando usam os peculiares método de análise e vocabulário da Economia. Mas isso não é ignorar que muitos dos leitores deste Manual dispõem já de conhecimentos gerais sobre a ciência económica[16/17]; e tão pouco é ignorar que a informação económica, seja ao nível da divulgação seja mesmo ao nível da investigação fundamental e da investigação aplicada, é cada vez mais acessível (também essencialmente por razões económicas); bastando, a ilustrá-lo, uma remissão para algumas das revistas científicas que vão evidenciando a pujança da ciência económica em Portugal[18].

Trata-se ainda de um Manual que não visa ser uma propedêutica à formação de economistas profissionais, e que por isso tem o ónus de ultrapassar a desmotivação que é de esperar daqueles que – por qualquer razão, até por ignorância – não sentem vocação específica para a reflexão dos fenómenos sociais através da matriz da Economia. Nisso, ele não pretende ser mais do que

---

[15] Araújo, F. (2002), 7.

[16] Livros do 9.º ano: Oliveira, M.L., M.J. Pais & B.G. Cabrito (1993). Livros do 10.º ano: Bravo, O.A.D. (1995); Henriques, L.J.S. & M. Leandro (1996); Nabais, C., R.V. Ferreira & A.M. Brito (1996); Silvestre, M., E. Henriques & R. Moinhos (1996). Livros do 11.º ano: Bravo, O.A.D. (1995b); Cardoso, M.M. & V. Reis (1997); Henriques, L.J.S. & M. Leandro (1995); Oliveira, M.L., M.J. Pais & B.G. Cabrito (1997); Silvestre, M., F. Gomes & R. Moinhos (1997). Livros do 12.º ano: Pimentel, M.A., M.O.P. da Silva & R.M.A. Ramos (1995). Cfr. ainda: Costa, L.F. & F.J. Nunes (1997); Gomes, F., M. Silvestre & R. Moinhos (1994); Silva, M.O.P. da & R.M.A. Ramos (1996-1997).

[17] A nível internacional, textos básicos para o ensino secundário como: Clayton, G.E. (2001); Miller, R.L. (2001); Pennington, R.L. (1999).

[18] Revistas como: *Economia Pura*; *Boletim de Ciências Económicas*, da Faculdade de Direito da Universidade de Coimbra; *Revista de Direito e Economia*, do Centro Interdisciplinar de Estudos Jurídico-Económicos da Universidade de Coimbra; *Economia*, da Faculdade de Ciências Humanas da Universidade Católica Portuguesa; *Estudos de Economia*, do Instituto Superior de Economia e Gestão da Universidade Técnica de Lisboa; *Notas Económicas*, da Faculdade de Economia da Universidade de Coimbra.

o fruto mais recente de uma tradição que, na Faculdade de Direito da Universidade de Lisboa, começa em Vieira da Rocha[19] e passa por Ruy Ulrich[20], João Lumbrales[21] e Soares Martinez[22/23] – procurando não desmerecer dos pergaminhos de tão ilustre tradição.

Por outro lado, nesse esforço, seja de superação da «barreira da não-vocação», seja de demonstração de relevância de uma ciência fora dos estritos quadros do seu desenvolvimento profissional, procurarei manter-me fiel aos ensinamentos de pedagogia que expus ainda há pouco[24] e às leituras que fiz nesse tema[25], pagando também tributo a uma outra tradição consagrada na academia portuguesa[26].

Cabe saudar a publicação, em 2002, do livro de Manuel Porto[27] – sem esquecer alguns outros elementos pedagógicos anteriormente provindos da academia coimbrã, mormente as lições de António Avelãs Nunes[28]

–, todos eles salutares estímulos competitivos para esta 2.ª edição, numa emulação cada vez mais fraterna e criativa entre as nossas duas escolas.

Muito gostosamente me cumpre agradecer aos meus colegas Tânia Cardoso Simões, Fernando Xarepe Silveiro, Guilherme Waldemar d'Oliveira Martins, Miguel Teixeira Patrício e Ricardo da Palma Borges, pelas suas valiosíssimas sugestões, pela paciente triagem de erros da 1.ª edição, pela adição de algumas das referências bibliográficas e pela «afinação» de elementos gráficos nesta 2.ª edição. Um incorrigível individualismo fez com que não aproveitasse devidamente todos os auxílios que me deram – e espero que não os desencoraje de colaborarem na preparação de uma 3.ª edição.

Cá está, pois, exposto ao exame e à crítica do leitor, o Manual – *redivivus, auctus et emendatus*.

Lisboa, Outubro de 2003

---

[19] Rocha, A.V. (1933).

[20] Ulrich, R.E. (1937, 1938, 1940, 1941, 1943, 1945, 1946, 1946b, 1946c, 1947, 1947b, 1947c, 1949, 1949b, 1950).

[21] Lumbrales, J.P.C.L. (1958a, 1963-1966, 1967-1969).

[22] Martinez, P.S. (1953, 1971, 1973, 1989, 1990, 1991, 1994, 1996, 1998).

[23] Sem esquecer Monteiro, A.R. (1923, 1952), Martinez, P.S. (1956), Lumbrales, J.P.C.L. (1958b), Cunha, P.P. (1969, 1969b, 1970, 1971, 1973), e ainda as teses de doutoramento: Cunha, P.P. (1972); Franco, A.L.S. (1972).

[24] Araújo, F. (2001).

[25] Mormente: Becker, W.E. & M. Watts (1995), 692-700; Becker, W.E. & M. Watts (1996), 448-453; Becker, W.E. & M. Watts (orgs.) (1998); Becker, W.E. & W.J. Baumol (orgs.) (1996); Becker, W.E. (1997), 1347-1373; Becker, W.E. (2000), 109-119; Colander, D.C. & R. Brenner (orgs.) (1992); Evensky, J. (1992), 21-38; Salemi, M.K. & J.J. Siegfried (1999), 355-361; Siegfried, J.J., P. Saunders, E. Stinar & H. Zhang (1996), 182-192; Siegfried, J.J., R. Bartlett, W.L. Hansen, A.C. Kelley, D.N. McCloskey & T.H. Tietenberg (1991), 197-224; Walstad, W.B. (org.) (1994); Whalen, C.J. (org.) (1996).

[26] Lumbrales, J.P.C.L. (1964); Nunes, M.J. (1965); Portela, A.F. (1968); Oppenheimer, J. & A. Romão (1985); Ferreira, R.V. (1986); Nunes, A.J.A. (1988c); Porto, M.C.L. (1991); Pedrosa, A. (1991); Pedrosa, A. (1992); Nunes, A.J.A. (1994), 197-304.

[27] Porto, M.C.L. (2002). Cfr. ainda Porto, M.C.L. (1977).

[28] Nunes, A.J.A. (1984, 1987, 1988, 1993, 1996, 1996b).

PARTE I

Introdução

CAPÍTULO 1 – **Conceitos introdutórios**[29]

"Queres saber o que eu penso das «artes liberais»: não admiro, nem incluo entre os bens autênticos um estudo que tenha por fim o lucro. São conhecimentos subsidiários, úteis apenas enquanto servem de preparação ao intelecto, mas desde que não sejam a sua única ocupação. Somente devemos deter-nos na sua prática enquanto o nosso espírito não for capaz de tarefa mais alta; são somente exercícios, não obras a sério. Compreendes por que razão se lhes chama «estudos liberais»: porque são dignos de um homem livre. No entanto, o único estudo verdadeiramente liberal é aquele que torna o homem livre; e esse é o estudo – elevado, enérgico, magnânimo – da sabedoria; os outros são brincadeiras de crianças" – SÉNECA[30].

A Economia é uma ciência social, tendo a pretensão de estudar a conduta humana nas suas interacções colectivas, fazendo-o com distanciamento analítico, de um modo sistemático, recorrendo a uma metodologia explícita, com o objectivo de, com essa aproximação ao paradigma formal da ciência, evitar, seja o entorpecimento nas categorias fáceis do «senso comum», com as suas superficialidades e preconceitos, seja o envolvimento na estridência turbulenta e apaixonada dos debates ideológicos, e poder assim contribuir para o progresso social com um quadro de conhecimentos e com uma forma particular de raciocínio que emprestem a um domínio particular da actividade humana uma imagem rigorosa – mas não demasiado rigorosa, sob pena de se resvalar no irrealismo e na perda de relevância do conhecimento que, daquela actividade, se forma e se transmite; ou, mais sucintamente, sob pena de se ganhar em conhecimento o que se perde em *compreensão*.

Idealmente, deveria ser possível ensinar-se Economia de uma forma económica, isto é, transmitindo o máximo de conteúdo informativo e formativo, de conhecimento, através do mínimo de esforço na respectiva aquisição, cingindo o ensino àquilo que é mais eficaz e fundamental, àqueles conceitos e raciocínios que fornecem a mais extensa intuição dos mecanismos de funcionamento da sociedade e a mais breve e directa percepção das vias de solução para os problemas que tradicionalmente se aceitou, ou se convencionou, que reclamariam uma resposta da Economia.

É esse objectivo do ensino *económico* da Economia que procuramos não perder de vista nesta *Introdução à Economia*, com a esperança de que em poucas palavras seja possível transmitir muito (ou de que em muitas palavras seja possível transmitir *imenso*), e de que o que é verdadeiramente importante na ciência económica caiba na panorâmica traçada num único livro, a ser leccionado ao longo de um ano lectivo a estudantes cuja vocação principal não tem que se presumir que seja a de virem a tornar-se economistas profissionais (o que requereria um curso superior completo só sobre matérias económicas), mas se presumirá que é a de virem a ser utentes informados, activos e inteligentes do conhecimento económico e seus hábeis aplicadores, quer em posições de proeminência profissional e cívica, quer na gestão quotidiana dos seus próprios horizontes privados de realização.

[29] Andrade, J.S. (1998), I.3ss.; Arnold, R.A. (2000), 1ss.; Arroja, P. (1993), 9ss.; Barre, R. & F. Teulon (1997), I, 5ss.; Baumol, W.J. & A.S. Blinder (2000), 3ss.; Browning, E.K. & M.A. Zupan (2001), 3ss.; Carbaugh, R.J. (2002), 1ss.; Colander, D.C. (1995), 5ss.; Ekelund, R.B. & R.D. Tollison (2000), 2ss.; Gregory, P.R. (2001), 1ss.; Gwartney, J.D. & al. (2002), 1ss.; Hardwick, P. & al. (1999), 3ss.; Hoag, A.J. & J.H. Hoag (2002), 3ss.; Hyman, D.N.N. (1996), 13ss.; Lipsey, R.G. & al. (1999), 3ss.; Mankiw, N.G. (2001), 1ss.; Martinez, P.S. (1998), 2ss.; McConnell, C.R. & S.L. Brue (2001c), 1ss.; Miller, R.L. (2002), 3ss.; Neves, J.C. (2001), 17ss.; O'Sullivan, A. & S.M. Sheffrin (2002), 1ss., 22ss.; Parkin, M. (1999), 1ss.; Porto, M.C.L. (2004), 25ss.; Rohlf, W.D. (2001), 3ss.; Samuelson, P.A. & W.D. Nordhaus (2001), 3ss.; Sloman, J. (2002), 3ss.; Spencer, M.H. & O.M. Amos Jr. (1993), 2ss., 20ss.; Stanlake, G.F. (1993), 9ss.; Stiglitz, J.E. & C.E. Walsh (2002), 1ss.; Taylor, J.B. (2001), 1ss.; Wessels, W.J. (2000), 1ss..

[30] Séneca, L.A. (2004), 415 (Carta 88.1-2).

Por isso mesmo se procurará colocar especial ênfase nos pontos de mais evidente relevância prática e política, naqueles aspectos para os quais a curiosidade do leitor esteja já desperta pela informação quotidiana – para que se torne claro que, sendo uma ciência *social*, não é consentido à Economia enamorar-se da sua própria sofisticação teórica a ponto de se alhear dos seus deveres fundamentais de *aplicação*, de colaboração no esforço de progresso colectivo, na informação dos critérios e limites ínsitos na decisão colectiva de afectação dos recursos e das riquezas disponíveis pelos membros da sociedade e pelas várias comunidades políticas do mundo – vencendo as barreiras da ignorância e da descoordenação.

Dito de outro modo, o conhecimento económico ocupa uma posição cada vez mais central no processo de *aculturação*, de *socialização*: é uma porta de entrada tão decisiva para a compreensão do cimento da coesão social, para a análise dos processos de decisão colectiva rumo à prosperidade partilhada, que não se estranhará que num futuro próximo (para não dizermos no presente) se lhe reconheça a pertença ao núcleo da *alfabetização*, da aprendizagem dos denominadores comuns do vocabulário cívico.

Sublinhe-se que a tradicional expressão «Economia *Política*» significava já que o objecto central da ciência económica se envolvia profundamente na análise das consequências colectivas das escolhas individuais, e que a relevância de critérios coordenadores e distributivos, posto que cometidos à organização política, nem por isso era alheada de juízos de eficiência de agentes que livremente, no mercado, promoviam a satisfação dos seus desejos próprios e contribuíam para a complementaridade dos seus interesses. Não o percamos de vista, em especial porque, em nome da edificação de uma ciência «*de rigor*», tem partido do próprio campo da Economia uma tendência para o estreitamento do seu objecto, para o encerramento dos seus cultores em «torres de marfim» académicas – com as inevitáveis consequências de perda de relevância cultural, de perda de protagonismo na sedimentação das ideologias dominantes, de perda de visibilidade no debate político corrente, em desperdício das capacidades inatas da disciplina, que nasceu modernamente, às mãos de Adam Smith, bem assente numa explícita e eloquente articulação de proposições económicas com proposições éticas e políticas, tão sofisticada nos seus fundamentos filosóficos e científicos como atenta e presente nos mais decisivos debates da nossa evolução civilizacional.

Isso sem prejuízo de se verificar, nos últimos 15-20 anos, um renascimento da «Economia Política», agora com o propósito mais específico de assegurar a reconexão dos avanços teóricos nas «torres de marfim» com o plano das políticas económicas (deixando de tomar estas por simples variáveis exógenas de modelos teóricos auto-suficientes), aproveitando, nessa religação – fortemente apoiada pelos contributos da «Análise Económica do Direito»[31] –, para enquadrar os esforços políticos dentro de um panorama mais vasto de motivações que não se esgotam na muito restritiva e monótona premissa da maximização de valores de «bem-estar social», procurando explicitar que as decisões são tomadas por gente «de carne e osso» permeável a todo o tipo de influências (mesmo as ilegítimas), reflectindo muito mais a prevalência de interesses de grupos dominantes do que a proeminência de uma racionalidade optimizadora e modelar[32]. Um esforço, pois, para reabilitar a dimensão «pública» e *concreta*, socialmente *experimentada*, dos problemas económicos[33], procurando a Economia ganhar em realismo, em relevância pragmática, aquilo que perde em «ilusão de rigor»[34].

Por isso podemos afirmar sem hesitações que, por entre toda a sua sofisticação teórica e todos os exotismos e impenetrabilidades de que a sua vanguarda se tem rodeado, a Economia nunca abandonou completamente, e agora retoma deliberadamente, a análise directa de problemas do mundo real, procurando contribuir para a sua solução da forma mais eficiente e imediata possível: mesmo a representação aparentemente mais abstracta de uma política económica pode contribuir decisivamente, por exemplo, para nortear as decisões de um qualquer agente económico – um comerciante, um banqueiro, um turista – relativamente ao previsível contexto em que as consequências das suas decisões se manifestarão, às variáveis que possam interferir na fruição dos resultados, aos riscos ínsitos aos contextos emergentes.

Essa representação aparentemente abstracta pode também tornar mais evidentes aos líderes políticos os limites e compromissos a que as suas decisões estão sujeitas no mundo real, um mundo que não se compadece com a ingénua impraticabilidade de «soluções óptimas» que procuram «cortar a direito» por entre as gavinhas recurvas da condição humana e social, por entre as teias infinitamente complexas das interdependências e compromissos que fazem com que haja sempre vencedores e derrotados nas decisões que não assentam em simples trocas intersubjectivas: por exem-

---

[31] Auerbach, A.J. & M. Feldstein (orgs.) (2002), Parte III.
[32] Saint-Paul, G. (2000b), 915.
[33] Przeworski, A. (2003).
[34] Miller, G.J. (1997), 1173ss..

plo, pode ser muito justo, e relativamente mais eficiente, desagravar o peso dos impostos que recaem sobre os trabalhadores e agravar o peso da tributação do consumo; mas se uma tal deslocação do peso tributário desfavorecer os reformados, se eles forem muito numerosos numa sociedade envelhecida, e se o voto dos reformados for muito «volátil», os líderes políticos que tomem uma tal decisão deverão ficar cientes do risco de perderem o poder nas próximas eleições, deixando, nessa eventualidade, de levar a cabo outras iniciativas que possam considerar igualmente relevantes – será então desejável e oportuno tomar-se aquela iniciativa em matéria de impostos, por mais inequivocamente justa e optimizadora que ela seja? Deverá (ou poderá?) uma Constituição política estabelecer processos de decisão que promovam as soluções justas e eficientes, imunizando-as ao jogo da *oportunidade política*?[35].

Nada disto significa que, em neurótica vassalagem ao momento que passa, se deva abandonar a reflexão sobre os primeiros princípios deste ramo de saber em favor da mais recente informação episódica, seja da mais contundente inovação vanguardista seja do mais «pedestre» apelo à necessidade de conciliação de interesses mesquinhos – porque, se há uma identidade desta disciplina e um fundamento às suas pretensões de constituir um ciência, eles hão-de encontrar-se em consensos doutrinários longamente sedimentados, na paulatina decantação de uma inteligência séria e meticulosamente aplicada, daquele mesmo núcleo que serve de base de demarcação e de legitimação dos novos tópicos.

Mas o pendor *pragmático* da aprendizagem da Economia não significa, tão-pouco, que o património desta ciência social deva ser subalternizado aos interesses e perspectivas correntes dos «leigos», sem ousar desafiar as «verdades feitas» do senso comum e acomodando-se, seja a uma imagem socialmente dominante, seja às fidelidades doutrinárias e ideológicas e aos interesses profissionais e políticos dos próprios cultores da ciência.

Seria incongruente dar-se o conceito de escassez como um dos pontos centrais do raciocínio económico e não se respeitar um tipo de escassez que será muito particularmente sentida pelos estudantes: a escassez de tempo, a qual faz com que seja racional limitar-se o tempo dedicado ao estudo de Economia e doseá-lo com o tempo reservado ao estudo das demais disciplinas[36/37] – por mais que, como cremos, uma adequada compreensão dos princípios da ciência económica e da forma peculiar da sua *apropriação temática* possa facilitar e enriquecer grandemente a assimilação de todas as outras perspectivas complementares que, com propósito analítico e científico, incidem sobre o fenómeno social[38]. Mais uma razão, porventura a principal, para devermos poupar palavras, adoptando uma escala de referência que, sem atraiçoar completamente a pujante riqueza conceptual e metodológica da disciplina, simplifique a tarefa do estudante, no seu esforço para alcançar, o mais rápida e eficientemente possível, uma compreensão panorâmica e integrada desta ciência social.

Esse propósito será porventura atraiçoado pela quantidade de assuntos pelos quais uma visão da Economia, mesmo a nível introdutório, deve espraiar-se para fazer justiça à identidade temática dessa ciência – mas creia o leitor que o propósito é, ainda e sempre, o de não lhe fazer perder muito tempo na prossecução desses objectivos. Como ironicamente observava Paul Samuelson a propósito de uma insensata acumulação curricular nos estudos pós-graduados de Economia, tem que se conceder ao estudante ao menos algumas horas para dormir...[39].

Vamos de seguida tomar contacto com alguns dos conceitos mais simples e comuns, mais definidores, da ciência económica, as «chaves-mestras» com que os economistas julgam – não raro com alguma dose de arrogância intelectual – conseguir abrir todas as portas de todos os fenómenos sociais, mesmo os mais exóticos ou os mais fundados em motivações psicológicas recônditas ou inefáveis.

Mas antes disso, duas ressalvas quanto à demarcação temática desta *Introdução à Economia*:

a) Em primeiro lugar, não se vão estudar, senão incidental e indirectamente, os problemas específicos das economias abertas e das relações económicas internacionais. Não porque essa atenção

---

[35] Saint-Paul, G. (2000b), 916.

[36] Como se verá melhor, a escolha do nível de esforço – e de tempo empregue – por parte de um estudante é um objecto perfeitamente adequado de análise económica, bastando supor-se a racionalidade no equilíbrio entre custo de oportunidade e rendimento (descontado em função do horizonte temporal), sem perder de vista as variáveis correspondentes à oferta (de matérias a estudar) e à interacção social (o facto de poder haver, no estudo, conjugação de esforços entre colegas). Cfr. Akerlof, G.A. & R.E. Kranton (2002), 1167.

[37] A aplicação das «leis de Gossen» (de que falaremos adiante) na optimização da distribuição do tempo disponível do estudante pelas várias matérias é também objecto de um modelo em: Gleason, J.P. & W.B. Walstad (1988), 315-321.

[38] Ainda adiantando noções que depois se desenvolverão, registe-se que a análise da produtividade do estudo é dificultada pela ambiguidade da ponderação da variável-tempo (quantidade, periodicidade, intensidade), que não raro é incluída na modelação e nas políticas económicas em termos brutos ou meramente aproximativos. Cfr. Millot, B. & J. Lane (2002), 209-228.

[39] Samuelson, P.A. (1988), 52.

à vertente internacional da actividade económica seja desnecessária – bem pelo contrário, ela é um requisito indispensável à compreensão, com um mínimo de realismo, seja do enquadramento dominante das diversas economias nacionais num momento presidido pela tendência para a internacionalização e para a mundialização, seja muito em particular das circunstâncias presentes da economia portuguesa, que é, à luz de todos os critérios aceitáveis, uma *economia aberta*[40]. O que sucede é que se preconiza a autonomização do estudo da vertente internacional da actividade e das relações económicas, seja por razões didácticas – pois entendemos ser muito mais simples e esclarecedor começar por encarar os temas básicos da ciência económica de uma perspectiva de «sistema fechado» sem estarmos a complicar constantemente todos os pontos de análise com referências às suas implicações e ramificações na complexa teia das trocas internacionais – seja por razões de economia de meios – porque o que dissermos de um «sistema fechado» é em larga medida susceptível de extrapolação para o grande «sistema fechado» que, por definição, é a *economia mundial*, no seio da qual as relações internacionais não são mais do que *detalhes de funcionamento*, que não põem em causa o que tiver sido aprendido a propósito das economias fechadas, apenas o complementam com *casos-limite* – seja por fim porque, por razões que só ficam mais claras depois de empreendido o respectivo estudo, as relações económicas internacionais apelam de forma especialmente intensa para a consideração do respectivo enquadramento institucional e jurídico, e nisso se distinguem das actividades económicas internas que, assentes geralmente em quadros institucionais e jurídicos muito mais estáveis e menos politicamente contingentes, podem ser estudadas com maior autonomia e abstracção.

b) Em segundo lugar, as referências à história do pensamento económico não serão também senão incidentais, seja porque a ciência económica tem

conhecido um progresso cumulativo de sedimentação de conhecimentos que confere uma validade aos seus princípios básicos *correntes* que é independente das circunstâncias da respectiva génese – não sendo, pois, indispensável à compreensão desses princípios a alusão às suas origens, e menos ainda o estafado canibalismo do que «permanece vivo» nalgumas passagens dos «clássicos»[41] –, seja porque a história do pensamento económico merece um tratamento autónomo, representativa que ela é de uma das mais fascinantes e férteis tradições intelectuais dos últimos séculos, uma tradição à qual devemos importantíssimas referências culturais, políticas, jurídicas, e sobretudo *ideológicas* que passaram a ser traços constitutivos, traços caracterizadores da peculiar índole da experiência social contemporânea – sendo que, por isso, o conhecimento da história do pensamento económico, mais do que acrescentar à compreensão das bases pressupostas numa abordagem científica particular, servirá sobretudo como repositório daquilo que há mais de dois séculos, para bem e para mal, foi tido pela nossa civilização como a própria vanguarda da reflexão sobre as condições e possibilidades do seu progresso colectivo. Seja-nos permitido acrescentar a convicção de que a ciência económica está ainda a caminho de alcançar o seu zénite de sofisticação e de influência, e que, sem menosprezo de uma tradição curta mas impressionante, é *agora* que ela está mais interessante e promissora do que nunca – não nos surpreendendo, por isso, que um dicionário de economistas, pretendendo abarcar todos os grandes nomes na ciência de 1700 a 1996, refira o nome de 1.100 economistas vivos e de apenas 500 economistas mortos[42/43].

1 – a) A afectação de recursos escassos

A própria raiz etimológica da expressão «economia», que se refere à «administração da casa», indica já que,

---

[40] Quanto à evolução do grau de abertura (= ((exportações+importações)/2)/PIB) da economia portuguesa de 1910 até 1997 (de 0,05 para 0,55), ver o gráfico 28 em: Mateus, A.M. (2001), 92.

[41] Como assumidamente o faz, num delírio de anacronismo, Todd Buchholz, quando pretende extrair "ideias novas de economistas mortos": cfr. Buchholz, T.G. (1999), 37-39; ou como o faz também, mais veladamente, Paul Samuelson, quando, sem a subtileza de remissão de Schumpeter para a visão pré-analisada dos pensadores pretéritos, tenta «distilar» o que há de canónico no pensamento de economistas pretéritos: cfr. Samuelson, P.A. (1978), 1415-1434.

[42] Blaug, M. (org.) (1999).

[43] Refira-se que algumas datas que situavam biograficamente os autores mais recentes foram retiradas desta edição, dado que elas poderiam erradamente sugerir que a relevância cultural de um autor coincide necessariamente com o seu ciclo de vida, ou que a sua influência é algo de instantâneo – quando todos sabemos que o essencial de uma cultura é o fenómeno da persistência, e por isso é redutor um balizamento temporal rígido na história das ideias.

qualquer que seja o nível a que reportemos aquela expressão – seja qual for a dimensão do grupo humano a que a associemos, seja uma «pequena casa», seja uma «grande casa» no sentido metafórico de uma sociedade política ou de uma comunidade internacional –, ela indicará sempre que estamos em presença de situações a reclamarem compromissos e escolhas, seja no estabelecimento de prioridades quanto às necessidades a satisfazer através de recursos partilhados entre todos os membros da «casa», seja na distribuição de tarefas, seja na retribuição dessas tarefas, seja na ponderação dos meios mais eficientes de execução e de coordenação dos esforços que colectivamente se dirigem à satisfação daquelas necessidades, ao consumo, *lato sensu*, dos bens e serviços que são gerados por aqueles esforços de produção.

As escolhas de que trata a Economia são aquelas que são ditadas pela *escassez* de bens e recursos disponíveis para que a satisfação das necessidades possa ser alcançada. Por exemplo, aquele que se supõe que esteja a ler estas linhas disporá de tempo limitado para aprender os princípios da Economia, pelo que o subsequente texto tem que assentar em escolhas temáticas dentro de um universo de possibilidades; se o que se visa é a aprendizagem e não o afogamento numa torrente informativa, uma exposição *económica* de temas económicos deixará muita coisa por ser dita, muita coisa considerada como tendo importância secundária, e que portanto seja susceptível de ser preterida por uma escolha ditada pela *escassez* do tempo[44]. Um ponto a que voltaremos repetidamente é o de que a informação tem custos – princípio de que podemos retirar o corolário de que é possível escolher-se um *grau óptimo* de informação muito aquém daquilo que poderia ter-se por um *grau completo* de informação, porque, ao menos em termos de tempo despendido, a informação completa poderá ter um custo desproporcionado face às vantagens relativas que dela derivam, as vantagens comparadas com aquelas que resultariam de um outro emprego do tempo.

A escassez não é um postulado da ciência económica, não é algo que tenha forçosamente de ser pressuposto para que todo o edifício analítico da Economia possa fazer sentido. Bem pelo contrário, muitas serão as ocasiões em que é a própria análise económica que determina a ausência de escassez, ou seja o equilíbrio, ou mesmo a superabundância, dos meios face às necessidades que eles podem satisfazer – casos em que se dirá atingido um ponto de *saciedade*, para lá do qual não será racional prosseguir-se o esforço económico.

Quem não passou já pela experiência de ler um livro, ou de ver um filme, e de se sentir desiludido em relação à expectativa criada? A *escolha*, nesse caso, conduziu directamente à *saciedade*, ou mesmo para lá dela a um ponto de desprazer – e por nada deste mundo se estará disposto a fazer o esforço de reler o livro ou de rever o filme.

Adiantemo-lo, a escassez *impõe* escolhas. Por exemplo, todos gostaríamos de gastar mais dos nossos recursos próprios, e mais ainda dos recursos colectivos, na promoção e preservação da nossa saúde, e é tanto mais assim quanto mais a evolução do nosso quadro civilizacional torna exigível a manutenção de um limiar mínimo de saúde, como um elemento básico da qualidade da vida experimentada naquele quadro: contudo, a limitação daqueles recursos impõe restrições absolutas às nossas preferências, e determina, dentro das fronteiras do possível, um esforço de optimização, de obtenção dos melhores e mais eficientes resultados a partir de qualquer nível limitado de recursos. Como é óbvio, o grau de saúde óptima que devemos prosseguir é unicamente o grau *possível*.

Também todos desejaríamos, chegado o momento de ingressarmos no mercado de emprego, obter o emprego óptimo, maximizando com o ingresso nesse emprego o nosso bem-estar, aferido de uma perspectiva egoísta. Só que os «empregos óptimos», da perspectiva egoísta daqueles que ingressam no mercado de trabalho, são por definição escassos, não são em número suficiente para acolherem todos aqueles que os tomam por primeira escolha (quantos adolescentes não sonham em ser actores, ou futebolistas, ou manequins – para depois, chegado o momento, terem que se contentar com segundas, ou terceiras, escolhas?). Mais ainda, a busca do «emprego óptimo» pode ser tão dispendiosa, em termos de tempo que requer, que – como pioneiramente o indicou George Stigler[45] – pode não ser compensador o ingresso nesse emprego, tornando racional a decisão de se optar por um emprego «subóptimo», um emprego menos escasso e que compense o seu menor atractivo com a poupança de custos de busca que permite. Aquele que der tudo para alcançar um determinado emprego frequentemente descobrirá que esse esforço excessivo não chega a ser materialmente compensado pelo resultado que se atinge (para lá da censurabilidade moral do mercenarismo ínsito nessa irracionalidade).

Apesar das muitas divergências doutrinárias que existem, praticamente não há nenhum economista que

---

[44] Trata-se neste livro, lembremo-lo, de fornecer uma panorâmica da ciência económica que possa ser apreendida no espaço de um ano lectivo, quando uma simples licenciatura em Economia durará 4 a 5 anos, o estudo pós-graduado durará outro tanto, e o domínio especializado de algum ramo desta ciência exigirá uma vida inteira de estudo.

[45] Stigler, G.J. (1961), 213-225; Stigler, G.J. (1962), 94-105; Neves, J.C. (1998), 90.

não concorde que o problema económico fundamental é o da escassez, e que por isso o objectivo essencial da ciência económica é o de encontrar soluções – sistemas, instituições – que permitam a minimização (e o equilíbrio) dessa escassez. Todos queremos mais daquilo que melhora a experiência da nossa vida privada e comum, e nenhum de nós quer prescindir, em troca daquele incremento de qualidade, de nada daquilo que seja tido por essencial; por isso é que a Economia é pragmaticamente tão útil como elucidação sistemática das vias que permitem a minimização de sacrifícios na escolha dos fins que tenhamos por desejáveis e válidos[46].

Como já o sugerimos inicialmente a propósito da «crise da Justiça», e como voltaremos a vê-lo a propósito da repartição colectiva da riqueza, é por força da escassez que o problema da justiça no acesso a recursos (de alimentação, de saúde, de habitação, de segurança, de resolução de litígios) é tão sério, tão crucial, tão existencialmente relevante, muitas vezes tão urgente. Se não fosse a escassez, todo o debate sobre justiça seria porventura irrelevante, lúdico, inautêntico: já Aristóteles comentava que era implausível a ideia de que os deuses do Olimpo se dedicassem a debates sobre a justiça, que precisassem da justiça ou que submetessem a ela as suas relações[47].

1 – a) – i) Corolários da escassez

O que se pretende constatar, no recurso ao conceito de *escassez*, é que:
a) se não fosse a escassez, as escolhas de que trata a Economia seriam *irrelevantes*, visto que uma opção errada quanto ao emprego dos bens e recursos disponíveis poderia sempre ser remediada, lançando-se mão de alternativas ilimitadas (se pudéssemos, talvez como os deuses do Olimpo, voltar atrás e recuperar o tempo perdido com livros de que não gostámos, com filmes que nos desiludiram, os desgostos e as desilusões não seriam *puras perdas*);
b) é virtualmente impossível atingirmos a saciedade de todas as necessidades que experimentamos,

sendo pois que, apesar de alguns exemplos particulares de abundância ou de superabundância, a escassez se verifica globalmente, no sentido de que o total dos meios disponíveis é insuficiente para o total das necessidades; dito de outra maneira, a procura *potencial* de meios que satisfazem necessidades excede sempre a oferta *potencial* desses meios, visto que a quantidade de necessidades que suscitam o nosso esforço se renova e aumenta incessantemente, mesmo quando multiplicamos os meios nos quais apoiamos esse esforço;
c) algumas necessidades básicas de sobrevivência – a alimentação, por exemplo – são efectivamente recorrentes, sendo que a sua plena satisfação num dado momento não impede o seu ressurgimento posterior, de forma periódica e cíclica, pelo que, vistas do presente, essas necessidades se afiguram como inesgotáveis, a reclamarem a administração judiciosa, ao longo do tempo, dos meios que possam saciá-las;
d) a escassez é eminentemente *graduável* e *relativa*, visto que a intensidade com que ela se verifica depende da própria intensidade com que as necessidades são sentidas – pelo que, por exemplo, uma sábia atitude de renúncia a formas de gratificação puramente material pode fazer com que uma pessoa atenue fortemente a pressão que sobre ela exerce a escassez de meios, e assim gradualmente se liberte da própria pressão dos problemas económicos (quem tenha a fortaleza de ânimo para manter ao longo da vida uma atitude de desprendimento face aos bens materiais poderá alcançar o maior grau de *liberdade* que lhe é consentido na nossa civilização gananciosa e materialista, e poderá alcançar *fins* de realização pessoal que são negados àqueles que esgotam o seu esforço na acumulação de bens, de bens que são simples *meios*)[48];
e) não sendo possível uma utilização indiscriminada e universal dos recursos, o facto de eles serem superabundantes para a satisfação de uma necessidade não significa que o *excedente* desses

---

[46] No fundo, pretendemos sublinhar já, e não perder de vista, a ligação entre o raciocínio económico e as suas *balizas* morais e institucionais – nenhuma racionalidade económica se move num vácuo valorativo, e por isso ela depende crucialmente de um quadro socio-político herdado, de uma prática contratual, de um sistema de hierarquização e de imposição e manutenção da ordem, de um diálogo presidido por uma «ética do discurso» que assegura, aos contextos socio-políticos, as condições da sua própria perpetuação em liberdade. Cfr. Avio, K.L. (2002), 501-520.

[47] Aristóteles, *Ética a Nicómaco*, 1178b10-16, *in* Aristóteles (1995), II, 1826-1827.

[48] Para que não se pense, de acordo com o preconceito popular que gosta de denegrir aquilo que designa de «economicismo», que a ciência económica se presta a ser um alicerce acrítico da nossa civilização materialista e gananciosa, refiramos que é ela mesma que se tem empenhado no cálculo dos «custos do materialismo», no que pode suceder ao bem-estar psicológico daquele que exacerba os objectivos do seu sucesso material privado, em detrimento de outros objectivos de vida, indagando também quais as circunstâncias de penúria e insegurança que tendem a exacerbar a luta gananciosa por uma «redenção materialista», e quais as determinantes de evolução cultural que permitem colectivamente a superação desse simples «horizonte de ganância». Cfr. Kasser, T. (2002).

recursos possa ser reorientado, com um mínimo de eficiência, para as restantes necessidades que o reclamam (por exemplo, uma estrutura produtiva que está a lançar no mercado canetas em excesso não pode reafectar, sem custos, parte dos seus recursos à produção de cadernos, porque as matérias-primas e as máquinas que têm a máxima eficiência na produção de canetas terão uma menor eficiência na produção de cadernos – se é que são de todo reconvertíveis);

f) mesmo que, em abstracto, cada um de nós dispusesse de todos os meios adequados à satisfação completa de todas as suas necessidades, um meio continuaria sempre a ser escasso – o tempo –, a impedir a satisfação simultânea daquelas necessidades, já que o tempo empregue em cada uma não pode ser recobrado e reutilizado nas demais: o homem mais rico do mundo não pode comprar o *seu* tempo, e tem que agir nas mesmas 24 horas diárias a que todos estão limitados (embora lhe seja possível, como a qualquer pessoa, comprar tempo *alheio*, no sentido de se libertar de tarefas que lhe consomem tempo, cometendo-as a outrem).

1 – a) – ii) O objecto da Economia

Podemos assim sustentar que a Economia faz seu tema central o estudo das decisões individuais e colectivas tomadas em ambiente de escassez, colocando especial ênfase no grau de liberdade do agente – na medida em que sem um grau mínimo de liberdade não há genuínas escolhas – e na interdependência que se gera entre essas decisões – no duplo sentido de ligação intertemporal e congruência das escolhas de uma só pessoa, e de interacção dinâmica das decisões no seio de um grupo –.

A Economia procura determinar as razões pelas quais da interdependência de decisões *livres* emerge uma *ordem espontânea*, uma ordem não raro tão poderosa que dispensa uma supra-ordenação política, quando não se dá mesmo o caso de lhe resistir, ou de lhe inutilizar os desígnios paternalistas ou tirânicos, e emerge também um condicionamento valorativo – fazendo com que as pessoas colaborem independentemente da importância que atribuem à solidariedade,

entrem em relações de interdependência por mais individualistas que sejam, e se enriqueçam mutuamente quando apenas procuram instrumentalizar os outros aos seus planos de enriquecimento pessoal –.

Por fim, no seu escrúpulo *realista*, a Economia não se dispensa de indagar as próprias razões pelas quais essa ordem espontânea, apesar das esperanças que nela são depositadas, não evita alguns resultados patológicos e socialmente nocivos, traduzidos em desperdício de recursos e de oportunidades, na degradação das instituições de que depende o funcionamento da actividade geradora de riqueza ou de que depende a justiça dos seus resultados.

Temos, pois, que a Economia não é um repositório de soluções perfeitas, nem – para desapontamento dos mais crédulos – a guardiã do «verdadeiro método de enriquecer individualmente»; ela é antes uma forma de análise que procura acrescentar várias dimensões, tanto sofisticadissimamente teóricas como elementarmente práticas, à nossa compreensão da conduta social do ser humano, fornecendo-nos uma das mais rigorosas imagens que é possível dar da natureza humana, nos denominadores mais comuns e básicos das suas determinações pragmáticas, na formulação dos seus interesses e no esforço da sua satisfação, em liberdade e em partilha colectiva.

Para isso, ela pode colocar ênfase inicial tanto na racionalidade abstracta das escolhas ditadas pela escassez, como nos constrangimentos contratuais e institucionais que ditam os caminhos *legitimadores* das soluções decorrentes daquelas escolhas – tanto na *opção* como na *organização*, para sintetizarmos numa só fórmula esta ênfase inicial, uma ênfase em paradigmas conflituantes, o da escassez e das escolhas a ditar os rumos da escola neoclássica dominante, o do contrato a dominar a alternativa institucionalista[49].

A Economia como «ciência da escassez e das escolhas» fica espelhada numa lapidar formulação de Lionel Robbins: *"A Economia é a ciência que estuda o comportamento humano como uma relação entre fins e meios escassos susceptíveis de aplicações alternativas"*[50]. É assente neste pressuposto que a corrente neoclássica, actualmente dominante, tomou para objecto central da análise económica a indagação das condições nas quais as variações de preços relativos e de recursos disponíveis influenciam as quantidades produzidas, individual e colectivamente[51] – e daí o seu tão vincado pendor *quantitativista*.

---

[49] Williamson, O.E. (2002), 171.

[50] Robbins, L. (1932), 16.

[51] Reder, M.W. (1999), 48.

1 – a) – ii) – α) O institucionalismo

O outro pólo paradigmático – excluídas por ora alternativas mais heterodoxas[52] – apresenta a Economia como «ciência dos contratos», para usarmos a expressão de James Buchanan[53], ou como «ciência das instituições», entendidas as instituições, em sentido amplíssimo, como "*as balizas convencionais que estruturam as interacções humanas*"[54].

De acordo com este outro paradigma, a ênfase nas escolhas, em optimizações abstractas, não ajudaria muito à relevância pragmática da ciência económica, nem à sua susceptibilidade de assimilação pedagógica – porque dificultaria a sua articulação com o fenómeno político, em especial com a vocação de *ordenação pública* que se detecta na estrutura complexa a que as sociedades dão origem, uma estrutura com a qual os indivíduos que pertencem à sociedade procuram assegurar a viabilidade colectiva dos seus objectivos privados, quando esses objectivos não podem ser satisfatoriamente prosseguidos através do livre mecanismo das trocas num mercado e por isso se torna imperativa a explicitação de regras de formação de consensos respeitantes às prioridades dos interesses[55], começando pelas regras *constitucionais*[56] e terminando nas regras privadas de alinhamento de incentivos e de formação de processos de decisão e de governação que assegurem, no jogo entre agentes livres e dentro de margens de incerteza, a prevalência dos interesses consensualmente aceites como prioritários e a mutualidade na partilha de vantagens entre as partes envolvidas[57].

A ideia básica remonta ao institucionalista John R. Commons e consiste essencialmente no recentramento da análise da actividade económica em torno de uma visão equilibradora e integradora dos princípios de *conflito*, *mutualidade* e *ordem*, princípios subsumidos na acepção mais ampla de «transacção (intersubjectiva)», apontando para a solução institucional da «governação» (*governance*), uma forma estável e extra-mercado de assegurar a *mutualidade* de ganhos através da imposição da *ordem* e da solução de *conflitos*[58]. De certo modo, sugeria-se que as limitações à racionalidade, e através destas as limitações à autonomia individual do agente, acabariam por encontrar reflexos muito particulares e relevantes no seio das instituições, em formas de coordenação e subordinação através das quais poderia sedimentar-se a vontade colectiva, superando as referidas limitações[59].

O behaviorismo de Commons[60], depois retomado, seja fora do quadro institucionalista[61], seja pelos neoinstitucionalistas[62], representa já por si uma divergência face à primeira corrente institucionalista, profundamente tributária da visão darwinista de Thorstein Veblen[63], só mais tarde desenvolvida, fora do contexto institucionalista, por outras visões evolucionistas[64].

Este segundo pólo paradigmático revelaria assim, alegadamente, um maior grau de realismo, uma maior abertura à consideração de temas de interdependência e de evolução estratégica da estrutura política partilhada – temas de que trataremos adiante, como a «*agency theory*», os «custos de transacção», a «incompletude dos contratos», etc. – que a «maré-alta» da Escola Neoclássica teria deixado na penumbra[65] e que a «nova vaga» do Institucionalismo se proporia reabilitar[66]. Esclareça-se que uma primeira escola institucionalista, a «Escola Americana» (Thorstein Veblen, John R. Commons, Wesley Mitchell, Clarence Ayres[67]) deu lugar a uma segunda escola, a da «Economia dos Cus-

---

[52] Para uma reflexão alternativa, tão profunda como idiossincrática, sobre o objecto da ciência económica, mormente centrada nas posições revisionistas e controversas de Piero Sraffa, cfr. Almeida, A. (1989), 27ss. Cfr. ainda: Kurz, H.D. (org.) (2000).

[53] Buchanan, J.M. (1964), 312-322; Buchanan, J.M. (1964b), 47-64; Buchanan, J.M. (1975), 225-230.

[54] North, D. (1990), 3.

[55] Buchanan, J.M. (1987), 246.

[56] Buchanan, J.M. & G. Tullock (1962); Brennan, G. & J.M. Buchanan (1985).

[57] Buchanan, J.M. (2001), 29.

[58] Commons, J.R. (1932), 4; Tabb, W.K. (1999), 121.

[59] Halpern, J.J. & R.N. Stern (orgs.) (1998).

[60] Commons, J.R. (1924); Commons, J.R. (1934).

[61] Simon, H.A. (1979b), 493-513.

[62] Cyert, R.M. & J.G. March (1963); North, D. (1981); North, D. (1990); Langlois, R.N. (org.) (1986); Rutherford, M. (1994); Schotter, A. (1981); Williamson, O.E. (1975).

[63] Veblen, T. (1899); Veblen, T. (1919); Hodgson, G.M. (1993); Hodgson, G.M. (1998), 166ss..

[64] Alchian, A.A. (1950), 211-221; Boulding, K.E. (1981); Nelson, R.R. & S.G. Winter (1982).

[65] Hodgson, G.M. (1998), 167ss.; Hodgson, G.M., W.J. Samuels & M.R. Tool (orgs.) (1994); Makowski, L. & J.M. Ostroy (2001), 482–483, 490–491.

[66] Arrow, K.J. (1987), 734.

[67] Não sendo de menosprezar a influência que tiveram, na primeira escola institucionalista, os progressos da Estatística no declínio do século XIX e no dealbar do século XX – progressos que permitiam quantificar, com enorme amplitude, todo o universo das «transacções» microeconómicas. Cfr. Gillard, L. (2001), 139-176.

tos de Transacção» (Ronald Coase, Oliver Williamson, Douglass North[68])[69], e ainda a uma variante «Austríaca», tributária do pioneirismo de Carl Menger e Frederick von Hayek, e especialmente centrada na evolução das *convenções* sociais[70].

tam o irrealismo das premissas da omnisciência, omnipotência, eficiência e benevolência irrestritas, total estabilidade e credibilidade das soluções socialmente deliberadas e partilhadas extra-mercado, quando um mínimo de realismo e desejo de relevância da análise reque-

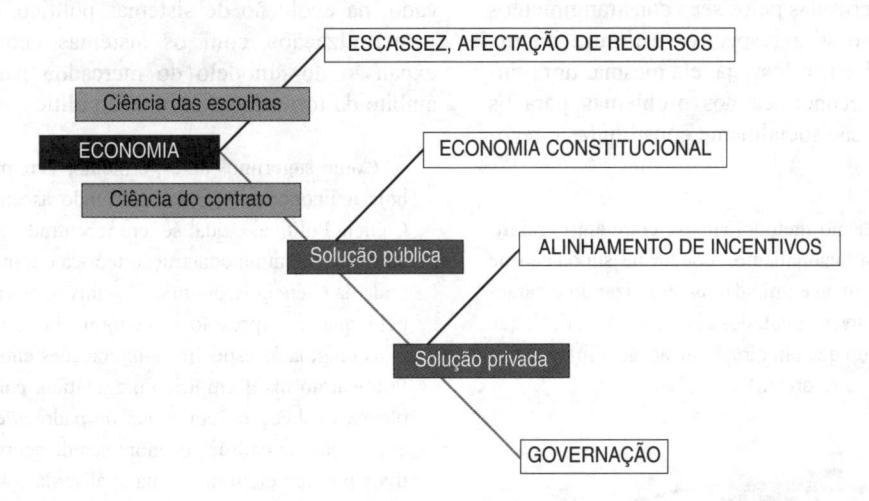

Gráfico 1.1. *As visões neoclássica e institucionalista sobre o objecto da economia*[71]

Sem embargo de poder constatar-se que a evolução mais recente da ciência económica revela uma firme convergência entre estes dois paradigmas[72], fácil será reconhecer-se que a proeminência do paradigma da «ciência das escolhas» acarreta algumas limitações analíticas:

– conquanto se admita sempre que é fulcral para a análise económica a definição das características comportamentais básicas do agente humano[73], nem sempre se dá a devida relevância ao contexto concreto que limita as capacidades de conhecimento, de racionalidade, de independência e de congruência de conduta, seja por força dos constrangimentos sociais da interdependência, seja até em consequência da *escassez* de tempo que (como já sugerimos) torna incomportável uma racionalidade perfeita ou o acabamento ilimitado dos contratos e das instituições[74];

– nem sempre os objectivos de simplificação e de modelação num contexto dedutivista e mecanicista descon-

rem que se pressuponha, pelo contrário, o carácter incompleto, frágil, assimétrico, falível e falhado de muitas dessas soluções[75], que não só não constituem sempre um alicerce sólido para a interdependência dos agentes económicos como frequentemente representam o principal problema e obstáculo que entrava o pleno florescimento dessa interdependência e impede a realização plena dos planos económicos individuais na liberdade dos mercados[76] – como veremos já de seguida a propósito das «falhas de intervenção», uma denúncia das pretensões pseudo-providenciais e paternalistas associadas tão amiúde à solução organizativa[77].

O individualismo metodológico e a «preferência pelo mercado» tendem ainda a desconsiderar a organização empresarial, a forma como é possível erigir uma organização assente numa lógica alternativa à do mercado – e não menos eficiente por isso, dada a solução

---

[68] Dugger, W. (1988), 317-319.

[69] Para uma definição do institucionalismo «velho» e do «Novo Institucionalismo», e uma tentativa de demarcação entre eles, cfr. Rutherford, M. (1994).

[70] Rutherford, M. (2001), 173.

[71] Williamson, O.E. (2002), 173; Cohn, E. & S. Cohn (1994), 197-200

[72] Williamson, O.E. (2002b), 438; Buchanan, J.M. (2001), 27-32.

[73] Simon, H.A. (1985), 303.

[74] Williamson, O.E. (2000), 600-601; Rubinstein, A. (1998), 1711-1712; Kreps, D.M. (1999), 121-155.

[75] Como foi pioneiramente sublinhado por: Coase, R.H. (1964), 194-197; Demsetz, H. (1969), 1-22.

[76] Williamson, O.E. (2000), 601.

[77] Dixit, A.K. (1996), 8.

que internamente uma estrutura hierárquica estável fornece aos «custos de transacção»[78] (como veremos que Ronald Coase conseguiu pioneiramente explicitar com a sua «Teoria da Empresa»[79]) –. Na abordagem neoclássica, as empresas tendem a ser consideradas como simples agentes individuais, funções de produção meramente caracterizadas pelos seus constrangimentos tecnológicos, como se a respectiva estrutura interna fosse irrelevante[80], e não fosse já, ela mesma, um princípio de solução económica dos problemas para os quais as empresas são socialmente constituídas e reconhecidas[81].

O «individualismo metodológico», entretanto reabilitado pelo neoinstitucionalismo, assenta na suposição de que o factor individual é um «dado», enfatizando o carácter construído, convencional, dos agregados sociais[82], que mais não seriam do que um círculo de acção e informação que mutuamente se reforçam[83].

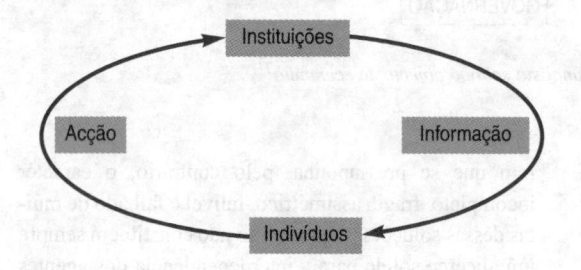

Gráfico 1.2. *O «individualismo metodológico» e a «contaminação» da acção individual pelo enquadramento institucional*

O mesmo individualismo metodológico revela-se demasiado restritivo para as já aludidas perspectivas da moderna «Economia *Política*», nas quais a ênfase é especialmente colocada na eficiência comparativa das soluções de mercado e das soluções organizativas, nos ganhos, custos e «falhas» da negociação livre e das instituições[84], no alcance e limites da optimização económica através do estabelecimento de normas constitucionais – da solução mais libertária e minimalista até à mais intervencionista e autocrática, passando por várias gradações do «contrato social» –, na formação espontânea e difusa de soluções económicas extra-mercado, na evolução de sistemas políticos e respectiva «sincronização» com os sistemas económicos, na expansão do «modelo do mercado» para o próprio âmbito da formação da vontade política, etc.[85].

Como sugerimos antes, e melhor veremos mais tarde, hoje a Economia tem um profundo ascendente sobre a Ciência Política, a qual se tem recentrado e refundado no emprego de muita construção teórica e terminológica oriunda da Ciência Económica[86] – talvez o principal motivo pelo qual a expressão «Economia Política» está agora mais cingida às específicas interacções entre Economia e Política, ao nível empírico-pragmático, como por exemplo na explicação económica de padrões eleitorais e na explicação de padrões económicos de acordo com objectivos politico-eleitorais[87], na análise da sobre-determinação económica das expressões da ideologia[88], etc. Mais ambiciosamente, têm-se multiplicado na doutrina as tentativas de associar padrões de crescimento e de emprego aos regimes políticos – e à liberdade política prevalecente[89] –, as análises que procuram ligar padrões de actuação financeira e orçamental a condições de legitimação e representatividade política[90], que procuram discernir os impactos político-económicos das diferenças partidárias (daquelas que resistem à atracção centrípeta do «votante mediano»), etc.[91].

Parece, pois, que a definição do objecto da Economia cada vez menos se compadecerá com o irrealismo metodológico e formalista daqueles que constroem modelos «puros» antes de os confrontarem com a «imperfeição» e a «contaminação» do quadro institucional vigente num determinado espaço e momento

[78] Para um conceito de «custos de transacção», cfr. Lourenço, A.P. (2004), 67ss..

[79] Coase, R.H. (1937) , 386-405.

[80] Arrow, K.J. (1999b), vii-viii.

[81] Williamson, O.E. (2000), 602.

[82] Usando-se frequentemente, para esse efeito, o paradigma «atomístico» da circulação da moeda. Cfr. Hodgson, G.M. (1988); Sugden, R. (1986).

[83] Hodgson, G.M. (1998), 176.

[84] Persson, T. & G. Tabellini (2000); Besley, T. & A. Case (2003), 7.

[85] Oigt, S. (1999).

[86] Bartels, L.M. & H.E. Brady (2003), 156ss.; Miller, G.J. (1997), 1173-1204.

[87] Kramer, G.H. (1971), 131-143; Markus, G.B. (1988), 137-154.

[88] Poole, K. & H. Rosenthal (1997).

[89] Przeworski, A., M.E. Alvarez, J.A. Cheibub & F. Limongi (2000).

[90] Persson, T. & G. Tabellini (2003).

[91] Alesina, A. & J. Sachs (1988), 63-82; Bartels, L.M. & H.E. Brady (2003), 158-159; Hibbs Jr., D.A. (1987).

histórico: um irrealismo que, perversamente, parece legitimar a intervenção irrestrita nos mercados a partir da constatação de que tais mercados jamais constituem situações «óptimas» e «puras», e admite a perpetuação da regulação porque fundamentalmente receia os compromissos e limitações que são espontaneamente determinados nas soluções sociais pela realidade económica – quando o *realismo* institucionalista, atento aos benefícios e custos das soluções políticas, precisamente adverte tanto contra a falta como contra o excesso do recurso a sucedâneos da «solução de mercado», contra os riscos ínsitos tanto na liberdade económica como nas limitações dessa liberdade[92].

Em contrapartida, o institucionalismo procura proceder a uma análise assente na avaliação de graus de sedimentação e de imobilização de soluções sociais e políticas, para classificar, ainda da forma mais elementar, os níveis pragmáticos em que se move a problemática económica, as finalidades para as quais ela se orienta quando se lhe encontra relevância política – como podemos sumariamente sintetizar da seguinte forma[93]:

a abordagem das filosofias especulativas da história[94]. Estamos no âmbito cuja percepção cabe mais apropriadamente aos historiadores económicos,[95] ainda que possa ser sumamente interessante, até em termos práticos, a pergunta sobre as razões que levam tantas soluções difusas, não deliberadas e até não-analisadas, a conhecerem uma tal perenidade «estruturante»[96].

Mesmo a «Economia de 1º grau», o «ambiente institucional», escapa de certo modo ao âmbito de análise institucionalista, que tende a lidar com esse plano como um dado, o «pano de fundo» que se pressupõe, as mais das vezes, ser um referencial praticamente fixo (imune ao plano decisório de que se ocupa relevantemente a política económica). É neste plano que especialmente releva o Direito, o modo como são fixadas as regras de legitimação, de apropriação, de exclusão, de coordenação e de solução de litígios – pois a «racionalização económica» começa logo na escolha de normas jurídicas adequadas, que por exemplo compatibilizem os valores da justiça e da eficiência, que instilem segurança sem tolherem a liberdade das escolhas indivi-

TEORIA	NÍVEL	PRAZOS	FINALIDADES
Teoria Social	Instituições arreigadas: hábitos, tradições, normas informais, religião	100 a 1000 anos	Difusas, espontâneas e não-deliberadas
Teoria Política / Economia dos direitos de apropriação	Enquadramento institucional formal, as regras de jogo político, burocrático, judiciário	10 a 100 anos	Economia de 1.º grau: optimização do pano de fundo institucional
Análise dos «custos de transacção»	Governação, desenvolvimento do «jogo» em termos contratuais e relacionais	1 a 10 anos	Economia de 2.º grau: afinação das estruturas de governação
Economia Neoclássica/«Ciência do Contrato»	Afectação de recursos e estabelecimento de incentivos, fixação de preços e alinhamento de interesses	Contínuo	Economia de 3.º grau: optimização das condições marginais

Admitir-se-á que o grau superior de sedimentação socio-política escapa ao objecto da ciência económica, mesmo na mais ambiciosa formulação do seu paradigma institucionalista: a esse nível *meta-económico* dedicar-se-ão as análises sociológicas, os estudos culturais,

duais, que tutelem expectativas legítimas[97]. É inegavelmente importante a definição de deveres, direitos, limites, permissões, como «último reduto» a que se acolhem as bases da produtividade geral[98]; contudo, neste plano é difícil pensar-se sequer numa deliberação ou

[92] Demsetz, H. (1969), 1; Rutherford, M. (2001), 186.

[93] Adaptado de: Williamson, O.E. (2000), 597.

[94] Williamson, O.E. (2000), 596.

[95] Banfield, E.C. (1958); Putnam, R.D., R. Leonardi & R.Y. Nanetti (1993); Huntington, S.P. (1996); Nee,V. (1998), 1-16; Granovetter, M. (1985), 481-510.

[96] North, D. (1991), 111.

[97] North, D. (1991), 97.

[98] North, D. (1991), 97-112; Rosenberg, N. & L.E. Birdzell (1986); Coase, R.H. (1992), 713-719; North, D. (1994), 359-368; Levy, B. & P. Spiller (1994), 201-246; Olson, M. (1996), 3-24.

orquestração de esforços cumulativos, dado o amplíssimo horizonte de referência.

Já a «Economia de 2.º grau» implica essencialmente a configuração institucional de estruturas de governação, e especificamente a gestão – pacificadora e ordenadora – de contratos duradouros e a criação de instrumentos de solução de litígios através de meios privados[99], tomando em conta a pluralidade de contextos legais[100] e a necessidade de ponderação, em qualquer deles, do impacto dos custos de transacção sobre os incentivos[101], quando esses incentivos, não sendo dados imutáveis (não sendo, portanto, perenemente alinháveis, *ex ante*, por uma «ciência do contrato»[102]), estão supervenientemente expostos à evolução e à adaptação[103], e por isso por vezes aconselham a solução «de força» da *integração vertical* daqueles que participam no processo produtivo, de formação de uma estrutura hierárquica permanente, a empresa[104].

Nessa medida, a via institucionalista pode apresentar-se como útil correctivo para os excessos axiomáticos e dedutivistas que têm alastrado no campo neoclássico (com um enamoramento pela forma e pela coesão teórica que não tem paralelo nas demais ciências sociais – e porventura o não tem também na maior parte das ciências naturais), e que têm contribuído para o encaminhamento da ciência económica rumo a um certo «autismo» a que voltaremos a referir-nos, e que essencialmente consiste no menosprezo pela dimensão normativa e política da análise de fenómenos que, como os económicos, vão buscar a sua relevância a circunstâncias reais, efectivamente experimentadas, e nelas idealmente deveriam esgotar a sua validade teórica. A ilusão da possibilidade de formação de uma «ciência de rigor», na qual a lógica vencesse a intuição[105], em domínios em que impera a liberdade de

actuação dos próprios objectos de observação (já para não falar da liberdade dos observadores), gerando a clivagem entre uma vertente abstracta e positivista e uma vertente realista e indutivista[106], é a principal culpada da progressiva irrelevância política deste ramo do saber. Note-se, contudo, que há ainda uma corrente dedutivista dentro do neo-institucionalismo, a qual tende a privilegiar a análise das decisões individuais de acordo com parâmetros racionalistas, dando as instituições como passivos frutos de variáveis exógenas[107], enquanto que, em tensão com ela, lentamente floresce uma versão neo-institucionalista de pendor vincadamente empirista, no sentido de reconhecer às instituições, às balizas organizativas da conduta individual, uma lógica e um dinamismo próprios, auto-sustentados e auto-reprodutíveis (auto-poiéticos), capazes por isso de se converterem em autónomos (e idiossincráticos) princípios explicativos para os fenómenos económicos colectivos[108]/[109].

Com efeito, e como já sugerimos, a abordagem institucionalista tende a enfatizar o facto de não haver preferências «puras», ou seja, não «contaminadas» pelo quadro institucional em que primeiro se manifestam[110]. Mas não se cinge, obviamente, a essa abordagem institucionalista a consciência de que os hábitos, os gostos, os valores, são fortemente condicionados, «funcionalizados», pelo contexto cultural e pelas estruturas sociais coevas[111], pois de vários quadrantes surge a rejeição daquela visão mecânica e descarnada do «automatismo do mercado» que se desenvolveria entre agentes amorfos e desconexos, sub-socializados[112], uma visão tantas vezes criticada[113].

Por outro lado, se o objecto principal da ciência económica, como *ciência social*, é a da *compreensão* da actividade humana, então nenhum intuito modelador

---

[99] Williamson, O.E. (2000), 599.

[100] Summers, C. (1969), 525-575; Macneil, I.R. (1974), 691-816:

[101] Commons, J.R. (1932), 4.

[102] Que não é de confundir com a mais ampla – e formalmente mais «pesada» – «Teoria Económica do Contrato», para a qual se encontra uma boa introdução em: Milgrom, P. & J. Roberts (1992), Parte II – "Theories of Coordination and Motivation".

[103] Barnard, C. (1938); Hayek, F.A. von (1945), 519-530.

[104] Empresa que nasce de um contrato *constitutivo*, geralmente um pacto social seguido de feixes contratuais com os diversos factores produtivos, mas depois subsiste e se perpetua através de relações que não remetem para a permanente possibilidade de renegociação – razão pela qual a empresa poupa nos «custos de transacção» que resultariam daquela renegociação. Cfr. Coase, R.H. (1937), 386-405.

[105] Referindo-se uma expressão de George Stigler, cit. *in* Tabb, W.K. (1999), 63.

[106] Para usarmos uma dicotomia celebrizada em John Neville Keynes (o pai do fundador da Macroeconomia), cit. *in* Tabb, W.K. (1999), 12.

[107] Caso de: Williamson, O.E. (2000), 595-613.

[108] Caso de: Hodgson, G.M. (1998), 166-192.

[109] Para que não se pense que esta dicotomia é coincidente com outras, sublinha-se que embora a escola neoclássica seja predominantemente liberal e dedutivista, há liberais indutivistas – mormente a «Escola Austríaca» –, tal como há anti-liberais dedutivistas – basicamente os economistas marxistas –. Cfr. Tabb, W.K. (1999), 98-99; Arestis, P. & M. Sawyer (orgs.) (1994); Baumol, W.J. (1988), 323-330; Foldvary, F.E. (org.) (1996); Prychitko, D.L. (org.) (1998).

[110] Bowles, S. (1998), 75ss..

[111] Bell, D. (1976); Laslett, P. (1965); Polanyi, K. (1957); Potter, D.M. (1954); Schumpeter, J.A. (1950).

[112] Granovetter, M. (1985), 481-510.

[113] Gauthier, D. (1986), 95-96; Hirschman, A.O. (1982), 1473.

legitimará que se faça tábua-rasa do contexto cultural e político em que se movem os agentes económicos – sob pena de se proceder a uma truncagem de objecto que reduz o agente económico a um autómato maximizador, com motivações monotónicas e unidimensionais, inteiramente universalizáveis e transponíveis, previsíveis e transparentes, impermeáveis, e que assim, ao mesmo tempo que torna a conduta estilizada (caricaturada, mesmo) e facilmente susceptível de formalização e quantificação, por outro lado apenas permite alicerçar uma ciência ingénua, que assegura a sua fundamental irrelevância por meio da leviandade com que encara a necessidade de referência empírica[114] – ainda que seja compreensível que a evolução da informática, da cibernética, da robótica, mormente na segunda metade do século XX, depois do impulso inicial de John von Neumann, tenham ajudado muito à exacerbação dos sonhos mecanicistas na Economia, permitindo vislumbrar um ideal de «autómato sofisticado» capaz de comunicar e de processar informação, capaz de uma larga margem de auto-controlo sucedânea de uma verdadeira autonomia, o ideal dos «*cyborgs*»[115] – um ideal que de certo modo se insinuou nas propostas pioneiras da «cibernética», e depois na «teoria dos sistemas», comprometendo-lhes algumas das suas ambições no seio da ciência económica[116]. Por exemplo, poderá alguma «ciência das escolhas» ignorar a relevância do contexto institucional e político no bem-estar, nas ambições, nas perspectivas de desenvolvimento do próprio potencial de realização individual, dos agentes económicos? Ganhará uma análise das opções em ambiente de escassez em ignorar a preferência revelada pela democracia política, por exemplo, ou em desconsiderar a capacidade e vontade de sacrifício de interesses individuais em prol de valores e instituições comuns, tanto os deliberados

como os herdados?[117] Que significará a liberdade do mercado fora do contexto juridico-político que assegura a estabilidade e previsibilidade do cumprimento das obrigações contratuais, e nos permite interagirmos com estranhos e confiar na conduta deles? Que significa a afectação óptima de recursos quando se abstrai da consagração colectiva dos direitos de apropriação? As interrogações poderiam multiplicar-se.

Em suma, hoje a análise das vertentes institucionais dos problemas económicos é cada vez mais um modo de temperar a exclusividade da ponderação formalista de «funções de preferência», que podem resultar demasiado abstractas[118]; reabilitando-se para esse efeito o papel da irracionalidade[119] e dos instintos[120], cuja consideração tinha sido subalternizada pelo próprio advento do behaviorismo[121], em especial aquele que predomina também entre os neoclássicos[122]. Isso não significa, todavia, da parte dos neoinstitucionalistas, o menosprezo da deliberação racional na configuração das escolhas e das condutas individuais e colectivas[123], nem tão-pouco a insensibilidade pela indeterminação circunstancial e pela determinação voluntária em condições «atomísticas», sem as quais não há, muitas vezes, verdadeiras escolhas[124].

Tudo isso é conjugado com a apreciação do ascendente dos hábitos, como sedimentação de opções de acção[125] – sendo que, na sua acepção mais ampla, as instituições mais não são do que modos de pensar ou agir que, estruturalmente simplificados[126], se entranharam em hábitos sociais[127], não necessariamente apoiados na coordenação deliberada que transforma algumas instituições em «organizações»[128].

Com o neoinstitucionalismo, trata-se também de evitar a «sobre-socialização», a visão excessivamente determinista que tenderia a apresentar a actividade

---

114 Katzner, D.W. (2002), 51-68.

115 Gerschlager, C. (org.) (2001); Mirowski, P. (2002).

116 Wiener, N. (1961). Cfr. ainda: Bertalanffy, L. (1975); Forrester, J.W. (1969).

117 Easterlin, R.A. (2000), 20; Inkeles, A. (org.) (1991), x.

118 Becker, G.S. (1996b); Stiglitz, J.E. (1994), 272-273.

119 Arrow, K.J. (1986), S385-S399.

120 Cosmides, L. & J. Tooby (1994), 41-77; Cosmides, L. & J. Tooby (1994b), 377-432; Reber, A.S. (1993). Sobre os primórdios, cfr. Veblen, T. (1914); Veblen, T. (1934).

121 Degler, C.N. (1991).

122 Winter, S.G. (1971), 237-261.

123 Becker, G.S. (1992), 327-345; Coleman, J.S. (1990); Pollak, R.A. (1970), 745-763.

124 Buchanan, J.M. (1964b), 47-64.

125 Polanyi, M. (1966).

126 Heiner, R.A. (1983), 560-595. Essas regras simplificadas geram um «enquadramento» que assegura a inteligibilidade – sendo que mesmo em sistemas de inteligência artificial essa sedimentação trans-temporal limita *monotonicamente* as capacidades de aprendizagem. Cfr. Pylyshyn, Z.W. (org.) (1987).

127 Hamilton, W.H. (1932), 84-89. Para uma abordagem sociológica e filosófica mais ampla do tema, cfr. Bhaskar, R. (1979); Giddens, A. (1984); White, H.C. (1992).

128 Vanberg, V.J. (1994).

129 Granovetter, M. (1985), 481-510.

individual como estritamente determinada pelas instituições[129], o que explica de resto a referida ênfase neo-institucionalista no «individualismo metodológico»[130]: por exemplo, a proliferação de análises assentes na hipótese de um «estado de natureza», de «ausência de custos de transacção», no qual as decisões privadas seriam bastantes para a resolução de *todos* os problemas colectivos[131], e até para a consagração de um sistema completo e coordenado de afectação de recursos[132] – uma variante do «Teorema de Coase», que abordaremos adiante. Contesta-se a sobredeterminação, pois, ainda que se compreenda que ela visa a formulação de juízos probabilísticos de optimização, que na ausência daquela hipótese de sobredeterminação seriam altamente inverosímeis[133].

Por outro lado, tem-se explorado crescentemente a fundamentação do institucionalismo na teoria dos jogos – já que patentemente muitas das instituições socioeconómicas consistem em regras de jogo, formalmente estabelecidas como os direitos reais, ou informalmente consagradas como o direito consuetudinário[134], e tudo está em saber-se qual o grau de efectividade com que essas regras de jogo se aplicam, a força que elas têm como *instituições*, em domínios como o dos recursos comuns, do comércio, das organizações produtivas, até no domínio da política e da produção extra-mercado[135]. Por exemplo, é a partir desta linha de investigação que se desenvolveu o interesse do institucionalismo pela formação de preços em concorrência imperfeita, especialmente em situações oligopolistas[136], pela formação de «redes informais» e de concertações no mercado[137], e também pelos critérios de recurso a «preços administrativos»[138].

Retenhamos, quanto ao objecto da Economia, que o núcleo dominante da ciência económica foi progressivamente, ao longo da maior parte do século XX, ganhando em rigor o que foi perdendo em compreensão, reduzindo até uma percepção inicial sobre as interdependências sociais ao modelo extremamente formalizado do equilíbrio geral[139] da matriz «Walrasiana»[140], assente numa cadeia de premissas vagamente associá-

veis ao funcionamento de mercados concorrenciais, com deliberada exclusão de todos os mecanismos extra-mercado, os quais, num derradeiro golpe de génio dedutivista, eram também eles considerados sucedâneos imperfeitos de uma solução de mercado (soluções ditadas pela deficiência na definição da titularidade jurídica dos bens, ou pelos «custos de transacção» ínsitos no «mercado dos direitos»[141]).

E é só verdadeiramente a partir dos anos 70 do século XX, com o advento da análise da racionalidade limitada, da assimetria informativa e de outros fenómenos que *estruturalmente* afectavam os pressupostos mecanicistas da perfeição automática dos mercados que o formalismo se viu obrigado a fazer as primeiras concessões ao indutivismo, abrandando o seu apego ao «rigor» e voltando a alargar o seu âmbito de análise[142].

1 – a) – iii) A análise económica da racionalidade

A análise económica pode assumir uma de duas vias: a de olhar para os objectivos e determinar a racionalidade, a adequação, dos meios; ou a de olhar para os meios disponíveis e tentar justificá-los, encontrar-lhes objectivos para os quais eles se afigurem racionalmente adequados. Num caso, predominarão na análise económica propósitos de *optimização* de meios, no outro, objectivos de *maximização* dos fins.

Ora sucede que a forma como os indivíduos afectam os recursos escassos que lhes são propiciados por um rendimento, por um fluxo de meios novos susceptíveis de satisfazerem necessidades materiais através da troca por produtos oferecidos em mercados organizados, obedece a uma racionalidade que não é diferente daquela que eles empregam para um conjunto de outras decisões que, não sendo genuinamente dominadas pelas preocupações que se tomam por caracteristicamente económicas, não são menos importantes do ponto de vista individual e social.

Advirtamos, desde já, que a racionalidade de que trata a ciência económica é essencialmente *procedi-*

---

[130] Field, A.J. (1979), 49-72; Field, A.J. (1984) 683-711.
[131] Dosi, G. (1988), 119-146; Hodgson, G.M. (1998), 182ss..
[132] Williamson, O.E. (1983), 519-540.
[133] Veja-se as expressões de cepticismo em: Keynes, J.M. (1937), 209-223; Simon, H.A. (1957b).
[134] North, D. (1990).
[135] Aoki, M. (2001).
[136] Tool, M.R. (1991), 19-39; Hodgson, G.M. (1998), 169ss..
[137] Baker, W.E. (1984), 775-811.
[138] Ware, C.F. & G.C. Means (1936).
[139] Arrow, K.J. & F.H. Hahn (1971).
[140] Walker, D.A. (1996).
[141] Coase, R.H. (1960), 1-44.
[142] Manski, C.F. (2000), 115.

mental e raramente se aventura pelo plano dos *fins* – o que, entre muitos outros motivos, resulta da consideração céptica quanto à capacidade da razão para formar as finalidades da conduta, para formar gostos ou justificar preferências, o que levara já David Hume a asseverar que a razão é escrava das paixões e se limita a servi-las, e levará Immanuel Kant a reconhecer que a razão se cinge ao plano das inferências válidas, não podendo, no plano dos fins, haver racionalidade que não seja uma capacidade de representação adequada desses fins (uma justificação, com razões, de gostos e ordens de preferência que não é a própria razão a gerar)[143].

Isso justificará que essas decisões nos mais variados domínios, seja na adopção de estratégias de conduta seja na assunção e explicitação de ordens de preferência – que não são exclusivamente centradas naquilo que se possa tomar por subsumível no «cânone» da problemática económica –, sejam observadas e avaliadas recorrendo à matriz analítica que é propiciada pelos desenvolvimentos da ciência económica em torno do seu tema originário e central: decisões que, por exemplo, envolvam comparações de vantagens, de prioridades, de disponibilidades de tempo, em assuntos pessoais, familiares, sentimentais, estéticos, genericamente em todas as interacções sociais e políticas que não tenham como objecto primordial e explícito a criação e a repartição de riqueza. Como estudo centrado na determinação e avaliação de escolhas *racionais*, a Economia tem aliás muito a dizer, por sua vez, sobre a modelação jurídica, na medida em que esta seja fruto ou objecto de escolhas sociais e se trate de prever os efeitos de regras jurídicas alternativas aplicadas àquelas decisões individuais de que falávamos.

Cinjamo-nos, por enquanto, a dois exemplos de decisões desse tipo:
– não é impossível que aquele que planeia empreender uma actividade ilícita pondere espontânea e racionalmente a pena e a probabilidade de detecção correspondentes a essa actividade, como um *preço* com o qual ponderará os ganhos que prossegue com a actividade ilícita;
– é notório que o ingresso maciço das mulheres no mercado de trabalho implicou quebras de natalidade, que podem explicar-se quase exclusivamente pelo facto de o tempo mínimo necessário para o parto e para o acompanhamento dos recém-nascidos ter um *custo de oportunidade* tanto maior quanto maior é o rendimento que a mulher aufere (o rendimento que ela deixa de auferir, e não poderá recuperar, com aquele emprego de tempo *escasso*)[144].

Em abono da ductilidade e da validade universal do método, refira-se também que a *racionalidade* que é pressuposta na análise económica não é a ponderação minuciosa, escrupulosa, articulada, de todos os custos e benefícios associados à totalidade de opções que o horizonte cognitivo possa abarcar – mas apenas uma resposta diferenciada, e *explicável*, a estímulos variáveis:

– aquele que sabe que o chocolate engorda evita ter um chocolate à mão enquanto estuda, mas não tem que calcular a *distância óptima* à qual a tentação se dissipa[145];
– aquele que estaciona o automóvel em local proibido pode fazê-lo assente na improbabilidade de detecção de uma paragem curta, ainda que não haja forma rigorosa de *computar a probabilidade* de que um agente de autoridade apareça a aplicar uma sanção; aproveitemos, a esse propósito, para sublinhar já que a perspectiva económica tende a encarar situações destas em termos, razoavelmente lineares, de cômputo de custos e benefícios associados com a ilicitude, pressupondo no agente a capacidade de, com um mínimo de esforço e dispêndio de tempo, formar o quadro geral relevante para a sua decisão (enfatizando, pois, as possibilidades de prevenção por simples divulgação generalizada do quadro sancionatório e da probabilidade de detecção)[146/147].
– aquele que pede a outra pessoa para se abster de fumar num espaço fechado não precisa de se multiplicar em

---

[143] Viskovatoff, A. (2001), 313-337.

[144] Na Europa e nos últimos 20 anos a idade das mulheres no nascimento do seu primeiro filho aumentou de 2 anos, em média. Essa média tinha descido de 28,2 para 27,1 entre 1960 e 1980, mas em 1998 ultrapassava já os 29 anos – o que tem sido pacificamente atribuído ao desejo crescente das mulheres de prosseguirem nos seus estudos e de competirem no mercado de emprego. Cfr. Eurostat Yearbook 2002 – People in Europe, 4.

[145] O facto é que, por exemplo, a crescente disponibilidade de informação relativa aos riscos, nomeadamente cardíacos, de uma dieta rica em gorduras não tem conduzido a uma disseminação minimamente comparável de regimes alimentares preventivos – o que pode explicar-se por um erro de cálculo (uma «dissonância cognitiva») que leva cada um a distorcer os valores da probabilidade subjectiva de ataque cardíaco (acrescidos do «desconto» da sua distância no tempo), tornando-os inferiores aos custos de prevenção. Cfr. Yaniv, G. (2002), 93-104.

[146] Benson, B.L., B.D. Mast & D.W. Rasmussen (2000), 357-366.

[147] Por exemplo, a campanha «se conduzir não beba» depende crucialmente da prevenção e da dissuasão, para lá dos esforços educativos que se lhe associem. Os potenciais violadores têm de conhecer a severidade das normas punitivas e têm que recear a detecção eficiente e a condenação rápida para que se possa esperar, da parte deles, um mínimo de racionalidade na adopção de condutas adequadas. Cfr. Kenkel, D.S. & S.F. Koch (2001), 845-854.

argumentos de minúcia científica quanto ao impacto e aos riscos que sofrem os «fumadores passivos»[148];

– o tribunal que condena alguém pela prática de um crime assenta em meios de prova que asseguram uma elevada probabilidade de atribuição do facto criminoso àquela pessoa, mas não numa *certeza absoluta*, sendo *racional* que se entenda por elevada probabilidade a ineficiência de esforços ulteriores que fossem dedicados à erradicação do erro que consistiria em condenar-se um inocente.

Ainda quanto à racionalidade, pode dizer-se que coexistem dois modelos de racionalidade:

a) um modelo «construtivista», que sustenta que todas as regras de conduta e todas as instituições válidas foram criadas por uma deliberação consciente e racional – mesmo quando ela envolve formas altruístas e adaptativas de expressão de racionalidade[149] –, desconsiderando pois os processos de deliberação que não envolvem os nossos recursos cerebrais de atenção e raciocínio[150]. O construtivismo cartesiano aplica intensivamente um padrão de racionalidade à concepção de regras e instituições optimizadoras e maximizadoras – quando o facto é que muito do nosso conhecimento prático, da nossa capacidade de agir e resolver problemas, é claramente não-deliberativa e não-estruturada, sendo plausível que ela resulte antes de um processo de adaptação ecológica[151].

b) um modelo «ecológico» que faz a racionalidade emergir, de modo informal e sem quaisquer automatismos algorítmicos, de processos evolutivos culturais e biológicos que ditam experiências «locais» de validação[152]. Muita da nossa racionalidade tem uma base *instintiva*, neste sentido preciso de que os respectivos processos de aquisição e refinamento decorrem por uma aculturação não-estruturada, sem um roteiro explícito ou formas autónomas de validação, suscitando inefabilidade, inconsciência ou até amnésia quanto aos processos que conduziram até a um determinado estado de «racionalidade»[153].

A minúcia retrospectiva com que muito frequentemente a análise económica se dedica à avaliação de meios, de fins, de *óptimos* e de *máximos* individuais e sociais, e à reconstituição iterativa da *racionalidade* das decisões e das actividades, não significa *imputação* de consciência, de racionalidade e de ponderação *perfeitas* aos agentes (sendo que hoje a análise económica lida pacificamente com o pressuposto da *racionalidade limitada*), mas apenas *abstracção* e *subsunção* de um fenómeno observado a categorias inteligíveis e universalmente válidas que transformem o conhecimento dos dados particulares em ciência.

1 – a) – iii) – α) A optimização

Devemos a George Stigler a formulação neoclássica do princípio de *optimização*, que é o da escolha da conduta que, de entre todas as possíveis, apresenta a máxima diferença entre benefícios e custos – sendo custos de *oportunidade* todos os benefícios que deixamos de receber por sacrificarmos as opções que tinham que se preteridas em favor da conduta que escolhemos[154].

Dadas as limitações que acabámos de referir, a optimização não pode, contudo, evoluir a partir de uma avaliação generalizada, minuciosa, pausada, de custos e benefícios inerentes a todas as opções disponíveis a cada agente económico, quer porque nem sempre as opções e os custos e benefícios são explicitáveis e ponderáveis, quer ainda porque mesmo que isso sucedesse seria irracional despender-se muito tempo e esforço nessa tarefa amplíssima de racionalização; e daí a vantagem prática do raciocínio marginal – que adiante analisaremos melhor –, que se concentra «microscopicamente» nos custos e vantagens de *mais uma* opção, de *mais um* bem, de *mais um* factor produtivo, dispensando-se de explicitar o «tudo ou nada» dos valores subjacentes (ainda que esses valores *totais* permaneçam sempre *implícitos* no cálculo marginal, já que eles condicionam os valores marginais em jogo); gozando essa perspectiva confinada e «incrementalista» ainda do benefício de, analiticamente (por definição) os custos e os

---

[148] Embora possa socorrer-se do facto cientificamente comprovado de a poluição por partículas atmosféricas ser 3 vezes maior em lares com fumadores do que nos outros, o que é revelador do nível de *externalização negativa* de que são vítimas os «fumadores passivos» que habitem nesses lares. Cfr. Organização Mundial de Saúde (2000), 74.

[149] Bolton, G.E. (1991), 1096-1136; Camerer, C.F. & T.-H. Ho (1999), 827-874; Erev, I. & A.E. Roth (1998), 848-881; Rabin, M. (1993), 1281-1302.

[150] Recursos dispendiosos, e por isso, em termos mentais, não os mais económicos, isto apesar da eficiência com que ardilosamente somos convencidos de que o nosso «eu» mental permanece sempre no controle dos acontecimentos. Cfr. Gazzaniga, M.S. (1998); Hayek, F.A. (1988), 21.

[151] Smith, V.L. (2003), 499-500.

[152] Smith, V.L. (2003), 468ss..

[153] Fiske, A.P. (1991); Kagan, J. & S. Lamb (1987); Kagan, J. (1994); Pinker, S. (1994).

[154] Sobre a influência científica de George Stigler , cfr. Leeson, R. (2000), 45ss..

benefícios marginais evoluírem em sentidos opostos em qualquer tipo de opção que tomemos, apontando pois, ou para um equilíbrio marginal com benefícios líquidos que aconselha que adoptemos *a próxima decisão*, ou para uma clivagem crescente e irreversível que, tornando inevitáveis prejuízos líquidos ou reduzindo a zero os benefícios líquidos, desaconselha a *próxima* decisão.

Não há pragmaticamente mais tempo disponível para a racionalidade da maior parte das nossas condutas. Essa concentração no âmbito confinado (e informativamente pobre) da próxima decisão dentro de um processo incrementalista de optimização é que explica que o comportamento marginalista seja espontâneo e inato nos agentes económicos, capazes que são de agirem com alguma racionalidade e eficácia na resolução dos problemas mais imediatos e urgentes – ainda que sejam incapazes de abarcar a «panorâmica» mais vasta do processo produtivo colectivo em que se enquadra o seu esforço particular e paulatino de aproximação a patamares de crescente satisfação; capazes de governarem a sua domesticidade dentro de um horizonte temporal limitado, incapazes de extrapolarem (ao menos sem o auxílio da ciência económica) essa racionalidade para âmbitos espacial ou temporalmente mais vastos.

Sublinhemos de novo que a análise económica continua a ser válida naqueles domínios que, pelo facto de estarem tradicionalmente excluídos da *actividade económica* tal como ela é socialmente reconhecida, e pelo facto de, por isso, não concitarem no agente a consciência da ponderação de interesses, de benefícios e de custos que é explicitamente associada àquela actividade, nem por isso deixam de envolver uma ponderação que, ao menos do ponto de vista da racionalidade, não é materialmente discernível daquela.

E de novo aproveitemos também para afastar, desse reconhecimento social do que seja «actividade económica», um preconceito habitual, que é o de que a Economia centra a sua atenção em questões «de dinheiro», nas trocas que têm expressão monetária (subentenda-se, ou não, o escopo ganancioso nessa referência a dinheiro) – o que não é verdade, já que a moeda é um simples *meio* de acesso a recursos, e não é, em si mesma, um recurso, daqueles cuja escassez obriga à realização de escolhas e à tomada de decisões *optimizadoras* e *maximizadoras* da satisfação de necessidades. É verdade que a moeda facilita a quantificação dos valores em jogo, e por isso não só abrevia o modo

como nos referimos ao emprego dos recursos, como também faz com que muito daquilo que não passa pela utilização da moeda nas trocas seja «invisível» para a quantificação e para a formalização de que se alimentam as proposições *abstractas* do conhecimento económico. Mas a Economia não tem a ver com o «fetichismo com a moeda», não esgota o seu objecto nas trocas monetárias, nem sequer confunde riqueza com acervo monetário; bem pelo contrário, a moderna ciência económica nasceu, com Adam Smith, por entre denúncias do empolamento dado às funções monetárias, da incapacidade «mercantilista» de ver, para lá da moeda, aquilo que ela se limita a representar.

Dentro do âmbito descrito e com as cautelas enunciadas, retenhamos que a escola neoclássica, ainda hoje dominante dentro da ciência económica, é essencialmente *racionalista*, na medida em que pressupõe, com um grau razoável de confiança, que as decisões básicas do agente económico derivam de ponderações atribuíveis à sua racionalidade, e que é essa racionalidade elementar que facilita a produção de resultados maximizadores do bem-estar social – sendo que é essa racionalidade, e as atribuições que lhe são feitas, que permite dissipar o carácter vago e opinativo que sempre associaríamos à análise das realidades sociais, se não as alicerçássemos em princípios axiomáticos e analíticos minimamente coesos, congruentes, amplamente válidos e universalmente testáveis.

1 – a) – iii) – β) Racionalidade limitada

Contudo, nem mesmo essa moderação metodológica impediu a exacerbação das características da *racionalidade* como definidoras da conduta do agente económico – tendo-se John Hicks e Paul Samuelson como principais responsáveis desse extremo de estilização do «*homo oeconomicus*»[155] –, não afastando, pois, a necessidade de formulação do conceito de «*racionalidade limitada*», empresa a que se propôs Herbert Simon[156], acabando por reportá-la a uma conduta que pretende ser racional mas que não transcende a ponderação dos custos implícitos na racionalidade[157], e que por isso, na heurística das decisões comuns e da economia da conduta (*behavioral economics*)[158], substitui o objectivo da *maximização* pelo da *satisfação*, substitui a exigência do «óptimo» pelo meramente «suficiente», daquilo que basta para se poder agir[159]. Não se

[155] McFadden, D. (2001), 353.
[156] Simon, H.A. (1978), 1-16.
[157] Simon, H.A. (1957), xxiv.
[158] Sargent, T.J. (1993); Doucouliagos, C. (1994), 877ss.
[159] Simon, H.A. (1957b), 204.

trata já de reconhecer que a optimização tem limites inultrapassáveis, mas antes, e mais, de admitir que os processos de decisão comum estão necessariamente condenados a adoptar procedimentos não-optimizadores[160].

– Com efeito, o pressuposto de que o *homo oeconomicus* é invariavelmente racional, egoísta, maximizador e inteiramente congruente nas suas preferências tem sido atacado crescentemente pelos psicólogos, e por todos aqueles que querem enriquecer a análise económica com um maior realismo nas referências comportamentais[161], já que há muito se percebeu que a caricatura estilizada do «*homo oeconomicus*» nem sequer corresponde à sofisticada psicologia e teoria moral que estava já presente na fundação da moderna ciência económica, com Adam Smith[162].

– Assim, é cada vez mais questionado que a racionalidade das convicções e das decisões seja prevalecente, como se a nossa racionalidade fosse uma espécie de amálgama de decisões conformes à teoria dos jogos, baseadas em convicções formadas de acordo com o paradigma bayesiano, ou mesmo que essa racionalidade seja representativa de uma média[163], um resultado de mecanismos equilibradores dentro do mercado, que reciprocamente anulariam as margens de especulação permitidas por manifestações de irracionalidade[164].

Essa ideia de «racionalidade limitada» assenta na já referida constatação de que o tempo é limitado, é um bem escasso e custoso, seja quando se pretende adquirir informação completa, seja quando se visa prestar atenção adequada à informação de que se dispõe, seja ainda quando se trata de desenvolver um plano de optimização com base na informação disponível – pois o tempo que se dedicaria a esses esforços optimizadores seria, de modo muito pouco eficiente, sonegado à resolução de problemas não menos urgentes, deixando-nos marginalmente desequilibrados na satisfação de todos os nossos interesses.

Esta a razão pela qual:

1) escolhemos um nível de «ignorância racional» a partir da qual tomamos a maior parte das nossas decisões marginais (optando, como vimos, pela solução marginalista também em função do baixo nível de informação que ela tende a exigir);
2) tendemos a agregar-nos em grupos nos quais a divisão de trabalho e a partilha de informação tendem a diminuir a margem de erro susceptível de ser associada à nossa ignorância individual.

Assim, a nossa natureza gregária e a nossa complementaridade poderiam atribuir-se às necessidades criadas pela nossa «racionalidade limitada», essencialmente a necessidade vital de contarmos com a conduta de outros que dispõem da informação de que nós não dispomos. A nossa sociabilidade dependeria, por assim dizer, da nossa *docilidade*, ou seja, da nossa disposição para nos deixarmos influenciar, nas nossas decisões, por informações fornecidas por outros – notando Herbert Simon que um dos indícios mais claros de progresso social é a multiplicação de atitudes de docilidade e de altruísmo[165]/[166] – podendo acrescentar-se que é pelo mesmo motivo que a nossa interdependência, traduzida em níveis de ignorância racional, alicerça o apoio social em instituições, e explica que nem sempre nos movamos como átomos desagregados (e egoístas) nas nossas interacções de mercado[167]; o que explica também porque é que estamos tão frequentemente expostos ao oportunismo e à deslealdade das condutas alheias, e porque é que, sobretudo quando a solução institucional da jurisdição é custosa e imprevisível, procuramos remédio para a nossa racionalidade limitada em estruturas sucedâneas de reciprocidade e de governação[168], estruturas susceptíveis de irem incorporando a aprendizagem que se sedimenta nas experiências da interdependência, permitindo-nos ir paulatinamente diminuindo o peso das nossas limitações[169].

Esta forma ambiciosa, mas dúctil, de colocar a racionalidade no ponto focal do seu objecto analítico explica em larga medida, pois, o imperialismo da Eco-

[160] Gigerenzer, G. & R. Selten (orgs.) (2001), 4, 16.

[161] Kahneman, D. (2003), 162ss..

[162] Hayek, F.A. (1991), 120.

[163] Akerlof, G.A. & J.L. Yellen (1985b), 708-720.

[164] Shleifer, A. (2000); Kahneman, D. (2003), 162-163.

[165] Simon, H.A. (1982-1997); Macedo, J.B. (1978), 553-556; Neves, J.C. (1998), 75; Augier, M. & J.G. March (2002), 1-17.

[166] Para uma ampla visão de conjunto dos contributos originais de Herbert Simon, dentro e fora dos domínios da ciência económica, cfr. Earl, P.E. (org.) (2001).

[167] Dada a sua formulação conceptual, a racionalidade limitada recobre situações de falta de informação causada tanto por complexidade como por incerteza (cabendo perguntar-se, por exemplo, qual o grau de racionalidade que se revela no acatamento de normas sociais e de comandos institucionais em situações de complexidade e de incerteza – ponderando as vantagens da partilha de informação e da dispersão de riscos com os custos do conformismo). Cfr. Dequech, D. (2001), 911-929.

[168] Williamson, O.E. (1975), 31-33.

[169] Schwartz, H. (2002), 181-189.

nomia no seio das ciências sociais, pois ela, mais do que qualquer outra, tenta arvorar-se em «ciência da racionalidade» individual e colectiva, eventualmente o contributo mais importante para a formação de uma «teoria da acção», que de uma forma unitária contribuísse para a compreensão da generalidade dos fenómenos humanos, individuais ou sociais[170]. Essa a razão pela qual mesmo a vontade expressa de furtar uma qualquer decisão, ou uma qualquer actividade, a juízos de ordem económica não impede que sobre elas recaia um juízo de racionalidade económica – que pode abarcar inclusivamente a explicação das motivações contextuais para uma tal recusa. Há mais, na análise económica e nas suas virtualidades explicativas, do que aquilo que se contém nas percepções do «senso comum» e nas fronteiras difusamente traçadas por convenções tradicionais para demarcação da sua «apropriação temática». A ciência económica não só não se deixa «encurralar curricularmente» como, bem pelo contrário, tende a expandir-se vigorosamente, movida pela quase irrestrita ambição de recobrir com o seu «arsenal analítico» a totalidade da experiência social – sejam disso ilustração a obra de Gary Becker, espraiando-se, qual *"Kipling do império económico"*[171/172], pela análise económica de quase tudo o que respeita à experiência social e humana, ou os esforços recentes de busca de «micro-alicerces» para a análise macroeconómica, tidos por alguns como um esforço de aproximação entre a Economia e as demais ciências sociais, e de compaginação com as exigências culturais de triunfo simultâneo do pós-modernismo e do neoliberalismo[173/174].

É verdade que resta ainda um longo caminho à Economia no sentido de aumento de sofisticação analítica na construção do seu conceito de racionalidade – que, o mesmo é dizer, é o apuramento do seu próprio grau de realismo, da sua própria capacidade referencial e designativa. Da racionalidade como pura premissa mecanicista, um dado exógeno e invariável, avançou-se para a graduação dessa racionalidade *exógena*, admitindo-se que um grau muito restrito de racionalidade pudesse presidir à ampla maioria das decisões correntes, e que a desigualdade desse grau implicasse a heterogeneidade e a idiossincrasia de padrões de conduta que outrora se tinham tomado por universalizáveis; ficou-se no limiar de admissão da racionalidade limitada como variável *endógena*, ou seja, como fruto de ponderações específicas de ganhos e perdas relativos ao emprego sub-óptimo de um grau acessível de racionalidade, susceptível até de um ponto qualquer de equilíbrio duradouro de distribuição de condutas incompletamente racionais (admitindo-se até, a partir desse ponto, a formação de uma «estratégia evolucionista» nos termos da qual a distribuição permanente de graus de racionalidade imperfeita propicia o surgimento de predadores e de opressores, e a degradação subsequente das vias de acesso aos remédios para a limitação da racionalidade[175]).

Para que essa evolução se dê, haverá que aprofundar a já referida «economia da conduta» (*Behavioral Economics*), procurando denominadores comuns e *previsíveis* para as «falhas de racionalidade» que gerem «erros sistémicos», desvios generalizados daquilo que seria o padrão previsível de conduta racional (desvios desigualmente distribuídos pela população, e que por isso não se anulam nos valores médios): efeitos de contágio, de euforia, de pânico ou de superstição, de escolhas insustentáveis ou inconsistentes, de ansiedade ou de indolência lesivas[176].

Não subsistem hoje muitas dúvidas de que um dos filões a explorar para o progresso da ciência económica, para o aumento ao mesmo tempo da sua sofisticação e do seu realismo, é o do recurso à Psicologia, o da colaboração com ela – já que sem isso a forma característica de análise económica, apesar de poderosa na sua simplicidade e universalidade, pode ser suspeita de ingénuo esquematismo no seu modo de abordagem das determinantes *reais* da conduta dos agentes económicos, tal como eles são efectivamente experimentados e desenvolvidos[177].

Ora, «*Behavioral Economics*» é a designação mais comum para essa confluência interdisciplinar da Economia com a Psicologia, centrada especialmente na análise da «heurística decisional», isto é, no conjunto de «atalhos», de regras elementares, com os quais cada agente, apesar de munido de um nível diminuto de

[170] Oakley, A. (2002).

[171] Na sugestiva referência de: McCloskey, D.N. (1985), 76. Para uma meditação acerca do uso irrestrito, «beckeriano», da metodologia económica, cfr. Grossbard-Shechtman, S. & C. Clague (orgs.) (2002).

[172] Sobre o imperialismo da metodologia económica, cfr. Freire, P.V. (2002), 417-428.

[173] Fine, B. (2002), 187-201.

[174] Gary Becker é talvez o mais influente economista da actualidade, se levarmos em conta o número de vezes que o seu nome é invocado em estudos de economia aplicada, ou seja, o número de vezes que a sua autoridade é invocada para definir um rumo teórico à investigação empírica. Cfr. Chiappori, P.-A. & S.D. Levitt (2003), 151.

[175] Conlisk, J. (2001), 482.

[176] Cohen, J.L. & W.T. Dickens (2002), 335.

[177] Rabin, M. (1998), 11ss..

informação, chega rápida e expeditamente a decisões[178], ponderando, nesse processo, as propensões psicológicas associadas ao valor da «utilidade esperada»[179].

«*Behavioral Economics*» é sobretudo, pois, o estudo de fenómenos de desvio sistemático em relação ao padrão clássico da escolha racional e egoísta[180] – aventurando-se no diagnóstico de erros sistémicos e intuitivos que derivam da ansiedade e da pressão do tempo[181], de distracção com tarefas concorrentes[182], de cansaço[183], de desequilíbrio emocional[184], de menosprezo pelos valores em jogo ou pela amplitude das consequências[185], de simpatias «à primeira vista», de «memória selectiva»[186].

Esta abordagem simboliza, porventura mais do que qualquer outra, o progressivo abandono do pressuposto da racionalidade ilimitada na modelação económica[187], tornando-se reflexo da crescente literatura sobre erros, desvios, distorções «heurísticas» a condicionarem o uso da racionalidade nas escolhas[188], apoiada em cada vez mais abundantes provas recolhidas pela «Economia Experimental»[189]. Um dos propósitos da «*Beha-*

vioral Economics» é o de ajudar a erradicar «erros sistémicos» da modelação económica, de modo a preservar-se o realismo na referência às motivações sem se perder o paradigma da racionalidade – tarefa que não é simples, constituindo antes uma das frentes mais árduas, mas mais férteis, de todo o domínio da modelação económica[190].

– Deste esforço teórico e experimental tem resultado que, a par das admissões acerca da racionalidade limitada e das «anomalias» do paradigma maximizador, começa lentamente a explorar-se a matéria das emoções como determinantes da conduta económica: por exemplo, o ascendente da «dissonância cognitiva»[191] e da «habituação»[192], ou as motivações da inveja[193], da indignação[194], da vingança[195], do conformismo[196], da culpa[197], do remorso[198], do próprio altruísmo[199] – perspectivas que, em síntese, reabilitam o papel das emoções como veículos cognitivos (ainda que reconheçam evidentemente que o grau de conteúdo cognitivo varia muito, podendo ser diminuto nas emoções «viscerais»[200]), e até como agentes dentro de uma estratégia evolutiva[201].

---

[178] Hastie, R. & R.M. Dawes (2001), Cap. XIII.

[179] Hastie, R. & R.M. Dawes (2001), Cap. XII.

[180] Rabin, M. (1998), 11-46.

[181] Finucane, M.L., A. Alhakami, P. Slovic & S.M. Johnson (2000), 1-17.

[182] Gilbert, D.T. (1991), 107-119.

[183] Bodenhausen, G.V. (1990), 319-322.

[184] Isen, A.M., T.E. Nygren & F.G. Ashby (1988), 710-717; Bless, H., G.L. Clore, N. Schwarz, V. Golisano, C. Rabe & M. Wolk (1996), 665-679.

[185] Camerer, C.F. & R.M. Hogarth (1999), 7-42. Ver, todavia, a tese oposta em: Barber, B.M. & T. Odean (2000), 773-806; Benartzi, S. & R.H. Thaler (2001), 79-98; Genesove, D. & C. Mayer (2001), 1233-1260; Lerner, J.S. & P.E. Tetlock (1999), 255-275.

[186] Chapman, G.B. & E.J. Johnson (2002), 120-138; Kahneman, D. (1994), 18-36; Kahneman, D., P.P. Wakker & R. Sarin (1997), 375-405.

[187] Conlisk, J. (1996), 669ss.; Lovell, M.C. (1986), 110-124; Simon, H.A. (1990), 1-19.

[188] Arkes, H.R. & K.R. Hammond (orgs.) (1986); Hogarth, R.M. (1980); Kahneman, D., J.L. Knetsch & R.H. Thaler (1991), 193-206; Kahneman, D., P. Slovic & A. Tversky (orgs.) (1982); Loewenstein, G. & R.H. Thaler (1989), 181-193; Nisbett, R.E. & L. Ross (1980); Payne, J.W., J.R. Bettman & E.J. Johnson (1992), 87-131; Pitz, G.F. & N.J. Sachs (1984), 139-163; Tversky, A. & R.H. Thaler (1990), 201-211.

[189] Grether, D.M. & C.R. Plott (1979), 623-638; Grether, D.M. (1992), 31-57; Groner, R., M. Groner & W.F. Bischof (orgs.) (1983); Herrnstein, R.J. & D. Prelec (1991), 137-156; Newell, A. & H.A. Simon (1990), 113-138; Payne, J.W., J.R. Bettman & E.J. Johnson (1993); Sterman, J.D. (1989), 301-335.

[190] Arrow, K.J. (1986), S385-S399; Battalio, R.C., J.H. Kagel & K. Jiranyakul (1990), 25-50; Brehmer, B. (1980), 223-241; Fischhoff, B. (1982), 422-444; Frey, B.S. & R. Eichenberger (1994), 215-234; Pingle, M.A. (1992), 3-30; Slonim, R. (1994), 141-165; Smith, V.L. (1989), 151-169; Smith, V.L. (1991), 877-897; Smith, V.L. & J.M. Walker (1993), 245-261.

[191] Akerlof, G.A. & W.T. Dickens (1982), 307-319; Festinger, L. & D. Bramel (1962), 254-279; Higgins, E.T. (1987), 319-340; Rabin, M. (1994), 177-194.

[192] Becker, G.S. (1996b), 329ss..

[193] Elster, J. (1983); Fernandez de La Mora, G.F. (1987); Hirshleifer, J. (1987), 307-326; Schoeck, H. (1987).

[194] Afigura-se que a inveja e a indignação desempenham um papel decisivo no «Jogo do Ultimato». Cfr. Güth, W., R. Schmittberger & B. Schwarze (1982), 367-388; Roth, A.E. (1995), 253-348.

[195] Boehm, C. (1984); Djilas, M. (1958); Edgerton, R.B. (1992); Elster, J. (1989), 99-117; Frijda, N.H. (1994), 263-290; Miller, W.I. (1990); Wilson, S. (1988).

[196] Asch, S.E. (1952); Newcomb, T.M., K.L. Koening, R. Flacks & D.P. Warwick (1967); Sherif, M. (1937), 90-98; Tesser, A. & J. Aschee (1994), 96-109.

[197] Abreu, D. (1988), 383-396; Akerlof, G.A. (1976), 599-617; Axelrod, R. (1986), 1095-1111; Coleman, J.S. (1990); Elster, J. (1989b); Elster, J. (1989c); Elster, J. (1998), 64ss.; Loewenstein, G. (1996), 272-292.

[198] Bell, D. (1982), 961-981; Loomes, G. & R. Sugden (1982), 805-824.

[199] Becker, G.S. (1976b), Caps. XII e XIII.

[200] Rozin, P. & C. Nemeroff (1990), 205-232; Zajonc, R.B. (1980), 151-175.

[201] Frank, R.H. (1988).

– Outro aspecto de «erro sistémico» que tem sido realçado pela «*Behavioral Economics*» deriva da persistência inercial das convicções «fortes» ou «polarizadoras», que levam o seu possuidor a rejeitar factos que as contraditem, ou a nem mesmo sequer se aperceberem desses factos[202] – um «*confirmatory bias*» que explica os fenómenos de «excesso de confiança»[203/204], conjugados com manifestações de «distorção retrospectiva», ou seja, de sobre-avaliação das probabilidades dos resultados alcançados, subestimando as alternativas existentes nas condições iniciais (conferindo a todo o passado uma aparência de inevitabilidade determinista)[205].

– Muito comuns e visíveis são os exemplos de «correlação ilusória», uma fonte constante de irracionalidades, distorções e falsas hipóteses[206] – por exemplo, a dificuldade que há em intuir-se, e aceitar-se, o acaso, um acaso «não-computável», dificuldade que apoia falácias lógicas como a «falácia Monte Carlo», ou que gera a convicção do «mau olhado», de que há dias «bons» e «maus» que condicionam, como uma fatalidade, os resultados desportivos[207]; ou, noutro exemplo, as dificuldades que se insinuam na representação (e previsão, e optimização) de estados de satisfação subjectiva associados à actividade económica[208].

É de resultados teóricos e experimentais como estes que emerge a contestação ao uso irrestrito da noção de «maximização de utilidade» como paradigma de conduta, mesmo no seio da corrente neoclássica – contestação que tem os seus precursores[209], e que, como referimos, encontra os seus pontos altos na formulação dos paradigmas da «racionalidade limitada»[210] e da inconsistência na conduta[211], na análise dos «*framing effects*»[212/213], na consideração de «erros sistémicos» que, manifestando-se nos mercados, não se anulam em médias[214], no estudo de formas peculiares de «desconto» do futuro[215].

Uma das vias possíveis é a do recurso à «psicologia evolucionista» (*evolutionary psychology*), uma alternativa à explicação psicológica que se centra no carácter instrumental, adjectivo, da racionalidade, para buscar na conduta humana os indícios atávicos da capacidade de sobrevivência darwinista dos indivíduos e das espécies: uma forma reducionista mas surpreendentemente eficaz de explicar padrões complexos de expressão da racionalidade mesclada com traços de agressividade territorial e sexual, com traços de reciprocidade benévola ou retaliatória, com condutas de predação, parasitismo, dissimulação e incongruência oportunista, e até de antecipação e de «sexto sentido» face à adopção de atitudes surpreendentes, «batoteiras» ou aparentemente erráticas por parte dos outros[216]. Contra este recurso, dir-se-á que ele, no seu reducionismo, tende a desconsiderar demasiado a liberdade dos agentes económicos, substituindo a *compreensão* dos motivos da escolha racional pela *explicação* da configuração específica (genética ou outra) que determina os nossos *instintos* de sobrevivência em contextos de partilha e conflito[217].

Outra via possível de adensamento da consideração *realista* da racionalidade como objecto da Economia é, como sugerimos já, o estudo do ascendente das emoções na conduta, aproveitando o mais recente impulso das perspectivas anti-cartesianas (e pró-espinozistas) de António Damásio, dos estudos sobre a relação entre

---

[202] Bruner, J.S. & M.C. Potter (1964), 424-425; Darley, J.M. & P.H. Gross (1983), 20-33; Lord, C., L. Ross & M. Lepper (1979), 2098-2109; Plous, S. (1991), 1058-1082.

[203] Baumann, A.O., R.B. Deber & G.G. Thompson (1991), 167-174; Griffin, D. & A. Tversky (1992), 411-435; Keren, G. (1987), 98-114; Keren, G. (1988), 95-119.

[204] Num inquérito levado a cabo junto a condutores de automóveis nos Estados Unidos, 90% dos entrevistados consideravam-se acima da média. Isso é uma boa ilustração do «excesso de confiança», o qual explica também, por exemplo, «entradas no mercado» que não primam pela racionalidade. Cfr. Kahneman, D. (1988), 11-18; Svenson, O. (1981), 143-148.

[205] Fischhoff, B. (1975), 288-299; Tversky, A. & D. Kahneman (1973), 207-232.

[206] Jennings, D.L., T.M. Amabile & L. Ross (1982), 211-230; Nisbett, R.E. & L. Ross (1980).

[207] Gilovich, T., R. Vallone & A. Tversky (1985), 295-314; Tversky, A. & T. Gilovich (1989), 16-21; Tversky, A. & T. Gilovich (1989b), 31-34.

[208] Brickman, P., D. Coates & R. Janoff-Bulman (1978), 917-927; Camerer, C.F., L. Babcock, G. Loewenstein & R.H. Thaler (1997), 407-441; Herrnstein, R.J. & D. Prelec (1992), 235-263; Kahneman, D. (1994), 18-36; Kahneman, D., P.P. Wakker & R. Sarin (1997), 375-406; Thaler, R.H. (1981), 201-207.

[209] Allais, M. (1953), 503-546; Ellsberg, D. (1961), 643-669.

[210] Simon, H.A. (1955b), 99-118.

[211] Thaler, R.H. & H.M. Shefrin (1981), 392-406.

[212] Arrow, K.J. (1982), 1-9; Hammond, P.J. (1989), 1445-1449; Tversky, A. & D. Kahneman (1986), S251-S278.

[213] O caso mais evidente de limitação de racionalidade por «*framing*» prende-se com a variação do acatamento em função das denominações atribuídas às várias formas de tributação. Cfr. McCaffrey, E.J. (1994), 1861-1947; Madrian, B.C. & D.F. Shea (2001), 1149-1187.

[214] Benartzi, S. & R.H. Thaler (1995), 75-92; Odean, T. (1998), 1775-1798.

[215] Laibson, D.I. (1997), 443-477.

[216] Cosmides, L. & J. Tooby (1992), 163-228.

[217] Cohen, J.L. & W.T. Dickens (2002), 336; Sethi, R. & E. Somanathan (2001), 273-297; Winter, S.G. (1964), 225-272.

as emoções e o conhecimento[218] ou sobre as bases neurológicas das emoções[219]; via que, de resto, começou já a encontrar os seus primeiros reflexos na própria ciência económica[220], ainda que a questão das emoções tenha sobrelevado em especial em matéria de expectativas de desfecho emotivo (por exemplo, arrependimento) como condicionantes da racionalidade da opção presente[221] – algo de remoto em relação à preferência da psicologia pela análise dos factores imediatos, *viscerais*, de ascendente das emoções sobre a conduta[222], esses factores que, pese a sua transitoriedade e volatilidade – e até a susceptibilidade de serem previstos, prevenidos ou manipulados –, são capazes de presidir até às mais importantes decisões da vida de cada um: aquele que, por medo, se abstém de reciprocar, ou aquele que, enfurecido ou indignado, agride ou retalia e destrói as oportunidades de cooperação, aquele que se impacienta movido pelo seu egoísmo e desse modo compromete o seu benefício, aquele que, enlevado pela simpatia alheia, se vulnerabiliza, aquele que não se liberta dos seus vícios, são outros tantos exemplos do império imediato das emoções e de perda de auto-controlo, disputando à fria racionalidade a primazia na conformação de soluções duradouras (ou na determinação da falta de soluções)[223]; factores emotivos que são capazes de atingir erraticamente todos os agentes económicos (não podendo retirar-se da racionalidade dominante num agente económico que ele não soçobre em irracionalidade num qualquer momento[224]) e – como se reconhecerá facilmente – são algumas vezes, em contextos de extrema insegurança ou incerteza, o único critério que resta (o «palpite») para uma qualquer decisão, quando não é o medo que, como reacção defensiva, sobreleva e tudo paralisa[225/226].

Reconheçamos, em suma, que o conhecimento, a informação de que a racionalidade se alimenta, lida com meios escassos, meios como o tempo e a capacidade de assimilação e de concentração. Sendo custoso esse conhecimento, aquele que é chamado a agir terá que procurar «atalhos heurísticos» para esquematizar e padronizar os dados mínimos daquela informação e da decisão que se lhe siga (simplificando numa rotina a identificação e a reacção a uma «família» de situações, desconsiderando situações novas e implausíveis, ou de baixa probabilidade), procurando, nessa possível fruição de uma aprendizagem sedimentada[227], reduzir os custos de deliberação[228] e aumentar os ganhos prováveis daquela «antecipação aproximativa»[229/230]. Não é de esperar que o protótipo «maximalista» da racionalidade económica resista incólume a estas complicações.

Em suma, ainda há muito por explorar nos domínios da racionalidade limitada, desde os avanços pioneiros de Herbert Simon[231] até aos desenvolvimentos mais sofisticados de Daniel Kahneman e de Amos Tversky, que procuram fazer um levantamento completo de todos os desvios em relação ao «cânone neoclássico» da formação de convicções e preferências[232], respondendo ao apelo da «densificação psicológica» da ciência económica, com o seu «epicentro» na «*Behavioral Economics*»[233].

Desenvolveram-se assim, como referimos, paradigmas de «heurística distorcida», de aquisição de informação deficiente[234], padrões de escolha com risco e com perda, analisando-se as correspondentes «aversões», tanto a aversão ao risco como a mais subtil «aversão a perdas» (mesmo na ausência de risco)[235], e arquétipos de manipulação da intuição[236] e da raciona-

[218] Zajonc, R.B. (1980), 151-175.

[219] Panksepp, J. (1998).

[220] Elster, J. (1998), 47-74.

[221] Loomes, G. & R. Sugden (1982), 805-824.

[222] Loewenstein, G. (2000), 426.

[223] Loewenstein, G. (1999), 235-264.

[224] Fuchs, V.R. (1982), 93-120.

[225] Öhman, A. (1986), 123-145.

[226] Cfr. ainda: Loewenstein, G. (2000), 429-431; Prelec, D. & G. Loewenstein (1998), 4-28; Kagel, J.H., R.C. Battalio & L. Green (1995); Sen, A.K. (1973), 241-259.

[227] Erev, I. & A.E. Roth (1998), 848-881; Camerer, C.F. & T.-H. Ho (1999), 827-874.

[228] Simon, H.A. (1955b), 99-118; Conlisk, J. (1996), 669-700.

[229] Camerer, C.F., E.J. Johnson, T. Rymon & S. Sen (1994), 27-47.

[230] Cfr. ainda: Gabaix, X. & D. Laibson (2000b), 433; Thaler, R.H. (1994).

[231] Simon, H.A. (1955b), 99-118; Simon, H.A. (1979), 363-396.

[232] Kahneman, D. (2003b), 1449ss..

[233] Thaler, R.H. (1991); Thaler, R.H. (1994); Thaler, R.H. (2000b), 268-287.

[234] Kahneman, D. & A. Tversky (1973), 237-251; Kahneman, D., P. Slovic & A. Tversky (orgs.) (1982); Kahneman, D., I. Ritov & D. Schkade (1999), 203-235; Kahneman, D. & S. Frederick (2002), 49-81; Tversky, A. & D. Kahneman (1974), 1124-1131.

[235] Nos termos da chamada *«prospect theory»*. Cfr. Kahneman, D. & A. Tversky (1979), 263-291; Kahneman, D., J.L. Knetsch & R.H. Thaler (1990), 1325-1348; Kahneman, D., J.L. Knetsch & R.H. Thaler (1991), 193-206; Kahneman, D. & A. Tversky (orgs.) (2000); Tversky, A. & D. Kahneman (1991), 1039-1061; Tversky, A. & D. Kahneman (1992), 297-323.

[236] Epstein, S. (2003), 159-184; Gilbert, D.T. (1989), 189-211; Gilbert, D.T. (2002), 167-184; Rozin, P. & C. Nemeroff (2002), 201-216; Wilson, T.D. (2002).

lidade por condicionamentos contextuais[237/238]. Essa «heurística» tem contribuído decisivamente para o esbater das fronteiras entre racionalidade e intuição, ainda quando a demarcação conceptual permaneça nítida[239] – pense-se nas situações em que a atenção é convocada simultaneamente para duas ou mais tarefas, e não é possível por isso assegurar o máximo de recursos racionais em qualquer delas, ou uma é remetida para segundo plano[240].

Por fim, refira-se que existe a convicção, do lado da Psicologia, de que é possível erradicar erros sistémicos através da aprendizagem dos próprios princípios que explicam a ocorrência e funcionamento desses erros[241]. Contudo, também existem exemplos em que a aprendizagem exacerbou os erros sistémicos[242], pelo que a simbiose entre Psicologia e Economia parece condenada a uma perene ambiguidade – que não deixa de ser extremamente fértil e promissora.

1 – b) As opções ditadas pela escassez

Se, apesar das reservas já formuladas, aceitarmos como boa a constatação de que uma parte significativa da vida comum é dominada pela escassez – nem tudo se conseguindo obter simultaneamente e sem sacrifício –, rapidamente se nos imporá como seu corolário a ideia de que toda a escolha tem um *custo*, e de que este custo consiste essencialmente no valor daquilo a que se renuncia para se obter aquilo por que se optou:

– a cigarra que optou por um Verão folgado renunciou a um Inverno próspero, e a formiga que acautelou o Inverno renunciou a um gozo pleno do Estio – num caso e noutro porque não havia meios suficientes para se assegurar a optimização simultânea de ambos os objectivos –;

– o estudante desleixado que vai deixando acumular, ao longo do seu curso, as cadeiras «atrasadas» aumenta o custo ínsito na sua aplicação a cada uma, porque é cada vez maior o número das disci-

plinas pelas quais tem que distribuir o seu tempo escasso, cada vez maior o número das disciplinas que deixa de estudar enquanto se dedica àquela que momentaneamente considere prioritária;

– a nação que presentemente desleixa a formação dos seus jovens ou que simplesmente a onera – por exemplo, impondo propinas no ensino superior público, ou restringindo o acesso às universidades – renuncia à possibilidade de o seu «capital humano» sustentar mais eficientemente, no futuro, os seus reformados («capital humano», uma expressão usada pioneiramente pelo economista Theodore Schultz nos anos 60 do século XX, é, numa primeira acepção muito genérica, o conjunto dos atributos individuais que se revelem produtivos num qualquer contexto económico, ou, por outras palavras, é toda a acumulação de conhecimentos e aptidões de que pode beneficiar cada indivíduo, cumuláveis e transmissíveis entre gerações);

– o Estado que dá prioridade ao progresso industrial – à opção «canhões» em detrimento da opção «manteiga», no célebre dito de Adolf Hitler – tem que subalternizar o nível de bem-estar imediato dos seus cidadãos, desviando para aquele primeiro objectivo os meios escassos que poderiam assegurar o segundo; ao invés, o Estado que se preocupa em primeiro lugar com a qualidade e a sustentabilidade ambientais subalternizará necessariamente a finalidade de maximização imediata do rendimento nacional[243/244]; e assim sucessivamente.

– mesmo um Estado invasor (já que referimos Adolf Hitler) teria, ao menos em abstracto, que optar entre o saque e a espoliação dos bens, por um lado, e o apaziguamento dos cidadãos da nação invadida, por outro: o ganho imediato e certo do espólio de guerra será a perda (não menos certa) no longo prazo dos ganhos da colaboração da população civil; a perda imediata e certa poderá, ao invés, vir a corresponder a um ganho, ainda que futuro e incerto. Em concreto, essa ponderação dependerá de uma outra, relativa aos custos e benefícios ine-

---

237 Entre eles avultando os já referidos *«framing effects»*. Cfr. Langer, E.J., A. Blank & B. Chanowitz (1978), 635-642; Tversky, A. & D. Kahneman (1981), 453-458; Tversky, A. & D. Kahneman (1986), S251-S278.

238 Mais genericamente, cfr. Ross, L. & R.E. Nisbett (1991).

239 Chaiken, S. & Y. Trope (orgs.) (1999); Klein, G. (1998); Stanovich, K.E. & R.F. West (2000), 645-665.

240 Pashler, H.E. (1998).

241 Kahneman, D. & A. Tversky (1982), 493-508; Tversky, A. & D. Kahneman (1982), 84-98.

242 Anderson, C.A., M.R. Lepper & L. Ross (1980), 1037-1049; Oskamp, S. (1965), 261-265; Ross, L., M.R. Lepper, F. Strack & J. Steinmetz (1977), 817-829; Wilson, T.D. & J.W. Schooler (1991), 181-192; Wilson, T.D. & S.J. Lafleur (1995), 21-35; Yates, J.F. (1990).

243 Dependendo este última ponderação, como veremos adiante, do ponto em que essa nação se encontra na «Curva de Kuznets ambiental».

244 Foi William Nordhaus que primeiro procurou configurar as relações economico-ambientais, visando tornar explícitas as opções políticas e respectiva relevância – mormente através do modelo *«Dynamic Integrated Model of Climate and the Economy»*, ou *DICE*, um modelo especialmente vocacionado para a coordenação internacional das políticas ambientais, evitando a nível global a «tragédia dos baldios». Cfr. Nordhaus, W.D. (1991), 37-65; Nordhaus, W.D. (1991b), 33-68; Nordhaus, W.D. (1991c), 920-937; Nordhaus, W.D. (1994).

rentes ao acatamento das leis da guerra que proí-
bem a pilhagem das populações civis – porque,
como vimos, o próprio acatamento das normas
está dependente de um juízo de racionalidade[245].

1 – b) – i) Eficiência e prioridades

A escassez é igualmente condicionante de conflitos
de fundo, como aquele que se regista entre os valores
da *eficiência* e da *justiça*: é que a prioridade dada à eficiência significa que o emprego de meios é avaliado
em termos de maximização, ou seja, de capacidade de
obter o maior rendimento possível a partir de um determinado conjunto de meios (caracterizando-se genericamente a *eficiência* como a afectação de recursos aos
seus empregos com o máximo valor relativo); e essa
prioridade implica orientações políticas muito diversas
daquelas que seriam ditadas por uma primazia conferida à justiça, na qual o que conta é primordialmente a
forma como o rendimento é repartido, a forma como a
igualdade é verificada nas comparações intersubjectivas de resultados distribuídos, independentemente da
dimensão total daquele rendimento cuja maximização
é o alvo da eficiência.

A incompatibilidade da prossecução simultânea destes dois objectivos – que também poderíamos designar
aproximadamente como objectivos quantitativos e qualitativos da criação de riqueza – é em larga medida um
resultado da escassez dos recursos que podem ser afectados a cada um deles, uma escassez agravada por fundamentais incompatibilidades entre eles: a maior parte
dos incentivos ao esforço de enriquecimento num
ambiente de liberdade têm uma matriz individualista e
inigualitária, e esses incentivos reduzem-se perante a
promoção activa de resultados igualitários – se a igualdade, consistindo no nivelamento do esforço de enriquecimento com a indolência, *premiar* esta última.

Mas antes que emprestemos um empolamento
demasiado ao conflito entre *eficiência* e *justiça*, e em
defesa da sua compatibilização – limitada pela escassez –, lembremos que um uso *eficiente* de recursos é já
aquele que resulta na produção dos bens e serviços que
mais apreciados são pelo maior número de pessoas,
pelo que esta definição deveria bastar para dar ao valor
da *eficiência* um alcance mais amplo do que aquele que
muitas vezes lhe é atribuído, e significar que o aumento quantitativo de *meios* é já um passo decisivo em
direcção à optimização das *finalidades*.

Pensemos, por um lado, que a distribuição *justa* de
um resultado *ineficiente* pode ser uma situação que não
satisfaz ninguém, tornando-se pois, num outro sentido,
igualmente *injusta*: a repartição igualitária da miséria
gerada pela indolência igualitarista, tanto como a sen-
tença justa mas tardia de um tribunal indolente. E pensemos, por outro lado, que a satisfação das necessidades individuais livremente formadas e expressas é porventura o índice que mais inequivocamente demonstra
o sucesso da vida social entre pessoas que se respeitam
e não prescindem da sua liberdade e da sua realização
pessoal – e que a *eficiência* mais não é, as mais das
vezes, do que a designação que é dada à desejada consumação de regras de jogo que terão sido aceites por
todos com a sua integração social, regras de jogo cujo
desenvolvimento livre é também uma forma de *justiça*,
uma justiça «procedimental» capaz de legitimar como
justos os resultados que dela dimanam (voltaremos a
este ponto adiante).

Tudo está, afinal, em estabelecer-se e aceitar-se prioridades: optimizar recursos é fundamentalmente procurar fazer com que se possa retirar deles um *máximo*
de satisfação, ou seja, é levar a respectiva exploração
ao limite imposto pela escassez, é conduzi-la ao extremo para lá do qual se prossegue apenas na medida em
que se consiga expandir a fronteira da capacidade produtiva do todo da economia, na medida em que ocorra
crescimento económico e seja cada vez menos necessário racionar a escassez em função de prioridades.

No extremo oposto, a Economia traz-nos à consciência as decisões menos agradáveis – mas não menos
inevitáveis – com as quais individualmente e colectivamente somos confrontados, quando a escassez nos
força à escolha entre objectivos que reputamos igualmente indispensáveis, quando nos torna aparente a
necessidade de abandono de um objectivo que temos,
com ou sem justiça, por imprescindível, mas que, apesar de tudo, não é o prioritário – por exemplo:

– renunciarmos à aquisição dos recursos hospitalares mais
  sofisticados em favor da construção de estradas mais
  seguras;
– reduzirmos o apoio estadual à educação em favor da
  aquisição de mais ambulâncias;
– racionarmos tratamentos médicos muito onerosos ou
  escassos em função da esperança de vida dos pacientes,
  recusando-os aos doentes idosos[246];
– prescindirmos da construção de estádios quando faltam
  fundos para a defesa nacional.

---

[245] Grossman, H.I. & J. Mendoza (2001), 25-33.

[246] Problema que tem vindo recentemente a agudizar-se, dado o facto de o alongamento da esperança de vida e de o envelhecimento das
populações terem levado a uma «compressão da morbilidade», a uma acumulação muito desequilibrada da ocorrência de doenças nas camadas
etárias mais avançadas. Cfr. Fries, J.F. (1980), 130-135; Fries, J.F. (1988), 407-428.

Infelizmente, problemas que por vezes parecem tão graves como insolúveis vêm a revelar-se ainda mais graves, politica e moralmente, porque se descobre que eles não são afinal insolúveis, e apenas subsistem por deficiente afectação de recursos, ou por má escolha de prioridades. Pense-se, por exemplo, que ainda hoje aproximadamente 500 milhões de pessoas contraem doenças graves todos os anos por falta de água potável e de condições mínimas de saneamento básico, sendo que, numa estimativa preliminar, a maior parte dessas deficiências poderiam ser minimizadas, ou até debeladas, com um único investimento global na ordem dos 200 mil milhões de dólares – o que não ultrapassa o dispêndio de 4 anos da actual ajuda internacional ao desenvolvimento –; devendo reconhecer-se em contrapartida, e numa nota mais positiva, que, apesar de todas as dificuldades, nos últimos 30 anos a percentagem de população com acesso permanente a água potável aumentou de 30% para 80%, subindo de 23% para 53%, no mesmo período, o acesso das populações a redes de saneamento básico[247].

1 – c) As perguntas básicas da decisão económica

Num contexto de interdependência e de divisão de trabalho, a produção de um bem ou a prestação de um serviço pode ser o resultado de milhares de escolhas e de decisões «em cascata» – ou seja, de um encadeamento em que, dada a irreversibilidade do tempo, cada opção condiciona definitivamente as opções subsequentes, num processo de «afunilamento» que, mesmo na ausência de uma direcção autoritariamente pré-definida, faz convergir a multidão de escolhas para um resultado único: por exemplo, os milhares de escolhas que estiveram subjacentes à concepção, à produção, à conjugação e à distribuição dos milhares de componentes que integram o computador em que escrevo este texto, muitos deles das mais distintas e distantes proveniências.

Por desejo de simplificação, os economistas procuram sustentar que toda a complexidade do processo económico resulta da combinação e da sequência das respostas que são dadas a um conjunto limitado de questões, essencialmente as seguintes:

1. *o que produzir, e quanto (e em que combinações, e por quem, e onde)?*

– O crescimento da sofisticação no consumo leva à constante multiplicação de necessidades *secundá-rias* ou *civilizacionais*, para o condicionamento e satisfação das quais se orientam os processos de inovação; isso não significa apenas que constantemente se alarga o espaço dentro do qual se movem as opções, como também que é cada vez mais patente a escassez dos meios face à multiplicação das respectivas possibilidades de uso – ou, dito de outro modo, que são cada vez mais relevantes as escolhas a que se proceda, mais vasto o campo das necessidades cuja satisfação reclama a produção de bens –.

– O progresso civilizacional faz com que o objectivo económico mínimo deixe de ser o da mera sobrevivência física para passar a ser o de uma determinada qualidade de vida, uma certa condignidade pessoal, e isso aumenta por si só o número de prioridades na produção, visto que converte em necessidades *primárias* ou *vitais* necessidades que começaram por ser, em estádios mais primitivos da civilização, meras necessidades secundárias. Pense-se, por exemplo, que por mais adaptativa que seja a natureza humana[248], as diferenças relativas de riqueza acabam por ter repercussões em tudo o que respeita às condições da natureza humana – por exemplo, no nível comparativo de saúde, sabendo-se que o grau *relativo* de prosperidade ditará algures uma fronteira de exclusão no acesso aos melhores serviços de saúde[249], e que essa exclusão tende a agravar-se e perpetuar-se, já que, em círculo vicioso, a degradação da saúde compromete a geração de rendimento e não permite (ao menos por essa via) a diminuição das disparidades de fortuna[250].

– Numa economia de mercado, as respostas a este primeiro grupo de questões são fornecidas pelo mecanismo dos preços; fora desse tipo de economia, as respostas têm que ser dadas por um qualquer sucedâneo político-jurídico, queira ele ou não reproduzir os resultados a que o mecanismo dos preços plausivelmente conduziria.

– Assinale-se desde já que, de certa forma, o mecanismo dos preços consegue aquilo que, fora do contexto do mercado, poderá ser impossível e afigurar-se incomportavelmente complexo: a associação de um único valor a preferências multiformes, concorrentes ou contrapostas – especificamente, a descoberta de uma relação «quantidade-preço» que corresponda instantaneamente tanto ao

---

[247] Banco Mundial (1992), 49; Banco Mundial (1994), 11, 26, 83; Gleick, P.H. (1998), 262-264; Lomborg, B. (2001), 20-22; Organização Mundial de Saúde (1986), 15-18.
[248] Easterlin, R.A. (1974), 89-125.
[249] Deaton, A. (2003), 123.
[250] Deaton, A. (2003), 152.

valor que os consumidores atribuem àquilo que buscam num mercado como ao custo que os produtores associam à disponibilização de bens e serviços no mercado. A decisão eficiente sobre o que produzir dá-nos já uma primeira indicação sobre a importância económica do funcionamento *livre* do mecanismo dos preços.

2. *como produzir (e como optimizar o modo de produzir)?*

– Dado que o enriquecimento daquele que produz depende do incremento da sua eficiência, da sua capacidade de, num mesmo intervalo de tempo e sem perda de qualidade, manter o nível de produção reduzindo os seus custos por unidade produzida, ou produzir mais unidades sem fazer subir esse custo médio, um dos vectores da actividade económica dirige-se à exploração de meios alternativos para a produção dos mesmos bens, procurando entre eles o mais *eficiente*.

– As respostas a este segundo conjunto de questões resultarão normalmente de uma comparação de custos e benefícios, que se tornará mais complexa quando as decisões afectem directamente vários produtores – que por exemplo se encontrem interdependentes por estarem integrados num único processo produtivo – ou quando as decisões se reportem ao emprego de meios que possam ferir interesses públicos (caso em que a presença do Estado servirá para condicionar o universo das respostas *eficientes*, coordenando-as com certos valores ou subordinando-as a eles).

3. *para quem produzir, e quando?*

– O mecanismo de preços determinará com razoável automatismo, numa economia de mercado, quem são aqueles que beneficiam dos bens e serviços que são produzidos: beneficiará mais, e mais imediatamente, aquele que tiver maior poder de compra e maior disposição de pagar.

– A resposta a este terceiro tipo de questões ganha em complexidade, contudo, quando a sociedade se interroga sobre a justiça de um tal estado de coisas, seja sobre a validade dos critérios de legitimação da desigualdade e da exclusão – o motivo pelo qual a intensidade de uma necessidade tem que ser «filtrada» pela «linguagem monetária», indeferindo as necessidades *reais* dos mais pobres –; seja, mais subtilmente, sobre a justiça da «preferência pelo presente», da sofreguidão consumista que esgota recursos e indefere os interesses dos vindouros (o problema, por exemplo, da *sustentabili-*

dade ambiental dos níveis presentes de produção e de consumo).

– É consensual que a resposta do mercado a este tipo específico de questões deve ser mais fortemente condicionada por critérios de justiça, e até de segurança e ordem pública, formalmente acautelados pela intervenção do Estado.

4. *quem decide, e por que processo?*

– Numa *economia de mercado*, todo o mundo e ninguém – todos contribuem, no seio das trocas, para a formação de uma vontade difusa, sendo que em muitos casos ninguém dispõe isoladamente do poder de conformar ou inflectir essa vontade –.

– Numa *economia mista* em que concorrem um sector privado e um sector público, o mecanismo difuso do mercado, da troca espontânea de recursos e de informações, é contrabalançado pelo poder concentrado de deliberação de que o Estado dispõe – sendo neste caso mais importante apurar-se qual a base legitimadora do exercício desse poder, visto que, se ele será normalmente o sucedâneo mais eficiente e justo de representação dos mesmos interesses que estão em jogo no mercado, ele pode também converter-se patologicamente num simples veículo de interesses particulares que tentam furtar-se às regras e constrangimentos do mercado –.

– Numa *economia dirigista* de planificação central, na qual uma entidade única se arroga o poder exclusivo de fornecer as respostas aos três conjuntos de questões supra-mencionadas, à mesma interrogação sobre a legitimidade que ocorre nas economias mistas juntam-se outras, como a da eficiência da direcção – a que custo é possível substituir-se ao mecanismo de mercado, seja na obtenção da informação relevante para decidir, seja no estabelecimento de incentivos para produzir – e a da liberdade dos dirigidos – o que é que ganhamos colectivamente com o facto de alguém decidir por nós o plano de satisfação das nossas necessidades individuais? –.

5. *como confiar?*

– Como assegurar, numa economia dirigista, ou numa economia mista, que a actuação do Estado não se pauta por interesses que conflituarão com os nossos interesses individuais (sendo certo que a existência e a legitimação *representativa* do Estado assentam precisamente na salvaguarda dos nossos interesses)?

– E numa economia de mercado, como podemos certificar-nos de que os produtores e as organizações que atingem uma apreciável dimensão não pervertem o poder de mercado em detrimento do mecanismo das trocas, no qual um mínimo de equilíbrio deve ser pressuposto?

– Mais simples e genericamente, como podemos assegurar-nos de que, enquanto nos concentramos na parte que nos cabe na divisão de tarefas, aqueles de quem nos tornámos dependentes – por força da especialização propiciada pela divisão de trabalho – cumprem a parte deles? Como poderemos ter a certeza de que, no final do processo produtivo, ocorrerá deveras uma troca, e de que os bens e meios de pagamento que conservámos e acumulámos com vista a essa troca serão aceites pelos nossos parceiros?

– A estas e outras facetas deste quinto grupo de questões deve responder o Direito, seja na sua dimensão de ordem jurídica de base estadual e internacional, seja na de princípio de organização convencional entre partes contratantes, que autoregulam a sua interdependência em termos de uniformidade e reciprocidade, e de confiança – seja a confiança mútua, seja a confiança partilhada em instituições comuns –.

Um mercado operando em condições de liberdade, com um nível concorrencial suficiente, pode responder com eficiência aos quatro primeiros grupos de questões que ficam acima enunciados, visto que os consumidores fazem reflectir as suas escalas de preferências nos preços que propõem ou aceitam, e que os produtores respondem a essas solicitações com uma optimização da relação quantidade-preço, ou seja, com diminuições relativas da escassez através do incremento da eficiência produtiva – criando, em suma, as condições suficientes para a maximização da satisfação de todas as partes envolvidas nas trocas –. Nem sempre um mercado responderá com *justiça* à questão do «para quem produzir»; dificilmente um mercado entregue a si mesmo, ou seja, desprovido de um enquadramento político e jurídico adequado, conseguirá responder *eficientemente* ao quinto tipo de questões.

1 – d) Custo de oportunidade e preço relativo

Como porventura terá ficado já implícito, uma escolha é racional na medida em que se centra numa comparação subjectiva, mas desapaixonada, de custos e benefícios implicados nas várias alternativas abertas à opção – podendo designar-se por utilidade *ponderada* o resultado dessa comparação (a ponderação, a «pesagem», de ganhos e perdas).

O que há de peculiar na ideia de uma racionalidade económica é não apenas o facto de não envolver normalmente qualquer tipo de apreciação valorativa sobre os objectivos de uma conduta (quando muito, como vimos, uma aferição da hierarquização dos fins), mas também o facto de reportar-se ao conceito mais amplo de *custo* que é possível imaginar-se: o conceito de *custo de oportunidade* – sinteticamente, a mais valiosa das oportunidades que são preteridas quando se faz uma escolha –, conceito que abarca aquilo que deixa de ser possível fazer-se e obter-se para que possa alcançar-se aquilo por que se optou.

A ideia de *custo de oportunidade* envolve uma espécie de remissão para a dimensão contra-factual, o «universo paralelo» daquilo que ocorreria se tivéssemos tomado cada uma das opções alternativas daquela que tomámos, somando, afinal, à despesa directa em que incorremos para levar a bom termo a opção que tomámos (aquilo que um jurista designará por «custos emergentes», ou «danos emergentes») também as vantagens a que renunciámos e que estariam ao nosso alcance nas opções que preterimos (para um jurista, os «lucros cessantes»). Havia uma *oportunidade* de fazermos diferentemente do que fizemos; mas quando optámos, preterimos aquela oportunidade, e essa renúncia às alternativas possíveis é um *custo*.

Esse pano de fundo imaginativo não é mero exercício lúdico, é antes um pressuposto essencial para que se afira o conteúdo e extensão da nossa própria eficiência no mundo real – a qual não pode ser verdadeiramente comparada senão com aquela reconstrução imaginativa do estado de coisas que prevaleceria se não fosse a opção que tomámos. Todo o cuidado deve ser colocado, todavia, na *plausibilidade* dessa reconstrução, porque podemos cair na tentação simplificadora de compararmos a situação presente, não com uma extrapolação para o presente de uma linha evolutiva que existia no momento em que tomámos a opção, mas com essa linha evolutiva tal como ela se encontrava naquele mesmo momento (uma comparação *saudosista* que fizesse tábua-rasa da irreversibilidade do tempo), ou com uma linha evolutiva que, por milagre, passasse a só apresentar vantagens e se desligasse dos custos anteriormente associados a essas vantagens (uma comparação *idílica* que pressupusesse a nossa omnipotência). Ilustremo-lo com um exemplo:

> O investigador que decide deslocar-se a um centro universitário estrangeiro deve contabilizar entre os seus custos não só aquilo que paga em termos de transportes, de alojamento, de alimentação, mas também aquilo que deixa de fazer e ganhar no seu lugar de origem. Todavia, antes de comparar esses custos com os correspondentes benefícios, ele não deverá deixar de considerar que, na hipótese de não se ter deslocado ao estrangeiro, também no seu

local de origem teria que suportar custos de alojamento, de alimentação, etc. O custo será, neste caso, apenas a *diferença* entre aquilo que gastou e aquilo que no mesmo momento teria plausivelmente gasto se tivesse tomado uma opção diversa.

Perguntar-se-á: *todas* as opções alternativas? Não – apenas *uma* opção alternativa, formalmente aquela que estava no segundo degrau da escala das preferências, aquela que plausivelmente teria sido tomada se não se tivesse preferido aquela por que se optou. Realisticamente, não se pode conjecturar que, se não tivéssemos seguido pelo caminho por onde vamos, teríamos seguido por todos os outros caminhos possíveis, simultaneamente, e não apenas por um outro – e único – caminho. Por isso é que o custo de oportunidade é o valor da «segunda melhor escolha», é a mais valiosa das alternativas preteridas.

A escassez e a *irreversibilidade do tempo* tornam crucial a ponderação de benefícios e custos de oportunidade, para que qualquer decisão económica – que, uma vez tomada, é em rigor condicionante e irremediável – possa pautar-se por alguma medida de racionalidade, aquela que, mesmo dentro dos seus limites reais, idealmente deveria presidir sempre ao momento da opção, aquele momento em que a liberdade económica assume o seu sentido próprio no plano individual.

É neste sentido específico que, pese embora muitas outras considerações válidas em contrário, a partir de ordens de valores diferentes, se pode sustentar, por exemplo, que é *economicamente racional* que um bom futebolista abandone os seus estudos terminada a escolaridade obrigatória, se porventura os benefícios esperados da sua curta carreira profissional excedem manifestamente os ganhos totais esperados de qualquer opção profissional subsequente ao prosseguimento dos estudos, e computados pela totalidade da sua expectativa de vida. Dito de outro modo, um tal prosseguimento dos estudos, no pressuposto de que ele prejudicaria a carreira de um futebolista talentoso, poderia apresentar para este um elevadíssimo custo de oportunidade.

Aproveitemos para sublinhar que a dimensão temporal é decisiva para a maior parte das valorações económicas – e que a maior parte dos custos em que incorremos resulta basicamente da *perda de tempo* que o alcançar de qualquer resultado implica, já que o tempo não é nem infinito nem reversível, implicando isso que a sua perda constitui um intervalo de absoluta «*não-oportunidade*»[251]. Aquele que sofre uma lesão tempo-

rariamente debilitante, mas sobrevive, sofre literalmente a perda de uma parte da sua vida; poderá recuperar inteiramente a sua capacidade física ou psíquica, mas não recuperará jamais o tempo que durou a sua incapacidade, não poderá jamais alcançar os benefícios que lhe teriam advindo do uso *produtivo* do tempo durante aquele intervalo de não-oportunidade – sendo esta uma constatação que poderá eventualmente facilitar a mais ampla compreensão do que é, mesmo no horizonte mais amplo da perspectiva global da vida individual, a proeminência do conceito de *custo de oportunidade*[252].

Como melhor se verá adiante, uma das ideias centrais com a qual se enaltece a liberdade das trocas e o papel da economia de mercado é a de que, na ausência de constrangimentos aparentes, o custo de oportunidade tende a ter uma representação fidedigna no «custo monetário» – com a consequência de que um dos primeiros indícios que podemos ter de que um mercado não está a funcionar apropriadamente reside na disparidade que encontremos entre o valor absoluto, para nós, destes dois tipos de custos. Mais concretamente, o custo de oportunidade é espelhado no *preço relativo* de dois bens, o preço relativo que é formado pelo mecanismo da oferta e da procura: o preço relativo do bem A em termos de bem B é a razão, o quociente, entre o preço de A e o preço de B – o que nos dá a medida exacta e *objectiva* do quanto deixamos de pagar por um bem quando compramos o outro.

1 – e) O raciocínio marginalista

Como já referimos de passagem, a análise da racionalidade económica centra-se frequentemente, não naquelas grandes decisões que mudam tudo, que transportam instantaneamente a pessoa de um ponto de insatisfação total para a saciedade – a pessoa que não tinha automóvel e que adquire um, a pessoa que não tinha lido um livro e o leu –, mas naquelas pequenas decisões que provocam pequenos incrementos de satisfação dentro de um plano decisório que não raro as transcende nos seus valores totais.

Aquele que, ao tocar o despertador, hesita em levantar-se de imediato e pondera benefícios e custos de manter-se mais meia hora na cama (se tem um horário a cumprir, meia hora poderá constituir um atraso irremediável, ou significar a renúncia a tomar o pequeno-almoço), não está a pensar no total de oito horas de sono que precederam aquele momento, ainda que esse total possa influenciar a

[251] Becker, G.S. (1965), 493-517.
[252] Krueger, K.V., J.O. Ward & G.R. Albrecht (2001), 3-8; Rodgers, J.D. (2001), 9-22.

sua ponderação, nem nas próximas dez horas que gastará nos transportes e no emprego, conquanto essa perspectiva total seja também relevante como âmbito das consequências da sua decisão: está a pensar exclusivamente nos 30 minutos seguintes, no intervalo de tempo dentro do qual é relevante a decisão a tomar – está a raciocinar em termos *marginais*.

Por outras palavras, a maior parte das decisões de que se ocupa a Economia não são em rigor as de fazer ou deixar de fazer algo – o tudo ou nada –, mas antes as de fazer *mais* ou *menos* de algo, de intensificar ou reduzir o número de unidades empregues em apoio de uma determinada decisão ou actividade: dedicar ou não mais tempo ao estudo da Economia? aumentar ou não os impostos? comprar um automóvel com ou sem ar condicionado? aumentar ou não os limites de velocidade nas auto-estradas? ler mais umas páginas de um livro ou telefonar a mais um amigo?

Ao jovem jurista que planeia constituir uma biblioteca jurídica e quer determinar quais as prioridades na aquisição de obras pouco ou nada adianta um conselho do tipo *"tudo o que tenha menos do que dois mil volumes é uma biblioteca insignificante"* – porque o que ele quer saber é quais são as vantagens e custos da próxima obra, ou do próximo lote de obras, que ele se propõe adquirir. A sua racionalidade concentra-se, como seria aliás de esperar, no horizonte de *relevância* das suas decisões mais imediatas – por mais consciência que ele tenha quanto à *instrumentalidade* dessas decisões dentro de um desígnio mais vasto, a finalidade última do seu plano de acção, que pode ser até a de adquirir, no final, mais do que dois mil volumes. Se ele tivesse meios para adquirir de uma vez só a biblioteca que desejaria formar – o dinheiro para adquirir a totalidade dos livros *e* para satisfazer todas aquelas necessidades cuja insatisfação tornaria incomportavelmente elevados os custos de oportunidade da aquisição da biblioteca –, então o cálculo de custos totais e de benefícios totais seria relevante. Mas se ele não dispõe desses meios – sendo essa a situação mais plausível, lembremo-lo, dada a escassez –, resta-lhe pensar em termos de custos e benefícios *marginais*, em termos de formação paulatina de uma biblioteca, livro a livro.

Ao livreiro que lhe fornece as obras também muito frequentemente será dado confinar a sua racionalidade ao âmbito marginal. Tendo adquirido, há alguns anos, uma centena de exemplares de uma obra, interessar-lhe-á, num momento inicial de optimismo, calcular que os revenderá por um preço que excede, por uma margem de *lucro*, o centésimo do custo total – ou seja, no caso, o *custo médio* de cada exemplar. Com a passagem do tempo, e em face da dificuldade em vender os últimos exemplares que lhe restam na loja, a sua raciona-

lidade reorientar-se-á na direcção do cálculo marginal, devendo passar a ponderar quanto lhe custa manter esses exemplares, no duplo sentido de aferir os custos positivos de conservação dos livros e de calcular os custos de oportunidade da não-venda (o que deixa de receber *a qualquer preço* pela venda dos livros, e o quanto podia ganhar pela venda de livros mais modernos ou mais apelativos que pudessem ser colocados no espaço ocupado por aqueles que não vende). Se o preço que obtiver pela venda dos últimos exemplares de uma obra exceder os correspondentes custos de conservação e de oportunidade, será racional vender. E, note-se, será racional vender ainda que aquele preço seja inferior ao custo médio de cada exemplar: será mais racional vender abaixo do custo médio – que é para todos os efeitos, neste caso, um dado *histórico* – do que obstinar-se em não vender abaixo desse custo, prescindindo do rendimento marginal que poderia obter.

Por outras palavras, não será racional para o livreiro, nem para ninguém, apegar-se ao custo histórico e irrecuperável de um bem ou serviço (o «*sunk cost*» de que fala a teoria económica) para com ele condicionar a conduta. Aquele que no intervalo de uma sessão de cinema se apercebeu já de que o filme não interessa deve concentrar-se na perda de tempo que representará assistir à outra metade, não sendo racional que se remeta ao raciocínio conformista, aliás tão comum, *"paguei o bilhete, fico até ao fim"*. O preço do bilhete está perdido, é irrecuperável quer se fique até ao fim quer se saia a meio, sendo mais racional que a próxima decisão se oriente para a limitação dos custos de oportunidade, que serão tanto maiores quanto mais for o tempo que se demorar a sair da sala de cinema. O agente económico racional (seja ele, ou não, o estilizado «*cyborg*» processador de informação e maximizador de resultados) age com base em expectativas acerca do futuro, não com base em remorsos acerca do passado – porque as suas decisões, como é óbvio – ou deveria ser óbvio –, só são relevantes para o futuro.

O jurista que quer ir aumentando gradualmente a sua biblioteca – e que gostaria que cada novo livro pudesse ser adquirido a um custo mínimo – e o livreiro que quer liquidar os seus livros menos vendáveis através do recurso a «saldos», a vendas sem lucro ou até com prejuízo, estão ambos a raciocinar em termos marginais: um compra, e o outro vende, se para cada um deles se verificar que o seu benefício marginal excede o custo marginal. Ambos estão a melhorar as suas hipóteses de sucesso nas trocas, prescindindo de cálculos referidos a valores totais, ou até a valores médios – valores por unidade –, e concentrando a sua racionalidade naquele âmbito restrito e marginal dentro do qual o impacto das suas decisões pode alcançar um máximo de eficiência futura.

Em suma, o custo marginal é o valor da mais valiosa alternativa preterida para se conseguir produzir ou obter mais uma unidade de um bem ou serviço, enquanto que o benefício marginal é o valor dessa unidade suplementar do bem ou serviço por que se optou. Aquele que optou por fazer uma viagem turística em vez de comprar novos livros para a sua biblioteca teve como custo de oportunidade marginal o valor dos livros que *se viu forçado* a não comprar – dada a escassez de recursos –; e teve como benefício marginal o valor dos livros (e outros bens) de que *esteve disposto a prescindir* para fazer a viagem, porque a viagem representava para ele, naquele momento e naquela circunstância, um valor marginalmente superior ao valor total dos livros, e outros bens, de cuja compra prescindiu.

Raciocinar em termos marginais significa, pois:

– optarmos por produzir ou adquirir mais de um bem ou serviço enquanto o benefício de mais essa unidade exceder o correspondente custo de oportunidade;

– optarmos por produzir ou adquirir menos quando esse custo exceder o benefício adicional;

– optarmos por não produzir ou adquirir nem mais nem menos, produzindo ou adquirindo o mesmo que anteriormente, quando os dois valores coincidirem.

A intuição subjacente à análise que acabámos de delinear ocorreu aquando da «revolução marginalista»[253], o ponto de viragem da tradição clássica para a escola neoclássica, uma coincidência histórica entre a fundação da «Microeconomia Austríaca» por Carl Menger, em 1871, a formulação da teoria «subjectiva» do consumidor por William Stanley Jevons, também em 1871, e o estabelecimento de condições de equilíbrio geral por Léon Walras, em 1874, três caminhos confluentes[254] depois sintetizados e vulgarizados na primeira edição dos *Principles of Economics* de Alfred Marshall, em 1890[255] – conquanto seja possível demonstrar-se que muito da «revolução marginalista» tinha já livre curso na ciência económica em momento anterior ao das referidas coincidências[256] e seja pacificamente aceite que a «revolução marginalista» demorou muito tempo a converter-se no alicerce do paradigma triunfante na ciência económica, ainda hoje quase indisputado[257].

1 – f) O impacto dos incentivos na conduta

Aquele que pode decidir livremente recorrerá, como vimos, a uma comparação, mais ou menos racional, de custos e benefícios. Se for possível interferir com a dimensão absoluta ou relativa desses custos e benefícios, alterando-a, então será de esperar que um agente racional responda a essa alteração, adaptando a ela a sua conduta. É, pois, possível *condicionar* a conduta do agente económico sem lhe retirar a sua liberdade de escolher e decidir – interferindo somente nos *incentivos* que são para ele o valor absoluto ou relativo dos ganhos e perdas esperados na sua próxima decisão, os pontos de referência das suas escolhas e a sua *motivação* para agir.

Um dos objectivos pragmáticos da ciência económica é o de, através da observação de variações nos custos marginais e nos benefícios marginais, chegar à previsão da evolução das escolhas e das condutas em resposta a modificações nos incentivos. No fundo, uma recondução – que não deixa de parecer por vezes uma mera redução – dos padrões normais de conduta ao esquema analítico da reacção «estímulo-resposta», tão própria da descrição da conduta de cobaias. É por isso, por exemplo, que quando a Economia analisa o Direito, ela tenta fazer ressaltar a estrutura de incentivos que o Direito põe em marcha, procurando sublinhar as consequências que decorrem da alteração das condutas em resposta a esses incentivos – evidenciando os critérios de racionalidade do acatamento e da violação das normas (o que já referimos a propósito das campanhas de prevenção rodoviária).

A questão dos incentivos, se é relativamente simples no efeito que isoladamente provoca numa conduta individual – um aumento de preços significará normalmente uma restrição do consumo, a atribuição de direitos exclusivos encorajará as invenções, um salário adequado incentivará a produtividade laboral, o aumento do lucro incentivará a produção das empresas –, é uma das mais complexas e difíceis facetas da modelação da política económica, não apenas porque ela supõe que se conheça, com um mínimo de rigor, a reacção dos indivíduos à alteração dos incentivos, como ainda, e sobretudo, porque um mesmo incentivo pode ter efeitos opostos, quando estamos na presença de destinatários dos incentivos com diferentes padrões de reacção.

A ênfase nos incentivos – sublinhemo-lo de imedia-

---

[253] Howey, R.S. (1960).

[254] Walras, L. (1954); Menger, C. (1981); Jevons, W.S. (1871); Makowski, L. & J.M. Ostroy (2001), 479.

[255] Sobre a actualidade de Alfred Marshall , cfr. Arena, R. & M. Quéré (orgs.) (2003).

[256] Ekelund, R.B. & R.F. Hébert (2002), 212.

[257] Sem embargo de alguns assaltos heterodoxos; por exemplo, Aníbal de Almeida não se coibiu de (a partir de específicos pressupostos ideológicos e analíticos) anunciar o fim do marginalismo: Almeida, A. (1979); mais tarde em Almeida, A. (1989), 48ss., 61ss.

to – é também a ênfase na liberdade, a convicção de que as pessoas são capazes de alcançar sem constrangimentos certas finalidades, desde que sejam criadas motivações adequadas – sob forma de ganhos e perdas associados às opções livremente disponíveis a cada agente[258/259].

Antes mesmo de nos embrenharmos na análise de «elasticidades», pense-se no exemplo das auto-estradas: permitindo uma condução relativamente mais segura do que aquela que é possível nas estradas tradicionais – o que significa, em termos económicos, um benefício adicional de segurança ao mesmo custo marginal de distância percorrida –, elas alteram a ponderação custo-benefício do condutor racional, o qual passa a ter um incentivo a conduzir mais depressa e despreocupadamente, em automóveis mais velozes e potentes, e menos incentivo a conduzir de forma mais lenta e cuidadosa. O número de acidentes devidos à má qualidade e à insegurança das estradas reduzir-se-á, mas aumentará o número de acidentes devidos a excesso de velocidade e a incúria dos condutores – e, note-se, isso ocorrerá tanto nas auto-estradas como fora delas, dado que o hábito adquirido naquelas extravasará para as demais estradas (analisaremos adiante este efeito de «risco moral»). Pior ainda, a combinação do progresso tecnológico – que tende a aumentar a segurança média propiciada pelos automóveis aos seus passageiros – com essa multiplicação de acidentes, se permite antever a diminuição de acidentes mortais, não implicará necessariamente o aumento do número de feridos e o agravamento drástico da lotação e das despesas hospitalares? Igualmente a eficiência energética dos novos carros tem que ser ponderada com o aumento dos riscos que podem advir do fabrico de automóveis mais pequenos e mais leves, mais velozes e menos sólidos, e que podem, por isso, aumentar a sinistralidade nas estradas[260].

Quererá isto dizer que deve abandonar-se a construção de auto-estradas, ou o estabelecimento de normas de segurança, ou a adopção de critérios de eficiência energética, na produção de automóveis? De modo algum: isto implica apenas que uma decisão política nesta matéria deverá ter em conta o carácter plural, e potencialmente contraditório, dos efeitos de alteração de incentivos. Muitos resultados das políticas económicas são, por isso, ambíguos, e a ciência económica tem-

se notabilizado na denúncia das limitações ínsitas a todas as medidas de «engenharia social» que pretendam condicionar as condutas individuais, e das perversões que tão frequentemente acompanham a aplicação das mais bem intencionadas e generosas medidas políticas: se as companhias aéreas se virem forçadas a adoptar medidas especiais de salvaguarda das crianças em caso de acidente aéreo (por exemplo, cadeiras especiais e redimensionadas), quem garante que o aumento dos custos, repercutido num aumento de preços, não levará muitos a optarem pelo transporte rodoviário em distâncias intermédias, aumentando os riscos, as probabilidades de acidente, das crianças transportadas? Não é verdade que a multiplicação de medidas preventivas de riscos, e o agravamento da regulação securitária, são capazes de gerar o efeito oposto, pois envolvendo custos de acatamento reduzem o rendimento disponível, e com ele a segurança, a salubridade e até a longevidade que estão positivamente correlacionadas com os níveis desse rendimento?[261]

A ênfase nos incentivos é crucial para se compreender a viabilidade das soluções económicas em contextos de liberdade social e política: por exemplo, quando hoje se sustenta que a competitividade internacional das economias mais evoluídas pode ser posta em causa pelo surgimento de bens produzidos a baixo custo em países ou regiões nos quais predomina a remuneração miserável da mão-de-obra – o chamado «*dumping*» da mão-de-obra, que leva à «deslocalização» das tradicionais fontes de emprego[262] –, não deve perder-se de vista que das duas uma: ou os benefícios dessa competitividade não chegam a fazer-se sentir nesses países e regiões, e eles são puras vítimas da exploração parasitária por parte dos países de onde emergem essas expressões de receio pela concorrência (querendo com isso dizer-se que os países e regiões de «mão-de-obra barata» podem ser fortemente prejudicados na repartição das riquezas que eles ajudam a criar); ou então, no caso contrário, só através da opressão e do medo dos trabalhadores será possível *ao mesmo tempo* privá-los desses benefícios e manter a produtividade do trabalho – porque, pura e simplesmente, não há qualquer sucedâneo eficiente para o incremento salarial como incentivo à produtividade laboral de trabalhadores *livres*. O tema tem implicações no comércio internacional[263], com evidentes implicações em sede de opção política

---

[258] Prendergast, C. (1999), 7ss..

[259] O que de resto facilmente se comprova com exemplos retirados da relação juridico-laboral. Gibbons, R. (1996); Lazear, E.P. (1995).

[260] Portney, P.R., I.W.H. Parry, H.K. Gruenspecht & W. Harrington (2003), 203ss..

[261] Para uma comprovação estatística com dados da população sueca, cfr. Gerdtham, U. & M. Johannesson (2002), 231-249.

[262] Flaim, P.O. & E. Sehgal (1985), 3-16; Gardner, J.M. (1993), 14-23; Gardner, J.M. (1995), 45-57; Herz, D.E. (1990), 21-33; Herz, D.E. (1991), 3-9; Horvath, F.W. (1987), 3-12; Kletzer, L.G. (1998), 115ss..

[263] Belman, D. & T.M. Lee (1995); Richardson, J.D. (1995), 33-56.

entre soluções proteccionistas e livre-cambistas[264], pelo que nem sempre é fácil discernir onde acaba a denúncia *objectiva* das condições de exploração que propiciam aquele *«dumping»* e onde começa o interesse proteccionista que inventa ou empola aquelas condições apenas para reforçar o seu próprio «entrincheiramento» com argumentos *«anti-dumping»*.

Por outro lado, convém não perder de vista que, como tudo ou quase tudo na Economia, a ênfase nos incentivos tem a sua contrapartida, o seu preço – e esse é, como vimos já, o sacrifício dos valores igualitários. Uma economia que assente na livre mecânica dos incentivos apela àquilo que diferencia as pessoas: a desigualdade de talentos, de oportunidades, de formação, até de sorte, que façam a cada um acalentar a esperança de alcançar uma remuneração, uma quota-parte da riqueza, que corresponda *com justiça* ao esforço, ao empenho, ao talento, à boa fortuna também, com que individualmente – e *diferenciadamente* – participou no processo produtivo.

Uma economia que insista numa medida qualquer de nivelamento igualitário em nome da *justiça social* tem que estar preparada para defrontar-se com uma perda de incentivos e com as respectivas consequências, mormente a queda do nível de actividade económica e da capacidade de gerar riqueza. Insistamos, nenhuma medida de fundo da política económica pode alhear-se deste dilema entre eficiência e justiça social (entendida esta como a amálgama de critérios distributivos que tenham curso num determinado espaço social e momento histórico), ou pode furtar-se ao preço imposto por qualquer solução do dilema.

1 – f) – i) O postulado da racionalidade

Como já observámos detidamente, um dos pontos de partida mais característicos da análise económica é o da presunção de que a acção observada é dominada, mesmo se não exclusivamente, por princípios de racionalidade – no sentido de que é possível ao agente escolher livre e conscientemente uma de entre várias alternativas de acção, optando normalmente por aquela que objectivamente:

– apresenta a maior probabilidade de resultados maximamente favoráveis, os resultados *óptimos*, ao mesmo custo das demais alternativas;
– apresentando uma probabilidade de resultados óptimos que não se distingue da das demais alternativas, contudo tem um *custo* inferior ao destas.

Nos dois casos, na presença de várias opções de acção igualmente disponíveis mas desigualmente eficientes, tenta-se racionalmente minimizar os custos ou maximizar os ganhos, ou ambos simultaneamente: tenta-se a máxima eficiência de custos, o maior benefício *líquido* (isto é, deduzidos os custos), procurando minimizar desperdícios na obtenção de quaisquer estados de satisfação.

Não surpreenderá, pois, que a racionalidade económica se identifique em especial com o *princípio hedonístico*, com a «lei do menor esforço»: aquele que, com o mesmo esforço dos demais, tiver alcançado o mais elevado nível de satisfação terá *maximizado* o sucesso da sua actividade económica, minimizando as suas necessidades com os meios momentaneamente disponíveis; e por seu lado aquele que, com menor esforço do que os demais, alcançar o mesmo nível de satisfação deles, terá conservado mais recursos que ficam disponíveis para, de seguida, repetir ou prolongar o nível de satisfação alcançado. Na maior parte dos aspectos da vida comum, a actividade económica assemelha-se, pois, a uma corrida de fundo, que recompensa aquele que consegue gerir a escassez de recursos disponíveis com maior equilíbrio e poupança de esforços: como se afirma no sábio ditado, a estrada não é para os mais rápidos, mas para os que continuam a correr...

Acrescentemos que o que é característico do conceito de eficiência *económica* é a minimização de *custos* na produção de riqueza, independentemente de quaisquer outras considerações – embora costume ser relevante nesta sede a consideração da eficiência *tecnológica*, que se refere à minimização de *recursos* empregues naquela produção, ou seja, à diminuição da quantidade e volume dos meios empregues, já que, por definição, de uma ineficiência tecnológica nunca se evolui para uma eficiência económica.

Do lado do consumidor, lembremos que a racionalidade pressupõe o impulso inato para a maximização de preferências estáveis através do recurso a bens e serviços *úteis*, ou seja, a meios julgados aptos à satisfação de necessidades – embora também facilmente constatemos que a própria evolução civilizacional faz multiplicar as necessidades secundárias, o que no fundo subentende uma indução de necessidades *posterior* à própria disponibilidade daqueles meios, uma capacidade de condicionamento de gostos que de certo modo destrói o arquétipo último daquela forma de associação da racionalidade à precedência da *necessidade* em relação à *utilidade* – o arquétipo da «soberania do consumidor»[265].

[264] Addison, J., D.A. Fox & C.J. Ruhm (1995), 58-67.
[265] McFadden, D. (2001), 356.

Insistamos ainda que o conceito de racionalidade se concentra, tanto na Economia como fora dela, mais no plano dos *meios* do que no da adopção dos fins, sendo geralmente enganador e inútil considerar-se racional ou irracional um objectivo da acção, se ele é *efectivo* a determinar condutas – se ele é realmente um problema a suscitar respostas *racionais*. Por isso muita da apreciação que incide sobre a racionalidade se apresenta como *valorativamente neutra*, no sentido de que, se aquilo que é óptimo para uma pessoa será péssimo no entendimento de outra, no entanto o esforço que cada uma desenvolva na prossecução de finalidades divergentes e incompatíveis não vê a respectiva racionalidade ficar conotada ou comprometida pela escolha de finalidades que previamente tenha tido lugar – a menos que, no caso específico da actividade económica, essas finalidades sejam de tal modo absorventes de meios que provoquem situações de desequilíbrio grave e de carência absoluta em relação à satisfação de necessidades básicas do mesmo sujeito económico: caso em que poderemos considerar como excepcionalmente *irracionais* certos vícios, dependências e manias que escravizem de tal modo o indivíduo que lhe esgotem a aptidão para responder satisfatoriamente às demais solicitações das necessidades que ficam por satisfazer, que induzam no indivíduo inconsistências na conduta e na sustentabilidade das preferências intertemporais, ou uma incongruência ou imprevisibilidade socialmente nocivas na tradução de escalas de valores institucionalmente tuteladas. Em tudo o resto, é timbre da ciência económica (e dos economistas credíveis) furtar-se à formulação de objectivos sociais, limitando-se à explicitação de custos e benefícios associados às alternativas socialmente disponíveis para a prossecução dos objectivos dominantes.

Por fim, o postulado da racionalidade, por frágil que o consideremos, é igualmente decisivo para que possa acalentar-se a esperança de edificação de uma verdadeira ciência económica, capaz de formular leis empíricas com algum grau de generalidade e de rigor indutivo: é que, se se admitir ao menos que essa racionalidade *predomina* no plano da resposta do agente económico aos incentivos, mesmo que se admita que essa *racionalidade* não passa senão difusamente pela consciência do agente e que ela não determina senão respostas gradativas e adaptativas, em todo o caso a conduta deste tornar-se-á mais previsível, no sentido de que, dadas certas circunstâncias, a resposta adaptativa tenderá a uma certa invariabilidade, uma certa congruência intertemporal, sem surpresas nem sobressaltos – pelo que ao observador dessa conduta se tornará mais fácil, seja perceber-lhe os traços essenciais, seja prever-lhe as reacções –.

1 – f) – ii) As limitações temporais e orçamentais

Dada a escassez, a racionalidade do agente económico manifesta-se e avalia-se dentro de um espaço confinado. Nesse confinamento, a estratégia de optimização da satisfação de uma necessidade conflitua inevitavelmente com a actuação que é requerida para se alcançar a satisfação das demais necessidades, pelo que das duas uma:

– ou se sente, e consegue estabelecer, a inequívoca prioridade de uma necessidade, e temporariamente ela beneficia do exclusivo do emprego de recursos, até que a sua progressiva satisfação lhe faça perder a prioridade;

– ou, no caso contrário, os recursos disponíveis têm que ser seleccionados e combinados por forma a que se consiga a satisfação simultânea e proporcionada das várias necessidades concorrentes, sendo irracional que, manifestando-se todas com igual intensidade, alguma delas seja preterida, mesmo que momentaneamente – tudo se concentrando, neste caso, na gestão das disponibilidades totais, da riqueza total; ou, dito de outro modo, na exploração das possibilidades máximas de satisfação simultânea do máximo de necessidades, a qual há-de ser fruto do grau de *prosperidade* económica.

Nesta segunda hipótese, a gestão de recursos tornará transparente uma noção de rendimentos decrescentes, ou de custos relativos crescentes, que balizará as decisões concretas: à medida que se intensifique a afectação de recursos à satisfação de uma necessidade, aumenta, por definição, o respectivo custo de oportunidade, visto que diminui o número de recursos dedicados à satisfação das demais necessidades, e, portanto, a possibilidade de essa satisfação ocorrer (a possibilidade, entenda-se, de ela ocorrer ao nível pretendido).

Aumentando o custo de oportunidade, reduz-se o incentivo à prossecução racional da actividade de satisfação de uma necessidade, devendo pois reduzir-se o nível dessa actividade. Generalizando este raciocínio à satisfação de todas e cada uma das necessidades, perceber-se-á facilmente que, num contexto de simultaneidade e de concorrência entre necessidades, a afectação de recursos tende para uma posição de equilíbrio, que é a posição de nivelamento dos custos relativos associados ao emprego desses recursos – isto sem embargo de, no limite, poder levar-se em consideração a possibilidade de crescimento económico, de aumento do total de recursos disponíveis, que se traduziria, neste contexto particular, na possibilidade de incremento do nível de satisfação simultânea de todas as necessidades sentidas –.

Por outras palavras, cada agente defronta-se com um conjunto finito de opções disponíveis, o «conjunto de oportunidades»: o estudante que vive longe da Universidade e não dispõe de meios de transporte próprios conta apenas com duas opções naquele conjunto – usar os transportes públicos ou arranjar uma boleia –; aquele que tem veículo próprio passa a contar com mais uma opção; e há ainda uma opção disponível para aquele que vive perto da Universidade – deslocar-se a pé –.

Facilmente se percebe que a dimensão e a composição do conjunto de oportunidades depende de limitações temporais e orçamentais: quanto mais tempo e recursos se pode reservar à busca e à edificação de uma solução, maiores probabilidades haverá de que ela seja optimizadora[266].

– O estudante mais rico poderá adquirir um automóvel para se deslocar à Universidade, ou até, numa demonstração extrema de poder económico, poderá adquirir uma habitação próxima da Universidade, como forma de alargar o leque das suas opções.

– O estudante com menos tempo, seja porque vive muito longe e as deslocações para junto da Universidade são morosas, seja porque, estando empregado, o tempo livre tem para ele um custo de oportunidade muito elevado, seja porque tem rendimentos muito elevados (tornando-se-lhe mais imediatamente perceptível a máxima de que «tempo é dinheiro»), terá menos ocasião de optimizar as opções disponíveis – de encontrar o automóvel com melhor relação «qualidade-preço», alargando a busca ao próprio mercado dos usados, de encontrar a habitação melhor, ou a mais próxima, ou o regime mais favorável e eficiente de utilização dessa habitação –.

– O estudante mais pobre, com menos recursos, poderá eventualmente dispor de mais tempo – até porque para ele o emprego do tempo terá menor custo de oportunidade –, e por isso é mais provável que encontre as soluções optimizadoras: só que, encontrando-as, não disporá dos meios suficientes para promovê-las. Saberá eventualmente qual o automóvel mais eficiente, ou qual a habitação disponível mais próxima da Universidade – mas não terá em reserva os recursos de que necessitaria para poder passar à utilização desses meios e, através deles, à satisfação das suas necessidades.

As limitações temporal e orçamental são as manifestações mais restritivas, mais sensíveis no plano individual, da escassez: aquele que dedicar muito tempo a assistir a programas televisivos disporá de pouco tempo para estudar; aquele que gastar demasiado dinheiro a comprar ovos ficará com pouco dinheiro para comprar fiambre – e assim fica limitado nas suas opções de preparação de uma omeleta de fiambre. Mais concretamente, pense-se que o tempo gasto na preparação dos alimentos ajuda a explicar a eclosão da obesidade a níveis que hoje são quase epidémicos – pois a diminuição, seja dos preços relativos dos produtos alimentares, seja dos custos de oportunidade na preparação dos alimentos, dada a expansão e diversificação da oferta de alimentos pré-cozinhados, permitiram um incremento muito pronunciado da ingestão de calorias, a custos (de tempo, de preparação, de aprendizagem) cada vez menores[267].

Veremos adiante que as opções económicas, porque não se confinam à exploração de um conjunto finito de opções de consumo e antes convocam a utilização de factores na produção desses bens, factores esses que não são inesgotáveis nem perfeitamente substituíveis, conduzem à manifestação da lei dos rendimentos marginais decrescentes na utilização produtiva de recursos. E daqui resulta que, antes mesmo de se «esbarrar» com as limitações temporais e orçamentais absolutas, as opções são já condicionadas e desincentivadas por custos de oportunidade crescentes que se verificam no esforço produtivo.

1 – g) A vantagem das trocas

> *"Todo o comércio que se desenvolve entre dois países tem necessariamente que ser vantajoso para ambos. O próprio intuito do comércio é o de trocarmos as nossas mercadorias por outras que julgamos serem mais úteis para nós. Quando duas pessoas procedem a trocas, isso tem que ser indubitavelmente vantajoso para ambas"* – Adam Smith[268].

A relação intersubjectiva que se estabelece entre os agentes económicos pressupõe uma complementaridade de necessidades e uma contraposição objectiva de interesses: a nossa interdependência social depende em larga medida dessa circunstância de precisarmos uns dos outros. Mas isso não quer dizer que as nossas trocas assentem num pressuposto concorrencial ou mutuamente predatório, no sentido de procurarmos obter vantagens extorquindo-as aos nossos parceiros, por não haver outra forma de alcançar benefícios senão sonegando-os a eles, ou causando-lhes prejuízos.

---

[266] No fim de contas, como já indicámos, tudo se resume ao tempo disponível, porque se pudéssemos contar com tempo infinito o problema da disponibilidade e da eficiência dos recursos deixaria de se colocar. Cfr. Foster, J. (1998), 146-167.

[267] Cutler, D.M., E.L. Glaeser & J.M. Shapiro (2003), 93-94.

[268] "Lectures on Jurisprudence. Report Dated 1766" (LJ(B)), *in* Smith, A. (1978), 511.

Um tal entendimento das trocas remete para a teoria do «jogo de soma zero», assemelhando aquelas trocas à situação de interacção estratégica em que, estando previamente fixados os limites totais das transacções, o que o vencedor ganha é precisamente o somatório daquilo que os demais jogadores perdem – nem mais, nem menos – situação em que o valor total dos ganhos e o valor total das perdas se anulam reciprocamente.

Se fosse esta a situação predominante no seio da economia, seria racional que cada um se isolasse e fugisse de deixar-se explorar: cada família, cada *unidade de economia comum*, deveria concentrar-se numa estratégia de auto-subsistência isolada, e cada nação deveria fazer o mesmo no plano internacional, procurando reduzir ao mínimo quaisquer relações económicas transfronteiriças, remetendo-se à solução dita de «*autarcia*».

A ideia da «soma zero» é muito habitual e persuasiva, sempre que se tenta descrever a actividade das trocas e dos mercados recorrendo à alegoria do «jogo», e isso decorre do facto de muitos dos jogos que conhecemos serem efectivamente de «soma zero»: suponhamos que 4 parceiros jogam cartas «a feijões», e que cada um começa com o «capital inicial» de 250 feijões; durante o jogo não aumenta o número de feijões (salvo se houver batota), e por isso se o vencedor se retirar com um ganho de 750 feijões (que acrescem aos seus 250 feijões iniciais), isso só pode acontecer porque esse ganho é exactamente correspondente à perda dos outros 3 jogadores (250 + 250 + 250). O valor positivo do ganho é precisamente equivalente ao valor negativo do total das perdas, e é por isso que a soma é... zero!

É, contudo, manifesto que não é esta a situação normal das trocas económicas, as quais, sendo livres, só terão lugar se ambas as partes envolvidas puderem aperceber-se racionalmente da existência de vantagens recíprocas[269]. É que, ao contrário do que sucede nos «jogos de soma zero», em que interesses *similares* se contrapõem e concorrem para a partilha de um resultado finito, nas trocas económicas os interesses que se contrapõem são *complementares*, têm valores desiguais para as partes envolvidas.

Um livro só se venderá se ele tiver, para o livreiro, um valor inferior ao preço que por ele é oferecido; e se tiver, para o comprador, um valor superior ao preço que por ele é oferecido. O livreiro ganha com a venda, pois o dinheiro recebido é de valor superior àquele valor que para ele teria *marginalmente* o livro; o leitor ganha

com a compra, pois para ele a quantia despendida tem menos valor do que aquele que para ele é *marginalmente* representado pelo livro. Ambos ganham: seria irracional que o livreiro vendesse um livro por um preço inferior ao valor para ele representado por aquele, tal como seria irracional que o comprador oferecesse pelo livro um preço superior ao valor que subjectivamente lhe atribui. Se o resultado da troca fosse de «soma zero» e houvesse um mínimo de racionalidade em ambas as partes, a parte prejudicada retirar-se-ia antes da troca consumada.

Mas então, perguntar-se-á, porque é que é frequente que as pessoas se sintam exploradas nas trocas, prejudicadas, insatisfeitas, não raro apelando para a intervenção tutelar ou correctiva do Estado em relação aos desfechos espontaneamente assegurados pelas trocas no mercado?

A razão principal reside no facto de que a troca é sempre um compromisso, e implica que cada parte *transija* relativamente à sua posição inicial de ganho máximo: o facto de ambas as partes ganharem com as trocas não significa que qualquer delas realize o ganho máximo que idealizou antes da troca, e que poderia eventualmente realizar se conseguisse deveras enganar a contraparte e consumar uma estratégia predatória. Dito de outra maneira, o facto de ambas as partes ganharem não significa que ambas as partes ganhem *o mesmo*, sendo perfeitamente normal que no âmbito das trocas bilateralmente vantajosas ocorram variações de preços que ora beneficiam mais uma das partes, ora beneficiam mais a outra.

Por exemplo, numa semana um livro alcança o preço de 30 Euros, e esse preço satisfaz *objectivamente* tanto o vendedor, que suportou custos inferiores àquele preço, como o comprador, que estaria genericamente disposto a pagar mais ainda por ele. A compra e venda têm lugar, com benefício *objectivo* para ambos. E no entanto, o vendedor lamenta não ter vendido numa semana anterior em que o preço atingiu os 35 Euros, e o comprador lamenta igualmente não ter comprado também numa outra semana em que o preço era de 27 Euros. Mais ainda, não se pode censurar o livreiro por ter chegado a pensar que um extraordinário sucesso do livro poderia fazer subir o preço até aos 100 Euros, ou 200, ou mil, e que por isso exprime a sua desilusão com um preço que é afinal, naquela circunstância, o único que o comprador aceita; e tão pouco se deixará de compreender a desilusão do comprador que chegou a imaginar que o livreiro, num acesso de generosidade, lhe ofereceria gratuitamente o livro. Nenhum deles

---

[269] No fundo, o mesmo acontecerá no jogo de cartas «a feijões», porque mesmo aquele que perde, e até aquele que perde constantemente, retira o benefício positivo do jogo, do convívio, da diversão ou do vício. Para que um jogo perdure ou se renove, tem que haver alguma «soma positiva», mesmo que seja remota e implícita.

alcançou com as trocas aquele *máximo* que abstractamente julgaram alcançável; a troca impôs-lhes o máximo possível susceptível de coexistir com a compatibilização de desígnios opostos.

Assim sendo, e dado que ambas as partes ganham com a troca, havendo benefícios recíprocos que não se verificariam se a troca não tivesse tido lugar, podemos dizer que a situação corresponde à de um «jogo de soma positiva» (ou de «soma não-zero»), no qual os benefícios de uma das partes não implicam necessariamente prejuízos da outra, tudo contribuindo, ao invés, para um resultado crescente, em que o total das transacções vai fazendo aumentar a utilidade total, a utilidade combinada de ambas as partes, à medida que as trocas se vão multiplicando[270].

Sem embargo do que diremos adiante, lançando mão do mais sofisticado instrumental teórico da «análise de bem-estar», deixemos já sugerido que uma troca económica envolve, bem vistas as coisas, dois tipos sobrepostos de jogos: quanto à formação de benefícios para ambas as partes, a troca económica configura um jogo de soma positiva, deixando os dois lados num nível de satisfação *combinada* superior ao do ponto de partida; quanto à partilha desse incremento bruto de satisfação combinada (aquilo que designaremos adiante como «bem-estar total»), passamos então a um «jogo de soma zero», nos termos do qual aquilo que um ganha envolve diminuição da posição do outro (com o limite mínimo, para ambos os lados nesse jogo de «captura do acréscimo», do prejuízo, pois isso comprometeria o jogo-base, destruindo-lhe a soma positiva).

Sob uma outra perspectiva, se tivermos pressuposto que as trocas se efectuam dentro de um quadro de justiça, dentro do qual é preservada a equivalência recíproca dos valores permutados, poderemos concluir que cada família produz um valor *grosso modo* equivalente àquilo que consome, e consumirá aproximadamente o valor daquilo que produziu. Assim, cada família consumirá tanto mais, será tanto mais *próspera*, quanto mais produzir. Mas produzir mais implica basicamente, como veremos adiante, *libertar-se* das actividades em que é menos produtiva para concentrar-se naquelas em que o é mais, aquelas em que é maior a sua vantagem comparativa, significa *especializar-se* e intensificar as trocas – visto que quanto mais se dedica à produção de um número restrito de bens mais precisa de adquirir todos os outros bens de que necessita para compor qualitativamente o padrão da sua prosperidade. Deste qua-

dro de divisão de trabalho e de especialização retira-se o argumento fundamental a favor de um sistema generalizado das trocas, a favor do comércio e do uso da moeda, o meio que facilita e acelera a multiplicação das trocas.

Depois de uma constatação destas, o isolamento e a autarcia é que passam a ser – em princípio – as atitudes irracionais, porque elas fazem perder oportunidades de ganhos recíprocos, sendo que ninguém beneficia e todos perdem (a recusa de participação num jogo de soma positiva é *pura perda*). Só assim não sucederá, em termos estritamente económicos, numa situação-limite, em que já nada restasse para trocar, numa situação em que generalizadamente se constatasse que aquilo de que cada um dispunha igualava ou excedia em valor aquilo que poderia adquirir através das trocas. Essa situação-limite será tanto mais possível e plausível quanto menos pessoas estiverem envolvidas nas trocas, e será tanto mais distante e implausível quanto maior for o número dos envolvidos, isto é, quanto maior for o mercado (não estamos a considerar a hipotética influência de condições exógenas, como a da insegurança do contexto em que possam decorrer as trocas). Daqui se retira um corolário imediato, de resto já celebrizado por Adam Smith: se todos ganham com as trocas, e se as trocas são, portanto, veículos de enriquecimento generalizado, as oportunidades de riqueza serão tanto maiores quanto maior for a dimensão dos mercados, e a subsistência e preservação do mercado é a premissa essencial para o enriquecimento generalizado.

Esta constatação deveria apontar na direcção de um cosmopolitismo económico, ou seja, da formação de um mercado mundial sem entraves fronteiriços – pois assim se formaria o maior âmbito possível para a realização das trocas e para o desenvolvimento das suas virtualidades optimizadoras. Sucede, todavia, que o poder de que dispõem os Estados os autoriza a tomarem, sem entraves imediatos, atitudes de *miopia* económica, lhes permite desperdiçarem oportunidades de troca em favor da preservação de interesses internos que temporariamente se apresentem como ameaçados pela «concorrência estrangeira» – sobretudo quando esses interesses internos tenham a habilidade e o poder de convencerem os governos respectivos de que o comércio internacional é um peculiar fenómeno de «jogo de soma zero», no qual só se registariam ganhos nacionais comensuráveis com perdas estrangeiras, e vice-versa, e no qual seria racional, pois, adoptar-se a atitude mais agressiva, aguerrida e parasitária possível: estratégia que explica que, com demasiada frequência, tantos

---

[270] Em bom rigor, ao «jogo de soma positiva» e ao «jogo de soma zero» deveremos ainda acrescentar um terceiro tipo, o de «jogo de soma negativa», no qual as trocas envolvem perdas *totais* superiores aos ganhos *totais* (ambas as partes perdem com a troca, ou aquilo que uma ganha é menos do que aquilo que a outra perde).

Estados caiam, assumida ou implicitamente, na tentação de transformarem as trocas comerciais em veículos de pura e unilateral afirmação de poder[271].

Regista-se aqui, aliás, um facto algo paradoxal: se não fosse o poder de que dispõem, os Estados jamais cairiam nas soluções de agressividade e isolamento autárcico a que os privados, na impotência de arranjarem soluções alternativas para a sua dependência recíproca, são poupados – vendo-se praticamente compelidos a enriquecerem com a sua participação nas trocas.

1 – h) A afectação social de recursos através do mecanismo dos preços

A resposta às perguntas básicas da decisão económica pode ser confiada ao poder político, ou abandonada às forças do mercado e ao poder de maximização de ganhos recíprocos através das trocas. No primeiro caso, entrega-se a uma racionalidade central o poder de planificar e dirigir a actividade económica – julgando-se que essa racionalidade central dispõe de vantagens informativas, organizativas e administrativas que não só permitem resolver as questões que transcendam o âmbito individual como possibilitam até formas mais ordenadas e congruentes de solução de problemas que surjam nesse âmbito mais restrito –.

Numa economia de mercado, ao invés, a actividade económica é condicionada essencialmente pelas próprias forças que animam as trocas – sendo o *mercado*, na sua acepção mais ampla, a ocasião dessas trocas –, predominando a liberdade de conformação de direitos e deveres conexos com os interesses em jogo, por recurso às formas contratuais comuns, sem que isto signifique de modo algum uma menor importância do quadro jurídico e político através do qual se preserva a liberdade e um mínimo de justiça nas trocas, a estrutura institucional através da qual se resguarda o mercado contra as suas próprias degenerações (aqueles que conhecem um mínimo de História saberão o quanto a insegurança generalizada na Europa medieval determinou o colapso do comércio e o marasmo económico).

Não é de subestimar aqui o papel do Direito, que interage e se interpenetra com a Economia aos mais diversos níveis: seja no condicionamento jurídico dos quadros de referência de que depende toda e qualquer actividade económica estável que envolva divisão de tarefas e formação de expectativas intersubjectivas, seja na motivação económica que subjaz à formação de uma vontade política em sociedades livres e abertas, seja na coordenação de esforços que conduzem à produção de utilidades colectivamente – e intergeracionalmente – partilhadas[272].

O que há de peculiar na economia de mercado é que as grandes decisões de que depende a eficiência e a justiça do resultado último e total do seu funcionamento não são, em rigor, confiadas a ninguém, presumindo-se antes que elas resultarão de uma organização espontânea, da emergência difusa de um mínimo denominador comum na forma de actuação de todos os agentes económicos, de um *hábito* no esforço de solução individual dos problemas económicos, em ambiente de respeito e de reciprocidade – mesmo que não sempre de solidariedade. Numa economia de mercado, essa ordem espontânea centra-se no mecanismo dos preços, um processo de sinalização através do qual as partes essencialmente comunicam:

- a sua disponibilidade para procederem a trocas;
- a sua adesão a valores, ou a intervalos de valores, geralmente aceites como bases de negociação;
- o respeito que os compradores têm pelo custo expresso na avaliação do vendedor;
- a sensibilidade que os vendedores têm às necessidades expressas na avaliação do consumidor;
- a confiança que as partes depositam no meio de pagamento comum, nas unidades do qual o valor das trocas é expresso.

Encontra-se aqui um obstáculo muito importante à pretensão dirigista e planificadora da economia: é que toda a iniciativa política que interfira no mecanismo dos preços pode gerar, quase instantaneamente, um risco de grave instabilidade na actividade económica, já que distorce ou turva a sinalização pela qual se coordenam espontaneamente os interesses particulares, e com base na qual as decisões particulares são tomadas da forma mais racional que colectivamente é possível. Por coincidência, a decisão planificadora poderia coincidir com aquela que agregadamente resultaria da combinação da miríade de decisões particulares que o mercado veicula; mas nunca seria senão uma coincidência com um desproporcionado risco de insucesso – já que a informação de que dispõe o planificador central, por mais poderosa e sofisticada que seja, não consegue aproximar-se eficientemente, sem custos elevadíssimos, da informação *privada* de que dispõe cada um dos agentes particulares no mercado, e que é obtida a custo mínimo, confinada como está ao seu próprio horizonte de relevância.

Há muito que os economistas denunciam a amplitu-

---

[271] No limite, a aversão ao comércio internacional – a apologia da *autarcia* económica – pode até derivar da visão catastrofista das trocas como «jogos de soma negativa», implicando um saldo global negativo para o cálculo de ganhos e perdas.

[272] Werin, L. (2003).

de com que a interferência estadual no mecanismo dos preços, destruindo incentivos empresariais, é capaz de retardar o crescimento da economia – uma amplitude amiúde superior à dos próprios entraves conjunturais ou estruturais –[273]. Pense-se, por exemplo, no modo como a interferência nos preços dos produtos agrícolas, bem-intencionadamente dirigida à protecção dos consumidores urbanos mais pobres, confunde os agricultores quanto ao grau óptimo de eficiência produtiva, e os desincentiva de procurarem alcançar esse grau óptimo, ou no modo como a dinâmica proteccionista, intervencionista e reguladora da política agrícola europeia destrói os incentivos internacionais à produtividade agrícola nos países mais pobres atentando contra a competitividade destes, assim perpetuando e agravando o subdesenvolvimento[274].

1 – i) Mercado de produtos e mercado de factores

Em rigor, existem dois tipos distintos de mercado numa «economia de mercado»: o mercado de produtos, isto é, de bens e serviços, e o mercado de factores produtivos. Bens e serviços são os produtos finais da actividade económica organizada, os *«outputs»* directamente empregues na satisfação de necessidades. Os factores de produção são também, por sua vez, bens e serviços, mas agora apreciados e empregues no ponto inicial de um ciclo de actividade económica, consistindo especificamente nos *«inputs»* de terra – os factores naturais e as matérias primas –, trabalho e capital que as empresas coordenam e optimizam, recorrendo a um grau qualquer de sofisticação tecnológica, tendo em vista a obtenção dos meios que directamente satisfaçam necessidades dos utentes e consumidores – razão pela qual se pode dizer que o mercado de factores é *instrumental*, e que o mercado de produtos é, em relação àquele, o mercado *final*. Entre os dois tipos de mercados geram-se nexos que de certo modo podem ser configurados como um fluxo circular de produtos e de factores, e um contrafluxo de pagamentos, entre consumidores e produtores:

a) no mercado dos produtos, os indivíduos ou as famílias – as unidades básicas de economia comum entre indivíduos, a sede em que são tomadas as decisões básicas de trabalho, despesa, poupança e investimento[275] – são normalmente os consumidores, e os produtores ou as empresas são os fornecedores; os primeiros pagam por aquilo que adquirem, os segundos recebem os pagamentos monetários correspondentes ao valor de mercado daquilo que fornecem. Ainda que ocasionalmente surjam empresas na posição de consumidoras de produtos de outras empresas, isso não altera o facto de estarmos perante um mercado de bens e serviços. É neste mercado que as famílias concentram as suas despesas, e é nele que as empresas obtêm o seu rendimento;

b) no mercado de factores produtivos, os indivíduos e as famílias passam a ocupar a posição de fornecedores – de trabalho, de factores naturais, de capitais –, e as empresas a posição de utentes. Neste mercado, são as empresas que pagam, e os indivíduos e as famílias recebem a remuneração correspondente ao valor dos factores de produção que colocam no mercado à disposição daquelas; é neste mercado que as famílias obtêm o seu rendimento, que gastarão no mercado de bens e serviços, e é nele que as empresas concentram as suas despesas, pagando remunerações aos factores, gastando o que ganharam no mercado dos produtos. A perturbar a perfeita simetria e a direcção do fluxo circular, consideremos que alguns dos fundos aforrados e que normalmente seriam canalizados para o investimento em empresas podem voltar atrás e regressar às mãos de indivíduos e famílias sob forma de crédito ao consumo (falaremos adiante de outras perturbações similares).

Em suma, as famílias são fornecedoras de factores de produção e consumidoras de bens e serviços – recebendo por aqueles, pagando por estes –, as empresas são produtoras de bens e serviços e utentes de factores de produção – igualmente recebendo por aqueles e pagando por estes –; o que umas ganham é o que as outras gastam, e por isso o rendimento total, o total das receitas, não pode deixar de ser equivalente à despesa total, ao total dos gastos, significando isso que nada há a ganhar se ninguém estiver disposto a despender, e não é possível ganhar-se através das trocas mais do que aquilo que é gasto nelas.

Muitas são as formas através das quais as famílias e as empresas conseguem relacionar-se em termos *reais* e em termos *monetários*, desde as formas de mercado mais simples e improvisadas até à utilização das mais

---

[273] Foi Theodore W. Schultz que especialmente se notabilizou nessa denúncia. Cfr. Neves, J.C. (1998), 82.

[274] Sobre a Política Agrícola Comum, cfr. Morcela, P.P. (2000).

[275] Assentemos na ideia de que a análise económica da família incide não apenas nas relações intra-familiares como também nas relações das famílias com os mercados dos produtos e dos factores. Cfr. Ermisch, J.F. (2003).

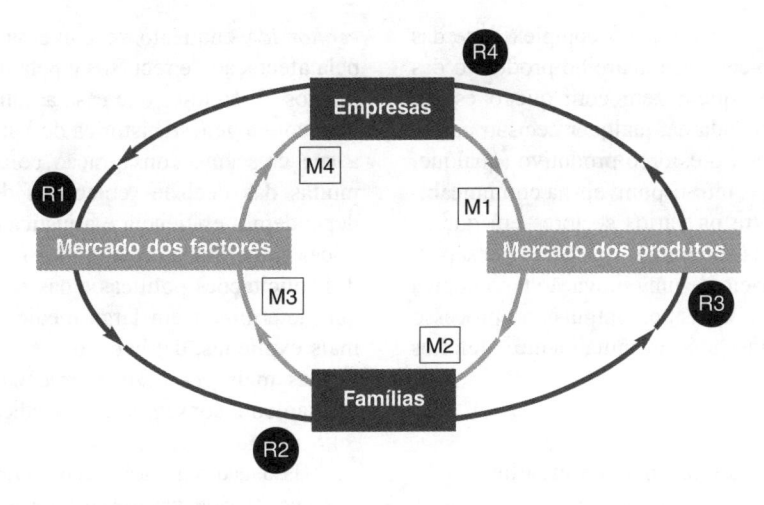

Gráfico 1.3. *No mercado dos produtos, as empresas vendem e as famílias compram; no mercado dos factores, as famílias vendem e as empresas compram*[276]

R1-R4: Circuito real
M1-M4: Circuito monetário
R1: Oferta de bens e serviços
R2: Compra de bens e serviços
R3: Oferta de factores produtivos

R4: Compra de factores produtivos
M1: Remuneração dos factores produtivos
M2: Rendimento dos factores produtivos
M3: Pagamento dos bens e serviços
M4: Receita dos produtores

sofisticadas tecnologias de interacção no «ciberespaço»[277]. Ilustremos apenas, em complemento do que já ficou esquematizado no Gráfico 1.3, o que é o fluxo de pagamentos que gravita em torno das empresas.

Extrapoladas para uma interpretação mais vasta e sintética do funcionamento global da economia, estas representações «em circuito» prendem-se com a grelha de «inputs» e «outputs» com que Wassily Leontief pro-

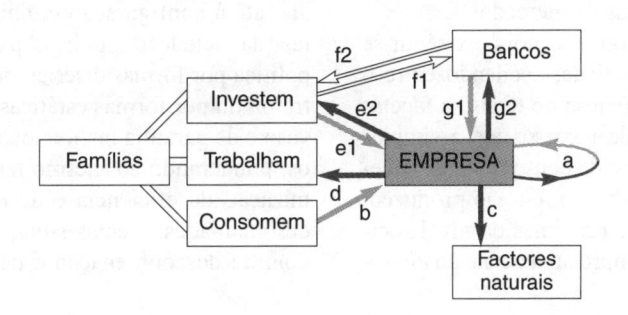

Gráfico 1.4. *Fluxo de pagamentos em torno da empresa*

a: reinvestimento de lucros não-distribuídos
b: receita das vendas (rendimento)
c: rendas (custos de produção)
d: salários (custos de produção)
e1: receita da colocação de títulos (acções, obrigações)

e2: pagamento de juros e dividendos (custos de produção)
f1: depósitos
f2: juros de depósitos (e levantamento de depósitos)
g1: crédito, empréstimos
g2: pagamento de juros e reembolso de fundos (custos de produção)

---

[276] Para várias representações alternativas do «circuito económico», cfr. Almeida, A. (2003), 11-23.
[277] McMillan, J. (2002).

curou fazer justiça à amplitude e à complexidade das interdependências no cerne do aparelho produtivo das economias modernas, que fazem com que o estado total da economia dependa de qualquer decisão parcelar de contribuição para o esforço produtivo (qualquer «input»), sem barreiras intransponíveis na comunicabilidade de estados entre os vários sectores em que se pode analisar o todo da economia – bastando pensar-se, por exemplo, no impacto de uma inovação tecnológica sobre a relação entre «inputs» e «outputs» no processo produtivo, envolvendo até, eventualmente, «efeitos multiplicadores»[278].

1 – j) A intervenção do Estado nos mercados

Todas as vantagens que apontámos à economia de mercado não chegam para ocultar o facto de o funcionamento do mercado vir também ele acompanhado das suas próprias ineficiências e injustiças – a detecção das quais poderá justificar a intervenção do Estado, agora já não para planificar ou dirigir, mas apenas para *emendar* as «falhas de mercado», designação que abarca todo o tipo de perdas de eficiência resultantes do funcionamento espontâneo do mercado[279], em especial as relacionadas com a imposição de custos aos agentes do mercado por força de entraves à concorrência ou à inovação[280]. Esse objectivo do Estado poderá agora alcançar-se sem que ele tenha a necessidade de se colocar numa posição de proeminência, bastando-lhe frequentemente entrar no próprio jogo livre do mercado munido do seu peso económico e dos seus meios complexos de actuação para, com a sua presença, contrabalançar as forças causadoras das falhas de mercado[281].

Esta actuação do Estado poderá, pois, exprimir-se com uma amplitude muito variada, oscilando entre o extremo da planificação minuciosa de todas as facetas e implicações da afectação de recursos até à simples atitude subsidiária de produção de bens públicos, aqueles que os mercados não produzem, ou não produzem em quantidades minimamente próximas do nível socialmente desejável – sendo sempre uma actuação *micro-*

económica enquanto se cinge às questões suscitadas pela afectação de recursos e pela distribuição de rendimentos[282]. Note-se que essa amplitude se prende também com a génese histórica do Estado moderno – e daí a sua crescente consagração constitucional[283]: é que muitas das decisões colectivas de que dependiam e dependem a eficiência e a justiça das soluções económicas eram ditadas pela tradição, sendo que a evolução das solicitações políticas e das respostas ideológicas é que determinou em larga medida o recurso a formas mais explícitas, deliberadas e estruturadas de reacção, formas mais *pensadas* e *processualizadas* do que as difusamente consagradas na tradição[284].

Isso não significa menosprezar o peso do costume como fonte de relações contratuais e de balizas institucionais, visto o seu papel na própria génese da *jurisdicidade*[285], sendo que mesmo os mais rudimentares dados antropológicos ou etnográficos revelarão a prevalência e até a uniformidade, por vezes secular, de formas juridico-económicas que não podem ser directamente atribuídas a qualquer deliberação ou planificação, antes devem ser imputadas a heterogeneidades regionais[286], o que é especialmente detectável no âmbito da agricultura tradicional, não raro longamente refractária ao impulso regulador e normativo do Estado[287].

Seria evidentemente deslocado alongarmo-nos aqui em considerações acerca da sedimentação da forma moderna de Estado, ainda que repetidamente, ao longo do texto, tenhamos que abordar questões que envolvem a consideração de temas que vão da formação da «coisa pública» a partir de um «estado da natureza» hobbesiano até à configuração «minimalista» ou «maximalista» da actuação pública, passando pela preferência política por formas discricionárias de «comando e controlo» ou por formas estáticas de «tutela das expectativas» e de garantia institucional dos direitos dos cidadãos, ponderando ao mesmo tempo estratégias de maximização de eficiência e de minimização de perdas e desigualdades, atentas situações de «falhas de mercado», de descoordenação e de «custos de transacção»,

---

[278] Neves, J.C. (1998), 50.

[279] Cowen, T. & E. Crampton (orgs.) (2002).

[280] ERP (2004), 151.

[281] Mrozek, J.R. (1999), 411-419.

[282] Rosen, H.S. (2002), 4.

[283] Franco, A.L.S. & G.O. Martins (1993), 11-21, 217-238.

[284] Para uma síntese das várias formas de intervenção do Estado na actividade empresarial, cfr. Silveiro, F.M.X. (2003), 53-111. Para uma comparação internacional de várias formas de organização do Sector Empresarial do Estado, cfr. Simões, T.C. (2000), 207-239. Para uma ilustração da flexibilidade das soluções possíveis, veja-se ainda, por exemplo, Parente, J., F.X. Silveiro & P. Louro (2002), 43-112.

[285] Akerlof, G.A. (1980), 749-775; Akerlof, G.A. (1997), 1005-1027

[286] Young, H.P. & M.A. Burke (2001), 560.

[287] Young, H.P. & M.A. Burke (2001), 559.

mas também os problemas de formação da vontade política, de gestão de interesses organizados, de «captura de renda» e de corrupção[288].

Por ora, retenhamos que a afirmação do Estado por sobre formas inorgânicas e tradicionais de actividade económica, mas alicerçada nos automatismos e nas virtualidades mecânicas do mercado, teve sucessos muito desiguais em diversas épocas, países, regiões, e sectores produtivos – bastando lembrarmos os tão expressivos avanços e recuos que, ao menos em termos de legitimação, se verificaram quanto ao protagonismo económico do Estado na segunda metade do século XX[289]. E registemos também, desde já, que é possível conceber-se que a própria criação e destruição de normas do Estado opera de acordo com um modelo de mercado, seja um «mercado de reputações» em que alegoricamente se joga o grau de adesão ao costume social de acatamento[290], seja um «mercado de favores políticos» e um «mercado da corrupção», ambos literalmente assentes no mecanismo das trocas monetárias[291].

E concluamos que a intervenção estadual no funcionamento dos mercados pode assentar em qualquer de três razões gerais:

a) a pura e simples ignorância das leis económicas, o desconhecimento dos requisitos e implicações da atitude intervencionista – que veremos ilustrada em muitas das intervenções nos preços, reclamadas por pessoas ou grupos que querem «almoços grátis», ou que querem resolver o problema da escassez à força de leis, provocando uma simples deslocação e agravamento dos problemas, por exemplo conseguindo abaixamentos de preços para uns à custa da carência absoluta de todos os demais[292];

b) o imperativo de eficiência, que abre espaço à rectificação de *falhas* verificadas nos mercados dos produtos e dos factores, sejam falhas que criam disparidades entre o funcionamento do mercado e a promoção do bem-estar social, sejam falhas que consistem na subversão do contexto de liberdade e de concorrência em que as trocas deveriam decorrer, sejam ainda falhas estruturais que retardam a adaptação da economia a conjunturas emergentes, provocando inflação ou desemprego, induzindo flutuações no nível de actividade económica e perturbando o ritmo de crescimento.

c) o imperativo de justiça, que determina rectificações dos resultados distributivos que se verificam no mercado dos factores produtivos.

1 – j) – i) A justiça social

A principal razão justificativa de uma intervenção pública nos mercados deriva desta última ordem de razões, de considerações de justiça social, de solicitude pelos mais desfavorecidos, pelos mais explorados e pelos excluídos no jogo da economia. O rendimento atribuído aos participantes nesse «jogo» deveria em princípio ser proporcional ao esforço e habilidade por eles aplicados na produção de bens e serviços para os quais existisse procura no mercado; e se é de esperar que a economia do mercado não se insensibilize a ponto de ignorar aqueles que estão incapacitados de contribuir com o seu esforço e habilidade para a produção, o que seria de uma gritante desumanidade, já não parece tão óbvio – porque mais subtil – que o mercado atenda às circunstâncias episódicas que tornam menos ágil e pronta a resposta dos produtores e dos trabalhadores às mudanças de solicitações do consumo: quando é certo que, se no longo prazo é de contar com a mobilidade que de novo realinha os interesses das partes nas trocas, no curto prazo a falta desse «alinhamento», que é muito mais provável, pode significar a ruína, a exclusão, a pobreza, e mesmo a luta pela sobrevivência.

Assim, se a busca individual de vantagens e de proveitos desiguais é porventura o principal incentivo à actividade económica num ambiente de liberdade, o Estado não deve demitir-se de balizar, ao menos nos seus limites mínimos, o resultado da livre manifestação desses incentivos, evitando que a regra de coexistência e de complementaridade em que o mercado se baseia por sua vez destrua os seus próprios alicerces.

Não devem, todavia, perder-se de vista considerações de eficiência presas à questão dos incentivos: fornecer um «amortecedor», uma «rede de segurança», àqueles que estão em queda para situações de exclusão e de carência absoluta parece um indiscutível imperativo de humanidade, sem o respeito do qual se dirá que não faz sentido prosseguir-se sequer o próprio jogo económico, e é legítima até a dúvida sobre o sentido e legitimidade da coesão social; mas é igualmente ines-

---

[288] Para uma visão de conjunto destes temas, cfr. Barzel, Y. (2002).

[289] Sobre o movimento de ascensão do intervencionismo durante o século XX, cfr. Franco, A.L.S. (2002), I, 58ss.

[290] Akerlof, G.A. (1980), 749-775.

[291] Kübler, D. (2001), 449-476.

[292] Sobre a experiência portuguesa de intervencionismo estatal, cfr. Ferreira, E.P. (2001), 295ss.

capável a constatação de que uma tal salvaguarda requer um financiamento público a sustentá-la, o qual, baseando-se em receitas fiscais, retira rendimento aos particulares, diminuindo-lhes o incentivo para produzirem e pouparem – significando isso na prática que aquele para quem o trabalho ou a poupança passaram a trazer menos rendimentos líquidos trabalhará e poupará menos, e, paradoxalmente, aumentará para todos a probabilidade de queda na pobreza –.

Lembremos, em homenagem à intuição que se alberga no Institucionalismo, que não existe verdadeira liberdade económica senão dentro de um determinado quadro normativo e organizativo, um quadro que assegure justiça e segurança nas trocas, promovendo ainda, sempre que o mercado «falhe», a eficiência do circuito económico. Mas para lá deste enquadramento de leis básicas, sem as quais não seria sequer pensável uma estabilidade no corpo social que conferisse um sentido positivo à noção de liberdade económica – que é uma noção contextual, não fazendo sentido uma liberdade económica que se manifestasse fora de um determinado âmbito social –, cabe guardarmos sempre uma reserva crítica quanto ao papel do Estado nas suas interferências no mecanismo económico, visto que a tradição dominante na história do pensamento económico tem consistido, no mínimo, na concessão aos mercados do benefício da dúvida quanto à sua capacidade de, entregues a si mesmos e sem interferências «rectificadoras», darem resposta satisfatória às questões básicas da economia.

1 – j) – ii) As falhas de mercado[293]

As intervenções do Estado nos mercados que sejam ditadas por propósitos de *eficiência* – bem como, até certo ponto, a configuração permanente de algumas modernas «economias mistas» nas quais o mercado predomina mas coexiste com um sector público cuja actuação pode não estar inteiramente subordinada às regras de mercado – costumam ser justificadas pela alegada existência de «falhas de mercado», as quais são atribuídas a duas causas principais:

1. a existência de «externalidades», a possibilidade de que uma actuação económica faça projectar irremediavelmente efeitos, benéficos ou maléficos, sobre alguém que não o próprio agente, interferindo no nível de bem-estar desse alguém, sem que lhe seja paga qualquer indemnização – no caso de diminuição do seu bem-estar – ou sem

ter que pagar qualquer compensação – no caso de aumento desse bem-estar –, impedindo nomeadamente que a produção de bens socialmente benéficos seja livremente incentivada, ou sinalizando erradamente o mercado no sentido da sobreprodução de bens e serviços com efeitos colaterais socialmente negativos[294];

2. a existência de «poder de mercado», que permita a alguém a exploração do mecanismo dos preços em proveito próprio, para lá de um limite que fira um sentido mínimo de justiça ou que gere desincentivos à produção e às trocas – tendo de admitir-se que mesmo a mais superficial observação do mercado evidenciará que a concorrência entre empresas é frequentemente limitada, que as distorções do mercado muitas vezes se perpetuam através da sua repercussão no plano dos incentivos, que as atitudes abusivas não raro extravasam para o domínio das práticas anti-ambientais e anti-sociais –.

Definamos por ora *externalidade*, neste sentido mais amplo, como toda a situação em que a conduta de uma pessoa afecta o bem-estar de outra por vias extramercado – seja prejudicando-o sem ter que pagar, seja beneficiando-o sem ter possibilidade de fazer-se pagar por isso, em ambos os casos por ausência de um mecanismo espontâneo de contrapartida, de «internalização» de custos ou de benefícios[295].

No caso das *externalidades*, a intervenção do Estado justificar-se-á para colmatar a brecha criada entre a eficiência económica e o bem-estar colectivo: seja para refrear o nível de actividade daquele que continua a lucrar quando os danos que causa a terceiros já atingiram um grau intolerável – ou, num caso limite, proibir essa actividade ou substituir-se nela ao produtor –, seja para incentivar aquele que, beneficiando terceiros com a sua actividade, contudo não dispõe de meios para reclamar desses terceiros a contrapartida dos benefícios que lhes causa, dos «bens de mérito» que gratuitamente lhes fornece – ou, no caso de não conseguir incentivá-lo suficientemente, substituir-se a ele na produção desses benefícios –.

– A vertente «normativa» das Finanças Públicas dá especial ênfase ao problema das externalidades – positivas, negativas, na produção, no consumo –, visto elas representarem uma fonte de desvios relativamente ao «óptimo de bem-estar» que a intervenção pública teoricamente deveria assegurar ou promover, uma fonte de

[293] Franco, A.L.S. (2002), I, 25ss., 33ss.

[294] Sobre «externalidades» (ou «exterioridades») e sua interferência na promoção do bem-estar colectivo, cfr. Franco, A.L.S. (2002), I, 28ss.

[295] Rosen, H.S. (2002), 45.

inconsistências temporais nessa conduta maximizadora (pense-se que a acumulação de tais «desvios» sobrecarregará particularmente os vindouros), um limite absoluto, físico, às soluções «óptimas», restringindo frequentemente as possibilidades de opção pública exclusivamente aos domínios do *sub-óptimo* («*second-best*»)[296].

– Definamos a análise «*second best*» como aquela que leva em conta limites e constrangimentos ao mecanismo de afectação de recursos e repartição de rendimentos que é idealizado como base analítica para o paradigma neoclássico[297].

O problema das externalidades consiste basicamente em que, no modelo básico do mercado concorrencial, se presume que todos os custos de produção recaem sobre o produtor e todos os benefícios da venda revertem a seu favor, tal como todos os benefícios da compra e todos os custos inerentes se esgotam na esfera do consumidor – e portanto se ignora deliberadamente os benefícios e custos que podem extravasar da simples relação de troca no mercado, sendo esses benefícios e custos que podem ser genericamente designados por «externalidades», causadoras de disparidades entre o cômputo privado de custos e benefícios que cabem às partes envolvidas nas trocas e o cômputo total, social, que abarca *também* essas externalidades.

Se não houvesse externalidades, quer *negativas* quer *positivas*, a intensidade da procura no mercado denotaria o benefício social marginal – o valor *colectivamente* atribuído a uma dose suplementar de um produto –, a intensidade da oferta denotaria o custo social marginal – o desvalor *colectivamente* suportado para se produzir uma unidade suplementar de um produto –, e o ponto de convergência de procura e oferta no mercado indicaria precisamente o ponto de maximização de bem-estar social, que não seria diverso da maximização da utilidade nas trocas. É, pois, essencialmente a presença de externalidades que perturba essa coincidência entre *eficiência de mercado* e *bem-estar social*; é ela que impede que todos os resultados socialmente relevantes sejam alcançados *através* do mercado.

Pressupõe-se, pois, que, na ausência de externalidades, o mercado funcionaria eficientemente na afectação de recursos: a apropriação completa faria com que o preço reflectisse o valor de todos os usos alternativos (de todos os custos de oportunidade), recaindo a integralidade de custos e benefícios *sociais* sobre o seu causador *individual*, enquanto que uma apropriação imperfeita esbate incentivos e leva, entre outros, a um abuso de recursos partilhados por oportunismo daqueles que não se vêm forçados a arcar com a totalidade dos custos que provocam, ou se vêem privados da integralidade dos benefícios que geram[298].

Já no caso do *poder de mercado*, a actuação do Estado justificar-se-á na estrita medida em que seja alcançável o esvaziamento desse poder, ou seja, na medida em que, interferindo o menos possível na situação de mercado de que emergiu esse poder – para que não se afecte o frágil mecanismo dos *incentivos* que depende da *espontaneidade* na formação dos preços –, apenas se evite situações abusivas, a exploração de vantagens ou desequilíbrios extremos que comprometam a capacidade de o funcionamento normal do mercado assegurar a justiça e a eficiência da actividade total que nele decorre.

Em ambos os casos, o Estado pode, numa intervenção que não seja puramente proibitiva ou limitativa, seguir fundamentalmente três vias, combináveis entre elas:

– a da produção directa de bens, de serviços ou de conteúdos informativos que se entenda serem subproduzidos pelo mercado – estadualizando parcial ou totalmente alguns sectores produtivos – ou a aquisição desses bens, serviços ou informação a produtores privados – estabelecendo convénios com eles –;

– a da criação de incentivos (e desincentivos) a produtores privados, por exemplo através da atribuição de subsídios ou de benefícios fiscais, ou através do estabelecimento ou agravamento de impostos ligados ao volume de produção[299];

– a da imposição de certos padrões e condutas ao sector privado – por exemplo, o acatamento de normas de segurança no trabalho, a subscrição de seguros obrigatórios, a observância de certos limites máximos de poluição.

Ainda regressando ao combate à falhas de mercado, especifiquemos que estão normalmente disponíveis os seguintes mecanismos (cuja eficiência dependerá, como é óbvio, da própria eficiência da intervenção pública):

1) O controlo e a regulação directa das quantidades produzidas, estabelecendo normas, proibições, licenças e quotas;

2) As intervenções no mercado, orientadas no sentido da alteração dos preços, lançando impostos e taxas, estabelecendo cauções ou subsídios;

---

[296] Para uma panorâmica do tema, cfr. Tresch, R.W. (2002).

[297] Putterman, L., J.E. Roemer & J. Silvestre (1998), 864; Santos, J.C. (1993), 84ss..

[298] Rosen, H.S. (2002), 81.

[299] Ainda que seja questionável a efectividade desses incentivos e desincentivos quando predominam na economia situações de concorrência imperfeita. Cfr. Gabszewicz, J.J. & L. Grazzini (1999), 475-497.

3) A «criação de mercado», através da definição de direitos de apropriação («*property rights*»)[300/301], de quotas negociáveis, de sistemas de compensação de benefícios e sacrifícios particulares;

4) O aumento da informação disponível, através da criação de meios de difusão informativa, e o apoio à participação colectiva no processo de decisão política – incrementando a democraticidade.

Estes mecanismos traduzem-se, por sua vez, em medidas concretas, entre as quais avultam, pelo seu carácter consensual[302]:

– a eliminação de «subsídios perversos», aqueles que acabam por fomentar actividades geradoras de externalidades negativas (como subsídios à intensificação do uso de fontes de energia, de água para irrigação, ou subsídios à desflorestação);

– a adopção de medidas inequivocamente «internalizadoras», capazes de recompensarem as actividades colectivamente benéficas e de penalizarem as actividades colectivamente maléficas (a tributação da poluição causada pelo tráfego urbano, por exemplo);

– o reforço da regulação jurídica do acesso a recursos comuns, e da participação pública na definição das políticas ambientais;

– a ponderação custo-benefício de efeitos de longo prazo (contrariando taxas de desconto social muito elevadas)[303];

– a substituição da regulação administrativa directa e *discricionária*, mais exposta a distorções e a «captura» por parte dos seus destinatários, pelo estabelecimento de incentivos «de mercado», mais fixos e automáticos;

– a formação de coligações internacionais para coordenação de esforços (na preservação de bens públicos internacionais) e melhoria do acesso a fontes de financiamento.

1 – j) – iii) As falhas de intervenção[304]

"O esforço uniforme, constante e ininterrupto de todos os homens para melhorarem a sua situação, princípio de que deriva originariamente a opulência pública e nacional, tal como a privada, é muitas vezes suficientemente poderoso para manter o progresso natural das coisas no sentido da sua melhoria, a despeito tanto da extravagância do governo como dos erros da administração. Tal como o princípio desconhecido da vida animal, consegue muitas vezes restituir a saúde e o vigor ao corpo, apesar não só da doença mas também dos absurdos tratamentos prescritos pelo médico (...) constitui a maior impertinência e presunção por parte dos reis e ministros o pretenderem fiscalizar a economia dos cidadãos e restringir os seus gastos, seja através de leis sumptuárias, seja pela proibição da importação de bens de luxo. Eles são sempre, e sem excepção, os maiores perdulários que existem na sociedade. Cuidem bem dos seus próprios gastos e poderão confiadamente deixar aos particulares o cuidado dos deles. Se a extravagância dos governantes não arruinar o Estado, poderemos estar certos de que a dos súbditos jamais o fará" – Adam Smith[305].

Por várias razões – muitas delas já sugeridas – é controversa a legitimação de qualquer intervenção do Estado na economia. Limitemo-nos aqui a apontar o motivo básico das «falhas de intervenção», ou «falhas do Governo»[306]: não sendo o Estado administrado por pessoas infalíveis e invariavelmente justas, por pessoas insusceptíveis de pressões e aliciamentos, ou por pessoas omnipotentes e omniscientes, toda a intervenção é inevitavelmente contaminada por informação imperfeita (em comparação com a informação privada dos agentes), por unilateralidade e confinamento de avaliações, por deficiências de planeamento e de execução, por quebras de comunicação, por ocultação deliberada promovida pelos visados, por falta de vigi-

---

[300] O conceito de «*property rights*» é fundamental na análise económica, e no entanto a tradução deste conceito não é fácil, não apenas porque não há consenso sobre ele na ciência económica, mas ainda porque não é suposto haver uma coincidência perfeita com qualquer conceito jurídico. Cfr. Cole, D.H. & P.Z. Grossman (2002), 317-330.

[301] Sobre a evolução histórica dos «*property rights*» nos sistemas anglo-saxónicos, e o seu papel no incentivo da estabilidade jurídica e, através desta, de produtividade económica, cfr. Siegan, B.H. (2001).

[302] Numa enumeração adaptada de: Banco Mundial (2003), 33-34.

[303] Sendo de notar que cada vez mais se entende que as análises de «impacto ambiental» deveriam idealmente vir acompanhadas de estudos de «impacto da regulação», por que é tudo menos óbvio que a solução reguladora seja menos danosa do que o problema a que ela se endereça – como resultará mais claro quando abordarmos, adiante, o «teorema de Coase». Cfr. Smith, V.K. (org.) (1984); Morgenstern, R.D. (1997); Hahn, R.W. (1998), 201-210; Hahn, R.W. (2000).

[304] Tullock, G., A. Seldon & G.L. Brady (2002).

[305] Smith, A. (1976b), 343, 346 (=I, 600, 604-605). Cfr. *ibid.*, 540 (= II, 68).

[306] Alves, A.A. & J.M. Moreira (2004), 58-62.

lância ou de responsabilização dos executantes das medidas aprovadas, pelo jogo da corrupção, do compadrio, do nepotismo, do caciquismo.

A criação de monopólios estaduais ou de monopólios ou oligopólios protegidos pelo Estado, a fixação administrativa de preços, o lançamento de impostos, a atribuição de subsídios, as medidas proteccionistas, a deficiência na provisão de bens públicos, além das inúmeras interferências justificáveis no plano macroeconómico, são outras tantas razões para se questionar a presença do Estado no funcionamento eficiente da economia, e para se questionar se a rectificação dos aspectos negativos das externalidades e do poder de mercado são justificação suficiente para uma intervenção estadual rodeada de tantos riscos de ineficiência.

A actividade económica colectiva é dos fenómenos sociais mais complexos – ainda que seja propósito da ciência económica demonstrar a fundamental simplicidade dos seus mecanismos elementares –, e legitimamente sempre se colocará em dúvida se é possível pôr-se em prática uma planificação tão sofisticada que abarque e interaja eficientemente com essa complexidade – ao menos tão eficientemente, com o mesmo nível total de custos, como o faz, espontaneamente, o mecanismo dos preços –, ou se há um sucedâneo razoável para os incentivos que o mercado transmite a todos os participantes – já para não falarmos dos efeitos individuais e sociais conexos com a perda de liberdade política que acompanha as formas mais ambiciosas e radicais de intervenção.

Lembremos ainda que existem critérios de legalidade, de imparcialidade e de transparência na actuação dos entes públicos que prejudicam a sua agilidade na tomada de decisões, e tornam muito onerosa, em termos de custos administrativos (que também eles são «custos de transacção»), a sua actividade: bastando pensarmos nas demoras e despesas inerentes ao recurso ao mecanismo dos concursos públicos, de que as empresas privadas estão dispensadas nas suas aquisições de bens e serviços de qualquer montante.

Além disso, existe um grave problema de incentivos no sector público, já que nele as decisões são tomadas por funcionários que, não tendo a sua remuneração e a sua progressão na carreira – a sua sorte económica, em suma – normalmente associada à eficiência das soluções adoptadas, não são incentivados a adoptarem a diligência que teriam se dela estivessem dependentes os seus interesses pessoais. Assim, não apenas as decisões políticas não são muitas vezes tomadas com a diligência e a eficiência que movem os interesses privados

que se manifestam no mercado, como – muito pior ainda – elas tendem a ficar reféns precisamente desses interesses privados, que vêem nessa «assimetria de incentivos» a oportunidade para fazerem prevalecer os seus próprios interesses, mais agudamente sentidos e mais intensamente manifestados, seja pela via mais ou menos equívoca da pressão política e da troca por apoios eleitorais, seja pela via da corrupção pura e simples[307]. Por estranho que possa parecer à primeira vista, a relação de forças entre o Estado e o mercado tende a desfavorecer sistematicamente o primeiro – a dialéctica entre ambos tende a ser uma luta desigual, e nem o mais ingénuo observador estará pronto a asseverar que séculos de evolução trouxeram um grande *progresso moral e político* nessa salvaguarda institucional e da imparcialidade e do interesse público.

Em suma, não é muito evidente que a intervenção correctiva do Estado seja globalmente eficiente, em termos de se poder afirmar que as «falhas de intervenção» nunca excedem as «falhas de mercado», e que portanto, na presença de uma «falha», a solução pública é sempre um remédio adequado. Isso pode dever-se, entre muitas outras causas, à incapacidade de interagir com o dinamismo do mercado – já que a lentidão burocrática pode entravar a necessária resposta de uma entidade pública a uma evolução rápida de condições tecnológicas ou concorrenciais –, à falta de «pressão competitiva», à falta de informação detalhada sobre uma situação concreta, e a tantas outras complicações, previsíveis e imprevisíveis[308].

Não podemos esquecer, por outro lado, que muitas das atitudes do Estado na economia são ditadas por uma ponderação cruzada de vários níveis teóricos e práticos, que todos eles reclamam, em maior ou menor grau, uma resposta pública: a produção directa de bens e serviços, a política macroeconómica, a redistribuição, a regulação. Igualmente veremos, ao longo do texto, multiplicarem-se as dificuldades em que pode envolver-se a reacção económica do Estado: as falhas de credibilidade na política económica, a subversão operada pelas «expectativas racionais», as perdas absolutas de bem-estar, o «*crowding-out*», além das deficiências estruturais presentes no desenho institucional e constitucional de cada «sistema económico»[309].

Mas nada disso deve surpreender-nos, nada disso constituindo verdadeira novidade: talvez o primeiro indicador da relevância prática da ciência económica tenha residido precisamente na advertência contra essas falhas de intervenção, contra essa incapacidade congénita do Estado para promover sozinho o bem

---

[307] Jain, A.K. (org.) (1998).
[308] ERP (2003), 155.
[309] Glazer, A. & L.S. Rothenberg (2001).

comum sem recorrer à colaboração da ordem espontânea do mercado, sem subalternizar até as suas pretensões mais arrogantes à primazia dos mecanismos que no mercado se manifestam – em suma, sem devolver, ao menos na actividade económica, alguma da soberania directa aos seus cidadãos. E daí que na ciência económica tenham permanecido até hoje alguns traços congénitos do ascendente do liberalismo, o seu berço ideológico.

A moderna tendência para a desintervenção[310], para a privatização[311], para a desregulação, para o cepticismo face à intervenção *discricionária* nas variáveis macroeconómicas de curto prazo, significam, afinal, o quanto esse entendimento básico da ciência económica tem resistido às tendências expansionistas do Estado, reclamando delas uma justificação em termos de eficiência, na ausência da qual a Economia aponta para as falhas de intervenção e manifesta a sua preferência pela solução de mercado, esperando que o Estado não se refugie nas suas prerrogativas de poder para subverter com elas a evidência do interesse colectivo, tornando-se um puro problema, um peso morto.

Apesar do que fica dito, ao menos uma parte das «falhas de intervenção» pode ser minimizada através do recurso a instrumentos muito sofisticados, seja na recolha e processamento de informações, seja na sua aferição empírica e reformulação permanente, seja na sua sujeição explícita a procedimentos iterativos de optimização que se apresentam como alternativa ao funcionamento do mercado – por exemplo o recurso à «programação linear» que explora as combinações de recursos limitados e é capaz de hierarquizá-las em termos de adequação a uma finalidade maximizadora, ou no recurso a «sistemas periciais» que acompanhem a tomada de decisões com os recursos da inteligência artificial.

Se, apesar disso, o problema das «falhas de intervenção» subsiste, isso deve-se também, em grande medida, à subsistência de formas de «idealismo metodológico» (frutos do já referido *irrealismo* formalista) que tendem a colocar a intervenção do Estado ao serviço de formas abstractas de organização que pouca relevância prática podem aspirar a ter, e que tendem a inculcar nos espíritos a noção de que há uma «via triunfante» para a optimização económica por via política, em vez de tornarem claro que não é possível passar-se além de uma escolha de *graus* de «falha de mercado» e de «falha de intervenção»[312].

A simples admissão da possibilidade de «falhas de intervenção» representa já, em si mesma, uma evolução paradigmática na análise da actuação do Estado na economia – uma evolução antitética daquela que, ao longo de todo o século XX, foi alicerçando a expansão do Estado em nome da *eficiência*, alegando detectar, um pouco por todo o lado, as «falhas de mercado», e que agora, nos antípodas desta, reclama a disciplina da «gestão da coisa pública» advogando algum regresso à perspectiva privada[313].

Recapitulando, a existência de ineficiências no mercado abre a possibilidade de intervenção do Estado mas não a reclama, visto que a intervenção pode ser ainda pior, em puros termos de eficiência, do que a solução espontânea – bastando pensar-se na possibilidade de interferência de custos de transacção na própria tradução de princípios normativos em medidas práticas concretas[314]. Cabe perguntar, pois, face a qualquer perspectiva de intervenção estadual, se ela irá: a) aumentar a eficiência; b) ter impacto redistributivo desejável; c) ser prosseguida a um custo razoável – sendo que a resposta negativa a qualquer destas questões sugere a presença de «falhas de intervenção»[315].

Assim, a visão tradicional, de que a presença do Estado se justificaria com a verificação da mais ínfima imperfeição do mercado ou da mais ténue manifestação de injustiça[316], está a mudar, rumo a um entendimento muito mais complexo e sofisticado – mas globalmente mais ambíguo – quanto às bases do protagonismo económico do Estado[317].

1 – k) O tema da Macroeconomia

A Microeconomia concentra-se no funcionamento do mercado de produtos e do mercado de factores produtivos – naquilo que eles pressupõem, naquilo que os circunda, no modo como neles se formam e manifestam as decisões individuais das empresas e das famílias, como se formam os preços e como os preços

---

[310] Sobre a autonomização de um conceito de «desintervenção» (como espécie geral de que as privatizações e a desregulação seriam aflora-mentos), cfr. Ferreira, E.P. (2001), 384ss.

[311] Sobre a experiência portuguesa das privatizações, cfr. Franco, A.L.S. (2002), I, 196ss.; Ferreira, E.P. (2001), 355ss., 370ss.

[312] Coase, R.H. (1964), 195.

[313] Wallis, J. & B. Dollery (1999).

[314] Dixit, A.K. (1996).

[315] Rosen, H.S. (2002), 46-47.

[316] Veja-se exemplos dessa abordagem pró-intervencionista em: Allais, M. (1947), 48-71; Lewis, W.A. (1949), 101ss.; Meade, J.E. (1948), 67ss.; Simons, H.C. (1948), 51ss..

[317] Shleifer, A. (1998), 133ss..

determinam a produção, repartição e consumo de bens e serviços –.

A Macroeconomia, por seu lado, incide na conduta do todo da economia, tal como esse todo se espelha em valores médios e em valores agregados, e tal como ele se revela, seja em fenómenos que alegadamente transcendem o horizonte de eficácia de agentes económicos individuais – os níveis de emprego, inflação e crescimento que podem ser referidos ao todo de uma economia nacional, e a contabilização nacional dos saldos das trocas internacionais –, seja nas correspondentes patologias – agravamento da inflação ou do desemprego, recessões, *deficits* da balança de pagamentos –. Dito de outra forma, a Macroeconomia concentra-se no estudo de questões que se prendem com as interdependências de um valor *médio*, o dos preços, com alguns valores *totais*, os da produção, do rendimento, e do emprego; a perspectiva macroeconómica avalia as relações gerais entre mercados de bens, de factores, de recursos, de informação – encarados não nos detalhes das unidades em que se decompõem, mas como um todo[318].

Tratando-se de uma demarcação disciplinar controvertida, aceitemos por enquanto que existe uma ligação entre estas duas áreas temáticas, e que na essência consistirá em que a Microeconomia encara os fenómenos económicos a partir da base, procedendo analiticamente, enquanto que a macroeconomia encara *os mesmos fenómenos* já na sua manifestação combinada e final, deles fornecendo a perspectiva sintética.

É esta a razão pela qual se admite que a Macroeconomia lida com valores agregados: o do conjunto total de bens e serviços que uma economia nacional produz, ou seja a *oferta agregada*; o do total da despesa envolvida na aquisição e uso desses bens e serviços, ou seja a *procura agregada*. Cada movimento da macroeconomia não poderá deixar de ser um produto do somatório de decisões do total de indivíduos que participam numa economia nacional; todavia, isso não significa que as decisões microeconómicas se dirijam à solução dos problemas macroeconómicos – no âmbito específico em que estes se manifestam, na dimensão em que se configuram e com o tipo de informação que reclamam –, mas antes que não há outro alicerce possível para os valores combinados da macroeconomia, que serão frequentemente, pois, resultados indesejados e não-intencionais das condutas individuais, das soluções tentadas pelos agentes económicos para problemas que se manifestaram, e foram experimentados e resolvidos, *exclusivamente* na sua dimensão microeconómica.

Mas é essa possibilidade de «*micro-alicerçar*» a perspectiva macroeconómica que mais fragiliza esta última, pois sugere a sua fundamental redundância: nas palavras de Robert Lucas, "*Parece-me que os mais interessantes desenvolvimentos da teoria macroeconómica recente podem ser descritos como a reincorporação dos problemas agregados, como a inflação ou os ciclos, dentro dos quadros gerais da teoria «microeconómica». Se estes desenvolvimentos tiverem sucesso, a expressão «macroeconomia» cairá simplesmente em desuso, e o prefixo «micro» tornar-se-á supérfluo*"[319].

Por outro lado, o progresso da Macroeconomia foi permitindo um crescente sucesso na aplicação de medidas estabilizadoras, e por isso é possível sustentar que graças a ela a economia se tem aproximado de uma situação de pleno emprego na qual se julga ser finalmente viável a verificação das condições da «síntese neoclássica» na Microeconomia – condições auto-perpetuáveis já sem o suporte da estabilização macroeconómica[320], condições de baixa «volatilidade»[321] (ao menos a aceitar-se a fiabilidade de comparações econométricas muito vastas)[322].

Será, assim, a Macroeconomia uma vítima do seu próprio sucesso teórico e prático – uma análise e um remédio tão sofisticados que eles se tornaram dispensáveis e podem agora ser descartados? Não nos embrenhemos agora por este caminho, que exploraremos, chegado o momento. Reconheçamos apenas que o aumento de rigor analítico que se espelha na confluência entre Microeconomia e Macroeconomia confere a ambas maior respeitabilidade científica, e que a Macroeconomia preserva, intocada, a sua muito evidente proeminência social e política: bem ou mal, é de Macroeconomia que ouvimos falar na maior parte das vezes que se fala de economia em público; é à Macroeconomia que se dedicam os mais dedicados aplicadores políticos da ciência económica, e é ainda em torno dela (mesmo que seja visando o seu «emagrecimento» temático) que se têm desenvolvido alguns dos mais interessantes debates de todo este ramo do saber; mas também é de Macroeconomia que se trata na maioria das «conversas de café», dos «palpites» dos leigos, das difusas sugestões ideológicas que pululam em redor do conhecimento económico[323].

---

[318] Dornbusch, R., S. Fischer & R. Startz (2004), 3.
[319] Lucas Jr., R.E. (1987), 107. Cfr. ainda: Lucas Jr., R.E. & T.J. Sargent (1978), 49-72; Hoover, K.D. (2001).
[320] Blinder, A.S. (2000b), 16-25.
[321] Baily, M.N. (1978), 11-59; Burns, A.F. (1960), 1-19; De Long, J.B. & L.H. Summers (1986), 679-734; Romer, C.D. (1999b), 28ss..
[322] Balke, N.S. & R.J. Gordon (1989), 38-92; Romer, C.D. (1994), 573-609.
[323] Solow, R.M. (2000), 151.

1 – l) A produtividade

O segredo da riqueza das nações reside basicamente na produtividade dos seus trabalhadores, a qual pode medir-se através da quantidade de bens e serviços que cada trabalhador é capaz de produzir, em média, numa unidade de tempo – o «*output*» por hora. Essa quantidade poderá aumentar em função do grau de aptidão para o qual o trabalhador tenha sido treinado ou educado, em função da tecnologia de que possa valer-se ou da organização empresarial em que se integre, da estabilidade política e jurídica circundante, do seu grau de confiança nas instituições, do grau de reconhecimento social que corresponda ao seu esforço, das gratificações que possa obter no mercado de produtos com o seu salário, etc..

Numa comparação instantânea, serão mais prósperos os países e regiões onde é mais elevada a produtividade do trabalho – o que é quase uma redundância, visto que a produtividade já reflecte uma susceptibilidade de criar ou incrementar a *utilidade* daquilo que se produz, e essa utilidade há-de espelhar o grau de satisfação última que é já, por sua vez, o próprio sintoma da prosperidade –. Numa comparação diacrónica, os aumentos de prosperidade, para não serem unicamente aparentes ou especulativos, resultarão essencialmente da intensificação da produtividade, alcançada através do progresso tecnológico – o que poderíamos ilustrar, por exemplo, com a introdução da produção em série e das linhas de montagem nas fábricas, soluções de incremento de produtividade que propiciaram, nalgumas economias, grandes saltos de prosperidade.

Depois de muitas hesitações doutrinárias em sede de política económica quanto às formas ideais de gerar riqueza a nível nacional, de assegurar o crescimento da prosperidade de modo favorável na comparação internacional, evitando o empobrecimento relativo, e de modo sustentável a nível interno, evitando crises e retrocessos, hoje é crescentemente aceite que a ênfase deve ser colocada na garantia de condições estruturais de produtividade – mais do que da produtividade imediata –, na afectação de recursos ao investimento em capital humano e físico que assegurem não apenas que o crescimento ocorrerá mas também que se mantém de reserva o potencial de crescimento futuro: isto é, que um grau aceitável de prosperidade é acessível à geração presente, sem que isso signifique o esgotamento ou o declínio abrupto de recursos, ou a degradação das oportunidades que as gerações seguintes tenham de acederem a um grau não inferior de prosperidade. A ideia fulcral é a de que quaisquer outras medidas podem eventualmente contribuir para o enriquecimento nacional, para o incremento de prosperidade colectiva, mas que nenhuma o alcançará de modo inequívoco se não se concentrar no fomento da produtividade do trabalho.

– Não é preciso procurarmos muito para encontrarmos um sombrio contra-exemplo, o do desastre económico que resultou, e resulta ainda, do grave desinvestimento em capital humano que acompanhou a independência de tantos países africanos, com declínio médio de 1/3 no investimento *per capita* (por pessoa) em educação, com índices elevadíssimos de abandono escolar, e isto para não falarmos já do impacto da subnutrição e da debilidade sanitária no aproveitamento médio do ensino – tudo contribuindo para a verificação de baixíssimos índices de produtividade, e por essa via determinando a perpetuação da pobreza generalizada.

– Sirva este contra-exemplo, por sua vez, de advertência contra o excesso de oneração tributária daqueles que, investindo na sua educação, contribuem para o incremento da produtividade – uma advertência que, levada a sério, tem conduzido à solução de uma mais ou menos ampla dedutibilidade das despesas em educação para efeito de cálculo dos impostos progressivos sobre o rendimento. O Estado que mais ávido fosse no lançamento dos seus impostos poderia, por esta razão (mas também por outras, como veremos), acabar por ver a própria receita tributária diminuir, por declínio provocado na produtividade[324].

Encontramos aqui, pois, mais um aviso contra a ingerência do Estado no funcionamento dos mercados: é que a actuação estadual, sendo tradicionalmente muito absorvente de recursos, desvia para ela meios de financiamento que de outro modo estariam disponíveis para o investimento directo em capital humano e físico. Ora, insistimos, tudo o que contribua para a diminuição desse nível de investimento pode determinar quebras de produtividade, e portanto um abrandamento do progresso, ou mesmo um retrocesso, no caminho para a prosperidade. Quantas vezes não se assistiu já, mesmo no passado recente, ao sacrifício de oportunidades de enriquecimento apenas porque o Estado, mesmo na execução da mais bem-intencionada das políticas governamentais, esmagou os factores de produtividade sob o peso da sua máquina administrativa e fiscal – porque, numa frase, sacrificou a *economia* privada às *finanças* públicas –?

Nenhuma resposta estruturada aos problemas económicos pode dispensar a consideração da eficiência

---

[324] Fuest, C. & B. Huber (2001), 1-18.

com que estão organizados e podem ser convocados os respectivos recursos, o que significa que uma questão prévia e condicionante da organização económica é a da respectiva sofisticação tecnológica, a da avaliação *qualitativa* das suas próprias possibilidades. Essa sofisticação tecnológica adquire-se por um esforço de investimento, mas esse esforço há-de resultar, por sua vez, de opções de fundo quanto ao estabelecimento de prioridades na afectação de recursos escassos: investir mais no progresso tecnológico há-de querer significar necessariamente dedicar-se menos recursos a uma finalidade alternativa.

A opção pelo investimento em tecnologia (esta tomada na acepção amplíssima de «conhecimento reportado às melhores técnicas de produção») revela-nos ainda o quanto o incremento de produtividade reclama um esforço incessante, mas frágil e de resultados incertos, de luta contra o bem escasso que é o tempo. É que o progresso tecnológico consiste no desenvolvimento de novos processos de produção de bens e serviços, ou de novos bens instrumentais, não se limitando a uma simples acumulação quantitativa de recursos de capital, e por isso as opções tecnológicas estão geralmente condicionadas por condições particulares e locais que cumulativamente vão direccionando a própria pesquisa, de acordo com um fenómeno conhecido por «*path dependence*», um efeito de irreversibilidade que frequentemente acompanha os *triunfos* tecnológicos, que faz com que a tecnologia *triunfante* tenda a arrebatar a totalidade do mercado, convertendo-se em «standard» e expulsando as tecnologias rivais: por exemplo, o facto de praticamente a totalidade dos desenvolvimentos de teclados de computador assentar na disposição QWERTY apenas resulta da circunstância fortuita de ter sido essa a norma preponderante nos países anglo-saxónicos, mas, volvidos alguns anos, essa tendência afigura-se agora irreversível no progresso tecnológico[325/326]. Aquele produtor que tenha investido numa tecnologia diferente, eventualmente até numa tecnologia *melhor*, poderá ver per-

dido todo o seu investimento, todos os custos e o tempo dedicados ao desenvolvimento de uma *norma técnica* diversa daquela que triunfou – e agora encontrar-se-á, por essa razão fortuita mas impiedosa, *atrasado* na senda do progresso da produtividade, no caminho para a prosperidade. O progresso tecnológico transporta consigo um *risco* estrutural.

Adiantemos já que essa «*path dependence*», susceptível de criar arbitrariamente situações de monopólio (pense-se nas normas MS-DOS e Windows nos computadores pessoais), é uma das várias formas alternativas à do padrão básico da concorrência perfeita, sendo outras a da concorrência assente em vantagens absolutas de recursos (a competição entre produtores idiossincráticos e inimitáveis, que geralmente conduz à «concorrência monopolística»), o paradigma «austríaco» da concorrência assente na vantagem informativa[327], um modelo «evolucionista» que confere vantagem competitiva aos produtores que adoptarem «rotinas» adaptativas mais eficientes[328], e o modelo schumpeteriano da «criação destrutiva» que aponta para a concorrência entre inovadores transitoriamente monopolistas, modelo este à análise do qual regressaremos[329].

Sublinhemos, de passagem, que a ênfase na competitividade é mais própria da «escola austríaca» do que da «corrente neoclássica», mais preocupada esta com as condições do equilíbrio do que com a preservação da abertura concorrencial, mais preocupada, numa palavra, com o «resultado» do que com o «processo»[330] – sendo, nesse aspecto, a abordagem «austríaca» mais fiel à visão «proto-evolucionista» de uma «ordem espontânea», próxima da smithiana «mão invisível»[331] –. Refira-se ainda que existe uma abordagem «austríaca» no domínio da Macroeconomia[332], minoritária e moderadamente heterodoxa, mas muito activa e proeminente[333], isto sem embargo de o centro de atenção da abordagem «austríaca» ser a Microeconomia[334], à qual, em boa coerência com a sua tradição[335], tem procurado emprestar uma tonalidade mais «subjectivista»[336].

---

[325] Quanto à norma QWERTY como ilustração da «*path dependence*», cfr. David, P.A. (1985), 332-337.

[326] Mais amplamente, cfr. Arthur, W.B. (1994); Liebowitz, S.J. & S.E. Margolis (1990), 1-25; Spulber, D.F. (org.) (2002).

[327] Kirzner, I.M. (1973); Kirzner, I.M. (1997), 60-85.

[328] Nelson, R.R. (1996), 100-119.

[329] Ellig, J. (org.) (2001).

[330] Machovec, F.M. (1995); Rosen, S. (1997), 139ss..

[331] Hayek, F.A. (1937), 33-54; Hayek, F.A. (1945), 519-530; Hayek, F.A. (1960); Menger, C. (1981); Yeager, L.B. (1997), 154ss..

[332] Garrison, R.W. (1978), 167-204; Garrison, R.W. (1984), 197-213; Horwitz, S. (1992); Selgin, G.A. & L.H. White (1994), 1718-1749; Selgin, G.A. (1988); Snowdon, B., P. Wynarczyk & H. Vane (1995), Cap. VIII; White, L.H. (1984).

[333] Vaughn, K.I. (1994), xi.

[334] Boettke, P.J. (org.) (1994); Caldwell, B.J. & S. Boehm (1992); Littlechild, S.C. (1986).

[335] Hayek, F.A. (1968), 458-462; Hayek, F.A. (1941); Hayek, F.A. (1945), 519-530; Hayek, F.A. (1978), 179-190; Kirzner, I.M. (1992); Kirzner, I.M. (org.) (1994); Littlechild, S.C. (1990); Mises, L.v. (1949).

[336] Buchanan, J.M. (1982), 7-20; Coats, A.W. (1983), 87-103; Kirzner, I.M. (1997), 60ss.; Lachmann, L.M., 31-40; O'Driscoll Jr., G.P. & M.J. Rizzo (1985), Cap. II; Wiseman, J. (1983), 13-27; Wiseman, J. (1985), 147-159.

1 – l) – i) A fronteira de possibilidades de produção

A escassez de recursos – que condiciona as alternativas do agente económico e lhe impõe o estabelecimento de prioridades – pode ser associada à imagem de um universo finito, limitado por uma fronteira que agrega as possibilidades extremas das opções, uma *fronteira de possibilidades de produção*.

Essa *fronteira* pretende representar simplificadamente as várias combinações de produção de dois bens ou serviços que são alcançáveis pela aplicação máxima e óptima dos correspondentes factores de produção – ou seja, em função de um certo montante de factores disponíveis e dada uma certa tecnologia –. Começando pela opção extrema em que só se produz um dos bens ou serviços e terminando na hipótese extrema e contrária de produção exclusiva do outro, a *fronteira* passará por todos os pontos intermédios em que se produzem ambos e em que é possível ponderar a decisão *marginal* de produzir mais de um à custa da diminuição *marginal* da produção do outro.

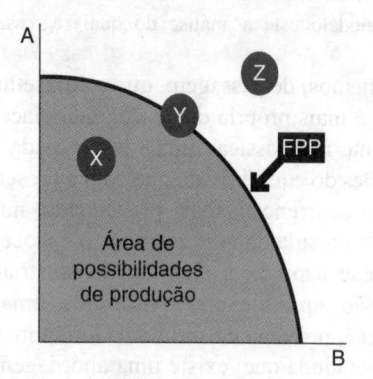

Gráfico 1.5. *FPP: fronteira de possibilidades de produção*

A, B: conjuntos alternativos de bens susceptíveis de produção combinada
X: combinação {A,B} alcançável aquém dos limites da eficiência
Y: combinação {A,B} alcançável nos limites máximos da eficiência
Z: combinação {A,B} inalcançável dentro dos limites da eficiência (a sua produção seria *insustentável*)

Por outras palavras, a fronteira de possibilidades de produção é a expressão do contínuo de combinações de vários bens ou serviços que estão ao alcance do produtor através de simples reafectação de recursos disponíveis: os recursos físicos, as aptidões dos trabalhadores e a sua disposição para o trabalho, o número e dimensão das empresas, as estruturas de investigação e a capacidade para descobrir e inovar, etc.. Aquela *fronteira* é um limite máximo que pressupõe a afectação total dos recursos, querendo isso significar que em toda

a opção produtiva por ela representada é maximizada a *eficiência produtiva*, verificando-se uma situação em que não é possível produzir mais de um bem sem produzir menos de outros bens para os quais seja possível reafectar em alternativa os recursos disponíveis[337].

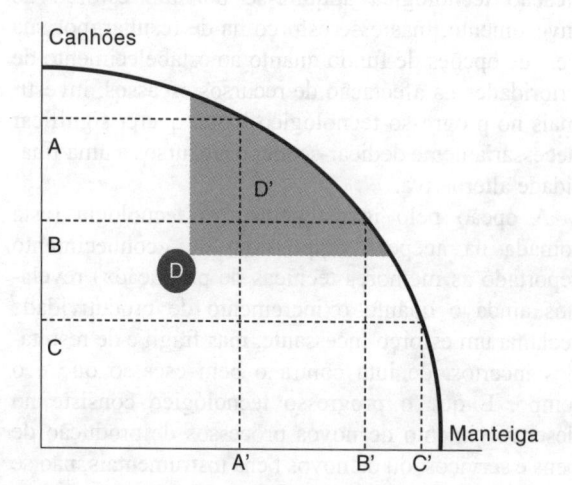

Gráfico 1.6. *Fronteira de possibilidades de produção*

A', B', C': quantidades de manteiga que é possível produzir combinadamente com as quantidades A, B e C de canhões
D: combinação sub-óptima de produção de canhões e manteiga
D': área de possibilidades de expansão de produção combinada a partir do ponto D.

Nessa *fronteira de possibilidades de produção*, a percepção das vantagens máximas de uma determinada opção é, pois, imediatamente acompanhada da medida total dos correspondentes custos de oportunidade – o «*trade-off*», a necessidade de opção básica entre uns bens e outros –, o que facilita a intuição de que a gestão de recursos e a busca de soluções são ambos dominados por um mecanismo *equilibrador*.

Se o incremento de uma das possíveis alternativas acarreta necessariamente o agravamento dos correspondentes custos de oportunidade, provocando, por outras palavras, um decréscimo *marginal* do rendimento (da relação benefício-custo) associada a essa alternativa e um acréscimo *marginal* do valor das alternativas momentaneamente preteridas, será racional regressar-se a um ponto intermédio em que nenhuma das alternativas em jogo seja especialmente intensificada; a um ponto em que, portanto, não se registem sensíveis agravamentos dos custos *marginais* de oportunidade.

Encarado o mesmo fenómeno de um outro prisma, poderíamos afirmar que existe para cada produtor um «vale de equilíbrio» rodeado de «encostas de custos crescentes»; a exploração em exclusivo de uma encos-

---

[337] Jorgenson, D.W. (2001), 17; Jorgenson, D.W. (1995).

ta, cada vez mais íngreme, envolve um esforço que faz com que se torne cada vez mais atractivo o regresso a uma posição de repouso no «vale», e à restrição da actividade a uma exploração regular de todas as encostas, limitada aos seus trechos menos íngremes e mais próximos do centro do «vale».

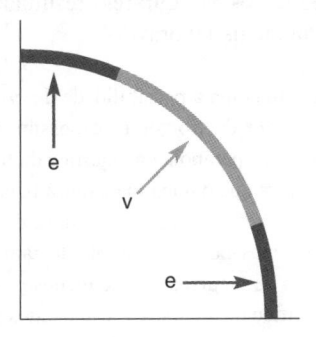

Gráfico 1.7. *O «vale de equilíbrio» na FPP*

v – «vale de equilíbrio»
e – «encostas de custos (de oportunidade) crescentes»

Em suma, observar-se-á que os recursos de que dispomos não são igualmente produtivos em todas as actividades, pelo que não são reafectáveis indiscriminadamente, sem perda de eficiência. Mesmo a opção pelo investimento em meios que expandam a fronteira de possibilidades de produção, por exemplo em meios de progresso tecnológico, não se faz sem *custos* explícitos, sem sacrifício das alternativas de investimento e de consumo representadas naquela fronteira de *possibilidades*.

Se na fronteira de possibilidades de produção se entende ser atingível a *eficiência*, esta consistirá essencialmente na insusceptibilidade de aumentar o rendimento total através de simples transferências de recursos entre sectores: a eficiência total estará maximizada quando todas as transferências entre sectores já se deram e equilibraram – e é precisamente por isso que entraves e bloqueios a essas transferências, por exemplo através da actuação de produtores com «poder de mercado», se podem entender como directamente limitativas da eficiência total.

Poderíamos ilustrar o princípio com recurso a uma alternativa que condiciona o todo da economia e que hoje ocupa a ribalta da opinião pública e do debate ideológico, a alternativa entre intensificação do consumo e preservação ambiental: num limite de emprego total e eficiente de recursos, mais de um objectivo significa menos do outro objectivo[338], mais riqueza material significa degradação ambiental, mais qualidade ambiental

significa sacrifício de prosperidade – no sentido de prosperidade experimentada através do consumo presente –.

Centremo-nos, antes, numa situação porventura mais familiar para o leitor:
– o estudante que queira passar de ano com aproveitamento em todas as disciplinas deverá distribuir o seu esforço pelo estudo de cada uma delas, de forma *doseada* – visto que não dispõe de tempo ilimitado nem de capacidade de assimilação inesgotável – e de forma *equilibrada*, visto que qualquer tentação de intensificar particularmente o estudo de uma disciplina se fará em crescente detrimento das demais; cada hora adicional empregue no estudo de uma disciplina é menos uma hora empregue no estudo das outras que compõem o universo das possibilidades de estudo;
– o estudo maximamente *eficiente* encontrar-se-á colocado na própria fronteira de possibilidades – o que significa que o máximo de tempo e de atenção estão a ser dedicados ao estudo, e que não é possível ultrapassar esse limite sem perdas globais – não é possível dedicar mais horas ou mais atenção sem diminuição de eficiência na assimilação das matérias, sem aumento do risco de esgotamento, como o têm descoberto todos aqueles que tentam «maratonas de estudo» em vésperas de exames;
– se o estudante se encontra já no limite da sua eficiência, não lhe é possível estudar mais de uma disciplina sem sacrifício do estudo de uma das outras, ou de todas. Dado o pressuposto da *eficiência*, todas as opções envolvem, pois, substituição de objectivos e de recursos, e são limitadas pela mais ou menos perfeita substituibilidade que se verifique – as aptidões, os meios ou o interesse com que nos dedicamos ao estudo de uma disciplina podem não ser os mesmos com os quais nos é dado dedicarmo-nos ao estudo de outra disciplina –;
– o estudante deverá dosear o seu esforço dentro do «vale de equilíbrio» da sua fronteira de possibilidades de estudo, já que à medida que se aproxima dos limites extremos das opções de dedicação exclusiva a uma disciplina não apenas se agravam os custos de oportunidade como também os custos de eficiência, de emprego crescente de recursos mais adaptados à prossecução das finalidades preteridas;
– se o estudante se encontra, todavia, aquém da sua fronteira de possibilidades, ou seja, numa posição menos do que eficiente, é-lhe possível ainda intensificar simultaneamente o estudo de todas as disciplinas, lançando mão de recursos desaproveitados, atenção, dedicação, tempo – sendo-lhe dado optimizar sem ter que optar, sem ter que substituir objectivos e recursos, sem ter que sacrifi-

---

[338] Novamente dependendo do ponto em que nos encontremos na «Curva de Kuznets ambiental».

car. Numa palavra, sem incremento imediato dos *custos de oportunidade*.

A fronteira de possibilidades não é um dado estático nem um limite absoluto; é certo que ela não poderá ser alterada de modo abrupto ou ilimitado – no caso do estudante, há um talento e uma capacidade de trabalho que nalguma medida estão condicionados à nascença, não sendo *inteiramente* condicionáveis pela educação –, mas não é menos certo que ela é em larga medida susceptível de expansão e de retracção. Tal como sucede com o corredor de longo curso que tem que treinar e não pode contar apenas com as suas capacidades físicas inatas, também o estudante não pode fiar-se exclusivamente no seu talento e sabe, ou deve saber, que o hábito condiciona e amplia as suas próprias possibilidade de estudo.

Em suma, é possível um crescimento em termos absolutos, isto é, uma expansão da fronteira de possibilidades que permita soluções eficientes com crescente susceptibilidade de satisfação simultânea de necessidades alternativas, isto é, com a susceptibilidade de nos aproximarmos do limite da abundância geral – ou, no caso vertente, de nos assegurarem resultados académicos globalmente mais favoráveis.

Tomando em conta a possibilidade do *crescimento*, ou seja, de expansão da fronteira de possibilidades, ganha novos contornos a parábola da cigarra e da formiga: é que agora se admitirá que o que uma e outra fizeram pode não ter sido apenas preferir o gozo do Verão e do Inverno, respectivamente, mas pode ter envolvido também a opção pela utilização de recursos mais e menos produtivos – no sentido específico de recursos vocacionados para a expan-

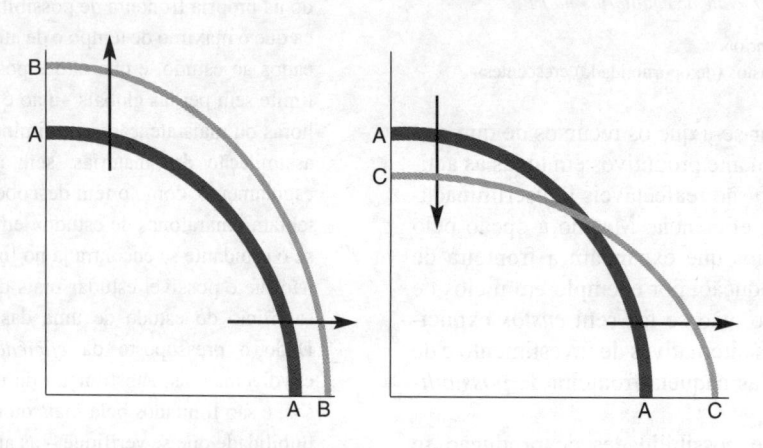

Gráfico 1.8. *Expansão / Contracção da FPP*

BB – expansão da curva AA
CC – expansão *e* contracção da curva AA

A parte *formativa* da educação visa precisamente incutir uma maior *produtividade* no processo de aprendizagem, através da habituação ao esforço respectivo: quanto mais estudamos, mais fácil e rápida se torna a assimilação das matérias; quanto menos estudamos, mais difícil e lenta se torna essa mesma assimilação – isto para não falarmos também dos incrementos *tecnológicos* nos meios de apoio pedagógico, que permitem uma melhoria da produtividade do estudo a todos os níveis de esforço. Observemos que a expansão da Fronteira de Possibilidades de Produção pode dever-se tanto *quantitativamente* ao aumento *bruto* de factores produtivos como *qualitativamente* à melhoria da produtividade desses factores (por progresso tecnológico ou por substituição de factores menos produtivos por factores mais produtivos).

são, ou para a retracção, da fronteira de possibilidades de produção. Dir-se-á, nesta outra perspectiva, que a formiga poupou no Verão os recursos que permitiam expandir a fronteira de possibilidades no Inverno, enquanto que a opção da cigarra foi a da dissipação de recursos, com o efeito de contrair no Inverno essa fronteira de possibilidades, o que equivale a dizer com prejuízo para a sua própria base de sustento futuro.

Neste caso – mas não em todos os casos da Economia, como se verá – a opção pela poupança e pelo investimento, pelo sacrifício ou adiamento do consumo presente, revelou-se mais produtiva, no sentido de ter aumentado a capacidade total e absoluta de consumo e de produção no futuro. Mantenhamo-nos, contudo, atentos à chamada «falácia da composição», nos ter-

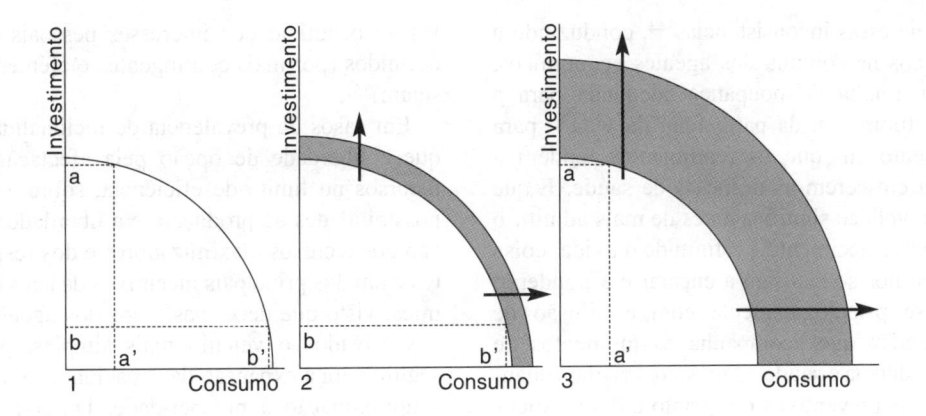

Gráfico 1.9. *O peso das opções na expansão da FPP*

1: situação inicial
2: preferência pelo consumo – diminuta expansão da FPP
3: preferência pelo investimento – ampla expansão da FPP

mos da qual o que é válido para um pode não ser válido para todos: a poupança que é benéfica para um, ou para alguns, pode tornar-se contraproducente se praticada por todos, ou para lá de certos limites. Uma das verdades – contra-intuitivas, é certo – da macroeconomia é a de que uma economia definha globalmente tanto no caso de só ser composta por cigarras como no caso de só ser composta por formigas, e que a prosperidade e o crescimento reclamam a presença, em cada momento, de uma combinação equilibrada de pessoas que poupam mais e consomem menos, e de pessoas que consomem mais e poupam menos.

A atitude da cigarra é ainda justificável em termos de «preferência pelo presente», ou de elevada «taxa de desconto» do futuro, uma motivação inteiramente racional e que estudaremos mais tarde (o leitor com mais elevada taxa individual de desconto, isto é, mais impaciente, poderá ler já o que adiante se diz sobre taxas de juro *reais*): basta reconhecermos que, se a cigarra e a formiga não têm a esperança de chegar vivas ao Inverno, obviamente deixa de fazer sentido poupar no Verão (a menos que tenham herdeiros e queiram viabilizar a sobrevivência da prole até ao próximo Estio)[339].

E essa mesma atitude de «não-poupança» também é racionalmente justificável se o ambiente jurídico-político for de molde a desproteger a apropriação privada dos frutos dessa poupança, seja porque isso agrava drasticamente a «preferência pelo presente», que pode passar a ser literalmente *vital*, seja porque a indefinição relativa à titularidade dos interesses e dos bens pode inviabilizar as trocas, e com elas a divisão do trabalho, a complementaridade e o incremento da produtividade através da especialização, também por essa via desaconselhando o planeamento económico e o diferimento das gratificações por parte de cada indivíduo – tudo razões que têm sido apontadas para a persistência de fenómenos generalizados de pobreza[340] e de subdesenvolvimento[341].

Sublinhe-se que é crescentemente realçada a importância da protecção da propriedade como meio para o desenvolvimento, desfazendo-se o mito de que a protecção da propriedade é sobretudo um meio de preservação dos interesses dos mais ricos e uma forma de perpetuação das desigualdades, e até da opressão dos mais pobres. Encontramos uma clara demonstração disso na correlação que é possível estabelecer entre apropriação privada e a revolução agrícola promovida, nos últimos decénios, pelos camponeses pobres da China ou da Índia[342], uma correlação susceptível de extrapolação em termos planetários[343].

A atitude da cigarra é também compreensível, embora não tão justificável, por força da «dissonância cognitiva», que é a persistência de convicções inconsistentes através de um esforço de «racionalização»

[339] Alessie, R. & A. Kapteyn (2001), 55-69.
[340] ERP (2003), 237.
[341] Alston, L.J., G.D. Libecap & R. Schneider (1996), 25-61.
[342] Lin, J.Y. (1992), 34-51; Banerjee, A.V., P.J. Gertler & M. Ghatak (2002), 239-280; Besley, T. & R. Burgess (2000), 389-430.
[343] Hall, R.E. & C.I. Jones (1999), 83-116; Besley, T. (1995), 903-937.

que escamoteia essas inconsistências[344], conduzindo a erros sistémicos na conduta dos agentes económicos, por exemplo à falta de poupança adequada para a cobertura do futuro, ou da parte final da vida – para aquele momento em que os rendimentos tendem a decrescer e a crescerem as despesas de saúde. É que poupar para a velhice significa antes de mais admitir o processo do envelhecimento e a finitude da vida, coisa que muitos de nós se recusam a encarar e a ponderar, gratificando-se psicologicamente com a «ilusão de eterna juventude» que acompanha os momentos de maior independência e saúde. O mesmo diríamos quanto a tratamentos preventivos ou quanto a diagnósticos precoces – não estando afectados por sintomas, quase todos nós agiremos com total desprezo pelas probabilidades de estarmos afectados por problemas que exijam ou recomendem aquele tipo de iniciativas. Esta atitude de risonha despreocupação será muitas vezes o próprio «sal da vida» – mas caberá ao economista, o eterno «desmancha-prazeres», chamar a atenção para a profunda irracionalidade deste «escapismo»[345].

Na análise das preferências, há que não perder de vista o quanto as pessoas são sensíveis àquilo que elas percebem como «desvios» face ao que é tomado por um «padrão de normalidade», uma referência que elas adoptam como «padrão absoluto»[346], ainda que ao longo do tempo façam lentamente «deslizar» esses pontos de referência[347]. A experimentação, como já referimos em momento anterior, tem revelado um muito previsível «erro sistémico», ou «dissonância cognitiva», de *parcialidade*, que consiste no facto de os agentes tenderem a enaltecer as suas próprias acções, privilegiando-as com o qualificativo de «justas», ou no facto de serem especialmente susceptíveis de adulação por parte de terceiros na apreciação da «justiça» das suas opções[348] – e isto mesmo quando os agentes são confrontados com meras situações genéricas[349] ou hipotéticas[350] de justiça distributiva. Como tivemos já ocasião de referir, estão hoje abundantemente documentadas, tanto experimentalmente como empiricamente, as tendências para a avaliação subjectiva distorcida e parcial das situações económicas – e muito especialmente a tendência involuntária para alterar os padrões de «correcção» e de justiça de forma a adequá-

los ao benefício dos interesses pessoais previamente definidos (por mais contingentes e efémeros que estes sejam)[351].

Em casos de prevalência da racionalidade, dir-se-á que a liberdade de opção pela afectação óptima de recursos no limite de eficiência, sobre a fronteira de possibilidades de produção, e a liberdade de apropriação dos recursos maximizadores e dos respectivos frutos é um dos principais incentivos da actividade económica, visto que deixa nas mãos dos agentes económicos privados o veículo mais simples, perceptível e seguro para a expansão da capacidade produtiva e para a aproximação à prosperidade. Dir-se-á mesmo que essas liberdades, e a legitimação dos modos de apropriação privada com elas conexas, são as razões do muito notório sucesso histórico do denominado sistema económico capitalista.

1 – m) O controlo dos meios de pagamento

Uma última advertência quanto aos riscos da intervenção estadual relaciona-se com o fenómeno inflacionista, com a possibilidade de subida *provocada* do nível geral de preços. Embora sejam várias as explicações possíveis para a inflação e para as suas causas remotas, aceita-se que a maior parte dos fenómenos inflacionistas mais pronunciados e persistentes têm como causa próxima o aumento da quantidade de moeda em circulação (o aumento desproporcionado face às necessidades objectivas criadas por aumentos de transacções), que conduz à desvalorização da moeda, afectando a sua função de padrão geral de valor dos bens, dos serviços e dos factores produtivos, e perturbando-lhe o papel de intermediário geral nas trocas.

À primeira vista, estes dados bastariam para se atribuir as culpas da inflação ao próprio Estado ou às autoridades monetárias, visto que lhes pertencem os meios de criação da moeda e de controlo da circulação dos meios de pagamento: e é certo que não há aumento de massa monetária aí onde o Estado ou as autoridades monetárias a não provoquem ou consintam, e que não ocorrerá inflação, nem pressão inflacionista, se a massa monetária não crescer mais rapidamente do que o volu-

[344] Festinger, L. (1957).

[345] Akerlof, G.A. & W.T. Dickens (1982), 307-319.

[346] Helson, H. (1964).

[347] Ryder Jr., H.E. & G.M. Heal (1973), 1-33.

[348] Babcock, L., G. Loewenstein, S. Issacharoff & C. Camerer (1995), 1337-1343; Binmore, K. (1998); Kagel, J.H., C. Kim & D. Moser (1996), 100-110; Konow, J. (2000), 1072-1092; Messick, D.M. & K.P. Sentis (1979), 418-434.

[349] Fong, C. (2001), 225-246.

[350] Dahl, G.B. & M.R. Ransom (1999), 703-727; Kahneman, D. & A. Tversky (1979), 273ss.; Yaari, M.E. & M. Bar-Hillel (1984), 1-24.

[351] Babcock, L. & G. Loewenstein (1997), 109-126; Dahl, G.B. & M.R Ransom (1999), 703ss.; Lewellen, W.G., T. Park & B.T. Ro (1996), 227-251.

me das trocas, disponibilizando mais unidades monetárias por cada transacção – e facultando a subida do preço *médio* das transacções.

O problema está em que pode admitir-se que a prioridade de outros fins da actuação do Estado e das autoridades monetárias determine e justifique a intensificação da emissão de moeda em termos inflacionistas: por exemplo, o objectivo do combate ao desemprego, se se aceitar que existe uma oposição fundamental entre os objectivos do combate à inflação e do combate ao desemprego, em termos de o esforço de aproximação a um deles determinar o afastamento do outro – ponto que, como veremos, é controverso.

Mas mesmo que se aceite que aquela oposição fundamental existe – ou que ela existe temporariamente, até que o mecanismo de preços volte a ajustar-se às trocas com algum grau de estabilidade –, ainda assim poderá pôr-se em dúvida que seja necessário que o Estado ou as autoridades monetárias joguem no curto prazo com essa tensão de objectivos, dedicando-se a poderosos mas delicados exercícios de sintonia entre eles. E isto porque sempre será legítimo perguntar-se se a actuação macroeconómica óptima não deveria colocar-se exclusivamente ao serviço do incremento da produtividade, de modo uniforme e consistente, sem sobressaltos e sem frustração de expectativas, em vez de se embrenhar por essas vias «*activistas*» mais equivocamente relacionadas com a geração de riqueza, e nas quais se agravam drasticamente os riscos de, numa interferência com o volume e o valor dos meios de pagamento, se perturbar o mecanismo de sinalização dos preços em que assenta toda a eficiência da economia de mercado, e de se adulterar o quadro de incentivos a que se reporta qualquer livre decisão de produzir.

1 – n) Vinte ideias a reter

Como dissemos já, um dos segredos do sucesso da ciência económica está na capacidade de aplicar um número restrito de princípios às mais diversas situações, o que facilita a congruência e o poder da explicação económica. Não há um elenco de princípios que seja pacificamente aceite, mas uma lista como a que se segue poderá dar uma ideia aproximada de algumas áreas de consenso, que veremos amiúde retomadas na exposição subsequente.

Não alimentamos a ilusão de que um texto introdutório à Economia possa ou deva recobrir todos os aspectos da disciplina com detalhe, integrando-os em panorâmicas enciclopédicas. Tão-pouco acalentamos a esperança de que tudo seja assimilado e indefinidamente retido pelos estudantes. Esquecer é humano, e o que há a fazer é com que sejam mais lentamente esquecidos os princípios que possam ter-se por mais importantes, mais relevantes no mundo real – no mundo da aplicação prática[352].

Eis alguns daqueles que tomamos por mais importantes:

1. Os recursos produtivos são escassos.
2. As decisões concretas reclamam a ponderação de custos e benefícios adicionais resultantes da cada uma das alternativas.
3. Há diversos métodos de afectação de bens e serviços.
4. As pessoas respondem de um modo previsível a incentivos, tanto positivos como negativos.
5. Só existem trocas voluntárias quando as partes têm esperança de ganhos.
6. A produção e o consumo crescem com a especialização dos agentes económicos (individuais ou colectivos).
7. A interacção de compradores e vendedores constitui os mercados.
8. Os preços sinalizam e incentivam os agentes num mercado.
9. A concorrência entre vendedores baixa custos e preços e beneficia em última instância os compradores.
10. Os mercados geram um enquadramento institucional que visa apoiar os agentes económicos na realização dos seus fins.
11. A moeda facilita as trocas, os empréstimos, a poupança, o investimento, as comparações de valores.
12. As taxas de juro, ajustadas à inflação, variam para adequarem os níveis de poupança aos níveis de empréstimo, determinando assim a afectação de recursos escassos entre os seus usos presente e futuro.
13. O rendimento das pessoas é maioritariamente fixado em função do valor dos recursos produtivos que fornecem ao mercado.
14. Os empresários são aqueles que, incentivados pela contrapartida do lucro, assumem as incertezas da organização produtiva dos recursos.
15. O investimento em capital físico e em «capital humano» tem a virtualidade de incrementar o nível de vida futuro.
16. Há lugar, numa economia de mercado, à intervenção do Estado, desde que ela se justifique em termos de eficiência.

---

[352] Apontemos, esperançadamente, para algo mais do que aqueles cinco anos que Robert Parks cautelosamente estabelece como prazo para a sua esperança de relevância como docente – Parks, R.P. (1999), 200. Cfr. Hansen, W.L. (1986), 149-152.

17. A intervenção do Estado pode implicar custos que excedem os benefícios, dados os incentivos não estritamente económicos por que se pauta a acção política.
18. O nível nacional de rendimento, emprego e preços é resultado da interacção das decisões de produzir e consumir do conjunto de todos os agentes económicos nacionais.
19. O desemprego e a inflação têm efeitos nocivos muito extensos no bem-estar colectivo, ao menos na injustiça da redistribuição e na perturbação das expectativas.
20. O nível de emprego, de produção e de preços podem ser influenciados pelos governos e pelos bancos centrais através de políticas orçamentais e monetárias.

1 – o) Dez ideias para reflectir

Como nem tudo é simples, óbvio, meridianamente claro e pacífico na ciência económica, e ela se alimenta também de verdades contra-intuitivas, de elaborações teóricas longas e complexas, de desavenças doutrinárias, e de desafios à nossa compreensão e à nossa sensibilidade, deixemos também algumas ideias avulsas que possam ser objecto de reflexão – e, quiçá, de alguma elucidação no texto subsequente:

1. A economia assenta num quadro de referência de decisões individuais, e apela a uma racionalidade «procedimental» (neutra perante os valores que essas decisões servem).
2. Numa economia livre, a eficiência baseia-se num equilíbrio entre interdependência individual e responsabilidade colectiva.
3. Podem ocorrer situações em que a decisão económica deve optar entre objectivos de eficiência e de justiça.
4. Existe, no curto prazo, um limite ao rendimento marginal que se obtém da intensificação do uso dos factores de produção.
5. Um movimento especulativo pode ser estabilizador, se as previsões forem optimistas.
6. Tende a existir, no curto prazo, uma correlação inversa entre os valores da inflação e do desemprego.
7. As interferências rectificadoras das «falhas de mercado» podem resultar em «falhas de intervenção».
8. A mais grave das «falhas de mercado» é aquela que torna o progresso económico numa causa de degradação ambiental, por abuso de recursos comuns e de bens públicos.
9. A eficiência da regulação jurídica e política deve poder justificar-se pela existência de externalidades e pela verificação de «custos de transacção» superiores aos custos da regulação.
10. A racionalidade assenta numa informação dispendiosa, pelo que muitas das decisões individuais são eficientemente tomadas com informação incompleta, e muita da interdependência se funda em informação assimétrica.

CAPÍTULO 2 – O modo de pensar do economista[353]

"Ele não era um consultor de grandes ou pequenas instituições, fossem elas públicas ou privadas; ele não se pavoneava no circuito das conferências; ele não procurava a ribalta dos meios de comunicação. Ele comportava-se como se a demanda académica de conhecimento fosse uma louvável ocupação de tempo inteiro para uma inteligência superior. Esta conduta estava já a tornar-se menos comum no ensino da Economia ao tempo em que ele tentava incuti-la nos seus alunos, mas eu tenho a impressão de que a sincera dedicação ao estudo é um ingrediente essencial num grande professor: os estudantes são demasiado inteligentes para acreditarem em princípios que não são praticados" – George Stigler (sobre Frank Knight)[354].

Uma das primeiras percepções que o não-especialista tem sobre a ciência económica respeita à linguagem privativa que esta emprega: um conjunto extenso de calão técnico que se afigura ser um misto de barreira de entrada, de dissuasor à participação dos «leigos» nas discussões centrais da doutrina económica, e de linguagem cifrada ou modo de comunicação de iniciados, que facilita a identificação e a solidariedade dentro do grupo que eles formam.

Na realidade, e devendo admitir-se que a linguagem económica prossegue acessoriamente esses desígnios de exclusão e de pertença, o objectivo principal dos tecnicismos é o de servirem de abreviaturas, de atalhos, para conceitos e cadeias de raciocínios que são complexos e que, não sendo intuitivos, reclamam uma aprendizagem relativamente extensa e difícil.

Nesse aspecto, a linguagem da Economia não se distingue da de outras matérias cujo ensino mobiliza meios sofisticados e reclama tempo e disciplina de aprendizagem. Idealmente, aquele que assimilou a forma de pensar do economista e lhe desvendou os modos peculiares de expressão adoptará estes últimos como meios especialmente seguros, inequívocos, sucintos – *económicos*, numa palavra –, de reconhecer e transmitir os núcleos básicos e as referências partilhadas daquilo que aprendeu.

Contudo, há algo de especialmente chocante, de aberrante, nos excessos de hermetismo, de formalismo, de irrealismo teórico, que têm sido tão eloquente e prestamente denunciados, vezes sem conta e sempre com o mesmo insucesso aparente, na metodologia económica: é que, para nos atermos só ao formalismo – especificamente ao abuso de formalização matemática e geométrica na análise económica e até na didáctica da Economia[355] –, ele é necessariamente mais simplificador, mais empobrecedor, na Economia do que em outras ciências que a ele recorrem: aquele que quer reduzir a fórmulas matemáticas os fenómenos da química molecular não tem que abstrair de emoções, de expectativas, de incentivos, de planos de acção das moléculas, não tem que ponderar a influência no seu comportamento da representação que cada uma delas pudesse fazer de si mesma e das outras, ou das previsões que cada uma eventualmente estabelecesse sobre

[353] Baumol, W.J. & A.S. Blinder (2000), 8ss.; Colander, D.C. (1997), 5ss.; Gwartney, J.D. & *al.* (2002), 27ss.; Heyne, P. & *al.* (2002), 1ss.; Lipsey, R.G. & *al.* (1999), 26ss.; Mankiw, N.G. (2000), 17ss.; Mankiw, N.G. (2001), 19ss.; Martinez, P.S. (1998), 56ss.; Mateus, A. & M. Mateus (2001), 31ss.; McConnell, C.R. & S.L. Brue (2001), 19ss.; McConnell, C.R. & S.L. Brue (2001c), 21ss.; Neves, J.C. (2001), 29ss.; Nicholson, W. (2001), 3ss.; Stiglitz, J.E. & C.E. Walsh (2002), 27ss.

[354] Stigler, G.J. (1988), 18.

[355] Cépticos quanto à virtude pedagógica da dependência da Economia face à formalização matemática temos, entre outros, Brasfield, D., J. McCoy & M. Milkman (1992), 240-247; Butler, J.S., T.A. Finegan & J.J. Siegfried (1994), 206-210; Von Allmen, P. (1996), 18–22; Von Allmen, P. & G. Brower (1998), 277-284. Mais favoráveis a um adensamento da formalização matemática a nível introdutório mostram-se Anderson, G., D. Benjamin & M.A. Fuss (1994), 99-119; Becker, W.E. (1990), 180-190; Samuelson, P.A. (1994), 267-273.

as condições futuras e o desfecho esperado da cadeia causal em que se integra – mas qualquer dessas abstracções pode ser fatal à adequada compreensão do objecto da Economia.

Pode mesmo sustentar-se que até meados do século XX a Economia foi sobretudo uma ciência social, bem consciente dos seus objectivos e das suas limitações, e sempre aberta à consideração do ascendente decisivo, em muitas das actividades económicas, de impulsos de vária ordem, mormente de ordem psicológica, sem os subestimar pela simples circunstância de serem refractários a uma quantificação rigorosa (veremos isso a propósito de Irving Fisher e de John Maynard Keynes, por exemplo[356]).

É sobretudo a partir da década de 40 que, na esteira de pioneiros como John Hicks ou Paul Samuelson[357], a ciência económica se entrega ao formalismo, se concentra obsessivamente em modelos quantitativos de condutas rigidamente optimizadoras e quantificadoras, postulando um crescente mecanicismo reactivo que paulatinamente foi erigindo um *homo oeconomicus* que, mais do que o ser racional e egoísta que se dizia ter sido o protótipo da Escola Clássica de Adam Smith e David Ricardo, era agora um «*cyborg*» hiper-racional, capaz de competir, como processador de informação e decisor estratégico, com as mais sofisticadas estruturas institucionais (como veremos pressupor-se na hipótese das «expectativas racionais»).

O Quociente de Inteligência desse «*cyborg*» passava a aceitar-se que fosse equivalente ao do mais inteligente e sofisticado dos economistas; e, pior ainda, a escolha de modelos descritivos e explicativos passava a privilegiar o modelo em que precisamente mais amplitude se concedesse à manifestação dessa super-inteligência – que poucos se atreviam a denunciar como uma distorção completa da realidade do comportamento médio, dado o prevalente «enamoramento com a forma» e com a abstracção que dominava as *torres de marfim* académicas[358], todas empenhadas, dentro do cânone Neoclássico, em esforços de modelação matemática, de edificação axiomática e de ultra-dedutivismo – desembocando no resultado *barroco* de uma ciência social «*autista*» na investigação e no ensino, alheada da sua realidade de referência e do escopo pragmático que a conduzira da sua génese até à sua autonomização curricular[359].

2 – a) A explicação e a compreensão no âmbito de uma ciência social

Ora a Economia procura ser uma ciência, e uma ciência social. Como ciência, ela tenta impor uma interpretação coerente e estruturada a um universo de dados, procurando detectar regularidades e afinidades nesses dados e fazendo assentar, nessas regularidades e afinidades, explicações teóricas sobre os modos de formação e de manifestação dos fenómenos de que aqueles dados são o registo. Como ciência social, está-lhe confiado um esforço adicional, o de compatibilizar os intuitos de objectividade (que envolvem distanciamento e abertura à verificação de qualquer tipo de resultados) com a inevitabilidade do envolvimento do observador, do «cientista», nos mesmos fenómenos sociais que se esforça por analisar e descrever, com a inevitabilidade de *imersão*, de envolvimento, nos fenómenos humanos e sociais pelo prisma da vivência directa, com a inevitabilidade da referência a esses fenómenos através da linguagem empenhada e intuitiva do testemunho pessoal.

É que se a objectividade, o distanciamento, apontam para o paradigma científico da *explicação* – procurando a ligação subjacente às regularidades aparentes nos fenómenos –, o envolvimento do observador nas ciências humanas e sociais privilegia antes o paradigma da *compreensão*, ou seja, o recurso à imaginação simpática no esforço de recriação das motivações subjacentes a acções livremente deliberadas (na regularidade das quais pode postular-se uma congruência deliberativa, o tipo de «causalidade final» que é peculiar na liberdade humana).

A dialéctica entre teoria e observação está no próprio cerne da atitude científica. O economista que, olhando à sua volta, veja agravarem-se problemas sociais e políticos como o desemprego, ou a discriminação no emprego – para dar dois exemplos apenas –, procurará averiguar a extensão temporal e espacial desses fenómenos, apurando se se trata de eventos momentâneos ou de manifestações de tendências longas, e, neste caso, se eles representam um agravamento dessas tendências; e se se trata de situações locais, regionais, nacionais ou internacionais, e se eles estão a alastrar ou, pelo contrário, a ficar confinados. A extensão e duração dos fenómenos económicos será já, em

---

[356] Loewenstein, G. (1992), 3-34.
[357] Sobre o legado teórico de Paul Samuelson, cfr. Puttaswamaiah, K. (org.) (2002).
[358] Thaler, R.H. (2000), 134.
[359] Hutchison, T.W. (2000).

muitos casos, determinante no apuramento das causas subjacentes – porque permite formulações mais ou menos gerais e abstractas de princípios explicativos, os quais, na sua máxima extensão, podem alcançar o estatuto de leis económicas e passar a constituir pilares da ciência económica[360], conferindo um *significado coeso* à multiplicidade dos fenómenos observados, ainda que, como acabámos de referir, isso se faça por ilegítimas extrapolações da metodologia das ciências naturais, gerando ilusões de rigor[361/362].

Note-se, de resto, que, porque a Economia é um estudo de escolhas e decisões tomadas em contextos de escassez de recursos, e porque ela pretende ser uma descrição de condutas e uma análise da adequação funcional dessas condutas como meios para solucionar os problemas colocados pela escassez, é perfeitamente possível estender-se o âmbito da ciência económica até à observação e apreciação da adequação pragmática de condutas não-humanas[363] – prescindindo das inumeráveis complicações da atribuição de racionalidade *intrínseca* às motivações da conduta para se ater apenas à avaliação da sua eficácia contextual – da forma, por exemplo, como uma colónia de formigas optimiza as condições da sua defesa, alimentação e perpetuação, dividindo funções e gerando tarefas especializadas e complementares, fazendo-as evoluir interactivamente em função das modificações ambientais e das agressões externas[364]. Esse estudo que dispensa a racionalidade consciente, a racionalidade da *deliberação intencional*, peculiar da nossa espécie, pode, aliás, ser útil na explicação de condutas limitadamente racionais por parte dos agentes humanos, naqueles contextos – que veremos serem frequentes – em que a aquisição de informação completa e a adequação racional a toda a informação disponível são desproporcionadamente custosas face aos benefícios marginalmente atingíveis através delas, justificando *racionalmente* condutas presididas pela ignorância e pela *racionalidade limitada*, ou pela irracionalidade[365]. Com efeito, também nas

formigas, nas térmitas, nas abelhas, e noutros animais gregários (mesmo deixando de fora a mais sofisticada gregariedade dos mamíferos), é possível discernir um comportamento estruturado, e por isso previsível, entre organismos individuais, um comportamento significativo e relevante para o funcionamento e preservação do todo – por exemplo com manifestação de tendências «egoístas», «altruístas», etc.. Mais ainda, alguns automatismos profundamente enraizados na conduta humana remetem para esse puro gregarismo animal, também ele capaz de desempenhar funções com significado e alcance económicos, tanto a nível individual como colectivo[366].

2 – b) Observação e experimentação

Os contornos mais precisos dos fenómenos económicos, dentro do perímetro exterior da respectiva duração e extensão *totais*, serão muito frequentemente difíceis de determinar, dada a circunstância de eles resultarem normalmente do entrechoque de motivações particulares que não têm que coincidir com um padrão único, uniforme, de motivação e de causalidade – visto que a complementaridade de interesses, já o referimos, está no próprio âmago dos factos económicos mais elementares, pelo que só por extremo esquematismo simplificador poderá alcançar-se uma agregação de motivações divergentes numa cadeia causal única –.

A diversidade é a trave-mestra da vida económica, já que sem heterogeneidade, sem singularidade, sem divergência de valores, de gostos e de motivações, sem desigualdades de talentos e de fortunas, de nada nos serviria a «disposição para as trocas» que nos é peculiar e de que depende o progresso da nossa prosperidade individual e comum. Como já demonstrámos, sem complementaridade de interesses não haveria «soma positiva» em resultado das nossas trocas e da nossa interdependência, e por isso diremos que a complexidade, se cria

[360] Baumol, W.J. & W.E. Becker (1996), 1-16.

[361] Katzner, D.W. (2001), 41-58.

[362] Para um curioso, e variado, debate em torno do alcance e utilidade da teoria no seio da ciência económica, cfr. Klein, P.A. (org.) (1994).

[363] Tullock, G. (1994); Koslowski, P. (org.) (1999); Noë, R., J.A.R.A.M. van Hooff & P. Hammerstein (orgs.) (2001).

[364] O que aliás pode ser encarado como não mais do que um capítulo no estudo das relações da Economia com a Biologia, relações entre paradigmas analíticos que são férteis em paralelismos e intuições cruzadas, em especial na explanação da lógica evolucionista a de inteligência adaptativa que explicam a relevância civilizacional da adopção da racionalidade económica. Cfr. Becker, G.S. (1991); Ofek, H. (2001); Robson, A.J. & H.S. Kaplan (2003), 150-169; Robson, A.J. (2001), 11-33.

[365] Novamente se sustentará, em termos de biologia evolucionista, que num contexto de «aptidão ambiental» a inteligência humana representa apenas uma forma especial de preservação das características genéticas da espécie, a mesma preservação a que todas as formas vivas se funcionalizam, e que por isso a racionalidade não deve avaliar-se no curto prazo da intencionalidade imediata ou da sua representação consciente, antes deve ser analisada no plano mais amplo do sucesso remoto e perene de sobrevivência da espécie – algo como se astuciosamente uma «mão invisível» nos conduzisse, com ou sem o nosso assentimento e consciência, a resultados que nos beneficiam mas que nos transcendem. Para esta visão reducionista e de «gene egoísta», cfr. Gandolfi, A.E., A.S. Gandolfi & D.P. Barash (2002), por sua vez inspirado em Dawkins, R. (1989).

[366] Tullock, G. (1994).

graves dificuldades ao método científico de que a Economia se socorre, entravando-lhe o esforço sintético, é em contrapartida o próprio motor de toda a actividade económica, que nenhuma síntese científica pode ignorar ou desprezar sem perda de conteúdo[367].

Por isso, frequentemente a metodologia económica lançará mão do sucedâneo estatístico, ou seja, de uma forma de descrever os fenómenos de massa nas suas simples regularidades fenoménicas ou externas, prescindindo de atribuições ou pressuposições *causais*, limitando-se abertamente a evidenciar regularidades e tendências, sem se envolver nas dificuldades e riscos de explicações *internas* de motivações e deliberações conscientes, tantas e tantas vezes alicerçadas em impulsos recônditos e inefáveis de resposta a circunstâncias únicas e irrepetíveis, não-raro ditados pela singularidade do *carácter* do agente[368]. Estas limitações auto-impostas no método estatístico visam facilitar o seu contributo para o raciocínio *indutivo*, ou seja, para a formação de princípios sintéticos e coesos a partir da pura observação de fenómenos empíricos – justificando-se se, sem muita convencionalidade resultante das suas limitações e truncagens, a Estatística acaba por efectivamente propiciar esse trânsito da observação para os princípios gerais com os quais se alcança a *inteligibilidade* do real.

Acresce a isto a circunstância de ao economista ser habitualmente vedada a experimentação em contextos reais, não simulados – sorte que ele partilha com a maioria dos «cientistas sociais», e também com os astrónomos –. Toda a reprodução experimental, se é uma experimentação *controlada*, isto é, se assenta na criação deliberada de condições iniciais dentro de parâmetros analisados e pré-definidos, envolve um artifício, e esse artifício tende a comprometer irremediavelmente a motivação dos agentes económicos, dado que estes possuem a capacidade de se aperceberem dessa alteração deliberada das condições iniciais da sua conduta, e de reagirem a ela em termos de adulterarem a *espontaneidade*, a *naturalidade* das condutas que é missão do economista observar. Isso não veda, em alternativa, o recurso a uma experimentação assente na introdução de variáveis e circunstâncias aleatórias, contra as quais seja difícil uma estratégia reactiva por parte das «cobaias», tentando recobrar alguma «naturalidade» por entre a convencionalidade das condições iniciais da experimentação[369].

Não podendo, pois, reduzir a cobaias os agentes económicos sem ter de perder a esperança de obter dados minimamente significativos e úteis, resta ao economista, na maior parte dos casos, remeter-se a simples receptor passivo de dados, especificamente os dados históricos e os dados estatísticos. Os primeiros apresentam habitualmente a vantagem de fornecerem uma informação completa acerca de um ciclo integral de acção económica, ciclo no qual todas as deliberações terão chegado aos seus últimos desfechos, e a vantagem de incidirem sobre factos que a distância imunizou contra o ascendente das paixões. Os segundos apresentam as vantagens, mas também os inconvenientes, de se reportarem a dados presentes, dados insusceptíveis de abordagem desapaixonada, mas em contrapartida dados referidos a circunstâncias nas quais é de esperar que a informação obtida possa ainda alicerçar decisões relevantes.

O que dissemos não significa, todavia, que não haja algum lugar para a experimentação, como o atesta o incremento recente dos estudos de «economia experimental», a mesma que valeu o prémio Nobel de 2002 a Vernon L. Smith, juntamente com o psicólogo Daniel Kahneman[370]. É que, se se entende legítimo ficcionar situações em que as variáveis surgem isoladas na sua eficácia causal, imobilizando-se virtualmente tudo o resto, porque não se haverá de admitir também que a análise parta logo da observação de condições iniciais controladas, mesmo que o sejam apenas dentro de um certo grau de aleatoriedade? Por exemplo, para se apreciar a capacidade de reacção estratégica em ambientes com um número restrito de jogadores, ou para se aferir a atitude típica de agentes racionais em situações extremas de risco ou de assimetria informativa, porque não provocar situações dessas em condições de observação óptimas – mais a mais quando essas situações sejam raras na vida comum ou tendam a ocorrer enredadas num novelo de complexidade causal –?

2 – c) O apoio da Estatística

A Estatística é um meio de apoio à ciência, ajudando à recolha de dados, à detecção de regularidades e afinidades em fenómenos de massa – manifestações de um mesmo fenómeno em grandes números –, à manutenção de padrões de uniformidade e de rigor na elaboração dos dados, no estabelecimento de correspondências relevantes com a realidade e na extrapolação de regularidades para lá dos domínios do observável.

---

[367] Rosen, S. (2002), 1.
[368] Stigler, S.M. (1999).
[369] Rosenzweig, M.R. & K.I.Wolpin (2000), 828.
[370] Hoffman, E., K. McCabe & V. Smith (1998), 335-352; Plott, C.R. (2001); Smith, V.L. (1979), 59-168; Smith, V.L. (1979b), 198-215; Smith, V.L. (1980), 584-599.

Na Economia, a dupla circunstância de abundarem fenómenos de massa – fenómenos relativamente uniformes e repetitivos, e reportados a uma multidão de circunstâncias e de agentes – e de muitos desses fenómenos serem facilmente quantificáveis – realizando-se a maior parte das trocas, por exemplo, com recurso a um instrumento de permuta que serve ao mesmo tempo de padrão geral de valor e que fornece instantaneamente às trocas um equivalente quantitativo expresso e inequívoco, o *valor monetário* – facilita muito a colaboração entre Economia e Estatística, ao mesmo tempo que, para alguns, reforça a convicção de que a Economia deve submeter-se ao mesmo tipo de paradigma formal e matemático que domina a metodologia estatística.

A Estatística pode fornecer à Economia preciosos apoios expositivos, na medida em que permite a apresentação de grandes quantidades de dados sob forma compacta de quadros, mapas e gráficos, que, propiciando uma intuição rápida de fenómenos de massa, tem uma eficácia inigualada por qualquer sucedâneo expositivo, mas também aumenta grandemente os riscos de erro na interpretação e de manipulação dos resultados – começando pela impressão que transmite de que tudo na Economia pode ser reduzido à interacção de variáveis bidimensionais, passando pelas distorções induzidas pelo isolamento arbitrário e descontextualizado de uma variável, pela escolha de padrões e enquadramentos não representativos, por subtis manipulações das escalas adoptadas nas representações, que ampliem ou minimizem os efeitos observados.

Como o seu nome indica, a Estatística (originariamente designada como «Aritmética Política»[371]) nasceu para fornecer sínteses panorâmicas relativas a grandes quantidades de dados – dados com a amplitude de um Estado –, que pudessem transmitir conhecimentos, ao menos quantitativos, sobre fenómenos que, pela sua natureza e dimensão, escapassem à possibilidade de experiência directa, e menos ainda de intuição, àqueles que devessem decidir com base no conhecimento desses fenómenos – fenómenos cujo conhecimento mais preciso, nítido ou particularizado envolveria custos desproporcionados às vantagens deriváveis desse conhecimento[372].

O conhecimento fornecido pela Estatística é, pois, aproximativo: refere tendências e características gerais, esboços estilizados de realidades que não seriam perceptíveis senão nesses traços largos. Por exemplo, uma estatística que mostra que, em igualdade de condições, o salário dos homens é em média mais elevado do que o das mulheres não explica *porque é que* isso acontece – embora possa ajudar à explicação –, nem esclarece se há ou não casos excepcionais em que uma mulher ganha mais do que um homem pelo mesmo trabalho, nem tão-pouco fornece uma explicação para a ocorrência de tais excepções; mas, apesar de tudo, chegaria para, num caso de aplicação de medidas igualitárias gerais, dar uma indicação suficientemente precisa sobre quem deve ser privilegiado *em regra*, e em detrimento de quem – serve, em suma, para nortear decisões, desde que essas decisões não envolvam medidas particularizadoras com uma escala e com uma precisão que aquele tipo de conhecimento não consinta. E é por isso que a ideia de «significado estatístico dos dados» é tão antiga como controversa – a ideia de que tudo pode provar-se «com números», a ideia de que, se os factos não são em si mesmo eloquentes nem autorizam interpretações «privilegiadas», em todo o caso constituem o referente insubstituível para uma visão que se pretenda *realista*[373].

2 – d) Causalidade e correlação

Na sua forma simplificada de representar a realidade, sucede com frequência que a ciência económica faça referência ao comportamento isolado de uma variável, *como se* ela não interagisse com outras variáveis ou não fosse condicionada por outras variáveis ainda, e *como se* todas as outras variáveis transitassem instantaneamente para a condição de *dados constantes*. Esse isolamento artificial, virtual, frequentemente denotado pela presença da ressalva *«ceteris paribus»* (de que falaremos de seguida), facilita não só a descrição do comportamento da variável isolada como também a reconstrução do nexo causal de que ela é o produto – pese embora a circunstância de as atribuições causais estarem cercadas de um «fosso filosófico» difícil de transpor.

De qualquer modo, a reconstrução do mecanismo da causalidade implica que se admita ao menos duas variáveis – pois seria absurdo, salvo na hipótese improvável da geração *espontânea*, atribuir-se eficiência causal a um fenómeno que se manteve invariável durante a produção do fenómeno causado. E isso basta para que as complicações surjam:

– como é que a identificação de uma variável *causal* autoriza a abstracção da sua condição de variável *causada*? com que rigor se atribui estatuto *causa-*

371 Petty, W. (1992).

372 Sobre o desenvolvimento das Estatísticas em Portugal, cfr. Cunha, A.S.F. (1995); Sousa, F. (1995).

373 Hogben, L.T. (1968), 325ss.; McCloskey, D.N. (1985b), 201-205; McCloskey, D. & S.T. Ziliak (1996), 97ss.; Neyman, J. & E.S. Pearson (1933), 289-337; Wald, A. (1939), 299-326.

dor a uma variável, se vem a verificar-se que ela é inteiramente dependente, nas suas manifestações, de uma terceira variável que foi omitida? como é que se adverte a hipótese de ambas as variáveis serem resultados de uma terceira, e não causa uma da outra?

– como é que se representa, num universo de duas variáveis apenas, um nexo causal que resulta da combinação de um grande número de variáveis?

– num meio em que se movimentam agentes livres, como é o caso do meio económico, como pode excluir-se a inversão temporal da cadeia causal, a possibilidade de antecipação de efeitos relativamente a uma causa meramente *prevista*?

– como é que se previne a hipótese de inversão do nexo causal, tomando por *causa* o *efeito*, e vice-versa?

Ilustremos esta última dificuldade com um exemplo do domínio abarcado pelo conceito de «capital humano»: será a obtenção de um grau universitário que *causa* uma melhoria das remunerações médias, ou será essa melhoria devida à maior produtividade e ao maior talento inato daqueles que, pela mesma razão, têm mais sucesso no ingresso e na conclusão dos cursos universitários? Verificando-se uma coincidência entre aumento de remunerações salariais e aumento de produtividade por trabalhador, qual delas é *causa*, e qual é *efeito* – os trabalhadores estarão a ser justamente remunerados por um incremento de produtividade que precedeu a subida remuneratória, ou foi o aumento salarial que serviu de incentivo a que o incremento de produtividade se lhe seguisse?

Se isto já é assim num pobre mundo abstracto de duas variáveis, compreende-se a que grau insustentável de complexidade pode chegar-se dando alguns passos na direcção de um maior realismo, admitindo a eficiência simultânea de um conjunto mais numeroso de variáveis.

É por isso mesmo que tão frequentemente a ciência económica lança mão da Estatística, vocacionada como esta está para a análise e descrição do comportamento de fenómenos de massa *independentemente de quaisquer atribuições causais* – visto que, em nome da *certeza*, a Estatística renuncia a essas atribuições causais e se contenta em incidir no «*como*» dos fenómenos, prescindindo de interrogar-se sobre o seu «*porquê*», concentrando-se antes na determinação de relações fenoménicas, externas, entre variáveis, naquilo que é eminentemente *observável*, mensurável, aferível, susceptível de elaboração, sintetização e transmissão através de valores quantificáveis:

– que duas variáveis tendam a comportar-se de modo similar – seja paralelo, evoluindo no mesmo sentido, seja simétrico, evoluindo em sentidos opostos –, com amplitudes proporcionais, é facto que pode ser estabelecido com um grau muito apreciável de segurança, e medido com rigor, ao longo de um número suficientemente amplo de observações, até porque em tal caso, dado o propósito de detectar padrões gerais, as excepções não perturbam a verificação de uma *tendência dominante*;

– que essas variáveis sejam causa uma da outra, sejam produtos de uma causa comum, ou se manifestem conjuntamente por mero acaso, ou por efeito de uma causa indetectável ou incompreensível – tudo isso é irrelevante para a possibilidade de estabelecimento de uma *correlação* entre ambas: e se sabemos que essa correlação existe, que manifestações de uma variável num certo sentido tendem a ser acompanhadas por manifestações de outra variável também num certo sentido, e que portanto a detecção de uma torna *provável* a presença da outra, ou o movimento de uma torna previsível a evolução da outra – mesmo que apenas em termos muito aproximativos –, isso muito frequentemente será o grau de conhecimento bastante para podermos empregar essas variáveis de modo relevante, mormente num plano decisório que possa alicerçar-se em meros *graus de certeza indutiva*.

O primeiro passo que os economistas – como os demais cientistas, de resto – dão na direcção de uma descoberta teórica costuma resultar da percepção de que existe uma qualquer afinidade recorrente entre variáveis, o que conduz à interrogação sobre a existência de uma razão subjacente. O estudo de correlações é a aplicação de testes estatísticos aos dados (no caso da Economia, mais especificamente a aplicação de testes *econométricos*, centrados em questões de rigor de medição e de fiabilidade dos dados empíricos), multiplicando as observações por forma a que possa determinar-se se existe um padrão de relacionamento entre variáveis que possa atribuir-se a algo mais do que a um nexo errático ou aleatório – que possa atribuir-se a algo mais do que o mero acaso, a algo mais do que o ascendente de uma causa comum (o facto de, em dias de chuva, as pessoas conduzirem mais lentamente e *ao mesmo tempo* haver mais acidentes de viação não autoriza a conclusão de que a condução mais lenta é a *causa* do aumento de acidentes nesses dias, embora porventura possa sê-lo nalguns casos concretos)[374].

---

[374] Sobre os modelos econométricos, cfr. Martínez, P.S. (2004), 89ss..

Decisivo para o rigor *econométrico* é que os modelos quantitativos sejam expurgados de «regressões deterministicas» e de «correlações espúrias», de omissões e especificações incorrectas ou incompletas de variáveis «causais», de forma a evitar que tais modelos forneçam uma visão irrealista de uma realidade demasiado complexa para poder ser abarcada numa única formalização, ou ao menos para sê-lo sem «calibragem» e sem reformulação dos pressupostos nucleares – e tudo isto porque os dados fornecidos por tais modelos, dada a sua vastíssima amplitude referencial, não podem ser contrabalançados por uma *intuição* que permita detectar, com um mínimo de eficácia, o seu irrealismo.

Pode causar estranheza, e até frustração, que a ciência – e não apenas a ciência económica, mas toda a ciência que recorre a dados estatísticos – se demita assim de prosseguir na senda da descoberta de *verdades fundamentais* e de *certezas indutivas* – seja lá o que for que se pretende designar com essas expressões ambiciosas. Na realidade, esse é o preço a pagar pela necessidade de agir com eficiência num mundo em que a omnisciência não é gratuita e toda a aquisição de informação tem um custo – ao menos o já mencionado custo de oportunidade associado à escassez do tempo –.

Procurando evitar mais um «alçapão filosófico» – aqui, o respeitante à possibilidade de corroboração de crenças associadas a «juízos sintéticos» –, diremos que há três tipos de certezas que nos são acessíveis a baixo custo:

- as certezas *analíticas* ou dedutivas: se sei que um aluno ficou aprovado na disciplina de Introdução ao Direito, tenho a certeza de que ele obteve informação final positiva;
- as certezas *intencionais* quanto à causalidade das minhas deliberações livres: se colocar em seguida entre aspas a expressão "aspas", tenho a certeza de que isso resultou da minha determinação livre;
- as certezas *históricas* relativas à consumação de processos causais, derivadas da irreversibilidade do tempo: tenho a alegre certeza de que o Imperador Nero não voltará (pessoalmente) a atormentar cristãos, tenho a melancólica certeza de que os meus 18 anos não regressarão.

No domínio da aquisição indutiva ou sintética de conhecimentos – a mesma aquisição com a qual pretendemos chegar à edificação de modelos explicativos e preditivos dos quais gostaríamos de deduzir conclusões práticas com algum grau de confiança –, tais certezas não são possíveis, pois para isso teríamos que aguardar a consumação dos tempos, por forma a adquirirmos a certeza de que um determinado fenómeno nunca deixou de comportar-se do modo que nos habituámos a observar, dado que uma única contraprova bastaria para demolir uma certeza retirada directamente da observação – e entretanto ter-nos-íamos privado de agir com base num *grau de certeza*.

Ora a necessidade prioritária, para seres vivos, é agir. A única forma de termos a certeza de que uma viagem aérea decorre em segurança é aguardarmos que ela termine, para depois podermos recorrer à categoria das verdades consumadas – mas se condicionarmos o nosso embarque à posse prévia dessa certeza, *nunca* embarcaremos![375] A única forma de agir, neste caso como em todos os outros, é o de procedermos *como se* dispuséssemos já dessa certeza, é o de substituirmos o limite da certeza por um grau aceitável de probabilidade e de corroboração – dado o insuportável custo de oportunidade que a insistência na certeza *absoluta*, e a correspondente renúncia à decisão, representariam.

2 – e) O papel da teoria

Também na Economia é impossível fornecer-se apoios à acção, razões para tomar decisões de política económica que, mesmo nos casos pouco complexos, forneçam certezas absolutas quanto ao desfecho daquilo que se fará, porque há uma margem de incerteza que subsiste e subsistirá, a menos que se creia que um dia a ciência económica chegará ao fim, dissolvendo-se num momento triunfal de revelação última – uma *meta da ciência*, um silêncio redentor e apaziguador de todas as nossas dúvidas e inquietações especulativas e científicas (um final *infeliz*, admitamos).

Antes disso, porém, não há ligação da teoria à prática que não envolva uma margem de risco e de oportunidade, uma margem de criação de teorias e de formulação de hipóteses na qual se insinua o talento individual, a formação e as convicções do próprio cientista-economista. A ciência económica deve assim prosseguir indefinidamente *em aberto*, aliando a observação e a análise de dados com a mecânica própria e peculiar do raciocínio teorético, da sua lógica de formulação e verificação de hipóteses.

A ciência não é *magia*, e não pode superar essa barreira da nossa condição de falibilidade e de ignorância: também para a ciência o método indutivo não é um veículo de aquisição de *conhecimentos certos*, mas é antes uma via de acesso a *bases de acção*. A renúncia à segu-

---

[375] O risco das viagens aéreas reduziu-se a ponto de a probabilidade de uma morte corresponder a uma distância igual a 200.000 voltas ao mundo (pelo Equador). Contudo, é curioso notar que, como a maior parte dos desastres aéreos ocorre em descolagens e aterragens, o automóvel é estatisticamente mais seguro do que o avião para viagens inferiores a 300 km – Laudan, L. (1994), 58; Holland, B.K. (2002).

rança (porventura aparente) das atribuições causais e o recurso às formas sucedâneas e menos precisas – mas mais sólidas – da correlação estatística e do estabelecimento de probabilidades *fenoménicas* é um tributo a uma limitação *real* e *insuperável* que decorre necessariamente da nossa natureza menos do que divina. Neste sentido, ao contrário de ser motivo de frustração, a renúncia à descoberta de *verdades fundamentais* é um título de glória da ciência, sendo a melhor prova da sua sofisticação filosófica e da sua emancipação, e da sua inesgotável energia – como abundantemente o têm demonstrado as reflexões sobre a «retórica da Economia» (por Deirdre McCloskey[376]), a orientação teórica do «realismo crítico» (por Tony Lawson[377]), e até a confluência entre estas duas orientações (por Uskali Mäki[378]) – e isto para falarmos só da especulação pós-epistemológica[379], a mais recente tendência dentro da complexa evolução da «epistemologia económica», direccionada para um crescente relativismo, reconhecendo-se o inevitável convencionalismo que preside às demarcações e à conceptualização das ciências sociais[380].

Nesse aspecto, a «Retórica da Economia»[381], um desenvolvimento teórico sob o ascendente da «Nova Retórica»[382] e do «Realismo» pragmatista[383], mais não é do que a compaginação do método com a sofisticação filosófica que preside à evolução de outros ramos de saber, como pode comprovar-se com a «retórica» da Ciência[384], das Ciências Humanas em geral[385], da Biologia[386], da Matemática[387], da Sociologia[388], da Psicologia[389], da Contabilidade[390], da própria Filosofia[391].

A teoria é uma representação simplificada da realidade, assente num encadeamento de pressuposições – hipóteses – e de corolários lógicos dessas pressuposições, e geralmente formulada como um condicional hipotético: *se* as hipóteses estiverem certas, *então* verificaremos determinados resultados. A sua aplicação pela ciência justifica-se essencialmente no plano da simplificação das pressuposições analíticas – sempre que essa simplificação torna mais transparente o objecto de análise ou mais previsível a sua evolução sem afectar gravemente o realismo da referência que se lhe faz.

Se é de *compreensão* que se trata, a simplificação teórica pode facilitá-la grandemente, retirando da análise a margem de particularização, ou até de turbulência, que se revele insignificante para a inteligência do todo. Aliás, muito disto subjaz à capacidade humana para imaginar, para ficcionar, à vontade que visa a *representação* de um contexto plausível e inteligível onde eventualmente as bases da nossa compreensão do mundo ganhem em evidência, em relevância – sendo manifesto que, sem o impulso inicial da imaginação, nenhum princípio de conexão entre fenómenos começaria a evidenciar-se, a reclamar a formulação de hipóteses –; ou, inversamente, à representação de um contexto no qual a *essência* do mundo das nossas referências apareça revelada de modo mais adequado à estruturação da nossa inteligência.

A teoria é, em suma, uma *imposição de sentido*, da qual procuramos retirar consequências práticas. É sobretudo essa *imposição de sentido* que confere atractivo e relevância prática a esta e a qualquer ciência,

[376] McCloskey, D. (2000); McCloskey, D. (2001).

[377] Lawson, T. (1999); Lawson, T. (2003).

[378] Mäki, U. (org.) (2001); Mäki, Uskali (org.) (2002).

[379] Peter, F. (2001), 571-589.

[380] Mäki, U. (org.) (2002).

[381] Caldwell, B.J. & A.W. Coats (1984), 575-578; Coats, A.W. (1988), 64-84; Evensky, J. (1992b), 61-77; Hands, D.W. (1993); Hausman, D.M. (1992), 263-268; Henderson, W., T. Dudley-Evans & R. Backhouse (orgs.) (1993); Hollis, M. (1985), 128-133; Klamer, A., D.N. McCloskey & R.M. Solow (orgs.) (1988); Mäki, U. (1986), 127-143; Mäki, U. (1988), 89-109; Mäki, U. (1988b), 167-169; Mäki, U. (1992), 171-195; Mäki, U. (1992b), 65-104; Mäki, U. (1993), 76-109; Mäki, U. (1993b), 23-50; Mäki, U. (1995), 1300ss.; McCloskey, D.N. (1985); McCloskey, D.N. (1985b), 201-205; McCloskey, D.N. (1985c), 134-137; McCloskey, D.N. (1987); McCloskey, D.N. (1987b), 87-91; McCloskey, D.N. (1988), 280-293; McCloskey, D.N. (1988b), 245-257; McCloskey, D.N. (1988c), 393-406; McCloskey, D.N. (1988d), 150-166; McCloskey, D.N. (1989), 1-6; McCloskey, D.N. (1990); McCloskey, D.N. (1991b), 6-16; McCloskey, D.N. (1995), 1319ss.; Mirowski, P. (1988), 117-145; Mirowski, P. (1992), 235-259; Rappaport, S. (1988), 110-128; Rappaport, S. (1988b), 170-172; Rosenberg, A. (1988), 129-149; Rosenberg, A. (1988b), 173-175; Rosenberg, A. (1992), 30-55; Samuels, W.J. (org.) (1990); Solow, R.M. (1988), 31-37; Visker, R. (1990), 483-507.

[382] Enos, T. & S.C. Brown (orgs.) (1993); McNally, J.R. (1970), 71-81; Perelman, C. & L. Olbrechts-Tyteca (1969); Vickers, B. (1988).

[383] Harré, R. (1986); Putnam, H. (1990).

[384] Knorr-Cetina, K. (1981); Latour, B. & S. Woolgar (1979); Overington, M.A. (1977), 143-164; Weimer, W.B. (1977), 1-29.

[385] Nelson, J., A. Megill & D.N. McCloskey (orgs.) (1987); Simons, H.W. (org.) (1989).

[386] Bazerman, C. (1988); Gross, A.G. (1990); Myers, G. (1990).

[387] Davis, P.J. & R. Hersh (1987), 53-68.

[388] Edmondson, R. (1984).

[389] Billig, M. (1987).

[390] Arrington, C.E. & W. Schweiker (1992), 511-533.

[391] Mason, J. (1989).

sendo por isso preocupante que a ciência económica, com alguma frequência, admita uma derivação de sentido que a incompatibiliza com formas alternativas de análise do fenómeno económico[392], mormente quando, como vimos, se remete ao isolamento analítico do formalismo e da obsessão axiomática, aquilo que Ronald Coase, no seu discurso de aceitação do Prémio Nobel, caracterizou como a «economia do quadro negro» («*blackboard economics*»), uma forma académica e presunçosa de designar as realidades económicas como se elas fossem entidades etéreas, desprovidas de substância e inteiramente à mercê da quantificação e da manipulação simbólica[393], o que tem levado muitos, como veremos melhor de seguida, a defenderem empenhadamente o regresso à «economia politica» e o abandono do paradigma descarnado da escola neoclássica[394], especialmente quando vêem representado no seu aparente desprendimento metodológico um mal-disfarçado «minimalismo» político, uma tendência libertária que repristina o laissez-faire do «capitalismo»[395].

2 – f) Descrição e prescrição nas proposições da Economia

Se se trata de evitar a perda de incidência prática e a perda de protagonismo no «concerto» das ciências sociais, não é permitido ao conhecimento económico, seja limitar-se à mera contemplação e explicação dos fenómenos que elege para seu objecto, seja – menos ainda – remeter-se ao adensamento da sua própria sofisticação teórica em detrimento da sua capacidade de compreensão. A sua condição de ciência social atribui-lhe uma outra tarefa, a de ganhar relevância política através da aplicação prática dos conhecimentos de que dispõe, prescrevendo condutas – ou, não raro, abstenções – de acordo com o seu quadro privativo de avaliação.

Coexistem, por isso, no seio da Economia dois tipos distintos de proposições, as que descrevem o mundo como ele é ou tentam detectar nele uma ordem *latente*, e as que visam a sua transformação de acordo com determinados valores, as que visam a formação de uma ordem *positiva*. As primeiras podem ser *refutadas* por contraprovas factuais, enquanto que as segundas podem apenas ser *contraditadas* através de uma demonstração da inadequação técnica dos meios propostos, ou *contestadas* por quem adopte um quadro de valores diverso daquele que é o proposto.

– A asserção de que a inflação pode redundar em injustiças na redistribuição e em perturbação das expectativas é puramente *descritiva*;

– A asserção de que o governo deve dar prioridade ao combate à inflação é *prescritiva*, e não decorre necessariamente da primeira – bastando para tal que se perceba que pode haver outras prioridades na acção governativa e na política económica que não a correcção de injustiças redistributivas ou a tutela das expectativas, e que mesmo uma situação de inequívoca prioridade pode suscitar uma ponderação quanto à adequação de meios (a solução dada a um problema prioritário pode acarretar prejuízos intoleráveis à prossecução de outros objectivos, mesmo que não prioritários, e daí por vezes a inevitabilidade da adopção de soluções sub-óptimas).

– Num outro exemplo, que os cuidados de saúde devam ser gratuitos é um juízo de valor, que não pode ser empiricamente confirmado ou desmentido, e apenas pode ser validado de acordo com um quadro de valores de que possamos dispor, e que pode ser confrontado com constatações de facto quanto à viabilidade da realização daquele objectivo, e quanto à sua compatibilidade com outros objectivos.

Isto não significa que o nosso conhecimento *descritivo* dos factos não condicione as nossas opções *prescritivas* – fornecendo-nos, pelo menos, as balizas do que é, e não é, possível, e de quais são os custos e benefícios na transformação da realidade de acordo com valores, do que são as consequências previsíveis, e do que histórica e tradicionalmente é, e não é, desejável nessa transformação – do que resultou de bom e mau na aplicação pretérita de políticas económicas, e também na ausência dessas políticas. Por seu lado, e dadas as suas pretensões a um estatuto científico, as proposições normativas não ficam exoneradas de explicitar e de expor à crítica tanto os valores e objectivos a que se reportam como as asserções factuais em que se baseiam.

– Decerto que uma proposição descritiva diferente daquela que apresentámos – por exemplo, a de que "*a inflação promove uma redistribuição de riquezas que tende a favorecer os pobres e os idosos*" – nos conduziria a uma prescrição igualmente muito diversa – por exemplo, a de que "*o governo deve abster-se, tanto quanto possível, de interferir nos mecanismos da inflação, se não puder mesmo promovê-la*" –.

---

392 Frey, B.S. (2001), 7.
393 Coase, R.H. (1992), 713-719.
394 Almeida, A. (1989), 185ss., 223ss.
395 Almeida, A. (2001), 7-46.

– Noutros exemplos de condicionamento das proposições normativas pelas proposições descritivas, a constatação de que o congelamento das rendas acarreta a degradação do parque habitacional afastará os governos do recurso àquela solução[396]; a verificação de que o estabelecimento de barreiras alfandegárias às importações tende a redundar em favorecimento dos produtores nacionais à custa dos consumidores tornará os governos menos receptivos à pressão dos «lobbies» daqueles produtores; a consciência dos males causados por uma política orçamental cronicamente deficitária tornará inevitável a prescrição de prudência e reequilíbrio na gestão das finanças públicas.

Aliás, é a consciência clara das limitações impostas aos caminhos da política pelos mecanismos fácticos da economia que torna frequentemente tão relevante a informação e o aconselhamento económicos na formação das decisões políticas – e tão frustrante o proverbial «conservadorismo» dos conselheiros económicos –. É que uma boa parte do modo de pensar do economista se encontra no cultivo de uma sensibilidade aguda à interdependência de todos os fenómenos sociais, à existência de custos de oportunidade até nas opções mais aparentemente gratuitas ou vantajosas, e ao próprio condicionamento da nossa racionalidade pela limitação da informação disponível e pela prevalência do risco. Retomando uma velha «boutade» política, não é pura e simplesmente possível erradicar a fome por decreto – nem, mais modestamente, colocar uma sociedade no caminho da prosperidade à força de meras iniciativas políticas. Mesmo nos momentos do maior entusiasmo idealista e do maior arrebatamento ideológico colectivamente partilhado, cabe ao economista, como já referimos, fazer de «desmancha-prazeres» que apela à necessidade de realismo.

De uma outra perspectiva, diremos que o economista, na sua veste de «cientista social», não se encontra particularmente habilitado a ditar soluções políticas à sociedade – mas que o poder carismático que advém à ciência económica do facto de ela fornecer as chaves do funcionamento básico dos interesses numa sociedade livre confere ao economista uma voz autorizada na formação da representação cultural que uma sociedade forma de si mesma, na condição de que ele não perca de vista a distância que medeia entre aquilo que pode descrever e aquilo que gostaria de prescrever, a distância entre o arquétipo de um mercado mecânico, idealizado, despersonalizado, e a realidade de mercados em que se movem seres de carne e osso, seres imperfeitamente racionais, imperfeitamente motivados e imperfeitamente informados, permeáveis a outros valores além dos da maximização racional das suas vantagens económicas egoístas. A distância entre descrição e prescrição pode, pois, ser encurtada pela autoridade que a sociedade reconheça à voz dos economistas[397].

A vertente normativa da Economia depende também da própria experiência subjectiva do economista dentro de um quadro institucional, porque é dela que emergirá a motivação reformadora, e até revolucionária, que possa espelhar a insatisfação com o estado de coisas que é descrito e a vontade de conduzi-lo ao que é prescrito – o grau de militância ideológica e cívica que move o analista relativamente a temas de justiça, de eficiência, de igualdade, de coesão social, de progresso, ou ao menos a forma como estes temas são envolvidos na experiência da sua liberdade valorativa – a forma como eles exprimem a sua humanidade[398]. O progresso, em sofisticação e em extensão, da análise económica permite já encarar, sem embaraços, a necessidade de subordinação daquela aos ditames da Ética – que mais não seja para se fazer progredir a dimensão «normativa» da «análise de bem-estar», ou para se demarcar mais nitidamente as fronteiras de permissibilidade moral do juízo maximizador, para que ele não se converta em gratuito exercício abstracto[399].

Temas aparentemente tão esquemáticos e formalizáveis como a teoria do consumidor são susceptíveis de reinterpretação nos «registos» da descrição e da normatividade, bastando pensar-se na «contaminação valorativa» que subjaz aos conceitos utilitaristas de maximização, de indiferença, de bem-estar, e até de racionalidade perfeita em condições de incerteza, de autonomia atomística em condições de domínio e contágio por efeitos publicitários, de compatibilidade de incentivos em situações de assimetria informativa – para se concluir que muito do que é descrito pode não passar de prescrição convencional, de «utopia científica» deliberada, uma meta-narrativa à espera de desconstrução, um alicerce «ad hoc» para o postulado da fundação racional de valores que não é mais do que uma vontade de validação que não alicerça objectivamente nada[400].

---

[396] Araújo, F. (2002b), 177ss..
[397] Folbre, N. & J.A. Nelson (2000), 138.
[398] Levine, D.P. (2001).
[399] Hausman, D.M. & M.S. McPherson (1996), 3ss., 46ss..
[400] Hodgson, B. (2001).

Por exemplo, o «jogo de soma positiva» das trocas, tão central e paradigmático no «cânone» neoclássico e na «análise de bem-estar», tem alguns pressupostos que facilmente se constatará que nem sempre se verificam, nomeadamente a plena autonomia da vontade, ou a informação perfeita e simétrica – sendo que, na ausência desses pressupostos, é discutível que a simples «espontaneidade» das trocas seja suficiente para que elas operem uma maximização do bem-estar[401], não impedindo a «soma positiva», obviamente, que muitas das trocas não nasçam de uma avaliação racional das condições e efeitos previsíveis das trocas, mas antes de puros enganos, de irracionalidades, de atitudes dolosas, etc. [402].

Mas não é menos certo que a nossa liberdade postula uma demarcação entre asserções descritivas e prescritivas: o mundo *como é* não tolhe, nem deve tolher, o nosso desejo de o rectificarmos, de o melhorarmos de acordo com valores que representamos naquilo que *ele não é* mas *poderia ser* e *seria bom que fosse*. A moderna ciência económica nasceu em pleno ambiente de efervescência ideológica e de fé extrema na capacidade de melhorar o mundo, e não perdeu ainda essa matriz *iluminista* e *optimista*: a objectividade do cientista social, insistamos, não tolhe a sua participação no devir histórico, não o indisponibiliza para a manifestação da sua vontade transformadora.

Desta confluência decorre que seja através da Economia que recebemos as mais sombrias e preocupantes informações acerca da condição material da humanidade, mas seja também nela, na sua aplicação, que se depositam as mais genuínas e vibrantes esperanças de remédio social e de progresso real – e daí as alturas de religião a que foram arvoradas, nos séculos XIX e XX, algumas doutrinas económicas e suas derivações ideológicas –. Se a Economia é, ao mesmo tempo, o mais desesperante arauto do conformismo *realista* e a mais inconformada de todas as ciências sociais, isso deve-se em boa medida ao escrúpulo com que ela se tem afadigado na demarcação das suas próprias vertentes descritiva e prescritiva, não hesitando sequer em constantemente requestionar e rever os seus fundamentos, e até em renegar, uma vez por outra, os seus antecedentes teóricos, disponibilizando-se para *saltos* paradigmáticos de um mundo que «pula e avança»[403].

2 – g) Abstracção e modelação

Na medida em que a representação simplificada da realidade envolve escolhas – começando pela discriminação entre um núcleo essencial e uma margem de irrelevância – pode dizer-se que todo o aparato teórico da análise económica assenta numa *arte*, em regras de selecção e edificação de aparatos teóricos que nem sempre estão perfeitamente explícitas ou são generalizadamente adoptadas, e que sobretudo não derivam, por dedução estrita, de um núcleo axiomático de «evidências universais». Se tivéssemos que encontrar um último alicerce para a ciência e quiséssemos esquivar-nos a paradoxos auto-referenciais, encontraríamos sempre em última instância um *acto de fé* indemonstrado: razão pela qual os filósofos se esquivam hoje – na ressaca da multiplicação de meta-narrativas ideológicas que contaminaram a política do século XX – a empregar essa ideia de *fundação última* da ciência.

A escolha de variáveis, a sua manipulação, a própria discriminação entre aquilo que conta como *dado* e aquilo que se admite como *variável*, constituem, pois, facetas de uma arte. E essa é essencialmente uma arte de modelação, se o que se visa com a representação é a edificação de uma estrutura simplificada e estilizada, mas co-extensa com o universo de referência e isomórfica com o seu núcleo central, susceptível de reproduzir as características básicas e os modos essenciais de funcionamento dos fenómenos cuja explicação se busca – pressupondo-se que, confirmado o sucesso do modelo, ele poderá servir para explicar e prever os traços básicos de evolução dos fenómenos representados.

Um modelo económico é essencialmente um conjunto de proposições sobre comportamentos económicos e suas relações, de acordo com hipóteses causais que podem conferir relevância genérica a esse conjunto de proposições como princípios *explicativos* ou *preditivos* de um universo de situações subsumíveis aos traços básicos da caracterização daqueles comportamentos. O modelo é uma representação à escala, e nessa medida debate-se – tal como uma carta geográfica – com dois interesses conflituantes: o do realismo, que aconselha a inclusão do máximo de detalhes de forma a propiciar a identificação, através do modelo, da realidade representada; e o da simplificação, que aconselha a exclusão do máximo de detalhes de forma a propiciar uma visão sintética e simples da realidade e a facilitar a manipulação das variáveis. Compreende-se o quão subtil e falível é a arte da modelação, se considerarmos a verdade da asserção segundo a qual o melhor modelo é aquele que, tal como um mapa, conseguir ser ao mesmo tempo *mais realista* e *mais irrealista*, ao mesmo tempo o mais informativo e o mais esquemático.

[401] Trebilcock, M. (1993), 242ss..

[402] Gerschlager, C. (org.) (2001).

[403] Khalil, E.L. (1995), 43-87; Walker, D.A. (1999), 7-26.

Um modelo que seja demasiado complexo, que inclua demasiadas variáveis e «graus de liberdade», acabará por ser tão dúctil e adaptável que nenhuma observação empírica poderá, seja refutá-lo, seja confirmá-lo; mas um modelo que simplifique as variáveis relevantes a ponto de impedir a *identificação* daquilo que pretensamente é representado *isola-se* também de qualquer refutação ou confirmação – perdendo do mesmo modo a sua relevância pragmática. Um modelo é, de um certo prisma, uma *mini-teoria*, um afloramento da rede de crenças partilhadas que constitui as teorias «globais»[404], ainda que este entendimento do fenómeno da modelação possa ter-se por muito restritivo, e uma inútil truncagem do factor «arte» que preside às opções da modelação[405].

A forma mais rudimentar de modelação económica é aquela que, para efeitos de análise e de cálculo de uma variável, procura isolá-la representando o resto da realidade de referência *como se* ele fosse composto exclusivamente por dados constantes. Dada a interpenetração e interdependência de cadeias causais no plano complexo das relações económicas reais, a análise deve esforçar-se por decompor e isolar algumas dessas cadeias causais, se o que se visa é a compreensão do contributo específico de cada variável para o todo – e isto porque, sem a percepção do peso e da conduta específicos de cada variável, não é possível prever o efeito particular ou combinado da respectiva alteração, e torna-se impossível qualquer rigor na adopção de medidas de política económica que envolvam a manipulação separada, e depois combinada, dessas variáveis –. Compreende-se, por isso, a importância e a frequência desse pequeno «deslizamento» ficcional que consiste em imaginar-se que, no complexo mundo da realidade económica, é possível que um fenómeno produza os seus efeitos isoladamente, *mantendo-se constante tudo o resto – «ceteris paribus»*, uma das poucas locuções latinas que subsistem na ciência económica e que literalmente se traduz como *«(estando) o resto inalterado»* –.

O que sucederá, por exemplo, se o governo aumentar o imposto sobre os combustíveis? Esperar-se-ia, em abstracto, que esse aumento se repercutisse nos preços, e que o aumento dos preços induzisse por sua vez uma quebra de consumo de combustíveis. A situação, mesmo nestes termos simples, já envolveria algumas complexidades: se

o fim visado pelo governo fosse aumentar as suas receitas fiscais, então deveria haver o cuidado de se evitar quebras de consumo mais do que proporcionais ao aumento do imposto – já que essas quebras mais do que proporcionais implicariam diminuição dessas receitas fiscais –; se o objectivo fosse, antes, a simples restrição do consumo, qualquer tipo de aumento tributário serviria, aparentemente. E todavia, poderá dar-se o caso de um aumento da tributação não repercutir no consumo:

– seja porque, por exemplo, os vendedores de combustíveis se deparam com a resistência dos compradores às subidas de preços – porque eventualmente existe disponível no mercado tecnologia alternativa que, sendo igualmente eficiente no consumo, se torna compensador adquirir porque o seu *preço relativo* é agora menor –;

– seja porque são os próprios vendedores que se encontram em plena «guerra de preços» entre eles;

– seja porque o preço-base dos combustíveis sofreu ele próprio uma quebra, anulando o efeito da repercussão do aumento tributário;

– seja porque o aumento do rendimento dos consumidores é, por mera coincidência, superior ao aumento dos preços que repercutem o agravamento do imposto;

– seja ainda porque esse incremento contrasta com um movimento geral de quebra de preços, o que disponibiliza mais rendimento dos consumidores para gastos de combustível[406].

As explicações poderiam multiplicar-se ainda, e todas apontariam no sentido de aumentos de complexidade, a reclamarem um esforço de simplificação analítica. Natural é, pois, que o economista seja levado a começar pela mais elementar, mas também a mais radical, das medidas de simplificação, perguntando-se: o que sucederá se o governo aumentar o imposto sobre os combustíveis, *«ceteris paribus»* – isto é, sem que haja interferência noutras (ou de outras) variáveis? como reagirão os consumidores a um aumento de preços dos combustíveis, *«ceteris paribus»*?

Mais crucial ainda se torna este esforço de simplificação se lembrarmos que a ciência económica não é convocada apenas a formular modelos analíticos, descrições teóricas do funcionamento dos mercados e das instituições, mas é também desafiada, uma vez por outra – e crescentemente nesta época histórica de privatizações – a conceber mercados que serão criados efectivamente; sendo que neste caso a prescrição de

---

[404] Laudan, L. (1977).
[405] Rappaport, S. (2001), 275-285.
[406] Entre as muitas falhas de mercado e externalizações que ocorrem no mercado dos combustíveis, destacaríamos as relativas às implicações ambientais, ao impacto macroeconómico dos «choques» de preços, ao poder de mercado dos grandes produtores, à miopia no consumo de recursos não-renováveis, ao subinvestimento em tecnologias ineficientes dado o «efeito de boleia», etc.. Cfr. Portney, P.R., I.W.H. Parry, H.K. Gruenspecht & W. Harrington (2003), 205-206.

medidas concretas de edificação de um mercado operativo não pode furtar-se à miríade de detalhes que inevitavelmente acompanharão o seu funcionamento, pelo que mais decisiva ainda se torna a edificação de uma síntese modelar que permita não se perder, nesse esforço de «engenharia social», a perspectiva de conjunto[407].

Não ficam por aqui as considerações possíveis sobre as formas mais abstractas e simples de modelação da economia. Ideias tão elementares como as da «fronteira de possibilidades de produção» e do «fluxo circular» de riqueza – nossas conhecidas – são já modelos simplificadores, envolvendo opções de *escala* e elementos de *arte*:

– no caso da «fronteira de possibilidades de produção», torna-se evidente que a simplificação consiste em imaginar-se um universo de decisões dominadas por duas alternativas somente, quando na realidade a simples noção de equilíbrio nas escolhas aponta para o facto de, apesar de o custo de oportunidade de cada opção implicar a ponderação de alternativas – aos pares –, ser do conjunto total de alternativas que emerge, em cada momento, a prioridade absoluta da conduta económica;

– no caso do «fluxo circular de riquezas», a simplificação consiste em presumir-se que milhões de interacções e de interdependências se organizam de acordo com um modelo funcional único, aquele que relaciona as famílias e as empresas no duplo elo de dois fluxos contrários, o dos bens e serviços e o dos pagamentos. A simplificação logo se torna evidente se tentarmos aditar, a esse modelo de «cadeia fechada», dois elementos de realismo, um que respeita à intervenção do Estado, outro que se refere ao influxo das relações internacionais numa economia aberta.

Isso não significa, todavia, que essas simplificações inutilizem estes modelos incipientes, remetendo-os para a gaveta das elaborações teóricas irrealistas. Bem pelo contrário, são essas mesmas simplificações que os convertem em poderosos instrumentos analíticos, de uso recorrente em toda a ciência económica, visto que eles se tornam ao mesmo tempo formas extremamente poderosas, panorâmicas e sintéticas de abordar os fenómenos económicos e de os classificar e diagnosticar, e formas extremamente simples, acessíveis e intuíveis, com baixos custos de aprendizagem e de uso – pelo que o critério que os recomenda é ainda, uma vez mais, o da própria racionalidade económica –.

Refira-se, de resto, que a maior parte da Política Económica pode ser abarcada e sustentada em princípios introdutórios de Economia[408], ainda que com o incremento da sofisticação cultural e da «alfabetização económica» sejam cada vez mais frequentes os empregos de princípios económicos mais complexos – a apreciação dos efeitos da assimetria informativa e do comportamento estratégico no funcionamento e no colapso de mercados, por exemplo, ou a «maldição do vencedor» nas licitações associadas às privatizações, ou ainda a proeminência do «risco moral» nos mercados financeiros[409]. E a tendência parece manter-se com as múltiplas complexidades relacionadas com a criação de mercados nas economias e sectores nos quais a lógica da eficiência nem sempre foi proeminente, esperando-se agora da ciência económica que forneça o «roteiro social» para o incremento da eficiência, investindo o economista nas funções do «engenheiro social» por excelência[410], agora que se trata tão frequentemente de erigir, *ex novo*, estruturas de mercados e de incentivos onde uma longa tradição estatista tinha obliterado a consideração económica directa[411], e de fazê-lo até para efeito de obtenção de receitas públicas[412].

Aliás, a referida simplificação, a subtil combinação de elementos estruturais e não-estruturais, recorrendo a toda a riqueza disponível em termos de estimação e simulação empíricas e numéricas, poderá permitir uma reabilitação dos modelos de previsão macroeconómica, um pouco a exemplo do que tem sucedido com modelos de previsão mais confinados e mais bem sucedidos, em áreas como a das Relações Económicas Internacionais[413], da Economia do Desenvolvimento[414], da Economia Pública[415], da Economia Agrária[416], da Economia Industrial[417] e da Economia Laboral[418]. A simplificação e a abstracção não constituem opções gratui-

---

[407] Roth, A.E. (2002), 1341-1378.

[408] Hamilton, L.H. (1992), 62.

[409] McMillan, J. (2003), 139ss.. Um recente romance cujo enredo decorre em Wall Street tem o título apropriado de «Risco Moral»: Jennings, Kate (2002), *Moral Hazard*, London, Fourth Estate.

[410] Roth, A.E. (2002), 1341-1378.

[411] Boycko, M., A. Shleifer & R.W. Vishny (1995); McMillan, J. (2003), 141ss..

[412] Ayres, I. & P. Cramton (1996), 761-815; Corns, A. & A. Schotter (1999), 291-305.

[413] Backus, D., P.J. Kehoe & F.E. Kydland (1994), 84-103.

[414] Rosenzweig, M.R. & K.I. Wolpin (1993), 223-244.

[415] Ríos-Rull, J.-V. (1995), 98-125.

[416] Rosen, S., K.M. Murphy & J.A. Scheinkman (1994), 468-492.

[417] Ericson, R. & A. Pakes (1995), 53-82.

[418] Eckstein, Z. & K.I. Wolpin (1989), 562-598; Rust, J. (1994); Stock, J.H. & D. Wise (1990), 1151-1180.

tas ou caprichosas, e há nelas um potencial de ganhos que ultrapassa os meros benefícios racionais da parcimónia.

2 – h) O modelo do mercado concorrencial

Num modelo rudimentar que pretenda representar a concorrência livre no mercado, podemos presumir que as partes contrapostas – as empresas e as famílias – se movem por princípios de racionalidade em direcção a finalidades maximizadoras e hedonísticas, e que o mercado em que interagem dispõe de uma tal capacidade de optimização do nível de satisfação de necessidades que ele em larga medida dispensa qualquer intervenção rectificadora externa, nomeadamente por parte do Estado. Requer-se, para que haja racionalidade económica, que as pessoas sejam capazes de discernir e hierarquizar os bens e os serviços em função de uma ponderação de utilidade e de custo; mas num ambiente de liberdade não se esperará que haja uma coincidência *qualitativa* dessas preferências – bem pelo contrário, pois uma tal coincidência poderia impedir a complementaridade que preside às trocas.

2 – h) – i) A questão do egoísmo

No modelo do mercado, presume-se que as pessoas interagem e colaboram na estrita medida em que percebem que lhes é individualmente vantajoso fazê-lo: o egoísmo é um dos pilares do modelo básico da moderna ciência económica[419]. Nesse modelo do mercado, não se requerer qualquer altruísmo, mas isso não significa que uma atitude altruísta seja nociva para quem a adopta num mercado: uma atitude altruísta pode ser até fruto de um subtil «egoísmo de segundo grau», se se pretende desarmar a contraparte desconcertando-a com motivações aparentes inesperadas, apelando ao mecanismo moral da reciprocidade ou da gratidão.

Se pensarmos bem, numa troca entre um egoísta e um altruísta – ambos *maximizadores* –, o altruísta procurará transferir algum do seu rendimento a favor do egoísta até que se dê um nivelamento de rendimentos disponíveis entre ambos, ou seja, até que a satisfação que o altruísta retira do aumento de benefício que causa ao egoísta deixe de ser (marginalmente) maior do que o sacrifício em que ele próprio, altruísta, incorre. Contudo, a transferência de rendimento disponível, ou de bem-estar, entre ambos não se esgota num simples equilíbrio – porque o aumento de bem-estar para ambas as partes envolvidas nas transferências, a «soma positiva» da gratificação do altruísta somada à gratificação do egoísta, constitui, por sua vez, um incentivo à continuação, ou intensificação, das trocas, e através delas ao aumento do bem-estar dos próprios altruístas, ainda que isso seja um resultado inesperado ou preter-intencional para os egoístas, que se limitam a intensificar as trocas para aumentarem *o seu próprio* bem-estar; sendo pois que, naquilo que se diria ser mais um afloramento da «mão invisível» smithiana, as expectativas partilhadas acerca do altruísmo acabam por redundar em benefício para todos os envolvidos nas trocas, tanto egoístas como altruístas[420].

Mas será o altruísmo inato na nossa condição humana? Há quem o defenda, sustentando que somos geneticamente programados para atitudes de altruísmo para com membros da nossa espécie, em consequência do determinismo do «gene egoísta» que é capaz de nos motivar a um altruísmo que extravasa largamente do domínio da «reciprocidade estratégica» a que alguns insistem em limitar a racionalidade do altruísmo (como se o altruísmo não fosse senão a dilação do egoísmo através do equilíbrio da mutualidade de bons ofícios)[421], um altruísmo abnegado que é capaz do primeiro passo, que não hesita perante a probabilidade de assimetria e parasitismo, similar à moral caritativa que algumas religiões prescrevem[422] – um altruísmo por vezes especialmente persistente e sólido, «inelástico» às circunstâncias, como tantas vezes somos capazes de observar, e admirar, em actividades caritativas, de voluntariado, de beneficência e de mecenato[423]. Uma resposta conclusiva neste domínios aguarda, contudo, mais completos desenvolvimentos da «neurociência cognitiva» – ou seja, do estudo das bases biológicas da motivação consciente – e da sua colaboração com a «Economia experimental»[424].

Além disso, nada demonstra que o altruísmo seja uma estratégia mediata de «egoísmo de grupo», até porque ele é detectável em interacções económicas complexas, nas quais as «relações de pertença» já pouco significam e o altruísmo serve antes para *sinali-*

---

[419] Aquilo que com alguma ironia se designa por «*standard socioeconomic science model*», ou *SSSM*. Cfr. Smith, V.L. (2003), 466ss..

[420] Becker, G.S. (1981), 1-15; Becker, G.S. (1976), 817-826; Simon, H.A. (1993), 156-161.

[421] Field, A.J. (2001).

[422] Sober, E. & D.S. Wilson (1998); Sugden, R. (1986).

[423] Clotfelter, C.T. (1985); Kingma, B.R. (1989), 1197-1207; Kingma, B.R. & R. McClelland (1995), 65-76; Lankford, R.H. & J.H. Wyckoff (1991), 460-470; Randolph, W.C. (1995), 709-738; Roberts, R.D. (1984), 136-148; Roberts, R.D. (1987), 420-437; Rose-Ackerman, S. (1987), 810-823; Steinberg, R. (1990), 61-79; Steinberg, R. (1993), 99-126; Thorpe, K.E. & C.E. Phelps (1991), 472-484.

[424] Allen, B. (2000), 145.

zar, até ao parceiro mais distante, uma disposição inofensiva e uma vontade de reciprocar *ex novo*[425], dentro de uma modularidade cognitiva e comportamental que acaba por sedimentar-se numa conduta estável e socialmente aceitável – um *sinal* que, como adiante veremos, permite uma «heurística intersubjectiva» a baixo custo[426], a mesma que, de resto, possibilita a formação de um costume conforme às normas jurídicas positivas[427/428]. Nesse sentido, há quem interprete o altruísmo como estratégia evolucionista de sucesso[429], especialmente quando se trata de «altruísmo impuro», um mero empenhamento «não-simpático» em redes sociais de reciprocidade[430].

A verdade é que, independentemente dessas atribuições à natureza humana, cabe perguntarmos se será porventura concebível que uma comunidade de absolutos egoístas ultrapasse os desincentivos à sua coordenação (dos quais falaremos mais tarde) para promover colectivamente uma afectação eficiente de recursos, ou se é antes indispensável sujeitar uma tal comunidade a constrangimentos éticos e institucionais capazes de quebrar os impasses do egoísmo generalizado – caso em que também se torna legítimo perguntarmos qual das situações é a «espontânea», aquela da anomia egoísta em «estado de natureza» ou a da alternativa axiológica que nasce já acompanhada da imposição de normas de colaboração e de troca: o que acabaria por remeter-nos para a imemorial questão da *sociabilidade natural* do ser humano, enriquecida pelas perspectivas que, sobre a racionalidade em contextos interactivos, nos é fornecida pela «teoria dos jogos»[431].

Sem embargo de maiores desenvolvimentos adiante, refira-se já que a Teoria dos Jogos está hoje quase omnipresente na ciência económica, e já alastrou muito para lá do núcleo da Microeconomia e da teoria da formação de preços no mercado: Economia Internacional, Macroeconomia, Economia Pública, Contabilidade, Gestão, e mesmo as áreas adjacentes do Direito, da Sociologia ou da Ciência Política beneficiam hoje da teoria dos jogos nascida e desenvolvida no seio da Ciência Económica, sendo que, em termos gerais, todo o tipo de interacções entre números restritos de agentes cuja conduta seja dominada por racionalidade se presta a uma modelação de acordo com o paradigma dos jogos[432].

Haverá uma estratégia vencedora do «demónio egoísta» num contexto de puro egoísmo? Não será porventura verdade que, como sugeria Jean-Jacques Rousseau, até o pleno florescimento do egoísmo requer a proximidade – e a complacência ou a ingenuidade – dos outros? Não impõe um mínimo de *realismo* que reconheçamos que o egoísmo não é «avidez cega», e que por isso até o mais empedernido egoísta (o mais imune ao paternalismo das prescrições éticas altruístas) incorpora nas suas ponderações de «custo e benefício» a grelha de ganhos e perdas decorrentes da interdependência social, e que condiciona, seja a probabilidade de adopção de soluções colectivas através de mecanismos de votação (nas quais o egoísta «vale» um voto, apenas), seja os mecanismos de repartição (nos quais a sua recôndita ganância também só conta como um voto), e através de um e de outro o seu acesso a recursos comuns e ao rendimento?[433]

A verdade é que, apesar de tudo, a simplificação que consiste no pressuposto da motivação invariavelmente egoísta tem dado boas provas na análise económica – melhores provas na integração de lacunas do dispositivo normativo e institucional que baliza a conduta em sociedade (permitindo, por exemplo, prever como é que as partes tentarão movimentar-se no «jogo de soma zero» da partilha ainda indeterminada de benefícios) do que na resolução dos impasses da descoordenação, quando a cooperação, sendo vantajosa, não é a estratégia dominante[434]; melhores provas na aferição do que é a realização última que a liberdade de escolha proporciona, provas menos boas na explicação da consistência da conduta económica altruísta mesmo para lá das meras fronteiras da pura reciprocidade (porque é que, por exemplo, nos sentimos impelidos a ajudar mesmo

---

[425] Trivers, R. (1985); Trivers, R. (2002).

[426] Field, A.J. (2001).

[427] Sunstein, C.R. (org.) (2000).

[428] Também no seio daqueles «grupos não-aleatórios» que são as famílias a estratégia altruísta pode ser decisiva, até para efeitos de eficiência genetico-biológica: como fica demonstrado pela «regra de Hamilton» segundo a qual, dentro de um certo grau de parentesco e em condições de limite de sobrevivência, são de esperar reduções voluntárias da prole em benefício do aumento da prole dos parentes. Cfr. Hamilton, W.D. (1964), 1-52; Bergstrom, T.C. (2002), 78.

[429] Bergstrom, T.C. & O. Stark (1993), 149-155; Collard, D. (1978); Hochman, H.M. & J.D. Rodgers (1969), 542-557; Rose-Ackerman, S. (1982), 193-212; Simon, H.A. (1993), 156-161; Stark, O. (1995); Weisbrod, B.A. (1977), 51-76.

[430] Sen, A.K. (1977c), 317-344. Cfr. Hodgkinson, V.A. & M.S. Weitzman (1994); Ledyard, J.O. (1995), 111-194; Sugden, R. (1984), 772--787.

[431] Schultz, W.J. (2001); Sened, I. (1997); Mantzavinos, C. (2001); Aoki, M. (2001).

[432] Gibbons, R. (1997), 127ss..

[433] Flores, N.E. (2002), 293-305.

[434] Fehr, E. & S. Gächter (2000), 178.

aqueles que não têm capacidade, nem para nos ajudar, nem para nos fazer mal)[435]; melhores provas a descrever o que é a relação contratual «atomística» que episodicamente aproxima duas partes do que a descrever o fenómeno «extra-mercado» da empresa, mais assente em relações estáveis em que a aprendizagem recíproca e a necessidade de prosseguimento da relação facultam maior amplitude a manifestações altruístas[436].

Por outro lado, a motivação económica não é necessariamente nem egoísta nem altruísta, mas é antes «não-tuísta» (passe o *neologismo*), no sentido de afigurar-se manifestamente irracional apenas a atitude daquele que propositadamente favoreça o livre curso do egoísmo alheio em detrimento dos seus próprios interesses — não a atitude daquele que admite o sacrifício das suas prioridades egoístas, mas somente a daquele que activamente se coloca ao serviço do egoísmo alheio[437].

Não é menos certo que a definição de «egoísmo» é frequentemente vaga, tão vaga que ela pouco mais designa do que o facto de a nossa conduta individual ser determinada a fins, ser teleológica e, quando se pretende ser «económica», visar uma satisfação de desejos que são pessoais, amiúde exclusivos, intransmissíveis e até inefáveis (experimentados e guardados no mais recôndito núcleo da realização pessoal de cada um).

Mesmo a versão mais *materialista* e «darwinista» deste impulso egoísta – privilegiada por um «cânone evolucionista» que, apesar dos seus pressupostos «biologistas»[438], tem averbado sucessos mesmo no seio da corrente neoclássica[439] – não se afasta muito da pura constatação do teleologismo individualista, até porque mesmo a mais superficial reflexão sobre o darwinismo revelará que o egoísmo não é uma estratégia viável, dada a imperiosa primazia dos interesses de grupo e de espécie, os únicos susceptíveis de sucesso *sustentado*, sendo pois a nível agregado que o principal do mecanismo de selecção opera[440], permitindo indiferenciadamente a prevalência evolucionista e o equilíbrio, dentro de um grupo, população ou espécie, da replicação de traços tanto egoístas como altruístas – razão pela qual não é muito óbvia qual seja a vantagem «evolucionista» de uma atitude egoísta forte, a do «demónio egoísta», nem qual seja a sua sustentabilidade em contextos de inevitável interdependência, e, através desta, de inevitável coesão e mutualidade[441/442].

Contudo, não pode subestimar-se a capacidade que o mercado demonstra de destruir factores de agregação social, e especificamente o altruísmo e a «bondade» nas relações intersubjectivas, e que pode resumir-se a um quadro[443]:

MODELO	EFEITO «PRÓ-BONDADE»	REQUISITOS ESTRUTURAIS	ADEQUAÇÃO DO MERCADO
Retaliação[444]	Punição de condutas anti-sociais	Interacção longa	Má, dado o carácter efémero das trocas
Reputação[445]	Prémio de condutas conformes	Informação barata	Má, dado o carácter efémero e impessoal das trocas
Segmentação[446]	Torna vantajosa a associação entre pessoas «bondosas»	Associações não-aleatórias	Má, dada a impessoalidade e a não-existência de barreiras
Selecção de grupos[447]	Marginaliza comportamentos «desviantes»	Associações não-aleatórias e não-mobilidade social	Má, dada a impessoalidade e a não-existência de barreiras

---

[435] A propósito, veja-se as reflexões em: Araújo, F. (2003), 345-346.

[436] Brinig, M.F. (2000).

[437] Wicksteed, P.H. (1933), I, 174180. Cfr. ainda: Araújo, F. (2001b), 1281-1282; Hubin, D.C. (1991), 441ss..

[438] Gandolfi, A.E., A.S. Gandolfi & D.P. Barash (2002).

[439] Alchian, A.A. (1986); Coase, R.H. (1974b), 384-391; Director, A. (1964), 1-10; Kamien, M.I. & N.L. Schwartz (1983); Lazear, E.P. & S. Rosen (1981), 841-864; Nelson, R.R. & S.G. Winter (1982); Rosen, S. (1986), 701-715.

[440] Como é sublinhado em: Williams, G. (1966).

[441] Sobre o impacto da ideia de «selecção de grupo» na subalternização do paradigma egoísta na análise económica, cfr. Becker, G.S. (1976b), 284, 294; Hirshleifer, J. (1977), 1-52; Samuelson, P.A. (1993), 143-148.

[442] Mais amplamente, cfr. Sober, E. & D.S. Wilson (1998); Wilson, D.S. & E. Sober (1994), 585-654.

[443] Quadro adaptado de: Bowles, S. (1998), 94. O quadro faz apelo a algumas noções que só desenvolveremos mais tarde.

Também não pode descurar-se o ascendente do sentido de justiça, e o impacto hedónico da estabilidade das expectativas, como bases para o desvio do cânone do *homo oeconomicus*[448]: aquele que vive em sociedade quer saber com o que conta, por que regras de jogo se deve pautar; possivelmente está disposto a abdicar de princípios de justiça procedimental, e até da reciprocidade, a troco da segurança – por exemplo, julgando que o combate à exclusão e às disparidades sociais melhorará as estatísticas do crime –; admite a limitação, a funcionalização, do seu direito de propriedade, às necessidades de promoção de interesses colectivos que o seu direito de propriedade não lhe permita isoladamente acautelar; admite participar, em plano de igualdade e de sujeição a regras maioritárias, no completamento de normas e instituições que se sobreponham à irrestrita liberdade de prossecução unilateral dos seus interesses; e conforta-se com a mera *disponibilidade*, com o «valor de existência», de formas de reciprocidade, ainda que passe sem elas nas suas circunstâncias presentes (por exemplo, a instituição da Segurança Social, que um trabalhador sustenta presentemente porque conta com ela *para a eventualidade* de chegar à idade da reforma)[449].

– Algo do que fica dito pode ser ilustrado pelo «Jogo do Ultimato», a que tão frequentemente a análise económica tem recorrido[450]. Trata-se de um «jogo de soma zero» em que duas pessoas procuram dividir entre elas uma quantia fixa de dinheiro: uma das partes, o *proponente*, faz uma proposta de divisão; se a outra parte, o *destinatário*, aceita, é essa divisão que prevalece; se o destinatário não aceita, nenhuma das partes recebe qualquer quantia. Em equilíbrio, dois jogadores racionais e egoístas deveriam chegar a uma repartição extremamente inigualitária: o *proponente* faria uma proposta mínima, de modo a maximizar o seu ganho à custa do *destinatário*; e este, confrontado com esta situação de «pegar ou largar» (daí a designação de «ultimato»), preferirá aceitar essa proposta mínima à alternativa de ficar sem nada. E no entanto, a reiterada experimentação com este jogo tem levado à constatação de que o jogo tende para uma repartição equilibrada do «bolo», visto que os *destinatários*, fiéis a uma lógica «não-tuísta», rejeitam consistentemente as propostas que deixariam o *proponente* com bastante mais do que 50% – preferindo assim a probabilidade de perder tudo, castigando um *proponente* ganancioso, à certeza de uma gratificação, reduzida embora, da sua própria ganância[451/452].

– Mais surpreendente ainda, nos resultados deste «Jogo do Ultimato» verifica-se empiricamente, em variadíssimos contextos culturais, uma quase invariável violação do cânone da «racionalidade egoísta»[453], que ao mesmo tempo permite questionar muitas outras premissas na análise económica (por exemplo, a ideia de que as partes nas trocas têm preferências invariáveis e exogenamente determinadas, e são por isso tanto mais previsíveis quanto mais «racionais»)[454]. Isso não significa, contudo, que os resultados do «Jogo do Ultimato» não sejam também eles variáveis, revelando, entre outros, o ascendente do condicionamento cultural do proponente e do destinatário na definição daquilo que seja para ambos o limite do aceitável[455], afinal não mais do que a expressão da importância do condicionamento do «animal social» na «calibração» das normas e das expectativas, na formação das convicções através da aprendiza-

[444] Fundenberg, D. & E. Maskin (1986), 533-554; Taylor, M. (1976).

[445] Shapiro, C. (1983), 659-679.

[446] Axelrod, R. & W.D. Hamilton (1981), 1390-1396; Grafen, A. (1979), 905-907; Hamilton, W.D. (1975), 115-132.

[447] Wilson, D.S. & E. Sober (1994), 585-654.

[448] Roth, A.E., V. Prasnikar, M. Okuno-Fujiwara & S. Zamir (1991), 1068-1095; Fehr, E. & S. Gächter (2000), 159-181; Camerer, C.F. (2001).

[449] Henrich, J., R. Boyd, S. Bowles, C. Camerer, E. Fehr, H. Gintis & R. McElreath (2001), 73.

[450] Camerer, C.F. (1997), 170ss.; Camerer, C.F. (2003), Cap. II; Camerer, C.F. & R.H. Thaler (1995), 209-219; Güth, W. & R. Tietz (1990), 417-449; Güth, W., R. Schmittberger & B. Schwarze (1982), 367-388; Sally, D. (1994), 58-92; Thaler, R.H. (1988b), 195-206.

[451] Bergstrom, T.C. (2002), 83-84.

[452] A questão complica-se, porém, com a consideração da hipótese de um contínuo de desfechos intermédios: é que, em vez do «pegar ou largar» do ultimato, o destinatário pode contrapropor uma solução intermédia entre esses extremos. Suponha-se que a proposta é a da divisão do bolo em duas fatias, 80 / 20: o destinatário da proposta pode rejeitá-la, e nesse caso o bolo desaparece, ou aceitá-la, caso em que a dimensão do bolo não é afectada. Mas o destinatário pode fazer vários tipos de contrapropostas, sejam as que mantêm a dimensão total do bolo (60 / 40, ou 70 / 30, por exemplo), sejam ainda as que diminuem a dimensão do próprio bolo (60 / 20, 70 / 20, "*só aceito 20 se não ficares com mais de 60, ou 70*", "*não me importo de receber 20 desde que não recebas mais do triplo*", "*não aceito que fiques com o quádruplo daquilo que me cabe*"), caso em que a reacção não-egoísta tem um impacto negativo na eficiência da repartição. Essa hipótese da diminuição do bolo origina aquilo que tecnicamente se designará por um «jogo convexo». Cfr. Andreoni, J., M. Castillo & R. Petrie (2003), 672-684.

[453] Fehr, E. & K.M. Schmidt (1999), 817-868; Güth, W. & R. Tietz (1990), 417-449; Rabin, M. (1993), 1281-1302.

[454] Henrich, J., R. Boyd, S. Bowles, C. Camerer, E. Fehr, H. Gintis & R. McElreath (2001), 74, 77.

[455] Blount, S. (1995), 131-144; Henrich, J. (2000), 973-974; Hoffman, E., K. McCabe, K. Shachat & V. Smith (1994), 346-380; Roth, A.E., V. Prasnikar, M. Okuno-Fujiwara & S. Zamir (1991), 1068-1095.

gem e da transmissão cultural[456], agora para temperar com relativismo cultural a abstracção e generalidade dos princípios da ciência económica[457/458].

– Apesar disso, o «Jogo do Ultimato», pesem embora algumas outras peculiaridades[459], tem sido a via principal de crítica aos pressupostos do egoísmo dos agentes económicos[460], com resultados tanto mais relevantes quanto é facto que eles são confirmados em muito diversos contextos culturais e socio-económicos, até em economias pobres, nas quais aparentemente as pressões da sobrevivência deveriam assegurar uma mais forte expressão do egoísmo[461] – sendo que, com alguma regularidade, esses resultados se revelam profundamente dependentes da análise contextualizada, pelos próprios agentes, das condições de reciprocidade[462], de confiança[463], de contágio de condutas exemplares ou «edificantes»[464] que possam prevalecer nas trocas.

– O que há de mais curioso no «Jogo do Ultimato» é, como dissemos, a reacção dos destinatários desse «ultimato», que tendem a revelar uma preferência por uma distribuição mais equilibrada (e por vezes menos arriscada[465]), mesmo que ela restrinja o consumo agregado de ambos os participantes – plausivelmente o reflexo da proeminência de considerações de justiça, de reciproci-

dade, de nivelamento (ou até de desdém ou indignação pelo «abuso» da proposta inicial)[466]. Aliás, mesmo fora do contexto experimental do «Jogo do Ultimato» é possível detectar preocupações com a justiça, ou com a «justeza» («*fairness*»), nas trocas, como motivação dominante[467], em geral reforçada por uma conjugação de outros valores (abnegação, amizade, civismo, altruísmo recíproco[468]), devendo ressaltar-se que essas preocupações com a justiça raramente são específicas de um grupo social, e menos ainda se cingem a preferências colectivas[469].

– Isso não significa que a rejeição do puro egoísmo não seja funcionalizada à promoção de valores colectivos[470], não seja propiciadora da generalização de condutas de cooperação espontânea[471] e de uma repartição equilibrada de recursos partilhados[472/473]. Como vimos, é sempre decisiva, neste contexto, a representação do valor «justiça», e a própria preferência subjectiva *revelada* por procedimentos e resultados justos[474], relevante de resto para se explicar também algumas «viscosidades»[475] e alguns impasses nos processos de decisão colectiva[476], da maior relevância para a consideração *normativa* dos aspectos filosóficos e económicos do que possa entender-se por *Justiça*[477].

---

[456] Boyd, R. & P.J. Richerson (1985).

[457] Henrich, J. (2000), 978; Roth, A.E. (1995), 253-348.

[458] Deve notar-se, contudo, que na experimentação económica se procura evitar que as «cobaias» tragam para o laboratório o seu conhecimento dos outros e das instituições exteriores, ou que condicionem por ele a sua conduta observada – procurando apurar-se, no limite do possível, a verdadeira relevância de uma conduta radicalmente descontextualizada. Cfr. Cox, J.C. & R.M. Isaac (1986), 647-669.

[459] Em termos um pouco mais rigorosos, o Jogo de Ultimato caracteriza-se por ter múltiplos equilíbrios de Nash e um único resultado de «indução retrospectiva». Cfr. Axelrod, R. (1984); Gale, J., K.G. Binmore & L. Samuelson (1995), 56-90; Young, H.P. & D. Foster (1991), 145--156.

[460] Guth, W., R. Schmittberger & B. Schwarz (1982), 367-388.

[461] Cameron, L.A. (1999), 47-59.

[462] Fehr, E. & S. Gächter (2000), 159-181; Williamson, O.E. (1985).

[463] McCabe, K., D. Houser, L. Ryan, V. Smith & T. Trouard (2001), 11832-11835.

[464] Fehr, E., U. Fischbacher & S. Gächter (2002), 1-25.

[465] Franciosi, R., P. Kujal, R. Michelitsch, V. Smith & G. Deng (1995), 938-950; Kahneman, D., J.L. Knetsch & R.H. Thaler (1986), S285-S300.

[466] Rabin, M. (1993), 1281-1302.

[467] Babcock, L., X. Wang & G. Loewenstein (1996), 1-19; Blinder, A.S. & D.H. Choi (1990), 1003-1015; Levine, D.I. (1993), 1241-1259.

[468] Frey, B.S., F. Oberholzer-Gee & R. Eichenberger (1996), 1297-1313.

[469] Ball, S.B. & P.-A. Cech (1996), 239-292; Frey, B.S. & W.W. Pommerehne (1993), 295-307; Konow, J. (2001), 137-164; Krosnick, J.A. (1991), 213-236; Overlaet, B. (1991), 689-706; Schokkaert, E. & B. Capeau (1991), 25-45; Schokkaert, E. & B. Overlaet (1989), 19-31.

[470] Adams, J.S. (1963), 9-16; Akerlof, G.A. (1982), 543-569; Akerlof, G.A. & J.L. Yellen (1990), 255-283; Dawes, R.M. & R.H. Thaler (1988), 187-197; Kahneman, D., J.L. Knetsch & R.H. Thaler (1986b), 728-741; Thaler, R.H. (1985), 199-214; Train, K.E., D.L. McFadden & A.A. Goett (1987), 383-391; Yaari, M.E. & M. Bar-Hillel (1984), 1-24.

[471] Blount, S. (1995), 131-144; Kahn, A. & T.E. Tice (1973), 43-56; Sally, D. (1995), 58-92.

[472] Kagel, J.H., C. Kim & D. Moser (1996), 100-110; Roth, A.E. & J.K. Murnighan (1982), 1123-1142.

[473] Como adiante se analisará melhor, no paradigma básico da Teoria dos Jogos, o do «dilema do prisioneiro», a estratégia dominante é a da não-cooperação: mas isso não significa que em muitas experiências concretas de não se tenha registado um resultado cooperativo, demonstrativo do facto de os «jogadores» se interessarem genuinamente pela situação das outras, mesmo em casos de conflito. Cfr. Camerer, C.F. & R.H. Thaler (2003), 159ss..

[474] Cohen, R.L. (1982), 119-160; Jasso, G. & P.H. Rossi (1977), 639-651; Konow, J. (2003), 1188ss.; Skyrms, B. (1996); Weiner, B., I. Frieze, A. Kukla, L. Reed, S. Rest & R.M. Rosenbaum (1971), 95-120.

[475] Akerlof, G.A. & J.L. Yellen (1990), 255-283; Kahneman, D., J.L. Knetsch & R.H. Thaler (1986), 728-741.

[476] Oberholzer-Gee, F., I. Bohnet & B. Frey (1997), 89-105; Zajac, E.E (1985), 119-153.

[477] Veja-se, respectivamente: Cullen, B. (1994), 15-64; Schokkaert, E. (1994), 65-113.

– Mesmo em experiências de «distribuição ditatorial», sem interdependência estratégica na definição de critérios distributivos (e por isso, aparentemente, com menos interferência de considerações de reciprocidade e de comiseração[478]), tem-se verificado a prevalência de critérios de caridade sobre todos os outros critérios[479]: por exemplo, a prioridade atribuída ao tratamento de uma criança deficiente em detrimento da educação de uma sobredotada[480] – o que aliás pode ser tido por uma ilustração da relevância prática de critérios de justiça centrados na minimização de perdas máximas, formas que procuram compatibilizar a coesão igualitária com a eficiência, ou seja que preservam a acção dos incentivos[481] por entre a consideração discriminada da igualdade e da desigualdade de resultados[482].

Nada disto significa que, chegado o momento, não devamos, por razões de simplificação e de síntese, voltar à linearidade do cânone do egoísmo – como se verá na teoria dos jogos, ao estudarmos as incidências do risco, da estratégia, da cooperação e da «batota», e também se verá na teoria do produtor e na teoria do consumidor. Não haveria, talvez, outra forma de, com um mínimo de economia de meios, chegar ao âmago de situações que ocorrem efectivamente com uma complexidade dificilmente abarcável. Não percamos, todavia, a sofisticação que nos é consentida pela «Economia experimental» para reformular e recentrar aquilo que são as atitudes normais do agente económico, para reponderar o arquétipo da racionalidade egoísta e repensar os atributos do raciocínio económico, porventura agora com mais cautelas quando à verificação experimental e empírica e menos preocupação de universalização axiomática[483].

Por outro lado, não podemos desconsiderar os efeitos da racionalidade limitada e dos custos da informação sobre o processo de tomada de decisão, para percebermos a margem de indefinição e irracionalidade que

rodeia a expressão concreta do egoísmo[484], conferindo-lhe sofisticação quando convoca à análise os sentimentos do agente, um assunto especialmente refractário à análise formal[485] – intratável até, porventura, na sua complexidade e dinâmica causal[486] –, um assunto difícil para a própria introspecção do sujeito ou para a sua expressão conceptual e verbal, o objecto apropriado e virtualmente inesgotável de uma ciência inteira – a psicologia –, mas nem por isso menos relevante e *real*[487].

Retenhamos, em conclusão, que são muitas as reservas dos economistas face ao recurso indiscriminado à Psicologia, por mais rica que seja essa colaboração interdisciplinar – reservas reflectidas, por exemplo, na impaciência com que muitos se referem a estes «ataques à racionalidade» provindos da experimentação[488].

2 – h) – ii) O papel dos preços

Presume-se também que a concorrência será tanto mais eficiente e benigna quanto mais ela se cingir ao aspecto dos preços, até porque os preços são um padrão de valor universal e inequívoco dentro de um mercado: é que, à medida que cresce o número de vendedores concorrentes num mercado, menos peso específico poderá cada um deles ter na formação dos preços; e, conquanto cada um se guie por um propósito maximizador e acalente o desejo de ver subir os preços com que vende, nenhum é capaz de fazê-lo com sucesso, pois a tentativa isolada, desacompanhada pelos seus concorrentes, lhe fará perder toda a sua clientela a favor destes.

Porque também não existe a possibilidade de baixar isoladamente os preços com sucesso – visto que o abaixamento viável será acompanhado por todos, anulando a vantagem competitiva, e não é racional seguir-se pelo abaixamento inviável, isto é, aquele que coloca o preço de mercado a um valor inferior ao custo *médio* do bem

---

478 Kravitz, D.A. & S. Gunto (1992), 65-84.

479 Eckel, C.C. & P.J. Grossman (1996), 181-191.

480 Gaertner, W., J. Jungeilges & R. Neck (2001), 953-963.

481 Raphael, D.D. (1980), 54-56.

482 Lamm, H. & T. Schwinger (1980), 425-429.

483 Veja-se os esforços nesse sentido em: Davis, D.D. & C.A. Holt (orgs.) (1993); Kagel, J.H. & A.E. Roth (orgs.) (1995); Bolton, G.E. (1991), 1096-1136.

484 Gabaix, X. & D. Laibson (2000), 433-438.

485 Veja-se, a propósito do «valor de legado», a que voltaremos adiante, Strahilevitz, M. & G. Loewenstein (1998), 276-289.

486 Note-se que, em Economia, «dinâmico» não tem uma conotação valorativa, apenas designando, na maior parte dos casos, a possibilidade de muitas novas circunstâncias constituírem uma resposta deliberada e adaptativa a circunstâncias iniciais, sendo pois que em contextos «dinâmicos» deve inserir-se uma margem de «incerteza reactiva» à previsão dos efeitos de qualquer mudança de variáveis (a abordagem *prospectiva* que veremos dominar a «teoria das expectativas racionais» na Macroeconomia). Outras vezes, «dinâmica» é a explicação que incorpora uma atribuição causal a um mecanismo que vai evoluindo com a passagem do tempo.

487 Romer, P.M. (2000), 442-443; Loewenstein, G. & D. Adler (1995), 929-937.

488 Grether, D.M. & C.R. Plott (1979), 623-638; Kahneman, D. & A. Tversky (1979), 263-291; Lichtenstein, S. & P. Slovic (1971), 46-55; Lichtenstein, S. & P. Slovic (1973), 16-20; Samuelson, W.F. & R.J. Zeckhauser (1988), 7-59; Tversky, A., S. Sattath & P. Slovic (1988), 371--384.

ou serviço oferecido –, daqui resulta que ao concorrente é retirado o poder de mercado, ficando ele na posição de simples receptor passivo de um nível de preços, na posição que é habitualmente designada como a de «*price taker*».

O consumidor, que está do lado oposto ao desta «guerra de preços» que opõe entre eles os vendedores, é o principal beneficiado com a concorrência, visto que é para ele que o preço se apresenta como um custo, e que minimizar o custo – tal como isso decorre com algum automatismo da concorrência de preços – é o objectivo central da sua racionalidade (e da margem de egoísmo que, apesar de tudo, possamos encontrar nela). E, no entanto, também ele tende a ser um «*price taker*», uma unidade somente na multidão de consumidores que acorrem ao mercado, incapaz de opor-se com sucesso aos preços dominantes. Essa impotência de novo beneficia a contraparte nas trocas, o lado dos vendedores, os quais se vêem poupados, graças a ela, a uma pressão que seria para eles potencialmente ruinosa, dada a possibilidade de essa pressão agravar drasticamente os custos da formação de equilíbrios nas trocas.

Todos os participantes no mercado estão motivados pela presença de incentivos, os quais, transmitidos pela sinalização dos preços, consistem essencialmente na possibilidade de se alcançar vantagens extraordinárias nas trocas realizadas no mercado (o lucro das empresas, o excedente marginal dos consumidores, as remunerações dos factores) e na possibilidade de haver apropriação individual dessas vantagens; ou, numa linguagem que já nos é familiar, na possibilidade de haver um ganho apreciável, um ganho maximizado porventura, na «captura» do quinhão que cabe a cada um, depois de gerada a «soma positiva» correspondente a uma troca. Sem tais incentivos, quem é que se empenharia livre e espontaneamente no funcionamento do mercado?

Os vendedores sabem que podem aumentar os seus lucros respondendo mais eficientemente às valorações dos consumidores, que lhes são transmitidas pelos preços, tal como os consumidores sabem que podem optimizar a sua satisfação empregando o quadro dos preços para calcularem directamente os custos das suas decisões. Mas essa vantagem bilateral perder-se-ia se não houvesse a certeza de que ela, ou parte dela ao menos, pode ser conservada dentro de uma esfera de legitimação, para ser livremente usufruída, a qualquer momento, pelo seu titular, ou para ser novamente trocada no mercado. A capacidade de acumular e permutar riqueza através da apropriação privada é um incentivo adicional à eficiência, pois, tanto no caso dos consumidores como dos vendedores, do que se trata fundamentalmente é de obter o máximo rendimento a partir de

determinadas dotações patrimoniais iniciais: seja empregando esse património como factor na produção com maior sucesso no mercado – por exemplo, cultivando na propriedade agrícola de que se dispõe o tipo de produto mais vendável ou mais caro –, seja alienando-o no momento mais favorável, no momento em que é mais intensa a pressão da procura dos bens que compõem o património, no momento em que é maior a escassez *relativa* desses bens.

2 – h) – iii) Modelo básico, incentivos e «*laissez-faire*»

Se fossemos explorar ainda mais os recantos desse modelo mínimo do mercado, veríamos que tudo nele se conjuga para evidenciar as qualidades de uma ordem espontânea no sentido da promoção, quer da eficiência, quer da satisfação, dos meios e dos interesses envolvidos nas trocas.

Esse modelo *concorrencial* básico ilustra, porventura melhor do que qualquer outro, o poder da modelação na análise económica: porque todos os economistas concordam que ele, não descrevendo precisamente nenhuma experiência económica real, no entanto explica, ou ajuda a explicar, a maior parte delas, porque pode tomar-se por um padrão de medida, um ponto de convergência ideal para o qual tenderiam todas as experiências de liberdade dos mercados, se elas não estivessem inevitavelmente submersas na turbulência e na complexidade da experiência social, e na dialéctica das determinações jurídicas e políticas.

Todo o recuo perante essa forma ideal de funcionamento eficiente e livre tende a acompanhar-se de problemas – seja porque um desígnio igualitário perturbou o sistema de incentivos e faz cair o nível de actividade económica, seja porque um sistema alternativo de sinalização que não o dos preços impede que os bens e serviços cheguem, ao mais baixo custo, àqueles que deles mais necessitam. Por exemplo:

– deficiências ou faltas na definição dos direitos individuais de apropriação podem levar ao esgotamento de recursos e àquilo que tem sido designado como a «tragédia dos baldios»[489] ou como o problema das «externalidades de congestionamento»: não tendo, aquele que explora um recurso não individualmente apropriado, qualquer incentivo à respectiva exploração racional – isto é, distribuída ao longo do tempo, por forma a protrair o mais possível o esgotamento absoluto de recursos *não-renováveis*, ou por forma a não exceder o ritmo de manutenção de contingentes dos recursos *renováveis* –, a sua conduta orientar-se-á normalmente para a sobre-

---

[489] Hardin, G. (1968), 1243-1248.

exploração imediata que conduz ao esgotamento acelerado. Isto não só porque aqueles recursos de que abusa não são seus, ou apenas seus, pelo que não sentirá directamente, ou só sentirá parcialmente, os custos da sua atitude, mas também porque esses custos se verificarão no futuro, pelo que eles não são dissuasor suficiente contra a «preferência pelo presente», contra a possibilidade de obtenção de ganhos imediatos por troca com custos futuros: para darmos um exemplo, que interesse tem um caçador em poupar um animal selvagem em nome da preservação da espécie, se imagina que outros caçadores não terão o mesmo respeito, seja pelo animal, seja pela futura descendência desse animal e tirarão *proveito* oportunista da cautela do primeiro caçador? não violará esse caçador a sua básica motivação «não-tuísta»?[490]

– restrições ao comércio e à transacção dos bens podem gerar ineficiências e desperdícios, por mais justificadas que elas se afigurem à luz de outras valorações que não a económica.

Vejamos o exemplo da fixação administrativa de quotas de produção, e de subsídios à produção, não transmissíveis, e o modo como essa não-transmissibilidade pode redundar em perda de ganhos e de oportunidades: se, por exemplo, o governo estabelece um preço para o «gasóleo agrícola» a um nível muito inferior ao do gasóleo utilizado no transporte automóvel, tão inferior que esse diferencial excede a própria susceptibilidade marginal de lucro que se consegue na agricultura graças a esse subsídio, então será mais compensador para os agricultores revendê-lo aos automobilistas do que empregá-lo nas suas explorações, e será mais compensador para os automobilistas adquirirem «gasóleo agrícola» do que abastecerem-se do gasóleo comum. Se essa revenda for proibida, ninguém ganha, todos perdem (no sentido de que todos averbam um *custo de oportunidade*); e assim, do ponto de vista da eficiência – abstraindo, insiste-se, de todas as implicações de justiça que emergem nestas áreas –, essa restrição será pura perda, já que impede que os bens cheguem às mãos daqueles que mais valor lhes atribuem: mais precisamente, às mãos daqueles que estariam dispostos a pagar mais por esses bens.

Desta simples ilustração pode retirar-se o ensinamento de que o deficiente estabelecimento de incentivos (por exemplo, uma deficiente combinação ou configuração

de impostos e subsídios) pode deitar por terra as melhores intenções do regulador público, pode em especial travar o investimento privado de que eventualmente dependa o sucesso de algum projecto estadual – fazendo esse sucesso ficar refém da inacção dos investidores desincentivados [491].

– as restrições legais ou convencionais ao direito de propriedade, a própria existência de direitos reais ou obrigacionais que atribuem poderes menos fortes e extensos do que os do direito de propriedade «clássico», podem igualmente envolver perdas de eficiência:

Por exemplo, o proprietário do apartamento arrendado que não tem o poder de reaver o uso desse apartamento – porque, suponha-se, o seu arrendatário é uma pessoa idosa –, e que vê o valor de venda do apartamento muito diminuído porque qualquer adquirente ficará igualmente impedido de usar o apartamento até que o arrendatário tome a iniciativa de terminar a relação contratual, ou morra, não tem qualquer incentivo económico para proceder a obras de beneficiação do apartamento, senão já na perspectiva da iminência do fim do arrendamento – porque é só no mercado que essas beneficiações poderão revelar-se rentáveis –; o próprio inquilino, que não pode alienar no mercado o seu direito de habitar no apartamento, verá, pelo seu lado, reduzir-se progressivamente o seu incentivo económico a manter ou melhorar as condições de habitabilidade, à medida que se for aproximando o limite da sua expectativa de vida. O efeito conjugado destes dois desincentivos é evidentemente a degradação das condições de conservação, e do valor objectivo, do apartamento[492].

Este conjunto de exemplos evidencia um facto que poderia passar despercebido: é que o quadro legal que rodeia o funcionamento do mercado não é sempre um mero conjunto de proibições e limitações animadas por uma lógica restritiva ou tutelar dominada por valores de *justiça*, mas é também um conjunto de *garantias* de atribuição e de legitimação, sem as quais é a própria *eficiência* do mecanismo espontâneo do mercado que é posta em cheque, e a própria concorrência do mercado não alcança os seus efeitos optimizadores.

Contudo, ainda é a lógica tutelar, paternalista, que costuma presidir à interferência estadual nos mecanismos de mercado, fazendo com que o mecanismo de

---

490 Sem embargo de uma análise mais detida do fenómeno adiante no livro, poderemos adiantar a sugestão de que, numa situação de perigo de esgotamento de recursos comuns deficientemente apropriados (e por isso praticamente de acesso livre), cada um dos utentes age, ou deveria agir, como se fosse um representante de todos os outros actuais ou potenciais utentes, pautando a sua conduta pelo interesse colectivo – o que suscita, entre outros, os problemas: a) do alinhamento de interesses, individual e colectivo; b) da relação entre o grau de esforço desse «utente - representante» e a dimensão e probabilidade do seu ganho; c) da coordenação de condutas em prol do interesse colectivo; d) da confiança e da supervisão recíproca do alinhamento de interesses, dada em especial a assimetria informativa entre aquele que tem a oportunidade de abusar dos recursos comuns e aqueles que ficarão directamente prejudicados com esse abuso. Cfr. Jensen, F. & N. Vestergaard (2002), 276-285.

491 Sobre esse problema de «*hold-up*», cfr. Gersbach, H. (2002), 45-56.

492 Araújo, F. (2002b).

preços seja posto em causa e que os bens cheguem aos consumidores através de um sistema de repartição dominado por critérios de justiça distributiva, nomeadamente um sistema de racionamento – uma última barreira antes do colapso da confiança de que depende a interdependência económica[493], antes do advento da «lei da selva» que deixa o acesso aos bens, e logo a própria hipótese da sobrevivência, à mercê da aplicação da força.

Na falta de licitação e de selecção através dos preços, por exemplo em casos de preço único e pré-estabelecido, ou de preços máximos, os bens podem ser distribuídos:

– por ordem de chegada dos consumidores, formando-se filas – caso em que a «candonga», ou o «mercado negro», serão reveladores de que os consumidores estariam dispostos a pagar preços muito superiores àquele que foi fixado, seja por terem um interesse muito intenso no bem ou serviço, seja secundariamente como compensação pelo valor económico do tempo perdido na fila. Como o custo de oportunidade associado ao tempo gasto em filas é superior para as pessoas de rendimentos elevados do que para as pessoas de rendimentos baixos (cada hora que passa é rendimento perdido mais vultuoso para aqueles do que para estes), a existência de filas de espera asseguraria hipoteticamente que alguns serviços gratuitos (como os serviços públicos de saúde, por exemplo) fossem prestados de uma forma mais favorável para os pobres do que para os ricos, incentivando estes últimos a abandonarem as filas e a procurarem bens e serviços *pagos* – se não fosse a possibilidade que os mais ricos têm de pagarem aos mais pobres para perderem tempo nas filas a «marcarem lugar» para eles; se pagarem *menos* do que para eles representa o custo da perda de tempo, e *mais* do que aquilo que é o preço de mercado do bem ou serviço, ambas as partes neste acordo de «marcação de lugar» sairão beneficiadas, e haverá «soma positiva» em resultado desta «batota» nas filas de espera;

Note-se que, apesar de algumas consequências negativas bem conhecidas (mormente em termos de segurança e de frustração de expectativas de licitude), a intermediação dos «candongueiros» pode ter efeitos positivos sobre o bem-estar: 1 – atrai consumidores que não consumiriam noutras condições (por exemplo, se confrontados com as filas nas bilheteiras); 2 – ajuda a equi-

librar o mercado, contrabalançando os seus lucros extra-ordinários nalgumas ocasiões com os prejuízos averbados com bilhetes não-vendidos noutras ocasiões; 3 – discrimina preços, o que permite vender mais bilhetes do que sucederia se só o emitente os pudesse vender; 4 – promove os eventos, comprando cedo grandes quantidades de bilhetes e impelindo os consumidores a reagirem à crescente escassez de bilhetes disponíveis. Nestes vários sentidos, os «candongueiros» são intermediários que aumentam o volume de transacções, e por isso incrementam o bem-estar total, ainda que «capturem» em proveito próprio algum desse bem-estar aos emitentes dos bilhetes e aos consumidores[494].

Aliás, a especulação de preços na «candonga» pode até certo ponto demonstrar que a afectação de recursos, nomeadamente a emissão inicial de bilhetes, estaria subvalorizada face ao verdadeiro «preço de equilíbrio», caso em que o «mercado negro» servirá de rectificador[495]; mas esse entendimento tem sido contestado, alegando-se que os preços reflectem a disposição de pagar daqueles cujas preferências temporais os remetem para preservarem a sua liberdade de escolha até ao último momento, servindo ao mesmo tempo para gerir o congestionamento das compras de última hora[496].

– por sorteio, quando se entenda que o recurso ao mecanismo dos preços e a discriminação pelo poder de compra são menos igualitários do que uma distribuição que parte da absoluta igualdade de probabilidade de ganho de todos os interessados – solução que é especialmente útil quando não há consenso sobre critérios *materiais* de justiça, e esse consenso só pode encontrar-se na adopção de um critério puramente *formal* e automático –[497];

– por atribuição de «senhas de racionamento» e «*vouchers*», tanto transmissíveis como intransmissíveis, cada senha definindo a quantidade física de bens que cabe a cada consumidor – uma forma de preservar o funcionamento do mecanismo dos preços, mas agora com a limitação do total da procura ao somatório da senhas, contrariando as pressões no sentido de subidas dos preços que poderiam discriminar contra os pobres que, por falta de poder de compra, iriam ficando progressivamente excluídos em consequência das subidas de preços –.

Parece, assim, sumariamente ilustrado o poder explicativo de um modelo tão elementar como o modelo básico da concorrência, percebendo-se que, mesmo a partir de um conjunto muito restrito de premissas, já

[493] Para uma extensa análise sociológica, psicológica, política e económica das incidências da *confiança* no funcionamento dos mecanismos de mercado e das instituições, na formação de convicções, de expectativas subjectivas, de bases para a complementaridade e para a interdependência, e na escolha de formas contratuais, cfr. Nooteboom, B. (2002).

[494] Courty, P. (2003), 96.

[495] Gale, I. & T. Holmes (1993), 135-146; Courty, P. & H. Li (2000), 697-717.

[496] Courty, P. (2003), 86ss..

[497] Clotfelter, C.T. & P.J. Cook (1990), 105-119.

é possível retirar uma série de corolários como este de que é difícil conceber-se, mesmo em abstracto, um mecanismo de repartição mais eficiente e justo do que o mecanismo dos preços.

2 – i) Peculiaridades terminológicas

Um dos pontos susceptíveis de fragilizar mais a ciência económica, e de dificultar mais a sua compreensão, consiste no facto de ela empregar predominantemente uma terminologia comum, ao mesmo tempo que lhe subverte a semântica. Vejamos dois exemplos:

1. Quando se fala de *custos*, já o dissemos, não se quer fazer alusão à noção habitual de despesa directa – que de resto predomina também na abordagem contabilística –, mas sim a uma outra que subtilmente engloba ainda a renúncia ao potencial de ganhos de alternativas possíveis, ou mais precisamente a renúncia ao benefício líquido que se associaria à melhor alternativa de que prescindiu; pelo que será fácil constatar que o *custo* a que habitualmente alude o economista, o *custo de oportunidade*, não é precisamente, ou sempre, aquele a que se refere o homem comum.
2. Um outro exemplo é o da alusão àquilo que, em última análise, sustenta e incentiva a participação dos agentes no processo económico: para o leigo, é toda a *riqueza*, entendendo-se por riqueza um acervo de bens que instantaneamente compõem o património de alguém – permitindo a esse alguém alcançar um dado nível de satisfação das suas necessidades –. Para o economista, a noção-chave é a de *rendimento*, que se refere à variação, positiva ou negativa, da riqueza durante um determinado intervalo de tempo – ou, dito de outro modo, a taxa de aquisição, ou perda, de riqueza nova, a capacidade de aumentar, manter ou diminuir o acervo estático da «riqueza» através de um *fluxo* produtivo –, considerando os economistas que o conceito de *rendimento* não só denota realisticamente a *sustentabilidade*, a *viabilidade*, da riqueza através da participação activa do seu titular no processo económico, como também tende a manifestar-se com maior estabilidade ao longo da vida dos agentes económicos do que a riqueza, a situação patrimonial. Em rigor, para o economista é próspero não tanto quem tem muito, mas quem maior capacidade e rapidez evidencia para aumentar, preservar ou recompor aquilo que tem. E dentro de um quadro político e jurídico no seio do qual se pressuponha uma igualdade inicial de oportunidades (ao menos em termos de «história conjectural») e uma necessidade de legitimação da propriedade, não haverá *riqueza* que não seja *rendimento acumulado*, que não seja o resultado da sedimentação, numa ou em muitas gerações, do esforço de poupança de uma parcela do rendimento obtido na partilha dos frutos de cada novo esforço produtivo.

«Custo» e «riqueza» não têm, pois, precisamente o mesmo significado para os economistas e para o *senso comum*. A ambiguidade que resulta destes subtis «deslizamentos semânticos» não é, todavia, de evitar a todo o custo – sobretudo quando a alternativa a eles seja o agravamento da tendência para a linguagem privativa do calão técnico, na busca de maior precisão semântica, tolhendo a aptidão explicativa e a relevância política do conhecimento económico –. Adverte-se o leitor para a necessidade de prestar a algumas subtilezas terminológicas; mas não se procurará fazer delas, de modo algum, uma pedra de toque da *cientificidade* da Economia, porque a ciência não é um jogo cifrado ou um devaneio hermético, mas antes e sobretudo um contributo para o reforço do conhecimento do mundo a partir da perspectiva do senso comum – o que veda absolutamente o uso e abuso de linguagens privativas.

2 – j) As divergências doutrinárias entre os economistas

Uma das limitações mais aparentes à relevância prática da ciência económica reside no facto de não haver consensos estáveis em muitos pontos de doutrina, em muitos modelos explicativos básicos e em muitos dos padrões de aferição através dos quais essa doutrina poderia endereçar-se ao senso comum e interagir com a realidade dos fenómenos económicos.

Mas essa limitação é, de um outro prisma, algo de extremamente positivo, pois denota não apenas a abertura e o inacabamento da ciência económica, a sua capacidade de progresso através da descoberta de novos factos e do debate entre cientistas – especialmente quando, como costuma acontecer na ciência económica, os seus cultores são escrupulosos e explícitos na enumeração dos seus pontos de divergência –, mas o próprio envolvimento dos economistas em questões políticas, sociais e morais para as quais seria vão, *e perigoso*, esperar-se um consenso definitivo.

Lembremo-lo: muitas das propostas doutrinárias debatidas pelos economistas são-no sob o ponto de vista da eficácia, e logo aí podem começar as divergências: por exemplo, a partir de que ponto o agravamento dos impostos provoca quebras do rendimento total, e a partir de que ponto é que o desagravamento fiscal induz incrementos de produtividade?[498].

São-no ainda em matéria de amplitude ou intensidade: por exemplo, o que é que pode entender-se por um grande incremento de produtividade? o que é que identifica um rico e o demarca de um pobre?

Mas são-no também do ponto de vista da justiça, e aí as divergências serão mais previsíveis e menos solúveis: por exemplo, será justo que seja agravado um imposto que onera indiscriminadamente ricos e pobres, e será justo reduzir o peso de um imposto que onera especialmente os mais ricos?

As questões de *justiça*, que as mais das vezes não podem ser resolvidas pela própria ciência económica – embora nada vede que esta se pronuncie sobre elas e se empenhe responsavelmente na sua solução –, são, na sua *relatividade*, especialmente dependentes de padrões de aferição. A justiça dos homens é essencialmente uma questão de *comparação* e de *atribuição* discriminada, razão pela qual aquilo que é justo *até certo ponto* pode deixar de ser justo a partir dele: por exemplo, se em princípio é justo pagar impostos, a partir de quando é que a carga tributária é excessiva, a ponto de tornar-se injusta? esse ponto, que manifestamente não é igual para ricos e para pobres, será proporcional à riqueza de cada um? será que esse ponto excessivo pode ser aumentado à medida que aumenta o rendimento tributado, no sentido de ser justo nivelar-se as desigualdades *através* dos impostos? em que medida é que os *benefícios* de uns compensam ou justificam o *sacrifício* dos outros?

É tão improvável que a Economia forneça soluções consensuais nestes pontos como o seria que o senso comum, a opinião colectiva ou as instituições políticas as fornecessem[499]. Ora se não compete à Economia oferecer esses padrões de aferição, pela mesma razão não lhe cabe a definição dos valores sociais que ela serve, e para a prossecução dos quais deve limitar-se a prescrever os meios mais eficientes; já o sublinhámos antes, pode haver um juízo económico acerca dos fins, e em especial acerca da hierarquização dos valores e acerca do estabelecimento de prioridades – mas a mais legítima missão da Economia é concentrar-se na avaliação dos meios, subordinando-se pacificamente, tanto à livre determinação política dos rumos sociais, como à livre determinação dos rumos privados através da espontânea formação de mercados.

Não esqueçamos ainda que a Economia é uma ciência, e que toda a ciência, no nosso contexto cultural ao menos, se define como um incessante esforço de progresso: muitas das divergências presentes poderão desaparecer quando o conhecimento dos fenómenos económicos for mais completo ou mais perfeito, quando os mecanismos subjacentes estiverem mais esclarecidos e as explicações forem mais fáceis e mais seguras – ou quando novos problemas desviarem para eles a atenção dos economistas. Mas o mais provável – ao menos tanto quanto no-lo autoriza uma extrapolação a partir da evolução pretérita da ciência – é que o desaparecimento das divergências presentes seja acompanhada da multiplicação de novos debates, de novas discordâncias, já que é desse inacabamento, dessa sucessiva abertura temática, que a ciência económica, como qualquer ciência, retira a sua força cultural e o seu ânimo progressista.

Não deve, contudo, empolar-se a extensão das divergências doutrinárias e científicas entre os cultores da ciência económica – e menos ainda confundi-la com a estridência dos protestos de originalidade com que «*poseurs*» e charlatães procuram ganhar notoriedade e prosélitos –. A ciência económica apresenta, pelo contrário, um grau de coesão doutrinária, metodológica e terminológica que podem até considerar-se exemplares dentro do universo das ciências sociais, nomeadamente quanto às proposições básicas da Microeconomia e até quanto a algumas medidas elementares de política económica[500].

A esmagadora maioria dos economistas, pode asseverar-se, continua a reflectir, no âmago das suas convicções, um eco do «*big bang*» iluminista: a crença de que a Economia se reporta a uma ordem espontânea que consegue substituir-se, com vantagem, a qualquer tipo de solicitude providencial – mormente aos ditames de uma supervisão planificadora e autoritária – na promoção da prosperidade individual e colectiva, e que por isso todas as barreiras convencionais, nacionais ou internacionais, são potencialmente lesivas da capacidade benéfica daquela ordem espontânea, e são, de todo o modo, menos eficazes do que formas de condicionamento não restritivas da liberdade, como a do estabelecimento de incentivos. Numa formulação mais sintética, a grande maioria dos economistas tem uma natural simpatia pelas soluções do mercado e não se multiplica em objecções à superior eficiência do livre-cambis-

---

[498] Um exemplo flagrante de largas divergências teóricas, e até de resultados empíricos, induzidos por diferentes objectivos de análise, surge nas estimativas da elasticidade de oferta e procura no mercado laboral fornecidas por estudiosos da Economia Laboral e por cultores da Economia Pública. Cfr. Alpert, M. & H. Raiffa (1982); Fuchs, V.R., A.B. Krueger & J.M. Poterba (1998), 1413ss.; Lewis, H.G. (1963); Lewis, H.G. (1986).

[499] Para simplificar as coisas, Zeus cegou Plutão, o deus da riqueza, por forma a assegurar que ele não discriminasse nas suas funções distributivas...

[500] Araújo, F. (2000b), 271-272.

mo – ainda que possa escudar-se em reservas quanto à correspondente justiça.

Seja como for, não só o unanimismo não reina na ciência económica como ele não seria sequer desejável, como acabámos de sugerir – o que deita por terra muitos sonhos de *metodólogos* e *epistemólogos* que reconditamente desejariam alcançar a formulação de um protótipo coeso de «economista-cientista», de uma «cultura económica» de convicções e valores partilhados, fazendo tábua-rasa de tensões e contradições internas. Não existe na Economia – e, que saibamos, em nenhuma ciência – esse alinhamento de batalhão em parada, e predomina antes um pluralismo individualista e vagamente anárquico, ainda que alicerçado em instituições científicas estáveis[501]. Vimo-lo já de início a propósito do conflito de paradigmas entre «ciência da escassez» e «ciência do contrato», entre neoclássicos e institucionalistas, e voltaremos a vê-lo, por exemplo a propósito das tensões entre o paradigma da «afectação de recursos através do equilíbrio (geral) espontâneo» e o paradigma keynesiano do «desequilíbrio de curto prazo» – cada um deles com uma extensa taxinomia de teorias, de conceitos, de terminologia, de programas de pesquisa[502] –, isto para não falarmos também dos paradigmas da «economia da informação», da teoria dos jogos, da «análise económica do Direito», da teoria marxista, entre tantos outros. A hora, nas ciências, é a da pluralidade de vozes[503].

Poderia ainda pensar-se que, em nome da sua relevância prática, e em especial da sua eficácia como instrumento de planeamento e de previsão, a Economia deveria prestar-se a um esforço de coesão interna, apresentando-se como um *produto acabado* de análise quantitativa e de modelação matemática, ao serviço da «engenharia social». Mas mesmo que esse ideal de «engenharia social» fosse aceitável – quando o facto é que as suas evidentes conotações totalitárias fizeram multiplicar as advertências contra ele[504] –, deixámos já sugerido não ser essa a principal vocação de uma ciência social, que deve colocar como seu objectivo primordial a *compreensão* dos fenómenos humanos, das intenções e das condutas que, entrecruzadas, dão origem a fenómenos colectivos; e não, pelo contrário, postular que existe uma autonomia desses fenómenos colectivos, à qual alegadamente os planos de realização individual estariam inelutavelmente subordinados (uma forma de sobre-determinação pseudo-teocrática

do individual pelo colectivo que continua a dominar algumas ideologias e algumas concepções jusnaturalistas), e ao triunfo da qual a Economia, submissa, deveria colocar os seus préstimos. É certo que muitos resultados da Economia são suficientemente expressivos e precisos para que se possa fazer uso deles em funções de controlo e previsão de fenómenos colectivos; mas, salvo uma veneração exacerbada por um aparente monolitismo das ciências «exactas» (e que não passa de aparência), um «consenso formalista», a ser possível, não enriqueceria o objecto da Economia nem incrementaria a sua relevância instrumental para a consumação de projectos politicamente válidos. Seja como for, as «experiências sociais» – o estudo do impacto de programas de intervenção social alternativos – têm constituído um ramo muito fértil da economia experimental[505], e muito especialmente quando as pessoas são sujeitas aleatoriamente a esses programas, podendo por isso aferir-se mais rigorosamente o impacto em abstracto das variáveis que vão sendo introduzidas[506].

Insistamos que a pluralidade de vozes dentro da ciência económica é um atestado da sua vitalidade e das suas perspectivas de progresso – mesmo quando as discordâncias entre economistas atingem os fundamentos da disciplina, e dizem respeito ao próprio estatuto científico da Economia, pondo-o em causa, sinal de uma tão salutar como invulgar disposição crítica dos seus cultores, o timbre máximo da sofisticação teórica a que uma ciência, qualquer ciência em qualquer ramo do saber, pode aspirar[507].

2 – k) O charlatanismo pseudo-científico

Dada a sua relevância prática e a sua proximidade ao contexto em que decorre a vida comum e em que se manifestam alguns dos interesses mais prementes da grande massa das pessoas, a Economia é um ramo de saber com grande poder de atracção sobre pseudo-cientistas e charlatães, que fazem um hábil aproveitamento dos tecnicismos da ciência económica para se escudarem numa aparência de sabedoria impenetrável, de conhecimento privilegiado ou iniciático, e seduzirem com essa aparência os mais crédulos, transmitindo-lhes um de dois tipos de falsa impressão que costumam acompanhar a percepção «leiga» desta ciência social:

[501] Feyerabend, P. (1993); Feyerabend, P. (1993b), Cap. VIII; McCloskey, D.N. (1994), 321ss.; Preston, J. (1997).

[502] Reder, M.W. (1999), Caps. III a V.

[503] Knorr-Cetina, K. (1999).

[504] Desde Popper, K.R. (1945), Caps. I-III.

[505] Greenberg, D. & M. Shroder (1997); Greenberg, D., M. Shroder & M. Onstott (1999), 157ss.. Sobre a evolução dessa técnica analítica, cfr. Greenberg, D. & P.K. Robins (1986), 340-362.

[506] Fraker, T.M. & R. Maynard (1987), 194-227; LaLonde, R.J. (1986), 604-620; LaLonde, R.J. & R. Maynard (1987), 428-451.

[507] Reder, M.W. (1999).

– a de que a Economia é um veículo de conhecimentos do futuro;

– a de que a Economia contém, recôndita, uma chave segura para o enriquecimento individual (a chave apresentada costuma ser novamente a do conhecimento do futuro)[508].

E de facto, de entre aqueles pensamentos de teor mais explicitamente económico que ocorrem associados à vida comum, quem não foi já acometido do sonho de se tornar instantaneamente milionário através do conhecimento privilegiado do futuro – com o máximo de rapidez e o mínimo de custo, ou seja, *gratuitamente*? Quem não foi já acometido, até, de uma «dissonância cognitiva» que o fez sobrestimar a sua probabilidade subjectiva de ganho instantâneo a troco de nada – essa mesma «dissonância» que alimenta regularmente os jogos de apostas mútuas, até aqueles em que as probabilidades de ganho são extremamente baixas?

– Voltaríamos aqui às manifestações da «racionalidade limitada», para tentarmos perceber porque é que as pessoas formam mercados de apostas, quando é manifesto que o resultado agregado não pode deixar de ser negativo – no sentido de o total recebido pelos que ganham ter necessariamente que ser menor do que o total das apostas, ao menos pela margem que remunera aqueles que organizam as apostas: será que as apostas assentam, por isso, em deficiências informativas?[509] Serão as pessoas meras vítimas de ilusões quanto à probabilidade de fenómenos de que elas são incapazes de captar o verdadeiro alcance aleatório?[510]

– Talvez pudéssemos socorrer-nos aqui também das subtilezas da abordagem psicológica que se centram na análise da «lógica» do reconhecimento do erro, da «lógica» do arrependimento e da vontade de rectificação[511], caracterizando a natureza e demarcando os limites da agilidade, da «inteligência» do agente, da sua sensibilidade aos elementos contextuais da decisão[512], da sua sensibilidade à informação estatística e histórica[513], da sua capacidade de «concentração no real» e de isolamento dos factores relevantes à decisão[514].

Naturalmente que, fornecendo os seus serviços de charlatanismo no mercado, estes pseudo-economistas – muito frequentemente comentadores de ar grave e com projecção mediática – correspondem a necessidades efectivamente sentidas, e em especial àquela ansiosa avidez de antecipação que alimenta a credulidade. Podem assim enriquecer com essa prestação de serviços – sobretudo se estiverem na moda, se forem os «*gurus*» momentaneamente entronizados pela frivolidade do meio[515], pregando o «evangelho da ganância» que deu mau nome à disciplina e acabou por despertar a reacção anti-«economicista» –, embora, curiosamente, nunca enriqueçam da forma que preconizam ou através dos meios que aparentam serem capazes de fornecer, ou seja, nunca enriqueçam eles próprios através da exploração directa do conhecimento privilegiado do futuro que sugerem possuir – que mais não seja porque, no momento em que o transmitissem, esse conhecimento, se existisse, deixaria de ser privilegiado para ser partilhado e deixaria de habilitar o seu possuidor para ganhos extraordinários (ganhos não-partilhados). Esses «economistas de bola de cristal» acabam por obter ganhos extraordinários (a *renda económica* de que falaremos mais tarde) à custa da credulidade, da ignorância dos limites da ciência – explorando em seu benefício privado a escassez e a assimetria informativas, como o fazem aliás também, com deprimente frequência, até os aparentemente mais abnegados cientistas e académicos, quando exploram o «*carisma*» da ciência para alcançarem proeminência mediática, social ou política, ou vantagens económicas extraordinárias[516].

Regressando aos ensinamentos da colaboração interdisciplinar com a Psicologia, diríamos que um dos «erros sistémicos» que mais frequentemente é cometido deriva do recurso maciço a informação não-especializada e não-acreditada para se tomar as mais relevantes e sofisticadas decisões – no fundo, a vontade de partilhar critérios de decisão, mesmo com aqueles que manifestamente não dispõem de vantagem informativa ou teórica sobre aquele que decide (uma vontade de partilhar que pode, apesar de tudo, contribuir para

[508] Araújo, F. (2000b), 195ss., 240ss..

[509] McGlothlin, W.H. (1956), 604-615; Sauer, R.D. (1998), 2021ss.; Weitzman, M.L. (1965), 18-26.

[510] Albright, S.C. (1993), 1175-1183; Albert, J. (1993), 1184-1188; Stern, H.S. & C.N. Morris (1993), 1189-1193.

[511] Kahneman, D. (2003b), 1467ss.; Kahneman, D. (2003c), 697-720.

[512] Shafir, E. & R.A. LeBoeuf (2002), 419-517.

[513] Agnoli, F. & D.H. Krantz (1989), 515-550; Agnoli, F. (1991), 195-217; Evans, J.St.B.T., S.J. Handley, D.E. Over & N. Perham (2002), 179-190; Nisbett, R.E., D.H. Krantz, C. Jepson & Z. Kunda (1983), 339-363.

[514] Hsee, C.K. (1996), 247-257; Klein, G. (2003), Cap. IV; Wilson, T.D. & J.W. Schooler (1991), 181-192.

[515] Sobre a veneração pseudo-religiosa pelos «sumos-sacerdotes» da Economia, veja-se as reflexões – e a advertência de que "*o Rei vai nú*" – em: Nelson, R.H. (2002).

[516] Sobre a «síndrome do consultor», cfr. Faria, J.R. (2001), 69-74.

incrementar a racionalidade da decisão, visto confrontar critérios de decisão que podem não ser coincidentes, forçando à reflexão)[517].

A ciência económica não tem, contudo, muito que ver com o «circo mediático» que a rodeia: ela não se faz de descobertas espectaculares nem de fracassos estrondosos, nem de promessas exaltantes e de frustrações neuróticas, nem de ídolos, nem de párias, nem de guerras doutrinárias eivadas de preconceitos dogmáticos e de intolerância; sendo que é aos charlatães que interessa essa afectação de acrimónia, dado que são eles que disputam o mercado da opinião envergando máscaras triunfalistas, procurando factores de demarcação e de fidelização «monopolística» de clientela – não sendo de excluir que, a exemplo do que veremos a propósito do equilíbrio no «mercado da captura de renda económica», também exista alguma «mão invisível» subjacente aos rumos da especialização disciplinar e do «conflito de faculdades» que «balcanizam» a academia e a ciência, deixando cada vez menos espaço à serenidade, à abertura de espírito, à vontade de colaboração e ao eclectismo[518].

Mas, não obstante esta margem de «estridência circense», a ciência económica continua a fazer-se sobretudo de trabalho metódico, de permuta de conhecimentos e de verificação e refutação de hipóteses, de evolução de métodos e de linguagem, de adição permanente de desafios e de estímulos intelectuais, de abertura à crítica radical de cada um dos seus pressupostos por todos aqueles que dela se aproximam com seriedade e escrúpulo: razão pela qual o seu estudo tem e terá um lugar legitimado no seio da Universidade.

2 – l) Pedagogia e «autismo»

No dia 21 de Junho de 2000 o jornal parisiense *Le Monde* publicou um manifesto de estudantes franceses contra aquilo que eles designavam como a falta de realismo e de pluralismo no ensino da Economia, resultante principalmente dos excessos de modelação abstracta e de formalização matemática, que, no entender dos subscritores do manifesto, tornando a sofisticação formalista num fim em si mesmo, provocava uma «esquizofrenia» com o referente empírico da ciência e com os desígnios da sua praticabilidade e relevância sociopolítica, substituindo-os pela fantasmagoria descarnada e esquemática de «mundos imaginários», remetendo

em suma a disciplina para uma posição de irrealismo e de isolamento, para aquilo que eles, com bastante contundência, designavam por «autismo».

No manifesto – que rapidamente obteve a adesão de professores e até de entidades governamentais –, apelava-se ainda ao fim da hegemonia do paradigma neoclássico, e seus derivados, ao menos na didáctica da Economia, fazendo-se a apologia do pluralismo, do pragmatismo, de uma maior concentração no universo da referência empírica. Havia, obviamente, inúmeras referências que precediam o manifesto de Junho de 2000[519]. Mas este apelo às barricadas contra aquilo que alguém designou como o «eixo Descartes-Samuelson-Arrow» era mais incisivo e activista do que nunca, e podia sintetizar-se em 3 pontos:

1) A necessidade de reconexão entre o «mundo imaginário» da modelação neoclássica e o mundo dos problemas concretos, o mundo da referência empírica e histórica, o mundo da *compreensão*;
2) A necessidade de crítica do «enamoramento com a forma» que, avançando num crescendo de complexidade, dificulta mais do que facilita a *compreensão* dos problemas reais (chegando a tornar-se um «filtro de relevância» que indefere como objecto da Economia tudo o que não seja estritamente formalizável);
3) A necessidade de reintrodução de algum pluralismo, ou seja, de restabelecimento, a nível pedagógico, de um diálogo entre o cânone neoclássico e outros paradigmas que, alternativa ou complementarmente, possam ajudar a abarcar mais adequadamente a complexidade das questões económicas *reais*.

Um programa, como vemos, ambicioso mas de formulação simples, susceptível de uma intuição fácil e susceptível de concitar não menos fáceis consensos.

De facto, a convencionalidade de muitas das abordagens da análise económica não apenas se apresentava, e se apresenta, como um sério obstáculo à modelação e à validação empírica dos modelos, como sobretudo pode acarretar uma grave e permanente distorção pedagógica, incutindo nos estudantes uma de duas convicções: ou a de que a realidade das relações económicas é tão rígida, mecânica e formalmente complexa como a pintam os modelos neoclássicos, ou a de que a

---

[517] Cooper, R., D.V. DeJong, R. Forsythe & T.W. Ross (1989), 568-587; Cooper, R., D.V. DeJong, R. Forsythe & T.W. Ross (1992), 738--771; Merlo, A. & A. Schotter (1999), 25-54; Merlo, A. & A. Schotter (2003), 116-136; Schotter, A. (2003), 196ss..

[518] Como adequadamente se assinala em: Abbott, A. (2001).

[519] Entre todos, cfr. Lawson, T. (1999), e ainda, mais recentemente, Lawson, T. (2003).

teoria económica está irremediavelmente comprometida com uma simplificação tão drástica que lhe fez perder o carácter referencial, e deixou de designar seja o que for – perdendo-se, pois, em realismo o que seria decerto ganho em termos de incremento de capacidade analítica dos estudantes[520] (sendo esse aumento de poder analítico uma vantagem pedagógica indiscutível do ensino da Economia). Fácil será que todos se ponham de acordo quanto ao facto de o excesso de formalismo ser, assim, uma oportunidade pedagógica desperdiçada.

Por outro lado, a convencionalidade da ciência económica deriva também, em larga medida, da especialização interna, ou seja, da explosão da produção científica e da sua fragmentação num número crescente de disciplinas, o que torna crescentemente difícil a familiaridade com todas elas, a manutenção de princípios e até de uma linguagem comum, a subordinação de toda esta área temática a esforços de crítica, de fundamentação, de problematização – sendo crescentemente raro o economista que, conservando a visão de conjunto, seja capaz de não perder de vista os temas fundamentais que justificaram a génese disciplinar da economia e continuam a alicerçar-lhe a relevância prática e as possibilidades de diálogo com as demais ciências sociais. Os nomes mais sonantes da ciência económica até meados do século XX eram os de «generalistas», e só desde então é que passou a predominar o especialista do pequeno recanto da ciência económica, o cientista-técnico desprovido da visão de conjunto e, porventura até, insensibilizado para as necessidades e vantagens do diálogo interdisciplinar[521], o «especialista da asa da mosca» que, apesar do seu confinamento temático, ou talvez até por causa disso, passou a representar a vanguarda da ciência, remetendo aparentemente os pedagogos e os generalistas para um plano subalterno, o plano dos vulgarizadores que ganham em vastidão panorâmica e em simplificação pedagógica o que perdem em trabalho vanguardista e inovador dentro do âmbito das suas especialidades – e que por isso, salvo raras excepções[522], não conseguem fornecer do estado da ciência económica senão uma perspectiva muito superficial e desfasada no tempo, não raro a visão imo-

bilista dos pontos de consenso doutrinário já sedimentados ao fim de muitos anos, ou a visão estagnada de como era a ciência económica da última vez que a estudaram, seja há quanto tempo for que isso sucedeu: a segurança preguiçosa que se eterniza na sua entorpecida insensibilidade ao significado e implicações da abordagem estatística, no excesso de confiança nas «virtualidades mágicas» do tratamento matemático, nas ilusórias esperanças depositadas numa «engenharia social» exclusivamente assente em propósitos de maximização utilitarista[523]. Na dúvida entre os dois pólos, é compreensível que a ciência económica privilegie os que se mantêm «na crista da onda», ainda que isso implique pagar-se o preço da fragmentação disciplinar e submeter-se essa fragmentação ao remédio poderoso do convencionalismo.

Perante esta «preferência pelo convencionalismo», compreende-se a imperiosa necessidade de reestruturação e reorientação da investigação e do ensino da Economia, num sentido agora mais vincadamente «não-autista»[524].

Por fim, temperemos o que dissemos sobre o convencionalismo reconhecendo que:

1. a heterogeneidade tem sempre caracterizado a evolução histórica da ciência económica, que não tem sido uma acumulação de progressos inequivocamente lineares ou dirigidos a uma única «meta da ciência» que seja actualmente identificável, e esta constatação conserva toda a sua validade mesmo em momentos, como o actual, de vincada predominância de um paradigma; no caso, caberia perguntar qual o formalismo que era o alvo dos ataques anti-autistas[525]: o de Chicago (de Milton Friedman e George Stigler), o da *Cowles Commission*, também em Chicago (com nomes como os de Kenneth Arrow e Gerard Debreu), o do Massachusetts Institute of Technology (especificamente o de Paul Samuelson), o da teoria dos jogos (de John von Neumann e John Nash[526]), ou algumas variantes mais recentes, como a da racionalidade limitada, a da teoria do caos, a da informação assimétrica, a das aborda-

---

[520] Ormerod, P. (1995); Ormerod, P. (1998) – que em ambos os casos coloca especial ênfase no facto de a premissa da «atomicidade» diminuir fortemente a sensibilidade ao efeito da interdependência na formação da escala de preferências dos agentes, à presença da sociabilidade na própria formação das necessidades e das escalas de valores e preferências.

[521] Hodgson, G.M. (1999); Hodgson, G.M. (2001).

[522] Mulhearn, C. & H.R. Vane (1999); Stretton, H. (1999); Keen, S. (2001).

[523] Vícios associados por McCloskey respectivamente aos nomes de Lawrence Klein, Paul Samuelson e Jan Tinbergen. Cfr. McCloskey, D. (1996).

[524] Bernstein, M.A. (2001); Cullenberg, S., J. Amariglio & D.F. Ruccio (orgs.) (2001); Fullbrook, E. (org.) (2001).

[525] Hands, D.W. & P. Mirowski (1998), 322-397; Mirowski, P. & D.W. Hands (1998), 260-292.

[526] Sobre os alvores da teoria dos jogos (na era pré-Nash), cfr. Hurwicz, L. (1945), 909-952; Kaysen, C. (1945), 1-15; Marschak, J. (1946), 97-115; Morgenstern, O. (1976), 803-816; Stone, R. (1948), 185-201; Wald, A. (1947), 47-52; Weintraub, E.R. (1992).

gens da «complexidade», a da «Economia experimental»?[527]

2. objectivos de progressão académica e de acesso a fundos de financiamento de projectos têm levado muitos economistas a aproximarem-se de uma posição consensual e mediana, pagando insincera vassalagem, por isso, ao cânone dominante (sendo que a ausência dessa vassalagem pode revelar-se um obstáculo insuperável), não podendo por isso asseverar-se que esta, como todas as demais ciências igualmente sujeitas a este constrangimento, estão irremediavelmente afectadas de conservadorismo monolitista (as adesões ao manifesto de Junho de 2000 e a manifestos subsequentes revelam que a rebelião heterodoxa estava latente);

3. qualquer disciplina científica deve adoptar as suas convenções e agregar em torno delas as suas escolhas temáticas e os seus critérios de relevância, mesmo com o risco de geração de uma linguagem privativa e de exclusão de «leigos», sob pena de se dissolver numa massa amorfa de lugares-comuns inócuos, perfeitamente perceptíveis por todos mas perfeitamente irrelevantes para o progresso do conhecimento;

4. a obsessão das ciências sociais com o «rigor» fê-las emularem aquilo que se julgou ser o rigor das ciências «exactas», fazendo-as superarem até estas últimas em convencionalismo e em formalização, não sendo a Economia senão o exemplo mais rematado dessa tendência[528];

5. o protesto contra o convencionalismo é exacerbado pelo sentimento de exclusão causado pelo triunfo claro de um só paradigma dentro de uma área disciplinar tão vasta como já o é a Economia; a «Post-Autistic Economics Network» soa muito frequentemente a um coro de excluídos, ao qual poderíamos aplicar a observação de Wade Hands: "*o apelo ao pluralismo na Economia tem sido um lema recorrente ao longo da evolução mais recente do pensamento económico. O lema tem sido habitualmente adoptado pelos que estão de fora, ou são críticos, da tendência central da ciência económica moderna*"[529].

Em abono da verdade, forçoso é reconhecer que nem sempre aconteceu assim, bastando pensar-se na proclamação «por uma Economia rigorosa e pluralista» que, surgida em 1992[530], era assinada por 44 «notáveis», incluindo os «Prémios Nobel» Franco Modigliani, Jan Tinbergen, Herbert Simon e Paul Samuelson – nenhum deles conhecido pelo seu fervor anti-formalista, bem pelo contrário –.

Retenhamos, deste «apelo às armas» com alcance fundamentalmente pedagógico, que a Economia deve preocupar-se – e em especial nas abordagens introdutórias – em conservar o seu *realismo*, os seus «pés na terra», que permitam compreender e lidar com os problemas reais, mesmo naquilo que esses problemas tenham de mais «contaminado» por influxos e considerações que podem parecer nada ter a ver com o tema da Economia, mas que não são menos *implicados* nos contextos vivenciais em que os problemas surgem e convocam a nossa atenção e a nossa determinação[531].

Nesse aspecto, talvez os riscos do irrealismo metodológico e pedagógico nunca tenham sido tão graves como no momento presente, agora que o progresso cultural aumenta exponencialmente os aspectos convencionais, *virtuais* até, da nossa existência social efectiva. Não perder o sentido das realidades pode já não ser um desígnio rigoroso, uma âncora suficientemente forte, agora que, por exemplo, a vertiginosa ascensão e queda da «Nova Economia» revelaram o impacto real de simples projecções estratosféricas e especulativas aplicadas a meios de comunicação cujas virtualidades foram distorcidas para a dimensão do maravilhoso e do «faz-de-conta», e nenhuma base sólida permitiu alicerçar as poucas advertências formuladas contra essa explosão de irracionalidade mais ou menos eufórica. A esmagadora maioria dos cultores da ciência económica, encerrados nas suas torres de marfim, presos do seu auto-infligido «autismo», pouco ou nada fizeram para despertar os seus semelhantes desse «inebriamento tecnológico», do qual seriam sacudidos apenas pelo estrondo do colapso dos mercados – quando era certo que a ciência económica dispunha já de exemplos históricos numerosíssimos ilustrativos do desfecho que tende a acompanhar tais «bolhas especulativas», e por isso os alarmes poderiam ter soado com toda a naturalidade[532]. Quem sabe se aquilo que falhou não terá sido uma certa deficiência de «visualização» das estruturas dos fenómenos sociais[533] – algo inesperada numa ciência tão propensa ao uso intensivo de gráficos, mas compreen-

[527] Mäki, U. (1999), 486-509.

[528] Samuels, W.J. (2002); Samuels, W.J. (1996), 113-120; Samuels, W.J. (1997), 67-79; Samuels, W.J. (1997b), 308-309; Samuels, W.J. (1998), 300-303; Samuels, W.J. (2001), 99-104; Samuels, W.J. (2001b), 91-100.

[529] Hands, D.W. (1997), 194.

[530] Publicada na *American Economic Review*, 82/2, xxv.

[531] Kamarck, A.M. (2002).

[532] Krehm, W. (2002); Roehner, B. (2001).

[533] Podolny, J.M. (2003), 169-173.

sível face a idiossincrasias e «singularidades» que apelam mais à compreensão e à intuição do que à sujeição aos cânones do formalismo[534].

Um breve relance retrospectivo bastaria para revelar que a ciência económica sempre conviveu com a mais radical das críticas – aquela que pôs, e põe, em causa a própria utilidade e legitimidade da abordagem científica da Economia, nuns casos porque a Economia foi suspeita de «progressismo» na destruição da «velha ordem» às mãos de um doutrinarismo iluminista, noutros porque a Economia é tomada por porta-voz da sociedade «aquisitiva» e materialista, como uma passiva legitimação da desigualdade e do favorecimento dos economicamente poderosos, noutros casos ainda porque a Economia aparece como o arauto do mundialismo e da abolição das fronteiras, com a inerente destruição dos interesses protegidos por essas fronteiras. E em todos esses casos porque se critica ao mesmo tempo a metodologia económica nos seus excessos formalistas, no seu suposto imoralismo, na sua pretensa ingenuidade hiper-racionalista, nos afloramentos do seu dedutivismo mecanicista e utilitarista – aquilo que vimos serem os pontos mais vulneráveis do cânone neoclássico[535].

Em resultado desse passado de acumulação crítica, hoje as proposições básicas da ciência económica consideram-se, todas elas, sujeitas a reservas relativistas – dada a possibilidade que sempre subsiste de se encontrar excepções, lacunas, incongruências na respectiva aplicação em diversos tempos e lugares[536]. Se é verdade que a oposição à quantificação, ao dedutivismo, ao «cientismo» da análise económica tem encoberto, com demasiada frequência, propósitos básicos de ataque ao todo da disciplina[537], em contrapartida esse embate dialéctico tem contribuído para o progresso da sofisticação teórica, ao mesmo tempo que tem, de modo muito salutar, contribuído para forçar os cultores da disciplina a lidarem com mais naturalidade e tolerância com as «dissidências» e as «heterodoxias», mesmo as mais refractárias à integração no «*mainstream*» desta ciência, garantindo uma «pluralidade de vozes» que frequentemente consegue reflectir o pluralismo do contexto cultural de que emerge[538].

Por fim, contra o referido «autismo» depõe, com a máxima eloquência, o próprio propósito civilizacional que, em finais do século XVIII, fez nascer a moderna ciência económica: o propósito emancipador do iluminismo, o objectivo de colocar à disposição do homem comum os meios para poder, liberto de constrangimentos atávicos, resgatado a servidões ideológicas e a paternalismos, levar uma vida condigna de um ser racional, uma vida de auto-determinação e de responsabilidade, e de coesão social não imposta, mas antes espontânea, esclarecida e fraterna.

Como poderia uma ciência «autista», irrealista, formalista – alheada, em suma, do seu objecto e do seu propósito inicial – ajudar-nos nessa caminhada da modernidade, pela qual seguimos ainda?

---

[534] Frank, R.H. (1985); Schelling, T.C. (1978).

[535] Coleman, W.O. (2002).

[536] Coleman, W.O. (2002), 65.

[537] Coleman, W.O. (2002), 107.

[538] Coleman, W.O. (2002), 200.

PARTE II

Microeconomia

Capítulo 3 – **Interdependência e trocas**[539]

"Mas o homem necessita quase constantemente do auxílio dos seus congéneres e seria vão esperar obtê-lo somente da sua bondade. Terá maior probabilidade de alcançar o que deseja se conseguir interessar o egoísmo deles a seu favor e convencê-los de que terão vantagem em fazer aquilo que ele deles pretende. Quem quer que propõe a outro um acordo de qualquer espécie propõe-se conseguir isso. Dá-me isso que eu quero e terás isto que tu queres, é o significado de todas as propostas desse género (...) Apelamos, não para a sua humanidade, mas para o seu egoísmo, e nunca lhes falamos das nossas necessidades, mas das vantagens deles" – Adam Smith[540]

A experiência quotidiana demonstra-nos continuamente, nos mais pequenos detalhes, a nossa situação de interdependência económica. Este texto está a ser escrito num computador de marca japonesa, mas integrado por componentes das mais diversas proveniências, recorrendo a um programa de processamento de texto de origem norte-americana – todos adquiridos em lojas portuguesas; o computador é alimentado por energia eléctrica de produção nacional, parcialmente assente no recurso a combustíveis e a tecnologias de distribuição que são importados. O livro em que este texto se integrará será produzido por uma editora de outra cidade que não aquela onde vive o autor, e – com um pouco de sorte – chegará às mãos de leitores um pouco por todo o lado, desde que haja livrarias ou esteja em funcionamento uma rede alternativa de distribuição de livros. De onde provieram o papel e a tinta que servem de suporte físico a este livro?

Algures nos antípodas, alguém preparou os alimentos que foram ingeridos na cantina da fábrica em que foram produzidos alguns dos componentes do computador que utilizo. Poderia essa pessoa que preparou os alimentos adivinhar que também ela contribuiu para que este livro surgisse? Por sua vez, este livro pode ir parar às mãos de um leitor que, incidentalmente, aprenda nele algo que venha a motivá-lo de tal forma a meditar sobre questões económicas e sociais que ele acabe por ocupar um lugar de proeminência na área das ciências sociais ou um lugar de protagonismo no debate político da sua comunidade – e no entanto, não posso adivinhar que isso venha a acontecer –.

Vista à distância, a actividade económica evidencia um grau de coordenação e de harmonia que parece postular uma inteligência central, uma supra-ordenação, de tal modo é regular a forma como cada um de nós contribui para o funcionamento do todo, cada um desempenha funções específicas, cada um auxilia os demais, mesmo que deles não tenha recebido uma indicação precisa das necessidades que sentem ou das expectativas que têm quanto a esse contributo.

Mais impressionante é que ninguém nasce absolutamente pré-determinado ao exercício de uma função – embora seja ainda frequente, nas sociedades modernas, existirem funções herdadas, e seja ainda mais frequente a circunstância de a profissão dos pais condicionar a escolha de profissão pelos filhos –. Embora a mobilidade social e profissional não sejam ainda totais nas sociedades contemporâneas, e as sociedades continuem a assentar nos atavismos da estratificação e da estigmatização – e, o que é mais grave, da exclusão, do

---

[539] Andrade, J.S. (1998), I.16ss., IV.3ss.; Arnold, R.A. (2000), 426ss.; Arroja, P. (1993), 33ss.; Baumol, W.J. & A.S. Blinder (2000), 31ss., 51ss.; Ekelund, R.B. & R.D. Tollison (2000), 25ss.; Heyne, P. & *al.* (2002), 17ss., 47ss., 71ss., 133ss., 159ss.; Hoag, A.J. & J.H. Hoag (2002), 13ss., 31ss.; Hyman, D.N.N. (1996), 41ss.; Jacquemin, A., H. Tulkens & P. Mercier (2001), 9ss.; Lipsey, R.G. & *al.* (1999), 49ss.; Mankiw, N.G. (2000), 45ss.; Mankiw, N.G. (2001), 47ss.; Martinez, P.S. (1998), 94ss.; McConnell, C.R. & S.L. Brue (2001), 35ss.; Miller, R.L. (2002), 17ss.; Neves, J.C. (2001), 41ss.; Parkin, M. (1999), 49ss.; Rohlf, W.D. (2001), 65ss.; Slavin, S.L. (2001), 25ss.; Sloman, J. (2002), 29ss.; Sowell, T. (2001), 7ss.; Stiglitz, J.E. & C.E. Walsh (2002), 52ss.; Taylor, J.B. (2001), 20ss.. Cfr. ainda: Mas-Colell, A., J. Green & M. Whinston (1995); Varian, H.R. (1978).

[540] Smith, A. (1976b), 26-27 (=I, 94-95).

preconceito moral ou estético, do favoritismo –, o certo é que aquilo que cada um faz durante os seus anos de participação activa no processo produtivo depende em larga medida das suas próprias opções livres, daquilo que a pessoa, bem ou mal, *decide* fazer.

Antes que sejamos suspeitos de demasiado entusiasmo quanto ao carácter optimizador do funcionamento livre dos mercados, sublinhemos que os resultados nem sempre são os mais justos, nem os objectivamente mais eficientes, se por exemplo a decisão é dominada por algum preconceito estético. Ilustremo-lo: uma boa aparência física garante, tanto a homens como a mulheres (umas vezes mais a estas[541], outras àqueles[542]), uma remuneração média mais elevada, pelo que poderá falar-se de um «prémio de beleza» que é independente de qualquer outra consideração objectiva sobre o valor nas trocas – ou mais especificamente sobre a produtividade do trabalhador no mercado de emprego –[543], ou inversamente que existe uma penalização para todos os desvios relativamente à forma física que em cada contexto social seja a preferida[544]/[545]; do mesmo modo, a desigualdade de oportunidades perpetua-se de geração em geração pelo ascendente de factores de prosperidade, de saúde, de escolaridade, de etnia, de género, que pesam muito mais nas oportunidades de emprego do que a aptidão psicotécnica ou o QI, por mais que a maioria das pessoas declare moralmente insustentável esse estado de coisas[546].

Este tema prende-se com outro mais amplo, que por ora referiremos apenas, e que é o da influência da puras avaliações subjectivas na eficiência das trocas, ou mais especificamente no cumprimento de obrigações contratuais quando os contratos são incompletos e fica espaço para a integração das lacunas de acordo com aqueles critérios subjectivos, o que não será problemático se casualmente as avaliações das partes coincidem[547], mas se complica obviamente em todos os casos de divergência, com consequências negativas quanto ao equilíbrio contratual e quanto à eficiência[548], o que por sua vez explica ainda porque é que dentro de estruturas hierárquicas, como as estruturas empresariais[549], a subserviência e a bajulação com objectivos «mercenários»

de promoção[550] – por moralmente repugnantes que sejam (e são) – tendem a alinhar incentivos e a aumentar imediatamente a eficiência[551].

No entanto, ainda que pontualmente sejam detectáveis falhas na distribuição de tarefas em função da sua utilidade social – há, neste momento da sociedade portuguesa, escassez de médicos e de enfermeiros, há superabundância de licenciados em História –, o facto é que a economia funciona com razoável eficiência em matéria de ocupação livre das especialidades profissionais, em matéria de divisão social do trabalho, de colaboração e troca de bens e serviços, de comunicação de necessidades e de aptidões, de tomada de decisões colectivas. Mais admirável ainda, essa coordenação espontânea transcende fronteiras políticas, e permite que pessoas e empresas entrem em relações de interdependência a nível planetário, e colaborem movidas pelo elementar, mas fortíssimo, impulso do seu próprio interesse particular, retirando da complementaridade de necessidades e de meios os frutos da cooperação.

Um dos principais propósitos do aparecimento da moderna ciência económica (novamente um propósito *emancipador*) foi o de procurar demonstrar que o funcionamento da economia, seja a nacional seja a internacional, não dependia de uma super-inteligência, de uma benevolência providencial, majestática ou ditatorial, que distribuísse cargos e funções e determinasse a colaboração económica dentro de um quadro imperativo, amparado na ameaça coerciva e sancionatória; e que a harmonia económica mais não era do que o resultado involuntário do simples e mecânico entrechoque da actividade de pessoas movidas pelo seu interesse particular, cada uma criando condições benéficas aos outros quando procurava o seu benefício particular – pessoas cujo horizonte informativo não tinha que transcender a modéstia das suas circunstâncias, e cujas aptidões intelectuais não tinham que ser mais do que aquelas que assegurassem a percepção e defesa dos seus interesses particulares, e a capacidade de integração social.

Não significa isso que da interdependência resultem invariavelmente a fragmentação «atomística» dos planos individuais de realização e a multiplicação de con-

---

[541] Veja-se a comprovação estatística em: French, M.T. (2002), 569-572.

[542] Hammermesh, D.S. & J.E. Biddle (1994), 1174-1194.

[543] Bowles, S., H. Gintis & M. Osborne (2001), 1137-1176.

[544] Saporta, I. & J.J. Halpern (2002), 442-466.

[545] Cfr. ainda: Bowles, S., H. Gintis & M. Osborne (2001), 1138-1139; Hammermesh, D.S. & J.F. Biddle (1994), 1174-1194; Averett, S. & S. Korenman (1996), 304-330; Behrman, J.R., M. Rosenzweig & P. Taubman (1994), 1131-1174.

[546] Bowles, S. & H. Gintis (2002), 19, 22-23.

[547] Bull, C. (1987), 147-159; MacLeod, W.B. & J.M. Malcomson (1989), 447-480.

[548] MacLeod, W.B. (2003), 217ss.; Pearce, D.G. & E. Stacchetti (1998), 75-96.

[549] Milgrom, P. & J. Roberts (1988), S154-S179; Tirole, J. (1986b), 181-214.

[550] Gibbons, R. & M. Waldman (1999); Ichniowski, C., K. Shaw & G. Prennushi (1997), 291-313; Kahn, C.M. & G. Huberman (1988), 423--444; Prendergast, C. (1993b), 523-534.

[551] Prendergast, C. (1993), 757-770; Prendergast, C. & R.H. Topel (1996), 958-978.

dutas «centrífugas», porque a interdependência também é indutora de coesão e uniformidade, de aproximação das condutas individuais a uma normalidade social que tende a converter-se em *norma*, e até, passado um limiar de convicção quanto à necessidade dessa norma, em Direito. Os membros de uma sociedade apresentam a propensão para a conformidade com uma conduta dominante, a propensão para a uniformidade – aquilo que tem sido designado por «normas sociais», «usos», «costumes», «efeito de domínio», «efeito de contágio», «emulação da vizinhança», «pressão dos pares», «seguidismo», «carneirada», «cinzentismo», e que alguns atribuem à irresistível força centrípeta do próprio fenómeno colectivo[552], e outros a uma estratégia individual norteada oportunisticamente pelo «se não podes vencê-los, junta-te a eles»[553].

As próprias interacções no mercado podem ser perspectivadas como tentativas de recíproco condicionamento de preferências, gostos, hábitos, entre as partes, dentro de um quadro cultural de referência[554], por exemplo em termos de partilha de convicções acerca do alcance dos compromissos contratuais, ou do valor dos direitos de apropriação em jogo nas transferências a que os contratos dão azo[555]. De acordo com tal entendimento, as preferências seriam mais do que gostos, incorporando compromissos morais referidos ao quadro cultural relevante[556], a «construção psicológica» da situação condicionante das escolhas[557], verdadeiras «razões para agir»[558].

Também não é despiciendo o papel das preferências inatas – geneticamente condicionadas – que caracterizam a conduta da espécie humana previamente a toda a interacção[559], embora todos tenhamos experiência da forma como a nossa *intencionalidade*, sobretudo quando plasmada na intersubjectividade, faz evoluir as nossas preferências[560], por exemplo gerando os pontos referenciais com os quais se espartilham as sociedades fechadas, os seus arquétipos de «pertença» e de «comportamento desviante»[561], as suas «praxes»[562], as suas linguagens privativas[563].

O ponto, como facilmente se constatará, é decisivo para a fundamentação do paradigma institucionalista, já que o funcionamento dos mercados e a própria execução dos contratos não parecem requerer senão o mais estrito e atomístico individualismo para a consumação dos mais bem sucedidos «jogos de soma positiva», e por isso há que encontrar uma explicação alternativa para os fenómenos de aglutinação, de subordinação, até de dissolução colectivista, que caracterizam muitas das interacções sociais extra-mercado – razão que alguns apontam até para a coincidência do triunfo do cânone neoclássico com impulso decisivo de expansão da moderna sociologia, pois a esta ficava cometida a tarefa de apurar a configuração peculiar de tais «propensões conformistas» em sociedades politicamente livres e em «economias de mercado»[564].

Pode dizer-se, em traços muito esquemáticos, que a preocupação que demonstramos com as preferências daqueles com quem interagimos, por mais egoístas que sejam as nossa motivações, resultam não apenas do facto de ser relevante o grau de conflitualidade que a divergência de preferências pode gerar no próprio desenvolvimento dos nossos planos, mas também, e sobretudo, dos ganhos que para cada um de nós podem advir de induzirmos nos outros (pela persuasão, pela intimidação, pela sedução) uma alteração de preferências que acabe por colocar a conduta deles ao serviço dos nossos interesses. Pense-se, por exemplo, no esforço que o empregador desenvolve no sentido de apurar as preferências dos seus empregados, tanto para evitar a conflitualidade dentro da sua empresa como para aumentar o grau de motivação dos trabalhadores no desempenho de tarefas que servem os interesses objectivos da empresa – a forma como tenta evitar ser vítima do oportunismo de trabalhadores cujos interesses divirjam muito dos seus, a forma como basicamente

[552] Merton, R.C. (1957); Granovetter, M. (1979), 1420-1443.

[553] Jencks, C. & S. Mayer (1989), 1441-1445; Manski, C.F. (2000), 127.

[554] Bowles, S. & H. Gintis (1993), 83-102; Mulligan, C. (1997).

[555] Buchanan, J.M. (1975b), 17.

[556] Harsanyi, J.C. (1982), 39-62; Sen, A.K. (1977c), 317-344.

[557] Ross, L. & R.E. Nisbett (1991); Tversky, A. & D. Kahneman (1986), S251-S278.

[558] Nowell-Smith, P.H. (1954).

[559] Boehm, C. (1993), 227-254; Boyd, R. & P.J. Richerson (1985); Caporael, L.R., R.M. Dawes, J.M. Orbell & A.J.C. Van de Kragt (1989), 683-699; Durham, W.H. (1991).

[560] Barry III, H., I.L. Child & M.K. Bacon (1959), 51-63; Becker, G.S. (1996b); Bowles, S. & H. Gintis (1986); Gintis, H. (1972), 572-599; Rozin, P. (1991), 93-102; Witkin, H.A. & J.W. Berry (1975), 4-87; Zajonc, R.B. (1968), 1-27.

[561] Veja-se alguns casos mais impressionantes e extremos em: Andre, C. & J.-P. Platteau (1997), 1-55; Boyer, P. & S. Nissenbaum (1974), 109ss.; Firth, R.W. (1958), 62-81; Fromm, E. & M. Maccoby (1970), 232ss.; Levine, R.A. (1966); Malinowski, B. (1926), 40ss..

[562] Boyd, R. & P.J. Richerson (1990), 331-342; Edwards, R.C. (1977), 125-138.

[563] Eckert, P. (1982), 139-144; Eckert, P. (1988), 183-207; Edgerton, R.B. (1971); Labov, W. (1972), 304ss..

[564] Deve-se ao sociólogo Charles Camic essa tese de que a moderna sociologia é essencialmente um sub-produto da maré-alta da Economia neoclássica, uma exploração dos temas descurados por esta. Cfr. Camic, C. (1987), 421-439; Manski, C.F. (2000), 121.

tenta evitar que essa divergência de interesses surja ou se amplie[565]. Voltaremos ao tema a propósito de questões de assimetria informativa e de «risco moral», mas acrescentemos por agora que a estratégia interactiva com as motivações alheias nem sempre é fácil de esquematizar e sintetizar, dada a imprecisão ínsita no conceito de «preferências», dada a interferência de elementos não-cognitivos, irracionais e inefáveis nesse plano das motivações, dado o impacto diferenciado que corresponde à projecção prática das preferências em função da posição social ou hierárquica ocupada pelo agente, dada a margem que sempre é reservada para a manipulação dos *sinais* externos das preferências (o agente pode querer estrategicamente disfarçá-las, para fazer «*bluff*», para induzir dolosamente em erro, para proceder a uma simulação), e dada a heterogeneidade que, apesar das tendências para a aglutinação centripeta, subsiste como marca da autonomia individual – como traço irredutível da personalidade[566].

Pesem embora estas tendências para a agregação social, para a estabilidade normativa e absorvente das instituições, o facto é que, animada do propósito de analisar os mistérios da «desordem organizada» que via manifestar-se nos mercados, a ciência económica tenha – a maior parte do tempo – empunhado o pendão da liberdade individual, política e internacional e se tenha convertido (quase sempre) na mais eloquente apologia do modo de existência do homem comum, do homem que, no anonimato das trocas generalizadas, procura preservar a sua independência no jogo da interdependência.

Existe uma certa petição de princípio na asserção de que os mercados são, entregues a si mesmos, veículos de maximização – pois se presume que eles mais não fazem do que optimizar a coordenação entre preferências pré-existentes e imutáveis –. Ora, o facto é que não se observa facilmente um núcleo imutável, «dado», de preferências que não respondam e se adaptem à própria evolução do mercado, e nada autoriza a que asseveremos que as escolhas racionais não são profundamente tributárias do próprio contexto em que são formadas (embora exista a tendência para postularmos a existência de «meta-preferências» intertemporais, como uma espécie de prolongamento da nossa *identidade* a partir de condições *inatas*)[567].

3 – a) A divisão do trabalho

O que acabámos de dizer implica que, na nossa actividade social comum, continuamente nos colocamos em situações de dependência face à actividade de pessoas que nem sequer conhecemos, e continuamente agimos com reciprocidade em tarefas que beneficiam pessoas que também não conhecemos. Assim sendo, as relações económicas, e a interdependência que delas emerge, dão-se à margem do conhecimento pessoal e não reclamam a confiança intersubjectiva que aquele conhecimento pode propiciar (mas propicia a um custo, dada a complexidade); ao invés, eles reclamam apenas uma confiança *institucional*, ou seja, a confiança de que a complementaridade objectiva de interesses e aptidões tornará inevitável, recorrentemente e com estabilidade, uma conduta generalizada de cooperação, independentemente da prevalência de sentimentos de benevolência ou de solidariedade – e até, algo paradoxalmente, tornará a cooperação tanto mais espontânea e intensa quanto mais cada um se remete separadamente à consideração e à prossecução prioritária dos seus interesses pessoais, concentrando-se na maximização das suas próprias vantagens.

– Aquele que emprega algumas horas para ler partes deste livro *confia* que durante essas horas outros se encarregarão de lhe fazer chegar os alimentos de que ele necessitará, passado algum tempo. Se esse fornecimento de alimentos não estiver garantido, ou sempre que ele deixar de estar garantido, será racional para o leitor abandonar este livro – e todos os livros – para se dedicar exclusivamente à tarefa mais premente e vital, que passa a ser a de encontrar por si próprio alimentos: "*primeiro viver, depois filosofar*", como se diz na tradicional máxima romana.

– E porque é que o leitor confia que os alimentos lhe serão fornecidos? Porque julga que aqueles que se organizam para lhos fazerem chegar por sua vez confiam no leitor, isto é, crêem que ele está a formar-se, a adquirir conhecimentos, a familiarizar-se com métodos e técnicas, para que no futuro ele possa retribuir através de trabalho que seja útil para aqueles que agora acreditam nele e lhe fornecem, no presente, a alimentação.

– O leitor sabe que os fornecedores de alimentos *têm interesse* em alimentá-lo, pois precisam de gente com os conhecimentos que ele está a adquirir. Ele confiará, no tanto neles, mas no interesse que os move – no sentido de que crê que qualquer fornecedor de alimentos poderá em abstracto representar-se esse interesse subjectivo e motivar-se por ele –. Por isso dissemos que a confiança é fundamentalmente *institucional*, reporta-se à posição que cada interesse objectivo permite configurar no concerto dos interesses colectivos, e não à índole peculiar da pessoa que ocupa essa posição.

565 Bowles, S., H. Gintis & M. Osborne (2001b), 155.
566 Bowles, S., H. Gintis & M. Osborne (2001b), 158.
567 Sunstein, C.R. (1997).

– Investir na formação desse futuro recurso de «capital humano» não requer o mais pequeno grau de altruísmo ou de abnegação em favor dos mais jovens ou das gerações futuras, porque pode assentar, antes, no mais elementar cálculo de reciprocidade – na mais estrita táctica de «egoísmo indirecto» ou protraído, que se motiva pelo retorno esperado desse investimento, dado o incremento de produtividade que ele propicia e que frutificará, com total linearidade, em acréscimos futuros de rendimento –. Como, todavia, esse investimento na formação do capital humano alheio acaba por beneficiar principal e directamente aquele em quem se investe, e só mais mitigada e indirectamente aqueles que investem, podemos associá-lo a uma motivação de «altruísmo impuro»[568].

– Por outras palavras, os fornecedores de alimentos confiam também no interesse fundamental que cada leitor-estudante tem em levar a bom termo a sua educação, e em maximizar o seu aproveitamento por forma a integrar-se com o máximo sucesso possível no mercado de trabalho, e nele prestar os serviços socialmente mais úteis, os serviços que mais satisfazem, entre outros, os interesses dos próprios fornecedores de alimentos: pois essa é a forma de garantir que, sem recorrer à força, à violência, para se afirmar na disputa de bens escassos, ficará assegurada permanentemente a base alimentar da sua sobrevivência futura.

– Mais ainda, porque os fornecedores de alimentos sabem que há estudantes com graus diferenciados de aptidões, de dedicação ao estudo e de aproveitamento, eles não têm que confiar particularmente em nenhum estudante[569], reorientando antes a sua confiança para os *sistemas* que formam os estudantes, tendendo a valorizar especialmente aqueles sistemas que, dentro da sua limitação informativa, eles *julgam* produzirem melhores resultados médios, ou seja, tendendo a recompensar mais generosamente – dando mais alimentos, ou conferindo a capacidade de adquirir mais alimentos – os estudantes formados nas escolas com melhor *reputação*, procedendo assim, mesmo que inconsciente e involuntariamente, a uma conciliação dos desígnios da afectação eficiente de recursos com as motivações subjectivas daqueles que aprendem (os seus sonhos de excelência académica e de realização cultural numa «república das ideias» ou numa «aristocracia do espírito», a sua auto-estima intelectual, a sua motivação elitista[570]).

É esta forma de incorporarmos nas nossas motivações individuais a representação simplificada dos interesses objectivos de classes inteiras de agentes económicos que permite que, com um grau razoável de eficiência, a conduta de cada um de nós se encaminhe na direcção de uma coordenação espontânea e livre de actividades, ainda quando milhões de agentes interagem e transportam para essa coordenação de actividades – que designaremos por *mercado* – todo o peso dos seus interesses e expectativas individuais. E é porque incorporamos, mesmo que da forma mais toscamente estilizada, nas nossas motivações a representação de interesses alheios – o estudante que está a aumentar a sua aptidão para servir os fornecedores de alimentos, os fornecedores de alimentos que confiam na possibilidade de um dia obterem o retorno do investimento que, sob forma de alimentação, fizeram no estudante – que, no momento em que convertemos a confiança numa efectiva permuta de vantagens presidida por critérios de reciprocidade, satisfazemos interesses alheios para satisfazermos os nossos, e todos ficamos a ganhar com as trocas.

Veremos como a Teoria dos Jogos enfatiza e toma para seu objecto de análise aquela aprendizagem e partilha de percepções e de convicções que vão paulatinamente reduzindo os custos da interacção social, permitindo a formação de grupos onde a previsibilidade das condutas, por mais aproximativa e falível que seja, facilita a multiplicação de interdependências e de complementaridades estratégicas, de normas de conduta que fixam e explicitam o trânsito entre os planos da moralidade individual e do interesse colectivo, tornando perceptível a «soma positiva» que aguarda a conclusão dos jogos – destacando-se John Harsanyi na análise das incidências dessa *evolução da cooperação*, aquilo que poderíamos dizer que constitui a face mais visível da «mão invisível» de Adam Smith[571].

Na verdade, a oportunidade para proceder a trocas vantajosas pressupõe apenas que as pessoas, ou os países, tenham necessidades complementares (não totalmente sobrepostas), disponham de bens diversos ou de distintas aptidões para prestarem serviços, e possam obter, sem custo demasiado, informações acerca da existência de potenciais parceiros nas trocas, acerca da capacidade aproximada que estes têm para satisfazer necessidades, e acerca da reciprocidade e da justiça com que as trocas possam decorrer.

Um filatelista a quem falta um selo para completar uma sua colecção deverá informar-se acerca do momento

---

[568] Aiyagari, S.R., J. Greenwood & A. Seshadri (2002), 290-321.

[569] Embora por vezes o façam, como é o caso do empresário que suporta o curso de Direito de um filho, para que ele futuramente dê o apoio jurídico necessário à sua empresa, ou o cacique local que financia a formação daqueles de quem ele espera o apoio político e burocrático futuro – e por isso a perpetuação *mais eficiente* do seu poder.

[570] Akerlof, G.A. & R.E. Kranton (2002), 1197-1198.

[571] Araújo, F. (2001b), 718ss.; Neves, J.C. (1998), 139.

e do local mais propícios ao encontro com outros filatelis-tas, porque é junto deles que é maior a probabilidade de encontrar o selo que falta; e é natural que use os conheci-mentos acumulados no seu passatempo para formar uma ideia do valor justo a atribuir a esse selo – seja o dinheiro a pagar por ele, seja a qualidade e quantidade de selos a oferecer em troca –; pode ainda imaginar que existe, per-dido algures no fundo de um gavetão em casa de um não-filatelista, o tal selo que lhe falta, e pode colocar um anún-cio a incentivar a descoberta desse selo – mas ser-lhe-ia incomportavelmente dispendioso, em termos de tempo e de esforço, encetar individualmente essa busca, casa a casa, gaveta a gaveta, do «selo perdido»[572].

Como analisaremos melhor já de seguida, o comér-cio livre, a permuta de bens e serviços em ambiente des-provido de constrangimentos, só deveria abstractamen-te ter lugar quando todos os envolvidos ganhassem com as trocas, pela muito elementar razão de que, havendo alguém que perde com as trocas, esse alguém se recusa-rá *racionalmente* a colaborar, e só colaborará se for for-çado a fazê-lo – a troca requer «soma positiva» na sua base, não sendo de esperar que trocas de «soma zero» se perpetuam no tempo. Daí a ressalva que acabámos de fazer: num ambiente de informação imperfeita ou de informação muito dispendiosa, a racionalidade dos agentes poderá ver-se obrigada a decidir pela colabora-ção, pela troca, quando está ainda inteiramente em aber-to a possibilidade de que alguma informação adicional venha demonstrar que a troca não será *a mais* proveito-sa. Dado que é preciso agir apoiado numa informação incompleta, as trocas ocorrem motivadas pela simples representação de ganho, dentro de um intervalo de *pro-babilidade* de ocorrência da «soma positiva».

Temperemos, pois, o que dissemos acerca das van-tagens nas trocas com esta medida de realismo: todos colaboram no mercado quando estão convencidos de que as trocas lhes serão vantajosas, e é por isso que as trocas são tão frequentemente precedidas de esforços de aliciamento e de persuasão; contudo, a convicção subjectiva quanto à probabilidade e à dimensão dos ganhos depende de um grau de informação que pode não ser optimizável, porque a obtenção da informação

completa pode envolver custos superiores até aos ganhos esperados com as trocas. Logo, para que as tro-cas ocorram basta que haja uma convicção, que haja confiança, ainda que para que as trocas sejam objecti-vamente equilibradas e justas, no sentido de trazerem benefícios a todos e de não prejudicarem ninguém, seja preciso algo mais – algo cuja configuração abstracta passamos a referir, em sede de análise de «vantagens absolutas» e de «vantagens comparativas».

Antes, fixemos ainda a noção de «cooperação condi-cional», a atitude racional que aceita a interdependência *assente na convicção* de que haverá, ou se manterá, a reciprocidade – e faz depender dessa «regra de ouro» da reciprocidade a sua disposição de colaborar, elevando-a até à dignidade de critério jurídico, a «justiça comutati-va» ou o «sinalagma contratual»: o que por sua vez gera uma multidão de problemas de eficiência, como seja o da resistência das condições de «cooperação condicio-nal» à predação do «egoísta racional», aos impasses da descoordenação (a generalização da desconfiança que impede qualquer potencial cooperador de dar o primeiro passo)[573], ou até ao colapso da «reciprocidade negati-va», ou seja, da retaliação que, em termos puramente económicos, consiste no abaixamento de um jogo de «soma positiva» ao nível da «soma zero»[574].

E sublinhemos que também essa «preferência pela cooperação» está, ela própria, sujeita a regras de evolu-ção e de adaptação, e até à sua consagração em normas consuetudinárias[575], resultante (ao menos numa visão de reducionismo materialista «pavloviano») da trans-formação de ganhos pretéritos em preferências intrín-secas, da aprendizagem com as recompensas associa-das à reciprocidade, à lealdade, à fiabilidade, num pri-meiro momento tidas como qualidades reveladas na conduta, depois arvoradas em parâmetros morais da conduta e finalmente convertidas em normas objecti-vas de acatamento coercivamente exigível[576].

3 – b) Vantagens absolutas

É a vantagem absoluta que pode alcançar-se na especialização que começa por ditar qual a posição que

---

[572] Refira-se, de passagem, que o mundo dos coleccionadores costuma fornecer um bom microcosmos para uma série de condutas econó-micas – de racionalização, de maximização, de coordenação, de planificação, de rateio de recursos, de formação de redes, de consistência inter-temporal, de problemas informativos, etc. – e tudo com uma constância de motivações e condutas que, sendo invulgar, tende a tornar mais sim-ples e nítida a análise das interacções no mercado. Cfr. Belk, R.W. (1995); Belk, R.W. (1995b), 477-490; Burton, B.J. & J.P. Jacobsen (1999), 194ss.; Danet, B. & T. Katriel (1989), 253-277; Dannefer, D. (1980), 392-412; Dodgen, L. & A. Rapp (1992), 355-361; Formanek, R. (1991), 275-286; Frey, B.S. (1997), 165-173; McInish, T.H. & R.K. Srivastava (1982), 123-134; Olmsted, A.D. (1991), 287-306; Olmsted, A.D. (1993), 27-32; Pearce, S.M. (1995); Pearman, W.A., J. Schnabel & A.K. Tomeh (1983), 55-58.
[573] Kreps, D.M., P. Milgrom, J. Roberts & R. Wilson (1982), 245-252; Ostrom, E. (2000), 142.
[574] Fehr, E. & S. Gächter (2000), 160.
[575] Güth, W. & M. Yaari (1992), 23-34; Güth, W. (1995), 323-344.
[576] Ostrom, E. (2000), 144.

cada um ocupa nas trocas, e é essa vantagem que determina o que cada um vai produzir, ou, mais particularmente, o que é que cada um vai produzir *em excesso* relativamente às suas necessidades, por forma a habilitar-se a obter bens e serviços não produzidos por ele, em troca daquele excedente.

Suponhamos um modelo simplificado em que há dois agentes – um pescador e um agricultor –, dois produtos – sardinhas e pimentos –, e uma convergência de interesses – ambos gostam de comer sardinhas com pimentos –. Porque é que o pescador e o agricultor exercem aquelas actividades, e não outras? Admitamos que por tradição, por condicionamento cultural ou geográfico; mas mesmo aí onde fosse abstractamente possível conjecturar uma situação de tábua-rasa inicial, um ponto de partida em que toda a natureza humana estivesse irmanada numa igualdade absoluta e numa ignorância total de vantagens supervenientes ou de efeitos cumulativos, ainda assim as pessoas optariam por rumos divergentes na escolha de actividades dominantes – pois todos descobririam que, mesmo na falta de diferenciação de aptidões *inatas*, há uma diferenciação que se pode ganhar pelo hábito, pelo treino, pela educação, e que portanto vale a pena explorar essa capacidade de condicionamento e de recriação de que dispõem os seres humanos para que cada um possa concentrar-se no aprofundamento e melhoramento dessas aptidões *adquiridas*[577].

Suponhamos que, num primeiro momento, o pescador e o agricultor, insensíveis à convergência de interesses, ou desconhecendo a presença um do outro, decidem não colaborar, ou seja, não trocar os seus produtos: ao pescador não resta senão comer sardinhas, sempre sardinhas, sem acompanhamento; e ao agricultor não resta senão conformar-se com uma dieta vegetariana, comendo pimentos, e apenas pimentos, em todas as refeições. Cedo cada um deles sentirá que uma parte da sua produção é excedentária, no sentido de que cada um preferiria, a partir de certo ponto, obter outros bens que não aquele bem em cuja produção se especializou: seja produzindo esses outros bens, reafectando para eles alguns dos seus recursos – o que sempre faria a custos elevados, dado o desperdício das vantagens da especialização que uma tal opção acarretava –; seja

adquirindo esses outros bens àqueles que se especializaram na respectiva produção, por troca com os excedentes gerados pela sua própria especialização.

O pescador pode procurar dedicar alguns dias da semana a cultivar pimentos, tal como o agricultor pode procurar diversificar a sua produção dedicando-se à pesca durante algum do seu tempo: mas ambas as soluções são menos eficientes do que a troca dos excedentes, sem abandono da especialização. Assim, se ambos dispuserem de informação suficiente para saberem que existem parceiros para as trocas, e que existe a possibilidade de satisfação recíproca de necessidades através das trocas, ambos se especializarão nas suas vantagens absolutas – na actividade em que dispunham, ou passaram a dispor, de maior aptidão produtiva.

Apesar de ser uma das proposições mais centrais e tradicionais da ciência económica, nunca é demais insistir-se nas vantagens económicas da especialização em vantagens absolutas e da geração de excedentes, sobretudo quando elas são potenciadas pelo progresso tecnológico: para ilustrarmos com um simples exemplo, graças à especialização cada pessoa empregada na agricultura norte-americana produzia *em média*, no final do século XX, o equivalente às necessidades alimentares de 100 pessoas![578]

A especialização e a divisão de trabalho segundo os princípios das vantagens absolutas são as fontes da maior parte da diversidade social observada na economia, e também das formas mais estáveis e permanentes de consagração institucional da interdependência, mormente o trabalho em grupos e em empresas, a definição de «profissões» às quais se dirige o esforço de *aquisição* de vantagens absolutas, de escolha e investimento em aptidões produtivas (sendo que a «profissão» é um índice estável da frequência de uso dessas aptidões, e por isso uma base de cálculo racional do retorno esperável do investimento em formação e também um dissuasor à dispersão desse investimento, já que a remuneração tende a ser proporcional à intensidade do empenho profissional). Feita essa escolha por uma divisão de trabalho estável e congruente de acordo com princípios de vantagens absolutas, os ganhos das trocas podem ampliar-se, como analisaremos adiante, até ao limite consentido pela dimensão do mercado, mas sem-

---

[577] A opção por *rumos divergentes* poderia resultar também da simples saturação de meios escassos e susceptíveis de uso *exclusivo*: numa casa com muitos habitantes podem todos querer cozinhar *ao mesmo tempo*, mas isso rapidamente resultaria em *caos culinário*, susceptível até de alastrar para fora da cozinha. Não podendo todos ser cozinheiros *ao mesmo tempo*, alguns ficarão com essa função e outros serão «excluídos» dela.

[578] Ainda recorrendo ao exemplo norte-americano, registemos que o tempo gasto nas actividades agrícolas diminuiu em ordens de grandeza que oscilaram entre as 25 vezes e as 50 vezes entre o início do século XIX e o final do século XX: as 344 horas que demorava a produção de 100 *bushels* (3524 litros) de milho em 1800 tinham passado para 7 horas em 1970. Isso foi acompanhado de um abandono dos campos, dada, como veremos, a baixa elasticidade-rendimento dos produtos agrícolas, razão pela qual os 85% da população activa empregados na agricultura norte-americana em 1810 tinham sido reduzidos a 3% em 1995, e a contribuição da agricultura para o PIB tinha descido de 41% em 1840 para 2% em 1997. Cfr. Greenwood, J. & A. Seshadri (2002), 153.

pre com as vantagens da descentralização e da liberda-de induzida pelo simples balizamento dos incentivos (por exemplo, associando a certas profissões «diferenciais remuneratórios» que tornem compensador um investimento mais pesado ou menos imediatamente rentável das aptidões por elas requeridas, aumentando porventura a desigualdade social e económica mas impedindo em contrapartida a carência, no mercado, de algumas especialidades profissionais) [579].

Aproveitemos este ponto para lembrarmos duas das vinte ideias a reter depois do exame final:

– **Há diversos métodos de afectação de bens e serviços;**
– **A interacção de compradores e vendedores constitui os mercados.**

3 – c) A confiança e o equilíbrio nas trocas

Note-se que uma das consequências mais visíveis dos esforços da Economia para assumir uma atitude científica reside numa relativa insensibilização às interpretações subjectivas que as pessoas façam das suas motivações, das suas condutas e dos seus sucessos e insucessos – preferindo incidir nas condutas elas mesmas, retirando delas o que elas possam objectivamente revelar. Quer isto dizer que o facto de uma pessoa se sentir insatisfeita com uma transacção não significa necessariamente que tenha sido prejudicada por ela, ou mesmo que não tenha sido por ela beneficiada.

Aquele que parte para o mercado convencido de que vai encontrar uma pechincha, e regressa com um bem que não foi tão barato quanto ele esperava, pode bem lamentar-se do «mau negócio» que fez – mas na verdade, se a aquisição que acabou por consumar-se tivesse sido efectivamente prejudicial ele não teria voluntariamente colaborado nela, a menos que fosse sua intenção beneficiar o vendedor com uma prestação desequilibrada em relação ao valor do bem adquirido, procedendo a uma liberalidade (tipicamente, uma doação). Por não ter ganho tanto como esperava, não está feliz; mas essa infelicidade não é sinónimo de prejuízo.

Aliás, ambas as partes na transacção podem sentir-se insatisfeitas, podem sentir-se frustradas nas suas expectativas de negócio – e pode mesmo assim a troca que ocorreu ter beneficiado objectivamente ambas.

Como tivemos já ocasião de sublinhar, a troca é sempre um compromisso, e implica que cada parte *transija* relativamente à sua posição inicial de ganho máximo: o benefício *objectivo* tem que existir para que ocorra uma troca voluntária, por mais que esse benefício objectivo fique aquém do ganho *subjectivamente esperado*. A propósito, já que vamos usar várias vezes o conceito de «transacção», mormente a propósito dos «custos de transacção», refiramos que no entender do institucionalista John Commons a «transacção» era a unidade básica da actividade económica, e continha nela os três princípios básicos de *conflito*, *mutualidade* e *ordem*[580] – querendo no fundo significar-se com isso que a complementaridade, a interdependência, se são por um lado os alicerces da prosperidade, são por outro lado limites à realização irrestrita dos planos individuais de cada um, são limites ao arbítrio, o qual só em pleno isolamento poderá seguir o seu livre curso sem quaisquer constrangimentos[581].

Esta circunstância pode ser esclarecida ainda melhor reflectindo sobre aquilo que precede o processo negocial: é raro, antes que uma transacção tenha lugar, que as pessoas revelem até onde estão dispostas a ir para procurarem alcançar um acordo, sendo que raramente um vendedor admitirá que é capaz de vender a um preço tão baixo como aquele a que ocasionalmente venderá, em função dos condicionalismos do mercado, e raramente também um comprador admitirá transaccionar a um preço tão elevado como aquele a que eventualmente chegará. Muita «agressividade negocial» quase sugere que a parte nas trocas não se contentará com menos do que uma vitória irrestrita num «jogo de soma zero», quando muitas vezes não se trata senão de tentar convencer a contraparte quanto à firmeza do propósito de combater pelo quinhão adequado no «jogo de soma zero» que é a repartição da «soma positiva» resultante da troca subjacente.

É fundamentalmente por isso que os economistas, conservando um prudente cepticismo perante as *preferências declaradas*[582], tendem a fazer recair o peso da sua análise nas *preferências reveladas* dos agentes económicos, e não naquelas *declarações*. A insinceridade campeia na abordagem negocial às trocas, dados os benefícios estratégicos que podem fazer-se derivar da reserva de informação – facto que de resto pode facilmente extrapolar-se para os mais diversos recantos da actividade económica individual e colectiva.

[579] Rosen, S. (2002), 10-11.
[580] Commons, J.R. (1932), 4.
[581] Por exemplo, é possível justificar a unificação monetária europeia através da notável redução de custos de transacção que ela propiciou (pense-se na ineficiência gerada por todo o universo dos mecanismos cambiais). Cfr. Anastácio, G.G. (1998), 81-82.
[582] Lewin, S.B. (1996), 1293ss.; Little, I.M.D. (1949), 90-99; Samuelson, P.A. (1938), 61-71; Sen, A.K. (1973), 241-259; Sen, A.K. (1993c), 495-521.

– É conhecida a relutância dos economistas em recorrerem a inquéritos – que em contrapartida são tão utilizados nas outras ciências sociais. Isso não resulta, geralmente, de desinteresse pelos temas que são objecto desses inquéritos, mas antes de cepticismo quanto ao incentivo de revelação das motivações reais dos interrogados, quanto à própria capacidade de condicionamento e manipulação das respostas (a ordem em que são colocadas as questões é geralmente decisiva para a estatística das respostas, visto que os inquiridos, em mais um afloramento da noção de «dissonância cognitiva», preocupam-se mais em manter a coerência face às respostas anteriormente dadas do que em serem congruentes com as suas convicções mais fundas[583/584]), quanto à própria relevância de respostas colocadas em contextos de irrelevância nos quais a resposta insincera não acarreta qualquer perda ou sanção para o declarante.

– Além do cepticismo, há ainda a ampla margem de erro na interpretação e agregação de declarações de vontade que muitas vezes espelham uma riqueza referencial dificilmente redutível a denominadores comuns e a quantificações – e ainda as limitações que os inquiridos a si mesmos se impõem, no sentido de procurarem agradar, de corresponderem àquilo que é o resultado esperado, de serem «politicamente correctos», ou bem pelo contrário de ironizarem com o inquiridor tentando «trocar-lhe as voltas», de sabotar-lhe o trabalho, de causarem o caos em meros apuramentos de opiniões inconsequentes[585]. Se apesar de todas estas reservas a ciência económica continua a recorrer a inquéritos e a *declarações de preferências*, é geralmente porque os mecanismos de *revelação de preferências*, conquanto vários tenham sido já configurados muito engenhosamente por espíritos muito

subtis, são ainda demasiado complexos e falíveis, ou demasiado dispendiosos, ou demasiado causadores de efeitos colaterais[586].

– Designa-se por «princípio da revelação» a noção de que não é possível a qualquer mecanismo económico, mesmo que preserve a informação, assentar numa revelação asseguradamente *verdadeira* de preferências[587], requerendo por isso mecanismos «fortes» de incentivo à revelação de preferências[588], por exemplo através da análise de padrões de despesa[589], frequentemente combinados com outros indícios e dados «reveladores»[590]. O «princípio da revelação» refere-se ainda a um dos primeiros e principais escrúpulos que devia acompanhar qualquer das ciências sociais – mas infelizmente nem sempre acompanha –, e que é o de não se *presumir* preferências, antes se prestar cuidadosa atenção às preferências efectivamente reveladas pelo *objectos* da análise[591].

– Nas preferências declaradas não há apenas insinceridade, note-se, podendo haver distorções perceptivas e limitações de memória[592], além do ascendente de preconceitos e estereótipos, ou até de ponderações falsas ou incompletas que conferem uma aparência de racionalidade[593]. Essa distorção das preferências declaradas pode ser inteiramente benigna, no sentido de reflectir uma intenção que é por si mesma incentivadora – o *«warmglow effect»*, a auto-satisfação que cada um sente pelo facto de estar a ser «politicamente correcto», de estar a ter «opiniões certas», de estar a contribuir para «causas justas», ou até de estar a revelar-se consistente ou leal a convicções anteriormente expressas[594/595].

– Isso fica particularmente nítido através dos *«framing effects»*, que são resultados de manipulação da informação[596] – modos como a sequência de estímulos percep-

[583] Tanur, J.M. (1992); Sudman, S., N.M. Bradburn & N. Schwarz (1996); Bertrand, M. & S. Mullainathan (2001), 67.

[584] O leitor que se ponha à prova com as suas respostas a este par de sequências: I- a) é legítimo haver um incentivo material ao enriquecimento privado, e será legítimo que cada um faça seu aquilo que produziu? b) é legítimo ser-se escravizado por outrem, ou ser-se forçadamente privado dos frutos do seu trabalho? c) é a favor do direito de propriedade privada?; II- a) haverá na humanidade membros com mais legitimidade do que outros para terem acesso aos recursos do planeta, ou com mais direito a uma vida próspera e feliz nesta existência terrena? b) será condenável que um pobre furte alimentos para evitar a morte à fome dos seus filhos? c) é a favor do direito de propriedade privada? Parabéns se conseguiu responder do mesmo modo, e com a mesma convicção, em ambos os casos! Sobre este fenómeno, que é conhecido como *«framing effect»*, cfr. Frey, B.S. (2001), Cap. II.

[585] Bertrand, M. & S. Mullainathan (2001), 71-72.

[586] Sanchirico, C.W. (2001), 320-357.

[587] Myerson, R.B. (1979), 61-73; Townsend, R. (1979), 265-293.

[588] Santos, J.C. (1993), 358ss..

[589] Pollak, R.A. & T.J. Wales (1979), 216-221; Jorgenson, D.W., L. Lau & T. Stoker (1980), 268-272; Jorgenson, D.W. (1990), 1007-1040; Slesnick, D.T. (1998), 2108-2165.

[590] Atkinson, A.B. & F. Bourguignon (1982), 183-201; Atkinson, A.B. & F. Bourguignon (1987), 350-370; Deaton, A. & J. Muellbauer (1980); Erikson, R. & R. Aberg (1987); Fisher, F.M. (1987), 519-524; Fisher, F.M. (1990), 329-330; Pollak, R.A. (1991), 31-48; Deaton, A. (1995).

[591] Scitovsky, T. (1986), 3.

[592] É surpreendentemente elevado o número de pessoas que, tendo tido episódios de desemprego recentes, não conseguem recordar-se se estavam ou não empregados no ano anterior ao do inquérito! Cfr. Akerlof, G.A. & J.L. Yellen (1985c), 747-773.

[593] Frank, R.H. (1996), 115ss.; Sailes, G.A. (1993), 88-97; Shafir, E., I. Simonson & A. Tversky (1993), 11-36; Tversky, A. & D. Kahneman (1981), 453-458.

[594] Kuran, T. (1995). Cfr. Asch, S.E. (1956); Sen, A.K. (1985c), 341-355.

[595] Veja-se a aplicação do princípio à «avaliação contingente» da criação de parques naturais no Alentejo, em: Nunes, P.A.L.D. (2002).

[596] Cachon, G. & C.F. Camerer (1996), 165-194; Camerer, C.F., E.J. Johnson, T. Rymon & S. Sen (1993), 27-47; McNeil, B.J., S.G. Pauker,

tivos afecta o resultado final da percepção, o «quadro global»[597], a partir da aceitação passiva da formulação dos problemas e do processo de solução[598], num «afunilamento» das opções disponíveis (o chamado «*narrow framing*»[599]), que multiplica as «miopias», as incongruências instantâneas e intertemporais, as soluções subóptimas. Esses «*framing effects*» tornam nítido que a nossa percepção do mundo, mais do que ser fortemente contextualizada, é fruto de um processo no qual é muito relevante a sequência dos dados perceptivos, a formação de antecedentes e consequentes, de cadeias de plausibilidade balizadas pela aprendizagem passada[600], o que de resto se compatibiliza com a versão «modular» da organização da mente humana[601], e tem tido comprovação experimental abundante nas «neuro-ciências»[602].

E assim aquele que, naquela aparência de irredutibilidade lamurienta que geralmente precede o regateio dos preços, declara que nunca venderá a um determinado preço – porque esse preço representa a ruína, porque tem impostos a pagar, porque tem filhos a alimentar, etc. – e depois, em resultado de uma hábil negociação, acaba por aceitar o preço que declarara ser «ruinoso», não soçobrou necessariamente na escuridão da irracionalidade, e também não é inevitavelmente uma vítima de injustiça, ou de violenta alteração do equilíbrio das prestações em presença nas trocas, nomeadamente por influxo de informação incompleta ou imperfeita; pelo contrário, ele pode bem ser alguém que, depois de ter emitido uma declaração cujo valor estratégico é evidente, deixa agora transparecer, revelando-o objectivamente num contexto não isento de consequências, o limite objectivo da sua racionalidade económica, visto que, ao consumar a transacção, ele prova ao menos que essa opção é, para ele, mais benéfica do que a opção de não transaccionar – e que por isso, descontados os seus protestos, alguma coisa efectivamente ganhou, no cômputo líquido, com a troca.

Por outro lado, e como tivemos ocasião de sublinhar também, a racionalidade nas trocas reclama que todos os envolvidos beneficiem, mas não que todos beneficiem no mesmo montante, ou na mesma proporção. Que o vendedor, tirando partido da inexperiência do comprador, consiga aliciar este ao ponto de conseguir uma transacção a um preço superior ao preço corrente no mercado, ou que o comprador, tirando partido da relativa urgência que o vendedor tem em concluir a troca – porque, por exemplo, vende bens perecíveis quase no limite da sua conservação –, consiga transaccionar em termos especialmente favoráveis para ele, significa apenas que, em qualquer dos casos, uma das partes alcançou um ganho superior ao da outra, não significa que esta não tenha experimentado, também ela, um ganho. Num dos casos, o *lucro* foi superior ao «*excedente do consumidor*» (à diferença entre o máximo que o comprador estaria disposto a pagar e aquilo que efectivamente pagou[603]), no outro caso verificou-se o contrário – mas em nenhum dos casos a presença de um dos valores implicou o desaparecimento do outro, pois se tal tivesse sucedido, insiste-se, a transacção não teria ocorrido, ou então a aparência de uma transacção onerosa teria recoberto aquilo que substancialmente seria um acto de benemerência.

Sugerir que uma troca só é justa se ela resultar numa equivalência de resultados para as partes envolvidas pode, para lá de ser falso, suscitar problemas melindrosos, sobretudo aqueles que têm a ver com a tutela da confiança daqueles que contratam, e com a distribuição de riscos entre ambas as partes: basta que se perceba que, num ambiente de informação imperfeita – agravada pelas limitações de toda a informação *ex ante* –, a *garantia* de um resultado contingente pode com muita facilidade exceder em custo toda a margem de ganhos esperados, impossibilitando a transacção e envolvendo, por isso, perdas para todas as partes do «jogo de soma positiva».

H.C. Sox & A. Tversky (1982), 1259-1262; Neale, M.A. & M.H. Bazerman (1985), 34-49; Schelling, T.C. (1981), 37-61; Shafir, E., I. Simonson & A. Tversky (1993), 11-36; Shafir, E., P. Diamond & A. Tversky (1997), 341-374; Simonson, I. & A. Tversky (1992), 281-295; Tversky, A. & D. Kahneman (1986), S251-S278; Tversky, A. & D. Kahneman (1992), 297-323; Tversky, A. & R.H. Thaler (1990), 201-211.

[597] Violando o pressuposto da «extensionalidade», que precisamente sugere a irrelevância desses «arranjos» da informação. Cfr. Arrow, K.J. (1982), 1-9.

[598] Choi, J.J., D. Laibson, B.C. Madrian & A. Metrick (2002), 67-113; Johnson, E.J., J. Hershey, J. Meszaros & H. Kunreuther (1993), 35--51; Madrian, B.C. & D.F. Shea (2001), 1149-1187.

[599] Barberis, N., M. Huang & R.H. Thaler (2003); Benartzi, S. & R.H. Thaler (1995), 73-92; Benartzi, S. & R.H. Thaler (1999), 364-381; Kahneman, D. & D. Lovallo (1993), 17-31; Keren, G. & W.A. Wagenaar (1987), 387-391; Read, D., G. Loewenstein & M. Rabin (1999), 171-197; Thaler, R.H. (1985), 199-214; Thaler, R.H. (1999), 183-206; Tversky, A. & D.A. Redelmeier (1992), 191-193.

[600] Fuster, J.M. (1999), 88-89; Hayek, F.A. (1952), 64, 165.

[601] Cosmides, L. & J. Tooby (1992), 163-228; Pinker, S. (2002).

[602] Bechara, A., H. Damasio, D. Tranel & A.R. Damasio (1997), 1293-1295; Breiter, H.C., I. Aharon, D. Kahneman, A. Dale & P. Shizgal (2001), 619-639; Goel, V., J. Grafman, J. Tajik, S. Gana & D. Danto (1997), 1805-1822; Schultz, W. (2000), 199-207; Schultz, W. (2002), 241--263; Smith, K., J. Dickhaut, K. McCabe & J.V. Pardo (2002), 711-718; Thut, G., W. Schultz, U. Roelcke, M. Nieuhusmeier, J. Missimer, R.P. Maguire & K.L. Leenders (1997), 1225-1228.

[603] Para um conspecto geral sobre a «Economia do Bem-Estar», na qual esta terminologia se torna relevante, cfr. Franco, A.L.S. (2002), I, 20ss.

A maior parte das trocas envolve, pois, uma margem de risco quanto ao valor daquilo que é transaccionado, no sentido de que é necessário decidir, prometer uma conduta e agir em conformidade com a promessa *antes que* a extensão completa da aptidão do bem ou serviço transaccionado para satisfação das necessidades do adquirente esteja inteiramente apurada. Novamente se dirá que os desejos de *conhecimento perfeito* ou de *certeza absoluta* são incompatíveis para a nossa *necessidade de acção*.

Eliminar completamente esse risco – por exemplo através da faculdade atribuída a qualquer das partes de deixar de assumir a conduta por ela prometida sempre que o bem ou serviço transaccionado não satisfizesse as necessidades do adquirente nos precisos termos por ele esperados, ou sempre que esse grau de satisfação, descontadas as dificuldades de medição, não fosse aproximadamente equivalente ao grau alcançado pela contraparte – teria o custo elevadíssimo de volatilizar a confiança no cumprimento das transacções contratadas, dada a rejeição por ambas as partes de qualquer margem de risco: um custo que se agravaria com a necessidade de obtenção de níveis informativos superiores e com a exigência de incremento do grau de certeza *ex ante*.

É possível, decerto, reduzir o risco, fazendo acompanhar as transacções de sinalizações e de garantias que incutam a impressão de seriedade ou que permitam remediar resultados muito insatisfatórios ou desequilibrados. Mas eliminar o risco, por tudo o que dissemos, se não é abstractamente impossível, é pelo menos economicamente inviável. Para que haja transacções é inevitável que o risco subsista: "*o comprador que se acautele!*", advertiam já os romanos.

Fixemos, por fim, a ideia de que um quadro jurídico protector do direito de propriedade é um requisito essencial, e mínimo, da existência, e subsistência, da especialização e das trocas no mercado, que serve simultaneamente para erradicar os riscos máximos: o incentivo à produção diferenciada de excedentes praticamente desapareceria se fosse possível o furto impune desses excedentes – sendo substituído, muito plausivelmente, por um incentivo para a auto-protecção daqueles excedentes, desviando-se recursos daquele para este fim, de um fim produtivo para um mero fim de segurança e de combate ao risco, improdutivo para o bem-estar, a «soma positiva», resultantes das trocas. Veja-se, a esse propósito, a referência de Adam Smith a "*essa administração da justiça, igualitária e imparcial, que torna os direitos do mais ínfimo súbdito britânico dignos do respeito dos maiores e que, garantin-*do a cada um os frutos da sua própria indústria, fornece o maior e mais eficaz estímulo a qualquer espécie de indústria*"[604].

O que, afinal, ilustra uma das vinte ideias a reter depois do exame final: Os mercados geram um enquadramento institucional que visa apoiar os agentes económicos na realização dos seus fins.

3 – d) Vantagens comparativas

O que será que sucede quando um dos agentes económicos tem vantagem na produção de *qualquer dos bens* em relação aos quais se está a ponderar a susceptibilidade de troca? Dir-se-á nesse caso que esse agente dispõe de uma vantagem absoluta em qualquer das situações, e que aparentemente não há para ele, por isso, qualquer vantagem em dividir o trabalho e em especializar.

Dispor da vantagem absoluta é evidenciar um máximo de produtividade dentro de um universo de agentes económicos, é poder produzir um determinado bem ao menor custo possível dentro desse universo de produtores – e por isso seria vantajoso, para aquele que dispõe de mais de uma vantagem absoluta, assumir todas as tarefas nas quais se registasse esse tipo de vantagem, maximizando em todas elas os ganhos advindos da sua superior produtividade.

Todavia, é mesmo assim benéfico para o produtor mais eficiente dividir trabalho, porque, libertando-se das tarefas em que seja comparativamente menos apto, poderá concentrar-se naquela ou naquelas em que a sua produtividade é *relativamente* maior, confiando as demais a parceiros de trocas que perderiam em comparação com ele, decerto, mas só na situação hipotética de as trocas comerciais se cingirem a um só produto.

O problema pode porventura colocar-se de forma mais expressiva ainda se adoptarmos a perspectiva simétrica: como é que uma pessoa, ou um país, que tem desvantagem absoluta em todas as produções pode mesmo assim ser admitido no comércio «*lato sensu*», como é que pode evitar ser excluído das trocas?

Foi nestes termos, aliás, que o problema foi analisado e celebrizado pelo economista David Ricardo [1772-1823]: como poderia a Grã-Bretanha entrar em relações comerciais com Portugal na permuta de vinho e de lã, se em ambos os casos era patente a vantagem absoluta dos produtores portugueses, de Portugal como produtor? A solução por ele sugerida foi a de que cada um se especializasse na sua vantagem relativa, os pro-

---

[604] Smith, A. (1976b), 610 (=II, 172).

dutores britânicos na lã, os portugueses no vinho, acabando por resultar dessa divisão de trabalho, apesar da exiguidade das suas premissas, uma clara vantagem para ambos os envolvidos, um acréscimo de «bem-estar» disponível para ambos os países, e por isso susceptível de apresentar a cada uma das partes envolvidas a perspectiva de uma expansão *virtual* da fronteira das suas possibilidades de consumo, e concomitantemente um aumento do rendimento real dos dois parceiros do Tratado de Methuen – uma análise que, apesar de todos os aditamentos e objecções a que foi sujeita (começando em Karl Marx e continuamente desde então) mantém a sua inteira actualidade[605].

Por exemplo, um advogado pode ser mais organizado, mais metódico, mais paciente, do que qualquer das pessoas que o secretariam, e mesmo assim ter interesse em confiar a estas pessoas as tarefas de marcação de agenda e de arquivo – porque o tempo que deixa de perder nessas tarefas é ganho em actividades para as quais ele dispõe de uma formação, de uma vocação, de uma aptidão mais específicas. Dito por outras palavras, ele considera-se ainda melhor advogado do que secre-

tário, e é na sua actividade específica de advogado que alcança a maior produtividade *líquida*, a melhor relação custo-rendimento – o maior rendimento por unidade de tempo gasta. Se ele, desesperado com a baixa eficiência dos que o coadjuvam, resolvesse despedi-los, poderia eventualmente desempenhar em três horas, e sozinho, as tarefas que eles, em conjunto, levavam oito horas para terminar. Mas essas três horas teriam que ser retiradas ao tempo disponível para exercer a sua profissão de advogado, reduzindo pois a sua capacidade de obter ganhos de especialização; além disso, mesmo nessas três horas de trabalho ancilar ele não conseguiria alcançar o nível de produtividade, e de retribuição, que obtém no desempenho específico da sua profissão de advogado.

Dito de uma forma porventura mais contundente, se não fosse relativamente mais dispendioso para o advogado secretariar do que é dispendioso para os que o secretariam tentar desempenhar as funções de advogado, a estes não restaria senão a opção entre a obtenção da formação académica e profissional necessária para a advocacia, ou então a pura e simples exclusão do mer-

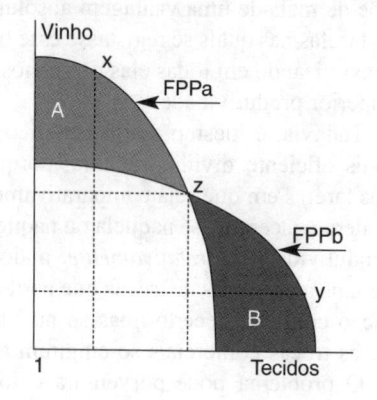
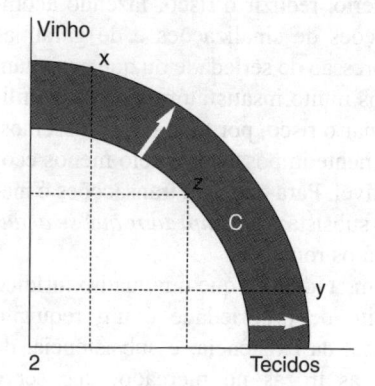

Gráfico 3.1.

Vantagens das trocas:

   1: confronto de duas fronteiras de possibilidades de produção
   2: expansão das possibilidades *de consumo* através das trocas
   FPPa: fronteira de possibilidades de produção do país A
   FPPb: fronteira de possibilidades de produção do país B
   z: quantidade de produção de vinho e tecidos se os países A e B produzirem sem divisão de trabalho
   x: quantidade de vinho que o país A pode produzir se se especializar
   y: quantidade de tecidos que o país B pode produzir se se especializar
   A: área de especialização do país A (aquilo que o país B pode ganhar nas trocas)
   B: área de especialização do país B (aquilo que o país A pode ganhar nas trocas)
   C: ganho *de consumo* com as trocas (virtualmente, os países A e B passam a contar com a possibilidade de produção nos pontos x e y, não estando limitados à FPP correspondente a z)

[605] Samuelson, P.A. (2001), 1204; Sraffa, P. (1960).

cado de trabalho. E quantos exemplos não conhecemos nós de pessoas que abandonam a sua profissão – mesmo depois de um pesado investimento em «capital humano» específico ao desempenho dessa profissão – para se dedicarem a outras actividades nas quais descobriram supervenientemente ter mais hipóteses de ganho: o advogado que se torna jornalista, o engenheiro que se torna gestor de empresas, o médico que deriva para a actividade política, o agricultor que se converte em empresário de turismo rural?

Voltemos agora ao exemplo do pescador e do agricultor, e suponhamos que o agricultor revelava ter aptidões, tanto para ser melhor agricultor do que o pescador, como até para ser melhor pescador do que este. Em qualquer das situações, note-se, ele será melhor do que o pescador se puder dedicar todo o seu tempo a qualquer das duas actividades em que tem vantagem, e deixará de o ser, em princípio, se estiver limitado a empregar apenas parte do tempo em ambas as actividades: no tempo parcial, a vantagem perde-se.

Ora o que sabemos é que a escassez – ao menos a escassez que resulta da limitação absoluta do tempo disponível – determinará que mesmo aquele que dispõe de vantagens absolutas em ambas as actividades acabe por não poder dedicar a qualquer dessas actividades mais do que tempo parcial, no caso de optar pela auto-suficiência, ou seja, se se furtar às trocas.

Insistamos neste ponto numa das vinte ideias a reter depois do exame final: Os recursos produtivos são escassos.

Analisemos o problema das vantagens comparativas no contexto das trocas entre o pescador e o agricultor, recorrendo a exemplos que envolvem alguma quantificação (no primeiro o agricultor pode optar entre 8 toneladas de pimentos e de 6 toneladas de sardinhas e o pescador entre 2 toneladas de pimentos e 4 toneladas de sardinhas; no segundo o agricultor pode optar entre 8 toneladas de pimentos e de 6 toneladas de sardinhas e o pescador entre 1 tonelada de pimentos e 2 toneladas de sardinhas):

Exemplo A (combinação 8/6, 2/4)

– Mesmo abstraindo de complicações que inevitavelmente surgiriam num caso real – como as advenientes de diferenças de valor entre produtos, ou então da imperfeita substituibilidade de factores produtivos, o que não permitiria uma opção linear, a uma taxa de substituição constante, entre as duas produções –, suponhamos que, num mês de actividade média, aquele que optou por ser pescador conseguiria produzir um máximo de 2 toneladas de pimentos *ou* um máximo de 4 toneladas de sardinhas, e aquele que optou pela agricultura produziria um máximo de 8 toneladas de pimentos *ou* de 6 toneladas de sardinhas. Parece claro que aquele que optou pela actividade agrícola teria sido melhor pescador do que aquele que optou pela actividade piscícola.

– Suponhamos que, impressionado por esta constatação, decide dedicar-se *também* à pesca, reservando tempo igual a ambas as actividades. Que conseguirá ele produzir? Na melhor das hipóteses, 4 toneladas de pimentos e 3 toneladas de sardinhas – pois que, em ambos os casos, passou a dispor de metade do tempo necessário para a produção máxima –; ou seja, uma produção piscícola inferior àquela que é obtida por aquele que se especializou nas pescas, e que produz 4 toneladas de sardinhas (e que o fez de modo mais seguro e inequívoco já que, não dispondo de vantagens absolutas em nenhuma das actividades, se limitará a comparar o nível de vantagens associadas a cada uma das opções e procurará concentrar a sua produção na opção mais rentável).

– Suponhamos mesmo assim que, motivado ainda pela consciência da sua superior capacidade económica, aquele que se dedicava à agricultura resolve abstrair da produção do pescador e enxereda pela via da auto-suficiência, *abolindo as trocas* e forçando o outro a adoptar uma atitude similar (nenhum deles prescindindo de consumir sardinhas com pimentos). Nesse caso de auto-suficiência, em que a curva das possibilidades de produção de cada um é afinal também a curva das suas possibilidades de consumo, teremos o mais eficiente a produzir, como vimos, 4 toneladas de pimentos e 3 toneladas de sardinhas, e o menos eficiente – por repartição igualitária do seu tempo disponível – a produzir 1 tonelada de pimentos e 2 toneladas de sardinhas.

– Suponhamos que, num derradeiro rebate de consciência, ambos resolvem pôr em comum aquilo que produziram *sem divisão de trabalho*: descobrirão que se produziu 5 toneladas de pimentos e 5 toneladas de sardinhas – ou seja, 10 toneladas no total. Supondo, novamente, que sardinhas e pimentos têm o mesmo valor (por peso), cedo se perceberá que a via da auto-suficiência foi a via da ineficiência, visto que num ambiente de especialização absoluta, e de troca de excedentes, se teria produzido 8 toneladas de pimentos e 4 de sardinhas – ou seja, 12 toneladas no total. O desfecho da especialização que pusesse em comum a produção teria mais para repartir, os dois produtores seriam conjuntamente mais ricos – e tudo isto *sem trabalharem mais horas*!

– A quebra da produção da sardinha (4 toneladas em vez de 5) seria mais do que compensada pelo incremento na produção de pimentos (8 toneladas em vez de 5). Isto significa que se ganhou *libertando* o produtor mais eficiente para a produção em que ele tem maior vantagem comparativa, permitindo que ele se especialize nessa produção. Ele próprio poderia ter-se apercebido já dessa vantagem da especialização quando, por causa da sua opção de auto-suficiência e de abolição das trocas, se vira já forçado a reduzir a sua produção total das 8 toneladas (8 toneladas de pimentos, 0 de sardinhas) para as 7 toneladas (4 toneladas de pimentos, 3 toneladas de sardinhas).

– Advirta-se já para um aspecto que pode ter passado despercebido, mas que é de crucial importância para qualquer análise de um processo de divisão de trabalho e de especialização: a solução *tecnicamente* mais eficiente pode estar para lá daquilo que o mercado comporta, e por isso converter-se numa solução que não é *economicamente* a mais eficiente, no sentido de não ser aquela que maximiza a utilidade no mercado. E porquê? Imaginemos que o gosto de ambos os consumidores no nosso exemplo é para uma dieta que envolve precisamente o mesmo peso em sardinhas e em pimentos – num caso desses, a solução tecnicamente mais eficiente (8 toneladas de pimentos, 4 toneladas de sardinhas) não seria a mais adequada do ponto de vista económico, já que produziria demasiado de um bem em comparação com o outro. Foi por essa razão que desde sempre – desde Adam Smith – a ciência económica advertiu para a circunstância de a especialização ser limitada pela dimensão do mercado, pela procura dos bens e serviços a que possa corresponder essa especialização de factores produtivos.

A	Pimentos	Sardinhas
Agricultor	8	6
Pescador	2	4

As/divisão	Pimentos	Sardinhas
Agricultor	4	3
Pescador	1	2
Totais (10=)	5	5

Ac/divisão	Pimentos	Sardinhas
Agricultor	8	0
Pescador	0	4
Totais (12=)	8	4

Exemplo B (combinação 8/6, 1/2)

– A percepção que cada um dos produtores poderia ter, isoladamente, das perdas advindas da não-especialização responde à objecção que se colocaria validamente olhando para os valores que arbitrariamente indicámos antes: e se a curva de possibilidades de produção do pescador indicasse para valores máximos de 1 tonelada de pimentos e 2 toneladas de sardinha? Num caso desses, mesmo trabalhando a meio tempo o agricultor conseguiria uma captura de sardinha mais abundante. Contudo, libertar-se da actividade piscícola teria para ele um *custo de oportunidade* inferior à opção do abandono da actividade agrícola, pelo que novamente seria mais compensadora a especialização absoluta – só o não sendo, como ressalvámos, se a proporção de 8 toneladas de pimentos para 2 toneladas de sardinhas se revelasse já inadequada para o apetite de ambos (nomeadamente por ser excessivamente «vegetariana»); mas nesse caso, das duas uma:

1. ou teríamos finalmente que abandonar o pressuposto da igualdade de valor entre os dois produtos, tendo então que refazer os cálculos desde o início (visto que a diferença de valor se traduziria em incentivos diferenciados à produtividade dos agentes em presença);

2. ou optaríamos pela especialização meramente parcial, permitindo que o contributo do produtor menos eficiente libertasse *parcialmente* o mais eficiente do esforço de alcançar uma produção equilibrada dos dois bens (para produzir sozinho 3,5 toneladas de sardinhas teria que empregar mais do que metade do seu tempo disponível, sendo plausível que no tempo que lhe restasse apenas conseguisse produzir 3,5 toneladas de pimentos; com as trocas, 2 toneladas de sardinha ficavam confiadas ao esforço produtivo daquele que optara por ser pescador, e o produtor mais eficiente poderia reduzir a sua captura de sardinha para as 2,5 toneladas, o que, libertando mais de metade do seu tempo para a produção de pimentos, poderia fazer prever nesta um incremento para as 5 toneladas).

Insistamos que o que orienta a opção racional, num caso destes, é a ponderação de custos de oportunidade: o tempo gasto na actividade menos produtiva é tempo roubado à actividade mais produtiva, e vice-versa – pelo que, obviamente, a opção pela actividade menos produtiva é a que tem mais elevados custos de oportunidade, e a opção pela actividade mais produtiva é a que tem custos mais baixos.

– No nosso exemplo, o produtor mais eficiente estará a renunciar a 8 toneladas de produtos se optar pela pesca, mas estará apenas a renunciar a 6 toneladas de produtos se optar pela agricultura: é inteiramente racional que opte pela actividade agrícola, e tente especializar-se ao máximo nela. Pode mesmo afirmar-se que não há, no conceito de vantagens comparativas, senão uma ponderação dos custos de oportunidade de vários produtores; tem uma vantagem comparativa, pois, aquele que evidencia um menor custo de oportunidade na produção de um bem: ao agricultor, cada nova tonelada de pimentos custa-lhe 0,75 toneladas (0,75 = 6/8) de sardinhas, ao pescador custar-lhe-ia 2 toneladas (2 = 2/1); ao pescador, cada nova tonelada de sardinhas custa-lhe 0,5 toneladas (0,5 = 1/2) de pimentos, ao agricultor custaria 1,33 toneladas (1,33 = 8/6).

B	Pimentos	Sardinhas
Agricultor	8	6
Pescador	1	2

Bs/divisão	Pimentos	Sardinhas
Agricultor	4	3
Pescador	0,5	1
Totais (8,5=)	4,5	4

Bc/divisão	Pimentos	Sardinhas
Agricultor	8	0
Pescador	0	2
Totais (10=)	8	2

A propósito, designa-se por *taxa marginal de transformação* esta relação de produtividade entre duas opções de produção – que quantidade de produção de um bem é preciso abandonar para se alcançar a produção de mais uma unidade do outro bem que é ponderado como alternativa –, o que equivale a dizer que ela é a medida do *custo de oportunidade* específico de cada incremento de especialização.

– Note-se que mesmo a especialização parcial faz já sentir os seus efeitos quanto a incrementos do produto total: passámos, neste último exemplo, de um total de «dietas equilibradas» de 8,5 toneladas (0,75 + 0,75 + 3,5 + 3,5) para 9,5 toneladas (2 + 0 + 2,5+ 5). E é fácil induzir no espírito de ambos os produtores que a troca a que eles procedem é um «jogo de soma positiva», em que ambos têm a ganhar: o pescador é convencido a pescar as 2 toneladas de sardinha se o produtor mais eficiente trocar 1 tonelada de sardinha por uma tonelada de pimentos, sendo assim que o pescador, que dispunha de 1,5 toneladas (0,75 + 0,75) de ambos os produtos, passa a dispor de 2 toneladas (1 + 1); enquanto que o produtor mais eficiente, que dispunha de 7 toneladas (3,5 + 3,5), e que capturou 2,5 toneladas e adquiriu 1 tonelada de sardinhas, e produziu 5 toneladas e alienou 1 tonelada de pimentos (por troca com as sardinhas), passou a dispor de 7,5 toneladas (3,5 + 4). Ambos estão mais prósperos, embora não tanto como o estariam numa situação de especialização integral; todavia, a especialização parcial permitiu que ambos conservassem aproximadamente uma proporção equilibrada de ambos os produtos – o que novamente serve para ilustrar os dois princípios de

que as pessoas têm preferências, e de que as preferências envolvem custos –.

– Hipótese B com dietas equilibradas (DE) e especialização parcial:

DEs/divisão	Pimentos	Sardinhas
Agricultor	3,5	3,5
Pescador	0,75	0,75
Totais (8,5=)	4,25	4,25

DEc/divisão	Pimentos	Sardinhas
Agricultor	5	2,5
Pescador	0	2
Totais (=9,5)	5	4,5

Quando extrapolamos a situação de especialização parcial para um contexto nacional, temos ainda que aditar uma outra justificação: é que num todo nacional pode haver, e normalmente há, relativamente a cada bem e serviço, produtores com as mais diversas aptidões, sendo pois natural que, no confronto do comércio internacional, a produção nacional menos eficiente ceda perante as importações, e a produção nacional mais eficiente resista a elas. A especialização parcial há-de ser, em tal caso, reflexo da própria diversidade interna, e o grau de especialização dependerá, afinal, do número e peso específico de produtores internacionalmente competitivos de que cada país disponha.

Pode concluir-se que a constatação de vantagens absolutas, ou a mais subtil detecção de vantagens comparativas, acabam sempre por apontar no sentido da especialização, determinando quem produz o quê e o que é que se troca – e até o *quanto* se troca, no sentido de permitir determinar qual o volume de transacções que incentiva ao máximo a especialização –. Só assim não sucederá na coincidência, muito improvável, de não existirem vantagens absolutas entre os agentes em presença e de todos eles revelarem precisamente os mesmos custos de oportunidade para todas as combinações de bens a produzir – ou, numa linguagem um pouco mais técnica, se coincidirem precisamente, para cada produtor, as taxas marginais de substituição das produções em presença – (situação em, que, mesmo assim, valeria a pena a pena quebrar a «redundância de equilíbrio», evitando a sobreprodução e o afastamento em relação às «escalas de eficiência» dos produtores).

Note-se, de passagem, o facto muito relevante de o cálculo das vantagens comparativas envolver apenas a ponderação de custos de oportunidade e de taxas de substituição, que são valores proporcionais, valores susceptíveis de expressão percentual, não estando dependente de qualquer consideração quanto à dimensão absoluta do produtor, ao volume dos factores que emprega ou à escala dos seus custos: um grande produtor pode dividir trabalho com um pequeníssimo produtor, e existem vantagens recíprocas nas trocas entre o mais rico e o mais pobre dos países do mundo.

É o facto de cada pessoa se concentrar na produção de bens e serviços para os quais existem custos de oportunidade mais baixos que explica os benefícios da especialização das trocas: porque esses benefícios não são mais, afinal, do que a redução combinada de todos os custos de oportunidade.

Dito de uma forma muito elementar, não faz sentido económico produzirmos nós próprios algo que nos sai mais barato comprar – querendo isto significar que foi menos dispendioso produzirmos outra coisa qualquer, em troca da qual obtivemos aquilo que de outro modo teríamos que produzir. Como observava judiciosamente Adam Smith, *"É uma máxima de qualquer chefe de família prudente nunca tentar fazer em casa aquilo que lhe sairia mais caro fazer do que comprar"*[606], e ainda hoje a ciência económica assenta na noção de que os padrões de consumo de um agregado familiar se distribuem fundamentalmente entre decisões de produzir e de comprar, de consumir bens e serviços produzidos em casa ou no mercado[607].

Regressando uma última vez ao exemplo dado, o agricultor adquiriu 1 tonelada de sardinhas por troca com 1 tonelada de pimentos, sendo que lhe teria custado 1,5 toneladas de pimentos ter capturado ele próprio essa tonelada de sardinhas (em vez de ter produzido 5 toneladas de pimentos, teria produzido apenas 3,5 toneladas); o pescador que adquiriu 1 tonelada de pimentos «pagou» com 1 tonelada de sardinhas, mas ter-lhe-ia custado nada menos do que 2 toneladas de sardinha produzir ele mesmo aquela tonelada (já que, como vimos, ele só obteria 1 tonelada de pimentos se se dedicasse exclusivamente à respectiva produção, devendo pois conformar-se com o abandono da actividade piscícola). Ambos ganharam com a especialização e com as trocas; e, insiste-se, sem que qualquer deles passasse a trabalhar mais horas.

3 – e) As fontes das vantagens comparativas

3 – e) – i) Dotações naturais ou herdadas

As pessoas que ultrapassam os 2 metros de altura evidenciam maiores aptidões inatas para a prática do basquetebol; duas irmãs, nascidas e criadas precisamente no mesmo ambiente familiar, social e cultural podem evidenciar aptidões muito distintas – em termos de rapidez de aprendizagem, de aplicação, de constância, de inteligência, de atenção, de destreza ou de resistência física ou emocional –, pelo que, mesmo sem nos embrenharmos profundamente em divagações sobre o tema clássico daquilo que é inato e daquilo que é adquirido no carácter de cada um, podemos admitir que há pessoas naturalmente mais e menos dotadas para o desempenho de certas funções, e que essas diferenças podem ser vantajosamente aproveitadas na divisão social do trabalho.

Como detectar e medir essa aptidão natural ou inata, distinguindo-a das aptidões *adquiridas* pelo esforço de aprendizagem, de aculturação e de especialização? O ponto é da maior relevância, até para medição do impacto efectivo dessa aquisição de aptidões – para medição do «capital humano», nomeadamente –. Alguns têm proposto a análise do sucesso escolar ou profissional de irmãos gémeos (homozigóticos), ou de irmãos criados no mesmo ambiente familiar[608], outros mais amplamente admitem a comparação por contemporâneos (nascidos no mesmo ano)[609], porventura com discriminação por sexos[610], outros ainda analisam a convergência de resultados entre filhos adoptivos educados em ambientes familiares coesos[611].

O dado básico é que não nascemos iguais, e que pese embora o esforço formativo que é decisivo para a configuração e sedimentação das nossas vantagens recíprocas e das nossas complementaridades, seria irracional desperdiçarmos a desigualdade inata e não aproveitarmos algum do esforço formativo no sentido do aprofundamento dessa dádiva natural de diversidade – por muito que nos angustie e preocupe moralmente a possibilidade de discriminação assente na acumulação, de geração para geração, da desigualdade inata[612], o

---

[606] Smith, A. (1976b), 456 (=I, 759).

[607] Attanasio, O.P. & M. Browning (1995), 1118-1137; Becker, G.S. (1965), 493-517.

[608] Griliches, Z. & W. Mason (1972), S74-S103; Chamberlain, G. (1977), 241-257.

[609] Angrist, J.D. (1990), 313-336; Angrist, J.D. & A.B. Krueger (1991), 979-1014.

[610] Rosenzweig, M.R. & K.I.Wolpin (2000), 832; Butcher, K.F. & A. Case (1994), 531-563.

[611] Sacerdote, B. (2002), 347-348.

[612] Já que, como é óbvio, pode a desigualdade agravar-se por *herança genética* – dois progenitores sobredotados que *eugenicamente* dão origem a uma prole sobredotada – tal como pode agravar-se por *herança social* – os pais cultos que fornecem aos filhos melhores oportunidades de acesso a bens culturais –.

facto é que ela pode servir de paliativo à muito mais rígida desigualdade de *oportunidades sociais*, sendo que a atenção às aptidões inatas dos socialmente mais favorecidos pode ocasionalmente ajudar a manter na sua amplitude máxima as possibilidades de mobilidade social entre gerações[613] –.

Por outro lado, demasiada ênfase nas dotações *inatas* pode não só encaminhar-nos para muito perigosas «tentações *eugénicas*», com antecedentes históricos sinistros, como pode reflectir uma atitude conformista e fatalista que sugeriria a futilidade do esforço de aperfeiçoamento individual e colectivo e a irrelevância das escolhas que presidem a esse esforço: desconsiderando a *inteligência* com que individual e colectivamente nos auto-determinamos, fazemos a nossa história, promovemos *endogenamente* o incremento da nossa prosperidade – perpetuando privilégios assentes em características de difícil observação e discutível aferição, quiçá desviando recursos para a simples manutenção de uma lógica de «captura de renda» em detrimento da verificação *efectiva* de um dinamismo validável independentemente das suas origens[614].

Veja-se a polémica suscitada pela divulgação, em 1994, da «*Curva de Bell*», uma alegada correlação entre inteligência (QI) e sucesso económico e social – ainda que ponderada pelos níveis de educação, ocupação e rendimento presentes nos núcleos familiares, tidos igualmente por condicionantes[615]. O objectivo era o de moderar as expectativas quanto às políticas educativas e redistributivas, sublinhando os limites insuperáveis impostos pelas dotações inatas, genéticas – sem a consideração dos quais, alegavam, muitas boas intenções niveladoras seriam, no mínimo, fúteis[616]. As reacções à «*Curva de Bell*» foram, quase invariavelmente, violentas[617], embora, como se compreenderá, alguma polémica se concentrasse mais nos resultados do que nas premissas, condenando-se a «*Curva de Bell*» por se julgar que ela ajudava a legitimar a desigualdade económica ao mesmo tempo que essa desigualdade, sem necessidade de legitimação, já se agravava a nível global[618].

Na verdade, um tal «fatalismo naturalista» como o que se abriga na «*Curva de Bell*» desconsideraria aquilo que adiante veremos ser um dos pilares da vida económica de uma sociedade moderna: a perspectiva de colocação das aptidões individuais ao serviço de um esforço de progresso tecnológico que, por sua vez, num círculo fechado de auto-sustentação, incentiva e apoia o progresso de aptidões individuais, incrementando os meios e as recompensas para o investimento em «capital humano», premiando o *mérito* que reside na *aquisição* de dotações[619], privilegiando as aptidões mais *visíveis* e mais *padronizadas* de acordo com critérios de aferição institucional, seja aquelas que veremos serem associáveis à teoria da *sinalização*[620], seja aquelas que objectivamente denotam maior compatibilidade com o dinamismo tecnológico[621/622], seja ainda aquelas que se conformam com o modelo mais canónico do «capital humano»[623] – mas em todo o caso sempre de acordo com pressupostos de mobilidade social[624], que não se atardam demasiado na contemplação da distribuição errática de talentos naturais e se concentram antes no dom, mais universalmente distribuído, da perfectibilidade humana, e na forma como esse dom, incorporado num equilíbrio geral entre progresso tecnológico e mobilidade social, acaba por encontrar expressão, e remuneração, nos mecanismos de mercado[625].

É certo que a perfectibilidade é um dos motores mais fortes da nossa vida moral, e que a nossa moralidade tende a rejeitar com a mesma intensidade, tanto a ideia de que algo de valor pode retirar-se da constatação de que nascemos diferentes, como a ideia de que há limites *naturais* à nossa vontade de realizarmos os nossos sonhos mais nobres, ou, mais comedidamente, à nossa intenção de nos adequarmos ao nosso contexto social e de, através desse esforço, nos tornarmos mais úteis. Por outras palavras, todos nos afadigamos para, em nome de valores de coesão social, mantermos a convicção de que o condicionamento *social* é capaz de contrabalançar inteiramente, naquilo que é colectivamente decisivo, as desigualdades *naturais*. Mas isso

---

[613] Essa uma das razões pelas quais deve subsidiar-se o acesso dos mais pobres ao ensino – para não se travar institucionalmente o potencial inato que possa ter ocorrido numa geração com uma distribuição diferente da da estratificação socio-económica.

[614] Murphy, K.M., A. Shleifer & R.W. Vishny (1991), 503-530; Baumol, W.J. (1990), 893-921.

[615] Herrnstein, R. & C. Murray (1994); Murray, C. (1998).

[616] Sacerdote, B. (2002), 344; Griliches, Z. & W. Mason (1972), S74-S103; Jencks, C. (1972).

[617] Arrow, K.J., S. Bowles & S. Durlaf (orgs.) (1999).

[618] Jencks, C. (1972); Katz, L.F. & D. Autor (1999), 1463-1555.

[619] Galor, O. & D. Tsiddon (1997), 363-382.

[620] Juhn, C., K.M. Murphy & P. Brooks (1993), 410-442.

[621] Bartel, A.P. & N. Sicherman (1999), 285-325.

[622] Descontados certos efeitos perversos dos mercados financeiros sobre os incentivos à formação de capital humano: cfr. Galor, O. & J. Zeira (1993), 35-52; Benabou, R. (1996c), 237-264.

[623] Schultz, T.W. (1964); Schultz, T.W. (1975), 827-846.

[624] Erikson, R. & J.H. Goldthorpe (1992).

[625] Galor, O. & D. Tsiddon (1997), 363-382; Hassler, J. & J.V. Rodríguez Mora (2000), 888-891.

não impede que, na razoável exploração das diferenças dos nossos talentos – isto é, procurando evitar a estigmatização e a crueldade –, possamos converter essas diferenças e a complementaridade que elas geram numa ocasião de partilha e de progresso. Como já referimos, uma das lições fulcrais da génese da ciência económica é a de que mesmo o mais anti-social dos instintos humanos pode ser colocado ao serviço do interesse comum: aquele que explora os seus próprios talentos para transcender a sua condição e a sua circunstância, por mais egoísta que seja a sua motivação, só consegue alcançar os seus desígnios se se tornar socialmente útil e relevante, já que é só de uma retribuição social que podem resultar progressos reais da sua condição e circunstâncias[626]. Na actividade económica – como em tudo o resto, bem vistas as coisas – a desigualdade de dotações naturais não é uma maldição, um defeito da condição humana: é, pelo contrário, uma oportunidade de partilha, de enriquecimento e de transcendência.

Já sem esta melindrosa conotação moral se constatará a desigualdade de dotações naturais ou herdadas entre as várias nações: um país de clima quente e com grande extensão de praias, cuja qualidade ambiental tenha sido preservada pela acção de gerações pretéritas, encontrar-se-á bem dotado naturalmente como destino turístico; o país em cujo subsolo existam grandes riquezas minerais terá a seu favor uma dotação natural – cujas condições de preservação, mais uma vez, foram herdadas –. Diferenças de clima, de solos, de configuração geográfica, de acessibilidade, são ou podem ser decisivas para provocarem profundas diferenças de aptidões produtivas entre regiões e entre Estados – e, logo, para determinarem inicialmente as linhas demarcadoras da divisão internacional de trabalho.

Quando adiante abordarmos questões relativas à contabilidade nacional teremos ocasião de reconhecer, não só o quanto essas dotações naturais são decisivas para a verificação *efectiva* de um grau de prosperidade, ou de bem-estar, ou de «realização hedónica», mas também o quanto esse factor *qualitativo* é difícil de traduzir nos índices que convencionalmente designam o todo de uma economia nacional – suscitando assim falsas impressões quanto à situação comparativa na experiência *real* dessas economias, hipertrofiando o peso nas contas das dotações naturais que passam no merca-do em detrimento daquelas que constituem bens públicos ou recursos comuns, e privilegiando a ponderação das dotações adquiridas em relação às dotações naturais e herdadas, apenas porque aquelas passam explicitamente no mercado e estas podem estar definitivamente imobilizadas num acervo não-transaccionável em termos mercantis – o que por sua vez suscita problemas quanto à possibilidade de uma «contabilidade ambiental» que leve em consideração, seja o facto de não haver contrapartida remuneratória directa para muitas das «dádivas da natureza», seja ainda o facto de a contabilização da prosperidade material não incorporar efeitos de externalidade nem condições de sustentabilidade, de saturação e perecimento a prazo de algumas daquelas «dádivas naturais» (as quais, encaradas assim, deixam de poder encarar-se como «dádivas» gratuitas)[627].

3 – e) – ii) Dotações adquiridas

Dissemo-lo já, a perfectibilidade é um motor decisivo da conduta; acrescentemos agora que pode sê-lo tanto dos indivíduos como das nações. Por mais importantes que possam ser as qualidades naturais ou herdadas, por mais que elas imponham limitações dificilmente ultrapassáveis, ninguém, seja individual seja colectivamente, está irremediavelmente preso a essa base inicial de que emergem as suas vantagens económicas, no sentido de que é sempre possível conceber, seja melhorias deliberadas dessas vantagens, seja rectificações das desvantagens.

A maior parte daquilo que podem considerar-se dotações adquiridas reconduz-se ao conceito amplo de «capital», o conjunto de meios de produção que tiveram por sua vez que ser produzidos, o «*stock*» de recursos produtivos como máquinas e prédios – seja o computador que amplia a eficiência daquele que escreve, seja a alfaia agrícola que aumenta a produtividade do agricultor, seja a fábrica que multiplica o rendimento do produtor de sabão, seja a auto-estrada que potencia a eficiência das comunicações nacionais, seja também, obviamente, a melhoria de qualidade ambiental e a preservação de recursos que permitem a uma sociedade tirar melhor e mais duradouro proveito das suas dotações naturais[628].

---

[626] Pode mesmo pensar-se numa reformulação do tão importante conceito económico de «utilidade», realçando-se nele o sentido de *realização pessoal* que pode advir dessa partilha de talentos. Cfr. Akerlof, G.A. & R.E. Kranton (2000), 715-753.

[627] Reich, U.-P. (2001).

[628] Ilustremo-lo: em Londres, a poluição atmosférica diminuiu em mais de 90% desde 1930, e a qualidade do ar, calcula-se, é a melhor desde o final da Idade Média; no Tamisa, a variedade de espécies de peixes é 20 vezes maior do que o era em 1964; também Paris conheceu uma diminuição da poluição atmosférica na ordem dos 66% desde 1970; em apenas 18 anos, de 1980 a 1998, a cidade de Los Angeles passou de uma média anual de 71 dias de «*smog*» (provocado pela poluição atmosférica) para 11 dias – cfr. Costa, D.L. & M.E. Kahn (2003), 227; EEA (1999), 173; Elsom, D.M. (1995), 480; Lomborg, B. (2001), 164, 169.

A opção nacional entre consumo e investimento (na Fronteira de Possibilidades de Produção) não é, encarada deste prisma, inteiramente indiferente, na medida em que investir é propiciar mais directamente a formação de dotações adquiridas – embora indirectamente o aumento do consumo possa ter precisamente o mesmo efeito. Manter um determinado nível de consumo, se implica o sacrifício do investimento, pode significar que, não sendo possível incrementar a proporção de dotações adquiridas nem beneficiar das vantagens induzidas por estas, não é possível sustentar aumentos de riqueza, e portanto também de consumo – na melhor das hipóteses, será possível manter o nível de consumo, ao menos enquanto não se degradam as dotações naturais ou herdadas; e, na pior das hipóteses, o próprio nível de consumo declinará.

3 – e) – iii) Capital humano e especialização

"Quando se constrói uma máquina cara, espera-se que o trabalho que ela irá realizar enquanto durar permita repor o capital nela empregado, ao menos através dos lucros normais. Um homem especializado à custa de muito trabalho e tempo, em qualquer tipo de actividade que exija uma destreza e perícia excepcionais, pode ser comparado a uma dessas dispendiosas máquinas" – Adam Smith[629].

Os países mais afamados na produção de chocolate não são, curiosamente, produtores de cacau. Importam o cacau e transformam-no, e a vantagem de que dispõem é a de uma dotação adquirida muito particular, porque ela respeita a aptidões humanas, aos reflexos do incremento da habilidade do produtor induzido pela especialização.

Quando se fala de «capital humano», quer-se sugerir que a educação, a formação, a tradição de conhecimentos e de aptidões técnicas, podem ser objecto de opções de investimento em termos muito similares àqueles que norteiam o investimento em meios de produção. Uma parte desse «capital humano» há-de resul-

tar de acidentes históricos ou geográficos – o militar que faz a sua carreira em tempos de paz terá menos oportunidade para pôr à prova e fazer evoluir as suas aptidões castrenses, o escritor que trabalha numa pequena comunidade linguística tem menos hipóteses de sucesso comercial do que aquele que publica as suas obras numa língua muito difundida[630] –, mas uma larga proporção daquilo que pode reconduzir-se a esse conceito resultará de uma deliberação, seja ela individual, seja política: aquele que aposta numa formação muito especializada ou numa educação superior, ou o país que acarinha as suas instituições educativas e científicas, que fomenta a investigação e a inovação, estão ambos a investir na melhoria das qualidades humanas que podem resultar em incrementos de produtividade e de riqueza – pressupondo-se que existe um ambiente que incrementa o retorno do investimento em educação, ou reduz os respectivos custos, ou fomenta uma coesão social assente na partilha de cânones educativos[631].

Que os Estados Unidos sejam o país de vanguarda em matéria de inovação tecnológica no domínio da informática, por exemplo, é tudo menos um acaso histórico – e resulta antes de um longo e profundo esforço de investimento em educação, em formação, em investigação, na criação de sinergias económicas em pólos tecnológicos e na formação de instrumentos de financiamento e de cobertura dos riscos das formas mais extremas, menos experimentadas e mais inseguras, de criação de novos produtos e de abertura de novos mercados[632]. Muito simplesmente, os Estados Unidos tomaram a liderança internacional no seu esforço educativo a partir da primeira década do século XX, e, por várias razões políticas, institucionais e sociais (entre elas avultando a «mobilidade ascensional» conferida pelo «capital humano»), nunca mais abandonaram essa liderança[633]/[634].

Trata-se, em suma, de uma clara demonstração da relevância do capital humano, e especificamente do progresso educativo, no crescimento económico, uma relação aparentemente óbvia e abundantemente apoiada em estatísticas nacionais e internacionais[635], mas

---

[629] Smith, A. (1976b), 118 (=I, 235).

[630] Ponderando os custos e benefícios da universalização do inglês como «língua oficial», seja os seus efeitos de «barreira de entrada» seja os seus efeitos de ampliação de mercado permitindo ganhos de eficiência e a descongestão dos recursos culturais, cfr. Anderson, G.M., D. Halcoussis & A.D. Lowenberg (2000), 101-118.

[631] Para o caso francês, cfr. Magnac, T. & D. Thesmar (2002), 1-33.

[632] Blair, M.M. & T.A. Kochan (orgs.) (2000).

[633] Goldin, C. & L.F. Katz (2001), 22-23.

[634] Mais genericamente sobre o peso do capital humano nas economias desenvolvidas, cfr. Eisner, R. (1989).

[635] A correlação entre escolaridade obrigatória, ou entre sucesso escolar, por um lado, e crescimento económico, por outro, é verificada um pouco por todo o lado – ainda que haja que temperá-lo com outras considerações, como sejam o grau de difusão interna de novas tecnologias, ou o grau de discriminação sexual, étnica ou económica no acesso à educação. Como veremos mais tarde, essa correlação e os dados estatísticos relativos à educação em Portugal tornam muito sombrias as nossas perspectivas de crescimento. Cfr. Barro, R.J. (2001), 16.

que, apesar disso, tem sido explorada pela doutrina em busca de fundamentos teóricos[636], e muitas vezes com resultados inconclusivos, dada a imprecisão conceptual e a falta de parâmetros aferidores rigorosos[637]. Todavia, em termos objectivos bastará reconhecermos o papel da tecnologia no crescimento económico – o que é enfatizado pela «Nova Teoria do Crescimento» – e constatarmos que a tecnologia é essencialmente *conhecimento* para concluirmos que não pode deixar de haver uma correlação positiva entre educação e crescimento.

Claro que nada disto seria possível sem a intermediação de um outro tipo de investimento, desta feita em «capital de risco» («*venture capital*»), o financiamento em inovação tecnológica que essencialmente consiste num «salto de fé» em direcção aos rumos que, com uma margem de extrema incerteza, podem garantir (mas nada abstractamente assegura que efectivamente o façam, dado o seu carácter *inovador*) incrementos de produtividade até à vanguarda do progresso económico – e caso tenham sucesso proporcionam retornos extremamente elevados para os investimentos[638], sem embargo de as peculiaridades de assunção de riscos extremos virem frequentemente acompanhadas das suas próprias patologias em termos de organização e funcionamento dos mercados[639] – além de outras particularidades associáveis ao tema da economia da ciência e da tecnologia, ou mais especificamente à análise económica da investigação e desenvolvimento, com particular incidência nas questões das *externalidades positivas*, que mais tarde abordaremos[640].

Mais amplamente, pode dizer-se que a vanguarda económica não é alcançável sem a sinergia do capital humano com o «capital social» das instituições, em termos que permitem a destrinça de várias acepções de capital humano – acervo de informação, acervo de aptidões técnicas, dinamismo empresarial – que, combinadamente com o adequado enquadramento jurídico-político, propiciam o «salto qualitativo» na produtividade[641].

A referida vantagem competitiva resulta, pois, em grande medida do facto de a produção norte-americana ir sempre um passo à frente em matéria de inovação – e isso consegue-se, não graças a qualquer acervo de bens materiais de que a economia norte-americana se encontre particularmente bem dotada, mas antes e sobretudo graças a níveis muito elevados e generalizados de educação que, propiciados embora pela própria dimensão do mercado, são resultado de uma deliberação política muito forte e continuada. Quando os Estados Unidos exportam cereais, na produção dos quais também têm vantagens comparativas[642], eles estão a retirar benefícios sobretudo das suas dotações naturais e das suas dotações adquiridas – já que, como sugerimos, a industrialização da própria produção agrícola tem-se intensificado –; quando exportam tecnologia e «*know-how*» informáticos, estão a retirar benefícios de uma longa e incessante acumulação de capital humano. Calcula-se que, em termos de destino de investimento e de contributo para a produtividade das actividades economicamente mais desenvolvidas, cerca de três quartos do capital dos Estados Unidos são capital humano[643].

Aquilo que, desde finais do século XX, se tem designado por *Nova Economia* é (descontada a euforia e a desilusão na ressaca da «bolha especulativa», em 2001[644]) precisamente o reflexo da eclosão de novos sectores produtivos dominados por investimentos intensivos em conhecimento e informação, em capital humano, como a informática ou as telecomunicações, e explosivos incrementos de produtividade em sectores tradicionais nos quais foi possível aplicar as inovações tecnológicas[645], ou seja, os refinamentos de engenho fundamentalmente associados aos progressos das dotações de capital humano, com o resultado agregado de rápido aumento de remunerações desacompanhado de níveis moderados, tanto de inflação como de desemprego – chegando a pensar-se na hipótese de abrandamento da própria configuração cíclica da produtividade, mas tornando-se em todo o caso consensual que a

---

[636] Por todos, cfr. Gradstein, M. & M. Justman (2002), 1192; Mankiw, N.G., D.H. Romer & D.N. Weil (1992), 407-437; Barro, R.J. (1991), 407-443.

[637] Solow, R.M. (2000), 154.

[638] Gompers, P.A. & J. Lerner (1999); Gompers, P.A. & J. Lerner (2001).

[639] Gompers, P.A. & J. Lerner (2001b), 145.

[640] Feldman, M.P., A.N. Link & D.S. Siegel (2002).

[641] Piazza-Georgi, B. (2002), 461-479.

[642] O que pode surpreender, e levou mesmo à formulação de um impropriamente denominado «paradoxo de Leontief», atribuído ao economista Wassily Leontief.

[643] Aqui, na acepção de sucesso escolar médio da população activa, um sucesso invariável ou com baixa elasticidade face às variações do PIB *per capita* – devendo, contudo, advertir-se novamente aqui contra as imprecisões que podem comprometer um cálculo do «capital humano» que possa ser tão linear e rigoroso como o cálculo do capital «físico». Cfr. Judson, R. (2002), 209-231.

[644] Sendo que tudo indica que o impulso da *Nova Economia* ainda não se perdeu completamente. Cfr. ERP (2002), 58-60.

[645] Descontado, como é óbvio, o incremento de produtividade que se julga poderia ter ocorrido no mesmo período *sem* a introdução das novas tecnologias – cfr. ERP (2002), 59.

confluência do «capital humano» com a explosão da «tecnologia de informação» contribuiu decisivamente para a aceleração da produtividade agregada nos países industrializados[646], sem descurar o contágio desse impulso tecnológico em quase todos os sectores industriais[647].

A «Era da Informação» representa, de certo modo, a terceira vaga de progresso tecnológico, que se segue à primeira Revolução Industrial – que decorre aproximadamente de 1760 a 1850, caracterizada pela mecanização intensiva, pela introdução da energia de vapor, pela criação de pólos industriais – e à segunda Revolução Industrial – que decorre de 1890 a 1930, caracterizada pela introdução do motor de combustão interna, da electricidade, das telecomunicações, da indústria química –[648].

O fenómeno tem sido atribuído, nas suas incidências *reais*, não-especulativas, essencialmente à combinação de algumas características *estruturais* que reciprocamente se reforçam, como sejam a intensificação do emprego de capital por hora de trabalho (o «*capital deepening*»), o aumento de formação tecnológica por trabalhador, e sobretudo o aumento simultâneo, em vários sectores de actividade e sob a liderança do sector informático[649] e da «tecnologia da informação»[650], da «*produtividade total dos factores*» (ou seja, o incremento do produto total em dimensão mais do que proporcional ao simples «*input*» de trabalho e capital, em função, por exemplo, da adopção de novas formas de gestão)[651/652].

Na verdade, trata-se de um processo de «destruição criativa» (no sentido schumpeteriano[653], de que voltaremos a falar), mediante o qual o novo capital destrói o antigo[654], novas empresas destronam as antigas, a for-

mação dos trabalhadores se torna muito rapidamente obsoleta, os empresários se vêem confrontados com a imperiosa necessidade de darem uso ao potencial tecnológico disponibilizado[655], e por isso o risco e o potencial remuneratório aumentam exponencialmente – tudo isso se reflectindo nos mercados de factores nos quais se buscam os recursos para essa «voragem inovadora»[656].

– E de facto, a «Nova Economia» caracterizou-se por uma rápida sucessão de momentos de ascensão e queda, aproximadamente na viragem do século XX para o século XXI, em resultado de um contágio «explosivo» de ilusões e desilusões acerca do potencial de aumento de produtividade global propiciado pelas novas tecnologias da «Sociedade da Informação» (e das novas empresas «.com»), imediatamente amplificado para extremos incontroláveis por uma «bolha» especulativa no mercado bolsista[657], que, no meio da euforia e do «ruído», grosseiramente subestimou os riscos envolvidos, e em especial a circunstância de a própria sofisticação tecnológica propiciar prazos extremamente curtos de regresso a «lucros normais» dentro da concorrência, de abrupta dissipação das vantagens competitivas extraordinárias – fragilizando em extremo os «*upstarts*» no sector da «Nova Economia»[658/659].

– A difusão rápida da «tecnologia da informação» está relacionada com o constante declínio dos preços, que levou à crescente aplicação dessas tecnologias, substituindo factores de produção com preços relativos crescentes, o que corresponde a uma antevisão de Robert Solow[660]. Contudo, subsistem algumas dúvidas quanto ao verdadeiro alcance dessa «revolução», até porque o ritmo de adopção da nova tecnologia não tem sido

---

[646] Brynjolfsson, E. & L.M. Hitt (2000), 23-48; Jorgenson, D.W. & K.J. Stiroh (2000), 125-211; Oliner, S.D. & D.E. Sichel (2000), 3-22; Stiroh, K.J. (2002), 1559.

[647] Stiroh, K.J. (2002), 1574.

[648] Greenwood, J. & B. Jovanovic (1999), 116.

[649] Ainda que inicialmente tenha havido excesso de expectativas quanto ao impacto do «milagre informático» no crescimento económico, e só depois se tenham ajustado as expectetivas para valores mais razoáveis. Cfr. Oliner, S.D. & D.E. Sichel (2000), 3-4; Oliner, S.D. & D.E. Sichel (1994), 273-317; Solow, R.M. (1957), 65-94.

[650] Baily, M.N. & R.Z. Lawrence (2001), 308.

[651] ERP (2001), 23, 26.

[652] A «*produtividade total dos factores*» é facilmente comprovada, no sector da informática, pela rápida evolução da relação «qualidade-preço» dos próprios computadores. Cfr. ERP (2002), 60.

[653] Ascensão, J.P.R. (1991).

[654] Hobijn, B. & B. Jovanovic (2001), 1203.

[655] A generalização de computadores cada vez mais baratos e poderosos o problema deixou de ser o da capacidade bruta de computação, processamento e armazenamento de dados, e regressou ao plano da criatividade, da inovação qualitativa na exploração de todo o potencial informático instalado. Cfr. Brynjolfsson, E. & L.M. Hitt (2000), 24.

[656] Hobijn, B. & B. Jovanovic (2001), 1219.

[657] Litan, R.E. & A.M. Rivlin (orgs.) (2001).

[658] Litan, R.E. & A.M. Rivlin (2001b).

[659] E isto apesar das advertências muito claras que poderiam ter sido encontradas, por exemplo na «Economia Experimental», especificamente quanto à formação e à estabilidade das «bolhas especulativas». Cfr. Miller, R.M. (2002).

[660] Solow, R.M. (1957), 312-320.

acompanhado por um comparável aumento de produtividade, o que tem levado muitos a falarem de um «paradoxo de Solow»[661]: alguns impasses são atribuíveis à presença de externalidades, e por isso a falhas de mercado na promoção do nível óptimo de investimento em «tecnologias de informação»[662]; outros são obviamente atribuíveis ao diferencial de custos que existe entre *adquirir-se* um computador e *utilizar-se* um computador (por exemplo, incorrendo em custos de aprendizagem ou defrontando inércias organizacionais)[663]. Numa palavra, a revolução da «Nova Economia» é, em termos de produtividade, coisa mais *falada* do que *verificada*.

Quanto à especialização, sublinhemos que a divisão do trabalho, que pode resultar de não mais do que uma opção inteiramente arbitrária, tem contudo algumas virtualidades de auto-reforço, querendo dizer-se com isso que a prática habitual *"aguça o engenho"*, e que é muito frequentemente o treino, o labor paciente, a persistência, que fazem a excelência do especialista, mais do que os talentos que ele traga já consigo quando empreende a sua educação e abraça a sua profissão: por exemplo, nem os mais extraordinários talento e destreza inatos dispensam um violinista de infindáveis e extenuantes horas de prática. Em todo o caso, aquele que, confrontado com a necessidade de fazer uma escolha decisiva para o seu futuro profissional, confia no último momento o resultado ao lançamento de uma moeda ao ar, não está *ipso facto* excluído de alcançar todos os benefícios da especialização, e não está decerto inferiorizado em relação àquele que julga mover-se pelo chamamento de uma vocação precocemente manifestada, sendo que ambos deverão esforçar-se pelo adensamento das suas aptidões através da prática reiterada – por maiores ou menores que sejam as suas vantagens iniciais.

Com efeito, a especialização potencia a manifestação das capacidades produtivas:

– porque reduz o número e a diversidade das tarefas, facilita a aprendizagem, encurtando o tempo e o esforço dedicados à aquisição de aptidões produtivas;
– porque tende a uma estabilização em tarefas repetitivas, permite que a habilidade aumente a custos marginais decrescentes – cada nova aptidão adquirida fomentando a aquisição das demais;
– essa mesma repetição de tarefas propicia que a atenção se liberte dos aspectos rotineiros para se concentrar nos pontos críticos nos quais é possível um progresso técnico, ou mesmo a descoberta e a invenção.

Sendo assim um processo auto-sustentado – mais especialização pode traduzir-se em mais progresso, este por sua vez em maior potencial de especialização, e assim sucessivamente –, perguntar-se-á legitimamente se não se reduz à divisão do trabalho e à especialização todo o fulcro da prosperidade dos indivíduos e das nações. Por motivos que já aflorámos, isso não é assim, visto que, por maior que seja a sua importância, a especialização tem limites, entre os quais destacaríamos dois:

1. o da dimensão do mercado – uma economia com dois agentes não consente senão a divisão por dois de *todas* as tarefas que contribuam para a satisfação de *todas* as necessidades de ambos, enquanto que uma economia com 2 milhões de agentes admitirá, se necessário, que aquelas tarefas sejam decompostas em 2 milhões de funções especializadas; não é possível que muitos escritores se sustentem com as suas obras num país em que as edições rarissimamente excedem os 100 mil exemplares, mas já é possível, ou talvez mesmo inevitável, que num país onde rotineiramente ocorrem edições de 10 milhões de exemplares muitos se especializem na profissão de escritor (alcançando a «escala de eficiência» nessa profissão), e muitos escritores façam fortuna (se alcançarem vantagens monopolísticas). Dados os custos fixos, é possível vender muito mais barato cada exemplar de uma edição de 1 milhão de exemplares do que um exemplar de uma tiragem de mil, e mesmo assim retirar, no primeiro caso, uma margem de lucro superior em cada livro vendido (visto que o grande número faz diluir os custos fixos nos custos *médios*); pela mesma razão, há mais lugar para restaurantes especializados ou temáticos numa grande cidade do que numa pequena, mais lugar para professores que se dediquem exclusivamente ao ensino, mais lugar para futebolistas generosamente remunerados, mais lugar até para bem sucedidos pseudo-economistas charlatães.
2. o da desumanização – sendo que a mesma repetição, a mesma rotina cujas virtudes apontámos, pode resultar num ambiente produtivo desincentivador, esgotante, no qual as pessoas caem em hábitos rotineiros de que não se libertam por confinarem a eles o horizonte das suas ambições e talentos, criando mentalidades imobilistas e avessas a tudo o que constitua um desafio, e a todo o vislumbre de novidade: aquele cuja única função

[661] Brynjolfsson, E. & S. Yang (1996), 179- 214.
[662] Oliner, S.D. & D.E. Sichel (1994), 273-334.
[663] Jorgenson, D.W. & K.J. Stiroh (1999), 109ss..

útil é uma ínfima parte das tarefas de que se compõe uma cadeia de montagem dificilmente terá orgulho no seu contributo para um produto final no qual não se revê, e terá a sua rotina diária limitada, como se ele fosse um autómato, à repetição incessante de gestos de destreza para os quais contribuirão muito pouco a sua inteligência ou a sua criatividade, a sua auto-estima ou mesmo quaisquer incentivos económicos extraordinários.

3 – f) A divisão internacional de trabalho

Conquanto a sua dimensão e a existência de uma dinâmica própria nos seus mercados internos permita aos países encararem a opção da auto-suficiência – da *autarcia* – como uma solução mais viável, e menos radical e grave, do que o é para as pessoas singulares, nenhum país pode, na actualidade, acalentar sequer a mais remota esperança de furtar-se ao comércio internacional e ao mesmo tempo conseguir, seja manter o seu próprio nível de prosperidade, seja acompanhar o progresso económico dos demais países – e isto por mais que a perda da *independência* possa afigurar-se-lhe preocupante[664]. E quanto mais pequeno é um país – quanto mais pequena é a dimensão dos seus mercados internos, quanto mais limitações existirem a que possa proceder-se à divisão do trabalho e à especialização e a que possam obter-se internamente economias de escala – mais inevitável é a opção pela «economia aberta», mais necessária e vital é a dependência da economia nacional perante o comércio externo.

As trocas entre Estados podem dizer respeito a transacções de bens e serviços, a deslocações de pessoas e a movimentos de capitais.

No primeiro caso, os países importam e exportam – sendo que as importações permitem ao consumidor nacional ter acesso a maior número e diversidade de produtos, e as exportações permitem ao produtor nacional ter acesso a mercados mais vastos e diversificados, possibilitando-lhe, seja a formação de excedentes mais amplos do que aqueles que lhe seriam possíveis na dimensão mais confinada do mercado interno, seja a remuneração em moeda estrangeira, a qual, ingressada na circulação monetária nacional, permitirá por sua vez financiar as importações.

Quanto às deslocações de pessoas, elas respeitam aos movimentos migratórios. Aqueles que emigram – desde a saída de mão-de-obra não qualificada à «fuga de cérebros» e à saída de futebolistas –, se o fazem por motivos económicos somente, é porque buscam condições de remuneração que o mercado de factores, especificamente o mercado de trabalho, lhes não propicia internamente; e aqueles que imigram buscam, nos hiatos do mercado de trabalho interno criados pelas disparidades entre a necessidade de certos tipos de função socialmente necessárias e a indisponibilidade da população activa para desempenhar tais funções, as oportunidades de obterem remunerações que não são alcançáveis nos seus mercados de origem. A migração é pois, basicamente, uma decisão de investimento[665], e o fenómeno é em tudo similar, no plano das motivações, às próprias migrações internas, como, por exemplo, a já referida deslocação das populações rurais para as cidades[666].

Muitas das vantagens que podem alcançar-se com o comércio internacional de bens e serviços podem ser obtidas também, e ainda complementadas, pela liberdade de circulação de trabalhadores: tanto o comércio como a circulação irrestritos permitem alcançar as vantagens de um mercado único, no primeiro caso fazendo com que os produtos cheguem àqueles que deles mais necessitam, e que lhes atribuem, por isso, maior valor, no segundo fazendo com que os trabalhadores se desloquem para onde são mais necessários, e onde os esperam, também por isso, as mais elevadas remunerações.

Se, na viragem do século, quiséssemos escolher ao acaso alguns países europeus e proceder a uma comparação dos níveis salariais médios praticados no sector privado, facilmente descobriríamos quais os mais prováveis países de origem e de destino dos movimentos migratórios dos trabalhadores[667]:

	Homens	Mulheres
Portugal	1000	1000
Alemanha	1857	1718
Luxemburgo	2771	2831
Irlanda	1889	1842
Grécia	1227	1185
Espanha	1604	1880

---

[664] Refira-se que até o argumento proteccionista que poderia retirar-se em corolário das posições de Thomas Malthus, ou seja, a necessidade de auto-suficiência alimentar em cada país, parece ter sido abandonado (tardiamente embora) pelo próprio, em favor das posições livre-cambistas de David Ricardo. Cfr. Hollander, S. (1997), 811.

[665] Sjaastad, L.A. (1962), 80-93. Cfr. ainda: Greenwood, M.J. (1985), 521-545; Stark, O. (1991); Hanson, G.H. & A. Spilimbergo (1999), 1338.

[666] Prevendo-se que em 2007 pela primeira vez na história haja, a nível planetário, mais gente a viver em áreas urbanas do que em áreas rurais. Cfr. Lomborg, B. (2001), 49.

[667] Usa-se como base da comparação (Portugal = 1000). Cfr. Portugal, P. & M. Centeno (2001), 94.

Finalmente, os movimentos de capitais permitem que haja investimentos, poupança, financiamentos que transcendem as fronteiras nacionais, que a própria titularidade de recursos produtivos, ou a assunção dos riscos inerentes às iniciativas empresariais, seja internacionalmente partilhada. De uma forma extremamente simplificada, dir-se-á que a liberdade de movimentos de capitais faz pelos capitalistas «*lato sensu*» – bancos, investidores, especuladores bolsistas, empresas multinacionais – o que a liberdade de circulação faz pelos trabalhadores: permite que eles se dirijam, com o mínimo de atritos e de ineficiências, para os seus empregos mais rendosos, para aqueles pontos dos mercados de factores em que as respectivas remunerações são mais elevadas – o que de novo equivale a dizer, aí onde eles são mais necessários.

Muitas das trocas internacionais assumem um carácter multilateral, e não simplesmente uma feição bilateral; é que, enquanto as trocas internas ocorrem geralmente num contexto dominado por meios de pagamento únicos e de aceitação generalizada, dando origem a trocas monetárias que dispensam a verificação da complementaridade imediata de necessidades, no âmbito internacional a coesão dos sistemas monetários não é a mesma, o que força cada país a procurar uma permuta de utilidades o mais próxima possível da complementaridade (a falta de obrigatoriedade de aceitação de um único meio de pagamento no comércio internacional aproxima, ocasional e subtilmente, esse comércio do paradigma da troca directa).

– Suponhamos que os consumidores portugueses manifestam uma grande avidez por perfumes franceses, e que há grande procura de cortiça portuguesa por parte dos produtores de vinho franceses: o caminho parece aberto para uma troca bilateral. Mas suponhamos agora que os vinhateiros franceses estão temporariamente saciados com o fornecimento de cortiça portuguesa, e que não se encontra, em todo o mercado francês, qualquer manifestação de uma necessidade para a qual sejam particularmente aptos os produtos em que Portugal evidencia uma vantagem comparativa; pode dar-se o caso de haver um terceiro país, por exemplo a Alemanha, em que há procura da cortiça portuguesa, sendo que os franceses por sua vez procuram produtos alemães, por exemplo automóveis; neste caso, os produtores portugueses exportam para a Alemanha, os alemães para a França, e os franceses para Portugal: está estabelecido o comércio multilateral, com o qual procura contornar-se a dificuldade de verificação da dupla coincidência de necessidades que é exigida pelas trocas directas.

– É precisamente pelo facto de o comércio internacional tender para a multilateralidade que o computador em que escrevo é integrado por componentes das mais diversas proveniências: aqueles que no país A produziram alguns dos «*microchips*» ficaram inteiramente satisfeitos com a troca por produtos japoneses – automóveis, e até os computadores completos para cuja produção eles contribuíram –; mas aqueles que no país B produziram o «*modem*» não estavam porventura interessados em produtos japoneses, mas sim em produtos norte-americanos – o que não é grave, já que a firma japonesa fornece computadores a uma firma de Hong-Kong que exporta brinquedos para os Estados Unidos, podendo reclamar desta um pagamento em dólares que depois reencaminha para os produtores do país B. Finalmente, o computador foi exportado do Japão para Portugal, quando a prioridade das necessidades japonesas era, não a de obter produtos portugueses em troca, mas importar mais petróleo dos países árabes – sendo que, por felicidade (para o caso), esses países árabes acolhem alguns emigrantes portugueses e importam tecnologia e «*know-how*» portugueses –; e assim sucessivamente.

A multilateralidade, se permite maior flexibilidade nas trocas e maior agilidade na escolha óptima dos factores de produção – abrindo a possibilidade de recurso, pelo empresário, a uma muito maior variedade de «*inputs*», sem ter que se preocupar se pode, ou não, remunerá-los com uma contrapartida daquilo que é capaz de fornecer no mercado de bens e de serviços –, e se por essa via é o caminho mais curto em direcção ao crescimento e à redução da pobreza, agrava drasticamente, por outro lado, a interdependência, e os riscos de reverberação dos «choques» que se façam sentir em qualquer ponto da cadeia, já que quanto mais profunda é a dependência recíproca, maior é a probabilidade de que se registe um «efeito de dominó», envolvendo em cadeia o destino económico de todos os agentes económicos abrangidos nessa área de multilateralidade[668]: o que é mais uma ilustração do princípio económico, e até moral, de que não há aumento de ganhos sem assunção mais ampla de riscos.

Esta dimensão da multilateralidade permite ainda desfazer uma falsa percepção acerca da necessidade de equilíbrio bilateral nas trocas internacionais. É que, conquanto seja preocupante que um país registe repetidos desequilíbrios no cômputo geral das suas trocas com o estrangeiro – e isto, note-se, quer esse desequilíbrio o faça um crónico credor, quer o faça um crónico devedor dos seus parceiros comerciais, porque no primeiro caso se dirá que ele está a ser o financiador de

---

[668] Berg, A. & A. Krueger (2002), 16-19.

uma prosperidade que ele próprio não experimenta, e no segundo se perceberá que ele está a viver acima dos seus meios –, não é preocupante que esses desequilíbrios se registem cronicamente em relação a um determinado país apenas, já que eles podem ser compensados por desequilíbrios que se registem nas trocas bilaterais com terceiros países que se relacionem com aquele.

Quando, uma vez por outra, a opinião pública se agita com a constatação de que o país importa maciçamente de outro sem que qualquer exportação ou qualquer movimento de pessoas ou capitais permita compensar o nível das importações, nem sequer remotamente, será sempre bom recordar que as relações económicas internacionais, na sua extrema complexidade, nem sempre são aquilo que aparentam, e que pode até dar-se o caso de o país que exporta estar a tentar resolver desse modo uma situação agudamente deficitária que tem com terceiros países, dos quais o país importador seja cronicamente credor. Mais uma razão, afinal, a acrescer à da que as trocas são um «jogo de soma positiva», para se afastar o nefasto atavismo que sugeria que o comércio internacional era um veículo para a perpetuação da guerra *por outros meios*"...

3 – g) Os custos da interdependência

Vimos que as trocas – o comércio «*lato sensu*» – beneficiam todos os membros de uma sociedade na medida em que permitem que as pessoas se especializem, se libertem das tarefas em que são relativamente menos eficientes e se concentrem naquelas em que o são mais, e com isso alcancem maior produtividade, maiores níveis de prosperidade ao mesmo custo. Há pessoas que se especializam em funções empresariais, e essas por sua vez procuram pessoas que se tenham especializado em certas funções profissionais para que possam colaborar com elas num determinado empreendimento económico; o empresário trocará com essas pessoas – um salário contra a força de trabalho que aquelas queiram fornecer –, enquanto que essas pessoas por sua vez trocarão o dinheiro obtido com os salários, seja por bens e serviços fornecidos pelas empresas, seja pelo rendimento de depósitos feitos em bancos ou de investimentos em fundos financeiros; o empresário trocará bens ou serviços produzidos pelo dinheiro que os consumidores – em larga medida os assalariados – queiram gastar na respectiva aquisição, e esse dinheiro será novamente empregue, conjuntamente com o dinheiro obtido junto dos bancos e dos fundos financeiros, para financiar um novo ciclo produtivo. Compreende-se agora quão amplo é o *sentido lato* com que usámos a expressão «comércio», porque ele designa afinal, na sua vertente de interdependência, de cooperação e de coordenação, toda a actividade produtiva – aquela mesma que representámos já, muito esquematicamente, em mini-modelos da circulação económica.

– Lembremos a observação de que a pessoa que lê este livro está muito provavelmente empenhada em especializar-se; precisa de tempo para se especializar, e espera que outros, acreditando na capacidade de especialização que é transmitida e fomentada pela leitura de certos livros, a libertem de outras tarefas que não são menos importantes, pois correspondem à satisfação de necessidades que ocorrem em simultâneo com a do estudo: necessidades de alimentação, de agasalho, de saúde, de segurança, de habitação, de comunicação, de transporte – e de iluminação, se a pessoa está a ler à noite.

– A pessoa que está a ler este livro está provavelmente motivada a fazer um *investimento* na sua educação, e isso obscurece um pouco os dados da equação na qual centrámos a demonstração das vantagens da especialização, já que aquele que *investe* espera ganhos protraídos no tempo, espera um retorno do seu investimento – ou seja, uma recuperação do custo e a obtenção de um adicional de ganhos – que não é imediato. Muitos daqueles que investem na educação apostam na *probabilidade* de virem a obter, ao longo da duração total das suas carreiras profissionais, esse retorno integral do investimento, apostam numa mera probabilidade, assente na imagem social que exista relativamente a uma profissão e aos respectivos níveis médios de remuneração, sendo que muitos dos que enveredam por uma carreira profissional acabam por não alcançar esse retorno, e fazem a descoberta amarga de que o tempo empregue na sua educação específica teve um custo de oportunidade demasiado elevado[669].

– Em todo o caso, mesmo que estudar e investir na educação – especialmente na educação superior – dependa crucialmente de uma esperança individual, isto é, da representação subjectiva de uma mera probabilidade de *sucesso*, a sociedade como um todo confia de tal modo em que a média das pessoas com educação superior seja capaz de incrementar decisivamente a produtividade global que divide o seu trabalho com aqueles que apenas estudam, e lhes permite especializarem-se, ao menos temporariamente, nessa actividade, libertando-os do esforço de satisfação das demais necessidades alternativas que disputam a atenção do estudante. O estudante que tiver fome não poderá estudar adequadamente, e terá que reservar algum do seu tempo, senão mesmo a maior parte do seu tempo, ou todo ele, à obtenção de alimentos – seja directamente, produzindo-os, seja indirec-

---

[669] Voltamos, pois, a sublinhar a indefinição que pode comprometer o uso do conceito de «capital humano».

tamente, dedicando-se a actividades que, de forma mais imediata do que sucede com o estudo, resultem em bens ou serviços que possam ser trocados por alimentos –.

– Mas como, supõe-se, dedicar-se à obtenção de alimentos tem para ele um custo de oportunidade superior ao do estudo, o seu rendimento será tanto mais incrementado quanto mais ele for libertado dessas outras tarefas e lhe for permitido dedicar-se, em exclusividade, à sua actividade de estudante – a qual, como sabemos, não consiste apenas em estudar, mas em criar todas as condições para que o estudo seja marginalmente eficiente, ou seja, para que cada nova hora de estudo se vá juntar às anteriores sem perda de rendimento, o que por sua vez envolve, portanto, também descanso, férias, diversão, desporto, convívio.

– O estudante que não aproveita a oportunidade única que socialmente lhe seja concedida de dedicar-se exclusivamente à sua vida de estudante cria para si próprio uma desvantagem, pois desperdiça os ganhos que lhe poderiam advir da especialização. Confia-se que nenhuma hora que ele gaste numa outra actividade conseguirá ter o rendimento médio que ele é capaz de retirar de uma hora de estudo – mesmo que esse rendimento só possa avaliar-se ao longo de uma vida, só possa aquilatar-se por uma soma difícil e subtil, e os rendimentos alternativos, posto que inferiores, sejam mais imediatos e palpáveis.

– Quem não conhece alguém que se tenha arrependido de ter abandonado prematuramente a sua formação académica, por ter corrido atrás dos atractivos de um ingresso imediato no mercado de trabalho? E quem não conhece alguém que se tenha arrependido de, por dissipação do seu tempo disponível, não ter aproveitado plenamente o seu curso para maximizar os frutos da especialização, nomeadamente perseguindo através dele os valores da excelência académica?

– Em todo o caso, o estudante universitário deve estar agudamente consciente da sua dependência e da sua importância – ou seja, dos nexos de interdependência em que se encontra envolvido. Ele não conseguirá estudar – nem sequer sobreviver – se não houver quem lhe dê importância, se não houver ninguém que confie na sua formação para poder recorrer futuramente aos seus serviços, para beneficiar de uma perícia que só a formação lhe permitirá; e que creia poder, nesse momento de benefício futuro, recuperar, com um ganho, o custo que significou alimentar, agasalhar, albergar aquele estudante.

– E nenhum estudante que conte com a sua formação académica para se apresentar no mercado de trabalho poderá, se estiver no seu perfeito juízo, desprezar as informações disponíveis acerca da relevância social futura da actividade para a qual presentemente acumula formação – pois isso significará que a sua formação foi disfuncional, e que ele em breve se juntará ao número dos excluídos do mercado de emprego. Dito de modo diverso, ele só deverá estudar se der importância aos outros, se puder atender àquilo de que os outros precisam, ou se puder adivinhar aquilo de que os outros precisarão – numa palavra, se não perder de vista a utilidade daquilo que aprende e a relevância social daquilo que se propõe vir a fazer.

– Ele só poderá, em suma, ser bom estudante se os outros lhe disponibilizarem o tempo necessário, e os outros só farão isso se puderem confiar numa adequada reciprocidade por parte daquele que soube ser bom estudante.

Os ganhos das trocas implicam, pois, agravamentos de interdependência. Aquela pessoa que seja muito ciosa da sua independência, que queira bastar-se a si própria tanto quanto possível, que queira depender o mínimo possível dos outros, poderá, se tiver uma fortaleza de carácter verdadeiramente heróica, retirar-se para uma vida de eremita, sobrevivendo com base numa agricultura de subsistência – terá que prescindir de todas as vantagens e confortos da chamada vida civilizada, seja de um fósforo ou de uma vela, seja de um vidro, seja de um livro, seja de um relógio ou de uma cantata de Bach. Se porventura antecedeu uma vida civilizada a essa outra experiência troglodita, deverá desaprender tudo o que aprendeu e prescindir das vantagens de quase tudo o que sabe – pois quase tudo lhe foi ensinado por especialistas, e num contexto de interdependência e de divisão de trabalho (sobretudo, deverá evitar a todo o transe a pergunta: "*porque é que as pessoas colaboram livremente?*"). E mesmo assim o eremita deverá contar com a singularidade do seu gesto, ou seja, com o facto de a sua atitude não se generalizar, pois de outro modo desaparecerá a barreira moral que nos impede de abusarmos da inaptidão daquele que desaprendeu a coexistir, e cairemos todos naquele estado de «anomia natural» em que a vida se torna em algo de "*mau, brutal e curto*", para usarmos a imagem hobbesiana.

Estas últimas considerações trazem-nos de volta à consideração do «capital social» que se contém nas instituições, e respectivo quadro jurídico – porque esse «capital social» é o adquirido civilizacional que corresponde à sedimentação dos nexos de interdependência que várias razões – mas entre elas também a eficiência económica – colocam nos alicerces da sociedade; ou visto de um prisma individualista, esse «capital social» é o conjunto de vantagens que qualquer pessoa pode retirar da sua pertença a uma sociedade[670], ainda que essas vantagens dependam genericamente de uma con-

---

[670] Veja-se uma definição de «capital social», aproximadamente nestes termos, em: Bourdieu, P. (1986), 241-260.

trapartida de obrigações e limitações, ou reclamem níveis mínimos de participação nas actividades colectivas, até como forma de travar ou evitar a degradação da experiência comunitária ou da formação e legitimação da vontade política[671], e por isso sejam compreensíveis as reservas formuladas contra a expressão, visto que, ao contrário do que se passa com o investimento em capital «físico», não se trata agora de recolher apenas os benefícios que podem corresponder a um esforço único no passado, mas sim de manter permanentemente um nível de integração legitimadora (de forma radicalmente *dinâmica*, visto que o profundo condicionamento da personalidade humana pela máscara [*persona*] social, pela *alteridade*, faz com que as interacções sociais determinem as próprias escalas individuais de preferências, e estas por sua vez refluam sobre as interacções sociais, e assim sucessivamente, numa tensão dialéctica entre *civismo* e *virtude* que está no âmago do fenómeno político e económico[672] e que o fundador da moderna ciência económica lapidarmente descreveu com a sua «ética da simpatia»[673]) – razão pela qual há quem evite completamente a expressão «capital social»[674].

3 – h) Livre-cambismo, proteccionismo e interdependência

Tudo indica, pois, que as vantagens e o potencial de ganhos recíprocos ultrapassam em muito os custos da perda de independência. Isso parece especialmente ilustrado pela interdependência económica que se estabelece entre Estados – porque se dirá que estes, dispondo em princípio de meios de defesa que lhes permitem sobreviver numa situação de anomia, não são forçados à coexistência política, podendo eternizar-se em situações de independência sem que paire constantemente sobre eles a ameaça de um fim *"mau, brutal e curto"*. As relações económicas internacionais são, até por isso, uma eloquente ilustração do movimento para o aumento da interdependência – até ao limite da integração – regido por simples desígnios económicos, ou seja, pela mera consciência das vantagens que podem advir da divisão internacional do trabalho e da especialização das produções nacionais.

Os produtores estrangeiros que exportam para Portugal bens e serviços a preços competitivos no mercado interno português permitem aos portugueses pôr em prática a máxima, já referida, de que não vale a pena produzir aquilo que sai mais barato comprar. De cada vez que importam um bem ou um serviço e ficam satisfeitos com isso, os portugueses – mesmo que só tenham uma consciência difusa disso – estão a constatar que, em vez de produzirem esse bem ou serviço, lhes é mais vantajoso produzirem outro bem ou serviço que possam trocar por esse que importam, e que portanto existe uma vantagem comparativa que aconselha uma especialização em produtos diversos daqueles que são importados, o que equivale a dizer que a produção nacional dos mesmos bens que são vantajosamente importados teria custos de oportunidade demasiadamente elevados. E, como os portugueses precisam tanto dos bens que são importados com vantagem como daqueles que o não são, o facto de poderem importar permite-lhes libertar recursos para a especialização nas produções em que se registem custos de oportunidade menores – ou seja, uma vez mais, nas produções em que Portugal, evidenciando vantagens comparativas, puder concentrar-se, assegurando a satisfação das suas próprias necessidades.

Mas especializar-se nas actividades com menores custos de oportunidade significa um aumento global de eficiência, como vimos: quanto mais Portugal importar os produtos em que não tem vantagens comparativas, mais pode produzir daqueles em que essas vantagens se registam, e mais pode obter em troca desse «extra» que produz graças à especialização. Ou seja, *quanto mais importa... mais pode importar*, se porventura teve a boa fortuna de importar efectivamente apenas aqueles bens em que não tinha vantagens comparativas.

Esta última ressalva bastará para se pressentir que a interdependência nas relações económicas internacionais não é um assunto tão linear como aquilo que pudéssemos ter deixado sugerido – bastando levarmos em conta que há, no espaço nacional, aqueles que beneficiam e aqueles que perdem com cada incremento das importações: beneficiam quase sempre os consumidores, porque o incremento das importações os aproxima progressivamente dos produtores mais eficientes do mundo, e perdem alguns dos produtores nacionais que sejam confrontados com a concorrência internacional, se é nesta última, e não naqueles, que se regista a vantagem comparativa.

Mas esse aumento de complexidade não nos deve fazer perder de vista o princípio basilar, que não é desmentido pela presença da dimensão política, nem pela

---

[671] Sobel, J. (2002), 139-140; Putnam, R.D. (1995), 65-78; Putnam, R.D. (2000); Dasgupta, P. & I. Serageldin (orgs.) (1999).

[672] Putnam, R.D. (2000); Geanakoplos, J., D. Pearce & E. Stacchetti (1989), 60-79; Rabin, M. (1993), 1281-1302; Sobel, J. (2002), 152.

[673] Adam Smith, na sua *Theory of Moral Sentiments*, de 1759. Cfr. Araújo, F. (2001b), 998ss.

[674] Coleman, J.S. (1988), S95-S120; Glaeser, E.L., D. Laibson, J. Scheinkman & C. Soutter (2000), 811-841; Dasgupta, P. & I. Serageldin (orgs.) (1999); Stiglitz, J.E. (1999b), 59-68; Solow, R.M. (1999), 6-10; Arrow, K.J. (1999), 3-5; Manski, C.F. (2000), 115-136.

estridência de qualquer retórica nacionalista, proteccionista, ou, mais recentemente, «anti-mundialista»: o comércio internacional é um veículo de benefícios generalizados para todos os países intervenientes, e de ganhos económicos específicos para cada uma das partes envolvidas nas trocas internacionais. Haverá porventura melhor indício do sucesso do comércio internacional do que o facto de os consumidores serem os principais beneficiados – se nos lembrarmos que todo o processo económico visa em última instância a satisfação de necessidades individuais, e que por isso o único critério válido num mercado livre é o da soberania do consumidor –? Nas sábias palavras de Adam Smith, *"O consumo é o único fim e propósito de toda a produção; e o interesse do produtor só deveria ser atendido na medida em que possa ser necessário para se promover o interesse do consumidor. Isto é tão evidente que seria absurdo tentar prová-lo"*[675].

A especialização nacional, a divisão internacional de trabalho, não desembocam num «jogo de soma zero» em que um Estado só pode enriquecer à custa dos demais, transformando-se as trocas em veículos estratégicos de uma guerra em que há vencedores e vencidos[676/677]. Pelo contrário, porque cada incremento das trocas aumenta a produtividade e aproxima os consumidores dos fornecedores mais eficientes, todos os passos nessa direcção tendem a minorar as carências económicas do maior número, e são pois, ao menos naqueles mesmos termos quantitativos e agregados com que se apura a vontade popular politicamente legitimadora, passos na direcção da riqueza das nações.

Mais ainda, o comércio permite ao país mais pobre e menos poderoso *enriquecer* por intermédio da especialização e da troca de utilidades; e, se é certo que o comércio permite também aos países mais ricos e poderosos enriquecerem, frequentemente enriquecendo *mais do que proporcionalmente* àquilo que os mais pobres enriquecem (vencendo a disputa de «soma zero» pela distribuição do excedente gerado pela «soma positiva» das trocas), sendo por isso não menos certo que a distância entre os países, em valores económicos absolutos, pode aumentar, devemos em contrapartida considerar a real viabilidade da alternativa proteccionista como via para o enriquecimento do país mais pobre e fraco: rapidamente constataremos que, sendo verdade que a ausência de trocas prejudicará mais aquele país que mais tinha a ganhar com elas, em termos absolutos, isso será «magro consolo» para o país menos favorecido, que também ele poderia estar

mais rico com a liberdade das trocas. Salvo os casos-limite em que a disparidade de ganhos configura já uma situação de predação ou parasitismo, uma situação de injustiça, raras serão as ocasiões em que surgirá uma justificação válida para a recusa do comércio, pois ela será sempre a renúncia aos benefícios do comércio.

É rebatível o próprio argumento proteccionista dos produtores directamente afectados pela abertura à concorrência internacional, essencialmente o argumento de que a concorrência é uma ameaça aos postos de trabalho ou aos salários nacionais, já que a falta de competitividade dos produtores nacionais levará, ou ao encerramento de empresas e ao desemprego, ou à sobrevivência destas empresas através de um esforço de emulação dos próprios alicerces das vantagens competitivas das empresas estrangeiras, o que significará, quando a possibilidade de incremento de eficiência através da inovação tecnológica não exista ou se tenha esgotado, o puro e simples abaixamento dos custos de produção, incluindo-se aqui o abaixamento dos salários. E é rebatível com o contra-argumento de que, com a concorrência internacional, não só existirá a tendência para o aumento do emprego, visto que o país que se especializa produz e exporta mais do que o faria persistindo numa afectação de recursos próprios em produções pouco eficientes – insistindo em não comprar aquilo que sai mais barato comprar –, como também existirá a tendência para o aumento dos salários, visto que estes naturalmente reflectirão, no seu nível médio, o aumento da produtividade que resulta da concentração da produção nacional naqueles pontos nos quais existem vantagens comparativas.

Mais peso tem o argumento proteccionista de que, não existindo uma perfeita mobilidade de factores, o incremento das trocas e da especialização se há-de fazer, em muitos casos, com elevados custos sociais e humanos: o operário da fábrica de têxteis que faliu não pode ingressar instantaneamente no mercado de trabalho do sector da informática, ou da hotelaria, ou das telecomunicações, e o tempo que a sua reconversão profissional, ou mesmo a sua deslocação geográfica, demorarem é um tempo de exclusão, de pura perda, é uma experiência potencialmente degradante e traumática.

Tudo está, contudo, em estabelecer-se, seja a maior mobilidade dos factores, seja um quadro que minimize os efeitos nocivos que advenham desta forma de mobilidade laboral, aliás como de todas as formas de mobilidade laboral – já que uma fábrica que se transfere de

---

[675] Smith, A. (1976b), 660 (=II, 245).

[676] E no entanto já houve épocas em que era esse o entendimento dominante – mormente no mercantilismo dos séculos XVI a XVIII, e no neomercantilismo do século XX. Cfr. Ekelund, R.B. & R.D. Tollison (1981).

[677] Araújo, F. (2001b), 1197ss.

uma região para outra, ou a fábrica que encerra como resultado da concorrência interna ou de uma crise sectorial, suscitam precisamente os mesmos problemas –. Aliás, se o que se pretende é minimizar os efeitos negativos da mobilidade de factores, e não impedi-la, só poderemos admitir argumentos proteccionistas que apontem para medidas temporárias, transitórias – que durem o tempo do pequeno remendo *ad hoc* à rigidez dos factores internos.

Note-se que uma demasiada insistência nessa imobilidade de factores acabaria por acarretar consequências mais vastas e indesejáveis ao nível dos pressupostos centrais da teoria – mormente sugerindo a falência do mercado dos factores por insensibilidade total aos preços e à sua variação (variação que por sua vez espelha a procura internacional desses factores em função da respectiva produtividade). É certo que adiante, em sede de análise macroeconómica, falaremos da «viscosidade» dos factores em matéria remuneratória, mas o que agora se sugere, com os argumentos proteccionistas, é antes a *imobilidade permanente* desses factores – como se a remuneração que eles recebem fosse uma espécie de um direito inatacável através de considerações económicas, de um «trunfo» cujo valor fosse absolutamente independente das condições do jogo[678], algo de estático e eterno, algo liberto do «fluxo evolucionista» que preside à própria dinâmica optimizadora da economia[679].

Se bem atentarmos, verificaremos assim que o argumento dos custos sociais e humanos não é em bom rigor proteccionista: ele é sobretudo *imobilista*, porque procura esquivar-se à necessária ponderação de ganhos e custos que vimos ser própria de qualquer decisão económica, apresentando apenas um prato da balança, o dos custos, e escamoteando tanto quanto possível a consideração dos ganhos potenciais.

Diríamos assim, por exemplo, que, por respeito aos ofícios de almocreve ou recoveiro, ou de ferrador, nunca se deveria ter permitido a importação de automóveis em Portugal; que a música gravada veio trazer muito desemprego às orquestras de baile, e pelo mesmo motivo deveria ter sido proibida; que se devia ter impedido que o cinema reduzisse o mercado e a procura de actores de teatro, e que jamais se deveria ter deixado que a importação do fenómeno televisivo trouxesse a crise ao sector livreiro. Se calhar, poderíamos dizer o mesmo – e sem muita ironia – da maior parte da

regulação interna que nasce para satisfazer os interesses e as «rendas económicas» de grupos organizados, de cada vez que o «regulador» se deixa «capturar» e perde de vista a objectividade das leis económicas e a preeminência do interesse público[680] em favor do equilíbrio no «mercado dos favores»[681]: poderíamos dizer o mesmo das leis que limitam os dias e horários de abertura das «grandes superfícies» com o objectivo *declarado* de protegerem o «pequeno comércio», por exemplo, pequenas pérolas do absurdo económico...[682]

Não haveria progresso económico se estes argumentos imobilistas devessem prevalecer, e o país perde quando aqueles que os usam dispõem de peso político, de uma alavanca que lhes permite levarem a cabo esses desígnios imobilistas, seja porque sabem condicionar quem decide, seja – mais subtilmente – porque têm artes de fazer passar para a opinião pública a noção de que o seu interesse particular de produtores ameaçados – logo, ineficientes – é o próprio interesse colectivo do público em geral, consumidores incluídos.

Quantos não são aqueles que oferecem a sua cumplicidade aos mais irracionais dos argumentos de medo da concorrência, convencendo-se, e não hesitando em tentar convencer os outros, de que os citrinos espanhóis são inferiores aos portugueses, de que o peixe que vem nas traineiras espanholas é inferior àquele que é trazido nos barcos portugueses, que sustentar o produtor nacional – por mais gritante que seja o seu passado de abuso de uma posição protegida no mercado interno, de desdém pela posição do consumidor – é uma faceta do dever patriótico, e que é muito suspeito tentar sequer questionar esta linha de argumentação?

Pura idiotice, prejudicial para os interesses da maioria: o autor destas linhas assume com muito gosto o risco de *parecer* menos patriota aos olhos daqueles que designam por «pátria» a simples perpetuação de privilégios socialmente nocivos de alguns grupos organizados, daqueles que se obstinam em perpetuar a visão do comércio internacional como um grande «jogo de soma zero» para poderem dar livre curso à mais irracional das xenofobias (aquela que mais imediatamente lesa os interesses de quem a subscreve[683]), daqueles que conseguem subordinar os próprios acordos e organizações internacionais a uma lógica reconditamente proteccionista, criando barreiras ao comércio sob a

---

[678] Grawe, N.D. & C.B. Mulligan (2002), 45-46.

[679] Quanto a este «paradigma evolucionista», que a Economia partilha com as demais ciências sociais, cfr. Winter, S.G. (1964), 225-272; Winter, S.G. (1971), 237-261; Nelson, R.R. & S.G. Winter (1982); Nelson, R.R. & S.G. Winter (2002), 26; Hodgson, G. (1994), 413-430.

[680] Krueger, A.O. (1974), 291-303.

[681] Roberts, B.E. (1990), 31-58; Fisman, R. (2001), 1096.

[682] Kosfeld, M. (2002), 51-72.

[683] Klein, J.G. (2002), 345-363.

aparência de generalização e aprofundamento da normatividade das relações internacionais[684].

Consideremos muito singelamente que, salvo o caso extremo e improvável de Portugal dispor de um poder de persuasão ou de intimidação tal que consiga impor-se unilateralmente nas relações internacionais, sem ter que fazer quaisquer concessões à reciprocidade e sem ter qualquer receio de retaliações, toda a atitude proteccionista que o país assuma deve ser precedida de uma ponderação das consequências da bilateralidade e da generalização dessa atitude junto dos nossos parceiros comerciais.

Ora isso logo nos evidenciará que o que temos a perder é, no caso, muito mais do que o que temos a ganhar: dificultarmos o comércio com Espanha para defendermos a posição de pescadores ou de agricultores (que não podem deixar de ser relativamente ineficientes, dada a própria circunstância de necessitarem de protecção *política*, isto é, fora das regras do mercado), é fazer com que acabem por ser vedadas as exportações de produtos portugueses para Espanha, prejudicando assim os produtores nacionais mais eficientes – que o serão exclusivamente na medida em que possam competir no mercado espanhol de acordo com as regras de mercado, ou seja, na ausência de apoios e de constrangimentos políticos.

Num ambiente de reciprocidade em que qualquer dos parceiros vede as oportunidades de enriquecimento mútuo ocorre sempre uma transferência de vantagens, com benefício dos produtores menos eficientes e com prejuízo não apenas dos produtores mais eficientes mas também da totalidade dos consumidores – no cômputo geral, pois, com perda generalizada de eficiência.

O que seria da produtividade do meu trabalho se eu estivesse impedido de aceder a um processador de texto estrangeiro, e estas linhas que escrevo tivessem que ser redigidas num programa eventualmente destinado a um número relativamente reduzido de utentes, e exonerado da necessidade de progresso tecnológico por estar isolado da concorrência internacional? Não estaria eu num estado de insatisfação, de frustração até, similar àquele que até recentemente sentia perante a pesada canga dos monopólios que campeavam no nosso meio antes dos recentes esforços de privatização e de desregulação? O que seria das telecomunicações se cada um de nós pudesse aceder irrestritamente aos serviços do fornecedor mais eficiente a nível mundial? Quanto pouparia cada um de nós? Quantos recursos não poderíamos nós libertar para outros empregos mais vantajosos? Quanto poupa cada um de nós pelo facto de poder aceder, com restrições relativamente insignificantes, ao mercado mundial dos computadores e do «*software*»?

Interdependência significa perda de independência, decerto, e isso implica custos – a começar pelos custos inerentes àquela medida de realismo que nos impõe que não confiemos demasiado em ninguém, sobretudo naqueles que podem frustrar a nossa confiança com impunidade. Uma das principais reservas que se formula contra a irrestrição das trocas é a de que o país que se habituou a importar fica refém das suas importações, no sentido de que, na falta de produção própria, não poderá sobreviver num contexto de hostilidade internacional em que as trocas sejam dificultadas; o facto é indesmentível, embora não possa deixar de estranhar-se a habitual omissão de um argumento complementar – o de que o país exportador é igualmente refém das suas exportações, no sentido de que os excedentes que exporta só puderam, e poderão, maximizar-se através da especialização, ou seja, do abandono – a favor das importações – de produções nacionais menos eficientes, mas não menos vitais para a subsistência da população numa situação de isolamento.

O contra-argumento tradicional dos economistas faz apelo à noção de «*doux commerce*», à ideia de que a intensificação das trocas internacionais, mais do que pressupor um estado permanente de paz ou uma arquitectura cosmopolita, é antes e sobretudo o principal incentivo a que essa paz se perpetue e a que uma ordem jurídica internacional se consolide[685]. Isto porque, dizem, quanto maior é a interdependência e quanto maior é a consciência da dimensão dos ganhos recíprocos alcançáveis através das trocas internacionais (e naturalmente também das nacionais[686]), mais evidente se torna o custo de oportunidade de todo o passo dado na direcção oposta à da liberalização e normalização das trocas[687].

Quanto mais os Estados dependem economicamente uns dos outros, menos atraente se torna a opção belicista ou isolacionista – ou o seu velado sucedâneo «nacionalista»[688] –, porque com esta todos perdem –

---

[684] Ludema, R.D. (2001), 817-833.

[685] Hirschman, A.O. (1977), 3243, 6061, 7196.

[686] Bastará pensar-se que, no último decénio do século XX, 46 países estavam envolvidos em conflitos militares, principalmente em guerras civis – e que entre estes se contavam 17 dos 33 países mais pobres do mundo. Cfr. Banco Mundial (2003), 2.

[687] Araújo, F. (2001b), 1073ss., 1141ss..

[688] Sobre a actualidade do pensamento nacionalista na teoria económica, cfr. Greenfeld, L. (2001).

mesmo aquele que julga ter a vantagem de dar o primeiro passo. Mais ainda, essa pacificação através das relações económicas internacionais aparenta maior solidez do que outras vias, porventura mais nobres e edificantes – porque mesmo o mais desencantado observador das relações políticas internacionais, mesmo o mais céptico quanto à eficácia de apelos à moralidade ou à solidariedade, mesmo o mais renitente quanto à possibilidade de edificação de um verdadeiro Direito Internacional Público (que realisticamente apontará para a irracionalidade com que nações inteiras se motivam para as carnificinas e para a devastação generalizada[689]), não deixará de reconhecer o poderosíssimo, mesmo que tantas vezes moralmente reprovável, ascendente dos interesses económicos na conduta dos Estados e o seu peso na pacificação – mesmo quando ela não passe de inerme hipocrisia, de simples cálculo de oportunidade.

Por exemplo, mesmo o mais simples raciocínio económico demonstrará a irracionalidade da «guerra pela água» de que tanto se fala: se se trata de um rio que é objecto de conflito, os países a jusante teriam que ocupar permanentemente os países a montante para terem a certeza de um acesso irrestrito às fontes de água potável, e isso, mesmo que fosse possível, envolveria um custo militar e logístico (já para não falar dos custos em vidas, em reputação internacional, etc.) muito superior ao custo de muitas outras alternativas, nomeadamente a da construção e manutenção de várias centrais de dessalinização da água do mar – cujo custo equivale ao de poucos dias de um conflito militar medianamente sofisticado[690/691].

Que seja porque não têm meios económicos para fazerem a guerra, ou porque receiam retaliações, ou porque não suportam a ruptura das trocas, ou mesmo porque, no equilíbrio das interdependências, dispõem de meios para comprarem a boa vontade de potenciais adversários ou para alcançarem as mesmas vantagens que alcançariam através de uma ofensiva militar bem sucedida – que importa, desde que os Estados observem a paz?

Podemos *desejar*, evidentemente, um mundo melhor em que imperassem, indisputadas, as luzes de valores mais nobres, e a paz fosse o resultado de uma deliberação desinteressada, assente numa vontade constante e perpétua. No mundo que nos cerca, não podemos infelizmente *esperar* muito mais do que a paz

como um resultado contingente – no caso, o resultado de uma complementaridade de interesses que torna os Estados reféns uns dos outros, e que torna permanentemente desinteressante, para qualquer deles, a solução violenta. Só isto bastaria para tornar aceitável e moderado qualquer custo que deva associar-se à interdependência económica internacional e à mundialização. Não esqueçamos, contudo, que o debate sobre a globalização é manifestamente dominado por considerações não-económicas, ainda que o motor básico da própria globalização seja económico – razão adicional para que a ciência económica não possa alhear-se da ponderação e do debate sobre os riscos e as oportunidades presentes no presente movimento globalizador[692].

Sem querermos aventurar-nos demasiado pelos domínios das relações económicas internacionais – o que está para lá do propósito deste livro – terminemos com uma advertência que nos absolverá da suspeita de demasiada ingenuidade ou entusiasmo livre-cambista. O que dissemos quanto às virtualidades e vantagens do comércio e da interdependência é tão válido para as relações internacionais como o é o paradigma da concorrência perfeita para a experiência comum do funcionamento dos mercados – é um objectivo ao qual podemos reportar as virtualidades genéricas, esquemáticas, da optimização de recursos, não sendo as experiências reais senão *aproximações* a esse ponto de referência. Todas as variantes da concorrência imperfeita, e até todas as patologias das «falhas de mercado», podem ocorrer nas trocas internacionais com a mesma probabilidade com que ocorrem no âmbito interno das economias nacionais – sem naquele caso, como neste, destruírem a validade das proposições que podem associar-se ao caso-limite da concorrência perfeita, aconselhando por isso o esforço político de preservação das condições de que depende a aproximação a este paradigma.

O leitor facilmente descobrirá, em qualquer tratamento desenvolvido das relações económicas internacionais, referências a situações nas quais não é a concorrência perfeita que impera, e em que, por consequência, os ganhos da interdependência económica entre países não são tão claros como o sugerimos. Num exemplo, em muitas situações a predação comercial é uma estratégia de sucesso, e a defesa contra ela torna-se um argumento proteccionista perfeitamente razoável, como estratégia de não-cooperação e de retaliação

[689] Araújo, F. (2002c), 71-120.

[690] Wolf, A.T. (1999), 259-261.

[691] Refira-se, a título de curiosidade, que também se tem desenvolvido uma teoria económica da guerra e dos conflitos violentos, assente no cânone neoclássico mas com conexões ao evolucionismo e ao determinismo «bio-económico», e que reveremos mais tarde a propósito da teoria estratégica dos jogos, do equilíbrio não-cooperativo, da predação, da «batota», da aprendizagem, da retaliação. Cfr. Cramer, C. (2002), 1845-1864; Hirshleifer, Jack (2001b).

[692] Fischer, S. (2003), 2.

– evoluindo-se muito rapidamente para situações de agressividade generalizada nas quais as trocas parecem reduzir-se a uma matriz de «soma zero»[693]. Noutro exemplo, muito mais grave ainda, a liberalização incompleta e a ambiguidade de propósitos livre-cambistas não inteiramente aplicados, ou conjugados com medidas incongruentes, pode contribuir para o agravamento das desigualdades internacionais, para a generalização e perpetuação de situações de pobreza e grave carência – por exemplo, a invasão de mercados urbanos de países pobres com os excedentes agrícolas dos países mais ricos, a preços de desbarato ou a preços subsidiados por força de propósitos humanitários, têm tido regularmente como consequência indesejada (supõe-se) a miséria dos agricultores dos países «ajudados», o seu desenraizamento e a sua migração maciça para as cidades, onde vêm engrossar os contingentes da pobreza extrema – empobrecendo por sua vez os seus países e empurrando-os para situações de dependência externa permanente[694].

A ênfase, nestes domínios, continua a ser colocada nas virtualidades da ajuda entre Estados, mas é crescente a percepção de que o problema tem uma dimensão social e privada, e que, por isso, para lá da acumulação *bruta* de capital físico e humano, devem existir reformas institucionais que gerem maiores oportunidades de investimento, de consumo, de poupança, de segurança de expectativas[695] e de protecção da propriedade[696] *dentro dos próprios Estados* – sendo que um factor cada vez mais enfatizado respeita à disponibilidade de crédito, ou de «micro-crédito», como via para a diminuição tanto da pobreza como da desigualdade através do fomento da iniciativa privada[697].

Mas tudo isto, insiste-se, não chega para destruir a ideia basilar, que é a de que a interdependência, tanto no plano interno como no plano internacional, é a consequência normal da divisão de trabalho e da especialização, é a expressão da complementaridade, e nessa medida é o veículo insubstituível para a geração combinada de prosperidade partilhável por todos. Será uma via imperfeita; mas - como habitualmente se diz do regime democrático – não há solução menos imperfeita do que ela.

Fiquemos com uma das vinte ideias a reter depois do exame final: A produção e o consumo crescem com a especialização dos agentes económicos (individuais ou colectivos).

---

[693] Krugman, P.R. (1979), 469-480.

[694] Madeley, J. (2000).

[695] Nomeadamente com reforço do quadro jurídico dos contratos, sedimentando a formação de expectativas de confiança. Veja-se exemplos em: Banerjee, A.V. & E. Duflo (2000), 989-1017; McMillan, J. & C. Woodruff (2002), 153-170.

[696] Besley, T. & R. Burgess (2003), 4; Acemoglu, D., S. Johnson & J.A. Robinson (2001), 1369-1401.

[697] De Soto, H. (2000); Aghion, P. & P. Bolton (1997), 151-172; Banerjee, A.V. & A. Newman (1993), 274-298; King, R.G. & R. Levine (1993), 717-738.

Capítulo 4 – As forças de mercado[698]

> *"Os preconceitos que alguns escritores políticos nutrem a respeito dos lojistas e comerciantes são completamente injustificados. Demonstra-se claramente não haver necessidade, quer de os tributar, quer de lhes restringir o número, se pensarmos que eles nunca podem multiplicar-se em detrimento do público, embora possam fazê-lo em detrimento uns dos outros (...) se se dividisse por vinte, a concorrência seria ainda muito maior e muito menor a probabilidade de eles se combinarem no sentido de elevar os preços. Tal concorrência poderia, talvez, levar à ruína alguns desses comerciantes, mas isso deve ser cuidado das partes interessadas e pode, com toda a segurança, ser deixado à sua discrição"* – Adam Smith[699].

Quando um produtor e um consumidor se esforçam por proceder a uma troca de utilidades, fornecendo o produtor um bem ou serviço de que dispõe em excesso para as suas necessidades, recebendo em contrapartida um conjunto de meios de pagamento cujo valor total é superior àquele que é, para ele, o valor dos produtos que fornece, e o consumidor recebe bens e serviços cujo valor é, para ele, superior ao dos meios de pagamento que entrega para obtê-los, formam entre eles uma relação contratual em que por sucessivas aproximações procuram determinar, de forma mais ou menos explícita e mais ou menos minuciosa, o montante das contrapartidas, a equivalência ou interdependência entre elas, o grau de confiança que depositam na conduta um do outro, e os sucedâneos que permitam remediar a quebra da confiança ou a frustração dos objectivos económicos que cada um prossegue.

4 – a) Oferta e procura

E que objectivos são esses? A Economia procura simplificar a multidão de motivações que podem estar subjacentes à aproximação dos agentes económicos ao mercado, concentrando-as em duas categorias, a «oferta» e a «procura». As expressões são suficientemente sugestivas:

– a *oferta* designa o conjunto de atitudes típicas daquele que se dirige ao mercado para lá entregar um bem ou prestar um serviço, que ele avalia essencialmente em função do *custo* – isto é, do esforço ou do custo de oportunidade que para ele representou, seja produzir o bem ou obter uma legitimidade sobre ele, seja adquirir as aptidões e os meios que lhe permitem prestar o serviço –, embora o custo não seja a única base da avaliação:

[698] Arnold, R.A. (2000), 56ss., 87ss.; Arroja, P. (1993), 59ss.; Barre, R. & F. Teulon (1997), I, 161ss., 497ss.; Baumol, W.J. & A.S. Blinder (2000), 67ss.; Besanko, D.A.A. & R. Braeutigam (2001), 25ss.; Browning, E.K. & M.A. Zupan (2001), 72ss., 113ss., 153ss.; Carbaugh, R.J. (2002), 41ss.; Colander, D.C. (1995), 34ss., 61ss., 133ss.; Colander, D.C. (1997), 59ss., 509ss., 536ss.; Ekelund, R.B. & R.D. Tollison (2000), 54ss.; Gregory, P.R. (2001), 24ss., 35ss.; Gwartney, J.D. & *al.* (2002), 56ss., 86ss.; Hoag, A.J. & J.H. Hoag (2002), 43ss., 73ss.; Hyman, D.N.N. (1996), 67ss., 95ss., 120ss.; Keenan, D. & M.H. Maier (1998), 1ss.; Lipsey, R.G. & *al.* (1999), 67ss., 113ss.; Mankiw, N.G. (2000), 59ss.; Mankiw, N.G. (2001), 65ss., 93ss.; Martinez, P.S. (1998), 616ss.; Mata, J. (2000), 19ss., 205ss.; McConnell, C.R. & S.L. Brue (2001), 47ss., 67ss.; McConnell, C.R. & S.L. Brue (2001b), 383ss., 567ss.; McConnell, C.R. & S.L. Brue (2001c), 39ss.; Miller, R.L. (2002), 45ss., 73ss.; Neves, J.C. (2001), 57ss., 71ss.; O'Sullivan, A. & S.M. Sheffrin (2002), 57ss.; Parkin, M. (1999), 71ss., 97ss.; Perloff, J.M. (2000), 14ss., 50ss.; Pindyck, R.S. & D.L. Rubinfeld (2000), 19ss., 59ss.; Rohlf, W.D. (2001), 67ss.; Samuelson, P.A. & W.D. Nordhaus (2001), 46ss., 67ss.; Schiller, B.R. (2004), 49ss.; Slavin, S.L. (2001), 49ss., 401ss.; Slavin, S.L. (2001b), 81ss.; Sloman, J. (2002), 29ss.; Spencer, M.H. & O.M. Amos Jr. (1993), 46ss.; Stanlake, G.F. (1993), 235ss.; Stiglitz, J.E. & C.E. Walsh (2002), 71ss., 96ss.; Taylor, J.B. (2001), 38ss.; Wessels, W.J. (2000), 28ss., 45ss., 234ss.

[699] Smith, A. (1976b), 361-362 (= I, 627-628).

se ele já dispõe de experiência no mercado daquele bem ou serviço, os preços praticados fornecem-lhe pelo menos os limites daquilo que será uma avaliação razoável, isto é, quais os máximos e mínimos daquilo que pode ser aceite, no mercado, como contrapartida;

– a *procura* é o conjunto de atitudes típicas daquele que se dirige ao mercado para satisfazer as suas necessidades, seja através da aquisição de um bem, seja pela utilização de um serviço, sendo que o valor que atribui a um ou ao outro é essencialmente determinado pela *utilidade* que associa a eles, ou seja, é aferido pela aptidão que lhes atribui para satisfazerem aquelas necessidades; novamente, pode haver outras determinantes da avaliação, como sejam o conhecimento dos níveis de preços praticados no mercado, a percepção da relativa escassez dos produtos – seja ela ou não resultado do custo de produção –, ou as próprias limitações orçamentais do adquirente, na medida em que elas forcem o adquirente a restringir o conjunto das suas necessidades ou a aumentar a amplitude da renúncia à respectiva satisfação.

Ao contrário do que por vezes parece sugerir-se, oferta e procura não designam conjuntos de agentes que se dirigem ao mercado para aí se comportarem como blocos coesos, manifestando-se em uníssono e interagindo como partes num «super-contrato» no qual se esgotassem todas as possibilidades de composição de interesses contrapostos. É certo que uma vez por outra não deixaremos de utilizar estas categorias como se elas efectivamente designassem esses conjuntos de pessoas, e não se estranhará que ocasionalmente lhes atribuamos até uma identidade e uma vontade próprias, como se de uma pessoa única se tratasse (ou como se o interesse de todos fosse reportável a um «*agente representativo*»); mas nunca devemos perder de vista que se trata de simplificações modelares, que impõem unidade aí onde existe diversidade, que impõem um sentido aí onde o choque de motivações poderia sugerir um caos de irresolução.

Na realidade, uma visão mais próxima e detalhada do funcionamento dos mercados dar-nos-ia a imagem de pessoas afirmando-se na sua singularidade, totalmente alheias à necessidade de agirem de uma forma padronizada e congruente com o facto de se inserirem com o lado da oferta ou da procura – salvo se dispusessem de alguns conhecimentos de Economia, caso em que uma parte da espontaneidade se perderia –, e procurando antes a maximização da sua satisfação particular através de contactos bilaterais com outras pessoas, dando largas à sua capacidade de ditarem a si mesmas condutas e de resolverem por si mesmas os seus problemas (sem necessidade de recorrerem a um representante). Numa palavra, assistiríamos a uma virtualmente inesgotável variedade de relações contratuais em resultado de um princípio de liberdade, ainda que pudéssemos identificar traços comuns e estruturas recorrentes, dada a tipicidade dos interesses individuais e das atitudes que tais interesses ditam.

Cada agente económico procura antes de mais resolver os seus problemas, abarcando nos seus problemas os daqueles que com ele vivem em economia comum, a sua «família». A sua prioridade não costuma ser a resolução de problemas colectivos, a liderança de um bloco de agentes económicos ou qualquer outro projecto de poder. E ainda bem, pois a racionalidade do agente será tanto maior quanto mais confinada estiver ao horizonte, quer da sua eficiência, quer do conhecimento cuja aquisição não lhe é demasiado dispendiosa. A sua eficiência económica será tanto maior quanto mais ele puder concentrar-se nas suas circunstâncias e restringir-se a elas, o que aliás proporciona uma coincidência de resultados com a atitude que o Direito começa por preconizar na vida de relação entre pessoas livres – a abstenção de cada um nos planos de realização alheios, conjugada com a ausência de um qualquer dever essencial de solidariedade, de que resulta que o Direito ache eminentemente respeitável que cada um se ocupe exclusivamente dos seus interesses, e dos dos seus dependentes, e só extravase desse âmbito através de uma deliberação própria, fruto da sua liberdade – através de uma promessa ou de um consentimento –.

4 – b) A noção de mercado concorrencial

Uma situação climatérica desastrosa pode provocar uma tal queda na produção agrícola que os agricultores não têm nada para vender, e ficam expostos à ruína, dado não terem excedentes para trocar, e dada a possibilidade de a própria produção de auto-subsistência ter ficado comprometida. Em contrapartida, uma destruição meramente parcial da produção agrícola pode propiciar ganhos elevadíssimos para os agricultores que, tendo sido poupados, tenham produzido algum excedente para venda. Os serviços de saúde gratuitos tendem a ficar sobrelotados mais facilmente do que os serviços pagos. Existe um limite até ao qual o aumento do preço dos combustíveis não provoca reacções dos consumidores, mas passado esse limite é mais intenso o recurso a transportes públicos e decrescem as vendas de automóveis e de acessórios para automóvel. Também há um limite para lá do qual as quebras de vendas de casas, em vez de deixarem inalterados os preços médios, determinam quedas de preços. Em sentido oposto, a especulação imobiliária que pressiona os preços no sentido da subida tende a provocar o despovoamento dos centros urbanos e a saturação demográfica das periferias.

Os exemplos poderiam multiplicar-se, dando-nos ilustrações do poder do mercado na conformação de situações de grande visibilidade e relevância. Em todos eles, o jogo da oferta e da procura determinou níveis de preços no mercado, e esses preços por sua vez possibilitaram um tipo de afectação de recursos escassos.

O mercado é a interacção do conjunto de vendedores e compradores, actuais ou potenciais, que se interessam pela transacção de determinado produto ou factor de produção. Embora na linguagem comum tenda a designar-se por mercado um local físico no qual ocorrem trocas dos mais variados produtos – e seja comum igualmente abarcar-se numa designação única um conjunto de relações contratuais pelas quais os factores produtivos são dirigidos para os mais diversos sectores –, em bom rigor económico há tantos mercados quantos os tipos de bens, de serviços e de factores que são oferecidos e procurados.

E porquê esta restrição? É que, como veremos, a noção de mercado é especialmente relevante para que a ciência económica possa analisar o mecanismo de formação de preços e a funcionalidade dos preços como veículos de sinalização da conduta dos agentes – e isso reclama que se isole, na medida do possível, cada um desses mecanismos, se eles são independentes no plano das respectivas causalidades.

Se, por exemplo, queremos analisar o efeito do aumento de consumo de batata no respectivo preço, será vantajoso que consideremos isoladamente o mercado da batata. Haverá decerto muita gente que só é capaz de consumir batatas fritas, pelo que poderíamos ser tentados a conjugar os mercados da batata, do óleo alimentar e do sal: mas que poderíamos nós então concluir do efeito nos preços de um aumento de consumo de batata, se o consumo do sal e do óleo alimentar ocasionalmente diminuíssem, eventualmente contrariando a tendência de variação dos preços da batata? Em que casos poderá uma diminuição do volume de compras de óleo alimentar anular os efeitos de uma intensificação do consumo de batata? E os que não gostam de batata frita – estão excluídos desta equação?

É verdade que há muitas combinações estáveis de consumos, de produções e de factores, mas percebe-se que isolar, por análise, cada um dos mercados pode ter mais vantagens do que inconvenientes. Mais propriamente, começar por separar os vários mercados pode ser a via adequada para se alcançar, no final, uma síntese que seja ao mesmo tempo realista e mais rigorosa.

Só assim não sucederá naqueles casos em que se consiga estabelecer – com um grau apreciável de certeza – que dois produtos, ou dois factores de produção, estão necessariamente, causalmente, conexos, seja porque:

– a produção de um reclama a presença do outro, caso dos *bens de produção conjunta* (ou *complementares na produção*) – sendo, por exemplo, impossível produzir gasolina sem que daí resultem outros derivados do petróleo;

– a sua utilização ou consumo se fazem combinadamente, caso dos *bens complementares* – os pneus e os automóveis, ou, para o autor destas linhas, café e açúcar;

– concorrem para a satisfação da mesma necessidade, em termos de dever a carência de um produto ser compensada pelo aumento do consumo do outro, caso dos *bens sucedâneos* – a manteiga e a margarina, a cerveja sem álcool e os refrigerantes, o azeite e o óleo alimentar.

Nesses casos, mas só neles, a análise conjunta de dois mercados – como se de um único mercado se tratasse – apresenta a vantagem de permitir detectar motivações dos agentes que passariam despercebidas numa análise separada. Mas mesmo assim interessará uma vez por outra considerar separadamente cada um desses mercados: por exemplo, se se trata de apurar, com algum rigor quantitativo, se a conduta de um agente se pauta pela racionalidade económica, convirá averiguar qual é a variedade das reacções que um conjunto de relações «quantidade-preço» nele suscita, para se poder determinar se existe ou não, da sua parte, alguma uniformidade de atitudes maximizadoras – pelo que se turvará a imagem, e as conclusões possíveis, se introduzirmos a consideração de elementos «*qualitativos*», como os dos traços distintivos de dois tipos de bens em presença, e nomeadamente se são subsumíveis a qualquer das três categorias acima enumeradas. Note-se, aliás, que estas categorias não são pressupostas ou postuladas: não se presume que dois bens sejam sucedâneos, ou complementares, ou de produção conjunta, e antes se chega à *conclusão* de que o são depois de uma análise extensa das variações dos preços respectivos, seguida de uma análise estatística das correlações – directas, inversas, proporcionais, não-proporcionais, imediatas ou retardadas – que possam estabelecer-se, dentro de um *intervalo de confiança*, entre tais variações de preços[700].

Por outro lado, um mercado pode formar-se espontaneamente e ser inteiramente efémero – os taxistas que se juntam à saída de um recinto em que teve lugar um

---

[700] Weber, C.E. (2002), 37-45.

espectáculo único, oferecendo o serviço de transporte a todos os potenciais passageiros –, tanto como pode ser muito organizado e regulamentado, tendendo para a permanência e para a estabilidade institucional – o mercado financeiro, o mercado dos serviços de saúde –.

Alguns mercados aproximam-se mais, na sua forma de organização, do modelo que vimos sugerido pelas expressões *oferta* e *procura*, no sentido de que neles existem agentes que se agregam em dois lados mais ou menos compactos, e de que ocasionalmente a articulação entre os dois lados é facilitada pela presença de intermediários que recebem ordens de ambos os lados, as transmitem e procuram harmonizá-las – reduzindo, para cada um, os custos da busca de contraparte, de escolha de um ponto de encontro, de troca de informações, de garantias de seriedade –: mercados centralizados, pois, em torno de um «ponto focal», de um pregoeiro que garante o funcionamento e o equilíbrio das transacções porque recolhe todos os sinais transmitidos pelos agentes e os redistribui e reorienta para os potenciais destinatários – como sucede não apenas em alguns leilões e lotas, mas também nas agências de emprego, nas agências imobiliárias, nos corretores de bolsa –. Quando assim sucede, mais nítida se torna a função *coordenadora* do mercado, o modo como este propicia aproximações sucessivas e transigências recíprocas (o «*quid pro quo*», a «troca-por-troca»), fazendo, com diálogo e persuasão, convergir as escalas de preferências complementares para o ponto de equilíbrio *possível* e eficiente, em alternativa à subordinação a normas uniformes ou aos ditames das instituições sociais[701].

A esse propósito, fala-se também de um «equilíbrio Walrasiano» – a referência é ao economista Léon Walras [1834-1910] –, equilíbrio que seria alcançado num mercado hipotético com um leiloeiro capaz de, sem «custos de busca» de oportunidades e de parceiros de troca, sem externalidades ou quaisquer imperfeições de mercado, ajustar todas as licitações a um preço único, o preço de equilíbrio, o preço geral das transacções; uma simplificação que denota as preferências idealistas, formalistas e matemáticas de Walras, um dos precursores da vertente mais axiomática e abstracta, a dos «modelos puros» (espécie de «*normativização*» da referência empírica *positiva*), da corrente neoclássica[702].

Muitos mercados são inteiramente descentralizados e desprovidos de uma estruturação estável; mas – aparte a dificuldade que representa a sua subsunção a um modelo – isso não significa que eles se desviem do funcionamento básico do mais organizado dos mercados:

O vendedor de castanhas à porta da estação de Metropolitano não sabe o que está a acontecer com outros vendedores de castanhas à porta da estação no outro extremo da linha; ninguém impõe a qualquer deles um preço único, nem eles têm qualquer interesse em concertarem a suas posições; e no entanto, algo no comportamento destes vendedores sugere que houve uma licitação entre eles, na disputa de clientela; podem não se conhecer uns aos outros, mas qualquer deles sabe que, se subir demasiado os preços, é possível que a sua clientela opte, ou pela renúncia ao consumo dos bens que vende, ou pelo consumo no outro extremo da linha – sendo o custo de oportunidade que representa a despesa e o tempo gasto no transporte entre os dois pontos mais do que compensado pela diferença de preço –; opção que é especialmente fácil para aqueles que de todo o modo têm que fazer essa viagem, pois nesse caso o que há a ponderar como custo é apenas o adiamento da satisfação pelo tempo que dura a viagem entre os dois extremos da linha. E assim poderemos esperar que o alinhamento de preços entre os vendedores nos dois extremos seja tanto maior quanto mais curta for a linha, ou quanto mais frequentada ela for, quanto menos custosa for para os compradores a escolha, e quanto mais numerosas forem as oportunidades de ganho ou de perda associadas à estratégia dos vendedores. O mercado alcança deste modo uma posição de equilíbrio, de convergência para um preço único e para o preço mais baixo, o preço mais favorável para os consumidores.

Como é que um mercado desorganizado pode, afinal, comportar-se como se estivesse organizado? Pode, na medida em que seja um mercado concorrencial, na medida em que nele haja um número suficientemente elevado de compradores e de vendedores, que disponham de liberdade de participação nas trocas ou de saída delas, e que disponham de um grau razoável de racionalidade e de informação acerca daquilo que está a ser transaccionado. São requisitos que analisaremos mais detalhadamente já de seguida.

4 – b) – i) Desmaterialização e comércio electrónico

A economia moderna tem vulgarizado crescentemente a noção de que o mercado pode ser *desmaterializado* e que, por isso, não corresponde necessariamente a um ponto de encontro físico em que as partes devam estar presentes – sendo que talvez o crescimento explosivo das transacções na Internet tenha contribuído mais do que tudo o resto para evidenciar essa tendência do mercado para a desmaterialização –.

---

701 Lindblom, C.E. (2001).
702 Baranzini, R. & E. Tatti (2002), 65-89.

A Internet veio facilitar, e ampliar extraordinariamente, as trocas de mercado, seja nas suas formas mais convencionais, seja através de formas novas que o meio electrónico propiciava: a participação de agentes económicos independentemente das fronteiras políticas, a geração de empresas puramente virtuais em concorrência com as empresas tradicionais, a automatização das buscas dos melhores parceiros e das melhores condições, reduzindo os custos de busca e a dispersão de preços, a aproximação entre produtores complementares através das transacções electrónicas entre empresas (*B2B*, «*business to business*»), a personalização da prestação de serviços através da geração automática de «perfis do consumidor», o recurso generalizado a leilões, a formação «transparente» de mecanismos de reputação e de certificação da satisfação dos consumidores, a simplificação dos pagamentos e a geração de uma «moeda virtual», etc.[703]

Facilitando as trocas, a Internet tornou-se também espelho de uma evolução dos mercados no sentido do aumento da convencionalidade e da imaterialização, seja em consequência da evolução da sofisticação e secundarização das necessidades determinada pelo progresso cultural, seja até por *pressão dos serviços* – especificamente, em razão do facto de 60% da produção mundial corresponder já à prestação de serviços, mas esses serviços representarem apenas 20% do comércio mundial –, sendo que é muito claro o que a Internet passou a representar em termos de possibilidades de prestação de alguns serviços a qualquer distância, aumentando a abertura das economias, reafectando quase instantaneamente os recursos para a afectação óptima em termos globais, dando origem a muitas *sinergias* e «efeitos multiplicadores»[704], ainda que alguns entraves sejam obviamente insuperáveis (a falta de instituições e leis comuns – de recursos litigiosos e sancionatórios –, a variedade linguística, de hábitos e padrões de consumo, de gostos, de familiaridade e fidelização)[705].

Esclareçamos, a propósito, que o «comércio electrónico B2B» se reporta essencialmente à multiplicação de transacções electrónicas entre intermediários nas trocas de produtores de bens e serviços, visando automatizar transacções e simular mercados muito mais rápidos e baratos do que os tradicionais, consolidar e organizar os lados da oferta e da procura, propiciar graus crescentes de integração vertical nas empresas[706], seja promovendo a aproximação dos dois lados do mercado para a conclusão de contratos (os «*brokers*»), seja pondo em marcha licitações ou outros mecanismos de determinação multilateral de preços (os pregoeiros, «*auctioneers*»), seja comprando e revendendo especulativamente aos dois lados do mercado, ganhando com essa «arbitragem» (os «*dealers*»), seja abrindo na rede «bolsas virtuais», nas quais a liberdade negocial das partes recobra toda a sua amplitude, sem intermediação[707].

Adiantemos também que a disseminação do comércio electrónico, e o seu impacto nos «custos de transacção», pode ter as mais amplas consequências na configuração do fenómeno empresarial – pois tornando cada vez menos oneroso o recurso ao mercado, o «*outsourcing*», a Internet, e muito em especial o «comércio electrónico B2B», podem tornar crescentemente desnecessária a integração *vertical* dos factores produtivos em organizações empresariais (crescentemente elevados os custos empresariais relativamente aos custos do recurso ao mercado[708]), devolvendo ao mercado toda a sua proeminência, com o declínio da «alternativa empresarial», pulverizando-se essas estruturas institucionais numa miríade de pequenos nexos contratuais de baixo custo[709].

Regressemos à consideração das potencialidades do comércio electrónico na estruturação de novas formas de mercado – uma revolução tecnológica que, como ocorrera já com revoluções anteriores, começou por baixar drasticamente os custos inerentes à forma tradicional de interacção nos mercados, e só depois foi revelando rumos inteiramente novos, seja de aditar formas novas de interacção, seja de gerar novas actividades e novas necessidades culturais[710].

Para alguns, a Internet afigura-se como o paradigma do mercado não-regulado, eminentemente descentralizado, porventura até um pouco anárquico – com manifestas, muito extensas, e para alguns muito chocantes, áreas de «não-direito», de desrespeito generalizado de direitos e de instituições em ambientes de anonimato e de impunidade –: muitas das tradicionais balizas e bar-

---

[703] Baye, M.R. (org.) (2002).

[704] Freund, C. & D. Weinhold (2002), 236, 240.

[705] Freund, C. & D. Weinhold (2002), 236.

[706] Lucking-Reiley, D. & D.F. Spulber (2001), 55-56.

[707] Lucking-Reiley, D. & D.F. Spulber (2001), 59-60.

[708] Invertendo a intuição de Ronald Coase, que fundamentara a multiplicação das soluções empresariais com o agravamento dos «custos de transacção» inerentes ao recurso ao mercado, *relativamente* aos «custos de transacção» inerentes à organização interna dos factores dentro de uma estrutura hierárquica, *vertical*. Cfr. Coase, R.H. (1937), 386-405.

[709] Lucking-Reiley, D. & D.F. Spulber (2001), 64-65.

[710] Borenstein, S. & G. Saloner (2001), 3.

reiras erigidas pelos Estados para regulação dos mercados, e até para prevenção ou cura de falhas de mercado, de pouco ou nada servem face à facilidade com que
a tecnologia permite a cada um, e a todos, contornarem
o dispositivo regulador, deixando por isso um vasto
campo lacunar aberto ao preenchimento pela auto-disciplina que tende a emergir espontaneamente do funcionamento dos mercados, dando por isso origem a
uma nova normatividade, essencialmente consuetudi-
nária – ao menos até que uma nova revolução tecnológica permita «domar» o comércio electrónico (se houver interesse nisso)[711].

Só que, apesar disso, a Internet não garante especialmente a formação e manutenção de um ambiente
competitivo. É verdade que, dados os baixos custos de
reprodução e manutenção que caracterizam a maior
parte da «tecnologia da informação», dada a generalização por todo um sector, e pela primeira vez na História, de custos marginais de produção que tendem para
o zero[712], nunca foi aparentemente tão fácil a entrada e
saída do mercado dos produtores concorrentes, como o
é agora na Internet – até porque um produtor, por mais
insignificante que seja em termos de poder económico,
é quase instantaneamente detectado pelos «motores de
busca» mal entra em linha, e portanto não é contrariado por elevados custos de busca nem por despesas
muito vultuosas de publicidade inicial. Todavia, nada
disso impede a subsistência dos tradicionais fenómenos de «dispersão de preços» e de «concentração de
mercado» que impedem o mecanismo optimizador das
trocas de alcançar a plenitude dos seus objectivos[713].

Com efeito, a Internet veio propiciar a partilha de avaliações subjectivas dos consumidores, de manifestações
de estados de satisfação com os serviços dos produtores,
de revelações de «escalas de preferências» entre produtos
concorrentes, etc.[714], libertando esses sistemas de avaliação do domínio exclusivo de intermediários especializados que tradicionalmente serviam como avaliadores
colectivos (boletins e revistas de informação dos consumidores, guias e roteiros de restaurantes, de vinhos, de hotéis, etc.), e que por isso eram mais susceptíveis de «captura» por parte dos próprios produtores sujeitos a avaliação.
Apesar disso, há factos que comprovam que o comércio
electrónico contribuiu tanto para a concentração como
para a dispersão de preços, visto que, se reduz por um lado
os custos de busca, aumenta por outro o «ruído» no mercado[715].

Na verdade, a Internet pode até promover o aumento da desigualdade económica, na medida em que propicie a concentração dos ganhos das trocas num número progressivamente mais reduzido de participantes: o
professor que monte a sua própria página na rede poderá, com a tecnologia já disponível (e se conseguir resistir à «pirataria» que grassa na anomia da «rede»), ensi-
nar simultaneamente milhões de alunos cobrando a
cada um uma quantia insignificante, pondo fora do
mercado os milhares de professores que apenas se dife-
renciem dele pelo facto de terem sido menos rápidos na
exploração do novo potencial tecnológico[716]. Se levarmos em conta as economias de escala e as «externalidades de rede», a contraposição entre «concorrência de
standards» e «concorrência dentro da compatibilidade
com um *standard*», que analisaremos mais desenvolvi-
damente adiante, se pensarmos que a «realidade virtual» das novas empresas é capaz de não conhecer limites máximos de expansão (e que essas mesmas empresas se agilizam através da sua «desintegração vertical»,
como acabámos de referir), e se pensarmos no modo
como um produtor artesanal, Bill Gates, se converteu
na referência do mercado informático e na maior fortuna pessoal do mundo, é-nos lícito concluir que esse
«captura do mercado» é efectivamente potenciada pela
tecnologia da informação e pela Internet.

Com sobriedade, admitamos contudo que a *Nova
Economia* não postula propriamente a necessidade de
novos princípios da ciência económica, não é uma realidade *qualitativamente* diversa daquela que tradicionalmente serviu de referência à teoria dos mercados[717].
Em todo o caso, ela evidencia que um dos arquétipos
que tradicionalmente foi usado na análise das trocas –
o da *rede* de partes contratantes que partilham algum
conhecimento comum, em vez do modelo do *mercado*
de encontro casual de desconhecidos puramente carac-
terizados pela *complementaridade* dos seus interesses[718] – tinha virtualidades insuspeitas, que só a revolução tecnológica permitiu discernir[719].

---

[711] Brousseau, É. (2001), 349-377.

[712] Shapiro, C. & H.R. Varian (1999).

[713] Borenstein, S. & G. Saloner (2001), 9.

[714] Avery, C., P. Resnick & R. Zeckhauser (1999), 564ss.; Resnick, P. & H.R. Varian (1997), 56-58.

[715] Baye, M.R. (org.) (2002).

[716] Rosen, S. (1981), 845-858; Rosen, S. (2000); Frank, R.H. & P.J. Cook (1995); Autor, D.H. (2001), 35.

[717] Shapiro, C. & H.R. Varian (1999).

[718] Note-se que se pode abarcar na ideia de «rede» também os contactos e estruturas multi-mercados, e algumas formas de integração horizontal nos sectores produtivos. Cfr. Bendor, J. & D. Mookherjee (1990), 33-57; Bernheim, B.D. & M.D. Whinston (1990), 1-26.

[719] Greif, A. (1993), 525-548; Kranton, R.E. (1996), 830-851.

Essa intuição permite hoje reavaliar o quadro institucional em que as trocas evoluem[720], e sustentar que o simples anonimato «atomístico» e amorfo não costuma ser a regra nas trocas, as quais tendem a concentrar-se em pólos «moleculares» de comunidades de interesses, de valores, de sinalização e de reputação «locais», de confiança adquirida em relacionamentos pretéritos – sendo que o mecanismo mais ou menos automático e despersonalizado que de seguida descreveremos deveras ocorre e desempenha as funções que classicamente se lhe atribuem, mas só o faz dentro do âmbito mais restrito de uma escolha prévia que, por razões não estritamente económicas (mas também por razões económicas, visto que a «deslocalização» e a «reaprendizagem» acarretam custos), demarca uma área de «predisposição para negociar» dentro da qual ficam balizados os limites para a complementaridade, para o intercâmbio e para o equilíbrio de preços: o produtor que faz condições especiais aos seus conhecidos, mesmo quando sabe que isso não aumentará a fidelização (que já é máxima)[721], o vendedor que privilegia os seus próximos e revela aversão a «surpresas»[722/723], o advogado que se recusa a cobrar honorários aos seus colegas de curso, o gestor e o director comercial que, com o máximo escrúpulo profissional, preservam ciosamente as suas agendas de contactos (económicos e, quando possível, políticos)[724], o modo como as partes nos contratos tentam circunscrever o âmbito das obrigações emergentes e tentam defender-se de um «terceiro cúmplice» que pudesse perturbar a sua relação, ou seja o modo como se manifestam «ciúmes comerciais»[725], a forma como vendedores e compradores se aliam entre si (formando cooperativas de produtores ou cooperativas de consumidores, por exemplo), ou uns com os outros (fidelizando-se nas relações mercantis), de modo a minimizarem os riscos das transacções, vencerem a informação assimétrica ou o inacabamento dos contratos, ou melhorarem estrategicamente os seus «termos de troca»[726] –

tudo situações que não se explicariam completamente sem recurso à noção de «rede de conhecimentos» e aos incentivos que essa rede (mais uma instituição extra-mercado) cria e multiplica[727].

Conexa com o tema é a interrogação acerca da *eficiência* dessas «redes», tendo especialmente em conta que se pressupõe que a sua formação também ocorre à margem do mecanismo de mercado. Por um lado, a multiplicação de conexões pessoais prévias às trocas permite uma dispersão do risco por partilha (por «socialização») – ainda que haja um limite a este incentivo, dados os custos de estabelecimento de relações em rede[728] (e sobretudo de uma rede suficientemente ampla para se verificar dispersão efectiva do risco, embora aí algumas instituições, como «Câmaras de Comércio», possam assumir essa tarefa em prol do interesse colectivo). Por outro lado, as conexões pessoais podem erradicar a incerteza nas vendas de modo similar ao que resulta da fidelização dos compradores – forçando, por assim dizer, os compradores a «espalharem» as suas preferências por todos os vendedores com quem têm conexões privilegiadas (em vez de terem uma conduta errática), desse modo assegurando a persistência da relação comercial mutuamente vantajosa[729], um pouco a exemplo do que veremos ser a justificação da concentração vertical de cadeias produtivas[730]. Veremos mais tarde como é que esta base de «potencial cooperativo» resiste, ou não, aos mesmos problemas de coordenação, de parasitismo, de «boleia», de «falhas de mercado» que atingem genericamente todas as situações de complementaridade e de interdependência económica[731].

Em conclusão, refira-se que não está ainda esgotado o percurso da investigação que procura apurar todas as consequências que advêm da estruturação da economia como uma «rede», em alternativa à visão fundamentalmente *bilateral* da análise neoclássica[732]:

---

[720] E permite também analisar os «efeitos de rede», a que voltaremos a referir-nos. Cfr. Katz, M.L. & C. Shapiro (1994), 93-115.

[721] Uzzi, B. (1996), 674-698.

[722] Greif, A. (1993), 525-548; Landa, J.T. (1994); Kranton, R.E. (1996), 830-851.

[723] Tratando-se aqui de um fenómeno particularmente detectável em economias subdesenvolvidas, nas quais as relações sociais são especialmente proeminentes na definição da «rede de trocas» – cfr. De Soto, H. (1989).

[724] Macaulay, S. (1963), 55-70.

[725] Demski, J.S., D.E.M. Sappington & P.T. Spiller (1987), 77-97; Farrell, J. & N.T. Gallini (1988), 673-694; Scheffman, D.T. & P.T. Spiller (1992), 418-436; Riordan, M.H. (1996), 115-128; Helper, S. & D.I. Levine (1992), 561-581.

[726] Kranton, R.E. & D.F. Minehart (2001), 486.

[727] Kranton, R.E. & D.F. Minehart (2001), 485-487; Jackson, M.O. & A. Wolinsky (1996), 44-74.

[728] Salva a hipótese de «custos de transacção» insignificantes. Cfr. Farrell, J. & M. Rabin (1996), 103-118

[729] Lorenz, E.H. (1989), 122-132; Nishiguchi, T. (1994), 175ss..

[730] Humphrey, J. (1995), 1-7.

[731] Kranton, R.E. & D.F. Minehart (2001), 499-500.

[732] Rauch, J.E. & A. Casella (orgs.) (2001); Zuckerman, E.W. (2003), 545ss..

– Por um lado, avultam as conexões constitutivas do *tecido* social[733], extrapoláveis para a própria estruturação *social* das empresas[734];

– Por outro lado, a ênfase na interdependência entre «pólos» pode alastrar à análise de relações entre produtos[735], sectores[736] e até países[737], suscitando-se mesmo um problema de demarcação metodológica da relevância das conexões (as fronteiras da rede[738]);

– Por outro lado ainda, a consideração da relevância de «redes de interdependências» permite conferir mais realismo às ideias de agregação de posições – por exemplo, a referência a um «lado da oferta» e a um «lado da procura» –, sem cair em simplificações mais ou menos monolíticas[739], e sem se embrenhar em minúcias sobre a fundamentação micro-comportamental dos valores totais do mercado (postulando-se apenas uma qualquer formação que *funciona* em rede)[740].

Feita esta longa mas necessária ressalva em nome do *realismo*, regressemos agora ao esquematismo mais simplificado da visão neoclássica sobre os pressupostos do mercado concorrencial.

4 – b) – ii) A atomicidade

Se o número de participantes, tanto no lado da oferta como no da procura, for suficientemente elevado, as decisões de cada um ver-se-ão diluídas no todo das interacções que ocorrem num mercado que seja suficientemente vasto, e tornar-se-á difícil, se não impossível, que alguém consiga impor a um tal mercado as suas preferências, ou as suas avaliações relativamente ao que lhe é proposto nas trocas – mesmo que esse alguém tome a decisão extrema de recusar participar nas trocas e de se excluir do mercado. Não existindo esse *poder de mercado*, todos os participantes se verão livres de constrangimentos na conduta que resolverem adoptar, e todos poderão dar largas à sua capacidade de escolha racional dos padrões que tenham por maximizadores dos seus projectos individuais de satisfação; mais ainda, na medida em que cada um se habitue a

essa situação de impotência relativamente à fixação dos níveis de preços correntes, ser-lhe-á menos difícil estabelecer a sua própria ponderação de vantagens e custos imediatos, visto que poderá tomar o nível de preços como um *dado*, um valor fixo, ao menos dentro daquele prazo relativamente curto dentro do qual ocorrem as principais decisões *marginais* de reacção às solicitações do mercado.

Quem não sonhou já em boicotar o mercado – nomeadamente quem, na sua condição de consumidor, não alimentou já a esperança de reagir eficazmente contra um preço que considerou demasiadamente elevado, recusando-se a comprar e esperando que essa atitude se generalize, convencendo o vendedor a regressar a um nível razoável de preços? E quem não acabou por perceber, nessas situações e confrontado com a dura realidade dos factos, a habitual impotência da sua atitude? É verdade que uma vez por outra o consumidor acalentará a esperança de que a sua atitude seja estritamente representativa de um universo de consumidores, que ela seja economicamente *racional* e, por causa dessa racionalidade, ela seja determinante da atitude da maioria, senão da totalidade, dos consumidores colocados na mesma situação, confrontados com os mesmos valores; outras vezes, o mesmo consumidor confiará em influências sociais «normativas» para esperar que outros se sintam constrangidos pelo seu exemplo a demonstrarem a sua solidariedade; outras vezes ainda, confiará na sua rede de influências para gerar e difundir uma reputação negativa contra o produto ou contra o vendedor, ou para gerar uma «moda», ou uma «referência», que domine as preferências da massa dos demais consumidores. Mas na maior parte dos casos, ao consumidor não se oferecerá outra opção que não seja a de se reduzir à sua insignificância[741].

Por outras palavras: quando se estuda o mecanismo da oferta e da procura e se pretende que ele seja uma representação realista do funcionamento do mercado, temos que pressupor que estamos a estudar agentes que contribuem colectivamente para a formação dos preços mas que não dispõem individualmente do poder de

---

[733] A referência básica é: Granovetter, M. (1985), 481-510. Cfr. ainda: Barnes, J.A. (1972); Bott, E. (1971); Burt, R.S. (1984), 293-339; Burt, R.S. (1990); Fischer, C.S. (1982); Granovetter, M. (1976), 1287-1303; Laumann, E.O. (1973); Powell, W.W., K. Koput & L. Smith-Doerr (1996), 116-145; Uzzi, B. (1996), 674-698; Wellman, B. (1979), 1201-1231.

[734] Burt, R.S. (1992); Buskens, V., W. Raub & J. Weesie (2000); Podolny, J.M. & J.N. Baron (1997), 673-693.

[735] Benjamin, B.A. & J.M. Podolny (1999), 563-589.

[736] Burt, R.S. (1982); Ingram, P. & P.W. Roberts (2000), 387-423.

[737] Van Rossem, R. (1996), 508-527.

[738] Erickson, B.H. (1979), 276-302; Laumann, E.O., P.V. Marsden & D. Prensky (1983).

[739] Baker, W.E. (1984), 775-833; Baker, W.E. (1990), 589-625; Faulkner, R.R. (1983); Faulkner, R.R. & A.B. Anderson (1987), 879-909; Phillips, D.J. & E.W. Zuckerman (2001), 379-429; White, H.C. (2002); Zuckerman, E.W. (1999), 1398-1438.

[740] Freeman, L.C., A.K. Romney & S.C. Freeman (1987), 310-325.

[741] Sen, S., Z. Gürhan-Canli & V. Morwitz (2001), 399-417.

alterar os preços que se vão formando no mercado, pois de outro modo o automatismo equilibrador ficaria contingentemente dependente da abstenção desses agentes com poder de mercado: aqueles que têm que aceitar o resultado do jogo da oferta e da procura na formação dos preços, não dispondo do poder de se furtarem ao respectivo ascendente na conformação do horizonte da sua racionalidade, são designados de «*price takers*», como vimos já.

Essa situação de «ausência de poder de mercado», de falta de capacidade de conformação unilateral dos preços, é característica de contextos de pulverização «atomística» dos centros de decisão no mercado. O «*price taker*» de um mercado com oferta atomística (o dos produtores de legumes, por exemplo) não tem que se esforçar por manipular os preços, coisa que ele sabe estar fora do alcance da sua decisão individual, pelo que mais avisado será conformar-se com o preço corrente e concentrar os seus esforços no controlo dos custos, pois é em relação a estes que o seu poder subsistirá: se o ganho do vendedor depende da diferença entre preço e custo *médio* – preço e custo *por unidade* – a única liberdade de configuração e ampliação de ganhos ficará reservada à diminuição dos custos médios, por nada haver a fazer quanto aos preços. O produtor sem poder de mercado tem, pois, um incentivo adicional para se tornar eficiente.

É possível aferir o grau maior ou menor de atomicidade de um mercado considerando aquilo que sucederá a um vendedor no caso de ele tentar subir o preço dos seus produtos: se perder completamente a sua clientela, isso significará que, para ele, a procura revelou elasticidade infinita, uma perfeita sensibilidade às subidas de preços e uma perfeita agilidade na correspondente reacção – o que indica que ele é um vendedor atomístico desprovido de poder de mercado. Se, pelo contrário, ele não perder completamente a clientela, isso indica que ele tem algum poder de mercado, defrontando-se com um grau intermédio de elasticidade que lhe faz perder vendas quando sobe os preços e aumentar vendas quando baixa os preços – até que, no grau máximo de poder de mercado e de falta de atomicidade, poderá verificar-se uma situação em que o vendedor se confronta com a total inelasticidade da procura, caso em que lhe é dado variar os preços, e mormente subi-los, sem que isso provoque qualquer alteração no volume de vendas (nesse caso, abre-se-lhe a perspectiva de poder aumentar as suas receitas de vendedor através de meras subidas de preços).

Como melhor veremos adiante a propósito da «teoria dos mercados contestáveis», poderíamos até abandonar este requisito da atomicidade substituindo-o por uma espécie de «atomicidade potencial» com os mesmos efeitos de uma atomicidade efectiva, e que consistiria na simples possibilidade de entrada ou saída *instantâneas* de concorrentes no mercado em consequência de cada variação de preços: os benefícios que um vendedor poderia pensar em retirar da sua momentânea solidão no mercado, a ilusão de poder de mercado que lhe adviria do facto de não vislumbrar concorrentes, seriam instantaneamente anulados pela entrada de concorrentes, tanto mais maciça quanto maior fosse a variação de preços tentada naquele ilusório exercício de poder de mercado, naquela aparente ausência de atomicidade.

É discutível que a atomicidade seja um requisito necessário para a definição de mercado concorrencial, podendo sustentar-se que o requisito é de tal modo restritivo e irrealista que destrói as próprias virtualidades explicativas do arquétipo da concorrência – por ser manifesto que a concorrência sobrevive à ausência de perfeita atomicidade. Com efeito, o elo entre atomicidade e concorrência perfeita foi mais ou menos imposto nos alvores do marginalismo, de que a escola neoclássica é a herdeira directa: tratava-se de estreitar e imobilizar o panorama de opções disponíveis ao agente económico, como forma de pôr em evidência as leis que presidiam à definição e equilíbrio da utilidade marginal – como leis estáticas e directoras da racionalidade individual. O agente económico individual, privado de interferir nos preços de mercado, ver-se-ia limitado a aplicar toda a sua racionalidade na vertente das *quantidades* produzidas, trocadas e consumidas, subordinando essa racionalidade, dado o âmbito estritamente quantitativo, a simples objectivos de maximização – o que se coadunava perfeitamente com a perspectiva analítica do marginalismo[742].

Contudo, essa via teórica teve consequências que são, no mínimo, *discutíveis*, como a de que o participante nas trocas seria invariavelmente uma vítima de uma lógica que o transcenderia, que o vendedor atomístico estaria – como veremos – inelutavelmente condenado a um desfavorável e esterilizador equilíbrio de longo prazo, sem se vislumbrar, dentro da admissão da atomicidade, como lhe seria dado libertar-se dessas «grilhetas mecanicistas» para poder sacudir a sua apatia, para fugir à indiferenciação, para manter as suas margens de lucro, para ser criativo, para se apropriar de frutos do seu esforço produtivo, para participar na realidade indesmentível do dinamismo dos mercados em contextos de liberdade económica (com efeito, cabia perguntar, como poderia o exuberante dinamismo da

---

742 Makowski, L. & J.M. Ostroy (2001), 483.

economia «capitalista» resultar de um somatório de «*price takers*»?)[743].

Pense-se que, para mitigarmos a ideia de atomicidade, poderíamos realisticamente sublinhar o facto de ser decisiva a ponderação de elementos informativos para que possa considerar-se a hipótese de funcionamento eficiente dos mercados, e que por todo o lado predomina a assimetria informativa, no sentido de que a informação de que cada um de nós dispõe individualmente lhe propiciar muito mais poder (ou muito menos, dependendo da circunstância de ser ele, ou não, o beneficiado com tal *assimetria*[744]), nas suas relações de mercado, do que aquilo que genericamente é sugerido pela ideia de atomicidade. Mais concretamente, o vendedor poderá contentar-se em explorar a atomicidade dos compradores, mas não poderá nesse caso tirar proveito de uma revelação de preferências individuais que, facultando-lhe uma visão mais discriminada das disposições negociais de cada cliente, lhe permitisse, em relação a cada um deles, obter ganhos «personalizados» superiores, no seu total, àquela «mediania de ganhos» que lhe é acessível através da mera consideração indiferenciada da informação assimétrica que o cliente «atomístico» se vê (des)incentivado a transmitir ao mercado[745].

Em todo o caso, são muito prevalecentes as manifestações de poder de mercado, indicando a relativa raridade de condições de verdadeira atomicidade, especificamente do lado da oferta[746]. Em contrapartida, não só a atomicidade é frequente do lado da procura como uma simples apreciação dos «custos de transacção» inerentes às situações de atomicidade permitirá concluir pela elevada probabilidade de ocorrerem «falhas de coordenação» entre os consumidores, dificultando alguma reacção espontânea contra as concertações entre vendedores, sobretudo quando estas concertações são flexíveis e inventivas[747/748].

4 – b) – iii) A liberdade

Se os vendedores puderem controlar o ingresso da concorrência no mercado, ou mesmo a sua saída, ou se puderem obter do poder político o benefício e a protecção que limita essa liberdade de participação nas trocas, facilmente alcançarão um poder de mercado que lhes permitirá condicionar decisiva e unilateralmente os termos das trocas e as avaliações em presença.

Um mercado não será competitivo se, apesar de os seus traços estruturais parecerem permiti-lo, uma solução de força o impedir. Um quadro jurídico que imponha aos agentes económicos, como condição de ingresso no mercado, algumas características de idoneidade, de eficiência ou de dimensão que só o próprio mercado pode eficientemente revelar e atestar, é quase invariavelmente uma barreira artificial que faz perder a todos – e em especial aos compradores ou utentes – a maior parte das vantagens do mercado competitivo, desfazendo o equilíbrio das trocas a favor daqueles que são resguardados da competição.

Suponha-se que o Governo decidia impor um alvará aos vendedores de castanhas, ou lhes exigia certidões de qualidade dos produtos por eles vendidos, ou exigia que eles dispusessem de um local de venda fixo ou meios de venda particularmente sofisticados – o que, implicando um investimento pesado para entrarem na concorrência, se tornaria um obstáculo, quer à entrada, quer à saída, pois esta implicaria a perda daquele investimento –: os únicos resultados mais imediatos e plausíveis seriam, ou a subida dos preços, ou, no caso de o Governo rematar o seu apetite intervencionista com uma fixação administrativa de preços, a perda de qualidade do produto. Pois o que impediria o vendedor de castanhas de começar a desdenhar, ou mesmo a maltratar, a sua clientela, sentindo que a barreira de protecção anti-concorrencial tornava cada vez mais remota a hipótese de ele ser excluído do mercado com base em critérios de eficiência concorrencial – começando, no caso vertente, pelo tão simples e óbvio critério do agrado da clientela –?

A liberdade é decerto o mais marcante dos aspectos distintivos do mercado face a outras instituições sociais. O participante no mercado tem, em princípio, plena liberdade de ingressar, de sair, de reingressar, as vezes que bem lhe aprouver – sem ter que suportar ambientes desfavoráveis, sem ter que se submeter a vontades maioritárias, sem ter que demonstrar qualquer solidariedade ou lealdade para com interesses alheios ou para com outras «normas» que não sejam as regras constituintes mínimas, as regras de jogo, as normas puramente «adjectivas» ou «procedimentais». Para usarmos uma muito sugestiva terminologia vulgarizada

---

[743] Makowski, L. & J.M. Ostroy (2001), 480.

[744] Refira-se que a ênfase na assimetria informativa começou por concentrar-se em factores *exógenos*, para depois se deter em factores *endógenos*, estes especificamente os relativos à diferente distribuição de informação entre partes. Cfr. Sandmo, A. (1999), 165ss..

[745] Veja-se a teoria do «oportunismo de mercado» desenvolvido em: Makowski, L. & J.M. Ostroy (2001), 481-482.

[746] O que também poderá ser revelador da relativa frequência com que ocorrem economias de escala. Cfr. Hall, R.E. (1988b), 921-947; Hall, R.E. (1990), 71-112; Shapiro, M.D. (1989), 181-225.

[747] Baker, J.B. (2003), 30ss.; Calabresi, G. (1968), 67-73; Genesove, D. & W.P. Mullin (2001), 379-398.

[748] Os custos de litigância também não ajudam nesse aspecto. Cfr. Salop, S.C. & L.J. White (1986), 1001-1064.

por Albert Hirschman[749], a maior parte das instituições reclama dos seus membros *lealdade* para com ela, e, recusando-lhe o direito de *saída*, de secessão, confere-lhes apenas uma *voz* com a qual se forma e legitima a vontade colectiva; não assim o mercado, que desdenha qualquer lealdade que lhe seja endereçada (os participantes deverão ser justos nas suas trocas, mas isso não significa qualquer lealdade para a com a instituição) e que, para bem e para mal, praticamente ignora a *voz* dos participantes, perpetuando-se antes na simples renovação dos seus mecanismos sinalizadores e equilibradores sem admitir grandes interferências políticas ou inflexões deliberadas em uníssonos, e deixando a todos a suprema liberdade de «votarem com os pés», ou seja, de ingressarem ou abandonarem a qualquer momento, manifestando com essas atitudes o seu grau de assentimento e de vontade de participação[750].

4 – b) – iv) A fluidez

Se existir, da parte dos participantes nas trocas, a consciência de que se trata efectivamente de um só mercado – ou seja, a percepção de que o objecto das trocas é uniforme, representando um só tipo de produto ou de factor de produção –, será possível a cada um proceder a uma avaliação mais rigorosa e objectiva dos interesses em presença: do custo, da utilidade, e da ponderação entre estes valores, expressa num preço.

Numa definição muito sintética, a fluidez há-de ser um conjunto de características e de circunstâncias que permitem ao consumidor não se deixar enganar pelos vendedores quanto à possibilidade de se proceder a uma simples comparação de preços (ou de relações «quantidade-preço») – que lhe permitem, em suma, aceder às vantagens da concorrência perfeita e da guerra de preços entre vendedores, adquirindo *o mesmo* produto ao preço mínimo, ou a máxima quantidade do *mesmo* produto a um dado preço (não desviando a sua atenção para outras informações que não as da relação quantidade-preço, por forma a imunizar-se contra as tentações de outras formas de concorrência imperfeita).

Sob um certo ponto de vista, trata-se de assegurar a transparência das motivações dos agentes, o seu acesso a valores reais com um mínimo de distorções, de erros, de motivos de desconfiança ou de perdas de informação; sob outro prisma, trata-se de maximizar a eficiência do conhecimento disponível ao agente, equilibrando o custo marginal da obtenção de informação mais perfeita com os ganhos marginais que poderiam advir desse acréscimo de informação.

Dito de outra forma ainda, a exigência de que não existam constrangimentos no desenvolvimento dos planos individuais de realização económica dentro do livre jogo do mercado é agora completada pela exigência de que não existam erros na formação desses planos de realização ou na avaliação dos meios que, para a consumação daqueles planos, são fornecidos pelo próprio mercado.

O vendedor de castanhas que consegue induzir em erro os seus clientes, por exemplo convencendo-os de que os produtos que vende têm propriedades milagrosas, ou sugerindo que os produtos oferecidos pela concorrência são nocivos para a saúde – ou são espanhóis... –, ou que os preços das castanhas devem seguir as subidas de preços de outros produtos – o preço do petróleo, por exemplo –, está a impedir que haja um desfecho eficiente e equilibrado das trocas de utilidades no mercado.

Para que um mercado veja funcionar no seu seio, sem entraves, o mecanismo dos preços com todas as suas consequências maximizadoras e equilibradoras, deve pressupor-se que nele existe pelo menos uma *predominância* de informação e de racionalidade, que permite discernir o que é igual e o que é diverso nos produtos *para lá das meras aparências*, facultando, àquele que opta, uma base para a adopção de critérios racionais – mormente a separação de mercados entre produtos objectivamente diferentes, mesmo quando sejam apresentados como similares, e a comparação de preços entre bens objectivamente iguais, permitindo escolher o mais barato, mesmo contra um esforço publicitário que, incidindo sobre alegadas diferenciações «*qualitativas*», tenta desviar a atenção do consumidor em relação aos preços, por forma a que ele não escolha em função deles – já que, ao fazê-lo, poderia dar origem a uma «guerra de preços» entre vendedores, com prejuízos generalizados para os concorrentes do lado da oferta. É essa combinação de informação com racionalidade que genericamente se designa como «*fluidez*».

Também aqui se reconhecerão os contributos decisivos que a «Sociedade da Informação» e a Internet deram para o aumento de transparência na demarcação e no funcionamento dos mercados: é que, ao mesmo tempo que reduz os «custos de transacção» da maior parte do comércio que pode seguir a via electrónica, ao mesmo tempo que propicia uma comunicação mais directa e menos intermediada entre os produtores «iniciais» e o consumidor final, e por isso permite uma comunicação mais personalizada e menos «standardizada», a Internet permite, como já referimos, uma

---

[749] Hirschman, A.O. (1970).
[750] Kurrild-Klitgaard, P. (2002), 123-158.

diminuição drástica de custos de busca e de comparação de preços e características dos produtos – até por
haver muitos processos de busca e comparação automáticas ao dispor dos utentes da «rede». Ora isso só
pode diminuir, por sua vez, tanto a dispersão de preços
(a possibilidade de preços muito diferentes para aquilo
que se reconheça ser basicamente o mesmo produto)
como a diferenciação enganosa de produtos (o esforço
publicitário de transmissão da convicção de *qualidade*,
isto é, de incomparabilidade entre produtos que se
possa comprovar serem *objectivamente* comparáveis,
como meio de tentar obviar à comparação de preços),
ao mesmo tempo que, aumentando a dimensão do mercado e facultando a entrada de novos concorrentes, restringe a impunidade daqueles que queiram aproveitar a
exiguidade das trocas ou a escassez de informação para
daí retirarem vantagens extraordinárias – como veremos que cronicamente sucede em contextos de «concorrência monopolística»[751].

Isso levou já alguns a sustentarem mesmo que o que
há de mais decisivo no advento da Internet não será
tanto a criação de novas condições tecnológicas de produção e de comunicação, e até de criação de novas
necessidades – sempre perspectivando aumentos de
produtividade, que consensualmente se associam à
Nova Economia[752] –, mas antes no muito marcado
incremento de informação disponível que propiciará ao
consumidor maior amplitude de escolhas (e por isso
maior elasticidade, maior resistência às subidas de preços) e maior transparência na avaliação dos produtos
que lhe são oferecidos (permitindo-lhe resistir mais
completamente à irracionalidade das convicções que
lhe são transmitidas)[753].

4 – b) – v) O nível concorrencial

A existência de um maior ou menor grau de atomicidade, de liberdade e de fluidez determinará, *em princípio*, que um mercado seja mais ou menos competitivo. Num extremo, encontraremos situações próximas
do paradigma da *concorrência perfeita*, caso em que
ninguém disporá de poder de mercado – no sentido já
referido de que todos, vendedores e compradores,

encararão os preços correntes como um *dado*, um valor
fixo, para cuja formação e evolução só podem contribuir colectivamente; todos agirão como *receptores
passivos* dos preços, como «*price takers*» –.

– Muitos mercados agrícolas aproximam-se desse paradigma da concorrência perfeita, pondo em presença e
fazendo interagir milhares ou milhões de compradores e
de vendedores, reportando-se a uma actividade onde não
existem muito óbvias barreiras económicas à entrada ou
saída, já que há ainda sectores agrícolas em que a sofisticação tecnológica e a intensidade de emprego de capitais não são muito pronunciadas, e transaccionando bens
cujas características – cuja uniformidade, em especial –
podem ser conhecidas pelos consumidores sem um
custo de informação desproporcionado. O consumidor
medianamente atento saberá perceber que nem todas as
diferenças qualitativas que lhe possam ser sugeridas
pelos vendedores de produtos agrícolas (a sugestão de
que a uva portuguesa é melhor do que a uva chilena, de
que as amêndoas de uma região são mais saborosas do
que as de outra, de que as maçãs apresentadas numa
embalagem são melhores do que as vendidas a granel)
serão reais, ou relevantes, ou suficientemente fortes para
justificarem uma escolha baseada noutros critérios que
não o dos preços.

– Recordemos, de passagem, um ponto já anteriormente
sublinhado, e que é o de que o paradigma neoclássico do
funcionamento do mercado tem sido constantemente
posto em cheque pela detecção de desvios e anomalias
comportamentais, todos demonstrativos da exuberante
riqueza psicológica das motivações, da sua superioridade face ao esquematismo mecanicista daquele paradigma, corolários do respeito realista pela sofisticação dos
agentes, pelas suas representações culturais, pelas suas
referências valorativas[754], nomeadamente as suas percepções sobre a «justiça» ou a «boa fé» nas transacções[755] – o que se adequa à natureza institucional dos
mercados, que muitas vezes se limitam a estender às
necessidades económicas um mecanismo de permutas e
compromissos «em rede» que subjaz ao tecido social[756].
Por essa razão não apenas se torna difícil concluirmos
pela existência de uma situação de *concorrência perfeita*, como difícil se torna, sem excessivo esquematismo e

---

[751] Litan, R.E. & A.M. Rivlin (2001), 314-315.

[752] Litan, R.E. & A.M. Rivlin (2001b).

[753] Litan, R.E. & A.M. Rivlin (2001), 317.

[754] Veja-se sobretudo: Hogarth, R.M. & M.W. Reder (1987). Para algumas análises parcelares, cfr. Binswanger, H.P. (1980), 395-407; Cox,
J.C. & D.M. Grether (1996), 381-405; Forsythe, R., F. Nelson, G.R. Neumann & J. Wright (1992), 1142-1161; Fouraker, L.E. & S. Siegel
(1963); Kachelmeier, S.J. & M. Shehata (1992), 1120-1141; Kahneman, D. & A. Tversky (1979), 263-291; Siegel, S. (1959), 303-316; Soper,
B. & G. Gigiolotti (1993), 311-336.

[755] Franciosi, R., P. Kujal, R. Michelitsch, V. Smith & G. Deng (1995), 938-950; Kahneman, D., J.L. Knetsch & R.H. Thaler (1986), 728-
-741; Siegel, S. & L.E. Fouraker (1960), 20ss..

[756] Henrich, J. (2000), 973-979.

perda de conteúdo, demarcarmos *rigorosamente* entre elas as várias formas que o mercado pode concretamente assumir.

Assentemos assim, com as devidas cautelas, que no outro extremo da *concorrência perfeita* temos situações em que o *poder de mercado* se manifesta através da formação de preços, não pela acção combinada das forças em concorrência, mas pela vontade de um único agente ou de um grupo restrito de agentes, para os quais os preços correntes deixam de constituir um dado para passarem a ser uma *variável*, que eles conseguem manipular dentro de certos limites – passando, pois, à categoria de *«price makers»* –. Embora, pelas razões que veremos, ninguém disponha de um poder absoluto ou irrestrito no mercado, mesmo um poder simples e confinado já basta para que o funcionamento desse mercado conduza a desfechos diferentes daqueles que seriam proporcionados pelo equilíbrio concorrencial.

Nalguns casos, a situação é de *monopólio* ou de *monopsónio*, conforme haja apenas um vendedor ou um único comprador[757]; noutros casos, a situação é de *oligopólio* ou de *oligopsónio*, se houver um número tão restrito de vendedores ou de compradores que não se possa considerar que existe atomicidade; noutros casos ainda, a concorrência do mercado procura deliberadamente sacrificar a fluidez, apostando cada vendedor na diferenciação dos seus produtos e na segmentação do mercado em pequenos «nichos de exclusividade», por forma a ser alcançado, dentro do âmbito limitado da fidelização da clientela, algum poder de mercado e algum ascendente dos vendedores sobre os consumidores – casos em que se dirá ocorrer a situação peculiar da *concorrência monopolística*, uma forma de concorrência na qual todos vendem produtos similares, procurando conquistar clientela através da diferenciação ostensiva (real ou aparente) desses produtos.

As comunicações telefónicas locais através de rede fixa ainda não há muito eram objecto de um monopólio estadualmente protegido, cujo fim parece juridicamente consumado ao mesmo tempo que se constituem monopólios absolutamente idênticos, como o da distribuição de sinal televisivo por cabo; consumado o fim jurídico da protecção ao monopólio, subsiste o problema de se determinar se, dada a dimensão do mercado, o nível tradicional de preços e as condições tecnológicas, pode «criar-se mercado» para a potencial concorrência ou perdurará uma situação de «monopólio de facto» ou até de «monopólio natural»[758]. Os bancos, as companhias seguradoras, as companhias aéreas, as redes de telemóveis, apresentam-se no mercado como oligopolistas, sendo que, se por vezes tiram partido dessa circunstância para reduzirem o nível de concorrência no mercado, outras vezes intensificam elas próprias, de modo drástico, esse nível de competição. Os restaurantes, os ginásios, os cabeleireiros surgem no mercado envoltos nas características de uma concorrência monopolística, que aposta tudo na diferenciação – mesmo quando ela não existe – como forma de evitar que a fluidez devolva o poder aos consumidores, e a essa devolução se siga uma «guerra de preços» que os vendedores, na sua atomicidade, seriam impotentes para contrariar[759].

Quando nos aproximamos do paradigma da concorrência perfeita, começamos efectivamente a constatar que nessa situação todo o comportamento gravita em torno da relação quantidade-preço, a constatar que vende quem apresenta a melhor das relações possíveis, e que todos os vendedores que ficam aquém dos valores extremos desse binómio correm o risco de serem excluídos das livres preferências dos consumidores, e portanto das transacções, do mercado. Todos sabem que, por definição (dada a necessária verificação do requisito «fluidez»), na concorrência perfeita o objecto das negociações e das transacções é sempre o mesmo, é indiferenciado, pelo que o vendedor que vence na competição não é aquele que apresenta o melhor produto – dado não haver, também por definição, produtos melhores ou piores –, mas aquele que faz o melhor preço; ou seja, aquele que, naquelas condições de ausência de possibilidade de escolhas qualitativas[760], mais favorece o consumidor.

Se recordarmos que todo o processo económico deve conduzir à satisfação de necessidades e que o consumidor é aquele que experimenta essas necessidades e se esforça por satisfazê-las, compreende-se o favor com que os economistas sempre encararam este paradigma da concorrência perfeita que *parece assegurar*, com espontaneidade – e por isso, com o custo mínimo –, a satisfação máxima do consumidor. Note-se, contudo, que se trata da satisfação tal como ela pode ser apreciada em termos puramente *quantitativos*, razão pela qual há sempre lugar à alegação de que o consumidor retira um suplemento de satisfação da existência

---

[757] Deve-se essencialmente a Joan Robinson o conceito de «monopsónio». Cfr. Robinson, J. (1969), 215.

[758] Buigues, P. (2001), 51-66.

[759] Spence, M. (1976), 217-235.

[760] O que fica subentendido é que é efectivamente impossível qualquer diferenciação de atributos nos objectos das transacções, e portanto também o estabelecimento de correspondências entre eles e escalas de preferências *qualitativas*, associadas com o arbítrio do consumidor na formação dos seus gostos – pelo que a concorrência perfeita não deixa a este muita margem para além da sua actuação como mero *«cyborg»* maximizador. Cfr. Rosen, S. (2002), 3.

de variedade qualitativa, da possibilidade de escolha em ambientes de diversificação, argumento que favorece a alternativa da *concorrência monopolística*.

Como o paradigma do mercado concorrencial, aquele que se aproxima da concorrência perfeita, é, além do que dissemos, o mais fácil de analisar, começaremos por pressupô-lo na referência aos mecanismos essenciais do funcionamento do mercado, e só mais tarde nos preocuparemos com as situações que representam afastamentos deste ponto de partida – sem que com isso se queira deixar subentendida qualquer preferência por um dos modelos possíveis de mercado.

4 – c) Factores da oferta num mercado concorrencial

Tal como o problema da escassez tem sido considerado o problema central da economia, também o mecanismo da oferta e da procura é considerado o instrumento analítico básico da ciência económica, especialmente pelo que ele permite em termos de previsão de efeitos nos preços e nas quantidades transaccionadas de algumas modificações de circunstâncias de mercado, e em termos de explicação do modo através do qual os «votos monetários» dos indivíduos contribuem para a tomada das decisões gerais relevantes para toda a economia.

A *oferta* designa a posição dos vendedores no mercado – tanto a dos que vendem produtos como a daqueles que disponibilizam os factores produtivos no respectivo mercado –, sendo a quantidade oferecida função do conjunto de produtos (bens e serviços) de que os vendedores dispõem e são capazes de vender, dado um nível de preços.

Mas, como veremos de seguida, não é só do preço que depende a atitude da oferta, existindo ainda muitas outras determinantes do nível e da variação da oferta, como por exemplo:

- a dimensão do sector, na medida em que a entrada e saída de produtores faz variar a oferta a qualquer nível de preços;
- o progresso tecnológico;
- o custo dos factores de produção;
- o preço de bens relacionados na produção com o bem ou serviço oferecido – em termos de se poder comparar a decisão de produzir aquele bem ou serviço com a produtividade e rentabilidade de produções alternativas;
- a organização do mercado;
- os choques exógenos aleatórios, como conflitos violentos, doenças ou cataclismos naturais;
- as finalidades do produtor, na medida em que nem sempre elas consistirão na maximização do lucro;
- as expectativas dos produtores-vendedores quanto

à evolução do mercado e dos preços.

Vejamos agora com mais detalhe alguns desses factores determinantes da oferta.

4 – c) – i) Preços

Em princípio, quanto mais elevados são os preços, maior é a oferta, e quanto mais baixos, menor a oferta; isto, que estatisticamente se designa como uma *correlação directa* entre preços e quantidades oferecidas, corresponde ao conceito económico de «Lei da Oferta», uma tendência (*ceteris paribus*) da oferta para acompanhar, no mesmo sentido, as variações dos preços.

É que produzir ou obter um bem para o oferecer no mercado envolve custos – e por isso, quanto mais elevados são os preços, maior é a possibilidade de esses custos serem cobertos pelo total da receita obtida com as vendas, e de se obter até um remanescente de rendimento que premeia o esforço do vendedor (e que designaremos indiferentemente como «excedente do produtor» ou como «lucro»). E quanto mais baixos os preços, menor é essa possibilidade, a qual pode de resto eclipsar-se totalmente se porventura o nível de preços não permitir sequer cobrir os custos, caso em que o vendedor deverá retirar-se do mercado, anulando a sua participação no total da oferta. Dito de outro modo, mesmo um preço baixo será compensador para o produtor se a quantidade produzida for escassa, mas só um preço elevado recobrirá a elevação de custos marginais inerente a uma produção mais volumosa.

O aumento da oferta tende a fazer-se, no curto prazo, a custos crescentes, com perdas marginais de eficiência que têm a ver com o facto de a intensificação do emprego de recursos produtivos «esbarrar» com diferentes insusceptibilidades de expansão, dado que alguns factores estão, pelas suas próprias características, absolutamente limitados na sua resposta imediata às variações de solicitações do mercado.

Dir-se-á ainda que a escala da oferta (ou *curva* da oferta, entendendo-se por *curva* toda a linha num gráfico, independentemente da sua forma específica) parte de um «ponto inicial», ou seja, do ponto em que, estando o preço de mercado *abaixo* do custo de produção da primeira dose de um bem ou serviço, nada se produz. Aquele que é já vendedor e veja o preço de mercado aproximar-se desse ponto inicial deverá ponderar seriamente uma decisão de abandonar o mercado.

Aspecto decisivo é que em caso algum é racional produzir um bem cujo preço seja inferior ao seu custo marginal, pelo que qualquer subida do preço em relação ao nível do custo marginal incentiva racionalmente a produzir mais; e, por seu lado, produzir mais, se envolve custos marginais crescentes, só se justificará se essa subida de custos for mesmo assim coberta por uma subida proporcional, ou mais que proporcional, dos preços.

A curva da oferta representa, pois, o conjunto de pontos mínimos da *disposição de vender* – o preço mínimo a que alguém julgará compensador produzir e vender mais uma unidade de um bem ou serviço.

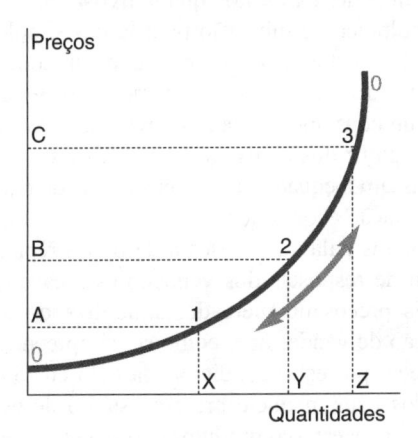

Gráfico 4.1

OO: curva da oferta
X: quantidade oferecida ao preço A
Y: quantidade oferecida ao preço B
Z: quantidade oferecida ao preço C
1 - 2 - 3 - 2 - 1: deslocações *ao longo da curva* OO

4 – c) – ii) Custo dos factores

Se a produção é o fruto de uma combinação de factores, os custos da produção hão-de consistir essencialmente na remuneração que esses factores reclamam pela sua participação no processo produtivo. Se porventura essa remuneração varia, natural é que isso se repercuta no nível de produção, e portanto de oferta, gerando-se uma *correlação inversa*, que essencialmente consiste no facto de, *ceteris paribus*, o aumento dos custos tender a reduzir os incentivos à produção e a diminuir a oferta, e de a diminuição dos custos tender ao aumento da oferta.

Note-se que a expressão «factores» designa aqui o conjunto total dos «*inputs*» da produção, incluindo nestes as próprias matérias-primas – visto que a variação do custo destas tem precisamente o mesmo efeito na escala da oferta que aquele que decorre das variações de custos dos demais factores. Um aumento de preço das matérias-primas – por exemplo, o choque de um declínio nas pescas sobre a indústria de conservas –

predisporá os vendedores a venderem menos quantidade de produtos a cada um dos níveis de preços possíveis, suscitando por sua vez uma outra reacção da parte dos compradores, da amplitude da qual dependerá o novo binómio «preço – quantidade» que definirá o equilíbrio de mercado.

4 – c) – iii) Rendibilidade de produções alternativas

A iniciativa de produzir e oferecer bens no mercado há-de resultar de uma decisão livre, a qual é precedida de uma ponderação de opções: aquele que se propõe empreender um processo produtivo e dispõe dos meios necessários a vários tipos de produção optará pelo que seja mais susceptível de lhe proporcionar um lucro, ou seja, o maior rendimento residual que subsista depois da remuneração dos factores – o que equivale a dizer, o maior rendimento total, o menor custo total, ou a coincidência de ambos.

Se porventura subsistir durante o processo produtivo uma flexibilidade de afectação de recursos que permita ao empresário deslocar-se agilmente para a produção que em cada momento seja a mais rentável – ou seja, se for grande a mobilidade dos factores – a oferta de um bem restringir-se-á drasticamente se aumentar a rendibilidade, a susceptibilidade de lucro, de outras produções às quais possam ser afectados, sem grande perda de eficiência, os factores já disponíveis[761]; e expandir-se-á se essas produções alternativas conhecerem quebras de rendibilidade, tornando-se, pois, menos atraentes – duas reacções que não passam, afinal, de ilustrações da noção de custo de oportunidade.

Por outro lado, não podemos perder de vista que existem bens sucedâneos na produção, ou seja, bens que disputam entre eles recursos produtivos – verificando-se que produzir mais de um implica produzir menos de outro, sendo pois que o aumento da oferta de um bem implica a diminuição da oferta dos seus sucedâneos.

> Uma fábrica que, com os seus recursos limitados, esteja apta a produzir tanto pregos como parafusos produzirá, em laboração plena, tanto menos pregos quanto mais parafusos produzir, e vice-versa; quanto mais uvas um vinhateiro vender para consumo como frutos, menos vinho produzirá, e quanto mais vinho produzir menos «uvas de mesa» restarão para venda.

Por outro lado, há bens de produção conjunta, ou complementares na produção, bens que são produzidos, ou deixam de o ser, quando outros também o são, caso em que, aumentando a oferta de um bem, porque

---

[761] Veremos adiante que esta intuição subjaz à distinção entre as acepções *económica* e *contabilística* de «lucro».

por exemplo aumentou o respectivo preço, se seguirá o incremento da oferta do outro.

Por exemplo, quanto maior for a produção de carne de bovino mais abundante será a matéria-prima disponível para a indústria de curtumes, quanto mais abundante for a serração de tábuas de madeira maior será a oferta de aglomerados e de aparas de madeira, e de serradura.

4 – c) – iv) Tecnologia

Sob um certo prisma, a tecnologia influi no nível da oferta exclusivamente por via dos custos de produção, já que os progressos da tecnologia tendem a reduzi-los – como é tão eloquentemente ilustrado pela incidência do progresso tecnológico na queda dos preços dos computadores pessoais (ou na constante melhoria da relação «qualidade - preço» nos computadores de gama média).

– Os computadores não têm na realidade descido muito de preço, mas o que tem decaído, e a uma velocidade vertiginosa, é o custo por unidade de *velocidade de processamento*, de *capacidade de armazenamento*, de *capacidades multimédia*, de fiabilidade e de modularidade, etc.; trata-se, portanto, de uma queda no preço dos *atributos* dos computadores, o que requer uma forma de aferição muito mais sofisticada do que aquela que seria reclamada por uma simples queda de preço por computador – especificamente, uma aferição através da técnica da «regressão hedónica»[762].

– Essa constatação corresponde àquilo que se tem designado por «*Lei de Moore*», que estabelecia que o preço da «potência computacional» tendia a reduzir-se a metade em cada 18 meses[763], cadência que actualmente acelerou para cadências de menos de 12 meses[764], o que por si só explica muito quanto às virtualidades que foram associadas ao advento da *Nova Economia*, na qual se vislumbrava a possibilidade, inédita na história económica, de se inverterem algumas leis de produtividade marginal declinante e se assistir a «explosões de produtividade» sempre superiores à tendência de fundo para o crescimento económico[765] – só assim não sucedendo porque, como Gary Becker pioneiramente advertiu[766], o aumento das capacidades de computação não poderia deixar de ser contrariado pelos limites mais ou menos fixos do tempo disponível para o uso dos computadores, havendo por isso a considerar a limitação do factor humano no «*interface*» com máquinas cada vez mais potentes[767].

Na realidade, os «saltos qualitativos» que a evolução tecnológica permite vão para lá das simples incidências nos custos, e prendem-se também com as possibilidades de geração de novos mercados e de novos hábitos de consumo – criando novos patamares qualitativos a partir dos quais os produtores e os consumidores passam a equacionar os seus níveis de realização e de satisfação económicas.

Por outras palavras, a escala da oferta representa o conjunto de respostas dos vendedores a cada um dos possíveis preços de mercado, simbolizando afinal a disposição de vender que, como se compreenderá, há-de começar por estar condicionada pelo custo de produção dos bens, naquele preciso estádio de evolução tecnológica. Mesmo o produtor que se esforça exclusivamente por minimizar os seus custos médios tem interesse em identificar, através do conhecimento tecnológico, os factores menos custosos e mais eficientes, pois é deles que depende essa minimização de custos – dentro de um universo finito que, como vimos a propósito da «fronteira de possibilidades de produção», está balizado por «encostas de custos de oportunidade crescentes», e por isso não permite expansões da oferta a ritmos que possivelmente seriam os sonhados por todos aqueles que desejam o crescimento veloz e a prosperidade quase instantânea[768].

Mas o vendedor atento à totalidade das virtualidades do progresso tecnológico não deixará de explorar também a capacidade de condicionamento das necessidades dos consumidores, induzindo-os a procurarem uma melhoria *qualitativa* no seu grau de satisfação, que se prende com a multiplicação de necessidades secundárias (ou civilizacionais) e com o seu lento trânsito para o estatuto de necessidades primárias (ou vitais): significando isso que, para todos nós, o progresso económico é uma coisa positiva porque em última análise nos

[762] Chow, G.C. (1967), 1117-1130; Gordon, R.J. (2000), 50.

[763] Ficando subentendido um crescimento exponencial daquela «potência» a um ritmo de cerca de 35 a 45% ao ano, o que dará um resultado cumulativo de redução de custos na ordem dos 10 mil milhões de vezes em 50 anos. Cfr. Jorgenson, D.W. (2001), 3.

[764] A referência é a Gordon E. Moore, um Director de Pesquisa na empresa *Fairchild Semiconductor*, que em 1965 teve essa intuição assente no aumento do número de transístores por «chip», intuição que os factos rapidamente confirmariam, e continuam a confirmar. Cfr. Gordon, R.J. (2000), 51; Ruttan, V.W. (2001), 316-367.

[765] Gordon, R.J. (1993), 271-316.

[766] Becker, G.S. (1965), 493-517.

[767] Gordon, R.J. (2000), 62.

[768] Boldrin, M. & D.K. Levine (2002), 18-41.

permite *viver melhor*, e não apenas *sobreviver*, porque nos permite encarar uma certa *qualidade de vida* como um limiar mínimo aceitável de sobrevivência dentro de um contexto social e civilizacional determinado – mesmo que o preço a pagar seja a absoluta dependência de meios tecnologicamente sofisticados (ocorre-nos imediatamente o exemplo dos cuidados de saúde). Em termos esquemáticos, concluir-se-á que o progresso tecnológico pode propiciar tanto a expansão da oferta como a da procura, assegurando ganhos mútuos através do incremento das trocas.

4 – c) – v) Dimensão do produtor

O nível da oferta dependerá em muitas situações da dimensão do produtor – aquela que ele tenha efectivamente, e aquela que lhe seja possível atingir dentro dos limites de um determinado mercado (dado, por exemplo, o número de vendedores concorrentes que compõem ou podem compor o lado da oferta) –.

Em muitos casos, ultrapassada uma certa dimensão mínima, o produtor pode começar a experimentar um abaixamento dos custos unitários dos seus produtos, tornando-se desse modo tanto mais eficiente quanto maior for a escala da sua produção: dir-se-á nesses casos que a dimensão do mercado, especificamente a susceptibilidade de saturação do mercado com um só produto, é o único limite aparente ao crescimento do produtor – embora haja outros limites, como o da perda de eficiência que possa ocorrer em resultado desse crescimento –.

Mas também há muitos casos em que o incremento da dimensão do produtor não só não é possível, dada a limitação absoluta do mercado, como pode inclusivamente redundar em diminuições da oferta – por envolver custos marginais crescentes, por exemplo.

4 – c) – vi) Objectivos do produtor

Uma subida de preços pode não induzir imediatamente um aumento de oferta, se porventura o produtor pauta, normal ou episodicamente, a sua conduta por outros objectivos que não o da imediata maximização de lucros, nomeadamente por considerações estratégicas como as seguintes:

– o produtor pode estar à espera de que os seus concorrentes acompanhem a subida de preços para, resistindo a ela, alargar o seu «nicho» de clientela à custa daqueles;

– pode preferir não aumentar a oferta para não ficar refém da sua capacidade de resposta, já que revelar a total amplitude dessa capacidade limitaria o futuro recurso a uma restrição unilateral da oferta, destinada por exemplo a travar uma queda de preços (um problema de credibilidade, pois);

– pode estar no limite da escala de eficiência, preferindo não arriscar um aumento de produção que viesse a traduzir-se num agravamento progressivo dos custos.

4 – c) – vii) Expectativas

O nível actual da oferta pode depender de simples expectativas quanto à próxima evolução do mercado: aquele que prevê uma queda de preços tentará vender imediatamente o seu *stock* de produtos, muitas vezes desencadeando, com essa atitude, a própria queda de preços de que aparentemente fugia; aquele que prevê uma subida de preços procurará açambarcar os produtos, restringindo a oferta até que os preços subam efectivamente, atitude especulativa que, por sua vez, tenderá a provocar por si mesma a subida prevista.

Designa-se às vezes por «*efeito de Édipo*» (ou «*self-fulfilling prophecy*») esta capacidade que têm as previsões para desencadearem, por elas próprias, os efeitos previstos. A antecipação das condições da oferta por meio de simples previsões é uma de várias situações que deixam transparecer o muito que há de convencional, de psicologicamente representado, na actividade económica: a racionalidade, o cálculo de benefícios e de custos de oportunidade, espraia-se no tempo, *desliza* temporalmente sem fronteiras muito definidas, e faz com que muitas vezes se actue no presente com olhos postos no futuro, se aja e reaja em função de situações meramente conjecturadas, *tornando-as reais* (sendo que isso é especialmente propiciado pelo fenómeno monetário, visto que a existência de um instrumento geral de trocas que não perde a sua validade no futuro permite aos agentes económicos o referido «deslizamento temporal» dos seus planos de actuação).

Veremos adiante o quanto as expectativas são cruciais para a configuração global do fenómeno económico, seja na consolidação do equilíbrio geral dos mercados (colmatando nomeadamente as brechas provocadas pela *incerteza*), seja na sustentação da dinâmica macroeconómica (quer reforçando quer destruindo os esforços de estabilização)[769].

Mas por ora retenhamos apenas que as expectativas são capazes de induzir deslocações da oferta, e deslocações que poderão afigurar-se como surpreendentes,

---

769 Farmer, R.E.A. (1999).

visto que elas não são provocadas por nada de efectivo e real, mas pela mera representação de *possibilidades* – um traço de irrealidade com efeitos bem reais.

4 – d) Factores da procura num mercado concorrencial

A quantidade procurada dos bens e serviços há-de resultar de uma *disposição* para suportar os custos da aquisição e de uma determinada *capacidade* económica para arcar com essa aquisição. A *procura* é, pois, a quantidade de produtos que as famílias e as empresas *decidem* comprar, dada a relação entre as suas limitações orçamentais e o nível dos preços daqueles produtos. Fala-se por vezes da «função da procura» e da «função da oferta»: as «funções» da oferta e da procura são equações que evidenciam a relação matemática entre a quantidade procurada e oferecida e as várias determinantes da procura e da oferta; especificamente, essa relação matemática é uma regressão estatística, conduzindo a análises *econométricas* dos dois fenómenos de mercado.

A procura define-se em termos de uma capacidade e disposição *efectivas* de pagar, não se confundindo com aqueles desejos mais remotos dos consumidores, que eles se representam como valiosos mas para os quais não dispõem de meios de aquisição, ou, dispondo deles, não se convencem a despendê-los: o facto de muita gente sonhar com a possibilidade de vir um dia a ser proprietária de um palácio não faz só por si com que a procura de palácios se intensifique.

Além dos preços, outros factores podem influenciar o nível da procura, destacando-se entre eles:

– mudanças no rendimento médio dos consumidores, com efeitos de *elasticidade-rendimento* que levam à quebra da procura de *bens inferiores* quando o rendimento do consumidor sobe;
– mudanças nas preferências ou gostos dos consumidores, seja ou não por influência de uma campanha publicitária promovida pelos próprios produtores;
– o nível dos preços de produtos relacionados com os produtos em causa;
– a dimensão da população de consumidores;
– condições especiais de exacerbação de necessidades, como variações climatéricas, ou perturbações nas condições de saúde e de segurança, por exemplo;
– as expectativas;

– o quadro distributivo e redistributivo de rendimentos, ou seja, o poder de compra que efectivamente chega às mãos (aos bolsos) dos consumidores.

4 – d) – i) Os preços

Visto que o *custo* de aquisição é o principal reflexo da escassez relativa dos bens, do ponto de vista daqueles que querem adquiri-los, normalmente há-de procurar-se maior quantidade quanto menor for o preço, e menor quantidade quanto mais elevado o preço for. Dada a limitação orçamental com que se debate cada consumidor, quanto menor for o preço unitário maior será o número de unidades que se pode adquirir pelo mesmo valor total.

Isto, que em termos estatísticos se qualifica como uma *correlação inversa* entre preços e quantidades procuradas, é designado pela Economia como a «Lei da Procura» (ou «lei da procura decrescente»), nos termos da qual a procura tende, *ceteris paribus*, a diminuir quando ocorre uma subida de preços, e tende a aumentar por ocasião de uma queda dos preços.

Este princípio geral não é isento de excepções, como aquela que ocorre sempre que os consumidores são levados (por escassez ou assimetria informativa) a associar a qualidade dos produtos ao respectivo preço, ou aquela outra em que a motivação principal do consumo é a da ostentação do exclusivo proporcionado pelo poder de compra – casos em que ocorrerá uma *correlação directa* entre a variação dos preços e a variação da procura.

A futilidade é um poderoso motor da actividade económica, e não falta quem se entregue aos mais obstinados esforços de acumulação de rendimento e de dispêndio em consumos de luxo com o único fito de «impressionar a vizinhança». Na realidade, a prosperidade económica não é (tal como a pobreza) verdadeiramente um dado objectivo, uma fronteira de validade universal, e ela define-se quase invariavelmente em função de um determinado contexto social e cultural, em função de uma comparação que se confina aos membros desse contexto – pelo que a prosperidade individual, o «sucesso económico», são conceitos eminentemente relativizáveis, e por isso acabam por se encontrar associados à futilidade da ostentação, do «consumo conspícuo», do «consumo para impressionar», de que falou Thorstein Veblen[770/771].

Ter «sucesso económico» significa assim, para a esmagadora maioria das pessoas, ter meios de suporte

---

[770] Veblen, T. (1899).
[771] Ver ainda: Bagwell, L.S. & B.D. Bernheim (1996), 349-373; Corneo, G. & O. Jeanne (1997), 55-71.

de uma ostentação com sabor a *vitória* na comparação e na emulação em que se afere a riqueza pessoal e a posição social que essa riqueza confere – como sugestivamente se sustenta na «hipótese do rendimento relativo» formulada por James Duesenberry[772/773]. Trata-se aliás de um corolário derivável dos factos da coesão e da interdependência, que faz da *comparabilidade intersubjectiva* um factor de pressão, seja no sentido da discrição, do pudor anti-ostentativo (tendo-se por cruel e anti-social o estadear de riqueza no meio da miséria), seja no sentido da «vaidade do exclusivo» com que culmina a ostentação (e alimenta o fascínio popular com aquilo que, em cada meio, se considera ser o seu *«jet-set»*) – ambos casos de *externalização* (negativa ou positiva, dependendo da perspectiva)[774].

Apesar destas excepções que, aparentemente exóticas, todos reconhecemos como razoavelmente frequentes (diria um moralista, *dolorosamente* frequentes), regressemos à confirmação do princípio básico, qualquer de nós podendo imaginar que compraria mais livros se o preço destes fosse mais baixo, que faria mais telefonemas, ou telefonemas mais longos, se as tarifas descessem; qualquer de nós sabendo que uma subida das taxas de juro tende a diminuir o recurso ao crédito para habitação, e que o preço elevado das viagens torna os locais muito longínquos relativamente pouco procurados como destinos de férias.

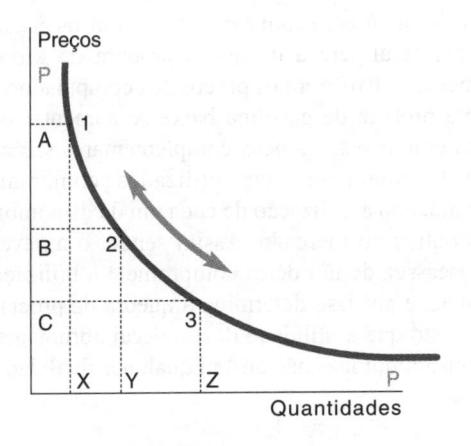

Gráfico 4.2

PP: curva da procura
X: quantidade procurada ao preço A
Y: quantidade procurada ao preço B
Z: quantidade procurada ao preço C
1 - 2 - 3 - 2 - 1: deslocações *ao longo da curva* PP

Note-se que a escala da procura representa o panorama das escolhas possíveis para cada nível de preços dentro de um período de tempo delimitado: incluir na representação da curva da procura dados respeitantes a diferentes períodos é abusar do pressuposto *ceteris paribus* – que realisticamente não pode manter-se por longos períodos de tempo –, a menos que, em vez de uma escala da procura, se queira determinar a evolução cronológica dos níveis da procura efectiva de um produto, o que é coisa inteiramente distinta, pois esta representação diacrónica não nos dá qualquer indicação da amplitude e tendência da disposição de comprar em função do preço, indicação que a curva da procura visa fornecer sinteticamente.

Refira-se ainda que uma das imperfeições mais graves e mais correntes nos sucedâneos planificadores ao mecanismo do mercado é o de pressuporem que é possível determinar *uma única quantidade procurada*, uma única solicitação que a resposta providencial poderia satisfazer. Bem pelo contrário, o mercado livre demonstra que não há uma única quantidade procurada, mas tantas quantos os preços possíveis, pelo que tudo depende do preço que prevaleça, e da interacção que se gere entre esse preço e a reacção dos potenciais compradores. Um Estado planificador não pode contar tão-pouco com uma *capacidade produtiva* que possa reduzir-se a uma quantidade fixa, única, já que o nível de produção e de rendimento há-de depender essencialmente dos incentivos com que a oferta se depare, e em especial dependerá da sinalização dos preços, havendo tantos níveis de oferta quantos os preços possíveis.

Aproveitemos para sublinhar aqui uma das vinte ideias a reter depois do exame final: Os preços sinalizam e incentivam os agentes num mercado.

4 – d) – ii) O rendimento disponível

Dissemos já que não basta a disposição de adquirir bens ou serviços, sendo necessário ainda, para que haja efectivamente procura, que exista a capacidade para suportar o pagamento dos preços respectivos: quem não sonhou já em adquirir alguma coisa que está para além das suas posses (o palácio da que falávamos há pouco)? Assim, a procura individual dependerá do nível de rendimento de que cada um disponha, e poderá oscilar em função das próprias variações desse rendimento: um dos aliciantes de se ser mais rico consiste

[772] Duesenberry, J.S. (1949).
[773] Frey, B.S. & A. Stutzer (2002b), 411.
[774] Grilo, I., O. Shy & J.-F. Thisse (2001), 385-408.

precisamente nessa possibilidade de se alterar os padrões de consumo, passando a satisfazer as mesmas necessidades através do emprego de maior número de produtos, ou através do recurso a bens e serviços que reputemos mais sofisticados, mais capazes de nos aproximarem de forma rápida e equilibrada de patamares mais elevados de satisfação.

O problema primordial de qualquer consumidor é, pois, relativo ao destino a dar ao rendimento de que possa dispor – essencialmente o rendimento líquido de impostos ou de outras despesas *obrigatórias* – na afectação entre finalidades alternativas que lhe é possibilitada pelos meios de que o rendimento se compõe.

Existe normalmente uma *correlação directa* entre oscilações de rendimento e variações de quantidades consumidas – e porque assim é, designa-se por *bens normais* (incluindo os bens *superiores*, ou bens normais *«de luxo»*) aqueles cujo consumo aumenta com os aumentos do rendimento disponível dos consumidores[775]. Contrapõem-se-lhes os *bens inferiores*, aqueles cujo consumo tende a evidenciar uma *correlação inversa* com as variações do rendimento, tendendo portanto a diminuir quando o rendimento aumenta, e a aumentar quando o rendimento diminui.

> Podemos dar como exemplo de *bem normal* a carne, já que a carne tende a ocupar um lugar de crescente importância na dieta do consumidor à medida que ele enriquece, e a perder essa importância se ele empobrece, sendo também que o consumo de carne se aproxima de uma proporcionalidade directa com o nível de riqueza dos diversos países, sendo manifestamente superior o seu consumo nos países mais ricos; o mesmo poderíamos dizer da energia eléctrica, ou dos livros. Exemplos de *bens superiores* são as roupas e os móveis *«de design»*, as férias em locais exóticos, os automóveis *«topo de gama»*. E daremos como exemplos de *bens inferiores* o perfume barato, o vinho corrente, alguns tipos de transportes públicos.

Falaremos adiante de outras excepções à *correlação directa* entre oscilações de rendimento e variações de quantidades consumidas.

4 – d) – iii) A existência de bens sucedâneos e complementares

A procura de um bem pode muitas vezes não depender do respectivo preço, ou das condições em que é apresentado no mercado – mas sim das condições e preços de outros bens, que por alguma razão os consumidores associam àquele (de pouco adiantam alegações de *objectividade* na análise das preferências dos consumidores).

Se a baixa do preço de um bem determina habitualmente a quebra da procura de outros bens, ou se o aumento do preço de um é habitualmente acompanhado do aumento do volume de venda dos demais, dir-se-á de todos eles que são *sucedâneos* uns dos outros. Os bens sucedâneos disputam entre eles a preferência do consumidor, pelo que a primazia concedida a um se faz sempre em detrimento do consumo dos outros (a medida em que isso sucede permitirá distinguir sucedâneos *perfeitos* e sucedâneos *imperfeitos*). Compreende-se assim que essa disputa entre bens sucedâneos assente na ponderação relativa dos seus preços: aquele que se apresentar no mercado com o preço relativo mais favorável ao consumidor de certo modo empurra para fora do mercado os seus sucedâneos.

> Como exemplos de bens sucedâneos poderemos indicar o óleo alimentar e o azeite, a manteiga e a margarina, e crescentemente a rede fixa e a rede móvel das comunicações telefónicas.

Uma situação oposta a esta é a dos bens *complementares*, caso em que a procura de um bem revelará uma *correlação directa* com a procura de outros bens: a tendência geral será a de que a procura de *«software»* aumente se baixarem os preços dos computadores, e de que a procura de gasolina baixe se aumentar o preço dos automóveis. Os bens complementares são aqueles que habitualmente são utilizados conjuntamente, dependendo a utilização de cada um da disponibilidade dos outros no mercado. Assim sendo, o agravamento da escassez de um deles compromete a utilização dos demais, e por isso determina a quebra da procura destes, visto que a utilidade destes decai abruptamente se o consumidor lhes não atribui qualquer finalidade autónoma.

> Por exemplo, de que vale um excelente *«software»* se o preço dos computadores se agravou tanto que se tornou proibitivo adquirir um computador? E de que vale ter um computador se é o *«software»* indispensável ao seu funcionamento que atingiu preços proibitivos? Na comparação entre dois computadores com características equiva-

---

[775] Em bom rigor, dado que, como melhor veremos adiante, são abarcáveis ainda na classe dos *bens normais* aqueles cuja elasticidade-rendimento é igual a zero (por exclusão dos *bens inferiores* cuja elasticidade-rendimento é inferior a zero), definiríamos *bens normais* como todos aqueles cuja procura *não diminui* com aumentos de rendimento disponível dos consumidores, *nem aumenta* com as quebras desse rendimento. Veremos também que os bens superiores são aqueles a que corresponde uma elasticidade-rendimento maior do que 1, ou seja aqueles cuja procura varia *mais do que proporcionalmente* em relação às variações do rendimento disponível.

lentes, não seremos nós levados a comprar aquele que traz mais «*software*» incorporado? Não será de esperar uma queda das vendas de automóveis se o preço dos combustíveis aumentar muito pronunciadamente? E não é igualmente previsível que um agravamento do preço dos automóveis acabe por reflectir-se numa quebra da procura dos combustíveis? Não foi o aumento do preço do petróleo que levou ao progresso da eficiência dos transportes em termos de consumo de combustíveis?

4 – d) – iv) Os gostos

A motivação real e profunda do consumidor escapa, nas suas conotações «qualitativas», à análise económica, devendo esta cingir-se ao plano das preferências efectivamente reveladas e abster-se de emitir juízos de valor que de algum modo tentem desvalorizar ou distorcer as razões subjectivas que em última instância determinam a conduta do sujeito económico (mesmo quando tudo não passa de fútil ostentação).

É certo que as quantidades procuradas hão-de tender a diminuir quando os preços sobem, a aumentar quando os preços descem ou quando são os preços dos sucedâneos que sobem – mas nada disso impede que individualmente se encontrem excepções a essa tendência, e essas excepções podem ser sempre atribuídas à interferência dos gostos.

Podemos estranhar, podemos ter dificuldade em explicar, a atitude, já descrita, daquele que só começa a consumir um bem quando o respectivo preço inicia uma subida, e consome tanto mais quanto mais o preço continua a subir – mas não podemos deixar de reconhecer que, sendo essa motivação efectiva, ela não deve ser ignorada e merece ser explicada, ao menos para remetê-la para a categoria geral do *ascendente do gosto*, o factor de subjectividade que é indissociável das preferências livremente manifestadas.

Como indicámos já, o consumidor pode ser um daqueles – e são muitos – que toma o preço por um indicador de qualidade, ou pode ainda ser daqueles que tira satisfação da exclusividade, ou do «conspícuo» alarde de privilégio, associados ao consumo de bens a preços inacessíveis para a grande massa dos consumidores. Esta última motivação será decerto censurável do ponto de vista ético – mas, como também sublinhámos, ela não é, por isso, menos efectiva na determinação da conduta do consumidor, não podendo ser excluída como explicação causal do seu comportamento.

Não esqueçamos, a finalidade da actividade económica é, em última análise, a satisfação do consumidor, e esta aferir-se-á soberanamente pelo destinatário, no plano das suas gratificações psicológicas. Seria, pois, um erro grosseiro subestimar-se o ascendente dos gos-

tos na aferição final do êxito do processo económico, começando pelo ascendente que eles têm no condicionamento da procura de produtos no mercado. Não é decerto missão da Economia destronar o consumidor da sua posição soberana, pondo em causa, ou procurando substituir e desvirtuar, as motivações e impulsos que emergem livremente da sua vontade de realização, da experiência directa das suas necessidades.

4 – d) – v) O efeito da publicidade

Dizermos que é ao consumidor que cabe a aferição do sucesso do processo produtivo, e que o consumidor é soberano na amplitude – no arbítrio até – com que pode fazer depender as suas escolhas dos mais diversos elementos da sua subjectividade, não significa afirmarmos que essa esfera de subjectividade é imune a influências externas, que ela não se deixa sobredeterminar pelo poder de sugestão associado à informação que acompanha os produtos oferecidos no mercado.

Ora esse «efeito de domínio» existe e condiciona profundamente as preferências dos consumidores, substituindo-se regularmente ao esforço de informação e de discriminação dos produtos, de exame das alternativas de consumo, de escolha racional em função de uma relação «utilidade - custo», a ponto de os fazer perder de vista o carácter decisivo dos preços.

Como veremos adiante, não é irracional da parte dos consumidores remeterem-se a uma posição de relativa subordinação às informações e sugestões transmitidas pela publicidade, se essa subordinação lhes poupa os custos de «busca», de aquisição de uma informação que, sendo mais perfeita, seja desproporcionadamente onerosa; e é essa racionalidade de uma «informação imperfeita» que em larga medida justifica o sucesso da concorrência monopolística, a que igualmente voltaremos a aludir.

4 – d) – vi) As expectativas

O nível da procura dependerá muito frequentemente das expectativas do consumidor quanto à evolução, seja dos preços, seja do seu próprio rendimento disponível.

Se levarmos em conta que a *poupança* é a conversão de *rendimento* presente em *consumo* futuro, aquele que julga que o seu rendimento decairá no futuro começa desde já a restringir o consumo, com a convicção de que a poupança presente permitirá amortecer o impacto desse declínio futuro, enquanto que aquele que se convence da iminência de um aumento de rendimento perderá o incentivo a poupar e poderá mesmo antecipar o nível de consumo que só essa melhoria de rendimento permitirá sustentar futuramente.

Aquele que julga que os preços subirão antecipará o consumo – fugindo do custo adicional que essa subida representará no seu consumo –, se porventura os bens são armazenáveis e a subida de preços prevista não é tão longínqua que acabe por não interferir nos custos de oportunidade de adiamento do consumo; e aquele que julga que os preços descerão adiará o consumo, esperando conseguir futuramente baixar os custos inerentes aos seus níveis de consumo (é por essa mesma razão que há quem sustente que a procura de computadores está sempre aquém do seu nível potencial, dada a aludida expectativa de persistente melhoria da relação «qualidade-preço»). E também aqui aquele que antecipa o consumo tende a provocar a subida de preços que ele previra, tal como aquele que adia o consumo tende a fazer baixar os preços, determinando a queda de preços com que contava.

4 – e) Totais de oferta e procura

Se abstrairmos momentaneamente dos múltiplos factores que podem influir no nível da procura e nos concentrarmos apenas no factor preço, descobriremos, como foi já referido, que tende a formar-se uma correlação inversa entre a variação dos preços e a variação da procura.

Essa correlação, como já sugerimos, pode ser representada por uma *escala da procura* – uma tabela que indicasse, para cada um dos possíveis níveis de preços, o nível de procura com que os consumidores corresponderiam, ou o seu equivalente gráfico, uma *curva da procura* que idealmente ligasse num contínuo todos os pares «preços - quantidades procuradas» (as quantidades máximas que as pessoas estão dispostas a adquirir,

ou adquirem, a diversos níveis de preços, ou, numa linguagem mais técnica, o valor marginal de um produto quando estão disponíveis diversas quantidades desse produto); e de várias formas essa correlação demonstrará que, *ceteris paribus*, as quantidades procuradas serão tanto maiores quanto menores forem os preços, e que uma subida dos preços será acompanhada de uma retracção da procura.

Acontece que, mesmo a este nível de abstracção, não podemos deixar de reconhecer que, salvo casos especiais, a procura num mercado não costuma restringir-se ao comportamento de um só consumidor, e antes é constituída pelo somatório de todas as escalas de preferências de todos os consumidores de um determinado bem ou serviço que seja oferecido no mercado. O nível de procura no mercado dependerá, pois, do número de consumidores: a entrada de mais um consumidor no mercado significa que será maior a quantidade procurada para qualquer dos níveis de preços – o que equivale a dizer que toda a *escala da procura* se alterou, que a própria *curva da procura* se deslocou, especificamente no sentido de terem aumentado, por soma simples, as quantidades procuradas para cada nível de preços, significando esse deslocamento que, se o número de consumidores aumenta, é possível aos vendedores escoarem mais produtos mesmo sem alterarem os preços.

As variações que existam entre os diversos padrões de conduta dos consumidores não invalidam que se recorra a esse simples somatório das suas escalas de preferências, pois o resultado será aproximadamente válido, representando a «tendência central» dos comportamentos habituais e preponderantes e deixando que tendências extremas se anulem reciprocamente: lembremos, por exemplo, aqueles consumidores cuja escala é aberrante e acompanha em *correlação directa* as variações de preços, podendo acrescentar-se-lhes todo o tipo de consumidores com atitudes mais ou menos irracionais.

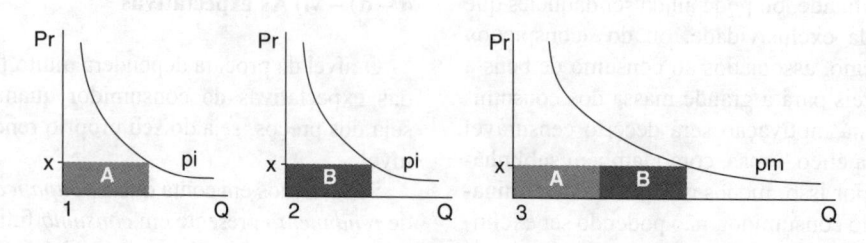

Gráfico 4.3. *Procura individual e procura de mercado*

1, 2: padrões de procura individual
3: procura de mercado
Pr: preços
Q: quantidades

pi: procura individual
pm: procura de mercado (= pi + pi)
A, B: quantidades procuradas ao preço x

Note-se que, a nível de valores de mercado, ou totais, para a procura, há ainda outras causas de variação da respectiva escala que devem ser autonomamente consideradas, como é o caso de efeitos demográficos que colectivamente condicionam algumas das escolhas dominantes: seja a circunstância óbvia de o volume total da procura depender da dimensão populacional, seja o facto de a pirâmide etária evidenciar a predominância de uma determinada faixa com necessidades e padrões de consumo peculiares.

Neste último caso, dada por exemplo uma grande presença de pessoas em idade núbil, fruto de uma explosão demográfica dois a três decénios atrás, será de esperar um aumento da procura de habitações unifamiliares, de roupas de criança, de infantários; se essa pirâmide está invertida e ela denota o envelhecimento da população, será ao invés de esperar uma quebra naquelas formas de procura e o aumento da procura de certos tipos de medicamentos, de tratamentos, de lares, de hospitais[776].

O que dissemos acima aplica-se igualmente ao lado da oferta: também para ela é possível conceber-se uma *escala da oferta*, uma tabela indicativa das relações entre preços e quantidades oferecidas que cobrisse a amplitude total do espectro da «disposição de vender» de cada produtor, e o seu equivalente gráfico, uma *curva da oferta* que ligasse num contínuo todos esses pares «preços – quantidades», revelando de forma sugestiva e sintética a correlação positiva que, do lado da oferta, se regista entre esses dois valores. E também aqui é pertinente reconhecer-se que o mercado há-de experimentar o ascendente da oferta como somatório das posições de todos os vendedores, sendo a quantidade oferecida função também do número de vendedores que se encontrem presentes no mercado. A oferta total é, num dado mercado, o somatório daquilo que, em cada nível de preços, ou de intervalos de preços, os vendedores estão dispostos a transaccionar – e a produzir ou adquirir para venderem no mercado.

4 – f) O preço e a quantidade de equilíbrio

Como referimos já, num contexto de funcionamento livre das forças do mercado o preço representa a avaliação que ambas as partes nas trocas fazem dos bens e serviços transaccionados, e por isso ele espelha a escassez desse objecto das transacções. Quando um preço estabiliza, ele transmite às partes a informação de que aquele é o limite máximo do incentivo para produzir e para consumir, e que uma das partes não consegue prosseguir para lá daquele ponto sem detrimento da posição da outra: esse ponto representa, pois, um ponto momentaneamente inultrapassável na conciliação de interesses antagónicos e complementares; quanto mais elevado é o preço correspondente a esse ponto, mais nítida se torna a percepção da escassez. No limite, num universo em que as transacções se fizessem a preços muito baixos, tendendo para o zero, estaria encontrado o limiar da abundância – e muita da nossa actividade económica começaria a perder o seu significado.

O gráfico em que se cruzam as curvas da oferta e da procura é designado por «cruz marshalliana» – visto que ela é atribuída ao economista Alfred Marshall

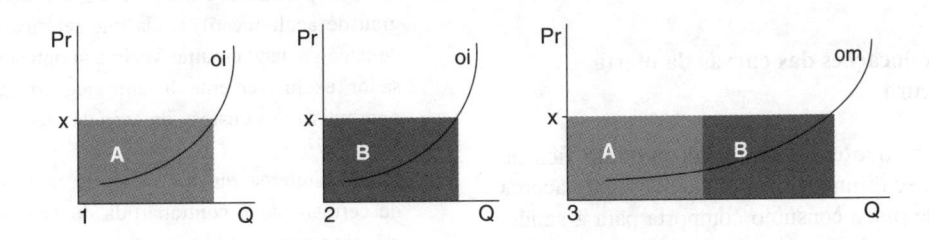

Gráfico 4.4. *Oferta individual e oferta de mercado*

1, 2: padrões de oferta individual
3: oferta de mercado
Pr: preços
Q: quantidades

oi: oferta individual
om: oferta de mercado (= oi + oi)
A, B: quantidades oferecidas ao preço x

---

[776] Lakdawalla, D. & T. Philipson (2002), 305.

[1842-1924] –, e o ponto de intersecção é precisamente esse ponto de equilíbrio, ponto de coincidência entre um *preço de equilíbrio* e uma *quantidade de equilíbrio*, que rateiam os recursos entre os consumidores de modo que ninguém que esteja disposto a pagar mais do que esse preço fica excluído, satisfazendo portanto toda a quantidade procurada àquele preço, sem deixar excedentes.

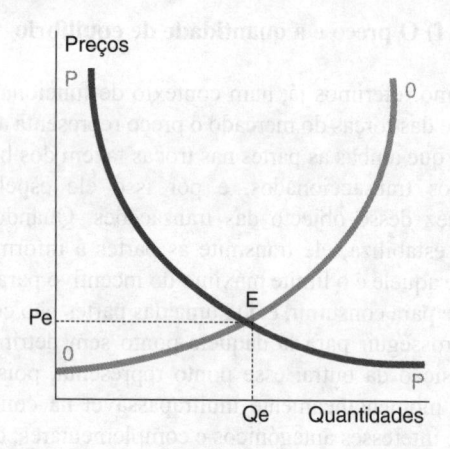

Gráfico 4.5

PP: curva da procura   Pe: preço de equilíbrio
OO: curva da oferta   Qe: quantidade de equilíbrio
E: ponto de equilíbrio

A noção de equilíbrio deixa implícita já, na sua própria formação, a dupla faceta de todo o problema económico: nenhuma das partes nas trocas consegue uma vantagem sem que a esta corresponda um custo, e qualquer custo só é economicamente justificável se for mais do que compensado por uma vantagem final.

4 – f) – i) Deslocações das curvas da oferta e da procura

Suponhamos que um determinado produto fica na moda, ou que se difunde uma notícia alarmante acerca dos riscos que o seu consumo comporta para a saúde, ou que os consumidores se convencem de que está próximo um drástico agravamento de preços, ou ainda que houve uma alteração quanto à disponibilidade e custos do crédito ao consumo, em sectores nos quais esse

recurso seja frequente (como no sector automóvel, por exemplo): em qualquer dos casos, os consumidores estarão dispostos a reverem toda a sua escala de preferências, ou seja, estão dispostos a alterarem a relação «quantidade - preço» a qualquer nível de preços e de quantidades. Dir-se-á em casos desses que a curva se retraiu ou expandiu como um todo, e que consequentemente foi toda a curva da procura que se deslocou.

– O que é que pode expandir uma curva da procura como a que se refere a cuidados de saúde? O aumento do rendimento disponível, por exemplo, já que esse aumento liberta mais «disposição de pagar» para a média dos utentes potenciais, sendo facilmente constatável que quanto maior é a prosperidade colectiva menor é a tolerância individual em relação a enfermidades dolorosas, debilitantes ou até simplesmente incómodas ou inestéticas, e por isso maior é a procura de tratamentos que seriam inalcançáveis, ou frívolos, para indivíduos com menos recursos monetários. Outros factores (entre muitos) são o aumento das médias etárias, já que a subida da expectativa média de vida aumenta a probabilidade de recurso aos serviços médicos e hospitalares, ou o progresso tecnológico, já que a multiplicação de possibilidades de tratamento amplia concomitantemente a procura desses serviços e gera novas necessidades secundárias – pense-se nas transplantações, na diálise, na quimioterapia, nas técnicas de procriação assistida[777].

– Quando publicamente, politicamente, se lamenta o aumento, por vezes incontrolável, das despesas em saúde, o peso que isso representa nos recursos individuais e colectivos, ou a eventual insustentabilidade desse aumento no futuro – está-se sempre a espelhar preocupação com a expansão da curva da procura de bens e serviços de saúde, uma procura crescentemente extensa (por razões demográficas) e sofisticada (dado o grau de aculturação), ainda que retoricamente, e com demagogia, tenda muitas vezes a apontar-se o dedo acusador exclusivamente a um alegado «empolamento oportunista dos custos» do lado da oferta desses bens e serviços[778].

– Pode postular-se que a procura de cuidados de saúde é de certo modo a contrapartida do próprio sucesso da ciência e da arte médicas, e isso só por si denota a interdependência dos lados da oferta e da procura: a procura expande-se porque é *possível* a oferta encaminhar-se até ela, correspondendo de alguma forma a essa expansão e

---

[777] Para uma ilustração prática das implicações da expansão da procura de cuidados de saúde, veja-se a análise custo-benefício respeitante à proposta de rastreio pré-natal da fibrose quística na Dinamarca (ponderando, entre muitas outras variáveis, o custo individual da incidência dessa terrível doença genética e a baixa probabilidade de ocorrência, e confrontando-as com prioridades de saúde pública), em: Nielsen, R. & D. Gyrd-Hansen (2002), 285-299.

[778] Ainda que, como é evidente, esse empolamento se dê, que mais não seja por força do aumento da sofisticação científica e tecnológica da prestação de cuidados de saúde.

propiciando novas posições de equilíbrio no mercado, e a oferta expande-se por pressão dessa procura, sendo que na ausência dessa pressão não haveria incentivos económicos ao desenvolvimento da oferta. Abstraíamos por momentos da quase omnipresença do Estado no sector da saúde, e consideremos como o mercado pode (com ou sem a intermediação das seguradoras) equilibrar espontaneamente o interesse daqueles que buscam, nos serviços de saúde, a melhoria da sua qualidade de vida ou o prolongamento da sua esperança – ou a combinação de ambas no valor dos «anos de vida (adicional) ponderados pela qualidade»[779] –, demonstrando uma vontade, e uma capacidade, de pagarem por esse valor, e o interesse daqueles que, no universo das opções de divisão social de trabalho, se especializaram na prestação de cuidados de saúde e agora esperam do mercado uma remuneração que constitua um retorno adequado do seu investimento em «capital humano», resultando do equilíbrio, para estes, a directa compensação profissional, e para aqueles, o excedente de valor da saúde sobre o custo dos serviços e bens prestados, o qual asse-

guraria espontaneamente a expansão da procura enquanto as subidas dos preços fossem inferiores ao incremento do valor dos resultados[780]: isto sem embargo de poderem detectar-se, com grande facilidade, «falhas» no mercado da saúde, determinando necessidades de intervenção, de coordenação, de racionamento, etc.[781].

Voltando a uma análise mais esquemática, dir-se-á que não houve expansão ou retracção *globais* da procura, que a curva da procura não se deslocou e que apenas se registou um movimento ao longo da curva, uma deslocação entre uma e outra opção dentro da mesma escala de preferências, se a única coisa que variou nas transacções foi o preço, e o que se registou foi uma reacção do consumidor *dentro dos parâmetros* daquilo que constituía já a sua escala de preferências: pois essa escala de preferências, como vimos, mais não é do que o conjunto das diversas respostas que cada um dos possíveis níveis de preços pode suscitar da parte dos consumidores – a forma como cada relação «preço - quantidade» desperta e revela uma determinada *disposição*

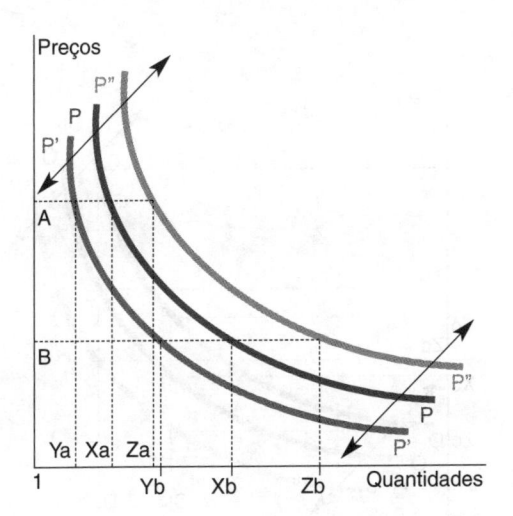 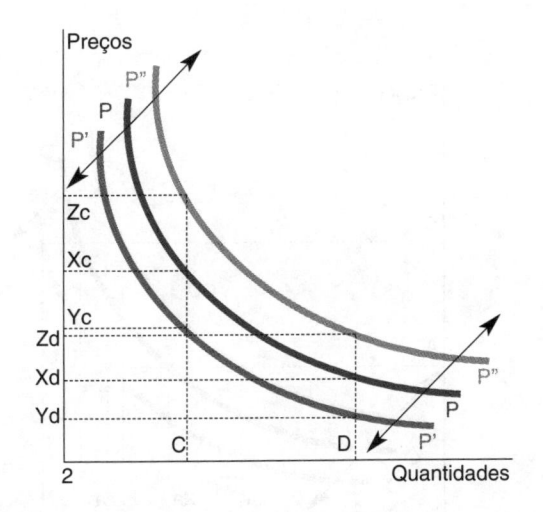

Gráfico 4.6. *Expansão e contracção da curva da procura*

1: efeitos nas quantidades
2: efeitos nos preços
PP: curva da procura
P'P': *contracção* da curva PP
P''P'': *expansão* da curva PP
Xa: quantidade procurada ao preço A
Ya: quantidade procurada ao preço A, depois da *contracção* da curva PP
Za: quantidade procurada ao preço A, depois da *expansão* da curva PP
Xb: quantidade procurada ao preço B

Yb: quantidade procurada ao preço B, depois da *contracção* da curva PP
Zb: quantidade procurada ao preço B, depois da *expansão* da curva PP
Xc: preço ao qual se procura a quantidade C
Yc: preço ao qual se procura a quantidade C, depois da *contracção* da curva PP
Zc: preço ao qual se procura a quantidade C, depois da *expansão* da curva PP
Xd: preço ao qual se procura a quantidade D
Yd: preço ao qual se procura a quantidade D, depois da *contracção* da curva PP
Zd: preço ao qual se procura a quantidade D, depois da *expansão* da curva PP

---

[779] O critério QALY, «*quality-adjusted life-years*», um dos modernos critérios decisórios mais comuns na moderna medicina.
[780] Triplett, J.E. (org.) (1999), 63.
[781] Ubel, P.A. (2000).

de pagar por parte do consumidor, aquela disposição de pagar que, naturalmente pressupondo uma *capacidade de pagar*, nos dá uma medida do benefício marginal que o consumidor retira de cada troca[782]. O que afinal não passa de uma outra forma de dizer aquilo que sabíamos já, que a escala, ou curva, da procura é uma representação do espectro total de reacções *efectivas* dos consumidores quando, mantendo-se tudo o resto constante, apenas o preço varia.

Quando se tenta condicionar o comportamento dos consumidores é possível a opção por qualquer uma destas vias – a da reacção *quantitativa* aos preços ou a da contracção ou expansão da procura *como um todo* –, ou por ambas simultaneamente.

Suponha-se que o Governo, preocupado com o agravamento do desequilíbrio das trocas com o exterior, resolve desincentivar o consumo de produtos importados:
– pode tentar provocar movimentos ao longo da curva da procura, por exemplo lançando um imposto aduaneiro que se repercuta nos preços, fazendo-os subir, caso em que a subida de preços provocará, *ceteris paribus*, uma simples quebra da procura;

– pode visar uma deslocação da própria curva da procura de bens importados, seja interferindo no rendimento efectivo ou esperado dos consumidores, seja procurando condicionar os respectivos gostos e expectativas – apelando, por exemplo, ao patriotismo dos consumidores, ou denegrindo a produção estrangeira –, seja ainda tentando manipular os preços de bens e serviços sucedâneos ou complementares daqueles que são importados (visando a descida de preço dos bens sucedâneos ou a subida de preço dos bens complementares). Em caso de sucesso deste outro tipo de iniciativas é a escala da procura que integralmente se modifica, é todo um hábito de consumo, uma propensão para consumir, que se altera.

Também quanto à curva da oferta, assistimos a movimentos *ao longo da curva* se, *ceteris paribus*, tiver ocorrido uma simples variação de preços, caso em que o vendedor, sem alterar a sua escala de preferências, se cinge a transitar de uma determinada relação «preço – quantidade oferecida» para outra, ambas já representadas na mesma escala. E assistiremos a uma deslocação da própria curva, a uma expansão ou contracção da oferta *como um todo*, se o que varia é outro

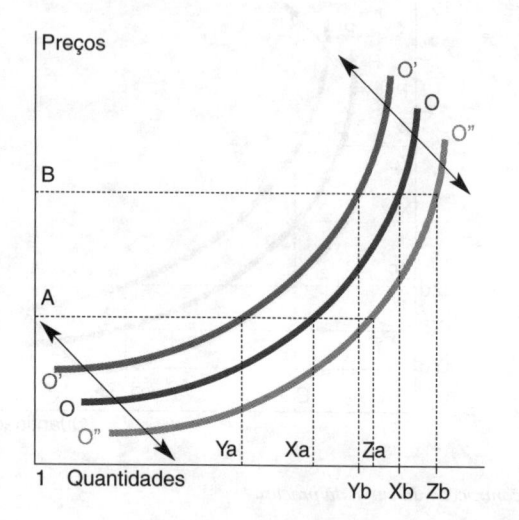 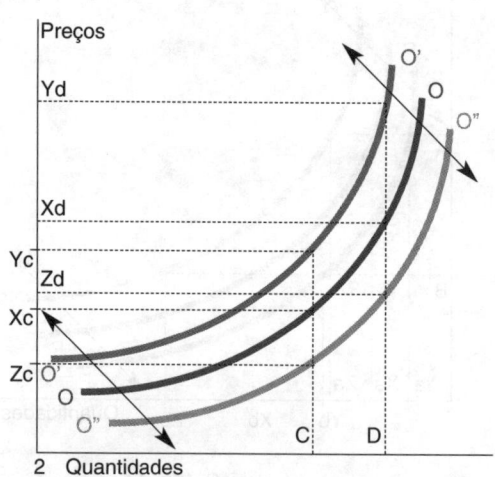

Gráfico 4.7. *Expansão e contracção da curva da oferta*

1: efeitos nas quantidades
2: efeitos nos preços
OO: curva da oferta
O'O': *contracção* da curva OO
O"O": *expansão* da curva OO
Xa: quantidade oferecida ao preço A
Ya: quantidade oferecida ao preço A, depois da *contracção* da curva OO
Za: quantidade oferecida ao preço A, depois da *expansão* da curva OO
Xb: quantidade oferecida ao preço B

Yb: quantidade oferecida ao preço B, depois da *contracção* da curva OO
Zb: quantidade oferecida ao preço B, depois da *expansão* da curva OO
Xc: preço ao qual se oferece a quantidade C
Yc: preço ao qual se oferece a quantidade C, depois da *contracção* da curva OO
Zc: preço ao qual se oferece a quantidade C, depois da *expansão* da curva OO
Xd: preço ao qual se oferece a quantidade D
Yd: preço ao qual se oferece a quantidade D, depois da *contracção* da curva OO
Zd: preço ao qual se oferece a quantidade D, depois da *expansão* da curva OO

[782] Araújo, F. (2002b), 191-192.

factor que não o preço. Por exemplo, se o custo dos factores se alterou o vendedor estará disposto a fazer repercutir esse aumento de custos sobre o comprador através das transacções, o que procurará fazer oferecendo quantidades diferentes (mais reduzidas) em cada nível de preços, ou reclamando preços novos (mais elevados) para cada quantidade transaccionada.

Em suma, dir-se-á que ocorreu uma variação *na* procura ou *na* oferta se tivermos verificado que tiveram lugar deslocações *globais* das curvas respectivas, e que ocorreu uma mera variação *nas quantidades* procuradas ou oferecidas se não constatarmos mais do que movimentos ao longo daquelas curvas, e não qualquer variação do perfil destas.

4 – f) – ii) A formação do equilíbrio

Visto que as curvas da oferta e da procura representam dois tipos simétricos de correlação com os preços – respectivamente, uma correlação directa e uma correlação inversa –, pode dar-se o caso de elas se interceptarem, ou seja, de haver uma situação em que a um só preço corresponde a mesma quantidade oferecida e procurada, significando que a oferta e a procura estão dispostas, por coincidência, a responder com as mesmas quantidades à solicitação *daquele* preço.

Nessa situação está formado um binómio «preço de equilíbrio - quantidade de equilíbrio», querendo dizer-se com isso que:

- – a um preço superior, os vendedores estariam dispostos a transaccionar mais bens e serviços do que aqueles que os compradores estariam dispostos a adquirir;
- – a um preço inferior, a situação inverter-se-ia, sendo agora os compradores que manifestariam uma disposição para transaccionar superior àquela que seria manifestada pelos vendedores;
- – não seria possível transaccionar-se uma quantidade superior, visto que isso reclamaria simultaneamente uma subida de preços, para incentivar um aumento de produção, e uma queda de preços, para incentivar um aumento de consumo;
- – não seria possível transaccionar-se uma quantidade inferior, visto que também isso pressuporia uma simultânea queda de preços, que desincentivaria a produção, e uma subida de preços que restringisse o consumo.

Repare-se como esse equilíbrio optimiza a posição dos intervenientes do mercado – visto que, como acabámos de ver, naquele contexto preciso em que se pressupõe que compradores e vendedores se encontram já com escalas de preferências definidas, e com as correspondentes disposições para as trocas, *não é possível transaccionar-se mais*, o que equivale a dizer que os compradores adquiririam tudo o que *podiam* adquirir, e que os vendedores maximizariam as vendas até ao limite do possível.

O ponto de equilíbrio é ainda um ponto de *estabilidade* porque ele é o único em que podemos afirmar que ambas as partes nas trocas estão a fazer precisamente aquilo que querem, ou seja, os vendedores e os compradores estão a transaccionar precisamente as quantidades pretendidas – *àquele preço*. No ponto de equilíbrio atingiu-se o máximo de satisfação combinada dos interesses de vendedores e de compradores que, naquele momento do mercado, era alcançável, como se da soma de dois vectores opostos se tratasse: como se se tratasse de um peso suspenso de uma mola, que oscila movido pelas forças contrárias da gravidade e da tensão da mola, até chegar a um ponto em que essas duas forças se equivalem, e o peso pode atingir um estado de repouso, aquele estado no qual a gravidade manifesta a sua máxima eficiência – *dada a tensão da mola* – e a mola revela igualmente o máximo da sua eficiência – *dado aquele peso* –.

É, pois, o próprio mecanismo dos preços que, com algum automatismo, faz o mercado chegar, e regressar, a uma posição vantajosa para os dois lados envolvidos nas trocas, a uma posição em que, dadas aquelas escalas de preferências – aquelas *curvas* da procura e da oferta – nada se conseguiria fazer de mais eficiente. Naturalmente, e pelo que vimos, tudo poderia ser diferente se alguma dessas curvas se deslocasse, ou se se deslocassem ambas, ou seja, se a escala de preferências de qualquer dos lados no mercado se modificasse, por força de outro qualquer factor que não o da simples oscilação de preços. Mas assumindo-se o pressuposto de que, ao menos num determinado instante, é realista isolar-se essas oscilações de preços e raciocinar-se *ceteris paribus*, o cruzamento das curvas da oferta e da procura evidencia que o mercado tende à formação de um preço e de uma quantidade de equilíbrio, um ponto de convergência em torno do qual gravitam os preços que efectivamente se vão praticando, até que um único preço estabilize o mercado, um preço que se encontra entre aqueles níveis demasiado elevados nos quais se registará um *excesso de oferta* e aqueles outros níveis muito baixos que induzirão um *excesso de procura* – dois níveis dominados, pois, por preços de desequilíbrio.

Sempre que estamos perante um preço de desequilíbrio, sabemos pois que existe uma pressão sobre esse preço, uma pressão em direcção ao ponto de equilíbrio; e sabemos que só o preço de equilíbrio não está sujeito a pressões – devendo reconhecer-se, em qualquer dos casos, que as pressões do desequilíbrio tendem a mani-

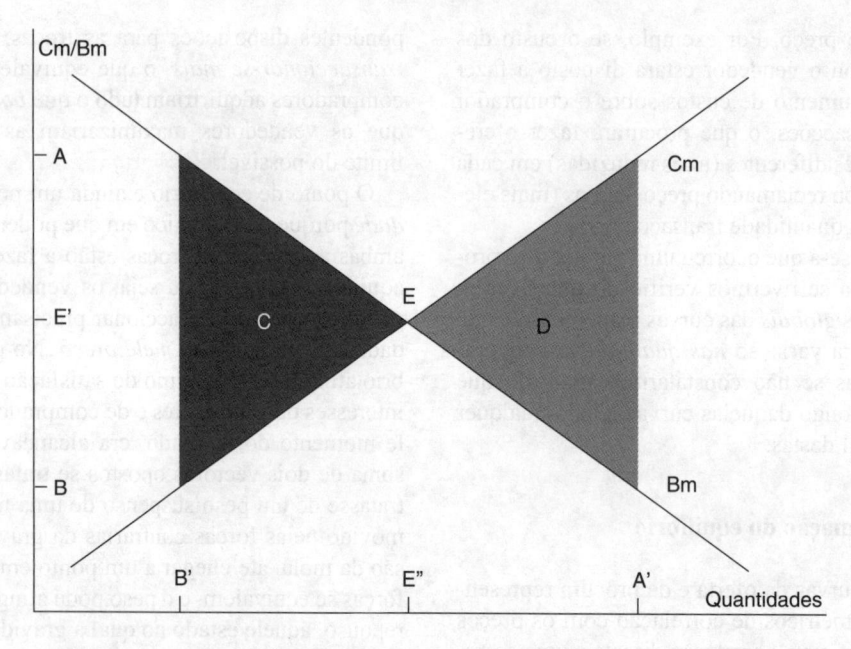

Gráfico 4.8. *Ponto de equilíbrio e eficiência*

Bm: benefício marginal
Cm: custo marginal
A: Cm/Bm de desequilíbrio
B: Cm/Bm de desequilíbrio
A': quantidade produzida ao Cm de A e ao Bm de B
B': quantidade produzida ao Cm de B e ao Bm de A
C: área de ineficiência correspondente à produção de B' (o Bm
   excede o Cm, o produto vale mais para os compradores do
   que custa para os produtores, há que produzir *mais*)

D: área de ineficiência correspondente à produção de A' (o Cm
   excede o Bm, o produto custa mais aos produtores do que
   aquilo que vale para os compradores, há que produzir *menos*)
E: ponto de equilíbrio (o Bm coincide com o Cm)
E': Cm/Bm de equilíbrio
E'': quantidade produzida ao Cm/Bm de equilíbrio

festar-se com lentidão, dada uma certa *viscosidade* dos preços. A situação de equilíbrio pode ser, pois, muito singelamente definida como a situação em que não existem razões, ou impulsos, para modificar os resultados das trocas, especificamente para modificá-los rumo a uma nova posição de coincidência entre quantidades oferecidas e procuradas a um mesmo preço: toda a perturbação do estado de repouso será tanto mais irrelevante e inútil quanto mais rápida e intensamente a manutenção das condições iniciais assegurar o regresso àquela posição de equilíbrio. Por outras palavras, o cruzamento de oferta e procura comporta uma estabilidade *dinâmica* (uma tendência de regresso à posição inicial quando o equilíbrio é perturbado) que mais ou menos imuniza o mercado contra a instabilidade *estrutural* (que seria a tendência de conversão de perturbações do equilíbrio em degenerações permanentes das propriedades *dinâmicas* do sistema)[783].

Equilíbrio designa, pois, o ponto a que necessariamente se regressa, visto que é o único no qual não se manifestam impulsos noutra direcção, sendo que em todos os outros pontos esses impulsos centrípetos estão presentes. A existência de um único equilíbrio para uma determinada situação de mercado significa ainda que, na ausência de impulsos exógenos – de interferências no mecanismo das trocas, esteja ele em equilíbrio ou em desequilíbrio –, o mercado ou está em equilíbrio, ou *tende* para o equilíbrio, ou se desloca como um todo em direcção a um novo ponto de equilíbrio: sem instabilidade *estrutural*, em suma.

Corolário dessa noção de equilíbrio é a ideia de que tendem a ser temporários todos os excedentes e carências geradas no mercado, já que oferta e procura normalmente se ajustarão, se conciliarão, naquele ponto maximizador de eficiência. A convicção de que os mercados são adequados à produção mecânica desse resul-

---

[783] Bellofiore, R. & P. Ferri (orgs.) (2001), 42ss..

tado exprime-se por um princípio que aparece habitualmente designado como «Lei da Oferta e da Procura», a qual, numa formulação alternativa, se dirá que sustenta que, no simples pressuposto da liberdade nas trocas, os preços efectivamente praticados no mercado tendem a convergir para um preço de equilíbrio, seja porque coincidem já com esse *ponto focal*, seja porque o desequilíbrio os impele para ele.

Significa isto que o ponto de equilíbrio assegura um máximo de eficiência, o mínimo de desperdício, ainda que essa eficiência possa não coincidir com o óptimo de bem-estar, ou com algum nível desejado de acordo com outras escalas de valores – políticas, sociais, morais. Contudo, pode ter-se a certeza de que o preço da ineficiência será sempre tanto maior quanto mais intensa for a pressão reequilibradora que se registe no mercado, quanto mais amplo for o afastamento da posição de equilíbrio.

Sem embargo de outros exemplos que daremos adiante, pensemos no caso do «congelamento das rendas», o qual, quando tem vigorado, gera uma disparidade entre oferta e procura de casas para arrendar e um desequilíbrio no mercado da habitação, visto que o preço é tabelado e mantido a um nível abaixo do preço de equilíbrio, o que beneficia aqueles que já sejam arrendatários, mas em prejuízo daqueles que procuram habitação para arrendar, já que àquele preço artificialmente baixo eles excedem inevitavelmente o número das casas oferecidas para arrendamento – o que significa resolver-se o problema dos arrendatários actuais à custa de uma ineficiência grave, frequentemente gravíssima, para os demais, privados que eles ficam, pelas rendas baixas, do acesso à habitação, ao menos pela via do arrendamento[784].

4 – f) – iii) A deslocação do ponto de equilíbrio

O preço de equilíbrio passa a estar sujeito a pressões quando a deslocação das próprias curvas da oferta e da procura leva à formação de novos pontos de equilíbrio, para os quais os anteriores pontos de equilíbrio são «empurrados», sendo uma das vertentes mais férteis da análise económica o estudo das manifestações e causas dessa deslocação dos pontos de equilíbrio, a comparação entre posições momentâneas de equilíbrios – aquilo que por vezes se designa por «estática comparativa»[785] –. Verificada uma alteração nalgum dos factores que podem determinar deslocações nas escalas de preferências dos agentes no mercado, trata-se de saber se essa alteração repercute nas escalas de preferências,

com que amplitude e em que direcção se manifesta a respectiva deslocação, se subsiste um ponto de intersecção e onde é que ele passou a localizar-se – ou seja, qual a nova relação preço-quantidade que momentaneamente assegura o equilíbrio naquele mercado. Procuremos ilustrar as dificuldades ínsitas numa tal tarefa:

– Suponha-se, por exemplo, que a expectativa de que os preços irão agravar-se irreversivelmente num futuro próximo tem um impacto tal na atitude dos consumidores que ele implica uma deslocação total da curva da procura, nomeadamente um incremento geral da procura, uma disposição dos consumidores para transaccionarem maiores quantidades de bens a cada nível de preços, ou para ratearem entre eles as mesmas quantidades de bens através de níveis de preços superiores – em suma, uma disposição para pagarem mais por cada um dos possíveis níveis de quantidades oferecidas no mercado –. Se o único efeito das expectativas for esse, então a nova escala da procura interceptará a velha escala da oferta num novo ponto de equilíbrio, correspondente a um maior volume de transacções e a preços mais elevados do que aqueles que correspondiam ao anterior ponto de equilíbrio.

– Mas essa mesma expectativa quanto à iminência da subida dos preços normalmente ditará uma deslocação também do lado da oferta – lembremos, não uma simples deslocação ao longo da curva, traduzida num incremento das quantidades oferecidas em resposta à subida de preços induzida pela procura, mas uma inteira alteração da disposição de transaccionar a qualquer nível de preços –, sendo que essa deslocação se dará no sentido da retracção da oferta, motivada pela elementar constatação de que vender nas vésperas de uma subida de preços é perder uma oportunidade de ganhos suplementares no curto prazo. Se tivéssemos que considerar isoladamente esta deslocação da curva da oferta, veríamos que ela tenderia a interceptar a (inalterada) curva da procura num novo ponto de equilíbrio, em que se transaccionaria menor quantidade, e a preços mais elevados, do que aquilo que correspondia ao anterior ponto de equilíbrio.

– E se – como é muito plausível que suceda no exemplo escolhido – verificarmos que ocorreu uma deslocação simultânea de ambas as curvas, a da procura e a da oferta, mas em sentidos diferentes, uma expandindo-se, a outra contraindo-se? Pode gerar-se então um *problema de identificação* de alguma complexidade (na análise do qual se destacou Ragnar Frisch), bastando atentarmos no facto de, em ambas as hipóteses isoladamente referidas, os preços terem subido, mas numa terem aumentado as quantidades transaccionadas – caso da deslocação

---

[784] Araújo, F. (2002b), 177ss.
[785] Quirk, J. (1997), 127-154.

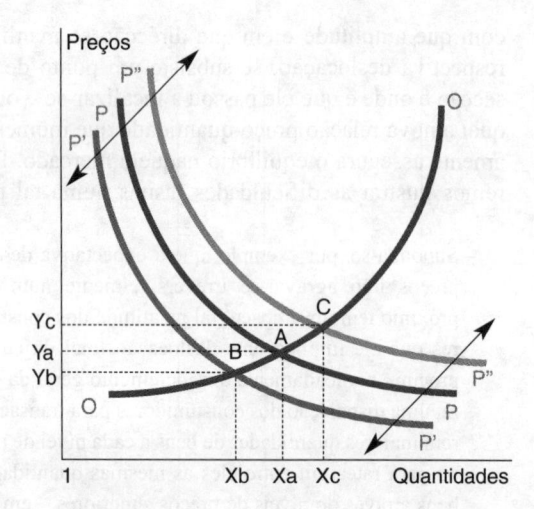
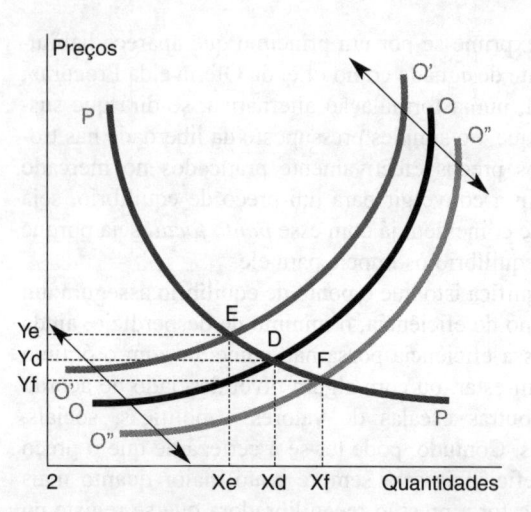

Gráfico 4.9. *Deslocações do ponto de equilíbrio*

1: Por efeito da deslocação da curva da procura
2: Por efeito da deslocação da curva da oferta
PP: curva da procura
P'P': *contracção* da curva PP
P''P'': *expansão* da curva PP
OO: curva da oferta
O'O': *contracção* da curva OO
O''O'': *expansão* da curva OO
A: ponto de equilíbrio inicial
B: ponto de equilíbrio depois da *contracção* da curva PP
C: ponto de equilíbrio depois da *expansão* da curva PP
Xa: quantidade transaccionada inicialmente
Xb: quantidade transaccionada depois da *contracção* da curva PP

Xc: quantidade transaccionada depois da *expansão* da curva PP
Ya: preço ao qual se transacciona inicialmente
Yb: preço ao qual se transacciona depois da *contracção* da curva PP
Yc: preço ao qual se transacciona depois da *expansão* da curva PP
D: ponto de equilíbrio inicial
E: ponto de equilíbrio depois da *contracção* da curva OO
F: ponto de equilíbrio depois da *expansão* da curva OO
Xd: quantidade transaccionada inicialmente
Xe: quantidade transaccionada depois da *contracção* da curva OO
Xf: quantidade transaccionada depois da *expansão* da curva OO
Yd: preço ao qual se transacciona inicialmente
Ye: preço ao qual se transacciona depois da *contracção* da curva OO
Yf: preço ao qual se transacciona depois da *expansão* da curva OO

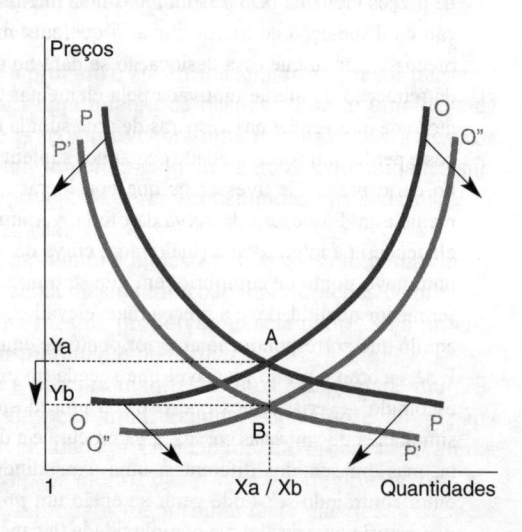
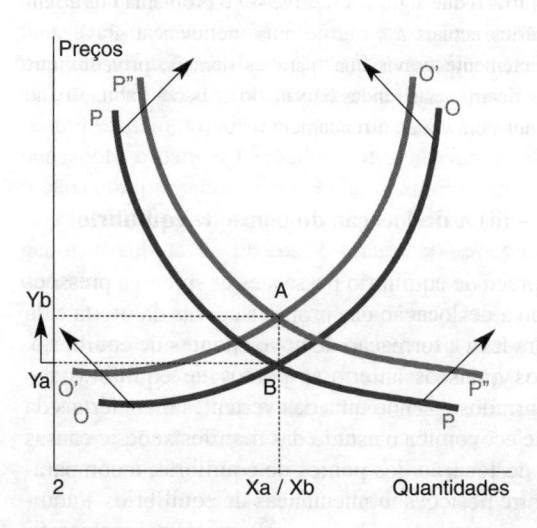

Gráfico 4.10

1: Expansão da curva da oferta e contracção da curva da procura
2: Expansão da curva da procura e contracção da curva da oferta
OO: curva da oferta
O'O': *contracção* da curva OO
O''O'': *expansão* da curva OO
PP: curva da procura
P'P': *contracção* da curva PP

P''P'': *expansão* da curva PP
A: ponto de equilíbrio inicial
B: ponto de equilíbrio depois dos movimentos das curvas OO e PP
Xa / Xb: quantidade transaccionada antes e depois dos movimentos das curvas OO e PP
Ya: preço ao qual se transacciona inicialmente
Yb: preço ao qual se transacciona depois dos movimentos das curvas OO e PP

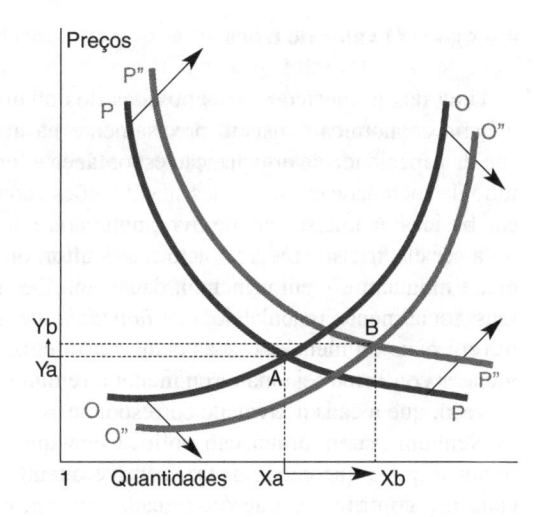
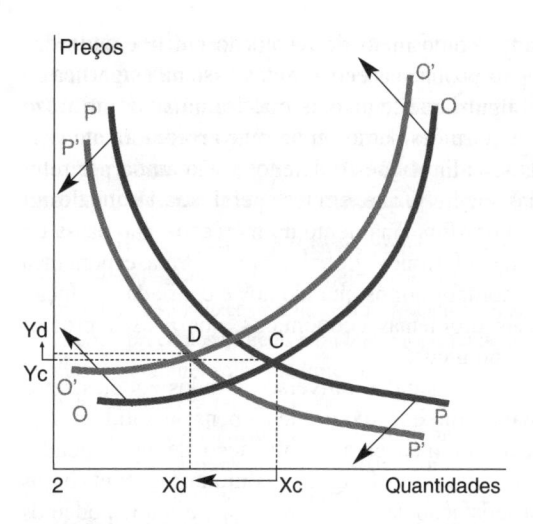

Gráfico 4.11

1: Expansão simultânea das curvas da oferta e da procura
2: Contracção simultânea das curvas da oferta e da procura
OO: curva da oferta
O"O": *expansão* da curva OO
O'O': *contracção* da curva OO
PP: curva da procura
P"P": *expansão* da curva PP
P'P': *contracção* da curva PP
A, C: ponto de equilíbrio inicial
B: ponto de equilíbrio depois da expansão das curvas OO e PP

D: ponto de equilíbrio depois da contracção das curvas OO e PP
Xa: quantidade transaccionada inicialmente
Xb: quantidade transaccionada depois da expansão das curvas OO e PP
Ya: preço ao qual se transacciona inicialmente
Yb: preço ao qual se transacciona depois da expansão das curvas OO e PP
Xc: quantidade transaccionada inicialmente
Xd: quantidade transaccionada depois da contracção das curvas OO e PP
Yc: preço ao qual se transacciona inicialmente
Yd: preço ao qual se transacciona depois da contracção das curvas OO e PP

isolada da curva da procura – e na outra essas quantidades terem diminuído – na hipótese de deslocação isolada da curva da oferta –. Da combinação dessas deslocações decorre apenas a certeza de que resultará um novo ponto de equilíbrio correspondendo a transacções com preços mais elevados do que aqueles que foram praticados no ponto de equilíbrio anterior; mas no que respeita às quantidades, serão elas maiores, menores, ou será que o efeito de uma deslocação compensa o da outra a ponto de se constatar que as quantidades transaccionadas se mantêm inalteradas em relação às já anteriormente verificadas? Qualquer destes desfechos é possível, tudo dependendo da amplitude relativa das deslocações em cada uma das curvas, fruto por sua vez do peso específico de cada um dos factores determinantes dessas deslocações, ou mais particularmente, no caso vertente, do peso desigual das expectativas na atitude de compradores e de vendedores.

Temos assim que, na hipótese mais complexa de deslocação simultânea, *e em sentidos opostos*, das curvas da procura e da oferta em resultado de uma mera expectativa de subida de preços, a ciência económica muito sintomaticamente desempenha um papel duplo e bem contrastado: por um lado, transmite-nos uma cer-

teza, ou, pelo menos, uma convicção com grau elevado de confiança, a de que os preços subirão sempre em resultado daquela expectativa; e por outro, confronta-nos com uma dúvida – o que é que sucederá com as quantidades transaccionadas, com o *volume de negócios*? –, e com a necessidade de prosseguirmos no aprofundamento dos nossos conhecimentos económicos. Havendo deslocações das curvas em sentidos opostos, sabe-se que haverá variação de preços, não se sabe o que sucederá às quantidades transaccionadas.

Já se a hipótese for a inversa da descrita no nosso exemplo, a de ambas as curvas se deslocarem *no mesmo sentido*, as certezas passam a incidir sobre as quantidades transaccionadas – que aumentam se as curvas da oferta e da procura se deslocarem no sentido da expansão, e diminuem se ambas as curvas se deslocarem no sentido da contracção –, passando a indefinição a incidir sobre o nível de preços que equilibrará essas transacções.

4 – g) A afectação de recursos através dos preços

O poder explicativo do modelo da oferta e da procura alicerça a confiança da Economia no mecanismo dos mercados como meio de resolução em liberdade dos principais problemas económicos. Isso não significa de modo algum que tenhamos que formular já um juízo sobre as virtudes desse ou de outro mercado, até porque as suas limitações e defeitos estão ainda por referir: mas sugere já que, em tese geral, aquilo que designamos por «funcionamento do mercado» não passa do modo de referirmos globalmente a forma espontânea de nos comportarmos quando nos é confiada a solução daqueles problemas económicos, dos *nossos* problemas económicos.

A *oferta* designa o universo de todos aqueles actos singulares com que, recorrendo a bens ou aptidões nossos, contribuímos para a satisfação de necessidades alheias; a *procura* designa o conjunto de contributos para a satisfação das nossas necessidades que podemos retirar de bens ou aptidões alheios – através da oferta *tornamo-nos úteis*, através da procura *utilizamos*. *Oferta* e *procura* designam pois o extenso novelo das relações intersubjectivas por meio das quais os bens e serviços são encaminhados para quem lhes atribui maior utilidade – nós ou os outros.

Esse encaminhamento é a forma de lidarmos, num ambiente de liberdade, com a escassez económica. Aquele que quer um bem ou serviço de outrem não reclama de um poder supremo que esse alguém seja forçado a fornecê-los – nem lhe interessa fazê-lo, pela elementar razão de que, a menos que se esteja numa situação de subordinação absoluta, aquele que foi forçado a primeira vez só pela subsistência da força continuará a prestar os bens ou serviços pretendidos –. Pelo contrário, o potencial comprador que se debate com um problema de escassez tentará aliciar o prestador do bem ou serviço a cooperar espontaneamente, oferecendo por eles um preço, um valor monetário, que seja mais do que compensador do sacrifício ou esforço que, para aquele, a prestação do bem ou serviço representará.

Ao mesmo tempo, se não houver bens ou serviços em quantidade suficiente para satisfazer as necessidades de todos os potenciais interessados – o que, dada a escassez, sucederá em regra –, aqueles que dispuserem de maior capacidade em termos monetários terão vantagem no aliciamento do fornecedor de bens e serviços, acabando por vencer uma licitação na qual só os mais ricos ultrapassam a barreira da escassez, e os mais pobres são indeferidos, novamente porque, não sendo sujeito à força, aquele fornecedor encaminhará os seus bens ou serviços para aqueles que mais lhe derem em troca, não lhe competindo ocupar-se de promover um rateio igualitário que para ele pouco mais significaria do que a perda de oportunidades de ganho (e a irracionalidade da subordinação «tuísta»[786]).

---

[786] Recordemos o que ficou dito sobre o «não-tuísmo».

4 – g) – i) O valor de troca

Uma das proposições mais ousadas dos alvores da ciência económica consistiu precisamente na afirmação da capacidade de organização espontânea e livre do todo da sociedade em torno das suas funções económicas básicas. Numa sociedade livre, ninguém é *obrigado* a ser electricista, médico, actor, agricultor, ou polícia, e ninguém é – em princípio, dadas aptidões mínimas socialmente reconhecidas – *impedido* de sê-lo: haverá mais ou menos pessoas dedicadas a essas actividades conforme seja maior ou menor a remuneração, o preço, que a cada actividade corresponde.

Nenhuma supra-ordenação política tem que determinar o que é que cada um faz, como e quanto é que cada um contribui, o que é que cada um consome e quando: na esmagadora maioria dos casos, os problemas económicos básicos encontram resposta eficiente por parte de um mecanismo inteiramente descentralizado, no qual cada agente tem apenas de curar dos seus interesses e perspectivas particulares, contribuindo para a complementaridade geral de utilidades e de interesses dentro do singelo confinamento do seu horizonte pessoal (e das suas limitadas capacidades de discernimento e de actuação). Para isso, basta que cada um confie no mecanismo dos preços, ou, mais particularmente, que confie na existência de um padrão geral de valor nas trocas, e através dele na expressão uniforme e segura das suas próprias avaliações subjectivas em cada transacção que empreende.

Que, por uma vez no funcionamento da sociedade, «descentralização» não signifique «caos», isso deve-se principalmente à universalidade do mecanismo dos preços como meio de afectação de recursos e de sinalização de incentivos. O mecanismo da oferta e da procura é inequívoco na definição do que é o *valor de troca* de um bem, pois este resultará mecanicamente da simples intersecção das escalas que representem as preferências e a disposição de transaccionar de cada um dos lados no mercado, e não da sobreposição de um qualquer juízo subjectivo de *mérito*, de uma apreciação relativa a uma possível *característica intrínseca* ou *invariável* dos bens ou serviços oferecidos e procurados no mercado – daquilo que podemos designar como *valor de uso*.

– Numa primeira referência a um «paradoxo do valor» imortalizado por Adam Smith – a constatação de que os diamantes atingem valores de mercado superiores aos da água, quando é indesmentível que é esta, e não aqueles, que desempenha um papel crucial na nossa própria sobrevivência –, dir-se-á que a abundância da oferta de água, onde ela ocorra, e a saciabilidade das nossas necessidades de água com um número comparativamente restrito de doses farão com que as escalas da oferta e da procura se interceptem num nível de preços muito baixo, num ponto em que a quantidade oferecida excede ainda muito amplamente as necessidades do mínimo vital de subsistência, e não existe pois uma pressão da parte da procura no sentido de uma licitação desses mínimos através da elevação dos preços; enquanto que a muito notória escassez de diamantes, conquanto não se defronte com uma escala da procura que nalgum ponto chegue aos níveis críticos que podem registar-se na procura da água, no entanto intercepta esta escala num ponto de equilíbrio muito elevado, visto não haver forma de satisfazer generalizadamente um nível mínimo de procura de diamantes senão através da referida licitação de preços.

– Nem o mais ardente coleccionador de diamantes porá em dúvida que o *valor de uso* da água é incomensuravelmente superior ao dos diamantes; mas tão pouco a pessoa mais indiferente ao fascínio dos diamantes deixará de reconhecer que se afigura racional que alguém se disponha a gastar mais na aquisição de *mais um* diamante do que na de *mais um* copo de água – reflexo, afinal, da simples constatação de que, no livre jogo de forças no mercado, os preços de equilíbrio correspectivos ditam um *valor de troca* que é superior para os diamantes do que o é para a água.

Admitir-se-á que é menos equívoco, nesta circunstância, abandonarmos a peculiar terminologia de Adam Smith em favor da dicotomia «valor - preço», sustentando que o valor há-de ser uma atribuição subjectiva de contornos mais ou menos nebulosos e arbitrários, e que o preço, conquanto tenha na raiz um entrechoque de duas *avaliações* distintas e complementares, será o resultado *objectivo*, automático, de um jogo de forças no mercado, que pode dizer-se que ao mesmo tempo *representa* aquelas avaliações mas não *coincide* com nenhuma. Ninguém hesitará na atribuição de um maior *valor de uso* à água, mas todos continuaremos a agir no mercado de tal forma que o *preço* dos diamantes se manterá a um nível *médio* superior ao da água.

Chegados a este ponto, insistamos que é sempre preciso ter em conta que há coisas que não queremos ver serem sujeitas às leis do mercado, seja aquilo que juridicamente se designa por «bens fora do comércio»,

sejam aqueles bens e interesses que, em nome de certos valores, não estamos dispostos a avaliar intersubjectivamente, a associar a um preço: tipicamente, a nossa integridade física, a nossa autonomia sexual, e muitos aspectos da nossa «esfera de intimidade» cuja fruição desejamos reservar para nós próprios de modo exclusivo, privativo[787] – não podendo ignorar-se o facto de cada um de nós, livremente, ser capaz de pautar as suas escolhas estritamente económicas pela prossecução de valores que, tendo por mais fundamentais, não deseja sujeitar à racionalidade maximizadora nem a uma partilha quantificada, nem sequer deseja vivenciar no registo da «escassez»[788].

Tem-se acusado muitas vezes a análise económica de uma insensibilidade aos aspectos mais profundos e sagrados da existência humana, tudo reduzindo ao mais «terreno» e venal materialismo, numa espécie de tábua-rasa que tudo nivela ao mínimo denominador comum do «valor de troca», da expressão monetária, da etiqueta do preço, num reducionismo que, tendendo a tudo «mercantilizar», necessariamente provoca uma erosão da personalidade e da humanidade[789]. Decerto há exagero, mas alguns afloramentos dessa distorção axiológica não deixam de ser claramente discerníveis em muitas racionalizações socialmente aceites, bastando pensar-se, a título de ilustração, no modo mecânico e impessoal com que Direito e Economia conspiram para determinar o valor de uma vida[790], ou nos embaraços sentidos na teoria – tanto a económica como a jurídica – quando se lança na fundamentação do puro altruísmo[791].

4 – g) – ii) Desequilíbrio e reequilíbrio

Se a curva da oferta se deslocar como um todo no sentido da expansão, no sentido de serem maiores as quantidades oferecidas a qualquer nível de preços, então o preço de equilíbrio tenderá a descer, e descerá tanto mais quanto mais inelástica for a procura. Isto sucederá assim porque, quanto menos as variações das condições no mercado repercutirem nas quantidades procuradas, maior será o impacto nos preços: daí que um aumento generalizado da oferta de produtos agrícolas, nomeadamente em resultado de um bom ano agrícola, tenha a tendência, perante uma procura que será normalmente inelástica[792] – embora isso não se verifi-

---

[787] Anderson, E. (1993), 155ss., 193ss., 217ss..

[788] Piderit, J.J. (1993), 130ss., 140ss..

[789] Radin, M.J. (1996). Cfr. ainda: Anderson, E. (1993); Arrow, K.J. (1997), 757ss..

[790] Rosen, S. & R. Thaler (1976), 265-298.

[791] Titmuss, R.M. (1971).

[792] Foi Richard Stone que mais se notabilizou na demonstração da fundamental inelasticidade-preço e inelasticidade-rendimento da procura de bens alimentares, concluindo que ela é aproximadamente de 0,5, e que por isso as variações de preços e de rendimentos tendem a gerar variações no consumo alimentar com uma amplitude que é cerca de metade da amplitude daquelas variações.

que inevitavelmente[793] –, a determinar uma quebra acentuada do preço de equilíbrio, uma quebra mais do que proporcional ao aumento das quantidades oferecidas – não bastando a subida das vendas para compensar a descida do preço por unidade vendida – e que tem, por isso, a consequência de resultar numa deterioração da receita dos vendedores dos produtos agrícolas.

Esse resultado é há muito conhecido sob a designação de «efeito de King», a constatação, algo paradoxal, de que um bom ano agrícola pode significar a ruína dos agricultores, tal como um mau ano agrícola pode, pelas mesmas razões, contribuir para a fortuna dos agricultores que conseguirem manter-se no mercado – uma constatação pioneiramente formulada por Gregory King [1648-1712], que sustentava que uma quebra na produção de trigo de 10% conduziria a uma subida do preço do trigo na ordem dos 30%, uma quebra de 30% provocaria um aumento de preço de 160%, e uma quebra de 50% na produção frumentária levaria a uma elevação de preço na ordem dos 450% –[794].

Isso deve-se fundamentalmente, como dissemos, à inelasticidade da procura de certos produtos agrícolas, que faz com que a quebra de vendas seja menor do que o aumento de preços. Contudo, o aumento de rendimento médio dos agricultores resultante de um mau ano agrícola esconde uma extensa redistribuição de rendimento entre os agricultores, em benefício daqueles que, apesar de tudo, conseguiram manter a sua produção, e contra aqueles que viram a sua produção ser afectada, senão mesmo inteiramente perdida, pelas circunstâncias que fizeram daquele ano agrícola um ano *mau*; uma observação que pode adquirir tonalidades sinistras se pensarmos que ela pode converter-se num incentivo económico muito forte para um silvicultor recorrer à prática dos incêndios florestais – nas florestas dos seus concorrentes.

A conjugação do efeito de queda de preços em anos abundantes e de redistribuição aleatória da riqueza – sem critério – em anos agrícolas maus, tornaram inteiramente justificado o recurso a medidas de estabilização dos preços e de garantia dos rendimentos agrícolas, com maior ou menor intervenção do Estado; medidas que poderíamos dividir em duas vertentes, a da constituição de reservas e a da estabilização directa dos preços:

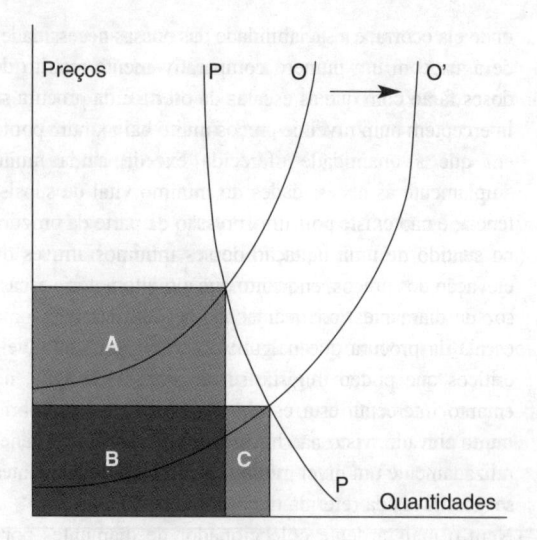

Gráfico 4.12. *Expansão da oferta com pequeno aumento de quantidades e grande descida de preços (o caso do «bom ano agrícola»)*

0PP: curva da procura
O: curva da oferta
O': *expansão* da curva O
A+B: rendimento do produtor (preços . quantidades) *antes* da expansão da curva O
B+C: rendimento do produtor (preços . quantidades) *depois* da expansão da curva O
A: preço unitário que o produtor *perde* com a expansão da curva O
C: quantidade transaccionada que o produtor *ganha* com a expansão da curva O (dado que A > C, o produtor regista uma perda de rendimento com a expansão da curva O)

– Por um lado, a dependência de condições climatéricas e sazonais torna compensadora a constituição de reservas agrícolas, armazenando-se os excedentes dos momentos mais produtivos – sendo que esse armazenamento impede o excesso de oferta no mercado, e a queda imediata dos preços – para serem lançados no mercado nos momentos menos produtivos – travando, com esse acréscimo de oferta, a imediata subida de preços que se seguiria à retracção da oferta –.
– O armazenamento dos produtos agrícolas pode ser objecto de um mercado especulativo privado e espontâneo, bastando que se percebam os ganhos extraordinários que podem advir ao armazenista-especulador de compra e da venda nos momentos

---

[793] O facto de não se viver na fronteira da sobrevivência aumenta a elasticidade do consumo aos preços agrícolas, fazendo, por exemplo, com que uma quebra da produção cerealífera possa ser absorvida quase integralmente por uma quebra do emprego de cereais na alimentação do gado e pelo recurso a sucedâneos alimentares, sem que, portanto, o aumento dos preços provoque uma significativa quebra de consumo directo dos cereais pelos consumidores humanos. Cfr. Lomborg, B. (2001), 101-102.

[794] Uma ilustração recente do «efeito de King»: nos EUA, houve um crescimento real da produção agrícola de 60% entre 1940 e 1970, enquanto em 1970 a população agrícola se reduzia para um terço do seu nível de 1940 (significando isso que a produtividade do sector quadruplicou no mesmo período). Os preços dos produtos agrícolas praticamente não subiram, o que significa que os grandes beneficiários dessa «revolução agrícola» foram os consumidores, e os grandes prejudicados os agricultores *marginais* que tiveram que abandonar em massa a actividade, assumindo os custos e os riscos pessoais inerentes à mudança de sector. Cfr. ERP (2004), 77-78.

mais propícios – comprando nos momentos de abundância e de preços baixos e revendendo nos momentos de escassez e de preços altos, ganhando com essa especulação (essa «*arbitragem*») uma remuneração socialmente justificada pelo papel de «amortecedor» que é por ele desempenhado, ele que assume o risco de agir com base numa mera previsão de preços futuros, e que em função dela decide comprar e vender em cada momento.

– Note-se que o facto de haver estabilização de preços através da especulação significa uma inequívoca melhoria para a posição dos consumidores, mas não significa que os agricultores tenham o rendimento estabilizado, porque as condições sazonais e climatéricas, e outras, afectam ainda o volume da produção – e esse volume é, a par com o nível de preços, um dos factores de que depende o seu rendimento.

– Por isso, muitos governos e organizações internacionais têm-se sentido habilitados – e pressionados por «*lobbies*» de agricultores – a intervirem no mercado agrícola:

a) seja estabelecendo limites à produção, quotas de produção para cada produtor, que retraem o total oferecido, sobem o nível de preços e asseguram ao conjunto dos agricultores alguma «renda monopolista», em prejuízo dos consumidores;

b) seja estabelecendo preços mínimos acima do preço de equilíbrio e comprando os excedentes de produção daí decorrentes – o que se faz, neste caso, em prejuízo dos contribuintes –;

c) seja ainda, e independentemente de qualquer interferência no mecanismo de preços, promovendo uma política de constituição de reservas «niveladoras» similares àquelas que podem formar-se espontaneamente num mercado agrícola especulativo.

Desde Theodore W. Schultz que se tem vindo a abandonar o preconceito tutelar e paternalista em relação à actividade agrícola, subscrevendo-se cada vez mais a ideia daquele: de que os camponeses, mesmo os das sociedades mais arcaicas e menos economicamente sofisticadas, eram e são agentes capazes de adoptar atitudes de uma impecável racionalidade maximizadora, agindo com perfeita eficiência dentro das suas áreas de especialização e dos constrangimentos resultantes

da escassez de informação e de meios técnicos – nada disso obstando a um relacionamento *livre* do Estado com o campesinato, exclusivamente assente no estabelecimento de *incentivos* à produtividade agrícola, mais a mais agora que a «empresarialidade» fez já a sua aparição num mundo rural cada vez mais despovoado, e com ela trouxe a base tecnológica para a «revolução verde» e para o extraordinário progresso verificado na «questão das subsistências»[795] – sendo mais provável que os incentivos dêem lugar a uma agricultura intensiva e pujante, próxima do «*high payoff input model*», do que se dê o regresso às ideias herdadas segundo as quais tudo terminaria em retracção da curva da oferta nos mercados dos produtos agrícolas[796], porque os agricultores seriam incapazes de converterem as inovações tecnológicas e biotecnológicas em variáveis endógenas do seu próprio processo produtivo[797].

4 – g) – iii) Convergência e divergência

A existência de um desfasamento temporal inevitável entre a solicitação do mercado e a resposta dos intervenientes pode influenciar o ajustamento da oferta à procura, em termos de induzir uma separação permanente entre ambos, e mais ou menos irresolúveis flutuações de preços, sobretudo se presumirmos alguma *miopia* nas expectativas dos agentes quanto à evolução futura dos preços. O diagrama da «teia de aranha» pretende ser uma representação da evolução temporal do «estímulo» e «resposta» representados respectivamente pelos preços e pelas respostas da oferta, no sentido de uma eventual convergência entre quantidades e preços num ponto de equilíbrio[798].

Partindo-se de uma posição de desequilíbrio – por exemplo, pressupondo-se que uma deslocação, seja da escala da oferta seja da escala da procura, deixou o preço acima do ponto de equilíbrio –, tenta-se examinar como é que sucessivas transacções procurarão colmatar a brecha que, àquele preço desequilibrado, se verifica:

1. no primeiro momento, incentivados pelo preço elevado, os produtores aumentarão a oferta;

2. dado o desfasamento com a quantidade procurada àquele nível elevado de preços, esse aumento de produção não será escoado, a menos que os preços desçam;

[795] Schultz, T.W. (1964), 145-147.

[796] Lipton, M. (1968), 327-351.

[797] Hayami, Y. & V.W. Ruttan (1985), 176-197. Porém, contra, cfr. Koppel, B.M. (org.) (1995); Olmstead, A.L. & P. Rhode (1993), 100-118.

[798] Sobre os «diagramas em teia de aranha», veja-se as subtis reservas formuladas por Almeida, A. (1989), 241ss.

3. num segundo momento, verificada essa queda de preços, os produtores restringirão a sua produção;

4. restrição essa que se fará sentir no mercado induzindo uma subida de preços;

5. incentivados pela elevação do preço, os produtores aumentarão a oferta; e assim sucessivamente.

Existem duas possibilidades de desfecho na evolução da «espiral dinâmica» que aqui ocorre:

a) *convergência*: se a oferta revela menor elasticidade-preço do que a procura, cada novo lance provocará uma maior oscilação de preços do que de quantidades oferecidas, facilitando-se assim a determinação de um volume equilibrado de transacções, sendo, em cada lance, menor o desfasamento entre quantidade oferecida e quantidade efectivamente procurada;

b) *divergência*: se a oferta revelar maior elasticidade-preço do que a procura, a oscilação será maior relativamente às quantidades transaccionadas do que quanto aos preços, pelo que, sendo cada vez maior o desfasamento entre as quantidades oferecidas e as procuradas, as oscilações de preços limitar-se-ão a espelhar essa brecha e a ampliá-la.

As hipóteses de «teia de aranha» *divergente* só não serão mais frequentes porque, significando elas a impossibilidade de equilíbrio, e, com ela, a impossibilidade de transaccionar, em geral a oferta procurará evitar esta armadilha, o que poderá conseguir guiando-se pelas suas próprias previsões quanto à evolução do mercado, libertando-se da posição de «receptor passivo» e desatento das solicitações do mercado, ou constituindo reservas, «*stocks*», que permitam responder mais rapidamente às variações de preços no mercado.

Também aqui o progresso tecnológico tem permitido aos produtores fugirem da «teia divergente», por exemplo agilizando a sua produção por forma a trabalhar por encomenda, sem recurso a «stocks» e a custos de transacção mínimos: pense-se, por exemplo, na marca de computadores que permite ao cliente entrar no seu «sítio» da Internet e aí «conceber» o seu computador ideal através da escolha de componentes, que o fabricante da marca integrará num produto final *somente depois* da encomenda feita (o modelo de gestão «*build-to-order*» em vez do modelo «*build-to-stock*», eliminando deste último os custos de armazenamento, de distribuição e de retalho, os custos de sobreprodução, e até – facto da maior importância no sector informático – os custos da rápida obsolescência)[799].

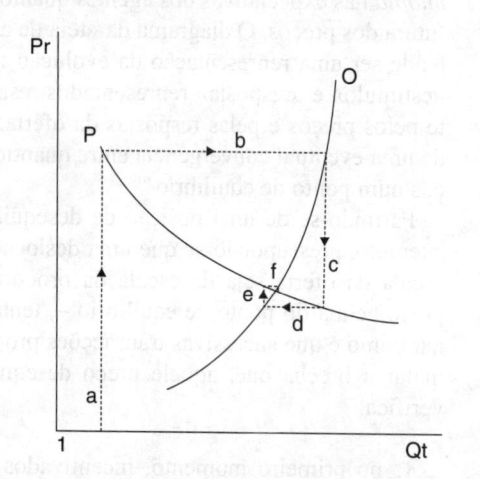
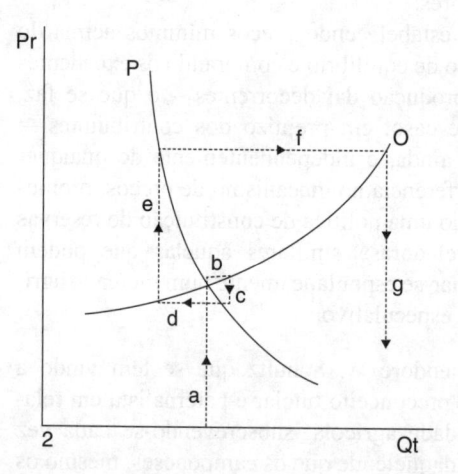

Gráfico 4.13. *«Teia de aranha» dinâmica, convergência e divergência*

1: a oferta é menos elástica do que a procura – cada nova licitação «gravita» em direcção do ponto de equilíbrio, as oscilações diminuem
2: a oferta é mais elástica do que a procura – cada nova licitação afasta a possibilidade de as partes convergirem, as oscilações «explodem»
Pr: preços
Qt: quantidades
O: oferta
P: procura
a, b, c, d, e, f, g: licitações sucessivas

[799] Brynjolfsson, E. & L.M. Hitt (2000), 29-30.

4 – h) Estabilização e destabilização através da especulação

Suponha-se que uma calamidade natural foi de tal modo devastadora para as colheitas que não haverá reservas alimentares suficientes para sustentarem o padrão de consumo durante o ano subsequente. Naturalmente, para que o agravamento da escassez não redunde em carência absoluta, é preciso que aquele padrão de consumo se restrinja, e que todos os consumidores contribuam tão cedo quanto possível para esse esforço de gestão de recursos ao longo do tempo. Como podem os consumidores ser alertados para essa necessidade de contenção? Muito naturalmente, pela subida de preços que se segue a uma quebra da oferta: a simples notícia do agravamento da escassez não traz por ela própria qualquer incentivo a uma efectiva redução do consumo – bem pelo contrário, todos terão o incentivo para serem os últimos a contribuir para a austeridade, ninguém quererá coordenar esforços, todos esperarão que os outros tomem a iniciativa –, e só a subida de preços é eficiente a reduzi-lo, caso a caso. A questão passa a ser outra: e se os vendedores aproveitam para retirar um benefício adicional deste momento crítico, açambarcando e especulando nos preços?

Essa especulação tem dois limites: por um lado, o limite da concorrência, já que mesmo o vendedor que consegue isoladamente influenciar os preços de mercado defrontar-se-á com a falta de solidariedade dos demais vendedores, que podem conquistar mercado recusando-se a participar em conluios especulativos de subida de preços; por outro, o limite temporal da oportunidade, visto que uma subida muito acentuada de preços sinalizará todos os actuais e potenciais produtores no sentido de intensificarem a produção e aumentarem a oferta, o que, na hipótese de não ocorrer uma outra calamidade, significa, a prazo, um aumento da oferta e uma nova queda dos preços, fazendo perder a oportunidade de vender os bens açambarcados a preços elevados, e de com essa venda se obter rendimentos extraordinários –.

O vendedor que prevê uma nova queda reequilibradora dos preços não terá, pois, muita amplitude nem muito tempo para especular. Mas, como se isso não bastasse, os próprios consumidores são capazes de retrair a procura em consequência da sua expectativa de uma próxima queda dos preços, sendo irracional comprarem imediatamente aquilo que, a breve trecho, poderão comprar a preço inferior. Essa retracção da procura significa que, na falta de uma retracção muito acentuada da oferta – isto é, a manter-se alguma proporcionalidade entre os dois tipos de movimentos –, a quebra de vendas não provocará senão um aumento menos do que proporcional dos preços, o que significa-

rá para os vendedores uma perda de receita (que é o produto do preço pelo volume de vendas) e por isso um desincentivo às suas práticas especulativas.

Note-se, pois, que do lado da procura a especulação pode ter um *efeito estabilizador* dos preços: a uma subida de preços segue-se uma reacção dominada pela expectativa de que os preços voltarão a cair, uma reacção que imediatamente provoca a própria queda prevista (ou afloramento do «Efeito de Édipo»), amortecendo assim os efeitos da pressão no sentido da subida dos preços.

Mas a especulação também pode ter um *efeito destabilizador*, isto é, amplificador das oscilações de preços no mercado, naqueles casos em que as expectativas são de que uma primeira subida de preços seja o prenúncio de subidas ulteriores e mais graves, caso em que a reacção compreensível irá no sentido de se intensificar o consumo antes que os preços voltem a subir – dado ser racional comprar-se imediatamente aquilo que a breve trecho terá um preço superior –, o que tende a intensificar e a antecipar as subidas de preços previstas, deslocando toda a escala da procura no sentido da expansão, do aumento das quantidades procuradas a qualquer nível de preços, empurrando para uma subida do preço de equilíbrio que é mais do que proporcional às variações de quantidades transaccionadas. E a agravar tudo isto está o facto de esses aumentos desproporcionados dos preços significarem melhorias extraordinárias da receita total dos vendedores, os quais têm, pois, um forte incentivo económico para fomentarem situações e atitudes destabilizadoras, mesmo as de pânico, por parte da procura.

Em suma (e descontando aqui algumas complicações, como as advenientes da *viscosidade* dos preços, isto é, da demora na verificação das variações de preços em resposta a estímulos de mercado):

1. no caso de os preços descerem, se prevalece a convicção de que se trata de um efeito temporário os vendedores restringirão a oferta, esperando voltar a vender em condições de preço mais favoráveis, enquanto a procura se expande tentando aproveitar a oportunidade dessa baixa temporária, sendo que a combinação dessas duas reacções determinará uma nova subida (*estabilizadora*) dos preços; se pelo contrário se gera a impressão de que esse é o primeiro passo numa tendência para quedas sucessivas de preços, os vendedores apressar-se-ão a vender o máximo possível, enquanto que os compradores se retraem, à espera de ulteriores quebras de preços, resultando agora desta conjugação um agravamento (*destabilizador*) da tendência para a descida de preços;

2. no caso de os preços subirem, se existe a convicção de que a subida é meramente temporária os vendedores expandirão a oferta, para aproveitarem a ocasião de preços elevados e maximizarem com eles os seus ganhos, e os compradores restringirão a procura, dada a perspectiva de poderem voltar a consumir a preços mais baixos, resultando desta combinação uma descida (*estabilizadora*) dos preços; mas se ao invés prevalece a impressão de que se regista o primeiro passo numa subida de preços muito mais ampla ainda, a procura intensificar-se-á para evitar os previstos agravamentos de preços, e a oferta retrair-se-á, à espera de ganhos superiores – acentuando-se desse modo, de forma *destabilizadora*, a tendência para a subida de preços.

Veremos mais tarde o quão importante é a possibilidade de aproveitamento destas virtualidades estabilizadoras e destabilizadoras para o sucesso das políticas macroeconómicas, em especial no que elas possam implicar de gestão das expectativas de produtores e consumidores[800].

4 – h) – i) O Princípio de Hotelling

Uma aplicação destas ideias aparece também reflectida no «Princípio de Hotelling», formulado pelo matemático e economista Harold Hotelling, segundo o qual o preço dos recursos naturais não-renováveis tende a variar proporcionalmente à taxa de juro *real* – visto que o seu preço presente não é mais do que o valor presente do preço esperado para esses recursos em períodos subsequentes, sendo pois o preço presente inteiramente dominado por esse propósito especulativo[801/802]. Desta constatação Hotelling retirava uma conclusão de teor vagamente neo-malthusiano – com o tom carregado e pessimista das previsões de Thomas Malthus

[1766-1834] –, segundo a qual o constante aumento do preço relativo dos recursos naturais não-renováveis levaria, paulatina mas irreversivelmente, ao abandono do seu uso e à sua substituição por outros recursos sucedâneos, antes mesmo do respectivo esgotamento: conclusão que foi refutada com sucesso pelo economista Julian Simon.

Com efeito, o «Princípio de Hotelling» desconsidera os efeitos do progresso tecnológico sobre o aproveitamento de recursos naturais não-renováveis, os quais podem provocar a manutenção e até a descida do preço dos recursos no longo prazo[803], facto que acabou por verificar-se generalizadamente[804] (influenciando até as novas perspectivas relativas aos limites do crescimento, realçando o papel crucial da evolução tecnológica)[805/806] – e facto que se compreende facilmente, se considerarmos que, por um lado, com a passagem do tempo a elasticidade da reacção à subida dos preços dos recursos não-renováveis envolve geralmente incrementos de eficiência no emprego desses recursos, assentes em inovações científicas e técnicas[807]; e que, por outro lado, qualquer mudança no preço relativo dos factores de produção bastará em princípio para incentivar inovações susceptíveis de provocarem retracções da procura do factor produtivo que ficou relativamente mais caro – como há muito o demonstrou John Hicks, com a sua noção de «inovação induzida»[808].

Da consideração do «Princípio de Hotelling» resulta, em suma, que, na exploração de recursos não-renováveis, o problema se situa no ritmo de exploração propiciado pelos preços relativamente baixos desses recursos – sendo que esse problema seria parcialmente resolvido se a subida dos preços travasse esse ritmo de exploração[809], modificando também as próprias «taxas de desconto» em presença[810]. É uma intuição perfeitamente conforme com aquilo que se tem por funcionamento *normal* do mecanismo de preços, uma intuição que apenas tem que ser aditada de algumas «nuances» sobre tecnologia, como referimos[811], e de uma conside-

---

[800] Larson, S.R. (2002).

[801] Hotelling, H. (1931), 137-175.

[802] Sobre Harold Hotelling, cfr. as reflexões de: Almeida, A. (2003), 33ss.

[803] O «Princípio de Hotelling» só é, pois, válido no caso especial de existir uma dotação inicial fixa do recurso não-renovável, e no caso de se verificarem custos marginais de produção que tendem para o zero – único caso em que se confirmaria a previsão de que o preço *deduzido do custo marginal* acompanharia a evolução da taxa real de juro. Cfr. Epple, D.N. (1975), 63-65.

[804] Barnett, H.J. & C. Morse (1963); Slade, M.E. (1982), 122-137.

[805] Dasgupta, P. & G. Heal (1974), 3-28; Kamien, M.I. & N.L. Schwartz (1978), 179-196; Pindyck, R.S. (1978), 841-861; Devarajan, S. & A. Fisher (1982), 1279-1290; Bohi, D.R. & M.A. Toman (1984).

[806] Veja-se uma análise estatística desse efeito moderador da evolução tecnológica sobre os preços do gás natural (e sobre os custos de constituição de reservas), em: Cuddington, J.T. & D.L. Moss (2001), 1135ss.

[807] Popp, D. (2002), 160.

[808] Hicks, J.R. (1932).

[809] Hotelling, H. (1931), 137-175. Cfr. Barnett, H.J. & C. Morse (1963); Howarth, R.B. & R.B. Norgaard (1990), 1-11; Krautkraemer, J.A. (1998), 2065ss..

[810] Rowthorn, B. & G.M. Brown (1995), 25-39.

[811] Krautkraemer, J.A. (1985), 153-170.

ração dos «danos colaterais» que a utilização de recursos não-renováveis pode causar em termos ambientais, gerando um outro tipo de irreversibilidade ainda mais grave do que a da simples exaustão daqueles recursos[812] (sem embargo das possibilidades abertas pela reciclagem[813]), tornando por isso necessária uma mais sofisticada «contabilidade ambiental»[814].

Ora, que o crescimento económico não fica comprometido com a dependência de recursos não-renováveis é um facto de constatação simples, dependente que está de um progresso tecnológico[815], especificamente de um progresso tecnológico que acabe por fornecer sucedâneos para aqueles recursos muito antes do respectivo esgotamento[816].

A refutação do «Princípio de Hotelling», ou ao menos a moderação das suas consequências mais amplas, tem servido para se sustentar uma abordagem menos intervencionista na promoção de valores ambientais (de qualidade, de sustentabilidade, e outros), demonstrando-se que o mercado, entregue a si mesmo, é capaz de espontaneamente promover, através do mecanismo dos preços e tanto do lado da procura como do lado da oferta[817], melhorias muito significativas naqueles valores ambientais, incorporando no seu sistema de incentivos até a ponderação dos interesses de longo prazo e das gerações futuras e facultando, em suma, meios de travagem da degradação ambiental.

A refutação do «Princípio de Hotelling» ganha também particular importância porque também se trata de refutar extrapolações quase invariavelmente catastrofistas que acompanham a análise do uso de recursos não-renováveis, e que vão da simples advertência relativa à inelutabilidade do esgotamento até ao estabelecimento de *limites absolutos* ao crescimento. Já em 1865 Stanley Jevons tinha previsto, por simples extrapolação daquilo a que assistia, em termos de utilização de recursos energéticos, que as reservas de carvão esgotariam muito rapidamente[818]; no princípio do século XX

julgou-se, no rescaldo do desastre do *Titanic*, que os icebergs do Atlântico Norte iriam constituir um limite absoluto aos transportes entre a Europa e a América do Norte (ninguém então imaginava que um dia a tecnologia permitiria o transporte aéreo de massas, *sobrevoando* os icebergs); em 1972 a obra colectiva *The Limits to Growth* previa categoricamente que as reservas globais de ouro esgotariam em 1981, as de prata e mercúrio em 1985, as de zinco em 1990, e as de petróleo em 1992 – jamais passando pelo espírito dos seus autores sequer a *possibilidade* de, 30 anos volvidos, essas reservas terem, muito pelo contrário, *aumentado* (graças a descobertas de novas reservas e à parcimónia assegurada por novas tecnologias)[819].

Note-se ainda que a abordagem da «inovação induzida» trata prudentemente a base científica de conhecimento como um dado *exógeno*[820], quando o facto é que mesmo o esforço de investigação e desenvolvimento, por mais remoto que possa parecer face ao processo produtivo que dele se alimenta, na realidade interage dinamicamente com este, mesmo quando se trata de investigação *pura* (não-aplicada), porque também ela tem que buscar *relevância* económica para assegurar a sua própria sobrevivência – razão pela qual há quem hoje sustente a necessidade de integração plena da ciência *pura* no plano do progresso tecnológico, tornando-a uma variável *endógena* do impulso gerado por aquele progresso[821].

Infelizmente, a preponderância do activismo ambientalista, com a sua motivação doutrinária pró-intervencionista, não tem geralmente permitido uma avaliação serena quanto às virtualidades de um maior recurso a mecanismos de mercado para se resolver o problema dos recursos não-renováveis – e o que a estridência militante parece invariavelmente sugerir nestes domínios é que, na ausência de um protagonismo estadual, o mercado «falha» e se segue uma hecatombe ambiental.

[812] Ayres, R.U. (1996), 239-255; Costanza, R. (1988), 1-7; Daly, H.E. (1994), 22-37; Hoel, M. & S. Kverndokk (1996), 115-136; Kolstad, C.D. (1996), 1-18; Söderbaum, P. (1994), 47-60.

[813] Kneese, A.V., R.U. Ayres & R.C. d'Arge (1971); Krutilla, J.V. & A.C. Fisher (1985).

[814] Landefeld, J.S. & C.S. Carson (1994), 33-49.

[815] Dasgupta, P. & G. Heal (1974), 3-28; Dasgupta, P. (1995), 111-143; Dixit, A.K., P. Hammond & M. Hoel (1980), 551-556; Hartwick, J.M. (1977), 972-974; Koopmans, T.C. (1965), 87-101; Labson, S.B. (1995), S34-S42; Solow, R.M. (1974), 29-45; Solow, R.M. (1986), 141-149; Stiglitz, J.E. (1974b), 123-137; Tilton, J. (1989), 265-278.

[816] Barrett, S. (1992), 289-300; Beltratti, A., G. Chichilnisky & G.M. Heal (1995); Hartman, R. & M.L. Plummer (1987), 212-225; Krautkraemer, J.A. (1986), 133-149; Krutilla, J.V. (1967), 777-786.

[817] Induzindo inovações através de incentivos de mercado, como se analisa em: Lichtenberg, F.R. (1986), 67-75; Lichtenberg, F.R. (1987), 154-158; Lanjouw, J.O. & A. Mody (1996), 549-571; Jaffe, A.B. & K. Palmer (1997), 610-619; Newell, R.G., A.B. Jaffe & R.N. Stavins (1999), 941-975.

[818] Simon, J. (1996), 164-165; Ausubel, J.H. (1995), 411.

[819] Pezzey, J.C.V. & M.A. Toman (orgs.) (2002); Meadows, D.H., D.L. Meadows, J. Randers & W.W. Behrens III (1972).

[820] Nordhaus, W.D. (1973), 208-219.

[821] Sobre estas teorias de «*technology-push*», cfr. Scherer, F.M. (1965), 1097-1125; Schmookler, J. (1966); Mowery, D.C. & N. Rosenberg (1979), 103-153; Rosenberg, N. (1982); Rosenberg, N. (1984).

Encontramos aqui uma das «dez ideias para reflectir»: um movimento especulativo pode ser estabilizador, se as previsões forem optimistas.

4 – i) A elasticidade da procura

Na sua acepção mais vasta, a *elasticidade* é a amplitude da reacção dos agentes económicos à alteração de condições fundamentais da sua actividade – mais especificamente, a reacção às variações das condições dos mercados, e às resultantes flutuações de preços dos produtos ou de rendimento dos factores. Embora, em rigor, a elasticidade seja uma medida que afere não apenas a *amplitude* das reacções das partes às oscilações de preços e rendimentos, mas também a *rapidez* daquelas reacções, reservaremos para esta última característica a designação «*viscosidade*», aliás comum no vocabulário macroeconómico.

Para já, concentremo-nos no conceito de elasticidade para aprofundarmos a nossa análise do mecanismo da procura, emprestando-lhe agora uma maior sofisticação analítica. É que, se já antes tínhamos dado indicações relativas à direcção que a procura toma em função de alterações de vários factores – como a correlação inversa com a variação dos preços, a correlação directa com a variação do rendimento, as variações em função da existência de bens sucedâneos e complementares –, agora o conceito de elasticidade vai permitir aditar, à determinação dessa direcção, um cálculo mais ou menos aproximado da *amplitude* do movimento da procura (a quantificação, tão prezada no cânone neoclássico, só agora pode entrar a operar em pleno).

A elasticidade-preço da procura denota a sensibilidade, maior ou menor, das reacções dos consumidores às alterações dos preços dos bens e serviços – uma medida percentual, que se refere à amplitude das variações de quantidades procuradas que acompanham as variações de preços.

Uma variação de 10% no preço do pão, seja no sentido da subida, seja no sentido da queda, é capaz de não ter grande impacto nas quantidades procuradas e efectivamente transaccionadas, talvez porque o consumo do pão não é facilmente permutável com o de outro qualquer bem; mas essa mesma variação no preço dos chocolates pode ter um impacto muito grande na amplitude das variações da procura: pode ser que uma quebra de 10% no preço dos chocolates determine um grande aumento de quantidades procuradas e transaccionadas, e que um aumento de 10% no preço provoque um retraimento igualmente amplo no volume de vendas, o que em boa parte

será decerto atribuível ao facto de ser mais fácil substituir o consumo de chocolates pelo de outros bens, e vice-versa. Uma variação de 10%, no sentido da subida ou da descida, do preço de títulos transaccionados em Bolsa – ou do índice que representa a média desses preços – pode significar uma explosão do volume de transacções ou o seu quase desaparecimento (até que o reequilíbrio de preços se dê), manifestando uma hiper-sensibilidade às mais ínfimas variações de preços[822].

Essa sensibilidade aos preços há-de depender de diversos factores, muitos dos quais plausivelmente idiossincráticos, únicos em cada caso pessoal, já que o consumidor pode usar de toda a sua liberdade e «soberania» para ser caprichoso nas suas reacções ao mercado. É todavia possível apontar alguns efeitos dominantes no condicionamento dessa sensibilidade dos consumidores, como por exemplo:

1. o *efeito de rendimento*: a sensibilidade tende a aumentar se as limitações orçamentais do sujeito económico estão a ser atingidas. E assim, se um aumento de preços desacompanhado de um aumento do rendimento disponível faz com que o padrão normal de consumo exceda absolutamente as disponibilidades de um determinado consumidor, ele deverá sacrificar aquele padrão, restringindo os valores totais das quantidades consumidas, afectando provavelmente também o total consumido do bem cujo preço aumentou.

O estudante que dispõe de uma «mesada» exígua terá que restringir o consumo do tabaco se o respectivo preço subir muito, se não estiver disposto a sacrificar todas as outras despesas habituais à simples manutenção do nível de consumo de tabaco. Se o preço de jornais e de revistas subir pronunciadamente, é natural que os primeiros a renunciarem à sua compra sejam os seus leitores mais pobres.

Pela mesma razão, as variações de preços de bens de valor insignificante, isto é, com peso ínfimo na despesa total de consumo, tendem a deparar-se com uma forte inelasticidade da procura, o que demonstra que, aumentando o rendimento, afastando-se o horizonte das limitações orçamentais, a elasticidade-preço tende a diminuir, e que o efeito de rendimento será tanto mais decisivo quanto maior for a parcela orçamental reservada para a despesa com aquele bem cujo preço subiu.

Seria inteiramente de esperar que um aumento de 100% no preço dos televisores, ou dos computadores, provocasse uma retracção fortíssima da procura, ou

---

[822] Levin, E.J. & R.E. Wright (2002), 222-237.

que uma queda de 50% no preço das câmaras de vídeo ou dos leitores de DVD fosse seguida de uma explosão das vendas. Mas não são de esperar movimentos de tanta amplitude em aumentos de 100% ou quedas de 50% nos preços de bens com valor relativamente insignificante, como cadernos, esferográficas, pastilhas elásticas.

2. o *efeito de substituição*: a elasticidade tende igualmente a aumentar se o consumidor dispõe de alternativas, e pode fugir dos aumentos de preços de um bem substituindo o respectivo consumo pelo consumo de bens sucedâneos daquele cujo *preço relativo* não tenha aumentado.

Será por isso maior a elasticidade na procura de manteiga, que pode facilmente ser substituída por margarina, do que na procura de tabaco, muito maior na procura de uma marca de *whisky* do que na procura de um medicamento específico.

Deve notar-se, contudo, que o efeito de substituição está algo dependente da amplitude com que os produtos são definidos: se admitimos que é possível analisar-se a procura de *alimentos*, evidentemente que não existe sucedâneo para estes, mas não é menos óbvio que a maior parte dos alimentos, separadamente considerados, tem sucedâneos conhecidos. É também de referir que o efeito de substituição pode ser temperado pelo ascendente de duas variáveis, uma referente ao preço relativo dos bens (o que pode turvar a percepção de que se trata de verdadeiros sucedâneos, ou de sucedâneos *perfeitos*), a outra respeitante ao tempo que é gasto na mudança de hábitos de consumo, até que fique completa a substituição do bem pelo seu sucedâneo.

Se o preço do óleo alimentar subir muito *mas* o preço do azeite for tão elevado que o seu emprego *nas mesmas quantidades* seria incomportável para o orçamento dos consumidores, o azeite deixará de desempenhar funções de sucedâneo. O surgimento no mercado de um novo jornal diário a preço reduzido, ou mesmo *gratuito*, não conquistará imediatamente os leitores da imprensa concorrente, mesmo que a qualidade do recém-chegado seja semelhante ou superior à média, dadas as relações de fidelização dos leitores ao seu jornal favorito. O banco que passa a oferecer condições de crédito *objectivamente* melhores do que outros tem ainda que vencer a barreira estratégica da confiança que possa prender a clientela aos outros bancos[823].

Que a elasticidade-preço depende da existência de sucedâneos pode ser ilustrado com outros exemplos, como o das receitas médicas: se os médicos cobrarem preços muito elevados pelas suas consultas, pela prescrição de medicamentos aos seus clientes, muitos destes passarão a procurar a auto-medicação e a compra de medicamentos sem receita; se os medicamentos receitados foram muito caros, muitos dos utentes passarão a procurar medicamentos equivalentes a preços mais baixos (eventualmente os «genéricos»), ou procurarão melhorar o uso dos medicamentos prescritos, partilhando medicamentos individualmente subutilizados, regressando a embalagens já adquiridas, desrespeitando prazos de validade, etc.

3. *a essencialidade das necessidades*: a elasticidade é, por definição, reduzida quanto àqueles bens e serviços que satisfazem necessidades primárias, as necessidades cuja satisfação é imprescindível, e essa mesma elasticidade tende a aumentar na área das necessidades secundárias, até ao limite do consumo que cada um possa ter por supérfluo. Trata-se de um corolário da combinação dos efeitos de rendimento e de substituição, porque naturalmente a disposição para reagir a variações de preços, e a possibilidade de o fazer, estão condicionadas pela liberdade e pela capacidade económica do consumidor. As limitações orçamentais do agente económico determinam a necessidade de estabelecimento de prioridades na satisfação de necessidades, e compreender-se-á que quanto mais elevada é a prioridade no emprego de bens e serviços menor será a abertura para a consideração de alterações no nível e intensidade desse emprego. Nesse sentido, pode analisar-se até o efeito de substituição em termos de opção entre consumo e não-consumo, visto que para os bens não-essenciais está aberta a alternativa da abstenção *imediata* de consumo, pura e simples (ainda que mediatamente, salva a hipótese de entesouramento definitivo e «estéril», o não-consumo de um produto acabe por resultar necessariamente no consumo de outros produtos).

4. *a perspectiva temporal*: a passagem do tempo faz aumentar a elasticidade, porque dá ao consumidor mais oportunidades de reacção, permitindo-lhe explorar várias «vias de fuga» em relação ao consumo cujo custo aumentou, adoptando novos hábitos, novas tecnologias, ou até atitudes concertadas de pressão no mercado; trata-se de um ponto crucial, como veremos, em vários pontos da análise económica, e mesmo da macroecono-

---

823 Weill, L. (2002), 201-222.

mia: com a passagem do tempo, toda a elasticidade tende a aumentar, e a aumentar até ao seu limite máximo.

Quanto a este último aspecto, ele prende-se com a questão mais vasta da congruência intertemporal das preferências reveladas pelos agentes económicos: sabendo-se que, quanto ao futuro, predominam as expectativas com a sua função estabilizadora ou desestabilizadora, e que quanto ao passado a elasticidade pode ser profundamente influenciada tanto pela formação de hábitos, ou seja pelo condicionamento gerado pelas possibilidades de consumo abertas pelo rendimento passado[824], como pela disposição de pautar o consumo por linhas de referência, combinado com o efeito de «aversão ao risco» – isto de acordo com os princípios da «*prospect theory*»[825].

– A «*prospect theory*» tenta apresentar uma descrição realista do que seja a escolha em condições de risco, ponderando o jogo das emoções imediatamente ligadas aos ganhos e perdas – procurando explicar porque é que a «aversão às perdas» é normalmente mais intensa do que uma «aversão ao risco» que alegadamente não se envolveria na quantificação directa de ganhos e perdas[826].

– Essa «aversão às perdas» é normalmente atribuída ao «*endowment effect*», a assimetria de atitude face a uma equiprobabilidade de ganhos e de perdas[827], a discrepância entre «disposição de pagar» e «disposição de aceitar» relativas a um mesmo bem[828], uma distinção que instintivamente se estabelece entre custos de oportunidade e perdas, subestimando sempre os primeiros[829], não raro com efeitos depressivos sobre o volume

de transacções[830]. Mais genericamente, esse «*endowment effect*» nasce de uma assimetria perceptiva que se estende às discrepâncias jurídicas entre danos emergentes e lucros cessantes[831], que aceita a não-partilha de ganhos como contrapartida da rejeição de uma partilha de perdas (a ideia subjacente ao «contrato implícito» que existe nas relações laborais, e a que nos referiremos adiante)[832].

– Mas a «aversão às perdas» também pode ser atribuída a uma «preferência pelo status quo»[833], ou a uma marginalista propensão para o declínio da sensibilidade[834], ou ainda às preferências temporais que levam ao «desconto»[835], com ou sem «sofisticação intertemporal»[836], com ou sem sobreposição com outras «anomalias» em termos de assunção de riscos[837].

É certo que por vezes os consumidores revelarão uma completa ingenuidade quanto à possibilidade de furtar a sua conduta a inconsistências intertemporais, acreditando que agirão do mesmo modo para o resto da sua vida, mas a maior parte das vezes todos nós somos suficientemente sofisticados para admitirmos ao menos a possibilidade de a nossa conduta vir a alterar-se, com maior ou menor *elasticidade*, com maior ou menor *viscosidade*, em função de solicitações supervenientes[838]. Também a idade e a expectativa de vida interferem, naturalmente, nessas projecções de elasticidade, já que, como sugerimos acerca do potencial especulativo e melhor analisaremos a propósito da *taxa de desconto*, a totalidade do futuro conta no grau de satisfação presente[839]; em termos aproximativos, dir-se-á que a questão da congruência intertemporal das preferências pode esboçar-se como um diálogo entre «múltiplos eus» que

[824] Duesenberry, J.S. (1949).

[825] Kahneman, D. & A. Tversky (1979), 263-292; Tversky, A. & D. Kahneman (1991), 1039-1061.

[826] Tversky, A. & D. Kahneman (1992), 297-323; Bateman, I., A. Munro, B. Rhodes, C. Starmer & R. Sugden (1997), 479-505.

[827] Kahneman, D., J.L. Knetsch & R.H. Thaler (1990), 1325-1348; Loewenstein, G. & D. Adler (1995), 929-937; Thaler, R.H. (1980), 39--60; Tversky, A. & D. Kahneman (1991), 1039-1061.

[828] Kahneman, D., J.L. Knetsch & R.H. Thaler (1991), 193-206; Kahneman, D. & A. Tversky (orgs.) (2000).

[829] Camerer, C.F., L. Babcock, G. Loewenstein & R.H. Thaler (1997), 407-442.

[830] Efeitos depressivos traduzidos por exemplo numa falta de disposição de vender quando os preços começam a descer de um nível de referência e é possível contabilizar essa «perda», ainda que haja elevados custos de oportunidade na não-venda, dadas as perspectivas de continuação de queda dos preços no futuro. Cfr. Kahneman, D., J.L. Knetsch & R.H. Thaler (1990), 1325-1348; Genesove, D. & C. Mayer (2001), 1233--1260.

[831] Cohen, D. & J.L. Knetsch (1992), 737-770.

[832] Kahneman, D., J.L. Knetsch & R.H. Thaler (1986b), 728-741.

[833] Hartman, R.S., M. Doane & C.-K. Woo (1991), 141-162; Knetsch, J.L. & J.A. Sinden (1984), 507-521; Knetsch, J.L. (1989), 1277-1284; Samuelson, W.F. & R.J. Zeckhauser (1988), 7-59; Shea, J. (1995), 186-200; Shea, J. (1995b), 798-805.

[834] Kahneman, D. & A. Tversky (1979), 263-291.

[835] Goldman, S.M. (1979), 621-626; Goldman, S.M. (1980), 533-537; Kirby, K.N. & R.J. Herrnstein (1995), 83-89; Laibson, D.I. (1997), 443-478; Phelps, E.S. & R.A. Pollak (1968), 185-199; Schelling, T.C. (1978b), 290-294; Strotz, R.H. (1956), 165-180; Thaler, R.H. & H.M. Shefrin (1981), 392-406.

[836] Hoch, S.J. & G. Loewenstein (1991), 492-507; Loewenstein, G. (1996), 272-292.

[837] Benartzi, S. & R.H. Thaler (1995), 73-92; Epstein, L.G. & S.E. Zin (1990), 387-407; Mehra, R. & E.C. Prescott (1985), 145-161.

[838] Pollak, R.A. (1968), 201-208.

[839] Loewenstein, G. (1987), 666-684.

se espraiam no tempo, separados por barreiras erigidas pela maior ou menor *miopia* evidenciada pelo «eu presente»[840], pela maior ou menor determinação de controlo, de limitação das opções, dos «eus futuros»[841] – e objectivamente pela extensão temporal que ainda previsivelmente resta para aquele diálogo dos «múltiplos eus».

Crucial é, em suma, o papel do costume e da vontade de acatamento congruente desse costume (com todas as suas facetas sociais, cognitivas, emocionais) na formação e manutenção de *hábitos* de conduta no mercado ou na abertura à adaptação *inteligente* a situações novas, à aprendizagem na interdependência – pois é sobre esse pano de fundo de *motivações* que se desenhará o quadro dos efeitos que determinam a elasticidade, da única forma compatível com a liberdade individual da auto-condicionar e estabilizar, ou não, uma conduta tipificável e previsível[842].

Deixemos claro, de passagem, que o mecanismo da oferta e da procura se reporta, em bom rigor, à formação de *preços relativos*: quando dizemos que esse mecanismo faz baixar o preço de um produto, isso não implica necessariamente que o valor monetário do bem tenha baixado – embora seja isso que normalmente sucede –, mas somente que o preço desceu relativamente à média de preços, ou seja que, tendo havido uma alteração das determinantes daquele mecanismo, a oferta ou a procura se desviaram para outros produtos, fazendo subir o preço relativo destes últimos.

E deixemos ainda aqui registado que, do ponto de vista formal, a elasticidade se reporta a uma base de cálculo que é a «função de consumo», uma das subespécies de «funções de preferência», equações matemáticas que apontam para a possibilidade de maximização através da manipulação de variáveis iniciais – um tipo de optimização que a econometria veio tornar possível até no contexto da política económica global, tarefa em que se notabilizou o norueguês Ragnar Frisch, e lhe valeu o primeiro Prémio Nobel da Economia, conjuntamente com Jan Tinbergen[843].

4 – i) – i) O cálculo da elasticidade

A elasticidade-preço da procura é calculada como um *quociente* entre a variação percentual das quantidades procuradas de um bem ou serviço e a variação percentual do respectivo preço. Dir-se-á que a procura é *muito elástica* às variações de preços se estas determinam naquela uma modificação proporcionalmente superior (um aumento de 20% nos preços leva a uma quebra de 40% nas vendas, uma diminuição de 10% nos preços leva a um incremento de 50% nas vendas); e que é *pouco elástica* às variações de preços se estas não provocam nela senão modificações proporcionalmente inferiores (um aumento de 20% nos preços provoca uma quebra de transacções na ordem dos 10%, uma diminuição de 10% nos preços faz aumentar as vendas em apenas 1%).

Vejamos, pois, a medida de elasticidade-preço da procura como quociente entre a percentagem de variação da quantidade procurada e a percentagem de variação de preço:

– se verificamos uma quebra de vendas de 40% em consequência de um aumento de preços de 20%, dir-se-á que a procura é *muito elástica*, e que a elasticidade tem o valor 2 (= 40% / 20%);
– se verificamos uma quebra de vendas de 10% em consequência de um agravamento de preços de 20%, dir-se-á que a procura é *pouco elástica*, ou que é *rígida*, e que a elasticidade tem o valor de 0,5 (= 10% / 20%);
– se verificamos uma quebra de vendas de 20% por causa de um aumento de preços de 20%, diremos então que a procura evidencia uma *elasticidade unitária*, de valor 1 («*unit elasticity*» = 20% / 20%).

Convencionalmente, entende-se que existe elasticidade se o valor do quociente é superior a 1, e que há inelasticidade se o valor é inferior a 1, servindo pois a elasticidade unitária como fronteira entre esses dois domínios.

Podem ainda verificar-se duas situações extremas:

– uma em que não se regista qualquer reacção da procura perante a variação de preços – caso em que se dirá estarmos em presença de uma *inelasticidade total*, ou *rigidez total*, de valor igual a zero –;
– outra em que um aumento de preços determina a fuga total dos consumidores e o fim de qualquer transacção, ou o abaixamento dos preços cria um mercado aí onde ele não existia, faz crescer o número de consumidores a partir do zero – caso em que ocorrerá a situação de *elasticidade perfeita*, ou *infinita*, situação na qual a procura é virtual-

---

[840] Ainslie, G. & N. Haslam (1992), 57-92; Schelling, T.C. (1984), 1-11; Winston, G.C. (1980), 295-324.

[841] Thaler, R.H. & H.M. Shefrin (1981), 392-410.

[842] Schlicht, E. (1998).

[843] Sendo a «função de procura» analisada por Frisch aquela que parte do pressuposto da utilidade marginal constante, por forma a permitir isolar ou pôr em evidência a elasticidade-preço da procura. Cfr. Frisch, R.A.K. (1995); Neves, J.C. (1998), 26, 31.

mente infinita abaixo de um determinado preço, ela equilibra com a oferta a esse preço, e passa para o zero acima desse mesmo preço –.

Em termos gráficos, quanto maior é a elasticidade, mais a curva da procura se aproxima da horizontal, a

elasticidade unitária corresponde a um declive de 45°, a inelasticidade total corresponde a uma linha vertical, a elasticidade infinita a uma linha horizontal.

Se fosse possível ao vendedor conhecer antecipadamente a elasticidade-preço dos seus clientes – o que na prática se revelará sempre muito difícil, dada a multi-

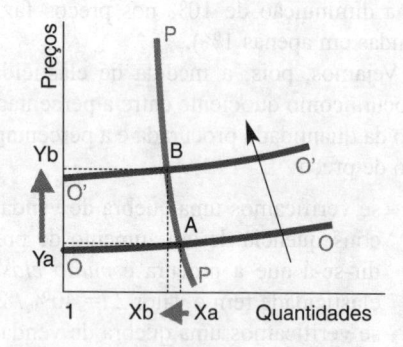

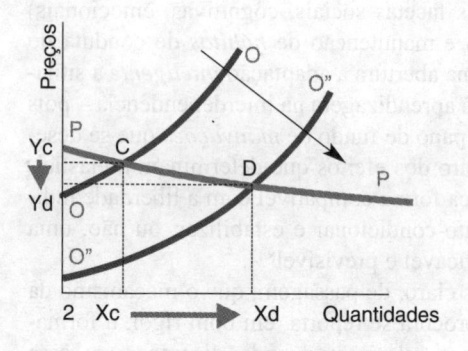

Gráfico 4.14

1: Contracção da oferta com grande subida de preços e pequena quebra de quantidades (situação de elevada inelasticidade-preço da procura)
2: Expansão da oferta com grande aumento de quantidades e pequena descida de preços (situação de elevada elasticidade-preço da procura)
PP: curva da procura
OO: curva da oferta
O'O': *contracção* da curva OO
O''O'': *expansão* da curva OO
A, C: ponto de equilíbrio inicial

B: ponto de equilíbrio depois da *contracção* da curva OO
D: ponto de equilíbrio depois da *expansão* da curva OO
Xa, Xc: quantidade transaccionada inicialmente
Xb: quantidade transaccionada depois da *contracção* da curva OO
Xd: quantidade transaccionada depois da *expansão* da curva OO
Ya, Yc: preço ao qual se transacciona inicialmente
Yb: preço ao qual se transacciona depois da *contracção* da curva OO
Yd: preço ao qual se transacciona depois da *expansão* da curva OO

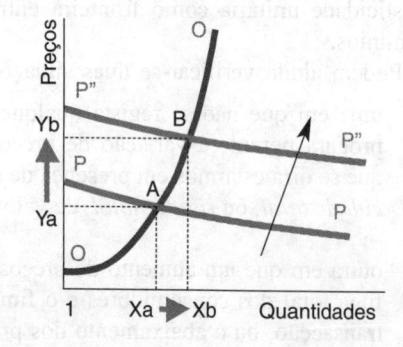

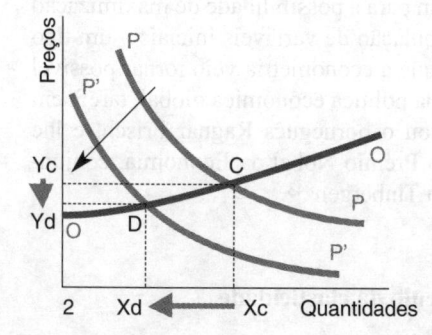

Gráfico 4.15

1: Expansão da procura com grande subida de preços e pequeno aumento de quantidades (situação de elevada inelasticidade-preço da oferta)
2: Contracção da procura com pequena descida de preços e grande quebra de quantidades (situação de elevada elasticidade-preço da oferta)
OO: curva da oferta
PP: curva da procura
P'P': *contracção* da curva PP
P''P'': *expansão* da curva PP
A, C: ponto de equilíbrio inicial

B: ponto de equilíbrio depois da *expansão* da curva PP
D: ponto de equilíbrio depois da *contracção* da curva PP
Xa, Xc: quantidade transaccionada inicialmente
Xb: quantidade transaccionada depois da *expansão* da curva PP
Xd: quantidade transaccionada depois da *contracção* da curva PP
Ya, Yc: preço ao qual se transacciona inicialmente
Yb: preço ao qual se transacciona depois da *expansão* da curva PP
Yd: preço ao qual se transacciona depois da *contracção* da curva PP

plicidade de factores determinantes e a margem de irracionalidade –, esse conhecimento permitir-lhe-ia tomar decisões cruciais em matéria de preços, decisões que afectariam a *receita total* que ele retira das suas vendas – sendo essa *receita total* o produto «preços - quantidades», ou seja, a multiplicação do número de unidades vendidas pelo preço de cada unidade –:

1. se a procura é relativamente elástica tanto em relação às subidas de preços como às descidas de preços, *é mais compensador descer os preços do que subi-los.*

   Suponhamos que um aumento de preços de 10% leva a uma quebra de vendas de 20%, e que simetricamente uma descida de preços de 10% produz um incremento de vendas de 20%. O vendedor que vendia 100 unidades a 100 Euros tinha o rendimento total de 10.000 Euros (=100 . 100); se subir o preço para 110 Euros venderá apenas 80 unidades (a quebra de 20%) e o seu rendimento total descerá para os 8800 Euros (=80 . 110), registando uma perda de 1200 Euros (=10.000 - 8800); se descer o preço para 90 Euros venderá 120 unidades (o incremento de 20%) e o seu rendimento total subirá para os 10.800 Euros (=120 . 90), registando um ganho de 800 Euros (= 10.800 – 10.000).

2. se a procura é relativamente inelástica tanto em relação às subidas como às descidas de preços, é mais compensadora, para o vendedor, a subida dos preços.

   Suponhamos agora que um aumento de preços de 20% determina uma quebra de vendas de apenas 10%, e que simetricamente uma descida de preços de 20% resulta num incremento de vendas de somente 10%. O vendedor que tinha o rendimento de 10.000 Euros por vender 100 unidades (a 100 Euros cada) decide aumentar os preços para 120: venderá apenas 90 unidades (a quebra de 10%), mas o seu rendimento total subirá para os 10.800 Euros (= 90 . 120); se pelo contrário decidir baixar os preços para 80 passará a vender 110 unidades (o incremento de 10%), mas o seu rendimento total decairá para 8800 Euros (=110 . 80).
   Lembremos a inelasticidade-preço da procura de bens agrícolas, e relacionemo-la, quer com a circunstância, facilmente observável, de a expansão da oferta (propiciada pelo progresso agrícola) ter levado a uma quebra mais do que proporcional dos preços dos produtos agrícolas, quer com o facto, não menos verificável, de as restrições à produção agrícola terem grande eficiência na recuperação de níveis elevados de preços.

3. no caso da elasticidade unitária, na qual todas as variações de preços são proporcionalmente compensadas por variações de sentido contrário da procura e com a mesma amplitude, o rendimento total do vendedor mantém-se sempre inalterado, visto que uma subida de uma das parcelas no produto «preços - quantidades» é sempre acompanhada de uma descida da outra, a ponto de anular o efeito da primeira.

4. no caso da elasticidade infinita, toda a subida de preços resulta numa imediata perda total de rendimento, passando para zero o volume de vendas, pelo que o vendedor está cingido à opção de aumentar as quantidades produzidas se pretender aumentar o seu rendimento total – ou a baixar o preço, se porventura o preço que estabeleceu não conseguiu ainda cativar um único cliente.

5. no caso da inelasticidade total, de *«elasticidade zero»*, caso em que a quantidade transaccionada se mantém inalterada seja qual for o nível de preços, o vendedor, vedada para ele a opção de aumento do volume de vendas – pois não venderia mais nem menos a qualquer nível de preços –, tem a possibilidade de incrementar irrestritamente o seu rendimento através de simples subidas de preços, sendo o aumento percentual das suas receitas, do seu rendimento, igual à percentagem da subida de preços[844].

Com estes cálculos, que aparecem designados na doutrina como «o teste do rendimento total», consegue perceber-se qual o grau de elasticidade-preço da procura: se um aumento de preços faz subir o rendimento total ou uma descida de preços diminui esse rendimento total, a procura é inelástica; se um aumento de preços faz diminuir o rendimento total ou uma descida dos preços aumenta esse rendimento total, a procura é elástica; se nada acontece ao rendimento total em consequência de uma subida ou de uma descida de preços, a elasticidade é unitária, de valor igual a 1.

Quase seria escusado dizer que o que vale para o cálculo do *rendimento total* por parte do vendedor serve também para que o consumidor calcule a sua pró-

---

[844] Veja-se a muito curiosa e reveladora análise de elasticidades da procura de hotéis em Israel, na qual se conclui que a procura internacional tem elevadas elasticidade-preço e elasticidade-rendimento, e uma muito visível, mas mais moderada, elasticidade aos ataques terroristas em solo israelita, e que a procura interna desses hotéis é praticamente inelástica aos preços e aos ataques terroristas, mas em contrapartida manifesta elevada elasticidade-rendimento. Cfr. Fleischer, A. & S. Buccola (2002), 1335-1343.

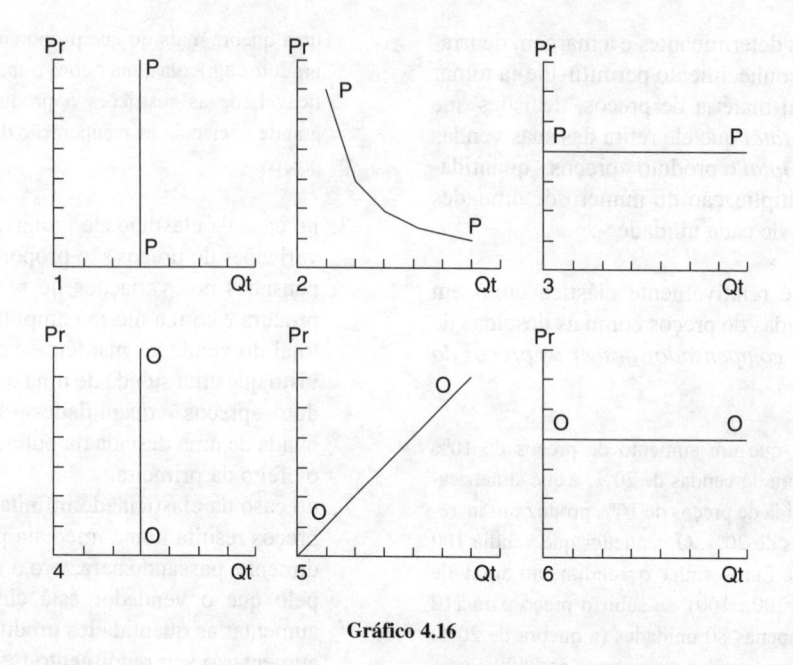

Gráfico 4.16

Pr: Preços
Qt: Quantidades
PP: curva da procura
OO: curva da oferta
1: Inelasticidade absoluta da procura
2: Elasticidade unitária da procura (Qt / Pr = 1/6, 2/3, 3/2, 4/1.5, 5/1.2, 6/1)

3: Elasticidade perfeita da procura
4: Inelasticidade absoluta da oferta
5: Elasticidade unitária da oferta (Qt / Pr = 1/1, 2/2, 3/3, 4/4, 5/5, 6/6) [Nota: qualquer linha recta que passe pela origem traduz uma elasticidade unitária da oferta]
6: Elasticidade perfeita da oferta

pria *despesa total* – valores que são necessariamente equivalentes –:

– se a procura é elástica, a subida de preços determinará uma quebra da despesa total, e uma descida de preços provocará uma expansão dessa despesa total, impelida pelo aumento das quantidades susceptíveis de serem consumidas em cada nível de despesa;

– se a procura é inelástica, a despesa total movimenta-se na mesma direcção das variações de preços – e na mesma proporção exactamente, se a procura for *totalmente inelástica*;

– se a procura manifestar uma elasticidade unitária, a despesa total manter-se-á sempre ao mesmo nível, dada a capacidade da procura de anular todos os efeitos das oscilações de preços;

– se a procura for infinitamente elástica, a despesa total oscilará entre o zero e a correspondência com o aumento das quantidades oferecidas.

Usar-se-á agora, em simetria, um «teste da despesa»: se um aumento de preços faz subir a despesa do consumidor ou a queda de preços faz diminuir essa despesa, a procura é inelástica; se um aumento de preços faz diminuir a despesa ou uma queda de preços

aumenta essa despesa, a procura é elástica; e só no caso da elasticidade unitária é que o nível de despesa se manterá inalterado, indiferente às variações de preços.

Em tese geral, recapitular-se-á que a regra é a seguinte: quanto mais a procura for elástica, mais compensadora é para o vendedor a descida dos preços, e menos compensadora é a subida; quanto menos elástica a procura, mais compensadora se torna, para o vendedor, a subida de preços, e menos compensadora a descida.

E assim, por exemplo, se um agravamento tributário se repercute nos preços dos produtos fazendo-os subir, os vendedores de géneros alimentares, para o conjunto dos quais a procura é muito inelástica, encararão essa evolução com mais serenidade do que os vendedores de gravadores de vídeo, os quais, defrontando-se com uma procura relativamente elástica, sabem que qualquer subida de preços pode provocar uma quebra muito mais do que proporcional do volume de vendas – restando-lhes, num caso destes, para não terem que suportar em exclusivo a totalidade dos efeitos do agravamento tributário, a possibilidade de recurso à publicidade, seja para tentar reduzir a elasticidade-preço dos compradores (desviando-lhes a atenção para outros aspectos que não os preços), seja para induzir a expansão da procura, a deslocação da respectiva curva em direcção a um novo, e mais elevado, preço de equilíbrio (sugestionando, por exemplo, os consumidores de modo a fazer-lhes sentir mais intensamente a necessidade de disporem de gravadores de vídeo).

Se, como melhor veremos adiante, se pode dizer que a elasticidade é um dos pilares do poder dos agentes económicos no mercado, ela também é uma chave para a compreensão do impacto de certas reacções maciças que dificilmente poderiam ser entendidas de outro modo: um aumento abrupto de preços em sectores em que a elasticidade da procura é muito reduzida pode levar a situações graves de ruptura, não raro com consequências políticas extensas, como pode ser ilustrado por tantas e tantas situações históricas de carência generalizada causadas por intervenções políticas ou pela avidez de especuladores; e uma queda de preços em sectores nos quais se manifesta uma grande elasticidade-preço da procura pode ter consequências não menos graves noutros planos, bastando imaginar-se o que seria, a longo prazo, a expansão do consumo e o impacto ambiental subsequente a uma descida acentuada e súbita no preço dos combustíveis.

Se a procura for muito elástica, os consumidores resistirão com grande eficiência às subidas de preços e assistirão, muito provavelmente, a quebras de preços – tomadas por iniciativa dos próprios vendedores –. Se a procura for pouco elástica, não só não resistirá eficientemente às subidas de preços como verá essas subidas multiplicarem-se – visto que os vendedores passam a ter manifesto interesse nesses aumentos –.

Se as transmissões televisivas permitem ao entusiasta do futebol a escolha por um meio cómodo e praticamente gratuito de satisfazer os seus gostos, resta aos clubes reduzirem o preço dos bilhetes para terem assistência nos estádios e garantirem um rendimento que, se os preços dos bilhetes fossem muito elevados, tenderia para o zero; todavia, se se trata de um jogo particularmente concorrido e não existe a transmissão televisiva como sucedâneo à presença no estádio, é a atitude inversa que passa a ser aconselhada: o clube deve subir o preço dos ingressos e o seu rendimento total aumentará correspondentemente, até porque, no caso de a procura exceder a oferta de bilhetes, se trataria ainda, com a subida dos preços, de permitir o rateio de lugares em função da disposição de pagar dos interessados, e de evitar que a falta de rateio inicial através dos preços desencadeasse movimentos especulativos, transferindo parte do rendimento para os *candongueiros*.

Quando a concorrência multiplica a possibilidade de escolha de um grande volume e variedade de bens e

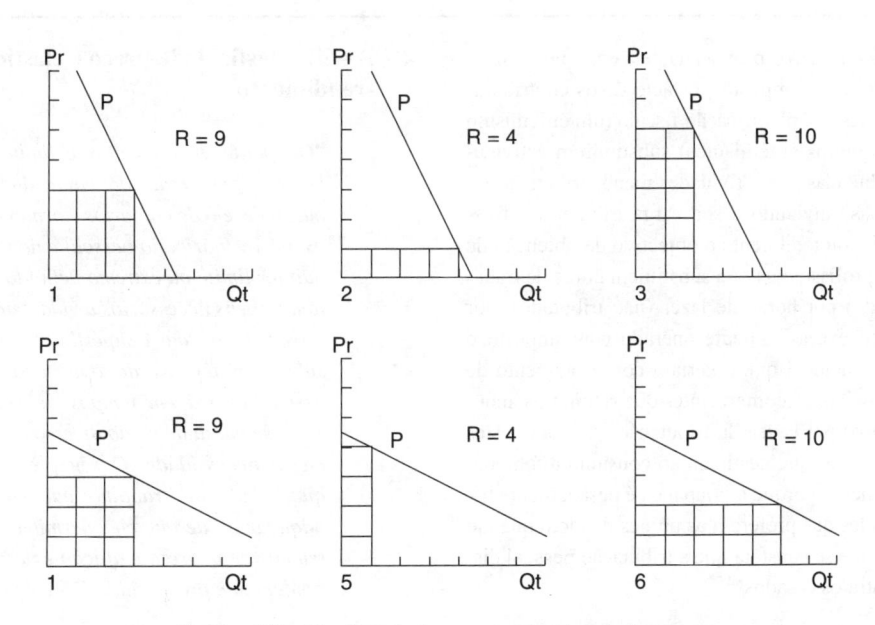

Gráfico 4.17. *Elasticidade da procura e rendimento da oferta*

1, 2, 3: situações de procura inelástica – o vendedor ganha em subir os preços, perde em descê-los (ao preço de 3 vende 3 unidades, com uma receita de 9; ao preço de 1 vende 4 unidades, com uma receita de 4; ao preço de 5 vende 2 unidades, com uma receita de 10)

4, 5, 6: situações de procura elástica – o vendedor ganha em descer os preços, perde em subi-los (ao preço de 3 vende 3 unidades, com uma receita de 9;

ao preço de 4 vende 1 unidade, com uma receita de 4; ao preço de 2 vende 5 unidades, com uma receita de 10)

Pr: preços

Qt: quantidades

P: curva da procura

R: receita do vendedor (rendimento da oferta)

serviços, o efeito de substituição insinua-se e faz aumentar a elasticidade, deixando por vezes entrever, no limite ideal da concorrência, a total soberania do consumidor e o abaixamento máximo dos preços:

– A presença da elasticidade-preço por parte da procura sugere muito frequentemente a manifestação no mercado de uma certa forma de «moralidade», que condena à ruína o vendedor ganancioso que, por insensibilidade, se obstina em subir os preços ou em mantê-los altos enquanto os consumidores se afastam.

– O mesmo se dirá, aliás, da avidez tributária, que, como veremos, é capaz de ser vencida por um efeito de substituição, naquilo que eufemisticamente se designa por

Importante é, do ponto de vista económico, que não se esqueça o facto não haver lugar a variações puramente unilaterais daquele binómio «preços-quantidades» que momentaneamente equilibrou o mercado. Não existe variação que não tenha subjacente um qualquer incentivo económico, e que não seja consentida pela posição relativa das duas partes na transacção: a maior elasticidade permite a qualquer delas maior amplitude na aceitação ou na recusa das oscilações verificadas nas condições de troca, a menor elasticidade deixa cada uma delas mais exposta, mais vulnerável, aos movimentos iniciados pela outra.

Recapitulemos num quadro o que ficou dito sobre a elasticidade-preço da procura:

Inelasticidade absoluta	Valor = 0	A quantidade procurada não varia com os preços
Inelasticidade	Valor = entre 0 e 1	O aumento de preço leva a uma diminuição menos do que proporcional das quantidades procuradas, *ou* a diminuição de preço leva a um aumento menos do que proporcional das quantidades procuradas
Elasticidade unitária	Valor = 1	O aumento de preço leva a uma diminuição proporcional das quantidades procuradas, *ou* a diminuição de preço leva a um aumento proporcional das quantidades procuradas
Elasticidade	Valor = entre 1 e o infinito	O aumento de preço leva a uma diminuição mais do que proporcional das quantidades procuradas, *ou* a diminuição de preço leva a um aumento mais do que proporcional das quantidades procuradas
Elasticidade perfeita	Valor = infinito	O aumento de preço leva ao desaparecimento da procura, *ou* a diminuição de preço leva a um surgimento, ou expansão infinita, da procura

distorção de incentivos provocada pela «não-neutralidade económica» dos impostos, o facto de os contribuintes, em atitudes de «planificação fiscal» (um eufemismo que recobre outros eufemismos) substituírem actividades mais tributadas por actividades menos tributadas ou não-tributadas, aliviando a sua carga tributária e frustrando parcial ou totalmente o objectivo de obtenção de receitas: os profissionais que substituem horas de trabalho (tributado) por horas de lazer (não tributado), por considerarem excessivamente onerado com imposto o rendimento adicional que obteriam com o aumento de horas de trabalho, os comerciantes que retiram os anúncios luminosos por causa da tributação que sobre estes incide, as pessoas que destinam ao consumo a totalidade do rendimento porque a poupança é pesadamente tributada, aqueles que preferem as uniões de facto quando episodicamente se constata que a tributação pessoal discrimina contra os casados[845].

4 – i) – ii) Elasticidade-preço e elasticidade-rendimento

"O apetite de alimentos é limitado em todos os homens pela reduzida capacidade do estômago, mas o desejo de confortos e ornamentos nos edifícios, no vestuário, no pessoal e no mobiliário parece não ter limite ou extremo definido (...) Quando faltam os bens necessários à vida, temos que desfazer-nos de tudo o que é supérfluo e cujo valor, tal como subiu em tempos de opulência e prosperidade, assim decairá em tempos de pobreza e aflição. Tudo se passa de modo diverso com os bens de primeira necessidade. O seu preço real, ou seja a quantidade de trabalho que com eles se pode adquirir ou de que eles permitem dispor, sobe nos tempos de pobreza e aflição e desce nos tempos de opulência e prosperidade" – Adam Smith[846].

---

[845] Acerca da consideração fiscal da família, cfr. Nabais, J.C. (2003), 153ss.. Para uma análise completa e detalhada da «elasticidade tributária» do matrimónio nos Estados Unidos – o modo como o regime tributário influencia profundamente as opções quanto à formação, composição e dissolução dos matrimónios, o modo como essas reacções tendem a compensar a não-neutralidade dos tributos e tendem a perpetuar-se mesmo depois da rectificação da lei tributária, mesmo depois de eliminada a causa da distorção de incentivos matrimoniais e familiares, cfr. Chade, H. & G. Ventura (2002), 955-985.

[846] Smith, A. (1976b), 181, 210 (=I, 339, 381-382).

Temos falado até agora sobretudo da elasticidade-preço, da sensibilidade da procura às variações de preços, mas não é menos interessante a *elasticidade-rendimento*, ou seja, a sensibilidade dos padrões de consumo às variações do rendimento disponível do consumidor, da sua fronteira orçamental, do seu poder de compra, em suma. Essa elasticidade-rendimento, que é calculada como o quociente entre a variação percentual do rendimento e a variação percentual das quantidades procuradas, denota que há padrões de consumo que se alteram em função da maior ou menor prosperidade ou penúria do consumidor.

Note-se que poderia ainda alargar-se a análise da *elasticidade* a outras determinantes da oferta e de procura (o medo de atentados terroristas, por exemplo), e a questão seria sempre a mesma, a da sensibilidade reactiva medida em termos de amplitude relativa das variações – mas sem dúvida que as formas mais interessantes são a da «*elasticidade-rendimento*» e a da «*elasticidade(-preço) cruzada*».

Para a maior parte dos bens e serviços, o respectivo consumo tende a aumentar à medida que cresce o poder de compra dos consumidores, razão pela qual cabe a designação, já nossa conhecida, de *bens normais* a esses casos de correlação positiva entre rendimento e consumo, podendo distinguir-se ainda, dentro do conjunto dos bens *normais*, casos de muito elevada e de muito baixa elasticidade-rendimento, geralmente relacionadas com a essencialidade das necessidades satisfeitas – sendo de esperar que uma quebra de rendimento leve os consumidores a abandonarem mais rapidamente os consumos de luxo do que a satisfação de necessidades tidas por mais básicas, ou que um aumento de rendimento tenda a provocar um maior incremento dos consumos de luxo do que dos demais; sendo igualmente compreensível que a pessoa que fica subitamente milionária queira quintuplicar o número de casas de que é proprietária, mas não que queira (ou que, querendo, possa) quintuplicar a quantidade de alimentos básicos que ingere –[847].

Da noção de elasticidade-rendimento também se retira que há os já mencionados bens e serviços *inferiores*, produtos cujo consumo se reduz à medida que aumenta o rendimento disponível, que são abandonados quando se ultrapassa um certo limiar de prosperidade, e a cujo consumo só se regressa quando essa prosperidade se perde – numa correlação negativa com o nível do rendimento, em suma.

Temos, pois, que a «elasticidade-rendimento» mede as variações de consumo de um bem ou serviço em função, *ceteris paribus*, das variações de rendimento disponível dos consumidores. Ela tem um valor acima de 1 para os bens *superiores*, ou bens *normais de luxo*, em relação aos quais se registe elevada elasticidade-rendimento (o consumo de whisky e de caviar), um valor igual ou superior a 0 e inferior ou igual a 1 para os bens *normais* cuja procura seja pouco elástica às variações de rendimento, seja inelástica ou tenha uma «elasticidade unitária» (o consumo de carne), e um valor abaixo de 0 para os bens *inferiores*, ou seja uma elasticidade negativa (o consumo de vinho corrente).

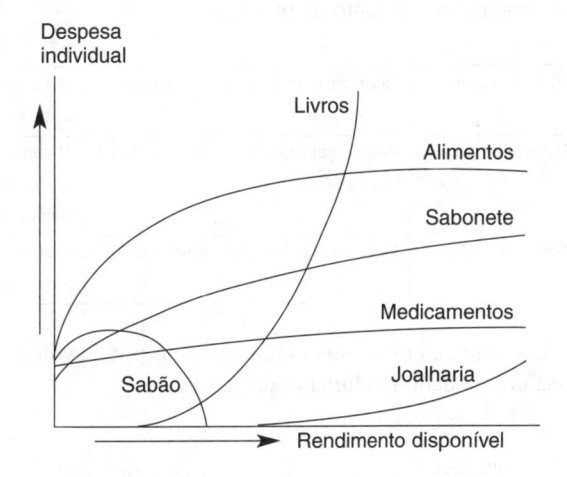

Gráfico 4.18. *Tipos de elasticidade-rendimento (de uma consumidora atípica)*

Essa medida é crucial para a justificação e modulação de certas decisões políticas, por exemplo aquelas que consistem no fornecimento directo de bens e serviços aos mais desfavorecidos, procurando através desse fornecimento discriminado alcançar objectivos redistributivos, ou aquelas que consistem na própria criação de impostos com finalidades redistributivas:

– a distribuição gratuita de bens *inferiores* discriminará contra aqueles que têm mais elevados rendimentos, decerto, mas o mesmo já não sucederia se essa distribuição gratuita incidisse sobre bens *normais* ou *superiores*;

– aceita-se o subsídio à habitação e à alimentação, que ambas ocupam um lugar desproporcionada-

---

[847] O aumento de prosperidade *real* num todo nacional denota o mesmo efeito: por exemplo, em 1900, os norte-americanos gastavam 36% do seu rendimento em alimentação e bens primários, valor que desceu para 21% em 1950 e para 11% no fim do século XX, significando isso que os norte-americanos estão a consumir *absolutamente* mais em alimentação e bens primários, mas estão a consumir *relativamente* menos (isto é, em proporção com o total do seu rendimento disponível) – cfr. Lebergott, S. (1993), 148.

mente elevado nos rendimentos disponíveis dos mais pobres, mas não o subsídio às viagens de férias, que tendem a ocupar no rendimento disponível um lugar crescente, à medida que esse rendimento aumenta;

– uma tributação do consumo que tenha objectivos redistributivos deverá evitar a penalização dos consumos que sejam percentualmente mais intensos nas classes mais pobres, que tenham, numa palavra, ou baixa elasticidade-rendimento, ou mesmo, como no caso dos bens inferiores, uma *elasticidade-rendimento negativa*.

Recapitulemos num quadro o que ficou dito sobre a elasticidade-rendimento da procura:

Bens superiores	Valor da elasticidade = superior a 1	O aumento da procura é mais do que proporcional ao aumento do rendimento, *ou* a quebra na procura é mais do que proporcional à diminuição do rendimento
Bens normais	Valor da elasticidade = igual a 0, a 1, ou entre 0 e 1	O aumento da procura é proporcional, menos do que proporcional ou indiferente ao aumento do rendimento, *ou* a quebra na procura é proporcional, menos do que proporcional ou indiferente à diminuição do rendimento
Bens inferiores	Valor da elasticidade = abaixo de 0	O aumento da procura resulta de uma diminuição do rendimento, *ou* a quebra na procura decorre de um aumento de rendimento

E vejamos, em termos gráficos, como pode evoluir essa elasticidade-rendimento da procura:

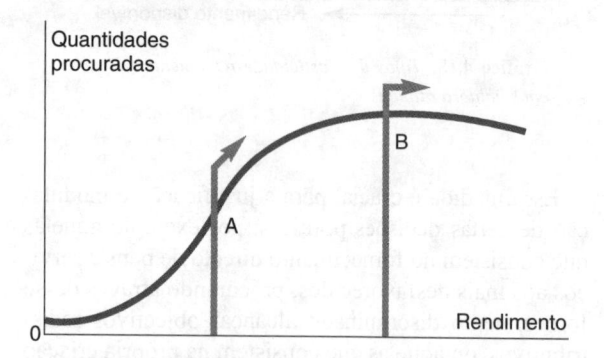

Gráfico 4.19. *Elasticidade-rendimento da procura*

0 – A: Elasticidade superior a 1
A – B: Elasticidade entre 0 e 1
B em diante: Elasticidade negativa

4 – i) – iii) Elasticidade cruzada

Por outro lado, descobre-se se um bem é sucedâneo ou complementar de outros, e em que grau ou com que intensidade, através do exame da *elasticidade cruzada* – em rigor, a «elasticidade-preço cruzada da procura» –, a medida da variação percentual das quantidades procuradas de um bem em função (como quociente) da variação percentual dos preços de outro bem.

Essa elasticidade cruzada é positiva no caso dos bens sucedâneos, negativa no caso dos bens complementares, e nula no caso dos bens que não sejam relacionados no consumo. Por outras palavras, e como de resto já sabemos:

– a descida de preço de um bem faz diminuir a procura dos bens sucedâneos, e faz aumentar a procura dos bens complementares;

– a subida de preço de um bem faz subir a procura dos seus bens sucedâneos, mas diminui a procura dos seus bens complementares;

– a procura de um bem aumentará se o preço dos seus sucedâneos subir, ou se o preço dos seus bens complementares descer;

– a procura de um bem diminuirá se o preço dos seus sucedâneos descer, ou se o preço dos seus bens complementares subir.

A análise da elasticidade cruzada pode ser especialmente relevante em matéria de relações económicas internacionais: um governo deverá ter especial cuidado com a sua interferência nos preços dos bens nacionais que tenham uma taxa muito elevada de elasticidade cruzada com as importações, porque isso significa que uma subida do preço desses bens nacionais – mesmo que tão somente pela via difusa e indirecta da inflação – poderá determinar um aumento de importações, deteriorando a posição da balança de pagamentos.

Recapitulemos no quadro da página seguinte o que ficou dito sobre a elasticidade cruzada da procura.

O conceito de *elasticidade cruzada* é, acrescentemos por fim, da maior importância para a definição daquilo que constitui um mercado, para a demarcação dos seus limites, pois em rigor só existirá um mercado *autónomo* para cada produto se pudermos determinar a inexistência de elasticidades cruzadas de valor diferente de zero.

4 – j) A elasticidade da oferta

Depois de termos anteriormente abordado os factores que determinam as deslocações da curva da oferta,

Bens complementares	Valor da elasticidade cruzada = abaixo de 0	A quantidade procurada de um bem diminui se o preço do outro aumenta, *ou* aumenta se o preço do outro diminui
Bens independentes	Valor da elasticidade cruzada = 0	A quantidade procurada de um bem não varia em função das variações de preços do outro
Sucedâneos imperfeitos	Valor da elasticidade cruzada = entre 0 e o infinito	A quantidade procurada de um bem aumenta se o preço do outro aumenta, *ou* reduz-se se o preço do outro diminui
Sucedâneos perfeitos	Valor da elasticidade cruzada = infinito	A diminuição de preço de um bem leva ao desaparecimento da procura do outro, *ou* o aumento de preço de um bem leva ao surgimento, ou expansão infinita, da procura do outro

as suas expansões e contracções, resta-nos agora considerarmos o lado quantitativo do fenómeno, a amplitude desses movimentos da oferta. Tal como vimos suceder relativamente à procura, também aqui falaremos principalmente de uma elasticidade-preço, a sensibilidade da oferta às oscilações de preços (*ceteris paribus*), calculada como o quociente entre a variação percentual das quantidades oferecidas e a variação percentual do nível dos preços.

Existe, como vimos, uma correlação directa entre os movimentos dos preços e os movimentos da oferta: a subida de preços induz um aumento da oferta, tal como uma quebra de preços determina a retracção da oferta. Há situações em que a oferta não pode deixar de ser pouco elástica, como por exemplo:

– aqueles casos em que a raridade do bem é inultrapassável – não é possível multiplicar os quadros de um artista já morto, por mais procurados que eles sejam –;
– aqueles casos em que há recursos fixos ou não-renováveis – não sendo possível aumentar indefinidamente o número de terras aráveis, não sendo possível inverter o processo de esgotamento de recursos não-renováveis, ainda que o processo possa ser compensado por alternativas tecnológicas, como vimos a propósito do «Princípio de Hotelling» –.

Mas, em geral, a elasticidade da oferta prende-se muito particularmente com o condicionamento temporal, tendendo a aumentar visivelmente com a passagem do tempo: e isto porque o produtor será normalmente mais lento do que o consumidor nas suas reacções às sinalizações provindas do mercado, já que a complexidade do processo produtivo implica que as decisões nem sempre possam tomar-se de forma simples ou imediata.

Por exemplo, uma súbita e inesperada explosão de interesse dos consumidores por sapatos de camurça obri-

gará o vendedor que os não tenha em «*stock*» a encomendar ao fabricante, que terá por sua vez de obter matéria-prima, maquinaria apropriada, moldes, e trabalhadores especializados, e de converter ao fabrico do novo produto muita da sua capacidade produtiva já *instalada* – tudo isto antes de poder satisfazer a encomenda do vendedor. Por essa mesma razão a onda de calor de Agosto de 2003 levou ao esgotamento dos stocks de ventoinhas no retalho, e vários dias passaram antes que se pudesse responder à pressão da procura.

Mais ainda, a elasticidade da oferta vai diminuindo à medida que nos aproximamos do limite da capacidade produtiva de uma empresa, já que, quanto mais recursos estão empregados, mais difícil se torna encontrar reservas disponíveis para a resposta às solicitações do mercado, e mais custoso se torna desempregar recursos com o único fito de voltar a empregá-los na produção dos bens mais procurados – razão pela qual a manutenção de uma «reserva de resposta», de uma «sobre-capacidade instalada», por mais inconvenientes que tenha e custos que acarrete, tem ao menos essa vantagem de aumentar a elasticidade da oferta num plano imediato (ampliando a agilidade com que responde às incertezas do mercado[848]).

Como melhor veremos adiante, num prazo curtíssimo, como é o da presença imediata e da interacção com o mercado, a elasticidade do vendedor está limitada ao «*stock*» de que dispõe, à composição e quantidade daquilo que tem armazenado, e nenhuma subida de preços, por mais pronunciada que seja, terá o efeito miraculoso de ampliar essa reserva de bens. E uma vez esgotada esta reserva nada mais há a fazer por parte do vendedor, senão aguardar a recomposição do seu «*stock*» por forma a responder às solicitações do mercado, transmitidas por meio das subidas de preços, sendo que nalguns casos essa recomposição de «*stocks*» demorará tempo, bastando pensarmos nos produtos agrícolas que dependem da sua época de colheita. Esgotado o «*stock*», esgotada portanto a res-

---

848 Wang, R. (2001), 353-377.

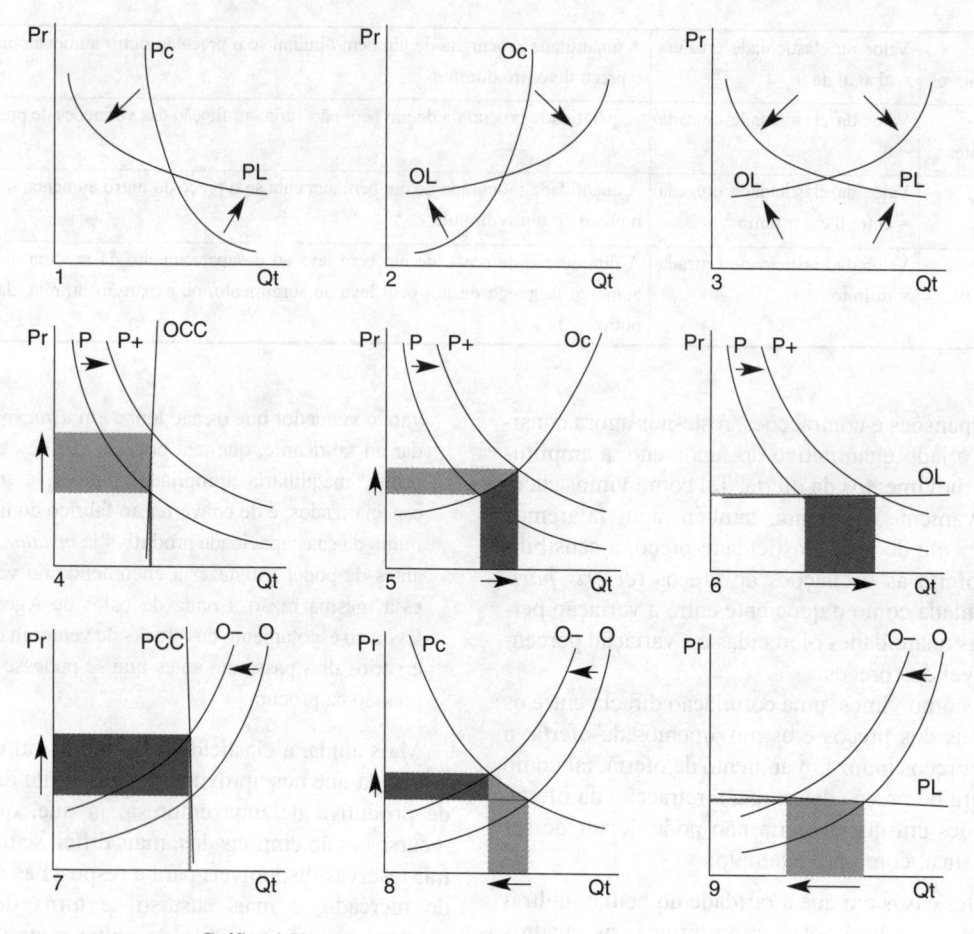

Gráfico 4.20. *Aumento de elasticidade com a passagem do tempo*

1: aumento de elasticidade na procura
2: aumento de elasticidade na oferta
3: oferta e procura de longo prazo – maior incidência nas quantidades, menor incidência nos preços (a reacção inicial dos preços tende a esbater-se com o tempo, dando lugar a ajustamentos *reais*)
4: expansão da procura num prazo especialmente curto, sobem os preços mas as quantidades pouco variam
5: expansão da procura no curto prazo, sobem os preços e as quantidades
6: expansão da procura no longo prazo, as quantidades aumentam mas os preços pouco sobem
7: contracção da oferta num prazo curtíssimo, sobem os preços mas as quantidades pouco variam

8: contracção da oferta no curto prazo, há quebra de quantidades e subida mais atenuada de preços
9: contracção da oferta no longo prazo, há grande queda de quantidades sem que os preços subam significativamente
Pr: preços
Qt: quantidades
PCC: procura no curtíssimo prazo (inelástica)
Pc, P, P+: procura no curto prazo (menos elástica)
PL: procura no longo prazo (mais elástica)
OCC: oferta no curtíssimo prazo (inelástica)
Oc, O, O-: oferta no curto prazo (menos elástica)
OL: oferta no longo prazo (mais elástica)

posta de *curto prazo*, há que aguardar pela nova colheita, e eventualmente pelo plantio e maturação de novos recursos produtivos, que constituem a resposta de *longo prazo*.

Assentemos, pois, em que os níveis concorrenciais tendem a aumentar com a passagem do tempo – dado o incremento de elasticidade da oferta, que vai paulatina-

mente superando as suas estruturas e custos fixos de curto prazo[849]: é que, no longo prazo, vão aumentando as possibilidades de ocorrência de *economias de escala*, e também as possibilidades de invasão dos nichos de mercado dos concorrentes, com e sem recurso a guerras de preços, empurrando os preços para o equilíbrio do «lucro normal»[850].

849 Sutton, J. (1991).
850 Symeonidis, G. (2000), 53-83.

Mas não é apenas o horizonte temporal, a passagem do tempo, que faz aumentar a elasticidade da oferta, visto que ela depende também das possibilidades de substituição de recursos produtivos: se um bem ou serviço é resultado de um processo produtivo idiossincrático, requerendo meios e aptidões muito específicos e inutilizáveis noutros processos produtivos, natural é que se registe uma forte inelasticidade da oferta, que está dependente da exclusividade daqueles meios.

Por exemplo, um pintor cujas obras sejam muito apreciadas pelo «toque pessoal» das suas criações não pode, e talvez não deva, dividir o seu trabalho com colaboradores por forma a aumentar a sua produção e responder às solicitações da procura, pelo que a oferta está nesse caso limitada pela sua capacidade produtiva pessoal – situação essa em que é de esperar, como veremos, a formação de uma significativa «renda económica» a favor do produtor, que tirará proveito dessa natural e irremediável *raridade* da sua oferta.

Se, pelo contrário, um processo produtivo usa recursos universais e fungíveis, aplicáveis numa grande diversidade de empregos, é de esperar uma muito maior elasticidade da oferta.

Por exemplo, se uma cadeia de distribuição quer aumentar o número dos seus pontos de venda, permanentemente ou em resposta a uma pressão sazonal, não lhe será difícil nem demorado aumentar o número de caixas registadoras e de operadores de caixa.

Por fim, o *efeito de rendimento* faz diminuir a elasticidade-preço da oferta, e pode mesmo conduzir a uma elasticidade negativa, ou seja, a um aumento da oferta quando descem os preços de mercado. É que o vendedor precisa de obter uma determinada receita (bruta) das suas vendas, visto que essa receita será plausivelmente a sua principal fonte de rendimento. Se porventura o preço por unidade se reduz, pode ser não só que o vendedor não disponha da opção de restringir o seu volume de vendas, como normalmente resultaria da sua elasticidade, como até que se veja compelido a aumentar o seu volume de vendas, por forma a assegurar, através destas, uma determinada receita-alvo.

Por exemplo, suponha-se que o vendedor tem que pagar 10 mil euros em salários até ao fim do mês, e que lhe faltam 2000 euros de receita para cobrir esses custos. Normalmente isso implicaria a venda de 100 unidades do produto que comercializa, ao preço de 20 euros por unidade. Porém, se o preço por unidade descer para os 18 euros, a venda das mesmas 100 unidades (hipótese de *inelasticidade absoluta*) apenas lhe asseguraria uma receita de

1800 euros, aquém do objectivo que imperativamente ele terá que atingir. Por isso, em vez de reagir com elasticidade (que provocaria uma diminuição ainda maior das receitas enquanto o preço de mercado não se alterasse) ou com simples inelasticidade, é bem provável que o vendedor expanda as suas vendas (hipótese de *elasticidade negativa*) para as 112 unidades, de forma a ultrapassar o objectivo da receita dos 2000 euros.

A elasticidade negativa pode não ser manifestação isolada da posição de um único produtor, e pode antes resultar de um fenómeno colectivo de mercado. Suponha-se, por exemplo, que ocorre no curtíssimo prazo uma retracção tão drástica como imprevista da procura, determinando quedas abruptas dos preços (um «choque do lado da procura»); nesse caso, é de esperar que os produtores marginais – aqueles que auferem lucros mais baixos – abandonem imediatamente o mercado, e ao fazê-lo vendam «ao desbarato» os seus stocks, como passo no processo de liquidação, sendo que também nesse caso a descida dos preços provocará uma momentânea expansão da oferta (momentânea porque a saída dos produtores marginais gera uma nova elevação dos preços, em direcção ao equilíbrio).

Ilustremos por fim a relação entre elasticidade e capacidade instalada do produtor:

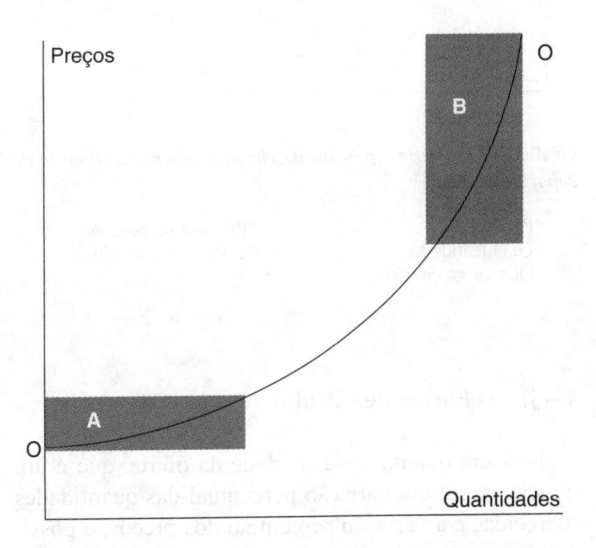

Gráfico 4.21. Excesso de capacidade e capacidade plena

OO: curva da oferta
A: área de excesso de capacidade (uma pequena subida de preço determina um grande aumento de produção = elevada elasticidade, superior a 1)
B: área de capacidade plena (uma grande subida de preço já só suscita um pequeno aumento de produção = baixa elasticidade, inferior a 1)

Mais especificamente, podemos ilustrá-lo com o caso de aproximação do mercado à situação de capacidade plena, como sucede, nalgumas regiões e países, com o mercado da energia eléctrica – no qual os produtores (ou produtor, quando há monopólio) ficam frequentemente «reféns» de uma situação em que já não conseguem expandir a produção nem conseguem retraí-la sem provocarem violentas oscilações de preços – e por isso podem ser lentamente, quase imperceptivelmente, «empurrados» para situações de saturação do mercado, dada a entrada contínua de novos consumidores que provocam a expansão da procura e a inevitável explosão de preços, ao mesmo tempo que se manifesta a vontade política de limitação de preços, ao menos para os consumidores já instalados: resultando desta perigosa combinação de circunstâncias o risco de colapso da oferta, de generalização de «apagões» como os que não há muito sucederam no Brasil ou na Califórnia[851].

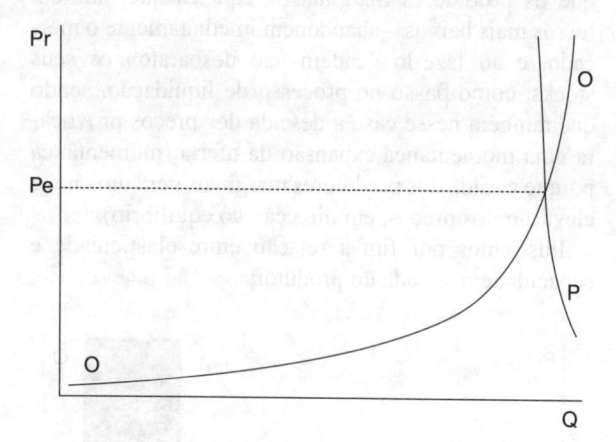

Gráfico 4.22. *Oferta e procura de electricidade numa situação de capacidade plena*[852]

Pr: Preços   PP: curva da procura
Q: Quantidades   Pe: Preço de equilíbrio
OO: curva da oferta

4 – j) – i) Forma de cálculo

Também quanto à elasticidade da oferta, que é um quociente entre a variação percentual das quantidades oferecidas e a variação percentual dos preços, é possível distinguir várias hipóteses:

– a oferta é *elástica* quando ela responde mais do que proporcionalmente às variações de preços, quando, por exemplo, um aumento de preços de 5% leva a um incremento da oferta de 20%, ou uma descida dos preços de 10% leva a uma retracção da oferta de 15%;

– a oferta é *inelástica* quando ela responde, em termos de quantidades oferecidas, menos do que proporcionalmente às variações de preços, quando, por exemplo, um aumento de preços de 10% conduz a uma expansão da oferta de 5%, uma quebra de 18% nos preços é acompanhada por uma diminuição de 12% na oferta;

– a oferta tem uma *elasticidade de valor igual a um* se todos os aumentos ou diminuições de preços são acompanhados de aumentos ou diminuições da oferta que são proporcionais, isto é, com o mesmo valor percentual;

– a oferta é *totalmente inelástica* quando ela não responde com qualquer alteração de quantidades oferecidas às subidas ou descidas de preços;

– a oferta é *perfeitamente elástica*, ou *infinitamente elástica*, quando existe um preço de equilíbrio entre ela e a procura acima do qual a oferta é virtualmente infinita, e abaixo do qual toda a oferta desaparece, passando a ser de zero a quantidade oferecida – quando, pois, qualquer variação de preços, por ínfima que seja, determina este tipo de respostas radicais por parte da oferta.

Do lado da oferta, mais fácil se torna ainda ilustrar a asserção de que a elasticidade tende a variar, de ponto para ponto, ao longo da escala de preferências do vendedor: é que, como já vimos, quando as quantidades consideradas para as transacções são ainda relativamente diminutas, a elasticidade-preço é elevada, quer porque a reserva de capacidade é ainda grande, quer ainda porque o montante dos custos de produção pode não ser ainda muito relevante. Mas, quando nos referimos a quantidades que reclamam o máximo de capacidade dos vendedores, torna-se difícil a expansão em resposta a uma subida de preços, não havendo reservas a aplicar, do mesmo modo que é difícil, face a uma escala de custos muito importante, proceder a abrandamentos de produção em resposta a um abaixamento de preços – pelo que, concluir-se-á, a aproximação da capacidade produtiva plena diminuirá a elasticidade da oferta. Essa elasticidade da oferta poderá sempre ser recobrada, como é evidente, pela dilatação do prazo considerado, na medida em que esse alongamento de horizontes temporais aumentará a capacidade de resposta adaptativa, incluindo as opções mais ambiciosas e complexas em termos de adequação da escala produtiva ao panorama evolutivo, presente e futuro, dos preços.

No cruzamento das escalas da oferta e da procura, torna-se possível detectar algumas tendências gerais (o leitor poderá ver a ilustração nos Gráficos 4.14 e 4.15):

---

[851] Borenstein, S., J.B. Bushnell & F.A. Wolak (2002), 1376-1377.
[852] Borenstein, S. (2002), 197.

– na presença de uma oferta relativamente elástica, as oscilações da procura tenderão a influenciar mais as quantidades transaccionadas do que os preços – sendo que, no limite, uma oferta infinitamente elástica não consentirá quaisquer alterações de preços –;

– se a oferta for relativamente inelástica, as variações da procura terão mais impacto nos preços do que nas quantidades transaccionadas – sendo que, no limite, uma oferta inelástica significará impossibilidade de aumento da produção –;

– se a procura for muito elástica, as oscilações da oferta reflectir-se-ão mais nas quantidades transaccionadas do que no nível dos preços – sendo que, em última instância, uma oferta perfeitamente elástica poderá impedir qualquer variação de preços que favoreça a oferta;

– se a procura for muito inelástica, os movimentos da oferta repercutir-se-ão mais nos preços do que nas quantidades transaccionadas – já que, na situação-limite, uma procura absolutamente inelástica não absorverá qualquer alteração a nível de quantidades.

Uma síntese desde logo se impõe: se a passagem do tempo tende a aumentar a elasticidade, tanto da oferta como da procura[853], dir-se-á que as deslocações das curvas da oferta e da procura tenderão a ter, no curto prazo, um impacto maior nos preços do que nas quantidades transaccionadas, que se converterá, no longo prazo, num impacto maior sobre as quantidades transaccionadas do que sobre os preços – podendo, pois,

encarar-se os movimentos de preços como um estímulo a que no longo prazo as forças de mercado acabem por responder com variações adaptativas em termos de produtividade, a que no longo prazo reequilibrem em termos de quantidades transaccionadas uma disparidade que não foi senão meramente *sinalizada* pelas variações de preços de curto prazo; a que os efeitos *nominais* de curto prazo se convertam em efeitos *reais* no longo prazo.

O que acabámos de dizer explica o interesse com que o Estado encara as possibilidades de modelação do nível da actividade económica através do instrumento dos impostos: é que, na medida em que se reconhece o fenómeno da «repercussão do imposto», isto é, a possibilidade maior ou menor de os vendedores transferirem para os compradores a carga fiscal que incide sobre as transacções, através de um aumento de preços que reflicta o agravamento daquela carga[854], compreender-se-á que o resultado final dependerá decisivamente da elasticidade de qualquer das partes àquele aumento induzido nos preços – sendo de esperar que, aumentando a elasticidade de ambas as partes com a passagem do tempo, o primeiro choque nos preços acabe por ir determinando, de uma parte e de outra, uma resposta em termos de quantidades transaccionadas, em termos do próprio nível da actividade económica, e que portanto puros *efeitos nominais* de curto prazo acabem, no longo prazo, por se ir convertendo em *efeitos reais* da tributação[855].

Recapitulemos num quadro o que ficou dito sobre a elasticidade-preço da oferta:

Inelasticidade absoluta	Valor = 0	A quantidade oferecida não varia com os preços
Inelasticidade	Valor = entre 0 e 1	O aumento de preço leva a um aumento menos do que proporcional das quantidades oferecidas, *ou* a diminuição de preço leva a uma diminuição menos do que proporcional das quantidades oferecidas
Elasticidade unitária	Valor = 1	O aumento de preço leva a um aumento proporcional das quantidades oferecidas, *ou* a diminuição de preço leva a uma diminuição proporcional das quantidades oferecidas
Elasticidade	Valor = entre 1 e o infinito	O aumento de preço leva a um aumento mais do que proporcional das quantidades oferecidas, *ou* a diminuição de preço leva a uma diminuição mais do que proporcional das quantidades oferecidas
Elasticidade perfeita	Valor = infinito	O aumento de preço leva ao desaparecimento da oferta, *ou* o aumento de preço leva a um surgimento, ou expansão infinita, da oferta

---

[853] Reveja-se o Gráfico 4.20.

[854] Vasques, S. (2001), 81ss..

[855] Slemrod, J. & W. Kopczuk (2002), 91-112.

4 – k) Elasticidade e poder de mercado

A intensidade com que qualquer dos lados, oferta ou procura, reage às variações de preços determina por sua vez o peso que cada uma tem na conformação, em seu próprio benefício, da deslocação do preço de equilíbrio. Ilustremo-lo com três exemplos:

Comecemos por uma variante da «Lei de King».

Suponhamos que uma inovação tecnológica permite a dessalinização da água do mar a custos muito inferiores aos actualmente verificados, tornando o seu fornecimento equiparável, em termos de custos, ao da forma habitual de fornecimento de água naturalmente potável. Que significa isto em termos de escala da oferta? Que ela se desloca como um todo no sentido da expansão, passando a haver maior quantidade de água disponível para cada nível de preços. E quanto à escala da procura? De imediato, não é de esperar que o consumo da água se intensifique, dependente como ele está de hábitos mais ou menos arreigados; mais ainda, tratando-se do consumo de um bem de primeira necessidade, será sempre de esperar uma vincada inelasticidade da procura.

A inelasticidade da procura implica que, para que haja um aumento de quantidade procurada, tenha que haver uma queda mais do que proporcional do preço: de imediato, temos pois que o aumento das quantidades oferecidas a cada nível de preços resultará numa intersecção da escala da oferta com uma escala de procura inelástica num ponto de equilíbrio muito inferior, em que a quantidade pouco aumentou, e o preço desceu muito, em relação àquilo que se verificava no ponto de equilíbrio anterior. Esse aumento de quantidade acompanhado de uma mais do que proporcional quebra de preços beneficia obviamente os consumidores, em detrimento dos fornecedores de água, cuja receita, cujo rendimento total, decaiu.

Que podem esses fornecedores fazer para evitarem ser vítimas do seu sucesso na expansão da produção? De imediato, nada, sobretudo se lhes não for possível retirarem qualquer vantagem de uma restrição voluntária da produção que visasse o regresso ao equilíbrio anterior: por se encontrarem, por exemplo, num ambiente competitivo em que a retracção de um é logo compensada pela expansão dos seus concorrentes em busca da conquista de maior quota de mercado à custa daquele – e isto ainda que todos tenham a percepção de que uma acção conjunta de restrição da oferta seria amplamente compensada por uma subida mais do que proporcional dos preços, e que por isso a não-competição

e a cooperação seriam colectivamente mais racionais do que a «guerra de preços» –.

Contudo, a perspectiva temporal permite acalentar a esperança de que os próprios hábitos de consumo de água se venham a alterar, mais ou menos paulatinamente – sendo que uma campanha publicitária enaltecendo as vantagens de um maior consumo de água pode contribuir para encurtar significativamente os prazos dessa adaptação de hábitos. E assim, à medida que, com a passagem do tempo, a elasticidade da procura se vai intensificando, a expansão das quantidades consumidas reclama quedas de preços cada vez menos pronunciadas – podendo mesmo perspectivar-se que algures no tempo seja dobrado o cabo da elasticidade unitária, para lá do qual os aumentos de consumo reclamam quebras menos do que proporcionais dos preços, e os fornecedores voltam a poder expandir a produção concomitantemente com o aumento do rendimento total, sem necessidade de quebras de preços que, absorvendo o aumento do volume de vendas, causem perdas de receitas.

A perspectiva temporal é, todavia, ténue, e a única certeza é a de que no imediato o incentivo à inovação tecnológica se perde perante esta certeza da perda de rendimento às mãos de uma procura inelástica – razão, a somar a outras de que falaremos e que se prendem com limitações naturais à concorrência, para podermos antever que o sector da água, com ou sem inovações tecnológicas, nunca tenderá a caracterizar-se por explosivos incrementos de oferta no curto prazo.

Um segundo exemplo respeita ao «choque petrolífero» de 1973.

O cartel dos países exportadores de petróleo consegui, em 1973, concertar uma prática de restrição voluntária de produção que deslocou a curva da oferta como um todo no sentido da contracção, no sentido do fornecimento de quantidades inferiores a cada nível de preços, o que, na presença de curvas da oferta e da procura fortemente inelásticas, fez essa restrição quantitativa corresponder, imediatamente, a um novo preço de equilíbrio muito elevado.

Com a passagem do tempo, os hábitos dos consumidores foram-se adaptando ao novo nível de preços, através de práticas de maior eficiência energética – automóveis mais pequenos, motores menos potentes ou mais eficientes, a adopção de «horários de Inverno» para optimizar o aproveitamento da energia solar[856], a introdução de inovações tecnológicas em sede de «energias alternativas», etc. –. Ao mesmo tempo, a própria produção petrolífera foi-se paulatinamente expan-

---

[856] Não devendo perder-se de vista o facto de a energia solar que chega ao nosso planeta continuar a corresponder, presentemente, a 7 mil vezes o nosso consumo total de energia, sendo por isso muito gritante o desperdício tecnológico dessa fonte de energia. Cfr. Lomborg, B. (2001), 133, 153.

dindo, tanto a produção extra-cartel, com a descoberta e exploração de novos recursos petrolíferos (no Mar do Norte, por exemplo), como a própria produção dos membros do cartel, incapazes de resistirem à tentação da «batota» face aos compromissos assumidos. Em ambos os casos, a elasticidade de longo prazo, tanto do lado da oferta como do lado da procura, foi aumentando, a ponto de ulteriores restrições de produção não terem tido já um impacto tão pronunciado na subida dos preços.

Perdida a possibilidade de, com restrições de produção, conseguirem aumentos mais do que proporcionais dos preços a ponto de verem com isso incrementado a receita total, os países produtores deixaram de ter tanto incentivo, quer para agirem concertadamente com vista a essas restrições, quer para resistirem à tentação da «batota» – mais a mais quando se começava a evidenciar que essa «batota» era, afinal, o resultado *racional* de uma *estratégia dominante*[857].

A evolução de condutas adaptativas por parte dos consumidores de petróleo, a manter-se – o que nem sempre sucedeu, não raro por pressão contrária das companhias petrolíferas – permitiria que se antevisse a aproximação de um ponto de elasticidade para além do qual as restrições da oferta determinariam aumentos menos do que proporcionais dos preços, e redundariam pois em prejuízo dos próprios produtores, tornando praticamente inevitável o colapso definitivo do cartel dos produtores e exportadores de petróleo.

O ponto é da maior importância no nosso estádio civilizacional, dada a crescente dependência de fontes energéticas de que se alimentou o progresso económico no último século: enquanto no fim do século XIX cerca de 94% da produção industrial era ainda atribuível à força de trabalho, à energia humana despendida pela mão-de-obra, no final do século XX esse índice tinha baixado para os 8%. Hoje, cada consumidor norte-americano dispõe em média de uma energia correspondente ao esforço de 300 pessoas (como se dispusesse de 300 escravos ininterruptamente ao seu serviço), um europeu dispõe de energia correspondente ao esforço de 150 pessoas, e até na União Indiana cada pessoa dispõe em média de energia correspondente ao esforço de 15 pessoas. A prova do concomitante aumento da eficiência energética encontra-se no facto de, entre 1971 e 1992 (com o «choque» de 1973 pelo meio), a produção global por unidade de energia ter

praticamente duplicado – sem notório agravamento da sustentabilidade. Mais ainda, alguns países chegaram até ao extremo de desligarem o crescimento económico da intensificação do emprego de energia, obtendo crescimento económico com decréscimo absoluto de dispêndio energético – o sonho ecológico do «*decoupling*», que permite entrever a resolução da maior parte dos problemas da *sustentabilidade* que afligiam os esforços de promoção do crescimento económico[858].

Mesmo na principal potência industrial da actualidade, os Estados Unidos, o dispêndio de energia tem continuado a aumentar em termos absolutos, mas não em proporção com o crescimento económico, pelo que o quociente entre PIB e dispêndio de energia tem vindo a melhorar desde 1973, com algumas interrupções – não devendo ignorar-se que a escassez determina inevitavelmente que só haja progresso efectivamente experimentado se houver um custo (por exemplo, a eficiência energética nos automóveis mais do que duplicou desde 1973, mas a explosão no número de automóveis fez com que no mesmo período o dispêndio total de energia do sector aumentasse em mais de 50%) –[859].

Deve-se a Tjalling Koopmans a formulação pioneira da hipótese de elevada elasticidade-preço das economias modernas face à elevação dos custos de energia, dela se fazendo decorrer algum optimismo quanto à capacidade de retracção de hábitos de ineficiência energética, diminuindo a dependência das importações de recursos energéticos e abrandando o ritmo de saturação e de depredação desses recursos (mesmo sem se atender à «tábua de salvação» da tecnologia)[860/861].

4 – l) Inelasticidade e dependência

Um último exemplo refere-se à comparação económica das políticas proibicionistas ou repressivas face às políticas educativas ou formativas – tenhamos em mente, por exemplo, o caso da droga.

As políticas repressivas, se levam à restrição directa da oferta de bens e serviços para os quais a procura é inelástica – porque por exemplo o seu consumo é viciante –, significam, como já sabemos, que uma pequena quebra de quantidade implica subidas mais do que proporcionais do preço de equilíbrio, o que beneficiará os vendedores, para os quais a quebra de vendas é mais do que compensada pela subida dos preços.

---

[857] Falaremos dessas estratégias a propósito da concorrência oligopolista.

[858] Banco Mundial (1994), 171; Craig, J.R., D.J. Vaughan & B.J. Skinner (1996), 103; Turner, R.K., D. Pearce & I. Bateman (1994), 45-46.

[859] ERP (1999), 207.

[860] Koopmans, T.C. (1965), 225-300; Gordon, R., T. Koopmans, W. Nordhaus & B. Skinner (1988); Neves, J.C. (1998), 61.

[861] Em corolário, tem-se sustentado que o *capital* e a *energia* são *complementares* no curto prazo e *sucedâneos* no longo prazo, uma forma subtil de exprimir esse constante incremento da eficiência energética. Cfr. Fuss, M.A. (1977), 1797-1821.

Subsistindo a inelasticidade da procura, a repressão constitui a favor da oferta um incentivo económico à subsistência da actividade proibida ou reprimida – ao mesmo tempo que o agravamento da oneração dos consumidores pode acarretar graves e bem conhecidas consequências, como a do recurso a rendimentos ilícitos para se suportar aquele agravamento, tudo sem a retracção *real* da procura.

Ao invés, as políticas educativas ou formativas procuram – *embora nem sempre o consigam* – aumentar a elasticidade da procura, seja aumentando o grau de informação quanto aos riscos do excesso de consumo ou de práticas viciantes, seja fornecendo vias sucedâneas que despertem o efeito de substituição no consumo.

Se a elasticidade da procura aumentar, gera-se a possibilidade de uma contracção da escala da procura determinar um novo equilíbrio que reflicta uma redução simultânea de quantidades e de preços, ou que ao menos se dirija para a linha divisória para lá da qual as restrições da oferta deixam de significar aumentos mais do que proporcionais dos preços – para lá da qual, pois, o declínio do consumo significa também declínio das receitas dos vendedores, e se perde o incentivo económico a que a oferta (a produção e o tráfico) se mantenha ou expanda[862].

É evidente que este tema é demasiado complexo e enredado em valores e interesses individuais e colecti-vos, e em paixões e irracionalidade, para que possa dizer-se que uma simples asserção relativa à elasticidade e ao poder de mercado chega para se formular soluções sólidas. Em todo o caso, na sua simplicidade, a demonstração que acabámos de fazer é muito expressiva do poder explicativo e elucidativo da ciência económica – como o seria a demonstração, tão cara à escola da «*law and economics*», de que mesmo a restrição das iniciativas repressivas ao lado da oferta, sem penalização do consumo (ou seja, uma política parcialmente proibicionista), pode ser suficientemente dissuasora se, agravando o quadro sancionatório sem diminuir (e se possível, aumentando) a probabilidade de detecção e a credibilidade da punição efectiva, conseguir atingir a elevada elasticidade dos produtores e traficantes às variações daquele quadro sancionatório, provocando efeitos de prevenção geral, de dissuasão, que ultrapassem em intensidade os incentivos associados à concomitante subida dos preços de equilíbrio no mercado dos estupefacientes[863].

Adiantemos já a ideia de que o tema é daqueles que a própria ciência económica tem determinado serem politicamente intratáveis, vista a dificuldade de formação de uma vontade colectiva em tema tão dilacerante, tão polémico e tão dominado por valores individuais – e por isso tão exposto a impasses e «paradoxos do voto»[864]; além disso, o fenómeno circunda-se, em todos os países (até os mais permissivos), de criminali-

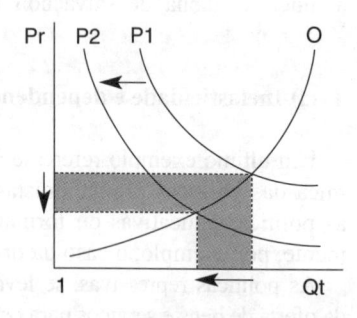 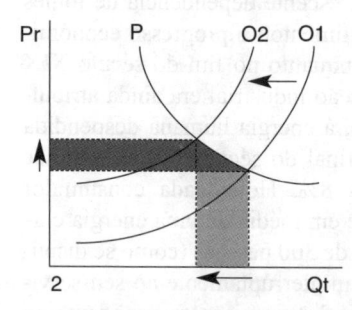

Gráfico 4.23. *Dissuadir o consumo ou reprimir o tráfico? Os efeitos indesejados de uma política repressiva.*

1: dissuasão do consumo – a procura retrai-se, as quantidades traficadas diminuem *e descem os preços* (*todos* os traficantes são *penalizados*)
2: repressão do tráfico – a oferta retrai-se, as quantidades traficadas diminuem *e sobem os preços* (*alguns* traficantes são *premiados* pela escassez face à manutenção dos níveis de procura)
Pr: preços
Qt: quantidades
P, P1, P2: procura
O, O1, O2: oferta

[862] Para uma panorâmica geral da análise interdisciplinar dos fenómenos da droga, da produção, do tráfico, da toxicodependência, cfr. Elster, J. (org.) (1999).
[863] Maccoun, R.J. & P. Reuter (2001).
[864] Boccaccio, M. & V. de Bonis (1999), 45-62.

dade e de marginalidade, pelo que do ponto de vista da análise económica ele passa a integrar a família das externalidades negativas, que melhor estudaremos adiante e que veremos serem perturbadoras da definição e da prossecução do que seja o «óptimo social»[865].

Aproveitemos também para sugerir o que um tema como este é capaz de suscitar em sede de reflexão económica: Qual a prioridade social da solução do problema da droga e da toxicodependência? Quanto dos escassos recursos colectivos deve ser colocado ao serviço dessa solução? Constituem as sanções agravadas desincentivo suficiente para o mercado?[866] A repressão consegue ultrapassar as barreiras da clandestinidade, ou é antes um incentivo a essa clandestinidade? Qual o nível socialmente óptimo de repressão, isto é, onde é que os custos e ganhos sociais da repressão se equilibram?[867] Justificar-se-á o recurso a meios privados de prevenção e repressão, ao menos como forma de aumentar a probabilidade de detecção e punição? [868] Poderá contar-se com uma medida fiável de «aversão ao risco» dos traficantes para se adaptar os incentivos e desincentivos a ela? Serão as penas pecuniárias mais eficazes do que as penas privativas de liberdade – sobretudo tomando em conta a relação entre património acumulado e rendimento corrente dos criminosos? [869] São interrogações como esta que tornam tão fascinante o desenvolvimento, como disciplina autónoma, da Análise Económica do Direito.

Sublinhemos ainda que qualquer análise nestes domínios não poderá deixar de ser profundamente tributária da iniciativa «expansionista» de Gary Becker[870], cuja intuição básica poderíamos dizer ter sido a de que a racionalidade e o cálculo marginalista são características profundamente arreigadas na espécie humana, e até sedimentadas nas respectivas institui-

ções – de tal modo que extravasam largamente do âmbito tradicionalmente associado às questões «puramente» económicas e se aplicam, sem solução de continuidade, a inúmeras questões pessoais e sociais, como a decisão de casar, de constituir família[871], de acatar a lei, de cometer crimes, de mudar de casa, de prosseguir estudos. Nos termos dessa intuição, há um necessário equilíbrio social entre os custos do crime (os danos causados pela actividade criminosa) e os custos da prevenção do crime, devendo admitir-se que, em resultado de tal equilíbrio, existe um nível socialmente eficiente de crime[872].

– Observemos, de passagem, que a racionalidade do crime, enfatizada pela análise económica, confere especial importância ao elemento «prevenção» e «dissuasão»[873]. Contudo, essa mesma lógica dissuasiva, de «prevenção geral», privilegiada nas opções teóricas de Gary Becker, poderia rapidamente degenerar em brutalidade, ou no recurso a penas «exemplares» ou «espectaculares», representando assim, nesse particular, um retrocesso civilizacional[874].

– O que há da analiticamente mais proveitoso na abordagem «beckeriana» é que, segundo ela, a distribuição do tempo entre actividades lícitas e ilícitas pode sempre fazer-se em termos maximizadores da utilidade – ponderado o quadro legal, o risco de detecção e punição, os custos de estigmatização e de penosidade moral, etc.[875] –, termos em que se terá por directa a correlação entre declínio de remunerações relativas das actividades legais e aumento de actividades ilegais, como tem sido abundantemente comprovado[876], ainda que curiosamente esse aumento não se reflicta no recurso a crimes violentos, para os quais não existe correlação económica precisa[877/878].

---

[865] Desimone, J. (2001), 627-643.

[866] Andenaes, J. (1966), 949-983; Wilson, J.Q. & R.J. Herrnstein (1985); Zimring, F.E. & G.J. Hawkins (1973).

[867] Polinsky, A.M. & S. Shavell (2000), 45-47.

[868] Becker, G.S. & G.J. Stigler (1974), 1-18; Landes, W.M. & R.A. Posner (1975), 1-46; Polinsky, A.M. (1980), 105-127; Friedman, D.D. (1995), 475-505; Shavell, S. (1993), 255-287.

[869] Polinsky, A.M. & S. Shavell (2000), 70.

[870] Becker, G.S. (1968), 169-217; Becker, G.S. (1996), 265-270. Cfr. Neves, J.C. (1998), 126.

[871] Para uma análise económica (no espírito de Gary Becker) do casamento como contrato, dos efeitos da regulação dos regimes patrimoniais e do divórcio, da sinalização no namoro, da coabitação e da divisão do trabalho doméstico, das barreiras ao casamento e ao divórcio, etc., cfr. Dnes, A.W. & R. Rowthorn (orgs.) (2002). Mais amplamente ainda, cfr. Grossbard-Shechtman, S. (org.) (2003).

[872] Para aqueles que julguem que é socialmente eficiente o grau zero de crime, bastará assinalar-se os custos inerentes ao sacrifício da privacidade que uma prevenção absoluta decerto acarretaria. Talvez não queiramos oferecer a nossa liberdade em holocausto à nossa sensação de segurança, do mesmo modo que não desejaríamos prescindir de muitos dos nossos confortos civilizacionais só porque eles comportam um acréscimo de riscos ou de externalizações – pense-se na circulação automóvel, cuja abolição salvaria de imediato milhares de vidas por ano, mesmo num país pequeno como o nosso.

[873] Eide, E. (1994), 175ss..

[874] Becker, G.S. (1968), 169-217.

[875] Becker, G.S. (1968), 169-217.

[876] Ehrlich, I. (1973), 521-565; Freeman, R.B. (1996), 25-42; Krueger, A.B. & J. Maleckova (2003), 121ss.; Piehl, A.M. (1998), 302-319.

[877] Ruhm, C.J. (2000), 617-650.

[878] O mesmo se pode dizer das actividades terroristas. Cfr. Krueger, A.B. & J. Maleckova (2003), 141ss.; Taylor, M. (1988).

– Por outro lado, aceite a racionalidade de um agente criminoso, não pode deixar de se reconhecer as virtualidades de uma análise que incida nas suas ponderações de ganhos e perdas, de riscos, de probabilidades, de funções de utilidade, de emulação, de concorrência, de interdependência, etc. , não restando muito espaço para elucubrações mais ou menos romantizadas sobre a «vitimização do agente» ou sobre o determinismo da sua «marginalidade»[879].

Por outro lado, porque tratávamos do fenómeno da *elasticidade*, valerá a pena sublinhar que o tema do tráfico e consumo de droga tem servido de «laboratório social» para o estudo económico da «dependência», do desvio crónico em relação ao padrão da racionalidade maximizadora[880]: seja para se reconhecer que a «dependência» é susceptível de gerar preferências estáveis e de alicerçar condutas maximizadoras racionais (não se perpetuando no terreno movediço da formação de hábitos)[881], permitindo ponderar até, com toda a racionalidade, o preço dos bens «viciantes» com os custos futuros do vício, formando pois uma perfeita consistência intertemporal[882]; seja para se concluir, a partir desse pressuposto de «dependência racional», que a repressão é praticamente irrelevante para as pessoas viciadas (visto que elas conseguem especular contra a própria repressão, incorporando a matriz dos custos futuros nas suas opções de vício presente, antecipando ou adiando a aquisição dos bens viciantes em função das suas expectativas de preços) e se justifica apenas em função das externalidades negativas geradas pela «dependência», ou seja em função do impacto causado no bem-estar social[883]; seja, ao invés, para se sustentar que a «racionalidade da dependência» não é tanta que assegure a consistência intertemporal do comportamento viciado, justificando-se então a repressão «paternalista» para efeito de tornar explícitos à pessoa viciada os cus-

tos pessoais em que incorrerá futuramente para se libertar do vício[884]; seja ainda, mais ambiciosamente, para se pôr em causa a validade do modelo individualista da «racionalidade das escolhas», sustentando que a relativa frequência de comportamentos viciados na sociedade moderna (e é evidente que há muitos outros vícios além da toxicodependência, alguns mais benignos, alguns muito mais disseminados, como o tabaco ou o álcool) denota o ascendente da irracionalidade e da emotividade como «impulsos fortes», «impulsos viscerais», capazes não só de bloquear aquilo que socialmente se aceita como «hierarquização racional de finalidades», mas até de lentamente irem inflectindo esse mesmo paradigma de racionalidade no plano dos fins – subvertendo o quadro dos valores dominantes de acordo com aquilo que os moralistas denunciam como uma «dissolução hedónica»[885], e os economistas denunciam como «desconto hiperbólico», isto é, como a grave desconsideração do futuro[886]; seja ainda, finalmente, para se analisar e equacionar os chamados «micro-alicerces» dos efeitos culturais, o modo como as preferências socialmente partilhadas e o padrão da maximização individual colaboram para formarem normas sociais e culturais, e o modo como essas normas sociais e culturais refluem sobre o mercado, e sobre a interdependência social extra-mercado, para neles estabelecerem fronteiras de participação, de exclusão e de discriminação[887], para condicionarem as opções e condutas dos agentes económicos[888], para ditarem metas globais da evolução económica e o norte da produtividade[889].

Regressando ao tema que escolhemos para ilustração, reconheçamos, em suma, que há ainda um longo caminho a percorrer na compreensão do peculiar mercado do tráfico e consumo de droga – e na formulação de remédios de justiça e eficiência para esse fenómeno peculiar[890]. Talvez se possam ir buscar algumas luzes para o tema no exemplo da procura de cigarros, que

---

[879] Marché, G.E. (2002).

[880] Os criminologistas têm usado já o conceito de elasticidade – de sensibilidade dos criminosos às medidas das penas e aos meios e intensidade da prevenção geral, tendo em geral concluído que a elasticidade é maior à probabilidade de detecção do crime do que às medidas das penas. Por outro lado, adaptando a ideia de maximização de lucro monopolista através da discriminação de preços, Gary Becker sugere que se proceda à discriminação da moldura penal em função da elasticidade dos potenciais criminosos, reservando as punições mais severas àqueles que revelem menor sensibilidade à punição, o que poderia permitir maximizar o efeito preventivo ao mínimo custo médio para os próprios criminosos. Cfr. Levitt, S.D. (1998), 353-372.

[881] Becker, G.S. & K. Murphy (1988), 675-700.

[882] Becker, G.S., M. Grossman & K. Murphy (1994), 396-418; Chaloupka, F.J. (1991), 722-742.

[883] Gruber, J. (2001), 202-203.

[884] Gruber, J. & B. Köszegi (2001), 1261-1303.

[885] Elster, J. (1999), 198.

[886] Elster, J. (1999), 200. Voltaremos a este ponto.

[887] Robson, A.J. (1992), 837-857; Fershtman, C. & Y. Weiss (1993), 946-959; Bernheim, B.D. (1994), 841-877; Cole, H.L., G.J. Mailath & A. Postlewaite (1992), 1097ss..

[888] Cfr., por exemplo, Cole, H.L., G.J. Mailath & A. Postlewaite (1992), 1092-1125; Fang, H. (2001), 926ss..

[889] Cozzi, G. (1998), 376-394; Wilson, J.Q. (1994), 54-80.

[890] Macoun, R.J. & P. Reuter (2001); Levitt, S.D. (2003), 540ss..

tem sido analisada simultaneamente de acordo com o modelo «clássico» da procura[891] e de acordo com o novo modelo da «dependência racional»[892], enfatizan-do-se algumas formas específicas de externalização mais grave, por exemplo os relativos à manutenção de hábitos tabágicos durante a gravidez[893].

---

[891] Bishop, J.A. &J.H. Yoo (1985), 402-411; Blaine, T.W. & M.R. Reed (1994), 535-544; Lewit, E.M., D. Coate & M. Grossman (1981), 545-569; Lewit, E.M. & D. Coate (1982), 121-145; Seldon, B.J. & R. Boyd (1991), 319-326; Sung, H.Y., T.-W. Hu & T.E. Keeler (1994), 91-100; Wasserman, J., W.G. Manning, J.P. Newhouse & J.D. Winkler (1991), 43-64.

[892] Becker, G.S. & K. Murphy (1988), 675-700; Becker, G.S., M. Grossman & K. Murphy (1991), 237-241; Becker, G.S., M. Grossman & K. Murphy (1994), 396-417; Chaloupka, F.J. (1991), 722-741; Keeler, T.E., T.-W. Hu, P.G. Barnett & W.G. Manning (1993), 1-18.

[893] Bradford, W.D. (2003), 1752ss.; Dominguez-Rojas, V., J.R. de Juanes-Pardo, P. Astasio-Arbiza, P. Ortega-Molina & E. Gordilla-Florencio (1994), 665-668; Evans, W.N. & J.S. Ringel (1999), 135-154.

Capítulo 5 – **A intervenção do Estado no mercado**[894]

> *"Portanto, como cada indivíduo tenta, tanto quanto possível, aplicar o seu capital no apoio à indústria interna e, por consequência, dirigir essa indústria de modo a que a sua produção tenha o máximo valor, cada um trabalha necessariamente para que o rédito anual da sociedade seja o maior possível. Na realidade, ele não pretende normalmente promover o bem público, nem sabe até que ponto o está a fazer. Ao preferir apoiar a indústria interna em vez da externa, só está a pensar na sua própria segurança; e, ao dirigir essa indústria de modo que a sua produção adquira o máximo valor, só está a pensar no seu próprio ganho, e, neste como em muitos outros casos, está a ser guiado por uma mão invisível a atingir um fim que não fazia parte das suas intenções. Nem nunca será muito mau para a sociedade que ele não fizesse parte das suas intenções. Ao tentar satisfazer o seu próprio interesse promove frequentemente de uma maneira mais eficaz o interesse da sociedade, do que quando realmente o pretende fazer. Nunca vi nada de bom feito por aqueles que pretendem ter-se dedicado ao comércio em prol do bem público"* – Adam Smith[895].

Quando nos debruçamos sobre a intervenção do Estado no funcionamento do mercado, passamos a incluir na nossa análise elementos valorativos e prescritivos, que se referem às motivações básicas da intervenção. Como veremos, o impulso interventor deve começar por defrontar-se precisamente com aquilo que já foi objecto da nossa descrição: o mecanismo da oferta e da procura. O propósito interventor é muitas das vezes o da rectificação dos resultados desse mecanismo, quando eles sejam tidos por injustos ou por ineficientes; mas, como se verá, essa rectificação e os meios que conduzem a ela são frequentemente iníquos e ineficientes, também eles, circunstância a que não é alheia, na maior parte dos casos, a razão elementar de se ter interferido no mecanismo espontâneo do mercado, no recurso através do qual as pessoas tentam livremente alcançar, pelos seus próprios meios, máximos de eficiência em contextos de justiça comutativa.

Efectivamente, dir-se-á que uma das convicções mais arreigadas dos economistas é a de que o facto de o mecanismo dos preços ser por excelência o processo coordenador das decisões económicas não se deve ao acaso, antes resulta do facto de um tal mecanismo ser ele próprio não mais do que uma designação abreviada do próprio somatório daquelas decisões. Dizer-se que o mecanismo dos preços reclama uma rectificação externa exigirá, pois, seja a demonstração de que algures as múltiplas decisões de que aquele mecanismo é o retrato compósito deixaram de ser eficientes para assegurarem os interesses individuais ou colectivos dos seus autores, seja a demonstração de que a miríade de situações bilateralmente equilibradas perderam, na transição para o plano colectivo, a susceptibilidade de preservarem esse mesmo equilíbrio.

Dir-se-ia que a demonstração seria dispensável, dada a *constatação* de que o mercado tem resultados

---

[894] Barre, R. & F. Teulon (1997), I, 385ss.; Baumol, W.J. & A.S. Blinder (2000), 269ss.; Bierman, H.S. & L. Fernandez (1997), 395ss.; Carbaugh, R.J. (2002), 207ss.; Drazen, A. (2001), 372ss.; Ekelund, R.B. & R.D. Tollison (2000), 86ss.; Friedman, L.S. (2002); Gwartney, J.D. & al. (2002), 112ss., 130ss.; Heyne, P. & al. (2002), 229ss.; Lipsey, R.G. & al. (1999), 274ss.; Mankiw, N.G. (2000), 111ss.; Mankiw, N.G. (2001), 117ss.; McConnell, C.R. & S.L. Brue (2001), 88ss., 579ss.; McConnell, C.R. & S.L. Brue (2001b, c), 58ss., 74ss.; Miller, R.L. (2002), 94ss., 479ss.; O'Sullivan, A. & S.M. Sheffrin (2002), 100ss.; Parkin, M. (1999), 512ss.; Rohlf, W.D. (2001), 199ss.; Samuelson, P.A. & W.D. Nordhaus (2001), 25ss.; Slavin, S.L. (2001), 59ss., 125ss.; Slavin, S.L. (2001b), 59ss.; Sloman, J. (2002), 63ss.; Sowell, T. (2001), 21ss.; Stanlake, G.F. (1993), 25ss.; Stiglitz, J.E. (1999), 3ss.; Stiglitz, J.E. & C.E. Walsh (2002), 143ss.; Wessels, W.J. (2000), 354ss.

[895] Smith, A. (1976b), 456 (=I, 757-758).

socialmente tidos por ineficientes e injustos; mas ela não o é, na medida em que possa ainda duvidar-se da possibilidade de uma genuína *melhoria* através da intervenção, da possibilidade de, nomeadamente, se evitar, compensar ou eliminar a escassez ou a carência por algum meio que não provoque ele próprio mais escassez ou carência – que, por exemplo, não torne ainda mais difícil para os pobres fugirem da pobreza, ou para os desempregados encontrarem emprego –, ou, mais precisamente, por algum meio que evite interferir nos preços, no instrumento que, até prova em contrário, parece ser o mais eficiente de todos aqueles de que dispomos para resolvermos os nossos problemas de interdependência económica num contexto de liberdade.

5 – a) Interferências na lei da oferta e da procura

A geração espontânea de um equilíbrio no mercado, com efeitos maximizadores e optimizadores, é especificamente aquilo que Adam Smith metaforicamente designou como o resultado da acção de uma «mão invisível»: a actualidade da sua mensagem reside em larga medida na advertência que ela contém, contra todas as tentativas de interferência no mecanismo dos preços e no processo que conduz ao equilíbrio de mercado – interferências *paternalistas* cujas consequências negativas na eficiência, na justiça e no bem-estar têm sido tão copiosa e repetidamente evidenciadas pela história das intervenções políticas no mercado, com exemplos tão remotos como o do tabelamento generalizado dos preços imposto pelo imperador Diocleciano –.

A regulação de preços – a «luta contra a mão invisível» – tem levado invariavelmente à ocorrência de algum, ou alguns, dos seguintes fenómenos:

– A carência dos bens cujos preços sejam tabelados abaixo do preço de equilíbrio, conduzindo a um excesso de procura sobre a oferta que suscita questões graves de justiça e até de sobrevivência, reclamando frequentemente o recurso ao expediente rectificador do racionamento – e em todo o caso resultando numa redução do volume de transacções igual à que simetricamente sucederia num desvio em relação ao ponto de equilíbrio que conduzisse a um excesso de oferta.

– O surgimento, nas mesmas circunstâncias, de um «mercado negro» no qual se forma um preço de equilíbrio que é mais elevado do que aquele que se formaria sem o tabelamento dos preços – sendo que a escassez induzida pelo tabelamento beneficia extraordinariamente a oferta no mercado negro (os traficantes no mercado da droga, por exemplo), e pode acrescer a isso o «prémio de risco» que os vendedores cobram pelo facto de se exporem à sanção jurídica conexa com a violação dos limites impostos pelo tabelamento, constituindo o risco acrescido uma *barreira de entrada* no mercado que restringe a concorrência, contrai as quantidades oferecidas e constitui uma causa mais para a subida de preços.

– A formação de um «intervalo especulativo» de disparidade entre o preço de equilíbrio *sem regulação* e o preço de equilíbrio *com regulação*, o tal preço do mercado negro, e que beneficia os vendedores neste mercado sem necessariamente se repercutir na remuneração dos factores produtivos – significando isso que o preço subiu sem que isso representasse um incentivo para o aumento da produção *daquele* bem ou serviço cujo preço no consumidor se viu empolado – sendo o resultado genérico desse intervalo especulativo a afectação deficiente de recursos, perdido para os produtores o padrão aferidor que é a relação entre preços de mercado e custos de produção.

– A existência desta disparidade entre preço de equilíbrio no mercado negro, por um lado, e remuneração de quem efectivamente produz o bem ou serviço, por outro lado, o que pode afectar permanentemente os níveis da produção, enviando ao mercado um sinal de retracção que faz deslocar toda a escala da oferta no sentido de haver menos quantidades oferecidas a qualquer nível de preços – ou, o que não é menos grave, mantendo as quantidades oferecidas à custa da degradação da qualidade dos produtos –.

– O florescimento, no mercado negro – também eufemisticamente designado por «mercado paralelo» ou por «sector informal da economia» –, da *economia do crime*[896/897], numa sórdida e desconcertante simbiose com a *economia da regulação*, de que aquela retira a estabilização das suas expectativas de ganhos e perdas, a susceptibilidade de exploração das disfunções induzidas no livre funcionamento do mercado (a relação entre *proibicionismo* e *gangsterismo* afigura-se óbvia, tal como é óbvia a formação de «rendas económicas» a favor dos cartéis da droga por força de políticas repressivas mal concebidas[898], com as suas incidências na «empresarialização» manifestada em fenómenos de «crime organizado»[899]) e das próprias «fa-

---
[896] Becker, G.S. (1968), 169-217.

[897] Cfr. também os desenvolvimentos em: Ehrlich, I. (1973), 521-565; Block, M.K. & J.M. Heineke (1975), 314-325; Ehrlich, I. (1975), 397-417; Witte, A.D. (1980), 57-84.

[898] MacDonald, Z. & D. Pyle (orgs.) (2000); Naylor, R.T. (2002).

[899] Fiorentini, G. & S. Peltzman (orgs.) (1995).

lhas de intervenção», quando elas geram áreas de corrupção[900] e de impunidade[901].

– A percepção, pelos compradores, da deslocação irreversível de toda a escala da oferta, ou da degradação qualitativa dos produtos oferecidos, o que por sua vez pode conduzir a um abandono maciço do mercado – por exemplo, em direcção a um mercado de sucedâneos que consinta essa reacção de elasticidade, ainda que com generalizadas perdas de nível de satisfação –.

– A tendência para a expansão auto-sustentada da burocracia supervisora da regulação de preços, ampliada mais ainda na medida da verificação da própria ineficiência da supervisão (a «reforma administrativa» costuma ser sinónimo de «engorda administrativa»), gerando-se «penumbras hierárquicas» nas quais se instala a corrupção – uma via de actividade económica que é particularmente resistente, visto que ela, deixando as partes envolvidas numa posição de «reféns mútuos», expostas por longos períodos ao risco de denúncia, tende a formar relações «negociais» estáveis[902].

– O aumento dos custos para os próprios agentes tutelados, seja os custos de acatamento (os «*compliance costs*»), seja os de evasão aos regulamentos – verificando-se que uma boa parte da moderna «economia dos serviços» se desenvolve em torno dessa interacção dos agentes económicos com as instâncias reguladoras, sendo legítimo pensar-se que poderia haver alternativas mais produtivas e menos dispendiosas para esse esforço de harmonização de interesses, já que o mercado o assegura espontaneamente.

– A redução do nível concorrencial através da imposição de uma disciplina uniforme ou de uma segmentação de mercado que *protege* os concorrentes uns dos outros, em detrimento da possibilidade de abaixamento do preço de equilíbrio através da «guerra de preços» – da possibilidade, afinal, de favorecimento dos consumidores –.

– No caso de estabelecimento de *preços mínimos*, o duplo efeito da degeneração em formas concorrenciais que não incidem em preços – promoções, brindes, ofensivas publicitárias – e que por isso podem sobrecarregar o consumidor com vantagens indesejadas por ele, e da sobrevivência de produtores ineficientes, que são poupados, com o preço mínimo, de uma derrota na «guerra de preços» – constatando-se, pela mesma lógica, que todos os produtores são desincentivados de levarem até ao extremo medidas de incremento de eficiência –.

A correlação entre regulamentação do mercado de arrendamento e deterioração do parque habitacional nos centros das cidades, com a consequente deslocação da população jovem para as periferias, é afinal uma eloquente ilustração dos efeitos perversos dessa «luta contra a mão invisível», por mais bem-intencionada que seja a iniciativa política que subjaz àquela regulamentação – orientada, por exemplo, no sentido de se evitar a exclusão dos mais pobres, o que aparentemente decorreria do livre jogo dos preços num mercado de arrendamento que não tivesse restrições[903].

Recordemos que, conquanto o preço de equilíbrio seja mutuamente vantajoso para as partes envolvidas nas trocas, a negociação que conduz até àquele preço envolve concessões recíprocas, com perdas relativamente às vantagens extremas que qualquer das partes se representa como óptimas – ainda que tal representação abstraia do facto de tais posições *óptimas* serem *péssimas* para a contraparte, e serem por isso incompatíveis com as trocas –.

É fundamentalmente esse «erro de paralaxe» envolvido na abordagem unilateral e abstracta das possibilidades das trocas (à mistura com uma mais cínica avidez de obtenção de «rendas económicas» à custa dos recursos públicos) que explica o apelo das partes à interferência rectificadora do Estado; e é também a indiferença do funcionamento dos mercados àquele «erro de paralaxe» que explica o poder da reacção desses mercados às interferências do Estado, gerando desequilíbrios automáticos, excessos de oferta ou de procura, carências e desperdícios que constituem, em si mesmos, problemas mais graves do que o «pseudo-problema» que o Estado é chamado a resolver. Esse «erro de paralaxe» é de resto subsumível ao tema mais geral da «Economia da Informação», com cujos afloramentos depararemos frequentemente, e que pode dizer-se que contribuiu fundamentalmente para desfazer a confiança na espontaneidade do reequilíbrio dos mercados, dada a improbabilidade de ocorrência de situações de informação perfeita – situações das quais aquela espontaneidade crucialmente dependia –, contribuindo assim para desacreditar a ideia da omnipresença e omnipotência da «mão invisível», e para legitimar a interferência do Estado naqueles pontos em que se verificava, ou a inoperância, ou até a ausência, de tal «mão invisível»[904].

---

[900] Myers Jr., S.L. (1983), 157-166; Cover, J.P. & P.D. Thistle (1988), 615-622; Cornwell, C. & W.N. Trumbull (1994), 360-366.

[901] Corman, H. & H.N. Mocan (200), 584ss.; Nagin, D.S. (1978), 95-139; Long, S. & A.D. Witte (1981), 69-143; Freeman, R.B. (1983), 89-106; Chiricos, T.G. (1987), 187-211; Layson, S.K. (1985), 68-89; Grogger, J. (1991), 297-309; Levitt, S.D. (1997), 270-290.

[902] Lambsdorff, J.G. (2002), 221-241.

[903] De novo, cfr. Araújo, F. (2002b).

[904] Stiglitz, J.E. (2002), 460.

Muitas vezes a advertência desapaixonada dos economistas quanto à iminência de efeitos perversos em consequência da interferência estadual soará como atitude fria e cruel para aqueles que se considerem desfavorecidos pelo jogo livre do mercado – não sendo despiciendo, como já referimos, o peso de tais percepções interessadas e apaixonadas na formação da dinâmica do próprio mercado, que não tem nenhuma forma verdadeiramente impessoal e «cega» de funcionar –. Contudo, por desesperante que possa soar a advertência, ela não chega a ser um juízo de valor, limitando-se a ser uma constatação de facto: do facto de que, sendo inevitáveis carências ou desperdícios por efeito da «imobilização» dos preços, aqueles que tentem promover esta violação da dinâmica gravitacional e reequilibradora do mercado deverão ter presente o preço a pagar pelas respectivas consequências, por forma a adoptarem, ao menos, soluções minimizadoras das patologias que inevitavelmente ocorrerão.

Muito mais grave: dada a revolução agrícola e a crescente disponibilidade de alimentos a nível global, torna-se crescentemente óbvio que episódios de fome generalizada não podem ser senão o fruto de uma falha de intervenção política – propositada ou não –, seja na insuficiente protecção dos mecanismos de mercado através dos quais circulariam os produtos alimentares, seja na interferência destrutiva desses mecanismos. Pense-se na fixação de preços máximos, na repressão da especulação e do açambarcamento, até mesmo nos entraves à deslocação geográfica das populações que tentam fugir das regiões afectadas por calamidades agrícolas; ou, mais recentemente, na utilização da fome como uma arma de guerra e de genocídio, ou como moeda de troca para a obtenção de ajudas financeiras internacionais (não raro canalizadas para as contas privadas dos governantes, ou para o financiamento do esforço de guerra)[905/906].

5 – b) O controlo dos preços

> *"nunca tendo uma fome sido causada por outra razão que não fosse a violência do governo ao tentar, por meios inadequados, remediar às inconveniências da escassez (...) A seca em Bengala, há alguns anos, terá causado uma grave escassez.*

> *Certas leis impróprias e algumas restrições imprudentes impostas pelos funcionários da Companhia das Índias Orientais sobre o comércio do arroz terão contribuído para transformar a escassez em fome generalizada"* – Adam Smith[907].

Vejamos em mais detalhe cada um dos aspectos referidos, começando pelo controlo dos preços.

Suponhamos que, num futuro próximo, o mercado do Queijo da Serra equilibrava na relação «preço-quantidade» de 20 Euros por quilo, e que o Estado era pressionado por dois grupos antagónicos no sentido de alterar aquele nível de preços: uma associação de consumidores, que considerava ser aquele preço tão elevado que ele afastaria *injustamente* do mercado muitos genuínos apreciadores daquele tipo de queijo, os consumidores mais pobres; e uma associação de produtores, que alegava ser aquele preço demasiadamente baixo para que pudesse manter-se por muito tempo o incentivo à permanência de produtores no sector, dado o agravamento constante dos custos de produção – alguns por multiplicação dos requisitos tecnológicos impostos pelo próprio Estado – e o consequente, e *injusto*, declínio do rendimento dos produtores (e a inevitável saída dos «produtores marginais»).

Se cedesse aos primeiros, o Estado estabeleceria *preços máximos*, e mais especificamente preços máximos *inferiores ao preço de equilíbrio*; se cedesse aos segundos, o Estado optaria pelo estabelecimento de *preços mínimos*, ou mais especificamente de preços mínimos *superiores ao preço de equilíbrio*.

5 – b) – i) A via dos preços máximos

Das duas vias, é a dos preços máximos que se afigura como mais tentadora, visto que ela transporta consigo a aparência de que, uma vez estabelecida, aumentarão as possibilidades de todos acederem a um determinado produto.

– Ao ceder à pressão do «*lobby*» dos consumidores, o Governo terá que ter o cuidado de apurar qual é o preço de equilíbrio – no caso, 20 Euros por quilo de Queijo da Serra – e estabelecer um preço máximo abaixo desse

---

[905] Ambirajan, S. (1978); Ashton, B., K. Hill, A. Piazza & R. Zeitz (1984), 613-645; Cutler, P. (1993), 72-87; Dando, W.A. (1981), 139-154; Kloos, H. & B. Lindtjorn (1993); Macrae, J. & A.B. Zwi (1992), 299-321; Rashid, S. (1980), 493-503; Riskin, C. (1990), III, 401-444; Shepherd, J. (1993); Vaughan, M. (1987).

[906] O problema é muito agravado pelo facto de as agências internacionais para o desenvolvimento e para a ajuda económica terem o muito perverso hábito de não se submeterem a avaliações objectivas e de não aceitarem críticas, o que não tem permitido a flexibilidade necessária para o progresso dos meios de ajuda efectiva. Cfr. Easterly, W. (2003), 38ss..

[907] Smith, A. (1976b), 526-527 (=II, 43).

nível de equilíbrio – por exemplo, 18 Euros por quilo –, visto que um preço máximo superior ao do equilíbrio não impediria que o equilíbrio se formasse e perdurasse, tornando-se pois tal medida praticamente ineficaz (salvo se se tratasse de prevenir subidas que se considerassem inaceitáveis: um limite máximo de 30 Euros para significar que em caso algum se admitiria uma evolução do preço de equilíbrio para lá desse limite).

– Todavia, também pode usar-se a técnica dos preços máximos *acima* do preço de equilíbrio como uma forma de induzir a subida de preços – criando um «ponto focal» que favorece a coordenação daqueles que, tendo motivação para se conluiarem, no entanto podem tentar «ir à boleia» daqueles que dessem o primeiro passo para subir os preços, estagnando, por pura descoordenação, a preços mais baixos[908]/[909].

A esse preço, e salva a possibilidade de o Governo tentar induzir um novo equilíbrio através da atribuição de subsídios aos produtores de Queijo da Serra (que não consideraremos por enquanto), existe um excesso de procura relativamente à oferta, ou seja, é maior a quantidade procurada do que a quantidade oferecida. Alguns consumidores vão ficar privados de obter Queijo da Serra no mercado, suscitando-se desde logo melindrosas questões relativas ao critério a aplicar para a determinação de quem acabará por ser incluído e excluído do consumo daquele produto.

Um dos critérios de racionamento, de distribuição da quantidade oferecida pela massa dos consumidores que procuravam uma quantidade maior, pode ser o de os vendedores atenderem sequencialmente os pedidos, o que levará à formação de filas de espera e ao rateio

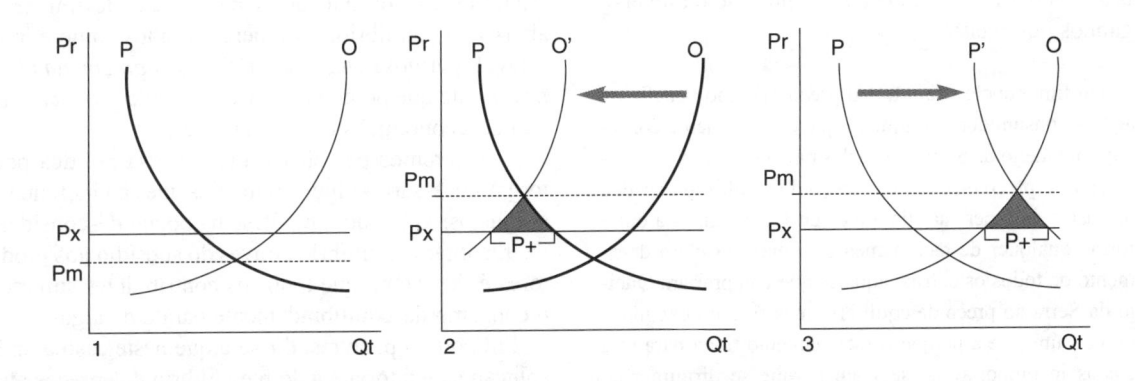

Gráfico 5.1. *Função de um preço máximo acima do preço de equilíbrio*

1: situação inicial: o preço máximo é irrelevante, e só começa a actuar se houver movimentos da oferta ou da procura

2: uma retracção da oferta faz o preço de mercado passar acima do preço máximo: o preço máximo provoca um excesso de procura

3: uma expansão da procura faz o preço de mercado passar acima do preço máximo: o preço máximo volta a provocar um excesso de procura

Pr: preços
Qt: quantidades
P, P': procura
O, O': oferta
Pm: preço de mercado
Px: preço máximo
P+: excesso de procura (carência) ao Px

O preço máximo eficaz é, pois, uma barreira a que o preço suba até ao equilíbrio ajustador da oferta e da procura. Dado o desequilíbrio, a pressão para a subida, o mercado esbarrará com esse limite e o preço de mercado será invariavelmente esse preço máximo (perpetuando-se o desequilíbrio).

entre os consumidores em função do custo de oportunidade associado ao tempo de espera – aqueles para quem o tempo tiver menos valor não se importarão de esperar mais, aqueles para quem o custo de oportunidade envolvido na espera superar o ganho marginal não esperarão, excluindo-se do rateio e do consumo do

---

[908] Knittel, C.R. & V. Stango (2003), 1703ss.. Para uma visão mais ampla acerca dos «pontos focais», cfr. Schelling, T.C. (1960).

[909] O ponto não é claro, dado que a comprovação empírica de que existe concertação de preços é problemática, dentro e fora do âmbito da formação de «cartéis tácitos», razão pela qual raramente será conclusiva uma indagação acerca da existência e alcance de uma alegada «descoordenação». Cfr. Baldwin, L., R.C. Marshall & J.-F. Richard (1997), 657-699; Ellison, G. (1994), 37-57; Green, E.J. & R.H. Porter (1984), 87-100; Porter, R.H. (1983), 301-314; Porter, R.H. & D.J. Zona (1993), 518-538.

bem. O equilíbrio de preços é substituído por um equilíbrio entre disposição de pagar e custo da espera em filas (disposição de aguentar a espera prevista)[910].

Mas nada – em princípio – impedirá os vendedores de estabelecerem outros critérios de racionamento, justos ou injustos: a simpatia ou a adulação dos compradores, relações familiares, afinidades políticas, étnicas, regionais, futebolísticas. Uma via possível é a da atribuição a alguém de critérios distributivos inapeláveis, ou seja, a aceitação prévia do acatamento definitivo de qualquer decisão que seja tomada por um *ditador*[911], o que permite «custos de transacção» aceitáveis (sem a elevada litigiosidade que resultaria da recorribilidade das decisões) e imuniza a distribuição contra a estratégia de dissimulação de preferências[912], mas, para lá de sacrificar a liberdade das trocas, não assegura a justiça nem a eficiência – visto que muitos participantes se recusarão a participar, reduzindo-se por isso o universo de ganhos possíveis[913].

No fim, concluir-se-á que o preço máximo beneficiou alguns consumidores – aqueles que efectivamente conseguiram Queijo da Serra, e aqueles para os quais a diferença entre o preço efectivo e o preço de equilíbrio excedeu os custos da espera na fila, ou os custos inerentes a outra forma qualquer de racionamento –, mas em claro detrimento de todos os outros: aqueles que comprariam Queijo da Serra ao preço de equilíbrio mas ficaram excluídos do consumo, seja porque o racionamento tinha para eles custos incomportáveis, seja até porque se dirigiram ao mercado apenas no momento em que, concluído o processo de racionamento, não havia mais produto à venda.

Esses que foram excluídos do consumo através dessas formas de racionamento por outros meios que não o dos preços ficam – é bom sublinhá-lo – não numa situação de escassez, mas numa situação de *carência absoluta*. Não se trata de consumirem *menos*: não consumirão *nada*, pura e simplesmente.

Note-se ainda que a solução sucedânea, a solução de racionamento, poderá ter sido nalguns casos *injusta* – como quando ela se desenvolve com base em critérios de favoritismo do vendedor – e noutros casos justa, mais ou menos ao acaso; mas ela foi sempre *ineficiente*, seja no caso da formação de filas de espera que fizeram perder tempo a toda a gente, seja no caso de distribuição pelos critérios arbitrários do *vendedor*, que não

asseguram que os bens vão parar às mãos daqueles consumidores que mais valor lhes atribuíam.

Alguns consumidores, frustrados com as ineficiências e as injustiças – ou até mais directamente com a má experiência das filas de espera –, atribuirão aos vendedores as culpas principais na situação; mas, na verdade, o problema de carência e de racionamento surge fundamentalmente através da fixação de preços máximos.

O problema tem uma solução fácil: basta no caso desintervir, desregular, e especificamente deixar de fixar um preço máximo. O Queijo da Serra não desempenha, decerto, um papel primordial no funcionamento básico da economia: mas se, em vez de Queijo da Serra, colocarmos na equação um bem ou serviço mais básico e indispensável – o arroz, a farinha, a gasolina, os serviços de electricistas ou de enfermeiros – e imaginarmos as consequências da fixação de um preço abaixo do equilíbrio, cedo perceberemos como é indesejável, perigosa até, essa prática dos *preços administrados*, até que ponto ela é susceptível de provocar problemas económicos e sociais graves.

E poderemos perceber o quanto essa política pode tornar necessários alguns remédios que são ineficientes e injustos: voltando à hipótese há pouco desconsiderada, recobrar o equilíbrio através do subsídio aos produtores e fazer com que todos os contribuintes suportem o consumo desequilibradamente barato de alguns.

Em poucas palavras, dir-se-á que neste caso a única solução satisfatória é a do reequilíbrio dos preços através de uma subida – subida à qual os consumidores acabam por não resistir, seja porque *em média* têm uma disposição de pagar superior ao preço fixado, seja porque, também *em média*, não conseguem satisfazer a sua procura àquele preço. Pondo-se de acordo os produtores e a maioria dos consumidores, nada poderá legitimamente entravar a subida dos preços em direcção ao reequilíbrio.

De novo, dir-se-á que a interferência no mecanismo dos preços escamoteia uma realidade básica, que é o facto da *escassez*, facto que torna inevitável o *racionamento* dos recursos por aqueles que os procuram. Se esse *racionamento* não se fizer por intermédio dos preços, far-se-á por outra via qualquer, eventualmente uma via que não assegura que os recursos irão parar às mãos daqueles que mais elevada disposição de pagar demonstrem, tornando *irracional* esse *racionamento* –

---

[910] Sattinger, M. (2002), 533-547.

[911] Exemplo é a afectação de quartos de estudantes em algumas universidades norte-americanas, recorrendo-se à «*random serial dictatorship with squatting rights*». Cfr. Araújo, F. (2002b), 201ss..

[912] Zhou, L. (1990), 123-135.

[913] Embora possam introduzir-se melhoramentos no modelo, como a admissão do recurso ao «*top trading*». Cfr. Chen, Y. & T. Sönmez (2002), 1669, 1685; Abdulkadiroglu, A. & T. Sönmez (1999), 233-260.

uma via que, além disso, pode não fornecer incentivos explícitos e quantificáveis aos produtores, gerando por isso irrecuperáveis perdas de bem-estar[914].

5 – b) – ii) A via dos preços mínimos

Ao ceder à pressão do «*lobby*» dos produtores, o Governo terá novamente que ter o cuidado de apurar qual é o preço de equilíbrio – os 20 Euros por quilo de Queijo da Serra – e de estabelecer um preço mínimo acima desse nível de equilíbrio – por exemplo, 22 Euros por quilo –, visto que, também aqui, um preço mínimo inferior ao do equilíbrio não impediria que o equilíbrio se formasse e perdurasse, revelando-se ineficiente (poderia servir de salvaguarda contra alguma hipótese imprevista de queda dos preços para níveis inferiores ao do de equilíbrio, mas seria inoperante *naquele contexto de equilíbrio*).

ções privilegiadas com os compradores (as «redes de conhecimentos» que operam em alternativa à lógica do mercado), ou de contrapartidas que não têm a ver com o preço, ou de outras formas de «licitação subterrânea», para conseguirem vender tudo aquilo que tinham destinado para esse efeito – mas só o conseguirão à custa da impossibilidade de outros fazerem o mesmo, acabando por haver vendedores que, não podendo vender *nada*, se vêm excluídos do mercado.

Mesmo sem pensarmos nos efeitos que, a prazo, terá essa fixação de preços mínimos na própria deslocação da curva da oferta, por diminuição do número de vendedores – um refluxo de contracção da oferta, por saída dos «produtores marginais», que se seguiria ao impulso expansivo induzido pelo preço mínimo –, e na subsequente subida do preço de equilíbrio até níveis equivalentes ou superiores ao do preço tabelado, consideremos apenas que esta fixação do preço mínimo prejudica *todos* os consumidores, privando-os do ganho adi-

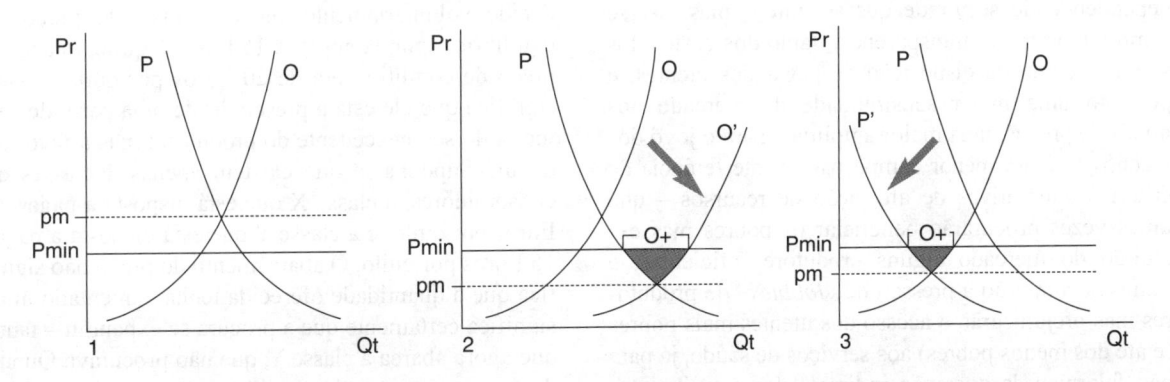

Gráfico 5.2. *Função de um preço mínimo abaixo do preço de equilíbrio*

1: situação inicial: o preço mínimo é irrelevante, e só começa a actuar se houver movimentos da oferta ou da procura

2: uma expansão da oferta faz o preço de mercado ficar abaixo do preço mínimo: o preço mínimo provoca um excesso de oferta

3: uma retracção da procura faz o preço de mercado ficar abaixo do preço mínimo: o preço mínimo volta a provocar um excesso de oferta

Pr: preços
Qt: quantidades
P, P': procura
O, O': oferta
pm: preço de mercado
Pmin: preço mínimo
O+: excesso de oferta ao preço mínimo

No caso de o preço mínimo ser eficiente, as forças da oferta e da procura ficam impedidas de «empurrarem» o preço para baixo, até ao nível de equilíbrio – querendo isso significar que, neste caso, ao preço que prevalece se verificará um excedente, um excesso de oferta em relação à quantidade procurada. Os vendedores sentirão dificuldades para escoarem todo o produto que aquele nível de preços os incentiva a venderem, e os incentivou a produzirem. Alguns valer-se-ão de rela-

cional que obteriam com a descida do preço até ao nível de equilíbrio, e prejudica alguns produtores em benefício de outros: estes últimos, aqueles que conseguem manter o seu volume de vendas ao preço mais elevado, expandindo as suas receitas e furtando-se aos efeitos da concorrência de preços.

Neste caso, os preços só reequilibram através de uma descida, à qual a maioria dos vendedores acabará por não se opor, seja porque têm *em média* uma dispo-

---

sição de vender que se manifesta já a um nível inferior ao do preço fixado, seja porque, também *em média*, não conseguem escoar a sua produção a esse preço, ficando defrontados com um problema de excedentes indesejados. Aliás, logo à primeira oportunidade de desregulação, os vendedores encarregar-se-ão de baixar os preços através da concorrência e da «guerra de preços», tentando conquistar quota de mercado uns aos outros.

É aliás isto que se espera que venha a acontecer com a privatização maciça de serviços de saúde, por exemplo, embora a complexidade do sector não permita entrever nada de preciso, e não autorize uma desregulação abrupta[915]/[916]. No caso, o abandono da intervenção – motivada fundamentalmente pela crónica disparidade entre escassez de recursos e procura incessantemente expansiva, dada a interferência dos objectivos de *qualidade de vida* e a «ilusão de gratuitidade» gerada pela subsidiação da procura[917] – significa o abandono tanto de preços máximos como de preços mínimos, dependendo do sector de que se trate – mas visa-se sempre uma maior transparência, tanto dos custos dos serviços como da disposição de pagar dos utentes, e portanto uma maior sensibilidade do mercado aos níveis de preços, uma maior amplitude para o jogo dos incentivos e um menor campo para a interferência de critérios alternativos de afectação de recursos – que umas vezes procurarão beneficiar os pobres mas excluirão do mercado alguns produtores eficientes, e outras sucumbirão à pressão de «*lobbies*» de produtores mas prejudicarão o acesso dos utentes mais pobres (e até dos menos pobres) aos serviços de saúde, já para não falarmos da oneração indirecta dos contribuintes com a necessidade generalizada de subsidiação[918].

Antes de prosseguirmos, retiremos já alguma «moral da história»: muitas das intervenções jurídicas e políticas no mercado referem-se a questões de eficiência e de justiça; simplesmente, quando se tenta interferir na justiça comutativa de trocas voluntárias entre pessoas livres é muito frequente que se desencadeiem efeitos reequilibradores que anulam o objectivo distributivo – que, por força da eficiência prevalecente dos mecanismos de mercado, suscitam reacções espontâneas com as quais a justiça é sacrificada.

Veremos várias vezes ocorrer uma tensão – uma contradição aguda, ocasionalmente – entre os valores da justiça e da eficiência, e veremos que essa tensão

anima muitos dos dilemas práticos com que a Economia se confronta, condicionando-lhe as próprias soluções teóricas. Mas não nos iludamos: em ambientes de liberdade nos quais nenhum ditame ideológico queira impor a unanimidade sobre o conceito de justiça *substantiva*, e onde portanto apenas se reclame um acatamento unânime da *regra de jogo* por entre a coexistência dos mais variados, e até antagónicos, entendimentos sobre a justiça, muitas vezes a eficiência será o máximo de justiça que se reclama: não que uma medida específica seja tomada, não que uma decisão precisa seja alcançada, mas que uma qualquer medida, que uma qualquer decisão, sejam tomadas atempadamente, ao menos beneficiando alguém, ao menos minimizando o prejuízo que a passagem do tempo acarreta.

5 – c) A reacção do mercado negro

Suponha-se que um produtor de Queijo da Serra decide voluntariamente vender abaixo do preço de equilíbrio – por exemplo, a 15 Euros o quilo, quando o preço de equilíbrio era de 20 Euros por quilo –. Isso significa que ele está a prescindir de uma parte do seu lucro, do seu «excedente do produtor»; mas a favor de quem? Suponha-se que existem apenas 2 classes de consumidores, a classe X que está disposta a pagar 20 Euros por quilo, e a classe Y que está disposta a pagar 15 Euros por quilo. O abaixamento do preço não significa que a quantidade oferecida tenha aumentado, mas significa certamente que a procura se expandiu – tanto que agora abarca a classe Y, que não procurava Queijo da Serra ao preço de equilíbrio. Passa a haver uma carência do produto, que acabará por ser resolvida através da recompra, pela classe X, do Queijo comprado pela classe Y – não sendo racional que a classe Y consuma um bem que lhe traz uma satisfação equivalente a 15 Euros, se o custo de oportunidade de o fazer é de 20 Euros, o custo de não vender aos membros da classe X.

Em resultado desse gesto *voluntário* do produtor, existe uma «transferência de bem-estar» da sua parte em favor da classe Y, que passa a beneficiar de ganhos de intermediação, ganhos que anteriormente cabiam ao produtor. Será esta situação injusta? Não, porque ninguém obrigou o produtor a baixar os seus preços. E porque os membros da classe X nada perderam, e aqui-

---

[915] Frech III, H.E. (2002), 52-57.

[916] Para uma panorâmica geral da disciplina da «Economia da Saúde», cfr. Folland, S., A.C. Goodman & M. Stano (2001).

[917] Apenas contrariadas ambas pela limitação informativa dos potenciais utentes, que os faz desconhecerem tudo aquilo que poderão retirar do uso dos serviços de saúde, pela aversão ao risco que os faz temerem aumentos de informação, e pela dissuasão provocada pela saturação de serviços. Cfr. Cutler, D.M. (2002), 895, 898.

[918] Cutler, D.M. (2002), 882.

lo que o produtor perdeu foi aquilo que a classe Y ganhou, a situação deixa intacta a *eficiência* da solução distributiva inicial (isto se desconsiderarmos, no caso, os «custos de transacção» envolvidos).

Suponha-se agora que é o Estado a *impor*, contra a vontade do produtor, o abaixamento do preço de 20 para 15 Euros. Agora o produtor é desincentivado de produzir tanto quanto produziria ao nível de equilíbrio, reagindo a uma perda de lucro que ele não desejou, e que por isso significa para ele uma perda de incentivo; além disso, há que considerar a situação dos produtores que, tendo custos de produção entre os 15 e os 20 Euros por quilo, estavam dispostos a vender a 20 Euros mas não estão dispostos a vender a 15 Euros – e por isso não só jamais baixariam voluntariamente o preço para os 15 Euros como são obrigados a abandonar o mercado se o preço, espontânea ou forçadamente, baixar para os 15 Euros: os nossos já conhecidos «produtores marginais».

Isso determinará uma situação de carência mais aguda, no triplo sentido de que há agora menos produto, de que há mais consumidores (a classe X mais a classe Y) e de que surge em cena uma nova classe, Z, de especuladores que estão dispostos a assumirem o risco de promoverem o reequilíbrio do mercado através do mecanismo dos preços, *contra a proibição legal* do recurso a um tal mecanismo. A isto acresce ainda o agravamento dos chamados «custos de busca», o dispêndio de tempo e de outros recursos com a única finalidade de se encontrar parceiros de trocas – já que quanto mais escasso é um produto, menos provável é para os consumidores encontrarem produtores com «stock» de reserva, e dispostos a venderem –.

Essa nova classe Z, dos especuladores, disputa o produto escasso às outras duas *independentemente* da sua própria disposição de pagar, jogando exclusivamente nos ganhos especulativos da compra ao preço oficial – aos poucos membros das classes X e Y que tenham tido a sorte de não serem atingidos pela carência e tenham comprado produto a 15 Euros por quilo – e na revenda a um *preço clandestino*, acrescido de um *prémio de risco* contra a probabilidade de detecção e o peso da punição, aos membros da classe X, ou melhor, a um subconjunto da classe X cuja disposição de pagar ultrapasse esse *preço especulativo* superior aos 20 Euros.

O risco da clandestinidade tem por efeito, no mínimo, uma nova retracção da oferta, fazendo o preço subir em proporção àquela retracção – como se o correspondente «prémio de risco» se tivesse repercutido sobre o preço –. Recordando o que dissemos acerca das políticas proibicionistas e repressivas, sublinhemos que se as sanções forem do mesmo montante para compradores e vendedores, haverá uma retracção simultânea de oferta e procura, com efeitos mais pronunciados nas quantidades do que nos preços, mas é comum que as sanções caiam mais pesadamente sobre os traficantes, o que determinará inevitavelmente um impacto mínimo nas quantidades transaccionadas e um impacto máximo na subida de preços (a «renda económica» dos traficantes).

No final, das duas uma:

1. ou o Estado promove uma expansão da oferta que, ao preço de 15 Euros, consiga satisfazer a procura, também ela expandida, das classes X e Y, evitando o surgimento da classe Z – mas para o conseguir terá que subsidiar o produtor com uma quantia que é superior ao lucro que esse produtor perdeu – lembremos que se trata agora de o incentivar a produzir *mais* do que ele produziria ao nível de preços de equilíbrio –, e esse subsídio terá que ser encontrado em receitas públicas, previsivelmente em impostos, gerando com eles, como veremos, efeitos de «perda absoluta de bem-estar» («*deadweight loss*»);

2. ou forma-se, independentemente de o Estado optar ou não pelo *racionamento* da procura, um «mercado negro», no qual os preços são superiores ao nível de equilíbrio, dada a repercussão do *prémio de risco* dos vendedores-especuladores, e, por isso, a classe X consome menos do que aconteceria àquele nível, a classe Y continua sem consumir – continua a ser irracional não revender a um preço superior à disposição de pagar –, e o excedente do produtor (o incentivo à produção) se perde através de uma *involuntária* transferência de bem-estar em benefício de uma classe parasitária, de especuladores, «candongueiros» e contrabandistas – «*free-riders*» sobre os comerciantes que acatam a regra do jogo[919] –, com a agravante, desta vez, de o desvio para a clandestinidade também sonegar receitas fiscais ao Estado.

Talvez seja ociosa a pergunta relativa à justiça desta solução do «mercado negro», onde todos os participantes originais nas trocas perdem *involuntariamente*, à

---

[919] A questão dos «mercados paralelos» tem uma especial relevância no comércio internacional – tradicionalmente associada aos crimes de contrabando e de descaminho, mas subsistindo, a um outro nível, mesmo dentro de espaços de integração económica e de desarmamento alfandegário (por exemplo, questões de «mercado cinzento», ou seja de incumprimento de restrições contratuais à distribuição, de concorrência desleal, de espionagem industrial, de contrafacção de marcas, de «cópias-pirata», etc.). Para uma perspectiva essencialmente libertária e oposta ao combate internacional aos «mercados paralelos», cfr. Chen, H. (2002), 196-204.

força, em favor de uma classe intrusa, parasitária e oportunista (e só marginalmente a favor da classe Y, se a classe Z não tiver começado por açambarcar toda a produção ao novo preço oficial), que tira proveito do inglório esforço do Estado no sentido da contenção dos mecanismos reequilibradores do mercado; de uma classe que, não tendo necessariamente manifestado uma inicial *disposição de pagar*, é beneficiada em prejuízo da própria *eficiência* das trocas. Os «mercados paralelos» são, pois, uma aberração, um peso morto na economia, e se alguma utilidade eles têm é a de evidenciarem os custos e a futilidade implicados na maior parte das arrogâncias reguladoras do Estado – e a forma como espontaneamente a actividade dos mercados renasce até na mais adversa das condições, mesmo quando mais ostensivamente o Estado procura espezinhá-la. Eles são sintoma, pois, e não a causa da disfunção económica: o que não serve de consolo se pensarmos na pujança que esses fenómenos continuam a demonstrar um pouco por todo o lado[920], mas especialmente nas economias mais pobres e nos Estados mais corruptos[921].

5 – d) O caso do congelamento das rendas

O exemplo mais nítido de fixação de preços máximos é o do estabelecimento de limites às rendas no arrendamento para habitação – um afloramento de uma *política social* que visa dar aos mais pobres uma oportunidade de integração nos centros urbanos, e um dos mais proeminentes e fáceis alvos para os economistas que procuram ilustrar a ineficiência da intervenção pública no domínio dos preços[922].

Não é um alvo intuitivo, todavia, já que muitos dos efeitos mais nefastos da limitação ou congelamento das rendas só se fazem sentir muito lenta e progressivamente, por paulatinas deteriorações sentidas no parque habitacional, por degradações dos incentivos que um mercado equilibrado deveria fornecer à complementaridade e à colaboração das partes interessadas. No curto prazo, com efeito, tanto a oferta como a procura de arrendamento são muito inelásticas – seja porque não se improvisam casas para arrendar, e por isso os senhorios têm em cada momento um número limitado para oferecer, seja porque a decisão dos inquilinos depende de decisões que têm muito a ver com hábitos

de vida, hábitos formados que não se alteram muito velozmente ao sabor das solicitações de mercado –.

Assim sendo, e pelo que já sabemos, a existência de inelasticidade de ambos os lados determinará que as oscilações de preços determinem variações menos do que proporcionais de quantidades – ou, simetricamente, que pequenas variações de quantidades transaccionadas possam dar origem a oscilações de preços de grande amplitude –. Especificamente, a «travagem» do preço abaixo do seu nível de equilíbrio não provocará, no curto prazo, uma disparidade muito pronunciada entre procura e oferta, não provocará um grande aumento de procura efectiva, nem ditará uma retracção muito acentuada da oferta.

Acontece, porém, e pelo que já sabemos, que a elasticidade tende a aumentar com a passagem do tempo, pelo que à medida em que transitamos entre o curto e o longo prazo começamos a assistir a um progressivo desfasamento entre oferta e procura àquele nível de preços administrativamente fixados: no longo prazo, os senhorios têm tempo para reagirem a um preço que os desincentiva de atenderem a todas as solicitações da procura – deixarão de comprar casas para arrendarem, ou venderão algumas de que dispusessem já, ou, pior ainda, deixarão degradar as casas se entenderem que as despesas de manutenção já não são compensadas pelos ganhos possíveis no mercado habitacional –. Ao mesmo tempo, entrarão no mercado cada vez mais pessoas atraídas pelo nível baixo das «rendas limitadas»: o jovem que passa a entender ser compensador abandonar mais cedo a casa dos pais, a pessoa para a qual a diferença entre a renda limitada e a renda de equilíbrio é superior ao custo dos transportes – em despesa e em tempo perdido – e que por isso tentará trocar a sua casa por uma outra menos periférica, etc..

Passa-se, pois, de um desfasamento e de uma carência relativamente limitados no curto prazo para uma carência muito pronunciada no longo prazo; no longo prazo, lembremos, aumenta a elasticidade da oferta, pelo que é no longo prazo que a quantidade oferecida – o parque habitacional disponível para arrendamento – se retrai em reacção à limitação dos preços.

Perante uma situação de carência grave de habitação para arrendar, pode florescer o mercado de venda de habitações, ainda que essa possibilidade dependa de condicionalismos diversos, como os atinentes à capacidade de endividamento dos adquirentes de habitação

---

[920] Embora a medição seja difícil, até porque por definição a actividade «paralela» é aquela que deveria contar para o cálculo do PIB, mas não conta por não ser oficialmente mensurável. Cfr. Feige, Edgar L. (org.) (1989); Schneider, F. (1994), 193-212; Schneider, F. & D.H. Enste (2000), 77; Frey, B.S. & W.W. Pommerehne (1984), 1-23.

[921] É crescente o interesse da ciência económica pela «contratação informal», ou seja pelas possibilidades de contratação em contextos jurídicos e políticos imperfeitos ou inadequados. Cfr. Dixit, A.K. (2003), 449-481.

[922] Veja-se: Araújo, F. (2002b), 177-236.

própria; mas pode também aqui ficar cometida aos senhorios a tarefa de procederem ao racionamento dos bens e de estabelecerem critérios para ele, o que farão constituindo listas de espera, distribuindo as locações de acordo com critérios arbitrários – discriminando os potenciais arrendatários de acordo com os mais variados critérios –, ou muito simplesmente devolvendo aos potenciais arrendatários o esforço de promoverem uma afectação mais eficiente de recursos – uma forma eufemística de dizer que se dá origem a uma «licitação subterrânea» num *mercado negro de habitação*, pagando os arrendatários um *suborno compensatório* (o «preço da chave») que procura anular as perdas cumulativas registadas pelo senhorio, ao longo do prazo contratual, pelo recebimento de rendas inferiores ao nível de equilíbrio.

Em contrapartida, um senhorio que vê os seus potenciais inquilinos contenderem numa licitação pelo arrendamento de uma casa sua perde grande parte do incentivo para conservar essa casa nas condições de qualidade que seriam exigidas para que ela fosse arrendável ao preço de equilíbrio: se existir uma lista de espera e o primeiro da lista não aceitar tornar-se arrendatário face ao estado de degradação da casa, ainda é possível ao senhorio contratar com todos os membros subsequentes da lista – e, no caso de renitência generalizada, convencê-los de que a opção de promoverem eles próprios as obras necessárias constituirá para eles custo inferior àquele em que incorrerão por regressarem ao mercado e terem que ingressar numa outra qualquer lista de espera –.

Nenhuma regulamentação, por mais minuciosa e repressiva que seja, conseguirá pôr cobro aos abusos dos senhorios tão eficientemente como o faz o levantamento dos limites às rendas, o regresso ao preço de equilíbrio e o termo das carências extremas no mercado habitacional (ainda que também aqui se tenha que atender a expectativas e hábitos consolidados – e até a direitos adquiridos ou expectativas legitimadas –, evitando abruptos «regressos ao mercado»). Como a história recente tem comprovado, no controle das rendas há mais do que perda absoluta de bem-estar directamente resultante da retracção da oferta[923], mas há também problemas graves conexos com a destruição do mecanismo normal de afectação de recursos, e a persistência destes últimos pode prolongar-se muito para além da abolição daquele controle[924].

5 – e) O caso dos salários mínimos

Um exemplo de controlo de preços pela via dos preços mínimos é o do estabelecimento de salários mínimos; o salário é um preço no mercado dos factores, e o salário mínimo é o limite do que se entende por lícito pagar em contrapartida pelo trabalho, atentos certos valores que se têm como supremos, como o da preservação de condições mínimas de dignidade e de qualidade de vida dos trabalhadores[925].

Ora sucede que o estabelecimento desse preço mínimo, se ocorrer a um nível que ultrapassa o de equilíbrio, há-de ter as consequências que já identificámos: determinará um excesso de oferta sobre a procura – o que, no caso de oferta e procura de trabalho, só pode significar o surgimento do fenómeno do desemprego. Não se tendo por facilmente concebível que os candidatos aos postos de trabalho aceitem reduzir voluntariamente o nível da oferta, sabotando o propósito do salário mínimo através de uma generalização do trabalho temporário ou do trabalho a tempo parcial, compreender-se-á que o excesso de oferta de mão-de-obra se deva resolver pela manutenção das condições laborais de uns quantos trabalhadores – com o seu rendimento acrescido pela diferença entre o salário mínimo e o salário de equilíbrio – à custa da exclusão do mercado de trabalho de outros tantos candidatos, cujos serviços deixam de ser procurados àquele nível salarial.

A determinação do nível a que deve estabelecer-se o salário mínimo é, pois, do maior melindre, já porque se pretende evitar a ocorrência ou agravamento de desemprego involuntário, razão que desaconselha a generalização dessa prática de fixação de mínimos – ou que pelo menos recomenda que o estabelecimento de mínimos acima do ponto de equilíbrio se cinja a casos pontuais e se limite a pequenas variações em relação àquele ponto –, já porque amiúde se entenderá que o custo social do desemprego é menor do que a subsistência de sectores com salários de equilíbrio muito baixos, podendo até entender-se em tais casos que o salário mínimo, constituindo um travão ao emprego nesses sectores, constitui um incentivo poderoso para que a oferta de trabalho se oriente para sectores nos quais os salários espontaneamente se equilibrem a níveis mais elevados, e mais elevados do que os salários mínimos que também para eles vigorem.

O recurso ao salário mínimo há-de situar-se, pois,

---

[923] Olsen, E.O. (1972), 1081-1100; Downs, A. (1988); Gyourko, J. & P. Linneman (1989), 54-74. Com uma visão optimista, cfr. Arnott, R.J. (1995), 99-120.

[924] Deacon, R.T. & J. Sonstelie (1989), 179-196; Glaeser, E.L. (1996); Glaeser, E.L. & E.F.P. Luttmer (2003), 1027ss.; Hubert, F. (1991); Suen, W. (1989), 1384-1394.

[925] Card, D. & AB. Krueger (1995); Deere, D., K.M. Murphy & F. Welch (1995), 232-237.

num ponto intermédio, num compromisso que evite, por um lado, extremos de desemprego e de pobreza associada ao desemprego e, por outro, extremos de degradação das condições económicas da remuneração dos já empregados – sendo certo que o mercado de trabalho é estruturalmente instável e está constantemente exposto a «choques», entre os quais avulta o impacto do progresso tecnológico na procura de factores produtivos.

Os estudos económicos nesta sede têm revelado ambivalências e clivagens doutrinárias muito extensas[926], que serão melhor compreendidas quando estudarmos o fenómeno macroeconómico do desemprego; mas podemos dizer que em tese geral os dados empíricos demonstram que a presença de salários mínimos tende a reduzir, para as famílias, a probabilidade de caírem na pobreza, aumentando também a probabilidade de saírem da pobreza. Contudo, o impacto dos salários mínimos no desemprego de famílias pobres logo sugere que eles se limitam a operar uma redistribuição de rendimentos entre famílias pobres, mais do que o fazem entre famílias ricas e pobres[927].

Para lá do bem fundado das teses que se digladiam, certo é que é a existência de salários mínimos que provoca desfasamentos quantitativos no mercado do trabalho:

– seja, por exemplo, no mercado de operários não qualificados, no qual, ou ocorre desemprego, ou surgem problemas de mercado negro, especificamente de trabalho clandestino no qual as remunerações se reaproximam do nível de equilíbrio, podendo estabilizar abaixo dele, dada a presença de eventuais intervalos especulativos e de um prémio de risco que os empregadores, ou os engajadores de trabalho clandestino, cobram durante a licitação que os candidatos aos postos de trabalho promovem entre eles, dada a carência de vagas;
– seja nas situações de busca de primeiro emprego, em que a impreparação e a não-integração no mercado, a própria insusceptibilidade de comportamento coligado da oferta no mercado de factores, mais genericamente a falta de «capital humano» ou de *sinalização* dos candidatos, tendem a colocar os salários de equilíbrio em níveis muito baixos, transformando-se o salário mínimo numa autêntica barreira de entrada que assegura o rendimento dos já empregados à custa da manutenção dos candidatos em situações de desemprego prolongado.

Pela mesma razão, muitas carreiras profissionais estabelecem períodos de aprendizagem em que não é prevista nenhuma remuneração pelo trabalho prestado (o estágio de advocacia, por exemplo), o que é uma forma não muito subtil de garantir que o acesso à profissão seja assegurado sem barreiras ostensivas – além da do próprio estágio – e sem que se forme um salário de equilíbrio que, contendendo com os valores sociais que reclamam o estabelecimento do salário mínimo, pudesse levar ao estabelecimento de um «salário mínimo para aprendizes» que agravaria drasticamente as perspectivas dos candidatos ao primeiro emprego.

No rigor dos princípios, não pode deixar de haver desemprego se os trabalhadores são pagos em função da sua produtividade marginal e se o salário mínimo sobe acima do nível de equilíbrio – porque alguns trabalhadores passariam, *ipso facto*, a ser pagos acima da sua produtividade marginal, o que é economicamente incomportável num contexto concorrencial[928], embora não o fosse em contextos de concorrência imperfeita no mercado dos factores, sendo que aí os salários mínimos podem ter até, paradoxalmente, efeitos de promoção de emprego, na medida em que travam a formação de «rendas monopolísticas»[929/930].

Note-se, de resto, que o estabelecimento de um tal salário mínimo teria por si só efeitos secundários no agravamento do desemprego, já que faria acorrer ao mercado candidatos que o simples salário de equilíbrio não atrairia, podendo assim ter efeitos nocivos no nível de escolaridade e na exclusão social: alguns interromperiam o seu esforço formativo para tentarem o ingresso imediato no mercado de trabalho, se os custos de oportunidade da continuação do investimento formativo e de renúncia a remunerações imediatas passassem a superar o diferencial de ganhos esperado com um ingresso em condições mais favoráveis, mas mais tardio, naquele mercado – mas esse abandono dos estudos não lhes garantiria o ingresso nas vagas de emprego, visto que eles mesmos contribuiriam para tornar mais improvável esse ingresso.

Criando uma disparidade insanável com o mecanismo reequilibrador dos preços, o salário mínimo superior ao preço de equilíbrio de um sector produtivo tende pois a gerar, para lá do desemprego, uma *ineficiência* adicional nesse sector, e no caso não despicienda, que é a do agravamento dos «custos de busca», do desperdício de tempo e outros recursos na adequação da ofer-

[926] Saget, C. (2001), 237-269.

[927] Neumark, D. & W. Wascher (2002), 315-333.

[928] Card, D. & A.B. Krueger (1994), 772-793; Card, D. & A.B. Krueger (1995); Card, D. & A.B. Krueger (2000), 1397-1420; Neumark, D. & W. Wascher (2000), 1362-1396.

[929] Stigler, G.J. (1946), 358-365.

[930] Cfr. também: Ryan, P. (2001), 61; Card, D. & A.B. Krueger (1995).

ta à procura, mormente o tempo gasto pelo trabalhador à procura de vagas, o prolongamento do desemprego daquele que não encontra facilmente, e poderá não encontrar *nunca*, algum empregador disposto a pagar-lhe acima do salário de equilíbrio.

5 – f) O fenómeno da repercussão dos impostos

Outra forma de intervenção do Estado nos preços dá-se por via do lançamento de impostos sobre as transacções, na medida em que esses impostos, constituindo um acréscimo de custos para alguma das partes envolvidas nas trocas no mercado, interferem no incentivo dos preços, seja atenuando, seja amplificando os respectivos efeitos sobre a conduta racional.

Sendo certo que o objectivo natural dos impostos é o de proporcionarem uma receita para as entidades públicas, nunca passou despercebido que a tributação era capaz de provocar reacções vincadas, típicas, previsíveis, por parte dos tributados – razão pela qual cedo se concebeu a possibilidade de uso dos impostos como meios de manipulação de comportamentos económicos, e se percebeu o vasto poder dessa virtualidade política.

Embora todo o tipo de imposto possa acabar por causar um impacto nas atitudes de vendedores e de compradores, é com os impostos indirectos que o nexo causal entre lançamento do tributo e reacção dos tributados se torna mais nítida – entendendo-se por impostos indirectos aqueles que incidem de forma discriminada sobre cada uma das trocas, e não sobre o resultado final das trocas medido em termos de riqueza dos tributados (o que equivale a dizer que os impostos indirectos observam em especial a riqueza *revelada*, sob forma de despesa, nas trocas, enquanto que os impostos directos se referem à riqueza – rendimento e património – *observada* nas próprias pessoas tributadas, ou por elas *declarada*)[931].

Suponhamos, pois, que o Estado decidia tributar as vendas do Queijo da Serra, lançando um imposto especial com o valor de 3 Euros por cada quilo vendido – seja porque tinha o objectivo genuinamente fiscal de aumentar as suas receitas em geral, seja porque tinha o intuito abertamente extra-fiscal de restringir o consumo do Queijo da Serra, seja porque, pelo contrário, procurava destinar as receitas fiscais para promover a formação, a qualidade da produção, ou a divulgação nacional ou internacional do Queijo da Serra[932] –.

Quem suporta materialmente esse imposto: os vendedores ou os compradores? O «*lobby*» dos produtores procurará obter do Governo uma norma tributária que faça o imposto incidir sobre os consumidores, enquanto que o «*lobby*» dos consumidores procurará precisamente o inverso, ou seja, que a lei faça a carga do imposto recair expressamente sobre os produtores.

Na realidade, a carga tributária será suportada pelos vendedores, ou pelos compradores, ou será partilhada entre eles, independentemente da previsão legal, e em função de condições geradas pelo próprio mercado, determinadas mais uma vez pelo mecanismo livre da interacção da oferta e da procura. O legislador que conheça esse mecanismo e a situação contextual do mercado poderá configurar a norma tributária de modo a dirigir esse incentivo, ou desincentivo, com algum grau de precisão. Já o legislador que seja insensível a esse mecanismo será constantemente surpreendido pela agilidade com que o mercado subverte qualquer intenção de fazer corresponder a determinação formal de quem é o devedor de imposto com a realidade factual de quem verdadeiramente o suporta.

Independentemente de considerações acerca da eficiência da lei na determinação precisa dos efeitos do imposto, podemos considerar em abstracto as consequências previsíveis da incidência do imposto:

– se o imposto indirecto deve ser suportado pelos compradores, registar-se-á, *ceteris paribus*, um deslocamento de toda a escala da procura no sentido da contracção, em termos de se procurar menos quantidade do bem a cada nível de preços – visto que, afinal, ao preço passa a acrescer o imposto, pelo que a cada quantidade oferecida passa a estar associado um custo superior, e consequentemente uma menor utilidade ponderada para cada consumidor. Na prática, o preço que os compradores de Queijo da Serra têm que suportar situa-se 3 Euros acima do preço de mercado, pelo que a cada nível de preços os compradores reagem como se esse preço fosse superior em 3 Euros, procurando quantidades inferiores àquelas que corresponderiam ao simples preço de equilíbrio;

– se o imposto indirecto deve ser suportado pela oferta, registar-se-á um deslocamento da escala da oferta igualmente no sentido da contracção, no sentido de ser oferecida menor quantidade do bem em cada nível de preços, visto que, tendo que ser deduzido o valor do imposto à receita de cada venda, existe um menor incentivo para a venda em cada nível de preços. Em termos práticos, os vendedores do Queijo da Serra receberão agora

---

[931] Para a classificação básica dos impostos, cfr. Sanches, J.L.S. (2002), 13ss.; Nabais, J.C. (2003), 41ss.

[932] Porque o Estado não fica vinculado a dar um destino particular às suas receitas tributárias, esse aumento de impostos podia destinar-se a outra coisa qualquer, entrando para o bolo geral das receitas que devem cobrir orçamentalmente as despesas.

menos 3 Euros do que recebiam a preços de mercado antes da incidência do imposto, reagindo a essa quantia mais baixa e não à quantia que continua a vigorar no mercado, a quantia de equilíbrio que os compradores, indiferentes ao imposto, continuariam a pagar.

Em bom rigor, notar-se-á que o imposto não recai em exclusivo quer sobre os compradores, quer sobre os vendedores, dada a presença de elasticidade nas posições de qualquer uma das partes:

Se são os compradores os devedores do imposto, só no caso de rigidez perfeita da procura é que o impacto do imposto é inteiramente suportado por aqueles, no sentido de os vendedores não conhecerem qualquer quebra de vendas; em todos os outros casos, a deslocação da escala da procura no sentido da contracção interceptará a escala da oferta num novo ponto de equilíbrio em que há quebra de quantidades *mas também de preços* em relação ao anterior ponto de equilíbrio: afinal, um efeito combinado que resulta na *contracção* do mercado – eventualmente, o efeito extra-fiscal pretendido com o lançamento do imposto –.

– Por exemplo, dada a contracção da escala da procura em resposta ao novo imposto de 3 Euros, o novo preço de equilíbrio situar-se-á nos 19 Euros por quilo de Queijo da Serra, e já não no anterior nível de 20 Euros. Os compradores pagarão no total 22 Euros, dos quais 3 são imposto e 19 são entregues aos vendedores.
– Note-se, assim, que a carga do imposto é partilhada entre compradores e vendedores: os compradores suportam 2 Euros – a diferença entre os 20 Euros que pagavam e os 22 Euros que passaram a pagar –, os vendedores suportam 1 Euro de imposto – a diferença entre os 20 Euros que recebiam e os 19 Euros que passaram a receber –.
– Se a lei estabelece que os compradores é que são os devedores de imposto, são eles os responsáveis pela entrega dos correspondentes 3 Euros; mas materialmente tudo se passa como se eles cobrassem 1 Euro aos vendedores, juntando-o aos 2 Euros que lhes cabe suportar.

Designa-se esse fenómeno por *repercussão*: dada a elasticidade da procura, os compradores conseguiram repercutir sobre os vendedores uma parte da carga tributária que formalmente recaía em exclusivo sobre eles. Se a elasticidade da procura fosse infinita, a repercussão teria sido total, e os vendedores suportariam na íntegra a carga tributária, *apesar de a lei poder estabelecer o contrário*. E, como já referimos, não haveria

repercussão se a inelasticidade fosse total, caso único em que estaria assegurada substancialmente a solução formalmente estabelecida pela norma tributária[933].

Se os devedores do imposto forem os vendedores e houver elasticidade da oferta, novamente se registará repercussão do imposto. Por exemplo, o preço efectivo do Queijo da Serra poderá subir de 20 para 21 Euros, dada a retracção da oferta, e nesse caso o imposto será suportado em 1 Euro pelos compradores – 1 Euro é aquilo que pagam efectivamente a mais – e em 2 Euros pelos vendedores – sendo essa a diferença entre os 20 Euros que recebiam e os 18 Euros com que ficam depois de pago o imposto –. Também neste caso a repercussão do imposto sobre a procura será tanto maior quanto maior for a elasticidade da oferta.

Dado que a proporção da carga tributária que recai sobre cada uma das partes dependerá da correspondente elasticidade, quanto maior for a elasticidade de uma parte relativamente à elasticidade da outra maior será a capacidade de se libertar da sua própria quota-parte e de repercutir sobre a outra a parte principal da carga tributária:

1. se a oferta for mais elástica do que a procura, a retracção geral do mercado causará maior impacto do lado da procura – para o qual, dada a menor elasticidade, a quebra de quantidades significa aumento mais do que proporcional de preços – do que do lado da oferta, para o qual as variações das quantidades significarão variações menos amplas dos preços, significando isso que será a procura a arcar com a proporção maior da carga tributária;
2. se a oferta for mais rígida do que a procura, a retracção do mercado subsequente à incidência do imposto terá, pelas mesmas razões, maior impacto do lado da oferta do que do lado da procura.

É por esta razão específica que a solução, popular embora, de se tributar os consumos de luxo muitas vezes leva a que o imposto seja quase integralmente suportado, não pelos consumidores ricos que se visava onerar, mas pelos produtores de bens de luxo, dado que o consumo desses bens tende a ser muito mais elástico às variações de preços do que o é a respectiva produção: o consumidor de bens de luxo retrai-se, ou sai mesmo do mercado, com muita facilidade, dado o facto de precisamente não se tratar do consumo de bens indispensáveis, e isso vedará em larga medida a repercussão do imposto por parte dos produtores. Por isso é hoje comum a constatação de que os impostos

---

[933] Sobre a repercussão do imposto, cfr. Sanches, J.L.S. (2002), 135; Nabais, J.C. (2003), 251ss.

sobre os consumos de luxo acabam por onerar sobretudo as classes com rendimentos médios e baixos que constituem o lado da oferta nesse sector – e que portanto a tributação *agravada* dos consumos de luxo não é uma opção muito recomendável.

3. se porventura a elasticidade de ambos os lados no mercado for igual, a repartição da carga tributária será rigorosamente igualitária uma vez alcan-

çado o novo equilíbrio, caso em que se torna indiferente a determinação de quem é o devedor de imposto, salvo para efeitos de eficiência da cobrança do imposto – sendo que o número mais reduzido e o carácter profissional dos vendedores tornam em geral aconselhável que, por razões de eficiência, sejam estes os designados pela norma tributária como os devedores *formais* dos impostos indirectos.

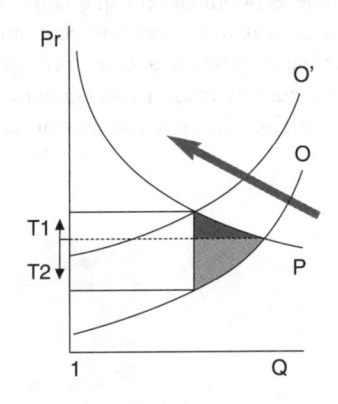 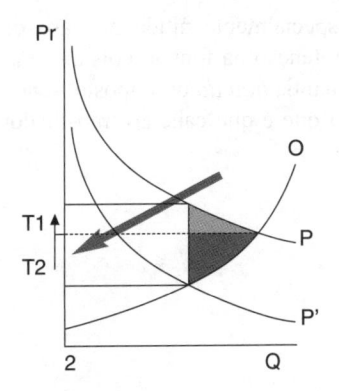

Gráfico 5.3. *Repercussão a montante e a jusante: a neutralidade económica da incidência legal (seja quem for que fica obrigado a pagar o imposto, o resultado pode ser substancialmente o mesmo)*

1: o produtor paga o imposto, e repercute-o parcialmente a jusante
2: o consumidor paga o imposto, e repercute-o parcialmente a montante
Pr: preços
Q: quantidades
O: oferta

O': retracção da oferta em consequência do imposto
P: procura
P': retracção da procura em consequência do imposto
T1: imposto suportado pelo consumidor
T2: imposto suportado pelo produtor

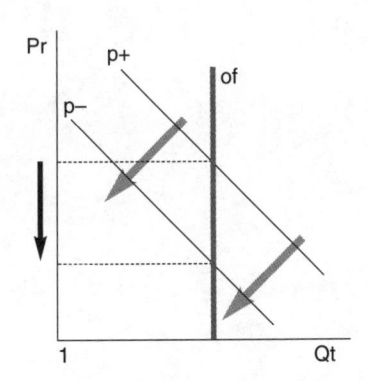 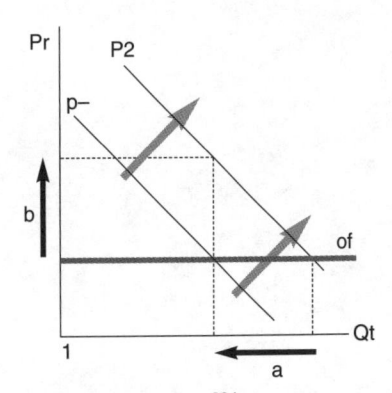

Gráfico 5.4. *Incidência, repercussão e elasticidade da oferta*[934]

1: Oferta inelástica, o preço desce pela integralidade do montante de imposto
2: Oferta infinitamente elástica, a oferta retrai-se (a) a procura-se expande-se novamente e o preço sobe (b) pela integralidade do montante de imposto
Pr: preços
Qt: quantidades

Of: oferta
p+: procura antes do imposto
p-: procura depois do imposto
p2: procura ajustada à retracção da oferta

---

[934] Rosen, H.S. (2002), 262.

E esta constatação não tem a sua validade cingida ao caso dos impostos indirectos: por exemplo, no caso de impostos directos que incidem sobre o rendimento pessoal, aquilo que o trabalhador deverá suportar de imposto será mais ou menos repercutido para o seu empregador, em função da maior ou menor elasticidade de cada um deles; também aqui, no mercado de factores, a presença do imposto gera uma clivagem entre aquilo que é pago ao trabalhador e aquilo que ele recebe, *líquido* de imposto.

Essa clivagem é especialmente nítida no caso de recurso à técnica da «retenção na fonte», pois aí o trabalhador recebe só a quantia *líquida* do imposto, sendo que a determinação do que é que cabe ao trabalhador suportar – a diferença entre aquilo com que fica agora e aquilo com que ficaria num ponto de equilíbrio conseguido *sem imposto* – e da parte do imposto que é suportada pelo empregador – a diferença entre aquilo que paga agora e aquilo que teria que pagar naquele ponto de equilíbrio que existiria na ausência de imposto – dependerá das mencionadas circunstâncias relativas à oferta e à procura, mais do que de qualquer vontade do legislador. As normas com que este tenta balizar a actividade económica têm que começar por ser elas mesmas confinadas pelas leis económicas, como a lei da oferta e da procura, a lei da formação de preços de equilíbrio num mercado livre: nenhuma soberania da lei, ou do Estado, consegue ultrapassar aquelas balizas.

Capítulo 6 – A procura em mercados concorrenciais[935]

"Mas aquele comércio que, sem ser forçado ou constrangido, se processa natural e normalmente entre duas praças, é sempre vantajoso, embora nem sempre de igual modo, para ambas (...) Só são enviadas para fora aquelas mercadorias que se supõe terem mais procura fora do que dentro do país, e cujas contrapartidas, consequentemente, se espera possam vir a possuir maior valor dentro do país do que os próprios bens exportados"
– Adam Smith[936].

6 – a) Utilidade, revelação de preferências e análise de bem-estar

O conceito de utilidade – a aptidão para satisfazer necessidades atribuída a um bem ou serviço –, por toda a relevância que tenha tido na história do pensamento económico e no desenvolvimento da ciência económica, peca contudo por ser insusceptível de medição em termos objectivos e unívocos, mais a mais porque, promanando de motivações pessoais recônditas, é capaz de se enredar em todos os artifícios e insinceridades que podem apresentar-se na trajectória que conduz de uma intenção íntima a uma conduta exteriorizada.

Por isso, em nome da objectividade, a ciência económica passou a concentrar-se em dados objectivos que permitissem aferir a posição de um agente económico perante as vantagens que resultassem das suas opções, a concentrar-se nas «preferências reveladas» na própria conduta, e no conceito de «disposição de pagar», isto é, no montante que efectivamente se possa determinar que seria o limite do sacrifício *monetário* de que uma pessoa seria capaz para obter um produto e não outros – sendo que o recurso à referência monetária, facultando um padrão comum de valor, permite comparar de forma inequívoca e realista a disposição para suportar as diferentes opções entre todos os tipos de produtos.

Deve-se a Paul Samuelson o impulso pioneiro na teoria das preferências reveladas, visto ter sido ele a demonstrar que seria possível analisar-se a racionalidade económica em termos de puros dados empíricos, sem ser necessário recorrer-se a atribuições mais recônditas e psicologicamente «carregadas», como a de *utilidade*[937], encarregando-se depois outros economistas de ir definindo os pressupostos necessários e suficientes para que os dados empiricamente apurados fossem consistentes com os cálculos maximizadores, chegando-se por fim à formulação de um axioma generalizado das preferências reveladas[938]. O carácter axiomático é explícito, e por isso na teoria das preferências

[935] Andrade, J.S. (1998), V.3ss; Arnold, R.A. (2000), 401ss., 426ss.; Arroja, P. (1993), 95ss.; Barre, R. & F. Teulon (1997), I, 539ss., 571ss.; Baumol, W.J. & A.S. Blinder (2000), 93ss., 117ss.; Besanko, D.A.A. & R. Braeutigam (2001), 80ss., 111ss., 156ss.; Carbaugh, R.J. (2002), 71ss.; Ekelund, R.B. & R.D. Tollison (2000), 114ss., 138ss.; Forte, F. (2002), 25ss.; Gregory, P.R. (2001), 58ss.; Gwartney, J.D. & *al.* (2002), 448ss.; Hardwick, P. & *al.* (1999), 49ss., 72ss.; Heyne, P. & *al.* (2002), 105ss.; Hoag, A.J. & J.H. Hoag (2002), 46ss.; Hyman, D.N.N. (1996), 147ss., 176ss.; Jacquemin, A., H. Tulkens & P. Mercier (2001), 31ss., 167ss., 185ss.; Keenan, D. & M.H. Maier (1998), 15ss.; Lipsey, R.G. & *al.* (1999), 137ss.; Mankiw, N.G. (2000), 89ss., 131ss.; Mankiw, N.G. (2001), 141ss., 461ss.; Mas-Colell, A. & *al.* (1995), 17ss., 40ss.; Martinez, P.S. (1998), 758ss.; Mata, J. (2000), 49ss.; Mateus, A. & M. Mateus (2001), 59ss., 93ss., 135ss., 197ss., 223ss.; Mathis, S. & J. Koscianski (2002), 45ss.; McConnell, C.R. & S.L. Brue (2001), 402ss.; McConnell, C.R. & S.L. Brue (2001b), 138ss.; Miller, R.L. (2002), 413ss., 439ss.; Neves, J.C. (2001), 103ss.; Nicholson, W. (2001), 69ss., 98ss., 125ss., 164ss., 184ss.; O'Sullivan, A. & S.M. Sheffrin (2002), 81ss., 124ss.; Parkin, M. (1999), 101ss., 124ss., 152ss., 178ss.; Perloff, J.M. (2000), 80ss., 116ss.; Pindyck, R.S. & D.L. Rubinfeld (2000), 61ss., 101ss.; Porto, M.C.L. (2004), 103ss.; Rohlf, W.D. (2001), 110ss.; Samuelson, P.A. & W.D. Nordhaus (2001), 85ss.; Schiller, B.R. (2004), 77ss.; Slavin, S.L. (2001), 81ss., 425ss., 451ss.; Slavin, S.L. (2001b), 105ss., 131ss.; Sloman, J. (2002), 87ss.; Spencer, M.H. & O.M. Amos Jr. (1993), 68ss., 448ss., 470ss., 484ss., 502ss.; Stanlake, G.F. (1993), 285ss.; Stiglitz, J.E. & C.E. Walsh (2002), 171ss.; Taylor, J.B. (2001), 72ss., 94ss.; Wessels, W.J. (2000), 250ss.

[936] Smith, A. (1976b), 489, 491 (=I, 809, 812).

[937] Samuelson, P.A. (1938), 61-71.

[938] Harbaugh, W.T., K. Krause & T.R. Berry (2001), 1328-1329; Houthakker, H.S. (1950), 159-174; Afriat, S.N. (1967), 67-77; Varian, H.R. (1982), 945-973.

reveladas pressupõe-se ainda o agente racional e maximizador, sem haver a preocupação de inserir no modelo a margem de imprecisão (por acumulação da irracionalidade, da singularidade, dos participantes nas trocas) que os modelos estatísticos e econométricos reclamam, em nome do *realismo*[939].

A primeira manifestação de crise no marginalismo surge associada aos esforços para substituir o conceito de utilidade mensurável (cardinal) pelo de «graduação de preferências» (ordinal) [940]. O facto de o conceito de *utilidade* ter sido reconduzido ao domínio das *escolhas observáveis* por esta «revolução ordinalista» liderada por Samuelson não significa, contudo, que o conceito de *utilidade* tenha perdido o seu papel central, e o seu papel de charneira entre Economia e Psicologia, servindo de ponto focal para inúmeras intuições decisivas para a evolução recente da teoria económica, das mais sofisticadas intuições de que a teoria económica se tem revelado capaz, de resto (e isto já é dizer tudo): veja-se, por exemplo, a abordagem «bayesiana» do «consequencialismo» como alternativa à visão mecanicista da «ciência das opções»[941], as intuições relativas à «utilidade estocástica», introduzindo margens de aleatoriedade nas escolhas[942], a aplicação da «*fuzzy logic*»[943], a interferência de critérios éticos[944], a sua articulação com a *análise de bem-estar*[945], a ponderação de efeitos de inconsistência dinâmica intertemporal[946], entre tantos outros.

– Em defesa do padrão utilitarista de comparações intersubjectivas, tem-se alegado que o facto de haver imprecisões não obsta a que mesmo assim se façam estimativas e aproximações – tudo se resolvendo, pois, no plano das *tendências centrais* relativamente às quais é alcançável um grau suficiente de certeza[947].
– É que o principal problema com o marginalismo e com o utilitarismo deriva da fundamental incomparabilidade

de estados subjectivos como aqueles que são referidos pelo conceito de «utilidade»[948], embora isso não tenha impedido a «análise de bem-estar» de evoluir na formulação de condições axiomáticas rigorosas para as comparações intersubjectivas[949], necessárias para assentar em bases minimamente rigorosas a própria análise de temas relevantes como os da desigualdade[950], da pobreza[951], e outros problemas de justiça na repartição[952].

Nada disto quer sustentar que, por simples «passe de mágica» de uma alteração terminológica, se tenham superado todas as limitações da teoria do consumidor. A própria *disposição (revelada) de pagar* é um conceito com evidentes limitações:

– em primeiro lugar, cabe perguntar se essa *disposição de pagar* verdadeiramente representa o encadeamento psicológico que domina o processo de escolha do consumidor (do que se duvida, já que a sua forma de revelação pressupõe, como veremos de seguida, a criação de condições extremas de excesso de procura, quando haja lugar a licitações de preços entre consumidores);
– em segundo lugar, são legítimas as reservas quanto ao pressuposto de que o consumidor tem preferências bem definidas, de que é capaz de optar instantaneamente entre conjuntos de produtos, por mais complexos que eles sejam;
– em terceiro lugar, é mais do que certo que os consumidores não dispõem de informação perfeita acerca dos preços, pelo motivo elementar de que a aquisição de informação não é gratuita, o que faz com que os consumidores racionalmente se coloquem num nível de informação incompleta no qual as perdas de informação são compensadas pela poupança na respectiva aquisição (sendo possível, pela mesma razão, estabelecer-se uma correlação entre o custo de informação e a elasticidade-preço[953]); por isso nem sempre a *disposição de pagar*

[939] Lewbel, A. (2001), 611.

[940] Copeland, M.A. (1931), 67-79; Davenport, H.J. (1913); Downey, E.H. (1910), 253-268; Fisher, I. (1892), 1-124; Hadley, A.T. (1894), 251-260; Hicks, J.R. & R.G.D. Allen (1934), 52-76, 196-219; Lange, O. (1934), 218-225; Pareto, V. (1900), 139-162; Pareto, V. (1901), 131-138; Pareto, V. (1906); Slutsky, E.E. (1915), 1-26; Tugwell, R.G. (1922), 317-345; Veblen, T. (1909), 620-636. Cfr. ainda: Bernadelli, H. (1938), 192-212; Howey, R.S. (1973), 15-36; Machina, M.J. (1982), 277-323.

[941] Hammond, P.J. (1998), Cap. V; Hammond, P.J. (1998b), Cap. VI.

[942] Fishburn, P.C. (1998), Cap. VII; Buschena, D. & D. Zilberman (2000), 67-88.

[943] Salles, M. (1998), Cap. VIII.

[944] Mongin, P. & C. d'Aspremont (1998), Cap. X.

[945] Ahlheim, M. (1998), Cap. XI.

[946] Shefrin, H. (1998), Cap. XII.

[947] Sen, A.K. (1999), 358.

[948] Robbins, L. (1938), 636; Blackorby, C. (1975), 845-852. Veja-se o fundamento filosófico para essas reservas – aliás apoiado numa longuíssima tradição de perplexidades sobre a determinação do «pensamento dos outros» – em: Davidson, D. (1986), 195-211.

[949] Sen, A.K. (1970b), 393-409; Sen, A.K. (1977d), 1539-1572.

[950] Sen, A.K. (1997b).

[951] Sen, A.K. (1976), 219-223; Sen, A.K. (1983b), 153-169.

[952] Sen, A.K. (1973b), 1-11; Sen, A.K. (1976b), 19-39; Sen, A.K. (1979), 1-45.

[953] Warner, E.J. & R.B. Barsky (1995), 321-352.

nos dá objectivamente a dimensão dos sacrifícios que um consumidor se proporá fazer entre os bens que se lhe apresentam à sua opção, num contexto em que realisticamente há custos de busca e de obtenção de informação, custos *friccionais* de ajustamento das posições de compradores e vendedores (bastando considerar-se a heterogeneidade dos interesses e valores e presença nas trocas, e pensar-se que estas podem crescer exponencialmente com o aumento da dimensão dos mercados[954]);

– em quarto lugar, a *disposição de pagar*, se tem deveras uma base psicológica, não deixará de apresentar uma feição dinâmica, variando ao longo do tempo, visto que, se os consumidores têm que enfrentar custos na obtenção e processamento de informação, entre esses custos avultará o custo de oportunidade resultante do tempo dispendido, um custo marginalmente crescente (e isto por mais que a Internet aumente a eficiência da busca e reduza drasticamente os custos de busca e processamento, tanto para compradores como para vendedores[955], por mais que a Internet, reduzindo a *fricção* na convergência, permita intensificar a concorrência e baixar os preços[956]), pelo que em rigor não haverá, ao menos na consciência do consumidor *real*, uma disposição de pagar estável e permanente, bem pelo contrário;

– em quinto lugar, mesmo na hipótese de eliminação das fricções de busca e de processamento da informação a fluidez não ficaria assegurada, já que, havendo limites económicos à superação das assimetrias informativas, os vendedores nunca desistiriam de pôr em causa aquela fluidez para recobrarem algumas das «rendas monopolísticas», tentando induzir no espírito do consumidor «ilusões de diversidade» susceptíveis de assegurar a permanência da «dispersão de preços» (as tréguas na «guerra de preços») – e nesse ataque contra a fluidez contariam com o apoio da mesma tecnologia que beneficia os consumidores[957], razão pela qual poderá suspeitar-se da *independência* de uma revelação de *disposição de pagar*, e da sua susceptibilidade para fornecer, como variável independente, uma base de cálculo para todo o lado da procura;

– por último, a própria disposição de pagar pouco nos indica naqueles casos especiais, e já referidos, em que é o próprio preço a única característica do produto em relação à qual o consumidor dispõe de informação, casos em que poderá surgir um padrão de procura que excepcionalmente acompanha, em correlação directa, as variações de preços.

Lembremos que quando, pelo jogo da oferta e da procura, se chega a um ponto de equilíbrio no binómio «preço-quantidade», isso significa que cada uma das partes foi tão longe na prossecução dos seus desígnios quanto a outra parte lho consentiu, ou seja, tanto quanto era compatível com a não-subalternização, com o não-sacrifício, dos interesses contrapostos. Mas isso implica por si mesmo que nenhuma das partes conseguiu optimizar a satisfação das suas necessidades – ao menos tanto quanto lhe seria consentido pela consideração exclusiva do seu próprio ponto de vista. Por essa razão, o vendedor voltará do mercado muito provavelmente insatisfeito, seja porque não vendeu tudo o que desejava, seja porque não obteve a receita pretendida com o volume de vendas que efectuou; e o comprador, pelo seu lado, muitas vezes regressará do mercado lamentando-se da «carestia da vida», isto é, do seu fraco poder de compra. Uns desejariam ter vendido mais, ou a um preço mais elevado; outros gostariam de ter podido comprar mais, e a preços mais baixos. Pode dar-se assim o caso de ambos virem resignados com a circunstância de deverem ceder à pressão dos interesses da contraparte, mas nenhum vir inteiramente satisfeito ou realizado com o resultado das trocas.

Assim sendo, será legítimo perguntar-se se à adequação do mercado na promoção da *eficiência* das trocas, que já vimos espelhada na própria formação do equilíbrio, poderá aditar-se a adequação na promoção do *bem-estar* das partes envolvidas. Isso requererá a análise do modo pelo qual o mecanismo equilibrador assegura, ou deixa de assegurar, um acréscimo de benefícios que possa repercutir num nível mais vasto de satisfação ou de bem-estar colectivos – ponto no qual à dimensão *descritiva* da análise terá necessariamente de vir juntar-se a dimensão *prescritiva*, que procura determinar se o resultado final do livre mecanismo de mercado é o adequado, ou o mais adequado, para garantir uma apreciação colectiva que seja favorável.

Para isso, teremos que começar por especificar quais são os benefícios particulares que cada parte pode retirar das trocas, porque é sempre da maximização colectiva desses benefícios que se trata, quando se procura apreciar o papel do mercado, ou das alternativas ao mercado, como veículos de bem-estar. A resposta será facilitada se nos for dado comprovarmos que o equilíbrio de mercado é ele próprio o meio mais eficiente na maximização do bem-estar total das partes envolvidas nas trocas; valerá a pena, pois, tentarmos de

---

[954] Burdett, K., S. Shi & R. Wright (2001), 1060-1085.
[955] Bakos, Y. (2001), 70.
[956] Bakos, Y. (2001), 71.
[957] Bakos, Y. (2001), 71-72.

imediato essa via, para através dela entrarmos, final-mente, nos domínios da *análise de bem-estar*.

A análise de bem-estar é o ramo da ciência económi-ca que versa a desejabilidade social de situações económi-cas alternativas[958], remetendo para uma matriz ana-lítica que é, de acordo com os seus pergaminhos histó-ricos, utilitarista[959], o que indelevelmente a conota com os excessos da ênfase quase exclusiva em objectivos de maximização – com alguma insensibilidade relativa-mente às consequências em termos de justiça, de repar-tição, de comparação, de exclusão, que podem asso-ciar-se às alternativas que aquela análise se reclama vocacionada para ponderar[960], em favor de um modo formalista de especificação de «funções de bem-estar social»[961], com uma secura e uma «ilusão de rigor» que têm levado muitos a anunciarem, recorrentemente, o declínio da «análise de bem-estar» como instrumento privilegiado da ciência económica[962].

O que vai seguir-se, sublinhemo-lo ainda, é subtil-mente distinto do tipo de análise que temos desenvol-vido até agora, e traduz o limite máximo a que a ciên-cia económica contemporânea se sente autorizada a chegar na formulação, tão desapaixonada e objectiva quanto é possível, de juízos de valor e de proposições prescritivas. A *análise do bem-estar* é a porta aberta para essa outra vertente da ciência económica, forte-mente tributária de um pragmatismo liberal e utilitaris-ta: é a forma escrupulosa, cautelosa, de colocar a Eco-nomia ao serviço de soluções práticas, jurídicas e polí-ticas, sem soçobrar em enfáticos doutrinarismos como aqueles que contaminaram e dilaceraram tantas vezes a ciência económica ao longo da sua história.

É, diríamos em alternativa, o esboço daquela axiolo-gia mínima que é consentida em sociedades abertas e multiculturais nas quais não pode presumir-se uma par-tilha de valores, nem sequer uma inteligibilidade comum quando à formulação de problemas e de priori-dades, e por isso o que resta é uma referência pragmá-tica a *resultados experimentados* pelos destinatários das decisões que colectivamente nos encaminham por entre sucessões de alternativas. É, em suma, aquele cimento de «objectividade mínima» que seria capaz de realçar as vantagens da partilha e da cooperação até entre aqueles que nada mais esperariam da sociedade do que o frio embate «hobbesiano» de egoísmos[963], de acordo com a velha intuição iluminista de que o bem-

estar social pode ser algo de profundamente diverso daquilo que individualmente se possa ter por moral-mente válido, ou até aceitável – nas palavras de Adam Smith, *"ainda que entre os diferentes membros da sociedade não haja amor ou afeição mútuos, ainda assim a sociedade, embora menos alegre e agradável, não se dissolveria inevitavelmente. A sociedade pode subsistir entre pessoas diversas, tal como entre diferen-tes comerciantes, graças a uma mera percepção da sua utilidade, independentemente de quaisquer amor ou afeição mútuos; e ainda que nela ninguém estivesse vinculado por um sentido de dever, ou por um senti-mento de gratidão, para com outrem, ainda assim ela poderia subsistir apoiada numa troca mercenária de bons ofícios de acordo com uma avaliação comum"*[964].

6 – b) A curva da procura e a disposição de pagar

Vimos já que um potencial comprador só consuma-rá a compra se entender que esta *valeu a pena*, o que poderá ter um duplo significado:

1. o de o sacrifício dos bens que troca por aquele que adquire ser mais do que compensado pelo benefício que lhe advém da aquisição;
2. o de esse sacrifício ficar, pelas mesmas razões, aquém do sacrifício que admitiria fazer para ter acesso àquele bem, mesmo que em menores quantidades.

Muitas vezes as lamúrias com que um comprador acompanha a percepção dos custos em que incorre fazem-nos esquecer que tem necessariamente que haver uma margem de bem-estar que excede aqueles custos, margem sem a qual a compra não se efectuaria, ou não se efectuaria livre e racionalmente como um «jogo de soma positiva» – e que o que move o poten-cial comprador é a representação de que a compra o colocará numa situação de bem-estar acrescido.

A forma porventura mais simples de ilustrarmos esta realidade é a de descrevermos uma licitação através dos preços. Antes de essa licitação se iniciar, já os concor-rentes se representam, cada um por si, o *máximo* que são capazes de oferecer pelo objecto da licitação – não sendo muito descabido sustentarmos que esse *preço máximo* é um dos afloramentos da noção de «*valor eco-*

[958] Rosen, H.S. (2002), 31.
[959] Edgeworth, F.Y. (1881); Marshall, A. (1890); Pigou, A.C. (1924).
[960] Sen, A.K. (1970); Sen, A.K. (1997); Rawls, J. (1971); D'Aspremont, C. & L. Gevers (1977), 199-209.
[961] Bergson, A. (1938), 310-334; Samuelson, P.A. (1947).
[962] Baumol, W.J. (1965), 2.
[963] Sahlins, M.P. (1972), 186.
[964] Smith, A. (1976), 86.

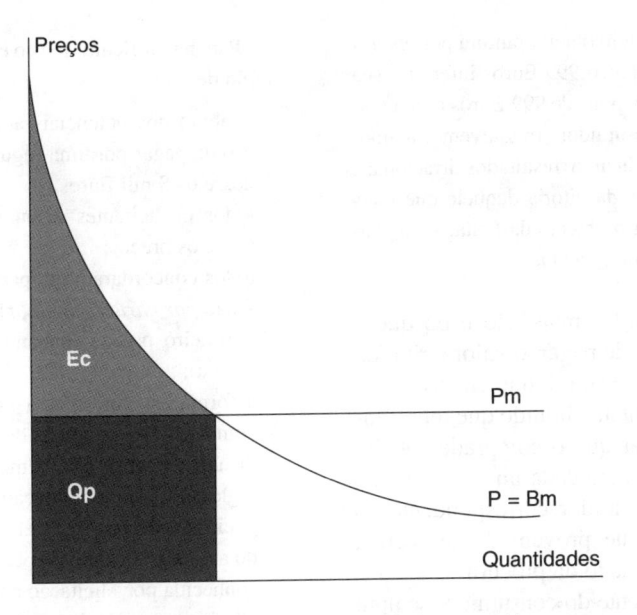

Gráfico 6.1. *Procura e excedente do consumidor*

P=Bm: procura = benefício marginal
Pm: preço de mercado

Qp: quantia paga
Ec: excedente do consumidor

nómico», noção de resto tão semanticamente rica mas tão instável. Dito de outra forma, antes mesmo de se iniciar a licitação já cada um dos participantes delineou a sua própria *disposição de pagar*, já definiu o intervalo total dentro do qual se manterá na disputa, intervalo que irá do preço mínimo – do preço-zero, se se admitir que nenhum rejeitará que o bem lhe seja oferecido gratuitamente – até àquele limite superior, o valor a partir do qual os custos de oportunidade ultrapassam os benefícios que adviriam da aquisição do bem.

Por exemplo, de três licitantes por uma pintura, um está disposto a ir até aos 10 mil Euros, outro a ir até aos 9 mil, e o outro até aos 8 mil Euros. Em que ponto parará a licitação, e quem ficará com a pintura? A licitação terminará com qualquer valor que exceda os 9 mil Euros (9001 Euros bastarão) e o quadro ficará para aquele que estava disposto a licitar até aos 10 mil Euros, e que já não é acompanhado por ninguém nas suas licitações acima dos 9 mil Euros. Note-se, todavia, que aquele que acabou por vencer na licitação estava disposto a prosseguir até aos 10 mil Euros,

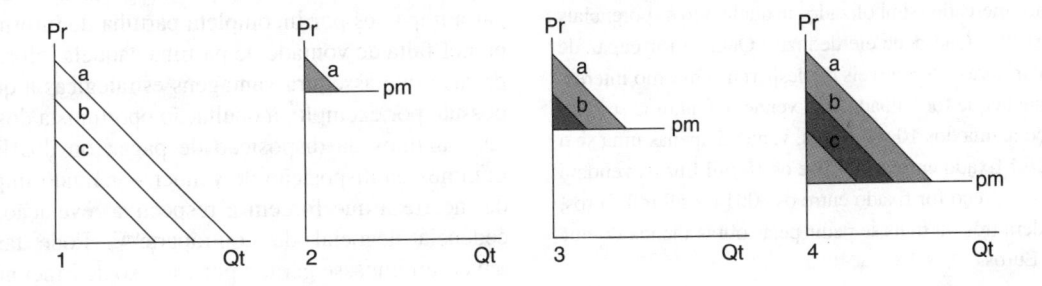

Gráfico 6.2. *Disposição de pagar e excedente do consumidor*

1: disposições de pagar de 3 consumidores, a, b, c (= curvas da procura)
2: preço elevado, só superado pela disposição de pagar de a
3: preço intermédio, abarcando a disposição de pagar de a e de b (sendo b o consumidor marginal)

4: preço mais baixo, abarcando já a disposição de pagar dos 3 consumidores (sendo neste caso c o consumidor marginal)
Pr: preços
Qt: quantidades
pm: preço de mercado

quando o certo é que conseguiu obter a pintura por *apenas* 9001 Euros, ou seja, a um preço 999 Euros inferior à sua disposição de pagar – sendo, pois, de 999 Euros o montante do seu «excedente do consumidor» (ressalvemos a hipótese de uma licitação conduzir a resultados irracionais, como no frequente exemplo da vitória daquele que mais não fez do que sobreavaliar o objecto da licitação, a chamada «maldição do vencedor», «*winner's curse*»).

O *excedente do consumidor* mais não é do que a diferença entre a disposição de pagar, o valor atribuído pelo consumidor a um bem, e aquilo que efectivamente é pago, e portanto é o montante líquido que representa o acréscimo de bem-estar que o comprador obtém através das trocas – sendo, para cada um, o montante total do excedente do consumidor correspondente ao incremento de bem-estar que provém da respectiva participação no mercado do lado da procura –.

Note-se que existe excedente do consumidor sempre que há um único preço a pagar pelas várias unidades do bem ou serviço consumido: a curva descendente da procura, representando a utilidade marginal decrescente, significa que o consumidor retirou uma satisfação superior das doses anteriores do que aquela que retira da dose marginal, pelo que em bom rigor ele estaria disposto a pagar mais por aquelas doses do que por esta – quando o facto é que paga o mesmo por todas, o que só pode querer dizer que, para todas as doses anteriores à dose marginal, se verificou uma diferença qualquer entre o preço e o valor que lhes era atribuído, sendo que essa diferença é que constitui o *excedente do consumidor*.

É fácil de perceber a relação que existe entre *disposição de pagar* e *excedente do consumidor*, por um lado, e a *escala da procura* efectiva, por outro.

Suponhamos que, no nosso exemplo, o autor da pintura leiloada tenta aprender algo com as circunstâncias da licitação, de modo a calcular as suas hipóteses de penetração no mercado simbolizado naqueles três potenciais adquirentes. Que pode ele deduzir? Que, se for capaz de produzir obras susceptíveis de despertar o mesmo interesse daquela que foi leiloada, não venderá nenhuma se fixar o preço acima dos 10 mil Euros, venderá apenas uma se o preço for fixado entre os 9001 e os 10 mil Euros, venderá duas se o preço for fixado entre os 8001 e os 9 mil Euros, e venderá três ou mais se pedir pelas obras menos do que 8 mil Euros.

Para não dificultarmos o exemplo[965], partimos do princípio de que:

– nenhum dos potenciais adquirentes tinha uma disposição de pagar por uma segunda pintura cujo preço excedesse os 8 mil Euros;
– todos os licitantes dispunham de informação perfeita sobre os preços;
– todos concordaram em participar numa licitação aberta – não *por carta fechada*, não num único lance –, e pelo «primeiro preço» (pagando o vencedor a quantia que licitou);
– a forma escolhida foi a licitação *ascendente*, ou seja, com sucessivas subidas do preço licitado até só subsistir um licitante (também conhecida por «licitação à inglesa»), e não a licitação *descendente*, em que o pregoeiro arranca de um preço muito elevado e vai descendo até ser interrompido pelo licitante vencedor (também conhecida por «licitação à holandesa»)[966];
– não havia qualquer coligação entre potenciais compradores no sentido de estabelecerem um *limite máximo* de licitação e restringirem os ganhos do vendedor.

Mas essa escala – nenhum quadro vendido ao preço mais elevado, um vendido a um preço inferior, dois vendidos a um preço inferior ainda, três vendidos ao preço mais baixo – corresponde à correlação inversa entre preços e quantidades que vimos representada na escala da procura. Como referimos já, na medida em que faz uso de *preços relativos*, a curva da procura é a expressão da tendência evolutiva do benefício marginal, ou da correspondente disposição de pagar – visto que, em última análise, nos indica, para cada quantidade de um produto, a quantidade de outros produtos de que cada consumidor prescinde, o custo de oportunidade que admite para fazer a opção que faz; e, para cada *variação de quantidade* de um produto, qual o custo *marginal* que o consumidor está disposto a suportar.

Sublinhe-se, a concluir, que a negociação pode chegar a impasses por incompleta partilha de informação, ou por falta de vontade de partilha daquela informação privada que assegura vantagens estratégicas a quem a possua: por exemplo, a ocultação oportunista dos limites máximos da disposição de pagar, ou dos limites mínimos da disposição de vender – gerando impasses de incerteza que forcem à respectiva revelação, ou à cedência negocial da contraparte[967]. Pode também haver um impasse gerado por excesso de irracionalida-

---

[965] E o exemplo poderia efectivamente complicar-se: é que neste tipo de «indústrias criativas» existe muitas vezes uma peculiar situação de *ignorância simétrica* entre vendedores e compradores, gerando uma teia complexa de incentivos e de oportunidades recíprocas de oportunismo e de «risco moral». Cfr. Caves, R.E. (2003), 82.

[966] Lucking-Reiley, D. (2000), 183.

[967] Card, D. (1990), 625-659; Cramton, P. (1992), 205-225; Farber, H. (1978), 262-284; Kennan, J. & R. Wilson (1989), 87-130; Kennan, J. (1985), 5-28; Kennan, J. (1986), 1091-1237; McConnell, S. (1989), 801-815; Roth, A.E. (1995), 253-348; Tracy, J. (1986), 423-436; Tracy, J. (1987), 149-173.

de ou de subjectividade na apreciação das vantagens do compromisso, por exemplo a tendência para subordinar a apreciação objectiva da justiça comutativa à conveniência pessoal do desfecho das trocas[968].

6 – b) – i) A teoria económica dos leilões

Aproveitemos para uma breve referência à teoria económica dos leilões, mormente à importância que lhes tem sido conferida como mecanismos de revelação de preferências em mercados competitivos e centralizados[969] – a ponto de a teoria ter já sido aplicada em diversos contextos que aparentemente nada tinham a ver com leilões, de se estender o seu âmbito a todos os modelos de «jogos estratégicos com informação assimétrica», determinando também um recurso generalizado a leilões como vias de optimização da reafectação de recursos[970]. A curiosidade dos economistas foi particularmente despertada pelo estudo de William Vickrey relativo ao «leilão pelo segundo preço»[971], aquilo que ele entendia ser uma forma de facilitar a revelação de preferências por parte dos intervenientes num leilão, uma forma de evitar a cautelosa sub-licitação com a qual se tenta afastar a «maldição do vencedor», a tendência que existe para que o vencedor típico de um leilão venha a descobrir que pagou mais pelo objecto leiloado do que aquilo que os demais participantes julgam ser o preço justo, mais do que aquilo que seria necessário para arrematar o objecto[972].

Com efeito, se se estabelecer que o vencedor de um leilão por licitações ascendentes, «à inglesa»[973], terá que pagar apenas o preço oferecido por aquele que ficou em segundo lugar, isso em princípio incentivará todos os participantes a revelarem as suas verdadeiras disposições de pagar: no exemplo acima, o vencedor

poderia revelar despreocupadamente a sua disposição de pagar 10 mil Euros, pois sendo vencedor teria apenas que pagar 9 mil Euros, o «segundo preço»; note-se que, ao contrário do que pode parecer, isso não é um incentivo ao empolamento das licitações, visto que o vencedor pode mesmo assim ser vítima do empolamento que ele tenha fomentado: pense-se que os dois últimos participantes a resistirem acima dos 8 mil euros se tinham incitado mutuamente num «*bluff*» que um deles só abandonava nos 9900 Euros (900 Euros acima da sua verdadeira disposição de pagar); não só este ficava exposto a que o outro «travasse» num ponto qualquer entre os 9 mil e os 9889 Euros e lançasse sobre ele a «maldição do vencedor» (obrigando-o a pagar acima da sua disposição de pagar), como o próprio vencedor, que com a sua licitação de 10 mil força o abandono do outro, teria que pagar, em tal eventualidade, 9900 Euros, ou seja uma penalização de 900 Euros acima daquilo que seria o «segundo preço» em condições normais[974/975].

Na verdade, o «leilão de Vickrey» referia-se a licitações por carta fechada[976], e por isso perduraria o risco de manipulação dos valores pelo próprio leiloeiro, que poderia falsear o «segundo preço», por exemplo, ou encerrar o leilão ao pressentir, pela disparidade entre a licitação vencedora e o «segundo preço», que o bem acabaria por ser arrematado por um preço muito abaixo daquilo que seria possível obter por ele[977]; sabendo-se disso, nas licitações por carta fechada imperará uma maior prudência, uma sub-licitação que só pode ser remediada por recurso a leilões presenciais nos quais cada um dos licitantes pode observar a evolução dos lances[978]. A manipulação pelo leiloeiro ficaria também facilitada no caso de se tratar de almoeda de «valor privado» e não «de valor comum», querendo designar-se com isso, respectivamente, a situação em que cada um

968 Babcock, L. & G. Loewenstein (1997), 109-110; Bolton, G.E. (1991), 1096-1136; Loewenstein, G., L. Thompson & M. Bazerman (1989), 426-441; Rabin, M. (1993), 1281-1302.

969 Engelbrecht-Wiggans, R. (1980), 119-142; Klemperer, P.D. (1999), 227-286; McAfee, R.P. & J. McMillan (1987), 699-738; Milgrom, P. (1987), 1-32; Milgrom, P. (1989), 3-22.

970 Conciliando a justiça da distribuição pelos adquirentes com a eficiência da maximização das receitas do alienante – como é patente no crescente recurso às licitações para as privatizações.

971 Vickrey, W.S. (1961), 8-37; Neves, J.C. (1998), 146.

972 Lucking-Reiley, D. (2000), 184; McAfee, R.P. & J. McMillan (1987), 699-738; Milgrom, P. (1989), 3-22; Kagel, J.H. & D. Levin (2002); Sandmo, A. (1999), 174ss.

973 Os leilões ascendentes, ou «à inglesa», são na realidade de origem romana (ainda hoje a expressão inglesa «*auction*» deriva do latim «*auctio*», que significa aumento, subida). Cfr. Ashenfelter, O. & K. Graddy (2003), 764.

974 No fundo, passar-se-ia um pouco como nas situações de «negociação implícita» em que uma distribuição equitativa é assegurada pela regra «um parte o bolo, o outro escolhe», caso em que aquele que parte o bolo não terá qualquer incentivo para cortar fatias desiguais, sob pena de se arriscar a ficar prejudicado (ao contrário do que sucede no nosso conhecido «Jogo do Ultimato», em que a escolha cabe ao proponente e a regra para a contraparte é «pegar ou largar»).

975 Branco, F. (1992), 225-265; Krishna, V. (2002).

976 Sobre a equivalência entre leilões «à holandesa» e leilões por carta fechada, cfr. Vickrey, W.S. (1961), 8-37; Milgrom, P. & R.J. Weber (1982), 1089-1122.

977 Klemperer, P.D. (2002), 175.

978 Lucking-Reiley, D. (2000), 190.

dos participantes desconhece a avaliação dos outros (caso da pintura) e a situação em que a avaliação objectiva está disponível, e apenas se desconhece a disposição de pagar, que será função nesse caso da capacidade económica dos licitantes (caso de uma licença de radiodifusão, ou de uma licença de exploração de um poço de petróleo)[979]. Note-se que é nas licitações ascendentes de «valor comum» que faz sentido falar-se em «maldição do vencedor»[980], naquele caso peculiar de «selecção adversa» em que a vitória é alcançada por quem mais sobrestimou privadamente esse «valor comum», o que provoca a reacção colectiva no sentido da sub-licitação[981/982].

> – A tese de Vickrey[983] visava igualmente comprovar a fundamental equivalência de quatro formas de leilão – à inglesa, à holandesa, de 1.° e de 2.° preço[984] – em termos de geração de receitas para o promotor do leilão[985].
> Uma equivalência estratégica que pressupunha a neutralidade ao risco, sem a qual tudo se altera: se houver aversão ao risco[986], o leilão de primeiro preço gerará mais receitas do que o leilão de segundo preço[987]; se as avaliações dos licitantes não forem independentes umas das outras, é o leilão de segundo preço que gerará mais receitas[988] – logo seguido dos leilões de primeiro preço, antes portanto das soluções «à inglesa»[989] e «à holandesa»[990].

– A análise de Vickrey visava originariamente explorar uma sugestão de Abba Lerner, relativa à possibilidade de um poder central gerar uma solução tão eficiente como a do mercado, no pressuposto de dispor de capacidade suficiente de computação, tendo as conclusões de Vickrey incidido especialmente nas dificuldades de revelação de preferências na ausência de verdadeiros incentivos[991] – dificuldades que a ciência económica de novo detectaria no momento de formação de uma escolha colectiva a partir de quaisquer preferências (a intuição de Arrow[992]), e mais se adensariam ainda com as descobertas em matéria de assimetria informativa (os avanços teóricos de Akerlof[993] e outros[994]).

No fundo, aquilo que os leilões propiciam, e que os torna tão interessantes como «mecanismos de revelação», é a formação de uma curva da procura pela agregação das licitações, o seu cruzamento com a curva da oferta e a venda em exclusivo às licitações que se situem acima do ponto de intersecção[995], presumindo-se que não existem perturbações na revelação das preferências dos compradores[996], ou ao menos que existe uma forma de o vendedor ir determinando essas preferências por repetida amostragem[997/998]. Por seu lado, os avanços na tecnologia, permitindo o recurso sistemático a leilões para flexibilizar, discriminar e ajustar às disposições de pagar, «agregando a procura», cruzando

[979] Goeree, J.K. & T. Offerman (2002), 625.

[980] Goeree, J.K. & T. Offerman (2002), 626; Kagel, J.H. & D. Levin (1986), 894-920; Cox, J.C., S.H. Dinkin & J.T. Swarthout (2001), 163-181.

[981] Klemperer, P.D. (2002), 173.

[982] As conclusões sobre a «maldição do vencedor» e sobre o seu efeito na sub-licitação tornam-se menos nítidas quando pensamos nos objectivos da revenda – visto não só que a disposição de pagar do licitante vencedor está condicionada pelas expectativas comuns quanto às condições no mercado secundário, mas visto também que o valor da licitação vencedora pode converter-se numa sinalização do valor mínimo de «disposição de vender» nesse mercado (aquele que paga uma fortuna por um quadro nem sempre será «amaldiçoado» pela impossibilidade de revenda, e bem pelo contrário pode acabar por ser beneficiado por esse audacioso empolamento do preço, sobretudo se estivermos em domínios do «consumo de ostentação»). Cfr. Haile, P.A. (2001), 399; Hendricks, K. & H.J. Paarsch (1995), 403-426; Bikhchandani, S. & C.-f. Huang (1989), 311-339; Haile, P.A. (2000), 231-248.

[983] Vickrey, W.S. (1961), 8-37. Cfr. McAfee, R.P. & J. McMillan (1987), 699-738; Wilson, R. (1992), I, 227-279.

[984] Rothkopf, M.H., T.J. Teisberg & E.P. Kahn (1990), 94-109.

[985] Lucking-Reiley, D. (1999), 1063ss..

[986] Quanto a outras excepções, cfr. Kagel, J.H. (1995), 501-585.

[987] Maskin, E.S. & J.G. Riley (1984), 1473-1518; Riley, J.G. & W.F. Samuelson (1981), 381-392.

[988] Milgrom, P. & R.J. Weber (1982), 1089-1122.

[989] Hansen, R.G. (1985), 156-159; Hansen, R.G. (1986), 125-142; Johnson, R. (1979), 315-335; Kagel, J.H., R.M. Harstad & D. Levin (1987), 1275-1304; Kagel, J.H. & D. Levin (1993), 868-879; Mead, W.J. (1966); Tenorio, R. (1993), 302-314.

[990] Coppinger, V.M., V.L. Smith & J.A. Titus (1980), 1-22; Cox, J.C., B. Roberson & V.L. Smith (1982), 1-43; Cox, J.C., V.L. Smith & J.M. Walker (1983), 205-219.

[991] Vickrey, W.S. (1960), 507-535; Vickrey, W.S. (1961), 8-37.

[992] Arrow, K.J. (1951).

[993] Akerlof, G.A. (1970), 488-500.

[994] Rothschild, M. & J.E. Stiglitz (1976), 629-649; Spence, M. (1976b), 591-598.

[995] Segal, I. (2003), 509.

[996] Wilson, R. (1987), 33-70.

[997] Aghion, P., P. Bolton, C. Harris & B. Jullien (1991), 621-654; Mirman, L.J., L. Samuelson & A. Urbano (1993), 549-563; Chen, Y. & R. Wang (1999), 417-428; Keller, G. & S. Rady (1999), 475-507.

[998] Para um modelo alternativo de aquisição «bayesiana» de aquisição de um grau de convicção acerca das preferências dos consumidores, cfr. Cremer, J. & R.P. McLean (1985), 345-362; Cremer, J. & R.P. McLean (1988), 1247-1257.

essa média das licitações dos compradores com uma «curva de preços» descendente, têm permitido na prática a generalização de formas de afectação de recursos à margem do tradicional mecanismo de preços[999] – e por essa razão têm feito convergir o interesse teórico e prático em torno deste imemorial expediente de licitação, isto apesar de crescentemente se reconhecer também que existem muito eficientes formas de forçar a revelação da «disposição de pagar» sem recurso a leilões – se, por exemplo, fosse possível impor aos consumidores que pagassem um preço correspondente ao custo social líquido que eles impõem à sociedade (isto é, um preço que incorporasse aquilo em que eles se distanciam da média das disposições de pagar colectivamente reveladas)[1000].

Visto que o que mais conta na configuração dos leilões é a prevenção de práticas predatórias, de práticas concertadas e anti-competitivas que resultem na sublicitação generalizada e na não-«revelação de preferências» (incidindo muita da análise teórica nos efeitos das complementaridades, da aversão ao risco, da correlação de informação, em grupos restritos de licitantes que agem não-cooperativamente[1001]), afigura-se que o leilão «de segundo preço» «à inglesa» é uma solução particularmente eficiente em contextos de neutralidade ao risco e de «valor privado», incitando os participantes a uma revelação autêntica e integral das suas «disposições de pagarem»; é verdade que o alienante do bem recebe apenas o «segundo preço», um preço sub-óptimo para ele[1002], e isso torna tentador o recurso, em alternativa, ao leilão «de primeiro preço» «à holandesa», no qual o vencedor é aquele que primeiro interrompe o pregoeiro na sua licitação descendente[1003]; contudo, o leilão «à holandesa» está exposto a uma estratégia de «bluff», de «sangue frio» daquele que vê a licitação descendente passar pela sua disposição máxima de pagar e não se manifesta, esperando aumentar o seu excedente de consumidor *antes que outro interrompa a licitação*[1004]. Uma alternativa possível é um híbrido, a «*Anglo-Dutch auction*»[1005], em que numa primeira parte se admite uma licitação aberta e ascendente, até só restarem dois concorrentes, momento em que se passa a uma licitação por carta fechada e com o preço mínimo correspondente à licitação máxima na fase anterior, ficando o bem arrematado «ao primeiro preço» – algo que é curiosamente equiparável aos leilões da Internet que, estabelecendo um prazo rígido para as licitações (além de outras regras peculiares possibilitadas pela sofisticação tecnológica[1006]), registam uma concentração de licitações nos últimos segundos (o chamado «*sniping*»), licitações que verdadeiramente já não interagem umas com as outras (não há tempo de divulgá-las) e fazem vencer a mais elevada entre elas, e «ao primeiro preço»[1007/1008].

– Os conluios entre licitantes nos leilões são muito frequentes, bastando pensarmos que em leilões de arte, em leilões judiciais, em lotas e leilões de gado, é muito frequente a participação ser dominada por um grupo restrito de elementos, compradores institucionais ou quase-institucionais, capazes de comporem entre eles situações «cartelizadas» de emulação de monopsónio, capazes de bloquearem as subidas de preços que seriam de esperar em genuínas licitações[1009] – razão pela qual os leilões «à inglesa», com licitações ascendentes, são especialmente susceptíveis de desvirtuamento por essas cadeias de licitadores conluiados[1010].

---

[999] Segal, I. (2003), 509.

[1000] Clarke, E.H. (1971), 17-33; Groves, T. & M. Loeb (1975), 211-226.

[1001] Klemperer, P.D. (2002), 169-170; Klemperer, P.D. (1999), 227-286; Klemperer, P.D. (org.) (2000).

[1002] Não quer isto dizer que o efeito depressivo nos preços seja assim tão pronunciado em todos os casos, como tem sido demonstrado com recurso à teoria estratégica dos jogos. Cfr. Bulow, J.I. & P. Klemperer (2002), 1-21.

[1003] No exemplo que temos utilizado, o pregoeiro partiria possivelmente dos 15 mil Euros e iria descendo (15 mil, 14.500, 14 mil, 13.500...) até ser interrompido nos 10 mil Euros. O vencedor vê-se forçado a revelar a sua disposição de pagar e a pagar o «primeiro preço» porque receia que os demais participantes interrompam logo no valor imediatamente abaixo.

[1004] Em rigor, a transparência do leilão «de segundo preço» «à inglesa» também é perturbada em situações de colocação sucessiva na praça de vários bens – pois pode passar a ser estrategicamente compensador não revelar, no primeiro leilão, uma disposição de pagar que comprometa o padrão de intervenção nos leilões subsequentes. Cfr. Van den Berg, G.J., J.C. van Ours & M.P. Pradhan (2001), 1055; Weber, R.J. (1983), 165-191.

[1005] Klemperer, P.D. (1998), 757-769.

[1006] Por exemplo, um licitante pode fazer uma «licitação por procuração» («*proxy bid*»), ordenando que, dentro de um intervalo de tempo e dentro de valores-limite, seja feita sempre uma licitação acima da licitação mais elevada em cada momento (interrompendo-se o processo quando a segunda maior licitação inicial seja ultrapassada). Noutros casos, o leilão termina automaticamente logo que passe um determinado intervalo de tempo sem novas licitações (por exemplo, 10 minutos), evitando a acumulação de licitações de última hora. Cfr. Roth, A.E. & A. Ockenfels (2002), 1093.

[1007] Klemperer, P.D. (2002), 181; Bichler, M. (2001).

[1008] Algo de similar reaparece no recurso às licitações no mercado financeiro, com as emissões de títulos e os mecanismos de «bookbuilding», de «mise en vente», de «IPO auction»: cfr. Biais, B. & A.M. Faugeron-Crouzet (2002), 9-36. Em termos mais práticos de concepção e de descrição de funcionamento dos mais diversos mercados, cfr. Kambil, A. & E. van Heck (2002).

[1009] Nelson, J.P. (1995), 421-437; Phillips, O.R., D.J. Menkhaus & K.T. Coatney (2003), 965ss.; Porter, R.H. & J.D. Zona (1993), 518-538.

[1010] Cassady, R. (1967); Graham, D.A. & R.C. Marshall (1987), 1217-1239.

– Também podem ocorrem, com alguma simetria, casos de falsa sobrelicitação: por exemplo, num concurso público podem os concorrentes que tenham a certeza de que há quota de mercado para todos, e por isso não tenham medo de ser inteiramente excluídos, apresentar propostas sobrevalorizadas, na certeza de que o que possam perder em termos de volume de encomendas ganham-no no preço por unidade produzida (não havendo, pois, incentivo para uma «corrida para o fundo» em matéria de preços propostos pelos concorrentes)[1011].

Por outro lado, os conluios entre licitantes podem ser dificultados através de diversos expedientes, como a obrigação de anonimato nas licitações, a obrigação de licitação por incrementos pré-determinados (evitando que um incremento de um certo valor sinalize a presença de um qualquer concorrente aos demais), a colocação em hasta de grandes lotes incindíveis (o «bundling»[1012]), a não-revelação do número preciso dos licitantes, a imposição de um número mínimo de licitações, etc.[1013]. Nada disso, contudo, parece imunizar permanentemente qualquer tipo de leilão contra a presença de um licitante com indiferença pelo risco da «maldição do vencedor», com vantagem muito pronunciada na assimetria informativa ou com uma estratégia dominante – ou com uma combinação das três características[1014] –, porque isso reduz as possibilidades de ganho dos concorrentes e os induz à sub-licitação, à sub-«revelação de preferências». Além disso, a licitação aberta e ascendente pode ser intimidativa na presença de licitantes com grande capacidade económica, afastando potenciais participantes (e reduzindo conco-

mitantemente as hipóteses de maximização do lucro por parte do alienante); caso em que a licitação por carta fechada pode acabar por ser mais competitiva[1015]. Com efeito, é comum nos leilões o fenómeno do «declínio dos preços», que alguns atribuem à prevalência de atitudes de aversão ao risco[1016]/[1017], embora também haja quem aponte para factores como a heterogeneidade dos licitantes ou a própria presença de licitações e conluios estratégicos[1018].

Retenhamos ainda que a afectação de recursos comuns através de licitação, com a sua capacidade de revelação dos valores em jogo mesmo em contextos em que o funcionamento do mercado ou a formação de preços não é muito simples e espontânea[1019], é actualmente uma das facetas de maior sucesso na aplicação da teoria económica à prática política[1020], podendo dizer-se que os poucos insucessos registados se devem, muito claramente, mais a pressões políticas e ao jogo de «lobbying» e «rent-seeking» do que à directa aplicação dos princípios básicos da licitação[1021].

Em termos puramente teóricos, a maior parte da análise económica dos leilões tem-se concentrado, como ficou já sugerido, no paradigma de jogos não-cooperativos com informação incompleta, que são avaliados em função da susceptibilidade de gerarem receitas para o promotor, de ditarem repartições eficientes de recursos, e de serem independentes de uma avaliação prévia e detalhada acerca das disposições de licitar dos intervenientes[1022]. Talvez por força desse enraizamento na Teoria dos Jogos, a teoria dos leilões tem-se revelado facilmente adaptável à análise da maior parte dos fenómenos desportivos, dada também a

---

[1011] Para uma ilustração no caso das aquisições de equipamento militar, cfr. Pasztor, A. (1995), 121-123. Encontramos uma explicação em: Anton, J.J. & D.A. Yao (1992), 681-707.

[1012] A imposição de lotes pode forçar à adopção de estratégias mais agressivas por parte dos licitantes, além de eliminar uma margem de licitantes «menos economicamente idóneos» e de aumentar os «valores privados» em detrimento dos «valores comuns», deste modo reduzindo o risco de «maldição do vencedor». Cfr. Ausubel, L.M. & P.R. Milgrom (2002), 391-402; Chakraborty, I. (2002), 663-684.

[1013] Cramton, P. & J.A. Schwartz (2000), 229-252; Salant, D. (2000), 195-204.

[1014] Características que podem até ter-se por equivalentes num contexto de leilão ascendente aberto de «valor comum» e de «segundo preço»: cfr. Einy, E., O. Haimanko, R. Orzach & A. Sela (2001), 405-419.

[1015] Klemperer, P.D. (2002), 186.

[1016] McAfee, R.P. & D. Vincent (1993), 191-212.

[1017] Veja-se uma multiplicidade de ilustrações do fenómeno em: Ashenfelter, O. & D. Genesove (1992), 501-505; Buccola, S. (1982), 63-69; Burns, P. (1985), 139-157; Chanel, O., L.-A. Gérard-Varet & S. Vincent (1996), 135-149; Keser, C. & M. Olson (1996), 151-175; Lusht, K. (1994), 259-266; Thiel, S.E. & G. Petry (1995), 11-16; Van den Berg, G.J., J.C. van Ours & M.P. Pradhan (2001), 1055-1062. Um contra-exemplo, de «não-declínio de preços», em: Gandal, N. (1997), 227-244.

[1018] Beggs, A. & K. Graddy (1997), 544-565; Bernhardt, D. & D. Scoones (1994), 653-657; Black, J. & D. de Meza (1992), 607-628; Engelbrecht-Wiggans, R. (1994), 87-90; Gale, I. & D. Hausch (1994), 318-331; Ginsburgh, V.A. (1998), 1302-1319; Von der Fehr, N.-H.M. (1994), 345-356.

[1019] Veja-se o que a esse propósito resulta da já longa tradição no sector das obras de arte: Anderson, R.C. (1974), 13-26; Ashenfelter, O. (1989), 23-36; Baumol, W.J. (1986b), 10-14; Buelens, N. & V. Ginsburgh (1993), 1351-1371; Czujack, C. (1997), 229-247; De la Barre, M., S. Docclo & V. Ginsburgh (1996), 143-181; Frey, B.S. & W.W. Pommerehne (1989); Pesando, J.E. (1993), 1075-1089; Pesando, J.E. & P. Shum (1996), 113-134; Stein, J.P. (1977), 1021-1035.

[1020] McMillan, J. (2003), 139; McMillan, J. (1994), 145-162; Milgrom, P. (2003); Binmore, K. & P. Klemperer (2002), C74-C96; Myerson, R.B. (1981), 58-73; McAfee, R.P. & J. McMillan (1987), 699-738.

[1021] Wilson, R. (2002), 1299-1340; Umlauf, S.R. (1993), 313-340.

[1022] Krishna, V. (2002).

similitude estrutural que existe entre licitações, por um lado, e campeonatos e torneios, por outro[1023], sendo que também no desporto muita margem existe em termos de optimização através do estabelecimento de incentivos[1024], já para não irmos mais longe e admitirmos que o desporto, os jogos, são em larga medida um reflexo estilizado das motivações e complicações das sociedades em que ocorrem[1025], e um decalque das respectivas instituições[1026].

6 – b) – ii) Maximização e Leis de Gossen

Voltando para o tema central da *análise de bem-estar*, e sem desmentirmos o que já antes dissemos sobre a escala da procura, poderemos agora reformulá-la: se antes ela representava o espectro total das relações «preço-quantidade» que cada comprador estava motivado a aceitar, ou seja, a quantidade que cada um estava disposto a adquirir em cada nível de preços, ela agora passa também a representar, para cada quantidade dada, o preço máximo que o *comprador marginal* está disposto a pagar, ou seja, a disposição *marginal* de pagar evidenciada pela procura – havendo para cada preço um «*comprador marginal*» que é aquele que, contribuindo para perfazer a quantidade procurada, contudo se retirará do mercado mal o preço suba.

No exemplo dado, que preço corresponde, na escala da procura, à quantidade de duas pinturas? O preço de 9 mil Euros, pois é o preço máximo que abarca a disposição da pagar de dois compradores, sendo que o preço imediatamente superior (de 9001 Euros) exclui já do mercado um dos compradores, visto exceder a disposição de pagar desse que será, nesse nível de preços, o comprador marginal.

A escala da procura de mercado, isto é, do total da procura num mercado, denotará assim que existem diferentes disposições de pagar por parte dos consumidores, e que consequentemente a determinação de um preço deixará estes compradores com diferentes *excedentes do consumidor*, tanto maiores quanto mais elevadas fossem as correspondentes disposições de pagar – quanto maior for, afinal, o *valor económico* que cada um atribui ao objecto das transacções –.

O preço que efectivamente acaba por se formar no mercado há-de deixar acima dele, pois, toda uma *área de excedentes do consumidor* que é o somatório de todas as diferenças entre as disposições marginais de pagar representadas pela escala da procura, por um lado, e aquele nível de preços que se formou, por outro.

Ainda retomando o exemplo da pintura, se o preço for de 9001 Euros só um exemplar será vendido e o excedente do consumidor será de 999 Euros; se o preço for de 9 mil Euros, vender-se-ão dois exemplares mas o total do excedente do consumidor aumentará apenas para 1000 Euros (mil do primeiro comprador, zero do segundo comprador que àquele preço é um comprador marginal, atingida que está a sua «disposição de pagar»); se o preço for de 8001 Euros, o excedente total será de 2998 Euros (1999 do primeiro comprador, 999 do segundo); e assim sucessivamente – sendo que o preço de 8000 Euros será provavelmente o preço maximizador do bem-estar no mercado, já que gera para os consumidores um excedente total de 3000 Euros (2000 do primeiro comprador, 1000 do segundo, zero do terceiro) e limita as perdas de bem-estar do vendedor – bem-estar que, pelas razões que já se adivinham, será para ele tanto menor quanto mais os preços descem.

Como sabemos da análise da escala da procura, uma das suas implicações directas é a de que, *ceteris paribus*, a procura aumentará quando os preços descem. Isso traduz-se evidentemente num aumento de bem-estar – e, como vimos, numa dupla vertente:

– amplia-se o «excedente do consumidor» daqueles que já o registavam no anterior – e superior – nível de preços;
– ingressam efectivamente no lado da procura, registando também eles excedentes de consumidor, aqueles potenciais compradores «marginais» cuja disposição de pagar era inferior ao anterior nível de preço, circunstância que os excluía do mercado.

Em suma, com a descida de preços o bem-estar dos anteriores consumidores melhorou, e aumentou o número de consumidores que experimentam bem-estar com as trocas.

O benefício marginal – traduzido pela disposição de pagar por mais uma unidade de um produto – corresponde ao máximo montante de produtos de que um consumidor está disposto a prescindir para obter mais essa unidade de um qualquer produto, ao máximo custo de oportunidade que o consumidor esteja disposto a suportar, sendo assim claramente compreensível que:

[1023] Hillman, A.L. & J. Riley (1989), 17-39; Szymanski, S. (2003), 1137ss..

[1024] Cairns, J., N. Jennett & P. Sloane (1986), 3-80; Fort, R. & J. Quirk (1995), 1265-1299; Kahn, L.M. (2000), 75-94; Vrooman, J. (2000), 364-398.

[1025] Rosen, S. & A. Sanderson (2001), F47-F68; Vamplew, W. (1988).

[1026] Flynn, M. & R. Gilbert (2001), F27-F46; Szymanski, S. (2003), 1178ss..

– quanto mais o consumidor dispõe de unidades de um produto, menos disposto esteja a prescindir dos demais, se todos são, no cômputo final, necessários ao seu bem-estar;

– quando o benefício marginal deixou de ser superior a esse custo marginal, deixa racionalmente de haver disposição de pagar por mais uma unidade desse produto, e passará plausivelmente a haver disposição de pagar por mais uma unidade de um outro produto;

– quando o benefício marginal coincide com o custo marginal, não havendo pois incentivo especial para preferir o consumo de mais uma unidade de qualquer dos produtos que sejam oferecidos como alternativas a esse consumo, verifica-se finalmente um *uso eficiente dos recursos*.

Por outro lado, presume-se que o consumidor há-de escolher a combinação de produtos que, dado o seu rendimento disponível e os preços dos produtos, maximize a sua utilidade total – o que equivale a dizer que se terá por racional todo o seu esforço de afastamento em relação a uma posição de escassez. Ora a sua utilidade total estará maximizada quando todo o seu rendimento disponível estiver gasto e quando a utilidade marginal de cada unidade de rendimento gasto – de um Euro, por exemplo – for igual para todos os produtos, ou seja, quando não se puder dizer que o facto de desviar de uns produtos para outros o seu rendimento iria ainda aumentar a sua utilidade total – sendo que esta está *maximizada* quando, por definição, não é possível fazer *mais* –.

A utilidade marginal de um Euro calcula-se pelo quociente entre a utilidade da última unidade consumida de um produto e o respectivo preço em Euros; quando essa utilidade marginal de um Euro for igual para todos os produtos que o consumidor se disponha a pagar, ele chegou a uma posição de equilíbrio que maximiza a sua utilidade total. A regra da maximização é muito elementar: se a utilidade marginal por Euro gasto em maçãs excede a utilidade marginal por Euro gasto em livros, deve consumir-se mais maçãs e menos livros até que isso deixe de ser verificar; se a utilidade marginal por Euro gasto em livros excede a utilidade marginal por Euro gasto em maçãs, deve consumir-se mais livros e menos maçãs até que isso deixe de ser verificar; só quando uma ou outra das situações deixar de se verificar é que podemos dizer que não é possível fazer melhor na maximização da utilidade retirada de uma combinação de livros e maçãs – ou de diamantes e água –.

Devem-se ao economista Hermann Gossen [1810-1858] as formulações pioneiras destes princípios que acabámos de enunciar, e que ficaram para a tradição da ciência económica conhecidas como *Leis de Gossen*:

– *Primeira Lei de Gossen* – a utilidade de cada nova dose de um bem tende a ser menor do que a utilidade de doses anteriormente aplicadas na satisfação de necessidades económicas (o próprio cerne da intuição que levou a realçar o papel do raciocínio marginalista);

– *Segunda Lei de Gossen* – a maximização da satisfação individual requer que a utilidade marginal de todos os bens empregues na satisfação de necessidades esteja perfeitamente nivelada, que não haja nenhuma necessidade a manifestar desequilibradamente a sua presença e a reclamar a prioridade da sua satisfação no plano das opções racionais (pois isso significaria que os bens teriam sido empregues na satisfação de uma necessidade menos urgente, em detrimento de uma necessidade de mais urgente, falhando desse modo o propósito maximizador). No mercado, a relação de troca entre bens seria equivalente à relação entre a utilidade dos bens para as partes envolvidas na transacção[1027].

Na verdade, já em 1738 Daniel Bernoulli [1700-1782] tinha formulado um princípio que hoje designaríamos como uma combinação do princípio de utilidade marginal decrescente com o «princípio da dotação»[1028] – partindo da observação de que os jogadores tendem a atribuir maior valor às perdas potenciais do que aos ganhos potenciais, dão mais valor àquilo que já têm do que aquilo que podem ganhar por troca com o que já têm – sendo que, por exemplo, dificilmente alguém apostará 100 para ganhar *apenas* 200, mesmo que a probabilidade de ganho seja de 50%, significando isso, segundo Bernoulli, que ter mais unidades de alguma coisa significa sempre menos, à medida que se vão acumulando as unidades de que já se dispõe.

Podemos agora reformular o conceito de *eficiência* para o consumidor: quando ele tiver despendido todo o seu rendimento disponível, e portanto se encontrar no limite da sua *fronteira de possibilidades* orçamentais, o benefício marginal que retirar das suas opções há-de

---

[1027] Em rigor, Hermann Gossen formulou uma *Terceira Lei*, segundo a qual um bem só tem valor na medida em que a procura exceda a oferta, sendo pois a «escassez subjectiva» a fonte do valor económico. Compreender-se-á que o modo pouco preciso como se confrontam níveis de procura e de oferta tenha inutilizado esta terceira «lei» para o futuro da teoria económica. Cfr. Jolink, A. & J. van Daal (1998), 43-50.

[1028] O *«endowment effect»* significa que aquilo que possuímos tem mais valor para nós do que aquilo que não possuímos (o que por sua vez pode ser derivado a partir da ideia de utilidade marginal decrescente). Cfr. Frey, B.S. (2001), Cap. II.

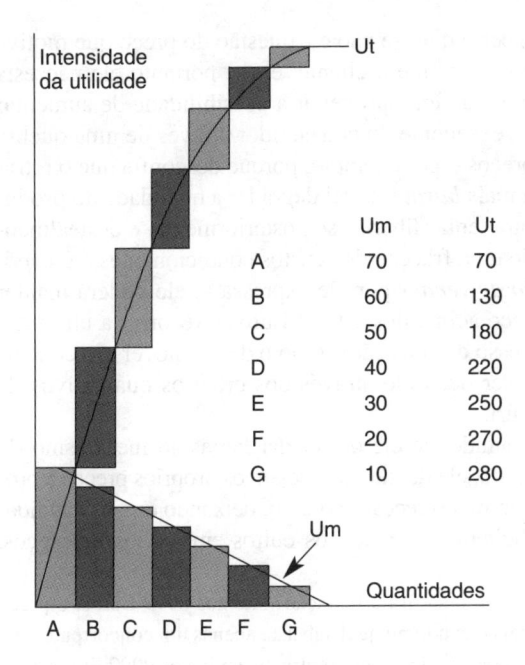

Gráfico 6.3. *Utilidade marginal e utilidade total*

Um: utilidade marginal   Ut: utilidade total

	Um	Ut
A	70	70
B	60	130
C	50	180
D	40	220
E	30	250
F	20	270
G	10	280

apercebem delas, mas também a percepção dos consumidores relativa aos efeitos finais de qualquer medida que os afecte, como por exemplo uma interferência qualquer no nível de preços dos produtos finais.

O conceito fornece uma base razoável para que, *descritivamente*, se perceba as preferências dos consumidores e a forma como a sua conduta é condicionada pelo *valor* que atribuem aos bens e serviços; e para que *prescritivamente* se possa sustentar que uma determinada opção promove efectivamente, ou deixa de promover, o benefício desses consumidores – salvaguardados, obviamente, os limites da licitude para lá dos quais o bem-estar e a segurança colectivos indeferem a normal prevalência do ponto de vista individual na definição do que é o benefício retirado do consumo de particulares bens e serviços.

Com efeito, a ciência económica não perde o seu estatuto científico por sustentar que se deve desprezar o excedente do consumidor que resulta do vício do tabaco, ou que se deve reprimir a atitude daquele que evidencia uma disposição de pagar pela prestação de trabalho infantil; a ciência económica ganha até em realismo chamando a atenção para os limites jurídico-políticos que a salvaguarda do direito de propriedade impõe às iniciativas de aumento de bem-estar à custa da apropriação ou uso ilegítimos de bens alheios, que a salvaguarda da integridade e da dignidade dos seres humanos impõe à exploração da dependência alheia – por muito que essa exploração aumentasse os «excedentes de bem-estar» do explorador –, ou mesmo que a salvaguarda do bem-estar animal impõe à prossecução do bem-estar humano através de meios cruéis e degradantes para os outros animais[1030].

Sem embargo do que ainda se dirá nesta matéria, insistamos que a principal fragilidade da análise de bem-estar reside na circunstância de não existir um consenso teórico acerca dos instrumentos de «medição» desse «bem-estar»[1031]: mais especificamente, é verdade que existe um amplo consenso em torno da utilização do conceito de «excedente do consumidor» como instrumento analítico básico[1032], mas a sua utilização como referência para a medição directa da intensidade do «bem-estar individual» pode revelar-se, pelos motivos já aduzidos, algo problemática[1033].

ser o preço máximo que ele está disposto a pagar pelos produtos por que opta, e a sua curva da procura há-se ser a representação exacta da quantidade procurada a cada preço quando a utilidade está maximizada, quando a utilidade marginal por cada Euro gasto é igual para todos aqueles produtos[1029].

6 – c) A valoração do excedente do consumidor

Podemos constatar como o recurso ao conceito de *excedente do consumidor* procura fornecer uma base objectiva aos juízos valorativos acerca dos efeitos sobre o bem-estar de várias opções económicas – ou mais precisamente de várias medidas de política económica –, tentando evidenciar não apenas o peso das preferências dos consumidores, tal como eles próprios se

---

[1029] Sobre a distinção entre utilidade total e utilidade marginal, cfr. Porto, M.C.L. (2004), 40ss.

[1030] Araújo, F. (2003), 205ss., 303ss.

[1031] Slesnick, D.T. (1998), 2108ss..

[1032] Chipman, J.S. & J. Moore (1976b), 69-123; Chipman, J.S. & J. Moore (1980), 933-949; Harberger, A.C. (1971), 785-797; Hausman, J.A. (1981), 662-676; Hicks, J.R. (1942), 126-137; Houthakker, H.S. (1957), 532-551; King, M.A. (1983), 183-214; Silberberg, E. (1972), 942-952; Willig, R.D. (1976), 589-597.

[1033] Jorgenson, D.W., L. Lau & T. Stoker (1982), 97-238; McKenzie, G.W. & I.F. Pearce (1976), 465-468; McKenzie, L.W. (1957), 185-189; Muellbauer, J. (1974), 32-55; Vartia, Y.O. (1983), 79-98.

6 – d) A curva da oferta e a disposição de vender

O que acabámos de analisar em termos de bem-estar da procura é transponível para o lado da oferta, usando-se agora o conceito simétrico da «disposição de vender», conceito que traduz pragmaticamente o custo marginal do produtor, o preço mínimo que ele está disposto a aceitar para produzir mais uma unidade de um bem ou serviço; ou, dito de outro modo e porque se trata, lembremo-lo, de *preços relativos*, o valor dos outros bens e serviços que o produtor está disposto a deixar de produzir e oferecer para poder produzir e oferecer mais uma unidade daquele por que optou.

Vamos supor que desejo encomendar o meu retrato a um pintor, e que numa primeira pesquisa de mercado encontrei três candidatos à execução do quadro, cada um deles com custos algo diversos – seja em razão dos meios técnicos de que dispõem, seja da eficiência com que conseguem, com o seu esforço e talento, optimizar o tempo de execução da encomenda –: um incorrerá necessariamente num custo de 10 mil Euros, outro num custo de 9 mil, e outro no de 8 mil Euros – conseguindo-se com esses custos um resultado que, ao menos para mim, o cliente, é equivalente nos três casos. Visto que se encontram do lado da oferta, posso presumir que qualquer dos três candidatos responderá muito favoravelmente a um preço elevado, e que quanto maior for este preço mais forte é o incentivo para uma execução eficiente da obra.

Sucede, porém, que um preço que ultrapasse os 10 mil Euros não permitirá proceder a uma selecção entre candidatos – ou melhor, a uma selecção através dos preços, podendo ocorrer outras formas de selecção, as quais, contudo, não dizendo respeito a preços, dificilmente alcançarão a eficiência que aqueles asseguram no mecanismo dos mercados. Se percebermos que o custo é, para cada vendedor, o nível básico acima do qual se manifesta a sua disposição de vender, e abaixo do qual uma tal disposição desaparece, qualquer preço acima do custo garantirá um *excedente do produtor* que motivará a venda. Ora, nos termos do exemplo dado, um preço acima dos 10 mil Euros está também acima do custo mais elevado, está acima do custo de qualquer dos candidatos, e por isso constitui incentivo suficiente para que qualquer deles execute o retrato, e para que não se retire do mercado.

É certo que, se não é a questão do preço que motiva prioritariamente o cliente, e que portanto ele não está interessado em aproveitar a possibilidade de aumentar o seu excedente do consumidor através de uma quebra de preços – por exemplo, porque desconfia que o retratista mais *barateiro* vai degradar a qualidade do produto para tentar libertar-se posteriormente, e deslealmente, de uma fracção dos custos condicionantes da *disposição de vender* por ele expressa –, ele poderá manter o preço acima dos 10 mil Euros e recorrer a um outro processo de selecção, como o de promover um concurso a ser decidido através dos critérios qualitativos de um júri.

Contudo, se ele quiser dar largas ao mecanismo do mercado, ele deixará que sejam os próprios preços a promoverem a selecção: no caso, deixando que os candidatos licitem uns contra os outros em termos de preços.

Até onde irá a licitação? Até aos 8999 Euros, o preço mais elevado no qual subsiste apenas um concorrente com disposição de vender (entre os 9 mil e os 9999 Euros existe essa «disposição» para dois candidatos, e acima dos 10 mil Euros, como vimos, a «disposição» subsiste nos três candidatos). Mas porquê os 8999 Euros, e não os 8 mil, nos quais, havendo coincidência com os custos, já existe a disposição de vender por parte de um dos artistas? Muito simplesmente porque, existindo a pressão da oferta no sentido da subida dos preços, o vendedor tentará obter o preço que, afastando-o tanto quanto possível do nível dos custos, seja todavia suficientemente baixo para evitar que ingresse no mercado um concorrente com disposição de vender – estamos aqui a abstrair, como é óbvio, de factores que poderiam determinar um outro preço, como por exemplo a presença de uma pronunciada elasticidade-preço por parte do cliente –[1034].

O mercado seleccionou, através dos preços, o produtor mais eficiente – o produtor *economicamente* e *culturalmente* mais eficiente[1035] –, o que tinha custos mais baixos, mas não deixou de assegurar a esse produtor mais eficiente um excedente do produtor, que é a diferença entre o preço de mercado e o limiar mínimo da sua disposição de vender: no caso em apreço, os 999 Euros que separam o preço que receberá do preço mínimo que estava disposto a receber para produzir o retrato. Esse excedente do produtor, afinal o acréscimo de bem-estar que advém aos produtores da sua participa-

---

[1034] Também seria de aproveitar, da teoria dos mercados e da teoria dos jogos, a noção de que difusão de informação entre os concorrentes nessa licitação (a sedimentação de um «valor comum») poderia ajudar ao conluio entre eles – por exemplo, comprometendo-se, num «pseudo-cartel» a não aceitarem preços abaixo de um certo limiar. Cfr. Dufwenberg, M. & U. Gneezy (2002), 431-444.

[1035] Ainda que haja quem ache que a disparidade do quadro axiológico que separa os bens económicos dos bens culturais aconselharia a adopção de um critério *sui generis* de eficiência cultural, derivável a partir da noção institucionalista de «capital cultural». Cfr. Throsby, D. (1994), 1-29; Throsby, D. (2001).

ção no mercado, tenderá pois, em situações de concorrência em que só há lugar para um vencedor, a coincidir com a diferença entre a disposição de vender do concorrente mais eficiente e a daquele que vem em segundo lugar – ou, o que é equivalente, tende a coincidir com a diferença entre os níveis de custos desses dois concorrentes –.

Suponhamos agora que estou disposto a considerar a possibilidade de encomendar mais do que um retrato, dependendo do preço que me peçam por cada um. Se eu oferecer 8 mil Euros, obterei um retrato apenas; se oferecer 9 mil (por cada quadro), conseguirei *pelo menos* dois; e se oferecer 10 mil (por cada quadro) obterei *pelo menos* três. Nestas duas últimas hipóteses, incluo a ressalva «pelo menos» porque estou a abstrair da possibilidade de o preço mais elevado determinar, nos pintores mais eficientes, a disposição de produzirem mais do que um retrato.

Quanto mais elevado o preço, maior será a oferta: a escala da oferta está, pois, correlacionada com a escala de custos, dado que ela afinal exprime a reacção dos vendedores à subida de preços, na medida em que essa subida vai sucessivamente ultrapassando níveis de custos de produção – dos custos do mais eficiente para os custos do menos eficiente dos produtores –. Para cada quantidade oferecida, o preço há-de corresponder aos custos do «vendedor marginal», do vendedor que sairia imediatamente do mercado se porventura o preço fosse menor do que é – no exemplo dado, o *preço mínimo* de dois retratos é de 9 mil Euros por quadro, porque a um preço de 8999 Euros o segundo retratista, perdida a possibilidade de recuperar os custos em que incorreria, os custos de 9 mil Euros, perderia também a sua disposição de vender.

6 – e) A noção de excedente do produtor

Se a escala da oferta reflecte os custos e a disposição de vender dos produtores, então é possível determinar, a partir do nível de preços praticados no mercado, um *excedente do produtor*, que, como vimos, será precisamente essa diferença entre o preço mínimo a partir do qual a venda já ocorreria e o preço a que ela efectivamente ocorre – dado que a curva da oferta não é mais do que a representação do preço mínimo que os produtores aceitam para cada volume de produção –.

Se, no exemplo dado, o pintor mais eficiente quiser ao mesmo tempo maximizar o seu excedente do produtor e manter-se isolado no lado da oferta, esse seu excedente atingirá os 999 Euros – a diferença entre os 8999 Euros que cobra pelo retrato e os 8 mil que estaria disposto a receber

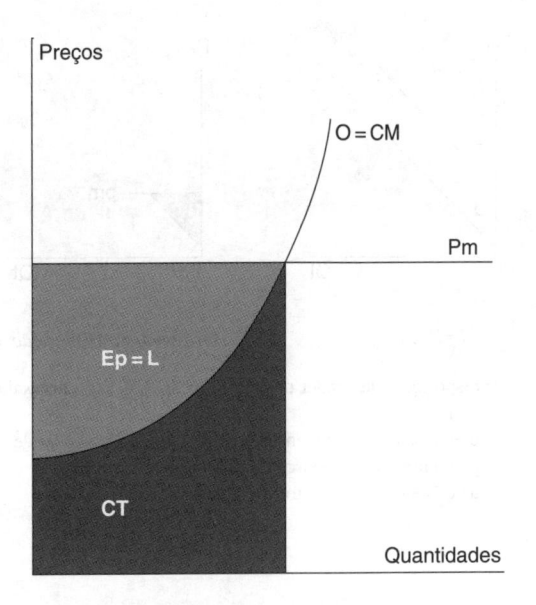

Gráfico 6.4. *Oferta e excedente do produtor*

O=Cm: oferta = custo marginal
Pm: preço de mercado
CT: custo (de produção) total
Ep=L: excedente do produtor = lucro

–; mas se já houver lugar para a produção de dois retratos, o preço poderá subir até aos 9999 Euros (por quadro), caso em que o excedente do produtor aumenta, no total, para 2998 Euros – 1999 Euros para o pintor mais eficiente, 999 Euros para o que se lhe segue –. O preço de 10 mil Euros será muito provavelmente, neste caso, o preço maximizador do bem-estar no mercado, assegurando um excedente total de 3000 Euros para os vendedores (2000 para o primeiro, 1000 para o segundo e zero para o terceiro) ao mesmo tempo que limita as perdas de bem-estar do cliente, que resultariam, como vimos, das subidas de preços.

Como o excedente do produtor é, no mercado, o somatório das diferenças entre custos e preço efectivo, ele há-de corresponder à área total que separa a escala da procura do nível de preços, e há-de aumentar, pois, quanto mais o preço sobe e se afasta do limiar representado pela disposição de vender do produtor mais eficiente – seja porque este produtor vê alongar-se esse seu «excedente», seja porque sucessivamente vão ingressando no mercado, no lado da oferta, produtores cada vez menos eficientes, mas que também eles vão experimentando esse incremento do excedente do produtor à medida que o preço continua a subir no mercado.

Relembremos ainda o facto, que julgamos já óbvio, de os conceitos de «excedente do produtor» e de «lucro» serem equivalentes.

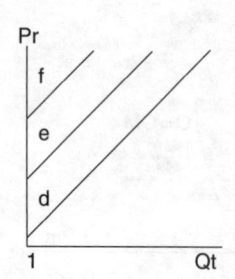 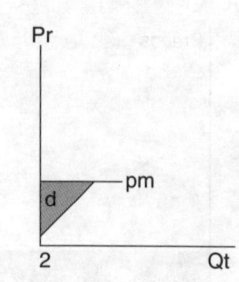 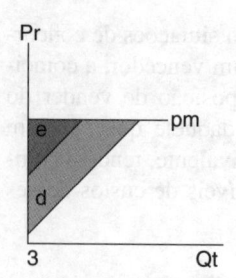 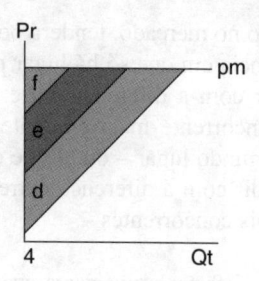

Gráfico 6.5. *Disposição de vender e excedente do produtor*

1: disposições de vender de 3 produtores, d, e, f (= curvas da oferta)

2: preço baixo, só compensador da disposição de vender de d

3: preço intermédio, abarcando a disposição de vender de d e de e (sendo e o produtor marginal)

4: preço mais elevado, abarcando já a disposição de vender dos 3 produtores (sendo neste caso f o produtor marginal)

Pr: preços

Qt: quantidades

pm: preço de mercado

6 – f) Eficiência e bem-estar total

O óbvio paralelismo e similitude entre os conceitos de *excedente do consumidor* e de *excedente do produtor* permite que a análise dos efeitos de bem-estar no mercado possa convergir para uma síntese sem grandes dificuldades adicionais: uma síntese que possa dar mais rigor a uma constatação que difusamente subjaz a todas as defesas da liberdade económica, a de que o mercado efectivamente tende a promover incrementos do bem-estar geral – uma síntese que possa conferir algum alcance descritivo às proposições valorativas respeitantes à economia de mercado.

Antes que nos percamos em imprecisões e atribuições demasiado genéricas, definamos muito singelamente o que se entende, em termos quantitativos, por «bem-estar geral»: é um *excedente total*, ou seja, a soma do *excedente do consumidor* com o *excedente do produtor*. Se inicialmente dissemos que as trocas constituem um «jogo de soma positiva», podemos agora especificar que o *bem-estar total* é essa soma positiva, é esse *mais* que beneficia *conjuntamente* as partes nas trocas (ainda que, lembremo-lo, esse benefício *conjunto* possa não ser um benefício *equilibrado*).

Efectivamente, a nossa abordagem é por enquanto puramente quantitativa, e diz respeito aos valores da simples maximização de resultados, não se tratando aqui do problema da *justiça* que possa associar-se a essa solução maximizadora: que o *total* da satisfação cumulativa tenha aumentado nada nos revela quanto à «divisão (interna) do bolo», quanto ao carácter mais ou menos igualitário ou inigualitário da repartição dos incrementos de bem-estar, enquanto que no mundo real as medidas de política económica que visem a promoção do bem-estar raramente, ou nunca, conseguem

separar estes planos a ponto de poderem entregar-se a puras considerações de eficiência com abstracção das implicações em sede de justiça.

Se recapitularmos as definições já dadas para os dois conceitos de «excedente», temos que:

– o *excedente total* é o valor agregado de duas diferenças: por um lado, a diferença que separa a *disposição de pagar* dos compradores daquilo que eles pagam, e por outro a que separa aquilo que os vendedores recebem da sua respectiva *disposição de vender*;

– isso equivale a dizer que o excedente total é o somatório da diferença entre valor e *preço*, do lado dos compradores, com a diferença entre *preço* e custo, do lado dos vendedores;

– se eliminarmos o termo intermédio, que é o preço, poderemos chegar a uma definição extremamente sintética de «excedente total»: *é a diferença entre o valor para os compradores e o custo para os vendedores.*

Nestes termos, dir-se-á que o mercado é *eficiente* – seja ele ou não *justo* – se ele promover uma afectação de recursos que maximize esse «excedente total», e mais especificamente:

– se ele permitir que a venda dos produtos se concentre no grupo de vendedores no qual se manifesta mais forte *disposição de vender*, e que a compra desses mesmos produtos seja levada a cabo pelo universo de compradores no qual essa *disposição de pagar* se tenha concentrado particularmente;

– se, na ausência desse estado *inicial* de coisas, ele propiciar um meio para que a venda dos bens se desloque dos produtores menos eficientes para os

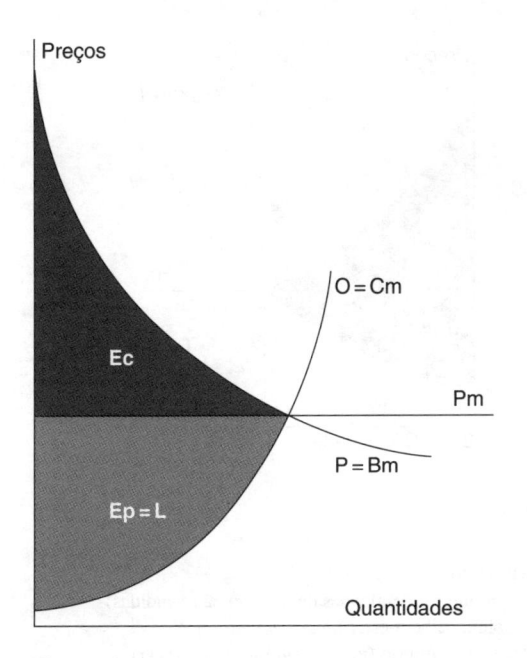

Gráfico 6.6. *O mercado eficiente e maximizador de bem-estar*

Pm: preço de mercado
O=Cm: oferta = custo marginal
P=Bm: procura = benefício marginal
Ec: excedente do consumidor
Ep=L: excedente do produtor = lucro

produtores mais eficientes – aumentando o excedente do produtor –, e bem assim que a aquisição dos produtos se desloque daqueles que menos os apreciam para aqueles que mais dispostos estão a pagar por eles – aumentando o excedente do consumidor –.

Recordando o que sabemos do mecanismo da oferta e da procura, observemos que, *no pressuposto crucial de que o mercado se aproxima de um grau razoável de competitividade*, o preço de equilíbrio há-de denotar já uma selecção entre todos os compradores e vendedores potenciais no mercado: só comprarão aqueles cuja disposição de pagar se situar *acima* do preço, só venderão aqueles cuja disposição de vender se situar *abaixo* do preço, ficando excluídos os potenciais compradores que atribuem aos produtos um valor inferior ao preço de mercado, e os potenciais vendedores que têm custos de produção superiores ao preço de mercado.

O mercado opera, pois, uma triagem a favor dos compradores que maior disposição de pagar evidenciam, e a favor dos vendedores que operam com menores custos, uma triagem que se aprofundará e chegará

ao seu limite máximo de eficiência na medida em que o funcionamento da oferta e da procura e a formação dos preços permitam chegar, sem grandes ineficiência *friccionais*, ao ponto de equilíbrio.

Sublinhemos aqui uma das vinte ideias a reter depois do exame final: Só existem trocas voluntárias quando as partes têm esperança de ganhos.

Assim sendo, e como vimos, a eficiência é alcançada na medida em que não é possível produzir mais de um determinado bem ou serviço sem se sacrificar a produção de outros bens e serviços que passem, naquele momento, a ser mais valiosos do que aquele pelo qual se optaria; e não seria possível produzir menos de um determinado bem ou serviço sem que os recursos fossem desviados para a produção de outros bens e serviços que seriam, naquele mesmo momento, marginalmente menos valiosos do que aquele que se produziria em menor quantidade.

Nesse pressuposto, nenhuma interferência rectificativa será capaz de aumentar a *eficiência* da referida triagem entre compradores e entre vendedores, tal como ela tende a ser espontaneamente assegurada pelo mercado – nenhuma interferência será capaz de aumentar o *excedente total* que se forma no preço de equilíbrio. E isto pela razão de que qualquer tentativa de alterar a quantidade de equilíbrio conduzirá necessariamente, ou a uma situação em que o valor para os compradores supera o custo para os vendedores – situação de desequilíbrio em que os vendedores perdem pois oportunidades de venda, oportunidades de aumentarem o seu excedente –, ou a uma situação em que o custo para os vendedores supera o valor para os compradores – caso em que são os compradores a ficarem privados da possibilidade de maximização do seu próprio excedente –.

Deve ressalvar-se, contudo, que o bem-estar social não depende apenas da maximização do excedente total de compradores e vendedores, porque os efeitos desse total podem ser perturbados pela presença das nossas já conhecidas externalidades, tanto as positivas – que fazem com que aquele bem-estar social se situe *além* do nível da maximização dos interesses de compradores e vendedores – como as negativas – que colocam o bem-estar social *aquém* do nível da maximização espontânea assegurada pelo mercado –.

Note-se, neste ponto, que as externalidades positivas não são um problema menor do que as externalidades negativas, visto que a subprodução de bens e serviços que provoquem esse tipo de externalidades – subprodução advinda da impossibilidade de remuneração completa dos efeitos benéficos causados a terceiros – conduz a uma «perda absoluta de bem-estar», que consiste no facto de todos perderem, tanto o produtor que

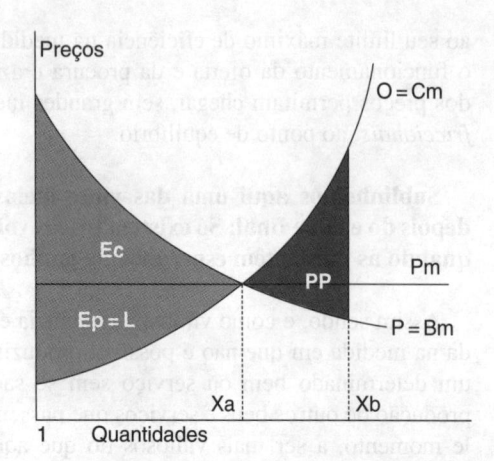
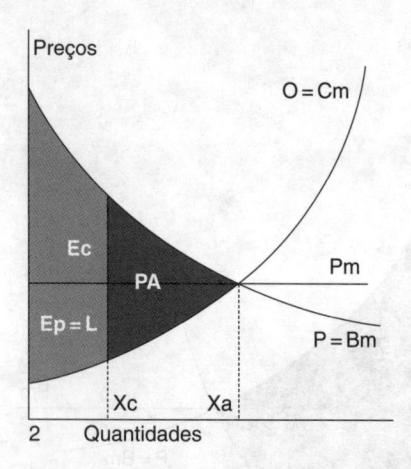

Gráfico 6.7

1: Perda de bem-estar por sobreprodução
2: Perda de bem-estar por subprodução
Pm: preço de mercado
O=Cm: oferta = custo marginal
P=Bm: procura = benefício marginal
Ec: excedente do consumidor

Ep=L: excedente do produtor = lucro
PP: perda do produtor (quantidades de produto não-vendidas)
PA: perda absoluta de bem-estar (*deadweight loss*)
Xa: quantidade de equilíbrio (maximizadora de bem-estar)
Xb: quantidade de desequilíbrio (sobreprodução)
Xc: quantidade de desequilíbrio (subprodução)

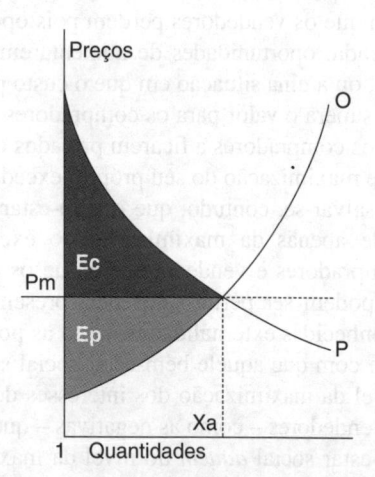
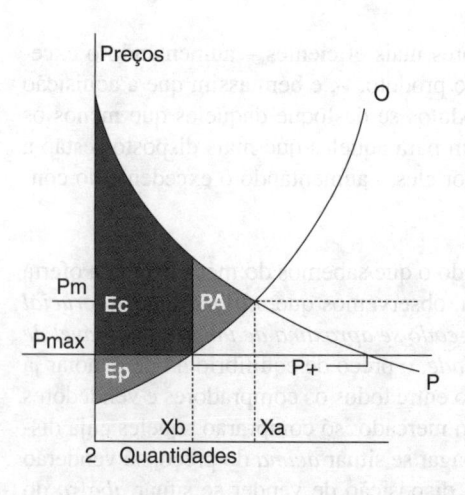

Gráfico 6.8. *Efeito dos preços máximos sobre o bem-estar*

1: Situação de equilíbrio
2: Imposição de um preço máximo
Pm: preço de mercado
Pmax: preço máximo
O: oferta
P: procura

Ec: excedente do consumidor
Ep: excedente do produtor
PA: perda absoluta de bem-estar (*deadweight loss*)
P+: excesso de procura (carência) ao Pmax
Xa: quantidade de equilíbrio (maximizadora de bem-estar)
Xb: quantidade de desequilíbrio (subprodução)

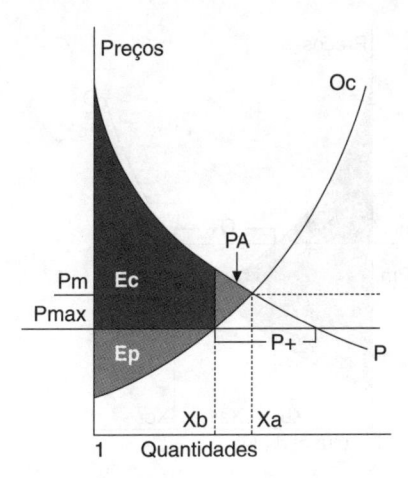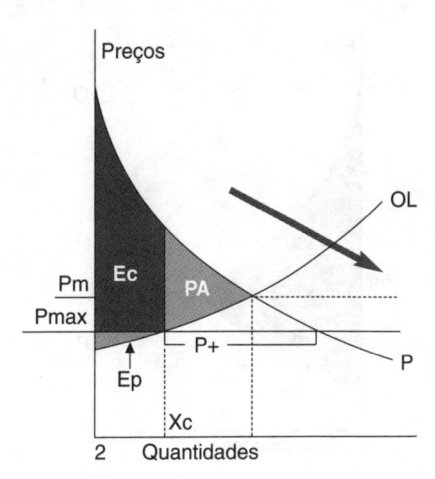

Gráfico 6.9. *Efeito da passagem do tempo (aumento de elasticidade da oferta) nos preços máximos*

1: curto prazo
2: longo prazo
Pm: preço de mercado
Pmax: preço máximo
Oc: oferta de curto prazo (menos elástica)
OL: oferta de longo prazo (mais elástica)
P: procura

Ec: excedente do consumidor
Ep: excedente do produtor
PA: perda absoluta de bem-estar (*deadweight loss*)
P+: excesso de procura (carência) ao Pmax
Xa: quantidade de equilíbrio (maximizadora de bem-estar)
Xb, Xc: quantidades de desequilíbrio (subprodução)

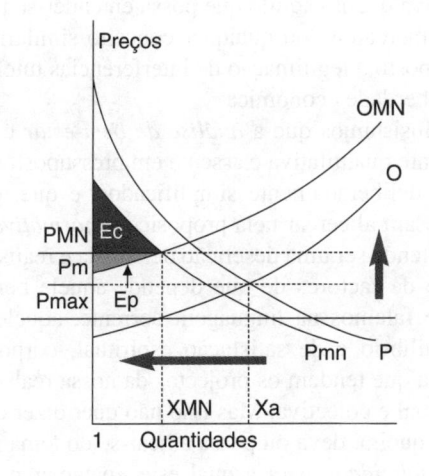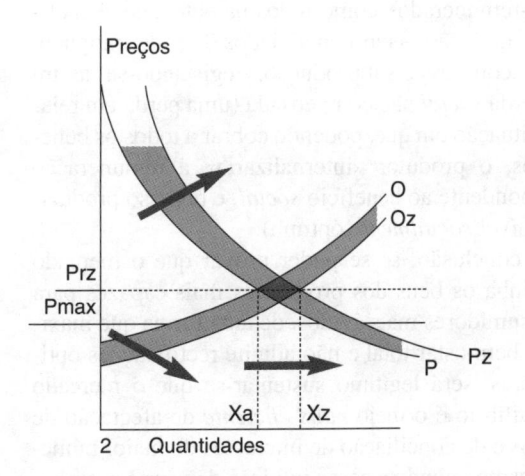

Gráfico 6.10. *O mercado negro e o seu impacto final num mercado sujeito a preços máximos*

1: o caso do mercado negro
2: a situação final com o impacto do mercado negro (mercado «legal» + mercado negro)
Pm: preço de mercado
Pmax: preço máximo
PMN: preço de mercado negro
Prz: preço final = ((Pmax + PMN) / 2) [Prz = Pm]
O: oferta
OMN: oferta no mercado negro

Oz: oferta final = O + OMN
P: procura
Pmn: procura no mercado negro
Pz: procura final = P + Pmn
Ec: excedente do consumidor
Ep: excedente do produtor
Xa: quantidade de equilíbrio inicial
XMN: quantidade transacionada no mercado negro
Xz: quantidade final (correspondente à intersecção de Oz e Pz)

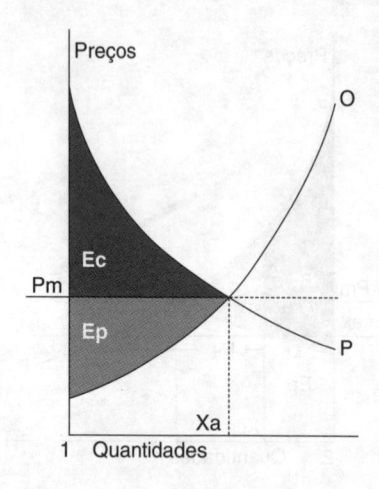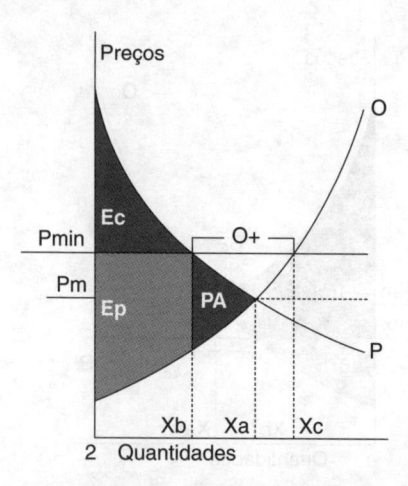

Gráfico 6.11. *Efeito dos preços mínimos sobre o bem-estar*

1: Situação de equilíbrio
2: Imposição de um preço mínimo
Pm: preço de mercado
Pmin: preço mínimo
O: oferta
P: procura
Ec: excedente do consumidor

Ep: excedente do produtor
PA: perda absoluta de bem-estar (*deadweight loss*)
O+: excesso de oferta ao Pmin
Xa: quantidade de equilíbrio (maximizadora de bem-estar)
Xb: quantidade de desequilíbrio (subprodução)
Xc: quantidade (de desequilíbrio) que o produtor quereria
 atingir ao preço mínimo

é «sub-remunerado» como todos os potenciais beneficiários que são «sub-beneficiados», e de ninguém ganhar com essa subprodução, registando-se assim uma perda *social* não compensada (uma perda em relação à situação em que, podendo cobrar a todos os beneficiários, o produtor «internalizaria» a remuneração correspondente ao benefício *social*, e por isso produziria ao nível *socialmente* óptimo).

Em conclusão, se se puder provar que o mercado encaminha os bens dos produtores mais capazes para os consumidores mais ávidos, de uma forma que maximiza o bem-estar total e não admite rectificações optimizadoras, será legítimo sustentar-se que o mercado em equilíbrio é o meio *mais eficiente* de afectação de recursos e de conciliação de interesses do maior número – mesmo quando a nossa intuição demora a percebê-lo e se precipita na detecção de aparentes imperfeições e incongruências, que depois a mecânica do mercado esclarece com toda a simplicidade, o que aliás podemos ilustrar regressando ao nosso conhecido «paradoxo do valor».

Isto alicerça a asserção *normativa* de que o meio abstractamente mais apto para a coordenação da actividade económica é o mercado livre, e por sua vez justifica, ao menos em termos de pura eficiência, a atitude de protecção do funcionamento irrestrito do mercado e de abstenção de interferências, e uma interpretação restritiva quanto àquilo que possa entender-se por «falhas de mercado», ou qualquer conceito similarmente predisposto à legitimação de interferências tutelares sobre a liberdade económica.

Insistamos que a *análise de bem-estar* é essencialmente quantitativa e assente em pressupostos utilitaristas deliberadamente simplificados, e que, embora se possam alicerçar nela proposições *normativas*, ela não pretende ser uma descrição detalhada e realista da miríade de factores de que depende aquele bem-estar de que falamos na linguagem corrente, aquele plano de equilíbrio e de satisfação espiritual, corporal, social para que tendem os projectos da nossa realização individual e colectiva. Mas isso não quer dizer que a ciência queira, deva ou possa alhear-se do tema mais vasto da *felicidade* para a qual este «patamar mínimo» do bem-estar das trocas tão decisivamente contribui (em especial na nossa sociedade ávida e materialista). Essa ponderação da *felicidade* é decisiva em termos políticos, para se aferir o grau «líquido» de satisfação que decorre de decisões colectivas em que os interesses de uns são deferidos e os de outros indeferidos; é decisiva para se encontrar o rumo a que deve subordinar-se o crescimento económico; é decisiva para se determinar o limite de sacrifícios suportáveis nesse rumo; é decisiva para se compreender a intensidade e a generalidade com que se manifestam propensões como a da

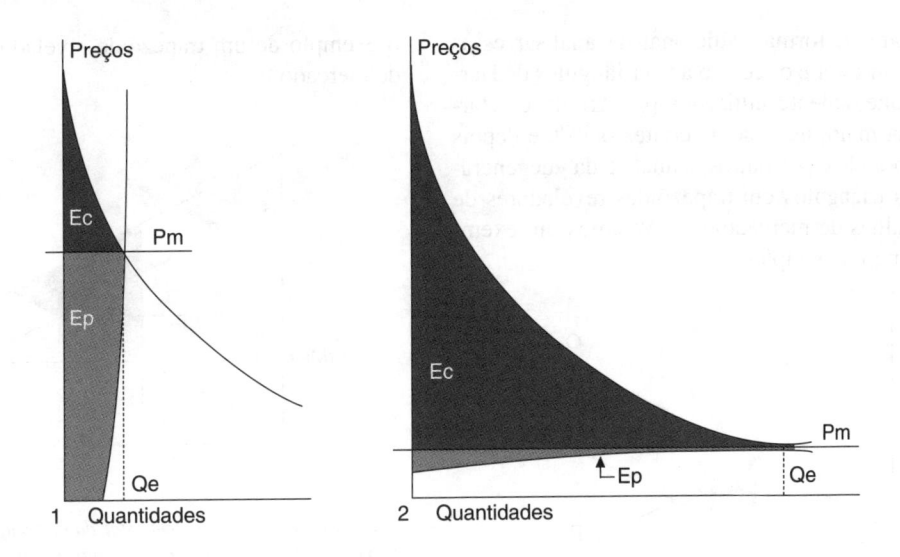

Gráfico 6.12. *Paradoxo do valor*

1: diamantes   Qe: quantidade de equilíbrio
2: água   Ec: excedente do consumidor
Pm: preço de mercado   Ep: excedente do produtor

«aversão ao risco» e a «preferência pelo presente»[1036]; é decisiva para se entender a complexa relação que se estabelece entre a liberdade dos agentes e a sua confiança nas instituições económicas que tolhem essa liberdade; é decisiva ainda, num plano mais vasto, para se aceitar a necessária subordinação dos juízos económicos a valores que a ciência económica não pode, não deve, nem quer encontrar por si mesma, e antes pode, deve e quer acolher e servir – valores de uma *humanidade* que deseja ser feliz, no sentido mais amplo e multiforme que possível seja, aqui neste planeta[1037].

Quando a ciência económica procura humanizar-se, espelhando fielmente as motivações reais dos agentes económicos e colocando-se ao serviço da maximização dos seus interesses, ela reconhece sem qualquer complexo ou hesitação que muitos dos valores que se insinuam na vertente *normativa* dos juízos económicos não são axiomaticamente deriváveis a partir de proposições teóricas centrais e coesas, antes irrompem nos quadros analíticos dos economistas e aí se impõem à consideração do cientista social: se uma sociedade não quer sacrificar a sua democracia em nome da eficiência de uma direcção ditatorial, se um indivíduo não quer

sentir-se a «peça da engrenagem» que aparece fugazmente representada numa estatística de pobreza e de desemprego por entre proclamações das virtualidades regeneradoras do mercado, e antes protesta a sua vontade de não ser o sacrificado por uma lógica colectiva, o indeferido pela sorte de um mecanismo alegadamente cego e impessoal, e proclama antes a sua vontade de ser feliz, a sua vontade de integração, a sua vontade de relevância e de utilidade para com os seus semelhantes, clamando por uma sociedade mais justa – a Economia poderá fornecer-lhes, tanto à sociedade como ao indivíduo, as mais diversas respostas, mas nunca fará bem em ignorá-los, em desprezar o que as suas representações de *felicidade* significam no plano individual ou colectivo de realização. Fazer de outro modo seria trair o propósito inicial da moderna ciência económica, que foi, lembremo-lo, o de colocar-se combativamente ao serviço da emancipação do homem comum e da criação de uma sociedade mais livre e fraterna, proporcionando os meios mais expeditos, mais eficientes, de alcançar essa meta civilizacional[1038].

Explicitemos um dos pressupostos teóricos da forma como representámos, até agora, as «perdas absolutas

[1036] Frey, B.S. & A. Stutzer (2002b), 402-403; Kahneman, D., P.P. Wakker & R. Sarin (1997), 375-405.

[1037] Easterlin, R.A. (1974), 89-125; Easterlin, R.A. (1995), 35-48; Easterlin, R.A. (2001), 465-484; Blanchflower, D.G. & A.J. Oswald (2000); Diener, E. & S. Oishi (2000), 185-218; Kenny, C. (1999), 3-26; Kahneman, D., E. Diener & N. Schwarz (orgs.) (1999); Frey, B.S. & A. Stutzer (2002).

[1038] Frey, B.S. & A. Stutzer (2002b), 428-430.

de bem-estar». A forma tradicional de analisar essas perdas de bem-estar é o recurso aos «triângulos de Harberger», pioneiramente utilizados por Arnold C. Harberger numa multiplicidade de contextos[1039], e depois alargados, por ele e por outros, à análise da «degeneração» desses triângulos em trapezóides reveladores de diversas «falhas de mercado»[1040]. Vejamos um exemplo de «triângulo» simples:

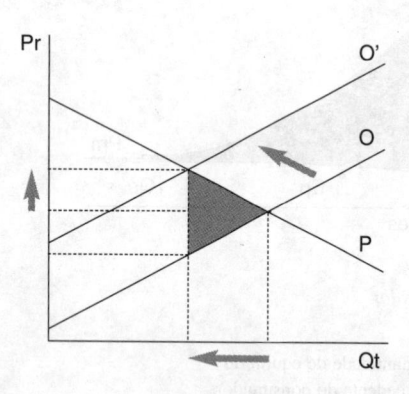

Gráfico 6.13. *Triângulo de Harberger (por exemplo, uma retracção de oferta por efeito de um imposto, que provoca uma «deadweight loss»)*[1041]

Pr: preços   O: oferta
Qt: quantidades   O': oferta após a retracção
P: procura

O recurso aos «triângulos de Harberger» só tem sido mitigado por considerações de equilíbrio geral, ou seja, pelo reconhecimento de que as ramificações e interdependências entre mercados podem fazer com que um desequilíbrio particular tenha efeitos positivos no reequilíbrio noutro sector[1042]. Além disso, a curva da procura nestes «triângulos» não representa em bom rigor a procura marshalliana, visto que essa curva da procura incorpora já todos os efeitos de tributação e de transferências que atinjam os particulares[1043]. Vejamos agora

o exemplo de um trapezóide revelador de uma «falha de mercado»:

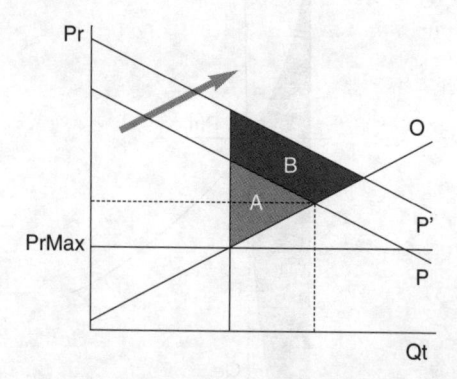

Gráfico 6.14. *Efeitos de bem-estar da deslocação da procura num mercado distorcido por um preço máximo (à «deadweight loss» A junta-se a «deadweight loss» B, resultante da expansão da procura daqueles que migram de sectores sem preços máximos para o sector com preços máximos)*[1044].

Pr: preços   P: procura
Qt: quantidades   P': procura expandida
PrMax: preço máximo   O: oferta

Hoje os «triângulos de Harberger» são empregues na análise de diversos fenómenos de ineficiências e distorções no mercado, na regulação pública[1045], na provisão de bens públicos[1046], na gestão ambiental[1047], na análise custo-benefício[1048], e numa variedade de ambientes propiciadores de atitudes de oportunismo e captura de renda[1049]. Em todos estes casos se reconhece, todavia, que medir o excedente do consumidor como a área inferior à curva da procura pode ser por vezes demasiado simplificador, sobretudo quando se escamoteia o facto de o próprio rendimento dos consumidores se alterar com as variações de preços – havendo, contudo, quem sustente que o efeito-rendimento é suficientemente diminuto para poder ser ignorado[1050].

[1039] Harberger, A.C. (1964), 58-76; Harberger, A.C. (1964b), 25-70. Cfr. ainda: Harberger, A.C. (1954), 77-87; Harberger, A.C. (1959), 134--146; Harberger, A.C. (1966), 107-117; Harberger, A.C. (1971), 785-797; Hines Jr., J.R. (1999), 167ss..

[1040] Sobre a génese da expressão, cfr. Auerbach, A.J. & H.S. Rosen (1997), 301-322. Hines Jr., J.R. (1999), 185ss.; King, M.A. (1983), 183--214; Rosenberg, L.G. (1969), 123-184.

[1041] Hines Jr., J.R. (1999), 169.

[1042] Corlett, W.J. & D.C. Hague (1953), 21-30; Lipsey, R.G. & K. Lancaster (1956), 11-32.

[1043] Diewert, W.E. (1976b), 143-152; McKenzie, G.W. & I.F. Pearce (1976), 465-468; Shoven, J. (1976), 1261-1283.

[1044] Hines Jr., J.R. (1999), 180. Veja-se uma aplicação em: Browning, E.K. (1975), 243-252.

[1045] Laffont, J.-J. & J. Tirole (1993); Laffont, J.-J. (1994), 507-537.

[1046] Atkinson, A.B. & N.H. Stern (1974), 119-128.

[1047] Bovenberg, A.L. & R.A. De Mooij (1994), 1085-1089.

[1048] Drèze, J. & N. Stern (1990), 1-45.

[1049] Krueger, A.O. (1974), 291-303; Posner, R.A. (1975), 807-827; Tullock, G. (1967), 224-232.

[1050] Willig, R.D. (1976), 589-597; Rosen, H.S. (2002), 51.

Ainda que haja muitas, e diversificadas, razões para se contestar a forma como Harberger calculava a «*deadweight loss*» resultante do poder de mercado[1051], a sua intuição parece ainda decisiva para tornar transparente o escopo analítico através do qual se apurará o que é mais relevante, se a perda absoluta de bem-estar total se a perda de excedente do consumidor, se a questão da eficiência global ou se os problemas de repartição advenientes da captura de bem-estar entre as partes envolvidas nas transacções – sem esquecer o valor inequivocamente negativo de qualquer perda de excedente do consumidor, mesmo que se trate de mera «transferência de bem-estar» a favor dos produtores, não só porque, como já referimos, o valor dominante nas trocas deve ser em última análise o do bem-estar do consumidor[1052] como também porque são perdidos os recursos gastos no esforço de «*rent-seeking*» no seio das transacções, numa dissipação que lenta e penosamente conduz ao equilíbrio no mercado dessas «rendas»[1053].

6 – g) Eficiência de Pareto

Uma das formas de aferir a simples *eficiência total* da economia é precisamente a de relacioná-la com os seus resultados em termos de maximização do bem-estar. Recorrendo-se a ensinamentos do sociólogo e economista Vilfredo Pareto [1848-1923], designa-se um estado de eficiência máxima da economia como uma situação de «eficiência de Pareto», querendo com isso significar-se que, encontrado o grau máximo de bem-estar total agregado, de somatório de todos os excedentes dos consumidores e de todos os excedentes dos produtores, não seria possível aumentar-se o bem-estar de alguém sem se sacrificar o bem-estar de outrem – uma situação limite em que já não seria possível uma «soma positiva» em resultado das trocas, e se instala uma «soma zero» que implica a perda de uns como condição necessária do ganho dos outros[1054] – e que implica também, por isso, a impossibilidade de deslocação unânime para outra afectação de recursos[1055].

Essa «eficiência de Pareto», também por vezes designada como «óptimo de Pareto»[1056], reclama por sua vez a verificação cumulativa de três requisitos:

1. a eficiência nas trocas – significando-se com isso que, afectados recursos e distribuídos os produtos através das trocas, eles foram parar às mãos daqueles que tinham maior disposição de pagar por eles, e que portanto não é possível aumentar-se o bem-estar total agregado através de uma continuação das trocas: tendo pois as trocas, do ponto de vista da estrita eficiência, esgotado o seu papel;
2. a eficiência na produção – o que equivale a dizer-se que a economia se encontra na sua *fronteira de possibilidades de produção*, e que, dada a afectação plena de recursos, o pleno emprego, não é possível produzir mais de um bem sem produzir menos de outro bem, porque isso implicaria a reafectação de recursos já empregados;
3. a eficiência na criação da combinação de produtos correspondente às preferências reveladas dos consumidores – requisito que implica que o mecanismo de preços tenha desempenhado em pleno as suas funções, assegurando que o ponto da fronteira de possibilidades de produção em que se encontra a economia reflecte as prioridades e a proporção das preferências entre bens que os consumidores revelam através das suas diferentes disposições de pagar.

Note-se, também aqui, que a verificação de uma situação de «eficiência paretiana» apenas nos informa acerca da *eficiência* atingida, mas nada nos revela quanto à *justiça* do resultado alcançado. Os desfechos da concorrência nos mercados – e mormente no mercado dos factores – podem ser moral ou politicamente indesejáveis, reclamando rectificações que são ostensivamente lesivas do «óptimo de Pareto», já que qualquer esforço redistributivo assumidamente se esforça por aumentar o bem-estar dos mais pobres *à custa* do bem-estar dos mais ricos, promovendo simultaneamente, como num «jogo de soma nula», os ganhos de uns e as perdas de outros.

A indiferença do «óptimo de Pareto» por questões de justiça na repartição torna evidentemente necessário que se complemente esse critério com outros, o que desde cedo foi percebido pela análise económica[1057] – embora

---

1051 Cowling, K. & D.C. Mueller (1978), 727-748; Ferguson, P.R. & G.J. Ferguson (1994), 88-95; Masson, R.T. & J. Shaanan (1984), 520--535; Viscusi, W.K., J.M. Vernon & J.E. Harrington Jr. (2000), 86-88.

1052 Baker, J.B. (2003), 44ss.; Lande, R. (1982), 65-151; Lande, R. (1989), 631-644; Roberts, G.L. & S.C. Salop (1996), 4-17.

1053 Cowling, K. & D.C. Mueller (1981), 721-725; Posner, R.A. (1975), 807-828; Salop, S.C. (1979c), 335-338; Tullock, G. (1967), 224--232; Williamson, O.E. (1967b), 85-116.

1054 Bruni, L. (2002).

1055 Putterman, L., J.E. Roemer & J. Silvestre (1998), 863.

1056 Santos, J.C. (1993), 41-60, 63ss..

1057 Bergson, A. (1938), 310-334; Samuelson, P.A. (1947).

cedo se chegasse também ao «teorema da impossibilidade», formulado por Kenneth Arrow, que fundamentalmente demonstrava a insusceptibilidade de verificação simultânea de condições como: 1) a eficiência de Pareto, 2) a ausência de ditadura, 3) a independência[1058] e 4) o domínio irrestrito[1059/1060]. Isso trouxe logo implicações negativas para a esperança de que a ciência económica perseverasse como apoio inequívoco à preservação de condições de liberdade política, já que o «teorema da impossibilidade» insinuava que esta não poderia ser compatibilizada com a insistência em critérios de eficiência paretiana[1061] – razão que levou muitos a advogarem uma reformulação, uma recaracterização, da «análise de bem-estar» de forma a torná-la mais compatível com a tradição liberal, ou até libertária[1062], de que o núcleo neoclássico, afinal, nunca se tinha mantido muito afastado[1063].

Os incrementos que conduzem a esse limite de eficiência, também designados como «melhorias paretianas», afinal a cumulação das «somas positivas», do «bem-estar total», gerados em cada troca[1064], promovem a eficiência e colocam a economia num ponto da fronteira de possibilidades de produção – no qual se consuma o potencial de realização da economia, mas no qual surgem, por causa disso, problemas dilemáticos que se prendem com essa chegada ao limite. Dado que nesse limite a afectação de recursos está já maximizada, tudo o que pode ser empregue na produção de uma determinada combinação de produtos está efectivamente a ser empregue, e pressupõe-se que com minimização dos custos. Por isso, se porventura se alteram as solicitações que mobilizam essa afectação máxima, pode cair-se num impasse, numa armadilha de eficiência.

Imagine-se, por exemplo, que todos os recursos nacionais foram já despendidos, e que de súbito ocorre uma calamidade, a requerer a reafectação desses recursos às prioridades criadas pela emergência: que pode fazer um país que já gastou tudo? Poderá recorrer ao financiamento internacional, porventura; mas se essa via estiver vedada, por alguma razão? Talvez possamos ilustrar o problema de forma mais sugestiva se mudarmos de âmbito:

suponha-se que todos os recursos médicos e hospitalares estão, num determinado momento, utilizados no limite de capacidade, numa situação de óptimo paretiano, e que nesse mesmo momento surge um número reduzido de pacientes afectados por uma doença nova que pode ser mortal se não se iniciar imediatamente um tratamento caríssimo, com internamento hospitalar. Que fazer então? Abandonar tudo para salvá-los, expulsar das suas camas hospitalares doentes menos graves (mas que correrão risco de vida sem o atendimento hospitalar), deixar de financiar projectos de investigação de longo prazo para comprar os medicamentos necessários, abandonar obras de conservação ou de melhoramento no hospital, suspender durante alguns dias as intervenções cirúrgicas menos urgentes ou mais custosas, cancelar a encomenda de uma nova ambulância? Ou antes, manter as anteriores prioridades e condenar aqueles novos doentes, para não perturbar o já alcançado *óptimo paretiano*?[1065] Observar-se-á que o problema só surge porque o limite fora já atingido: numa posição aquém da capacidade máxima, ainda era possível acorrer às situações novas sem reafectar recursos, ainda era possível a expansão concomitante de todos os sectores em causa, em direcção à fronteira das possibilidades de produção: ainda era possível uma *melhoria paretiana*, no sentido de o bem-estar de todos poder ser conjugadamente aumentado, e não ter que haver o sacrifício de uns para benefício de outros.

Nada disto significa, por sua vez, que os desígnios da justiça reclamem a eficiência em holocausto, ou que recomendem o abandono dos mercados concorrenciais. Uma coisa é redistribuir a riqueza criada de acordo com prioridades sociais, outra é interferir no processo de criação dessa riqueza, ainda que, como já referimos, os dois aspectos se entrecruzem no plano dos incentivos – já que muita da motivação para produzir em contextos concorrenciais deriva do intuito de enriquecimento individual à margem de qualquer preocupação de justiça –, e das conexões de ambos os aspectos possam decorrer graves perversões de objectivos: por exemplo, já vimos que a interferência em preços relativos para alcançar objectivos redistributivos, como

1058 A capacidade de concentrar as escolhas num conjunto perfeitamente delimitado de alternativas. Sen, A.K. (1999), 352.

1059 No sentido de cada uma das escolhas sociais ser, em si mesma, uma ordenação completa de preferências. Black, D. (1948), 245-261, Sen, A.K. (1999), 352; Sen, A.K. & P.K. Pattanaik (1969), 178-202.

1060 Barberá , S. (1980), 13-16; Barberá , S. (1983), 31-35; Binmore, K. (1994); Blau, J.H. (1972), 61-67; Fishburn, P.C. (1973); Kelly, J.S. (1978); Sen, A.K. (1979b), 537-558; Sen, A.K. (1993c), 495-521; Wilson, R. (1975), 89-99.

1061 Sen, A.K. (1970c), 152-157; Sen, A.K. (1976c), 217-245. Cfr. ainda: Nozick, R. (1974); Deb, R. (1994), 167-178; Fleurbaey, M. & W. Gaertner (1996), 54-66; Gaertner, W., P.K. Pattanaik & K. Suzumura (1992), 161-178; Gärdenfors, P. (1981), 341-356; Steiner, H. (1990), 391-408; Sugden, R. (1981); Sugden, R. (1985), 213-229; Sugden, R. (1993), 1947-1962; Pattanaik, P.K. (1996), 38-53; Suzumura, K. (1996), 20-37.

1062 Sen, A.K. (1982b), 113-132; Sen, A.K. (1997c), 745-780; Hammond, P.J. (1997), 82-95; Kanger, S. (1985), 71-78; Van Hees, M. (1996), 81-95.

1063 Buchanan, J.M. (1986); Hayek, F.A. (1960); Knight, F. (1982).

1064 Facchini, G. & G. Willmann (2001), 207-215.

1065 Ham, C. & S. Pickard (1998).

sucede em muitas das intervenções estaduais que fixam preços máximos ou mínimos, tende a causar muito mais danos ao nível da eficiência e da própria justiça (se percebermos que as situações de carência absoluta são profundamente injustas) do que os ganhos que consegue alcançar a nível especificamente redistributivo.

A principal relevância política da *análise de bem-estar*, insistamos, reside na possibilidade de fornecer critérios mínimos de decisão colectiva, critérios que apontam para a simples eficiência maximizadora, e que por isso podem servir de base efectiva a todo o género de rumos sociais que as ideologias dominantes façam preponderar na formação da vontade colectiva – um pouco como se disséssemos: até aqui alargámos objectivamente o valor total de bem-estar que os recursos socialmente disponíveis permitiam gerar, fomos até a um limite ou aproximámo-nos dele, a partir daqui cabe aos membros da sociedade definirem o que vale a pena fazer *para lá* desse «óptimo» que é instrumental, seja redistribuir recursos por forma a aumentar a coesão social, seja intensificar o esforço de expansão das possibilidades de se alcançar um outro «óptimo», seja aquilo que for que a liberdade política possa legitimamente determinar[1066].

6 – h) Perdas de bem-estar resultantes dos impostos

> *"Quando um imposto sobre uma mercadoria é tão moderado que nem sequer incita à evasão, o mercador em questão, embora pague o imposto, não o paga propriamente já que o recupera no preço da mercadoria. O imposto é finalmente pago pelo último comprador ou consumidor"* – Adam Smith[1067].

Uma das vias mais directas para demonstrarmos que as interferências no mercado podem ter um impacto negativo no bem-estar será a de analisarmos as consequências, nesta sede, da existência de impostos. Vimos já que a incidência do imposto, e até a direcção da incidência em função da elasticidade das partes envolvidas nas manifestações de riqueza sobre que recai o imposto, há-de consistir essencialmente numa diminuição do rendimento do sujeito (ou sujeitos) de imposto em favor do credor desse imposto, com a perda do bem-estar que aquele rendimento assegurasse: ficam pior os compradores que, por causa do imposto, têm que pagar mais do que aquilo de outro modo pagariam; ficam pior os vendedores que, pela mesma razão, recebem menos do que aquilo que receberiam:

– quanto aos preços, o imposto é a *clivagem* entre o custo para os compradores e o rendimento para os vendedores, sendo que o imposto limita os planos maximizadores tanto de uns como de outros;
– no que respeita às quantidades, porque provoca deslocações no sentido da contracção, seja da escala da oferta – que perde algum do incentivo com a aparente queda dos preços –, seja da da procura – que é igualmente desincentivada pela subida aparente dos preços –, seja de ambas, o imposto é o correspondente à diferença entre o volume de transacções de equilíbrio e aquele que acaba por verificar-se efectivamente, e que espelha uma *retracção absoluta* do mercado.

Resta saber, para se alcançar uma visão completa do efeito dos impostos no bem-estar, se o ganho de eficiência que para o Estado resulta da receita dos impostos compensa, ou não, a perda de excedente total que se regista no mercado – embora seja legítimo prever, por aquilo que já sabemos, que a conclusão vá no sentido de que existe uma perda de eficiência não compensada, de que os ganhos para o Estado são inferiores às perdas para os contribuintes.

Quanto aos totais de bem-estar que adviriam para vendedores e compradores do estabelecimento de uma relação equilibrada «preço-quantidade», basta-nos recordarmos o que acabámos de dizer relativamente a excedente do produtor, excedente do consumidor e à soma de ambos. E quanto ao total que pode ser retirado pelo Estado em consequência do imposto? Poderá ele ser exactamente igual àquilo que vendedores e compradores perdem em termos de excedente, ou dar-se-á o caso de existir uma perda de eficiência que não aproveita a ninguém (aquilo que na doutrina aparece normalmente designado por «perda absoluta de bem-estar», «*deadweight loss*»)?

Se pensarmos na hipótese de um imposto indirecto, o rendimento obtido pelo Estado será necessariamente o produto do imposto pelo volume das transacções sobre que o imposto incide, o produto de uma taxa de imposto pela quantidade de unidades tributadas. O imposto por unidade transaccionada é precisamente correspondente à perda de «excedente» que se verifica em cada transacção tributada, e nesse aspecto não existe uma perda absoluta de eficiência.

O problema está em que o imposto provoca, como vimos, uma retracção do mercado, e que por essa razão o número de unidades transaccionadas, e tributadas, é menor do que o número de transacções que ocorreria

[1066] Kaplow, L. & S. Shavell (2002).
[1067] Smith, A. (1976b), 553-554 (=II, 87).

sem imposto. O imposto gera, como dissemos, uma clivagem entre aquilo que o comprador paga – o preço que inclui o imposto repercutido – e aquilo que o vendedor recebe – o preço descontado do imposto, que ele tem que fazer reverter para o Estado –, ou seja um hiato entre *custo marginal* para a procura e *benefício marginal* para a oferta[1068]. Se essa clivagem é superior ao montante do bem-estar total resultante da transacção, ela deixa de justificar-se racionalmente e por isso deixa de se realizar – salvo se se verificar, tanto do lado da oferta como do da procura, uma inelasticidade absoluta às variações de preços.

Ora, porque só pode, evidentemente, incidir sobre transacções efectivamente ocorridas e porque o número de transacções diminui por causa dele, o imposto não pode gerar uma receita correspondente à perda de excedente total que ele provoca. Mesmo que o Estado tivesse a maior eficiência na aplicação das receitas tributárias para fins de promoção do bem-estar dos próprios tributados, do «peso morto» desta primeira ineficiência jamais se livraria.

Dito por outras palavras, mesmo que não hesitemos em redefinir bem-estar total como a soma não só dos excedentes do lado da oferta e da procura como também da receita do imposto, faltará sempre a essa soma o excedente marginal que resultaria do aumento de volume de transacções até à quantidade de equilíbrio de mercado – o excedente que se geraria se não tivesse havido interferência nos incentivos para se continuar a transaccionar.

O problema pode ser ilustrado em termos de produtores e de consumidores «marginais», ou seja, daqueles que transaccionariam antes de haver imposto, e que depois de ele aparecer abandonam o mercado, pura e simplesmente – sendo produtores e consumidores marginais, lembremo-lo, aqueles que só conseguem manter-se no mercado um pouco acima ou um pouco abaixo do preço de equilíbrio, respectivamente, e que por isso são expulsos do mercado por quaisquer perturbações no preço de equilíbrio.

Suponhamos que estou disposto a pagar 11 mil Euros pelo meu retrato, que encontro um pintor disposto a executar esse retrato por 9 mil Euros, e que acordamos num preço de 10 mil Euros: o meu excedente do consumidor será de mil Euros, será do mesmo montante o excedente do produtor, perfazendo pois um bem-estar total de 2 mil Euros. Suponhamos agora duas hipóteses. Na primeira o imposto é de mil Euros; na segunda o valor do imposto é de 3 mil Euros.

1.ª hipótese (1.000 Euros):

– se porventura a carga económica do imposto devesse ser suportada integralmente por mim – ou por ser eu o devedor formal e não haver possibilidade de repercussão, ou ainda por ter sido repercutido sobre mim o imposto formalmente devido pelo pintor –, isso implicaria da minha parte o pagamento de 11 mil Euros, o que ainda coincidiria com a minha disposição de pagar;

– se a carga tributária recaísse exclusivamente sobre o pintor, isso significaria que ele ficaria com a remuneração *líquida* de 9 mil Euros, o que ainda coincidiria com a sua disposição mínima de vender;

– se porventura a carga tributária fosse igualitariamente repartida entre ambas as partes, isso significaria para mim o pagamento de 10.500 Euros pelo retrato, recebendo o pintor apenas 9.500 Euros – neste caso, abertamente dentro do intervalo que medeia entre a minha disposição de pagar e a disposição de vender do pintor;

– neste caso, a transacção ainda ocorreria, embora o bem-estar total remanescente, líquido de imposto, diminuísse por um valor correspondente ao do imposto: era inicialmente de 2 mil Euros, passou a ser de 1.000 Euros apenas;

– contudo, a transacção ainda se faria, visto haver bem-estar total gerado pela troca; e, realizando-se a transacção, o imposto seria efectivamente cobrado;

– dir-se-ia, em suma, que nesta primeira hipótese ocorreu uma simples «*transferência de bem-estar*», visto que a perda de bem-estar para as partes corresponde ao ganho de bem-estar para o credor de imposto.

2.ª hipótese (3.000 Euros):

– se porventura a carga económica do imposto devesse ser suportada integralmente por mim – ou por ser eu o devedor formal e não haver possibilidade de repercussão, ou ainda por ter sido repercutido sobre mim o imposto formalmente devido pelo pintor –, isso implicaria da minha parte o pagamento de 13 mil Euros, o que estaria acima da minha disposição de pagar;

– se a carga tributária recaísse exclusivamente sobre o pintor, isso significaria que ele ficaria apenas com a remuneração *líquida* de 7 mil Euros, abaixo da sua disposição de vender;

– para eu convencer o retratista a executar o quadro, teria *no mínimo* de fazer com que ele recebesse 9 mil Euros, mas isso implicaria que eu pagasse 12 mil Euros, o que novamente excederia a minha disposição de pagar;

– para o retratista me convencer a manter a encomenda, teria que evitar que eu pagasse mais do que 11 mil Euros, mas isso significaria que a remuneração dele des-

---

[1068] Designa-se por «*Tax Wedge*» essa diferença, provocada pelos impostos, entre aquilo que os consumidores pagam e aquilo que os produtores recebem. Rosen, H.S. (2002), 261.

cesse para 8 mil Euros, igualmente abaixo da sua disposição de vender;
– e mesmo que a carga fosse igualitariamente repartida entre ambas as partes, isso implicaria que eu pagasse 11.500 Euros pelo retrato, e o pintor recebesse apenas 8500 Euros – em ambos os casos, novamente *fora do âmbito* da disposição de transaccionar de ambos.

Em resultado do imposto, deixávamos nesta segunda hipótese de ter incentivo para a realização e para a compra do retrato. Os 2 mil Euros de excedente total que tínhamos visto associados ao preço de equilíbrio perder-se-iam, para mim e para o retratista; mas, como é particularmente claro nesta situação marginal, nenhuma receita de imposto viria substituir essa perda de excedente total, pela muito simples razão de que, não tendo chegado a ocorrer a transacção, não haveria lugar ao imposto, sendo zero a receita apurada. Não ocorreria qualquer *transferência de bem-estar*.

Num caso destes, a perda de excedente total seria uma *pura perda*, uma perda de bem-estar que ficaria por compensar, e que portanto, para todos os efeitos, seria irreversível, irrecuperável. Ocorreria então uma «perda absoluta de bem-estar».

Esta uma das razões pelas quais o «comércio electrónico» ganha por vezes contornos tão anárquicos e refractários a toda a regulação, e também a razão pela qual, apesar dos receios que muitos credores de imposto, a nível internacional, estadual e local, têm de que a expansão da Internet represente uma erosão da receita fiscal, tem havido uma pressão política e económica muito forte no sentido do adiamento da tributação do «*e-commerce*»[1069]: é a convicção de que, num mercado nascente, no qual pululam miríades de pequenas transacções com margens de «bem-estar total» presumivelmente muito baixas, a introdução generalizada da tributação poderia ter efeitos de «*deadweight loss*» extensíssimos, tão extensos que possivelmente a tributação nem sequer seria compensadora para os credores desse novo imposto[1070] – isto sem contar com o facto de necessidades de praticabilidade do imposto conduzirem muito plausivelmente a solução normativa para uma tributação exclusiva dos vendedores (independentemente da capacidade de repercussão do imposto), criando o risco de um aumento do peso tributário através da tributação em cascata[1071]. Além disso, o imposto iria travar o efeito multiplicador que pode advir das «externalidades de rede», no caso de se optar pela tributação do acesso à rede – podendo até prever-se uma ampliação *dinâmica* das «perdas absolutas de bem-estar», em casos em que mercados inteiros deixariam de se formar localmente (por exemplo, o mercado pro-

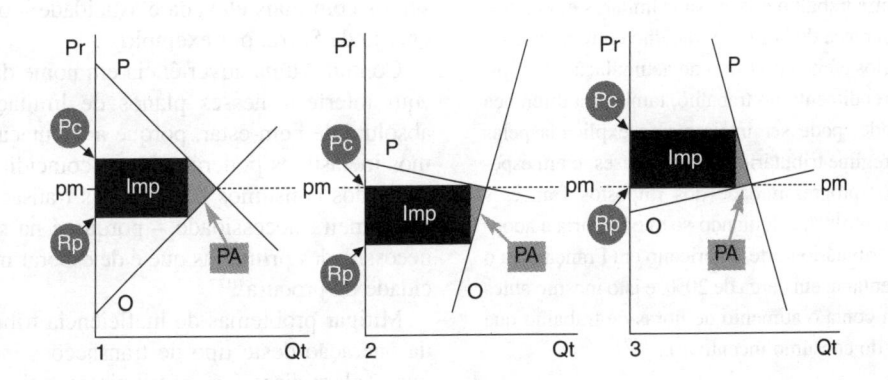

Gráfico 6.15. *Repercussão do imposto e perda de bem-estar*

Pr: preços
Qt: quantidades
pm: preço de mercado
O: oferta
P: procura
Imp: imposto cobrado
Pc: preço pago pelo consumidor
Rp: preço recebido pelo produtor (= Pc – Imp)

PA: perda absoluta de bem-estar (*deadweight loss*)
1: O e P elásticas e com o mesmo grau de elasticidade = PA elevada, produtor e consumidor partilham a carga do imposto
2: O mais inelástica do que P = PA reduzida, o imposto é absorvido quase totalmente pelo produtor
3: P mais inelástica do que O = PA ainda reduzida, o imposto é repercutido quase totalmente sobre o consumidor

[1069] Goolsbee, A. (2001), 22; Goolsbee, A. & J. Zittrain (1999), 413-428.
[1070] Goolsbee, A. (2001), 13.
[1071] Dadas as dificuldades burocráticas inerentes à tributação do *valor acrescentado* em transacções a nível mundial. Cfr. Varian, Hal R. (2000b), 639-651.

piciado pelo acesso a serviços da «Internet de banda larga»)[1072/1073].

A denúncia deste «pecado original» não significa a condenação económica do sistema tributário, até pela elementar razão de que não há verdadeira alternativa para ele – mas implica que deva levar-se em conta a perda inevitável de eficiência que está associada à existência dos impostos, uma perda que, para mais, se vai agravando à medida que aumenta a carga tributária, e que por sinal cresce mais do que proporcionalmente ao agravamento dos impostos.

Em termos muito simples, o efeito desincentivador do imposto faz com que seja impossível ao Estado recolocar eficientemente a Economia no nível de bem-estar que existia antes do imposto; o imposto impede que compradores e vendedores maximizem os ganhos que obteriam pelo prosseguimento das trocas mutuamente vantajosas, mas também não faculta por si mesmo ao Estado a possibilidade de unilateralmente recompor o efeito da perda desses incentivos no mercado.

Consideremos, por exemplo, que a produtividade por adulto atinge, em França, cerca de 70% do nível dos Estados Unidos – sendo a razão mais evidente para o facto a circunstância de as horas de trabalho por adulto em França serem também cerca de 70% do nível correspondente nos Estados Unidos. Pressupondo-se que as taxas marginais de substituição entre trabalho e lazer são similares em ambos os países, a diferença de horas de trabalho entre ambos (e, amplificada pelos efeitos do ritmo de acumulação de capital através do rendimento do trabalho, também a diferença de produtividade) pode ser inteiramente explicada pelas diferenças de regime tributário nos dois países, e em especial pela maior progressividade dos impostos franceses sobre o rendimento[1074], calculando-se que bastaria a adopção do regime tributário norte-americano em França para o consumo aumentar aí em cerca de 20%, e isto mesmo antes de se levar em conta o aumento de horas de trabalho que essa expansão do consumo incentivaria![1075]

Veremos aliás que este é um dos pontos que pode tornar fascinante a análise macroeconómica, porque de opções elementares como a da escolha do peso tributário podem resultar directa, literalmente, consequências que afectam a riqueza que colectivamente fica disponível, afectando o nível de oportunidades aproveitadas e perdidas[1076].

Nada disto impede que, reconhecendo-se a existência do efeito de «deadweight loss», se proceda a uma modulação dos impostos que tente minimizar essa ineficiência. Pense-se, por exemplo, que, por definição, a pura perda de bem-estar, resultando de um efeito de retracção do mercado, será tanto maior quanto maior for a elasticidade-preço de qualquer das partes, ou de ambas, e será tanto menor quanto mais se verificar a inelasticidade-preço do lado da oferta e do lado da procura. Um Estado que queira minimizar o impacto dos impostos no bem-estar total deverá pois procurar concentrar a carga tributária naqueles mercados em que a procura e a oferta sejam menos susceptíveis de se retraírem, e onde por isso menos possível se torna a ocorrência de uma quebra no volume de transacções – a tal quebra que torna irrecuperável a perda do excedente total.

No limite, só um Estado que fizesse incidir os impostos exclusivamente sobre situações de rigidez total conseguiria libertar-se de tais efeitos de pura perda – com a vantagem adicional de essa rigidez às variações de preços contrariar a repercussão do imposto. Essa a razão pela qual o consumo de combustíveis é tão pesadamente tributado – porque a procura de combustíveis é muito inelástica – e é tão ligeira a tributação de consumos com mais elevada elasticidade – o consumo do Queijo da Serra, por exemplo –.

Contudo, uma advertência em nome da justiça vem aqui interferir nesses planos de limitação da perda absoluta de bem-estar, porque a tributação dos consumos inelásticos poderá tender a coincidir com a tributação dos consumos básicos, das transacções de bens de primeira necessidade – porque é na satisfação das necessidades primárias que é de esperar maior inelasticidade da procura[1077].

Mitigar problemas de ineficiência tributária através da oneração deste tipo de transacções inelásticas, nas quais, além disso, os contribuintes mais pobres costumam despender uma percentagem do seu rendimento pessoal muito mais elevada do que os contribuintes mais ricos pode ser uma solução muito pior do que o próprio problema que a suscita[1078].

[1072] Goolsbee, A. (2001), 20.

[1073] Pense-se no quanto a globalização é fortemente propiciada com o advento das novas tecnologias, mormente com a «revolução informática». Cfr. Rauch, J.E. & V. Trindade (2003), 775ss..

[1074] Prescott, E.C. (2002), 1-15.

[1075] Lucas Jr., R.E. (2003), 2.

[1076] Lucas Jr., R.E. (2003), 3.

[1077] Para uma aplicação dos conceitos de elasticidade-preço e de elasticidade-rendimento à modelação dos impostos indirectos, cfr. Vasques, S. (2001), 51ss..

[1078] Além disso, os pressupostos «walrasianos» de tal ideia devem ser modificados de modo a abarcarem as especialidades suscitadas pelos fenómenos de «poder de mercado». Cfr. Silvestre, J. (1993), 105-141; Silvestre, J. (1995), 319-356.

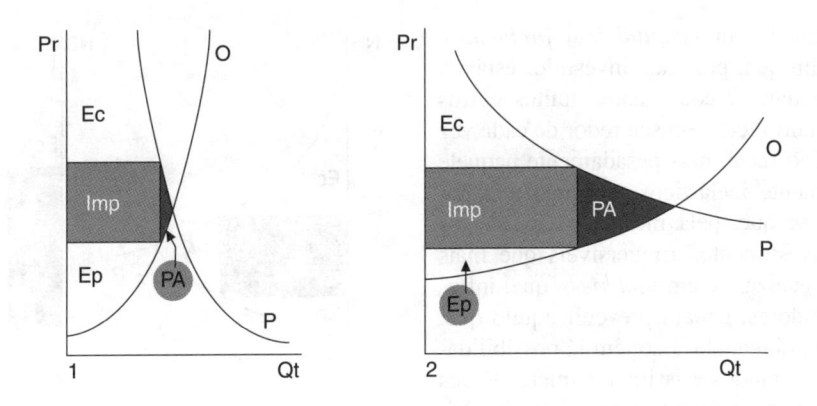

Gráfico 6.16. *Aumento de «deadweight loss» com a elasticidade*

1: elevada inelasticidade de oferta e procura (ex.: mercado de produtos agrícolas de primeira necessidade)
2: elevada elasticidade de oferta e procura (ex.: mercado de bens secundários para os quais existem sucedâneos)
Pr: preços
Qt: quantidades

O: oferta
P: procura
Ec: excedente do consumidor
Ep: excedente do produtor
Imp: imposto que recai sobre as trocas
PA: perda absoluta de bem-estar (*deadweight loss*)

– Associa-se estes problemas à noção de «Regra de Ramsey», ou «regra da elasticidade inversa», a ideia de que, para se diminuir o *«excess burden»* da tributação, a ineficiência resultante das perdas absolutas de bem-estar, os impostos deveriam incidir particularmente nos factores com oferta mais inelástica[1079/1080].

– Como um corolário desta «Regra de Ramsey», a tributação óptima (aquela que causaria um mínimo de *«excess burden»*), seria a que fosse capaz de tributar o lazer – bloqueando aquela elasticidade do trabalho, do esforço produtivo, que resulta de existir um «efeito de substituição» do trabalho por lazer –. Tal não sendo imediatamente possível, é no entanto possível tributar-se os bens complementares do lazer, isto é, tributar mais pesadamente os bens cujo consumo apareça fortemente associado ao lazer (jogos, férias, por exemplo), de modo a aumentar a rigidez do esforço produtivo[1081].

– O ponto tem crescente relevância pelo facto de não apenas a antecipação da idade de reforma e o prolongamento da esperança de vida permitirem prefigurar mais extensos períodos de lazer e de disponibilidade para a prossecução de esforços de auto-realização, mas também pelo facto de isso ser parcialmente propiciado pela progressiva diminuição da duração do trabalho daqueles que se encontram empregados[1082].

Muito do que fica dito deveria também ser complementado por toda uma série de observações e ressalvas, em nome do realismo. Por exemplo, o agravamento da perda absoluta de bem-estar pode ser um – entre vários – dos incentivos à evasão fiscal e à multiplicação de formas clandestinas de transacção na economia paralela, se as consequências da detecção, ponderadas pelo respectivo risco, forem de valor inferior ao excedente marginal que as partes deixam de receber, o equivalente ao imposto pago *mais* a pura perda de bem-estar.

Pense-se, por exemplo, como é tentador tributar-se pesadamente os investimentos irrecuperáveis, irreversíveis (o *«sunk capital»*) – mas como o investidor informado e racional, prevendo essa «armadilha tributária», ou é pura e simplesmente desincentivado de investir, ou é encorajado a desviar a sua iniciativa para formas menos permanentes, mais voláteis, ou mais oblíquas, subtis, até ínvias, de organização da produção

[1079] Ramsey, F.P. (1927), 47-61; Diamond, P.A. & J.A. Mirrlees (1971), 8-27, 261-278; Vasques, S. (1999), 203ss..

[1080] Em termos mais técnicos, para minimizar o *«excess burden»*, devem configurar-se as taxas de imposto de tal modo que a redução percentual da procura de cada bem tributado seja a mesma (de modo a que haja *equiproporcionalidade* na retracção *quantitativa* da procura). Noutra formulação: se não há correlação entre o consumo dos bens, as taxas de imposto devem ser inversamente proporcionais às elasticidades da procura de cada um desses bens, até se nivelar o peso marginal do rendimento tributário extraído de cada bem (pois de outro modo, seria ainda possível minimizar a perda de bem-estar transferindo a carga tributária para o bem com o mais baixo peso marginal). Cfr. Rosen, H.S. (2002), 308-310.

[1081] Cfr. Corlett, W.J. & D.C. Hague (1953), 21-30.

[1082] Laslett, P. (1991); Lenk, H. (1994), 81-94.

(a questão é designada por «*capital levy problem*»); verificando-se assim que, por cada investidor estável, fiscalmente transparente e cooperante, muitos outros que o não são se multiplicam em seu redor de cada vez que o peso tributário recai mais pesadamente naquele investidor «fiscalmente inelástico», que não tem por onde fugir. Pense-se que, pela mesma razão, são os titulares desses investimentos irreversíveis que mais incentivo têm a organizar-se em «*lobbies*» que, influenciando os legisladores, tentam prevenir aquilo que, uma vez posto em prática, eles não têm já possibilidade de evitar – manifestando-se assim, no «mercado dos favores políticos», e sob a forma de «voz», a elasticidade que, sob a forma de «saída», está vedada àqueles investimentos mais sólidos[1083].

O problema do «*capital levy*» é, portanto, uma questão de consistência intertemporal de política tributária: o capital é extremamente elástico à tributação *ex ante*, o que recomendaria taxas muito baixas, mas depois de investido o capital torna-se parcialmente «*sunk*», altamente inelástico, e isso torna tentador submetê-lo, *ex post*, a um regime fiscal pesado, potencialmente predatório, para compensar as concessões *ex ante*[1084]. Contém-se aqui, um potencial de resultados paradoxais: entre os pólos da tributação pesada do capital investido (dada a inelasticidade) e da não tributação do capital a investir (dada a quase infinita elasticidade), a tendência para o nivelamento da tributação de todas as formas de capital poderá conduzir paulatinamente à tributação nula do capital[1085].

Desta noção de «*deadweight loss*» retira-se a ideia, aliás intuitiva, de que pode haver um ponto de equilíbrio na modulação de um imposto (ou seja, a ponderação entre a taxa de imposto legalmente prevista e a taxa que efectivamente vigorará, dados os efeitos económicos que aquela desencadeia[1086], uma ponderação especialmente importante na política macroeconómica[1087]), um ponto aquém do qual a «pura perda» é diminuta e portanto a receita pode crescer ainda, e um ponto além do qual a retracção do mercado é de tal modo pronunciada, de tal modo extensos os efeitos de perda absolu-

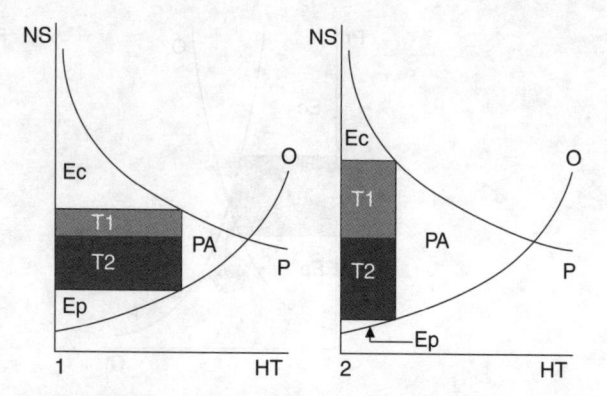

Gráfico 6.17. *Efeitos da tributação sobre o rendimento: aumento de* «deadweight loss» *com o agravamento tributário*

1: carga tributária inicial
2: duplicação da carga tributária
NS: nível salarial
HT: horas de trabalho (esforço)
O: oferta
P: procura
Ec: excedente do empregador
Ep: excedente do trabalhador
T1: imposto suportado pelo empregador
T2: imposto suportado pelo trabalhador
PA: perda absoluta de bem-estar (*deadweight loss*)

ta de bem-estar, que ela passa a acarretar até perda de receita, manifestando-se aí, na sua integralidade, o «*excess burden*», o peso excessivo que, distorcendo os incentivos, provoca marginalmente mais perda de bem-estar do que aumento das receitas tributárias[1088] – e isto por muito que algumas dessas perdas sejam meramente relativas, isto é, se traduzam em transferências de bem-estar a favor de beneficiários de um escopo redistributivo da tributação, por aí se dirá que, dadas as extensas perdas envolvidas, haverá certamente formas mais eficientes de alcançar os mesmos fins[1089].

Como vimos a propósito da «Regra de Ramsey», muito depende, neste ponto, do impacto dos impostos

---

[1083] Eichengreen, B. (1990), 191-220; Marceau, N. & M. Smart (2003), 241.Voltámos a usar a terminologia popularizada por Albert Hirschman (Hirschman, A.O. [1970]).

[1084] Fischer, S. (1980), 93-107. Cfr. Persson, T. & G. Tabellini (1990).

[1085] Chamley, C. (1986), 607-622; Jones, L.E., R.E. Manuelli & P.E. Rossi (1993), 485-517; Putterman, L., J.E. Roemer & J. Silvestre (1998), 878ss..

[1086] Pereira, A.M. & P. Rodrigues (2001), 48; Pereira, A.M. & P. Rodrigues (2001b), 31.

[1087] Uma ponderação de política orçamental que surge, por exemplo, em: Auerbach, AJ.. & L.J. Kotlikoff (1987); Ballard, C.L., D. Fullerton, J. Shoven & J. Whalley (1985); Goulder, L. & L. Summers (1989), 265-290; Goulder, L. & P. Thalman (1993), 169-196; Shoven, J. & J. Whalley (1984), 1007-1051.

[1088] Rosen, H.S. (2002), 282.

[1089] Ballard, C.L. & J.H. Goddeeris (1996), 32-67.

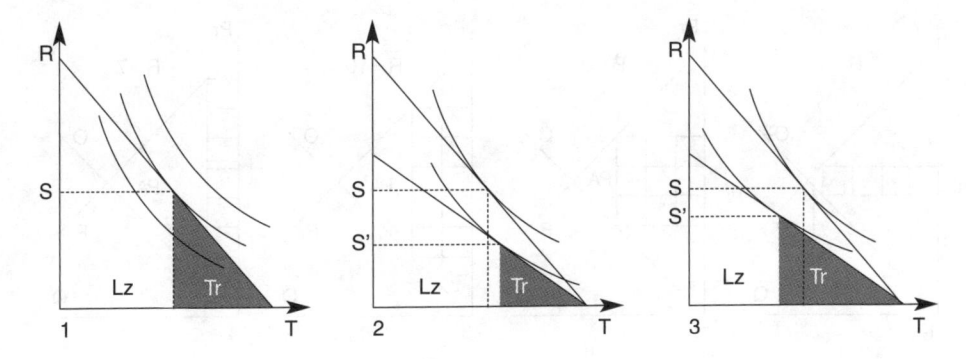

Gráfico 6.18. *Efeitos de um imposto (proporcional) na oferta de trabalho*[1090]

1: Afectação de tempo entre trabalho e lazer antes do imposto

2: Diminuição das horas de trabalho (aumento de lazer) depois do imposto – predomina o «efeito de substituição»

3: Aumento das horas de trabalho (diminuição do lazer) depois do imposto – predomina o «efeito de rendimento»

R: rendimento

T: afectação do tempo
Lz: lazer
Tr: trabalho
S: salário bruto (antes do imposto)
S': salário líquido de imposto

na oferta de trabalho, no nível do esforço produtivo – do impacto da tributação nos incentivos, em suma[1091]. Como acabámos de observar (no Gráfico 6.18), o resultado desse impacto é equívoco; a isso acresce a dificuldade inerente ao cálculo económico do «valor do tempo», à ponderação racional do seu custo de oportunidade:

– Supondo-se que uma pessoa tem total controlo sobre as quantidades de trabalho e de lazer pelas quais divide o seu tempo, ela trabalhará até que o valor marginal do lazer seja equilibrado com o rendimento marginal obtido com o trabalho. Assim sendo, o valor do tempo pode ser calculado pelo rendimento marginal do trabalho – algo correspondente ao nível salarial (líquido de impostos)[1092].

– Se alguém ganha 10 euros por hora, esse é o custo (de oportunidade) de cada hora empregue em lazer. Contudo, é racional gastar-se tempo em lazer, apesar do seu custo – sempre que o benefício do lazer exceda o seu custo. Suponha-se que um imposto de 2 euros por hora reduz o rendimento para 8 euros. Nesse caso, e como referimos já, podemos registar: a) um efeito de substituição – consome-se mais lazer, visto que o seu custo (de oportunidade) diminui, tornando-se mais barato «trocar» trabalho por doses adicionais de lazer[1093]; b) um efeito de rendimento – dado que o rendimento desceu, e o lazer é um «bem normal», é natural que o respectivo consumo diminua (em benefício de um aumento do trabalho, até a um ponto de reequilíbrio a partir do qual predomine novamente o «efeito de substituição»)[1094].

– Em todo o caso, não é de subestimar a possibilidade de uma proeminência muito aguda do efeito de substituição, até ao limite da «resistência ao imposto», podendo até detectar-se, tanto no passado como no presente, efeitos de contágio e de debandada que constituem verdadeiros fenómenos de «selecção adversa» em sede tributária[1095].

Sintetizemo-lo recorrendo novamente às palavras de Adam Smith: *"Os impostos elevados, diminuindo por vezes o consumo de bens passíveis de imposto e estimulando por vezes o contrabando, proporcionam não raro ao governo um rédito mais pequeno do que aquele que poderia ser retirado de impostos mais moderados. Quando o decréscimo do rédito é o resultado da diminuição do consumo, poderá haver apenas um remédio, que é baixar o imposto"*[1096].

[1090] Rosen, H.S. (2002), 374-376.

[1091] Drèze, J.H. (1991); Feldstein, M. (1995), 170-174; Feldstein, M. (1995b), 551-572; Feldstein, M. & D. Feenberg (1996); Hausman, J.A. (1985); Macurdy, T. (1992), 243-249; Triest, R.K. (1994).

[1092] Rosen, H.S. (2002), 234.

[1093] Note-se que, se predomina o «efeito de substituição» e os impostos fazem diminuir a quantidade de trabalho, isso torna também menos atraente o investimento em *capital humano*. Cfr. Rosen, H.S. (2002), 379.

[1094] Rosen, H.S. (2002), 21-22.

[1095] Stiglitz, J.E. (1982), 213-240.

[1096] Smith, A. (1976b), 884 (=II, 580).

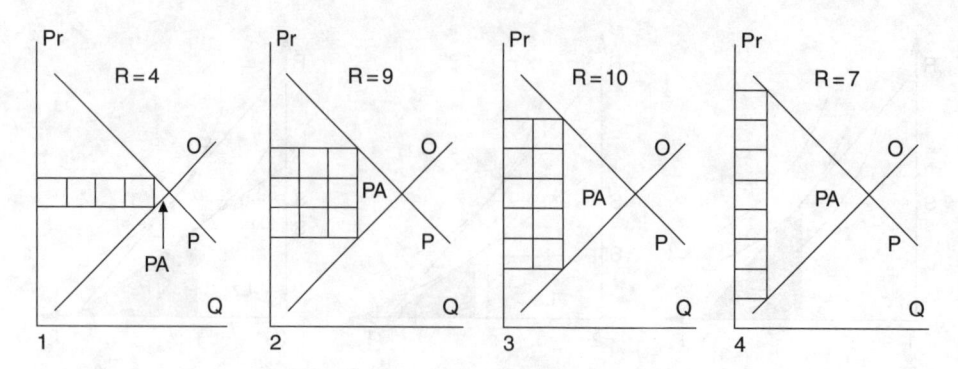

Gráfico 6.19. *Perda de receita com o agravamento da carga tributária*

1: taxa de 10%, receita de 4   Q: quantidades
2: taxa de 30%, receita de 9   O: oferta
3: taxa de 50%, receita de 10   P: procura
4: taxa de 70%, receita de 7   PA: perda absoluta de bem-estar (*deadweight loss*)
Pr: preços   R: receita do imposto

É esta a ideia que subjaz à «curva de Laffer», a noção celebrizada nos anos 70 pelo economista Arthur Laffer[1097], e de algum modo posta em prática nos anos 80 pela inflexão de política económica tentada nos E.U.A. pelo presidente Ronald Reagan, de que a taxa do imposto pode condicionar negativamente a receita tributária, a ponto de poder asseverar-se que a redução do peso económico dos tributos pode resultar até num incremento da receita do imposto[1098/1099].

Sendo uma noção de resto banal e intuitiva – bastando pensarmos como ela pode ser ilustrada pela velha parábola da «galinha dos ovos de ouro» –, no entanto ela inspirou a evolução da política macroeconómica conhecida como «economia do lado da oferta» («*supply--side economics*»), muito esquematicamente a atitude liberal que sustenta que o essencial das políticas macroeconómicas se deve concentrar na criação de condições de aumento de produtividade, com um mínimo de interferências regulamentadoras e de manipulações discricionárias de acordo com o cânone monetarista[1100], e num esforço, não desprovido de intuito «eleitoralista», de sucessivo desagravamento tributário[1101].

Bem vistas as coisas, a Curva de Laffer veio apenas sublinhar um pouco mais a relação entre agravamento de taxas marginais de imposto e aumento da elisão e evasão fiscais, já muito antes bem conhecidas, e ilustradas por inúmeros episódios de sublevação popular contra a cobrança dos impostos[1102] – atitudes cuja generalização, nos termos da «teoria económica do crime», depende também da severidade das penas e da probabilidade de detecção (a probabilidade de inspecção da regularidade das declarações pela Administração Tributária, a probabilidade de um perdão ou amnistia)[1103/1104]. Adite-se ainda a

[1097] Rosen, H.S. (2002), 381-382; Vasques, S. (2001), 90-91.

[1098] Samuelson, P.A. (1984), 455, 462-465.

[1099] Por entre os inúmeros esforços de refutação empírica da «Curva de Laffer», cfr. Dalamagas, B. (2002), 105-133.

[1100] Franco, A.L.S. (2002), II, 263ss.

[1101] O sempre polémico Paul Krugman insurgiu-se recentemente contra os «*tax cuts*» com que George W. Bush iniciou a sua presidência, sustentando: 1- que eles comprometeriam, dentro de um quadro orçamental equilibrado, a constituição de reservas para a sustentação da entrada dos «*baby boomers*» na situação de reforma; 2- que esses cortes, no seu entender, favoreciam desequilibradamente os contribuintes mais ricos, apresentando pois um carácter fortemente regressivo; 3- que, estabelecendo privilégios permanentes, essas medidas não tinham sequer a agilidade de instrumentos estabilizadores. Cfr. Krugman, P.R. (2001).

[1102] Alm, J., B.R. Jackson & M. McKee (1992), 107-114; Baldry, J.C. (1987), 357-383; Beron, K.J., H.V. Tauchen & A.D. Witte (1992), 67--89; Christian, C.W. & S. Gupta (1993), 72-93; Clotfelter, C.T. (1983), 363-373; Dubin, J.A. & L.L. Wilde (1988), 61-74; Feinstein, J.S. (1990), 233-276; Feinstein, J.S. (1991), 14-35; Friedland, N., S. Maital & A. Rutenberg (1978), 107-116; Slemrod, J. (1985), 232-238; Witte, A.D. & D.F. Woodbury (1985), 1-13.

[1103] Alm, J., B.R. Jackson & M. McKee (1992b), 311-329; Beck, P.J., J.S. Davis & W.-O. Jung (1991), 535-558; Becker, W., H.J. Buchner & S. Sleeking (1987), 243-252; Dubin, J.A., M.J. Graetz & L.L. Wilde (1990), 395-409; Elffers, H., R.H. Weigel & D.J. Hessing (1987), 311--337; Erard, B. (1992), 95-114; Erard, B. & J.S. Feinstein (1994), 70-89; Kaplow, L. & S. Shavell (1994), 583-606; Klepper, S. & D. Nagin (1989), 1-24; Sheffrin, S.M. & R.K. Triest (1992).

[1104] Quanto às amnistias e perdões, cfr. Alm, J. & W. Beck (1993), 53-60; Fisher, R.C., J.H. Goddeeris & J.C. Young (1989), 15-27; Mikesell, J.L. (1986), 507-525.

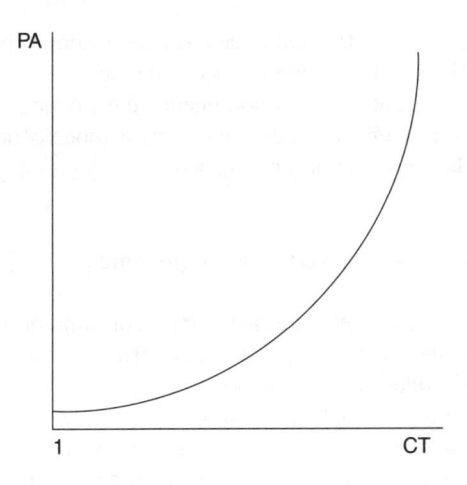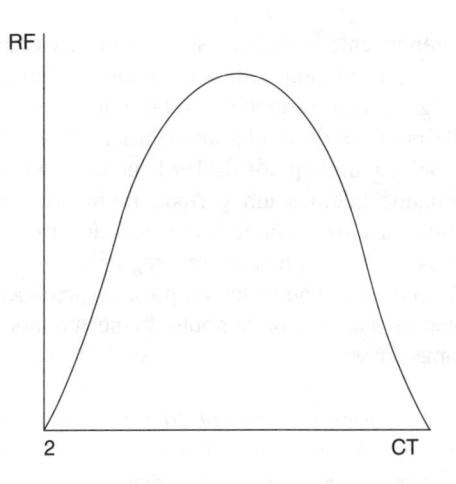

Gráfico 6.20. *Perda absoluta e Curva de Laffer*

1: correlação entre carga tributária e perda absoluta de bem-estar
2: Curva de Laffer – correlação entre carga tributária e receita fiscal
   (a partir de um certo ponto, o agravamento da carga tributária
   acarreta perda de receita fiscal)

PA: perda absoluta de bem-estar (*deadweight loss*)
CT: carga tributária
RF: receita fiscal

isso o papel dos sentimentos e representações psicológicas acerca da «violação das regras» ínsita na evasão fiscal, um factor de interiorização, na prática social, de hábitos de acatamento – seja o constrangimento que resulta dos «remorsos com a evasão», seja o incentivo que advém da satisfação com o governo, ou com a política de aplicação das receitas tributárias[1105] – e perceberemos que a base teórica da Curva de Laffer é mais frágil do que o seu apelo intuitivo.

Descontada a motivação ideológico-partidária que envolve muitas das críticas a esse desagravamento fiscal *«supply-sider»*, hoje subsiste o consenso sobre o impacto do regime tributário nos incentivos[1106], ainda que haja dúvidas quanto à amplitude desses incentivos, quanto às «elasticidades» relevantes nos sujeitos de imposto[1107/1108].

Uma curiosa experiência resulta da transição entre regimes tributários na Islândia, que em 1987-1988 mudou da tributação do rendimento do ano anterior para a tribu-

tação do rendimento no próprio ano (um sistema de *«pay-as-you-earn»*), com a consequência de que os rendimentos gerados em 1987 nunca chegaram a ser tributados, registando-se efectivamente uma forte expansão da oferta em consequência dessa súbita e momentânea sujeição a taxas médias e marginais iguais a zero (mitigada todavia pela «especulação estabilizadora» induzida pela consciência da transitoriedade do desagravamento tributário)[1109].

Embora os méritos da «curva de Laffer» sejam debatidos, não podemos pois deixar de reconhecer que são facilmente verificáveis muitas situações marginais de «pura perda»: por exemplo, a alteração de incentivos e de comportamentos dos sujeitos de mais elevados rendimentos – e abstractamente com maior elasticidade no mercado de factores – induzida por agravamentos tributários, ou resistências generalizadas a reformas tributárias que sejam percebidas pelos destinatários como passos em direcção ao confisco de riqueza pelo Estado. Os fenómenos inflacionistas dos anos 70 do século passado, provocando efeitos de «erosão das

[1105] Grasmick, H.G. & R.J. Bursick Jr. (1990), 837-861; Frey, B.S. (1992), 161-184; Gordon, J.P.F. (1989), 797-805; Pommerehne, W.W., A. Hart & B.S. Frey (1994), 52-69; Smith, K.W. (1992); Spicer, M.W. & L.A. Becker (1980), 171-175; Spicer, M.W. & S.B. Lundstedt (1976), 295-305; Webley, P., H. Robben, H. Elffers, D. Hessing, F. Cowell & S. Long (1991).

[1106] Hausman, J.A. (1981c), 173-202; Fullerton, D. (1982), 3-22; Lindsey, L.B. (1987), 173-206.

[1107] Feldstein, M. (1986), 26-30.

[1108] A comprovação empírica, em fenómenos desta amplitude, pode ser muito difícil: por isso, para se analisar o impacto de um imposto é comum recorrer-se à análise de equilíbrio parcial, ou seja, à consideração isolada dos efeitos do imposto num único mercado, desconsiderando as suas ramificações noutros mercados (ou no equilíbrio geral). Cfr. Rosen, H.S. (2002), 258.

[1109] Bianchi, M., B.R. Gudmundsson & G. Zoega (2001), 1564.

classes de rendimento» nos impostos directos, vieram tornar mais nítidas as vantagens, os ganhos de eficiência, do desagravamento tributário, sobretudo se acompanhado de políticas de rigidez monetarista[1110] – que depois se traduziriam, a partir de 1981, nos «reaganomics»[1111], dando início a um período invulgarmente longo de crescimento económico com redução simultânea das taxas de inflação e de desemprego[1112].

Nada disto é novo, não devendo, pois, surpreender-nos; encerremos a análise deste ponto do mesmo modo como o começámos:

> *"Todo o imposto (...) pode obstruir a iniciativa das pessoas e desencorajá-las de se aplicarem em certos ramos de negócio que poderiam garantir sustento e emprego a grande número de pessoas. Enquanto obriga as pessoas a pagar, pode deste modo diminuir ou talvez destruir alguns dos fundos que poderiam facilitar esse pagamento (...) Quando um imposto é lançado sobre os lucros num ramo particular de negócio, os mercadores tomam muito cuidado em não trazer mais mercadoria para o mercado do que a que podem vender a um preço suficiente para os reembolsar do adiantamento do imposto. Alguns deles retiram uma parte dos seus produtos do comércio, ficando o mercado mais escassamente abastecido do que anteriormente. O preço dos bens sobe e o pagamento final do imposto recai sobre o consumidor"* – Adam Smith[1113].

6 – i) A teoria do consumidor

A escala da procura, que como vimos reflecte a disposição de pagar que cada consumidor experimenta perante um determinado bem ou serviço, tem a alicerçá-la um conjunto de decisões de consumo que envolvem a ponderação da escassez de meios – a restrição inevitável do rendimento disponível e o seu reflexo no poder de compra – e os custos de oportunidade da opção por um bem, em termos de consumo perdido de bens alternativos. Esse conjunto de decisões pode ser objecto de um modelo, que tentaremos esboçar de seguida, e que, se não é o espelho fidedigno daquilo que são as determinações psicológicas do consumidor no momento de decidir, ao menos permite contornar grande parte das atribuições vagas a elementos qualitativos, como sucede sempre que se recorre a conceitos como os de «utilidade» ou de «valor», permitindo ainda esboçar uma espécie de «gramática racional» subjacente ao comportamento da procura, de acordo com a opção metodológica pelo modelo neoclássico das «preferências reveladas».

6 – i) – i) As restrições orçamentais

A escassez significa, para o consumidor, renúncia a planos de satisfação que estão para além das suas possibilidades de consumo, tal como elas são demarcadas pelo pecúlio de que dispõe – seja na forma de património que ele possa «delapidar» no consumo, seja de rendimento, de riqueza que ele renova periodicamente através das remunerações obtidas em contrapartida da sua participação no processo produtivo –.

O seu «horizonte de oportunidade» é definido pelas possibilidades de aquisição de bens e serviços que lhe são facultadas pelo seu rendimento disponível, dado um determinado nível de preços. Evidentemente que é possível ao consumidor aumentar o seu rendimento disponível através da acumulação de poupança e do investimento, através do recurso ao crédito, ou pela decisão de intensificar a sua participação no mercado de factores: mas a cada momento existe um dado rendimento disponível, um limite inultrapassável para as opções do consumidor.

O consumidor pode, naturalmente, optar por uma infinidade de combinações de produtos, sendo que o número desses produtos é normalmente, ao menos em mercados concorrenciais, muito elevado. A consideração realista dessa inesgotável variedade dificultaria a compreensão do mecanismo subjacente à escolha do consumidor; e por isso, e à semelhança do que fizemos já a propósito da curva de possibilidades de produção, vamos simplificar a análise reportando-nos a uma situação hipotética – mas de modo algum irrealista – em que o consumidor, porventura ultrapassadas encruzilhadas anteriores, se coloca o problema da opção apenas entre dois produtos.

– Suponhamos que alguém dispõe de 1000 Euros para alcançar dois objectivos alternativos: ou aumentar uma colecção de livros que custam, cada um, 10 Euros, ou aumentar uma colecção de relógios de pulso que custam, cada um, 50 Euros. Torna-se fácil calcular que, se a opção final for exclusiva, isto é, se o agente económi-

---

[1110] Wanniski, J. (1978).

[1111] Anderson, M. (1988).

[1112] De deslocação para baixo e para a esquerda da «Curva de Phillips», como veremos mais tarde. Cfr. Bartley, R. (1992); Mundell, R.A. (2000), 336.

[1113] Smith, A. (1976b), 826, 855-856 (=II, 487, 534).

co decidir empregar a totalidade do seu orçamento na compra de apenas um dos bens em detrimento total do outro, poderá comprar 100 livros (e 0 relógios) ou comprar 20 relógios (e 0 livros). Também é fácil de perceber que, se o agente económico dispusesse do dobro do orçamento (2000 Euros) e os seus objectivos não se alterassem, conseguiria comprar simultaneamente os 100 livros e os 20 relógios, sem ter que fazer sacrifícios (naquele âmbito).

– Suponhamos agora que, com o orçamento de 1000 Euros, se opta por combinações de bens não-exclusivas: se se decidir comprar 10 livros, quantos relógios será possível comprar? São gastos 100 Euros (10 livros . 10 Euros), ficando apenas disponíveis 900 Euros de orçamento (1000 Euros – 100 Euros já gastos), o que permite a compra de 18 relógios (900 Euros / 50 Euros por relógio). Se a decisão for de comprar 20 livros, só restará dinheiro suficiente (800 Euros) para comprar 16 relógios; se a decisão for de comprar 50 livros, só se poderá comprar 10 relógios; e assim sucessivamente até à decisão-limite, a decisão de compra exclusiva de 100 livros. Se a decisão prioritária for a da compra de relógios, são os mesmos os valores a que se chegará: a compra de 2 relógios (gastando-se 100 Euros) deixará meios disponíveis (900 Euros) para a compra de 90 livros, a compra de 4 relógios só consentirá a compra simultânea de 80 livros e assim sucessivamente até à decisão de compra de 20 relógios, que esgotará o orçamento, impedindo a compra de qualquer livro.

Em suma, um determinado rendimento disponível permitirá um contínuo de opções, traduzidas em combinações de bens suportáveis dentro do limite orçamental. Essa restrição máxima pode ser representada numa recta, a unir todos os pontos naquele contínuo de combinações máximas de bens, denotando a correlação inversa que a escassez introduz nas alternativas de consumo: consumir mais de um qualquer dos bens significa necessariamente consumir menos do outro.

Em termos mais simples, essa correlação inversa será o resultado, e o preciso correspondente, do *preço relativo* dos dois bens: no exemplo que demos, comprar mais um relógio significará sacrificar a compra de 5 livros, e comprar menos um relógio permitirá a compra de mais cinco livros, e isto muito simplesmente porque o preço de um relógio (50 Euros) é o quíntuplo do preço de um livro (10 Euros).

A *restrição orçamental* indica, portanto, a combinação total daquilo que pode comprar-se com um determinado rendimento disponível, dado um conjunto de preços relativos que indicam quanto deve sacrificar-se do consumo de um bem ou serviço para que outros possam ser consumidos; é a fronteira entre aquilo que é comportável e aquilo que é incomportável para o consumidor, aquilo que ele tem ou não tem capacidade para pagar, constituindo portanto o limite absoluto da sua *disposição de pagar*.

A simples ideia de restrição orçamental, que denota a finitude do universo das nossas opções, que é uma

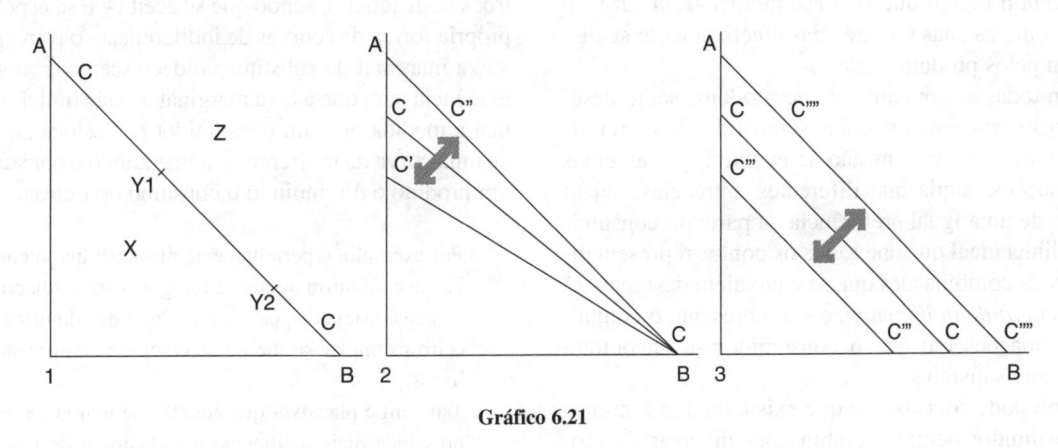

Gráfico 6.21

1: Restrição orçamental (fronteira de possibilidades de consumo)
2: Variação do preço relativo de A e B
3: Expansão ou contracção do rendimento
A, B: preços relativos dos bens em alternativa
CC: recta do rendimento (fronteira de possibilidades de consumo)
CC': contracção da curva CC (queda do preço relativo de A em termos de B, aumento do preço de B em termos de A)
CC": expansão da curva CC (aumento do preço relativo de A em termos de B, queda do preço de B em termos de A)
C'''C'''': contracção da curva CC (quebra absoluta das possibilidades de consumo)
C''''C'''': expansão da curva CC (aumento absoluto das possibilidades de consumo)
X: combinação de bens acessível e sub-óptima
Y1, Y2: combinações de bens acessíveis e eficientes
Z: combinação de bens inacessível

marca muito visível da escassez que limita a liberdade das nossas escolhas, é já, só por ela, um poderoso instrumento analítico. Pense-se, por exemplo, que um governo demagógico e animado pela velha máxima romana do «pão e circo», resolve multiplicar os estádios de futebol num determinado país. Se se verificar que os consumidores desse país têm limitações orçamentais mais ou menos fixas para as suas opções de lazer, o que ele gastarem mais nos novos estádios de futebol é necessariamente o que eles gastarão menos noutras actividades de lazer, em parques, em passeios, em cinemas, teatros, museus, restaurantes, ginásios – e por isso o total de consumo não se expandirá, assistindo-se a uma mera transferência de recursos a favor do futebol, e em prejuízo de outras actividades que disputam com o futebol uma posição no orçamento dos consumidores[1114]. Mas se os estádios não impulsionam o consumo nesse país, se eles se limitam a redireccionar necessidades e despesas, porque é que eles são construídos em grandes números? Aguardemos pela análise da «escolha pública» para darmos uma resposta minimamente aceitável a essa questão.

6 – i) – ii) Preferências e curvas de indiferença

Se as restrições orçamentais simbolizam aquilo que o consumidor *pode* fazer, aquilo que ele pode *suportar* com os meios de que dispõe, as curvas de indiferença representam aquilo que o consumidor *deseja* fazer, o modo como as suas preferências efectivamente se distribuem pelos produtos.

Nem todas as combinações de produtos serão desejadas pelo consumidor: umas serão tidas por preferíveis a outras, e também não se excluirá que algumas combinações, ainda que diferentes entre elas, sejam objecto de uma igual preferência da parte do consumidor. A linha ideal que une todos os pontos representativos dessas combinações que se equivalem designar-se-á por *curva de indiferença*, e ela representa o conjunto de situações em que o consumidor se encontrará igualmente satisfeito.

Como pode conceber-se que exista uma indiferença do consumidor perante combinações diversas de produtos?

Regressemos ao nosso exemplo dos livros e dos relógios, e imaginemos que ao consumidor é proposto que troque um dos relógios que já adquiriu – com aquele orçamento limitado que referimos – por um número qualquer de livros, a ser designado pelo próprio consumidor. Será que ele troca livremente aquele relógio por um conjunto (*x*) de livros? Se admitirmos que sim, passamos a admitir que lhe são indiferentes, em termos de satisfação, a situação inicial que ele tinha livremente escolhido, e esta nova situação em que ele tem menos um relógio mas tem em compensação mais (*x*) livros – se o ganho dos livros compensou perfeitamente a perda do relógio, ele não está nem melhor nem pior do que estava antes: é-lhe indiferente em qual das duas situações deva ficar.

Por quantos livros trocará o consumidor um relógio? Se recordarmos o que já foi dito sobre utilidade marginal, não nos surpreenderá que o consumidor que tem ainda um pequeno número de relógios só esteja disposto a trocar um deles por um número elevado de livros, e que o consumidor que possui já um número considerável de relógios esteja disposto a trocar um deles por um número mais reduzido de livros – visto que o valor que é atribuído aos relógios há-de ser inversamente proporcional ao número de relógios, à maior ou menor escassez de relógios, de que o consumidor disponha.

A maior ou menor escassez relativa de relógios e de livros há-de determinar, pois, uma sensível variação da «taxa marginal de substituição» entre estes dois bens, ou seja, da disposição do consumidor para ir trocando uma unidade de um dos bens por uma ou mais unidades do outro *sem sair da mesma curva de indiferença* (por outras palavras, a «taxa marginal de substituição» é o quociente entre o número de unidades trocadas de um bem e o número de unidades do outro bem obtido por troca com aquele), sendo que se aceita – e se espelha na própria forma das curvas de indiferença – o princípio da «taxa marginal de substituição decrescente», ou seja, a tendência para que a taxa marginal de substituição diminua à medida que um consumidor se desloca ao longo de uma curva de indiferença, aumentando o consumo de um produto e diminuindo o consumo do outro.

– Por exemplo, é perfeitamente plausível que o consumidor que adquiriu apenas 2 relógios para a sua colecção somente esteja disposto a prescindir de adquirir um terceiro exemplar se lhe oferecerem em compensação 20 livros;
– Também é plausível que aquele que tem já 18 relógios prescinda mais facilmente de adquirir o décimo nono, aceitando em troca apenas um livro – dado que, se ele adquiriu a expensas próprias os livros e relógios de que dispõe antes daquele momento, sabemos que a abundância de relógios implica para aquele consumidor escassez de livros, o que faz com que estes tenham para ele elevada utilidade marginal, e aqueles elevado custo de oportunidade;

[1114] Siegfried, J. & A. Zimbalist (2000), 98, 105.

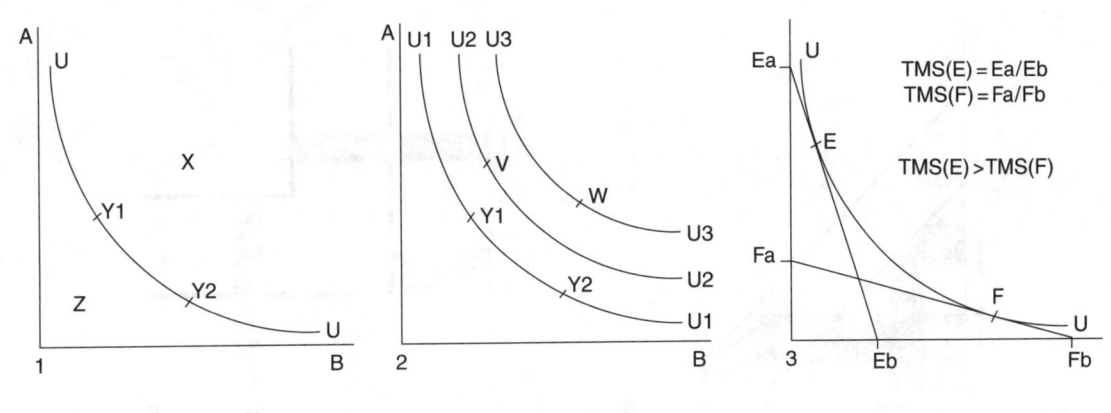

Gráfico 6.22

1: curva de indiferença
2: mapa de indiferença
3: taxa marginal de substituição
A, B: preços relativos dos bens em alternativa
UU, U1U1, U2U2, U3U3: curvas de indiferença
X: zona de combinações de bens desejadas (até ao limite UU)
Y1, Y2: combinações de bens igualmente desejadas (indiferentes)
Z: zona de combinações de bens indesejadas
V: combinação de bens preferível (não-indiferente) às combinações Y1 e Y2

W: combinação de bens preferível (não-indiferente) às combinações V, Y1 e Y2
Ea: quantidade de A que se está disposto a trocar pela quantidade Eb de B
Eb: quantidade de B que se está disposto a trocar pela quantidade Ea de A
Fa: quantidade de A que se está disposto a trocar pela quantidade Fb de B
Fb: quantidade de B que se está disposto a trocar pela quantidade Fa de A
TMS: taxa marginal de substituição (de cada unidade de A por uma unidade de B, e vice-versa)

– Também não parece difícil conceber-se que, entre aqueles casos extremos de uma taxa marginal de substituição de 1 relógio por 20 livros e de 1 relógio por 1 livro, existam taxas marginais intermédias, num contínuo que integra a curva de indiferença – podendo imaginar-se, por exemplo, que o consumidor que tenha 10 relógios na sua colecção esteja disposto a trocar um relógio por 5 livros, com uma taxa marginal de substituição de 1 para 5 que, note-se, coincide neste caso com o preço relativo dos bens[1115].

Não há limite aparente para o estabelecimento de múltiplas curvas de indiferença (ou até de «mapas de indiferença», isto é, de *contínuos de curvas*), mesmo se nos reportarmos ao caso tão confinado de um consumidor confrontado com a escolha entre dois bens apenas: basta pensarmos que o consumidor pode preferir uma situação a muitas outras, sem que isso impeça que essa mesma situação seja colocada numa curva de indiferença com outras ainda – o que equivale a dizer que

não é vedado ao consumidor preferir as combinações que estão representadas por uma curva de indiferença às combinações representadas por outra curva; ou, mais sucintamente, que não lhe é vedado preferir uma curva de indiferença a outra. Bem pelo contrário, o oposto integra-se nalgumas das características necessárias das curvas de indiferença:

– o consumidor prefere as curvas de indiferença mais elevadas – aquelas que unem combinações mais volumosas de bens, aquelas, em suma, que lhe proporcionam maior *utilidade*: o consumidor prefere ter 75 livros e 15 relógios a ter 50 livros e 10 relógios –;
– as curvas de indiferença têm uma inclinação negativa – o que reflecte a taxa marginal de substituição, e através dela a correlação inversa entre quantidades de bens: ter mais relógios *implica* ter menos livros, e vice-versa –;

[1115] A ideia de «curva de indiferença» sugere sempre a existência de um «contínuo de preferências» racionais e escalonáveis entre elas, nas suas múltiplas combinações. Todavia, isso não pretende sugerir que sejam menos importantes, quer na teoria quer na prática, as escolhas exclusivas ou «discretas» – aquelas em que, ou se obtém a totalidade de um bem, ou se obtém a totalidade de outro, não havendo gradações intermédias – e também as escolhas aleatórias, que não obedecem a nenhum padrão de congruência ou de consistência inter-temporal. Veja-se a propósito o modelo de «*Random Utility Maximization*», em Thurstone, L.L. (1927), 273-286; Marschak, J. (1960), 312-329; McFadden, D. (2001), 373-374.

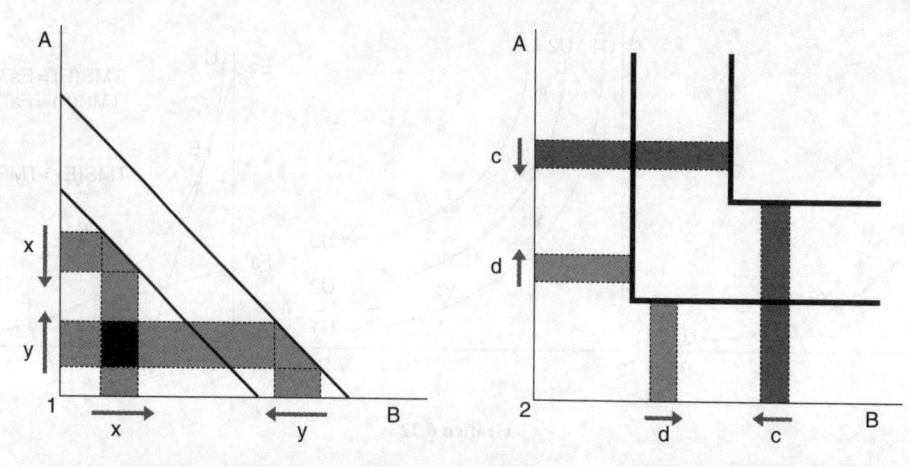

Gráfico 6.23. *Curvas de indiferença, sucedâneos e complementos perfeitos*

1: sucedâneos perfeitos – mais de um bem significa, na mesma proporção, menos do outro, e vice-versa
2: bens perfeitamente complementares – mais de um bem significa, na mesma proporção, mais do outro;
   menos de um bem significa, na mesma proporção, menos do outro
x, y, c, d: quantidades de A e B

– as curvas de indiferença não se cruzam, não podendo o consumidor representar como equivalentes dois conjuntos de preferências que se definiram como separados precisamente por não haver indiferença entre eles. Dizermos que a curva de indiferença que abarca a combinação 75 livros / 15 relógios é susceptível de se cruzar com aquela que abarca a de 50 livros / 10 relógios é admitirmos que uma terceira combinação é indiferente relativamente *a ambas* as combinações anteriores, e que portanto, ao mesmo tempo, a primeira combinação é preferível à segunda e é indiferente em relação a ela – o que seria uma contradição;

– a indiferença representa-se por uma *curva* e não por uma recta porque, como vimos já, a taxa *marginal* de substituição pode variar amplamente ao longo das diversas combinações possíveis de bens: quanto maior for a substituibilidade entre os bens, quanto mais eles forem *sucedâneos perfeitos* um do outro, menos a taxa marginal de substituição variará, e menos acentuada será a curva; quanto menor for essa substituibilidade, quanto mais os bens em causa forem *complementares* um do outro – em termos de a substituição de um deles pelo outro diminuir a própria susceptibilidade de utilização deste último –, mais acentuada será a curva de indiferença.

A combinação dos dois instrumentos de análise, o das *rectas do rendimento* (ou *restrições orçamentais*) e o das *curvas de indiferença*, permite-nos agora avançar na indagação do que seja a escolha óptima por parte do consumidor, ou seja, do modo como o consumidor consegue chegar a um ponto que se encontra na mais elevada das curvas de indiferença que lhe seja dado atingir.

Por definição, a curva de indiferença mais elevada que é alcançável será aquela que é tangente à *recta do rendimento*, ou seja, aquela que, num determinado ponto, coincide com o valor mais elevado que é consentido pela limitação orçamental, não ficando aquém nem além dele. Dizermos que existe uma tangente num determinado ponto significa dizermos que a curvatura da curva de indiferença coincide, nesse ponto, com a inclinação da recta do rendimento, ou que coincidem os valores que ambas exprimem – que, em suma, *coincide a taxa marginal de substituição dos dois bens com o seu preço relativo*.

No exemplo que vimos utilizando, se porventura o consumidor que tenha 10 relógios na sua colecção estiver efectiva e espontaneamente disposto a trocar um relógio por 5 livros, com uma taxa marginal de substituição de 1 para 5 que coincidiria com o preço relativo dos bens, a sua escolha convergiria para um ponto óptimo dentro de uma curva de indiferença que corresponde à compra de 10 relógios e de 50 livros – ponto esse que, como vimos, se encontra também na recta da limitação orçamental, o que significa que essa opção, além de *óptima*, lhe é *acessível*.

Se o consumidor for um «*price-taker*», para ele o preço relativo dos bens será um dado, pelo que a sua escolha se orientará pela selecção da quantidade óptima dos bens, a quantidade que lhe assegure que a respectiva taxa marginal de substituição coincide com

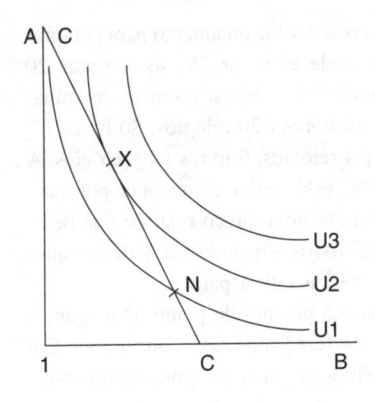 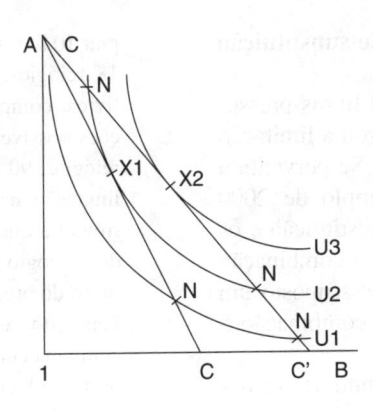 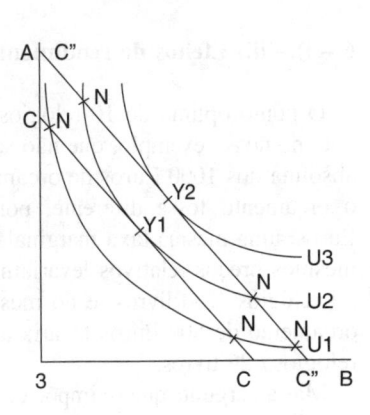

Gráfico 6.24. *Escolha óptima do consumidor*

1: escolha óptima do consumidor
2: efeito da alteração dos preços relativos
3: efeito da alteração do rendimento
A, B: preços relativos dos bens em alternativa
U1, U2, U3: curvas de indiferença
CC: recta do rendimento (fronteira de possibilidades de consumo)
CC': expansão da curva CC (aumento do preço relativo de B em termos de A)
C''C'': expansão da curva CC (aumento absoluto das possibilidades de consumo)

X: ponto óptimo face à restrição orçamental CC
X1: ponto óptimo antes do aumento do preço relativo de B
X2: ponto óptimo depois do aumento do preço relativo de B
Y1: ponto óptimo antes da expansão da fronteira de possibilidades de consumo
Y2: ponto óptimo depois da expansão da fronteira de possibilidades de consumo
N: pontos sub-óptimos

aquele preço relativo – o que é equivalente a dizermos que, como já se viu, o preço de equilíbrio tende a reflectir a utilidade marginal que os consumidores associam aos bens.

Em síntese, se o preço relativo espelha a utilidade marginal atribuída *pelo mercado* e a taxa marginal de substituição faz o mesmo a partir do prisma individual *do consumidor*, então a coincidência desses dois valores significa que a avaliação colectiva do mercado coincidiu com a avaliação subjectiva do consumidor – reforçando-se assim mais ainda a noção de que o mercado tende a espelhar a *soberania do consumidor*.

Antes de prosseguirmos, notemos que o recurso a «curvas de indiferença» e a «mapas de indiferença» parece pressupor a possibilidade de se fixar preferências estáveis dos sujeitos económicos, independentes dos acidentes que possam ocorrer no processo que medeia até à verificação de estados finais de afectação de recursos – pressupor, noutros termos, uma «independência de referências» que tem sido contestada[1116],

mormente porque ela escamoteia a variação de atitudes de aversão ao risco em função das dotações correntes de recursos de que cada indivíduo dispõe[1117].

Acresce a isto o que já sabemos, ou seja, que todas as abordagens de «utilidade» e de «bem-estar» se defrontam com problemas de medição e de comparação intersubjectiva, e que mesmo a comparação não arreda problemas como os da «frivolidade» de algumas preferências, e, simetricamente, os de «excesso de desprendimento» reflectido noutras preferências[1118].

Daí a necessidade, sentida por alguns, de isolamento de um núcleo de «bens sociais primários», por exemplo[1119], a identificação de recursos não-transferíveis (como o talento individual[1120]), a tentativa de igualização de «capacidades» e não de «bens» (a «*capabilities approach*» de Martha Nussbaum e de Amartya Sen), a tentativa de igualização de «oportunidades»[1121] – tudo formas alegadamente mais *objectivas*, mais *sólidas*, de identificação, de designação, de agregação de «bens» individuais e colectivos.

1116 Tversky, A. & D. Kahneman (1991), 1039-1061.
1117 Rabin, M. (2000), 1281-1292; Rabin, M. & R.H. Thaler (2001), 219-232.
1118 Putterman, L., J.E. Roemer & J. Silvestre (1998), 865-866; Roemer, J.E. (1996).
1119 Rawls, J. (1971).
1120 Dworkin, R. (1981), 283-345.
1121 Arneson, R. (1989), 77-93; Cohen, G.A. (1989), 906-944; Roemer, J.E. (1993), 146-166.

6 – i) – iii) Efeitos de rendimento e de substituição

O ponto óptimo de 10 relógios e 50 livros pressupõe, no nosso exemplo, que não se alterou a limitação absoluta dos 1000 Euros de orçamento. Se porventura o orçamento fosse diferente, por exemplo de 2000 Euros, uma mesma taxa marginal de substituição e os mesmos preços relativos levariam a uma combinação 20 relógios /100 livros, e no mesmo pressuposto um orçamento de 500 Euros levaria a uma combinação 5 relógios / 25 livros.

Mas a pergunta que se impõe é: alterando-se as fronteiras orçamentais, mantêm-se necessariamente as taxas marginais de substituição? Vimos já que, se isso suceder, não será senão fruto de um acaso, ainda que de um acaso frequente – o de a elasticidade-rendimento não divergir muito para cada um dos bens em causa. Se não se der essa divergência, uma expansão da fronteira orçamental levará a que a procura dos dois bens se expanda – fazendo deles, ou bens *normais*, ou *superiores* – e se expanda na mesma proporção; mas se aquela divergência ocorrer, pode a expansão não ser proporcional (por exemplo, expande-se para uma combinação 15 relógios / 125 livros), ou até a expansão do consumo de um dos bens ser acompanhada da restrição do consumo do outro – que passa a considerar-se, para aquele consumidor e àquele nível de rendimento, como um bem *inferior*:

Por exemplo, a expansão orçamental de 1000 para 2000 Euros pode levar a uma quebra de consumo de 10 para 8 relógios, em benefício de uma grande expansão do consumo de livros, de 50 para 160; e porquê? por variadíssimas razões possíveis, porque o aumento de rendimento fez o consumidor desejar coleccionar outro tipo de bens que não relógios, ou porque esse aumento de rendimento lhe abriu a possibilidade de acelerar a conclusão da colecção de livros, etc..

Há também que considerar a hipótese de o preço de um dos bens se ter alterado. Nesse caso, mesmo que abstraíamos de qualquer efeito de elasticidade-preço, temos necessariamente de traçar uma nova *recta do rendimento*, visto que ela espelha o *preço relativo* dos bens e esse preço relativo se alterou.

– Suponhamos, regressando à nossa hipótese inicial, que alguém dispõe de 1000 Euros para comprar livros ou relógios, que o preço dos primeiros é de 10 Euros por unidade, mas que o preço dos segundos caiu subitamente de 50 para 25 Euros por unidade. A única opção que se mantém inalterada é a de comprar apenas livros, 100 livros, em detrimento absoluto da compra de relógios, pois todas as outras opções se alterarão: se decidir com-

prar 10 livros, antes restava-lhe orçamento para comprar 18 relógios, agora pode comprar 36; se comprar 20 livros, comprará agora 32 relógios; e outras combinações possíveis são 50 livros / 20 relógios, 80 livros / 8 relógios, 90 livros / 4 relógios, 0 livros / 40 relógios. A limitação orçamental está agora demarcada por uma fronteira que denota um novo preço relativo dos bens, de 1 relógio para 2,5 livros – quando era, antes da alteração do preço dos relógios, de 1 para 5.

– Feito isto, resta irmos à procura do ponto de tangência com uma curva de indiferença daquele consumidor. Em primeiro lugar, notemos que se trata agora de uma nova curva de indiferença, superior àquela que anteriormente tínhamos traçado: e isto porque passou a ser possível ao consumidor atingir um nível de satisfação combinada superior àquela que lhe estava acessível anteriormente, sendo que em qualquer opção que envolva a compra de relógios lhe é agora possível combinar o dobro da quantidade de relógios com qualquer das quantidades de livros. Será que nesta nova curva de indiferença existe um ponto no qual a taxa marginal de substituição é também de 1 relógio para 2,5 livros? Imaginemos que sim, e que esse ponto se situa na situação em que o consumidor dispõe já de 55 livros, e lhe passa a ser indiferente aumentar a sua colecção para 60 livros ou comprar 2 relógios.

– A ser assim, teríamos um novo ponto óptimo, correspondente à compra de 18 relógios e de 55 livros; se pensarmos que o anterior ponto óptimo era o da compra de 10 relógios e de 50 livros, vemos que a quebra do preço dos relógios teve um efeito duplo: o de permitir um aumento de consumo de ambos os bens, e o de permitir um aumento mais do que proporcional do consumo dos relógios face ao aumento do consumo dos livros.

– Mas isso é inteiramente explicável, no primeiro caso, pelo nosso já conhecido *efeito de rendimento* – a diminuição do preço dos relógios aumentou o poder de compra do consumidor relativamente a todos os bens, e há-de levá-lo, *ceteris paribus*, a comprar mais desses bens, se não se tratar de bens inferiores –, e no segundo, pelo não menos conhecido *efeito de substituição* – o aumento do poder de compra não foi proporcionalmente repercutido num aumento da quantidade de livros comprados, porque a preferência do consumidor por livros foi parcialmente substituída por uma preferência por relógios, dada a nova relação de preços –. O *efeito de substituição* é a reacção do consumidor a uma alteração de preços, quando possa presumir-se que a antiga e a nova situação criada pela alteração de preços podem localizar-se na mesma curva de indiferença. Dir-se-á que:

1. no caso dos relógios, o *efeito de rendimento* – que na sua amplitude máxima teria permitido responder a uma quebra dos preços para metade com um aumento do consumo para o dobro (e portanto, transitar de

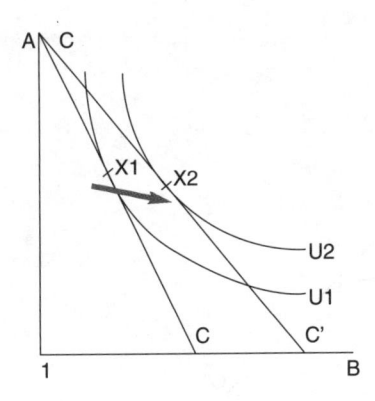 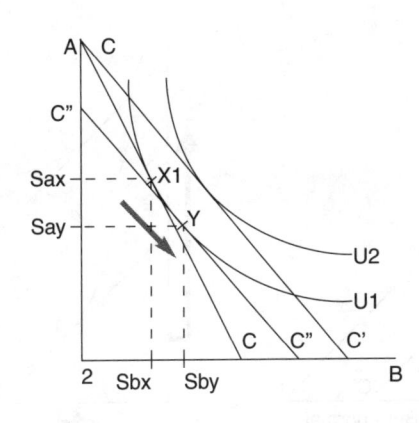 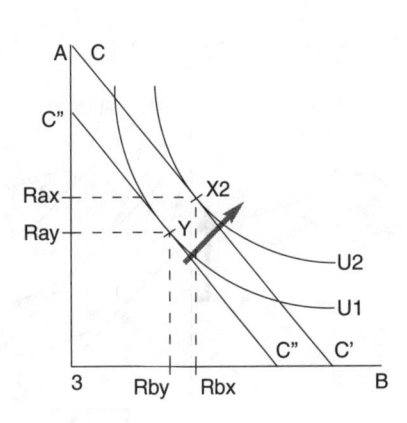

Gráfico 6.25. *Efeitos de substituição e de rendimento*

1: os dois efeitos combinados (transição de X1 para X2)
2: efeito de substituição (transição de X1 para Y, na mesma curva de indiferença U1)
3: efeito de rendimento (transição de Y para X2, da curva U1 para a curva U2)
A, B: preços relativos dos bens em alternativa
U1, U2: curvas de indiferença
CC: recta do rendimento (fronteira de possibilidades de consumo)
CC': expansão da curva CC (aumento do preço relativo de B em termos de A)

C''C'': curva intermédia (resultante do efeito de substituição)
X1: ponto óptimo antes do aumento do preço relativo de B
X2: ponto óptimo depois do aumento do preço relativo de B (resultante do efeito de rendimento sobre o ponto Y)
Y: ponto óptimo resultante do efeito de substituição
Sax / Say: impacto do efeito de substituição nas quantidades de A
Sbx / Sby: impacto do efeito de substituição nas quantidades de B
Ray / Rax: impacto do efeito de rendimento nas quantidades de A
Rby / Rbx: impacto do efeito de rendimento nas quantidades de B

uma combinação 10 relógios / 50 livros para uma combinação 20 relógios / 50 livros) – foi ligeiramente contrariada por um *efeito de substituição*, que levou a que uma parte do incremento do poder de compra fosse aproveitado para comprar mais 5 livros, em detrimento de 2 relógios, chegando-se ao aludido ponto óptimo de 18 relógios / 55 livros;

2. no caso dos livros, o *efeito de rendimento* – que teria permitido transitar da proporção 10 relógios / 50 livros para a proporção 10 relógios / 75 livros – foi muito fortemente contrariado pelo *efeito de substituição*, que levou a que esse potencial aumento de compra de livros fosse quase todo ele desviado para a compra de relógios, especificamente deixando de se comprar 20 livros para se adquirir 8 relógios.

Tendo visto como a alteração do preço de um bem determina uma deslocação de um ponto óptimo para outro ponto óptimo do consumidor, podemos regressar a território mais familiar observando apenas que a curva da procura pode ser integralmente derivada a partir dessas deslocações, ou que ela corresponde ao conjunto de pontos óptimos que, para o consumidor, correspondem aos preços possíveis dos bens.

Darmos esta forma de análise – de limites orçamentais, de curvas de indiferença – como fundamentante das curvas da procura permite explicar com facilidade alguns fenómenos que de outro modo poderiam soar demasiadamente bizarros, como por exemplo o dos «bens de Giffen» cujas curvas da procura seriam alegadamente ascendentes, respondendo com aumentos da procura a aumentos de preços: bastará agora admitirmos que, nalgumas situações, o aumento de preço de um bem inferior – um bem que, como vimos, é tanto menos procurado quanto maior é o poder de compra, e que *é tanto mais procurado quanto mais se reduz esse poder de compra* – provoca, na respectiva procura, um efeito de rendimento superior ao efeito de substituição.

A intuição do economista Robert Giffen [1837-1910], de comprovação empírica duvidosa[1122], era a de que a subida de preço de certos bens inferiores, nomeadamente a batata, poderia provocar uma tal contracção da «linha de rendimento» que a curva de indiferença tangente determinaria uma proporção óptima de bens em que aquele cujo preço tinha subido acabaria por ocupar um lugar mais proeminente, em detrimento das alternativas de consumo – verificando-se excepcionalmente que o efeito de substituição, que se esperaria

---

[1122] Moffatt, P.G. (2002), 259-267.

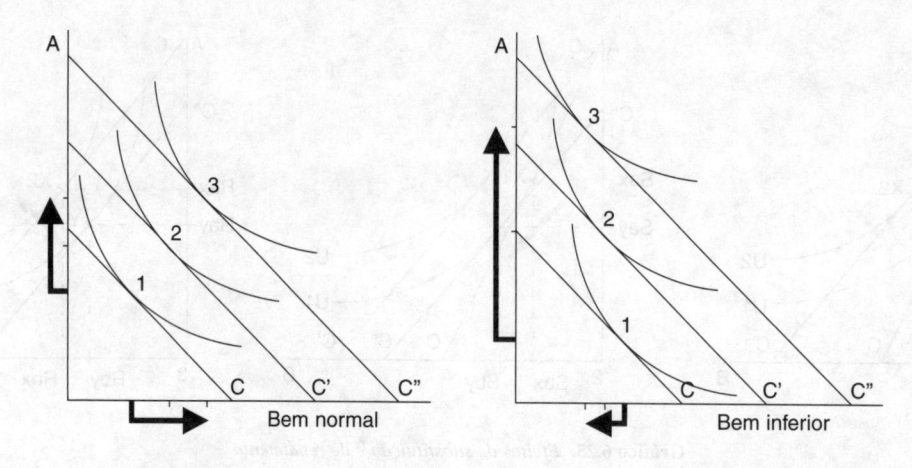

Gráfico 6.26. *Curvas de indiferença, bens normais e bens inferiores*
A: bem normal
C, C', C'': rectas do rendimento
1, 2, 3: consumo da combinação [A / bem normal] ou [A / bem inferior]

que levasse o consumidor a fugir do consumo do bem cujo preço subira a favor do consumo dos demais, seria mais do que compensado pelo efeito de rendimento.

6 – j) A escolha do nível de trabalho

Aquilo que vimos a propósito das decisões de consumo serve para analisarmos a racionalidade de muitas decisões correntes, como por exemplo aquela que respeita ao ponto óptimo de trabalho, ou seja, à escolha de uma qualquer posição de equilíbrio entre trabalho e lazer, sendo «lazer» entendido como todo aquele tempo que, estando disponível para a prestação de trabalho remunerado, não é aproveitado para esse efeito, sendo desviado para outras actividades não-remuneradas, incluindo o *trabalho* gratuito[1123]. Os planos entrecruzam-se aqui, de resto: aquilo de que cada um dispõe para consumir depende de outras duas decisões pessoais, uma relativa ao nível de esforço laboral e de remuneração, a outra relativa ao nível de poupança, ou de gasto de poupanças já constituídas: dependendo pois, afinal, de duas decisões respeitantes à participação no mercado dos factores produtivos, uma no mercado de trabalho, outra no mercado de capitais.

Suponhamos que dois electricistas são pagos à hora, e que há um excesso de procura dos seus serviços, que

ambos estão acordados cerca de 120 horas por semana, mas, considerando que não prescindem do descanso ao domingo, nunca estariam dispostos a dedicar à profissão mais do que 100 horas semanais. Quererá isso dizer que todo esse tempo disponível será dedicado ao trabalho? Evidentemente que não, pois é vital para qualquer um deles ter períodos de lazer durante os quais possam recuperar da produtividade marginal decrescente que longas horas de trabalho diário decerto provocarão. Todavia, o lazer interfere na capacidade de obter rendimentos e de, através deles, chegar a um determinado nível de consumo – ainda que, bem vistas as coisas, o lazer seja ele mesmo uma forma de riqueza, pela qual as pessoas estão dispostas a pagar, ou estão dispostas a prescindir de rendimentos –. Dos dois electricistas, se ambos receberem a mesma remuneração à hora, poderá consumir mais aquele que mais horas trabalhar, ou por outras palavras, aquele que substituir mais horas de lazer por horas de trabalho. Mas, ao mesmo tempo, tenhamos presente que o aumento de rendimento faz aumentar a possibilidade de consumo de todos os bens para os quais a elasticidade-rendimento é positiva, todos os bens, ou *normais*, ou *superiores* – e que o lazer é, nesse sentido, um bem normal (ou superior), tanto mais procurado quanto mais elevado for o rendimento.

Com os instrumentos de análise de que dispomos, podemos já perspectivar teoricamente as escolhas dos dois electricistas: para ambos, a recta do rendimento é o conjunto das combinações possíveis de consumo e de

---

[1123] Isso não quer dizer que o *ócio* não ocupe um lugar de destaque dentro desta acepção muito lata de *lazer*, o que faz todo o sentido económico em termos de «lei do menor esforço»: se um determinado rendimento é alcançável com dois graus diversos de esforço, será racional optar-se sempre pelo grau menos intenso. Por muito socialmente necessário que seja glorificar-se o trabalho, não deve perder-se de vista que o trabalho não passa de uma forma de obtermos meios que nos permitam gozarmos a vida, com ócio. Cfr. Wolfson, M.Z. (2001), 35-36.

lazer que são permitidas pelas horas de trabalho e pela remuneração à hora – sendo que a expressão «consumo» aparece aqui no sentido específico de remuneração total correspondente ao número de horas efectivamente dedicadas ao trabalho –.

Num extremo, estão 100 horas de consumo sem lazer, no outro 100 horas de lazer sem consumo, com um contínuo de combinações intermédias de consumo e de lazer (30 / 70, 50 / 50, 60 / 40, por exemplo). O quanto é que cada um dos electricistas trabalhará há-de depender da configuração peculiar das suas curvas de indiferença, que põem em confronto as decisões de trabalho e de lazer, e da possibilidade de a taxa marginal de substituição de lazer por trabalho coincidir com os ganhos relativos associados a um e outro.

Supondo por fim que a remuneração à hora aumentou, como reagirão os dois electricistas? Podem reagir de modos opostos ao facto de se alterar a recta do rendimento no sentido do aumento do valor relativo do trabalho:

– um trabalhará mais, reagindo da forma que se tomaria abstractamente como a mais previsível: o aumento do valor da hora de trabalho aumenta o custo de oportunidade associado a cada hora de lazer, pelo que predominará o *efeito de substituição*, conduzindo-o a trocar horas de lazer por horas de trabalho, mais do que compensando em consumo o que perdeu em lazer – o que, como sabemos, equivale a dizer-se que existe uma nova curva de indiferença, que será tangente à nova recta do rendimento num ponto correspondente a uma combinação com mais consumo e menos lazer –. Essa substitui-

ção será tanto mais vincada quanto mais a remuneração inicial estiver próxima do vencimento de transferência, do vencimento mínimo que o trabalhador aceita para trabalhar (num determinado sector), sendo que a esse nível inicial mais baixo, por não haver ainda qualquer quebra de incentivo pelo surgimento de «rendas económicas» na remuneração, todo o rendimento suplementar do trabalhador o incentiva ao esforço (no pressuposto de que nada interfere no efeito de substituição, o que poderá suceder se por exemplo o trabalhador entender que, apesar de tudo, os incrementos salariais que lhe cabem são comparativamente injustos, ou que ficam aquém daquilo que ele julga ser o incremento da sua própria produtividade marginal[1124]);

– outro, pelo contrário, poderá trabalhar menos horas, porque a simples expansão da recta de rendimento induzida pela subida da remuneração significará que ele consegue consumir mais mesmo que trabalhe um pouco menos (por exemplo, se o aumento da remuneração for de 50% e ele trabalhar menos 25%, mesmo assim o seu rendimento total terá aumentado, e com ele as possibilidades de consumo). Assim, se a nova curva de indiferença revelar uma taxa marginal de substituição, seja no sentido da valorização progressiva do lazer, seja no do progressivo esgotamento do trabalho, é possível que aquele electricista seja motivado a não sacrificar a incrementos de trabalho as possibilidades de fruição do lazer que lhe advêm do aumento já alcançado no seu rendimento disponível, na sua prosperidade – caso em que a escala da oferta de mão-de-obra acabará por assumir a invulgar configuração de uma curva com inclinação negativa, e novamente pelo mesmo motivo a que aludimos antes, o de o efeito de rendimento ultrapassar o efeito de substituição[1125].

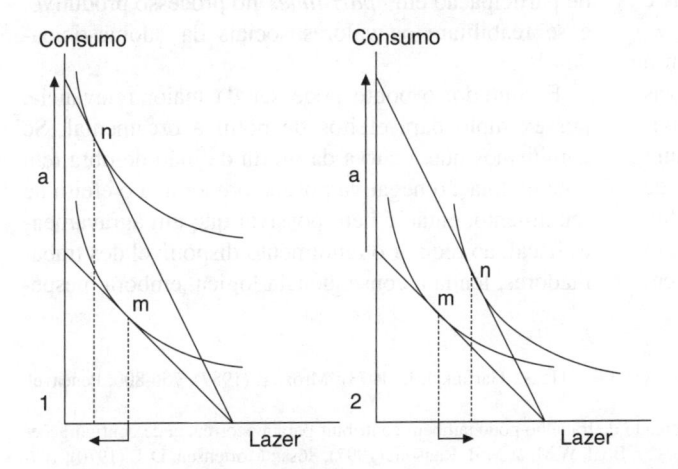

Gráfico 6.27. *Porque é que um aumento salarial pode conduzir tanto ao aumento como à diminuição da oferta de trabalho*

1: o aumento de salário leva um trabalhador (dadas as suas preferências) a trocar lazer por consumo, *trabalhando mais*
2: o aumento de salário leva outro trabalhador (dadas as suas preferências) a trocar consumo por lazer, *trabalhando menos*
a: aumento salarial
m, n: preferências (recorrendo a «curvas de indiferença»)

[1124] Rotemberg, J.J. (2002), 249-288.
[1125] Araújo, F. (2001c), 192-193.

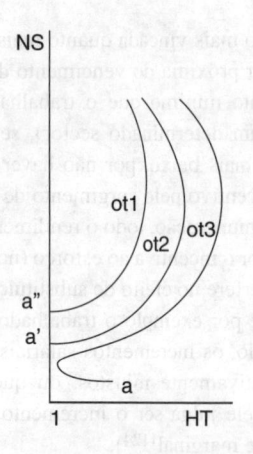
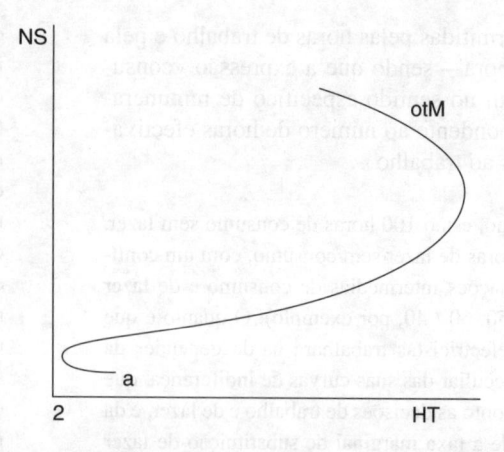

Gráfico 6.28. *Oferta de trabalho (incluindo a «curva em foice»)*

1: padrões individuais de oferta de trabalho (aos níveis salariais mais baixos, o problema da sobrevivência pode determinar que a oferta de trabalho se expanda com as diminuições salariais [como no ponto a], como forma de garantir um *rendimento mínimo*; aos níveis mais elevados, a oferta de trabalho retrai-se)
2: padrão colectivo de oferta de trabalho

NS: nível salarial
HT: horas de trabalho
a, a', a'': vencimentos de transferência (mínimos salariais para a disposição de trabalhar)
ot1, ot2, ot3: oferta individual de trabalho
otM: oferta de trabalho de mercado (somatório de ot1, ot2, ot3,...)

A conjugação do efeito de rendimento com o efeito de substituição torna, pois, incertos os efeitos de um aumento salarial (e daí a configuração peculiar, «em foice», que muitas vezes apresenta a curva da oferta de trabalho[1126]). Não se sabendo, dos dois, qual o que prevalece, não é possível senão uma pura resposta contextual, e as mais das vezes não é possível formular qualquer previsão[1127], mais a mais quando subsistem dúvidas quanto à existência de uma verdadeira elasticidade intertemporal do emprego, isto é, a existência de uma nítida correlação entre variações nos níveis salariais e nas horas de trabalho[1128].

Com efeito, a teoria económica defronta-se com a impossibilidade de formular previsões substantivas sobre os rumos que a oferta de trabalho tomará individual ou colectivamente, não se detectando nenhum padrão consistente num universo idiossincrático de preferências pelos níveis de conciliação de trabalho com lazer – embora possa esboçar, como vimos, um padrão colectivo da oferta de trabalho, ainda que em

termos meramente aproximativos[1129]. Nem mesmo alguns levantamentos estatísticos permitiram ser-se mais conclusivo nestes domínios, pois o que mais ressalta destes estudos é a forma como os trabalhadores se esforçam por alcançarem padrões individualizados de conciliação de trabalho com lazer (jogando por vezes nesse esforço aquilo que julgam ser a sua própria personalidade, a liberdade de moldarem o sentido das suas existências), sendo aliás uma das marcas de progresso económico o modo como se multiplicam as soluções de participação em «*part-time*» no processo produtivo, e se reabilitam os valores sociais da «domesticidade»[1130].

E contudo, o ponto pode ser da maior relevância, por exemplo para efeitos de política orçamental. Se admitirmos que a curva da oferta de mão-de-obra tem uma inclinação negativa porque predomina o efeito de rendimento, então é bem possível que um agravamento fiscal, ao reduzir o rendimento disponível dos trabalhadores, tenha a consequência lógica, embora inespe-

---

[1126] Sobre a «curva em foice» da oferta salarial, cfr. Almeida, A. (2001) 115ss.; Garfinkel, I. (1973); Mroz, T. (1987), 756-800; Pencavel, J.H. (1986); Porto, M.C.L. (2004), 207-209.

[1127] A existência de monopsónios e de custos de busca no mercado de trabalho pode também contribuir para a ocorrência de configurações peculiares da respectiva curva da oferta, ao menos no curto prazo. Cfr. Boal, W.M. & M.R. Ransom (1997), 86ss.; Mortensen, D.T. (1970), 167--211.

[1128] Lucas Jr., R.E. & L.A. Rapping (1969), 721-754.

[1129] Altman, M. (2001), 199-219.

[1130] Meiksins, P. & P. Whalley (2002).

rada, de aumentar o volume de trabalho. Em contrapartida, um desagravamento fiscal pode não induzir grandes aumentos de volume de trabalho, em especial nas classes de rendimentos mais elevados, nas quais o efeito de rendimento predomina, pelo que não é evidente que um tal desagravamento fiscal seja capaz de provocar incrementos na produção – ou ao menos incrementos que possam compensar a inevitável perda de receitas (o que seria um novo afloramento de «*excess burden*» na tributação, de que a «*deadweight loss*» é o caso emblemático[1131]), descontada aqui a possibilidade, nossa conhecida, de repercussão integral do imposto sobre os próprios empregadores[1132].

Para complicar as coisas, parece demonstrado que a elasticidade da oferta de mão-de-obra aos agravamentos e desagravamentos fiscais varia de grupo para grupo, e é maior, por exemplo, entre a mão-de-obra feminina do que entre a mão-de-obra masculina, entre os trabalhadores mais jovens do que entre os mais velhos, pelo que a tributação dos rendimentos do trabalho pode ter o seu maior impacto na alteração da composição da população empregada, com grandes variações no emprego de mulheres e de jovens contrastando com uma relativa invariabilidade no nível de emprego dos homens mais velhos.

Para quem possa estranhar que o aumento de remunerações seja capaz de induzir diminuições de esforço dos trabalhadores, basta dar-se o exemplo daquilo que em larga escala tem ocorrido nas economias mais prósperas, nas quais os dias úteis e as horas de trabalho tendem a comprimir-se. Pense-se que cargas semanais de trabalho comuns no século XIX, de 70 horas, seriam hoje impensáveis em economias evoluídas que gravitam para a carga média de 35 horas semanais –, ou pense-se no exemplo mais flagrante de puros efeitos de rendimento não-salarial, como a atitude típica de retraimento do trabalho naqueles que recebem prémios ou heranças vultuosos.

Com efeito, nos países industrializados, se considerarmos o tempo médio das carreiras profissionais e a carga horária semanal, estamos em média a trabalhar metade do tempo total que trabalhavam os nossos antepassados há um século atrás[1133]. Se por outro lado considerarmos que em média são gastas 10 horas diárias em dormida, alimentação e higiene pessoal, já se apurou que do tempo restante 50% era empregue em trabalho, em meados do século XIX (com 30% para outras actividades socialmente obrigatórias e para lazer, e 20% para a escolaridade obrigatória), proporção que, em finais do século XX, se tinha alterado para 20% do tempo disponível dedicado ao trabalho, 15% para a escolaridade obrigatória[1134], 5% para a escolaridade complementar, 45% para outras actividades socialmente obrigatórias e para lazer, e 15% para a reforma[1135]. Além disso, nos últimos 30 anos os trabalhadores dos países mais desenvolvidos ganharam entre 6 e 7 horas de lazer por semana, a maior parte delas reorientadas para o viciante consumo da televisão[1136].

O que fica dito aplica-se igualmente à decisão de retirada da população activa, especificamente à escolha do momento de passagem à reforma – sendo que também aí o aumento de rendimento, individual e colectivamente, tem conduzido à progressiva antecipação da idade de reforma, numa clara demonstração da prevalência do efeito de rendimento – tanto mais clara se tivermos presente que o aumento generalizado dos níveis salariais intensifica também o efeito de substituição, tornando mais visível o que pode perder-se com uma retirada prematura do mercado de trabalho –.

Cabe aqui uma referência ao conceito de «remuneração protraída» («*deferred compensation*»), que procura explicar porque é que tão frequentemente os trabalhadores mais velhos são pagos em salários mais elevados (acima da sua produtividade), à custa da sua subvalorização salarial (abaixo da produtividade) quando são jovens. Esse diferencial remuneratório seria uma forma de fidelizar e tornar mais adequadas as remunerações àqueles que mais acumulam investimentos em capital humano específico da empresa[1137] e fornecem mais informação pela «repetição do jogo»[1138], ou uma forma de evitar, através de uma «renda», que os trabalhadores mais velhos reduzam o nível de esforço, e antes o prolonguem adiando a sua saída da actividade[1139].

[1131] Creedy, J. (2000), 1-48; Feldstein, M. (1999), 674-680.

[1132] Estudando essa possibilidade no contexto dinamarquês, cfr. Bingley, P. & G. Lanot (2002), 173-194.

[1133] Maddison, D. (1995), 248; Simon, J. & R. Boggs (1995), 216.

[1134] Uma redução de valor percentual que se deve exclusivamente ao alongamento mais do que proporcional da duração média de vida.

[1135] Na economia norte-americana, as estatísticas permitem concluir que a população adulta gasta 17% do seu tempo disponível em puras actividades de lazer. Os homens gastam 5% do seu tempo em trabalho doméstico não-remunerado, contra 23% do tempo em trabalho remunerado; e as mulheres empregam 13% do seu tempo em cada uma das formas de trabalho. Cfr. Costa, D.L. & M.E. Kahn (2003), 227.

[1136] Ausubel, J.H. & A. Grübler (1995), 113-131; Bittman, M. (1999), 353-379.

[1137] Salop, S.C. & J. Salop (1976), 619-627.

[1138] Radner, R. (1985), 1173-1198.

[1139] Akerlof, G.A. & L. Katz (1989), 525-536; Lazear, E.P. (1981), 606-620.

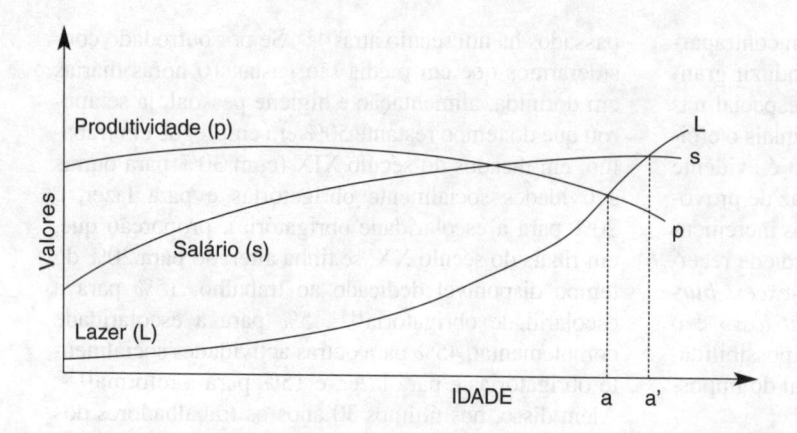

Gráfico 6.29. *Remuneração protraída (a – a':
tempo que a remuneração protraída, o «prémio
de antiguidade», mantém o trabalhador em
actividade para além do seu incentivo básico,
para além do momento em que ele, sem o suplemento do diferencial remuneratório, abandona-
ria a actividade)*[1140].

6 – k) A escolha do nível de poupança

A teoria da escolha do consumidor pode aplicar-se igualmente a questões tão importantes como aquela que se centra nas decisões de poupança e de consumo. Aquele que poupa voluntariamente tendo em vista a sua reforma defronta-se, se bem considerarmos, com uma escolha entre dois valores, o do consumo presente e o do consumo futuro: nada consumir agora seria equivalente a tudo consumir no futuro (pressupondo que lá se chegava sem consumo), e vice-versa – sendo estes os extremos da recta do rendimento na qual é pos-

sível ao aforrador encontrar o nível óptimo de poupança, em vista dos objectivos de equilíbrio entre consumo presente e futuro.

O preço relativo do consumo presente face ao consumo futuro é o resultado do entrechoque de dois vectores, um a *taxa de desconto* que leva, no presente, a desvalorizar o consumo futuro, outro a *taxa de juro* que, remunerando a poupança, eventualmente elimine ou ultrapasse aquela desvalorização[1141]. Se admitirmos que a taxa de desconto não varia significativamente[1142], e que as variações das taxas de juro são acompanhadas, também elas, por efeitos de substituição e de

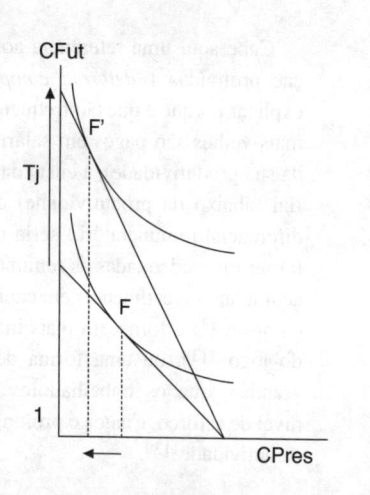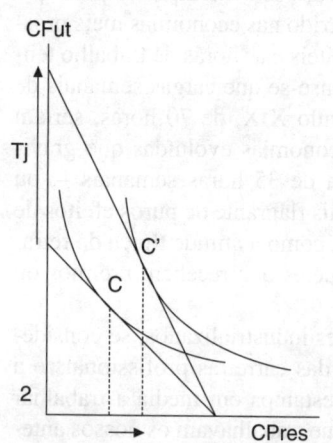

Gráfico 6.30. *Uma aplicação: distribuição do consumo entre presente e futuro. Cigarras, formigas, e taxas de juro.*

1: a subida das taxas de juro faz a formiga poupar mais
   (dadas as suas preferências)
2: a subida das taxas de juro faz a cigarra poupar menos
   (dadas as suas preferências)
CFut: consumo futuro

CPres: consumo presente
Tj: subida das taxas de juro (subida do valor relativo do
   consumo futuro em relação ao consumo presente)
F, F': preferências da formiga
C, C': preferências da cigarra

[1140] Prendergast, C. (1999), 46.

[1141] Frederick, S., G. Loewenstein & T. O'Donoghue (2002), 380-381; Meyer, R.F. (1976), 473-489; Fuchs, V.R. (1982), 93-120.

[1142] Para uma forma de calcular taxas individuais de desconto – a opção por uma indemnização de quantia única ou pelo estabelecimento de uma renda vitalícia no momento da passagem à reforma –, cfr. Warner, J.T. & S. Pleeter (2001), 33.

rendimento, teremos que um aumento da taxa de juro causará um aumento do valor relativo do consumo futuro, e deveria redundar num incentivo à poupança, aumentando o custo de oportunidade do consumo presente e dando livre curso ao efeito de substituição do consumo pela poupança – nada impedindo, aparentemente, que um aumento dos juros incentivasse o aumento da poupança, visto que por definição o juro é a remuneração dessa poupança[1143].

Contudo, nem sempre assim sucede, em especial quando é o efeito de rendimento aquele que prevalece: a mais elevada remuneração das suas poupanças torna mais próspero o aforrador, induzindo-o a reconsiderar as vantagens do consumo presente, e isso pode reintroduzir um novo factor de desconto no consumo futuro, reduzindo o nível de poupança. De acordo com os parâmetros teóricos já nossos conhecidos, o que sucederá uma vez mais num caso desses é que, graças ao efeito de rendimento, o aforrador evidencia agora uma curva de indiferença mais elevada, na qual a taxa marginal de substituição de consumo presente por consumo futuro é, no ponto óptimo, desfavorável ao segundo destes dois consumos.

6 – k) – i) A taxa de desconto

Aproveitemos para reflectir um pouco sobre o que significa essa «relação com o futuro», tão importante para a moderna Economia, em reflexo aliás da importância que social, ideológica e politicamente é atribuída ao tema – em larga medida por força da questão ambiental, dos problemas da *sustentabilidade*, das análises «custo-benefício» e da justiça para com as gerações vindouras. Cada vez mais se aceita que existe uma «taxa *social* de desconto» que deve servir de referencial a todas as decisões individuais e a todas as medidas de política económica, na medida em que umas e outras sejam projectadas para terem consequências que se espraiam no tempo, uma taxa que sirva de medida ao custo de oportunidade da utilização, imediata ou diferida, dos recursos socialmente disponíveis[1144]. O problema é o da manifesta incongruência que tão amiúde se manifesta entre as intenções de longo prazo e a conduta de curto prazo de que a realização daquelas intenções pode depender: quem não soçobrou já, individual ou colectivamente, na procrastinação de decisões relevantes (a ida regular ao dentista, a prática de exercício

físico, o estudo desde o primeiro dia do ano; ou, colectivamente, a reforma da Segurança Social, a limpeza das matas, a repressão do alcoolismo, do tabagismo e da toxicodependência, etc.)?[1145]

Deve-se a Paul Samuelson a introdução na escola neoclássica do conceito de «utilidade descontada», sugerindo que todos os parâmetros das preferências intertemporais podiam ser sintetizados nesse único conceito[1146]. Basicamente, tratava-se de exprimir teoricamente o facto de darmos menos peso (de descontarmos) as consequências futuras das nossas decisões, vistas do presente, e de considerarmos essas consequências tanto menos quanto mais distantes as colocamos no tempo – entre outras razões porque a utilidade esperada dessas consequências é mais remota e improvável quanto mais tempo medeia entre elas e o presente[1147]. Sob outro prisma, tratava-se de, aplicando uma espécie de «taxa de conversão», permitir a consideração simultânea de valores que ocorrem em momentos distintos, e assim dar uma dimensão relevante à análise «custo-benefício» que se reportasse a situações mais ou menos distantes, mais ou menos prováveis – afinal aquelas que envolvessem planificação mais ambiciosa, projectos mais duradouros, maior potencial estruturante.

Claro que, ultrapassado um limite máximo, a ideia de desconto pode tornar-se problemática – a nível individual, o desconto que ultrapasse a expectativa de vida ou a probabilidade de transmissão a herdeiros, a nível colectivo o desconto que ultrapasse a identificabilidade de interesses relevantes das gerações futuras, ou que ultrapasse o ritmo de preservação que possa ser espontaneamente assegurado pelos recursos legados às gerações futuras – e ela passa a ter que conviver com uma margem de incerteza e imponderabilidade, susceptível de aumentar essa taxa de desconto e de reforçar a «preferência pelo presente»: por exemplo, o problema do aquecimento global e do «efeito de estufa» preocupa-nos seriamente no horizonte do próximo século, mas será verdadeiramente ainda um problema nosso aquilo que sejam as respectivas consequências daqui a um milénio? O cálculo da taxa de desconto torna-se mais complicado se procurarmos combiná-lo com o factor risco e com as diversas formas da sua percepção e assimilação – razão pela qual, por motivos de simplificação, por vezes se adopta a taxa de desconto num pressuposto de ausência de risco ou de indiferença ao risco, associando o desconto, por exemplo, à taxa que remunera títulos de dívida emitidos pelo Estado (no pressu-

[1143] Lawrance, E.C. (1991), 54-77.
[1144] Portney, P.R. & J.P. Weyant (orgs.) (1999), 7.
[1145] Angeletos, G.-M., D. Laibson, A. Repetto, J. Tobacman & S. Weinberg (2001), 47.
[1146] Samuelson, P.A. (1937), 155-161; Frederick, S., G. Loewenstein & T. O'Donoghue (2002), 351.
[1147] Frederick, S., G. Loewenstein & T. O'Donoghue (2002), 352.

posto de que esses títulos representam o mínimo possível de risco disponível a um investidor)[1148].

Antes disso, é intuitivo que a convergência entre as taxas individual e social de desconto não está assegurada, e que as divergências abundam, enredando-se numa disputa que tem muito mais de ideológico do que propriamente de económico, bastando ter-se em vista a história sombria de algumas ideologias dominantes que, por tempo de mais, apelaram ao sacrifício das gerações presentes em nome de uma contrapartida que nunca chegou – porque jamais podia ter chegado. Dito isto, a própria noção de taxa social de desconto pode ser suspeita de favorecimento da perspectiva tutelar e intervencionista do Estado, já que de certo modo a simples referência àquela taxa parece sugerir uma vontade paternalista em relação ao futuro, uma vontade – decerto ilusória –, ou de querer resolver antecipadamente aquilo que se julga virem a ser os problemas fundamentais do futuro, exonerando – e irresponsabilizando – as gerações futuras, ou de querer perpetuar o presente[1149].

E de facto, como evitar que se insinue, nesse esforço de contrabalanço à «preferência pelo presente», um «erro de paralaxe» que aplica uma «taxa de conversão» dos valores futuros que é inteiramente derivada, a maior parte das vezes, da taxa de juro corrente – porque não é possível encontrar-se um consenso teórico para lá disso, porque afinal é-se forçado a reconhecer que tudo não passa do plano opinativo? [1150]

Além disso, a aferição do que seja a taxa individual de desconto não pode socorrer-se da técnica das «preferências reveladas», porque a *revelação* que conta se situa, por definição, no futuro, pelo que excepcionalmente toda a ênfase é colocada em inquéritos e simulações[1151], em inferências e analogias[1152], com todas as imprecisões daí decorrentes[1153]. Para complicar as coisas, os estudos empíricos têm permitido retirar conclusões que contradizem o modelo canónico de uma taxa de desconto uniforme no tempo e no espaço: a de que tende a descontar-se mais os ganhos do que as perdas, a descontar-se mais as pequenas do que as grandes quantias, a preferir-se sequências de melhoramentos a sequências de declínio (quando a taxa de desconto uniforme permitiria prever o inverso, a preferência pela antecipação dos melhores resultados), etc.[1154].

Especialmente perturbadora é a ocorrência muito frequente do «desconto hiperbólico», de uma taxa decrescente de preferência intertemporal que aponta para o declínio da impaciência, uma impaciência que é máxima no curto prazo e depois se esbate, como se houvesse um triunfo da resignação ou da indiferença pelo longo prazo[1155/1156], o que tem sido usado para explicar a razão pela qual, por exemplo, tendem a ser tão baixos os níveis de poupança sob forma de liquidez e tão elevados os níveis de recurso ao crédito ao consumo, ou porque é que os níveis de consumo tendem a baixar na idade da reforma[1157/1158].

– A coerência intertemporal das escolhas racionais (incluindo os problemas do desconto, da «miopia» e da impaciência)[1159] pode ser analisada como se se tratasse de um diálogo entre o nosso «eu» jovem e o nosso «eu» idoso, cada um tentando maximizar a sua satisfação num «jogo de soma zero» contra o outro[1160].

– Uma preferência intertemporalmente *consistente* é aquela que revela impaciência de acordo com um padrão exponencial de desconto – e a revela em qualquer momento face aos momentos futuros.

– Todavia, mais frequente é uma distorção de preferências pelo presente, a qual gera inconsistências intertemporais: por exemplo, aquela impaciência que vai crescendo à medida que se aproxima o momento a que está reportada a preferência[1161].

[1148] Arrow, K.J. & R.C. Lind (1970), 364-378; Bazelon, C. & K. Smetters (1999), 213ss..

[1149] Rosen, H.S. (2002), 227ss..

[1150] Weitzman, M.L. (2001), 260-261; Nordhaus, W.D. (1994); Portney, P.R. & J.P. Weyant (orgs.) (1999).

[1151] Thaler, R.H. (1981), 201-207; Benzion, U., A. Rapoport & J. Yagil (1989), 270-284.

[1152] Hausman, J.A. (1979), 33-54; Gately, D. (1980), 373-374; Ruderman, H., M. Levine & J. McMahon (1986), 41-50.

[1153] Warner, J.T. & S. Pleeter (2001), 36.

[1154] Frederick, S., G. Loewenstein & T. O'Donoghue (2002), 362.

[1155] Frederick, S., G. Loewenstein & T. O'Donoghue (2002), 360; Read, D. (2001), 5-32.

[1156] Para darmos um exemplo, quando duas vantagens se encontram ambas distantes no tempo, reina a paciência, não sucedendo o mesmo se as vantagens se aproximam: um trabalhador preferirá férias de 8 dias daqui a 6 meses a férias de 7 dias daqui a 5 meses, não se importando de esperar um mês; mas preferirá férias de 7 dias a partir de hoje a férias de 8 dias daqui a um mês. Cfr. Angeletos, G.-M., D. Laibson, A. Repetto, J. Tobacman & S. Weinberg (2001), 48; Laibson, D.I., A. Repetto & J. Tobacman (1998), 91-196; Weitzman, M.L. (2001), 270-271.

[1157] Angeletos, G.-M., D. Laibson, A. Repetto, J. Tobacman & S. Weinberg (2001), 64.

[1158] Grogger, J. (2002), 385.

[1159] Loewenstein, G., D. Read & R. Baumeister (orgs.) (2003).

[1160] Posner, R.A. (1995), 1.

[1161] Se formos colocados perante a opção de prestarmos um trabalho penoso, desagradável, por 7 horas no dia 1 de Dezembro ou por 8 horas no dia 15 de Dezembro *do próximo ano*, talvez isso nos seja praticamente indiferente; mas se voltarmos a ser confrontados com essa opção no

– Por isso, ao falarmos das preferências temporais, torna-se muito útil distinguirmos entre agentes *sofisticados*, que incorporam nos seus critérios decisórios a possibilidade de fraquejarem ou serem incongruentes num momento futuro (por exemplo, voltarem a adiar uma decisão, no momento para o qual a remeteram no presente), e agentes *ingénuos* que não admitem essa possibilidade e se julgam imunes a incongruências[1162].

Com efeito, tem-se sustentado que as preferências intertemporais são pragmaticamente influenciadas pela representação que as pessoas fazem da solidez ou mutabilidade das suas próprias preferências, uma espécie de «meta-representação de preferências»[1163] que assegura aquele mínimo de estabilidade de conduta que pode permitir cálculos minimamente aproximativos, por entre a variedade de situações e de solicitações que convocam a manifestação das preferências intertemporais[1164].

Já se admitirá que, no caso (muito improvável) de se chegar a um consenso sobre as taxas efectivas a serem consideradas, a prevalência de uma taxa social de desconto possa servir de moderador a uma irracional ou doentia «preferência pelo presente», a uma radical e inflexível impaciência, que colocasse o agente numa situação de grave insustentabilidade, ou de descontinuidade face aos interesses dos seus descendentes, uma «taxa de desconto» máxima, ou até uma taxa «exponencial» que fosse aumentando com o tempo[1165].

Seja como for, nada impede, em princípio, que o aumento das taxas de juro seja também de molde a superar o incremento da mediana de taxas de desconto que resultem do aumento da prosperidade dos aforradores, pelo que novamente se reintroduziria, difusamente embora, o incentivo ao adiamento do consumo presente: e assim dificilmente se retirará daqui uma ilação concludente – ainda que estatisticamente se tenha demonstrado que, ao nível da poupança agregada (em valores macroeconómicos), tende a prevalecer o efeito de substituição, fazendo com que o aumento das taxas de juro seja eficientemente incentivadora do incremento da taxa de poupança agregada, ou seja, do quociente entre rendimento agregado e poupança agregada.

Em tese geral, retenhamos que, se existir uma remuneração para a poupança que ultrapasse a taxa de desconto, aquele que sacrifica o consumo presente consumirá mais no futuro; e aquele que opta por consumir imediatamente incorre no custo de oportunidade equivalente àquela remuneração, ou seja, perde mais do que aquilo que ganha com a satisfação da sua preferência pelo presente – podendo de certo modo dizer-se, como sugerimos anteriormente, que o consumidor é colocado numa posição de *jogo estratégico* contra o seu próprio «eu» futuro –.

Em suma, uma simples subida de taxas de juro correspondentes à poupança não garante por si só aumentos de níveis de poupança: tudo está em apurar-se, caso a caso, se os aforradores têm as suas atitudes dominadas pelo efeito de substituição – caso em que a poupança aumentará – ou pelo efeito de rendimento – caso em que a poupança poderá mesmo diminuir –. Facilmente se imagina a margem de incerteza que uma tal constatação introduz ao nível das decisões políticas que visam a modulação dos níveis de poupança.

6 – k) – ii) A hipótese do rendimento permanente

Hoje um dos contributos mais subtis da psicologia para o desenvolvimento da análise económica está na descrição dos processos através dos quais o sujeito antecipa as alterações dos seus próprios gostos, preferências e aversões – a agilidade com que preventivamente vai preparando a sua «adaptação hedónica»[1166], a segurança com que é capaz de projectar no futuro as suas escalas de preferências e a intensidade das suas satisfações e das suas perdas[1167].

Essa subtileza fragiliza as certezas de que se rodearam muitas das análises neo-clássicas, e que eram capazes de recobrir com paradigmas de impecável e mecânica racionalidade até as mais recônditas motivações instintivas[1168], substituindo aquelas «certezas» pela crescente disposição de considerar dados puramente subjectivos e não-quantificáveis, em nome da necessidade de consideração realista dos termos em que é experimentada a satisfação económica, por sujeitos que não são *descarnadamente* racionais[1169].

---

dia 30 de Novembro do próximo ano, é muito mais de esperar que se manifeste a vontade de adiar esse trabalho por 15 dias, já que o adiamento se afigurará como mais do que compensador do diferencial de horas (7 / 8 horas). Cfr. O'Donoghue, T. & M. Rabin (1999), 103ss..

[1162] O'Donoghue, T. & M. Rabin (1999), 104.

[1163] O'Donoghue, T. & M. Rabin (1999), 103-124.

[1164] Frederick, S., G. Loewenstein & T. O'Donoghue (2002), 393-394.

[1165] Se é que deveras existe esse padrão de desconto: cfr. Strotz, R.H. (1956), 165-180.

[1166] Gilbert, D.T. & T.D. Wilson (2000), 178-197; Gilbert, D.T., E.C. Pinel, T.D. Wilson, S.J. Blumberg & T.P. Wheatley (1998), 617-638; Loewenstein, G. & D. Schkade (1999), 85-105; March, J.G. (1978), 587-608.

[1167] Loewenstein, G. & D. Adler (1995), 929-937.

[1168] A forma mais rematada desse entendimento é o da abordagem «beckeriana»: veja-se, por exemplo, a abordagem «beckeriana» dos processos de decisão de um toxicodependente, em Becker, G.S. & K. Murphy (1988), 675-700.

[1169] Frey, B.S. & A. Stutzer (2002), 402-435; Kahneman, D., P.P. Wakker & R. Sarin (1997), 375-405; Kahneman, D. (2003), 165-166.

É nestes termos, dentro dessas limitações, que deverá entender-se a forma como a decisão de poupar ou de consumir é muito frequentemente presidida por critérios que abarcam, com suficiente racionalidade, a ponderação da totalidade da perspectiva de vida do agente económico, e que visam normalizar, nivelar, os padrões de consumo ao longo dessa totalidade, aforrando mais em momentos em que o rendimento seja mais elevado por forma a permitir que o mesmo nível de consumo se mantenha nos momentos em que, sendo insuficiente o rendimento, ele tem que ser complementado através do levantamento das poupanças.

Segundo a «hipótese do rendimento permanente» («*Life-Cycle / Permanent-Income Hypothesis* (LCPIH)»), formulada por Milton Friedman em *A Theory of the Consumption Function*[1170] (com respeitáveis antecedentes em modelos de «horizontes finitos» e «infinitos»[1171]), o consumo seria determinado não tanto pelo *rendimento disponível* corrente mas antes pela *riqueza* individual registada em cada momento, sendo que nessa riqueza se encontra o aforro acumulado com vista à normalização do consumo em diferentes momentos e níveis de rendimento: e a confirmação dessa hipótese seria um factor mais de desconexão entre variação de taxas de juro e variação dos níveis de poupança[1172]. A «hipótese de rendimento permanente» cinge-se, pois, à intuição de que a poupança tenta prevenir individualmente futuros declínios na remuneração do trabalho[1173], embora o faça em termos de ciclo total de vida, e por isso se distinga do mais imediatista e contextual «motivo-precaução» da poupança[1174].

Esta inflexão na teoria do consumidor[1175] sustenta, pois, que o consumo e a poupança são, ou podem ser (ou até *deveriam ser*), principalmente determinados pelo valor esperado do total de recursos disponíveis no total do ciclo de vida individual – sendo esse valor esperado que se designa por «rendimento permanente». A aludida normalização do consumo não significa literalmente uniformização dos níveis de despesa, mas antes a manutenção ao longo do tempo da utilidade marginal da moeda[1176], o que evidentemente pode implicar grandes variações de despesa em reacção a oscilações no contexto económico corrente[1177] e nas circunstâncias pessoais – prevendo-se, nos termos da

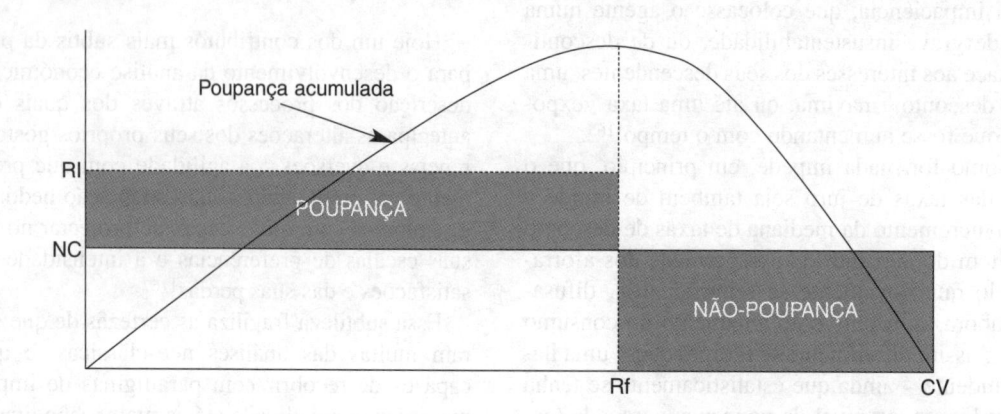

Gráfico 6.31. *Um modelo de «ciclo de vida» (para alguém que não tenha rendimentos depois da reforma)*[1181]*, ilustrando o princípio de que a propensão marginal para o consumo depende da posição individual dentro do ciclo de vida.*

RI: Rendimento Individual
NC: Nível de consumo

Rf: Reforma
CV: Termo do ciclo de vida (um eufemismo)

[1170] Friedman, M. (1957).

[1171] Ramsey, F.P. (1928), 543-559; Fisher, I. (1930); Modigliani, F. & R. Brumberg (1954), 388-436.

[1172] Browning, M. & A. Lusardi (1996), 1797-1855; Cochrane, J.H. (1989), 319-337; Hall, R.E. (1978), 971-987; Rosen, H.S. (2002), 383-392; Stephens Jr., M. (2003), 406, 419

[1173] Campbell, J.Y. (1987), 1249-1273; Wang, N. (2003), 927ss..

[1174] Caballero, R.J. (1990), 113-136; Caballero, R.J. (1991), 859-871; Hall, R.E. (1978), 249-265.

[1175] Mas, tal como a própria teoria do consumidor, também aplicável mais amplamente a todo o género de problemas de afectação de tempo, de moeda, de esforço, seja em questões de poupança e consumo, seja também em decisões respeitantes ao nível de investimento em «capital humano», à participação no mercado de emprego, à constituição de família, etc. Cfr. Browning, M. & T.F. Crossley (2001), 3.

[1176] Melhor, *a manutenção a nível constante da utilidade marginal esperada (e descontada) da despesa (também descontada)*. Cfr. Browning, M. & M.D. Collado (2001), 681.

[1177] Browning, M. & T.F. Crossley (2001), 4.

«hipótese», que o endividamento predominará na época da vida que precede a entrada no mercado de trabalho, seguida de formação de excedentes de poupança pelo período de vida activa (ou ao menos a partir de meio dessa vida activa[1178]) e dispêndio dessas poupanças depois da reforma[1179], num momento de queda abrupta do rendimento médio[1180].

Se a «hipótese do rendimento permanente» for válida – e algumas incongruências estatísticas das suas implicações macroeconómicas permitem colocar isso em dúvida[1182/1183] –, isso acarreta imediatamente uma consequência teórica, que é a de que o nível de poupança é uma expressão de simples preferências, quase se diria de gostos, de impulsos – sendo que o elevado ou baixo nível de poupança deixam de ser avaliáveis em termos absolutos, devendo ser reportados antes a uma perspectiva racional de optimização no longo prazo[1184].

A ser assim, as perspectivas de ciclo de vida, o panorama da sucessão de decisões cruciais para a vida de cada indivíduo, determinarão normalmente padrões de poupança e de assunção de risco que pouco terão a ver com as oportunidades de investimento que pontualmente surjam ao longo desse ciclo de vida – em especial se o indivíduo em causa não dispuser de grande margem de segurança nos seus investimentos. Por isso é que, na ausência de uma entidade que assuma compromissos em nome das gerações vindouras (actualmente o Estado), alguma da poupança que teria efeitos intergeracionais não se fará, porque os aforradores não têm qualquer título em que basear a sua confiança de reciprocidade por parte dessas gerações vindouras[1185].

O impulso para esse nivelamento do rendimento disponível provém da incerteza sobre o rendimento futuro, isto é, da insegurança resultante da possibilidade de «choques» e flutuações imprevisíveis, contra as quais se procura «especular» constituindo reservas por «motivo-precaução», exprimindo a «aversão ao risco»[1186] (o que novamente tem sido posto em causa[1187]); dada essa incerteza sobre o rendimento futuro, o comportamento óptimo de consumidores moderadamente impacientes (isto é, com elevada propensão para consumir e com elevada taxa de desconto do rendimento futuro[1188]) é o de nivelarem o seu nível de despesa de acordo com uma projecção válida para o total do ciclo de vida[1189]. Como esse impulso para a formação de um «rendimento permanente» tem a ver com preferências que podem variar amplamente mas todas se reportam a uma relativa insensibilização ao rendimento corrente ou às suas previsíveis variações[1190], isso explicaria em parte algumas diferenças de fortuna entre pessoas e famílias com os mesmos níveis de rendimento corrente, umas mais e outras menos expostas às contingências das oscilações imediatas[1191].

– A *«Life-Cycle / Permanent-Income Hypothesis»* só não tem maior comprovação empírica por duas razões principais: 1.°) as restrições de liquidez (o consumidor não consegue obter crédito para o seu consumo assente na expectativa de rendimento futuro); 2.°) a miopia (o consumidor não consegue visualizar o impacto no futuro do seu padrão presente de consumo e de poupança, ou apli-

---

[1178] Gourinchas, P.-O. & J.A. Parker (2002), 47-89.

[1179] Browning, M. & T.F. Crossley (2001), 14.

[1180] Bernheim, B.D., J. Skinner & S. Weinberg (2001), 833; Hamermesh, D.S. (1984), 1-7; Mariger, R.P. (1987), 533-557; Kotlikoff, L.J., A. Spivak & L.H. Summers (1982), 1056-1069; Robb, A.L. & J.B. Burbidge (1989), 522-542; Hausman, J.A. & L. Paquette (1987), 151-175.

[1181] Dornbusch, R., S. Fischer & R. Startz (2004), 339ss..

[1182] Especificamente, há elementos de «nivelamento» e de «volatilidade» do consumo face à tendência do crescimento, simultaneamente deriváveis a partir das premissas da «hipótese do rendimento permanente». Cfr. Ludvigson, S.C. & A. Michaelides (2001), 632; Deaton, A. (1987), 121-148, Campbell, J.Y. & A.S. Deaton (1989), 357-373; Galí, J. (1991), 1238-1253; Flavin, M.A. (1981), 974-1009; Blinder, A.S. & A. Deaton (1985), 465-511; Campbell, J.Y. & N.G. Mankiw (1989), 185-216; Attanasio, O.P. & G. Weber (1993), 631-649.

[1183] Talvez o problema resida, também aqui, no irrealismo de um excesso de sofisticação teórica, que para fazer-se valer sobre-estima amplamente a racionalidade e o horizonte informativo do consumidor e aforrador comum. Cfr. Carroll, C.D. (2001), 41..

[1184] Bernheim, B.D., J. Skinner & S. Weinberg (2001), 832; Lazear, E.P. (1994), 143-169.

[1185] Pense-se, por exemplo, no que seria o sistema *«pay-as-you-go»* se o Estado não assegurasse a cada um daqueles que descontam no presente a favor dos actuais pensionistas que eles beneficiarão também dos descontos dos vindouros, chegado o momento de receberem as suas pensões. Cfr. Shiller, R.J. (2003c), 344.

[1186] Rosenzweig, M.R. & K.I.Wolpin (2000), 853.

[1187] Mormente porque é manifesto que os níveis de consumo tendem a reagir também às alterações de rendimento previsíveis, desviando-se do padrão nivelador. Cfr. Flavin, M.A. (1981), 974-1009; Hall, R.E. (1978), 971-987; Mankiw, N.G. & M.D. Shapiro (1985), 165-174; Campbell, J.Y. & N.G. Mankiw (1989), 185-216.

[1188] Que no extremo é mais facilmente representável por um modelo de «consumo estocástico», no qual consumidores impacientes se defrontam com uma incerteza (não-segurável) relativa ao rendimento futuro. Cfr. Carroll, C.D. (2001), 23-45.

[1189] Carroll, C.D. (2001), 23.

[1190] Browning, M. & M. D. Collado (2001), 681-692; Browning, M. & T.F. Crossley (2001), 3-22; Paxson, C.H. (1992), 39-72; Parker, J.A. (1999), 959-973; Shea, J. (1995), 186-200, Souleles, N.S. (1999), 947-958; Hsieh, C.-T. (2003), 397ss.

[1191] Venti, S.F. & D.A. Wise (1998), 185-191.

ca a isso uma elevada taxa de desconto, mesmo que o faça por proeminência de mais imediatos «motivos-precaução»[1192]).

– Efectivamente, a hipótese do rendimento permanente é parcialmente desmentida por demonstrações de sensibilidade do consumo a alterações esperadas no rendimento *real*[1193], ainda que haja explicações que compatibilizam esses fenómenos com aquela «hipótese»[1194], mormente no que respeita a atitudes gerais de *«consumption smoothing»* que imperceptivelmente assegurariam uma convergência de resultados entre aqueles que fossem capazes de planificar a poupança num âmbito de ciclo de vida, e aqueles que se revelassem mais afectados por «miopia»[1195], ou mesmo aqueles que estivessem empenhados em poupar e nivelar padrões de despesa – não para gerirem o seu próprio «ciclo de vida»[1196], mas apenas com o objectivo de legarem aos seus vindouros a riqueza acumulada[1197], agindo assim com uma espécie de motivação inter-geracional[1198].

– Por isso a comprovação *micro*económica da hipótese do rendimento permanente, em especial do pressuposto da insensibilidade às flutuações episódicas do rendimento, tem-se revelado problemática[1199], e mais ainda quando se entra em consideração com decisões de consumo reportadas a bens duradouros[1200], quando se leva em conta «efeitos de rendimento» sobre a elasticidade[1201], quando se leva em conta a variabilidade prevista nos regimes tributários[1202] ou em regimes de mutualidade ou de poupança obrigatória[1203/1204].

Mais amplamente, o modelo-base de afectação intertemporal de recursos postula que as tendências do rendimento previsto e das despesas efectivas são independentes: o padrão das despesas seria indiferente às formas de pagamento do trabalho e à respectiva cadência – se bem que não ao total do seu valor. Igualmente seria aproximado o padrão de despesas na vida activa e na reforma, independentemente de serem vincadas, como é previsível, as diferenças no nível de rendimentos correntes. A ser válido, esse modelo de optimização permitiria usar os mesmos parâmetros de aferição para as afectações de recursos no curto e no longo prazo, indiferentemente e sem solução de continuidade, e é fundamentalmente essa a razão pela qual a constatação de padrões não-niveladores no curto prazo (os assalariados cujo rendimento não chega ao fim do mês, as quebras de vendas nesse fim de mês[1205], o aumento das vendas com os subsídios de férias e de Natal e outros efeitos sazonais[1206], a elasticidade e a «deadweight loss» resultante de agravamentos tributários[1207]) perturba tanto a legitimidade do modelo-base para formular previsões num prazo mais longo[1208].

Também Franco Modigliani[1209] explorará, com a noção de «efeito de riqueza» (*«wealth effect»*), a ideia de que o nível de consumo e poupança, e as respectivas oscilações cíclicas, dependem não tanto do rendimento disponível *actual* como da relação entre o rendimento presente e as expectativas de rendimento ao longo do ciclo de vida do titular do rendimento[1210] – insistindo

---

[1192] Whalen, E.H. (1966), 314-325; Tobin, J. (1958), 65-86.

[1193] Attanasio, O.P. & G. Weber (1995), 1121-1157; Campbell, J.Y. & N.G. Mankiw (1989), 185-216; Campbell, J.Y. & N.G. Mankiw (1990), 265-279; Campbell, J.Y. & N.G. Mankiw (1991), 723-767; Flavin, M.A. (1981), 974-1009; Hall, R.E. (1978), 971-987; Juster, F.T. & F.P. Stafford (1991), 471-522; Ríos-Rull, J.-V. (1993), 893-907.

[1194] Baxter, M. & U.J. Jermann (1999), 902ss.; Benhabib, J., R. Rogerson & R. Wright (1991), 1166-1187; Canova, F. & A. Ubide (1998), 545-572; Greenwood, J. & Z. Hercowitz (1991), 1188-1214; Greenwood, J., R. Rogerson & R. Wright (1995), 157-174; McGrattan, E., R. Rogerson & R. Wright (1997), 267-290.

[1195] Levenson, A.R. (1996), 275-295; Poterba, J.M. (1988), 413-418; Wilcox, D.W. (1989), 288-304.

[1196] Aaron, H. & A. Munnell (1992), 119-143; Kessler, D. & A. Masson (1989), 141-152.

[1197] Davies, J.B. (1982), 471-498; Kotlikoff, L.J. & L.H. Summers (1981), 706-732.

[1198] Menchik, P. (org.) (1996).

[1199] Deaton, A. (1992); Browning, M. & A. Lusardi (1996), 1797-1855.

[1200] Eberly, J.C. (1994), 403-436.

[1201] Jappelli, T., J.-S. Pischke & N.S. Souleles (1998), 251-262.

[1202] Bodkin, R. (1959), 602-614; Shapiro, M.D. & J. Slemrod (1995), 274-283; Shea, J. (1995), 186-200; Souleles, N.S. (1999), 947-958.

[1203] Mariger, R.P. & K. Shaw (1993), 48-56; Parker, J.A. (1999), 959ss..

[1204] Uma das consequências directas da *«life-cycle hypothesis»* seria a de que a atribuição de *novos* benefícios aos reformados teria consequências negativas nos níveis de poupança daqueles que se encontrassem ainda na população activa. Cfr. Attanasio, O.P. & S. Rohwedder (2003), 1499ss.; Diamond, P.A. & J.A. Hausman (1984), 81-114; Feldstein, M. (1974), 905-926; Gale, W.G. (1998), 706-723; Gustman, A.L. & T.L. Steinmeier (1999), 271-324; Hubbard, R.G. (1986), 167-178; Jappelli, T. (1995), 1-31; King, M.A. & L.A. Dicks-Mireaux (1982), 247--267.

[1205] Poterba, J.M. (1988), 413-418; Wilcox, D.W. (1989), 288-304; Bird, R. & R. Bodkin (1965), 499-515; Shea, J. (1995), 186-200.

[1206] Parker, J.A. (1999), 959-973; Souleles, N.S. (1999), 947-958.

[1207] Shapiro, M.D. & J. Slemrod (1995), 274-283.

[1208] Browning, M. & M.D. Collado (2001), 681.

[1209] Modigliani, F. & R. Brumberg (1954); cfr. Neves, J.C. (1998), 97.

[1210] Modigliani, F. (1988), 15-40; Auerbach, A.J. & L.J. Kotlikoff (1987), Cap. XI; Laitner, J. (2002), 270.

na ideia de que a motivação básica da poupança é a do «nivelamento» do poder de compra das famílias ao longo do todo desse ciclo de vida, desconsiderando a vontade de legar um património aos herdeiros (o «*bequest motive*»)[1211]. A ser verdadeira esta premissa, teríamos então que a política monetária afectaria a despesa agregada essencialmente através da interferência no valor acumulado da poupança dos consumidores: a redução desse valor acumulado, por exemplo por um movimento inflacionista, reduzindo o poder de compra *esperado* para anos futuros, obrigaria os sujeitos económicos à redução *imediata* das suas despesas em consumo, em favor do reforço do seu aforro; sendo que, ao invés, o aumento desse valor acumulado, por exemplo num momento recessionista, favoreceria o aumento *imediato* das despesas de consumo. Tal o «efeito de riqueza», que não só reduziria o impacto do rendimento corrente nos níveis de consumo e poupança, mas ainda tenderia a gerar contrabalanços na conduta dos consumidores aos efeitos inflacionistas ou recessivos. Mais recentemente a consideração da «motivação de legar» tem sido reintroduzida, no meio de alguma polémica[1212/1213], chegando-se até a conclusões chocantes nessa avaliação das «transferências inter-geracionais», como a de que, no intuito de maximizarem essas transferências, algumas pessoas antecipariam ou atrasariam o momento da morte, por forma a submeterem a sucessão a um regime fiscal mais favorável![1214]

Em suma, e dentro da mesma ordem de considerações, é evidente que o grau de aforro há-de depender da existência, e da dimensão, de uma remuneração atribuída aos reformados – sendo que uma reforma confortável desincentiva o aforro, enquanto que a insuficiência, ou a insegurança, das reformas motiva à constituição de «complementos de reforma» através da poupança; mais genericamente, o *motivo-precaução* da poupança determinará aumentos de aforro directamente proporcionais ao aumento de insegurança, tal como a generalização social de formas de seguro desencorajará a poupança formada com esse motivo-precaução – o que

poderia considerar-se uma expressão, remota embora, da noção de *risco moral*[1215] –. Isso causa agudos dilemas em situações de envelhecimento das populações, como as que se verificam presentemente nos países europeus[1216] – sobretudo se o abrandamento do *motivo-precaução* se traduzir na insolvência do sistema de segurança social, sem perspectiva de sustentação numa futura inflexão da tendência demográfica[1217], o que permite encarar com algum cepticismo a generosidade do «Estado-providência», do «Estado de Bem-Estar» («*Welfare State*»), que pode onerar incomportavelmente a população activa com a sustentação da população dependente, retirando-lhe rendimento e por essa via reduzindo-lhe a possibilidade de poupança, enquanto ao mesmo tempo desincentiva essa poupança (fornecendo exemplos de sustento a pessoas que, ou não pouparam, ou não descontaram o suficiente para financiarem integralmente a sua própria reforma)[1218].

A «hipótese do rendimento permanente» permite, como vimos, acalentar a esperança de que as pessoas promovam espontaneamente o seu próprio «seguro de velhice» (não apenas em aforro mas também na manutenção de níveis satisfatórios de saúde), ficando só «a descoberto» as grandes despesas e as catástrofes, susceptíveis de cobertura por contratos de seguro ou, no limite, pelas instituições públicas e de solidariedade social – dentro de uma lógica de reciprocidade inter-geracional (e de prevenção da pobreza) que permite à população trabalhadora sustentar, parcial ou totalmente, os reformados, na perspectiva de vir também ela a ser ajudada pelo «altruísmo» das gerações vindouras, naquilo que habitualmente é designado por sistema de «*pay-as-you-go*», a sustentação ou subsidiação das reformas pelos rendimentos correntes da população trabalhadora (em complemento do aforro que exista)[1219].

Nesse aspecto, é preocupante que o envelhecimento populacional[1220] seja acompanhado, na maior parte dos países, por um declínio da poupança (apesar de todos os incentivos fiscais à «poupança-reforma»), porque, como vimos, isso equivale a remeter a solução do pro-

---

1211 Ando, A. & F. Modigliani (1963), 56.

1212 Dynan, K.E., J. Skinner & S.P. Zeldes (2002), 274; Kotlikoff, L.J. & L.H. Summers (1981), 706-732; Modigliani, F. (1988), 15-40.

1213 Tende cada vez mais a aceitar-se que a «motivação de legar» é subalterna face ao «motivo-precaução» que preside à formação do «rendimento permanente», ou que, por outras palavras, a motivação da formação da herança só sobreleva quando (e se) o agente percebe que o «rendimento permanente» já não corre risco. Cfr. Dynan, K.E., J. Skinner & S.P. Zeldes (2002), 277.

1214 Essa «pérola teórica» surge em: Slemrod, J. & W. Kopczuk (2001). Cfr. Dynan, K.E., J. Skinner & S.P. Zeldes (2002), 276.

1215 Araújo, F. (2000), 186ss..

1216 Siebert, H. (org.) (2002).

1217 Auerbach, A.J. & R.D. Lee (orgs.) (2001).

1218 Razin, A., E. Sadka & P. Swagel (2002), 394.

1219 Wise, D.A. (org.) (1998); Wise, D.A. (org.) (1998b).

1220 Note-se que, embora o envelhecimento populacional se esteja a generalizar em todos os países economicamente mais desenvolvidos, as dimensões e repercussões do problema variam de país para país, por circunstâncias «naturais» e «institucionais», o suficiente para desaconselharem a aplicação uniforme dos mesmos remédios. Cfr. Disney, R. (1996).

blema da *sustentabilidade* do sistema para uma mera *eventualidade* de promoção do «altruísmo» junto das gerações vindouras, numa atitude que, no mínimo, é reveladora de elevadíssima taxa social de desconto ou de uma grave descoordenação de taxas individuais de desconto, já que todos são conduzidos a adoptar uma «miopia parasitária», que espera dos outros aquilo que cada um não faz e deveria fazer – especificamente, aplicar algum do rendimento corrente, atempadamente, na formação do «rendimento permanente»[1221]/[1222]. Voltaremos adiante ao tema, seja para nos debruçarmos mais de perto sobre a questão da Segurança Social[1223], seja para analisarmos algumas das repercussões do que acabámos de descrever – por exemplo, as incidências deste estado de coisas na «equivalência ricardiana», ou no incremento e retracção da procura no mercado de capitais coincidentes com a passagem para a idade da reforma do último «boom» demográfico, seguida de gerações cada vez mais exíguas[1224].

Deve registar-se que o envelhecimento da população não tem significado tanto uma degradação proporcional dos níveis de saúde como um incremento mais do que proporcional das despesas de saúde[1225], potenciado, nos seus efeitos financeiros, pelo abaixamento das idades de reforma[1226], determinando que as despesas com os idosos aumentem sempre, ao mesmo tempo que a despesa com crianças, jovens e população activa se mantém ou diminui até[1227] – compreendendo-se também por isso a urgência com que se encara a necessidade de se recuperar alguns índices de fertilidade nos países mais desenvolvidos[1228]; embora seja evidente que o envelhecimento populacional não provoca apenas problemas de solvência na Segurança Social, tendo consequências nas mais variadas facetas: na alteração de padrões de consumo e de poupança, na composição do mercado de trabalho, no investimento em capital humano, nas transferências intergeracionais, nas despesas de saúde, etc.[1229].

Por ora fixemos apenas que, havendo a considerar outros objectivos para a poupança, como o de se fazer face a emergências, o de se comprar bens ou serviços de valor elevado, ou o de se legar um *património* aos sucessores, pode ainda ter-se por certo que o grau de aforro há-de depender da incidência dos impostos sobre o fenómeno sucessório – sendo que uma tributação muito pesada desincentivará a poupança direccionada para as gerações futuras –, tal como dependerá da maior ou menor generalização do crédito ao consumo, a qual pode tornar desnecessária uma poupança *dirigida*, como por exemplo a constituição de uma reserva para «dar de entrada» no pagamento de uma casa ou de um automóvel.

Em todo o caso, o declínio na poupança tem sido muito marcado nas economias mais desenvolvidas, agravando-se generalizadamente nos últimos 30 anos[1230], e isto apesar do esforço de indução de comportamentos de aforro através de um tratamento fiscal favorável[1231], o que tem suscitado o problema de uma eventual inadequação dos incentivos[1232], denunciando-se a inconsistência dos regimes tributários que caprichosamente beneficiam e deixam de beneficiar a poupança, ao sabor das necessidades financeiras (e eleitorais) do momento, aventando-se também a hipótese de haver uma baixa elasticidade intertemporal da parte dos potenciais aforradores[1233].

Porque se trata apenas, por agora, de analisar a escolha do nível de poupança de acordo com o paradigma da «teoria do consumidor», avaliemos «a árvore pelos frutos» com uma breve referência ao seu resultado mais visível e imediato, o grau de endividamento corrente dos particulares, e sua repercussão no «serviço da dívida». Só para nos reportarmos ao caso português, registe-se o crescimento do endividamento dos particulares a uma cadência esmagadora – mais de 20% ao ano – por mais de uma década (em larga medida por força da expansão do crédito à habitação e da queda

---

[1221] Kotlikoff, L.J. (2001).

[1222] Talvez não haja prova mais eloquente e preocupante da insuficiência dos planos de aforro e de seguro de vida (exemplos de «miopia» intertemporal) do que a multiplicação de casos de grave empobrecimento de viúvas. Cfr. Auerbach, A.J. & L.J. Kotlikoff (1991), 215-241; Hurd, M.D. & D. Wise (1989), 177-199.

[1223] Aproximando-nos aí mais da visão da «*Public Choice*» sobre os temas da Segurança Social. Cfr. Alves, A.A. & J.M. Moreira (2004), 100-105.

[1224] Brooks, R. (2002), 402; Poterba, J.M. (2001), 565-584; Abel, A.B. (2001), 589-595.

[1225] Costa, D.L. (2002), 119-138; Manton, K., L. Corder & E. Stallard (1997), 2593-2598; Freedman, V.A., L.G. Martin & R.F. Schoeni (2002), 3137-3146.

[1226] Burtless, G. & J.F. Quinn (2001), 375-415; Gruber, J. & D. Wise (1999).

[1227] Lee, R.D. & R. Edwards (2002), 141-181.

[1228] Lee, R.D. (2001), 1686-1689.

[1229] Siebert, H. (org.) (2002).

[1230] Engen, E.M., W.G. Gale & J.K. Scholz (1996), 113ss..

[1231] Slemrod, J. (1990), 1-12.

[1232] Bernheim, B.D. & J.K. Scholz (1993), 73-110.

[1233] Hall, R.E. (1988), 339-357.

das taxas de juro *nominais*), aumentando o quociente entre a dívida dos particulares e o seu rendimento disponível, de 19,6% em 1990 para cerca de 80% no final de 1999, provocando problemas de liquidez e de solvência que poderão não ser graves, já que o que verdadeiramente conta é o «*grau de esforço*»[1234], e esse terá evoluído apenas de cerca de 8,8% em 1990 para 21,5% do rendimento disponível em 1998[1235] – mas que demonstram muito eloquentemente uma quase completa indiferença pelos objectivos da poupança, e pela racionalidade cujos contornos acabámos de delinear.

Se juntarmos a isto outros aspectos como o do aumento da expectativa de vida, o do abaixamento da idade de reforma[1236], o do resultante encurtamento das carreiras contributivas, o do aumento de dependência de tratamentos hospitalares e sua expansão em sofisticação e custos, o facto de erradamente se procurar conjugar as finalidades da Segurança Social com objectivos políticos de redistribuição[1237], o facto de se desincentivar e dificultar a poupança de cada geração com a adopção de esquemas de financiamento «*pay-as-yougo*» das *actuais* pensões, podemos concluir que as actuais gerações trabalhadoras estão já a repercutir nas gerações mais jovens e nas vindouras o esforço financeiro de sustentação das suas reformas, chegado o momento de auferirem delas. Para quê poupar, nestas circunstâncias? Portugal não parece muito impressionado com as consequências económicas do envelhecimento da sua população, e mostra-se fervoroso adepto das preferências da cigarra.

[1234] O quociente entre pagamento de juros e amortização do capital (o «serviço da dívida») e o rendimento disponível, período a período – e que verdadeiramente é o que deve preocupar os devedores já que, nos termos contratuais e salvo hipóteses extremas, não lhes será exigido o pagamento antecipado da totalidade da dívida.

[1235] Banco de Portugal (1999b), 32-33.

[1236] Seguindo uma tendência internacional: cfr. Fuchs, V.R. (2000), 64-65; Venti, S.F. & D.A. Wise (1998), 185-191.

[1237] Também aqui seguindo acriticamente uma tendência internacional, e esquecendo que muita da pretendida «redistribuição» se desmorona com a constatação de que os contribuintes mais ricos tendem a ter em média mais elevadas expectativas de vida, e portanto receberão pensões por mais anos: cfr. Saving, T.R. (2000), 86, 96.

Capítulo 7 – O investimento e a oferta em mercados concorrenciais[1238]

> *"Quando o mercado é muito reduzido, ninguém encontra incentivo para se dedicar intei-*
> *ramente a uma única actividade, uma vez que não terá possibilidade de trocar toda*
> *aquela parte da produção do seu próprio trabalho que excede o seu consumo, pelas par-*
> *celas da produção do trabalho de outros homens de que ele necessita. Há alguns tipos*
> *de actividade, mesmo das inferiores, que não podem ser exercidos senão numa grande*
> *cidade (...) Nas casas solitárias e nas aldeias muito pequenas dispersas por regiões tão*
> *desertas como as* Highlands *da Escócia, cada agricultor tem de ser o açougueiro, o*
> *padeiro e o cervejeiro da sua própria família"* – Adam Smith[1239].

7 – a) Os custos do produtor sem poder de mercado

Quando falámos da escala da oferta, deixámos já pressuposto muito do que é o horizonte elementar das motivações económicas de quem produz e de quem vende: produzir ou vender tanto mais quanto mais o preço sobe, e tanto menos quanto mais o preço desce – visando por isso que, *ceteris paribus*, os preços subam sempre, e nunca desçam.

A disposição de vender é, do lado da oferta, essencialmente função dos custos que a produção comporta: o que produzir, quanto produzir, como produzir, como vender, quando, onde e por que preço – tudo isso são decisões nas quais a ponderação de custos desempenha papel preponderante.

O objectivo normal de um produtor será o de obter uma receita, um rendimento total que supere o custo total, de forma a beneficiar da diferença entre estes dois valores – diferença que se designará por *lucro*:

a) O *rendimento total*, ou *receita total*, é o somatório do produto de todas as vendas alcançadas pelo vendedor, ou seja, o resultado da multiplicação do número total de unidades vendidas pelo preço de cada unidade – o que equivale ainda a dizer, o total de ingressos de pagamentos nos cofres do vendedor.

b) O *custo total* é o somatório de todas as despesas em que o vendedor incorreu para que os bens vendidos fossem produzidos e chegassem ao mercado, sendo, numa definição necessariamente tautológica, a multiplicação do número total de unidades vendidas pelo custo de cada unidade, ou seja, pelo seu custo médio – o que por sua vez equivale a dizer, o total de saídas dos cofres do vendedor, sob forma de pagamentos[1240].

[1238] Andrade, J.S. (1998), V.43ss.; Arnold, R.A. (2000), 473ss.; Arroja, P. (1993), 129ss.; Barre, R. & F. Teulon (1997), I, 556ss.; Baumol, W.J. & A.S. Blinder (2000), 137ss., 167ss.; Besanko, D.A.A. & R. Braeutigam (2001), 215ss., 258ss., 300ss.; Browning, E.K. & M.A. Zupan (2001), 177ss.; Carbaugh, R.J. (2002), 99ss.; Colander, D.C. (1995), 163ss., 181ss.; Colander, D.C. (1997), 557ss., 572ss.; Ekelund, R.B. & R.D. Tollison (2000), 165ss., 179ss.; Gregory, P.R. (2001), 71ss.; Gwartney, J.D. & *al.* (2002), 476ss.; Hardwick, P. & *al.* (1999), 23ss., 90ss., 125ss., 169ss.; Heyne, P. & *al.* (2002), 255ss.; Hoag, A.J. & J.H. Hoag (2002), 63ss., 106ss., 118ss., 137ss., 151ss.; Hyman, D.N.N. (1996), 214ss., 231ss., 267ss.; Jacquemin, A., H. Tulkens & P. Mercier (2001), 57ss., 89ss., 207ss.; Keenan, D. & M.H. Maier (1998), 19ss.; Landsburg, S.E. (1995), 188ss.; Lipsey, R.G. & *al.* (1999), 166ss., 186ss.; Mankiw, N.G. (2001), 269ss., 291ss.; Martinez, P.S. (1998), 400ss.; Mas-Colell, A. & *al.* (1995), 127ss.; Mata, J. (2000), 77ss., 109ss.; Mateus, A. & M. Mateus (2001), 315ss., 333ss., 357ss., 399ss.; Mathis, S. & J. Koscianski (2002), 197ss.; McConnell, C.R. & S.L. Brue (2001), 418ss.; McConnell, C.R. & S.L. Brue (2001b), 156ss.; Miller, R.L. (2002), 461ss., 481ss.; Neves, J.C. (2001), 137ss.; Nicholson, W. (2001), 289ss., 322ss., 363ss.; O'Sullivan, A. & S.M. Sheffrin (2002), 150ss.; Parkin, M. (1999), 203ss., 231ss.; Perloff, J.M. (2000), 158ss., 195ss.; Pindyck, R.S. & D.L. Rubinfeld (2000), 175ss., 205ss.; Porto, M.C.L. (2004), 123ss.; Samuelson, P.A. & W.D. Nordhaus (2001), 108ss., 125ss.; Schiller, B.R. (2004), 97ss.; Slavin, S.L. (2001), 103ss., 463ss., 477ss., 499ss.; Slavin, S.L. (2001b), 143ss., 157ss., 179ss.; Sloman, J. (2002), 114ss.; Sowell, T. (2001), 59ss., 73ss., 89ss.; Spencer, M.H. & O.M. Amos Jr. (1993), 512ss.; Stanlake, G.F. (1993), 95ss.; Stiglitz, J.E. & C.E. Walsh (2002), 250ss., 281ss.; Taylor, J.B. (2001), 114ss., 164ss., 192ss., 368ss.; Wessels, W.J. (2000), 265ss.

[1239] Smith, A. (1976b), 31 (=I, 99).

[1240] Como já sabemos e voltamos a analisar já de seguida, a essas saídas dos cofres há que necessariamente acrescentar os *custos de oportunidade*, por forma a chegarmos a uma definição mais rigorosa do que é, em termos económicos, o *custo*.

7 – b) Custos implícitos, lucro económico e lucro contabilístico

Se, como vimos, o apuramento do lucro deverá resultar de um mero confronto entre os valores totais do rendimento e do custo, e os primeiros são de fácil determinação – consistindo no simples produto da quantidade vendida pelo preço unitário de cada transacção –, todavia a fixação do que sejam os custos totais depende de algumas opções prévias, que condicionam decisivamente o respectivo cálculo.

Começámos, com intuito simplificador, por afirmar que o custo total é o somatório de todas as despesas em que o vendedor incorreu – mas o facto é que uma tal definição engloba apenas os chamados *custos explícitos*, o conjunto de valores que, tendo constituído a base da disposição de pagar do próprio vendedor em relação aos factores com que foram produzidos os bens e serviços que vende, foram efectivamente alienados em pagamento, na troca por esses bens e serviços.

Ora sucede que sabemos também que o conceito económico de custo é muito amplo, abrangendo não apenas estes custos explícitos mas também os chamados *custos implícitos*, dentro de uma ideia de que, se o custo é verdadeiramente um elemento decisivo das opções económicas, ele há-de abarcar tudo aquilo que é ponderado nelas, nomeadamente as vantagens comparativas dos diversos rumos pelos quais, num determinado momento, se pode optar.

Entre esses custos implícitos contar-se-á especialmente o uso por um produtor dos seus próprios recursos: ele não tem que adquiri-los por um preço no mercado, mas é inequívoco que usá-los ele mesmo o priva de lhes dar um uso alternativo e rentável. Uma empresa que faculta o uso da sua garagem aos seus empregados prescinde de ceder esse espaço a terceiros, contra o pagamento de uma renda; um produtor que aplica os seus recursos na produção de carteiras prescinde de aplicar aproximadamente os mesmos recursos na produção de sapatos, da qual também haveria eventualmente lucros a obter; um empresário que decide dar início a um processo produtivo prescinde de emprestar o capital de que disponha a um outro empresário, ao qual cobraria juros: em todas essas situações há custos implícitos, que consistem nas rendas, lucros e juros que deixam de ser obtidos. E o próprio «lucro normal», de que adiante falaremos, também faz parte desses custos de oportunidade.

O *custo económico* é, pois, lembremo-lo, um *custo de oportunidade*: ele abarcará aquilo em que o agente económico incorreu directamente para obter o bem ou serviço, mas ainda, complementarmente, a perda dos benefícios que para ele adviriam da segunda melhor opção, ou seja, daquela que deixou de tomar para escolher aquela que, por revelar maiores vantagens, tornou efectiva.

Ora é encarando esta acepção amplíssima de custos de oportunidade e de lucros económicos que podem fazer sentido muitas das decisões racionalmente tomadas pelo produtor.

– Por exemplo, aquele que *racionalmente* optou por iniciar uma actividade de editor de livros teve de começar por ponderar as alternativas que se lhe ofereciam; suponhamos que, por exclusão de partes, ele foi eliminando várias actividades que se apresentavam como possíveis, até já só restarem duas cujas vantagens, cuja susceptibilidade de gerarem lucros para ele, se destacassem nitidamente das demais: a de importador de livros, e a de editor livreiro. Na primeira, feitos os cálculos, o rendimento anual seria de 400 mil Euros no total, com custos totais de 380 mil Euros – e portanto com um lucro (contabilístico) de 20 mil Euros –; na segunda, o rendimento anual seria de 300 mil Euros, com custos totais de 270 mil Euros – e portanto com um lucro (contabilístico) de 30 mil Euros –.

– A opção fez-se pela actividade que prometia maiores lucros contabilísticos; mas o editor não poderá deixar de considerar que a sua actividade passou a conter um custo implícito: a dedicação exclusiva às funções de editor privá-lo-á dos 20 mil Euros por ano que poderia obter com a actividade de importador, e este rendimento perdido é, para efeitos económicos, um custo, um custo de oportunidade. Considerando-se esse custo implícito, a actividade que lhe proporciona um lucro *contabilístico* de 30 mil Euros passa a proporcionar-lhe um lucro *económico* de somente 10 mil Euros, que é a diferença entre o rendimento total, 300 mil, e o somatório de custos explícitos (270 mil) e implícitos (20 mil)[1241].

– Se o editor perguntar ao seu contabilista qual o lucro a considerar, este referirá naturalmente os 30 mil Euros – porque não lhe cabe tomar em consideração os custos implícitos, as opções subjacentes à decisão de lançar-se naquela actividade, mas apenas lhe cabe calcular a diferença entre os ingressos e as saídas de dinheiro da tesouraria; esse contabilista não conseguirá, por conseguinte, fornecer uma explicação cabal para as opções económicas do editor, dado que lhe escapa a amplitude total dos custos de oportunidade envolvidos nessas opções: o mesmo contabilista continuaria a descortinar apenas lucros mesmo que a opção tivesse sido pela actividade de importação de livros.

[1241] Ou, o mesmo é dizer, a diferença entre o lucro contabilístico da actividade por que optou e o lucro contabilístico da actividade que preteriu.

– Em ilustração destas afirmações, consideremos a hipótese de, a determinado momento, os custos anuais totais da importação de livros baixarem de 380 mil Euros para 360 mil Euros (porque, por exemplo, foram reduzidos os direitos aduaneiros), fazendo com que a actividade de importador de livros passe a proporcionar um lucro de 40 mil Euros anuais, superior ao lucro assegurado pela actividade de editor. Se houver perfeita mobilidade de factores, isto é, se não existirem entraves significativos à transição imediata de uma actividade para outra, o editor passará a importador, porque é nesta última actividade que passa a residir o lucro económico.

– Mas como justificaria o contabilista do editor que se abandone imediatamente uma actividade que produz 30 mil Euros anuais de lucro (contabilístico)? Como explicar-lhe, por outras palavras, que enquanto continua a entrar mais dinheiro do que aquele que sai, o lucro de 30 mil Euros anuais esconde uma perda de 40 mil Euros, e que persistir na actividade de editor e recusar a actividade de importador significa o sacrifício de uma oportunidade de obter anualmente 10 mil Euros adicionais?

A noção de *custo implícito* torna-se mais visível relativamente às opções de investimento no factor de produção capital: suponha-se que o editor pretende aliciar alguém a aplicar as suas poupanças na sua empresa, oferecendo-lhe em troca uma remuneração de 5% ao ano; será essa remuneração aliciante? Sim, se a remuneração dos depósitos bancários for de apenas 4%; não, se essa remuneração for de 6%. Todas estas percentagens são, de um puro prisma contabilístico, saldos favoráveis ao aforrador; mas é a diferença líquida entre o melhor saldo e o segundo melhor saldo, entre o saldo superior e o *custo de oportunidade* que o saldo inferior representa, que decide a *direcção* do investimento.

Em suma, a diferença entre ganhos contabilísticos e ganhos económicos reside no facto de estes serem calculados por referência ao conjunto total de custos de oportunidade que possam ser contextualmente considerados, ao passo que aqueles são computados por referência apenas aos custos explícitos – pelo que os ganhos contabilísticos se apresentam, em todos os casos, como superiores aos ganhos económicos.

7 – c) Função de produção e produto marginal

A função de produção é a relação, puramente quantitativa, entre aquilo que é empregue na produção e aquilo que dela resulta: por exemplo, numa tipografia dir-se-á que uma combinação de 1 máquina com 8 trabalhadores produzirá um resultado de mil livros por dia, uma combinação de 3 máquinas com 14 trabalha-

dores assegurará um resultado de 20 mil livros, etc..

Se quisermos analisar a vertente dinâmica dessa função de produção, deveremos levar em conta um conceito próximo, que é o de «produto marginal», o qual se refere às variações de quantidade produzida que resultam da variação, em uma unidade, da quantidade de algum dos factores produtivos.

Suponhamos, por exemplo, que uma tipografia que opera com 3 máquinas e 14 trabalhadores e que produz 20 mil livros por dia resolve contratar mais um trabalhador, registando-se que em consequência dessa contratação a produção diária sobe dos 20 mil para os 21 mil livros: teremos então que o produto marginal associado à contratação desse trabalhador é de mil livros.

Quererá isso dizer que essa mesma tipografia pode continuar a contratar trabalhadores, na certeza de que a contratação de cada um significará um acréscimo de mil livros? Não: existe uma tendência para o *decréscimo do produto marginal*, que em termos muito simples podemos dizer que resulta de efeitos de saturação decorrentes da utilização de quantidades crescentes de alguns factores em combinações progressivamente desiguais com factores fixos, ou factores cujas quantidades não podem variar tão rapidamente como as daqueles.

Por exemplo, poderá admitir-se que as mesmas três máquinas que suportam uma colaboração eficiente com 14 ou 15 trabalhadores deixarão de fazê-lo ao mesmo nível de eficiência se passarem a ser utilizadas por 30 trabalhadores; e que enquanto não se puder considerar a hipótese de aumento do próprio número das máquinas, deverá esperar-se que a contratação de cada novo trabalhador venha a traduzir-se em incrementos cada vez menores no produto total. Como veremos de seguida, se puder aumentar-se proporcionalmente e em simultâneo todos os factores de produção – se puder aumentar-se a *escala* da produção, em suma –, o problema do decréscimo do produto marginal pode esbater-se, ou desaparecer de todo.

Dizermos que existe uma tendência para o decréscimo do produto marginal equivale a dizermos que há a tendência para o aumento dos custos marginais.

Se a tipografia tiver por objectivo contratar um novo trabalhador todos os meses, verificará que a contratação no mês de ingresso do 15.º trabalhador se traduz num produto marginal de mil livros, mas que no mês seguinte a contratação do 16.º trabalhador implicará um acréscimo de apenas 900 livros, e no outro mês a contratação do 17.º resultará num produto marginal de 850 livros, e assim

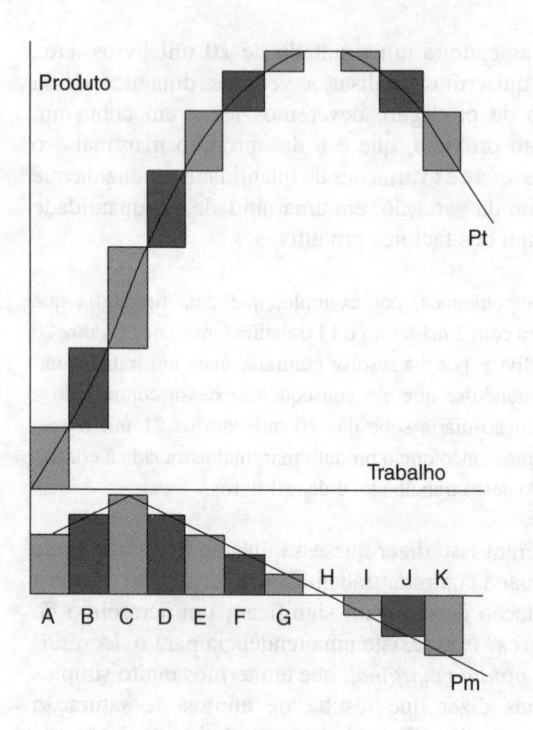

	Pm	Pt
A	30	30
B	40	70
C	50	120
D	40	160
E	30	190
F	20	210
G	10	220
H	0	220
I	-10	210
J	-20	190
K	-30	160

Gráfico 7.1. *Produto total e produto marginal*

Pt: produto total
Pm: produto marginal

sucessivamente. Mas isso significa que, se o objectivo da tipografia for antes o de manter uma expansão regular de produto de mil livros por mês (20 mil, 21 mil, 22 mil, etc.), a contratação de um novo trabalhador terá de fazer-se a uma cadência cada vez mais acelerada: no primeiro mês bastará contratar o 15.°, mas antes de terminado o segundo mês será preciso juntar à contratação do 16.° a contratação também do 17.°, e assim sucessivamente – o que quer dizer que se assistirá a um agravamento progressivo dos custos marginais (a contratação de cada novo trabalhador é, para a empresa tipográfica, um custo marginal).

Dizermos que existe uma tendência para o aumento dos custos marginais equivale por sua vez a dizermos que os custos totais tendem a agravar-se cumulativamente, e que portanto a escala que representa esses custos totais não só é crescente como tem uma inclinação progressiva, a ponto de, no limite, pequenos incrementos das quantidades produzidas implicarem muito grandes incrementos de custos – estabelecendo assim, mesmo intuitivamente, uma *fronteira de possibilidades* que é o limiar do agravamento drástico dos custos marginais[1242].

7 – d) Custos fixos, variáveis, totais, marginais e médios[1243]

Suponhamos que alguém decide tornar-se um produtor de relógios baratos. Para o efeito, começa cautelosamente por produzir pequenas quantidades de relógios, tentando detectar a receptividade do mercado à sua produção, para só depois, na hipótese de uma resposta favorável, se abalançar a números mais elevados. Com algum optimismo, arranca logo com a aquisição de uma máquina que permitirá, se usada no máximo da sua capacidade, produzir 500 mil relógios por ano (dentro do limite da sua vida útil); suponhamos ainda, por facilidade de cálculo, que a fábrica funcionará em instalações que já pertenciam ao empresário, e que não havia outro uso relevante ao qual essas instalações pudessem ser destinadas, e que as próprias matérias-primas utilizadas no fabrico dos relógios se encontram nessas mesmas condições.

Nesse caso, diremos que os custos relevantes para a produção de relógios são essencialmente os que respeitam àquela máquina que foi preciso adquirir e ao pagamento dos trabalhadores que operarão com ela. Tome-

---

[1242] Lembremos, na Fronteira de Possibilidades de Produção, as «encostas de custos crescentes» ladeando o «vale de equilíbrio» (Gráfico 1.7).

[1243] Png, I. (2002).

mo-los como paradigmas de custos, respectivamente de custos fixos e de custos variáveis.

Suponha-se que a máquina que produz relógios custou 500 mil Euros, pelo que produzir um relógio, cem relógios, mil, dez mil ou 500 mil relógios terá sempre esse mesmo custo fixo: custo *fixo* é aquele que é associado aos factores cuja quantidade não se altera com o nível de produção. Suponha-se agora que admitir cada novo trabalhador custa 10 mil Euros por ano: produzir um relógio, cem, mil, 100 mil ou 500 mil exigirá a contratação de um número diferente de trabalhadores – um número não só crescente como *marginalmente* crescente, no sentido já conhecido de que cada incremento de produção poderá implicar, ao menos a partir de certo limite, o recrutamento de um número *cada vez maior* de trabalhadores. Os custos referentes ao emprego de trabalhadores no processo produtivo são, pois, *variáveis*.

Os *custos totais* em que o produtor de relógios incorrerá serão a soma dos custos fixos e dos custos variáveis; logo, se os custos variáveis são crescentes – como vimos que era o caso –, serão igualmente crescentes os custos totais.

Mas não se limita a estes valores a ponderação de custos relevante para o produtor, pois ele também quererá indagar valores *médios* – quanto lhe custa produzir cada relógio, cada unidade – e valores *marginais* – quanto lhe custa produzir cada *novo* relógio, cada unidade *adicional* –.

Os valores médios são relativamente simples de calcular: basta, como no cálculo de qualquer média, dividir os valores totais pelo número de unidades que constituem esses totais. E assim teremos *custos fixos médios*, *custos variáveis médios* e *custos médios totais* – respectivamente, o quociente de custos fixos, variáveis e totais por um número que representa a quantidade de unidades produzidas. O custo médio total pode ser calculado por duas formas equivalentes: ou como um quociente do custo total pelo número de unidades produzidas, ou como a simples soma do custo fixo médio com o custo variável médio. O valor médio indica ao produtor, em suma, quanto lhe custa produzir o relógio «típico», por assim dizer.

Já o valor do custo marginal pode revelar-se um pouco mais difícil de calcular, porque ele há-de representar a variação de custos associada à variação de uma unidade de produto – valor a que se chegará normalmente através de um quociente, entre uma dada variação de quantidades e a amplitude total da variação de custos conexa com aquela variação de quantidades. O valor marginal indica ao produtor quanto lhe custará produzir o próximo relógio, ou quanto lhe custou produzir o último: de certa maneira, não lhe fornece o custo «típico», mas sim o custo «concreto», no sentido de ser o custo que se lhe depara, ou deparará, dentro do horizonte imediato de relevância da sua decisão económica de produzir ou não produzir.

E no entanto, pese embora a dificuldade de cálculo, em rigor é atendendo aos custos marginais que se modula o volume de produção: os critérios do produtor não têm que reportar-se constantemente a decisões tão radicais como a de continuar ou não a produzir, a do tudo ou nada, mas apenas a decisões mais limitadas como a de produzir mais ou menos uma unidade – o que, para um «*price taker*», requererá ainda que ele compare esse custo marginal com o preço de mercado, continuando a produzir unidades adicionais enquanto o custo adicional for inferior ao preço de mercado (perspectivando-se aquele intervalo, aquele «excedente do produtor» que motivará ainda uma disposição de vender).

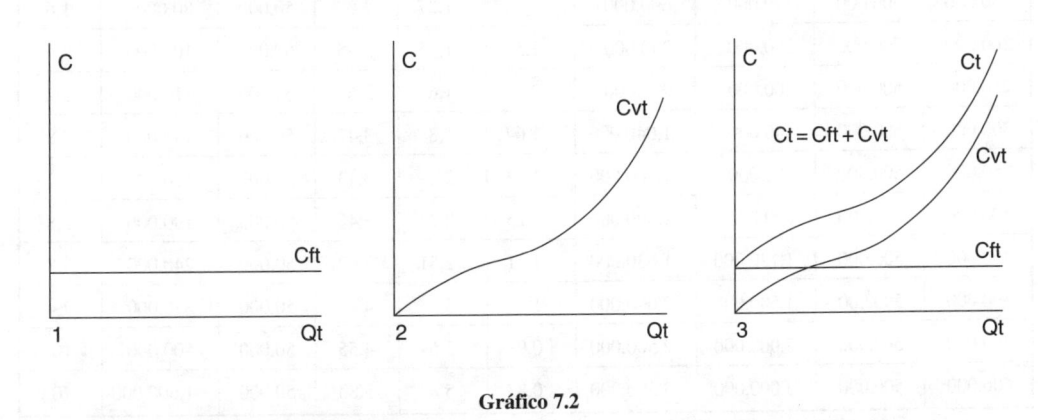

Gráfico 7.2

C: custos   Cvt: custos variáveis totais
Qt: quantidades   Ct: custos totais (= Cft+Cvt)
Cft: custos fixos totais

Procuremos representar num quadro as perspectivas do produtor de relógios quanto aos seus custos:

– na coluna A, representamos algumas das *quantidades* de relógios que ele pode produzir anualmente;
– na coluna B, surgem os custos *fixos* (que convencionámos restringir ao custo de aquisição da máquina);
– na coluna C, aparecem representados os custos *variáveis* (que convencionámos restringir aos encargos salariais, e que associámos já a uma ideia de custos marginais crescentes – supondo-se no exemplo que a empresa pode começar por laborar com 5 trabalhadores, mas que para atingir o pleno da sua capacidade terá que contratar 300 trabalhadores);
– na coluna D aparecem calculados os custos *totais* (a soma B + C);
– na coluna E representam-se os custos *fixos médios* (o quociente B / A);
– na coluna F representam-se os custos *variáveis médios* (o quociente C / A);
– na coluna G são calculados os custos *médios totais* (a soma E + F, ou – o que é equivalente –, o quociente D/A);
– na coluna H calculam-se os aumentos *marginais* da produção (os incrementos de quantidades, linha a linha, na coluna A)
– na coluna I representam-se os incrementos *marginais* de custos totais (os aumentos de custos, linha a linha, na coluna D)
– por fim, na coluna J são calculados os custos *marginais* (o quociente I / H)[1244].

Podem retirar-se muitas conclusões da simples análise destes quadros e gráficos. Destaquemos algumas delas:

– os custos fixos médios (E) descem constantemente, legitimando a conclusão de que quanto mais se produz mais se diluem os custos fixos pelo número de unidades produzidas;
– os custos variáveis médios (F) têm tendência a crescer, numa evolução que se agrava à medida que se atinge a saturação no processo produtivo, confirmando a tendência de curto prazo para a produtividade marginal decrescente (no nosso exemplo, optámos por fazer os custos variáveis médios crescerem desde o primeiro momento, mas nem sempre será esse o caso, podendo ser que eles diminuam depois de um momento inicial de elevados «custos de instalação», só mais tarde voltando à tendência de subida);
– os custos médios totais – o que equivale a dizer, os *custos por unidade* produzida (G) –, na medida em que são a combinação de dois valores com tendências opostas, uma descendente, a outra ascendente, tendem a evidenciar uma *fase descendente* – na qual predomina a dispersão dos custos fixos por um volume crescente de produção –, um ponto de viragem e uma *fase ascendente* – na qual predomina o efeito do rendimento marginalmente decrescente –, o que graficamente pode ser representado por uma curva em U;
– no exemplo dado, os custos médios desceram até ao nível de produção de 350 mil relógios – momento em

A	B	C	D	E	F	G	H	I	J
50.000	500.000	50.000	550.000	10	1	11	———	———	—
100.000	500.000	110.000	610.000	5	1,1	6,1	50.000	60.000	1,2
150.000	500.000	190.000	690.000	3,33	1,27	4,6	50.000	80.000	1,6
200.000	500.000	290.000	790.000	2,5	1,45	3,95	50.000	100.000	2
250.000	500.000	400.000	900.000	2	1,6	3,6	50.000	110.000	2,2
300.000	500.000	540.000	1.040.000	1,67	1,8	3,47	50.000	140.000	2,8
350.000	500.000	700.000	1.200.000	1,43	2	3,43	50.000	160.000	3,2
400.000	500.000	890.000	1.390.000	1,25	2,22	3,47	50.000	190.000	3,8
450.000	500.000	1.130.000	1.630.000	1,11	2,51	3,62	50.000	240.000	4,8
500.000	500.000	1.500.000	2.000.000	1	3	4	50.000	370.000	7,4
550.000	500.000	2.000.000	2.500.000	0,91	3,64	4,55	50.000	500.000	10
600.000	500.000	3.000.000	3.500.000	0,83	5	5,83	50.000	1.000.000	20

[1244] Nesta e noutras tabelas, o rigor dos cálculos é afectado pelos necessários arredondamentos.

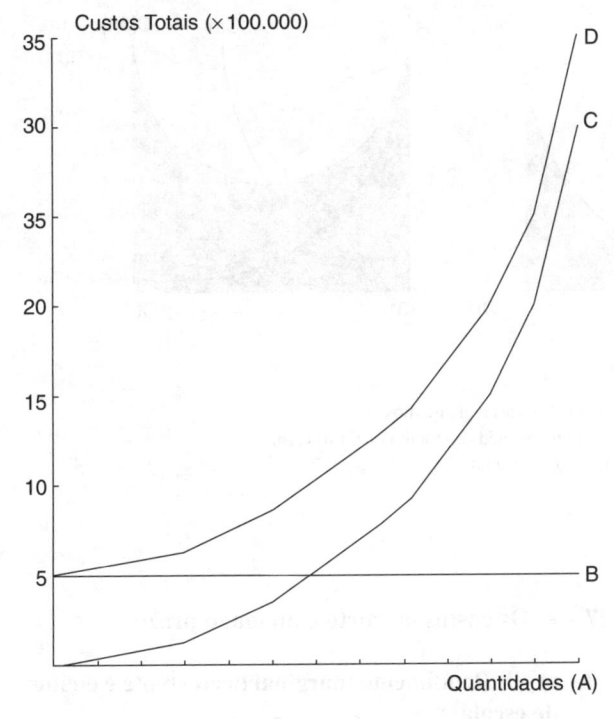

Gráfico 7.3

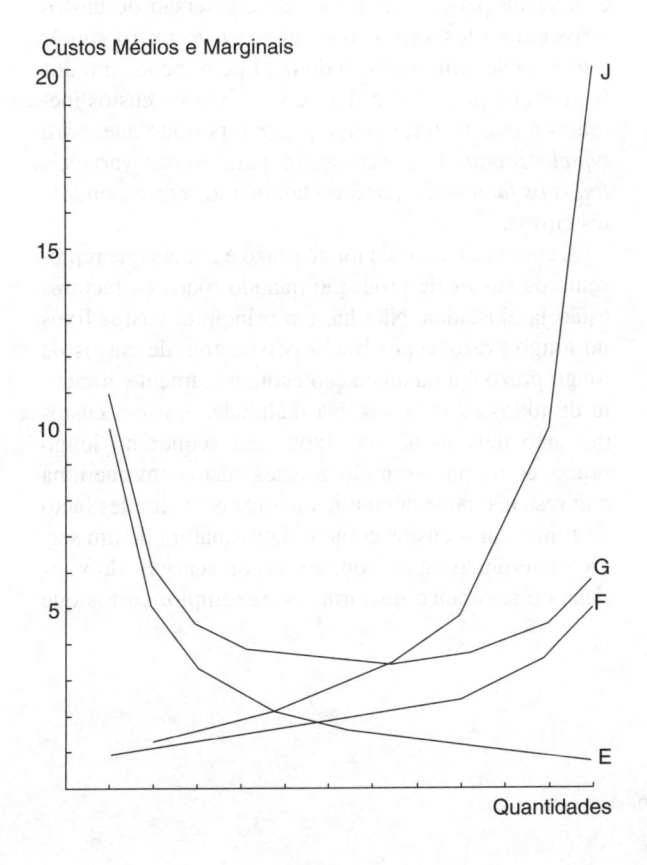

Gráfico 7.4

que cada unidade produzida terá custado em média 3,43 Euros –, e voltaram a subir a partir daí. Designa-se por *escala de eficiência*, ou *dimensão óptima*, esse ponto em que são mínimos os custos médios, esse nível de produção que minimiza os custos médios totais. Um produtor que esteja particularmente preocupado em controlar os custos deverá prestar especial atenção a esse ponto crítico a partir do qual a produção se faz a custos médios crescentes: a partir do qual, portanto, o lucro *por unidade*, a diferença entre preço e custo médio, nunca voltará a ser tão grande;

– os custos marginais (J) têm tendência a crescer, e a incrementar progressivamente essa propensão para o crescimento – fenómeno que referimos já. Ressalvemos que nem sempre sucederá, como no exemplo que escolhemos, que os custos marginais sejam crescentes desde a origem, sendo, pelo contrário, de esperar em muitos casos que, após um período inicial de arranque, os custos marginais decresçam, durante um período em que se manifesta excesso de capacidade instalada e não há uso pleno de recursos, para só mais tarde se verificar o seu agravamento progressivo;

– no exemplo dado, os custos marginais (J) começam por ser inferiores aos custos médios totais (G), e mantêm-se inferiores a estes enquanto eles descem; ultrapassam-nos precisamente na «escala de eficiência» (no momento de produção de 350 mil unidades, ou mais precisamente algures entre a produção de 350 mil e a produção de 400 mil unidades, quando o custo médio sobe de 3,43 para 3,47 Euros e o custo marginal sobe de 3,2 para 3,8 Euros), após o que passam a ser superiores aos custos médios e a subirem mais pronunciadamente do que estes;

– a constatação desta relação entre os dois valores não é um acaso nem está condicionada pelos valores arbitrariamente escolhidos para o nosso exemplo – sendo pelo contrário uma verdade analítica, fruto dos próprios conceitos de *valor médio* e de *valor marginal*:

• enquanto um valor marginal for inferior a um valor médio, este descerá (um estudante que obtém uma nota inferior à sua média escolar está a prejudicar essa média);

• sempre que um valor marginal for superior a um valor médio, este subirá (uma equipa de basquetebol que queira subir a média de alturas dos seus jogadores terá que recrutar um jogador com altura acima da média);

• as variações dos valores marginais arrastam com elas, pois, as variações dos valores médios – isto é, os valores médios tendem a aproximar-se dos valores marginais, embora com menor amplitude;

• se o valor marginal que é superior ao valor médio registar uma tendência descendente, ou se o valor marginal que é inferior ao valor médio registar uma

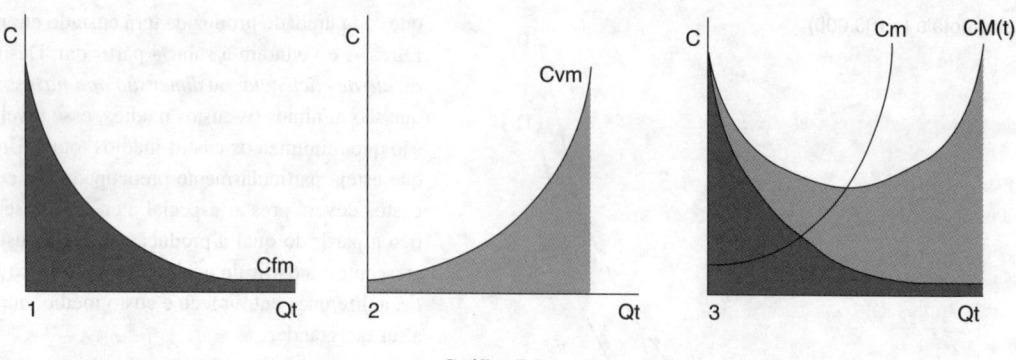

Gráfico 7.5

C: custos   Cvm: custos variáveis médios
Qt: quantidades   CM(t): custos médios (totais) (= Cfm+Cvm)
Cfm: custos fixos médios   Cm: custo marginal

tendência ascendente, a amplitude dos valores convergirá para um ponto em que os dois valores coincidem;

• se o valor marginal que é superior ao valor médio registar uma tendência ascendente, ou se o valor marginal que é inferior ao valor médio registar uma tendência descendente, a amplitude dos valores divergirá progressivamente.

Antes de prosseguirmos, deixemos registado que as «funções do custo médio total» poderiam ter um *pedigree* muito respeitável na história do pensamento económico, que remontaria aliás ao final do século XVIII[1245], se não fosse a manifesta preferência da escola neoclássica pelo marginalismo, e portanto pela ênfase em valores marginais em detrimento da centralidade dos custos médios nos critérios de decisão correntes, e isto apesar de a «via dos custos médios» ser mais simples e intuitiva. Na terceira edição de *Economics of Industry*, Alfred Marshall refere-se ao tema[1246], tal como o farão pouco depois Irving Fisher[1247], Richard Ely[1248] e Arthur Pigou[1249], até que por volta de 1930/1931 as «funções do custo médio total» e as suas relações com a análise marginalista ficam formalmente estabelecidas em trabalhos de Roy Harrod[1250] e de Jacob Viner[1251], passando depois disso a ocupar um papel mais condigno e central na «teoria do produtor».

7 – e) Os custos no curto e no longo prazo

7 – e) – i) Rendimento marginal decrescente e efeitos de escala

Para um produtor, a noção de curto e de longo prazo é balizada pela possibilidade de conversão de custos fixos em custos variáveis – sendo *curto prazo* aquele intervalo de tempo dentro do qual pelo menos um dos factores de produção é fixo, e são fixos os custos inerentes a esse factor, e *longo prazo* o período que, *para aquele produtor*, é necessário para tornar variáveis *todos os factores*, e portanto também os correspondentes custos.

A curva de custos de longo prazo é aquela que representa os custos de produção quando todos os factores estão já ajustados. Não há, em princípio, custos fixos no longo prazo, e por isso a perspectiva de custos de longo prazo é a da afectação economicamente eficiente de todos os recursos. Na realidade, existem custos que não deixam de ser fixos nem sequer no longo prazo, como por exemplo aqueles custos em que uma empresa não pode deixar de incorrer pelo simples facto de funcionar – custos como o da assinatura de um serviço telefónico ou da contratação de serviços de vigilância e segurança nocturna, por exemplo, custos que

[1245] Scherer, F.M. (2001), 897-901.
[1246] Marshall, A. (1899), 231.
[1247] Fisher, I. (1911b), 327
[1248] Ely, R.T., T.S. Adams, M.O. Lorenz & A.A. Young (1920), 176.
[1249] Pigou, A.C. (1928), 238-257.
[1250] Harrod, R.F. (1930), 232-241; Harrod, R.F. (1931), 566-576.
[1251] Viner, J. (1931), 23-46.

são às vezes designados colectivamente por «custos de funcionamento», ou «*overhead costs*».

– Suponhamos agora, no exemplo que temos utilizado, que o produtor de relógios conhece um estrondoso sucesso no mercado, e que ele se apercebe de que há um potencial de mercado que poderá tornar viável uma produção de 4 milhões de unidades por ano, e não já das 500 mil. Cautelosamente, o produtor decide começar por um aumento de produção para o dobro, para 1 milhão de relógios por ano. Poderá alcançar de imediato esse nível de produção? Não, porque precisa de uma nova máquina, e porque, suponhamos, essa máquina demorará 2 meses a chegar e a ser instalada.

– Antes disso, ele pode contratar mais trabalhadores ou incentivar os trabalhadores já contratados a trabalharem mais, de forma a ultrapassar-se o nível das 500 mil unidades; mas tudo o que fizer estará irremediavelmente comprometido pela capacidade da própria máquina, que só poderá ser forçada a ultrapassar as suas limitações produtivas, se isso for possível, a custos marginais cada vez mais elevados – para não falarmos já nos custos em que o produtor incorrerá se, por sobrecarga da máquina, a destruir ou lhe encurtar o tempo de vida útil –.

A lei do rendimento marginal decrescente estabelece, como vimos, que, à medida que se combinam factores variáveis com uma dada quantidade de factores fixos, o rendimento marginal dos factores variáveis tende a diminuir.

Só com a recepção da segunda máquina é que o produtor poderá encarar a possibilidade de *aumento de escala* da produção, isto é, de aumento proporcional de todos os factores de produção, por forma a que daí não resultem desequilíbrios e sobrecargas para nenhum deles – furtando-se, pois, aos efeitos do produto marginal decrescente, ou do custo marginal crescente, efeitos que estão associados ao curto prazo.

No nosso exemplo, no curto prazo temos um custo fixo relativo à aquisição de máquinas, sendo que esse custo passa também ele a ser variável no longo prazo – no prazo de 2 meses, para o nosso produtor –. No longo prazo, o produtor não necessitará do quíntuplo de trabalhadores para tentar forçar a máquina a produzir o dobro, o que mesmo assim seria improvável que conseguisse. Dada a presença de uma segunda máquina, muito plausivelmente o dobro da produção será alcançado com a simples contra-

tação do dobro dos trabalhadores – por simples aumento da escala de produção, como vimos.

À medida que o produtor se vai expandindo e ajustando a produção às solicitações do mercado, é como se fosse descartando a sua perspectiva de curto prazo de pequeno produtor e fosse assumindo a perspectiva de curto prazo do grande produtor. Nesse movimento, o comportamento dos custos pode evidenciar as mais diversas tendências, e em especial os custos médios podem evidenciar a mesma tendência para o decréscimo inicial e para o agravamento final que vimos já verificar-se no curto prazo – mas agora com um significado diferente.

Encontramos aqui uma das «dez ideias para reflectir»: existe, no curto prazo, um limite ao rendimento marginal que se obtém da intensificação do uso dos factores de produção.

7 – e) – ii) Rendimentos de escala

Uma variação da escala de produção pode resultar num de três desfechos possíveis: ou a produção aumenta proporcionalmente ao aumento da escala, ao aumento combinado de todos os factores, e temos então «*rendimentos constantes à escala*»[1252]; ou a produção aumenta menos do que proporcionalmente em relação ao aumento de escala, e temos «perdas de escala» ou «*rendimentos decrescentes à escala*»; ou a produção aumenta mais do que proporcionalmente em relação ao aumento da escala, e temos «economias de escala», «*ganhos de escala*», ou «*rendimentos crescentes à escala*».

Quando se aumenta a escala, é muito natural que comecem por verificar-se «*economias de escala*», no sentido do abaixamento dos custos médios – ou, o que é dizer o mesmo, no sentido da obtenção de rendimentos crescentes –. As economias de escala são características tecnológicas de um produtor que lhe permitem realizar quebras dos custos médios de longo prazo quando a produção aumenta, traduzindo-se numa «curva de custos médios de longo prazo» descendente[1253].

Suponha-se, por exemplo, que existe uma máquina que é capaz de produzir, por ela mesma, 4 milhões de relógios por ano, e portanto 8 vezes mais do que a máquina origi-

---

[1252] Embora por vezes se encare os «*rendimentos constantes à escala*» como uma simples «hipótese académica», a verdade é que eles não só servem de baliza teórica às outras possibilidades de «retornos à escala», como deveras ocorrem e têm consequências práticas peculiares. Cfr. Jehle, G.A. (2002), 53-68.

[1253] Sobre o efeito das «economias de escala» no comércio internacional, cfr. Helpman, E. (1981), 305-340; Krugman, P.R. (1979), 469-479. Para um exemplo de *economias de escala* num sector específico – o sector bancário e financeiro –, cfr. Lobo, C.B. (2001), 143ss..

nalmente adquirida, e que no entanto custa apenas o dobro desta, e consome apenas o dobro de energia: nesse caso, os custos respeitantes à máquina e ao seu funcionamento poderão reduzir-se até um quarto do seu valor, se se aumentar a escala de produção, dos 500 mil para os 4 milhões de relógios por ano.

Tipicamente (mas não necessariamente), surgem economias de escala em unidades de produção com elevados custos fixos (como sejam custos de instalação, de penetração no mercado, de estabelecimento de redes de distribuição, de investigação e desenvolvimento) e baixos custos marginais, custos marginais esses que mantêm o seu valor reduzido até se alcançar elevados volumes de produção; sendo que em casos destes, uma vez suportados os custos fixos iniciais, a expansão da produção poderá fazer-se a custos médios decrescentes até se atingirem volumes de produção susceptíveis de assegurarem ao produtor uma posição de poder de mercado (protegendo-o do mesmo modo contra a potencial concorrência dos «intrusos» que tenham ainda pela frente os elevados custos fixos)[1254].

– Na «nova economia», dada a proeminência do factor *informação*, também não são de menosprezar as chamadas «curvas de aprendizagem»: quanto mais se produz mais se aprende a reduzir custos através de incrementos tecnológicos, de modo que os custos marginais tendem a ser decrescentes[1255].
– Curiosamente, dá-se ainda o caso de os grandes empregadores tenderem a pagar salários mais elevados do que os pequenos empregadores – facto há muito constatado empiricamente[1256], e hoje designado por «*employer-size wage premium*»[1257]; facto parcialmente explicável pela hipótese de as grandes empresas espelharem já, elas

mesmas, condições de superior produtividade, graças precisamente às economias de escala[1258].

Similares às economias de escala são as «economias de produção conjunta», ou «economias de gama» («*economies of scope*»), as que se registam na produção combinada de dois ou mais bens cuja produção separada implicaria duplicação de custos, as que resultam do uso polivalente de recursos especializados, como por exemplo o aproveitamento e reciclagem de subprodutos e de resíduos da produção de um bem «principal», ou o desenvolvimento de vários tipos de «software» pelos mesmos programadores ao serviço de uma só empresa. É um tipo de «sinergia» muito frequente em fenómenos de integração, de fusão, de consolidação, mormente quando estes envolvem a aproximação entre produções de bens complementares[1259].

E há ainda a considerar, no meio empresarial e entre muitas outras formas de optimização da produtividade[1260], as «economias de produção em grupo», que resultam da especialização em tarefas de complementaridade e de apoio recíproco entre produtores, como tende a suceder nas «cadeias de produção», ou no recurso à emulação entre equipas dentro de uma empresa – uma emulação entre «turmas» que não é desconhecida do meio académico[1261], que assegura, aos incentivos à produtividade, efeitos dinâmicos dentro de relações contratuais longas com interdependência e aprendizagem[1262], e que dentro do processo produtivo apresenta ainda a vantagem da «monitorização recíproca» no seio das equipas (reduzindo a margem de «risco moral»[1263]) e a vantagem da «pressão dos pares»[1264] – isto quando essas vantagens não se dissolvem num colapso de oportunismo e de parasitismo, na multiplicação de «efeitos de boleia» no seio das equipas[1265].

[1254] ERP (2002), 134.

[1255] Cabral, L.M.B. & M.H. Riordan (1997), 155-169; Klenow, P.J. (1998), 531-550.

[1256] Moore, H.L. (1911); Slichter, S.H. (1950), 80-91.

[1257] Brown, C. & J. Medoff (1989), 1027-1059; Brown, C., J. Hamilton & J. Medoff (1990); Haltiwanger, J.C., J.I. Lane & J.R. Spletzer (1999), 99ss.; Reilly, K.T. (1995), 1-18; Troske, K.R. (1999), 1-12.

[1258] Lucas Jr., R.E. (1978), 508-523; Oi, W.Y. (1983), 147-171.

[1259] Cavallo, L. & S.P.S. Rossi (2001), 515-531.

[1260] Em especial a produtividade laboral, com multiplicação de esquemas inovadores de gestão de recursos humanos. Cfr. Black, S. & L. Lynch (1996), 263-267; Black, S. & L. Lynch (2000); Cappelli, P. & D. Neumark (2001), 737-775; Ichniowski, C., J.T. Delaney & D. Lewin (1989), 97-119.

[1261] Fazendo apelo aos tão importantes «impulsos emulativos», a vontade de comparação e de superação que é tantas vezes indispensável para se alcançar resultados de excelência, por exemplo entre estudantes, entre criadores, entre atletas. Cfr. Akerlof, G.A. & R.E. Kranton (2002), 1169.

[1262] Che, Y.-K. & S.-W. Yoo (2001), 525.

[1263] A organização do trabalho por grupos, remunerando ou premiando os grupos em função de resultados, ajuda ainda a dispersar o risco entre os membros da equipa; mas, remunerando em função do resultado, transfere o risco do empresário para esses grupos de trabalhadores, acabando por ampliar o risco médio dos membros dessas equipas. Cfr. Prescott, E.S. & R.M. Townsend (2002), 282-310.

[1264] Hansen, D. (1997), 37-49; Kandel, E. & E.P. Lazear (1992), 801-817; Weiss, A. (1987).

[1265] Asch, B. (1990), 89-107; Bailey, R.M. (1970); Brown, K., W.V. Harlow & L. Starks (1996), 85-110; Chevalier, J.A. & G. Ellison (1997), 1167-1200; Gaynor, M. & M. Pauly (1990), 544-574; Healy, P.M. (1985), 85-107; Leibowitz, A. & R. Tollison (1980), 380-394; Newhouse, J.P. (1973), 37-56.

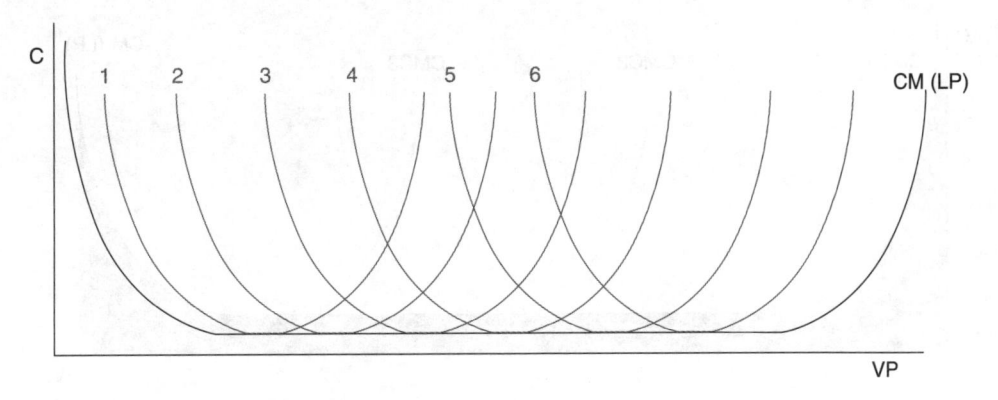

Gráfico 7.6. *Custos médios no longo prazo («Curva-envelope»)*

C: custos
VP: volume de produção (quantidades)

CM (LP): custos médios totais (longo prazo)
1, 2, 3, 4, 5, 6... : custos médios totais (curto prazo)

A existência de economias de escala é um dos atractivos para o aumento das dimensões da produção no longo prazo, até porque a sua ocorrência consegue fazer com que a *escala eficiente* acabe por ocorrer a níveis muito superiores de produção. Mais ainda, essa escala eficiente pode deslocar-se à medida da própria expansão da empresa, fazendo com que essa expansão não perturbe a eficiência, a minimização dos custos, não agravando nem reduzindo os custos médios totais.

Em tais situações, como referimos, dir-se-á que se verificam *rendimentos crescentes à escala* – se porventura os custos médios totais decrescem continuamente, adiando a chegada ao volume de produção que corresponde à «escala de eficiência» –, ou pelo menos que existem «rendimentos constantes à escala», significando-se com isso que os custos médios não se alteram pela circunstância de se ter alterado toda a escala da produção, isto é, de se terem ampliado proporcionalmente *todos* os factores de produção – evitando-se com isto o influxo ascendente de um custo marginal crescente.

Essa curva de custos médios de longo prazo, num formato de U alongado quando ocorrem economias de escala, indica ao produtor o plano em que se situa a sua escala de eficiência quando lhe é possível contar com a variabilidade de todos os factores, e por isso serve de algum modo como um ponto de referência à planificação da actividade do produtor e às suas decisões de curto prazo, que deverão tender para o abaixamento dos custos médios até a esse limite ideal, até a essa *fronteira de possibilidades de eficiência*.

O ponto mais baixo dos custos médios, essa «planície de eficiência» no término da qual as perdas de esca-

la começam a manifestar-se, designar-se-á, já o dissemos, por *escala mínima de eficiência*, significando que é esse o volume de produção no qual a «curva de custos médios de longo prazo» atinge o seu valor mais baixo, e onde, portanto, o máximo de eficiência possível foi atingido.

Como veremos adiante, a relação entre esse volume de produção da *escala de eficiência* e o volume de produção que pode ser escoado no mercado – a quantidade procurada a um preço correspondente aos custos médios da produção na sua escala de eficiência, acrescidos do *lucro normal* – é crucial na determinação do número máximo de produtores que o mercado comporta, e por isso do grau de concentração que ele comportará sem perda de eficiência.

Podemos também admitir economias de escala *internas* e *externas*. Entre as primeiras contar-se-ão, entre outras:

– a eficiência técnica – por exemplo, a capacidade de se empregar intensivamente maquinaria muito eficiente mas muito dispendiosa como custo fixo inicial –;

– a eficiência empresarial, dado que a dimensão permite aumentos de especialização nas tarefas de gestão e de coordenação;

– vantagens financeiras – podendo a grande dimensão permitir acesso mais favorável ao crédito bancário, por exemplo –;

– a possibilidade de «descontos *de quantidade*» na compra de publicidade ou de recursos e de matérias-primas;

– sinergias de dimensão nos esforços de investigação e desenvolvimento.

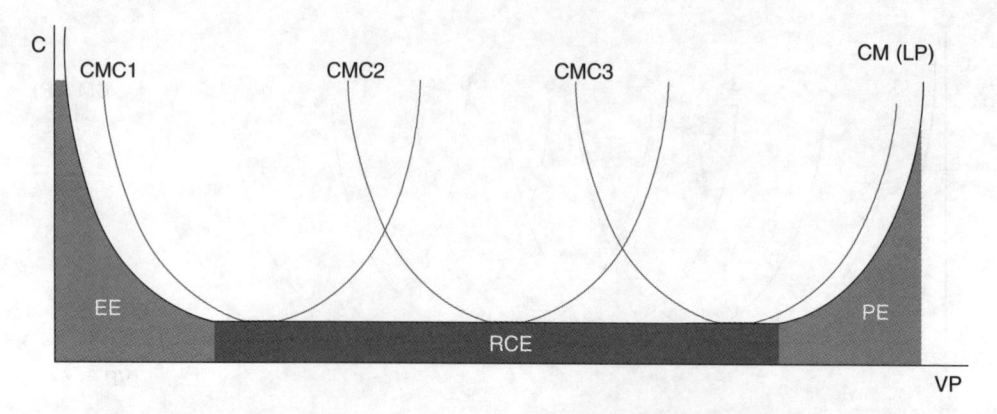

Gráfico 7.7. *Custos médios no longo prazo e rendimentos à escala*

C: custos
VP: volume de produção (quantidades)
CM (LP): custos médios totais (longo prazo)
CMC1: custos médios totais de curto prazo de um produtor que acaba de alcançar a escala de eficiência
CMC2: custos médios totais de curto prazo de um produtor que ultrapassou largamente o limiar da escala de eficiência

CMC3: custos médios totais de curto prazo de um produtor que está quase a esgotar o volume de produção dentro do qual beneficia de uma escala de eficiência
EE: economias de escala
RCE: rendimentos constantes à escala
PE: perdas de escala

Quanto às economias de escala *externas*[1266], temos, entre outras:
– a presença local de uma vasta mão-de-obra especializada;
– a existência de uma rede instalada de assistência ou de distribuição;
– a eficiência e dimensão das infraestruturas disponíveis.

A formação de «*clusters*» de empresas, de aglomerações geográficas de produtores[1267], justifica-se em larga medida pela possibilidade, que a proximidade potencia, de formação de *externalidades positivas* que, criadas dentro da aglomeração, são partilhadas por todos aqueles que nela se encontram – razão pela qual elas constituem uma manifestação de um fenómeno mais amplo, o das «externalidades de rede»[1268] –. Imagine-se que uma das empresas de um «pólo industrial» introduz uma inovação tecnológica, uma informação que pode ser difundida a custo mínimo: é natural que ela privilegie com essa inovação as empresas que com ela formam a simbiose dessa aglomeração, misto de cooperação e de concorrência, porque a proximidade torna mais fácil a supervisão do uso que é dado à inovação, reduzindo o risco inerente a essa externalização de informação (o «*knowledge spillover*»)[1269]. As economias de escala externas são, pois, um «ambiente empresarial fértil» que basicamente tira proveito do carácter da informação como *bem público*, bem susceptível de fruição generalizada sem saturação e por isso susceptível de ser partilhado, por canais de comunicação e disseminação próprios de cada «rede empresarial»[1270], a baixo custo e de por essa via promover o crescimento[1271].

[1266] Arthur, W.B. (1990), 235-251; Azariadis, C. & A. Drazen (1990), 501-526; Durlauf, S.D. (1993), 349-366; Ethier, W.J. (1982b), 1243--1268; Howitt, P. & R.P. McAfee (1992), 493-507; Krugman, P.R. (1981), 149-161; Krugman, P.R. (1987), 41-55; Krugman, P.R. (1991b); Lucas Jr., R.E. (1988), 3-42; Lucas Jr., R.E. (1993), 251-272; Matsuyama, K. (1991), 617-650; Matsuyama, K. (1992), 317-334; Mortensen, D.T. (1989), 347- 370; Romer, P.M. (1986), 1002-1037; Stokey, N.L. (1991), 587-616; Young, A. (1991), 369-405.

[1267] Bröcker, J., D. Dohse & R. Soltwedel (orgs.) (2003).

[1268] Bartelsman, E.J., R.J. Caballero & R.K. Lyons (1994), 1075-1084; Basu, S. & J.G. Fernald (1995), 165-188; Basu, S. (1996), 719-751; Burnside, C. (1996), 177-201; Burnside, C., M. Eichenbaum & S. Rebelo (1993), 245-273; Caballero, R.J. & R.K. Lyons (1992), 209-225; Hall, R.E. (1990), 71-112; Paul, C.J.M. & D.S. Siegel (1999), 272ss..

[1269] Bischi, G.-I., H. Dawid & M. Kopel (2003), 47-75.

[1270] Jaffe, A.B., M. Trajtenberg & M.S. Fogarty (2000), 215.

[1271] Griliches, Z. (1979), 92-116.

São as «economias externas» que em parte explicam o sucesso económico do fenómeno da urbanização, que assegura, na tensão entre proximidade e diversidade, o ambiente propício à «polinização cruzada» de produtores[1272]. O conceito de «economias externas» ocupa também um lugar central na Economia do Desenvolvimento, sugerindo às economias subdesenvolvidas que a industrialização e a constituição de «pólos de desenvolvimento» poderia ter um efeito *contagiante* e amplificador em relação aos níveis iniciais de investimento[1273], resgatando os incrementos de produtividade das naturais limitações impostas pelos custos de aprendizagem[1274], evitando que o progresso tecnológico caia em «alçapões» de incomunicabilidade que comprometem a sua evolução[1275], baixando os custos e «barreiras» de entrada no mercado[1276]. Contudo, como veremos adiante, a noção de *externalidade positiva* implica por si mesma que a produção, entregue aos impulsos espontâneos do mercado, ficará aquém daquilo que possa entender-se como um *óptimo* de bem-estar social, pelo que se justifica o apoio público à formação dessas «economias externas»[1277].

– Com efeito, são as economias de escala externas que dão origem ao fenómeno económico da «aglomeração geográfica», o qual por sua vez explica as «ruas de comércio», os centros comerciais, os pólos industriais (a «bacia do Ruhr», o «*Silicon Valley*»[1278]), e as cidades: formas de exploração conjunta de vantagens naturais susceptíveis de reduzir custos médios, formas de aproveitar a multiplicação de externalizações positivas de forma a reduzir o custo médio de bens públicos locais[1279], formas de observar de mais perto a conduta estratégica dos potenciais concorrentes[1280], formas de propiciar colectivamente uma escala de produção elevada que garanta aquelas economias de escala (por haver indivisibilidades na produção que elevam as «barreiras

de entrada»)[1281] – sendo que os modelos que abordam este fenómeno da aglomeração o fazem tanto a partir do paradigma da concorrência perfeita[1282] como a partir do da concorrência monopolística[1283].

– Para lá da explicação da formação de pólos industriais através das «economias de escala externas» (os «*local spillovers*»)[1284], é evidente que também existem factores de atracção geográfica que têm a ver com vantagens naturais, com a desigual distribuição geográfica de custos[1285], e que portanto fornecem «economias» e vantagens competitivas independentemente de qualquer aglomeração. Para que estas se formem, e especificamente as cidades, tê, ainda que registar-se vantagens de escala na produção e no consumo de bens e serviços – o aumento da diversidade, da diferenciação, de produtos oferecidos e procurados num mesmo espaço[1286] – por outras palavras, não só um aumento da dimensão bruta do que é produzido, mas também um incremento da concorrência monopolística[1287].

Contudo, não se pense que a vitória sobre as limitações de curto prazo transpõe os produtores para o domínio das possibilidades ilimitadas, da expansão irrestrita, sendo inevitável que, mais tarde ou mais cedo, a expansão comece a ser travada por *perdas de escala*, por rendimentos decrescentes à escala, ou, o mesmo é dizer, por uma subida dos custos médios para níveis superiores ao custo mínimo registado na escala de eficiência – o que por sua vez equivale, como vimos, a dizer-se que os custos médios foram ultrapassados pelos custos marginais, e que estes estão a acarretar a subida daqueles –. Que razões podem determinar esses aumentos de custos médios?

Basta pensarmos no exemplo que temos analisado: o aumento de produção de 500 mil para 4 milhões de relógios por ano pode requerer apenas a substituição de uma

1272 Duranton, G. & D. Puga (2001), 1454; Jacobs, J. (1969); Quigley, J.M. (1998), 127-138; Abdel-Rahman, H.M. (2000), 109-137; Duranton, G. & D. Puga (2000), 533-555.

1273 Volpi, F. (2002), 277-296.

1274 Lucas Jr., R.E. (1993), 251-272; Young, A. (1993), 443-472; Parente, S.L. (1994), 346-369.

1275 Jovanovic, B. & Y. Nyarko (1996), 1299-1310.

1276 Ghemawat, P. & A.M. Spence (1985), 839-852.

1277 Thornton, R.A. & P. Thompson (2001), 1350; Stokey, N.L. (1988), 701-717.

1278 Saxenian, A. (1994).

1279 Dixit, A.K. (1973), 637-651.

1280 Hotelling, H. (1929), 41-57.

1281 Anas, A., R. Arnott & K.A. Small (1998), 1426-1464; Fujita, M. & J.-F. Thisse (2002).

1282 Anas, A. & R. Xu (1999), 451-473; Solow, R.M. & W.S. Vickrey (1971), 430-447; Borukhov, E. & O. Hochman (1977), 849-856; Lucas Jr., R.E. (2001), 245-274.

1283 Fujita, M., P.R. Krugman & A.J. Venables (1999).

1284 Henderson, J.V. (1988); Krugman, P.R. (1991), 483-499; Krugman, P.R. (1991b); Porter, M.E. (1990).

1285 Bartik, T.J. (1985), 14-22; Carlton, D.W. (1983), 440-449; Ellison, G. & E.L. Glaeser (1997), 889-927; Ellison, G. & E.L. Glaeser (1999), 311ss.; Henderson, J.V. (1997), 123-137; Kim, S. (1999), 1-32.

1286 Holmes, T.J. (1999), 317ss..

1287 Dixit, A.K. & J.E. Stiglitz (1977), 297-308.

máquina por outra, com economias de escala, mas essa expansão implicará provavelmente a contratação de 1200 trabalhadores, em vez de 150; ora isso pode determinar problemas de eficiência na coordenação e supervisão de uma tal massa laboral, agravando problemas sociais, de saúde, de segurança, etc., elevando progressivamente os custos médios inerentes e transformando-os numa «curva de custos médios de longo prazo» ascendente, a ponto de anularem e ultrapassarem os benefícios advenientes do aumento de escala, e deixando o produtor numa posição menos eficiente do que a do recurso ao mercado.

Em tais casos, a melhor decisão de longo prazo é a da redução da escala, do «emagrecimento» da empresa (o famigerado e tão cruelmente eufemístico «*downsizing*»). E tudo isto sem pensarmos sequer na hipótese de saturação do mercado – quer porque começámos por pressupor que a expansão era induzida a partir da procura, quer ainda porque estivemos, por agora, a concentrar-nos no mero plano dos custos.

As perdas de escala podem também ter uma vertente *interna* ou *externa*. Quanto à primeira, temos entre outros os seguintes factores:

- a crescente manifestação dos factores de ineficiência na divisão de trabalho – desumanização, rotina, desinteresse pelos resultados finais da cadeia produtiva, etc.;
- a saturação dos locais ou instrumentos de trabalho;
- a crescente dificuldade da supervisão e da coordenação;
- a perda de comunicação interna e o aumento da complexidade das cadeias de decisão;
- a perda da coesão e da solidariedade, do espírito de grupo, entre os trabalhadores.

   Quanto às fontes *externas* das perdas de escala, temos entre outras:
- a crescente escassez de mão-de-obra especializada próxima do local da produção;
- a crescente raridade de instalações disponíveis;
- a crescente saturação das infra-estruturas e o agravamento dos tempos de acesso e de transporte.

Entre as fontes *internas* de perdas de escala a teoria destaca a «ineficiência-X» («*X-inefficiency*»), que poderíamos sugestivamente caracterizar como a *flacidez* da empresa, a sua falta de agilidade, em geral provocada pela falta de concorrência – a falta de concorrência que precisamente acompanhará normalmente o sucesso de uma empresa que alcançou economias de escala e com elas afastou outras do mercado, e depois se acomodou na sua ilusão de invulnerabilidade[1288], nem sequer acompanhando, muitas das vezes, a evolução tecnológica ou os progressos na gestão[1289].

- Algo de similar se regista quanto às empresas e sectores regulados que, não estando sujeitos à integralidade dos incentivos que promovem a máxima produtividade, não são impelidos para as soluções tecnológicas que esgotariam as suas «possibilidades de produção», e por isso são capazes de acumular factores de «ineficiência-X»[1290] que, vulnerabilizando-as a «choques» de mercado, tendem a perpetuar a necessidade da «protecção» reguladora[1291].
- Relacionada com esta questão está ainda a ponderação do quociente entre tamanho e idade da empresa, sobre o qual se tem especulado, sustentando alguns que o potencial de crescimento tende a ser inversamente proporcional à idade da empresa[1292], e outros que a idade da empresa conta especialmente como entrave à sua capacidade de gerar novos empregos[1293], enquanto muitos outros correlacionam esse potencial imediatamente com a dimensão da empresa[1294].

Recordemos mais uma vez, e por fim, que não é de excluir a hipótese de uma «curva de custos médios de longo prazo» que não se altera com as variações de escala, caso em que diremos que as características tecnológicas do produtor lhe permitem operar com *rendimentos constantes à escala*, uma hipótese improvável mas não impossível.

7 – f) Opções de investimento

> "*Em todos os empregos do capital, a taxa de lucro corrente varia para mais ou para menos em função da segurança ou insegurança dos rendimentos*" – Adam Smith[1295].

[1288] Todavia, na prática nem sempre é possível discernir, num «*downsizing*», se se trata de uma cura de emagrecimento contra a gordura *endógena* da ineficiência-X, ou se se trata antes de uma mais banal «reoptimização» provocada pela mudança *exógena* das solicitações de mercado, da conjuntura económica, das pressões financeiras. Cfr. Leibenstein, H. (1966), 392-415.

[1289] Borenstein, S. & J. Farrell (2000), 224; Blanchard, O., F. Lopez-de-Silanes & A. Shleifer (1994), 337-360; Borenstein, S. & J. Farrell (1999).

[1290] Averch, H. & L. Johnson (1962), 1052-1069; Nickell, S. (1996), 724-746.

[1291] Joskow, P.L. (1974), 291-327.

[1292] Evans, D.S. (1987), 657-674; Hall, B.H. (1987), 583-606.

[1293] Davis, S.J., J.C. Haltiwanger & S. Schuh (1996).

[1294] Cooley, T.F. & V. Quadrini (2001), 1286; Hopenhayn, H.A. (1992), 1127-1150.

[1295] Smith, A. (1976b), 127 (=I, 250).

Em termos gerais, um investimento é a aquisição de um bem – de um *activo* – na perspectiva da obtenção de rendimentos na exploração desse bem, ou de mais-valias na sua alienação. Encarado da perspectiva global da economia, um investimento pode ser *real*, se consiste directamente na aquisição de bens de capital que sejam empregues seguidamente num processo produtivo, e pode ser *financeiro*, se se limitar ao mútuo ou ao depósito de fundos junto de mercados ou de instituições especializadas, os quais, por sua vez, encaminham esses fundos em direcção àqueles que deles necessitam para realizarem os seus investimentos *reais* – sendo o *sistema financeiro* o mecanismo através do qual os excedentes de pessoas que têm rendimentos superiores aos seus níveis de despesa são encaminhados para pessoas e empresas que estejam dispostos a gastar mais do que aquilo que lhes é permitido pelo seu rendimento corrente –[1296].

O nível individual do investimento há-de resultar de uma combinação de factores, que vão desde o rendimento disponível (actual e futuro) e a aversão ao risco até aos montantes em causa, ao horizonte temporal do investimento e da expectativa de vida, à taxa individual de desconto, aos motivos da poupança. Em termos intertemporais, o investimento justifica-se enquanto for positivo o valor presente *líquido* dos bens de capital, ou seja, a diferença entre o valor presente (descontado) do rendimento gerado pelo capital e o custo presente desse capital.

7 – f) – i) Depósitos e investimento directo em bens

Aqueles que revelem maior aversão ao risco podem minimizar este através da forma mais elementar e segura de investimento, que é a do depósito bancário, no qual o levantamento do capital e o pagamento de juros parecem maximamente assegurados (salva a hipótese de falência bancária, hipótese que os Estados modernos têm procurado evitar a todo o transe), e no qual parece sempre assegurado um razoável nível de *liquidez*, ou seja, de susceptibilidade de conversão rápida, a baixo custo e sem significativa perda de valor, do investimento em moeda – uma susceptibilidade de resgate do capital depositado, para acorrer imediatamente a necessidades de pagamento –.

– Pese embora essa aparência de solidez, reforçada pelo apoio das instituições públicas e de sistemas de segurança financeira, tanto nacionais como internacionais, o facto é que entre os bancos e os seus clientes há normal-

mente um enorme fosso de assimetria informativa, fosso no qual pode instalar-se o já aludido «risco moral», a capacidade que uma das partes numa relação contratual tem de provocar danos indetectáveis ou ininteligíveis pela contraparte. Para lá das inúmeras situações imagináveis em que é o banco que dispõe da vantagem informativa sobre os seus clientes e por esse facto é capaz de retirar benefício à custa dos clientes, há pelo menos uma situação em que são os clientes que dispõem de uma vantagem informativa, e essa respeita à possibilidade, e ao momento, de levantamento integral dos depósitos – uma possibilidade estatisticamente remota mas absolutamente destrutiva para qualquer banco, que nunca pode ter, por definição, a totalidade dos seus depósitos guardada sob forma de liquidez, pois isso corresponderia à impossibilidade de obter receitas (mormente através do empréstimo desses fundos depositados) e de com elas remunerar os depósitos, incentivando economicamente a sua manutenção e penalizando o seu levantamento.

– Dada a importância crucial que os bancos têm no sistema financeiro (e que descreveremos adiante), quase todos os governos procuram reforçar a segurança do sistema bancário, garantindo os depósitos, bloqueando os levantamentos maciços e as atitudes de pânico, constituindo-se «mutuantes de último recurso» por forma a assegurarem o desafogo de liquidez dos bancos. Só que, reduzindo dessa forma a insegurança do funcionamento do sistema, os governos atraem para eles o «risco moral» causado pelos bancos, autorizando-lhes maiores margens de irresponsabilidade, não os desincentivando da assunção de riscos elevados, em especial da expansão irrestrita do crédito para lá dos limites de cobertura, etc. – e isto por mais que a regulação e a imposição de «regras prudenciais» procurem recobrar a responsabilidade que a presença das garantias do Estado desincentiva[1297].

Alguns investimentos em compra de bens, com fins de obtenção de rendimento ou de especulação, podem parecer tão seguros como um depósito bancário, e susceptíveis até de uma valorização periódica superior àquela que resultará dos juros dos depósitos bancários – mas, por um lado, e ao contrário do que decorre da relação bancária, ninguém garante a recuperação do capital investido, sendo que uma circunstância imprevista pode determinar a perda do valor de mercado dos bens (ouro, jóias, antiguidades, obras de arte, imóveis); e por outro, tais investimentos podem ser praticamente desprovidos de liquidez, criando o risco para o investidor de ficar preso no momento em que tenta vender o bem para realizar a *liquidez* pretendida e não encontra comprador disposto a pagar-lhe um preço compensa-

---

[1296] Para uma panorâmica dos mercados financeiros em Portugal, cfr. Ferreira, E.P. (2001), 415ss.
[1297] ERP (1999), 238-239.

dor, um preço que não comprometa a remuneração visada através do investimento – sendo que, mesmo que encontre esse comprador, não pode livrar-se dos custos administrativos e fiscais e das demoras envolvidas no processo, todos eles dificultando a transacção e a obtenção de liquidez pela venda.

Todavia, esses obstáculos podem ser removidos, total ou parcialmente, pela constituição de um fundo comum de investidores, que em conjunto adquirem bens, os gerem e transaccionam, amortecendo através da dimensão e da diversificação o impacto da falta de liquidez de cada bem investido, por forma a que a posição de cada participante, a sua quota-parte na titularidade dos bens, seja transaccionável com maior liquidez.

7 – f) – ii) Obrigações

Outra alternativa de investimento é a subscrição de títulos obrigacionistas, ou seja, o empréstimo de capital financeiro a uma empresa, por um prazo determinado. Neste caso, a segurança do investimento é elevada, já que o investidor fica na posição de credor da empresa – mas podem suscitar-se problemas de liquidez que dificultam a recuperação antecipada do capital mutuado por meio da venda do título, e o risco existe sempre de que a remuneração convencionada, porque o é em termos *nominais*, seja destruída por efeito da inflação.

É que se porventura o credor obrigacionista quer transmitir a sua posição antes do prazo estabelecido, vendendo os seus títulos e antecipando para si, através dessa venda, o reembolso do capital mutuado, ele pode ver-se em sérias dificuldades para consegui-lo se porventura a taxa de juro corrente no mercado entretanto tiver ficado mais elevada do que a taxa de juro com que convencionalmente os títulos obrigacionistas são remunerados – porque ninguém quererá comprar títulos que oferecem uma remuneração inferior àquela que é oferecida pelos novos títulos que passam a ser oferecidos a partir daquele momento. Na situação oposta, a liquidez está praticamente assegurada se, desde o momento em que as obrigações foram subscritas, as taxas de juro desceram no mercado, e por isso agora aqueles títulos mais antigos oferecem uma remuneração superior à dos novos títulos obrigacionistas.

Suponha-se que, no momento em que os títulos foram subscritos, a taxa de juro corrente (nominal) era de 5%, sendo essa taxa que ficou estipulada como remuneração dos títulos. Se a taxa de juro no mercado subir para 7%, os títulos serão praticamente invendáveis (ao valor de subscrição), e o credor obrigacionista terá que se resignar a esperar pelo prazo convencional para recuperar o seu investimento; se a taxa de juro no mercado descer para 3%, os títulos obrigacionistas passarão a ser intensamente procurados, visto que eles, por força da estipulação contratual, remuneram o investimento a uma taxa de juro superior à nova taxa de mercado.

Temos assim que as subidas das taxas de juro no mercado são más notícias para os subscritores de obrigações – e em especial para os subscritores de obrigações de longo prazo –, sendo que, ao invés, as descidas das taxas de juro «desbloqueiam» a liquidez dos títulos. São esses riscos de aumento de taxas de juro, e os próprios riscos de falência da empresa emitente dos títulos, que justificam que as taxas de juro das obrigações devam ser tanto mais elevadas quanto mais longo é o prazo, ou, num mesmo prazo, quanto mais elevado é o risco – e daí as remunerações elevadíssimas que acompanharam, nalguns momentos históricos, algumas emissões de títulos de alto risco, as *«junk bonds»*.

7 – f) – iii) Acções

Outra via para o investimento – crescentemente acessível, mormente após a «revolução financeira» propiciada por novos recursos jurídicos e tecnológicos disponibilizados no mercado de capitais no final do século XX[1298] – é a da compra de acções, de partes do capital de uma empresa, que em princípio conferem ao seu titular algumas especiais prerrogativas quanto à empresa emitente, visto que elas colocam aquele na posição de sócio, de contitular da propriedade dessa empresa. A segurança do investimento é, neste caso, muito menor do que aquela que corresponde à subscrição de obrigações, já que nada garante sequer a recuperação do montante investido, o qual pode perder-se completamente em caso de falência – já que o capital subsistente deve ser utilizado para saldar dívidas com credores, só cabendo aos sócios o remanescente, quando ele exista –.

Em contrapartida, a remuneração do investimento em acções, que é sempre superior, em média, à das obrigações[1299], não tem em rigor limite máximo, seja por via da participação nos lucros, dos *«dividendos»* distribuídos aos accionistas, seja por via das mais-valias que resultam da valorização especulativa que medeia entre os momentos de compra e de venda das acções – sendo

---

[1298] Santos, J.C. (1996), 14ss.; Quelhas, J.M.G.S. (1996), 129ss..

[1299] No mercado norte-americano, o diferencial remuneratório entre acções e obrigações é tradicionalmente de 6% a 7% – cfr. Lucas Jr., R.E. (2003), 7; Siegel, J.J. (2002).

que também aí não há limites à valorização (nem à desvalorização...), e portanto aos ganhos (ou perdas...) advindos do investimento accionista. Poderemos, assim, encarar acções e obrigações como títulos que, entre eles, distribuem pelos investidores o rendimento e o risco de acordo com as suas preferências, preferências por um retorno (rendimento) mais seguro ou por um retorno potencialmente mais elevado.

– O diferencial remuneratório que favorece o investimento em acções (o «*equity premium*») também tem o seu reverso, que é o problema de a remuneração dos investimentos sem risco ser eventualmente demasiado baixa – ainda que este «reverso» seja menos enigmático do que aquela persistente elevada remuneração das acções[1300].
– Continua a ser intrigante, no entanto, esse diferencial de rendimento, no mercado bolsista, entre títulos mais arriscados, como as acções, e títulos com menos risco, o «*equity premium puzzle*» – um diferencial de uma amplitude que não é inteiramente explicável por meras diferenças de grau no risco dos títulos[1301], nem por quaisquer acidentes históricos que tivessem episodicamente empolado esse diferencial[1302], constituindo por isso uma margem superior àquela que poderia corresponder à mera compensação pelo risco[1303].
– Se essa margem «exagerada» se atribuir a ineficiências no mercado de capitais, isso explicaria a razão pela qual os títulos emitidos pelo Estado remuneram muito abaixo das acções, já que seriam aqueles, e não estas, a espelharem fielmente a compensação pelo risco[1304]. Todavia, uma explicação alternativa sugere que o problema reside nos mais elevados custos de transacção resultantes da emissão pública de títulos[1305].

Os lucros das empresas podem variar muito amplamente em função das mais diversas razões conjunturais, tal como – e com mais amplitude ainda – pode variar o valor especulativo de transacção das acções. Nesse sentido, podemos dizer que as acções são, no momento inicial da sua emissão e em todas as subsequentes vicissitudes, o espelho do valor corrente do capital das sociedades emitentes, tal como ele pode ser avaliado pelo mercado (isto é, o valor «filtrado» pelos diversos interesses que podem manifestar-se no mercado, incluindo interesses puramente especulativos)[1306].

Por essas razões, é problemática a questão da liquidez destes títulos, que poderá num momento ser muito grande porque é intensa a procura dos mesmos, e poderá no momento seguinte ser nula, por razões inteiramente inesperadas e inexplicáveis, com a maior volatilidade. Pior ainda, as transacções de acções no mercado bolsista estão expostas a efeitos de contágio especulativo, pelo que nos momentos em que a liquidez dos títulos começa a tornar-se problemática e um investidor começa a temer a impossibilidade de vender os títulos, o mesmo se passa com a maioria ou a totalidade dos investidores, o que pode resultar numa expansão súbita da oferta e numa drástica retracção da procura, com a concomitante queda das cotações dos títulos – e a impossibilidade de vender a um preço que corresponda a uma remuneração adequada do investimento inicial (e muito menos ainda a remuneração subjectivamente esperada por um especulador).

Também relativamente às obrigações e às acções, e a títulos similares, é possível simultaneamente minimizar os riscos e aumentar a liquidez através do estabelecimento de fundos de investimento – um sucesso norte-americano agora difundido um pouco por toda a parte[1307] –, fundos nos quais os investidores participam pondo em comum os seus recursos, o que permite:

– uma diversificação na compra de títulos que dissipa os riscos de cada investimento em particular – sendo que aquilo que o fundo perde num mau investimento é compensado por aquilo que ganha nos bons investimentos –;
– permite uma gestão profissional dos títulos – com um conhecimento do mercado financeiro que é dispendioso e relativamente inacessível a «leigos» –;
– alcançando uma determinada dimensão, um número de participantes tão grande que a entrada ou saída de um só deles não afecta sensivelmente o total do montante investido, confere a todos uma quase perfeita liquidez, tornando-lhes possível retirarem-se do fundo a todo o momento e recuperarem o seu investimento e a correspondente remuneração, praticamente como se estivessem a levantar um depósito bancário – com a única diferença de que a participação nos fundos não confere o direito a uma remuneração certa, e pode mesmo não envolver a garantia de reembolso do

[1300] Aiyagari, S.R. (1993), 17-31; Aiyagari, S.R. & M. Gertler (1991), 311-331; Kocherlakota, N.R. (1996), 42ss.; Weil, P. (1989), 401-421.
[1301] Mehra, R. & E.C. Prescott (1985), 145-162; Siegel, J.J. & R.H. Thaler (1997), 192ss..
[1302] Siegel, J.J. (1992), 28-38; Siegel, J.J. (1992b), 227-252.
[1303] Mehra, R. & E.C. Prescott (1985), 145-161.
[1304] Bohn, H. (1999), 1-13; Diamond, P.A. (1967), 759-776; Sandmo, A. (1972), 287-302.
[1305] Mitchell, O.S. (1998), 403-456; Stuart, C. (1984), 352-362.
[1306] Hall, R.E. (2001), 1185.
[1307] Leclair, A. & C. Pardo (2001), 179-200.

capital investido, sendo que em contrapartida os fundos oferecem remunerações médias superiores às dos depósitos bancários –.

A difusão generalizada dos fundos de investimento *mobiliário*[1308] repercutiu profundamente no funcionamento das Bolsas de Valores, estas agora muito menos «atomísticas» e muito mais dominadas por estes «investidores institucionais». E repercutiu também no próprio controlo empresarial, que no início do século XX era predominantemente exercido por accionistas maioritários, frequentemente por núcleos familiares, depois passou por uma fase de dispersão bolsista de capital por milhões de investidores «atomísticos» e distantes da gestão quotidiana da empresa – permitindo a separação entre titularidade e controlo da sociedade e a tomada do poder por administradores profissionais, libertos da supervisão de investidores limitadamente racionais, incompletamente informados, descoordenados e apáticos[1309] –, e no final do século XX evoluiu para uma nova titularidade accionista concentrada, agora detida não por grandes capitalistas mas sim por grandes instituições gestoras de títulos, os fundos de investimento, dotadas de poder de mercado e por isso capazes de influenciar por si próprias não apenas o equilíbrio nas Bolsas como também o controlo das sociedades emitentes – com a vantagem de estas novas fontes de poder societário serem essencialmente entidades *fiduciárias*, representantes de interesses alheios e a eles funcionalizadas, abrindo a possibilidade de que através delas a perspectiva dos interesses do pequeno investidor (do típico investidor individual) finalmente prevaleça[1310], ainda que a dimensão desses fundos e a falta de sofisticação financeira no investidor típico não permitam acalentar perspectivas demasiado optimistas acerca do rigor no funcionamento desses fundos[1311].

Vemos assim como pode ser complexa, nas suas determinações básicas, a decisão de investir, pois o investidor:

– deve comparar as diversas taxas médias de remuneração das aplicações disponíveis – eliminando aquelas que não ultrapassam a sua própria taxa de desconto –;

– deve, relativamente às aplicações que implicam compra e revenda, ponderar, por um lado, o rendimento periódico que geram com, por outro lado, a possibilidade de obtenção de mais-valias através

da revenda especulativa, já que os ganhos advindos do seu investimento podem gerar-se tanto em sede de rendimentos periódicos como em sede de mais-valias – sendo que a previsão de rendimentos periódicos elevados, valorizando os títulos desde o início, faz subir o preço de compra e limita as mais-valias da venda –;

– deve condicionar a sua decisão final a uma cuidadosa apreciação da relação dos níveis remuneratórios do investimento com os riscos envolvidos, sejam os riscos de perda total, sejam mais limitadamente os riscos de perda de liquidez, de perda da liberdade de recuperação, no momento escolhido pelo próprio investidor, do montante investido e correspondente remuneração – e isto porque o que conta verdadeiramente para o investidor não são montantes absolutos ou abstractos, mas uma certa *esperança* de ganhos, uma *probabilidade subjectiva* que em larga medida é determinada por representações difusas do futuro e por simples extrapolações a partir do presente e do passado próximo;

– deve oferecer, pelos meios de investimento disponíveis, um preço que varia em função do risco, da liquidez, da esperança de ganho, do próprio regime fiscal que recai sobre esses ganhos – sendo certo que o mercado tende a equilibrar o preço dos bens de investimento que apresentem níveis similares de risco, de liquidez, de esperança média de ganhos e de oneração tributária –; devendo pois, em suma, submeter a sua conduta a um modelo de escolha de «composição óptima» das carteiras de títulos, em função do horizonte de expectativa de vida dos investidores, da sua aversão ao risco, da inflação esperada e da volatilidade média dos preços dos títulos pela duração máxima esperada dos investimentos[1312].

7 – f) – iv) Mercado eficiente e passeio aleatório

Num *mercado eficiente*, ou *idealmente eficiente*, o preço reflectiria perfeitamente as características dos bens de investimento, não sendo possível a nenhum investidor alcançar ganhos extraordinários, ou beneficiar de preços extraordinariamente baixos: sempre que uma oportunidade especial surgisse, a concorrência encarregar-se-ia de fazê-la desaparecer rapidamente,

---

[1308] Fundos de gestão de carteiras de títulos, por contraste com os fundos imobiliários, respeitantes à gestão do rendimento de prédios.
[1309] Berle Jr., A.A. & G.C. Means (1932).
[1310] Hawley, J.P. & A.T. Williams (2000).
[1311] Mitchell, O.S. & S.P. Zeldes (1996), 363-367; Benartzi, S. & R.H. Thaler (2001), 79.
[1312] Campbell, J.Y. & L.M. Viceira (2001), 99.

através de manobras de intermediação especulativa que comprariam os bens a esses preços de oportunidade e imediatamente os revenderiam ao preço de equilíbrio.

Aquele que quisesse investimentos com mais elevada esperança de ganhos teria que pagar um preço mais elevado ou, em alternativa, assumir maiores riscos, menor liquidez ou maior desfavor tributário; aquele que, com menor pendor especulativo, quisesse fazer investimentos de longo prazo sem se importar demasiado com a liquidez ou com o risco poderia pagar um preço mais baixo; e assim sucessivamente.

Um dos corolários desta noção de *mercado eficiente* é a ideia de que não é possível adoptar uma estratégia racional para «vencer o mercado», ou seja, para obter vantagens especulativas através de tipos de informação que não estejam incorporados no preço – e isto pela razão de que todo o conhecimento relevante se encontra já espelhado no próprio preço, e por isso é igualmente acessível a todos os investidores no mercado, todos podendo assumir o mesmo comportamento que possa afigurar-se vantajoso para um especulador isolado, o que por si só basta para destruir a vantagem competitiva que se obteria dessa assimetria informativa, dessa antecipação *privilegiada*.

Se, por exemplo, a esperança média de ganhos das acções de uma empresa subir porque ela acaba de adoptar uma inovação tecnológica[1313] que lhe assegurará, por algum tempo, lucros extraordinários no mercado dos produtos, o preço das acções dessa empresa não tardará a subir, reflectindo essa alteração de dados e diminuindo os ganhos líquidos que pudessem advir de uma eventual compra a preço baixo de títulos elevadamente remunerados.

É claro que o *mercado eficiente* não passa de uma hipótese, cuja comprovação é difícil – e daí os chamados «*event studies*»[1314] e os desenvolvimentos da

«*behavioral finance*»[1315], que precisamente analisam as variações de preços dos títulos bolsistas em função de episódios de divulgação de informações relevantes, sejam as referentes aos emitentes dos títulos, sejam as respeitantes à conjuntura, procurando detectar aqueles pontos nos quais se manifestam oportunidades de ganho advindas da exploração de informação privilegiada e não espelhada nos preços dos títulos, e se os preços bolsistas respondem eficientemente (sem apatia nem histeria) à informação disponível[1316]. A ideia de mercado eficiente teve o seu auge nos anos 70 do século XX, acreditando-se então que os mercados financeiros seriam maximamente eficientes na incorporação de informação e na adaptação a ela[1317] (ideia similar à que presidiu à revolução das «expectativas racionais» na macroeconomia[1318], como veremos) – ou que as ineficiências seriam suficientemente insignificantes para proporcionarem oportunidades de ganho com a «arbitragem» da compra e revenda especulativas – e que todas as variações de preços que se desviassem da simples tradução da informação já incorporada seriam puramente aleatórias, insusceptíveis de previsão rigorosa e consistente; ou, mais plausivelmente, que os preços de amanhã estão conexos apenas com as informações de amanhã – qual o sucesso que terá uma indústria de ponta, uma empresa de alta tecnologia –, e por isso estão inteiramente desconexos das informações de hoje (vedando em princípio o cálculo do valor presente *descontado* dessas informações futuras[1319]).

Nos mercados financeiros, a ideia de *arbitragem* é a de que em equilíbrio os preços devem colocar todos os investidores numa posição de indiferença entre comprarem e venderem, pois qualquer outro preço colocará todos os investidores num só dos lados do mercado[1320]. Essa «arbitragem» assenta na prevalência de uma das leis mais básicas de toda a teoria económica, o princípio da unici-

---

[1313] Lobo, C.B. (2001), 131ss..

[1314] A variação do impacto de circunstâncias exógenas no valor dos títulos, e através deles no valor das empresas, é que é o objecto dos «*event studies*»: por exemplo, qual o valor de uma empresa depois da intensificação do aparato regulador, ou depois de um movimento de desregulação? Ou qual o valor dos danos causados a uma empresa por uma prática predatória levada a cabo por outra? Qual a desvalorização dos títulos decorrente de uma nova emissão, ou do mero anúncio de uma nova emissão, de títulos pela mesma empresa? Qual o valor que resulta da fusão de duas empresas? Os exemplos poderiam multiplicar-se. Cfr. Ashley, J.W. (1962), 82-85; Asquith, P. & D. Mullins (1986), 61-89; Ball, R. & P. Brown (1968), 159-178; Barker, C.A. (1956), 101-106; Barker, C.A. (1957), 72-79; Barker, C.A. (1958), 99-114; Craig Mackinlay, A. (1997), 13ss.; Dann, L.Y. & C.M. James (1982), 1259-1275; Dolley, J.C. (1933), 316-326; Eckbo, B.E. (1983), 241-273; Jarrell, G.A. & A. Poulsen (1989), 12-19; Jarrell, G.A., J.A. Brickley & J.M. Netter (1988), 49-68; Jensen, M.C. & R.S. Ruback (1983), 5-50; Manne, H.G. (1965), 110-120; Mikkelson, W.H. & M. Partch (1986), 31-60; Mitchell, M.L. & J.M. Netter (1994), 545-590; Myers, J.H. & A.J. Bakay (1948), 251-255; Myers, S.C. & N.S. Majluf (1984), 187-221; Schipper, K. & R. Thompson (1983), 184-221; Schipper, K. & R. Thompson (1985), 408-415; Schwert, G.W. (1981), 121-158.

[1315] Campbell, J.Y., A.W. Lo & A.C. MacKinlay (1996); Shefrin, H. (2000); Shleifer, A. (2000); Shiller, R.J. (2003), 90-91.

[1316] Fama, E. (1998), 283-306; Malkiel, B.G. (2003), 62, 64.

[1317] Fama, E. (1970), 383-417.

[1318] Shiller, R.J. (2003), 83.

[1319] Hall, R.E. (2001b), 1.

[1320] Dornbusch, R., S. Fischer & R. Startz (2004), 435.

dade ou «lei de um só preço», o princípio de que um mesmo bem não pode ter dois preços diferentes num só mercado – o contrário da «dispersão de preços» –, resultado que, na ausência de barreiras e dado um grau suficiente de informação disponível, é assegurado pela especulação, que obviamente explorará todas as diferenças que ocorram em preços de produtos homogéneos, ganhando com as diferenças entre preços de compra e de venda até que se dissipe, no último cêntimo ganho, a vantagem especulativa[1321].

Mais recentemente, tem-se procurado reabilitar a ideia de que, por entre muitas irracionalidades do mercado, muitos colapsos, muitas explosões de «bolhas especulativas», é possível entrever-se algumas tendências não-aleatórias de evolução de alguns títulos e de alguns mercados – mas a base empírica para tais asserções é, no mínimo, frágil[1322]. Sobretudo, não pode subestimar-se a já longa história de euforias e irracionalidade que se foram concentrando em torno do mercado de títulos, sempre orientados pela perspectiva de ganho fácil acima dos ganhos médios de mercado, sempre directa ou obliquamente dirigidos a aproveitar a ingenuidade, a impreparação e a avidez gananciosa dos outros, numa sucessão em cadeia[1323] que gera turbulência e ruído em rápidas alternâncias de euforias e de colapsos[1324], «bull markets» e «bear markets»[1325] – suscitando os problemas de determinabilidade de «tendências longas» que subjaz à teoria do mercado eficiente, e deixando em aberto a questão da equivalência média entre os valores dos títulos bolsistas e o valor presente esperado (e descontado) dos futuros dividendos das empresas cotadas em bolsa, uma questão politicamente carregada visto que sobre elas incidem as investidas anti-especulativas (um tema predilecto do moralismo anti-«economicista» e das ideologias anti-mercado[1326]), e portanto a determinação precisa daquilo que possa entender-se ser a «exuberância irracional» que conduz às «bolhas especulativas»[1327].

Dada a definição do que seja um *mercado eficiente*, haveria, portanto, uma única forma de «vencer» nele, e essa seria a de apostar em variações *inesperadas* de preços. Só que o que é *inesperado* não é, por definição, objecto de conhecimento, e menos de uma ponderação racional ou estratégica. Apostar no inesperado nem sequer é jogar com *probabilidades*, visto que estas se reportam à frequência de manifestação de fenómenos conhecidos e esperados – e todos os investidores no mercado incorporariam já, num mercado eficiente, essa ponderação de probabilidades nos seus cálculos e critérios de decisão. As reacções intempestivas, inesperadas, irracionais, dos participantes no jogo da Bolsa não ficariam excluídas, reconhecendo-se de resto o papel decisivo da informação incompleta e assimétrica e os efeitos da racionalidade limitada, e evidentemente a probabilidade de evolução errática do mercado e de ocorrência de «choques exógenos»: o que se excluía era apenas a possibilidade de exploração proveitosa dessas ineficiências *friccionais*[1328], por mais que no dia a dia essas *fricções* se tornassem notórias nas manifestações de «*noise trading*» e nas limitações à «arbitragem» no mercado dos títulos[1329].

Apostar no inesperado, no desconhecido, é apostar no acaso, é esperar ter sorte, como aquele que aposta na vitória de um cavalo que tem baixíssimas probabilidades de vencer numa corrida, com a esperança de ganhar com um desfecho que surpreenda tanto os outros como o próprio apostador. Só que todas as atitudes de aposta ao acaso se equivalem, pelo que «vencer ao acaso» num *mercado eficiente* pode resultar de qualquer atitude que se tome, já que nenhuma consegue assentar na presciência dos movimentos de preços.

E por isso, no longo prazo os ganhos médios de «vitórias no mercado», vitórias puramente casuais, não dependeriam de qualquer estratégia melhor do que a do simples «passeio aleatório», ou seja, a «não-estratégia» de compras e vendas de bens de investimento arbitrariamente decididas, gravitando em torno do preço de mercado, ele próprio aleatório nas suas manifestações. Se a probabilidade de acertar antecipando um movimento de preços é igual à probabilidade de qualquer estratégia para «vencer o mercado», ou seja, se é uma vantagem *nula* em termos de probabilidade, mais vale seguir a regra menos onerosa que é a do simples pas-

[1321] Lamont, O.A. & R.H. Thaler (2003), 192ss.; Ross, S.A. (1987), 29-34.
[1322] Malkiel, B.G. (2003), 59-60; Shiller, R.J. (1981), 421-436; DeBondt, W.F.M. & R. Thaler (1985), 793-805; Poterba, J.M. & L.H. Summers (1988), 27-59; Mankiw, N.G., D.H. Romer & M.D. Shapiro (1991), 455-477; Lakonishok, J., A. Shleifer & R.W. Vishny (1994), 1541-1578.
[1323] Garber, P.M. (2000).
[1324] Baily, M.N. (2002), 21.
[1325] Raines, J.P. & C.G. Leathers (2000).
[1326] Friedman, M. & A.J. Schwartz (1963), 253-270; Chirinko, R.S. & H. Schaller (2001), 663.
[1327] Blanchard, O. & M.W. Watson (1982), 295-315; De Long, J.B., A. Shleifer, L.H. Summers & R.J. Waldmann (1990), 703-738; Allen, F. & D. Gale (1994), 933-955; Allen, F. & G. Gorton (1993), 813-836.
[1328] Shachmurove, Y. (2002), 1-16.
[1329] DeLong, J.B., A. Shleifer, L. Summers & R. Waldmann (1990), 703-738; Shleifer, A. (2000), Caps. II e IV; Shleifer, A. & R.W. Vishny (1997), 35-55; Zwiebel, J. (2002), 1215-1220.

seio aleatório[1330]. E dada a *improbabilidade*, mas não a *impossibilidade*, de «vencer o mercado», os ganhos médios de uma atitude de não-jogo, uma mera atitude passiva de investimento de longo prazo sem especulação, tendem a aproximar-se dos do próprio passeio aleatório – definindo-se «aleatória» como a característica de toda a variável que não é totalmente predeterminada pelas demais variáveis disponíveis nem pela sua própria tendência evolutiva anterior, que não é «determinística» –[1331].

Tendem a avolumar-se as provas de que, no longo prazo, anuladas reciprocamente as oscilações aleatórias de preços, o mercado financeiro acaba por espelhar fielmente o valor das empresas emitentes dos títulos, o seu valor patrimonial, a sua capacidade para gerarem receitas, honrarem os seus compromissos obrigacionistas e remunerarem as acções – para exprimirem estabilidade do quociente entre o preço dos títulos e a capacidade dos seus emitentes para gerarem um rendimento para os investidores, o *«price-earning ratio»* (*PER*)[1332/1333].

Louis Bachelier [1870-1946] foi o pioneiro na ideia de «passeio aleatório», considerando que, por haver demasiados factores a influenciarem o valor de mercado dos títulos mobiliários, o rendimento esperado no longo prazo para todos eles convergiria para o zero[1334]. Mais tarde, Harry Markowitz veio elucidar a forma como os investidores conseguem obter vantagens através da simples escolha de carteiras de títulos com elevada diversificação (capazes de anularem reciprocamente os seus desvios em relação a uma tendência central), e certamente vantagens superiores às assentes em duvidosas extrapolações acerca do comportamento previsto dos títulos[1335].

A ideia é a de que uma carteira composta por títulos cujas cotações de mercado evoluem no mesmo sentido (cuja covariância tende para +1) apresenta mais risco para o investidor do que uma carteira de títulos composta por títulos cujas cotações de mercado tendem a evoluir em direcções opostas (cuja covariância tende para –1); cotações que tendem, em suma, a compensar

reciprocamente o seu risco, acompanhando aproximadamente a tendência geral do mercado. William Sharpe precisou as vantagens da diversificação da carteira de títulos introduzindo o conceito de «beta», a amplitude dos desvios das cotações de cada título em relação à tendência central do mercado[1336] – ou seja, a «volatilidade» média de cada título em relação ao mercado, sendo que uma carteira de títulos de elevado «beta» vem acompanhada de uma elevada probabilidade de ganhos ou perdas fortes, e será especialmente atraente para investidores com baixa aversão pelo risco, ou com grande capacidade para a constituição de volumosas carteiras de títulos, com elevada diversificação. Por outro lado, títulos com o mesmo «beta» tenderão, de acordo com o paradigma do mercado eficiente, a oferecer ao investidor o mesmo nível de remuneração. Assim sendo, a formação de uma carteira diversificada poderia eliminar quase por completo os choques resultantes de contingências de cada empresa emitente ou de cada sector económico, e fazer com que a carteira ficasse apenas exposta à variabilidade do mercado, acrescida do «beta» dos títulos; uma variabilidade que integraria ainda o conceito de «risco sistémico», aquele risco que não consegue ser dissipado através da diversificação.

– Sublinhe-se que a volatilidade é uma noção distinta da de risco – visto que a incerteza e a variabilidade das cotações podem manifestar-se dentro de uma «área de segurança» de risco tolerável. Por exemplo, para a optimização do uso das *«stock options»* seria ideal a previsão rigorosa da volatilidade das acções susceptíveis de compra, dentro do período no qual as «opções» podem ser exercidas – isto já para não falar dos «derivados», de instrumentos bolsistas assentes na especulação em torno da própria volatilidade do mercado[1337].

– Isto não impede que a gestão do risco possa incorporar parâmetros referentes à volatilidade: por exemplo, o *«Value-at-Risk»* (*VaR*) corresponde às perdas mínimas esperadas para uma carteira de títulos diversificada, com um intervalo de confiança de 1% e dentro de um hori-

---

[1330] Dornbusch, R., S. Fischer & R. Startz (2004), 441-446.

[1331] Valeria ainda a pena ponderar a influência de outras variáveis, como a da presença de instituições intermediárias baixando os custos de busca e a dispersão de preços, do regime fiscal aplicável às operações bolsistas, da definição *dinâmica* de direitos de decisão e de controlo através de contratos (explícitos ou implícitos) entre investidores e empresários, de acordo com o paradigma dos «contratos incompletos», etc.. Cfr. Hart, O.D. (2001), 1080-1083.

[1332] Hall, R.E. (2001b), 11. A *ratio* preço / dividendo é também uma boa base para a previsão de tendências de evolução dos preços dos títulos. Cfr. Campbell, J.Y. & J. Shiller (1998), 11-26.

[1333] Há evidentemente muitos outros índices para além do PER, como a relação entre rentabilidade e «beta» dos títulos, o quociente *«cash flow-to-price»*, o quociente *«book-to-market»*, o índice *«sales growth»* (SG), etc.. Para uma aplicação de todos eles na análise dos mercados bolsistas dos «tigres asiáticos», cfr. Lau, S.T., C.T. Lee & T.H. McInish (2002), 207-222.

[1334] Courtault, J.-M. & Y. Kabanov (orgs.) (2002).

[1335] Markowitz, H.M. (1952), 77-91; Neves, J.C. (1998), 115.

[1336] Fama, E. & K. French (1993), 3-56; Malkiel, B.G. (2003), 68.

[1337] Knight, J. & S. Satchell (orgs.) (1998); Poon, S.-H. & C.W.J. Granger (2003), 478ss..

zonte temporal curto (1 ou 10 dias), compreendendo-se que, nos actores da especulação bolsista, tenha que haver reservas que sejam um múltiplo desse valor – um barómetro para a vulnerabilidade dos ganhos[1338].

Markowitz e Sharpe propuseram neste contexto o seu «*Capital Asset Pricing Model*» (CAP-M), uma forma de gestão de carteiras de títulos com eficiência superior à da média das tentativas de «gestão do mercado» através de «palpites de investimento», tentativas que até então tinham predominado como estratégia de mercado (o chamado «*noise trading*»): com a consequência prática, e política, de que aqueles que acreditassem nesse modelo CAP-M poderiam, e deveriam, deixar de seguir os «sábios da Bolsa» (e os «gurus charlatães») e tranquilamente formar carteiras de títulos em função do «*beta*» combinado dos seus componentes[1339] – alcançando melhores resultados médios no longo prazo (e sem a fadiga, a angústia, a credulidade e as desilusões do «*noise trading*»)[1340]. Subsistem, todavia, algumas dúvidas acerca de regras de decisão atinentes à diversificação das carteiras de títulos, dada novamente a complexidade e diversidade de variáveis relevantes[1341], tendo todavia hoje a combinar-se uma análise do «*beta*» com uma análise do já referido «*value at risk*» (VaR)[1342], ou com uma análise do índice «*Q*», o quociente do valor de mercado com o custo de substituição do capital (e que de certo modo revela a robustez da empresa e as suas perspectivas de sobrevivência)[1343].

Note-se, contudo, que aquilo que acabámos de asseverar depende em geral de um grau mínimo de aproximação do mercado dos bens de investimento ao paradigma do *mercado eficiente*, o que nem sempre será o caso – bastando pensarmos que, sendo os movimentos de mercado resultantes exclusivamente das atitudes da oferta e da procura, não é totalmente impossível antecipar alguns movimentos de preços, bastando que se perceba um pouco da psicologia dos intervenientes e um pouco das leis do mercado e, com esse conhecimento, se consiga adivinhar as motivações antes de elas se converterem em atitudes generalizadas com repercussão nos preços[1344/1345].

Em alternativa a essa concepção de «mercado eficiente», o CAP-M e a análise do «beta» propiciaram a formulação de uma teoria de «agente representativo», alguém cujas decisões de «consumo» de títulos estivessem perfeitamente correlacionadas com o rendimento dos títulos no mercado, e por isso com a *típica* esperança de ganhos no mercado de títulos[1346], corrigida em função dos ciclos económicos[1347].

Nesse aspecto, dir-se-á que muitos movimentos de mercado são previsíveis por um observador ou participante experimentado – quando não se dá mesmo o caso extremo de manipulação desses movimentos por líderes de opinião e analistas influentes, capazes de retirarem benefícios extraordinários desse «efeito de domínio» que lhes garante alguma margem de antecipação relativamente aos movimentos de preços, manipulando o «sentimento» dos investidores[1348], provocando euforia ou apatia perante a informação divulgada[1349] e efeitos mediatos na efectiva rentabilidade dos investimentos[1350].

Recordando o que já se disse quanto a irracionalidade e racionalidade limitada, acrescentemos que a gestão das carteiras de títulos não se pauta por simples atitudes de optimização do ganho e da minimização do risco através da diversificação – e que, como todas as decisões de investimento, revelam todo o género de «desvios» face a uma pura racionalidade, destacando-se o exemplo da preferência por títulos nacionais em detrimento dos títulos estrangeiros, um favorecimento «patriótico» que limita fortemente a diversificação e a minimização do risco[1351] (aliás o mesmo fenómeno que é ainda mais visível no consumo, com óbvias «rendas» para os produtores nacionais[1352]).

[1338] Poon, S.-H. & C.W.J. Granger (2003), 479.

[1339] Pressupondo-se evidentemente – e sem muito realismo, reconheça-se – que não ocorreriam erros de aferição e de cálculo desses índices sofisticados. Cfr. Liang, B. (2000), 261-284.

[1340] Beckmann, M.J. (2002), 221-227; Neves, J.C. (1998), 117.

[1341] Goodall, T. (2002).

[1342] Alexander, G.J. & A.M. Baptista (2002), 1159-1193.

[1343] Jovanovic, B. & P.L. Rousseau (2002), 198; Andrade, G., M. Mitchell & E. Stafford (2001), 103-120; Servaes, H. (1991), 409-419.

[1344] Hirshleifer, D. (2001), 1533-1597.

[1345] Além disso, a eficiência perfeita retiraria qualquer incentivo económico à intermediação e à difusão institucional de informação no mercado, deixando os investidores numa situação de maior ignorância. Cfr. Grossman, S.J. & J.E. Stiglitz (1980), 393-408; Malkiel, B.G. (2003), 80.

[1346] Breeden, D.T. (1979), 265-296; Breeden, D.T. & R.H. Litzenberger (1978), 621-651; Cochrane, J.H. & L. Hansen (1992), 115-182; Grossman, S.J. & R.J. Shiller (1981), 222-227; Hall, R.E. (1988), 339-357; Hansen, L.P. & K. Singleton (1982), 1269-1286; Hansen, L.P. & K. Singleton (1983), 249-265; Lucas Jr., R.E. (1978b), 1429-1445; Rubinstein, M. (1976), 407-425.

[1347] Atkeson, A. & C. Phelan (1994), 187-207; Lucas Jr., R.E. (1987).

[1348] Desenvolvido em: Barberis, N., A. Shleifer & R.W. Vishny (1998), 307-343.

[1349] Cfr., por exemplo, Jegadeesh, N. & S. Titman (1993), 65-91.

[1350] Cfr., por exemplo, Fama, E. & K. French (1988), 246-273; Poterba, J.M. & L.H. Summers (1988), 27-59.

[1351] Backus, D., P.J. Kehoe & F.E. Kydland (1992), 745-775; Levy, H. & M. Sarnat (1970), 668-675; Lewis, K.K. (1999), 571ss..

[1352] Heaton, J. & D. Lucas (1995), 1-32; Heaton, J. & D. Lucas (1996), 443-487; Telmer, C.I. (1993), 1803-1832.

7 – g) As empresas

O investimento das famílias é, visto do prisma das empresas, a fonte da maior parte do financiamento de que elas podem dispor, sendo o restante fornecido pelos subsídios estaduais e pelo investimento estrangeiro.

A forma jurídica das empresas é fruto da necessidade social de criação de agentes dotados de responsabilidade limitada, e por isso capazes de arcarem com projectos e iniciativas rodeados de riscos que a maioria dos indivíduos não estaria disposta a assumir, dada a prevalente «aversão ao risco» que domina psicologicamente as atitudes individuais[1353] – aversão essa que pode ser muito facilmente demonstrada pela preferência que invariavelmente as pessoas demonstrariam por um ganho certo relativamente a um ganho *esperado*, a uma mera *probabilidade* de um ganho superior[1354], ou por conexão com duas outras propensões psicológicas, uma a «aversão a perdas», que leva as pessoas a sobreavaliarem as perdas por confronto com ganhos objectivamente equiparáveis, ou seja, do mesmo montante[1355], outra a «contabilização mental» que leva a isolar os riscos antes de proceder à sua avaliação, desligando-os de um eventual quadro de ganhos e compensações[1356].

– Este é um ponto que novamente remete para a fertilidade conceptual da colaboração interdisciplinar entre Economia e Psicologia, visto que ele releva daquele tipo de anomalias comportamentais que são discerníveis também na formação de decisões de risco em geral[1357], na expressão consistente (e colectivamente congruente) de atitudes de egoísmo e altruísmo[1358], no consumo[1359], na formação de expectativas[1360], na especulação bolsista[1361], nos leilões[1362].
– Como curiosidade, tem sido empiricamente comprovado que não existem, a nível de uma população inteira, variações muito significativas relativas à aversão ao risco e à tolerância ao risco[1363], até por causa de efeitos de «*framing*»[1364] e por influência de factores estáveis na gestão do risco inerente às suas actividades rentáveis[1365].

A responsabilidade limitada facilita a captação de investimentos individuais, porque ela garante aos investidores, mormente aos accionistas, que nada lhes será exigido, mesmo na pior hipótese de colapso total do empreendimento para o qual contribuíram, para lá do valor dos títulos que subscreveram, e que portanto as suas perdas serão *limitadas* – limitadas ao capital subscrito, mesmo na pior das hipóteses. Um longo processo histórico de sedimentação nos mercados financeiros conduziu à constatação de que a forma mais atractiva para investidores avessos ao risco é essa de limitação da responsabilidade do investidor à simples subscrição do capital que lhe coube – tranquilizando-se o investidor com a certeza de que, uma vez pagas as suas acções, não haveria em caso algum novos pagamentos que lhe fossem exigíveis, e permitindo-se ao investidor a possibilidade de se concentrar exclusivamente nas probabilidades de ganho, de remuneração, em vez de o onerar com a consideração da probabilidade de alguém lhe vir

[1353] Bernoulli, D. (1954), 23-36; Pratt, J.W. (1964), 122-136; Arrow, K.J. (1965).

[1354] Rabin, M. & R.H. Thaler (2001), 219-220.

[1355] Holt, C.A. & S.K. Laury (2002), 1644.

[1356] Rabin, M. & R.H. Thaler (2001), 226; Thaler, R.H. (1999), 183-206; Kahneman, D. & A. Tversky (1979), 263-291.

[1357] Camerer, C.F. (1992), 207-251; Gertner, R. (1993), 507-521; Hartman, R.S., M. Doane & C.-K. Woo (1991), 141-162; Knetsch, J.L. (1989), 1277-1284; Samuelson, W.F. & R.J. Zeckhauser (1988), 7-59; Shogren, J.F., S.Y. Shin, D.J. Hayes & J.B. Kliebenstein (1994), 255-270; Tversky, A. & D. Kahneman (1991), 1039-1061.

[1358] Camerer, C.F. (1990), 311-336; Camerer, C.F., E.J. Johnson, T. Rymon & S. Sen (1993), 27-47; Conlisk, J. (1993), 255-275; Dawes, R.M. & R.H. Thaler (1988), 187-197; Ledyard, J.O. (1995), 111-194; Rapoport, A., M.J. Guyer & D.G. Gordon (1976); Stahl II, D.O. & P. Wilson (1994), 309-327.

[1359] Carroll, C.D. (1994), 111-147; Deaton, A. (1992); Flavin, M.A. (1981), 974-1009; Flavin, M.A. (1993), 651-666; Gately, D. (1980), 373-374; Hausman, J.A. (1979), 33-54; Shea, J. (1995), 186-200; Singleton, K.J. (1990), 583-626; Thaler, R.H. (1990), 193-205.

[1360] Cragg, J.G. & B.G. Malkiel (1982); De Bondt, W.F.M. & R.H. Thaler (1990), 52-57; Frankel, J.A. & K.A. Froot (1987), 133-153; Hey, J.D. (1994), 329-349; Holden, K., D.A. Peel & J.L. Thompson (1985); Ito, T. (1990), 434-449; Marimon, R. & S. Sunder (1993), 1073-1107; Peterson, S.P. (1993), 269-284; Plott, C.R. & S. Sunder (1988), 1085-1118; Smith, V.L., G.L. Suchanek & A.W. Williams (1988), 1119-1151; Winter, S.G. (1982), 277-321.

[1361] Camerer, C.F. (1989), 3-41; Cutler, D.M., J.M. Poterba & L.H. Summers (1991), 529-546; De Bondt, W.F.M. & R.H. Thaler (1985), 793-805; Fama, E. & K. French (1988), 246-273; Froot, K.A. & R.H. Thaler (1990), 179-192; Lakonishok, J. & S. Smidt (1988), 403-426; Lee, C.M.C., A. Shleifer & R.H. Thaler (1991), 75-109; Leroy, S.F. (1989), 1583-1621; Mehra, R. & E.C. Prescott (1985), 145-161; Pesaran, M.H. & A. Timmermann (1995), 120-128; Seyhun, H.N. (1992), 1303-1331; Shefrin, H. & M. Statman (1985), 777-792; Shiller, R.J. (1989); Thaler, R.H. (1987), 169-177

[1362] Pense-se novamente na «maldição do vencedor». Cfr. Ashenfelter, O. & D. Genesove (1992), 501-505; Garvin, S. & J.H. Kagel (1994), 351-372; Kagel, J.H., R.M. Harstad & D. Levin (1987), 1275-1304; Roth, A.E. (1988), 974-1031; Thaler, R.H. (1988), 191-202; Thaler, R.H. (1994).

[1363] Barsky, R.F., T. Juster, M.S. Kimball & M.D. Shapiro (1997), 537-579.

[1364] Benartzi, S. & R.H. Thaler (2001b), 79-98.

[1365] Shiller, R.J. (1993).

exigir mais dinheiro por causa daquele investimento inicial. Assim limitada a responsabilidade, a aquisição de acções passava a representar o mesmo tipo de compromisso e empenhamento que se esperaria de um apostador na lotaria – ou seja, na prática *nenhum*, uma vez pago o preço das acções (como se de bilhetes da lotaria se tratasse). Por essa mesma razão o mercado das acções passou a ser encarado como uma espécie de «jogo de fortuna e azar», que atrai investidores ainda relativamente avessos ao risco através do aliciamento com uma forma assaz desprendida de participação no mercado e respectivos fins, um jogo em que o sucesso especulativo passava a representar a totalidade da motivação de alguns investidores[1366].

É que, insistamos, essa responsabilidade limitada não equivale, ao menos em princípio, a qualquer limitação de ganhos – sendo, pois, que a responsabilidade limitada permite a atribuição, aos investidores, da totalidade dos ganhos, ao mesmo tempo que os poupa à totalidade das perdas.

Como poderá admitir-se que socialmente se tenha chegado à consagração de uma tal forma de responsabilidade limitada, mais a mais com o apoio relativamente sólido – mas nem sempre inequívoco – do sistema jurídico? De facto, analisadas as consequências da responsabilidade limitada, poderá chocar um tão ostensivo arranjo «leonino», que não equilibra a legitimidade dos ganhos com a assunção dos riscos das perdas, e que efectivamente transforma as empresas em grandes «máquinas externalizadoras», capazes de provocarem socialmente mais prejuízos do que aqueles que se exige que elas cubram – e portanto capazes de disseminarem pelo âmbito social em que se integram uma parte mais ou menos extensa das perdas que registam – sem, em troca, se lhes pedir a compensação com os ganhos que averbam nessa externalização de custos.

A razão para a existência destes instrumentos de «externalização consentida» situa-se precisamente na necessidade social de solução do problema da aversão ao risco, a qual tolheria inúmeras iniciativas produtivas cujos benefícios sociais se têm por muito superiores ao volume daquela externalização. O volume da produção seria inevitavelmente menor se não se admitisse a formação de entidades convencionalmente menos avessas ao risco, senão mesmo indiferentes a ele, entidades que,

dadas as suas prerrogativas juridicamente estabelecidas, são capazes de amortecer os impactos do investimento nos rendimentos da poupança, assegurando desse modo um fluxo abundante de financiamento privado[1367].

Aproveitemos para tentar uma caracterização muito esquemática dos requisitos económicos da existência de uma «empresa»:

– existir uma estrutura de raiz contratual que promove a produção através da conjugação de recursos;
– verificar-se a diversa titularidade dos recursos que são cedidos para a produção – trabalho, capital, factores naturais –;
– haver uma só contraparte – o empresário – em todos os contratos de arregimentação de recursos;
– o empresário ter a liberdade de negociar separadamente as condições e a remuneração de diversos tipos de recursos;
– o empresário ter uma titularidade sobre a estrutura produtiva e direito aos resultados líquidos da remuneração de todos os recursos – titularidade e direito que pode alienar globalmente.

Em suma, as empresas são, no processo produtivo, agentes dotados de acentuada *neutralidade perante o risco* que se substituem a agentes *avessos ao risco* e por isso são capazes de prosseguir na senda da criação de riqueza, quando a aversão ao risco teria já ditado, nos agentes individuais, o declínio da utilidade marginal desse esforço de enriquecimento, o declínio das *esperanças (subjectivas) de ganho*[1368].

7 – h) As opções de financiamento das empresas

Ao encararmos toda esta temática do prisma das empresas, não podemos deixar de reconhecer, em primeiro lugar, que é a concorrência no mercado dos produtos que constitui o principal incentivo à eficiência empresarial[1369], havendo todavia que relacioná-lo com as condutas ditadas pela aversão ao risco[1370], pela presença de estruturas de alinhamento de incentivos dentro das estruturas empresariais[1371], pela elasticidade da procura e pela «volatilidade» do mercado[1372], pelo nível de regulação[1373], até pelo nível de abertura ao comércio internacional[1374]. O que se segue pressuporá

[1366] Moss, D.A. (2002); Shiller, R.J. (2003), 100-101.
[1367] Brooks, R.R.W. (2002), 91-125.
[1368] Glancey, K.S. & R.W. McQuaid (2000).
[1369] Leibenstein, H. (1966), 392-415; Nickell, S. (1996), 724-746.
[1370] Lafontaine, F. & M.E. Slade (2000), 133-188; Prendergast, C. (2002b), 1071-1102; Raith, M. (2003), 1425ss..
[1371] Hart, O.D. (1983), 366-382; Schmidt, K.M. (1997), 191-213.
[1372] Coughlan, A.T. (1985), 110-129; Slade, M.E. (1998), 84-113.
[1373] Winston, C. (1998), 89-110.
[1374] Porter, M.E. (1990).

esse «pano de fundo», ainda que, por necessidade de simplificação, o não refira constantemente.

Há muitas vias através das quais uma empresa consegue obter financiamentos, e entre elas destacaríamos:

– o financiamento através do recurso ao mercado de capitais, essencialmente através da emissão de obrigações e acções a serem subscritas por aforradores, isolados ou institucionalmente representados, e a serem remuneradas com juros e dividendos, eventualmente também com mais-valias resultantes da valorização da própria empresa no mercado especulativo, e com reembolsos do capital mutuado; a esse propósito, muitos desenvolvimentos da teoria económica têm-se orientado para a análise das motivações e mecanismos das emissões de títulos, muito em especial da emissão inicial, da abertura do capital à subscrição pública, o «initial public offering», geralmente rodeado de peculiaridades, como as da formação e manutenção da cotação dos títulos (muito notórias aliás nos processos de privatização)[1375].

– o financiamento através do recurso ao crédito bancário – novamente representativo das poupanças dos particulares –, a ser remunerado com juros e com reembolso do que corresponda à parte do crédito que tenha sido utilizada;

– o auto-financiamento através do reinvestimento de lucros não distribuídos – o que novamente se pode entender como uma forma de financiamento pelos particulares, os quais, assegurando um rendimento extraordinário através da procura dos produtos, permitem ao vendedor, deduzidos os custos dos factores e pagos os dividendos aos accionistas, aumentar a sua base de financiamento e a sua independência.

Quanto à escolha do tipo de financiamento, a perspectiva da empresa é de certo modo a inversa, e simétrica, da perspectiva do investidor: por um lado, o recurso ao crédito e à emissão de obrigações parece ser o mais aliciante para a empresa, porque é por essa via que ela ficará obrigada a pagar remunerações que em média são inferiores às que correspondem aos dividendos – visto que sem uma remuneração em média superior os investidores não terão incentivo para optarem pela via mais insegura da subscrição de acções –; mas, por outro lado, o endividamento transfere o risco do investidor para a empresa, tal como pode dizer-se que a compra de acções transfere o risco da empresa para o investidor, sendo pois que o endividamento é a opção

mais arriscada do ponto de vista de empresa: bastando pensarmos que, se o rendimento da empresa declinar, ela não é obrigada a distribuir dividendos aos seus accionistas – porque, desde logo, só há dividendos se tiver havido lucros –, mas é obrigada a saldar as suas dívidas, circunstância que pode conduzi-la até ao extremo da falência, à situação em que deixa de haver cobertura para todas as dívidas contraídas.

O recurso ao endividamento é, pois, do ponto de vista da empresa e da sua «estrutura de capital» (a relação entre acções e obrigações emitidas pela empresa, também designado como «leverage ratio» ou «gearing ratio»[1376]), ao mesmo tempo aliciante e perigoso: se abstrairmos da via menos acessível do auto-financiamento, a mais difícil para empresas em início de actividade ou para empresas sujeitas à pressão competitiva, o endividamento é a forma menos onerosa de obter financiamento, mas é também aquela que gera maiores riscos para a subsistência da empresa.

O empresário que esteja exclusivamente concentrado no custo médio do financiamento que obtém poderá ser surpreendido com uma situação de risco elevado, quer de sobre-endividamento que o arrasta para a falência, quer, mais moderadamente, de excesso de endividamento que aumenta exponencialmente os riscos para os accionistas – quanto maior o montante da dívida total, menor o remanescente a ser distribuído entre os accionistas em caso de falência – e reclama, para a captação de fundos através do investimento accionista, ou uma rápida valorização especulativa dos títulos – o que, num mercado de capitais de alguma amplitude, escapará ao controlo da empresa emitente dos títulos –, ou um incremento na distribuição de dividendos – o que igualmente se afigurará difícil, ou impossível, dado que quanto maior o montante dos juros, menor a probabilidade de lucros –.

Em suma, esta análise das tensões e compromissos de que se compõe a estrutura financeira das empresas pouco mais é do que uma expressão de bom-senso que faz apelo à moderação no endividamento, recomendando mais amplo recurso à divida por parte das empresas com património tangível dos que às demais[1377].

Fora deste quadro mais estreito, a sustentação do financiamento através do endividamento – por vezes designado por «alavancagem», «leverage» – afigura-se, pois, problemático: e no entanto, também aqui se tem como possível uma posição de equilíbrio, dado que, pelo que vimos, as vantagens em termos de custos médios do recurso ao endividamento passam a ser, para lá de um certo limiar, ultrapassadas pelos custos cres-

[1375] Jenkinson, T. & A. Ljungqvist (2001).

[1376] Lang, L., E. Ofek & R.M. Stulz (1996), 3-29.

[1377] Myers, S.C. (2001), 91.

centes da captação de financiamento no mercado accionista. É esta constatação que subjaz ao «teorema Modigliani-Miller», dos economistas Franco Modigliani e Merton Miller[1378/1379], e que em termos gerais aponta para a fundamental indiferença, em mercados concorrenciais e integrados[1380] e face ao objectivo de maximização de lucros, das opções de financiamento seguidas pelas empresas (a estrutura dos passivos das empresas e as suas opções quanto à distribuição ou reinvestimento de dividendos são fundamentalmente neutras) – algo de equivalente, no plano político, à «proposição ricardiana» de que falaremos mais tarde, e que sustenta que a afectação de recursos não é alterada por uma opção de financiamento público por recurso aos impostos ou ao endividamento[1381].

O «teorema Modigliani-Miller» concentra-se, pois, na combinação optimizadora, de menor custo, entre emissão de acções e de obrigações, ou seja no problema do endividamento ou da «alavancagem»; a conclusão surpreendente do teorema é a de que o valor que o mercado financeiro atribui a uma empresa emitente de títulos é indiferente à composição da sua estrutura de financiamento – ou seja, à proporção que a empresa resolveu adoptar quanto à emissão de acções e de obrigações. O que interessa ao mercado é a capacidade da empresa para gerar receitas, e a volatilidade dessas receitas; empresas com o mesmo potencial e a mesma volatilidade de receitas serão avaliadas da mesma forma pelo mercado, independentemente da proporção que cada uma tenha decidido adoptar quanto à emissão de acções e obrigações, quanto ao nível de «alavancagem», em suma. É que se um investidor discordar da proporção adoptada pela empresa em que investiu, pode ele próprio compensar esse desequilíbrio com uma diferente escolha de composição da sua carteira de títulos, e ao fazê-lo paulatinamente alterará o valor de mercado dos títulos até que o preço espelhe com mais fidelidade a combinação de rendimento e risco que o mercado associa àquela empresa emitente – num movi-

mento convergente de «arbitragem» que fará prevalecer, a prazo, a lei da indiferença, a «lei de um só preço» para títulos que, da perspectiva do mercado, valem exactamente o mesmo, não devendo pois apresentar preços heterogéneos, dispersos[1382].

Dados os pressupostos algo irrealistas do teorema «Modigliani-Miller»[1383], não se lhe pode reconhecer senão uma validade tendencial, *de princípio*, devolvendo-se alguma importância às decisões de financiamento das empresas num mundo menos do que perfeito, mundo no qual os regimes tributários podem constituir condicionamentos decisivos – levando a uma maior moderação no recurso ao endividamento (como o prevê a «*tradeoff theory*») –, pode imperar a assimetria informativa – levando a que a empresa só recorra ao endividamento quando as receitas correntes não permitam assegurar o auto-financiamento, e recorra ao endividamento *antes* de recorrer à emissão das acções (como o prevê a «*pecking order theory*»[1384]) – ou os custos de transacção – caso em que a empresa não terá limites ao endividamento enquanto as suas receitas correntes excederem todas as oportunidades de investimento rentável pela empresa (como o prevê a «*free cash flow theory*») –[1385].

A questão complica-se, face à aparente descontracção preconizada pelo teorema «Modigliani-Miller», se tivermos em conta a perspectiva dos incentivos à eficiência: à primeira vista, o endividamento traria mais incentivos à eficiência da empresa, dado o aumento dos riscos de falência, do que o recurso à emissão de acções, dado que será plausivelmente menor a pressão que os accionistas fazem no sentido da maximização dos dividendos, sobretudo quando houver ampla dispersão do capital accionista e os accionistas se remeterem à posição de meros beneficiários passivos de dividendos, ou quando houver fortes possibilidades de valorização especulativa dos títulos e as perspectivas de ganho do investidor se concentram nas mais-valias e não nos dividendos.

[1378] Modigliani, F. & M.H. Miller (1958), 261-297; Miller, M.H. (2002).

[1379] Sublinhando os contributos de Merton Miller para a detecção de equilíbrios e «arbitragens» fundamentais nos mercados financeiros, cfr. Stulz, R.M. (2000), 119-131.

[1380] Ou seja mercados perfeitamente separados e autónomos para cada um dos produtos financeiros de que se trata, o que é manifestamente irrealista, dada a visão de conjunto de que até o mais simples dos investidores é capaz, para formar as suas decisões. Cfr. Titman, S. (2002), 101-115.

[1381] Na necrologia relativa a Merton Miller, a revista *The Economist* recordava a forma caricaturada como ele resumia o teorema Modigliani-Miller, equiparando-o à resposta que dera um famoso jogador de baseball americano quando lhe perguntaram se queria a sua pizza cortada em 4 ou em 8 bocados, e o jogador respondeu que queria a pizza cortada em 8 bocados porque estava cheio de fome (acrescentando Miller que quem tivesse percebido a anedota teria percebido o teorema) – *The Economist*, 10/6/2000, 146.

[1382] Hart, O.D. (2001), 1079-1080.

[1383] Que, convém sublinhá-lo, se reporta na sua «pureza axiomática» a um mundo ideal sem ineficiências *friccionais* ou custos de transacção, sem interferências fiscais e sem problemas de informação, de coordenação e de incentivos.

[1384] A qual sugere o estabelecimento de uma espécie de «balança de pagamentos» entre a empresa e os investidores. Cfr. Myers, S.C. (2001), 92-93; Myers, S.C. (1984), 575-592; Myers, S.C. & N.S. Majluf (1984), 187-221.

[1385] Myers, S.C. (2001), 81-82; Miller, M.H. (1989), 6-18.

Por outro lado, o endividamento pode *sinalizar* ao mercado a confiança que a empresa tem no seu próprio futuro, a margem de risco financeiro que ela está disposta a assumir na sua própria viabilidade (podendo também, em função da qualidade dos credores, indirectamente sinalizar o grau de confiança que operadores idóneos no mercado do crédito depositam *naquele* devedor); e, na medida em que essa imagem seja idónea para os investidores, a empresa pode verificar um aumento do fluxo de fundos que lhe são dirigidos, com as consequências favoráveis de que pode diminuir os juros que oferece em remuneração desses empréstimos e de que o valor especulativo dos títulos representativos do capital da empresa se vê aumentado com esse maior desafogo financeiro.

E, no entanto, a estratégia do excesso de endividamento traz consigo problemas adicionais, alguns de perversão de incentivos até, já que perto do limiar de sobrevivência é natural que a prioridade dos gestores da empresa deixe de ser a maximização dos lucros, para passar a ser a adopção de estratégias como a da minimização das perdas de curto prazo, mesmo quando do isso implique a insustentabilidade de longo prazo: por exemplo, sobreendividando-se com «balões de oxigénio» que não se pagam a eles próprios, ou confiando, já em desespero, em pseudo-estratégias de «sorte especulativa» – tentando «vencer ao mercado» através da especulação bolsista.

Mais ainda, aquele que, não detendo a maioria das acções, *controla* a empresa – porque, por exemplo, é o maior dos accionistas minoritários e beneficia da dispersão e *atomicidade* dos demais accionistas, ou porque é privilegiado por uma assimetria informativa que ao comum dos accionistas seria demasiado oneroso superar – preferirá normalmente a «alavancagem» do endividamento à entrada de novo capital accionista, pela simples razão de que o accionista tem em princípio direitos de sócio, incluindo neles o direito de eleger aqueles que dirigem a empresa – podendo por isso qualquer maioria de accionistas assumir o controlo da empresa e retirá-la ao anterior controlador –, enquanto que os credores têm poderes de supervisão muito remotos e parcelares, restritos em princípio à garantia dos seus créditos, ao menos enquanto não se chega à falência. Por outras palavras, é natural que aquele que, em condições de dificuldade da empresa, mais fragilizada sente a sua posição de controlo e mais receia a sua perda prefira externalizar os riscos sobre a própria empresa, seguindo o caminho que mais pode onerar a empresa mas que mais protege a sua posição de controlo, numa clara demonstração de disparidade dos seus objectivos pessoais com os objectivos colectivos dos sócios. Dito de outra maneira, a opção entre financiamento accionista e endividamento é também uma escolha de modelo de *governação* da empresa, uma escolha do nível de segurança fiduciária que liga a empresa aos seus controladores[1386].

Isto sem embargo de subsistir sempre uma margem de possibilidade para manifestações de oportunismo. Por exemplo, uma vez que a empresa já tenha obtido um crédito, poderá surgir a tentação, para os accionistas, de tentarem valorizar os seus títulos em detrimento dos títulos da dívida, pressionando a administração no sentido do aumento do risco dos seus activos[1387], o que poderá levar à reacção, por vezes mesmo preventiva, do mercado, no sentido de reavaliação dos títulos de dívida[1388], ou em alternativa poderá conduzir à emissão de títulos convertíveis[1389].

Não se pense, contudo, que a solução do endividamento está sempre disponível no mercado, e que é ilimitadamente válida. Pelo contrário, os potenciais credores têm todo o interesse em prever o risco dos seus créditos, e em segmentarem o mercado em níveis diferenciados de risco, por forma a evitarem fenómenos de «selecção adversa»:

> Aquele que emprestasse indiscriminadamente a todos os empresários e fixasse uma só taxa de juro em função da taxa de desconto e do risco mediano[1390] cedo sentiria a necessidade de subir a taxa de juro por força do agravamento do risco, visto que, sendo a taxa de juro mediana vantajosa apenas para os devedores com elevado risco (risco acima da mediana) e sendo demasiado onerosa para os devedores com baixo risco (risco abaixo da mediana), estes deixariam de contrair empréstimos junto daquele financiador, ficando, pois, o mercado entregue a um universo de devedores com uma mediana de risco superior à inicialmente calculada – e daí o agravamento do risco. A subida da taxa de juro, para responder a esse agravamento do risco, provocaria nova «selecção adversa» e novo agravamento de risco, o que poderia conduzir, por lances sucessivos, ao colapso do mercado[1391].

[1386] Easterbrook, F. & D. Fischel (1986), 271-301; Williamson, O.E. (1988), 567-591; Williamson, O.E. (2002), 186.

[1387] Jensen, M.C. & W.H. Meckling (1976), 305-360; Myers, S.C. & N.S. Majluf (1984), 187-221.

[1388] Modigliani, F. & M.H. Miller (1958), 261-297.

[1389] Brealey, R. & S. Myers (1991).

[1390] Um valor *mediano* é aquele que divide ao meio um universo de casos – o estudante mediano é aquele que tem tantos colegas melhores do que ele como colegas piores do que ele –.

[1391] Veja-se o exemplo do ginásio em: Araújo, F. (2000), 203-206.

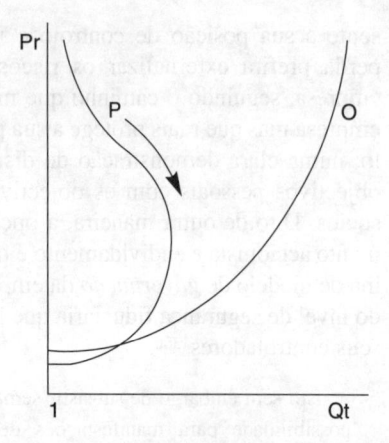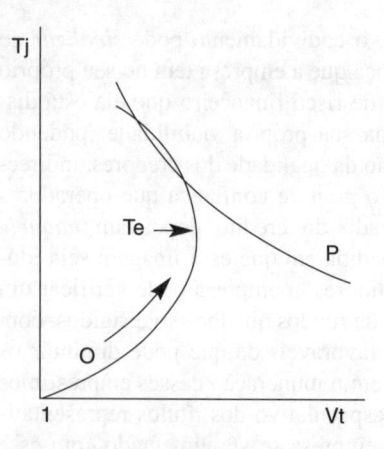

Gráfico 7.8. *Selecção adversa e racionamento de crédito*

1: Selecção adversa – a procura retrai-se abaixo de um certo preço, dada a percepção de perda de qualidade nos preços baixos

2: Racionamento de crédito – a oferta retrai-se acima de uma determinada taxa de juro, dado o aumento de risco

Pr: preços
Qt: quantidades
Tj: taxa de juro

Ve: volume de empréstimos (quantidade mutuadas)
P: procura
O: oferta
Te: taxa de juro de equilíbrio (como o mutuante não sobe em princípio a sua taxa de juro acima deste nível, forma-se um equilíbrio de escassez de fundos, ou seja, de excesso de quantidades procuradas sobre quantidades oferecidas)

Se os potenciais credores pudessem conhecer perfeita e antecipadamente o risco de cada potencial devedor, poderiam proceder a uma perfeita *discriminação* de juros, cobrando a cada mutuário em função do risco por ele apresentado – e evitando, desse modo, o potencial colapso provocado pela «selecção adversa»[1392]. Ora, acontece que esse conhecimento antecipado e perfeito é impossível, e seria demasiado oneroso se fosse possível – muito em especial em situações de concorrência, nas quais a cada credor é acessível um universo restrito de devedores, e por isso a detecção do risco é dificultada[1393] –, pelo que os mutuantes recorrem a formas mais ou menos imprecisas de segmentação do mercado em «grupos de risco», com a consequência de que com essa segmentação por grupos aumenta a probabilidade de que qualquer potencial mutuário não consiga obter fundos à taxa de juro

que estaria disposto a pagar e que julga corresponder ao seu grau particular de risco, aumentando a probabilidade de ocorrer um «racionamento de crédito», uma insuficiência de fundos a que as empresas possam recorrer para desenvolverem a sua estratégia de endividamento[1394].

Se considerarmos que uma significativa fracção do investimento, mesmo nas economias mais evoluídas, é assegurada por indivíduos e empresas com problemas financeiros e com restrições de acesso a crédito racionado[1395], facilmente se perceberá porque é que hoje se reconhece que as principais «fricções» no mercado de capitais resultam de problemas de selecção adversa e de risco moral, problemas de interacção estratégica entre agentes afectados pela desigual distribuição da informação, e crucialmente dependentes dessa informação, dadas as suas insuficiências individuais[1396].

[1392] Stiglitz, J.E. (2002), 461-462. Sobre «selecção adversa» no mercado de capitais, cfr. Ferreira, E.P. (2001b), 20-21; Ferreira, E.P. (2001c), 144ss..

[1393] É verdade que o sistema bancário, por exemplo, tende a desenvolver um sistema de *«rating»* que basicamente procura segmentar o universo dos devedores, actuais ou potenciais, em classes de risco – mas não é menos verdade que a concorrência bancária tende a incentivar os bancos a uma retenção estratégica de informação adquirida na relação com a sua própria clientela (o que aliás ajuda a alcançar objectivos de «fidelização» dessa clientela e a desencorajar a entrada de concorrentes no mercado), e que o «racionamento de crédito» não é uma opção muito viável num ambiente altamente competitivo. Cfr. Marquez, R. (2002), 901-926.

[1394] Chau, F. (1989), 3-21.

[1395] Bernanke, B.S. & M. Gertler (1995), 27-48; Fazzari, S.M., R.G. Hubbard & B.C. Petersen (1988), 141-195; Gertler, M. & S. Gilchrist (1994), 309-340.

[1396] Jaffee, D.M. & T. Russell (1976), 651-666; Jensen, M.C. & W.H. Meckling (1976), 305-360; Myers, S.C. & N.S. Majluf (1984), 187- -221; Stiglitz, J.E. & A. Weiss (1981), 393-410.

Aquilo que dissemos acerca das «redes de conhecimentos» como alternativas ao mercado encontra aqui campo de aplicação, já que elas permitem recuperar algum do nível informativo que evita o racionamento de crédito, formando balizas para a segmentação do risco através de uma reputação colectiva que sinaliza o risco a baixo custo[1397]. Mas o facto é que se os potenciais credores sabem que uma empresa com dificuldades financeiras tem tendência a recorrer ao endividamento excessivo, a assumir extremos de risco que não seria fácil a qualquer credor computar e controlar – e, lembremo-lo, trata-se do risco de não-recuperação integral do capital mutuado –, e que esse risco será tanto maior quanto mais elevada for a taxa de juro que o próprio mutuário estiver disposto a pagar, mais do que contrabalançando o rendimento dos juros com o aumento da probabilidade de não recuperação do capital, é natural que, a partir de certo limiar, deixem de estar dispostos a emprestar os capitais, vedando à empresa em dificuldades – seja qual for na origem o seu grupo de risco – a própria via do endividamento.

É claro que o racionamento de crédito será normalmente uma dificuldade superável – mas superável a um custo, um custo que poderá ser elevadíssimo, reflectindo a percepção do mercado acerca dos riscos inerentes – como tende a suceder com o crédito não-garantido ao consumo, por exemplo[1398] –, agravado ou aliviado pelo quadro jurídico que acompanha a relação creditícia, as garantias, a responsabilidade obrigacional, e portanto condiciona as estratégias de cumprimento e de incumprimento, fornecendo dados *sinalizadores* sobre o risco moral (no caso, a capacidade externalizadora mútua das partes[1399]) e sobre a fiabilidade do devedor mediano[1400].

A porta do mercado accionista pode fechar-se, aliás, no mesmo momento em que se fecha a porta do crédito, porque o recurso a novas emissões de acções tem, também ele, efeitos perversos – a começar pelo facto de que a emissão de novas acções tende a desvalorizar as acções já existentes, razão pela qual aquilo que se ganha com a subscrição de novas acções pode perder-se, em termos do capital total, com a desvalorização das antigas[1401].

E porquê essa desvalorização? Por vários motivos, entre os quais:

– a percepção que o mercado tenha de que a nova emissão representa já um recurso de emergência perante as dificuldade sentidas pela empresa no seu acesso ao crédito – havendo já, portanto, um risco grave no investimento –;
– a percepção que haja de que o risco de desvalorização assumido pelos controladores da empresa corresponde à certeza que estes tenham quanto à sobrevalorização especulativa dos títulos;
– a percepção até de que o recurso ao financiamento accionista é, pelos motivos que já apontámos, uma solução *irresponsabilizante*.

Por tudo isto, a própria solução do recurso ao mercado accionista não está, também ela, sempre disponível, nem é ilimitadamente válida.

É claro que estas limitações podem ir variando ao longo do ciclo de vida de uma empresa, sendo natural que as dificuldades de acesso ao endividamento e ao mercado de capitais sejam maiores num momento inicial de «arranque» da empresa, em que não existe ainda uma reputação formada que possa servir de base às decisões de accionistas, obrigacionistas e bancos – e apenas se aventuram a investir os chamados «capitais de risco», que podem apostar, por exemplo, numa inovação, mas que reclamam remunerações elevadas. Esse mesmo ciclo de vida da empresa prende-se com os ciclos de vida dos produtos dessa empresa – como ficou representado nas «curvas de Kuznets»[1402] –, e com aspectos relativos à aptidão «darwinista» das empresas em função da respectiva dimensão[1403] e idade[1404]. Também empiricamente se tem constatado que a dimensão da empresa é por si mesma, e à margem de outras considerações, um factor no acesso ao crédito, dentro das mais variadas vicissitudes que se manifestam nas flutuações erráticas do mercado financeiro[1405].

É geralmente a sedimentação de uma reputação no mercado que permitirá a uma empresa obter empréstimos às condições dominantes no mercado, ingressando

[1397] Scalera, D. & A. Zazzaro (2001), 483-496.

[1398] No mercado dos cartões de crédito, cobra-se juros que chegam a ser o triplo do custo dos fundos (mesmo ponderados pelos riscos) para os emitentes dos cartões. Cfr. Ausubel, L.M. (1991), 50-81.

[1399] Pauly, M.V. (1974), 44-62; Jaynes, G.D. (1978), 394-422.

[1400] Parlour, C.A. & U. Rajan (2001), 1311-1312, 1322; Bizer, D.S. & P.M. DeMarzo (1992), 41-61; Kahn, C.M. & D. Mookherjee (1998), 443-465.

[1401] Isso em parte explica porque é que a emissão de acções tão frequentemente é inadequada para o suporte de novos investimentos. Cfr. Mayer, C. (1990), 307-332.

[1402] Kuznets, S. (1930).

[1403] Stigler, G.J. (1958), 54-71.

[1404] Gort, M. & S. Klepper (1982), 630-653; Bahk, B.-H. & M. Gort (1993), 561-583.

[1405] Gomes, J.F. (2001), 1263; Sargent, T.J. (1980), 107-154; Shapiro, M.D. (1986), 111-152.

em grupos de risco cada vez mais desafogados, e promover com sucesso a emissão dos seus títulos accionistas e obrigacionistas. E é já em plena maturidade da evolução empresarial que se poderá esperar um crescente recurso ao auto-financiamento, por reinvestimento de lucros não distribuídos – admitindo-se que, mesmo num ambiente concorrencial, se vão sucedendo episódios momentâneos de geração de lucros, que cumulativamente vão permitindo a constituição de reservas –, e até, no limite, a compra, pela empresa, das suas próprias acções, pondo termo ao ciclo do heterofinanciamento.

Em contrapartida, como já sugerimos, a idade e a inércia da empresa tendem a estar correlacionados, e não apenas por força da «*ineficiência-X*» mas também porque as empresas já instaladas no mercado tendem a assumir meras atitudes defensivas[1406], porque estão mais expostas à subversão dos interesses sociais por parte de controladores «entrincheirados» que se afastam dos incentivos de gestão óptima[1407] e se protegem a si mesmos à custa das empresas (em particular quando são parcialmente remunerados, eles próprios, em títulos[1408]), porque pode ter-se deixado encurralar numa longa acumulação de investimentos idiossincráticos que lhe diminuem a agilidade de resposta às solicitações de mercado e à introdução de inovações tecnológicas *generalistas*[1409], ficando por todas estas razões mais vulneráveis à contestação de mercado por concorrentes mais jovens, e mais expostos às aquisições de controlo societário[1410].

[1406] Reinganum, J.F. (1983), 741-748.
[1407] Martimort, D. (1999), 929-947.
[1408] Rogers, D.A. (2002), 271-295.
[1409] Grossman, G.M. & C. Shapiro (1982), 1054-1069.
[1410] Gort, M. (1969), 624-642.

CAPÍTULO 8 – Os factores tempo e risco[1411]

"Quando a lei proíbe absolutamente o juro, não consegue evitá-lo. Muita gente precisa de recorrer ao crédito, e ninguém o quererá conceder sem uma compensação pelo uso do seu dinheiro que corresponda, não só ao ganho proporcionado pela sua utilização, mas também às dificuldades e perigos decorrentes da transgressão da lei (...) a taxa de juro mínima corrente deve ser um pouco superior à necessária para compensar as perdas acidentais a que a concessão de crédito, mesmo razoavelmente prudente, se acha exposta. Se assim não fosse, só a caridade ou a amizade poderiam ser motivos para a concessão de crédito" – Adam Smith[1412]

8 – a) O fundamento do juro

Muitas das nossas decisões económicas são orientadas para o futuro, na medida em que se integram numa estratégia, numa sequência de decisões que visa produzir efeitos, não no plano imediato, mas num plano diferido ao qual associamos um nível de satisfação pessoal ou colectiva[1413].

Ora os bens futuros cuja obtenção procuramos assegurar através da estratégia presente têm um *preço relativo* em termos de bens presentes, sendo que esse preço relativo não é mais do que o valor dos bens presentes de que temos de prescindir para obtermos os bens futuros, o *sacrifício* de consumo imediato que está implicado no *investimento* em recursos de que emergirão os bens futuros.

Assim sendo, o valor presente de bens futuros é *descontado*, ou seja, é menor do que o valor dos mesmos bens quando a sua disponibilidade seja imediata; e o valor descontado é tanto menor quanto mais dilatado for o prazo que medeia entre o presente e o momento em que finalmente acedemos à fruição desses bens futuros. Já abordámos longamente a questão da *taxa de desconto*, já lhe referimos as origens na teoria da «utilidade descontada»[1414], vamos agora analisá-la mais em detalhe.

Suponha-se que prescindo da utilização de um fundo monetário de que disponho, e que me permitiria adquirir já uma casa de praia, a favor do empréstimo do mesmo fundo a outra pessoa:

– se esta se comprometer a devolver-me a quantia mutuada daqui a 100 anos, e supondo-se que essa mesma quantia permitiria comprar então a mesma casa de praia – supondo-se, pois, que entre os dois momentos não mediaria qualquer fenómeno inflacionista –, não tenho sequer a mais remota hipótese de vir a gozar dessa casa. Uma casa adquirida daqui a 100 anos não tem, no presente, qualquer valor para mim, e um contrato celebrado nesses termos equivaleria, para mim, a uma pura e simples perda do montante emprestado.

– suponha-se agora que, restando-me 40 anos de expectativa de vida, o mútuo tem antes um prazo de 10 anos, findos os quais eu posso finalmente comprar a casa de praia. Valerá ela o mesmo para mim? Mesmo abstraindo de outros aspectos colaterais, o facto insofismável é que,

---

[1411] Baumol, W.J. & A.S. Blinder (2000), 307ss.; Besanko, D.A.A. & R. Braeutigam (2001), 627ss.; Bierman, H.S. & L. Fernandez (1997), 129ss.; Drazen, A. (2001), 99ss.; Gollier, C. (2001), 1ss.; Jacquemin, A., H. Tulkens & P. Mercier (2001), 141ss.; Mas-Colell, A. & *al.* (1995), 167ss., 687ss., 732ss.; Mata, J. (2000), 183ss.; Mateus, A. & M. Mateus (2001), 261ss., 293ss.; Mishkin, F.S. (2002), 104ss.; Nicholson, W. (2001), 211ss., 242ss., 265ss.; O'Sullivan, A. & S.M. Sheffrin (2002), 316ss., 358ss.; Parkin, M. (1999), 458ss.; Perloff, J.M. (2000), 620ss.; Pindyck, R.S. & D.L. Rubinfeld (2000), 147ss.; Sowell, T. (2001), 175ss., 193ss., 207ss.; Spencer, M.H. & O.M. Amos Jr. (1993), 798ss.; Stiglitz, J.E. & C.E. Walsh (2002), 122ss.

[1412] Smith, A. (1976b), 112-113 (=I, 225-226).

[1413] Poderíamos até seguir a sugestão de Oliver Williamson, e sustentar que o próprio raciocínio económico básico *é a melhor estratégia*, no sentido de que se sobrepõe a muitas das considerações supervenientes, já no âmbito de interacção. Cfr. Williamson, O.E. (1991), 75-94.

[1414] Frederick, S., G. Loewenstein & T. O'Donoghue (2002), 351-401.

naquele momento, aquela casa me proporcionará apenas, previsivelmente, 30 anos de fruição, contra os 40 anos que eu poderia alcançar com a sua aquisição imediata, no presente. Os 10 anos são tempo de fruição irremediavelmente perdido, pelo que, daqui a 10 anos, a casa terá perdido, para mim, 1/4 do seu valor presente. – e se eu emprestar o fundo por apenas um ano, adquirindo a casa logo de seguida – será que mesmo assim o valor dela não diminui? Decerto que sim, diminuirá ao menos 1/40 do seu valor presente, já que eu terei perdido um ano do total de fruição possível que me proporcionaria a casa, o *total de utilidade* com o qual comparo o *preço total* que devo pagar por ela. Se o preço for o mesmo agora e daqui a um ano, porque deverei eu pagar por 39 anos o mesmo que pagaria por 40 anos de fruição do bem?

Temos, pois, que a racionalidade nos impõe uma «preferência pelo presente» – que a nossa irracionalidade mitiga em formas «hiperbólicas»[1415] ou exacerba em formas «exponenciais»[1416]–, que tem por reverso a *taxa de desconto* que aplicamos à representação presente do efeito futuro das nossas decisões, já que o valor presente *descontado* de um bem é o quantitativo que, investido hoje, aumentaria por acumulação de juros compostos até ao quantitativo que, nesse momento futuro, permitiria adquirir esse bem[1417]. Uma *imparcialidade temporal* do consumo implicaria que se conseguisse descontar custos e benefícios futuros a uma taxa de desconto precisamente idêntica à probabilidade de se estar ainda vivo no momento de verificação de tais custos e benefícios.

É evidente que a relevância da morte no panorama das decisões económicas não se cinge à mera consideração da finitude dos planos de realização pessoal, ou dos intuitos de atribuição de recursos aos sucessores, porque a morte tem uma representação psicológica e cultural que pode ser profundamente condicionante (até pelo medo e pela recusa)[1418/1419]. Há muito que se tem sustentado que a própria cultura procura ser uma espécie de resguardo ou consolação contra a angústia da morte, uma forma estruturada e

articulada de «gestão do terror» que reduz a morte a um tipo de «transgressão» da inteligibilidade de que a cultura investe o nosso «sentido da vida»: no fundo, recua-se no uso da razão como norte moral, visto que a razão é adequada para nortear escolhas, e dado o facto elementar de a nossa mortalidade não ser uma questão de escolhas – talvez a explicação para o facto de tendermos a viver racionalmente *como se* fossemos imortais[1420], o que poderá entender-se como uma estratégia de uso selectivo de informação que minimiza o impacto da informação que nos paralise ou a que sejamos avessos, um afloramento mais da estratégia preventiva de «dissonâncias cognitivas»[1421].

Referimos também anteriormente as dificuldades de articulação das preferências intertemporais do indivíduo e da sociedade; sublinhemos agora, de passagem, que essas preferências podem ser umas vezes directamente reportadas a valores monetários, e outras vezes referidas, explicita ou implicitamente, a valores não-monetários, não directamente quantificáveis mas nem por isso menos importantes[1422]: o valor presente da saúde futura, o valor presente da preservação ambiental, o valor presente da cultura a adquirir.

Essa *preferência pelo presente* desaconselharia, pois, todos os sacrifícios da gratificação imediata de necessidades, todas as trocas intertemporais nas quais fosse dado a uma das partes antecipar a sua satisfação de necessidades – com meios emprestados – à custa do adiamento da satisfação de necessidades da outra, dado o empréstimo de meios próprios.

Mas, como temos insistido várias vezes, para que existam trocas livres é preciso que ambas as partes ganhem: e por isso, nessas trocas intertemporais, o sacrifício daquele que adia a gratificação das suas necessidades deve ser compensado com um montante que ultrapasse a taxa de desconto, deixando-o, no momento em que finalmente acede à fruição do bem, numa posição melhor do que aquela que lhe adviria da satisfação imediata, no presente, das suas necessidades através da aquisição do mesmo bem – um montante, pois, que faça superar a *preferência pelo presente* por uma «preferência pelo futuro». Esse montante é o *juro*.

[1415] Robson, A.J. (2002), 95; Loewenstein, G. & D. Prelec (1992), 573-597; Strotz, R.H. (1956), 165-180.

[1416] Além de que, como óbvio, muita «dissonância cognitiva» e muita «ilusão de eternidade» se insinua no cálculo pessoal relativo à longevidade esperada, ainda que, algo surpreendemente, alguns estudos demonstram uma bizarra precisão (um intervalo de dois anos) nalgumas esperanças de vida *declaradas*. Cfr. Hurd, M.D. & K. McGarry (1995), S268-S292; Hurd, M.D. & K. McGarry (2002), 966-985; Smith, V.K., D.H. Taylor Jr. & F.A. Sloan (2001), 1126.

[1417] Sobre a forma de cálculo de juros compostos e da taxa de desconto, cfr. Rosen, H.S. (2002), 221-222.

[1418] Slemrod, J. (2003), 371ss..

[1419] Sobre a ansiedade com a morte, cfr. Becker, E. (1973); Kubler-Ross, E. (1969); Neimeyer, R.A. (1997/8), 97-120.

[1420] Bauman, Z. (1992), 15-17.

[1421] Benabou, R. & J. Tirole (2002), 871-915.

[1422] Embora, como será de esperar, a existência de quantificação explícita e a prevalência de uma mentalidade materialista conduza habitualmente à aplicação de taxas de desconto mais acentuadas aos valores não-monetários do que aos monetários. Cfr. Lazaro, A., R. Barberan & E. Rubio (2002b), 339-350.

Voltando ao exemplo acima:

Se eu emprestar o fundo monetário de que disponho por apenas um ano, reclamarei um juro que ultrapasse 1/40 do valor presente da casa que poderia adquirir (na prática, um juro superior a 2,5%, por exemplo 4%); se o mutuário se dispuser a pagar-me mais do que o equivalente a 1/40 do valor da casa em remuneração do empréstimo, esse juro deixar-me-á, no fim do período considerado, mais rico do que estava inicialmente, visto que aquilo que ganhei em juros (4%, ou seja 1/25 do valor da casa) supera o valor da fruição da casa pelo período de um ano (que seria de 2,5%, ou seja 1/40 do valor da casa).

O *juro* é, pois, um montante que faz vencer a preferência pelo presente, pelo que a *taxa de juro* tem que ser superior à *taxa de desconto* que individual ou colectivamente é aplicada às transacções intertemporais.

Encarado de uma outra perspectiva, o juro é o preço de equilíbrio do mercado dos fundos monetários mutuáveis, o preço que estabelece uma quantidade em que coincidem a oferta e a procura de tais fundos. Esse juro existe porque, na sua ausência, haveria carência de fundos mutuáveis, ou seja:

– excesso da procura de fundos – dada a prevalente preferência pelo presente que torna vantajoso para todos anteciparem na medida do possível a gratificação de todas as suas necessidades, e mais ainda se pudessem fazê-lo com meios alheios e sem aumento de custos –;
– falta de oferta de fundos – dado que nenhum incentivo dissuadiria os donos dos fundos de empregá-los na satisfação imediata das suas próprias necessidades, de acordo com os ditames da preferência pelo presente –.

Dois aspectos interferem ainda na formação de uma taxa de juro:

1. A presença de intermediários financeiros – nomeadamente de bancos que medeiam entre a poupança e o investimento, o que determina que exista uma diferença entre as taxas de juro com que são remunerados os aforradores (os juros dos *depósitos*) e as taxas de juro cobradas aos mutuários (os juros dos *empréstimos*), visto que os intermediários se fazem pagar pela diferença entre ambas as taxas, cobrando mais nos empréstimos do que o montante total com que remuneram os depósitos.
2. A presença de inflação, que faz com que as taxas de juro devam incorporar um prémio de inflação, sem o qual a remuneração do juro seria diminuída, ou destruída, em termos *reais*, ou seja, em termos de manutenção do efectivo poder de compra conferido pelos montantes mutuados – fazendo, pois, com que o juro efectivamente cobrado, o *juro nominal*, seja o somatório do *juro real* – a remuneração do empréstimo, a compensação da *taxa de desconto* – e do *prémio de inflação*, o qual, na medida em que mais não visa do que anular os efeitos da inflação, coincidirá com a taxa de inflação.

Voltando uma vez mais ao exemplo acima:

Supondo-se uma taxa de inflação de 3% ao ano, terei que reclamar do meu mutuário uma taxa de juro *nominal* de 7%, o somatório da taxa de juro *real* de 4% e do *prémio de inflação* correspondente à taxa de inflação. Se o não fizer, se por exemplo cobrar apenas o equivalente à taxa de juro *real*, sofrerei integralmente as consequências da erosão do poder de compra que a inflação provocará no valor nominal do contrato: daqui a um ano receberei o montante que permitiria *hoje* comprar a casa de praia, mas não o montante que daqui a um ano permitirá comprar a mesma casa, visto que, se ela acompanha a tendência que se espelha na taxa de inflação, o seu preço terá subido 3%. Num caso desses, não é só a preferência pelo presente que me dissuade de emprestar, mas também a «propensão para o consumo» induzida pela expectativa de desvalorização da moeda, pela expectativa de aumento permanente dos preços. O juro nominal, aquele que é efectivamente pago pelo mutuário – e que portanto é o *custo de oportunidade* de detenção de numerário, de *liquidez* monetária –, tem que ser calculado de forma a vencer simultaneamente essas duas resistências do mutuante[1423].

Note-se, de passagem, como a simples expectativa da inflação basta já para provocar a desvalorização monetária: quanto mais elevada é a inflação esperada, mais elevada é a taxa de juro *nominal*, e quanto mais elevada é esta maior é o custo de oportunidade de se deter moeda sob a forma de *liquidez* – menor é o valor advindo da detenção de numerário.

[1423] Note-se que esta diferença entre taxa de juro *nominal* e taxa de juro *real*, de resto tão importante e na qual tanto insistimos e insistiremos, está também à mercê das imperfeições induzidas pela assimetria informativa entre mutuantes e mutuários, a qual pode gerar diferentes expectativas quanto ao nível da inflação futura, quanto às taxas individuais de desconto em presença e quanto ao risco de crédito de ambas as partes – o que por sua vez será determinante para a constituição de «racionamentos» e de outras formas de discriminação entre as partes, mas sobretudo será decisivo para a determinação daquilo que é a taxa de juro *real* e daquilo que é a taxa de juro *nominal* (e também para a determinação da coincidência ou grau de afastamento em relação à taxa de juro de mercado). Cfr. Bose, N. (2002), 412-434.

8 – b) O motivo-especulação

Há um sector da economia que se centra nas transacções intertemporais, é aquele em que os bens duradouros são adquiridos não como meios de satisfação directa de necessidades, mas como valores especulativos, valores que se adquirem na esperança de que possam ser mais tarde revendidos a preço superior, caso em que as *expectativas* relativas ao preço futuro jogam, juntamente com a taxa de desconto, um papel decisivo nas decisões presentes.

Por um lado, o aumento da taxa de desconto, e concomitante aumento da taxa de juro *real*, significa necessariamente uma perda do valor presente dos bens futuros – pelo que a aquisição de valores especulativos é desincentivada com o aumento das taxas de juro.

Por outro lado, as expectativas de evolução futura dos preços – começando pelas expectativas respeitantes à taxa de inflação – condicionam decisivamente o comportamento de um mercado que se centre na revenda especulativa; ora, se tivermos presente que as expectativas são altamente voláteis, presas que estão de representações sobre encadeamentos causais complexos determinantes de desfechos remotos, facilmente compreenderemos a razão pela qual alguns mercados, mormente os mercados especulativos – como o mercado bolsista –, se manifestam frequentemente de modo tão errático, introduzindo factores de turbulência até em conjunturas em que as tendências da procura e da oferta sejam estáveis e não ocorra nenhum «choque» exógeno.

O mercado especulativo não está, nesse caso, a espelhar a conjuntura real sobre que assenta, mas apenas, na sua volatilidade, a exprimir a limitação e irracionalidade das expectativas sobre situações de mercado vindouras. Dessas expectativas, dir-se-á que elas são *racionais* quando incorporam todo o conhecimento disponível – caso em que pode prever-se que elas serão confirmadas *em média*, ou seja, que se anularão reciprocamente os impulsos optimistas e pessimistas que causam imprecisões nas expectativas (dando origem, no limite, a um *mercado eficiente*) –, e que elas são *irracionais* quando se limitam a extrapolar do presente, ou do passado recente, para o futuro, apostando tudo na mera continuidade evolutiva – ou apostando em puros efeitos imprevisíveis, jogando na «antecipação do acaso» –.

8 – c) As respostas ao risco e o problema do seguro

Em 1949, George Shackle, numa linha de investigação aberta por Frank Knight, publicou a sua teoria da decisão em condições de incerteza[1424] – tida esta, *grosso modo*, como a margem *não-segurável* do *risco*[1425] –, que não só exprimia a sua convicção quanto à existência de uma zona de dúvida inerradicável, não-computável, insusceptível de cálculo actuarial e por isso insusceptível de seguro, que no seu entender acompanharia toda a actividade económica de conjugação de factores produtivos e de iniciativa empresarial, como também exprimia a sua convicção, novamente atribuível a Frank Knight, relativa à legitimação do lucro como contrapartida da assunção dessa incerteza[1426]. No limite, dado que «incerteza» designava a insusceptibilidade de sujeição de *alguns* dos desfechos económicos a uma distribuição de *probabilidade* pelo horizonte das *possibilidades*, a insusceptibilidade de conter no *presente* toda a informação relevante acerca do *futuro* deixava em aberto um «residual de imponderabilidade» que o empresário, num salto de fé, se veria na possibilidade de explorar – através dele inovando, surpreendendo, tendo sorte, modificando o panorama do mercado e da actividade económica[1427].

Uma das características psicológicas mais fortemente condicionantes do comportamento económico é a já mencionada «aversão ao risco», a indisponibilidade para assumir a margem de probabilidade de desfechos negativos que se prende com todas as nossas decisões projectadas para o futuro. Essa aversão é muito vincada em casos individuais, já que o jogo da economia é, em última análise, um jogo de sobrevivência, compreendendo-se, por isso, a intensidade com que os indivíduos se dispõem a prescindir de ganhos arriscados a troco da relativa modéstia de rendimentos certos, desligados da sorte dos empreendimentos económicos – sendo este o próprio cerne da remuneração laboral típica (aquilo que analisaremos sob a designação de «contrato implícito») –.

Em contrapartida, as economias modernas tendem a multiplicar as formas de dissipação, distribuição e transferência de riscos: seja através de instituições que assumem riscos e travam o impacto individual das perdas, por meio de soluções como a da responsabilidade limitada, seja através de mercados nos quais se procede à circulação e partilha das coberturas dos riscos.

[1424] Shackle, G.L.S. (1949); Shackle, G.L.S. (1955); Shackle, G.L.S. (1961); Shackle, G.L.S. (1988).
[1425] Schmidt, C. (org.) (1996).
[1426] White, H.C. (2002), 228.
[1427] Katzner, D.W. (1998).

Sem assunção de riscos e incertezas, não há actividade económica – pela simples razão de a actividade produtiva, com os seus inerentes custos, dever lógica e cronologicamente preceder as trocas, momento em que o produtor realiza as suas receitas e finalmente verifica se estas cobrem, ou não, as despesas em que incorreu, e se há, pois, lucro ou prejuízo. Se não houvesse a disposição de assumir a incerteza das receitas futuras quando há que cobrir, no presente, as despesas, ninguém produziria. Para efeitos teóricos de modelação, poderia até imaginar-se um contexto de mercado *completo*, em que todas as contingências futuras fossem computáveis e susceptíveis de cobertura por contratos de seguro – mas a realidade diverge muito claramente de um tal modelo.

Uma atitude congruente com a aversão ao risco não pode, pois, ser generalizada, sob pena de estagnação de toda a actividade produtiva. Há, por isso, formas mais ou menos engenhosas de mitigar o risco, seja individual, seja colectivamente. Uma é a de diversificar, de produzir ou investir em vários sectores de actividade e não num só, por forma a distribuir os riscos de impacto negativo de uma crise sectorial, fugindo-se da dependência exclusiva da sorte de um mercado ou de um sector.

Outra é a de transferir, por contrato, os riscos para uma seguradora, a qual cobra por isso um preço correspondente ao dano coberto, multiplicado pela probabilidade do dano e acrescido de um prémio que remunera a seguradora pela absorção do risco.

Contudo, há limites para o recurso ao seguro[1428]:

8 – c) – i) Seguro e incerteza

Em primeiro lugar, há, como dissemos, *incertezas* não computáveis pelo cálculo de probabilidades, e que, portanto, não podem ser cobertas por um seguro, ainda que elas possam ter um impacto decisivo na verificação de lucros ou prejuízos[1429]. Por exemplo, não é possível saber-se, com o rigor desejado, se uma determinada peça de vestuário produzida para o próximo verão vai ser o sucesso de vendas de que o produtor necessita para cobrir as despesas em que já incorreu na correspondente produção – tendo sido o economista Frank Knight, um pensador original e heterodoxo[1430], o primeiro a colocar especial ênfase nesta distinção entre riscos e incertezas económicas –[1431].

Se uma seguradora estivesse disposta a cobrir também essa incerteza, isso representaria para ela um mau negócio, visto que ela passaria a assumir todos os prejuízos do produtor sem receber, em contrapartida, a totalidade dos lucros que se verificassem em caso de sucesso. Num caso desses, em vez de um tal *pacto leonino* desfavorável à seguradora, melhor seria ela comprar a empresa do produtor e converter-se ela mesma em empresária – porque agora, continuando a assumir a totalidade das incertezas, teria ao menos a compensação de um acesso irrestrito aos lucros. Sob outro prisma, o produtor que quisesse ver coberta pelo seguro a totalidade das incertezas da sua produção teria que pagar, para esse efeito, um preço incomportavelmente elevado – um preço que implicaria, ou a venda da sua empresa, ou a sua entrega à própria seguradora[1432].

Genericamente, as *incertezas* podem respeitar à *tecnologia* – à possibilidade de obsolescência ou inadequação supervenientes da tecnologia adoptada – ou às *condições dos mercados* – os preços dos produtos, dos factores, da informação, do financiamento, etc. –; elas podem ser objecto de cálculos de *probabilidade subjectiva* quanto à sua evolução em termos similares aos de eventos passados, e com base nesses cálculos é possível determinar-se uma *utilidade esperada* através de uma média de utilidades associadas a todas as alternativas *possíveis*[1433], mas a falta de uma experiência sobre esses novos factos impede um cálculo de probabilidades *objectivo*.

É verdade que os efeitos de algumas das incertezas podem ser mitigados: o vendedor, se dispuser de um pouco de poder de mercado, tentará uma discriminação de preços intertemporal, colocando no mercado uma 1.ª edição a preços mais elevados (e eventualmente mais adequada às preferências especificamente reveladas pela

---

[1428] Sobre tudo o que se segue, cfr. Dionne, G. (org.) (2000).

[1429] Uma forma de ilustrar-se essa subtil distinção entre risco (computável e probabilístico) e incerteza (incomensurável e ambígua) é o chamado «Paradoxo de Ellsberg»: um apostador é confrontado com uma escolha entre duas urnas, cada uma contendo 100 bolas; da primeira sabe-se que contém 50 bolas azuis e 50 bolas vermelhas, da outra nada se sabe quanto à distribuição dessas cores. A conduta observada tem revelado um padrão consistente de preferência pelas apostas na primeira urna, o que não se coaduna com a teoria da «utilidade esperada», visto que é na segunda urna que reside a hipótese de uma probabilidade superior à equiprobabilidade, devendo pois, em abstracto, ser nesta que deveriam concentrar-se as apostas. Cfr. Epstein, L.G. (2001), 45; Bewley, T.F. (1998b), 71-81; Epstein, L.G. & T. Wang (1994), 283-322.

[1430] Que é reclamado para mentor, tanto da «escola de Chicago» como da «escola Austríaca». Cfr. Yu, T. F.-L. (2002), 1-23.

[1431] Para uma análise detalhada dos pontos de aproximação e de distinção entre o pensamento de Frank Knight e de John Maynard Keynes, enfatizando o facto de ambos terem edificado as suas teorias com base na percepção dos efeitos da incerteza sobre a actividade económica, cfr. Greer,W.B. (2000).

[1432] Cawley, J. & T. Philipson (1999), 827ss.; Dionne, G. & N.A. Doherty (1992), 97-140.

[1433] Sobre os inúmeros modelos de «utilidade esperada», hoje o cânone da escolha individual em condições de incerteza, cfr. Starmer, C. (2000), 332.

procura), uma 2.ª edição a preços mais moderados (eventualmente mais padronizada, mais «pronto-a-vestir»), e assim sucessivamente até escoar as sobras, o «stock» remanescente, em saldos, «*outlets*» e vendas ao desbarato, destinados aos consumidores mais pacientes e com menos disposição de pagar[1434] (veremos adiante como o monopolista pode tirar particulares proveitos desta técnica de discriminação de preços). E isto para não falarmos, evidentemente, das muito variadas medidas através das quais é possível tentar-se a manipulação das preferências dos consumidores, reduzindo a margem de incerteza – o que deixaremos para análise mais detida quando nos referirmos ao ataque sobre a «fluidez» perpetrado pela «concorrência monopolística»[1435].

Por exemplo, uma incerteza fundamental deriva do facto de, com uma retracção da procura, não poder saber-se de antemão se é mais ampla a retracção de quantidades ou a retracção de preços, em especial se não estivermos numa situação extrema de elasticidade-preço da procura. Assim, os produtores defrontam-se com essa incerteza em termos de ajustamentos de quantidades *versus* ajustamentos de preços, sendo que muito frequentemente só num relance retrospectivo é possível medir-se, com um grau razoável de aproximação, a amplitude das elasticidades presentes dos dois lados do mercado[1436]:

Facto a que acresce a circunstância de a reacção das empresas neste contexto de incerteza poder transmitir informação distorcida acerca das suas características às

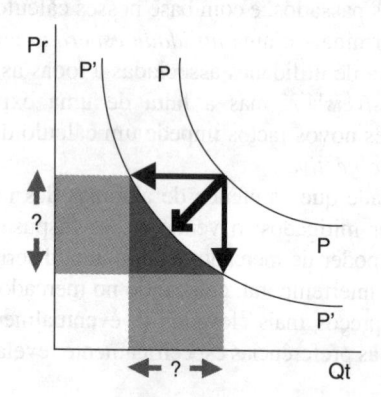

Gráfico 8.1. *Incerteza sobre os efeitos da contracção da procura nas quantidades e dos preços*

Pr: preços   P: procura
Qt: quantidades   P': contracção da procura

[1434] Sällström, S. (2001), 1363-1385.
[1435] Cfr. ainda: Bianchi, M. (2002), 1-18.
[1436] Stiglitz, J.E. (1999c), 76.
[1437] Edlin, A.S. & J.E. Stiglitz (1995), 1301-1312.
[1438] Stiglitz, J.E. (1987), 1041-1061.
[1439] Rothschild, M. & J.E. Stiglitz (1976), 630-649.
[1440] ERP (2004), 196.

demais empresas, gerando efeitos dinâmicos através da sinalização, provocando ineficiências[1437], custos de busca, e até, por influência das expectativas, uma curva da procura «quebrada» no mercado dos produtos[1438].

8 – c) – ii) Seguro e selecção adversa. O problema da responsabilidade médica

Em segundo lugar, as seguradoras debatem-se com problemas de «selecção adversa», de que falámos já, e que consistem especificamente na relativa incapacidade de que elas têm de estabelecer relações contratuais discriminadas e ajustadas ao nível de risco que apresenta cada segurado, levando-as a cobrar prémios de seguro uniformes para diversas categorias de risco, o que tende a afastar da relação contratual os segurados de baixo risco – que consideram muito elevado o prémio de seguro uniforme, quando comparado com a sua avaliação subjectiva do risco – e a atrair os segurados de alto risco – que, pelas razões opostas, consideram muito vantajoso o prémio de seguro uniforme –, num movimento que pode piorar progressivamente, à medida que as seguradoras, vendo agravar-se a proporção de segurados de alto risco, se vêem forçadas a subir os prémios de seguro, o que novamente afasta mais segurados de baixo risco e mantém apenas segurados de alto risco, e assim sucessivamente – sendo que há um ponto a partir do qual o êxodo de «bons» segurados e o ingresso em massa dos «maus» segurados determina que as subidas de prémios se traduzam numa quebra dos lucros das seguradoras, e no colapso do mercado dos seguros (mesmo o «pior» dos segurados abandonará o mercado se o prémio ultrapassar o nível da sua *esperança subjectiva* de perdas e danos)[1439]. Mais sinteticamente, a selecção adversa nos seguros corresponde ao facto de um determinado contrato de seguro ser especialmente atraente para um certo tipo de sujeitos de elevado risco, sem que a companhia seguradora tenha a possibilidade de se identificar perfeitamente quem são esses sujeitos para ela indesejáveis[1440].

Como já temos referido, a selecção adversa emerge da assimetria informativa, e neste caso resulta do facto de os segurados disporem normalmente de informação mais completa acerca das suas situações de risco do que as próprias seguradoras – o que obviamente leva aqueles que esperam sofrer perdas e danos a procurarem as seguradoras mais intensamente do que aqueles que esperam uma situação menos desfavorável, e leva estes últimos, mais do que aqueles, a serem desencorajados a celebrar contratos de seguro pelo nível dos prémios cobrados pelas seguradoras, e portanto a participarem naquele universo contratual do qual as seguradoras poderão fazer decorrer a dispersão do risco; e leva ainda aqueles primeiros a escolherem planos de seguro associados a riscos inferiores àqueles que eles próprios julgam representar[1441]. O problema pode ser resolvido através de seguros obrigatórios, mas essa obrigatoriedade gera por sua vez novos problemas, em especial a nível de incentivos supervenientes (por exemplo, o problema do «risco moral»[1442]), e poderia em abstracto ser resolvido através de mecanismos de informação, de detecção e de revelação que permitissem vencer *totalmente* a assimetria informativa – sendo todavia que tais mecanismos não existem, e, nos domínios da *incerteza* económica, nunca existirão[1443].

Os problemas de risco e incerteza são especialmente sentidos no «mercado» da saúde: muitos cuidados de saúde são caros, não dispomos de informação que nos permita determinarmos de quantos precisaremos em média ao longo das nossas vidas, não sabemos *quando* precisaremos deles, mas defrontados com a necessidade de nos socorrermos deles, não podemos correr o risco de adiarmos a respectiva utilização. Isso aponta para a formação de um mercado de seguros de saúde generalizados, entravado contudo pela interferência de problemas de selecção adversa e de risco moral. Quanto à selecção adversa, ela resulta do facto de haver classes de risco muito heterógeneas, que tornam desaconselhável o estabelecimento de regimes únicos (que, favorecendo os segurados de maior risco, afastam os de menor risco, «seleccionando» o mercado contra os interesses da própria seguradora)[1444]; dessa selecção adversa resultará, no caso dos seguros de saúde, que os mais necessitados de cuidados de saúde deverão precisamente ser os mais onerados – solução de eficiência que, mesmo a subsistir, suscitaria dúvidas quanto à sua justiça[1445]. Quanto ao

risco moral, ele nota-se na quebra de diligência e cuidado por parte daqueles que são beneficiados com o seguro (e daí que as companhias de seguros se vejam obrigadas a vigiar elas próprias o estado de saúde dos seus segurados), ou na falta de parcimónia por parte dos médicos que, sabendo que os tratamentos estão cobertos pelo seguro, tendem a empolar os custos, e a tratar e a receitar para lá daquilo que é necessário[1446/1447].

É de sublinhar que o risco moral que se revela no sobreuso de cuidados de saúde pode ser induzido tanto pelo lado da procura como pelo lado da oferta dos serviços de saúde, e muito frequentemente resultará de uma pressão simultânea, se não mesmo de uma pressão *conluiada*[1448]:

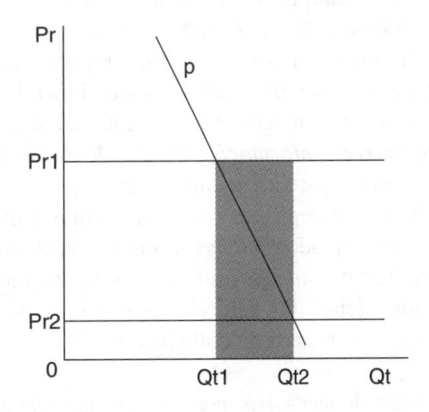

Gráfico 8.2. *Efeitos do risco moral na provisão pública de sistemas de saúde e no nível das despesas médicas*[1449]

Pr: preço por unidade de serviço médico
Qt: quantidade de serviços médicos utilizados
p: procura de serviços médicos
Pr1: preço integral dos serviços médicos
Pr2: preço dos serviços médicos que é suportado pelo utente (por exemplo, 20% do preço total)
Qt1: quantidade de serviços médicos procurados ao preço Pr1
Qt2: quantidade de serviços médicos procurados ao preço Pr2 (o sobre-consumo resulta do facto de o utente não suportar a integralidade do preço)

[1441] Cutler, D.M. & R.J. Zeckhauser (1998), Cap. I; Feldman, R.D. & B. Dowd (2000), 499-512.

[1442] Sellgren, A. (2001), 501-526.

[1443] ERP (1997), 122.

[1444] Rothschild, M. & J.E. Stiglitz (1976), 629-649; Cutler, D.M. & R. Zeckhauser (1999).

[1445] Cardon, J.H. & I. Hendel (2001), 408-427.

[1446] Ania, A.B., T. Tröger & A. Wambach (2002), 153-184.

[1447] Antes que se pense que o problema é exclusivamente contratual e privado, forneçamos um outro exemplo, o da intervenção estadual para indemnizar «vítimas» de enxurradas: conhecidos que sejam os riscos de localização em leitos de cheia, o preço dos terrenos correspondentes será inferior à média, deixando os compradores com fundos suficientes para tomarem medidas preventivas, ou para celebrarem contratos de seguro contra as cheias. Se o Estado indemnizar as vítimas de cheias ou mostrar disponibilidade para fazê-lo, desencorajará a adopção dessas medidas preventivas pelos proprietários de terrenos nesses leitos de cheia; pior, reduzindo os custos inerentes, incentivará à compra de terrenos expostos a enxurradas (como se os subsidiasse), e por isso incrementará ele próprio a dimensão provável dos danos causados pelas próximas enxurradas! Cfr. Kydland, F.E. & E.C. Prescott (1977), 477.

[1448] Crew, M. (1969), 906-908; Gaynor, M. (1994), 211-255; Pauly, M.V. (1968), 531-537; Stano, M. (1987), 227-238.

[1449] Rosen, H.S. (2002), 202.

Em suma, quando é dado às pessoas optarem voluntariamente por um «plano de saúde», por um qualquer nível de seguro de saúde, em princípio todas tenderão a subestimar os seus riscos, e só aderirão às coberturas de risco mais amplas aquelas que saibam ter riscos superiores àqueles que tornariam rentáveis essas coberturas de risco, criando por isso ineficiências na distribuição das pessoas pelas várias classes de risco (que quase todas se encontrarão sub-seguradas)[1450], e depois, sucessivamente, uma retracção do próprio lado da oferta, que confrontado com esse início de «colapso de mercado em espiral», deixará de incluir nas coberturas alguns tratamentos mais extremos, sofisticados e onerosos – por saber que eles constituem um «chamariz» para segurados de risco elevado[1451]. Tudo isso parece recomendar, portanto, ou a superação dos regimes voluntários e do recurso ao mercado – com os evidentes males que daí adviriam – ou a reponderação de regimes de «ajustamento ao risco» que incentivem as pessoas a revelarem mais transparentemente os seus níveis de risco e a *informação privada* de que dispõem, com subsidiação parcial ou com a introdução de «taxas moderadoras» susceptíveis de realinharem incentivos e salvarem os mercados[1452]. E tudo o que acabámos de dizer é aplicável, *mutatis mutandis*, à actividade agrícola e aos efeitos da selecção adversa (e do risco moral) sobre o «seguro de colheitas»[1453].

– Regressando ainda, por momentos, ao tema da responsabilidade médica, é de notar que o agravamento dessa responsabilidade, se deixado ao livre curso da litigância nos tribunais, pode provocar um drástico incremento de custos que acabarão por repercutir nos preços da saúde, ou nos pressupostos do acesso. Se o médico não puder aumentar os seus preços em função do aumento dos custos da sua responsabilidade, ou do seu seguro, naturalmente que ele reduzirá a sua actividade ou praticará a «medicina defensiva», aquela que envolva a minimização dos riscos, mesmo que à custa da perda de intensidade ou de eficiência – sendo essa a razão pela qual a análise económica tem sugerido ao Direito a reconfiguração da responsabilidade médica no sentido da sua

explícita limitação, e isto no próprio interesse da colectividade[1454].

– Note-se também que a subida constante dos custos na saúde deve-se não apenas ao «risco moral», mas antes a uma combinação de factores, seja os de curto prazo como os respeitantes à estrutura dos contratos correntes, seja os de médio prazo como os relativos à cobertura das despesas de saúde pelos seguros (determinando o universo de despesas que podem englobar-se num processo de transferência de custos), seja ainda os de longo prazo como os relativos à inovação tecnológica, à evolução demográfica e às perspectivas de suporte da vida e da qualidade da vida através de recursos colectivos de saúde[1455]/[1456]. É claro que a relativa dificuldade de prever tendências evolutivas (senão com base em meras extrapolações adaptativas), combinada com a ocorrência de risco moral por aumento da cobertura de riscos, a somar com um aumento da procura de serviços de saúde por incremento dos padrões de aferição da «qualidade de vida» (os limiares de saúde e de doença, a definição do que é «suportável» em termos de patologia), têm feito com que os seguros de saúde registem fases cíclicas de rentabilidade e de perdas, vivendo constantemente sob a pressão desta corrente evolutiva[1457].

– Razões de justiça e de *sustentabilidade* têm tornado inevitável o predomínio do esforço de contenção de custos através do combate ao sobreuso e ao risco moral, essencialmente elevando as franquias (as «taxas moderadoras»), limitando as coberturas dos seguros, a intensidade e duração dos tratamentos e dos internamentos, e genericamente procedendo a um reforço da estratégia de partilha de custos entre seguradoras e segurados, estratégia que não é alheia aos propósitos mais amplos da privatização[1458].

– Todavia, insistamos no facto de a elevação dos custos dos serviços de saúde, mesmo quando ela se limita a espelhar um incremento na qualidade e eficiência dos serviços, significar em absoluto menos acesso da população a seguros de saúde privados[1459], fenómeno que poderia ser atenuado por uma maior segmentação de mercado e com a exclusão de grupos de risco mais elevado (reduzindo o âmbito da partilha de risco entre gru-

---

[1450] Cutler, D.M. & S.J. Reber (1998), 433-466.

[1451] Transformando-se, pois, esta situação num «travão» ao progresso tecnológico. Cfr. Cutler, D.M. & L. Sheiner (1998), 77-115; Baker, L. & J. Spetz (1999).

[1452] Cutler, D.M. (2000), 54-55.

[1453] Makki, S.S. & A. Somwaru (2001), 685-708.

[1454] Sloan, F.A., P.B. Githens, D.F. Partlett & G.B. Hickson (1993).

[1455] Glied, S. (2003), 125ss.; Reinhardt, U.E. (2000), 71-83.

[1456] Cerca de 70% do aumento de expectativa de vida dos pacientes com problemas cardíacos é directamente atribuível a suportes tecnológicos. Cfr. Cutler, D.M. & M. McClellan (2001), 11-29. Quanto aos incrementos de qualidade de vida nesses pacientes, cfr. Cutler, D.M. & E. Richardson (1997), 217-271.

[1457] Winter, R. (1991), 115-136; Glied, S. (2003), 131ss..

[1458] Gabel, J., L. Levitt, E. Holve, J. Pickreign, H. Whitmore, K. Dhont, S. Hawkins & D. Rowland (2002), 143-151.

[1459] Kronick, R. & T. Gilmer (1999), 30-47.

pos, um factor de potencial «selecção adversa»)[1460], ou com a exclusão das coberturas com prazos mais longos – com risco individual mais elevado[1461].

– Em última análise, a elevação dos custos na saúde impedirá até a cobertura «de último recurso» pelo Estado, que poderá não ter meios para o suporte financeiro integral do fenómeno, ou não lhe conferir prioridade suficiente, contrapondo ao empolamento dos custos a reacção do *racionamento*, em nome da nua e crua ponderação da *sustentabilidade* do sistema face à iminência de um colapso trágico por sobrecarga de recursos comuns[1462].

– Por outro lado, a evolução tecnológica não é um dado exógeno, sendo pelo contrário alimentada pela extensão e intensidade da cobertura das despesas de saúde pelos seguros, a qual gera possibilidades de financiamento muito mais extensas do que as que resultariam do suporte integral dos custos por cada paciente. Porém, com essas novas tecnologias sobem os custos ao mesmo tempo que se expande a procura dos serviços de saúde, gerando-se deste modo um círculo auto-perpetuador[1463]/[1464], de constante externalização de utentes privados sobre recursos comuns, uma externalização amplificada pelo risco moral[1465].

– Tem-se entendido que esse estado de coisas pode ser, até certo ponto, remediado por novas estruturas contratuais que incentivem os prestadores de cuidados de saúde a diminuírem os custos[1466], sem ao mesmo tempo abrandarem a introdução e difusão de tecnologias que representem reais progressos[1467]. Nada disso visa desmentir, ou até pôr em causa, que, com os elevadíssimos custos sociais de doenças e de mortes prematuras, os benefícios do progresso médico são enormes, e dificilmente poderão ser contidos dentro do ritmo de crescimento da Economia, ainda que haja que atender a efeitos colaterais desse crescimento explosivo, mormente efeitos redis-

tributivos, relativos às condições de acesso aos cuidados de saúde – sejam os públicos, sejam mesmo os serviços privados[1468].

– Além da solução contratual, tem-se depositado esperanças no recurso a regras aperfeiçoadas de responsabilidade civil, regras de determinação dos danos[1469], dos nexos causais, de ponderação da eficiência comparada da prevenção e da reparação, de imputação individual e de socialização do risco, etc. – por sinal, uma das áreas mais férteis do movimento doutrinário «*law and economics*»[1470].

– Suscitam-se várias questões: será a *responsabilidade civil* o regime mais eficiente para a prevenção e reparação do dano? Poderá ela segurar a actividade económica contra os riscos, ou, com os seus custos elevados e com as suas regras de distribuição de riscos, constituirá ela um pesado entrave à inovação e ao desenvolvimento, ou a outras actividades socialmente benéficas que causem riscos elevados? Pode o figurino tradicional da *subjectivação moral* da responsabilidade, do seu enraizamento em regras de imputação subjectiva, reforçar os efeitos preventivos e diminuir as hipóteses de risco moral[1471]? Pode uma reforma do sistema trazer melhorias – por exemplo, a limitação de danos não-patrimoniais, o alargamento do recurso a «*class actions*», o alargamento da figura da *responsabilidade objectiva* e da indemnização automática por um sistema «*no-fault*», ou o crescente recurso à arbitragem para reduzir os «custos de transacção» da litigância?[1472]

– Muitas cautelas se impõem, em termos de política legislativa: é que há que ponderar que recursos produtivos podem ser desviados para fins improdutivos através do sistema de responsabilidade civil, por exemplo com a adopção de ineficientes *atitudes defensivas* que tentem apenas minimizar os riscos de exposição aos efeitos da responsabilização (a já aludida «medicina defensi-

[1460] Newhouse, J.P. (1996), 1236-1263.

[1461] Cochrane, J.H. (1995), 445-473; Cutler, D.M. (2000), 45-56; Pauly, M.V. & B. Herring (1999).

[1462] Veja-se um caso particularmente explícito, o do *Medicaid* no Oregon, em que publicamente se debate o limite do suporte financeiro público a programas de diagnóstico e terapêutica. Cfr. Leichter, H.M. (1999), 147-160. Contudo, não parece que a experiência do Oregon tenha sido especialmente eficiente em matéria de redução efectiva de custos de saúde: Jacobs, L., T. Marmor & J. Oberlander (1999), 161-180.

[1463] Weisbrod, B.A. (1991), 523-552.

[1464] Se não houvesse assimetria informativa, dificilmente se encontraria razões para temer essa «espiral de progresso tecnológico»: cfr. Zeckhauser, R. (1970), 10-26; Nyman, J.A. (1999), 141-152.

[1465] Goddeeris, J.H. (1984), 56-57.

[1466] Baumgardner, J.R. (1991), 36-53.

[1467] Glied, S. (2000), Cap. XIII.

[1468] Glied, S. (1998); Cutler, D.M. (2002), 881-906.

[1469] Brookshire, M. & S. Smith (1990); Gaughan, P. & R.J. Thornton (orgs.) (1993); Ireland, T., S. Horner, J. Rodgers, P. Gaughan, R. Trout & M. Piette (1998); Martin, G.D. (1997); Ward, J. & K. Krueger (1994). É de não esquecer, além disso, as muitas centenas de artigos dedicados ao tema em publicações de Análise Económica do Direito, e de publicações ainda mais especializadas como o *Journal of Forensic Economics*, os *Forensic Economic Abstracts*, o *Litigation Economics Digest*, ou o *Earnings Analyst*.

[1470] Dewees, D., D. Duff & M. Trebilcock (1996).

[1471] Por exemplo, a adopção de regras «*no-fault*» no seguro automóvel em vários Estados norte-americanos (a seguradora cobrindo o custo dos acidentes para os seus próprios segurados) determinou, desde 1970, um agravamento de 15% na sinistralidade. Algo de similar se verificou na Nova Zelândia. Cfr. ERP (2004), 211-212, 220.

[1472] ERP (2004), 203-205.

va»)[1473]. Além disso, há que ponderar custos administrativos e custos de litigância deriváveis de várias soluções de responsabilidade civil, comparando-os com
alternativas como a de sistemas generalizados de seguro
– sem perder de vista que a natureza particular deste sector, gerando agudas inelasticidades na procura de serviços, torna inevitável que a maior parte dos custos da ineficiência do sistema seja repercutido sobre os preços
pagos pelos utentes / consumidores[1474], razão pela qual
se insiste crescentemente na necessidade de recontratu-
alização da responsabilidade civil, diminuindo a área de
litigância tradicional[1475].

O problema da *selecção adversa* foi pela primeira
vez colocado por George Akerlof numa análise ao mercado dos carros usados[1476], concluindo-se que o mercado entraria em colapso por «selecção adversa» se porventura não fosse dado ao comprador vencer a sua assimetria informativa e perceber quais os carros bons e
quais os carros maus dentro do mercado dos carros usados – pois, preso nessa assimetria informativa, ele
pouco mais poderia fazer do que oferecer por um carro
qualquer um preço mediano, um preço *encorajador* e
aceitável para os vendedores dos carros piores, um
preço inaceitável para os vendedores dos carros melhores, que por isso abandonariam o mercado (até por
impacientemente desesperarem da proposta de um
preço superior ao mediano[1477]), forçando o comprador
a rever o seu preço para um valor mediano correspondente ao universo dos carros (piores) que tinham subsistido no mercado, forçando com isso um novo abandono do mercado por parte dos vendedores dos carros
«melhores dos piores», e assim sucessivamente até só
subsistir o «pior dos piores», que em princípio não se
vende, tudo terminando, pois, num colapso do mercado (seja o seu encerramento, seja a sua manutenção a

níveis injustificadamente baixos de actividade) – só
evitável pela introdução no mercado de uma *sinalização*, de uma informação de baixo custo que poupasse o
comprador à «maldição do preço mediano», do preço
proposto «às cegas»[1478].

O modelo da «selecção adversa», hoje abundantemente comprovado pela experimentação[1479] e amplamente utilizado pela teoria, pode ser também usado para
explicar a circulação entre mercados dominados por
certezas e mercados dominados por incertezas – para
explicar a drástica diferença de preço médio entre o
mercado de carros em primeira mão e o mercado de carros usados, para explicar como é que, apesar do risco de
colapso, o mercado de usados ainda assim subsiste e
floresce[1480] –, explica também a razão pela qual o mercado de carros usados evoluiu para a adopção de modos
de *sinalização* através de várias formas de garantia, de
serviços pós-venda, e até de «*leasing*» (porque o «*leasing*», podendo terminar na retoma do carro usado pelo
fornecedor, vira contra ele o eventual abuso que tenha
feito da sua informação privada[1481/1482]).

– Note-se que a visão tradicional sobre a «selecção adversa»[1483] pode ser mitigada se se considerar o mercado
dos bens duradouros e nele forem apreciados efeitos
dinâmicos, as interacções entre o mercado de bens
novos e o mercado da revenda – visto que, como é manifesto, o que se passa no mercado de bens usados afecta
também o mercado de bens novos, se porventura eles se
complementarem no sentido de, entre ambos, recobrirem a totalidade da procura[1484].
– Por outro lado, se a procura de carros usados for «endógena», nomeadamente porque há consumidores economicamente excluídos do mercado de carros novos, mais
difícil se torna que o mercado de carros usados entre em
colapso por causa da selecção adversa, podendo até resul-

[1473] ERP (2004), 207.

[1474] Nos EUA, os custos administrativos correspondem a 54% do valor total das indemnizações atribuídas, ficando apenas 46% para os
lesados. Cfr. ERP (2004), 208-209.

[1475] ERP (2004), 220.

[1476] Akerlof, G.A. (1970), 488-500; cfr. Araújo, F. (2000), 183ss..

[1477] Janssen, M. & S. Roy (2002), 257-282.

[1478] Levin, J. (2001), 657-666.

[1479] Davis, D.D. & C.A. Holt (orgs.) (1993); DeJong, D.V., R. Forsythe & R. Lundholm (1985), 809-820; Holt, C.A. (1995), 349-443; Holt,
C.A. & R. Sherman (1990), 39-56; Holt, C.A. & R. Sherman (1999), 211ss.; Lynch, M., R.M. Miller, C.R. Plott & R. Porter (1986), 251-306;
Miller, R.M. & C.R. Plott (1985), 837-872.

[1480] Hendel, I. & A. Lizzeri (1999), 1097-1115; Waldman, M. (2003), 140-141.

[1481] Desai, P. & D. Purohit (1998), S19-S34; Hendel, I. & A. Lizzeri (2002), 113-143.

[1482] O «leasing» também permite resolver um curioso problema teórico – e prático: deve um monopolista apresentar no mercado um produto tão duradouro que isso lhe provoque quebras de vendas no futuro, ou deve ele apresentar um produto tão pouco duradouro que isso lhe assegure as vendas no futuro; deve ele externalizar *negativamente* ou *positivamente* sobre o seu próprio futuro? Haverá uma *durabilidade intermédia* que evite essas externalizações (e inconsistências inter-temporais)? Será essa durabilidade média representativa do óptimo social? Em todo
o caso, o «leasing» permite a um tal monopolista *internalizar* no futuro o valor dos bens duráveis que tenha produzido. Cfr. Coase, R.H. (1972),
143-149; Swan, P. (1970), 884-894; Swan, P. (1971), 347-357; Sieper, E. & P. Swan (1973), 333-351.

[1483] Greenwald, B.C. (1986), 325-347; Wilson, C.A. (1980), 108-130.

[1484] Bigelow, J.P. (1990), 380-405; Hendel, I. & A. Lizzeri (1999), 1097ss.; Samuelson, W.F. (1984), 995-1005.

tar daí um nível mediano mais elevado do que aquele que se pressupunha naquela hipótese de «colapso»[1485].

– Além da sinalização (fundamentalmente, da oferta de garantias), a selecção adversa pode também ser travada, seja pela percepção objectiva de taxas de desvalorização dos carros usados, seja por efeitos de licitação dentro do mercado, seja ainda pela estigmatização, isto é, pela percepção de que certas marcas ou modelos são menos frequentemente transaccionados no mercado de carros usados[1486] – embora isso não signifique que as garantias não têm um papel decisivo a jogar[1487].

Trata-se pois, em suma, de contextos em que a presença de *informação privada* gera incerteza nas trocas, e nessa incerteza o equilíbrio pode ceder perante uma retracção de atitudes que conduzem progressivamente a colapsos de mercado. Se as partes, apesar da sua impaciência quanto à conclusão de um negócio equilibrado[1488], não partilham essa informação privada relativa ao *objecto do negócio* e subsistem na assimetria informativa – e não se descortinarão normalmente incentivos para a revelação da informação privativa, para a *sinalização*, que mais não seja porque ela envolve custos – a incerteza prevalecerá, para lá dos limites do que é computável, do que é susceptível de cálculo de probabilidades, do que é *segurável*[1489/1490].

Antes de passarmos ao ponto seguinte, sublinhemos que a *incerteza* em que se alicerça a selecção adversa pode perpetuar-se na medida em que constitua uma vantagem estratégica para a parte privilegiada pela assimetria informativa. Imagine-se que a vulgarização de testes genéticos permite prever a ocorrência futura de doenças inabilitantes: será que isso beneficia aqueles que se submetem a esses testes? *Não*, se a informação for tornada pública ou for divulgada às seguradoras, porque isso agravará as condições contratuais, fazendo subir o prémio do seu seguro (o mesmo se dirá quanto à divulgação de uma tal informação no mercado de emprego), razão pela qual a maior parte das pessoas recusa esses testes,

mesmo quando eles são gratuitos[1491], mesmo quando se tenha a consciência de que a divulgação *integral* da informação genética respeitante a *todos* os segurados iria reduzir efeitos de selecção adversa e permitiria segmentar classes de risco e fixar prémios de seguro em média mais baixos – razão pela qual se têm multiplicado, *contra o interesse colectivo*, normas jurídicas bloqueando o recurso a testes genéticos[1492].

8 – c) – iii) Seguro e risco moral

Em terceiro lugar, as seguradoras defrontam-se com um outro problema também já mencionado, o do «risco moral», que é o da perda de incentivos para a diligência e para o cuidado na prevenção dos prejuízos cobertos pelo seguro – perda de incentivos advinda do facto de o segurado poder passar a externalizar, total ou parcialmente, os custos das suas acções sobre a seguradora, o que parece não reclamar dele os mesmos cuidados que se justificariam perante a perspectiva de suporte exclusivo da integralidade desses custos[1493]. Pense-se, por exemplo, na displicência que seria manifestada pelo condutor que beneficiasse de um contrato de seguro automóvel que, em caso de acidente, lhe garantisse, sem franquia nem agravamento do prémio, a substituição do seu automóvel usado por um automóvel novo: alguns condutores procurariam até simular um acidente como meio para trocarem de automóvel[1494].

Um seguro que cobrisse todas as perdas ou garantisse um nível mínimo de ganhos na actividade produtiva teria, portanto, efeitos negativos nos incentivos dos produtores, reduzindo-lhes, por «risco moral», o grau de esforço e de diligência; um seguro ilimitado induziria condutas de «maus» segurados, e poderia bem seguir-se, a este primeiro impacto do «risco moral», um encadeamento de «selecção adversa»[1495]. Mais ainda, a simples possibilidade de «duplo risco moral» – a possibilidade de a própria seguradora se socorrer

[1485] Bond, E.W. (1982), 836-840; Bond, E.W. (1984), 801-804; Hendel, I. & A. Lizzeri (1999), 1098; Pratt, M.D. & G.E. Hoffer (1984), 798-800.

[1486] Anderson, S.P. & V.A. Ginsburgh (1994), 23-44; Genesove, D. (1993), 644-665; Hendel, I. & A. Lizzeri (1999b), 1-21; Rust, J. (1985), 783-805.

[1487] Grossman, S.J. (1981), 461-483.

[1488] Inderst, R. & H.M. Müller (2002), 599-622.

[1489] Cason, T.N. & T. Sharma (2001), 1311-1354.

[1490] Refira-se, aliás, que o problema da selecção adversa tem sido conjugado com perspectivas da teoria dos jogos, numa tentativa de explicação de comportamentos negociais complexos em ambientes de informação assimétrica. Cfr. Bazerman, M. & W.F. Samuelson (1983), 618-634; Neale, M.A. & M.H. Bazerman (1991).

[1491] Schlee, E.E. (2001), 509-510; Hirshleifer, J. (1971), 561-574.

[1492] Schlee, E.E. (2001), 520-521.

[1493] Ter-se-á porventura já percebido que o «risco moral» é sobretudo uma situação de «ocultação de acções» (*ex post*), por contraposição à «selecção adversa» que é sobretudo um problema de «ocultação de informações» (*ex ante*). Cfr. Makowski, L. & J.M. Ostroy (2001), 493.

[1494] Philipson, T.J. & G.S. Becker (1998), 551-573.

[1495] Berndt, E.R. (2002), 54.

das suas vantagens informativas (dos seus peritos, dos seus advogados) para subverter os equilíbrios contratuais, restringindo supervenientemente o âmbito do risco segurado ou a admissibilidade da sua manifestação, explorando lacunas no contrato ou na lei para se furtar ao cumprimento, incentivando condutas da contraparte que anulam ou atrasam o dispositivo contratual – fará com que seja estrategicamente benéfico o empolamento dos danos comunicados pelo segurado à seguradora, em compensação antecipada por essa margem de «duplo risco moral»[1496].

Na medida em que o «risco moral» agrava o nível geral de risco com que as seguradoras se defrontam, ele pode causar a insolvência destas – ressalvada a hipótese de se recorrer ao resseguro (seguro das seguradoras) e à «securitização», ou seja à transferência parcial do risco das seguradoras para o próprio mercado de capitais, associando a emissão de títulos aos elos contratuais de base[1497], resguardando as seguradoras com uma cobertura financeira que possivelmente só não abarcaria «riscos sistémicos», inerradicáveis nos grandes números[1498]. Outra forma de reacção das seguradoras é a de, em casos de seguros colectivos em que o pagamento do seguro seja uniforme, «por cabeça», procederem a uma variante de «selecção adversa»[1499], tentando restringir (se a tecnologia de rastreio assim o permitir[1500]) o número dos segurados àqueles que têm saúde acima da média, *baixando*, por racionamento, *os custos médios* esperados no tratamento desses segurados («desnatando» o mercado, praticando «*cream skimming*»[1501], ou «*dumping*»[1502])[1503] – caso em que a solu-

ção *reequilibradora* reclama uma negociação mais discriminada e mais frequente de «planos de saúde» com as várias seguradoras concorrentes, assegurando aos segurados condições mais concorrenciais e mais responsabilizantes das seguradoras[1504].

Diríamos, em síntese, que o problema básico dos seguros é o do equilíbrio entre «aversão ao risco» e «risco moral»[1505], sendo que a ideia de risco moral no domínio dos seguros equivale à asserção de que o nosso comportamento é diverso conforme estejamos ou não cobertos contra os riscos das consequências da nossa actividade – o que permite configurar um conceito de «contrato óptimo», que seria aquele que equilibraria o valor atribuído à diminuição do risco com os custos de ineficiência resultantes do risco moral: assim, se os riscos fossem baixos, o seguro seria ineficiente porque, muito simplesmente, a única consequência previsível do seguro seria o aumento do risco moral, reflectindo-se em última instância no aumento generalizado dos custos do seguro[1506].

No caso dos seguros de saúde, como a decisão de contratar depende de uma comparação entre a perda de utilidade esperada correspondente ao pagamento dos prémios pela pessoa saudável e a utilidade esperada das transferências de rendimento se e quando essa pessoa ficar enferma[1507], dir-se-á que existe *risco moral* essencialmente no caso de o segurado requerer tratamentos cujo custo excede manifestamente o benefício, o que poderia ser mitigado pelo estabelecimento de franquias «moderadoras», não fosse dar-se o caso de poder haver também *risco moral* por parte de prestadores de cuida-

---

[1496] Di Mauro, C. (2002), 253-271.

[1497] Doherty, N.A. & H. Schlesinger (2002), 45-62.

[1498] Doherty, N.A. & A. Richter (2002), 9–24.

[1499] Para lá da selecção adversa a que procedem os próprios segurados, que, como acabámos de ver, procurarão custear os seguros *abaixo* daquilo que corresponderia à sua classe de risco – e no limite procurariam até obter as vantagens do seguro sem o custearem, ingressando apenas no mercado, fraudulentamente, depois de verificada uma enfermidade que não estão dispostos a custear. Cfr. McClellan, M. (2000), 33; Newhouse, J.P. (1996), 1236-1263; Cutler, D.M. & S.J. Reber (1998), 433-466.

[1500] Isto é, se os custos do rastreio não forem superiores aos ganhos da discriminação – cfr. Glazer, J. & T.G. McGuire (2000), 1056-1058.

[1501] Cutler, D.M. (2002), 883; Starr, P. (1982); Newhouse, J.P. (1996), 1236-1263; Van de Ven, W.P.M.M. & R.C.J.A. van Vliet (1992), 23--46; ERP (2002), 156.

[1502] Ma, C.A. (1994), 93-112; Ellis, R.P. (1998), 537-556.

[1503] Sobre os efeitos perversos da imposição legal de contratos-tipo ou de apólices «normalizadas» a extensas classes de risco (o chamado «*community rating*»), entre eles avultando a sinistra «*premium (adverse selection) death spiral*» que afasta do mercado os segurados mais jovens e saudáveis, cfr. Jones, W.R., C.T. Doe & J.M. Topodas (1993), 29-33; Hartnedy, J. (1994), 75-87; Gradison, B. (1995), 216-223; Luft, H.S., J.B. Traener & S.C. Maerki (1985), VI, 197–230; Price, J.R. & J.W. Mays (1985), VI, 127-147; Cutler, D.M. & R.J. Zeckhauser (1997); Cutler, D.M. & S.J. Reber (1998), 433-466; Buchmueller, T. & J. DiNardo (2002), 280-281.

[1504] Por vezes, para alcançar mais eficientemente esses regimes discriminados, e ao mesmo tempo poupar nos seus próprios «custos de transacção», as entidades patronais preferirão remeter a negociação dos «planos de saúde» para os próprios trabalhadores (onde isso seja possível), incentivando-os com a atribuição de uma participação fixa – ou seja, confrontando-os com a totalidade de perdas e ganhos resultantes do diferencial de vantagens e custos entre as várias propostas de seguro concorrentes. Cfr. Cutler, D.M. & R.J. Zeckhauser (1998), 1-31; Greenwald, B.C. & J.E. Stiglitz (1986), 229-264; McClellan, M. (2000), 28; Aaron, H. & R. Reischauer (1995), 8-30; Enthoven, A. & S. Singer (1995), 105-119.

[1505] Arrow, K.J. (1963), 941-973; Arrow, K.J. (1968), 537-539; Ehrlich, I. & G.S. Becker (1972), 623-648; Ellis, R.P. & T.G. McGuire (1993), 135-151; Newhouse, J.P. (1996), 1236ss.; Pauly, M.V. (1968), 531-537; Pauly, M.V. (1986), 629-675; Zeckhauser, R.J. (1970), 10-26.

[1506] ERP (2004), 195.

[1507] Nyman, J.A. (2003).

dos de saúde que (com ou sem a cumplicidade do paciente) empolam custos ou multiplicam os tratamentos inúteis quando o principal financiador é uma seguradora[1508/1509]. Em todo o caso, o problema vai mais longe do que a consequência, hoje quase trivial, da sobre-utilização dos recursos de saúde, e estende-se à própria atitude preventiva geral, aos incentivos à formação do «rendimento permanente» e à manutenção das taxas individuais de desconto dentro dos razoáveis limites da sustentabilidade[1510].

Tudo isso constitui justificação para alguma intervenção reguladora no «mercado da saúde», estabelecendo uma disciplina de acesso aos cuidados de saúde que evite estes abusos, empolamentos e «auto-selecções de risco», uma solução do tipo do *managed care* que tem tido crescente difusão entre os países mais desenvolvidos[1511/1512], pressupondo-se que exista forma eficiente de avaliar os riscos, de ajustar a eles os incentivos e de, em função disso, limitar os custos totais[1513].

Neste quadro geral de insuficiência do recurso ao seguro, ou ao menos de indeterminação em torno das respectivas conexões e incidências, a assunção de riscos e incertezas afigura-se indispensável, indeclinável, para se assegurar uma atitude de diligência na obtenção de resultados positivos – na medida em que só estes resultados afastam a hipótese da verificação de prejuízos, hipótese crucial e determinante para quem não tenha afastado de si o suporte integral de tais prejuízos. A empresarialidade é essencialmente uma atitude de gestão desses riscos e incertezas, é a ponte que tem que se estabelecer – alguém tem que estabelecer – entre, por um lado, a presença e a certeza dos custos, e por outro o futuro e a incerteza dos benefícios[1514].

A assunção de riscos e incertezas é, pois, em primeira linha, uma questão de incentivos, de alinhamento de interesses do produtor com os efeitos do seu próprio êxito. Em última instância, é só porque o empresário assume riscos e incertezas extraordinários que se justifica que, em contrapartida, lhe caibam ganhos extraordinários cujo montante pode estar inteiramente desconexo de quaisquer outros critérios de eficiência ou de justiça nas remunerações. O empresário pode receber mais do que aquilo que corresponde aos seus méritos ou ao seu esforço, mais do que corresponde às suas necessidades, mais do que aquilo que abstractamente seria uma remuneração fixada num contrato anterior – e recebe-o apenas em contrapartida dos prejuízos extraordinários que, em perfeita simetria, ele também se dispôs a «receber». Tal o fundamento da categoria económica «*lucro*» – de acordo com a intuição pioneira de Frank Knight –, a remuneração residual cuja atribuição pode suscitar – e suscitou ao longo da história do pensamento económico – problemas sérios de legitimação, se não se tiver em conta tudo o que acabámos de dizer acerca dos riscos, das incertezas e do seu enquadramento no plano geral dos incentivos da actividade económica.

Sublinhemos neste ponto uma das vinte ideias a reter depois do exame final: Os empresários são aqueles que, incentivados pela contrapartida do lucro, assumem as incertezas da organização produtiva dos recursos.

[1508] Ma, C.A. & M.H. Riordan (2002), 81-107.

[1509] Nalguns dos poucos estudos que procuraram determinar estatisticamente a amplitude desse empolamento de custos, concluiu-se que até em casos facilmente identificados e susceptíveis de consensos básicos, os custos de transacção, se podem exceder 20% dos custos totais que recaem sobre as partes, muito frequentemente excederão 80% dos custos que recaem sobre as seguradoras. Cfr. Acton, J.P. & L. Dixon (1992); Probst, K., D. Fullerton, R. Litan & P. Portney (1995).

[1510] Fuchs, V.R. (2000), 62.

[1511] Newhouse, J.P. (1996), 1236-1263; Goldman, D., S.D. Hosek, L.S. Dixon & E.M. Sloss (1995), 401-418.

[1512] Sobre a perspectiva comunitária referente à actividade seguradora, cfr. Cabo, S. (1996); Morais, L.D.S. (2001), 201-228.

[1513] Glazer, J. & T.G. McGuire (2000), 1056-1058; Ellis, R.P., G.C. Pope, L.I. Iezzoni, J.Z. Ayanian, D.W. Bates, H. Burstein & A.S. Ash (1996), 101-128.

[1514] Para uma panorâmica dos temas actuais do «*risk management*», veja-se a obra colectiva: Frenkel, M., U. Hommel & M. Rudolf (orgs.) (2000).

Capítulo 9 – **O mercado concorrencial**[1515]

> *"Os economistas não foram os únicos a prosperar com os infortúnios dos outros: os vidraceiros são proverbialmente enriquecidos com o granizo. Um economista deve acrescentar que os vidraceiros não são realmente beneficiados pelo granizo; calculando uma média de ano para ano, eles ganharão apenas o suficiente para se manterem em actividade num determinado número. Se eles ganhassem mais, outros acorreriam à actividade e baixariam os salários; os recém-chegados seriam eles próprios o granizo dos vidraceiros"* – George Stigler[1516]

9 – a) As condições da concorrência

9 – a) – i) Atomicidade

A presença no mercado de muitos agentes, seja do lado da procura seja do lado da oferta, em número tal que seja vedado a qualquer deles determinar por si mesmo, através da sua entrada ou saída do mercado, o nível de preços ou outras condições relevantes nas trocas: eis em que consiste a *atomicidade*, porventura o mais importante requisito da concorrência, visto que é ela que permite a cada uma das partes envolvidas nas trocas ter *alternativas* à sua contraparte, ter o poder de escolha que vimos ser crucial para a elasticidade.

Se efectivamente se verifica a atomicidade, cada agente sabe que o seu contributo para o nível de preços é ínfimo, tanto assim que praticamente esse nível de preços é para ele um *dado* – um valor que ele se limita a receber como um «price taker», e em função do qual deve agir –, e não uma *variável* que ele possa manipular ao sabor dos seus interesses.

Um mercado comporta estruturalmente a atomicidade do lado da oferta quando a «escala mínima de efi-ciência» é reduzida por comparação com o volume da procura – o que significa que muitos produtores poderão *simultaneamente* atingir e manter um volume de produção que lhes traz a minimização dos custos médios de longo prazo, ou seja, o máximo de eficiência económica. Como veremos adiante a propósito da concentração no mercado, nem sempre a eficiência económica se compadece com os propósitos de preservação da atomicidade.

9 – a) – ii) Fluidez

Recordemos o que também já dissemos quanto à *fluidez*. O grau de competitividade do mercado e a extensão dos benefícios gerados pela concorrência estão em grande medida dependentes da intensidade e do rigor da sinalização que, através dos preços, é transmitida no mercado. Um mercado é, em termos económicos, não um lugar onde se transaccionam inúmeros bens, serviços ou factores de produção, com qualquer grau de heterogeneidade, mas é antes o ponto de encontro de compradores e vendedores de um único

[1515] Andrade, J.S. (1998), VI.4ss.; Arnold, R.A. (2000), 500ss.; Arroja, P. (1993), 177ss.; Baumol, W.J. & A.S. Blinder (2000), 189ss., 209ss.; Besanko, D.A.A. & R. Braeutigam (2001), 346ss., 409ss.; Browning, E.K. & M.A. Zupan (2001), 260ss., 299ss.; Carbaugh, R.J. (2002), 133ss.; Colander, D.C. (1995), 196ss.; Colander, D.C. (1997), 592ss., 659ss.; Ekelund, R.B. & R.D. Tollison (2000), 204ss.; Gregory, P.R. (2001), 85ss.; Gwartney, J.D. & *al.* (2002), 502ss.; Hardwick, P. & *al.* (1999), 169ss.; Hoag, A.J. & J.H. Hoag (2002), 90ss., 165ss.; Hyman, D.N.N. (1996), 294ss.; Lipsey, R.G. & *al.* (1999), 209ss.; Mas-Colell, A. & *al.* (1995), 515ss., 545ss.; Mata, J. (2000), 135ss., 351ss., 461ss., 501ss.; Mathis, S. & J. Koscianski (2002), 323ss., 359ss.; McConnell, C.R. & S.L. Brue (2001), 438ss.; McConnell, C.R. & S.L. Brue (2001b), 177ss.; Miller, R.L. (2002), 508ss.; Neves, J.C. (2001), 155ss.; Nicholson, W. (2001), 399ss., 438ss., 501ss.; O'Sullivan, A. & S.M. Sheffrin (2002), 170ss., 192ss.; Parkin, M. (1999), 278ss.; Perloff, J.M. (2000), 242ss., 285ss., 330ss.; Pindyck, R.S. & D.L. Rubinfeld (2000), 251ss., 289ss., 331ss.; Porto, M.C.L. (2004), 141ss.; Rohlf, W.D. (2001), 132ss.; Samuelson, P.A. & W.D. Nordhaus (2001), 147ss.; Schiller, B.R. (2004), 119ss.; Slavin, S.L. (2001), 515ss.; Slavin, S.L. (2001b), 195ss.; Sloman, J. (2002), 148ss.; Spencer, M.H. & O.M. Amos Jr. (1993), 534ss.; Stiglitz, J.E. & C.E. Walsh (2002), 309ss.; Wessels, W.J. (2000), 282ss., 304ss.

[1516] Stigler, G.J. (1988), 52.

bem, de um único serviço, de um único factor de produção – com *algum grau* de homogeneidade –. Logo, do ponto de vista económico há tantos mercados quantos os bens, os serviços, ou os factores de produção que possam distinguir-se entre eles.

Porque é que é assim? Porque «misturar alhos com bugalhos» não nos deixa perceber como é que compradores e vendedores verdadeiramente interagem com os preços.

Se, por exemplo, considerarmos como um só o mercado dos vinhos e o das cervejas, e se virmos que a maioria dos compradores não reage a uma queda dos preços dos vinhos, quererá isso dizer que estamos na presença de uma acentuada inelasticidade da procura? Não, porque pode dar-se o caso de a maioria dos compradores serem consumidores exclusivos de cerveja – interessando, pois, separar estes dois mercados, e segmentar até os próprios mercados de vinhos e de cervejas, porque os consumidores de uns e de outras não consomem indiscriminadamente todo o tipo de vinhos ou todo o tipo de cervejas –.

Naturalmente que os efeitos da homogeneidade só se farão sentir se os consumidores se aperceberem dela, isto é, se dispuserem de informação suficiente a esse respeito, e se forem suficientemente racionais e perspicazes para não se deixarem enganar pelas aparências de heterogeneidade que pudessem, intencionalmente ou não, bloquear a simples comparação de preços e a escolha em função dos preços: por exemplo, se não forem induzidos a comprar o mais caro de dois detergentes que, distinguindo-se nas aparências (marcas, embalagens, cores e texturas diferentes), são substancialmente iguais (na sua composição química, nas suas propriedades).

A *fluidez* é esse requisito duplo, cumulativo, de informação e de racionalidade, susceptível de assegurar aos consumidores a percepção e a reacção adequadas às condições *objectivas* do mercado – uma «imunização» ao erro que resultaria de se *turvar* a percepção da relação «quantidade-preço» em que pode assentar a optimização da posição do consumidor.

Crucial é que não haja diferenciação qualitativa entre unidades dos produtos vendidos no mercado, que não subsista a percepção de que existem bens ou serviços com características únicas ou incomparáveis – ou pelo menos tão singulares *qualitativamente* que as comparações de preços se tornassem ilegítimas.

Tudo o que perturbe a percepção clara da homogeneidade dos produtos ou factores de produção no mercado impedirá que se manifestem plenamente os efeitos benéficos da concorrência de preços – e especificamente que o adquirente possa aceder ao menos dispendioso dos bens que lhe são oferecidos no mercado, maximizando desse modo a sua satisfação.

Isso não significa que não sejam extremamente frequentes as situações de mercado em que a fluidez é sacrificada e em que os mercados se envolvem em formas de concorrência que não incidem nos preços: o que apenas quer dizer que o paradigma concorrencial é dificilmente atingível em pleno, e que o que mais frequentemente ocorre são meras aproximações a esse paradigma.

Não existirá fluidez se for possível uma *diferenciação* dos produtos, que os torne imperfeitos substitutos ou sucedâneos uns dos outros, que os torne infungíveis:

– seja uma diferenciação sensorialmente perceptível pelos consumidores;
– seja uma diferenciação geográfica que permite distinguir os produtos em termos de acessibilidade;
– seja uma diferenciação assente na reputação ou estigmatização de marcas ou de produtores[1517];
– seja toda uma plêiade de limitações e assimetrias informativas que incutem no consumidor convicções quanto à existência e relevância de diferenças entre produtos, aditando às diferenças *reais* as diferenças *imaginadas*.

9 – a) – iii) Liberdade de entrada e de saída

Um terceiro requisito da existência de um mercado concorrencial respeita à ausência de barreiras à entrada e à saída de agentes no mercado, especificamente do lado da oferta, como, por exemplo, entraves corporativos que deixem a entrada de concorrentes à mercê de uma decisão dos vendedores já estabelecidos no mercado, ou à mercê de burocracia e de «custos de transacção»[1518], ou que imponham investimentos iniciais tão elevados que os recém-chegados fiquem reféns deles e tenham dificuldade em abandonar o mercado quando as condições económicas possam aconselhá-lo (note-se que em bom rigor existem barreiras também do lado da procura, como pode ficar bem ilustrado pelo consumo de bens «exclusivos», o consumo com o escopo de ostentação; só que essas barreiras não constituem entraves directos à concorrência[1519]). Barreiras corporativas, burocráticas, políticas, linguísticas, culturais, e até económicas (pense-se nos entraves resultantes da

---

[1517] Araújo, F. (2000), 200ss..
[1518] Park, I.-U. (2002), 377-393.
[1519] Em condições normais de mercado os consumidores não concorrem entre eles; e daí o interesse dos leilões, porque configuram situações especiais em que essa concorrência entre consumidores se manifesta.

proximidade da *saturação* do mercado), constituem alguns dos obstáculos mais visíveis à concorrência, à mobilidade dos factores, à afectação dos recursos de que dependerá, no cômputo global, a eficiência dos mercados[1520]/[1521].

Seja-nos permitido ilustrarmos com um paralelo jurídico a distinção, nem sempre fácil nem intuitiva, entre «barreiras de entrada» e «barreiras de saída»: os requisitos jurídicos do casamento são uma barreira de entrada para o estado civil de casado, os requisitos jurídicos do divórcio são uma barreira de saída desse estado – mas qualquer desses requisitos, tanto os do casamento como os do divórcio, poderá dissuadir algumas pessoas de casarem, pelo que, na prática, a barreira de saída serve igualmente de barreira de entrada[1522]. Pense-se, menos alegoricamente, na formação em «capital humano» que seja específica de uma empresa, e que portanto desvaloriza o trabalhador se ele regressa ao mercado e não consegue recuperar esse investimento pessoal[1523] – ficando, por assim dizer, «refém» dessa formação que agora lhe reduz o valor no mercado de emprego[1524].

Uma variante deste requisito de inexistência de barreiras é a exigência de que os produtores estabelecidos não disponham de uma vantagem competitiva sobre os recém-chegados – mas ela não passa praticamente de um seu corolário, visto que em ambos os casos existe para os produtores instalados a possibilidade de praticarem preços mais elevados sem isso se traduzir imediatamente na entrada de concorrentes novos.

Este terceiro requisito é da maior importância, até porque, como veremos, é dele que em grande parte depende o grau de disciplina que se verifica no mercado quando surgem hipóteses de distorção da concorrência do lado da oferta. Contudo, é habitual destacá-lo dos outros dois, seja porque ele é muito frequentemente resultado de uma ordem de considerações que não respeita a puros mecanismos económicos emergentes do funcionamento do mercado – muitos dos entraves à liberdade de entrada e saída do mercado são *artificiais*, no sentido de serem barreiras politico-jurídicas deliberadamente colocadas em benefício de uns e prejuízo de outros –, seja porque, em rigor, ele não impede que exista suficiente fluidez e atomicidade para que o

mecanismo da formação concorrencial de preços possa fazer sentir os seus efeitos.

Note-se que a existência de barreiras não tem a ver com o grau de concentração do mercado, de que falaremos adiante.

Por exemplo, numa pequena vila é possível que haja um só barbeiro, uma mercearia, um café – mas isso não porque alguém esteja impedido de se instalar localmente no exercício dessas actividades. Isso deixa em aberto a possibilidade de concorrência *potencial* e configura uma situação de *mercado contestável*, disciplinando a conduta daquele que, sem barreiras de entrada ou de saída a protegê-lo, se encontre *contingentemente* numa posição de monopolista *de facto*.

É difícil criar ou manter barreiras à concorrência sem o apoio do Estado, mas é fácil encontrar motivos aparentemente justificativos desse apoio estadual. Para darmos apenas dois de inúmeros exemplos possíveis, pensemos nos incentivos à investigação e à inovação que parecem reclamar o estabelecimento de um monopólio temporário na exploração dos direitos conferidos por uma patente, ou pensemos na invocação da tutela do interesse público e da segurança dos consumidores que parecem exigir formas de licenciamento e de certificação que condicionam o acesso de novos produtores, de novos concorrentes, a determinados mercados e sectores de actividade.

Quanto a este último exemplo, talvez o caso mais visível e revelador seja o dos entraves corporativos ao ingresso em profissões liberais, colocados pela obrigatoriedade de inscrição em ordens profissionais, precedida de exames e outras dificuldades mais ou menos caprichosamente determinadas, como condição para o exercício da profissão, e depois perpetuados pela proibição da publicidade – expediente não menos caprichoso que, aumentando os «custos de busca» e outras «fricções» no mercado, diminui a possibilidade de os utentes fazerem escolhas mais racionais e menos onerosas –; afinal, uma pura táctica proteccionista igual a tantas que entravaram, e entravam ainda, o desenvolvimento do comércio internacional e a riqueza das nações, e que aliás se manifesta com particular nitidez na fortíssima persistência de entraves à circulação

---

[1520] Brouthers, K.D. (2002), 203-221.

[1521] Dois exemplos de barreiras de entrada, uma no acesso à profissão de futebolista – cfr. Silveiro, F.M.X. (2002), 101-103 –, outra no acesso à actividade bancária e financeira – cfr. Lobo, C.B. (2001), 41ss., 67ss., 396ss.. Sobre «barreiras de saída», *ibid.*, 89-90.

[1522] Para uma análise, em termos muito próximos, do impacto do regime jurídico do matrimónio e do divórcio no volume de trabalho fornecido pelas famílias ao processo produtivo, cfr. Chiappori, P., B. Fortin & G. Lacroix (2002), 37-72.

[1523] Sobre o valor desse investimento em «capital humano» específico das empresas, cfr. Abraham, K.G. & H.S. Farber (1987), 278-297; Abraham, K.G. & H.S. Farber (1988), 3-19; Altonji, J.G. & R. Shakotko (1987), 437-459.

[1524] Araújo, F. (2001c), 213-214.

internacional de trabalhadores, e muito em especial à circulação dos profissionais liberais, não raro à revelia das boas intenções dos legisladores[1525].

9 – b) Teoria do produtor: a maximização do lucro

Para iniciarmos a edificação de uma *teoria do produtor* que abarque as motivações básicas da sua actuação num mercado competitivo, vamos começar por encarar a hipótese mais simples de motivação, que é a da maximização do lucro. Da perspectiva do produtor, *lucro* significa a diferença entre rendimento médio e custo médio, sendo essa diferença aquilo que há que aumentar até ao limite, que há que maximizar. O rendimento médio é, muito singelamente, o preço por unidade, e a noção de custo médio já foi analisada.

Se o produtor se integra num ambiente de atomicidade, não podendo portanto influenciar sensivelmente o nível de preços, nomeadamente através de aumentos ou diminuições das quantidades produzidas, o seu rendimento total variará directamente em função dessas quantidades produzidas: se o preço não variar, o nível de rendimento dependerá exclusivamente do nível de vendas, do volume da produção. Todas as unidades são vendidas ao mesmo preço, logo quanto mais vender mais receberá, em proporção exclusivamente ao número de unidades vendidas.

Lembremos que é uma característica essencial dos mercados atomísticos essa circunstância de os vendedores receberem sempre o mesmo preço, o preço de mercado, independentemente do volume de vendas, e portanto poderem esperar o mesmo preço por cada unidade adicional que vendam. Para o «price taker», recordemos, a procura apresenta-se como infinitamente elástica – não porque a procura *total*, ou *de mercado*, do produto não seja elástica num qualquer grau, variando na razão inversa do nível de preços, mas apenas porque os produtos oferecidos pelos seus concorrentes são, por definição, perfeitos substitutos dos seus, existindo para o comprador a possibilidade de comprar aos concorrentes de cada vendedor sem qualquer perda de utilidade: a concorrência de preços é, da perspectiva dos vendedores atomísticos, uma «corrida para o fundo» precisamente porque todos eles sabem que o consumidor tem a máxima *liberdade de escolha*.

Antes de prosseguirmos, realcemos uma das vinte ideias a reter depois do exame final: A concorrência entre vendedores baixa custos e preços e beneficia em última instância os compradores.

Se quiséssemos calculá-lo a partir do valor do rendimento total, diríamos que o *rendimento médio* é o quociente do rendimento total pelo número de unidades vendidas. Só que no caso do vendedor atomístico, o rendimento médio coincidirá, por definição, com o preço unitário dos bens vendidos: para se calcular o rendimento total multiplicou-se a quantidade pelo preço, e para se calcular o rendimento médio dividiu-se o rendimento total pela quantidade – o resultado não pode deixar de ser igual ao preço inicial.

Mas há mais: para o vendedor atomístico numa situação concorrencial o próprio *rendimento marginal* coincide com o rendimento médio. O rendimento marginal há-de ser aquilo que o vendedor recebe por cada nova unidade vendida, mas sabemos já que ele, naquele contexto de mercado em que está inserido, recebe sempre o mesmo, e que portanto por cada nova unidade vendida ele receberá o mesmo que recebeu pela anterior.

Recapitulando: para os vendedores atomísticos num mercado competitivo o rendimento médio, o rendimento marginal e o preço de mercado coincidem. Compreende-se por isso o quanto são fáceis para o vendedor atomístico os cálculos relativos ao seu rendimento – os cálculos relativos a quanto recebe e a quanto pode receber.

Não quer isto dizer que para os produtores atomísticos, como para quaisquer produtores, não haja constrangimentos vários à maximização dos lucros, para lá das simples características do mercado – bastando pensarmos nos limites absolutos que a informação, e em especial a informação tecnológica, impõe à produtividade –. O que queremos dizer é antes, e apenas, que os seus cálculos básicos são mais simples do que aqueles com que em princípio se defrontam os produtores com poder de mercado (e que analisaremos adiante).

Regressemos ao exemplo do relojoeiro, que consideraremos ser um simples «price taker», e vamos supor que o preço de mercado dos relógios é de 3,5 Euros por unidade – num contexto verdadeiramente concorrencial, os preços tendem a não se afastar muito dos custos médios do produtor atomístico, senão mesmo a coincidir com eles (lembremos que o propósito do nosso produtor era o de dedicar-se ao fabrico de relógios *baratos*) –.

Recordemos que a *coluna A* representa a quantidade de relógios produzidos (e vendidos, supõe-se agora), que a *coluna C* representa os custos variáveis, que a *coluna D* representa os custos totais, a *coluna E* os custos fixos médios, a *coluna F* os custos variáveis médios, a *coluna G* os custos médios e a *coluna J* os custos marginais.

[1525] Stephen, F.H. (2002), 115-125.

Acrescentemos agora:
– a coluna K, que representa ao mesmo tempo o *preço*, o *rendimento médio* e o *rendimento marginal*;
– a coluna L, que representa o *rendimento total* (o produto A . K);
– a coluna M, que representa o *lucro* (a diferença L – D, ou o produto ((K – G) . A), que se transforma em *prejuízo* quando o resultado é negativo).

Dado que os preços não variam, seja qual for a escala de produção que se adopte, é evidente que o lucro será maximizado no ponto em que os custos médios são mais baixos, a já nossa conhecida «*escala de eficiência*», que vimos situada no nível de produção mensal de 350 mil unidades – um ponto de maximização de lucro antes do qual o lucro vai aumentando sempre (ou, no caso, o prejuízo vai baixando), e depois do qual o lucro volta a diminuir, até porque, como já sabemos, a partir daquele ponto os custos marginais ultrapassam os custos médios e começam a «puxá-los» para cima.

Se optarmos por uma análise mais centrada nos valores marginais, compararemos os custos marginais (J) com os rendimentos marginais (K). Enquanto o custo marginal for inferior ao rendimento marginal, vale a pena incrementar a produção porque isso provocará uma subida do lucro (ou uma diminuição de prejuízo); quando o custo marginal for superior ao rendimento marginal, deixa de valer a pena incrementar a produção, visto que o lucro decairá, podendo entrar-se até no agravamento de prejuízos.

– por exemplo, valerá a pena passar da produção de 200 mil para 250 mil relógios? Ao nível dos 250 mil, o custo marginal (2,2 Euros) é inferior ao rendimento marginal (3,5 Euros), pelo que aumentar a produção para esse nível deverá provocar um aumento no lucro de 1,3 Euros (3,5 – 2,2) por unidade produzida. E efectivamente, aquilo que se regista na coluna M é que uma transição do nível de 200 mil para 250 mil unidades provocou um aumento de lucro (melhor, uma diminuição de prejuízos) de 65 mil Euros (-25.000 – -90.000), o que corresponde à nossa expectativa (65.000 = 1,3 . 50.000);
– e valerá a pena passar da produção de 350 mil para 400 mil unidades? Sob um certo prisma valerá, pois a produção de 400 mil unidades gera ainda 10 mil Euros de lucros para o produtor; mas do prisma da estrita *maximização do lucro*, esse aumento de produção deixa de valer a pena, já que a custos marginais superiores em 0,3 Euros aos rendimentos marginais (3,8 – 3,5) é de prever uma perda de lucro da ordem dos 15 mil Euros (0,3 . 50.000), o que efectivamente se verifica na coluna M (25.000 – 10.000).

Onde é que se encontra, afinal, o ponto óptimo para o vendedor atomístico que pretenda ser maximizador de lucros? No nosso exemplo, encontra-se de novo na «*escala de eficiência*», num ponto algures entre a produção de 350 mil unidades e a produção de 400 mil, ponto em que a curva ascendente dos custos marginais se cruza com a recta (plana) dos rendimentos marginais, e em que portanto *custo marginal e rendimento marginal coincidem*: ponto aquém do qual é ainda possível aumentar o lucro, e para lá do qual esse aumento deixa de ser possível (deixa de sê-lo àquela escala e no curto prazo, entenda-se). Dito de outro modo, para lá desse ponto maximizador toda a diminuição de quanti-

A	C	D	E	F	G	J	K	L	M
50.000	50.000	550.000	10	1	11	—	3,5	175.000	-375.000
100.000	110.000	610.000	5	1,1	6,1	1,2	3,5	350.000	-260.000
150.000	190.000	690.000	3,33	1,27	4,6	1,6	3,5	525.000	-165.000
200.000	290.000	790.000	2,5	1,45	3,95	2	3,5	700.000	-90.000
250.000	400.000	900.000	2	1,6	3,6	2,2	3,5	875.000	-25.000
300.000	540.000	1.040.000	1,67	1,8	3,47	2,8	3,5	1.050.000	10.000
350.000	700.000	1.200.000	1,43	2	3,43	3,2	3,5	1.225.000	25.000
400.000	890.000	1.390.000	1,25	2,22	3,47	3,8	3,5	1.400.000	10.000
450.000	1.130.000	1.630.000	1,11	2,51	3,62	4,8	3,5	1.575.000	-55.000
500.000	1.500.000	2.000.000	1	3	4	7,4	3,5	1.750.000	-250.000
550.000	2.000.000	2.500.000	0,91	3,64	4,55	10	3,5	1.925.000	-575.000
600.000	3.000.000	3.500.000	0,83	5	5,83	20	3,5	2.100.000	-1.400.000

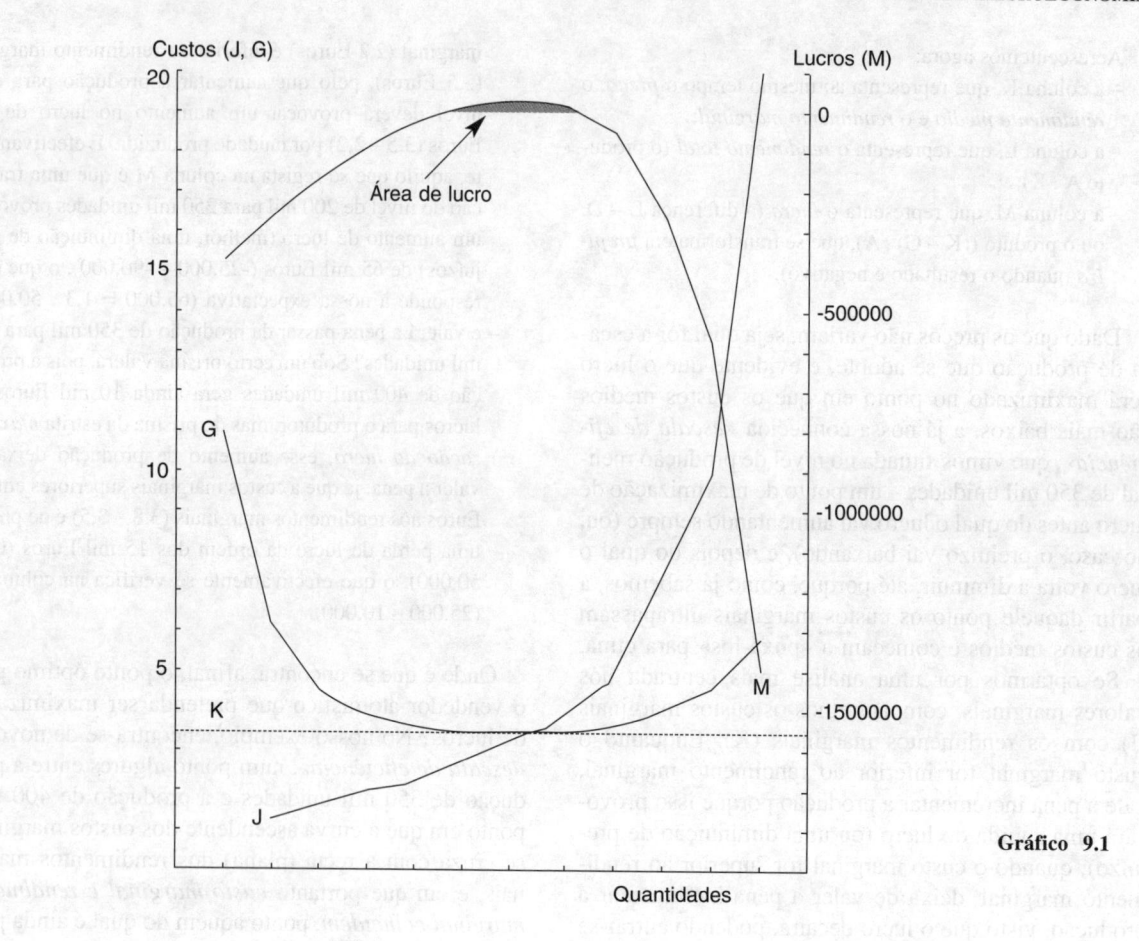

Gráfico 9.1

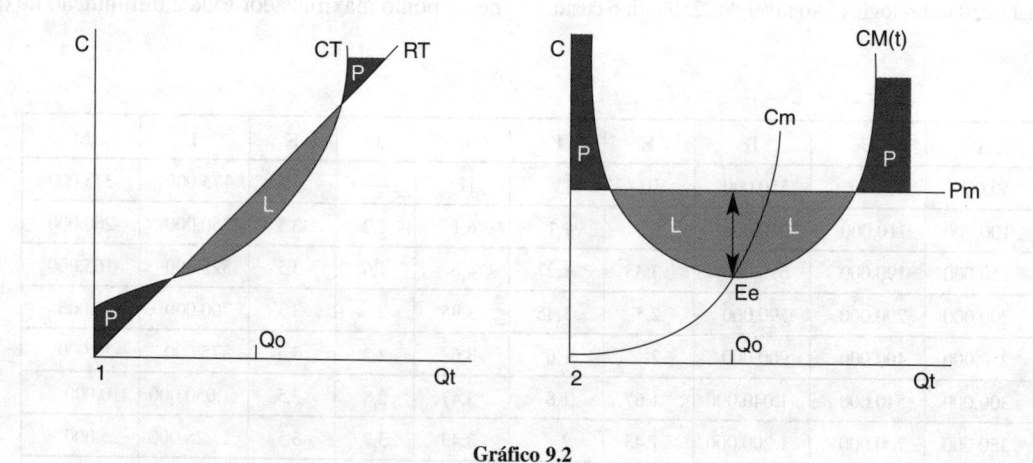

Gráfico 9.2

1: Lucro e custos totais
2: Lucro e custos médios
C: custos
Qt: quantidades
CT: custos totais
RT: rendimento total (= C . Qt)
CM(t): custos médios (totais)

Cm: custo marginal
Pm: preço de mercado
P: área de prejuízo
L: área de lucro
Ee: escala de eficiência (lucro máximo, ponto em que
    CM(t)=Cm)
Qo: quantidade óptima (na qual o lucro é maximizado)

dades produzidas e vendidas gera diminuições de custos que mais do que compensam as perdas no rendimento total.

Veja-se, por exemplo, as consequências de uma redução do nível de produção das 500 mil para as 350 mil unidades: isso implicará uma perda de rendimento total na ordem dos 525 mil Euros (1.750.000 – 1.225.000 = 3,5 . 150.000), mas também uma redução de custos na ordem dos 800 mil Euros (2.000.000 – 1.200.000), o que significa um benefício líquido, um aumento de lucros, de 275 mil Euros (800.000 – 525.00 = 25.000 – -250.000).

9 – c) A oferta no curto prazo

Note-se que, sendo o ponto maximizador aquele em que se dá a convergência entre custo marginal e rendimento marginal, esse ponto maximizador deslocar-se-á ao longo da curva ascendente dos custos marginais, à medida que o rendimento marginal – isto é, o nível de preços – se altere também.

No exemplo, se o preço de mercado subisse, na coluna K, para os 4 Euros, a produção maximizadora de lucro deslocar-se-ia para as 400 mil unidades; se o preço subisse para os 7 Euros, produzir-se-iam 450 mil unidades, se o preço subisse para os 8 Euros, seria maximizadora do lucro a produção de 500 mil unidades, etc..

Isto significa, muito simplesmente, que para o vendedor atomístico a curva da oferta é essencialmente a curva dos custos marginais – respondendo às variações de preços em função dessa curva de custos marginais, que é afinal o principal condicionamento da sua conduta no mercado concorrencial.

Contudo, nem toda a curva dos custos marginais se transforma em curva da oferta, porque há um limiar mínimo abaixo do qual o produtor não oferece nada, não está disposto a vender – o caso em que, mesmo no curto prazo, o nível de preços não é sequer compensador dos custos variáveis médios, ou, no longo prazo, em que não é compensador dos custos médios totais. É o que veremos a seguir.

9 – d) A suspensão de actividade no curto prazo

Num contexto concorrencial ocorrerão muito frequentemente circunstâncias em que um produtor é induzido a retirar-se temporária ou definitivamente do mercado. A retirada temporária, de curto prazo, distingue-se da saída definitiva, de longo prazo, pela circunstância de no curto prazo existirem custos fixos que são irrecuperáveis, no sentido de que já estão pagos e de que não há alternativa para suportá-los, enquanto que no longo prazo também esses custos se tornam variáveis, podendo ponderar-se uma decisão em que todo o género de custos seja levado em conta, podendo perspectivar-se a libertação de *todos* os custos através de um abandono da actividade.

Suponhamos, no exemplo que temos seguido, que a máquina que produz relógios tem uma vida útil de 10 anos, e que já está integralmente paga – ou que terá que sê-lo –, ou que já foi levada a cabo uma campanha publicitária com a qual o produtor tentou promover a sua marca de relógios. Nesse caso, o facto de o produtor deixar de utilizar a máquina, ou deixar de aproveitar o investimento publicitário, não lhe trará, só por isso, qualquer benefício ou poupança, não lhe permitirá atenuar de modo algum o impacto desse custo, que já está por assim dizer «entranhado» no processo produtivo, e do qual não há fuga possível no curto prazo – e daí que este tipo de custo, este custo *histórico* ou irrecuperável, apareça designado na doutrina como um «*sunk cost*», um custo de que o produtor não se livra mesmo que deixe de produzir[1526].

Um custo irrecuperável deve, pois, ser racionalmente irrelevante para as decisões de um produtor, o qual só tem que concentrar-se nas suas decisões de curto prazo de reafectação de recursos variáveis e nas decisões de longo prazo relativas à escala da produção, já que, faça ele o que fizer – mantenha-se ele ou não em actividade – esses custos irrecuperáveis não se alteram[1527].

Usando uma terminologia próxima, e porventura mais sugestiva, refiramos que os custos de publicar uma revista podem analisar-se em *custos do primeiro exemplar* e *custos marginais dos demais exemplares*[1528]. Os primeiros são aqueles em que o editor incorre mesmo que queira produzir apenas um exemplar, e são custos que não variam em função do número total de exemplares que no final venha a ser publicado (os «*overhead costs*» de arrendamento das instalações, telefones, electricidade, água, custos de funcionamento da redacção ou do secretariado, salários do pessoal permanente, custos de composição, de revisão), os segundos são custos variáveis em função da tiragem de

[1526] Trata-se de uma noção particularmente desenvolvida por Kenneth Arrow, e por ele incorporada no debate central da Escola Neoclássica. Cfr. Arrow, K.J. (1968), 1-19; Dixit, A.K. & R.S. Pindyck (1994); Veracierto, M.L. (2002), 181.

[1527] A consideração destes custos explicará, em suma, a persistência de certas condutas aparentemente ineficientes. Cfr. Coate, S. & S. Morris (1999), 1327-1336.

[1528] Gans, J.S. (org.) (2000).

exemplares da revista (custos de papel, de tinta, de tipografia, de distribuição, de administração de assinaturas, de publicidade, de armazenamento das sobras) – podendo muito aproximativamente sustentar-se que os *custos do primeiro exemplar* são proporcionais ao número de páginas da revista, e os *custos marginais dos demais exemplares* são proporcionais ao produto (número de páginas X número de exemplares)[1529].

Algo de similar se passa no comércio electrónico, no qual há que distinguir os custos iniciais e irrecuperáveis de desenvolvimento do produto, de instalação do «site», de registo da marca, de publicidade, dos custos marginais de reprodução e distribuição do produto, que como sugerimos anteriormente são normalmente ínfimos e tendem para o zero[1530] – sendo que, curiosamente, em áreas como a do comércio livreiro o quociente «despesas de publicidade / volume de vendas» e o índice de concentração do mercado são muito mais elevados na versão electrónica do que na versão tradicional do comércio[1531].

Também na indústria farmacêutica a oferta de longo prazo depende crucialmente dos custos da investigação, mas esses custos são em larga medida fixos e irrecuperáveis (actividades administrativas, custos de produção, armazenamento e distribuição, pagamento das licenças que estejam em jogo, esforço publicitário[1532]), e por isso irrelevantes no curto prazo, enquanto que os custos marginais de produzir quantidades adicionais de medicamentos são comparativamente ínfimos e, no caso dos medicamentos patenteados, incomensuravelmente menores do que os preços de mercado – gerando no curto prazo, e por essa razão, uma impressão de que as margens de lucro são esmagadoras, impressão que se esbate se reconsiderarmos os custos da investigação[1533]/[1534].

Insistamos na observação de que nem todos os custos fixos são irrecuperáveis, visto que são recuperáveis todos os custos fixos relativos à aquisição de bens que sejam utilizáveis noutras linhas de produção: as instalações dos serviços administrativos, os telefones, os computadores, os veículos de mercadorias, podem ser aproveitados pelo relojoeiro que resolve mudar-se para

o mercado livreiro, ou para a produção de Queijo da Serra. São também recuperáveis alguns dos chamados custos fixos de funcionamento – os «overhead costs», custos de assinatura de serviços de fornecimento de energia ou de comunicações, de manutenção de níveis mínimos de segurança e de limpeza das instalações, por exemplo –, na medida em que alguns deles tendam a desaparecer mal seja tomada pelo produtor a decisão de suspender a actividade.

É certo que, no caso, a fronteira entre o curto e o longo prazo não terá necessariamente que se situar junto ao limite da vida útil da máquina – ou do efeito útil da publicidade –, sendo admissível que antes disso o produtor consiga desfazer-se da máquina, recuperando uma parte do custo, através de uma venda no mercado de máquinas usadas[1535]. Em todo o caso, antes de isso acontecer o produtor terá que conformar-se com a circunstância de estar, de alguma forma, refém dos custos fixos do seu investimento inicial (e mais ainda o estará dos custos do investimento publicitário).

Depois de vender a máquina, o produtor abandona o mercado; antes disso, está no mercado, ainda que possa ter decidido retirar-se da concorrência, não procurando retirar benefícios da sua própria capacidade produtiva. No curto prazo, já que o produtor não consegue libertar-se dos custos fixos irrecuperáveis, tudo se decide no plano dos custos variáveis. Será racional retirar-se temporariamente da concorrência se as perdas resultantes da ausência de vendas forem mais do que compensadas pela poupança obtida em sede de custos variáveis – o que equivale a dizer, *se os custos variáveis forem superiores ao rendimento total*.

O «ponto de encerramento (temporário)» (o «shut-down point») ocorre, para um produtor atomístico, quando o rendimento total não cobre o total dos custos variáveis, e por isso as perdas totais são superiores aos custos fixos totais.

Voltando ao nosso exemplo da produção de relógios, se compararmos os custos variáveis (coluna C) com o rendimento total (coluna L), constataremos que aqueles só ultrapassam estes nas duas últimas linhas, e que portanto

[1529] Bergstrom, T.C. (2001), 187.

[1530] Kahin, B. & H.R. Varian (orgs.) (2000).

[1531] Latcovich, S. & H. Smith (2001), 217-234.

[1532] Berndt, E.R. (2002), 45, 55-56.

[1533] Lanjouw, J.O. & J. Lerner (1998), 223-246.

[1534] Por essa razão convirá distinguir, nessa indústria farmacêutica (tal como noutras indústrias de sofisticação tecnológica e elevados «sunk costs»), uma eficiência *estática* (que aconselharia ao estabelecimento de preços baixos, próximos dos custos marginais) de uma eficiência *dinâmica* (que, com preços altos, tenta preservar os incentivos à inovação), pois na falta de uma tal distinção poderia provocar-se a imobilização da indústria farmacêutica, que se perpetuaria na exploração, até ao limite, dos privilégios monopolistas proporcionados pelas patentes, sem procurar multiplicar as inovações.

[1535] Ainda que, lembremo-lo, o mercado «de 2ª mão» seja desincentivador, dada a vincada desproporção de preço entre os bens novos e usados (desproporção em larga medida atribuível ao risco de «selecção adversa» no mercado de usados).

só nesses dois últimos níveis de produção deixa de ser racional continuar a produzir-se no curto prazo, sendo nesses dois níveis, e apenas neles, que os prejuízos totais (coluna M) ultrapassam o total dos custos fixos que, como lembraremos, tínhamos convencionado serem de 500 mil Euros.

Outra forma de calcular esta situação é a de comparar valores médios, o que já vimos ser especialmente fácil e intuitivo para um vendedor *«price taker»*: dir-se-á então que a decisão de curto prazo de suspensão da produção há-de justificar-se em todos os *casos em que os custos variáveis médios são superiores ao preço* – ou seja, ao rendimento médio, visto que já verificámos que para um vendedor atomístico coincidem, *por definição*, os valores do rendimento médio, do rendimento marginal e do preço).

> Bastar-nos-á, nesse caso, compararmos a coluna F com a coluna K, e constatarmos que novamente só nos dois últimos níveis de produção é que os custos variáveis médios ultrapassaram os 3,5 Euros do preço, só nesses níveis se justificando a suspensão de produção de curto prazo.

Suponhamos, por momentos, que estamos a falar de óculos de sol, e não de relógios, e que o preço desses óculos de sol se situa, durante o Outono e o Inverno, nos 0,9 Euros, regressando aos 3,5 Euros na Primavera e no Verão. Nesse caso, seria racional para o produtor de óculos de sol encerrar a sua fábrica durante meio ano – durante o tempo em que nenhum dos valores da coluna F seria inferior ao valor de 0,9 na coluna K, e em que, portanto, as vendas não dariam para cobrir sequer os custos variáveis –, e reabri-la o outro meio ano.

A conclusão é, aliás, intuitiva: se no curto prazo as receitas das vendas não dão sequer para pagar salários, por exemplo, já para não falar das despesas de energia ou da amortização dos investimentos que subjazem aos custos fixos, será melhor encerrar temporariamente e esperar que os preços subam – o que pode aliás corresponder a uma expectativa sólida, no caso de oscilações cíclicas ou sazonais dos preços.

9 – e) O encerramento no longo prazo

> *"O especulador (...) entra em qualquer negócio logo que prevê a probabilidade de ele se tornar mais lucrativo do que a média, e deixa-o assim que calcula que os seus lucros vão regressar ao nível das restantes actividades"* – Adam Smith[1536].

Lembremos que no curto prazo se trata de decidir se tem ou não justificação a suspensão temporária, e de decidir o volume de produção no caso de não-suspensão, o volume que tende para a «escala de eficiência», ou coincide com ela. No longo prazo trata-se de decidir pelo abandono, ou não, do sector produtivo, e, no caso de não-abandono, de decidir a escala de produção a adoptar – mais uma vez, aquela que assegure o máximo volume de produção compatível com a escala mínima de eficiência –.

O produtor-vendedor atomístico num ambiente concorrencial deverá no longo prazo abandonar o mercado, o sector produtivo, *se o seu rendimento total não chega para cobrir os seus custos totais* – ou, o mesmo é dizer, *se o seu custo médio é superior ao preço*, ao rendimento médio –, e por isso lhe não for possível averbar *lucros*.

É que agora já se torna relevante, neste horizonte temporal mais amplo, considerar tanto os custos variáveis como os custos fixos. Por exemplo, a máquina produtora de relógios chegou ao fim da sua vida útil: valerá a pena comprar outra, ou não será esse o momento propício para considerar outro ramo de actividade, outro tipo de produção? Mas não deverá aquele que abandona o mercado lembrar-se do facto de a saída de produtores do mercado ser causadora de subidas de preços, limitando as perdas e aumentando a probabilidade de regresso aos lucros? Não seria porventura vantajoso esperar pela saída de outros e aguardar a recomposição das condições favoráveis do mercado?

> Voltando aos valores do nosso exemplo: suponha-se que a concorrência no mercado é tão intensa, é tão grande o número de concorrentes, que o nosso produtor de relógios não chega a formar um nicho de mercado que lhe permita vender mais do que 250 mil unidades por ano. A esse nível de vendas, não se justifica suspender a laboração no curto prazo, visto que o rendimento total (coluna L) é superior aos custos variáveis (coluna C); porém, chegado o momento de transformar em custos variáveis os custos fixos, chegada a oportunidade de vender a máquina, chegado o momento de trocá-la por uma nova, *justifica-se abandonar esse mercado* no qual o nível de vendas foi provocando uma acumulação de prejuízos – à cadência de 25 mil Euros por ano –, por superioridade dos custos totais (coluna D) em relação ao rendimento total (coluna L) – ou, se quisermos, por superioridade dos custos médios (coluna G) em relação aos preços (coluna K).

O que se disse da saída do mercado aplica-se igualmente à entrada no mercado: o produtor só estará disposto a ingressar no mercado se, comparando os seus

---

[1536] Smith, A. (1976b), 130 (=I, 255).

custos médios com o nível de preços que é praticado no mercado, concluir que este é superior àqueles – tendo ainda que levar em conta o facto de a entrada de novos produtores no mercado provocar a queda do nível de preços e reduzir as probabilidades de lucro –.

Dir-se-á assim que, no longo prazo, a curva da oferta pode derivar-se mais uma vez da curva ascendente dos custos marginais, com a ressalva de que só há oferta a partir do ponto no qual é possível *e sustentável* uma situação em que os custos médios sejam inferiores aos preços. Dito de outra forma, o candidato à entrada no mercado deverá representar-se qual seria a sua *escala de eficiência*, qual o volume de produção no qual atingiria o nível mínimo dos seus custos médios, sendo que só entrará na concorrência se esse mínimo de custos médios estiver abaixo do preço de mercado, ou seja, se vislumbrar uma possibilidade de obter lucros no momento em que tiver atingido a «escala de eficiência», ou ao menos uma possibilidade de chegar a um «ponto de *break-even*», de equilíbrio entre receitas e custos médios, se já estiver iminente a coincidência entre o preço de mercado e o custo médio que corresponde à *escala de eficiência*.

É por esse motivo que a existência de preços elevados e de lucros extraordinários («lucro extraordinário» é, para a teoria económica, aquilo que se designa simplesmente por «lucro» na linguagem comum) atrai novos concorrentes ao mercado, porque a disparidade verificada entre preços e custos sugere a novos candidatos a possibilidade de que mesmo a sua escala de eficiência, por comparativamente mais elevada que seja em relação a produtores mais eficientes, ainda conseguirá situar-se num ponto inferior ao preço de mercado.

No nosso exemplo, podemos agora constatar que, àquele nível de preços e com aquela estrutura de custos, só interessará ao produtor de relógios ingressar no mercado se tiver a perspectiva de poder vender *pelo menos* cerca de 300 mil relógios por ano – algures entre os 250 mil e os 300 mil, momento em que o seu custo médio finalmente desce para um valor inferior ao do preço de mercado. Poderá suportar qualquer nível de produção no curto prazo, como vimos, porque os custos variáveis médios são sempre compatíveis com o preço de mercado: mas que interesse poderia ele ter em ingressar num mercado no qual não existisse, algures no tempo, qualquer perspectiva de lucro?

É também em função destas decisões de entrada e de saída do mercado que se verifica que a elasticidade-preço da oferta tende a aumentar com o tempo e a atingir o seu máximo no longo prazo: é que as variações de preços não apenas podem induzir atitudes adaptativas «de escala» nos produtores já presentes no mercado, como também aumentam ou diminuem o número desses produtores.

Como cada produtor novo só entra se tiver calculado que é capaz de operar a custos médios totais inferio-

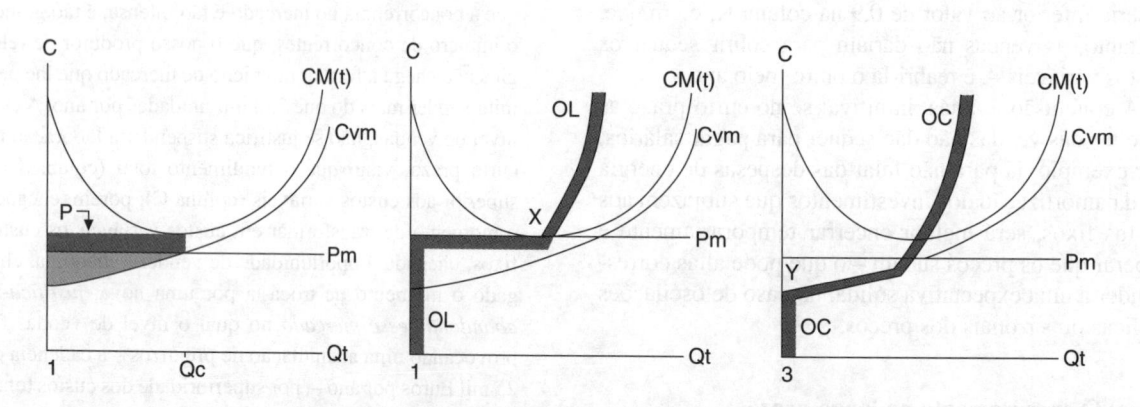

Gráfico 9.3. *Decisões de curto e longo prazo*

1: decisão de produzir, apesar dos prejuízos, no curto prazo
2: condição para a entrada no mercado e manutenção no longo prazo (abaixo dos CM(t), a oferta é nula)
3: condição para a manutenção no mercado (no curto prazo) (só abaixo dos Cvm a oferta seria nula)
C: custos
Qt: quantidades
Cvm: custos variáveis médios

CM(t): custos médios (totais)
Pm: preço de mercado
P: prejuízo (Pm < CM(t))
Qc: quantidade produzida no curto prazo (Cvm < Pm)
OL: curva da oferta de longo prazo
OC: curva da oferta de curto prazo
X: ponto crítico
Y: ponto de encerramento

res ao preço de mercado, e volta a sair se verificar o inverso, a expansão da oferta através do aumento do número de produtores faz-se a custos marginais que praticamente coincidem com os custos médios, pelo que a curva da oferta de longo prazo se apresenta como quase horizontal, isto é, quase perfeitamente elástica, respondendo às solicitações da procura com variações nas quantidades oferecidas, sem significativa alteração do nível de preços – preços que, por força da concorrência, gravitam para o nível da escala de eficiência do mais eficiente dos produtores, sem se afastarem desse nível, desta vez por influência directa da elasticidade-preço que essa mesma concorrência provoca.

Em suma, o produtor deve encerrar actividade, retirando-se do sector, sempre que o preço de venda dos seus produtos não for suficiente sequer para cobrir os custos médios. Mas se o preço de venda, sendo inferior aos custos médios (totais), for superior aos custos variáveis médios, ou seja, se se situar num ponto intermédio entre as curvas dos custos médios e dos custos variáveis médios, vale a pena ao produtor manter-se em actividade apesar de registar perdas, dentro de uma simples lógica de *minimização de perdas* – não só porque encerrar actividade envolveria a perda máxima dos próprios custos fixos e irrecuperáveis, mas também porque o facto de o preço ser superior aos custos variáveis médios anuncia a possibilidade, mas não mais do que a possibilidade, de aumento da produção sem agravamento dos custos médios já existentes –.

Existe uma ampla comprovação estatística, nacional e internacional, para a tendência de cerca de 5% a 10% das empresas abandonarem um mercado ou sector de actividade em cada ano – o que pode atribuir-se a várias razões, desde a falta de cálculos de custos como aqueles que acabámos de esboçar até ao impacto de «choques aleatórios» no mercado, passando por considerações respeitantes ao ciclo de vida dos produtos e das empresas, e portanto às perspectivas relativas à probabilidade *ex ante* de sobrevivência de longo prazo num ambiente competitivo[1537].

9 – f) A transição do curto para o longo prazo

Acabámos de ver que a mais importante decisão económica do produtor, a mais básica e condicionante, é a da entrada num sector produtivo – saber em que sector entrar, quando, como, com que custos e benefícios.

Derivar-se uma curva da oferta *colectiva* a partir da curva da oferta individual de cada vendedor atomístico dependerá não apenas do horizonte temporal que este-

jamos a considerar como também – o que não temos considerado até agora – do facto de os produtores terem estruturas de custos comparáveis, isto é, de lidarem com a mesma tecnologia. No curto prazo, como vimos, não se colocam questões de entrada e de saída do mercado, pelo que a escala da oferta há-de ser o somatório, a justaposição, da escala individual de cada vendedor, dentro de *um número fixo* de vendedores.

Já no longo prazo, com a possibilidade de entrada e de saída, não se pode presumir que o número de vendedores seja fixo, mas pode presumir-se que existam pontos de equilíbrio, nos quais momentaneamente ninguém entra e ninguém sai do mercado.

Os produtores entram no mercado quando se apercebem que outros, já instalados no mercado e com estruturas de custos similares, estão a obter lucros; mas essa entrada, aumentando o número de vendedores concorrentes e portanto aumentando a oferta, tende, *ceteris paribus*, a provocar o efeito (não-atomístico) da quebra dos lucros, seja para os produtores já estabelecidos, seja para os recém-chegados – já que o volume total possível de vendas vai ter que ser dividido por um número maior de vendedores, fazendo isso com que a quantidade que caberá a cada um seja, em princípio, menor do que aquela que garantia, aos produtores já instalados, a obtenção de um determinado nível de lucros.

Se porventura os produtores não se conformarem com esse novo rateio do volume total de vendas e tentarem manter, cada um por si, o mesmo volume individual que propiciava a maximização de lucros, teremos excesso de quantidades oferecidas em relação às quantidades procuradas, o que conduzirá a uma quebra de preços, com efeitos similares no abaixamento dos lucros.

Assim sendo, alguns dos produtores que foram atraídos ao mercado descobrirão, à própria custa, que aquilo que os aliciou foi destruído pela sua própria entrada, como se de um «efeito de miragem» se tratasse – tendo que voltar a sair, no longo prazo, aqueles produtores «marginais» para quem o volume de vendas e a escala de produção passaram a significar prejuízos irremediáveis. Essa saída, restringindo o número de vendedores, alargará novamente as possibilidades de obtenção de lucro por parte dos produtores que subsistirem no mercado, o que novamente incentivará novas entradas, o que novamente fará decair os lucros, e assim sucessivamente – em oscilações convergentes como as que vimos representadas no diagrama da «teia de aranha» –.

Haverá porventura um limite para estas oscilações e para estes movimentos de entrada e de saída, um ponto

---

[1537] Agarwal, R. & M. Gort (2002), 184; Caves, R.E. (1998), 1947-1982; Sutton, J. (1997), 40-59.

de equilíbrio no qual ninguém tem incentivo para entrar no mercado, e os produtores instalados no mercado não estão especialmente pressionados para abandoná-lo? Há: é um ponto no qual convergem preço e custo médio, um ponto no qual o lucro tende, pois, a desaparecer.

Esta constatação de que um mercado concorrencial e atomístico tende para o desaparecimento do lucro – e que portanto transporta com ele como que o germe da sua auto-destruição, porque a ausência de qualquer lucro é desmotivadora de produtores que visam a maximização do lucro – é já de si mesma algo surpreendente, e perturbadora. Mas não menos surpreendente e fértil é uma conclusão que estamos agora em condições de tirar: a de que *um mercado concorrencial sem barreiras de entrada e de saída tende, no longo prazo, para um equilíbrio que coloca os produtores na sua escala da eficiência.*

A demonstração é simples: vimos que, nesse equilíbrio de longo prazo, preço e custo médio coincidiriam. Basta agora lembrarmos que, para os maximizadores de lucro, o volume de vendas há-de expandir-se até ao ponto em que coincidem preço e custo marginal. Logo, no longo prazo esses produtores estabilizarão num ponto em que coincidem preço, custo médio e custo marginal. Mas em que ponto é que coincidem o custo médio e o custo marginal? Já o sabemos, é a *escala de eficiência*.

A coincidência do preço com o custo médio significa que os produtores são seleccionados na concorrência pelo seu padrão de custos, e que ficarão no mercado apenas aqueles que têm os custos médios mais baixos, os que conseguem o «*break-even*», o «não-prejuízo», a esses custos.

A escala da oferta no longo prazo tenderá a ser uniforme, significando isso que, estabilizado o preço, a quantidade oferecida acabará também por estabilizar: só se o preço subir ou descer é que voltará a assistir-se a episódios de oscilação e turbulência associados à entrada ou saída de concorrentes do mercado. Se porventura a procura de um bem aumentar, a oferta procurará responder de acordo com a sua escala de oferta de curto prazo, deslocando-se para um ponto em que sobem os preços e aumentam as quantidades oferecidas; isso gerará um lucro extraordinário a favor dos produtores, o que atrairá novos concorrentes, fazendo novamente, *ceteris paribus*, com que os preços – e os lucros – desçam, e assim sucessivamente até se estabilizarem no preço uniforme de longo prazo – com a única diferença de que no final as quantidades oferecidas terão aumentado proporcionalmente ao aumento inicial da procura.

Em suma, e recapitulando: para lá da tendência do mercado concorrencial para fazer com que o preço coincida com o custo marginal, a liberdade de entrada e saída faz com que, no longo prazo, o preço convirja com o custo médio, eliminando o lucro. Enquanto existirem *lucros económicos* no mercado, a entrada de novos concorrentes, e eventualmente a expansão da escala da oferta dos concorrentes já estabelecidos, fará aumentar a oferta e baixar os preços até que aqueles lucros desapareçam, num ponto de equilíbrio no qual ninguém mais é incentivado a entrar no mercado, e os concorrentes presentes perdem também o incentivo de expandirem a produção.

Poderão surgir ocasiões nas quais a oferta de longo prazo deixa de ser estável quanto ao preço, e pelo contrário ela passa a evidenciar uma tendência crescente – por outras palavras, começa a revelar uma elasticidade-preço menos do que infinita –:

– numa ocasião, a entrada de novos concorrentes faz subir o preço dos factores para todos os concorrentes – a procura de máquinas que produzem relógios pode fazer subir o preço dessas máquinas, ou pela mesma razão podem subir os salários pagos aos operários daquele sector –;

– noutra ocasião, não sendo homogéneos os padrões de custos, pode dar-se o caso de os produtores mais eficientes serem os primeiros a entrar no mercado, pelo que cada nova entrada de concorrentes agrava a média de custos – mais um caso em que, sendo os custos marginais superiores aos custos médios, estes serão «puxados» para cima –.

Nesta segunda hipótese, notar-se-á que, na presença de padrões de custos heterogéneos, os produtores mais eficientes podem beneficiar, mesmo no longo prazo, de uma «renda económica», de um nível de lucro que lhes é consentido pelo diferencial entre os custos médios de que são capazes e os custos médios a que estão sujeitos os concorrentes menos eficientes que permanecem no mercado – concorrentes menos eficientes que, esses sim, vêm os seus lucros económicos tenderem no longo prazo para o zero. Tal, aliás, a intuição subjacente à «Teoria da Renda» de David Ricardo, que partia da constatação da diversidade de fertilidade entre os diversos terrenos agrícolas para concluir pela tendência para a formação de uma «renda económica» permanente a favor dos proprietários dos terrenos mais férteis[1538]. Hoje entende-se, mais amplamente, que «renda económica» é todo o rendimento que ultrapassa o custo de oportunidade dos recursos empregues na actividade – e por isso ultrapassa o incentivo mínimo necessário para que a actividade tenha lugar, conver-

---

[1538] Blaug, M. (1978), 91-112; Emmanuel, D. (1985), 461-480.

tendo-se aparentemente numa remuneração desnecessária e ineficiente. É um conceito ao qual regressaremos ainda frequentemente[1539].

9 – g) O lucro normal

Quanto à conclusão perturbadora de que o mercado concorrencial tende para o desaparecimento do lucro, ela deve ser entendida com subtileza. Como já sabemos, o facto de *economicamente* ter desaparecido o lucro não significa que não subsista um *lucro contabilístico*, o que, dito de outro modo, significa que a noção de *custo total* com que temos lidado abarca também os *custos de oportunidade*, ou seja, o valor a que o produtor renuncia quando emprega o seu tempo e os seus recursos no processo produtivo pelo qual optou, em vez de empregá-los em processos produtivos alternativos.

Chamemos «lucro normal» a esse ponto mínimo aceitável de lucro, sem o qual o sector é abandonado pelos empresários, pois corresponde ao rendimento *médio* que a actividade empresarial é capaz de gerar *em qualquer sector* – compreendendo-se que, se num sector esse lucro normal não está disponível, o empresário veja agigantarem-se os custos de oportunidade de não optar por uma actividade num qualquer outro sector no

qual esse lucro normal estaria previsivelmente acessível, o lucro que, afinal, ele toma por recompensa mínima pelas suas aptidões empresariais, pela sua disposição para enfrentar incertezas em qualquer sector[1540].

Isto significa que quando se atinge o ponto de «lucro zero» o produtor integrou já nos seus custos totais essa ponderação de custos de oportunidade que o fez optar por aquela actividade em detrimento de outras, outras cujo custo de oportunidade seria, pois, comparativamente mais elevado: eis a razão pela qual, na ausência de *lucro económico*, existe ainda uma razão para que alguns produtores permaneçam naquele mercado. Mais simplesmente, o produtor que observa os seus *lucros contabilísticos* concluirá pela não-saída se tiver a percepção de que em qualquer outro mercado ou sector de actividade os *lucros contabilísticos* seriam menores.

A «linha de água» que é atingida quando o rendimento total é igual aos custos totais – incluindo nestes o *lucro normal* – chama-se, em linguagem empresarial, o «ponto de *break-even*», o ponto no qual o produtor está já a atingir o rendimento que alcançaria na melhor das produções alternativas – o ponto em que passou a valer a pena ter optado por entrar naquele sector produtivo. Perdido esse ponto pela pressão concorrencial, os produtores atomísticos começarão a registar prejuízos, o que os induzirá a tomarem as decisões de longo prazo

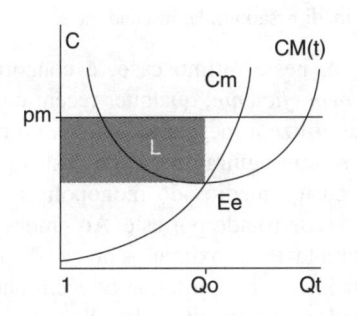 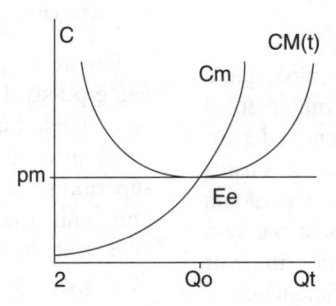 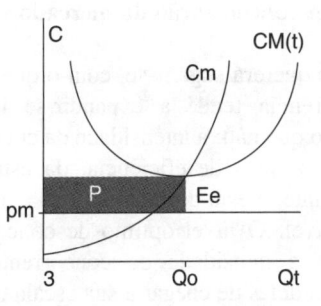

Gráfico 9.4. *Três hipóteses de curto prazo, em função da variação do preço de mercado*

1: Lucro económico (pm > Ee)
2: Lucro normal (limiar de rentabilidade, break-even) (pm = Ee)
3: Prejuízo económico (pm < Ee)
C: custos
Qt: quantidades
CM(t): custos médios (totais)
Cm: custo marginal

pm: preço de mercado
P: área de prejuízo
L: área de lucro
Ee: escala de eficiência (ponto em que CM(t)=Cm)
Qo: quantidade óptima (na qual o lucro pode ser maximizado, ou o prejuízo minimizado)

[1539] Para uma análise do conceito, entre inúmeras outras, cfr. Frasco, G. & C. Jung (2001), 393-405.

[1540] Nem sempre o lucro normal será a última barreira na «guerra dos preços», seja porque um produtor dominante no mercado tenta praticar «preços predatórios», averbando prejuízos temporários até afastar (talvez também temporariamente) os seus rivais, seja porque a publicidade incide excepcionalmente nos próprios preços, e, nesse caso, mesmo nos momentos de mais intensa procura os vendedores tentam fazer-se passar por «barateiros» (renunciando temporariamente ao lucro normal) por forma a fidelizarem o maior número de clientes). Cfr. Lal, R. & C. Matutes (1994), 345-370.

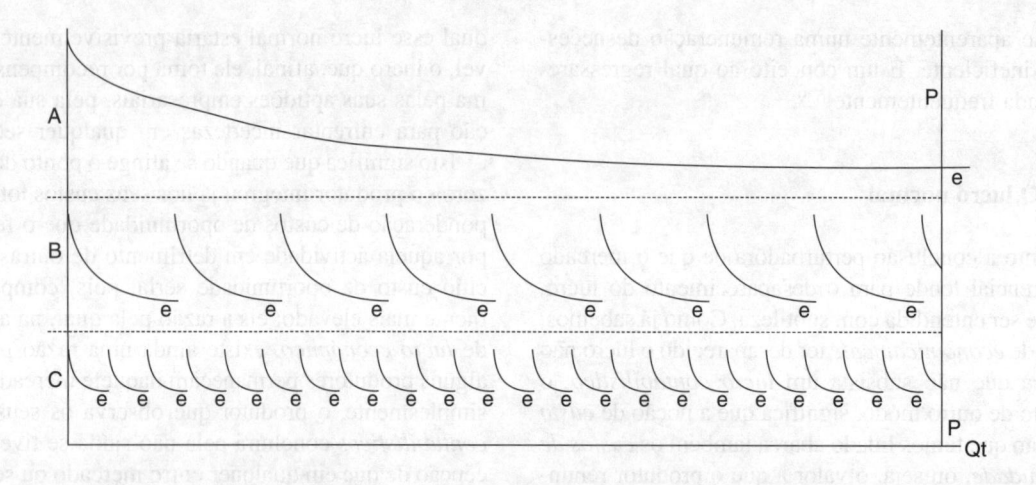

Gráfico 9.5. *Curvas de custos, escala de eficiência e concentração de mercado*

A: um só produtor trabalha à escala de eficiência no mercado
B: oito produtores trabalham à escala de eficiência no mercado
C: 22 produtores trabalham à escala de eficiência no mercado
PP: curva da procura do mercado (quantidade a que o mercado satura, a que a procura se esgota)
Qt: quantidades
e: escala de eficiência

de abandono do sector ou de diminuição da escala de produção, até que aquele ponto volte a ser alcançado.

9 – h) A concentração do mercado

Mas quererá sugerir-se, com o que dissemos, que a concorrência tende a expandir-se indefinidamente? Decerto que não: a intensidade da concorrência depende, em termos de eficiência, da estrutura de custos dominante, e esta depende, por sua vez, da tecnologia disponível. O nível óptimo de concorrência dar-se-á quando a densidade de concorrentes não impedir nenhum deles de chegar à sua escala de eficiência.

> Suponha-se, por exemplo, que, num determinado contexto nacional, há uma procura anual de 10 milhões de esferográficas:
> – se, dada a tecnologia disponível, a escala de eficiência se atingir com a produção de 100 mil unidades, há lugar no mercado para 100 produtores, todos operando no seu ponto mais baixo dos custos médios, na *escala mínima de eficiência*;
> – se a escala de eficiência só puder atingir-se com a produção de 2 milhões de unidades, só há lugar para 5 produtores laborando com eficiência, uma situação que poderíamos caracterizar como de «oligopólio natural»[1541];

> – se a escala de eficiência só puder atingir-se com a produção de 20 milhões de unidades, só há lugar no mercado para um «monopólio natural», para um produtor que esgota o mercado a um nível de produção em que os seus custos médios são ainda descendentes.

Repare-se que, neste último caso, a concorrência não é possível *nem eficiente*; qualquer recém-chegado ao mercado que utilize a mesma tecnologia do produtor já instalado só conseguirá produzir a custos médios superiores aos custos médios do monopolista, sendo pois liminarmente derrotado por este. Ao «monopolista natural» bastará fazer aproximar os preços de mercado dos custos médios – e aquilo que o recém-chegado conseguisse vender (por exemplo, 1 milhão de esferográficas) reduziria o volume de produção do (ex-)monopolista, fazendo-o recuar na curva dos custos descendentes – sendo o custo médio da produção de 9 milhões de esferográficas, no caso, superior ao custo médio da produção de 10 milhões de unidades, com aumento de preços e perdas de eficiência, tanto para o lado da oferta como para os consumidores. Voltaremos a esta questão.

E o que é que determina o grau de concorrência que cada mercado comporta, ou especificamente o que é que faz com que as «escalas de eficiência» correspondam a volumes maiores ou menores de produção?

[1541] Sobre o «oligopólio natural» no sector bancário, cfr. Lobo, C.B. (2001), 153ss., 162ss..

Essencialmente os custos fixos, os custos irrecuperáveis e os custos fixos de funcionamento (os *overhead costs*) em que cada produtor tem que incorrer para se estabelecer num determinado sector, aquilo que poderíamos designar como a componente económica das «barreiras de entrada», aquilo que faz aumentar os custos médios esperados para cada recém-chegado, por comparação com os custos médios dos produtores já instalados[1542]. Em sectores em que o investimento inicial e os custos de funcionamento não são muito vultuosos, há lugar para muitos concorrentes – caso dos restaurantes, ou dos escritórios de advocacia –; quando o inverso acontece e só a elevadíssimos volumes de produção se atinge a escala de eficiência, a concorrência está comprometida como solução óptima – caso de algumas indústrias pesadas, de «indústrias de ponta», das emissoras de televisão, das redes de distribuição de energia –[1543].

Os custos fixos são, dir-se-ia em suma, uma barreira «natural» à entrada e à saída de concorrentes, uma limitação à possibilidade de «mercados contestáveis» capazes de disciplinar o produtor, ou produtores, estabelecidos[1544]. Em todas as zonas intermédias, assiste-se a uma constante oscilação de entradas e saídas, de equilíbrios temporários quebrados pela inovação tecnológica, gerando um ambiente «darwinista» no qual a sobrevivência nunca está assegurada e envolve uma luta constante pela eficiência máxima, ou, o mesmo é dizer, pela incessante redução de custos (médios)[1545], começando pelo combate interno à «ineficiência-X», ficando o mercado num constante equilíbrio precário que a todo o momento pode resvalar para formas menos concorrenciais[1546].

Em suma, tende a sustentar-se que os efeitos maximizadores da livre concorrência só não ocorrem de facto porque esses requisitos da livre concorrência são difíceis de preencher. Mas é possível que nem mesmo a concorrência perfeita, a verificar-se por preenchimento de todos os seus requisitos, fosse capaz de assegurar a referida maximização – dada a presença de elevados custos fixos e, em consequência, de elevadas escalas de eficiência, capazes de generalizar perdas em ambientes concorrenciais –, sendo que, nestes casos, terá que se admitir que a livre concorrência se torna indesejável para a evolução dos sistemas económicos de livre iniciativa[1547]. Por outras palavras, existem razões de eficiência que limitam a atomicidade e a concorrência, sendo que, quando é elevada a escala mínima de eficiência, é de esperar que a concentração dos produtores seja igualmente elevada.

Há muitas formas de medir essa concentração, mas as mais comuns são:

a) a que indica qual a percentagem de mercado coberta pelas vendas dos quatro maiores produtores do sector (a *«four-firm concentration ratio»*), que oscila entre um valor próximo do zero no caso da concorrência até aos 100% no caso do monopólio ou de um mercado oligopolista com um máximo de 4 empresas[1548/1549];

b) o «Índice Herfindahl-Hirschman» (HHI)[1550], especialmente usado nos processos de fusão de empresas, atribuído aos economistas Orris C. Herfindahl e Albert O. Hirschman, e que é a soma dos quadrados das percentagens da quota de mercado que cabe a cada uma das 50 maiores empresas num determinado sector (ou à totalidade das empresas, se houver menos de 50 no sector) – um valor que oscila entre os 10.000 no caso do monopólio (= 100^2) e tende para o zero no caso da concorrência perfeita. Por exemplo, se cada uma das 50 maiores empresas num sector não detiver senão uma quota de 0,05% do mercado, o índice será de $0,125 = 0,05^2 . 50$).

– Nos Estados Unidos, a *Federal Trade Commission* considerou que um mercado onde o índice fosse inferior a 1000 seria competitivo – no limite, por exemplo, um mercado de apenas 10 concorrentes,

---

[1542] Martin, S. (2002), 291-304.

[1543] Hausman, J.A. (2003), 28.

[1544] Dessa barreira «natural» também se pode fazer derivar a frequência de fenómenos de concentração e fusão de empresas, pois muitas dessas iniciativas terão como escopo último criar sinergias, *economias de escala* e redução de custos médios que lhes permitam chegar mais prontamente à escala de eficiência consentida pelo estádio tecnológico corrente. Cfr. Pryor, F.L. (2001b), 825-840.

[1545] Hegji, C.E. (2001), 17-24.

[1546] Klepper, S. (2002), 37-61.

[1547] Perelman, M. (1996).

[1548] Devendo notar-se que os índices de concentração nem sempre são reveladores da dimensão das empresas envolvidas, dado o facto de grandes empresas terem frequentemente presença simultânea em diversos mercados – cfr. Bernheim, B.D. & M.D. Whinston (1990), 1-25; Rhoades, S.A. & A. Heggestad (1985), 975-995.

[1549] É precisamente o que sucede com os textos introdutórios de Economia, no qual 4 editoras ocupam mais de 90% do mercado: Irwin/McGraw-Hill (44%), Pearson Education Group (incluindo a Addison Wesley Longman e a Prentice Hall) (21%), Harcourt Brace Jovanovich (15%), e International Thompson Publishing (12%). Cfr. Navarro, P. (2000), 125.

[1550] Greco, A.N. (2000), 321-336; Hannan, T.H. (1997), 23-35; Hirschberg, J.G., E. Maasourni, D. Slottje & A.C. Arize (2003), 129-158; Pilloff, S.J. & S.A. Rhoades (2002), 81-98.

cada um com 10% de quota de mercado –, mas já não o seria, claramente, um mercado no qual o índice fosse superior a 1800 – por exemplo, um mercado de 10 concorrentes, em que 2 detivessem cada um 30% do mercado, restando aos outros oito apenas 5% de quota, situação que ficaria denotada com o índice $2000 = 30^2 + 30^2 + (5^2 . 8)$ –.

– Assim, qualquer fusão de empresas que conduza a um índice entre os 1000 e os 1800 será supervisionada pela *Federal Trade Commission*, a qual por sua vez tentará obstar por meios jurídicos às fusões que provoquem concentrações de mercado de índice superior a 1800[1551].

– Por curiosidade, note-se que um duopólio de 50%--50% tem um índice de 5000, um duopólio de 75%--25% tem um índice de 6250, um duopólio de 90%--10% tem um índice de 8200, tendendo pois para o valor-limite do índice que é o do monopólio, 10.000. Tipicamente, a fronteira dos 1800 corresponde a uma situação em que as 4 empresas dominantes detêm conjuntamente cerca de 50% do mercado, ou as 8 dominantes representam 70% do mercado[1552].

– Também se tem aceite convencionalmente que as situações de mercado com índices inferiores a 100 podem ser tratadas como situações de concorrência perfeita, e que as situações com índices superiores a 1000 são já situações de oligopólio[1553].

Medir a concentração num mercado não é uma simples curiosidade teórica: é que quanto maior for a concentração mais provável se torna que o preço se afaste do seu nível concorrencial e se aproxime dos máximos que poderão vigorar numa situação de monopólio. A concentração é, em síntese, o caminho normal da evo-

lução do mercado concorrencial para as formas de concorrência imperfeita que analisaremos adiante[1554/1555].

– Para concluirmos este ponto, sublinhemos que o problema da concentração do mercado se afigura por vezes equívoco, mesmo em pontos em que as suas implicações podem ser muito sérias. Pense-se, por exemplo, no mercado dos serviços de saúde: será a consolidação desse mercado, a formação de grandes redes *privadas* de serviços de saúde, algo de benéfico para a *qualidade* dos serviços e para o abaixamento dos preços[1556], ou pelo contrário trará com ela todas as desvantagens de um contexto de mercado não-competitivo?[1557]

– O problema emerge logo da definição do que possa entender-se por um «mercado relevante» para efeitos de determinação de grau de competitividade, de elasticidades cruzadas, etc..[1558], sendo que também não há que perder de vista que o mercado da saúde é aquele em que, por excelência, se verificam os efeitos da assimetria informativa[1559], revelando-se isso no fraco grau informativo de que os utentes dispõem quanto a preços e qualidade dos serviços[1560], haja ou não distorções induzidas por «efeitos de reputação» e pelos oportunismos de «risco moral»[1561].

9 – i) A interdependência dos mercados competitivos

A análise das interdependências constitutivas de um mercado competitivo reclamaria um modelo de relativa complexidade no qual pudessem ser simultaneamente ponderados os vários elementos da teia de transacções – as motivações subjacentes às decisões de trabalhar, de produzir, de consumir, de poupar, de inves-

[1551] A fusão de empresas tem também um controle quantitativo *absoluto*: uma empresa que valha mais de 100 milhões de dólares deve notificar qualquer intenção de fusão com qualquer empresa de valor superior a 50 milhões de dólares, nos termos do *Hart-Scott-Rodino Antitrust Improvement Act* de 1976. Cfr. Crandall, R.W. & C. Winston (2003), 15.

[1552] A concentração no mercado dos textos introdutórios de Economia excede manifestamente o limite do HHI de 1800, como acabámos de referir.

[1553] Poderíamos ainda referir o «*Lerner Index*», que mede a margem («*markup*») que uma empresa consegue manter entre o seu custo marginal e o preço de mercado (daí podendo deduzir-se agregadamente o nível de concentração das empresas num sector). Cfr. Alleman, J., G. Madden & S. Savage (2003), 665-673.

[1554] Sobre a medição da concentração *agregada*, isto é, a concentração que transcende fronteiras sectoriais, cfr. Pryor, F.L. (2001), 363ss.; White, L.J. (2002), 142ss.

[1555] Sobre a concentração de mercado bancário em Portugal, cfr. Lobo, C.B. (2001), 559ss..

[1556] Por exemplo, um monopsónio que, representando um universo de clientes, obtenha vantagens negociais da parte dos médicos, obrigando-os a baixarem o preço dos seus serviços, como acontece em planos de saúde e cartões de saúde emitidos pelas seguradoras e que, pela extensão de cobertura do mercado, tendam a constituir monopsónios ou oligopsónios. Cfr. Baker, J.B. (1996b), 517-534; Gal-Or, E. (1997), 5-43; Salop, S.C. (1986).

[1557] Gaynor, M. & D. Haas-Wilson (1999), 144ss..

[1558] Baker, L. & K.S. Corts (1996), 389-394; Buchmueller, T. & P.J. Feldstein (1997), 231-247; Cutler, D.M. & S.J. Reber (1998), 433-466; Werden, G.J. (1989), 363-376.

[1559] Arrow, K.J. (1963), 941-973.

[1560] Chernew, M. & D.P. Scanlon (1998), 9-22; Dranove, D. & M.A. Satterthwaite (1992), 518-534; Gaynor, M. & S.W. Polachek (1994), 815-831; Haas-Wilson, D. (1994), 175-182; Mennemeyer, S., M. Morrisey & L. Howard (1997), 117-128.

[1561] Haas-Wilson, D. (1990), 321-333; Klein, B. & K.B. Leffler (1981), 615-641; Shapiro, C. (1983), 659-679.

tir, nas suas infinitas graduações e combinações, e até o pano de fundo institucional e convencional sobre que se movem as relações de mercado.

Nesse modelo, haveria que complementar a análise do equilíbrio parcial – que isola os fenómenos verificados num mercado em relação às suas conexões com o funcionamento de outros mercados – com a análise do equilíbrio geral, que pretende abarcar numa síntese o funcionamento de todos os mercados, assentando na ideia básica de que, a haver um equilíbrio geral no todo da economia, ele se traduziria não apenas na ideia de que todos os mercados parciais equilibrariam em sintonia, mas também no facto de a qualquer investimento em qualquer ponto da economia dever corresponder um mesmo rendimento – ponderado pelo risco –, uma mesma escala de salários, os mesmos preços e taxas de juro –.

As «equações Arrow-Debreu» (de Kenneth Arrow e Gérard Debreu) procuraram precisamente reformular as condições Walrasianas de equilíbrio com o objectivo de definirem em que termos a combinação de condições da procura e de condições da oferta asseguraria o equilíbrio em mercados separados, mercados de produtos e de factores – assegurando a satisfação de todos os consumidores e empregando todos os recursos disponíveis para o efeito, através do estabelecimento de preços relativos que indicassem simultaneamente o peso das preferências dos consumidores e a produtividade comparativa dos recursos[1562]. Essas «equações Arrow-Debreu» seriam, aliás, um bom suporte para uma opção política de «laissez-faire», se pudéssemos contar razoavelmente com o pressuposto da informação perfeita e completa – servindo sobretudo, na prática e na falta desse pressuposto, para balizar as políticas correctivas das «falhas de mercado», permitindo aferir e calibrar genericamente as variáveis de uma intervenção estadual na economia, realçando as interdependências que se manifestam a partir até da mais parcelar e «cirúrgica» dessas medidas correctivas[1563].

Não significa isso, por outro lado, que a análise de equilíbrio parcial seja menos teoricamente interessante ou menos praticamente relevante do que a análise do equilíbrio geral. Bem pelo contrário, a hipótese do equilíbrio parcial corresponde muitas vezes aos próprios objectivos de uma investigação analítica, ao esforço científico de apuramento de cadeias causais através do isolamento de algumas variáveis, à tentativa de recriação de condições mais confinadas e controláveis para a experimentação – e do ponto de vista prático, a análise de equilíbrio parcial corresponde a um âmbito-limite, para fora do qual os efeitos das medidas

políticas podem tornar-se tão remotos e imbricados que não é possível aferir rigorosamente a respectiva relevância.

Por seu lado, a ideia do equilíbrio geral, da convergência de todos os valores remuneratórios nos diversos mercados parciais, pode ser complementada pela ideia de «fluxo circular» com que nos familiarizámos já anteriormente, e que agora pode ser enriquecida com a inclusão de mais dois pólos nas transacções: as economias estrangeiras e o Estado. Por facilidade de análise, vamos abstrair do fluxo *real* e concentrar-nos no fluxo *monetário*, dos pagamentos que acompanham as transacções reais.

Como vimos no modelo básico de «fluxo circular», as famílias encaminham para as empresas tanto os seus pagamentos de bens e serviços como as suas poupanças – poupanças essas que, enriquecidas com os lucros não distribuídos, constituem as fontes básicas do investimento, que pode ser ainda reforçado com capitais estrangeiros. As empresas, por sua vez, pagam salários, juros, rendas e dividendos às famílias.

Acrescentemos agora que as famílias nacionais podem encaminhar para as economias estrangeiras tanto as suas poupanças como as suas despesas com importações – e com viagens no estrangeiro –, tal como as empresas nacionais podem receber das economias estrangeiras tanto os pagamentos referentes às exportações como empréstimos – ou investimento directo –, podendo encaminhar juros e dividendos para aquelas economias.

Internamente, as famílias encaminham para o Estado tanto os pagamentos dos impostos como as quantias que emprestam àquele, limitando-se os contributos das empresas, em princípio, ao pagamento de impostos. Por seu lado, o Estado paga salários e juros, faz transferências de pagamentos a favor dos particulares – para promover bens de mérito, para efeitos redistributivos, etc., sendo que «transferências» são todos os pagamentos que o Estado faz e que não se justificam como contrapartida de qualquer bem ou serviço específico –, e às empresas atribui subsídios e paga-lhes os produtos por elas fornecidos.

Este modelo de fluxo circular complementa as condições básicas – e estáticas – do equilíbrio geral, realçando as possibilidades de repercussão em qualquer ponto do circuito *real* ou *monetário* de alterações verificadas no equilíbrio de qualquer das transacções, e apontando para a estrita necessidade de que um desequilíbrio verificado num ponto da circulação seja contrabalançado por um movimento reequilibrador noutro ponto qualquer da circulação, e isto *independentemen-*

[1562] McKenzie, L.W. (2002).

[1563] Weintraub, E.R. (2002); Neves, J.C. (1998), 93.

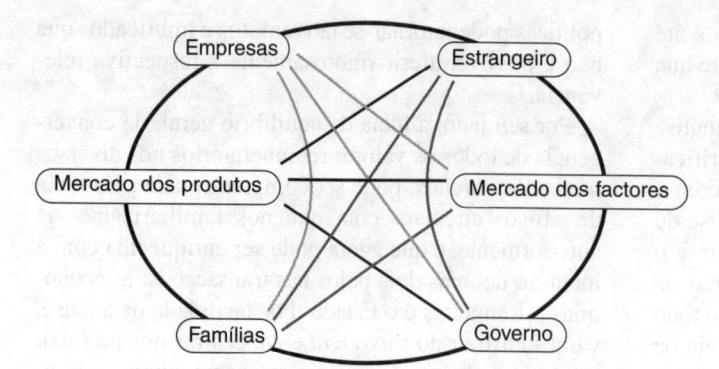

Gráfico 9.6. *Fluxo circular, com o Estado e o estrangeiro*

te do grau concorrencial que se verifique nos diversos mercados.

Porque é que o equilíbrio de longo prazo não é estável? Porque é que, alcançada uma dimensão de mercado, uma determinada concentração de concorrentes operando à escala de eficiência, esgotados os movimentos de expansão e contracção de escala, de entrada e saída do mercado, o mercado não repousa nesse ponto de equilíbrio?

As razões são inúmeras, mas entre elas destacam-se as *incertezas* provocadas pela variação dos gostos dos consumidores e pelo progresso tecnológico; incertezas que repercutem directamente, seja no próprio *preço de equilíbrio* a partir do qual todos os valores têm que se aferidos e calculados ou recalculados, seja nas «economias externas» ou «deseconomias externas» que condicionam os custos dos produtores – economias e deseconomias que são «externas» no sentido de escaparem ao controlo individual de qualquer desses produtores –.

9 – i) – i) Externalidades de rede e formação de «standards»

Entre essas «economias externas»[1564] contam-se, por exemplo, as «externalidades de rede», os efeitos no uso de um bem ou serviço decorrentes da circunstância de outros utilizarem o mesmo bem ou serviço, ou bens

e serviços compatíveis, o facto de o incremento do consumo de um produto beneficiar todos os consumidores com a multiplicação de serviços específicos desse tipo de consumo, permitindo a mais produtores trabalharem à «escala de eficiência», e por isso expandirem a oferta[1565]. Trata-se de efeitos que adiante poderemos com mais rigor caracterizar como «externalidades positivas no consumo»[1566].

Pensemos, por exemplo, que aquele que adquire um automóvel de uma marca exótica pode ver-se defrontado com a inexistência de uma rede de assistência e de peças, enquanto que aquele que compra um automóvel de uma marca muito popular terá a certeza de ter acesso a uma rede ampla de assistência e de peças, a custos tanto mais baixos quanto maior for o mercado dessa marca; pensemos também no facto de a adesão de mais um assinante aumentar a utilidade da pertença a uma rede de telecomunicações, ou nas vantagens que advêm da compra de um computador para o qual exista muito *software* compatível.

As externalidades de rede são fenómenos característicos (mas não exclusivos[1567]) das tecnologias da informação – nelas significando que o impacto das infraestruturas de telecomunicações no crescimento da economia pode não ser linear[1568] – supondo-se que existe uma *massa crítica* acima da qual «disparam» rendimentos crescentes à escala (uma massa crítica que

---

[1564] De que as nossas já conhecidas *economias de escala externas* são um caso particular.

[1565] Para uma visão panorâmica sobre o tema das externalidades de rede, veja-se o simpósio no nº 8 do *Journal of Economic Perspectives* (1994). Cfr. Silva, M.M. (2003), 87-103.

[1566] Manenti, F.M. (2002), 231-257.

[1567] Pense-se, por exemplo, na generalização social de uma determinada idade para se transitar da população activa para a situação de reforma, generalização que, se não for imposta por lei, pode mesmo assim resultar de um simples «efeito de rede»: quanto mais gente antecipa a reforma para uma determinada idade, mais acompanhado e apoiado se sentirá cada um na sua decisão de também antecipar para essa idade, mais reformados terá *com a sua idade* (e, presumivelmente, com o seu grau de saúde, as suas motivações e referências geracionais, etc.). Cfr. Rosen, H.S. (2002), 191.

[1568] Shapiro, C. & H.R. Varian (1999); Wiseman, A.E. (2000), Cap. V.

muitos associam à aproximação da rede ao paradigma do serviço universal)[1569]. Fala-se até, a esse propósito, de uma «Lei de Metcalfe»[1570] segundo a qual o valor de uma rede para os seus participantes é proporcional ao quadrado do número desses participantes, e que portanto a utilidade da rede para cada participante corresponde linearmente à dimensão da rede[1571] (sobretudo desde que alguns avanços tecnológicos vieram reduzir imensamente a *fricção*, o «ruído», nas redes – como por exemplo a generalização da fibra óptica – reduzindo também proporcionalmente o custo de fornecimento de «largura de banda» no acesso de todos os participantes[1572/1573]).

Por outro lado, as externalidades de rede podem ser um veículo de penetração de uma inovação no mercado, se porventura essa inovação «entrar na moda» e permitir uma rápida valorização através da adesão intensiva (pense-se na velocidade com que o «*e-mail*» substituiu o «*fax*» e o ultrapassou em penetração no mercado). Além disso, e como já indicámos, a rápida verificação de efeitos de escala permite à rede incentivar a produção de bens complementares ao «standard» que fez inicialmente arrancar esses efeitos de rede (no momento em que escrevo, a complementaridade do «*software*» profissional com o sistema operativo Windows – aquilo que se designa correntemente por «compatibilidade» – é requisito fundamental para o sucesso comercial, tal como o era não há muito a compatibilidade com o sistema operativo MS-DOS)[1574]. Em rigor, note-se, um «sistema operativo» de um computador não é verdadeiramente senão um bem instrumental, já que para o utente ele vale exclusivamente em função da quantidade e da qualidade do «software» que com ele é compatível, e que portanto, para todos os efeitos, esse mesmo sistema operativo ajudou a criar[1575].

As externalidades de rede podem ter também profundos efeitos anti-competitivos, se porventura elas gerarem aquilo que identificámos já como a «*path depen-*

dence»: um determinado produto torna-se «referência de mercado» e condiciona todos os produtores a uma «gravitação» em torno dele, impondo a compatibilidade e através dela a *normalização*[1576] – o que acaba por resultar numa barreira frequentemente intransponível para aquelas inovações que queiram, ou *tenham que*, afirmar-se à margem da norma dominante, por mais sofisticadas que sejam essas inovações, por mais acentuada que seja a sua superioridade face àquela «norma», porque muito simplesmente nenhum consumidor quer assumir os riscos, e suportar os custos, de dar o primeiro passo no abandono do «standard», perdendo as vantagens trazidas pelas externalidades de rede (basta pensar nas várias alternativas mais *racionais* e *ergonómicas* do que o teclado QWERTY que foram sendo apresentadas e foram soçobrando)[1577].

É de observar, de passagem, que a existência de externalidades de rede positivas aumenta a pressão para os não-participantes, no sentido do ingresso na «rede de compatibilidade»[1578], mas que em contrapartida essa simples pressão – amplificada por «efeitos de moda» no consumo[1579], ou por efeitos sociais «de contágio» e «de cascata»[1580] – gera muitas vezes a sensação de que há algo de forçado na adesão, algo que perturba a serena ponderação de ganhos e custos inerentes à adesão, ou até a comparação com a tecnologia tornada obsoleta[1581]: pense-se, por exemplo, no uso crescente de tecnologias de informação que, colocando em risco a nossa privacidade (cartões de crédito e de débito, «cartões de pontos», portagens electrónicas, telemóveis, «cookies» informáticos, etc.), no entanto não parecem deixar muitas alternativas àquele que não queira sentir-se excluído dos benefícios do progresso[1582].

Este último aspecto pode ser enquadrado na categoria mais geral de uma «aversão à incompatibilidade», de que a expressão máxima é o «medo dos produtos-órfãos» – afinal, o receio de que uma falha de coorde-

[1569] Röller, L.-H. & L. Waverman (2001), 921.

[1570] Atribuída a Robert Metcalfe.

[1571] Swann, G.M.P. (2002), 417-429.

[1572] Spence, M. (2002), 453-454.

[1573] Pense-se que uma única fibra óptica desempenha, na rede fixa de telefones, a mesma função que há 20 anos requeria 625 cabos de cobre – cfr. Meadows, D.H., D.L. Meadows & J. Randers (1992), 83.

[1574] Veja-se uma análise global destes temas em: Cave, M.E., S.K. Majumdar & I. Vogelsang (orgs.) (2002).

[1575] Schmalensee, R. (2000), 192-193.

[1576] Arthur, W.B. (1988), 9-31; Arthur, W.B. (1989), 116-131.

[1577] ERP (2002), 134-136.

[1578] Economides, N. (1996), 673-699.

[1579] Leibenstein, H. (1950), 183-207. Cfr. ainda: Akerlof, G.A. (1976), 599-617; Banerjee, A.V. (1992), 797-817; Bikhchandani, S., D. Hirshleifer & I. Welch (1992), 992-1026; Caplin, A. & J. Leahy (1994), 548-565.

[1580] Diamond, D.W. & P. Dybvig (1983), 401-419; Gambetta, D. (1993), 198ss.; Gruber, L. (2000); Schelling, T.C. (1978), Cap. IV.

[1581] Arthur, W.B. (1989), 116-131; Farrell, J. & G. Saloner (1985), 70-83.

[1582] Para uma ilustração deste princípio, recorrendo ao exemplo da União Monetária Europeia, cfr. Dixit, A.K. (2003b), 1824ss..

nação entre os beneficiados por externalidades de rede[1583] deixe alguns, muitos, ou até a maioria dos consumidores numa posição de isolamento[1584], sem bens complementares de que dependa a plenitude das aptidões de um produto para satisfazer um complexo de necessidades, o que por sua vez justifica que, *também* em nome da eficiência, se reclame a regulação e o estabelecimento coercivo de *normas técnicas* que, sendo cogentes, vencem a descoordenação na preservação dos «standards» e tranquilizam os consumidores quanto à perspectiva de perenidade da «rede de compatibilidades» a que aderiram, e isto, insiste-se, independentemente do valor relativo do produto que é tomado como «norma». Nada disto sucederá, todavia, se a atitude dominante for a de *neutralidade* ou a de *indiferença* perante a incompatibilidade, pois aí haverá espaço e predisposição para se experimentar diversos produtos comparando-os com o «standard», não ficando os consumidores (descoordenadamente) reféns da «gravitação da compatibilidade», gerando-se, pois, uma situação de maior descentralização e competitividade[1585].

– O efeito de imitação é bem nítido, por exemplo, na atitude daqueles que consultam os índices de vendas dos livros para comprarem os «*best-sellers*», daqueles que procuram frequentar os restaurantes, as discotecas, as praias «da moda», nem sequer se desencorajando com a perda de qualidade que pode acompanhar o congestionamento resultante do êxito desses locais; e também na atitude daqueles que não hesitam em seguir «em carneirada» os ditames do pintor, do costureiro, do arquitecto, do literato, do jornalista, que sejam «líderes de moda» ou «fazedores de opinião»[1586].

– Como é fácil de compreender, o fenómeno prende-se com as «externalidades de rede» e com os já aludidos «efeitos de cascata»[1587], em que o efeito de imitação generaliza comportamentos, criando, para todos os envolvidos, ganhos de compatibilidade e de previsibilidade[1588], por exemplo baixando custos de informação e encurtando prazos de aprendizagem, e consolidando as «*path dependencies*»[1589].

Todavia, a verificação de externalidades de rede, e até a sua verificação cumulativamente com a «*path dependence*», não significa que não exista *qualquer* inovação, mas antes que ocorrerão inovações *sui generis*, dentro do caminho balizado pelo «standard» e através da subtil manipulação de uma «semi-incompatibilidade», ou de uma ameaça de «obsolescência da compatibilidade», consistindo a inovação essencialmente no lançamento de novas versões do «standard» que arrastam atrás deles os utentes, que receiam chegar a uma situação de incompatibilidade com todos aqueles que já fizeram o «*upgrade*» para essas novas versões (todos os utentes dos sistemas operativos dominantes para computadores pessoais saberão do que estamos a falar, e reconhecerão que existe genuína inovação nesse subtil compromisso de *compatibilidade* e *ameaça de incompatibilidade*[1590/1591].

Por seu lado, a compatibilidade nem sempre se traduz em benefício para os consumidores (pese embora ser isso que é sugerido pelo conceito de «externalidades de rede»[1592]). É que não só o problema da «standardização» cria barreiras de entrada no mercado e pode propiciar «rendas monopolísticas» vultuosíssimas (que o diga o patrão da Microsoft, Bill Gates, de momento o homem mais rico do mundo), como ainda ele pode servir de base de conluio entre produtores (de *cartelização*) em detrimento da adopção de produtos alternativos nos quais a heterogeneidade e a incompatibilidade sejam

---

[1583] Conduzindo a «equilíbrios de Nash», como veremos ser a tendência em jogos não-cooperativos. Cfr. Auriol, E. & M. Benaim (2000), 551-552; Farrell, J. & G. Saloner (1985), 70-83; Katz, M.L. & C. Shapiro (1985), 424-440; Katz, M.L. & C. Shapiro (1994), 93-115.

[1584] Se uma rede propicia contactos bilaterais entre indivíduos, sem a partilha de um «standard» não há para ninguém a garantia de acesso ao contacto directo com outra.

[1585] Auriol, E. & M. Benaim (2000), 567; David, P.A. (1985), 332-337; Hayashi, K. (1992), 195-215; Liebowitz, S.J. & S.E. Margolis (1994), 133-150; Liebowitz, S.J. & S.E. Margolis (1995), 205-226.

[1586] Bikhchandani, S., D. Hirshleifer & I. Welch (1998), 151ss..

[1587] Anderson, L.R & C.A. Holt (1996), 187-193; Anderson, L.R. & C.A. Holt (1997), 847-862; Lohmann, S. (1994), 42-101.

[1588] Caplin, A. & J. Leahy (1994), 548-565; Chamley, C. & D. Gale (1994), 1065-1085; Gul, F. & R. Lundholm (1995), 1039-1066; Hendricks, K. & D. Koveneck (1989), 164-182; Zhang, J. (1997), 188-205.

[1589] Choi, J.P. (1997), 407-425; Khanna, N. (1998), 557-594.

[1590] Jeitschko, T.D. & C.R. Taylor (2001), 218.

[1591] É tendo em vista a superação dessa ameaça de incompatibilidade, e visando também que o esforço de compatibilização dos produtos dos recém-chegados ao mercado não se converta numa «barreira de entrada», que se torna tão relevante, do ponto de vista da política económica, o estabelecimento de regras de protecção da propriedade intelectual sobre programas informáticos, coadunando-as com as necessidades de «descompilação», de «*reverse engineering*», que diminuam a barreira com que se defrontam aqueles que tentam alcançar lucros em mercados dominados pela «*path dependence*». Cfr. ERP (1999), 187.

[1592] A ideia é a de que a escolha de produtos concorrentes *mas compatíveis* é capaz de incrementar o nível competitivo, visto que o benefício da externalidade de rede aproveita indiferentemente aos compradores de qualquer um desses produtos (como é óbvio, quem comprar um processador de texto *compatível* retirará as vantagens de partilha de todos os documentos produzidos em todos os processadores de texto compatíveis com aquele).

mais do que compensadas pelos preços baixos (aumentando o bem-estar, o *excedente*, do consumidor)[1593].

Uma outra consequência menos ortodoxa desses mercados dominados por um «standard» é que neles pode ocorrer a chamada «entrada catastrófica»[1594], também designada por «*technology displacement*»[1595], ou seja uma simples sucessão de monopólios em vez de um equilíbrio concorrencial – já que o *domínio* dá origem a uma concorrência *pelo* mercado, e não *dentro do* mercado. Isso em larga medida explica as medidas defensivas extremas que toma o produtor dominante, já que a superação do seu «standard» significará, muito simplesmente, a perda total do mercado – e isso ficou bem claro no processo de «*antitrust*» que opôs o governo norte-americano à Microsoft[1596], alegando-se basicamente nesse processo que esta empresa se teria excedido nas formas através das quais tentara proteger as suas «rendas monopolísticas», mormente através de práticas predatórias que envolviam a imposição de venda conjunta de bens complementares ao preço de um só desses bens, o mais procurado (a prática de «*tying*», ou «*bundling*»)[1597], por forma a compelirem a procura ao uso desses bens (aumentando-lhe muito significativamente o bem-estar[1598]), retirando aos potenciais concorrentes a possibilidade de entrarem no mercado ou de nele permanecerem[1599], e com tudo isso prejudicando em última instância os consumidores[1600].

Nesse aspecto, o mercado de «standards» dominantes, como continuou a sê-lo o mercado do «software» depois do inconclusivo processo contra a Microsoft[1601]/[1602] (ao qual regressaremos adiante), assemelha-se ao mercado de «destruição criativa» que Joseph Schumpeter sustentava encontrar-se no âmago da dinâmica capitalista, mercado no qual os monopólios, apesar de frequentes, seriam periodicamente «varridos» por assaltos de inovadores que procuravam, não roubar-lhes os lucros, mas destruir os próprios alicerces de que dependia a sua permanência no mercado[1603]/[1604] – não deixando pois, aos monopolistas estabelecidos, outra solução *aparente* do que a de competirem dinamicamente e por antecipação, produzindo eles próprios inovações e incorporando-as no «produto de referência» a uma cadência que não deixaria aos demais inovadores uma «aberta» para explorarem uma momentânea vantagem tecnológica[1605].

9 – i) – ii) Congestionamento de recursos

Para darmos agora um exemplo de «deseconomias externas», refiramos os problemas de congestionamento de recursos comuns.

> Quanto mais companhias aéreas disputarem o espaço aéreo e as instalações aeroportuárias, mais elevados serão os custos e as ineficiências registados por cada uma; quanto mais assinantes tiver uma rede de telemóveis, mais difícil será utilizá-la em momentos de grande tráfego – na passagem de ano, por exemplo –; quanto mais popular for um restaurante mais difícil será arranjar mesa.

Veremos adiante algumas peculiaridades destes fenómenos, em especial no que respeita à sua manifestação em *recursos comuns*, mas por ora sublinhemos que as «deseconomias externas» são basicamente questões de descoordenação dentro do mercado: cada um dos participantes «externaliza» o congestionamento e apenas «internaliza», em compensação, os custos de congestionamento que se impõe a si próprio (pense-se nas filas de trânsito quando há a alternativa dos transportes públicos), razão pela qual se sustenta que a imposição de «preços de congestionamento» (portagens elevadas, por exemplo) permite «internalizar» um pouco mais os custos do congestionamento, conduzin-

---

[1593] Shy, O. (2001).

[1594] Grindley, P. (1995).

[1595] Gordon, R.L. (2002).

[1596] Gilbert, R.J. & M.L. Katz (2001), 28-29.

[1597] Como é evidente, o preço cobrado pelo sistema operativo está muito abaixo daquilo que seria o preço típico de um monopolista, o que reforça a ideia de que a motivação básica é a de dissuadir a entrada no mercado – uma dissuasão reforçada pela durabilidade do produto, diminuindo a disposição de pagar por novos sistemas operativos durante períodos longos, e ampliada pelas «externalidades de rede» e «*path dependences*» geradas pelo sistema operativo e pela colocação no mercado de «*upgrades*» a baixo custo. Cfr. Bucovetsky, S. & J. Chilton (1986), 261-275; Waldman, Michael (2003), 148.

[1598] Davis, S.J. & K.M. Murphy (2000), 185-186; Liebowitz, S.J. & S.E. Margolis (1999), 154-157.

[1599] Fisher, F.M. (2000), 180, 183.

[1600] Gilbert, R.J. & M.L. Katz (2001), 25.

[1601] Hahn, R.W. (2002), 11-13.

[1602] Concluiu-se pela violação do *Sherman Act* e foram propostas algumas soluções, entre elas um «desmantelamento» da Microsoft, mas não parece que possa passar-se muito para lá do plano das intenções. Cfr. Gilbert, R.J. & M.L. Katz (2001), 40.

[1603] Schumpeter, J.A. (1950), 84.

[1604] Razão pela qual para Schumpeter o empresário é o «herói» do sistema. Cfr. Franco, A.L.S. & G.O. Martins (1993), 47.

[1605] Schmalensee, R. (2000), 192-193; Katz, M.L. & C. Shapiro (1999), 29-81.

do possivelmente ao nível socialmente óptimo do *des-congestionamento*[1606]. Tal como os impostos pigouvianos, os «preços de congestionamento» impõem uma sobrecarga financeira a cada causador de congestionamento que, sendo capaz de reduzir a actividade externalizadora, o fará, promovendo, com essa retracção, ganhos de bem-estar e aumentos de eficiência[1607].

Os «preços de congestionamento» podem, por exemplo, variar em função dos «picos» de congestionamento previstos, incentivando a dispersão dos utentes[1608] – tarifas telefónicas mais baixas nas horas de menor tráfego, taxas aeroportuárias, ou portagens nas pontes e auto-estradas, mais baixas durante a noite, etc., uma redução correspondente ao valor do congestionamento que cada um é capaz de externalizar sobre os outros durante as horas de ponta[1609].

Como melhor veremos a propósito da chamada «tragédia dos baldios», a descoordenação é tanto maior quanto maior for a atomicidade no mercado: se num aeroporto operar apenas uma companhia aérea, qualquer congestionamento que ela cause será totalmente internalizada por ela mesma, ou seja, ela suportará sozinha a integralidade dos custos (atrasos, impaciência e insatisfação dos clientes, sobrecarga das instalações aeroportuárias) advenientes do congestionamento que causou, pelo que ela própria tentará promover uma afectação horária dos voos que minimize o congestionamento[1610]. Já se houver um grande número de companhias aéreas, nenhuma delas terá o incentivo para abandonar *em proveito das outras* os horários de maior tráfego (que são aqueles que são mais procurados pelos passageiros), e por isso todas concorrerão para a formação do congestionamento[1611] – a menos que um regulador, uma autoridade imparcial, sorteie o acesso a esses horários congestionados ou imponha uma «taxa

internalizadora» correspondente à «externalização» marginalmente provocada por *mais um voo* à hora de ponta (o agravamento total dos custos, deduzido do custo que o externalizador já suporta de qualquer modo com o congestionamento para o qual contribuiu[1612]).

– Refira-se, de passagem, que o problema do congestionamento e dos atrasos nos aeroportos tem sido alvo de diversos estudos económicos, todos centrados 1.º) na formação dessas «externalidades de congestionamento», e mais especificamente na falha de mercado que torna impossível a internalização espontânea do custo marginal de mais um vôo para destinos e horários já sobrecarregados[1613], e 2.º) nos remédios para o «colapso trágico» que pode decorrer do sobreuso de recursos partilhados[1614/1615].

– Mais concretamente, tem-se defendido a atribuição de direitos de apropriação das portas de embarque, ou a atribuição de quotas e horários negociáveis entre as companhias aéreas[1616], e a imposição, em termos «pigouvianos», de «preços de congestionamento» diferenciados em função dos horários de acesso às instalações do aeroporto[1617].

– Outra das soluções, e das mais eficientes, tem sido a do sistema de «*hub and spoke*», a sistemática substituição de vôos directos entre destinos de baixo tráfego por vôos destinados a grandes aeroportos «de ligação», permitindo vários «reagrupamentos» de passageiros por vôo e alcançando «externalidades de rede» que permitem poupar em «demoras de congestionamento» mais do que aquilo que se gasta em «demoras de ligação de vôos»[1618] – solução que, entre outras vantagens, permite a exploração de economias de escala nos aeroportos «de trânsito» (os «*hubs*»)[1619], e ganhos de eficiência da parte da companhia aérea que eventualmente domine o

---

[1606] Brueckner, J.K. (2002), 1357.

[1607] Winston, C. & C. Shirley (1998); Rosen, H.S. (2002), 91.

[1608] Small, K.A. (1992).

[1609] Brueckner, J.K. (2002), 1358; Daniel, J.I. (1995), 327-370; Daniel, J.I. (2001), 230-258; Daniel, J.I. & M. Pahwa (2000), 1-38.

[1610] Brueckner, J.K. (2002), 1359.

[1611] Brueckner, J.K. (2002), 1366.

[1612] Brueckner, J.K. (2002), 1368.

[1613] Economides, N. (1996), 673-699.

[1614] Arnott, R.J. (1979), 294-316; Mayer, C. & T. Sinai (2003), 1194ss.; Vickrey, W.S. (1969), 251-260.

[1615] Contudo, nem todos os fenómenos de congestionamento nos aeroportos podem ser explicados em termos de «tragédia dos baldios», já que os mesmos problemas voltam a surgir em aeroportos dominados por uma só companhia aérea – que se presume que suporta a totalidade, ou quase-totalidade, dos custos provocados pelo congestionamento, custo que ela mesma provoca. Sustentando que no entanto ocorre nesses casos um nível apreciável de internalização espontânea – como seria de prever –, cfr. Brueckner, J.K. (2002), 1357-1375.

[1616] Borenstein, S. & J. Netz (1999), 611-640; Encaoua, D., M. Moreaux & A. Perrot (1996), 701-726.

[1617] Carlin, A. & R.E. Park (1970), 310-319; Morrison, S.A. & C. Winston (1989), 61-123; Daniel, J.I. (1995), 327-370; Daniel, J.I. & M. Pahwa (2000), 1-38.

[1618] Borenstein, S. (1989), 344-365; Borenstein, S. (1990), 400-404; Borenstein, S. (1991), 1237-1266; Borenstein, S. (1992), 45-73; Borenstein, S. & N. Rose (1994), 653-683; Hergott, M. (1997), 793-800; Kahn, A.E. (1993), 381-405; Singal, V. (1996), 233-268; Zhang, A. (1996), 293-307.

[1619] Brueckner, J.K. & P.T. Spiller (1994), 379-415; Brueckner, J.K., N.J. Dyer & P.T. Spiller (1992), 309-334; Caves, D., L. Christensen & M. Tretheway (1984), 471-489.

tráfego nesses aeroportos[1620]. Contudo, a verificação de demoras em larga escala nesses aeroportos-«*pivots*» parece apontar para a inevitabilidade do recurso ao expediente dos «preços de congestionamento», ao menos em combinação com o sistema de «*hub and spoke*», para se evitar novos colapsos no tráfego aéreo.

Outras formas de «deseconomias externas» são variantes da «selecção adversa», como por exemplo o «efeito de funil» e a «avalanche de coordenação». Num exemplo da primeira, alguns docentes universitários, receando que a falta de vagas acabe por impedir a sua progressão na carreira optam por «emigrar» para outras escolas nas quais as perspectivas de carreira sejam mais amplas – mas desse modo excluem-se do concurso que decidiria, supõe-se que numa base de mérito ou de conveniência para a escola, aqueles que melhor a serviriam, restando apenas no concurso aqueles que por uma qualquer razão (que pode até ser uma infundada sobreavaliação dos méritos próprios) decidiram permanecer[1621]; num exemplo (bastante literal) da segunda, o medo de um alpinista põe em risco toda a expedição em que ele se integra, visto que reduz o grau de confiança recíproca de que depende a tomada de decisões que beneficiam o conjunto da expedição, e pode acarretar a necessidade de tomada imediata de resoluções sub-óptimas (como perdas de tempo em situações de urgência, por exemplo)[1622].

Se houver estas «economias» e «deseconomias» *externas*, que a tecnologia pode contribuir para ampliar ou para mitigar, o preço de equilíbrio de longo prazo irá variando com a própria dimensão do mercado e com o volume de produção, e isso impedirá a estabilidade do equilíbrio de longo prazo.

Por fim, a forma mais simples de se sustentar que a liberdade das trocas conduz ao «óptimo de Pareto» consiste em sublinhar que, por um lado, as trocas, e a afectação e reafectação de recursos através delas, só podem ocorrer livremente quando as partes nas trocas se representem os ganhos de bem-estar advindos delas; e que, por outro, verificando-se uma situação generalizada de equilíbrio, isso só pode significar que as partes envolvidas já esgotaram espontaneamente todas as permutas de utilidades que estavam dispostas a realizar aos níveis de preços atingidos, e que portanto àqueles níveis de preços ninguém oferece mais e ninguém procura mais, ninguém julga já poder aumentar o seu bem-estar individual – condição que, generalizada, corresponde à formulação da «eficiência de Pareto».

[1620] Brueckner, J.K. & Y. Zhang (2001), 195-222; Hendricks, K., M. Piccione & G. Tan (1995), 83-99; Hendricks, K., M. Piccione & G. Tan (1997), 291-303; McShan, S. & R. Windle (1989), 209-230.

[1621] O «funil» opera, pois, uma «descongestão preventiva» que pode ser colectivamente sub-óptima. Cfr. Jeitschko, T.D. & C.R. Taylor (2001), 217.

[1622] Jeitschko, T.D. & C.R. Taylor (2001), 219-220; Caplin, A. & J. Leahy (1994), 548-565; Banerjee, A.V. (1992), 797-817; Bikhchandani, S., D. Hirschleifer & I. Welch (1992), 992-1026; Chamley, C. (1999), 869-905; Cooper, R. & A. John (1988), 441-463; Howitt, P. & R.P. McAfee (1992), 493-507; Lee, I.H. (1998), 741-759; Shin, H.S. & T. Williamson (1996), 252-268.

CAPÍTULO 10 – **Mercados de concorrência imperfeita**[1623]

"É raro que pessoas que exercem a mesma actividade se encontrem, mesmo numa festa ou diversão, sem que a conversa acabe numa conspiração contra o público, ou numa maquinação para elevar os preços. É, de facto, impossível impedir tais reuniões através de uma lei que pudesse ser posta em prática e fosse simultaneamente compatível com a liberdade e a justiça. Mas, ainda que a lei não possa impedir que pessoas que exercem a mesma actividade de vez em quando se reúnam, ela não deverá facilitar em nada tais reuniões e muito menos torná-las necessárias" – Adam Smith[1624]

10 – a) Monopólio

10 – a) – i) Tipos de monopólio

O modo de funcionamento de um mercado dominado pela atomicidade, como o analisámos anteriormente, nem sempre corresponde a uma adequada descrição de um mercado real, e isto porque acontece frequentemente que um produtor se apresente como o único vendedor no mercado, por exemplo, ou como um vendedor rodeado de concorrentes que, dotados de poder de mercado, são capazes de o ameaçar efectivamente – no sentido de serem capazes de afectar de modo sensível o seu rendimento.

Nesses casos em que há no mercado um único vendedor, ou em que há um vendedor com uma preponderância esmagadora sobre os demais vendedores, diremos que existe uma *situação de monopólio* – uma situação que pode combinar-se com diversas possibilidades do lado da procura, seja a de existir atomicidade entre os compradores, seja a de existirem coligações ou um número restrito de compradores, seja mesmo a de existir, defronte do monopolista, um único comprador, um *monopsonista*[1625].

De entre as situações de monopólio, aparecem por vezes distintos os casos de *monopólio puro*, nos quais existe um único vendedor, dos casos de *poder de monopólio*, nos quais a preponderância de um vendedor sobre os demais é tal que ele pode agir praticamente como se estivesse isolado no lado da oferta, embora na realidade não o esteja. Por isso, no que se segue vamos abstrair desta distinção e referir-nos a todos os tipos de monopólio, ainda que muito do que se dirá pressuponha que se verifica o caso do monopólio puro.

Ao contrário do que sucede com os vendedores atomísticos, o monopolista tem, na maior parte dos casos, a possibilidade de interferir decisivamente no nível de preços do mercado, não estando pois sujeito a encarar

[1623] Andrade, J.S. (1998), VI.27ss.; Arnold, R.A. (2000), 527ss., 550ss., 573ss.; Barre, R. & F. Teulon (1997), I, 436ss.; Baumol, W.J. & A.S. Blinder (2000), 229ss., 245ss.; Besanko, D.A.A. & R. Braeutigam (2001), 514ss., 550ss., 594ss.; Bierman, H.S. & L. Fernandez (1997), 43ss., 413ss., 439ss.; Browning, E.K. & M.A. Zupan (2001), 349ss., 395ss., 431ss., 467ss.; Carbaugh, R.J. (2002), 146ss.; Colander, D.C. (1995), 219ss., 238ss.; Colander, D.C. (1997), 616ss., 636ss.; Corchón, L.C. (2001); Ekelund, R.B. & R.D. Tollison (2000), 236ss., 262ss., 278ss.; Gregory, P.R. (2001), 100ss.; Gwartney, J.D. & al. (2002), 525ss., 545ss.; Hardwick, P. & al. (1999), 195ss.; Heyne, P. & al. (2002), 187ss., 203ss.; Hoag, A.J. & J.H. Hoag (2002), 178ss., 190ss.; Hyman, D.N.N. (1996), 318ss., 345ss.; Keenan, D. & M.H. Maier (1998), 31ss.; Lipsey, R.G. & al. (1999), 231ss., 250ss.; Mankiw, N.G. (2001), 315ss., 349ss., 377ss.; Mas-Colell, A. & al. (1995), 219ss., 235ss., 267ss., 383ss.; Mata, J. (2000), 161ss., 227ss., 383ss., 417ss.; Mathis, S. & J. Koscianski (2002), 383ss., 410ss., 442ss., 475ss., 502ss.; McConnell, C.R. & S.L. Brue (2001), 465ss., 485ss., 498ss.; McConnell, C.R. & S.L. Brue (2001b), 204ss., 226ss., 261ss.; Miller, R.L. (2002), 533ss., 557ss.; Neves, J.C. (2001), 165ss.; Nicholson, W. (2001), 545ss., 610ss.; O'Sullivan, A. & S.M. Sheffrin (2002), 208ss., 229ss., 246ss.; Parkin, M. (1999), 312ss., 340ss.; Perloff, J.M. (2000), 369ss., 414ss., 460ss., 505ss.; Pindyck, R.S. & D.L. Rubinfeld (2000), 333ss., 375ss., 433ss., 475ss., 579ss.; Rohlf, W.D. (2001), 166ss.; Samuelson, P.A. & W.D. Nordhaus (2001), 166ss., 183ss., 203ss.; Schiller, B.R. (2004), 143ss.; Slavin, S.L. (2001), 533ss., 555ss., 569ss., 593ss.; Slavin, S.L. (2001b), 213ss., 235ss., 249ss., 273ss.; Sloman, J. (2002), 148ss., 169ss.; Spencer, M.H. & O.M. Amos Jr. (1993), 556ss., 578ss., 652ss.; Stanlake, G.F. (1993), 297ss., 321ss.; Stiglitz, J.E. & C.E. Walsh (2002), 335ss., 363ss., 430ss.; Taylor, J.B. (2001), 138ss., 214ss., 242ss., 264ss.; Wessels, W.J. (2000), 319ss., 335ss.

[1624] Smith, A. (1976b), 145 (=I, 280).

[1625] Caso em que se dirá que o mercado se encontra numa situação de *duopólio*.

esse nível de preços como se fosse um *dado*. Ele terá normalmente *poder de mercado*, nem que seja nesse sentido restrito de ter a possibilidade de condicionar os preços – e por isso ele será um «*price maker*», não um simples «*price taker*»[1626].

Como melhor se verá adiante, a prevalência da figura da «concorrência monopolística» fica a dever-se precisamente ao facto de serem raras as situações extremas de infinita elasticidade e de completa rigidez da procura face às propostas de preços avançadas pelos vendedores, sendo pois que a maioria destes está situada entre os extremos do puro «*price taker*» e do puro «*price maker*». Sendo, por outras palavras, o *poder de mercado* essencialmente uma questão de *grau*, poderemos concluir que são mais frequentes as situações de *poder de monopólio* do que a situação-limite do *monopólio puro*, a situação daquele que tem constituído a seu favor um conjunto de circunstâncias que propiciam um poder de mercado *absoluto*.

Dado que o equilíbrio da concorrência atomística tende, como vimos, para a situação de «lucro zero», os dois objectivos dominantes daquele que se debate com esse contexto concorrencial serão:

– ou coexistir com produtores com padrões de custos mais elevados, e desse modo assegurar ganhos extraordinários de longo prazo, «rendas monopolísticas» – sendo esta opção, contudo, difícil, já que ela pressupõe que o próprio consiga manter-se sempre um passo à frente da concorrência em matéria de progresso tecnológico ou organizativo, em matéria de redução de custos –;
– ou excluir todos os outros concorrentes, ou pelo menos o número suficiente para que o próprio veja aumentada, e não veja afectada, a sua capacidade de maximização do lucro através da manipulação dos preços, progredindo no sentido de se tornar num monopólio, de alcançar o máximo possível de poder de mercado.

Contudo, aquele que alcança poder de mercado vê os seus cálculos de custos complicarem-se. Enquanto que o vendedor atomístico se limita a interagir com o preço de mercado como se este fosse um *dado*, limitando-se por isso a expandir o seu volume de produção até que o custo marginal coincida com aquele preço, o «*price maker*» vê o preço de mercado baixar à medida que expande o seu volume de produção, daí resultando que a intersecção da curva ascendente do custo marginal com a curva descendente do preço de mercado

determinará, *ceteris paribus*, uma relação «preço-quantidade» mais baixa do que aquilo que inicialmente se afiguraria como possível.

Se, por um lado, o produtor concorrencial e sem poder de mercado pode partir do princípio de que, para o volume de produção que corresponde à sua escala de eficiência, qualquer incremento de produção (em uma unidade) se traduzirá num rendimento marginal que é igual ao preço de mercado, por outro lado o monopolista só pode incrementar as suas vendas, e esforçar-se por se aproximar do volume de produção correspondente, se *baixar* os preços de mercado – pelo que, manifestamente, para ele o rendimento marginal resultante do incremento da produção em uma unidade não é igual ao preço de mercado corrente.

Em contrapartida, o poder de mercado há-de manifestar-se precisamente na capacidade que o vendedor tenha para travar essa queda do nível dos preços de mercado através da fixação de preços *acima* do custo marginal – já que a ausência da concorrência evitará aquela «corrida para o fundo» que vimos associada à competição de preços entre vendedores atomísticos, e que torna inevitável a estabilização junto do «lucro zero» –.

Essa capacidade para travar a descida de preços, que é também a capacidade de limitar o bem-estar dos consumidores (um *excedente* que, como temos visto, aumenta à medida que os preços descem), está naturalmente condicionada pela elasticidade-preço desses consumidores: quanto menos estes estiverem reféns do consumo dos bens vendidos pelo monopolista e puderem substitui-lo pelo consumo dos outros bens, ou quanto mais esgotada estiver a sua capacidade aquisitiva, a possibilidade de suportarem, com o seu rendimento finito, as subidas dos preços, menos o monopolista poderá explorar, através dos preços, as vantagens do seu domínio do mercado. *A contrario*, a possibilidade de subida de preços é tanto mais ampla quanto menor for a elasticidade-preço dos consumidores – o que corresponde à constatação de que a elasticidade alicerça o poder de mercado[1627].

10 – a) – i) – α) A defesa do monopólio

O facto de haver um único vendedor no mercado, ou de existir um vendedor com absoluta preponderância sobre os demais, derivará normalmente da existência de *barreiras de entrada* no mercado, as quais por sua vez resultarão de uma das seguintes circunstâncias:

[1626] Note-se que a economia experimental se tem afadigado na criação de condições «laboratoriais» de determinação das formas através das quais se gera o poder de mercado. Cfr. Holt, C. & R.M. Isaac (orgs.) (2002).

[1627] Não se esgotam nestas «vias de mercado» as possibilidades de afirmação do poder dos consumidores – bastando considerarmos as hipóteses de formação de associações de defesa do consumidor, com poder de «*lobbying*» sobre o poder político. Cfr. Keem, J.H. (2001), 633-639.

– a de o produtor ter o exclusivo de certas matérias-primas, factores de produção, recursos em geral – o proprietário da única fonte de água potável numa região geralmente árida, por exemplo –;

– a de o produtor dispor de um exclusivo de informação, permanente ou temporário – dado que a disseminação de uma informação nova implica alguma demora, e portanto alguma vantagem competitiva enquanto não se conclui essa disseminação –, protegido ou não por direitos exclusivos, ou de os consumidores não disporem de informação sobre produtos novos que rivalizam com aquele que domina no mercado, impondo-se aos produtores recém-chegados ao mercado elevados custos publicitários;

– a de o produtor constituir um «monopólio natural», no sentido de a estrutura do mercado tornar mais eficiente a presença de um único produtor do que a presença de vários, o que fica a dever-se, em primeiro lugar, à existência de custos fixos tão elevados que os custos médios continuam a descer mesmo a níveis muito elevados de produção, mas também se pode dever à presença de economias de escala, verificadas as quais passa a existir a possibilidade de um só produtor conseguir, a qualquer nível de produção, a qualquer escala, custos médios inferiores àqueles que seriam conseguidos pelo conjunto de vários produtores, custos médios descendentes à medida que a escala de produção aumenta até ao limite de saturação do mercado – sendo um exemplo de «monopólio natural» a propriedade de uma rede de distribuição de água canalizada, visto que a presença de dois concorrentes levaria à construção de duas redes de distribuição em paralelo, com custos combinados superiores, pois, aos de um fornecedor único[1628];

– a de o Estado ter concedido a um agente económico direitos exclusivos de produção ou ter estabelecido barreiras intransponíveis aos potenciais concorrentes – licenças, alvarás, requisitos corporativos[1629] –, o que pode ser alcançado pelo jogo de influências a favor de interesses privados – por favorecimento pelo poder político de agentes cujo único escopo é furtarem-se aos efeitos da concorrência –, ou pode ser concedido em atenção a genuínos interesses públicos, como o interesse da investigação científica ou da criação artística que justifiquem a formação de um monopólio temporário que impulsione essas actividades para níveis de produção mais próximos do óptimo de bem-estar colectivo, vencendo a insuficiência gerada pela presença de externalidades positivas;

– a de o produtor adoptar estratégias de mercado dissuasoras da concorrência («exclusionary practices»), ameaçando os potenciais concorrentes com baixas súbitas de rendimento que arruinariam a contestação do mercado, adoptando algumas estratégias como:

1. A prática de preços predatórios – uma manobra, proibida na maior parte das ordens jurídicas actuais, que consiste no sistemático abaixamento de preços por parte do monopolista (eventualmente abaixo dos próprios custos médios do «predador»), sempre que exista uma ameaça concorrencial, com vista a intimidar, afastar, disciplinar ou enfraquecer concorrentes actuais ou potenciais, procurando o monopolista recuperar dos prejuízos temporários que essa prática acarreta também para ele próprio com os lucros extraordinários que pode alcançar quando regressa à sua situação original[1630]. Em alternativa, algumas práticas predatórias envolvem a tentativa de aumento dos custos dos concorrentes recém-chegados[1631], de acordo com uma estratégia que tem sido objecto de modelação pela teoria dos jogos[1632].

Existe actualmente uma certa indefinição doutrinária em torno daquilo que possa aceitar-se ser um «preço predatório»: primeiro porque para alguns não se trata aqui de uma táctica minimamente sustentável, dado que, abandonado o preço predatório e regressado o preço do monopolista, renasce novamente, com a mesma intensidade, o estímulo à entrada no merca-

---

[1628] A forma de U da curva dos custos médios, mesmo na sua forma alongada de «curva-envelope» (Gráficos 7.6 e 7.7) em larga medida explica porque é que até a mais intensa tendência para as fusões e aquisições não conduziu ao agravamento drástico dos índices de concentração e permitiu ainda a sobrevivência de pequenos e médios produtores, o que não sucederia se o alongamento levasse à configuração da curva como um L, com custos médios descendentes até ao limite: a parte ascendente do U, por remota que seja, representa pois o limite ao crescimento «horizontal» da escala de produção. Cfr. White, L.J. (2002), 157.

[1629] Um aspecto não despiciendo é o das barreiras impostas pela fiscalidade, aliás uma fonte de distorções que não é menor do que a que resulta da modulação das taxas marginais de imposto. Cfr. Gentry, W.M. & R.G. Hubbard (2000), 283.

[1630] Pondo em causa que se trate de uma genuína «falha de mercado», cfr. McGee, J.S. (1958), 137-169; Lopatka, J.E. & P.E. Godek (1992), 311-330; Spulber, D.F. (org.) (2002).

[1631] Veja-se o hábito que a Microsoft tinha de fazer-se pagar pelos fabricantes de computadores pessoais numa base de unidades produzidas por estes, e não numa base de efectiva instalação do seu sistema operativo; isso significava que, se um fabricante de computadores pessoais quisesse instalar outro sistema operativo, na prática estaria a pagar dois sistemas operativos. Cfr. Gilbert, R.J. & C. Shapiro (1997), 283-349.

[1632] Bernheim, B.D. & M.D. Whinston (1998b), 64-103; Ordover, J.A., G. Saloner & S.C. Salop (1990), 127-142; Rasmusen, E.B., J.M. Ramseyer & J.S. Wiley Jr. (1991), 1137-1145; Salop, S.C. & D. Scheffman (1987), 19-34.

do e à contestação do monopólio – pelo que, sabendo disso, os recém-chegados não se deixarão intimidar e nem sairão do mercado[1633] –; em segundo lugar porque os próprios dados empíricos vieram demonstrar a ampla ineficácia desse recurso à «predação através dos preços»[1634]; e em terceiro lugar – e mais crucialmente – porque não há nenhuma fronteira objectiva e evidente a separar a legitimidade da ilegitimidade da «guerra de preços», porque se essa fronteira existisse ela redundaria muito provavelmente em prejuízo dos consumidores[1635].

Todavia, mais recentemente tem-se vindo a aceitar a validade aproximativa deste conceito, reconhecendo-se o grau de sofisticação que a táctica pode envolver, a sua particular eficiência em contextos de assimetria informativa ou de volatilidade da procura – ainda que seja justificada alguma prudência, se não mesmo algum cepticismo, face a alegações de «predação» que podem muitas vezes não passar de pretextos para o intervencionismo (para um outro tipo de «predação», agora pública) no mercado[1636].

2. A manutenção em reserva de um excesso de capacidade produtiva instalada – a multiplicação ostensiva de dotações de capital físico, com o intuito de demonstrar aos potenciais concorrentes a capacidade que o monopolista tem de vencer uma prolongada e violenta guerra de preços que lhe queiram mover.

3. A aplicação de preços limitados – uma forma mais subtil do que a dos preços predatórios, e que visa confundir os potenciais concorrentes acerca da verdadeira escala de eficiência do monopolista, sugerindo-lhes uma eficiência e uma vantagem competitiva superiores àquelas que efectivamente se verificam – o que se consegue por via de um abaixamento de preços e de um aumento de produção que ao mesmo tempo tornam menos visíveis os lucros extraordinários, sendo que é o consumidor que mais beneficia desta «auto-disciplina preventiva» que emerge da contestação ao monopolista.

Por exemplo, sabido que é que as redes *físicas*, mormente as de telecomunicações, são tão escassas e caras que geralmente elas propiciam situações de monopólio natural[1637], elas estão todavia expostas aos efeitos das inovações no modo de exploração dessas redes. Nestes casos, a resistência do monopolista será tanto mais forte quanto mais ele dispuser da possibilidade de extrair rendas[1638] ou quase-rendas[1639] dos inovadores que o ameaçam, ou quanto mais puder sabotar as inovações, e será tanto mais fraca quanto mais a sua actividade for regulada e a actividade dos inovadores não o for[1640], ou quanto mais o regulador puder impor uma paridade de preços entre os inovadores e o «operador histórico»[1641], ou puder ao menos impor uma «quarentena» que bloqueie temporariamente a tentativa de sabotagem dos recém-chegados por esse «operador histórico».

Observe-se, de novo, que o monopolista que afasta a concorrência através da prática de preços próximos do custo, ou abaixo dele, paga por isso um custo elevadíssimo – um custo porventura mais elevado do que aquele que suportaria se, mantendo o seu preço que lhe garante uma «renda monopolística» – a «renda económica» que o monopólio propicia –, se dispusesse a dividir o mercado com os concorrentes recém-chegados.

Suponha-se que, num mercado em que há lugar para dois concorrentes à escala mínima de eficiência mas só se encontra um monopolista, a prática de preços predatórios dissuade a entrada de todos os potenciais concorrentes *menos um*, e que esse último se converte num concorrente efectivo; num caso destes, a estratégia dissuasora do monopolista passa a ser desnecessária, porque mais ninguém entrará (os dois concorrentes esgotam o mercado produzindo à escala de eficiência, pelo que passam aparentemente a estar protegidos por uma «barreira natural» contra a concorrência).

Mas, por indução retrospectiva, se a estratégia é desnecessária para o último, também o será para o penúltimo – o penúltimo sabe que, se for ele o primeiro a entrar na concorrência, será ele o último –, e assim sucessivamente para todos, incluindo o primeiro. Todos os potenciais concorrentes sabem que a dissuasão não os impedirá de entrarem com sucesso no mercado, demonstrando-se ao monopolista a fundamental inutilidade da sua estratégia predatória.

[1633] McGee, J.S. (1958), 137ss..

[1634] Koller II, R. (1971), 105ss..

[1635] Pense-se, por exemplo, que os preços não tendem a subir tão fortemente nos momentos de grande subida sazonal da procura como poderia esperar-se, em larga medida porque os produtores preferem reduzir as suas margens de lucro a serem derrotados pela «guerra de preços» que será determinada pelo afluxo de produtores atraídos pela expectativa de «animação» sazonal do mercado – havendo, por isso uma quebra não-predatória de preços nos momentos de maior pressão da procura (o que aliás se coaduna com os modelos *loss-leader* de concorrência no retalho). Cfr. Chevalier, J.A., A.K Kashyap & P.E. Rossi (2003), 15; MacDonald, J.M. (2000), 27-45; Warner, E.J. & R.B. Barsky (1995), 321-352.

[1636] Lott Jr., J.R. (1999).

[1637] Farrell, J. (2003), 420ss..

[1638] Bowman, W.S. (1957), 19-36.

[1639] Farrell, J. & M. Katz (2000), 413-432.

[1640] Laffont, J.-J. & J. Tirole (2000).

[1641] Willig, R.D. (1979), 109-152.

Em contrapartida, a ameaça do monopolista pode dirigir-se àquele dos potenciais concorrentes que *tentar em primeiro lugar*, prometendo-lhe a ruína através da prática da predação dos preços (se ela for credível), mesmo que seja óbvio para todos que não conseguirá impedir que um qualquer dos potenciais concorrentes acabe por ingressar no mercado. A ameaça persuadirá todos a esperarem que alguém, dando o primeiro passo para ser «abatido», permita que um segundo candidato tenha sucesso «indo à boleia»; e daí poderá resultar que, por medo «descoordenador», ninguém dê esse primeiro passo – como pode suceder no caso da pessoa que consegue defender-se de um grupo numeroso de assaltantes que sabem que ela só dispõe de mais uma bala na sua arma –.

Recapitulando noções que nos são já familiares, diríamos que os jogos de soma positiva nem sempre terminam num equilíbrio de compromisso entre as posições das partes, especialmente se uma das partes está em posição de ameaçar a outra e é capaz, num «jogo de ultimato», de maximizar a «captura de bem-estar» em total detrimento da contraparte. Contudo, uma ameaça acarreta com ela «custos de credibilidade», seja para o ameaçador (que não pode recuar, uma vez feita a ameaça, sob pena de não surtirem efeito, tanto aquela como todas as futuras ameaças) seja para o ameaçado (que também diminui o seu poder negocial em futuros «jogos», se ceder à ameaça). Suponha-se que uma vítima de chantagem se recusa a ceder aos pedidos do chantagista: que poderá este fazer, sabendo que se a vítima for sincera ele já nada ganhará, faça o que fizer? Deverá ele negociar com a vítima uma quantia intermédia? Mas não perderá a ameaça a sua credibilidade, e não se reduzirá a sua futura reputação de chantagista verdadeiramente ameaçador?

Questões como esta foram objecto de estudo por Reinhard Selten; as suas análises levaram-no à formulação do «paradoxo da cadeia de distribuição» («*chain-store paradox*»[1642]). Suponha-se que uma cadeia de distribuição tem lojas em 100 cidades diferentes e se defronta com a possibilidade de concorrência por parte de comerciantes locais, concorrência que irá surgindo sequencialmente, na cidade 1, depois na 2, na 3, e assim sucessivamente. A cadeia de distribuição tem duas hipóteses: ou não reage e se resigna à perda de receitas na cidade 1, na cidade 2, e por aí adiante, ou resolve reagir desde a primeira ameaça, por exemplo baixando os preços «predatoriamente» em toda a cadeia de distribuição por forma a colocar fora de mercado os rivais. Esta segunda estratégia é mais cara, dado que envolve imediata perda de receita em todas as lojas da cadeia, e no entanto ela é a única credível em termos de dissuasão da concorrência (se é que chega a ser credível), e portanto a única que limita a erosão crescente que, em última análise, conduziria a ainda maiores perdas de receita. Aparentemente, reagindo com a máxima força logo na primeira jogada, a cadeia de distribuição veda o «jogo» a todos os potenciais e futuros interessados.

Na realidade, a cadeia de distribuição está condenada a repetir o mesmo gesto retaliatório contra cada um dos potenciais rivais em cada uma das cidades, a um custo muito maior e por um período muito mais prolongado: é que a sua atitude, aparentemente dissuasora, pode não o ser verdadeiramente. Pense-se que, se a dissuasão fosse efectiva, a cadeia de distribuição não teria aparentemente que fazer nada contra o seu 100.º rival, visto que ele estaria já assustado e dissuadido com o que assistira em relação a qualquer um dos seus 99.º antecessores; contudo, a percepção de que a cadeia de distribuição confiava exclusivamente na dissuasão e efectivamente não tencionava desenvolver verdadeiros esforços competitivos contra ele daria a este 100.º concorrente o incentivo para não se deixar intimidar, e concorrer mesmo assim. Mas se a dissuasão não opera para o 100.º, também não opera para o 99.º, também não opera para 98.º, e assim sucessivamente até concluirmos que a dissuasão não opera nunca (cá está o paradoxo). Se não há dissuasão, seja qual for a atitude que a cadeia tome em relação a cada um dos seus potenciais concorrentes, essa atitude não lhe fará poupar custos em relação a todos os demais potenciais concorrentes – pelo que, em suma, será de novo de ponderar se vale mesmo a pena optar pela mais dispendiosa solução de mover uma batalha generalizada, se valerá a pena travar 100 vezes uma batalha, abrir 100 frentes de combate, ou se não será mais razoável, para a cadeia de distribuição, resignar-se à concorrência local e à partilha de lucros com 100 concorrentes.

E no entanto, observará Selten, é irresistível a tentação de ameaçar a concorrência, nenhuma cadeia de distribuição ficando paralisada com a constatação do paradoxo – pelo que o desfecho da ameaça se torna imprevisível, muitas vezes resultando de uma estratégia arbitrariamente decidida pelos administradores da cadeia de distribuição, que provavelmente traçarão uma fronteira aquém da qual admitem concorrência (por exemplo, não mais do que 50 cidades), e para lá da qual fazem disparar uma reacção violenta contra um só concorrente (por exemplo, o 51.º a aparecer em cena), de forma tão agressiva e concentrada que, a baixo custo, a cadeia de distribuição é capaz de intimidar

---

[1642] Harsanyi, J.C. & R. Selten (1988); Masso, J. (1996), 55-81; Selten, R. (1999).

todos os subsequentes concorrentes potenciais. Em alternativa, a cadeia de distribuição que reage desde o primeiro momento, que imediatamente retalia, pode gerar uma reputação que desencoraja todos os potenciais concorrentes, de tal forma que eles não tentam sequer raciocinar em termos de «indução retrospectiva» quanto aos custos e benefícios da dissuasão para a cadeia de distribuição, antes tomando a «certeza da retaliação» por uma «barreira de entrada» permanente.

Deste «paradoxo» pode fazer-se decorrer uma conclusão não menos surpreendente: a de que, na presença de contestação, o produtor dominante pode retirar-se de um segmento de mercado mais ameaçado e concentrar-se num segmento de mercado que o esteja menos, por exemplo um segmento em que seja maior a fidelização da sua clientela ou menor a elasticidade da procura, ou em que seja mais viável recorrer-se aos expedientes da «concorrência monopolística», com a consequência de uma subida de preços – precisamente o inverso do que se prevê no modelo dos «preços predatórios»[1643].

Enquanto que o monopolista que se baseia no exclusivo dos factores ou o monopolista que é protegido pelo Estado, ou pela ordem jurídica, hão-de temer os concorrentes potenciais, que procurarão factores sucedâneos ou o derrube dos entraves políticos e jurídicos sempre que a presença de preços elevados e de margens extraordinárias de lucro tornarem atraente o ingresso no mercado, aquele que se encontra numa situação de «monopólio natural» estará imune à concorrência, ao menos enquanto o mercado não se expandir, porque dentro do contexto em que o monopólio natural se formou as condições tornam inviável a concorrência: não só aqueles que ingressam sabem que devem arcar com os custos em que já incorreu o monopolista estabelecido, mas sabem também que essa repetição de custos determinará inevitavelmente a erosão das vantagens extraordinárias de que este beneficiava – tornando, pois, menos vantajoso o esforço para quem quer que seja, tanto para o monopolista já estabelecido como para aqueles que tentam desalojá-lo –.

Mas isso não significa que a expansão do mercado não possa pôr em causa o monopólio natural:
– Por exemplo, uma emissora de televisão pioneira num determinado meio poderá beneficiar de uma posição monopolista enquanto as audiências são reduzidas e as receitas publicitárias, mal chegando para cobrir os custos variáveis de exploração da rede, não compensam os custos fixos da instalação, tornando, pois, inviável o ingresso de concorrentes. Mas à medida que o sucesso desse pioneiro for expandindo o mercado, aumentando as audiências e o potencial de obtenção de receitas publicitárias, pode suceder que o rendimento alcançável por novos concorrentes permita já cobrir os custos fixos de produção de programas próprios e de instalação de novas redes de distribuição do sinal televisivo – pondo assim termo à situação de «monopólio natural»[1644].
– Em contrapartida, muitas vezes a tentativa de se assegurar a concorrência por entrada irrestrita de candidatos em contextos que são de «monopólio natural» ou de «oligopólio natural» acaba por não redundar senão em «guerras de atrito», os chamados «industry shakeouts», com generalização de ineficiências[1645].

10 – a) – ii) O poder de mercado do monopolista

Como referimos já, o poder de mercado do monopolista faz com que o preço pelo qual escoará no mercado a sua produção não se mantenha fixo em todos os níveis de produção, e tenda pelo contrário a evoluir num sentido oposto ao da expansão da produção – circunstância a que se opõe precisamente a especial capacidade que o monopolista tem para influenciar o nível de preços, mormente modulando o seu nível de produção por forma a alcançar um determinado preço.

Vimos que o vendedor atomístico se defronta com um preço que é, para ele, um *dado*, um horizonte fixo face ao qual lhe é possível aumentar ou diminuir o rendimento total através de simples incrementos ou quebras de produção; e que, por isso mesmo, *para ele* o preço de mercado é também o seu rendimento médio e o seu rendimento marginal. Isso equivale a dizer que o vendedor atomístico se defronta com uma curva da procura que, vista do seu próprio prisma, se configura como uma simples linha horizontal – *como se*, para ele, a procura se apresentasse como infinitamente elástica.

Pelo contrário, o *«price maker»* tem à sua frente uma curva da procura que é descendente – e no limite, se se trata efectivamente de um monopolista, se ele é deveras o único vendedor no mercado, ele tem mesmo à sua frente a curva da procura do mercado: aquela que já analisámos, e que já vimos ser descendente, no sentido de ela evidenciar uma correlação inversa com as variações de preços.

Um aumento de produção do *«price maker»* levará a uma quebra dos preços, e uma diminuição da produ-

[1643] Inderst, R. (2002), 451-462.

[1644] Num registo muito provocatório mas intelectualmente estimulante, veja-se a aplicação deste princípio numa análise económica do surgimento e da afirmação do Protestantismo contra a hegemonia do Papado. Cfr. Ekelund, R.B., R.F. Hebert & R.D. Tollison (2002), 646-671.

[1645] Bulow, J.I. & P. Klemperer (1999), 175ss..

ção induzirá um aumento de preços – e por isso, para o monopolista, não só desaparece aquela coincidência entre preço de mercado e rendimento médio, por um lado, e rendimento marginal, por outro, que vimos facilitar tanto os cálculos e reacções dos vendedores atomísticos, mas também, e mais pragmaticamente, desaparece a possibilidade de aumentar os lucros através de uma simples expansão das vendas.

Voltemos ao exemplo do relojoeiro, que agora suporemos ser o monopolista dentro de um mercado que ele se esforça por expandir, mas no qual sabe de antemão que não há mais do que 600 mil compradores – por ano – para os seus relógios. Vamos por agora abstrair dos custos de produção para nos concentrarmos apenas no rendimento. Vamos supor que o monopolista poderá pedir um preço máximo de 11 Euros por unidade – preço acima do qual as pessoas «fugiriam» para o mercado dos relógios «não-baratos», ou se manteriam apegadas aos seus relógios antigos, ou se encaminhariam para um mercado de relógios usados –, e que para escoar 600 mil unidades ele terá que interessar na compra de relógios pessoas efectivamente muito pouco dispostas a fazê-lo, devendo nesse caso cobrar um preço realmente muito baixo, de 50 cêntimos.

Acrescentámos agora, à *coluna A* que representa as quantidades produzidas, à *coluna D* que representa os custos totais (por desejo de simplificação, vamos abstrair da possibilidade de terem ocorrido economias de escala), à *coluna G* que representa os custos médios e à *coluna J* que se refere aos custos marginais:
– a coluna N, que representa o preço que o monopolista pode cobrar em equilíbrio de mercado – acompanhando, pois, a curva descendente da procura –, e que equivale ao rendimento médio;
– a coluna O, que representa o rendimento total (o produto A . N);
– a coluna P, que representa o rendimento marginal (o quociente entre os incrementos, linha a linha, da coluna O e os da coluna A);
– a coluna Q, que representa o lucro (a diferença O – D, ou o produto ((N – G). A)).

Uma primeira constatação é-nos facilmente acessível: se o rendimento médio (coluna N) é descendente, isso significa que o rendimento marginal (coluna P) lhe é inferior, e está a «puxá-lo» para baixo. Dada a equivalência entre rendimento médio e preço, concluiremos que o monopolista está condenado a ter um rendimento marginal que é sempre inferior ao preço, seja qual for o nível de produção.

Uma segunda constatação, e essa bem evidente, é que qualquer decisão do monopolista no sentido do aumento da produção é atenuada, nos seus efeitos sobre o rendimento total, pela queda dos preços: mais do que atenuada, ela pode mesmo ser destruída, dando origem a um rendimento marginal negativo, quando a quebra de preços tem maior amplitude do que o incremento da produção. Nesse caso, um incremento na produção provocará uma descida no rendimento total do monopolista.

No nosso exemplo, o monopolista que quer passar da produção de 300 mil para 350 mil unidades só conseguirá escoar a totalidade deste novo nível de produção se reduzir os preços de 5 para 4 Euros por unidade, mas isso fará com que o seu rendimento total desça dos 1,5 milhões de Euros para os 1,4 milhões.

A	D	G	J	N	O	P	Q
50.000	550.000	11	—	11	550.000	—	0
100.000	610.000	6,1	1,2	9,5	950.000	8	340.000
150.000	690.000	4,6	1,6	8	1.200.000	5	510.000
200.000	790.000	3,95	2	7	1.400.000	4	610.000
250.000	900.000	3,6	2,2	6	1.500.000	2	600.000
300.000	1.040.000	3,47	2,8	5	1.500.000	0	460.000
350.000	1.200.000	3,43	3,2	4	1.400.000	-2	200.000
400.000	1.390.000	3,47	3,8	3	1.200.000	-4	-190.000
450.000	1.630.000	3,62	4,8	2	900.000	-6	-730.000
500.000	2.000.000	4	7,4	1	500.000	-8	-1.500.000
550.000	2.500.000	4,55	10	0,75	412.500	-1,75	-2.087.500
600.000	3.500.000	5,83	20	0,5	300.000	-2,25	-3.200.000

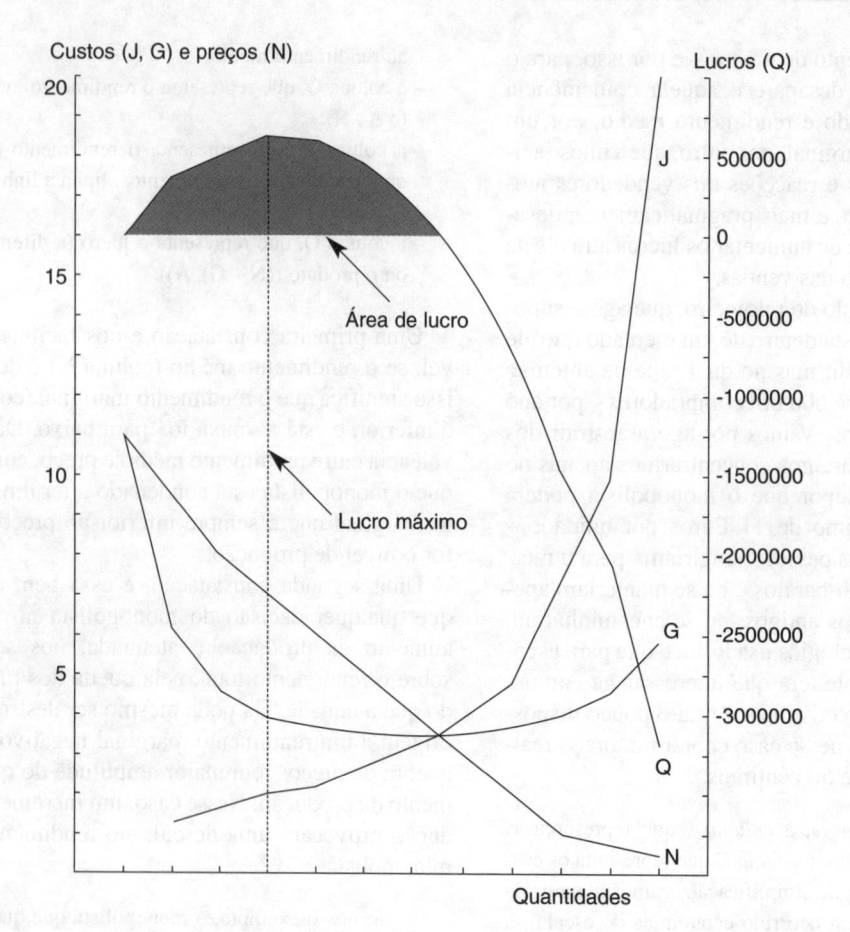

Gráfico 10.1

Reintroduzamos agora a consideração dos custos marginais (coluna J) e comparemo-los com o rendimento marginal (coluna P) para percebermos como agirá um monopolista racional que queira maximizar o lucro: enquanto o custo marginal for inferior ao rendimento marginal, valerá a pena incrementar a produção, e o contrário sucederá sempre que o custo marginal passa a exceder o rendimento marginal. Por outras palavras, enquanto o custo marginal for inferior ao rendimento marginal, aumentar-se a produção numa unidade provocará um maior aumento de rendimento do que de custos, e portanto aumentará a margem de lucro; quando o custo marginal passa a ser superior ao rendimento marginal, qualquer incremento de produção acarretará necessariamente um agravamento de custos mais amplo do que o aumento do rendimento, diminuindo a margem de lucro ou agravando o prejuízo.

– assim, se o nosso produtor de relógios quiser aumentar o seu volume de produção e de vendas das 150 mil para as 200 mil unidades, ele verificará que tal lhe é aconselhado pela circunstância de, mesmo ao nível das 200 mil unidades, o custo marginal (coluna J) ser inferior ao rendimento

marginal (coluna P), o que lhe permite prever um aumento de lucros associado a esse incremento de produção – e efectivamente, esse aumento de lucros verificar-se-á, subindo estes dos 510 mil para os 610 mil Euros (coluna Q);

– mas o nosso produtor monopolista e maximizador de lucros deixa de ter incentivo para aumentar a sua produção das 200 mil para as 250 mil unidades, pois a este último nível o custo marginal *ascendente* ultrapassou já o rendimento marginal *descendente*, o que anuncia um abaixamento nos lucros – que se verifica com uma quebra dos 610 mil para os 600 mil Euros;

– o monopolista ajustará a sua produção, pois, a um nível algures entre as 200 mil e as 250 mil unidades, o ponto em que o custo marginal (coluna J) iguala o rendimento marginal (coluna P).

Note-se desde já que algumas comparações são possíveis, nos exemplos que demos, entre o produtor atomístico e concorrencial, por um lado, e o produtor monopolista, por outro – comparações com valor aproximativo, obviamente, já que foi arbitrária a nossa escolha da escala da procura que, na coluna N, corresponde a cada nível de oferta por parte do monopolista –:

– o «*price taker*» produzirá um pouco mais de 350 mil unidades, retirando um lucro máximo de cerca de 25 mil Euros.

– por isso, o produtor atomístico atingirá um nível de produção que coincide com a sua escala de eficiência.

– o «*price maker*» produzirá menos de 250 mil unidades, de forma a obter um lucro máximo de aproximadamente 610 mil Euros; produzir nas mesmas quantidades do concorrente atomístico permitir-lhe-ia manter uma margem de lucro, e até uma margem de lucro superior à daquele (200 mil Euros em vez dos 25 mil) – mas significaria, da sua perspectiva maximizadora, a perda de 410 mil Euros em lucros (= 610.000 – 200.000) –.

– assim sendo, o monopolista fica muito aquém da sua escala de eficiência, daquele nível de produção em que os custos médios atingem o seu nível mínimo.

A razão para esta diferença entre ambos pode enunciar-se em termos mais genéricos e teóricos: ao passo que para o concorrente atomístico a intersecção das escalas dos custos marginais e do rendimento marginal coincide com o nível de preços – dada a igualdade entre rendimento marginal e preço –, para o monopolista a intersecção ocorre *abaixo do nível de preços de mercado* – dado que, neste caso, é o próprio rendimento marginal que está abaixo do preço –. Dito por outras palavras, se a maximização do lucro implica a produção a um nível em que o rendimento marginal equivale ao custo marginal, temos que, ao contrário da coincidência que se regista na concorrência perfeita, no monopólio o preço é superior ao rendimento marginal, e portanto é superior também ao custo marginal.

Recordemos que, nos exemplos que fomos apresentando, o produtor atomístico fixar-se-ia numa escala de produção próxima das 350 mil unidades, aproximadamente com *custos médios* de 3,43 Euros, *custos marginais* de 3,2 Euros e um preço de venda (= *rendimento médio* e *rendimento marginal*) de 3,5 Euros; e que o nosso monopolista se fixará numa escala de produção próxima das 200 mil unidades, aproximadamente com *custos médios* de 3,95 Euros, *custos marginais* de 2 Euros, um preço de venda (= *rendimento médio*) de 7 Euros e um *rendimento marginal* de 4 Euros.

Mas note-se também o facto, contrário à percepção comum e aos preconceitos correntes, de – no pressuposto de haver elasticidade da procura – o monopolista *não cobrar o preço máximo*, mas antes um preço intermédio que, estando acima do preço de equilíbrio que se formaria na concorrência entre vendedores atomísticos, não se afasta demasiado dele, sob pena de uma perda significativa dos lucros: no exemplo numérico que apresentámos, se o monopolista insistisse num preço superior a 7, ele veria os seus lucros diminuírem, desaparecendo mesmo esses lucros se ele pensasse em cobrar um preço de 11.

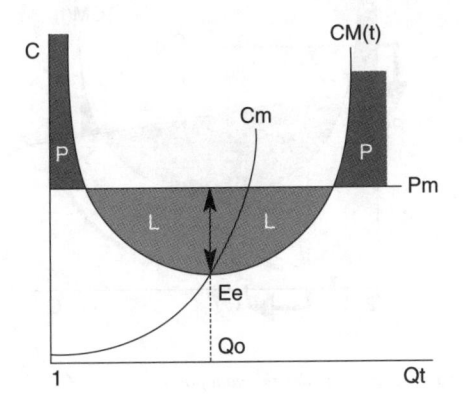 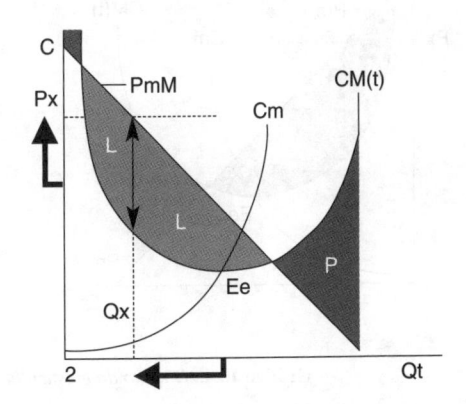

Gráfico 10.2. *Maximização de lucro em concorrência e em monopólio*

1: situação de concorrência (Pm constante)
2: situação de monopólio (PmM descendente)
C: custos
Qt: quantidades
CM(t): custos médios (totais)
Cm: custo marginal
Pm: preço de mercado (de concorrência)
PmM: preço de mercado (em Monopólio)
P: área de prejuízo

L: área de lucro
Ee: escala de eficiência (lucro máximo *na concorrência*, ponto em que CM(t)=Cm)
Qo: quantidade óptima (na qual o lucro é maximizado *em concorrência*)
Qx: quantidade óptima para o monopolista (na qual o seu lucro é maximizado) (Qx < Qo)
Px: preço do monopolista (superior ao preço de mercado de concorrência)

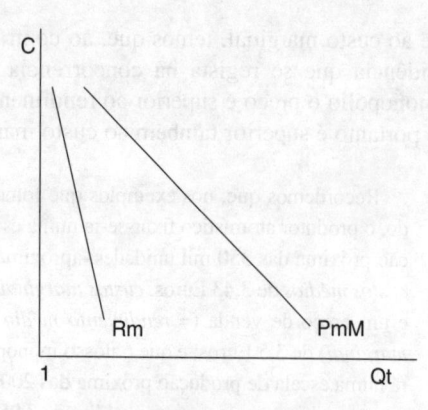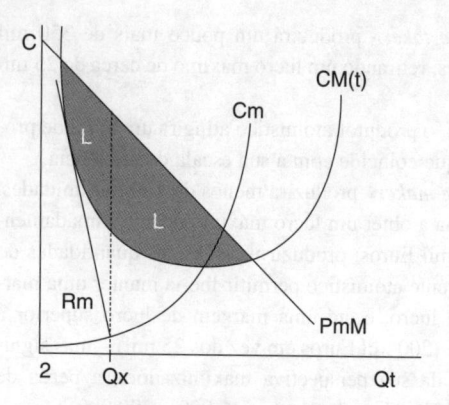

Gráfico 10.3. *Maximização de lucro em monopólio (explicação alternativa)*

1: rendimento marginal e preço de mercado descendente
2: situação de monopólio (a quantidade óptima encontra-se na
   intersecção do rendimento marginal com o custo marginal)
C: custos
Qt: quantidades
Rm: rendimento marginal

PmM: preço de mercado (em Monopólio)
Cm: custo marginal
CM(t): custos médios (totais)
L: área de lucro
Qx: quantidade óptima para o monopolista (na qual o seu lucro
   é maximizado)

Mas bastará encontrarmos um equivalente para aquilo que acabámos de dizer, e tornar-se-á clara a asserção de que um mercado concorrencial é mais eficiente do que um mercado monopolista: é que se,

naquele, o preço de equilíbrio tende a coincidir com o custo marginal, neste o preço *está necessariamente acima* do custo marginal, do ponto em que esse custo marginal se cruza com o rendimento marginal.

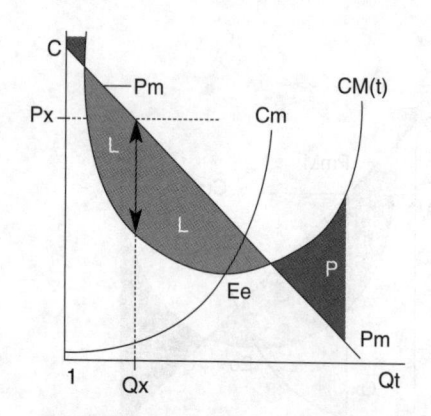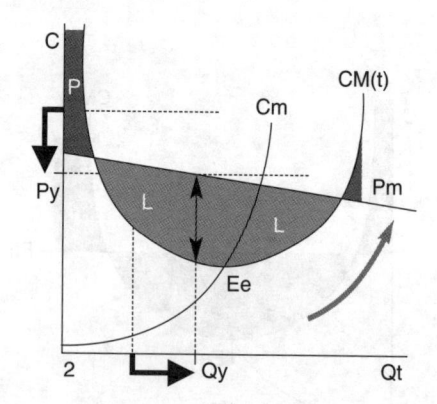

Gráfico 10.4. *O efeito da elasticidade da procura no poder do monopólio*

1: situação de monopólio com baixa elasticidade da procura (diminuem as quantidades transaccionadas e sobem os preços, relativamente ao que se praticaria num mercado concorrencial)
2: situação de monopólio com elevada elasticidade da procura (aumentam as quantidades transaccionadas, baixam os preços, *sem se regressar ao ponto correspondente à Escala de Eficiência*)
C: custos
Qt: quantidades
CM(t): custos médios (totais)
Cm: custo marginal
Pm: preço de mercado

P: área de prejuízo
L: área de lucro
Ee: escala de eficiência (lucro máximo *na concorrência*, ponto em
   que CM(t)=Cm)
Qx: quantidade óptima para o monopolista face à baixa elasticidade
   da procura
Px: preço do monopolista face à baixa elasticidade da procura
Qy: quantidade óptima para o monopolista face à elevada elasticidade da procura (Qy > Qx)
Py: preço do monopolista face à elevada elasticidade da procura (Py
   < Px)

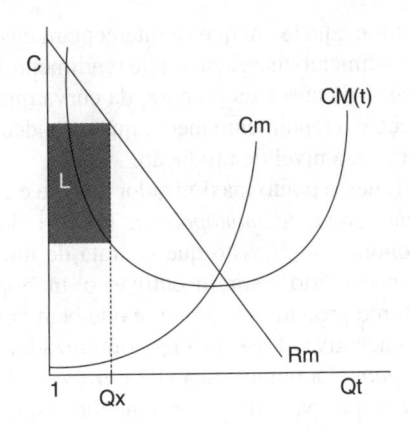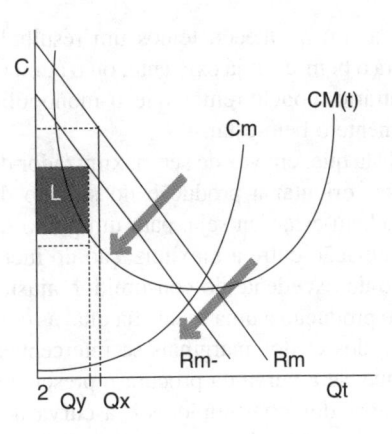

Gráfico 10.5. *Efeitos da tributação nos lucros do monopolista*[1646]

1: antes do imposto
2: depois do imposto
C: custos
Qt: quantidades
Rm: receita de mercado para o monopolista
Rm-: receita de mercado para o monopolista, deduzida do imposto

Cm: custo marginal
CM(t): custos médios (totais)
L: lucro maximizado
Qx: quantidade óptima para o monopolista
Qy: quantidade para a qual o monopolista recua, em reacção
ao imposto

Isso significa que os lucros que o monopolista obtém a mais do que o concorrente atomístico são fruto de um excesso do preço em relação ao custo marginal, consentido essencialmente pela circunstância de o monopolista poder ajustar a sua produção a uma escala inferior àquela a que os concorrentes atomísticos são forçados – e dever fazê-lo se pretende maximizar os seus lucros.

E é essa a razão básica pela qual a concorrência impele os produtores para a escala de eficiência, e o monopólio permite ao produtor ficar distante dessa escala; e também a razão pela qual o fim de um monopólio levará normalmente à queda dos preços, sendo que a entrada dos novos concorrentes conduzirá todos, incluindo o ex-monopolista, em direcção a uma posição de equilíbrio na qual o preço coincidirá com o custo marginal e todos estarão forçados a operar à escala de eficiência.

10 – a) – iii) O impacto do monopólio na eficiência e no bem-estar

Avaliarmos os efeitos do monopólio no bem-estar implica, pelo que já sabemos, determinarmos se o «excedente total» para as partes envolvidas nas trocas

se altera – e, se se altera, em que sentido é que o faz, se no sentido de aumentar ou se no de diminuir esse excedente de bem-estar –.

Uma coisa determinámos já, é que o monopolista tende a praticar preços mais elevados do que o produtor atomístico, não se encontrando sujeito, como vimos, à lei da concorrência que faz baixar os preços em direcção ao custo médio dos concorrentes – pelo que, numa situação de monopólio, o excedente do consumidor, e logo o seu bem-estar económico, tende a diminuir.

Mas vimos também que o excedente do produtor, o seu lucro, aumenta: o monopolista suspende a sua produção quando os seus custos marginais são ainda inferiores aos custos médios – e portanto permanece em aberto a possibilidade de os custos médios descerem até à *escala de eficiência* –, precisamente porque entretanto ocorre a posição maximizadora de lucro, a posição a partir da qual todos os ganhos de eficiência que se conseguissem com o abaixamento dos custos médios seriam destruídos por uma queda de maior amplitude nos rendimentos marginais.

Tudo está, por isso, em saber-se se o aumento do excedente do produtor é de molde a compensar, no somatório dos dois excedentes de que se compõe o bem-estar, as correlativas quebras no excedente do

---

[1646] Rosen, H.S. (2002), 267-268.

consumidor. Se assim acontecer, temos um resultado que, ou não altera o bem-estar já existente, ou o aumenta; no caso contrário, concluiremos que o monopólio afecta negativamente o bem-estar.

Um monopolista que, em vez de ser maximizador de lucros, procurasse orientar a produção no sentido da maximização do bem-estar, ou seja, para um ponto de equilíbrio e conciliação entre a maximização do lucro e a maximização do excedente do consumidor, ajustaria o seu nível de produção a uma escala na qual as curvas da procura e dos custos marginais se interceptassem: e isto porque, se a curva da procura representa a disposição de pagar dos consumidores e a curva dos custos marginais é a condicionante da disposição de vender dos produtores, todos os pontos em que a curva da procura esteja acima da dos custos marginais indicarão que a produção adicional incrementará o bem-estar, visto que o bem a produzir tem ainda maior valor para os compradores do que aquilo que ele custa ao produtor – tal como, simetricamente, todos os pontos em que a curva dos custos marginais esteja acima da da procura indicam que a diminuição da produção aumentará o bem-estar, visto que o bem produzido passou a ter menos valor para os consumidores do que aquilo que ele custa ao produtor –.

Por outras palavras, o «monopolista benevolente» (benevolente para os consumidores, entenda-se, não para aqueles que beneficiassem com os seus lucros), que prescindisse dos seus desígnios maximizadores de lucros e se concentrasse na maximização do bem-estar nas trocas, procuraria cobrar um preço coincidente com o custo marginal, situando a esse nível a sua produção eficiente; logo, eficiente na maximização do bem-estar seria o monopolista que reproduzisse a conduta do vendedor atomístico e concorrencial.

Um preço coincidente com o custo marginal transmitiria um sinal fidedigno do nível de custos incorridos, relevante para a informação dos compradores acerca do nível socialmente eficiente de consumo; além disso, não esqueçamos, se no monopólio o preço é superior ao rendimento marginal e ao custo marginal, é possível ao monopolista aumentar a produção em condições em que o benefício marginal supera o custo marginal, em que ainda há *lucro* (posto que não o *lucro máximo*) – e em que há, portanto, a possibilidade de incrementos de *eficiência*.

Contudo, como vimos, o monopolista maximizador de lucros produz menos e vende a preços superiores do que, em circunstâncias comparáveis, nomeadamente com a mesma estrutura de custos, o faz o vendedor atomístico e concorrencial – porque o seu ponto maximi-

zador é aquele em que se interceptam custos marginais e rendimento marginal, e este rendimento marginal está abaixo da curva da procura, da curva que representa o preço e o rendimento médio que o vendedor pode obter para cada nível de produção.

É nesse ponto maximizador que ele é capaz de gerar uma *renda de monopolista*, uma verdadeira «renda económica»[1647] visto que se trata de um ganho que é desnecessário para incentivar o monopolista a um esforço produtivo superior, e que bem pelo contrário o desincentiva desse esforço optimizador, já que essa «*renda*» é a remuneração da *retracção do volume produtivo* por parte do próprio monopolista.

Recordemos que, no exemplo que temos utilizado, o relojoeiro monopolista se ficará por um nível de produção aquém das 250 mil unidades, visto que antes disso o seu rendimento marginal (coluna P) já passou a ser inferior ao seu custo marginal (coluna J), enquanto que o relojoeiro «*price taker*» produziria para lá das 350 mil unidades, pois só depois disso é que a curva da procura (coluna N) interceptaria a dos custos marginais (coluna J).

Assim sendo, conclui-se que o monopolista maximizador de lucros não assegura a maximização do bem-estar social, sendo que produz uma quantidade inferior à socialmente eficiente – ou, o mesmo é dizer, vende a preços ineficientemente elevados, preços que, estando muito acima do custo marginal, vedam a possibilidade de produção da quantidade socialmente eficiente.

Também aqui é possível detectar-se, pois, uma perda absoluta de bem-estar, uma perda de eficiência que não aproveita a ninguém – a nossa já conhecida «*deadweight loss*» –. Se o monopolista vende acima do seu custo marginal, isso significará que não venderá àqueles potenciais compradores cuja disposição de pagar se situa nesse intervalo entre preço e custo, ou seja àqueles que estariam dispostos a pagar ao monopolista mais do que aquilo que custa a este produzir, mas não estão dispostos a pagar aquele preço que, com a sua restrição de produção, o monopolista cobra para maximizar o seu lucro[1648].

Para efeitos de repercussão no bem-estar social – mas não apenas para esses efeitos, note-se –, a existência de um monopólio que exerce o seu poder de mercado equivale à de um imposto, já que em ambos os casos uma perda absoluta de bem-estar resultará do desfasamento gerado entre os custos do vendedor e a disposição de pagar do comprador. Em ambos os casos, a perda de excedente não é totalmente compensada ou recuperada pelos ganhos de alguém, seja o Estado no

[1647] Por vezes também designada por «*lucro puro*».
[1648] Hausman, J.A. (1981), 662-676.

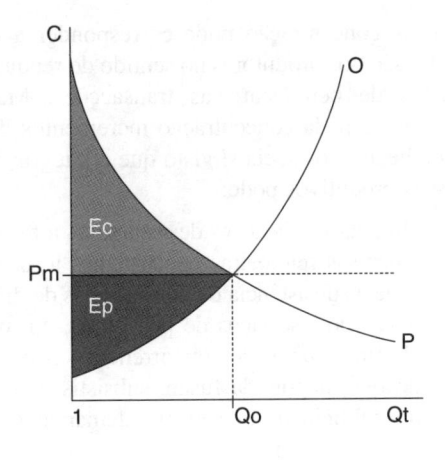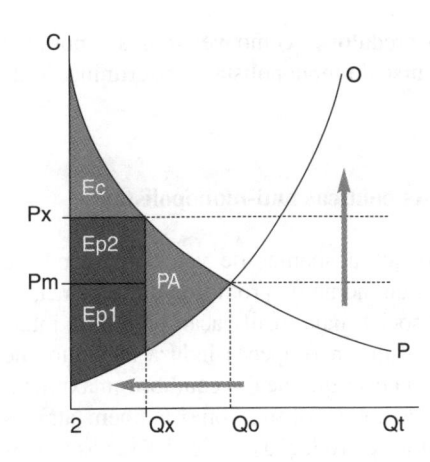

Gráfico 10.6. *Efeito do monopólio sobre o bem-estar*

1: situação de concorrência
2: situação de monopólio
C: custos
Qt: quantidades
Pm: preço de mercado
Px: preço do monopolista
Qo: quantidade óptima (na qual o lucro é maximiza-do *em concorrência*)
Qx: quantidade óptima para o monopolista (na qual o seu lucro é maximizado)

O: oferta
P: procura
Ec: excedente do consumidor
Ep: excedente do produtor
Ep1: excedente do produtor monopolista
Ep2: lucro monopolista (captura de bem-estar do consumidor)
PA: perda absoluta de bem-estar (*deadweight loss*)

caso dos impostos, seja o produtor privado no caso do monopólio.

A amplitude do lucro extraordinário que o monopolista obtenha condicionará até certo ponto a existência, e a amplitude, dessa «*deadweight loss*»: quanto maior for aquele, mais potenciais compradores hão-de caber no intervalo de ineficiência gerado entre custo e preço, mais transacções deixarão de se efectuar, mais excedente total se perderá. Contudo, reconheça-se que, por definição, o monopolista só aufere lucros extraordinários *para lá* da «*deadweight loss*», ou seja, só lucra através do que ganha com as *transacções efectivas*, aquelas que se mantêm apesar da disparidade entre custos e preços.

Cada Euro gasto a mais pelos consumidores nas transacções que subsistem (fora da «*deadweight loss*», portanto) – no exemplo que temos seguido, a diferença entre os 3,5 Euros por unidade que o consumidor pagaria num contexto concorrencial e os 7 Euros por unidade que paga agora – é um Euro mais a acrescer aos lucros do monopolista, dando-se, pois, uma mera «transferência de excedentes» dos consumidores para o produtor, e não uma nova diminuição de excedente total. «Transferência de bem-estar» não é sinónimo de «perda absoluta de bem-estar»: aquilo que os consumi-

dores se vêem forçados a pagar a mais afasta alguns deles e reduz o volume de transacções, é certo, mas o restante resulta numa pura transferência de bem-estar a favor do monopolista, sem redução do bem-estar total.

Isso não significa, contudo, que o «monopolista protegido» – aquele que não se encontra em situação de monopólio natural nem tem um exclusivo de matérias-primas ou de factores de produção – não acabe por desviar alguns dos seus lucros extraordinários para o financiamento da sua própria auto-preservação – a instalação de barreiras jurídicas, a compra de favores políticos, por exemplo –, e que isso não possa provocar uma nova diminuição do bem-estar total comparativamente àquilo que sucederia num mercado competitivo em que os favores políticos e jurídicos fossem menos relevantes ou menos susceptíveis de causarem ineficiências.

Em suma, a simples verificação de lucros extraordinários para o monopolista não afecta, por si só, a *eficiência* na promoção de bem-estar social, embora possa afectar a *justiça* na repartição das riquezas. Se o bem-estar total é o somatório dos excedentes do consumidor e do produtor, mesmo a hipótese extrema de esgotamento do bem-estar do consumidor pode não significar diminuição do bem-estar total se ela for rigorosamente compensada pelo incremento máximo do bem-estar do produtor – como veremos ser possível através do recurso do monopolista à «discriminação de preços».

10 – a) – iv) As políticas anti-monopolistas

Por tudo o que acabámos de ver, compreende-se que, ao menos em nome da promoção de incrementos no bem-estar social, haja justificação para uma intervenção estadual que não apenas induza aumentos de produção para lá daquilo que é o equilíbrio maximizador do lucro do monopolista, como também através desses aumentos de produção consiga baixar os preços para um nível mais próximo do custo marginal, o que pode ser alcançado por vários meios, com graus muito diversos de intervenção.

10 – a) – iv) – α) As leis «antitrust»[1649]

Sendo o «trust» a forma mais explícita de concentração de empresas, ele é uma via particularmente expedita e eficaz de restringir ou pôr termo à concorrência: comprar os rivais, ou juntar forças com eles, afigurar-se-á frequentemente ao produtor como uma alternativa preferível à competição de preços, essa «corrida para o fundo» que destrói os lucros extraordinários e transfere quase todo o excedente de bem-estar para os consumidores.

No «trust», o controlo sobre uma empresa pode tornar-se uma alavanca para a obtenção de um vasto poder económico, bastando para tanto que essa empresa controlada seja por sua vez controladora de outras, e assim sucessivamente, até que de uma só fonte inicial jorre o poder director de inúmeras empresas, controladas «em cascata» a partir daquele ponto de irradiação.

Essa concentração pode ser vertical, se o controlo alastra a produtores a montante ou a jusante no mesmo processo produtivo, ou horizontal, se abarca concorrentes no mesmo mercado – sendo que é evidentemente esta última modalidade a que mais directamente contende com os objectivos de preservação de um ambiente concorrencial no mercado.

Essa concentração pode corresponder a uma justa pretensão dos produtores no sentido do reequilíbrio dos efeitos de bem-estar nas transacções. Mais ainda, podem advir da concentração incrementos de eficiência e benefícios sociais, visto que a integração de processos produtivos pode:

– eliminar duplicações de recursos – a fusão de duas empresas relojoeiras concorrentes torna desnecessária a subsistência de duas cadeias de distribuição, ou de dois serviços de pós-venda, em paralelo –;
– eliminar custos de concorrência – não faria sentido que, depois da fusão, subsistisse aquela parte de publicidade que visava demarcar um concorrente do outro –;
– permitir «sinergias» e economias de escala – sendo já a simples fusão, para os envolvidos, um aumento de escala –.

A integração vertical, pelo seu lado, pode aumentar a eficiência na produção, visto que em princípio reduz os «custos de transacção» envolvidos na necessidade de recurso ao mercado, quando a cadeia produtiva não se encontra integrada mas antes está dispersa por diversos produtores que se vêem forçados a transaccionarem entre eles os seus contributos parcelares – os bens instrumentais – para o produto final. Assim, a integração vertical alarga as «fronteiras da empresa», substituindo as relações contratuais e de mercado pelas formas mais expeditas e potencialmente mais eficientes da coordenação única e da subordinação hierárquica.

As leis «antitrust» baseiam-se no precedente norte-americano de combate legislativo contra práticas anti-competitivas dos monopólios e contra fusões susceptíveis de criarem concentrações de mercado a níveis indesejados – tomando por ponto focal o «trust», uma forma peculiar de concentração de mercado através do controlo societário, que se receava viesse a criar gigantescos conglomerados monopolísticos –. Os textos legislativos fundamentais são ainda o Sherman Antitrust Act de 1890[1650], o Clayton Antitrust Act de 1914 e o Federal Trade Commission Act, também de 1914[1651] – verdadeiros paradigmas legislativos que têm servido de inspiração para outras iniciativas, nomeadamente as da política de concorrência a nível europeu[1652].

[1649] Shenefield, J.H. & I.M. Stelzer (2001); Viscusi,W.K., J.M.Vernon & J.E. Harrington Jr. (2000). Uma síntese em: Silva, M.M. (2003), 115-130.

[1650] Kovaleff, T.P. (org.) (1994).

[1651] Obviamente, a elaboração jurisprudencial em torno destes «textos fundadores» e a sua aplicação pela Federal Trade Commission têm enriquecido e adensado extensamente o objecto da luta «antitrust», tornando ao mesmo tempo muito mais claros os seus objectivos e limites dentro de uma «política da concorrência», por vezes num delicado equilíbrio regulador que tenta preservar as condições competitivas dos mercados sem os afogar em remédios pró-competitivos que poderiam ter um efeito perverso e redundar em excesso de regulamentação e falta de concorrência. Cfr. ERP (2000), 101; ERP (2002), 100-101.

[1652] Utton, M.A. (2003). Cfr. Ferreira, E.P. (2000b), 5-22; Morais, L.D.S. (1994); Ricardo, F.P. (2000), 207-228; Silva, M.M. (1994), 133-199; Silva, M.M. (2001), 129-160.

O esforço principal da política «*antitrust*» centra-se, pois, por um lado na proibição de formas concertadas, «cartelizadas», de restrição da concorrência[1653], e nos esforços directos de monopolização (Secções 1 e 2 do *Sherman Act*[1654]), e por outro lado no controle e repressão das fusões e participações cruzadas que visem reduzir a concorrência, ou ainda das técnicas de vendas que, como o «*tying*», reduzam as possibilidades de escolha dos consumidores[1655] ou genericamente se entendam como formas *desleais* de concorrência[1656].

Estas primeiras medidas foram acolhidas com cepticismo[1657], afigurando-se a muitos que, na melhor das hipóteses, elas seriam inócuas, ou até redundantes face a automatismos pró-competitivos que se registariam espontaneamente nos mercados[1658]; e na pior das hipóteses, elas seriam um entrave à exploração, em pleno, das vantagens das economias de escala e das economias de gama[1659]. De facto, é muito discutível o impacto dessas medidas no bem-estar total: especificamente, não está provado que elas tenham um efeito decisivo na contenção dos preços, ou que o abrandamento pontual das medidas «*antitrust*» tenha resultado num descontrole dos preços[1660], circunstância que também se explica pelo facto de nem os próprios custos da concentração dos mercados serem fáceis de calcular[1661].

– Por seu lado, o sub-tema da integração vertical (da redução de custos de transacção inerentes a relações de mercado entre produtores ligados a uma mesma cadeia de produção ou de distribuição[1662]) suscita também problemas peculiares, e frequentemente não desprovidos de complexidade: por exemplo, que restrições será economicamente admissível que um produtor imponha aos seus distribuidores? será eficiente que lhes imponha

exclusividade, que lhes imponha rígidas demarcações territoriais (como fazem as marcas de automóveis face aos «stands» seus concessionários)? que poder de controlo será eficiente que se atribua a um produtor face às lojas que independentemente trabalham sob a sua marca, numa relação de «*franchise*»? quais as relações admissíveis entre as lojas «*franchisadas*» e as lojas directamente exploradas pela empresa-mãe? qual o risco de conluio e de «captura» entre empresas integradas, e qual o impacto no grau socialmente óptimo de diferenciação de produtos no mercado? quando será eficiente a um produtor chamar a si vários passos da cadeia de produção e distribuição, procedendo a uma integração vertical e privilegiando a «via da empresa», e quando será eficiente tomar a opção oposta, a da «via do mercado», multiplicando as negociações dos «*inputs*» do processo produtivo, fazendo «*outsourcing*»?[1663]

– Não foi há muito tempo que começou a reconhecer-se que algumas «restrições verticais» – nomeadamente restrições aos preços de revenda impostas aos retalhistas – tinham, apesar das aparências, efeitos pró-competitivos, levando a jurisprudência a abordar mais cautelosamente, e numa base casuística, os fenómenos de integração vertical[1664], mais a mais quando se começou a prestar mais atenção às possíveis «complicações» estratégicas advindas dos efeitos da integração vertical nos incentivos à fixação de preços pelos «participantes» a montante e a jusante, «complicações» susceptíveis de afectar o equilíbrio no processo[1665].

– Por um lado, é inegável que a integração vertical pode ser usada, com algum sucesso, para vedar o acesso à concorrência[1666], e nesse sentido contribuir para a subida dos preços de equilíbrio e para a diminuição do bem-estar do consumidor[1667]; mas, por outro lado, verificam-

---

1653 Para um curioso exemplo envolvendo *práticas concertadas* do Massachusetts Institute of Technology e das Universidades da elitista *Ivy League* (Brown, Columbia, Cornell, Harvard, Pennsylvania, Princeton, Yale, e Dartmouth College), cfr. Carlton, D.W., G.E. Bamberger & R.J. Epstein (1995), 131-147.

1654 Areeda, P. (1988).

1655 De acordo com o *Clayton Antitrust Act*.

1656 De acordo com o *Federal Trade Commission Act*.

1657 Lobo, C.B. (2001), 279ss..

1658 Stigler, G.J. (1982), 44ss.; Thorelli, H.J. (1954), 117-132, 311-329; Ely, R.T. (1906), 243ss.; Letwin, W. (1965), 71-77; May, J. (1989), 257-395.

1659 Kovacic, W.E. & C. Shapiro (2000), 44.

1660 Bittlingmayer, G. (1995), 287-318; Crandall, R.W. & T.W. Hazlett (2001), 8-38; Morrison, S.A. & C. Winston (1996), 85-123; Newmark, C.M. (1988), 469-484; Sproul, M.F. (1993), 741-754.

1661 Veja-se a já referida tradição de análise da dimensão das «perdas de bem-estar», iniciada em: Harberger, A.C. (1954), 77-87.

1662 Para uma panorâmica do tema, cfr. Perry, M.K. (1990), 185-255.

1663 Uma síntese em: Silva, M.M. (2003), 181ss..

1664 No caso *State Oil* v. *Khan*, de 1997. Pense-se que uma prática de preços de retalho demasiado elevados poderá ser tida pela empresa produtora como lesiva da penetração do produto no mercado, forçando-a a tentar assumir directamente a venda através de lojas próprias, e logo com maior integração vertical e menos amplitude competitiva. Cfr. ERP (2002), 123-124.

1665 Chen, Y. (2001), 667-685.

1666 Alegando que *nenhum sucesso* é possível nessa tentativa de encerramento do mercado, cfr. Posner, R.A. (1976); Bork, R.H. (1978); Posner, R.A. & F.H. Easterbrook (1981). Alegando que *algum sucesso* do encerramento é possível em condições de equilíbrio dos mercados, cfr. Salinger, M.A. (1988), 345-356; Hart, O.D. & J. Tirole (1990), 205-286; Ordover, J.A., G. Saloner & S.C. Salop (1990), 127-142.

1667 Verboven, F. (2002), 115-133.

se situações em que a integração vertical promove a eficiência, reduz custos de transacção[1668/1669], aumenta o controlo da qualidade dos produtos (permitindo uma verificação centralizada), baixa os preços de equilíbrio e aumenta o bem-estar do consumidor, o seu «excedente». Em suma, a integração vertical pode, conforme os contextos, aumentar ou diminuir o bem-estar dos consumidores – não havendo nenhum princípio geral que seja aqui conclusivo[1670].

Dadas estas indefinições teóricas[1671], nem todos os esforços de concentração, horizontal ou vertical, são necessariamente reprimidos, e mesmo aqueles que são contestados – porque, por exemplo, ultrapassaram o valor de 1800 no «Índice Herfindahl-Hirschman» – podem subsistir através da invocação de um motivo razoável («*rule of reason*») que justifique, em termos de ganhos de eficiência, a restrição à concorrência[1672]. Não esqueçamos que a dimensão dos monopólios, e em especial a sua característica de «monopólios naturais», pode permitir-lhes uma especial vantagem na obtenção de economias de escala e de economias de produção conjunta que não estarão normalmente acessíveis aos concorrentes atomísticos confrontados com a iminência do «lucro zero» no longo prazo[1673].

Muitas das perspectivas de evolução tecnológica dependem crucialmente do emprego de grandes meios, de grandes recursos financeiros, que nem sempre se compadecem com a erosão constante imposta aos lucros dos produtores pela concorrência atomística, e para eles as concentrações de poder monopolístico parecem ser, no mínimo, um mal necessário – pense-se, por exemplo, na investigação fundamental levada a cabo pela indústria farmacêutica, ou pela indústria das telecomunicações –. Resta saber, contudo, se esses benefícios chegam para compensar as perdas absolutas de «excedente total», de bem-estar social: se a resposta for negativa, então justificar-se-á que uma intervenção correctiva impeça que o incremento do poder de mercado por parte dos produtores redunde em perda de eficiência desse mercado na promoção de bem-estar.

Mas, por tudo o que já vimos, como saber distinguir as concentrações que passam das que não passam nesse teste? Tudo está em proceder-se a uma análise «custo - benefício» que pondere os ganhos e perdas de bem-estar social conexos com o aumento de *sinergias* e com a diminuição da concorrência. Todavia, parece não haver consenso entre os economistas acerca da capacidade e da isenção do Estado para proceder a essa análise «custo – benefício» e para adjudicar e indeferir direitos em consequência dessa análise – sendo que em especial muitos economistas duvidam da capacidade, e até da vontade, do Estado para se furtar à influência daqueles que, através da fusão, atingem a «dimensão crítica» que lhes permite exercerem pressão política com eficiência, que lhe permite ingressarem e serem *price makers* no mercado dos favores políticos.

10 – a) – iv) – β) A regulação[1674/1675]

Uma atitude alternativa perante os aumentos de poder de mercado é a regulação: em vez de se impedir os agentes económicos de atingirem uma dimensão que lhes permita tornarem-se *«price makers»*, veda-se-lhes apenas o *exercício* desse poder de mercado, independentemente da dimensão que tenham e da capacidade que patenteiem para *abusarem* desse poder, no sentido de sacrificarem indiscriminadamente o bem-estar social, ou o bem-estar dos consumidores, aos seus desígnios maximizadores de lucro – sendo-lhes vedado isso essencialmente através da fixação de preços, ou do estabelecimento de preços máximos que o monopolista é autorizado a cobrar[1676].

– A regulação pode exercer-se por normas que estabelecem procedimentos, valores e limites, ou por comandos emitidos por autoridades reguladoras que tenham o poder de avaliar as situações carecidas de regulação e ajustar a elas as suas instruções administrativas (não

---

[1668] Machlup, F. & M. Taber (1960), 101-119; Williamson, O.E. (1979), 233-261; Salinger, M.A. (1991), 545-556.

[1669] Retirando conclusões heterodoxas da sua análise do *«antitrust»* em termos de «custos de transacção», por exemplo chamando a atenção para a própria eficiência das instituições às quais é cometida a aplicação das regras pró-concorrenciais, a prevalência de contextos de incerteza e de assimetria informativa e a coexistência com formas muito variadas de concorrência imperfeita, cfr. Joskow, P.L. (2002), 95-116.

[1670] Chipty, T. (2001), 428; Westfield, F.M. (1981), 334-346; Quirmbach, H.C. (1986), 131-147; Quirmbach, H.C. (1986b), 1110-1119.

[1671] Para uma síntese dos mais recentes progressos no entendimento norte-americano sobre o *«antitrust»*, cfr. Hylton, K.N. (2003).

[1672] Barnes, D.W. (1999), 115-122; Evans, D.S., A.J. Padilla & M. Polo (2002), 509-514; Waldherr, M. (2001); Wessel, M.R. (1976).

[1673] O tema não se esgota aqui: para uma análise peculiar das políticas *«antitrust»* encaradas a partir do conceito de monopsónio, cfr. Blair, R.D. & J.L. Harrison (1993).

[1674] Jessop, B. (org.) (2001); Robinson, C. (org.) (2002).

[1675] Para considerações gerais acerca do fenómeno da regulação, seguidas da referência a vários exemplos portugueses, cfr. Ferreira, E.P. (2001), 393ss., 403ss.

[1676] Para aqueles que possam ter a ilusão de que os problemas da concorrência e da regulação são coisa do final do século XX, frutos recentes do movimento das privatizações, convém lembrar a longuíssima tradição do tema, que de certa maneira, e sob várias vestes, nunca deixou de estar presente na evolução do pensamento económico. Cfr. Gordon, R.L. (1994).

sendo de excluir também as iniciativas de *auto-regulação* que os produtores de um sector são capazes de formar e consolidar, através das instituições que espontaneamente assegurem a respectiva organização)[1677].

– É de não perder de vista, numa perspectiva estritamente económica, que a regulação envolve custos e pode por si mesma determinar perdas de eficiência global (desviando para ela recursos produtivos, por exemplo), pelo que é requisito básico da regulação que ela própria seja *regulável*, isto é, que seja susceptível de subordinação a processos de revisão e de reformulação que, avaliando o seu próprio sucesso, permitam a «afinação» de todos os procedimentos (e permitam a permanência de salvaguardas contra possíveis *excessos* de regulação, ou contra a sua obsolescência provocada pelo progresso económico e tecnológico)[1678].

– A regulação pode tomar uma forma *imperativa, coerciva*, encarregando-se o regulador público de estabelecer preços, quantidades, barreiras de entrada ou de saída, requisitos tecnológicos, balizas de negociabilidade; ou pode tomar uma forma *orientada para o mercado*, estabelecendo puros incentivos económicos, ou anunciando metas quantitativas, à promoção, através de trocas livres, dos objectivos globais pretendidos (incentivos como subsídios, impostos, quotas negociáveis e não--negociáveis), esta mais susceptível de fomentar efeitos dinâmicos («contagiantes») de promoção de eficiência.

Note-se que esta solução é especialmente adequada para se lidar com os monopólios naturais – pois aí a alternativa de se lhes reduzir a dimensão não pode deixar, por definição, de se traduzir em perdas de eficiência. Nada se ganha, aparentemente, em combater-se um monopólio natural: tudo está em evitar-se que os preços praticados pelo monopolista natural cresçam para lá de um limiar de preservação do bem-estar social.

É de não perder de vista, contudo, que a evolução tecnológica vai mudando, ao longo do tempo, a índole básica dos monopólios naturais, o que requer uma identificação cada vez mais precisa daquilo que seja o núcleo essencial desse monopólio e a sua separação de aspectos acidentais ou contingentemente conexos com ele; sendo de registar que muitos serviços colectivos

que inequivocamente pareciam gerar economias de escala do tipo característico dos monopólios naturais são hoje encarados como domínios susceptíveis de *produção concorrencial*, isolando-se deles as *redes de distribuição* que subsistem como geradoras de monopólios naturais, casos da rede eléctrica, da rede telefónica fixa, da rede ferroviária, etc. – pelo que é comum abrir-se o serviço à concorrência e permitir um acesso partilhado à rede de distribuição que, por sua vez, fica, ou nas mãos do Estado, ou nas de uma entidade independente –. Pense-se que, por exemplo, no mercado das telecomunicações nem sempre será fácil distinguir em que circunstâncias é que a detenção das redes (e «lacetes») locais configura a existência de genuínos monopólios naturais, sendo isso determinante, como se imagina, para se delinear a estratégia reguladora, o esquema de incentivos ou a estrutura de financiamento e as obrigações de serviço universal[1679].

– Veja-se o sector das telecomunicações, no qual a concorrência tende a assumir a forma peculiar da formação de múltiplas redes, a maior parte delas «abertas», no sentido de o seu valor depender da intercomunicabilidade com outras redes, da possibilidade de formação de uma «rede de redes», de acesso concorrencial por parte de «fornecedores de acesso» que concorrem porque não existe subordinação institucional entre eles – embora nada obste a que um operador se limite a fornecer o acesso a serviços de grau superior oferecidos por um outro operador.

– Nas telecomunicações, o acesso e a interconexão[1680] geram progressivamente «externalidades de rede»[1681], e adicionalmente asseguram a atomicidade no respectivo mercado, baixando as barreiras de entrada[1682] – ao mesmo tempo que essas «externalidades de rede» tendem a favorecer os «operadores históricos»[1683], e a facilitar a formação de entraves anti-competitivos como os das «restrições verticais»[1684].

– Isso significa que a presença de alguns monopólios naturais e que algumas posições estratégicas dentro das redes locais de telecomunicações podem criar possibilidades de «congestionamento», de captura de renda através do racionamento do acesso[1685], reclamando uma

[1677] Para os quadros básicos da «economia da regulação», cfr. Stigler, G.J. (1971), 3-21; Shleifer, A. & R.W. Vishny (1998).

[1678] ERP (2003), 135-137.

[1679] Gasmi, F., D.M. Kennet, J.-J. Laffont & W.W. Sharkey (2002); Gasmi, F., J.-J. Laffont & W.W. Sharkey (2002), 435-459.

[1680] Também por vezes designados como «acesso unilateral» e «acesso bilateral», respectivamente. Cfr. Noam, E. (2002), 385-421.

[1681] Não excluindo isso que, no início, o acesso e a interconexão devam estabelecer-se e frutificar sem o impulso dessas externalidades. Cfr. Milgrom, P., B.M. Mitchell & P. Srinagesh (2000), 175-195.

[1682] Permitindo que qualquer operador se limite a assegurar a interconexão com os demais, o que já assegurará aos seus clientes a cobertura integral da «rede das redes». Cfr. Vogelsang, I. (2003), 830ss..

[1683] Economides, N. (1996), 673-699.

[1684] Brennan, T.J. (1995), 455-482; Klass, M.W. & M. Salinger (1995), 667-698.

[1685] «Racionamento» aqui no sentido particular de empolamento dos preços como barreira de entrada – uma atitude «predatória».

supervisão rectificadora, quando não mesmo a aplicação de medidas «*antitrust*»[1686], frequentemente limitadas pelo facto de a «desintegração vertical» dos operadores históricos, se por um lado ajuda a desfazer a extensão de poderes monopolísticos, poder em contrapartida causar perdas de «economias de gama», e problemas de «dupla marginalização»[1687/1688].

– Nesta matéria, é o acesso *unilateral* («*one-way*») que gera o problema da edificação de barreiras de entrada por parte de algum «operador histórico» que domine alguns «pontos de passagem» essenciais, criando «engarrafamentos» monopolísticos[1689] e bloqueando a formação de externalidades de rede positivas[1690]. Essa situação reclamará normalmente a regulação das condições óptimas de acesso e retalho nas telecomunicações – em especial através de preços que assegurem volumes adequados de tráfego livre e incentivem níveis de investimento e utilização sustentáveis[1691], com alguma margem (de taxas fixas e variáveis) para compensar a concorrência imperfeita e as entradas ineficientes ao nível do retalho[1692], tendo em atenção a comparação das capacidades concorrenciais entre o «operador histórico» e os seus recém-chegados rivais[1693].

– Entre as várias propostas de preços para esse acesso unilateral à rede de telecomunicações, temos:

a) A «*Efficient Component Pricing Rule*» (*ECPR*)[1694], que admite preços fixados pelo «operador históri-co»[1695], preços incorporando não apenas os custos marginais de admissão de novos concorrentes[1696] mas ainda os custos de oportunidade advenientes da perda de volume de tráfego em favor desses concorrentes[1697], tudo acrescido das «margens» («*markups*») que assegurem uma captura mínima de bem-estar pelos operadores[1698] – admitindo-se que, salva a hipótese de degeneração dessa prática em «preços predatórios»[1699] e em «sabotagem» por meios que não envolvem preços[1700] – por exemplo, induzindo um recém-chegado a pagar o acesso em vez de constituir uma rede e pagar a interconexão[1701]–, isso possa propiciar a formação de um equilíbrio concorrencial[1702].

b) As tarifas de acesso calculadas com base nos custos – o que suscita problemas relativos à depreciação e às taxas de desconto de todos os envolvidos[1703], e problemas relativos ao grau de empenho das partes na formação de relações contratuais duradouras[1704].

c) O estabelecimento de preços máximos («*price caps*») para o acesso e para o retalho, um modo de afastar tentações de «entrincheiramento» e de predação por parte do «operador histórico»[1705] e de facilitar as entradas e saídas do mercado[1706].

d) A desregulação dos preços no retalho[1707], limitando-se a regulação aos preços de acesso[1708], o que suscita problemas peculiares em contextos de assimetria informativa[1709].

[1686] Simões, T.C. (2002).

[1687] Carter, M. & J. Wright (1994), 365-78; Domon, K. & K. Ota (2001), 77-93; Vogelsang, I. (2003), 833.

[1688] Sobre a regulação das redes locais de telecomunicações nos EUA e na Europa, cfr. Harris, R.G. & C.J. Kraft (1997), 107ss.; Waverman, L. & E. Sirel (1997), 113ss..

[1689] Noam, E. (2001); Vogelsang, I. (2003), 857ss.; Wright, J. (2002), 289-316.

[1690] Isto quando não é rentável para os recém-chegados contornarem o «operador histórico», e por isso se revelam elementos de «monopólio natural» nessa situação.

[1691] O que tem sido geralmente tentado com recurso aos «Preços de Ramsey», a nossa já conhecida regra da «elasticidade inversa». Cfr. Laffont, J.-J. & J. Tirole (1993); Laffont, J.-J. & J. Tirole (1994), 1673-1710. Cfr. ainda: Baumol, W.J. & D.F. Bradford (1970), 265-283; Boiteux, M. (1956), 22-40.

[1692] Armstrong, M., S. Cowan & J. Vickers (1994); Laffont, J.-J. & J. Tirole (2000).

[1693] Armstrong, M., C. Doyle & J. Vickers (1996), 131-150; Armstrong, M. (2002), 295-384; Hubbard, R.G. & W. Lehr (2000), 127-150.

[1694] Willig, R.D. (1979), 109-152; Baumol, W.J. (1983), 1-2. Cfr. ainda: Baumol, W.J. & J.G. Sidak (1994); Baumol, W.J., J. Ordover & R.D. Willig (1997), 145-163; Vogelsang, I. (2003), 834ss..

[1695] Hausman, J.A. & T.J. Tardiff (1995), 529-556.

[1696] Diamond, P.A. & J.A. Mirrlees (1971), 8-27, 261-278; Laffont, J.-J., P. Rey & J. Tirole (1998), 1-37.

[1697] De Bijl, P. & M. Peitz (2003).

[1698] Mitchell, B.M., W. Neu, K.-H. Neumann & I. Vogelsang (1995), 95-118.

[1699] Biglaiser, G. & P. DeGraba (2001), 302-315.

[1700] Economides, N. (1998), 271-284; Mandy, D.M. (2000), 157-172; Reiffen, D. (1998), 79-86; Sibley, D.S. & D.L. Weisman (1998), 451--470; Sibley, D.S. & D.L. Weisman (1998b), 74-93; Weisman, D.L. (1995), 249-266; Weisman, D.L. (1998), 87-91.

[1701] Kahn, A.E., T.J. Tardiff & D.L. Weisman (1999), 319-366.

[1702] Armstrong, M. (2001), 297-301; Lapuerta, C. & W.B. Tye (1999), 129-145; Sidak, J.G. & D.F. Spulber (1996), 851-999.

[1703] Mandy, D.M. (2002), 215-250; Salinger, M.A (1998), 149-164.

[1704] Hausman, J.A. (1997b), 1-38; Hausman, J.A. (2000).

[1705] Laffont, J.-J. & J. Tirole (1996), 227-256.

[1706] Vogelsang, I. (2002), 5-28; Vogelsang, I. (2003b).

[1707] Spiller, P.T. & C.G. Cardilli (1997), 128ss..

[1708] Armstrong, M. & J. Vickers (1998), 115-121.

[1709] Carter, M. & J. Wright (1999), 1-25; De Fraja, G. (1999), 109-134; Lewis, T.R. & D.E.M. Sappington (1999), 73-100.

– Quanto à interconexão («*two-way*»), para lá dos múltiplos aspectos não directamente atinentes aos preços (partilha de riscos, custos de transacção, formação de «*standards*»), suscitam-se problemas de coligação e de concorrência que não são diferentes daqueles que se desenham genericamente na concorrência oligopolista[1710], acrescidos da especificidade de alguns regimes[1711] e do factor da assimetria de custos entre novos operadores e os operadores já estabelecidos, os «históricos»[1712].

Mas a fixação administrativa dos preços de monopólio – por tentadora que ela seja em ambientes políticos habituados ao centralismo burocrático, como sucede com o modelo da *régulation* francesa[1713] – depara-se com inúmeras dificuldades, de que podemos enumerar algumas:

– tudo o que seja fixar preços mais elevados do que o custo marginal do monopolista é impedir a maximiza-

ção do excedente total, e é impedir a afectação eficiente de recursos – o que contrariaria os desígnios da regulação, da óptica da «teoria do interesse público» –;

– a presença de economias de escala faz com que, por definição, o monopólio natural tenha uma curva de custos médios indefinidamente descendente – e não em U, como vimos nos casos comuns –, o que equivale a dizer que tem custos marginais constantemente abaixo dos custos médios até ao ponto de esgotamento do mercado (a curva em U só se verificaria num mercado mais amplo do que aquele);

– assim, a fixação de preços em função dos *custos marginais*, se maximiza o bem-estar total, faz com que o monopolista venda abaixo do seu *custo médio*, registando prejuízos permanentes, perdas por unidade correspondentes à diferença entre custo médio e preço, que, no longo prazo, forçarão a sua saída do mercado[1714];

– para evitar este desfecho, o Estado pode optar por subsidiar o monopolista natural, mas isso não se faz sem

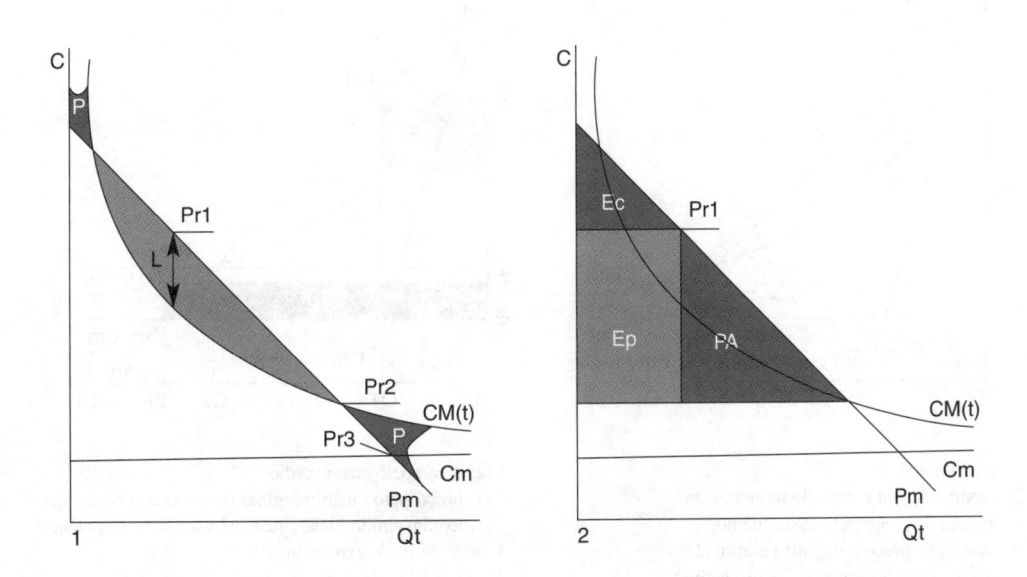

Gráfico 10.7. *Situação do monopólio natural (o Cm não chega a ser superior aos CM(t))*[1715]

[1710] Armstrong, M. (1998), 545-564; Vogelsang, I. (2003), 845ss..

[1711] Por exemplo, o regime de «*bill and keep*». Cfr. DeGraba, P. (2002), 61-65; Gans, J.S. & S.P. King (2001), 413-420; Wright, J. (2002b), 54-60.

[1712] Haring, J. & J.H. Rohlfs (1997), 119-132.

[1713] Boyer, R. & Y. Saillard (orgs.) (2002).

[1714] Num caso desses, e por exemplo, dar-se-ia espontaneamente uma subprodução de investigação e desenvolvimento na indústria farmacêutica, dada a falha de mercado associada com o efeito de boleia e com a inconsistência temporal das suas preferências quanto ao estímulo das empresas inovadoras através de subsídios estaduais – sendo o problema de inconsistência temporal precisamente o de que, uma vez produzido o fármaco, ultrapassados os custos fixos iniciais, os custos marginais de produção são tão baixos que os governos teriam a tendência para imporem preços próximos por esse custo marginal, facto que, a ser previsto pela indústria farmacêutica, levaria por sua vez a um subinvestimento «preventivo» por parte desta, tudo redundando, pois, na subprodução no sector. Cfr. Kremer, M. (2002), 69, 75-76.

[1715] Rosen, H.S. (2002), 314-315.

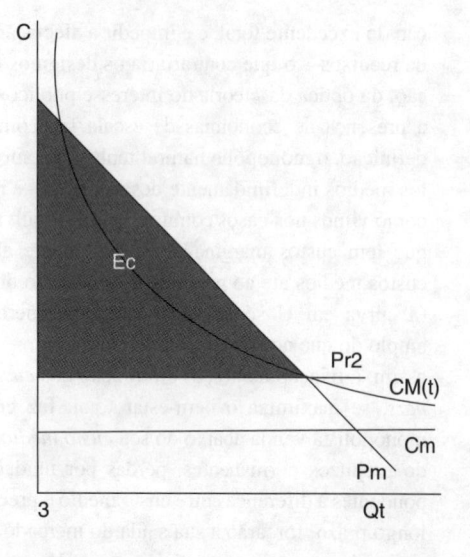

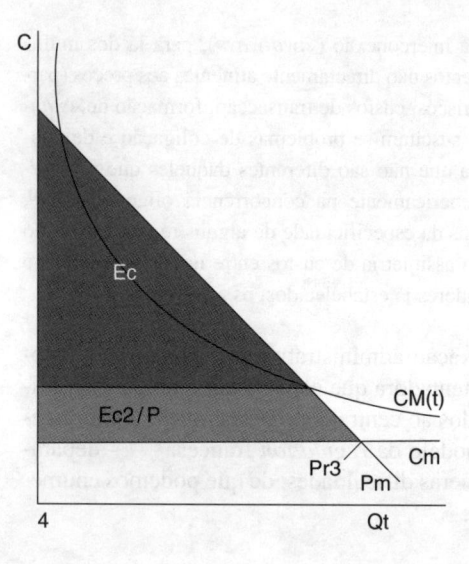

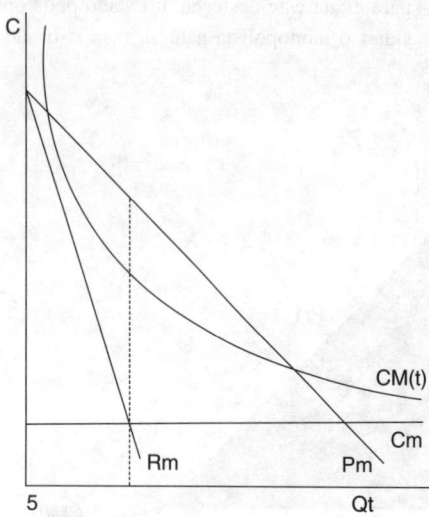

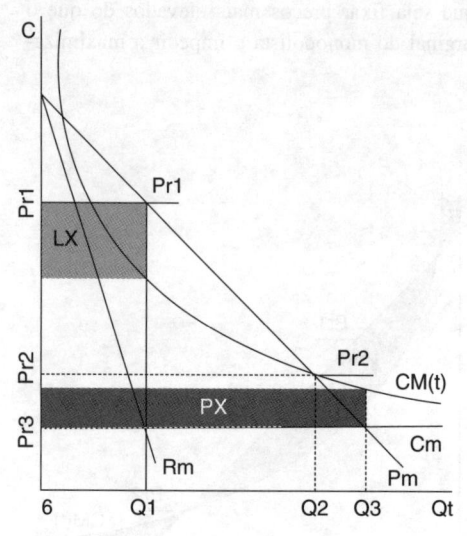

1: quadro geral
2: maximização do lucro do monopolista
3: fixação do preço pelo custo médio
4: fixação do preço pelo custo marginal
5: quadro geral (representação alternativa)
6: fixação de preços (representação alternativa)
C: custos
Qt: quantidades
CM(t): custos médios (totais)
Cm: custo marginal
Pm: preço de mercado
Rm: rendimento marginal
Pr1: preço que maximiza o lucro (captura o máximo de
     bem-estar do consumidor)

Pr2: preço pelo custo médio
Pr3: preço pelo custo marginal (maximiza o bem-estar
     do consumidor, mas causa prejuízo ao monopolista)
L: área de lucro extraordinário
Ec: excedente do consumidor
Ep: excedente do produtor monopolista
Ec2 / P: excedente extraordinário do consumidor = pre-
     juízo do produtor (suportado por um subsídio?)
PA: perda absoluta de bem-estar (*deadweight loss*)
Q1: quantidades que seriam produzidas ao preço Pr1
Q2: quantidades que seriam produzidas ao preço Pr2
Q3: quantidades que seriam produzidas ao preço Pr3
LX: lucro extraordinário do monopolista em Pr1 / Q1
PX: prejuízo que o monopolista teria em Pr3 / Q3

recurso a impostos, com os consabidos efeitos de
«*deadweight loss*» no bem-estar;
– em alternativa, o regulador pode consentir ao monopolista que pratique a discriminação de preços – cobrando,
por exemplo, tarifas diferentes em função do volume de

consumo, tarifas diferentes para empresas e para particulares, ou tarifas com uma parte fixa para cobrir custos fixos e uma parte variável em função do consumo –,
ou consentir a cobrança de um preço ajustado ao seu
custo médio – mas, como vimos também, este ajusta-

mento do preço ao *custo médio* manteria aquela disparidade entre preço e *custo marginal* que tem os mesmos efeitos de «*deadweight loss*» que teria um imposto cobrado pelo monopolista aos consumidores;

– contudo, uma fixação de preços em função de custos, tanto médios como marginais, pode ter consequências perversas, seja a de o produtor «inflacionar» os seus custos, seja mesmo a de o produtor perder qualquer incentivo a reduzi-los verdadeiramente, visto saber de antemão que qualquer redução de custos conduzirá a uma redução de preços, sem que ele possa retirar para si próprio qualquer vantagem especial desse incremento de eficiência;

– o remédio poderá ser novamente o de se permitir a prática de preços acima dos níveis de custos (seja os marginais, seja até os médios), mas isso não consegue fazer-se sem que voltem a surgir perdas absolutas de bem-estar.

E no entanto, é por esta última via que os reguladores acabam geralmente por seguir, dada não só a inviabilidade de uma política que denegasse permanente-

mente aos produtores regulados a possibilidade de chegarem ao menos ao nível do «lucro normal», como a própria inviabilidade – imoralidade até – de se onerar os outros sectores produtivos com a tributação necessária ao financiamento de um monopolista natural forçado a fixar os preços em função dos seus custos marginais[1716].

Quanto a estes dois últimos pontos, fixemos que, se o poder de mercado do «monopolista natural» é socialmente nefasto se resultar numa capacidade de cobrar, a longo prazo ou até permanentemente, preços acima daqueles que emergiriam num ambiente competitivo, exigindo-se em tal caso a influência moderadora da regulação[1717], em contrapartida não se podem perder de vista os respectivos efeitos *dinâmicos*, ou seja, o facto de a regulação suscitar reacções defensivas e evasivas da parte dos regulados[1718], desvirtuando os objectivos e processos adoptados[1719].

– A aplicação destes princípios pode ser ilustrada em vários contextos nos quais muitas vezes sucede ocorre-

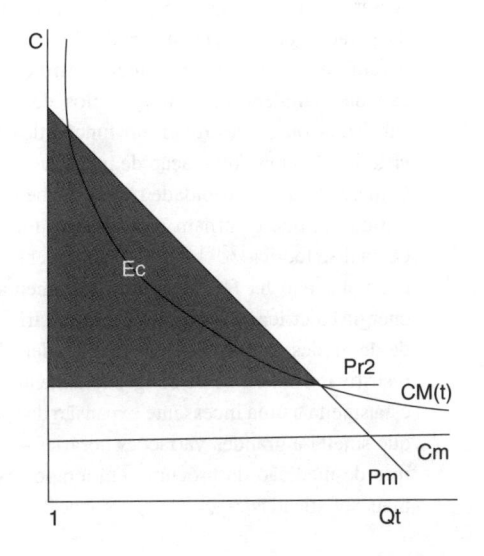 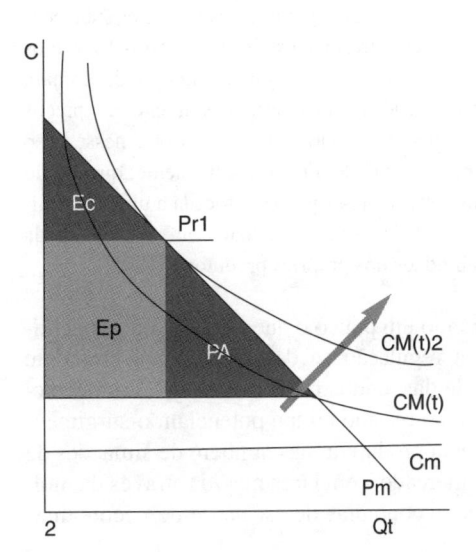

Gráfico 10.8. *Empolamento de custos pelo monopólio natural*

1: fixação do preço pelo custo médio
2: empolamento de custos, por forma a poder cobrar-se o preço que maximiza o lucro (que captura o máximo de bem-estar do consumidor)
C: custos
Qt: quantidades
CM(t): custos médios (totais) *reais*
CM(t)2: custos médios (totais) *aparentes*

Cm: custo marginal
Pm: preço de mercado
Pr1: preço que maximiza o lucro (captura o máximo de bem-estar do consumidor)
Pr2: preço pelo custo médio
Ec: excedente do consumidor
Ep: excedente do produtor
PA: perda absoluta de bem-estar (*deadweight loss*)

[1716] Sem esquecermos, por outro lado, que as delongas processuais são também de molde a constituírem verdadeiras denegações de justiça, só produzindo efeitos quanto a vítima de predação ou de outra prática anti-concorrencial e abusiva já sucumbiu ao ataque. Cfr. Eckert, A. (2002), 375-383.

[1717] Ferreira, M.C.C. (2002).

[1718] Isto para não falarmos já de outras complicações como a da «captura do regulador». Cfr. Gómez-Ibáñez, J.A. (2003).

[1719] ERP (2004), 154.

rem situações monopolistas que aparentam constituir «monopólios naturais», mas na realidade são monopólios protegidos por uma regulação que deixa os produtores instalados, os «operadores históricos», praticarem preços que estão desalinhados com os seus custos, criando com isso verdadeiras barreiras de entrada, e nos quais também muitas vezes sucede que os recém-chegados optem por adquirir «serviços de rede» de produtores instalados, ou se vejam forçados a fazê-lo, naqueles contextos em que essa rede apresenta características de monopólio natural (caso em que, em nome da eficiência, a política de preços no retalho deve acautelar as excepções impostas por deveres de serviço universal, ao mesmo tempo que as tarifas de acesso à rede não devem discriminar entre o seu detentor e os demais operadores que queiram a ela aceder)[1720].

– Pense-se apenas num qualquer dos corolários da obrigação de serviço universal nas telecomunicações (cobrar a mesma tarifa aos utentes independentemente da distância das chamadas, por exemplo) para facilmente se concluir que a regulação nalguns sectores impõe preços de retalho que se afastam inteiramente dos custos subjacentes[1721]. Nesses mercados, os elevados custos fixos e os comparativamente ínfimos custos marginais tornam obviamente inadequado o estabelecimento de preços com base no custo marginal – sendo que nesse caso pode lançar-se mão de um outro expediente, que é o do *«second-best pricing»* (que não proceda a uma maximização radical de ganhos imediatos em detrimento da sustentabilidade dos próprios produtores[1722]).

Relembrando um pouco o que ficou já dito, concluiremos que a regulação se defronta com a crescente complexidade das «indústrias de rede»[1723], com características que ao mesmo tempo potenciam o surgimento de eficiência produtiva mas também de situações de domínio de mercado – em larga medida através da multiplicação de «economias de escala» e de «economias

de gama» –; situação tornada ainda mais complexa na medida em que as «redes» envolvam a competência sobreposta de vários reguladores sectoriais, ao mesmo tempo que aumentam com essa dispersão de serviços a assimetria informativa que beneficia o produtor regulado em detrimento, seja dos utentes, seja dos supervisores de mercado[1724].

– Ilustremo-lo desta feita com outro sector «em rede», o da electricidade, também ele fértil em complicações teóricas e práticas[1725], ainda que a relativa exiguidade da oferta tenda a gerar baixos custos de transacção, permitindo a configuração de sistemas de preços susceptíveis de simularem um mercado, com maior facilidade e eficiência (do que aquilo que sucede nas telecomunicações)[1726].

– Nesse mercado da electricidade, tende hoje a entenderse que a geração da energia *não constitui* um monopólio natural, sendo-o apenas, quando muito, as redes de transmissão e distribuição[1727]. Isso não impede que ocorram exemplos de «poder de mercado» *horizontal* no sector da electricidade – especificamente, no sub-sector da geração de energia, no qual não existe monopólio natural, mas sim, e quando muito, esforços para a criação ou manutenção de monopólios de facto[1728], que subsistem ou se destroem em função dos objectivos e critérios de uma «regulação de incentivos»[1729].

– O mercado da electricidade revela também várias peculiaridades, que o tornam num objecto muito apetecido de análise teórica[1730/1731] – bastando pensar-se que, por exemplo, não há forma de armazenamento maciço de energia eléctrica a baixo custo, a sua distribuição depende de «redes de redes», está conexa a leis físicas muito restritivas em termos de congestionamento, de acesso, e está sujeita a uma incessante expansão da procura, ainda que sujeita a grandes variações horárias – exigindo formas de medição da procura «em tempo real» cada vez mais sofisticadas[1732].

[1720] Para uma análise no contexto britânico e europeu, cfr. Robinson, C. (org.) (2001).

[1721] Armstrong, M. (2001), 297.

[1722] Para uma ilustração com o exemplo português, cfr. Martins, M.L.C. (2001), 1683-1687.

[1723] Gottinger, H.-W. (2003).

[1724] Sichel, W. & D.L. Alexander (orgs.) (1996).

[1725] Hunt, S. & G. Shuttleworth (1996); Stoft, S. (1997), 34-45.

[1726] Chao, H.P. & S. Peck (1996), 61-80; Harvey, S., W. Hogan & S. Pope (1996), 42-55; Hogan, W. (1992), 211-242; Hogan, W. (1993), 171-200; Schweppe, F., M.C. Caramanis, R.D. Tabors & R.E. Bohn (1988); Tabors, R. (1996), 61-67; Walton, S. & R. Tabors (1996), 34-41.

[1727] Joskow, P.L. (1997), 119ss..

[1728] Borenstein, S., J.B. Bushnell, E. Kahn & S. Stoft (1995), 219-236; Green, R.J. & D.M. Newbery (1992), 929-953; Joskow, P.L. & R. Schmalensee (1983); Newbery, D. (1995), 39-66; Von der Fehr, N.-H.M. & D. Harbord (1993), 531-546; Werden, G.J. (1996b), 16-21.

[1729] Joskow, P.L. & R. Schmalensee (1986), 1-49; Laffont, J.-J. & J. Tirole (1993).

[1730] Cardell, J.B., C.C. Hitt & W.W. Hogan (1997), 109-137; Gilbert, R.J. & E.P. Kahn (1996); Green, R.J. (1994), 73-96; Green, R.J. & D.M. Newbery (1992), 929-953; Joskow, P.L. (1997), 119-138; Von der Fehr, N.-H.M. & D. Harbord (1993), 531-546; Wolfram, C.D. (1999), 805ss..

[1731] Sobre questões peculiares de tributação no sector, cfr. Vasques, S. (2001b), 7-49.

[1732] Hunt, S. (2002).

10 – a) – iv) – χ) A nacionalização dos monopólios

Outra opção aberta ao Estado é a da nacionalização dos monopólios, nomeadamente dos monopólios naturais, embora a opção pela nacionalização, pela estadualização dos agentes económicos, envolva a possibilidade de enfraquecimento dos incentivos para o controlo de custos, que vêm normalmente associados à possibilidade de apropriação particular dos lucros.

Os gestores públicos, tendo a capacidade de, com relativa impunidade, transferirem custos para os contribuintes e para os consumidores, hão-de tender a pautar a sua conduta por outras finalidades que não a da maximização de lucros – por exemplo, a «lógica clientelar», a prestação de favores à classe política, a auto-perpetuação nos seus cargos, etc., tudo finalidades que subalternizam o controlo dos custos. Tudo isso é resultado de uma fraqueza de incentivos que pode conduzir as empresas e sectores produtivos até aos confins irresponsabilizantes do «*soft budget constraint*»[1733].

Para muitos economistas, a intervenção do Estado terá sempre uma probabilidade de falhas muito mais ampla e grave do que toda e qualquer falha de mercado, todo e qualquer desvio do paradigma concorrencial perfeito – pelo que a rectificação das deficiências encontradas na formação de preços de monopólio, por qualquer das vias que acabámos de ver, pode ser substituída com vantagem pela pura e simples abstenção do Estado[1734].

Mais ainda, muitas das situações monopolistas são artificialmente criadas e mantidas pela intervenção do Estado – que vê nos monopólios, tão frequentemente, meras fontes, directas ou indirectas, de receitas[1735] –, o qual frequentemente distorce as condições concorrenciais com base na simples convicção de que está a interagir com uma situação de monopólio natural, o que, como referimos, nem sempre será o caso. Por isso, ao contrário do que se sugere com a opção da nacionalização, para muitos o Estado é parte do problema, não sendo por isso a via adequada para a solução.

Em todo o caso, não podemos desdenhar a função que a apropriação estadual pode desempenhar numa multiplicidade de situações de «contrato incompleto», situações de irremediável complexidade na espontaneidade dos mercados, que, tornando a estipulação contratual insuficiente para a disciplina da produção, tornam necessário o recurso a regras de propriedade, susceptíveis de definirem e atribuírem o poder residual de controlo e de negociação naquelas «clareiras» não recobertas pelas estipulações contratuais. Quando o mercado não fornece senão sombras e dúvidas e tolhe, por isso, a possibilidade de definição prévia de objectivos, de funções, de meios, não resta aparentemente outra solução do que a de legitimar a definição *subsequente*, remetendo-a a um «proprietário»[1736].

10 – a) – iv) – δ) A teoria dos mercados contestáveis e a posição da «Escola de Chicago»

É por isso que se generalizou a ideia de que o mercado é ainda o melhor disciplinador de todas as situações monopolistas que não derivem de verdadeiras condições de monopólio natural: sempre que o Estado retirar barreiras de entrada ou de saída do mercado e direitos exclusivos de produção (ou até fomentar a produção de sucedâneos ao produto dominante[1737]), poderá subsistir ainda uma situação de monopólio *de facto*, mormente porque durante algum tempo os potenciais concorrentes são mantidos à distância pelos custos fixos do investimento inicial – custos que para o monopolista são custos históricos, irrecuperáveis, e por isso negligenciáveis no curto prazo, mas o não são para os «pretendentes» –; mas o monopolista que persistir numa lógica de maximização do lucro, restringindo a sua produção a níveis aquém da sua escala de eficiência e estabelecendo preços muito acima dos custos marginais, descobrirá no longo prazo a insustentabilidade da sua posição, e será derrotado pelos concorrentes recém-chegados[1738].

Um monopolista racional, detectando a possibilidade de um tal evento vir a produzir-se, antecipará as suas medidas defensivas, tomando ele próprio a iniciativa de baixar os preços em direcção aos custos marginais, e de expandir a produção na direcção da sua escala de eficiência – antepondo outra finalidade mais urgente, a da sobrevivência no mercado, à finalidade da maximi-

---

[1733] Barberis, N., M. Boycko, A. Shleifer & N. Tsukanova (1996), 764-790; Ehrlich, I., G. Gallais-Hamonno & R. Lutter (1994), 1006-1038; Holmstrom, B. & P. Milgrom (1991), 24-52; Holmstrom, B. & P. Milgrom (1994), 972-991; Stiglitz, J.E. (1994); Tirole, J. (1994), 1-29; Wilson, J.Q. (1989).

[1734] Em rigor, as «falhas de mercado», tal como as «falhas de intervenção», são situações que impedem o livre jogo de oferta e procura de promover a «eficiência de Pareto».

[1735] Ferreira, E.P. (2000c), 163-179.

[1736] Grossman, S.J. & O. Hart (1986), 691-719; Hart, O.D. & J. Moore (1990), 1119-1158; Hart, O.D. (1995); Hart, O.D., A. Shleifer & R.W. Vishny (1997), 1127-1161.

[1737] O regime das comparticipações nos medicamentos, até o fomento dos fármacos «genéricos», pode ser eficientemente convertido numa contestação do monopólio dos «medicamentos de marca». Cfr. Aronsson, T., M.A. Bergman & N. Rudholm (2001), 425-435; Berndt, E.R. (2002), 50; Scott Morton, F.M. (2002), 135-168.

zação do lucro, até por ser esta possibilidade de maximização do lucro até níveis extraordinários que constitui o chamariz dos novos concorrentes no mercado.

O monopolista que voluntariamente baixa os seus lucros está a antecipar-se ao impacto da concorrência, e está também a procurar abrandar essa concorrência, tornando-a menos atractiva – como vimos a propósito da estratégia defensiva da limitação unilateral de preços por parte do monopolista –; mas está ainda, mesmo que involuntariamente, não apenas a devolver aos consumidores muito do excedente de bem-estar que lhes tenha sido «capturado» pelo exercício do poder de mercado do produtor mas também a provocar incrementos de bem-estar total que aproximam o mercado daquela situação maximizadora que ocorreria na concorrência efectiva. No limite, o monopolista que, vendo-se colocado numa situação de mercado *contestável*, mais resguarda a sua viabilidade futura é também o monopolista que mais reduz a perda absoluta de bem-estar e mais devolve aos consumidores o seu quinhão de «excedente das trocas», é aquele que se auto-disciplina a ponto de simular os efeitos de bem-estar de um mercado *efectivamente competitivo*.

Mercado contestável é, pois, aquele em que os custos de entrada não são, nem todos irrecuperáveis («*sunk costs*»[1739]), nem muito elevados, sendo portanto que a estrutura de custos variáveis dos recém-chegados e dos «históricos» é aproximadamente comparável[1740] – tratando-se, portanto, de saber se os recém-chegados são viáveis, se podem chegar a uma «escala mínima» para lá do «*break even*», instalando-se no mercado em competição com o ex-monopolista[1741].

O próprio George Stigler, depois de se ter notabilizado na sua insistência no combate estadual ao domínio de mercado da parte de produtores poderosos – por uma vez excepcionando à sua apologia do *laissez-faire* –, acabou por reconhecer que a simples abertura dos mercados, a contestabilidade dos mercados, a própria internacionalização e mundialização, viriam fazer perder muito do poder de mercado até aos maiores «gigan-

tes» num mercado interno. Daí Stigler partirá para a demonstração da fundamental irrelevância da regulação, o que fará provando que os investidores não ficaram minimamente beneficiados (nem prejudicados) com a regulação do mercado bolsista, mormente com a criação da Securities and Exchange Commission[1742]. E essa posição viria a celebrizar a atitude «*laissez-faire*» que, em matéria de política «*antitrust*», assumirá, na senda trilhada por Stigler, a «Escola de Chicago»[1743].

A visão tradicional das políticas «*antitrust*» era a de que os méritos da concorrência, em termos de eficiência e de justiça, seriam dificilmente contestáveis, sem se preocupar demasiado com a identificação de efeitos pró-competitivos e anti-competitivos por vezes confundidos numa mesma iniciativa de um produtor, tornando equívocos os juízos de valor nesta matéria[1744]:

– Por exemplo, a saída do mercado de alguns produtores «marginais» pode significar que o mercado está a funcionar perfeitamente, e que o «lucro normal» está a fazer sentir os seus efeitos; mas pode também significar que um produtor está a exercer o seu poder de mercado, ou a praticar os preços predatórios que lhe são permitidos pela sua posição dominante, para «empurrar» os demais produtores para fora da concorrência.

– Noutro exemplo, um produtor que faz aumentos de escala pode estar exclusivamente determinado em aumentar a sua eficiência e competitividade, mas pode também estar empenhado, pelo contrário, na exibição de um «excesso de capacidade» que intimide os potenciais concorrentes[1745].

Já no início dos anos 70 do século XX um grupo de economistas e juristas[1746] da Universidade de Chicago se notabilizara pelas contundentes críticas lançadas contra o activismo «*antitrust*» que imperava na administração e nos tribunais norte-americanos da época. A «Escola de Chicago»[1747], mais tarde uma verdadeira «incubadora» de Prémios Nobel da Economia, tinha tido a sua origem no rescaldo da 2.ª Guerra Mun-

[1738] Baumol, W.J. (1982), 1-15; Baumol, W.J., J.C. Panzar & R.D. Willig (1982); Baumol, W.J., J.C. Panzar & R.D. Willig (1983), 491-496; Baumol, W.J. & K.S. Lee (1991), 1-17.

[1739] Gilbert, R.J. (1986).

[1740] Baumol, W.J., J.C. Panzar & R.D. Willig (1982); Lobo, C.B. (2001), 166-167; Schwartz, M. & R.J. Reynolds (1983), 488-490; Stiglitz, J.E. (1987b), 883-947.

[1741] Ordover, J.A. & J.B. Baker (1992), 139-146; Salop, S.C. (1986), 265-294; Salop, S.C. (1986b), 551-570; Willig, R.D. (1991), 281-332.

[1742] Stigler, G.J. (1975), 78-100.

[1743] Baker, J.B. (1999), 181ss.; Bork, R.H. (1978); Goldschmid, H.J., H.M. Mann & J.F. Weston (orgs.) (1974); Posner, R.A. (1976); Silva, M.M. (2000), 825ss..

[1744] Clark, J.B. (1901).

[1745] Baker, J.B. & D.L. Rubinfeld (1999), 386-435; Crandall, R.W. & C. Winston (2003), 3ss..

[1746] Avultando, entre os juristas, Robert Bork e Richard Posner.

[1747] Bronfenbrenner, M. (1962), 72-75; Friedman, M. (1974), 11-16; Miller Jr., H.L. (1962), 64-69; Reder, M.W. (1982), 1-38; Samuels, W.J. (org.) (1976); Stigler, G.J. (1962b), 70-71.

[1748] Stigler, G.J. (1982), 166-170.

dial[1748], e sempre se destacara pelas suas posições liberais (não raro próximas de formulações libertárias e anti--estaduais, dentro de uma linhagem que abarca nomes como os de Frank Knight, Friedrich von Hayek, Milton Friedman, James Buchanan, Gordon Tullock, Ludwig von Mises, George Stigler, Gary Becker e Thomas Sowell[1749]), avessas a esforços planificadores e coercivamente reguladores, avessas a centralismos e à criação ou perpetuação de barreiras e privilégios susceptíveis de interferência no funcionamento dos mercados[1750].

Com esse propósito em vista, os académicos de Chicago concentraram os seus esforços na demonstração dos princípios de eficiência que não poderiam deixar de presidir à formação espontânea de muitos dos fenómenos que o activismo «*antitrust*» tomava por alvo: fusões, concentrações, restrições verticais. A ideia era a de que, ao contrário das aparências entretanto formadas pela persistência do activismo regulador, muitas daquelas formas ou eram benignas e até pró-competitivas, ou então o próprio mercado se encarregaria de as neutralizar – sendo que em qualquer dos casos o esforço regulador e repressivo era fundamentalmente inútil, ou até mesmo prejudicial para o regular funcionamento da economia.

Começando a ganhar adeptos nos próprios tribunais e depois na administração reguladora (mormente a propósito da discussão em torno dos efeitos anti-competitivos ou pró-competitivos das «restrições verticais»[1751]), a «Escola de Chicago» viria a tornar-se o paradigma dominante na política «*antitrust*», daí resultando a generalização de atitudes reguladoras de muito maior descontracção e abstenção, e muito menor intuito coercivo, como esta da aplicação da ideia de «mercados contestáveis».

Quanto às «restrições verticais»[1752], ou seja, quanto à prática de acordos exclusivos e limitativos entre partes envolvidas num mesmo processo de produção ou distribuição (ou em mercados de bens complementares)[1753], a visão de Chicago era a de que a simples aceitação livre dos termos desses contratos indiciava por si só que as partes consideravam haver mais vantagens do que inconvenientes nessas limitações negociais *consentidas*, porque decerto elas não seriam praticadas e generalizadamente aceites se elas acarretassem sistematicamente prejuízos para uma das partes envolvidas[1754] (ainda que este argumento desconsidere o potencial de externalização negativa desses acordos sobre terceiros, os consumidores)[1755]; podiam esses acordos não ser formas óptimas de relacionamento pró-competitivo entre protagonistas no mercado ou instrumentos de coordenação «horizontal»[1756], podiam até eles constituir episodicamente «armas» eficazes[1757], mas em contrapartida eles deixavam de ser invariavelmente tomados como «grandes conspirações» contra a concorrência, contra o mercado e contra o bem-estar colectivo[1758], dispensando-se assim até, na avaliação de objectivos e de medidas políticas, a invocação da cláusula geral da «*rule of reason*»[1759], dando-se maior ênfase pragmática aos resultados de bem-estar do que a considerações políticas e morais sobre «abuso de poder», recorrendo-se menos frequentemente (com a notável excepção do caso *Microsoft*) a acções de grande dimensão e visibilidade com os discutíveis objectivos de «prevenção geral», cujos efeitos anti-competitivos poderiam ser não-despiciendos[1760].

O principal legado da «Escola de Chicago» nesta matéria será, porventura, a deslocação da ênfase analítica, com o abandono dos velhos preconceitos anti-monopolistas a favor de uma avaliação pragmática e assumidamente casuística da eficiência das concentrações[1761].

– Por força deste ascendente doutrinário, tornou-se ambíguo (no mínimo) o juízo da teoria económica acerca das vantagens das grandes fusões em termos de bem-estar total, e particularmente em termos de benefícios para os consumidores: por um lado, há a possibilidade de economias de escala, de sinergias, de economias de gama, de mais completa integração dos mercados[1762]; por

---

[1749] Veja-se contudo os ataques «*ad hominem*» que são movidos a todos eles em: Tilman, R. (2001).

[1750] Nos embates ideológicos do último quartel do século XX, a Escola viu-se embaraçosamente comprometida com o alegado envolvimento de «Chicago Boys» na edificação do ditatorial «Chile de Pinochet». Cfr. Valdés, J.G. (1995). Cfr. Barber, W.J. (1995), 1941ss..

[1751] Kovacic, W.E. & C. Shapiro (2000), 52-53; Kitch, E.W. (org.) (1983), 163-234.

[1752] Silva, M.M. (2000), 815-846.

[1753] Riordan, M.H. & S.C. Salop (1995), 513-568.

[1754] Bork, R.H. (1978), 309.

[1755] Gilbert, R.J. & M.L. Katz (2001), 31.

[1756] Katz, M.L. (1989), 655-721.

[1757] Kovacic, W.E. & C. Shapiro (2000), 54-55.

[1758] Whinston, M.D. (2001), 66; Bork, R.H. (1978); Director, A. & E. Levi (1956), 281-296; Posner, R.A. (1976).

[1759] Kovacic, W.E. & C. Shapiro (2000), 55; Baker, J.B. (1999), 181-194.

[1760] Bittlingmayer, G. (2002), 46-52.

[1761] Williamson, O.E. (1968), 18-36.

[1762] Andrade, G., M. Mitchell & E. Stafford (2001), 103-120; Gorton, G. & R. Rosen (1995), 1377-1420; Kaplan, S.N. (2000), 3-7; Pilloff, S.J. & A.M. Santomero (1998), 59-78; Ravenscraft, D.J. & F.M. Scherer (1989), 101-116.

outro lado, a fusão de empresas concorrentes tende a diminuir a concorrência e a aumentar o poder de mercado[1763]; em termos de bem-estar, isso significa que das fusões podem resultar preços mais baixos, tal como podem resultar preços mais elevados[1764] – e que isso pode até verificar-se sequencialmente, com um tipo de efeitos no curto prazo, e os efeitos inversos no longo prazo[1765] –, bastando pensar-se, para se abarcar o sentido das ambivalências nesta matéria, nas demoras envolvidas na reestruturação das empresas pós-fusão, em termos de processos de produção, de pessoal, de instalações, até de reacção do mercado à identidade e dimensão dos resultados dessas fusões[1766].

– Dado este quadro valorativo, a análise dos níveis de concentração no mercado cada vez mais incide na possibilidade de as empresas resultantes de fusões ficarem mais habilitadas a promoverem atitudes anti-competitivas unilaterais – ou seja, de substituírem uma cartelização por uma atitude agressiva de promoção de soluções Bertrand-Nash ou Cournot-Nash[1767], no pressuposto de que a procura não desfaz essas iniciativas, ou seja, que as preferências e elasticidades cruzadas possibilitam um resultado *viável* no mercado[1768], e não geram, por exemplo, procuras *quebradas*[1769].

– Acresce a isto que muitos dos remédios «*antitrust*» são tão complexos e lentos que frequentemente a respectiva aplicação se torna inútil, por simples evolução tecnológica capaz de resolver o problema de base[1770]; mas há excepções[1771]. Outra crítica forte contra as políticas «*antitrust*» é a que aponta para a discricionariedade ínsita no processo, para a aleatoriedade com que se escolhem alvos e se ignoram outros, tantas vezes ao sabor de meros critérios e juízos de oportunidade política[1772].

– Além disso, há que não perder de vista a dinâmica de «captura do regulador» que pode insinuar-se nas mais generosas e inequívocas iniciativas – como por exemplo

sucederá nos casos em que algumas iniciativas «*antitrust*» servirão de «arma de arremesso» entre competidores, procurando por essa via obter vantagens *através* da regulação, tentando convencer o regulador a envolver-se, com parcialidade, nas teias da concorrência[1773]. E contra a regulação depõe, finalmente, o facto de ser praticamente inevitável a tendência expansionista e interventora mesmo das mais tímidas e bem intencionadas regulações, que têm a arreliadora propensão para se coenvolverem repetidamente nas perversões do «legalismo»[1774].

Resumindo: a teoria dos mercados contestáveis, ou da *concorrência potencial*, refere-se à tendência para que um produtor, mesmo que isolado no mercado numa situação monopolista, reduza espontaneamente os seus lucros até ao nível do lucro normal, como o faria num contexto de contestação efectiva num mercado concorrencial, dada a ameaça de entrada de concorrentes que decorreria da manutenção de lucros extraordinários.

Mercado contestável é portanto, muito sumariamente, o mercado no qual um nível concorrencial de preços é atingido através da mera concorrência *potencial*. A única excepção à teoria é a existência de barreiras *económicas* de entrada e de saída, sob forma de elevados custos irrecuperáveis, não apenas dissuasores da entrada de concorrentes como causadores de escalas mínimas de eficiência muito elevadas – sendo que a simples existência de elevados custos fixos e «de funcionamento» não é dissuasora da contestação por potenciais concorrentes, na medida em que tais custos sejam recuperáveis à saída do mercado –.

Dito de outro modo, no «jogo de dissuasão de entrada» o monopolista estabelecido adopta o preço competitivo como seu «equilíbrio de Nash» – uma forma de equilíbrio estratégico não-cooperativo genericamente

[1763] Kim, E.H. & V. Singal (1993), 549-569; Prager, R. & T.H. Hannan (1998), 433-452.

[1764] Isto para não falarmos de outros tipos de transferência de bem-estar entre os próprios produtores ou entre os próprios consumidores – ou seja, fora do mecanismo do preço de equilíbrio. Cfr. Jensen, M.C. (1988), 21-48; Sapienza, P. (2002), 329-368.

[1765] Focarelli, D. & F. Panetta (2003), 1152ss..

[1766] Berger, A.N., A. Saunders, J. Scalise & G. Udell (1998), 187-229; Calomiris, C.W. & J. Karceski (2000), 93-177; Houston, J.F., C.M. James &M.D. Ryngaert (2001), 285-331; Kole, S.R. & K. Lehn (2000), 239-326; Madura, J. & K.J. Wiant (1994), 1135-1154; Pulvino, T.C. (1998), 939-978; Rhoades, S.A. (1998), 273-291.

[1767] Salant, S.W., S. Switzer & R.J. Reynolds (1983), 185-199; Deneckere, R.J. & C. Davidson (1985), 473-486; Farrell, J. & C. Shapiro (1990), 107-126; Perry, M.K. & R.H. Porter (1985), 219-227.

[1768] Baker, J.B. (1997), 177-196; Baker, J.B. (1997b), 21-26; Baker, J.B. (1997c), 347-361. Veja-se as comprovações econométricas em: Berry, S. & A. Pakes (1993), 247-252; Hausman, J.A. & G.K. Leonard (1997), 321-346; Hausman, J.A., G.K. Leonard & D. Zona (1994), 159--180; Shapiro, C. (1996), 23-30; Werden, G.J. (1996), 409-413; Werden, G.J. (1997), 363-386; Werden, G.J. & L. Froeb (1994), 407-426.

[1769] Baker, J.B. & T.F. Bresnahan (1992), 3-16.

[1770] Foi o que aconteceu nas primeiras ofensivas anti-monopolizadoras dirigidas contra a IBM (e ameaça repetir-se no caso Microsoft), ou ainda em casos envolvendo linhas aéreas e ferroviárias. Cfr. Fisher, F.M., J.J. McGowan & J.E. Greenwood (1983); Grimm, C. & C. Winston (2000), 41-71; Wilder, R.P. (1975), 25-47; Morrison, S.A. & C. Winston (1995); Morrison, S.A. & C. Winston (2000), 1-40.

[1771] Block, M.K., F.C. Nold & J.G. Sidak (1981), 429-445.

[1772] Weingast, B. & M.J. Moran (1983), 765-800; Coate, M.B., R.S. Higgins & F.S. McChesney (1995), 213-230.

[1773] Baumol, W.J. & J.A. Ordover (1985), 247-265.

[1774] Bardach, E. & R.A. Kagan (2002).

formulado pelo matemático John Forbes Nash[1775] –, visto calcular que a subida em direcção ao preço do monopolista o deixaria exposto à entrada de concorrentes que, praticando preços inferiores aos seus, lhe captariam toda a sua quota de mercado, sujeitando-o a perdas máximas, perdas decerto superiores àquelas que ele registou, ou registará, com o abaixamento voluntário, «por antecipação», dos preços que pratica[1776].

Para encerrarmos este ponto, refiramos que, depois da «revolução de Chicago» em matéria de «*antitrust*», já houve avanços e recuos – bastando pensar-se no que se passou com a Microsoft, ou no que resulta do activismo anti-globalização[1777]. As comparações inter-sectoriais e internacionais não permitem retirar conclusões muito óbvias acerca da eficácia das actuais políticas «*antitrust*», seja na prevenção das concentrações no mercado, seja na manutenção de ganhos de bem-estar relacionados com a competitividade[1778] – sobretudo se pensarmos

que, apesar da vaga de fusões e aquisições nos dois últimos decénios do século XX, isso não teve impacto no nível agregado de concentração dos mercados, mantendo-se estruturalmente competitiva a maior parte dos mercados das economias mais desenvolvidas[1779].

Hoje os desenvolvimentos da «Economia da Informação» parecem trazer com eles mais um argumento pró-paternalista e pró-regulador: a ideia de que o acesso à actividade em particulares sectores da economia pode denotar um excessivo e irracional optimismo[1780], manifesto no ritmo de falências de concorrentes recém-chegados[1781], e mesmo noutras condições de competitividade e de perdurabilidade relativas a outras razões que não se cingem ao alcançar-se do ponto de «*break-even*»[1782]; ou, alternativamente, que esse acesso pode denunciar falta de informação ou de atenção às condições particulares do sector, ou excesso de informação ou de atenção a condições gerais da conjuntura econó-

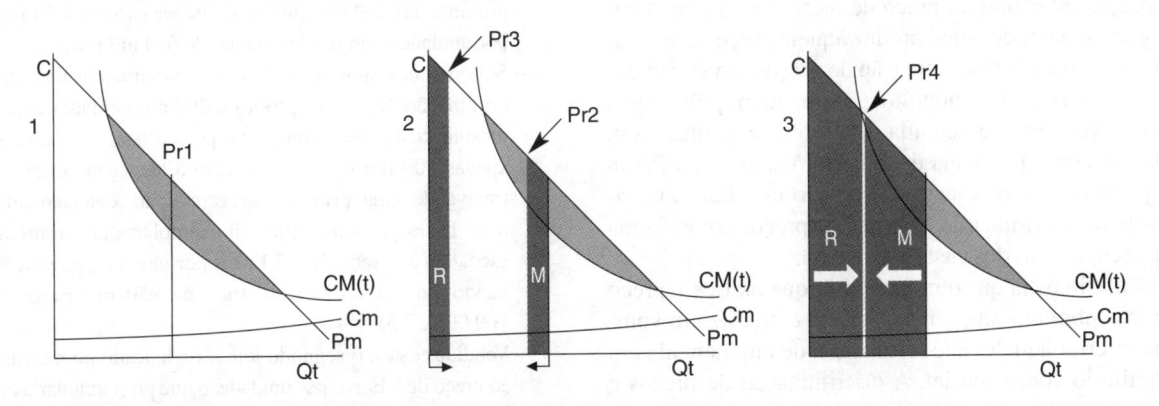

Gráfico 10.9. *Porque é que o monopólio natural não é contestável*

1: situação inicial
2: tentativa de entrada do rival, que reduz os lucros do monopolista sem conseguir ele próprio alcançar lucros mínimos, o que normalmente determinará a sua saída sem chegar à situação 3
3: excepcionalmente (e muito improvavelmente) o rival alcança o volume de produção do monopolista; ambos obtêm apenas lucros mínimos, numa posição afastada da escala de eficiência
C: custos
Qt: quantidades
CM(t): custos médios (totais)

Cm: custo marginal
Pm: preço de mercado
Pr1: preço que maximiza o lucro do monopolista
Pr2: preço do monopolista com a tentativa de entrada de um rival
Pr3: preço que o rival cobraria na sua tentativa (frustrada) de contestação do monopólio
Pr4: preço que o ex-monopolista e o rival cobrariam em consequência de uma contestação bem-sucedida
R: rival
M: monopolista

[1775] Nash, J. (2002); Rubinstein, A. (1995), 9-13.

[1776] Crawford, V.P. (2002), 377-382.

[1777] Cucinotta, A., R. Pardolesi & R.V.D. Bergh (orgs.) (2002).

[1778] Comanor, W. & F.M. Scherer (1995), 263-289; Eckbo, B.E. (1992), 1005-1029; Stigler, G.J. (1966b), 225-258.

[1779] White, L.J. (2002), 137-160.

[1780] Em especial no sentido de «insensibilidade ao risco». Cfr. Allen, D.W. & D. Lueck (1995), 447-451; Babcock, L. & G. Loewenstein (1997), 109-126.

[1781] Camerer, C.F. & D. Lovallo (1999), 306ss.; Dunne, T., M.J. Roberts & L. Samuelson (1988), 495-515; Dunne, T., M.J. Roberts & L. Samuelson (1989), 233-271; Dunne, T., M.J. Roberts & L. Samuelson (1989b), 671-698; Shapiro, D. & R.S. Khemani (1987), 15-26.

[1782] March, J.G. & Z. Shapira (1987), 1404-1418; Roll, R. (1986), 197-216; Svenson, O. (1981), 143-148; Taylor, S.E. & J.D. Brown (1988), 193-210; Weinstein, N.D. (1980), 806-820.

mica, não raro por influência da mais fácil disponibilidade de dados e notícias referentes a esse quadro mais vasto, cuja uniformidade sector a sector acaba por ser postulada[1783].

10 – a) – v) A prática monopolista da discriminação de preços[1784]

Um outro ponto no qual se nota o efeito do poder de mercado do monopolista é o da estratégia de discriminação de preços, o da possibilidade que o monopolista tem de cobrar, a diversos clientes, preços diferentes por um mesmo bem. Essa faculdade é bem reveladora do poder de mercado, visto que num ambiente de atomicidade o vendedor que pratique preços superiores ao preço de mercado é imediatamente excluído pelos concorrentes, e nenhum vendedor tem interesse em vender a preços inferiores ao preço de mercado – já que consegue escoar tudo o que produz àquele preço de mercado. Não sendo a discriminação de preços um expediente exclusivo dos monopólios, são os monopólios que, como veremos de seguida, mais têm a ganhar com ele[1785], como já o tinha descoberto Arthur Cecil Pigou e já tinha sido o objecto do modelo de «Ramsey pricing» (a discriminação eficiente de preços como forma de recuperação dos custos fixos[1786]).

Referimos já que o monopolista que pratica o preço único cobra um preço mais elevado e produz um volume inferior àqueles que resultariam de um mercado em equilíbrio concorrencial. A discriminação de preços é uma estratégia através da qual o monopolista tenta minimizar a perda absoluta de bem-estar, e ampliar os rendimentos e lucros que a «deadweight loss» lhe nega – atingindo vários segmentos de consumidores com diferentes poderes de compra, ou com diferentes disposições de pagar, convertendo em lucros seus o excedente de bem-estar dos consumidores, levando até ao limite máximo a transferência de bem-estar que possa favorecê-lo.

A discriminação de preços reclama do monopolista, contudo, duas condições[1787]:

– a de conseguir identificar e separar – segmentar – diversas classes de consumidores[1788];
– a de conseguir vender um produto que não possa ser facilmente revendido entre essas classes de consumidores[1789/1790].

A discriminação de preços pode manifestar-se com vários graus de intensidade e assumir várias formas: o estabelecimento de tarifas por escalões de consumo, de classes de passageiros nos transportes, de descontos de quantidade, de diferenciações de épocas altas e baixas, etc..

– Voltemos ao nosso exemplo do relojoeiro. Vimos que, numa situação de monopólio, a sua produção estabilizará próximo das 200 mil unidades, que ele escoará a 7 Euros por unidade, com um lucro total de 610 mil Euros.
– Suponhamos agora que ele conseguia praticar uma discriminação de preços: produzia 200 mil unidades com o mesmo custo, mas começava por colocar no mercado apenas 100 mil exemplares, com a alegação de que se tratava de uma primeira tiragem «para coleccionadores». Esses primeiros 100 mil exemplares poderiam ser escoados ao preço de 9,5 Euros por unidade, proporcionando-lhe um rendimento total de 950 mil Euros (= 100.000 . 9,5).
– Vendidos estes, o segundo lote seria lançado no mercado ao preço de 7 Euros por unidade, o que proporcionaria um rendimento total de 700 mil Euros (= 100.000 . 7). O rendimento agregado dos dois lotes passaria a ser de 1.650.000 Euros (= 950.000 + 700.000), e isso proporcionar-lhe-ia um lucro de 860 mil Euros (= 1.650.000 – 790.000).
– O produtor, que até agora estava convencido que 610 mil Euros era o lucro máximo que lhe era consentido, entu-

[1783] Kahneman, D. & A. Tversky (1979b), 313-327; Kahneman, D. & D. Lovallo (1993), 17-31.

[1784] Norman, G. (org.) (1999).

[1785] Note-se de passagem que a discriminação de preços também é uma opção em situações de oligopólio. Cfr. Armstrong, M. & J. Vickers (2001), 579-605.

[1786] Baiman, R. (2001), 203-221; Berry, S.K. (2000), 503-517; Ebert, U. (1998), 297-307; Kovacic, W.E. & C. Shapiro (2000), 49; Laffont, J.J. & J. Tirole (1993), Cap. II; Prieger, J.E. (1996), 307-321; Resende, M. (1997), 413-416.

[1787] Salant, S.W. (1989), 391-397.

[1788] Isso tem sido enormemente facilitado pela automatização e computorização da maior parte das transacções comerciais, que vão desde o registo electrónico discriminado de cada venda (com a leitura dos códigos de barras nas caixas de saída dos retalhistas) até ao estabelecimeno de sistemas de inteligência artificial que detectam padrões de conduta em cada consumidor, lhe traçam o perfil e lhe apresentam sugestões de compra (como sucede com o uso de «cookies» no comércio electrónico), tudo casos em que a discriminação de preços pode ser incrementada sem perda de eficiência (pense-se como o conhecimento mais preciso da procura já permite por si só diminuir as necessidades de armazenamento de «stocks» e encurtar os tempos de resposta, mesmo de longo prazo). Cfr. Brynjolfsson, E. & L.M. Hitt (2000), 28-29.

[1789] Williamson, O.E. (2002), 184; Williamson, O.E. (1985).

[1790] Em rigor há uma terceira condição, a inexistência de uma «percepção multidimensional» dos consumidores que provoque uma divergência entre as suas escalas de preferências e o condicionamento «segmentador» que o vendedor tenta provocar. Cfr. Gilbert, R.J. & C. Matutes (1993), 223-240; Stole, L.A. (1995), 529-562; Verboven, F. (1999), 399-425.

siasma-se com esta constatação de que a simples discriminação de preços lhe permitiu de imediato ultrapassar aqueles limites e expandir os lucros: e por isso aventura-se na produção de um maior número de relógios, expandindo-se para o nível das 300 mil unidades, julgando poder escoar as 100 mil unidades adicionais num mercado em que a disposição de pagar é mais fraca – onde os consumidores são mais pobres, por exemplo –.

– Passamos assim a ter três segmentos: um que lhe proporciona um rendimento de 950 mil Euros (= 100.000 . 9,5), outro que lhe proporciona um rendimento de 700 mil Euros (= 100.000 . 7), e outro ainda que lhe proporciona um rendimento de 500 mil Euros (= 100.000 . 5). Vendendo 300 mil exemplares, o seu rendimento passou a ser de 2.150.000 Euros (= 950.000 + 700.000 + 500.000), e o seu lucro de 1.110.000 Euros (= 2.150.000 – 1.040.000). O seu lucro aumentou ainda! Onde está agora o limite máximo para esse aumento de lucros?

– Se o produtor aumentar a sua produção, com discrimina-

ção de preços, para as 350 mil unidades, poderá atingir um lucro de 1.150.000 Euros (= ((100.000 . 9,5) + (100.000 . 7) + (100.000 . 5) + (50.000 . 4)) – 1.200.000); se aumentar a produção para as 400 mil unidades, poderá atingir um lucro menor, de 1.060.000 Euros (= ((100.000 . 9,5) + (100.000 . 7) + (100.000 . 5) + (100.000 . 3)) – 1.390.000). Recapitulando, com discriminação de preços, a relação «escala - lucro» é a seguinte:

- 200 mil unidades – 860.000 Euros de lucro;
- 300 mil unidades – 1.110.000 Euros de lucro;
- 350 mil unidades – 1.150.000 Euros de lucro;
- 400 mil unidades – 1.060.000 Euros de lucro.

– Se a discriminação de preços for perfeita, o lucro é maximizado ao nível de produção das 350 mil unidades, ou seja, na escala de eficiência, aí onde os custos médios são os mais baixos; e, o que é mais significativo ainda, no ponto em que, coincidindo o preço com o custo marginal, desaparece qualquer efeito de «*deadweight loss*» sobre o bem-estar social![1791]

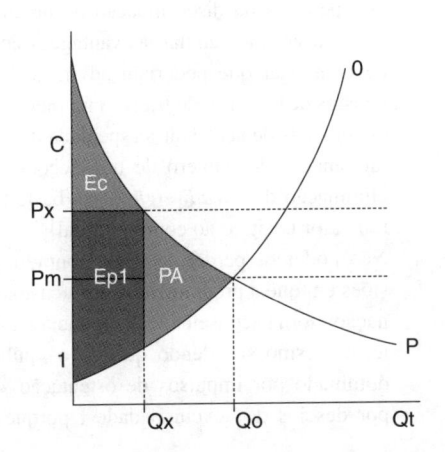 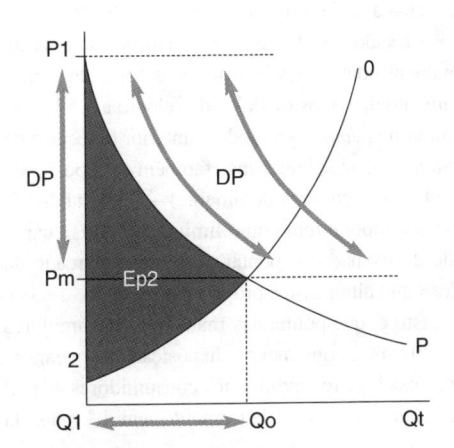

Gráfico 10.10. *Efeito da discriminação de preços no monopólio*

1: monopólio *sem* discriminação de preços
2: monopólio *com* discriminação de preços
C: custos
Qt: quantidades
Pm: preço de mercado
Px: preço do monopolista (*sem* discriminação de preços)
P1: primeiro preço praticado pelo monopolista (vendendo ao consumidor com mais elevada disposição de pagar)
DP: discriminação de preços [P1, P2, P3,...., Pm]
Q1: quantidade mínima (venda apenas ao consumidor com mais elevada disposição de pagar)

Qo: quantidade óptima (na qual o lucro é maximizado *em concorrência*)
Qx: quantidade óptima para o monopolista *sem* discriminação de preços
O: oferta
P: procura
Ec: excedente do consumidor
Ep: excedente do produtor
Ep1: lucro monopolista sem discriminação de preços
Ep2: lucro monopolista com discriminação de preços
PA: perda absoluta de bem-estar (*deadweight loss*)

[1791] Nelson, R.G. & R.O. Beil Jr. (1994b), 287-298.

Sobre esta ideia de discriminação de preços, retenhamos que:

– ela é uma estratégia maximizadora de lucro, ultrapassando amplamente, em potencialidades de maximização, a opção por um preço único, visto que ela adequa mais estreitamente a oferta à disposição de pagar de cada consumidor;

– ela é tanto mais eficaz quanto mais precisa e rigidamente for possível segmentar o universo dos consumidores – por exemplo, há que evitar que aquele que está disposto a pagar 7 Euros por um relógio tenha acesso imediato ao mercado em que esse mesmo relógio é vendido por 4 Euros, devendo, pois, encontrar-se uma demarcação rígida entre os dois mercados, seja ela:

1. geográfica – os relógios custam 7 Euros em Itália e 4 Euros em Portugal, não sendo compensador ao consumidor italiano deslocar-se a Portugal só para o efeito de comprar um relógio, embora possa ser compensador, para um intermediário, adquirir grandes quantidades em Portugal e revendê-las, por exemplo a 6,5 Euros a unidade, em Itália –[1792].

2. temporal – a série, ou «linha de produtos»[1793], cujo preço é fixado em 4 Euros só é lançada depois do esgotamento das séries anteriores, e coincide com o lançamento de novos modelos do relógio a 9,5 Euros, que tornam «démodé» o modelo anterior (a técnica de «versioning», que já referimos também a propósito do mercado do «software» dominante) –[1794]. Esta discriminação temporal tem como limite, contudo, a capacidade de formação espontânea de um «mercado de usados» que ultrapasse a própria cadência do «versioning», isto é, que ponha nas mãos dos consumidores «de 2.ª linha», com menor disposição de pagar, as versões usadas e revendidas dos consumidores «de 1.ª linha» antes mesmo do lançamento, em 1.ª mão, da

«versão económica» do produto (caso em que os consumidores de «1.ª linha» recuperam, na revenda, algum do excedente de bem-estar que tinham perdido a favor do monopolista)[1795/1796].

– dado um certo grau de eficiência na segmentação, ultrapassados os inerentes custos, ela pode promover o bem-estar social, eliminando a ineficiência original dos preços monopolistas; todavia, não é fácil determinar em que termos, e com que amplitude, uma discriminação imperfeita se relaciona com incrementos de bem-estar social.

Lembremos que no nosso exemplo, o preço único de 7 Euros privava de comprarem relógio 150 mil consumidores *cuja disposição de pagar era superior ao custo marginal do produtor*, enquanto que o preço discriminado permite a satisfação de todos os consumidores que se encontram nessas condições.

O aumento da capacidade de «descoberta» da disposição de pagar dos consumidores, muito potenciada, como dissemos, no comércio electrónico[1797], e da capacidade de diferenciar produtos ou versões de produtos[1798], atribuem ao vendedor um poder de mercado «pela via da discriminação de preços» que pode compensar, e até anular, as vantagens competitivas e de bem-estar que poderiam advir da diminuição de «custos de busca» e de *fricções* no mercado[1799] – conquanto seja de acalentar a esperança de que o simples incremento do número de transacções resultante da eliminação da «*deadweight loss*» baste para associar um valor positivo ao cômputo final[1800].

Não podemos perder de vista, contudo, que há ocasiões em que a proeminência dos «custos de discriminação» torna aconselhável a renúncia a este expediente, o mesmo sucedendo quando o «público-alvo» é dominado por impulsos de ostentação «conspícua», por desejos de «exclusividade», porque aí qualquer

---

[1792] Sobre a «arbitragem» que destruiria a discriminação de preços praticada relativamente aos medicamentos de marca, cfr. Berndt, E.R. (2002), 60-61. Sobre os entraves à arbitragem resultantes dos requisitos técnicos de comercialização em cada país (o que favorece a discriminação de preços), cfr. Kremer, M. (2002), 74. Dando um exemplo de discriminação de preços de produtos farmacêuticos entre os EUA e o Canadá, assente nos entraves e custos que a estadunidense «*Food and Drug Administration*» impõe ao comércio de medicamentos, e sobre as propostas de liberalização do comércio entre os dois mercados como forma de evitar a constituição de uma «renda diferencial» a favor dos monopolistas e em prejuízo dos consumidores, cfr. Pecorino, P. (2002), 699-708.

[1793] Mussa, M. & S. Rosen (1978), 301-317.

[1794] A «discriminação» pode resultar também do facto de se estabelecer vários regimes e prazos de entrega de um só produto. Cfr. Stokey, N.L. (1979), 355-371.

[1795] Kumar, P. (2002), 1313-1339.

[1796] Tudo depende, em última análise, da elasticidade da procura, pos se esta for muito elevada poderá ocorrer o fenómeno inverso da segmentação temporal do mercado, que é a prática de «preços especiais de lançamento». Cfr. Welch, I. (1992), 695-732.

[1797] Ainda que haja controvérsia em torno dos limites da «personalização» do perfil do consumidor – como sucedeu recentemente com a «livraria virtual» Amazon.com, acusada de discriminar contra os clientes mais antigos em favor da «sedução» dos mais recentes (tendo a Amazon.com respondido, de forma pouco convincente, que se tratava apenas de uma variação aleatória dos preços como meio de apurar a elasticidade-preço em função dos produtos oferecidos, e não das disposições de pagar da antiga ou da nova clientela). Cfr. Borenstein, S. & G. Saloner (2001), 10.

[1798] Salop, S.C. (1979), 141-156.

[1799] Bakos, Y. (2001), 73.

[1800] Bakos, Y. (2001), 78-79.

indicação, por parte do produtor, de uma disponibilidade para segmentar o mercado e vender várias versões do mesmo produto afastaria esse sector de consumidores «elitistas» (daí também algumas «restrições verticais», como a «venda exclusiva em farmácia» de certos produtos cosméticos, a ausência da «alta joalharia» e da «alta costura» nas grandes cadeias de distribuição, etc.)[1801].

– a discriminação de preços pode mesmo ter efeitos pró-competitivos nessa «chamada» de novos consumidores ao mercado – esses que a *deadweight loss* mantinha afastados.

Pense-se, por exemplo, numa escola privada que se esforça por promover uma discriminação de propinas que, permitindo o acesso de estudantes mais pobres mas academicamente dotados, torne a composição discente mais atraente para as famílias de mais posses que estejam dispostas a pagar pela constituição de um «ambiente discente» mais estimulante e competitivo, por resultado da própria segmentação do mercado – sendo assim que os descontos para uns são mais do que compensados pelos ganhos de disposição de pagar de outros[1802].

– a discriminação de preços desloca os preços de equilíbrio, e, conforme o grau de discriminação, o incremento de bem-estar total dependerá de concomitantes incrementos na produção total[1803], haja ou não separação ou interdependência de mercados[1804], suponham-se ou não constantes os custos marginais do monopolista que pratica a discriminação[1805]; e o mesmo é válido nas situações em que se trata de bens intermédios e não de produtos finais, sendo estrategicamente relevante para um fornecedor monopolista de factores produtivos discriminar preços em função das variadas formas de procura que a tecnologia suscita em cada produtor[1806].

– essa promoção do bem-estar social, quando ocorra, acresce *sobretudo* ao excedente do produtor, visto que uma segmentação perfeita faria com que o preço pago por cada consumidor coincidisse precisamente com a sua disposição de pagar, sem excedentes do seu lado – e é isso que se reflecte na elevação dos lucros extraordinários que advêm, ao monopolista, da prática da discriminação de preços, a qual permite praticamente que ele «capture» para o seu lado a totalidade do excedente de bem-estar gerado nas trocas.

No nosso exemplo, o monopolista que transitou do preço único para o preço discriminado praticamente duplicou o seu lucro máximo, de 610.000 Euros para 1.150.000 Euros.

– o aumento de excedente total reverteria, pois, inteira e exclusivamente para o monopolista se ele pudesse *discriminar perfeitamente*, ou seja, se ele dispusesse, sem custo, da informação completa sobre a disposição de pagar do consumidor e ajustasse o preço a essa disposição, retirando qualquer excedente ao consumidor e maximizando o lucro em cada transacção – o que só por si ajuda a esclarecer a relevância comercial, para um produtor, do acesso a bases de dados sobre clientela, ou do potencial de revelação de informação específica e detalhada através das transacções electrónicas, isto para não falarmos já das práticas abusivas a que a discriminação de preços pode dar azo[1807] –.

Conquanto seja capaz de promover a eficiência – de reproduzir um volume de produção e de transacções similar ao da concorrência perfeita e de preservar o bem-estar total que nesta se registaria –, são evidentes as diferenças entre a situação gerada pelo monopólio com discriminação de preços e a concorrência perfeita, bastando considerarmos que o bem-estar total, que se concentra do lado da procura no caso da concorrência perfeita, é inteiramente absorvido pelo monopolista – e que um resultado destes é incentivo bastante para se desencadear em torno dele uma actividade de «*rent-seeking*», de captação de «renda económica» por parte do monopolista junto dos poderes políticos[1808], de tão evidente que se torna que o estabelecimento de barreiras à concorrência e a perpetuação, através delas, da situação de monopólio, se é uma atitude lesiva do interesse dos consumidores ou do bem-estar total, é pelo menos, no que respeita ao monopólio, um «crime que compensa», e compensa amplamente.

Não percamos de vista ainda que a discriminação de preços pode constituir uma esperança para aqueles que seriam excluídos pela prática de um preço único por parte do monopolista, e que por vezes a possibilidade de

---

[1801] Anderson, E.T. & D.I. Simester (2001), 315-327.

[1802] Neal, D. (2002), 39.

[1803] Schmalensee, R. (1981), 242-247.

[1804] Varian, H.R. (1985), 870-875.

[1805] Schwartz, M. (1990), 1259-1262.

[1806] Yoshida, Y. (2000), 240; Katz, M.L. (1987), 154-167; DeGraba, P. (1990), 1246-1253; Robinson, J. (1933).

[1807] Por exemplo, a prática das «tarifas diferenciadas» por um fornecedor de serviços pode aumentar a confusão informativa para o consumidor final, fazendo com que ele adira a um «plano tarifário» que começa por se lhe afigurar o mais vantajoso, e só mais tarde ele vem a descobrir não coresponder a uma base de cálculo tão linear como aquela que lhe tinha sido sugerida, ou não corresponder ao seu próprio perfil de consumidor, que só com o tempo ele *aprende* a identificar. Cfr. Miravete, E.J. (2003), 297.

[1808] Tullock, G. (1993). Cfr. Goeree, J.K. & C.A. Holt (1999), 217-226; Araújo, F. (2001c), 251-253; Araújo, F. (2002b), 181ss..

acesso, ainda que discriminado e segmentado, a um produto fornecido em condições monopolistas pode ser literalmente vital no jogo da afectação de recursos escassos. Pense-se, por exemplo, no dilacerante problema do acesso dos países pobres aos produtos farmacêuticos, com todas as suas complexidades políticas, éticas, humanitárias e até técnicas: muitas vezes, se não houver uma discriminação de preços que permita a prática de preços mais baixos em favor desses países mais pobres, poderemos assistir a situações de carência absoluta e a problemas gravíssimos de saúde pública[1809].

Prende-se com isto a contestação, por parte dos países mais pobres e menos desenvolvidos do mundo, da protecção jurídica concedida aos direitos conexos com a investigação farmacêutica, mormente nos termos do acordo TRIPS («Trade-Related Aspects of Intellectual Property Rights»), celebrado sob a égide do «Uruguay Round» e da Organização Mundial do Comércio[1810]. Esses países mais pobres, particularmente expostos a algumas das mais agressivas e perigosas epidemias da actualidade, alegam que a protecção daqueles direitos os deixa numa situação impossível, de impotência face à resolução desses problemas de saúde pública (entre eles avultando, de momento, o HIV, o «vírus da SIDA»), mas ao mesmo tempo com o conhecimento de que os meios adequados existem, gerando-se assim uma percepção de injustiça, de exclusão infundada, de falta de solidariedade humanitária por parte dos países mais ricos, os produtores dos fármacos em falta; em contrapartida, os defensores da consagração e manutenção da tutela jurídica sobre os direitos de propriedade intelectual sobre as inovações farmacológicas alegam que a concessão de regimes especiais de preços aos países mais pobres pode ter efeitos perversos, entre eles avultando a sub-remuneração e portanto o sub-investimento dos países mais ricos nessa investigação, dado o «efeito de boleia» sobre um bem público global que aproveitaria aos países que não promovem a investigação, à custa dos países que o fazem[1811] – um «efeito de boleia» não raro ampliado ainda pela formação de «mercados paralelos» de comercialização desses produtos farmacêuticos, com ganhos para os intermediários especuladores à custa novamente dos produtores e investigadores, novamente desincentivando, pois, seja a produção seja o desenvolvimento científico e tecnológico[1812].

Não há dúvida de que o acordo TRIPS visa deliberadamente o reforço dos ganhos dos produtores à custa dos excedentes dos consumidores – em nome do especial relevo dos incentivos na área da propriedade intelectual –, sendo que os produtores estão, nas áreas mais relevantes do comércio relacionado com essa propriedade intelectual, quase exclusivamente nos países mais ricos – podendo pois sustentar-se, com a maior objectividade, que o acordo TRIPS sanciona uma «recaptura de bem-estar» para o lado dos produtores, à revelia dos espontâneos mecanismos de mercado, e que por essa via opera, ao mesmo tempo, uma redistribuição globalmente regressiva, dos pobres para os ricos. Daí a contestação ao TRIPS por parte dos países mais desfavorecidos, tanto dos que o já são mas também daqueles que ainda o serão mais por força da aplicação do acordo; e daí também que o acordo tenha tentado, muito comedidamente, algum esforço no sentido do reequilíbrio: por exemplo, admitindo a sujeição à apropriação exclusiva de certos processos tradicionais ou de certos recursos genéticos, ou apoiando a disseminação global, a custo mínimo, de informação científica susceptível de diminuir as disparidades de progresso científico entre países ricos e pobres, colocando em comum o máximo possível de informação[1813].

Resta aqui reponderar, uma vez mais, a nossa conhecida tensão entre justiça e eficiência. Poderia tentar-se reformular o acordo TRIPS, seja flexibilizando-o, seja rodeando-o de derrogações determinadas pelos mais nobres e indiscutíveis propósitos humanitários – mas como se colmataria a brecha dos incentivos, como é que se asseguraria a manutenção dos níveis de esforço na investigação científica e tecnológica? Pior ainda, como é que se vedaria a hipótese de uma cruel mas eficiente «arbitragem» contra os países mais pobres, que compraria os fármacos nesses países a preços mais baixos (o resultado de uma discriminação de preços bem sucedida) para os reencaminhar maciçamente para mercados negros nos países com mais capacidade e disposição de pagarem? Evitar-se-ia essa arbitragem vendendo aos países mais pobres exclusivamente medicamentos à beira da expiração do seu prazo de

---

[1809] Antes de prosseguirmos, e para sermos inteiramente objectivos na apreciação da complexidade inerente a estas questões, lembremos que há limites mínimos para os preços praticáveis, seja em termos de incentivo à continuação da produção e da investigação científica, seja em termos de dissuasão do sobreuso desses medicamentos (o sobreuso poderá ter a externalidade negativa de geração de estirpes de patogénios resistentes aos tratamentos); sendo que em contrapartida os preços demasiado altos poderão, além de provocar situações de degradação da saúde pública, acarretar ainda a generalização de tratamentos incompletos, novamente com a consequência de darem azo a «resistências aos tratamentos». Cfr. Kremer, M. (2002), 76, 81.

[1810] Sobre a história do acordo, cfr. Sell, S. & C. May (2001), 467-500.

[1811] Kremer, M. (2002), 75; Lanjouw, J.O. & I.M. Cockburn (2001), 265-289.

[1812] Granville, B. (org.) (2002).

[1813] Banco Mundial (2003), 197.

validade? E independentemente de se vedar eficientemente ou não essa arbitragem, como resolver ainda o problema da perda de incentivos dos produtores? Resolve-se o problema dos pobres empobrecendo toda a gente? Resolve-se problemas de saúde penalizando os produtores dos fármacos? As respostas parecem tão óbvias como sombrias[1814].

A propósito, talvez caiba observar que a difusão de tecnologia tem nos direitos monopolistas dos produtores dessa tecnologia o seu principal entrave[1815/1816], um entrave similar a outras disfunções já estudadas relativamente aos efeitos da monopolização sobre a produtividade, genericamente os efeitos de «perda absoluta de bem-estar»[1817]. Em contrapartida, não se podem esquecer as observações schumpeterianas sobre os benefícios da monopolização, hoje retomados e ampliados por considerações atinentes a efeitos de escala[1818]. O tema, que no fundo remete para o infindável debate sobre a legitimidade e alcance económico do direito de propriedade, tem óbvias incidências em sede de desenvolvimento económico[1819], perpetuando profundas diferenças internacionais – em nome de um «direito»[1820].

10 – b) Oligopólio

Entre as situações extremas da concorrência entre vendedores atomísticos e da presença de um único vendedor, de um monopolista, ocorrem muitas situações intermédias com um contínuo de graduação do poder de mercado dos vendedores – seja porque o número de vendedores é tão restrito que não chega a verificar-se a atomicidade da oferta, seja porque é a própria fluidez que é afectada, no sentido de que os vendedores tentam furtar-se à pura concorrência de preços oferecendo bens e serviços que são diferenciados, mas não tão diferenciados que não possam substituir-se uns aos outros no consumo, que não possam disputar as preferências dos consumidores num mesmo e único mercado.

Estas situações de concorrência imperfeita centram-se em duas áreas principais:

– numa, a do *oligopólio*, ganha especial relevância o facto de existir um número tão restrito de vendedores que a atomicidade é sacrificada;
– noutra, a da *concorrência monopolística*, sobreleva o facto de ser a fluidez que é subalternizada, desta feita perante a competição entre vendedores que, oferecendo bens ou serviços que podem substituir-se uns aos outros no consumo, no entanto dirigem uma parte importante do seu esforço à demarcação dos seus produtos face aos demais, por forma a fidelizarem os seus consumidores e a furtarem-se dos efeitos predatórios dos seus concorrentes através do exercício de um poder monopolista dentro do seu «nicho» de mercado – por outras palavras, para se furtarem, com um esforço de diferenciação entre produtos, aos efeitos da pura concorrência de preços.

10 – b) – i) O mercado oligopolista

Se num mercado o número de vendedores é restrito a ponto de impedir a atomicidade – ou, convencionalmente, se a concentração de mercado ultrapassa o valor de 1000 no «Índice Herfindahl-Hirschman» –, cada um desses vendedores disporá de um poder de mercado que lhe permitirá, não apenas influenciar o nível de preços, mas também, através dessa influência, interferir no rendimento, nas receitas e portanto nas perspectivas de lucro, dos seus concorrentes – situação da qual resulta uma interdependência entre vendedores, e uma relevância das atitudes estratégicas de cada um, que não têm qualquer paralelo com as condições prevalecentes no mercado concorrencial atomístico, no qual o equilíbrio é o resultado da impotência de cada vendedor para unilateralmente manipular os preços ou obter vantagens, ou causar prejuízos, através dessa manipulação.

Podemos assim dizer que a posição do oligopolista oscila fundamentalmente entre o impulso para concorrer, exercendo o seu poder combativo num âmbito em que a força pode ditar a lei, e o impulso para cooperar,

---

[1814] Correa, C.M. (2000).

[1815] Parente, S.L. & E.C. Prescott (1999), 1216ss..

[1816] Algo de fundamentalmente similar à predatória manifestação de «excesso de capacidade». Cfr. Dixit, A.K. (1979), 20-32; Dixit, A.K. (1980), 95-106; Kydland, F.E. (1979), 355-366; Schmalensee, R. (1978), 305-327; Schmalensee, R. (1981b), 1228-1238; Spence, M. (1977), 534-544.

[1817] Bergson, A. (1973), 853-870; Cowling, K. & D.C. Mueller (1978), 727-748; Harberger, A.C. (1954), 77-87; Kamerschen, D.R. (1966), 221-236; Laitner, J. (1982), 143-157.

[1818] Aghion, P. & P. Howitt (1992), 323-351; Grossman, G.M. & E. Helpman (1991); Romer, P.M. (1990), S71-S102.

[1819] Dixit, A.K. & J.E. Stiglitz (1977), 297-308; Krueger, A.O. (1974), 291-303; Murphy, K.M., A. Shleifer & R.W. Vishny (1989), 537-564; Murphy, K.M., A. Shleifer & R.W. Vishny (1989b), 1003-1126; Romer, P.M. (1994b), 5-38; Spence, M. (1976), 217-235; Wolcott, S. (1994), 307-324.

[1820] Clark, G. (1987), 141-173; Holmes, T.J. & J.A. Schmitz Jr. (1995), 2-17; Mankiw, N.G., D.H. Romer & D.N. Weil (1992), 407-437; Parente, S.L. & E.C. Prescott (1994b), 298-321.

dada a compreensão das vantagens que podem advir de uma coligação que reconstitua uma situação de monopólio, permitindo aos seus membros uma partilha equitativa dessas vantagens. Basicamente, o seu poder é, para o oligopolista, a sua própria limitação num contexto de reciprocidade, porque o seu volume de vendas há-de depender do preço que ele determina, mas dependerá não menos crucialmente dos preços e quantidades oferecidas pelos demais oligopolistas.

Antes de avançarmos, sublinhemos que a abstracção dos modelos microeconómicos de «equilíbrio parcial» que descreveremos de seguida é temperada pela análise das estratégias oligopolistas nos termos mais concretos e «aplicados» da «Economia Industrial» (havendo na ciência económica uma tensão entre a mais abstracta «teoria dos oligopólios» e a mais concreta e pragmática «organização industrial»)[1821]. O aparente esquematismo do que se segue não significa, de modo algum, perda do referencial pragmático.

10 – b) – ii) A cooperação oligopolista: o cartel

Dado o nível de lucros extraordinários a que um monopolista pode chegar, na sua captação do bem-estar total através do seu poder de mercado, dir-se-á que o desfecho racionalmente mais vantajoso para um grupo restrito de vendedores é o de reproduzirem, na sua atitude colectiva, a conduta maximizadora do monopolista – e, por isso, agirem concertadamente e com coesão, interrompendo a produção aquém da escala de eficiência colectiva e cobrando um preço superior ao custo marginal agregado.

Uma coligação dessas entre oligopolistas, se dotada de um mínimo de estabilidade, a ponto de se lhe poder aplicar colectivamente o tipo de análise adequada ao comportamento do monopolista, designa-se por *cartel*. Essa coligação pode resultar:

– de um acordo explícito entre os oligopolistas;
– do hábito dos oligopolistas de seguirem a política de preços, de quantidades, de publicidade, de uma «empresa líder» entre eles – já que efectivamente uma situação de oligopólio não reclama a perfeita igualdade de dimensão de todos os concorrentes, podendo conhecer graus diferentes de concentração de mercado –, por forma a equilibrarem o

nível de «custos fixos irrecuperáveis» e a fazerem subir as barreiras de entrada no mercado[1822/1823];
– ou pode resultar de um equilíbrio estratégico (embora a ausência de um conluio manifesto entre aqueles que chegam a esse equilíbrio afaste o conceito jurídico de *cartel*). Note-se, contudo, que a ênfase na «concertação de atitudes», independentemente da consideração da base explícita de um acordo, permite reconciliar as perspectivas jurídica e económica, detectando muitas situações informais que são claramente susceptíveis de promover resultados materialmente equivalentes ao cartel[1824] – situações que evidenciam antes a ductilidade e adaptabilidade das formas de comunicação e de aprendizagem recíproca, até em contextos que sejam expressamente penalizadores de toda a comunicação coordenadora e onde por isso têm que florescer elos implícitos, formas de sinalização «endógena» e estratégica[1825], por exemplo paulatinas «homogeneizações» de práticas negociais que, com o aparente fito de tornarem mais «transparente» a concorrência de preços dentro do sector, acabam por facilitar o balizamento coordenador das atitudes de cada concorrente, como se houvesse uma coligação expressamente acordada[1826].

Contudo, a capacidade de agir estrategicamente, de causar prejuízos significativos aos concorrentes, de agir preventivamente perante a possibilidade de ataques ou retaliações dos demais vendedores, fazem com que a atitude da cooperação nem sempre se apresente como a mais consentânea com os desígnios racionais do oligopolista, e ele seja antes compelido para a concorrência – mormente quando se lhe afigura mais vantajosa a perspectiva de ganhos individuais do que a de ganhos colectivos –.

Basta pensarmos que a estabilidade do cartel envolve um entendimento entre todos os oligopolistas do mercado quanto ao volume total da produção e quanto à quota-parte que cabe a cada um – o que equivale a dizer quanto à participação nos lucros extraordinários gerados por esse «simulacro de monopólio» –. Se pensarmos que, chegados a esse ponto, a participação nos lucros extraordinários será tanto maior quanto maior for o peso do oligopolista dentro do conjunto, compreende-se o incentivo poderoso que existe para que cada um comece por pensar em si próprio em detrimento dos

[1821] Vives, X. (1999).

[1822] Sutton, J. (1991).

[1823] Todavia, um paralelismo de preços pode não denunciar a presença de conluios, mas antes uma reacção meramente coincidente a um «choque exógeno» que atinge todos os produtores de um sector. Cfr. Buccirossi, P. (2001), 341-357.

[1824] Grillo, M. (2002), 151-169.

[1825] Miller, J.H., C.T. Butts & D. Rode (2002), 179-195.

[1826] Genesove, D. & W.P. Mullin (2001), 379.

demais, e a dificuldade em chegar-se a um acordo explícito ou estável.

Também aqui se destacou George Stigler, que primeiro se apercebeu da *fundamental instabilidade* dos cartéis[1827], ou melhor, da necessidade que os acordos de cartel têm de se precaverem do incentivo à batota que esses acordos inevitavelmente contêm – bem ao invés da convicção tradicional, que era a de que os cartéis seriam estruturas estáveis, dado o ganho objectivo e comum advindo dessa estabilidade –, tornando por vezes inviavelmente complexos tais acordos, dada a necessidade de incorporação neles de medidas de detecção da «batota» e de medidas adequadas de retaliação[1828/1829]. Dito por outras palavras, a intuição de Stigler fez com que deixasse de se encarar o oligopólio como um simples problema de estrutura de mercado, passando a destacar-se nele o problema contratual, um problema eventualmente susceptível de resolução espontânea através do próprio mercado[1830].

Em tese geral, o membro de um cartel que pudesse contar com a passividade dos demais membros teria interesse em violar unilateralmente o acordo e em expandir as suas vendas, beneficiando de uma ampliação dos ganhos extraordinários advindos da possibilidade de venda a preços superiores aos custos marginais, sendo que esse benefício seria mais do que compensador das perdas que averbaria com o abaixamento do preço de mercado resultante da sua «batota» – pelo simples motivo de que só ele teria ganhos, enquanto que as perdas seriam suportadas não apenas por ele mas por todos os membros do cartel, um ganho individual compensado por perdas colectivas, no que pode entender-se como um afloramento mais da ideia de externalização negativa, ou da ideia de uma «boleia» do prevaricador sobre o cumprimento do acordo pelos demais.

Por outro lado, as proibições jurídicas que, um pouco por todo o mundo, se têm multiplicado contra os cartéis visam impedir qualquer forma de harmonia na conduta dos oligopolistas e fomentar a concorrência entre eles, já que aquela «harmonia» seria tão prejudi-

cial para os interesses dos consumidores quanto a concorrência entre oligopolistas é benéfica para a procura[1831]. Há, todavia, excepções, naquilo que designaríamos como «cartéis tolerados»[1832].

Essa repressão jurídica fragiliza extremamente formas sucedâneas do acordo de quantidades e preços, formas sucedâneas do *cartel* propriamente dito, como por exemplo:

– o «cartel tácito», uma conduta apaziguadora adoptada espontaneamente entre os oligopolistas, por exemplo alicerçada em «acordos de cavalheiros», em difusas regras de convivência assistidas da ameaça de retaliação, de estigmatização ou de exclusão do acesso a recursos partilhados (as tais regras veladas, «endógenas» e estratégicas de que falávamos há pouco)[1833];

– a supra-mencionada emulação de um «líder de mercado» que fixa preços para todo o sector, fazendo-o em geral com atenção à evolução das tecnologias de produção e das tendências de consumo, por forma a que os preços possam ser adoptados por todos os oligopolistas sem perturbações quanto às quotas de mercado que cabem a cada um (sendo que nalguns casos essa emulação resultará de concertação entre os oligopolistas, e noutros resultará da sua sujeição a um «monopólio impuro» que tolera a coexistência de oligopolistas concorrentes, na estrita medida em que estes se limitem a imitá-lo – o chamado «*conscious parallelism*» da «posição dominante colectiva»[1834]);

– técnicas de vendas que, oferecendo ostensivamente ao consumidor «o melhor preço da concorrência», nivelam com algum automatismo os preços praticados por cada um dos oligopolistas.

E só não fragiliza mais porque, como referimos, os membros do cartel podem, também eles, beneficiar da assimetria informativa para desenvolverem entre eles conluios indetectáveis (dadas as características do sector ou do mercado, dados os custos de detecção e a efi-

[1827] Stigler, G.J. (1964), 44-61; Green, E.J. & R.H. Porter (1984), 87-100.

[1828] Genesove, D. & W.P. Mullin (2001), 380; Green, E.J. & R.H. Porter (1984), 87-100.

[1829] Para um exemplo dessa complexidade, veja-se a dificuldade de acordo entre empresas que oferecem uma variedade de produtos em mercados diferenciados, mormente quando é preciso prever (e prevenir) a concorrência «batoteira» tanto a nível de preços como de quantidades. Cfr. Merlone, U. (2001), 333-337; Symeonidis, G. (2002), 339-352.

[1830] Baker, J.B. (2002), Cap. I.; Williamson, O.E. (1996), 8.

[1831] Isso não quer dizer, no entanto, que o cartéis não possam ser encarados, com bastante boa vontade, como associações para o fornecimento voluntário de alguns tipos de bens públicos, o que permitiria a sua aceitação por razões *distributivas* quando estas fossem mais importantes do que razões de *eficiência*. Cfr. Spindler, Z.A. & X. de Vanssay (2000), 3-22.

[1832] É, por exemplo, o que sucede com as instituições corporativas, as associações de produtores e «Casas Agrícolas», quando lhes é reconhecido o poder de regularem a comercialização de alguns produtos, como por exemplo os vinhos de uma região demarcada – sendo que se pressupõe que as quantidades e preços são colectivamente aprovados por um acordo, ainda que institucionalizado. Veja-se um paralelo desta situação nas «*marketing orders*» do mercado agrícola norte-americano, em: Filson, D., E. Keen, E. Fruits & T. Borcherding (2001), 465-480.

[1833] Lobo, C.B. (2001), 175ss.; sobre a ilustração do princípio em sede de repressão comunitária de «práticas concertadas», *ibid.*, 361ss..

[1834] Lobo, C.B. (2001), 525ss.

ciência do regulador, dada a estabilidade média dos cartéis e dada a esperança subjectiva de detecção e de punição)[1835/1836].

Refira-se ainda que a necessidade de recurso a cartéis, de recurso a uma «solução institucional», é tanto maior quanto maior for o número de oligopolistas, e maiores os correspondentes custos de coordenação multilateral; essa necessidade será menos premente em grupos restritos de oligopolistas, nos quais os objectivos da cartelização podem ser já alcançados por mecanismos informais de equilíbrio dentro da interdependência oligopolística – esbatendo-se a pressão competitiva tanto mais quanto maior é a quota de mercado que cabe a cada um, e quanto menor é o número de potenciais concorrentes que é preciso vigiar e manter em respeito.

Por outro lado, os acordos de mercado como os cartéis não fogem das naturais limitações que decorrem da insuperável incompletude dos contratos, mesmo das renegociações que acompanham relações contratuais longas e constitutivas de «estruturas de *governação*»[1837]: é que aqui são amplas as distâncias que medeiam entre a disposição *ex ante* de cumprir e a detecção *ex post* das reservas maliciosas a essa declaração de vontade de acatamento, e maiores ainda entre a vontade e a *possibilidade* de retaliar[1838].

Este aspecto entronca naquilo que poderíamos designar por «teoria económica das alianças», um capítulo na análise dos problemas da acção colectiva – tal como eles foram definidos por Mancur Olson e depois incorporados no cânone neoclássico[1839] –, com especial aplicação ao domínio das alianças militares[1840] e a outros fenómenos de necessidade de cooperação internacional[1841] nos quais haja que partilhar encargos na promoção de um bem público (externalizando positivamente para contribuírem para um resultado não-apropriável) e seja necessário manter-se uma margem de tolerância quanto à «boleia» e à «batota» de alguns elementos na partilha desse bem público, a chamada «hipótese da exploração»[1842] que pode conduzir as alianças militares para posições sub-óptimas de «equilíbrio de Nash», nas quais os aliados contam já com a desproporção dos contributos e tentam ostensivamente «parasitar» o aliado economicamente mais poderoso[1843], com a agravante de que puras reacções retaliatórias são incompatíveis com a subsistência da aliança[1844], o que deixa como única alternativa o estabelecimento de uma autoridade centralizada, forte e vincadamente inigualitária – ou então o esvaziamento do sentido da aliança, que na ausência desse líder se revela inerme (habituada que está a «ir à boleia» do bem público *segurança colectiva* que aquele líder faculta de forma desproporcionada[1845]). Tudo razões para que se possa tomar esta situação como paradigmática de todas aquelas em que falha a cooperação que aparentemente *não poderia falhar* – o que será bom (para os consumidores e para o mercado) no caso peculiar dos cartéis, mas pode ser desastroso, como é fácil de imaginar, em muitas situações políticas, jurídicas, económicas... e militares[1846].

10 – b) – iii) A concorrência oligopolista

As dificuldades de formação de cartéis entre oligopolistas, algumas delas impostas pela ordem jurídica – que tende a ver nas concertações entre oligopolistas todos os inconvenientes da conduta monopolista, sem descortinar algumas das vantagens inerentes, como as respeitantes à escala da produção –, não impedem que se forme, com alguma espontaneidade, um equilíbrio entre os oligopolistas rivais, ainda que não o equilíbrio de uma aliança que optimizaria a posição conjunta dos oligopolistas, no sentido de conduzir a uma perfeita emulação da posição do monopolista[1847].

[1835] Pénard, T. & S. Souam (2002), 209-233.

[1836] Existe hoje muita literatura «experimental» sobre a formação de conluios, de coligações informais, de cadeias de reciprocidade e de agregação de interesses na concorrência de mercado e na produção de recursos comuns e de bens públicos. Cfr. Bolle, F. & M. Lehmann-Waffenschmidt (orgs.) (2002).

[1837] A ideia do contrato incompleto, já antes referida, resulta da ponderação das vantagens da contratação com os inerentes custos de transacção, tudo ponderado com os riscos conexos com a incompletude (ou até de verificação de contingências futuras observáveis pelas partes mas insusceptíveis de prova judiciária) no momento da execução do contrato. Cfr. Bernheim, B.D. & M.D. Whinston (1998), 902-932; Che, Y.-K. & D.B. Hausch (1999), 128ss.; Dewatripont, M. & E. Maskin (1995), 704-719; Macauley, S. (1963), 55-70; Spier, K. (1992), 432-443.

[1838] Genesove, D. & W.P. Mullin (2001), 380-381; Levenstein, M.C. (1997), 117-137.

[1839] Olson, M. (1965).

[1840] Olson, M. (1965), 36; Olson, M. & R. Zeckhauser (1966), 266-279; Sandler, T. & K. Hartley (2001), 869, 871.

[1841] Russett, B.M. & J. Sullivan (1971), 845-865.

[1842] A expressão percebe-se se pensarmos que, nos anos 70, os Estados Unidos contribuíam com 75% do orçamento da NATO, recebendo 35% dos correspondentes benefícios. Cfr. Sandler, T. & K. Hartley (2001), 869-870; Sandler, T. (1992), 54-58.

[1843] Sandler, T. & K. Hartley (2001), 875.

[1844] McMillan, J. (1986); Olson, M. (1965); Sandler, T. (1992).

[1845] Sandler, T. & K. Hartley (2001), 875-876; Sandler, T. & J.F. Forbes (1980), 425-444; Sandler, T. & K. Hartley (1999).

[1846] Sandler, T. & K. Hartley (2001), 893.

[1847] Puu, T. & I. Sushko (orgs.) (2002).

Comecemos por lembrar que, mesmo quando haja acordo entre oligopolistas, são ainda assim *possíveis* três situações diversas:

a) todos respeitarem o acordo,
b) alguns respeitarem e os outros não,
c) todos desrespeitarem o acordo (fazendo batota).

Regressemos por momentos aos valores que fornecemos para o relojoeiro monopolista (que não pratica a discriminação de preços), lembrando que a *coluna A* representa as quantidades produzidas, a *coluna N* representa o preço de mercado e a *coluna Q* representa o lucro. Para efeito de cálculo, acrescentemos uma *coluna R*, que representa, para cada nível de produção, o lucro alcançado por unidade produzida (o quociente Q / A)

A	N	Q	R
200.000	7	610.000	3,05
250.000	6	600.000	2,4
300.000	5	460.000	1,53
350.000	4	200.000	0,57

– Suponhamos que temos agora dois oligopolistas, X e Z (uma situação de *duopólio*, pois[1848]), procurando sem acordo partilhar, em cada nível de produção (coluna A) o nível de lucro do monopolista (coluna Q):

- X produz 100.000 unidades (vendendo-as a 7 Euros), obtendo um lucro de 305.000 Euros;
- Z sabe que, se imitar X, obterá o mesmo lucro de 305.000 Euros;
- mas Z sabe também que, se aumentar a sua produção para as 150 mil unidades (empurrando o preço para os 6 Euros), o seu lucro aumentará, agora para os 360.000 Euros (= 150.000 . 2,4); já se aumentar a sua produção para as 200 mil unidades – mesmo que X não reaja contribuindo também para o aumento de quantidades produzidas –, o seu lucro voltará a descer para os 306.000 Euros (= 200.000 . 1,53), e piorará drasticamente se aumentar unilateralmente a produção para as 250 mil unidades, pois aí o lucro descerá para os 142.500 Euros (= 250.000 . 0,57), uma situação manifestamente pior do que aquela de que inicialmente se partiu;
- logo, se Z é maximizador de lucro, a sua estratégia dominante será a de aumentar a sua produção para 150 mil unidades, ultrapassando o equilíbrio inicial com a produção de X;
- mas é praticamente impossível que X não reaja, visto que a expansão do lucro de Z se faz à custa do seu próprio lucro (a expansão de Z para as 150 mil unidades implica a redução do lucro de X para os 240.000 Euros (= 100.000 . 2,4)). Mas como reagirá ele?
- X antecipar-se-á muito possivelmente à estratégia de Z, e procurará também ele aumentar a sua produção

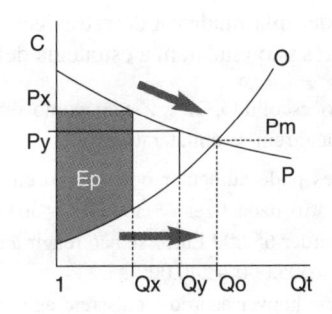 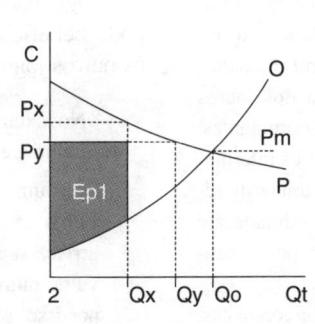 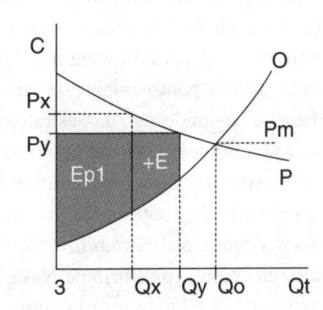

Gráfico 10.11. *Efeito de batota sobre o mercado oligopolista*

1: efeito de batota (um oligopolista quebra unilateralmente o equilíbrio cooperativo, baixando o preço ou aumentando a produção)
2: resultado para o oligopolista que não fez batota
3: resultado para o oligopolista que fez batota (repare-se que o ganho será tanto maior quanto mais próxima da horizontal for a curva da procura, isto é, quanto maior for a elasticidade-preço da procura)
C: custos
Qt: quantidades
Pm: preço de mercado se houvesse concorrência
Px: preço praticável no equilíbrio cooperativo entre oligopolistas
Py: preço que resulta da batota de um dos oligopolistas
Qo: quantidade que se produziria ao preço de *concorrência*

Qx: quantidade produzida no equilíbrio cooperativo entre oligopolistas
Qy: quantidade produzida após a batota de um dos oligopolistas (se ambos fizessem batota, a quantidade chegaria a Qo, e o preço a Pm)
O: oferta
P: procura
Ep: excedente do produtor
Ep1: excedente do produtor com a situação de baixa do preço (de Px para Py)
+E: acréscimo de excedente de bem-estar que, para o oligopolista que faz batota, resulta da expansão de Qx para Qy

---

[1848] Kahn, R.F. (1937).

para as 150 mil unidades, *a estratégia dominante* para a maximização unilateral do lucro.

- Será que esta lógica concorrencial entre os duopolistas X e Z os conduzirá até ao limite de eficiência da produção de 350 mil unidades, que já vimos ser o ponto de equilíbrio concorrencial? Não:

  1. seja porque, como vimos, quando estão na escala das 100 mil unidades já se afigura desinteressante transitar unilateralmente para as 200 mil ou para as 250 mil unidades;

  2. seja porque quando cada um produz 150 mil unidades e obtém 230.000 Euros de lucro, nenhum tem incentivo para aumentar unilateralmente a produção para as 200 mil unidades, pois isso significaria um novo preço de mercado de 4 Euros por unidade e a perda de lucros, que baixariam para os 114.000 Euros (= 200.000 . 0,57);

- em síntese: ao nível da produção combinada de 200 mil unidades, cada um dos dois oligopolistas tem um incentivo para o aumento unilateral da produção em 50 mil unidades (pois daí resultará para ele um aumento de lucros, dos 305.000 Euros para os 360.000 Euros);

- se cada um deles seguir essa *estratégia dominante*, a produção combinada subirá para as 300 mil unidades, mas com uma queda do lucro individual (dos 305.000 Euros para os 230.000 Euros);

- a estratégia dominante impedirá, por sua vez, que, individual ou combinadamente, se transite da escala das 300 mil unidades para a escala das 350 mil unidades;

- partindo de um ponto inicial de partilha dos lucros máximos e seguindo as suas estratégias dominantes, ambas as partes chegam a um ponto de lucros intermédios e, mesmo sem acordo, deixam de ter uma estratégia dominante de continuação na sua rivalidade até aos lucros mínimos – *estabilizando* num ponto subóptimo que é um «equilíbrio de Nash» –.

- Em conclusão, na falta de acordo entre os oligopolistas, estes atingirão um equilíbrio no qual se produzirá mais, e a preços de mercado inferiores, do que aquilo que sucederia se tivesse havido acordo sobre quantidades e preços, com perfeita emulação da posição monopolista[1849].

- Todavia, esse equilíbrio fica aquém do equilíbrio a que chegariam os vendedores atomísticos num mercado perfeitamente concorrencial, e portanto nesse oligopólio sem cartel o preço pode continuar a situar-se bastante acima do custo marginal. Em suma, o equilíbrio entre oligopolistas é o da «batota» generalizada, e o acata-

mento generalizado dos acordos é – algo surpreendentemente, dir-se-á – uma posição de desequilíbrio (confirmando a intuição de George Stigler)[1850].

Por outras palavras, a concorrência entre oligopolistas provoca alguma erosão recíproca no respectivo poder de mercado, agindo todos como predadores mútuos, o que devolve algum do excedente de bem-estar aos consumidores, reduzindo a «*deadweight loss*», como pode verificar-se pela dupla circunstância de ocorrer um aumento das quantidades oferecidas e um abaixamento do preço de mercado.

Essa erosão recíproca está limitada, contudo, por um *ponto de equilíbrio*, um equilíbrio não-cooperativo, atingido o qual os concorrentes deixam de ter incentivo para prosseguirem estratégias unilaterais de predação, um ponto para lá do qual os ganhos com essa estratégia seriam ultrapassados pelos custos associados à perda total de poder de mercado. Dir-se-ia que a falta de cooperação entre rivais tem, também ela, limites – os limites que impedem esses rivais de serem vítimas completas do seu próprio egoísmo.

A situação descrita designa-se, como dissemos, por «equilíbrio de Nash», que é a situação na qual cada um de vários agentes racionais que interagem escolhe a sua melhor estratégia em face das escolhas estratégicas dos demais – sendo que o equilíbrio ocorre, nesses contextos de «jogo não-cooperativo», se nenhum dos jogadores pode beneficiar de uma mudança de estratégia quando os outros jogadores não mudaram a estratégia deles.

No exemplo escolhido, X e Z têm como estratégia dominante expandirem-se unilateralmente:

- cada um deles pode aumentar o seu lucro em 55.000 Euros se o outro nada fizer (= 360.000 – 305.000), e arrisca-se a perder 65.000 Euros se não reagir à iniciativa do outro (= 305.000 – 240.000);

- por isso, se não houver acordo e quiserem agir racionalmente, ambos darão esse passo estratégico, que fará perder 75.000 Euros de lucro a cada um (= 305.000 – 230.000);

- mas esse passo estratégico irá deixá-los numa posição de equilíbrio, ainda aquém das perdas máximas que os oligopolistas averbariam à medida que se aproximassem do ponto de convergência entre preço e custo marginal – bastando verificar-se que no «equilíbrio de Nash» se registam lucros de 230.000 Euros para cada um, e não estamos, pois, próximos da situação de equilíbrio do «lucro zero» –.

[1849] Para uma aplicação da hipótese de «concorrência batoteira» e formação de um equilíbrio de Nash (não-cooperativo), cfr. Lobo, C.B. (2001), 187-198.

[1850] Este princípio explica também, por exemplo, porque é que é tão fácil e comum que atletas recorram ao «*doping*», e é tão difícil aos organizadores de eventos desportivos imporem e assegurarem equilíbrios competitivos sem a «batota» do «*doping*» (ou resistirem à pressão corruptora adversa à realização de testes de detecção). Cfr. Berentsen, A. (2002), 109-127; Maennig, W. (2002), 61-89.

Naturalmente que a estratégia dos oligopolistas se torna mais complexa à medida que aumenta o número dos rivais, à medida que vai aumentando a incerteza no mercado e se vão avolumando factores de «aversão ao risco»[1851], ao mesmo tempo que esse aumento de número vai tornando mais difícil a conclusão de um acordo – se ele fosse juridicamente permitido – e a verificação do seu cumprimento por todos.

Algumas experiências e simulações têm demonstrado, por seu lado, que numa estratégia de interacção longa – com possibilidade de aprendizagem e de conduta adaptativa – nem sempre o que se afigura como imediatamente racional pode redundar na situação globalmente mais favorável:

Assim, por exemplo, a estratégia retaliatória simples, de «taco a taco» («tit-for-tat»[1852]) parece à primeira vista não se justificar e não se poder generalizar face a uma iniciativa de batota com o cartel, porque responder nos mesmos termos implica, como vimos, que todos os oligopolistas fiquem pior; todavia, responder «na mesma moeda» a todas as iniciativas de batota, cooperando se tiver havido cooperação, retaliando se não houve, consistentemente, incansavelmente, como se se tratasse de uma «guerra de atrito», pode acelerar a consciência preventiva por parte do prevaricador, tornando-lhe claro que em caso algum lhe será permitido retirar benefícios isolados da sua «boleia» sobre os oligopolistas cumpridores[1853].

Em alternativa, os oligopolistas podem ameaçar-se reciprocamente com uma retaliação mais forte do que a do «taco a taco», como a da «trigger strategy» (ou «grim strategy» – jogo enquanto jogares, se fizeres batota nunca mais jogarei), em que a resposta a uma batota envolve da parte dos lesados o recurso a uma retaliação que conduz sempre até ao «equilíbrio de Nash», em termos definitivos e irreversíveis[1854].

Estes aspectos remetem-nos também para a noção de «jogo evolutivo», o processo dinâmico de adaptação recíproca de agentes racionais susceptíveis de aprendizagem, hoje amplamente utilizada como modelo da evolução biológica[1855] – em mais uma exuberante demonstração de partilha de paradigmas e metáforas entre a Economia e a Biologia[1856/1857] –, mas também dos mais rápidos e deliberados processos de aculturação e de integração social, um modelo que descreve um mecanismo coordenador automático que procede por paulatinos ajustamentos, e portanto perfeitamente apto para a descrição de equilíbrios não-cooperativos em contextos tão amplos e complexos como costumam sê-lo os das actividades económicas[1858]. Nesse «jogo evolutivo» podem manifestar-se estratégias «estáveis», que são aquelas que resistem à irrupção de estratégias «mutantes» e fazem prevalecer a conduta mais comum[1859], e estratégias que, sendo vulneráveis à oposição, não asseguram o equilíbrio nem a continuação da cooperação – requerendo-se, para reforço destas, soluções punitivas da «dissidência», tanto mais importantes quanto mais os dissidentes prezarem a subsistência de um ambiente de cooperação no futuro[1860/1861].

Esse jogo evolutivo seria, no caso da espécie humana, o produto de uma «inteligência social»[1862] que se afirma na relatividade das interacções estratégicas e é capaz de se representar, por «simpatia», estados mentais alheios com os quais interage e que toma por referência[1863], ao mesmo tempo que se adapta automaticamente (isto é, independentemente de um processo racional de «revisão de crenças») às «meta-preferências» dominantes, à ideologia socialmente disciplinadora[1864].

[1851] Asplund, M. (2002), 995-1012.

[1852] Axelrod, R. (1984).

[1853] Para uma variante «generosa» do «taco a taco», cfr. Axelrod, R. (1997), 36-37; Genesove, D. & W.P. Mullin (2001), 393.

[1854] Dockner, E.J., S. Jorgensen, N. Van Long & G. Sorger (2000), Cap. VI.

[1855] O «jogo da vida» é modelável como uma iteração infinita de passos de aprendizagem e partilha, com prémios e sanções constantemente possíveis – pois jogos de um só lance nunca dariam a noção exacta daquilo que significam a interdependência e a complementaridade para a identidade dos jogadores. Cfr. Binmore, K. (1994).

[1856] Maynard Smith, J. (1982); Mailath, G.J. (1998), 1347-1374.

[1857] Ligações que remontam, pelo menos, ao uso que Darwin deu a intuições de Adam Smith e de Thomas Malthus (a «mão invisível» conduzindo o sucesso genético no «mercado da sobrevivência», a selecção natural ditando critérios de acesso à sobrevivência, etc.). Cfr. Robson, A.J. (2001), 11; Gould, S.J. (1993), 148ss..

[1858] Samuelson, L. (2002), 48.

[1859] Samuelson, L. (2002), 49-50.

[1860] Samuelson, L. (2002), 64; Abreu, D. & A. Rubinstein (1988), 1259-1281; Binmore, K. & L. Samuelson (1992), 278-305.

[1861] Contudo, de acordo com a intuição do chamado «folk theorem», em jogos repetidos com aprendizagem não é assim tão difícil chegar-se à formação de atitudes de dissuasão da «batota». Cfr. Green, E.J. & R.H. Porter (1984), 87-100.

[1862] Por contraste com uma «inteligência ecológica» que se manifestaria em contextos mais primários da interdependência social, seja nas suas expressões (pré-)históricas mais primitivas, seja na base da luta pela sobrevivência em contextos de carência absoluta. Cfr. Robson, A.J. (2001), 26; Kaplan, H.S., K. Hill, J. Lancaster & A.M. Hurtado (2000), 156-185.

[1863] Robson, A.J. (2001), 14.

[1864] Robson, A.J. (2001), 17; Becker, G.S. & K. Murphy (1988), 675-700; Pollak, R.A. (1970), 745-763; Constantinides, G.M. (1990), 519-543; Karandikar, R., D. Mookherjee, D. Ray & F. Vega-Redondo (1998), 292-331.

Esse estádio de «inteligência social» pode ser vestibular de um outro, o da «inteligência maquiavélica», no pressuposto de que é possível apurar a própria racionalidade à medida que se vão aprofundando as interdependências, e que por isso é possível ir tirando progressivamente maior proveito da informação adquirida no processo de aprendizagem – ganhando em rapidez, agilidade e poder de antecipação estratégica nas respostas ao jogo[1865].

Observe-se que o que a teoria dos jogos não-cooperativos fundamentalmente faz é combinar considerações estratégicas de optimização de respostas e de consistência mútua de crenças e de escolhas – sem perder de vista as limitações que impedem o equilíbrio, mesmo entre agentes dotados de grande racionalidade e de elevada motivação, seja em puros exercícios de raciocínio sem interacção («one-shot games»), seja em contextos longos de interdependência e aprendizagem[1866] – motivos que fazem predominar cada vez mais, na teoria dos jogos, a convicção de que os equilíbrios são frutos de sedimentações de aprendizagem, imitação e evolução – às vezes com a sofisticação suplementar da percepção que tem cada jogador de que os demais estão também a aprender[1867].

Em todo o caso, é de reter, de todas as cogitações em torno do impacto económico do «jogo evolutivo», a noção de que a interdependência modelou socialmente as preferências da espécie gregária que é a humanidade, pelo que os desejos de conformidade, de aprovação colectiva, de respeito, de estatuto são muito mais centrípetos e fortes do que aquilo que poderia abstractamente conjecturar-se, a partir de uma visão atomística, individualista e fragmentária da decisão de jogar[1868].

Em suma, esse equilíbrio não-cooperativo é capaz de incorporar permanentemente nos cálculos estratégicos dos concorrentes os «custos de batota», conduzindo a um paulatino desarmamento multilateral: é de não esquecer que, funcionando há mais de 200 anos a «economia de mercado» com as mesmas leis básicas e as mesmas instituições fundamentais, seria inconcebível que os agentes económicos, tanto os individuais como os institucionais, não tivessem incorporado já nos seus hábitos algumas estratégias adaptativas e convergentes – ou não tivessem plasmado algumas delas em instituições jurídicas.

Lembremos que um jogo «de soma zero» é um jogo de puro conflito, visto que o que um ganha é o que o outro perde, e por isso não existe qualquer incentivo para a cooperação, já que dessa cooperação não poderia, em todo o caso, resultar um desfecho mutuamente benéfico. Na medida em que só um dos jogadores pode ganhar, não existe pois uma estratégia vencedora, existindo apenas – no pressuposto de informação perfeita sobre ganhos e perdas, mas não sobre a conduta dos outros jogadores – estratégias optimizadoras «maxmin», a estratégia «maximin» e a estratégia «minimax», a primeira que tenta aumentar as probabilidades de ganhos mínimos, a segunda que tenta minimizar as probabilidades de perdas máximas: em ambos os casos, estratégias pessimistas, que tentam antecipar e prevenir-se contra a reacção mais desfavorável da contraparte e se resignam com um resultado de compromisso que seja sub-óptimo, um resultado de minimização de riscos combinados, que tenha ao menos a virtualidade de incentivar à renovação ou continuação do jogo por parte de indivíduos avessos ao risco[1869].

Assim sendo, pode asseverar-se categoricamente que a maior parte das interacções reais não se assemelha, nem pode assemelhar-se, a «jogos de soma zero», vista a prevalência da sobreposição de interesses entre as partes que, constituindo uma comunidade, são as mais prováveis partes no jogo, antes se assemelhando aquelas interacções a «jogos de soma não-zero» nos quais ambas as partes podem ser premiadas ou castigadas simultaneamente pela sua participação (no caso de um conflito militar, todos os envolvidos têm a ganhar com a paz, todos têm a perder com a continuação das hostilidades), ambas as partes podem ganhar com a cooperação e ambas são susceptíveis de alcançar um «equilíbrio de Nash» na ausência de cooperação. Com efeito, devem-se a John Nash[1870] as intuições básicas nesta matéria: dado que a não-cooperação pode conduzir à formação de vários «equilíbrios de Nash» simultâneos, o resultado tende a ser melhorado através da cooperação – por exemplo, as partes combinando entre elas experimentarem sucessivamente as soluções correspondentes a esses «equilíbrios de Nash» separados, ou adoptando uma regra única aceitável para desfazer essa multiplicidade de equilíbrios (por exemplo, conduzir pela direita, depois de os condutores terem tido inicialmente a possibilidade de conduzir por qualquer dos lados da estrada, ou adoptar a compatibilidade com a norma dominante nos sistemas operativos, criando as «path dependencies»).

[1865] Robson, A.J. (2001), 27-28.

[1866] Camerer, C.F. (2003); Camerer, C.F., T.-H. Ho & K. Chong (2003), 192ss.; Camerer, C.F., T.-H. Ho & K. Chong (2002), 137-188.

[1867] Stahl II, D.O. (1993), 604-617.

[1868] Robson, A.J. (2001), 30; Kaplan, H.S. & K. Hill (1985), 223-245.

[1869] Embora o incentivo fique diminuído pelo facto de, com a prevalência desta estratégia «cautelosa», ninguém alcançar o resultado óptimo, ninguém ser «claro vencedor».

– As intuições de John Nash têm implicações tão vastas que elas podem ser consideradas como unificadoras de todo o domínio das ciências sociais, aplicando-se amplamente a todas as situações de equilíbrio em situações não-cooperativas[1871], em todas as situações de estabilização de perturbações[1872], ainda que cedo se percebessem as limitações inerentes à formação do equilíbrio[1873], e houvesse que incorporar progressivamente os dados e pressupostos da informação incompleta[1874].

– Com efeito, o equilíbrio de Nash, na sua ambição de representar todos os desfechos de interacções não-cooperativas, evidencia limitações que resultam desde logo dos seus próprios pressupostos, como a *maximização* (no fundo, a perfeita racionalidade do agente quanto às suas motivações e quanto às circunstâncias que o rodeiam) e a *consistência* (a capacidade que o agente tem de manter uma conduta conforme às expectativas alheias, e a capacidade de formar expectativas sobre a conduta dos outros). Nenhum destes pressupostos é óbvio, e a sua demonstração é, no mínimo, problemática[1875]; uma forma possível de demonstração faz apelo à teoria evolucionista dos jogos[1876], procurando perspectivar a formação de equilíbrios não-cooperativos como um processo paralelo ao da formação de normas e convenções sociais[1877].

– Além disso, a teoria económica tem ultimamente insistido que nem sempre o equilíbrio de Nash é um desfecho plausível – novamente por assentar em pressupostos de extrema racionalidade que nem sempre se verificarão[1878].

É evidente que o aumento da dimensão do mercado oligopolista – por exemplo, graças à queda das barreiras ao comércio internacional, que ampliam o horizonte concorrencial dos oligopólios internos – se vai traduzindo numa diminuição, em média, do poder de mercado de cada um dos oligopolistas, deixando-os a todos progressivamente mais perto da condição dos «*price takers*»; mas enquanto subsiste algum poder de mercado, é relevante para cada oligopolista seguir uma estratégia dominada pela consideração de dois efeitos marginais que analisámos já, o efeito sobre o volume de produção – produzir mais tende a aumentar os lucros, dado que o preço se encontra acima do custo marginal – e o efeito sobre o preço – produzir mais tende a diminuir os lucros se levar a quebras mais do que proporcionais dos preços –, dois efeitos que o oligopolista procurará afinal equilibrar, tomando por referência o volume de produção dos seus rivais[1879].

No momento em que o efeito sobre o preço se torna despiciendo e perdura apenas o efeito sobre o volume de produção, verificar-se-á que o número de concorrentes é já suficiente para que se verifique a atomicidade, e que, podendo já aumentar irrestritamente o seu volume de produção sempre que o preço ultrapasse o custo marginal, o oligopolista se converteu, para todos os efeitos, num simples «*price taker*».

Apesar de o termos aventado como hipótese de raciocínio inicial para a batota contra o cartel, não é realista concebermos que um oligopolista parta sempre do princípio de que os seus concorrentes não reagiriam – ou não reagirão. Pelo contrário, afigura-se realista que o oligopolista incorpore na sua estratégia ao menos uma representação da reacção imediata às suas atitudes concorrenciais, e que pode ser uma das seguintes hipóteses[1880]:

1. «Concorrência de Cournot» – o oligopolista parte do princípio de que os seus concorrentes não alterarão o seu volume de produção e de vendas (que pré-fixaram, segundo ele calcula, de modo a mini-

[1870] Nash, J. (1950), 155-162; Nash, J. (1950b), 48-49; Nash, J. (1951), 289-295; Nash, J. (1996). Cfr. ainda: Neves, J.C. (1998), 135.

[1871] Leonard, R.J. (1994), 492-511; Milnor, J. (1995), 11-17; Myerson, R.B. (1996), 287-295; Myerson, R.B. (1999), 1067ss.; Nasar, S. (1998); Rubinstein, A. (1995), 9-13; Van Damme, E. & J.W. Weibull (1995), 15-40.

[1872] Selten, R. (1975), 25-55; Kohlberg, E. & J.-F. Mertens (1986), 1003-1037.

[1873] Kreps, D.M. & R. Wilson (1982), 863-894; Kuhn, H.W. (1953), 193-216; Schelling, T.C. (1960); Selten, R. (1965), 301-329, 667-689.

[1874] Aumann, R. (1974), 67-96; Harsanyi, J.C. (1967/1968), 159-182, 320-334, 486-502; Harsanyi, J.C. (1973), 1-23; Myerson, R.B. (1982), 67-81.

[1875] Mailath, G.J. (1998), 1347ss..

[1876] Binmore, K., L. Samuelson & R. Vaughan (1995), 1-35; Kandori, M. (1997), 243-277; Mailath, G.J. (1992), 259-277; Robson, A.J. & F. Vega-Redondo (1996), 65-92; Van Damme, E. (1987); Weibull, J.W. (1995).

[1877] Elster, J. (1989), 99-117; Skyrms, B. (1996); Sugden, R. (1989), 85-97; Young, H.P. (1996), 105-122.

[1878] Pense-se no «dilema do passageiro»: dois passageiros compraram, cada um, uma peça de artesanato *do mesmo valor* aquando de uma viagem. No regresso, as bagagens de ambos perdem-se e a companhia aérea, para limitar os pedidos excessivos de indemnização, anuncia que pagará um mínimo de 2 dólares e um máximo de 100 dólares, e que pagará a ambos o valor do menor dos pedidos de indemnização. Se esses pedidos forem diferentes, pagará mais 2 dólares àquele que tiver feito o pedido menor, e deduzirá 2 dólares àquele que tiver formulado o maior pedido. Num caso destes, em que a companhia aérea abertamente incita cada um dos passageiros a sub-licitar o outro, o «equilíbrio de Nash» será de 2 dólares – um resultado implausível pela simples circunstância da desproporção entre o «motor» da «batota» (o ganho de mais ou menos 2 dólares) e o valor total dos ganhos e perdas, individuais e combinados; sendo pois que, quando os incentivos à batota são relativamente pequenos face aos valores em jogo, predomina uma conduta intuitiva que bloqueia a sub-licitação e a «batota». Cfr. Basu, K. (1994), 391-395; Capra, C.M., J.K. Goeree, R. Gomez & C.A. Holt (1999), 678.

[1879] Ives, X. (1999).

[1880] Fellner, W. (1949); Fréchet, M. (1953), 95-124; Myerson, R.B. (1992), 13-33.

mizar a acumulação de «*stocks*»), e que, portanto, se ele aumentar o seu próprio volume de produção com o fito de expandir-se no mercado, os concorrentes reagirão com um corte de preços até conseguirem recobrar o seu volume de vendas, a quota-parte de mercado que cabia a cada um: pelo que será do interesse de cada concorrente adoptar um volume de produção que não contribua para a sobreprodução e para a descida dos preços, chegando-se por essa via a um «equilíbrio de Nash» – a ideia germinal é atribuída ao economista Antoine Augustin Cournot [1801-1877][1881].

Outro modelo de «concorrência pelas quantidades» é o de Stackelberg, com a diferença de que no modelo de Cournot se pressupõe uma distribuição uniforme de quotas de mercado enquanto no modelo de Stackelberg se parte logo do princípio de que há uma empresa dominante com uma maior quota de mercado, ficando as concorrentes (ou seguidoras) com pequenas quotas mais ou menos idênticas entre elas[1882/1883]; neste último caso o *poder de mercado* desempenha, pois, um papel mais determinante e limitativo das opções de reacção[1884]. Em ambos os modelos se tomam por pressupostos simplificadores a identidade de custos marginais para os concorrentes, a informação perfeita e a linearidade da procura[1885].

O paradigma de «conduta reactiva» estabelecido por estes modelos é suficientemente forte para extravasar para a análise de situações extra-mercado, para todas as situações de complementaridade e de interdependência nas quais cada um – por mais altruísmo e partilha de bens públicos que haja – tem uma vantagem estratégica em reservar-se o «direito» de reagir não-cooperativamente até chegar a um ponto de equilíbrio (o «equilíbrio Cournot-Nash», por exemplo) a partir do qual renegoceia e volta a cooperar: um paradigma que é válido para a análise objectiva das relações familiares[1886/1887].

2. «Concorrência de Bertrand» – o oligopolista parte do princípio de que, faça ele o que fizer, os seus concorrentes não alterarão os seus preços, o que lhe abre a perspectiva de aumentar o seu volume de vendas através de uma quebra de preços que os outros não acompanharão; contudo, se os bens que ele produz não forem perfeitos substitutos dos produtos dos concorrentes, se não estiverem satisfatoriamente preenchidos os requisitos da fluidez, o oligopolista que baixa os preços corre o risco de ver aumentar o volume de vendas menos do que proporcionalmente à descida dos preços, comprometendo o seu rendimento. Numa hipótese de fungibilidade dos produtos vendidos pelos concorrentes, qualquer dos oligopolistas pode conquistar a totalidade do mercado com uma ligeira baixa de preços, sendo sua estratégia dominante esse abaixamento, que o levará até a um «equilíbrio de Nash» com sério declínio dos lucros extraordinários – tendo esta versão de concorrência de preços entre oligopolistas, concorrência mais agressiva e dinâmica (mas também mais intimidativa) do que a prefigurada no modelo de Cournot, sido pioneiramente analisada pelo economista Joseph Bertrand [1822-1900].

Tem-se geralmente a «concorrência de Bertrand»[1888] por mais susceptível de promover a eficiência e o bem-estar do que a «concorrência de Cournot», o que nem sempre será o caso, dependendo fundamentalmente das condições iniciais do mercado[1889]. Ambos os modelos admitem estados iniciais em que cada jogador desconhece o número de rivais que virão a interagir com ele: no modelo Cournot, cada recém-chegado reduz as possibilidades de lucro dos demais, mas esse efeito ainda é mais pronunciado no modelo Bertrand, no qual a *inactividade* dos rivais é especial-

[1881] Também aqui abundam os modelos de «jogo evolutivo», todos eles motivados pela ideia de «reacção adaptativa» de jogadores que escolhem, para cada período, uma base quantitativa a partir da qual respondem a impulsos concorrenciais alheios com uma «dinâmica quantitativa», e dentro das suas limitações informativas. Cfr. Droste, E., C. Hommes & J. Tuinstra (2002), 232-269; Flam, S.D., L. Mallozzi & J. Morgan (2002), 183-188.

[1882] Feltovich, N. (2001), 378-392; Pal, D. & J. Sarkar (2001), 127-134.

[1883] Os pressupostos alteram-se, como é óbvio, quando se trata de analisar duopólios. Cfr. Huck, S., W. Müller & H. Normann (2001), 749-765.

[1884] Vives, X. (2002), 361-376.

[1885] Watt, R. (2002), 46-55.

[1886] Chen, Z. & F. Woolley (2001), 722-748.

[1887] A ideia de equilíbrio concorrencial (tecnicamente, um equilíbrio Cournot-Nash não-cooperativo) depende de dois pressupostos, um mais simples ou «fraco» que é o da *atomicidade*, outro mais «forte» que é o da *informação completa* disponível aos concorrentes. Mas a verificação da atomicidade é problemática, e a sua relevância para o equilíbrio é discutível; o mesmo se dirá do requisito da informação completa. Cfr. Bronfman, C., K. McCabe, D. Porter, S. Rassenti & V.L. Smith (1996), 681-699; Davis, D.D. & C.A. Holt (orgs.) (1993); Kagel, J.H. & A.E. Roth (orgs.) (1995); Smith, V.L. (1962), 111-137; Smith, V.L. (1976), 274-279; Smith, V.L. (1980b), 345-377; Smith, V.L. (1982), 923-955; Smith, V.L. (1986), 167-173; Williams, A.W., V.L. Smith, J.O. Ledyard & S. Gjerstad (2000), 511-528.

[1888] Com a sua variante próxima, o «modelo de Edgeworth». Cfr. Vives, X. (1999), Cap. V.

[1889] Chowdhury, P.R. (2002), 811-822.; Lofaro, A. (2002), 561-578.

mente valiosa[1890]/[1891]. Por outro lado, não são despici-endos os efeitos da limitação de capacidade produtiva para o desenvolvimento de uma estratégia agressiva ou retaliatória, mormente se nem todos os participantes dispõem de capacidade equiparável – caso em que con-siderações estratégicas de *credibilidade* tornam acon-selhável a parcimónia no uso de «armas», sobretudo quando há incerteza relativa à capacidade de se susten-tar «hostilidades» prolongadas, caso em que a opção da concentração de empresas se apresenta como alternati-va viável[1892]. Por fim, a estratégia do conluio é atrac-tiva na «concorrência de Bertrand» quando existe assi-metria informativa e cada um dos rivais consegue ocul-tar o nível exacto de procura dos seus produtos, ou seja a dimensão precisa da sua quota de mercado – e não existe a dissuasão de uma *«trigger strategy»* ou de uma *«grim strategy»*[1893].

3. «Procura quebrada» – o oligopolista sabe que os concorrentes acompanharão as quebras de preços – para não perderem clientes e quota de mercado –, mas não reagirão a subidas de preços, pelo que a curva da procura se lhe afigurará como «que-brada», com dois tipos de elasticidade muito dis-tintos: uma quase total inelasticidade (aparente) às descidas de preços, uma quase infinita elasti-cidade (aparente) às subidas, grandes quebras de vendas se os preços sobem, pequenos aumentos de vendas se os preços baixam – uma combina-ção poderosa que dissuade qualquer oligopolista de tentar alterar os preços que pratica, e que pode constituir um mecanismo de harmonização auto-mática, de pacificação anti-concorrencial, no mercado oligopolista. Esta ideia da *«kinked demand»* é geralmente associada à análise do economista Paul Sweezy.

Todos os modelos concorrenciais que acabámos de descrever dependem da correcta representação das intenções dos rivais, pressupondo a tal «capacidade simpática» de representação dos seus interesses e das suas preferências estratégicas – pois de outro modo é óbvia a vantagem que pode advir da exploração da

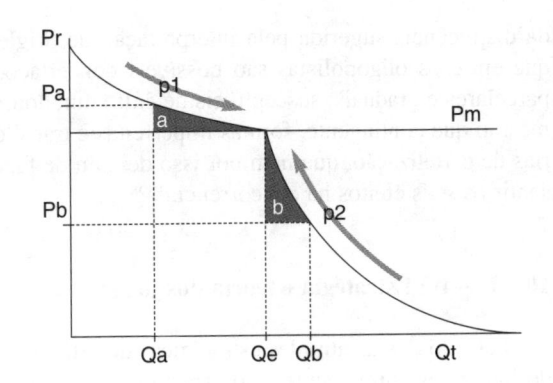

Gráfico 10.12. *Procura quebrada*

Pr: preços
Qt: quantidades
Pm: preço de mercado
p1: procura acima do preço de mercado (mais elástica, porque os concorrentes não acompanham as subidas de preços, e por isso as suas ofertas são *alternativas* para os compradores)
p2: procura abaixo do preço de mercado (menos elástica, porque os concorrentes acompanham as descidas de preços, reduzindo as alternativas dos compradores)
a: efeito de uma subida de preços (ou restrição de quantidades)
b: efeito de uma descida de preços (ou aumento de quantidades)
Pa: preço acima do equilíbrio
Pb: preço abaixo do equilíbrio
Qe: quantidade de equilíbrio
Qa: quantidade abaixo do equilíbrio
Qb: quantidade acima do equilíbrio

ingenuidade, da «racionalidade limitada» dos rivais, através da simulação e da dissimulação a baixo custo[1894], o mesmo podendo dizer-se de conluios pre-datórios contra a parte mais ingénua, na condição de poder haver comunicação eficiente, a baixo custo, entre os «conspiradores»[1895] (a chamada hipótese de *«cheap talk»*, de baixos custos de transacção, facilitan-do «cartéis implícitos»)[1896]; podendo mesmo derivar--se para uma análise das «vantagens da mentira» e da evolução de uma «racionalidade maquiavélica» que tira proveito dos custos da partilha da informação e da prevalência de «ruído» na detecção das estratégias rivais[1897] – tudo razões para se reconhecer, ao arrepio

[1890] Janssen, M. & E.B. Rasmusen (2002), 11-21.
[1891] Tudo depende também da circunstância de a entrada de novos rivais no mercado ter ocorrido *antes* ou *depois* da fixação de preços de equilíbrio. Cfr. Thomas, C.J. (2002), 589-609.
[1892] Para uma análise, nestes termos, da fusão Nestlé–Perrier no mercado da água engarrafada, cfr. Compte, O., F. Jenny & P. Rey (2002), 1-29.
[1893] Aoyagi, M. (2002), 229-248.
[1894] Crawford, V.P. (2003), 133ss.
[1895] Crawford, V.P. & J. Sobel (1982), 1431-1451.
[1896] Crawford, V.P. (1998), 286-298; Crawford, V.P. (2003), 134ss.; Farrell, J. (1993), 514-531; Farrell, J. & M. Rabin (1996), 103-118; Porter, M.E. (1980), 93-95.
[1897] Benabou, R. & G. Laroque (1992), 921-958; Sobel, J. (1985), 557-573.

da displicência sugerida pela interpretação de Stigler, que entre os oligopolistas são possíveis concertações parcelares e graduais, susceptíveis de êxito duradouro, mesmo que contingente, formas imperfeitas e transitórias de cartelização, que nem por isso deixam de fazer sentir os seus efeitos na concorrência[1898].

10 – b) – iv) Estratégia e teoria dos jogos[1899]

O estudo dessas atitudes estratégicas de articulação de interesses entre agentes, no espaço intermédio dos extremos da cooperação e da rivalidade, é o objecto adequado da *Teoria dos Jogos* (uma teoria inventada pelo matemático John von Neumann em 1937, generalizada por ele e pelo economista Oskar Morgenstern em 1944[1900], e com um «segundo fôlego» nas obras de Harsanyi, Nash e Selten[1901]), através da qual pode dar-se conta da interdependência das decisões, quando elas são tão fortes e eficazes que podem influenciar decisivamente a esfera de interesses alheios, suscitando reacções preventivas e retaliatórias que, a terem a mesma eficácia, refluirão sobre aquele que tomou a primeira decisão, que deu o primeiro passo, forçando-o a ponderar a adequação de cada um dos passos que dá nessa interacção, começando pelo primeiro e dilatando por uma sequência suficientemente ampla as expectativas de reacção e os remédios adequados a cada uma delas: forçando-o, em suma, a delinear uma *estratégia* que recubra vários passos subsequentes àquele que vai dar imediatamente, em reconhecimento mútuo da interdependência e da complementaridade, do facto de a melhor opção depender das escolhas alheias, e vice-versa. Em rigor, o *jogo* de que se trata na «Teoria dos Jogos» é um modelo em que se concebe que um grupo de pessoas desenvolve, em condições de incerteza e dificuldade de coordenação, e defrontada com a *possibilidade* de que se trate de um «jogo de soma zero», uma estratégia de acordo com uma sequência temporal[1902] que conduz a resultados compensadores e úteis, para cada um ou para todos[1903/1904]. Conhecemos já, aliás, algumas das mais férteis aplicações desta teoria,

nomeadamente na área relativa à optimização do mecanismo dos leilões; e devemos insistir que a modelação da teoria dos jogos não é puramente especulativa, pois com ela geralmente se analisa uma situação da vida real que contenha os pressupostos para a verificação de um nexo causal compatível com os paradigmas da teoria, tentando só depois apurar-se se não existirão «anomalias», só finalmente se procurando, no caso de não haver explicação para essas «anomalias», soluções plausíveis que permitam expandir os princípios explicativos da teoria[1905].

Como vimos, o poder de mercado dos oligopolistas significa que é dado, a cada um deles, influir no nível de preços e, por esse meio, interferir nas receitas, no rendimento, dos demais. Logo, na racionalidade dos cálculos de um oligopolista é natural que surja uma consideração estratégica sobre o impacto das decisões próprias na esfera de interesses dos outros vendedores no mercado – mormente, a consideração relativa às repercussões da adopção de uma determinada escala de produção ou de um determinado volume de vendas no rendimento, e logo nos lucros, dos concorrentes –, e sobre a vulnerabilidade dos interesses próprios, seja a uma decisão estratégica inicial de outro oligopolista, seja a uma sua atitude retaliatória[1906].

Em suma, a especial relevância que a teoria dos jogos tem para a explicação do funcionamento dos oligopólios resulta, por um lado, do facto de os oligopolistas disporem de suficiente poder de mercado para conseguirem prejudicar-se seriamente uns aos outros, mas não disporem de poder de mercado bastante para transitarem para uma situação monopolista (sendo compelidos à convivência com os seus rivais); e, por outro, do facto de nem sempre se lhes afigurarem óbvias, pelas razões que já analisámos, as vantagens da cooperação – e nomeadamente as vantagens de uma cooperação permanente face à posição sub-óptima de «equilíbrio de Nash», à qual cada um conseguirá separadamente chegar.

Trata-se, como já referimos inicialmente, de um momento decisivo para a evolução do cânone neoclássico dentro da Microeconomia, pois a análise dos jogos

[1898] Besanko, D.A.A. & M. Perry (1994), 297-329; Bonanno, G. & J. Vickers (1988), 257-265; Bresnahan, T.F. (1989), 1011-1057; Cooper, T. (1986), 377-388; Fershtman, C. & K. Judd (1987), 927-940; Rey, P. & J. Stiglitz (1995), 431-451.

[1899] Dixit, A.K. & B. Nalebuff (1991); Dixit, A.K. & S. Skeath (1999).

[1900] Leonard, R.J. (1995), 730–761; Dimand, M.A. & R.W. Dimand (1996).

[1901] Gul, F. (1997), 159ss.; Van Damme, E. (1995), 3-12; Van Damme, E. & J. Weibull (1995), 15-40.

[1902] Sobre os «jogos sequenciais» e a sua integração numa «teoria da decisão», cfr. Aliprantis, C.D. & S.K. Chakrabart (2000).

[1903] Bergeijk, P.A.G. (1989), 364-370; Hemenway, D., R. Moore & J. Whitney (1987), 727-730; Meister, J.P. (1999), 383-391.

[1904] Para quem queira ter uma percepção das variadíssimas aplicações possíveis desta teoria, até aos mais recônditos aspectos da realidade (economia, desporto, relações internacionais, política), recomenda-se a leitura da curiosíssima aplicação dos seus princípios à análise da racionalidade das condutas mais conhecidas da tradição bíblica, especificamente do Antigo Testamento. Cfr. Brams, S.J. (2003).

[1905] Camerer, C.F. (1997), 167ss..

[1906] Com maior ou menor adesão aos modelos de Cournot, Stackelberg, Bertrand, Sweezy, etc.

não-cooperativos veio fornecer à teoria económica um *vocabulário* comum às interacções sociais *dentro e fora* dos mercados, permitindo realçar os traços básicos de uma racionalidade universalmente válida, harmónica nas suas mais variadas aplicações, e constitutiva até dos próprios quadros institucionais (e normativos) delimitadores do desenvolvimento das relações económicas[1907] – logo, uma análise *fundamental, radical*, pese embora a sua coesão axiomática e o seu deliberado esquematismo. Trata-se ainda de um «filão científico» que está longe de se ter esgotado, abrindo-se agora a áreas de investigação como a dos «jogos de rede» (a insinuação de estratégias dentro das «redes informativas», e o seu casamento com «efeitos de rede»), a de jogos híbridos, com elementos cooperativos e não-cooperativos, a de jogos evolutivos com susceptibilidade de modificação intercalar das regras, a das relações (externalizadoras ou outras) de «jogos locais» com «efeitos globais», a da formação (e vantagem estratégica) de coligações entre «redes locais»[1908].

10 – b) – iv) – α) O dilema do prisioneiro

A situação dos oligopolistas assemelha-se muito frequentemente àquela situação paradigmática e modelar que é designada por «dilema do prisioneiro» – uma situação que, muito esquematicamente, se poderia caracterizar do modo seguinte: duas pessoas que não tiveram a oportunidade de combinar previamente uma estratégia comum e que não podem agora comunicar são colocadas numa posição de «lance único», em que ambas ganham em cooperar e ambas perdem por se hostilizarem, e em que no entanto a estratégia dominante é, para cada um deles, a da não-cooperação, dado que o prejuízo máximo e o benefício máximo resultarão respectivamente de um gesto de cooperação e de um gesto de hostilidade não correspondidos (já que, havendo um «lance único», deixa de haver oportunidade de rectificação, de retaliação, de aprendizagem, num «lance subsequente»).

– se um for delator e o outro não, o delator sofrerá a pena mínima e o denunciado a pena máxima, o que convidará ambos à delação, caso em que ambos sofrerão uma pena superior àquela que corresponderia à sua cooperação num silêncio cúmplice (pressupondo-se que esse silêncio cúmplice levará à pena mínima, ou quiçá mesmo à absolvição);

– dado que cada um tem apenas a opção entre falar e não falar, cada um deles poderá perguntar-se o que é que lhe convém fazer perante as possíveis atitudes do outro: se um falar, interessa ao outro falar também, pois não fazê-lo equivaleria à pena máxima;

– se o primeiro não tiver falado, interessa novamente ao outro falar, pois isso significará para ele obter uma pena mínima, uma pena menor do que aquela que sobre ele recairia se ambos falassem;

– seja qual for, pois, a atitude da outra parte, o próprio tem sempre vantagem em tomar a decisão unilateral de tornar-se delator: falar, e não cooperar no silêncio com o outro, é, para ele – tal como para o outro –, a *estratégia dominante*;

– em termos muito sucintos e próprios da teoria dos jogos, o silêncio de ambos representa o «óptimo de Pareto», enquanto que a denúncia recíproca representa o «equilíbrio de Nash»[1909].

Reconheça-se que em contextos em que a delação é juridicamente premiada[1910] o crime organizado deve prometer retaliações pesadíssimas a quem quebre um «pacto de silêncio» (a «*omerta*» mafiosa) prévio à captura dos seus membros, pois só o medo os impedirá de seguirem racionalmente a sua estratégia dominante de ganharem com a delação – ou, mais importante, de fugirem de ser vítimas de delação – (a promessa de retaliação pesada mais não faz, no fundo, do que alterar a matriz de custos e benefícios em que assenta o cálculo dos prisioneiros)[1911/1912].

Dissemos que se trata aqui de uma hipótese de jogo de «lance único» («*one-shot prisoners' dilemma game*»), mas nada exclui que se estenda a análise a situações de «repetição do jogo», com ou sem aprendiza-

---

[1907] Manski, C.F. (2000), 116; Akerlof, G.A. (1980), 749-775; Jones, S. (1984); Cole, H.L., G. Mailath & A. Postlewaite (1992), 1092-1125; Kandori, M. (1992), 63-80; Young, H.P. (1996), 105-122.

[1908] Allen, B. (2000), 147.

[1909] Cabe, contudo, perguntar: porque é que é tão provável que as partes efectivamente joguem o jogo do equilíbrio de Nash, quando tão limitativamente lhes é concedido um único lance (uma única decisão de que tudo dependerá, no que respeita à influência da vontade de cada parte)? E a ser assim, apresentará esta situação vantagens optimizadoras em relação aos jogos prolongados em que se dá azo à formação de múltiplos «equilíbrios de Nash»? Cfr. Samuelson, L. (2002), 47.

[1910] São muito frequentes as soluções de se conceder imunidade ao primeiro membro do cartel que denuncia a sua existência às autoridades, o que se entende ser mais eficiente do que mais tradicionais métodos dissuasórios da coligação e do alinhamento de preços. Cfr. Kovacic, W.E. & C. Shapiro (2000), 56; Baker, J.B. (1996), 41-55.

[1911] A propósito: Alexander, B.J. (1997), 175-202; Fiorentini, G. & S. Peltzman (orgs.) (1995); Gambetta, D. (1993).

[1912] A Mafia é uma forma de «cartel do crime», no qual predominam acordos de demarcação geográfica entre «famílias» independentes, que se arrogam exclusivos de «protecção» dentro dos seus domínios e gerem partilhadamente a «reputação» da sua filiação comum (logo, verdadeiros e característicos «acordos de quantidades» próprios da cartelização). Cfr. Gambetta, D. (1993).

	Olig. A Não cumpre	Olig. A Cumpre
Olig. B Não cumpre	Olig. A ganha 80 Olig. B ganha 80 (Total = 160)	Olig. A ganha 60 Olig. B ganha 120 (Total = 180)
Olig. B Cumpre	Olig. A ganha 120 Olig. B ganha 60 (Total = 180)	Olig. A ganha 100 Olig. B ganha 100 (Total = 200)

Quadro 10.13. *Dilema do prisioneiro na concorrência oligopolista: cumprir ou não cumprir o acordo de cartel – eis a questão!*

Se A não cumprir, o total de ganhos possíveis é de 200 (80 + 120), faça B o que fizer.
Se A cumprir, o total de ganhos possíveis é de 160 (60 + 100), faça B o que fizer.
Logo, não cumprir é para A a *estratégia dominante*.
Se B não cumprir, o total de ganhos possíveis é de 200 (80 + 120), faça A o que fizer.
Se B cumprir, o total de ganhos possíveis é de 160 (60 + 100), faça A o que fizer.
Logo, não cumprir é para B a *estratégia dominante*.

gem, como melhor veremos adiante. As partes que se reencontram numa situação idêntica à inicial poderão já ter constatado a vantagem partilhada da cooperação e ter-se convencido da fiabilidade da contraparte, partilhando agora de uma percepção comum quanto à *vontade de cooperar*, mutuamente *sinalizada*[1913]; poderão ter celebrado um pacto secreto de ameaça recíproca de retaliações que realinhará os seus interesses na cooperação, alterando a matriz de perdas e ganhos, prometendo sanções de valor fixo e inegociável[1914] e tornando demasiado oneroso o incumprimento unilateral[1915]; e poderão, pelo contrário, ter guardado para si a impressão de que o pacto secreto, a sua exequibilidade e a matriz das penalizações correspondentes não ultrapassam em valor a oportunidade de maximização dos resultados através da batota[1916].

Note-se que o modelo de jogo não-repetido será representativo de situações de contacto ocasional e instantâneo entre estranhos[1917]; mas o modelo pode também ser proveitoso para analisar situações de interação em anonimato, em que não é possível a formação de uma aprendizagem e de uma reciprocidade[1918].

Mesmo em jogos de «lance único» a prevalência da não-cooperação depende da matriz de valores que se assuma como base da decisão das partes, e de que o «dilema do prisioneiro» é apenas uma sub-hipótese. No exemplo da «caça ao veado», em que dois caçadores podem cooperar na captura de «caça grossa» ou não cooperar e dedicar-se cada um à caça às lebres, em princípio a matriz dos valores em presença permitirá concluir que já não há *estratégia dominante*, visto que a não-cooperação ainda é a melhor resposta à não-cooperação da contraparte, mas a cooperação passa a ser a melhor estratégia de resposta à cooperação da contraparte (passando a haver, neste jogo, dois equilíbrios, um de cooperação mútua, outro de não-cooperação mútua)[1919].

– Um jogo de «caça ao veado» é um típico jogo de *coordenação*: cada caçador pode agir isoladamente e mesmo assim sobreviver (por exemplo caçando coelhos). Mas se todos cooperarem podem caçar um veado e ter muito mais alimento disponível para cada um – sendo que esse resultado só é alcançável se *todos* efectivamente cooperarem, e não houver ninguém a decidir, no último mo-

1913 Brosig, J. (2002), 275-290.
1914 Por forma a bloquear qualquer ponderação estratégica relativa à possibilidade de impunidade. Cr. Pearce, D.G. (1992), 140; Genesove, D. & W.P. Mullin (2001), 390.
1915 Wiseman, T. & O. Yilankaya (2001), 216-242.
1916 Ritzberger, K. (2002).
1917 Rosenthal, R.W. (1981), 92-100.
1918 Hoffman, E. & M.L. Spitzer (1985), 259-297.
1919 Bergstrom, T.C. (2002), 69-70. O exemplo da «caça ao veado» é inspirado numa história contada por Jean-Jacques Rousseau.

mento, abandonar o esforço comum e regressar à sua captura de coelhos.

– Por exemplo, numa empresa em que a produtividade depende da boa coordenação de esforços, *todos* têm a ganhar com a aplicação de *todos* à actividade comum. Suponha-se que todos os trabalhadores recebem o mesmo salário, em função de uma produtividade média – nesse caso, não interessará a nenhum trabalhador desenvolver um nível de esforço superior ao da média, visto que a remuneração não seria superior à dos outros (e que o esforço tem o seu próprio custo); logo, se todos os trabalhadores estiverem a desenvolver um nível *baixo* de esforço, chegar-se-á a um «equilíbrio de Nash» de baixo esforço e baixa remuneração; se, ao invés, todos os trabalhadores estiverem a desenvolver um nível *elevado* de esforço, cada um terá incentivo a aumentar o seu grau de esforço, contribuindo para a elevação da média de remunerações (a chamada «*payoff dominance*»)[1920]/[1921].

– Todavia, supõe-se, nesta segunda hipótese, que um entendimento «pacificador», expresso ou tácito, é alcançável, mas essa conclusão não é evidente, dados os incentivos para a «agressividade» e para a «não-conformidade», em especial em ambiente não-cooperativo[1922], haja ou não a possibilidade de um equilíbrio evolutivo ou cíclico[1923]. Uma solução é a de se admitir a presença de um ponto focal, ou seja, de uma forma óbvia de jogar que se evidencie a todos os jogadores, tornando previsíveis os passos seguintes de cada um, propiciando a *coordenação*[1924].

Para ilustrarmos um pouco melhor a mecânica e o poder analítico da «teoria dos jogos», recuemos no tempo e coloquemo-nos no momento anterior à 2.ª Guerra Mundial, momento em que representantes franceses e británicos (Aliados), aos quais caberia o primeiro lance, deveriam decidir a estratégia a tomar perante o desmembramento da Checoslováquia perpetrado pela Alemanha nazi.

– Suponhamos que há apenas duas opções nesse primeiro lance: Apaziguamento (nada fazer) ou Ofensiva (abrir as hostilidades contra a Alemanha).

– Suponha-se que as respostas da Alemanha também só podem ser duas: Paz (recuando) ou Guerra (mantendo a ocupação da Checoslováquia e ripostando aos Aliados).

– Suponha-se agora que os representantes franceses e británicos têm preferência pela Paz em relação à Guerra, e em segundo plano preferem a Ofensiva ao Apaziguamento; nesse caso, as suas preferências são, por ordem decrescente: 4- Ofensiva, Paz; 3- Apaziguamento, Paz; 2- Ofensiva, Guerra; 1- Apaziguamento, Guerra.

– Existem, perante este quadro, três possibilidades óbvias:

a) Alemanha pacifista – caso em que ela preferiria sempre a Paz à Guerra, e reagiria melhor ao Apaziguamento do que à Ofensiva, sendo portanto as suas preferências, por ordem decrescente: 4 – Apaziguamento, Paz; 3 – Apaziguamento, Guerra; 2 – Ofensiva, Paz; 1 – Ofensiva, Guerra.
Nesse caso a matriz seria :

Aliados, Alemanha	Paz	Guerra
Apaziguamento	3 , 4	1 , 3
Ofensiva	4 , 2	2 , 1

A escolha racional para os aliados seria a Ofensiva, seguida da escolha da Paz pela Alemanha; os Aliados ganhariam 4, a Alemanha ganharia 2. O equilíbrio seria sub-óptimo (o conjunto de ganhos seria de 6, quando podia ser de 7 com o par Apaziguamento, Paz).

b) Alemanha belicista – caso em que ela preferiria sempre a Guerra à Paz, reagindo melhor ao Apaziguamento do que à Ofensiva (4 – Apaziguamento, Guerra; 3 – Apaziguamento, Paz; 2 – Ofensiva, Guerra; 1 – Ofensiva, Paz).
Neste caso teríamos a matriz do dilema do prisioneiro:

Aliados, Alemanha	Paz	Guerra
Apaziguamento	3 , 3	1 , 4
Ofensiva	4 , 1	2 , 2

A escolha racional para os Aliados continuaria a ser a Ofensiva, seguida agora da Guerra pela Alemanha; os Aliados e a Alemanha ganhariam 2 cada um, novamente num equilíbrio sub-óptimo (o conjunto dos ganhos seria de 4, quando podia ser de 6 com o par Apaziguamento, Paz).

[1920] Fudenberg, D. & D. Levine (1993), 547-573; Gul, F. (1996), 1-31; Harsanyi, J.C. & R. Selten (1988), 81ss.; Kalai, E. & E. Lehrer (1993), 1019-1045; Mailath, G.J. (1998), 1350-1351.

[1921] Outro exemplo similar é aquele que surge na especulação internacional de divisas, quando as taxas de câmbio são rígidas: se os especuladores agirem coordenadamente têm a possibilidade de vencer os bancos centrais (se dispuserem de reservas superiores às destes) e de forçarem desvalorizações, ganhando com a «arbitragem» especulativa; se não se coordenarem, ninguém ganha e ninguém perde. Cfr. Carlsson, H. & E.E. van Damme (1993), 989-1018; Carlsson, H. & E.E. van Damme (1993b), 237-253; Chamley, C. (2003), 603ss.; Morris, S. & H.S. Shin (1998), 587-597; Morris, S. & H.S. Shin (1999), 230-261; Obstfeld, M. (1996), 1037-1047.

[1922] Aumann, R. (1990), 201-206.

[1923] Fudenberg, D. & C. Harris (1992), 420-441; Gilboa, I. & A. Matsui (1991), 859-867; Kandori, M., G.J. Mailath & R. Rob (1993), 29--56; Swinkels, J.M. (1992), 306-332.

[1924] Foster, D. & H.P. Young (1990), 219-232; Kreps, D.M. (1990b); Myerson, R.B. (1991), 105ss.; Schelling, T.C. (1960).

c) Alemanha enganadora – caso em que a Alemanha prefere a Guerra à Paz e reage melhor à Ofensiva do que ao Apaziguamento (isto é, interpretará o Apaziguamento como sinal de fraqueza, caso em que revelará as suas preferências: 4 – Apaziguamento, Guerra; 3 – Apaziguamento, Paz; 2 – Ofensiva, Paz; 1 – Ofensiva, Guerra).

Neste último caso a matriz seria:

Aliados, Alemanha	Paz	Guerra
Apaziguamento	3 , 3	1 , 4
Ofensiva	4 , 2	2 , 1

Caso em que a escolha racional dos Aliados voltaria a ser a da Ofensiva, seguida da oferta de Paz por parte da Alemanha, num dos dois equilíbrios óptimos possíveis, com ganhos combinados de 6.

Existe ainda uma última hipótese, cuja exploração reclama a modificação das próprias preferências dos Aliados:

d) Alemanha apaziguável – caso em que a Alemanha só preferiria a Guerra na falta de Apaziguamento por parte dos Aliados (4 – Apaziguamento, Paz; 3 – Apaziguamento, Guerra; 2 – Ofensiva, Guerra; 1 – Ofensiva, Paz).

Sabendo-se que neste caso a Ofensiva não conduz à Paz e torna inevitável a Guerra, as preferências dos Aliados modificar-se-iam um pouco, e passariam a ser: 4 – Apaziguamento, Paz; 3 – Ofensiva, Paz; 2 – Ofensiva, Guerra; 1 – Apaziguamento, Guerra.

Nesse caso a matriz seria:

Aliados, Alemanha	Paz	Guerra
Apaziguamento	4 , 4	1 , 3
Ofensiva	3 , 1	2 , 2

A escolha racional dos Aliados passa a ser o Apaziguamento, seguida da escolha da Paz pela Alemanha, num equilíbrio óptimo, com um conjunto de ganhos de 8 (o máximo possível).

– O «espírito de Munique» foi o de erradamente se considerar que a Alemanha era apaziguável (modificando as próprias preferências dos Aliados, que perante a crise checoslovaca não deveriam deixar de dar prioridade à

Ofensiva), quando era manifesto que ela era naquele momento, ou belicista, ou enganadora (neste último caso, estava a fazer «bluff» e a pôr à prova a determinação dos Aliados). No caso da Alemanha belicista – que se provou logo de seguida ser o verdadeiro – a não-cooperação era inevitável, e a Guerra seguir-se-ia fosse qual fosse a atitude dos representantes dos Aliados na Conferência de Munique –; no segundo caso, do «bluff» e só nesse, é que a opção pela Ofensiva teria racionalmente (mas talvez não emotivamente) ditado a Paz (coloca-se de lado agora, como se colocou na altura, a hipótese de a Alemanha invasora ser pacifista)[1925].

– Julga-se que o exemplo é ilustrativo do poder da «teoria dos jogos» para esquematizar e ajudar a esclarecer, ao menos dentro do âmbito confinado das opções racionais e informadas, o quadro estratégico dentro do qual se movem as decisões concretas das mais variadas índoles e níveis[1926].

Um aspecto que porventura terá ficado claro no exemplo que acabámos de dar é o da influência da estrutura matricial de ganhos na conduta das partes num jogo de «lance único», sendo que uma ligeira alteração de valores e de preferências pode ditar resultados inteiramente distintos (isto para não falarmos de novo no ascendente da racionalidade limitada, da assimetria informativa e do «ruído» na interpretação «simpática» das motivações das contrapartes, e que tem levado à sucessiva introdução de refinamentos no modelo básico do «equilíbrio de Nash»[1927]), constatação que é muito reforçada pelos dados experimentais, que têm revelado grandes divergências, quando não mesmo verdadeiras inversões de tendência, face àquilo que seriam resultados previsíveis, extrapolados do modelo básico[1928].

Sublinhemos também que muitas situações da vida real, para lá dos conflitos internacionais, se adequam especialmente a este modelo de jogo «de lance único»: decisões judiciárias, decisões eleitorais, propostas contratuais de «oportunidade única», etc.; além disso, estes «jogos» apresentam a vantagem de serem susceptíveis de análise à margem de considerações relativas à aprendizagem, à reciprocidade, à formação e manipulação de crenças entre as partes, e outras «complicações». Mesmo assim, esse modelo «descarnado» já apresenta, por si só, suficiente complexidade – mor-

---

[1925] Hirshleifer, J. (2001), 342-343.

[1926] Claro que muitas outras subtilezas poderiam acrescentar-se à análise para enriquecer e tornar mais realista o quadro referencial: a influência dissuasora da incapacidade de externalização perfeita dos danos de guerra (que os belicistas alemães não tomaram em devida consideração), ou a concepção da «hostilidade bélica» como um «bem inferior» que é progressivamente abandonado à medida que a nação fica mais próspera e poderosa – sendo esta última que ditou a estratégia apaziguadora do pós-guerra, momento em que se preferiu fomentar e subsidiar o «milagre económico» da Alemanha e o Japão a cair na tentação retaliatória das «reparações de guerra». Cfr. Hirshleifer, J. (2001), 345-346.

[1927] Gibbons, R. (1997), 127-149.

[1928] Goeree, J.K. & C.A. Holt (2001), 1402-1403.

mente quando, como acabámos de referir, apresenta divergências empíricas face ao padrão abstracto de funcionamento, resultantes de factores tão elementares como a hierarquização das preferências, a escolha do grau de esforço, a decisão de adoptar estratégias *puras* ou *mistas*, o grau de confiança na contraparte, a aversão ao risco, a disponibilidade para cooperar e repartir resultados, a sensibilidade aos inerentes «custos de transacção»; divergências tão grandes que há quem entenda que a teoria dos jogos tem uma dimensão mais *normativa* do que propriamente *descritiva*[1929] – quando não se resvala para uma mais profunda descrença nas virtualidades da «teoria dos jogos» para ultrapassar as suas virtualidades de método de comprovação de teoremas e se converter numa descrição *realista* do funcionamento das interdependências sociais (como sucedeu com o próprio John Nash[1930]). Felizmente, as inesgotáveis capacidades de computação hoje disponíveis vieram ajudar na «complexificação» da «teoria dos jogos», ainda que isso tenha significado perda de relevância heurística e pedagógica para os modelos em que essa teoria assenta[1931].

Por vezes, esta mesma situação de não-cooperação reaparece em conexão com o problema da sobre-exploração de recursos comuns, aquilo que na doutrina aparece designado como a «tragédia dos baldios», e que analisaremos a propósito das questões ambientais: cada um dos interessados em explorar recursos comuns – ou seja, recursos que não se encontram sujeitos a uma apropriação individual, e em relação aos quais, portanto, não existe um mecanismo de exclusão espontâneo – sabe que o nível óptimo de exploração, em termos de estrita eficiência económica, seria aquele que corresponderia à apropriação exclusiva desses recursos, pois um proprietário único suportaria todos os custos e alcançaria todos os ganhos que fossem provocados por qualquer decisão sobre aqueles recursos. Contudo, um acordo sobre a exploração conjunta dos recursos comuns, fixando quotas de produção, por exemplo, estaria sempre fragilizado, já que cada um dos interessados teria como estratégia dominante aumentar a sua quota à custa dos demais – aqui com a consequência mais nítida de ser possível a apropriação individual dos

ganhos derivados do aumento de produção, ao mesmo tempo que o correspondente aumento de custos seria externalizável para o domínio comum, visto que nenhuma legitimidade de proprietário privado se opõe a essa externalização –[1932]. E por isso haverá sempre a tendência para a sobre-exploração e para o esgotamento dos recursos comuns, a um nível de eficiência inferior àquele que acompanharia a apropriação individual desses mesmos recursos, provocando graves problemas de sustentabilidade, tanto económica como ambiental[1933]. Ao menos desta aplicação prática da «teoria dos jogos» não se duvidará, porque é da existência de uma estratégia dominante de não-cooperação e de parasitismo que resultam o esgotamento das capturas de pesca no alto mar, a degradação dos restaurantes e praias «da moda», o congestionamento do trânsito nas grandes cidades, a proliferação de incêndios devastadores em florestas não cuidadas, quando elas não são apropriadas, ou o são por diversos proprietários egoístas.

10 – b) – iv) – β) Jogos com aprendizagem

Em geral, os oligopólios não se encontram em puras situações de «dilema do prisioneiro»:

- porque não estão limitados a um único lance do qual tudo depende – e pelo contrário se integram em relações estratégicas duradouras nas quais há lugar a muita transmissão de informações, a muita aprendizagem, a muita clarificação sobre as vantagens comuns de um pacto de cooperação –;
- porque, mantendo-se intactas as possibilidades de comunicação, a opção de negociarem e renegociarem vantagens recíprocas permanece sempre em aberto;
- porque os rivais oligopolistas não se movem numa grelha restrita e pré-determinada de ganhos e de perdas, não sendo por isso tão óbvia ou fácil de delinear uma *estratégia dominante*, um conjunto de acções possíveis que sejam ganhadoras *independentemente* daquilo que faça a contraparte[1934].

[1929] Rubinstein, A. (1982), 97-109.

[1930] Nash, J. (1950), 155-162; Nasar, S. (1998).

[1931] Goeree, J.K. & C.A. Holt (2001), 1418-1419.

[1932] Descrevendo como o comportamento de «captura de renda» («*rent-seeking behaviour*») pode amplificar e antecipar efeitos de «tragédia dos baldios», por encarniçamento de externalizadores impacientes que reciprocam e retaliam, cfr. Bergland, H., D.J. Clark & P.A.Pedersen (2002), 263-279.

[1933] Ao contrário do mito ecológico, a deflorestação da bacia amazónica tem-se dado a um ritmo mais lento do que a média mundial – cfr. FAO (1997), 189; contudo, que a pressão demográfica é determinante da deflorestação, prova-o o facto de a Peste Negra, causadora da diminuição de 1/3 na população europeia em meados do século XIV, ter sido seguida por uma rápida reflorestação da Europa – cfr. Williams, M. (1990), 180-181.

[1934] Vega-Redondo, F. (2003).

Em todo o caso, e como já temos observado, não é de subestimar o incentivo ao incumprimento de acordos de cartel que resulta da percepção parcelar que cada membro tenha da justiça do acordo, até porque simples alinhamentos de interesses, mais a mais proscritos por lei, podem não permitir uma ponderação prévia de interesses negociais que garanta que todos estão convencidos da justiça e do equilíbrio do acordo, pelo que muita da batota pode começar por ser, na perspectiva do faltoso, um esforço de justiça pelas próprias mãos.

Os oligopolistas que, depois de num primeiro momento terem chegado a um «equilíbrio de Nash», descobrem a extensão total da perda de lucro que essa posição acarreta, passarão a ter, se o jogo se prolongar e tiverem oportunidade de um segundo «lance», e lances subsequentes, a oportunidade de levarem a cabo uma nova opção de quantidades e preços, um incentivo à cooperação que disputará a primazia à anterior estratégia dominante de não-cooperação.

Quando se fala de «teoria *estratégica* dos jogos», evidentemente que se realça a capacidade adaptativa que consegue incorporar-se numa concatenação de «lances» de interacção – por exemplo, na decisão do momento, ou do limiar, a partir dos quais se revela preferências e antes dos quais se mantém face aos interlocutores uma reserva e dissimulação que provoca incerteza, as fronteiras de transição de atitudes dentro de estratégias mistas de minimização de perdas máximas através da manutenção da imprevisibilidade[1935].

Num jogo repetido, há ainda a acrescer o incentivo oposto, o de formação de uma reputação dentro de um contexto de reciprocidade, tranquilizando os parceiros com a previsibilidade, a *fiabilidade*, da conduta: aqueles que fizeram batota depois do primeiro lance não podem esperar que os demais confiem neles ou se abstenham de retaliar – o que podem fazer até de maneira coligada, superando de forma irresistível e permanente a capacidade de defesa do faltoso, caso em que a generalização de uma regra de penalização a todos os prevaricadores poderá constituir o impulso bastante, o impulso decisivo, para que se forme um cartel duradouro. Em contrapartida, dados os ganhos resultantes da cooperação, a penalização não pode ser tão dura ou tão prolongada que impeça o restabelecimento do cartel, pelo que a repetição do jogo tenderá para a formação de penas de ostracismo temporário, que terminam à primeira indicação de que o jogador está disposto a voltar a cooperar.

– A teoria recorre aqui frequentemente ao conceito de «superjogos», jogos infinitamente repetidos nos quais as possibilidades de aprendizagem, de promessas, de ameaças, não são perturbadas pela distorção estratégica que advém da consciência de que está próximo o final do jogo (o oportunismo dos últimos lances)[1936], proporcionando-se, assim, uma interacção dinâmica estratégica[1937] na qual a divisão dos ganhos depende em larga medida da impaciência relativa de cada um dos jogadores em presença[1938]; é, pois, um conceito que procura constituir um complemento ao domínio do «equilíbrio de Nash», inicialmente formulado para jogos finitos[1939].

– Note-se, de passagem, que os jogos com aprendizagem podem também ser objecto de uma «análise de complexidade», por exemplo para se determinar o efeito cumulativo de erros entre os participantes[1940], e a interferência desses erros na formação de «equilíbrios de Nash»[1941].

Dada a inoperância de sanções duras ou permanentes em contextos com vantagens de equilíbrio cooperativo, a escolha de parceiros nos primeiros lances, ou a alternativa de atribuição de prémios pela cooperação e pela abstenção do parasitismo, ganham importância decisiva nessas relações longas[1942]. Também decisiva, nestes jogos repetidos, é a formação e sedimentação de normas sociais e de instituições que incentivem condutas promotoras do bem-estar colectivo, sancionando a batota e as dissidências, exercendo pressões mais ou menos informais[1943], gerando e difundindo reputações negativas[1944], ostracizando[1945], monitorizando recipro-

---

[1935] Dando exemplos de vantagens resultantes de estratégias mistas (de exploração de imprevisibilidade, apostando no «efeito de surpresa») nos jogos de ténis, de poker, etc., cfr. Walker, M. & J. Wooders (2001), 1521-1522.

[1936] Aumann, R. (1960), 381-417; Friedman, J. (1971), 1-12.

[1937] Kreps, D.M. & R. Wilson (1982), 863-894; Selten, R. (1975), 25-55.

[1938] Rubinstein, A. (1982), 97-109.

[1939] Nash, J. (1950), 155-162; Nash, J. (1953), 128-140.

[1940] Albin, P.S. & D.K. Foley (1998); Foster, D. & H.P. Young (1990), 219-232; Guesnerie, R. (1993), 243-268; Lindgren, K. (1997), 337--367; Sorger, G. (1998), 363-383.

[1941] Mailath, G.J. (1998), 1347-1374.

[1942] Hauk, E. (2001), 65-87.

[1943] Kandel, E. & E.P. Lazear (1992), 801-817; Barron, J.M. & K. Paulson-Gjerde (1997), 235-254.

[1944] Como sucede ostensivamente em muito do comércio electrónico, no qual o «*rating*», sob forma de votação dos consumidores relativa ao seu grau de satisfação nas transacções com aquele comerciante, aparece como *sinalização* expressa, compensadora do anonimato, salvando os comerciantes com reputação positiva de entrarem na indiferenciação da má reputação, sujeitano-se à *selecção adversa*. Cfr. McDonald, C.G. & V.C. Slawson Jr. (2002), 633-650.

[1945] Akerlof, G.A. (1980), 749-775; Hollander, H. (1990), 1157-1167; Lindbeck, A., S. Nyberg & J.W. Weibull (1999), 1-35.

camente o acatamento das normas jurídicas relevantes[1946], «internalizando» até algumas regras de cooperação sob forma de «ética dos negócios», que cada agente é capaz de incorporar nas suas condutas até ao ponto de espontaneamente evitar os custos do colapso da cooperação (ao menos o seu quinhão nos custos colectivos da perda de confiança e do abrandamento da dinâmica negocial)[1947].

Nada disto obsta a que comece por existir normalmente, numa situação isolada ou no primeiro momento de uma relação oligopolista duradoura, uma estratégia dominante de não-cooperação, e que portanto não haja um impulso forte no sentido de cada oligopolista fazer batota, romper unilateralmente os acordos de cooperação, dissimular a sua estratégia ou tomar iniciativas predatórias que lhe assegurem uma vantagem permanente sobre os demais, ou que o imunizem contra os choques mais graves que resultem de iniciativas predatórias alheias – e daí precisamente que haja a necessidade de contrariar esse impulso *racional* através de uma modificação do quadro de ganhos e sanções que possa interferir relevantemente nos incentivos económicos a um tal impulso.

Lembremos que mesmo que um acordo de cartel imponha aos oligopolistas alguma disciplina, no sentido de limitarem os seus níveis de produção ou de vendas por forma a partilharem entre eles os lucros extraordinários de um monopolista, esse acordo é contrário à estratégia dominante, que tende a empurrá-los para um «equilíbrio de Nash»: novamente, qualquer dos oligopolistas obtém uma vantagem adicional *se for o único* a romper unilateralmente o cartel, e nenhum dos oligopolistas quererá ficar na posição, maximamente desvantajosa, de ser *vítima inocente* de um ataque de surpresa, de um inesperado incumprimento do cartel pelos demais.

– Pense-se, por exemplo, que os oligopolistas que acatam o seu acordo de cartel poupam nos *custos de rivalidade*, por exemplo nos custos de publicidade com que procuram aumentar o número dos seus clientes, e fidelizá-los, denegrindo os vendedores concorrentes. Todavia, nenhum dos oligopolistas arrisca suspender o seu esforço publicitário sem que todos o tenham feito, pois receia ficar exposto à subsistência de publicidade que provoque a erosão da sua clientela, sendo que, pelo contrário, todos os oligopolistas se apercebem das vantagens que

há em manter ou reforçar a intensidade publicitária quando outros concorrentes a abrandaram, visto que isso permitirá aumentar a clientela à custa destes;
– o mesmo se dirá das despesas com a investigação e desenvolvimento tecnológico que sejam susceptíveis de conferir a um oligopolista uma vantagem competitiva – por redução da sua escala de eficiência ou por aumento da procura do produto inovador –, aumentando-lhe os ganhos advindos pela opção da batota, e que darão normalmente origem a uma *corrida à inovação* entre os oligopolistas, conduzindo-os até a um «equilíbrio de Nash» no qual todos sobre-investem em investigação e desenvolvimento tecnológico, apenas porque ninguém quer ser surpreendido por uma situação de vantagem competitiva de um concorrente[1948].

Assim, e *apesar do acordo*, é natural que o oligopólio tenda a sobreproduzir relativamente ao nível que seria óptimo para o bem-estar dos seus membros – o nível do monopolista –, pois cada membro se defronta com uma racionalidade individual que o manda seguir uma estratégia dominante, que normalmente se imporá à sua perspectiva individual com mais força do que a racionalidade colectiva, que o mandaria ser paciente e honrar os seus compromissos (mas nem sempre assim sucederá, se por exemplo no decurso de um jogo dinâmico em que todos os participantes acordam coordenar esforços num elevado nível de actividade de súbito se regista a nossa já conhecida «avalanche de coordenação», em casos em que cada um espera para observar a conduta dos outros porque basicamente deixou de confiar neles, e assim se generaliza um impasse «contagiante»[1949]).

Mas se a não-cooperação tende a produzir um resultado menos do que óptimo para o bem-estar dos próprios oligopolistas, que dizer dos seus efeitos para o bem-estar social? Vimos que a perda de eficiência na emulação de um monopólio reverte em benefício dos consumidores, que vêm aumentar as quantidades oferecidas e descer o preço – traduzindo-se tudo isso num incremento do seu excedente de consumidores, o resultado normal de todo o aumento de concorrência.

Embora a não-cooperação também possa ter efeitos nocivos sobre o bem-estar social, por exemplo aqueles que mencionámos a respeito da sobre-exploração de recursos comuns, eles não chegam geralmente a ultrapassar os benefícios sociais que já vimos decorrerem

---

[1946] Uhlaner, C.-J. (1989), 253-285; Knack, S. (1992), 133-156; Masclet, D., C. Noussair, S. Tucker & M.-C. Villeval (2003), 366-380.
[1947] Shavell, S. (2002), 227-257.
[1948] Muita inovação tecnológica pode resultar de um simples impulso de redução de custos, de abaixamento da «escala de eficiência». É por um objectivo de redução de «*inputs*» que hoje os automóveis têm, em média, cerca de metade dos metais incorporados nos automóveis produzidos há 30 anos – cfr. Meadows, D.H., D.L. Meadows & J. Randers (1992), 83.
[1949] Jeitschko, T.D. & C.R. Taylor (2001), 208.

da concorrência. Como já tem sido observado, o benefício social será tanto maior quanto mais o «dilema do prisioneiro» dificultar os pactos de silêncio entre os criminosos capturados; que os criminosos se prejudiquem mutuamente e violem os seus acordos ilícitos, é coisa que só por si promete benefícios para o interesse público. *Mutatis mutandis*, a não-cooperação entre oligopolistas tende a reverter em benefício exclusivo dos consumidores – o que, do ponto de vista da eficiência e do bem-estar, não pode deixar de constituir *um bom resultado*. Não vale a pena chorarmos a sorte de oligopolistas que mutuamente se prejudicam por força da sua incapacidade de coordenação – porque, como já vimos, mesmo a «guerra aberta» que movam uns contra os outros tende ainda a deixá-los *aquém* das perdas máximas que rotineiramente averbam *todos* os produtores atomísticos num ambiente próximo da concorrência perfeita. Além disso, não o esqueçamos, aos oligopolistas é concedida, ainda que num ambiente jurídico hostil a coligações entre eles, a oportunidade de se relacionarem e aprenderem uns com os outros, de pacificarem o mercado através de estratégias racionais – quando o facto é que muitas decisões económicas importantíssimas não oferecem as mesmas oportunidades de rectificação de erros e de evolução adaptativa: a escolha de uma carreira, a escolha de um cônjuge, a escolha do momento de passagem à reforma[1950].

10 – b) – v) A política anti-oligopolista

Visto que a cooperação entre oligopolistas tende a fazer-se em prejuízo do bem-estar social, justificar-se-á uma intervenção estadual que dificulte essa cooperação e incentive a concorrência. Compreende-se, por isso, que se busque um regime de excepção à regra normal da liberdade contratual na fixação e estabilização das relações de cooperação entre agentes económicos, de acordo com o princípio jurídico geral de que há finalidades vedadas ao arranjo contratual[1951] – como a finalidade de subverter a concorrência através de acordos que restrinjam o comércio e perturbem de modo muito vincado ou manifesto um certo grau de equilíbrio na distribuição do excedente de bem-estar entre produtores e consumidores, ou até um certo grau de eficiência na promoção do bem-estar total –; objectivos que associámos já à noção ampla de «*antitrust*».

O principal esforço no combate aos oligopólios – e um dos domínios mais férteis na colaboração entre o Direito e a Economia – tem incidido na repressão dos acordos de preços e de quantidades, não apenas daqueles que tradicionalmente configuravam o cartel típico e a emulação da posição do monopolista, mas ainda de outras práticas, como a da imposição, por parte de um produtor com poder de mercado, de preços de venda fixos aos retalhistas, ou a imposição de venda de bens em conjunto – limitando a concorrência entre retalhistas, repercutindo para eles o esforço de colocação no mercado de produtos menos atractivos, ou procurando expandir para todos os seus produtos o volume de vendas do seu produto de maior sucesso –: afinal, as «restrições verticais» a que já aludimos.

Com efeito, a impossibilidade jurídica de formação de cartéis, tanto expressos como tácitos, não impede que os oligopolistas, isolada ou concertadamente, tentem restringir alguns dos efeitos da entrada no mercado de novos concorrentes, e sobretudo de recém-chegados não «disciplinados» pelas práticas harmónicas prevalecentes entre os produtores, e capazes, portanto, de uma agressividade disruptora da «paz» no sector; capazes, também no mercado oligopolista, de «entradas catastróficas».

Para além das práticas dissuasoras que já vimos a propósito dos monopólios, e que os oligopólios poderão adoptar com tanto mais eficácia quanto mais se aproximarem do paradigma monopolista, são características dos mercados oligopolistas algumas *práticas restritivas* da concorrência que servem de sucedâneos às coligações, as mencionadas «restrições verticais» mediante as quais um produtor oligopolista tenta controlar as condições do mercado através de imposições feitas aos vendedores dos seus produtos. Os grossistas e retalhistas estão numa relação *vertical* com o produtor visto que ocupam uma posição a jusante no processo produtivo que conduz da produção ao consumo, enquanto que os acordos de cartel que os vários produtores oligopolistas tentam estabelecer entre eles decorrem num plano *horizontal*, visto que interligam potenciais concorrentes num mesmo mercado.

Exemplos de práticas restritivas com carácter vertical são:

– o tabelamento de preços de revenda, que impede os vendedores dos produtos do oligopolista de entrarem em concorrência de preços;

– acordos de concessão exclusiva, mediante os quais os retalhistas ficam impedidos de distribuírem produtos de outra marca que não a do produtor;

– acordos exclusivos de distribuição territorial, através dos quais um vendedor obtém o monopólio da venda de produtos do oligopolista dentro de uma certa região geográfica;

– a imposição de venda de bens em conjunto – os «*tying arrangements*», ou «*tie-ins*», ou práticas de «*bundling*»,

---

[1950] Thaler, R.H. (2000), 135-136.

[1951] Para uma reflexão ampla sobre as incidências económicas no tema da liberdade contratual, cfr. Buckley, F.H. (org.) (1999).

mediante os quais aquele que vende um bem ou serviço impõe ao consumidor a compra de um outro bem ou serviço produzido pelo oligopolista que não tenha uma procura tão intensa como aquele, «amarrando» o retalhista e o consumidor à transacção conjunta dos dois, «alavancando» as vendas de um bem com o sucesso de vendas do outro: caso da venda de um sistema operativo conjuntamente com *software* que não é essencial para o funcionamento daquele sistema, ou a colocação de uma nova telenovela no intervalo de dois episódios de uma telenovela de sucesso –[1952].

Em suma, todas estas práticas restritivas visam, como o próprio nome indica, a redução da pressão competitiva, e aparentemente não serviriam outro fim do que o de devolverem aos oligopolistas algum do seu poder de mercado, alguma possibilidade de regressarem a lucros extraordinários de longo prazo.

Contudo, a pressão jurídica exercida contra estas práticas restritivas tem levado à formulação de muitas defesas credíveis por parte dos oligopolistas, que alegam, entre outras coisas, com a necessidade de controlo de qualidade na distribuição, com os interesses de preservação da reputação das marcas, com a possibilidade de criação de «efeitos de rede», de «externalidades no consumo»[1953], de reputações comerciais[1954], para sustentarem as formas que enumerámos acima – sendo por isso equívoca a missão de combate a essas formas, quando se começam a vislumbrar justificações válidas para aquilo que pareciam ser meros estratagemas restritivos[1955].

Lembremos também que o que ficou já dito quanto à teoria dos mercados contestáveis encontra aqui plena validade: a simples eliminação de barreiras não-económicas à entrada de concorrentes – aquelas que não tenham a ver, pois, com o nível elevado da escala mínima de eficiência – bastará muitas vezes para disciplinar o mercado oligopolista e para evitar a formação de car-

téis, já que todo o esforço de disciplina dentro do cartel poderá ser inutilizado pela entrada de não-membros no mercado.

Mesmo assim, há quem, no meio do progresso tecnológico, da dispersão de centros de decisão especializados, do aumento de complexidade e de mutabilidade das trocas e até dos arranjos institucionais[1956], mantenha a confiança em remédios reguladores de combate aos cartéis, que poderíamos ilustrar com a solução de imposição de quotas de produção aos oligopolistas, além das soluções de regulação directa (*command-and-control*) e de proibição legal de abusos de posição dominante, que constituiriam um travão à batota e às guerras oligopolistas – também elas causadoras de custos e de ineficiências –, capaz de ao mesmo tempo preservar o interesse dos consumidores pela fixação de quotas que no seu total perfariam o volume de vendas que seria espontaneamente assegurado por um mercado concorrencial. Não surpreenderá, decerto, que a esmagadora maioria dos economistas insista que, na dúvida e na ausência de determinação inequívoca de uma «falha de mercado», é sempre preferível a abstenção e o «*laissez-faire*», e que o combate do «*antitrust*» pode constituir um perigoso pretexto a um avanço intervencionista que, a pretexto de remediar abusos concorrenciais, faz perigar os equilíbrios espontâneos sem os quais se dá o colapso dos mercados, e causa uma lesão enorme ao bem público que ostensivamente visa servir. Felizmente que a voz dos economistas é cada vez mais atendida pelos juristas, e que os meios jurídicos e judiciários nos quais se dirimem os conflitos entre os interesses em presença são cada vez mais propensos a conciliarem *justiça* e *eficiência* na interpretação do que verdadeiramente constitui o interesse geral, a «*res publica*»[1957].

Não esqueçamos que muitas das medidas de combate aos cartéis, às restrições verticais, a condutas anti-concorrenciais, partem do princípio de que os «áto-

---

[1952] Carlton, D.W. & M. Waldman (2002), 194-220.

[1953] A publicidade, para lá das suas funções informativa e persuasiva, pode ainda funcionar como um «mecanismo coordenador» da conduta dos consumidores, na medida em que fixa e estabiliza expectativas comuns relativamente ao sucesso do produto e à consequente geração de «externalidades de rede». Cfr. Pastine, I. & T. Pastine (2002), 919-943.

[1954] A «apendizagem no mercado» permite a formação e sedimentação de reputações «sinalizadoras», que geram segurança para os consumidores e lhes poupam «custos de busca» – que mais não seja porque a simples ameaça da formação de uma reputação negativa induzirá nos produtores a adopção de elevados níveis de esforço (a menos que se fiem na impunidade garantida por um grau muito forte de assimetria informativa). A concorrência, aumentando a escolha dos consumidores e por isso a sua elasticidade-preço, apura também a sua capacidade de «monitorização» do grau de esforço e de fiabilidade dos produtores, tornando mais frágil mas mais fiável a reputação mantida. Cfr. Hörner, J. (2002), 644, 656.

[1955] A consideração do fenómeno das «externalidades no consumo» pode até remeter para uma mais ambiciosa economia política «ecológica» do consumo, dedicada à avaliação dos impactos contextuais, intra- e extra-mercado (e nestes, também os *ambientais*) das decisões individuais e colectivas de consumo. Cfr. Princen, T., M. Maniates & K. Conca (orgs.) (2002).

[1956] Para uma análise da «revolução financeira» que esse conjunto de factores terá propiciado, conduzindo progressivamente à inevitabilidade de declínio da hetero-regulação e de aumento da auto-regulação, cfr. Rajan, R.G. & L. Zingales (2001), 206; Rajan, R.G. & L. Zingales (2000), 201-227.

[1957] Kovacic, W.E. & C. Shapiro (2000), 58-59.

mos» dessas actividades, os centros de imputação dessas práticas, são empresas perfeitamente integradas, coesas, capazes de uma conduta totalmente congruente e deliberada – mas tal é cada vez menos o caso, visto que o progresso tecnológico torna cada vez mais possível a «desintegração» do processo produtivo e o «regresso ao mercado», mesmo quando as grandes fusões e concentrações de empresas parecem sugerir o contrário. Por exemplo, a produção de um «standard» dominante pode provir de inovadores sem capacidade económica nem poder de mercado, bastando que haja «capital de risco» disponível e as «rendas monopolísticas» advenientes do domínio do mercado sejam suficientemente elevadas (Bill Gates destronou grandes impérios informáticos, e terá decerto a aguda consciência de que «quem com ferro mata...»). Salvo um entrave contratual, nenhum monopolista está ao abrigo de que empregados seus constituam firmas rivais em ambientes em que a sofisticação tecnológica é decisiva e os direitos de propriedade intelectual estejam incompletamente definidos – havendo mesmo quem advogue que, nesses ambientes, a informação financeira das empresas deveria explicitar um pouco mais os seus activos em «capital humano», por forma a revelar ao mercado a sua solidez, a sua resistência à eventualidade de dissolução da estrutura empresarial numa miríade de «relações de mercado» entre indivíduos dotados da capacidade de isoladamente jogarem o «jogo empresarial» – como o revela a proliferação, um pouco por toda a parte, de «empresários em nome individual» e de «empresas virtuais» no comércio electrónico que têm na sua base uma pura iniciativa individual[1958].

Por outro lado, os novos meios de produção, de distribuição, de comunicação, de decisão, têm ajudado decisivamente a trazer o mercado para dentro da empresa, permitindo soluções de descentralização, de agilização, de explicitação de custos internos, de responsabilização e emulação sectoriais, de «desintegração vertical» («*outsourcing*»), de substituição de relações de subordinação pelo estabelecimento de incentivos à auto-coordenação, aquilo que habilmente é designado por «*intrapreneurship*». Essa «pulverização» da empresa, quando não é meramente imprudente e desconhece os motivos básicos da integração empresarial (a nossa já conhecida necessidade de redução dos «custos de transacção» inerentes ao «recurso ao mercado», e também a necessidade de bloqueio de incentivos de mercado incompatíveis com necessidades de coordena-

ção de factores produtivos[1959]), bastaria para nos dar uma ideia de que os problemas da concorrência oligopolista, e da falta de concorrência oligopolista, poderão muitas vezes ser resolvidos por meios inovadores e insuspeitados, e por vezes de forma mais drástica e definitiva do que aquilo que seria possível através da aplicação de um transitório e contingente remédio regulador.

10 – c) Concorrência monopolística

10 – c) – i) O sacrifício da fluidez

A concorrência entre restaurantes numa grande cidade assenta geralmente, não na estratégia de preços – em termos de poder conjecturar-se que triunfaria na concorrência o restaurante que se limitasse a praticar os preços mais baixos – mas na diferenciação dos serviços que prestam e na publicitação desses factores de diferenciação, de modo a poderem cativar e fidelizar clientela *independentemente* da comparação que se faça entre os preços praticados por eles próprios e pelos seus concorrentes[1960].

Trata-se de uma situação de concorrência, visto que são muitos os restaurantes e que eles disputam o mesmo mercado e a mesma clientela potencial. Mais, a entrada no mercado de novos concorrentes não parece ser especialmente dificultada por coligações entre empresários já estabelecidos, ou pela cumplicidade da lei ou de algum regulador – que poderiam fixar requisitos tão severos de abertura de novos restaurantes que se falaria apropriadamente em *dissuasão* –, podendo dizer-se outro tanto da facilidade de saída do mercado – não sendo geralmente muito elevado o investimento inicial, os empresários não ficam reféns dele –, sabendo nós já que essa facilidade de entrada e de saída de agentes no mercado tenderá para a eliminação, no longo prazo, de quaisquer lucros extraordinários.

Por outro lado, na medida em que os restaurantes empolam os seus elementos diferenciadores e os publicitam, cada um deles parece querer furtar-se a essa tendência de longo prazo criando um «nicho monopolístico» dentro do qual tenta recobrar alguma amplitude na fixação dos serviços que presta, alguns dos poderes do *price maker*», especialmente no sentido de conseguir estabelecer, para os serviços que presta, um preço de mercado que exceda permanentemente o custo marginal.

[1958] Rajan, R.G. & L. Zingales (2001), 210.

[1959] Baker, G.P., R. Gibbons & K.J. Murphy (2001), 212; Holmstrom, B. & P. Milgrom (1991), 24-52; Holmstrom, B. & P. Milgrom (1994), 972-991; Holmstrom, B. (1999), 74-102; Holmstrom, B. & J. Tirole (1991), 201-228; Grossman, S.J. & O. Hart (1986), 691-719; Hart, O.D. (1995); Hart, O.D. & J. Moore (1990), 1119-1158.

[1960] Sobre as técnicas de fidelização de clientela (cartões de pontos, clubes de clientes, descontos em rede, etc.), cfr. Butscher, S.A. (2002).

É sobretudo a característica da *fluidez* do mercado – da perceptível indiferenciação dos produtos que deixa sobressair o factor-preço –, que é atacada nesta forma de organização do mercado, e por isso os produtores *concorrem*, mas fazem-no aplicando um esforço de diferenciação dos seus produtos que ao mesmo tempo permita reduzir o nível concorrencial. Ou seja, entram e saem livremente do mercado apresentando produtos suficientemente idênticos para que seja possível a competição *num só mercado*, mas disputam a atenção e o favor de uma mesma clientela-alvo tentando realçar elementos *qualitativamente* diferenciadores que desviem a atenção do consumidor para elementos que não o preço, bloqueando deste modo a concorrência de preços – a mesma «guerra de preços» que, como uma «corrida para o fundo», destrói os lucros dos produtores atomísticos num mercado concorrencial. A concorrência monopolística é, e pretende ser, uma «*non-price competition*»[1961].

Como os produtores em concorrência monopolística não dispõem normalmente de poder de mercado, não conseguindo ameaçar-se uns aos outros, nem tendo que recear as atitudes e reacções uns dos outros, não é de esperar a formação de coligações, por um lado, nem de guerras devastadoras, por outro. Assim sendo, os concorrentes remetem-se a um plano de isolamento no seu acesso ao mercado, jogando mais fortemente na afirmação do carácter idiossincrático, «monopolístico», da sua produção, da sua ambígua condição de «substitutos imperfeitos» de outros produtos dos concorrentes, do que propriamente na comparação directa de características objectivas que pudessem, através da *fluidez*, guiar a escolha racional do consumidor (pelo binómio «preço / quantidade»)[1962].

Por outras palavras, os participantes na concorrência monopolística tentam manter alguma elasticidade cruzada entre os seus produtos: nem tão pouca que deixasse de haver concorrência num só mercado, nem tanta que deixasse de haver uma relativa inelasticidade na procura dos produtos diferenciados. E por isso é importante, mas difícil, demarcar-se o «mercado relevante» dentro do qual evolui a concorrência monopolística, entendendo-se por mercado relevante aquele no qual os produtos se apresentem como «suficientemente sucedâneos» uns dos outros[1963].

Pense-se no exemplo de dois canais televisivos privados e «generalistas» que competem entre eles por receitas publicitárias[1964]. É evidente que esse desígnio não pode ser explícito, e o canal que se apresentasse a implorar continuamente, nas suas emissões, o financiamento da publicidade «afugentaria» todo o investimento publicitário – sendo de prever que o mesmo acontecesse se ele se apresentasse como o «canal pobre», o «canal poupado», ou ainda se ele congestionasse as suas emissões com publicidade, a ponto de «afugentar» desta feita os telespectadores e de fazer desaparecer cada mensagem publicitária no ruído torrencial de blocos publicitários infindáveis.

Ao invés, os dois canais tentarão captar receitas publicitárias proclamando que apostarão exclusivamente na «qualidade» da programação – entendendo-se por «qualidade» um traço distintivo que seja capaz de fidelizar audiências (impedindo que elas fujam para o canal concorrente, no qual o produto não é o mesmo, e se julgará que é *qualitativamente* inferior), mas simultaneamente não tão distintivo que não seja capaz de conquistar audiências ao canal concorrente (fornecendo aos «convertidos» um produto suficientemente similar àquele que anteriormente ditava a sua fidelidade à programação do outro canal).

Qualquer pessoa que tenha assistido a «guerras de audiências» saberá que os rivais oscilam entre a imitação pura e simples (os mesmos concursos, o mesmo alinhamento nos noticiários, telenovelas decalcadas umas das outras) e a estratégia da contra-programação (emitir um filme imperdível, ou dois episódios seguidos de uma telenovela de sucesso, ao mesmo tempo que o outro canal emite em directo um jogo de futebol), ou seja entre a diferenciação *mínima* e a diferenciação *máxima*.

Dado que não lhe compete o financiamento *directo* desses canais televisivos privados, ao espectador não se afigurará que esteja a assistir, na «guerra das audiências», a uma «guerra de preços», mas sim a subtis iniciativas «qualitativas» – por muito que ele deplore (ou finja deplorar) que a aferição «qualitativa» dos canais concorrentes não coincida com a sua, por muito que ele lamente a infindável sucessão de momentos de estratégia de diferenciação mínima (os momentos em que os dois canais emitem o mesmo tipo de programa)[1965].

Regressando ainda ao mercado da restauração, diríamos que nele os produtores querem ter concorrência, mas eles próprios procuram estabelecer barreiras de entrada através da diferenciação dos produtos – dife-

---

[1961] Baker, J.B. & T.F. Bresnahan (1985), 427-444; Nevo, A. (2001), 307-342.

[1962] Beath, J. & Y. Katsoulacos (1991); Bénassy, J.-P. (1991), 1997-2048; Eaton, B.C. & R.G. Lipsey (1989), 723-770; Hart, O.D. (1985), 100-149; Stiglitz, J.E. (1986), 22-69; Tirole, J. (1988).

[1963] Elzinga, K.G. & T.F. Hogarty (1973), 45-81.

[1964] Para não parecer que regressámos ao mercado oligopolista, suponhamos que escolhemos, para análise, dois canais apenas num universo mais amplo de canais televisivos que fazem precisamente o mesmo entre eles.

[1965] Benzoni, L. & M. Bourreau (2001), 885-908.

renciação que dificulta a implantação de recém-chegados junto do público consumidor, tal como se prevê na «*market power theory of advertising*»[1966].

Para o fazerem, os empresários deste sector – e de todos os sectores nos quais ocorra a concorrência monopolística (mercado livreiro, mercado do vestuário, de artigos de decoração, etc.) – terão que investir em publicidade *lato sensu*, isto é, terão que esforçar-se por difundir, por todos os meios disponíveis, aqueles elementos diferenciadores dos serviços que prestam, de modo a gerarem uma reputação que, junto da clientela potencial, seja mais determinante da decisão de comprar do que o próprio preço que é associado à compra: os anúncios que familiarizam a potencial clientela com a marca, a distribuição eficiente em pontos de grande visibilidade, a embalagem atraente e inequivocamente ligada à marca, etc.[1967/1968].

Há que não perder de vista que o valor da reputação pode ser tão importante, num contexto competitivo e de informação incompleta, como o valor dos recursos físicos de que dispõe uma empresa; daí a importância da *firma* no «valor de trespasse» do estabelecimento[1969] – no fundo, também a «venda do nome», a transferência das mais-valias de uma reputação comercial, algo similar àquilo que faz jogar as marcas no mercado da concorrência monopolística[1970], e aquilo que torna a «sinalização» crucial em ambientes de deficiência informativa[1971].

A não suceder assim, poderia criar-se, junto da clientela, a convicção de que os serviços oferecidos pelos restaurantes são basicamente indiferenciados, caso em que, recobrada a fluidez, a decisão de compra deveria orientar-se racionalmente para o preço mais baixo – retomando-se o quadro da concorrência perfeita, de «*price takers*» que contendem no plano da relação preço-quantidade e cedem aos consumidores, por esta via, toda a sua parcela de bem-estar, o seu excedente de produtores, o seu lucro económico.

Poderíamos ainda ilustrar esta mesma situação num outro sector, como o do «pronto-a-vestir»: cada concorrente apresenta a sua marca de vestuário, e no entanto as peças de vestuário são todas basicamente similares e suficientemente fungíveis para que haja verdadeira concorrência entre elas – limitando-se o consumidor a escolher em função de «gostos», ou seja, dos elementos qualitativos que as

distinguem. Só que essa base qualitativa é apresentada pelos produtores, e aceite pelos consumidores, como crucial, razão pela qual a concorrência entre as diversas marcas e linhas de vestuário é limitada, decerto muito mais do que o seria se a atenção do consumidor, dotada das características que integram o conceito de fluidez, se concentrasse exclusivamente no preço dos produtos.

Será que se pode considerar que o consumidor é manipulado e enganado por esses expedientes que se sobrepõem ao exercício livre e racional da sua escolha, que lhe vedam aparentemente a hipótese de uma maximização do seu bem-estar? Deixaremos uma parte da resposta para daqui a pouco, quando estudarmos mais especificamente o papel da publicidade e das marcas.

Por ora, deixemos apenas sublinhado, mais uma vez, que nada se ganha em conceber o agente económico como um «*cyborg*» maximizador, como alguém insusceptível de gostos, de preconceitos, de preferências, mesmo aqueles que sejam incompletamente racionais, explícitos ou perceptíveis, mesmo aqueles que sejam viciantes e manipuláveis: porque todos sabemos que uma quota-parte do gozo que nos advém de sermos livres deriva da possibilidade de irresponsavelmente sucumbirmos a caprichos, a gostos, a frivolidades – desde que não prejudiquemos ninguém.

O ataque à «tirania publicitária» e a «defesa do consumidor» são movimentos respeitáveis nos seus objectivos contra-culturais, na generosidade com que, muito paternalisticamente, tentam «abrir os olhos» dos consumidores para as suas fraquezas – não raro com a mesma austeridade e desapego com que os pregadores de outrora advertiam contra o pecado. Simplesmente, de um puro ponto de vista económico as suas teses representam, como melhor veremos adiante, uma séria truncagem das «regras de jogo» com que se desenvolvem as trocas nos mercados – partindo até da elementar negação daquilo que demonstrámos logo de início, e que julgamos estará já adquirido para o leitor: a noção de que as trocas são um jogo de «soma positiva», e que, salvo grosseira distorção de incentivos que não perduraria muito tempo em mercados amplos e crescentemente sofisticados, as trocas não são ocasião para um sistemático parasitismo «de soma zero», perpetrado sobre consumidores néscios.

[1966] Comanor, W. & T. Wilson (1967), 423-440; Comanor, W. & T. Wilson (1974); Kaldor, N. (1950), 127. Contra: Eckard, W. (1991), 132.

[1967] Para uma perspectiva geral das modernas abordagens económicas do tema da publicidade, cfr. Bagwell, K. (org.) (2001); Baye, M.R. & J.P. Nelson (orgs.) (2001).

[1968] Para uma análise e extrapolação dos temas da publicidade e da fidelização para o âmbio do «comércio electrónico», explorando as subtilezas e o potencial dos conceitos de «*e-marketing*» e de «*e-loyalty*», cfr. Gommans, M., K.S. Krishnan & K.B. Scheffold (2001), 43-58.

[1969] Kreps, D.M. (1990), 90-143; Milgrom, P. & J. Roberts (1992), 331ss.; Tadelis, S. (1999), 548ss.. Para a visão clássica do valor dos recursos físicos da empresa, cfr. Hart, O.D. (1995).

[1970] Klein, B. & K.B. Leffler (1981), 615-641.

[1971] Diamond, D.W. (1989), 828-862; Tirole, J. (1996), 1-22.

Querer «proteger» o consumidor contra a publicidade e contra a fidelização a marcas é fazer-lhe perder vantagens informativas e é fazê-lo incorrer em «custos de busca» agravados, como veremos; mas é também, ou é *sobretudo*, no plano dos princípios, querer privá-lo de uma soberania económica que se manifesta nas suas escolhas, de um poder que, mesmo diluído na atomicidade, acaba por contribuir para a formação da tendência global da «procura de mercado», essa tendência que acaba por comandar toda a miríade de decisões que, em contextos de liberdade, fornecem *em concreto* respostas (as últimas e inapeláveis respostas) às perguntas económicas fundamentais[1972].

Consideremos também que a multiplicação de marcas, e a «ilusão de variedade» que tal multiplicação induz, não são necessariamente obstáculos à formação de «guerras de preços» e ao regresso à fluidez – e que, bem pelo contrário, da rivalidade entre «concorrentes monopolísticos» e das «guerras publicitárias» pode emergir espontaneamente um nível informativo anormalmente elevado e cândido, denunciando os rivais,

reciprocamente, os defeitos alheios e até os alheios esforços de manipulação, caso em que a fluidez pode recobrar os seus direitos, agora com uma eficiência que uma simples «guerra de preços» jamais promoveria[1973].

A concorrência monopolística é, assim, uma situação de mercado *sui generis*, conquanto seja aquela com que qualquer consumidor está mais familiarizado, o que se reconhecerá se percebermos que o fenómeno da publicidade é praticamente uma característica privativa deste tipo de mercado – embora não seja difícil vislumbrarmos um papel para a publicidade também em contextos oligopolistas e monopolistas, mormente com o escopo de criação de «barreiras anti-concorrenciais» –.

É uma situação *híbrida*, pois contém elementos próprios da concorrência perfeita – a atomicidade, a liberdade de entrada e de saída do mercado, a tendência para a eliminação dos lucros extraordinários no longo prazo – e elementos caracterizadores do monopólio – o exclusivo do vendedor quanto ao produto oferecido, a interacção com uma curva da procura descendente, a possi-

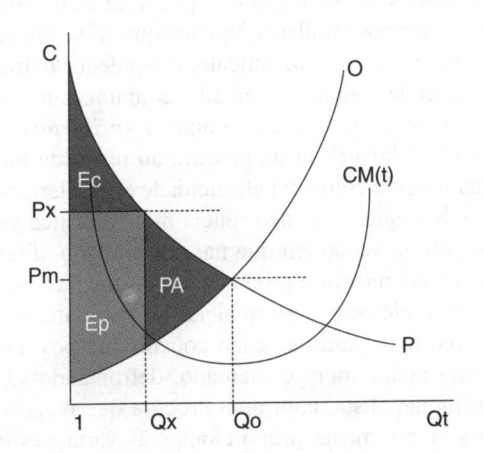 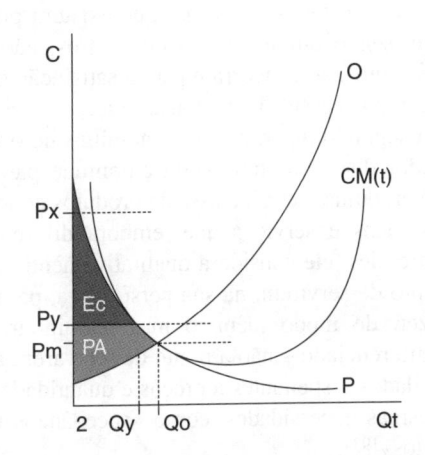

Gráfico 10.14. *Concorrência monopolística*

1: situação de curto prazo
2: situação de longo prazo (retracção da procura para cada produtor, por entrada de concorrentes)
C: custos
Qt: quantidades
Px: preço no curto prazo
Py: preço no longo prazo
Pm: preço de equilíbrio *se aumentasse a concorrência*
Qx: quantidade óptima de curto prazo em situação de concorrência monopolística

Qy: quantidade óptima de longo prazo em situação de concorrência monopolística
Qo: quantidade óptima *se aumentasse a concorrência* (Qo – Qy = excesso de capacidade)
O: oferta
P: procura
CM(t): custos médios (totais)
Ec: excedente do consumidor
Ep: excedente do produtor
PA: perda absoluta de bem-estar (*deadweight loss*)

[1972] Sublinhando o quanto a «sensibilidade pós-moderna» sacudiu esse «medo das marcas» e converteu em «base de criatividade nas escolhas» aquilo que atavicamente se considerava ser o aríete da «manipulação capitalista», cfr. Holt, D.B. (2002), 70-90.

[1973] Bastando pensarmos que, reduzindo-se a «dispersão de preços» em contextos em que não haja muito mais informação disponível sobre a «qualidade» dos bens, aumenta o risco de «selecção adversa». Cfr. Cohen, M. (2000), 601-609.

bilidade de geração de lucros extraordinários através da restrição da oferta ou da discriminação de preços –.

Por outro lado, a atomicidade que se constata na concorrência monopolística impõe um regime competitivo mais permanente e rigoroso, ainda que menos perigoso, do que aquele que pode ocorrer num contexto oligopolista: por exemplo, uma baixa de preços por um dos concorrentes monopolísticos poderá permitir-lhe angariar mais clientela, mas, dada a atomicidade, os danos que provocará diluir-se-ão em pequenos impactos em cada concorrente, que não será, por isso, motivado a retaliar.

Mas, insiste-se, a própria expressão «concorrência monopolística» é suficientemente contraditória, paradoxal até, para que sejamos alertados para a necessidade de uma definição mais precisa. Com efeito, em que termos poderá admitir-se que concorrem entre eles produtos que são diferenciados – e que, sendo diferenciados, se dirá que satisfazem diferentes necessidades da procura? Tudo está em atendermos a uma dupla circunstância:

– em primeiro lugar, estamos a lidar com questões de *grau*, estamos a afirmar que existem produtos que, sendo diferentes uns dos outros, não o são *tanto* que não concorram para a satisfação de uma mesma necessidade do consumidor;
– em segundo lugar, devemos admitir que o consumidor dispõe de uma certa amplitude para fazer caber, numa mesma classe de produtos concorrentes, bens e serviços que, embora diferenciados entre eles, ele considera qualitativamente afins, a ponto de servirem, na sua perspectiva, para satisfazer, de modo idêntico mas não inteiramente indiferenciado – não a ponto de relevarem apenas os dados respeitantes a preços e quantidades –, as mesmas necessidades, como «sucedâneos imperfeitos»[1974].

Perguntar-se-á, contudo, se será legítimo remetermos, deste modo, a demarcação do conceito de concorrência monopolística para um critério que mais não é, afinal, do que o do arbítrio do consumidor, na sua definição idiossincrática do que sejam produtos *similares mas não indiferenciados*. É certamente legítimo: a concorrência monopolística não é propriamente uma criação doutrinária, é um facto social que emerge de um

hábito cujas determinações não são menos reais e efectivas pelo facto de serem imprecisas e variáveis. Ela denota que as escolhas a que o consumidor procede no mercado não são, as mais das vezes, produtos mecânicos de simples reacções maximizadoras a contextos perfeitamente quantificados, mas são antes resultados complexos de avaliações qualitativas, nas quais se insinuam juízos qualitativos de similitude e de diferenciação cuja explicação não reconduziremos facilmente a fórmulas sintéticas[1975].

10 – c) – ii) A concorrência monopolística e a concorrência perfeita

Dentro do «nicho de mercado» que cada concorrente monopolístico consegue criar – na essência, através de uma *insensibilização* da sua clientela ao factor preço, antepondo a este todo o género de dados qualitativos que induzam no cliente a convicção de que está a obter um excedente de bem-estar superior àquele que resultaria da mera comparação do preço com a sua *inicial* disposição de pagar –, o poder de mercado ressurge em termos similares àqueles que se verificam para um monopolista. Novamente, o vendedor defronta-se, ao nível de preços de mercado, com uma curva da procura descendente, e não, como o «*price taker*», com um nível invariável de procura ao preço de mercado, uma procura com uma elasticidade aparentemente infinita. No fundo, a concorrência monopolística verifica-se num mercado em que há, por um lado, diferenciação suficiente entre produtos – e custos fixos suficientemente elevados na produção ou publicitação dessas diferenças – para que cada concorrente possa exercer algum poder sobre o mercado, defrontando-se, como um monopolista, com uma procura que reage em termos inversamente proporcionais às variações de preços; e em que há, por outro lado, atomicidade, no sentido de que cada concorrente pode reagir ao mercado sem se importar com o impacto das suas atitudes sobre os outros concorrentes.

Assim sendo, no curto prazo o concorrente monopolístico pode tentar maximizar o seu lucro seguindo a regra do monopolista: determina primeiro a quantidade a produzir, fixando-a no ponto em que se nivelam o rendimento marginal e o custo marginal, e depois usa a

---

[1974] É a existência de sucedâneos imperfeitos que impede que os medicamentos, mesmo aqueles protegidos por patentes, constituam puros monopólios, e gozem de «rendas monopolísticas» em toda a sua amplitude: geralmente existem equivalentes dentro de uma certa classe terapêutica, e por isso evolui-se para situações de concorrência oligopolística ou «monopolística». Cfr. Berndt, E.R. (2002), 55.

[1975] A intuição de que a heterogeneidade dos produtos pode acompanhar, proporcionalmente, o aumento de dimensão dos mercados, e que se deve a Edward H. Chamberlin, foi depois complementada pela noção de que a heterogeneidade não é obstáculo à verificação de qualquer nível concorrencial, desde que nos consumidores subsista a percepção de que eles concorrem no mesmo mercado. Cfr. Chamberlin, E.H. (1938); Guth, W. & S. Huck (1997), 177; Makowski, L. & J.M. Ostroy (2001), 510; Mas-Colell, A. (1975), 263-295; Hart, O.D. (1979), 1-30; Dixit, A.K. & J.E. Stiglitz (1977), 297-308; Krugman, P.R. (1979), 469-480; Ethier, W.J. (1982), 389-405.

curva da procura para encontrar o nível de preços que seja adequado àquela quantidade de produção. Note-se todavia que, tratando-se agora de uma situação de mercado que é genuinamente concorrencial, mesmo no curto prazo poderá mais frequentemente ocorrer que a curva da procura com que cada vendedor se defronta seja já tão baixa – dada a dispersão, por vários produtos concorrentes, da disposição de pagar dos consumidores – que o preço correspondente à quantidade maximizadora do lucro monopolista se encontre abaixo do custo médio de produção, caso em que, já no curto prazo, o concorrente monopolístico se verá confinado a tentar minimizar os seus prejuízos através daquela estratégia maximizadora, eventualmente evoluindo para produzir até à sua escala de eficiência como o faria qualquer concorrente atomístico.

A similitude entre o monopólio e a concorrência monopolística esbate-se no longo prazo, por causa, evidentemente, da liberdade de entrada e de saída do mercado – a qual, por um lado, destrói as possibilidades de persistência de lucros extraordinários, dado que estes incentivam a entrada de novos concorrentes no mercado, até se chegar ao concorrente marginal que já não consegue participar nesse ganho extraordinário, mas que contribui também ele para fragmentar mais ainda o mercado e para reduzir a procura a que cada concorrente pode aceder; e, por outro lado, facilita a saída do mercado por parte de todos aqueles que registam prejuízos, até que os concorrentes que subsistem, defrontado cada um deles com uma parcela mais abundante de procura, consigam eliminar todos os seus prejuízos e possam voltar a registar, pelo menos, *lucros normais*[1976].

– Os empresários de restaurantes «da moda» devem ter a consciência de que os lucros que possam fazer derivar do favor do público dificilmente poderão durar muito, e mais dificilmente ainda se perpetuarão, a menos que as características únicas do restaurante – por exemplo, a sua localização – permitam a formação de um verdadeiro monopólio natural imune à concorrência.

– Em todo o caso, a concorrência monopolística pode ser reforçada e perpetuada por «jogos de coordenação», variantes dos «efeitos de rede» nos termos dos quais cada escolha num determinado sentido é tanto mais compensadora quanto mais numerosas são as escolhas no mesmo sentido, até ao limite em que a dissidência já não traz qualquer benefício – e isso independentemente de haver um equilíbrio, ou vários equilíbrios, mais com-

pensadores individual e colectivamente: o que explica que mesmo uma insatisfação generalizada com um produtor pode não resultar em abandono imediato dos seus produtos, por mais alternativas que existam, porque ninguém dá o primeiro passo nesse sentido: um restaurante que serve de ponto de encontro, uma escola que sucessivas gerações frequentaram, uma publicação de referência[1977].

– E também não é de esquecer o expediente astucioso que consiste numa artificial diversificação de produtos de um só produtor – à margem das intenções de discriminação de preços –, sendo que um tal expediente explora a volatilidade da procura e os efeitos de moda, aumentando a probabilidade de que a evolução de preferências não signifique, para o produtor, senão uma transição entre fontes de receitas quantitativamente idênticas[1978].

Por outras palavras, no longo prazo registar-se-á necessariamente um equilíbrio na concorrência monopolística – uma situação desprovida de incentivos à entrada ou saída do mercado por parte dos agentes económicos –, sendo que, enquanto subsistirem lucros extraordinários, continuará a entrada de novos concorrentes no mercado. Nesse momento, também por definição, o lucro terá chegado ao zero, o que significa que deixou de existir uma diferença entre o preço de mercado e o custo médio, porque nesse ponto são tangentes as curvas que representam, quer a procura, quer esse custo médio.

Este o ponto crucial da distinção entre monopólio e concorrência monopolística: a entrada de cada novo concorrente reduz a parcela de mercado que cabe aos vendedores já instalados no mercado[1979], e retrai a procura até um ponto em que ela se torna tangente da curva dos custos médios, ponto em que a produção do concorrente monopolístico equilibrará – mas sem lucro, dada a coincidência, naquele ponto, dos preços aceites pela procura e dos custos médios, a mesma coincidência com que os produtores atomísticos são confrontados no longo prazo.

Não estamos, contudo, na situação de equilíbrio da concorrência perfeita, visto que o poder de mercado que os vendedores conseguiram preservar para eles, se não foi bastante para lhes assegurar lucros económicos de longo prazo, ao menos determinou, como já se viu, que no curto prazo o preço exceda o custo marginal – o que se deve, relembremo-lo, ao facto de o preço dever encontrar-se na intersecção do rendimento mar-

---

[1976] Currier, K.M. (2002), 77-89.

[1977] Dando este último exemplo e insurgindo-se contra a «captura parasitária» da comunidade científica por editores e revistas de referência, que os cientistas, apesar da sua insatisfação, não se dispõem a abandonar, cfr. Bergstrom, T.C. (2001), 189-190.

[1978] Hansen, J.D. & J.G. Jorgensen (2001), 279-298.

[1979] Salvo a hipótese, acabada de referir, de diversificação de produtos de um mesmo produtor.

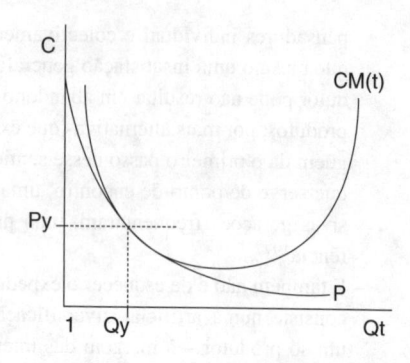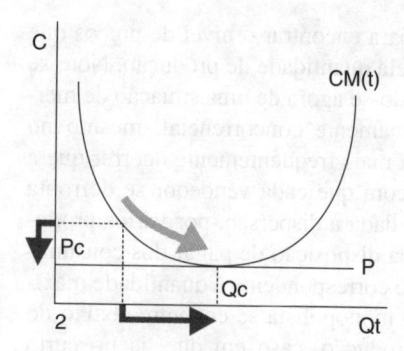

Gráfico 10.15. *O longo prazo na concorrência monopolística e na concorrência perfeita*

1: situação de longo prazo na concorrência monopolística (menores quantidades produzidas, preços mais elevados)
2: situação de longo prazo na concorrência perfeita (maiores quantidades produzidas, preços mais baixos)
C: custos
Qt: quantidades
Py: preço de equilíbrio na concorrência monopolística

Pc: preço de equilíbrio na concorrência perfeita
Qy: quantidade óptima de longo prazo em situação de concorrência monopolística
Qc: quantidade óptima de longo prazo em situação de concorrência perfeita
P: procura
CM(t): custos médios (totais)

ginal com o custo marginal, e ao facto de, dada uma curva de procura descendente, o rendimento marginal ser sempre inferior ao preço –.

Fica assim elementarmente demonstrado que o ponto de divergência entre as duas situações é que, *ceteris paribus*, uma situação de concorrência monopolística produz menos, e a preço mais elevado, do que uma situação de concorrência perfeita, sendo, pois, absolutamente menos eficiente: os produtores em concorrência monopolística não são incentivados a chegarem à sua escala de eficiência, e tendem no curto prazo a suspender a sua produção antes de a atingirem, como se o fazê-lo lhes garantisse os lucros extraordinários de um verdadeiro monopolista – o que, como acabámos de constatar, não sucede –.

Já tínhamos visto que a concorrência perfeita obriga as empresas a produzirem à sua escala de eficiência, entendendo-se como tal aquela quantidade na qual o custo médio é mínimo. Na concorrência monopolística, ao invés, a produção tende a equilibrar *aquém* dessa escala eficiente. Dir-se-á pois que, numa situação de concorrência monopolística, o equilíbrio do mercado deixa as empresas concorrentes com um «excesso de capacidade instalada», o qual se traduz na possibilidade de elas descerem ainda os seus custos médios de produção através de um simples aumento das quantidades produzidas – como pode ficar claramente demonstrado na elevada disponibilidade de bens e serviços fornecidos em concorrência monopolística: os lugares vagos na maior parte das sessões de cinema, a quase permanente ausência de filas nas bombas de gasolina,

a abundância de «*stocks*» em perfumarias e lojas de roupa, etc..

Por outro lado, temos a questão de o preço poder estabilizar, no longo prazo, acima do custo marginal de produção, por força da circunstância de o custo médio, que é ainda descendente antes da escala de eficiência, ser nessa fase descendente superior ao custo marginal (por definição). Que implica isto? Muito simplesmente um incentivo suplementar à competição por parte dos concorrentes monopolísticos, que ficam expostos a atitudes predatórias similares às que caracterizam a competição oligopolista, atitudes que estão ausentes do mercado de concorrência perfeita.

Em concorrência perfeita, alcançado no longo prazo o equilíbrio com lucro económico nulo, dado o nivelamento do preço com o custo marginal, o concorrente não vê qualquer possibilidade de voltar aos lucros *através da concorrência*, embora possa fazê-lo *para lá* da concorrência, ou *apesar desta*, nomeadamente através da inovação (através da «destruição criativa» do paradigma schumpeteriano); mas, dada a diferença entre preço e custo marginal, na concorrência monopolística subsiste o incentivo para o aumento de vendas, sendo que cada concorrente pode ainda recuperar por essa via os seus lucros – o que na maior parte dos casos conseguirá por via directa «roubando clientela» aos concorrentes –.

Compreende-se assim melhor o interesse acrescido que os concorrentes monopolísticos têm na «guerra publicitária», o interesse muito vincado no estabelecimento de barreiras de entrada através da formação de «reputações de qualidade» (dada a externalidade negativa que, sob forma de perda de clientes e de lucros, resulta para cada um do ingresso no mercado de um novo concorrente), e o papel crucial que a publicidade desempenha neste mercado. Dito por outras palavras: dadas as características do mercado, o concorrente monopolístico vê fugir-lhe, no longo prazo, a «renda monopolística» que lhe poderia advir da manutenção de preços acima do nível dos custos marginais – e por isso tenta ganhar tempo recorrendo aos expedientes que lhe são mais acessíveis, ou seja aqueles mesmos com os quais começa por atacar a fluidez no mercado.

Há que ressalvar que mesmo no seio da concorrência monopolística aparecem afloramentos de guerras de preços: por exemplo, as respostas a um produtor que lança para o mercado versões menos sofisticadas, mais limitadas e mais baratas do que aquelas que normalmente associa à sua marca[1980] – as chamadas «marcas de combate» («*fighting brands*») que tentam responder taco-a--taco às entradas de concorrentes com produtos mais baratos[1981] –; ou, ao invés, a atitude do produtor que retira do mercado os seus produtos de gama baixa, restringindo a variedade do seu catálogo (o chamado «*pruning*») e concentrando-se na «qualidade», em resposta a uma inundação do mercado no seu segmento mais económico[1982] – o mesmo sendo válido para a situação particular da «concorrência multi-produtos»[1983].

10 – c) – iii) O impacto da concorrência monopolística na promoção do bem-estar

Detectada a ineficiência relativa da concorrência monopolística face ao paradigma da concorrência perfeita, poderemos interrogar-nos se não serão oportunos juízos de valor quanto à desejabilidade social daquela, ou quanto à susceptibilidade da sua rectificação política – ou podemos pelo menos perguntar-nos quais serão as razões do sucesso da concorrência monopolística no mundo real, na experiência quotidiana.

É fácil constatar que existe uma perda absoluta de bem-estar na concorrência monopolística, resultante da disparidade entre nível de preços e custo marginal, o que priva do consumo os potenciais compradores que estariam dispostos a pagar mais do que o custo marginal dos produtos, mas não estão dispostos a pagar o preço corrente (o excesso de capacidade instalada é

outro indício dessa perda de bem-estar[1984]). Poderia pensar-se na eliminação administrativa desta perda de bem-estar, por exemplo através de uma regulação de preços que fizesse estes aproximarem-se do nível dos custos marginais; contudo, para lá de se poder legitimamente duvidar da praticabilidade de uma tal iniciativa – agravada pela circunstância de ter que se determinar preços uniformes para bens aparentemente diferenciados –, o seu interesse começa também ele por ser discutível, porque:

– significaria prejuízo económico para concorrentes que no longo prazo já não alcançam lucros;
– cabe perguntarmos se a ineficiência deste tipo de mercado não é mais do que compensada, do ponto de vista do bem-estar geral, seja pela eficiência acrescida que ele proporciona no mercado da informação, por via da publicidade, seja pelas externalidades positivas advindas da diferenciação, que aumentam também elas o grau de informação disponível e a amplitude das escolhas oferecidas aos consumidores.

Por outro lado, a combinação de externalidades positivas e negativas associadas à entrada de concorrentes – nomeadamente, o aumento da variedade *qualitativa* dos produtos disponíveis, por um lado, e a perda de clientela e de lucros, por outro – faz com que, na consideração combinada do bem-estar da procura e da oferta, seja ambíguo e dificilmente determinável o *nível óptimo* de competição nesse tipo de mercado, no sentido de ser difícil de determinar quando é que já existe um excesso de produtores, cada um com excesso de capacidade, a entravarem a maximização da produção e do bem-estar que poderiam ser alcançados num contexto de concorrência perfeita. É que, não o esqueçamos, há uma margem de *qualidade* de serviços prestados pelo mercado que tem a ver com a *variedade* e com a *disponibilidade imediata* que são favorecidas pela concorrência, e cujo peso «hedónico» no bem-estar dos consumidores é difícil de aferir com precisão, e de usar por isso no contrabalanço das perdas de eficiência deste tipo de mercado.

Além disso, a inexistência de barreiras de mercado e a circunstância de cada entrada ser negativamente externalizadora para os concorrentes instalados (embora, desta feita, os efeitos já não sejam «catastróficos»[1985])

[1980] Deneckere, R.J. & R.P. McAfee (1996), 149-174.

[1981] De Fraja, G. (1996), 389-414; Gabszewicz, J.J. & J.-F. Thisse (1979), 340-359; Gal-Or, E. (1983), 590-600.

[1982] Johnson, J.P. & D.P. Myatt (2003), 748ss..

[1983] Brander, J.A. & J. Eaton (1984), 323-334; Champsaur, P. & J.-C. Rochet (1989), 533-557; Eaton, B.C. & R.G. Lipsey (1979), 149-158; Judd, K.L. (1985), 153-166.

[1984] Matheron, J. (2002), 129-133.

[1985] Não é fácil a análise dos efeitos da entrada bem sucedida no mercado de concorrência monopolística, embora se perceba que esta é invariavelmente lesiva das «rendas monopolísticas» dos concorrentes instalados. É que há uma repercussão directa sobre os preços, por um lado,

deveria fazer com que esses concorrentes tentassem preservar alguns ganhos extraordinários através da constante inovação, visto que as velhas fórmulas de ganho atraem imitadores e incitam à entrada de concorrentes; contudo, dada a possibilidade de preservação de «nichos de mercado» e da fidelidade dos consumidores através de ataques à «fluidez» do mercado, nem sempre será óbvio que essas inovações são reais e objectivas, sendo de admitir-se que é mais fácil gerar-se a *percepção* de que alguma coisa mudou no produto e que se mantém uma distância qualitativa em relação aos imitadores, do que criar-se efectivamente um novo produto – cujo carácter inovador poderá até, para cúmulo da ironia, passar despercebido aos consumidores, se não for acompanhado do esforço publicitário de *condicionamento* prévio daquela percepção – (o lançamento anual ou sazonal de novas gamas de cosméticos, às quais são invariavelmente atribuídas propriedades inovadoras e pseudo-milagrosas, ilustra bem este princípio).

Por outras palavras, a maximização da capacidade produtiva propiciada pela concorrência monopolística não é sinónimo de maximização de bem-estar, apenas porque não é ilimitada a procura de cada produto – pense-se que, em casos de produção de bens com elevados custos fixos e ínfimos custos variáveis, como vimos suceder com o *software* comercial, o custo médio desce indefinidamente mas isso não justifica que se produzam mais unidades de *software* do que o número de potenciais compradores. Dir-se-á assim que, de certo modo, a concorrência monopolística denota a presença de descoordenação, de redundâncias e complementaridades ineficientemente acumuladas na oferta de mercado[1986].

Mas mesmo que quiséssemos insistir nessa assimilação dos dois tipos de maximização de *eficiência* e de *bem-estar*, ainda assim teríamos que reconhecer que o que se perde em eficiência no mercado dos produtos pode ser mais do que compensado, como já sustentámos, noutros planos, nomeadamente no mercado da informação[1987]. O que nos conduz à consideração do papel da publicidade e das marcas como armas geradas na concorrência monopolística[1988].

10 – c) – iv) O papel da publicidade e das marcas

A publicidade é um típico subproduto da concorrência monopolística, visto que ela é ao mesmo tempo:

– um veículo de diferenciação, induzindo os consumidores a afastarem-se daquela fluidez que lhes permitiria comparações racionais das relações «quantidade-preço» dos produtos, e através delas lhes propiciaria uma completa captação de bem-estar em seu próprio benefício e em detrimento dos vendedores;

– um veículo de promoção de vendas, criando e condicionando hábitos de consumo, fomentando um aumento de produção que é benéfico para os concorrentes monopolísticos na medida em que estes, vendendo a preços superiores ao custo marginal, podem aumentar os seus lucros através do incremento das vendas.

Há muitas razões pelas quais os empresários podem recorrer à publicidade, para lá da finalidade imediata do aumento das vendas – razões de implantação no mercado, de prestígio, de visibilidade, de informação financeira, etc. –, pelo que, como já referimos, não é infrequente que se encontre publicidade noutras formas de mercado que não a da concorrência monopolística. Simplesmente, naquelas o recurso à publicidade dificilmente encontrará uma justificação em termos de eficiência: o produtor monopolista pouco ou nada terá a gastar em publicidade, se o produto que vende é conhecido de todos os consumidores e a posição de monopolista não se encontra ameaçada; os vendedores de produtos homogéneos ou indiferenciados – os grossistas de produtos agrícolas, por exemplo – pouco ou nenhum interesse associarão à publicidade, mormente se a homogeneidade for tão ostensiva que se não consiga contrariar essa percepção junto dos consumidores (sendo o último recurso a insinuação xenófoba quanto à inferioridade dos produtos importados, se mais nada os distinguir dos produtos nacionais). Vejamos como podem perspectivar-se, para os concorrentes monopolísticos, os efeitos da publicidade:

e por outro uma repercussão indirecta, resultante do aumento de variedade (e por isso aumento dos custos de diferenciação e manutenção de um nicho de mercado). Cfr. Hausman, J.A. & G.K. Leonard (2002), 237-263.

[1986] Banerjee, A.V. (1992), 797-817; Banerjee, A.V. & A. Newman (1993), 274-298; Bernanke, B.S. & M. Gertler (1989), 14-31; Bikhchandani, S., D. Hirshleifer & I. Welch (1992), 992-1026; Caplin, A. & J. Leahy (1994), 548-565; Diamond, D.W. & P. Dybvig (1983), 401-419; Diamond, P.A. (1982b), 881-894; Diamond, P.A. & D. Fudenberg (1989), 606-619; Fernandez, R. & D. Rodrik (1991), 1146-1155; Gale, D. (1992), 731-755; Kiyotaki, N. & R. Wright (1989), 927-954; Matsuyama, K., N. Kiyotaki & A. Matsui (1993), 283-307; Pagano, M. (1989), 269-287; Persson, T. & G. Tabellini (1994), 600-621; Zeira, J. (1994), 31-44.

[1987] Para uma introdução à «Economia do Consumo», cfr. Soderlind, S.D. (2001).

[1988] Entretanto, para uma síntese, e reabilitação teórica, do conceito de «concorrência monopolística» e suas inúmeras manifestações e implicações, cfr. Keppler, J. (1994).

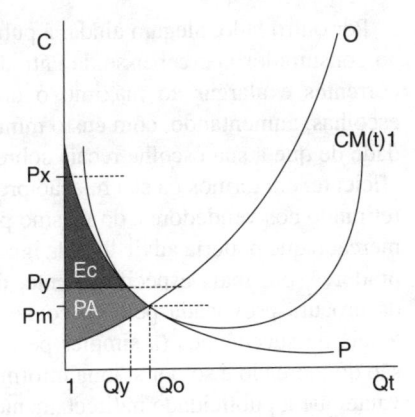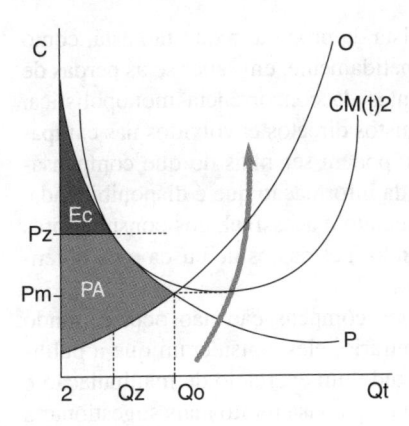

Gráfico 10.16. *Efeitos de longo prazo das despesas de publicidade na concorrência monopolística (sem considerarmos efeitos dinâmicos da publicidade sobre o volume de produção)*

1: situação sem publicidade
2: situação com publicidade (subida dos custos médios totais, de CM(t)1 para CM(t)2)
C: custos
Qt: quantidades
Py: preço sem publicidade
Pz: preço com publicidade
Pm: preço de equilíbrio *se aumentasse a concorrência*
Qy: quantidade óptima de longo prazo sem publicidade
Qz: quantidade óptima de longo prazo com publicidade

Qo: quantidade óptima *se aumentasse a concorrência*
    (Qo – Qy = excesso de capacidade instalada; Qo – Qz = excesso de capacidade instalada)
O: oferta
P: procura
CM(t)1: custos médios (totais) sem publicidade
CM(t)2: custos médios (totais) com publicidade
Ec: excedente do consumidor
PA: perda absoluta de bem-estar (*deadweight loss*)

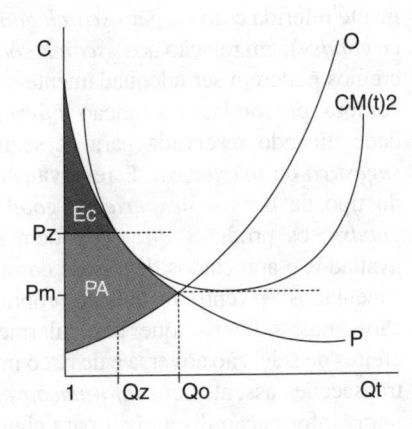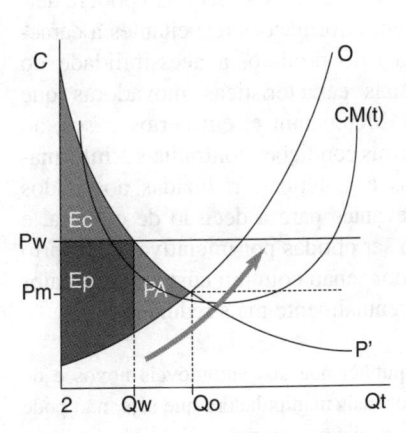

Gráfico 10.17. *Efeitos dinâmicos da publicidade sobre o volume de produção na concorrência monopolística*

1: situação inicial com publicidade
2: situação final resultante da publicidade (expansão de P) [excepcionalmente, ressurge o lucro, e portanto o excedente do produtor, no longo prazo]
C: custos
Qt: quantidades
Pz: preço inicial
Pw: preço final
Pm: preço de equilíbrio *se aumentasse a concorrência*
Qz: quantidade óptima inicial

Qw: quantidade óptima final
Qo: quantidade óptima *se aumentasse a concorrência*
O: oferta
P: procura inicial
P': expansão de P
CM(t): custos médios (totais)
Ec: excedente do consumidor
Ep: excedente do produtor
PA: perda absoluta de bem-estar (*deadweight loss*)

Do ponto de vista da procura, a questão está, como já o sugerimos repetidamente, em saber se as perdas de eficiência resultantes da concorrência monopolística, agravadas pelos custos directos envolvidos nas campanhas publicitárias, podem ser mais do que compensadas pelos ganhos da informação que é disponibilizada, do modo mais imediato e acessível, aos consumidores potenciais, poupando-lhes custos de busca e de obtenção de informação.

Para alguns, essa compensação não ocorre, sendo que, bem pelo contrário, eles consideram que a publicidade é antes de tudo um exercício de manipulação e de condicionamento, que visa muito mais sugestionar e criar novas necessidades do que informar o consumidor acerca dos dados de facto que poderiam apoiar a sua decisão racional. Pois afinal, perguntam, não é de atacar a fluidez do mercado que se trata, e através dela a elasticidade da procura, não é de proceder a diferenciações de produtos ainda aí onde racionalmente elas nunca seriam descortináveis, entravando qualquer concorrência leal dos produtos em função da sua verdadeira utilidade, da sua aptidão efectiva para satisfazer necessidades, bloqueando o efeito de substituição de que poderia emergir a elasticidade da procura?

Para outros, as «perturbações de sinal» que se evidenciam nos propósitos manipuladores da publicidade não conseguem obstar à função essencialmente informativa desta, já que ela, defrontada com consumidores dotados de um mínimo de sofisticação, não poderá deixar de centrar-se em informações respeitantes a características essenciais do produto, à acessibilidade do mesmo, a eventuais características inovadoras que objectivamente o diferenciam e, em certos casos, ao próprio preço e outras condições contratuais – informações simplificadas e sintéticas, reduzidas aos dados minimamente relevantes para a decisão de compra, e que não poderiam ser obtidas por iniciativa do próprio potencial comprador senão com um custo muito maior e uma precisão eventualmente mais reduzida.

Pense-se na publicidade aos automóveis novos e de marca, a qual, por mais manipuladora que seja, não pode deixar de aludir a algumas características técnicas e a algumas condições contratuais, em termos cuja falsidade pode ser facilmente detectada, acarretando pesadas sanções a nível de reputação da marca (ficando a marca «refém» da fiabilidade dos dados informativos que insere na sua publicidade).

Por outro lado, alegam ainda, a publicidade permite ao consumidor aperceber-se da entrada de novos concorrentes e alargar ao máximo o universo das suas escolhas, aumentando, com custo mínimo, a probabilidade de que a sua escolha recaia sobre o produto mais eficiente, em termos da sua relação preço-quantidade – retirando aos vendedores, do mesmo passo, o poder de mercado que poderia advir-lhes da ignorância dos compradores, ou, mais especificamente, da inelasticidade da procura provocada pelo desconhecimento da existência de sucedâneos (a simples percepção da dimensão do mercado é só por si uma informação muito relevante que a publicidade indirectamente propicia).

Nesse sentido, poderia mesmo considerar-se que a publicidade tem um efeito pró-competitivo: de quanto mais informação dispuser o consumidor, tanto mais ele será imune à imposição de condições por um único vendedor, o qual, por seu lado, se verá forçado a acompanhar as condições oferecidas pela concorrência. E esse efeito tem tido comprovação empírica, no sentido de que se tem apurado que, após o desaparecimento de entraves à publicidade – como aqueles que, por razões corporativas, subsistem nalguns países para algumas das profissões liberais –, os preços tendem a descer.

Em termos gerais, podemos distinguir a situação dos bens cujas características podem ser razoavelmente aferidas, e a baixo custo, *antes* da compra, da situação daqueles cuja qualidade em rigor só pode ser devidamente avaliada *após* a compra (uma dicotomia geralmente referida como o par «*search goods*» e «*experience goods*»); em relação aos «*search goods*», os bens que cremos poderem ser adequadamente avaliados antes da compra, predominará a função *informativa* da publicidade, ficando reservada para os segundos a vertente *sugestiva* ou *persuasiva*. É relativamente a este segundo tipo de bens – «*experience goods*» ou «*credence goods*», os produtos que só podem ser devidamente avaliados e apreciados depois de consumidos ou experimentados[1989] (entre os quais o próprio bem «informação», note-se[1990]) – que particularmente ocorrem os efeitos de selecção adversa e de risco moral que afectam transacções assentes em *informação privativa*, ou seja numa informação disponível para alguém mas onerosa para outrem, gerando *assimetria informativa* nas trocas.

– Típicos «*experience goods*», que não beneficiam tão nitidamente da publicidade *informativa* como os chamados «*search goods*», mas beneficiam muito vincadamente da

[1989] Deve-se a Phillip Nelson este conceito de «*experience goods*». Cfr. Nelson, P. (1974), 729-754.
[1990] E daí algumas das peculiaridades da «Economia da Informação». Cfr. Shapiro, C. & H.R. Varian (1999).
[1991] Riley, J.G. (2001), 451; Nelson, P. (1974), 729-754; Klein, B. & K.B. Leffler (1981), 615-641; Milgrom, P. & J. Roberts (1986), 796-821.

reputação de qualidade formada no mercado – ou seja da publicidade *da marca*[1991] –, ou da disponibilização de «amostras», são os produtos farmacêuticos[1992], bens como o vinho, os melões ou os automóveis em segunda mão, e praticamente a totalidade dos serviços[1993]. Quanto a estes é que a dificuldade de avaliar o produto *antes* da compra gera o risco de «selecção adversa», afastando do mercado os bens e serviços de mais elevada «qualidade» através de uma cautelosa limitação dos preços oferecidos[1994].

– Relativamente aos «*search goods*», a publicidade tanto pode ser dirigida a todo o universo de consumidores, emitindo o «sinal» para um ponto focal intermediário ao qual se presume que os consumidores farão o esforço de se dirigirem (por exemplo, um jornal, uma agência de emprego, uma agência imobiliária)[1995], como pode ser individualizada e tomar por alvo cada um dos consumidores (com «marketing directo», porta-a-porta), forçando-os a uma posição mais passiva[1996], como pode ser ainda uma combinação das duas estratégias[1997].

Naturalmente que podem subsistir reservas quanto ao conteúdo *objectivo* da informação que é transmitida através da publicidade, em especial relativamente àquela que, respeitando a «*experience goods*», concentra as atenções na promoção da *marca* e não dos próprios produtos; porém, em contrapartida, cabe conjecturar se é essa informação, quiçá fria, objectiva, mas pouco apelativa e eventualmente pouco sintética, que o consumidor reclama como base da sua decisão. Mais ainda, a importância das marcas no comércio denota que o consumidor não reclama, as mais das vezes, uma informação *objectiva* sobre o produto mas uma informação sobre a *idoneidade* do produtor.

Ora, a ser assim, essa idoneidade pode ter muito pouco a ver com o *conteúdo* da mensagem transmitida, e muito a ver com a simples *forma* ou outros elementos acessórios: por exemplo, um esforço de investimento muito vultuoso em publicidade é muitas das vezes o suficiente para que a idoneidade seja aceite, sendo que o mero dispêndio de quantias avultadas em publicidade pode bastar para sinalizar a qualidade do produtor ou do produto oferecido. O raciocínio do consumidor será o de que o produtor não investiria muito extensamente num produto cuja qualidade intrínseca não lhe

assegurasse a fidelização da clientela, pois desse modo ele arriscaria que, reduzido o consumo a uma unidade por cliente – cada um experimentaria um vez o produto publicitado, mas rejeitá-lo-ia de seguida –, lhe não fosse possível recuperar sequer o próprio investimento publicitário; por outras palavras, um vultuoso investimento publicitário, que muitas vezes nem sequer promove qualquer produto específico de uma marca mas apenas a própria marca, pode servir como uma espécie de caução da idoneidade do vendedor.

Tudo o que fica dito pode aplicar-se, com poucas adaptações, ao emprego de marcas, à concorrência entre marcas e à concorrência entre produtos de marca e produtos genéricos (ou «produtos brancos»). Para alguns, o diferencial de preço que existe entre os produtos de marca e os produtos genéricos, sendo aqueles mais caros do que estes, bastaria para demonstrar a irracionalidade da escolha do consumidor que recaia nos primeiros, sempre que se possa provar que não existem diferenças qualitativas relevantes entre os dois tipos de produto.

Mais recentemente, os cultores da «Economia da Informação» têm sustentado que a opção pelo produto de marca, conquanto este seja mais caro, é perfeitamente racional, na medida em que o consumidor esteja a pagar o *preço da confiança* que deposita na *idoneidade* da marca como *sinal* de qualidade do produto, quando essa *confiança* se apresenta como necessário sucedâneo da experiência directa da *qualidade* do bem – porque, de novo, o produtor de marca está refém do investimento que fez na divulgação e na consolidação da marca, e encontra-se vulnerável a uma quebra de reputação que atingirá com muito maior facilidade e contundência uma marca conhecida, alastrando «catastroficamente» para todos os produtos da mesma marca.

Em paragens remotas, quantos não são os turistas que preferem o hotel de uma cadeia internacional cuja reputação eles conhecem aos riscos de uma hospedagem indiferenciada, mesmo que esta tenha a seu favor preços mais baixos e maior «cor local»? Quantos não preferirão matar a sede com um refrigerante de marca conhecida do que com uma garrafa de água de marca desconhecida, mesmo que esta seja muito mais barata e eficiente a tirar a sede, e mesmo que tanto o refrigerante como a água sejam produzidos no local?[1998]

[1992] Berndt, E.R. (2002), 52; Nelson, P. (1974), 729-754.

[1993] Hörner, J. (2002), 644.

[1994] Huston, J.H. & R.W. Spencer (2002), 50-60.

[1995] Salop, S.C. & J.E. Stiglitz (1977), 493-510; Shilony, Y. (1977), 373-388; Varian, H.R. (1980), 651-659.

[1996] Butters, G.R. (1977), 465-491; Grossman, G.M. & C. Shapiro (1984), 63-81; Stegeman, M. (1991), 210-223; Robert, J. & D.O. Stahl II (1993), 657-686; McAfee, R.P. (1994), 24-47; Stahl II, D.O. (1994), 162-177.

[1997] Baye, M.R. & J. Morgan (2001), 456.

[1998] Para uma descrição muito realista do funcionamento dos mercados e das motivações efectivas de produtores e consumidores, cfr. Asch, D. & B. Wolfe (2001).

A presença da marca tranquiliza o consumidor, pois na falta dela ele pouco mais saberia, em relação aos produtos oferecidos – mormente se se tratasse de «experience goods» – do que o preço deles, e o preço só casualmente será indicação da verdadeira utilidade dos produtos[1999]. Por isso a entrada de novos produtos no mercado é grandemente facilitada pela adopção de marcas já com reputação estabelecida – marcas que recobrem o novo produto como um «guarda-chuva», imagem sugerida pelo conceito de «*Umbrella Branding*»[2000].

lência académica»[2004], uma forma de «maximização de prestígio»[2005] entre outras formas de maximização necessárias à gestão universitária[2006], dada a sua autonomia, e dada a habitual fragmentação dos seus centros de investigação e ensino[2007].

Antes de prosseguirmos, recapitulemos algo sobre aquilo que ficou dito, ou sugerido, acerca das quatro principais formas de mercado que acabámos de analisar:

	Número de vendedores	Produtos	Barreiras de mercado	Poder de mercado	Índice Herfindahl-Hirschman
Monopólio	um único	únicos, sem sucedâneos	elevadas	máximo	10000
Oligopólio	sem atomicidade	qualquer tipo	intermédias	médio	de 1000 a 9999
Concorrência monopolística	com atomicidade	diferenciados	inexistentes	limitado	de 100 a 999
Concorrência perfeita	com atomicidade	indiferenciados	inexistentes	nulo	até 100

Remetendo para o «microcosmos» universitário: o sistema universitário norte-americano é um mercado fortemente segmentado[2001], com «empresas» a concorrerem nacionalmente pelos melhores professores e pelos melhores estudantes – com o mercado a equilibrar através de um «racionamento» que resulta do excesso de procura pelas melhores escolas, que sequencialmente vão encerrando os seus contingentes de admissão e remetendo os «rejeitados» para os «concorrentes» (isto depois de terem praticado elas próprias «discriminação de preços» por forma a incluírem os mais pobres dos melhores alunos e os mais cobiçados dos melhores professores)[2002]. Dada a segmentação e a predominância de factores de «concorrência monopolística» – ainda que com traços de oligopólio e de cartel entre as instituições mais proeminentes[2003] –, as universidades tentam evidenciar o seu empenho na «exce-

10 – d) «*Antitrust*» e o caso Microsoft

Para pormos agora em jogo, num relance sintético, algumas das ideias referidas nos últimos pontos, regressemos por momentos ao processo de «*antitrust*» contra a Microsoft, deixando de lado algumas considerações jurídicas e éticas que, noutra sede, seriam altamente pertinentes[2008], para nos concentrarmos nos efeitos de um mercado de «standards» dominantes, sujeito a «entradas catastróficas» e à «captura do mercado», na conduta do produtor desses «standards» no mercado de «*software*». Trata-se de uma situação de monopólio, como é claro, mas as já apontadas peculiaridades do mercado de «standards» dominantes, o risco de um radical «*technology displacement*», tornam a respectiva análise transponível para o domínio dos

---

[1999] Novamente operará aqui a lógica da selecção adversa: se o consumidor é suficientemente imprudente (ou vaidoso e ostentativo) a ponto de escolher sempre o produto mais caro, nada obsta a que o vendedor dos piores produtos seja o mais ousado e peça os preços mais elevados. Cfr. Albrecht, J., H. Lang & S. Vroman (2002), 139-162.

[2000] Tadelis, S. (1999), 560-561; Wernerfelt, B. (1988), 458-466.

[2001] Ehrenberg, R.G. (1997); Garvin, D. (1980); James, E. (1990), 77-107.

[2002] Bowen, W.G. & D. Bok (1998); Clotfelter, C.T. (1999), 5ss.; Ehrenberg, R.G., D. Rees & D. Brewer (1993), 671-682; Rothschild, M. & L.J. White (1995), 573-586; Winston, G.C. (1999), 11ss..

[2003] Salop, S.C. & L.J. White (1991), 193-202.

[2004] Bowen, W.G. & D. Breneman (1993), 28-31.

[2005] James, E. (1990).

[2006] Ehrenberg, R.G. & D.S. Sherman (1984), 202-230.

[2007] Strauss, J., J. Curry & E. Whalen (1996), 163-190.

[2008] El Shazly, M.R. & R.J. Butts (2002), 346-355.

abusos praticados noutros tipos de concorrência – porque em todos eles são os mesmos os efeitos das restrições verticais, da predação e de uma série de estratagemas anti-competitivos[2009].

A Microsoft foi basicamente acusada de práticas anti-competitivas contra o «*browser*» da Netscape (o «Navigator»), usando o «*tying*» para oferecer gratuitamente, juntamente com o sistema operativo Windows, um produto concorrente daquele, o «Internet Explorer»; e das mesmas práticas contra a linguagem Java, que fora concebida como uma «plataforma» independente de sistemas operativos («*middleware*»), procurando desenvolver uma versão de Java dependente do sistema operativo Windows[2010].

Aceite o requisito essencial de que a Microsoft dispunha de «poder de mercado» no seu âmbito de actuação (definido aquele em função dos «mercados relevantes» nos quais tal poder é susceptível de se manifestar), chegou-se à definição da Microsoft como monopolista[2011]. Olhando-se para os custos fixos de desenvolvimento de novo «*software*» e os custos de penetração em mercados dominados por «externalidades de rede» e aversões à incompatibilidade (no conjunto, os «*set-up costs*»), apurou-se também que a Microsoft não seria facilmente contestável, pese embora as fragilidades inerentes ao mercado de «standards» dominantes[2012].

Dado o poder de mercado, acabou por reconhecer-se que a Microsoft tinha a possibilidade de subir os preços muito acima dos custos marginais, e muito acima dos custos médios de longo prazo – não o fazendo em relação a *todos* os seus produtos[2013] apenas por considerações estratégicas, algumas predatórias e dissuasoras da contestação de mercado, outras orientadas para o alargamento rápido da «base instalada» e para a aceleração de «efeitos de rede», outras visando a promoção de produtos complementares, outras ainda preventivas da «pirataria informática». Além disso, argumentou-se que o baixo preço era contrapartida adequada para as restrições verticais que a própria Microsoft impõe, e para as limitações de «*path dependence*» a que os utentes finais estão sujeitos[2014].

Percebeu-se também que a linguagem Java criava para a Microsoft um especial risco de «entrada catastrófica», visto que se deveras essa «plataforma» pudesse trabalhar em sobreposição com qualquer sistema operativo, e portanto também do Windows, os seus produtores deixariam de estar sujeitos às barreiras de entrada da «*path dependence*» e da aversão à incompatibilidade – pois qualquer utilizador do Windows poderia usar aplicações em Java sem comprometer o acesso e utilização de um único dos programas do universo de compatibilidade com o sistema operativo dominante. Logo, o «*middleware*» da linguagem Java constituía uma ameaça imediata, um «Cavalo de Tróia» já dentro das muralhas[2015].

Mais turva se achou a definição do que constituiria, no caso, uma conduta predatória e anti-competitiva da Microsoft em relação à ameaça do «Navigator» da Netscape, embora a prática de preços muito baixos, a «captura» das redes de distribuição através de restrições verticais e o «*tying*» do «Internet Explorer» com os sistemas operativos oferecidos em cada novo computador vendido não deixassem dúvidas de que se tratava de evitar que qualquer rival atingisse uma escala de eficiência ou começasse a averbar economias de escala[2016]. Contudo, faltava uma fronteira consensual para demarcar o legítimo do ilegítimo na agressividade competitiva; ninguém esperaria que a Microsoft caminhasse docilmente para a sua destruição às mãos de um novo «standard», e o escopo da política «*antitrust*» é apenas o de proteger os consumidores finais, e não os concorrentes uns dos outros (o que equivaleria a pretender substituir-se à eficiência do mercado)[2017].

Para uns, seria predatória a venda a preços sistematicamente inferiores aos custos variáveis médios[2018], o que não é muito conclusivo num sector como o da produção de «*software*», em que tais custos tendem para o zero; para outros seria predatória a prática de preços que só tornariam rentável a produção no pressuposto da exclusão ou neutralização, a longo prazo, da concorrência no mercado[2019], o que novamente pode entender-se como inconclusivo num mercado cercado de barreiras geradas por «efeitos de rede»[2020/2021], além de

[2009] Gordon, R.L. (2002).

[2010] Gilbert, R.J. & M.L. Katz (2001), 27. Cfr. Silva, M.M. (2003), 208-234.

[2011] Gilbert, R.J. & M.L. Katz (2001), 27-28.

[2012] Gilbert, R.J. & M.L. Katz (2001), 28.

[2013] Mas fazendo-o em relação a alguns. Cfr. Gilbert, R.J. & M.L. Katz (2001), 29.

[2014] Fisher, F.M. & D.L. Rubinfeld (2000), 13-14.

[2015] Gilbert, R.J. & M.L. Katz (2001), 30.

[2016] Gilbert, R.J. & M.L. Katz (2001), 33.

[2017] Klein, B. (2001), 46.

[2018] Areeda, P. & D.F. Turner (1975), 697-733.

[2019] Ordover, J.A. & R.D. Willig (1981), 8-53.

[2020] Gilbert, R.J. & M.L. Katz (2001), 33.

[2021] Note-se que em rigor a Microsoft poderia não se ter esforçado por apurar muito o «Internet Explorer», limitando-se a retirar benefícios da «*path dependence*»: oferecia um «Explorer pouco sofisticado» gratuitamente com o Windows e com isso «apertava» o mercado dos «brow-

que, tomada à letra esta segunda definição de prática predatória, ela atingiria na prática todas as atitudes defensivas e preventivas que o produtor «dominante» resolvesse tomar – constituindo uma imposição de docilidade e de passividade ao produtor dominante... só pelo facto de ele ser temporariamente dominante[2022].

Aliás, os esforços que a Microsoft desenvolveu no sentido de melhorar a qualidade dos seus produtos, de aumentar a sua integração e compatibilidade, e até de baixar os preços globais da sua gama de produtos, não foram entendidos como predatórios na medida em que se demonstrava que desses esforços tinha resultado benefício directo para os consumidores – por mais que fosse óbvio que era o desencorajamento dos rivais, mais do que o benefício dos consumidores, que constituía a finalidade directa e principal dos esforços tecnológicos da Microsoft. Isso implica, mais uma vez, a indefinição sobre a ténue fronteira entre *uso* e *abuso* das armas competitivas[2023].

Vem depois a questão da «integração» do «Internet Explorer» no sistema operativo, um típico *«bundling»* contratual que ostensivamente visava excluir do mercado os produtores rivais, ao mesmo tempo forçando a escolha dos consumidores, defrontados com a oferta, a custo zero, de um *«browser»* cuja integração parecia assegurar uma funcionalidade perfeita, quase indistinguível do funcionamento básico do sistema operativo[2024]. Para o consumidor, mantinha-se em aberto a opção de instalar produtos rivais, também todos eles a custo zero; só que eles ficariam instalados em redundância (o consumidor médio jamais arriscaria «desinstalar» o «Internet Explorer», com medo de com isso afectar o funcionamento do próprio sistema operativo), e sem

segurança de compatibilidade e funcionalidade plenas[2025]. É sabido que, em larga medida por influência do *«laissez-faire»* advogado pela «Escola de Chicago», hoje o veredicto sobre o *«tying»* e o *«bundling»* não é tão severo como o foi outrora[2026], e tende a ver-se nele um fundo de salutar prática competitiva[2027], que pode servir para a prática de discriminação de preços (com a oferta de «brindes»), e até para uma muito salutar «batota» contra os cartéis (quando a «venda conjunta» permite ocultar o preço de venda do bem cartelizado)[2028].

E o que dizer dos efeitos das práticas predatórias sobre o bem-estar do consumidor – afinal a razão última para a reacção dos mecanismos *«antitrust»*? Não há dúvida de que as práticas predatórias da Microsoft foram benéficas para os consumidores no curto prazo – multiplicando-se no mercado as ofertas de produtos gratuitos[2029], todos de uma crescente sofisticação, e nem todos da Microsoft. Mas quais os efeitos no longo prazo, com a diminuição da concorrência e com a falta de contestação do «standard» dominante?[2030]

Uma última ponderação respeitou ao significado que tem um monopólio dentro do âmbito «movediço» de um mercado permanentemente sujeito à «entrada catastrófica» de uma inovação tecnológica que se converta em «standard» dominante – um monopólio que, ao contrário da intuição de John Hicks, não retira da sua situação o prémio principal de uma vida tranquila[2031], nem mesmo quando tenta cercar-se da muralha exterior da protecção jurídica das patentes[2032] –, remetendo-se novamente para a ponderação das vantagens e inconvenientes da concorrência para a investigação e desenvolvimento, em termos que de certo modo tinham já ficado delineados na obra de Joseph Schumpeter[2033].

---

sers», forçando os produtores independentes a baixarem os preços dos seus «browsers», por mais sofisticados que estes fossem. Como esses «browsers» dependem ainda da compatibilidade com o sistema operativo, a Microsoft limitar-se-ia, por fim, a aumentar o preço do Windows, tirando proveito das «externalidades de rede» gradas pela proliferação de «browsers» muito sofisticados... e compatíveis! Cfr. Gilbert, R.J. & M.L. Katz (2001), 34-35.

[2022] Klein, B. (2001), 46.

[2023] Klein, B. (2001), 60.

[2024] Para uma panorâmica geral do *«tying»* do *Windows* com o *Internet Explorer*, cfr. Carlton, D.W. & M. Waldman (2002), 194-220; Choi, J.P. & C. Stefanadis (2001), 52-71; Farrell, J. & M. Katz (2000), 413-432; Whinston, M.D. (1990), 837-859; Whinston, M.D. (2001), 63- 80.

[2025] Gilbert, R.J. & M.L. Katz (2001), 35.

[2026] Por exemplo, a teoria da «alavancagem» através da venda conjunta não é muito credível, porque se o bem promovido é efectivamente *complementar* daquele que o promotor vende como monopolista, a venda de um assegurará a venda do outro, mesmo sem qualquer promoção – cfr. Posner, R.A. (1976), 173; Whinston, M.D. (2001), 70. Só assim não sucederá se se tratar de *criar* uma nova necessidade *secundária* por condicionamento do consumidor.

[2027] Whinston, M.D. (2001), 63.

[2028] Whinston, M.D. (2001), 70-71; Bowman, W.S. (1957), 19-36; Adams, W.J. & J.L. Yellen (1976), 475-498.

[2029] E não apenas por pressão competitiva ou pelo facto de os custos marginais de reprodução do *«software»* tenderem para zero, mas também porque o *«browsers»*, tal como os «motores de busca», geram receitas publicitárias e de comissões sobre o comércio electrónico (e aumento da procura de *«upgrades»* e de bens complementares) que amplamente compensam os seus produtores da perda de rendimento na distribuição do *«software»* de base – podendo assim dizer-se até que, no bom rigor dos princípios, esses produtos evidenciam *custos marginais negativos*. Cfr. Klein, B. (2001), 49; Cusumano, M.A. & D.B. Yoffie (1998), 98-99.

[2030] Gilbert, R.J. & M.L. Katz (2001), 37.

[2031] Hicks, J.R. (1935), 8.

[2032] Eisenach, J.A. & T.M. Lenard (orgs.) (1999), 163.

[2033] Gilbert, R.J. & M.L. Katz (2001), 38.

Reconheceu-se que o mercado das «tecnologias da informação» tem demasiados elementos de «monopólio natural» (por exemplo, a «vantagem do pioneiro» que cria o facto consumado da sua instalação como «standard» depois é dificilmente removível, dados os «efeitos de rede» e as consequentes economias de escala), e demasiada complexidade e mutabilidade, para poder ser objecto adequado de regulação – subsistindo apenas a «*ultima ratio*» do «*antitrust*», e mesmo esse exposto a equívocos quanto aos seus efeitos pró- ou anti-competitivos, quanto à promoção ou prejuízo do bem-estar dos consumidores[2034].

Em Abril de 2000 a Microsoft foi condenada por violação do *Sherman Act*, e várias propostas se seguiram, seja no sentido de se terminarem práticas predatórias e restritivas[2035], seja até no sentido do «desmantelamento» da empresa, ao menos em duas – a produtora do sistema operativo por um lado, a produtora de «aplicações de *software*» por outro, solução que bem vistas as coisas é pouco promissora para o futuro bem-estar dos consumidores[2036]. Refira-se, por fim, que o processo *Microsoft* também fez incidir as atenções sobre o papel dos economistas como peritos em tribunais[2037], numa demonstração da crescente importância da «*forensic economics*»[2038].

10 – e) Efeitos da inovação tecnológica

Praticamente toda a análise microeconómica assenta no pressuposto de que existe um só estádio de desenvolvimento tecnológico comum a todos os produtores concorrentes no mercado, presumindo que a partilha de conhecimento tecnológico é praticamente instantânea, gratuita e universal. A competitividade de um produtor analisa-se, de acordo com esse pressuposto, em termos de *eficiência estática*. E, no entanto, é fácil de constatar que o progresso tecnológico é um fenómeno com cadências e impactos desiguais em vários sectores da economia, gerando por um lado assimetrias e imperfeições concorrenciais, e por outro externalidades positivas.

Lembremos que a inovação tecnológica é um objectivo primordial dos produtores em mercados competitivos, visto que através dela é possível acalentar a esperança de obtenção de lucros extraordinários – por mais fugazes que estes sejam[2039] –, e que sem ela os produtores atomísticos estão quase inevitavelmente condenados à estagnação numa posição de equilíbrio que lhes retira todos os lucros, deixando-lhes apenas o *lucro normal*.

Todos os concorrentes, cientes da inelutabilidade do desaparecimento dos lucros extraordinários, tentarão destruir os equilíbrios do mercado criando, fora deles, factores de competitividade que lhes garantam uma vantagem duradoura, propondo algo de tão inovador que os concorrentes tenham dificuldade em competir em termos igualitários ou nivelados, e por isso demorem a colocar-se no mesmo plano, demorem a atingir a posição a partir da qual poderão voltar a contestar os lucros resultantes da inovação – dando ao inovador tempo para fugir do novo equilíbrio com mais uma inovação, e assim sucessivamente, num processo de «destruição criativa» que já mencionámos várias vezes como «concorrência schumpeteriana», por referência ao economista Joseph Schumpeter[2040], que a caracterizou e a deu como a chave para o ímpar dinamismo inovador do *sistema capitalista*, lembrando que nos mercados, mesmo nos mais atomísticos e ferozmente concorrenciais, o que conta mais é a competição pelo novo produto, pela nova tecnologia, e não a vitória pírrica numa «guerra de preços»[2041]: ponto que vimos abundantemente ilustrado no «mercado do *standard* dominante», constantemente exposto, lembremo-lo, a uma bem schumpeteriana «entrada catastrófica», e por isso

---

[2034] Ilustremo-lo com o equívoco básico: será mais importante para o bem-estar dos consumidores a manutenção de condições de «contestabilidade» do mercado – fomentando a investigação tecnológica e o advento de novos «standards potenciais» – ou a promoção de condições concorrenciais entre vendedores de produtos já existentes e sujeitos à compatibilidade com o «standard» dominante? Mais sucintamente, deverá a política de concorrência visar objectivos de longo ou de curto prazo?

[2035] Gilbert, R.J. & M.L. Katz (2001), 40.

[2036] Por um lado, o aumento de «custos de transacção» resultante da «desintegração vertical» repercutirá normalmente no preço dos produtos finais das duas novas empresas. Por outro lado, suponha-se que qualquer utente de um computador requer, como «software» mínimo, um sistema operativo e uma «aplicação» (um processador de texto, uma folha de cálculo). Se o fornecedor monopolista do sistema operativo cooperar com o fornecedor monopolista da outra «aplicação», restringirá espontaneamente o preço do sistema operativo para não baixar as vendas da «aplicação», compensando em receitas com esta aquilo que perde de receitas com o sistema operativo; mas se a aplicação «dominante» passar a ser a de outro produtor independente, que não coordena com o produto do sistema operativo, então este racionalmente aumentará substancialmente o preço de venda desse sistema operativo, visto que a quebra de vendas da «aplicação» complementar já não constitui problema seu. Quem fica a perder é, obviamente, o consumidor.

[2037] Mandel, M.J. (1999), 113ss..

[2038] Thornton, R.J. & J. Ward (1999), 101ss..

[2039] Sobre a forma de contabilização das inovações tecnológicas da óptica do produtor, cfr. Mairesse, J. & P. Mohnen (2002), 226.

[2040] Hanusch, H. (org.) (1999).

[2041] Schumpeter, J.A. (1950); Nelson, R.R. & S.G. Winter (2002), 33-34.

mesmo um mercado inovador e dinâmico em extremo[2042], um mercado aberto a uma criatividade que ultrapassa em muito os custos colectivos da destruição mútua e da tendência para o «lucro zero»[2043], um mercado que, afastado da ênfase no equilíbrio ou nas oscilações cíclicas em torno dele, pode constituir-se num «motor exógeno» de progresso e de crescimento, mais ou menos imune às cadências resultantes dos equilíbrios concorrenciais[2044].

Teríamos aqui, portanto, mais um afloramento da «estratégia evolucionista», que consiste na adopção de uma conduta racional e maximizadora orientada pragmaticamente para a optimização das hipóteses de sobrevivência em contextos concorrenciais nos quais qualquer ligeira «diferença de armas», qualquer distracção na adopção dos métodos e referências dominantes, podem ser fatais[2045/2046]; a resposta mais eficiente é, nesse caso, a da criatividade, a capacidade de, por investigação e aprendizagem, se caminhar sempre um passo à frente dos denominadores comuns que presidem à concorrência, tirando-se vantagem do desenvolvimento e adopção rápida de «alta tecnologia»[2047/2048].

Num «mercado de *standard* dominante», vendedores e compradores terão que ponderar os custos da aprendizagem com a limitação dos ganhos informativos ao tempo em que o «standard» dominante dura – sendo que a aprendizagem pode ficar inutilizada na transição entre tecnologias dominantes – e deverão também ponderar os custos de uma verdadeira aprendizagem com as vantagens de uma conduta puramente imitativa de quem aprendeu (de uma «boleia informativa») e com as vantagens advenientes da conversão da nova informação em bem público (o tempo que durar a vulgarizar-se a tecnologia – o que vimos ser rapidíssimo no mercado da informática – e a desaparecerem os privilégios jurídicos do inovador[2049]).

Note-se, aliás, que são as deficiências na apropriabilidade das inovações, e portanto a sua rápida submersão no contexto concorrencial, que ditam a necessidade de constante inovação, mas também propiciam essa constante inovação (se um inovador pudesse apropriar-se inteiramente da nova tecnologia poderia gozar longamente de um monopólio, mas *bloquearia* a investigação e desenvolvimento subsequentes, ou seja, aqueles que dependessem do acesso àquela tecnologia para a usarem como «ponto de partida», visto que o progresso científico e tecnológico é essencialmente um processo cumulativo)[2050].

Mas reconheçamos que, em contrapartida, é problemático o papel da investigação e da inovação em mercados concorrenciais, seja porque a tendência para o desaparecimento dos lucros extraordinários no longo prazo deixa os produtores sem recursos para financiarem a investigação e desenvolvimento das inovações tecnológicas, seja ainda porque, como acabámos de ver, o conhecimento tecnológico, como toda a informação aliás, tende a revestir-se de características de bem público, podendo gerar externalidades de fácil difusão e reprodução, sem rivalidades no consumo, externalidades das quais é difícil excluir os concorrentes, e pelo uso das quais é, por isso, igualmente difícil reclamar uma remuneração para o inovador[2051].

Quanto às assimetrias e imperfeições concorrenciais, elas podem ficar a dever-se a várias causas, como as seguintes:

– As simples vantagens da prioridade na introdução de inovações no mercado, que permitem, independentemente de qualquer protecção, ganhar benefícios concorrenciais pela formação de novos «nichos de mercado», fidelizando clientela e sedimentando reputação *antes* que a contestação de mercado seja possível – sendo que, como temos indicado, em certos sectores é o inovador

---

[2042] Schmalensee, R. (2000), 192-196; Whinston, M.D. (2001), 79.

[2043] Makowski, L. & J.M. Ostroy (2001), 484.

[2044] Kirzner, I.M. (1973); Makowski, L. & J.M. Ostroy (2001), 486.

[2045] Friedman, M. (1953), 22; Koopmans, T.C. (1957), 140.

[2046] Em termos de teoria dos jogos «evolucionista», é especialmente relevante a designada «indução prospectiva», a noção de que cada acção de um jogador em contexto de interdependência é revelador de informação quanto às intenções de conduta futura (mesmo quando elas se desviam de uma trajectória de equilíbrio). Cfr. Bergin, J. & B.L. Lipman (1996), 943-956; Blume, A., Y.-G. Kim & J. Sobel (1993), 547-575; Ellison, G. (1993), 1047-1071; Kandori, M. & R. Rob (1995), 383-414; Kim, Y.-G. & J. Sobel (1995), 1181-1193; Matsui, A. (1991), 245-258; Nöldeke, G. & L. Samuelson (1993), 425-454; Samuelson, L. (1993), 313-319; Samuelson, L. (1994), 35-65; Sobel, J. (1993), 301-312; Wärneryd, K. (1993), 532-546; Young, H.P. (1993), 57-84.

[2047] Lewis, T.R. & H. Yildirim (2002), 779.

[2048] Para uma sofisticada «semiótica» do processo dinâmico da criatividade, propondo-a como novo paradigma da «*law and economics*», cfr. Malloy, R.P. (2000).

[2049] Lewis, T.R. & H. Yildirim (2002), 792-793.

[2050] Romer, P.M. (1994), 3-22; Makowski, L. & J.M. Ostroy (2001), 524-525.

[2051] Pense-se no que a vulgarização de tecnologias de difusão de informação «escrita» a custo marginal tendendo para o zero fizeram às enciclopédias em papel, cujas vendas desceram mundialmente em mais de 80% durante a década de 90, sendo agora o respectivo conteúdo, até o das mais prestigiadas (como o da *Encyclopaedia Britannica*), fornecido a preços irrisórios em CD-ROM ou em DVD, quando não é oferecido gratuitamente em «*bundling*» com outro «*software*», ou através da Internet. Cfr. Brynjolfsson, E. & L.M. Hitt (2000), 43.

que muitas vezes estabelecerá o novo padrão, o *«standard»*, e não raro verá a sua marca ser tomada por designativa de todo o produto, por antonomásia[2052].

– A necessidade de protecção da investigação através do reconhecimento de direitos de propriedade intelectual que conferem ao inovador um monopólio, seja nalguns casos através da manutenção de um segredo industrial, seja na maioria dos casos através da protecção com patentes, com o fito declarado de limitarem a concorrência, dada a primazia política do incentivo económico à investigação[2053] – sendo que pode dizer-se que o equilíbrio entre os objectivos de competitividade no curto prazo e de sustentação da competitividade no longo prazo através da inovação aponta para a perspectiva de análise em termos de *eficiência dinâmica*[2054].

– A existência de custos fixos e irrecuperáveis muito elevados em função da necessidade de acompanhamento de inovações tecnológicas, custos fixos que por um lado constituem em si mesmos barreiras de entrada e de saída, e que por outro lado, fazendo subir as escalas mínimas de eficiência em relação à dimensão de mercado, favorecem a formação de monopólios naturais – de produtores que, dados os elevados *«set-up costs»*, registam ainda custos médios declinantes quando atingem o volume de produção que esgota o mercado –.

– A possibilidade de diminuição rápida de custos médios em consequência da difusão e assimilação da tecnologia – da acumulação de experiência prática encurtando os prazos de aprendizagem tecnológica –, o que, novamente favorecendo os pioneiros, desencorajará ainda mais a entrada de concorrentes medianamente eficientes, que se vêem progressivamente expostos à rápida obsolescência dos seus investimentos e à improbabilidade de acompanharem os concorrentes pioneiros até ao nível mais baixo dos custos médios que a inovação tecnológica e o *capital humano* enriquecido pela aprendizagem tornaram acessível (estamos a falar, obviamente, de efeitos de *«path dependence»*).

– A maior dificuldade de financiamento dos produtores recém-chegados a sectores e mercados onde se regista grande intensidade de inovação tecnológica, dado o aumento dos riscos associados ao investimento num tal contexto – não só porque a inovação é uma *incerteza* até ao momento em que finalmente ocorre, mas também porque os resultados da inovação não podem constituir garantia dos investimentos financeiros –. Sendo assim, os pioneiros da inovação tecnológica têm a possibilidade de perpetuar a sua vantagem através do auto-financiamento, na medida em que tenham destinado a isso os lucros extraordinários obtidos com a sua vantagem inicial, além de que a sua mais longa permanência no mercado constitui a favor deles uma reputação que os beneficia no acesso às fontes de financiamento.

Voltando ainda à protecção jurídica das inovações tecnológicas, é de notar que:

Pese embora a necessidade de se precaverem efeitos dinâmicos de bloqueio resultantes de excesso de protecção[2055], alguma protecção é crucial como incentivo básico à inovação[2056], pois sem uma «renda monopolística» estabelecida temporariamente a favor do inovador, o investimento em investigação científica e em desenvolvimento tecnológico seria socialmente subóptimo, dada a já referida dificuldade de apropriação, através do mercado, dos benefícios advindos da difusão de informação, e portanto do incitamento à «boleia» face às inovações (o problema afinal dos *«knowledge spillovers»* e das «falhas de mercado» resultantes da manifestação de externalidades positivas sobre bens públicos, de que voltaremos a falar)[2057].

Seguindo a intuição pioneira de William Nordhaus, o grau de protecção também depende do nível de sofisticação tecnológica a que se tenha já chegado em cada momento. Se ainda é possível, num determinado sector, introduzir inovações tecnológicas sem vultuosos investimentos em investigação, então não se justificará uma protecção jurídica muito intensa[2058], o mesmo podendo dizer-se para nações que tendem a ser mais importadoras do que produtoras de alta tecnologia[2059].

A protecção jurídica também não será muito intensa se as autoridades políticas se aperceberem da dificuldade de apropriação e de tributação dos benefícios colectivos resultantes da inovação, pelo facto de essa dificuldade ser independente da severidade daquela protecção – considerando por isso inútil, ou quiçá nefasto, o agravamento do regime jurídico[2060]. Também não o

---

[2052] A Aspirina, o Nescafé, o Walkman, o Post-It, a Água das Pedras, o Martini...

[2053] Silva, M.M. (2003), 55-69.

[2054] A tal necessidade de não se bloquear o progresso *cumulativo* da investigação com patentes *fortes de mais*, que, em vez de protegerem, desencoragem a inovação. Cfr. Gallini, N.T. & S. Scotchmer (2001), Cap. II; Gallini, N.T. (2002), 132; Merges, R.P. & R.R. Nelson (1990), 839--916; Scotchmer, S. (1991), 29-41; Towse, R. & R. Holzhauer (orgs.) (2002).

[2055] Gallini, N.T. (2002), 136.

[2056] Nordhaus, W.D. (1969).

[2057] Contestando a ideia de que seja possível copiar perfeitamente e a baixo custo as inovações, e de que por isso a «boleia» possa constituir um mecanismo tão perfeitamente nivelador e desincentivador para os inovadores, cfr. Eeckhout, J. & B. Jovanovic (2002), 1290.

[2058] Nordhaus, W.D. (1969).

[2059] Helpman, E. (1993), 1247-1280.

[2060] North, D. & B. Weingast (1989), 803-832; North, D. (1979), 249-259.

será se politicamente sobrelevarem os ideais de livre difusão e circulação de ideias ou a convicção de que é nessa endémica «falha de mercado» que mais há a esperar em termos de contágio de ideias e de emulação extra-mercado (um pouco o «traço libertário» que motiva a actividade académica)[2061]. E também não o será por dificuldades de coordenação internacional de regimes jurídicos, sendo que cada um privilegiará as suas próprias soluções (até por razões históricas e de «tutela de expectativas») e tenderá a desconsiderar as motivações para a severidade de regimes alheios[2062].

Por outro lado, um qualquer grau de protecção jurídica ajuda a *criar* um «mercado da tecnologia», visto que define titularidades estáveis reportadas aos interesses em jogo, permitindo o cálculo e a legitimidade em que assentam as trocas, conferindo-lhe segurança institucional e permitindo, por essa via, uma divisão de trabalho na exploração das inovações. Um inventor que licencia a sua patente vê-se liberto da necessidade de promover ele próprio a respectiva aplicação e exploração produtiva, podendo ao invés concentrar-se no esforço de investigação; a protecção jurídica das inovações permite a especialização profissional de investigadores e de inventores[2063].

A própria tecnologia da informação pode, todavia, ter passado já para além de uma «massa crítica», subvertendo os dados em que assentou tradicionalmente a ideia de protecção da propriedade intelectual.

É de registar que mesmo as mais «canónicas» defesas da propriedade intelectual (como requisito crucial para que haja justiça e eficiência na produção de criações intelectuais) não escondem que o instituto tem sido subvertido em direcção ao favorecimento de intermediários oligopolistas, e em detrimento dos verdadeiros criadores, que neste mercado acabam por ser vitimizados pela sua atomicidade (salvo os mais notáveis e insubstituíveis, que são capazes de gerar substanciais rendas a seu próprio favor, independentemente dos regimes jurídicos prevalecentes)[2064]; e não hesitam em criticar os extremos de uma protecção da propriedade intelectual que fosse radicalmente exclusiva, isto é, que tornasse inacessíveis as criações, em detrimento do interesse público no acesso livre a essas criações, dentro das balizas do «*fair use*».

Aliás, a harmonização entre os incentivos à criação (incluindo os «incentivos dinâmicos») e o valor autónomo da liberdade de acesso às vantagens dessa criação (pense-se de novo no acesso dos países pobres aos fármacos que ajudam no combate ao HIV) pode já não ser tecnologicamente possível com a mundialização da «economia digital», assente na difusão e partilha irrestritas e instantâneas de informação através de «redes informáticas» comuns, que permitem contornar e inutilizar praticamente todas as protecções jurídicas através de simples expedientes de deslocalização (com custos de transacção ínfimos) e de escolha do mais permissivo de todos os regimes jurídicos concorrentes[2065].

10 – e) – i) O problema da partilha de ficheiros: pirataria ou progresso?

Pense-se na «pirataria» e na difusão não-autorizada, e não-remuneratória, de ficheiros de música pela Internet, hoje um movimento que congrega dezenas de milhões de aderentes em todo o mundo (que entre si permutam gratuitamente ficheiros MP3, inicialmente através da tecnologia Napster, hoje através dos seus sucessores[2066]). Tudo tem sido feito para entravar juridicamente esse processo, mormente através do desmantelamento das formas centralizadas de difusão desses ficheiros (favorecendo involuntariamente as formas descentralizadas, «*peer-to-peer*»), através da penalização da violação dos «*digital wrappers*» com que o ficheiro de música seja inicialmente lançado na Internet (normalmente a encriptação) ou da difusão de programas que permitam essa violação, através da penalização e repressão activa dos casos em que pontualmente alguém tente obter lucros da difusão de material «pirateado», etc.

Mas tudo tem sido em vão, porque a tecnologia que permite o desenvolvimento de actividades inteiramente lícitas (o «*download*» de um ficheiro de música para uso pessoal, de uma «amostra» de lançamento de um novo grupo musical que quer singrar à margem do cartel das editoras discográficas, do registo digital de uma velha música já não protegida por qualquer direito de autor, etc.) é *a mesma* tecnologia que permite a pirataria instantânea e sem custo e a difusão planetária de ficheiros sem qualquer contrapartida.

Logo, destruir esta seria destruir aquela, seria vedar o acesso a tecnologias de difusão e de reprodução digital que constituem benefícios incomensuráveis para o todo da humanidade. Decerto muitos passos têm sido

---

[2061] Quah, D. (2002), 381-403.

[2062] Lerner, J. (2002), 221-222; North, D. (1990); La Porta, R., F. Lopez-de-Silanes, A. Shleifer & R.W. Vishny (1998), 1113-1155.

[2063] Lamoreaux, N.R. & K.L. Sokoloff (2001), 39; Khan, B.Z. & K.L. Sokoloff (1993), 289-307.

[2064] Towse, R. (2001).

[2065] ERP (1997), 193.

[2066] Klein, B., A.V. Lerner & K.M. Murphy (2002), 205; Boldrin, M. & D.K. Levine (2002b), 209-212.

dados, e podem ainda ser dados, no reforço dos incentivos económicos à inovação, mesmo contra a tendência tecnológica que torna cada vez menos possível e cada vez menos duradoura a vantagem económica derivável da apropriação exclusiva de informação. Simplesmente, todos esses passos devem subordinar-se a uma estrita ponderação de custos e benefícios por forma a não porem em causa a fruição plena, pelos utentes, dos progressos tecnológicos já colectivamente conquistados e apropriados, e a não subverterem aquele legítimo desígnio incentivador da inovação num ponto de apoio ao bloqueio parasitário de um processo cujos benefícios ultrapassam muito vincadamente o horizonte respeitável, mas confinado, do inovador.

Não nos pronunciamos aqui, note-se, sobre a *legitimidade* do direito de propriedade (embora entendamos que uma tal reflexão é sempre muito salutar e que o pensamento económico, actual e pretérito, pode dar um contributo precioso nesse sentido) ou sobre a *eficiência* social do direito de propriedade intelectual (atenta a necessidade de internalização de algumas das externalidades positivas que produz, sob pena de haver subprodução de criações intelectuais). Pronunciamo-nos sim, fundamentalmente, sobre uma subtil perversão do direito de propriedade intelectual que o converteu, e converte, num «direito de monopólio intelectual» que pretende restringir a liberdade do próprio utente.

Aquele que vende batatas aliena o seu direito de propriedade e perde qualquer legitimidade para se pronunciar sobre o uso dado às batatas pelo comprador, mesmo que esse uso vise muito abertamente prejudicar a sua futura subsistência como vendedor (se o comprador revende as batatas a outra pessoa, ou lhas oferece, ou lhas serve numa refeição, é evidente que o beneficiado deixará de comprar igual quantidade de batatas ao primeiro vendedor; se o comprador planta as batatas e inicia uma produção própria com intuitos comerciais, pior ainda para o primeiro vendedor; e se o comprador usa as batatas para produzir um híbrido ou um transgénico com extraordinárias potencialidades nutritivas e até terapêuticas, isso pode significar instantaneamente o fim «catastrófico» do primeiro vendedor).

O mesmo, todavia, não sucede na alienação de criações intelectuais (livros, CDs, medicamentos, «*software*»), caso em que a lei – por vezes com boas razões – atribui ao vendedor o direito de supervisionar e limitar o uso subsequente que o comprador queira dar-lhes.

Também não se trata aqui de discutir os critérios de vária ordem que presidiram às opções legais, mas apenas de ponderar se, em termos de eficiência económica, esse regime da propriedade intelectual serve efectivamente os fins sociais que se propõe, se ele é verdadeiramente adequado a incentivar a criação e a inovação, e se ele porventura não provocará mais danos do que benefícios aos próprios criadores, e ao mercado em geral.

É verdade, concedamos também, que com elevados custos fixos iniciais e custos marginais que tendem para o zero não é possível recuperar aqueles custos fixos através do mercado, dado que a concorrência tende a aproximar os preços de equilíbrio dos custos marginais[2067]. Simplesmente, estes «*sunk costs*» não são exclusivos da criação intelectual, e não parece que noutros mercados a lei tenha sentido a necessidade de compensá-los com rendas monopolísticas. E não se vislumbra a razão pela qual esses custos fixos não hão-de ser integrados no cálculo de custos médios com o qual cada produtor pode, de antemão e sem contar com quaisquer «rendas», calcular se atinge o ponto de «*break-even*» e depois dele a escala de eficiência. Que os usos marginais tendam para o zero significa ainda que os custos médios totais (lembremo-lo, o somatório dos custos fixos médios e dos custos variáveis médios) será constantemente «puxado para baixo», possivelmente até ao limite da saturação do mercado, originando assim, com toda a probabilidade, uma situação de «monopólio natural» que, *sem ajudas antes ou depois*, terá agora a possibilidade de, através de preços de monopólio, recuperar os custos fixos iniciais.

Mais ainda, essa faculdade que é atribuída por lei de se seguir as vicissitudes do uso do bem protegido *mesmo após a sua alienação* acarreta, para ser viável, custos elevados de aplicação: como decerto ninguém pensará abolir os computadores e os gravadores de CDs só porque eles são capazes de conjuntamente propiciar a cópia ilegal de ficheiros de música[2068], resta impor a todos os utentes de computadores, ou uma abstenção voluntária (em contrapartida de quê?), ou a instalação de um «*software*» que, não vedando o acesso à Internet nem a gravação de CDs de dados, bloqueie a gravação de ficheiros de som (mas quais ficheiros, e novamente em contrapartida de quê?), e vigiar o acatamento dessa imposição (com um fiscal junto de cada computador?) – uma tarefa logisticamente esmagadora, juridicamente nebulosa (pense-se nas incidências sobre a privacidade, sobre a confidencialidade,

---

[2067] Romer, P.M. (1990b), 97-103.

[2068] No caso *Diamond*, os tribunais norte-americanos estabeleceram que não era possível considerar-se ilegítima uma tecnologia (no caso, o leitor portátil de ficheiros MP3, *Diamond Rio*) na medida em que ela permitia um grande número de funções perfeitamente legítimas (pelo que os queixosos deveriam atacar antes as fontes das cópias ilegítimas de MP3, e não um simples leitor de ficheiros que se limitava a não conseguir distinguir entre ficheiros legítimos e ilegítimos). Cfr. Klein, B., A.V. Lerner & K.M. Murphy (2002), 208.

sobre a segurança de valiosíssimos registos documentais, financeiros, artísticos, de agenda, de correio, que partilham com os ficheiros de música o espaço nos discos rígidos dos computadores), e facilmente contornável com a tecnologia disponível[2069].

Suponha-se que as grandes editoras discográficas conseguiam, em nome da defesa dos direitos de autor e da repressão da prática das cópias não autorizadas, a abolição da norma MP3 (e suponha-se também, o que é mais difícil, que no espaço de alguns dias essa norma não tinha sido já substituída por outra). Quereria isso dizer que a criação artística tinha sido salvaguardada e reincentivada, ou mais simplesmente que as editoras tinham reconstituído o seu cartel à custa dos consumidores e à custa dos próprios criadores? Que poderiam então fazer os artistas que quisessem atingir o público de uma forma independente, à margem das cadeias de distribuição das editoras? Não se vê que a necessidade de enfeudamento nos catálogos das grandes editoras consista num estímulo muito evidente à criatividade dos músicos, ou ao progresso da arte – a menos que alguém demonstre que, nestes domínios, a criação de barreiras de entrada no mercado tem excepcionalmente (caso único em toda a ciência económica) a propriedade de ser indutora de heterogeneidade dos produtos ou de progresso tecnológico[2070].

Voltemos à intuição de William Nordhaus: ao contrário dos bens em relação aos quais existe *rivalidade no consumo*[2071], domínio no qual a apropriação e o exclusivo asseguram inequivocamente resultados eficientes, a apropriação de bens susceptíveis de consumo *«não-rival»* (os bens públicos e os recursos comuns, que analisaremos adiante) nada assegura, e só casualmente promoverá resultados óptimos, pois ela está exposta a uma oscilação entre a protecção demasiado fraca dos direitos de apropriação, resultando em subprodução desses bens, e a protecção demasiado forte da apropriação, resultando em distorções monopolistas[2072].

Compreende-se assim a elevada taxa de insucesso que tem sido registada neste «número de equilibrismo» que é exigido pela «economia política» da promoção do nível socialmente óptimo de inovação tecnológica – sobretudo quando os defensores dos direitos de propriedade intelectual se esquecem de justificar em termos

de eficiência a multiplicação de práticas monopolistas que mantêm os preços muito acima dos custos marginais e excluem do mercado multidões de potenciais utentes e consumidores (deixando esse pequeno «detalhe» para análise de economistas desinteressados[2073]), e omitem o facto de ser possível encontrar incentivos à inovação e à criatividade, e à produção de bens *«não-rivais»*, que não envolvem necessariamente a constituição de monopólios legalmente protegidos (e a *«deadweight loss»* que eles ocasionam).

A partilha de ficheiros de música (e agora também de vídeo) no sistema *«peer-to-peer»*, numa cumplicidade inteiramente gratuita, começa por significar, ao menos para os mais atentos defensores dos direitos de propriedade intelectual, uma reacção dos consumidores que na nova tecnologia encontram sucedâneos para as formas tradicionais de distribuição de música e vídeo, e graças a eles aumentam a sua elasticidade-preço, recobrando algum do «excedente de bem-estar» que lhes era negado pelas estruturas monopolistas ou cartelizadas que apoiavam aquela distribuição. A mais eficiente medida que os produtores de música têm de travar esse êxodo maciço para um mercado negro é o de baixarem os preços dos seus CDs, ou tentarem o *«bundling»* dos seus CDs com ofertas de música gratuita.

Quanto aos criadores propriamente ditos, os músicos, os compositores e intérpretes, nada indica que os seus incentivos económicos não se manterão, ou aumentarão mesmo, se na exploração da nova tecnologia conseguirem contactar mais imediatamente grandes audiências planetárias sem a intermediação de agentes, produtores e distribuidores que lhe retenham parte das receitas que consigam gerar – e que conseguirão sempre gerar através de meios com rivalidade no consumo, susceptíveis de sujeição a preços no mercado: publicando CDs autografados ou acompanhados de livros ou de fotografias de alta qualidade, promovendo espectáculos em recintos fechados, vendendo direitos de transmissão às televisões, criando uma marca e fazendo *«merchandising»* de produtos com essa marca, fomentando a criação de «clubes de fãs» e praticando relativamente a eles a discriminação de preços, etc..

Mais do que se atardarem em litigâncias mais ou

[2069] A tecnologia também não permite detectar quem são os infractores mais frequentes do «copyright» ou aqueles que possuem maior «disposição de copiar», bloqueando por esta via o recurso à «discriminação de preços» (a mesma que, sendo possível, ao menos por aproximação estatística, no caso de impressos, leva as editoras de revistas a cobrarem mais pela assinatura «institucional» de bibliotecas, nas quais é mais frequente a fotocópia, do que pela assinatura individual). Cfr. Klein, B., A.V. Lerner & K.M. Murphy (2002), 206; Liebowitz, S.J. (1985), 945-957.

[2070] Boldrin, M. & D.K. Levine (2002b), 209-212; Gans, J.S., D.H. Hsu & S. Stern (2000), 29.

[2071] Isto é, bens em relação aos quais a disputa entre dois consumidores pelo consumo simultâneo implica logo perdas de bem-estar por «congestão», desde o primeiro momento.

[2072] Nordhaus, W.D. (1969).

[2073] Romer, P.M. (2002), 213.

menos fúteis ou arremeterem contra a tecnologia que quebrou o veículo gerador das suas «rendas monopolísticas», os produtores fariam bem em atender à muito eloquente fuga dos consumidores, à necessidade de responderem a solicitações inteiramente novas num mercado que, queiram eles ou não, mudou para sempre por impulso irreversível de novas tecnologias. Muitos políticos, muitos juristas, afadigar-se-ão no apoio ao «*lobby*» dos produtores que, com os habituais argumentos proteccionistas e mercantilistas, tentará obter do poder político o bloqueio, por todos os meios, da nova ameaça tecnológica – caberá nesse caso aos economistas lembrar que:

– em primeiro lugar, não há precedente histórico para a destruição, politicamente ordenada, de uma tecnologia a pedido daqueles cujo negócio seria ameaçado por ela, e que fazê-lo agora criaria um sinistro precedente para o futuro;
– em segundo lugar que, por muito censuráveis que possam parecer aos produtores os meios usados pelos consumidores para recuperarem e aumentarem os seus excedentes de bem-estar, esse simples esforço e a dimensão que já assumiu devem trazer à consciência de todos (políticos, juristas, membros dos «*lobbies*») que é do bem-estar dos consumidores que sempre em última análise se trata no processo económico, não sendo por isso possível ignorar ou menosprezar o sinal inequívoco de eficiência que se representa em tão maciço incremento do bem-estar agregado dos consumidores, nem deixar de volver um olhar de censura para um outro contexto tecnológico em que esse potencial de incremento de bem-estar dos consumidores estava bloqueado, revertendo em exclusivo proveito dos produtores (seja no mercado musical, seja em vários outros nos quais se fazem sentir os peculiares efeitos da não-rivalidade dos seus produtos) [2074].

Sem querermos entrar muito nas implicações jurídicas do problema – um universo por si mesmo, de quase inesgotáveis implicações – lembremos que o comércio de «cópias-pirata» começou nos mercados de rua, e logo então se suscitou o problema da distinção entre a responsabilidade do autor da cópia, que manifestamente tinha infringido a protecção da propriedade intelectual, e a responsabilidade dos organizadores ou proprietários dos locais nos quais decorriam as transacções do material «piratado». Quanto a estes, poderia sustentar-se que eles retiravam também proveito do comércio ilícito, ou deveria reconhecer-se que eles não tinham modo de policiar a actividade sem perder o próprio mercado?

– O problema foi alastrando a outros meios: qual a responsabilidade dos fabricantes de gravadores, ou de fotocopiadoras, ou de outras tecnologias que propiciavam as práticas ilícitas? É o tema da responsabilidade indirecta[2075], aplicando regras de negligência assentes na ideia de que terceiros têm especial facilidade em evitar, a baixo custo, a actividade directamente ilícita[2076]. Esta noção deve ser ponderada com uma outra, a de que a responsabilização pode onerar demasiado aquilo que é essencialmente uma actividade lícita, impondo por isso um custo demasiado grande em comparação com os bens que são tutelados.
– Já então o receio dominante foi o de que o recurso à responsabilidade indirecta favorecesse os detentores dos direitos de propriedade intelectual a ponto de lhes dar o poder de «vetarem» a introdução de novas tecnologias, com o exclusivo pretexto da possibilidade de tais tecnologias propiciarem proliferações de cópias ilícitas. Ora, como vimos já e podemos reiterar, a utilidade social dos incentivos à criação de bens protegidos pela propriedade intelectual não é superior à utilidade de outros tipos de actividade, especificamente a criação de tecnologias como as que, num uso ilícito, fragilizam a propriedade intelectual – e por isso esta ocasionalmente terá que ceder[2077].
– Tem sido mister dos economistas advertirem para o facto de que resistir, e sobretudo tentar resistir por meios jurídicos, será, ou inútil, ou pernicioso para todos, incluindo para aquele que se defende, sendo que a competitividade deste seria reforçada se ele tentasse antes uma defesa através de meios tecnológicos – desencorajando e dificultando a cópia[2078].

2074 Romer, P.M. (2002), 213-216; Brander, S. & A. Mankin (orgs.) (1996); Kremer, M. (1998), 1137-1167; Shavell, S. & T. van Ypersele (2001), 525-547; Varian, H.R. (2000), 473-488.

2075 A «*indirect liability*», nas vertentes de «*contributory infringement*», responsabilidade solidária daquele que tem *conhecimento* da infracção, e de «*vicarious liability*», responsabilidade objectiva daquele que tem algum poder de *controle* sobre o infractor.

2076 Ou, simetricamente, que é mais económico responsabilizar aquele único que propicia a actividade ilícita do que a multidão de infractores directos, que podem de resto não ter capacidade económica, tornando demasiado cara e inviável uma indemnização. Cfr. Landes, W.M. & D. Lichtman (2003), 113-114.

2077 Landes, W.M. & D. Lichtman (2003), 118.

2078 Até porque a existência de uma barreira técnica exige frequentemente a criação de instrumentos exclusivamente dedicados à ultrapassagem dessa barreira, e esse propósito exclusivo torna mais nítido o carácter puramente ilícito de uma inovação tecnológica – por exemplo, o descodificador de emissões codificadas na televisão por cabo, não tendo o descodificador, obviamente, qualquer outra função útil.

– Especificamente no caso das acções das editoras musicais contra o sistema *Napster* de partilha de ficheiros, foi decisivo provar-se que a *Napster* poderia ter eficientemente bloqueado muitas violações de *copyright*, sem elevados custos e sem significativa perda de funcionalidade – provar-se, pois, que lhe seria relativamente simples separar a maior parte dos usos lícitos, face aos usos lícitos dessa tecnologia[2079]. Em todo o caso, é de não subestimar o efeito desincentivador que pode ter um tal entendimento – razão pela qual crescentemente se admite que os fornecedores de acesso e de serviços na Internet sejam isentos de responsabilidade indirecta, bastando provarem o seu acatamento de algumas normas técnicas básicas[2080].

– Além disso, é de não esquecer que a solução da responsabilidade deve ser ponderada, em termos de eficiência, com outras alternativas, seja de reacção jurídica, seja de reacção tecnológica – e deve haver o realismo de se reconhecer que, onde a tecnologia veio abrir uma possibilidade, uma pura reacção jurídica muitas vezes não servirá senão de paliativo temporário, suscitando reacções dinâmicas que tenderão a agravar os resultados – como se viu na proliferação de sucessores do *Napster* como veículos de partilha de ficheiros, abrindo-se múltiplas janelas por cada porta que se fecha[2081].

Em tese geral, dada a fácil constatação da existência de externalidades positivas em resultado da investigação, do desenvolvimento de inovações e do progresso tecnológico, não custa a perceber-se o interesse público na promoção de tais actividades, mais a mais se se levar em conta o impacto macroeconómico que o progresso tecnológico pode ter, visto que é essencialmente ele que subjaz aos incrementos de produtividade com que se alicerça o ritmo de crescimento económico.

Na essência, permanece discutível apenas o tipo de meios a adoptar tendo em vista um tal objectivo – meios que oscilam entre a atribuição de subsídios, mais ou menos indiscriminada, ou pautada por critérios de mérito (como se faz com certos músicos que não sobreviveriam com a venda de CDs seus) e de viabilidade (como se faz com inventores que defrontam elevadas barreiras de entrada no mercado), e, num plano de maior envolvimento estadual, a constituição de instituições de apoio ao progresso tecnológico ou a adopção de políticas de desenvolvimento industrial; meios limi-

tados apenas, em época mais recente, quer pela consciência dos efeitos perniciosos da «subsídio-dependência» e das possibilidades de captação de renda que se acoitam por detrás de iniciativas de investigação puramente aparentes, quer pela pressão pró-competitiva do comércio internacional, que tende a encarar com o maior cepticismo todo o tipo de apoios nacionais concedidos à investigação, adivinhando-lhes na base puros intuitos proteccionistas.

10 – f) Efeitos da informação imperfeita

Como já temos referido, uma limitação muito evidente no cânone analítico da Microeconomia foi, por muito tempo, o pressuposto da informação perfeita: a ideia de que a informação seria ilimitadamente disponível, universalizada, gratuita, e de que os agentes económicos poderiam assentar nela, sem custos, sem ineficiências, sem distorções, as bases da sua racionalidade. Da informação, sublinhava-se o facto de ela ser, em parte, um *bem de consumo* susceptível de, nessa condição, trazer benefícios directos, e de ser, em parte também, um *bem instrumental* capaz de aumentar a produtividade e de, por essa via, contribuir também para o benefício marginal do seu detentor, e até de terceiros; sublinhava-se-lhe, em suma, o carácter benéfico e potencialmente produtor de externalidades positivas, mas nada se referia quanto aos custos da informação.

Mais ainda, e como vimos, esse pressuposto era abertamente assumido como um dos requisitos da concorrência perfeita, o requisito da *fluidez*, escamoteando-se o facto evidente de que os ganhos que para o consumidor resultariam da existência de um tal tipo de mercado perfeitamente concorrencial poderiam ser reduzidos, anulados, ou superados até, pelos custos de aquisição de uma informação limitada, apropriável e desigualmente distribuída.

10 – f) – i) O mercado da informação[2082]

Essa consideração dos efeitos da existência de um segundo mercado, o «mercado da informação», conferiu à análise económica um muito maior realismo, adequando-a a fenómenos que não seriam satisfatoriamen-

[2079] Landes, W.M. & D. Lichtman (2003), 119-120.

[2080] Senão, a oneração com a responsabilidade repercutir-se-ia, seja no imediato aumento dos preços nos consumidores, seja no mediato aumento de preços em resultado de retracção da oferta.

[2081] Bakos, Y., E. Brynjolfsson & D. Lichtman (1999), 117-155; Dogan, S. (2001), 939-959; Gorman, R.A. & J.C. Ginsburg (2001); Katyal, N.K. (2001), 1003-1114; Kraakman, R. (1998), 583-588; Landes, W.M. & R.A. Posner (1989), 325-363; Litman, J. (2002), 337-365; Novos, I.E. & M. Waldman (1984), 236-246; Picker, R.C. (2002), 423-463; Sykes, A.O. (1998), 673-677.

[2082] O texto essencial no ensino desta nova área de investigação é: Macho-Stadler, I. & J.D. Perez-Castrillo (2001).

te explicáveis sem a admissão dessa margem de imperfeição e sem a ponderação de um estrato paralelo dentro do qual se joga a aquisição de graus de informação.

Num primeiro momento, alguns economistas, entre eles George Stigler, enfatizaram o papel crucial da informação, mas consideraram que, uma vez levada em conta a amplitude total dos custos da informação, os resultados comuns da análise económica se manteriam válidos (e que portanto a consideração do mercado da informação era um mero «reforço realista» do cânone neoclássico, uma espécie de «economia aplicada»). Mas logo após começaram a aparecer alguns monstros e aberrações nesse jardim bem-ordenado que se presumia ser o «mercado da informação»: não se tratava, afinal, de um mercado como todos os outros, e, pior ainda, algumas das peculiaridades do seu funcionamento podiam provocar disfunções muito graves em todos os outros mercados, perturbando os incentivos, as comunicações, as representações, os cálculos, as atitudes das partes envolvidas em todo o tipo de interdependências económicas[2083].

Por exemplo, todo um universo de decisões discriminatórias e estigmatizadoras, que poderiam afigurar-se racionalmente inexplicáveis e moralmente insustentáveis, podem tornar-se compreensíveis – ainda que não justificáveis moralmente – quando percebemos que elas resultam de uma vontade deliberada de decidir com recurso a um grau informativo que pondera os ganhos advindos do aumento de informação com os custos de aquisição de informação adicional, e que portanto pode subjazer-lhes uma ponderação que, por mais repugnante que pareça, pode ser socialmente eficiente[2084].

Podemos pretender censurar o empresário que recruta os licenciados de uma universidade e exclui os de outra, e podemos argumentar até com a possibilidade de, não obstante a qualidade média e a produtividade potencial de uns ser superior à dos outros, suceder que o melhor licenciado da universidade preterida tenha maior qualidade do que o último licenciado que foi recrutado – mas ponderámos nós os custos em que o empresário incorreria para obter informação que lhe

permitisse complementar, ou rectificar até, a informação que lhe é fornecida a custo mínimo pela *reputação* das duas escolas?[2085]

E em que é que a decisão do empresário difere da nossa decisão de comprarmos um produto baseados apenas nos dados que nos foram transmitidos por uma campanha publicitária que muitas vezes nem sequer informa sobre as características do produto, sem nos darmos ao trabalho de comparar as qualidades ou méritos relativos de produtos concorrentes? Quando nos deixamos «entorpecer» pelos sinais emitidos pelos «concorrentes monopolísticos», não estamos nós a soçobrar numa lógica discriminatória em tudo similar?

Em que medida é que a decisão do empresário é mais discriminatória ou estigmatizadora do que aquela que tomamos quando confiamos um patrocínio judiciário a um velho advogado de reputação estabelecida, preterindo um jovem advogado recém-licenciado – apesar de podermos imaginar que este dispõe de conhecimentos jurídicos mais actualizados? Claro que bem desejaríamos todos que a «indolência cognitiva» nos pusesse no caminho de erigirmos uma *meritocracia*, uma divisão social de trabalho assente em méritos objectivamente detectados, avaliados, supervisionados – mas não vale a pena sequer iludirmo-nos quanto à possibilidade de que tal aconteça senão episodicamente, e casualmente também consiga varrer, do horizonte da nossa motivação decisional, os nossos preconceitos, as nossas «ideias feitas», as generalizações das nossas simpatias e antipatias, todas as expressões de uma racionalidade limitada que tenta extrapolar e colmatar as lacunas informativas com traços genéricos de «plausibilidade» que nos fornecem imagens difusas, imprecisas, demasiado esquemáticas e categóricas, demasiado imobilistas e auto-perpetuadoras, para admitirem a irrupção «dissonante» de informação nova, por mais objectiva que ela venha a revelar-se[2086].

Uma coisa pode servir de consolo à nossa censura moral, e é a de que o mercado concorrencial tende a penalizar a discriminação ou estigmatização que não tenham justificação económica, aumentando os custos

---

[2083] Stiglitz, J.E. (2002), 461-462; Stigler, G.J. (1961), 213-225; Shiller, R.J. (2000).

[2084] Sem esquecermos que a repugnância moral por essas ponderações poderá bloquear-lhes qualquer eficiência social, não podendo esperar-se que alguém insista em discriminar e estigmatizar se os resultados de fazê-lo desencadearão uma reacção colectiva de repúdio (por exemplo, um produtor pode querer, por puras razões de eficiência, recusar o trabalho a algumas pessoas com base num critério discriminador que é *objectivo* mas que é socialmente repudiado – mas ao fazê-lo sabe que está a expor-se ao boicote dos seus produtos por parte de consumidores indignados, de nada lhe valendo a convicção que tenha de que são os consumidores que estão errados e de que é ele que tem a razão). Cfr. Furuya, K. (2002), 281-290.

[2085] O mesmo poderíamos dizer, por exemplo, da remuneração dos trabalhadores, que poderia ser muito menos uniforme e niveladora se o empresário tivesse meios baratos e fiáveis de medir o grau de esforço e de produtividade *de cada trabalhador*. Não dispondo deles, a «compressão» dos salários em torno de um valor mediano faz poupar ao empresário um custo de informação que pode ser compensador da quebra de produção associável à falta de incentivo que do regime uniforme resulta para os trabalhadores mais esforçados e produtivos. Cfr. MacLeod, W.B. (2003), 216-240.

[2086] Erikson, R. & J.H. Goldthorpe (2002), 37-38; Marshall, G., A. Swift & S. Roberts (1997); Breen, R. & J.H. Goldthorpe (1999), 1-27; Breen, R. & J.H. Goldthorpe (2001), 81-101.

àqueles que antepõem os seus preconceitos valorativos à fria consideração da eficiência e ao uso exclusivo desta como critério de escolha[2087]. O que, de outro modo, equivale a dizer-se que, mesmo quando seja impossível a prevenção ou a repressão das atitudes discriminatórias ou estigmatizadoras, elas nunca deixarão de ser um capricho oneroso quando se afastam de critérios de racionalidade económica, e nunca deixarão de, em tal caso, implicar um custo de *ineficiência* para aqueles que as adoptam[2088]. Não será assim, contudo, quando são os próprios consumidores que *procuram discriminação* e que, por exemplo, remuneram melhor o restaurante com empregadas de mesa jovens e bonitas do que o restaurante que serve melhor comida mas tem empregados indiferenciados – porque nesse caso, como Gary Becker há muito sublinhou[2089], o empresário que só aceita trabalhadoras jovens e vistosas, ou lhes paga melhor, é recompensado pelo mercado, e portanto pratica uma *discriminação laboral eficiente* (em prejuízo daqueles trabalhadores que teriam uma vantagem comparativa num trabalho em contacto directo com o público, e que ficam colocados perante a alternativa de se sujeitarem à discriminação, ou aceitarem funções longe do contacto com o público – na cozinha, na contabilidade, nas compras – mas perderem aí a sua vantagem comparativa)[2090]; nenhuma «mão invisível» emenda a discriminação que é incentivada pela procura, pelo que temos aqui um exemplo em que o enquadramento institucional ou a rectificação política podem desempenhar um papel fundamental no sentido de evitarem (embora também com custos próprios[2091]) a perpetuação de desvantagens económicas sofridas por minorias, às mãos da cega mecânica do mercado[2092].

Mais ainda, o que nos leva a conceber que haja um mercado de informação, que tenhamos de ponderar custos no acesso a essa informação, e que tenhamos racionalmente de nos contentar com graus de informa-

ção incompleta, é o mesmo fenómeno que faz emergir os mercados de produtos e de factores: a divisão de trabalho e a especialização (um dos traços distintivos entre *mercados* e *instituições* é que aqueles pressupõem divisão de informação, e estas pressupõem partilha, sobreposição, de informação[2093]). A divisão de trabalho e a especialização, permitindo ao produtor a formação de excedentes e as trocas, geram ao mesmo tempo um grau *desejado* de ignorância relativamente às áreas em que o produtor não se especializa: cada um se *liberta* dos esforços de produção em que não teria vantagens comparativas, e concomitantemente prescinde voluntariamente do grau de informação necessário para a proficiência nesses ramos de actividade em que não se especializou.

Todos podemos lamentar, no momento em que recorremos aos serviços de um médico, o facto de não termos adquirido os conhecimentos que nos permitissem, seja prescindirmos do recurso aos serviços de outrem, seja ao menos controlarmos com absoluta segurança a qualidade dos serviços que nos são prestados. Mas se pensarmos no tempo e no esforço que teríamos que despender para adquirirmos conhecimentos equiparáveis aos do médico, cedo constataremos que essa ignorância que nos deixa expostos a uma assimetria informativa face à ciência médica é um *bem*, é algo que *desejámos* quando anteriormente optámos por adquirir outro tipo de aptidões profissionais que não as médicas, quando decidimos o lugar a ocupar na divisão social do trabalho – e na divisão social do conhecimento[2094].

Dito por outras palavras, a *competência* é algo que implica custos; mesmo a simples *competência* que é a *racionalidade* implica escolhas, sacrifícios, predisposições, oportunidades – não sendo uma dádiva gratuita, ilimitada e exógena. Mesmo nos jogos evolucionistas da nossa interdependência, quem explora quem e quem se deixa explorar é muitas vezes função de uma opção prévia, relativa aos custos de aquisição da competência que

---

[2087] Por exemplo, a bem comprovada tendência, no mercado norte-americano de automóveis novos, para a discriminação de preços *contra* mulheres e minorias étnicas. Cfr. Harless, D.W. & G.E. Hoffer (2002), 270, 278; Ayres, I. & P. Siegelman (1995), 304-321; Goldberg, P.K. (1996), 622-654.

[2088] Araújo, F. (2001c), 221ss..

[2089] Becker, G.S. (1957).

[2090] Para que não se pense que a economia da discriminação se restringe ao problema das oportunidades de emprego, poderíamos dar ainda o exemplo do acesso ao crédito, no qual a necessidade de segmentação do mercado em grupos de risco se faz muitas vezes segundo as linhas da discriminação étnica, social, sexual, etc. Cfr. Henderson, C. (2002), 315; Becker, G.S. (1993), 385-409; Arrow, K.J. (1973), 3-33; Phelps, E.S. (1972), 659-661; Elyasiani, E. & S. Mehdian (1992), 993-948; Yinger, J. (1997), 339-365; Darity, W.A. & P.L. Mason (1998), 63-90.

[2091] As leis anti-discriminatórias podem nada conseguir se elas se limitarem a aumentar o custo esperado da contratação dos trabalhadores «protegidos» (acrescentando ao salário uma probabilidade de sanções pela discriminação), caso em que elas operarão como uma espécie de «salários mínimos» elevados, na melhor das hipóteses reduzindo a procura de trabalhadores, externalizando uma parte dos custos da discriminação sobre trabalhadores não-protegidos, e outra parte redistribuindo a escassez de vagas entre os próprios trabalhadores protegidos. Cfr. Oyer, P. & S. Schaefer (2002), 683; DeLeire, T. (2000), 693-715; Acemoglu, D. & J.D. Angrist (2001), 915-957.

[2092] Kahn, L.M. (2000), 83.

[2093] Mantzavinos, C. (2001), 184.

[2094] Araújo, F. (2000), 201ss..

confere agora a vantagem informativa: o médico poderá ser todo-poderoso na sua especialidade (não em todas), mas está em situação de desvantagem no momento de comprar uma casa, ou no momento de fazer valer direitos seus num tribunal, ou no momento de entrar num avião. Mais ainda, poderíamos até, num reducionismo darwinista que vê organismos colectivos a formarem-se através de «equilíbrios dinâmicos»[2095] – importados dos paradigmas da Biologia[2096] –, formular uma «matriz predatória» que explicasse o equilíbrio e a distribuição de competências de acordo com o princípio de que a maior vantagem informativa é ao mesmo tempo aquela que envolve maiores custos de aquisição[2097] – embora isso não queira significar a erradicação do acaso e da persistência de tradições como perturbações de uma distribuição irrestrita de competências[2098].

O mercado do conhecimento dificilmente poderia, mesmo em abstracto, ter as características de um mercado concorrencial, até pela natureza peculiar do bem que é a *informação*. Basta pensarmos na configuração algo dilemática que a informação assume em função da respectiva divulgação, de acordo com as já referidas características da inapropriabilidade e da «não-rivalidade no consumo»:

– uma informação não divulgada é decerto apropriável – e susceptível até de ser mantida como segredo – mas enferma de um problema de *credibilidade* que pode desvalorizá-la absolutamente (trata-se de um «*experience good*»), pelo que pagar por uma informação não divulgada é, no mínimo, problemático, e envolve frequentemente um acto de fé ou o recurso a elementos meta-informativos que podem igualmente ser imperfeitos – como a reputação do informador, para não irmos mais longe –;

– mas pagar por uma informação divulgada é igualmente problemático, não só porque essa divulgação confere à informação características de bem público (ou quando muito de *recurso comum* quando a divulgação de informação dá origem à

rivalidade na obtenção de lucros atingíveis com base naquela informação), permitindo a qualquer um aceder a ela sem ter que pagar uma remuneração ao informador[2099] – o que não significa que a informação seja gratuita para aquele que a adquire «à boleia»[2100], porque mesmo sem pagamento de um preço há que contabilizar ao menos os esforços de busca da informação, o dispêndio de tempo, o próprio «incentivo à indolência» que o recurso à «boleia» traz consigo[2101] –, mas também porque novamente podem suscitar-se dúvidas quanto à *fiabilidade* da informação transmitida: porque havia o informador de divulgar um dado importante, arriscando-se à não-remuneração por causa dessa divulgação? e se os dados eram importantes, porque não aproveitou o informador para tirar partido da exclusividade e da assimetria informativa que o privilegiava?[2102]

Como já temos referido, um dos problemas básicos gerados pela imperfeição informativa relaciona-se com os «custos de busca» envolvidos no esforço de optimização das posições, tanto dos produtores como dos consumidores: a busca de oportunidades de maximização do bem-estar, dos melhores preços, dos menores custos, das remunerações mais atraentes, dos melhores empregos, dos melhores trabalhadores, dos melhores negócios.

É evidente que essa busca não ocorre sem custos, ao menos os custos de oportunidade envolvidos no tempo por ela requerido: e por isso alguns dos pressupostos da Microeconomia deixam claramente de se verificar, como aquele que estabelecia que num só mercado, de um único produto, e num mesmo momento, só deveria haver um preço (o «princípio da indiferença»), sendo manifesto, ao invés, que os custos de busca, dificultando uma comparação eficiente de preços, permitem o fenómeno da «dispersão de preços», ou seja, a coexistência de vendedores que praticam preços diferentes para um mesmo produto, sem que essas diferenças de

---

[2095] Friedman, D. (1991), 637-666; Hirshleifer, J. & J.C. Martinez-Coll (1988), 367-398; Kandori, M., G.J. Mailath & R. Rob (1993), 29--56; Lane, D. (1993), 89-108; Young, H.P. (1993), 57-84.

[2096] Anderson, P.W., K.J. Arrow & D. Pines (orgs.) (1988); Clark, N. & C. Juma (1987); Day, R.H. & G. Eliasson (1986); De Bresson, C. (1987), 751-762; Hodgson, G.M. (1993); Magnusson, L. (org.) (1994); Nelson, R.R. (1995), 48ss.; Nelson, R.R. & S.G. Winter (1982); Saviotti, P. & J.S. Metcalfe (orgs.) (1991); Witt, U. (org.) (1993).

[2097] Evans, G.W. & G. Ramey (1992), 207-224; DePalma, A., G.M. Myers & Y.Y. Papageorgiou (1994), 419-440; Conlisk, J. (1996), 682; Conlisk, J. (2001), 475.

[2098] Stahl II, D.O. (1993), 604-617; Grossman, H.I. & M. Kim (1995), 1275-1288.

[2099] Sobre o expediente da revelação parcial, por exemplo da revelação gratuita de um «*software*» com funcionalidades limitadas mas que dê a ideia das potencialidades do produto «a pagar», cfr. Anton, J.J. & D.A. Yao (2002), 513-531.

[2100] Bagnoli, M. & B. Lipman (1989), 583-601; Jovanovic, B. & S. Lach (1989), 690-699.

[2101] Eeckhout, J. & B. Jovanovic (2002), 1305.

[2102] Lembremos que é essa uma das razões que nos podem fazer desconfiar daqueles charlatães que aparecem em público a divulgar informações económicas que alegadamente confeririam vantagens nos mercados. Se isso fosse verdade, por que não explorariam eles próprios a vantagem do exclusivo dessa informação privilegiada?

preços possam sequer atribuir-se a características peculiares dos concorrentes que permitissem configurar situações de concorrência monopolística[2103]: a localização e dispersão geográfica da população, o nível de comunicações e de transportes, a «standardização», a eficiência das instituições intermediárias nos mercados, tudo pode contribuir para o agravamento e subsistência da «dispersão de preços»[2104].

– Pense-se naquele que aposta que encontrará e comprará «o par de sapatos mais barato de Lisboa»; a que custo lhe sairá esse par de sapatos? Se pensarmos no tempo e nos meios que ele terá que empregar para ter a *certeza* de que encontrou o que pretendia, veremos que esse «par de sapatos mais barato» acabará por ser *o mais caro* que possamos imaginar: os dias gastos a percorrer uma amostra minimamente representativa de sapatarias, a consulta de vários meios informativos que poderão orientar e encurtar a busca, os telefonemas a fabricantes e distribuidores, etc. – tudo contabilizado, uma *pequena fortuna* em custos de oportunidades, em dispêndios directos, em esforço, decerto não compensados pela «poupança» final[2105].

– Por outro lado, não esqueçamos que o valor que marginalmente o comprador de um bem atribui ao objecto da sua compra, e que determina a sua escala individual de procura, depende de diversos factores de grande amplitude e heterogeneidade, como a percepção e a reputação do produto e da marca no mercado quanto à sua utilidade, à sua segurança, à sua tolerabilidade, os seus efeitos secundários, a sua interacção com bens complementares, o seu preço relativo face a bens sucedâneos, etc.. Assim, é a própria heterogeneidade da procura que começa por induzir uma «dispersão de preços» que torna pouco frequente a «lei de um só preço»[2106].

Mas o que se passa, fundamentalmente, é que os vendedores praticam preços diferenciados porque sabem que os custos de busca do preço mais baixo dissuadirão a maioria dos consumidores de procederem a comparações exaustivas e porem em marcha a sua *fluidez*, aquelas comparações que, favorecendo o produtor que pratica o preço mais baixo, desencadeariam a guerra dos preços – sendo que, por seu lado, aquilo que cada vendedor perde em função dos compradores que se dão ao trabalho da busca pode ser mais do que compensado pela possibilidade de manutenção de preços relativamente elevados –. Mais ainda, dado que os preços mais baixos têm também eles que ser buscados e descobertos, nenhum vendedor num mercado com elevados custos de busca tem incentivo para baixar os seus preços, já que essa baixa pode passar relativamente despercebida, não lhe angariando novos clientes – e pode até, por razões que veremos de seguida, suscitar dúvidas nos clientes quanto à qualidade dos produtos oferecidos –. Nada disso, como é óbvio, impede a formação de uma tendência central para um preço de equilíbrio correspondente à totalidade do mercado, nem invalida a hipótese da concorrência perfeita, embora reforce a probabilidade de formação de «nichos» de concorrência monopolística[2107], ou de mercados centralizados em «fornecedores de acesso», ou «câmaras de comércio», ou «câmaras de compensação», ou quaisquer outras instituições que, assegurando a transparência dos preços, a homogeneidade dos produtos e outras condições de fluidez, cobram um preço pela entrada igualitária e irrestrita na «rede informativa»[2108].

Existe, pois, uma «regra de busca óptima» para o consumidor, que poderíamos definir do seguinte modo: vale a pena buscar-se preços mais baixos enquanto o benefício marginal *esperado* dessa busca for superior ao custo marginal da mesma; quando o benefício marginal esperado for já igual ou inferior ao custo marginal, é chegado o momento de interromper as buscas e proceder à transacção pelo preço menor que, entretanto, tenha sido encontrado. Mais concretamente, é comum que o consumidor estabeleça um «preço-alvo» («*reservation price*») que representa a sua mais elevada disposição de pagar, interrompendo a busca logo que encontra um preço mais baixo do que aquele: por prudência, não compramos o primeiro par de sapatos que nos é oferecido, mas (se formos sensatos) não perdemos muito tempo na busca do «melhor negócio»[2109].

– Refira-se, de passagem, que, quando actualmente se discute o efeito da publicidade dos preços no próprio nível

---

[2103] Araújo, F. (2000), 196ss..

[2104] Asplund, M. & R. Friberg (2001), 1072; Goldberg, P.K. & M.M. Knetter (1997), 1243-1272.

[2105] Nem sequer levámos em conta os custos adicionais que resultariam da negociabilidade dos preços (o «regateio»), das «falsas pistas» que os vendedores poderiam fornecer, e acima de tudo o problema da relação «qualidade-preço» e da sua ligação à «selecção adversa», sendo muito provável que no fim fossem comprados sapatos tão maus que eles durariam meia dúzia de dias, fazendo o comprador incorrer em custos adicionais (aprendendo à sua custa o velho princípio de que «o que parece barato sai caro», tantas vezes válido no comércio de bens duradouros).

[2106] Berndt, E.R. (2002), 57.

[2107] Hopkins, E. & R.M. Seymour (2002), 1157-1190.

[2108] Baye, M.R. & J. Morgan (2001), 454.

[2109] Adam, K. (2001), 252-280; Jullien, B. (2000), 1-47; Kristensen, H. & T. Garling (1997), 487-503; Van Poucke, D. & M. Buelens (2002), 67-76.

de preços, se põe em causa a visão tradicional de que isso reduziria os custos de busca, baixando com isso tanto o nível como a dispersão de preços[2110], contrapondo-se-lhe a ênfase na persistência de factores de assimetria informativa, causando a heterogeneidade e mantendo a dispersão de preços[2111].

– Os estudos empíricos nesta matéria têm procurado comparar efeitos em contextos que divergem quanto ao grau de permissão da publicidade de preços[2112], e tem-se demonstrado que, *apesar da dispersão* de preços que por vezes se mantém, subsiste uma tendência para a descida do nível de preços sempre que a publicidade de preços é mais liberalizada, muito especialmente porque o aumento de informação sobre preços tende a aumentar a elasticidade da procura[2113] – um princípio que dá que pensar, em especial num país como o nosso, no qual a publicidade aos serviços de advocacia é expressamente proibida...

Aliás, é possível extrapolarmos para conclusões mais ambiciosas e formativas, relativas à «ilusão de conhecimento» que deriva da sobrecarga informativa – uma impressão esmagadora que terá tido qualquer pessoa que já tenha contactado com os «motores de busca» da Internet[2114] –, e sustentarmos, talvez com algum gosto de paradoxo, que a ignorância – aquela mesma ignorância que desejamos preservar através da especialização e da divisão de trabalho – é um auxiliar precioso do nosso conhecimento, porque nos permite «polarizar» as nossas convicções e conduzir com elas a aquisição de nova informação, procedendo a triagens, assegurando coesão e inteligibilidade por entre a explosão sensorial e informativa na qual estamos inelutavelmente submersos[2115].

Podemos lamentar a obstinação daqueles que aparentemente nada aprendem, que se acomodam naquele «*pathos* eternalista» que se compraz na ideia de imutabilidade[2116], e daqueles que se limitam a transmitir aquilo que aprenderam há decénios (sobretudo quando o fazem – pecado mortal – no seio da Universidade);

mas quem de nós, mesmo o mais ardente vanguardista, não reagiu já com antipatia «epidérmica» a argumentos que põem em causa as suas convicções, e com simpatia aos argumentos que reforçam as suas convicções[2117]; quem não tomou já partidos com base nas suas crenças não-analisadas; quem não preferiu já ouvir pela milésima vez um sucesso musical da sua adolescência a fazer evoluir as suas preferências estéticas; quem não pegou já num romance com o intuito escapista de regressar aos «*happy endings*» que o seu quixotismo juvenil julgava reais; quem não exerceu já toda a sua complacência para com os jogadores da «sua» equipa de futebol e se encrespou com os das equipas rivais, e com a arbitragem, mesmo sabendo que o fazia sem qualquer respeito pelas regras de jogo; quem não foi já vítima da «dissonância cognitiva» que consiste em procurarmos fazer negócio, e até amizade, apenas com aqueles que, com um sorriso nos lábios, aplaudem mercenariamente até os nossos erros e exploram as nossas vaidades?[2118]

10 – f) – ii) A selecção adversa

A imperfeição informativa gera ainda um risco de colapso que impende permanentemente sobre os mercados, por via do fenómeno da «selecção adversa», de que temos falado repetidamente – e que incide muito particularmente naquelas situações de «*experience goods*» em que qualquer nível *racional* (razoável) de busca é insusceptível de vencer a assimetria informativa[2119] (e, já agora, também a sua assimetria *interpretativa*[2120]).

O tema pode enquadrar-se mais vastamente numa série de indagações sobre o efeito de distorções informativas nos fundamentos teóricos do cânone neoclássico – começando pelo estabelecimento de incentivos à revelação de preferências através do mecanismo dos leilões[2121], passando pela análise do impacto de esforços redistributivos nos incentivos ao trabalho e ao lazer

[2110] Stigler, G.J. (1961), 213-225.

[2111] Butters, G.R. (1977), 465-491; Grossman, G.M. & C. Shapiro (1984), 63-81; Milyo, J. & J. Waldfogel (1999), 1081ss.; Peters, M. (1984), 472-485; Salop, S.C. & J.E. Stiglitz (1977), 493-510.

[2112] Cady, J.F. (1976), 493-510; Feldman, R.D. & J.W. Begun (1978), 247-262; Feldman, R.D. & J.W. Begun (1980), 487-492; Glazer, A. (1981), 661-671; Kwoka, J.E. (1984), 211-216.

[2113] Benham, L. (1972), 337-352; Pepall, L.M., D.J. Richards & G. Norman (1998).

[2114] Stewart, T.R., K.F. Heideman, W.R. Moninger & P. Reagan-Cirincione (1992), 107-134; Keller, K.L. & R. Staelin (1987), 200-213.

[2115] Lord, C., L. Ross & M. Lepper (1979), 2098-2109.

[2116] Lovejoy, A.O. (1964), 12.

[2117] Analisei a questão a propósito da modelação da aprendizagem no seio da «inteligência artificial», em: Araújo, F. (1999), 7-71.

[2118] Barber, B.M. & T. Odean (2001), 46-47.

[2119] Araújo, F. (2000), 181ss..

[2120] Como é evidente e acabámos de sublinhar, o «conhecimento» não é função apenas do grau informativo, mas também da interpretação e da formação de juízos – sendo neste segundo plano que se julga o principal da utilidade da doutrina económica. Cfr. Klein, D.B. (2002), 23--30.

[2121] Vickrey, W.S. (1961), 41-50.

(o equilíbrio entre *justiça* e *eficiência*)[2122], prosseguindo pelo estudo da viabilidade dos mercados em situações de assimetria informativa[2123] e da susceptibilidade de recuperação desses mercados através de *sinais* de qualidade suficientemente idóneos[2124].

Recapitulemos o que já sabemos acerca da selecção adversa: em situações de informação imperfeita em que a assimetria informativa privilegia os vendedores e os compradores têm que dar o «salto no escuro» de se comprometerem contratualmente a partir da sua posição de relativa ignorância, é natural que não saibam diferenciar qualitativamente os produtos que lhe são oferecidos, e que essa diferenciação só lhes seja facultada pela experiência directa dos produtos na satisfação das suas necessidades económicas, ou seja, *após* a aquisição, quando já não é remediável a má compra que tenham feito.

Assim sendo, compreende-se que a própria «aversão ao risco» dos compradores os leve a oferecerem cautelosamente um preço mediano por bens situados num universo de indiferenciação qualitativa – num universo em haja equiprobabilidade de aquisição de bons e maus produtos e insusceptibilidade de triagem prévia à compra –.

Só que, como já vimos, independentemente da vontade dos compradores, a simples oferta de um preço mediano afasta do mercado todos os vendedores de produtos com qualidade superior à mediana, todos aqueles cuja disposição de vender arranca de um patamar superior ao do preço oferecido, deixando no mercado, por selecção adversa, apenas os vendedores de produtos com qualidade inferior à mediana, aqueles cuja disposição de vender arranca de limiares inferiores ao preço oferecido, e que portanto ainda registariam um lucro àquele preço.

A constatação de que assim sucede poderia transformar a selecção adversa num problema recorrente, numa espiral que conduziria ao colapso do mercado: basta pensarmos que o comprador, verificando a saída dos vendedores dos melhores produtos e a subsistência apenas dos piores, resolve baixar o preço oferecido por forma a aproximar-se daquilo que ele se representa como a qualidade mediana no mercado que subsiste – reacção que provocaria nova saída da melhor metade do mercado subsistente, nova descida do preço, novo «emagrecimento» do mercado, nova descida do preço, e assim sucessivamente, deteriorando-se a composição do mercado à medida da descida dos preços... até que ficasse no mercado apenas um vendedor, aquele cuja disposição de vender fosse ainda inferior ao preço mais

baixo, presumivelmente o vendedor do produto com pior qualidade dentro do universo de escolha inicial, o último vendedor com o qual o comprador desejaria transaccionar, e com o qual previsivelmente não transaccionará, tudo terminando, pois, num colapso de mercado. E mesmo aí onde não ocorresse um colapso do mercado, a aversão ao risco bastaria para reduzir a procura em mercados de produtos de qualidade indiferenciada, e mesmo essa simples retracção da procura poderia ser suficiente para provocar quedas de preços e efeitos de selecção adversa.

Perante essa contingência, os vendedores de produtos com qualidade superior à mediana têm um interesse vital em transmitir informação gratuita *e credível* ao comprador, informação gerada fora das próprias transacções do mercado, de forma a não serem liminarmente excluídos pela selecção adversa; têm, em suma, interesse em diminuírem a assimetria informativa de que aparentemente beneficiariam mas que, no caso, se vira contra eles[2125].

– Também aqueles que querem celebrar contratos de seguro terão interesse em informar gratuita *e credivelmente* as companhias seguradoras acerca do seu nível particular de risco, por forma a não terem que pagar desnecessariamente prémios de seguro calculados em função de riscos medianos que abarcam indiscriminadamente situações de nível de risco muito mais elevado – pois, sem essa sinalização, agravar-se-á a tendência para o *racionamento* que seleccionará os segurados em função da sua disposição de pagarem e da sua capacidade económica, e não do seu risco próprio, fazendo-os licitarem por uma menor oferta de coberturas de seguro.
– Também o investigador que queira obter um subsídio e tiver que concorrer com outros candidatos terá que ter o cuidado de demarcar muito bem o seu projecto dos demais, sob pena de ganhar o concurso apenas aquele que reclama um subsídio menor, possivelmente o projecto menos sério e mais inviável, ou sob pena até de, por receio (e por precaução contra o risco moral subsequente), o financiador se dispor apenas a sub-financiar todos os projectos[2126].

10 – f) – iii) A sinalização

A forma principal que há de fugir à selecção adversa é a *sinalização*, a transmissão da tal informação gra-

[2122] Mirrlees, J.A. (1971), 175-208.
[2123] Akerlof, G.A. (1970), 488-500; Akerlof, G.A. (2002), 411.
[2124] Spence, M. (1973), 355-379; Riley, J.G. (2001), 432.
[2125] Janssen, M. (2002), 321-333.
[2126] Kremer, M. (2002), 82.

tuita (para o destinatário) *e credível*, que permita ao comprador não apenas discernir qualidades entre os produtos, segmentar o mercado em *classes de produtos* – ou classes de risco – que evitem o recurso a preços medianos referidos à totalidade do mercado, como ainda economizar em custos de busca – visto que a sinalização é activamente promovida a expensas dos vendedores, e é tanto menos eficaz quanto mais depender de alguma iniciativa ou de algum esforço dos destinatários –.

Mas o que é uma informação gratuita e credível, numa situação de assimetria informativa que começou por ser *desejada* pelo consumidor – e na qual se pode presumir, pois, que ele não pretende adquirir a multidão de informações de que se compõe a vantagem informativa do vendedor, mas apenas o *quantum satis* para que a compra se possa fazer e não se perca, em esforço e dispêndio de tempo, aquilo que se ganhou com a fuga à selecção adversa? Tem que ser uma forma muito sintética, muito breve, muito concentrada, de transmissão de informação, entre partes que estão interessadas em fazer convergir o nível informativo entre elas, como forma de propiciar um incremento das trocas[2127] (por exemplo, o trabalhador que se esforça por revelar a um empregador as características que fazem dele o candidato ideal[2128]).

O que isso quer dizer é que o consumidor se bastará, em princípio, com uma informação incompleta, mas com um tipo de dados que, para ele, seja tão *credível* como o seria a informação completa. Implica isto que esse *sinal* pode não transmitir muito conteúdo informativo, bastando-lhe atingir, com um máximo de economia de meios, a *convicção* do consumidor, o que poderá naturalmente fazer recorrendo a estereótipos e preconceitos deste, jogando tudo na *visibilidade* e *intensidade* do sinal, e no apelo que esse sinal faça a denominadores comuns e básicos da informação que o consumidor partilhe com o mercado nas suas áreas de não-especialização. Assim, por exemplo:

– A campanha publicitária com recurso a grandes meios, com notório dispêndio de grandes somas, pode bastar para convencer o consumidor quanto à qualidade daquilo que é objecto de publicidade – e isto independentemente de a publicidade transmitir alguma informação acerca da qualidade do produto –, visto se poder presumir que o gasto de somas muito elevadas faz com que o produtor fique refém da qualidade dos seus produtos, sendo que, se ela não se verificasse e se gerasse uma *reputação negativa* contra aqueles produtos, com quebra da procura, aquele produtor teria mais a perder do que o produtor que não tivesse promovido nenhuma campanha publicitária, ou que tivesse poupado nos custos do *sinal*. Tudo se joga, pois, não no conteúdo, mas na *intensidade* do sinal (no facto de o seu custo marginal declinar com o aumento de eficácia informativa[2129]).

– O vendedor de carros usados que oferece garantias de assistência pós-venda aumenta a convicção no consumidor relativamente à qualidade do carro que é oferecido, visto que se presumirá que o vendedor de carros com qualidade terá menos despesas na efectivação dessa garantia do que o vendedor de carros sem qualidade, e este não arriscaria a prestação de garantias que, com elevada probabilidade, ele acabaria por ter que suportar – podendo admitir-se que o mesmo efeito *persuasivo* seja atingido através de um pesado investimento publicitário, ou através da compra de instalações de venda ostensivamente muito onerosas, por exemplo –.

– O diplomado que evidencia a extensão e dificuldade dos cursos de que dependeu a obtenção dos seus graus académicos impressiona aquele que recorre aos seus serviços com a sugestão de que o volume e dificuldade do seu investimento em capital humano são penhor da excelência do seu desempenho profissional e da sua fidelidade a uma carreira profissional[2130] – mesmo que a reputação de dificuldade e a correlação entre qualidade e extensão não passassem de meros estigmas, de preconceitos toscos e simplificados que não resistissem a um conhecimento mais detalhado daquilo que foi a «substância» dessa formação – um conhecimento detalhado de que o utente literalmente *paga para ser dispensado*[2131/2132].

– Nesse aspecto, note-se, existe, no seio da «economia da educação»[2133], uma tensão entre os modelos da *sinalização* e do *capital humano*, porque este coloca mais ênfase no conteúdo objectivo da formação, e o primeiro sublinha especialmente a aparência dessa formação, o modo como ela pode ser percebida e avaliada por um destinatário não-formado, o mero utente das competências que são alardeadas, mais ou menos directamente,

---

2127 Spence, M. (2002), 434.

2128 Spence, M. (2002), 436.

2129 Riley, J.G. (2002), 213-236.

2130 Quanto maior a especialização formativa, menor a probabilidade de recuperação do investimento em «capital humano» fora de uma carreira (maior o volume de *«sunk costs»* nesse investimento). Cfr. Perri, T.J. (2002), 365-374.

2131 Araújo, F. (2001c), 249ss..

2132 Para uma aplicação dos modelos de Akerlof e de Spence ao processo de recrutamento no mercado sueco, cfr. Behrenz, L. (2001), 255--278.

2133 Belfield, C.R. (2000).

com mais ou menos subtileza ou verdade, através da sinalização[2134] (por exemplo, em termos de sinalização um candidato pode estrategicamente realçar alguns aspectos da sua formação em detrimento de outros, em função do mercado em que concorre, podendo até ocultar alguns elementos que perturbem a informação mais relevante[2135]).

Umas das consequências mais bizarras da selecção adversa é a da já referida *sinalização através dos preços*, ou seja, a sugestão que é transmitida aos consumidores de que o preço elevado é indiciador de qualidade elevada dos produtos, o que constitui a subversão completa da função dos preços na concorrência, inverte a correlação negativa que vimos existir normalmente entre nível de procura e variação dos preços – a raiz da inclinação negativa da curva da procura – e inviabiliza a concorrência de preços. Com efeito, se lembrarmos que é a proposta de preços medianos que desencadeia a selecção adversa e o abaixamento dos preços que a agrava, é fácil incutir no espírito do consumidor a ideia de que, quanto mais baixo é o preço pedido pelo vendedor, maior é a probabilidade de se transaccionar um produto de baixa qualidade – e que portanto, e em suma, o preço é indicador fiável de qualidade. Quando assim acontece, pode ser que a *ousadia* de um vendedor, ou de um candidato a emprego, pedindo remunerações máximas, e com a máxima estridência e ostentação desde o primeiro instante, seja a estratégia vencedora; mas, para consolo da moral, também pode suceder o inverso[2136/2137]. A sinalização através dos preços é especialmente adequada em contextos em que não ocorre «guerra dos preços» e a demarcação «monopolística» entre produtos é suficientemente pronunciada (a ponto de tornar desnecessária a ênfase publicitária na «qualidade»[2138]), ou quando o nível de informação dos consumidores é especialmente baixo[2139].

Igualmente estranhas são as conclusões a retirar desta constatação de que os preços transmitem mais informação do que aquela que tradicionalmente se aceitava, e que se cingia ao reflexo da escassez dos produtos. Essas conclusões novas são, por um lado, a de que o consumidor que usa da sua informação para resistir a esta manipulação informativa dos preços acabará por desencadear a selecção adversa – espécie de fatalidade inescapável do mercado com assimetrias informativas – com as suas licitações a preços medianos e descendentes, esvaziando o mercado; e, por outro, a de que o produtor, refém do «*bluff*» com os preços, poderá resistir a abaixamentos de preços que levassem ao ponto de equilíbrio e permitissem o escoamento integral dos seus excedentes, pelo que o próprio produtor deverá cuidadosamente avaliar se aquilo que ganha com a subida de preços pseudo-sinalizadora e com a fuga à selecção adversa não se perde em quebra de vendas, em quebra de rendimento.

Sintetizando, a sinalização (positiva) tem como contrapartida a estigmatização (sinalização negativa), uma forma de baixo custo de se complementar a informação pessoalmente disponível com a informação inferida a partir da conduta dos outros – um «efeito de contágio» que se limita a relacionar uma conduta repetidamente observada como uma «razão para agir» em conformidade com tal conduta[2140]. Aqueles que têm a vantagem de poder observar uma sequência de condutas «reveladoras» que seja prévia ao momento de decidirem poderão limitar-se a emular a conduta observada, fazendo assentar essa decisão na «informação privada» presumida nesses antecedentes – fazendo assim com que a informação pública passe a dominar a informação privada dos subsequentes decisores, formando-se aquilo que se pode designar por «cascata informativa»[2141].

Em suma, não se trata de negar os princípios básicos do funcionamento do mercado e da lei da oferta e da procura – mas apenas de constatar que, não existindo a imposição de contratar aos preços de equilíbrio, a existência de distorções informativas pode conduzir a ineficiências, dada a relevância que passa a ter, para a decisão de contratar, a «qualidade» da contraparte: aqueles que querem celebrar contrato de seguro aos prémios correntes, aqueles que querem contrair empréstimos ao juro de equilíbrio, os candidatos que

---

[2134] Frazis, H. (2002), 298-320.

[2135] Bedard, K. (2001), 749-775.

[2136] Um súbito abrandamento da sinalização publicitária pode sugerir (erradamente ou não) aos consumidores o abandono de mercado por parte do produtor acima da mediana, por força da selecção adversa. Além disso, uma segmentação rigorosa do mercado para efeitos de aplicação da «discriminação de preços» pode fazer com que a promoção dos «topos de gama» evite a sinalização, por forma a não dar aos consumidores mais ostentativos a impressão de que o produto que compram é aquele mesmo que é publicitado para as grandes massas. Cfr. Orzach, R., P.B. Overgaard & Y. Tauman (2002), 340-358.

[2137] As empresas que produzem bens de elevada qualidade a baixo preço terão interesse em disfarçar os custos e as margens de lucro, e por isso evitarão realizar despesas exorbitantes em publicidade. Cfr. Rasmusen, E.B. & T.J. Perri (2001), 561-567.

[2138] Fluet, C. & P.G. Garella (2002), 907-930.

[2139] Linnemer, L. (2002), 931-947.

[2140] Anderson, L.R. & C.A. Holt (1996), 187ss.; Stem, S. (1990), 647-660.

[2141] Bikhchandani, S., D. Hirshleifer & I. Welch (1992), 992-1026.

aceitam o salário de mercado. Dada a interferência desse factor «qualidade», o ajustamento mecânico da oferta à procura, um dos alicerces das convicções clássicas e neoclássicas sobre a eficiência do mercado, fica posto em causa[2142].

10 – f) – iv) O risco moral

"É o interesse de qualquer pessoa viver o mais desafogadamente possível; e se os seus emolumentos vão ser precisamente os mesmos, quer ele execute ou não qualquer trabalho laborioso, naturalmente que o seu interesse, tal como ele é entendido vulgarmente, é, ou negligenciá-lo totalmente, ou, se estiver sujeito a qualquer autoridade que o não permita, executar o seu trabalho tão descuidada e negligentemente quanto essa autoridade o permitir. Se for naturalmente activo e amante do seu trabalho, o seu interesse será o de aplicar essa actividade a outros fins dos quais possa fazer derivar qualquer vantagem, e não na execução dos seus deveres, da qual não tira qualquer benefício (...) Na Universidade de Oxford, a maior parte dos professores deixou há muitos anos de fingir sequer que ensina" – Adam Smith[2143].

Um outro problema relativo à informação, mas distinto do da «selecção adversa», é o do «risco moral» (*«moral hazard»*), a que nos referimos já também, e que tende a emergir no decurso de uma relação contratual duradoura, durante a qual uma das partes, abusando da sua vantagem informativa, não cumpre, ou cumpre deficientemente, as obrigações assumidas para com a outra, fiando-se na impossibilidade ou na dificuldade, geradas pela assimetria informativa, de detecção do seu incumprimento, ou cumprimento defeituoso[2144].

O risco moral nasce em especial da possibilidade de externalização negativa que vem associada ao grau de ignorância registado na contraparte, e é causado pela falta de incentivos que tem aquele que age, aquele a quem é cometida uma tarefa ou de quem é esperada uma conduta, no sentido do alinhamento da sua conduta com os interesses daquele que sofre as consequências da acção – como vimos suceder com o segurado que assume atitudes irresponsáveis porque sabe poder repercutir as consequências dessas atitudes sobre a companhia seguradora –.

Na essência, a ideia de «risco moral» assenta numa teoria de motivação que parte do princípio de que predomina a atitude hedónica do «batoteiro racional», isto é, daquele oportunista que, prevendo correctamente as consequências das suas acções, poupa nos seus esforços e deixa de cumprir, mal os benefícios marginais da sua indolência excedam os custos (jogando também nas probabilidades de detecção da «batota»)[2145/2146].

– Como já temos incidentalmente referido (e volta a ser sugerido no final da citação de Adam Smith), a própria Universidade, entregue à gestão de economistas – e de economistas académicos – tem sido um bom laboratório para algumas experiências da ciência económica, representando como representa, sobretudo no caso das Universidades privadas, um «microcosmos» algo distinto da comum realidade empresarial[2147].

– A questão dos incentivos é agudamente sentida na docência universitária um pouco por todo o lado, já que as garantias de segurança nas carreiras académicas tendem a gerar indolência e desinteresse pela docência efectiva[2148], ou a gerar produção científica autista e impenetrável – mas em contrapartida essas garantias surgem como sérias salvaguardas da independência académica[2149].

– Contudo, a ideia de «apropriação» que está associada à segurança profissional dos académicos – a «cátedra», *«tenure»* – não deixa de ter algumas virtualidades incentivadoras em termos de eficiência, nos termos gerais que podemos associar à propriedade privada[2150]; basta pensar-se que pode haver, num ambiente muito competitivo de concorrência pelos melhores professores, alguma

[2142] Stiglitz, J.E. (2002), 474.

[2143] Smith, A. (1976b), 760-761 (=II, 391-392).

[2144] Quando o problema da observabilidade se reporta ao grau de esforço e ao alinhamento da conduta do observado com os interesses do observador, temos o problema clássico da relação «comitente-comissário» (*«principal-agent»*). Cfr. Harris, M. & A. Raviv (1979), 231-259; Holmstrom, B. (1979), 74-91.

[2145] Nagin, D.S., J.B. Rebitzer, S. Sanders & L.J. Taylor (2002), 850.

[2146] Para uma aplicação do conceito a situações de parceria agrícola, cfr. Dubois, P. (2002), 35-64.

[2147] Ehrenberg, R.G. (1999), 99ss.; Rosovsky, H. (1990); Siegfried, J.J. (1997), 853-887.

[2148] Em favor de actividades extra-académicas, ou do «turismo universitário» corporizado em incessantes conferências e deslocações a lugares distantes.

[2149] Blackburn, R.T. & J.H. Lawrence (1995); Brown Jr., W.O. (1997), 441-461; Chait, R.P. & A.T. Ford (1982); Levin, S.G. & P.E. Stephan (1991), 114-132; Machlup, F. (1996), 9-26; McPherson, M.S. & M.O. Schapiro (1999), 85ss.; Rees, A. & S. Smith (1991); Tullock, G. (1996), 6-13.

[2150] Alchian, A.A. (1953), 350-371; Carmichael, H.L. (1988), 453-472; McPherson, M.S. & G.C. Winston (1983), 163-184.

vantagem de eficiência na fidelização através da atribuição desse «benefício não-monetário», reduzindo os custos de «regresso ao mercado»[2151]/[2152].

O remédio clássico para o risco moral, para lá naturalmente da defesa do direito de propriedade privada e do reconhecimento dos poderes de auto-tutela de interesses ínsitos nesse direito, é o das estipulações contratuais que conferem algum poder de supervisão de uma das partes sobre a conduta da outra[2153] – estabelecendo consequências que devolvam os danos à esfera daquele que abusou da assimetria informativa, quando esse abuso tenha sido detectado e a parte inocente haja sofrido efectivamente danos; o que pode ter até o efeito preventivo desejado, dissuadindo o agente de pensar em externalizar a sua conduta e auto-disciplinar-se[2154].

Contudo, três dificuldades principais surgem neste ponto:

1. A da impossibilidade de detecção, dada precisamente a assimetria informativa que privilegia o faltoso. O estabelecimento de parâmetros para a aferição do desempenho da contraparte é essencial para a detecção do risco moral – pois uma observação não balizada redundaria em arbítrio do observador e indefinição das regras de jogo para o observado, gerando uma situação de impossibilidade de computação do risco, da distorção informativa e do dano provocado pelo desalinhamento de incentivos entre as partes, e portanto, no final, uma insusceptibilidade de desenho de um esquema contratual adequadamente incentivador[2155].

2. A da morosidade e onerosidade implicadas na celebração de contratos *completos*, capazes de recobrirem todas as contingências em toda a sua complexidade[2156], e muito particularmente capazes de abarcarem as contingências que uma das partes, dada a sua relativa ignorância, pode não ser capaz de prever, sequer[2157]. A conclusão de esquemas contratuais completos afigura-se assim vedada pelos «custos de transacção» correspectivos, que se avolumam enquanto o tempo passa[2158] (e o custo de oportunidade de não contratar se vai agravando), e por essa razão os contratos são concluídos, e começam a ser cumpridos, quando subsiste ainda uma mais ou menos vasta área negocial não especificada, dentro da qual pode insinuar-se o risco moral[2159]: seja porque as estipulações são demasiado flexíveis e admitem margens indesejadas de discricionariedade no cumprimento (no grau de esforço na prossecução de metas[2160]), seja porque as estipulações são demasiado rígidas e provocam situações críticas face à alteração das contingências externas das quais dependa o cumprimento do contrato[2161].

3. A da morosidade e onerosidade implicadas na reparação judicial dos danos emergentes do risco moral, com custos tanto maiores, paradoxalmente, quanto mais completo e minucioso o contrato, e quanto mais complexa a relação – o que resulta do facto óbvio de ser tanto maior a margem de ambiguidade quanto maiores forem as exigências de informação bilateral –.

Um outro remédio, porventura mais difuso e de resultados mais variáveis, é o nosso já conhecido mecanismo da *reputação*, que permite a difusão a baixo custo de informação sobre as características de um agente económico no desempenho de funções susceptíveis de repercutirem em interesses alheios – repu-

---

[2151] Ehrenberg, R.G., H. Kasper & D. Rees (1991), 99-110.

[2152] Um tema próximo é o da jubilação, da reforma compulsiva, que também ela apresenta vantagens e inconvenientes – avultando entre estes a imobilização do corpo docente, o bloqueio das admissões e da renovação desse corpo docente. Cfr. Ehrenberg, R.G. (1999), 107ss.; Hammond, P.B. & H.P. Morgan (orgs.) (1991); Lazear, E.P. (1979), 1261-1284; Rees, A. & S. Smith (1991).

[2153] Todas as formas de integração vertical, de substituição das relações de mercado por cadeias hierárquicas institucionais, podem ter na base o intuito de redução dos «custos de transacção», mas servem também para estabelecer formas de supervisão eficazes na repressão ao risco moral. Cfr. Vetter, H. & K. Karantininis (2002), 271-279.

[2154] Araújo, F. (2001c), 218ss..

[2155] Baker, G.P. (2002), 728-751.

[2156] Dye, R.A. (1985), 233-250; Anderlini, L. & L. Felli (1994), 1085-1124; Anderlini, L. & L. Felli (1998), 35-59; Anderlini, L. & L. Felli (1999), 23-50.

[2157] Tirole, J. (1999), 741-781.

[2158] E mais ainda quando se delega em outrem o encargo de estipular as cláusulas contratuais, pois aí acrescentam-se os custos de comunicação e coordenação entre comitente e comissário. Cfr. Battigalli, P. & G. Maggi (2002), 800.

[2159] Farès, M. & S. Saussier (2002), 193-230.

[2160] Basta pensar que, perante a heterogeneidade dos seus empregados, um empresário tem que ter o cuidado de não estabelecer metas contratuais muito elevadas – que incentivariam os trabalhadores mais esforçados e eficientes mas incitaria os demais à indolência, dada a incapacidade que sentiriam de alcançar as metas mesmo com o máximo grau de esforço – nem metas contratuais muito baixas que redundassem em desperdício das capacidades dos trabalhadores mais eficientes. Cfr. Roy, J. & K. Serfes (2002), 603-621.

[2161] Battigalli, P. & G. Maggi (2002), 798.

tação essa que é um *sinal* crucial em termos de credibilidade quanto à possibilidade de estabelecimento de vínculos contratuais futuros. A necessidade de manutenção de uma reputação no mercado é em geral um poderoso incentivo para que um agente não tire partido da sua vantagem informativa em prejuízo da contraparte, dadas as perdas enormes que podem seguir-se a uma perda da clientela resultante da detecção de um dano, perdas suficientemente dissuasoras mesmo quando o risco de detecção do dano seja diminuto.

Contudo, também aqui o fenómeno da selecção adversa faz a sua aparição, sempre perturbadora. Em contextos de mercado nos quais a reputação jogue um papel relevante não existe incentivo à concorrência de preços – e isto porque, sabendo os consumidores que a prática de preços baixos faz desaparecer o incentivo de manutenção de uma reputação, eles não procurarão necessariamente os produtos daquele que vende ao preço mais baixo, e por isso evidenciarão inelasticidade da procura às descidas de preços, tomando uma vez mais o preço como indicador de uma qualidade dos produtos, no caso aquela qualidade em relação à qual o produtor joga a sua reputação – algo de similar, pois, ao que sucede com a noção de que um produtor está refém do investimento que fez numa dispendiosa campanha publicitária –.

Por outro lado, a própria reputação, com os custos de aquisição e de sedimentação que envolve, é uma poderosa barreira de entrada nos mercados, contribuindo para a formação de mercados de concorrência imperfeita, nos quais o poder de mercado se adensa do lado dos produtores, tornando menos crucial e decisiva a reacção dos consumidores às consequências externalizadoras do risco moral – o que é mais uma consequência paradoxal, das muitas que se verificam neste mundo novo da Economia da Informação –.

Todas as imperfeições provocadas no mercado por deficiências informativas tornam crucial o papel dos intermediários e dos fornecedores de informação, nas *redes* mantidas por «câmaras de comércio», «câmaras de compensação», «bolsas», «centros de emprego», e similares. Estes intermediários tentam complementar o nível informativo espontaneamente gerado pelo mercado, agindo como se a deficiência informativa fosse mais uma falha de mercado a reclamar uma rectificação exógena: também é o caso de associações de defesa do consumidor, boletins e revistas que procedem a testes de qualidade e a comparações de preços, fornecendo resultados sintéticos e a baixo custo, instituições

governamentais que supervisionam os mercados e que impõem deveres de informação ou de transparência publicitária[2162]. Mas o papel porventura mais eficiente – e habitualmente mais subestimado – na rectificação dos efeitos perniciosos da assimetria informativa sobre o bem-estar dos consumidores é desempenhado pelos grandes intermediários comerciais, pelas grandes cadeias de distribuição, que, tomando para elas os custos de busca e disputando ferozmente, através de centrais de compras oligopsonistas, senão mesmo localmente monopsonistas[2163], as remunerações dos produtores, jogam a sua reputação nas baixas de preços no consumidor, assegurando-lhes vantagens próximas das que estes só obteriam por eles mesmos se dispusessem de informação perfeita, completa... e gratuita.

Por seu lado, não podemos subestimar o papel crucial que desempenha, mesmo para os produtores, o esforço informativo que se contém na publicidade – já que nenhum produtor pode, num mercado dominado por imperfeições informativas, esperar que elas se dissipem espontaneamente e deixem transparecer a sua eficiência, ou até mais singelamente a sua presença no mercado, as características dos produtos que vende, e as condições especiais que, para além dos preços, proporciona aos seus compradores. Num mercado em que a transparência – a fluidez – não está assegurada, não ser visível equivale a não existir, ou a ser pura vítima de fenómenos de selecção adversa e de colapso de mercado.

Tudo isto poderia servir para se temperar o que já foi dito acerca da prevalência, extensão e gravidade dos efeitos da assimetria informativa nos mercados, não fosse dar-se o caso, que já referimos, de o próprio papel da publicidade como veículo informativo ser, ele mesmo, sumamente equívoco – visto que a publicidade visa abertamente o duplo objectivo de informar e de condicionar, o de facilitar a identificação de marcas e de produtos, mas ao mesmo tempo o de motivar os destinatários por forma a suscitar neles a geração de novas necessidades secundárias, a irrestrita manifestação da sua avidez consumista, apelando, com o poder sugestivo e evocativo da própria informação, à força recôndita de impulsos irracionais, à projecção de sonhos e frustrações, a estímulos sociais de emulação e de ostentação – todas aquelas motivações desinformadoras e de «primarização frívola» de necessidades que vimos presentes na génese da concorrência monopolística, que são ao mesmo tempo a causa da sua imperfeição concorrencial e uma das razões do seu sucesso na socie-

---

[2162] Têm sido debatidos os méritos relativos da solução da regulação directa – da qualidade, da segurança, de bens e serviços – e da «regulação indirecta», que consiste somente no fornecimento de informação aos consumidores e utentes. Cfr. Magat, W.A. & W.K. Viscusi (1992).

[2163] Recordemos que *oligopsónio* e *monopsónio* são os correspondentes, do lado da procura, das figuras do *oligopólio* e do *monopólio*.

dade de consumo, que distraem o consumidor da ponderação nua e crua das vantagens traduzidas nos preços mas ao mesmo tempo lhe facultam uma percepção de variedade e de novidade sobre a qual parecem mover-se as verdadeiras escolhas, o exercício pleno da sua liberdade e da sua soberania de consumidor[2164].

Encontrámos aqui uma das «dez ideias para reflectir»: a racionalidade assenta numa informação dispendiosa, pelo que muitas das decisões individuais são eficientemente tomadas com informação incompleta, e muita da interdependência se funda em informação assimétrica.

[2164] Para o mercado farmacêutico, cfr. Berndt, E.R. (2002), 52.

CAPÍTULO 11 – **Outros objectivos que não a maximização do lucro**[2165]

> *"Dos directores destas companhias, contudo, sendo administradores mais do dinheiro de terceiros do que do seu próprio dinheiro, não se pode esperar que cuidem dele com a mesma vigilância aturada com que frequentemente os membros de uma sociedade privada cuidam do seu (...) Deste modo, a negligência e o esbanjamento têm sempre, mais ou menos, que prevalecer na administração dos negócios de uma companhia deste tipo"* – Adam Smith[2166].

O modelo microeconómico clássico presume que as empresas produtoras se comportam como maximizadoras de lucros – e, num contexto especulativo no mercado de capitais, agem como maximizadoras do seu próprio valor de mercado –. Contudo, essa noção pressupõe que as empresas se manifestam como um bloco coeso, como uma organização sem complexidade ou dominada por uma unanimidade, quando a verdade é que é fácil constatar que mesmo a coesão *formal* das organizações empresariais não impede tensões internas na formação da vontade colectiva, e que por isso – salvo, evidentemente, nos fenómenos empresariais unipessoais – se suscitam problemas relativos ao *controlo* das empresas.

Ora, se esse *controlo* não é a emanação de uma vontade unânime e coesa das empresas, mas apenas o resultado de uma sua forma de legitimação interna, não surpreenderá que a vontade que se exprime através desse controlo possa divergir, e divirja frequentemente, das finalidades *objectivas* das empresas representadas, subvertendo as regras aparentes dessa representação e os objectivos aparentes do próprio controlo. Podemos partir do princípio de que todos os produtores – sejam eles ou não empresas – hão-de ser maximizadores de lucros na medida em que é nesse escopo que se esgota *objectivamente* o ponto principal da sua racionalidade económica. Mas não podemos evitar que o poder daqueles que dirigem as empresas desvirtue essa finalidade racional, ou a subordine a outras finalidades que, mais ou menos racionais, não são *objectivamente* finalidades da empresa, mas sim finalidades daqueles que se estribam nas empresas para, em nome delas, desenvolverem os seus planos de realização pessoal, darem largas às suas ambições.

Esta abordagem está dominada pela «tese de Berle e Means», que precisamente sustentou que teria ocorrido uma «revolução de gestão» que transferira o controlo das empresas, dos seus donos para os seus gestores[2167], e hoje justifica todo o tipo de «contra-ofensivas» cujo propósito é o de devolverem algum do controlo, seja aos titulares jurídicos da empresa, os sócios accionistas («*shareholders*») seja mais amplamente a todos aqueles que podem ser directamente afectados pela subversão das finalidades constitutivas da empresa e podem ser mais relevantemente prejudicados por desaires de gestão (trabalhadores, fornecedores, credores em geral, «*stakeholders*»)[2168]. A intuição básica de Berle e Means é, em suma, a de que as empresas podem ficar dominadas por gestores que têm elos de apropriação mínimos, ou nenhuns, com as empresas que gerem, controlando, pois, algo que não lhes pertence[2169] – centrando-se hoje a moderna teoria económica da empresa na resposta a essa intuição, e na resposta à tese de Coase sobre as fronteiras da empresa[2170].

[2165] Arnold, R.A. (2000), 454ss.; Bierman, H.S. & L. Fernandez (1997), 377ss.; Lipsey, R.G. & *al.* (1999), 299ss.; Mateus, A. & M. Mateus (2001), 420ss.; Slavin, S.L. (2001), 605ss.; Slavin, S.L. (2001b), 285ss.; Sloman, J. (2002), 194ss.; Stiglitz, J.E. & C.E. Walsh (2002), 475ss.

[2166] Smith, A. (1976b), 741 (=II, 362-363).

[2167] Berle Jr., A.A. & G.C. Means (1932).

[2168] Brinkman, R.L. & J.E. Brinkman (2002), 385-410.

[2169] Berle Jr., A.A. & G.C. Means (1932); Shleifer, A. & R.W. Vishny (1997b), 737-783.

[2170] Alchian, A.A. & H. Demsetz (1972), 777-795; Bolton, P. & D.S. Scharfstein (1998), 95ss.; Grossman, S.J. & O. Hart (1986), 691-719; Hart, O.D. & J. Moore (1990), 1119-1158; Holmstrom, B. (1979), 4-29; Jensen, M.C. & W.H. Meckling (1976), 305-360; Klein, B., R.G. Crawford & A.A. Alchian (1978), 297-326; Mirrlees, J.A. (1976), 105-131; Williamson, O.E. (1975).

11 – a) A separação entre titularidade e controlo da empresa. Teoria da agência

"A South Sea Company (...) tinha um enorme capital repartido por um número imenso de proprietários. Seria naturalmente de esperar, por isso, que a loucura, a negligência e o esbanjamento prevalecessem de uma maneira geral na administração dos negócios" – Adam Smith[2171].

O problema principal dos incentivos à eficiência em organizações complexas é o da sintonia de interesses e de condutas entre pessoas que dividem entre elas o trabalho e são, por isso, obrigadas a confiarem umas nas outras – já que a própria necessidade de especialização requerida pela optimização da divisão do trabalho deixa os participantes na relativa ignorância quanto às condições de desempenho das tarefas alheias.

Os múltiplos proprietários de uma grande empresa ganham em dividir o trabalho com gestores especializados, não perdendo tempo em esforços espontâneos de auto-gestão, de auto-coordenação, de superação de todos os obstáculos organizativos e de todas as complexidades relativas à actividade nos vários mercados; mas, dividindo desse modo o trabalho, são obrigados a confiar em gestores especialistas, que sabiam ou passam a saber mais do que eles quanto a toda a multiplicidade de dados e procedimentos requeridos para a maximização dos interesses sociais.

Esses gestores, exercendo o controlo da empresa, ficam colocados, pois, numa posição de assimetria informativa que os privilegia face aos proprietários – e os proprietários ficam colocados numa posição informativa que lhes impossibilita, ou dificulta em extremo, uma eficiente aferição do desempenho dos gestores. Idealmente, os gestores actuariam sempre no interesse dos proprietários, beneficiando-os invariavelmente com as suas decisões; só que os gestores podem não ter muito a ganhar com o benefício dos proprietários – podendo não ser eles mesmos proprietários –, e podem não ter muito a perder com os prejuízos que provoquem, na medida em que os proprietários não estejam em posição de detectar e aferir esses prejuízos, ou conheçam problemas de coordenação que tolham a sua eventual reacção a esses prejuízos – problemas que nem sempre a lei ajuda a resolver, mesmo quando aparenta intentá-lo[2172].

Assim sendo, é legítimo perguntar-se o que é que os gestores têm a ganhar ou a perder com a diligência, ou a falta dela – dentro de certos limites de não-detecção, entenda-se – na promoção de interesses que não são inteiramente os deles: num ambiente de assimetria informativa, de descoordenação e de dispersão atomística de interesses, os resultados dos seus esforços poderão ter-se até certo ponto por externalidades positivas, pelas quais eles não são inteiramente compensados, tendendo por isso a produzir esforço a menos[2173].

Também se afigura pertinente perguntar-se o que é que os gestores têm a perder com a anteposição dos seus próprios interesses pessoais aos interesses da empresa – mormente por comparação com o que eles têm a ganhar com um enriquecimento pessoal alcançado com impunidade e à custa de recursos colectivos –. Racionalmente, é de esperar que, nos contextos descritos, os comissários prossigam as suas próprias finalidades e imponham perdas e custos aos comitentes, sobretudo se não existe, no horizonte das suas expectativas, qualquer probabilidade razoável de responsabilização pessoal, individualizada, ou de penalização das suas condutas – não sendo de esperar, por outras palavras, uma excepção à manifestação, em ambiente tão propício, do nosso conhecido «risco moral» (havendo até quem pergunte se essa amplíssima margem de risco moral não será afinal um «defeito de nascença» das grandes estruturas empresariais, nomeadamente das sociedades anónimas, ou se ela não será um corolário mais da regra de «externalização maciça» que a responsabilidade limitada e o véu da personalidade colectiva consentem àquelas estruturas e aos seus titulares)[2174].

[2171] Smith, A. (1976b), 744-745 (=II, 367).

[2172] Parece antes que é o próprio desenvolvimento dos mercados e das dimensões das empresas que contribui para a separação entre titularidade e controle, e que portanto a coesão será espontaneamente maior em economias subdesenvolvidas e em economias «de transição» (ex-«economias socialistas»). Nas economias mais desenvolvidas, os «agency costs» de supervisão tornam-se progressivamente mais elevados e desencorajadores, sobretudo se tivermos em conta a subtileza com que o controle pode manifestar-se (evitando os conflitos de interesses que seriam mais nítidos objectos de ataque judicial, e concentrando-se antes em condutas que podem abarcar-se nalguma amplitude da discricionariedade da gestão: sobre-expansão, sobre-investimento, excesso de endividamento, assunção excessiva de riscos). As normas jurídicas são geralmente adequadas para lidarem com os abusos mais visíveis (conflitos de interesses, abusos de informação privilegiada, etc.), mas não o são para enfrentarem os mais graves e subtis «desalinhamentos de incentivos», caso em que terá que ser a própria evolução institucional e dos mercados a lidar com o problema. Cfr. Roe, M.J. (2002), 233-271.

[2173] Terá já ficado claro, entretanto, que as externalidades positivas («*spillover effects*») podem ter uma base egoísta – a pessoa que causa benefícios sem se preocupar com isso e sem ter isso por objectivo –, não reclamando pois uma base altruísta, a hipótese de a pessoa incorporar no seu bem-estar ou no seu mal-estar a percepção da felicidade ou do sofrimento alheios, e por isso voluntariamente se dispor a um esforço em benefício alheio.

[2174] Cortenraad, W.H.F.M. (2000).

Trata-se também aqui de um dos muitos possíveis afloramentos do problema geral das relações entre «comitente» e «comissário» («*principal*» - «*agent*»), o problema daquele que comete a outrem a defesa e promoção dos seus interesses e fica desprovido de meios para avaliar eficientemente o desempenho daquele a quem a missão foi cometida[2175]. Esta é, afinal, a forma mais esquemática e genérica de referir o universo de problemas de assimetria informativa que pode resultar da divisão do trabalho: partindo-se do princípio de que as «funções de utilidade» dos comissários podem não coincidir com as dos comitentes, interessa a estes estabelecer esquemas de incentivos que não dependam apenas da observação dos resultados, dado o facto de a assimetria informativa que limita relativamente o comitente resultar, quase inevitavelmente, numa deficiência de avaliação de resultados. Nas empresas, a perda de confiança e de segurança quanto ao alinhamento de interesses entre comitentes e comissários pode comprometer seriamente a capacidade para gerar lucros através da expansão de funções internamente coordenadas (isto é, sem recurso ao mercado); se para limitar essa perda de confiança se limita também a dimensão da empresa pode haver perdas quanto à capacidade de divisão de trabalho, de delegação e de descentralização, e por isso quanto à produtividade em geral. A irresolução deste problema de «risco moral», em toda a sua complexidade[2176], pode significar, em última instância, a dissolução da própria forma empresarial e a necessidade de «regresso ao mercado», por muito que esta última solução acarrete perdas de eficiência pelo agravamento dos custos de transacção.

Em suma, a noção básica da «teoria da agência»[2177] é a de que um comitente (alguém que comete uma tarefa a outrem) procura estabelecer um contrato que assegure acções apropriadas da parte do comissário (aquele a quem a tarefa é cometida), acções «apropriadas» no sentido de alinharem a conduta e o esforço do comissário com a prossecução e maximização dos interesses do comitente, vencendo os obstáculos da assimetria informativa e das oportunidades de desalinhamento de interesses por ela propiciados[2178].

Pensemos que, se a ciência económica tem tido alguma dificuldade para enquadrar as empresas sem fins lucrativos – seja na sua natureza e motivações, seja no modo como a política económica deve lidar com elas[2179] – isso deve-se principalmente à circunstância de as actividades não-lucrativas estarem especialmente expostas a atitudes de abuso oportunista, já que o escopo não-lucrativo serve tão frequentemente de «barreira» que agrava a assimetria informativa: por exemplo, quantas pessoas alguma vez controlaram o destino dos seus donativos para acções de caridade?[2180]

Parece que, em casos de grande dispersão da titularidade accionista e de dificuldade de coordenação dos comitentes (esses sócios), é mais ou menos inevitável o já aludido «desalinhamento» da conduta dos comissários (os administradores, os controladores de facto) em relação aos interesses dos comitentes: e quem não se apercebeu já da vida de luxo que levam alguns gestores de empresas, tanto privadas como públicas? Quem não considerou já que muitos deles recebem remunerações principescas, e não deixam de recebê-las mesmo quando a gestão é má e a sobrevivência da empresa é posta em causa?[2181] E que muitos deles transferem para a empresa o suporte das suas despesas privadas e do crédito ao seu consumo? Que eles levam uma vida de ostentação que nada tem a ver com a promoção da imagem ou dos demais interesses da empresa? Que eles asseguram a si mesmos prémios, participações nos lucros, e até aquisições do património social?[2182] Que eles enriquecem colossalmente com a multiplicação das remunerações através de «opções»?[2183/2184] Que eles conduzem a estratégia de investimentos da empresa para rumos que favoreçam a sua vantagem informativa e «entrincheirem»

[2175] Araújo, F. (2001c), 234ss..

[2176] Para uma tentativa de simplificação, cfr. Zhou, X. (2002), 265-276.

[2177] Laffont, J.-J. (org.) (2003).

[2178] Prendergast, C. (1999), 12ss.; Lourenço, A.P. (2004), 78-87; Rodrigues, N.C. (2004), 373-385. Veja-se uma ilustração do princípio recorrendo a exemplos do sector agrícola nas Filipinas, em: Foster, A. & M. Rosenzweig (1994), 213-227. E para um exemplo retirado do sector empresarial japonês, cfr. Kawasaki, S. & J. McMillan (1987), 327-349.

[2179] Ben-Ner, A. (1986), 94-113; Clark, R. (1980), 1416-1489; Hansmann, H. (1980), 835-901; Hansmann, H. (1996); James, E. & S. Rose-Ackerman (1986); Rose-Ackerman, S. (1996), 715ss.; Salamon, L. (1987), 99-117; Schill, M.H. (1994), 74-101; Seibel, W. (1990), 107-121; Smith, S.R. & M. Lipsky (1993); Steinberg, R. & B.H. Gray (1993), 297-316; Weisbrod, B.A. (1989), 541-546.

[2180] Hansmann, H. (1980), 54-100; James, E. (1978), 157-186; Rose-Ackerman, S. (1996), 701-728; Weisbrod, B.A. (1988).

[2181] Allgood, S. & K.A. Farrell (2000), 373-390.

[2182] Jensen, M.C. & W.H. Meckling (1976), 305-360.

[2183] Nos Estados Unidos, o valor das opções atribuídas a gestores aumentou para o séptuplo entre 1980 e 1994, fazendo subir a remuneração em títulos para 50% do total da remuneração de executivos, quando ainda em 1980 essa remuneração não ultrapasava 20% do total – o que revela um aumento na intensidade dos incentivos, mas também a ampliação de oportunidades de enriquecimento extraordinário. Cfr. Hall, B.J. & J.B. Liebman (1998), 653-691; Hall, B.J. & J.B. Liebman (2000).

[2184] Na viragem do século, as remunerações dos «executivos» representavam quase 8% do total dos lucros nas principais empresas norte-americanas. Cfr. Balsam, S. (2001), 262.

mais a sua defesa contra a eventual tentativa de supervisão pelos accionistas?[2185] Que eles são capazes de acumular suficiente poder económico a ponto de poderem aliciar e corromper todos aqueles que sejam investidos pelos sócios na missão de os controlarem?[2186]

As áreas de conflito podem ser aqui essencialmente duas, a que respeita ao nível ideal de esforço do comissário, e a que se refere ao nível de riscos que o comissário corre – seja porque, neste caso, ele apresenta demasiada aversão ao risco na gestão dos interesses do comitente, seja pelo contrário porque submete esses interesses a demasiados riscos –. O problema agudiza-se porque não é verdadeiramente possível resolver o problema do risco através dos seguros preservando ao mesmo tempo a estrutura de incentivos[2187] (isto embora a variedade de formas contratuais disponíveis permita modular um compromisso entre preservação de incentivos e contratualização do seguro)[2188].

Nisso os administradores das empresas não são diferentes de outros tipos de «comissários». Por exemplo, o médico é nosso «comissário» na resolução dos nossos problemas de saúde; dada a assimetria informativa, temos que confiar que a sua actuação assegurará um alinhamento dos seus próprios interesses profissionais com os nossos interesses de pacientes – que ele não nos recomendará análises desnecessárias, tratamentos inúteis ou medicamentos em excesso, ou tratamentos incompletos e artificialmente prolongados, com o único fito de enriquecer à custa da nossa relativa ignorância. Também o taxista é nosso comissário numa cidade estranha, e somos forçados a confiar que ele não dará duas voltas completas à cidade para nos conduzir do aeroporto até ao hotel, com o intuito de nos cobrar uma «bandeirada» exorbitante.

Por seu lado, o administrador da sociedade anónima é comissário dos accionistas, e estes confiam que ele maximize o retorno dos seus investimentos, ou seja, que distribua os lucros, que faça sair o dinheiro, em vez de reinvesti-lo abaixo do custo do capital ou em despesas inúteis e ineficientes[2189]. Uma solução muito simples e directa para obter essa saída do dinheiro é o endividamento elevado, a «alavancagem» que, constituindo um maior risco para a empresa, tem a vantagem de forçar à saída de quantias mais elevadas, e certas, da empresa, obrigando-a a uma «dieta», seja na redução de «ineficiência-X», seja na redução dos «desalinhamentos» dos administradores[21900/2191].

Recapitulando, o problema do risco moral dos administradores começa por ser o da indefinição dos seus poderes, ou o da amplitude da respectiva discricionariedade[2192], depois convertido num «problema de agência» nas suas relações com os seus comitentes (os sócios)[2193], que pode traduzir-se num desvio de poder que é consumado na prossecução de vantagens e de engrandecimento pessoal dos administradores[2194], e no «entrincheiramento» das suas posições privilegiadas[2195], à custa da manutenção do valor ou da viabilidade da empresa, ou da distribuição de dividendos[2196].

11 – a) – i) Incentivos e alinhamento de interesses

Além do endividamento, várias soluções têm sido sugeridas e praticadas para a harmonização da conduta do comissário com os interesses do comitente – algumas das quais «exógenas» e de que falaremos adiante – e entre elas destacaríamos as seguintes:

1. A «venda da empresa» ao comissário – a entrega ao comissário de poderes de apropriação dos recursos que gere, perdendo o comitente em remuneração aquilo que ganha em *certeza* de que o comissário recebe o máximo incentivo possível para cumprir, já que o comissário será remunerado pela integralidade dos seus resultados, e portanto na razão directa da sua eficiência: situação que pode obter-se convencionando-se puros pagamentos em função de resultados, ou «à

[2185] Shleifer, A. & R.W. Vishny (1989), 123-139.

[2186] Myers, S.C. (2001), 95-96.

[2187] Gibbons, R. (1998), 116ss..

[2188] Baker, G.P., R. Gibbons & K.J. Murphy (1994), 1125-1156; Bull, C. (1987), 147-159; Holmstrom, B. & P. Milgrom (1994), 972-991; Kerr, S. (1975), 769-783; Kole, S.R. (1997), 79-104; Malcomson, J.M. (1999); Murphy, K.J. (1999).

[2189] Assim o formula sinteticamente a teoria do *«free cash flow»*. Cfr. Jensen, M.C. (1986), 323.

[2190] Aghion, P. & P. Bolton (1992), 473-494; Bolton, P. & D.S. Scharfstein (1990), 94-106; Burkhart, M., D. Gromb & F. Panunzi (1997), 693-728; Hart, O.D. & J. Moore (1998), 1-41.

[2191] Há muito quem pense que a multiplicação de episódios de *«leveraged buy-out»* e de emissão de *«junk bonds»* contribuiu grandemente para disciplinar (ao menos temporariamente) alguns gestores. Cfr. Myers, S.C. (2001), 98; Jensen, M.C. & W.H. Meckling (1976), 305-360; Kaplan, S.N. (1989), 611-632; Kaplan, S.N. & J. Stein (1993), 72-88.

[2192] Berle Jr., A.A. & G.C. Means (1932), 139; Shleifer, A. & R.W. Vishny (1997b), 737-783.

[2193] Jensen, M.C. & W.H. Meckling (1976), 305-360.

[2194] Williamson, O.E. (1964).

[2195] Shleifer, A. & R.W. Vishny (1989), 123-140.

[2196] Jensen, M.C. (1986), 323-329.

peça»[2197], ou através de verdadeiras soluções inter-institucionais, como o «*outsourcing*». A solução esbarra, contudo, por um lado com a aversão ao risco do comissário, que normalmente o fará rejeitar esta solução de assunção integral dos riscos, e por outro com a perda das vantagens da subordinação hierárquica e da coesão da empresa, que, tornando desnecessário o recurso permanente à negociação bilateral, o permanente «regresso ao mercado», poupam em custos de transacção, podendo constituir a estrutura produtiva *mais eficiente*[2198].

No fundo, trata-se de não perder de vista que, pese embora as suas especificidades, os gestores também são trabalhadores, e que por isso os incentivos ao aumento de produtividade hão-de ter frequentemente como limite natural a aversão ao risco que predomina sempre em termos individuais. A remuneração em função dos resultados afigura-se, pois, uma solução excelente[2199], mesmo dentro de limitações impostas por dificuldades de aferição e de informação[2200] – até ao momento em que tem que se levar em conta a motivação que subjaz à vontade de integração num processo produtivo de uma forma institucionalizada, substituindo os preços pelos «impulsos» da responsabilização[2201].

Compreende-se a complexidade da questão, e também que o estabelecimento de incentivos dentro de uma estrutura empresarial deva prosseguir objectivos muito díspares e nem sempre compatíveis[2202]. Em todo o caso, a lógica impecável de incentivar mais fortemente quem dispõe já de vantagens informativas e consegue a menor custo continuar a assegurar a gestão da empresa quebra-se com a radicalidade da «venda da empresa», que, mesmo quando não literal, significaria a apropriação *exclusiva* dos ganhos marginais de produtividade apenas por uma minoria dentro do conjunto total daqueles que contribuem para essa produtividade (todos os factores produtivos) – conduzindo no fim a um impossível dilema: ou literalmente «a morte do paciente para salvá-lo», desmantelando-se a empresa, ou o incentivo de uns poucos à custa do desincentivo de todos os outros.

2. O sistema de incentivos – um sistema de «venda parcial» ou de «simulação de mercado», que consiste no estabelecimento de remunerações dependentes dos resultados, premiando o comissário pelo esforço ao mesmo tempo que ele é parcialmente libertado do risco, visto que parte da sua remuneração é fixa, como sucede nos bónus e comissões pagos aos vendedores em função do preenchimento de certos objectivos de vendas – mistos de pagamento pelo «*input*» e pelo «*output*»[2203]. É vulgar, no caso dos gestores de sociedades anónimas, a remuneração em acções ou em opções de compra de acções[2204] – a possibilidade de, durante um prazo (mais ou menos longo), comprar acções da empresa ao preço presente (ou a um preço de «exercício» pré-determinado[2205]), pelo que a sua valorização futura permitirá a compra e a revenda com lucros instantâneos –, formas de garantir que o gestor passa a ter um interesse directo na valorização dos títulos[2206/2207].

Nelas subsiste, entre outras[2208], a dificuldade de se saber se um tal incentivo se traduzirá num esforço do

---

[2197] Sobre o efeito incentivador do pagamento à peça, cfr. Banker, R., S.-Y. Lee & G. Potter (1996), 195-226; Brown, C. (1990), 165-182; Jensen, M.C. & K.J. Murphy (1990), 225-264; Kahn, L.M. & P. Sherer (1990), 107-121.

[2198] Para uma síntese dessa tese coaseana, cfr. Araújo, F. (2001c), 237ss..

[2199] Slichter, S.H. (1928); Ashenfelter, O. & J.H. Pencavel (1976), 70-76; Seiler, E. (1984), 363-375; Lazear, E.P. (1986), 405-431; Fama, E. (1991), 25-44; Brown, C. (1992), 366-375.

[2200] Baker, G. (1992), 598-614.

[2201] Lazear, E.P. (2000), 1346; Pencavel, J.H. (1978) 225-258; Brown, M. & P. Philips (1986), 81-91; Goldin, C. (1986), 1-27; Brown, C. (1990), S165-S182; Drago, R. & J.S. Heywood (1995), 507-531.

[2202] Athey, S. & J. Roberts (2001), 200; Jensen, M.C. & W.H. Meckling (1992), 251-274.

[2203] Williamson, O.E. (1975); Lazear, E.P. (1986), 405-431; Baker, G.P., M.C. Jensen & K.J. Murphy (1988), 593-616; Holmstrom, B. & P. Milgrom (1991), 24-52; Baker, G.P. (1992), 598-614; Baker, G.P. (2000), 415-420.

[2204] Sobre as «opções» como novos «produtos financeiros», e a respectiva comparação com «futuros», «*forwards*», «*swaps*» e «papel comercial», cfr. Quelhas, J.M.G.S. (1996), 55ss., 64ss., 83ss., 93ss., 106ss..

[2205] Esse preço de exercício pode ser fixado abaixo do preço presente (*discount options*), acima do preço presente (*premium options*) ou ser ligado a uma variação de um índice de referência (*indexed options*), sendo que há quem defenda que só os «*premium options*» asseguram um sistema de incentivos moderado e sensato – já que os outros podem gerar a favor dos remunerados «rendas extraordinárias», sobretudo em momentos de expansão («*bull markets*»). Cfr. Rappaport, A. (1999), 91-101.

[2206] Sobre as dificuldades de cálculo de um «*executive compensation plan*» que seja óptimo para a empresa, cfr. Balsam, S. (2001).

[2207] O pagamento em acções, não tão directamente incentivador como as «*stock options*», visa fazer experimentar ao gestor as consequências gerais do seu «risco moral», porque de certo modo o coloca «dos dois lados da trincheira». Tambem aqui há quem fale de níveis óptimos de titularidade de acções, e daí a adopção de «*target ownership plans*». Cfr. Core, J.E. & D.F. Larcker (2002), 317-340.

[2208] A determinação do valor das «*stock options*» é muito difícil, e tem sido objecto de formalização complexa, como a do modelo «*Black-Merton-Scholes*». Cfr. Amram, M. & N. Kulatilaka (1999); Black, F. & M. Scholes (1973), 637-659; Dixit, A.K. & R.S. Pindyck (1994); Merton, R.C. (1992), 358-367; Merton, R.C. (1973), 141-183; Merton, R.C. (1974), 449-470.

comissário no sentido do incremento do volume de dividendos distribuídos aos comitentes, ou antes no sentido do aumento do valor especulativo dos títulos, assegurando ganhos ao comissário mas não necessariamente a todos os comitentes[2209]: é que, na posse das suas acções ou das suas opções, o comissário pode tentar provocar um movimento especulativo de que ele seja o primeiro e único beneficiário, vendendo um volume de acções tal que a última acção vendida faz regressar o preço especulativo a um nível de equilíbrio que deixa de gerar mais-valias, e portanto não aproveita aos accionistas que queiram imitá-lo na venda[2210]; bem pode a lei tentar vedar um tal «golpe de surpresa» qualificando-o como abuso de informação privilegiada de que o gestor dispunha – mas as hipóteses de detecção e de repressão serão sempre remotas[2211].

Esclarecendo um pouco melhor este sistema de incentivos: num contrato de «*forward*», uma pessoa obriga-se para com outra a comprar-lhe um determinado bem, numa data e a um preço pré-fixados, ficando a contraparte igualmente obrigada a vender, a esse preço e nessa data. Já quanto às opções, distinguem-se 4 tipos fundamentais (limitando-nos ao mercado de acções)[2212]:

a) opção de compra «europeia»: o titular tem o direito, mas não o dever (que teria se se tratasse de um «*forward*»), de *comprar* as acções a um preço pré-fixado, e *numa data determinada*. O titular exercerá racionalmente esse direito se o preço corrente das acções exceder, nessa data, o preço pré-fixado.

b) opção de venda «europeia»: o titular tem o direito, mas não o dever (que teria se se tratasse de um «*forward*»), de *vender* as acções a um preço pré-fixado, e *numa data determinada*. O titular exercerá racionalmente esse direito se o preço corrente das acções for inferior, nessa data, ao preço pré-fixado.

c) opção de compra «americana»: o titular tem o direito, mas não o dever (que teria se se tratasse de um «*forward*»), de *comprar* as acções a um preço pré-fixado, e *num período determinado* (até a uma certa data). O titular exercerá racionalmente esse direito em qualquer momento em que o preço corrente das acções exceda o preço pré-fixado.

d) opção de venda «americana»: o titular tem o direito, mas não o dever (que teria se se tratasse de um «*forward*»), de *vender* as acções a um preço pré-fixado, e *num período determinado* (até a uma certa data). O titular exercerá racionalmente esse direito em qualquer momento em que o preço corrente das acções seja inferior ao preço pré-fixado.

Assim sendo, nas opções «europeias», o problema da optimização cinge-se aos preços, enquanto nas opções «americanas» surge ainda a questão do momento do exercício da opção.

Tipicamente, a atribuição de «*stock options*» tem um prazo máximo de exercício (10 anos é um prazo comum), mas também um prazo mínimo de «*vesting*» (é vulgar a estipulação de que, nos primeiros 4 anos, só se pode exercer, por ano, 1/4 do total)[2213]. De certo modo, o «pagamento» em opções, visto que não envolve imediato dispêndio de moeda por parte do empregador, é uma espécie de empréstimo que o empregado (em especial, o administrador) faz ao empregador (a sociedade), a troco da probabilidade de uma remuneração muito mais elevada no futuro[2214].

No último decénio do século XX os pagamentos em «opções» sextuplicaram nos EUA, tornando-os um instrumento cada vez mais controverso, mormente porque tendem a generalizar atitudes de risco sem assegurar um perfeito alinhamento de interesses ou uma redução do risco moral através de uma perfeita fidelização, até porque muito do incentivo do recurso às opções tem resultado mais do regime contabilístico e fiscal favorável do que propriamente de verdadeiras razões económicas[2215].

Na realidade, a explosão nos pagamentos em opções parece não ser senão uma faceta mais na tomada de poder, e na captura de renda, por parte de administradores, à custa dos interesses das sociedades[2216/2217], sobretudo tendo em atenção o carácter

---

[2209] Subvertendo a lógica da remuneração através de opções, que era a de permitir ao mercado pronunciar-se sobre os resultados da empresa (através das cotações das respectivas acções), e nessa medida avaliar, premiar ou castigar a conduta dos gestores. Cfr. ERP (2003), 92-93.

[2210] Por essa razão, tende-se crescentemente a sustentar que os administradores não deveriam ser recompensados (nem penalizados) por factores fora do seu controle, e por isso se deveria ajustar constantemente o preço de exercício das opções (que não deveria ficar amarrado ao preço presente) por forma a anular os efeitos de movimentos no mercado bolsista não controláveis pela administração, evitando ganhos extraordinários (e excessivos no plano dos incentivos) à custa da empresa. Cfr. Angel, J.J. & D.M. McCabe (2002), 1-23.

[2211] Pela mesma razão se estranhará porque é que não é mais frequente o recurso a «*premium options*», que restringiria desde o primeiro momento as possibilidades de ganhos especulativos, moderando os ímpetos de executivos gananciosos. Cfr. Hall, B.J. & K.J. Murphy (2000), 209; Hall, B.J. & J.B. Liebman (1998), 653-691.

[2212] Jarrow, R.A. (1999), 230ss..

[2213] Hall, B.J. & K.J. Murphy (2003), 50.

[2214] Hall, B.J. & K.J. Murphy (2003), 56.

[2215] Hall, B.J. & K.J. Murphy (2003), 49ss..

[2216] Bebchuk, L.A., J.M. Fried & D. Walker (2002), 751-846.

[2217] Contestando que se trate de verdadeiro «*rent-seeking*», cfr. Holmstrom, B. & S.N. Kaplan (2001), 121-144; Murphy, K.J. (2002), 847-869.

menos transparente dessa forma de pagamento, mais susceptível de ocultação por detrás de um «véu contabilístico»[2218], devendo contudo reconhecer-se que, se muita manipulação financeira resulta desses intuitos de enriquecimento dos gestores através das atitudes de «risco moral» (muito propiciadas pela arbitrariedade e complexidade «babilónica» das regras de contabilidade[2219]), também há manipulação financeira que resulta de simples instintos de sobrevivência – de esforços de tentar manter uma «fachada de normalidade empresarial» no meio das tempestades do mercado[2220].

É verdade que, se a remuneração em função do resultado é a resposta mais eficiente para o incentivo de uma força de trabalho heterogénea (a que melhor segmenta os trabalhadores em função da sua disposição para desenvolverem esforço na prossecução dos fins da produção[2221]), então a diferenciação de incentivos a favor dos administradores faz sentido, e até o estabelecimento de regimes remuneratórios muito distanciados, na medida em que aos administradores se peça uma assunção de riscos de que o contingente geral dos trabalhadores está isolado[2222], e se possa conceber uma remuneração diferenciada entre maus e bons gestores, os primeiros mais presos a uma remuneração certa, os segundos mais susceptíveis de sujeição a puras remunerações pelo resultado[2223].

O pagamento em «stock options» não é, portanto, uma panaceia universal contra o risco moral dos administradores[2224], e deixa mais questões em aberto do que as que resolve[2225]; por exemplo, um administrador pode não ter incentivo para valorizar as acções da empresa que administra, mesmo que isso signifique não valorizar as suas «stock options», se porventura tiver a perspectiva de vir a ganhar mais com a integração numa outra empresa (por exemplo, numa adquirente «hostil» que já o tenha previamente subornado)[2226].

Em contrapartida, mesmo um fraco indício de alinhamento de interesses entre administradores e sócios pode já ser revelador de incentivos suficientes, se se tiver em conta a aversão ao risco dos administradores como indivíduos – uma aversão que os conduz, num ambiente de elevada volatilidade, a temerem mesmo pequenas perdas advenientes da descoberta dos seus abusos[2227] – sendo, além disso, sempre possível discernir a correlação positiva própria dos «salários de eficiência»[2228].

Para uns, a remuneração dos administradores será, pois, a melhor forma de se mitigar os efeitos do risco moral – de acordo com a abordagem do «contrato óptimo» –[2229]. Para outros, qualquer solução de remuneração acabará por se converter dinamicamente num problema, não havendo verdadeiro remédio para o escopo de «captura de renda» – de acordo com aquilo que poderá designar-se como a abordagem do «poder dos gestores» –[2230].

Subsistem, nesta matéria de incentivos dos comissários, alguns pontos obscuros: um respeita ao fraco nível de comparação de remunerações entre empresas, mesmo entre empresas concorrentes, como forma de limitação das remunerações dos administradores[2231]; outro é a razão pela qual a remuneração dos administradores está mais estreitamente correlacionada com a dimensão da empresa do que com a respectiva rentabilidade[2232], ainda que permaneçam evidentes algumas relações entre essa rentabilidade e a remuneração – e destino – dos administradores[2233].

3. o sistema de comando – a pura e simples supervisão, fiscalizando e auditando a conduta dos comissários e as contas que eles são obrigados a prestar, recorrendo para o efeito a entidades independentes e idóneas – solução que é cara e imperfeita, que mais não seja pela pertinência da interrogação acerca de quem vigia os vigilantes (como no célebre dito misógino das Sátiras de Juvenal), sendo perfeitamente previsível que o relacionamento prolongado deteriore o rigor e a

[2218] Hall, B.J. & K.J. Murphy (2003), 68.

[2219] Lev, B. (2003), 48.

[2220] Feroz, E., K. Park & V. Pastena (1991), 107-142; Lev, B. (2003), 36ss..

[2221] Williamson, O.E. (1985).

[2222] Lazear, E.P. (2000b), 410, 414.

[2223] Lülfesmann, C. (2002), 1097-1118.

[2224] Jensen, M.C. & K.J. Murphy (1990), 225-264.

[2225] Abowd, J.M. & D.S. Kaplan (1999), 145ss.; Masson, R.T. (1971), 1278-1292.

[2226] A lógica de «empire building». Cfr. Bebchuk, L.A. & J.M. Fried (2003), 89.

[2227] Hall, B.J. & J.B. Liebman (1998), 653-691; Haubrich, J.G. (1994), 258-276.

[2228] Kahn, L.M. & P. Sherer (1990), 107S-120S.

[2229] Jensen, M.C. & K.J. Murphy (1990), 225-263; Murphy, K.J. (1999), 2485-2563.

[2230] Blanchard, O., F. Lopez-de-Silanes & A. Shleifer (1994), 337-360; Yermack, D. (1997), 449-476; Bertrand, M. & S. Mullainathan (2001b), 901-932.

[2231] Aggarwal, R. & A. Samwick (1999), 65-105; Gibbons, R. & K.J. Murphy (1990), 30S-51S.

[2232] Ciscel, D.H. (1974), 613-617; Ciscel, D.H. & T.M. Carroll (1980), 7-13; Larcker, D.F. (1983), 3-30; Murphy, K.J. (1985), 11-42.

[2233] Abowd, J.M. (1990), 52S-73S; Coughlan, A.T. & R.M. Schmidt (1985), 43-66; Deckop, J.R. (1988), 215-226; Healy, P.M. (1985), 85-107; Leonard, J.S. (1990), 13S-29S; Tehranian, H. & J.F. Waegelein (1985), 131-144.

objectividade da supervisão[2234] – seja no sentido da facilitação (da «captura do supervisor»), seja mesmo no sentido da exagerada severidade –, mas também que, em contrapartida, multiplique as oportunidades de detecção do risco moral e a probabilidade de aprendizagem interactiva dos interesses, da conduta, das expectativas e das limitações de ambas as partes, facilitando a harmonização de posições e aumentando a eficiência dos incentivos[2235].

Por outras palavras, verificada a falência de incentivos «óptimos» em ambientes de «risco moral»[2236], o «principal» (os sócios) pode reduzir a margem de risco moral do «agente» (os administradores), sobretudo em termos de contenção de custos, se o confrontar com um «menu» de contratos lineares estabelecendo os termos básicos do «jogo de supervisão» e os ganhos e perdas resultantes das possibilidades de actuação do «agente»[2237] – isto se o «principal» for capaz de discernir eficientemente as preferências deste «agente», o que nem sempre será razoável esperar-se[2238].

Afigura-se assim que, malgrado a margem de risco moral que subsiste e regularmente se manifesta – e quiçá por causa dessa mesma margem de risco moral, num esforço vão para combatê-lo que lhe fornece antes alimento para se perpetuar –, a tendência para a ampliação desmesurada das remunerações e benefícios dos administradores, a partir de um certo ponto claramente à custa das empresas que eles deveriam servir, está bem consolidada nas economias modernas e nos modernos ambientes empresariais. Uma parte dessa tendência poderá certamente atribuir-se à questão dos incentivos, mas reina a indefinição quanto ao nível óptimo de incentivo baseado na remuneração pelos resultados, está inteiramente indemonstrada qualquer proporção razoável que corresponda a um «incentivo de equilíbrio» dentro do «mercado dos gestores», não se vê qual a relação entre motivação incentivadora, por um lado, e atribuição aos administradores, por outro, de um tão extenso quinhão nas mais-valias que possam gerar-se

por oscilações de mercado que nada têm a ver com o puro desempenho da empresa.

Além disso, não pode excluir-se que, fora de um ambiente de «euforia capitalista» e de «idolatria das chefias» (há idólatras para tudo o que possa imaginar-se), a exuberante cumulação de vencimentos, prémios, títulos, opções com que a administração é bafejada (ou se auto-atribui) seja profundamente desincentivadora e desmoralizadora dos trabalhadores, em especial naqueles momentos em que se apela ao sacrifício dos trabalhadores, se fala em crise financeira, ou o desemprego se aproxima, e se esperaria desses administradores um abrandamento da ganância e um esforço no sentido da solidariedade e da coesão económica[2239]. E por fim, não se percebe a relutância em admitir que o melhor dissuasor imediato para os abusos dos executivos é a perspectiva de despedimento sumário, sem respeito pelas armadilhas e alçapões que esses executivos, com a cumplicidade de políticos e legisladores que o tenham legitimado com normas, coloquem ou pretendam colocar na via para esse despedimento; se os administradores são tão sensíveis a incentivos e tão dispostos a assumir riscos espelhados na variabilidade das suas remunerações – então o que é que justificará que eles sejam privados do incentivo principal? E o que dizer do incentivo da responsabilidade pessoal pelos actos de gestão, independentemente do despedimento?

É verdade que, para lá da visão formal e idílica que atribui aos accionistas ou seus representantes a fixação das remunerações e incentivos dos administradores, a tendência nas grandes estruturas empresariais encaminha-se cada vez mais para a fixação dessas remunerações *pelos próprios* administradores, numa atitude de rapina que tem muito mais a ver com um cru jogo de poder e de oportunismo que explora impunemente a dependência e ignorância alheias do que com uma qualquer plácida ponderação de legitimidades societárias e de funcionalização aos interesses objectivos da empresa[2240]. É claro que a lei, na maior parte dos países[2241], permite reprimir, com alguma agilidade, a pilhagem mais descarada do património da empresa

---

2234 É bem conhecida a tendência dos supervisores, independentemente de «captura», para comprimirem as classificações e fornecerem uma imagem de homogeneidade que não é realista – um problema de *subjectivismo* que muitas vezes resulta do facto de o supervisor lidar com um comitente que é mais indiferente ao risco do que os comissários, tendendo por isso a «comprimir» as classificações dentro dos níveis do «aceitável», por relutância de prejudicar aqueles que mais aversão ao risco evidenciam. Cfr. MacLeod, W.B. (2003), 216; Prendergast, C. (1999), 7-63.

2235 Para uma curiosa aplicação destes princípios à análise dos incentivos do juízes nos tribunais europeus, cfr. Josselin, J. & A. Marciano (2001), 211-231.

2236 Mirrlees, J.A. (1974); Mirrlees, J.A. (1976), 105-131; Mirrlees, J.A. (1986).

2237 Laffont, J.-J. & J. Tirole (1986), 614-641. Cfr. ainda: Bower, A.G. (1993), 873-901; Gasmi, F., J.-J. Laffont & W.W. Sharkey (1999), 61-94; Reichelstein, S. (1992), 712-731; Sappington, D.E.M. & D.L. Weisman (1996).

2238 McAfee, R.P. (2002), 2025-2034: Rogerson, W.P. (2003), 919ss.; Wilson, R. (1989), 1-40; Wilson, R. (1993).

2239 ERP (1997), 167.

2240 Bertrand, M. & S. Mullainathan (2000), 203.

2241 Embora haja muita variação internacional relativamente aos direitos dos accionistas. Cfr. La Porta, R., F. Lopez-de-Silanes, A. Shleifer & R.W. Vishny (1998), 1113-1155.

pelos controladores, as fraudes, os abusos de confiança, etc., e mesmo assim no pressuposto de que eles sejam detectados e como tal interpretados; mas o que dizer da venda de activos ao controlador a «preços de transferência» (extra-mercado) muito favoráveis, a concessão de crédito ou de garantias de crédito ao controlador, a fixação de remunerações excessivas, a permissão de realização a título pessoal de negócios à custa das oportunidades de negócio da empresa? E o que dizer dos vários «atentados» contra os interesses dos accionistas minoritários, desde os aumentos e dispersões deliberadas do capital até ao «*insider trading*»?[2242]

Em síntese, como conciliar os deveres dos mandatários controladores com as oportunidades de abuso que lhes são concedidas pela discricionariedade própria da gestão corrente – que é capaz de turvar, até ao mais atento supervisor, a distinção entre aquilo que é e não é abusivo relativamente aos interesses dos *mandantes* da gestão, os accionistas?[2243] Como evitar grosseiras violações dos deveres de lealdade dos administradores para com a empresa, dada a relação fiduciária que constitui o mandato em que assenta a legitimidade daqueles?

Parece assim não haver outra via que não seja a de uma pressão «exógena» que, manifestada nas instituições, nos mercados ou em «redes de informação», seja capaz de pôr algum cobro a esses desmandos – um pouco como vimos que poderia resultar da maior ênfase no endividamento, expondo a gestão mais amplamente ao exercício dos direitos dos credores, em especial aos investidores de «capital de risco» que tendem a celebrar contratos sofisticados e razoavelmente completos, a proceder a uma cuidadosa triagem *ex ante*, a exercer uma monitorização apertada na execução dos contratos, a prestar consultoria financeira às empresas financiadas (porque não se trata apenas de mitigar as perdas, mas sim de maximizar ganhos) e a cobrar-se generosamente pelos seus investimentos[2244] –; contudo, como veremos, se houve esperança de que o mercado seria mais uma vez susceptível de equilibrar os interesses em presença e de disciplinar as condutas imperfeitamente incentivadas, essa esperança teve que defrontar-se com a dificuldade suplementar de muitos desses abusos de gestão se escudarem numa regularidade formal interna do funcionamento fáctico e jurídico das empresas societárias: o fenómeno do controlo.

11 – b) O conluio entre administradores e sócios controladores

A existência de disparidades entre os incentivos dos que controlam a empresa e os interesses colectivos daqueles titulares que *constituem* juridicamente a empresa – ou, se quisermos, os interesses *objectivos* da empresa – podem representar um problema de difícil solução, mais a mais se pensarmos na relativa ambiguidade que se evidencia na formação de incentivos específicos para os controladores: basta lembramos, por exemplo, o que acabámos de dizer acerca das tão variáveis perspectivas de risco associadas ao financiamento das empresas através da opção do endividamento, para vermos como é difícil apreciar-se a estratégia adoptada pelos gestores.

Temos até agora presumido que o problema do controlo se cinge a uma simples exploração, por quem quer que seja que se encontre encarregado da gestão de uma empresa, da assimetria informativa que lhe permite agir de forma que não é eficientemente vigiada, e lhe permite provocar danos indetectáveis. Contudo, o problema do controlo é bastante mais amplo, e, de um perspectiva jurídica, algo diverso daquilo que acabámos de enunciar: cingindo-nos agora ao caso das sociedades anónimas – o caso mais representativo de grandes estruturas empresariais –, os gestores podem continuar numa situação de impunidade mesmo quando a assimetria informativa não é tanta que impeça os accionistas de se aperceberem dos abusos e desvios da gestão, ou de avaliarem os danos causados aos interesses objectivos da sociedade: bastando para tanto que os gestores gozem da complacência, ou da cumplicidade, daqueles que disponham de um outro tipo de controlo, o *controlo accionista* – ou até que sejam eles próprios, os gestores, os detentores desse *controlo accionista*, depois de, na exploração dos interstícios de um contrato incompleto, terem desviado recursos da empresa para seu proveito próprio, acumulando meios financeiros para uma apropriação final de recursos de *controlo* (por exemplo através da «compra pela gestão», o «*management buy-out*»), desvirtuando o próprio carácter aberto das sociedades anónimas[2245]. Em suma: o problema, deslocando-se assim da *indetectabilidade* para a *impunidade*, é, pois, *endógeno*, e isso limita drasticamente as soluções a que se possa recorrer para remediar os abusos da gestão.

[2242] Para uma análise do risco moral da actuação de administradores em sociedades sem sócio controlador, cfr. Bebchuk, L.A., J.M. Fried & D. Walker (2002), 751-846; Bebchuk, L.A. & J.M. Fried (2003), 71ss..

[2243] Aquilo que na ciência económica se designa por tensão entre «*duty of care*» e «*business judgment rule*». Cfr. La Porta, R., F. Lopez-de-Silanes, A. Shleifer & R.W. Vishny (1997), 1131-1150.

[2244] Com retornos de mais de 20% de juros na média das suas carteiras de títulos. Cfr. Gompers, P.A. & J. Lerner (1999); Dewatripont, M. & J. Tirole (1994), 1027-1054; Kaplan, S.N. & P. Strömberg (2001), 426-430.

[2245] Müller, H.M. & K. Wärneryd (2001), 527-541.

11 – b) – i) O controlo formal

O controlo accionista resulta da titularidade do número de acções suficientes para assegurarem a vitória nas deliberações das assembleias gerais – e pode tratar-se de um número reduzido de acções, de uma baixa percentagem do capital, se este capital estiver tão disperso que se torne altamente improvável, e incomportavelmente onerosa, a participação de todos os accionistas, ou até de uma maioria deles, nas deliberações daquelas assembleias.

O controlo accionista é uma simples situação de facto que ganha relevância jurídica graças à presença de «contratos incompletos»[2246], graças à deficiência reguladora em cujos interstícios se insinua o «risco moral»[2247], um modo de exercício de *poder* na ausência de padrões de aferição da conduta (das contrapartes) em todos os momentos e em todas as ocasiões – caso em que pode até ocorrer que uma parte consiga jogar com a multiplicidade de circunstâncias e com a ambiguidade das aferições para obter ganhos à custa da outra parte – aquilo que correntemente se designa como problema de «*multi-tasking*»[2248] – consumando um estado de preponderância permanente à margem de critérios formais de legitimação.

Suponha-se, por exemplo, que uma sociedade anónima tem o seu capital tão disperso que um grupo de 5 accionistas detém 20% do capital, e nas assembleias-gerais não surgem, em regra, mais do que accionistas que dispõem de votos correspondentes a 30% do capital. Se aqueles 5 accionistas se coligarem – porque são amigos, ou parentes, imaginemos – vencerão sempre, e com facilidade, todas as votações que tenham lugar, incluindo aquela que elege, e reconduz, os administradores[2249].

Claro que em abstracto subsiste em aberto a possibilidade de esses 20% do capital serem derrotados numa votação, já que 80% do capital lhes não pertence e é sempre possível que exista uma coligação de ao menos 21% que vença aquele grupo coeso, o grupo *controlador* – mas qual será o accionista que se dará ao trabalho de mobilizar os votos dos pequenos accionistas,

dispersos e refugiados na sua «ignorância racional», se a sua iniciativa, gerando um «bem público», lhe traria um retorno incomensuravelmente menor do que os custos em que incorreria, trazendo todos os outros accionistas «à boleia» do seu activismo?[2250] O *controlo accionista* é sobretudo o resultado oportunista dessa falha de coordenação entre titulares de um capital muito disperso – *propositadamente* muito disperso, na maior parte dos casos, dados os objectivos que presidem ao recurso à emissão de acções –.

É verdade que, quanto maior a empresa, mais custoso se torna adquirir os meios financeiros que permitem o controlo accionista, pelo que, ao menos em abstracto, nas grandes empresas deveria predominar a «atitude de rapina» assente em puro risco moral, sem o apoio de sócios poderosos e sem respeito por regras de governação. O surgimento de sócios poderosos e controladores nas grandes empresas significará em princípio para os administradores o aumento da probabilidade de detecção de risco moral (quanto maior a participação de um investidor na titularidade de uma empresa, mais ele tem a perder com os abusos dos gestores) e da probabilidade de afastamento do cargo (os sócios poderosos são por definição aqueles que dispõem de maior volume de votos para fazerem prevalecer as suas preferências e perspectivas nas assembleias gerais, e fazerem eleger para a administração gestores da sua confiança); isso basta para explicar porque é que o administradores «instalados» despendem tanta energia e recursos (começando por recursos da empresa) a «entrincheirarem» as suas posições, por um lado, ou a aliciarem, favorecerem ou «capturarem» os sócios controladores, por outro.

É precisamente neste contexto que surge a forma mais comum do «*insider trading*»[2251], uma das formas possíveis de abuso de informação privilegiada: quando os administradores não conseguem evadir-se completamente da supervisão de accionistas controladores, tentam suborná-los fornecendo-lhes, *só a eles e antecipadamente*, informação que, uma vez divulgada no mercado bolsista, levará a uma significativa alteração do valor das acções da empresa – permitindo a esses

---

[2246] Brousseau, E. & J.-M. Glachant (orgs.) (2002).

[2247] Grossman, S.J. & O. Hart (1986), 691-719; Hart, O.D. & J. Moore (1990), 1119-1158.

[2248] Baker, G.P. (1992), 598-614; Holmstrom, B. & P. Milgrom (1990), 85-105; Holmstrom, B. & P. Milgrom (1991), 24-52.

[2249] No todo da Europa comunitária, ainda é frequente a detenção da mais de 50% das acções com voto por um único sócio, mas já a maioria das sociedades cotadas em bolsa no Reino Unido não têm blocos de acções individualmente detidos que ultrapassem os 10% do total, e o número desce para os 6% nos Estados Unidos – facto que não é indiferente ao grau de regulação do mercado, e obviamente à dimensão do mercado e da estrutura accionista das empresas. Cfr. Becht, M. & C. Mayer (2002), 471-498.

[2250] É verdade que mais uma vez não podemos excluir condutas norteadas por altruísmo ou por estrita assunção de um sentido de justiça que não olha a custos e a meios (nem todas as acções na vida reclamam reciprocidade como condição do benefício alheio, e nem tudo nas nossas motivações se compraz com a «boleia» sobre o altruísmo alheio). Cfr. Charness, G. & E. Haruvy (2002), 203-231; Hindriks, J. & R. Pancs (2002), 335-346.

[2251] Ferreira, E.P. (2001c), 153ss..

sócios controladores obterem ganhos extraordinários à custa dos demais accionistas da empresa: vendendo um grande lote de acções *antes* de uma desvalorização no mercado, ou comprando um grande lote de acções *antes* de uma valorização no mercado (em ambos os casos negando à contraparte nessas compras ou vendas uma quota-parte nos ganhos com essas valorizações ou desvalorizações)[2252].

A imposição de «transparência», de deveres de informação das empresas cotadas em bolsa, visa assim em primeira linha proteger os investidores «externos» contra os conluios «internos» que se formam entre as administrações e os accionistas controladores, permitindo a esses accionistas externos obterem a sua quota-parte nas mais-valias geradas no mercado (ou ao menos evitar que eles, por falta de informação, suportem essas mais-valias). Mas como vencer a assimetria informativa, como incentivar os accionistas «externos» a abandonarem a sua posição de «ignorância racional», lendo longos e impenetráveis relatórios técnico-financeiros, sujeitos a complexíssimos *«accounting standards»*[2253], que parecem não fazer mais do que aumentarem o «ruído informativo», tornando mais indetectáveis as transacções subjacentes, e menos discerníveis os conflitos de interesses que possam desenvolver-se oportunisticamente sob as vestes de transacções que parecem formalmente correctas?[2254]

Não existe realmente muito optimismo quanto aos efeitos que as normas repressivas do *«insider trading»* têm tido na conduta desses *«insiders»* conluiados, embora hoje exista uma crescente esperança de que o fornecimento de informação aos mercados por instituições especializadas (analistas, especuladores, até supervisores) seja capaz de tornar-se praticamente instantâneo, colocando todos os investidores, «internos» ou «externos», num plano de igualdade, esbatendo os *privilégios* informativos[2255], que mais não seja porque essas instituições especializadas vêem nos *«insiders»* os seus principais rivais, os principais factores de perturbação da informação que é transmitida para os mercados, e por isso os principais causadores de quebras da fiabilidade e da reputação daquelas instituições[2256]; e exista

a convicção que a multiplicação de grandes «investidores institucionais» (ou fundos de investimento, nomeadamente) permitirá que se esbata aos poucos a predominância da atitude de «ignorância racional»[2257].

Parece assim que, apesar de tudo, a «governação» da empresa[2258] continuará a ser, numa grande maioria dos casos (mesmo aqueles em que ela seja pouco custosa[2259]), e não obstante todos os apelos jurídicos e políticos em contrário, um puro exercício de sobrevivência de parasitas – capazes de subverter toda a relação de confiança que em abstracto os liga aos sócios, capazes de corromper toda a «armadura institucional» que tenha sido erigida para contrariá-los, indiferentes a conselhos fiscais, a comissões de vencimentos, a auditores externos[2260]. Mas como as empresas não existem num vácuo social, económico ou jurídico, muito do que com elas se passa dependerá do respectivo contexto, e por isso os juízos de valor, de optimismo ou de pessimismo sobre os problemas e perspectivas da «governação das sociedades», dependerão do ambiente político circundante: existe activismo social (num ambiente de informação e responsabilidade) que anime e apoie os accionistas? existe eficiência na aplicação da justiça? existe paz social? existe um modelo de organização política que possa servir de exemplo para a estruturação e organização das empresas?[2261]

Voltando ainda ao exemplo de há pouco: dispondo de controlo accionista, os 5 detentores dos 20% da acções com voto poderão fazer uma de duas coisas: ou se nomeiam eles próprios para administradores e podem agir, com plena impunidade, como comissários abusivos *enquanto o controlo durar* (e ressalvados os limites jurídicos impostos por considerações de licitude); ou elegem administradores aos quais permitem uma actuação claramente divergente dos interesses objectivos da sociedade, desde que eles sejam também cúmplices beneficiários dessa atitude abusiva – uma atitude que poderá prejudicar 80% dos titulares da sociedade, desde que haja benefício de 20% –, reconduzindo esses administradores enquanto durar a convergência de interesses particulares, essa «simbiose de rapina», e enquanto o controlo persistir.

[2252] Maug, E. (2002), 1569-1597.

[2253] Sanches, J.L.S. (2000d), 22ss..

[2254] Banerjee, A.V. & E.W. Eckard (2001), 1329; Demski, J.S. (2003), 51ss..

[2255] Carlton, D.W. & D.R. Fischel (1983), 857-899; Pound, J. & R.J. Zeckhauser (1990), 291-308; Meulbroek, L.K. (1992), 1661-1699.

[2256] Haddock, D.D. & J.R. Macey (1987), 311-352; Seyhun, H.N. (1992), 149-182; Banerjee, A.V. & E.W. Eckard (2001), 1344.

[2257] Entre 1980 e 1996, a participação de fundos de investimento no capital accionista das maiores empresas norte-americanas aumentou de 30% para 50%, gerando esperanças generalizadas no advento de um novo reequilíbrio empresarial mais favorável aos accionistas. Cfr. Donaldson, G. (1994); Holmstrom, B. & S.N. Kaplan (2001), 131.

[2258] Blair, M.M. (1995); Vives, X. (org.) (2000).

[2259] Eccles, R.G. & H.C. White (1988), S17-S51; Freeland, R.F. (1996), 483-526; Milgrom, P. & J. Roberts (1988), S154-S179.

[2260] Bertrand, M. & S. Mullainathan (2000), 206-208; Aggarwal, R. & A. Samwick (1999), 65-105; Crystal, G. (1991); Holmstrom, B. (1979), 74-91; Shleifer, A. & R.W. Vishny (1986), 461-488.

[2261] Roe, M.J. (2003).

É neste contexto que se coloca a questão de se encontrar um estímulo institucional que evite essas situações abusivas, resultantes de falhas de coordenação entre accionistas, combinadas ou não com fenómenos de assimetria informativa – situações de *risco moral* nas quais os administradores se encontram à vontade para externalizarem negativamente sobre o *recurso comum* que é o património social.

Pensemos na falência da Enron, em 2001[2262], o súbito colapso de uma empresa de sucesso com um valor de mercado de aproximadamente 60 mil milhões de dólares, sujeita a uma lenta erosão do seu valor real ao longo dos anos, às mãos de administradores que abusaram da dispersão dos accionistas para, com a cumplicidade de auditores, contabilistas, supervisores, retirarem benefícios pessoais para eles próprios e para um grupo restrito de accionistas controladores – através de ocultação, simulação ou empolamento de transacções, e de uma avalanche de actos parasitários e de ganância que cedo matou a «galinha dos ovos de ouro», numa voracidade insustentável que surprenderia ainda mais pela sua irracionalidade e pela sua irresponsabilidade se ela não fosse, afinal, em tudo similar àqueles «festins de descoordenação» que veremos darem lugar a colapsos ambientais, a já referida «tragédia dos baldios».

No caso, o colapso não deveria ter ocorrido de forma tão abrupta e estrondosa, visto que, ao contrário do que sucede com os problemas ambientais, aqui funcionava um mercado que se presumia eficiente, e estavam instaladas salvaguardas institucionais, em entidades que se supunham insusceptíveis de corrupção e de «captura» por parte das próprias entidades que tinham sido incumbidas de vigiar (sendo por isso justo que a reputação negativa tenha atingido com particular gravidade essas entidades de auditoria e fiscalização)[2263]. Mas o caso Enron é paradigmático de uma prática prioritariamente direccionada no sentido da manipulação fraudulenta da informação, corrompendo em cascata todos os intermediários e reguladores envolvidos, criando para todos eles hipóteses de ganhos com a pequena «bolha especulativa» que o empolamento de resultados estava a gerar[2264]; os demais não reagiram por pura indiferença – denunciando como puro mito a ideia de independência dos «auditores externos», dada a facilidade com que se deixam «capturar» pelos auditados[2265].

11 – b) – ii) O controlo informal

O problema agudiza-se quando o controlo societário reflecte a predominância social de «redes de influências» que tenham lógicas autónomas, e paralelas, à do funcionamento do mercado: o controlo por uma família, por um grupo de amigos, por correligionários de um partido, por um «*gang*» – o sistema «*keiretsu*» japonês, o «*crony capitalism*» norte-americano, o «*old-boy network*» britânico, o «compadrio» lusitano –, caso em que a «expropriação» dos sócios não-controladores pode ser sistemática e quase completa, sem sequer ocorrer uma compensação com a distribuição generosa de dividendos[2266]. Em casos desses, mesmo uma concentração moderada do capital permite, por via de coligações extra-societárias (acordos para-sociais ou outros), alcançar-se os mesmos resultados que, noutros contextos, exigiriam a concentração máxima do controlo mas ao mesmo tempo desencadeariam, porventura, a protecção jurídica máxima dos interesses dos sócios minoritários e atomísticos[2267].

– Uma simples comparação internacional permite discernir o ascendente da «cultura empresarial» na configuração e funcionamento concreto das empresas – mesmo à revelia das uniformidades ou convergências dos regimes jurídicos correspondentes[2268]. Essa «cultura» há-de ser o fruto da multiplicação de participações cruzadas, da mobilidade de quadros e dirigentes, da coesão de uma classe empresarial restrita, da aceitação social das «redes de influências»[2269], até da sua viabilidade em abstracto, tal como ela pode ser aferida em termos de teoria dos jogos[2270].
– O poder socialmente hegemónico das «redes de influências» disputa, pois, a proeminência económica com a própria mecânica do mercado, manifestando-se aquelas redes principalmente em dois vectores, o da influência política directa (a formação de grupos de pressão explicitamente vocacionados para o «*rent-seeking*») e o da influência indirecta, pela formação de uma *massa críti-*

[2262] Benston, G. & *al.* (2003).
[2263] Banco Mundial (2003), 50.
[2264] Demski, J.S. (2003), 65-66.
[2265] Bazerman, M., G. Loewenstein & D. Moore (2002), 96-102; Bazerman, M., K. Morgan & G. Loewenstein (1997), 89-94.
[2266] Faccio, M., L.H.P. Lang & L. Young (2001), 54.
[2267] Hamon, J. (2001), 175-209; Morck, R.K. (org.) (2000).
[2268] Demsetz, H. (1995).
[2269] Windolf, P. (2002).
[2270] Dutta, B. & M.O. Jackson (orgs.) (2003).

ca de pressão *potencial*, através da solidariedade da «pertença comunitária» (a partilha de afinidades[2271], a busca de «motivações intrínsecas», não-«mercenárias»[2272]) – tratando-se, por assim dizer, de formas «personalizadas» de troca que rivalizam com o mecanismo impessoal do mercado, uma tensão entre «troca social»[2273] e «troca económica» que se revela em inúmeras facetas, tanto empíricas como experimentais[2274], e até históricas[2275]. Recentes escândalos financeiros, como o já referido da Enron, denotam que o mercado não está a funcionar adequadamente, e que ele é ultrapassado, em termos de eficiência, por conexões de informação, incentivos e regras de governação entre investidores, gestores, intermediários e reguladores que, se funcionassem presididos por intuitos virtuosos – em vez de representarem conluios fraudulentos – inviabilizariam alguns dos mais violentos colapsos no mercado de capitais[2276].

– Essa ideia de «rede de influências» deixa subentendido que se analisa a interdependência duradoura de agentes que são juridicamente independentes uns dos outros, e não estão sequer consensualmente conexos a uma forma de hierarquia, tanto na gestão como na solução de litígios[2277]. O estudo das «redes» tem-se cingido frequentemente à chamadas «redes primordiais», aquelas que estão presentes nas estruturas sociais básicas[2278], mas tem-se por vezes tentado estender a análise a interdependências que não resultam de relações primordiais e

até de relações de mercado[2279], formas alternativas de hierarquização[2280], havendo até quem conteste o papel dessas integrações «primordiais»[2281].

– Tem-se enfatizado muito os sentimentos de «pertença»[2282] e de «lealdade»[2283] como agregadores das «redes de influências», preferindo outros privilegiar a análise dos jogos repetidos com aprendizagem[2284], privilegiando elementos dinâmicos na transmissão de informação dentro dessas «redes»[2285], em especial nas «trocas concentradas» que ocorrem em mercados locais[2286], ou na difusão de informação entre grupos de compradores que não competem entre eles (cooperativas de consumidores, por exemplo[2287]), ou ainda no mais ambicioso contexto da «ecologia organizacional»[2288] ou da análise de «equilíbrios estruturais»[2289].

11 – b) – iii) A limitação do controlo da empresa pelo mercado

Uma forma de estímulo que aparece muito frequentemente referida é a da mudança do controlo das empresas através das regras internas de legitimação desse controlo – as «aquisições de domínio» («*takeovers*»), mediante as quais alguém adquire uma maioria de votos, ou assegura a seu favor os votos da maioria, através da aquisição de um número importante de acções que lhe facultem esse domínio das assembleias

[2271] Ben-Porath, Y. (1980), 1-30; Gellner, E. (1983), 33ss.; Lepper, M., D. Greene & R. Nisbett (1973), 129-137; Parsons, T. (org.) (1967), 507.

[2272] Arrow, K.J. (1972), 343-362; Bliss, C.J. (1972), 162-165; Camerer, C.F. & H. Kunreuther (1989), 565-592; Deci, E. & R.M. Ryan (1985); Deci, E. (1975); Frey, B.S. & F. Oberholzer-Gee (1997), 746-755; Hayek, F.A. (1948), 11; Lepper, M. & D. Greene (1978); Schultze, C.L. (1977), 18; Starr, C. (1969), 1232-1238; Titmuss, R.M. (1971).

[2273] Blau, P.M. (1964); Homans, G.C. (1958), 597-606. Cfr. Akerlof, G.A. (1980); Arrow, K.J. (1971b), 3-24; Hollander, H. (1990), 1157--1167; Kranton, R.E. (1996), 830-851; Kreps, D.M. (1990), 90-143; Rose-Ackerman, S. (1997b).

[2274] Dawes, R.M., A.J.C. Van de Kragt & J.M. Orbell (1988), 83-97; Frolich, N. & J.A. Oppenheimer (1995), 24-51; Güth, W., R. Schmittberger & B. Schwarze (1982), 367-388; Hoffman, E., K. McCabe, K. Shachat & V. Smith (1994), 346-380; Kollock, P. (1997); Ledyard, J.O. (1995), 111-194; Roth, A.E., V. Prasnikar, M. Okuno-Fujiwara & S. Zamir (1991), 1068-1095; Schotter, A., A. Weiss & I. Zapater (1996), 37-56.

[2275] Greif, A. (1994), 912-950; Mallon, F.E. (1983).

[2276] Healy, P.M. & K.G. Palepu (2003), 3ss..

[2277] Podolny, J.M. & K.L. Page (1998), 59ss..

[2278] Blau, P.M. (1963); Burt, R.S. (1980), 79-141; Casella, A. (1996), 155-186; Fernandez, R.M., E.J. Castilla & P. Moore (2000), 1288-1356; Frank, K.A. & J. Yasumoto (1998), 642-686; Homans, G.C. (1950); Macauley, S. (1963), 53-67; Podolny, J.M. & F.M.S. Morton (1999), 41-67; Uzzi, B. (1997), 35-67; Uzzi, B. (1999), 481-505; Wasserman, S. & K. Faust (1994).

[2279] Gulati, R. & M. Gargiulo (1999), 1439-1493; Mizruchi, M.S. (1996), 271-298; Stuart, T., H. Hoang & R. Hybels (1999), 668-698.

[2280] Podolny, J.M. (1993), 829-872; Zuckerman, E.W. (2000), 591-619.

[2281] Stryker, S. (1980). Cfr. ainda: Waters, M.C. (1990).

[2282] Granovetter, M. (1995).

[2283] Coleman, J.S. (1988), S95-S120; Dore, R. (1983), 459-482; Granovetter, M. (1973), 1360-1380.

[2284] Baker, G.P., R. Gibbons & K.J. Murphy (2002), 39-84; Becker, G.S. (1962), 1-13; Gode, D.K. & S. Sunder (1993), 119-137; Williamson, O.E. (1991b), 269-296.

[2285] Barabasi, A.-L. (2002). Para uma visão mais «passiva» ou «reactiva», cfr. Podolny, J.M. (2001), 33-60.

[2286] Gulati, R. (1995), 619-652; Härdle, W. & A.P. Kirman (1995), 227-257; Kirman, A.P. & A. Vignes (1991); Kirman, A.P. & N.J. Vriend (2001), 459-502.

[2287] Diamond, J. & G. Pintel (1996), 210ss..

[2288] Aldrich, H. (1979); Hannan, M.T. & J. Freeman (1977), 929-964; Hannan, M.T. & J. Freeman (1989) .

[2289] Cartwright, D. & F. Harary (1956), 277-293; Holland, P.W. & S. Leinhardt (1971), 107-124.

gerais, nas quais se designa e legitima a estrutura gestora, a estrutura decisória, da empresa.

Nalguns casos isso resultará de uma fusão de empresas, por troca de acções, e com o fito amigável de proceder a uma integração e a um aumento de escala, possivelmente com aproveitamento de sinergias e de economias de escala. Noutros casos, as «aquisições de domínio» configuram-se como verdadeiros assaltos ao poder estabelecido, suscitando reacções hostis e preventivas por parte dos controladores e gestores ameaçados.

É entre essas atitudes preventivas que podem eventualmente contar-se alguns incentivos à aproximação de interesses entre os controladores-gestores e a própria empresa – porque, assevera-se frequentemente, a ameaça à sobrevivência do controlo é incentivo suficientemente forte para que os gestores não desvalorizem a empresa, ou melhor, os títulos representativos do capital da empresa, já que uma tal desvalorização facilitaria a tomada do poder pelos «assaltantes» – quanto menor o valor da empresa, maior a probabilidade de o «assaltante» recuperar o seu investimento através de uma posterior valorização da empresa adquirida –.

De um outro prisma, sustentou-se até que as ameaças ao controlo das empresas, além de constituírem uma sacudidela no marasmo de uma gestão interessada em maximizar os seus proveitos particulares à custa, e mesmo em detrimento, dos interesses objectivos da empresa, seriam já, por elas mesmas, um factor de valorização da posição dos accionistas – pois não era verdade que a simples disposição de compra maciça de acções para se alcançar o domínio era já um impulso da procura no sentido do aumento do preço de mercado dos títulos, um factor de mais-valias especulativas? E até não seria possível sustentar que a aproximação de um «assaltante», muitas das vezes apoiado em «alavancagem» de capital de risco, constituiria novo fôlego empresarial através da transferência de risco, de empresas em crise para investidores com tolerância pelo risco e com baixa taxa de desconto, investidores capazes de esperar pela modernização e pela reestruturação das empresas visadas?[2290]

Dir-se-ia, em suma, que a susceptibilidade de contestação, através do mercado, das posições de controlo das empresas constituiria por si mesma um incentivo fortíssimo ao aumento da eficiência do controlo na promoção de objectivos gerais de eficiência, de maximização de lucros e de redução de custos de produção.

De certo modo, as lutas pelo poder nas empresas provocam, no mercado de capitais, a formação de uma espécie de leilões em que a disposição de pagar dos contendores é revelada até ao seu limite, em proveito dos potenciais vendedores dos títulos, que são os accionistas. Mais, em condições normais a licitação deverá maximizar as probabilidades de exploração eficiente do recurso licitado, atribuindo eficientemente esse recurso àquele que mais disposto está a pagar por ela; e, presumindo-se que nenhum dos concorrentes está disposto a pagar montantes superiores à sua capacidade de recuperar o montante pago através da exploração da empresa visada (que não haverá «maldição do vencedor»), pagará mais quem se julgar capaz de mais eficientemente retirar proveitos daquela exploração – pelo que parece legítima a conclusão de que a «luta pelo controlo» poderia constituir um meio de promover a maximização da eficiência da gestão das empresas, visto que promoveria a circulação num «mercado do controlo» em direcção aos gestores mais eficientes (presumindo-se que os mais dispostos a pagar pelo controlo não poderiam deixar de ser os mais eficientes).

11 – b) – iv) As aquisições de domínio

Foi em harmonia com essa ideia geral que se multiplicaram, a partir do início dos anos 80 do século passado, as experiências das aquisições de domínio no mercado de valores mobiliários (os «*takeovers*», tanto os amigáveis como os hostis), que se julgava serem experiências susceptíveis de mitigar *exogenamente* os abusos de gestão[2291] e trazer benefícios aos pequenos accionistas, os accionistas «externos»[2292] – embora houvesse desde o início reservas quanto à agressividade de algumas iniciativas, quanto às motivações dos promotores, quanto à viabilidade futura de algumas das empresas envolvidas nessas operações que foram assumindo, com a passagem do tempo, proporções verdadeiramente gigantescas (o que sucederia no rescaldo de uma aquisição maciça? haveria dinheiro para pagar a «alavancagem» do adquirente? haveria forma de recuperar dos esforços defensivos da empresa visada? poderiam todos sobreviver? e o que sucederia aos trabalhadores das empresas adquiridas?).

Os receios eram tanto mais fundados quanto mais era certo que os «*takeovers*» eram manobras financeiras que envolviam gestores e se integravam ainda nas respectivas lutas «darwinistas» pela sobrevivência[2293] – não sendo de esperar que o interesse dos accionistas

---

[2290] É a perspectiva optimista de Merton Miller quanto à área dos «*takeovers*». Cfr. Neves, J.C. (1998), 119.

[2291] Instefjord, N. (1999), 1-22; ERP (2003), 81.

[2292] Walker, M.M. (2000), 53-66.

[2293] Donaldson, G. & J. Lorsch (1983); Donaldson, G. (1994); Jensen, M.C. (1988), 21-48; Jensen, M.C. (1993), 831-880.

estivesse presente nos espíritos dos envolvidos, ou que por uma vez esse interesse ingressasse relevantemente nas estratégias da gestão (o sobre-endividamento é aqui suficientemente revelador dessa irrelevância[2294]); nas vésperas da maré-alta dos «*takeovers*», lembremo-lo, a sensação de segurança e inamovibilidade dos gestores era máxima, e nem sequer ocorria que eles pudessem ser tão extensamente incentivados pela via do mercado[2295].

Em todo o caso, não há dúvida de que foram as muito patentes deficiências na gestão de empresas cotadas em bolsa que, traduzindo-se na perda de valor das acções, tornaram viável a respectiva aquisição em massa, a níveis que poderiam começar a ameaçar o controlo societário – e depois passaram a fazê-lo assumidamente através de ofertas públicas de aquisição de acções, dirigidas a todos os accionistas e permitindo perfazer, numa única operação financeira, o bloco de acções com voto necessário para assegurar a mudança daquele controlo[2296].

Contudo, há que não subestimar a multidão de efeitos perversos que podem insinuar-se na luta pelo poder dentro das empresas – começando pelo extraordinário incremento de riscos que muitas vezes resulta da necessidade que tem o adquirente de se endividar para fazer face aos enormes encargos financeiros que podem resultar do seu «assalto», do que resulta que muitas vezes uma aquisição bem sucedida acaba na «canibalização» da empresa adquirida, num esforço de liquidação que visa satisfazer os encargos das dívidas contraídas na «alavancagem», como se se tratasse de uma proverbial «vitória pírrica», uma vitória sem objecto[2297].

Depois, o próprio «assaltante» pode, por vezes, não ter a intenção real de adquirir o controlo da empresa visada, mas ter tão-somente o intuito de realizar ganhos especulativos:

– por exemplo, adquirindo discretamente acções da sociedade visada, anunciando seguidamente a sua intenção de proceder a compras maciças com o intuito de conquistar o controlo, e aproveitando a valorização dos títulos subsequente ao anúncio, à *oferta não-séria*, para revender com lucro as únicas acções que efectivamente adquiriu: uma prática em que o investidor aproveita ilegitimamente uma assimetria informativa que o privilegia – no caso, o facto de saber que vai proceder ao anúncio público que determinará o aumento da cotação dos títulos – para daí retirar proveitos especulativos, o que novamente integra o expediente, universalmente reprimido, do abuso de informação privilegiada.

– noutro exemplo, adquirindo um lote significativo de acções da empresa visada e ameaçando os respectivos controladores com a possibilidade de avançar para uma aquisição de domínio, mas no caso com o único intento de revender as acções aos controladores a um preço especulativo – afinal, o resgate que eles devem pagar para que ele desista do seu intuito (o chamado «*greenmail*»).

Anos de experiência com «*takeovers*»[2298] demonstraram internacionalmente que mesmo a aquisição consumada não assegura a revitalização das empresas adquiridas – podendo seguir-se, como dissemos, o colapso da «canibalização» ditada pelo endividamento excessivo, agravado pela própria degradação do valor das acções da empresa «assaltante» – se é de uma empresa que se trata –, em razão do excesso de endividamento, ou na melhor das hipóteses uma gestão tão ineficiente como a gestão afastada, norteada pelas mesmas perspectivas de auto-preservação e de enriquecimento pessoal, com o mesmo grau de risco moral no desrespeito pelos interesses sociais – e agora eventualmente os de ambas as empresas envolvidas –[2299]. Só

[2294] Basta pensar-se que, no uso e abuso da «alavancagem», houve uma retirada maciça de acções do mercado, substituídas por obrigações – um movimento calculado num valor de 500 mil milhões de dólares só no período de 1984 a 1990. Cfr. Holmstrom, B. & S.N. Kaplan (2001), 121-122.

[2295] Holmstrom, B. & S.N. Kaplan (2001), 123; Hall, B.J. & J.B. Liebman (1998), 653-691.

[2296] Jensen, M. (1993), 831-880.

[2297] O «assaltante» pode aliás começar por deliberadamente disfarçar os seus intentos até ao momento de formular a oferta de aquisição das acções, não negociando em títulos da empresa visada para não se dar a conhecer naquele mercado específico e evitar que alguém, adivinhando os seus propósitos, se antecipe e especule contra ele (fazendo subir os preços para depois os revender ao «assaltante»). Como entre esses sinais pode estar o endividamento súbito, e em especial o recurso a capital de risco, o próprio «assaltante» pode ver-se limitado nas suas escolhas do modo mais favorável de financiamento, sendo penalizado depois por isso. Cfr. Bris, A. (2002), 227-253.

[2298] Sobre a onda de fusões e aquisições e de transferências de controle, e as ofertas públicas de aquisição e de venda, cfr. ainda: Golbe, D.L. & L.J. White (1988), 265-302; Golbe, D.G. & L.J. White (1993), 493-499; Holmstrom, B. & S.N. Kaplan (2001), 121-144; White, L.J. (2002), 137-160.

[2299] Cabe até perguntar, na ressaca das ondas de «*takeovers*», se essa actividade se revelou em média lucrativa para os seus promotores – sendo muito possivelmente a resposta negativa. Os principais beneficiados terão sido os accionistas das empresas «assaltadas», que puderam liquidar as suas acções ao preço das ofertas públicas de aquisição (um preço obviamente superior à cotação de equilíbrio no momento da oferta), e, mais ainda do que eles em termos proporcionais, os intermediários nessas operações (os consultores, os advogados, os corretores – todos puderam acumular fortunas durante todo este processo). Cfr. Bruner, R.F. (2002), 48-68.

muito ingenuamente se sustentará que os jogos de poder são norteados por ideais altruístas, ou por um desejo objectivo e imparcial de assegurar igualdade de oportunidades no mercado de capitais.

Por seu lado, os próprios controladores das empresas visadas podem, mesmo sob ameaça de perderem o controlo, não alinhar de maneira nenhuma a sua conduta pelos interesses daquelas:

– podem, bem pelo contrário, em atitudes desesperadas de preservação dos seus interesses pessoais, jogar tudo na rentabilidade de curto prazo em detrimento dos investimentos de longo prazo – de forma a simularem momentaneamente um nível de eficiência máxima –;
– podem fazer perder valor de mercado às empresas, ou desmantelar-lhes parcialmente o património, ou genericamente proceder a investimentos que se percam no caso de eles serem afastados, apenas com o intuito de desencorajarem as aquisições sustentadas através de endividamento – a chamada «*pílula envenenada*» que torna mais remota a possibilidade do pagamento das dívidas através da liquidação dos activos das empresas adquiridas (por muito que isso seja lesivo dos interesses dos accionistas minoritários, ou seja, não-controladores[2300] –;
– podem promover uma alteração estatutária que imponha a renovação faseada da administração (a figura do «*staggered board*», impedindo a substituição simultânea de todos os administradores), o que bloqueia a tomada do poder de um só golpe[2301];
– podem salvaguardar os seus rendimentos pessoais estabelecendo indemnizações milionárias para o caso de perderem o controlo – os chamados «pára-quedas dourados»[2302] –;
– podem tentar empreender um «contra-assalto» procurando adquirir o domínio da empresa «assaltante»;
– podem tentar antecipar-se na compra maciça de acções próprias – tentando retirar a empresa do mercado de capitais através do «*management buy-out*» –, recorrendo em qualquer destes dois casos também ao endividamento[2303].

E a enumeração de possibilidades continuaria, indicando infinitas hipóteses de lesão dos interesses das empresas visadas, e dos respectivos accionistas, por parte de controladores prosseguindo as suas estratégias agressivas e defensivas. Num outro plano mais próximo de uma luta pela sobrevivência e de ambientes económicos menos evoluídos ou mais dependentes da tutela política, não será raro que os gestores sejam designados pelas já referidas «redes de influências» que autorizam a pilhagem dos activos das empresas e o recurso indiscriminado a práticas fraudulentas, seja para lesar os interesses dos accionistas «externos» seja para defraudar os credores – sobretudo quando esses accionistas e credores são, num caso ou no outro, entidades públicas sem constrangimentos orçamentais e o ambiente jurídico e judiciário não é especialmente atento e eficiente[2304/2305].

Em última análise, porém, com todos os seus riscos e ineficiências, com os seus não despiciendos «custos de transacção», a luta pelo controlo das empresas é ainda um dos poucos paliativos ao abuso de poder que o controlo proporciona, uma das poucas formas de reconduzir os gestores às tarefas de maximização dos lucros, no interesse dos accionistas.

Insistamos que, em princípio, a agitação no mercado de capitais resultante de grandes compras de empresas, se não estiver associada a simples movimento de fusões e concentrações, há-de representar uma tendência para a circulação dos recursos em direcção àqueles que são, ou se sentem, capazes de optimizá-los, naquilo que representa uma tendência para a formação de um «mercado de empresários», no qual são especialmente procuradas as empresas com maior disparidade entre lucros realizados e lucros potenciais, as empresas menos eficientemente geridas, pela óptica da maximização dos lucros.

Por falível que seja este mecanismo de mercado, ele é todavia mais eficiente, no plano dos incentivos (sobretudo se ele e o sistema jurídico se reforçam mutuamente[2306]), do que todas as rectificações que se tem tentado introduzir na assimetria informativa, na atomicidade, na passividade e até na «propensão para a boleia» que deixam os pequenos accionistas inteiramente à mercê dos sócios controladores; ao menos as lutas pela aquisição de domínio travam-se entre iguais, e não se sabe de antemão quem ganha e quem perde, enquanto que na

---

[2300] Field, L.C. & J.M. Karpoff (2002), 1857-1889.

[2301] Bebchuk, L.A. & J.M. Fried (2003), 74.

[2302] Bebchuk, L.A., J. Coates IV & G. Subramanian (2002), 887-951; Falaschetti, D. (2002), 159-178.

[2303] Tem-se constatado que as atitudes destrutivas de «entrincheiramento» contra as «aquisições hostis» são muito menos frequentes e violentas quando os administradores têm, eles próprios, interesses como sócios – o que novamente espelha o ascendente do «risco moral». Cfr. Lewellen, W.G., C. Loderer & A. Rosenfeld (1985), 209-231; Walkling, R. & M. Long (1984), 54-68.

[2304] Veja-se o muito deprimente e extremo exemplo do «*tunneling*», um somatório de todas essas práticas, nas «economias de transição». Cfr. Johnson, S., R. La Porta, F. Lopez-de-Silanes & A. Shleifer (2000), 22-23, 26; Johnson, S. & A. Shleifer (1999); La Porta, R., F. Lopez-de--Silanes, A. Shleifer & R.W. Vishny (1997), 1131-1150.

[2305] Para uma comparação da eficiência da protecção de accionistas «externos / minoritários» nos sistemas de «civil law» e de «common law», cfr. La Porta, R., F. Lopez-de-Silanes, A. Shleifer & R.W. Vishny (1998), 1113-1155.

[2306] ERP (2003), 75.

falta delas os perdedores estão já determinados, e são fatalmente os pequenos accionistas[2307].

Referíamo-nos agora aos princípios de «governação das empresas» («*corporate governance*»), um conjunto de «boas intenções», não inteiramente realistas ou pragmáticas, que de certo modo tentam extrapolar para o seio das relações de domínio dentro das empresas os tipos de equilíbrios institucionais («*checks and balances*») que asseguram a saúde política das democracias – reclamando transparência na adopção de procedimentos gestionários e na representação dos interesses dos accionistas, como forma de obterem o apoio de um regulador nas suas pretensões de acesso ao mercado (uma espécie de atestado de bom comportamento), e mais genericamente como forma de alcançarem uma boa reputação, devidamente balizada por normas comuns[2308/2309]. Não parece, insistamos, que essas regras consigam, por elas mesmas, fazer mais do que consegue o mercado desregulado, mormente em termos de criação de valor para os accionistas que queiram jogar no mercado bolsista mas tenham receio de serem defraudados apenas pela circunstância de não terem motivação racional para se empenharem a fundo nos meandros da gestão das empresas – protegendo pois esses louváveis interesses privados, sem se exceder em proteccionismos paternalistas que multiplicassem os entraves ao funcionamento desse mesmo mercado, tudo sacrificando, infundadamente, àqueles interesses, contrapondo um mal a outro mal[2310].

Em todo o caso, no início dos anos 90 do século passado já o ímpeto principal da onda de fusões e aquisições se tinha perdido, em larga medida por força da multiplicação de regras e códigos respeitantes à bolsa e às transacções de valores mobiliários que vieram burocratizar e paralisar em larga medida esses mercados – não se sabe em proveito de quem, senão talvez dos burocratas –, mas também por força do declínio dos mercados de «obrigações de alto risco» (os «*junk bonds*»)[2311], das desilusões com as más experiências de «assaltos» a empresas, da própria saturação do mercado com a oferta resultante das privatizações – e, quem sabe, talvez também das próprias condições estruturais do tecido empresarial, visto que há quem sustente que existem *ciclos* de fusões e aquisições que são basicamente determinados por choques sectoriais (alterações da tecnologia, alterações do custo dos «*inputs*», concorrência estrangeira, desregulação do sector) que obrigam à reestruturação endógena ou exógena das empresas desse sector[2312], ideia que de resto nem é inteiramente nova na história do pensamento económico[2313].

[2307] Markham, J.W. (2002).

[2308] ERP (2003), 72.

[2309] Em rigor, o controle exógeno pelo mercado (*take-overs*, etc.) cabe igualmente numa acepção ampla de «*corporate governance*». Cfr. Holmstrom, B. & S.N. Kaplan (2001), 121-122; Mitchell, M.L. & J.H. Mulherin (1996), 193-229.

[2310] Andrade, G., M. Mitchell & E. Stafford (2001), 103.

[2311] Holmstrom, B. & S.N. Kaplan (2001), 132; Comment, R. & G.W. Schwert (1995), 3-44.

[2312] Andrade, G., M. Mitchell & E. Stafford (2001), 107.

[2313] Gort, M. (1969), 624-642; Jensen, M.C. (1986), 323-329; Jensen, M.C. (1993), 831-880; Mitchell, M.L. & J.H. Mulherin (1996), 193-229.

CAPÍTULO 12 – A repartição do rendimento e o mercado dos factores[2314]

> *"Entre os advogados não há um em vinte que alcance tais conhecimentos e excelência na sua profissão que lhe permitam recuperar as despesas em que incorreu para a sua educação, e muitos deles não chegam a recuperar o preço da sua toga, como se diz"* – *"O advogado que, talvez ao aproximar-se dos quarenta anos, começa a ganhar alguma coisa com a sua profissão, deveria receber uma remuneração não só correspondente à sua própria preparação, tão longa e dispendiosa, mas também à de mais de vinte outros que provavelmente nunca nela conseguirão ganhar coisa alguma. Por mais extravagantes que por vezes pareçam os honorários dos advogados, a sua verdadeira retribuição nunca atinge tal valor"* – Adam Smith[2315].

Participar no processo económico é, para cada indivíduo, ocupar um lugar num conjunto de actividades de criação de riqueza, na expectativa de obter uma remuneração que corresponda àquela participação, uma remuneração que seja, pois, uma quota-parte da própria riqueza criada. De uma forma ou de outra, toda a riqueza que chega às mãos dos indivíduos – o seu *rendimento* individual[2316] – há-de ser, num âmbito social, o preciso equivalente do valor da contribuição de cada um para a criação da riqueza total através do processo produtivo, tal como esse equivalente pode ser aferido e «filtrado» por um critério comum de justiça, ou uma regra geral de jogo; e daí que excluir alguém desse processo produtivo equivalha a condená-lo à pobreza, a vedar-lhe o acesso à repartição de riqueza nova, ou seja, à repartição do rendimento[2317].

Os problemas respeitantes à repartição social da riqueza são de um extraordinário melindre por diversas razões, entre as quais avultam as de que:
– é em torno da proporção entre o valor do contributo produtivo, por um lado, e o valor da remuneração atribuída em função desse contributo, por outro, que se joga a maior parte dos problemas respeitantes à justiça, quer na sua dimensão absoluta, quer na relativa – sendo que a fórmula «dar a cada um o que é seu» significa basicamente que cada um se sente justiçado se a remuneração que obtém da sua participação no processo produtivo corresponder àquilo que ele próprio se representa quanto ao valor do seu contributo, ou àquilo que ele pode retirar da comparação com a remuneração de contributos alheios equivalentes; e se sen-

[2314] Arnold, R.A. (2000), 615ss., 657ss., 681ss.; Arroja, P. (1993), 227ss.; Barre, R. & F. Teulon (1997), I, 327ss., II, 5ss., 41ss., 191ss., 215ss., 355ss.; Baumol, W.J. & A.S. Blinder (2000), 329ss., 351ss.; Browning, E.K. & M.A. Zupan (2001), 502ss., 533ss.; Carbaugh, R.J. (2002), 243ss.; Colander, D.C. (1995), 307ss., 332ss., 345ss.; Colander, D.C. (1997), 769ss., 794ss., 820ss.; Drazen, A. (2001), 166ss.; Ekelund, R.B. & R.D. Tollison (2000), 304ss., 328ss., 348ss.; Gregory, P.R. (2001), 119ss.; Gwartney, J.D. & *al.* (2002), 572ss., 592ss., 610ss.; Hardwick, P. & *al.* (1999), 331ss., 351ss.; Heyne, P. & *al.* (2002), 299ss.; Hoag, A.J. & J.H. Hoag (2002), 204ss.; Hyman, D.N.N. (1996), 477ss., 499ss., 515ss., 538ss.; Jacquemin, A., H. Tulkens & P. Mercier (2001), 123ss.; Lipsey, R.G. & *al.* (1999), 316ss.; Mankiw, N.G. (2001), 397ss., 417ss.; Martinez, P.S. (1998), 710ss.; Mathis, S. & J. Koscianski (2002), 515ss., 552ss., 578ss.; McConnell, C.R. & S.L. Brue (2001), 518ss., 533ss.; McConnell, C.R. & S.L. Brue (2001b), 278ss., 299ss.; Miller, R.L. (2002), 605ss., 628ss., 649ss.; Nicholson, W. (2001), 635ss., 666ss., 690ss.; O'Sullivan, A. & S.M. Sheffrin (2002), 332ss.; Parkin, M. (1999), 357ss., 376ss., 406ss., 427ss.; Perloff, J.M. (2000), 545ss., 583ss.; Pindyck, R.S. & D.L. Rubinfeld (2000), 513ss., 545ss.; Porto, M.C.L. (2004), 201ss., 255ss.; Samuelson, P.A. & W.D. Nordhaus (2001), 225ss., 243ss., 267ss.; Schiller, B.R. (2004), 161ss.; Slavin, S.L. (2001), 623ss., 645ss., 665ss.; Slavin, S.L. (2001b), 303ss., 325ss., 345ss.; Sloman, J. (2002), 215ss.; Sowell, T. (2001), 127ss., 149ss., 167ss.; Spencer, M.H. & O.M. Amos Jr. (1993), 598ss., 614ss.; Stanlake, G.F. (1993), 45ss., 358ss., 390ss., 413ss., 423ss.; Stiglitz, J.E. & C.E. Walsh (2002), 199ss., 226ss., 454ss.; Taylor, J.B. (2001), 284ss.; Wessels, W.J. (2000), 368ss., 386ss., 404ss.

[2315] "Lectures on Jurisprudence. Report Dated 1766" (LJ(B)), *in* Smith, A. (1978), 495; Smith, A. (1976b), 123 (=I, 243).

[2316] Na definição «*Haig-Simons*», *Rendimento* há-de ser o valor monetário do aumento líquido do poder aquisitivo de um indivíduo durante um determinado período. Cfr. Rosen, H.S. (2002), 337.

[2317] Para uma panorâmica dos problemas e perspectivas actuais sobre a repartição, cfr. ainda a antologia: Sattinger, M. (org.) (2001).

tirá injustiçado se houver uma disparidade entre remuneração e avaliação subjectiva e comparativa do próprio esforço participativo, e mais injustiçado ainda se uma disparidade comparativa resultar da uma apropriação ilegítima daquilo que «é seu», ou seja, se considerar que a vantagem remuneratória de outros é obtida à custa do sacrifício da sua própria remuneração;

– é na repartição das riquezas que se verificam as mais graves distorções de todo o processo produtivo, porque não há praticamente limite superior àquilo que cada um pode querer reclamar, ou captar, do total da riqueza criada, nem limite inferior que, desligando-se de uma simples desvalorização social do contributo individual para o processo produtivo, atenda ao menos ao imperativo de satisfação de necessidades básicas de sobrevivência daquele que teve o mérito de se esforçar por não ser excluído – sendo por isso que se assiste a gritantes disparidades no acesso à riqueza nova, que reverte a favor de uns em proporções maciças, que não raro ultrapassam em muito a capacidade de consumo normal, ou até de consumo exorbitante, dos beneficiados, e exclui outros, condenando-os à mais abjecta miséria, muito aquém de possibilidades de consumo compatíveis com uma existência saudável e condigna, ou compatíveis até com a sobrevivência;

– a consciência da justiça e dos imperativos da igualdade e da solidariedade podem impor socialmente rectificações institucionais ao jogo livre das forças que determinaram as remunerações dos diversos contributos para o processo produtivo, chocando-se, pois, com as regras de mercado e com a eficiência dos seus automatismos – com todos os riscos que já percebemos estarem conexos com um tal tipo de interferência –; e, no entanto, subsistem diferenciais remuneratórios que não podem deixar de ser atribuídos à diferente avaliação social que, difusamente embora, é formulada no mercado a propósito do valor de cada participação individual no processo produtivo.

Lembremos também que uma perfeita igualdade de remunerações impediria uma das funções dos preços, que é a de assinalarem através do mercado a relativa escassez ou abundância dos recursos; e que a perfeita igualdade das remunerações dificultaria, assim, a especialização e a complementaridade, desincentivando o investimento em capital humano[2318].

Sublinhemos de passagem que existe muita relutância, da parte da ciência económica, em abordar estes temas da «justiça económica», que reclamam o recurso às perspectivas de outras disciplinas, que «contaminam» a «pureza» do raciocínio económico com juízos de valor e proposições prescritivas, que acordam «velhos fantasmas» de debates ideológicos e políticos dilacerantes ao serviço dos quais o pensamento económico quase foi reduzido à servidão. Em todo o caso, como o tema é inescapável para quem pretenda desenvolver uma abordagem minimamente realista do fenómeno económico, vamos ver que a ciência económica acaba por empenhar-se no estudo do tema – ainda que, por cautela, procure não se afastar de proposições básicas e analíticas, procurando estudar as opções sociais, morais, jurídicas tal como elas se manifestam, sem se pronunciar veementemente contra nenhuma, salvo quando elas ultrapassam as fronteiras do racional e humanamente aceitável. Para isso, a ciência económica conta com a ajuda dos seus próprios desenvolvimentos noutras áreas temáticas: por exemplo, a teoria do consumidor permite acalentar a esperança de que seja possível discernir preferências reveladas por um grau de justiça (nomeadamente na «ausência de inveja» entre destinatários finais da repartição, no equilíbrio comparativo com que individualmente cada um afere os resultados dessa distribuição[2319], ponderado pela heterogeneidade das «preferências fundamentais» que separam entre si as várias capacidades individuais de fruição dos resultados da repartição de riquezas, sejam aquelas que são inicialmente condicionadas pelo ambiente social e pela educação, sejam também aquelas que vão evoluindo com o desenvolvimento geral do contexto social ou com as oscilações, ao longo do ciclo de vida, do rendimento disponível)[2320].

Para que não se caia na tentação de atribuir a uma casualidade injusta a existência de diferenciais remuneratórios, de disparidades na repartição, temos que perceber que é o próprio mercado que começa por remunerar diferenciadamente, de acordo com as suas simples e habituais regras de funcionamento.

Por exemplo, será por acaso genético que uma mulher é dotada de aptidões que lhe permitirão ser uma extraordinária cantora lírica, mas também é por um acaso que outra mulher será especialmente dotada para a descoberta de teoremas matemáticos: só as regras de mercado permitirão descortinar a razão pela qual a primeira alcançará normalmente uma remuneração muito superior – por vezes incomensuravelmente superior – àquela que caberá à segunda[2321].

[2318] Welch, F. (1999), 1.

[2319] Pazner, E. & D. Schmeidler (1978), 671-687.

[2320] Brams, S.J. & A.D. Taylor (1996); Fleurbaey, M. (1995); Foley, D. (1967), 45-98; Kolm, S.-C. (1997); Moulin, H. (1995); Roemer, J.E. (1996); Varian, H.R. (1972), 63-91; Young, H.P. (1994).

[2321] Para um conspecto geral da «economia da desigualdade», cfr. Ackerman, F.N., L. Dougherty & N.R. Goodwin (orgs.) (2000).

Cada um de nós poderá, confrontado com essa disparidade de rendimentos, *emitir a opinião* de que ela é injusta; mas poucos serão aqueles que *agirão em conformidade* para evitar que essa injustiça se perpetue, o que poderiam fazer preferindo a compra dos livros que a segunda publica à compra dos bilhetes para os recitais que a primeira dá. Muita da injustiça que lamentamos é consequência inevitável, ainda que não intencional, da expressão livre das nossas preferências através do mercado. Não *temos que ser justos* nas nossas escolhas nem somos penalizados pelo mercado pelo facto de o não sermos, mas isso não significa que *não possamos* inserir a justiça na ponderação da nossa escala de preferências e não possamos condicionar as nossas escolhas por forma a revelarmos através delas as nossas convicções, até mesmo a nossa militância.

Pese embora a tendência da escola neoclássica para apresentar a questão como uma *fatalidade*, como uma decorrência mecânica do simples jogo de oferta e procura no mercado dos produtos – fugindo à inflamação ideológica que, em torno da «questão social», agitou a economia, a filosofia e a política nos séculos XIX e XX, conduzindo por vezes a soluções totalitárias –, o facto é que qualquer um poderá constatar que muito do que resulta da distribuição da riqueza está à mercê da nossa vontade, das nossas opções, das nossas escalas de valores – sendo precisamente a isso que nos referíamos quando inicialmente apontávamos para a relevância económica das instituições, jogando-se muita da viabilidade e significado do paradigma *institucionalista* na admissão dessa margem de rectificação voluntária que somos capazes de impor aos resultados dos jogos cujas regras começámos por aceitar (e cujos resultados deveríamos acatar se *procedimentalmente* nos ativéssemos apenas à contemplação da *regularidade legitimadora* com que o jogo tivesse decorrido). Dito mais sucintamente, a repartição de riquezas não se desenvolve num *vácuo político*, e seria irrealista fazer tábua-rasa das suas múltiplas implicações valorativas e até *paradigmáticas*, ainda que a *objectividade* da análise económica reclame a suspensão metódica dessas cogitações[2322].

Talvez seja este o momento mais adequado para sublinharmos uma das «dez ideias para reflectir»: a economia assenta num quadro de referência de decisões individuais, e apela a uma racionalidade «procedimental» (neutra perante os valores que essas decisões servem).

Dito isto, passemos em revista a teoria neoclássica dos mercados dos factores – e em especial do mercado

de trabalho –, cientes de que essa teoria, centrada como está no funcionamento mecânico das leis de mercado e na promoção da eficiência através delas, deixa muito a desejar em termos de uma explicação unitária e panorâmica daquilo que se joga neste capítulo da repartição da riqueza.

12 – a) A remuneração dos factores

Parece claro que as desigualdades verificadas na remuneração de factores são geradas pela lei de oferta e procura no mercado de factores, no qual são oferecidos os meios de que depende a substância e a dinâmica do processo produtivo: o trabalho, os factores naturais e matérias-primas (sucintamente, o factor «terra»), o capital e o factor empresarial. Os factores serão tanto melhor remunerados quanto mais escassa for a respectiva oferta, ou quanto mais intensa for a respectiva procura – e, inversamente, serão tanto pior remunerados quanto mais abundantemente forem oferecidos ou quanto mais escassamente forem procurados –, visto que a remuneração dos factores é essencialmente um *preço* que lhes corresponde.

A lei da oferta e da procura opera no mercado dos factores de um modo que é praticamente igual ao do seu funcionamento no mercado dos produtos, com a única excepção de que aqui a interdependência entre os dois tipos de mercados se torna mais evidente, designadamente na forma como a procura de factores depende em absoluto da procura dos bens e serviços que os factores contribuem para produzir.

O declínio na procura de máquinas de escrever e o aumento da procura de computadores para desempenharem, entre outras, as funções que eram asseguradas por aquelas explica porque é que declinou, se não desapareceu mesmo, a procura de técnicos e operários especializados na produção de máquinas de escrever, o valor dos espaços físicos dedicados à sua produção e da maquinaria e instrumentos necessários àquela produção, e porque é que, pelo contrário, houve tão significativos incrementos na procura dos factores de produção necessários à produção de computadores.

Os meios de produção, sendo meramente *instrumentais* na produção de bens e serviços, não são procurados por eles próprios, visto que a configuração que os torna úteis como factores do processo produtivo os inutiliza, na maior parte dos casos, para satisfazerem directamente as necessidades dos consumidores, isto é, dos destinatários últimos do processo produtivo, os

[2322] Van der Linden, J.T.J.M. & A.J.C. Manders (orgs.) (1999).

quais são ao mesmo tempo a primeira fonte da remuneração, no momento em que pagam os produtos que adquirem.

Diz-se, por isso, que para os factores de produção não existe senão uma procura *derivada*.

12 – b) A procura de capital e de factores naturais

O capital é o conjunto de bens que foram produzidos com vista a auxiliarem a produção de outros bens – ou seja, o conjunto de bens instrumentais (estruturas, máquinas, ferramentas) que coadjuvam o esforço laboral, potenciando-o –[2323].

O valor do capital varia conforme a decisão do empresário se dirija à utilização do capital por via da respectiva aquisição ou da sua mera locação. A locação do capital há-de ser remunerada através de um equilíbrio entre oferta e procura de bens de capital, ou, o mesmo é dizer, dos meios financeiros através dos quais é possível adquirir o capital. Como veremos melhor a propósito da remuneração do trabalho – em que o figurino contratual básico é o da *locação* –, a racionalidade de uma empresa competitiva e maximizadora dos lucros é a de recorrer à locação de bens de capital até que a remuneração requerida pelo uso desse capital iguale ou exceda o rendimento marginal que se espera do respectivo emprego, o que equivale a dizer que a curva da procura do factor de produção capital espelha a respectiva produtividade marginal, a sua susceptibilidade de incrementar o rendimento.

Se o empresário porventura optar pela aquisição do capital, o seu cálculo torna-se mais complexo, no sentido de que a igualdade entre preço e valor do produto marginal tem que se espraiar por sucessivos períodos, tantos quantos os da vida útil dos bens adquiridos, envolvendo pois uma previsão ou projecção quanto ao valor esperado no futuro para o produto marginal correspondente aos bens de capital – o que implica uma ponderação da relação entre taxa de desconto e taxa de juro, da relação entre custos de oportunidade das diversas aplicações possíveis de recursos de capital e, no caso das sociedades anónimas, da relação entre capital accionista e endividamento (o «nível de alavancagem»).

A procura de capitais por um empresário num mercado competitivo dependerá apenas da determinação do ponto em que a produtividade marginal decrescente do capital se cruza com o preço de mercado desses capitais – preço que para essa empresa atomística é fixo. Se a empresa for monopsonista ou oligopsonista no mercado dos factores, então o cálculo passa a abarcar a premissa de que os preços são crescentes, o que induzirá a empresa a um subemprego de capitais.

Do ponto de vista do sector produtivo como um todo, a procura de capitais tenderá a ser mais inelástica, visto que a este nível é já possível apreciar o facto de a intensificação no emprego de capitais incrementar a produção, baixar os preços dos bens e serviços finais, e por isso reduzir ainda mais a produtividade marginal dos capitais utilizados.

O capitalista que não disponha de poder de mercado venderá ou cederá temporariamente os seus capitais em função do correspondente custo marginal. A cedência temporária suscita, contudo, o problema do cálculo da forma pela qual o custo total desses capitais deve ser distribuído por sucessivos actos de cedência. Neste âmbito, curto prazo será aquele dentro do qual se considera que está fora de cogitação a aquisição de novos bens de capital, limitando-se o capitalista a ceder, com relativa inelasticidade, aqueles de que já dispõe; sendo longo prazo aquele em que é possível ao capitalista adquirir novos bens com vista à sua cedência temporária, com maior elasticidade, a troco de um juro.

No curto prazo, o custo marginal da cedência de capitais resultará da depreciação dos bens – já que o uso e a simples passagem do tempo fazem perder valor aos bens de capital – e de eventuais custos de transporte, manutenção e reparação, se estes correrem por conta do cedente, além dos custos administrativos da gestão das operações conexas. Sendo esses custos relativamente fixos e a quantidade de bens a ceder limitada – o que acontece por definição no curto prazo –, a oferta de capitais será infinitamente elástica até esse limite: ou seja, o capitalista estará disposto a ceder todos os seus capitais aos juros correntes, se eles excederem os custos marginais. No caso de não excederem, a cedência dos bens de capital ficará fora de cogitação, e o capitalista estará disposto a vender os seus capitais como equipamentos usados – saindo do mercado de factores depois disso.

No longo prazo, o capitalista adquirirá novos capitais, com vista à sua cedência, em função:

– do respectivo custo de oportunidade, devendo o capitalista calcular se não poderá obter remunerações mais elevadas noutras aplicações financeiras;
– da depreciação total dos bens, a diferença entre o seu valor de aquisição e o seu valor de venda para a sucata;
– dos custos totais de transporte, de manutenção e reparação, e outros, ao longo de toda a vida esperada desses bens.

[2323] Sobre a definição económica de «capital», e respectiva incidência tributária, cfr. Sanches, J.L.S. (2000c), 151-162.

Todos estes custos totais têm depois que ser periodificados – divididos por períodos – e ser-lhes aplicada a *taxa de desconto*, de forma a permitirem a comparação com os juros que poderiam ser recebidos em cada período.

Se a empresa, em vez de recorrer ao uso precário e temporário de capital alheio, decide investir ela mesma na aquisição de capitais próprios, é a ela que caberá fazer os cálculos correspondentes à ponderação entre o custo marginal e o rendimento marginal esperado dessa decisão de investimento. A durabilidade dos bens de capital adquiridos pela empresa pode ser levada em conta por um de dois métodos:

1. o do valor presente dos ganhos esperados, ou seja, o da conversão em valores presentes dos ganhos totais que possam derivar da decisão de compra – o que é conseguido aplicando-se a *taxa de desconto* ao valor futuro dos ganhos esperados, equivalente (mas marginalmente superior) aos juros compostos que se obteriam numa aplicação financeira sucedânea;

2. o da taxa de retorno do investimento, o método da «eficiência marginal do capital», que consiste em calcular-se com precisão aquela *taxa de desconto* que faria equilibrar as receitas e os custos do investimento, retirando-se a conclusão de que um investimento é vantajoso se a taxa de juro praticada no mercado de capitais é inferior àquela taxa de desconto – sendo, recordemo-lo, a taxa de desconto de que se parte tanto mais elevada quanto mais longo for o período considerado, e maiores forem as incertezas envolvidas.

Quanto aos factores naturais, a respectiva *renda* – agora em sentido próprio de «rendimento fundiário», e não no de «renda económica» – resulta igualmente do encontro de oferta e procura, com a única especialidade da imobilidade desses factores, que tende para determinar alguma inelasticidade da respectiva oferta[2324]. Pode mesmo pôr-se a questão de saber se o factor terra não é sempre fixo, sendo as variações temporais na respectiva produtividade fruto apenas da aplicação de capitais, que artificialmente interferem na fertilidade daquele factor.

A entender-se assim, a *renda* poderia resultar essencialmente de dois vectores:

1. da remuneração dos capitais aplicados na exploração fundiária;

2. da «renda económica» – a ricardiana «renda fundiária diferencial» – decorrente das diferentes produtividade natural e localização geográfica das terras, e das oscilações no rendimento marginal dessas terras, derivadas por sua vez das variações na procura dos bens finais produzidos com esses factores naturais, contrapostas a uma oferta virtualmente inelástica[2325].

12 – c) A oferta e a procura de trabalho

O factor produtivo trabalho continua a ser, mesmo nas economias tecnologicamente mais sofisticadas, o factor preponderante, especificamente no sentido de que cabe ao trabalho a maior quota-parte na repartição do rendimento total gerado pelo processo produtivo – ainda que, muito naturalmente, ao reconhecer-se que isso se deve ao facto de ser o trabalho o factor através do qual a esmagadora maioria da população participa no processo produtivo, se compreenderá que essa quota-parte que cabe ao trabalho, que é a mais volumosa em termos absolutos, tenha que ser dividida por números muito maiores do que aqueles pelos quais se procede à divisão do total que remunera o capital, a terra e o factor empresarial, daí resultando a tendência para que a remuneração que chega aos indivíduos seja em média inferior na parte que respeita ao trabalho do que na parte que se reporta aos demais factores de produção.

A procura, pelas empresas, do factor de produção trabalho é, como dissemos, uma procura derivada. Mesmo naquelas empresas prestadoras de serviços em que o trabalho prestado aos consumidores é já um produto final, há que não esquecer que esse tipo de trabalho só se torna útil em combinação com outros factores de produção, pelo que antes que essa combinação se verifique o trabalho continua a ser objecto de uma procura derivada: por exemplo, o serviço prestado por um

---

[2324] Embora, como veremos adiante, seja errado tentar-se extrapolar da imobilidade geográfica do «factor terra» para a inelasticidade da oferta de produtos da terra, o que é patentemente desmentido pela «revolução agrícola» dos últimos 50 anos.

[2325] David Ricardo assentava na sua «Teoria da Renda» o seu principal argumento livre-cambista: não havendo comércio internacional, os produtores agrícolas internos vão retirando benefícios das expansões da procura alimentar decorrentes do crescimento demográfico. Dado que esse aumento da procura vai defrontar-se com uma oferta limitada por rendimentos marginais decrescentes, traduzida na entrada no mercado de produtores «marginais» atraídos pelas subidas de preços, os agricultores mais eficientes vêm os seus «excedentes do produtor» aumentar muito para lá da sua disposição mínima de vender (um aumento de bem-estar «capturado» aos consumidores, cujos excedentes vão diminuindo correspondentemente). A forma de evitar esse desequilíbrio – que, no entender de Ricardo, era injustificado e revestia aspectos de parasitismo – seria, muito simplesmente, a abertura das fronteiras e a importação de produtos agrícolas a preços mais baixos do que aqueles que resultavam da resposta interna à pressão demográfica, devolvendo algum do bem-estar aos consumidores e reduzindo-o aos produtores internos, retirando-lhes a «renda fundiária diferencial». Cfr. Chavas, J.-P. (1993), 451-469.

taxista pode ser muito valioso, mas obviamente pressu-põe que o serviço seja prestado num táxi, e que o táxi disponha dos meios para circular, sendo óbvio que um taxista apeado de nada vale enquanto taxista.

Sublinhemos, pois, que a procura de mão-de-obra depende não apenas do rendimento do empregador, da procura derivada de factores que seja estimulada no mercado dos produtos, mas também dos preços dos factores que devam ser combinados com o trabalho, e mais genericamente da estrutura de custos que seja possibilitada pelo estádio tecnológico em que se encontra a produção.

Para analisarmos o funcionamento do mercado labo-ral, comecemos pela hipótese mais simples, a da con-tratação de trabalhadores por uma empresa que seja competitiva e atomística tanto no mercado dos produ-tos como no mercado dos factores. Isso significa, como sabemos, que essa empresa é «*price taker*» em ambos os mercados, isto é, que, não tendo o poder para influ-enciar unilateralmente os preços de mercado (tanto o dos *produtos* como o dos *factores*), interage com estes como se de *dados*, de valores invariáveis, se tratasse; e significa também que pressupomos a sua motivação maximizadora de lucros, ou seja, que a sua decisão de produzir mais ou menos bens ou serviços, de admitir ou despedir mais ou menos trabalhadores, é essencial-mente um resultado colateral do esforço fundamental de maximização de lucros.

Para não complicarmos a nossa análise com a consi-deração de elementos de rigidez e de «viscosidade» que, como veremos adiante, são comuns no mercado laboral, pensemos num caso de contratação simples e flexível, a do trabalhador jornaleiro, «ao dia».

– Imaginemos o caso de uma empresa de camionagem, que dispõe de um quadro exíguo de condutores perma-nentemente contratados e todos os dias recorre aos ser-viços de condutores que aparecem a oferecer os seus préstimos: uma tal empresa poderá responder com agili-dade máxima à evolução das circunstâncias de mercado que afectem a dimensão ideal da mão-de-obra que utili-za. Imaginemos também que ela é «*price taker*» tanto no mercado da camionagem – no qual oferece serviços – como no mercado dos factores, no qual procura e adqui-re camiões, combustível, pneus, e também a força de trabalho de camionistas.

– A decisão de contratar ou não mais ou menos «jornalei-ros» resultará do impacto do volume de mão-de-obra no nível de produção, o que deverá ser analisado sob o pris-ma, já nosso conhecido, da utilidade marginal. Como será fácil de imaginar, dado que a decisão de contratar tem que se tomada no curto prazo, a empresa de camio-

nagem defronta-se com a produtividade marginal decrescente dos trabalhadores que contrata: por exem-plo, poderá ser aconselhável, num dia de grande activi-dade, contratar mais um ou dois trabalhadores do que o número de camiões da sua frota, para servirem de sub-stitutos numa emergência, mas não será útil ir muito além disso, porque nada ganha em ter trabalhadores parados, ou em colocar mais do que um condutor por camião – sendo que não é de esperar que, no espaço de um só dia, aumente a frota dos camiões ou o número ou volume dos armazéns de embarque e desembarque da mercadoria, pelo que eles são, para este efeito, factores fixos.

– Isto significa que, à medida que contrata mais trabalha-dores, e ao menos a partir de certo momento, a empresa de camionagem se apercebe de que cada nova contrata-ção contribui para um aumento do produto total em quantidades inferiores às que resultaram da contratação imediatamente anterior, e assim sucessivamente – isto, lembremo-lo também, não tem a ver necessariamente com a qualidade dos trabalhadores que vão sendo con-tratados, embora também se possa admitir que a empre-sa começa por contratar os mais aptos; mais frequente-mente terá a ver com a importância das tarefas que vão sendo atribuídas, sendo que os primeiros a serem contra-tados vão destinados às mais urgentes ou lucrativas, e os últimos são relegados para as tarefas menos urgentes ou menos compensadoras –[2326].

– A empresa de camionagem, a cada novo jornaleiro que admite, tem que ponderar se aquilo que esse trabalhador acrescenta ao lucro da empresa é superior àquilo que se lhe paga: ser-lhe-á obviamente lucrativo continuar a contratar enquanto essa condição se verificar, devendo interromper a contratação quando tal deixe de suceder. Mas para poder determinar ao certo os montantes em causa, faltará ainda à empresa apurar o valor do produ-to marginal, ou seja, calcular em moeda o valor do pro-duto que a admissão de mais um trabalhador acrescenta ao total produzido pela empresa – pois só assim se tor-nará possível confrontar o *ganho* advindo da contrata-ção com o *custo* a ela inerente, sendo a tarefa facilitada pela circunstância de a empresa, enquanto «*price taker*», lidar com preços que, para ela, são invariáveis.

– Suponhamos que, a preços de mercado, a contratação de um condutor custa à empresa 75 Euros por 10 horas de trabalho, e que nessas 10 horas é possível à empresa, suportados todos os custos – menos o do pagamento ao trabalhador – acrescentar 100 Euros aos seus lucros – sendo 100 Euros, no caso, o valor do produto marginal –: contratado o trabalhador, a empresa vê os seus lucros aumentarem 25 Euros (100 – 75), e a contratação afigu-ra-se claramente vantajosa. Suponhamos agora que a

[2326] Araújo, F. (2001c), 192.

próxima tarefa significaria, para a empresa, a entrada de apenas 65 Euros em lucros novos por 10 horas de serviços; a manter-se o mesmo custo de 75 Euros pela contratação, por 10 horas, de um novo condutor, essa contratação significaria já um prejuízo marginal de 10 Euros (65 – 75), e portanto uma redução do lucro total, incompatível com o desígnio geral da maximização do lucro. Em suma, esse novo candidato não seria contratado para trabalhar naquele dia.

Enunciemos esta atitude racional em termos mais genéricos: enquanto o valor do produto marginal for superior ao nível de mercado dos salários – podendo ambos ser calculados por referência a uma base horária, por exemplo, para facilitar a comparação – justifica-se a contratação, devendo a procura de novos trabalhadores terminar quando o valor do produto marginal for já inferior ao nível salarial. Na intersecção das curvas que respectivamente representam o valor decrescente do produto marginal e o valor (constante) de mercado dos salários é que se encontra o ponto maximizador, isto é, a quantidade de trabalho que a empresa deve contratar com vista a maximizar os seus lucros – sendo também, em princípio, o ponto no qual a empresa vende a um preço igual ao do custo marginal –. Na medida em que a contratação se faça em termos subordinados ao objectivo da maximização do lucro, a curva do rendimento marginal do empregador é que ditará a curva da procura de mão-de-obra: enquanto o nível salarial for inferior ao rendimento marginal, a admissão de mais trabalhadores contribuirá para aumentar os lucros do empregador.

Temos assim, portanto, que uma empresa competitiva e maximizadora de lucros contratará trabalhadores até que o valor do produto marginal seja igual ao dos salários. Podemos acrescentar agora que, se as empresas maximizadoras de lucros procuram sempre trabalhadores até ao ponto em que o valor do produto marginal é igual ao nível de salários, então a função que correlaciona a procura de trabalhadores com as variações de níveis de salários será correspondente à própria curva que representa o valor decrescente do produto marginal – a curva da procura de trabalhadores será a própria curva do valor do produto marginal. Além disso, uma subida de preços permitirá perceber em que medida a procura dos factores é uma procura *derivada*: a subida do preço dos produtos faz subir igualmente o valor do produto marginal do trabalho a qualquer nível de emprego, e por isso determina que a procura de trabalhadores aumente a qualquer nível salarial. Uma subida de preços dos produtos significa, em princípio, maior nível de emprego, uma descida de preços implicará quebra de emprego – uma relação que veremos mais tarde extrapolada para o nível macroeconómico.

Encarada a questão da perspectiva do mercado como um todo, podemos agora associar duas asserções: o salário de equilíbrio ajusta a oferta e a procura do factor de produção trabalho, e o salário de equilíbrio reflecte o valor do produto marginal do trabalho para cada uma das empresas que entre si disputaram, do lado da procura, esse factor de produção. Aquela associação tem corolários que não são inteiramente intuitivos, como o de que qualquer alteração na intersecção de oferta e procura de trabalho no mercado deve alterar na mesma proporção o valor do produto marginal do trabalho, dada a necessária identidade de valores. Como é que isso se passa? Por um mecanismo que nos é já familiar: um aumento do número de trabalhadores faz, *ceteris paribus*, descer o nível salarial que se pratica no mercado, e isso induz as empresas à contratação de mais trabalhadores ainda, só que esta ainda sujeita aos efeitos da produtividade marginal decrescente – contratar mais trabalhadores é fazer com que o último trabalhador tenha menor produtividade marginal do que o último trabalhador que seria contratado a níveis salariais superiores –; e é esta a razão pela qual a queda dos salários acaba acompanhada da queda do valor do produto marginal, como se enunciou.

Inversamente, uma diminuição do número dos trabalhadores tenderá para o aumento do nível de salários, o qual por seu turno provocará um aumento proporcional do valor do produto marginal. Começa aqui a entrever-se o interesse que os trabalhadores estabelecidos têm em colocar barreiras corporativas à entrada de outros trabalhadores, visto que isso faz subir os salários: suponha-se que os trabalhadores do quadro obtinham do poder político a proibição do recurso a jornaleiros no sector da camionagem, ou que os jornaleiros obtinham do mesmo poder político a imposição de uma regra de preferência, na selecção diária, pelos trabalhadores mais antigos – essa restrição na oferta de mão-de-obra conduziria a um aumento do salário de equilíbrio, acompanhada de uma subida da produtividade marginal, isto é, do produto marginal do último contratado. Aliás, o mesmo mecanismo, mas em sentido inverso, poderia reconstituir-se a partir da hipótese do aumento da procura de trabalhadores, aumento que se traduziria no imediato aumento do valor do produto marginal – bastando lembrarmos que esse valor é calculado com os preços praticados no mercado dos produtos – e arrasta consigo a subida do nível de salários, chegando-se também por esta via a uma nova posição de equilíbrio.

Se nada disto se afigura assim tão nítido na prática, isso deve-se ao facto de a modelação das condições de liberdade no mercado de factores ficar algo dificultada com a multiplicação, sobretudo na segunda metade do século XX, de interferências estaduais, mormente a proliferação de entraves jurídicos à mobilidade dos factores – pelo que a reconstituição das condições «ideais» de eficiência nesses mercados[2327], até para se detectar o que havia neles de verdadeiro potencial de funcionamento ou de «falha de mercado», têm muitas vezes de voltar a sua atenção para a experiência histórica, pagando extenso tributo às balizas institucionais e aos constrangimentos políticos, por mais circunstanciais ou efémeros que sejam[2328].

12 – c) – i) A produtividade laboral

Uma forma mais simples de designar o fenómeno que analisávamos é a de afirmar que os salários acompanham a produtividade, tal como ela pode ser medida no mercado dos produtos; maior produtividade traduz-se em mais elevados salários, e menor produtividade implica precisamente o contrário. É essencialmente o incremento de produtividade do trabalho – traduzido, na óptica dos consumidores, num aumento do valor dos produtos – que explica uma subida de salários reais, o aumento do poder de compra propiciado pelos salários – um incremento superior à taxa de inflação, portanto –, e em última instância uma melhoria do bem-estar dos consumidores. É, pois, esse aumento de produtividade que subjaz à face mais palpável do progresso económico; e é a diferença de níveis de produtividade laboral que fundamentalmente explica a própria diversidade internacional de níveis de prosperidade.

Mas o que é que determina a produtividade, e portanto também a sua desigual manifestação intertemporal e internacional? Como melhor veremos adiante, é essencialmente a disponibilidade de três tipos de dotações:

- o capital (físico), ou seja, o acervo de bens intermédios e instrumentais que, combinados com o trabalho, lhe potenciam o rendimento;
- o capital humano, isto é, o nível de educação e de capacidade de conversão de conhecimentos na optimização de formas produtivas;
- a tecnologia, o próprio conhecimento relativo a formas optimizadoras de produção e de prestação de trabalho.

Numa formulação sucinta e ampla, diremos que a remuneração, não apenas do trabalho mas também dos factores naturais e do capital, acompanha o valor do produto marginal que cada um determina no processo produtivo. O produto marginal de qualquer factor produtivo depende, por sua vez, da quantidade disponível desse factor, em termos de o preço de mercado de cada factor ser inversamente proporcional à quantidade disponível desse factor.

A este propósito, não pode esquecer-se o já mencionado facto de quase todas as utilizações possíveis de um factor de produção envolverem o uso combinado dos demais factores, sendo por isso que a escassez ou abundância de um pode determinar alterações na remuneração não apenas dele próprio mas também na dos demais factores, dada a *complementaridade* entre eles:

- um incêndio na garagem da empresa de camionagem destrói metade da frota: a escassez de camiões fará com que a remuneração do uso desses bens de capital suba, mas a mesma circunstância faz com que sejam necessários menos condutores, o que fará diminuir os salários; e tornará desnecessária metade do espaço que era anteriormente utilizado para garagem, reduzindo a remuneração dos factores naturais, das instalações, disponibilizados para o efeito;
- noutra hipótese, uma mobilização geral faz reduzir o número de pessoas disponíveis para trabalharem no sector da camionagem, seja como efectivos, seja como jornaleiros: *ceteris paribus*, os salários aumentarão, a remuneração dos bens de capital, os camiões, decairá – tendo passado a haver demasiados camiões para o número de condutores disponíveis –, sendo também provável que decaia o valor das rendas – se for possível abater o excedente da frota de camiões, passa a ser necessário menos espaço para armazéns, garagens e oficinas –.

Sublinhemos neste ponto uma das vinte ideias a reter depois do exame final: O rendimento das pessoas é maioritariamente fixado em função do valor dos recursos produtivos que fornecem ao mercado.

Cabe também realçar a importância da elasticidade da procura de mão-de-obra pelas empresas – elasticidade que depende de três factores básicos:

- o carácter mais ou menos intensivo da exploração do recurso «trabalho» na produção – muito intensivo no artesanato, nas manufacturas, pouco intensivo nas cadeias de montagem robotizadas, por exemplo –;
- a substituibilidade de trabalho por capital – a possibilidade tecnológica de se dispensar trabalhadores, substituindo-os por máquinas –;

[2327] Freeman, R.B. & J. Medoff (1984); Hirschman, A.O. (1970).

[2328] Boal, W.M. (1995), 519-536; Brody, D. (1980); Corbin, D. (1981); Fairris, D. (1995), 494-529; Fishback, P.V. (1992); Fishback, P.V. (1992b), 346-365; Fishback, P.V. (1998), 722ss.; Kaufman, B. (1993); Laslett, J. (org.) (1996); Montgomery, D. (1987); Nelson, D. (1982), 335--357; Seltzer, C. (1985).

– a própria elasticidade da procura dos produtos para os quais o trabalho contribui.

Note-se que a tendência generalizada da evolução tecnológica tem sido a do aumento sustentado da procura de mão-de-obra – a de um aumento do nível de emprego proporcional ao ritmo de crescimento económico –, desmentindo a percepção popular de que o progresso tecnológico tende para a destruição de postos de trabalho e para a desvalorização do factor humano: há postos de trabalho que são destruídos pelo progresso tecnológico (alguns na indústria discográfica, decerto), mas o número tem sido, até hoje, superado pelo dos postos de trabalho criados, com nítidos incrementos *médios* dos níveis remuneratórios.

12 – d) Informação imperfeita e discriminação salarial

Se, em equilíbrio de mercado, cada um é remunerado de acordo com o valor da sua contribuição marginal para o acervo total da produção de bens e serviços na economia, pode estranhar-se porque é que as remunerações dos indivíduos, e até das categorias profissionais, podem variar tão extraordinariamente em termos de valores absolutos – porque é que um futebolista pode ganhar muito mais do que um cientista, porque é que o trabalho de um administrador é muito melhor remunerado do que o trabalho de um operário, porque é que o trabalho feminino tende a ser remunerado desfavoravelmente, etc. –.

12 – d) – i) Os diferenciais compensatórios

Duas constatações devem impor-se de imediato, a de que a igualdade entre indivíduos não existe senão em termos muito aproximativos – sendo por isso ocioso esperar-se que o valor atribuído socialmente ao produto marginal gerado por cada um seja igual em quaisquer circunstâncias, por mais aproximadas que sejam as características de dois trabalhadores –; e a de que as funções para o desempenho das quais são procurados trabalhadores podem ser muito distintas entre si, estando associadas a essas funções algumas características não-monetárias que justificam diferentes «compensações monetárias» – havendo num extremo funções tão arriscadas, insalubres ou desagradáveis que a maioria das pessoas não as desempenharia por nada deste mundo, e noutro funções tão agradáveis, tão fáceis ou tão prestigiantes que às vezes nos perguntamos se haverá necessidade de pagar a alguém para desempenhá-las –. Sem estas duas constatações, muitas das disparidades remuneratórias parecerão demasiado empoladas e dificilmente justificáveis.

Com efeito, o salário, a remuneração monetária, mesmo que incluamos nela gratificações e benefícios acessórios[2329], é apenas um dos aspectos a tomar em consideração pelo candidato a um emprego, sendo várias outras as características a levar em conta para se determinar se se trata de um «bom» ou de um «mau» emprego, sendo que, a fixar-se inicialmente um mesmo salário para dois empregos, um melhor e o outro pior, haverá obviamente maior oferta de trabalhadores para o emprego melhor, daí resultando, por simples jogo da oferta e da procura que, no emprego melhor, o salário de equilíbrio acabará por se fixar num nível mais baixo – enquanto que só salários mais elevados compensarão a falta de atractivo do emprego pior –.

Designa-se por «diferencial compensatório»[2330] a disparidade salarial que resulta da diversidade de características não-monetárias dos diversos empregos: muitas profissões, por exemplo, reclamam o aumento das suas remunerações sob forma de subsídios de risco, subsídios de deslocação, subsídios de turno, e outros, que sirvam para atenuar o desprazer causado pessoalmente pelo desempenho das correspondentes funções[2331]; em contrapartida, esses subsídios seriam inteiramente descabidos nalgumas profissões «boas», que continuariam a ser procuradas mesmo com baixos salários e na ausência desses subsídios – pelo que, a subsistirem nelas, esses subsídios não passariam de puras «rendas económicas», a acrescerem à «gratificação hedónica» capaz de reduzir à insignificância os custos de oportunidade de baixos «salários de transferência» –[2332].

[2329] Se não os incluíssemos, bases salariais aparentemente idênticas poderiam corresponder a compensações salariais efectivas muito distintas, dando origem a disparidades de procura que não seriam compreensíveis (com o mesmo salário-base, as pessoas prefeririam os empregos que oferecessem melhores benefícios complementares – *fringe benefits* –, prémios de produtividade, regalias em férias, melhores planos de seguro, melhor acesso ao crédito bancário, etc.). Registe-se que os benefícios correspondentes ao emprego de um cônjuge tendem também a influenciar a procura de emprego por parte do outro. Cfr. Olson, C.A. (2002), S91-S114.

[2330] Abowd, J.M. & O. Ashenfelter (1981), 141-170.

[2331] Por curiosidade, registe-se que tende a haver maior satisfação com o emprego por parte das mulheres – não só em termos de preferências *declaradas* como até de preferências *reveladas* (menor tendência para mudança voluntária de emprego, descontados os efeitos da mais elevada taxa de desemprego que afecta o trabalho feminino). Cfr. Sloane, P.J. & M.E. Ward (2001), 787-791.

[2332] Araújo, F. (2001c), 206-207; Caves, R.E. (2003), 74.

– Como já sugerimos num ponto anterior, uma das razões que tornam a actividade científica tão interessante como objecto de estudo da Economia é o facto de, dentro da sua estrutura institucional-comunitária, existirem peculiares formas de remuneração «compensatórias» que de certo modo representam modos de se superar a falha de coordenação tradicionalmente associada à produção de bens públicos[2333].

– Com efeito, uma das motivações científicas mais fortes é a do estabelecimento de «prioridade na descoberta», com o concomitante reconhecimento por parte da comunidade científica, informal ou formalmente (através da concessão de prémios, bolsas, etc.)[2334]. Assim sendo, o reconhecimento pressupõe uma prévia partilha de informação, em termos de bem público, ou seja sem a tradicional contrapartida remuneratória que reclamaria uma apropriação exclusiva, pois sem aquela partilha não-remuneradora é o objectivo do reconhecimento que fica obviamente prejudicado.

– A dificuldade de monitorização da actividade científica faz com que só verdadeiramente possam ser apreciados os resultados, e essa apreciação assegura ao mesmo tempo a difusão de informação[2335]. Isso não quer dizer que a motivação económica, remuneratória, não seja visível e até proeminente, apenas significa que ela se coenvolve com vários outros tipos «sui generis» de gratificações «hedónicas» capazes de sobrelevar no plano dos incentivos, assegurando colectivamente elevados graus de externalização positiva[2336].

12 – d) – ii) O capital humano

Designa-se por «capital humano» o fruto do investimento feito na formação pessoal, de que se espera um resultado em termos de aumento de produtividade conexa com o incremento das aptidões em cada pessoa que beneficia daquele investimento[2337]. Pensando no plano das remunerações, o capital humano pode ser definido como o valor presente – *descontado* – do total das remunerações futuras esperadas em função de um determinado investimento em especialização.

A expressão «capital humano», que não tem um âmbito semântico muito distinto do de «educação» *lato sensu*, ganha esta designação porque pretende sugerir que os investimentos neste domínio obedecem a uma lógica que não é distinta da dos investimentos em capital físico, sendo basicamente a mesma a forma como se calcula o investimento e o retorno dele esperado.

Devem-se a Theodore Schultz e a Gary Becker os estudos pioneiros nesta matéria[2338], estudos que rapidamente extravasaram para o domínio mais amplo da «Economia da Educação», uma área colateral que se dedica sobretudo à análise da afectação óptima de recursos educativos, da promoção de níveis óptimos da *ratio* professores-alunos, da formação dos professores, da gestão escolar, da promoção de incentivos ao sucesso escolar e à excelência académica, do financiamento directo ou através de *vouchers*, da abertura de oportunidades aos estudantes mais pobres através de acções sociais, e tantos outros temas[2339] – incluindo também, obviamente, o problema do rendimento esperado, individual e colectivamente, pelo investimento em educação, o problema do «capital humano»[2340].

A mensagem fulcral subjacente à ideia de capital humano é, pois, a de que o investimento na educação é muito nitidamente compensado por incrementos remuneratórios que mais do que compensam, no seu total, o custo integral do investimento, incluindo o custo de oportunidade do acesso tardio ao mercado de trabalho. A educação provocaria não só muito marcados incrementos de produtividade, como sobretudo sinalizaria socialmente a presença de uma nova *qualidade* de prestação de trabalho, face à qual a avaliação do produto marginal respeitante ao beneficiário directo da educação deveria ser reformulada, passando a arrancar de patamares valorativos superiores ao da oferta de mão-de-obra indiferenciada.

De tudo isto resultaria um inequívoco ganho remuneratório para o trabalhador em cujo capital humano se investira, justificando os diferenciais entre trabalhadores especializados e não-especializados, ou entre funcionários inferiores e quadros superiores – havendo ainda a acrescentar, do ponto de vista da apreciação

[2333] Dasgupta, P. & P.A. David (1987), 519-542; Dasgupta, P. & P.A. David (1994), 487-521; Johnson, H.G. (1972), 10-18; Nelson, R.R. (1959), 297-306; Stephan, P.E. (1996), 1199ss..

[2334] Merton, R.K. (1957), 635-659; Merton, R.K. (1968), 56-63; Merton, R.K. (1969), 1-23.

[2335] Dasgupta, P. & E. Maskin (1987), 581-595; Dasgupta, P. (1989), 129-148; Kamien, M.I. & N.L. Schwartz (1975), 1-37; Lazear, E.P. & S. Rosen (1981), 841-864; Stephan, P.E. & S.G. Levin (1992); Wright, B.D. (1983), 691-707.

[2336] Diamond Jr., A.M. (1986), 200-215; Ehrenberg, R.G. (1992), 830-875; Hagstrom, W.O. (1965), 16ss.; Hull, D.L. (1988), 305ss.; Pollak, R.A. & M.L. Wachter (1975), 255-277; Tuckman, H. & J. Leahey (1975), 951-967.

[2337] Araújo, F. (2001c), 210ss.

[2338] Schultz, T.W. (1960), 571-583; Becker, G.S. (1964).

[2339] Para uma visão de conjunto, cfr. Lazear, E.P. (org.) (2002).

[2340] Card, D. & A.B. Krueger (1992), 1-40; Card, D. & A.B. Krueger (1992b), 151-200; Betts, J.R. (1995), 231-250; Hanushek, E.A. (1986), 1141-1177; Hoxby, C.M. (2000), 1239-1285.

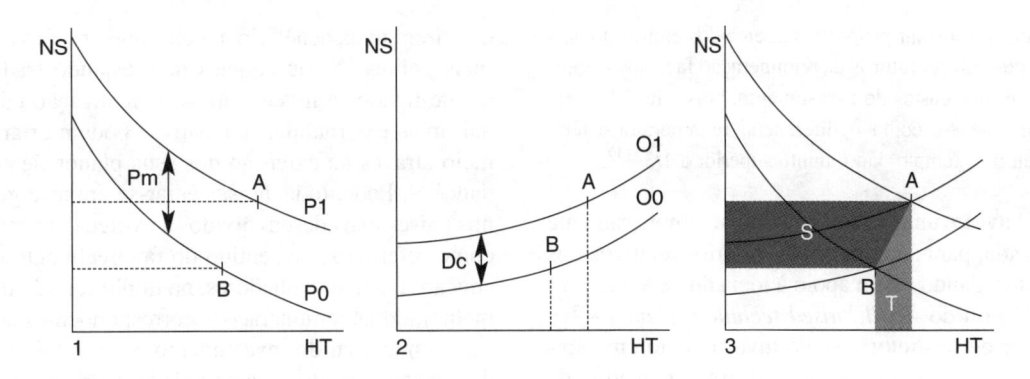

Gráfico 12.1. *Diferenças de produtividade e remuneração*

1: procura de trabalho especializado e não-especializado
2: oferta de trabalho especializado e não-especializado
3: diferenças salariais e de produtividade
NS: nível salarial
HT: horas de trabalho
P0: procura de trabalho não-especializado
P1: procura de trabalho especializado
O0: oferta de trabalho não-especializado
O1: oferta de trabalho especializado

S: diferença salarial entre trabalho especializado e não-especializado
T: diferença de produção entre trabalho especializado e não-especializado
A: equilíbrio salário-esforço do trabalhador especializado
B: equilíbrio salário-esforço do trabalhador não-especializado
Pm: diferença de produtividade marginal entre trabalho especializado e não-especializado
Dc: diferencial compensatório entre trabalho especializado e não-especializado

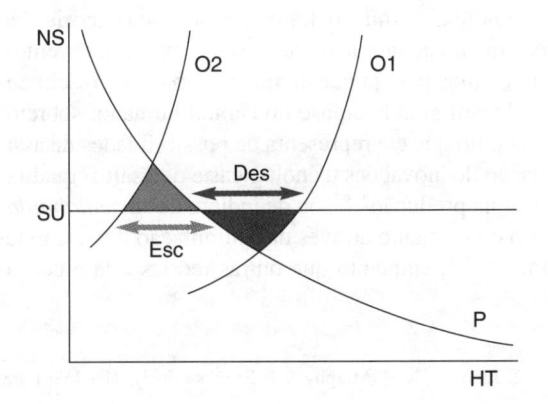

Gráfico 12.2. *A questão da incomparabilidade das remunerações*

NS: nível salarial
HT: horas de trabalho
P: procura de trabalho
O1: oferta de trabalho relativamente abundante
O2: oferta de trabalho relativamente escasso
SU: salário único para as duas formas de trabalho
Des: desemprego
Esc: escassez

social, os efeitos de externalidade positiva advindos do simples incremento do nível educativo de cada um, e de todos, os trabalhadores.

Mas essa mensagem torna-se menos nítida quando consideramos que o retorno do investimento em capital humano deve ultrapassar os custos directos e os custos de oportunidade daquilo que são por vezes muito longos processos formativos, e que esse cômputo deve reportar-se ao total de um ciclo de vida:

Aquele que, concluído o ensino secundário, ocupa 12 anos da sua vida na conclusão da sua licenciatura e da sua formação pós-graduada – e que, suponhamos, não só o faz a suas expensas e numa instituição privada, sem subsídios, como se priva de ingressar no mercado de trabalho durante esse período de tempo – poderá, entrando no seu primeiro emprego aos 29 anos, recuperar esse investimento nos 36 anos de vida útil que lhe restam – supondo-se também que no sector onde ingressará as reformas são obrigatórias aos 65 anos –? Para que isso suceda, ele terá que ganhar nesses 36 anos mais do que ganharia nos 48 anos que trabalharia se não tivesse ingressado no ensino superior; por isso, nesses 36 anos o seu vencimento terá que ser em média 1/3 mais elevado do que o dos trabalhadores da sua idade que optaram por ingressar no mercado de trabalho após a conclusão do ensino secundário[2341].

[2341] É aquilo que se designa por «*college premium*», a diferença média entre o nível remuneratório dos licenciados e o daqueles que possuem apenas o grau liceal, e que tem oscilado ao longo do tempo. Cfr. Acemoglu, D. (2002), 7.

E estamos a abstrair propositadamente dos efeitos do desconto dos valores futuros da remuneração face aos valores presentes dos custos do investimento, pois a levá-los realisticamente em conta o diferencial remuneratório teria que ser, no exemplo dado, muito superior a 1/3[2342].

Tem havido uma clara tendência, empiricamente comprovada, para a melhoria dos salários relativos dos licenciados, dando assim apoio à ideia do «*college premium*»[2343], ou do «*skill-biased technical change*»[2344], isto apesar de os «retornos» do investimento em capital humano serem envolvidos em graus elevados de risco – mormente em termos de obtenção de remunerações correspondentes aos montantes globais investidos[2345], o que naturalmente tem também de ser ponderado sobre o pano de fundo de taxas marginais de substituição intertemporal[2346], e no quadro mais amplo do que é a gestão do risco[2347].

Nos países mais desenvolvidos, a clivagem remuneratória dá-se sobretudo entre trabalho especializado e não-especializado[2348], embora deva reconhecer-se que essa é uma explicação meramente parcelar[2349]. É que o diferencial correspondente ao «capital humano» é de difícil medição, havendo quem privilegie a análise individual (aquela que acabámos de exemplificar) e quem prefira uma abordagem macroeconómica, comparando os valores do investimento total em educação em cada país e correlacionando-o com a subsequente taxa de crescimento do Produto Interno Bruto (PIB)[2350].

No primeiro caso, os resultados complicam-se com a constatação de que o impacto do investimento marginal em educação (o aumento da educação em um ano de escolaridade, nomeadamente) varia em função das bases socio-culturais dos educandos, sendo de esperar

que tirem mais benefício aqueles que provêm de meios mais pobres[2351], ou aqueles que, estando tradicionalmente ligados a níveis baixos de realização educacional, mais externalidades positivas podem criar no seu meio através da extensão dos seus planos de escolaridade[2352]. Pode, todavia, sustentar-se em tese geral que nos países mais desenvolvidos a evolução se tem dado, como referimos, no sentido do favorecimento do grau educativo dos trabalhadores, no duplo sentido de terem melhorado as remunerações correspondentes ao incremento marginal do investimento em capital humano e de ter aumentado a disparidade entre vencimentos médios correspondentes a cada grau educativo, o que em larga medida se explica pelo drástico incremento de sofisticação tecnológica que fica bem representada pela súbita irrupção da «Nova Economia», acompanhada de novas formas de organização do trabalho e de estruturação do próprio mercado de trabalho[2353], com notáveis incrementos de competitividade ligados à desregulação[2354]/[2355]. E mantém-se válida a noção de que o desemprego tende (com notáveis excepções) a atingir mais pesadamente os trabalhadores com menor formação – até pela elementar razão de que são quem, *ceteris paribus*, representa as piores relações «qualidade-preço» da óptica dos seus empregadores[2356].

Na abordagem macroeconómica, a análise também se complica porque o tema entronca nas teorias do crescimento económico, que a seu tempo estudaremos. Retenhamos para já que algumas teorias do crescimento colocam grande ênfase no capital humano, sobretudo naquilo que ele representa de possibilidades de assimilação de inovações tecnológicas e de «saltos qualitativos» na produção[2357], ou de indício de *sustentabilidade* do crescimento através da acumulação desse capital humano[2358], enquanto que outras teorias lidam com o

---

[2342] Araújo, F. (2001c), 211.

[2343] Acemoglu, D. (1999), 1259ss.; Bound, J. & G. Johnson (1992), 371-392; Juhn, C., K.M. Murphy & P. Brooks (1993), 410-442; Katz, L.F. & K.M. Murphy (1992), 35-78; Nickell, S. & B. Bell (1995), 40-62.

[2344] Acemoglu, D. (1998), 1055-1090; Autor, D.H., L.F. Katz & A.B. Krueger (1998), 1169-1215; Berman, E., J. Bound & Z. Griliches (1994), 367-398

[2345] Hansen, L.P. & R. Jagannathan (1991), 225-262; Hansen, L.P., J. Heaton & E.G.J. Luttmer (1995), 237-274; Palacios-Huerta, I. (2003), 948ss..

[2346] Hall, R.E. (1988), 339-357.

[2347] Campbell, J.Y. (1996), 298-345.

[2348] Levy, F. & R.J. Murname (1992), 1333-1381.

[2349] Karoly, L.A. (1994), 95-129.

[2350] Krueger, A.B. & M. Lindahl (2001), 1101.

[2351] Krueger, A.B. & M. Lindahl (2001), 1106-1107.

[2352] Krueger, A.B. & M. Lindahl (2001), 1130.

[2353] Acemoglu, D. (2002), 64.

[2354] Tse, C.Y. (2002), 681-697.

[2355] Se bem que a desregulação e a privatização têm as mais das vezes significado fortes «compressões no nível de emprego» (passe o eufemismo). Cfr. Megginson, W.L., R. Nash & M.v. Randenborgh (1994), 403-452; Savas, E.S. (1982).

[2356] Blank, R.M. (2000), 7.

[2357] Romer, P.M. (1990), S71-S102; Nelson, R.R. & E.S. Phelps (1966), 69-75.

[2358] Uzawa, H. (1965), 18-31; Lucas Jr., R.E. (1988), 3-42.

tema com a maior indiferença[2359], não podendo, pois, retirar-se do confronto de teses uma síntese muito conclusiva[2360]. Em todo o caso, é praticamente unânime a opinião de que o investimento em capital humano produz resultados líquidos positivos na aceleração das taxas de crescimento económico[2361], recomendando-o, portanto, como prioridade política: a «paixão pela educação» que os governos dizem professar, ou a «aposta na qualificação dos trabalhadores», os esforços no sentido do aumento da escolaridade obrigatória, da redução do insucesso escolar, da formação contínua e recorrente, etc..

Na realidade, é difícil saber-se se em concreto não será o próprio crescimento económico a induzir o aumento do investimento em capital humano, já que faz subir o rendimento esperado para esse investimento (e reduz a taxa de desconto), ou se mais plausivelmente tudo se desenvolve numa sinergia, numa espiral entre educação e crescimento, num movimento auto-sustentado que se torna preocupante para os países que não estejam ainda integrados nesse processo, ou não experimentem já o respectivo dinamismo[2362]. Com efeito, as comparações internacionais de taxas de crescimento têm sugerido[2363] um papel muito determinante para o capital humano, parecendo pois confirmar as teorias «endógenas» do crescimento[2364], ainda que a respectiva validade fique limitada, como é óbvio, aos valores agregados, não sendo transponível para o nível individual senão através da «filtragem» da heterogeneidade das condições socio-económicas da população – razão pela qual a maior parte das conclusões ficam pelo plano das correlações estatísticas e tomam por referência somente os níveis de escolaridade[2365].

No fundo, tudo se passa como se o trabalhador se defrontasse com uma *fronteira de possibilidades de produção* na qual se comparam as vantagens de uma entrada imediata no mercado de trabalho (e a concomitante possibilidade de consumo imediato) com as vantagens da troca intertemporal por uma entrada protraída no mercado de trabalho, atrasando o consumo, servindo o diferencial remuneratório de incentivo a favor

dessa troca intertemporal. A própria curvatura da fronteira de possibilidades denotaria o rendimento marginal decrescente que se associa à opção exclusiva por qualquer das possibilidades: o excesso de consumo presente ou o excesso de investimento em consumo futuro, ambos a crescentes custos de oportunidade.

Retenhamos a ideia, neste ponto, de que não é fácil medir o investimento em *capital humano*, mormente a nível individual, que mais não seja pelas inúmeras implicações qualitativas da relação entre investimento e «retorno» no esforço educativo, o impacto dos inúmeros factores idiossincráticos de exploração dos recursos educativos por cada educando[2366], bastando pensar-se, por exemplo, na influência de factores familiares – razão bastante para se introduzir muitas ressalvas na formulação «canónica» do óptimo privado de investimento em capital humano (desconsiderando externalidades), segundo a qual um indivíduo deve investir na sua própria educação até que a sua taxa individual de desconto esteja equilibrada com a taxa marginal de «retorno» por mais um ano de escolaridade[2367].

12 – d) – ii) – α) Investimento em capital humano

O investimento socialmente óptimo em capital humano dependerá também, por seu lado, de factores como o da estrutura de financiamento e gestão das escolas – pois também, aí há um escopo de optimização na afectação de recursos escassos e na diminuição de ineficiências e custos, tudo ao serviços de valores de justiça e não-discriminação no acesso aos recursos educativos[2368].

Mas será que a mencionada clivagem remuneratória está *sempre* assegurada entre os trabalhadores sem formação superior e os trabalhadores com formação pós-graduada? Nalguns casos estará, sobretudo naqueles sectores produtivos em que são relativamente poucos aqueles que detêm essa formação – já se tendo apurado empiricamente que nalguns sectores o retorno do investimento em capital humano excede qualquer outra

[2359] Solow, R.M. (1956), 65-94.

[2360] Aghion, P. & P. Howitt (1998); Krueger, A.B. & M. Lindahl (2001), 1108.

[2361] Bils, M. & P.J. Klenow (2000), 1160; Barro, R.J. (1991), 407-443; Benhabib, J. & M.M. Spiegel (1994), 143-174; Barro, R.J. & X. Sala-i-Martin (1995); Sala-i-Martin, X. (1997); Barro, R.J., N.G. Mankiw & X. Sala-i-Martin (1995), 103-115; Krueger, A.O. (1968), 641-659; Jorgenson, D.W. (1995); Young, A. (1995), 641-680.

[2362] Bils, M. & P.J. Klenow (2000), 1161; Becker, G.S. (1964); Mincer, J. (1974); Rosen, S. (1976), S45-S57.

[2363] Dentro das limitações de mensuração impostas pelas indefinições conceptuais que subsistem nesta área. Cfr. Hanushek, E.A. & D.D. Kimko (2000), 1184.

[2364] Romer, P.M. (1990), S71-S102; Nelson, R.R. & E.S. Phelps (1966), 69-75; Rebelo, S. (1991), 500-521.

[2365] Romer, P.M. (1990c), 251-286; Barro, R.J. (1991), 407-443; Mankiw, N.G., D.H. Romer & D.N. Weil (1992), 407-437; Levine, R. & D. Renelt (1992), 942-963; Levine, R. & S.J. Zervos (1993), 426-430; Hanushek, E.A. & D.D. Kimko (2000), 1184.

[2366] Hanushek, E.A. (1996), 25ss.; Jorgenson, D.W. & B.M. Fraumeni (1992), 51-70.

[2367] Becker, G.S. (1964); Rosen, S. (1977), 3-39.

[2368] Hoxby, C.M. (1996), 54ss..

remuneração alternativa –. Mas em muitos casos é gritantemente claro que não está, e que portanto o investimento privado em capital humano não apresenta perspectivas de recuperação no espaço da vida de um trabalhador[2369], sendo essa disfunção do investimento uma das causas da disparidade entre oferta e procura de emprego, nomeadamente do desemprego causado por excesso de qualificações[2370].

No entanto, não nos iludamos quanto ao que significam estes contra-exemplos de desemprego por excesso de investimento em capital humano – por mais visíveis que eles sejam, por mais angústias que eles causem a muitos cursos do ensino superior que gostariam de não se ver defrontados com essas cifras tão desencorajadoras para a matrícula de alunos, por mais que eles causem embaraços ao esforço de universalização do ensino superior, por mais que eles sirvam de pretexto aos guardiães corporativos das «quase-rendas profissionais» para alegarem que existe «excesso de diplomados» e reclamarem «barreiras de entrada» – porque o facto é que a tendência para a existência de uma correlação directa entre aumento de qualificação escolar e subida de nível remuneratório é válida mesmo em abstracto[2371], e é a única base sólida para essa subida de remunerações.

E contudo, continua a litania, muito apoiada em preconceitos populares, de que há «excesso de doutores», ou de que a multiplicação e especialização dos cursos universitários foi longe de mais[2372], quando os indicadores estatísticos tendem a apontar para o oposto, isto é, para o incremento e consolidação dos «diferenciais remuneratórios» que, *em média*, beneficiam a especialização e o investimento em «capital humano» – ainda que haja exemplos pontuais, na Europa, que denotam um declínio no investimento em educação relacionado com o declínio do «diferencial compensatório», afinal a excepção que confirma a regra[2373].

Não nos iludamos: alguns episódios de «*self-made men*» não devem fazer-nos perder de vista que aquele que menos investiu na sua educação fica mais exposto à concorrência de todos os que fizeram como ele, e não dispõe de um sinal idóneo que consiga furtá-lo aos efeitos da selecção adversa no mercado de trabalho, especificamente aos efeitos de uma «corrida para o fundo» nos níveis salariais[2374]; aquele que se deixe inebriar por uma «renda temporária» que lhe advenha da escassez de trabalhadores com as suas baixas qualificações, ou aquele que, aplicando uma drástica taxa de desconto, se comprazer com a entrada prematura no mercado de trabalho, cedo descobrirão que caíram numa «armadilha de sub-qualificação», na qual ficam expostos, por exemplo, à muito mais baixa «disposição de vender» que, no mercado de trabalho, tendem a manifestar os imigrantes[2375]. E pior ainda, numa perversa confirmação da validade do paradigma do «capital humano», há que constatar que os investimentos de uma geração tendem a prolongar-se nas gerações seguintes – e que o ideal da «igualdade de oportunidades à nascença» é destruído pela vantagem que cada novo estudante e cada novo trabalhador retira do nível educativo e da realização profissional dos seus progenitores (e outros familiares), em suma, do investimento em capital humano que eles próprios tenham feito e que legam como um património cultural aos seus descendentes[2376].

Em suma, tudo isto significa que a noção de capital humano não tem senão uma validade parcelar e aproximativa – e que, porque precisamente ela começa por ponderar o rendimento privado de um investimento privado, abstraindo das externalidades positivas que para a sociedade advêm da elevação generalizada do nível de educação, a noção de capital humano não deve servir de pretexto ou entrave à promoção, pelo Estado, do nível óptimo de educação, o qual, dada a presença de externalidades positivas, não é adequadamente assegurado pelo investimento privado. Cada investimento privado é limitado pelo rendimento privado que lhe corresponde, e portanto o somatório dos investimentos privados fica aquém do nível óptimo de investimento colectivo, pois nesse nível óptimo são contabilizadas as externalidades positivas, os benefícios para terceiros do investimento de cada um que não podem ser compensados privadamente àquele que investiu[2377] – razão

---

[2369] As dificuldades de mensuração dos efeitos de investimento em capital humano podem portanto tornar-se uma «ratoeira» para aqueles que se fiem na tendência geral sem atenderem às condições concretas do mercado de trabalho em que pretendem integrar-se (esquecendo que as suas remunerações começam por depender de uma procura efectiva dos serviços que ele prestará ou dos bens que oferecerá). Cfr. Blank, R.M. (2002), 1146.

[2370] Borghans, L. & A. de Grip (orgs.) (2000); Freeman, R.B. (1976); Thurow, L.C. (1975). Para o caso espanhol, cfr. Ruesga, S.M. & C. Murayama (2002), 161-179.

[2371] Sustentando a sua fundamentação num «modelo walrasiano», cfr. Bowles, S., H. Gintis & M. Osborne (2001), 1141.

[2372] Berliner, D.C. & B.J. Biddle (1995), 100-102.

[2373] Edin, P.-A. & R.H. Topel (1997).

[2374] Lazear, E.P. (1986), 405-431.

[2375] Burdett, K. & E. Smith (2002), 1439-1451.

[2376] Bowles, S., H. Gintis & M. Osborne (2001), 1137-1138.

[2377] Para uma recapitulação dos «*spillover effects*» dos incrementos de informação, agora no contexto educacional, cfr. Helsley, R.W. & W.C. Strange (2000), 1477; Summers, A.A. & B.L. Wolfe (1977), 639-652; Henderson, J.V., P. Mieszkowski & Y. Sauvageau (1978), 97-106; Bena-

pela qual, insiste-se, o Estado não pode exonerar-se de promover um nível socialmente óptimo de educação alegando tratar-se de decisões de investimento que devem confinar-se à pura esfera privada.

Pela mesma razão, dir-se-á que o conceito de capital humano é frequentemente uma muito interessante, e socialmente útil, ilusão de perspectiva, pois ela incentiva as pessoas a investirem na sua formação e desincentiva o abandono dessa formação, aliciando-as com perspectivas de ganhos de produtividade, de alterações de avaliação social do produto marginal e – ponto crucial – de acesso a empregos melhores também, no final do processo formativo, enquanto em contrapartida lhes escamoteia oportunamente os efeitos da necessidade de amortização do investimento feito, e as próprias complicações advenientes do desconto das remunerações futuras – visto que quanto mais distante está uma remuneração esperada menos peso ela tem na compensação dos custos presentes –.

É verdade que a divisão internacional do trabalho e a mundialização do comércio tendem ambos a validar o conceito de capital humano, visto que, à medida que uma economia evolui e prospera, tende a importar os produtos de trabalho não especializado e a concentrar-se internamente nos produtos do trabalho especializado – o que leva a uma tendência evolutiva no sentido do aumento da procura de trabalhadores mais formados e da diminuição da procura de trabalhadores menos for-

mados, alargando o hiato entre os respectivos níveis remuneratórios e favorecendo, pois, o diferencial remuneratório que é a compensação líquida do investimento em formação.

E o mesmo se dirá do progresso tecnológico, que cada vez menos se compadece com a subsistência de trabalhadores não-especializados e menos formados, e favorece cada vez mais a formação – ao menos aquela que se dirige à perícia no uso das novas tecnologias –, propiciando uma mais acentuada discriminação remuneratória, por alteração da procura no mercado, do investimento em capital humano: devendo referir-se, em ilustração deste ponto, que o aumento das desigualdades remuneratórias tem ultrapassado a própria dispersão de especialização e habilitações, dado verificar-se mesmo no seio de grupos homogéneos[2378].

Mitigados embora pela mobilidade dos factores, os efeitos do progresso tecnológico no mercado de trabalho fazem-se sentir nitidamente nas escalas salariais através de uma demarcação entre trabalhadores especializados e não-especializados, favorecendo os primeiros à custa dos segundos[2379] – o que, note-se, não é uma ideia inteiramente intuitiva, visto que desde a «Revolução Industrial» que vários têm sido os momentos de «revolta contra a máquina», motivados pela ideia de que a automatização iria pôr em cheque os trabalhadores especializados, tornando inúteis as suas especializações – e por isso favorecendo relativamente

1: zona mais rica
2: zona mais pobre
NS: nível salarial
HT: horas de trabalho
P: procura de trabalho
SC: salário comum resultante da migração da zona 2 para a zona 1
S1: salário de equilíbrio na zona 1, antes da imigração
S2: salário de equilíbrio na zona 2, antes da emigração
T1: quantidade de trabalho na zona 1 antes da imigração
T2: quantidade de trabalho na zona 1 depois da imigração
T3: quantidade de trabalho na zona 2 antes da emigração
T4: quantidade de trabalho na zona 2 depois da emigração

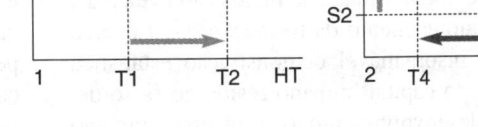

Gráfico 12.3. *Migração de trabalhadores dentro de um mesmo sector*

bou, R. (1993), 615-652; Benabou, R. (1996), 584-609; Durlauf, S.N. (1996), 75-94; Akerlof, G.A. (1997), 1005-1027. Para uma aplicação dos mesmos princípios noutros âmbitos, nomeadamente na formação de «efeitos de rede», na produção de «bens de clube» e «bens públicos locais», cfr. Gyourko, J. & J. Tracy (1991), 665-688; Sah, R. (1991), 1272-1295; Evans, W.N., W.E. Oates & R.M. Schwab (1992), 968-991; Manski, C.F. (1993), 531-542; Glaeser, E.L., B. Sacerdote & J.A. Scheinkman (1996), 507-548; Quigley, J.M. (1998), 127-138.

[2378] Juhn, C., K.M. Murphy & B. Pierce (1993), 410-442; Lloyd-Ellis, H. (1999), 47ss..

[2379] Acemoglu, D. (2002), 7.

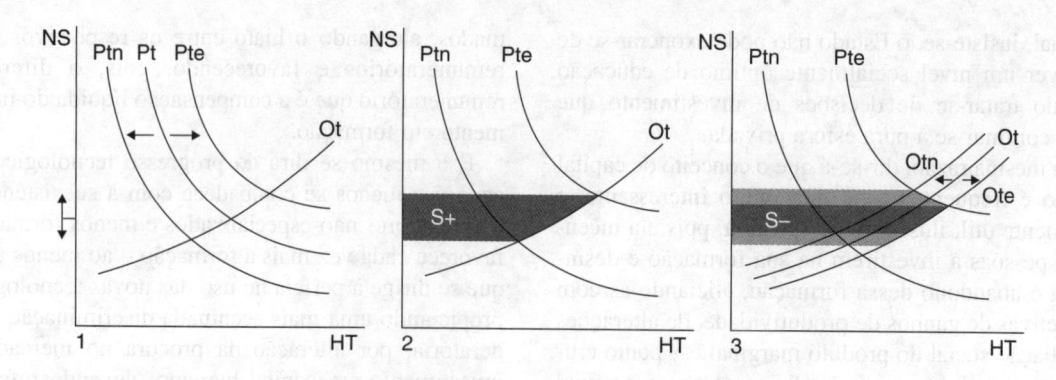

Gráfico 12.4. *Aumento de especialização do trabalho*

1, 2: o aumento da procura de trabalho especializado e a diminuição
da procura de trabalho não-especializado provocam uma diferença salarial entre ambos
3: o nível salarial do trabalho especializado é atraente, e por isso
alguns trabalhadores saem do sector não-especializado e adquirem uma especialização; retrai-se a oferta de trabalho não-especializado e expande-se a oferta de trabalho especializado, reduzindo-se a diferença salarial entre ambos
NS: nível salarial
HT: horas de trabalho

Pt: procura de trabalho
Ptn: procura de trabalho não-especializado
Pte: procura de trabalho especializado
Ot: oferta de trabalho
Otn: oferta de trabalho não-especializado
Ote: oferta de trabalho especializado
S+: diferença salarial entre trabalho especializado e não-especializa-
do *antes* do aumento da especialização
S-: diferença salarial entre trabalho especializado e não-especializa-
do *depois* do aumento da especialização

os trabalhadores não-especializados[2380]. Contudo, e ao
contrário do que tantas vezes se receou, o progresso
tecnológico veio acompanhado de um efeito favorável
ao investimento em capital humano, mantendo, ainda
que na forma mitigada, uma clivagem muito nítida
entre aqueles que investiam e aqueles que não investiam no aumento de proficiência técnica e cultural; se
não fosse esse efeito peculiar, como explicar que se
tenham mantido os níveis de rendimento do investimento em capital humano ao mesmo tempo que o nível
educativo aumentava generalizadamente?[2381] A esse
resultado peculiar não terá sido estranha a dupla circunstância de a procura de educação nunca ter abran-
dado a sua taxa de crescimento, e de a evolução cultural ter ditado a disponibilidade de meios cada vez mais
amplos para o alongamento da formação[2382]. Talvez a
melhor e mais insofismável demonstração estatística
da importância do capital humano resida no facto de,
nos países em desenvolvimento, o aumento de um ano

de escolaridade obrigatória se traduzir num incremento de 6 a 10% no nível remuneratório *médio*[2383].

A mundialização e o progresso tecnológico são factores, pois, tanto de discriminação e desigualdade remuneratória como, através destes, de incentivo à educação,
ao investimento em capital humano, agravando as clivagens económicas e sociais entre aqueles que obtiveram
e aqueles que não obtiveram educação, e até clivagens
geracionais, remetendo as gerações mais velhas para a
«iliteracia tecnológica», podendo converter-se, por isso,
em factores de perda de coesão social, já a coesão
nacional, já mesmo a internacional. Contudo, na medida em que eles sejam incentivadores de uma remuneração efectiva e clara do investimento em capital humano
e esse investimento esteja livremente acessível a todos,
parecem sob esse prisma um preço razoável a pagar
pela generalização dos incentivos económicos à educação, uma das mais inequívocas das actividades de externalização positiva de que uma sociedade é capaz. Con-

---

[2380] Sobre essas reacções, e muito em especial sobre a revolta dos «*Luddites*», cfr. James, J.A. & J.S. Skinner (1985), 513-550; Goldin, C.
& L.F. Katz (1998), 693-732; Acemoglu, D. (2002), 8.

[2381] Por outras palavras, que se tenha mantido, e aumentado até, o diferencial remuneratório médio, os níveis salariais relativos, entre o trabalho especializado e o trabalho não-especializado, denotando também a própria quebra *absoluta* da produtividade do trabalho não-especializado. Cfr. Caselli, F. & W.J. Coleman II (2002), 148; Katz, L.F. & K.M. Murphy (1992), 35-78; Autor, D.H., L.F. Katz & A.B. Krueger (1998),
1169-1213.

[2382] Acemoglu, D. (2002), 10; Welch, F. (1970), 312-327.

[2383] Duflo, E. (2001), 795-813. Os valores não são muito diferentes para os países desenvolvidos: Krueger, A.B. & M. Lindhal (2001), 1101-1136.

cluamos com a referência de que, sendo certo que muitos dos países de destino das migrações de trabalhadores poderiam diminuir a desigualdade remuneratória banindo a imigração[2384] – é de duvidar, em contrapartida, que esses mesmos países quisessem prescindir das vantagens advindas dessa imigração apenas com o fito de reduzirem a amplitude do leque remuneratório e as desigualdades na repartição.

12 – d) – ii) – β) Bens de mérito e o «cheque-educação»

Note-se, de passagem, que não é só em termos de externalidade positiva que se justifica a intervenção do Estado na promoção do ensino – pois que, mesmo em caso de ser difícil demonstrar ou especificar os casos em que terceiros beneficiam do nível educativo individualmente alcançado, ou ser impossível medir a amplitude dos benefícios, ainda assim é legítimo que o Estado invoque o «interesse público» no emprego de bens e serviços educativos, reclamando para eles a condição de *bens de mérito* (um conceito proposto por Richard Musgrave[2385]), bens cuja promoção o Estado toma para si, independentemente do facto de se tratar, ou não, de externalidades – bens cujo consumo o Estado pretende expressamente alargar, presumindo que há um subconsumo espontâneo desses bens –[2386/2387]. Contudo, há algo na identificação de *bens de mérito* por parte do Estado que fere a lógica basilar da liberdade dos mercados – e até a legitimação democrática e a análise de bem-estar[2388] –: é que o princípio que preside à liberdade das trocas é o da *soberania do consumidor*, a ideia de que é cometida a cada indivíduo, sem condicionamentos ou constrangimentos externos, e muito particularmente *sem paternalismos*, a possibilidade de ser o juiz supremo dos seus próprios interesses, retirando-se como principal corolário o de que as suas preferências devem ser integralmente respeitadas – dentro

das limitações imperativas de um quadro jurídico geral e abstracto, bem entendido –.

Apesar de tais inconvenientes – entre outros que podem também respeitar à eficiência na provisão *privada* desses «bens»[2389] –, parece não haver verdadeiro sucedâneo para o conceito de *bens de mérito* para enquadrarmos a perspectiva política sobre o capital humano e sobre a educação – pois do que se trata é, muitas das vezes, de estabelecer balizas institucionais e incentivos por afectação de recursos, pretensões e direitos *antes* que o mercado entre a operar em pleno[2390], que seja dado espaço à interferência de valores colectivos formados por meios alternativos ao do mercado ou manifestados à sua margem, mas que condicionam tudo aquilo que possa entender-se como *resultado lícito*[2391], ou até que haja prevalência absoluta de tais valores quando interesses vitais sejam postos em causa pela liberdade irrestrita dos indivíduos[2392].

Não será um *bem de mérito* a promoção de educação que aumente a produtividade individual e, por esse meio, permita reforçar as instituições que asseguram a expressão dessa produtividade através do mercado?[2393] Não valerá a pena, pois, nalguns casos abandonar a cega confiança no funcionamento do mercado e sobrepor-lhe uma outra lógica – sem paternalismo, apenas aceitando que possa haver outras regras de jogo social alternativas à pura estratégia de mercado? Valerá a pena, em suma, deixar o mercado eternizar-se num espontâneo subconsumo de educação, ou não será melhor interferir-se activamente nas preferências dos consumidores de educação, estimulando-se esse consumo, seja pelo estabelecimento de subsídios, seja pela provisão pública de educação – apesar de a educação não revestir as características de um bem público?[2394]

Pegando neste último ponto, observemos que a correlação entre apoio à educação por meio de subsídios, por um lado, e intensificação espontânea dos níveis de escolaridade, por outro, é dúbia, dada a heterogeneida-

---

[2384] Smith, J.P. & B. Edmonston (orgs.) (1997), 180.

[2385] Musgrave, R.A. (1959).

[2386] Friedman, M. (1955), 123-144; Hazlett, D. (2000), 44-51.

[2387] Sobre «mérito» e «demérito» como balizas para o conceito de «impostos do pecado», cfr. Vasques, S. (1999), 25ss..

[2388] Rosen, H.S. (2002), 47.

[2389] Para usarmos uma terminologia mais própria da Macroeconomia, dir-se-á que a assunção, pelo Estado, de tarefas de provisão desses bens pode causar o «*crowding-out*» das iniciativas privadas nessas áreas, ou seja, o afastamento, por inutilidade, da promoção privada de bens de mérito, podendo até encorajar atitudes de parasitismo. Cfr. Andreoni, J. & A.A. Payne (2003), 792ss..

[2390] Buchanan, J.M. (1983), 53-89.

[2391] Como a «ética da solicitude», tão cara às feministas (cfr. Baier, A. (1994), 19-32), ou valores de caridade ou de fraternidade, ou mais especificamente, no caso, valores de aculturação e coesão curricular.

[2392] Como se ilustra com o exemplo do desequilíbrio demográfico causado pelas restrições da natalidade acompanhadas da impunidade do infanticídio de crianças do sexo feminino. Cfr. Sen, A.K. (1990), 60-66.

[2393] Para uma síntese das dúvidas neste ponto, sobretudo em casos em que não haja uma identificável externalidade positiva (e por isso todos os «retornos» do investimento privado em educação sejam apropriáveis pelo investidor (sob forma de remunerações mais elevadas), cfr. Rosen, H.S. (2002), 69, 102.

[2394] Trostel, P.A. (2002), 373-391.

de de motivações que podem estar subjacentes a uma candidatura a um subsídio[2395], e a multiplicidade de circunstâncias que podem concorrer em cada caso concreto: por exemplo, as condições socio-económicas dos candidatos a subsídio, o incentivo fornecido pelo capital humano já acumulado no núcleo familiar desses candidatos, etc.[2396].

O caso complica-se substancialmente quando, a propósito do duplo objectivo da formação coesa de capital humano e de preservação da liberdade de escolha por parte dos formandos ou das suas famílias, se debate o *modo* ideal de financiamento daquele bem de mérito: financiamento directo das instituições educativas, ou, numa alternativa privatizadora[2397], atribuição aos educandos de títulos de compra de educação, de cheques-educação, os «*vouchers*»?[2398] As opiniões continuam violentamente divididas[2399], entre os apoiantes incondicionais[2400] e os não menos veementes opositores[2401], uns acusando os outros de pretenderem defender a perpetuação dos privilégios do ensino público, os outros acusando os primeiros de defenderem as pretensões comerciais do ensino privado sob o «véu diáfano» da invocação do interesse público.

Uns alegam que com os «*vouchers*» se dá uma oportunidade aos mais pobres de acederem a todas as escolas, públicas ou privadas, escolhendo-as em função da *qualidade* e não do *preço*[2402] – ainda que dentro do confinamento geográfico da área de residência familiar do educando, um primeiro nível de escolha que determina a produção de bens públicos locais, de acordo com o «modelo Tiebout», um modelo de «votação com

os pés», de deslocação geográfica em função da localização dos bens (sejam os bens públicos, sejam os «bens de mérito»)[2403]

– Mais especificamente, o «modelo Tiebout» aponta para um contexto idealizado no qual os indivíduos se deslocariam sem custo entre várias comunidades, de acordos com as suas preferências pelos bens públicos localmente oferecidos[2404]. O modelo pode ser combinado com uma série de condicionamentos e de preferências locais, como sejam, por exemplo, o preço da habitação[2405], a competição entre escolas[2406], a relação entre qualidade do ensino e nível dos impostos[2407], a concorrência fiscal[2408], as políticas redistributivas[2409], a localização das jurisdições[2410], o planeamento territorial («*zoning*»[2411]).

– E efectivamente, o sistema de «cheque-educação» está grandemente fragilizado por efeitos dinâmicos de distribuição geográfica – como poderia garantir-se que ele não se converteria num modo de financiamento da migração de estudantes em direcção a certos «pólos de atracção», que não são procurados apenas por força das «barreiras naturais» dos custos de distância?[2412/2413]. A discussão em torno dos «*vouchers*» está, de facto, muitas vezes inquinada pela adopção de modelos teóricos que presumem uma perfeita integração da rede escolar em termos de rendimentos e de capital humano gerado e pretendido, quando no mundo real elas podem criar outros tipos de dinâmicas de homogeneização – bastando pensar-se que o problema da escolha de escolas não se coloca tão agudamente para as famílias mais prósperas, que têm suficiente poder aquisitivo, e até suficiente

---

[2395] Dynarski, S.M. (2002), 279.

[2396] Keane, M.P. (2002), 293; Cameron, S.V. & J.J. Heckman (1998), 262-333; Keane, M.P. & K.I. Wolpin (2001), 1051-1103.

[2397] Chubb, J.E. & T.M. Moe (1990); Hanushek, E.A. (1996b); Hoxby, C.M. (1996), 51-72; Lott Jr., J.R. (1990), 199-232; Peltzman, S. (1993), 331-370; Peltzman, S. (1996), 73-120; Poterba, J.M. (1996).

[2398] Arrow, K.J. (1996); Moe, T.M. (1995); Rouse, C. (1998), 553-602; Steuerle, C.E., V.D. Ooms, G. Peterson & R.D. Reischauer (orgs.) (2000).

[2399] West, E.G. (1997), 83-103; Nechyba, T.J. (1999), 5-50; Gradstein, M. & M. Justman (2002), 1201-1202.

[2400] Chubb, J.E. & T.M. Moe (1990)

[2401] Frey, D.E. (1992), 427-438; Ladd, H.F. (2002), 21-22.

[2402] Sobre as externalidades positivas resultantes da entreajuda que os estudantes se dispõem a prestar uns aos outros quando a estratificação escolar incrementa a coesão social das escolas e os concomitantes «*peer effects*», cfr. Ladd, H.F. (2002), 13-14; Epple, D.N. & R.E. Romano (1998), 33ss.

[2403] Tiebout, C.M. (1956), 416-424; Rubinfeld, D.L. (1987), 571-645; Borland, M.V. & R.M. Howsen (1992), 31-39; Hoxby, C.M. (2000b), 1209; Manski, C.F. (1992), 351-369; Santos, J.C. (1993), 371-378.

[2404] Tiebout, C.M. (1956), 416-424. Cfr. ainda: Glomm, G. & R. Lagunoff (1999), 659-677; Rhode, P.W. & K.S. Strumpf (2003), 1648ss..

[2405] Epple, D.N. & H. Sieg (1999), 645-681; Epple, D.N., T. Romer & H. Sieg (2001), 1437-1466.

[2406] Hoxby, C.M. (2000b), 1209-1238.

[2407] Fernandez, R. & R. Rogerson (1998), 813-833; Hoxby, C.M. (1999), 1-30; Nechyba, T.J. (1999), 5-50; Nechyba, T.J. (2000), 130-146.

[2408] Brueckner, J.K. (2000), 285-306; Nechyba, T.J. (1997), 351-385; Perroni, C. & K. Scharf (2001), 133-154.

[2409] Epple, D.N. & T. Romer (1991), 828-858.

[2410] Alesina, A., R. Baqir & C. Hoxby (2000); Wooders, M. (1999), 10585-10587.

[2411] Fernandez, R. & R. Rogerson (1997), 23-42.

[2412] Hoxby, C.M. (1996), 67; Hoxby, C.M. (1996b), 177-208; Manski, C.F. (1992), 351-369; Martinez, V., R.K. Godwin, F. Kemerer & L. Perna (1995), 485-501.

[2413] A reforçar esta possibilidade está o facto de o investimento em educação ser tipicamente uma despesa única, e não uma compra habitual e reiterada (reforçando pois a *amplitude* das ponderações subjacentes à decisão). Cfr. Litten, L.H. (1980), 40-59; Winston, G.C. (1988), 30-52.

mobilidade geográfica, para procederem livremente a essas escolhas[2414].

Outros alegam que não há qualquer forma objectiva de se avaliar e classificar externamente as escolas, pelo que se trataria aqui apenas de uma manobra publicitária das escolas privadas e das escolas menos procuradas no sentido de sugerirem, sem fundamento objectivo[2415], que são elas que têm maior *qualidade*, tentando pôr em marcha a concorrência monopolística para depois, escudando-se na relativa inobservabilidade dos seus próprios níveis de produção, desenvolverem atitudes de «risco moral» à custa do financiamento público[2416]. A isso contrapõe-se que o aumento de financiamento das escolas privadas poderá também servir para elas atraírem melhores professores – e para nivelar desse modo a qualidade académica entre todos, se é que esse nivelamento não existia já[2417].

Visto que se tem entendido que a adopção de «*vouchers*» universais, aqueles que até aqui temos subentendido (todas as famílias com crianças em idade escolar receberiam uma mesma e única quantia, a ser utilizada em despesas de educação[2418]), seria incomportavelmente onerosa para as finanças públicas, tem sido crescentemente advogado o recurso a «*vouchers*» selectivos, exclusivamente destinados a famílias mais pobres, fazendo pois sobrelevar o intuito redistributivo à perspectiva do bem de mérito ínsito na promoção social do nível educativo *para o maior número*[2419], o que suscita problemas de fronteira, de limiar de subsidiação e de «armadilha da pobreza»[2420], e de subversão das transferências monetárias a favor dos pobres[2421] – tudo problemas de que falaremos ainda, mas que não impedem que a ideia do «subsídio selectivo» seja atraente para o «votante mediano» e portanto tenha mais hipótese de aprovação política do que o «subsídio universal»[2422].

Em suma, as propostas de reforma do sistema educativo básico de acordo com princípios «de mercado» – de mistura com as ideias de privatização e de atribuição de «cheques-educação», hoje objecto de debate quase universal[2423] – sugerem, para uns, incrementos de eficiência, mas para outros um simples risco de aumento de discriminação, de desigualdade de acesso e de oportunidades de integração[2424]; outros recordam que existem limites de escala que impõem a diversificação geográfica das escolas (e até «polarizações» de escolas «de excelência»), tornando inevitável a heterogeneidade e a dispersão dos estudantes[2425].

12 – d) – ii) – χ) Paternalismo e «economia da religião»

Como já referimos, o que há de mais perturbador no recurso à noção de «bens de mérito» é o modo como a noção remete para uma atitude *paternalista* (voluntária ou involuntária).

– A posição libertária subjacente à matriz iluminista da ciência económica não será necessariamente anti-paternalista, sobretudo se se admitir: 1.°) seja que as escolhas individuais não são invariavelmente as melhores para quem as toma, ou que somos muitas vezes maus juízes em causa própria; 2.°) seja que pura e simplesmente é inevitável, até numa estrutura social mínima, que haja decisões que afectam directa e relevantemente a liberdade alheia, a esfera de interesses, o domínio e amplitude decisionais.

– Ora isso pode acontecer aos mais diversos níveis, começando pelos puramente privados: suponha-se que um dono de restaurante sabe que os seus clientes podem fazer escolhas pouco saudáveis por simples influência da ordem em que os alimentos são apresentados no menu: deverá ele ser paternalista e reordenar o menu por forma a diminuir o impacto negativo nas escolhas dos clientes, ou deverá ele abster-se em nome de uma pretensa «soberania do consumidor», sabendo ele de ante-

---

[2414] Abdulkadiroglu, A. & T. Sönmez (2003), 729ss..

[2415] Evans, W.N. & R.M. Schwab (1995), 941-974. Para uma típica argumentação a favor das escolas privadas, cfr. Coleman, J.S., T. Hoffer & S. Kilgore (1982).

[2416] Neal, D. (2002), 35ss.

[2417] Neal, D. (2002), 32ss.

[2418] Ireland, N.J. (1990), 201-219; Manski, C.F. (1992), 351-369; Rangazas, P. (1995), 261-279.

[2419] Epple, D.N. & R.E. Romano (1998), 33-62; Nechyba, T.J. (2000), 130-146; Oakland, W.H. (1994), 1-19; West, E.G. (1994).

[2420] Será verdadeiramente incentivador retirar o «*voucher*» à família que acaba de ultrapassar o limiar máximo da sua atribuição – se sabemos que isso a empobrecerá novamente?

[2421] As famílias mais ricas passam a ter um incentivo a disfarçar a sua riqueza, de modo a poderem aumentá-la através do recebimento de «*vouchers*». Como identificar e excluir esses «falsos pobres»?

[2422] Por um fenómeno similar ao da selecção adversa, a maior parte dos votantes tenderá a sentir-se relativamente pobre, rejeitando por isso o financiamento que beneficie aqueles que são relativamente mais ricos. Voltaremos adiante a outras manifestações deste princípio do votante mediano. No que se refere aos «*vouchers*», cfr. Chen, Z. & E.G. West (2000), 1520-1521, 1530.

[2423] Veja-se o caso da Nova Zelândia. Cfr. Fiske, E.B. & H. Ladd (2000); Lange, D. (1988); Woodfield, A. & P. Gunby (2003), 863ss..

[2424] Hoxby, C.M. (2000b), 1209-1238.

[2425] Lauder, H. & D. Hughes (1999), 19ss..

mão que o exercício dessa «soberania» nunca levará a resultados sequer aproximados do nível a que se chegaria com a sua decisão paternalista?[2426] E haverá algum mal, mesmo do ponto de vista libertário, numa decisão paternalista que se exerça sem qualquer *coerção*? Poderá evitar-se uma tentação paternalista quando comprovadamente existem erros sistémicos num mercado, ou são crescentes os valores estatísticos que denotam a generalização de escolhas erradas – a miopia na poupança voluntária ou no endividamento, a conversão da obesidade em «epidemia», etc. –?[2427]

– De certa maneira, há uma forma de paternalismo inevitável, que é o que resulta da adesão das pessoas a normas que foram concebidas originalmente como *meramente supletivas* – por simples preferência subjectiva pelo «*status quo*», que leva as pessoas a prescindirem de fazer as suas próprias opções, preferindo acomodar-se ao «ponto focal» da norma, mesmo quando ela nada prescreve e apenas *faculta*[2428/2429].

– Caberia perguntar aqui, invertendo os termos tradicionais: devem ser as pessoas *obrigadas* a escolher, em nome dos seus «direitos soberanos»? E se *devem*, porque lhes seria vedado escolherem a simples adesão a um figurino pré-estabelecido?[2430] Há que não esquecer os custos inerentes à acção (de repúdio do regime supletivo, nomeadamente) e a inércia daquele que, podendo adiar a sua decisão, espera um momento de abaixamento desses custos de repúdio do regime supletivo para só então decidir – em manifestação de uma espécie de «indolência racional»[2431].

– A ser assim, o paternalismo poderia eventualmente entender-se como uma resposta adequada à circunstância de os indivíduos nem sempre serem optimizadores face às opções que lhes estão disponíveis: podendo ajudar efectivamente as pessoas, abandonado que seja o pressuposto de que elas demonstram constantemente uma racionalidade impecável, assumidas que sejam, em suma, as consequências, e as necessidades de remédio, para a racionalidade limitada[2432].

– Com efeito, que relevância e realismo teria uma análise que assentasse no pressuposto «axiomático» de que qualquer decisão, seja qual for o seu conteúdo, é benéfica, é óptima, pela simples circunstância de ter sido tomada *livremente*? Por outro lado, porque é que a denúncia da arrogância paternalista, que é salutar, deveria reclamar, em contrapartida, o pólo extremo do individualismo mais estrito – como se não pudesse haver um compromisso, ao menos um compromisso minimalista, capaz de promover actividades positivamente externalizadoras, incentivadoras da produção de bens de mérito, desencorajadora da produção de «*males de mérito*»?[2433]

– Voltando às incidências paternalistas da abordagem de temas de saúde pública: por exemplo, porque não se há-de incluir nos alimentos dos jovens alguns medicamentos que reduzem o colesterol, e por isso reduzem as despesas cirúrgicas de pessoas de meia-idade (tal como o flúor na água distribuída na rede pública pode servir para atenuar problemas dentários alguns anos mais tarde)[2434]? Porque é que não se há-de manipular os incentivos à poupança e à participação em esquemas de segurança social como forma de contrariar a «miopia» revelada em elevadas taxas de desconto que empolam os custos presentes e desconsideram os benefícios futuros[2435]?

Ainda sobre «bens de mérito», refira-se em conclusão que algumas das reservas contra o conceito são consequência da visão *secularizada* (porventura mesmo *secularista*) que as Ciências Sociais, e a Economia, procuram fornecer dos fenómenos humanos, procurando afastar (sem os desconsiderar) atávicos condicionamentos e balizamentos das condutas económicas pela religião, em especial através da polarização das noções de «mérito» e de «pecado»[2436] – isto mesmo quando se reconheça o bem fundado de alguma «repressão paternalista» de atitudes de miopia e de irracionalidade, convergindo a avaliação religiosa com a da axiologia económica[2437], e mesmo quando ambas as abordagens realisticamente reconheçam as suas limita-

[2426] Thaler, R.H. & C.R. Sunstein (2003), 175.

[2427] Benartzi, S. & R.H. Thaler (2002), 1593-1616; Gilovich, T., D. Griffin & D. Kahneman (orgs.) (2002); Kahneman, D. & A. Tversky (orgs.) (2000).

[2428] Kahneman, D., J.L. Knetsch & R.H. Thaler (1991), 193-206; Samuelson, W.F. & R.J. Zeckhauser (1988), 7-59.

[2429] Para um contraste do grau de sucesso entre planos de poupança meramente *opcionais* (aplicáveis por escolha explícita) e planos de poupança *supletivos* (aplicáveis na ausência de uma rejeição explícita), cfr. Choi, J.J., D. Laibson, B.C. Madrian & A. Metrick (2002), 67-113; Choi, J.J., D. Laibson, B.C. Madrian & A. Metrick (2003), 180ss.; Madrian, B.C. & D. Shea (2001), 1149-1187.

[2430] Thaler, R.H. & C.R. Sunstein (2003), 177-178.

[2431] Choi, J.J., D. Laibson, B.C. Madrian & A. Metrick (2003), 180.

[2432] O'Donoghue, T. & M. Rabin (2003), 186ss..

[2433] O'Donoghue, T. & M. Rabin (1999b), 125-156.

[2434] Lee, R.D. & J. Skinner (1999), 118.

[2435] Cutler, D.M., M. McClellan, J.P. Newhouse & D. Remler (1996); Newhouse, J.P. (1992), 3-22.

[2436] Cameron, S. (2002).

[2437] Eadington, W.R (1998), 53-65; Grinols, E. & J.D. Omorov (1997), 49-87.

ções, ou o modo como perversamente conseguem, com as suas polarizações estigmatizadoras, fomentar atitudes «pecadoras», ilícitas, na clandestinidade de «mercados paralelos»[2438].

– Já que tocámos no ponto, refiramos que a própria prática religiosa, como fenómeno social – e microcosmos valorativo –, é susceptível de uma modelação económica, que remonta aliás a Adam Smith, um defensor das virtualidades da livre concorrência entre igrejas, e até entre igrejas e seitas[2439] – e isto ainda que a ideia de «Economia da Religião» tenha sido sempre fortemente criticada[2440], sendo que mesmo nesse confronto de opiniões têm surgido visões muito fundas e radicais sobre fenómenos sociais na intersecção dos valores económicos e dos valores religiosos[2441].

– São muito evidentes, proeminentes até, as consequências económicas da religião, o condicionamento das condutas pelas convicções religiosas, e as famosas intuições de Max Weber acerca do «espírito do capitalismo» e das suas raízes na ética protestante são disso eloquente testemunho[2442], continuado pelas variantes e refutações que se lhe seguiram[2443].

– De facto, multiplicam-se as comprovações da eficácia das convicções religiosas na sedimentação de uma certa axiologia conformista, polarizando atitudes e tornando socialmente mais transparentes, e mais facilmente estigmatizáveis e ostracizáveis, os padrões da conduta «desviante», alternativa, heterodoxa – aquilo que alguns

poderiam caracterizar como a formação de uma «neurose» autoritarista com virtualidades disciplinadoras muito evidentes, e outros caracterização como a transmissão de um ponto focal «consolador», um remédio contra a «dissonância cognitiva»[2444], por referência ao qual o estado de satisfação pessoal, e de motivação, podem ser consolidados e incrementados[2445].

– Neste último aspecto, a filiação religiosa pode ser entendida, muito especialmente nalgumas sociedades mais imbuídas de axiologias de matriz religiosa, como um investimento em «capital humano», dada a dificuldade de «efeitos de boleia» em sociedades assentes na intolerância e na exclusão[2446]; e, noutro sentido, aquele de que acabámos de tratar, a religião pode ser entendida como uma fornecedora de critérios para a aceitação social da existência de «bens de mérito», à produção ou preservação dos quais a Economia deve ser dedicada[2447].

– Também se afigura evidente que, descontado o seu escopo peculiar, a organização das igrejas é fortemente tributária dos desígnios empresariais comuns, por exemplo tendo que ponderar um padrão de custos com as virtualidades de um mercado concorrencial em que todos disputam a «clientela» em termos similares aos da concorrência monopolística (procurando fidelizar através da ênfase em elementos de «incomparabilidade» na oferta) – uma forma de explicação muito fértil para a interpretação da evolução histórica das religiões[2448]; sendo que também se pode sustentar que a secularização das sociedades modernas operou como uma espécie de «desregu-

---

[2438] Eadington, W.R. (1999), 180ss.; Reuter, P. (1983).

[2439] Anderson, G.M. (1988), 1066-1088; Azzi, C. & R.G. Ehrenber (1975), 27-56; Boulding, K.E. (1968); Iannaccone, L.R. (1998), 1465ss.; Leathers, C.G. & J.P. Raines (1992), 499-513; Minowitz, P. (1993).

[2440] Elzinga, K.G. (1989), 5-11.

[2441] Freeman, R.B. (1986), 353-376; Gay, C.M. (1991); Kuran, T. (1993), 302-341; Pryor, F.L. (1990), 339-349; Siddiqi, M.N. (1981); Waterman, A.M.C. (1987), 46-68.

[2442] Weber, M. (1958). Cfr. Eisenstadt, S.N. (1968).

[2443] Anderson, G.M. & R.D. Tollison (1992), 373-392; Brenner, R. & N.M. Kiefer (1981), 517-534, Chiswick, B.R. (1983), 313-336; Chiswick, B.R. (1985), 131-153; Greif, A. (1994), 912-950; Kuran, T. (1995); Kuran, T. (1997), 41-71; Samuelsson, K. (1993); Tawney, R.H. (1926); Tomes, N. (1984), 472- 488; Tomes, N. (1985), 245-250.

[2444] Hardin, R. (1997), 259-278.

[2445] Bainbridge, W.S. (1989), 288-295; Cochran, J.K. & L. Beeghley (1991), 45-62; Cochran, J.K. & R.L. Akers (1989), 198-225; Ellison, C.G. (1991), 80-99; Ellison, C.G. (1993), 78-121; Heaton, T.B. & E.L. Pratt (1990), 191-207; Hull, B.B. & F. Bold (1995), 143-149; Iannaccone, L.R. (1995), 285-295; Lehrer, E.L. & C.U. Chiswick (1993), 385-404; Levin, J.S. & H.Y. Vanderpool (1987), 589-600; Levin, J.S. (1994), 1475-1482; Lipford, J.W., R.E. McCormick & R.D. Tollison (1993), 235-250; Pescosolido, B.A. & S. Georgianna (1989), 33-48; Pyle, R.E. (1993), 385-401; Richardson, J.T. (1991), 55-74; Stark, R. & W.S. Bainbridge (1997); Thornton, A., W.G. Axinn & D.H. Hill (1992), 628-651.

[2446] Becker, G.S., E.M. Landes & R.T. Michael (1977), 1141-1187; Carr, J.L. & J.T. Landa (1983), 135-156; Chiswick, B.R. (1991), 3-15; Durkin Jr., J.T. & A.M. Greeley (1991), 178-196; Ehrenberg, R.G. (1977), 415-423; Finke, R. & R. Stark (1988), 41-49; Finke, R., A.M. Guest & R. Stark (1996), 203-218; Hamberg, E.M. & T. Pettersson (1994), 205-216; Iannaccone, L.R. (1988), 241-268; Iannaccone, L.R. (1990), 297-314; Iannaccone, L.R. (1992), 271-297; Iannaccone, L.R. (1994), 1180-1211; Lehrer, E.L. (1996), 173-196; Lehrer, E.L. (1996b), 145-155; Lipford, J.W. (1995), 291-303; Lipset, S.M. (1994), 1-22; Medoff, M.H. (1993), 59-70; Montgomery, J.D. (1996), 81-110; Murray, J.E. (1995), 35-48; Murray, J.E. (1995b), 217-235; Neuman, S. (1986), 1193-1202; Stark, R. & J.C. McCann (1993), 111-124; Stark, R. (1992), 261-271; Stigler, G.J. & G.S. Becker (1977), 76-90; Stonebraker, R.J. (1993), 231-241; Sullivan, D.H. (1985), 309-320; Ulbrich, H. & M. Wallace (1983), 44-51; Ulbrich, H. & M. Wallace (1984), 341-350; Wallis, J. (1990), 59-72; Zaleski, P.A. & C.E. Zech (1994), 158-167.

[2447] Hull, B.B. & F. Bold (1989), 5-15.

[2448] Allen, D.W. (1995), 97-117; Ekelund, R.B., R.D. Tollison, G.M. Anderson, R.F. Hébert & A.B. Davidson (1996); Ekelund, R.B., R.F. Hébert & R.D. Tollison (1989), 307-331; Finke, R. & R. Stark (1992); Hull, B.B. (1989), 3-21; Hull, B.B. & F. Bold (1994), 447-464; Miller, G.P. (1994), 755-762; Raskovich, A. (1996), 449-471; Schmidtchen, D. & A. Mayer (1997), 122-149; Stark, R. & W.S. Bainbridge (1985), 171ss..

lação» no «mercado das religiões»[2449], conferindo-se assim novo vigor à ideia smithiana do mercado como paradigma para as relações socio-religiosas[2450].

12 – d) – iii) A sinalização pelo trabalhador

Não deve ficar-se com a ideia de que todos os diferenciais remuneratórios são, de acordo com um eventual «modelo hedónico dos salários», puros «diferenciais compensatórios» das características específicas e não-monetárias de cada emprego, do carácter mais ou menos agradável, mais ou menos prestigiado, mais ou menos seguro, das condições de prestação de trabalho. Há diferenciais que se prendem às desigualdades, naturais ou adquiridas, que as pessoas evidenciam entre elas.

Um pianista consagrado não faz nada de essencialmente diverso daquilo que faz um pianista em início de carreira – e poderá até, muito provavelmente, permitir-se dar menos recitais, executar menos repertório, desenvolver menos acções publicitárias, pelo que, na lógica do diferencial compensatório, ele deveria, quando muito, obter uma remuneração inferior à do principiante. Todavia, o mais natural é que suceda precisamente o inverso, e que ele seja pago muito mais vantajosamente do que o é o pianista principiante pelo seu emprego pior.

O que justifica então essa outra diferença de remunerações? Uma multiplicidade de factores, que poderão, no caso, resultar de:

– talento – o veterano nasceu com dotes sensoriais e motores que o tornam um «virtuose» ímpar, sendo que o novato nunca alcançará esse nível de destreza –;
– esforço – o veterano goza agora os frutos de um longo investimento que falta ao novato realizar, sendo que durante a fase inicial da carreira ele esteve numa posição remuneratória similar à do actual novato –;
– acasos – o veterano nasceu num país com tradições musicais, que acarinhava os seus jovens talentos e lhes promovia a carreira internacional, o novato não teve essa sorte; o veterano viu muitos talentos da sua geração tombarem no campo de batalha, tornando escassos e muito requisitados os pianistas disponíveis no pós-guerra, enquanto o novato enfrenta uma concorrência muito mais numerosa e disponível –;
– assimetrias informativas – o veterano teve acesso a condições contratuais muito favoráveis e abertas a todos os pianistas, mas que o novato pura e simplesmente desconhecia –;
– injustiças puras – o veterano é muito fotogénico e causa grande impacto estético nos palcos, o novato é muito feio e tem um nome muito comprido e difícil de fixar –.

Outra explicação para o diferencial remuneratório apela já ao grau de iniciativa dos próprios trabalhadores, e refere-se ao modo como eles conseguem persuadir os destinatários dos seus serviços quanto aos seus próprios méritos, quanto às suas aptidões para preencherem os requisitos procurados por aqueles.

Esta teoria da sinalização[2451], a que já aludimos, parte da constatação de que existe uma assimetria informativa entre aquele que oferece os seus préstimos – que tem obrigação de saber alguma coisa acerca das suas aptidões para a função que irá desempenhar, visto que ele é o beneficiário directo do investimento em capital humano – e aquele que o contrata como trabalhador, e que não dispõe gratuitamente dessa informação «ex ante», tendo que confiar naquele, pois a alternativa seria a de obter exactamente o mesmo grau de educação e aferir a partir dele a aptidão abstracta do candidato ao emprego. A sinalização, recordemo-lo, explora as aparências daquilo que se oferece, joga tudo na idoneidade da informação compacta que se transmite àquele que é um receptor mais ou menos passivo e desinformado – joga na reputação[2452], no cartão de visita, no «curriculum vitae», no desembaraço e firmeza com que o candidato a um emprego é capaz de impressionar os seus potenciais empregadores, com que um vendedor é capaz de enaltecer as vantagens reais ou presumidas de um produto junto de compradores sugestionáveis, enquanto que o capital humano é um dado objectivo, corresponde a um aumento de aptidões ou de potencial remuneratório tal como eles podem ser objectivamente aferidos pelo próprio beneficiário ou por um mercado suficientemente amplo para nele se esbaterem numa média as assimetrias informativas[2453].

Lembremos os termos em que decorre a assimetria informativa resultante da divisão social de trabalho.

[2449] Finke, R. (1990), 609-626; Iannaccone, L.R., R. Finke & R. Stark (1997), 350-364; McConnell, M.W. & R.A. Posner (1989), 1-60; Olds, K. (1994), 277-297.

[2450] Montgomery, J.D. (1996), 443-447; Warner, R.S. (1993), 1044-1093; Young, L.A. (org.) (1997).

[2451] Spence, M. (1974).

[2452] Sobre o papel incentivador da reputação e a formação de um «mercado de reputações», cfr. Tadelis, S. (2002), 854-882.

[2453] Para uma análise comparativa da «hipótese da sinalização» e da «hipótese do capital humano» como bases explicativas da evolução do mercado laboral em Espanha, cfr. Barceinas, F., J. Oliver, J.L. Raymond & J.L. Roig (2001), 125-145.

– Uma pessoa, sentindo-se doente, recorre aos serviços de um médico; mas como pode ela saber que o médico está apto a tratar do seu caso? Recorrendo a outro médico, de forma a ter uma segunda opinião? Decerto que sim, mas se as duas opiniões forem divergentes, em qual deles confiar? Recorrendo a um terceiro? Nada obsta, mas se este terceiro divergir dos outros dois, como fazer? Num momento qualquer, para que o recurso aos médicos seja eficiente e não se eternize processualmente em recursos sem fim, o paciente tem à sua frente uma dupla opção:

a) ou confia, dando um «salto de fé» que o deixa à mercê de critérios de decisão que não promanam de um conhecimento directo das qualidades relevantes – a solução mais económica mas mais arriscada –;

b) ou não confia e se esforça por obter o nível de informação de que dispõem os médicos, tirando o curso de medicina e respectiva especialização. Se continuar doente e vivo ao fim dos anos necessários a esta segunda opção, concluirá que ela é mais segura mas é menos económica, contrariando até abertamente as vantagens associadas à divisão social do trabalho: imagine-se o que seria obrigar toda a população a reservar vários anos de vida à frequência do curso de medicina, e também do de engenharia, e do de direito, etc., só para se evitar a multiplicação das situações de assimetria informativa propiciadas pela divisão do trabalho.

Mas como é que, afinal, se avalia um médico que não se conhece – que nunca nos tratou, nem tratou ninguém nosso conhecido, cuja reputação, em suma, desconhecemos –, sem se recorrer aos critérios de avaliação profissional que só estão rigorosamente acessíveis aos seus pares? Avalia-se recorrendo à *sinalização*, isto é, à presença de indícios que atestem, com aceitável grau de probabilidade e verosimilhança, a idoneidade profissional do médico.

Em princípio, confiamos em qualquer médico porque ele tirou o curso superior de medicina – o que é que ele aprendeu no curso é-nos irrelevante, pois mesmo que no-lo comunicassem não o perceberíamos, leigos que somos –, e na maior parte dos casos isso é sinal bastante, pois atesta que ele se propôs assumir os custos desse investimento em capital humano sem recear comprometer o respectivo retorno na formação de uma reputação negativa. Note-se o paralelismo com a *sinalização de idoneidade* que vimos associada aos grandes investimentos publicitários, também ela independente do conteúdo informativo da publicidade.

Nos termos da *teoria da sinalização*, temos pois que os diferenciais remuneratórios hão-de ser fundamental-mente determinados pelo modo como cada candidato a um emprego é capaz de se destacar do «pano de fundo» de generalização indiferenciada com que cada empregador observa, da perspectiva da sua relativa ignorância, da sua assimetria informativa, o universo profissional dos candidatos (uma generalização indiferenciada sempre pronta a descambar em «selecção adversa», lembremo-lo também).

Usemos uma outra ilustração tirada do meio académico:

– Orgulhosa da soberania dos seus próprios critérios de avaliação, a Universidade tende a fazer tábua-rasa do currículo que os seus estudantes trazem de graus de ensino precedentes, e por isso tende a colocá-los em plano de igualdade quanto àquilo que pressupõe que sejam os quadros culturais neles já consolidados; também muito caracteristicamente, costuma formular juízos não muito lisonjeiros acerca da formação básica de que os seus novos estudantes vêm munidos (juízos manifestamente injustos na maioria dos casos, mas compreensíveis dada a urgência que sente em demonstrar a independência dos seus próprios critérios de avaliação).

– Os melhores alunos no primeiro ano lectivo do seu curso superior dispõem de poucos meses para sinalizarem a sua presença e se destacarem da massa dos seus colegas, procurando fornecer indícios de que a visão generalizadora e estigmatizadora da cultura de que vêm munidos se lhes não aplica – demonstrando talentos invulgares (de raciocínio, de assimilação de matérias, de curiosidade intelectual, de argumentação, por exemplo), hábitos particulares de trabalho (por exemplo em investigação), até alguma sorte na conformação das suas raízes culturais (o facto de terem sido educados em meios familiares ou sociais especialmente férteis e sofisticados, de possuírem elevado «capital humano» extra-curricular[2454]).

– Felizmente que a Universidade tende (apenas tende) a ser imune a formas injustas de discriminação, e por isso os atributos estéticos dos seus discentes, ou a eufonia dos seus nomes, ou a sua integração em «redes de influências», jamais constituíram sinalização *idónea* (embora, lamentavelmente, já tenham servido episodicamente de sinalização *efectiva*); mas a mesma Universidade já não é de todo imune a formas activas e diligentes de promoção de uma certa «pose académica» que, fornecendo indícios de adesão ao estereótipo do bom estudante, pode servir temporariamente de sucedâneo a uma rigorosa avaliação de conhecimentos – conquanto a Universidade há muito se tenha precavido contra o *excesso de sinal* que, para cobrirem as suas deficiências formativas, alguns discentes cronicamente se esforçam por transmitir (até por excessos de «simpatia mercenária»).

[2454] Sobre este último aspecto, cfr. Phillips, M., J. Brooks-Gunn, G. Duncan, P. Klebanov & J. Crane (1998), 103-145.

«Sinalização» não é, pois, mera «estridência publicitária», pois esta seria sumamente injusta para os mais fracos ou mais tímidos – ainda que, no entanto, alguns dos princípios da concorrência monopolística sejam pertinentemente aplicáveis aos efeitos da sinalização –: ela é essencialmente a formação de dados *objectivados* que possam ser apreciados por um destinatário relativamente ignorante das características que esses dados simbolizam, sem custo ou a custo mínimo para aquele destinatário, razão pela qual a sinalização deve ser suportada pelo próprio candidato ao qual os «ganhos de idoneidade» e a reputação aproveitam.

Os defensores da teoria da sinalização costumam ser mais cépticos do que os defensores da teoria do capital humano quanto aos incrementos de produtividade *real* resultantes da educação. Para os primeiros, a ênfase deve ser colocada no incremento de percepção social dessa produtividade – a custo baixo, ou nulo –, tenha a produtividade aumentado realmente, ou não. Com efeito, e como vimos, decisivo para o nível remuneratório é o *valor que é socialmente atribuído* ao contributo marginal de cada trabalhador para a produção total; ora uma simples percepção, por mais condicionada que esteja pela aparência de sinais, é bastante para que a referida atribuição de valor ocorra.

Quando nos jornais aparecem anúncios oferecendo emprego, mas restringindo essa oferta aos licenciados de algumas universidades, isso significa que o empregador não quer esforçar-se por descobrir se porventura não haverá, entre os melhores alunos de universidades excluídas nos anúncios, profissionais mais aptos do que os piores alunos das universidades incluídas – porque um tal esforço envolveria dispêndio de meios e de tempo, a serem suportados pelo próprio empregador –. Significa, portanto, que o empregador entende que a reputação das universidades que indicou nos anúncios é, para os efeitos pretendidos, *sinal* bastante.

Novamente se dirá que esta forma de decidir, por eficiente que seja – e não há que duvidar que o é, porque não envolve custos de busca para o empregador e não reclama dos candidatos, inicialmente, senão a comprovação de que preenchem o requisito de proveniência universitária –, é profundamente injusta, por assentar ostensivamente numa *discriminação* resultante de um grau muito pequeno de informação: mas quem, na ausência de comportamentos ostensivamente violadores de princípios de igualdade constitucional ou legalmente estabelecidos, poderá impor critérios menos eficientes ao empregador, cometendo-lhe privadamente os custos de promoção da justiça social, sabendo-se de antemão que ele seria um ínfimo beneficiário do esforço que teria que promover em prol de um interesse público?

Alguns opositores à teoria da sinalização realçam o facto de o ensino, mormente o ensino universitário, ser um investimento demasiado longo e pesado face aos objectivos da sinalização, que poderia ser substituído com vantagem por curtos períodos experimentais dentro dos quais os empregadores avaliariam, com mais rigor, as características dos candidatos – e retiram daí o argumento de que a teoria da sinalização não fornece a explicação adequada para a existência do ensino, e em especial do ensino universitário.

Contudo, o argumento escamoteia o facto de a sinalização através do ensino ser muito menos onerosa para o empregador do que qualquer período experimental, além de ser muito mais segura para o trabalhador, que fica dotado de uma sinalização universal, válida para diversas situações no mercado laboral, não ficando refém do investimento específico, possivelmente infungível e irrecuperável, que ele teria que fazer em sucessivos períodos experimentais até estabilizar a sua situação profissional. O próprio empregador racional não irá custear algo que pode obter gratuitamente, com menos especificidade decerto mas ainda com fiabilidade bastante, quase que como mais uma externalidade positiva do ensino.

Parece, em suma, que os ensinamentos complementares das teorias do capital humano e da sinalização se podem conjugar, em termos de nos facultarem a constatação de que alguns diferenciais remuneratórios são resultado evidente da diferença de graus de ensino – ainda que, pelo que vimos, nem todos esses diferenciais remuneratórios cheguem para compensar, ao longo da vida, o investimento total em capital humano –, mas de nem todos esses diferenciais poderem ser atribuídos, em termos de uma estrita e rigorosa correspondência, a incrementos de produtividade resultantes do ensino, antes deverem ser atribuídos à percepção imperfeita e truncada que é eficiente a cada membro da sociedade manter sobre os resultados reais dessa educação – ainda que essa eficiência individual não possa ser extrapolada para o plano colectivo –.

Note-se ainda que as teorias do capital humano e da sinalização tendem a enfatizar demasiado a formação de aptidões cognitivas, através da transmissão e assimilação de informação, em detrimento da formação de aptidões não-cognitivas tanto ou mais importantes do que aquelas para ditarem o sucesso profissional: a auto-disciplina, a perseverança, a lealdade, a temperança, a auto-estima[2455]. Nesse aspecto, ambas se afiguram algo

---

[2455] Rosenberg, M. (1965); Rotter, J. (1966), 1-28; Dunifon, R. & G.J. Duncan (1998), 33-48; Dunifon, R., G.J. Duncan & J. Brooks-Gunn (2001), 150.

truncadas e unidimensionais, influenciando aliás a própria avaliação académica que, nos vários graus de ensino, privilegia a «standardização» da pura realização intelectual descurando relativamente a formação integral do *carácter*, quiçá pagando ainda um tributo, algo distorcido, à dualidade cartesiana entre «corpo» e «alma», e esquecendo que não apenas a harmonia pessoal reclama um florescimento conjugado da totalidade das aptidões, mas mais especificamente que o potencial de realização económica e profissional exige o desenvolvimento de muitos traços de motivação e de personalidade, e até de «engenho», que de modo algum se esgotam na informação e na inteligência[2456] – e que paulatinamente as empresas, e o próprio mercado, se vão apercebendo da importância desse «capital de personalidade» como factor de produtividade e de excelência[2457/2458]; até as escolas o vão fazendo, pesem embora as suas naturais resistências como «bastiões da vida do espírito»[2459]. Mesmo as universidades não acolhem sempre no seu seio os mais inteligentes e sabedores, mas os mais perseverantes e dedicados (o autor fala por si).

12 – d) – iv) Vencimento de transferência e renda económica

Num mesmo ramo de actividade, dois trabalhadores com as mesmas aptidões, ou aptidões similares, podem estar a ser remunerados de modo muito distinto.

Suponhamos que os dois pianistas a que antes nos referimos são afinal da mesma idade, têm um talento equiparável, evidenciam o mesmo empenho e dedicação, e têm uma aparência igualmente agradável. Por casualidade, apenas um deles teve a sorte de ser mencionado por um crítico muito influente num programa televisivo de grande audiência; em resultado, apenas um é convidado para grandes espectáculos populares, enquanto o outro se

encontra confinado a pequenos auditórios. Ambos são tidos no conceito público como bons pianistas, de valor equiparável, mas só um é popular no sentido de atrair público e garantir receitas. Os empresários de espectáculos, que não querem correr riscos, só o contratam a ele; e quanto mais isto sucede mais popular ele se torna (tornando-se o «standard» artístico no seu meio), e mais relativamente obscuro fica o outro.

Dir-se-á, neste caso, que o pianista mais popular está a receber uma «renda económica» que constitui a parte mais volumosa da sua remuneração. Existe uma remuneração mínima sem a qual ninguém se entregaria ao esforço de ser pianista de concerto, um remuneração abaixo da qual alguns pianistas de concerto, se não pudessem emigrar, se dedicariam a outra actividade – pianistas de bar, de estúdio, de conjunto de música *jazz* ou *rock*, ou professores de piano –. Essa remuneração é designada por «vencimento de transferência», e constitui o vencimento de equilíbrio no sector de actividade considerado, em termos de, um vez alcançado o respectivo nível, não existir incentivo para nele ingressar qualquer outro trabalhador, nem incentivo para saírem do sector aqueles que nesse momento, sobrevivendo à concorrência, se mantiveram nele[2460].

No extremo, a decisão de abandonar o trabalho, até mesmo de abandonar o mercado laboral e passar à inactividade, dependerá da relação entre salário de equilíbrio e «vencimento de transferência»[2461]. No limite mínimo (designado por «*reservation wage*»), trata-se da remuneração que quebra a indiferença entre estar empregado ou desempregado, sendo a remuneração mínima que se aceita para se trabalhar, para se «transferir» do desemprego para o emprego[2462]. É acima dessa «reservation wage» que se situam, em consequência, os diversos níveis de «salários de eficiência»[2463], que suscitam problemas de incentivos de eficiência[2464] e de justiça[2465] na presença de desemprego – temas a que regressaremos na análise macroeconómica.

[2456] Jencks, C. (1979); Cawley, J., K. Conneely, J. Heckman & E. Vytlacil (1997), 179-192.

[2457] Heckman, J.J. & Y. Rubinstein (2001), 145-146; Becker, G.S. (1964); Sternberg, R.J. (1985); Edwards, R. (1976), 51-68; Klein, R., R. Spady & A. Weiss (1991), 929-954.

[2458] Esses traços serão especialmente realçados pela estruturação de *carreiras* profissionais longas, nas quais seja facilitada, como num jogo reiterado e com aprendizagem, a detecção daquela características, ou até a sua *revelação* seja incentivada por concursos internos, espécies de *torneios* ou de *leilões* nos quais o capital humano é o principal trunfo para a vitória: a promoção. Cfr. Zábojník, J. & D. Bernhardt (2001), 693-716.

[2459] Bowles, S. & H. Gintis (1976).

[2460] Araújo, F. (2001c), 193.

[2461] Se o salário de equilíbrio passar para baixo do nível do «vencimento de transferência» e o trabalhador dispuser já de riqueza suficiente para manter, para o resto da sua expectativa de vida, um nível de consumo equiparável ao do consumo presente (de acordo com a «hipótese do rendimento permanente»), então é natural que tome a decisão de se retirar definitivamente do mercado de trabalho, optando pela reforma. Cfr. Hatcher, C.B. (2002), 167-187.

[2462] Blanchard, O. & L.F. Katz (1997), 53; Oswald, A.J. (1986), 77-95.

[2463] Katz, L.F. (1986), I, 235-276.

[2464] Shapiro, C. & J.E. Stiglitz (1984), 433-444.

[2465] Akerlof, G.A. & J.L. Yellen (1990), 255-284.

«Renda económica» será tudo aquilo que o trabalhador recebe para lá desse vencimento de transferência, por força do excesso de procura do factor trabalho em relação à oferta de trabalho disponível[2466], ou por factores gerais de desequilíbrio[2467]. Se essa escassez é causada pelo estabelecimento de entraves deliberados à entrada de novos trabalhadores, como sejam os tradicionais entraves corporativos, ou por simples demoras na formação de novos trabalhadores, passa a falar-se de «quase-renda», dado presumir-se que esses entraves não podem impedir definitivamente essa entrada, mas apenas adiá-la em benefício temporário dos trabalhadores estabelecidos no sector.

«Renda económica», como tivemos já ocasião de determinar, é, genericamente, toda a remuneração que excede o mínimo que é necessário para incentivar uma actividade, a actividade num determinado sector, ultrapassando o custo de oportunidade de desvio, de transferência, para um outro sector; e «quase-renda» será toda a remuneração que, sendo paga acima do vencimento de transferência, para ele converge, contudo, no longo prazo[2468].

A «renda económica» do trabalho depende normalmente da verificação simultânea de pelo menos três requisitos:

– todos os clientes no mercado quererem o bem ou serviço produzido por aquele trabalhador, cujo trabalho fica, por isso, infungível, dele resultando um produto com elevado rendimento marginal – tal como é espelhado pela pressão da procura[2469];
– o referido bem ou serviço ser acessível a baixo custo a todos os interessados;
– a prestação do bem ou serviço ser apropriável, isto é, ser possível excluir eficientemente da sua fruição aquele que não pague pelo trabalho pressuposto na prestação.

Verificados estes requisitos, não há limite máximo à remuneração que o prestador do bem ou serviço pode obter nessa situação monopolista com custos médios muito baixos, tudo dependendo do nível da procura; mas também, em muitos dos casos, não há limite mínimo, caso em que, caindo a sua prestação infungível no desfavor do público, ele não pode sequer amortecer a queda apoiando-se no vencimento de transferência.

A vedeta popular pode passar directamente do vencimento multimilionário para a ausência de remuneração, a todo o momento – daí que lhe seja tão importante captar a atenção do público, manter-se na ribalta, mesmo que seja pelo simulacro de escândalos pessoais –, por forma a assegurar a subsistência dessa renda económica que é puramente contingente, que pode eclipsar-se a todo o instante. Enquanto ela beneficia da renda económica que lhe é propiciada pela pressão da procura, o seu vencimento ultrapassa tudo quanto ela possa receber numa ocupação alternativa: suponhamos uma «estrela de Hollywood» que tem uma licenciatura em medicina, e que por isso poderia também ganhar a sua vida na actividade clínica – é fácil de imaginar que dificilmente obteria nesta actividade aquilo que obtém na outra, mesmo pressupondo-se que a concorrência é igualmente intensa em ambas as actividades. Por essa mesma razão alguns, cientes da transitoriedade da fama e do gosto popular, procuram prevenir-se contra os efeitos da perda da renda económica, investindo em capital físico ou em capital humano por forma a disporem de um vencimento de transferência suficientemente elevado – o futebolista que investe em lojas de desporto ou em restaurantes, ou que simplesmente amealha em depósitos bancários, o tenista que prossegue os seus estudos noutro sector ou investe na sua formação de treinador de ténis.

Contudo, nem sempre os rendimentos são equiparáveis, pelo que é bom para aquele que beneficia de «rendas económicas» lembrar-se da transitoriedade da sua boa fortuna («*sic transit gloria mundi*»), e pensar na preservação do seu rendimento futuro[2470]. Aquele que ganha 5 milhões de Euros por ano como cantor de ópera (a sua renda económica) poderá ter o consolo de, perdida a voz, se converter num excelente e exuberante cozinheiro de pizzas, ganhando 100 mil Euros por ano (o seu vencimento de transferência); mas terá decerto de defrontar-se com resistências por parte da sua elasticidade-rendimento se porventura não lhe for agora possível manter antigos padrões de consumo, porque imprevidentemente se esqueceu de poupar (cantando como a cigarra).

[2466] Em última análise, em casos de extrema rigidez no mercado laboral, poderia sustentar-se que a «renda económica» é a diferença de bem-estar entre empregados e desempregados – esforçando-se as tácticas de «captura de renda» («*rent-seeking*») por manter essa rigidez através de «protecção dos empregos» à custa dos desempregados. Cfr. Saint-Paul, G. (2000).

[2467] Referimo-nos àquilo que pode designar-se por «rendas schumpeterianas», resultantes do facto de alguns trabalhadores terem aptidões específicas para lidarem com uma nova tecnologia ou com um produto inovador, não tendo havido ainda tempo para os potenciais concorrentes adquirirem a formação necessária para «capturarem» e partilharem essas rendas, o que ficará consumado no momento em que se tiver dado a banalização daqueles produtos e tecnologias. Cfr. Bowles, S., H. Gintis & M. Osborne (2001), 1142, 1170-1171.

[2468] Na prática, tudo se passa como se, no caso da quase-renda, os vendedores, ou os trabalhadores, promovessem entre eles sucessivos «leilões pelo segundo preço», tomando por base de licitação o seu custo, a sua disposição de vender / trabalhar, originando uma paulatina «corrida para o fundo» que termina, no longo prazo, num equilíbrio correspondente a essa disposição de vender / trabalhar. Cfr. Peters, M. (2001), 613-631.

[2469] Pense-se na pressão da procura do espectáculo do futebol, que tende a concentrar-se em «*craques*» insubstituíveis (enquanto duram...). Cfr. Forrest, D., R. Simmons & P. Feehan (2002), 336-355.

[2470] Para uma bizarra análise da «economia da fama», cfr. Cowen, T. (2000).

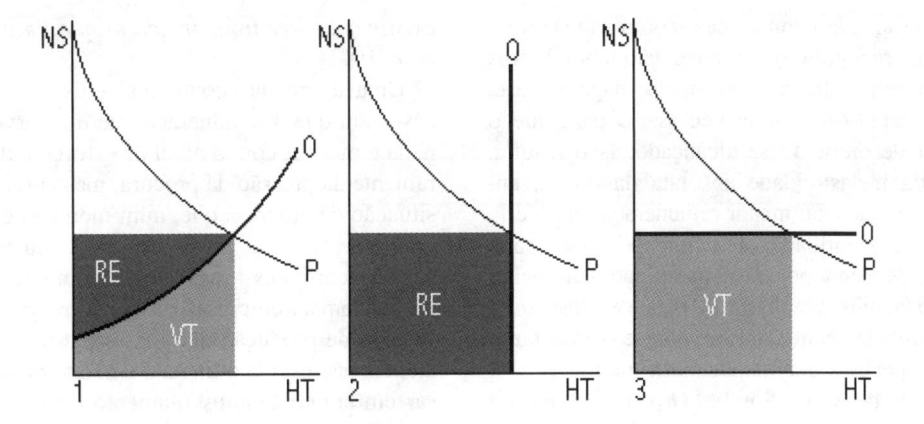

Gráfico 12.5. *Renda económica e vencimento de transferência*

1: oferta elástica (um trabalhador qualificado)
2: oferta absolutamente inelástica, caso de *renda pura* (um artista insubstituível)
3: oferta infinitamente elástica (um trabalhador não-qualificado)
NS: nível salarial

HT: horas de trabalho
O: oferta
P: procura
RE: renda económica
VT: vencimento de transferência

– Aproveitemos para assinalar, de passagem, o que há de específico na produção de bens culturais, nos quais se multiplicam casos de tão puras como transitórias «rendas económicas», a ponto de, como já sugerimos, haver, do lado da oferta, paralelismos com o mercado dos «standards» dominantes, de que já falámos, e, do lado da procura, algumas manifestações do fenómeno da «dependência», também já referido[2471]. A transitoriedade resulta em larga medida da formação de «nichos monopolísticos» exacerbados, ou seja, que dependem de tal forma da manutenção de uma certa intensidade da procura que tudo se joga na formação de gostos e na subjugação da volatilidade desses gostos – tarefa de que se encarrega uma multidão de intermediários (com a sua margem de risco moral, vencida a competição pelas «estrelas» dominantes[2472]), para que junto do consumidor fique incólume a reputação do artista desprendido, do puro criador que não mercantiliza os seus talentos, não podendo haver nessa matéria quaisquer falhas, visto que se trata de, através de pura «gestão de imagem»,

ganhar ou perder um diferencial de «rendas monopolísticas» que advém de se ser a referência dos gostos, independentemente de qualquer diferencial de talentos face à concorrência (como, por «falácia romântica», se deixou de caracterizar o artista pela arte que cria e se passou a encarar como arte tudo aquilo que faz aquele que tem reputação de artista, tudo passa a jogar-se no impacto cultural dessa reputação, e não na comparação qualitativa das obras[2473]).

– A isso acresce que pode formar-se, relativamente a obras de arte duradouras, um mercado especulativo que, à semelhança do que ocorre no mercado bolsista, forma preços em função da perspectiva de revenda, num processo de disseminação de «rendas» em cascata que acaba por beneficiar o próprio artista na medida em que empola também os preços das primeiras vendas, aquelas cuja receita reverte a seu favor – ficando também disponível a opção do recurso a leilões como forma de forçar a revelação de preferências dos especuladores e maximizar as «rendas económicas» deriváveis das vendas[2474].

[2471] Caves, R.E. (2000).

[2472] Numa competição pela «super-estrela», o vencedor pode sofrer de uma «maldição» se porventura os seus rivais, ou as empresas a jusante, forem incentivados a aumentarem o seu nível concorrencial por causa da presença da «vedeta». Cfr. Pepall, L.M. & D.J. Richards (2001), 489-504.

[2473] Quanto não vale um rabisco desenhado por Picasso num canto de papel? Quanto não rende na bilheteira o mais medíocre dos filmes, se tiver actores reputados dentro do «*star system*»? Quantos novos álbuns não lança um grupo *pop* que teve um primeiro sucesso comercial, até por final se perceber no mercado que esse primeiro rasgo de talento não teve qualquer continuação? Quantos romancistas não arrastam penosamente, livro após livro, as evidências de uma reputação imerecida? Quanto não vale, em suma, em termos de «renda económica» esse entorpecimento do gosto, esse atordoamento da crítica, que se conjugam em «fidelização monopolística»?

[2474] Sobre estes e muitos outros aspectos, cfr. Frey, B.S. (2000).

A noção de «renda económica», como sabemos já, ultrapassa o mero âmbito da remuneração laboral, pois ela abarca todas as situações em que se paga à oferta mais do que aquilo que seria necessário para que o mesmo nível de oferta fosse alcançado. Isso resulta, insistamos, da inelasticidade absoluta da oferta, em casos em que a maior ou menor remuneração da oferta não alteraria a quantidade oferecida, pelo que cabe concluir que se paga por essa quantidade oferecida *mais* do que aquilo que bastaria para se alcançar a mesma quantidade, e que não é por se aumentar a remuneração que essa quantidade aumentará.

Nas palavras de Adam Smith, "*O primeiro tipo de matérias-primas cujo preço sobe com o progresso da riqueza é o daquelas que a actividade humana não pode praticamente multiplicar. Consiste em todas as coisas que a natureza produz apenas em certas quantidades, e que, revestindo um carácter altamente perecível, é impossível acumular com o produto de várias outras épocas (...) Por conseguinte, uma vez que se mantém, ou quase se mantém, a quantidade desses bens enquanto aumenta constantemente a concorrência no que respeita à sua aquisição, o preço respectivo poderá subir de modo extravagante, não parecendo existir qualquer fronteira certa que limite essa elevação*"[2475].

Uma tal renda económica regista-se, decerto, nos casos em que a remuneração de um serviço pouco ou nada tem a ver com o nível de esforço e depende inteiramente da pressão da procura, mas abrange também a situação da empresa que, num mercado concorrencial, consegue ter uma escala de eficiência inferior à dos seus concorrentes – mas que não tem interesse em afastar as demais empresas da concorrência, visto que o volume de produção que lhe assegura a escala de eficiência não esgota o mercado, não podendo, pois, pensar em atingir esse esgotamento do mercado senão a custos médios crescentes –. Uma tal empresa poderá receber um diferencial entre preço e custo médio que é superior àquele que recebem as demais empresas do mercado, diferencial que contabilisticamente é um lucro, mas que do ponto de vista económico pode considerar-se uma «renda», no sentido de que, naquele ambiente concorrencial, uma empresa está excepcionalmente a receber mais do que aquilo que corresponderia à sua disposição mínima de vender, mais do que aquilo que aceitaria para entrar no mercado (se, em vez de «empresa mais eficiente», falarmos de proprietário

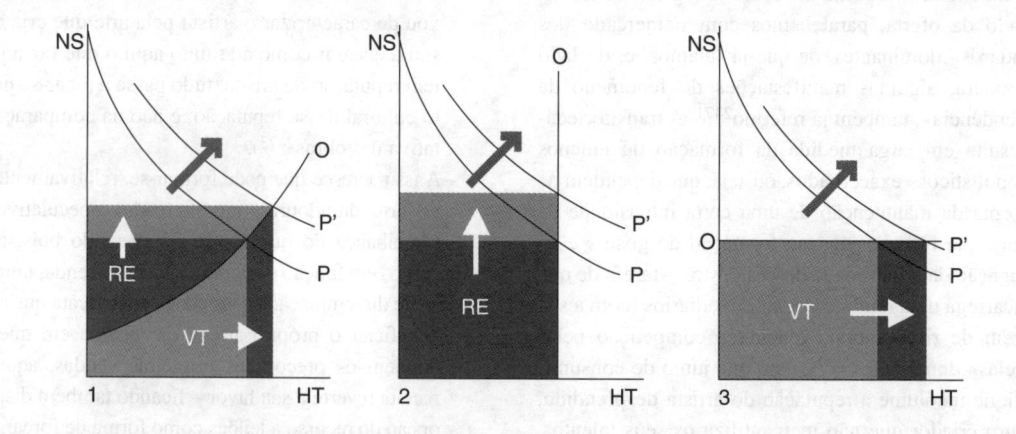

Gráfico 12.6. *Efeito da expansão da procura no nível salarial*

1: oferta elástica – o nível salarial sobe, *na condição de que se trabalhe mais*
2: oferta absolutamente inelástica – o nível salarial sobe, *mesmo que não se trabalhe mais*
3: oferta infinitamente elástica – o nível salarial *não* sobe, *mesmo que se trabalhe mais*
NS: nível salarial

HT: horas de trabalho
O: oferta
P: procura
P': expansão da procura
RE: renda económica
VT: vencimento de transferência

[2475] Smith, A. (1976b), 235 (=I, 426).

de terrenos mais férteis, estaremos de volta à teoria ricardiana da «renda fundiária diferencial»).

Quanto à noção de «quase-renda», também ela alastra para lá das fronteiras do mercado laboral, e abarca todas as situações em que uma renda económica é obtida por factores fornecidos com inelasticidade no curto prazo, e com elasticidade crescente à medida que se vai alongando o prazo – já que, em termos técnicos, ela é o conjunto de rendimentos que ultrapassam o custo de oportunidade de curto prazo dos recursos aplicados a uma determinada actividade.

Por exemplo, no mercado imobiliário o parque habitacional oferecido é inteiramente inelástico no curto prazo, não respondendo a quaisquer incentivos da procura, o que faz com que, havendo pressão da procura, se siga uma licitação através dos preços, os quais, subindo acentuadamente, constituem uma renda económica a favor da oferta; porém, se o mercado imobiliário for concorrencial e desregulado, se não houver controlo de preços, essa «renda» desaparecerá no longo prazo, pois aí a construção de novas habitações expandirá a oferta até se atingir uma quantidade de equilíbrio em que coincidam a disposição de vender e a disposição de pagar – respondendo, pois, a oferta com elasticidade aos incentivos da procura e na estrita medida desses incentivos, sem espaço para a subsistência de «rendas» –.

Mas é no mercado laboral que as quase-rendas são mais visíveis, e é contra essas quase-rendas que se elevou a voz do fundador da Economia moderna, Adam Smith, tornando essa ofensiva contra os «entraves corporativos» do acesso dos jovens ao mercado de emprego – que se convertem em entraves à escolha livre dos potenciais clientes – um dos pilares do seu credo liberal, não hesitando sequer em asseverar que a duração dos cursos universitários é essencialmente determinada pelos interesses corporativos, que se rodeiam dessa barreira de exigência apenas para obrigarem os recém-chegados a «marcar passo» por um número de anos (não se limita a isto o ataque de Adam Smith, um diplomado de Oxford, à instituição universitária[2476]).

A causa smithiana foi retomada, com o mesmo vigor, pelos neoliberais, que não hesitaram em qualificar a regulação profissional (a proliferação de ordens profissionais de inscrição obrigatória, de licenças e alvarás, de cédulas e «carteiras» profissionais, de estágios de aprendizagem junto de patronos) como um movimento de «destruição do mercado», com aberto paralelismo com as guildas medievais[2477], criando e perpetuando proteccionismos com o único fito de restringir artificialmente a oferta e manter desse modo a um nível elevado os preços de equilíbrio, em prejuízo do consumidor – ocorre-nos a guerra movida pela corporação dos dentistas portugueses contra os dentistas brasileiros, com alegações várias em torno de questões de interesse público mas na realidade motivada pela «perigosa» expansão da oferta de dentistas que o aparecimento destes últimos representava no âmbito do mercado português, mas uma série enorme de outros exemplos poderia ser apresentada.

É verdade que podem encontrar-se algumas vantagens, em termos de eficiência[2478], na regulação do acesso a certas actividades, nomeadamente a normalização de uma informação idónea que minimize os custos de busca e evite a selecção adversa, erradicando do mercado os serviços de muito má qualidade[2479], e que pode por isso aumentar até a procura desses serviços[2480]. Mas o facto insofismável é que essa regulação restringe a oferta e faz aumentar os preços de mercado, aumentando os «excedentes dos produtores» à custa do bem-estar dos consumidores[2481/2482] – e a prova de que se trata essencialmente de uma «barreira de entrada» está no facto de as restrições corporativas discriminarem muito pesadamente contra os recém-chegados[2483], poupando os profissionais já instalados[2484]: pense-se que a Ordem dos Advogados chega ao ponto de sujeitar a um exame de entrada os juristas recém-licenciados, quando é mais do que manifesto que são os advogados inscritos há mais tempo os mais necessitados de reavaliação periódica de conhecimentos teóricos – se é que é deveras o interesse do público que se visa salvaguardar, como é anunciado...

Adam Smith celebrizou-se nos ataques a esses privilégios corporativos, e por isso cedamos-lhe a palavra mais uma vez: "*a política da Europa dá origem a uma desi-*

[2476] Araújo, F. (2001b), 294-305.

[2477] Friedman, M. & S. Kuznets (1945), 12; Lewis, H.G. (org.) (1962); Kleiner, M.M. (2000), 189-190.

[2478] Costa, F.K.F. (2001).

[2479] Akerlof, G.A. (1970), 488-500; Shapiro, C. (1986), 843-862.

[2480] Arrow, K.J. (1971); Kleiner, M.M. (2000), 191-192.

[2481] Rottenberg, S. (1980), 1-10; Kleiner, M.M. (2000), 197.

[2482] Tanto é assim, tantos e tão nítidos são os custos impostos à economia pela regulação que já se tem ponderado o cálculo de um «orçamento da regulação» (que explicitasse o respectivo impacto nos preços e no bem-estar dos consumidores). Cfr. Rosen, H.S. (2002), 10.

[2483] Agravando um custo que tenderá a ser correspondente à «quase-renda» a obter depois da entrada, numa ilustração do equilíbrio no «mercado das rendas», a que voltaremos ainda. Cfr. Kleiner, M.M. (2000), 192.

[2484] Perloff, J.M. (1980), 409-428.

gualdade muito importante no conjunto das vantagens e desvantagens dos diferentes empregos do trabalho e do capital pelo facto de, em alguns empregos, restringir a concorrência a um número de pessoas inferior ao das que, noutras circunstâncias, estariam dispostas a dedicar-se-lhes. Os privilégios exclusivos das corporações são o principal meio utilizado com esta finalidade (...) Foi para evitar uma tal redução de preços, e consequentemente dos salários e dos lucros, através da imposição de restrições à livre concorrência que quase de certeza a ocasionaria, que todas as corporações e grande parte dos seus regulamentos foram estabelecidos (...) Não tem qualquer fundamento o pretexto de que as corporações são necessárias à melhor administração da actividade a que respeitam. A real e eficaz disciplina exercida sobre o trabalhador não é a da sua corporação, mas a dos seus clientes. É o medo de perder o emprego que o refreia na prática de fraudes e lhe corrige a negligência. Uma corporação exclusivista necessariamente retira força a este tipo de disciplina"[2485].

12 – d) – v) A discriminação no mercado

Distinto destes aspectos de diferenciação remuneratória é o fenómeno da discriminação, no sentido estrito de manifestação, no mercado dos factores, de uma procura de trabalhadores condicionada por critérios de sexo, raça ou etnia, convicções religiosas ou políticas, etc. – porque aí é difícil descortinar-se qualquer critério de eficiência por entre afloramentos de preconceitos que representam um grau excessivo de ignorância, um desconhecimento de factores de escolha que nem sequer consegue superar os quadros valorativos da mais elementar estigmatização, numa multiplicidade de situações em que, para não incorrer em custos de busca, o empregador classifica os candidatos aos empregos que

ele oferece de acordo com uma apreciação grosseira de grupos de origem, de um modo que não é compatível com um mínimo de justiça e respeito que socialmente se impõe no trato intersubjectivo[2486]. Recordemos, a este propósito, tudo o que já ficou dito a propósito da discriminação no mercado da informação – nomeadamente que a existência de custos de obtenção da informação leva à multiplicação de preconceitos e de «atalhos de sub-racionalidade» mais baratos, mas também mais expostos a erros sistémicos[2487] como, por exemplo, a «lei dos pequenos números» que parece autorizar a extrapolação a partir da minúscula amostra da qual se tem experiência em directo[2488].

São sobejamente conhecidas as práticas discriminatórias no mercado de trabalho, que começam por atingir o trabalho feminino como um todo e atingem também, em sobreposição, minorias raciais ou étnicas, sem qualquer base explícita em diferenciações objectivas de produtividade laboral[2489], e geralmente constituindo um fim nelas próprias, ou seja, respondendo a uma necessidade de discriminação que é desse modo satisfeita[2490]. Algumas dessas práticas têm o seu impacto atenuado por considerações relativas ao capital humano, sendo que muito daquilo que passa estatisticamente por discriminação é já o fruto de diferenciais remuneratórios determinados por diferentes graus de investimento em capital humano: se, por exemplo, o grau de escolaridade é inferior nalguma minoria e essa inferioridade é aproximadamente a mesma que se regista nas remunerações do trabalho, então em bom rigor a discriminação, a verificar-se, ocorre no acesso ao ensino e não propriamente no mercado de trabalho, que se limita a espelhar e perpetuar uma desigualdade já consumada a montante. Como por vezes tem sido observado, aí o *problema* é político, ainda que os *sintomas* sejam económicos[2491]; e reclama, quando possível, soluções políticas[2492].

[2485] Smith, A. (1976b), 135, 140, 146 (=I, 263, 272, 281).

[2486] Becker, G.S. (1957); Arrow, K.J. (1973), 3-33.

[2487] Tversky, A. & D. Kahneman (1974), 1124-1131.

[2488] Kahneman, D. & A. Tversky (1982b), 32-47; Tversky, A. & D. Kahneman (1971), 105-110.

[2489] Porque, recordemos, não haveria objecção puramente económica a discriminações *eficientes*, que assentassem em diferenciais de produtividade objectivamente comprovados. Cfr. Loury, G.C. (2002), 117-118. Veja-se também uma recensão da obra de Loury em Raphael, S. (2002), 1202-1214.

[2490] England, P. (1982), 358-370; England, P., B.S. Kilbourne, G. Farkas & T. Dou (1988), 544-558; Ayres, I. & J. Waldfogel (1994), 987-1047.

[2491] De facto, não se pode descurar os efeitos em cadeia que decorrem de discriminações e estigmatizações num ponto qualquer do tempo, e depois podem ir sendo prolongadas e ampliadas, até de geração em geração, sedimentando mesmo, não raro, alguns estereótipos que são constitutivos de comunidades (não subestimemos o papel agregador que o ódio e o preconceito desempenharam na demarcação e na coesão de comunidades ao longo de toda a história, e no presente). No fundo, a discriminação rotula as pessoas e integra-as numa «identidade social virtual» de baixo custo imediato para quem se serve dela. Cfr. Aigner, D.J. & G.G. Cain (1977), 175-187; Altonji, J.G. & C.R. Pierret (2001), 313-350; Raphael, S. (2002), 1203-1204.

[2492] Novamente regressaríamos aqui ao *bem de mérito* que é a promoção de igualdade de condições de acesso à educação, ao menos pelo tempo correspondente à escolaridade obrigatória, como forma de proceder a algum nivelamento nas oportunidades iniciais (porventura em combinação com outras medidas redistributivas que analisaremos em breve). Cfr. Currie, J. (2001), 215-216; Inman, R. (1986), 647-674.

Talvez não haja exemplo mais revelador do que aquele que determinou, com rigor estatístico, que as probabilidades de contratação de instrumentistas femininas por orquestras sinfónicas aumenta quando as audições dos candidatos decorrem «às cegas», ou seja, quando a identidade e o sexo dos candidatos não são percebidos pelos júris, que se limitam a *ouvir* as actuações (e isto independentemente da composição dos júris em termos de distribuição por sexos)[2493]/[2494].

Também não há dúvida de que alguma da discriminação que atinge as mulheres resulta do menor investimento que, estatisticamente, as mulheres fazem no capital humano que resulta da experiência profissional, dada a decisão que um grupo significativo entre elas voluntariamente faz no sentido de abandonar temporariamente o mercado de trabalho para se dedicar ao cuidado das suas crianças – razão pela qual, quando a experiência profissional é determinante do nível salarial, as mulheres tendem a ter, em média, menor experiência do que os homens da mesma idade –. Sendo outro motivo que atenua a percepção do grau de discriminação contra as mulheres o facto de elas terem tendência, em média, para fazerem opções profissionais mais seguras, previsivelmente mais duradouras e menos penosas, prescindindo do diferencial de compensação que acompanharia opções mais extremas e arriscadas[2495].

– Efectivamente, tem sido determinado que as mulheres, por razões tradicionais (que seria deslocado analisarmos ou julgarmos aqui) tendem a acumular menos experiência profissional do que os homens, tendem a investir menos em educação formalmente dirigida ao mercado, tendem a dedicar-se menos à formação – tendem a investir menos em capital humano, daí resultando uma parte do diferencial remuneratório que em média as separa dos homens[2496].

– Com efeito, uma das explicações dominantes sobre o diferencial remuneratório que discrimina contra as mulheres prende-se com a «intermitência» da participação destas no mercado de trabalho – o que precisamente prejudicaria a sedimentação do «capital humano», atrofiando esse «capital» durante as ausências, desvalorizando os próprios investimentos dos empregadores[2497]; sendo que, em todo o caso, o diferencial remuneratório entre as trabalhadoras que registam essa conduta «intermitente» e as que o não fazem é menos do que o diferencial entre sexos, o que demonstra claramente que a discriminação salarial tem outras raízes para além dessa «intermitência»[2498].

– Se a isso somarmos perdas de produtividade resultantes do tempo suplementar dedicado a tarefas domésticas, as tensões entre carreira e maternidade e a frequência com que a maternidade determina abandonos do mercado de trabalho[2499] ou interrupções laborais lesivas dos níveis salariais[2500], e em geral taxas reduzidas de participação[2501], cedo concluiremos que, sem uma política adequada (de protecção à família, de apoio à maternidade, de incentivo à distribuição mais igualitária de tarefas domésticas, ou algo de similar), não é possível acalentar-se a esperança de melhorias nesta matéria[2502].

No entanto, seria descabido sustentar-se que, descontados os efeitos da diferenciação entre características de empregos e entre investimentos em capital humano, a discriminação não subsistiria – ou até que, estigmatizando, intimidando, estereotipando e inculcando uma «identidade social» ou um «estatuto de exclusão», ela não seria sempre capaz de se auto-perpetuar[2503]. Essa mesma discriminação, sobretudo a sexual, tende a

[2493] Goldin, C. & C. Rouse (2000), 715.

[2494] Noutra análise no meio musical, desta vez centrada em concursos de piano, as conclusões não apontam para a discriminação deliberada, mas não são menos perturbadoras (por reveladoras da falibilidade dos juízos de todos nós), porque permitem perceber que os júris não são indiferentes à ordem de apresentação dos candidatos, umas vezes favorecendo os primeiros a apresentar-se, outras vezes favorecendo os últimos, mesmo depois de várias redistribuições aleatórias destinadas a eliminar qualquer hipótese de correlação com algum dos méritos substantivos dos candidatos. Cfr. Ginsburgh, V.A. & J.C. van Ours (2003), 289; Glejser, H. & B. Heyndels (2001), 109-129.

[2495] Polachek, S.W. (1979), 137-157; Filer, R.K. (1989), 153-170.

[2496] Blau, F.D. & L.M. Kahn (2000), 80; Mincer, J. & S. Polachek (1974), S76-S108; Becker, G.S. (1985), S33-S58.

[2497] Polachek, S.W. & W.S. Siebert (1993); Albrecht, J., P.-A. Edin & S.B. Vroman (2000), 591-607; Hotchkiss, J.L. & M.M. Pitts (2003), 233-236; Jacobsen, J.P. & L.M. Levin (1995), 14-19; Sorensen, E. (1993), 15-32.

[2498] Hotchkiss, J.L. & M.M. Pitts (2003), 236.

[2499] Abandono que implica perda de investimento em capital humano específico da empresa de que saíram, vendo o seu capital humano não-específico também desvalorizar-se com a inacção, além de se perder os ganhos advenientes de uma eventual boa adequação ao emprego que abandonaram e se incorrer em novos custos de busca no momento do regresso: constituindo tudo isso uma «penalização económica da maternidade», tanto maior quanto maior for o rendimento de que a mulher aufira, mas que já se tem calculado que corresponde a uma perda média de 10% de rendimento por cada filho. Cfr. Anderson, D.J., M. Binder & K. Krause (2002), 354, 357.

[2500] Baum, C.L. (2002), 1-36.

[2501] Costa, D.L. (2000), 117.

[2502] Costa, D.L. (2000), 120; Ruhm, C.J. (1998), 285-318.

[2503] Pense-se que a simples prática da discriminação poderá provocar junto de todos os trabalhadores, mesmo dos não-discriminados, um ambiente de intimidação, tanto maior quanto mais variados e difusos forem os critérios discriminadores (quanto maior for o risco para cada tra-

reforçar-se através de uma faceta «estatística», que retira do diferencial das médias remuneratórias um reforço para a continuação das práticas discriminatórias, que passam a poder ser apresentadas como «normais»[2504], e dela pode resultar um novo agravamento da situação, que resulta do facto de a «exclusão» de mulheres dos postos de trabalho «masculinos» tender a expandir a oferta de trabalho nas «ocupações femininas», contribuindo para baixar ainda mais os salários de equilíbrio nestas ocupações[2505].

Com efeito, a diminuição das disparidades salariais por sexos, se tem sido um facto[2506/2507], não tem ocorrido de modo linear nem uniforme – e por exemplo ela tem sido mais rápida no caso de mulheres sem filhos, criando uma «disparidade familiar» que não tem sido ainda suficientemente estudada[2508]. Não pode excluir-se, como vimos, que as ocupações da maternidade retirem motivação ou produtividade às trabalhadoras, causando «intermitências»[2509] e constrangimentos de multiplicação e acumulação de funções[2510], mas mesmo isso não explica toda a disparidade verificada[2511]: resta a discriminação contra a maternidade assente no preconceito[2512], a mesma que faz coexistir a melhoria, em termos médios, das remunerações do trabalho feminino (em termos de aproximação às remunerações médias dos homens), com o aumento das disparidades remuneratórias entre as trabalhadoras, desfavorecendo progressivamente as mães, as mulheres casadas e as trabalhadoras com menos formação[2513].

Por outro lado, o peso principal da discriminação salarial contra as mulheres assenta nas restrições de acesso a certas ocupações profissionais – motivadas pelas mais diversas razões ou explicações[2514] –, já que está comprovado que as diferenças salariais tendem a diminuir num sector económico logo que as mulheres ingressam em todas as ocupações nele disponíveis[2515]; é óbvio que isto não diminui o impacto, nesta matéria, das estruturas sociais, políticas e jurídicas que promovem, ou deixam de promover, a igualdade salarial, assim como das políticas de protecção à família[2516].

Com efeito, o problema agudiza-se com a explosão, nos últimos 50 anos, da participação feminina na população activa, e com a mais recente predominância do sexo feminino na população estudantil do ensino superior, que vieram tornar mais visível a discriminação salarial em empregos no sector dos serviços, nos quais nenhumas diferenças de aptidões «naturais» poderiam já justificar o desnível dos salários[2517], e vieram tornar também deprimentemente claro que alguns avanços em termos de paridade se limitavam aos escalões inferiores, subsistindo um quase-intransponível «tecto de vidro» a travar as aspirações de progressão nas carreiras às mulheres[2518] – a ponto de começar a advogar-se, um pouco por todo o lado, a adopção de sistemas de «quotas» para preenchimento por mulheres de alguns «lugares de topo», mais urgente ainda quando, na perspectiva de alguns, a dominante tendência para a desregulação pode ser interpretada como um incitamento à irresponsabilização das práticas discriminatórias[2519]. Em todo o caso, nada disto resolve as tensões entre carreira e maternidade, com as pressões profissionais e as oportunidades de progressão nas carreiras a levarem vantagem, ditando, de momento, as suas leis nos países economicamente mais desenvolvidos – com as preocupantes consequências da quebra de fertilidade e de envelhecimento das populações, duas tendências que desenham horizontes muito sombrios nos países onde já ocorrem, e continuarão a ocorrer no futuro próximo[2520].

---

balhador de vir a ser abrangido também ele por medidas discriminatórias). Cfr. Lundberg, S.J. & R. Startz (1983), 340-347; Moss, P. & C. Tilly (2001); Raphael, S. & R. Winter-Ebmer (2001), 259-284; Raphael, S. (2002), 1206; Steele, C.M. (1997), 613-629.

[2504] Aigner, D.J. & G.G. Cain (1977), 175-187

[2505] Bergmann, B. (1974), 103-110; Blau, F.D. & L.M. Kahn (2000), 81.

[2506] O'Neill, J. & S. Polachek (1993), 205-228; Wellington, A. (1993), 383-411.

[2507] O aumento da participação das mulheres no mercado de trabalho não tem contribuído para resolver o problema da discriminação de remunerações. Por exemplo, ainda hoje nos EUA a mediana dos rendimentos anuais das trabalhadoras a «*full time*» é cerca de 75% da mediana dos trabalhadores, e a remuneração com base horária aproxima-se dos 80%. Cfr. O'Neill, J. (2003), 309.

[2508] Fuchs, V.R. (1988), 147; Hill, M. (1979), 579-594; Waldfogel, J. (1997), 209-217; Waldfogel, J. (1998), 137ss..

[2509] Becker, G.S. (1985), S53-S58.

[2510] Jacobsen, J.P. & L.M. Levin (1995), 14-19; Waldfogel, J. (1995), 584-610; Waldfogel, J. (1997b).

[2511] Bielby, D. & W. Bielby (1988), 1031-1059; Korenman, S. & D. Neumark (1992), 233-255; Neumark, D. & S. Korenman (1994), 379-405.

[2512] Goldin, C. (1990).

[2513] Smith, R.S. (1988), 227-239.

[2514] Bergmann, B. (1974), 103-110; Hodson, R. & P. England (1986), 16-32; Macpherson, D.A. & B.T. Hirsch (1995), 426-471; Polachek, S.W. (1981), 60-69.

[2515] Baker, M. & N.M. Fortin (1999), 198ss..

[2516] Waldfogel, J. (1998), 137-156.

[2517] Costa, D.L. (2000), 108; Goldin, C. (1990), 110-117.

[2518] Blau, F.D. & L.M. Kahn (2000), 89; Blau, F.D., M.A. Ferber & A.E. Winkler (1998).

[2519] Black, S. & P.E. Strahan (2001), 814.

[2520] Costa, D.L. (2000), 114-115.

De passagem, refira-se que uma das mais subtis e insinuantes razões apontadas para os «tectos de vidro» impostos à progressão profissional das mulheres tem sido a da alegada maior «aversão ao risco» demonstrada por elas[2521] – o que limitaria a margem de decisão empresarial e financeira que se espera de quadros superiores e de gestores de empresas competitivas. Todavia, crescentemente se tem posto em causa essa asserção[2522], muito em especial porque ela parece assentar, com demasiada frequência, em ilegítimas extrapolações a partir de resultados experimentais fortemente descontextualizados[2523]. Isso não desmente o facto de terem sido comprovadas experimentalmente muitas diferenças de conduta económica típica entre os sexos[2524], o que muitos associam a diferenças em termos de disponibilidade para a comunicação, para a reciprocidade não-agressiva, para o empenho em projectos comuns[2525] – pois desses factos não é evidente que conclusões podem retirar-se, e não é decerto legítimo fazerem-se decorrer juízos de valor.

Se essa discriminação subsiste nas suas diversas formas – discriminação no acesso ao emprego, na remuneração e na progressão na hierarquia –, deve em contrapartida insistir-se que, como atitude irracional, ela choca com os interesses maximizadores num contexto de mercado, visto que a discriminação, se não tem fundamento em verdadeiros diferenciais de produtividade – caso em que a discriminação se justifica, ao menos no sentido de fazer diferentes remunerações corresponderem a diferentes níveis de produtividade –, faz perder eficiência à empresa que pratica essa discriminação, por comparação com aquelas que contratam de acordo exclusivamente com critérios de eficiência, não contratando um trabalhador menos produtivo se outro mais produtivo estiver disponível.

Sublinhemos novamente que as próprias forças de mercado contribuem para a atenuação progressiva da discriminação – bastando imaginarmos que, se os trabalhadores discriminados recebem em média menos do que outros trabalhadores que têm a mesma produtividade do que eles, então é economicamente vantajoso a um empregador praticar um tipo de anti-discriminação, contratando os trabalhadores pior remunerados e deixando de admitir os trabalhadores mais bem remunerados, contribuindo para compensar com o nível de emprego mais baixo as remunerações mais elevadas, e para aproximar, por essa via, os níveis de emprego e de remuneração de trabalhadores com o mesmo nível de produtividade. À medida que a concorrência se intensifica, menos margem de «renda económica» subsiste para o produtor, e por isso menos margem ele terá para, distribuindo essa «renda», discriminar entre os seus trabalhadores, menos margem subsistindo também para proceder, no momento do recrutamento, a discriminações contra os candidatos mais eficientes – o que tem sido comprovado por correlações directas entre concentração de mercado e aumento de discriminação, por um lado[2526], e abertura do mercado (à concorrência estrangeira) e queda da discriminação, por outro[2527].

Por outro lado, o risco de selecção adversa que pode resultar da discriminação operada a traços largos, grosseiramente estigmatizadora, ou da credulidade face a uma sinalização não idónea, ou da oferta de salários muito baixos, aconselharão os empregadores a exercerem alguma cautela e a promoverem maior transparência – e maior generosidade – na contratação[2528].

Como já tivemos ocasião de sublinhar, só não haverá atenuação da discriminação através das forças de mercado se houver, no mercado de factores, uma nova procura derivada, mas desta vez uma *procura de discriminação*: se, numa sociedade de fanáticos religiosos ou políticos, de misóginos ou de racistas, a clientela das empresas reclamar atitudes discriminatórias – por exemplo, recusando-se a ser atendido por aquelas e aqueles que estigmatiza –, ou se, mais ainda, conseguir a consagração dos seus preconceitos nas leis vigentes ou na política governamental, então a prática de discriminação passa a ser verdadeiramente compatível com os desígnios de eficiência, tal como eles são aferidos pela adequação ao mercado dos produtos, pois quem

---

[2521] Barsky, R.B., T. Juster, M.S. Kimball & M.D. Shapiro (1997), 537-579; Jianakoplos, N.A. & A. Bernasek (1998), 620-630; Johnson, J.E.V. & P.L. Powell (1994), 123-138; Levin, I.P., M.A. Snyder & D.P. Chapman (1988), 173-181; Sundén, A.E. & B.J. Surette (1998), 207--211; Wang, P. (1994), 108-110.

[2522] Schubert, R., M. Brown, M. Gysler & H.W. Brachinger (1999), 381ss..

[2523] Hershey, J. & P.J.H. Schoemaker (1980), 111-132.

[2524] Berg, J., J. Dickhaut & K. McCabe (1995), 122-142; Croson, R. & N. Buchan (1999), 386ss.; Eckel, C.C. & P.J. Grossman (1999). Para o caso particular de jogos «de ultimato», «de ditador» e «de punição», cfr. Bolton, G.E. & E. Katok (1995), 287-292; Eckel, C.C. & P.J. Grossman (1996b), 143-158; Eckel, C.C. & P.J. Grossman (1998), 726-735. Veja-se um enquadramento genérico em: Kreps, D.M. (1990), 90-143; Van Huyck, J., R. Battalio & M. Walters (1995), 143-170.

[2525] Bielby, D. & W. Bielby (1988), 1031-1059; Rabin, M. (1993), 1281-1302; Tannen, D. (1990).

[2526] Ashenfelter, O. & T. Hannan (1986), 149-173

[2527] Black, S. & PE. Strahan (2001), 816.

[2528] Também é por isso que é tão frequente a carta de recomendação e o recurso a «redes de influências» para se aproximar as partes nas relações laborais. Cfr. Montgomery, J.D. (1991), 1408-1418; Greenwald, B.C. (1986), 325-347.

agora suporta os custos da discriminação é aquela clientela, sob forma de preços mais elevados – mais elevados do que eles seriam se os bens ou serviços fossem prestados pura e simplesmente pela mais eficiente combinação de factores, ao menor custo possível, sem interferência de juízos de valor espúrios.

Por outro lado, não devemos esquecer que alguma da discriminação que se regista no mercado há-de resultar da própria concorrência entre trabalhadores, os quais também procurarão obter algum poder de mercado através da informação imperfeita e da diferenciação de produtos – exactamente como o fazem os vendedores no mercado dos produtos[2529] –, não sendo por isso de excluir que entre eles ocorra publicidade negativa como parte da sinalização, e outras formas de demarcação que evitem uma «corrida para o fundo» em matéria salarial. A discriminação salarial pode também ser o resultado involuntário dos custos de busca e da heterogeneidade das condições laborais – algo de similar, no mercado dos factores, à dispersão de preços que vimos ocorrer frequentemente no mercado dos produtos[2530].

Dito por outras palavras, para que o mercado pudesse erradicar espontaneamente todas as formas de discriminação teríamos que presumir que o mercado de emprego seguia o modelo da concorrência perfeita, que cada candidato de emprego teria um número ilimitado de empregadores entre os quais optar, livremente e sem custo, e que por isso esses empregadores atomísticos estariam limitados a oferecerem um único salário, o salário de equilíbrio, abaixo do qual os trabalhadores demonstrariam uma elasticidade infinita, abandonando-o instantaneamente e em bloco. Não é isso que ocorre, dada a assimetria informativa, os custos de busca e de ajustamento dos candidatos às vagas, dada a heterogeneidade de aptidões e condições de emprego (que faz com que não haja perfeita fungibilidade entre trabalhadores, e com que os empregos não sejam perfeitos sucedâneos uns dos outros), dada a «viscosidade» que os trabalhadores empregados manifestam em relação às alterações das condições laborais, e dado sobretudo o poder de mercado de empregadores oligopsonistas, que lhes permite retirar ganhos da própria discriminação[2531].

12 – d) – vi) A perspectiva feminista

Uma última palavra acerca da abordagem feminista da Economia[2532]. Todas as questões que se prendem com a «economia da discriminação» e com a chegada maciça da força de trabalho feminina ao mercado dos factores vieram alimentar propostas teóricas radicais que sustentam que a causa de todos os males se encontra na pretensa, mas falsa, «neutralidade de género» do paradigmático «*homo oeconomicus*», que na realidade abrigaria uma visão androcêntrica, uma visão legitimadora da desigualdade e da opressão exercida sobre as mulheres, uma visão mercantilizadora do universo feminino e dos seus valores próprios – operando através dessa «mercantilização» uma espécie de redução à servidão da condição feminina[2533] e decerto uma degradação de estatuto[2534], distorcendo ou passando por alto valores fundamentais da coexistência social.

Procurando em alternativa realçar alguns aspectos que as correntes dominantes da Economia tenderiam a manter na sombra, a abordagem feminista aponta para o valor vital da solicitude afectiva que, à mistura com a determinação genética, faz da mulher a protagonista principal da devoção familiar, da segurança da prole e, através delas, da perpetuação da espécie – uma solicitude afectiva que se traduz em esforço, em disponibilidade, que custa tempo e oportunidades, e que no entanto, porque decorre à margem das trocas, não é adequadamente contabilizada no seu valor económico, um valor literalmente *fundamental*. A devoção familiar, a viabilização, aculturação e autonomização de crianças para a perpetuação do jogo social, são desequilibradamente cometidos às mulheres, sem que verdadeiramente lhes seja oferecida a escolha (pese embora a posição de Gary Becker, que aqui soa algo panglossiana[2535]): se aquelas que abandonam o mercado de trabalho, temporária ou definitivamente, para atenderem a situações de dependência dentro dos seus núcleos familiares não têm verdadeira opção, de acordo com as convenções sociais dominantes e de acordo com o seu próprio impulso genético, se elas não o fazem por fraqueza, por capricho, por indolência parasitária, então pareceria da

[2529] Bhaskar, V., A. Manning & T. To (2002), 155.

[2530] Lester, R.A. (1946), 152-159; Reynolds, L.G. (1951); Slichter, S.H. (1950), 80-91.

[2531] Bhaskar, V., A. Manning & T. To (2002), 159-160, 165-166; Burdett, K. & D.T. Mortensen (1998), 257-273.

[2532] Barker, D.K. & E. Kuiper (orgs.) (2003).

[2533] Feiner, S.F. (1993), 145-162; Feiner, S.F. & B. Roberts (1995), 343-346; Ferber, M. (1995), 357-361; Heath, J.A. (1989), 226-230; Hewitson, G.J. (1999); Robb, R.E. & A.L. Robb (1999), 3-19; Shackelford, J. (1992), 570-576; Siegfried, J.J. (1979), 1-11; Tay, R.S. (1994), 291-301.

[2534] Poderia dizer-se que em resultado de um «jogo de estatuto» de acordo com um modelo *autoritário*, em que um grupo se arrogou e arroga atribuir posições na hierarquia a não-membros, quando em alternativa se propõe o modelo *oligárquico* do «jogo de estatuto», em que as posições na hierarquia dependem da inclusão de todos como membros, sob pena de se iniciar uma variante do «jogo de estatuto», o «jogo de secessão» (reinstaurando novas hierarquias à margem das estabelecidas). Cfr. Quint, T. & M. Shubik (2001), 349-372.

[2535] Becker, G.S. (1973, 1976b, 1981, 1985, 1991).

mais elementar justiça que o esforço que elas desenvolvem não fosse economicamente subalternizado, ocultado até, pela simples circunstância de não passar pelo mercado e não estar sujeito a trocas monetárias. O papel que essas mulheres desempenham é, insiste-se, de tal modo vital *até para a sustentabilidade futura do próprio mercado* (já para não falarmos da humanidade como espécie) que essa subalternização, mais do que desumanizadora e incitadora da degradação da solicitude, da protecção dos dependentes e da manutenção dos elos familiares (quando ela alicia as mulheres a abandonarem essas tarefas não-remuneradas e a regressarem *em pleno* à «actividade económica», reduzindo a «mercadoria» a totalidade do seu esforço útil), constitui uma verdadeira e própria «falha de mercado», a reclamar uma urgente rectificação institucional[2536].

Talvez a mais subtil das expressões de domínio androcêntrico e de subalternização do valor económico da conduta de solicitude que é esperada das mulheres se encontre na censura da «mercenarização» dos sentimentos: sustentando-se que aquilo que *deve* fazer-se por amor, por abnegação afectiva e altruísta, não *deve* ser «contaminado» por cálculo materialista, por avidez egoísta, e por isso literalmente não *deve* ter um preço – como se aquilo que é sujeito às trocas e tem um preço indicasse que só há sofreguidão egoísta em combates encarniçados no mercado, como se não soubéssemos já, sobejamente, que mesmo as mais elevadas e desprendidas formas de realização espiritual, mesmo as mais altruístas expressões de solidariedade, mesmo as mais sublimes criações da natureza humana, encontram adequada correspondência em trocas de mercado, têm o seu preço, explicitam o seu custo, e por essa via contribuem para a disseminação livre de incrementos de bem-estar. Talvez não haja falácia mais eloquente como indício de vontade de exclusão[2537].

Não entraremos aqui na exploração dos vários filões que se contêm nestas propostas da «Economia Feminista», decerto um dos sectores de investigação com crescimento mais «explosivo» na transição do século XX para o século XXI[2538] – muito sinceramente porque fazê-lo envolveria a necessidade de alteração de paradigma de análise, esforço a que não me proponho, mas que desafio o leitor a empreender. Mas porque se tratava aqui de abordar a discriminação, e mais particularmente a discriminação salarial, adiantemos que há vários critérios de justiça distributiva, que vão do reconhecimento daquilo que cada um faz dentro de um contexto de mercado ao reconhecimento daquilo de que cada um *necessita* independentemente do que tenha contribuído explicitamente para a produção de riqueza no mercado – sendo que é porventura necessário acrescentar-se-lhes, em nome de uma sociedade mais justa e evoluída do que a nossa, um critério que ajusta as remunerações às práticas sociais, àquilo que cada um faz em prol da sustentação e perpetuação da globalidade institucional e inter-subjectiva de que depende o futuro das nossas comunidades, da nossa cultura e da nossa espécie – aquilo que cada um faz dentro ou fora do mercado, aquilo que faz, ou por opção livre, ou por determinação inescapável do seu amor ou da sua ética[2539]. Em vez do esforço de tudo «mercantilizar», de tudo perspectivar em termos do valor de troca que impessoalmente pode ser aferido nos mecanismos dos preços e da oferta e da procura, porque não haveríamos nós de reconhecer, com maior amplitude, o valor transcendente, o *bem de mérito*, de toda a variedade de esforços que, sob as mais díspares formas, promovem as finalidades comuns dos grupos em que nos integramos – sem que essa integração reclame qualquer tipo de exclusão –?[2540]

Isso interpela o Direito, a consciência jurídica, no sentido da reforma do quadro normativo, rumo à abolição daquelas discriminações que o mercado se revela impotente para erradicar (ou para erradicar tão celeremente quanto aquilo que a nossa consciência possa crer desejável). Já sabemos como o quadro normativo é essencial para o funcionamento dos próprios mercados, e isso é comprovado pelo reconhecimento da indisponibilidade de direitos, mesmo quando a sua disposição seria susceptível de exprimir a soberania do consumidor ou um «óptimo de Pareto» – pense-se, por exemplo, numa hipótese em que uma trabalhadora aceita condições de assédio sexual a troco da melhoria da sua remuneração[2541], ou numa hipótese em que um trabalhador aceita um trabalho excessivamente arriscado ou insalubre para fugir da pobreza[2542], ou em que um menor voluntariamente abandona a escolaridade míni-

[2536] Folbre, N. (2001); Tronto, J. (1987), 644-663; Waerness, K. (1984), 67-87; Abel, E.K. & M.K. Nelson (1990); Folbre, N. & T. Weisskopf (1998), 171-205; Folbre, N. & J.A. Nelson (2000), 129-130.

[2537] Folbre, N. & J.A. Nelson (2000), 131; Nelson, J.A. (1993), 23-36.

[2538] Existe uma *International Association for Feminist Economics* desde 1992, é publicada regularmente a revista *Feminist Economics*, e multiplicam-se as monografias e antologias. Entre as pioneiras, destaque para: Ferber, M. & J.A. Nelson (orgs.) (1993); Nelson, J.A. (1996).

[2539] Mutari, E., D.M. Figart & M. Power (2001), 23-52.

[2540] Radin, M.J. (1996), 105; Arrow, K.J. (1997), 757-765; Folbre, N. & J.A. Nelson (2000), 132.

[2541] Basu, K. (2003), 141ss..

[2542] Cohen, G.A. (1987), Cap. XII.

ma e aceita trabalhar[2543], tudo variantes dos temas espinhosos da *necessidade* e da «servidão voluntária»[2544], ou do mais recente tema do «comércio justo» e da imposição internacional de *standards* mínimos de prestação de trabalho (que evitem o «*dumping*» de mão de obra barata, insalubre ou escravizada)[2545].

É nestas implicações e ramificações que a perspectiva feminista revela toda a sua relevância e actualidade, toda a sua pujança teórica e prática – para a Economia e para o Direito.

[2543] Basu, K. (1999), 1083-1119.

[2544] Basu, K. (1984), 413-422; Neeman, Z. (1999), 685-703; Genicot, G. (2002), 101-128; Sunstein, C.R. (2001), 205-276; Trebilcock, M. (1993); Zimmerman, D. (1981), 121-145.

[2545] Bhagwati, J. (1995), 745-759; Krueger, A.B. (1997), 281-302; Basu, K. (2001), 487-500; Engerman, S.L. (2003).

Capítulo 13 – **A desigualdade e a pobreza**[2546]

"Porque é que os reis não têm qualquer comiseração pelos seus súbditos? É porque têm a esperança de nunca se tornarem homens. Porque é que os ricos são tão duros para com os pobres? É porque não têm medo de empobrecer. Porque é que a nobreza tem tanto desprezo pelo povo? É porque um nobre nunca será camponês (...) cada um pode encontrar-se amanhã nas condições daquele que ele ajuda (...) Não habitueis o vosso discípulo a considerar do alto da sua glória as penas dos desafortunados, as vicissitudes dos miseráveis; e não espereis que aprenda a lamentá-los, se ele se considerar imune a elas. Fazei-lhe compreender claramente que a sorte desses desgraçados pode tornar-se a sua, que todos os males deles lhe estão muito próximos, que mil eventos imprevistos e inevitáveis podem lançá-lo na miséria a qualquer momento" – Jean-Jacques Rousseau[2547].

Independentemente das causas que existam para uma repartição desigual de rendimentos – discriminação pela procura, diferenciais compensatórios, diversidades de talentos e de méritos, capital humano –, o simples facto da desigualdade pode constituir um problema em si mesmo, quando socialmente se percebe que certos extremos foram ultrapassados, e que portanto pode estar a ser posta em causa a própria coesão e homogeneidade internas que parecem fundamentar a subsistência da sociedade.

As justificações que já vimos serem dadas para a intervenção do Estado na economia ganham aqui um outro significado: é que, enquanto se trata de promover, ampliar ou rectificar a eficiência de mercados, o Estado pode assumir uma completa imparcialidade quanto às posições individuais de cada membro da economia, concentrando-se em resultados agregados que não podem deixar de estar associados ao interesse colectivo. Mas quando se trata de responder ao «para quem produzir», o Estado tem que envolver-se em comparações intersubjectivas, tem que emitir juízos de mérito, tem que administrar justiça (o *cimento* da coesão e homogeneidade internas das sociedades). O acesso à riqueza dita quem é rico e quem é pobre, quem tem mais e menos oportunidades de satisfazer as suas necessidades económicas através do processo produtivo social, quem pode e quem não pode jogar satisfatoriamente o jogo do mercado, quem está e quem não está livre da luta imediata pela sobrevivência.

Quando se fala de redistribuir[2548], temos que ter consciência de que, ao menos neste ponto, o simples e típico cálculo da racionalidade económica ao serviço da eficiência perde a sua validade, e cede perante valores sociais que transcendem a própria Economia, valores ao serviço dos quais ela não pode deixar de se colocar assumidamente – os mesmos valores de justiça, de solidariedade, de humanidade que justificam a vida em comunidade e lhe conferem uma coesão valorativa, uma razão de ser[2549].

Que homem de boa vontade não se indignará legitimamente com o espectáculo da pobreza, quem não considerará que a erradicação das situações de extrema indignidade e carência é a prioridade absoluta dentro de uma sociedade justa – quem, ao invés, continuará a

---

[2546] Baumol, W.J. & A.S. Blinder (2000), 379ss.; Ekelund, R.B. & R.D. Tollison (2000), 371ss.; Gwartney, J.D. & *al.* (2002), 628ss., 751ss.; Hardwick, P. & *al.* (1999), 648ss.; Hyman, D.N.N. (1996), 559ss.; Mankiw, N.G. (2001), 437ss.; McConnell, C.R. & S.L. Brue (2001), 654ss., 672ss.; McConnell, C.R. & S.L. Brue (2001b), 398ss., 436ss.; Miller, R.L. (2002), 666ss.; Neves, J.C. (2001), 217ss.; Sharp, A.M. & *al.* (2001), 278ss., 300ss.; Slavin, S.L. (2001), 713ss.; Slavin, S.L. (2001b), 393ss.; Sloman, J. (2002), 253ss.; Spencer, M.H. & O.M. Amos Jr. (1993), 706ss., 750ss.; Stanlake, G.F. (1993), 719ss.

[2547] Rousseau, Jean-Jacques (1971), *Émile ou De l'Éducation, in Œuvres Complètes*, Paris, Seuil, III, 158 (Livro IV, 2ª Máxima).

[2548] Para uma síntese sobre os problemas da redistribuição, cfr. Cabral, N.C. (2002).

[2549] Para um conspecto geral dos temas da repartição e da redistribuição, e dos tópicos de bem-estar social com eles associados, cfr. Lambert, P.J. (2001).

pagar em consciência o seu tributo a uma sociedade que o condena à indigência, excluindo-o da fruição plena dos recursos comuns?

E no entanto, será que mesmo a mais aguda percepção das iniquidades geradas pela economia reclama o sacrifício das considerações de eficiência? Até que ponto deverá ir o esforço da redistribuição, do nivelamento, da coesão solidária? Deverá prosseguir até à consumação plena da igualdade, a qualquer preço? Ao preço da perda dos incentivos individuais para o enriquecimento? E, se for esse o caso e o empobrecimento colectivo se seguir à perda daqueles incentivos, até que ponto estará uma comunidade disposta a empobrecer em prol da igualização? E se esse empobrecimento não resolver, antes agravar, o problema dos que já eram pobres? Terá, com um tal desfecho, valido a pena o combate à desigualdade? São interrogações destas, inquietantes e radicais na sua formulação e exigentes nas respostas que admitem, que constituem o cerne do problema redistributivo na economia – e são elas que, entre todas, mais nitidamente deixam transparecer a relevância social e política das soluções económicas.

Pode dizer-se que nesta área reverberam ainda os ecos da explosão ideológica que acompanhou, desde inícios do século XIX, a «questão social», a reacção aos «excessos capitalistas» que o liberalismo smithiano e ricardiano pareciam vir legitimar, uma rejeição, não raro emotiva, às deficiências institucionais que permitiam que a «lógica de mercado», o «*laissez faire*», transbordasse das suas fronteiras de legitimidade e ditasse soluções extremas de «mercantilização»: o alongamento de horários de trabalho até ao extremo da resistência física, a proliferação de fábricas insalubres e de bairros operários degradados, a exploração do trabalho infantil, etc.

Hoje ainda, passado o impacto mais forte das reacções revolucionárias contra tal estado de coisas, as quais por cruel ironia histórica muitas vezes apenas serviram de «travão totalitário» contra o progresso económico e contra a superação espontânea das condições iniciais que tinham originado a «questão social», mantendo até tarde no século XX populações inteiras num deplorável estado de «servidão operária» ao serviço de novos patrões, pode falar-se de uma «Economia Social» («*social economics*»)[2550] que insiste na «rectificação» das leis do mercado em nome de um «bem comum» que seja mais claramente explicitado e não seja deixado ao acaso daquelas leis (com a pura abstenção decretada pelo «*laissez faire, laissez passer*»), e que tome em conta o espectro total das motivações

humanas, incluindo nelas a força dos valores éticos e o peso das instituições, sempre de acordo com o princípio kantiano que veda a instrumentalização das pessoas aos fins umas das outras[2551] – o que, a ter sido aplicado com rigor, teria evitado a «derivação teleológica» que alimentou as «tentações totalitárias» na reacção anti-liberal.

A «Economia Social» tem-se afirmado como profundamente refractária às análises «atomísticas» (da teoria do consumidor, da teoria do bem-estar) que acusa de desconsiderarem as implicações e ramificações sociais implicadas até na mais ínfima decisão económica, transmitindo-nos por isso uma visão alegadamente fragmentária e pouco solidária das condutas económicas básicas, não apenas no mercado mas também dentro das estruturas empresariais, na solução de problemas extra-mercado como os problemas ambientais, ou o problema da «democracia económica», e mais amplamente nas relações internacionais.

Uma parte das desigualdades geradas pela economia pode resultar da distribuição irregular da propriedade, que faz com que alguns disponham de grande abundância de recursos naturais e de bens de capital, ou de recursos financeiros que lhes permitam adquirir aqueles, enquanto a maioria não dispõe de quase nada – cabendo, pois, àqueles proprietários a quase totalidade dos rendimentos correspondentes ao emprego daqueles factores de produção, restando aos demais fazerem depender a sua sorte do seu trabalho.

Contudo, e apesar de ser óbvio que a riqueza de que se dispõe em cada momento – o património – é o padrão básico da prosperidade cumulativamente alcançada e é o único verdadeiro amortecedor contra o empobrecimento rápido, não é menos verdade que, na ausência de um património vultuoso, o acesso à riqueza significará acesso apenas à criação de riqueza *nova* – o rendimento –, e que a maior parte do rendimento é repartido através das remunerações do trabalho.

É por isso em torno da questão do rendimento e da respectiva repartição que se centra o modo principal de criação, manutenção e agravamento das clivagens entre ricos e pobres, e também, obviamente, a via principal através da qual se pode começar a evitar e remediar essas clivagens, ao menos nos seus aspectos extremos e mais chocantes, tanto internos como internacionais. Mais pragmaticamente, a simples medição da riqueza patrimonial excluiria, ou desvalorizaria por razões evidentes, a acumulação de capital humano, sobrevalorizando ou considerando exclusivamente as dotações de capital físico – o que deixaria por explicar algumas das desigualda-

---

[2550] Esta designação de «Economia Social» surge associada ao nome de Simonde de Sismondi. Cfr. Sismondi, J.-C.-L. S. (1991); Waeber, P. (1991).

[2551] Lutz, M.A. (1999), 132.

des de repartição de rendimento que se prendem precisamente com a importância do capital humano.

Referimos já, também, que não existe um limite automático, no funcionamento do mercado, à formação de disparidades remuneratórias – não existindo um limite superior ao enriquecimento nem um limite inferior ao empobrecimento. Especificamente, as remunerações do capital e dos factores naturais tendem a não ser tão variáveis e diversificadas como o são os salários, pelo que as disparidades remuneratórias entre trabalhadores em igualdade de condições são em geral muito mais evidentes. O funcionamento de um mercado concorrencial assegura, como vimos, uma afectação eficiente de recursos – mas essa *eficiência* não é sinónimo de justiça, a qual, pelo que acabámos de dizer, está longe de se encontrar garantida pelo simples funcionamento do mercado[2552].

Assim sendo, afigura-se ser este um daqueles pontos que reclama, com bastante nitidez, a intervenção rectificadora do Estado. Contudo, mesmo os que não colocam reservas a esse protagonismo rectificador e redistribuidor devem ter a consciência de que nenhuma interferência no mercado ocorre sem provocar efeitos colaterais e custos avultados, não sendo nomeadamente possível ao Estado redistribuir sem perturbar o incentivo principal da actividade produtiva, que é enriquecer através da repartição da riqueza produzida, e, por causa dessa perturbação, distorcer as condutas e causar perdas de eficiência produtiva[2553/2554].

Isso começa logo por suscitar problemas de estabelecimento de prioridades e de planificação, porque os objectivos da redistribuição podem postular a imposição de uniformidade, ou a consideração, por agentes administrativos, das peculiaridades dos destinatários, ou o apelo à colaboração activa destes últimos na determinação dos valores em questão – e podem incorporar, ou não, uma margem de flexibilidade, de discriminação por classes (incluindo a «discriminação positiva» ou contra-discriminação), ou de reavaliação[2555], neste último caso tendo que fazer uso intensivo de modelos econométricos de aferição e calibragem de políticas gerais[2556]. A intervenção rectificadora do Estado envolve, efectivamente, problemas de «planificação social» que

podem apresentar facetas de uma enorme complexidade (bastando pensar no que elas implicam de superação, pelo aparelho redistribuidor, da assimetria informativa que privilegia os milhões de destinatários da redistribuição, criando riscos de injustiça em cada um desses casos), e, mais grave ainda, abre o caminho à tentação da «engenharia social», que acaba por substituir verdadeiros objectivos redistributivos por desígnios de um doutrinarismo activista que procura impor os seus figurinos à sociedade (designando por «justiça» a consumação dessa «vontade reinstauradora»). Por isso, a heterogeneidade das necessidades de redistribuição quase assegura, só por si – mesmo sem termos em conta as inevitáveis imperfeições de instituições *humanas* –, a ampla margem de indefinição e de erro com que qualquer instância central distribuirá recursos colectivos, ou rectificará a sua espontânea distribuição[2557].

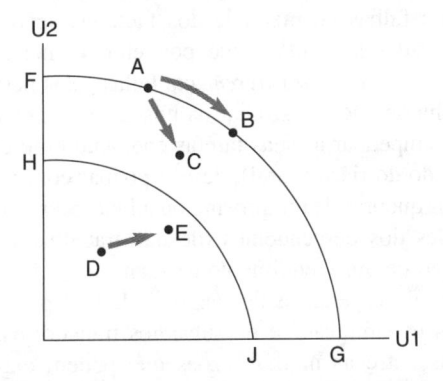

Gráfico 13.1. *Possibilidades de utilidade combinadas de uma economia com duas pessoas (1 e 2)*[2558]

U1: Utilidade de 1
U2: Utilidade de 2
FG: Curva de possibilidades de utilidade de acordo com o «paradigma neoclássico»
HJ: Curva de possibilidades de utilidade de acordo com o «paradigma informativo»
A, B, C, D, E: soluções de repartição entre 1 e 2
Suponha-se que, no ponto A, se considera que a repartição é injusta para a pessoa 1; idealmente, transferências a favor de 1 poderiam conduzir ao ponto B, desde que elas se conseguissem à

2552 Lembremos o que dissemos atrás, que o facto de só haver trocas *voluntárias* se houver benefícios para todas as partes envolvidas nada implica quanto ao equilíbrio entre esses benefícios.

2553 Lembremos também o que se disse relativamente a «*deadweight losses*»: é possível alcançar-se mais justiça reequilibrando os benefícios das trocas entre os envolvidos nelas, mas se porventura o «bem-estar total» já é diminuto, um esforço redistributivo pode pura e simplesmente destruir esse «bem-estar total», inviabilizando as trocas.

2554 Sobre a redistribuição, cfr. ainda: Porto, M.C.L. (2004), 267ss.

2555 Manski, C.F. (2001), 103.

2556 Heckman, J.J. & E. Vytlacil (2001), 107; Heckman, J.J., R. LaLonde & J. Smith (1999), 1865-2073; Heckman, J.J. & R. Robb (1986), 63-107.

2557 Manski, C.F. (2001), 103-104; Manski, C.F. (2000b), 415-442.

2558 Putterman, L., J.E. Roemer & J. Silvestre (1998), 864-865.

custa da tributação *eficiente* de 2 (por exemplo, através de «impostos de capitação»). Todavia, a insusceptibilidade de uma tributação sem «*deadweight losses*» implicará a deslocação do ponto A para o ponto C, e não para o ponto B, sendo esse ponto C representativo de uma solução *mais justa mas menos eficiente*. Se, porém, considerarmos os constrangimentos que impedem tanto a tributação «*lump-sum*» como o funcionamento plenamente eficiente dos mercados (e que só permitem optimizações na fronteira HJ), é mais provável que, na realidade, a repartição injusta represente também uma situação ineficiente, susceptível de melhoria tanto em termos de justiça como de eficiência (como se verificaria na deslocação do ponto D para o ponto E, por exemplo).

Para complicar ainda mais o quadro geral, não se pode ignorar que, desgraçadamente, existe também muita pobreza *voluntária*, no sentido de que nem tudo na pobreza é atribuível a desigualdades de oportunidades ou a falhas no mercado dos factores, sendo que muito resulta de *escolhas* que, por serem menos avisadas, não deixam de ser *livremente* feitas pelas pessoas: a escolha de não se esforçar na busca de emprego, de não desempenhar as suas tarefas enquanto empregado (abusando do risco moral), de não poupar com vista a prevenir quebras de rendimento ou a favorecer as oportunidades dos descendentes (de não trabalhar para a formação de um «rendimento permanente»), de confiar em vagas esperanças de ganho fácil, de depender de «rendas económicas» e de subsídios transitórios, são algumas entre as muitas razões que podem explicar porque é que, *desperdiçando as oportunidades*, tantas pessoas se deixam cair em situações de pobreza[2559] – e condenam à pobreza os seus agregados familiares –. Sublinhemos todavia que, apesar da ênfase na «subsídio-dependência», o efeito desincentivador da redistribuição não pode ser determinante das ponderações políticas nesta sede – pois de outro modo teriam que se impor logicamente outras soluções, como a opção pelo *trabalho forçado* dos mais pobres, fosse ou não esse trabalho entendido como contrapartida do subsídio[2560].

E depois existem factores de desigualdade que são tão profundos, e pobreza que é tão generalizada e aguda, que os habituais procedimentos redistributivos não passam, perante eles, de paliativos mais ou menos ineficientes: referimo-nos sobretudo ao problema internacional dos países pobres, da disseminação de condições de miséria extrema entre largas camadas da população mundial – um problema tão delicado e intratável que ele tem forçado sectores inteiros da ciência económica a reformularem os seus próprios paradigmas, inserindo «ressalvas finalistas» nas suas tradicionais perspectivas «deontologistas» de pura optimização e maximização, temperando com considerações de justiça global a sua exaltação algo fragmentária dos sucessos da eficiência de grupos, nações ou regiões.

O nome que se tem destacado nesse esforço de conciliação de perspectivas no combate à pobreza mundial é o de Amartya Sen[2561], que evoluiu do estudo de técnicas proteccionistas no comércio internacional[2562] para o estudo dos melindrosos temas da fome, da carência absoluta, da pobreza extrema – recorrendo para isso a conceitos alternativos aos da «utilidade» e do «bem-estar» dominantes no cânone neoclássico, conceitos que se desejavam mais próximos da variedade referencial da experiência humana e dos objectivos humanitários, mais compatíveis com a perspectiva peculiar do desenvolvimento económico e com a eliminação progressiva e global das disparidades de recursos[2563], ainda que seja discutível o estatuto «epistemológico» dessas novas categorias analíticas que «*ad hoc*» procuraram abarcar na «equação económica» a perspectiva dos cronicamente desfavorecidos pelo jogo do mercado, os seus horizontes de trocas e de desenvolvimento mínimo de capital humano, as barreiras criadas pela opulência em sociedades profundamente inigualitárias, etc.[2564], afinal procurando restituir uma «voz» àqueles que o jogo económico tende, por deficiência estrutural, a silenciar – e que as instituições, mesmo aquelas que deveriam protegê-los, tendem a indeferir quando elas se enredam em burocracias, em jogos de poder e de corrupção, em jogos de «captura de renda», ou quando elas espelham na sua composição o ascendente de «redes de influências» nas quais os mais pobres e mais fracos, até por força da exclusão social, voltam a encontrar-se sub-representados, num desesperante ciclo de agravamento auto-sustentado que por vezes parece não ter fim[2565].

[2559] Embora o dinamismo económico circundante e a estigmatização social que acompanha o protraimento de situações de «parasitismo subsídio-dependente» sirvam por vezes de dissuasor contra a «pobreza voluntária», como o atesta até a tendência para só uma parte dos potenciais beneficiários de medidas «anti-pobreza» se candidatar a eles. Cfr. Riphahn, R.T. (2001), 379-398.

[2560] Solução de *trabalho forçado* que esteve prevista na *Poor Law* britânica de 1834, e que ecoa também nas contrapartidas que condicionam a atribuição do subsídio de pobreza a um «*earned income*» mínimo. Cfr. Rosen, H.S. (2002), 165.

[2561] Sen, A.K. (1981); Drèze, J. & A.K. Sen (1989); Neves, J.C. (1998), 154.

[2562] Nomeadamente a «substituição de importações», tão amplamente (e desastrosamente) utilizada pelos novos países descolonizados.

[2563] Desai, M. (2001), 213-223.

[2564] Cameron, J. (2000), 1031-1045.

[2565] Narayan, D. (2000).

Como melhor veremos já de seguida, decerto não pode medir-se a pobreza e a desigualdade com puros números, com a perspectiva materialista e a «mentalidade de caixa registadora»[2566] que hoje domina cada vez mais os critérios de aferição do sucesso social e político: isso seria um reducionismo grave, como tem sido abundantemente demonstrado[2567]. Contudo, na falta de mais subtis e sofisticados meios de aferição (que por exemplo incorporassem uma referência à desigualdade de formas de realização espiritual[2568], à desigualdade de liberdade e de dignidade[2569], de oportunidades educativas[2570], de apoio comunitário[2571], de respeito pelas desigualdades, pelas deficiências e dependências[2572], etc.), reconheça-se que ao menos os números permitem bases objectivas mínimas de comparação e de avaliação. Sigamos, pois, por aí.

13 – a) A medição da pobreza[2573]

Se o rendimento fosse distribuído de forma absolutamente igualitária dentro de uma sociedade, poderíamos ter a certeza de que qualquer pessoa teria uma parcela igual à de qualquer outra – pelo que se, por exemplo, quiséssemos isolar um grupo correspondente a 20% da população, não teríamos qualquer dificuldade em determinar a perfeita representatividade desse grupo, pois esses 20% receberiam a mesma parcela de rendimento – no caso, necessariamente 20% do rendimento – que caberia a qualquer outro grupo da mesma dimensão, escolhido ao acaso.

É evidente que as coisas passam a configurar-se de modo diferente se a distribuição do rendimento for desigual – e a todos é perceptível que a desigualdade, em maior ou menor grau, é um facto de todos os tempos e de todos os lugares, de todas as sociedades –. Assim sendo, difícil será encontrarmos duas pessoas, ou dois grupos igualmente numerosos, que tenham um acesso igual à repartição da riqueza nova. Dada esta circunstância, torna-se possível apreciar o grau de desigualdade que existe numa sociedade, entendendo por isso o distanciamento que existe face à hipótese de uma distribuição absolutamente igualitária.

Dividamos convencionalmente a sociedade em 5 grupos igualmente numerosos, cada um deles representando, pois, 20% da população. Se estivéssemos na presença da tal sociedade absolutamente igualitária, a cada um desses grupos caberia, como indicámos já, 20% do rendimento total. Havendo desigualdade, estamos preparados para constatar que a um dos grupos cabe uma parcela superior àquela que corresponde a outro grupo, sendo que diremos, nesse caso, que aquele grupo é mais rico e este é mais pobre. Mais ainda, na medida em que é possível determinar qual a parcela do rendimento total que chega às mãos de cada indivíduo – em rigor, a cada núcleo de economia comum como o são as famílias –, e por isso pode saber-se quem são as pessoas mais ricas e as mais pobres, e quem é mais rico e mais pobre do que quem, existe a possibilidade de seriação completa do todo da população em termos de rendimentos pessoais.

Imaginemos que essa tarefa estava completa, para um país de aproximadamente 10 milhões de habitantes, como Portugal – e que portanto estava completa a seriação contínua dos rendimentos pessoais, desde a pessoa mais pobre até à pessoa mais rica. Restaria agora dividir a população por classes de rendimento: a primeira agruparia o habitante mais pobre, o habitante imediatamente menos pobre, e assim sucessivamente até que estivessem contidos no grupo 2 milhões de pessoas. Esse grupo estaria completo, e seria designado como o dos «20% mais pobres». Começaríamos então no segundo grupo, novamente por ordem crescente de riqueza, até nele se conterem outros 2 milhões de pessoas; e assim sucessivamente, até formarmos o 5.º grupo, o dos 20% mais ricos, no qual se encontraria, obviamente, a pessoa mais rica de Portugal.

A hipótese de distribuição igualitária estando arredada, estamos preparados para constatar que ao grupo mais pobre não cabe 20% do rendimento, mas menos do que isso, e que ao grupo mais rico cabe mais do que 20% do rendimento total. Numa sociedade ainda assim fortemente igualitária, poderíamos esperar que essa disparidade não fosse senão muito ténue, e que o rendimento destinado aos mais ricos não fosse muito desproporcionadamente maior do que aquele que caberia aos pobres.

Assim, na «Ilha da Coesão», poderíamos esperar um mínimo de desigualdade, do género:

[2566] Parrington, V.L. (1930), 81.

[2567] Sen, A.K. (1996).

[2568] Wilson, W.J. (1996).

[2569] Nussbaum, M.C. (1999), 341-354.

[2570] Rowe, J.W. & R.L. Kahn (1997), 433-440.

[2571] Fletcher, W.L. & R.O. Hansson (1991), 76-85; Henretta, J.C. (1997), S1-S3; Mutchler, J.E., J.A. Burr, A.M. Pienta & M.P. Massagli (1997), S4-S12. Pahkala, K., S.L. Kivela & P. Laippala (1992), 775-783; Samuels, S.C. (1997), 59-63.

[2572] Wachter, K.W. & C.E. Finch (orgs.) (1997).

[2573] Em geral, cfr. Champernowne, D.G. & F.A. Cowell (1998).

20% mais pobres	segundos 20%	terceiros 20%	quartos 20%	20% mais ricos
18	19	20	21	22

Numa sociedade destas, as disparidades existem, mas são mínimas: os pobres recebem pouco menos do que os ricos, e portanto a transição do grupo mais pobre para o grupo mais rico, e vice-versa, é quase imperceptível. Se porventura a sociedade como um todo é rica, o grupo mais pobre desta sociedade está numa posição confortável, visto que lhe cabe uma percentagem do total que pouco diverge da de qualquer outro grupo. Em contrapartida, estão ausentes desta sociedade – ao menos aparentemente – os incentivos *económicos* para que os mais pobres queiram deixar o seu grupo e ingressar no grupo dos mais ricos – podendo existir, em contrapartida, incentivos sociais e culturais nesse sentido –.

Pense-se, por exemplo, que os grupos fazem grande alarde dos seus pequenos traços distintivos em termos de rendimento, que por exemplo convencionam constitucionalmente que só os 60% mais ricos participarão num «sufrágio censitário» para elegerem o presidente de todos, ou que só os 40% mais ricos são elegíveis para uma segunda câmara parlamentar com direito de veto sobre a primeira; ou que se generaliza a prática de leilões para a aquisição de bens de consumo «ostentativo» que denotam, por uma minuciosa segmentação das «disposições de pagar», as subtis diferenças de fortuna entre os grupos, ou que – o que é equivalente – o «jogo de estatuto» dentro da população passa a gravitar em torno da detenção de bens que só são susceptíveis de aquisição, embora muito marginalmente, pelo grupo mais rico.

Já na «Ilha da Disparidade» os números são completamente distintos, e ilustram o extremo oposto:

20% mais pobres	segundos 20%	terceiros 20%	quartos 20%	20% mais ricos
1	2	4	8	85

Numa tal sociedade, um quinto da população apropria-se de 85% da riqueza nova que é criada pela economia, enquanto o quinto da população que é mais pobre tem que contentar-se com 1% do rendimento: o que, entre outras coisas, significa não apenas que os pobres naquela sociedade recebem em média 85 vezes menos rendimento do que os mais ricos – um número impressionante mas pouco revelador – mas ainda que recebem 20 vezes menos do que aquilo que lhes caberia numa sociedade igualitária – o que é muito mais relevante como indicação daquilo que estão a perder na «Ilha da Disparidade» –.

Em contrapartida, numa sociedade destas a fuga à pobreza torna-se um imperativo vital, e o enriquecimento individual ganha aqui o máximo incentivo *económico*. Uma sociedade dessas encontra-se, do ponto de vista da repartição, num estado de desequilíbrio extremo – veja-se que 80% da população tem que repartir 15% do rendimento total –, pelo que, se não ocorrer um cataclismo social ou a ordem não for mantida por uma repressão violenta, todos os ingredientes dinâmicos deverão estar presentes para que essa sociedade evolua mais rapidamente num sentido de igualização e nivelamento do que outra que se encontre mais próxima já do paradigma da «Ilha da Coesão». Acrescente-se ainda que, se uma tal sociedade não é muito rica como um todo, a situação dos mais pobres torna-se desesperada, e pode ultrapassar limiares de carência *absoluta* (isto é, de carência objectivamente grave em quaisquer contextos de referência, independentemente das distribuições relativas).

Estamos agora preparados para analisar dados estatísticos respeitantes a Portugal e a dois países, um comparativamente mais inigualitário (Brasil) e um mais igualitário (Dinamarca)[2574].

Note-se que em Portugal as pessoas mais ricas recebem em média cerca de 6 vezes mais rendimento do que as mais pobres – se não existissem efeitos de elasticidade-rendimento e os padrões de consumo fossem uniformes entre ricos e pobres, diríamos que os mais ricos são em média 6 vezes mais prósperos, encontram-se quantitativamente 6 vezes mais satisfeitos[2575] –; já no Brasil os mais ricos recebem em média 25 vezes

---

[2574] Banco Mundial (2001), Anexo, Parte I, Quadro 5.

[2575] Por curiosidade, refira-se que, para Platão, o máximo admissível de desigualdade distributiva deveria ser uma proporção de riqueza pessoal de 1 para 4. Cfr. Fair, R.C. (1971), 552.

País	20% mais pobres	segundos 20%	terceiros 20%	quartos 20%	20% mais ricos	Gini	Ano de referência
Portugal	7,3	11,6	15,9	21,8	43,4	0,35	1994/95
Brasil	2,5	5,5	10	18,3	63,8	0,60	1996
Dinamarca	9,6	14,9	18,3	22,7	34,5	0,24	1992

mais rendimento do que os mais pobres, enquanto na Dinamarca a disparidade se reduz ao facto de que os mais ricos receberem 3,5 vezes mais do que os mais pobres. Note-se também que o grupo mais rico absorve, no Brasil, praticamente dois terços do rendimento, o que é praticamente o dobro daquilo que cabe percentualmente ao grupo mais rico na Dinamarca.

Mais relevante, como dissemos, é a comparação com uma situação igualitária: seria politicamente absurdo, embora não inédito historicamente, tentar resolver o problema dos pobres actuais fazendo-os trocar de posição com os ricos, e por isso não está em causa qualquer medida redistributiva que vise fazer subir um grupo de 20% da população acima dos 20% do rendimento[2576]. Medidas de igualização e nivelamento dos rendimentos poderiam beneficiar o grupo mais pobre em Portugal em quase 3 vezes o seu rendimento médio actual, aos mais pobres dos dinamarqueses poderia duplicar-se o seu rendimento, e aos mais pobres dos brasileiros a igualização de rendimentos promete melhorias de até 8 vezes o seu rendimento médio actual! Isso pode significar que essas medidas estão mais avançadas na Dinamarca do que no Brasil, e que portanto os valores na coesão social estão menos «podres» no Reino da Dinamarca; mas significa também que, no jogo das relações económicas internacionais, continua a caber ao Brasil uma maior proporção de produção de bens e serviços que requerem menor aplicação de mão-de-obra especializada, e que portanto é menor o investimento em capital humano e maior a presença de trabalhadores não-especializados no mercado de trabalho brasileiro – o que é por si só um factor decisivo para a verificação, no próprio mercado, de profundas disparidades remuneratórias[2577].

A curva de Lorenz – concebida pelo economista Max O. Lorenz – é uma outra forma de representar a desigualdade numa economia, um gráfico que evidencia o efeito cumulativo da distribuição de riqueza, começando pelo grupo mais pobre e terminando no grupo mais rico (os 5% mais pobres, os 10% mais pobres, os 15% mais pobres, e assim sucessivamente)[2578]. A curva de Lorenz representa, em suma, a correlação entre a fracção cumulativa do rendimento e a fracção cumulativa da população a que esse rendimento cabe. Se houvesse perfeita igualdade, a linha seria recta – a quaisquer 5% da população arbitrariamente escolhidos caberiam 5% do rendimento, invariavelmente, e isso conduziria a uma perfeita regularidade cumulativa –; quanto maior a desigualdade, mais afastada de uma linha recta se encontrará a curva de Lorenz, e compreende-se bem a facilidade com que é possível apreciar, por simples comparação gráfica, os graus de desigualdade de diversas sociedades ou de diversas épocas de uma mesma sociedade, ou mesmo a eficácia global das medidas redistributivas que sejam politicamente adoptadas: uma redistribuição eficaz fará com que a curva de Lorenz, depois da aplicação de impostos, subsídios e outras medidas redistributivas, seja mais próxima da «recta igualitária», menos divergente, do que a curva de Lorenz que representaria a repartição espontânea do rendimento, a repartição de mercado[2579/2580].

Um equivalente a essa representação gráfica é o Coeficiente de Gini – proposto pelo cultor de estatística e demografia Corrado Gini –, que basicamente corresponde à relação (o quociente) entre a área que separa a curva de Lorenz da linha representativa da desigualdade máxima (a hipótese de um membro da sociedade ficar com 100% do rendimento total, nada deixando aos outros) e a área que separa a curva de Lorenz da «recta igualitária»: um quociente que oscilará entre os valores de zero – para a hipótese estritamente igualitária – e de 1 – para a hipótese de desigualdade máxima –, já que se trata da divisão entre um numerador que corresponde à área entre a Curva de Lorenz e a bissectriz (a linha dos 45°), e um denominador que corresponde à área entre a Curva de Lorenz e a curva representativa da desigualdade

---

[2576] Em termos políticos e económicos, a «vingança dos pobres», a troca das suas posições com os ricos, deixaria tudo na mesma e não resolveria nada (ainda que pudesse trazer alguma satisfação ética, pela rotatividade no acesso à maior prosperidade).

[2577] Para uma panorâmica sobre valores estatísticos da exclusão social na Europa comunitária, cfr. Barnes, M. & al. (2002).

[2578] Sobre toda esta matéria, veja-se a antologia: Silber, J. (org.) (1999).

[2579] Cheong, K.S. (2002), 171-176; Chotikapanich, D. & W. Griffiths (2001), 541-547.

[2580] Sobre a medição da desigualdade, veja-se ainda os desenvolvimentos em: Atkinson, A.B. & F. Bourguignon (orgs.) (2000); Porto, M.C.L. (2004), 258ss.

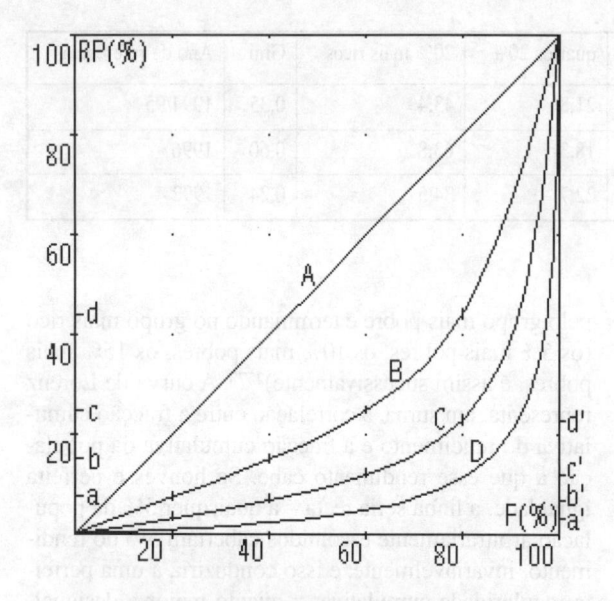

Gráfico 13.2. *Curvas de Lorenz*

RP(%): percentagem (cumulativa) de rendimento
F(%): percentagem (cumulativa) das famílias
A: economia igualitária
B: economia moderadamente inigualitária (quanto ao rendimento)
C: economia fortemente inigualitária (quanto ao rendimento)
D: desigualdade extrema
a: percentagem de rendimento correspondente aos 20% mais pobres
    (curva B)
b: percentagem de rendimento correspondente aos 40% mais pobres
    (curva B)
c: percentagem de rendimento correspondente aos 60% mais pobres
    (curva B)
d: percentagem de rendimento correspondente aos 80% mais pobres
    (curva B)
a': percentagem de rendimento correspondente aos 20% mais pobres
    (curva C)
b': percentagem de rendimento correspondente aos 40% mais pobres
    (curva C)
c': percentagem de rendimento correspondente aos 60% mais pobres
    (curva C)
d': percentagem de rendimento correspondente aos 80% mais pobres
    (curva C)

máxima. Um coeficiente de Gini de valor próximo a 0,40 é considerado normal nas economias desenvolvidas[2581]. Em termos mais genéricos, o coeficiente de Gini

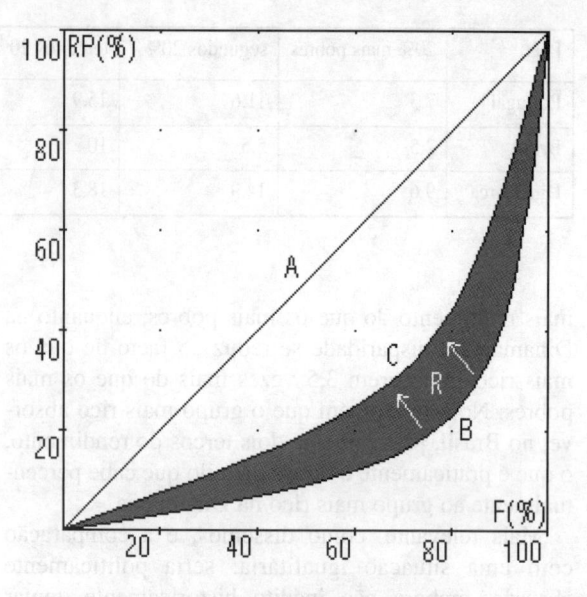

Gráfico 13.3. *Repartição e redistribuição*

RP(%): percentagem (cumulativa) de rendimento
F(%): percentagem (cumulativa) das famílias
A: economia igualitária
B: repartição espontânea (de mercado)
C: repartição depois de impostos e subsídios
R: redistribuição (impostos e subsídios)

é a medida de desigualdade de distribuição de uma qualquer variável (e não necessariamente apenas do rendimento) pelo total da população, apresentando o valor 0 no caso da perfeita igualdade e de 1 no caso da completa desigualdade (caso em que um só concentra o valor total dessa variável, excluindo todos os demais). Calcula-se como o quociente entre, por um lado, a área que medeia entre a curva de Lorenz e a diagonal, e por outro lado a área total do triângulo abaixo da diagonal[2582].

Vimos já, num quadro anterior, que na viragem do século Portugal apresentava um Coeficiente de Gini de 0,35, e o Brasil de 0,60. Comparemo-los com ainda mais alguns exemplos, fornecendo agora valores dos rendimentos correspondentes aos 10% dos extremos do espectro da desigualdade[2583/2584]:

[2581] Para uma referência a formas mais intuitivas de apresentar o Coeficiente de Gini, cfr. Subramanian, S. (2002), 375-379.

[2582] Dir-se-ia, em termos sugestivos, que o Coeficiente de Gini mede a «barriga» da Curva de Lorenz. Cfr. Aaberge, R. (2001), 115-132; White, L.J. (2002), 152.

[2583] No início dos anos 80 do século XX, calculava-se que sem o instrumento específico da redistribuição tributária o coeficiente de Gini seria de 0,405 nos Estados Unidos (em vez de 0,36), de 0,432 em França (em vez de 0,383) e de 0,332 na Suécia (em vez de 0,29), e que com essa redistribuição o rendimento dos 40% mais pobres passou de 13,9% para 16,3% do rendimento total nos Estados Unidos, de 14,8% para 16,8% em França e de 19,9% para 22,4% na Suécia. Isso não significa de modo algum que o sistema seja eficiente, multiplicando-se as «falhas de mercado» em inúmeros aspectos que contribuiriam para uma igualitarização espontânea. Cfr. Barr, N. (1992), 741-803; Drèze, J.H. (1993); Putterman, L., J.E. Roemer & J. Silvestre (1998), 873.

[2584] A comparação dos 10% mais pobres e dos 10% mais ricos pode não nos fornecer uma ideia dos valores mais extremos; basta pensarmos que em 1997 Bill Gates tinha um rendimento 40 milhões de vezes superior ao das famílias mais pobres dos EUA. Cfr. Wolff, E.N. (1998), 132.

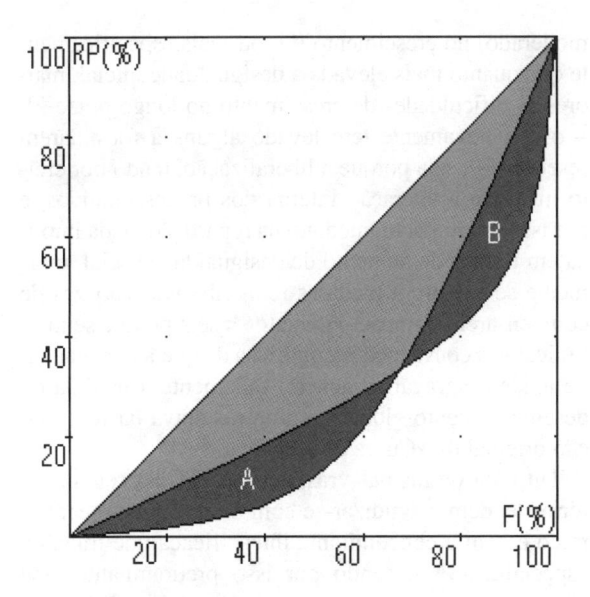

País	Gini	10% mais pobres	10% mais ricos
Portugal	0,35	3,1%	28,4%
Brasil	0,60	0,7%	48%
Estados Unidos	0,40	1,8%	30,5%
Suécia	0,25	3,7%	20,1%
Espanha	0,32	2,8%	25,2%
Japão	0,24	4,8%	21,7%

Gráfico 13.4. *Dois países com o mesmo coeficiente de Gini podem ter curvas de Lorenz diferentes*

RP(%): percentagem (cumulativa) de rendimento ou património
F(%): percentagem (cumulativa) das famílias
A, B: países com o mesmo coeficiente de Gini mas curvas de Lorenz diferentes

É também o Coeficiente de Gini que, entre outros índices[2585], permite determinar que a desigualdade entre países ricos e pobres tem aumentado. Se compararmos o Produto Interno Bruto *per capita* (por habitante) dos 20 países mais ricos e dos 20 países mais pobres, concluiremos que em 1960 os países mais ricos auferiam em média 30 vezes mais rendimento do que os países mais pobres, e que essa clivagem aumentou para cerca de 80 vezes no final do século XX[2586] – ainda que

devamos advertir aqui para as distorções que essas comparações internacionais acarretam, a começar pela «hipótese Balassa-Samuelson», de que os preços tendem a subir à medida do crescimento económico *real*, ampliando a sua dimensão *nominal*[2587], hipótese que tem levado, em alternativa, à generalização do recurso à comparação internacional da prosperidade e do nível de vida por pessoa através do índice da «paridade do poder de compra» («*Purchasing Power Parity*»), uma forma de comparação em termos *reais*, em termos de bens susceptíveis de aquisição, das quantias monetárias em que se traduz imediatamente o rendimento[2588/2589]; e tem levado, nos níveis mais baixos do rendimento, à adopção dos «índices Sen» de pobreza[2590/2591].

Há quem calcule que, combinando dados de Coeficientes de Gini nacionais e internacionais, se pode atribuir ao início do século XIX um Coeficiente de Gini mundial de 0,50, aproximadamente[2592], subindo para 0,61 no final da Grande Guerra e atingindo ao seu máximo em meados do século XX, com um total de 0,64, declinando desde então[2593], em larga medida por força da convergência internacional das expectativas de vida, que esbateu as disparidades internacionais[2594]

[2585] Numa multiplicidade que por si só denota o quão crucial é, nesta matéria mais do que em muitas outras, a «afinação» da teoria económica e dos modelos estatísticos para que possa haver alguma solidez e seriedade no diagnóstico e na ponderação dos meios de «terapêutica» política – cfr. Champernowne, D.G. & F.A. Cowell (1998), 19.

[2586] Banco Mundial (2003), 2.

[2587] Korzeniewicz, R.P. & T.P. Moran (1997), 1000-1039; Pritchett, L. (1997), 3-17. Cfr. ainda: Annaert, J. & M.J.K. de Ceuster (1997), 179--192; Balassa, B. (1964), 584-596; Kravis, I.B., A.W. Heston & R. Summers (1978), 215-242; Rogoff, K. (1996), 647-668.

[2588] Kolm, S.-C. (1999), Cap. I.

[2589] É evidente que os mesmos ajustamentos se justificam nos espaços económicos internos, dada a variedade de factores demográficos e regionais que podem interferir no impacto dos rendimentos *nominais* na prosperidade efectivamente experimentada por cada indivíduo – e isto sem considerarmos sequer ainda a interferência da inflação. Cfr. Pendakur, K. (2002), 47-69.

[2590] Formby, J.P., G.A. Hoover & H. Kim (2002), 6-22; Xu, K. (1998), 143-152.

[2591] Sendo que o «índice de pobreza» de Sen é derivável a partir do próprio Coeficiente de Gini, na condição de se aceitar a correlação entre desigualdade e pobreza. Cfr. Yitzhaki, S. (2002), 61-85.

[2592] Sendo 0,16 atribuíveis a puras disparidades entre nações, e o resto a desigualdades de rendimento dentro de cada nação. Cfr. Bourguignon, F. & C. Morrisson (2002), 727.

[2593] Os cálculos referem também o «índice Theil», em geral com valores mais amplos. Cfr. Bourguignon, F. & C. Morrisson (2002), 728; Theil, H. (1989), 145-155.

[2594] Bourguignon, F. & C. Morrisson (2002), 742.

através de uma rede de externalidades que relaciona densidade populacional e desigualdade[2595], e desigualdade com distribuição geográfica[2596], ao contrário da correlação entre crescimento económico e desigualdade que é, no mínimo, problemática[2597/2598].

Quanto a esta última, basta pensarmos que alguns economistas, como Nicholas Kaldor e Simon Kuznets, trouxeram para o seio do cânone neoclássico a noção de que existe uma tensão dificilmente reconciliável entre os objectivos de coesão social e de crescimento – noção que depois ficaria, com uma nota de optimismo, associada à «curva de Kuznets», que, relacionando a evolução da desigualdade e do crescimento – correlacionando PIB *per capita* com desigualdade de rendimentos[2599] –, indicava que, ultrapassada uma fase de desigualdade máxima requerida pela aceleração do crescimento, o próprio crescimento passaria, numa fase superior, a ser o principal promotor de convergência de rendimentos – o que, com algumas hesitações teóricas à mistura, poderia porventura explicar porque é que, na segunda metade do século XX, os «tigres asiáticos» tinham tido taxas de crescimento tão espectaculares apesar de apresentarem Coeficientes de Gini muito baixos[2600], e porque é que os elevados Coeficientes de Gini dos países latino-americanos não tinham conduzido senão a modestíssimas taxas de crescimento (com episódicas excepções).

Mais recentes explicações da correlação entre desigualdade e crescimento têm tentado introduzir a desigualdade como uma variável independente, o que tem conduzido à conclusão, hoje predominante, de que, contra o optimismo da «curva de Kuznets», a desigualdade pode ter ocasionalmente um efeito negativo (ainda que moderado) no crescimento[2601], ou mais especificamente que quanto mais elevada a desigualdade inicial, maiores as dificuldades de crescimento no longo prazo[2602] – o que novamente tem levado alguns a formularem reservas[2603], seja porque a liberalização, tendo por efeito imediato a alteração interna dos preços relativos, e por isso um impacto imediato na repartição, nada implica em termos de aumento de desigualdade social, mormente se existirem medidas redistributivas capazes de compensarem o impacto inicial[2604]; seja porque se multiplicam as constatações empíricas de que a desigualdade tende a agravar-se generalizadamente à medida do desenvolvimento global – como resultava da formulação original da «Curva de Kuznets»[2605].

Dito por outras palavras, as disparidades remuneratórias tendem a agudizar-se com o crescimento económico e com a concomitante intensificação de trabalho especializado[2606], sendo por isso predominante esse efeito de aumento do «leque remuneratório»[2607]. E há boas razões para que não ocorra uma maior «igualitarização» em resultado do crescimento: por um lado, ela iria ter um impacto negativo na «dimensão do bolo» através da redução dos incentivos; por outro lado, ela poderia também causar grandes «custos de transição» que, recaindo em especial sobre a geração presente, tornariam a proposta niveladora pouco atraente para os votantes actuais[2608]; por outro lado ainda, seriam de esperar as resistências de grupos de interesses que se assenhoreassem do processo de formação da vontade política ou manipulassem a opinião pública[2609]; e, por fim, também há que não esquecer que mesmo os mais desfavorecidos poderiam não querer uma igualitarização que limitasse os seus sonhos de mobilidade social

---

[2595] Yorukoglu, M. (2002), 191.

[2596] Pense-se nos movimentos de urbanização, suburbanização, contra-urbanização e regresso aos centros reconstruídos das cidades (no movimento de «*gentrification*») que acompanhou, ao longo do século XX, a «curva de Kuznets». Cfr. Kuznets, S. (1953); Lucas Jr., R.E. (2001), 245-274.

[2597] Champernowne, D.G. & F.A. Cowell (1998), 14-17.

[2598] Encontramos uma ilustração das inerentes dificuldades numa aplicação ao caso norte-americano, em: Jones, C.I. (2002), 220ss..

[2599] Kuznets, S. (1955), 1-28; Kuznets, S. (1963), 1-80. Mesmo a formulação original da «hipótese de Kuznets» tem sido objecto de vasta controvérsia: cfr. Adelman, I. & C.T. Morris (1973); Anand, S. & S.M.R. Kanbur (1993), 25-52.

[2600] Os «Tigres Asiáticos» são Hong Kong, Singapura, Coreia do Sul e Taiwan, que conheceram na segunda metade do século XX elevadíssimas taxas de crescimento, de aumento de população activa e incrementos nos níveis de escolaridade (embora sem elevados incrementos na «produtividade total dos factores»), com estabilidade governativa e abertura à competitividade internacional. Cfr. Young, A. (1995), 641-680.

[2601] Barro, R.J. & X. Sala-i-Martin (1995); Alesina, A. & R. Perotti (1994), 351-371; Alesina, A. & D. Rodrik (1994), 465-490; Persson, T. & G. Tabellini (1994), 600-621; Birdsall, N., D.R. Ross & R. Sabot (1995), 477-508; Clarke, G.R. (1995), 403-427; Deininger, K. & L. Squire (1998), 259-287.

[2602] Benabou, R. (1996b), 13.

[2603] Perotti, R. (1996), 149-187; Forbes, K.J. (2000), 869.

[2604] Scheve, K. & M. Slaughter (2001), 94-96.

[2605] Barro, R.J. (1999).

[2606] Brauer, D.A. & S. Hickok (1995), 61-75; Johnson, G.E. (1997), 41ss.; Levy, F. & R.J. Murnane (1992), 1333-1381; Mishel, L., J. Bernstein & J. Schmitt (1996).

[2607] Blau, F.D. & L.M. Kahn (1996), 791-837; Davis, S.J. (1992), 239-292; Freeman, R.B. & L.F. Katz (1996), 1-22; Katz, L.F., G.W. Loveman & D.G. Blanchflower (1995), 25- 66; Nickell, S. & B. Bell (1995), 40-62; Topel, R.H. (1997), 55ss..

[2608] Przeworski, A. (1985).

[2609] Chomsky, N. & E. Herman (1988); Olson, M. (1982); Roemer, J.E. (1994), 327-335; Zaller, J. (1992).

e económica, prometendo-lhes de antemão o nivelamento dos resultados dos seus esforços de enriquecimento[2610].

Depois de algumas décadas de displicência quanto aos efeitos do crescimento económico na repartição dentro dos países mais desenvolvidos[2611], o tema regressou nos anos 80[2612], e desde então – como ficou nitidamente sugerido já – tanto os pressupostos como as comprovações empíricas se têm revelado equívocos: seja porque em economias desenvolvidas se têm sucedido momentos de aumento e de diminuição das disparidades de rendimentos[2613], ainda que sobre uma tendência de fundo para o aumento da remuneração relativa das habilitações e da especialização nalguns países[2614], e a tendência contrária noutros[2615]; seja porque, se a desigualdade se pode ter por incentivadora, nos termos já referidos[2616], essa mesma desigualdade pode gerar, ao menos a partir de um certo limite, factores muito fortes de desincentivo ao crescimento, como a injustiça, a perda de coesão social, o declínio das trocas, e todas as demais consequências[2617].

Mas a igualdade, não o esqueçamos, pode também promover o crescimento se, sendo percebida, abrandar o «desejo redistributivo» do votante mediano, isto é, se o levar a não preferir tributações mais progressivas e elevadas que ele considerasse susceptíveis de o beneficiarem redistributivamente[2618]. Além disso, é de não esquecer que a igualdade pode permitir uma grande «poupança» social em estruturas judiciais e policiais de prevenção e repressão[2619], em esforços de abrandamento da conflitualidade social[2620], ou no remédio de outras disfunções resultantes da desagregação socio-económica[2621].

As razões para as diferenças internacionais de rendimento são múltiplas, umas «naturais» e conexas com dotações iniciais de recursos, outras «adquiridas» e resultantes da evolução dos mercados e das instituições, e até das interferências políticas reguladoras e rectificadoras – já as tendo nós referido a propósito da divisão internacional do trabalho e da teoria das vantagens comparativas[2622]. A evolução dessas diferenças ao longo do tempo pode ser mais ou menos aferida através dos movimentos migratórios de trabalhadores (descontado o efeito dissuasor dos custos da migração e de outras barreiras artificiais à mobilidade dos factores), e muito nelas, porque resulta de diferenciais de produtividade *per capita*, vem crescentemente a ser atribuída, como já sabemos, a diferentes níveis de investimento em capital humano[2623], ainda que se torne igualmente evidente o papel do desfasamento tecnológico («*technology gap*»)[2624], ou a confluência de ambos no já referido impulso gestionário da «*produtividade total dos factores*» («*total factor productivity*», TFP)[2625]. É evidente que os efeitos da globalização no agravamento da desigualdade causam uma pressão política forte no sentido da limitação desse movimento globalizador – ao menos em razão dos ganhos e perdas que no curto prazo os movimentos de integração e internacionalização inevitavelmente provoquem, tornando especialmente visíveis e explícitas as perdas[2626].

13 – b) O limiar da pobreza[2627]

Há ainda outra forma de medir a desigualdade e de proceder a comparações internacionais, que é a de apreciar os seus efeitos absolutos na geração de situações de *carência grave*, as situações de pobreza. A pobreza é um conceito eminentemente relativo e variável, tanto em termos históricos como em termos culturais e geográficos, mas prende-se sempre com uma situação em que uma família é incapaz de adquirir a

---

[2610] Putterman, L. (1996).

[2611] Aaron, H. (1978), 17ss.; Lampman, R. (1971), 47ss.; Levy, F. & R.J. Murnane (1992), 1333-1381.

[2612] Gottschalk, P. & T.M. Smeeding (1997), 633ss.; Greenwood, J. & B. Jovanovic (1990), 1076-1107.

[2613] Goldin, C. & R.A. Margo (1992), 1-34.

[2614] Como os EUA: cfr. Juhn, C., K.M. Murphy & P. Brooks (1993), 410-442.

[2615] Como a Alemanha: cfr. Beaudry, P. & D.A. Green (2003), 573ss.; Gottschalk, P. & T.M. Smeeding (1997), 633-687.

[2616] Aghion, P., E. Caroli & C. García-Peñalosa (1999), 1615ss..

[2617] Benabou, R. (1996b), 11-74; Todaro, M.P. (1997), 165ss..

[2618] Persson, T. & G. Tabellini (1994), 600-621. Mais amplamente: Birdsall, N., D. Ross & R. Sabot (1995), 477-508.

[2619] Eaton, B.C. & W. White (1991), 336-350; Grossman, H.I. (1994), 705-712.

[2620] Lindbeck, A. (1994), 1-19.

[2621] Ben-Ner, A. & L. Putterman (orgs.) (2000); Lindbeck, A. (1995), 9-15.

[2622] É a falta de um «estabilizador institucional» partilhado que explica a razão pela qual são habitualmente mais amplas as variações internacionais de desigualdade de rendimento *per capita* do que as variações intra-regionais ou nacionais. Cfr. Li, H., L. Squire & H. Zou (1998), 26-43.

[2623] Mankiw, N.G., D.H. Romer & D.N. Weil (1992), 407-437.

[2624] Romer, P.M. (1993), 543-573; Prescott, E.C. (1998), 525-551.

[2625] Hendricks, L. (2002), 198.

[2626] Williamson, J. (2002).

[2627] Para uma reflexão geral sobre o tema, cfr. Glennerster, H. (2002), 83-107.

alimentação, o vestuário e a habitação que sejam *contextualmente* considerados como mínimos indispensáveis para uma integração digna no meio social[2628]. Há várias formas de medir a pobreza, mas todas elas, advirta-se, algo arbitrárias e sobretudo susceptíveis de induzir em erro – pensemos, por exemplo, que um habitante de um país tropical tem menos necessidade de rendimento para cobrir despesas energéticas da sua habitação do que um habitante de um país próximo dos círculos polares, sendo que este despende muito do seu rendimento na aquisição de combustíveis para aquecimento; ou, mais amplamente, que entre duas pessoas com o mesmo nível de rendimentos tem mais facilidade em sobreviver aquela que reside num país tropical –[2629]; e pensemos também na *subjectividade* que se insinua na experiência da pobreza em cada contexto social e cultural, tornando difícil a avaliação de situações de fronteira[2630], sendo mais uma de muitas perturbações que, infelizmente, podem entravar o estabelecimento de prioridades claras no combate político pela erradicação da pobreza (até porque abunda a ignorância e a divergência de opiniões acerca daquilo que torna ricos os ricos, e pobres os pobres[2631]).

São objecções que reponderaremos a propósito da contabilidade nacional, quando se tratar de determinar a representatividade dos valores agregados com que lida a macroeconomia, mas bastará por ora reconhecer que é em função das dúvidas que se suscitam que cada vez mais se recorre a um conjunto de índices económicos, demográficos e sociológicos não só susceptíveis de combinadamente «captarem» com mais fidelidade aquilo que é verdadeiramente experimentado como bem-estar e como pobreza, mas também mais capazes de aditarem, à solução básica e linear do crescimento económico, os meios de promoção de um desenvolvimento humano mais amplo, harmónico e significante para os seus beneficiários[2632].

O Banco Mundial estabelece como fronteira de pobreza um rendimento diário inferior a 1 dólar por dia (o poder de compra de 1 dólar em 1985, e portanto próximo dos 2 dólares actuais); trata-se de uma forma convencional de estabelecer uma «linha da pobreza», entendendo-se como tal o rendimento real minimamente adequado para assegurar um certo nível de vida compatível com a sobrevivência – especificamente, uma dieta minimamente nutritiva, ponderada pela proporção média de despesas de alimentação nos diversos tipos de estruturas familiares[2633].

Ainda que não existam ainda dados rigorosos e incontroversos acerca da tendência evolutiva da pobreza absoluta nos últimos anos[2634], e ser necessário introduzir-se, até aqui, alguns elementos de relativização[2635], crê-se que a perspectiva em torno desse valor absoluto é deveras animadora: apesar de o número absoluto de pobres se manter aproximadamente inalterado com este critério (1.200 milhões de pessoas), esse número corresponde a 1/5 do total da população mundial actual, quando há 50 anos correspondia a metade desse total[2636]: o que equivale a dizer, por outra perspectiva, que havia em 1950 cerca de 1.360 milhões de *não-pobres* no mundo, e hoje há 4.800 milhões – ou, em termos mais impressionantes e numa espectacular refutação das teses malthusianas, que, apesar do crescimento demográfico, ao fim de 50 anos cerca de 1.800 milhões de pessoas, a diferença entre 1/5 e metade da população actual, foram libertadas das garras da pobreza absoluta, a que plausivelmente estariam condenadas 50 anos antes[2637]. E a mesma tendência seria espelhada com a adopção de outros critérios definidores da pobreza absoluta, visto que *o fenómeno é real*, e a sua

---

[2628] Que o conceito de pobreza é algo de relativizável e depende em larga medida de percepções subjectivas e contextuais, demonstra-o a migração campo-cidade, e a formação de «bairros de lata» nas cidades – que consideramos habitualmente exemplos de pobreza extrema, mas que são demonstradamente preferidos por aqueles que para aí migram, vindos das áreas rurais: significando isso que, para esses, a percepção é a de que as suas origens rurais são *ainda mais pobres* do que esses ambientes dos «bairros de lata», por mais *absolutamente* pobres que consideremos estes. Cfr. Miller Jr., G.T. (1998), 313; Naylor, R.L. & W.P. Falcon (1995), 507.

[2629] Também por essa razão é nebulosa a relação entre desigualdade e crescimento, quer da primeira como motora do segundo, e do segundo como «antídoto» da primeira – porque contextualmente a «receita» do crescimento pode nada significar, se por exemplo ele implica para a população a necessidade de aquisição através do mercado, através de custos explícitos, de bens ou serviços que lhe eram proporcionados por uma via aparentemente gratuita (por exemplo da «economia de subsistência» e do auto-consumo), e pode acabar por verificar-se aquilo que, visto de fora, pode afigurar-se uma bizarra «resistência contra o progresso». Cfr. Deaton, A. (2001), 125-147.

[2630] Dadas as dificuldades do uso de informação subjectiva para a identificação da pobreza, têm-se proposto critérios distintivos da situação *objectiva* da pobreza, como o do «rendimento consensual», o da «nível de vida consensual», o da «avaliação do rendimento» e o da «satisfação com o rendimento», entre outros. Cfr. Van den Bosch, K. (2001).

[2631] Bowles, S. & H. Gintis (2002), 3.

[2632] Easterlin, R.A. (2000), 8; Morris, D. (1979).

[2633] Rosen, H.S. (2002), 137.

[2634] Ferreira, E.P. (2004), 25-41.

[2635] Basta pensarmos, a título de exemplo, que nos EUA a «linha de pobreza» corresponde actualmente a um nível de rendimento real que só era alcançável pelos 10% mais ricos da sua população no final do século XIX. Cfr. Fogel, R.W. (1999), 12; Fogel, R.W. (2000).

[2636] Fischer, S. (2003), 6; Bourguignon, F. & C. Morrisson (2002), 727-744; Chen, S. & M. Ravallion (2001), 283-300.

[2637] Banco Mundial (2001), 26; Lomborg, B. (2001), 72, 367; Porto, M.C.L. (2004), 516ss..

existência não depende propriamente do critério de aferição e demarcação que adoptemos[2638].

Mesmo dentro de um único contexto social, há alguns pontos a precisar para que não se incorra numa interpretação rígida dos contornos que a pobreza assume como consequência extrema da desigualdade, e dentro desses pontos destacaríamos:

1. o facto de muita da solidariedade social se manifestar sob formas directas e *em espécie* de benefício aos pobres – serviços sociais, serviços de saúde, habitação social, educação gratuita[2639], isenção de impostos directos ou de algumas despesas –, sendo que essas transferências *em espécie* melhoram o bem-estar dos pobres sem lhes aumentar nominalmente o rendimento[2640]. Muitas destas transferências não são monetárias porque se trata, quer de evitar que um aumento das disponibilidades monetárias dos consumidores mais pobres seja absorvido por um aumento de preços, quer de obstar a que os ricos desviem para si ajudas destinadas aos pobres, como estariam tentados a fazer se se tratasse de puras transferências monetárias, deixando de estar tentados se essas ajudas aparecem sob forma de bens e serviços em relação aos quais existe uma significativa elasticidade-rendimento[2641]. Ora, se se incluíssem as transferências em espécie para os pobres, que tendem a representar fatias importantes da despesa pública[2642], a taxa de pobreza reduzir-se-ia em cerca de 20%[2643].

2. a circunstância de o rendimento pessoal variar ao longo do ciclo de vida, sendo que, de acordo com a «hipótese do rendimento permanente» já nossa conhecida, trabalhadores mais idosos, sobretudo os trabalhadores por conta própria, podem compensar em rendimentos de poupanças – e no facto de terem acabado de pagar as dívidas mais pesadas, como a da compra de habitação própria – o que perdem em rendimentos da remuneração do trabalho, daqui resultando que a distribuição de rendimento em função do total do ciclo de vida de cada trabalhador tende a ser um pouco mais igualitária do que aquilo que resulta da mera aprecia-

ção anual dos mesmos valores, pelo que um «retrato *instantâneo*» da riqueza, surpreendendo as pessoas em estádios diversos dos seus ciclos de vida, sobrevaloriza as desigualdades que se esbatem no cômputo total desses ciclos de vida;

3. a circunstância de existirem choques transitórios no rendimento que não impedem um regresso expedito a uma posição de reequilíbrio, mas que em todo o caso podem deixar, nas estatísticas anuais, o registo de uma desigualdade pronunciada – por exemplo, o caso de um ano agrícola catastrófico que deixa, *nesse ano*, muitos agricultores abaixo do limiar de pobreza, omitindo que muitos deles terão poupado alguns excedentes de bons anos agrícolas, fazendo depósitos bancários, celebrando contratos de seguro, como forma de prevenirem as consequências de uma adversidade grave e manterem ao longo do tempo um nível constante de *prosperidade*;

4. o próprio facto da mobilidade social, que faz com que o limiar de pobreza não constitua um obstáculo ao enriquecimento do «*self-made man*», e com que muitas vezes aqueles que são surpreendidos abaixo desse limiar não estejam lá pouco depois, sendo menores do que se pensa, pois, os números dos pobres crónicos ou de longa duração, e isto apesar de a boa ou má fortuna económicas serem muito amplamente transmitidas de geração para geração, tendendo assim à perpetuação e agravamento da desigualdade que gera a pobreza – seja porque o fenómeno sucessório permite que a transmissão de património destrua, logo de início, a possibilidade de igualdade de oportunidades para cada geração[2644], seja porque a diversidade de fortuna de cada geração permite criar condições diversificadas de transmissão de capital humano através de diferentes graus de investimento em educação, seja ainda porque existe uma tendência, estatisticamente comprovada, para a estratificação social na própria formação das famílias, duplicando a fortuna ou a pobreza de cônjuges da mesma classe de rendimentos.

Quanto a este último aspecto, admitamos que é um pouco redutora a concentração exclusiva na transmis-

---

[2638] Tem sido debatida a oportunidade de adopção de uma «linha de pobreza» dentro do espaço da União Europeia, havendo quem entenda que seria preferível remeter para a definição do Banco Mundial, e quem sustente que a definição deveria confinar-se ao espaço nacional, dada a *relatividade social* do que se possa entender por pobreza. Cfr. De Vos, K. & M.A. Zaidi (1998), 77-92.

[2639] Novamente regressaríamos aqui ao tema dos «*vouchers*», entre outros. Cfr. Dynarski, S.M. (2003), 279.

[2640] Além de que existem notórias dificuldades de revelação do rendimento real por parte da população com baixos rendimentos. Cfr. Edin, K. & L. Lein (1997).

[2641] Como melhor veremos a propósito da determinação do PIB, é essa mesma razão que pode tornar enganadoras as comparações entre países ricos e pobres que atendam apenas a dados de rendimento – bastando pensar, por exemplo, no impacto que pode ter sobre a *fruição* desse rendimento a dimensão média das famílias que constituem as unidades destinatárias da repartição. Cfr. Lancaster, G. & R. Ray (2002), 129-139.

[2642] As transferências e subsídios às famílias representavam em 1955 cerca de 26% da despesa pública nos países da OCDE (7,5% do PIB), subindo em 1974 para cerca de 34% da despesa pública (13,9% do PIB). Cfr. Glyn, A., A. Hughes, A. Lipietz & A. Singh (1990), 39-125.

[2643] Rosen, H.S. (2002), 138.

[2644] Embora não haja uma inevitabilidade nessa perpetuação de desigualdades, nem sequer uma correlação *forte* entre rendimentos de pais e filhos. Cfr. Becker, G.S. (1988), 10.

são de património e de capital humano, que é própria da análise económica, sendo razoável que uma tal perspectiva se complemente com considerações sociológicas acerca da mobilidade entre estratos e grupos de geração para geração[2645], muito pronunciada nalguns países[2646], já que, como sugerimos, muito do jogo social e da motivação económica se aplica na obtenção de um estatuto que, numa sociedade economicamente coesa, pode depender de ínfimas diferenças de rendimento, e mesmo numa sociedade menos coesa pode corresponder a uma fachada que tenta inverter os sinais exteriores da prosperidade – bastando lembrar o exemplo, tão lapidarmente explorado pela comédia ibérica, do nobre na penúria, da «fidalguia sem comedoria» –.

Por outro lado, não pode subestimar-se a motivação de *legar* riqueza aos descendentes, que alcança ainda algum sucesso – como é bem patente para qualquer pessoa que olhe em seu redor – ainda que a crescente mobilidade social perturbe um pouco o êxito desse esforço, não raro remetendo para os domínios da ilicitude, por imposição das instituições que protegem o mercado contra «redes de influências», a hereditariedade de privilégios e a protecção do *nepotismo*, as formas *fortes* de assegurar a transmissão da desigualdade[2647]. O mecanismo da herança e das transferências de património *inter vivos* assegurava tradicionalmente a maior parte da continuidade inter-geracional da desigualdade económica, e a sua constante acumulação[2648], e só isso justificou que contra ele se encarniçassem os *socialistas*, no tempo em que eles acreditavam poder mitigar a pobreza através da abolição do fenómeno sucessório[2649]; mas a simples abolição da primogenitura e das

várias formas de propriedade vinculada e «fiduciária» levaram à pulverização das heranças, sendo por isso que hoje as heranças e as transmissões *inter vivos* representam estatisticamente uma parte insignificante da riqueza com que cada indivíduo pode contar no total da sua vida (com notáveis excepções entre as classes mais ricas[2650])[2651] – havendo quem sustente até que, contra-intuitivamente, as heranças têm um efeito nivelador[2652] –, tornando em contrapartida cada vez mais visível, numa sociedade burguesa de elevada mobilidade social e levemente meritocrática, o «valor de legado» do capital humano, o peso da desigualdade de aptidões e de cultura herdados[2653].

Mesmo que a motivação de *legar*, a vontade de maximização da «utilidade dinástica», não fosse muito forte[2654], ou fosse dissuadida por intensas interferências no fenómeno sucessório, ainda assim as diferenças patrimoniais no momento da morte seriam muito pronunciadas, bastando pensar-se na poupança motivada pela precaução e na poupança orientada para a manutenção do «rendimento permanente» depois da retirada do mercado de emprego, entre outras motivações heterogéneas para poupar[2655] e sobre o pano de fundo da poupança forçada da Segurança Social[2656], aliadas à imprevisibilidade do momento da morte (tirando a hipótese de suicídio, ninguém é tão presciente que consiga gastar o último cêntimo da sua poupança no dia da sua morte[2657]).

Todavia, mesmo que não seja muito *forte* e tenda a ser cada vez menos *pronunciada*, em todo o caso a transmissão inter-geracional de desigualdade tende a

---

[2645] Erikson, R. & J.H. Goldthorpe (2002), 31, 36.

[2646] Em especial nos EUA, como é sabido: daqueles que compunham o 1/5 mais pobre em 1974, só 42% ainda lá estavam em 1991; e do 1/5 dos mais ricos em 1974, só 54% lá permaneciam em 1991. Cfr. Gottschalk, P. (1997), 37.

[2647] Bowles, S. & H. Gintis (2002), 7-8.

[2648] Banerjee, A.V. & A. Newman (1993), 274-298; Benabou, R. (1993), 619-652; Durlauf, S.N. (1996), 75-94.

[2649] Ideia que volta a ressurgir de tempos a tempos no seio da própria ciência económica: Wedgwood, J. (1929); Meade, J.E. (1966), 61-78; Harbury, C.D. & D.M.W.N. Hitchens (1979); Menchik, P. (1979), 349-362.

[2650] Na lista dos 400 americanos mais ricos de 1995 (publicada na revista *Forbes*) contavam-se nada menos do que 11 famílias descendentes do magnate oitocentista Pierre Du Pont. Cfr. Slemrod, J.B. (org.) (2000), 470.

[2651] Bowles, S. & H. Gintis (2002), 18; Menchik, P. (1979), 349-362; Mulligan, C. (1997).

[2652] A ideia é a de que, se as transferências a favor das famílias mais ricas ainda são absolutamente mais volumosas, em contrapartida elas tendem a ser marginalmente menos significativas, no sentido de serem proporcionalmente menores em comparação com o património e o rendimento correntes de que dispõem os destinatários dessas transferências e legados. Em todo o caso, esse renivelamento marginal é logo destruído pelo facto de os beneficiários mais pobres terem, por força das circunstâncias, maior propensão para despenderem imediatamente essas transferências, enquanto que os beneficiários mais ricos poupá-las-ão com muito maior probabilidade (na Macroeconomia, voltarmos a esta dicotomia entre «propensão para a poupança» e «propensão para o consumo»). Cfr. Wolff, E.N. (2002), 263.

[2653] Bowles, S. & H. Gintis (2002), 16.

[2654] O que de certo modo é comprovado pelos níveis muito baixos de transmissão *inter vivos*, e até pelos níveis baixos de transmissão *mortis causa* quando há um cônjuge sobrevivo, ou mesmo pelas pequenas diferenças de prosperidade verificadas entre casais de idosos com e sem descendência. Cfr. Hurd, M.D. (1987), 298-312; Kopczuk, W. & J. Slemrod (2003), 213-249; Poterba, J.M. (2001b), 237-264; Slemrod, J. (2003), 373-374.

[2655] Venti, S.F. & D.A. Wise (2000).

[2656] Gokhale, J. & L.J. Kotlikoff (2002), 265; Feldstein, M. (1976), 800-807.

[2657] Tentando incorporar a aleatoriedade do momento da morte num modelo da «motivação de legado» na poupança, cfr. Gokhale, J., L.J. Kotlikoff, J. Sefton & M. Weale (2001), 93-128.

evidenciar muito vincados factores de auto-perpetuação, no sentido de contribuir para sustentar, com mais
ou menos subtileza, as estratificações sociais, as exclu-
sões e «disfuncionalidades» de classe, as «sub-cultu-
ras» – de servir para segmentar as diversas «platafor-
mas» a partir das quais se desenvolve o jogo de «captura de renda» e se toma de assalto a «coisa pública» e
os recursos comuns, as «redes de influências» com
base nas quais se obtém do Estado a segurança, a estabilidade e perspectivas de realização económica[2658].

Alguns problemas suscitados pela definição da
pobreza absoluta subsistem:

– poderá ela definir-se apenas em termos unidimensionais
do «rendimento baixo», e em termos colectivos por simples agregação de casos individuais de pobreza (contando o número de «pobres»)?[2659]
– por exemplo, o que dizer de uma pessoa que tem um
rendimento pessoal muito acima da «linha de pobreza»
mas que suporta despesas de saúde superiores ao seu
rendimento? E o que dizer de uma pessoa que dispõe de
um rendimento elevado mas não tem, no sítio onde vive,
acesso a água potável, a saneamento básico, a serviços
mínimos de segurança, de saúde, de educação?[2660]
– ou de outra pessoa que é privada, pelos costumes e preconceitos dominantes, de desenvolver a actividade que
de outro modo lhe asseguraria, sem dificuldade, um rendimento elevado?[2661]
– e a definição de pobreza reporta-se a níveis de *rendimento* ou de *consumo*?[2662]

13 – b) – i) A perpetuação da pobreza

Infelizmente, um ponto muito mais certo é o de que
os factores de pobreza se transmitem e perpetuam de
geração em geração – e mesmo que não nos refiramos
aos países e regiões em que a pobreza é *endémica*, bastando, nos demais países e regiões, pensar-se no impacto que as deficiências de património, de capital humano,
de saúde, de alimentação, de segurança, de escolaridade, são capazes de ter na desigualdade de oportunidades
à nascença. Que oportunidades têm os filhos de uma
adolescente solteira e desempregada, se a sociedade a
condena à indigência desconsiderando o esforço que ela
tem que desenvolver, fora do mercado, pela sobrevivência dos seus filhos?[2663] Que oportunidades têm os filhos
de pais incultos, que não experimentaram os benefícios
de uma educação longa e por isso são incapazes de
investir adequadamente na educação dos filhos, remetendo-os prematuramente para o mercado de trabalho
como mão de obra não-especializada – privando-os de
uma integração mínima nas «redes de conhecimentos»
que se formam, por ocasião da frequência escolar, entre
cada geração, e que podem abrir portas à mobilidade
social?[2664] Que oportunidades têm as crianças que
vivem em ambientes insalubres, às quais não são fornecidos os meios indispensáveis para um desenvolvimento saudável, incluindo a nutrição, de competirem em
contextos no quais esses aspectos de saúde são relevantes – começando pelo sucesso escolar?[2665]

– A propósito, tem sido abundantemente explorada a correlação directa entre nível de saúde e nível de rendimentos, tanto a nível individual como a nível colectivo[2666],
começando pelas óbvias disparidades de acesso a cuidados de saúde e as condições de prestação de cuidados de
saúde gratuitos como *bens inferiores*[2667], e passando
também por níveis de informação, de transmissão familiar de padrões de salubridade, de maior disponibilidade
para opções de tratamento[2668], até de criação óptima de
condições de gestação[2669] – o que também por sua vez
se integra no quadro mais geral dos modelos da «economia da saúde»[2670].
– Questão conexa, mas ideologicamente muito mais «carregada», é a de saber se a correlação opera em ambos os
sentidos – ou seja, se não apenas denota a perda de
saúde que se associa à exiguidade de rendimentos, mas
se também evidencia o quanto a desigualdade de rendimentos socialmente determinada provoca desigualdades

[2658] Erikson, R. & J.H. Goldthorpe (2002), 42.
[2659] Sen, A.K. (1999), 360ss..
[2660] Sen, A.K. (1981).
[2661] Sen, A.K. (1985b).
[2662] Triest, R.K. (1998), 97ss.. Usando o critério do consumo, cfr. Jorgenson, D.W. & D.T. Slesnick (1989), 1-48; Slesnick, D.T. (1993), 1-38.
[2663] Gelbach, J.B. (2002), 307, 321.
[2664] Behrman, J.R. & M.R. Rosenzweig (2002), 323; Heckman, J.J. & V.J. Hotz (1986), 507-542; Schultz, T.P. (1993), 51-99; Haveman, R. & B. Wolfe (1995), 1829-1878; Hill, A.M. & E.M. King (1995), 21-46.
[2665] Case, A., D. Lubotsky & C. Paxson (2002), 1308, 1331; Smith, J.P. (1999), 145-166; Webber, D.J. (2002), 1633-1643.
[2666] Smith, J.P. (1999), 145ss..
[2667] Newhouse, J.P. (1993).
[2668] Smith, J.P. & R. Kington (1997), 106-162.
[2669] Barker, D.J.P. (1997), 807-813; Ravelli, A.C.J., J.H.P. van der Meulen, R.P.J. Michels, C. Osmond, D.J.P. Barket, C.N. Hales & O.P. Bleker (1998), 173-176; Smith, J.P. (1999), 160-161.
[2670] Grossman, M. (1972).

de saúde, resultando numa manifestação particularmente grave de carência absoluta, de privação[2671].

– Por outro lado, a redução de fertilidade nos casais, seja ela determinada ou não pelos custos de oportunidade da gestação (em especial para as mulheres trabalhadoras) ou antes por objectivos de «capilaridade social» (o desejo de não entravar a ascensão socio-económica com os encargos de uma prole demasiado numerosa), ou ainda por quaisquer outros cálculos racionais de optimização[2672] (objectos de análise económica muito sofisticada, como referimos já[2673]), pode ter a consequência benéfica de melhorar as condições de educação dos filhos – intensificando a atenção e o investimento em cada um[2674].

– Assim sendo, a existência de diferentes taxas de fertilidade entre os mais ricos e os mais pobres numa sociedade pode ter um impacto no agravamento da desigualdade, através da repercussão diferenciada nos níveis de investimento em capital humano[2675]: se os mais pobres registam taxas de fertilidade mais elevada, o investimento em capital humano dilui-se entre eles, pelo número maior de educandos (ficando os progenitores / educadores confrontados com a opção «quantidade / qualidade» no investimento em capital humano)[2676/2677]. Por seu lado, quanto mais cresce relativamente o grupo dos mais pobres, menos capital humano é assegurado por investimento espontâneo – com a consequência de que a desigualdade repercutirá em menos educação em média, e por isso em taxas de crescimento mais fracas[2678].

– Deste modo, poderá mesmo sustentar-se que, para o crescimento económico, mais decisivo do que o valor total da taxa de aumento demográfico é a distribuição da fertilidade no seio dos vários grupos de que se compõe uma população – importando mais, pois, para efeitos de evolução macroeconómica, saber *quem* está a ter filhos do que *quantas* crianças estão a nascer[2679].

– Outro ponto conexo com estes é o do impacto, nas perspectivas de realização pessoal (e económica) dos mais jovens, da afectação de recursos entre pais e filhos em situações de divórcio[2680/2681], começando pela questão dos alimentos e continuando, entre outras, pela divisão do tempo dos filhos entre pais que passam a ter níveis distintos de prosperidade[2682], pelo impacto resultante do facto de a guarda dos filhos ser atribuída ao cônjuge com mais baixas dotações de capital humano[2683], pelo facto de a «monitorização» do investimento autónomo em capital humano nos filhos ser prejudicada por uma «guarda conjunta»[2684], pela perda de iniciativa e descoordenação nos esforços de investimento nesse capital humano[2685] (quando não mesmo de investimento em saúde, em lazer e em satisfação pessoal[2686]), ou pelas *«deadweight losses»* criadas pela litigiosidade entre os divorciados[2687].

– Especialmente perturbadora é a atitude dos progenitores masculinos que, tendo sido os principais sustentáculos do rendimento familiar, tentam após o divórcio, quando não lhes é atribuída a custódia dos filhos, furtar-se ao pagamento dos alimentos que tenham sido arbitrados (os chamados *«deadbeat dads»*)[2688], parecendo querer condenar à pobreza o ex-cônjuge e os filhos, o que também pode ser explicado pelos efeitos de descoordenação na promoção do bem colectivo que é, do ponto de vista familiar, a prosperidade dos filhos (o pagador escuda-se numa posição não-tuísta relativamente àquilo que ele

[2671] Wilkenson, R.G. (1996).

[2672] Becker, G.S. (1991); O'Hara, D.J. (1975), 1203-1216.

[2673] Persson, I. & C. Jonung (orgs.) (1997).

[2674] Becker, G.S. (1991); Willis, R.J. (1974), 14-25.

[2675] Tal como tradicionalmente se admitiu que ocorresse com o investimento em capital físico. Cfr. Bénabou, R. (1996b), 11-74.

[2676] Becker, G.S. & R.J. Barro (1988), 1-25.

[2677] Sem esquecermos o motivo da «reciprocidade inter-generacional», tão visível nas sociedades mais pobre e ainda subjacente ao sistema de *«pay-as-you-go»*: a fertilidade é encarada como um investimento no «suporte da reforma» dos progenitores. Cfr. Morand, O.F. (1999), 331-349.

[2678] Althaus, P.G. (1980), 309-326; Barro, R.J. (2000), 5-32; Dahan, M. & D. Tsiddon (1998), 29-52; De la Croix, D. & M. Doepke (2003), 1091ss.; Galor, O. & H. Zang (1997), 197-229; Glomm, G. & B. Ravikumar, 818-834; Perotti, R. (1996), 149-187.

[2679] De la Croix, D. & M. Doepke (2003), 1109.

[2680] Garfinkel, I. & M. Klawitter (1990), 155-177; Del Boca, D. & C.J. Flinn (1995), 1241-1262; Bartfeld, J. & I. Garfinkel (1996), 794--815; Del Boca, D. & R. Ribero (1998), 469-479; Flinn, C.J. (2000), 545-578.

[2681] Sobre a análise económica do casamento e do divórcio – especialmente do divórcio, e dentro deste das regras de divórcio *«no-fault»*, cfr. Dnes, A.W. & R. Rowthorn (orgs.) (2002).

[2682] Beller, A. & J. Graham (1993).

[2683] Weiss, Y. & R.J. Willis (1985), 268-292.

[2684] Del Boca, D. & R. Ribero (2001), 130.

[2685] Agee, M.D. & T.D. Crocker (2002), 143-154.

[2686] Sendo que a descoordenação, e até à recomposição de novos nexos familiares, podem fazer subir as *taxas de desconto* dos pais – passe o eufemismo – em relação à realização pessoal dos filhos. Cfr. Becker, G.S. (1991).

[2687] Del Boca, D. & R. Ribero (2001), 133.

[2688] Weiss, Y. & R.J. Willis (1985), 268-292; Weiss, Y. & R.J. Willis (1993), 629-679.

avalia como o parasitismo da contraparte)[2689], quando não se explica mais cruamente pela vontade de abandono e de constituição de novos nexos familiares.

– Essa uma das várias razões pelas quais a análise económica tem, nestes domínios, enfatizado a necessidade de aumento da eficiência das regras, seja para incentivar os cônjuges a investirem mais recursos pessoais e patrimoniais (começando pelo *tempo*) na relação matrimonial, seja para cometer às convenções antenupciais a tarefa de prevenirem mais extensas áreas de conflitualidade (eventualmente diversificando os regimes facultativos que se apresentam aos nubentes), seja para propiciar equilíbrios na sinalização pré-nupcial[2690], seja mesmo para desincentivar a infidelidade conjugal ou a irresponsabilidade na assunção de tarefas e na gestão do núcleo familiar[2691].

O que mais nos interessa, por ora, é que a pobreza tem essa «viscosidade» intertemporal, e que os vários factores que a originam e favorecem a sua transmissão entre gerações – seja a tensão entre «convergência» e «sorte»[2692], seja as disparidades de dotações de recursos inicialmente ditadas por «choques» estocásticos[2693], seja a interferência de factores tecnológicos cumulativos[2694], sejam as «bifurcações» induzidas pelas escolhas marginais no contexto do mercado[2695] – não são susceptíveis de erradicação absoluta nem de diminuição sem medidas custosas, complexas, sempre susceptíveis de ramificações e de efeitos secundários, tanto os previsíveis (nos incentivos à eficiência, por exemplo) como os imprevisíveis (como o foi inicialmente a «armadilha da pobreza», de que falaremos de seguida).

É essa «viscosidade» intertemporal das desigualdades, mais do que a ocorrência de factores de divergência de fortunas no espaço de uma geração, que tem recorrentemente provocado a indignação moral, políti-ca – e até ocasionalmente jurídica –, visto que é ela a menos sustentável e mais perversa das manifestações de desagregação socio-económica. Já Adam Smith se encrespava contra ela: "*os grandes latifúndios* (...) *baseiam-se na mais absurda das suposições, a suposição de que nem todas as gerações sucessivas têm o mesmo direito à terra e a tudo o que ela possui, na suposição de que a propriedade da presente geração deve ser limitada e regulada segundo a vontade daqueles que morreram há talvez quinhentos anos*"[2696].

Numa síntese, diríamos que a perpetuação da desigualdade e da pobreza resultam duma colaboração de alguns efeitos socio-económicos, que acabámos de enumerar, com algumas determinações institucionais, como:

– a sub-representação política dos pobres, retirando-lhes «voz» e por essa via reduzindo a probabilidade de acesso a meios como a educação, a saúde, e outros que propiciariam a melhoria das suas condições, a sua maior integração social e uma contribuição mais significativa para o crescimento económico nacional;

– a inexistência ou escassez de instituições que com imparcialidade prossigam os valores da coesão social, visto que elas não conseguiriam ser financiadas pelos seus principais beneficiários;

– a existência de um «mercado de favores políticos» nos quais os ricos dispõem de mais «argumentos» e de mais capacidade de resistência – bastando pensar na maior capacidade de deslocação geográfica do factor capital, e por isso na possibilidade de ameaça de «fuga de capitais» como reacção a uma iniciativa redistributiva[2697].

Voltando à medição da pobreza, podemos agora perceber mais perfeitamente como é que ela condiciona a nossa percepção do problema, e da *magnitude* do pro-

[2689] Akerlof, G.A., J.L. Yellen & M.L. Katz (1996), 277-317; Peters, H.E. (1986), 437-454; Willis, R.J. (1987), 68-81; Willis, R.J. (1999), S33-S64; Willis, R.J. (2000), 379ss..

[2690] Grossbard-Shechtman, S. (1993); Peters, H.E. (1986), 437-454.

[2691] Uma forma de subsídio privado que fomenta o equilíbrio de mercado é o da prática da atribuição de um dote pelos pais das noivas – prática formalmente desaparecida nas sociedades ocidentais mas ainda subsistente na Ásia e em África –, um modo de promover o equilíbrio no mercado matrimonial, especificamente quando exista um excesso de oferta de noivas em relação à de noivos. Trata-se também de promover transferências intergeracionais, em especial nas sociedades patriarcais nas quais a mulher passa para a alçada da família do marido, sendo o casamento o último momento em que a transferência patrimonial dos pais para a filha pode fazer-se directa e irrestritamente (enquanto que as transferências patrimoniais para a prole masculina poderiam fazer-se nos termos usuais da sucessão por morte). Cfr. Anderson, S. (2003), 269-310; Becker, G.S. (1991); Bernheim, B.D., A. Shleifer & L.H. Summers (1985), 1045-1076; Boserup, E. (1970); Grossbard-Shechtman, S. (1993); Botticini, M. & A. Siow (2003), 1385ss.; Das Gupta, M. & S. Li (1999), 619-652; Goody, J. (1973), 1-58; Lam, D. (1988), 462-487; Peters, M. & A. Siow (2002), 592-608; Rao, V. (1993), 666-677; Weiss, Y. (1997), 81-124.

[2692] Becker, G.S. & N. Tomes (1979), 1153-1189.

[2693] Champernowne, D.G. (1953), 318-351; Loury, G.C. (1981), 843-867.

[2694] Majumdar, M. & T. Mitra (1982), 101-136; Banerjee, A.V. & A. Newman (1993), 274-298; Galor, O. & J. Zeira (1993), 35-52; Ray, D. & P. Streufert (1993), 61-85.

[2695] Ljungqvist, L. (1993), 219-239; Freeman, S. (1996), 1047-1064; Mookherjee, D. & D. Ray (2002b), 253.

[2696] Smith, A. (1976b), 384 (=I, 662).

[2697] Binswanger, H.P. & K. Deininger (1997), 1958-2005; Banco Mundial (2003), 89.

blema, condicionando do mesmo passo as medidas políticas a tomar, e a urgência e *severidade* dessas medidas. Considere-se muito sumariamente questões decisivas como estas: a pobreza mede-se antes ou depois dos subsídios e transferências em espécie de que os pobres são beneficiários? a simples atribuição desses subsídios e transferências chega para se excluir os beneficiários da área da pobreza? quais são as despesas indispensáveis que podem ser abatidas ao rendimento por forma a determinar-se que, depois de suportá-las, uma pessoa ficou numa situação de pobreza *involuntária*? só despesas de alimentação, ou também despesas de vestuário e de habitação? e quais os benefícios que podem ser deduzidos da aferição do nível de pobreza de uma família? em que contexto (urbano, rural, regional, internacional) devem ser medidos as despesas e os benefícios com os quais é possível aferir *contextualmente* a pobreza? como reflectir nesses valores a desigual distribuição social, geográfica, e mesmo etária, da pobreza? como fazer com que esses limiares acompanhem o crescimento económico, a «qualidade de vida», ou a evolução das concepções dominantes sobre a justiça distributiva? e, se esses limiares são eles próprios evolutivos, como fazer comparações intertemporais acerca da evolução dos índices de pobreza? A simples enumeração destas dúvidas, que poderíamos prolongar ainda, já nos dá uma indicação das dificuldades com que se debate a medição da desigualdade e o seu resultado extremo, a pobreza[2698].

Em todo o caso, independentemente do rigor da medição, insistamos que é insofismável que existe um limiar de pobreza abaixo do qual, de acordo com os valores da coesão social e do humanitarismo internacional, seria desejável que ninguém se encontrasse. Quando comparamos a situação portuguesa, em que, de acordo com dados de 1994/95, menos de 2% da população vivia com um rendimento inferior a 2 dólares por dia, com a situação moçambicana em que abaixo desse rendimento se situava 78,4% da população[2699] – não há muitos sofismas, ressalvas ou reservas metodológicas que possam atenuar a gravidade espelhada pelos números[2700]. O rendimento correspondente à linha de pobreza absoluta não permitiria a nenhuma família sobreviver (com independência, entenda-se) nos países economicamente mais desenvolvidos, mas mesmo em países em desenvolvimento esse limiar é muito problemático: em estatísticas de inícios dos anos

90, as famílias indianas com rendimentos inferiores àquela linha de pobreza gastavam mais de 3/4 dos seus rendimentos em alimentação, e mesmo assim era generalizada, nessas famílias paupérrimas, a subnutrição das crianças[2701].

Não deixando de ser muito revelador – numa nota optimista – vermos como, em muitas sociedades, esse limiar de pobreza afecta diferentemente os vários grupos sociais, ou o modo como o crescimento económico vai resgatando pessoas que se encontram abaixo desse limiar, fazendo normalmente transparecer quais as nações que, partilhando situações geográficas e demográficas similares, mais progrediram na senda do crescimento e mais potenciam o seu próprio crescimento futuro: razão pela qual uma parte importante (alguns dirão decisiva) do combate à pobreza se joga e decide ao nível da macroeconomia.

13 – b) – ii) Sinais de progresso

Está hoje comprovada, a nível planetário, a diminuição generalizada da pobreza nas áreas rurais, por efeito combinado da melhoria da produtividade do trabalho e da produtividade dos factores naturais – produtividades que libertaram recursos para o resto da economia e conduziram à descida, também generalizada, dos preços agrícolas – preços esses que, nos países menos desenvolvidos, determinam o núcleo essencial do poder de compra associável aos salários, pelo que também por essa via foi dado um impulso decisivo ao desenvolvimento industrial, por dinamização do mercado dos produtos industriais[2702]. A segunda metade do século XX é o momento da «revolução agrícola», e o aumento da produtividade agrícola em que ela se traduziu – a duplicação da produção de cereais e a triplicação da produção de carne desde 1960 – fica bem ilustrado com o facto de a população mundial ter duplicado entre 1960 e 2000 *ao mesmo tempo que aumentou* a ingestão de calorias *por pessoa*, e tudo isto com o aumento de apenas 12% quanto à extensão de terra cultivada[2703] – sendo que essa mesma revolução se espraia agora pela possibilidade de recurso aos transgénicos dos quais se espera que, vencidos medos atávicos e reacções primitivistas, promovam mais ainda a conciliação dos propósitos de sustentabilidade ambiental da intensificação produtiva na agricultura, por um lado, e

---

[2698] ERP (1998), 91-92.

[2699] Banco Mundial (2001), Anexo, Parte I, Quadro 4.

[2700] Para uma perspectiva internacional acerca da pobreza, e para a ligação entre pobreza e «economia do desenvolvimento», cfr. Allen, T. & A. Thomas (orgs.) (2000).

[2701] Besley, T. & R. Burgess (2003), 5.

[2702] Irz, X., L. Lin, C.G. Thirtle & S.L. Wiggins (2001), 449-466; Ruttan, V.W. (2002), 170.

[2703] Goklany, I.M. (1998), 941-952; Gardner, B.L. (2002).

por outro a necessidade de se protrair a eclosão do *rendimento marginal decrescente* na investigação científico-tecnológica em agronomia[2704].

O facto é que, nos países mais desenvolvidos em termos de produtividade agrícola, e onde se poderia pensar que o confinamento geográfico das terras disponíveis e o esgotamento da inovação tecnológica conspirariam para instaurar perdas de escala, ou ao menos para abrandar o explosivo aumento de produtividade globalmente registado no último meio-século, é de esperar em contrapartida que, dada a elasticidade-rendimento, a procura de produtos alimentares e agrícolas cresça muito pouco[2705], e portanto cresça muito mais lentamente do que essa produtividade aparentemente «à beira do esgotamento», determinando antes a intensificação da migração «campo-cidade», a redução da população agrícola e do peso percentual da actividade agrícola no PIB, tudo isto acompanhado de incrementos constantes de produtividade por unidade de «*input*» na agricultura[2706/2707].

Até finais do século XIX, a maioria dos incrementos na produção agrícola eram atribuíveis a aumentos na área cultivada, mas desde então têm-se devido quase exclusivamente a aumentos de produtividade dentro das mesmas áreas – aumentos de produtividade devidos à evolução científica e tecnológica – embora os países menos desenvolvidos estejam ainda a começar a percorrer os passos dessa evolução.

Tem-se verificado que o aumento do rendimento nas sociedades mais prósperas tem levado a um declínio da elasticidade-rendimento da procura de produtos alimentares e agrícolas. Mas como nos países mais pobres essa elasticidade é ainda muito elevada e é neles que se regista a maior explosão demográfica, vai ser preciso nos tempos mais próximos acelerar técnica e cientificamente o progresso na produtividade agrícola, para que ela consiga acompanhar o esperado aumento na procura de produtos alimentares e agrícolas[2708].

Além disso, há substituições de factores que trazem com elas inesperados aumentos de eficiência: pense-se, por exemplo, que a mecanização da agricultura permitiu o uso de muito menos animais nas actividades agrícolas, e por isso libertou uma ampla percentagem de terreno que era destinado à produção de forragem para a produção directa de alimentação humana[2709].

Se compararmos as produtividades do trabalho agrícola e dos factores naturais na agricultura dos países mais desenvolvidos e dos países menos desenvolvidos, poderemos concluir que aproximadamente 3/4 das diferenças se podem atribuir, em partes iguais, a dotações naturais (terras, gado), a dotações de capital (maquinaria, adubos) e a capital humano (educação geral e formação técnica), predominando nas restantes causas de distinção as economias de escala; o que permite afastar, ao menos por enquanto, os tão propalados efeitos da pressão demográfica na geração de perdas de escala na produção agrícola dos países em vias de desenvolvimento[2710].

É de notar ainda, nas comparações internacionais, que existe uma manifesta diferença entre a introdução de técnicas de produção avançadas e a sua difusão generalizada, pelo que a existência de «sectores de ponta» não significa necessariamente que não exista um grave desfasamento desses sectores face à tecnologia ainda prevalecente – o que tem sido particularmente notado no progresso e difusão da tecnologia agrícola[2711].

Parece pois que, apesar da litania ambientalista, não estamos a ficar desprovidos de energia ou de recursos naturais, a percentagem de pessoas com fome tem vindo sempre a diminuir, a pobreza diminuiu mais percentualmente nos últimos 50 anos do que tinha diminuído nos anteriores 500, e a esperança média de vida, num século, aumentou de 30 para 67 anos (enquanto que a esperança de vida na Roma Imperial deveria rondar os 20 anos, e a esperança média de vida ainda era de 24 anos na China de 1930)[2712]. Nunca houve tanta nutrição adequada disponível a nível global (2700 calorias por pessoa por dia), e os preços dos produtos alimentares estão ao nível proporcionalmente mais baixo desde que há registos históricos; pela primeira vez na história, a possibilidade de erradicação global da fome (não da pobreza) esteve ao alcance de medidas

---

[2704] Waggoner, P.E. (1997), 57-73.

[2705] Chama-se «Lei de Engel» a esta tendência para uma correlação inversa entre rendimento disponível e percentagem de gastos em alimentação (pressupondo-se constantes os preços). Cfr. Hamilton, B.W. (2001), 619; Houthakker, H.S. (1987), 143-144; Nordhaus, W.D. (1998), 59-68.

[2706] Pingali, P.L. & P.W. Heisey (2001), 56-82; Ruttan, V.W. (2002), 179ss..

[2707] Para uma representação gráfica da estrutura do emprego em Portugal, entre 1890 e 1997, denotando a constante queda do sector agrícola (em benefício da indústria, serviços e sector público), veja-se o gráfico 26 em: Mateus, A.M. (2001), 85.

[2708] Ruttan, V.W. (2002), 161-162.

[2709] Olmstead, A.L. & P. Rhode (2001), 663-668.

[2710] Hayami, Y. & V.W. Ruttan (1970), 895-911; Kawagoe, T., Y. Hayami & V.W. Ruttan (1985), 113-132; Lau, L. & P. Yotopoulos (1989), 241-269; Ruttan, V.W. (2002), 166-168.

[2711] Chavas, J.-P. (2001), 21-37; Rosegrant, M.W. & P.B. Hazel (2000), 123–160; Suhariyanto, K., A. Lusigi & C. Thirtle (2001), 258-274.

[2712] Botkin, D.B. & E.A. Keller (1998), 91; ERP (2004), 175; Lomborg, B. (2001), 4, 50-51.

políticas – e na maior parte do planeta a fome foi efectivamente erradicada[2713]; a Índia e a China, até há pouco apontados como exemplos de risco de desastre malthusiano iminente, são hoje auto-suficientes na produção de cereais[2714]; e até os países subdesenvolvidos, nos quais a cadeia alimentar requeria, há 40 anos, 3 agricultores para cada consumidor urbano, já evoluíram para uma proporção de 1 para 1, em média[2715], ao mesmo tempo que nesses países subdesenvolvidos está em curso uma «explosão urbanística» de dimensões invulgares[2716].

Houve episódios de fome generalizada em Bengala / Bangladesh em 1943-1944 e 1974-1975[2717], na China em 1959-1961. O último desses fenómenos com grande dimensão na Europa Ocidental ocorreu em 1944-1945 na Holanda. Desde 1980, os episódios de fome generalizada têm-se registado, quase exclusivamente, em África, e com uma preocupante frequência[2718]: ainda no ano de 2004 se verificavam casos de fome generalizada na região de Darfur, na Etiópia, retomando uma sinistra tendência que dura há mais de 20 anos naquela região[2719].

Embora todos os indicadores de «desenvolvimento humano» indiquem que o bem-estar efectivamente experimentado aumentou significativamente mesmo nos países subdesenvolvidos[2720], em larga medida graças aos espectaculares índices de crescimento na China (e ao peso da sua população nas estatísticas mundiais)[2721], não subestimemos a tarefa gigantesca que ainda representará o esforço de erradicação da pobreza absoluta, sobretudo onde lamentavelmente ela se tem

concentrado – na África sub-sahariana –, ainda que exista a esperança de que, uma vez iniciado o processo de desenvolvimento económico, ele possa sustentar-se a si próprio numa «espiral de enriquecimento» (a maior riqueza traz mais alimentação, mais saúde e longevidade, mais produtividade e estímulo em função desses novos horizontes de realização pessoal e colectiva, mais investimento em capital humano, e assim sucessivamente)[2722], e que portanto a multi-dimensionalidade que dificulta a análise do problema possa servir, em contrapartida, de via redentora, de ponto de contacto entre a prossecução colectiva dos valores da eficiência e da justiça[2723].

Na primeira metade do século XX, as taxas de crescimento económico eram mais elevadas em África do que na Ásia, e até ao último quartel do século XX as taxas de crescimento em África ainda se mantiveram positivas (se bem que ultrapassadas entretanto pelos «Tigres Asiáticos»)[2724]. Desde 1980, o PIB *per capita* do conjunto dos países da África sub-sahariana tem vindo a declinar a um ritmo de 1% por ano, tornando agora essa região, de longe, a mais pobre do planeta. Uma pequena parte desse fenómeno pode atribuir-se a condições climatéricas adversas; o principal tem necessariamente de atribuir-se a colapsos político-administrativos e ao declínio de quadros jurídicos mínimos com o advento de tiranias cleptocráticas, escandalosamente corruptas, que ainda hoje predominam na região[2725], fazendo dela o destino mais arriscado para o investimento internacional[2726]. Desde meados dos anos 90 tem havido, contudo, algumas excepções de rápida recuperação económica (como Moçambique, Uganda,

---

[2713] Johnson, D.G. (2000), 1.

[2714] Uma parte da revolução agrícola chinesa deveu-se à espontaneidade das condições de mercado propiciadas pelos poderes políticos – sendo que só com a verificação dos maiores sucessos é que apareceram os incentivos governamentais. Sobre o impacto daqueles incentivos «de mercado» no incremento da produtividade da economia chinesa, cfr. Groves, T., Y. Hong, J. McMillan & B. Naughton (1994), 183-209; McMillan, J., J. Whalley & L. Zhu (1989), 781-807; Zhou, K.X. (1996).

[2715] Banco Mundial (2003), 84; Pinstrup-Andersen, P., R. Panya-Lorch & M.W. Rosegrant (1999); Rosegrant, M.W., M.S. Paisner, M. Siet & J. Witcover (2001).

[2716] Já há 15 cidades nos países em vias de desenvolvimento com mais de 10 milhões de habitantes (contra 4 nos países desenvolvidos). Dos 2 a 3 mil milhões de pessoas que vão incrementar a população mundial nos próximos 50 anos, 97% provirão de países em desenvolvimento e das «economias de transição», e quase todas habitarão em cidades. Cfr. Banco Mundial (2003), 7-8.

[2717] Greenough, P.R. (1982); Quddus, M. & S. Rashid (1991), 51-58.

[2718] Sen, A.K. (1981). Cfr. Agarwal, B. (1991), 171-244; Alderman, H. (1996), 343-366; Appadurai, A. (1984), 481-497; Bowbrick, P. (1986), 105-132; Clay, E. (1991), 307-312; Corbett, J. (1988), 1099-1112; Deaton, A. (1989), 611-696; Devereux, S. (1988), 270-282; Devereux, S. (1993); Drèze, J. (1990), II, 13-122; D'Souza, F. (1988), 1-56; Dyson, T. (1991), 5-25, 279-297; Gore, C. (1993), 429-460; Jodha, N.S. (1975), 1609-1617; Osmani, S.R. (1995); Post, J.D. (1990), 241-280; Ravallion, M. (1997), 1205ss.; Scrimshaw, N. (1990), 353-373; Seaman, J. (1993), 27-32; Srinivasan, T.N. (1983), 200-201; Taylor, C.E. (1985); Young, H. & S. Jaspers (1995), 94-109.

[2719] De Waal, A. (1989); De Waal, A. (1993), 33-40; Jansson, K., M. Harris & A. Penrose (1987); Maxwell, S. (org.) (1991).

[2720] Aumento do rendimento médio *per capita* de 989 dólares para 1354 dólares entre 1980 e 2000, queda da mortalidade infantil de 107 para 58 por mil durante o mesmo período, e queda do analfabetismo de 47% para 25%. Cfr. Banco Mundial (2003), ix, 1.

[2721] Banco Mundial (2003), 2; Dan, W. (2001).

[2722] Deaton, A. (2003), 113, 115; Preston, S.H. (1975), 231-248.

[2723] White, H. (1999), 503-519.

[2724] Collier, P. & J.W. Gunning (1999b), 3ss.; Collins, S. & B.P. Bosworth (1996), 135-203.

[2725] Collier, P. & J.W. Gunning (1999), 64-111.

[2726] Haque, N.U., N. Mark & D.J. Mathieson (1999); Jaspersen, F., A.H. Aylward & A.D. Cox (1999).

Costa do Marfim, Etiópia), enquanto algumas economias soçobravam no caos (Serra Leoa, República Democrática do Congo), tornando menos coeso o diagnóstico e os dados estatísticos, que agora se referem sobretudo a valores médios com maior dispersão[2727].

Mesmo os países mais desenvolvidos têm tido grandes dificuldades no seu combate à pobreza, apesar de alguns sucessos limitados[2728]. Os problemas de justiça distributiva têm vindo a agudizar-se com a repetição de situações em que a pobreza e a desigualdade aumenta nas recessões mais do que aquilo que diminui nas expansões das economias – daí resultando, portanto, um efeito cumulativo[2729], que, no âmbito da «Economia do Desenvolvimento»[2730], joga negativamente com algumas tendência demográficas contraditórias[2731].

- Na *Cimeira do Milénio* das Nações Unidas, em Setembro de 2000, estabeleceram-se diversas metas, entre as quais a de reduzir até 2015 alguns dos índices mais relevantes da pobreza: a mortalidade infantil (abaixo dos 5 anos) em 2/3, a mortalidade nos partos em 3/4, o acesso a água potável em 1/2 – tudo em comparação com os níveis de 1990, aproveitando-se o facto de os números da pobreza absoluta terem estagnado, e por isso os níveis relativos, dado o crescimento demográfico, estarem já em franco declínio na actualidade, como vimos[2732].
- Melhorar as condições de vida das mais de mil milhões de pessoas cujo rendimento *per capita* é inferior ao «limiar de pobreza» tem conduzido a muitas outras sugestões. Uma delas, que visa evitar as situações de dependência e de desincentivo que geralmente decorrem da atitude paternalista para com a pobreza, é a solução da «micro-finança», do «micro-crédito», já posta em prática em muitos países em desenvolvimento, e atingindo já muitos milhões de beneficiários. A ideia básica é a de contornar o «racionamento de crédito» que tende a excluir as famílias mais pobres – privando-as do meio normal através do qual poderiam, por elas próprias, quebrar o círculo da pobreza[2733]; a solução afigura-se proporcionar inequívocos incrementos de bem-estar total, gerando avanços na formação de um «capital social»[2734].

13 – c) Atitudes perante a pobreza: justiça, utilidade e liberdade

O combate à desigualdade e à pobreza dependerá também, em larga medida, da ideologia prevalecente no contexto político de que se trata. No combate à desigualdade, haverá que tomar em conta o necessário equilíbrio entre os desígnios igualitários da coesão e a necessidade de se preservar um espaço à afirmação individualista daquele que quer *enriquecer* e distanciar-se dos outros, e que, no seu esforço egoísta, acaba por dinamizar o mercado e beneficiar nas trocas todos aqueles com quem entra em contacto.

Muito do que move as pessoas a serem espontaneamente produtivas no mercado não é um desejo nivelador, igualitário, mas bem o seu oposto, a vontade de enriquecerem – não a vontade de contestarem a desigualdade de rendimentos mas apenas a de estarem do *lado certo*, de se integrarem no grupo daqueles que recebem uma fracção mais do que proporcional do rendimento total –. Decerto que muita da nossa produtividade decairia se nos fosse prometido que, ultrapassado o limiar do rendimento mediano, toda a riqueza adicional que gerássemos nos seria inteiramente confiscada para ser redistribuída pelos mais pobres, incluindo nestes os que se mantinham pobres apenas por não terem aplicado tão intensamente o seu capital humano ao serviço da produtividade.

Se toda a riqueza gerada por um esforço adicional reverte a favor daqueles que não desenvolvem um esforço equiparável, qual o incentivo para fazermos, sem contrapartida, de puros hospedeiros do parasitismo alheio? E mesmo que um incentivo altruísta fugazmente se manifeste, como pode ele resistir à atracção do impulso oposto, de nos tornarmos nós próprios parasitas do esforço alheio – se esse parasitismo nos assegura, independentemente do esforço, de qualquer esforço, uma igualdade de resultados?

Uma sociedade que queira apegar-se muito drasticamente a um ideal nivelador e igualitário cedo descobrirá que esse ideal é esterilizante da iniciativa económica individual, a qual as mais das vezes, como acabámos de dizer, se pauta por uma ordem de valores que é pra-

[2727] Collier, P. & J.W. Gunning (1999b), 19.
[2728] Jorgenson, D.W. & D.T. Slesnick (1987), 219-232; Jorgenson, D.W. (1998), 79ss..
[2729] Danziger, S. & P. Gottschalk (1995); Gottschalk, P. (1997), 22ss..
[2730] Ferreira, E.P. (2000), 23-34; Ferreira, E.P. (2004), 45-108.
[2731] Dasgupta, P. (1990), 1-32; Dasgupta, P. (1994), 99-127; Dasgupta, P. (1995), 1879ss.; Schultz, T.P. (1988), 416-451.
[2732] Besley, T. & R. Burgess (2003), 3ss.; Deaton, A. (2002), 4-7.
[2733] Adams, D., D. Graham & J.D.v. Pischke (1984); Banerjee, A.V., T. Besley & T. Guinnane (1994), 491-515; Besley, T. & S. Coate (1995), 1-18; Morduch, J. (1999), 1569ss.; Otero, M. & E. Rhyne (1994); Prescott, E.S. (1997), 23-48; Stiglitz, J.E. (1990), 351-366; Varian, H.R. (1990), 153-174; Wydick, W.B. (1999), 463-475.
[2734] Bencivenga,V. & B.D. Smith (1991), 195-209; Putnam, R.D. (1993).

ticamente a oposta àquele ideal – e não pode ser contrariada sem se violentar o ânimo de enriquecimento que lhe assegura a máxima eficiência.

Ao leitor já terá ocorrido aquilo que é uma das principais angústias de todas as iniciativas humanitárias que buscam combater a fome e diminuir a pobreza no mundo: a possibilidade de que esse desígnio altruísta seja contraproducente, fazendo aumentar as desigualdades, a pobreza e a fome, por simples destruição dos incentivos. Que incentivo têm os produtores agrícolas dos países «ajudados» se os mercados se esvaziam e os consumidores são reorientados para a gratuita ajuda alimentar? Que incentivo têm os governos desses países para se tornarem eficientes, se lhes é exigido menos esforço na directa perversão e «captura» dos auxílios financeiros? De que serve os países pobres emularem-se numa corrida pelo desenvolvimento, se isso implica um desvio de meios aplicáveis na mais imediata «corrida aos fundos de ajuda»? Que incentivo tem um país pobre para prosperar, se a mais imediata percepção é a de que isso lhe fará perder ajudas?[2735] São questões perturbadoras para todos aqueles que anseiam por soluções justas e humanitárias, e que acabam por perceber que nem tudo o que parece... é.

A história das economias dirigistas do século XX, a maior parte delas animada de um propósito estritamente nivelador, é muito eloquente quanto à sorte que espera as economias que tentam antepor as suas concepções colectivas de justiça aos desejos de realização individual que fazem mover os mercados – e já antes referimos, ao falarmos da «Curva de Laffer», a sorte reservada aos sistemas tributários que se excedem na sua avidez[2736].

Em contrapartida, uma sociedade que abra mão dos seus valores de coesão e de solidariedade pode não durar muito enquanto sociedade, visto que as clivagens que propiciará contribuirão para a desagregação dos denominadores comuns que a alicerçam: uma sociedade que exclui, e exclui precisamente no ponto em que se joga o acesso à riqueza e, através dela, aos meios que asseguram até a própria sobrevivência física, não é uma sociedade que mereça ser especialmente respeitada, sobretudo pelos próprios excluídos – conquanto possa dispor de meios para ser temida por aqueles que a não respeitam. Uma sociedade que convive com níveis apreciáveis de miséria e de fome não está apenas a condenar-se a si própria ao desperdício de

oportunidades de crescimento e à disseminação da pobreza, mas está mesmo, e mais literalmente, a sujeitar-se a problemas graves de saúde pública, cujo risco nem sequer pode ser espontaneamente coberto pelos mais pobres e mais expostos através de contratos de seguro, dada a falta de meios financeiros de que estes dispõem, não restando outra oportunidade do que a repercussão sobre um sistema de saúde publicamente financiado, ou, na falta deste, a directa degradação da saúde pública com consequências negativas para todos[2737] (razão pela qual até os mais ricos em países com grandes desníveis de rendimento e fracos sistemas de saúde pública ficam perigosamente expostos a epidemias, e sem meios adequados de se prevenirem contra elas[2738]).

Além disso, a riqueza criada em sociedade tem algo de simbiótico, dado que o mecanismo das trocas, como vimos, exige reciprocidade de vantagens, e não consente que o enriquecimento se prolongue indefinidamente em apropriações unilaterais e «leoninas», sem que um dos lados das trocas esgote o seu potencial e comprometa as vantagens associadas a uma genuína divisão do trabalho – empobrecendo o outro. Basta considerarmos, a esse respeito, que a pobreza é um problema *directo* não apenas para os pobres mas para a sociedade como um todo, na medida em que a pobreza exclui os pobres tanto do processo produtivo – redundando num sub-emprego de recursos – como do consumo – privando o mercado dos efeitos de uma mais ampla expansão da procura –. A pobreza gera pobreza, e alastra se não for combatida: ela é porventura o mais maligno de todos os problemas económicos com que uma sociedade pode defrontar-se.

Mais ainda, de um ponto de vista um pouco mais abstracto, a presença de mecanismos de redistribuição de riqueza e de nivelamento das fortunas serve, até um certo ponto, como uma espécie de «seguro social» contra a possibilidade de infortúnio que pode afectar qualquer membro da sociedade. Dado que nenhum de nós pode assegurar que a sua boa fortuna vai durar sempre ou está permanentemente imunizada contra revezes da mais variada ordem, até contra circunstâncias fortuitas ou de força maior, quanto maior for a coesão social menor é a amplitude da queda nos rendimentos, menor a perda: a probabilidade é a de, se tudo correr mal, um dinamarquês rico perder 3,5 vezes o seu rendimento, e de um brasileiro rico é a de ficar 25 vezes mais pobre em termos de rendimento[2739]. Dada a aversão ao risco

---

[2735] Cfr. Pedersen, K.R. (2001), 693-703.

[2736] Mas talvez valha a pena atender às diversas reflexões contidas em: Slemrod, J.B. (org.) (2000).

[2737] Gertler, P.J. & J. Gruber (2002), 51.

[2738] Gertler, P.J. & J. Gruber (2002), 68; Gertler, P.J. (1998), 717-732.

[2739] Ou, se pertencer aos 10% mais ricos, o risco de cair no grupo dos 10% mais pobres e ficar *68,5 vezes* mais pobre!

que domina as atitudes económicas básicas de todos os indivíduos (e, como está estatisticamente comprovado, mais nas mulheres do que nos homens[2740]), compreende-se que um certo grau de coesão e de nivelamento sirva também como um incentivo à produtividade – possivelmente tão poderoso como aquele outro incentivo individualista que reclama a liberdade para enriquecer através da assunção de riscos[2741].

Resta pois, a cada sociedade, encontrar um ponto intermédio em que lhe seja possível preservar a sua coesão sem perder o seu dinamismo económico, em que a igualdade não tolha os caminhos da liberdade, mas a justiça não seja inteiramente sacrificada à eficiência, em que a opulência não se alimente da iniquidade.

Mas que vias seguir? Neste ponto, a Economia faz apelo a critérios jurídicos, políticos, morais, sobre o que possa entender-se como justiça na repartição das riquezas – e recebe habitualmente inúmeras respostas, muitas delas animadas dos mais elevados propósitos e dos valores mais nobres. Sucede que, por motivos que já tivemos ocasião de referir, à Economia cabe a tarefa, tantas vezes ingrata e incompreendida, de proceder a uma triagem entre esses critérios, retendo deles apenas aqueles que se afigurem socialmente *viáveis*, ou seja, aqueles que se coadunem minimamente com as motivações básicas que determinam, *em liberdade*, a coesão social, a divisão do trabalho e a troca de utilidades. Se alguns dos mais engenhosos, generosos e empolgantes desses critérios ficam pelo caminho, a culpa não é da Economia, mas da prevalência, na natureza humana, daquelas motivações básicas por sobre o mais elevado dos ideais: "*primeiro viver...*".

Comecemos por uma enumeração esquemática das Teorias da Justiça que têm sido formuladas, para depois nos concentrarmos em duas[2742]:

a) Uma coloca especial ênfase na igualdade ou na minimização das perdas máximas, procurando erradicar extremos de exclusão e aumentar a coesão social. Parte-se, na formulação mais simples, da noção de justiça como igualdade[2743], com os seus corolários mais radicais[2744], presumindo-se que a sociedade assenta mais na cooperação e na coesão do que na rivalidade[2745], na reciprocidade de bons ofícios mais do que na tensão entre egoísmos[2746], ainda que não haja – por razões de eficiência já nossas conhecidas – suporte para o igualitarismo indiferenciador, nem sequer ao nível da estatística das preferências *declaradas*[2747]. É neste contexto que surge a teoria de Rawls, e ainda as visões contratualistas assentes na teoria dos jogos ou no equilíbrio entre motivações egoístas e altruístas[2748]; sendo também neste domínio que se afirmam as concepções marxistas sobre justiça[2749].

b) Outra teoria busca a maximização utilitarista do bem-estar, tratando-se de apreciar a justiça pelas *consequências gerais* das acções, ou das regras balizadoras das acções, *agregando-as* em estados de benefício partilhados[2750], apreciados no seu impacto, seja médio, seja marginal[2751], objectiva ou subjectivamente avaliado[2752] – sendo uma variante a teoria que enfatiza o estado geral de justiça como o de «ausência de inveja», a situação em que nenhum indivíduo prefere o acervo de recursos distribuído a outro[2753].

c) Outra teoria da justiça centra-se na equidade e no mérito, ligando a justiça à consideração dos efeitos distributivos de acções individuais, a configuração específica de legitimidades e direitos conexos com o historial de conduta de cada indi-

---

[2740] Veja-se a comprovação disso num amplo inquérito a fundos de investimento, relativo à escolha, por sexos, dos planos de investimento em função do risco. Cfr. Dwyer, P.D., J.H. Gilkeson & J.A. List (2002), 151-158.

[2741] A ideia de «coesão» pode ser expressa através de uma «curva de concentração» «leptocúrtica», isto é, com elevado grau de distribuição próximo de um valor central, com baixo grau de dispersão de valores. Para uma aplicação nas áreas da saúde, cfr. Bommier, A. & G. Stecklov (2002), 497-513.

[2742] Konow, J. (2003), 1194ss.. Cfr. ainda: Alexander, J. & B. Skyrms (1999), 588-598; Fehr, E., S. Gächter & G. Kirchsteiger (1997), 833-860; Gauthier, D. (1985), 29-47; Messick, D.M. & K.P. Sentis (1983), 61-94.

[2743] Amiel, Y. & F.A. Cowell (1999); Deutsch, M. (1985).

[2744] Nielsen, K. (1985).

[2745] Mikula, G. (org.) (1980).

[2746] Mikula, G. & T. Schwinger (1973), 396-407. Isso não desmente a comprovação empírica, igualmente abundante, de «colapsos de solidariedade» em favor da «mão invisível» do egoísmo – cfr. Forsythe, R., J.L. Horowitz, N.E. Savin & M. Sefton (1994), 347-369; Hoffman, E., K. McCabe, K. Shachat & V. Smith (1994), 346-380.

[2747] Jasso, G. (1999), 133-168; Kluegel, J.R. & E.R. Smith (1986); Konow, J. (1996), 13-35.

[2748] Barry, B.M. (1989); Kolm, S.-C. (1985).

[2749] Buchanan, A.E. (1981), 269-306; Heller, A. (1974), 25ss.; Reiman, J.H. (1981), 307-322; Wood, A. (1981); Young, G. (1981), 251-268.

[2750] Sen, A.K. (1979), 1-45.

[2751] Sen, A.K. (1997), 18ss..

[2752] Leventhal, G.S., J. Karuza & W.R. Fry (1980), 167-218.

[2753] Baumol, W.J. (1986c); Pazner, E. & D. Schmeidler (1978), 671-687; Varian, H.R. (1972), 63-91. Formulando reservas profundas à pertinência deste critério, cfr. Boadway, R. & N. Bruce (1984), 175ss.; Holcombe, R.G. (1997), 797-802.

víduo (desligando-se de «posições originais» a-históricas, e de cálculos utilitaristas indiferentes aos acidentes históricos)[2754], ou os efeitos da livre distribuição resultante de contrato (com influência de factores de nascimento, escolha, sorte e esforço)[2755/2756], em termos genericamente *responsabilizantes*[2757]. Uma variante é a «teoria da equidade», que procura esclarecer o papel motivador da justiça nas trocas sociais, concentrando-se assim nas noções de *proporcionalidade* e de *justiça comutativa*[2758], na partilha igualitária, ou ao menos equilibrada, do excedente de bem-estar resultante das trocas[2759]. Todas privilegiam a visão *procedimental* de justiça, a ideia de que o *modo* de agir esgota em si as condições da sua validação, independentemente das contingências do resultado[2760], o que é especialmente adequado para legitimar a formação da vontade política em sociedades valorativamente plurais, em que coexistem condutas pautadas por princípios materiais axiologicamente divergentes[2761].

d) Por último, outra teoria da justiça revela preferência pelo *realismo* de «teorias locais», parciais, de justiça – argumentando que a abstracção faz perder de vista elementos de especificidade e de «distribuição social» que são determinantes para a vivência do valor justiça em cada grupo de referência[2762], como pode ser comprovado pela varia-

bilidade geográfica de testes fundamentais, como o «Jogo do Ultimato»[2763], ou jogos de negociação e aprendizagem[2764] – circunstância que se converte, no mínimo, num apelo à escrupulosa consideração de todas as complexidades em que assenta cada contexto de realização da justiça[2765].

No meio daquilo que sobrevive à triagem da Economia, duas perspectivas disputam entre si a definição de um critério básico do que seja a justiça social: numa, o que conta é o resultado *material, substancial*, da repartição, pouco importando os meios empregues para se alcançar algum nivelamento dos rendimentos e das fortunas individuais; noutra, primordial é a consideração dos *procedimentos* empregues na preservação de condições iniciais de igualdade de oportunidades, cuja observância parece legitimar já por ela mesma qualquer resultado, por inigualitário que este seja.

Antes de prosseguirmos, sublinhemos o quanto estas questões de repartição e de justiça distributiva são relevantes, cruciais mesmo, para a definição dos fundamentos e objectivos da própria vida em sociedade – razão pela qual elas se insinuam no debate político e são capazes de disputar a primazia a qualquer outro quadro de valores e de prioridades, incluindo as considerações de eficiência[2766], gerando problemas de articulação de teoria e de prática que constituem um dos capítulos mais férteis da nova «Economia Política» (*stricto sensu*)[2767].

[2754] Nozick, R. (1974); Konow, J. (2003), 1206ss..

[2755] Buchanan, J.M. (1986); Leventhal, G.S. & J.W. Michaels (1971), 229-235; Leventhal, G.S. & H.D. Whiteside (1973), 75-83; Roemer, J.E. (1998); Ruffle, B.J. (1998), 247-265; Schokkaert, E. & L. Lagrou (1983), 33-52.

[2756] Enfatizando especialmente o factor *escolha* como determinante *procedimental* da justiça (em detrimento das contingências do *nascimento* e da *sorte*), cfr. Dworkin, R. (2000), 287ss.; Dworkin, R. (1981), 283-345.

[2757] Blount, S. (1995), 131-144; Heider, F. (1958); Rotter, J. (1966), 609ss.; Weiner, B. & A. Kukla (1970), 1-20.

[2758] Adams, J.S. (1965), II, 267-299; Güth, W. (1994), 153-175; Homans, G.C. (1958), 597-606; Selten, R. (1978), 289-301; Walster, E., G.W. Walster & E. Berscheid (1973), 151-176. Veja-se comprovações experimentais em: Clark, J. (1998), 708-729; Franciosi, R., P. Kujal, R. Michelitsch, V. Smith & G. Deng (1995), 938-950; Greenberg, J. (1979), 81-90; Kachelmeier, S.J., S.T. Limberg & M.S. Schadewald (1991), 694-717; Knez, M.J. & C.F. Camerer (1995), 65-94; Major, B. & K. Deaux (1982), 43-76; Ordóñez, L.D. & B.A. Mellers (1993), 138-154; Roth, A.E. & J.K. Murnighan (1982), 1123-1142.

[2759] Sem esquecer a relevância do «*endowment effect*», a «viscosidade referencial» que se gera no processo de adaptação das partes aos valores iniciais nas trocas. Cfr. Thaler, R.H. (1980), 39-60. Veja-se algumas aplicações do «efeito» em: Bazerman, M. (1985), 558-570; Shafir, E., P. Diamond & A. Tversky (1997), 341-374.

[2760] Thibaut, J. & L. Walker (1978), 541-566; Tyler, T.R. & E.A. Lind (2000), 65-92.

[2761] Anand, P. (2001), 247-270; Dryzek, J.S. (1990); Frey, B.S. & A. Stutzer (2001), 271-293; Sen, A.K. (1995), 1-24; Sulkin, T. & A. Simon (2001), 809-826.

[2762] Elster, J. (1992); Walzer, M. (1983); Young, H.P. (1994).

[2763] Alwin, D.F., G. Gornev & L. Khakhulina (1995), 109-131; Cameron, L.A. (1999), 47-59; Henrich, J. (2000), 973-979; Henrich, J., R. Boyd, S. Bowles, C. Camerer, E. Fehr, H. Gintis & R. McElreath (2001), 73-78; Roth, A.E., V. Prasnikar, M. Okuno-Fujiwara & S. Zamir (1991), 1068-1095; Kashima, Y., M. Siegal, K. Tanaka & H. Isaka (1988), 51-64; Murphy-Berman, V., J.J. Berman, P. Singh, A. Pachauri & P. Kumar (1984), 1267-1272; Slonim, R. & A.E. Roth (1998), 569-596.

[2764] Berg, J., J. Dickhaut & K. McCabe (1995), 122-142; Bolton, G.E. & A. Ockenfels (2000), 166-193; Fehr, E. & S. Gächter (2000), 159--181; Frohlich, N. & J.A. Oppenheimer (1994), 147-155; Shiller, R.J., M. Boycko & V. Korobov (1991), 385-400.

[2765] Ashenfelter, O., J. Currie, H.S. Farber & M. Spiegel (1992), 1407-1433; Güth, W. (1988), 703-717; Leventhal, G.S. (1976), IX, 92-131; Miller, D. (1979); Miller, D. (1992), 555-593; Scott, J.T., R. Matland, P. Michelbach & B. Bornstein (2001), 749-767; Skitka, L.J. & P.E. Tetlock (1992), 491-522.

[2766] Drazen, A. (2000); Cason, T.N. & V.-L. Mui (2003), 208ss..

[2767] Persson, T. & G. Tabellini (2000), 481; Saint-Paul, G. (2000b), 915-925. É uma limitação genérica da aplicação de modelos assentes nos paradigmas da «Teoria dos Jogos», como pode ser comprovado também noutros domínios. Cfr. Schmalensee, R. (1988), 675-676.

13 – c) – i) A justiça dos resultados

Quanto à perspectiva *substancialista*, distinguiríamos uma solução utilitarista e uma solução «rawlsiana».

Uma solução é a de tentar criar incentivos sem gerar constrangimentos à actividade económica, preservando a iniciativa individual e sujeitando-a a rectificações exclusivamente na medida em que, havendo conflitos de interesses entre esferas privadas, a actividade maximizadora de bem-estar promovida por uns seja destrutiva do bem-estar gerado pela actividade de outros, de tudo isto resultando uma diminuição do bem-estar geral.

A actividade governativa, e em particular a actividade de rectificação dos resultados da repartição de rendimentos operada através do mercado, deveria pautar-se, neste entendimento, por um princípio de absoluta necessidade e de estrita subordinação aos objectivos pragmáticos da maximização do bem-estar – o que implica uma avaliação da política exclusivamente através dos seus resultados, tal como eles podem ser aferidos pelos seus destinatários comuns –.

Segundo esta solução, que poderíamos designar genericamente como *utilitarista*, pode recorrer-se à redistribuição de rendimentos dentro daquele âmbito de razoabilidade no qual se reconheça pacificamente que não existe interferência grave nos desígnios maximizadores do agente egoísta que pretende enriquecer e involuntariamente enriquece os outros.

Tendo-se presente o princípio da utilidade marginal decrescente – e pressupondo-se que todos temos as mesmas necessidades básicas e as mesmas aptidões para fruirmos os benefícios colectivamente gerados –, tirar a quem tem mais doses de um bem implica uma perda de utilidade menos significativa do que o ganho correspondente daquele que, dispondo de poucas doses desse bem, vê serem-lhe atribuídas aquelas doses: pelo que uma tal transferência de riqueza – desde que, insistamos, não seja gravemente desincentivadora nem para o prejudicado nem para o beneficiado, não provoque uma grande «*deadweight loss*»[2768] – aumentará a utilidade total, justificando-se assim uma tributação, e mesmo uma tributação com taxas progressivas, ao mesmo tempo redistributiva e maximizadora do bem-estar, mas não um perfeito igualitarismo que redundaria numa redução do nível de actividade e, por essa via, numa diminuição da utilidade total.

O resultado igualitarista e nivelador seria, pois, evitado, dadas as perdas máximas que provoca por via dos incentivos: como já sublinhámos, prometer a todos a mesma quota-parte de rendimento ou de riqueza independentemente do grau de esforço ou de mérito desincentivaria todos aqueles que pensassem em desenvolver qualquer esforço ou alcançar qualquer mérito, com o resultado óbvio de que a generalização dessa atitude implicaria a indolência e o empobrecimento generalizados[2769].

Outra solução, genericamente associada às propostas do filósofo John Rawls, é a de concentrar os esforços de coesão apenas na diminuição das perdas máximas que advenham do facto de uma pessoa se encontrar, seja por que razão for, no grupo mais pobre da sociedade – e assim, em vez de dispersar o esforço de maximização da utilidade pelo todo da sociedade, adoptar medidas «cirúrgicas» na erradicação das formas mais extremas de pobreza, *segurando* a sociedade contra os resultados mais desfavoráveis do grupo mais pobre, sem atender especialmente à repercussão dessas medidas na utilidade dos demais grupos (recordemos a nossa referência à «estratégia *minimax*»)[2770] – desse modo podendo acalentar-se a esperança de, com o mínimo custo, se promover interna e internacionalmente regras de convivência pacífica num mundo mais justo (o bem-intencionado sonho liberal das modernas democracias constitucionais)[2771].

Ninguém deixaria de considerar como justa uma sociedade que se esforçasse por minimizar a probabilidade de *qualquer um* vir a ocupar a posição menos favorável, e que deixasse, pois, essas perdas máximas à responsabilidade individual de quem não se empenhasse no aproveitamento das oportunidades fornecidas pela sociedade, ou à obra de um acaso, de um infortúnio, que mesmo assim ultrapassassem a maior improbabilidade gerada pela prevenção geral contra a pobreza[2772]. Mas suponha-se que uma redistribuição melhora ligeiramente a situação dos mais pobres, fazendo-o porém à custa do empobrecimento generalizado e do enriquecimento extremo de uma minoria: uma tal redistribuição preencheria os critérios *maximin*, e no entanto dificilmente se aceitaria que fosse justa[2773].

Se pudéssemos ter a oportunidade de edificar uma sociedade inteiramente nova na qual cada um desconhecesse o papel que viria a ocupar (se todos pudéssemos ser colocados numa posição *constituinte* atrás de

---

[2768] Devendo recordar-se que, ao menos no plano dos princípios, alguma da eficiência está já a ser sacrificada, visto que nenhuma redistribuição se coaduna com o «óptimo de Pareto».

[2769] Santos, J.C. (1993), 124ss..

[2770] Rawls, J. (1971); Rawls, J. (1999); Santos, J.C. (1993), 130-135.

[2771] Rawls, J. (1999b).

[2772] Chu, C.Y.C. & W. Liu (2001), 255-272.

[2773] Feldstein, M. (1976b), 84.

um «véu de ignorância», para usarmos a expressão de Rawls[2774/2775]), todos julgaríamos aceitável que do funcionamento dessa sociedade resultasse sermos uns mais ricos, outros mais pobres, ou enriquecermos e empobrecermos – mas ninguém aceitaria regras de exclusão económica, ou seja, ninguém teria por justa uma «regra de jogo» que permitisse perdas máximas, que colocasse alguém numa posição na qual ninguém em abstracto desejaria estar, em circunstância alguma, fosse por que razão fosse, com a perspectiva do consumo esperado da mais pobre das pessoas[2776/2777].

A aversão ao risco dita, quase só por ela, a lógica do «Estado-providência», mormente quando assimetrias informativas (a miopia de cada um quanto ao risco de empobrecimento) e deficiências de coordenação e motivação[2778/2779] (o egoísmo e a vontade de «ir à boleia» das externalidades criadas pela precaução alheia) impedem que cada indivíduo adira espontaneamente a planos de seguros[2780] e a atitudes de preservação do «rendimento permanente», e o Estado quebra inércias e impasses através da distribuição de direitos e deveres que assegurem essa minimização do risco[2781].

Por isso ninguém deixaria de considerar como mais justa, no plano dos resultados, uma solução mais inigualitária que, apesar disso, deixasse o mais pobre numa situação absolutamente mais próspera do que aquela que resultaria indiscriminadamente para todos

os membros de uma sociedade desincentivada de produzir riqueza. Em termos esquemáticos, é como se disséssemos que se aceita que a sociedade e a actividade económica sejam jogos de resultados inigualitários e inicialmente imprevisíveis, mas não se aceita[2782] que entre esses resultados se encontre aquele que faz parar o jogo – o resultado de exclusão de alguns participantes, visto que a continuação do jogo exige a participação de todos (e o jogo económico e social, ao contrário dos jogos lúdicos, não deve acabar nem se compraz de triunfos dentro de uma «soma zero»[2783]).

Em todo o caso, o facto de se restringir os objectivos niveladores a um grupo mais restrito (apenas o dos mais pobres), reclamando-se por isso meios menos avultados, já significa que se pressupõe que esta opção intensiva terá menos impacto nos incentivos à iniciativa económica, a menos que as disparidades sejam tão extensas e gritantes que se reclame grandes meios para mitigar uma situação calamitosa de pobreza generalizada – caso em que a intervenção redistributiva voltaria a apoiar-se num argumento de maximização da utilidade total –.

Não esqueçamos que muito daquilo que consideramos ser o problema crucial da justiça – o problema da justiça social, ou a «questão social» – se refere ao equilíbrio entre *eficiência* e *justiça*, entre a necessidade de incentivar a criação de riqueza e o imperativo de não se deixar esboroar a solidariedade e a coesão da sociedade nesse afã individual de enriquecimento (aquilo que na

---

[2774] Veja-se uma aplicação prática desse conceito no domínio da fiscalidade, em: Thum, C. & A.J. Weichenreider (2000), 737-746.

[2775] Contra o uso indiscriminado do paradigma rawlsiano do «véu de ignorância», cfr. Carneiro, P., K.T. Hansen & J.J. Heckman (2001), 273-301.

[2776] Por isso se dirá que, em termos rawlsianos (e não apenas em termos rawlsianos), a sociedade dinamarquesa é mais justa do que a sociedade brasileira, porque nela a queda na pobreza está muito mais «amortecida» – sendo preferível ser-se pobre na Dinamarca do que ser-se pobre no Brasil (ao menos no que diz respeito aos níveis de rendimento monetário).

[2777] Para uma fundamentação «biologista» alternativa à fundamentação kantiana do recurso à «posição original» por parte de Rawls e Harsanyi, cfr. Binmore, K. (1998), viii, 5ss..

[2778] Lourenço, A.P. (2004), 89-99.

[2779] Os jogos de coordenação de «elo fraco» permitem vislumbrar um pouco a lógica dos «custos de transacção» nesta sede. Por exemplo, pede-se a um grupo que escolha um número entre 1 e 7: todos receberão uma remuneração correspondente ao número menor que for escolhido, e cada jogador será penalizado em função da distância a que a sua escolha ficou daquele mínimo. Em grupos de 6 ou mais jogadores, o mínimo oscila entre o 1 e o 2, mas em grupos de 2 ou 3 participantes geralmente esse mínimo é mais elevado, o que sugere que em grupos mais pequenos é mais fácil imaginar-se qual é a escolha «representativa» e é menor o risco de desvio em relação ao valor mínimo que prevalecerá. Parecidos com estes são os «concursos de beleza», formas de interacção em que o ganho de cada jogador é tanto maior quanto mais ele se aproximar dos resultados médios. A estratégia implica a previsão das reacções dos outros jogadores, ou seja, a desmultiplicação do raciocínio que preside a cada decisão em equilíbrios de «sub-jogo» que permitam optimizar cada decisão presente em função de uma «indução retrospectiva» a partir de um resultado futuro final (tudo ponderado pela margem de aleatoriedade que se admita no comportamento alheio, e admitindo-se a presença de um «ponto focal» de justiça comutativa). Cfr. Camerer, C.F. (1997), 174, 178ss., 180ss.; Crawford, V.P. (1995), 103-143; Keynes, J.M. (1936), 156; McKelvey, R.D. & T. Palfrey (1995), 6-38; Nagel, R. (1995), 1313-1326; Rabin, M. (1993), 1281-1302; Roth, A.E. & I. Erev (1995), 164-212; Stahl II, D.O. & P. Wilson (1995), 218-254; Van Huyck, J., R. Battalio & R.O. Beil (1990), 234-248.

[2780] Quando estes venceram as barreiras da selecção adversa e do risco moral, recordemos, o que não será fácil em ambientes de generalizada e indiscriminada aversão ao risco, nos quais a sinalização tenderá a ser fraca.

[2781] Barr, N. (2001).

[2782] Não se aceita pelo menos em ambientes em que não predomina a atitude parasitária e predatória – e mesmo essa seria limitada pela incapacidade da sua universalização. Cfr. Grossman, H.I. & M. Kim (2002), 393-407.

[2783] E daí a força do paradigma dos «*evolutionary games*», que encaram o mercado como o resultado da adaptação das preferências pessoais no longo prazo, em torno de uma posição de compromisso que corresponde a essa idealização da «posição original» – cfr. Binmore, K. (1998), 179, 474; Gintis, H. (2000).

literatura económica aparece designado como «o conflito básico», «*the big trade-off*»[2784]).

Lembremos que, embora muitas vezes os valores de justiça e eficiência sejam compatíveis, a visão económica tende obviamente a privilegiar a vertente da eficiência – e alastra mesmo a uma apologia da modelação da ordem jurídica de acordo com ditames maximizadores do bem-estar, mesmo que em aparente detrimento daquilo que socialmente se tenha por «justo», por considerar a ciência económica que o bem-estar individual é o único desfecho que é minimamente rigoroso e quantificável – e também por convicção de que muita da tensão entre bem-estar e justiça resulta muito frequentemente de uma simples ignorância dos termos e alcance da própria análise de bem--estar[2785].

A eficiência reclama desigualdade de resultados, enquanto a justiça reclama, no mínimo, igualdade de oportunidades – e entre ambos tenta equilibrar-se o critério redistributivo, tentando rectificar a desigualdade sem provocar o empobrecimento: embora alguns, como veremos já, possam alegar que essa redistribuição, para lá de ilegítima, é ela própria empobrecedora, já que não é possível uma *eficiência total* do próprio aparelho redistributivo que assegure que tudo aquilo que é tirado aos mais ricos é entregue aos mais pobres, sem ficar retido na própria estrutura burocrática que promove a redistribuição, e que pode acabar por ser, numa cruel ironia, a principal beneficiária da «pseudo-redistribuição»[2786] – como hoje já se tornou abundante e cruelmente evidente nas cleptocracias que pululam pelo mundo[2787].

Muitas têm sido as críticas ao critério «*maximin*» de Rawls, formuladas pelos cultores da análise de bem-estar, ligados ao cânone utilitarista[2788]; e muita experimentação dirigida à simulação da «posição original» rawlsiana tem divergido dos resultados previstos –não se chegando, nomeadamente, a um resultado unânime, manifestando-se geralmente uma preferência pela combinação de maximização de ganhos esperados e estabelecimento de restrições às perdas – verificando-se, curiosamente, que o «princípio da diferença» rawlsiano tem sido quase sempre rejeitado no seio dessa experimentação, ainda que haja sempre a mesma sensibilidade à «aversão ao infortúnio» que se exprime na tese rawlsiana[2789]. Por outro lado, há quem entenda que a igualdade em todas as «esferas» não só não é atingível como pode até ser indesejável (a intuição de Walzer) – e que por isso se deveria restringir o propósito igualitário ao acesso a alguns bens: o chamado *commodity egalitarianism*»[2790]. Por fim, note-se ainda que, desde Rawls, a crescente concentração das teorias da justiça «substancialistas» nas descobertas de Arrow e de Nash tornou a respectiva abordagem mais abstracta e «universalizável», menos presa de um contexto institucional e histórico preciso, e por isso aparentemente menos politicamente relevante[2791].

Altura de recordarmos uma das «dez ideias para reflectir»: podem ocorrer situações em que a decisão económica deve optar entre objectivos de eficiência e de justiça

13 – c) – ii) A justiça dos meios

> *"O homem sábio (...) não tem qualquer interesse naquela importância idiota que muitas pessoas parecem querer atribuir-se a si próprias com a aparência de terem muito ascendente na gestão dos assuntos dos outros"* – Adam Smith [2792].

Quanto à perspectiva *formalista* ou *procedimentalista*, destaca-se o entendimento libertário ou «hiperindividualista». Entre as diversas «paternidades» que convergem para a formação dessa corrente libertária e conservadora, em geral defensora do «Estado mínimo», destacaríamos a de Friedrich von Hayek, um defensor estrénuo do respeito absoluto pelas «esferas de liberdade» dos agentes económicos e um pioneiro na denúncia das consequências dos totalitarismos[2793], nos quais vê, provocatoriamente, apenas o corolário máximo do intervencionismo estadual, uma ligeira per-

---

[2784] Okun, A.M. (1975).

[2785] Veja-se uma versão extrema desse entendimento em: Kaplow, L. & S. Shavell (2002).

[2786] Os custos administrativos e os custos da corrupção contribuem combinadamente para debilitar, quando não mesmo para destruir, o propósito redistributivo. Cfr. Roth, T.P. (2002).

[2787] Burnside, C. & D. Dollar (2000), 847.

[2788] Arrow, K.J. (1973b), 245-263; Harsanyi, J.C. (1975), 594-606.

[2789] Frohlich, N. & J.A. Oppenheimer (1992); Frohlich, N., J.A. Oppenheimer & C.L. Eavey (1987), 1-21.

[2790] Tobin, J. (1970), 263-277.

[2791] Roemer, J.E. (1996), 52.

[2792] Smith, A. (1976), 215.

[2793] Hayek, F.A. (1944). Cfr. Caldwell, B.J. (1997), 1856ss.; Gray, J. (1986); Kornai, J. (1993), 42-68; Makowski, L. & J.M. Ostroy (1993), 69-88.

versão apenas do «Estado-providência», do paternalismo e da menorização dos cidadãos, da subjugação da lógica da «ordem espontânea» ao monolitismo ideológico e aos interesses e ditames daqueles que procuram através da força aquilo que não se sentiriam capazes de alcançar pelo livre jogo do mercado – pelo jogo da liberdade e da coordenação espontânea de interesses entre iguais, no respeito por regras de conduta partilhadas –. Tal como em Adam Smith, em Hayek uma das principais advertências dirige-se contra os «bem-intencionados», mas agora mais especificamente contra aqueles «virtuosos totalitários» que, por causa da sua profunda convicção quanto à primazia, irrefutabilidade e «evidência» dos seus próprios valores morais, entendem dever reclamá-los de todos os membros da sociedade, procurando portanto impor-lhes... uma justiça *de resultados*[2794]/[2795].

Centremos esta outra perspectiva da «justiça dos meios» nas ideias do filósofo Robert Nozick, um conhecido defensor do «Estado Mínimo»[2796], segundo as quais a repartição do rendimento deixa de poder tomar-se propriamente por um problema social, que reclame medidas rectificadoras por parte do poder político ou de um planificador central. Não existe, nesta perspectiva, um rendimento total que seja originalmente apropriado pela colectividade, antes de ser posto à disposição de cada indivíduo, de acordo com um critério distributivo qualquer – aquilo que cabe a cada um como contrapartida da produção vai sendo obtido através das trocas, e é-o na precisa medida em que o que cada um presta nas trocas é socialmente valorizado – como se denota pela presença de uma *procura* no mercado –, pelo que a riqueza nova que cabe a cada um há-de ser, no cômputo final, o somatório de uma miríade de remunerações parcelares que espelharão, cada uma, a utilidade social daquele que é remunerado.

E assim, argumenta-se, se é essa mesma utilidade social que é desigual de pessoa para pessoa, de situação para situação, de troca para troca, como há-de esperar-se, reclamar-se, ou tentar-se impor, uma igualdade remuneratória – sem destruir, com esse nivelamento de *resultados*, o próprio *processo* através do qual a riqueza é gerada, o processo das trocas livres? O jogo, dir-se-á, para usarmos a mesma imagem de há um bocado, prossegue agora com justiça *independentemente de qualquer resultado*, até do mais extremamente desfavorável, visto que resultado *justo* será tão-somente aquele que corresponder àquilo que cada um aplica na

resolução dos seus problemas e na satisfação dos seus interesses particulares, e nada mais.

Neste último entendimento, a justiça social está, pois, preservada se for justo o *processo* através do qual as pessoas enriquecem – se não houver atentado à liberdade e ao esclarecimento da vontade com que as pessoas trocam livremente e de boa fé, e cada um limitar a remuneração que recebe àquilo que tiver sido acordado nos contratos que celebrou e que enquadram juridicamente as trocas –. E se o *processo* for justo, sê-lo-á também o resultado, por mais inigualitário que ele seja.

Esta argumentação libertária costuma traçar, aliás, um paralelismo com as classificações académicas: justo não é o professor que dá a mesma nota a todos os alunos, ou aquele que alcança a menor dispersão possível nas notas, mas aquele que, sem sequer se preocupar com a distribuição final dos resultados, avalia todos e cada um dos alunos de acordo com o mesmo *processo justo*.

A ideia de igualdade deve transferir-se, nesta perspectiva, do plano (desincentivador) dos *resultados* para o plano (neutro) das *oportunidades*, já que sem algum nivelamento de oportunidades não é possível uma uniformidade de procedimentos que salvaguardem o entendimento de justiça que é perfilhado nestes domínios: uma vez começado o jogo, com um mínimo de igualdade de oportunidades para todos e regras únicas e inalteráveis, o facto de haver quem ganhe mais e quem ganhe menos, quem vença e quem perca, não só não é injusto como é mesmo, por assim dizer, da *essência* do próprio jogo. Por isso a igualdade e a justiça dos resultados pode ressurgir, mas num plano logicamente posterior, e subalterno: se findo o jogo e distribuídos os resultados cada um dos jogadores favorecidos pelo jogo quiser *voluntariamente* contribuir para a erradicação dos resultados extremamente desfavoráveis – por imposição moral, ou religiosa, até por razões hedónicas de desprazer egoísta com o espectáculo da pobreza – *poderá fazê-lo*, sem possibilidade de uma imposição externa em nome da justiça. E *deverá fazê-lo* se pragmaticamente quiser que o jogo prossiga, com aquele nivelamento de oportunidades que é requerido para o prosseguimento do jogo.

Se houver que combater a pobreza, então neste prisma isso dever-se-á sobretudo à necessidade de criação de igualdade de oportunidades ao menos em cada nova

---

[2794] Verbanov, I. (2000), 63-91; Neves, J.C. (1998), 58.

[2795] Veja-se ainda a antologia: Bouckaert, B. & A. Godart-Van Der Kroon (orgs.) (2000).

[2796] Santos, J.C. (1993), 224-233.

geração, permitindo a cada um que trace, com a sua conduta no mercado e as suas opções – de investimento em capital humano, de escolha de uma especialização, de abertura à complementaridade e às trocas –, o seu próprio destino económico[2797].

A alternativa, alega-se nesta perspectiva libertária, seria a de legitimar a intrusão do Estado no esforço individual de enriquecimento, de divisão de trabalho e de troca voluntária de utilidades – através de uma violência que consistiria, ou em proceder-se pela força à apropriação dos frutos daquele esforço individual, ou em obrigar-se, novamente pela força, à realização de trocas involuntárias de escopo redistributivo – atentando, em ambos os casos, contra a liberdade e contra a propriedade privada, contra os principais e *insubstituíveis* incentivos ao enriquecimento individual *e colectivo* –. Só que, como Nozick amiudadamente insiste, o «Rendimento» não é um bem socialmente apropriável, não é algo de que se possa dispor colectivamente, visto que é objecto imediato de apropriação – propositada, intencionalmente visado como algo de apropriável individualmente, algo tido como a exacta contrapartida, e *incentivo*, do esforço[2798]. Compreende-se, por isso, o juízo severo que, por um partidário do Estado mínimo e da soberania do consumidor, tem que ser reservado aos actuais tempos de intervenção estadual tentacular e de providencialismo paternalista[2799] – e mesmo a censura que é dirigida àqueles que, em nome de valores de «solidariedade», sustentam o desapossamento dos frutos do esforço individual, defendendo a imposição de «rectificações políticas» à propriedade privada[2800].

De acordo com a perspectiva libertária, tudo ficaria logo comprometido por uma das fraquezas da «teoria do bem-estar» neoclássica, que, sob a aparência dos seus propósitos de neutralidade aos valores e às instituições, na realidade esconderia um propósito de desconsideração da liberdade que estrutura os contratos e os direitos de propriedade – para permitir a sua subordinação aos desígnios do «consequencialismo» utilitarista, imposto por uns quantos «iluminados» activis-

tas[2801]. A tudo isso os libertários contrapõem a ideia de liberdade «negativa» – a ideia de «*neminem laedere*», do «*não prejudicar ninguém*» como única fronteira à legitimação do exercício da liberdade –[2802], entendendo-se que através dela é possível e admissível a cada um e a todos darem origem a todo o tipo de soluções consensuais e participadas, a todo o tipo de instituições, a todo o tipo de realizações da *justiça social*, com um mínimo de recíprocas ingerências nas motivações que impulsionam originalmente cada um de nós a participar no processo económico, com um mínimo de subordinação a uma entidade estadual, com um mínimo de deveres impostos[2803]: porque afinal pretendem o respeito de uma «esfera de privacidade» na qual o indivíduo fica ao abrigo de desnecessárias ingerências, na qual a satisfação plena dos seus desejos é a expressão mais rematada do seu bem-estar, e a condição necessária para um mínimo de realização pessoal e moral *autónoma* na existência terrena[2804].

– Embora possa discutir-se seriamente se esse «eu anárquico» existe verdadeiramente dentro de nós e se é justo dar-lhe livre expressão, ou se não se trata apenas de uma romântica exaltação do nosso individualismo contra a inelutável natureza social da nossa condição, a verdade é que a civilização já deu passos gigantescos no sentido do afastamento dos paradigmas colectivistas e totalitários que outrora eram dominantes, e faziam de nós meras peças da engrenagem colectiva, *sujeitos* de deveres para com o poder político e sem direitos contra ele – como insectos numa colónia, como ovelhas no rebanho, como organismos num corpo –, e invertendo essa visão em nome do imperativo moral da *emancipação* pessoal, fez da coisa pública uma mera *servidora* dos direitos fundamentais que, de acordo com a convicção dominante, passou a aceitar-se que cada indivíduo transportaria consigo. Nessa medida, pode aceitar-se que a «justiça dos meios» constitui o remate lógico dessa tendência emancipadora – embora se possa contra-argumentar que, no actual estádio civilizacional em que a sobrevivência é ainda o problema mais imediato para uma frac-

---

[2797] Nisso Nozick não está desacompanhado, até por filósofos políticos de fora da família libertária. Cfr. Maguain, D. (2002), 165-199.

[2798] Rosen, H.S. (2002), 148.

[2799] Antes que se pense que existe aqui *desalmada* indiferença ao problema da pobreza, pense-se que a ênfase na *eficiência* é essencialmente um esforço no sentido de que a sociedade não *empobreça* no seu combate à pobreza; que combata a pobreza *voluntariamente*, sem imposições externas, por forma a poder ao mesmo tempo prosseguir nesse combate e continuar a enriquecer, já que, como sabemos, as interferências nos incentivos tendem a desencadear inesperadas «avalanches» – aquele árbitro «rawlsiano» que anuncia "*não perderás demasiado*" não estará a anunciar a todos os jogadores, antes, "*não te esforces demasiado*"?

[2800] Christman, J. (1994); Rowley, C.K. (1993).

[2801] Roth, T.P. (1999), 95-109.

[2802] Para um violento ataque contra as convicções libertárias defensoras do «Estado mínimo» e opostas a todos os tipos de restrições à «liberdade negativa», incluindo os impostos, convicções que se consideram irrealistas e anti-sociais, e que se alega esconderem normalmente pretensões à protecção activa (e onerosa) do Estado, cfr. Holmes, S. & C.R. Sunstein (1999).

[2803] Kaun, D.E. (2002), 371-390.

[2804] Lester, J.C. (2000).

ção tão significativa da população mundial e em que, portanto, os frutos da emancipação se afiguram longínquos, é prematuro abrir-se mão das vantagens de coordenação que advém da tutela estadual da «justiça dos resultados».

– Aliás, num ambiente mais coeso como o é o da «sociedade da informação» e da *Internet* – dadas a barreira tecnológica de entrada e a radical *convencionalidade* reinante – é facilmente discernível, como já sublinhámos, a predominância de um arquétipo libertário, no termos do qual se aceita muito pouco as expressões de autoridade, as regras tradicionais, até as balizas dos direitos exclusivos de apropriação, e pululam arranjos contratuais e institucionais espontâneos e transitórios, dependentes do assentimento e conveniência dos destinatários e do dinamismo tecnológico que vá propiciando formas de resistir a todos os constrangimentos, ou de contorná-los e torná-los obsoletos, fazendo-os soçobrar «catastroficamente» às mãos de expressões individuais de criatividade que recorrem livremente ao «bem público» da informação: o que parece vir confirmar, ainda que apenas nesse «ambiente virtual», a velha intuição de Hayek, de que o «conhecimento distribuído» seria uma alavanca poderosa na destruição de todas as formas de organização autoritária[2805] – mesmo que, *pace* Hayek, isso se tenha feito à custa de alguma produtividade, como parece comprovar-se em termos econométricos[2806].

13 – d) O combate à pobreza

Se numa sociedade prevalecerem sentidos de justiça que, em maior ou menor grau, reclamem alguma coesão e nivelamento dos *resultados* económicos da repartição do rendimento, torna-se necessário ponderar que política ou conjunto de políticas podem ser adoptadas com esse objectivo em vista – ao menos, recordemo-lo, com o objectivo mínimo de fornecer uma «rede de segurança» que impeça que os cidadãos caiam para lá de certos extremos de pobreza, e que não só eles como a sociedade toda sejam vítimas das disfunções individuais e colectivas que tendem a acompanhar, como patologias características, as situações extensas e duradouras de exclusão económica e social.

A redistribuição de rendimentos pode seguir uma de três vias básicas:

1. a tributação do rendimento, seja progressiva seja proporcional, que tenha por objectivo discriminar entre ricos e pobres, seja no momento da oneração do contribuinte – prescindindo de receitas e admitindo «despesas fiscais» em nome de um objectivo redistributivo[2807] –, seja no momento da afectação das receitas;

2. o estabelecimento de medidas de combate directo à pobreza – seja a rede protectora da Segurança Social, seja a dos subsídios de desemprego e dos incentivos ao emprego, seja a dos rendimentos mínimos atribuídos em situações de carência manifesta;

3. a prestação de serviços subsidiados ou *em espécie* a favor dos pobres[2808].

Uma das soluções possíveis é, pois, a do estabelecimento de um rendimento mínimo («*basic income grant*», «*reddito di cittadinanza*», «*allocation universelle*»[2809]), seja suportado pelos dinheiros públicos, seja suportado pelo próprio mercado, através de uma política combinada de promoção do emprego e de estabelecimento de salários mínimos[2810]. Por outro lado, sublinhe-se o facto de os subsídios de desemprego e as medidas de promoção de emprego não terem por objectivo primordial o combate à pobreza – mas poderem servir indirectamente de resguardo contra o empobrecimento daqueles que, dependendo crucialmente dos rendimentos do seu trabalho por não disporem de um património gerador de outro tipo de rendimentos, podem ficar em situações desesperadas se se virem desempregados.

Observemos agora que o financiamento público de um subsídio garantido a todos aqueles cujo rendimento cai abaixo de um certo nível, ou não passa de uma medida hipócrita e de fachada por colocar o limiar muito baixo, abrangendo um número muito reduzido de situações extremas e resolvendo realmente muito pouco, ou então converte-se muito facilmente, seja num encargo pesadíssimo para as finanças públicas, repercutindo-se no agravamento da carga tributária e no correspondente alargamento da «*deadweight loss*», seja num desincentivo à iniciativa e à mobilidade económica das classes

---

[2805] Hayek, F.A. (1945), 519-530; Foss, N.J. (2002), 9-35.

[2806] Hubbard, T.N. (2003), 1328ss..

[2807] Martins, G.W.d'O. (2004), 115ss.. É em todo o caso discutível o bem-fundado dessa noção de «*Despesa Fiscal*», já ela subentende que todo o rendimento é virtualmente propriedade do Estado, que dele excepcionalmente «abre mão» através dessa «despesa fiscal» – um entendimento inteiramente repudiado pela abordagem libertária. Cfr. Rosen, H.S. (2002), 353-354.

[2808] Sobre os processos financeiros de redistribuição, cfr. Franco, A.L.S. (2002), II, 304ss.

[2809] Atkinson, A.B. (1995); Putterman, L., J.E. Roemer & J. Silvestre (1998), 874ss.; Van Parijs, P. (org.) (1992); Van Parijs, P. (1995).

[2810] Vimos já que tipo de perversão acompanha necessariamente o estabelecimento de salários mínimos acima dos salários de equilíbrio, o qual causa directamente, seja desemprego, e em especial desemprego que afecta os jovens que buscam a sua primeira colocação, seja emprego clandestino remunerado abaixo dos níveis de equilíbrio.

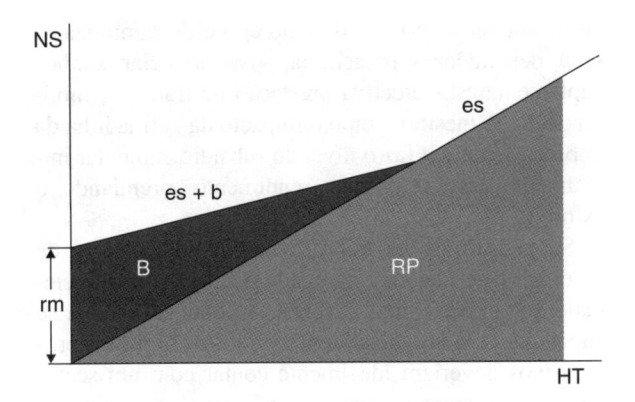

Gráfico 13.5. *O típico esquema redistributivo*

NS: nível salarial
HT: horas de trabalho
RP: rendimento pessoal
B: benefício
rm: rendimento mínimo (= benefício máximo)
es: escala salarial
es+b: escala salarial+benefício

mais desfavorecidas, podendo criar uma dependência do subsídio, no limite da qual se encontrará a «armadilha da pobreza» de que falaremos a seguir.

Um modo de traçar uma via intermédia recorre a dois expedientes:

– pelo primeiro, concede-se subsídios, não directamente em função do baixo rendimento dos potenciais beneficiados, mas em função da conjugação dessa circunstância com qualquer outra que possa ser objectivamente apreciada – número de dependentes no núcleo familiar, grau de deficiência –, para minimizar situações de pura indolência parasitária;

– pelo segundo, reduz-se tanto quanto possível, no montante e na duração, a componente monetária dos subsídios em favor das transferências *em espécie*, bens e serviços gratuitamente fornecidos aos pobres, ou a atribuição de meios de pagamento de circulação restrita – senhas para alimentação, «*vouchers*» para a educação, etc. –, o que, se reduz a liberdade de escolha dos mais pobres, fornecendo-lhes pouca liquidez monetária, e dando-lhes em troca bens e serviços públicos que nem sempre primam pela eficiência e pela qualidade (o que também pode ser justificado como um factor dissuasor do prolongamento das situações de dependência e como forma de combate a hábitos de consumo que pedagogicamente se pretenda erradicar nas classes mais pobres), em contrapartida permite afastar mais eficientemente aqueles que, estando acima do limiar de pobreza, procurariam disfarçar-se de pobres para receberem um simples complemento monetário do seu rendimento, ou para recuperarem uma parte dos impostos pagos para suporte financeiro das medidas de combate à pobreza –.

Outra solução que tem sido advogada tendo em vista mitigar as situações extremas de pobreza é a da técnica do imposto negativo sobre o rendimento, que consistiria no alastrar da ideia de progressividade das taxas de imposto à própria abordagem do problema da pobreza – uma proposta inicialmente atribuível a Milton Friedman[2811], e depois frequentemente retomada[2812]. Todos os indivíduos seriam formalmente tributados, não havendo isenção de um «mínimo de existência»[2813]; contudo, a todos seria concedido um «crédito de imposto» que, deduzido do imposto devido, materialmente corresponderia à atribuição de uma transferência, de um subsídio às classes de rendimento mais pobres, permitindo do mesmo passo assegurar uma transição suave de situações de benefício para situações de oneração tributária – o que no limite permitiria encarar a eliminação da «armadilha da pobreza», assegurando uma transição o mais suave possível das situações de não-tributação para as situações tributadas, através de incrementos diminutos. Afinal, esse crédito de imposto não seria mais do que um rendimento mínimo garantido, acima do qual todo o rendimento seria tributado à mesma taxa marginal.

Vejamos um exemplo de imposto negativo – com valores mensais, por exemplo em Euros:

Rendimento Bruto (1)	Imposto (taxa 40%) (2)	Benefício (3)	Imposto – Benefício (4 = 2 – 3)	Rendimento Líquido (5 = 1 – 4)
100	40	500	-460	560
400	160	500	-340	740
1200	480	500	-20	1220
2000	800	500	300	1700
6400	2560	500	2060	4340

[2811] Friedman, M. (1962).
[2812] Lampman, R. (1965), 521-529; Tobin, J. (1966), 878-898; Tobin, J., J. Pechman & P. Mieszkowski (1967), 1-27.
[2813] Expressão complexa que abrangerá não apenas a quota-parte que a cada um caiba na repartição mas também os benefícios e transferên-

A redistribuição operada alcança, com os valores que escolhemos, um grau apreciável de nivelamento e de coesão: antes do imposto, os mais ricos obtinham 64 vezes mais rendimento *bruto* do que os pobres; depois do imposto, ficam com aproximadamente 8 vezes o rendimento *líquido* dos mais pobres.

Note-se que, neste sistema, os mais pobres receberiam um benefício tributário, o próprio imposto negativo, independentemente da demonstração das suas necessidades reais ou da associação da sua situação de carência a uma qualquer causa autónoma – o que deixaria este sistema vulnerável a situações de parasitismo indolente, situações de injustiça na redistribuição. Por isso tem sido proposto um sistema misto que só operaria permanentemente para os mais pobres *que trabalhem* (com a óbvia exclusão do regime especial para deficientes), e se aplicaria apenas transitoriamente àqueles que estão fora do mercado de trabalho, e que consistiria na atribuição de um subsídio de complemento aos salários mais baixos, calculado como uma percentagem desses salários (o «*earned income tax credit*»[2814]) – solução que teria ao menos a vantagem

de incentivar a procura de emprego e de minimizar a pura dependência parasitária, visto associar ganhos suplementares à efectiva prestação de trabalho, minimizando ao mesmo tempo o impacto da «armadilha da pobreza» (porque faz o nível do subsídio aumentar inicialmente com o próprio rendimento, premiando o esforço)[2815].

Se pensarmos na pobreza como uma espécie de externalidade negativa agregada dentro de uma sociedade que experimenta «aversão à pobreza» (o que se supõe que seja universal), então todos os impostos progressivos deveriam idealmente contar com um sector de taxas marginais negativas aplicáveis aos mais baixos rendimentos[2817], uma espécie de «subsídio pigouviano» destinado a prevenir a formação da externalidade negativa[2818]. Em termos económicos, o imposto negativo equivale à garantia de um rendimento mínimo (sobretudo quando este último é assegurado através de um crédito de imposto)[2819].

Recapitulando, o imposto negativo é uma espécie de crédito do contribuinte, de benefício que se vai reduzindo à medida que sobe o rendimento tributável; trata-

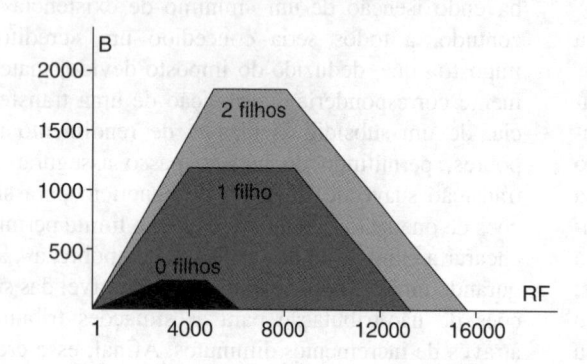 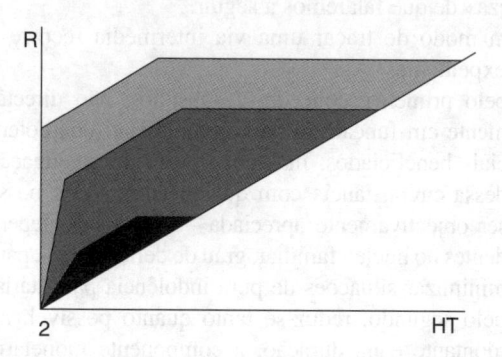

Gráfico 13.6

1: Um esquema possível de imposto negativo[2816]   RF: rendimento familiar
2: Aplicação ao rendimento horário   R: rendimento
B: benefício   HT: horas de trabalho

---

cias que, em substituição ou complemento dessa quota-parte, permitam alcançar-se um nível de rendimento disponível que se entenda minimamente condigno, minimamente «integrador» no jogo das trocas.

[2814] Trata-se de uma devolução do imposto pago pelos trabalhadores de mais baixos rendimentos, não contabilizada para efeitos das estatísticas da pobreza – calculando-se que ele seja largamente responsável pelo declínio de 40% na pobreza infantil nos Estados Unidos, entre 1993 e 1998. Cfr. ERP (2000), 185; Blank, R.M. (2002), 1105-1106; Rosen, H.S. (2002), 166ss..

[2815] ERP (1998), 33.

[2816] Adaptado do «*Earned Income Tax Credit*» apresentado em: ERP (1999), 115; ERP (2001), 199; ERP (2003), 118-119. Vale a pena fazer uma referência também ao «*Working Family Tax Credit*», em vigor no Reino Unido desde 1999. Cfr. Moffitt, R.A. (2003), 132.

[2817] Ou, em termos de eficiência, aplicáveis aos indivíduos menos capazes de gerarem um rendimento.

[2818] Wane, W. (2001), 271-299.

[2819] Van der Veen, R. & L. Groot (2000).

se de atenuar a armadilha de pobreza que resultaria de uma tributação marginal igual ou superior a 100%, correspondente ao efeito combinado da tributação «positiva» com a perda de subsídios de pobreza – uma armadilha que desincentivaria todo o esforço produtivo, já que a este não corresponderia uma remuneração marginal líquida.

Em síntese, trata-se, com expedientes tributários deste género, de atenuar o ritmo de retirada dos subsídios de pobreza, de forma a nunca se perder o incentivo marginal ao aumento de rendimento[2820]. Embora nunca se tenha adoptado um imposto negativo puro, a ideia explica muita da presente atenuação de incidência de impostos ditada por razões de eficiência, de compatibilização com os incentivos ao trabalho e à produtividade – culminando na adopção, em vasta escala, de soluções como a do «*Earned Income Tax Credit*».

Se, com as mesmas premissas, nos deslocarmos para a matriz teórica da «tributação óptima»[2821/2822], chegaremos à concepção de uma tributação não-linear do rendimento combinada com uma tributação negativa «*lump-sum*», ou seja à solução do rendimento mínimo garantido[2823].

13 – d) – i) A armadilha da pobreza

A «armadilha da pobreza» designa o efeito combinado de início de tributação e de fim de subsídio que recai sobre aquele que pretende ultrapassar o limiar de pobreza, efeito combinado de que pode resultar uma oneração marginal dos seus rendimentos superior a 100%, deixando mais pobre ainda aquele que se encontra nesse ponto de transição, rechaçando os seus esforços para se libertar da pobreza (ou pelo menos para fazê-lo no mercado «oficial»)[2824].

A presença desta «armadilha» complica grandemente as soluções que possam conceber-se para resolver com puros *incentivos económicos* esta questão social: é que, se porventura se chega a soluções puramente niveladoras junto ao limiar de pobreza, isto é, se não se discrimina entre graus de pobreza e se garante indiscriminadamente um rendimento mínimo a todos aqueles que estão abaixo do limiar de pobreza, isso constitui um incentivo *directo* e imediato ao abandono de todos os empregos que sejam remunerados abaixo desse limiar.

– Se, por exemplo, o governo pretender assegurar um rendimento mínimo de 500 Euros e atribuir a cada pessoa que ganhe menos do que isso um subsídio igual à diferença de valores, um trabalhador que seja remunerado com 350 Euros, e receba 150 Euros de subsídio, fica a saber que cada aumento marginal de um Euro na sua remuneração será penalizada pela perda de subsídio, também no valor de um Euro – o que equivale a uma tributação à taxa marginal de 100%, com a mais extensa «*deadweight loss*» que é possível conceber –.

– Se a isso acrescentarmos o efeito combinado da perda de benefícios cumulativamente atribuídos aos mais pobres, teremos taxas marginais superiores aos 100%, fazendo com que aqueles que sobem em direcção ao limiar de pobreza acabem por ficar com tanto menos rendimento líquido quanto maior é o seu rendimento bruto.

– Em contrapartida, como cada redução salarial é premiada com um ganho de subsídio de montante correspondente, o montante salarial torna-se indiferente para o trabalhador, e o incentivo ao esforço e à produtividade que se continha na expectativa de aumentos salariais perde-se completamente – ao menos enquanto no horizonte de expectativas do trabalhador não surgirem aumentos que transportem o seu rendimento *efectivo* muito para cima dos 500 Euros.

– Bem vistas as coisas, para quê trabalhar, se mesmo sem fazermos nada nos está garantido um rendimento total superior àquele com o qual seríamos remunerados pelo nosso trabalho?

Esta «armadilha» é especialmente grave na medida em que tende a perpetuar-se: o pobre que se exclui do mercado de trabalho para viver na dependência do subsídio vai perdendo, com o alongamento da sua situação de desemprego, a sua capacidade de reintegração no mercado, ligada como esta está ao investimento em capital humano que tem a ver com acumulação curricular de experiência profissional e de hábitos de trabalho (a existência de interrupções no emprego é um dos factores de desvalorização na avaliação do capital humano individual) – isto para não falar já nos efeitos que a indolência e a exclusão social podem ter na educação do núcleo familiar, no legado de «capital humano».

E parece com efeito que a persistência da pobreza se deve em boa medida a oscilações em torno do limiar da

---

[2820] Moffitt, R.A. (2003), 119ss..

[2821] Mirrlees, J.A. (1971), 175-208.

[2822] Há que utilizar com cautela o conceito, e pressupostos de análise, da tributação «óptima», já que ela tem por vezes levado a conclusões surpreendentes, como a de que a taxa marginal de tributação dos rendimentos mais elevados deveria tender para o *zero*! Cfr. Phelps, E.S. (1973), 331-354; Seade, J.K. (1977), 203-235.

[2823] Moffitt, R.A. (2003), 128ss..

[2824] Schneider, F. & D.H. Enste (2000), 86.

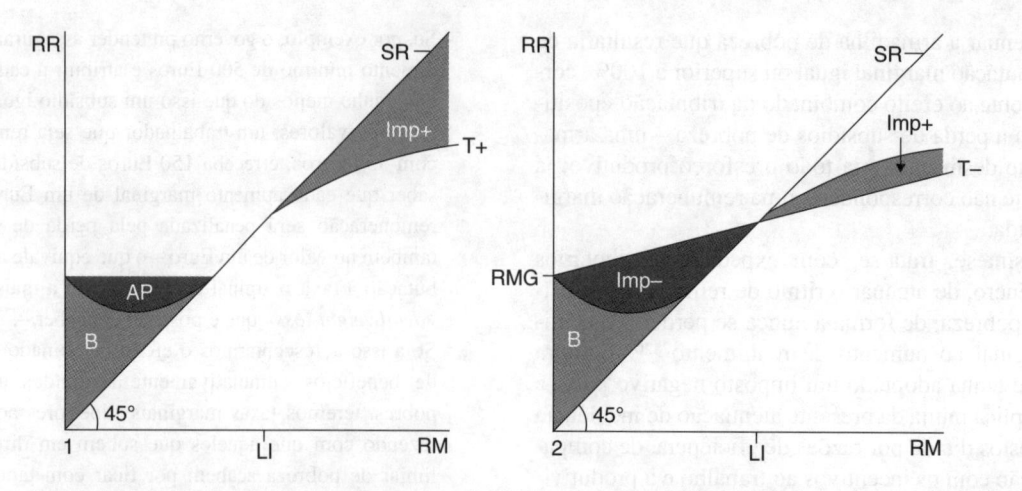

Gráfico 13.7. *O efeito do imposto negativo sobre o rendimento*

1: esquema redistributivo clássico (curva T+)
2: imposto negativo sobre o rendimento (curva T-)
RM: repartição espontânea (de mercado)
RR: rendimento resultante da redistribuição
SR: resultado da não-redistribuição (linha de 45°)
B: benefícios

Imp+: carga tributária
Imp-: imposto negativo
LI: limiar de incidência (rendimento acima do
qual começa a pagar-se imposto)
AP: armadilha da pobreza
RMG: rendimento mínimo garantido

pobreza causadas pela referida «armadilha», verificando-se a tendência para muitas famílias que acabam de ultrapassar o limiar de pobreza voltarem a cair novamente na pobreza, frustrando os seus próprios projectos de mobilidade ascendente[2825]. Em abono da verdade, refira-se contudo que a «armadilha da pobreza» não tem apenas raízes na combinação de tributação e subsídios, sendo obviamente atribuível também ao «racionamento de crédito» que, por razões de selecção adversa, atingem muito especialmente os mais pobres (fazendo-lhes perder poder negocial nesse mercado do crédito, e retirando-lhes portanto qualquer incentivo *racional* para pouparem)[2826].

Como evitar essa armadilha da pobreza? Estabelecendo, por um lado, um contínuo de tributação suave e não-confiscatória – que não onere com taxas marginais de 100% ou mais o ponto de saída da pobreza – ao longo de todo o espectro de rendimentos possíveis, como o faz o imposto negativo; e, por outro lado, recorrendo a formas de auxílio aos pobres mais decalcadas das tradicionais práticas caritativas, ou seja, mais presas ao socorro de manifestações parcelares e inequívocas de pobreza do que ao apuramento de um nível de rendimento total do qual se faça depender o montante dos subsídios a atribuir.

Mas a solução continua a não ser fácil: aliviar a armadilha da pobreza implica a suavização do tributo que marginalmente incide sobre o rendimento dos mais pobres, mas isso significa necessariamente o alargamento do benefício a mais famílias, e consequentemente um agravamento do peso da redistribuição sobre os contribuintes líquidos, ou seja, sobre aqueles que pagam mais imposto do que aquilo que recebem de subsídio. Entre a oneração dos pobres e a oneração de todos, tem que existir um ponto intermédio, um ponto de compromisso – de novo, o compromisso entre justiça e eficiência, um ponto em que a rectificação dos resultados do mercado não destrua os benefícios advindos do funcionamento livre desse mercado, em que a tributação do sucesso e o apoio ao insucesso não se convertam num desincentivo permanente à busca de sucesso económico, uma busca de sucesso da qual beneficiam todos os envolvidos nas trocas de mercado.

Além disso, não podemos perder de vista o específico melindre que envolve a legitimação de quaisquer soluções fiscais – sendo de esperar-se que o apoio democrático a um simples esquema de imposto negativo dependa crucialmente da sua coexistência com outros programas sociais: por exemplo, não é plausível que haja grande entusiasmo com o imposto negativo se

---

[2825] Veja-se a comprovação estatística para o caso espanhol, em: Cantó, O. (2002), 1903-1916.
[2826] Mookherjee, D. & D. Ray (2002), 818; Loury, G.C. (1981), 843-867.

forem já elevados o níveis de despesa pública, ou especificamente as transferências a favor dos pobres[2827].

E por fim, se nem tudo é atribuível à configuração fiscal, vencer a «armadilha da pobreza» significará muitas vezes interferir-se com algumas instituições que se manifestam no mercado e que nele determinam o racionamento de crédito, a perda de poder negocial, o desincentivo para poupar – mas como garantir que se vence a selecção adversa? segmentando os pobres por classes de risco? mas de acordo com que critérios? com critérios de prosperidade relativa – gerando uma nova selecção adversa, colocando na mediana dessa segmentação uma nova «armadilha»? O problema não é simples, mas *tem que ser* enfrentado[2828].

13 – d) – ii) A opção das transferências em espécie

As transferências para os mais desfavorecidos são a forma mais directa, e porventura uma das mais eficientes, de proceder a redistribuições, na medida em que, com um mínimo de eficiência, assentem numa determinação prévia do rendimento dos beneficiários e variem na razão inversa do valor desse rendimento[2829]. Trata-se, por exemplo, da prestação de serviços de apoio social, da entrega de habitação social aos mais pobres, do fornecimento de serviços gratuitos de educação, de saúde, etc..

Essas transferências «em espécie» a favor dos mais pobres podem suscitar, contudo, vários problemas, a começar pelo já referido problema relativo à demarcação do conjunto dos verdadeiramente necessitados, à exclusão daqueles que, podendo pagar os mesmos serviços, tentam disfarçar os seus rendimentos por forma a poderem «ir à boleia» dos serviços gratuitos – problema de «triagem»[2830] que pode ser mitigado, com alguma perversão decerto, através de uma deterioração da qualidade dos serviços, afastando os mais ricos através da elasticidade-rendimento que estes evidenciem, ou através de uma diminuição na celeridade dos serviços, jogando no maior custo de oportunidade que a perda de tempo tem para aqueles que recebem rendimentos mais elevados[2831]. Por comparação com os pagamentos monetários, as transferências em espécie têm, apesar disso, duas vantagens inequívocas: a) diminuem a frau-de; b) beneficiam os produtores dos bens e serviços que são fornecidos gratuitamente aos mais pobres[2832].

– Em termos de pura optimização, as transferências em espécie deverão ser inferiores ou superiores aos subsídios monetários em função das preferências (das curvas de indiferença) dos beneficiários, pelo que o cômputo global só pode ser determinado numa base empírica, econométrica: por exemplo, já se concluiu que o fornecimento de habitação gratuita é valorizada pelos beneficiários em apenas 90% do equivalente em dinheiro.

– Por outro lado, a substituição de géneros por dinheiro tende a diminuir o consumo desses géneros – e por isso, se o consumo desses géneros for entendido como benéfico, teríamos aqui uma razão para se subsidiar esse consumo[2833].

Há também problemas de incentivos que podem gerar-se com essas transferências em espécie, seja a perda da motivação de trabalhar resultante do acesso a serviços gratuitos, seja a irresponsabilização social e a perda de utilidade decorrentes da habituação à gratuitidade dos serviços, sejam ainda a estigmatização e a discriminação que possam acompanhar o acesso aos serviços sociais, ou a habitação em bairros sociais transformados em «guetos».

O próprio Amartya Sen, refira-se, tem manifestado a sua preferência pelas transferências monetárias, sobretudo quando se trata de combater a fome, dado entender que as transferências em espécie tendem a ser um mero paliativo temporário (mormente para os produtores preteridos pela distribuição directa dos bens e serviços), enquanto que a injecção de moeda *através do mercado* incentiva os produtores a fazerem os investimentos de longo prazo que são susceptíveis de assegurarem melhorias com carácter mais permanente, assegurando a expansão da oferta (sem sequer haver receio de que a injecção monetária provoque inflação, visto Amartya Sen entender que isso não é mau em si mesmo, na medida em que permita transferir recursos alimentares dos consumidores mais intensivos, e a favor dos mais carenciados)[2834].

Também se suscita aqui um problema mais genérico e mais grave, que respeita à liberdade e à dignidade dos

---

[2827] Neill, J.R. (2001), 747-757.

[2828] Mookherjee, D. & D. Ray (2002), 835.

[2829] Santos, J.C. (1993), 286ss..

[2830] Anderberg, D. (2001), 41-61.

[2831] O problema pode ser esclarecido, em termos de teoria dos jogos, por recurso à noção de «bens públicos de elo mais fraco» («*weakest-link public goods*»). Cfr. Vicary, S. & T. Sandler (2002), 1501-1520.

[2832] Rosen, H.S. (2002), 153.

[2833] Quanto à alimentação, cfr. Fraker, T.M., A.P. Martini & J.C. Ohls (1995), 633-649.

[2834] Sen, A.K. (1981); Drèze, J. & A.K. Sen (1989).

destinatários dessas transferências em espécie: é que, se por um lado é compreensível, até certo ponto, o paternalismo com que se demonstra desvelo pelos mais pobres, em contrapartida esse paternalismo é degradante da liberdade económica dos pobres, que deveria manifestar-se através de genuínas escolhas realizadas no mercado – quando não se dá mesmo o caso de tal paternalismo ser estigmatizador e contraproducente, contribuindo para agravar a exclusão dos potenciais beneficiários.

Escolher em nome dos pobres – em vez deles –, o que eles devem comer, o que devem vestir, onde devem habitar, onde devem receber educação e cuidados de saúde, não é verdadeiramente ajudá-los a reintegrarem-se num contexto social e económico *normal*. Não é por acaso que as sociedades mais evoluídas reagem com tanta aversão a formas de remuneração em espécie, que não conferem ao remunerado a possibilidade de exprimir, pelo livre uso de um instrumento geral de trocas, as suas necessidades, tais como o próprio indivíduo autonomamente, emancipadamente, as experimenta – é que essas formas de remuneração em espécie são sombriamente evocativas dos regimes económicos da servidão e da escravatura[2835] – o que em parte pode explicar o facto de a participação de potenciais beneficiários em programas de ajuda ser por vezes surpreendentemente baixa, porque os ganhos não superam a «barreira da estigmatização»[2836].

13 – d) – iii) A questão da segurança social

Outra forma de transferência de rendimentos a que já aludimos é a segurança social, com a diferença de que nela os beneficiários não são discriminados em função dos seus rendimentos, embora possam sê-lo em função do volume das suas contribuições para o sistema[2837]. A segurança social funciona como um mecanismo de mutualidade de seguros[2838], em que cada um contribui para segurar os outros e para ser segurado por eles – ou mais propriamente, a população activa e contribuinte financia aqueles que deixaram de poder obter rendimentos do trabalho, o que por vezes pode ser analisado em termos de transferências entre gerações, em termos de gestão intergeracional do risco[2839] –.

Esse sistema de segurança social defronta-se com problemas graves de sustentabilidade em sociedades em que o envelhecimento populacional, o efeito conjunto de baixa fertilidade e do aumento das expectativas de vida, agravados pela antecipação das idades de reforma, fazem com que a proporção entre contribuintes e beneficiários da segurança social vá evoluindo muito rapidamente, no sentido do aumento da carga financeira por contribuinte[2840], embora existam alguns factores de atenuação[2841].

Há mesmo quem fale, a este propósito, de «suicídio colectivo» das sociedades que se deixam tão rapidamente envelhecer[2842]. Mesmo no caso norte-americano, que não é tão grave como o europeu, a chegada dos «baby boomers» à fasquia dos 65 anos vai determinar que a população norte-americana acima dessa idade mais do que duplique até 2040[2843], levando a empregar mais de 1/3 do PIB em serviços de saúde[2844], ainda que o peso seja atenuado com a previsível compressão da morbilidade nos últimos anos de vida[2845]: mas a simples projecção da tendência actual, *ceteris paribus*, permite antever a falência da Segurança Social norte-americana em 2070[2846].

[2835] A servidão e a escravidão não são, infelizmente, puros fenómenos históricos, e têm formas de manifestação muito subtis e diversificadas. Cfr. Drescher, S. (2002).

[2836] Havendo também a considerar os efeitos da falta de informação e dos custos de transacção. Cfr. Andrade, C. (2002), 294-333.

[2837] Dornbusch, R., S. Fischer & R. Startz (2004), 487-490; Cabral, N.C. (2001).

[2838] Uma forma politicamente sancionada e estruturada, que tem paralelos com muitas formas históricas de mutualidade, de que os exemplos mais pitorescos serão porventura as tradicionais «tontinas» e «roscas». Cfr. Anderson, S. & J. Baland (2002), 963-995; Ardener, S. & S. Burman (orgs.) (1995); Mayoukou, C. (1994).

[2839] Shiller, R.J. (1999), 165-204; Shiller, R.J. (2003b); Shiller, R.J. (2003c), 343ss..

[2840] ERP (2002), 73.

[2841] Com o envelhecimento da população, aumenta o número de dependentes com mais de 65 anos, mas reduz-se o número de dependentes com menos de 18 anos, sendo que o peso sobre a população activa é determinado por essa «*ratio* de dependência» que abarca *ao mesmo tempo* a população jovem e idosa – uma *ratio* que poderia, assim, manter-se aproximadamente inalterada. Contudo, a nível europeu a taxa de dependência *dos idosos* evoluirá de 37% em 1995 para 47% em 2015 e para 67% em 2035 – o que provocará, entre 1995 e 2040, uma subida das pensões de 8,9% para 13,6% do PIB total dos países europeus, um movimento de uma amplitude que dificilmente será (e espera-se que não seja) compensado por novas quebras de natalidade. Cfr. Folbre, N. & J.A. Nelson (2000), 124; Raffelhüschen, B. (1999), 167.

[2842] Drucker, P.F. (1997), 20.

[2843] Lee, R.D. & J. Skinner (1999), 117ss.; Lee, R.D. & L. Carter (1992), 659-671; Lee, R.D. & S. Tuljapurkar (1994), 1175-1189.

[2844] Burner, S.T., D.R. Waldo & D.R. McKusick (1992), 1-29; Shoven, J., M.D. Topper & D. Wise (1994); Warshawsky, M.J. (1994), 293-313.

[2845] Lubitz, J., J. Beebe & C. Baker (1995), 999-1003; Manton, K., L. Corder & E. Stallard (1997), 2593-2598; Wiener, J.M., L.H. Illston & R.J. Hanley (1994).

[2846] Lee, R.D. & S. Tuljapurkar (1997), 67-81; Lee, R.D. & S. Tuljapurkar (1998), 237-241; Lee, R.D. & S. Tuljapurkar (1998b).

Por extrapolação das tendências de evolução demográfica e de produtividade, prevê-se que o actual sistema de segurança social prevalecente na Europa comunitária levará a um agravamento dos descontos médios de 16% para 27% nos próximos 50 anos, com todos os decorrentes efeitos de desincentivo à geração de riqueza (e que já conhecemos)[2847], e ainda outros, como o desincentivo à poupança (por redução dos salários líquidos) ou o aumento da clivagem entre ganhos salariais dos trabalhadores e encargos das empresas com os trabalhadores (distorcendo o mercado de trabalho e retraindo oferta e procura, gerando «*deadweight losses*», etc.).

Por isso, o sistema actualmente dominante, de baixa capitalização e encaminhamento dos descontos directamente para o pagamento dos beneficiários (o sistema «*pay-as-you-go*», de pura circulação de fundos sem capitalização) tem vindo a ser substituído por sistemas de pré-financiamento e elevada capitalização, nos quais os futuros beneficiários são incentivados a constituírem os próprios fundos de que se alimentarão as suas reformas (ou ao menos os seus «complementos de reforma»)[2848], o que permite alimentar a esperança de que, quando no futuro essa capitalização estiver completa, a oneração da população activa com o sustento financeiro da população reformada esteja drasticamente diminuído (ou no limite eliminado, ao menos quanto aos reformados que tenham uma duração de vida correspondente à sua expectativa de vida).

– É que, como terá ficado já claro, a chegada de uma geração especialmente numerosa à idade da reforma sobrecarregará naturalmente qualquer sistema de «*pay-as-you-go*», tornando mais aliciante o sistema da capitalização, e especialmente, dada a aversão ao risco e a incerteza quanto à longevidade em casos individuais, um sistema de pensões vitalícias sustentado pelo cálculo actuarial da expectativa média de vida[2849] – restando saber, neste caso, se assimetrias informativas, oportunismos e falhas de coordenação não inviabilizam um mercado privado de capitalização dessas pensões de reforma, tornando desejável, quiçá inevitável, a respectiva provisão pública[2850].

– A evolução da segurança social, partindo de um sistema de «*pay-as-you-go*» para um sistema «*fully funded*» (passando por uma fase «*partially funded*»[2851]), apesar de tida hoje como praticamente inevitável na maior parte dos países mais desenvolvidos[2852], pode suscitar diversos problemas, que vão desde o aumento de risco conexo com as opções de investimento dos fundos que passam a sustentar o sistema – dados, por exemplo, os limites da diversificação das carteiras de títulos –, até ao impacto que essas «super-poupanças» institucionais têm sobre os níveis gerais de aforro voluntário[2853].

Todavia, a elevada capitalização, para ser rentável, expõe esses planos de poupança a riscos elevados (os riscos associados por um mercado eficiente ao próprio nível de remuneração, e os riscos de um choque inflacionista), ainda que a gestão desses riscos possa ser optimizada pelos fundos de investimento a que seja cometida a sustentação desses planos de poupança (os «fundos de pensões»), razão pela qual muitas das propostas de reforma têm apontado para soluções mistas, de combinação de capitalização com «*pay-as-you-go*», por forma a desligar parcialmente as transferências inter-geracionais das vicissitudes do mercado financeiro[2854], e ainda para soluções de privatização do «*pay-as-you-go*» que não requerem a intensificação da poupança ou a participação do Estado[2855], ou para soluções de indemnização por reforma antecipada que permitam (por exemplo através da participação em fundos de pensões[2856]) a constituição instantânea de um capital para complemento de reforma[2857].

[2847] Lindbeck, A. & M. Persson (2003), 74.

[2848] Não podemos esquecer que a segurança social envolve os cálculos actuariais próprios da actividade seguradora, dependendo a sua solvência do confronto de valores como o do total de rendimento esperado por trabalhador contribuinte e da expectativa de vida dos actuais beneficiários. Cfr. Rettenmaier, A.J. & T.R. Saving (2000).

[2849] Friedman, B. & M. Warshawsky (1988), 53-77; Friedman, B. & M. Warshawsky (1990), 135-154; Mitchell, O.S., J.M. Poterba, M.J. Warshawsky & J.R. Brown (1999), 1299ss..

[2850] Abel, A.B. (1986), 1079-1097; Diamond, P.A. (1977), 275-298; Warshawsky, M.J. (1997), 66-76.

[2851] Rosen, H.S. (2002), 181.

[2852] Gramlich, E.M. (1998), 6.

[2853] Diamond, P.A. & J. Geanakoplos (2003), 1047ss..

[2854] Feldstein, M. & E. Ranguelova (1998); Feldstein, M. & E. Ranguelova (2001), 1116.

[2855] Não pode esquecer-se que os regimes são desigualmente pesados em termos de política orçamental deficitária, pelo que a moderna insistência macroeconómica no equilíbrio orçamental limita as opções públicas quanto à segurança social e aumenta a urgência da reforma do sistema. Com ilustrações para o caso italiano, cfr. Forni, L. & R. Giordano (2001), 487-526.

[2856] Shiller, R.J. (2003c), 343ss..

[2857] Cesaratto, S. (2001), 33-81.

13 – d) – iv) Reforma e «contabilidade geracional»

As opções de reforma neste domínio estão condicionadas por uma multidão de variáveis que seria fastidioso referirmos sequer, mas que se prendem com aspectos tão óbvios como a incerteza dos salários, a relação entre taxas de juro e taxas de desconto, a susceptibilidade de variar a idade da reforma (assunto politicamente melindroso[2858]), a opção por sistemas de financiamento e a ponderação de riscos, e como dissemos a magna questão da sustentabilidade do sistema (a sua susceptibilidade de perdurar financeiramente viável no futuro)[2859], questão que tem apontado para a generalização de sistemas obrigatórios de segurança social[2860].

O sistema «pay-as-you-go», sem capitalização, visou inicialmente facilitar a distribuição do risco agregado entre gerações[2861], atribuindo aos reformados um «direito» sobre os salários correntes da população activa[2862] – sobretudo no contexto histórico da crise dos anos 30 do século XX, em que o grave empobrecimento médio de uma geração tornava necessária a formação de um Estado-previdência mas não havia perspectiva de constituição de fundos capazes de sustentar, por capitalização, os trabalhadores idosos e empobrecidos[2863]. Nesse momento, a urgência da medida não permitia ponderar os seus efeitos negativos na futura acumulação de capital e na formação do «rendimento permanente»[2864], e desde então o sistema subsistiu, como uma espécie de «seguro ficcional», até ao mais recente «choque demográfico» que o progressivo envelhecimento populacional nele provocou[2865] – tornando claro que no sistema «pay-as-you-go» o equilíbrio depende da igualdade corrente entre receitas e custos, sendo o incremento muito mais rápido nos custos do que nas receitas que tem causado os mais graves problemas[2866].

Num momento em que se debate com tanta vivacidade a reforma da segurança social, há que ponderar os seus efeitos dinâmicos na decisão de reforma de cada trabalhador. Para uns, as pensões de reforma excedem em muito aquilo que resultaria dos juros da capitalização que conseguiriam através da poupança voluntária, pelo que para esses o incentivo será o de anteciparem ao máximo o momento da passagem à reforma (o que pode ser contrariado, para as pessoas com elevada expectativa de vida, com uma escala ascendente de benefícios correspondente à decisão de protrair a passagem à reforma); para os outros, a segurança social é um puro desincentivo, um peso morto na sua propensão para a poupança, um desvio de recursos que disponibilizariam espontaneamente para mais elevados índices de capitalização – sendo que, se lhes fosse dado furtarem-se à imperatividade do regime, de bom grado o fariam, desencadeando efeitos de selecção adversa no «seguro colectivo»[2867].

Qualquer que seja o rumo da reforma, temos pois que haverá sempre um movimento procurando contrariar-lhe o sentido e os efeitos: aqueles que procurarão baixar a idade da passagem à reforma, aqueles que procurarão fugir dos descontos obrigatórios, em ambos os casos sobrecarregando ainda mais o sistema – ameaçando um colapso «em espiral»[2868].

Por isso, no meio do entusiasmo com a privatização da segurança social, valerá a pena pensar nas razões básicas que determinaram a imperatividade e o carácter público do sistema: a prevenção contra a «boleia» parasitária de cada um sobre o altruísmo alheio (que geraria um impasse de descoordenação[2869]), e a tutela paternalista contra a «miopia» de taxas de desconto demasiado elevadas, ou baixas mas «hiperbólicas», que levariam à sub-poupança e deixariam as pessoas

---

[2858] Boeri, T., A. Boersch-Supan & G. Tabellini (2002), 396.

[2859] Aubin, J.-P., N. Bonneuil, F. Maurin & P. Saint-Pierre (2001), 555-571.

[2860] Ao menos para evitar a erosão através da selecção adversa. Sustentando que os efeitos da selecção adversa podem não ser tão amplos e podem ser eficientemente contrariados por obtenção de informação por seguradoras privadas, cfr. Hendel, I. & A. Lizzeri (2000).

[2861] A validade dos modelos de segurança social é eminentemente cíclica. Como ficou referido, se pensarmos na segurança social em termos de um modelo de sucessão de gerações, então o sistema de capitalização tende a desfavorecer a geração mais numerosa (por onerá-la com um volume de poupança que ultrapassa, em termos de sacrifício de rendimento corrente, aquilo que ela teria que suportar num «pay-as-you-go» a favor de uma geração menos numerosa). No caso de uma explosão demográfica, a geração dela resultante ganhará de imediato com o sistema de «pay-as-you-go», sucedendo o contrário em caso de envelhecimento – caso em que o sistema de capitalização passa a beneficiar as gerações mais jovens e menos numerosas. Cfr. Artus, P. (2002), 809-823.

[2862] Krueger, D. & F. Kubler (2002), 407.

[2863] Ao mesmo tempo em que, pela primeira vez, os idosos deixavam de contar maioritariamente com o apoio de famílias amplas que os sustentassem até à morte. Cfr. ERP (2002), 65-67.

[2864] Krueger, D. & F. Kubler (2002), 409-410.

[2865] Cesaratto, S. (2002), 149-177.

[2866] ERP (2004), 131.

[2867] Aqui há a distinguir o "wealth substitution effect" (poupa-se menos porque se sabe que há um rendimento garantido no futuro), o "retirement effect" (antecipa-se a reforma, dada a presença do rendimento garantido), e o "bequest effect" (poupa-se mais para legar aos descendentes, ajudando-os a sustentar o «pay-as-you-go» futuro). Cfr. Rosen, H.S. (2002), 188-189.

[2868] ERP (2002), 78.

[2869] Kotlikoff, L.J. (1989), 184-190.

num estado de pobreza quando chegassem à velhice. Num ambiente com elevados custos de transacção a entravarem a coordenação espontânea, quem garante que a privatização não constituirá um formidável retrocesso, a desencadear esses efeitos que ameaçam particularmente as sociedades que envelhecem?[2870] Quem evitará a secessão entre aforradores racionais promotores de «rendimento permanente», por um lado, e gastadores «míopes», por outro, e a consequente espiral de selecção adversa? Poderá uma privatização meramente parcial, um misto de regime público obrigatório e de voluntários «complementos de reforma» (de poupanças-reforma fiscalmente incentivadas) evitar o retrocesso?[2871] Poderá alcançar-se, por um sistema fiscal e uma política orçamental adequadas, com uma adequada combinação de impostos, transferências, subsídios, empréstimos, os mesmíssimos resultados que são visados na reforma da segurança social?[2872]

Quanto à perspectiva da privatização:

– A alternativa a uma Segurança Social obrigatória e publicamente gerida pode ser problemática, em especial se remeter para o financiamento individual de um seguro não-obrigatório[2873], e para o qual largas camadas da população não dispõem de recursos suficientes – isto se não forem liminarmente excluídos do acesso a planos individuais de seguro, que além disso serão sempre mais caros do que seguros colectivos[2874].

– Resta, todavia, a possibilidade de o Estado agir como ressegurador, assumindo ao menos o risco mais elevado, menos computável[2875] ou mais dispendioso, naqueles casos em que o seguro convive mais de perto com as possibilidades de colapso de mercado através da selecção adversa[2876] – naqueles casos em que, generalizando-se a atitude defensiva e «racionadora» das seguradoras, muitos indivíduos se vêem excluídos pura e simplesmente, ou então são confrontados com prémios e franquias incomportáveis (não raro porque as seguradoras partem do princípio de que um segurado que provoque uma vez em elevados custos tenderá a perpetuar essa tendência[2877], influenciadas que estão pelos dados referentes à população mais idosa[2878]).

– Dados estes efeitos de assimetria informativa que oneram o sistema de seguro e que criam barreiras à sua generalização, não parece que o problema possa resolver-se com a atribuição de subsídios para pagamento dos prémios – porque isso tenderia apenas a agravar ainda o nível desses prémios, acelerando os efeitos da selecção adversa[2879].

– O exemplo chileno de privatização da Segurança Social, a vigorar desde 1981, é aparentemente o mais bem sucedido do mundo[2880], e nele cada trabalhador tem que poupar 10% do seu rendimento, a ser resgatado faseadamente depois da reforma, ou através do estabelecimento de uma renda vitalícia (havendo um rendimento mínimo garantido àqueles que tenham descontado um número suficiente de anos, um rendimento garantido pelo Orçamento de Estado)[2881].

– Apesar de se ter sublinhado que uma das principais vantagens do sistema é que parece imune a pressões políticas, a alterações de regime, à tentação dos políticos para interferirem nos fundos criados pela poupança privada – mesmo quando o fazem a pretexto de eliminarem os riscos acrescidos que advêm da privatização[2882] –, ainda hoje são ambíguos os efeitos dessa experiência pioneira de privatização da Segurança Social[2883], mormente no que respeita à combinação de elementos obrigatórios e facultativos nos regimes de poupança, dada a variedade de condutas e de riscos nas respostas dinâmicas aos incentivos próprios dos elementos obrigatório e facultativo[2884].

A perfeita compreensão destas questões remete-nos para o tema paralelo da «contabilidade geracional»[2885], surgida na década final do século XX[2886], e que procu-

[2870] Lindbeck, A. & M. Persson (2003), 77, 97.

[2871] Docquier, F. (2002), 121-140.

[2872] Lindbeck, A. & M. Persson (2003), 75.

[2873] Bosworth, B.P. (1996), 89-115; Diamond, P.A. (1977), 275-298; Engen, E.M. & W.G. Gale (1997), 103-142; Murphy, K.M. & F. Welch (1998), 142-150; Oliner, S.D. & D.E. Sichel (1994), 274-334.

[2874] Swartz, K. (2003), 283ss..

[2875] Newhouse, J.P. (1994), 132-146.

[2876] Chollet, D.J., A.M. Kirk & M.E. Chow (2000); Chollet, D.J. & A.M. Kirk (1998); Swartz, K. & D.W. Garnick (1999), 373-388.

[2877] Welch, W.P. (1985), 75-96; Goodman, M.J., D.W. Roblin, M.C. Hornbrook & J.P. Mullooly (1991), 149-173; Gornick, M., A. McMillan & J. Lubitz (1993), 140-150.

[2878] Berk, M.L. & A.C. Monheit (2001), 9-18.

[2879] Swartz, K. (2001), 133-145.

[2880] Valdés-Prieto, S. (org.) (1997).

[2881] Edwards, S. (1998), 33-57.

[2882] Rosen, H.S. (2002), 193.

[2883] Feldstein, M. (org.) (1998), 52.

[2884] Wise, D.A. (org.) (2001), 86.

[2885] Lerner, A.P. (1948), 255-275; Auerbach, A.J., J. Gokhale & L.J. Kotlikoff (1991), 55-110.

[2886] Auerbach, A.J., J. Gokhale & L.J. Kotlikoff (1991), 55-110; Kotlikoff, L.J. (1992).

ra aferir o peso dos regimes tributários na carga e nas taxas líquidas de imposto que incidem no ciclo total de vida esperada para cada geração (e de que os instrumentos orçamentais convencionais nos dão o retrato parcelar, correspondente apenas a um ano), por forma a permitir calcular quais as medidas políticas susceptíveis de assegurar a igualdade intertemporal e a sustentabilidade do tratamento tributário reservado a cada geração (a perspectiva de que a geração actual e as gerações futuras não serão desigualmente oneradas pela carga tributária total que incide sobre a expectativa de vida média de cada geração, e de que por isso não existem sacrifícios nem benefícios de umas em relação às outras, nem se suscitam problemas de «repercussão inter-geracional»)[2887].

Basicamente, na «contabilidade geracional» procede-se do seguinte modo: toma-se alguém por um membro representativo de cada geração e calcula-se o valor presente de todas as contribuições que ele suporta; depois, calcula-se o valor presente de todas as transferências que o beneficiam – sendo a diferença de valor presente de todos os impostos e transferências o «imposto líquido» suportado pela geração que ele representa. A comparação de «impostos líquidos» de cada geração permitirá apurar se estão a ocorrer transferências entre gerações – sendo a mais frequente a conclusão de que as gerações presentes estão a ser beneficiadas em detrimento das gerações futuras[2888].

A contabilidade geracional procura, pois, indagar os efeitos do peso fiscal nas gerações futuras, a distribuição de onerações entre a geração presente e as gerações futuras, em termos de equilíbrio e de sustentabilidade, incidindo especialmente nos efeitos sobre o remanescente das onerações tributárias que incidem sobre a esperança de vida das gerações actuais[2889]. A contabilidade geracional define, assim, o valor actual dos «impostos líquidos»[2890] que cada geração é suposto pagar no remanescente da sua esperança de vida, por forma a calcular-se quanto é que cabe a cada pessoa viva no suporte dos custos do Estado[2891], e quanto é que é deixado para paga-

mento pelas gerações vindouras – tratando-se pois, de certo modo, de fazer uma análise mais realista e mais imune aos rótulos que o Estado aplique aos *items* da sua gestão de receitas e despesas[2892].

– Esse esforço de contabilização insere-se no quadro mais geral de uma tarefa social crescentemente assumida, e que é a da configuração de instituições extra-mercado que assegurem um nível qualquer de investimento no bem-estar das gerações futuras – custos e sacrifícios *presentes* a troco de benefícios mais ou menos remotos.
– Mas isso pressupõe, seja um enquadramento social virtualmente infinito, comportando um horizonte de várias gerações, seja uma forma de ponderar a justiça nas «trocas» inter-geracionais, seja ainda um quadro de incentivos que evite a subprodução de «bens públicos» envolvidos nessas «trocas», mormente ultrapassando o impasse da «não-reciprocidade», seja, por fim, um critério de inclusão e exclusão dos onerados e dos beneficiários[2893].
– Esta perspectiva de contabilização começou por emergir do estudo de transferências *intra*-geracionais[2894], e depois avançou para o estudo de transferências inter-geracionais num contexto de possibilidade de reciprocidade, de contratualização entre onerados e beneficiários[2895], um contexto, portanto, explicitamente conexo com os problemas da segurança social[2896] – só depois se estudando o problema da sub-provisão de bens inter-geracionais com características de «bens públicos»[2897].

Sublinhe-se, por fim, que a segurança social é um mecanismo com efeitos redistributivos, com a particularidade de que a redistribuição é em larga medida ditada por acasos – sendo imprevisíveis, em larga medida, a ocorrência de situações de doença, de invalidez, ou mesmo a duração do tempo de reforma –, pelo que só em grandes números é estatisticamente discernível a transferência a favor dos beneficiários mais pobres – que menos contribuíram – à custa dos contribuintes mais ricos e mais onerados. A relação entre segurança social e combate à pobreza é, pois, tudo menos linear.

[2887] Gokhale, J., B. Page, J. Potter & J. Sturrock (2000), 296, 299; Auerbach, A.J., L.J. Kotlikoff & W. Leibfritz (orgs.) (1999); Auerbach, A.J., J. Gokhale & L.J. Kotlikoff (1991), 55-110; Auerbach, A.J., J. Gokhale & L.J. Kotlikoff (1994), 73-94.

[2888] Rosen, H.S. (2002), 430-434.

[2889] Auerbach, A.J., J. Gokhale & L.J. Kotlikoff (1994), 73-94; Buiter, W.H. (1997), 605-626; Cutler, D.M. (1993), 61-76; Diamond, P.A. (1996), 597-607; Fehr, H. & L.J. Kotlikoff (1996/1997), 1-27; Haveman, R. (1994), 95-111; Kotlikoff, L.J. (1997), 303-314; Kotlikoff, L.J. & B. Raffelhüschen (1999), 161ss.; Shaviro, D. (1997).

[2890] Como vimos, a diferença entre impostos pagos e transferências recebidas.

[2891] A soma da dívida já acumulada e das futuras despesas na aquisição de bens e serviços.

[2892] Kotlikoff, L.J. (1993), 17-41.

[2893] Rangel, A. (2003), 813ss..

[2894] Cremer, J. (1986), 33-50; Kandori, M. (1992b), 81-92; Salant, D. (1991), 244-259; Smith, L. (1992), 426-449.

[2895] Becker, G.S. & K. Murphy (1988b), 1-18.

[2896] Cooley, T.F. & J. Soares (1999), 135-160; Hammond, P.J. (1975), 115-131; Hansson, I. & C. Stuart (1989), 1182-1195; Kotlikoff, L.J., T. Persson & L. Svensson (1988), 662-677; Kreps, D.M. (1990), 90-143.

[2897] Doeleman, J. & T. Sandler (1998), 1-15; Kotlikoff, L.J. & R. Rosenthal (1993), 27-42.

CAPÍTULO 14 – **Redistribuição e tributação**[2898]

"Sem dúvida que o lançamento de um imposto muito exorbitante, como aquele que determinasse a cobrança, em tempo de guerra ou em tempo de paz, respectivamente de metade ou de um quinto da riqueza nacional, justificaria, tanto como qualquer outro manifesto abuso de poder, a resistência popular (...) ora muitas dessas coisas podem ser praticadas sem legitimar um levantamento armado da população. Mas um abuso forte, flagrante e palpável decerto conferirá essa legitimação, como sucederá se lhe for reclamado o pagamento de um imposto equivalente a metade ou a um terço das suas subsistências" – Adam Smith[2899].

14 – a) A função económica dos impostos

Os impostos são meios de arrecadação de receitas públicas, são vias pelas quais as entidades públicas encontram cobertura financeira para as despesas inerentes às actividades que desenvolvem: educação, saúde, defesa, segurança, justiça, obras públicas, etc., – deles podendo autonomizar-se o fenómeno para-fiscal, mas mais fortemente *contratualizado*, das contribuições para a segurança social, mediante as quais os trabalhadores *seguram* mutuamente as suas reformas.

Para ficarmos com uma ideia dessa relação entre receitas e despesas, avancemos já com alguns números recentes relativos às receitas e despesas correntes das administrações públicas em Portugal[2900]:

Receitas (% do PIB)	2000	2001
Receitas correntes totais	40,5	39,9
Receitas fiscais totais	36,5	36
Outras receitas correntes	4	4
Impostos sobre rendimento e património das famílias	6,1	6,1
Impostos sobre rendimento e património das empresas	4,3	3,7
Contribuições sociais	11,7	11,9
IVA	8	7,8
Imposto sobre produtos petrolíferos	1,7	2
Imposto automóvel	1,1	1

Despesas (% do PIB)	2000	2001
Despesas correntes	39,6	39,8
Despesas com pessoal	15	15,1
Consumo intermédio	4,3	4,1
Juros da dívida	3,1	3
Transferências para as famílias	13,9	14,1
Subsídios às empresas	1,1	1,3
Outras transferências	2,3	2,2

[2898] Baumol, W.J. & A.S. Blinder (2000), 433ss.; Colander, D.C. (1995), 412ss.; Drazen, A. (2001), 309ss.; Forte, F. (2002), 213ss.; Keenan, D. & M.H. Maier (1998), 47ss.; Landsburg, S.E. (1995), 60ss.; Lipsey, R.G. & *al.* (1999), 423ss.; Mankiw, N.G. (2000), 155ss.; Mankiw, N.G. (2001), 161ss., 243ss.; McConnell, C.R. & S.L. Brue (2001b), 338ss.; Parkin, M. (1999), 454ss., 484ss.; Samuelson, P.A. & W.D. Nordhaus (2001), 322ss.; Sharp, A.M. & *al.* (2001), 376ss.; Sloman, J. (2002), 319ss.; Stiglitz, J.E. (1999), 385ss., 449ss.; Stiglitz, J.E. & C.E. Walsh (2002), 522ss.; Taylor, J.B. (2001), 312ss.; Wessels, W.J. (2000), 436ss.

[2899] "Lectures on Jurisprudence. *Report of 1762-3*" (LJ(A)), *in* Smith, A. (1978), 324, 326.

[2900] Banco de Portugal (2002), 83, 85.

A justificação económica da tributação há-de encontrar-se no equilíbrio entre dois valores: por um lado, a constatação de que existe um domínio de intervenção pública indispensável ao funcionamento saudável da economia, e que é preciso financiar; por outro, a verificação das perdas de eficiência que aquela intervenção, e o respectivo suporte tributário, necessariamente acarretam. A tributação também resultará da insuficiência do património do Estado para cobrir as suas despesas – porque existem situações em que, dispondo um Estado de receitas próprias suficientes (por exemplo, receitas das exportações petrolíferas), não existe a necessidade de ir buscar essas receitas junto dos cidadãos (ao menos, não lhes tributando o rendimento); e a tributação não é a única forma de obtenção de receitas por contribuição dos particulares – dispondo o Estado (e outras entidades públicas) também da possibilidade de lançar mão de lotarias[2901], de empréstimos, e até de obter receitas pela venda de bens e pela prestação de serviços.

Numa reinterpretação mais radical da questão: um líder de um bando de ladrões que opera num espaço de anarquia não tem muito para roubar, visto que a insegurança desincentiva as pessoas de investirem e de produzirem – não havendo por isso muita riqueza disponível para o roubo. Nessas circunstâncias, aquele líder terá interesse em estabelecer a ordem no território que venha eventualmente a dominar, de forma a restabelecer aqueles incentivos. Só que agora lhe será vedado roubar, ou até confiscar, sob pena de destruir a riqueza de que gostaria de apoderar-se, pelo que a melhor solução passará a ser, porventura, a de fornecer à população indefesa alguns bens públicos (começando pela própria «defesa»), de forma a justificar a tributação sem destruição demasiada de incentivos: o chefe dos ladrões acabará por ganhar mais com o monopólio da tributação do que ganhava com o monopólio do roubo[2902] – conclusão que por si mesma desmente a implicação egoísta de que um agente que dispusesse de uma grande vantagem no uso da força não deixaria de usá-la para maximizar por essa via os seus ganhos, à custa dos demais[2903]; e conclusão que reforça a ideia de que a aparente «transigência» é a melhor estratégia para o monopolista da força – seja ele autocrático, seja ele mesmo democrático[2904].

Seja como for, a verdade é que sem receitas públicas, ou, melhor, sem a intervenção pública que essas receitas permitem, muitas «falhas de mercado» se perpetuariam, comprometendo um nível mínimo de satisfação colectiva: os genuínos bens públicos – aqueles bens e serviços que, pelas suas características, podem ser utilizados simultaneamente por todos, mesmo por aqueles que não os tenham pago – deixariam de se produzir, muitas externalidades negativas não seriam devidamente compensadas, rectificadas ou impedidas por ser muito custoso tentar fazê-lo descoordenadamente, muitos recursos comuns ficariam abertos à exploração predatória, muita miopia se manifestaria nas atitudes de sobre-consumo, etc.[2905].

Em contrapartida, e como vimos já, a tributação causa sempre uma retracção da actividade económica e a perda de bem-estar, seja relativa, seja mesmo absoluta, levando por vezes a que a extensão da perda absoluta ultrapasse em dimensão as receitas marginais provindas do agravamento fiscal – caso em que começa a verificar-se a morte da «galinha dos ovos de ouro» –; e também vimos que só assim não sucederá se estivermos a lidar com situações de inelasticidade, mas mesmo quanto a estas é discutível a justiça de serem escolhidas para alvo preferencial da tributação.

A situação complica-se quando pensamos que, se para certos efeitos, como este das perdas absolutas de bem-estar, pode haver *excesso* de carga tributária[2906], para outros efeitos essa mesma carga pode considerar-se *exígua* – quando, por exemplo, face a despesas importantes, a falta de receitas fiscais e de outras receitas públicas obriga o governo a adoptar uma política orçamental deficitária, provocando com isso, por um mecanismo que analisaremos adiante, um aumento da procura de fundos e, *ceteris paribus*, uma concomitante subida das taxas de juro, com repercussões desfavoráveis na expansão do investimento e da iniciativa empresarial –.

[2901] Garrett, T.A. (2001), 101-117.

[2902] McGuire, M.C. & M. Olson (1996), 72ss.; Olson, M. (1991), 131-157.

[2903] Becker, G.S. & W.M. Landes (orgs.) (1974); Grossman, H.I. (1994), 705-712; Hirshleifer, J. (1991), 177-200; Hirshleifer, J. (1994), 1-10; Schelling, T.C. (1960); Schelling, T.C. (1966).

[2904] Banfield, E.C. (1958); Calmfors, L. & J. Driffill (1988), 14-61; Heitger, B. (1987), 463-473; Kiser, E. & Y. Barzel (1991), 396-422; North, D. (1981); North, D. (1990b), 355-367; Olson, M. (1982); Schumpeter, J.A. (1991), 99-140; Summers, L.H., J. Gruber & R. Vergara (1993), 385-411; Tullock, G. (1974).

[2905] Isto para nos cingirmos à versão mínima quanto às finalidades de arrecadação de receitas – e quanto às finalidades do Estado. Para um confronto entre a tese «purista» (liberal) de que os impostos deveriam concentrar-se na arrecadação de receita e a tese «dualista» (progressista) de que o imposto deveria dividir as suas atenções também pelo escopo redistributivo, cfr. Vasques, S. (1999), 37ss., 49ss.. O autor opta pela tese das «Finanças Neutras», essencialmente definida como desinteresse pelos fins da tributação (*ibid.*, 62-63).

[2906] Para uma síntese da aplicação da «análise de bem-estar» aos domínios da tributação, cfr. Salanié, B. (2003).

Concluiremos assim, num tom algo paradoxal, que um mesmo nível de oneração tributária pode provocar ineficiências, ao mesmo tempo por ser *demasiada* e por ser *muito pouca*: ou, pelo prisma macroeconómico, que um agravamento tributário pode ajudar ao crescimento económico se ajudar a reduzir o *deficit* orçamental e o endividamento público – ajudando a baixar as taxas de juro –, tal como normalmente o desagravamento tributário constituirá um incentivo a esse crescimento, deixando mais rendimento líquido de imposto nas mãos de produtores e de consumidores: o que nos remete directamente para a teoria da tributação óptima do rendimento, um dos domínios mais férteis da moderna ciência económica[2907].

Como se não bastassem essas perplexidades em sede de ineficiências, a tributação também agudiza os problemas de justiça relativa, visto que os sacrifícios que são impostos através da tributação tornam mais imediatamente perceptível a todos a necessidade, não só de justificação, como também de partilha equilibrada desses sacrifícios. Poderá, efectivamente, admitir-se que a repartição de rendimentos seja fruto do acaso, e que a boa ou má sina de cada um determine o resultado respeitante ao acesso individual à repartição; mas não se admitirá, evidentemente, que o resultado inigualitário da tributação seja fruto senão de critérios legais, o que traz para o primeiro plano a questão da respectiva justiça – e da respectiva demarcação face à "*grande lotaria*" que, no dizer já de Adam Smith[2908], é muitas vezes o jogo político.

O problema económico mais premente é, nesta sede, o da dimensão da carga tributária – e o que ela anuncia de inevitável perda de eficiência global na actividade económica sobre que incide –; mas não é menos importante, mesmo do ponto de vista económico, o problema da justiça tributária, porque a percepção dos destinatários do imposto se lhe dirige mais facil e imediatamente, convertendo qualquer perturbação nos parâmetros da justiça numa interferência, seja nos incentivos à livre iniciativa económica, seja na própria disposição de acatamento das normas tributárias – e num motivo para as visões mais desencantadas e sarcásticas acerca da presença do Estado e acerca do «carácter odioso» dos impostos[2909].

Os sistemas fiscais actuais assentam na tributação do rendimento, da riqueza nova gerada durante um período, partindo do princípio de que esse rendimento, se indicia o corrente potencial de geração de riqueza

por parte das pessoas, pode servir de indício da sua capacidade contributiva – isto é, da forma como elas podem suportar o sacrifício do tributo, da medida como a sua aptidão para gerar futuramente riqueza suplementar fica comprometida por aquele sacrifício –. Noutro prisma, também se dirá que o montante do rendimento individual é indício do nível de aproveitamento de recursos públicos por parte daquele que gerou esse rendimento, em termos de poder calcular-se, comparativamente a outros, o quanto ele perderia no caso de, por falta de fundos públicos, a despesa pública ter de reduzir-se a zero.

No fundo, se presumirmos que a tributação é uma forma de circulação de meios financeiros entre particulares e uma instituição central que *em abstracto* também os representa, e que portanto idealmente deveria *devolver-lhes*, aumentado, o valor do seu sacrifício patrimonial inicial, veremos que novamente tudo se resume à formação de decisões políticas que espelhem denominadores comuns das preferências dos particulares envolvidos – o que, além dos melindres denunciados pela «teoria da escolha pública» e a que nos referiremos mais tarde, mas de que destacaríamos para já a possibilidade de perversão dos critérios de escolha pela «captura» dos decisores por grupos de pressão, suscita ainda o problema dos elevados custos informativos conexos com a determinação das preferências dos particulares, condição de legitimação democrática que é crucial nestes domínios tributários.

Sucede, porém, que todos os potenciais tributados têm uma propensão para a sonegação estratégica dessa informação relativa às suas preferências, visto que tal revelação prejudicaria a opção da «boleia» individual sobre a oneração tributária comum – razão pela qual, como pioneiramente sublinharam James Mirrlees e William Vickrey, o problema da «tributação óptima» começa por assentar na necessidade de configuração de mecanismos susceptíveis de forçar a revelação daquelas preferências individuais, vencendo a assimetria informativa.

– Como se tratava de obter informação que tornasse o sistema tributário capaz de conciliar objectivos de justiça (similares aos da progressividade *em abstracto*) com objectivos de eficiência *paretiana*[2910] (como os que poderiam ser obtidos com impostos de capitação), a abordagem da «tributação óptima» foi evoluindo no sentido da defesa da tributação pelo «rendimento nor-

---

[2907] A teoria que fez atribuir o Prémio Nobel a James Mirrlees e William Vickrey, e que assenta basicamente no modelo «comitente – comissário» («*principal - agent*»). Cfr. Mirrlees, J.A. (1971), 175-208; Hammond, P.J. & G.D. Myles (orgs.) (2001); Neves, J.C. (1998), 148.

[2908] Smith, A. (1976b), 623 (=II, 188).

[2909] É imperdível a antologia: Queirós, E. (2000).

[2910] Guesnerie, R. (1995).

mal», olhando não para a produtividade *real* demonstrada pelos contribuintes (a qual poderia estar já a ser distorcida, seja pela carga tributária, seja pelo próprio objectivo da «boleia») mas para a produtividade *abstractamente possível* de cada um dos contribuintes – no fundo, significando-lhes que nada ganhariam em abrandar o seu esforço produtivo ou em disfarçarem estrategicamente as suas preferências (evitando-se assim perdas de eficiência) ao mesmo tempo que seriam tributados pela *capacidade contributiva* efectivamente alcançável por cada um (e por isso sem perda aparente de justiça)[2911].

– A tributação do rendimento «normal», que é um sucedâneo para mecanismos de revelação das capacidades ou benefícios dos contribuintes – e por isso é o reconhecimento da falência desses mecanismos[2912] – assenta, todavia, em presunções e em generalizações susceptíveis de gerarem graves imprecisões em cada caso concreto; mas sem um mecanismo indutor da «sinceridade» dos contribuintes, como mitigar os efeitos desincentivadores dos impostos progressivos nos mais elevados escalões de rendimento pessoal, como aliviar, junto dessas pessoas com mais elevada capacidade contributiva, a tendência para a formação de uma alternativa, entre *dissimulação* do rendimento real e *diminuição* desse rendimento real?[2913]

Além da tributação do rendimento – uma solução relativamente recente, e que também só tardiamente veio a tornar-se a forma predominante de tributação[2914] –, os sistemas fiscais oneram também a despesa – seja imediatamente os actos de consumo, seja mediatamente o *valor acrescentado* em cada fase de produção dos bens e serviços consumidos[2915/2916] – e o património – a riqueza não gerada de novo, ainda que muitas vezes o seu valor seja determinado em função do rendimento que pode gerar –, alargando-se ainda, em situações híbridas como a da segurança social «capitalizada», a formas aparentadas com um *seguro forçado*, pelo qual é imposta uma poupança que gera receitas afectadas ao apoio à velhice e à doença – tanto mais crucial quanto

mais as populações envelhecem e o figurino do «Estado-Providência» entra ideologicamente em declínio[2917].

Note-se desde já que uma das principais deficiências da tributação global do rendimento consiste na duplicação que provoca na tributação da poupança, desincentivando-a, visto que se tributa uma primeira vez o rendimento que gera a poupança, e uma segunda vez essa poupança, seja sob a forma de património, de poupança acumulada, seja mesmo como rendimento obtido pela remuneração do capital aforrado. A constatação do fenómeno da dupla tributação da poupança tem levado alguns a propor que se tribute, não o rendimento, mas exclusivamente a despesa, remetendo-se o imposto a uma estrita neutralidade no tratamento dos diversos destinos que as pessoas queiram dar ao rendimento que recebem – sendo que a «neutralidade económica» do imposto, a não-discriminação do tratamento de actividades economicamente equivalentes, é um dos aspectos essenciais da eficiência do sistema tributário –[2918].

Em termos esquemáticos, diríamos que a preocupação com a «neutralidade» começa onde acabam as preocupações com as «perdas absolutas de bem-estar» resultantes dos impostos: é que, para além da actividade que deixa de se desenvolver e das trocas que deixam de se realizar, os indivíduos e as empresas moldam muitas das suas iniciativas (de poupança, de investimento, de endividamento, de assunção de riscos, de compra e venda, de antecipação ou adiamento de ganhos de mais-valias, de distribuição de dividendos, de admissão ou despedimento de trabalhadores, de constituição de estruturas empresariais ou de recurso ao mercado, até de acatamento do quadro normativo ou de «passagem à clandestinidade») em função de resultados tributários e não em função da maximização do bemestar, o que pode dar origem a resultados medíocres em termos de eficiência, novamente com desperdício de recursos e de oportunidades de enriquecimento – uma das razões pelas quais se advoga tão amiúde o abaixamento das taxas de imposto e o alargamento da base tributária, como forma de reduzir o nível de «distorção fiscal» ainda que correndo o risco de perda de receita tributária[2919],

---

[2911] Este condicionamento é reprodutível em pequenas simulações: White, F.C. (1997), 222-229; Joseph, M. (1965), 556-565.

[2912] Não quer dizer que esses mecanismos não sejam configuráveis em abstracto, como é o caso dos «preços de Lindahl», com os quais as pessoas equilibrariam a sua disposição de pagar por bens públicos de acordo com a quota-parte de imposto que tivessem que suportar para a produção desses bens. Cfr. Rosen, H.S. (2002), 107.

[2913] Quigley, J.M. & E. Smolensky (orgs.) (2000).

[2914] Wallis, J.J. (2000), 71.

[2915] Para uma caracterização histórica dos impostos indirectos, cfr. Vasques, S. (1999), 99ss.; Vasques, S. (2001), 17ss..

[2916] A escolha da combinação óptima de impostos directos sobre ao rendimento e de impostos indirectos sobre a despesa depende por sua vez de uma consideração complexa sobre vários tipos de elasticidades dos sujeitos de imposto. Cfr. Cremer, H., P. Pestieau & J. Rochet (2001), 781-799.

[2917] Cfr. Goldberg, G.S. & M.G. Rosenthal (orgs.) (2002).

[2918] Mais amplamente sobre o ideal liberal das «finanças neutras», cfr. Franco, A.L.Sousa (2002), I, 52ss.

[2919] O que dependerá do facto de se aceitar a validade, ou não, da «Curva de Laffer», e também da posição em que o sistema tributário se encontre dentro dessa curva.

sendo esse um denominador comum da maior parte das propostas internacionalmente dominantes em termos de reforma fiscal[2920]. Neste plano, um dos aspectos mais salientes é ainda o de uma outra dupla tributação, a dos dividendos distribuídos e dos «ganhos de capital» (primeiro tributados como rendimento das empresas, depois como rendimento dos particulares), que leva a uma sub-capitalização das empresas (dada a preferência tributária, «não-neutral», pelo endividamento) e um desvio de recursos que seriam vitais para o crescimento económico[2921].

A tributação do rendimento assenta na consideração de núcleos geradores de riqueza, seja a família para o caso da tributação do rendimento individual, seja a realidade empresarial no caso da tributação de rendimento gerado através de formas colectivas de organização. Convirá esclarecer que a tributação das pessoas colectivas é um mero expediente de liquidação e cobrança, que não desmente o facto de todos os impostos, como é óbvio, serem suportados em última análise por pessoas individuais – quer se trate dos sócios ou accionistas, no caso de a pessoa colectiva não conseguir repercutir os impostos, quer se trate daqueles que fornecem os factores produtivos ou dos destinatários da produção, no caso de poder haver repercussão a montante ou a jusante desses impostos –. Na verdade, uma das formas mais subtis e elaboradas de repercussão (de disparidade entre incidência jurídica e incidência económica, de divergência entre aquele que a lei prevê formalmente como devedor do imposto e aquele que efectivamente o suporta como um custo) é a que decorre da tributação das pessoas colectivas, visto que quem suporta os impostos são, em última análise, sempre e exclusivamente as pessoas singulares: os sócios da empresa, os seus trabalhadores, os seus fornecedores, os seus credores, os seus clientes – bem podendo a lei, por razões de simplicidade, fazer recair formalmente o dever de imposto sobre a pessoa colectiva, porque na realidade nunca terminará nela o suporte económico do tributo[2922].

A tributação do rendimento das pessoas colectivas poderá nalguns casos ser justificada em termos de simplificação dos procedimentos tributários – uma pessoa colectiva pode representar um feixe de relações tributárias, reduzindo o número de interlocutores da administração fiscal, ao menos para certos efeitos e actividades –, noutros sê-lo-á por razões puramente políticas, na medida em que *aparenta* aliviar parcialmente os contribuintes individuais do peso dos tributos:

– o que é pago pelas empresas parece não ser pago por ninguém em particular, parece provir de um recurso comum sobre o qual é possível externalizar os custos individuais (primeira ilusão de óptica);

– as empresas parecem absorver essa carga fiscal sem a repercutirem sobre os indivíduos com os quais têm relações económicas (segunda ilusão de óptica, conhecida por «*flypaper theory*», segundo a qual os impostos ficariam «agarrados» àquele que fosse formalmente designado como devedor pela norma de incidência, sem possibilidade de repercussão)[2923].

O conjunto destas duas «ilusões de óptica» bastaria para justificar a popularidade, e a relevância política, da tributação das pessoas colectivas[2924] – mas também as penumbras político-jurídicas da concorrência fiscal internacional em matéria de tributação das pessoas colectivas: sejam as «corridas para o fundo» em matéria de desagravamento tributário, seja especificamente do recurso às «zonas francas»[2925].

A tributação global do rendimento costuma vir acompanhada de uma complexa, e nem sempre congruente, teia de isenções, deduções, abatimentos e benefícios, que na maior parte dos casos visam a consideração do rendimento efectivo – retirando do rendimento bruto as despesas:

– que se tenham por indispensáveis para a geração daquele rendimento, e que portanto fossem inevitáveis (pense-se no interesse da consideração particular do investimento em capital humano, mas naturalmente que há que levar em conta também a necessidade de apoio da produtividade num conjunto de bens intermédios e *instrumentais do rendimento* que seria desincentivador tributar autonomamente, antes da sua frutificação num rendimento final[2926]);

[2920] Slemrod, J. & J. Bakija (2000).

[2921] Nos Estados Unidos, pensa-se que a eliminação dessa dupla tributação poderia, só por ela, assegurar permanentemente ganhos de bem-estar de 52 mil milhões de dólares por ano (e a eliminação de todas as distorções, seja por «não-neutralidade» seja por *complexidade*, envolveria um aumento de 2% a 6% do PIB *real*). Cfr. ERP (2003), 175-176.

[2922] ERP (2004), 104.

[2923] Um pouco como o «*flypaper effect*» que procura explicar porque é que os subsídios atribuídos pela administração central ficam retidos localmente. Cfr. Turnbull, G.K. (1998), 1-26.

[2924] Há contudo sérias reservas a este expediente de tributação das pessoas colectivas, havendo quem duvide de que seja possível obter receitas minimamente significativas e justas dessa tributação *sem a expandir para níveis gravemente desincentivadores*. Cfr. Ross, S.A. (1988), 132.

[2925] Borges, R.H.P. (2002).

[2926] ERP (2003), 194-195.

– que correspondam às transferências em espécie a favor dos pobres, visto que tributar tais despesas seria redundante e discriminatório, agravando a armadilha da pobreza, empobrecendo os contribuintes e aumentando as despesas públicas relativas a essas transferências em espécie, que recairiam em maior medida no sector público na medida em que os particulares, ficando duplamente onerados com elas, caíssem para baixo do limiar da pobreza;

– cujo *mérito* seja tão inequívoco que em relação a elas a tributação abandone propósitos de neutralidade.

14 – b) Os custos de eficiência

A eficiência de um sistema fiscal mede-se não só pelo nível de custos – incluindo custos de oportunidade – que provoca nos contribuintes, dado um determinado objectivo de receitas, como pelas correspondentes distorções de actividade económica provocadas pela não-neutralidade do imposto[2927].

Um desses custos de oportunidade, já amiúde referido, resulta da perda de bem-estar associada ao facto de a incidência do imposto retirar, parcial ou totalmente, o incentivo que as partes possam ter para concluírem transacções: se o montante do imposto é superior ao excedente total que seria gerado, para o vendedor e para o comprador, pela troca, ela deixará de ter lugar, e o imposto deixará também de ser cobrado. Esse *«excess burden»* é, insistamos, apenas a forma extrema de distorção de condutas que é acarretada pela presença dos impostos, dado que essa oneração extrínseca aos mecanismos de mercado afecta necessariamente os incentivos dos participantes naquele[2928]. Como vimos já, em rigor essa perda absoluta é somente a margem de prejuízo para o bem-estar dos contribuintes que excede o benefício criado pela receita pública[2929], e para ela ser ineficiente bastaria que se demonstrasse que os agentes económicos afectam os recursos de acordo com os incentivos criados ou distorcidos pelo imposto, e não de acordo com os benefícios e custos que adviriam das suas decisões livremente tomadas num mercado; que os agentes, em suma, modificam as suas condutas, mesmo as suas condutas eficientes num

mercado, na presença de impostos – por exemplo, que perante um imposto único sobre o rendimento as pessoas terão maior propensão para consumirem e menor para pouparem, dada a oneração suplementar da poupança –.

O outro custo de oportunidade é o inerente ao acatamento de todos os deveres instrumentais e formais que acompanham a constituição e o cumprimento da obrigação de imposto, o custo administrativo de conformação com os preceitos legais e de colaboração com as autoridades. Os recursos públicos e privados postos ao serviço da constituição e cumprimento da obrigação tributária são tanto mais vultuosos e onerosos quanto maiores são as exigências e obstáculos burocráticos que acompanham o funcionamento da máquina tributária – e são todos eles fontes de ineficiência, e, através desta, fontes de discriminação e de corrupção –.

Quanto mais complexos são os regimes legais[2930], e especificamente no que respeita aos deveres acessórios da obrigação tributária a serem suportados, seja pelo contribuinte, seja pela própria administração tributária, mais pesados são os custos de acatamento, e mais agilmente conseguem os contribuintes ricos explorar em seu benefício essa complexidade por forma a reduzirem a sua oneração principal, explorando lacunas e zonas de penumbra nos regimes fiscais para neles encontrarem «abrigos» de benefício e de isenção[2931], ou mais ostensivamente pervertendo as funções que são socialmente ligadas aos direitos que exercem, ou as finalidades que abstractamente esses direitos autorizam[2932] – e isto em detrimento dos contribuintes mais pobres, que, não dispondo de meios para explorarem os meandros da burocracia fiscal, se sujeitam ao impacto não-mitigado da carga tributária em toda a sua amplitude: uma tendência discriminatória que, «em bola de neve», tende a onerar tanto mais os contribuintes mais pobres e desprotegidos quanto mais os contribuintes mais poderosos se vão furtando à incidência das normas através de expedientes evasivos consentidos pela deficiente estruturação dos códigos de imposto, ou pelos hiatos gerados pela disparidade internacional dos regimes fiscais.

No limite, os custos de acatamento chegam ao extremo de condicionarem profundamente a conduta dos indivíduos, obrigando-os a gastarem uma boa

---

[2927] Sobre as «distorções fiscais» e outros efeitos económicos dos impostos, cfr. Franco, A.L.S. (2002), II, 208ss.

[2928] E ela poderia ser de resto ainda ampliada pela consideração de uma outra «perda absoluta de bem-estar» advinda da simples existência de um sector público. Cfr. Bordignon, M. (2001), 55-77.

[2929] Santos, J.C. (1993), 277ss..

[2930] Para se aferir a complexidade até dos regimes mais elementares de imposto, basta considerar-se a diversidade de modalidades de «despesa fiscal» e figuras afins. Cfr. Martins, G.W.d'O. (2004), 64ss., 83ss..

[2931] Sobre essa exploração dos *«tax loopholes»* e a formação interna de *«tax shelters»*, cfr. Gale, W.G. & J.B. Slemrod (2001), 216.

[2932] Sanches, J.L.S. (2000), 11-44; Courinha, G.L. (2004).

parte do seu tempo útil a juntarem documentos comprovativos, a cumprirem deveres contabilísticos, a ponderarem as incidências fiscais das suas decisões, a congeminarem meios de minimizarem as suas dívidas fiscais[2933]. Os contribuintes mais ricos poderão contratar contabilistas e advogados que os auxiliem em tarefas de «planificação fiscal» – de exploração até ao limite de todas as faculdades concedidas pela lei fiscal –; aos contribuintes mais pobres, incluindo nestes as empresas mais pequenas, na falta de meios, não está acessível a mesma opção, e por isso alguns deles tentam a evasão fiscal por meios mais simples e menos onerosos – mas ilícitos –[2934].

Em última instância, os custos de acatamento dos impostos são, pois, um bom incentivo para a formação de uma economia «paralela» ou «subterrânea», que visa em primeiro lugar a evasão fiscal[2935/2936], e depois se perpetua numa gestão da «complexidade» e do «ruído» – quase se diria da «entropia normativa» –, de que se alimentam vários ramos profissionais, como contabilistas, consultores e planificadores tributários, justributaristas[2937/2938], um batalhão de intermediários que por sua vez desempenha um papel decisivo na conformação da conduta de grandes massas de contribuintes[2939], tanto mais quanto mais complexas e intratáveis sejam as normas tributárias[2940].

Mais ainda, as faculdades concedidas pela lei fiscal em benefício efectivo, e discriminado, dos contribuintes mais ricos raramente resultam de lapsos ou deficiências da técnica legislativa, que só a atenção dedicada desses contribuintes, e seus coadjuvantes, detectam: pelo contrário, a maior parte das vezes essas faculdades são já benefícios, isenções, excepções, que, em nome dos mais diversos valores – e em atenção a desígnios modelares ou para-fiscais que se procura associar ao fenómeno tributário –, são concedidos a grupos de pressão que captam «rendas económicas» no mercado dos favores políticos – no caso, sob a forma de tratamento tributário preferencial[2941] –.

A complexidade da máquina tributária torna, por seu lado, mais aliciante e menos detectável a corrupção[2942], uma forma de redução drástica dos custos de acatamento que pode ser racionalmente compensadora, para os perpetradores, da expectativa de custos que adviriam da detecção e punição do acto corruptor, mormente quando a impunidade se afigura garantida por «redes de influências» extra-mercado (que podem agir como cartéis de corrupção num sector inteiro, intimidando todos no sentido de «alinharem» numa mesma conduta – razão pela qual tantas vezes se confia que a abertura dos mercados dará uma ajuda decisiva no declínio da corrupção[2943])[2944].

A cumplicidade entre corruptores (activos) e corruptos (passivos) visa uma externalização sobre os contribuintes cumpridores, onerando-os com os efeitos que a perda de receita tributária provoca, em benefício da reciprocidade corruptora que se auto-isenta dessa oneração[2945]. Mais ainda, a corrupção pode também resultar da própria iniciativa das administrações tributárias, que se usam da complexidade normativa para extorquirem quantias de contribuintes inocentes mas receosos do «campo minado» de códigos de imposto demasiado impenetráveis, e por isso demasiado susceptíveis de interpretação e aplicação arbitrária, demasiado expostos à possibilidade de perseguição e incriminação capricho-

---

[2933] Foi calculado que os contribuintes norte-americanos gastam em média 27 horas por ano só no preenchimento da documentação necessária, e que cerca de 60% têm que recorrer aos serviços de contabilistas. Entre as 500 mais poderosas empresas norte-americanas, os gastos médios só em «custos de acatamento» são de 4 milhões de dólares por ano. Cfr. ERP (2003), 175.

[2934] Afinal, a opção «*exit*», na terminologia de Hirschman; para um desenvolvimento do conceito económico de «*tax exit*», cfr. Buchanan, J.M. & R.L. Faith (1987), 1023-1031.

[2935] Cowell, F. (1990); Feige, E.L. (org.) (1989).

[2936] Predominam hoje, nesta matéria dos custos de acatamento, modelos assentes na «teoria da agência» e na «Teoria dos Jogos». Cfr. Andreoni, J., B. Erard & J. Feinstein (1998), 818ss..

[2937] Klepper, S., M. Mazur & D. Nagin (1991), 205-229; Reinganum, J.F. & L.L. Wilde (1991), 163-181; Scotchmer, S. (1989b); Slemrod, J. (1989), 3-27.

[2938] E daí a inegável relevância *pragmática* da formação dos juristas em princípios de contabilidade e no «direito do balanço», defendida em: Sanches, J.L.S. (2000d), 7-48.

[2939] Blumenthal, M. & J. Slemrod (1992), 185-202; Erard, B. (1993), 163-197; Long, J.E. & S.B. Caudill (1987), 35-46; Slemrod, J. & N. Sorum (1984), 461-474.

[2940] Andreoni, J., B. Erard & J. Feinstein (1998), 852ss.; Scotchmer, S. (1989), 49-55; Scotchmer, S. & J. Slemrod (1989), 17-32.

[2941] A «macrocefalia» industrial que tende a associar-se às cidades capitais de Estado é prova eloquente do peso da pressão política no encaminhamento do investimento. Cfr. Sobel, R.S. & T.A. Garrett (2002), 115-136.

[2942] Sem que exista forma eficiente de erradicação da corrupção ao próprio nível legislativo ou das direcções burocráticas. Cfr. Acemoglu, D. & T. Verdier (2000), 194. Ou, mais amplamente, cfr. Ferreira, E.P. (2001d), II, 162ss.; Ofosu-Amaah, W.P., R. Soopramanien & K. Uprety (1999).

[2943] Lambert-Mogiliansky, A. (2002), 47-60.

[2944] Para uma panorâmica da «economia da corrupção», veja-se a antologia: Fiorentini, G. & S. Zamagni (orgs.) (1999).

[2945] Abbink, K., B. Irlenbusch & E. Renner (2002), 428-454.

sas[2946/2947]. Esse desvio da conduta da autoridade tributária em relação aos interesses do Estado novamente configura um problema de «teoria da agência», de relações comitente-comissário, mais especificamente dos custos e benefícios comparados da «monitorização» e da delegação das tarefas inerentes à cobrança de receitas fiscais[2948], de permeio com problemas de partilha de informação em estruturas descentralizadas e em estruturas hierarquizadas – agora com o conceito de «risco moral» inserido no contexto de um mercado de maximização de ganhos políticos, no qual a monitorização seja difícil[2949]. E pode mesmo suspeitar-se, sem muito cinismo, que muita da complexidade do aparelho tributário é já uma teia de obstáculos artificiais que, a pretexto da liquidação e cobrança de uma receita pública, permitem uma captação de renda por parte dos «guardiães do labirinto» (rendas de que os legisladores, os intérpretes, os «planificadores fiscais», os «intermediários da corrupção» dentro das redes de influências, recebem também algumas «migalhas»)[2950].

O aspecto mais grave e desagradável da «economia da corrupção» é que ela tende a florescer em ambientes de pobreza generalizada, largamente apoiada pela lógica de violência cleptocrática que a pobreza e a sua impotência política também tendem a suportar[2951] – sendo gritantes a estatísticas de muitos países da África sub-saariana, nos quais se comprovam os efeitos depressivos da corrupção no crescimento económico, nas receitas fiscais, nos incentivos ao investimento interno e estrangeiro (que exige mais transparência e menos incerteza), e não menos reveladora a amplitude dos efeitos inversos que têm resultado de alguns esparsos esforços de combate à corrupção[2952]. Como é evidente, a dimensão do fenómeno acaba por repercutir nos valores comparativos internacionais do Coeficiente de Gini[2953].

Os custos de acatamento provocam também, por seu lado, «*deadweight losses*», porque não é pelo facto de

o contribuinte perder mais ou menos tempo a cumprir deveres acessórios e formais que existirá maior receita fiscal; dir-se-á que sem esses deveres é a própria determinação rigorosa da dívida de imposto que é posta em risco, mas também se pode argumentar que a multiplicação desses deveres torna crescentemente improvável essa determinação rigorosa – provocando custos para o contribuinte que não se traduzem num qualquer benefício equiparável para o credor de imposto.

Em suma, o caminho da eficiência parece recomendar sempre a minimização, dentro do possível, tanto da carga fiscal como do peso burocrático da administração tributária[2954] – o que, neste segundo caso, reclama desde logo a simplificação das próprias normas tributárias, cuja complexidade é o próprio alicerce da burocracia, até na forma subtil de «volatilidade normativa», ou seja, de incessantes alterações, reformas e pseudo-aperfeiçoamentos que impedem a formação de um quadro claro e inteligível de deveres uniformes e *universais*. Por outras palavras, o acatamento da «complexidade normativa» conduz às suas próprias ineficiências: na aparência, criam-se empregos adicionais para ajudarem ao esforço de acatamento, mas o problema é que esses empregos teriam sido criados com maior eficiência noutros sectores, certamente com mais eficiência no caso de o acatamento se dirigir a regulação que teria sido objectivamente desnecessária – devendo pois reter-se a noção de que o esforço de acatamento é sempre um *custo*, não um *benefício*[2955].

14 – b) – i) O problema da corrupção

Mais algumas palavras sobre o fenómeno da corrupção: a ciência económica tende a concentrar a sua atenção nos efeitos da corrupção sobre a *eficiência*, não incidindo especialmente no alcance moral, político e jurídico do fenómeno. Nesses termos, não é de admirar que se admita que a corrupção pode servir ocasional-

---

[2946] Polinsky, A.M. & S. Shavell (2001), 1-24.

[2947] Também: Garoupa, N. (1997), 267-295; Garoupa, N. (1998), 479-490; Garoupa, N. (1999), 167-180.

[2948] Adams, C. (1993); Melumad, N.D. & D. Mookherjee (1989), 139-163; Sánchez, I. & J. Sobel (1993), 345-369.

[2949] Hammond, T.H. & J.S. Hill (1993), 23-59; Holmstrom, B. (1979), 74-91; Jensen, M.C. & W.H. Meckling (1976), 304-360; Kiewiet, D.R. & M.D. McCubbins (1991); McCubbins, M.D. & T. Schwartz (1984), 165-179; McCubbins, M.D., R.G. Noll & B.R. Weingast (1987), 243-277; Niskanen, W.A. (1971); Weingast, B. & M.J. Moran (1983), 765-800.

[2950] Por alguma razão a regulação protectora e paternalista tem uma tendência dificilmente reprimível para a expansão, sempre a coberto da legalidade mesmo quando as fronteiras da razoabilidade foram há muito transpostas. Cfr. Bardach, E. & R.A. Kagan (2002).

[2951] O que tende a desmentir os excessos optimistas daqueles que querem ver em alguma da corrupção o mesmo que se vê nos mercados negros, uma «reacção de mercado contra a rigidez dirigista», e tendem a louvar-se nas excepções – Indonésia e China – em que elevados níveis de corrupção não entravaram aparentemente o crescimento económico. Denunciando esses excessos de optimismo com abundantes contraprovas, cfr. Khan, M.H. & K.S. Jomo (orgs.) (2000).

[2952] ERP (2003), 238-239.

[2953] Gupta, S., H. Davoodi & R. Alonso-Terme (2002), 23-45.

[2954] Quanto à visão da «*Public Choice*» sobre a burocracia, cfr. Alves, A.A. & J.M. Moreira (2004), 109-117.

[2955] ERP (2004), 177.

mente como um remédio para a ineficiência burocrática e para as «falhas de intervenção», quando elas se espartilham na rigidez de uma aparente «honestidade» paralizadora[2956]; e também não é de admirar que se admita que a licitação entre produtores pelos favores de um político ou de um burocrata corruptos possa reproduzir as condições de eficiência do mercado competitivo, fazendo prevalecer o produtor mais eficiente, que é aquele que manifesta maior *disposição de pagar*[2957] – e isto ainda que o nível anormalmente baixo de informação nesse «mercado de ilicitude» dificulte a obtenção desse resultado eficiente[2958]. Além disso, há que reconhecer que a corrupção representa, em muitos meios menos desenvolvidos em termos políticos, jurídicos ou económicos, um avanço civilizacional em relação à forma mais directa e evidente de captura de renda, e que é a que se alcança através da intimidação e da violência[2959].

A corrupção começou por ser teoricamente configurada como um «concurso de captura de renda» que terminaria num «equilíbrio dissipador»[2960], mas cedo se percebeu que não há verdadeira corrupção sem «barreiras de entrada» no correspondente «mercado de favores», ainda que seja algo surpreendente que esse mercado não seja capaz de gerar as rendas, os lucros extraordinários, que seriam de esperar, dada a dimensão dos interesses em jogo – o chamado «paradoxo de Tullock»[2961], mais próprio da corrupção em democracia do que da tão extraordinariamente bem-sucedida corrupção nas ditaduras cleptocráticas[2962]: sendo estes últimos casos ilustrações, precisamente, da tendência para a edificação ou agravamento de barreiras de entrada elevadíssimas como formas de maximização da «captura de renda», formas «proteccionistas» que acabam por dificultar a manifestação dos efeitos positivos que a concorrência possa ter no crescimento, reduzindo ao

mesmo tempo o nível de investimento dos próprios produtores protegidos[2963].

Em todo o caso, lembremos que a interferência no mecanismo de preços, e as resultantes disfunções e carências, propiciam a formação de corrupção como modo de reafectação de recursos em função da «disposição de pagar» – uma disposição agora repartida entre o valor dos bens a adquirir e o valor dos serviços/favores do decisor corrupto[2964], numa ponderação que passa a estar reportada também ao custo de oportunidade do tempo necessário para a participação (não-corrupta) nas filas de espera[2965] comparado com os ganhos da pertença ou subordinação a «redes de influência» caciquistas, «fulanistas», que façam prevalecer favoritismos por sobre quaisquer outras considerações[2966], e reportada ainda aos riscos de não-cumprimento, dada a insusceptibilidade de invocação judiciária dos «contratos» estabelecidos entre corruptores e corruptos[2967].

Quanto a este último aspecto, sublinhe-se que a própria corrupção pode ser ineficiente e enfermar de «falhas de coordenação», por exemplo em situações em que uma decisão dependa da intervenção, simultânea ou sucessiva, de grande número de políticos e burocratas – caso em que a solução do «impasse» reclamará a centralização da corrupção, a «corrupção de alto nível» na qual o angariador assegura a cumplicidade de todos os níveis hierárquicos inferiores ao seu, minimizando «custos de transacção»[2968/2969].

Um dos desenvolvimentos teóricos nesta matéria tem incidido na linha de demarcação entre a defesa privada e pública da «legalidade», e até nas circunstâncias em que o recurso à «regulação privada» possa resguardar-se contra as tentações do «feudalismo» hobbesiano[2970], acompanhado da degradação do sistema judicial[2971] – ou, ao invés, nas condições em que uma aparência de legalidade estrita recobre a insegurança, o

---

[2956] Bardhan, P. (1997), 1322ss.; Leff, N. (1964), 11; Huntington, S.P. (1968), 386ss..

[2957] Havendo até quem sublinhe a possibilidade de ocorrerem economias de escala em puros investimentos de «captura de renda». Cfr. Murphy, K.M., A. Shleifer & R.W. Vishny (1993), 409-414.

[2958] Beck, P.J. & M.W. Maher (1986), 1-5; Lien, D. (1986), 337-341.

[2959] Isso não impede, como é óbvio, a subsistência de numerosos casos de governos ao mesmo tempo corruptos e violentos. Cfr. Wraith, R.E. & E. Simkins (1963), 60ss..

[2960] Krueger, A.O. (1974), 291-303.

[2961] Tullock, G. (1980), 16-36; Tullock, G. (1990), 195-211.

[2962] Rasmusen, E.B. & J.M. Ramseyer (1994), 305-327.

[2963] Mauro, P. (1995), 681-712; Romer, P.M. (1994b), 5-38.

[2964] Lui, F.T. (1985), 760-781.

[2965] Andvig, J.C. (1991), 57-94.

[2966] Banfield, E.C. (1958); Putnam, R.D. (1993); Yang, M. M.-H. (1989), 25-54.

[2967] Boycko, M., A. Shleifer & R.W. Vishny (1995).

[2968] Shleifer, A. & R.W. Vishny (1993), 599-617.

[2969] Encontramos aqui um paralelismo com a já referida ideia de Mancur Olson sobre os impostos como «assaltos estacionários», em contraposição com os «assaltos itinerantes» que seriam mais predatórios e menos racionais. Cfr. Olson, M. (1993), 567-575.

[2970] Ellickson, R.C. (1991); Gallanter, M. (1981), 1-47; Greif, A. (1989), 857-882; Hay, J. & A. Shleifer (1998), 398-403; Hay, J., A. Shleifer & R. Vishny (1996), 559-567.

[2971] Johnson, S., J. McMillan & C. Woodruff (2002b), 221-277.

arbítrio e a corrupção dos titulares do Estado[2972]: sempre mantendo presente a ideia de que a procura de regulação, seja pela via pública seja pela privada, tem sido predominantemente não mais do que a busca de edificação de barreiras de entrada à concorrência, um esforço de «captura» de legisladores, administradores e reguladores[2973].

Curiosamente, o «mercado da corrupção» apresenta características peculiares, devidas ao facto de o fenómeno poder gerar múltiplos equilíbrios, em função da sua intensidade e difusão social – podendo adiantar-se, sucintamente, que os «ganhos de corrupção» dependem crucialmente do número de pessoas envolvidas, como pode ilustrar-se graficamente:

Como ficou já sugerido, também existe um elemento de jogo na corrupção, dada a distribuição de riscos entre os envolvidos[2975], quer nas relações entre as partes, quer na estruturação interna de cada uma das partes, no sentido de poder haver interesses sobrepostos de que o corruptor ou o corrupto sejam meros intermediários[2976]. Por outro lado, os papéis de intermediação e angariação de corrupção tornam claro que há muito de sinalização e de aparência nesse «mercado de favores», havendo ganhos para a corrupção que advêm da simples percepção de que a corrupção está generalizada[2977] – não sendo de excluir que falar-se dela seja, afinal, não mais do que uma forma de publicitá-la e de induzir um ambiente em que se ultrapassa aquele ponto de equilíbrio a partir do qual a corrupção predomina[2978].

Em favor de um desequilíbrio «pró-corruptor», há que não esquecer o efeito de imitação que tantas vezes se manifesta na conduta criminal, sendo muito frequente que crimes de alguma notoriedade pública provoquem a breve trecho as suas próprias réplicas, os «*copycats*»[2979], sendo

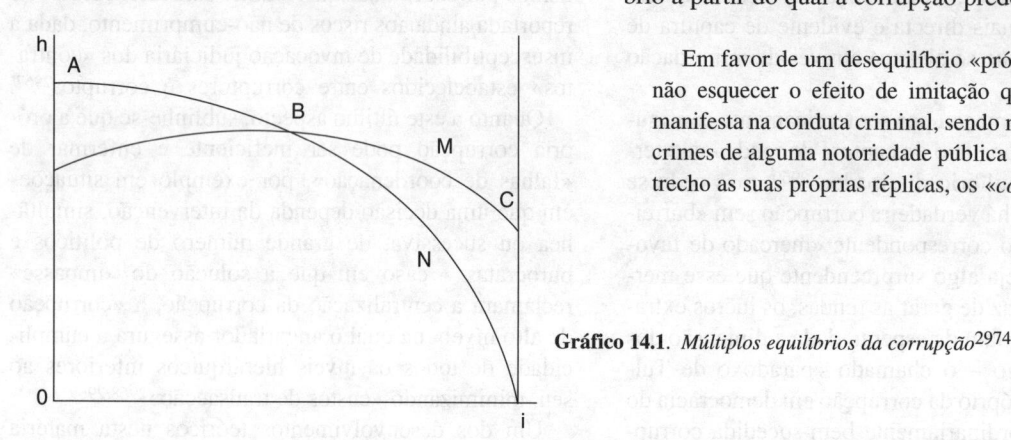

Gráfico 14.1. *Múltiplos equilíbrios da corrupção*[2974]

Eixo 0-i: Intensidade da corrupção (em 0, nenhum político ou burocrata é corrupto, em i todos são corruptos)
Eixo 0-h: Ganhos de honestidade/corrupção
Curva M: Benefício marginal de um político/burocrata corrupto
Curva N: Benefício marginal de um político/burocrata honesto
Ponto A: Quando não há corrupção ou ela é escassa, o político/burocrata ganha mais do que o político/burocrata corrupto
Ponto B: Os ganhos do político/burocrata corrupto vão aumentando à medida que a corrupção se generaliza, e mais pessoas procuram os seus serviços, em detrimento dos do político/burocrata honesto (com maior corrupção, o político/burocrata corrupto pode actuar com menos custos de busca, com menos riscos de detecção e com menor perda de reputação no caso de detecção). Todavia, no ponto B, o aumento da oferta de corrupção começa a provocar uma *dissipação da renda* marginal.
Ponto C: Com a universalização absoluta da corrupção, o político/burocrata honesto é afastado do mercado, e esse afastamento gera, apesar da «dissipação de renda» da concorrência, um ganho residual para o político/burocrata corrupto.
Os pontos A e C são estáveis, o ponto B não é. Em A *não vale a pena* ser corrupto, em C *não vale a pena* ser honesto; em B *é indiferente* ser-se honesto ou corrupto – mas basta haver mais um político/burocrata honesto para valer a pena ser-se honesto (deslocamo-nos para a esquerda de B), ou mais um político/burocrata corrupto para valer a pena ser-se corrupto (deslocamo-nos para a direita de B). As condições iniciais (de prevalência da honestidade ou de prevalência da corrupção) são assim decisivas e potencialmente auto-perpetuadoras – uma sociedade em que prevalece a honestidade tenderá espontaneamente para A, outra em que prevaleça a corrupção tenderá espontaneamente para C.

[2972] DeSoto, H. (1989); Djankov, S., R. La Porta, F. Lopez-de-Silanes & A. Shleifer (2002), 1-37.
[2973] Coppin, C. & J. High (1999); Glaeser, E.L. & A. Shleifer (2003), 417ss.; High, J. (org.) (1991); Libecap, G. (1992), 242-262; Okun, M. (1986); Troesken, W. (2002), 275-295; Wood, D. (1986); Young, J. (1989).
[2974] Bardhan, P. (1997), 1332.
[2975] Andvig, J.C. & K.O. Moene (1990), 63-76; Cadot, O. (1987), 223-244.
[2976] Hillman, A.L. & E. Katz (1987), 129-142.
[2977] Gambetta, D. (1988), 158-175; Tirole, J. (1996), 1-22.
[2978] Oldenburg, P. (1987), 508-535.
[2979] Bandura, A. (1973); Berkowitz, L. (1973); Glaeser, E.L., B. Sacerdote & J.A. Scheinkman (1996), 507-548; Kahan, M. (1997), 276-304; Landes, W.M. (1978), 1-32; Skogan, W.G. (1990).

o fenómeno dos «gangs» uma clara ilustração de que o crime pode «gostar de companhia» e pode até rodear-se de uma aura de «moda»[2980]/[2981]. A corrupção, nas suas diversas vestes e manifestações, tem também ela esse efeito «encorajador» dos grandes números, levando à imitação quando surge a percepção de impunidade generalizada, ou até, no limite, a noção de «normalidade»[2982].

Por isso, uma das propostas mais recorrentes para o combate à corrupção é o desmantelamento de poderes de influência monopolistas, ou quase-monopolistas, que facilitem a administração de favores, que permitam a fácil identificação do político/burocrata corrupto e propiciem a geração de uma reputação de corrupção[2983] – pois tudo isso amplia as possibilidades de «captura» do guardião do interesse público, e permite a perpetuação dos desvios de poder resultantes dessa corrupção[2984]. Nesse aspecto, uma forma especialmente eficiente de combate à corrupção é a da «dissipação das rendas» através da multiplicação de instâncias que concorram entre elas na prestação de serviços de utilidade colectiva[2985], até ao limite da privatização dessas instâncias, o que pode constituir uma medida erradicadora de largo alcance[2986]/[2987].

Apesar das dificuldades na medição dos fenómenos da corrupção, têm sido tentadas algumas comparações internacionais, e ensaiadas algumas correlações inversas entre níveis de corrupção e níveis de investimento privado e de crescimento[2988], e tentadas até algumas explicações (causais) gerais para o fenómeno[2989]. É evidente que muito do mercado de favores políticos vive do secretismo e do aproveitamento da assimetria informativa que desfavorece o público em geral, permitindo con-

luios de «risco moral» contra o interesse dos desinformados: pelo que muitas propostas se têm reorientado, não tanto no sentido da erradicação do «dinheiro na política» e do «mercado de favores», mas na transparência dos processos, trazendo uma «barreira de luz» à própria generalização de práticas *pró-corruptoras*[2990].

14 – c) A justiça fiscal

A maior parte das formas de tributação do rendimento adoptam actualmente a solução da progressividade das taxas, querendo com isso dizer-se que pretendem discriminar as pessoas de mais elevados rendimentos, fazendo-as pagar um montante de imposto que é mais do que proporcional àquilo que pagam aqueles que têm rendimentos menores – verificando-se, pois, uma progressividade maior nas taxas marginais, as que oneram cada incremento no rendimento, do que nas taxas médias, que são o quociente da tributação pelo total do rendimento, embora ambas as taxas sejam progressivas –[2991]/[2992]. Trata-se de uma *intenção*, não mais, porque a progressividade das taxas de imposto implica o agravamento da complexidade das normas de incidência, e por isso uma oneração com custos de acatamento que, como vimos, discriminam a favor dos contribuintes mais ricos e contra os mais pobres[2993].

Com efeito, um dos aspectos mais chocantes das sociedades actuais é a forma como a proclamação da «justiça» da progressividade das taxas de imposto coexiste hipocritamente com a generalização da fuga ao imposto por parte dos contribuintes mais ricos, escudados estes atrás de engenharias financeiras, de planifica-

[2980] Huff, C.R. (1990); Miller, W.B. (1990).

[2981] É claro que o efeito de imitação não tem as suas únicas manifestações, nem as principais, na área do crime. Pense-se na auto-medicação, que parte muitas vezes de simples efeitos de imitação, limitando-se cada um a confiar no sucesso terapêutico que julga ter observado em outros; e pense-se até na cirurgia, seja a cirurgia estética, sejam até algumas intervenções eventualmente «frívolas». Cfr. Phelps, C.E. & C. Mooney (1993), 140-178; Robin, E.D. (1984); Taylor, R. (1979).

[2982] Sheffrin, S.M. & R.K. Triest (1992), 193-218.

[2983] Bardhan, P. (1997), 1337ss.; Rose-Ackerman, S. (1978); Rose-Ackerman, S. (1994).

[2984] Mookherjee, D. & I.P.L. Png (1995), 145-159.

[2985] Rose-Ackerman, S. (1978).

[2986] Boycko, M., A. Shleifer & R.W. Vishny (1995); Kaufmann, D. & P. Siegelbaum (1997), 419-464.

[2987] Isto embora haja exemplos de «captura» no processo de privatização, deixando-se nas empresas privatizadas alguns «alçapões» que propiciam a perpetuação de formas de corrupção Shleifer, A. & R.W. Vishny (1993), 599-618.

[2988] Mauro, P. (1995), 681-712.

[2989] Ades, A. & R. Di Tella (1999), "Rents, Competition, and Corruption", *American Economic Review*, 89/4, 982ss..

[2990] Em alternativa, já se propôs um sistema em que os donativos para candidatos e partidos deveriam ser forçosamente anónimos, insusceptíveis de identificação pelos beneficiários (que receberiam *«vouchers»* em proporção do total dos donativos). Cfr. Ackerman, B. & I. Ayres (2002).

[2991] Sobre a progressividade dos impostos, cfr. Sanches, J.L.S. (2002), 169ss.

[2992] A distinção entre taxas médias e marginais, para efeitos de progressividade, é decisiva para se aferir com rigor o impacto económico dos impostos, e em especial o seu impacto no crescimento. Para a sua aplicação numa comparação internacional de regimes fiscais, cfr. Padovano, F. & E. Galli (2002), 529-544.

[2993] Aaron, H. (1990), 321-331; Arlinghaus, B.P. & D.T. Anderson (1986), 273-292; Blumenthal, M. & J. Slemrod (1992), 185-202; Boskin, M.J. (1978), S3-S27; Hausman, J.A. (1981b), 27-72; Maki, D. (1996), 317-329; Slemrod, J. & M. Blumenthal (1996), 411-438; Slemrod, J. & N. Sorum (1984), 461-474; Slemrod, J. (1992), 250-256.

ções tributárias e de fachadas societárias estabelecidas em «paraísos fiscais», quando não mesmo protegidos por «cartéis de corrupção» dentro de redes de influências – sendo essa consequência perversa tanto mais vincada quanto mais essa progressividade é proclamada e formalmente consagrada nas leis tributárias, deixando os mais ricos mais desonerados e *dentro* da legalidade aparente, e os contribuintes mais pobres, a *classe média*[2994], confrontados com a opção entre uma oneração desproporcionada e a «saída» para a «economia paralela» e para a ilicitude[2995]. Não será a melhor prova da falência dos impostos progressivos o facto de eles nem sequer terem conseguido, em tantas situações, travar o agravamento das desigualdades de rendimentos, e nem sequer reduzirem essas desigualdades, ou ao menos reduzirem-nas mais do que proporcionalmente ao aumento do «*excess burden*»?[2996].

Se a progressividade das taxas é tantas vezes um logro, porque continua ela a ser tão praticada? Pela elementar razão de que se trata de uma ideia imensamente apelativa para o «eleitor mediano», que muitas vezes está disposto a aceitar a pior das onerações tributárias com a ilusão consoladora de que há quem pague mais do que ele[2997]. Uma ideia tão atraente não pode ser rejeitada por um partido que queira ganhar eleições conquistando o voto dos indecisos, do votante mediano, que em geral é um contribuinte de baixos rendimentos: visto que as classes mais pobres são isentas de pagar impostos sobre o rendimento, as classes contribuintes concentram-se acima da mediana dos rendimentos, e por isso o votante mediano é dos que pagam menos imposto, nada tendo pois a recear, *aparentemente*, da progressividade dos impostos[2998].

Com efeito, tem sido comprovado o «teorema da progressividade» que estabelece que uma taxa marginalmente progressiva é sempre eleitoralmente mais forte do que uma taxa marginalmente regressiva, bastando para isso que cada votante escolha a solução que minimiza a sua carga tributária e que o rendimento tributável *mediano* se situe abaixo do rendimento tributável *médio*[2999]. Poderia sustentar-se que este é um dos casos de «ineficiência dinâmica» que resultam de uma «constituição fiscal» assente em regras maioritárias, que dão livre curso ao egoísmo do votante mediano, sem o travão de um direito de veto por parte de interesses minoritários[3000] e sem recurso a um «véu de ignorância» que evite os «erros de paralaxe» pós-constitucionais do votante mediano[3001]: cada um vota de acordo com a vontade rectificativa e maximizadora *a partir da sua actual posição* dentro do esquema redistributivo, que lhe condiciona as suas decisões económicas e políticas para o futuro, tendendo portanto para a auto-perpetuação das desigualdades através de qualquer dos sistemas de tributação que seja maioritariamente adoptado (em termos macroeconómicos, as soluções políticas passam a reflectir a predominância desta vontade *endógena* de preservação de privilégios individuais, de perpetuação de qualquer *status quo*, qualquer que ele seja, uma vontade que se avoluma de acordo com interacções dinâmicas)[3002]; por exemplo, é de esperar que uma elevada intensidade de redistribuição presente desincentive a poupança e o investimento, tornando mais provável que o futuro votante mediano seja favorecido pela redistribuição[3003]. Que isto reflicta miopia desse votante[3004], ou a simples vontade de consistência intertemporal[3005], ou a indiferença às potencialidades estratégicas da interacção[3006], ou a simples esperança de aliciamento ou de pressão sobre os políticos a partir de posições «entrincheiradas» de interesses, no sentido de obtenção de excepções ao regime fiscal que é aprovado – o facto é que o votante mediano é muito atraído pela «ilusão fiscal» da progressividade, deixando-se entorpecer por essa perspectiva[3007].

[2994] Dado que os indivíduos mais pobres dentro de uma sociedade tendem, como vimos, a não ser onerados com impostos directos, ou quando muito a serem beneficiados com impostos negativos.

[2995] Brou, D. & K.A. Collins (2001), 1539-1562.

[2996] Slemrod, J. (org.) (1994).

[2997] Para uma ponderação genérica sobre os «custos políticos» da tributação, cfr. Vasques, S. (2001), 62ss..

[2998] Chu, H.Y. (2001), 823-827.

[2999] Embora possa comprovar-se também uma tendência para a polarização, com um «teorema da regressividade». Cfr. Hindriks, J. (2001), 43-50.

[3000] Azariadis, C. & V. Galasso (2002), 255-281.

[3001] Eichner, T. (2002), 615-630.

[3002] Hassler, J., J.V. Rodríguez Mora, K. Storesletten & F. Zilibotti (2003), 87ss.; Meltzer, A.H. & S.F. Richard (1981), 914-927.

[3003] Lindbeck, A. (1995), 9-15; Lindbeck, A., S. Nyberg & J.W. Weibull (1999), 1-35.

[3004] Alesina, A. & D. Rodrik (1994), 465-490.

[3005] Bertola, G. (1993), 1184-1198; Boadway, R.W. & D.E. Wildasin (1989), 307-328.

[3006] Benabou, R. (2000), 96-129; Persson, T. & G. Tabellini (1994), 600-621.

[3007] O efeito entorpecedor da progressividade tributária está aliás empiricamente comprovado, na correlação que tão frequente e explicitamente é estabelecida entre agravamento da progressividade e abrandamento das pressões reivindicativas em matéria salarial, apresentado aquele como contrapartida do «congelamento» salarial. Cfr. Lockwood, B. & A. Manning (1993), 1-29; Malcomson, J.M. & N. Sartor (1987), 1581-1596; Putterman, L., J.E. Roemer & J. Silvestre (1998), 879-880.

Aliás, é pela mesma ilusão de favorecimento do eleitor mediano que se lança mão da tributação do rendimento das pessoas colectivas, uma outra forma de tributação profundamente ineficiente, mesmo que nela não predomine a progressividade. O votante mediano convence-se, como já vimos, de que tributar as empresas não é no fundo tributar ninguém, é lançar mão de uma fonte de receitas públicas que não onera directamente o rendimento individual mediano: e no entanto a tributação do rendimento das empresas é a tributação dos rendimentos do capital, e como a oferta de fundos de capital é muito elástica, impedindo que a tributação seja repercutida na baixa dos juros pagos, quem suporta o imposto são as próprias empresas, as quais, vendo os seus custos aumentarem – a menos que descapitalizem –, perderão em produtividade, o que acabará por ser suportado pela queda das remunerações auferidas pelos trabalhadores, entre os quais o votante mediano. A carga do imposto acaba por repercutir sobre os rendimentos laborais do votante mediano, por mais que ele, por não ter recebido senão os vencimentos mais baixos resultantes da repercussão do imposto e jamais ter experimentado os ganhos salariais que adviriam da não-tributação das empresas, seja incapaz de se aperceber de que foi vítima da ilusão de que a tributação das empresas lhe aliviaria o peso dos impostos sobre o seu rendimento individual.

O regime fiscal vigente em cada momento há-se ser, pois, o resultado de equilíbrio de um processo de escolha colectiva[3008], no qual idealmente o decisor político atenderia a uma amostra representativa dos interesses heterogéneos presentes no universo eleitoral, sem se cingir aos interesses daqueles que o elegem nem aos interesses do votante marginal (o mais próximo de mudar de opinião, o mais «volátil») – sendo que a mera consideração dessa heterogeneidade seria já justificação para a complexidade e para o carácter de compromisso e de mínimo denominador comum que assumem tão frequentemente as normas fiscais (quem cederia, ao votar, na defesa dos seus interesses, se a *simplicidade* constituísse ameaça de desconsideração, de tábua-rasa, relativamente a esses interesses?).

Como democraticamente a igualdade de voto convive com a desigualdade de condições económicas, não é fácil chegar-se a um genuíno resultado redistributivo através de votações – e decerto é mais difícil do que pela via sucedânea do «ditador benevolente». Como se isso não bastasse, temos ainda, recordemo-lo, o problema da coexistência de uma redistribuição *justa* com os efeitos mais ou menos desincentivadores e *ineficientes* de qualquer mecanismo redistributivo[3009]; e além disso, temos ainda o «*lobbying*» dos grupos de contribuintes economicamente mais poderosos e as «paralaxes» do votante mediano[3010], a juntar ao peso social que possam ter as «redes de influências» e outras instituições extra-mercado[3011], e ao próprio peso que possa ter a projecção de um estatuto social através dos efeitos da tributação e da redistribuição, a vontade de «*sinalizar*» as suas relações de *pertença* a uma classe social através da sua integração em classes de rendimento da tributação progressiva[3012], votando por afinidade, «em rebanho» (as comparações intersubjectivas que veremos identificarem-se com o requisito da igualdade *horizontal* e as demarcações que integram a igualdade *vertical*, podem por exemplo motivar o votante mediano a formar uma aliança com os votantes mais ricos no sentido de adopção de impostos regressivos – de modo a preservar a distância em relação aos contribuintes mais pobres[3013]), fazendo sempre do votante mediano o «fiel da balança» de que depende sempre, em última instância, o «bloco votante» vencedor[3014], como veremos que a teoria da «escolha pública» tende a enfatizar, e resulta aliás de modelos elementares da teoria dos jogos[3015].

Muito do cepticismo, que hoje é crescente, que rodeia o tema do impacto das reformas fiscais na efectiva redistribuição de rendimentos e na diminuição das mais graves disparidades tem resultado não apenas dos efeitos de distorção de incentivos a que aludimos já[3016], mas resulta também da circunstância prévia de a análise que se lhes reporta ter quase sempre privilegiado, enganadoramente, os efeitos sobre as classes mais elevadas de rendimento – subestimando o efeito global sobre todos os tipos de rendimento[3017], o que normal-

---

[3008] Hettich, W. & S.L.Winer (1999), 1.

[3009] Mirrlees, J.A. (1971), 175-208; Roberts, K.W.S. (1977), 329-340; Epple, D.N. & T. Romer (1991), 828-858; Piketty, T. (1995), 551-584.

[3010] Becker, G.S. (1983), 371-400; Roemer, J.E. (1995), 399-424.

[3011] Scitovsky, T. (1976).

[3012] Para uma análise das incidências na progressividade dos impostos da primazia que os votantes dêem à comparação dos seus rendimentos relativos, cfr. Corneo, G. (2002), 1359-1368.

[3013] Cole, H.L., G.J. Mailath & A. Postlewaite (1992), 1092-1125; Lipset, S.M. (1967), 413-428; Kohn, M.L. (1969).

[3014] Corneo, G. & H.P. Grüner (2000), 1491-1493; Akerlof, G.A. (1997), 1005-1027.

[3015] Aidt, T.S. (2002), 19-40.

[3016] Altig, D. & C.T. Carlstrom (1999), 1197ss.; Gramlich, E.M., R. Kasten & F. Sammartino (1993), 225-249; Slemrod, J. (1995), 175-180.

[3017] Feenberg, D.R. & J.M. Poterba (1993), 145-177; Feldstein, M. (1995b), 551-572; Slemrod, J. (1994), 177-210.

mente requereria previamente uma análise de equilíbrio geral[3018].

Fora desse cepticismo, acrescente-se que o facto de haver efeitos redistributivos na tributação não significa que não seja possível alcançar os mesmos objectivos com menos custos sociais – os custos sociais (administrativos, de acatamento, de «planificação fiscal», de perda de bem-estar e macroeconómicos) que tornam a tributação num verdadeiro «balde furado», insusceptível de gerar benefícios sequer equivalentes às perdas que causa[3019]; o que novamente nos remete para o problema do «*excess burden*», que como vimos suscita difíceis – porventura insuperáveis – problemas de agregação e de comparação intersubjectiva quanto a elasticidades, efeitos de substituição, preferências[3020].

Seja como for, para se perceber como se chegou a estas situações absurdas da progressividade como «ópio do contribuinte»[3021], é preciso começar por entender-se qual é a lógica subjacente à solução da progressividade das taxas de imposto.

14 – c) – i) Capitação, proporcionalidade, progressividade, regressividade

Quando se pensa em distribuir pelo universo dos contribuintes o peso total da carga tributária, vários critérios de justiça podem ser invocados para se justificar as mais diversas soluções. Destaquemos, entre estas, quatro soluções:

1. a tributação de todos os contribuintes pela mesma soma (os «*lump-sum taxes*»);
2. a tributação proporcional ao rendimento de cada contribuinte, ou seja, com uma taxa uniforme;
3. a tributação proporcional com isenção dos rendimentos mais baixos, ou seja, com progressividade limitada às classes inferiores de rendimento, como sucedia no nosso já conhecido «imposto negativo»;
4. a tributação com progressividade de taxas, isto é, com taxas que se vão agravando à medida que é mais elevado o rendimento tributado, ainda que se admita um limite superior a esse agravamento.

Numa formulação sintética, dir-se-á que um imposto é progressivo ou regressivo conforme a *taxa média* aumente ou diminua com os aumentos do rendimento tributado, é proporcional se a *taxa média* não se altera com as variações do rendimento, e é «*de capitação*» se consiste no pagamento uniforme de uma única quantia[3022].

Se todos os contribuintes forem onerados com um tributo de montante invariável, a presença de rendimentos muito distintos faz com que a taxa média do imposto seja regressiva[3023]: se o imposto fosse de 500 Euros para toda a gente, ele representaria 50% do rendimento de uma pessoa que ganhasse 1000 Euros, e 10% do rendimento da pessoa que ganhasse 5000

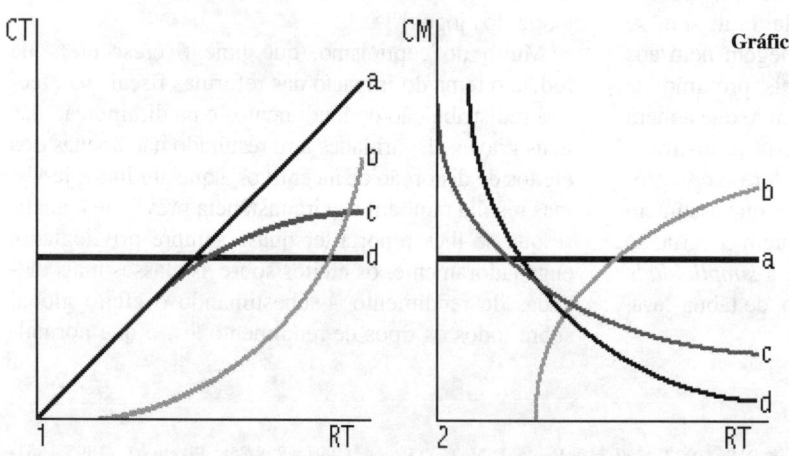

Gráfico 14.2. *Carga total e carga média dos impostos*

1: carga total (CT)
2: carga média (CM)
RT: riqueza tributada
a: imposto proporcional
b: imposto progressivo
c: imposto regressivo
d: imposto de capitação («*lump-sum tax*»)

[3018] Auerbach, A.J. & L.J. Kotlikoff (1987); Fullerton, D. & D.L. Rogers (1993).

[3019] Cowell, F. (1990); Okun, A.M. (1975).

[3020] Auerbach, A.J. (1985), 83ss..

[3021] Para parafrasearmos a célebre observação de Karl Marx, de que a religião seria "*o ópio do povo*", o "*coração de um mundo desapiedado*", a "*alma de condições desalmadas*" (na *Kritik des Hegelschen Staatsrechts*, de 1844).

[3022] Rosen, H.S. (2002), 256.

[3023] Para uma breve análise económica do imposto proporcional e do imposto regressivo, cfr. Almeida, A. (2000), 11ss., 50ss.

Euros – o que equivale a dizer que os contribuintes mais pobres pagariam proporcionalmente mais do que os mais ricos. Em contrapartida, numa tal tributação fixa «por cabeça», uniforme no seu montante, a distorção de incentivos não existe, porque a taxa marginal – a que incide sobre cada novo Euro acrescentado ao rendimento – é zero, significando isto que ter um rendimento de 1000 ou 1001 Euros, de 5000 ou 6000, de 10.000 ou 100.000 Euros não determina qualquer alteração do montante tributário devido. Um contribuinte submetido a um regime destes saberia que, uma vez pago o seu tributo, o seu esforço produtivo não seria penalizado por agravamentos de imposto a pagar, e que tudo o que auferisse para lá do quantitativo de imposto reverteria integralmente em seu benefício.

Como a taxa marginal é que verdadeiramente afecta os incentivos, visto que as decisões económicas se fazem em função de um raciocínio marginal, a tributação por um montante uniforme, típica dos impostos «de capitação» é, portanto, a mais eficiente de todas:

– não provocando qualquer perda absoluta de bem-estar[3024] – nenhuma decisão económica de proceder ou não proceder a trocas influenciará o montante devido, que não está de modo algum relacionado com a conduta do sujeito tributado[3025], e por isso não há qualquer desincentivo marginal ao enriquecimento –;

– não envolvendo custos administrativos, visto que qualquer adulto vivo deveria a mesma quantia de imposto, invariavelmente – a menos que o contribuinte quisesse simular a sua morte perante a administração fiscal, como forma de se libertar do imposto –.

Contudo, sendo a mais eficiente, esta forma de tributação está limitada pela inobservabilidade de características individuais que não se relacionem com a conduta do sujeito, e portanto pela susceptibilidade de ocultação de factores de tributação atrás de barreiras de assimetria informativa[3026]; e é também a forma de tributação mais injusta, já que é ostensivamente regressiva, *discriminando contra os pobres*[3027/3028].

No caso de tributação proporcional, as taxas média e marginal coincidem, porque a taxa é a mesma para qualquer nível de rendimento, e por isso não se altera pelo facto de o rendimento tributável variar, para cima ou para baixo. Essa coincidência significa que o contribuinte não tem a percepção de que a sua situação tributária se agrava com o aumento do seu rendimento, antes se mantém invariável.

Isso quer dizer que, na solução da proporcionalidade, não existem desincentivos crescentes ao aumento de rendimento nem motivos especiais para que o contribuinte distorça a sua conduta económica por razões fiscais; quer dizer também que os custos de acatamento não têm que ser muito elevados, já que, não havendo tratamento discriminado em função de classes de rendimento, os ganhos advenientes de um esforço de minimização da carga tributária serão em princípio menos amplos, tal como serão menos amplos os agravamentos da carga tributária que resultem de um menor zelo posto na planificação tributária e na evasão fiscal por parte dos contribuintes.

Nas duas formas de tributação com progressividade de taxas, ocorre uma clivagem entre taxa média – o quociente entre rendimento total e total de tributo pago – e taxa marginal – o quociente entre variação do rendimento e variação do tributo pago –, sendo que a taxa média denota o sacrifício suportado pelo contribuinte com o pagamento dos impostos, enquanto que a taxa marginal se reporta, como dissemos, aos incentivos a aumentar ou diminuir o rendimento. Para que haja progressividade, isto é, para que o sacrifício dos contribuintes vá subindo mais do que proporcionalmente ao aumento de rendimento, a taxa marginal tem que ser superior à taxa média, pelo que, a deixar-se que essa taxa marginal subisse indefinidamente, ela converter-se-ia a partir de certo nível num fortíssimo desincentivo ao esforço de enriquecimento, à livre iniciativa económica: no limite, uma taxa marginal de 100% confiscaria toda a riqueza nova que fosse gerada pelo contribuinte, toda a riqueza superior a um determinado montante total, retirando-lhe qualquer incentivo individual para promover esse enriquecimento suplementar[3029].

[3024] Rosen, H.S. (2002), 286.

[3025] Rosen, H.S. (2002), 256.

[3026] Afinal, as limitações que o «paradigma informativo» impõe ao «paradigma neoclássico», que equaciona as possibilidades redistributivas apenas em termos do valor agregado dos recursos e da tecnologia disponível. Cfr. Stiglitz, J.E. (1994).

[3027] Ora o facto é que até na tributação indirecta há lugar à ponderação de objectivos redistributivos. Cfr. Vasques, S. (2001), 65ss..

[3028] Não subestimemos o interesse teórico e prático do conceito de «imposto de capitação». Por exemplo, a promoção da igualdade sem perda de eficiência, a conciliação do *trade-off* entre justiça e eficiência, poderia alcançar-se a níveis muito satisfatórios se, num ambiente concorrencial, fosse possível proceder a transferências de bem-estar através de simples impostos «lump-sum», sem aumento do valor agregado do «excess burden»: pedindo aos contribuintes mais ricos que entregassem, todos eles, uma mesma quantia, uma única quantia, que depois seria repartida pelos mais pobres. Cfr. Putterman, L., J.E. Roemer & J. Silvestre (1998), 862ss..

[3029] Dentro dos impostos progressivos, é possível distinguir as hipóteses de «progressão contínua» das de «progressão por dedução» (imposto decrescentemente progressivo). Cfr. Almeida, A. (2000), 16ss.

Temos assim que a progressividade das taxas dá origem à menos eficiente das formas de tributação; mas será ela, em contrapartida, a mais justa?

Sem dúvida que, num certo sentido, ela o é, visto que é ela que *em abstracto* – descontados os já referidos problemas em termos de eficiência – mais retira ao rendimento dos contribuintes mais ricos, deixando-os mais próximos dos mais pobres, por simples efeito da cobrança dos impostos, ou seja, mesmo que se não lhe seguisse uma redistribuição a favor destes. Num outro sentido também o é, visto que, novamente *em abstracto*, aproxima o valor dos rendimentos líquidos de imposto, tal como eles podem ser aferidos em termos de utilidade marginal:

Aquele que tem 10.000 Euros, e é tributado em 4000, fica com 6000 Euros líquidos de imposto, aquele que tem 5000 Euros, e é tributado em apenas 1000, fica com 4000 Euros líquidos de imposto, pelo que pode presumir-se, num contexto em que prevaleça a lei da utilidade marginal decrescente, que o último Euro pago de imposto pelo contribuinte mais rico (a 6001ª unidade) tem uma utilidade marginal menor do que a que corresponde ao último Euro pago pelo contribuinte mais pobre (a 4001ª unidade do seu rendimento), mas que essa utilidade marginal, e o sacrifício marginal correspondente, seria muito menor se, vigorando a proporcionalidade, o mais rico pagasse apenas 2000 Euros de imposto e ficasse com 8000 Euros, por comparação com o menos rico, que pagaria 1000 Euros e ficaria com 4000 Euros.

14 – c) – ii) Capacidade e benefício

"Os súbditos de todos os Estados devem contribuir para a manutenção do governo, tanto quanto possível, em proporção das respectivas capacidades, isto é, em proporção do rédito que cada um usufrui sob a protecção do Estado" – Adam Smith[3030].

Mas a resposta à questão da justiça tributária reclama um maior esclarecimento, e reconduz-nos à dicotomia «capacidade - benefício»[3031].

Lembremos que, segundo o princípio da *capacidade contributiva*, a oneração dos impostos deveria ser distribuída de acordo com a aptidão de cada um para suportar, com o seu rendimento, o sacrifício representado por aquela oneração – para simplificarmos, ignoremos a possibilidade, muito real, de o devedor de imposto repercutir, parcial ou totalmente, a oneração do imposto para um *contribuinte de facto*, perturbando assim um quadro identificador da repartição da carga tributária –[3032].

A igualdade de sacrifícios pressupõe que as situações subjectivas dos contribuintes sejam comparáveis, o que não é facilmente realizável: assim sendo, a capacidade contributiva acaba por remeter para dois princípios complementares que, não sendo cada um deles muito rigoroso, conjuntamente nos dão uma ideia daquilo que pode ser, nesta sede, uma discriminação justa entre contribuintes[3033]:

– o princípio da *igualdade horizontal*, segundo o qual dois contribuintes com uma capacidade contributiva similar – isto é, com um mesmo rendimento líquido de certas despesas pessoais e familiares que socialmente devam entender-se por dedutíveis – devem pagar o mesmo montante de imposto;

– o princípio da *igualdade vertical*, segundo o qual um contribuinte que demonstre maior capacidade contributiva do que outro deve pagar mais imposto do que este[3034].

Note-se, todavia, que o princípio de igualdade horizontal é um pouco vago quanto àquilo que seja o grau de similitude e as diferenças relevantes e atendíveis – e as irrelevantes e inatendíveis – para efeito de equiparação entre capacidades, não podendo excluir-se que haja alguma arte, alguma convenção, na modelação dos correspondentes padrões aferidores, e na forma como deve evitar-se, com todo o cuidado, que os critérios adoptados possam, por falta de neutralidade económica, converter-se perversamente em incentivos à adopção de condutas disruptoras da normalidade ou da coesão social: por exemplo, evitando um tratamento fiscal que, favorecendo os solteiros e através deles as uniões de facto, se converta num incentivo fiscal à dissolução do matrimónio – a chamada «*marriage penalty*»[3035] contra a qual foi preciso engendrar, nos impostos progressivos, o «quociente conjugal»[3036].

[3030] Smith, A. (1976b), 825 (=II, 485-486).

[3031] Sobre os princípios do benefício e da capacidade contributiva, cfr. Sanches, J.L.S. (2002), 16-17, 50-51, 166-169.

[3032] Portugal, A.M. (2004), 28ss.; Vasques, S. (2001), 97ss..

[3033] É de lembrar que a uniformidade na tributação só será óptima no pressuposto de alguma comparabilidade entre «funções de utilidade», sem o que ocorrerão distorções. Cfr. Atkinson, A.B. & J.E. Stiglitz (1976), 55-75; Auerbach, A.J. (1983), 451-513; Auerbach, A.J. & J. Slemrod (1997), 593ss.; Fullerton, D., Y.K. Henderson & J. Mackie (1987), 173-201; Goulder, L. & P. Thalman (1993), 169-196; Jorgenson, D.W. & K.-Y. Yun (1990), S151-S193; Shoven, J. (1990), 177-185.

[3034] Franco, A.L.S. (2002), II, 188ss.

[3035] Rosen, H.S. (2002), 360-364.

– O problema é que, se presumirmos que existe uma racionalidade económica subjacente à decisão matrimonial[3037], a «penalização fiscal» funcionará como um efectivo dissuasor de futuros casamentos, e como um promotor de divórcios – o que tem sido estatisticamente comprovado (porventura em desabono de visões mais romantizadas sobre os laços matrimoniais)[3038].

– Mas não são apenas os impostos que contêm implícita uma «penalização do matrimónio», visto que muitas medidas legislativas e programas governamentais discriminam também economicamente contra os casados, ou a favor deles[3039]: basta para tanto que exista uma discriminação de tratamento em função do rendimento ou da riqueza, e que esse rendimento ou riqueza seja o critério básico para a aplicação da medida ou programa, sem se levar em conta os impactos do matrimónio na expressão do rendimento ou riqueza[3040/3041].

– Refira-se aliás que o problema da tributação da família continua em aberto, sendo um dos domínios em que mais impera a incerteza, tantas décadas depois da generalização dos sistemas de tributação unitária do rendimento[3042].

Retenhamos, da definição de justiça horizontal em termos de utilidade, que: a) se dois indivíduos têm o mesmo nível de utilidade na ausência de impostos, devem continuar a tê-la depois de tributados; b) se o indivíduo A tem utilidade superior ao do indivíduo B antes dos impostos, essa seriação deveria em abstracto manter-se depois da tributação[3043].

Também o próprio princípio de igualdade vertical, especialmente vocacionado para lidar com os fundamentos da progressividade nos impostos sobre o rendimento[3044], nada nos esclarece quanto à adopção de uma solução concreta: é que, se se trata de fazer com que um contribuinte mais rico pague mais do que um pobre, isso tanto pode acontecer num sistema progressivo (quem ganha 10.000 paga 4000, quem ganha 5000 paga 1000) como num proporcional (quem ganha 10.000 paga 4000, quem ganha 5000 paga 2000), como até num sistema regressivo (quem ganha 10.000 paga 4000, quem ganha 5000 paga 3000). Em qualquer destes casos, o contribuinte mais rico paga mais do que o mais pobre, e o princípio da igualdade vertical é respeitado; para complicar as coisas, lembremos que demasiada insistência no aumento de oneração dos contribuintes mais ricos pode conduzir a resultados inesperados e perversos, como já vimos a propósito da repercussão do imposto sobre os contribuintes mais pobres, por força da elasticidade-preço dos consumos de luxo[3045].

Como tendência geral, retenhamos que o princípio da igualdade vertical faz sentido como salvaguarda contra a subversão até do mais simples e menos exigente critério distributivo da carga tributária. Se recordarmos um quadro respeitante à desigualdade na repartição do rendimento em Portugal em 1994/95 podería-

20% mais pobres	segundos 20%	terceiros 20%	quartos 20%	20% mais ricos
7,3	11,6	15,9	21,8	43,4

mos concluir que um mínimo de justiça reclamaria que a carga tributária que incide sobre os 20% mais ricos não fosse inferior a 43,4% do total do imposto, isto é, não fosse inferior à percentagem de rendimento que

[3036] Whittington, L.A. & J. Alm, (2001), 455-472.

[3037] Becker, G.S. (1991).

[3038] Alm, J. & L.A. Whittington (1995), 25-31; Alm, J. & L.A. Whittington (1996b), 219-240; Alm, J. & L.A. Whittington (1999), 1-24; Dickert-Conlin, S. (1999), 217-240; Gelardi, A.M.G. (1996), 17-30; Sjoquist, D.L. & M.B. Walker (1995), 550-564; Whittington, L.A. & J. Alm (1997), 388-412.

[3039] Alm, J., S. Dickert-Conlin & L.A. Whittington (1999), 193ss..

[3040] Steuerle, C.E. (1999), 35-45. Especificamente quanto a discriminação fiscal, veja-se o quadro geral em: Alm, J. & L.A. Whittington (1996), 571-589; Bartlett, B. (1998), 1341-1357; Bittker, B.I. (1975), 1392-1463; Brozovsky, J. & A.J. Cataldo III (1994), 163-187; Feenberg, D.R. & H.S. Rosen (1995), 91-101; Rosen, H.S. (1987), 567-575.

[3041] Por exemplo, o nosso já conhecido «Earned Income Tax Credit» é, também ele, uma fonte de «penalização fiscal» do casamento. Cfr. Alm, J., S. Dickert-Conlin & L.A. Whittington (1999), 194; Dickert-Conlin, S. & S. Houser (1998), 175-217.

[3042] McCaffrey, E.J. (1997).

[3043] Rosen, H.S. (2002), 322.

[3044] Ballentine, J.G. (1986), 1035-1039; Feldstein, M. (1988), 37-59; Kasten, R., F. Sammartino & E. Toder (1994), 9-50; McLure Jr., C.E. (1988), 303-315; Pechman, J.A. (1990), 1-20; Wallace, S., M. Wasylenko & D. Weiner (1991), 181-198.

[3045] Pensemos ainda que o valor de uso (extra-mercado) de muitos bens depende de condições idiossincráticas, únicas e irreprodutíveis – pelo que não pode excluir-se que, ao contrário do que se pressuporia nos termos de uma pura análise marginalista, alguns desses bens tenham mais valor para os ricos do que para os pobres – o lazer, a expectativa de vida, a poupança com o objectivo de legar património – pelo que, por esta via, poderia chegar-se à conclusão de que a tributação socialmente mais eficiente seria a abertamente regressiva. Cfr. Usher, D. (2001), 673-703.

lhes cabe, e que, pela mesma razão, a carga tributária que recai sobre os 20% mais pobres não ultrapassasse os 7,3% do total das receitas de imposto. Mas isto, insistamos, é muito menos do que pareceria ser reclamado por uma consideração acerca dos efeitos regressivos, proporcionais ou progressivos das taxas de imposto.

Segundo o princípio do *benefício*, ou «*da equivalência*», as pessoas devem ser tributadas proporcionalmente ao uso que fazem dos bens públicos, o que exige que se pressuponha que é possível detectar e contabilizar um uso privado dos bens públicos – coisa que de certo modo colide com a própria definição de bem público –, ou que ao menos seja legítimo estabelecer-se algumas presunções a esse respeito: que os possuidores de veículos automóveis são os principais utentes de todas as rodovias existentes no país e alguns dos principais causadores de poluição atmosférica, que os grandes proprietários urbanos são os principais beneficiados com o policiamento, com a iluminação pública, com o saneamento – e até com o combate à pobreza e com a erradicação da marginalidade –, que os residentes mais próximos de uma nova ponte ou auto-estrada são os que mais valor retiram desses novos equipamentos colectivos. A admitir-se que esse benefício exista, então a tributação seria discriminada em termos de contrapartida – o que configuraria uma justiça fiscal entendida como reciprocidade –[3046].

O princípio do benefício ganha mais sentido num plano mais genérico e radical, que se prende com a constatação de que são os mais ricos que aparentemente mais têm a perder com o colapso das instituições que são alimentadas pelas receitas públicas, a começar pela defesa política e jurídica do direito de propriedade que lhes protege o património, sendo por isso eles que em primeiro lugar deveriam contribuir para a preservação daqueles instrumentos que, chegando ao limite do próprio uso da força, lhes asseguram o benefício exclusivo dos seus bens – uma visão um pouco simplista e *datada*, que pressupõe uma natureza essencialmente fundiária ou industrial da prosperidade dos mais ricos e escamoteia a dupla circunstância de, por um lado, o principal da riqueza se ter amplamente desmaterializado, reclamando uma defesa muito mais fraca do direito de propriedade, e de por outro as tarefas de segurança não constituírem um bem público, e por isso podem ser prestadas por entidades privadas recrutáveis através do mercado, com plena eficiência (como pode comprovar-se pela tendência contemporânea para a privatização de amplos domínios de segurança tradicionalmente confiados a forças de segurança estaduais e municipais)[3047].

Por fim, refira-se que o princípio do benefício é, com a sua ênfase na reciprocidade e na proto-contratualidade, o único que os libertários aceitam como legítimo: os impostos seriam uma espécie de *preço* pela protecção e pela coordenação, quando elas fossem necessárias ou requeridas pelo indivíduo; mas os impostos passariam a ser devidos em muito menor grau sempre que, acoitando-se na sua esfera de intimidade, o indivíduo prescindisse da maior parte dos serviços públicos, ou passasse a procurar os respectivos equivalentes através do mercado – tomando-se por *absurdo* que um indivíduo pague por aquilo que não utiliza e que dispensa, ou que seja forçado a pagar apenas porque enriqueceu, e tomando-se por *uma violência* que ele seja forçado a pagar para benefício de outros que, nas mesmas circunstâncias e com as mesmas oportunidades do que ele, por alguma razão não enriqueceram tanto como ele (e que em resultado disso são agora incentivados a serem parasitas do seu esforço de enriquecimento). É também isso que em larga medida explica que a tributação do património seja matéria especialmente melindrosa, e especialmente susceptível de desencadear resistências e rebeliões – a mesma razão pela qual muitos sistemas tributários tratam a matéria com especiais cautelas, e de uma forma muito mais conservadora do que o fazem com a tributação do rendimento[3048].

14 – d) Redistribuição e taxa plana

> *"Não há artimanha que um governo aprenda mais depressa de outro do que essa de extorquir dinheiro dos bolsos dos particulares"* – Adam Smith[3049].

As graves injustiças resultantes dos custos administrativos, da discriminação favorável aos contribuintes mais ricos em razão da complexidade das normas tributárias, do próprio potencial de «rent-seeking» e de corrupção que se abriga na ilusão de tributação do rendi-

[3046] Vasques, S. (1999), 221ss.; Vasques, S. (2001), 110ss..

[3047] Não devendo perder-se de vista que existe na relação tributária um fundo contratual que não permite afastar inteiramente a matriz privatística. Cfr. Sanches, J.L.S. (2002b), 853-872.

[3048] Veja-se o já famoso exemplo da tributação do património na Califórnia, ostensivamente oposta a actualizações do valor tributável ligadas à evolução do valor de mercado dos imóveis – ainda que a perda de receitas daí adveniente seja procupante para as receitas do Estado. Cfr. O'Sullivan, A., T.A. Sexton & S.M. Sheffrin (1995).

[3049] Smith, A. (1976b), 861 (=II, 544).

mento real – quando este é delineado de acordo com os interesses dos grupos de pressão e contém os particularismos e armadilhas cuja remoção torna aliciante o recurso à corrupção –, tem levado à generalização da convicção de que muitos dos desígnios de justiça que presidiram às reformas fiscais no século XX – a tributação do *rendimento real*[3050], a progressividade das taxas, etc. – foram gravemente pervertidos, pesem embora as boas intenções subjacentes[3051], levando à edificação de grandes babilónias normativas em que a injustiça e a «empresarialidade política»[3052] grassam impunemente; facto que se lamenta, mas que em contrapartida torna o tema da reforma fiscal num dos mais absorventes e dilacerantes a que se dedicam as sociedades modernas, atingindo os próprios fundamentos da coesão social, os conceitos de justiça, os requisitos de eficiência, a própria legitimação do Estado e das suas relações com os cidadãos[3053].

Uma das soluções que tem sido sugerida como remédio a esse estado de coisas é a da drástica simplificação das leis de imposto e dos deveres acessórios da obrigação tributária – mesmo quando isso envolva a deliberada destruição dos velhos ídolos da justiça material, que como temos referido tão frequentemente se revelaram inoperantes.

Muitos dos critérios pelos quais se pode aferir a qualidade de um sistema tributário – justiça, eficiência, simplicidade, flexibilidade e transparência – prendem-se exactamente com a necessidade de facilitar os esforços de acatamento por parte dos contribuintes, até por ser essa a via que mais facilita a própria supervisão dos contribuintes sobre a efectiva aplicação de critérios de justiça: pensemos que a *transparência* requer que os contribuintes percebam com facilidade quais os critérios de tributação que foram utilizados, de forma a poderem concluir se foram, ou não, vítimas de uma discriminação injustificada, se foram concretamente violados, em relação a eles, os princípios de igualdade horizontal e vertical. Em contraste com a complexida-

de e obscuridade das normas tributárias, que nem permitem discernir a justiça concreta da sua aplicação e por isso tendem a assegurar acatamento através da intimidação permanente (criando novos custos administrativos), é generalizada a convicção de que o aumento da qualidade do sistema tributário através da simplificação diminuirá os «custos de acatamento» e reflexamente os «custos administrativos», ou «custos de gestão»[3054] – bastando pensar que a diminuição de lacunas, ambiguidades, benefícios, isenções, da multiplicação de regimes, planos, oportunidades, tornará muito mais imediata e linear a percepção de cada produtor, de cada trabalhador, de cada fornecedor dos demais factores produtivos, quanto à carga tributária que corresponde aos seus rendimentos[3055].

Uma dessas medidas de simplificação é a do imposto de taxa uniforme ou plana («*flat tax*»), que basicamente significa que se aplicaria a qualquer montante de rendimento a mesma taxa, daí resultando, pois, que seria invariável a taxa marginal – com a imediata consequência de que não existiria desincentivo ao enriquecimento, já que aumentar-se o rendimento em um Euro ou em 10.000 Euros não alteraria a taxa marginal. Não se trataria de um puro imposto de taxa proporcional, contudo, por se admitir uma progressividade para os escalões inferiores de rendimento[3056], por exemplo através de um mecanismo em tudo similar àquele que descrevemos a propósito do «imposto negativo»[3057].

É essencialmente no ambiente norte-americano que se têm multiplicado as mais radicais propostas de reforma fiscal[3058], desde a «*flat rate tax*» ou «*flat income tax*», cujos principais proponentes são Robert E. Hall e Alvin Rabushka[3059], até versões modificadas de impostos de transacções e de impostos sobre o valor acrescentado, envolvendo também propostas de híbridos de tributação do consumo com progressividade[3060], todas elas vocacionadas para a simplificação e para a ampliação da base tributária (reduzindo regimes especiais e as áreas de isenção e eli-

---

[3050] Portugal, A.M. (2004), 22ss.; Sanches, J.L.S. (2000d), 85-100, 101-123.

[3051] Sobre a Reforma Fiscal de 1989, cfr. Cunha, P.P. (1989); Cunha, P.P. (1989b), 281-291; Cunha, P.P. (2000), 29-39; Sanches, J.L.S. (1991); Santos, J.C. (1996), 3-13.

[3052] Sobre este conceito e o que ele reflecte de equilíbrio oportunista entre produtividade e parasitismo, numa simbiose que umas vezes promove o crescimento económico e outras se limita a obter do poder político transferências de rendas económicas, à margem e em detrimento do mercado, cfr. Holcombe, R.G. (2002), 143-159.

[3053] Slemrod, J. & J. Bakija (2000).

[3054] Forest, A. & S.M. Sheffrin (2002), 75-88; Vasques, S. (2001), 58ss..

[3055] Fox, J.O. (2001).

[3056] Quanto à distinção, nos impostos progressivos, entre progressão por classes e progressão por escalões, cfr. Almeida, A. (2000), 28ss.

[3057] Todavia, as propostas que colocam mais ênfase no imposto negativo acabam por ter consequências mais «rawlsianas», melhorando a situação dos mais pobres não-contribuintes, enquanto que a «*flat tax*» tende a ser mais neutra nesse ponto, havendo até simulações que sustentam que a oneração tributária continuará a desfavorecer os contribuintes mais pobres, ou seja a *classe média*. Para uma projecção de resultados no caso italiano, cfr. Baldini, M. & P. Bosi (2001), 247-290.

[3058] Sobre a «Reforma Fiscal Permanente», cfr. Nabais, J.C. (2003), 473ss.

[3059] Hall, R.E. & A. Rabushka (1995); Rosen, H.S. (2002), 317-318, 359-360, 449-450.

são)[3061], e todas sofisticadamente atentas às incidências do «rendimento permanente» e dos efeitos inter-geracionais[3062]. A tendência para a eliminação da progressividade, ao menos nos níveis mais elevados de rendimento, é muito nítida em todas as propostas, e a motivação é evidentemente um misto de simplificação e de restabelecimento dos incentivos marginais ao enriquecimento[3063]/[3064].

Suponhamos, por exemplo, um imposto com a taxa uniforme de 20% e uma dedução fixa de 100 Euros:

Rendimento Bruto (1)	Imposto (taxa 20%) (2)	Benefício (3)	Imposto - Benefício (4 = 2 - 3)	Rendimento Líquido (5 = 1 - 4)	Taxa média (6 = (4 / 1) . 100)
100	20	100	-80	180	-80%
400	80	100	-20	420	-5%
800	160	100	60	740	7,5%
1200	240	100	140	1060	11,7%
2000	400	100	300	1700	15%
6400	1280	100	1180	5220	18,4%
20.000	4000	100	3900	16.100	19,5%
50.000	10.000	100	9900	40.100	19,8%

Pode reparar-se que existem variações muito pronunciadas na taxa média – ou seja, no sacrifício patrimonial – das classes mais baixas do rendimento bruto, mas que essas variações se esbatem e se vão aproximando da taxa marginal fixa à medida que consideramos classes mais elevadas de rendimento – sendo que, em termos práticos, nestas vigora já a proporcionalidade, ou seja, a coincidência entre taxa marginal e taxa média, resultante da não-variação daquela.

Até aqui, nada de especialmente inovador em relação ao figurino básico dos impostos proporcionais. A inovação surge com a eliminação absoluta, pura e simples, de toda e qualquer dedução de despesas pessoais ou familiares, a não ser a isenção-benefício que seria uma só para todos os contribuintes. Abandonar-se-ia qualquer propósito de igualdade horizontal – embora

isso por si só não seja preocupante, já que, como vimos, seja sobremaneira vago aquilo que possa tomar-se por grau de similitude relevante e atendível para efeito de equiparação entre capacidades contributivas[3065] –, por se julgar ser mais aquilo que se ganharia:

– em custos de acatamento e custos administrativos
  – ao contribuinte e à administração interessaria apenas a determinação do rendimento bruto, e nada mais –;

– em alargamento da base tributária, já que seriam drasticamente reduzidas as formas de restringir ou eliminar a incidência do imposto, pelo que mais gente contribuiria;

– em recurso a formas expeditas e quase imperceptíveis de cobrança – já que, como a taxa marginal não se alteraria com o montante total do rendimento bruto, todas as parcelas poderiam ser cobradas através de retenção na fonte[3066], isto é, através da entidade que paga o rendimento e não do indivíduo que a recebe, aliviando grandemente os deveres de colaboração que sobre este impendem.

Mais ainda, o alargamento da base tributária e a redução dos custos administrativos permitiriam encarar a possibilidade de manutenção da receita fiscal apesar

---

[3060] A proposta de «Imposto X», em Bradford, D. (1986).

[3061] Sobre o movimento no sentido do alargamento da base tributária e da redução das taxas marginais do imposto, cfr. Sanches, J.L.S. (2002), 177ss.

[3062] Altig, D., A.J. Auerbach, L.J. Kotlikoff, K.A. Smetters & J. Walliser (2001), 574; Auerbach, A.J. & L.J. Kotlikoff (1987); Altig, D. & C.T. Carlstrom (1999), 1197-1215; Fullerton, D. & D.L. Rogers (1993).

[3063] Para uma síntese dos traços distintivos das principais propostas de reforma fiscal, cfr. Altig, D., A.J. Auerbach, L.J. Kotlikoff, K.A. Smetters & J. Walliser (2001), 575; Zodrow, G.R. & P. Mieszkowski (orgs.) (2002).

[3064] Para uma minuciosa reflexão sobre todas as implicações e incidências das propostas de «flat tax», cfr. Atkinson, A.B. (1995).

[3065] Analisando este ponto em termos de «aversão à desigualdade» e da percepção subjectiva dos parâmetros dessa desigualdade, cfr. Auerbach, A.J. & K.A. Hassett (2002), 1124-1125; Atkinson, A.B. (1970), 244-263.

[3066] Dourado, A.P. (1998), 29-86.

de um forte desagravamento fiscal para todos aqueles que pagam os actuais impostos de taxa progressiva – de acordo com os efeitos de diminuição de «*deadweight losses*» que já vimos sugerida pela «curva de Laffer»[3067], e com a previsível diminuição da «elisão» e da «evasão» para a economia paralela, dado um qualquer nível de «elasticidade aos impostos», manifestada em «efeitos de substituição»[3068].

Além disso, a «*flat rate*» tornaria desnecessária uma tributação separada das pessoas colectivas, evitando-se assim a dupla tributação económica dos dividendos distribuídos[3069/3070]. Pela mesma razão, o investimento novo das empresas não seria tributado senão quando se convertesse, no final do processo produtivo, em rendimento, evitando-se também, por esta via, a discriminação fiscal contra a poupança – que, como vimos já, é tributada duplamente pelos actuais regimes tributários –.

A eliminação destes desincentivos ao investimento e à geração de lucros, adicionados à neutralidade da taxa marginal quanto aos incrementos no rendimento bruto, fariam com que a «*flat tax*» constituísse um entrave mínimo ao esforço de enriquecimento, ao crescimento, pelo que também por esta via – vulgarmente associada às propostas macroeconómicas dos «*supply-siders*» – seria de prever um aumento da riqueza tributável mais do que compensador, a nível de receitas, das perdas resultantes do desagravamento das taxas médias dos actuais contribuintes (além de se verificarem efeitos positivos, mais complexos mas não menos relevantes, em termos de justiça inter-geracional[3071]).

A própria igualdade vertical seria posta em cheque nestas propostas de taxa plana – mas também aqui é questionável que a progressividade actualmente vigente nos impostos sobre o rendimento seja capaz de fazer melhor, e é legítimo pensarmos que muita da complexidade congénita na progressividade acaba por perverter qualquer justiça, já porque torna menos perceptível o próprio valor do rendimento bruto de cada contribuinte – vedando comparações –, já porque abre cami-

nho, insistamos uma vez mais, a todo o tipo de expedientes de «planificação fiscal» que facultam aos contribuintes mais poderosos a possibilidade de alijarem a maior parte da carga tributária que sobre eles formalmente recairia, provocando com isso resultados líquidos que, com demasiada frequência, são chocantemente regressivos.

Estas propostas de uma taxa plana tentam responder, pois, simultaneamente às exigências de justiça e de eficiência que são reclamadas de qualquer solução de política tributária. Mas como em qualquer solução política, é impossível agradar a todos, impossível não ferir interesses – e, no caso, são poderosíssimos os interesses dos contribuintes ricos que se escudam atrás da complexidade das normas de imposto e dos custos administrativos para gerirem os seus níveis de elisão e de evasão fiscal; e não o são menos os interesses dos burocratas – políticos, funcionários, advogados – que ganham a sua vida com a exploração da complexidade, com o «*lobbying*» de regimes de excepção[3072], com a aplicação e fiscalização de exigências pesadíssimas, com a exploração dos meandros da lei e dos átrios do poder para alcançar vantagens unilaterais e assimétricas à custa do *recurso comum* que é a receita fiscal. Como asseverou categoricamente Milton Friedman, não há muito, uma tributação simples não é pura e simplesmente interessante para os políticos, visto que uma função destes é a de gerirem a complexidade fiscal em benefício de grupos de interesses[3073]. Em termos objectivos, é verdade que a adopção dessa proposta não se faria sem custos, e têm sido assinalados diversos problemas que poderiam surgir durante o período transitório até à adopção plena do regime da «taxa plana»[3074]; mas que reforma fiscal não envolve elevados custos de transição, que mais não seja pela modificação do quadro de expectativas económicas que ela implica?

O que nos conduz a uma conclusão relativista como aquela que Richard Epstein tira nesta matéria, confrontando-se com a complexidade das implicações de cada

---

[3067] Existe bastante cepticismo quanto às virtualidades da rápida eliminação da progressividade, algumas muito ideologica e partidariamente conotadas. Cfr. Davies, J.B. & M. Hoy (2002), 33-46.

[3068] Gama, J.T. (1999), 289-316; Piggott, J. & J. Whalley (2001), 1084; Vasques, S. (2001), 85ss..

[3069] Lembremo-lo, primeiro como lucros gerados (tributados à empresa), e depois como lucros distribuídos aos accionistas sob forma de dividendos (tributados aos indivíduos).

[3070] Sublinhar-se-á a relevância da componente económica na determinação do que seja o «lucro tributável». Cfr. Portugal, A.M. (2004), 60ss..

[3071] Yakita, A. (2001), 775-792.

[3072] Sublinhe-se que o «*lobbying*» não favorece em bloco todos os produtores, mas tende antes a proceder a transferências de renda entre eles: favorecendo os investimentos já realizados, implicam custos de pressão política que desincentivam novos investimentos; e é evidente que num ambiente concorrencial os favores políticos procurarão estabelecer distorções, barreiras e desequilíbrios que beneficiarão algumas empresas e alguns sectores em detrimento dos seus rivais. Cfr. Marceau, N. & M. Smart (2003), 249.

[3073] Friedman, M. (1998), A22.

[3074] Pensa-se que a proposta «canónica» de Hall e Rabushka beneficiaria no longo prazo os contribuintes de mais baixos rendimentos, mas à custa de algum desincentivo sobre a produtividade e por isso de um abrandamento nas taxas de crescimento, e da penalização das gerações mais velhas no momento de entrada em vigor do novo regime. Cfr. Altig, D., A.J. Auerbach, L.J. Kotlikoff, K.A. Smetters & J. Walliser (2001), 593.

uma das soluções que possam ser encontradas, complexidade à qual não serão alheias as considerações morais, sociais, políticas e jurídicas que aqui são pertinentes: e a conclusão é a de que se poderia eventualmente provar que a «*flat tax*» é inferior à progressividade dos impostos, se porventura fosse evidente e consensual o

padrão de um «sistema óptimo»; mas que, na ausência de um tal padrão, pode aceitar-se pacificamente que a «*flat tax*» é uma robusta solução sub-óptima para a reforma fiscal, o que equivale a dizer que ela é uma solução óptima num mundo imperfeito como o nosso[3075].

[3075] Epstein, R.A. (2002), 140-171.

CAPÍTULO 15 – **O problema ambiental**[3076]

> *"A abordagem tradicional tende a obscurecer a natureza da escolha que há a fazer. Pensa-se habitualmente na questão em termos de ser A a provocar danos em B, concentrando-se a decisão na forma de limitar A. Mas isto está errado, já que estamos a lidar com um problema que tem uma natureza recíproca. Para evitarmos os danos a B, provocaríamos danos em A. O problema que verdadeiramente tem que ser resolvido é: deve A ser autorizado a lesar B ou deve B ser autorizado a lesar A? O problema é o de se evitar a maior das lesões"* – Ronald Coase[3077].

Durante muito tempo, o optimismo económico com o funcionamento dos mercados advinha da ingénua convicção de que todos os aspectos relevantes do bem-estar económico, individual e colectivo, não só podiam ser resolvidos pelos mecanismos internos do funcionamento do mercado, como espontaneamente se formaria um mercado em relação a todos eles.

Ora o facto é que a produção de um bem ou serviço, até dos mais simples, se dá num contexto de proximidade e de interdependência social que faz com que efeitos secundários dessa produção possam espraiar-se sobre interesses de terceiros ou sobre interesses comuns, causando custos que podem ser dificilmente calculados e ressarcidos, se porventura não se tiver formado um mercado no qual suceda serem transaccionados esses efeitos secundários – efeitos que, como já sabemos, podem ser designados por *externalidades*.

Recordemos, em termos muito esquemáticos, que as externalidades (ou *«spillover effects»*) impedem que o preço de um produto espelhe o custo ou benefício marginal que esse produto representa para a sociedade. Mais especificamente, quando há uma externalidade negativa o negócio que é vantajoso para dois agentes económicos impõe custos a um terceiro, o que pode levar a uma solução que colectivamente é menos eficiente do que outra que, mesmo diminuindo o ganho das partes envolvidas na transacção, representaria uma vantagem proporcionalmente superior para o terceiro afectado[3078].

Pense-se no caso do produtor-poluidor: em princípio, o nível de poluição não se reflecte no preço com que o produtor é remunerado, pelo que a adopção espontânea de medidas correctivas de um excesso de poluição revelar-se-ia para ele um custo desacompanhado de qualquer remuneração compensadora, já que, tal como a poluição excessiva que ele produz se dissemina por um número indeterminado de vítimas, o benefício que ele causaria com a adopção de medidas anti-poluentes se diluiria pelo mesmo universo difuso de beneficiários, aos quais seria difícil, ou impossível, ele cobrar uma remuneração correspondente à totalidade do benefício causado. Compreende-se assim que o produtor se concentre, com perfeita racionalidade, na maximização dos seus ganhos, os que lhe advêm da produção e da venda dos seus produtos no mercado, e na minimização dos seus custos – novamente os custos que são indispensáveis à obtenção dos produtos que venderá, e não ou-

[3076] Arnold, R.A. (2000), 701ss.; Baumol, W.J. & A.S. Blinder (2000), 453ss.; Besanko, D.A.A. & R. Braeutigam (2001), 726ss.; Bierman, H.S. & L. Fernandez (1997), 215ss., 267ss.; Browning, E.K. & M.A. Zupan (2001), 657ss.; Colander, D.C. (1995), 433ss.; Colander, D.C. (1997), 729ss.; Gregory, P.R. (2001), 268ss.; Gwartney, J.D. & al. (2002), 781ss., 792ss.; Hardwick, P. & al. (1999), 244ss., 267ss.; Heyne, P. & al. (2002), 331ss.; Hyman, D.N.N. (1996), 394ss., 413ss.; Landsburg, S.E. (1995), 31ss., 223ss.; Lipsey, R.G. & al. (1999), 405ss.; Mankiw, N.G. (2001), 205ss., 225ss.; Mas-Colell, A. & al. (1995), 350ss.; McConnell, C.R. & S.L. Brue (2001b), 315ss.; Miller, R.L. (2002), 694ss.; Nicholson, W. (2001), 729ss.; O'Sullivan, A. & S.M. Sheffrin (2002), 294ss.; Perloff, J.M. (2000), 655ss., 692ss., 726ss.; Rohlf, W.D. (2001), 235ss.; Samuelson, P.A. & W.D. Nordhaus (2001), 363ss.; Sharp, A.M. & al. (2001), 152ss.; Sloman, J. (2002), 319ss.; Spencer, M.H. & O.M. Amos Jr. (1993), 780ss.; Stiglitz, J.E. (1999), 214ss., 271ss.; Stiglitz, J.E. & C.E. Walsh (2002), 505ss.; Taylor, J.B. (2001), 342ss.; Wessels, W.J. (2000), 418ss.

[3077] Coase, R.H. (1960), 2.

[3078] ERP (2004), 151.

tros –, e que racionalmente abstraia do impacto que as suas decisões podem causar sobre o espaço difuso de interesses alheios que não se exprimem directamente no mercado, na procura dos seus produtos.

Do mesmo modo se poderia dizer que, pelo seu lado, o consumidor estaria disposto a atender à importância das considerações ambientais – e por vezes está, se tiver sido sensibilizado por campanhas educativas, se a sua disposição de pagar tiver sido condicionada a favorecer os produtos «naturais», ou «orgânicos», ou «verdes», ou que contenham qualquer indicação de terem sido incorporadas medidas anti-poluentes no seu processo produtivo[3079] –. Mas dentro da estrita racionalidade da sua conduta no mercado, não é de esperar que se disponha a pagar preços mais elevados que traduzam a repercussão de custos de medidas anti-poluição, no confronto com preços mais baixos de produtores que pura e simplesmente não tenham adoptado tais medidas anti-poluição – já que pagar aquele preço mais elevado seria suportar o custo correspondente a um benefício colectivo de que apenas uma fracção ínfima reverte para ele.

Por que razão teria que ser ele a suportar os incrementos de bem-estar de outros? Mais ainda, como poderia ele ter a certeza de que estava deveras a suportar os custos de medidas pró-ambientais, e não estava antes a ser vítima de um expediente da concorrência monopolística, de uma simples publicidade de pseudo-«produtos verdes», do tão eficaz e lucrativo expediente do «eco-labeling», mais uma manifestação do dinamismo da concorrência monopolística?[3080/3081]

É verdade que a «causa ambiental» pode induzir à formação de «meta-preferências» que reforçam a disposição de pagar, «preferências de segunda ordem», ou «gostos», que constituem a vontade de ter preferências de um certo tipo, nem que seja uma mera vontade de sinalização ostentativa dessas preferências, que denota a pertença a uma cultura, a uma classe, que espelha o «politicamente correcto», mas que em todo o caso tendem a estabilizar as «preferências de primeiro grau» que directamente se manifestam no mercado. Entre essas «meta-preferências» avulta a gratificação da vai-

dade de se participar numa «boa causa» (o «*warmglow effect*»), que tende a fazer desaparecer as resistências egoístas e a incrementar drasticamente a «disposição de pagar»[3082]. Mas não podemos subestimar a racionalidade e a fluidez que corroem o padrão dessas «meta-preferências» expondo-as às oportunidades de maximização do bem-estar, conduzindo tão frequentemente a incongruências na revelação de disposições no mercado, entre a pessoa que se declara *e julga a si própria* abnegada e militante e no «momento da verdade» age com pleno egoísmo e sem convicções[3083].

Se a sociedade como um todo se tivesse desinteressado pelas questões ambientais, provavelmente não teria sido a ciência económica a chamar a atenção para elas. Mas já que elas surgiram – em especial a partir dos anos 70 do século passado[3084] – e existem com tanta proeminência social e política, tem competido à Economia indicar soluções eficientes para os problemas ambientais, apontando ao mesmo tempo, seja para os limites impostos pelos constrangimentos ambientais à actividade produtiva, seja para os limites da própria eficácia interventiva na preservação e optimização das condições ambientais[3085] – enquanto que é possível dar uma explicação económica para o aprofundamento da consciência ambiental, que pode atribuir-se por um lado ao valor positivo da elasticidade-rendimento da procura de qualidade ambiental – sendo que a prosperidade económica liberta meios para a consideração da «factura ambiental» –, e por outro ao aumento do conhecimento acerca dos meios eficientes de relacionamento da actividade produtiva com os valores ambientais[3086], percebendo-se crescentemente que a consideração do problema ambiental, longe de ser um capricho, uma moda, uma «pose politicamente correcta», é uma exigência crucial da justiça inter-geracional, um requisito básico da sustentabilidade futura dos actuais níveis totais de produção e de consumo – ainda quando realisticamente se deva admitir que a preservação ambiental está contingentemente dependente dos contextos políticos que vão predominando, e que lhe confinam as possibilidades ao mesmo tempo que lhe traçam os objectivos[3087].

[3079] Armand-Balmat, C. (2002), 33-46.

[3080] Essas normas «amigas do ambiente» podem servir, pois, como barreiras de entrada, servindo também como *sinalização* que evita extremos de selecção adversa na guerra dos preços. Cfr. Sedjo, R.A. & S.K. Swallow (2002), 272-284.

[3081] Ver também: Yandle, B. (org.) (1999).

[3082] Nunes, P.A.L.D. (2002).

[3083] George, D. (2001).

[3084] Freeman, A.M. (2002), 125.

[3085] Para uma visão de conjunto, cfr. Kolstad, C.D. (2000); Perman, R., M. Common, J. McGilvray & Y. Ma (1999); Van Den Bergh, J.C.J.M. (org.) (1999).

[3086] Swanson, T. (org.) (2002).

[3087] List, J.A. & A.D. Zeeuw (orgs.) (2002).

A questão da sustentabilidade, note-se, não é a do sacrifício do presente em benefício das gerações futuras, mas a da conservação, entre gerações, de um certo nível de qualidade de vida e de oportunidades de produção e de consumo. Além disso, não se trata sequer de travar o processo de utilização de recursos energéticos não-renováveis, *se* for possível encontrar-lhes alternativas energéticas que assegurem *ao menos* o mesmo fornecimento de energia de que dispomos actualmente. Que o petróleo irá esgotar, por exemplo, isso é um dado adquirido e irreversível, e continuaria a sê-lo mesmo que consumíssemos uma ínfima parte daquilo que é consumido actualmente – pois nesse caso apenas adiaríamos o fim inelutável –. Como já se sublinhou relativamente à refutação, por Julian Simon, do «Princípio de Hotelling», tudo está em transitarmos para sucedâneos energéticos a partir do momento em que *marginalmente* a escassez do petróleo torne o seu preço de equilíbrio mais elevado do que as alternativas. Convenhamos que não foi por falta de pedras que a Idade da Pedra terminou, mas sim pela acessibilidade de sucedâneos mais eficientes[3088].

15 – a) – i) As externalidades

As externalidades são causadoras de «falhas de mercado», o que indica que elas constituem um problema apenas porque precisamente não existe um mercado para elas – um mercado no qual a oferta e a procura, interagindo livremente, pudessem determinar o seu nível socialmente óptimo. Mas o facto de o problema das externalidades emergir da falta de um mercado para elas deve chamar-nos a atenção para uma circunstância crucial: a de que a externalidade envolve necessariamente dois lados, e que uma actividade externalizadora reclama tanto um causador como uma vítima, sendo que sem a presença e a proximidade de ambos aquela actividade simplesmente não pode ocorrer.

– Por exemplo, uma externalidade negativa como a poluição pode ser minimizada ou resolvida, seja pela adopção de medidas preventivas por parte do poluidor, seja pelo afastamento físico das próprias vítimas em relação ao local de origem da poluição – uma ou outra poderão ser adoptadas com o mesmo efeito, ditando a eficiência que

se opte pela menos onerosa: se a vítima é um casal de agricultores que têm o infortúnio de viver num local onde se instalou a fábrica poluidora, poderá ser menos dispendioso financiar-lhes o realojamento do que adoptar medidas anti-poluição, como por exemplo a instalação de barreiras contra o ruído; se a fábrica poluidora se encontra perto de um centro urbano, será obviamente mais viável e menos dispendioso adoptar as medidas anti-poluição, ou financiar a deslocação da fábrica.

– Se um fanático de ópera quiser ouvir algumas árias às 5 horas da manhã e no máximo de volume da sua aparelhagem de som, haverá externalidades negativas se viver num apartamento com mais pessoas, e num prédio habitado, não haverá externalidades negativas se viver sozinho num lugar ermo.

– E, fornecendo agora um exemplo de externalidades positivas, recordemos o que já foi dito acerca das economias de escala externas e da formação de «*clusters*» industriais: se houver proximidade entre produtores, as inovações tecnológicas que tenham sido introduzidas por um facilmente extravasarão para os outros, beneficiando-os com o «*knowledge spillover*» que será fortemente restringido no caso de dispersão geográfica[3089] – facto que explica também, em larga medida, a concentração urbana[3090], ou em menor escala a formação de ruas de mercadores, de centros comerciais e de cidades universitárias[3091].

Como melhor veremos adiante, ajuda efectivamente a compreender o problema das externalidades, e a sugerir uma solução para elas, encará-las como uma relação estritamente *bilateral*: insistamos, o poluidor não externaliza verdadeiramente enquanto não houver ao menos uma vítima cuja proximidade seja suficiente para constituir um entrave ao irrestrito desenvolvimento da actividade do primeiro, pelo que de certo modo a vítima também externaliza através da sua presença, o romancista não externaliza enquanto não houver público suficientemente próximo para beneficiar das suas obras e para incentivá-lo não só com a compra dos livros como, extra-mercado, com a consagração e a formação de uma reputação literária – significando a bilateralidade ou reciprocidade das externalidades, muito enfatizada na formulação do «Teorema de Coase» (e com uma referência à qual começámos este capítulo), que, na maior

---

[3088] Cfr. Solow, R.M. (1986), 142; Lomborg, B. (2001), 120.

[3089] Se bem que aqui o resultado da proximidade seja um pouco aleatório, dada a influência contrária de dois efeitos, um efeito de imitação que aproxima os imitadores do inovador, e um efeito de defesa do inovador que afasta a «boleia» dos imitadores, por forma a tentar *internalizar* a externalidade positiva e a tentar manter a distância e a desigualdade enquanto essa internalização não ocorre. Cfr. Eeckhout, J. & B. Jovanovic (2002), 1290.

[3090] De acordo com a «Lei de Zipf» que procura explicar o padrão de aglomeração que dá origem às cidades, assente num equilíbrio de custos de transporte, de externalidades negativas (congestionamento) e positivas, e de diferenças de produtividade em função da distribuição geográfica de recursos. Cfr. Zipf, G.K. (1949); Gabaix, X. (1999), 739-767; Gabaix, X. (1999b), 129ss.; Rosen, K. & M. Resnick (1980), 165-186.

[3091] Berliant, M., S. Peng & P. Wang (2002), 275-303.

parte das situações de conflito, não há apenas um externalizador e uma vítima, ou um externalizador e um beneficiário, mas sim dois externalizadores que reciprocamente se impõem custos ou se proporcionam benefícios através das decisões que tomam [3092/3093]. Essa a razão pela qual se tende cada vez mais a fazer apelo à ponderação dos efeitos populacionais da poluição, isto é, à consideração da proximidade ou afastamento das fontes externalizadoras face aos aglomerados populacionais – visto que os custos de combate à poluição em regiões com fraca densidade populacional correspondem a benefícios que podem ser muito reduzidos [3094].

Em todo o caso, a *bilateralidade* indicia que estamos aqui numa situação em que é concebível a formação de um novo tipo de mercado, um «mercado de internalização de externalidades» que eficientemente promova, como o mercado de produtos e o mercado de factores quando são concorrenciais, o óptimo social.

Sem querermos adiantar demasiado o que referiremos a propósito do «Teorema de Coase», sublinhemos por agora que é graças ao cálculo marginal que é possível eliminar apenas a poluição que *excede* (marginalmente) o nível em que os prejuízos socialmente causados pela poluição equilibram com as vantagens socialmente causadas pelas actividades poluidoras – e que é possível cometer aos próprios poluidores o cálculo do nível socialmente eficiente de poluição: por exemplo, atribuindo ao conjunto dos poluidores num sector licenças para poluírem – até ao limite total da poluição conjuntamente admissível –, licenças negociáveis e que constituirão uma receita para aqueles que mais eficientemente sejam capazes de reduzir a poluição, e um custo para os menos eficientes, que preferirão adquirir essas licenças a promoverem a redução da sua própria poluição, até se chegar a um equilíbrio, em que é indiferente a um produtor medianamente eficiente na redução da poluição comprar a licença de outro mais eficiente, ou reduzir por ele mesmo o seu nível de poluição, caso em que naturalmente a transacção de licenças termina e se chegará a uma solução eficiente de redução da poluição através da espontânea internalização, e a inovação tecnológica que reduza até ao limite mínimo a poluição será imediatamente compensada pela possibilidade de venda, pelo inovador, das licenças que lhe cabem na distribuição inicial.

Mesmo que não se constitua efectivamente um tal mercado, pelo menos essa possibilidade permite o enquadramento do problema em termos teoricamente muito férteis, dado que aqui se vislumbra a alternativa para as soluções dirigistas e autoritárias que muitos julgam serem necessárias nestes domínios.

Efectivamente, equacionadas que foram as coisas em termos de um «paradigma de mercado», uma das questões que deve colocar-se, em termos de eficiência, é se os custos para limitar ou eliminar a poluição não ultrapassarão marginalmente os custos da própria poluição, caso em que os «remédios» prejudicam mais do que ajudam. Costuma dizer-se que o *óptimo* é inimigo do *bom*, e essa expressão subentende uma apreciação de custos e benefícios *marginais* – que ganhamos nós em cada incremento em direcção da perfeição, sabendo que cada passo dado envolve os seus custos de oportunidade? Estaremos nós dispostos a desenvolver todos os esforços no sentido de eliminarmos todos os micróbios dos pratos e talheres com que comemos, ou será que nos bastamos com um *grau razoável* de higiene, para lá do qual os custos excederiam os ganhos? Na vida real, os custos deixam-nos sempre aquém da solução que, sem custos, seria a perfeita[3095].

Como também já sabemos, as externalidades podem ser negativas, se provocam um custo, e positivas, se consistem num benefício, e tanto podem ocorrer na produção como no consumo.

– por exemplo, uma externalidade negativa na produção é a poluição sonora e atmosférica causada por uma fábrica; ao comprarmos um par de sapatos, não temos que levar em conta os custos que, sob a forma de vários tipos de poluição, essa produção implicou na vizinhança da fábrica de curtumes, mas apenas os custos em que o produtor incorreu ele mesmo, directamente, na aquisição e coordenação dos factores produtivos;
– uma externalidade positiva no consumo é, por exemplo, a «externalidade de rede» advinda do facto de aderirmos aos serviços de um operador de telemóveis, aumentando o número de utentes dessa rede, tornando-a um pouco mais universal e reduzindo um pouco, a cada utente dessa rede, os custos de compatibilidade;
– uma externalidade positiva na produção é, por exemplo, a decisão patronal no sentido de estabelecer horários

---

[3092] *Bilateralidade* não significa, contudo, *simetria* ou *equivalência*, e essa é porventura a principal fonte de conflitos suscitados pelas externalidades. Cfr. Brown, G.M. (2000), 897; Hoel, M. (1991), 93-107.

[3093] Por exemplo, são muito frequentes os casos de oportunismo, de «risco moral», daqueles que, sabendo que existe um projecto que envolve expropriações, decidem comprar terrenos, e até construir neles, com o objectivo de receberem a indemnização correspondente (ou, caso não haja expropriação, retirarem os benefícios das mais-valias geradas pela conclusão desse projecto). Neste caso, quem externaliza sobre quem? Quem é que verdadeiramente deveria indemnizar, e em que proporção? Cfr. Epstein, R.A. (1985); Fischel, W.A. (1995).

[3094] Trata-se, como o leitor já terá discernido, de acentuar a perspectiva *antropocêntrica* sobre os problemas ambientais, o que é em si mesmo altamente discutível. Cfr. ERP (2004), 180.

[3095] Simon, J. (1996), 226-227.

diferenciados aos seus trabalhadores – o que pode ter sido promovido com o único intuito de aliviar o congestionamento de tráfego nas horas de ponta, mas acaba por beneficiar individualmente cada trabalhador;

– e uma externalidade negativa no consumo é, por exemplo, o hábito de fumar na presença de outras pessoas – devendo notar-se que se uma pessoa desenvolver esse hábito em completo isolamento, não há externalidade imediata, embora possa haver externalização futura sobre os recursos comuns que são os serviços de saúde –.

Como já indicámos anteriormente de modo sucinto, na presença de externalidades o bem-estar social e o equilíbrio do mercado deixam de coincidir, porque há interesses relevantemente afectados e que não encontram expressão nesse equilíbrio:

– se existem externalidades *negativas*, os cálculos de compradores e vendedores no mercado não levam em conta os custos causados a terceiros para determinarem a relação «preço - quantidade» de equilíbrio, e por isso essa quantidade de equilíbrio é excessiva se ponderada com o total dos custos socialmente suportados – o somatório daqueles que se exprimem no mercado, *mais* as externalidades –. O mercado falha, pois, na medida em que produz *mais* do que aquilo que optimizaria o bem-estar social;

– se existem externalidades *positivas*, se existem vantagens que extravasam a esfera do produtor ou do consumidor, o benefício causado a terceiros não é igualmente reflectido no preço que é estabelecido no mercado, o preço com o qual se remunera a produção, e por isso a quantidade de equilíbrio no mercado é escassa perante os benefícios que ela pode produzir – o somatório dos benefícios que se exprimem no mercado, *mais* as externalidades –. Neste caso, a falha do mercado consiste em se produzir *menos* do que aquilo que optimizaria o bem-estar social.

Em qualquer dos casos, a disparidade entre nível de produção e «óptimo de bem-estar social» não parece à primeira vista susceptível de ser corrigida pelo próprio mercado, ao menos enquanto falta a sinalização de um mercado – por exemplo, de um «mercado de qualidade atmosférica»[3096], ou de um «mercado de benefícios tecnológicos» – que indique aos produtores, através de um aumento de custos, que eles estão a produzir demasiado, ou, através de um aumento dos lucros, que eles estão a produzir muito pouco[3097].

15 – a) – ii) O «mercado ambiental»

O que não tem faltado são propostas de criação de um mercado, ou de um sucedâneo de mercado, para a satisfação espontânea das necessidades de *internalização* das externalidades – desde a solução mais corrente e bem-sucedida das «quotas negociáveis» até propostas mais idealistas de formação de uma «Bolsa Ecológica» na *Internet*, na qual se permutariam «unidades de serviço ao ecossistema»[3098].

A verdade é que a inexistência de um verdadeiro mercado, e a mediação de «meta-preferências» que acabam por introduzir uma aparência de «clivagem de insinceridade» entre preferências *declaradas* e preferências *reveladas* (a atitude daqueles que se excedem em manifestações de amor ambiental mas se furtam a contribuir com um cêntimo para a causa) dificultam uma avaliação minimamente rigorosa dos valores realmente em causa – como se percebe observando as perplexidades de que se rodeia a «avaliação contingente» que procura determinar a disposição de pagar por valores ambientais expressa ou revelada por indivíduos confrontados com escolhas reais ou hipotéticas (por exemplo, determinando o valor, o «preço hedónico», que se atribui a um parque natural através da determinação das distâncias médias que são percorridas pelos visitantes do parque, com os inerentes custos de transporte)[3099], e que depende do grau informativo disponível, da «intensidade moral» do consenso social alcançável, do estigma que possa acompanhar a não-participação, dos riscos de parasitismo associáveis à participação, etc.[3100], e naturalmente da distância perceptiva e prática que separa as condições *reais* das condições *hipotéticas*[3101].

A «avaliação contingente»[3102] procura, em suma, determinar o valor de bens fora do mercado através de

---

[3096] Calculando-se presentemente que as maiores vantagens da regulação ambiental se concentrem na diminuição das externalizações negativas para a atmosfera. Cfr. Luken, R.A. (1990), 7; Hahn, R.W. (1996), 222.

[3097] A simples possibilidade de haver *fomento* de actividades positivamente externalizadoras basta para desfazer a impressão de que uma política ambiental deve ser invariavelmente *repressiva* – ou até a impressão, mais grave, de que os ditames ecológicos não passam de entraves, mais ou menos frívolos, ao desenvolvimento e à competitividade internacional. Cfr. Hahn, R.W. & R.N. Stavins (1992), 464-468; Jaffe, A.B., S.R. Peterson, P.R. Portney & R.N. Stavins (1995), 132ss..

[3098] Daily, G.C. & K. Ellison (2002).

[3099] Paradiso, M. & A. Trisorio (2001), 1359-1364.

[3100] Bennett, R. & R. Blaney (2002), 501-520.

[3101] Diamond, P.A. & J.A. Hausman (1994), 45-64.

[3102] Hausman, J.A. (org.) (1993).

estimativas da «disposição de pagar» das pessoas envolvidas ou afectadas pela qualidade desses bens – de modo a apurar aquilo que elas revelariam num hipotético mercado em que a qualidade desses bens fosse objecto de transacções[3103]; devendo notar-se, todavia, que o carácter hipotético, «reconstruído», dessas avaliações gera por si só uma grande margem de indeterminação e de erro, dando azo a todo o tipo de insinceridades na *declaração* das preferências dos envolvidos[3104], mesmo quando as questões colocadas não são cruciais ou determinantes para as pessoas sondadas, e portanto faltaria aparentemente a motivação para mentir[3105].

Essas perplexidades dificultam a análise custo-benefício[3106], que é ainda a forma corrente da avaliação global dos efeitos da preservação dos ecossistemas no bem-estar humano, por muito que se introduzam correcções *ex ante* e *ex post* às insinceridades reveladas no momento de decidir *em concreto*, por muito que se faça para se reduzir custos de transacção na partilha de informação e na coordenação colectiva e se procure tornar mais fluida e transparente a relação entre os planos individual e agregado de decisão ambientalmente relevante[3107], e se procure fazer justiça às «comunidades de discurso» que, à margem do mercado, condicionam institucionalmente as condutas individuais e as decisões colectivas[3108]. Note-se, de passagem, que o que torna atraente o recurso à análise custo-benefício é o facto de, mesmo quando os problemas a serem tratados são muito complexos, os respectivos critérios de análise se manterem simples, resumindo-se basicamente a dois: 1º) um projecto é admissível apenas se é positivo o seu valor presente; 2º) quando dois projectos são incompatíveis, deve ser adoptado aquele que tenha o mais elevado valor presente[3109].

Além disso, há que não perder de vista que a qualidade ambiental é um bem público, o que amplia os efeitos das externalidades negativas (por causa da inapropriabilidade, como veremos) e torna irresistível a tentação da «boleia», tornando ao mesmo tempo quase

inevitável um remédio *público*, mesmo que não exclusivo, através da *imposição* de medidas de travagem (por exemplo, a internalização forçada através de impostos ambientais «pigouvianos», que analisaremos em breve) [3110].

Regressando à análise custo-benefício, uma das suas óbvias – mas inevitáveis – fragilidades em matéria ambiental é a de que ela se reporta a contextos de elevada incerteza, contextos altamente mutáveis, com a agravante de que tem que se comparar custos e benefícios futuros e difusos com custos presentes e especificados[3111].

– Outra dificuldade advém do facto de não haver razão nenhuma para se presumir que os preços implícitos dos bens não transaccionados no mercado apresentam uma forte «viscosidade» inter-temporal[3112] – quando é tão manifesto que o valor desses bens tem aumentado exponencialmente nas representações sociais e políticas, a ponto de alicerçar a aceleração dos «*standards*» de qualidade de vida[3113], fazendo a subida dos preços reais e dos «preços-sombra»[3114] com que sejam mais elevados os custos de oportunidade do lazer e do trabalho não-remunerado.

– Além disso, a análise custo-benefício pressupõe geralmente que existe, da parte dos cidadãos, uma percepção racional e transparente dos riscos, da sua dimensão, do seu significado – o que está longe de acontecer, explicando-se por essa via muitos dos insucessos da política económica, e até muitos alarmismos, «efeitos de contágio» e «de cascata», em questões ambientais[3115].

– Para exemplificarmos apenas alguns dos erros comuns na análise custo-benefício, referiríamos: a) um efeito cumulativo *bruto*, contando-se como benefícios aquilo que são meras *transferências*, aquilo que, envolvendo o benefício de uns e a perda de outros, pode não constituir um benefício social *líquido*; b) o empolamento do argumento de «criação de empregos», quando o que na verdade se passa é que os empregos devem ser contabiliza-

---

[3103] Brookshire, D. & D. Coursey (1987), 554-566; Brown, T.C., P. Champ, R. Bishop & D. McCollum (1996), 152-166; Cummings, R.G., G.W. Harrison & E.E. Rutström (1995), 260-266; Dickie, M., A. Fisher & S. Gerking (1987), 69-75; Fox, J., J. Shogren, D. Hayes & J. Kleibenstein (1999), 455-465; Loomis, J., A. Gonzalez-Caban & R. Gregory (1994), 499-506; Neill, H.R., R.G. Cummings, P. Ganderton, G.W. Harrison & T. McGuckin (1994), 145-154.

[3104] Blackburn, M., G.W. Harrison & E.E. Rutström (1994), 1084-1088; Neill, H.R. (1995), 393-397.

[3105] Cummings, R.G. & L.O. Taylor (1999), 649ss.; Martin, L.L., J.J. Seta & R.A. Crelia (1990), 27-37; Wegener, D. & R. Petty (1995), 36-51.

[3106] Boardman, A., D.H. Greenberg, A.R. Vining & D.L. Weimer (1996); Rosen, H.S. (2002), 220ss..

[3107] Cummings, R.G. & L.O. Taylor (1999), 649-665; List, J.A. & D. Lucking-Reiley (2000), 961-972; List, J.A. (2001), 1498.

[3108] Wilson, M.A. & R.B. Howarth (2002), 431-443.

[3109] Rosen, H.S. (2002), 225.

[3110] Sandmo, A. (2000).

[3111] Johansson, P.-O. (1993).

[3112] Boskin, M.J., E.R. Dulberger, R.J. Gordon, Z. Grilliches & D.W. Jorgenson (1998), 3-26; Cutler, D.M. & E. Richardson (1997), 217-271.

[3113] Rosen, S. (1988), 285-304.

[3114] Little, I.M.D. & J.A. Mirrlees (1974).

[3115] Sunstein, C.R. (2002).

dos em sede de custos, e não de benefícios; c) a dupla contabilização de benefícios, por exemplo consideran-do-se ao mesmo tempo a valorização patrimonial de terrenos agrícolas e o rendimento da respectiva exploração, quando um emprego desses bens exclui o outro[3116].
– Muito mais complicada, intratável até porventura, é a contabilização de valores cuja abordagem económica é a vários títulos controversa e difusa – bastando referir-mos uma contabilização que envolva a ponderação do valor da vida[3117], ou do «dano da morte»[3118], que implicam o recurso a sofisticadas conjecturas contrafactuais sobre «probabilidade de longevidade» ou sobre «expectativa mediana de vida», ou sobre «lucros cessantes» e danos não-patrimoniais, tudo sobre o pano de fundo da taxa de desconto[3119], e tudo, insistamos, envolvido em profunda controvérsia[3120], que opõe extremos como a opinião daqueles que entendem que não há que ponderar valores desse calibre, pois seria degradante sujeitá-los a cálculos de eficiência, ou a opinião daqueles que entendem que, sem essa ponderação explícita, não é possível racionalizar o emprego de recurso escassos em contextos em que não é erradicável, senão a custos elevadíssimos, um qualquer grau de risco em vidas humanas, um grau de risco que deve ter-se, por isso, como socialmente aceitável[3121].

A espontaneidade tão louvada no mecanismo do mercado perde-se portanto, nada havendo que desperte automatica e eficientemente o produtor ou o consumidor para a presença das externalidades, conscienciali-zando-os para a respectiva dimensão e repercussões no bem-estar colectivo. Criam-se assim, *aparentemente*, as condições para a intervenção do Estado na correcção dessas externalidades – uma interferência no mecanismo de afectação de recursos orientada para a promoção da eficiência; e dizemos *aparentemente* porque o carácter *bilateral* das externalidades, já sublinhado, aponta para a possibilidade de soluções negociadas que dispensam a intervenção do Estado.

Ao sobrepor-se à óptica dos consumidores e dos produtores no mercado, aditando àquela a ponderação objectiva do fenómeno das externalidades, o Estado mais não faz, no fundo, do que adoptar a lógica da promoção dos *bens de mérito*, e da proscrição de *males de mérito* (ainda que nestes casos entrem na ponderação alguns objectivos redistributivos, e não de *pura eficiên-*

cia), uma excepcional derrogação do princípio da soberania do consumidor, que normalmente faz daquele que procura o mercado para adquirir produtos que satisfaçam as suas necessidades o árbitro supremo do valor do funcionamento do processo económico – o que se adapta à própria definição básica do que é a *economia*.

15 – a) – iii) A ineficiência causada pelas externalidades

Como se viu a propósito dos conceitos básicos da análise de bem-estar, o livre funcionamento do mercado tende para a maximização do bem-estar total que pode ser gerado pelas trocas – sendo que por tal expressão se designa, precisamente, a combinação do máximo possível de excedente do consumidor com o máximo possível de lucro do produtor, e nada mais.

Se porventura ocorrerem externalidades negativas na produção de bens e serviços transaccionados no mercado, o custo para os produtores é menor do que o custo que essa produção acarreta para o todo da sociedade – para outros que não os produtores e que são obrigados a suportar parte dos custos da produção, ainda que não participem nela, não decidam nada e não lucrem nada com ela. O custo social é superior ao custo privado, e é-o por uma diferença que corresponde ao valor da externalidade negativa. Ora, se a curva da oferta espelha a disposição de vender dos produtores e esta é função do custo, se somarmos ao custo privado a externalidade negativa, a curva da oferta deslocar-se-á no sentido da retracção, fazendo com que a cada nível de preços seja maior o custo considerado, e, logo, menor a disposição de vender e a quantidade oferecida. Observemos, por outras palavras, que o custo social diminui o bem-estar colectivo, enquanto que o custo privado se limita a redistribuir esse bem-estar entre as partes envolvidas nas trocas[3122].

O ponto que corresponde ao *óptimo social* passa a encontrar-se na intersecção da curva que representa a procura privada com a curva que representa o *custo marginal social* – e não já, insistamos, o *custo marginal privado* que era representado pela anterior curva da oferta –. Nesse ponto de intersecção o equilíbrio realiza-se a preços superiores e a quantidades inferiores àquelas que correspondiam ao anterior ponto de equilí-

[3116] Rosen, H.S. (2002), 237-238.

[3117] Thaler, R.S. & S. Rosen (1976), 265-298; Viscusi, W.K. (1978), 408-416; Viscusi, W.K. & W.N. Evans (1990), 353-374.

[3118] Ciecka, J., S. Epstein & J. Goldman (1995), 1-34; Corcione, F. & R. Thornton (1991), 163-174; Frasca, R. & B. Winger (1989), 103--114.

[3119] Brookshire, M. & F. Slesnick (1997), 1-28; Cheit, E.F. (1961).

[3120] Thornton, R.J. & E. Schwartz (1987), 11-18.

[3121] Viscusi, W.K. (1993), 1912-1946.

[3122] Coase, R.H. (1959), 1-40.

brio, ao simples *óptimo do mercado*, o que basicamente significa que, na presença de externalidades negativas, a intervenção correctora da falha de mercado deve orientar-se no sentido de uma retracção da oferta, de um simultâneo abrandamento da produção e de uma subida de preços, até a um ponto de equilíbrio (ou seja, tentando ao mesmo tempo *diminuir* e *explicitar* o custo

social, fazendo o custo privado convergir em direcção a ele). Se a retracção da oferta for demasiada e se ultrapassar o ponto de equilíbrio, o valor privado do bem ou serviço, representado pela curva da procura, excederá o custo social de produzi-lo (incentivando uma nova expansão da produção), sucedendo o inverso se a retracção não for suficiente.

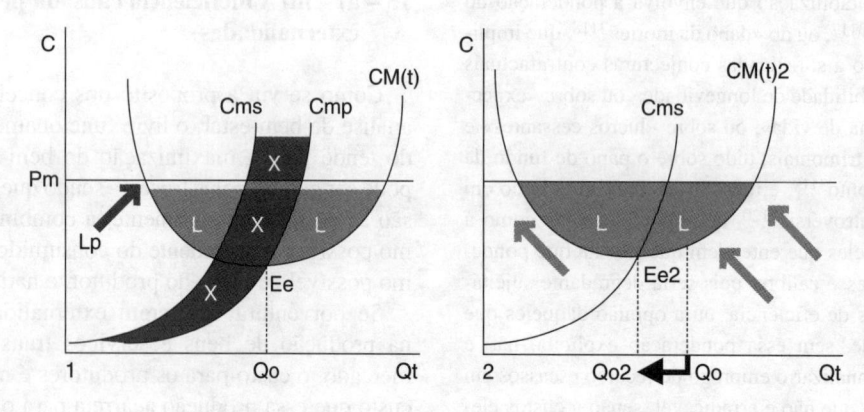

Gráfico 15.1. *Externalidades negativas e internalização*

1: situação de externalidade negativa (custos marginais sociais superiores aos custos marginais privados)
2: situação de internalização das externalidades negativas (prevalência dos custos marginais sociais)
C: custos
Qt: quantidades
CM(t): custo médio (total)
CM(t)2: custo médio (total) após a internalização
Cmp: custo marginal privado
Cms: custo marginal social

X: externalidade negativa (diferença entre Cmp e Cms)
Pm: preço de mercado
L: área de lucro
Lp: lucro privado obtido à custa da externalidade
Ee: escala de eficiência (lucro máximo *na concorrência*, ponto em que CM(t)=Cmp)
Ee2: escala de eficiência após a internalização (CM(t)2=Cms)
Qo: quantidade óptima (na qual o lucro é maximizado *em concorrência*)
Qo2: quantidade *socialmente* óptima

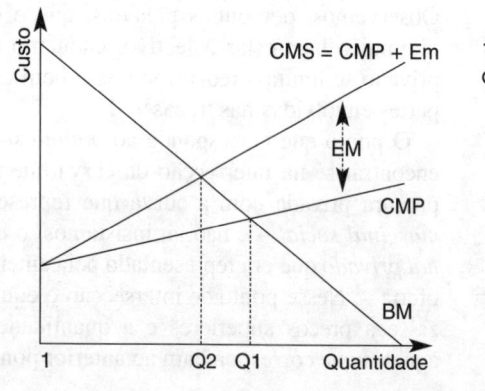
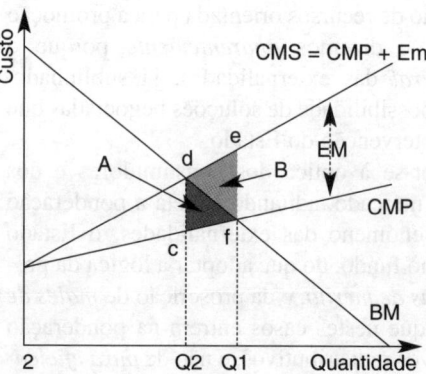

Gráfico 15.2

1: O impacto das externalidades no custo social[3123]
2: Ganhos e perdas de bem-estar resultantes da adopção do nível eficiente de produção
BM: benefício marginal

[3123] Rosen, H.S. (2002), 82-83.

CMP: custo marginal privado

EM: externalidade marginal

CMS: custo marginal social

Q1: nível de produção com externalidades

Q2: nível de produção socialmente óptimo

A: perda do externalizador com a adopção do nível de produção socialmente óptimo (área – cdf)

B: ganho das vítimas de externalização com a adopção do nível de produção socialmente óptimo (área – cdef)

– A eficiência social exigiria que se produzisse apenas a quantidade até à qual o custo marginal social é igual ao benefício marginal – ou seja, o ponto Q2. Entregue a si mesmo, o mercado tenderá a produzir demasiado, ou seja, a quantidade até à qual o benefício marginal continua a exceder o custo marginal privado – ou seja o ponto Q1.

– Ao adoptar-se o nível socialmente óptimo, registam-se perdas (a área – cdf) e ganhos (a área – cdef); como os benefícios excedem os custos, há um aumento de bem-estar social, um incremento paretiano (a área – def).

– Havendo direitos de apropriação definidos, é possível encarar-se um mecanismo espontâneo de negociação que conduza ao nível socialmen-te óptimo: o externalizador estará disposto a deixar de produzir em tudo o que exceda Q2, desde que a compensação que receba exceda o que ganharia marginalmente por produzir até à quantidade Q1 (a área – cdf). E as vítimas estarão dispostas a pagar essa compensação, desde que ela seja inferior ao prejuízo total (o custo de oportunidade) que sofreriam se a produção se mantivesse ao nível Q1 (a área – cdef). Ora já vimos que isso é eminentemente possível, dado que mesmo que o externalizador seja inteiramente compensado, de forma a descer para o nível de produção Q2, ainda assim restará uma margem de benefício líquido para aqueles que compensam o externalizador (a área – def).

– A regra é portanto a de que, enquanto EM > (BM – CMP), será mutuamente vantajoso negociar a redução do volume de produção. Ora essa condição, como pode constatar-se graficamente, verifica-se à direita do nível de produção Q2, e deixa de se verificar à sua esquerda.

– Abaixo do nível de produção Q2 seria possível diminuir ainda a externalização, como é evidente – só que o que o externalizador pediria para fazê-lo passaria a exceder a disposição de pagar das vítimas. E tudo isto, repare-se, independentemente de sabermos a quem é inicialmente conferida a titularidade dos direitos relevantes (tanto pode sê-lo ao externalizador, a quem as vítimas «comprarão» a renúncia à produção na quantidade Q1, como às vítimas, a quem o externalizador «comprará» o direito de externalizar, o que só será rentável até à quantidade Q2 e já o não será a partir daí até Q1)[3124].

Mas, se falhar algumas das soluções sucedâneas do mercado, como pode o Estado impor uma tal retrac-ção? Numa primeira abordagem, pode fazê-lo obrigan-do o produtor a *internalizar* a externalidade negativa, isto é, a reflectir nos seus custos privados o montante dos custos sociais correspondentes ao óptimo social – o que poderá fazer lançando um imposto sobre o pro-dutor, de montante correspondente ao valor da referida externalidade, de modo a que através desse aumento de custos o produtor desloque a sua curva da oferta até que ela coincida com a curva que representa o custo social. A internalização é, pois, o estabelecimento de *incentivos* à consideração, *no mercado*, dos custos sociais – sendo que, como já sabemos, o recurso a incentivos é uma forma de evitar proibições, imposi-ções ou intervenções directas da administração na eco-nomia, preservando pois, tanto quanto possível, a liber-dade básica de funcionamento do mercado –.

No fundo, o esforço de internalização visa a melho-ria de eficiência ambiental que o mercado dos produ-tos não promove espontaneamente, procurando fazer coincidir o equilíbrio social com o equilíbrio privado, ou seja fazendo com que a eficiência privada se alinhe com a eficiência social – encaminhando aquela em direcção desta[3125] com o mínimo de custo «friccional» e de imposição de normas (aproveitando as regras básicas da propriedade, da responsabilidade civil e penal, dos seguros, do direito público da regulação e da privatização, etc.[3126]). Uma vez consumada, essa internalização conduzirá à produção a níveis sustentá-veis, e até eventualmente à adopção de medidas técni-cas que minimizem os impactos externalizadores (na medida em que essa externalização passa a repercutir no custo médio e na escala de eficiência), e portanto de formas de produção, distribuição, embalagem, tra-tamento de resíduos, reciclagem, etc., mais «amigas do ambiente» (descontado o rótulo de puro intuito publicitário)[3127].

Tudo o que dissemos encontra uma simetria no caso de ocorrência de externalidades positivas na produção: nesse caso, *internalizar* significará incentivar o merca-do a deslocar a curva da oferta no sentido da expansão, até coincidir com a curva dos custos sociais – custos sociais que, no caso das externalidades positivas, são inferiores aos custos privados –, num ponto de equilí-brio em que é inferior o preço e superior a quantidade transaccionada relativamente àquilo que sucedia no ponto de equilíbrio espontâneo do mercado.

[3124] Rosen, H.S. (2002), 86.

[3125] Cunningham, W.P. & B.W. Saigo (1997), 496; Wirl, F. (2000), 87-108.

[3126] Segerson, K. (org.) (2002).

[3127] Calcott, P. & M. Walls (2000), 233; Fiksel, J. (org.) (1996).

Essa internalização pode ser efectuada, por exemplo, através da atribuição de um subsídio a tais actividades geradoras de externalidades positivas, como por exemplo actividades de investigação tecnológica ou médica, ou actividades de ensino e de formação, nas quais se determine que existe um «extravasar social» dos benefícios que elas geram para aqueles que estão directamente envolvidos nelas – embora a detecção e medição desses «*spillovers*» seja problemática, pelo que a justificação de medidas concretas é sempre discutível, pelo menos em tudo o que ultrapasse os quadros tradicionais de apoio público ao ensino e à investigação –.

E é óbvio que a forma mais directa de internalização é a atribuição de direitos de apropriação mais fortes e especificados que, na medida do possível (quando não tenham sido produzidos puros bens públicos através da externalização), permitam ao produtor recuperar uma parte, ou a totalidade, dos benefícios causados a outros;

e isto porque a intervenção do Estado na promoção de actividades positivamente externalizadoras pode ter consequências negativas no plano dos incentivos, se essa promoção habituar os utentes a deixarem de revelar, e depois ocultarem activamente, as suas preferências e as suas disposições de pagarem pelos bens e serviços que provocam a externalidade positiva (um efeito dinâmico que amplia a margem de externalização e acaba por inviabilizar a formação de um mercado)[3128].

Pouco mais é preciso acrescentar quanto ao quadro geral de *internalização* das externalidades *no consumo*. Se este consumo produz externalidades negativas, o valor social desse consumo situa-se aquém do respectivo valor privado, pelo que o óptimo social requer que a curva da procura se retraia até coincidir com a curva que representa esse valor social, significando isso que o ponto de equilíbrio se registará com preços e quantidades consumidas inferiores àqueles que ocorriam antes da consideração das externalidades negativas.

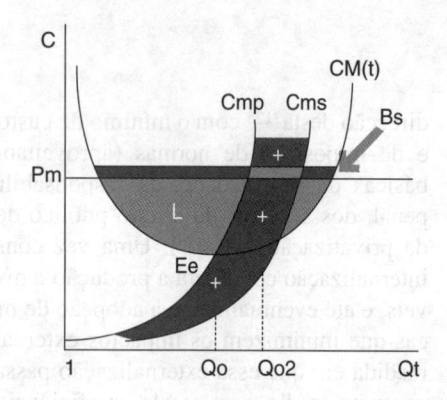
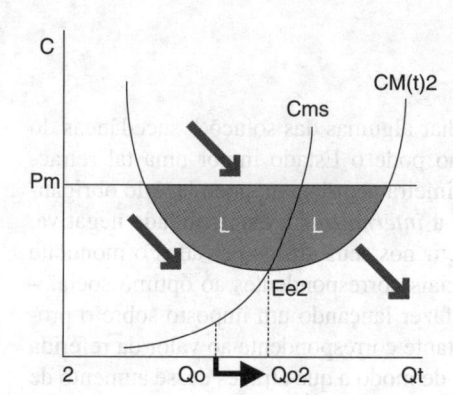

Gráfico 15.3. *Externalidades positivas e internalização*

1: situação de externalidade positiva (custos marginais sociais inferiores aos custos marginais privados)

2: situação de internalização das externalidades positivas (prevalência dos custos marginais sociais)

C: custos

Qt: quantidades

CM(t): custo médio (total)a

CM(t)2: custo médio (total) após a internalização

Cmp: custo marginal privado

Cms: custo marginal social

+: externalidade positiva (diferença entre Cmp e Cms)

Pm: preço de mercado

L: área de lucro

Bs: benefício social obtido à custa do externalizador privado

Ee: escala de eficiência (lucro máximo *na concorrência*, ponto em que CM(t)=Cmp)

Ee2: escala de eficiência após a internalização (CM(t)2=Cms)

Qo: quantidade óptima (na qual o lucro é maximizado *em concorrência*)

Qo2: quantidade *socialmente* óptima

[3128] Pense-se por exemplo na prestação de serviços de saúde, ou no ensino, que tantas pessoas se habituam a tratar como se fossem e devessem continuar a ser gratuitos e amplamente, ou integralmente, subsidiados pelo Estado – quando à volta pululam exemplos dos mesmos serviços prestados através do mercado (as mesmas pessoas que se indignariam com a necessidade de pagarem uma radiografia num hospital público aceitam de bom grado suportar a integralidade do custos, e dos excedentes do produtor, de cirurgias estéticas; os opositores das propinas nas universidades públicas são capazes de custear generosamente o ensino pós-graduado nessas mesmas universidades, e dispõem-se a pagar a licenciatura com propinas muito mais elevadas nas universidades privadas). Cfr. ERP (2002), 151-152; Davis, J.B. (org.) (2001).

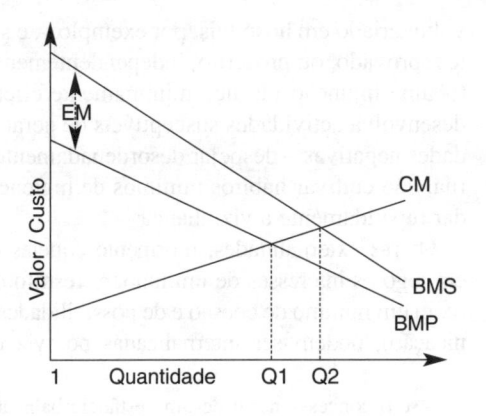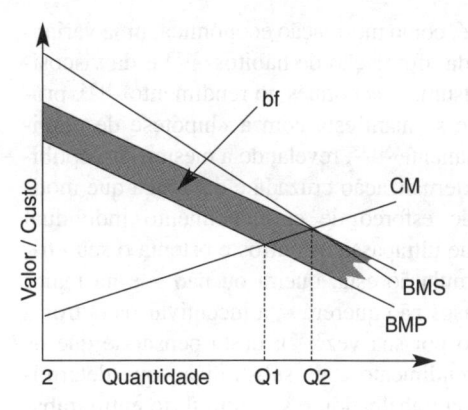

Gráfico 15.4

1: externalidades positivas[3129]
2: a promoção de actividades positivamente externalizadoras através de benefícios fiscais
BMP: benefício marginal privado
EM: externalidade marginal

BMS: benefício marginal social (BMS=BMP+EM)
CM: custo marginal
Q1: nível de produção sem externalidades positivas
Q2: nível de produção socialmente óptimo
bf: benefício fiscal

Se o consumo produz externalidades positivas – porque, por exemplo, um indivíduo decide vacinar-se, decide investir no seu capital humano, decide usar desodorizante[3130] –, é o valor privado que a curva da procura reflecte que se situa aquém do valor social, pelo que o óptimo social reclamará uma expansão do consumo até ao ponto de equilíbrio em que a curva representativa do valor social intercepta a curva da oferta.

No caso de existirem externalidades negativas, o consumo deve ser desencorajado, por exemplo através de uma tributação – o que subjaz parcialmente ao agravamento da tributação que incide sobre o consumo do tabaco e das bebidas alcoólicas –; no caso de existirem externalidades positivas, o subsídio parece a solução eficiente – o que acontece com o suporte financeiro da educação e da saúde pública, por exemplo –.

Uma dúvida pode subsistir neste domínio: a emulação, a ostentação, a inveja, são causadoras de externalidades positivas ou de externalidades negativas no consumo? E haverá nessas motivações uma «mão invisível» promotora de um «excedente de externalização positiva»? Estamos aqui a falar do inverso das «externalidades de rede», referindo-nos agora antes ao efeito que comparações inter-subjectivas podem ter no grau de satisfação que cada um retira do seu consumo, motivando o desejo de equiparar ou suplantar os níveis de consumo daqueles com quem cada um se compara[3131]. Nestes casos, a «riqueza relacional», comparativa[3132], reclamará no limite uma intervenção *oneradora* do consumo alheio ou *subsidiadora* do consumo próprio, o que não deixa de explicar, em larga medida, seja a miopia tributária do votante mediano, seja os contínuos esforços de «captação de renda» que animam a actividade económica.

[3129] Rosen, H.S. (2002), 100.

[3130] Repare-se que, em certas circunstâncias, a ausência de um externalidade positiva é já uma externalidade negativa – concebendo-se como possível que, em casos desses, possa prevalecer, na consciência social e até na ordem jurídica, um dever positivo, um dever de *fazer*. Se, por exemplo, a melhoria das condições sanitárias gerais é sempre positivamente externalizadora, dadas as condições de complementaridade e interdependência denotadas pela noção de saúde pública, em contrapartida se dirá que essas mesmas condições podem tornar a falta de colaboração em programas de saúde pública num obstáculo intransponível à erradicação de uma doença, ou ao seu impacto na morbilidade ou na mortalidade, gerando pois uma grave externalização negativa. Cfr. Dow, W.H., T.J. Philipson & X. Sala-i-Martin (1999), 1358ss.; Manton, K. & E. Stallard (1982), 527-547; Preston, S.H. (1980), 289-361.

[3131] Essa motivação do consumo pela inveja, normalmente pela inveja que se tem pelo padrão de consumo da vizinhança, recebe a pitoresca designação de «*keeping up with the Joneses*»: se a família dos vizinhos (a família «Jones») consumir mais hoje, o próprio consumidor experimentará maior utilidade marginal no seu consumo de amanhã. Cfr. Dupor, B. & W.-F. Liu (2003), 423; Abel, A.B. (1990), 38-42; Galí, J. (1994), 1-8; Ljungqvist, L. & H. Uhlig (2000), 356-366.

[3132] Diwan, R. (2000), 305-340.

A inveja é, como motivação económica, uma variante do tema da «formação de hábitos»[3133] e da viscosidade do consumo a «choques no rendimento»[3134], próxima da que se manifesta com a «hipótese de rendimento permanente»[3135], revelando a mesma susceptibilidade de externalização cruzada e dinâmica que motiva muito do esforço de enriquecimento individual (cada um que ultrapassa os outros e ostenta o seu «triunfo» na emulação está, queira ou não – e na maior parte dos casos não quererá –, a incentivar os outros a ultrapassá-lo por sua vez[3136]): basta pensar-se que os efeitos de rendimento e de substituição que determinam, em cada trabalhador, o seu equilíbrio entre trabalho e lazer, o seu nível óptimo de esforço oferecido no mercado, pode ser profundamente perturbado por este «motor» da emulação[3137] (o qual, de resto, pode ser perturbador também das políticas macroeconómicas de estabilização, podendo manter o sobreaquecimento da economia em todas as fases do ciclo)[3138/3139].

15 – b) A perspectiva de Coase

O carácter bilateral do fenómeno das externalidades aponta, como dissemos, no sentido da possibilidade de uma solução negociada, não imposta, das externalidades. É certo que essa negociação começa por ser dificultada pelo facto de as externalidades tão frequentemente consistirem em efeitos relativamente aos quais não existe um mercado em funcionamento, e é mais dificultada ainda quando estão envolvidos muitos interessados, que apresentam graus muito variados de externalização e de dano, com grande heterogeneidade de características e dispersão informativa. Mas essas dificuldades não tornam essa negociação impossível, apenas a tornam *onerosa*.

Muitas externalidades são internalizadas por práticas sociais reiteradas, por hábitos colectivamente adoptados ou proscritos: é socialmente aprovado que se incentive privadamente actividades que geram externalidades positivas – deixar em legado uma biblioteca particular a uma Universidade, colaborar em acções de voluntariado em hospitais, por exemplo –, e socialmente reprovado, ou proscrito, independentemente de existir uma injunção jurídica minimamente eficaz, que se desenvolva actividades susceptíveis de gerar externalidades negativas – despejar desordenadamente o lixo na rua, não cultivar hábitos mínimos de higiene, incomodar repetidamente a vizinhança –.

Outras externalidades, mormente aquelas que põem em jogo os interesses de um número restrito de pessoas (com um mínimo de coesão e de possibilidades de comunicação), podem ser internalizadas por via contratual:

– se o concessionário de uma estância balnear considera que uma velha moradia é um atractivo turístico local e que o proprietário não investe o suficiente na sua reparação e embelezamento – a fachada está decrépita, o jardim abandonado –, pode oferecer-se para co-financiar as obras requeridas, ou até, no caso limite, para comprar a moradia, contribuindo deste modo, parcial ou totalmente, para a internalização das externalidades positivas geradas pela presença da moradia –;

– se o proprietário da única casa que se encontra na vizinhança de uma oficina metalomecânica se sente gravemente incomodado com o ruído, pode apresentar ao empresário dessa oficina, entre outras, estas soluções:

  • pedir-lhe uma indemnização pelo dano causado;
  • co-financiar a compra de meios anti-poluição;
  • pagar-lhe uma compensação pela redução do nível de actividade até níveis suportáveis;
  • propor-lhe a venda da sua casa, devoluta – indo-se ele próprio embora –;
  • propor-lhe o co-financiamento da compra de outra casa, mais afastada, para a qual ele iria viver;
  • propor-lhe a compra da oficina;
  • co-financiar a reinstalação da oficina num lugar mais afastado.

Qualquer destas soluções permitiria encarar uma compatibilização dos interesses da vítima do ruído com os interesses económicos da exploração: é sempre de compatibilização que se trata, salvo naqueles casos extremos de incompatibilidade radical, como o das

---

[3133] Constantinides, G.M. (1990), 519-543; Ferson, W.E. & G.M. Constantinides (1991), 199-240. Contra a ideia de «formação de hábitos», cfr. Dunn, K.B. & K.J. Singleton (1986), 27-55; Eichenbaum, M.S., L.P. Hansen & K.J. Singleton (1988), 51-78; Heaton, J. (1993), 353-385; Muellbauer, J. (1988), 47-70.

[3134] Campbell, J.Y. & A.S. Deaton (1989), 357-373; Carroll, C.D. & D.N. Weil (1994), 133-192.

[3135] Hall, R.E. & F.S. Mishkin (1982), 461-481.

[3136] Abel, A.B. (1999), 3-33; Campbell, J.Y. & J.H. Cochrane (1999), 205-251

[3137] Shapiro, M.D. (1984), 93-100.

[3138] Ljungqvist, L. & H. Uhlig (2000), 356-357, 365; Dynan, K.E. (2000), 391-392; Braun, P.A., G.M. Constantinides & W.E. Ferson (1993), 897-920; Zeldes, S.P. (1989), 305-346.

[3139] O mesmo motor da inveja tem sido usado para explicar o denominado «*equity premium puzzle*», o facto de o rendimento das acções ter sempre excedido tão amplamente o das obrigações, sem se ter verificado qualquer tendência para a convergência de valores. Cfr. Abel, Andrew B. (1990), 38-42; Constantinides, G.M. (1990), 519-543; Campbell, J.Y. & J.H. Cochrane (1999), 205-251; Mehra, R. & E.C. Prescott (1985), 145-161.

externalidades perigosas, que devem pura e simplesmente ser eliminadas. Em todos os outros casos, não se encara a possibilidade do sacrifício total dos interesses das vítimas – a hipótese de poluição irrestrita – ou do sacrifício total dos interesses dos externalizadores – a hipótese de actividade económica nula, dado que todas as actividades económicas são potencialmente externalizadoras, e portanto eliminar as hipóteses de externalização negativa equivaleria a eliminar *toda* a actividade produtiva –.

Havendo compatibilização de interesses com internalização de externalidades, tanto as positivas como as negativas, o contrato tenderá a fixar relações «preços-quantidades» que se aproximam do óptimo social.

– Suponhamos, noutro exemplo, que o proprietário de uma pastagem que é atravessada por uma linha-férrea sente ter o direito de impedir a destruição das manadas que pastam naquele terreno pelos comboios que nele passam. As manadas têm um valor de mercado de, por exemplo, 100 mil Euros; o atravessamento daquela propriedade significa, para a companhia que explora a linha férrea, um valor de um milhão de Euros (custaria esse montante desviar o traçado da linha).

– Se à companhia que explora a linha férrea custar 150 mil Euros instalar uma rede que impeça atravessamentos e acidentes, o valor do gado para o seu proprietário vê-se aumentado para um nível algures entre os 100 mil e os 150 mil Euros, já que a qualquer preço inferior a 150 mil Euros é vantajosa, para a companhia que explora a linha férrea, a compra das manadas, ou a compra da pastagem – em vez da instalação da rede protectora. Num caso desses, não havendo entraves à negociação, o proprietário venderá o terreno ou a manada, ou ambos, à companhia que explora a linha férrea, que poderá reafectar o terreno a um uso compatível com a circulação ferroviária sem risco de acidentes (um uso não-pecuário).

– Suponhamos que, ao invés, o custo da rede protectora é de apenas 20 mil Euros; nesse caso, se as negociações puderem desenvolver-se sem grandes delongas e ineficiências, das duas uma: ou é a companhia de caminhos de ferro que tem o direito irrestrito de passagem, e nesse caso será vantajoso ao proprietário da pastagem mandar construir, a expensas suas, a rede protectora, gastando 20 mil Euros para preservar um valor de 100 mil Euros; ou é o proprietário que tem o direito à exploração irrestrita dos seus terrenos para qualquer uso, e nesse caso será amplamente compensador para a companhia de caminhos de ferro promover, a expensas suas, a construção da rede, gastando 20 mil Euros para prevenir indemnizações que, na pior das hipóteses, poderiam chegar aos 100 mil Euros. Em qualquer dos casos, manter-se-á o uso pecuário do terreno[3140].

– Note-se agora que, em qualquer das duas hipóteses, havendo facilidade de negociação, se chegou espontaneamente à atribuição do terreno ao seu uso socialmente mais produtivo, ao uso que envolve menores custos totais: na primeira hipótese, um uso não-pecuário, na segunda hipótese um uso pecuário. E tudo isto independentemente da titularidade inicial dos direitos em conflito!

15 – b) – i) Custos de transacção e solução extra-mercado. As «fronteiras da empresa»

Na realidade, o que impede a formação de mercados e a solução espontânea, negociada, de muitos dos aspectos relativos às externalidades é a simples *onerosidade* dos procedimentos envolvidos num tal tipo de soluções; se não existisse essa *onerosidade*, que resulta da existência dos designados «custos de transacção»[3141], praticamente toda a área das externalidades poderia ser resolvida por negociação directa entre todos os interessados, sem necessidade de recurso à autoridade e à solução imposta.

Lembremos que, por definição, «custos de transacção» são todos aqueles em que se incorre na troca de utilidades e na afectação comutativa de recursos, quando se busca uma contraparte, se negoceia com ela, se prevêem e supervisionam as contingências do cumprimento, etc. – sendo que se podem subsumir a essa categoria mais geral, entre tantos outros, os custos de *busca* de oportunidades de troca, os custos de *determinação* dos preços relevantes e de *identificação* das partes interessadas, os custos de *negociação*, os custos de *definição* dos direitos em jogo, os custos de *elaboração* e de *cumprimento* dos contratos, custos de *coordenação* nos processos de decisão colectiva, custos de *motivação* na aplicação de tempo escasso a prossecução de interesses –.

A ideia de «custos de transacção», inteiramente original na evolução das ideias económicas, foi elaborada por Ronald Coase em 1937[3142], numa tentativa para elucidar um aparente paradoxo no modo de produção – o facto de, no todo de uma nação, os recursos serem eficientemente distribuídos pelo livre jogo do mercado sem qualquer estrutura centralizada, enquanto que ao

---

[3140] Trata-se de duas aplicações do princípio de suporte eficiente dos custos pelo «*least-cost avoider*», um princípio depois extrapolado para regras de responsabilidade civil, aproveitando-se a «fórmula do Juíz Hand» sobre a responsabilidade por negligência. Cfr. Landes, W.M. & R.A. Posner (1987), 58ss., 87; Posner, R.A. (1999), 91; Silva, M.B. (1997), 247-262; Gonçalves, V.F. (2000).

[3141] Cuja importância como instrumento analítico da moderna ciência económica sublinhámos já repetidamente. Cfr. ainda: Rao, P.K. (2003).

[3142] Coase, R.H. (1937), 386-405.

nível das empresas predomina antes o modelo da direcção centralizada, sem contratualização permanente do modo de funcionamento da estrutura empresarial e dos seus recursos. Porque é que, então, nasce a organização empresarial em pleno seio de uma economia assente em especialização e trocas de mercado? Porque é que a coordenação espontânea através dos preços não serve para a coordenação empresarial?[3143] Porquê a hierarquia e não o mercado?[3144]

A intuição básica é a de que, para aumentar a sua produção, uma empresa aberta a interacções com o mercado tem que aumentar a sua dimensão e isso pode acarretar um agravamento progressivo de custos de transacção (começando pelos custos de descoberta dos preços relevantes no mercado[3145]) – havendo por isso um ponto em que o aumento de dimensão pode ser impedido pelo agravamento de custos de transacção, a menos que a empresa encontre formas minimizadoras desses custos, por exemplo o estabelecimento de relações de hierarquia e de subordinação dentro de relações contratuais permanentes, substituindo os custos de transacção implicados no constante «regresso ao mercado» por mais baixos custos de transacção relativos à administração interna da empresa[3146].

– Nesta explicação «canónica» de Coase, de que uma organização formal e verticalmente integrada pode ser mais eficiente (menos custosa) do que o mercado, quando a deficiência informativa faz elevar os custos de transacção das trocas[3147], o ponto focal desloca-se para a

inevitabilidade de contratos incompletos, que tornam necessária, nas relações contratuais duradouras, a existência de uma instância directora, capaz de preencher as lacunas, as ambiguidades, as imprevisões, e todas as «clareiras» do contrato, com ordens específicas que vão colmatando quotidianamente, assentes numa legitimidade de apropriação e hierarquia, em critérios de legitimidade residual conferida pela titularidade[3148], aquilo que o contrato não poderia colmatar previamente senão a custos demasiadamente elevados[3149].

– Em contrapartida, a incompletude dos contratos pode induzir padrões de reciprocidade e confiança entre agentes económicos[3150], atentas as «perdas de renda» que advirão para as partes do facto de não desempenharem o seu papel na divisão de tarefas, quando haveria uma «soma positiva» a decorrer desse desempenho – razão pela qual a estruturação empresarial tantas vezes gera sentimentos de «pertença» e de «lealdade»[3151].

Os custos de transacção envolvidos nas relações contratuais entre empresários e fornecedores dos factores produtivos é que determinariam a existência da empresa[3152] e a respectiva estruturação económica[3153] – uma intuição poderosa[3154] que deu por si mesma origem ao ramo da «Economia dos custos de transacção» e, à sombra dela, a muitas evoluções teóricas de que temos falado, como os problemas da «*agency theory*» (da relação «comitente – comissário»), do «contrato incompleto», da teoria dos direitos de apropriação aplicados à empresa[3155], e muitos outros[3156], além de muitos estudos

---

[3143] Coase, R.H. (1937), 389.

[3144] Para uma análise ampla da «economia da empresa», cfr. Jensen, M.C. (2000).

[3145] Coase, R.H. (1937), 391.

[3146] Por exemplo, o preço relevante pode agora ser internamente fornecido pela contabilidade interna da empresa, de modo uniforme e sem necessidade de busca. Cfr. Williamson, O.E. (2002), 179-180.

[3147] Grossman, S.J. & O. Hart (1986), 691-719; Hart, O.D. & J. Moore (1990), 1119-1158; Holmström, B. & J. Roberts (1998), 73-94; Williamson, O.E. (1975); Williamson, O.E. (1985).

[3148] De Meza, D. & B. Lockwood (1998), 361-386; Hart, O.D. (1995); Holmstrom, B. & J. Tirole (1991), 201-228; Holmstrom, B. & P. Milgrom (1991), 24-51; Holmstrom, B. & P. Milgrom (1994), 972-991; Rajan, R.G. & L. Zingales (1998), 387-432. Cfr. ainda: Alchian, A.A. (1969); Bhagat, S., A. Shleifer & R. Vishny (1990), 1-72; Coase, R.H. (1988), 19-32; Jensen, M.C. (1986), 323-329; Matsusaka, J. (1993), 357--379; Shleifer, A. & R.W. Vishny (1989), 123-140; Williamson, O.E. (1988), 567-592.

[3149] Uma ideia cada vez mais explorada é a dos «custos de influência», aquilo que é preciso dispender para assegurar unilateralmente o alinhamento de condutas. Cfr. Meyer, M., P. Milgrom & J. Roberts (1992), 9-35; Milgrom, P. & J. Roberts (1988), S154-S179; Milgrom, P. & J. Roberts (1990), 57-89; Shin, H.-H. & R.M. Stulz (1998), 531-552.

[3150] Fehr, E. & J.-R. Tyran (1996), 133-144; Fehr, E., S. Gächter & G. Kirchsteiger (1997), 833-860; Kollock, P. (1994), 313-345; Lane, R.E. (1991), 11ss..

[3151] Gintis, H. (1989).

[3152] Um termo não isento de ambiguidades. Para uma síntese, cfr. Santos, J.C. (2000), 105ss..

[3153] Embora se deva observar que o verdadeiro interesse da escola neoclássica recai muito mais nas alternativas organizativas aos mecanismos de mercado e dos preços, do que propriamente nas particulares vicissitudes da gestão das empresas reais, como se adverte em: Demsetz, H. (1983), 277; Rajan, R.G. & L. Zingales (1998), 387-432.

[3154] Depois explicitada e ampliada em: Williamson, O.E. (1975); Williamson, O.E. (1979), 233-262; Williamson, O.E. (1985); Klein, B., R.G. Crawford & A.A. Alchian (1978), 297-326.

[3155] Salanié, B. (1997), 176; Whinston, M.D. (2001b), 184-185. Cfr. Grossman, S.J. & O.D. Hart (1986), 691-719; Hart, O.D. & J. Moore (1990), 1119-1158; Hart, O.D. (1995).

[3156] Williamson, O.E. (1967), 123-138; Chisholm, D.C. (2002), 119-130.

empíricos e aplicados sobre o fenómeno empresarial[3157], numa pujança ímpar[3158] que desmente a observação do próprio Ronald Coase, de que o seu artigo de 1937 seria muito citado mas pouco utilizado[3159].

Assim se estabeleceriam as «fronteiras da empresa»[3160], a linha que separa aquilo que a empresa faz e aquilo que ela adquire no mercado, sejam as fronteiras *verticais* que respeitam à relações com fornecedores e clientes (que envolve a maior ou menor intensidade da integração das cadeias de fornecimento e de distribuição), sejam as fronteiras *horizontais* que descrevem as relações da empresa com os seus concorrentes (e que conduzem dos extremos da fusão até ao «*outsourcing*»)[3161/3162].

– O problema central da «economia das organizações» passou a ser, assim, a determinação da natureza económica da empresa, o problema da sua formação e delimitação – um problema da maior relevância prática, bastando levarmos em conta os meios (jurídicos, financeiros, até políticos) empregues na reordenação constante das «fronteiras» das empresas, através de fusões, de aquisições, etc., a definição do «mapa empresarial» da economia.

– Dada a natureza jurídica e convencional das empresas, interessa determinar quais são as suas «fronteiras», o ponto até ao qual a peculiar forma de apropriação e afectação de recursos dentro de organizações empresariais (e a distribuição de poderes e incentivos) conduz os seus membros a desenvolverem actividades de produção de riqueza, e o ponto até ao qual isso é socialmente aceitável[3163].

– Com efeito, não há nada de «natural» que imponha o respeito por essas «fronteiras», pelo que, na análise do fenó-

meno empresarial, há que decidir se se deve desconsiderá-las, discernindo dentro das próprias empresas o prolongamento das redes de interdependências que predominam no mercado[3164], ou se pelo contrário se respeita essas fronteiras e se encara a forma de organização das empresas como algo de qualitativamente distinto em relação ao funcionamento próprio do mercado[3165]. O problema começa por ser o da própria eficiência produtiva, o da opção entre integração ou desintegração vertical dos factores produtivos, o da opção entre «fabrico próprio» e «*outsourcing*», ou «*franchising*»[3166].

– Com efeito, a integração das empresas, ligada que está a custos de transacção, está estreitamente dependente de factores tecnológicos, e foi assim já no século XIX, em que o progresso das telecomunicações começou a propiciar a formação de empresas com grande extensão geográfica[3167], permitindo trazer para dentro das empresas formas de organização de informação dispersa que, de certo modo, só o mercado competitivo conseguira assegurar até então[3168].

Como Oliver Williamson concluiu, a opção «*fazer ou comprar*» que estava implícita na intuição de Coase haveria de conduzir mais tarde ou mais cedo a uma tendência para a integração vertical dos processos produtivos, na estrita medida em que a informação assimétrica, a racionalidade limitada e o oportunismo haveriam de multiplicar os custos de transacção, e com estes fragilizar o cumprimento de contratos incompletos[3169], aquilo que ficaria designado como o problema de «*lock-in*»[3170/3171] – tendência para a integração vertical que seria depois empiricamente verificada[3172], atribuí-

3157 Williamson, O.E. (1971), 112-123; Williamson, O.E. (1985); Klein, B., R.G. Crawford & A.A. Alchian (1978), 297-326; Coase, R.H. (1988), 3-47; Masten, S.E. (2002), 428; Monteverde, K. & D.J. Teece (1982), 206-213; Monteverde, K. & D.J. Teece (1982b), 321-328.

3158 Shelanski, H.A. & P.G. Klein (1995), 335-361; Lyons, B.R. (1996), 27-52; Crocker, K. & S. Masten (1996), 5-39; Rindfleish, A. & J. Heide (1997), 30-54; Masten, S.E. & S. Saussier (2000), 215-236.

3159 Coase, R.H. (1972b), 67. Cfr. Holmstrom, B. & J. Tirole (1989), 126; Peltzman, S. (1991), 201-217.

3160 Lourenço, A.P. (2004), 21-27.

3161 ERP (2001), 128-129.

3162 O progresso da «Economia da informação» veio aditar novos fundamentos às fronteiras da empresa, nomeadamente a detenção de uma base informativa. Cfr. Heiman, B. & J.A. Nickerson (2002), 97-116.

3163 Grossman, S.J. & O. Hart (1986), 691-719; Holmstrom, B. & P. Milgrom (1994), 972-991; Holmstrom, B. (1999), 74-102; Baker, G.P. & T.N. Hubbard (2003), 551ss..

3164 DiMaggio, P. & H. Louch (1998), 619-637; Podolny, J.M. (1994), 458-483.

3165 Williamson, O.E. (1985).

3166 Andersen, E. (1985), 234-254; Andersen, E. & D. Schmittlein (1984), 385-395; Lafontaine, F. & M.E. Slade (1997), 1-25; Maness, R. (1996), 101-115; Shepard, A. (1993), 58-77; Slade, M.E. (1996), 465-486.

3167 Chandler, A.P. (1977).

3168 Hayek, F.A. (1945), 519-530.

3169 Williamson, O.E. (1975); Williamson, O.E. (1985); Tadelis, S. (2002b), 433.

3170 A tendência de uma relação «integrada» para criar um valor que excede o das alternativas externas, «de mercado», dos parceiros, gerando entre eles «quase-rendas» advindas da diminuição de custos de transacção – mas «quase-rendas» cuja partilha incentiva o oportunismo entre os parceiros (dada a incompletude dos contratos que os ligam), em termos idênticos àqueles que vimos fragilizarem os cartéis, o que acaba por tornar eficiente o aprofundamento da integração vertical. Cfr. Klein, B., R.G. Crawford & A.A. Alchian (1978), 297-326.

3171 Para uma reflexão sobre a obra de Williamson e sobre a «*transaction cost economics*», cfr. Carroll, G.R. & D.J. Teece (orgs.) (1999).

3172 Monteverde, K. & D.J. Teece (1982), 206-213; Masten, S.E. (1984), 403-417; Joskow, P.L. (1985), 33-80; Mullainathan, S. & D. Scharfstein (2001), 195.

da ainda por alguns à vontade de defesa da propriedade de recursos específicos de um processo específico[3173], e por outros a deficiências contratuais que aumentariam a incerteza até níveis intoleráveis[3174].

Por longo tempo, a nossa já conhecida «*teoria da agência*» («*agency theory*») concentrou-se quase exclusivamente no problema do equilíbrio entre incentivos e risco, e na ideia de que empresas «neutras ao risco» segurariam, por um «contrato implícito», trabalhadores avessos ao risco, desligando as remunerações dos resultados da produção e expondo-se, dessa maneira, ao próprio risco moral dos trabalhadores[3175]; mas paulatinamente a ênfase começou a deslocar-se para a distorção de incentivos que permite remunerar o comissário quando manifestamente ele não prossegue os interesses do comitente[3176], criando margem, mais amplamente ainda, a oportunismos, sabotagem, não-cooperação, e a uma espiral de distorção e de risco propiciada pela assimetria informativa[3177].

É, de resto, uma premissa teórica que subjaz já, bem explícita, na condenação *económica* da escravatura, numa das passagens mais conhecidas da *Riqueza das Nações*, de Adam Smith: "*A experiência de todas as épocas e nações demonstra, segundo creio, que o trabalho feito por escravos, embora pareça custar só o valor da sua manutenção, acaba por ser o mais caro de todos. Uma pessoa que não pode adquirir nada para sua propriedade não terá outro interesse senão o de comer o mais que puder e trabalhar o menos possível. Qualquer trabalho que passe para além daquilo que é necessário para a sua subsistência só lhe poderá ser arrancado pela violência e não por qualquer interesse próprio (...) Os escravos, contudo, raramente são inventivos e os melhoramentos mais importantes, quer no que diz respeito ás máquinas, quer ao arranjo e distribuição do trabalho que o vem facilitar e diminuir, ficaram a dever-se a homens livres (...) Assim, nas manufacturas produzidas pelos escravos ter-se-á empregado, geralmente, mais trabalho para executar a mesma quantidade de trabalho do que naquelas efectuadas pelos homens livres*"[3178].

Como premissas básicas nestes domínios temos não apenas a de que os indivíduos respondem a incentivos, mas também a de que os contratos reflectem, com um mínimo de eficiência e acabamento, os custos e benefícios do alinhamento de incentivos entre as partes contratantes, mais especificamente estabelecendo regimes remuneratórios, disciplinares e reivindicativos adequados[3179], o que tem sido objecto de uma análise que se tem centrado precisamente na posição contratual dos administradores, já que é da parte deles que a assunção de riscos é *aparentemente* mais extensa e a supervisão do seu desempenho mais difícil[3180], sendo por isso mais fácil explicitar o balanço entre riscos e incentivos que se exprime em remunerações ligadas aos resultados económicos da empresa[3181].

Se, além disso, se assumir como premissa a ideia de que há factores *endógenos* que estimulam os incentivos, mais claro se torna que haja a vontade, de ambas as partes na relação «comitente – comissário», de constituição permanente de uma estrutura hierárquica «coaseana» que institucionalize as preferências incentivadoras, de uma estrutura hierárquica que balize essa «*relação de emprego*» de acordo com normas sociais que exorbitam de um padrão individualista maximizador mas que, de arreigadas em condutas de reconhecimento social e de reciprocidade informativa, não são menos eficientes na explicação da realidade empresarial[3182].

Mais importante ainda, a perspectiva dos «custos de transacção» vinha permitir a alteração dos dados em que tinha assentado a justificação microeconómica para a intervenção do Estado nos mercados. Até então, essa justificação tinha-se centrado na baixa probabilidade e difícil promoção das condições do equilíbrio geral concorrencial – as condições sintetizadas no modelo «Arrow-Debreu» –; mas o facto era que o mercado invadia praticamente todos os recantos da actividade económica à medida que a eficiência comunicativa e informativa iam aumentando[3183], tudo com aparente indiferença pelas perplexidades do «equilíbrio geral» e com inesperada eficácia na promoção da afectação de recursos, do pleno emprego e do crescimento,

[3173] Klein, B., R. Crawford & A. Alchian (1978), 297-326; Williamson, O.E. (1979), 233-261; Williamson, O.E. (1985).

[3174] Grossman, S. & O.D. Hart (1986), 691-719; Holmstrom, B. & P. Milgrom (1994), 972-991; Baker, G.P. & T.N. Hubbard (2001), 189.

[3175] Gibbons, R. (1998), 115-132.

[3176] Kerr, S. (1975), 769.

[3177] Baker, G.P. (2000), 415; Holmstrom, B. & P. Milgrom (1991), 24-52; Baker, G.P. (1992), 598-614; Feltham, G. & J. Xie (1994), 429-453.

[3178] Smith, A. (1976b), 387-388, 684 (=I, 665-666, II, 280).

[3179] Holmstrom, B. (1979), 74-91.

[3180] MacDonald, G. & L.M. Marx (2001), 864-899.

[3181] Prendergast, C. (2000), 421; Prendergast, C. (1999), 7-63.

[3182] Anderhub, V., S. Gächter & M. Königstein (2002), 5-27; Bowles, S., H. Gintis & M. Osborne (2001), 1144.

[3183] E o que não se dirá do impacto, nesses custos, do «*e-commerce*» e das transacções «*B2B*»? Cfr. Garicano, L. & S.N. Kaplan (2001), 463-485.

uma eficácia a que não era alheia a substituição de elevadas «transacções administrativas» (a degeneração burocrática que conduz a «falhas de intervenção») por «transacções relacionais» que faziam reemergir «redes de influências», instituições espontâneas e mecanismos de mercado e extra-mercado que agilizavam as respostas adaptativas, reduzindo-lhes os custos – sendo ilustração clara disso a pujança «capitalista» que animou tão longamente a economia dos «tigres asiáticos»[3184]. Isso força o reconhecimento, em suma, de que a presença do Estado há-de ter um limiar mínimo de eficiência, que se reporta ao equilíbrio entre os custos de transacção que gera e os que impõe com a sua presença, dado o volume total de transacções que espontaneamente ocorrem na actividade económica[3185].

Tudo parecia, pois, permitir que se depositasse uma nova confiança nos mecanismos de mercado, na condição de se demonstrar a possibilidade de se lhes diminuir os «custos de transacção», porque eram esses custos a principal fonte, seja da pseudo-doença das «falhas de mercado», seja do pseudo-remédio das «falhas de intervenção»[3186]. Mas mais ainda, poderia até afigurar-se como possível que, removidos ou diminuídos os custos de transacção, novos mercados surgissem, emergissem formas de resolução espontânea daquilo que de outra forma se eternizaria num impasse ineficiente.

– Hoje a ênfase da análise económica da empresa deslocou-se mais para a questão dos incentivos[3187] e menos para os problemas de coordenação (sem perder estes totalmente de vista, dada a subsistência das barreiras informativas[3188]) – e sobretudo para o problema de incentivos conexos com o *«hold-up problem»*, o problema do oportunismo, a possibilidade de cada parte ficar refém de investimentos específicos da sua relação com a contraparte (investimentos que perderiam significativamente o seu valor fora dessa relação[3189]).

– É também essa situação de «potencial *hold-up*» que conduz a uma retracção do mercado – nenhum fornecedor querendo ficar refém de um investimento cujo resultado esteja à mercê de uma contraparte independente – e torna preferível a integração vertical, na qual existe sempre a força suficiente para se ultrapassarem esses impasses[3190] (ponderados, em contrapartida, os custos e ineficiência associados à burocracia e à hierarquia[3191])[3192].

Mas é o progresso tecnológico que é decisivo nesta matéria: a integração vertical das empresas, ditada pela necessidade de eficiência na poupança de «custos de transacção», deixou de ser tão importante na medida em que «fazer» deixou de ser muito claramente mais barato do que «comprar», dada a multiplicação e crescente sofisticação de meios, mormente nas comunicações, que permitem uma mais fácil integração «externa» de processos produtivos não hierarquizados – o «regresso ao mercado»[3193].

15 – c) O Teorema de Coase

O papel fulcral dos custos de transacção é, de facto, a percepção básica que se contém no «Teorema de Coase». Mais ainda, este «teorema» – formulado, ou melhor sugerido, por Ronald Coase em 1960[3194] e transformado em «teorema» por George Stigler em 1966[3195] – implica que as afectações iniciais de recursos – a atribuição de um irrestrito «direito a poluir», ou de um irrestrito «direito à pureza ambiental», ou de combinações de formas intermédias – tornar-se-iam irrelevantes num contexto hipotético em que não houvesse «custos de transacção», não sendo, contudo, irrelevantes num mundo real em que esses «custos de transacção» existem e são significativos (sendo que, com custos de transacção, a atribuição inicial de titularidades tende a ser «viscosa» e a gerar *«path dependencies»*[3196]).

[3184] Ito, T. & A.O. Krueger (orgs.) (1992); Shipman, A. (1999).

[3185] Barzel, Y. (2002), 33.

[3186] A abordagem dos «custos de transacção» inutiliza em larga medida a noção de «falha de mercado», como veremos já com o «Teorema de Coase». Cfr. Zerbe Jr., R.O. & H.E. McCurdy (1999), 558-578.

[3187] Baron, J. (1988), 492-525; Kreps, D.M. (1997), 359-364; Rotemberg, J.J. (1994), 684-717; Staw, B. (1977).

[3188] Arrow, K.J. (1975), 173-182.

[3189] Grout, P. (1984), 449-460; Klein, B., R.G. Crawford & A.A. Alchian (1978), 297-326.

[3190] Aghion, P. & J. Tirole (1997), 1-27; Chandler, A.P. (1962); Williamson, O.E. (1979), 233-271.

[3191] Milgrom, P. & J. Roberts (1992), 32ss..

[3192] Isso não impede, obviamente, a formação de «redes» com interdependências estáveis entre empresas independentes, numa simbiose cuja quebra acarretaria perdas elevadas para todos os participantes – como é visível no sector da informática, ou da biotecnologia. Cfr. Powell, W.W. (1996), 197-215.

[3193] Brynjolfsson, E. & L.M. Hitt (2000), 23-48; Laitner, J. & D. Stolyarov (2003), 1259-1260.

[3194] Coase, R.H. (1960), 1-44; Neves, J.C. (1998), 124.

[3195] Stigler, G.J. (1966).

[3196] Dada a resistência a esquemas redistributivos e a «reformas agrárias», como pode ser muito eloquentemente ilustrado com o caso brasileiro, em que a distribuição das terras continua a reflectir fielmente as concentrações próprias de uma sociedade rural, mesmo depois de um

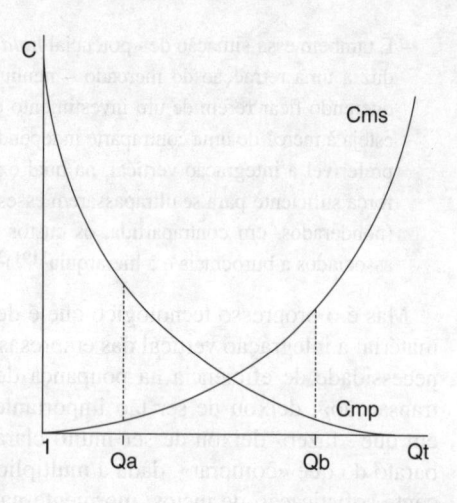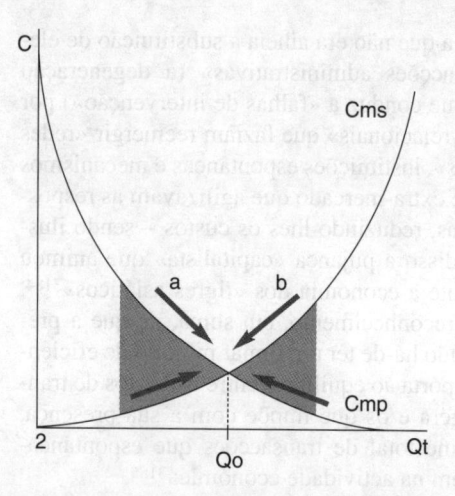

Gráfico 15.5. *Externalidades e Teorema de Coase*

1: Externalização positiva e negativa
2: Teorema de Coase
C: custos
Qt: quantidades
Cms: custo marginal social
Cmp: custo marginal privado
Qa: quantidade sub-óptima, de subprodução e externalização positiva (sendo Cms < Cmp, os benefícios sociais ultrapassam os benefícios privados)

Qb: quantidade sub-óptima, de sobreprodução e externalização negativa (sendo Cmp < Cms, os benefícios privados excedem os benefícios sociais)
Qo: quantidade óptima de produção (marginalmente, os benefícios privados equivalem aos benefícios sociais)
a: internalização privada dos benefícios sociais (eliminação das externalidades positivas)
b: internalização privada dos custos sociais (eliminação das externalidades negativas)

Se, num contexto hipotético, estivéssemos isentos de custos de transacção – isentos em especial do principal custo de oportunidade que é o inerente ao tempo despendido a negociar –, a solução eficiente formar-se-ia sempre através da negociação, por maior que fosse o número dos envolvidos nas situações externalizadoras, já que cada um estaria disposto a pagar enquanto o prejuízo ou vantagem privados que lhe adviessem da externalidade fossem superiores ao custo privado da actividade externalizadora, ou estaria disposto a ser compensado pelo valor da externalidade, em ambos os casos contribuindo para a *internalização* de modo eficiente.

Note-se, todavia, que o «teorema» se refere apenas à formação espontânea de um máximo de eficiência, não necessariamente à produção do resultado abstractamente mais justo: na negociação chegar-se-ia à solução de compromisso maximizadora do bem-estar total, e é tudo – no processo de negociação, avançar-se-ia por cedências mútuas, acabando por prevalecer a posição da parte com maior disposição de pagar pelo direito da

outra, ou com menor disposição de vender o seu próprio direito, sendo que essas disposições teriam a ver, respectivamente, com o valor subjectivo e com o custo particular dos interesses em jogo, correspondessem eles ou não, na afectação inicial de recursos, a direitos reconhecidos. Já na repartição desse bem-estar, o compromisso a que se chegasse seria condicionado decisivamente pela atribuição inicial de direitos, pois seria em função dela que se determinaria quem teria que pagar a quem, e quem receberia, para que o bem-estar total ficasse maximizado.

A atribuição de direitos de apropriação («*property rights*»[3197]) abarcando todos os aspectos nos quais possam manifestar-se externalidades garante a reacção espontânea do titular desses direitos contra as externalidades negativas e facilita a identificação dos beneficiários das externalidades positivas – pelo que a extensão e universalização dos direitos de apropriação seria já um passo decisivo rumo à solução do problema, ficando apenas por superar o obstáculo dos custos de transacção – quando ele seja superável – para que todas

---

movimento de maciça urbanização – apesar de todos os esforços de repovoamento rural e de satisfação das pressões dos «sem terra». Contrastando essa situação com a da China, cfr. Binswanger, H.P. & K. Deininger (1997), 1958-2005.

[3197] Anderson, T.L. & F.S. McChesney (orgs.) (2003).

as externalidades pudessem ser internalizadas através de negociações entre causadores, por um lado, e vítimas ou beneficiários, por outro[3198].

Suponhamos, num exemplo, que uma fábrica poluente se encontra a montante de um clube de golfe e ambos usam a água do mesmo rio; se o rio for domínio público, a fábrica provavelmente externalizará despreocupadamente, seja porque não prejudica apenas o clube de golfe mas todos os utilizadores do rio a jusante – o que a leva a esperar que todos experimentem problemas de coordenação e que nenhum reaja, todos pretendendo ir à boleia daquele que tomasse a iniciativa de preservar esse recurso comum –, seja porque nada a incentiva a suportar unilateralmente os custos de medidas anti-poluentes que beneficiariam todos os outros – não querendo ser ela própria a levar os outros à boleia –. Se contudo estiverem presentes direitos de apropriação (diminuindo ou destruindo o carácter de bem público da «qualidade da água», privatizando-lhe os benefícios), o caso muda de figura:

– se a fábrica for dona do rio, o clube de golfe pagar-lhe-á a água que utiliza, mas é natural que pague tanto menos quanto menor for a qualidade da água, o que obriga a fábrica a ponderar os custos de oportunidade da poluição que produz – sendo que aquilo que poupa com a não adopção de medidas anti-poluentes é agora compensado, ao menos parcialmente, com a perda de receitas da venda da água –;

– se é o clube de golfe que é dono do rio, a fábrica só poderá obter daquele o consentimento para operar se o compensar pelos danos causados na sua propriedade, se lhe pagar, e se pagar tanto mais quanto mais polui, por forma a recobrir inteiramente os danos produzidos (se a fábrica tentar poupar na adopção de meios anti-poluentes ou na indemnização ao clube de golfe, arrisca-se a ser impedida de utilizar a água do rio).

Em qualquer destes casos, a apropriação e a existência de baixos custos de transacção (que deixámos pressuposta restringindo o problema a duas entidades apenas) evitam a formação de externalidades negativas, ou promovem a sua rápida correcção e internalização – e note-se como, no pressuposto da ausência de custos de transacção, a atribuição da propriedade a qualquer das partes acabava por produzir resultados economicamente equivalentes, nos quais a fábrica acabava sempre por ter que suportar os custos da poluição por ela provocada[3199].

Mais relevante será essa atribuição inicial de direitos, todavia, se lembrarmos que no mundo real existem custos de transacção que dificultam, ou vedam até, a espontânea formação de soluções eficientes para o problema das externalidades. Se negociar, ceder, equilibrar interesses, é difícil dados os custos ínsitos nas negociações, na conclusão e no cumprimento dos contratos[3200], então muitas vezes o direito inicialmente atribuído converter-se-á num reduto de privilégios de que o beneficiário não pode ser eficientemente removido, por mais externalidades negativas que cause, ou externalidades positivas que deixe de causar, no exercício desse direito.

– Se, por exemplo, é atribuído a uma transportadora aérea o direito de sobrevoar uma cidade de um milhão de habitantes, o que implicitamente acarreta o direito de provocar poluição sonora, como irá organizar-se aquele milhão de habitantes por forma a, entre outras opções, oferecer à transportadora uma compensação que a induza a adoptar uma outra rota aérea, ou a co-financiar a aquisição por esta de aviões menos ruidosos?

– Cada um desse milhão de habitantes pode até ter a ideia de que a via negocial é a mais óbvia, o que nem sempre será o caso – alguns pensarão logo, como já sabemos, na possibilidade de irem à boleia, isto é, de deixarem os outros negociar e recolherem no fim, sem esforço, o benefício colectivo dessas negociações –. Mas mesmo assim, como congregar as vontades do milhão de habitantes? Como, até, calcular o quanto é que cada um é afectado pela externalidade negativa? Como determinar o que é que cada um está disposto a pagar, ou a aceitar em pagamento, para respectivamente obter uma cedência dos direitos da transportadora ou ceder na defesa dos seus próprios interesses? Como fornecer-lhes mesmo as mais elementares informações acerca dos contornos jurídicos e económicos das negociações? Como convencê-los da justiça de um acordo global que não discriminasse o caso particular de cada um? No mínimo, qualquer solução concreta envolvendo a participação negocial directa de todos os interessados implicaria um des-

---

[3198] É evidente que, na vida real, o problema da apropriação se complica com efeitos inter-generacionais, e também não é de descurar o facto de a apropriação poder envolver «custos de atomicidade», isto é, dispersar tanto os centros de decisão que se geram graves custos de coordenação. Cfr. Jouvet, P., P. Michel & J. Vidal (2002), 137-152.

[3199] Como melhor se verá a propósito da «tragédia dos baldios», tem-se alegado que a possibilidade de apropriação privada de cursos de água (como sucede, em alguns casos, na Grã-Bretanha) tem permitido controlar a poluição e evitar a depauperação da fauna; por outro lado, a possibilidade de apropriação privada de animais selvagens tem tido sucesso na preservação de espécies ameaçadas, muito mais do que a simples proibição e repressão estadual da caça e do tráfego – o mesmo se podendo dizer-se, em tese geral, quanto às coutadas e à «caça associativa» face ao «regime livre» da caça. Cfr. Rosen, H.S. (2002), 88.

[3200] Lourenço, A.P. (2004), 126-129.

mesurado dispêndio de tempo – e os custos de transacção, neste caso *custos de coordenação*, seriam demasiado elevados.

– Lembremos que esses custos de coordenação resultam
da disparidade que existe entre o equilíbrio de custos e
benefícios marginais privados, por um lado, e o equilíbrio de custos e benefícios marginais sociais, por outro
– e que é no realinhamento desses dois equilíbrios que
se formam vias formais e informais de organização à
margem do mercado[3201].

Mas até que ponto são elevados os custos de transacção no mundo real, até que ponto podem eles ser
efectivamente reduzidos? Compreende-se que o «teorema de Coase» tenha surgido também como uma
esperança, uma espécie de «bálsamo», para aqueles
que desesperavam já da invariável receita da intervenção estadual[3202]: agora parecia abrir-se a porta para
muita composição privada de interesses sem prejuízo
da eficiência na promoção do bem-estar social[3203] –
desde que se verificasse a condição dos baixos «custos
de transacção»: duas actividades reciprocamente externalizadoras poderiam chegar a um equilíbrio através
de compensações mútuas, sinalizando o compromisso
entre «disposição de suportar os custos da internalização da externalidade» e «disposição para suportar uma
externalidade mediante uma compensação» – e isso
independentemente de titularidades ou legitimações
iniciais, que não entravariam a busca de ganhos recíprocos através da internalização concertada das externalidades, até se chegar a um grau colectivamente
aceitável de externalização não-internalizada (aquilo
que, como referimos, se aceita seja o preço colectivo a
suportar pela presença de actividades irremediavelmente externalizadoras – um *óptimo social* que não
significa ausência total de externalidades).

Talvez a ideia fique mais clara se pensarmos que,
dadas certas condições de elasticidade, os custos do
compromisso alcançado na negociação entre dois produtores poderão ser integralmente repercutidos nos preços que cada um deles cobrará aos seus consumidores:
nesse caso será claro que é a sociedade como um todo
que suportou o acordo internalizador das externalidades que os produtores reciprocamente se causavam, e
que para a sociedade o que contou verdadeiramente não

foi a eliminação das externalidades (pois ela continua a
suportar-lhes integralmente o custo, em última análise,
por repercussão nos preços) mas sim a possibilidade de
alcançar-se, *apesar das externalidades*, o nível de produção socialmente eficiente – o nível pelo qual a sociedade está disposta a pagar, dentro daquilo que ela se
dispõe a suportar como um custo não-pagável.

Note-se que o corolário de «*laissez-faire*» que se
deriva do «teorema» é bi-direccional, pois, dados baixos
custos de transacção, o «teorema de Coase» também
preconiza a desintervenção do Estado no apoio às actividades geradoras de externalidades positivas – que
poderão ser privatizadas na medida em que não sejam
desmesurados os custos de «cobrança dos benefícios», e
por isso não prevaleça o «efeito de boleia»[3204].

O esforço de redução de custos de transacção centra-se fundamentalmente na definição e reforço dos
direitos de apropriação envolvidos: porque como é
óbvio a externalização será tanto maior e irrestrita
quanto mais ela se envolver com bens públicos, travando os incentivos à reacção contra ela, podendo até
dizer-se, sugestivamente, que a indefinição jurídica é
capaz de suscitar problemas de externalizações *reais*
muito similares às externalizações *pecuniárias* provocadas pela concorrência imperfeita[3205]. No fundo, dir-
se-á que a questão que Coase colocou em 1960 era a da
estratégia óptima para assegurar as titularidades dos
bens e os direitos de apropriação, dado um nível inevitável, «friccional», de custos de transacção: isto porque a sua linha de raciocínio não implicita sequer, e
menos ainda explicita, que a via clássica da litigância
privada seria o modo optimizador dos conflitos e ineficiências sociais – dado que isso pressuporia a irrelevância dos custos de transacção, e em lado algum se
sustenta essa irrelevância[3206].

Com subtileza, pode distinguir-se a formulação
«canónica» de uma outra formulação que Coase acabou por privilegiar mais tarde[3207]:

– Na formulação canónica, assevera-se que *com
concorrência perfeita, direitos de apropriação
bem definidos e sem custos de transacção, os
mercados são eficientes.*

– Na formulação alternativa, afirma-se mais sucintamente que *com direitos de apropriação bem*

[3201] Se bem que a consideração da complexidade (a teoria política do «*second-best*») recomende que se escolha sempre o nível mais elementar de coordenação que já seja capaz de promover a internalização das externalidades que existam. Cfr. Banco Mundial (2003), 31.

[3202] Atentos os paradoxos denunciados por Kenneth Arrow e a lógica peculiar, contundentemente cínica, da «escolha pública», a que nos
referiremos adiante.

[3203] No sentido de os recursos acabarem nas mãos daqueles que mais «excedente de bem-estar» geram com a respectiva aquisição.

[3204] Coase, R.H. (1960), 1-44

[3205] Makowski, L. & J.M. Ostroy (2001), 530-531.

[3206] Glaeser, E.L. & A. Shleifer (2003), 422.

[3207] Coase, R.H. (1988b), 157-185.

definidos e sem custos de transacção, os mercados são eficientes.

A «versão alternativa» elimina o requisito da concorrência perfeita, de certo modo sugerindo que há uma alternativa e redundância entre concorrência perfeita e baixos custos de transacção, conseguindo-se alcançar os mesmos fins com qualquer deles, mesmo na ausência do outro. Isso coloca mais ênfase, como temos referido, nos custos de transacção, desvalorizando até o quadro jurídico (porque, com baixos custos de transacção, o próprio quadro jurídico acaba por ser *transaccionável*, acaba por poder evoluir em direcção ao equilíbrio dos interesses[3208]). Isto torna a «versão alternativa» muito mais ambiciosa, porque habilita as intuições do «teorema» a alastrarem para um conjunto de situações em que a concorrência perfeita não serve de referência, nem remota – e até para situações que, envolvidas com a produção de «bens públicos», não constituem inicialmente sequer verdadeiros contextos de mercado.

Notemos, de passagem, que o problema é um pouco mais complexo do que ele se afigura à primeira vista, porque o quadro de direitos não é um *dado* exógeno sobre o qual se desenvolve pacificamente o mecanismo da produção e repartição, e as pessoas gastam tempo escasso em actividades de apropriação e de conquista de controlo que depois se cristalizam nos direitos[3209], e que por isso o próprio quadro jurídico, e a sua criação, são passíveis de uma análise em termos de eficiência (haja ou não um quadro institucional que propicia a cooperação, a formação e a preservação de titularidades)[3210].

Não subestimemos, contudo, a importância que o quadro juridico-institucional passa a desempenhar num «teorema de Coase» que se refere a um mundo de elevados custos de transacção e pretende ser aplicável nele, tanto que, de certa maneira, o «teorema» serve para «desmaterializar» a visão neoclássica da Economia, apontando para uma muito maior relevância, na configuração dos mercados e na geração de bem-estar,

de «direitos» e de «relações jurídicas» do que das próprias vicissitudes das trocas de produtos e de factores de produção[3211]. Não é certamente por acaso que o «teorema de Coase» representa o ponto de partida da evolução da disciplina da Análise Económica do Direito («*law and economics*»)[3212].

É a aplicação do «teorema de Coase» que explica a generalização de métodos de controlo de poluição através da constituição de mercados para a afectação, e reafectação, de «direitos de poluir», pelo sistema de «quotas negociáveis» que no conjunto perfaçam um «nível-alvo» de poluição – uma solução descentralizada que começa logo por poupar nos «custos de informação» de que um supervisor benevolente necessitaria (para conhecer minimamente as características dos produtores / poluidores), ainda que possa aumentar os custos de «estratégia oportunista» que acompanham as descentralizações –, porque precisamente se acredita que, criado um contexto institucional susceptível de minimizar custos de transacção, os produtores sejam capazes de relacionar com um preço de equilíbrio os seus benefícios marginais privados com a poluição, até se nivelarem os benefícios marginais de todos os produtores / poluidores dentro de um sector[3213].

Pela mesma razão, supõe-se que um grau razoável de atomicidade no «mercado das quotas»[3214] será suficientemente incentivador da revelação com veracidade das características técnicas dos produtores, habilitando o regulador a determinar um «nível-alvo» de poluição que seja óptimo em cada contexto tecnológico[3215].

O próprio Ronald Coase consolidou a intuição que conduziu ao seu «teorema» através da análise de um problema não-ambiental que correspondia à afectação de frequências de rádio a emissoras concorrentes através de leilões[3216] – ainda que ao fazê-lo possa ter limitado um pouco os termos da sua elaboração teórica subsequente[3217]. A verdade é que os leilões de frequências (e distribuições geográficas) de rádio, de televisão, de redes de telemóveis, de todo o espectro electromagnético, se têm multiplicado nos últimos anos por todo

---

[3208] Salvo, obviamente, as hipóteses de manifestação de patologias sociais e de generalização da violência.

[3209] Já Trygve Haavelmo tinha sugerido a dicotomia entre actividades de produção e de apropriação de recursos comuns, uma intuição depois amplamente desenvolvida. Cfr. Haavelmo, T. (1954), 91-98, e ainda: Bush, W.C. & L.S. Mayer (1974), 401-412; Skaperdas, S. (1992), 720-739; Hirshleifer, J. (1995), 26-52; Grossman, H.I. & M. Kim (1995), 1275-1288.

[3210] Para a concepção da apropriação como «aquisição de controle», e para lá do que já analisámos a nível empresarial, cfr. Rodrik, D. (2000); Alston, L.J., G.D. Libecap & R. Schneider (1996), 25-61; Grossman, H.I. (2001), 347.

[3211] Makowski, L. & J.M. Ostroy (2001), 530-531.

[3212] Medema, S.G. (org.) (1998).

[3213] Dales, J. (1968).

[3214] Se é que tal atomicidade é possível nesse «mercado». Cfr. Hahn, R.W. (1984), 753-765.

[3215] Ou seja, levando em conta, com algum rigor, os custos ínsitos na adopção de meios anti-poluentes. Cfr. Kwerel, E. (1977), 595-601; Lewis, T.R. & D.E.M. Sappington (1995), 431-455; Duggan, J. & J. Roberts (2002), 1070.

[3216] Coase, R.H. (1959), 1-40.

[3217] Pratten, S. (2001), 617-638.

o mundo, dando uma ideia da utilidade prática do conceito de negociabilidade extrapolado para domínios insusceptíveis de apropriação em termos clássicos[3218] – o que não impediu que o abuso da figura dos leilões tenha conduzido a erros e a insucessos, como sucedeu na Europa com o leilão das licenças dos telemóveis de «terceira geração»[3219].

A solução espontânea destes «jogos de complementaridade estratégica» resolver-se-ia, pois, por abaixamento dos custos de transacção[3220] – o que poderia ser facilitado também por instituições de «conhecimento partilhado», como rituais públicos, informação histórica e jornalística, que constituem denominadores comuns de referência[3221], por «redes de reputação» e normas consuetudinárias[3222], ou por soluções comunitárias[3223] –. A sua exposição a «falhas de coordenação» (a miopias, à sub-representação de interesses heterogéneos, à boleia, à sobrecarga de recursos comuns[3224]) seria reduzida, permitindo com mais facilidade os equilíbrios e as simetrias[3225].

Uma forma de vencer os impasses de coordenação gerados por elevados «custos de transacção» é o recurso à «acção popular» (as «*class actions*»), uma forma de se obter indemnizações para universos de lesados nos quais o dano agregado é muito grande mas é diminuta a quota-parte de dano que corresponde a cada indivíduo. Todavia, essas «*acções populares*» têm servido muito frequentemente como meros expedientes para enriquecimento dos advogados na representação de interesses difusos, representação na qual são diminutos os incentivos à monitorização por parte dos representados – o que tem conduzido muitas vezes a conluios desses advogados com os réus, à custa do valor global das indemnizações[3226].

Nestes termos, só quando houver custos de transacção muito elevados, ou especificamente quando houver custos mais elevados do que o valor total das externalidades a internalizar, é que passa a fazer sentido recorrer a uma instância vocacionada para a tomada de deci-sões colectivas com um mínimo de eficiência, e esse é o Estado, a administração pública. Sem querermos entrar já na apreciação económica da própria actuação do Estado – mas sem perder de vista que as *falhas de intervenção* são um facto tão comum e relevante como as próprias falhas de mercado –, pensemos que, ao menos em abstracto, o Estado apresenta três vantagens nestes domínios:

1. assenta numa legitimidade que, sendo representativa, no entanto dispensa a auscultação individual para a solução dos problemas colectivos correntes;
2. tem um modo de funcionamento hierarquizado, não-contratualizado, pelo que uma decisão única pode ser acatada pelos seus funcionários e agentes com um mínimo de resistência, ou seja, de «custos de execução»;
3. tem a força para impor soluções, uma vez demonstrada a prevalência, nessas soluções, do interesse mais relevante de acordo com critérios de justiça e de eficiência colectivamente aceites – ou seja, pode substituir as demoras na coordenação e na negociação pelo critério expedito de um «despotismo benevolente», quando os custos de transacção sejam desproporcionadamente elevados, a ponto de comprometerem a justiça económica da solução.

Em suma, havendo custos de transacção muito elevados, as trocas *voluntárias* que assegurariam a maximização de bem-estar podem dar lugar a trocas *involuntárias* promovidas pelo Estado – uma solução sucedânea e com riscos, mas mesmo assim preferível à pura *ausência de trocas*, uma solução hierarquizada (como a solução da empresa) e portanto beneficiando, em extremo, do abaixamento de custos decorrente da integração vertical (ainda que, por razões que melhor veremos adiante, tenha que haver toda a cautela nesta abordagem da legitimação do poder político pelo prisma da eficiência, que é capaz de desembocar em vocações

---

[3218] ERP (1997), 214.

[3219] Klemperer, P.D. (2002), 169.

[3220] Veja-se, por exemplo, a aplicação do «teorema de Coase» a outros domínios, como o do mercado desportivo, o mercado dos «passes» dos jogadores profissionais, ponderando-se aí qual o impacto da mudança das regras de transferências de jogadores sobre a afectação dos recursos pelos clubes e sobre a competitividade dos campeonatos e ligas. Cfr. Kahn, L.M. (2000), 86-88; Vrooman, J. (1997), 594-619; Lehn, K. (1990), 35-58; Daly, G. & W.J. Moore (1981), 77-95.

[3221] Chwe, M.S.-Y. (2001).

[3222] Klein, D.B. (org.) (1997); Ellickson, R.C. (1991); Benson, B.L. (1998).

[3223] De que poderíamos dar como exemplo os *comités de bassin* que em França gerem, com representatividade local, os recursos hídricos, ou a solução descentralizada que a Colômbia encontrou para a gestão da sua rede hídrica. Cfr. Banco Mundial (2003), 47, 100.

[3224] Banco Mundial (2003), xiv-xv.

[3225] Matsuyama, K. (2002), 241.

[3226] Lembremos que será muitas vezes muito mais barato subornar o representante do que indemnizar uma multidão de representados – mais um afloramento dos problemas abordados pela «teoria da agência». Cfr. ERP (2004), 218.

políticas totalitárias e na proliferação de deveres positivos para com a «coisa pública», em detrimento do lento e doloroso progresso civilizacional que foi a conquista de liberdade política[3227]. O mesmo poderá dizer-se da presença de informação incompleta e mercados imperfeitos, casos em que haverá sempre uma margem para a intervenção eficiente do Estado[3228], ainda que crescentemente se reconheça que a complexidade das questões sociais e das estruturas políticas torna difícil de alcançar e de garantir resultados, mesmo a mais simples das «melhorias de Pareto»[3229] – o que por sua vez demonstra a dificuldade de verificação prática dos requisitos de uma verdadeira «negociabilidade coaseana»[3230].

Recapitulando, insistamos que a ideia coaseana de que a afectação inicial de recursos ou as regras de imputação de danos em situações de conflito poderiam ser indiferentes em situações de baixos custos de transacção parecia controversa – ao menos até se perceber que a ideia era fundamentalmente a de, tornando visível o impacto dos custos de transacção e o prisma da eficiência, reponderar as regras jurídicas de responsabilidade e de propriedade num mundo de significativos custos de transacção. Isto sem excluir que o «teorema» apontasse para a possibilidade de ser alcançada uma solução eficiente em pequenos meios, seja pela via da negociação directa sugerida por Coase, seja pela sedimentação de consuetudinárias «regras de vizinhança» que paulatinamente se convertessem em normas rígidas de solução de conflitos, de acordo com a perspectiva privilegiada pelos neoinstitucionalistas[3231] – chegando-se em ambos os casos a resultados de coordenação sem tutela[3232].

E refiramos ainda que a ciência económica, sobretudo no rescaldo do «Teorema de Coase» e com o desenvolvimento da Análise Económica do Direito, tem contribuído decisivamente para enfatizar os factores de formação de uma ordem social espontânea pré-jurídica, na qual o Direito tantas vezes mais não tem feito do que procurar alicerçar-se – uma ordem de complementaridades, interdependências, tensões, de transmissão e partilha de informação, de formação de reputações e estigmas, de aplausos e de ostracismos, uma ordem propiciada por custos de transacção comparativamente mais baixos do que os ganhos institucionais advindos dessa ordem[3233]; nesse sentido, a Economia tem ajudado a própria Sociologia a fornecer um quadro exterior da realidade jurídica, aditando-lhe uma muito maior sofisticação, relativa à consideração da conduta de agentes que livremente se organizam e resolvem problemas pagando tributo a uma *intencionalidade* de eficiência.

Sublinhemos neste ponto não apenas uma das vinte ideias a reter depois do exame final, mas também uma das «dez ideias para reflectir»: Há lugar, numa economia de mercado, à intervenção do Estado, desde que ela se justifique em termos de eficiência; a eficiência da regulação jurídica e política deve poder justificar-se pela existência de externalidades e pela verificação de «custos de transacção» superiores aos custos da regulação.

15 – c) – i) A Teoria Pura das Trocas e o Teorema de Coase

Procuremos fornecer agora uma ilustração dos fundamentos e implicações do «Teorema de Coase», e da sua fertilidade para esclarecer as motivações para as trocas no mercado, recorrendo mais intensivamente à representação gráfica – começando pela formação de uma «caixa de Edgeworth» (uma forma de representação sintética da interacção entre dois sujeitos económicos). Tratar-se-á também de uma oportunidade de revermos e conjugarmos conceitos já conhecidos, mormente os da «análise de bem-estar», para conferirmos uma dimensão *normativa* ao «Teorema de Coase»[3234].

[3227] Pese embora alguns sonhos comunitaristas em contrário: por exemplo, Holmes, S. & C.R. Sunstein (1999).

[3228] Greenwald, B.C. & J.E. Stiglitz (1986), 229-264.

[3229] Stiglitz, J.E. (1998), 3ss..

[3230] Farrell, J. (1987), 113-129; Stiglitz, J.E. (1994).

[3231] Ellickson, R.C. (1991).

[3232] Smith, V.L. (2003), 485-486.

[3233] Veja-se alguns exemplos em: Acheson, J. (1975), 183-207; Anderson, T.L. & P.J. Hill (1975), 163-179; Hawkes, K. (1991), 29-54; Kaplan, H.S. & K. Hill (1985), 223-246; Umbeck, J. (1977), 197-226.

[3234] Rosen, H.S. (2002), 32ss.; Santos, J.C. (1993), 66, 69, 78.

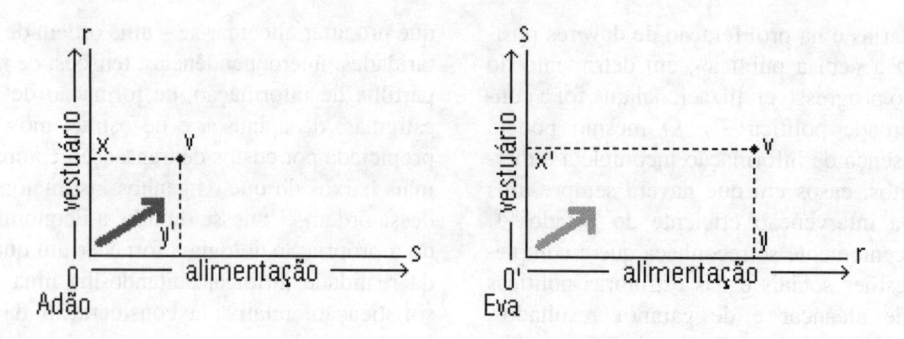

Gráfico 15.6

Pense-se numa economia simples com duas pessoas (Adão e Eva[3235]) e dois bens, «alimentação» e «vestuário». A quantidade consumida por Adão mede-se por distâncias a partir de 0, a quantidade consumida por Eva mede por distâncias a partir de 0'. Para Adão, a recta 0s designa o total de alimentação disponível nessa economia, a recta 0r o total de vestuário disponível. Para Eva, a recta 0'r designa o total de alimentação disponível nessa economia, a recta 0's o total de vestuário disponível. Por exemplo, no ponto v Adão consome 0x de vestuário e 0y' de alimentação, enquanto Eva consome 0'x' de vestuário e 0'y de alimentação.

Podemos imaginar ainda uma situação em que Adão e Eva têm *exactamente* os mesmos padrões de consumo:

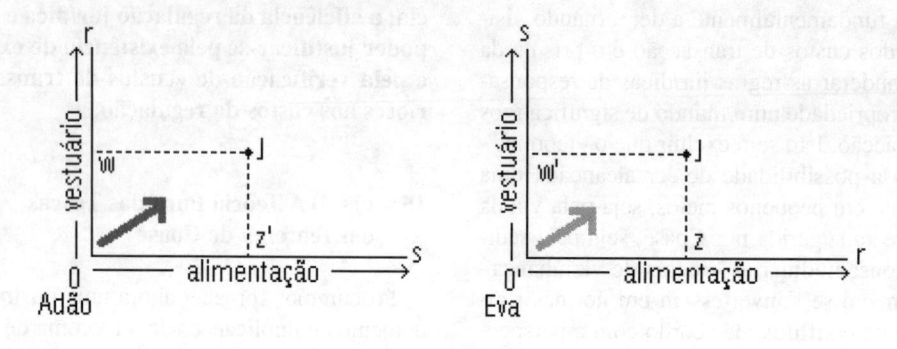

Gráfico 15.7

No ponto J, Adão consome 0w de vestuário e 0z' de alimentação, enquanto Eva consome 0'w' de vestuário e 0'z de alimentação (tratar-se-ia de um consumo inteiramente *igualitário*, com as mesmas quantidades de vestuário e de alimentação consumidas por ambos).

Constituamos agora uma «caixa de Edgeworth»:

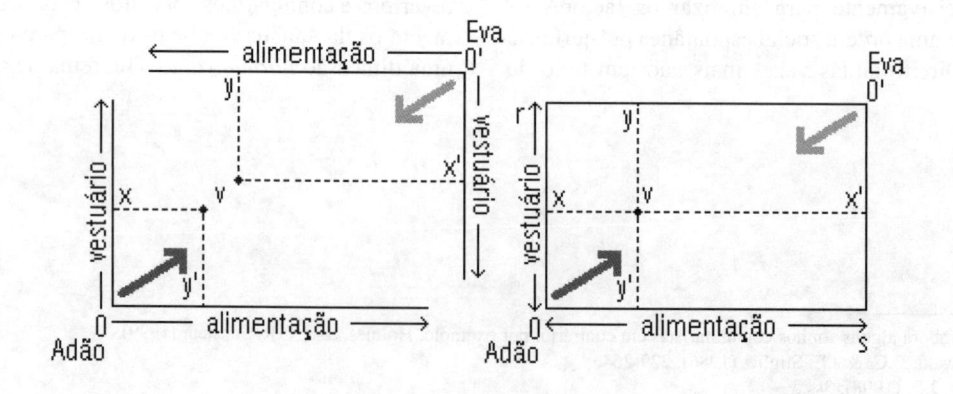

[3235] Por ordem cronológica, como se sabe, não por ordem de importância.

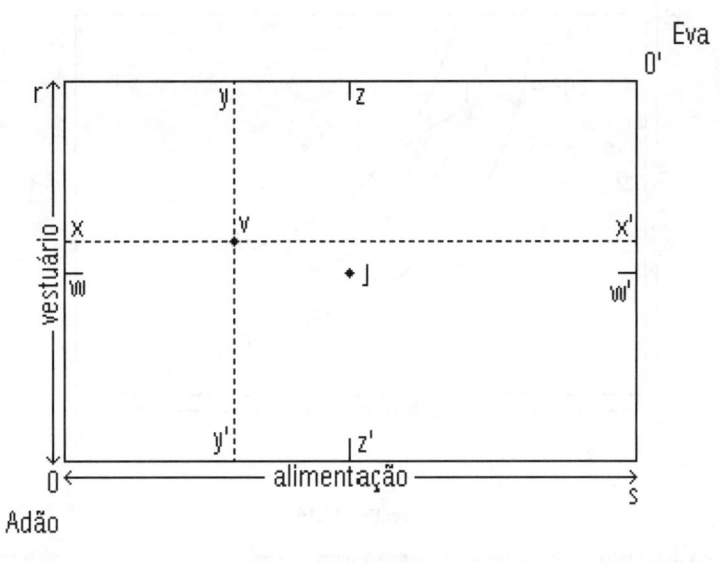

Gráfico 15.8

Qualquer ponto dentro da «caixa de Edgeworth» representa, pois, uma distribuição de recursos entre os (dois) participantes na Economia.

Vejamos agora o que acontece se levarmos em conta as curvas de indiferença que expressam as preferências de Adão e Eva por vestuário e alimentação (a, a' e a'' são curvas de indiferença relativas às preferências de Adão, e, e' e e'' são curvas de indiferença relativas às preferências de Eva).

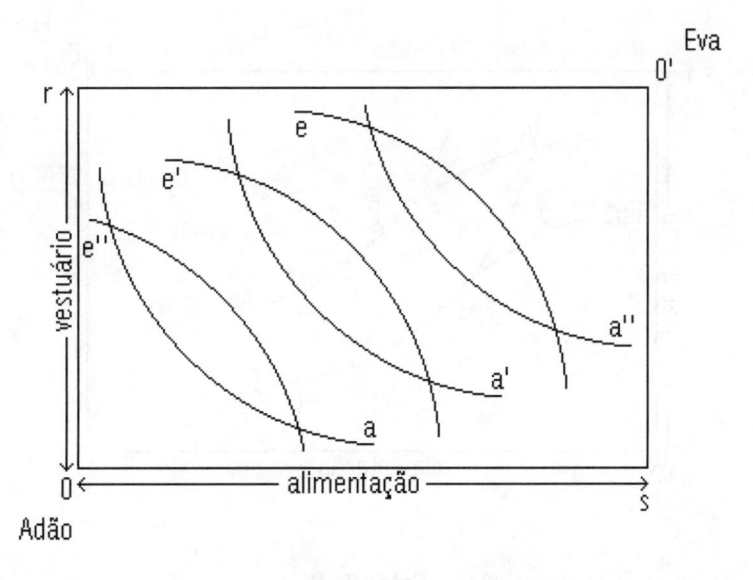

Gráfico 15.9

Suponha-se que existe uma qualquer distribuição arbitrária de vestuário e alimentação entre Adão e Eva, por exemplo num ponto G, e que a partir dele se procura saber se é possível melhorar a afectação de recursos que cabe a Adão sem piorar o bem-estar de Eva (uma «melhoria paretiana»).

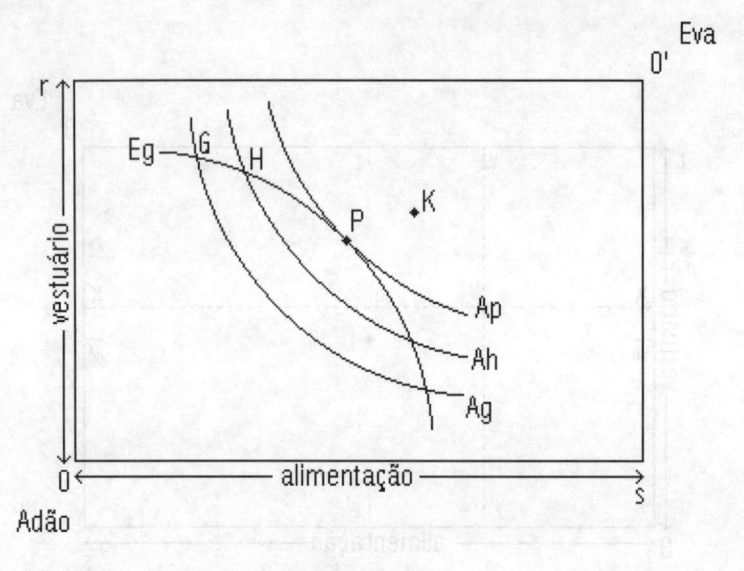

Gráfico 15.10

No caso, pode proceder-se a uma reafectação que transporte Adão da curva de indiferença Ag para a curva de indiferença Ah, que lhe é superior. Nesse caso, transita-se do ponto G para o ponto H, sem perda de bem-estar de Eva, já que ambos os pontos se situam numa mesma curva de indiferença sua, a curva Eg. Prosseguindo nessa optimização de recursos a favor de Adão, pode chegar-se até ao ponto P, o ponto de afectação Pareto-eficiente, ou «óptimo de Pareto», um ponto para lá do qual não é possível melhorar a situação de Adão senão em prejuízo de Eva (o ponto K, por exemplo, já se situaria numa curva de indiferença menos favorável para Eva do que a curva Eg).

O ponto P representa, pois, a optimização da «eficiência de Pareto», o que implica que, em termos de bem-estar, os pontos G e H são ineficientes, no sentido de que é possível aumentar o bem-estar total – especificamente que é possível aumentar o bem-estar de Adão sem diminuir o bem-estar de Eva (promovendo, na deslocação de G para H, e de H para P, «incrementos paretianos»).

Note-se, contudo, que não há apenas um ponto «Pareto-eficiente», já que, a partir do ponto G, também é possível melhorar o bem-estar de Eva sem diminuir o de Adão – por exemplo, chegando ao ponto P1.

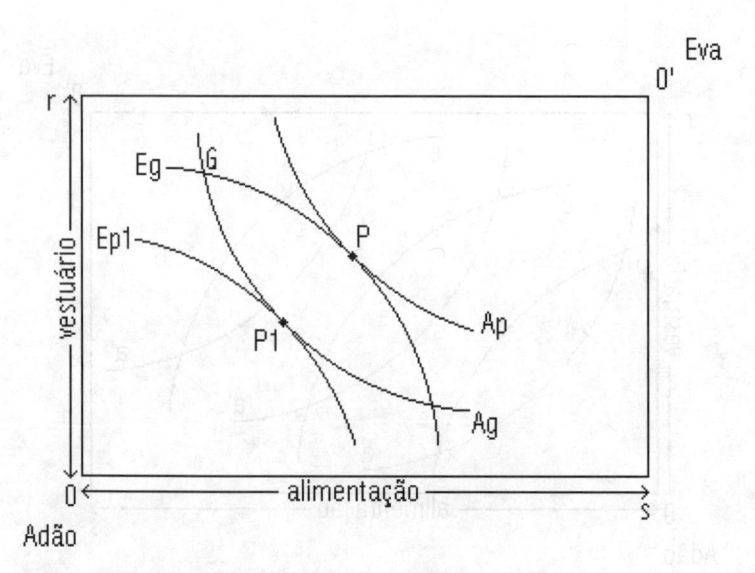

Gráfico 15.11

Mais ainda, a partir de um ponto «Pareto-ineficiente» (novamente o ponto G, por exemplo) é possível proceder a um incremento de bem-estar que simultaneamente beneficie ambos os participantes, até se chegar a um ponto «Pareto-eficiente» a partir do qual essa melhoria combinada deixa de ser possível, e um dos dois, Adão ou Eva, terá que ceder, terá que sacrificar o seu bem-estar, caso o outro queira incrementar o seu bem-estar.

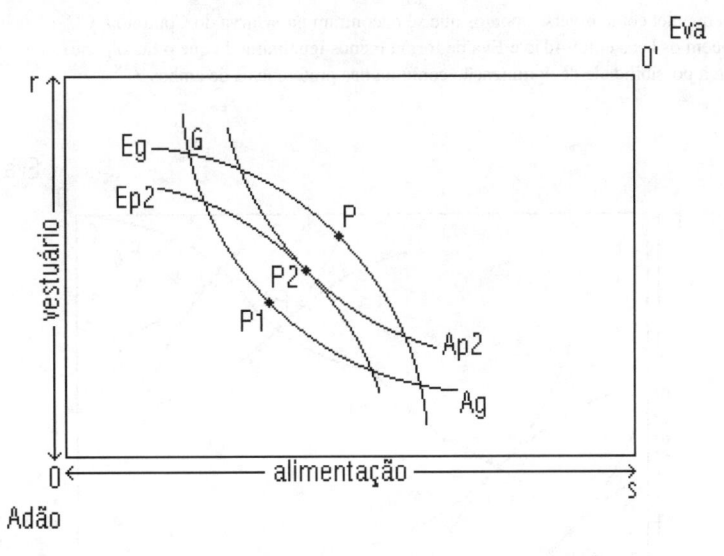

Gráfico 15.12

Se bem repararmos, o novo «*Óptimo de Pareto*», P2, encontra-se numa curva de indiferença que é preferível à curva de indiferença em que se encontra o ponto G, e isto tanto para Adão (que passa da curva Ag para a curva Ap2) como para Eva (que passa da curva Eg para a curva Ep2).

É mesmo possível, a partir de quaisquer pontos «Pareto-ineficientes» dentro da «caixa de Edgeworth», chegar a um contínuo de pontos «Pareto-eficientes», aquilo que se designa por «Curva do Contrato», CC (a «*contract curve*»), o conjunto de possibilidades de distribuição eficiente do bem-estar entre duas partes num espaço de trocas.

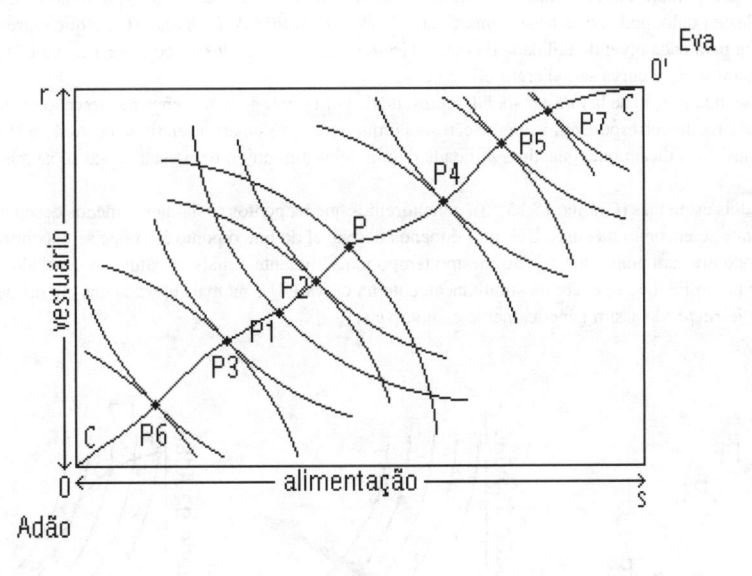

Gráfico 15.13

O Primeiro «Teorema Fundamental da Economia do Bem-Estar» sustenta que, havendo um grau suficientemente competitivo nos mercados e havendo mercado para todos os bens e serviços, uma afectação de recursos Pareto-eficiente acabará por emergir, assumindo precisamente as características desta «Curva do Contrato»[3236].

O gráfico ilustra também a razão pela qual a «eficiência de Pareto» não se confunde com a justiça (facto que não tem inibido a reinterpretação daquele conceito, com o assumido escopo, mais ou menos provocatório, de torná-lo em critério de uma «justiça» *sui generis*[3237]).

[3236] Rosen, H.S. (2002), 38-39.
[3237] Posner, R.A. (1981).

Veja-se, no gráfico subsequente, como diversos pontos que se encontram na «Curva do Contrato», CC, e que por isso são Pareto-eficientes (P3, P4, P5, P6, P7), distribuem os bens entre Adão e Eva de forma menos igualitária do que o faz o ponto J – sendo que, em contrapartida, J é uma posição *ineficiente* face à possibilidade de optimização conjunta das preferências de ambos[3238].

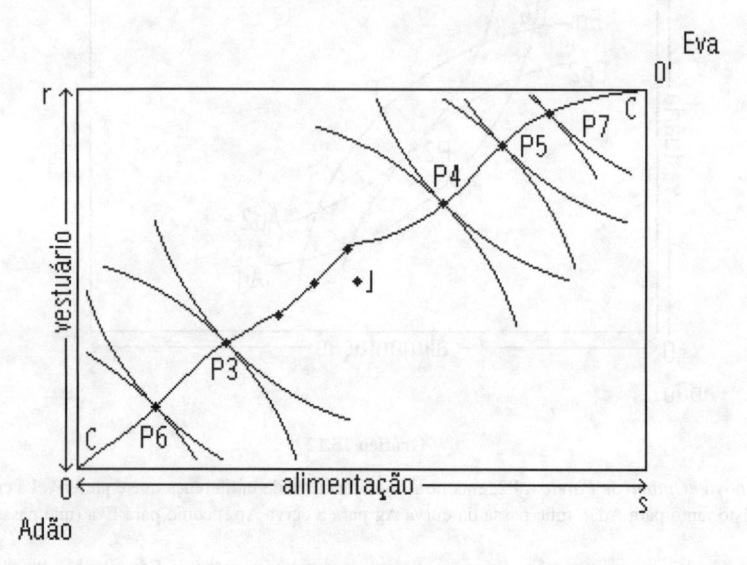

Gráfico 15.14

A questão que se coloca é, pois, a seguinte: terá a sociedade legitimidade para impor a Adão e Eva que distribuam a alimentação e o vestuário de acordo com o ponto J, ou poderá tomar como aceitável aquilo a que ambos chegarão por arranjo bilateral (qualquer ponto ao longo da curva CC)? Deve confiar-se no «mercado», ou impõe-se, em nome da justiça, uma rectificação da «Curva do Contrato»?

Para esclarecimento deste ponto, pode conceber-se uma *Curva de Possibilidades de Utilidade* (UU), que representa o máximo de utilidade alcançável por uma pessoa para cada nível de utilidade da outra (Gráfico 15.15 / 1). Todos os pontos na curva UU ou aquém dela são alcançáveis; e aqueles que se situam sobre a curva são «Pareto-eficientes».

Pode ainda conceber-se uma função de bem-estar social, representada por curvas de indiferença na direcção de um bem-estar crescente (Gráfico 15.15 / 2) que de certo modo correspondem à apreciação social que se faz do «mérito relativo» de Adão e Eva, à ponderação combinada das respectivas preferências – e indicam que, quando a utilidade de um deles diminui, o bem-estar social só se mantém através do aumento da utilidade do outro.

Se sobrepusermos os dois esquemas (Gráfico 15.15 / 3), concluiremos que há pontos socialmente menos desejáveis apesar de serem eficientes (P7 é eficiente, dado que se encontra na curva UU, mas é menos desejável do que o ponto J, já que se encontra numa curva de indiferença inferior). Será possível encontrar um ponto que seja ao mesmo tempo mais eficiente e mais socialmente desejado (socialmente mais «justo»)? Sim, como sucede com o ponto P3, que se encontra simultaneamente na curva UU e na mais elevada das curvas de indiferença. Demonstra-se que os valores *justiça* e *eficiência* são assim genericamente compatíveis.

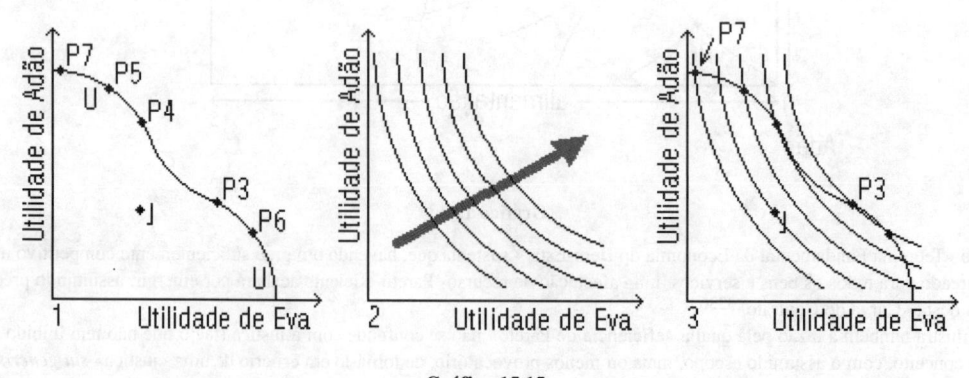

Gráfico 15.15

---

15 – d) A correcção das externalidades

Verificada uma ineficiência do mercado na promoção do óptimo social, dada a presença de externalidades, e verificada a impossibilidade ou ineficiência das negociações particulares no sentido da rectificação daquela falha de mercado – mormente quando, dada a presença de elevados custos de transacção, as negociações não conseguem fazer com que os preços gerados no mercado espelhem fielmente todos os custos envolvidos nas transacções[3239] – compete ao Estado contribuir para o aumento da eficiência social do mercado. Pode fazê-lo essencialmente por três vias, com três atitudes que, embora inspiradas por orientações ideológicas divergentes e abstractamente incompatíveis, podem ser combinadas – e têm-no sido com uma surpreendente frequência:

1. substituir-se a alguns daqueles que promovem actividades externalizadoras, fazendo seus os respectivos recursos, *expropriando*, de forma a promover directamente o nível de actividade correspondente ao óptimo social;
2. *regular* as principais actividades externalizadoras, impondo-lhe limites máximos ou mínimos de actividade, proibindo ou exigindo certas práticas, estabelecendo directrizes, submetendo essas actividades a uma supervisão constante do acatamento da regulação;
3. estabelecer incentivos e desincentivos económicos às actividades externalizadoras, preservando a liberdade de iniciativa mas encorajando-a, ou desencorajando-a, através de uma interferência no plano dos custos e ganhos que possam corresponder a essas actividades.

Estas opções distinguem-se, como é óbvio, pelo grau de liberdade que consentem às actividades sobre que incidem. A primeira opção raramente se afigura como necessária, e dir-se-ia ser sobretudo um remédio contra monopólios naturais que, promovendo embora a produção de bens e serviços socialmente úteis, se recusam a acatar até as mais persuasivas determinações reguladoras – não deixando aparentemente outra solução às autoridades públicas que não seja a da expropriação.

15 – d) – i) Regulação e precaução

Mais comum, e muito popular em certos domínios, mormente no da preservação ambiental, é a solução reguladora (o «*command-and-control*»), com a qual o Estado assume um papel de timoneiro de algumas actividades económicas, estabelecendo objectivos de optimização social que depois obriga os agentes económicos a prosseguirem, independentemente dos incentivos económicos que tenham para fazê-lo – e daí que esta interferência na liberdade de iniciativa dos agentes económicos deva ser acompanhada de um estrito policiamento da conduta dos regulados –[3240]. Esta segunda opção justifica-se plenamente quando as considerações de eficiência e de liberdade económica devam ceder perante desígnios superiores – como sejam os da saúde, da segurança, da própria sustentabilidade ambiental –: pense-se nas restrições e proibições que rodeiam a venda de fármacos, que acompanham a instalação de novas indústrias e áreas comerciais, que condicionam as actividades de caça e pesca.

Embora os economistas prefiram geralmente a terceira solução, a do estabelecimento de incentivos – como os dos impostos, das quotas, das cauções e genericamente das regras de responsabilidade civil e penal[3241] –, a segunda solução do controlo quantitativo (muitas vezes envolvida com a interferência directa nos direitos de apropriação) não deixa de ser comum, dada a verificação de limites *absolutos* e não negociáveis[3242]: por exemplo, uma sociedade que entenda proscrever todos os estupefacientes, ou o álcool, ou o tabaco, não tem outro «óptimo social» que não seja o da «externalização zero», ou seja, da abolição ou proibição *total* do consumo. Na verdade, alguma neutralidade de análise deveria levar-nos a reconhecer que a opção entre estas duas últimas vias pode ser também ela ponderada em termos económicos, dado que nenhuma delas é gratuita nem isenta de repercussões negativas, e qualquer delas pode, de forma mais ou menos directa, influenciar e moldar os incentivos e os custos de acatamento das finalidades políticas que são prosseguidas[3243], e por isso é sustentável que o controlo quantitativo diminua drasticamente os custos de detecção e punição de infractores, e por essa via aumente o acatamento e a eficiência (o mesmo podendo sustentar-se, de resto, relativamente

---

3239 ERP (2004), 156.

3240 Sandmo, A. (2000).

3241 Ellickson, R.C. (1973), 681-781; Kaplow, L. & S. Shavell (1996), 713-790; Kaplow, L. & S. Shavell (2002b), 1-17; Keohane, N., R. Revesz & R. Stavins (1998), 313-367.

3242 Embora, na visão desassombrada da «escolha pública», as restrições quantitativas, as «*bright-line rules*», não passem geralmente de mais ou menos veladas «barreiras de entrada» obtidas pela «captura de renda» dos produtores já estabelecidos. Cfr. Buchanan, J.M. & G. Tullock (1975), 139-147.

3243 Becker, G.S. & G.J. Stigler (1974), 1-18.

à ameaça de expropriação)[3244], ou que ela seja preferível em casos de baixo custo de verificação do acatamento, sendo de evitar nos demais[3245].

Há uma forma *intermédia* de regulação ambiental, que é a das *ameaças* de intervenção por parte do regulador, que, quando são credíveis, conduzem à adopção «voluntária» de medidas pró-ambientais pelos poluidores – salvo quando emergem «efeitos de boleia» em resultado da posição relativa dos poluidores numa escala de prioridades de redução das emissões, escudando-se uns atrás dos outros[3246]. Contudo, se a ameaça é muito intensa e gera a percepção de que a regulação efectiva está iminente, isso pode levar os poluidores a nada fazerem, a aguardarem essa regulação e pouparem entretanto os custos de adopção «espontânea» de medidas pró-ambientais.

Tanto a gestão ambiental como a preservação das espécies e da biodiversidade defrontam-se com problemas de compaginação com o respeito pela propriedade privada e pela liberdade da actividade económica[3247], sempre que os objectivos visados conflituem com a tutela privada de espaços geográficos[3248] – suscitando-se, por isso, o problema da «relevância pública» dos interesses de preservação ambiental e das espécies, o problema da prevalência desses interesses em caso de conflitos.

É um problema *jurídico* a que o Direito do Ambiente, e mais genericamente o Direito Administrativo, têm procurado dar resposta[3249], ainda que subsista sempre uma indefinição sobre os meios legítimos de expressão da prevalência dos interesses ambientais – a via pigouviana, a via coaseana, ou uma via de «força pura», sem compensação[3250] – mesmo que aparentemente recober-

ta pela legitimação democrática[3251/3252] –; não podendo ignorar-se que, quanto mais a solução se afasta da solução negociada, coaseana, e mais se aproxima da solução de força e da solução expropriadora, maior é a probabilidade de ocorrerem perdas absolutas de bem-estar[3253].

Como referimos já, se a saúde das vítimas da externalização corre graves riscos – porque, por exemplo, há elementos tóxicos nas emissões poluentes, ou porque se trata da preservação de espécies ameaçadas e em vias de extinção[3254] – o problema deixa de ser o da determinação de um nível de eficiência compatível com o bem-estar social, e passa a ser o da proibição pura e simples, e imediata, da actividade em causa. Enquanto alguns retiram daí o argumento de que a ponderação económica seria deslocada nesses casos[3255], outros insistem que mesmo aí é preciso ponderar custos e benefícios – sendo irracional uma protecção *a qualquer custo*[3256], mais ainda em países ou regiões mais pobres, nas quais a proibição pode contender com a grave escassez de recursos económicos, tornando-se o acatamento num luxo, numa extravagância[3257/3258]. Por outro lado, a proibição, para ser eficiente, deve constituir um sucedâneo da operação normal, e *livre*, de incentivos à conduta preservadora daqueles cuja motivação económica corrente mais ameaçadora seja para a qualidade ambiental ou para a preservação das espécies[3259].

Também por vezes, dado o número de agentes externalizadores e a complexidade das interdependências envolvidas, não há verdadeira alternativa ao sistema de «*command-and-control*»: por exemplo, a imposição de alguns «*standards*» ambientais na circulação automóvel, mesmo

---

[3244] Glaeser, E.L. & A. Shleifer (2001), 431-435; Hay, J., A. Shleifer & R. Vishny (1996), 559-567.

[3245] Freeman, A.M. (2000), 97-149; Portney, P.R. (2000), Cap. IV; Stavins, R.N. (2000), Cap. III; Hamilton, J.T. & W.K. Viscusi (1999).

[3246] Antweiler, W. (2003), 436ss..

[3247] Mann, C.C. & M.L. Plummer (1995).

[3248] Dopson, A., J. Rodriguez, W. Roberts & D. Wilcove (1997), 550-553.

[3249] Innes, R., S. Polasky & J. Tschirhart (1998), 35ss..

[3250] Poderia pensar-se que o problema se resolveria através da constituição de um seguro dos proprietários contra o risco de expropriação (contra o risco objectivo de se descobrir que existem espécies ameaçadas nos seus terrenos), mas tem sido demonstrada a insusceptibilidade económica da criação de um tal seguro. Cfr. Blume, L.E. & D. Rubinfeld (1984), 569-624; Farber, D.A. (1992), 125-138; Kaplow, L. (1986), 509-617.

[3251] Fischel, W.A. & P. Shapiro (1989), 115-128.

[3252] Blume, L.E., D. Rubinfeld & P. Shapiro (1984), 71-92; Hermalin, B. (1995), 64-86; Innes, R. (1997), 403-432; Polasky, S. & H. Doremus (1998), 22-47.

[3253] Fullerton, D. (1991), 302-308; Miceli, T. & K. Segerson (1994), 749-776.

[3254] Brown, G.M. & J.F. Shogren (1998), 3ss.; Yaffee, S.L. (1982).

[3255] Ciriacy-Wantrup, S.v. (1952); Roughgarden, J. (1995), 149-154; Souder, J.A. (1993), 1095-1139.

[3256] Epstein, R.A. (1995), 278ss.; Metrick, A. & M.L. Weitzman (1996), 1-16.

[3257] Guha, R. (1997), 14-20.

[3258] Note-se contudo que, de acordo com todas as estimativas, é negligenciável o impacto dos custos totais de preservação ambiental no PIB. Cfr. Jorgenson, D.W. & P.J. Wilcoxen (1990), 314-340.

[3259] Carroll, R., C. Augspurger, A. Dobson, J. Franklin, G. Orians, W. Reid, R. Tracy, D. Wilcove & J. Wilson (1996), 1-11; Eisner, T., J. Lubchenco, E.O. Wilson, D. Wilcove & M. Bean (1995), 1231-1232; Wilcove, D.S., M.J. Bean, R. Bonnie & M. McMillan (1996).

quando se tenha bem presente as desvantagens destas medidas, em termos de rigidez e de desincentivo à inovação espontânea (e a injustiça da imposição da mesma regra a situações por vezes muito díspares)[3260].

No entanto, há muita percepção errada dos riscos que corremos, tanto a nível científico como ao nível do «senso comum»[3261], muito empolamento, muito alarmismo – e por isso excessivo optimismo quanto aos ganhos alcançáveis através da política ambiental –[3262]; por exemplo, o nosso pânico com os efeitos cancerígenos dos pesticidas (um medo instigado por Rachel Carson[3263]) esconde o facto de o consumo médio de café ser 50 vezes mais carcinogénico do que o era o uso do DDT *antes da sua proibição*, 66 vezes mais carcinogénico do que o mais perigoso dos pesticidas ainda actualmente utilizados[3264]. E no entanto, ninguém até hoje pensou em proibir o consumo do café.

Pior ainda, depois de se ter provado que a incidência de cancro aumentava com o uso de pesticidas, logo houve quem advogasse a sua drástica restrição ou interdição total, escamoteando a possibilidade de, sem os pesticidas, a incidência de cancro poder aumentar ainda mais, por razões económicas! É que se uma dieta rica em frutas e legumes ajudar a diminuir a ocorrência de certos tipos de cancro, e a proibição de pesticidas diminuir o volume das colheitas (dada a maior incidência de doenças) ou tornar necessário o recurso a explorações agrícolas cada vez mais extensas para manter o mesmo volume de colheitas, isso aumentará o preço de frutas e legumes, e diminuirá as dietas ricas em frutas e legumes[3265]. Como no adágio popular, não se morre do mal, morre-se da cura...

Não subscrevemos de maneira nenhuma, por isso, o *princípio da precaução*, uma atitude profundamente reaccionária e anti-científica que anima agora muita da regulação ambiental, e que estabelece, sempre que há a possibilidade, mesmo que não comprovada cientificamente em termos causais, de um aumento de risco com uma actividade nova, que devem tomar-se medidas restritivas, cabendo ao proponente dessa novidade provar a inexistência desse risco, para o efeito de se removerem aquelas medidas (podendo, *a contrario*, qualquer pessoa propor a adopção daquelas medidas restritivas, sem qualquer necessidade de prova senão a de que existe uma *possibilidade de risco*)[3266].

Como se fosse possível, necessário ou até conveniente erradicar da existência terrena os riscos que lhe são inerentes, o famigerado «princípio da precaução» (*Vorsorgeprinzip*) parece exigir para o futuro inovações tecnológicas isentas dos mesmíssimos riscos com que coexistimos presentemente, que por sua vez não são postos em causa e dos quais tiramos tantos proveitos em contrapartida (serão as gerações futuras mais frágeis, mais vulneráveis ao risco, do que nós?). E no entanto, daí podem resultar consequências perversas e imediatas: pensemos que se a introdução de alimentos geneticamente modificados torna previsível uma queda dos preços agrícolas de 10 a 15% nos próximos 20 anos, continuando o ímpeto avassalador da «revolução agrícola», o adiamento por 20 anos da introdução desses produtos geneticamente modificados significará um peso adicional de 10 a 15% no orçamento de todos os consumidores dos países em que esse adiamento se verifique, com consequências especialmente graves para os mais pobres consumidores dos países mais pobres, determinando o adiamento da erradicação da fome e a morte para milhões[3267]. Como se não bastassem já as suas conotações obscurantistas, o princípio da precaução é cruelmente externalizador e anti-humanitário.

Em todo o caso, com esta margem de imprecisão que acabámos de referir, admitamos que a opção reguladora pode justificar-se também quando o número daqueles que se entregam a uma actividade externalizadora é tão vasto que se torna impossível discriminar incidências particulares e é preciso estabelecer, com generalidade e abstracção, limites máximos ou mínimos ao nível de externalização que seja consentido – por exemplo, os limites de poluição sonora e atmosférica que são admitidos em cada tipo de veículo automóvel –, ou quando é preciso «criar mercado» para novas tecnologias que constituam contributos para a solução do problema, contra o domínio de mercado por parte de tecnologias obsoletas.

Fora desses casos extremos, todavia, a regulação não é a via ideal para se combinar os objectivos de

---

[3260] ERP (2004), 153.

[3261] As dificuldades de percepção e avaliação de riscos são de tal modo prevalecentes que eles limitam fortemente a legitimidade, e até a utilidade, do recurso à «análise custo-benefício». Cfr. Sunstein, C.R. (2002).

[3262] ERP (2004), 179-180.

[3263] Carson, R. (1962).

[3264] Lomborg, B. (2001), 235.

[3265] Usando um exemplo numérico referido ao contexto norte-americano, se reduzirmos o uso de pesticidas a ponto de pouparmos 20 vidas por ano, isso determinará uma quebra de 10% na produção de frutas e de legumes, fazendo aumentar em 4,6% a incidência de cancro, com mais 26 mil mortes por ano: 26 mil mortos para salvar 20 vidas... Cfr. Bailey, R. (org.) (1995), 71-72; Lomborg, B. (2001), 10, 247-248.

[3266] Banco Mundial (2003), 94.

[3267] Evenson, R.E. (1999), 5925; Lundmark, T. (1997), 43-44; Weale, A. (1992), 79ss..

internalização das externalidades e de preservação da liberdade económica, acarretando com ela o agravamento dos riscos de falhas de intervenção, que são de esperar quando é um grupo restrito de reguladores que tem que assimilar todo o conhecimento disponível no mercado, seja o relativo ao impacto externalizador de cada uma das actividades do sector, seja o que deve atender às especificidades locais dos fenómenos externalizadores – as bilateralidades ínsitas no fenómeno –, seja o relativo à tecnologia disponível, e tem que combinar tudo isso com a ponderação autónoma do que seja o ponto de equilíbrio maximizador do bem-estar social – uma ponderação desligada dos mecanismos do mercado, que ficam inibidos de tomarem a iniciativa de promoverem o seu próprio mecanismo maximizador –. Parece ser especialmente grave o problema da insensibilidade dos reguladores à introdução de novas tecnologias, aos «saltos qualitativos» na produção, às inovações experimentadas nas actividades externalizadoras, porventura mais eficientes na promoção dos objectivos visados também pela regulação, mas que não se coadunem com os parâmetros normativos rígidos que a regulação deve pressupor na sua base[3268]. Em contrapartida, há mesmo quem cinicamente sustente que a regulação directa é muitas vezes uma «operação de fachada», o paraíso de políticos que queiram «apresentar trabalho» para agradar aos ambientalistas, mas apresentem soluções parcialmente inoperantes, desta feita para agradar aos produtores externalizadores[3269].

A solução que recebe mais apoio da parte dos economistas, insistamos, é aquela que limita a intervenção do Estado ao estabelecimento de incentivos e desincentivos às actividades externalizadoras. Trata-se nesse caso, como indicámos, de tornar aliciante, para aqueles que provocam externalidades, a aproximação ao nível de actividade compatível com a eficiência social, o que pode fundamentalmente ser alcançado através do recurso a impostos e a subsídios. E a principal vantagem do estabelecimento de meros incentivos económicos resulta do facto de não se tratar de erradicar a produção de externalidades, o que seria em muitos casos impossível – porque incompatível com a subsistência de actividades produtivas, que são todas elas inevita-

velmente externalizadoras –, mas apenas de modular um *grau* de externalização que compatibilize a eficiência do mercado com o bem-estar social, por aproximações e cedências recíprocas – isto é, ponderando constantemente benefícios e custos marginais de cada novo passo dado na correcção das externalidades –.

Sublinhemos neste ponto uma das vinte ideias a reter depois do exame final: As pessoas respondem de um modo previsível a incentivos, tanto positivos como negativos.

15 – d) – ii) Impostos ambientais

Os impostos que visam internalizar as externalidades negativas são apelidados de «impostos pigouvianos» – por referência a Arthur Cecil Pigou, o economista que primeiro os propôs[3270] –. Um imposto pigouviano é uma «taxa ambiental» («*emission fee*») que é lançada sobre cada unidade produzida, e num montante precisamente igual à externalidade marginal causada ao nível eficiente de produção[3271]; ele pretende, portanto, reflectir sobre a transacção externalizadora o valor equivalente ao custo marginal da externalização para terceiros (pressupondo-se que sejam fáceis de medir os efeitos implicados na situação externalizadora), explicitando e reafectando, em suma, os *custos totais* das transacções externalizadoras, apresentando-se de certo modo como um «preço por poluir»[3272].

Na medida em que esses impostos recaiam sobre os autores dessas externalidades negativas e eles não possam repercuti-los inteiramente sobre terceiros, eles provocarão um agravamento de custos e, portanto, *ceteris paribus*, um incentivo à redução dos níveis de produção e da concomitante externalização[3273]. Em rigor, talvez não devessem ser designados como «impostos», visto que, ao contrário de todos os demais, não provocam perdas de bem-estar nem desvios daquele óptimo social que pode resultar da afectação de recursos através do mercado, antes promovem uma aproximação a esse óptimo social[3274]; mas também são impostos na medida em que através deles se obtém

---

[3268] Note-se, no entanto, que muita da melhoria ambiental resulta, não da adopção de novas tecnologias, mas do encerramento de produtores que não adoptaram essas novas tecnologias – mais de efeitos de longo prazo de entrada e saída do mercado do que de modificações de conduta –, o que portanto permite ter mais algum optimismo quanto à criação de incentivos à eficiência e ao progresso tecnológico pela via da regulação directa. Cfr. Snyder, L.D., N.H. Miller & R.N. Stavins (2003), 435.

[3269] Rosen, H.S. (2002), 98.

[3270] Pigou, A.C. (1924); Kohn, R.E. (1998); Araújo, F. (2000), 183ss..

[3271] Rosen, H.S. (2002), 90.

[3272] ERP (2004), 152.

[3273] Wallart, N. (1999). Para uma análise dos «impostos pigouvianos» no espaço europeu, cfr. Gullì, F. (2002), 319-358.

[3274] Gaines, S.E. (1991), 463ss.; O'Connor, M. (1997), 450ss.; Stevens, C. (1993), 607ss.; Stevens, C. (1994), 577ss..

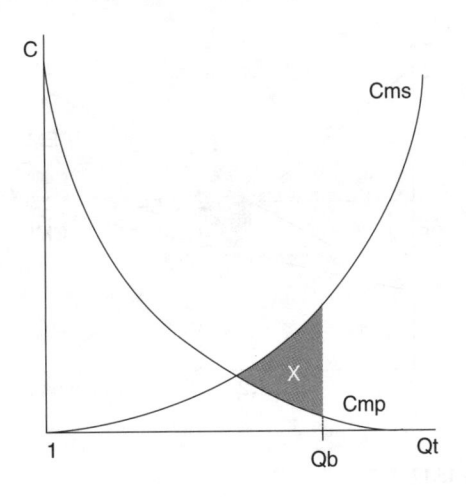 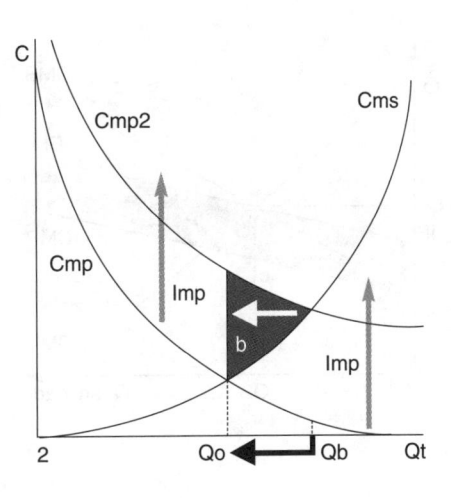

Gráfico 15.16. *Externalidades ambientais e imposto ambiental*

1: Externalização negativa
2: Efeito do imposto ambiental
C: custos
Qt: quantidades
Cms: custo marginal social
Cmp: custo marginal privado
Cmp2: custo marginal privado, agravado com o imposto
X: externalidade (ambiental) negativa

Imp: imposto ambiental
Qb: quantidade sub-óptima, de sobreprodução e externalização negativa (os benefícios privados excedem os benefícios sociais)
Qo: quantidade óptima de produção (marginalmente, os custos privados equivalem aos benefícios sociais)
b: internalização privada dos custos sociais (eliminação das externalidades negativas)

uma receita pública ao mesmo tempo que se promove a coincidência dos valores do custo social marginal e do benefício social marginal – um *duplo benefício* de qualidade ambiental e de eficiência económica que faz muitos entusiasmarem-se com esta solução tributária[3275]/[3276].

Com efeito, pode conceber-se que a aplicação de alguns impostos ambientais permita não apenas alguma «internalização» da poluição como também, através do incremento das receitas geradas por estes impostos ambientais, a diminuição do recurso a impostos mais susceptíveis de distorcerem os incentivos económicos para a criação de riqueza – conseguindo-se assim, «de uma só cajadada», aumentar a qualidade ambiental e a eficiência económica, tudo isto sem pre-

juízo das receitas do Estado: o que constitui o chamado «duplo benefício», o benefício ambiental e o benefício económico («*double dividend*»).

Embora haja reservas a que este cenário optimista possa ser aplicado sem restrições[3278], inclusivamente no que respeita à susceptibilidade de identificação dos prevaricadores e de imposição de acatamento[3279], não há dúvida de que um imposto ambiental pode ter, desde logo, um «efeito de bem-estar primário» que resulta da diminuição do nível de actividade poluidora; pode ter ainda, cumulativamente, um efeito de alívio de carga fiscal de impostos distorcivos, aumentando o bem-estar e o nível de emprego; contudo, é preciso ter em conta que também os impostos ambientais produzem as suas distorções de incentivos e as suas perdas absolutas de

---

[3275] Sobre o «duplo dividendo» dos «impostos pigouvianos», cfr. Ballard, C.L. & S.G. Medema (1993), 199-216; Pearce, D.W. (1991), 938-948; Sandmo, A. (1975), 86-98.

[3276] Não pode subestimar-se a importância da adopção de instrumentos flexíveis (estática e dinamicamente eficientes) na compatibilização dos avanços tecnológicos com os problemas de alterações ambientais e climatéricas em relação às quais existe uma crescente consciencialização – apresentando-se a ciência económica, com a sua ênfase nos incentivos e nos mecanismos de mercado, especialmente vocacionada para propor essas soluções flexíveis. Cfr. Barde, J. & B. Cournède (2002), 119-134.

[3277] Rosen, H.S. (2002), 91-93.

[3278] Chiroleu-Assouline, M. (2001), 119-147.

[3279] O que tem levado muitos a defenderem antes a generalização do sistema das cauções (o «*deposit–refund system*»), do pagamento de uma licença para produzir que será devolvida no caso de não se terem excedido os limites de poluição admitidos. Cfr. Fullerton, D. & A. Wolverton (2000), 238; Eskeland, G. & S. Devarajan (1996); Fullerton, D. (1997), 245-251.

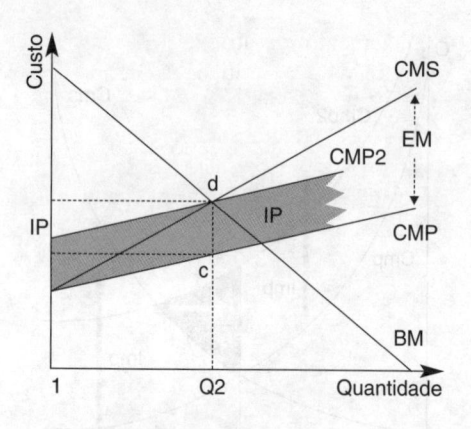 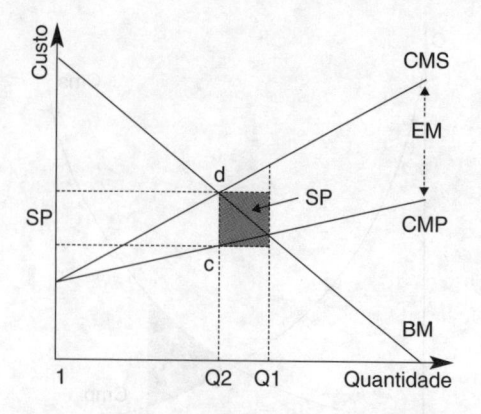

Gráfico 15.17

1: Imposto pigouviano[3277]	IP: Imposto Pigouviano
2: Subsídio pigouviano	SP: Subsídio Pigouviano
BM: benefício marginal	CMP2: custo marginal privado acrescido do
CMP: custo marginal privado	Imposto Pigouviano
EM: externalidade marginal	Q1: nível de produção com externalidades
CMS: custo marginal social	Q2: nível de produção socialmente óptimo

bem-estar – tendo-se determinado que este último efeito costuma predominar sobre os outros dois, atenuando fortemente, ou fazendo até desaparecer, o efeito de «*double dividend*»[3280/3281].

– Contra a ideia de «duplo benefício» – que tem as suas raízes já na «tributação do pecado» e na «santificação» das finalidades extra-fiscais do tributo, e em ideias que aflorámos a propósito dos «bens de mérito»[3282] –, há que não esquecer que os impostos pigouvianos começam por ser puros *impostos*, e que por isso podem afectar o rendimento e ajudar a distorcer ainda mais aquilo que possa já estar distorcido em resultado de outros tipos de tributação.

– Além disso, há que não esquecer que o próprio montante do imposto é muitas vezes variável, dependendo de condições de mercado, de susceptibilidades de repercussão, etc.. Por exemplo, se o custo da externalidade negativa aumenta marginalmente com os incrementos da produção, é evidente que o imposto pigouviano deveria

assumir a forma de imposto progressivo, com todas as incidências correspectivas no «*excess burden*».

– Daí que seja tantas vezes preferido, à tributação «pigouviana», um sistema de regulação das externalidades que comece por estabelecer limites máximos totais (os limites totais de externalização negativa socialmente admissíveis), procurando minimizar-se por essa via os impactos directos sobre a eficiência dos agentes externalizadores[3283].

Ao contrário do que sucede com a limitação absoluta que, no plano das quantidades, resultaria da atitude reguladora, os impostos pigouvianos incentivam a eficiência das actividades externalizadoras: já que se paga tanto mais imposto quanto mais se polui, e se deixa de pagar imposto quando o nível de poluição já é aquele que é compatível com a maximização do bem-estar social, as empresas mais eficientes, aquelas que tiverem adoptado mais rapidamente meios anti-poluentes, pagarão menos imposto do que as demais, até que

---

[3280] Bernow, Steve & *al.* (1998), 193-196; Bovenberg, A.L. & R.A. de Mooij (1994), 1085-1089; Fullerton, D. & G.E. Metcalf (1997); Pearce, D.W. (1991), 938-948; Pezzey, J.C.V. & A. Park (1998), 539-555.

[3281] Alguns dos problemas podem ser atenuados se se conseguir aplicar taxas progressivas para correcção de danos não-lineares, ou se houver formas expeditas de ajustar as taxas de imposto ambiental quando se verifique a sua divergência face aos danos marginais. Cfr. Kaplow, L. & S. Shavell (2002b), 1-17.

[3282] Veja-se uma ilustração na história da tributação do jogo e o seu paralelo com a «tributação pigouviana». Cfr. Vasques, S. (1999), 150ss., 200ss..

[3283] Por exemplo, o sistema «*cap-and-trade*», ou a atribuição de subsídios à adopção de tecnologias menos externalizadoras. Cfr. ERP (2004), 152-153.

fiquem isoladas aquelas empresas menos eficientes que, por se defrontarem com elevados custos de redução dos efeitos externalizadores, continuarão a poluir acima do nível socialmente óptimo e a pagar por isso. E assim, em vez de todos continuarem sujeitos à mesma oneração e ao mesmo custo, como sucederia na regulação, agora os produtores ficarão tanto menos onerados quanto mais eficientes forem: o incentivo consistirá, pois, na «desoneração fiscal» que corresponde à adopção de medidas eficientes de diminuição da externalização negativa.

O imposto pigouviano tem, como meio de regulação, a vantagem de prescindir de uma monitorização técnica muito apertada, bastando-lhe a persistência do credor de imposto, que incentivará o poluidor a explorar a única saída que lhe é fornecida: a redução das emissões[3284]. Mas a aplicação da abordagem pigouviana em soluções políticas concretas, em soluções de «poluidor-pagador», revela uma grande heterogeneidade internacional – sugerindo que este princípio básico de «tributação com duplo dividendo» é mais uma inspiração difusa do que propriamente uma receita pronta a aplicar[3285].

15 – d) – iii) As quotas negociáveis

Se quisermos regressar um pouco à perspectiva «coaseana» da questão, diríamos que os impostos pigouvianos são essencialmente preços associados à atribuição inicial de um direito a poluir – preços que surgem e se agravam na medida em que uma actividade alcança e ultrapassa a sua quota-parte no nível óptimo de externalização negativa. Isso ajuda-nos a relativizar um pouco a diferença que estabelecemos entre regulação e incentivos, visto que encarar os desincentivos como preços é sugerir já que existe um rudimento de mercado, especificamente de um «mercado do direito de poluir».

Sendo assim, abre-se a possibilidade de que mesmo a regulação passe a reflectir uma maior flexibilidade, que permita pelo menos incentivar a eficiência e premiar os progressos tecnológicos que permitam reduções de poluição a baixo custo, a um custo inferior ao do «imposto pigouviano», tornando vantajoso optar pelo investimento em inovação. Isso pode alcançar-se se se recorrer a formas de regulamentação através de licenciamento, da atribuição a cada poluidor de uma quota máxima permitida, e se associar a esse licenciamento a *livre negociabilidade das quotas* atribuídas, o sistema de «quotas negociáveis» (ou sistema «*cap-and-trade*»)[3286] – afinal, a solução mais próxima da criação de um verdadeiro «mercado ambiental», e uma ideia facilmente intuível, que se presta até, com alguma facilidade, a simulações para efeitos pedagógicos[3287].

A ideia básica é a de que, se as ineficiências associadas às externalidades podem atribuir-se a uma ausência de mercado relativo ao recurso relevante (aquele em que mais se regista o impacto externalizador), uma forma de incremento de eficiência pode ser a de criar-se um mercado de «direitos de externalizar», seja leiloando-os, seja atribuindo-os inicialmente de forma aleatória e gratuita, neste segundo caso desde que não haja entraves à negociabilidade futura daqueles «direitos»[3288].

– Com efeito, se dois poluidores negoceiam entre eles as quotas de poluição que lhes foram atribuídas e chegam a um acordo, isso basta para nos indicar que a transacção melhorou o total de bem-estar, pois de outro modo a troca não teria ocorrido: o poluidor mais eficiente, suponhamos, vende parte da sua quota ao poluidor menos eficiente, para que este possa ultrapassar o limite que inicialmente lhe foi fixado, mas o poluidor mais eficiente só venderá parte da sua quota se receber por ela algo mais do que aquilo que pagará para restringir as suas emissões poluentes, tal como o poluidor menos eficiente só pagará por essa parte de quota se ela lhe custar menos do que lhe custaria manter-se dentro dos limites ambientais que lhe são impostos.

– Note-se que mesmo o poluidor mais eficiente continua a «pagar para poluir» enquanto não alienar completamente a sua quota, pois mesmo que mantenha apenas uma parte, esta implicará um custo, o custo de oportunidade da sua não-alienação no «mercado das quotas».

– Mesmo neste caso das quotas negociáveis, novamente diremos que o incentivo básico é a poupança fiscal que, para cada produtor, resulta da adopção de medidas eficientes de diminuição da externalização – tratando-se agora de poupar nos custos de aquisição das referidas quotas, ou nos custos de oportunidade da não-alienação de quotas já atribuídas –.

– Ambos os poluidores, conjuntamente, não excedem o limite da soma das quotas que lhes tinham sido atribuídas, mas a licença de poluir deslocou-se para quem lhe atribu-

---

[3284] Baumol, W.J. (1976), 446.

[3285] Andersen, M.S. (1994).

[3286] Klaassen, G. (1996).

[3287] Walbert, M.S. & T.J. Bierma (1988), 383-389; Alden, D. (1999), 127-132; Hazlett, D. (1995), 3-7; Nugent, R. (1993), 3-5; Nugent, R. (1997), 679-685; Hoyt, G.M., P.L. Ryan & R.G. Houston Jr. (1999), 141-147; Stodder, J. (1996), 5-7.

[3288] Sendo que no caso do leilão os ganhos revertem para o seu promotor, o Estado, e no segundo os ganhos revertem para os produtores menos externalizadores, que alienam parte das suas licenças a favor dos produtores menos eficientes. Cfr. Rosen, H.S. (2002), 93.

ía mais valor – o poluidor menos eficiente – a troco da remuneração adicional do poluidor mais eficiente – aquele que, incorrendo num menor custo pela alienação da sua quota, tem mais elevada disposição de vender –: caso em que o mercado das quotas de poluição teria começado já, pois, a pôr em prática as suas funções optimizadoras.

– Usemos um exemplo quantitativo[3289]:

- Suponhamos duas fábricas (*Alfa* e *Beta*) que emitem anualmente, cada uma, 100 unidades de dióxido de enxofre (SO_2, anidrido sulfuroso).
- Suponha-se que o regulador estabelece as 140 unidades por ano como o total admissível, e para isso impõe às duas fábricas a instalação de filtros depuradores que diminuam as emissões para as 70 unidades em cada uma delas – uma redução de 30 unidades anuais por fábrica.
- Suponha-se que isso representa, para a fábrica Alfa, um custo total de 9000 Euros, e um custo marginal de 600 Euros (para eliminar a 30ª unidade de emissões), e para a fábrica Beta um custo total de 4500 Euros e um custo marginal de 300 Euros.
- O custo total desta abordagem tradicional será de 13.500 Euros (= 9000 + 4500).
- Com negociabilidade de quotas, pode todavia chegar-se a uma solução mais eficiente, alcançando-se o mesmo resultado com custos mais baixos.
- A fábrica Beta, que incorre em menores custos na adopção da tecnologia redutora das emissões, pode decidir aplicá-la na prossecução de um nível inferior às 70 unidades por ano, cedendo à fábrica Alfa, a menos eficiente, o direito de produzir mais algumas unidades de SO_2, excedendo as 70 unidades por ano.
- Suponhamos que a fábrica Beta decide reduzir as suas emissões para as 60 unidades, incorrendo agora em custos totais de 8000 Euros (e no custo marginal de 400 Euros para eliminar a 40ª unidade de emissões).
- Isso permitirá à fábrica Alfa expandir as suas emissões para as 80 unidades, incorrendo agora em custos totais de 4000 Euros (e no custo marginal de 400 Euros para eliminar a 20ª unidade de emissões).
- Neste ponto, os custos marginais de redução das emissões em que incorrem as duas fábricas estarão nivelados, terminando aqui o incentivo para a negociação de quotas de poluição entre elas.
- Antes disso, será compensador para a fábrica Alfa comprar 10 unidades de emissão ao preço de 400 Euros cada, porque isso seria inferior ao custo em que incorreria para promover por ela própria a redução das emissões para as 70 unidades.

- Para a fábrica Beta, a venda de 10 unidades a 400 Euros cada é também compensadora, porque esse valor é superior ao custo em que incorre para promover por ela própria a redução das emissões para as 60 unidades.
- Com a negociação, os custos totais serão, para a fábrica Alfa, de 8000 Euros (4000 pela aplicação dos filtros + 4000 pela aquisição de 10 unidades), e para a fábrica Beta de 4000 Euros (8000 pela aplicação dos filtros - 4000 pela venda de 10 unidades).
- O custo total desta nova abordagem será de 12.000 Euros (8000 + 4000), quando era de 13.500 Euros na abordagem tradicional.
- A poluição mantém-se ao mesmo nível das 140 unidades (60 + 80, em vez de 70 + 70), mas com a redução de custos de 13.500 Euros para os 12.000 Euros conseguiu-se uma poupança de cerca de 11%. Economizou-se, numa palavra.

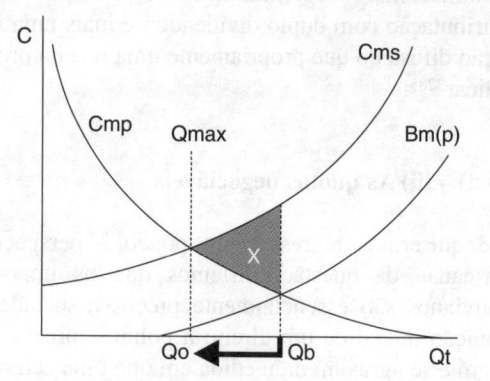

Gráfico 15.18. *Externalidades ambientais e a solução das quotas*

C: custos
Qt: quantidades
Cms: custo marginal social
Cmp: custo marginal privado
Bm(p): benefício marginal (privado)
X: externalidade (ambiental) negativa
Qmax: quota máxima (quantidade máxima de produção admitida)
Qb: quantidade sub-óptima, de sobreprodução e externalização negativa (os benefícios privados excedem os custos sociais)
Qo: quantidade óptima de produção (marginalmente, os custos privados equivalem aos benefícios sociais)

Foi o «Protocolo de Quioto», de 1997 – centrado num esforço de melhoria de utilização de terras[3290] e

[3289] Adaptado de: ERP (2000), 249.
[3290] Callaway, J.M. & B. McCarl (1996), 15-43; Dixon, R.K., S. Brown, R.A. Houghton, A.M. Solomon, M.C. Trexler & J. Wisniewski (1994), 185-190; Lashof, D.A. & D.A. Tirpak (orgs.) (1989); Marland, G. (1988); Parks, P.J. & I.W. Hardie (1995), 122-136; Trexler, M.C. (1991); Van Kooten, G.C., L.M. Arthur & W.R. Wilson (1992), 127-138; Winjum, J.K., R.K. Dixon & P.E. Schroeder (1992), 213-227.

florestas[3291], ponderados os custos inerentes[3292] no quadro da melhor tecnologia disponível[3293] –, que veio generalizar o uso de quotas negociáveis para lidar com o problema da poluição[3294]: cada um dos países partes naquele «Protocolo» estava sujeito a algumas metas na redução de CO_2, mas podia exceder os seus limites se adquirisse, a um país mais eficiente, o direito de emitir dióxido de carbono. Nesses termos, e como já sublinhámos, ao país menos eficiente na redução das suas emissões de CO_2 sai mais barato comprar uma parte da quota de um país mais eficiente, e ao país mais eficiente sairá mais barato reduzir as emissões, ganhando com a alienação da parte da quota que ficar por usar: um terá uma disposição de pagar pelo direito de poluir, outro terá a disposição de vender algum do seu direito de poluir, e assim a troca determinará um acréscimo de bem-estar para ambas as partes na troca, com aumento de eficiência total[3295].

É verdade que, pelo que já vimos a propósito da «análise de bem-estar», é de esperar que a negociação das quotas de poluição traga vantagens para as partes envolvidas na negociação, mas não requer nem determina que essas vantagens sejam equilibradas e equitativamente distribuídas. Por outro lado, convirá pormos de lado o preconceito ético contra essa negociabilidade – a objecção daqueles que entendem ser imoral comprar um «direito de poluir», ou vendê-lo –, porque, embora seja compreensível o estigma moral que recai sobre os excessos de poluição (ou, na perspectiva fundamentalista, sobre *toda* a poluição), o facto é que a negociabilidade não afecta o cômputo total da externalização, e a negociabilidade tem o mérito de tornar economicamente *explícitos* alguns custos que, envolvidos em difusos juízos estigmatizadores, poderiam tornar-se novamente irrelevantes para as decisões dos produtores que não tivessem ao seu alcance a opção de produzirem sem poluir (com meros juízos de censura podem bem os produtores, desde que esses juízos não interfiram nos seus cálculos de custos e de rentabilidade). Aliás, nada impede que, no âmbito da negociabilidade das quotas, gru-

pos ambientalistas adquiram algumas delas e as inutilizem, contribuindo para a diminuição dos níveis totais de poluição sem ao mesmo tempo desincentivarem os produtores mais esforçados e eficientes[3296].

Mais séria é a objecção de que a possibilidade de aquisição de quotas de poluição não incentiva os produtores menos eficientes à adopção de meios anti-poluentes, limitando-se a adquirir continuamente essas quotas – mas isso é esquecer que, colocados perante a decisão de longo prazo de alterarem os seus meios de produção e a sua tecnologia, os produtores menos eficientes têm a oportunidade de se tornarem mais eficientes e de pouparem nos seus gastos de aquisição de quotas (e até de ganharem com a alienação de quotas). A aquisição de quotas é um pesado *custo de oportunidade* dos produtores menos eficientes na adopção de meios anti-poluentes.

Mas mais decisivo é que o argumento contra as quotas é reversível: se as empresas mais eficientes não puderem alienar as suas quotas, que incentivo económico lhes resta para continuarem a ser eficientes? A venda das quotas é o directo e inequívoco prémio pela sua eficiência, e é o incentivo a que essa eficiência se mantenha – enquanto a proibição de negociabilidade seria um impulso para o nivelamento de todos os produtores em posições economicamente ineficientes. Aliás, nada impede que o regulador promova uma afectação inicial de quotas negociáveis que já assenta no reconhecimento da eficiência e do esforço demonstrados na redução de emissões poluentes, promovendo leilões[3297] ou atribuindo directamente mais quotas aos produtores mais eficientes e esforçados do que aos demais, e deixando àqueles a possibilidade, seja de obterem ganhos extraordinários (vendendo as quotas), seja de ficarem com o poder de forçar os menos eficientes a aumentarem a sua eficiência, ou até a saírem do mercado (recusando a venda)[3298].

Pode ser que a negociabilidade não incentive suficientemente os produtores menos eficientes a adoptarem celeremente as mais modernas tecnologias: mas conseguirá a regulação imperativa fazê-lo melhor?[3299]

[3291] Adams, R.M., D.M. Adams, J.M. Callaway, C.-C. Chang & B. McCarl (1993), 76-87; Dudek, D.J. & A. LeBlanc (1990), 29-42; Sedjo, R.A. & A.M. Solomon (1989), 105-119.

[3292] Parks, P.J. (1995), 34-47; Pindyck, R.S. (1991), 1110-1152; Rubin, E.S., R.N. Cooper, R.A. Frosch, T.H. Lee, G. Marland, A.H. Rosenfeld & D.D. Stine (1992), 148-149, 261-266.

[3293] Richards, K.R., R.J. Moulton & R.A. Birdsey (1993), 905-912; Stavins, R.N. (1999), 994ss..

[3294] Kerr, S. (org.) (2000); Tietenberg, T. (org.) (2001).

[3295] Lomborg, B. (2001), 303.

[3296] O que aliás já sucedeu, nomeadamente nos Estados Unidos. Cfr. ERP (2002), 228-232.

[3297] ERP (2000), 251-252.

[3298] Se o Estado *vender* as quotas através de leilões, em vez de atribuí-las gratuitamente aos produtores – igualitariamente ou em função da sua eficiência – poderá depois devolver aos vencedores dos leilões, em casos de elevada elasticidade da procura que vede a repercussão nos preços, alguma margem de lucro através de regimes tributários excepcionais, por exemplo.

[3299] A questão não tem que ser formulada precisamente nestes termos, porque são possíveis decerto soluções híbridas de regulação e de negociabilidade que funcionem marginalmente como «impostos ambientais». Cfr. Lutter, R. & J.F. Shogren (2002), 159-170; McKibbin, W.J. & P.J. Wilcoxen (2002), 119; Roberts, M.J. & A.M. Spence (1976), 193-208.

Suponha-se que existem dois tipos de fábricas, umas que desenvolveram o esforço de adoptarem novas tecnologias anti-poluentes e por isso se tornaram mais eficientes, e outras que nada fizeram e continuaram pre-sas a velhos padrões tecnológicos; suponha-se agora que o regulador determina imperativamente a adopção de uma terceira tecnologia e o abandono das duas tecnologias anteriores. Que ganharam as empresas que entretanto tinham desenvolvido o esforço de adoptarem a tecnologia «intermédia», que prémio receberam elas pelo facto de entretanto terem poluído menos? Como é óbvio, *nada* (só têm o prejuízo do investimento perdido), pelo que nessas circunstâncias ganha mais quem menos se esforçar por inovar tecnologicamente, quem se limita a «arrastar os pés» à espera das determinações do regulador (se entretanto, numa «captura do regulador»[3300/3301], não conseguir dissuadir o regulador de fazê-lo, e o mercado estagnar longamente num patamar tecnológico)[3302/3303].

Num contexto de plena negociabilidade de quotas, e no pressuposto de os custos de transacção não serem elevados, podemos mesmo aplicar aqui novamente o «teorema de Coase» e concluir que a atribuição inicial de quotas não é condicionante de um resultado eficiente, o qual se encontrará por livre jogo de oferta e de procura, com a adicional economia de meios que consiste em dispensar, a um regulador directo, o conhecimento mais ou menos exacto das escalas de benefícios marginais de todos os poluidores – porque são estes mesmos que entre eles transaccionarão até atingirem um equilíbrio de benefícios e custos marginais entre todos –.

Na presença de baixos custos de transacção, o mecanismo dos leilões parece pois dispensável, nesta perspectiva «coaseana»: e de facto muitas iniciativas de regulação através de quotas negociáveis começaram por assentar numa distribuição gratuita dessas quotas, porque se sabia que, logo após, a negociação imporia custos marginais aos produtores poluidores (em alternativa, os custos de adopção de tecnologia minimizadora de externalidades, de aquisição de quotas ou de não-alienação dessas quotas); todavia, a lógica do «duplo benefício» tornou claro aos reguladores que seria possível afectar recursos através de leilões e, por intermédio destes, obter receitas públicas susceptíveis de contribuírem para a diminuição de deficits orçamentais, ou capazes de substituírem tributação distorciva de incentivos[3304], ou até contraditória dos objectivos de preservação ambiental[3305], além de que um leilão inicial, revelando disposições de pagar dos envolvidos, pode tornar transparente e facilitar os passos subsequentes de definição dos preços de transacção das quotas[3306], além de reforçar a percepção, da parte dos envolvidos, da legitimação que lhes advém de uma aquisição onerosa[3307].

Recapitulando, dir-se-á que os sistemas de licenças, de «taxas ambientais»[3308] e de quotas negociáveis[3309], basicamente equivalentes em termos de eficiência[3310], apresentam todos eles vantagens relativamente à regulação directa (o sistema «*command-and-control*»), especialmente em termos de simplicidade e de custos[3311], e de conversão dos «*compliance costs*» em «barreiras de entrada» anti-concorrenciais[3312]. O sistema das «quotas negociáveis» é um bom sucedâneo das

[3300] Becker, G.S. (1983), 371-400; McCubbins, M.D., R.G. Noll & B.R. Weingast (1987), 243-277; Shepsle, K.A. & B. Weingast (1984), 417-434; Stigler, G.J. (1971), 3-21.

[3301] Uma «captura» que, algo paradoxalmente, pode manifestar-se tanto em termos de uma «pressão pró-reguladora» como em termos de uma «caça às indemnizações». Cfr. Epstein, R.A. (1992), 3-22; Fischel, W.A. (1991), 865-912.

[3302] Bohi, D.R. & D. Burtraw (1997), 67-75; Burtraw, D. (1996), 79-94; Hahn, R.W. (1989), 95-114; Jaffe, A.B. & R.N. Stavins (1995), S43--S63.

[3303] Pior ainda, se não se permitir alguma selecção pelos custos entre as empresas externalizadoras, poderá o regulador estar a incentivar o excesso de capacidade instalada, gerando-se uma pressão pró-externalizadora de todos os produtores (mesmo daqueles que seriam excluídos por novas tecnologias ou pelo jogo da negociação das quotas) *contra* o regulador. Também não é de excluir, por outro lado, que, anulando-se reciprocamente duas «capturas simétricas», se chegue por essa via a um equilíbrio «proto-coaseano» entre grupos ambientalistas e representantes dos produtores-poluidores. Cfr. Ackerman, B. & W.T. Hassler (1981); Keohane, N., R. Revesz & R. Stavins (1997); Noll, R. (1989), 1253-1287.

[3304] Pense-se nos cerca de 14 a 20 mil milhões de dólares gastos anualmente em subsídios à actividade pesqueira, ao mesmo tempo que se verifica um esgotamento generalizado das capturas. Cfr. Banco Mundial (2003), 143.

[3305] ERP (1997), 211.

[3306] Brown, G.M. (2000), 890-891.

[3307] Brown, G.M. (2000), 894; Crocker, T. (1966); Dales, J. (1968); Kneese, A.V. & B.T.Bower (1968).

[3308] Barthold, T.A. (1994), 133-151.

[3309] Crocker, T. (1966); Dales, J. (1968); Doucet, J.A. & T. Strauss (1994), 764-770; Montgomery, W.D. (1972), 395-418; Revesz, R.L. (1996), 2341ss..

[3310] Baumol, W.J. & W.E. Oates (1988); Hahn, R.W. & C.A. May (1994), 28-37; Hahn, R.W. & G.L. Hester (1989), 361-406; Kelman, S.P. (1981); Milliman, S.R. & R. Prince (1989), 247-265; Rico, R. (1995), 115-129; Stavins, R.N. (1998), 69ss..

[3311] ERP (2004), 183.

[3312] Bohi, D.R. (1994), 20-27; Bohi, D.R. & D. Burtraw (1992), 129-153; Hahn, R.W. & R.N. Stavins (1992), 464-468; McCubbins, M.D. & T. Sullivan (1984), 299-319; Oates, W., P.R. Portney & A.M. McGartland (1989), 1233-1242; Rose, K. (1997); Schmalensee, R., P.L. Joskow, A.D. Ellerman, J.P. Montero & E.M. Bailey (1998), 64ss.; Tietenberg, T. (1985).

«taxas ambientais» especialmente quando se verificam dificuldades de fixação do «preço óptimo» a associar ao «direito de poluir» – estabelecendo-se ao invés um máximo total inultrapassável de poluição permissível (o «*cap*») e atribuindo-se a cada produtor uma quota-parte desse total, que ele poderá utilizar ou alienar à sua vontade.

Se o mercado funcionar adequadamente, as quotas serão transaccionadas até que o preço cobrado por cada unidade seja equivalente aos custos marginais de diminuição das externalidades negativas. Subsiste o problema da atribuição inicial das quotas de poluição: uns, mais sensíveis aos pressupostos do «Teorema de Coase» e mais confiantes na insignificância dos custos de transacção, admitirão uma atribuição puramente aleatória (pois tudo será «emendado» pela negociação subsequente[3313]); outros preferirão os leilões de quotas, por crerem que estes serão mais susceptíveis de revelarem a capacidade económica dos licitantes e as suas ponderações de bem-estar[3314]; outros preferirão uma atribuição de quotas de acordo com os dados históricos de cada agente (o chamado sistema de «*grandfathering*»), ainda que se perceba que isso gera barreiras de entrada a novos produtores.

Além desses problemas de atribuição inicial de direitos, podem surgir, no sistema de «*cap-and-trade*», complicações subsequentes: seja o da optimização inter-temporal das condutas dos produtores-poluidores (o que pode ser flexibilizado se se permitir que eles façam transitar de uns anos para os outros as quotas não usadas, no chamado sistema de «*banking*»)[3315]; seja o das salvaguardas contra as oportunidades de especulação (estabelecendo limites máximos aos preços a pagar pelas quotas, ou admitindo a criação de novas quotas ao preço-limite se porventura o preço de equilíbrio das quotas exceder esse limite)[3316].

Poderá questionar-se se colocar em termos puramente económicos a questão da poluição e da qualidade ambiental não é excessivamente redutor, escamoteando a consideração de valores que deveriam transcender esse simples cálculo optimizador que acaba por conceder a possibilidade dessa atribuição, para alguns

algo absurda, de um «direito de poluir». Em todo o caso, do que se trata é de reconhecer um facto inerradicável de toda a actividade económica, o facto da geração de externalidades negativas – o preço a pagar pelo crescimento económico, pelo aumento de abundância material e de produção de bens e serviços. Falarmos de modos de internalizarmos essas externalidades e de as reduzirmos até níveis socialmente aceitáveis é decerto uma abordagem mais realista do que aquela outra que, invocando «direitos absolutos» a uma pretensa «pureza ambiental», se recusasse a encarar as opções económicas e sugerisse em alternativa, com a eliminação das actividades poluentes, a eliminação de toda a actividade produtiva, apelando à instauração de uma utopia primitivista e cavernícola.

15 – e) Bens públicos e recursos comuns

Aparentemente, a natureza dos bens públicos e dos recursos comuns torná-los-ia insusceptíveis de análise económica: se eles são irrestritamente acessíveis a qualquer utente, se o seu consumo não é exclusivo ou competitivo – havendo lugar a que uma grande massa de pessoas possa usar esses bens e recursos sem que o uso por parte de um interfira no uso por parte dos demais, sem que haja perda da utilidade –, então a escassez parece que não os atinge, e não há lugar a que sejam procurados e trocados num mercado, a que sejam sujeitos ao mecanismo de afectação e optimização dos preços. Na falta da sinalização que os preços propiciam, a optimização de que o mercado é capaz – o equilíbrio de oferta e procura, a maximização do bem-estar total das partes envolvidas nas trocas – fica irremediavelmente comprometida, por mais sucedâneos que se tente encontrar para os preços de mercado: sem preços, temos inevitavelmente uma falha de mercado[3317], ou mesmo, no limite, uma «ausência de mercado»[3318].

Para que estejamos perante um bem público – que afinal não é mais do que um caso extremo de externalidade positiva –, têm que verificar-se cumulativamente as duas circunstâncias que já referimos:

[3313] Joskow, P.L. & R. Schmalensee (1998), 89-135.

[3314] Coggins, J.S. & J.R. Swinton (1996), 58-72; Conrad, K. & R.E. Kohn (1996), 1051-1059; Goulder, L., I.W.H. Parry & D. Burtraw (1997), 708-731; Stavins, R.N. (1995), 133-148.

[3315] ERP (2004), 185.

[3316] ERP (2004), 187.

[3317] Araújo, F. (2000), 182-183.

[3318] Dawes, R.M., A.J.C. Van De Kragt & J.M. Orbell (1990), 97-110; Dawes, R.M., J. McTavish & H. Shaklee (1977), 1-11; Frank, R.H. (1987), 593-604; Isaac, R.M., J.M. Walker & S.H. Thomas (1984), 113-149; Isaac, R.M., K.F. McCue & C.R. Plott (1985), 51-74; Isaac, R.M. & J.M. Walker (1988), 585-608; Isaac, R.M. & J.M. Walker (1991), 269-286; Ledyard, J.O. (1995), 111-194; Marwell, G. & R.E. Ames (1979), 1335-1360; Maynard Smith, J. (1982); Palfrey, T.R. & H. Rosenthal (1991), 239-268; Plott, C.R. & V.L. Smith (1978), 133-153; Rosenthal, R.W. (1981), 92-100; Samuelson, P.A. (1954), 386-389; Santos, J.C. (1993), 264ss.; Sugden, R. (1985b), 117-124; Trivers, R. (1971), 35-57.

1. a não-susceptibilidade de exclusão, querendo com isso dizer-se que ninguém consegue ser *eficientemente* afastado da fruição directa e integral do bem – caso em que, podendo haver meios para prevenir o acesso indiscriminado, eles são mais caros do que os ganhos que adviriam da discriminação no uso e consumo –;
2. a não-rivalidade ou não-exclusividade do uso, que significa que o acesso de cada um ao bem não interfere relevantemente no acesso e uso por parte de qualquer outro – podendo haver uma ligeira diminuição na utilidade do bem advinda do uso simultâneo do bem, mas não tão forte que determine qualquer reacção de elasticidade na procura do bem, assim se concluindo que os «consumos adicionais» se fazem «a custo zero» –[3319/3320].

Comecemos por um exemplo de bem público:

Se se constrói um candeeiro que alumia uma rua, o facto de só passar uma pessoa ou passarem cem pessoas simultaneamente na área iluminada não altera o benefício que cada um pode retirar da presença do candeeiro – embora possamos admitir que a rua estará um pouco melhor iluminada, terá menos sombras, se houver menos gente a passar por ela –. E como é que se pode privar um transeunte de beneficiar da iluminação do candeeiro? Poderíamos, por absurdo, pensar na hipótese de colocarmos um guarda que se encarregaria de afastar da zona iluminada todos aqueles que não fossem proprietários do candeeiro, ou que se certificasse de que só entrariam na zona iluminada os não-proprietários que fossem cegos ou que escrupulosamente mantivessem os olhos fechados durante a travessia da zona iluminada. Mas mesmo a enveredarmos por esta solução caricata, cedo perceberíamos que o dispêndio com o salário do guarda excederia muito rapidamente o ganho que poderíamos obter com a contribuição dos potenciais beneficiários para o financiamento da construção do candeeiro; a alternativa seria não pagarmos ao guarda, mas isso retirar-lhe-ia qualquer incentivo ao seu zelo vigilante[3321].

Antes de prosseguirmos, esclareçamos já, quanto aos bens públicos, que:

a) ainda que todos possam consumir a mesma quantidade de um bem público, isso não significa que todos atribuam o mesmo valor a esse consumo;
b) a classificação depende de condições de mercado e de tecnologia, sendo por isso frequentes as situações de bens públicos «impuros», com algum grau de rivalidade ou de susceptibilidade de exclusão no consumo;
c) um bem pode ter, conforme as circunstâncias, características de bem público e de recurso comum – por exemplo em função de horários de congestionamento;
d) há entidades que, não sendo propriamente «bens», apresentam características de bens públicos – puras externalidades positivas – do género da honestidade nos negócios, da formação espontânea de reputações, ou até da prevalência de justiça distributiva;
e) o sector público não está limitado à produção de bens públicos, podendo também fornecer bens em relação aos quais o consumo é notoriamente susceptível de rivalidade e de exclusão (saúde, habitação, educação), pelo que a produção pública de um bem não faz dele um bem público;
f) não é impossível a produção privada de alguns bens públicos[3322].

Tendo isso em mente, poderíamos dar muitos outros exemplos de bens públicos: a instalação de um pára-raios, de um cata-vento, a pavimentação de um caminho comum, o arranjo de um jardim, etc. – exemplos de bens públicos *locais*, que beneficiam os residentes de uma determinada zona, e que poderemos distinguir dos bens públicos *nacionais* que beneficiam o conjunto nacional – segurança, justiça, defesa, aeroportos internacionais –, podendo fazer-se o mesmo quanto a bens públicos *regionais* e *internacionais*[3323].

Insistamos que, ao contrário daquilo que a expressão parece sugerir, um *bem público* não é aquele que o Estado decide produzir, e também não é aquele que afecta ou beneficia universalmente o conjunto de uma sociedade, todo o espaço público-político que define um Estado. Acabámos de dar um exemplo, o candeeiro, de um bem público local, que poderíamos reconduzir ao conceito mais abstracto de «bens de clube»[3324], que afectam o espaço finito de interesses de pessoas

[3319] Para uma caracterização dos bens públicos, cfr. Franco, A.L.S. (2002), I, 26-27.

[3320] Estas características têm inúmeros corolários, como por exemplo: a interferência de valores de «não-uso», a separação geográfica entre financiadores e beneficiários, a separação temporal entre custos e benefícios, ou entre externalização individual e identificação das consequências sociais, a indefinição jurídica em torno dos interesses relevantes, o choque de prioridades que não se resolvem no mercado e reclamam deliberação política, etc.. Cfr. Brown, G.M. (2000), 877.

[3321] Kiesling, H. (1990), 137-147; Nelson, R.G. & R.O. Beil Jr. (1994), 580-590.

[3322] Rosen, H.S. (2002), 56ss..

[3323] Ferroni, M. & A. Mody (orgs.) (2002).

[3324] Alves, A.A. & J.M. Moreira (2004), 63-65.

que partilham objectivos comuns não-privatizáveis e em função deles *deveriam* coordenar-se – e não se coordenam por força das peculiares características do bem[3325/3326].

– A expressão «bens de clube» designa situações de produção generalizada de externalidades positivas (não raro «em rede») que têm uma dimensão máxima, ou «de equilíbrio», para lá da qual se verifica congestionamento[3327].

– A «teoria dos clubes» assenta na intuição de que, na produção de bens e serviços de interesse colectivo, quanto maior a comunidade maior o número pelo qual se pode diluir a despesa colectiva, e por isso menor a dimensão da contribuição individual, isto até ao limite do congestionamento provocado pela entrada de novos membros na comunidade: razão pela qual a comunidade deve expandir-se até que o decréscimo marginal na contribuição de cada membro seja igual ao incremento marginal dos custos individuais provocados pelo congestionamento – sendo, pois, a dimensão ideal de uma comunidade aquela que corresponde a esse nivelamento de benefícios e custos marginais[3328].

– Como já referimos a propósito da análise económica da educação, foi Charles Tiebout que primeiro sugeriu que a mobilidade geográfica dos indivíduos permite configurar uma solução de «quase-mercado» para o problema dos bens públicos locais[3329]: parte-se do princípio de que é possível às pessoas escolherem a comunidade que lhes oferece a melhor relação custo-benefício entre impostos e bens públicos, até, com a sua perfeita mobilidade (a perfeita elasticidade da sua «votação com os pés») estabilizarem naquela que se lhes afigura como óptima. Contudo, como também já sugerimos, nem todos os pressupostos que teriam que verificar-se no «Modelo Tiebout» são muito realistas: a inexistência de externalidades geradas pela actividade pública, a perfeita mobilidade individual, a informação completa, um número infinito de comunidades à escolha, uniformidade de custos por unidade de serviço público fornecido, financiamento através de impostos proporcionais, existência de «planos directores» rígidos[3330].

Como dissemos, o que é fundamental num bem público é que se trate de um caso extremo de externalização positiva[3331]; ora, de acordo com o que já sabemos, a externalização será tanto mais sentida quanto maior for a proximidade, pelo que as «externalidades de vizinhança» tendem a produzir múltiplos bens públicos (o candeeiro, o jardim, a segurança, os sinais de trânsito), ao mesmo tempo que produzem igualmente benefícios perfeitamente apropriáveis («externalidades de rede», a valorização das casas pela localização num bairro populoso, a atracção de comércio operando à escala de eficiência, etc.)[3332].

Isto prende-se com o problema económico da descentralização e do «federalismo orçamental»[3333], nos termos do qual a sobreposição de bens públicos em diversos planos e âmbitos permitiria incrementos de eficiência económica através de opções de localização que seriam optimizadoras, de acordo com o «modelo Tiebout»[3334], cada um escolhendo o seu «menu» de bens públicos para explorar, ou sobre o qual externalizar[3335], ou formando coligações que promovem os bens públicos mais próximos em detrimento dos bens públicos mais gerais[3336], o que por sua vez pode suscitar problemas complexos de compatibilização de «tributações óptimas» entre o nível central e o nível local[3337/3338], sem desconsiderar a complexidade das questões de con-

---

[3325] Ellickson, B., B. Grodal, S. Scotchmer & W. Zame (2001), 40-77.

[3326] Sobre a teoria económica dos «clubes», cfr. Franco, A.L.S. (2002), I, 15-16, 36n1.

[3327] Cornes, R.C. & T. Sandler (1986).

[3328] Rosen, H.S. (2002), 475ss..

[3329] Tiebout, C.M. (1956), 416-424.

[3330] O *«zoning»* rígido, por forma a impedir efeitos dinâmicos. Por exemplo: uma pessoa quer ir para uma comunidade porque nela a densidade populacional não é muito elevada; mas, dada a perfeita mobilidade, quem impediria toda a gente de se deslocar para essa comunidade, destruindo assim o seu principal atractivo? Cfr. Fischel, W.A. (1985).

[3331] Alves, A.A. & J.M. Moreira (2004), 54-58.

[3332] Brock, W.A. & S.N. Durlauf (2002), 298; Brock, W.A. & S.N. Durlauf (2001), 235-260; Brock, W.A. & S.N. Durlauf (2001b), V, 3297-3380.

[3333] Sobre o «federalismo financeiro» no caso da União Europeia, cfr. Ascensão, J.P.R. (1996); Cornes, R.C. & E.C.D. Silva (2002), 329--356; Cunha, P.P. (2003), 17ss., 65ss.; Cunha, P.P. (2004, 2004b, 2004c).

[3334] Tiebout, C.M. (1956), 416-424; Pereira, P.T. (1991), 491-503; Araújo, F. (2002b), 217-218; Nabais, J.C. (2003), 495ss..

[3335] Contudo, isso coloca problemas de justiça, visto que os cidadãos mais pobres não apresentarão normalmente um mínimo de mobilidade para esses efeitos, além de sugerir que a descentralização talvez seja um luxo incomportável para países subdesenvolvidos. Cfr. Bardhan, P. (2002), 187ss..

[3336] Laffont, J. & D. Martimort (1999), 399-438.

[3337] Problemas de «externalidades *verticais*» que resultam da sobreposição dos tributos que visam financiar bens públicos mais e menos locais, mais e menos gerais, e problemas de «externalidades *horizontais*» que respeitam à mobilidade geográfica da base tributária, que pode deslocar-se em busca da melhor «combinação de bens públicos locais». Cfr. Keen, M.J. (1998), 454-485; Wilson, J.D. (1999), 269-304; Flowers, M.R. (1988), 67-77; Keen, M.J. & C. Kotsogiannis (2002), 363.

[3338] Algo de similar aos problemas do federalismo se verifica entre nós, com os problemas financeiros conexos com as Regiões Autónomas. Veja-se as sínteses em: Ferreira, E.P. (2001d), 135-149; Ferreira, E.P. (2002), 265-305; Martins, G.W.d'O. (2001), 1085-1122.

corrência e harmonização fiscal entre várias jurisdições (como sucede no espaço europeu)[3339].

Liga-se a isto a consideração de que, se a descentralização pode servir de «válvula de escape» para tensões políticas e culturais preexistentes[3340], em contrapartida há muito que a literatura sobre a descentralização económica[3341] nota que ela só faz sentido quando haja heterogeneidade de preferências entre os destinatários da política orçamental, e quando não ocorram externalidades entre os vários sectores que protagonizariam essa descentralização – pois havendo homogeneidade e externalização um governo central evitará a disparidade ou a subprodução na provisão de bens públicos locais, além de conseguir uma mais perfeita articulação com a provisão dos bens públicos não-locais, como as infra-estruturas de comunicações e transportes de âmbito nacional ou internacional, os problemas nacionais e internacionais de poluição, de gestão de recursos comuns, de saúde pública, etc.[3342]. Além disso, a descentralização é dissipadora de recursos, como tem sido analisado a propósito da disparidade entre transferências provindas da administração central e incrementos do rendimento das comunidades locais (o «flypaper effect»)[3343], o que em parte tem sido atribuído à heterogeneidade dos destinatários e às ineficiências da «escolha pública» em contextos de multipartidarismos imperfeitamente equilibrado[3344].

O «flypaper effect» designa uma bizarra disparidade entre resultados teoricamente previsíveis e a sua verificação empírica: nomeadamente, enquanto que seria de esperar que, a nível autárquico, o aumento das transferências orçamentais se traduzisse num correspondente aumento de despesas, o facto paradoxal é que se tem verificado estatisticamente que assim não sucede, e que a despesa aumenta apenas numa fracção da receita que permitiria cobri-la – o que se tem atribuído principalmente à vonta-

de burocrática de maximização de receitas, que leva a ocultar e não empregar abertamente todos os recursos obtidos, que ficam assim retidos (como uma mosca no «flypaper») – seja por forma a preservar-se a carga tributária junto dos particulares, seja para continuar a sustentar, junto do Governo, as pretensões ao aumento futuro das transferências orçamentais[3345/3346].

Este mesmo problema da articulação de planos entre os bens públicos locais e os bens públicos nacionais fica eloquentemente ilustrado a propósito da reacção muito mais espontaneamente coordenada à localização geográfica de actividades poluentes – à imposição de «males públicos locais» em favor de um bem público nacional: a localização de um aterro sanitário, de uma central de incineração de resíduos industriais, de uma central de energia. Casos em que se dirá que ocorre uma disputa negativa, o «Not In My Backyard» (NIMBY)[3347], um problema que suscita uma resistência espontânea local, dificilmente superável[3348], e que acaba por resultar numa descoordenação nacional – ao menos quando não se opta de início por posições de força[3349].

E o problema da articulação de planos entre bens públicos nacionais e internacionais, ou globais (ou até inter-geracionais), pode ser facilmente ilustrado pela forma como os países externalizam a poluição atmosférica uns sobre os outros e contribuem para problemas ambientais globais (para a degradação da camada de ozono, para o «efeito de estufa», para as alterações climatéricas)[3350], ou como continuam a externalizar negativamente para os países a jusante dos cursos de água (seja em termos de poluição, seja em termos de caudais)[3351], com tantas dificuldades, hesitações, avanços e recuos na coordenação internacional[3352] – tantas que os defensores da «economia do ambiente»[3353] começaram já a defender o «recentramento» de uma «Econo-

[3339] Cunha, P.P. (2001b), 507-517; Pereira, P.R. (2004).

[3340] Treisman, D. (1999), 488-517.

[3341] Por exemplo, Oates, W. (1972).

[3342] Tudo se complica ainda mais se considerarmos o impacto das assimetrias informativas nesta sede. Cfr. Laffont, J. & W. Zantman (2002), 407-428.

[3343] Tovmo, P. & T. Falch (2002), 153-170.

[3344] Roemer, J.E. & J. Silvestre (2002), 1-17.

[3345] Filimon, R., T. Romer & H. Rosenthal (1982), 51-70.

[3346] A questão do «flypaper effect» pode também colocar-se relativamente aos fluxos financeiros da União Europeia para os Estados. Sobre o tema, ver genericamente: Amador, O.M. (2001), II, 771ss..

[3347] Lomborg, B. (2001), 208; Rathje, W. & C. Murphy (1992), 109.

[3348] Frey, B.S. (2001), Cap. VI.

[3349] Banco Mundial (2003), 120.

[3350] Sigman, H. (2002), 1152.

[3351] Sigman, H. (2002), 1158.

[3352] Murdoch, J.C. & T. Sandler (1997), 331-349; Murdoch, J.C. & T. Sandler (1997b), 139-162; Murdoch, J.C., T. Sandler & K. Sargent (1997), 281-301.

[3353] Brent, R.J. (1997); Fisher, A.C. (1995); Folmer, H., H.L. Gabel & H. Opschoor (orgs.) (1995); Hartwick, J.M. & N.D. Olewiler (1986); Hodge, I. (1995); Tietenberg, T. (2000); Turner, R.K., D. Pearce & I. Bateman (1994).

mia Política Internacional» em valores ecocêntricos[3354], que defendam em primeira linha a sustentabilidade ambiental, *"o progresso que corresponde às necessidades do presente sem comprometer a capacidade das gerações futuras de satisfazerem as suas necessidades"*[3355] (tornando porventura ilegítima a invocação de «taxas *sociais* de desconto»[3356]), sem descurarem, no plano mais imediato, as condições de eficiência paretiana, a liberdade económica e a pluralidade de que se compõe a experiência dos povos[3357].

Um bem privado será, por contraste, aquele cujo uso não só é susceptível de exclusão eficiente como ainda é objecto de um uso exclusivo, de um uso que rivaliza com o uso por outros. É fácil excluir alguém do uso de um par de sapatos que seja nosso: salva a hipótese de violência, basta que não entreguemos esse par de sapatos a outrem, ou não os descalcemos se os trazemos calçados, sendo pois o ganho do uso directo muito superior aos custos da exclusão. Se o uso é exclusivo e não custa muito excluir, compreende-se que, por definição, o acesso ao uso de um bem privado seja eminentemente susceptível de negociação, e o uso de um tal bem seja o objecto adequado das trocas no mercado.

A combinação dos critérios de susceptibilidade de exclusão e de rivalidade ou exclusividade de uso permite-nos ainda definirmos dois outros tipos de bens:

– os *recursos comuns*, que não são susceptíveis de exclusão eficiente mas manifestam as características do uso rival ou exclusivo, como sejam, por exemplo, a maior parte dos recursos venatórios e piscícolas no seu estado natural. Não é possível abater duas vezes a mesma peça de caça nem consumir duas vezes o mesmo peixe, mas não existem modos tão eficientes de controlar o acesso a esses recursos que se possa esperar a formação espontânea de um mercado em relação a eles – dada até a dificuldade em reconhecer-se a legitimidade a alguém para titular o lado da *oferta* desses recursos –;
– os nossos já conhecidos *monopólios naturais*, nos quais existe susceptibilidade de exclusão eficiente do uso, mas não existe, ao menos em dimensão relevante, rivalidade no consumo, como sucede,

por exemplo, nas infraestruturas da rede telefónica fixa ou da rede de distribuição urbana da água. O titular dessas redes pode com toda a facilidade excluir um utente (e por isso a lei tão claramente impede qualquer exclusão permanente nos serviços públicos que envolvam monopólios naturais), e com a mesma facilidade pode admitir um novo utente sem perda sensível da qualidade do acesso à rede por parte dos demais utentes, e, no mínimo, com custos incomensuravelmente menores do que aqueles que adviriam de uma tentativa de criação de uma nova rede de distribuição exclusivamente dedicada a novos utentes. Um exemplo similar é o dos serviços de emergência, dos quais é possível com toda a facilidade excluir utentes, mas relativamente aos quais não há normalmente rivalidade no consumo, sendo insignificantes os custos marginais de alargar a protecção a novos utentes – não havendo, a maior parte do tempo, congestionamento no recurso aos serviços de emergência, pelo que eles podem encontrar-se de prevenção relativamente a números indiscriminados de pessoas –.

Deve notar-se que estas classificações não são estanques e não têm a ver, na maior parte dos casos, com características intrínsecas ou invariáveis dos bens e recursos, antes resultam frequentemente de circunstâncias eventuais relativas ao seu acesso e ao seu uso[3358].

– Assim, por exemplo, um festival de música realizado num parque aberto terá as características de um *bem público* nos dias em que actuarem bandas pouco populares, apresentando-se já como um *recurso comum* nos dias em que actuarem bandas muito populares e o congestionamento determinar que muitos fiquem muito afastados do palco e não possam ouvir a música em condições aceitáveis. Um concerto realizado por uma banda pouco popular num recinto fechado evidenciará necessariamente as características de um *monopólio natural*; e o concerto de uma banda muito popular realizado num recinto fechado equivalerá a um *bem privado*[3359].
– As estradas de acesso às grandes cidades, se não estiverem sujeitas a portagem, serão *bens públicos* fora das

---

[3354] Mies, M. & V. Bennholdt-Thomsen (2001), 997-1023.

[3355] Para usarmos a definição «clássica» da Comissão Brundtland, de 1987, podendo distinguir-se uma acepção «fraca» de sustentabilidade, que pressupõe a perfeita substituibilidade entre bens presentes e futuros, de uma acepção «forte» que coloca mais ênfase na não-renovabilidade e na insubstituibilidade de recursos actuais – uma dicotomia que se prende, por sua vez, com teorias sobre o crescimento económico. Cfr. Banco Mundial (2003), 14.

[3356] Barrett, C.B. (1996), 11-17; Brown, P.G. (1998), 11-21; Markandya, A. & D.W. Pearce (1991), 137-152.

[3357] Kaul, I., I. Grunberg & M.A. Stern (orgs.) (1999).

[3358] Note-se que por vezes se usam as expressões (pouco sugestivas) «bens públicos *impuros*» ou «bens semi-públicos» para designar aqueles bens que podem ter um elemento público mas estão, apesar disso, sujeitos a efeitos de congestão, a efeitos de rivalidade no consumo – ou, mais abstractamente, as situações em que a externalidade positiva é parcialmente internalizável de forma espontânea.

[3359] Veja-se a aplicação dos correspondentes corolários num modelo de congestão do acesso a um museu, em: Funari, S. & B. Viscolani (2002), 149-162.

horas de ponta, e às horas de ponta serão *recursos comuns*; mas se estiverem sujeitas a portagem, então serão *monopólios naturais* a horas mortas, passando a apresentar as características de *bens privados* nos momentos de congestionamento de trânsito.

Em absoluto rigor conceptual, um bem público *puro* seria aquele em relação ao qual, para além de se verificar a impossibilidade de exclusão, o custo marginal de proporcionar o seu gozo a mais um utente seria zero – condição que é difícil de verificar-se, já que mesmo em situações de muito pouco congestionamento no uso do bem é sempre possível apurar algum custo: cada pessoa que passa sob o candeeiro aumenta um pouco a sombra projectada no pavimento, cada automóvel que entra na estrada aumenta a probabilidade de congestionamento de tráfego ou o risco de acidente, etc.[3360].

Refira-se aqui de novo o nome de William Vickrey, para sublinhar que ele ficou especialmente associado ao esforço de definição de preços extra-mercado como base para a avaliação de custos e benefícios na produção de bens públicos, e para a gestão de recursos comuns – já que a falta de exclusividade e de rivalidade no consumo torna difícil a formação de preços que revelem as preferências e as disposições de pagar dos potenciais beneficiários. Foi Vickrey que chamou pioneiramente a atenção para o problema do «congestionamento», como via possível para o estabelecimento de preços que servissem como «taxas moderadoras» do acesso a recursos comuns, como contrapartidas ao uso não-congestionado do recurso comum – preços inferiores ao custo que representaria, para cada utente do recurso comum, a degradação do acesso resultante do congestionamento (exemplo: o estacionamento pago apenas durante o dia, e gratuito à noite). Isso serviria de alternativa ao esquema habitual de financiamento de obras públicas, que tendia a empolar o valor do investimento num momento inicial (até à cobertura dos custos da construção) e a subavaliá-lo posteriormente, gerando problemas de congestionamento. Em alternativa, o que Vickrey vinha sugerir era o estabelecimento de preços *exclusivamente* de acordo com os custos marginais, os custos de manutenção e sobretudo os custos de congestionamento, subalternizando os «*sunk costs*»[3361].

Muitas vezes deverá recorrer-se também à constatação mais pragmática de que uma mesma externalidade pode afectar terceiros de formas tão diversas como desigualmente importantes:

O exemplo clássico de um bem público, o farol, era tomado como especialmente representativo das características de não-exclusão – como é que um faroleiro conseguiria vedar a luz do farol aos navios que passassem ao alcance dessa luz? – e de não-rivalidade – em que é que a utilização da luz do farol por um navio interfere na utilização pelos demais? –. Todavia, o facto é que historicamente muitos faróis foram explorados privadamente, de forma rentável. Como? Identificando um beneficiário da externalidade positiva que podia ser permanentemente excluído, nomeadamente o porto mais próximo na rota marítima tornada segura pelo funcionamento do farol, porto esse ao qual era possível pedir uma contrapartida pelo não-encerramento do farol, uma quantia que, cobrindo as despesas do farol, fosse mesmo assim inferior à externalidade positiva provocada no porto – inferior, pois, ao prejuízo que o porto sofreria se a navegação fosse interrompida em consequência do encerramento do farol –.

Longe de ser um paradigma de bem público, o farol passa a ser encarado, pois, como um bem com uma natureza híbrida: ele é um *bem público* para os navios que passam ao seu alcance, mas tem as características de um *bem privado* para os proprietários de um porto que se encontre nas imediações do farol, permitindo até o reduzido número dos envolvidos nas transacções chegar ao resultado de uma provisão eficiente através de uma via puramente negocial[3362]. Fica demonstrado, assim, que uma mesma externalidade positiva afecta terceiros de formas diversas, podendo ser-lhe atribuída uma natureza diversa pelos respectivos beneficiários.

Os bens públicos e os recursos comuns partilham a característica de o respectivo uso não ser susceptível de uma exclusão eficiente, o que, por um lado, retira o incentivo à produção de bens públicos – pois não é possível fazer as pessoas participarem espontaneamente no financiamento da produção de um bem do qual não conseguem ser excluídas no caso de não pagarem – e, por outro lado, não coloca um travão à degradação dos recursos comuns – pois não é possível excluir do acesso a esses recursos aquele que, gerando externalidades

---

[3360] Em rigor, e como acabámos de ver, dir-se-á que existem bens públicos *impuros* em todas as situações em que a externalização positiva coexiste com alguma susceptibilidade de apropriação de benefícios pelo externalizador (alguma susceptibilidade de espontânea internalização). Cfr. Cavalletti, B. & R. Levaggi (2002), 41-63.

[3361] Afinal, é o que fazem, por exemplo, as linhas aéreas, que tendem a estabelecer as suas tarifas de acordo com uma equação que relaciona o número de lugares vazios com o tempo remanescente para o início do vôo, justificando-se que, à última hora, haja até leilões de bilhetes com bases de licitação muito baixas, sendo a ideia sempre a do preço aferido pelo custo marginal, a percepção de que a venda de um lugar no avião fará subir o preço dos lugares disponíveis remanescentes por forma a desencorajar, em uma unidade, a procura de lugares – evitando no limite a congestão por um equilíbrio entre *disposição de pagar* e subida de preços. Cfr. Vickrey, W.S. (1969), 251-260.

[3362] Coase, R.H. (1974), 357-376; Spulber, D.F. (org.) (2002).

negativas e lançando-as nesse recurso comum, repercute e espalha sobre todos os potenciais beneficiários desse recurso um custo que, no caso de haver exclusão eficiente, teria sido internalizado –. Em ambos os casos temos, pois, que a ausência de mercado ou a existência de elevados custos de transacção podem gerar resultados ineficientes – a ausência ou insuficiência de bens públicos, a degradação ou esgotamento de recursos comuns –, a reclamarem a intervenção rectificadora do Estado.

15 – e) – i) O problema da «boleia»

O problema essencial que determina a falha de produção dos bens públicos é o já referido «efeito de boleia», o facto de as características do bem público tornarem racional, para cada um, esperar pela respectiva produção pelos demais, para depois retirar benefícios da sua existência sem ter que suportar os custos correspondentes[3363]. Apesar de os benefícios totais poderem exceder em muito os custos totais, a falta de coordenação – novamente, por serem muito elevados os custos de transacção de uma via contratual que permitisse uma solução coordenadora – poderá impedir que o bem chegue a ser produzido, ficando todos prejudicados com isso. Do prisma de análise individual, o benefício total, por elevado que seja, dilui-se pelo número de beneficiários potenciais, enquanto que o custo total, por falta de um mercado no qual o bem possa ser oferecido *contra um preço*, pode vir a recair inteiramente sobre um só – pelo que a ponderação do custo com o benefício esperado desincentiva invariavelmente a iniciativa de produção individual[3364].

– Voltemos ao exemplo do candeeiro: uma pessoa, cansada de viver num trecho mal iluminado de uma rua, pode tomar a iniciativa de promover por ela mesma a colocação de um candeeiro que alumia a via pública (coloca-o, por exemplo, na varanda de sua casa); ela calcula aproximadamente que, só em termos de segurança pessoal e de segurança rodoviária, a presença do candeeiro é capaz de evitar danos num valor médio de 1000 Euros por ano – e isto só às 10 famílias que habitam na vizi-

nhança, sem contar com o transeunte ocasional. Como o candeeiro e a sua instalação custaram 500 Euros, e o dispêndio de energia é de 100 Euros por ano, ela propõe aos seus vizinhos repartirem as despesas, dado que o benefício está, por definição, repartido já: as despesas serão de 60 Euros por família no ano de instalação, e 10 Euros por ano nos anos subsequentes. Bem pode ela, todavia, tentar convencer os vizinhos de que eles irão pagar no futuro, em média, 10 Euros por um benefício que é de 100 Euros para cada um – porque o pensamento que assaltará o espírito destes será sempre *"E o que é que me acontece se eu não pagar? Nada! Continuo a retirar o mesmo benefício!"*. Porquê, com efeito, pagar 10 por um benefício de 100, se o mesmo benefício pode ser alcançado a troco de nada? Porquê, mais sugestivamente, pagar o bilhete... se podemos ir à boleia?

– Aquele que tenha a percepção do que irá suceder não tomará a iniciativa de custear a instalação do candeeiro – a menos que seja movido por um perfeito altruísmo ou por um absoluto desprezo pelos vizinhos e pela consideração do benefício que o candeeiro externalizará sobre eles –, e esperará antes que outro o faça: com o resultado de que, se todos agirem em perfeita racionalidade, o candeeiro não será instalado, e todos ficarão expostos a um custo médio de 100 Euros por família e por ano (a sua quota-parte no custo dos danos prováveis), um custo dez vezes superior àquele em que incorreriam para a manutenção da iluminação pública –. Em suma, porque a externalidade positiva excede em muito o benefício privado de uma iniciativa dessas, e a internalização dessa externalidade positiva não é viável por qualquer meio óbvio, essa mesma iniciativa deixa de ocorrer, ficando-se muito aquém daquilo que poderia ser uma medida de optimização do bem-estar social.

Este problema da «boleia» (*«free-riding»*) foi inicialmente equacionado por uma observação de Mancur Olson, em *The Logic of Collective Action*, uma observação que visava nada menos do que questionar um dos pressupostos da ideologia democrática, a ideia de que a consciência do benefício colectivo determinará a formação espontânea de grupos coordenados que agem para a obtenção desse benefício: nada disso, observou Mancur Olson, só se o grupo for muito pequeno ou

---

[3363] Araújo, F. (2001c), 262ss..

[3364] Em termos de eficiência, a produção de um bem público deve ser expandida até se chegar ao nível em que a avaliação marginal agregada (o somatório das disposições individuais de pagar) iguala o custo marginal. Note-se contudo que as características de um bem público fazem com que todos o consumam na mesma quantidade, independentemente do preço que estejam dispostos a pagar por ele. É a situação oposta, simétrica, da dos bens privados, nos quais o preço é dado e o consumidor atomístico apenas decide as quantidades a consumir – sendo, pois, que nos bens privados, decidida uma quantidade produzida, ela é a mesma para todos os consumidores, e estes apenas podem variar as quantidades consumidas rateando-as em função da disposição de pagar de cada um. Por seu lado, muitos pseudo-«bens públicos» resultam do facto de algumas noções colectivas de justiça reclamarem a acessibilidade irrestrita a alguns bens, aquilo que tem sido por vezes designado como *«commodity egalitarianism»*, podendo dar-se como exemplo paradigmático o acesso a serviços de saúde mínimos (uma temática próxima, pois, da dos «bens de mérito»). Cfr. Tobin, J. (1970), 263-277; Rosen, H.S. (2002), 60-61.

houver coerção é que isso poderá suceder, pois em todos os outros casos *ninguém* que seja egoísta e racional contribuirá para a obtenção desse benefício colectivo, para a produção desse bem público[3365] – aquilo que ficou conhecido pela «tese da contribuição zero», e que na sua radicalidade escamoteava vários casos facilmente observáveis de organização espontânea em prol de um bem comum (a maioria das pessoas organizam espontaneamente instituições que apoiam os mercados, coordenam-se contratualmente para gerirem o risco em termos de mutualidade, dão origem a associações privadas que promovem o bem-estar e a sustentabilidade ambiental, que combatem a pobreza, que protegem os trabalhadores ou os consumidores, etc.)[3366].

Em todo o caso, o «efeito de boleia» – que, recapitulando, se definirá como a tendência para obter benefícios à custa da disposição de pagar dos outros, por exemplo através da falsificação das declarações de preferências[3367], em termos que seriam impossíveis com o auto-policiamento dos preços competitivos dos bens privados[3368] – é um problema sério, e ele explica a subprodução privada de bens públicos, dado o parasitismo que constitui estratégia dominante em jogos não-cooperativos[3369]. Ainda que haja efectivamente casos notórios e experimentalmente comprováveis de cooperação activa[3370], a tendência para a não-cooperação e para a «boleia» é especialmente vincada e prevalecente, seja em interacções de um só lance, seja nos lances finais de um jogo repetido[3371], seja interna seja internacionalmente – como é bem nítido nas atitudes de «*beggar thy neighbor*» que se multiplicam na promoção e conservação de bens públicos globais, como muitos bens ambientais[3372/3373].

A teoria económica tem-se debatido com inúmeras dificuldades para configurar mecanismos de compatibilização de incentivos que assegurem a provisão eficiente de bens públicos, isto é, aquela que corresponda a um «óptimo de Pareto»[3374], e isso fundamentalmente porque as soluções primam geralmente por excesso de sofisticação[3375] – numa boa confirmação da tendência irrealista que por vezes acomete os teóricos, e que raramente tem resistido aos testes experimentais[3376] –, ou porque lhes falta o apoio num sistema punitivo verdadeiramente eficaz[3377]. Alguns têm proposto um jogo de subsidiação cruzada[3378], outros tentam esquematizar um balanço ideal de impostos e subsídios[3379/3380], outros tentam delinear formas que evidenciem a cada participante o peso relativo da sua contribuição, através das já correntes dedutibilidades de despesas para efeitos fiscais (por forma a erradicar a «aversão ao não--tuísmo», vencer a descoordenação e até a «racionalidade limitada» e poder chegar-se a uma provisão de bens públicos correspondente a um «equilíbrio de Nash»[3381]). Mais recentemente, a racionalidade limitada, e até alguma aleatoriedade na distribuição das preferências entre os envolvidos na produção privada de bens públicos, têm sido objecto de especial atenção[3382].

A «falha de mercado» que se revela na incapacidade de produção privada *eficiente* de bens públicos tem também chamado a atenção para os mecanismos compensadores daquilo que se pode designar como «cultura social», o conjunto das normas de conduta jurídicas e éticas que tentam vencer a inércia e o parasitismo por forma a assegurar a provisão privada de bens públicos – uma provisão não-espontânea, decerto, mas mesmo assim um passo prévio ao último recurso da provisão

---

[3365] Olson, M. (1965), 2.

[3366] Ostrom, E. (2000), 137-138.

[3367] Kemp, S. (2002).

[3368] Samuelson, P.A. (1954), 389; Rosen, H.S. (2002), 63.

[3369] Bergstrom, T.C., L. Blume & H.R. Varian (1986), 25-49; Cornes, R.C. & T. Sandler (1986).

[3370] Dawes, R.M. & R.H. Thaler (1988), 187-197; Davis, D.D. & C.A. Holt (orgs.) (1993); Ledyard, J.O. (1995), 111-194.

[3371] Isaac, R.M., J.M. Walker & S.H. Thomas (1984), 113-149; Ledyard, J.O. (1995), 111-194.

[3372] List, J.A., E.H. Bulte & J.F. Shogren (2002), 303-315.

[3373] Outro caso exemplar de divergência entre perspectiva privada e pública é a da transmissão de doenças contagiosas – caso em que o interesse particular na privacidade entra em conflito com os interesses da saúde pública, desenvolvendo-se dois planos distintos, e potencialmente conflituantes, de escolhas racionais. Cfr. Philipson, T.J. & R.A. Posner (1993).

[3374] Clarke, E.H. (1971), 17-33; Groves, T. (1973), 617-631; Groves, T. & J. Ledyard (1977), 783-809; Green, J.R. & J.-J. Laffont (1979).

[3375] Laffont, J.-J. (1987), 567.

[3376] Smith, V.L. (1979), 59-168; Smith, V.L. (1979b), 198-215; Smith, V.L. (1980), 584-599; Harstad, R.M. & M. Marrese (1981), 129-151; Harstad, R.M. & M. Marrese (1982), 367-383.

[3377] Plott, C.R. (1996), 225-250; Bagnoli, M., S. Ben-David & M. McKee (1992), 85-106.

[3378] Varian, H.R. (1994), 165-186; Bagnoli, M. & B. Lipman (1989), 583-601.

[3379] Andreoni, J. & T.C. Bergstrom (1996), 295-308.

[3380] Ainda que se defrontem com o problema da revelação de preferências individuais, o mesmo que tem levado à ponderação das vantagens da «capitação» na fiscalidade. Cfr. Warr, P.G. (1982), 131-138; Warr, P.G. (1983), 207-211; Bernheim, B.D. (1986), 789-793.

[3381] Falkinger, J. (1994), 358-371; Falkinger, J. (1996), 413-422; Falkinger, J., E. Fehr, S. Gächter & R. Winter-Ebmer (2000), 247-249.

[3382] Chen, Y. & C.R. Plott (1996), 335-364; Andreoni, J. (1995), 891-904; Palfrey, T.R. & J.E. Prisbrey (1997), 829-846.

pública dos bens públicos[3383]. Entre os efeitos dessa «cultura social», poderão eventualmente destacar-se o incremento da percepção da relevância privada ou local de um bem público, e também a sinalização do acatamento (se a reacção à inércia for tipificada, cada pessoa que contribui detecta a baixo custo as «boleias»)[3384].

O facto é que todos podemos, com toda a facilidade, detectar à nossa volta essas expressões não-tuístas de aversão a ser-se o ingénuo, o «trouxa» que traz os outros à boleia, o hospedeiro do parasitismo generalizado – o que aliás pode ser simetricamente comprovado pela severidade com que aqueles que voluntariamente cooperam em prol do benefício comum estão dispostos a punir o parasitismo, uma severidade que é custosa e pode não trazer sequer qualquer benefício directo para quem pune, uma severidade que pode ir-se agudizando à medida que se prolonga o «jogo com aprendizagem» e se multiplicam os lances de colaboração na produção de bens públicos: a severidade dos grevistas contra os «fura-greves»[3385], a severidade de quem está numa fila contra quem tenta passar à frente, de quem acata normas contra os que oportunisticamente as violam[3386], e até, numa pura estratégia egoísta, a severidade contra aqueles que antecipam uma estratégia que todos reservavam para os últimos lances de um jogo, frustrando a surpresa com que todos pretendiam assumir uma atitude predatória final[3387]: uma severidade que não seria de esperar em puras motivações altruístas, ou melhor, no altruísmo *puro* («*warmglow altruism*») que não busca reciprocidade e não se importa de resvalar em alvo «tuísta» do parasitismo alheio – mas já de esperar em todas as outras formas mais comuns e «relacionais» de altruísmo[3388].

Em suma, é extremamente difícil, e por vezes impossível, activar um qualquer «mecanismo de revelação» que, ultrapassando o impulso (racional) no sentido do parasitismo e da apatia descoordenada, torne claro quanto é que cada um dos actuais ou potenciais beneficiários do bem público está (ou estaria) *disposto a pagar* (ou disposto a suportar, ou a aceitar) pela produção daquele bem – e isto por mais que as instituições e normas sociais contrabalancem aquele impulso, por mais que as «redes de influências» procurem dissipar os motivos de impasse e criar nos cooperantes a convicção da igualdade e da generalidade das suas condutas[3389]. É que convém ter presente que, ao contrário do que sucede com os bens privados – que no mercado tendem a ser apresentados aos consumidores atomísticos a um preço de equilíbrio, preço ao qual os consumidores escolhem quantidades[3390] –, a produção pública de bens públicos tende a habituar os respectivos consumidores a acederem a quantidades fixas, exogenamente determinadas (facto que também explica algumas particularidades na elasticidade da «disposição de pagar» e na «disposição de aceitar» bens públicos)[3391].

Contudo, todos podemos constatar que é possível, apesar de tudo, cooperação na produção privada de bens públicos[3392], embora não seja menos certo que sucessivas experiências de parasitismo tendem a desencorajar totalmente o voluntariado[3393], porventura por frustração das motivações de altruísmo e de reciprocidade[3394], ou porventura por superação de confusões, excessos de optimismo[3395] e ingenuidades iniciais[3396/3397]. Muito do parasitismo resulta de assimetria e incompletude informativa, pelo que muitas vezes os impasses só podem ser quebrados no pressuposto de que existe já uma «rede de coligações» que assegura informação suficiente sobre a disposição de cooperar e sobre o esforço efectivamente aplicado[3398] – ou pela

[3383] Fang, H. (2001), 924.

[3384] Fang, H. (2001), 933.

[3385] Francis, H. (1985), 267-271.

[3386] Roethlisberger, F.J. & W.J. Dickson (1947).

[3387] Fehr, E. & S. Gächter (2001), 980-981; Ostrom, E., J. Walker & R. Gardner (1992), 404-417; Hirshleifer, D. & E. Rasmusen (1989), 87-106.

[3388] Fehr, E. & S. Gächter (2001), 993; Andreoni, J. (1990), 464-477.

[3389] Güth, W. & H. Kliemt (2002), 179-184.

[3390] Willig, R.D. (1976), 589-597.

[3391] Amiran, E.Y. & D.A. Hagen (2003), 458-463; Hanemann, W.M. (1991), 635-647; Randall, A. & J.R. Stoll (1980), 449-457; Hanemann, W.M. (2003), 464.

[3392] Ledyard, J.O. (1995), 111-194.

[3393] Davis, D.D. & C.A. Holt (orgs.) (1993); Ledyard, J.O. & T.R. Palfrey (2002), 153-171.

[3394] Andreoni, J. (1995), 892.

[3395] O mesmo excesso de optimismo que leva as partes a sobrestimarem as suas hipóteses de sucesso na litigância judicial. Cfr. Loewenstein, G., S. Issacharoff, C. Camerer & L. Babcock (1993), 135-159; Babcock, L., G. Loewenstein, S. Issacharoff & C. Camerer (1995), 1337--1343; Babcock, L. & G. Loewenstein (1997), 109-126.

[3396] Andreoni, J. (1990), 464-477; Houser, D. & R. Kurzban (2002), 1062-1067.

[3397] De certo, as mesmas «anomalias comportamentais» que vimos já desviarem-se do cânone da racionalidade egoísta no «Jogo do Ultimato». Cfr. ainda: Babcock, L., X. Wang & G. Loewenstein (1996), 1-19; Kahneman, D., J.L. Knetsch & R.H. Thaler (1986), 285-300; Forsythe, R., J.L. Horowitz, N.E. Savin & M. Sefton (1994), 347-369; Sefton, M. (1992), 263-276.

[3398] Ray, D. & R. Vohra (2001), 1355-1384.

mais sombria alternativa do «ditador benevolente», ou do «soberano solícito e generoso»[3399]. Mais ainda, pode mesmo sustentar-se que tem havido demasiado empolamento quanto à relevância prática deste problema do «free-riding», ou das subjacentes dificuldades de revelação de preferências, como se depreende do facto de sempre ter havido exemplos de provisão privada de bens públicos, e pseudo-«bens públicos»[3400] – revelando a experimentação económica que tipicamente costumam coexistir «efeitos de boleia» com demonstrações de generosidade colectiva[3401].

A eficiência de que pode revestir-se a intervenção pública em situações de parasitismo torna-se muito evidente: tributa-se todos na quantia correspondente à quota-parte de cada um no financiamento do bem público – sem negociação, logo sem custos de transacção – e promove-se a produção desse bem, com o resultante aumento mais do que proporcional do benefício individual e colectivo. É uma imposição, decerto: mas é a forma de evitar que, conduzidas pela sua própria racionalidade, as pessoas caiam vítimas do efeito de boleia e se descoordenem, prejudicando-se a si mesmas com o seu egoísmo e a sua passividade expectante e pseudo-parasitária[3402]. Contudo, não podemos subestimar a eficácia das normas sociais espontâneas que reprimem o parasitismo e a não-cooperação, nem podemos descurar os efeitos pró-parasitários da intervenção estadual, que tende a gerar, com muita rapidez, a habituação e a dependência, perpetuando ambientes de apatia expectante nos quais tudo se reclama do Estado e nada se faz[3403/3404].

– Para variarmos do exemplo do candeeiro: se um economista consegue formular uma nova lei económica e ela é empiricamente validada, ela ingressará assaz rapidamente no património comum da ciência económica, seja porque o economista tem a motivação de publicitar a sua descoberta – imaginemos que ele está a investir no seu prestígio de investigador junto dos seus pares –, seja porque, uma vez divulgada a descoberta, ela ganha as características de bem público, não se concebendo uma forma eficiente de excluir alguém do uso dessa nova informação, nem se entrevendo qualquer rivalidade nesse uso por parte de todos os demais economistas. Aliás, tratando-se de um acréscimo a um conhecimento de ordem geral e não de um conhecimento tecnológico específico, não se concebe sequer como possível que haja um mecanismo de exclusão como aqueles que são conferidos através de propriedade intelectual e da propriedade industrial[3405].

– Não havendo, pois, forma de internalizar os benefícios sociais dessa descoberta, compreende-se que falte ao economista tanto estímulo económico directo para a sua investigação, quanto o estímulo que lhe sobra para ir à boleia da investigação científica dos outros, e que por isso tenda a haver sub-investimento na investigação económica – uma consequência que associámos já à presença de externalidades positivas –, requerendo-se investimento público nesse sector para que a investigação seja financiada independentemente dos efeitos privadamente desincentivadores que decorrem da externalização sobre um bem público.

– E o que dizer do bem público *local* que é a reputação académica e científica de uma escola – na qual tão frequentemente se assiste que uns poucos trabalham e se esforçam por que aquela reputação se forme ou se mantenha, e os demais «aproveitam a boleia» daquele esforço não apropriável individualmente? As características de bem público da reputação académica são, pois, um constante desincentivo ao esforço de que se alimenta essa reputação. Alcançada essa reputação, quantos não são os que acham tentador «dormir à sombra dos louros», confiando na solidez dos pergaminhos da escola, e quantos esforços não tem essa escola de desenvolver no sentido de desencorajar o oportunismo e o parasitismo indolente, no sentido de manter o nível óptimo de «produção académica»[3406] – sem reduzi-lo a mera «sinalização» na concorrência monopolística entre escolas? [3407]

Em contrapartida, compreende-se que, se a presença de um bem público tende a ser usada para justificar uma intervenção estadual (substituindo-se a qualquer hipótese de produção privada desse mesmo bem público), exista não só a tentação de muitos «*rent-seekers*» no sentido de multiplicarem as invocações de existência de bens públicos nas actividades para as quais pretendem recla-

---

[3399] Konow, J. (2000), 1088-1090; Bolton, G.E., E. Katok & R. Zwick (1998), 269-299; Hoffman, E., K. McCabe & V. Smith (1996), 653--660; Hoffman, E., K. McCabe & V. Smith (1998), 335-352; Cason, T.N. & V.-L. Mui (1997), 1465-1483.

[3400] Coase, R.H. (1974), 357-376; Johansen, L. (1977), 147.

[3401] Palfrey, T.R. & J.E. Prisbrey (1997), 829-846; Rosen, H.S. (2002), 64-65.

[3402] Sobre o papel da tributação na promoção do nível eficiente e justo de participação na produção privada de bens públicos, cfr. Itaya, J., D. de Meza & G.D. Myles (2002), 273-297.

[3403] Montgomery, M.R. & R. Bean (1999), 403-437; Ostrom, E. (1990).

[3404] Mais amplamente, vejam-se as interessantes reflexões em: Hughes, R. (1993).

[3405] Rushton, M. (2001), 243-257.

[3406] Marks, D. (2002), 145-163.

[3407] Brewer, D.J., S.M. Gates & C.A. Goldman (2002).

mar aquela intervenção estadual[3408], tentação tanto maior quanto mais desconcentrada estiver a sede do poder[3409], mas também que o conceito de bem público vá alastrando para lá das fronteiras da sua fundamentação económica, por ir abarcando aquilo que poderão ser, quando muito, *bens de mérito*: a saúde, a educação, a habitação social, muitas da obras públicas[3410/3411].

Com efeito, é de esperar um sub-investimento privado em capital humano, seja pelas falhas no mercado de capitais que não tornam irrestritamente acessíveis os fundos para o investimento privado em educação – contribuindo a assimetria informativa e a aversão ao risco para a ocorrência de racionamento de crédito –, seja pela presença de externalidades positivas que geram «efeitos de boleia»: por que haveriam os casais sem filhos de financiar a educação dos filhos dos outros, mesmo sabendo que acabariam por

retirar benefícios sociais dessa educação? poderá alguém ser excluído dos benefícios sociais da educação só porque se recusou a participar do respectivo financiamento? pode um licenciado numa Universidade pública, que paga propinas baixas, ser prejudicado no futuro «diferencial remuneratório» por comparação com um licenciado numa Universidade privada, que paga propinas elevadas e por isso mais investe privadamente na sua própria educação?[3412]

Os verdadeiros bens públicos são, recordemo-lo, casos extremos de externalidades positivas. Na ausência de um poder coercivo que obrigue os beneficiários ao financiamento partilhado desses bens, poderemos ainda admitir que um certo nível de bens públicos fosse, apesar de tudo, espontânea e privadamente produzido – mas não o nível que todos se representariam como o compatível com o óptimo de bem-estar social.

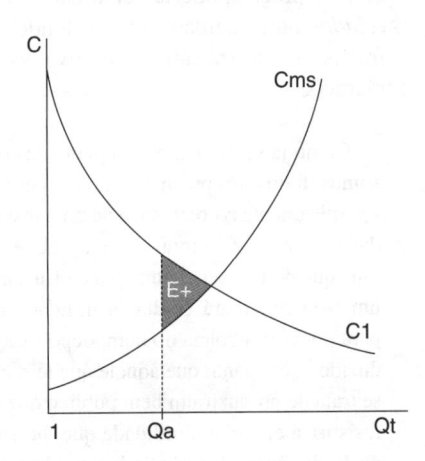 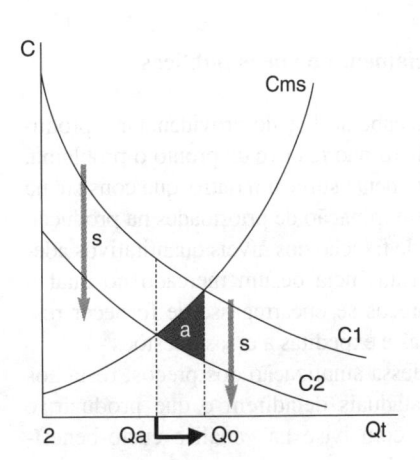

Gráfico 15.19. *Subsídio e provisão socialmente óptima de educação*

1: Externalização positiva na educação
2: Efeito dos subsídios à educação
C: custos
Qt: quantidades
Cms: custo marginal social
C1: custo marginal privado
C2: custo marginal privado, diminuído com o subsídio
E+: externalidade positiva

s: subsídio
Qa: quantidade sub-óptima, de subprodução e externalização positiva (os benefícios sociais ultrapassam os custos privados)
Qo: quantidade óptima de produção (marginalmente, os custos privados equivalem aos benefícios sociais)
a: internalização privada dos benefícios sociais (eliminação das externalidades positivas)

[3408] Muito do charlatanismo e do sensacionalismo que cercam as ciências são estratégias de «*rent-seeking*», de empolamento dos problemas e de alarmismo – de modo a sugerirem que a resolução desses problemas «gravíssimos» é uma externalidade positiva que integra já o conceito-limite de «bem público».

[3409] Como é evidente, a predação será tanto mais fácil quanto menos coordenação existir, e esta pode ser rapida e eficientemente incrementada pela presença de um «déspota benevolente»; mas também é verdade que essa solução aumenta o risco de perversão *absoluta*, da hipótese do «déspota malevolente» que seja ele próprio predador. Cfr. Grossman, H.I. (2002), 31-46.

[3410] Lockard, A.A. & G. Tullock (orgs.) (2001).

[3411] Quanto à correspondência desse resultado com o modelo de equilíbrios múltiplos numa concorrência entre «captadores de renda» que pretendem estabelecer normas de perpetuação dos seus privilégios, cfr. Casas-Pardo, J. & J.D. Montoro-Pons (2001), 237-253.

[3412] Hoxby, C.M. (1996), 54ss..

Por outro lado, não podemos esquecer que a falta de mercado para os bens públicos «puros» impossibilita uma comparação directa dos interesses e valores em presença, ao menos como aquela que objectiva e automaticamente é propiciada pelo mecanismo dos preços nos mercados concorrenciais. Por isso, a «negociação» pelos bens públicos e respectivo financiamento envolve a ponderação de questões de justiça, de igualdade vertical e horizontal, seja, como vimos, quando se trata de produzi-los estadualmente e é preciso encontrar financiamento através dos impostos, seja mesmo quando a produção pode ser privada mas há que vencer o impasse da coordenação entre agentes egoístas[3413] assegurando aos voluntários a inexistência de parasitismo[3414].

Parece-nos ser oportuno lembrar aqui uma das «dez ideias para reflectir»: numa economia livre, a eficiência baseia-se num equilíbrio entre interdependência individual e responsabilidade colectiva.

15 – f) O financiamento de bens públicos

Aceitar-se que cabe ao Estado providenciar a produção de bens públicos não resolve de pronto o problema, dado que imediatamente surge um outro, que consiste na dificuldade de determinação de prioridades na produção daqueles bens, e de fixação dos níveis quantitativos adequados – dada a ausência de um mercado no qual o mecanismo de preços se encarregasse de fornecer respostas automáticas e expeditas a essas questões –.

Na ausência dessa sinalização dos preços, resta aos planificadores estaduais decidirem o que produzir, e quanto produzir, com base na «análise custo-benefício», ou seja, com base numa comparação de estimativas de custo total que uma determinada decisão comporta para uma sociedade, com os ganhos totais que essa decisão traz para os potenciais utentes do bem ou serviço que venha a resultar dessa decisão. Dessa análise deriva uma técnica conhecida como a dos «preços-sombra», preços não-pecuniários que correspondam a uma avaliação de custos e benefícios num contexto em que não há preços espontaneamente fornecidos pelo mercado[3415]; em termos mais técnicos, «preço-sombra» é o custo marginal social que subjaz ao preço que efectivamente possa registar-se no mercado, dadas as imperfeições desse mercado[3416].

Se se trata de decidir a produção de um bem público, compreende-se a extrema dificuldade que há em determinar os valores em presença: é que esse bem vai ser fornecido gratuitamente a todos os potenciais utentes, pelo que não haverá um preço através do qual possa modular-se ou aferir-se níveis de oferta e de procura – especificamente, não existe nenhum padrão pelo qual se determine com algum rigor e objectividade o grau de disposição de pagar pelo bem, e portanto o valor individual que lhe confere cada utente, ou o valor social que resulte da agregação dessas avaliações particulares.

Na ausência do mecanismo de preços, poderia pensar-se no recurso a um inquérito junto de todos os potenciais interessados na decisão de produzir, ou deixar de produzir, um bem público: mas esse inquérito, a que tantas vezes se recorre mesmo assim, enferma de um vício, que é o de as pessoas não serem penalizadas pelas suas preferências *declaradas* – enquanto que uma subida de preços poderia penalizar as suas preferências *reveladas* num mercado real –, tendo por isso poucos entraves ou desincentivos à *insinceridade* das suas declarações.

Como já sublinhámos, no plano das puras *declarações* somos todos irrepreensivelmente bem intencionados e «politicamente correctos», e de uma insuperável generosidade «da boca para fora». Já aquele que, interrogado, imagina que poderá ser chamado a co-financiar a produção de um bem procurará ocultar a utilidade que lhe atribui – para poder ir à boleia do bem, depois de este ter sido produzido –, enquanto que aquele que tem já a certeza de que se trata de produzir um bem público que o beneficiará não resistirá a empolar a utilidade que lhe atribui, não havendo limite às declarações adversas por parte daquele que julga que o bem público o prejudicará. Se essa oposição à produção do bem devesse traduzir-se numa efectiva disposição de pagar, quer fosse a disposição de pagar uma compensação pela não produção do bem àqueles que teriam sido beneficiados por ele, quer fosse a disposição de pagar por um bem alternativo àquele que deixou de ser produzido, muito do radicalismo contestatário esmoreceria, e regressar-se-ia à posição conciliadora e negociadora que necessariamente prevalece nas trocas em mercado. É tão fácil ser-se contestatário, e arvorar-se a pose idealista, quando são outros que têm que suportar os custos *reais* do sucesso da contestação!

[3413] Güth, W., R. Schmittberger & B. Schwarze (1982), 367-388; Roth, A.E., V. Prasnikar, M. Okuno-Fujiwara & S. Zamir (1991), 1068--1095.

[3414] A chamada *«fairness hypothesis»*: cfr. Bolton, G.E. (1991), 1096-1136; Forsythe, R., J.L. Horowitz, N.E. Savin & M. Sefton (1994), 347-369; Konow, J. (2000), 1072.

[3415] Boeri, T. (1990).

[3416] Rosen, H.S. (2002), 231.

Como se isso não bastasse, ocorrem outras dificuldades adicionais, entre as quais destacaríamos a que decorre do facto de muitos dos valores que devem ser salvaguardados através de bens e serviços públicos, muitos dos benefícios que há que considerar, não serem susceptíveis de contabilização fácil, ao menos tão fácil como o são os custos imediatos:

– por exemplo, custa 10 milhões de Euros manter em estado de perfeita conservação um qualquer Parque Natural – mas quanto é que vale o que nele é preservado (paisagem, reserva de biodiversidade, espaço de lazer, etc.)?

– noutro exemplo, um investimento de mil milhões de Euros permitirá prolongar por mais 20 anos, em média e com uma probabilidade de 50%, a vida de cem pessoas que padecem de uma doença rara, mas esses mil milhões de Euros têm que ser retirados de uma outra investigação médica na qual existe a esperança – mas nenhuma probabilidade calculável – de próxima descoberta de cura para uma doença que afecta milhões e retira um mês à esperança média de vida da população: neste caso, como calcular, em primeiro lugar, o valor económico de uma vida, em segundo lugar como ponderar um situação de probabilidade com uma situação em que a *probabilidade* não pode sequer ser calculada, mas em que a *possibilidade* subsiste, e por fim como ponderar, dentro deste enquadramento, um mês de vida de milhões de pessoas com uma probabilidade de 50% de prolongamento de 20 anos de vida para cem pessoas identificadas?

Ficando assim mais facilmente refém de atitudes puramente declarativas nas quais a insinceridade permanece impune, e de algumas técnicas de revelação de preferências em que predominam muitas vezes opções arbitrárias daqueles que promovem a análise – por exemplo, o recurso a «preços hedónicos», que já referimos –, a acrescer à fundamental incomensurabilidade de muitos dos valores em presença, compreende-se que a «análise custo-benefício» seja um instrumento muito falível, fragilizando através dela a própria provisão eficiente de bens públicos.

Dentro dessas limitações, muito frequentemente a aprovação de um projecto público dependerá do facto de a análise custo-benefício apontar, ou não, para a possibilidade de aplicação de um critério «Kaldor-Hicks» (proposto pelos economistas Nicholas Kaldor[3417] e John Hicks[3418]), também designado de critério «Pareto potencial»[3419], ou seja, a possibilidade de princípio de, em caso de necessidade, os beneficiários do projecto indemnizarem os prejudicados com ele[3420] – o que equivale a dizer que a análise custo-benefício determinará, em tais casos, que os ganhos advindos do projecto excedem inequivocamente os prejuízos, mesmo que não venha a ter lugar a indemnização efectiva que seria reclamada pelo critério do «óptimo paretiano» (o que permite desligar as considerações de *pura eficiência* das questões de *efectiva justiça*, tornando-se analiticamente mais interessante mas politicamente mais insustentável[3421])[3422].

– Lembremos que a opção pelo uso do padrão «paretiano» resulta das dificuldades conexas com a comparabilidade e «cardinalidade» dos estados individuais de utilidade, a dificuldade de fazer derivar deles uma medida *agregada* – ainda que no seio da própria abordagem paretiana subsistam formulações do velho utilitarismo[3423].

– Por sua vez, é a dificuldade de produzir perfeitos ordenamentos de preferências a partir do «óptimo de Pareto» que faz surgir sucedâneos sujeitos à ideia geral de um «Princípio de Compensação», como o «Critério Kaldor-Hicks»[3424]; e, de facto, dados experimentais revelam que raramente se forma um consenso unânime, e uma correspondente cooperação, em torno daquilo que socialmente se poderia tomar pelo «óptimo»[3425], mesmo quando esse resultado é favorecido pela negociação, pelo que as exigências de unanimidade ínsitas no puro padrão «paretiano» podem ser sobremaneira impraticáveis[3426].

[3417] Kaldor, N. (1939), 549-552 – reconhecendo-se alguma prioridade a: Hotelling, H. (1938), 242-269.

[3418] Hicks, J.R. (1939), 696-712; Puttaswamaiah, K. (org.) (2001).

[3419] Pareto, V. (1971); Santos, J.C. (1993), 95ss..

[3420] Numa ambiciosa variante proposta por Richard Zerbe, «bem económico» passa a ser tudo aquilo por que alguém está disposto a pagar algo – tornando a análise custo-benefício no instrumento analítico básico da ciência económica. Mais especificamente, a própria adopção do critério de «Pareto actual» ou do critério «Pareto potencial» («Kaldor-Hicks») deveria ser sujeita a um meta-critério «Kaldor-Hicks», devendo auscultar-se a disposição maioritária da população quanto à sua disposição de colocar um ou outro na presidência da aferição dos projectos de produção de bens públicos – remetendo-se para uma decisão política, pois, a promoção ou despromoção do objectivo da «maximização de bem-estar» como a meta última da actividade económica colectiva. Cfr. Zerbe Jr., R.O. (2001).

[3421] Forçando os proponentes a adoptarem uma atitude defensiva desde o início: cfr. Hicks, J.R. (1941), 108-116.

[3422] Rosen, H.S. (2002), 239.

[3423] Harsanyi, J.C. (1955), 309-321.

[3424] Kaldor, N. (1939), 549-551; Hicks, J.R. (1940), 105-124; Scitovsky, T. (1941), 77-88; Samuelson, P.A. (1950), 1-29.

[3425] Ledyard, J.O. (1995), 111-194; Roth, A.E. (1995), 3-109.

[3426] Andreoni, J. & J.H. Miller (2002), 737-753; Burrows, P. & G. Loomes (1994), 201-221; Charness, G. & B. Grosskopf (2001), 301-328; Charness, G. & M. Rabin (2002), 817-869; Hoffman, E. & M.L. Spitzer (1985), 259-297; Kritikos, A. & F. Bolle (2001), 333-338.

Diríamos em suma, quanto a este último ponto, que a «análise custo-benefício» é um requisito crucial para a avaliação dos projectos colectivos, mormente quando eles envolvem valores extra-mercado e a produção de bens públicos, ainda que se revele problemática a definição do que seja a maximização dos benefícios líquidos, em especial quando não existem outras balizas para a escolha pública do que as preferências particulares, declaradas ou reveladas, e quando estas se encontram envolvidas em contextos de elevada relevância do risco e das taxas de desconto[3427]. Mas diríamos também que a mesma «análise custo-benefício» se envolve em ambiguidades quanto à prioridade de considerações de justiça – tanto a justiça da distribuição dos custos como da repartição dos benefícios – quando as remete para o plano de meras «potencialidades», como o faz ao adoptar o critério Kaldor-Hicks; e que, ao prestar atenção exclusivamente a «preferências», a «análise custo-benefício» quase se inutiliza como auxiliar de uma reponderação política dos fins colectivos, quase se põe de fora do processo de evolução histórica e cultural que condiciona as preferências que ela pretende servir tão mecanica e acriticamente[3428].

Por outras palavras, diremos que a análise custo-benefício é uma imposição de realismo à política económica – obrigando à ponderação dos custos inerentes à obtenção até da mais óbvia das vantagens. Se tomarmos para exemplo a gestão social de riscos, reafectar recursos da prevenção de riscos que implicam elevadíssimos custos por vida salva para a prevenção de riscos com baixos custos por vida salva acaba por permitir salvar mais vidas com os mesmos recursos, com os mesmos custos sociais[3429]; e é por isso que se dirá que mesmo as decisões mais melindrosas e literalmente «vitais» podem – e muitas vezes *devem* – ser sujeitas a uma análise custo-benefício, não sendo possível, por exemplo, aplicar recursos de saúde como se eles fossem infinitos ou inteiramente gratuitos, como se eles pudessem salvar vidas indiscriminada e infinitamente, como se em relação a eles não houvesse escassez, e até ocasionalmente *escassez absoluta*[3430].

Em todo o caso, aproveitemos para sublinhar neste ponto uma das vinte ideias a reter depois do exame final: As decisões concretas reclamam a pon-deração de custos e benefícios adicionais resultantes da cada uma das alternativas.

15 – g) Esgotamento e apropriação dos recursos comuns

Ao contrário do que sucede quanto aos bens públicos, existe rivalidade no uso dos recursos comuns, pelo que, uma vez que estejam irrestritamente disponíveis, se suscitam problemas de gestão desses recursos, já que o seu uso por uns pode obstar ao seu uso por outros, e pode haver, pois, *abuso* desses recursos – no sentido de que qualquer um pode tirar partido do acesso irrestrito a esses recursos e maximizar o seu uso, criando para os demais um facto consumado de externalização negativa, que consiste essencialmente em ter conseguido a referida maximização à custa das possibilidades de uso de todos os outros (os seus rivais presentes ou futuros): antecipando-se, em suma, na rivalidade que percebeu que decorreria de um uso simultâneo.

O problema é muitas vezes abordado através da invocação da nossa já conhecida parábola da «Tragédia dos Baldios» («*Tragedy of the Commons*»), que descreve o que pode significar para a prosperidade de uma comunidade o facto de se esgotarem os seus recursos comuns, através da saturação do uso[3431].

Foi a partir da análise de Scott Gordon acerca da economia dos recursos piscícolas[3432] que Garrett Hardin desenvolveu a ideia da «Tragédia dos Baldios», colocando mais ênfase nos efeitos das deficiências de apropriação sobre a saturação de recursos comuns e escassos. Cedo a ênfase se deslocou para o «acesso livre» («*open access*»), significando esta nova abordagem que o problema poderia ser resolvido por um esquema de quotas que não requeresse a atribuição de direitos de apropriação[3433], havendo contudo quem insista que a definição jurídica de titularidades sobre os recursos tem uma eficiência e uma estabilidade que são insubstituíveis – até porque na base há uma titularidade colectiva dos recursos comuns, e trata-se de lhe sobrepor uma fonte de legitimação mais forte, envolvendo em última análise algum grau de privatização[3434].

Os baldios em que pastam os rebanhos de uma aldeia podem começar por ser bens públicos, se, além de serem

[3427] Harberger, A.C. & G.P. Jenkins (orgs.) (2002).
[3428] Adler, M.D. & E.A. Posner (orgs.) (2001).
[3429] ERP (2004), 177-178.
[3430] Brent, R.J. (2003).
[3431] Hardin, G. (1968), 1243-1248.
[3432] Gordon, H.S. (1954), 124-142.
[3433] Ostrom, E. (1990); Bromley, D.W. (org.) (1990).
[3434] Demsetz, H. (1964), 11-26; Schipke, A. (2001); Brown, G.M. (2000), 900.

de acesso livre, esses baldios forem suficientemente extensos e abundantes para suportarem a pastagem simultânea de todos os rebanhos[3435]; se, porventura, um aumento do número ou da dimensão dos rebanhos levar a que deixe de se verificar esta última condição, os baldios tornam-se *bens escassos* no sentido de imporem rivalidade no consumo, surgindo por isso a possibilidade de que um consumo imoderado das pastagens prejudique já a utilidade que das mesmas pode decorrer para a exploração dos rebanhos – em suma, os baldios passam a ser recursos comuns, e deixam de ser bens públicos.

O problema está em que quando existem recursos comuns todos têm um incentivo para explorá-los mas ninguém tem incentivos para cuidar deles – cada um ganha em retirar um benefício privado apoiado em externalidades negativas, mas ninguém ganha em suportar o custo de benefícios comuns geradores de externalidades positivas (nenhum pastor fica particularmente penalizado por prejudicar todos os outros, e nenhum pastor fica especialmente beneficiado por favorecer todos os outros). Nesta nova situação, pode dar-se bem o caso de que ocorra um esgotamento dos recursos comuns e um concomitante empobrecimento colectivo – a «tragédia dos baldios». Para que tal suce-

estabelecimento de quotas, ou de um leilão de licenças negociáveis – ou, em alternativa, através da privatização dos baldios, repartindo-os em propriedade privada pelos proprietários dos rebanhos –[3436].

Só que, insistamos, cada um pode querer ter o seu próprio rebanho, e cada proprietário de rebanhos representa-se os ganhos que individualmente pode obter com uma expansão do seu rebanho, enquanto que os custos colectivos da sua iniciativa lhe chegam mitigados e diluídos apenas numa fracção cujo denominador é o próprio número dos interessados na conservação do recurso comum. Noutros termos que nos são já familiares, cada proprietário de rebanho, e cada candidato a proprietário, minimiza os seus custos porque em larga medida os externaliza para os recursos comuns, não se apercebendo senão fragmentariamente da medida em que contribui para a destruição do seu próprio sustento – já que, como consta do dito popular, "*o que é de todos não é de ninguém*", sendo que, no abuso dos bens comuns, o ganho é individualmente apropriado e o custo é colectivamente disperso.

Externalidades de âmbito espacial, em casos em que a insusceptibilidade de exclusão leva a falhas de mercado[3437]:

	Recursos comuns com externalização de muitos sobre muitos (interesses difusos)	Recursos comuns com externalização de uma minoria sobre muitos (interesses dispersos ou sub-representados)	Bens públicos com externalização de muitos sobre muitos (interesses difusos)
Áreas rurais pobres	Sobreuso de poços, pastagens	Mineração	Escolaridade, capital humano
Agricultura comercial		Irrigação, expansão para novas áreas agrícolas	
Áreas urbanas	Esgotos a céu aberto, poluição automóvel nos países ricos	Poluição industrial, poluição automóvel nos países pobres	Obras públicas em bairros degradados
Nível nacional		Sobre-exploração dos recursos florestais	Serviços de saúde gratuitos
Nível planetário	Destruição da camada de ozono, «efeito de estufa»	Impacto industrial no «efeito de estufa»	

da basta que exista uma divergência entre a perspectiva individual e a colectiva – sendo que evitar a «tragédia» requereria uma acção coordenada, especificamente uma acção de restrição do número de rebanhos, e da dimensão de cada rebanho, a uma quota-parte de um todo que fosse compatível com a capacidade de sustentação evidenciada pelos baldios, o que podia ser feito através de um «imposto pigouviano», ou através do

No que respeita aos recursos renováveis, a saturação significa a sobre-exploração de curto prazo que, ultrapassando o ritmo de regeneração do recurso, determinará a perda do recurso ou a sua subexploração no longo prazo: como sucedeu tantas vezes nas pescas – sendo que há capturas piscícolas que estão hoje reduzidas a menos de 10% da biomassa dos níveis anteriores à pesca intensiva – e sucede ainda na degradação da

---

[3435] Note-se que o problema dos baldios tem sido igualmente objecto de estudos etnográficos. Cfr. Baland, J.-M. & J.-P. Platteau (1995).
[3436] Ostrom, E., T. Dietz, N. Dolsak, P.C. Stern, S. Stonich & E.U. Weber (orgs.) (2002).
[3437] Adaptado de: Banco Mundial (2003), 28.

camada de ozono e nas alterações climáticas causadas pela poluição[3438/3439]. Pense-se no desastre económico do bacalhau da Terra Nova, do seu esgotamento abrupto depois das «explosões pesqueiras», das corridas predatórias dos anos 60 e 70 do século passado: cada pescador podia ter a consciência da insustentabilidade da avidez com que tinha passado a pescar, mas nenhum pescador queria deixar que a sua abstenção de pescar hoje fosse o benefício de outros pescadores amanhã, e por isso a corrida para o fundo continuou até ao esgotamento puro e simples[3440].

Foi por causa de episódios desses, por vezes também desnecessariamente empolados[3441], e da crescente sensibilização com o «Teorema de Coase» e seus derivados, que acabou por se estabelecer um sistema de quotas negociáveis, dentro do âmbito de um limite absoluto de «volume de capturas sustentável» (o «total allowable catch»[3442]), ou por se estabelecer uma época limitada de pesca autorizada e uma época de proibição, de «defeso»[3443]; e foi também por essa razão que o Direito do Mar generalizou «zonas económicas exclusivas» de 200 milhas, nas quais o acatamento das normas de gestão de recursos é garantido pela intensificação da «apropriação» dos Estados costeiros[3444], e foi ainda por essa razão que as leis de preservação ambiental dos Estados e das organizações internacionais têm sido complementadas por «códigos de conduta» de acatamento voluntário («soft law»), incentivos de mercado e parcerias público-privadas que procuram agilizar a prossecução institucional dos objectivos económicos e ambientais de preservação ou reconstituição dos recursos marinhos[3445].

O mesmo problema de esgotamento de recursos comuns pode denotar a existência de insegurança jurídica ou de instabilidade política, que pode inviabilizar o estabelecimento de quaisquer entraves à sobre-exploração[3446], sobretudo se é elevada a taxa *social* de desconto[3447] (ainda que, em compensação, a insegurança possa desincentivar a poupança e o investimento, desencorajando a sobre-exploração[3448] – bastando pensar-se na ameaça de expropriação e de nacionalização que pode impender sobre muitos desses investimentos[3449]), não devendo esquecer-se a necessidade de consideração dessa taxa, já que os recursos ambientais são formas de capital[3450].

Note-se que, embora o desconto das «utilidades» futuras possa soar a algo de imoral, a algo de ecologicamente inapropriado, sobretudo de uma perspectiva ecocêntrica, contudo não há verdadeira alternativa: se não descontarmos o consumo futuro, isso significaria que o consumo em qualquer ponto do futuro passaria a ter-se por tão valioso como o consumo hoje; mas como só há um «hoje» e há uma infinidade de «amanhãs», o consumo de «hoje» deveria ser sempre preterido em favor do investimento que assegurasse o consumo nesses múltiplos «amanhãs» – comprometendo, em cada «hoje», as possibilidades do consumo![3451]

E daí que seja tão particularmente pronunciado o fenómeno do depauperamento de recursos em países subdesenvolvidos, como pode ficar ilustrado em recentes episódios de desflorestação maciça[3452] – o que reforça o interesse na formulação de uma «Economia Política Ambiental», em torno de uma nova ideologia

---

[3438] Banco Mundial (2003), 27-28.

[3439] Em termos mais amplos, cfr. Anderson, L.G. (org.) (2002).

[3440] Banco Mundial (2003), 50.

[3441] Como a população mundial obtém apenas 1% das calorias e 6% das proteínas da ingestão de peixe, os problemas de optimização das capturas na pesca não são, obviamente, dramáticos: se pudéssemos optimizar o acesso aos bancos de pesca, evitando sobre-exploração e aproveitando ao máximo os ritmos de renovação dos recursos, conseguiríamos obter o correspondente a mais três semanas de ingestão calórica a nível global. Isso não quer dizer que a alimentação com base nas pescas não tenha um peso desproporcionadamente elevado em muitos países pobres (mormente em termos de fornecimento de proteínas). Cfr. Banco Mundial (2003), 143; FAO (1996), 101; Pearce, D.W. & R.K. Turner (1990), 241-242; Tietenberg, T. (2000), 307-309.

[3442] Falque, M., M. De Alessi & H. Lamotte (orgs.) (2002).

[3443] Embora esta solução seja pior, dado que ela levou muitas frotas a aumentarem desmesuradamente a sua capacidade instalada por forma a promoverem uma corrida desenfreada dentro dessas épocas de pesca autorizada – de novo provocando o esgotamento de recursos, agora ainda mais rápido e concentrado. Cfr. ERP (2000), 264-265.

[3444] Banco Mundial (2003), 43.

[3445] Allison, E.H. (2001), 933-950.

[3446] Chichilnisky, G. (1994), 851-894; Lopez, R. (1994), 163-184; Southgate, D., R. Sierra & L. Brown (1991), 1145-1151; Deacon, R.T. (1994), 414-430; Alston, L.J., G.D. Libecap & R. Schneider (1996), 25-61.

[3447] Farzin, Y.H. (1984), 841-851; Lasserre, P. (1985), 178-202;

[3448] Kormendi, R.C. & P.G. Meguire (1985), 141-163; Grier, K.B. & G. Tullock (1989), 259-276; Barro, R.J. (1991), 407-443; Levine, R. & D. Renelt (1992), 942-963; Persson, T. & G. Tabellini (1994), 600-621; Hettich, F. (2000).

[3449] Van Long, N. (1975), 42-53.

[3450] E como todas as formas de capital, suscita problemas de gestão inter-temporal.

[3451] Bazelon, C. & K. Smetters (1999), 218-219.

[3452] Bohn, H. & R.T. Deacon (2000), 547-548; Cropper, M. & C. Griffiths (1994), 250-254; Grossman, G.M. & A.B. Krueger (1993), 13--56; Selden, T.M. & D. Song (1994), 147-162.

«ecocêntrica» susceptível de mobilizar uma reforma dos mercados e das instituições[3453].

– Trata-se de quebrar os impasses causados pela divergência de percepções individuais, sociais e globais acerca de valores ambientais como o da biodiversidade[3454], impasses que geram descoordenações e por isso militam contra a respectiva preservação[3455].

– A propósito, refira-se que a crescente consciência ambiental tem feito da própria «biodiversidade» um bem económico[3456] – a riqueza do número de espécies, a distribuição das espécies, o valor descontado da preservação para o futuro de um acervo biológico «de reserva»[3457], a manutenção de cadeias genéticas suficientemente distanciadas.

– O tema tem sido sugestivamente designado como o «Problema da Arca de Noé»[3458], indicando que há uma lógica económica inerente ao processo evolutivo natural, e que por isso uma certa ponderação económica é inevitável, que mais não seja na ponderação dos interesses conflituantes entre espécies[3459]: suponha-se que não temos meios para proteger *todas* as espécies ameaçadas – num caso desses, como decidiríamos quem vive e quem morre, quem fica incluído e quem fica excluído da nova «Arca de Noé»? Mais particularmente, como optimizaríamos a «diversidade» com a limitação dos nossos recursos?[3460] Como calcularíamos o valor da «espécie marginal» a ser preservada[3461], mais ainda se tentássemos levar em conta «preços hedónicos», «avaliações contingentes» e «disposições de pagar» dissociadas de qualquer avaliação social objectiva[3462], tudo isso agravado por elevados custos de transacção[3463].

É óbvio que o «Teorema de Coase» mantém aqui a sua plena fertilidade teórica[3464] – de novo indicando que, aí onde o quadro jurídico da apropriação seja suficientemente sólido e sobretudo aí onde os custos de transacção sejam reduzidos (quando o seu total não seja superior aos benefícios sociais, lembremo-lo) é possível chegar-se à prevenção da «Tragédia dos Baldios» através de uma negociação entre todos os envolvidos (mesmo que por vezes sejam necessários instituições ou «catalisadores» para tornarem isso claro às partes e abrirem a via negocial[3465]). Por isso, talvez se pudesse evitar uma expressão tão sombria e fatalista como a de «Tragédia», visto que ela é susceptível de ser evitada em muitas situações nas quais o que falta é a informação, a comunicação e a disposição de negociar (ou a disposição de fazê-lo com um mínimo de lealdade)[3466/3467].

Por alguma razão é que só relativamente aos animais selvagens, que são recursos comuns, é que existem problemas de extinção de espécies, e não relativamente aos animais domésticos que são objecto de apropriação privada (por isso a «tragédia» ocorre nos baldios, não nos rebanhos); e é por alguma razão que uma das medidas mais eficientes de preservação de espécies em vias de extinção, e de recuperação das populações, tem sido a de conceder aos proprietários das terras direitos exclusivos sobre grupos dessas espécies, quando elas não são migratórias[3468].

Uma das justificações para a propriedade privada advém precisamente do ganho de eficiência que com ela se consegue relativamente às situações de propriedade comum ou de não-apropriação – situações nas

---

[3453] Söderbaum, P. (2000).

[3454] Perrings, C. & *al.* (orgs.) (1995); Simpson, R.D., R. Sedjo & J.W. Reid (1996), 163-185.

[3455] Pearce, D.W. & D. Moran (1994), 29.

[3456] Heal, G. (2000).

[3457] Brock, W.A. & A. Xepapadeas (2003), 1597ss.; Solow, A., S. Polasky & J. Broadus (1993), 60-68; Weitzman, M.L. (1992), 363-406; Weitzman, M.L. (1993), 157-183.

[3458] Metrick, A. & M.L. Weitzman (1998), 21-34; Weitzman, M.L. (1998), 1279-1298.

[3459] Munro, A. (1997), 429-449.

[3460] Crozier, R.H. (1992), 11-15; Metrick, A. & M.L. Weitzman (1998), 22ss.; Polasky, S. & A. Solow (1995), 298- 303; Solow, A., S. Polasky & J. Broadus (1993b), 171-181; Weitzman, M.L. (1992), 363-405; Weitzman, M.L. (1993), 157-183; Weitzman, M.L. (1998), 1279- -1298.

[3461] Montgomery, C.A. (1995), 67-83; Montgomery, C.A., G. Brown Jr. & D.M. Adams (1994), 111-128; Simpson, R.D., R. Sedjo & J.W. Reid (1996), 163-185.

[3462] Diamond, P.A. (1996b), 337-347; Krutilla, J.V. (1967), 787-796.

[3463] Dixon, L.S. (1995).

[3464] Pearson, C.S. (2000), 68.

[3465] Banco Mundial (2003), 27-28.

[3466] Lasserre, P. & A. Soubeyran (2003), 29-45.

[3467] Nada obsta, com efeito, a que a tragédia dos baldios seja minimizada através dos mecanismos habituais do comportamento adaptativo e da aprendizagem em jogos de interacção longa, chegando-se a equilíbrios não-cooperativos sub-óptimos, ainda que não seja de excluir que esses recursos entrem também eles em colapso, e que assimetrias informativas, oportunismos, e outras «falhas de coordenação» tornem inevitável o recurso ao remédio regulador. Cfr. Ostrom, E., T. Dietz, N. Dolsak, P.C. Stern, S. Stonich & E.U. Weber (orgs.) (2002).

[3468] Todavia, ver: Araújo, F. (2003), 205ss., 265ss., 303ss..

quais, como vimos, a facilidade de externalização é demasiado tentadora para que surja um esforço espontâneo de coordenação, demasiado tentadora para que a decisão privada não propenda para o uso excessivo e para o caminho do esgotamento.

Neste caso também, a falha de mercado reclama a intervenção coordenadora do Estado, para que a «tragédia» não ocorra em detrimento do interesse colectivo e, através deste, em detrimento do próprio interesse individual[3469]: é com essa disciplina pública – e até com disciplina internacional, apesar de a nível internacional ressurgirem problemas graves relativos a custos de transacção – que hoje se espera que, contrariando qualquer taxa social de desconto que se revele muito aceleradora da exaustão dos recursos[3470], mas evitando do mesmo passo a sobrevalorização de valores futuros em grave detrimento de benefícios económicos presentes, possa ser evitada a «tragédia» do esgotamento de alguns recursos comuns, como sejam:

– a qualidade ambiental, evitando formas de congestionamento com as principais actividades externalizadoras;
– a sustentabilidade da exploração dos recursos renováveis – por exemplo, os recursos piscícolas, os recursos venatórios, os recursos florestais[3471], os recursos hídricos[3472] –;
– a manutenção de reservas de recursos não-renováveis, como o são muitas das actuais fontes de energia – cabendo aqui recordar-se o «Princípio de Hotelling»[3473].

A privatização de alguns desses recursos tem sido uma das vias encontradas para tentar travar o caminho do depauperamento dos recursos comuns: contudo, nem tudo se resolve privadamente – pense-se, por exemplo, na sorte das espécies migratórias –, e nem sempre existem meios privados que permitam impor eficientemente a exclusão do acesso e do uso, pelo que os problemas de coordenação e de coercibilidade – novamente, problemas de custos de transacção – continuarão a reclamar a presença interventora e optimizadora de instituições extra-mercado e do Estado – e dos Estados e organizações internacionais –[3474/3475].

Mas que a apropriação não resolve tudo, fica claro da consideração da variedade de situações em que o esgotamento dos recursos ocorre mesmo quando eles são apropriados individualmente[3476]. Uma variante da «tragédia dos baldios» resulta precisamente da disparidade entre a *taxa individual de desconto* do proprietário de recursos de interesse colectivo e a correspondente *taxa social de desconto*[3477]:

Suponha-se que um proprietário de um recurso não renovável pondera o momento ideal de exploração desse recurso – o momento da extracção e da venda no mercado –, e conclui que daqui a 50 anos ele terá um valor muito elevado, um valor comparativamente superior ao valor presente, porque, por exemplo, ao ritmo de exploração desse recurso por outros proprietários ele será então muito mais escasso, muito mais valioso. Que concluiu ele? Que a taxa *social* de desconto é, *quanto àquele recurso*, relativamente baixa, e por isso colectivamente vale a pena esperar 50 anos pela explo-

[3469] E daí, como veremos adiante, o carácter decisivo que pode revestir a «agilização» da burocracia, a sua libertação de constrangimentos ineficientes e de pressões corruptoras. Cfr. Whitford, A.B. (2002), 125-139.

[3470] A questão prende-se com a *amplitude* dessa taxa, mas também com a respectiva *composição* (isto é, o que é que deve ser sujeito a essa taxa, de acordo com uma previsão daquilo que venha a ser relevante para as gerações futuras). Cfr. Horowitz, J. (2002), 241-259.

[3471] Como dissemos já, muita da deflorestação resulta da «tragédia dos baldios» em países pobres, nos quais é por demais tentador o uso e abuso de recursos comuns – sendo que a definição de direitos de apropriação ou a regulação do acesso a esses recursos é uma opção política insustentável – dado que os governos desses países pobres não desejam que, privados da utilização directa e irrestrita desses recursos comuns, os agricultores acelerem a migração para as grandes cidades, agravando a pobreza e o desemprego. Cfr. Sedjo, R.A. & M. Clawson (1995), 342.

[3472] Ocorre uma «tragédia dos baldios» na maior parte do uso agrícola dos recursos hídricos, visto que o acesso a esses recursos costuma basear-se numa prestação fixa anual que não depende da intensidade do respectivo emprego – e por isso dispensa os utentes dos sistemas de irrigação de desenvolverem um raciocínio marginal quanto à ponderação de custos e benefícios do uso de *mais um litro* de água: paga a prestação fixa, ela é inteiramente paga pelo uso do primeiro litro de água e todos os litros subsequentes é como se fossem gratuitos (porque não se paga mais). Por isso há cada vez mais economistas a preconizarem a medição do uso da água de regadio, ou ao menos a subida dos preços desse emprego agrícola da água (que é globalmente 7 vezes superior ao uso doméstico e 3 vezes superior ao uso industrial). Cfr. Anderson, T.L. (1995), 430.

[3473] Hotelling, H. (1931), 137-175.

[3474] Brown, G.M. (2000), 875-877.

[3475] Por outro lado, não podemos perder de vista que o tema da opção entre nacionalização e privatização está dependente, de forma crucial, das possibilidades tecnológicas presentes em cada sector produtivo e em cada forma de apropriação – sendo que frequentemente a moderna predominância da privatização é mais fruto de novas possibilidades tecnológicas (novas escalas de eficiência, etc.) do que de puras opções ideológicas. Cfr. Winston, C. (1998), 175-196.

[3476] Basta pensar que a função reguladora dos direitos de apropriação depende inteiramente do contexto socio-político, sendo por isso que os resultados podem ser construtivos tanto como destrutivos, na resolução dos problemas dos recursos comuns. Cfr. Steelman, T.A. & R.L. Wallace (2001), 357-379.

[3477] Já que, como sabemos, a maior parte das questões ambientais tem uma solução dependente da admissão de um nível qualquer de taxa social de desconto – isto é, de preferência pelo presente, de limitação do sacrifício em prol do futuro – cfr. Portney, P.R. & J.P. Weyant (orgs.) (1999), 6-7.

ração. Mas valer-lhe-á a ele, pessoalmente, esperar? Possivelmente não, por um conjunto de razões, a começar pela sua própria expectativa de vida, que pode não se alongar por mais 50 anos, passando ainda pela expectativa que ele tenha quanto à evolução do mercado e do contexto político – será que daqui a 50 anos uma nova tecnologia não tornou desnecessário aquele recurso? ou, ao invés, a importância primordial daquele recurso não poderá levar o Estado, daqui a 50 anos, a recorrer às nacionalizações, às expropriações? –, e envolvendo ainda outras componentes igualmente decisivas para a configuração da própria taxa *social* de desconto – quanto mais elevadas estiverem as taxas de juro, maior é o custo de oportunidade da não exploração imediata dos recursos e da não-conversão do rendimento da exploração em capital mutuado, a render juros, maior é a taxa social de desconto –. Por todas estas razões, a taxa *individual* de desconto pode divergir da taxa *social* de desconto e ultrapassá-la.

Mesmo quanto aos recursos renováveis, essa disparidade entre taxas de desconto pode manifestar-se de forma aguda. Pense-se no caso dos elefantes, recursos comuns que são utilizados para produzir bens duradouros (por exemplo, o marfim), e em relação aos quais a previsão de futuro esgotamento faz subir os preços e acelera especulativamente os incentivos à depredação maciça – sobretudo em países pobres nos quais a apropriação pública e a repressão são muito ineficientes e os preços internacionais do tráfego constituem incentivos fortíssimos, contra os quais se tem sugerido a constituição de um fundo daqueles bens duradouros procurados, fundo com o qual seria possível inundar ciclicamente o mercado, provocando abruptas quebras de preços e a ruína instantânea de muitos dos traficantes[3478].

– Como contrariar o mercado negro do marfim e destruir os incentivos dos caçadores furtivos? Para se dar uma resposta já foi tentada uma sofisticada combinação de modelos aplicáveis à gestão de recursos renováveis e à gestão de recursos não-renováveis, acompanhada da apologia da formulação de ameaças credíveis de repressão, com efeitos preventivos, ou, em alternativa, acompanhada da constituição de reservas com as quais se pudesse expandir pontualmente a oferta dos bens traficados, baixando os preços e desincentivando os caçadores furtivos (colocando, com uma «*dumping strategy*», os preços abaixo do nível ao qual é coberto o seu «prémio de risco»).

– Contudo, há que ponderar se essa proposta de «constituição de reservas»[3479] não será demasiado tentadora para países pobres, que são capazes de encarar tais reservas como meras fontes de receitas (substituindo-se aos caçadores furtivos), além de poderem constituir uma válvula de escape para os conflitos que se geram entre a expansão demográfica e agrícola e a depredação resultante de grandes populações de elefantes[3480].

Naqueles casos em que a taxa *individual* de desconto ultrapassa a taxa *social* de desconto, a apropriação não evita a sobre-exploração de recursos e a lesão do interesse colectivo, o esgotamento e a insustentabilidade de práticas presentes – justificando-se aí, mais uma vez, um eventual sacrifício da propriedade privada aos desígnios da preservação ambiental –[3481].

Sublinhe-se ainda, mais uma vez, que os problemas mais básicos e importantes relativos à qualidade ambiental têm um âmbito internacional e transfronteiriço, alguns mesmo um âmbito mundial – o que cria entre os Estados os mesmos problemas de coordenação que vimos presentes na «tragédia dos baldios», e na matriz do «dilema do prisioneiro»: o Estado que tomar medidas de preservação ambiental corre o risco de o fazer unilateralmente, gerando benefícios totais que em larga medida excedem o seu próprio benefício, sem poder, em contrapartida, dividir os custos daquela preservação ambiental com todos os beneficiários dela. Pior, o Estado que confie num acordo de cooperação internacional em matéria ambiental e desenvolva iniciativas nesse sentido arrisca-se não apenas a mais uma vez suportar exclusivamente os respectivos custos, mas mais ainda a ser surpreendido com a batota daqueles que, não cumprindo, tentam tirar proveito do acatamento pelos demais – e por tudo isto a estratégia dominante é, ao menos na falta de informação generalizada, a de cada Estado poluir, tentando fazer suportar aos demais essa factura do seu próprio desenvolvimento económico.

[3478] Kremer, M. & C. Morcom (2000), 212; Gordon, H.S. (1954), 121-142; Clark, C.W. (1976); Goombridge, B. (org.) (1992); Barbier, E.B., J.C. Burgess, T.M. Swanson & D.W. Pearce (1990); Benhabib, J. & R. Radner (1992), 155-190; Berck, P. & J.M. Perloff (1984), 489-506; Bergstrom, T.C. (1990), 171-178; Levhari, D. & L.J. Mirman (1980), 322-334; Reinganum, J.F. & N.L. Stokey (1985), 161-173; Smith, V.L. (1968), 409-431; Tornell, A. & A. Velasco (1992), 1208-1231.

[3479] Que viola a proibição internacional de comércio dessas mercadorias, e por isso teria, para ser levada por diante, que envolver uma revisão drástica da Convenção que rege nestas áreas, a «*Convention on International Trade in Endangered Species of Wild Fauna and Flora*» (CITES).

[3480] Kremer, M. & C. Morcom (2000), 212-234; Bulte, E.H., R.D. Horan & J.F. Shogren (2003), 1437ss.; Kremer, M. & C. Morcom (2003), 1446ss.; Brown, G.M. & D.F. Layton (2001), 32-50.

[3481] Sobre as taxas de desconto e a congruência das preferências e escolhas inter-temporais nesta matéria, cfr. Lazaro, A., R. Barberan & E. Rubio (2002), 317-337.

A pura racionalidade económica não se afigura, pois, especialmente compatível com os interesses da preservação ambiental, e é essa a razão pela qual se multiplicam vozes a insistirem na necessidade de uma reavaliação e reformulação radical da própria ciência económica, subordinando-a agora a uma perspectiva ecocêntrica.

Encontramos aqui uma das «dez ideias para reflectir»: a mais grave das «falhas de mercado» é aquela que torna o progresso económico numa causa de degradação ambiental, por abuso de recursos comuns e de bens públicos.

15 – h) Crescimento e qualidade ambiental

Vimos já que, nestes domínios, tem livre curso uma «litania ambientalista» que tende a explorar os nossos medos catastrofistas «malthusianos», anunciando a toda a hora o «fim dos tempos» do esgotamento, da insustentabilidade, do colapso dos recursos comuns, da carência generalizada – uma litania contra a qual vários economistas, e entre eles o pioneiro Julian Simon[3482], têm elevado as suas análises desassombradas, mormente temperando os excessos de militância e empenho ideológico que tantas vezes encontram abrigo na «causa ambiental»: por exemplo, no caso de Julian Simon, sustentando que o crescimento económico e a expansão demográfica são susceptíveis de induzir uma evolução tecnológica capaz de resolver muitos dos problemas ambientais.

Mais comum é o recurso à «Curva de Kuznets», que foi inicialmente formulada com o intuito de exprimir uma correlação entre desenvolvimento e desigualdade, a qual tenderia a crescer nos estádios iniciais de desenvolvimento, estabilizando mais tarde e diminuindo quando se atingissem níveis superiores de prosperidade[3483] – sendo que, todavia, a relação causal entre ambos permanece nebulosa, tendendo hoje a considerar-se que, se é possível que o crescimento promova igualdade, alguns extremos de desigualdade inviabilizam praticamente os esforços de desenvolvimento[3484].

Daqui se extrapolou[3485] para a concepção de uma «Curva de Kuznets Ambiental» (em forma de U invertido[3486]), sugerindo-se que numa primeira fase do crescimento, a poluição tenderia a crescer mais rapidamente do que o nível de produção (por exemplo, numa fase de intensa industrialização), até se chegar a um cume a partir do qual a poluição decresceria, chegando mesmo, numa fase de máximo desenvolvimento (por exemplo, por evolução da industrialização para a predominância de uma economia de serviços), a níveis de poluição inferiores aos da fase inicial de maior pobreza[3487]. De certa maneira, a hipótese dessa curva inverteria um pouco a convicção comum sobre o combate à poluição; ao contrário desta convicção, que faz esse combate depender de uma determinação política prévia, dir-se-á que é a evolução tecnológica que, tornando possíveis alternativas eficientes a fontes de energia e formas de produção poluentes, torna evidente o custo social da persistência nas opções mais poluentes[3488].

Numa síntese, o que se sugere é que o crescimento económico não se alcança sem sustentabilidade ambiental, mas que a protecção ambiental não é alcançável sem crescimento económico[3489]. Os países mais pobres não se podem dar ao luxo de promover a qualidade ambiental como primeira prioridade, porque esta é o crescimento económico, o aumento da produtividade, a todo o custo e com indiferença pelo grau de externalização; e é só depois de algum sucesso no caminho da prosperidade que começam a surgir tanto a motivação como as oportunidades e meios para reduzir a degradação ambiental que tenha sido o preço da «libertação» da pobreza[3490].

Pode parecer um pouco chocante que se justifique assim o «desleixo ambiental» em países mais pobres, mormente quando daí pode resultar externalização sobre recursos comuns *globais*; mas o facto é que é comprovável, mesmo ao puro nível microeconómico (sem tomar partido em teorias do crescimento ou em ponderações políticas), a ligação tecnológica entre o consumo de um produto desejado e a restrição de um subproduto indesejado – sendo que, como é muito óbvio e elementar, sem essa *possibilidade* tecnológica o indesejado nível de degradação ambiental não é erra-

---

[3482] Simon, J. (2000).

[3483] Kuznets, S. (1953). Cfr. ainda: Cropper, M. & C. Griffiths (1994), 250-254; Grossman, G.M. & A.B. Krueger (1993), 13-56; Selden, T.M. & D. Song (1994), 147-162.

[3484] Lindert, P.H. & J.G. Williamson (1995), 188-195; Persson, T. & G. Tabellini (1994), 600-620.

[3485] Bousquet, A. & P. Favard (2001), 1185-1203.

[3486] Com a mesma forma da nossa já conhecida Curva de Laffer, portanto.

[3487] Shafik, N. (1994), 764-765. Cfr. ainda: Grossman, G.M. & A.B. Krueger (1995), 353-377; List, J.A. & C.A. Gallet (1999), 409-423; Torras, M. & J.K. Boyce (1998), 147-160.

[3488] Cleveland, C.J., D.I. Stern & R. Costanza (orgs.) (2001).

[3489] Lomborg, B. (2001), 210; Saraiva, R.G. (2001).

[3490] Dasgupta, S., B. Laplante, H. Wang & D. Wheeler (2002), 147; Grossman, G.M. & A.B. Krueger (1993), 13-56.

dicável[3491]/[3492]. Não que isso sirva de justificação, contudo: as disfunções entre crescimento e bem-estar, entre qualidade ambiental e qualidade de vida, dão origem a estados «distópicos», empolados ainda pelo divórcio entre aqueles que se concentram exclusivamente nos valores do crescimento e aqueles que se concentram nos impactos ambientais[3493].

Cria-se assim, numa nota optimista e radicalmente anti-malthusiana, a possibilidade de haver alguma bidireccionalidade nas relações entre prosperidade económica e qualidade ambiental – como parece comprovar-se crescentemente nas impressionantes melhorias ambientais que se têm registado nos países mais ricos, melhorias ambientais propiciadas pela disponibilidade de meios tecnológicos sofisticados, e provocadas pela «elasticidade rendimento» de populações que crescentemente procuram qualidade ambiental e incentivam, por essa via, uma crescente reorientação de recursos em direcção da promoção dessa qualidade ambiental[3494]. Mas é evidente que essa nota optimista[3495] – que muitos contestam[3496] – não pode constituir pretexto para determinismos fatalistas: por exemplo, para se sustentar a inutilidade de medidas de melhoria ambiental em países que se provasse estarem ainda na fase ascendente da «Curva de Kuznets Ambiental», alegando-se que as coisas teriam aí fatalmente que piorar antes de melhorarem[3497]. Em contrapartida, também cabe aqui uma nota pessimista, presa ao facto de a «armadilha do endividamento externo» impedir os países endividados de tomarem medidas que ultrapassem no curto prazo o serviço da dívida e permitam uma gestão ambiental mínima, e isto apesar de os países credores tenderem actualmente a insistir, com sucesso muito limitado, na conexão entre gestão da dívida e responsabilidade ambiental[3498] – isto para não falarmos já dos efeitos adversos do dirigismo ineficiente[3499], da corrupção[3500] e do papel equívoco de algumas «redes de influências» na intermediação internacional no esforço de melhoria ambiental[3501].

O que importa, apesar dessas limitações, é que o grau de comprovação empírica da «Curva de Kuznets Ambiental», e em especial da correlação inversa entre crescimento e poluição que se regista na sua fase descendente, demonstram que as tonalidades primitivistas da litania ambientalista, em especial a implicação de que haveria que sacrificar o progresso económico em nome da qualidade e da sustentabilidade ambiental, estão felizmente muito longe de constituírem uma lei económica – dando crescentemente razão àqueles que, como veremos, colocam cada vez mais ênfase nos aspectos qualitativos do crescimento económico – afastando o velho paradigma do crescimento económico como mera acumulação bruta de bens e de recursos, uma simples *sobrecarga cumulativa* do suporte natural da actividade económica[3502]. Mais ainda, parecem avolumar-se indícios de que a difusão internacional de tecnologia (o bem público *informação*, mais uma vez) estará a «achatar» a «Curva de Kuznets Ambiental», permitindo acalentar a esperança de que os países mais pobres tenham que pagar uma «factura ambiental» cada vez menos pesada, ou até de que, a breve trecho, seja possível assistir-se a uma melhoria de qualidade ambiental em simultâneo em todas as regiões do mundo, as mais ricas e as mais pobres, sem prejuízo para o progresso económico[3503].

[3491] Andreoni, J. & A. Levinson (2001), 269-286.

[3492] Antes que pensemos que a «Curva de Kuznets Ambiental» constitui uma espécie de evidência básica, sublinhemos que a sua verificação depende de algumas condições: que com o crescimento económico a utilidade marginal do consumo seja constante ou decrescente, que o custo marginal da poluição seja crescente, e o seja igualmente o custo do combate à poluição – e ainda que exista informação e coordenação suficientes, e perfeita internalização nacional das externalidades localmente produzidas (se a externalização for internacional, o incentivo ao progresso tecnológico pode esbater-se). Cfr. Dasgupta, S., B. Laplante, H. Wang & D. Wheeler (2002), 149.

[3493] Dasgupta, P. (2001), 131ss..

[3494] Heerink, N., A. Mulatu & E.H. Bulte (2001), 359-367.

[3495] Há cada vez mais provas de que o desenvolvimento económico acaba por ter influência na melhoria da qualidade ambiental, até por força da expansão da procura de qualidade ambiental, o referido efeito da «elasticidade-rendimento». Para lá de exemplos muito notáveis que já fornecemos noutro ponto, indiquemos que, no caso norte-americano, entre 1975 e 2002 as concentrações de 5 dos 6 mais comuns poluentes atmosféricos baixaram em média 60%, enquanto o PIB real aumentava 130%, o consumo de energia subia 35% e a população crescia 34%. Cfr. ERP (2004), 175.

[3496] Dasgupta, S., B. Laplante, H. Wang & D. Wheeler (2002), 147-168; Vogel, M.P. (1999); Wheeler, D. (2001), 225-245.

[3497] Boyce, J.K. (2002); Driesen, D.M. (2003); ERP (1999), 212.

[3498] Chiras, D.D. (1998), 213; Miller Jr., G.T. (1998), 353.

[3499] Hettige, H., S. Dasgupta & D. Wheeler (2000), 39-66.

[3500] López, R. & S. Mitra (2000), 137-150. Dasgupta, S., B. Laplante, H. Wang & D. Wheeler (2002), 154.

[3501] Dasgupta, S., B. Laplante, H. Wang & D. Wheeler (2002), 155-156.

[3502] De Bruyn, S.M. (2000).

[3503] Dasgupta, S., B. Laplante, H. Wang & D. Wheeler (2002), 158ss.

CAPÍTULO 16 – **A intervenção do Estado e a escolha pública**[3504]

> *"Esperar, na verdade, que a liberdade de comércio seja alguma vez completamente restabelecida na Grã-Bretanha é tão absurdo como esperar que alguma vez aí se estabeleça uma Oceana ou Utopia. Não só se lhe opõem os preconceitos do público mas também, o que é ainda mais invencível, os interesses privados de muitos indivíduos (...) tentar reduzir o exército seria tão perigoso como hoje em dia é, sob qualquer aspecto, tentar diminuir o monopólio que os produtores obtiveram em nosso detrimento. Este monopólio veio aumentar tanto o número de certas espécies deles que, tal como um exército crescente, se tornaram temíveis para o Governo, e em muitas ocasiões intimidaram os legisladores. O membro do parlamento que apoiar qualquer proposta com vista ao fortalecimento deste monopólio está certo de conquistar não só a reputação de ser conhecedor das questões comerciais, como ainda grande popularidade e influência junto de um grupo de homens a quem o número e riqueza conferem grande importância"* – Adam Smith[3505].

16 – a) Captação de renda

Vimos já como é fulcral, nas preocupações e objectivos do Estado, o combate a ineficiências e injustiças resultantes do funcionamento de mercados imperfeitamente concorrenciais, e nomeadamente o combate às desigualdades, às externalidades, ao abuso de bens públicos, à falta de bens de mérito, ao excesso de preferência pelo presente, às deficiências de informação e até, como veremos, às flutuações macroeconómicas de curto prazo.

Reanalisemos alguns dos problemas de eficiência e de justiça que todas as formas de concorrência imperfeita acarretam, começando pela restrição das quantidades produzidas, devida ao facto de a maximização do lucro de produtores com poder de mercado ocorrer *antes* de atingida a escala de eficiência, num ponto aquém daquele que os produtores sem poder de merca-

do atingem por serem impelidos para a produção das quantidades correspondentes à escala de eficiência – único ponto no qual lhes é possível pensarem em maximizar o lucro, se houver lucro, ou em minimizar as perdas –. Em resultado disso, como vimos, na concorrência imperfeita o preço excede o custo marginal, sendo pois possível aumentar a produção e o bem-estar dos consumidores, que têm ainda disposição de pagar preços mais baixos, sem comprometer a *obtenção* de lucro pelo produtor, mas apenas a *maximização* do seu lucro (num jogo de «soma zero» de distribuição de bem-estar entre as partes, lembremo-lo).

De facto, se por um lado essa restrição de quantidades corresponde a uma simples transferência de bem-estar dos consumidores para os produtores, a transferência que é representada pela elevação do preço – aquilo que o consumidor perde em excedente, em diferença entre a sua disposição de pagar e o preço, o pro-

[3504] Arnold, R.A. (2000), 726ss.; Arroja, P. (1993), 301ss.; Barbosa, A.S.P. (1997), 1ss.; Baumol, W.J. & A.S. Blinder (2000), 405ss.; Bierman, H.S. & L. Fernandez (1997), 253ss.; Branson, W.H. (2001), 1ss.; Colander, D.C. (1995), 261ss., 286ss., 370ss.; Colander, D.C. (1997), 679ss., 708ss., 747ss.; Drazen, A. (2001), 60ss., 219ss.; Ekelund, R.B. & R.D. Tollison (2000), 399ss., 425ss., 446ss.; Forte, F. (2002), 1ss., 59ss., 131ss.; Hardwick, P. & al. (1999), 227ss., 284ss., 309ss.; Heyne, P. & al. (2002), 359ss.; Hyman, D.N.N. (1996), 379ss., 453ss.; Jacquemin, A., H. Tulkens & P. Mercier (2001), 267ss.; Landsburg, S.E. (1995), 49ss.; Lipsey, R.G. & al. (1999), 379ss.; Mas-Colell, A. & al. (1995), 789ss., 817ss.; Mata, J. (2000), 533ss., 557ss.; McConnell, C.R. & S.L. Brue (2001), 599ss., 619ss.; McConnell, C.R. & S.L. Brue (2001b), 359ss.; Miller, R.L. (2002), 583ss., 711ss.; Nicholson, W. (2001), 757ss.; O'Sullivan, A. & S.M. Sheffrin (2002), 271ss., 536ss., 557ss.; Pindyck, R.S. & D.L. Rubinfeld (2000), 577ss., 617ss., 647ss.; Porto, M.C.L. (2004), 177ss.; Samuelson, P.A. & W.D. Nordhaus (2001), 344ss., 385ss.; Schiller, B.R. (2004), 183ss.; Sharp, A.M. & al. (2001), 198ss.; Sloman, J. (2002), 282ss.; Spencer, M.H. & O.M. Amos Jr. (1993), 88ss., 670ss., 688ss.; Stiglitz, J.E. (1999), 55ss., 76ss., 93ss., 156ss.; Stiglitz, J.E. & C.E. Walsh (2002), 388ss., 543ss.

[3505] Smith, A. (1976b), 471 (=I, 780-781).

dutor ganha-o em lucros, em diferença entre a sua disposição de vender e o preço –, por outro lado ocorrem perdas absolutas de bem-estar (as «*deadweight losses*»), representadas pelo volume de transacções que deixam de ter lugar por força da elevação de preços, ou pelo volume de produtos que deixam de ser adquiridos pelos consumidores que têm disposição de pagar algo mais do que o preço de equilíbrio que se formaria em concorrência perfeita, mas têm disposição de pagar algo menos do que o preço de equilíbrio que se forma na concorrência imperfeita.

A concorrência imperfeita acarreta também a perda de incentivos de competitividade, já que uma empresa com poder de mercado e que é capaz de sustentar lucros extraordinários no longo prazo não sente a mesma pressão para reduzir os seus custos médios, para adoptar a última tecnologia, para investir na investigação e desenvolvimento de novos produtos e novos processos de fabrico, para alcançar uma «vantagem schumpeteriana» – já que o mercado não a ameaça com a erosão rápida dos seus lucros.

Mormente pelas duas razões acabadas de enumerar, a concorrência imperfeita tende a causar o desvio de meios para fins improdutivos, como aqueles que são exigidos pela criação e manutenção de barreiras à concorrência, pela obtenção de privilégios jurídicos ou de benefícios fiscais, pela troca de favores com a classe política, em suma pela conquista e preservação de rendas económicas através de actividades de «captação de renda», objectivos pelos quais o produtor com poder de mercado estará naturalmente disposto a pagar até perto do limite da renda que assegura com esse pagamento, visto que receber mesmo uma pequena «renda líquida» – uma renda deduzida dos custos que lhe sejam inerentes – sempre é melhor do que não receber renda nenhuma, razão pela qual a actividade de «*rent-seeking*», ainda que seja socialmente nociva e inútil, é perfeitamente racional para os produtores com poder de mercado, que se agrupam em associações, em confederações, em «*lobbies*», em centros de produção de informação estratégica[3506] que, apesar de onerosos, lhes garantem aquela *renda líquida*.

A «captação de renda» («*rent-seeking*»[3507]) é todo o esforço de desvio, para proveito próprio, de uma remuneração que não seria necessária para incentivar uma atitude eficiente, de uma renda económica (que atrás definimos, lembremo-lo, como todo o rendimento que ultrapassa o custo de oportunidade dos recursos empregues na actividade – e por isso ultrapassa o incentivo mínimo necessário para que a actividade tenha lugar). Por vezes essa captação realiza-se através da compra de direitos exclusivos ou de actividades protegidas por barreiras anti-concorrenciais, outras vezes através da pressão sobre os poderes políticos e jurídicos no sentido da criação desses direitos e protecções («*lobbying*», corrupção, etc.)[3508].

A teoria da «captura de renda» é basicamente um instrumento de análise económica – com mais desencanto do que cinismo[3509] – da pressão do «*lobbying*» e da corrupção no sector público, como vias de aplicação de recursos na obtenção de vantagens extra-mercado, ou de criação de um mercado paralelo aos dos produtos e dos factores, de um mercado no qual se transacciona uma «mercadoria» muito peculiar[3510], e se explora os efeitos nas instituições políticas de algo como um «contrato incompleto», que deixa prevalecer condutas distorcivas e abusivas apenas porque não houve tempo de especificar completamente os equilíbrios institucionais e os meios de reacção às violações de deveres, ainda quando elas sejam observáveis[3511], um «contrato constitucional» que se expõe à predação oportunista, que mantém as partes reféns da sua ambiguidade e da falta de alternativas, e que explora ao máximo os efeitos da assimetria informativa e da descoordenação atomística[3512].

O problema é tanto mais intenso e grave quanto maior é a desconcentração e a descentralização políticas, visto que ambas as situações multiplicam oportunidades de risco moral e de deficiências de supervisão de representantes («*agency problems*»): em termos informativos, pareceria em princípio mais «monitorizável» a acção de políticos locais do que a acção de instâncias centralizadas, verificando-se que ao mesmo tempo os poderes descentralizados são mais expostos a uma sanção eleitoral directa, sendo ainda que, por outro lado, a «*ratio*» representantes-representados é evidentemente menor com a descentralização, e por isso se suscitariam em abstracto menos problemas de coordenação (e efeitos de boleia) dos representados para reacção a abusos dos representantes.

[3506] Crawford, V.P. & J. Sobel (1982), 1431-1451; Baron, D.P. (2002), 1224.

[3507] Alves, A.A. & J.M. Moreira (2004), 75-78.

[3508] Para uma análise completa e panorâmica da acção de grupos de interesses particulares e do modo como eles são capazes de ditar ou influenciar políticas, e de através delas de capturar renda, seja sobre políticos e burocratas já em funções, seja em candidatos políticos a eleições, cfr. Grossman, G.M. & E. Helpman (1994), 833-850; Grossman, G.M. & E. Helpman (2001); Baron, D.P. (2002), 1221-1229.

[3509] Kuenne, R.E. (1993).

[3510] Lambsdorff, J.G. (2002b), 97-125.

[3511] Araújo, F. (2001c), 231ss.; Seabright, P. (1996), 61-89.

[3512] Williamson, O.E. (2002), 188.

Em contrapartida, a corrupção e a «captura» por potentados locais, assegurando a perversão permanente dos critérios distributivos dos bens públicos, sobredotando as elites locais em detrimento da população em geral, é muito mais fácil no caso da descentralização[3513]. O meio institucional, a «captura de renda», a troca de favores políticos no «mercado da escolha pública» é que ditarão, em última instância, se o poder local é capaz de captar investimentos, ou antes se esforça por rejeitá-los para preservar as distorções distributivas que, favorecendo «potentados locais» e a formação de «funções de interesses»[3514], asseguram, à custa da estagnação económica local, a perpetuação no poder através do apoio «caciquista»[3515] – com a agravante de que o poder local não está tão exposto a pressões de contestação e revolta que o forcem, ao menos por motivos de sobrevivência, a contemporizar e a reformar-se[3516], e o mais baixo grau de monitorização permitir a formação de uma «rede corruptora» que instabiliza endemicamente o mercado, criando uma barreira aos rivais políticos e permitindo ao «cacique» vender a sua influência estabilizadora[3517].

Encarado por outro prisma, o problema reside no facto de o combate à corrupção revestir as características de um bem público (mais ainda, as características de um bem *instrumental* na produção de outros bens públicos), pelo que, por tudo o que sabemos, existirá colectivamente um incentivo racional à subprodução de medidas de combate à corrupção – espraiando-se pelo todo da sociedade o mesmo «efeito de boleia» que, noutro plano, vimos dificultar a reacção dos accionistas aos abusos da administração e dos controladores das sociedades anónimas, e o mesmo incentivo à batota que analisámos a propósito da concorrência oligopolista, mas que aqui reemerge como tendência para obter «ganhos de corrupção» à custa do acatamento da lei e da honestidade alheia[3518] (uma tendência para a concorrência desonesta que se agudiza no ambiente de

relativamente maior impunidade das transacções internacionais – caso em que não é raro o surgimento de corruptores de grande escala informalmente apoiados pelos seus Estados de origem, que deles se aproveitam para o trabalho sujo da concorrência desleal a nível planetário – um pouco à semelhança dos corsários de séculos passados)[3519].

Por isso se têm multiplicado as iniciativas no sentido da imposição de normas de transparência e de governação, encabeçadas tanto pelos Estados como por organizações não-governamentais e iniciativas da «sociedade civil» – esperando-se que o aumento do nível informativo, a criação de estruturas que incitem à coordenação e reduzam custos de transacção, que publicitem e estigmatizem os prevaricadores, a tomada de consciência das perdas advindas da corrupção e da sua absoluta injustiça (mormente em termos de desmotivação e desperdício de recursos), e simetricamente dos ganhos de juridicidade e de integridade, permitam conjuntamente vencer esta difícil batalha[3520].

Como referimos já, a corrupção – genericamente, o *abuso do poder público para proveito privado*, ou o *não-acatamento intencional de normas em detrimento do proveito comum*[3521] – tem recebido uma crescente atenção na literatura económica[3522], em especial no que respeita às deficiências estruturais que permitem a exploração corruptora e a perversão da mecânica optimizadora do mercado, à interacção dinâmica entre «asfixia legislativa» e «sucedâneo corruptor», à coexistência entre vários níveis de corrupção com diferentes eficácias, à alternativa entre a investida corruptora e a fuga para o «mercado negro», aos seus efeitos depressivos a nível macroeconómico[3523], e até à relação «Kuznetsiana» entre crescimento económico e geração espontânea de mecanismos de redução do nível de corrupção[3524], e à pressão internacional sobre a corrupção interna.

Especialmente importante tem sido a influência da perspectiva económica quando chama a atenção para o

---

[3513] Bardhan, P. (2002), 191-193; Bardhan, P. & D. Mookherjee (2000), 135-139.

[3514] Borge, L. (2000), 155-169.

[3515] Rodden, J. & S. Rose-Ackerman (1997), 1521-1572.

[3516] Acemoglu, D. & J.A. Robinson (2001), 938.

[3517] Ventelou, B. (2002), 23-40.

[3518] Podendo mesmo falar-se de uma «armadilha da corrupção», a situação em que, sendo a corrupção a norma no mercado, é economicamente penalizado o concorrente que se recusa a participar nela – não podendo esquecer-se por outro lado os efeitos dinâmicos que conduzem a um «equilíbrio de corrupção» dentro do mercado. Cfr. Lien, D. (2002), 123-133.

[3519] Tanzi, V. (2000).

[3520] Banco Mundial (2003), 138; Galtung, F. (2000), 26.

[3521] Schneider, F. & D.H. Enste (2000), 90-91; Rose-Ackerman, S. (1978); Rose-Ackerman, S. (1997); Jain, A.K. (org.) (1998); Shleifer, A. & R.W. Vishny (1993), 559-617.

[3522] Sem subestimarmos a atenção que ao fenómeno foi logo dispensada por Adam Smith, sempre sensível às manifestações da *"habilidade desse animal traiçoeiro e astucioso, vulgarmente chamado estadista ou político, cujos juízos são normalmente ditados pelas flutuações momentâneas dos negócios"* – Smith, A. (1976b), 468 (=I, 776).

[3523] Mauro, P. (1995), 681-712; Johnson, S., D. Kaufmann & P. Zoido-Lobatón (1998), 387-392.

[3524] Bardhan, P. (1997), 1320-1346; Rose-Ackerman, S. (1997), 21.

facto de não ser tanto a liberdade do mercado que propicia a corrupção, mas antes a regulação e os entraves a essa liberdade económica, que tornam proveitoso um conluio para a sua remoção: colocando, pois, mais ênfase na necessidade de reforma dos sistemas políticos do que propriamente numa repressão sobre as próprias condutas corruptoras[3525], uma repressão algo hipócrita se coexiste com os incentivos à corrupção[3526], por exemplo com programas de subsidiação e de licenciamento que são convites directos ao oportunismo e ao parasitismo, em casos em que a corrupção é, pois, apenas sintomática de uma deficiência estrutural mais vasta, e pode até tornar-se um bom auxiliar na detecção dessa patologia mais profunda – por exemplo, o efeito «pró-clientelar» de sistemas eleitorais «capturados» por partidos[3527] – e na proposta de remédios – por exemplo, a diminuição de competências geográficas e «em razão da matéria» de alguns serviços públicos, retirando-se-lhes algum poder monopolístico e devolvendo-se aos utentes desses serviços alguma possibilidade de escolha[3528] –.

Visto que o «mercado de captação de renda» não está por sua vez protegido por barreiras de entrada, nele pode ser forte a pressão concorrencial, e muitos recursos sociais são despendidos no esforço de captação de renda; mas essa pressão concorrencial gera, por sua vez, um equilíbrio nesse mercado, uma subida de preços que contrabalança – e pode anular – os ganhos extraordinários que constituem essa renda económica, aumentando os «custos fixos de captação» até que não haja mais *lucro económico*.

Suponha-se que, temendo o congestionamento do tráfego nos seus canais, a cidade de Veneza limita administrativamente o número dos gondoleiros, sujeitando a actividade à emissão de um alvará – e que, na sequência, emite 100 alvarás aos quais concorrem 10 mil candidatos. A limitação da concorrência faz subir o preço das viagens de gôndola, gerando uma renda económica a favor dos gondoleiros que tenham obtido o alvará; mas se os alvarás são transmissíveis, os excluídos não deixarão de tentar a sua entrada nesse mercado «captador de rendas», licitando

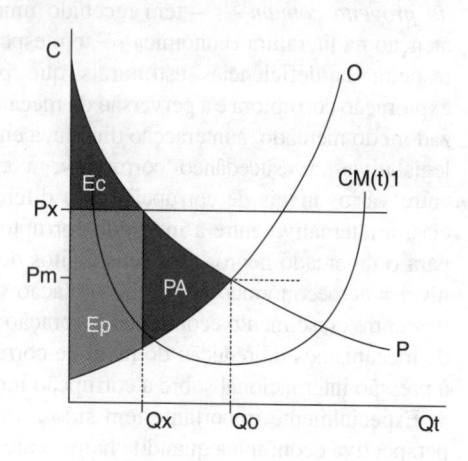 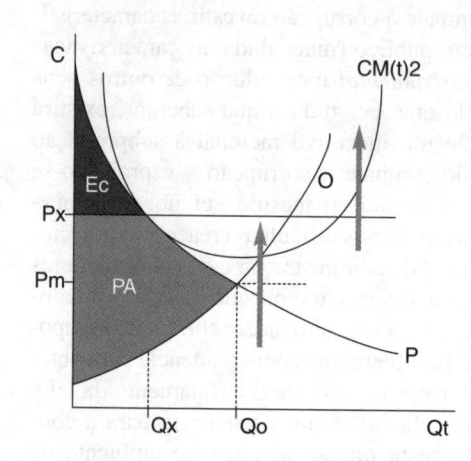

Gráfico 16.1. *Os monopolistas perdem o seu excedente convertendo-o em custos de «captura de renda» (publicidade, dissuasão, compra de favores políticos) (o mercado de «rent-seeking»)*

C: custos
Qt: quantidades
CM(t)1: custos médios (totais) *antes* do esforço de captura de renda
CM(t)2: custos médios (totais) *depois* do esforço de captura de renda
Pm: preço de mercado
Px: preço do monopolista (Px > Pm)
Qo: quantidade óptima (na qual o lucro é maximizado *em concorrência*)

Qx: quantidade óptima para o monopolista (na qual o seu lucro é maximizado) (Qx < Qo) (Qo – Qx = excesso de capacidade instalada)
O: oferta
P: procura
Ec: excedente do consumidor
Ep: excedente do produtor
PA: perda absoluta de bem-estar (*deadweight loss*)

[3525] Rose-Ackerman, S. (1999), 39-42.
[3526] Klitgaard, R.E. (1988).
[3527] Rose-Ackerman, S. (1999), 200-204.
[3528] Rose-Ackerman, S. (1999), 173-174.

entre eles o preço dessa entrada até que o preço do alvará seja aproximadamente o equivalente ao total da renda económica que pode resultar da obtenção do alvará – se o preço for inferior, o detentor actual do alvará não o venderá, a menos que a sua expectativa de permanência na actividade seja muito inferior à dos licitantes –. A subida do preço do alvará fará, por fim, com que a respectiva aquisição acabe por deixar de ser compensadora, quando o montante pago pelo alvará ultrapassar o total da renda esperada, momento em que poderá regressar-se a um equilíbrio entre custos e benefícios associados à «captação de renda».

Esse «equilíbrio de *rent-seeking*»[3529] não deixa, contudo, de ter repercussões no mercado, aditando, à perda absoluta de bem-estar típica do monopólio (do monopólio que não discrimina preços, lembremo-lo) e dos oligopólios coligados, uma outra perda absoluta de bem-estar, resultante esta dos custos infrutíferos da busca e captação de rendas económicas – uma perda de incentivos de produtividade que tem em compensação o efeito positivo de limitar o sucesso da formação de rendas económicas que sacrificam o bem-estar dos consumidores[3530]. Refira-se, de resto, que há muito que os cultores da «escolha pública» se afadigam na análise das condições em que a competição pelas rendas pode tornar-se ineficiente, ultrapassando até o equilíbrio de «renda zero» e fazendo os agentes despenderem no «*rent-seeking*» mais do que o valor esperado das próprias rendas[3531].

No fundo, muitas das iniciativas de «*rent-seeking*», com os seus custos elevados[3532], visam substituir o esforço de produção pelo esforço de apropriação, utilizando as instituições jurídicas e judiciárias para reforço e consolidação das prerrogativas atingidas, por facto consumado, com a apropriação – procurando obter dos poderes políticos e jurídicos a legitimação e a irreversibilidade dessas prerrogativas, a sua subtracção aos mecanismos redistribuidores do mercado[3533] e até aos mecanismos de evolução normativa[3534].

16 – b) O problema do monopólio natural

Vimos que o monopólio natural é uma situação peculiar na qual a imperfeição da concorrência não só é inevitável como não se traduz em qualquer perda de eficiência face à situação de mercado de que ela emerge. O monopólio natural surge, lembremo-lo, quando, por qualquer razão – mas em geral por efeito de economias de escala ou por efeito da exiguidade do mercado – é possível a um produtor saturar o mercado, satisfazer toda a procura ao preço de equilíbrio, quando os seus custos médios são ainda descendentes, quando não foi ainda atingida a escala mínima de eficiência. Ora, num caso desses, a exigência de que o monopolista natural imitasse a atitude dos «*price takers*» fixando o preço ao nível do custo marginal redundaria necessariamente em prejuízo para o produtor – já que, por definição, sendo os custos médios descendentes, os custos marginais são inferiores àqueles, e o preço teria então que ser fixado abaixo dos custos médios, dos custos *por unidade*.

Isso dificulta a intervenção supervisora ou reguladora do Estado quanto a possíveis abusos da posição em que o monopolista natural se coloca – porque, não o esqueçamos, ele não deixa de ser monopolista, não deixa de poder provocar no mercado os mesmos efeitos que estão acessíveis à actuação de qualquer «*price-maker*». Uma das formas possíveis de relacionamento com os monopólios naturais seria o da atribuição de subsídios maciços em compensação pela imposição de preços próximos do custo *marginal* – mas o que os consumidores ganhassem em bem-estar perdê-lo-iam em impostos necessários ao financiamento desses subsídios, além de ser questionável a necessidade de subsidiar produtores que, pela sua posição, obtêm já lucros extraordinários. Por essa razão, o Estado tende a lidar com situações de monopólio natural por outras vias, que podemos recapitular[3535]:

– a apropriação estadual dos monopólios naturais – o que suscita problemas relativos à eficiência produtiva do sector público, não raro resolvidos através da criação de entidades autónomas dotadas de «dinâmica empresarial», ou através da concessão da exploração desses monopólios a produtores privados, ainda que sob supervisão estadual;

– a privatização dos monopólios naturais através de leilões, assimilando-se a licitação vencedora à maior eficiência subsequente na promoção dos interesses gerais, partindo-se do princípio de que o que separa o vencedor dos demais é a vantagem

---

[3529] Epstein, G.S. & S. Nitzan (2002), 137-142.

[3530] Para uma aplicação destes conceitos à análise das licenças emitidas para exploração comercial dos Jogos Olímpicos de 1996, cfr. Allen, R.C. & J.H. Stone (2001), 431-438.

[3531] Sobre esse problema de «dissipação de renda», cfr. Hurley, T.M. (1998), 289-298; Lockard, A.A. & G. Tullock (orgs.) (2001).

[3532] Cowen, T. & A. Tabarrok (1999), 121-127.

[3533] Osborne, E. (2002), 399-415.

[3534] Sutter, D. (2002), 105-125.

[3535] Reveja-se os Gráficos 10.7 e 10.8.

marginal nessa eficiência, e que essa vantagem é *revelada* na concorrência pelo mercado – o que é decisivo em contextos de mercado de «standard» dominante nos quais não é possível uma verdadeira comparação de eficiências por um regulador[3536];

– a regulação – permitindo-se que a propriedade dos monopólios naturais permaneça em mãos privadas, sujeita-se a correspondente exploração a regras estritas por forma a que o monopolista fixe o preço mais baixo possível, o preço mínimo compatível com a rentabilidade do monopolista, e portanto um preço que tenda a aproximar-se do custo *médio*, deixando-lhe alguma margem de lucro mas não uma verdadeira renda de monopolista[3537]. A solução, contudo, apresenta dificuldades óbvias, já que por um lado é fácil ao monopolista manipular a sua curva de custos médios – por exemplo, sobre-investindo ou, se se tratar de um grupo económico, praticando elevados «preços de transferência» entre as empresas do grupo – por forma a poder fixar preços elevados, disfarçando a «captação de renda» sob a capa de simples recuperação dos custos, e por outro lado é também relativamente fácil ao monopolista «capturar o regulador», colocando a regulação ao serviço dos seus interesses particulares[3538]:

– seja convencendo-o a adoptar a sua própria perspectiva acerca do que seja o interesse público;

– seja colocando-o em situações de assimetria informativa nas quais o regulador tem que confiar nos dados que lhe são fornecidos pelo produtor;

– seja criando uma relação de amizade e cumplicidade através de um relacionamento longo;

– seja recorrendo à corrupção, ao aliciamento – por exemplo, prometendo aos supervisores cargos bem remunerados nas empresas do produtor supervisionado (a chamada «*revolving door policy*») –;

– seja tentando a infiltração na entidade supervisora – por exemplo, fazendo com que empregados seus sejam recrutados para a entidade supervisora, em razão dos seus conhecimentos específicos –;

– seja desenvolvendo as múltiplas estratégias que se configuram na teoria dos «jogos com aprendizagem», e se descrevem em «*case studies*» desse «casamento de conveniência» que se desenvolve na regulação[3539].

– a desregulação, o fomento da concorrência, mesmo que imperfeita e relativamente inoperante, como forma de manter a pressão e a contestação de mercado – sendo que existem vários argumentos favoráveis a esta solução:

– um é o de que a aparente invulnerabilidade do monopolista natural se desmorona se ele sucumbe à tentação de cobrar preços muito superiores ao seu nível de custos médios, pois num caso desses a entrada de um rival poderia dar origem a um duopólio viável, isto é, sem agravamento de preços para o consumidor – não devendo, contudo, subestimar-se a capacidade que um verdadeiro monopólio natural tem de intimidar toda a concorrência potencial –.

– outro argumento é o de que a desregulação permite a entrada de concorrentes que podem estar tecnologicamente mais apetrechados do que o monopolista natural, causando-lhe danos através do abaixamento de custos e da eventual obtenção de economias de escala.

– e outro argumento ainda – porventura o mais convincente para a desregulação dos mercados onde existem monopólios naturais – é o de que é necessário distinguir onde começa e acaba o verdadeiro monopólio natural, sendo que a concorrência potencial ou efectiva permitirão desmascarar aquelas áreas para as quais o monopolista natural tenha tentado alastrar o seu poder de monopólio, mas que não constituem verdadeiramente monopólios naturais. Por exemplo, o concessionário que presta serviços telefónicos numa rede fixa tem o monopólio natural que é a rede fixa, mas isso não o autoriza a cobrar preços de monopólio nos próprios serviços, visto que estes podem ser prestados em termos concorrenciais – caso em que o Estado deverá desregular «criando mercado», isto é, abrindo à concorrência a prestação de serviços telefónicos, e vedando a qualquer dos concorrentes a propriedade da rede, a qual deve ser propriedade de uma entidade independente e regulada, ou propriedade do Estado, e facultada ao acesso de todos os concorrentes em termos equitativos.

[3536] Williamson, O.E. (2002), 187; Demsetz, H. (1968), 55-66; Posner, R.A. (1972), 98-129; Peltzman, S. & C. Whinston (2000).

[3537] Para uma perspectiva histórica da regulação ao longo do século XX, cfr. Eisner, M.A. (2000).

[3538] A «captura do regulador» é uma das mais revolucionárias intuições *laissez-faire* de George Stigler: a ideia de que a regulação não prossegue o interesse público mas sim, mais tarde ou mais cedo, exclusivamente os interesses dos «regulados», perpetuando-lhes o privilégio no acesso a «rendas» e «quase-rendas». Cfr. Stigler, G.J. (1971), 3-21. Afinal, um desenvolvimento e explicitação de ideias já prefiguradas em Stigler, G.J. & C. Friedland (1962), 1-16 – um artigo singularmente consonante com o início da «*public choice theory*» em Buchanan, J.M. & G. Tullock (1962).

[3539] Sheffrin, S.M. (2000), 259-269.

A desregulação[3540] e a privatização[3541] são hoje as tendências dominantes[3542] – iniciadas com as «indústrias de rede» e depois ampliadas pelo próprio ambiente político-ideológico[3543] e de tendência macroeconómica, de declínio do dirigismo socialista e do «activismo estabilizador» keynesiano[3544], pelo meio de muitas oscilações, ideologicamente determinadas, entre a apologia do socialismo[3545] e a sua veemente denúncia[3546], passando pela relutante admissão da sua inevitabilidade[3547] –, e em função delas a ciência económica tem sido desafiada a elaborar inúmeras teorias, construir inúmeros cenários, com muita complexidade e detalhe, de criação de mercado, de recriação do mercado, de devolução ao mercado – mesmo quando se trata destas situações em que aparentemente o mercado não tem nada a aditar à eficiência de um produtor isolado[3548/3549].

A privatização como política sistemática de devolução aos mercados de funções de afectação de recursos públicos[3550] foi praticamente inaugurada no início dos anos 80 com o governo de Margaret Thatcher, no Reino Unido[3551]; a própria expressão «privatização» foi inicialmente proposta por Peter Drucker para substituir o termo «desnacionalização»[3552], e inspirava-se nas já aludidas críticas libertárias de Hayek contra o Estado providencial e colectivista, contra o «estatismo»[3553], o que dava alento a uma nova ofensiva liberal e conservadora[3554].

Extravasando para fora das suas fronteiras ideológicas iniciais, o movimento de privatização e de desregulação passou a ter como primeiro objectivo e primeiro fundamento o incremento de incentivos privados e o concomitante aumento de produtividade – embora também aqui imperem razões de escolha pública e de estratégia da favorecimento de «rent-seekers», e a privatização muitas vezes corresponda à simples funcionalização do interesse público às conveniências do votante mediano[3555], dado o interesse de perpetuação da classe política através da legitimação do voto[3556] e da satisfação dos «lobbies»[3557]. Isso aliás fica bem explícito na subutilização de licitações que possam maximizar o preço das privatizações e minimizar a «renda» daqueles que passam para a titularidade dos meios de produção privatizados – ou até no mais directo facto da subavaliação ou do racionamento do objecto das privatizações (sejam elas promovidas por emissão de títulos, sejam elas promovidas por alienação directa de activos, sejam elas promovidas por massificação de «vouchers» de acesso aos serviços), que gera «renda» a favor de alguns privados[3558], muitas das vezes de «clientela partidária»[3559], e os desincentiva, pelo menos temporariamente, de assumirem atitudes de eficiência económica máxima (como aconteceria sem renda, se tivessem de pagar o preço máximo na licitação e tivessem agora que recuperar esse custo em ambiente concorrencial)[3560].

Apesar dessas «contaminações» do intuito inicial pela realidade dos compromissos políticos, e descontado o «pano de fundo» ideológico sobre o qual se eternizam os debates sobre a dimensão económica óptima do Estado e do sector público, observemos de passagem que é crescente o consenso relativamente aos seguintes pontos:

[3540] Sanches, J.L.S. (2000b), 5-22.

[3541] Rodrigues, N.C. (2004), 125ss..

[3542] Embora se deva reconhecer que a progressiva «desintervenção» do Estado na actividade económica tem sido muito frequentemente mais aparente do que real, mais «manutenção de aparências» – como talentosamente o denuncia: Rodrigues, N.C. (2004), 103ss., 212ss..

[3543] Veja-se alguns «manifestos» algo panfletários dessa tendência em: Himmelfarb, G. (1995); Payne, J.L. (1998).

[3544] Peltzman, S. & C. Whinston (2000).

[3545] Lange, O. (1936), 53-71, 123-142; Lerner, A.P. (1944).

[3546] Friedman, M. (1962); Hayek, F.A. (1944); Jewkes, J. (1948).

[3547] Schumpeter, J.A. (1950). Ver também Robbins, L. (1947).

[3548] Roth, A.E. & A. Ockenfels (2002), 1102; Roth, A.E. & E. Peranson (1999), 748-780; Roth, A.E. (2002), 1341-1378; Wilson, R. (2002), 1299-1340.

[3549] Sobre a desregulação no sector bancário, cfr. Cabral, N.C. (1997), 411-484; Lobo, C.B. (2001), 55ss..

[3550] Megginson, W.L. & J.M. Netter (2001), 328-329; Laffont, J.-J. & J. Tirole (1993); Boardman, A. & A.R. Vining (1989), 1-33; Vickers, J. & G. Yarrow (1991), 111-132; Shleifer, A. (1998), 133-150.

[3551] Megginson, W.L. & J.M. Netter (2001), 321.

[3552] Yergin, D. & J. Stanislaw (1998), 114; Megginson, W.L. & J.M. Netter (2001), 324.

[3553] Hayek, F.A. von (1944).

[3554] Yergin, D. & J. Stanislaw (1998), 98-107.

[3555] Alesina, A. (1987), 651-678; Alves, A.A. & J.M. Moreira (2004), 42-48, 65-68; Persson, T. & L. Svensson (1989), 325-345; Roland, G. & T. Verdier (1994), 161-183; Schmidt, K.M. (2000), 393-421; Biais, B. & E. Perotti (2002), 240-241.

[3556] Aghion, P. & P. Bolton (1990), 315-345; Alesina, A. & G. Tabellini (1990), 403-414; Milesi-Ferretti, G.M. & E. Spolaore (1994), 121--140; Besley, T. & S. Coate (1998), 139-156.

[3557] Grossman, G.M. & E. Helpman (1994), 833-850.

[3558] Jones, S., W. Megginson, R. Nash & J. Netter (1999), 217-253; Megginson, W.L., R. Nash & M. van Randenborgh (1994), 403-452.

[3559] Besley, T. & S. Coate (1998), 139-156.

[3560] Biais, B. & E. Perotti (2002), 255-256.

– é crescente, a nível mundial, a substituição de empresas públicas por empresas privadas em sectores fundamentais da actividade económica – mesmo na produção de bens públicos e de bens de mérito[3561];

– as empresas privadas tendem a apresentar maior eficiência e rendibilidade do que as empresas públicas, em todos os sectores de actividade (mesmo do que as empresas públicas agilizadas por uma «lógica empresarial» mas que subsistem desincentivadas com o «*soft budget constraint*»);

– as privatizações promovidas por emissão de títulos, além de animarem o mercado bolsista, proporcionam efeitos redistributivos significativos quando elas reservam alguns direitos de subscrição a pequenos investidores, proporcionando-lhes ganhos especulativos na revenda aos grandes investidores (havendo quem tenha alimentado esperanças de que esta fosse a via para a instauração de uma nova via de «capitalismo popular» com a mesma função social que, muitas das vezes, tinha anteriormente determinado o movimento das nacionalizações)[3562].

Em contrapartida, uma das objecções à privatização, ao menos em certos sectores, é a de que os resultados favoráveis da provisão privada podem ser fruto de uma prossecução de objectivos de rentabilidade máxima que implicam a redução da universalidade dos serviços: garantindo os serviços privatizados essa maximização de rentabilidade através do afastamento das relações contratuais menos lucrativas, independentemente da respectiva relevância política e social.

A isso contrapõe-se a possibilidade de especificação precisa de cláusulas que imponham a universalidade do serviço – uma possibilidade que esbarra, por sua vez, na impossibilidade de celebração de contratos completos que recubram todas as contingências em tudo o que não sejam meras tarefas básicas e rotineiras – devendo, pois, a eficiência do sector privado ser confinada à possibilidade de celebração de contratos completos, sem o que a legitimação da apropriação pública poderá constituir uma salvaguarda para a quebra de impasses na tensão entre prestação universal de serviços e racionamento desses serviços em nome da rentabilidade[3563].

16 – c) A regulação[3564]

Pode encarar-se a teoria económica da regulação, da *régulation* que procedimentaliza as conciliações necessárias entre categorias de agentes económicos e entre interesses em jogo[3565] – do controlo da entrada ou saída do mercado, dos preços, da extensão do domínio de actividade de empresas concorrentes, de questões de qualidade produtiva ou ambiental – como um sub-capítulo da «teoria da escolha pública», de que falaremos adiante, e por isso conceber-se que existe um «mercado da regulação», no qual se pode analisar um lado da oferta e um lado da procura.

Os agentes económicos privados procuram a regulação – pagando com votos, com trocas de favores, com contribuições para os partidos, ou literalmente pagando a corrupção – se entenderem que é elevado o excedente de bem-estar a obter-se através da regulação, e na medida em que sejam suficientemente numerosos e suficientemente organizados. A regulação reduz a amplitude das escolhas dos agentes económicos, mas ao fazê-lo pode favorecer a posição e a renda dos agentes já instalados (e daí a formação de dois mercados, um da captura de renda entre os produtores incluídos pela regulação, outro o mercado negro formado entre os excluídos pela regulação, que acompanham na sua intensidade a rigidez da própria regulação[3566]). A regulação que é procurada pode revestir-se da mais diversa amplitude e intensidade, nem toda ela se revestindo de «significância económica» para um todo nacional ou para um contexto internacional – e são essas características que determinarão o enquadramento institucional da regulação, as salvaguardas da sua aplicação, a avaliação do seu impacto nos custos (os benefícios de incremento da previsibilidade, a poupança em custos de coordenação, os prejuízos com a monitorização, com os custos administrativos e de acatamento, os riscos de corrupção), e os processos da sua revisão[3567].

E os políticos e os burocratas oferecem regulação, motivados tanto pelo escopo de maximização dos benefícios *percebidos* pelo «eleitor mediano» como pelo objectivo de «captação orçamental» por parte das estruturas burocráticas que têm a seu cargo. Como é muito evidente em todos os regimes democráticos, o financiamento dos partidos e das campanhas eleitorais

---

[3561] Para uma análise detalhada de alguns casos norte-americanos de desregulação (na aviação, gás natural, transportes, sector bancário), e respectivos sucessos e insucessos, cfr. Vietor, R.H.K. (1994).

[3562] Megginson, W.L. & J.M. Netter (2001), 380-381.

[3563] Hart, O.D., A. Schleifer & R.W. Vishny (1997), 1127-1161.

[3564] Boyer, R. (1990); Goldin, C. & G.D. Libecap (orgs.) (1994); Hahn, R.W. (1998), 202ss.; Rodrigues, N.C. (2004), 138ss., Santos, A.C., M.E. Gonçalves & M.M.L. Marques (2001), 191ss.

[3565] Mazier, J., M. Baslé & J.F. Vidal (1999), 242.

[3566] Schneider, F. & D.H. Enste (2000), 85-86.

[3567] ERP (2003), 157-158.

constitui um «toma lá, dá cá» em que cada uma das contribuições busca contrapartidas privadas sob forma de subsídios, privilégios e isenções e regulação favorável[3568], numa «mercantilização» da decisão política[3569] – concorrendo a eles com a dimensão das suas contribuições[3570], ainda que uma falha de mercado (a assimetria informativa) tenda a beneficiar os políticos, seja para libertá-los do estrito «*quid pro quo*»[3571], seja para lhes conferir a iniciativa na «captura» dos fundos que constituem a «renda dos políticos»[3572].

Numa situação de equilíbrio no «mercado da regulação», ninguém teria, por definição, incentivos para usar recursos adicionais, quer no sentido da modificação dos níveis de procura de regulação, quer no da reorientação das prioridades da oferta de regulação. Todavia, equilíbrio não implica consenso: o equilíbrio significaria apenas que a ninguém se afiguraria *valer a pena* a alteração de uma determinada situação de regulação, pressupondo-se que uma modificação do equilíbrio regulador tem custos, tanto mais elevados quantos mais os agentes económicos atingido por ela. Um equilíbrio de regulação poderia promover a *eficiência económica*, maximizando o bem-estar das trocas reguladas – o que é aliás pressuposto pelos subscritores da «teoria do interesse público», que com optimismo consideram que a regulação toma sempre por prioridade a eliminação das áreas de perda absoluta de bem-estar, contrabalançando sistematicamente as falhas de mercado –.

No entanto, nunca se pode excluir que, em resultado de uma licitação entre produtores e consumidores pelo «bem único» que é a regulação, tenha ocorrido a captura do regulador pelos produtores e que o equilíbrio se estabeleça exclusivamente num ponto de maximização do excedente do produtor, ou seja, do seu lucro – naqueles casos, por exemplo, em que só uma regulação muito específica de uma actividade produtiva consiga superar os custos da regulação, e as perdas provocadas pela regulação possam ser externalizadas por um universo muito amplo de eleitores, significando perdas

individuais imperceptíveis: o que tende a suceder com a regulação dos transportes, com a qual são erigidas barreiras anti-concorrenciais que garantem lucros extraordinários aos operadores do sector e não sobem incomportavelmente os preços dos utentes.

– Sob uma perspectiva diferente, a «regulação» foi a sedimentação paulatina de alternativas ao sistema de simples resolução judicial de problemas de mercado pela via dos litígios privados – à medida que se foi percebendo que nem tudo poderia ser titulado na esfera dos interesses privados, nem tudo previsto em «contratos completos», nem tudo acautelado através da litigância suscitada pela defesa de direitos de apropriação[3573].

– Neste sentido específico, a «Teoria do Interesse Público» tende a fornecer os quadros gerais da regulação ditada por necessidades de correcção de falhas de mercado e de externalidades, mas não parece explicar adequadamente a razão pela qual todo e qualquer arranjo institucional é vulnerável à subversão pelos «*rent-seekers*», e até à «captura» por esses interesses particulares[3574], ou a razão pela qual a litigância, e as subjacentes regras de responsabilidade civil, podem revelar-se mais pontualmente eficientes do que a regulação[3575] – descontadas as vantagens que advêm da maior especialização que os reguladores podem alcançar, em comparação com formação generalista da maior parte dos juízes[3576].

Na prática, só depois da desregulação da actividade em muitos sectores (e do concomitante fim da política de subsidiação[3577]) é que se percebeu, pelos incrementos de bem-estar resultantes, se a regulação lesava ambos os lados do «mercado da regulação», obtendo-se com a desregulação preços mais baixos e lucros médios mais elevados – caso dos transportes, em que eram lesados tanto produtores e potenciais concorrentes como os utentes – ou se beneficiava um dos lados à custa do outro, obtendo-se com a desregulação uma simultânea queda de preços e de lucros – como foi o caso da acti-

---

3568 Boldron, F. & C. Hariton (2002), 85-95.

3569 De que o exemplo mais rematado é o «*logrolling*» parlamentar (a troca de votos entre dois parlamentares representantes de interesses distintos: «votas em mim, eu voto em ti»). Cfr. Bickers, K.N. & R.M. Stein (1997), 229-249; Fleck, R.K. & C. Kilby (2002), 31-53; Mueller, D.C. (org.) (1997); Parisi, F. (2002), 183-192.

3570 Baron, D.P. (1989), 45-72; Denzau, A.T. & M.C. Munger (1986), 89-106; Grier, K.B. & M.C. Munger (1991), 24-43; Snyder Jr., J.M. (1990), 1195-1227.

3571 Grossman, G.M. & E. Helpman (1994), 833-850.

3572 Ansolabehere, S. & J.M. Snyder Jr. (1999), 1673-1704; Ansolabehere, S., J.M. de Figueiredo & J.M. Snyder Jr. (2003), 109-110; Romer, T. & J.M. Snyder Jr. (1994), 745-769.

3573 Uma impossibilidade principalmente devida aos «custos de transacção». Cfr. Glaeser, E.L. & A. Shleifer (2003), 401ss.; Hofstadter, R. (1955).

3574 McChesney, F. (1987), 101-118; Peltzman, S. (1976), 211-240; Posner, R.A. (1974), 335-358; Stigler, G.J. (1971), 3-21.

3575 Estritamente em função dos correspondentes «custos de transacção». Cfr. Coase, R.H. (1960), 1-44; Shavell, S. (1984), 271-280; Shavell, S. (1984b), 357-374.

3576 Glaeser, E.L. & A. Shleifer (2001), 431-435.

3577 Crandall, R.W. & H. Furchtgott-Roth (1996); Morrison, S.A. & C. Winston (1995).

vidade de radiodifusão e de televisão, em que os produtores eram beneficiados à custa dos utentes –.

Com efeito, e como referimos já, têm-se verificado, apesar das resistências e dos constrangimentos políticos[3578], grandes benefícios para os utentes de sectores desregulados, e não apenas as reduções de custos de curto prazo mas ainda os aumentos de produtividade e de sofisticação tecnológica que permitem perspectivar a continuação de tais reduções no longo prazo[3579/3580]; muitas indústrias estavam sujeitas a formas especialmente ineficientes de regulação – como a indústria aeronáutica, na qual era a própria regulação que, «capturada pelos regulados», impedia a «guerra de preços» e impunha uma espécie de concorrência monopolística entre companhias aéreas, cada uma competindo com as outras em estratégias publicitárias, em esforços de fidelização de clientela e na oferta de serviços a bordo em termos profundamente ineficientes, até que a desregulação permitiu a entrada no mercado de operadores de baixo custo, competindo ao nível dos preços, multiplicando rotas e horários[3581] –.

– A desregulação do transporte aéreo veio pôr a nú as ineficiências das grandes companhias, veio permitir a entrada de companhias super-eficientes e acabou por determinar baixas sucessivas das tarifas[3582] – ainda que tenha contribuído ocasionalmente para a redução da variedade da oferta, procurando os vários concorrentes concentrar-se exclusivamente nas rotas mais lucrativas[3583].
– Algo de similar aconteceu, ou está a acontecer, em muitos países, em sectores como o das telecomunicações[3584] ou o da electricidade[3585], e pode vir a acontecer generalizadamente em sectores tão diversificados como os transportes urbanos[3586] ou mesmo a educação (que, mesmo descontada a perspectiva dos «bens de mérito», sofre por todo o mundo dos males da sobreregulação[3587]).

Isso não significa, obviamente, que a desregulação não venha acompanhada de grandes riscos, e que não tenha havido já colapsos de descoordenação – seja por força de desregulações ou privatizações incompletas, seja pela criação de «vazios de poder» pelo desmantelamento de forças monopolistas, seja pelo surgimento de imperfeições concorrenciais extremas[3588], seja pela súbita degradação sentida em situações de pobreza e dependência protegidas pela regulação[3589/3590]. Mas a desregulação tem servido muito especialmente, insiste-se, para evidenciar as limitações da regulação, o desperdício que ela gera, a insensatez que ela recobre – a forma como a interferência no mercado e nos seus automatismos repercute profundamente na flexibilidade, no dinamismo e na produtividade global de uma economia[3591], muito em especial nos pontos críticos em que a estrutura produtiva já evoluiu mas a regulação «esclerosou» os seus processos[3592] –, ainda quando não se trate de escamotear a necessidade de um Estado regulador e interventor em muitas áreas da actividade económica, e se reconheça que o figurino *paternalista* e *providencialista* que o Estado foi assumindo crescentemente ao longo do século XX não é fruto da súbita inspiração de uma mente perversa, antes correspondeu, e parcialmente corresponde ainda, a necessidades civilizacionais, sociais e económicas efectivas[3593].

De acordo com a «teoria da escolha pública», é de prever que ocorra uma «captura do regulador» sempre que, no «mercado da regulação», a oferta seja menos

---

[3578] Noll, R. (1989), 1253-1287; Peltzman, S. (1989), 1-41; Winston, C. & R.W. Crandall (1994), 1-49.

[3579] Hahn, R.W. & J.A. Hird (1991), 233-278; Joskow, P.L. & R.G. Noll (1994), 367-440; Winston, C. (1993), 1263-1289; Winston, C. (1998), 89ss..

[3580] Por exemplo, no caso norte-americano verificou-se, na indústria aeronáutica, uma redução de custos na ordem dos 24%, com ganhos de eficiência na gestão de tráfego e nas reservas dos passageiros; os custos de operação baixaram de 30 a 35% na camionagem, igualmente com grandes progressos de logística; também na distribuição do gás natural a desregulação representou uma diminuição de custos da ordem dos 35% em custos de operação e de manutenção. Mas foi no transporte ferroviário que o abaixamento dos custos foi mais pronunciado, na ordem dos 50% (com um aumento de 141% em termos de produtividade). Cfr. ERP (1997), 190.

[3581] ERP (2003), 163.

[3582] Morrison, S.A. & C. Winston (1998).

[3583] Morrison, S.A. & C. Winston (1986).

[3584] Crandall, R.W. & L. Waverman (1995); Harris, R.G. & C.J. Kraft (1997), 93-112.

[3585] Joskow, P.L. (1997), 119-138; Kahn, A.E. (1997), 29-42; Kwoka, J.E. (1997); Smith, V.L. (1996), 33-46; White, M.W. (1996), 201-267.

[3586] Lave, C.A. (org.) (1985); Winston, C. & C. Shirley (1998).

[3587] Chubb, J.E. & T.M. Moe (1990).

[3588] Já nos referimos ao colapso no mercado da electricidade na Califórnia. Cfr. ERP (2003), 165-168.

[3589] Atkinson, A.B. (1999), 183.

[3590] Pense-se, por exemplo, que o incremento da pressão competitiva deixou menos margem às empresas para elevarem os seus custos repercutindo-os nos consumidores, partilhando a «renda económica» com os seus trabalhadores. Cfr. Annable, J. (1973), 13-47; Ehrenberg, R.G. (1979); Hendricks, W. (1994), 207-234; Moore, T.G. (1986), 1-28; Peoples, J. (1998), 111ss..

[3591] ERP (2003), 173.

[3592] Mazier, J., M. Baslé & J.F. Vidal (1999), xxxii.

[3593] Atkinson, A.B. (1999), 3-7; Mazier, J., M. Baslé & J.F. Vidal (1999), 43.

atomística do que a procura e por isso seja de esperar dela maior eficiência na pressão e no aliciamento, na substituição de votos por financiamentos dos políticos e dos burocratas reguladores. Em tal circunstância, o produtor regulado poderá tentar regressar a níveis de preços que o aproximem da renda monopolística, o que, pelas razões que já aduzimos, será facilitado por uma política reguladora de preços em função do *custo médio*, o que equivale a dizer uma regulação por taxas de rentabilidade normais num sector – habilitando o produtor a manter o lucro normal que seria próprio de uma situação concorrencial no sector em que ele se integra –, pois bastará ao produtor *empolar* os seus custos, apresentando ao regulador uma estrutura de custos que justificam a fixação de preços muito acima da sua *real* escala de eficiência, para recuperar por essa via alguns dos lucros extraordinários de longo prazo que adviessem da sua natureza monopolista. Tem que se admitir que esta via de distorção de custos é demasiado fácil para não ser tentada sempre que um sistema de regulação envolve uma apreciação directa dos custos[3594].

Dada a acumulação de más experiências ligadas ao recurso à fixação de preços pelo regulador[3595], e dissipada alguma da «poeira» teórica em torno destes temas[3596], a regulação tem evoluído no sentido da adopção crescente de esquemas de *incentivos*, como o do estabelecimento de um preço máximo invariável («*price cap*»)[3597], ou quando muito variável por indexação à taxa de inflação, que permitisse ao produtor regulado obter lucros extraordinários na medida em que conseguisse baixar a sua escala de eficiência, ou o da limitação automática dos lucros através do abaixamento dos preços – caso em que, verificando-se que um determinado montante de lucros tinha sido atingido, o produtor seria obrigado a baixar os seus preços, devolvendo aos consumidores uma parte do seu excedente de bem-estar –[3598]. E obviamente que fica em aberto a alternativa, mas não isenta também ela de inconvenientes, da «regulação de quantidades» (os «*output floors*»)[3599].

16 – d) A preservação da concorrência[3600]

Para lá do que já ficou especificamente dito quanto à formação de concentrações empresariais anti-concorrenciais, e quanto à reacção politico-jurídica que se plasmou nas leis «*antitrust*», cabe agora sublinhar que algumas das iniciativas «*antitrust*» são autênticas *imposições* de um nível mínimo de concorrência – um nível postulado por aquilo que poderíamos designar por «nova organização industrial»[3601] –, a que politicamente se recorre quando a presença de meros *incentivos* é tida por insuficientemente estimuladora da concorrência, e por insuficientemente dissuasora do uso e abuso de poder de mercado por parte dos produtores.

Mas para se saber se existe domínio do mercado, e não simples poder de «*price-making*», lembremos que a primeira dificuldade que se suscita é a de definir as fronteiras do mercado relevante – pois é dessa demarcação que depende a contagem do número de concorrentes e a aferição do nível de concentração, e ainda a determinação do grau de diferenciação dos produtos oferecidos. A tarefa não é simples, havendo contornos difusos em muitos dos mercados, já em razão da abertura das economias ao comércio internacional, sendo que essa abertura pode tornar irrelevantes até os mais elevados níveis de concentração da parte das empresas nacionais (mesmo o mais enraizado dos monopólios nacionais pode não sobreviver ao primeiro embate das importações), já em razão da dificuldade de estabelecimento de uma fronteira entre, por um lado, a diferenciação de produtos *num mesmo mercado* e, por outro lado, a situação de coexistência de *tantos mercados*

[3594] Esta uma das razões pelas quais se aceita hoje que o problema da titularidade pública ou privada é menos importante do que a presença, ou não, de concorrência efectiva, devendo cingir-se a isso a supervisão reguladora (voltaremos já de seguida a esse ponto). Cfr. Caves, D.W. & L.R. Christensen (1980), 974; Rosen, H.S. (2002), 68.

[3595] Que tem conduzido a formas extremas de *falhas de intervenção*, talvez a mais gritante delas resultando do facto de uma agência reguladora ter custos de instalação e custos administrativos mais elevados do que o total dos custos sociais da externalização que se pretenderia evitar com a presença do regulador. Cfr. ERP (2004), 156.

[3596] É de notar que, curiosamente, os apologistas da regulação económica são em geral investigadores e académicos que se apresentam como invariavelmente opostos à regulação do próprio mercado em que se movimentam, o mercado das ideias – o que dá uma boa ideia do paternalismo «platonista» que muitas vezes anima esses teóricos bem pensantes, que não parecem muitos dispostos a comoverem-se com a perda de liberdade *dos outros*. O ponto é eloquentemente (e congruentemente) sublinhado em: Coase, R.H. (1994), 67.

[3597] Uma opção que, todavia, fica exposta ao oportunismo e à conduta estratégica do regulador, podendo degenerar muito facilmente no estabelecimento de meras «barreiras de entrada» nos mercados. Cfr. Weisman, D.L. (2002), 349-370.

[3598] Para que o sistema de regulação por «*price caps*» funcione é preciso pressupor que existe um sistema informativo eficiente, o que nem sempre será de pressupor-se (dados os custos de aquisição da informação). Cfr. Iossa, E. & F. Stroffolini (2002), 1013-1036.

[3599] A qual pode até enfermar de problemas de *credibilidade* – cfr. Bertoletti, P. (2002), 13-30.

[3600] Para uma caracterização genérica do quadro das políticas de concorrência no quadro português e comunitário, cfr. Vaz, M.A. (1998), 271ss.; Santos, A.C., M.E. Gonçalves & M.M.L. Marques (2001), 291ss.; Ferreira, E.P. (2001), 457ss., 479ss., 517ss.; Gorjão-Henriques, M. (2001), 397ss.; Pego, J.P.M. (2001); Galli, G. & J. Pelkmans (orgs.) (2000).

[3601] Jacquemin, A. (2001), 443-468.

quantos os diferentes produtos – a mesma ambiguidade que vimos estar na raiz do conceito de concorrência monopolística –.

Este último aspecto pode ser resolvido de uma forma pragmática, sem se prestar demasiada atenção a características «intrínsecas» dos produtos, e olhando apenas para a relevância dessas similitudes no mecanismo dos preços.

Assim, pode ser que dois produtos ligados entre si por laços de substituição ou de complementaridade devessem em rigor ser considerados como objectos centrais de dois mercados distintos – mas se, pelo facto de os seus movimentos de preços se relacionarem estreitamente, se puder dizer que os respectivos produtores interagem uns com os outros e contribuem colectivamente para a formação dos preços, ainda que com alguma «rivalidade oblíqua», então na prática tudo se assemelha ao funcionamento de um único mercado, a justificar um único conjunto de medidas pró-concorrenciais.

Demarcado o mercado relevante, o domínio dentro dele pode então ser aferido, mesmo que só em termos genéricos, através do «*price making*», já que, como sabemos, a total ausência de domínio, a atomicidade perfeita, se revelaria na insusceptibilidade de modificação unilateral dos preços, bastando, pois, examinar o que sucede aos preços quando um produtor aumenta ou diminui a sua produção, ou o que acontece ao volume de vendas quando o produtor aumenta os seus preços.

Dadas as consabidas insuficiências da supervisão e da regulação cometidas a entidades públicas, um dos aspectos mais característicos da moderna regulamentação pró-competitiva é a atribuição aos intervenientes no mercado da iniciativa na fiscalização recíproca do acatamento das normas, colocando-se grande ênfase na verificação efectiva de danos e na responsabilidade civil que recai sobre o violador das normas vigentes, o que por si só parece incrementar a eficiência na detecção – dado que a fiscalização cruzada pelos pares, pelos concorrentes, parte já do conhecimento directo de um contexto económico em que estão todos imersos, não havendo custos adicionais na aquisição da informação relevante – e na reacção aos abusos de domínio de mercado, visto ser obviamente mais difícil, senão impossível, «capturar o regulador» quando ele é um concorrente que se sente directamente lesado.

Para alguns economistas, a recente maré-alta do direito da concorrência revelou-se infrutífera e em larga medida desnecessária, correndo o risco de tornar-se patentemente obsoleta perante a actual tendência para a liberalização e mundialização do comércio internacional – a qual, a verificar-se em pleno e sem «sabotagem» de países ou uniões de países, significará que qualquer iniciativa de «abuso de posição dominante»[3602] passa a defrontar-se com um mercado contestável de dimensão planetária, no qual a amplitude dilui as possibilidades de a escala mínima de eficiência originar monopólios naturais, ao mesmo tempo que aumenta até ao limite máximo a probabilidade de surgir na concorrência o produtor *absolutamente* mais eficiente, o mais capaz de vencer *no mercado* todos os obstáculos anti-concorrenciais.

Para outros economistas, justifica-se a continuação do combate activo pela manutenção e ampliação das condições concorrenciais, ao menos nas trocas internacionais: mas uma tensão básica subsistirá, cheia de melindres, relativa à diminuição de um certo tipo de liberdade com o objectivo de que haja genericamente mais liberdade, reclamando um delicado equilíbrio que ao mesmo tempo permite interferir em práticas de mercado que são livremente aceites e celebradas entre participantes nele – como é o caso das «restrições verticais» –, mas pretende fazê-lo sem pôr em causa o princípio da liberdade negocial, sem o qual não pode conceber-se efectivamente a concorrência no mercado. Trata-se muito simplesmente, com este regresso à regulação em tempos de desregulação, de tentar encontrar uma cura poderosa para males recorrentes *evitando matar o paciente*.

16 – e) A escolha pública[3603]

Vimos já, até agora, diversas razões pelas quais o Estado pode intervir na economia, e que poderíamos recapitular brevemente:

– a promoção da eficiência comprometida por falhas de mercado, como as referentes às imperfeições concorrenciais e aos abusos de poder económico, ou às assimetrias ou insuficiências de informação;
– a disparidade entre eficiência e bem-estar social, causada por externalidades, sejam as negativas sejam as positivas, quando a existência de elevados custos de transacção impedem a solução privada;
– a injustiça das preferências dos consumidores ou das regras distributivas, que podem conduzir, por um lado, à subprodução de *bens de mérito* ou à sobreprodução de *males de mérito*, e, por outro,

---

[3602] Para um enquadramento da política comunitária sobre «abuso de posição dominante», cfr. Lobo, C.B. (2001), 323ss..
[3603] Franco, A.L.S. (2002), I, 83ss.; Santos, J.C. (1993), 199ss.; Pereira, P.T. (1997), 419-442; Correia, C.P. (1998-2000); McNutt, P.A. (2002).

podem resultar em desigualdades de riqueza para lá das fronteiras do socialmente aceitável.

Convocado para essas missões, quando se afigura já não haver alternativa plausível e razoável à sua iniciativa, dir-se-ia nada ser possível apontar a este remédio último que é a intervenção do Estado. E no entanto a multiplicação dos episódios de falhas de intervenção parece reclamar uma ponderação dos motivos recônditos de uma tão frequente inépcia do Estado, manifestada até nas actuações para as quais ele parece indiscutivelmente vocacionado.

É em James Buchanan e Gordon Tullock que encontramos as raízes da moderna teoria da «escolha pública» – porventura um capítulo de uma mais vasta teoria da «escolha social», e um sub-capítulo da «Economia de Bem-Estar»[3604/3605] –, que poderíamos sintetizar como um desvalorização desencantada, ou mesmo cínica, dos arrebatamentos ideológicos relativos à existência, ou mesmo à necessidade, de uma «vontade geral» funcionalizada à proeminência de um «bem comum», tendendo antes a encarar o fenómeno político como uma confluência de interesses particulares irreconciliáveis, que o Estado se limita a gerir *marginalmente* através do estabelecimento de escalas de preferências neutras a quaisquer valorações prévias – salvo porventura no que respeita a um primeiro pacto «constituinte» que precisamente estabeleceria o princípio do respeito pelas esferas divergentes do pluralismo social, um pacto fundador que idealmente concitaria a unanimidade quanto à aceitação da legitimidade procedimental de todas as decisões subsequentes e conformes com essa intenção «fundadora»[3606], essa sucedânea da vontade do monarca que se pretende seja mais parametrizada e menos arbitrária[3607].

Veja-se a aplicação desta ideia na noção de que existe uma «constituição *fiscal*» que restringe as opções políticas, mormente as alternativas orçamentais da política macroeconómica[3608], e em especial modera a tendência para a expansão irrestrita e constante da despesa pública (a «Lei de Wagner») independentemente das preferências expressas pelos votantes nos instantes eleitorais – uma forma de fazer assentar em bases liberais e pactuadas o fenómeno tributário, e de legitimar a reacção que de outro modo teria que se configurar como uma «revolta contra os impostos»[3609].

Em vez de se encarar as constituições como acordos históricos já consumados em torno de valores, princípios e direitos fundamentais, esta abordagem privilegia aspectos de eficiência das opções abertas na configuração concreta de uma Constituição, que é reduzida a um mecanismo de satisfação de preferências dos cidadãos[3610], mecanismo contratual concebido por governos e partidos que entre eles concorrem (chamando-se democracia a essa competição[3611]) – por exemplo, ponderando-se as vantagens do activismo constitucional com as vantagens da respectiva abstenção (os casos em que os mercados ou outras instituições sociais sejam capazes de espontaneamente assegurar o máximo de bem-estar ou a mais ampla satisfação e conciliação de interesses)[3612].

Esse entendimento não surpreende se considerarmos que a base ideológica da «escolha pública» é essencialmente libertária (defensora do «Estado mínimo», da propriedade privada e da justiça «procedimental» dos

---

[3604] Arrow, K.J. (1951); Arrow, K.J. (1950), 328-346; Arrow, K.J., A.K. Sen & K. Suzumura (1997); Elster, J. & A. Hylland (orgs.) (1986); Feldman, A.M. (1980); Hammond, P.J. (1985), 405-434; Mueller, D.C. (1989); Pattanaik, P.K. & M. Salles (orgs.) (1983); Sen, A.K. (1986), 1073-1181; Sen, A.K. (1999), 349ss.; Starrett, D. (1988); Suzumura, K. (1983). Cfr. ainda: Sen, A.K. (1964), 163-165; Sen, A.K. (1966), 491--509; Sen, A.K. (1969), 381-393; Sen, A.K. (1973), 241-259; Sen, A.K. (1974); Sen, A.K. (1977), 53-89; Sen, A.K. (1977b), 33-59; Sen, A.K. (1977c), 317-344; Sen, A.K. (1980), I, 195-220; Sen, A.K. (1982); Sen, A.K. (1983), 5-28; Sen, A.K. (1984); Sen, A.K. (1985), 169-221; Sen, A.K. (1986b), I, 29-55; Sen, A.K. (1990b), 123-149; Sen, A.K. (1992), 139-160; Sen, A.K. (1992b), 587-588; Sen, A.K. (1993), 30-53; Sen, A.K. (1993b), 83-135; Sen, A.K. (1994), 333-347; Sen, A.K. (1995), 23-37; Sen, A.K. (1996b), 53-70; Sen, A.K. (1996c), 105-125.

[3605] Em termos de história das ideias económicas, valerá a pena esclarecer que muitos dos paradigmas liberais, e proto-libertários, da «escolha racional» na política (a «escolha pública» de Buchanan e Tullock, a «escolha social» de Arrow, a teoria política «positiva» de William Riker), mesmo os mais abstractos contributos da «Teoria dos Jogos» (de Von Neumann até John Nash), são também frutos da tensão ideológica da «Guerra Fria», procurando fornecer uma refundamentação ideológica sólida e completa para o sistema «capitalista». Cfr. Amadae, S.M. (2003).

[3606] Buchanan, J.M. & G. Tullock (1962); Tullock, G., A. Seldon & G.L. Brady (2000); Alves, A.A. & J.M. Moreira (2004), 31-48; Reis, J. (1995), 77-94; Neves, J.C. (1998), 103; Peacock, A. (1992); Porto, M.C.L. (2001), 165ss..

[3607] Laffont, J.-J. (2000).

[3608] Brennan, G. & J.M. Buchanan (1980).

[3609] Barro, R.J. (1973), 19-42; Besley, T. & A. Case (2003), 56; Ferejohn, J. (1986), 5-25; Kenyon, D. & K. Benker (1984), 433-446.

[3610] Mudambi, R., P. Navarra & G. Sobbrio (orgs.) (2001).

[3611] Uma concorrência schumpeteriana entre partidos, uma «concorrência de Tiebout» entre governos. Cfr. Cooter, R.D. (2000).

[3612] Alves, A.A. & J.M. Moreira (2004), 68-73; Santos, J.C. (1993), 233-250.

[3613] Ao mesmo tempo que sustenta que o «Teorema da Impossibilidade» de Arrow demonstra a inviabilidade de formação de uma única função de bem-estar social, James Buchanan adverte que qualquer consideração distributiva ou redistributiva chega para tornar impossível um genuíno cálculo de optimização, além de tender a legitimar uma insustentável intrusão na esfera da liberdade individual. Cfr. Buchanan, J.M. & R.A. Musgrave (1999), 85, 108.

[3614] Block, W. & T.J. DiLorenzo (2001), 305-321.

mercados[3613]), se bem que possa sustentar-se que não é a mais radical das abordagens libertárias que abundam na ciência económica[3614]. Ela evidencia uma continuidade com a abordagem «hayekiana» que, centrando-se nos efeitos da informação imperfeita e até em particular na conjectura de que não haja, da parte dos agentes económicos, uma percepção adequada dos quadros «constitucionais», também ela rejeita as abordagens teóricas que justificam o Estado por critérios estáticos e técnicos de racionalidade social, política e económica que não entram verdadeiramente na ponderação dos agentes individuais, e por isso também ela tende, em última análise, a desconsiderar a relevância da «variável» Estado[3615].

O cepticismo, ou cinismo, com que a «escolha pública» encara o fenómeno político[3616] resulta essencialmente do facto de se constatar que não existe uma solução espontânea que eficientemente promova o bem-estar colectivo, pelo que o esforço de decisão colectiva enferma de «custos de interdependência» que não se equilibram automaticamente como sucederia num verdadeiro mercado: seja os custos de persuasão, aqueles em que é preciso incorrer para que os grupos de interesses transijam e apoiem um programa político que pode não ser inteiramente conforme com os seus interesses genuínos (a compra de votos, a troca «caciquista» de favores, a chantagem política em vésperas de eleições), seja os «custos externos» em que alguns votantes incorrem por se encontrarem do lado minoritário das decisões que acabam por ser tomadas[3617].

Os custos de persuasão serão tanto maiores quanto maior for a heterogeneidade populacional e a independência dos grupos de interesses (quanto menor for o consenso já adquirido sobre a natureza dos bens a produzir publicamente, e de acordo com que prioridade na formação de um «capital social»[3618]); e os custos externos serão tanto maiores quanto mais vitais forem os interesses sujeitos a um processo de decisão colectiva: pense-se por exemplo que qualquer interferência nos direitos de propriedade envolverá necessariamente elevados custos externos e elevadíssimos custos de persuasão, pelo que se poupará em custos de interdependência, por uma via ou pela outra, se se propuser medidas políticas de preservação do «status quo» quanto ao direito de propriedade, sendo poucos os que têm que ser persuadidos, e menos ainda os que acabarão por ficar sacrificados em relação à situação anterior[3619]; o mesmo se dirá quanto à produção de bens públicos e de recursos comuns, quanto à produção de bens geradores de externalidades positivas, porque aí os custos externos serão diminutos e o impulso do «efeito de boleia» concitará previsivelmente uma adesão espontânea que dispensará a maior parte dos custos de persuasão.

– Recapitulando, a «Nova Economia Política», a «Economia Política» *stricto sensu*, assenta largamente nas teses da «escolha pública» em matéria de «captura» do Estado por parte de *lobbies*[3620] – com o intermédio dos monopólios partidários[3621] –, procedendo esses dois «pólos de poder» a trocas de favores através dos quais ganham reciprocamente em fundos e em protecção aquilo que arriscam perder em desencanto dos votantes não-beneficiados nessa troca directa de favores[3622] – sendo que essa troca directa de benefícios está naturalmente limitada pelas perdas absolutas de bem-estar que sejam causadas com a externalização sobre terceiros[3623].

– Trata-se aqui de um afloramento particular de um muito mais amplo universo de contributos que a Economia hoje fornece à Ciência Política, não se cingindo sequer a puros modelos de escolha racional[3624] – como pode ser ilustrado por um outro exemplo, referente aos paradoxos e limites da conduta do votante[3625], ou aos efeitos da

[3615] Schnellenbach, J. (2002), 193-214.

[3616] Alves, A.A. & J.M. Moreira (2004), 122-126.

[3617] Sendo que existe uma correlação inversa entre custos de persuasão e custos externos – quanto mais votantes tiverem sido persuadidos, menor será, em princípio, o número daqueles que se encontrarão na minoria após a votação.

[3618] Quanto menor o consenso, menor o *valor médio* dos bens a produzir. Cfr. Deaton, A. (2003), 131-132.

[3619] Assim, na perspectiva da «escolha pública» o carácter *consensual* da ordem jurídica pressupõe fundamentalmente algum conservadorismo político – a multiplicação de salvaguardas constitucionais, ou de exigências de maiorias reforçadas nas reformas legislativas, etc..

[3620] Um domínio no qual se faz sentir muito particularmente o peso do *lobbying* é o do comércio internacional, mormente porque nele se pode analisar o custo-benefício do apoio a um sector, mesmo quando esse apoio provoca perdas de bem-estar sobre outros sectores internos, com ramificações até, em casos extremos, sobre o impacto do proteccionismo e das «substituições de importações» no atraso económico dos países como um todo. Cfr. Alesina, A. & D. Rodrik (1994), 465-490; Findlay, R. & S. Wellisz (1982), 223-234; Grossman, G.M. & E. Helpman (1994), 833-850; Grossman, G.M. & E. Helpman (1995), 675-708; Grossman, G.M. & E. Helpman (1995b), 667-690; Hillman, A.L. & H.W. Ursprung (1988), 719-745; Hillman, A.L. & P. Moser (1996), 295-312; Hillman, A.L. (1989); Hillman, A.L. (1990), 101-110; Hillman, A.L. (1991), 118-140; Mitra, D. (1999), 1116ss.; Rodrik, D. (1994), 13-53; Rodrik, D. (1995), 1457-1494.

[3621] Findlay, R. (1991), 13-40.

[3622] Peltzman, S. (1976), 211-240; Stigler, G.J. (1971), 3-21.

[3623] Becker, G.S. (1983), 371-400.

[3624] Green, D.P. & I. Shapiro (1994).

[3625] Downs, A. (1957). Cfr. Almond, G.A. & S. Verba (1963); Almond, G.A. (1993), 201-208; Morton, R.B. (1991), 758-776; Uhlaner, C.-J. (1993), 67-80.

interdependência e da «lógica de grupo» em «jogos com aprendizagem»[3626], tão distantes ambos do paradigma do «*homo politicus*» e das boas intenções «arquitectónicas» da ideologia como o está a análise económica da provecta caricatura do «*homo oeconomicus*».

A Ciência Económica fornece, pois, à Ciência Política meios de aferição das instituições políticas como equilíbrios dentro de processos de interdependência e de agregação, que por isso estão *formalmente* sujeitos a requisitos estritos de racionalidade e de estratégia[3627], resultantes até do seu carácter contratual[3628], conquanto na realidade estejam *materialmente* presos das limitações circunstancialmente impostas às manifestações dessa racionalidade.

Por outro lado, cabe à Economia fornecer boas intuições à Ciência Política acerca da «vontade colectiva» como conceito «normativo», ou seja, à forma e legitimação que correspondem à agregação de preferências – mormente a sedimentação de uma «vontade mediana» a partir da dispersão das vontades, interesses e perspectivas individuais[3629], com graus muito desiguais de racionalidade e até de inteligibilidade, e assentes em paradigmas de concorrência e de convergência[3630], sem descurar os factores de instabilidade na dinâmica da formação da vontade colectiva[3631], e em contrapartida os factores de «estabilização» e de permanência institucional[3632].

A este propósito, impõe-se a constatação de que mesmo entre países com o mesmo nível de desenvolvimento económico existem disparidades enormes quanto à dimensão e ao peso do Estado na economia – disparidades que se prendem com questões de protagonismo e objectivos do Estado na condução das variáveis económicas, mas obviamente têm a ver também com inércias e tradições institucionais, com preferências culturais e políticas, com dotações naturais e estruturas demográficas e com opções tecnológicas, e mais ainda com o jogo de barganha que subjaz à «escolha pública»[3633]. Isso tem levado à preferência por construções dinâmicas, ponderando-se os resultados dessa escolha pública em termos de consistência intertemporal[3634], remetendo-nos a ideia de que existe um «mercado político» para a noção de que pode haver uma «estratégia de jogo» a explicar as condutas nele, e para a noção de que as estruturas institucionais e constitucionais podem ser decisivas a balizar e moldar essas condutas – como fica bem ilustrado no recente interesse da Ciência Económica sobre as estruturas políticas legislativas[3635], com ênfase, seja na distribuição eficiente de competências e nos processos institucionais de negociação[3636], seja na partilha e encaminhamento da informação[3637], tudo formas de «cristalização» do mercado político.

Se pensarmos na aferição dos benefícios privados advenientes da produção colectiva de certos bens (através da revelação de «disposições de pagar» dos beneficiários) poderemos chegar a uma outra definição de eficiência, a «eficiência da escolha pública» que se verifica quando os benefícios advindos dessa produção pública superam o total dos «custos de interdependência», o somatório de custos externos e custos de persuasão, sendo por isso que se dirá que, na perspectiva da «escolha pública», a produção pública deve prosseguir, e apresentará vantagens sobre a privatização,

---

[3626] Chong, D. (1991); Hardin, R. (1971), 472-481; Kreps, D.M., P. Milgrom, J. Roberts & R. Wilson (1982), 245-252; Kreps, D.M. & R. Wilson (1982b), 253-279; Opp, K.-D. (1986), 87-112; Taylor, M. (1976); Uhlaner, C.-J. (1989), 390-422.

[3627] Calvert, R.L. (1995), 57-93; Greif, A. (1989), 857-882; Greif, A., P. Milgrom & B. Weingast (1995), 27-56; Landa, J.T. (1994); Young, H.P. (1993), 57-84.

[3628] Eavey, C.L. & G.J. Miller (1989), 205-219; Knight, J. (1992); Schofield, N.J. (1995), 193-209.

[3629] Arrow, K.J. (1951); Black, D. (1948), 245-261; Eavey, C.L. (1991), 450-474; Hotelling, H. (1929), 41-57; Smithies, A. (1941), 423-439.

[3630] Alesina, A. (1988), 796-805; Banks, J.S. (1990), 309-325; Calvert, R.L. (1985), 69-95; Davis, O.A., M.J. Hinich & P.C. Ordeshook (1970), 426-448; Kau, J.B. & P.H. Rubin (1979), 365-384; Peltzman, S. (1984), 181-210; Wittman, D. (1973), 490-498.

[3631] Fiorina, M.P. & C.R. Plott (1978), 575-598; Hurwicz, L. (1973), 1-30; Johnson, P.E. (1990), 4-34; McKelvey, R.D. (1976), 472-482; McKelvey, R.D. & N. Schofield (1986), 179-198; Plott, C.R. (1967), 787-806; Riker, W. (1982); Schofield, N.J. (1986), 267-284; Telser, L.G. (1994), 151-164; Tullock, G. (1967b), 256-270; Tullock, G. (1981), 189-202.

[3632] Arrow, K.J. (1974); Baron, D.P. & D. Besanko (1987), 413-436; Baron, D.P. & J. Ferejohn (1989b), 1181-1206; Eavey, C.L. & G.J. Miller (1995), 125-156; Hammond, T.H. & G.J. Miller (1987), 1155-1174; McKelvey, R.D. (1986), 283-314; Miller, G.J. & T.H. Hammond (1990), 201-227; Miller, G.J. & T.H. Hammond (1994), 5-26; Miller, G.J., T.H. Hammond & C. Kile (1996), 83-103; Miller, N.R. (1980), 68-96; North, D. & B. Weingast (1989), 803-832; Rubinstein, A. (1982), 97-109; Shepsle, K.A. (1979), 27-59; Shepsle, K.A. & B. Weingast (1984b), 49-74; Shepsle, K.A. & B. Weingast (1987), 86-104.

[3633] Krusell, P. & J.-V. Ríos-Rull (1999), 1156ss.; Meltzer, A.H. & S.F. Richard (1981), 914-927.

[3634] Bertola, G. (1993), 1184-1198; Glomm, G. & B. Ravikumar (1992), 813-834; Krusell, P. & J.-V. Ríos-Rull (1996), 301-329; Krusell, P., V. Quadrini & J.-V. Ríos-Rull (1997), 243-272; Perotti, R. (1993), 755-776; Persson, T. & G. Tabellini (1994), 600-621; Saint-Paul, G. & T. Verdier (1993), 399-407.

[3635] Diermeier, D. & R.B. Myerson (1999), 1182ss.; Huber, J. (1992), 675-687; Lees, J.D. & M. Shaw (orgs.) (1979); Shugart, M.S. & J.M. Carey (1992).

[3636] Baron, D.P. & J. Ferejohn (1989), 343-367; Cox, G.W. (1987); McKelvey, R.D. & R. Riezman (1992), 951-965; Shepsle, K.A. (1979), 27-60; Shepsle, K.A. & B. Weingast (1981), 503-519; Weingast, B. & W. Marshall (1988), 132-163.

[3637] Gilligan, T.W. & K. Krehbiel (1987), 287-335; Gilligan, T.W. & K. Krehbiel (1990), 531-564.

somente no caso de existir uma faixa maioritária de votantes para os quais os custos de interdependência são menores do que os da produção privada dos mesmos bens e serviços[3638].

Por essa mesma razão a legitimação da produção pública deverá assentar numa base eleitoral amplamente representativa e «expressiva»[3639], sob pena de os baixos custos de persuasão serem compensados por elevados «custos externos» – resultando numa decisão com «custos de acção colectiva» superiores, no seu total, aos da produção privada. Sendo isso que tende a suceder quando uma «clique» se instala no poder e aí se perpetua, conseguindo vitórias «democráticas» à custa de votações estratégicas e de alianças «de incidência parlamentar» que, por troca de apoios em votações (o conluio do *logrolling* em prejuízo de terceiros[3640]), conseguem contornar as regras maioritárias e fazer aprovar programas de acção política com baixíssimos custos de persuasão e elevadíssimos custos externos.

> O «*logrolling*», como forma de negociação, de barganha, de votos, permite associar à votação uma medida de *intensidade*, e não de simples ordenação de preferências, permitindo assim que vença a posição daquele que mais intensamente se encontra empenhado numa certa situação em que o compromisso entre situações díspares é necessário[3641]. Para a «Public Choice», o mecanismo central de formação da vontade colectiva não é a votação democrática, mas sim este «*logrolling*», tido como a própria base do mercado dos favores políticos, ou «mercado político» mais simplesmente[3642].

Aliás, pela mesma razão existem partidos e «disciplina parlamentar»: a pluralidade de votos é conseguida por simples arranjos entre líderes parlamentares, sem qualquer necessidade de persuasão ulterior – e assim se compreende que um país possa ser governado por um partido minoritário, que não obstante consegue fazer aprovar programas fortemente penalizadores dos contribuintes e dos interesses de todos aqueles que não se revêem no essencial do programa partidário que norteia a acção daquele governo minoritário; compreendendo-se, em suma, que seja possível um governo desviar-se abertamente da eficiência económica sem ser necessariamente punido em termos eleitorais[3643]. Por sua vez, aqueles que aderem a partidos fazem-no porque explícita ou implicitamente se dispõem a apoiar acriticamente programas que de outro modo não aprovariam, a troco do apoio partidário que seja dado a algumas das suas causas favoritas, a algumas das suas «preferências *fortes*» – estando dispostos a dar apoio com baixíssimos custos de persuasão porque se resguardaram contra os principais «custos externos» que os afectariam.

Por seu lado, a mesma lógica explica a paralisia, na prática, de muitos decisores políticos, que tentam imobilizar-se para não afrontarem interesses que com baixos custos de persuasão poderiam coligar-se contra eles, uma vez detectado o «risco moral» do «desalinhamento de incentivos»[3644] – o que em larga medida explica a formação de um «mercado negro» de favores políticos à margem das formas legítimas de decisão colectiva, procurando os políticos, através da troca de favores, da corrupção activa e passiva, do favoritismo, da ganância e do nepotismo, ou da simples complacência com abusos, garantir a sua subsistência no «mercado político-burocrático» sem terem que suportar os custos de persuasão[3645/3646]. Note-se que, apesar de todas as distorções e armadilhas que podem instalar-se num sistema representativo, isso não quer dizer que, uma vez por outra, não sejam alcançáveis progressos na representação política efectiva de grupos minoritários, dos grupos socialmente mais fracos e pobres – ainda que isso dependa de contingências ideológicas que nem sempre se sobrepõem aos tão vantajosos jogos da sobre-representação política de interesses de grupos[3647].

[3638] Mashaw, J.L. (1997).

[3639] Copeland, C. & D.N. Laband (2002), 351-363.

[3640] Alves, A.A. & J.M. Moreira (2004), 73-75.

[3641] Para uma enumeração completa de todas as alternativas que têm sido sugeridas às votações e ao *logrolling*, cfr. Levin, J. & B. Nalebuff (1995), 3-26.

[3642] Tullock, G. (1998), 139.

[3643] Não desconsideremos, no entanto, as várias possibilidades que existem de promover politicamente resultados com «melhorias de Pareto» independentemente do grau de apoio eleitoral e da proporção entre apoiantes e não-apoiantes. Cfr. Cornes, R.C. & T. Sandler (2000), 169-186.

[3644] Laffont, J.-J. (2000).

[3645] Para uma análise complementar, que distingue o «capital de reputação» do «capital de representação» como condicionantes do comportamento dos legisladores. Cfr. López, E.J. (2002), 211-228.

[3646] A corrupção política configura um problema de «duplo risco moral», que é o da perversão dos critérios por parte daquele a quem são cometidas funções de supervisão sobre o esforço e honestidade de outros (um «duplo risco moral» que pode ter uma expressão *vertical*, de «corrupção em cascata» sobre toda a estrutura supervisora, e uma expressão *horizontal* que se traduz numa concorrência entre supervisores pelo suborno oferecido pelos supervisionados). Cfr. Mishra, A. (2002), 165-178.

[3647] Como notável excepção *explícita* e *permanente* a esse estado de coisas, veja-se o exemplo da União Indiana, tentando erigir uma estrutura política que desfaça o peso político da velha tradição das castas. Cfr. Pande, R. (2003), 1132ss.; Grofman, B. & A. Lijphart (1986).

Sublinhemos que uma especial dificuldade inerente à actuação do Estado assenta no facto de ela ter de resultar de uma *escolha pública*, e não de uma mera opção individual – excepto no caso do exercício de um poder *absoluto* e ditatorial. O comportamento do Estado reflecte pois, em condições normais, os interesses e as escolhas de um grande número de pessoas, de uma *maioria* de pessoas, na medida em que nele prevaleça uma matriz democrática e se pretenda obter uma legitimação formal para as decisões tomadas, ou ao menos de uma pluralidade de interesses que livremente se expressem no jogo político e na actividade económica.

A possibilidade de formação de uma escala de preferências, que vimos ser essencial para a compreensão da racionalidade das opções económicas individuais, fica agora fortemente comprometida no plano colectivo – bastando para tanto que duas escalas de preferências individuais não coincidam e não seja líquido que uma deve prevalecer sobre a outra. É certo que não se trata já de preferências projectadas sobre o plano dos interesses individuais, antes de preferências relativas à coisa pública – mas quem pode assegurar que os pontos de vista individuais sobre assuntos públicos são menos apaixonados ou mais unânimes, ou até menos egoístas, do que aqueles que se reportam a assuntos estritamente particulares?

Suponha-se uma situação democrática na qual o voto é decisivo para serem tomadas opções, e suponha-se ainda que não há consenso sobre as opções a serem tomadas. Se estas não forem opções extremas, de tudo ou nada, e se tratar de decidir *em que grau* uma opção prevalece sobre outras, *com que intensidade* uma medida é adoptada, *quais as prioridades* a respeitar, a «teoria do eleitor mediano» prevê que será a posição mediana, intermédia, que prevalecerá numa decisão democrática – a posição do votante cujas opções dividem a meio o espectro das opções possíveis. Ilustremos a teoria com um exemplo simples:

– Imagine-se que uma biblioteca é dirigida por um órgão colectivo composto por 11 membros, e que há que decidir o orçamento para a compra de livros durante o próximo ano.
– Cinco membros optariam por gastar 100 mil Euros ou mais, outros cinco opõem-se a gastos superiores a 90 mil Euros, e um ocupa uma posição intermédia, preferindo um nível de gastos na ordem dos 95 mil Euros.
– Em princípio será esta a posição que prevalece, já que, se se trata de votar em alternativa os 95 mil Euros ou os mais de 100 mil, há 6 membros que acham preferível a solução dos 95 mil; e se se tratar de decidir entre os 95 mil e os menos de 90 mil Euros, há novamente 6 votos favoráveis à solução dos 95 mil.
– O votante mediano, apesar de não passar, no exemplo, de uma exígua minoria, consegue decidir sempre a seu favor as votações em alternativa; e os dois grupos opostos, na medida em que as suas forças se equivalham, não têm alternativa para vencer a votação senão a de aproximar-se da posição do votante mediano.
– A decisão colectiva faz partilhar informação, e por isso aumenta em abstracto a eficiência que dependa do grau informativo (tornando mais provável a decisão esclarecida do que o faz o mecanismo da delegação)[3648] – mas a prevalência do votante mediano demonstra que, em situações de heterogeneidade de interesses, a decisão colectiva está inteiramente exposta a manipulação e distorção de incentivos, tornando decisiva a subordinação comum à disciplina procedimental[3649].

Concluamos sublinhando que subsistem fundas divergências no seio da escola da «*Public Choice*», nomeadamente quanto aos rumos que ela tem seguido desde a sua fundação[3650], mas que isso de modo algum impede uma grande pujança desta abordagem disciplinar, nem lhe tolhe a amplitude de desafios temáticos[3651].

16 – f) Votação e indecidibilidade[3652]

A referida «teoria do votante mediano», também designada por «princípio da diferenciação mínima»[3653], explica facilmente porque é que as democracias tendem para a bipolarização partidária e porque é que os dois partidos que vão alternando no poder tendem a convergir, com uma ampla flexibilidade demagógica, para posições centrais, interpenetradas e genericamente indistinguíveis: quanto mais cada um desses partidos se afastar de uma posição central e consensual, da enunciação de trivialidades inócuas e apelativas, mais se arrisca a concitar contra si maiorias de oposi-

Veja-se alguns exemplos mais limitados em: Cameron, C.M., D. Epstein & S. O'Halloran (1996), 794-812; Overby, M. & K. Cosgrove (1996), 540-550.

[3648] Cameron, C.M. & P.B. Rosendorff (1993), 44-70.

[3649] Li, H., S. Rosen & W. Suen (2001), 1478.

[3650] Tullock, G. (1998), 183.

[3651] Casas-Pardo, J. & F. Schneider (orgs.) (1996); Rowley, C.K., F. Schneider & R.D. Tollison (orgs.) (1993).

[3652] Arrow, K.J., A.K. Sen & K. Suzumura (orgs.) (2002).

[3653] Downs, A. (1957); Rosen, H.S. (2002), 112, 117-120.

ção – bastando para o efeito desagradar ao eleitor mediano.

Trata-se de uma constatação pioneiramente formulada por Harold Hotelling, e que fora do âmbito político explica igualmente porque é que alguns bens concorrenciais tendem a assemelhar-se tanto em características básicas – sejam *hamburgers*, televisões, computadores, ou automóveis[3654].

– Imagine-se que um desses partidos defende uma posição que tem o apoio de 48% dos votantes; isso significará que, em princípio, se oporão a essa medida 52% dos eleitores, pelo que bastará ao partido da oposição sustentar uma posição apoiada por 49% dos votantes para obter uma votação entre 51% e 52%, uma *maioria absoluta* – conquistando para o seu lado a margem de eleitores medianos, os proverbiais «eleitores indecisos» das sondagens eleitorais, que preferem a proposta *com menos oposição* à proposta *com mais oposição*; que preferem, em suma, a proposta mais próxima da posição mediana.

– Recorda-se o leitor de termos prometido explicar, chegados a este ponto, o motivo pelo qual se dá prioridade à construção de estádios, mesmo quando eles não contribuem para o aumento de bem-estar e para a expansão do nível de consumo de uma população que tem limitações orçamentais mais ou menos rígidas para as suas despesas em lazer? Muitas respostas poderiam dar-se, mas concordaremos que a atenção à paixão futebolística do votante mediano é muito fortemente sugestiva da formação dessa prioridade *política*.

Assim sendo, compreende-se que assegure os melhores resultados eleitorais o partido democrático que mais se aproxime do apoio de 50% para as suas propostas – evitando a formação de «intervalos de indecisão» que permitam a «captação do eleitor mediano» pelo partido concorrente. Governar com um olho nas sondagens e evitar todas as medidas impopulares é, pois, um imperativo de sobrevivência em contextos democráticos – e um imperativo da «sinalização de credibilidade» que, apesar da sua margem puramente «cosmética», veremos ser absolutamente decisiva para a gestão de muitos dos problemas macroeconómicos[3655].

A ideia da prevalência do votante mediano resulta da combinação de duas observações, uma a de que a restrição de preferências tende a concentrar os votos em torno de valores centrais[3656] (uma distribuição unimodal), outra a de que dois partidos políticos maximizadores de votações tomarão por alvo o mediano «vencedor de Condorcet» se puder haver programas demarcados e «sinalizados»[3657] e se as preferências do eleitorado puderem ser identificadas – duas condições cuja verificação cumulativa é problemática[3658], sobretudo se levarmos em conta a infinita complexidade de variáveis relevantes que entram em jogo em cada contexto político e em cada acto eleitoral[3659] – caso em que, perdurando a incerteza sobre as hipóteses de sucesso dos partidos em competição e sobre os ganhos e perdas dos resultados possíveis, prevalecerá frequentemente o favorecimento do «*status quo*»[3660], um imobilizador equilíbrio de Nash entre os partidos[3661], e o bloqueio das reformas[3662].

A ideia de que o votante mediano decide as votações é particularmente inadequada, como rapidamente se perceberá, para explicar a legitimação do processo redistributivo – seja porque a redistribuição beneficia pessoas mais pobres do que ele, ou porque ele não tem a força suficiente para ir abandonando a sua posição mediana, e para ir progredindo em termos de rendimento[3663]. Além disso, note-se de passagem, o «teorema do votante mediano» poderia, se tomado à letra, constituir um grave desincentivo à participação racional em eleições, dada a extrema improbabilidade de se

[3654] Facilmente se perceberá que existe um ponto de convergência entre a teoria do «votante mediano» e as «externalidades de rede», mormente as que resultam de aversão à incompatibilidade (sendo que, no caso, os próprios votantes tenderão a aproximar-se dos «grandes batalhões», votando em consonância com outros para se sentirem reforçados no sentido do seu voto). Cfr. Kim, J. (2002), 949-964.

[3655] Barro, R.J. & D.B. Gordon (1983b), 101-121; Backus, D. & J. Driffill (1985), 530-538; Vickers, J. (1986), 443-455; Cukierman, A. & A.H. Meltzer (1986), 1099-1128; Rogoff, K. & A. Siebert (1988), 1-16; Rodrik, D. (1998), 756-772.

[3656] Black, D. (1987).

[3657] Banks, J.S. (1990), 309-325; Banks, J.S. (1990b), 445-464; Harrington Jr., J.E. (1993), 71-97.

[3658] Alesina, A. (1988), 796-805.

[3659] Merrill III, S. & B. Grofman (1999).

[3660] Fernandez, R. & D. Rodrik (1991), 1146-1155; Jain, S. & S.W. Mukand (2003), 256.

[3661] Roemer, J.E. (2001), 149.

[3662] Rodrik, D. (1996), 9-41; Tommasi, M. & A. Velasco (1996), 187-238.

[3663] No caso da redistribuição, dir-se-á então que talvez os programas redistributivos tendam a favorecer os grupos cuja tendência de voto apresenta maior volatilidade (de acordo com teorias estocásticas de voto), aqueles mais capazes de organizadamente capturarem a «renda redistributiva» ou externalizarem o respectivo custo – ou até, admita-se, os grupos que generalizadamente se percebe serem os mais necessitados de gestos de altruísmo. Cfr. Saint-Paul, G. (2000b), 920; Austen-Smith, D. & J.S. Banks (1988), 405-422; Besley, T. & S. Coate (1997), 85-114; Grossman, H.I. (1995), 1275-1288; Myerson, R.B. (1993), 856-869; Osborne, M. & A. Slivinski (1996), 65-96; Saint-Paul, G. & T. Verdier (1996), 719-728; Persson, T. & G. Tabellini (1999), 699-735; Lindbeck, A. & J. Weibull (1987), 273-297; Poole, K. & H. Rosenthal (1996), 707-717; Snyder Jr., J.M. (1989), 637-660; Weingast, B., K. Shepsle & C. Johnsen (1981), 642-664.

ser *aquele* votante mediano que decide as votações[3664]. Por outro lado, o modelo de Anthony Downs, que sugere que os políticos se centram exclusivamente na aferição demagógica da posição do votante mediano, colocando ao seu serviço os partidos e as instituições[3665], não pode servir para se subestimar o papel dos partidos como agregadores de preferências e angariadores de influências, como comissários bi-direccionais que agregam interesses polarizados, que disputam coordenadamente prioridades políticas e estabilizam os compromissos dos políticos[3666].

Aparentemente, a convergência de posições conduziria à provisão pública de bens públicos que fosse mais *eficiente* do ponto de vista dos eleitores, visto ser ela que maximizaria o seu benefício líquido *médio*, tal como ele poderia ser percebido da sua perspectiva egoísta e com a sua limitação informativa. Simplesmente, se não houver incentivo para que os votantes aumentem o seu nível informativo ou transcendam os seus critérios egoístas – se lhes for compensador permanecerem num estado de «ignorância racional»[3667], própria da abordagem que encara a participação política essencialmente como uma decisão de consumo[3668] –, o resultado pode não ser objectiva e colectivamente *o mais eficiente*. Novamente, dada a improbabilidade de se ser *aquele* votante mediano que decide as votações, que incentivo haverá para que os votantes transcendam a sua posição de *ignorância racional* e aumentem o seu capital informativo à sua própria custa[3669] – sobretudo se conseguirem retirar do posicionamento dos partidos,

da previsibilidade das propostas partidárias, de acordo com um alinhamento de congruência histórica ou com o seu posicionamento numa clivagem ideológica, a sinalização de baixo custo que lhes sirva de base privada para o seu voto?[3670/3671].

Uma variável muito relevante da recente «Economia Política» preocupa-se especialmente com a distribuição das preferências dos votantes face às instituições políticas[3672], perturbada por influência de factores de incerteza individual, mormente relativa a quem serão os vencedores e os perdedores em cada momento de reforma política[3673] – uma incerteza ponderada pelos custos de participação política[3674], tornando por isso a votação uma espécie de «aposta» do votante na probabilidade de o seu voto «acertar» na tendência dominante.

Por outro lado, a própria legitimação através do voto pode impedir a formação de opções coerentes, consistentes e estáveis, já que um voto maioritário, seja qual for a maioria pretendida, pode envolver-se naquilo que há muito é conhecido como o «paradoxo do voto», a impossibilidade de se chegar a uma preferência *agregada e consistente* a partir de preferências *estáveis e heterogéneas* dos votantes – um *paradoxo* já analisado pelo Marquês de Condorcet (Marie-Jean-Antoine-Nicolas de Caritat [1743-1794])[3675/3676].

– Suponhamos que três amigos, A, B e C, querem decidir entre eles qual é, por consenso, o mais importante de três

---

[3664] Lohmann, S. (1993), 319-333.

[3665] Downs, A. (1957); Ferreira, E.P. (2001d), II, 161; Santos, J.C. (1993), 333ss..

[3666] Besley, T. & A. Case (2003), 12, 68-69.

[3667] Bartels, L. (1996), 194-230; Bikhchandani, S., D. Hirshleifer & I. Welch (1992), 992-1026; Cohen, J. & J. Rogers (1983); Key, V.O. (1966); Kinder, D.R. & D.O. Sears (1985), 659-742; McKelvey, R.D. & P.C. Ordeshook (1985), 55-85; McKelvey, R.D. & P.C. Ordeshook (1986), 199-211; McKelvey, R.D. & P.C. Ordeshook (1990), 281-312; Piketty, T. (1995), 552-584; Popkin, S. (1991).

[3668] De facto, sobre a participação dos votantes existem dois modelos, um que sustenta que a participação é uma decisão de consumo (é uma actividade cívica que traz satisfação aos participantes, independentemente do resultado), outro que sustenta que a participação é fruto de uma ponderação racional de custos e benefícios por parte de um votante que admite a possibilidade de ser o «votante decisivo» – não fazendo sentido, neste segundo modelo, a opção pela «ignorância racional». Cfr. Feddersen, T.J. & W. Pesendorfer (1996), 408-424; Holmström, B. & B. Nalebuff (1992), 37-62; Riker, W. & P.C. Ordeshook (1968), 25-42. Pondo reservas ao modelo de «participação política racional» dos votantes, cfr. Green, D.P. & I. Shapiro (1994); Shachar, R. & B. Nalebuff (1999), 525ss..

[3669] Baba, S.A. (2000), 49-58.

[3670] Martinelli, C. (2001), 147-167.

[3671] É de notar que cada vez mais se leva em conta o ascendente da irracionalidade na tomada de decisões políticas, e as distorções que ocorrem na transmissão da vontade consensualmente formada como veículo de legitimação. Cfr. Gowda, R. & J.C. Fox (orgs.) (2002), 67-68.

[3672] Haggard, S. (2000), 21-57; Cason, T.N. & V.-L. Mui (2003), 208ss..

[3673] Fernandez, R. & D. Rodrik (1991), 1146-1155.

[3674] Palfrey, T.R. & H. Rosenthal (1983), 7-53.

[3675] Austen-Smith, D. & J.S. Banks (1996), 34-45; Eswaran, M. & A. Kotwal (1984), 578-581; Franco, A.L.S. (2002), I, 90-93; Gehrlein, W.V. (1983), 161-197; Gehrlein, W.V. (2002), 171-199; Grofman, B. (1975), 99-103; Ladha, K.K. (1992), 617-634; Ladha, K.K. (1993), 69-85; McKelvey, R.D. (1979), 1085-1112; McLean, I. (1990), 99-108; Merlin, V., M. Tataru & F. Valognes (2002), 193-206; Miller, N.R. (1986), 173--192; Santos, J.C. (1993), 326ss.; Schofield, N.J. (1983), 695-705; Taylor, M. (1969), 35-48; Young, H.P. (1988), 1231-1244.

[3676] Muitas votações democráticas estão ainda sujeitas ao «paradoxo do referendo», a possibilidade de a vontade popular ser distorcida pela vontade «eleitoral» (exemplo, as eleições presidenciais norte-americanas de 2000, nas quais o candidato eleito era o que tinha menos votos «populares»). Cfr. Nurmi, H. (2002).

compositores: J.S. Bach, G.F. Handel ou A. Vivaldi, e que cada um tem uma escala diferente de preferências:

	A	B	C
1.°	J.S. Bach	A. Vivaldi	G.F. Handel
2.°	G.F. Handel	J.S. Bach	A. Vivaldi
3.°	A. Vivaldi	G.F. Handel	J.S. Bach

– Se se tratar de decidir entre J.S. Bach e G.F. Handel, ganha o primeiro (A e B preferem-no, só C prefere o segundo); se a votação decorre entre G.F. Handel e A. Vivaldi, ganha agora G.F. Handel (visto que A e C o preferem a A. Vivaldi, e só B tem a preferência oposta).
– E, no momento em que estivéssemos tentados a proceder àquilo que pareceria ser já o escalonamento óbvio (1.° J.S. Bach, 2.° G.F. Handel, 3.° A. Vivaldi, afinal as preferências de A), lembrar-nos-íamos da necessidade de proceder a uma terceira votação, a qual tem o resultado paradoxal de fazer A. Vivaldi ganhar a J.S. Bach (visto que essa é a preferência de B e C, à qual apenas A se opõe)![3677]

Temos aqui, pois, um impasse (cada compositor ganha aos outros dois na agregação das preferências), uma indecidibilidade que permite a comparação de pares de preferências mas não permite o escalonamento dessas preferências num todo que denote a vontade geral – o que já levou alguns a sustentarem que o processo de decisão democrático só pode conduzir a inconsistências e a ineficiências, superáveis apenas pelo critério coeso de um «ditador benevolente»: uma perspectiva algo alarmante para as deficiências do processo colectivo de decisão[3678]. Daqui retira Kenneth Arrow a conclusão de que, perante a dificuldade de associar estados de satisfação a simples somatórios de produtos recebidos, a única redistribuição inequívoca desses estados de satisfação, no sentido de maximização da satisfação colectiva, teria que ser unânime, dada a irracionalidade e inconsistência procedimental presente na maior parte dos processos de decisão colectiva[3679] – formulando um «Teorema da Impossibilidade»

que, no fundo, é apenas um afloramento de casos mais gerais de decisões complexas cuja lógica é dificilmente decomponível na lógica das sub-decisões que as integram, exemplos de paradoxais «sofismas de composição»; um entre outros «teoremas de impossibilidade» (de Amartya Sen, de Allan Gibbard e de Mark Satterhwaite) na «escolha social» que denotam as perplexidades a que pode chegar-se no equilíbrio colectivo entre consistência e eficiência, entre legitimação e realização[3680].

– Isso não invalida, apenas fragiliza, o pressuposto democrático de que a agregação de vontades é capaz de formar um consenso mais completamente informado e medianamente racional do que aquele que está disponível a um só indivíduo, por informado, racional e esforçado que este indivíduo seja, por mais amplos que sejam os seus poderes de «déspota benevolente».
– O problema está em que, enquanto um mecanismo de preços permite medir objectivamente as preferências dos consumidores num mercado, motivando às trocas aqueles cuja disposição de pagar exceda o preço corrente, nada de similar ocorre quanto às preferências de votantes, cuja intensidade não consegue traduzir-se consistentemente num padrão de escolha colectiva.
– O «teorema da impossibilidade» de Kenneth Arrow[3681] procura demonstrar que, para que não se caia num impasse de indecidibilidade sempre que o leque de escolhas envolva mais do que uma simples alternativa binária, é preciso que haja um votante decisivo[3682]; sugerindo também que, em contrapartida, esse votante decisivo acaba por ter poderes ditatoriais, pois de outro modo a alternativa seria de votar todas as opções aos pares, por eliminatórias, sendo que neste caso o desfecho dependeria sempre da ordem que inicialmente fosse estabelecida para o agrupamento desses pares – pelo que os resultados seriam perfeitamente manipuláveis[3683], não representativos das preferências reais dos votantes e apenas susceptíveis de alcançarem relevância efectiva na medida em que se coadunem com a escala de preferências de um indivíduo arbitrário, o «ditador / manipulador»[3684].

[3677] Repare-se que o impasse surgiria ainda antes se cada um dos votantes pudesse apenas indicar o seu favorito, e não uma escala de preferências – o que foi detectado por Jean-Charles de Borda [1733-1799] e levou à progressiva substituição da votação uninominal pela votação em listas. Cfr. Weber, J.S. (2002), 341-355.

[3678] No fundo, o que se passa é que a teoria do «votante mediano» pode não se aplicar se a estratégia dominante for a da polarização ideológica, a busca do confronto que gere um «equilíbrio de Nash» eleitoral . Cfr. Wittman, D. (1983), 142-157.

[3679] Arrow, K.J. (1951); Arrow, K.J. (1983); Arrow, K.J. & H. Raynaud (1986); Neves, J.C. (1998), 45.

[3680] Saari, D.G. (2001); Sager, T. (2002).

[3681] Rosen, H.S. (2002), 115.

[3682] Almeida, A. (2003), 85ss.; Hansen, P. (2002), 217-235; Santos, J.C. (1993), 157ss..

[3683] A regra maioritária pode degenerar muito facilmente em esmagamento da oposição, se se admitir que a formação da vontade dos eleitores está sujeita a processos de revisão de crenças, de acordo com a racionalidade bayesiana, e se se admitir que a mais ínfima maioria pode votar como primeira prioridade a manipulação das crenças minoritárias. Cfr. Goodin, R.E. (2002), 109-146.

[3684] Para uma análise da aplicação do «teorema da impossibilidade» num contexto de votações binárias perante alternativas exclusivas («*discrete choices*»), cfr. Gaertner, W. (2001).

Em suma, se uma sociedade deve agregar as escalas individuais de preferências para constituir uma função de escolha social, uma escala colectiva de preferências que ao mesmo tempo preserve a soberania dos votantes (exprimindo inequivocamente aquilo que seja uma preferência maioritária[3685]), seja não-ditatorial (no sentido de não dar a qualquer preferência individual o poder de obliterar as demais), seja sensível à alteração de preferências e seja congruente com qualquer subconjunto de preferências colectivas – então o *paradoxo do voto* vedará a formação daquela função de escolha social, ou permitirá a sua completa distorção[3686], sempre que haja mais do que dois votantes ou sempre que haja mais do que duas escolhas; e mais vedará ainda se levarmos em conta a possibilidade de conduta estratégica por parte dos votantes[3687], e a possibilidade de formação de coligações contrárias à maximização do bem-estar positivo[3688]: não se afigurando, em suma, alcançável um óptimo paretiano[3689] exclusivamente através do voto, ou ao menos através de votações simples[3690].

Recapitulando, a dificuldade de se encontrar unanimidade, e até de preservá-la contra oportunismos estratégicos, torna inevitável o recurso a regras maioritárias; mas estas estão sujeitas a «paradoxos de voto», inconsistências colectivas resultantes do simples agrupamento de preferências individuais consistentes[3691] – o que pode resultar num círculo vicioso, ou pelo contrário permitir distorções resultantes de «manipulação de agenda»[3692],

e em ambos os casos tornar perigosamente atraente a quebra do «nó górdio» por instâncias ditatoriais.

O próprio Condorcet formulou um «teorema do júri» a sustentar precisamente a virtude da agregação de informação e eliminação média de erros através da decisão colectiva (com aumento de probabilidade de uma votação correcta[3693/3694]), e é nessa base que assentam ainda a maior parte das posições da Economia Política, da Escolha Pública, e até a maior parte do funcionamento das instituições jurídicas e judiciárias, em matérias que vão da «geometria do voto» até à formação de consensos na «opinião comum»[3695].

– Todavia, o «teorema do júri» pressupõe que existe um condicionamento directo e unidireccional do voto pela informação individualmente disponível – e que cada votante revelará *sinceramente* as suas preferências na estrita medida da informação de que dispõe. Trata-se de uma ingénua desconsideração das vantagens da «votação estratégica», como tem sido abundantemente demonstrado[3696] – por exemplo quanto aos ganhos informativos de uma agregação de estratégias complementares, mesmo sem conflitos de interesses entre os votantes[3697], ou com esses conflitos[3698], ou quanto às vantagens *racionais* de uma comunicação de intenções antes das votações[3699]. É uma ingenuidade que também não resiste à ponderação da hipótese de formação endógena, e não-homogénea, da vontade dos votantes (à con-

---

[3685] Santos, J.C. (1993), 306ss., 323ss..

[3686] Pense-se no que pode suceder em eleições indirectas ou «a duas voltas», no fim das quais o programa escolhido, ou o candidato eleito, era o que menos apoio eleitoral tinha inicialmente. Cfr. Nurmi, H. (2002).

[3687] A ideia de que, modificando *insinceramente* a revelação das suas preferências, podem aumentar as probabilidades de sucesso final das suas preferências reais. Cfr. Sulock, J.M. (1990), 65-69.

[3688] Por exemplo, dois votantes podem decidir, por maioria, excluir completamente um terceiro votante do acesso a um recurso comum e dividir esse recurso entre eles, ainda que a exclusão determine um resultado indesejável para o bem-estar total.

[3689] Lembremos que, em termos paretianos, uma decisão colectiva será eficiente se beneficiar alguém (pelo menos uma pessoa) sem prejudicar ninguém; mais realisticamente, porque há sempre custos inerentes a uma decisão, se beneficiar alguém em tal medida que lhe permita compensar integralmente aqueles que suportam os custos – isto é, que através da compensação faculte a eliminação de algum prejuízo que tenha ocorrido, permitindo àquele que paga as compensações ficar ainda com um benefício líquido (quer pague efectivamente, quer fique apenas exposto a fazê-lo, de acordo com o «critério Kaldor-Hicks»).

[3690] Uma vantagem da fragmentação das votações por «classes» é precisamente a de permitir a diminuição de impasses causados por conflitos de interesses entre votantes. Cfr. Maug, E. & B. Yylmaz (2002), 1448-1449.

[3691] Basicamente, o paradoxo surge se, numa ordenação seriada de preferências, houver votantes com preferências multimodais (*«multi-peaked»*). Cfr. Atkinson, A.B. & J.E. Stiglitz (1980), 306.

[3692] Uma variante dos já nossos conhecidos *«framing effects»*. Cfr. Rosen, H.S. (2002), 109ss..

[3693] Num modelo de agregação da informação, tende a formar-se um equilíbrio de Nash «bayesiano» se a votação é informativa e existem estratégias reactivas à «densidade» do «sinal», tudo convergindo para uma decisão «correcta» à medida que aumenta o universo de votantes. Cfr. Meirowitz, A. (2002), 219-236.

[3694] Fornecendo alternativas a essa «probabilidade», cfr. Edelman, P.H. (2002), 327-349.

[3695] Nurmi, H. (1999).

[3696] Austen-Smith, D. & J.S. Banks (1996), 34-45; Klevorick, A.K., M. Rothschild & C. Winship (1984), 245-278; Young, H.P. (1988), 1231-1244; Ladha, K.K. (1992), 617-634; Feddersen, T.J. & W. Pesendorfer (1996), 408-424; Feddersen, T.J. & W. Pesendorfer (1997), 1029-1058; Feddersen, T.J. & W. Pesendorfer (1998), 23-35; McLennan, A. (1998), 413-418; Myerson, R.B. (1998), 111-131.

[3697] Austen-Smith, D. & J.S. Banks (1996), 34-45; Feddersen, T.J. & W. Pesendorfer (1998), 23-35.

[3698] Chwe, M.S.-Y. (1999), 85-97.

[3699] Coughlin, P.J. (2000), 375-393.

sideração da volatilidade e da susceptibilidade de influência recíproca dos votantes dentro de um «jogo com aprendizagem»)[3700].

– Com efeito, os membros de um colectivo (de um júri, de um corpo eleitoral) têm vantagem em manipular a sua informação privada de forma a influenciarem as decisões e favorecerem as suas escalas de preferências através delas – e isso por si só indicia já que é ineficiente a agregação e partilha dessa informação; mas não tão ineficiente que impeça decisões com grau informativo superior à alternativa do ditador, até porque o egoísmo e as considerações estratégicas não superam as vantagens que começam por motivar as pessoas a integrarem esses colectivos onde se trata de decidir (não superam o consenso prévio à deliberação), e a rigidez procedimental e institucional[3701], ou a subordinação a um mero árbitro não-ditatorial, podem travar a manipulação de informação ou facilitar a retaliação contra o oportunismo[3702]. Mesmo em termos de puro jogo, a distribuição de informação entre os membros do «júri» pode conduzir a um equilíbrio único e simétrico que, como temos insistido, tende a erradicar o erro – salvo se imperar a regra da unanimidade, caso em que qualquer um pode, a partir da sua posição de informação incompleta e de racionalidade limitada, bloquear qualquer decisão, até mesmo aquela que, correspondendo à máxima erradicação de erro, constituísse a decisão «correcta»[3703].

Contudo, é bom lembrar que nem todas as decisões democráticas respeitam à hierarquização de preferências plurais, e que precisamente o que dissemos acerca do eleitor mediano explica a eficiência dessas tomadas de decisão democrática quando o que está em causa é a simples *graduação* de uma única variável, a adopção do *mais ou menos* de uma determinada medida política: uma eficiência por vezes auxiliada pela informação imperfeita que chega até ao eleitor, e que o limita a encarar cada medida isoladamente, abstraindo das implicações que, em termos de alternativas e de escalonamento de prioridades entre soluções concorrentes, deveriam eventualmente ser consideradas, levando a uma ponderação mais rigorosa... mas mais hesitante e frágil ainda.

Recordemos, de passagem, que o problema da decisão colectiva é ainda agudizado, seja pela constatação da nossa fundamental interdependência, seja pela ocorrência de externalidades, que fazem com que terceiros sejam afectados, positiva ou negativamente, pelas decisões optimizadoras dos agentes económicos – e isso independentemente da vontade daquele que externaliza ou daquele que é afectado pela externalidade; sendo que as externalidades perturbam o cálculo de ganhos e custos colectivos quando o seu valor seja difícil de calcular – o que sucederá normalmente, visto que a sua produção ocorre por vias exteriores às dos mercados e às das trocas voluntárias. Do mesmo modo, a falta de aferição correcta do valor das externalidades impedirá um agente económico de alinhar a sua actividade com os objectivos de maximização do bem-estar colectivo, mesmo que essa seja a sua intenção – tendendo a apoiar-se em dados objectivos obtidos no mercado, que determinam uma subprodução de benefícios e uma sobreprodução de malefícios, tal como eles podem ser aferidos do prisma da eficiência social.

Mas há pior, porque a simples legitimação democrática nada garante quanto à resultante liberdade, podendo dar-se o caso de o uso da liberdade política na tomada de decisões democráticas conduzir a soluções que são basicamente incompatíveis com a própria liberdade pressuposta:

– Suponha-se que, num país, um grupo político (os Formigas Brancas[3704]) quer impedir outro grupo (os Talassas) de adquirir, ler ou divulgar uma «obra maldita» – por exemplo, a obra de um doutrinador reaccionário, *Les Soirées de Saint-Pétersbourg* de Joseph de Maistre [1753-1821] –.

– Suponha-se ainda que os «Formigas» prefeririam banir a obra; mas que, se não pudessem banir, prefeririam ao menos que os «Talassas» ficassem impedidos de o adquirir, ler e divulgar – sendo que a proibição a outros que não os «Talassas» seria tida por menos urgente, dado o menor potencial subversivo –; e só em última análise estariam dispostos, seja a permitir a leitura aos «Talassas», seja a admitir a circulação irrestrita da obra.

– Perante este quadro, é natural que os «Talassas» reajam com o seguinte quadro de preferências: em primeiro lugar, a liberdade irrestrita de circulação da obra, ou até a imposição da sua leitura a todos, incluindo aos «Formigas»; na impossibilidade dessa opção, a imposição da obrigatoriedade de leitura a todos que não os próprios «Talassas» – sendo que, dados os objectivos de proselitismo, terão por mais urgente que outros conheçam a obra, que não aqueles que já simpatizam com o respec-

---

[3700] Ben-Yashar, R. & S. Nitzan (2001), 243-249.

[3701] Moser, P. (2000).

[3702] Li, H., S. Rosen & W. Suen (2001), 1493-1494; Li, H. (2001), 617-636; Dewatripont, M. & J. Tirole (1999), 1-39.

[3703] Por exemplo, aquele jurado que impede a condenação ou a absolvição de um réu, quando todos, menos ele, já estão decididos a chegar a uma decisão unânime. Cfr. Duggan, J. & C. Martinelli (2001), 259-294.

[3704] Sobre a expressão, cfr. Martinez, P.S. (2001), 181.

tivo ideário –; e só por fim admitiriam o banimento da obra, seja para os «Formigas», seja para toda a gente. Teríamos a seguinte escala de preferências:

	Formigas Brancas	Talassas
1.º	Proibição total	Imposição total
2.º	Proibição dos Talassas	Imposição aos Formigas
3.º	Permissão aos Talassas	Proibição aos Formigas
4.º	Liberdade de circulação	Proibição total

– Aquela escala de preferências pode traduzir-se numa outra que espelhe melhor as prioridades em casos de alternativa (isto é, em casos em que, não sendo possível todos lerem, haveria que tomar uma decisão quanto a quem lê e quem não lê):

	Formigas Brancas	Talassas
1.º (3 pontos)	Ninguém lê	Todos lêem
2.º (2 pontos)	Formigas lêem, Talassas não	Formigas lêem, Talassas não
3.º (1 ponto)	Talassas lêem, Formigas não	Talassas lêem, Formigas não
4.º (0 pontos)	Todos lêem	Ninguém lê

– Numa situação destas, a solução vencedora (com 4 pontos) é a de que sejam os «Formigas Brancas», e não os «Talassas», a terem acesso à obra de Joseph de Maistre (as soluções «Ninguém lê» e «Todos lêem» recebem 3 pontos, a solução «Talassas lêem, Formigas não» recebe 2 pontos).

– Essa solução corresponde a uma «melhoria de Pareto», e no entanto ela é incompatível com a liberdade política e económica, porque veda o acesso de um grupo a uma obra que esse grupo estava disposto a adquirir, a ler e a divulgar (os Talassas estão dispostos a verem-se privados do acesso à obra se *em contrapartida* a obra for imposta aos Formigas Brancas) – uma ilustração preocupante de um conflito, agora não apenas entre *eficiência* e *justiça*, mas entre *eficiência* e *liberdade*. Não se pode esquecer que só muito recentemente as formas democráticas começaram a ganhar preponderância entre os sistemas políticos mundiais, e que alternativas de maior integração política vertical, assentes na subordinação, na lealdade e na repressão, ajudaram a conferir a muitas soluções económicas a sua faceta «outorgada» e majestática, que resolve os problemas «cortando a direito» e dispensando formas mais ou menos racionais de deliberação colectiva[3705].

Verificamos assim que o processo político democrático, mesmo quando ultrapassa paradoxos de voto e outros impasses teóricos e práticos, pode gerar uma dispersão e diluição de objectivos que dificultam a resolução de problemas imediatos quando eles devam concitar uma legitimação colectiva (por exemplo, problemas de estabilização macroeconómica)[3706]. Mas que fazer numa situação destas? Descrer dos meios democráticos de decisão na promoção da eficiência, da justiça, da liberdade – ou ao menos instilar uma dose de cepticismo em relação a eles –? Procurar um remédio para estes paradoxos, considerando-os somente situações-limite? Haverá um «Lei de Gresham da Economia Política»[3707] que faz as autocracias expulsar as democracias em nome da praticabilidade e da eficiência[3708/3709]? Deixa-se o repto à meditação do leitor.

[3705] Wintrobe, R. (1998).

[3706] Keech, W.R. (1995), 107ss..

[3707] Smith, V.L. (2003), 479ss..

[3708] Azfar, O. & M.C. McGuire (2002), 451-463.

[3709] A «Lei de Gresham», aplicada aos sistemas monetários bimetalistas, estabelecia que a má moeda expulsa a boa de circulação (sendo que a «má» seria usada efectivamente nos pagamentos, enquanto a «boa» seria retirada e usada no entesouramento). Compreende-se facilmente o valor metafórico desta observação, o que fez com que ela rapidamente alastrasse para muitos outros domínios, não apenas da Economia, mas também da Política, de Ética, etc.. Cfr. Oppers, S.E. (2000), 517-533; Velde, F.R., W.E. Weber & R. Wright (1999), 291-323.

De qualquer modo, as perdas de eficiência advindas do processo democrático de decisão[3710], da retenção de informação privada pelos políticos[3711], do encadeamento estratégico de decisões sujeitas à «barganha política»[3712], da disputa de «renda» entre políticos centrais e locais[3713], da «captura» do «recurso comum» orçamental[3714], do «motivo-ostentação» da escolha de projectos que assegurem votos de sectores específicos à custa de interesses gerais mais difusos ou sub-representados e da ignorância dos eleitores[3715], não são tão grandes e comprometedores que eles impeçam o florescimento de formas democráticas de decisão, a todos os níveis, internos e internacionais, da experiência política[3716].

A principal razão para isso é fácil de encontrar: há muito mais na motivação e na escolha humanas do que a pressão invariável e mecânica da racionalidade egoísta, e por isso a acção colectiva e a escolha pública são muito mais dúcteis e permeáveis a uma conjugação de influências na quais pode estar muito mais ampla e rigorosamente representada a verdadeira natureza humana, a projecção dos seus desejos sociais, a expressão dos seus sonhos, do que num rígido e monotónico egoísmo – não podendo por isso excluir-se que, na sua contribuição para a formação da vontade colectiva, mesmo um estrito individualista queira ser «expressivo» das virtudes cívicas que a sua aprendizagem social sedimentou nele – poupando-se a si próprio, e aos outros, o regresso a atitudes anti-sociais e anti-institucionais que, para além dos riscos imediatos de retaliação, implicassem o custoso refazer do caminho civilizacional que lhe fornece muitas das mais importantes balizas da sua acção (em especial a susceptibilidade de poder confiar na interdependência, e até um certo ponto prever os respectivos resultados) –. A cooperação altruísta, ou pseudo-altruísta, pode converter-se assim numa «sinalização de civismo» de que o votante quer beneficiar, no sentido de querer tirar proveito da inclusão social[3717], até especificamente da inclusão em «redes de influências» que encontram nos mecanismos eleitorais herdados uma plataforma sobre a qual, com «*path dependency*», podem concentrar ao mínimo custo os denominadores comuns da sua vontade gregária e a sua disposição para dividirem trabalho e colaborarem[3718].

Apesar de todas as advertências desencantadas que, em tom cínico, a «teoria da escolha pública» nos endereça, apesar de todos os problemas reais que ela ajuda a detectar, e por vezes a resolver, temos ainda que não seria justo, nem realista, encararmos a arena política e a forma de resolução colectiva e extra-mercado dos problemas sociais como um simples terreiro de luta entre «demónios egoístas» desenfreadamente abandonados à sofreguidão dos seus impulsos, encarniçando-se num festim maquiavélico.

16 – g) Os grupos de interesses[3719]

Em todo o caso, com o quadro de problemas que enumerámos, cabe perguntar: porque é que os governos dos Estados democráticos não caem mais frequentemente, seja em impasses resultantes do «paradoxo do voto», seja em impasses gerados pela atracção centrípeta da mediania?

É que intervém aqui uma segunda dificuldade inerente à actuação do Estado, esta bem menos benigna do que as anteriores, e que consiste no facto de raramente a actuação política se nortear por uma ponderação objectiva e igualitária dos interesses em presença, antes se desviar para o favorecimento de interesses particulares e se concentrar assumidamente na gestão e equilíbrio desses interesses prioritários:

> Quando, por exemplo, o governo aceita dialogar com «parceiros sociais» e entre eles integra um sindicato, ou uma associação patronal, é tornado inteiramente claro que são os interesses dos membros desses sindicatos e associações que vão ser considerados em primeiro lugar, antes dos interesses dos trabalhadores e dos empresários que não estejam representados por aqueles parceiros sociais – ainda que, como atenuante, se possa admitir, com reservas embora, que os parceiros sociais são escolhidos em função da sua representatividade, e que as contrapartidas que eles conseguem obter da negociação extravasam para sectores inteiros de actividade, não se confinando aos seus membros –.

Em geral, a redução do governo a mero gestor inigualitário de interesses particulares (o que, se nos é

[3710] Persson, T. & G. Tabellini (2000).

[3711] Coate, S. & S. Morris (1995), 1210-1235.

[3712] Baron, D.P. (1991), 57-90.

[3713] Chari, V.V., L.E. Jones & R. Marimon (1997), 957-976.

[3714] Weingast, B., K. Shepsle & C. Johnsen (1981), 642-664.

[3715] O tão pitorescamente chamado «pork barrel», ou mais singelamente «pork». Cfr. Mayhew, D. (1974), 52-61.

[3716] Lizzeri, A. & N. Persico (2001), 227-228.

[3717] Pense-se nas ocasiões em que voluntariamente se vota numa lista única – ocasião em que pode não haver verdadeiras escolhas em jogo.

[3718] Brennan, G. & A. Hamlin (2000).

[3719] Gerber, E.R. (1999).

permitida a expressão, constitui o «pecado original» do pluralismo político) é fruto das já referidas actividades de «busca de renda» de grupos organizados que, a troco de apoios financeiros concedidos à classe política – nomeadamente através do financiamento dos partidos – conseguem obter rendas económicas, rendimentos sem os quais o esforço produtivo continuaria, e que por isso são ganhos extraordinários e supérfluos conseguidos à custa da eficiência do mercado: rendimentos provindos de subsídios, benefícios fiscais, estabelecimento de barreiras à concorrência, de preços mínimos ou máximos, etc..

Esses grupos de interesses «captam renda» em detrimento do interesse geral na estrita medida em que o poder político tenha a possibilidade de agir discricionariamente na concessão de benesses e de oportunidades extraordinárias de ganho – e é essa a principal razão pela qual as propostas de reforma fiscal, por exemplo, suscitam tanta agitação política: porque cada um desses grupos procura maximizar, no «mercado dos favores políticos» que a discricionariedade propicia, os ganhos permanentes que um qualquer regime de excepção tributária pode assegurar, todos se empenhando nessa luta pela particularização na gestão da coisa pública[3720].

No fundo, os grupos de interesses fazem investimentos no mercado político, em busca de um rendimento que são os «favores» com que os políticos financiados retribuem – podendo até defender-se que, numa perspectiva de mais curto prazo, esses favores se deveriam definir como *bens de consumo*, mais do que como rendimentos de um investimento, consistindo esse *consumo* no valor da *participação*, no valor do *acesso*, no valor da *integração*[3721] –. Cabe aqui ponderar, todavia, o «enigma de Tullock», que se reporta ao facto de haver, em circulação no meio político, muito menos dinheiro de «compra de favores» do que aquilo que seria de prever no caso de um verdadeiro investimento,

dados os valores em jogo nas decisões políticas mais relevantes – podendo dizer-se que é tão grande a diferença entre aquilo que é gasto com os políticos e aquilo que eles rendem aos interesses privados através das suas decisões que quase se concluiria haver sub-investimento numa via tão rentável – se não nos lembrássemos, por um lado, da ampla margem de corrupção que obscurece o total dos montantes «investidos», e por outro do facto de haver limitações institucionais e procedimentais à utilização de recursos públicos, pelo que a disponibilização desses recursos para proveito privado tem limitações muito evidentes, que aumentam a *margem de ineficiência* da corrupção e tornam menos decisiva a intermediação dos políticos corruptos (e mais atraente a «via legal»)[3722/3723]. De outra perspectiva, trata-se de «votar com dinheiro», uma forma que perversamente sub-representa os interesses dos pobres mas que tem a vantagem de revelar as disposições de pagar que se manifestariam normalmente num mercado – e por isso alguns propõem que seja tornado mais transparente e seja rodeado de salvaguardas contra a directa «mercantilização» dos favores políticos[3724].

Como é evidente, os riscos de corrupção e de subversão do interesse público são tanto maiores quanto maior é a concentração do poder político[3725] – pelo que um eleito que não esteja integrado dentro de um quadro de representação proporcional que lhe tolha a acção política tenderá a concentrar os seus esforços na identificação da sua «clientela política» dentro de um «universo eleitoral» heterogéneo, e no desvio de recursos para o favorecimento dessa clientela, ou do votante mediano dentro dessa clientela[3726], prejudicando com esse «*pork barrel*» (recoberto tantas vezes da máscara da «redistribuição») o interesse mais vasto da produção de bens públicos e de bens de mérito[3727].

Mas como é que pequenos grupos de interesses conseguem ser tão eficientes em termos de captação de renda? A questão prende-se com o já nosso conhecido

---

[3720] Sobre as actuais perspectivas da reforma fiscal, cfr. Cunha, P.P. (2003), 155ss.

[3721] Ansolabehere, S., J.M. de Figueiredo & J.M. Snyder Jr. (2003), 105, 110-111.

[3722] Tullock, G. (1972), 354-355.

[3723] Numa explicação alternativa, os financiadores disporiam de poder monopolístico, face a políticos que concorreriam atomisticamente aos financiamentos, e isso explicaria a persistência de lucros extraordinários, as «rendas monopolísticas». Fica por explicar em que é que consistirão as «barreiras de entrada» que asseguram a persistência desse poder monopolístico, pelo que esta perspectiva é pouco convincente. Cfr. Ansolabehere, S., J.M. de Figueiredo & J.M. Snyder Jr. (2003), 111-112.

[3724] Há quem proponha que todos os donativos de campanha eleitoral e todos os financiamentos partidários deveriam imperativamente ser encaminhados para um «*blind trust*» ao qual ficaria cometida a tarefa de distribuir o dinheiro pelos políticos (assegurando essa «intermediação bancária» o anonimato dos doadores e dos donatários). Cfr. Ackerman, B. & I. Ayres (2002).

[3725] Por alguma razão o «*lobbying*» exige maior organização e esforço junto das assembleias políticas do que das estruturas executivas – que mais não seja porque haverá em princípio mais «bocas a alimentar». Cfr. Bennedsen, M. & S.E. Feldmann (2002), 919-946.

[3726] Muito embora deva notar-se que muito do esforço de «*lobbying*» visa especificamente evitar o resultado supletivo do favorecimento do votante mediano – havendo uma faceta da actividade dos grupos de pressão que se cinge à emissão de «sinalização forte» susceptível de concentrar a atenção dos políticos destinatários (por exemplo, para a anterioridade do financiamento das campanhas eleitorais em relação à hipótese de satisfação dos interesses do votante mediano). Prat, A. (2002), 162-189.

[3727] Lizzeri, A. & N. Persico (2001), 225; Bowen, H.R. (1943), 27-48.

efeito de boleia: quanto menor e mais coeso o grupo, maior é a parte de benefício que acresce àqueles que tomam a iniciativa de pressionar o governo; e quanto maior e menos coeso o grupo, menos incentivo económico existe para que alguém batalhe por um interesse comum que se converte em bem público e leva todos à boleia, diluindo-se na massa o benefício que pode ser retirado da iniciativa em prol do bem comum – incluindo a iniciativa de resistir ao assalto dos grupos de pressão –. Os pequenos grupos de pressão beneficiam, em suma, de reduzidos custos de transacção[3728], e também já referimos que, quanto maior a desconcentração e a descentralização, mais vulnerável se torna o poder político à «captura» por parte de «lobbies» e de corruptores activos (não só devido aos baixos custos de transacção envolvidos na simbiose com as «forças vivas» locais[3729], mas também porque, como igualmente vimos, é a nível local que a troca de favores pode ser mais ostensiva e «focalizada», a nível decisório mais concentrada e menos distribuída[3730], e mais indetectável e impune)[3731].

Na medida em que a eficiência dos incentivos em pequenos grupos organizados os torna facilmente em predadores das grandes massas desorganizadas, compreender-se-á facilmente, pois, que o Estado possa ficar refém de interesses particulares, desvirtuando inteiramente a sua actuação primordial de tutela do interesse comum. Como já vimos, e podemos recapitular, a *teoria da escolha pública* concebe assim – não sem uma forte dose de desencanto – que a actuação do Estado se assemelha ao funcionamento de um mercado, o «mercado político», no qual são discerníveis:

– um lado da procura composto por votantes que manifestam as suas preferências através do voto, da pressão dos «lobbies», dos contributos financeiros para os partido, das trocas de favores, da corrupção activa – fazendo-o guiados pelas suas próprias *percepções* particulares acerca dos seus interesses, ou seja, genericamente dentro do seu egoísmo e da sua limitação informativa –;
– um lado da oferta composto por:

a) *políticos*, «empresários» motivados pelo propósito da maximização do seu *lucro*, que em termos políticos significa a maximização dos votos – pelo apelo ao votante mediano – e dos ganhos políticos, traduzidos em aumento de poder e perpetuação dos cargos;
b) *burocratas*, «produtores» que maximizam o seu *lucro* tentando captar para os seus departamentos e para os sectores por eles supervisionados o máximo possível de dotações orçamentais – ou, na hipótese de ilicitude, o máximo de contributos particulares –.

Essa actuação do Estado poderá justificar-se, nestes termos, pela promoção e preservação de um «equilíbrio político» em que todos os interesses da procura e da oferta no mercado político são compatibilizados, até ao limite do nivelamento das respectivas utilidades e cus-

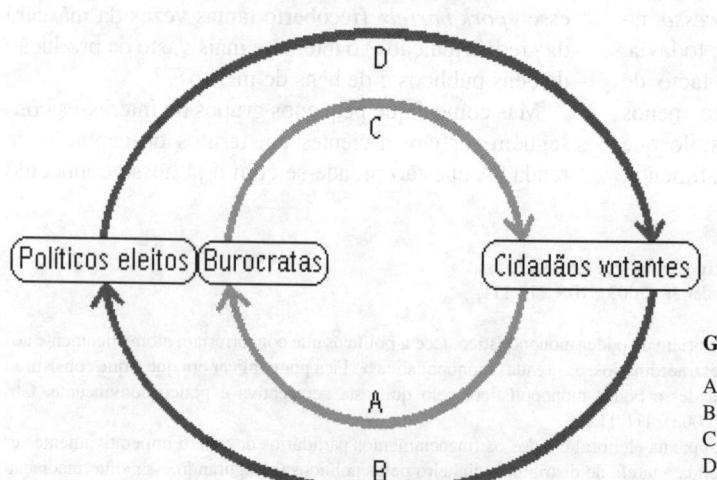

Gráfico 16.2. *O mercado político*

A: pagamento de impostos, taxas, corrupção
B: votos, financiamento de partidos, lobbying, corrupção
C: bens e serviços públicos
D: orientações políticas, legislação

[3728] Mao, W. & P. Zaleski (2001), 295-303.
[3729] Bardhan, P. & D. Mookherjee (2000), 135, 139; Seabright, P. (1996), 61-89.
[3730] Amegashie, J.A. (2002), 345-350.
[3731] Baron, D.P. (1994), 33-47; Grossman, G.M. & E. Helpman (1996), 265-286.

tos marginais – um modelo de «garra visível» do Estado, o qual, jogando este jogo, desvia recursos de actividades produtivas para actividades improdutivas de «captura de renda» e de corrupção[3732].

Para uns – os defensores da tradicional «teoria do interesse público» – o equilíbrio político será potencialmente *eficiente*, já que predomina entre os votantes um grau de informação suficiente e a racionalidade para preferirem sempre as soluções *objectivamente* melhores. Mas para outros – precisamente os defensores da «teoria da escolha pública» – essas premissas não se afiguram como verificáveis, dada não apenas a «ignorância racional» a que os eleitores se remetem na presença de custos de informação, como também o risco moral que é permitido aos políticos, na sua condição de comissários da nação, em função da assimetria informativa que os imuniza contra a supervisão dos eleitores: reinando o cepticismo quanto à possibilidade de um governo democraticamente legitimado chegar a soluções eficientes, e sobretudo quanto à possibilidade de resistir à pressão egoísta no sentido da sobreprodução de bens públicos – visto que, naquilo que se tem por uma eloquente manifestação de elevada *elasticidade-rendimento*, o aumento da prosperidade colectiva tende

a incrementar mais do que proporcionalmente a procura de bens públicos (levando até à multiplicação de bens públicos *impuros* ou pseudo-«bens públicos»)[3733].

Como se isto não bastasse, a actuação do Estado pode ainda ficar prejudicada pela sua própria ineficiência organizativa, pelo peso da sua *burocracia*, pelo risco moral com que os seus comissários podem impunemente afastar a sua actuação da estrita prossecução do interesse público, seja:

– por inércia e anquilosamento;
– por prepotência e descoordenação;
– por excesso de aversão ao risco induzida pelas perspectivas de promoção e de progressão na carreira – o medo paralisante de cometer erros –;
– por pura e simples corrupção – por exemplo, criando obstáculos desnecessários à actividade económica ou à própria actuação do Estado, para forçar os interessados a pagarem pela remoção desses obstáculos[3734] –.

Mais ainda, a estrutura burocrática pode estar, como referimos, dominada por «lógicas departamentais» que tentam captar rendas a partir do orçamento[3735] (em especial quando faltam incentivos remuneratórios pre-

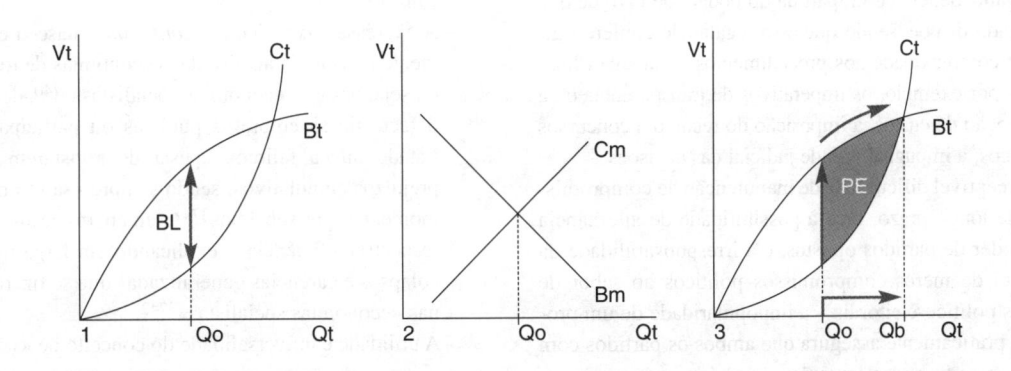

Gráfico 16.3. *Provisão óptima e sub-óptima de bens públicos*

1: Provisão óptima (valores totais)
2: Provisão eficiente (valores marginais)
3: Sobreprodução burocrática de bens públicos
Vt: valores totais
Vm: valores marginais
Ct: custo total
Bt: benefício total

Cm: custo marginal
Bm: benefício marginal
Qt: quantidades
Qo: quantidades socialmente óptima (que maximiza o BL)
Qb: quantidade induzida pela pressão burocrática
BL: benefício líquido
PE: perda de eficiência (redução do BL)

[3732] Shleifer, A. & R.W. Vishny (1998).

[3733] Se fosse possível conhecer com rigor as preferência individuais, então não seria impossível estabelecer um sistema de tributação que permitisse fornecer bens públicos em quantidades similares àquelas que resultariam do jogo de mercado entre indivíduos maximizadores; a intuição é de Knut Wicksell, e a essa condição chama-se-lhe «equilíbrio de Lindahl». Cfr. Breton, A. (1996).

[3734] Para uma análise da regulação como *«corruption-facilitating mechanism»*, cfr. Cho, J. & I. Kim (2001), 330-348.

[3735] Crozier, M. (1964); Peters, G.B. (1989); Wilson, J.Q. (1989).

ventivos da corrupção, como «salários de eficiência»[3736]), e as empresas públicas podem estar minadas pelo efeito desincentivador da falta de constrangimentos orçamentais rigorosos, pelo que muitas vezes não haverá, ao menos em termos de eficiência, verdadeira alternativa à privatização dos serviços que produzem bens públicos.

16 – h) Limitações procedimentais

Independentemente de tudo o que foi dito já quanto à eficiência comparativa do Estado e do mercado na prossecução de finalidades de interesse geral, e que é, na essência, muito mais favorável à liberdade de funcionamento dos mercados – sem esquecer o papel insubstituível do Estado na produção de bens públicos e de bens de mérito e no apoio a actividades causadoras de externalidades positivas –, interessa ainda considerar ineficiências congénitas na actuação estadual, ineficiências que são ditadas pela particular organização do Estado, e que não podem deixar de existir enquanto se entender necessária a subsistência do Estado. Enumeremos algumas dessas ineficiências necessárias:

– A subordinação da actuação estadual a requisitos de estrita legalidade, em contrapartida do poder coercivo de que o Estado dispõe, sendo que essa legalidade confere rigidez e complexidade aos procedimentos a ela subordinados – por exemplo, os imperativos de transparência e da contenção de custos, a imposição do recurso a concursos públicos, a impugnabilidade judicial das decisões –.
– A perceptível dificuldade de manutenção de compromissos de longo prazo, face à possibilidade de alternância no poder de partidos opostos, e a irresponsabilidade da quebra de meros compromissos políticos ao sabor de ciclos político-eleitorais – a impopularidade de um projecto praticamente assegura que ambos os partidos com ambições de poder tentarão repudiá-lo, apesar de ter sido um deles a defendê-lo, por forma a tentarem conquistar o eleitor mediano –, podendo concluir-se que é muito grande a dificuldade do Estado democrático em

perseverar no desenvolvimento de projectos que exijam prazos superiores aos de um ciclo eleitoral. Aliás, veremos adiante o quão importante é a consideração do ciclo político-eleitoral e a sua repercussão nas próprias oscilações macroeconómicas, afectando igualmente a credibilidade política e as expectativas económicas[3737].
– As regras de anualização orçamental, que rigidamente entendidas podem dificultar o lançamento de alguma iniciativa que deva requerer investimentos iniciais muito vultuosos, que ultrapassem aquilo que está disponível num só ano – embora possam estar disponíveis fragmentadamente por uma sequência de anos, nem sempre será imediatamente perceptível a possibilidade de se ultrapassar o constrangimento anual, só porque o montante requerido nunca aparece disponível *na sua integralidade* em nenhum ano –[3738].
– A irresponsabilização que advém, para a administração estadual e para os gestores do sector público, do facto de ser muito mais difícil chegar-se à insolvência do Estado, podendo por isso contar-se com uma muito maior cobertura de ineficiências do que aquela que é possível no sector privado – sendo que os gestores privados contam com o espectro da falência e isso pode constituir incentivo suficiente ao seu esforço, enquanto que no sector público se conta com o saco sem fundo do financiamento estadual (aquilo que se designa por «*soft budget constraint*»)[3739] –.
– A expressão «*soft budget constraint*» nasceu essencialmente no seio da análise das «economias de transição», ou seja, das ex-«economias socialistas»[3740], designando o facto de as empresas públicas ou participadas pelo Estado nunca falirem, apesar de registarem enormes prejuízos cumulativos, sendo sempre «salvas no último momento» por subsídios[3741], em aberto desincentivo da respectiva eficiência – explicando em larga medida os colapsos e carências generalizadas que se fizeram sentir nas «economias socialistas»[3742].
– A utilidade e universalidade do conceito de «*soft budget constraint*» levou ao seu emprego em muitos outros domínios[3743], sempre subordinado à ideia de que convivem, em muitos contextos, dois tipos de organizações, aquelas que estão sujeitas a uma disciplina orçamental

---

[3736] Becker, G.S. (1968), 167-217; Becker, G.S. & G.J. Stigler (1974), 1-19; Rose-Ackerman, S. (1978).

[3737] Riley, J.G. (2001), 473-474; Rogoff, K. (1990), 21-36; Persson, T. & S. van Wijnbergen (1993), 79-97; Drazen, A. & P.R. Masson (1994), 735-754; Masson, P.R. (1995), 571-582; Lewis, K.K. (1995), 185-214.

[3738] Para uma caracterização genérica do Orçamento do Estado, cfr. Franco, A.L.S. (2002), I, 295ss., 335ss.

[3739] Sobre os efeitos do «*soft budget constraint*» numa atitude de indiferença pelo risco que prejudica seriamente o estabelecimento de incentivos normais de produtividade, cfr. Banco Mundial (2003), 137; Moss, D.A. (2002).

[3740] Kornai, J. (1979), 801-819; Kornai, J. (1980); Kornai, J. (1986), 3-30.

[3741] Transferências, compensações, indemnizações, e toda uma teoria de eufemismos.

[3742] Kornai, J. (1980); Kornai, J. (1986), 3-30; Berglöf, E. & G. Roland (1998), 18-40; Li, D. (1998), 307-311; Maskin, E.S. (1999), 421ss.; Qian, Y. (1994), 145-156; Qian, Y. & C. Xu (1998), 156-164; Segal, I. (1998), 596-609.

[3743] Dewatripont, M. & E. Maskin (1995), 541-556; Dewatripont, M. & E. Maskin (1995b), 541-555; Dewatripont, M., E. Maskin & G. Roland (1999); Goldfeld, S. & R. Quandt (1988), 502-520; Kornai, J., E. Maskin & G. Roland (2003), 1095ss.; Maskin, E.S. (1996), 125-133; Raiser, M. (1994), 1851-1867; Schaffer, M. (1989), 359-382.

estrita (não podendo gastar mais do que aquilo que lhes é permitido pelo capital inicial e pelo rendimento que vão obtendo), e as «organizações de suporte» cuja missão seja a de salvarem aquelas primeiras quando elas ultrapassem o limiar de sustentabilidade do seu equilíbrio orçamental[3744] – sendo que entre estas últimas avultam o Estado e as instituições públicas[3745], o que não impede que nalguns contextos tudo possa passar-se entre privados, bastando constatar-se a raridade com que bancos e instituições financeiras entram em falência, sendo normal que um banco adquira outro que se encontra em dificuldades, evitando assim um desfecho que seria negativamente externalizador para o conjunto do sistema bancário[3746]; ou bastando pensar-se igualmente na frequência com que os mesmos «salvamentos» ocorrem relativamente a organizações não-lucrativas[3747], em especial no âmbito internacional[3748].

– O «*soft budget constraint*», no qual é possível discernir uma componente exógena, que se prende com o paternalismo do Estado, e uma componente «endógena» que resulta de problemas de inconsistência temporal[3749], é portanto o fruto de um ineficiente esforço de erradicação do risco em sectores nos quais esse risco seria maximamente incentivador, substituindo-o por uma gestão indiferente ao risco mas mais facilmente motivada, em consequência, por favoritismos, clientelismos[3750] e outras «capturas» do interesse público[3751].

– Complementarmente, há a considerar o «efeito de catraca» («*ratchet effect*»), um conceito utilizado para descrever a habitual atitude dos gestores nas empresas da economia soviética, que tendiam a não responder aos incentivos para produzirem acima dos seus alvos, por recearem que a sobreprodução de um ano se tornasse o alvo mínimo do ano seguinte: por recearem, numa palavra, «habituar mal» os planificadores soviéticos que estabeleciam metas e incentivos[3752] – cedo se percebendo o potencial de universalização também deste conceito de «efeito de catraca», para aplicação em domínios muito mais amplos, essencialmente no seio dos incentivos e da área do risco moral[3753].

– Notemos apenas que o «efeito de catraca» pode amplificar o problema do «*soft budget constraint*»[3754], induzindo os gestores ineficientes a manterem todas as marcas exteriores da sua ineficiência para não serem penalizados com perdas de subsídios e de «instrumentos de recuperação»[3755] – algo de similar à «armadilha da pobreza», um pouco como o mau aluno que não se esforça demasiado, por recear perder os benefícios que lhe advirão das «aulas de apoio», das «épocas especiais», das «repescagens».

– A acumulação de «pesos mortos» e de «ineficiência-X» em todo o sector público por causa dessa ductilidade financeira, como é tipicamente demonstrado pela contratação clientelar de pessoal desqualificado por «favor político»[3756], ou pela sugestão de que o sector público deve afastar a lógica maximizadora que anima a concorrência nos mercados (porque a titularidade dos lucros é difusa)[3757/3758], empolando questões de risco moral que ocorrem também, como vimos, nas empresas privadas[3759].

– A resultante tendência constante para o aumento das des-

[3744] Aghion, P., P. Bolton & S. Fries (1999), 51-70; Berglöf, E. & G. Roland (1998), 18-40; Mitchell, J. (2000), 59-100.

[3745] Em especial no âmbito da «troca de favores» e da reciprocidade entre poderes centrais e locais. Cfr. Moesen, W. & P. van Cauwenberge (2000), 207-224; Rodden, J., G.S. Eskeland & J. Litvack (orgs.) (2002).

[3746] Huang, H. & C. Xu (1999), 903-914.

[3747] Duggan, M.G. (2000), 1343-1373; Kornai, J. & K. Eggleston (2001).

[3748] Fischer, S. (1999), 85-104.

[3749] Kornai, J. (1998), 533-539. Cfr. Dewatripont, M. & E. Maskin (1995b), 541-556; Lin, J.Y. & G. Tan (1999), 426; Lin, J.Y., F. Cai & L. Zhou (1998), 422-427; Qian, Y. (1994), 145-156.

[3750] Lopez-de-Silanes, F. (1997), 965-1026; Lopez-de-Silanes, F., A. Shleifer & R.W. Vishny (1997), 447-471; Shleifer, A. & R.W. Vishny (1994), 995-1025; Shleifer, A. & R.W. Vishny (1998).

[3751] Bai, C.-E. & Y. Wang (1999), 432ss.; Krugman, P.R. (1994b), 62-78; Young, A. (1995), 641-680.

[3752] Berliner, J.S. (1952). Cfr. ainda: Bain, J.A., J.B. Miller, J.R. Thornton & M. Keren (1987), 1173-1202; Keren, M., J.B. Miller & J.R. Thornton (1983), 347-367; Roland, G. & A. Szafarz (1990), 1079-1088; Roland, G. & K. Sekkat (2000), 1857-1872; Weitzman, M.L. (1980), 302-308.

[3753] Freixas, X., R. Guesnerie & J. Tirole (1985), 173-191; Laffont, J.-J. & J. Tirole (1988), 1153-1175; Laffont, J.-J. & J. Tirole (1993); Litwack, J. (1993), 271-285.

[3754] Ambos os fenómenos são, bem vistas as coisas, simples afloramentos de problemas teóricos mais vastos, como o da consistência intertemporal, ou o da racionalidade «sequencial». Cfr. Barro, R.J. & D.B. Gordon (1983b), 101-120; Kydland, F.E. & E.C. Prescott (1977), 473-491; Rogoff, K. (1985b), 1169-1190; Selten, R. (1965), 301-324.

[3755] Dewatripont, M. & G. Roland (1997), 240-278.

[3756] Boycko, M., A. Shleifer & R.W. Vishny (1996), 309-319; Krueger, A.O. (1990), 9-23.

[3757] Boardman, A.E. & A.R. Vining (1989), 1-33; Megginson, W.L., R. Nash & M. Van Randenborgh (1994), 403-452.

[3758] Note-se, todavia, que há quem sustente, mesmo assim, que não há diferenças substanciais, em termos de eficiência, entre empresas públicas e empresas privadas. Cfr. Caves, D.W. & L.R. Christensen (1980), 958-976; Martin, S. & D. Parker (1995), 225-237; Kole, S.R. & J.H. Mulherin (1997), 1-22; Dewenter, K.L. & P.H. Malatesta (2001), 320.

[3759] Vickers, J. & G. Yarrow (1991), 111-132.

pesas públicas, a «Lei de Wagner»[3760], abundantemente demonstrada em todos os recantos do mundo, e por isso também igualmente na Europa[3761] e em Portugal[3762/3763].
– A assimetria e insuficiência informativa que resulta da própria dimensão do Estado, e que, insensibilizando quanto às motivações do cidadão comum e quanto à sua capacidade de reagir às iniciativas estaduais, deixam a governação à mercê de perversões de resultados e de consequências inesperadas – como a degradação do parque habitacional em consequência do controlo das rendas, o congestionamento dos acessos às cidades em consequência da construção de auto-estradas, ou o colapso acelerado de sistemas de saúde universais em consequência do seu carácter tendencialmente gratuito (que os fazem parecer *recursos comuns*) –.

Em suma, é tão notória a acumulação de circunstâncias que propiciam as ineficiências do sector público – o desperdício de recursos[3764], a corrupção[3765], o clientelismo[3766] entre tantos outros – que tem cabimento perguntar se não será muitas vezes preferível conviver com falhas de mercado do que arriscar o surgimento de falhas de intervenção que tendem a ser mais agudas e perenes[3767], sobretudo quando servem os interesses «carreiristas» ou corruptos de políticos e se perde inteiramente de vista o paradigma do governo como «planificador social benevolente»[3768/3769].

Em contrapartida, não é fácil de avaliar a dimensão das «falhas de intervenção» se admitirmos que elas são, ao menos em certa medida, o preço mínimo a pagar pela correcção das «falhas de mercado» – em última análise, pode mesmo dizer-se que, se tudo fosse pelo melhor dos mundos e a ordem espontânea resolvesse todos os problemas particulares sem custos significativos (talvez num contrafactual «paraíso coaseano»), todos os burocratas seriam redundantes e inúteis, e aqueles que subsistissem poderiam ser remetidos para uma área de pura improdutividade parasitária[3770]. Mais inequívocos são, insistamos, os custos da corrupção, especialmente quando ela se torna inevitável por causa da configuração especial das instituições e dos incentivos públicos[3771], ampliadas pela assimetria informativa e pela «captura da regulação»[3772] – quando a corrupção é uma reacção de mercado, de um mercado muito especial, contra excessos de regulação[3773].

Sublinhemos neste ponto não apenas uma das vinte ideias a reter depois do exame final, mas também uma das «dez ideias para reflectir»: A intervenção do Estado pode implicar custos que excedem os benefícios, dados os incentivos não estritamente económicos por que se pauta a acção política; as interferências rectificadoras das «falhas de mercado» podem resultar em «falhas de intervenção».

[3760] Sobre a «Lei de Wagner», cfr. Franco, A.L.S. (2002), II, 7ss. Para uma reflexão sobre a dimensão do sector público administrativo, *ibid.*, I, 147ss.

[3761] Karagianni, S., M. Pempetzoglou & S. Strikou (2002), 107-114.

[3762] Sobre a evolução, em Portugal, do peso do sector público (despesa) em termos de percentagem do PIB, de 1910 até 1996, demonstrando que esse peso praticamente quintuplicou, de 10% para cerca de 50%, cfr. Mateus, A.M. (2001), 111 (gráfico 38).

[3763] A «Lei de Wagner» deve ser temperada: a) pelo recurso a preços reais (compensando com a inflação); b) pela adopção de valores *per capita* (dado que a demografia pode justificar a variação da despesa pública – por exemplo quando haja um direito individual à prestação de certos serviços públicos); c) como uma percentagem do PIB (visto que a despesa pública pode acompanhar a dimensão da Economia). Devendo ainda levar-se em conta que, em bom rigor, só uma fracção minoritária das despesas públicas é que é controlável discricionariamente, e por isso é imputável a uma verdadeiramente perversa «incontinência» que seria espelhada na «Lei de Wagner». Cfr. Rosen, H.S. (2002), 11.

[3764] Lal, D. (1985).

[3765] Carino, L.V. (1986); De Soto, H. (1989).

[3766] Donahue, J.D. (1989).

[3767] Mills, E.S. (1986).

[3768] Niskanen, W.A. (1971); Shleifer, A. & R.W. Vishny (1994), 995-1026.

[3769] Sublinhe-se, de passagem, que é enganador tentar aferir a dimensão do Governo pelo número de funcionários públicos, sendo mais seguro olhar-se antes para: a) volume de compras; b) dimensão das transferências; c) pagamentos de juros. Cfr. Rosen, H.S. (2002), 9-10.

[3770] Acemoglu, D. & T. Verdier (2000), 194-196, 208-209.

[3771] Klitgaard, R.E. (1989), 447-459; Shleifer, A. & R.W. Vishny (1993), 599-618; Mauro, P. (1995), 681-712; Leff, N. (1964), 8-14.

[3772] Mookherjee, D. & I.P.L. Png (1992), 556-565; Mookherjee, D. & I.P.L. Png (1995), 145-159; Laffont, J.J. & J. Tirole (1993); Acemoglu, D. & T. Verdier (1998), 1381-1403.

[3773] Rose-Ackerman, S. (1978), 9.

PARTE III

Macroeconomia

Capítulo 17 – **Os temas básicos da macroeconomia**[3774]

> *"A riqueza e, na medida em que o poder depende dela, o poder de cada país, hão-de ser sempre proporcionais ao valor do respectivo produto anual, o fundo a partir do qual todos os impostos são, em última análise, pagos. E o grande objectivo da economia política em cada país é aumentar a riqueza e o poder desse país"* – Adam Smith[3775].

17 – a) Os valores agregados da economia

A actividade económica de um todo nacional não é uma realidade estável, que, apresentando uma identidade única e coesa, não suscite problemas relacionados com flutuações. O desenvolvimento dos recursos de que uma economia dispõe pode determinar o seu crescimento, isto é, o aumento sustentado, cumulativo, dos valores que representam globalmente os resultados de todos os seus processos produtivos combinados; todavia, isso não significa que esse crescimento seja linear, que não ocorram sobressaltos, acelerações e desacelerações ao longo desse processo, e que não possa mesmo ocorrer, em consequência disso, uma inversão da tendência geral para o crescimento, um empobrecimento global da economia.

O problema há-de manifestar-se, por definição, no curto prazo, pois é no curto prazo que os produtores:

– confrontados com uma retracção da procura e com uma concomitante quebra nas vendas, são compelidos a repercutir sobre os factores de produção as consequências desse «arrefecimento» das trocas, provocando o desemprego dos factores e a quebra dos rendimentos de vendedores e de compradores, uma situação que genericamente pode designar-se por *recessão*, ou, nos casos mais graves e prolongados, por *depressão*[3776];

– confrontados antes com uma expansão da procura sem que possam de imediato responder com «*stocks*», ou com um incremento suficiente no recrutamento de factores e com um concomitante aumento de produção, da oferta, das vendas, desencadeiam aumentos do nível geral dos preços que podem ter, entre outros, efeitos nocivos na repartição do rendimento e na perturbação das expectativas.

O que é que determina essas flutuações de curto prazo que alastram pelo todo da economia, contagiando a situação de todos os agentes económicos, causando ineficiências e prejuízos que afectam, ao menos potencialmente, o conjunto da actividade económica? Manifestam essas oscilações alguma regularidade? E

[3774] Abel, A.B. & B.S. Bernanke (2002), 3ss.; Andrade, J.S. (1998), IX.4ss.; Arroja, P. (1993), 341ss.; Barre, R. & F. Teulon (1997), I, 187ss., II, 361ss.; Baumol, W.J. & A.S. Blinder (2000), 479ss., 499ss.; Blanchard, O. (2002), 22ss., 45ss.; Burda, M.C. & C. Wyplosz (2002), 3ss.; Carbaugh, R.J. (2002), 281ss.; Ekelund, R.B. & R.D. Tollison (2000), 466ss.; Gordon, R.J. (2002), 3ss.; Gregory, P.R. (2001), 139ss., 163ss.; Gwartney, J.D. & *al.* (2002), 156ss.; Hardwick, P. & *al.* (1999), 367ss.; Heyne, P. & *al.* (2002), 395ss., 419ss.; Hoag, A.J. & J.H. Hoag (2002), 258ss.; Hyman, D.N.N. (1996), 585ss.; Jacquemin, A., H. Tulkens & P. Mercier (2001), 349ss.; Lipsey, R.G. & *al.* (1999), 443ss.; Martinez, P.S. (1998), 793ss.; McConnell, C.R. & S.L. Brue (2001c), 143ss.; Miller, R.L. (2002), 145ss., 163ss.; Neves, J.C. (2001), 241ss., 307ss., 317ss.; O'Sullivan, A. & S.M. Sheffrin (2002), 401ss.; Porto, M.C.L. (2004), 279ss.; Rohlf, W.D. (2001), 265ss.; Samuelson, P.A. & W.D. Nordhaus (2001), 413ss.; Schiller, B.R. (2004), 207ss., 231ss.; Slavin, S.L. (2001), 183ss., 213ss.; Sloman, J. (2002), 441ss.; Snowdon, B. & *al.* (1995), 42ss., 89ss., 137ss.; Spencer, M.H. & O.M. Amos Jr. (1993), 156ss.; Stanlake, G.F. (1993), 655ss., 677ss.; Stiglitz, J.E. & C.E. Walsh (2002), 563ss.; Taylor, J.B. (2001), 396ss., 438ss.; Wessels, W.J. (2000), 72ss., 87ss., 101ss., 123ss. Cfr. ainda: Aghion, P. & P. Howitt (1998); Arnold, R.A. (2000b); Barro, R.J. (org.) (1994); Barro, R.J. & X. Sala-i-Martin (1995); Blanchard, O. & S. Fischer (1989); Boyes, W.J. & M. Melvin (1999); Case, K. & R.C. Fair (1999); Colander, D.C. (1998); Cooley, T.F. (org.) (1995); Gottheil, F.M. (1999); Gwartney, J.D. & R.L. Stroup (2000); Hall, R.E. & M. Lieberman (1998); Hyman, D.N.N. (1997); Lucas Jr., R.E. (1977), 7-29; Mankiw, N.G. (2001); Mankiw, N.G. & D. Romer (orgs.) (1991); McConnell, C.R. & S.F. Brue (2001); McEachern, W. (2000); Parkin, M. (2000); Romer, D. (2000); Ruffin, R.J. & A.R. Gregory (1997); Sargent, T.J. (1987, 1987b); Sexton, R.L. (1999); Stokey, N.L. & R.E. Lucas Jr. (1989).

[3775] Smith, A. (1976b), 372 (=I, 643).

[3776] Não tem havido muito interesse teórico no estudo das depressões, centrando-se a atenção sobretudo nas recessões. Contudo, cfr. Cole, H.L. & L.E. Ohanian (1999), 2-24; Prescott, E.C. (2002), 1-2.

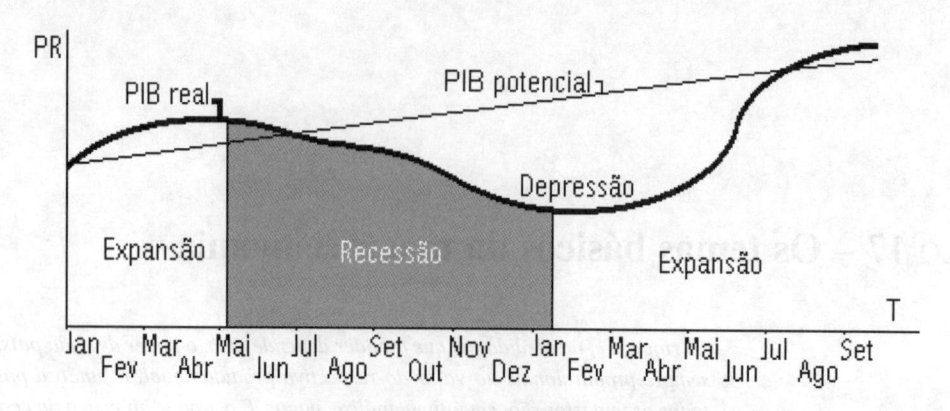

Gráfico 17.1. *Flutuações macroeconómicas de curto prazo*

PR: PIB real   T: passagem do tempo

podem essas flutuações ser evitadas ou remediadas, seja através do funcionamento do mercado, seja pela intervenção do Estado? Constituem elas puros problemas de coordenação?[3777]

Para explicação destes fenómenos que alegadamente escapariam, pela sua dimensão e lógica interna, ao domínio auto-regulador do mercado é que se concebeu a disciplina da Macroeconomia, a qual versaria essencialmente os problemas de crescimento, inflação e desemprego tal como eles podem manifestar-se no âmbito de uma economia integrada, uma economia estadual – versando ainda a repercussão externa que esses fenómenos poderiam ter na posição de uma economia nacional dentro do quadro das relações económicas internacionais.

Podemos dizer que o interesse pelos temas macroeconómicos nasceu com a grande depressão norte-americana dos anos 30 do século XX[3778], um colapso económico-financeiro que, provocado por uma crise bolsista em 1929, ganhou dimensões tão amplas – até por propagação internacional[3779] – que elas faziam pensar numa profunda incapacidade estrutural para a regeneração espontânea da economia, apontando antes para a necessidade da sua sustentação política através de medidas *ad hoc* e extra-mercado.

De certo modo, o surgimento da disciplina da Macroeconomia representa uma viragem da ciência económica, passando de uma descrição desgarrada e episódica de problemas conjunturais e estruturais condicionantes da produção e das trocas para a análise sistemática de traços e causas comuns de crises recorrentes, para a análise do «impulso inicial» das flutuações de curto prazo e da sua «propagação» para o todo da estrutura económica, para a análise dos mecanismos que tornariam o fenómeno recorrente e arreigado, susceptível de se auto-perpetuar, de sobreviver ao desaparecimento daquelas causas e impulsos iniciais – afinal, uma doença mais profunda, mais disseminada e mais subtil do que aquilo que a ciência económica tradicional parecia conseguir abarcar.

A depressão dos anos 30 do século XX chamava a atenção para algo de aparentemente paradoxal, algo de absurdo até para os quadros da análise económica clássica: a ocorrência de situações de grave carência no meio de uma relativa abundância de recursos, denotando um permanente desperdício desses recursos, mesmo quando houvesse a consciência da capacidade desses recursos desempregados para resolverem aquelas situações de carência[3780].

Não se traduziria essa carência em expansão da procura? Não provocaria essa expansão da procura, *ceteris paribus*, a subida de preços? Não suscitaria essa subida de preços um aumento da oferta (um intensificação no emprego de recursos já utilizados, e até a entrada no mercado de novos recursos)? Não provocaria essa expansão da oferta um aumento de quantidades transaccionadas e uma diminuição de preços, até se chegar a uma posição de equilíbrio *sem carência*?

[3777] Leijonhufvud, A. (2000).

[3778] Cfr. Friedman, M. & A.J. Schwartz (1963), 407-419, para ver quem são os «culpados» da Grande Depressão, de acordo com a visão monetarista.

[3779] Basu, S. & A.M. Taylor (1999), 45ss.; Baxter, M. & A.C. Stockman (1989), 377-400; Devereux, M.B. (1997), 773-808; Frankel, J.A. & A.K. Rose (1996), 209-224; Meese, R.A. & K. Rogoff (1983), 3-24; Stockman, A.C. (1987), 12-30.

[3780] Veja-se o depoimento de um conjunto de brilhantes economistas (Paul Samuelson, Milton Friedman, Charles Kindleberger, Anna Schwartz, James Tobin, Wassily Leontief) sobre a «Grande Depressão» e sobre o modo como ela, e a «revolução keynesiana», influenciaram a formação de gerações de economistas ao longo do século XX, em: Parker, R.E. (2002). E veja-se ainda o clássico: Shackle, G.L.S. (1967).

17 – a) – i) O advento do keynesianismo

Foi com a depressão dos anos 30 do século XX que se percebeu que isso não sucedia desse modo – e foi John Maynard Keynes que constatou que elevados níveis de poupança, em vez de sinalizarem apenas disponibilidade de fundos para investir, poderiam antes, algo paradoxalmente, sinalizar aos empresários baixos níveis de consumo por parte dos aforradores, sendo que por isso um elevado nível de poupança, em vez de facilitar uma elevação do nível de investimento, poderia ao invés determinar uma retracção do investimento, agravando a disparidade entre os dois valores e gerando o desemprego desses fundos disponíveis[3781].

Lembrar-se-á o leitor de termos falado de uma verdade contra-intuitiva da Macroeconomia, que é a de que uma economia necessita tanto de cigarras como de formigas, necessita de uma combinação equilibrada de pessoas que poupam mais e consomem menos, e de pessoas que consomem mais e poupam menos. Ora foi isso que Keynes constatou, com o «paradoxo da avareza»[3782]: os produtores precisam do aforro das formigas, mas precisam igualmente do consumo de formigas e de cigarras, sendo que se, por um motivo qualquer, de súbito predomina em nós a «propensão formigueira», poderemos estar a contribuir para um excesso de recursos produtivos que, por concomitante falta de «propensão cigarreira», deixarão de ser utilizados mesmo quando estão disponíveis e aptos para resolverem os nossos problemas económicos de escassez.

O declínio das despesas de consumo, por outras palavras, determinaria um declínio das despesas de investimento, e ambos os declínios combinados provocariam uma diminuição do rendimento. Segundo a *Teoria Geral* de Keynes[3783], essas disparidades seriam muito naturais, dada a diferença de objectivos que se regista entre quem poupa e quem investe – e por isso a coincidência de níveis de poupança e de investimento, em vez de ser resultado de qualquer convergência de motivações, haveria de ser antes fruto de variações de rendimento que, a uma dada propensão para consumir e para poupar, gerassem um montante total de aforro coincidente com os totais requeridos para investimento. A não se dar esta coincidência global entre poupança e investimento, teriam que ser os produtores a suportar sozinhos o «amortecimento» das variações do consumo através de flutuações nos seus «stocks», excessos indesejados no caso da elevada poupança e baixo consumo, escassez indesejada de «stocks» no caso de elevado consumo e baixa poupança[3784].

Digamos pois que, em tese geral, a Macroeconomia nasceu como uma resposta intelectual à «Grande Depressão» dos anos 30, dominada pelo intuito de se prevenir o ressurgimento dessa «hecatombe capitalista», em especial de se evitar o impacto irrestrito de retracções conjunturais da procura na estrutura financeira e produtiva – podendo até adiantar-se que, face a esse restrito propósito inicial, até os críticos da abordagem keynesiana reconhecem que a Macroeconomia foi um sucesso histórico[3785], um tal sucesso que hoje se poderá defender que o «paciente» está imunizado e alerta, que é praticamente impossível que algo de tão grave volte a atingir as economias desenvolvidas[3786], e que a intervenção do «médico» deixou de se justificar, e está mesmo a tornar-se crescentemente nociva[3787].

Ainda hoje é vivamente debatido o que verdadeiramente se passou em 1929 e o que se lhe seguiu na «Grande Depressão» e no rescaldo, que conduz do *New Deal* até à 2ª Guerra Mundial, em especial no que respeita à via através da qual as perturbações monetárias e financeiras se transmitiram à economia *real* – um debate que não é inocente, já que, como veremos, atinge a legitimação originária da abordagem macroeconómica, em especial no que respeita ao

---

[3781] Keynes, J.M. (1936).

[3782] Keynes, J.M. (1936), 210-211.

[3783] Problemas de saúde, e a morte prematura, impediram Maynard Keynes de clarificar muitos pontos da *Teoria Geral*, como ele tencionava fazer aditando notas ao texto – o que recentemente tentou fazer-se, com uma «2ª edição» largamente assente em reconstruções conjecturais do seu pensamento. Cfr. Keynes, J.M. (1997).

[3784] Embora se deva notar desde já que a evolução tecnológica tem contribuído para mitigar o problema dos *stocks*, podendo reforçá-los ou ajustá-los ao volume de vendas com uma crescente rapidez, multiplicando as possibilidades de produção por encomenda e de resposta quase-instantânea às solicitações de mercado, reduzindo os impactos da procura nas flutuações de mercado e retirando aos vendedores essa oneração de «financiarem» as disfunções induzidas pelas flutuações de curto prazo.

[3785] Isto apesar do fortíssimo pendor teórico da construção keynesiana original – tanto que, à distância, a teoria keynesiana passou a constituir um claro exemplo de construção teórica muito antecedente a qualquer comprovação empírica, que só começaria a surgir praticamente 10 anos depois, em: Klein, L.R. (1946); Klein, L.R. & A.S. Goldberger (1955).

[3786] Entre 1929 e 1933 o PIB real *per capita* caiu 30%, e a produtividade total dos factores caiu cerca de 18%, enquanto que nas recessões e depressões posteriores a 1945 esses valores têm oscilado em torno de médias de 2% e de 0,3%, respectivamente (sendo a disparidade tão grande que se têm suscitado dúvidas de medição). Cfr. Ohanian, L.E. (2001), 34, 38.

[3787] Nociva a insistência na gestão de curto prazo da procura agregada e da despesa com propósitos estabilizadores, se comparada, em termos de custos de oportunidade, com os ganhos que podem advir de políticas de longo prazo do lado da oferta, políticas incentivadoras do trabalho e da poupança (um pouco como se se dissesse que os ganhos de estabilização já não ultrapassam os inerentes custos de transacção). Cfr. Lucas Jr., R.E. (2003), 1.

diagnóstico formulado e à terapêutica inicialmente proposta[3788] –.

Para uns, seria simplesmente o *«crash»* bolsista de 1929, seguido de efeitos de contágio[3789] – numa ilustração da teoria dos *sistemas complexos*[3790/3791] ou *«das catástrofes»*[3792], com rápidos colapsos sucedendo à rápida expansão de «pontos críticos»[3793], com descontinuidades nos ciclos económicos[3794], na dinâmica do mercado de capitais[3795], na «geografia económica»[3796], no mercado de câmbios[3797].

Para outros, tratar-se-ia de uma quebra autónoma na despesa e no consumo[3798]. Outros apontam para uma quebra abrupta nas tarifas aduaneiras[3799]. Outros ainda concentram a atenção na deflação da dívida pública[3800]. Alguns privilegiam os efeitos não-monetários da «corrida aos bancos», do colapso provocado pelo pânico anti-fiduciário[3801].

Muito mais adesão suscita a explicação monetarista[3802], que aponta as culpas para a incapacidade demonstrada pelas autoridades monetárias de contrabalançarem a retracção da oferta de moeda causada pela «corrida aos bancos»[3803] – enfatizando as responsabilidades institucionais na criação de «choques exógenos» na oferta de moeda[3804] –, o que por sua vez alguns atribuem a circunstâncias fortuitas[3805], outros à prevalência da *«real bills doctrine»*[3806], outros à adesão ao «padrão ouro»[3807]. A visão «canónica» sobre a Depressão dos anos 30 atribuía à crise bancária as culpas da difusão veloz do declínio económico[3808], sendo que mesmo os monetaristas não se afastaram desse ideia, apenas deslocando o factor causal para os efeitos amplificadores do «multiplicador de crédito», capazes de empolarem e alastrarem as consequências da «corrida aos levantamentos dos depósitos»[3809], de transmitirem e aumentarem os efeitos do «choque monetário» negativo[3810].

Concentrando-se mais na via de transformação de causas *nominais* em efeitos *reais*, outros têm explorado a intuição keynesiana de que o choque monetário teria embatido numa «viscosidade» das remunerações (uma incapacidade de ajustamento instantâneo dos vencimentos *nominais* às condições de mercado), gerando «fricções» e disfunções duradouras que em última instância entravariam o crescimento económico e prolongariam os desperdícios de oportunidades e recursos[3811]. Uns cingem-se ao efeito combinado de uma contracção monetária e da viscosidade *salarial*, coloquem ou não ênfase no efeito imobilizador da *«cartelização»*, sobretudo na resistência sindical[3812], e outros por fim concentram a sua análise nas «fricções do investimento», na inabilidade dos mercados financeiros para responderem adequadamente a contracções monetárias[3813].

[3788] Bordo, M.D., C.J. Erceg & C.L. Evans (2001), 1447, 1461; Bordo, M.D., E.U. Choudhri & A.J. Schwartz (1995), 484-505; Bordo, M.D. (1989), 15-70; Cole, H.L. & L.E. Ohanian (1999), 2-24; Eichengreen, B. (1992b), 213-239; Calomiris, C.W. (1993), 61-85; Chari, V.V., P.J. Kehoe & E.R. McGrattan (2002), 22; Romer, C.D. (1993), 19-40; Smiley, G. (2002).

[3789] Mishkin, F.S. (1978), 918-937; Romer, C.D. (1990), 597-624.

[3790] Rosser Jr., J.B. (1999), 169ss.; Horgan, J. (1995), 104-109; Horgan, J. (1997); Lewin, R. (1992); Saari, D.G. (1995), 222-230; Waldrop, M.M. (1992).

[3791] A complexidade e a auto-organização são dois temas básicos da abordagem económica da «Escola Austríaca». Cfr. Hayek, F.A. (1948); Lavoie, D. (1989), 613-635.

[3792] Thom, R. (1975). Cfr. ainda: Rosser Jr., J.B. (2000); Zahler, R. & H. Sussman (1977), 759-763.

[3793] Hayek, F.A. (1967), 22-42; Leijonhufvud, A. (1993), 1-13; Sornette, D. (2003).

[3794] Grandmont, J.-M. (1985), 995-1045; Kaldor, N. (1940), 78-92; Lorenz, H.-W. (1992), 411-430; McCloskey, D.N. (1991), 21-36; Varian, H.R. (1979), 14-28.

[3795] Chavas, J.-P. & M.T. Holt (1993), 113-120; De Long, J.B., A. Shleifer, L.H. Summers & R.J. Waldmann (1991), 1-19; Guastello, S.J. (1995); Zeeman, E.C. (1974), 39-44.

[3796] Cassetti, E. (1980), 47-54.

[3797] Krugman, P.R. (1984), 261-278.

[3798] Temin, P. (1976); Temin, P. (1989).

[3799] Meltzer, A.H. (1976), 455-471; Crucini, M. & J. Kahn (1996), 427-467.

[3800] Fisher, I. (1933), 337-357.

[3801] Bernanke, B.S. (1983), 257-276; Smith, B.D. (2002), 128; Caprio Jr., G. & D. Klingebiel (1997), 79-104.

[3802] Steindl, F.G. (1995).

[3803] Friedman, M. & A.J. Schwartz (1963); Smith, B.D. (2002), 133.

[3804] Friedman, M. & A. Schwartz (1963); Romer, C.D. & D.H. Romer (1989), 121-170.

[3805] Chandler, L. (1958).

[3806] Wheelock, D. (1992).

[3807] Eichengreen, B. (1992).

[3808] Fisher, I. (1933), 337-357; Hardy, C.O. & J. Viner (1935); Kimmel, L.H. (1939).

[3809] Friedman, M. & A.J. Schwartz (1963).

[3810] Bernanke, B.S. (1983), 257-276; Calomiris, C.W. & J.R. Mason (2003), 937ss..

[3811] Eichengreen, B. & J. Sachs (1985), 925-946; Bernanke, B.S. (1995), 1-28; Bernanke, B.S. & K. Carey (1996), 853-883.

[3812] Bordo, M.D., C.J. Erceg & C.L. Evans (2000), 1447-1463.

[3813] Bernanke, B.S. & M. Gertler (1989), 14-31; Carlstrom, C.T. & T.S. Fuerst (1997), 893-910.

17 – a) – ii) A perspectiva do curto prazo

O alvo inicial dos estudos de Macroeconomia, e a razão da sua própria urgência política – afinal, a chave do sucesso que esta vertente dos estudos económicos conheceria ao longo de praticamente todo o século XX –, seriam, pois, essas flutuações globais de curto prazo, essas «ondas de exaltação e de depressão» que varreriam a totalidade das actividades produtivas nacionais, causando sobressaltos e quebras de ritmo no desenvolvimento do potencial produtivo da economia.

Para explicar essas flutuações de curto prazo, de novo se recorreu ao mais universal dos paradigmas da análise económica, a «cruz marshalliana» das curvas da oferta e da procura, apenas aproveitando para alargar o âmbito de análise através da utilização de conceitos mais amplos:

- o da *oferta agregada* – abrangendo nela tudo o que, no intervalo de tempo considerado, é produzido no espaço nacional –[3814];
- o da *procura agregada* – abarcando-se neste outro conceito tudo o que é despendido, sob forma de consumo, investimento ou despesa pública, no mesmo intervalo de tempo –[3815].

Note-se desde já que essas flutuações globais costumam espelhar-se em movimentos simultâneos e correlacionados das mais diversas facetas da actividade económica: e assim, se por um lado é possível recorrer-se a uma medida única para essas flutuações, o Produto Interno Bruto (PIB), que revela o valor de mercado de todos os bens e serviços produzidos num determinado período – ou mais precisamente o PIB *real*, valor ajustado à inflação, avaliado por preços de um ano-base[3816] –, por outro lado um qualquer de múltiplos indícios parcelares nos pode denunciar a presença de um movimento macroeconómico de curto prazo. Se o volume de vendas de um grande número de empresas está a cair, se o recurso ao crédito para a compra de habitação diminuiu, se são menos acentuados os aumentos salariais, por exemplo, é mais do que certo que a economia está a abrandar *como um todo*, e a inflectir no sentido de uma recessão – recessão que é, tecnicamente, uma queda no PIB *real* em dois trimestres sucessivos –, sendo que cada um daqueles indicadores aponta separadamente na mesma direcção, ainda que possa não o fazer com a mesma amplitude.

Foi por esta abundância de indícios que os pioneiros da abordagem macroeconómica, e entre eles Keynes, concentraram a sua atenção nos efeitos de curto prazo – entendendo eles que:

- é neste curto prazo que faz sentido a ciência económica ganhar relevância prática e protagonismo político, ajudando a formular soluções que evitem as consequências mais graves das inadequações estruturais da economia para lidarem com movimentos generalizados e contagiantes que afectam a capacidade produtiva ou o nível de despesa na aquisição de produtos;
- os equilíbrios ou reequilíbrios de longo prazo, quando acabam por suceder, não servem de verdadeiro remédio ou consolação para os problemas *reais* que ocorrem, e têm a possibilidade de continuamente renascer, no curto prazo.

Em bom rigor, poderíamos distinguir antes três tipos de prazos relevantes para a análise macroeconómica: a) prazo muito longo – incidindo especialmente em problemas do crescimento, concentrando-se em especial sobre os respectivos valores *médios*; b) longo prazo – analisando os fenómenos no pressuposto de uma certa dotação de capital e tecnologia propiciadores de um «potencial produtivo», face ao qual as flutuações de preços seriam exclusivamente determinadas por movimentos da procura; c) curto prazo – privilegiando na análise aquele âmbito no qual são as flutuações na procura que determinam quanto é que é utilizado do potencial produtivo, dado que ser a produção, mais do que os preços, que varia em resposta aos movimentos da procura[3817].

Para tornar mais claro o que se pretende dizer, note-se desde já que, em termos macroeconómicos, o longo prazo não é um *sucessor* do curto prazo, não se distinguem ambos *apenas* pela duração, antes pela amplitude do horizonte decisório para que remetem – sendo o curto prazo o contexto permanente, perene, de certos tipos de decisão, e o longo prazo um contexto diferente, o contexto do condicionamento da capacidade de decisão, mas um contexto que acompanha temporalmente o primeiro, sendo que as expectativas dos agentes económicos desempenham a maior parte das vezes um papel de articulação, de conciliação, entre esses

---

[3814] Em bom rigor, a oferta agregada representa a disposição para produzir a cada nível de preços (dada uma capacidade produtiva); correspondendo pois, para cada nível de preços, ao volume de produção a que o mercado dos produtos e o mercado monetário estão simultaneamente em equilíbrio (dependendo assim de medidas de política orçamental e monetária, e dado um determinado nível de confiança dos consumidores). Cfr. Dornbusch, R., S. Fischer & R. Startz (2004), 7, 95.

[3815] Sobre a evolução do conceito de «procura agregada» na ciência económica do século XX, cfr. Leen, A.R. (2001), 75-88.

[3816] A preços *constantes*, por contraposição ao PIB *nominal* que é calculado a preços *correntes*.

[3817] Dornbusch, R., S. Fischer & R. Startz (2004), 4.

dois planos. A ideia de «prazo» tem aqui, em suma, um alcance mais *lógico* do que *cronológico* – e convém relembrá-lo quando adiante por várias vezes integrarmos num mesmo quadro de análise as perspectivas de curto e longo prazo, simultaneamente.

Seja-nos consentido ilustrarmos essa distinção crucial com um exemplo não-económico: um jogador de boxe vê-se confrontado, durante um combate, exclusivamente com decisões de curto – curtíssimo – prazo, como sejam atacar, defender, esquivar-se, recuar. A forma como o faz depende da sua capacidade combativa, e essa molda-se com decisões de longo prazo, as suas decisões *condicionantes*, como sejam as relativas à duração dos treinos, à composição das rotinas de treino, à alimentação, ao repouso, etc.. As decisões efectiva e directamente relevantes são as tomadas no curto prazo, mas elas dependem crucialmente do quadro decisório que para elas tenha sido criado no longo prazo.

Não há praticamente um momento em que o todo da economia não possa dizer-se em expansão ou em recessão, ou em transição crítica entre essas duas fases, pelo que, dependendo do momento em que a economia se encontre, as condições se afigurarão mais ou menos favoráveis aos agentes económicos em geral e aos empresários em particular – sendo que estes, porque têm que tomar decisões baseadas em expectativas de evolução dos mercados, são especialmente sensíveis à conjuntura –. Por esta razão, estas flutuações aparecem frequentemente designadas como «ciclos de actividade económica» («*business cycles*»), apelando a uma ideia determinista de longuíssimas tradições culturais[3818]. Quando a expansão dos valores agregados é acentuada – e não soa nenhum alarme especulativo –, o ambiente parece por sua vez propício à intensificação da actividade e à tomada de riscos mais amplos; mas o inverso volta a acontecer se essa expansão abranda a sua intensidade ou ritmo, e mais ainda se a tendência expansiva se inverte.

Todavia, a expressão «ciclo» não se afigura muito adequada, e tem vindo a ser abandonada como modo de referência aos fenómenos de que estamos a tratar, porque ela sugere uma regularidade mecânica e auto-

sustentada, uma cadência certa, e nada disso costuma registar-se nas referidas flutuações, que são erráticas, desiguais em amplitude e duração, e em larga medida imprevisíveis, sendo que dois ou mais períodos de recessão podem seguir-se uns aos outros em rápida sucessão, enquanto que é possível registarem-se longos períodos de expansão ininterrupta. E já o dissemos, o sucesso das políticas macroeconómicas traduziu-se num muito significativo abrandamento da volatilidade das causas de flutuação, ainda que a complexidade das tarefas de estabilização de curto prazo não permita sempre aferir com rigor a medida em que a estabilização foi bem sucedida ou se enraizou já nas estruturas económicas[3819].

Em larga medida, o carácter errático das flutuações resulta da confluência de cadeias causais muito díspares na sua natureza e no seu peso específico: por exemplo, é comum a percepção de que o investimento é muito mais volátil e sensível à conjuntura do que o consumo[3820/3821], este mais preso a hábitos e rotinas, e que portanto este tenderá a ser mais estabilizador do que aquele; por outro lado, o consumo ocupa uma parcela muito mais ampla das despesas totais do que o investimento, pelo que a estabilidade induzida pelos padrões de consumo poderá também, por exemplo, constituir um obstáculo a uma rápida variação dos valores agregados, se tal for um objectivo conjuntural da política macroeconómica.

Convirá também afastar a ideia de que os movimentos que afectam o conjunto da economia apresentam alguma tendência para a simetria ou para um reequilíbrio puramente automático, e isto tanto no curto prazo – no qual, como vimos, as flutuações são episódios de uma tendência geral que não é ela própria estável, e na qual, pois, um movimento não termina necessariamente no ponto em que começou – como no longo prazo, no qual alguns dos efeitos das flutuações de curto prazo podem causar lesões irrecuperáveis, «cicatrizes» que perduram quando as crises que as causaram ficaram já ultrapassadas – como sucede notoriamente com o desemprego que acompanha as recessões, que pode provocar o afastamento do mercado, a exclusão social permanente e o sub-investimento crónico em capital humano, ou com a inflação que pode provocar subidas

---

[3818] Por exemplo, na tradição médica mais antiga sustentava-se que todas as doenças seguiam um processo cíclico, constituído por *arché* (princípio), *anabasis* (aumento), *acme* (crise) e *paracme* (declínio).

[3819] Ainda que, como vimos, hoje predomine a convicção de que não se repetirá nada de aproximado com a «Grande Depressão», em todo o caso tem sido muito discutido o sucesso médio das políticas de estabilização – em especial por comparação entre os períodos anterior e posterior à 2ª Guerra Mundial. Cfr. McConnell, M.M. & G. Perez-Quiros (2000), 1464; De Long, J.B. & L.H. Summers (1986), 679-734; Lebergott, S. (1986), 367-371; Romer, C.D. (1986), 1-37; Romer, C.D. (1986b), 314-334; Romer, C.D. (1989), 1-37; Romer, C.D. (1994), 578-609; Shapiro, M.D. (1988), 1067-1079; Diebold, F.X. & G. Rudebusch (1992), 993-1005; Watson, M.W. (1994), 24-46.

[3820] Sobre a evolução da taxa de investimento (= Formação Bruta de Capital Fixo / PIB) em Portugal, entre 1910 e 1997, veja-se o gráfico 22 em: Mateus, A.M. (2001), 67.

[3821] Sobre as tendência evolutivas do consumo no caso português, cfr. Patrício, M.C.T. (2001).

definitivas e irreversíveis dos níveis de preços. Com efeito, se se tem estabelecido, com apoio estatístico, correlações entre a profundidade e duração das recessões e a amplitude das subsequentes recuperações[3822], também tem sido notada, em contrapartida, uma assimetria entre os movimentos ascendentes e descendentes nos ciclos económicos, tendendo a expansão a ser muito mais abrupta do que o «abrandamento» recessivo, criando pois condições de desequilíbrio duradouro[3823].

Veremos adiante que, como regra geral, se admite que a macroeconomia tende para um funcionamento equilibrado, mesmo que não estritamente simétrico – entendendo-se como equilibrado um funcionamento em que, tal como se espera que suceda em todos os mercados que funcionam livremente, a oferta e a procura ajustam as suas posições e a maximização da utilidade total é alcançada –. Por outras palavras, a macroeconomia de longo prazo não escapa grandemente às regras analíticas clássicas que explicam e validam o funcionamento da economia de mercado – perdurando em aberto a questão da inevitabilidade «congénita», ou não, dos «solavancos» de curto prazo[3824]/[3825], e conexamente a questão do impacto das políticas macroeconómicas na agudização e prolongamento dessa turbulência, por perversão absoluta dos seus desígnios estabilizadores[3826].

É que algo de diverso ocorre no curto prazo – mormente porque, neste curto prazo, há que levar em conta a interferência da moeda nos mecanismos das trocas e da afectação de recursos. Dito por outras palavras que melhor se entenderão adiante, a evolução macroeconómica é uma sucessão de perturbações, de «choques», que afastam o PIB *real* do PIB *potencial*, e afastam a taxa de emprego *efectiva* do seu nível «natural» ou de *pleno emprego*[3827], sendo o *longo prazo* o período mínimo necessário para que se dê um regresso espontâneo aos valores do PIB *potencial* e do *pleno emprego*. Portanto, o curto prazo é, em termos macroeconómicos, o período dentro do qual pode haver disparidades entre PIB *real* e PIB *potencial*, entre *taxa efectiva* de desemprego e a correspondente *taxa natural*.

– Que a economia regresse sempre – e até por definição – a equilíbrios de longo prazo não serve, insistimos, para atenuar a gravidade dos problemas de curto prazo. Uma economia que se deixa enredar em problemas de curto prazo, que experimenta demasiados «solavancos» na sua trajectória evolutiva, é pelo menos uma economia que *se atrasa* em relação a outra que tenha conseguido evitar ou atenuar essas flutuações de curto prazo. O tempo perdido é um custo de oportunidade irrecuperável, lembremo-lo. O tempo perdido na evolução colectiva rumo à prosperidade significa sempre uma perda de oportunidades – e até uma lesão de valores de justiça e coesão interna[3828] – que, dada a própria irreversibilidade do tempo, nada já conseguirá compensar. Para aproveitarmos uma imagem utilizada por John Maynard Keynes, que a bonança venha depois da tempestade não é razão para aceitarmos passivamente essa tempestade, ou para não tentarmos evitá-la ou reduzir ou abreviar os seus efeitos: um navio apanhado em plena tempestade pode já estar destruído quando chega a bonança, e a bonança não o regenera nem ressuscita os náufragos.

– Esta tendência para o reequilíbrio automático de longo prazo é normalmente associada à «lei de Say», ou «lei dos mercados», formulada pioneiramente pelo economista clássico Jean-Baptiste Say, e que basicamente sustentava que as disparidade entre oferta e procura acabam todos por ser resolvidos através do mecanismo de preços, admitindo-se mesmo que excessos momentâneos de oferta se resolvam pela geração *ex novo* de uma correspondente procura[3829]. É essa «Lei de Say» que constituiu o alvo central das críticas de John Maynard Keynes, que via ínsita nela a tese de que não existiriam *nunca* verdadeiros obstáculos estruturais, e agregados, para o pleno emprego – embora cada vez mais se questione se Keynes captou adequadamente a mensagem de Jean-Baptiste Say[3830].

[3822] Altissimo, F. & G.L. Violante (2001), 461-486; Beaudry, P. & G. Koop (1993), 149-163; Pesaran, M.H. & S.M. Potter (1997), 661-696.

[3823] Balke, N.S. & M.A. Wynne (1995), 640-663; Emery, K.M. & E.F. Koenig (1992), 431-435; Sichel, D.E. (1993), 224-236.

[3824] Pode ser que a própria turbulência de curto prazo seja (como aventou Roy Harrod) o motor das expansões (e contracções) de longo prazo, gerando círculos virtuosos ou viciosos – por uma ampliação dinâmica que reforça a necessidade de estabilização de curto prazo. Cfr. Ertürk, K.A. (2002), 179-192.

[3825] Sobre o tema, com muito maior amplitude e ambição filosófica, cfr. Louçã, F. (1997); Rosser Jr., J.B. (2000).

[3826] Cole, H.L. & L.E. Ohanian (2002), 28; Cole, H.L. & L.E. Ohanian (1999), 25-31; Cole, H.L. & L.E. Ohanian (2001), 183-227; Cole, H.L. & L.E. Ohanian (2002b), 19-44.

[3827] Como melhor se verá mais tarde, a definição económica de *pleno emprego* é puramente convencional, e por isso bastará que o façamos corresponder a um nível qualquer de desemprego, desde que obviamente se trate de um nível baixo de desemprego. Cfr. Dornbusch, R., S. Fischer & R. Startz (2004), 15.

[3828] É um ponto aceite na Macroeconomia, e de resto inteiramente plausível, que os efeitos negativos das flutuações tendem a fazer-se sentir marginalmente, recaindo por isso de forma mais pesada sobre os desempregados e sobre os pobres. Cfr. Krusell, P. & A.A. Smith Jr. (1999), 245-272; Imrohoroglu, A. (1989), 1364-1383; Atkeson, A. & C. Phelan (1994), 187-207; Storesletten, K., C.I. Telmer & A. Yaron (2001), 1311-1339.

[3829] Baumol, W.J. (1977), 145-162; Kates, S. (1997), 191-202.

[3830] Baumol, W.J. (1999), 200-201; Becker, G.S. & W.J. Baumol (1952), 355-376.

– Com efeito, a «Lei de Say» é um pouco mais sofisticada nos seus pressupostos e implicações, e diríamos que a sua demonstração envolve, no mínimo, os seguintes passos:

a) o processo produtivo (a oferta) gera o rendimento necessário para o consumo dos produtos;

b) todo o rendimento gerado no processo produtivo acabará por ser gasto em consumo (presente ou futuro);

c) a poupança, gerando um temporário excedente do rendimento sobre o consumo, propicia a expansão da economia;

d) pode haver sobreprodução nalguns casos individuais, mas esses desequilíbrios são compensados através da liberdade das trocas no mercado, a qual tende a nivelar os lucros nos diversos sectores;

e) não pode haver, por isso, nem sobreprodução, nem sobreconsumo, nem excesso de poupança em termos globais de mercado;

f) as flutuações podem acontecer, mas elas não se deverão a deficiências da procura efectiva[3831].

– Note-se que o equilíbrio de longo prazo é ele próprio evolutivo – como já sugerimos quando falámos da hipótese de expansão da fronteira de possibilidades de produção –, podendo discernir-se uma «tendência secular», uma «vaga de fundo» que faz subir a média dos índices de prosperidade até dos países mais pobres e lhes expande a baixo custo o *PIB potencial*[3832], sendo contra essa referência evolutiva que verdadeiramente se deve aferir a amplitude das flutuações de curto prazo e o ponto que uma economia conjunturalmente ocupa dentro do ciclo: expansão, recessão, depressão, são conceitos relativos, que só ganham um sentido rigoroso dentro do quadro móvel em que se desloca a própria perspectiva de longo prazo. Assim, por exemplo, se pode dizer que o Japão está aquém da tendência secular que poderia extrapolar-se do seu nível económico de inícios dos anos 90 do século XX, e por isso ele se encontra hoje, por acumulação de «hiatos» em relação ao seu nível *potencial*, numa situação *relativamente* depressiva (verificando-se aquilo que adiante designaremos por «hiato do produto» negativo)[3833], e que a Irlanda está já muito acima, em

termos de prosperidade, daquilo que resultaria da simples aproximação à tendência secular extrapolada dos anos 70[3834/3835].

– Como veremos adiante, é a síntese neoclássica que, na esteira do pioneirismo de Schumpeter[3836], desenvolve uma análise das flutuações de curto prazo assente na natureza estocástica do crescimento, apresentando as flutuações como meras divergências temporárias, e transitórias, face à «tendência central» do PIB potencial[3837].

17 – a) – iii) Valores reais e nominais e neutralidade monetária

Muito sinteticamente, adiantaremos que a moeda tem, no curto prazo, um papel determinante no condicionamento dos incentivos básicos de produtores e consumidores, sendo que a sua presença nas trocas, se é crucial para facilitá-las – fornecendo-lhes um instrumento mediador de aceitação universal, um padrão comum de medição do valor dos objectos das trocas, um veículo de transposição intertemporal do rendimento e da riqueza –, por outro perturba a percepção dos valores reais em jogo, visto que se lhes substitui na aferição directa dos interesses presentes, fornecendo às partes nas trocas o denominador comum do equivalente *nominal* daqueles valores *reais*.

E assim, em tese geral, se no longo prazo os valores nominais, a expressão monetária, não afectam os valores reais, ou seja, a quantificação não-monetária dos fenómenos agregados da economia – PIB, nível de inflação, nível de emprego, ritmo de crescimento –, podendo por isso asseverar-se pacificamente que os problemas globais da economia não se resolvem estrutural e definitivamente através de meras intervenções no instrumento que é a moeda, e que esta moeda apresenta, no longo prazo, características de «neutralidade», já no curto prazo a destrinça entre valores reais e valores nominais não se faz tão facilmente, o que permite, entre outras coisas, que a manipulação monetária – essencialmente, a manipulação política da quantidade de moeda oferecida – tenha relevância *real*, isto é,

[3831] Kates, S. (1998), 216; Thweatt, W.O. (1979), 81.

[3832] Prescott, E.C. (2002), 2.

[3833] De 1950 a 1973 o Japão viu crescer o seu rendimento *per capita* em média 8% ao ano – um crescimento espectacular e muito acima da média da OCDE –, sendo que essa taxa abrandou para uma média de 4% entre 1973 e 1987 (ainda muito acima da média OCDE), e só depois de 1987, com o rebentamento das «bolhas especulativas» na bolsa e no imobiliário, combinados com o esforço de desmantelamento de um «Estado-Previdência», veio a estagnação. Cfr. Gao, B. (2001); Werner, R.A. (2003).

[3834] Prescott, E.C. (2002), 13.

[3835] Refira-se que, nos países mais desenvolvidos, são elaborados «índices de capacidade» que indicam o limite sustentável de produção, por confronto com um máximo de curto prazo que fosse já insustentável – devendo sublinhar-se que, por razões que adiante se tornarão aparentes, a inflação tem tido a tendência para «disparar» sempre que esses índices ultrapassam os 80%. Cfr. Corrado, C. & J. Mattey (1997), 152ss.; Klein, L.R. (1960), 272-286.

[3836] Schumpeter, J.A. (1939).

[3837] Kydland, F.E. & E.C. Prescott (1982), 1345-1370; McCallum, B.T. (1989), 16-50; Campbell, J.Y. (1994), 463-506.

seja susceptível de provocar efectivas mudanças nas variáveis macroeconómicas.

A elucidação dos factores que determinam a ocorrência de flutuações de curto prazo exige o reconhecimento da falência, no curto prazo, do postulado da neutralidade económica, o que alguns têm atribuído a deficiências informativas[3838], outros à existência de viscosidades induzidas pelos prazos longos dos contratos de trabalho[3839], outros ainda aos custos de reajustamento de preços[3840], outros por fim à própria limitação da racionalidade[3841] – havendo ainda outras explicações que acrescentaremos adiante[3842].

Trata-se, portanto, de mais um afloramento da distinção entre valores reais e valores nominais, na qual tanto temos insistido e que aqui subitamente ganha uma importância ainda maior. E refira-se que se deve a David Hume, nos seus estudos de 1752, *Of Money* e *Of Interest*[3843], a intuição pioneira de que o aumento da massa monetária é capaz de ter efeitos reais enquanto os valores nominais não se ajustam àquele incremento, uma intuição fundamental para o moderno entendimento da Macroeconomia[3844], e possivelmente o único ponto de verdadeira convergência entre as várias correntes doutrinárias que se digladiam na teoria macroeconómica – o entendimento partilhado de que o que há de mais fundamental a fazer na política de curto prazo envolverá sempre um grau qualquer de intervenção monetária, para colmatar a brecha que existe entre a não-neutralidade de curto prazo e a neutralidade de longo prazo (uma brecha que será mais ou menos ampla conforme o entendimento doutrinário prevalecente)[3845].

De certo modo, pode até sustentar-se que a «neutralidade monetária» é antes de tudo um *postulado*, uma imposição teórica que é requerida pela análise separada dos problemas de curto e de longo prazo, que é necessitada pelo estudo do impacto dos choques nominais na variabilidade dos valores *reais* antes que se chegue ao longo prazo (antes que ocorra o contexto em que só factores *reais* podem determinar variáveis *reais*)[3846]; e que esse postulado pode ser de algum modo afastado, seja por aqueles que se obstinam em entrever não-neutralidade no longo prazo e por isso

justificam mais amplamente o activismo estabilizador do Estado (e até alguns delírios «entesouradores» dos velhos mercantilistas), seja por aqueles que, ao invés, confiam tanto na capacidade racional de, através das expectativas, se fechar a brecha entre curto e longo prazo que praticamente «puxam» para o curto prazo também o postulado da neutralidade[3847].

Recapitulando, a distinção entre as dimensões *nominais* e *reais* permite descortinar um princípio explicativo para as flutuações de curto prazo, as quais passam a poder atribuir-se a perturbações que a utilização da moeda induz na percepção dos valores reais que se jogam nas trocas, por parte daqueles agentes económicos que são convocados a participarem imediatamente nelas – os quais parecem não ter, no curto prazo, a oportunidade nem a flexibilidade para ganharem algum recuo que lhes permita discernir a autonomia dos planos real e nominal, ou para agirem como se a moeda fosse um simples e neutro «véu das trocas» –.

Há, por fim, que ter igualmente em conta o papel da Estatística no surgimento e no sucesso da análise macroeconómica, porque uma das ideias básicas desta análise é a de que é possível diagnosticar o estado da economia como um todo, discernindo padrões e tendências que abarcam o conjunto dos fenómenos básicos que nela se manifestam, agregando-se em valores que no seu conjunto apresentam regularidades, ainda que essas regularidades possam não ser discerníveis num plano de menor amplitude. Isso reclamou um tipo de conhecimento panorâmico da realidade económica, um conhecimento reportado a grandes variáveis, capaz de fornecer informação crítica sobre fenómenos que eventualmente ultrapassassem, nas suas causas e na sua evolução, o domínio mais restrito da percepção e da eficácia directa da conduta de cada agente económico particular. Foram, pois, os progressos da Estatística, combinados com o aumento de prestígio da análise matemática dos fenómenos económicos nos finais do século XIX e no início do século XX, que propiciaram essa nova ousadia teórica em que a Macroeconomia consistiu.

Hoje, passadas muitas vicissitudes doutrinárias e políticas que envolveram a Macroeconomia numa ten-

---

[3838] Friedman, M. (1968), 1-17; Lucas Jr., R.E. (1973), 326-334.

[3839] Fischer, S. (1977), 191-205; Gray, J.A. (1976), 221-235; Taylor, J.B. (1980), 1-22.

[3840] Ball, L. & D. Romer (1990), 539-552; Blanchard, O. & N. Kiyotaki (1987), 647-666; Mankiw, N.G. (1985), 529-537; Rotemberg, J.J. (1982), 517-531.

[3841] Akerlof, G.A. & J.L. Yellen (1985), 823-838.

[3842] Veremos de seguida os «efeitos» de Pigou, Keynes e Mundell-Fleming.

[3843] Hume, D. (1955).

[3844] Friedman, M. (1968), 1-17; Lucas Jr., R.E. (1996), 666-682.

[3845] Batra, R. (2002b), 489-503.

[3846] Blanchard, O. & D. Quah (1989), 655-673; Lucas Jr., R.E. (2003), 5.

[3847] Lucas Jr., R.E. (1996), 661-682; Blaug, M. (2001), 154-155.

dência para o expansionismo estadual sem paralelo na história da civilização, experimentadas muitas desilusões acerca da praticabilidade de todas as soluções constitutivas da terapêutica macroeconómica de curto prazo, ou aproximando-se até, ao invés, um sucesso consumador da própria missão terapêutica no futuro, a Macroeconomia regressa a temas estruturais e de longo prazo, como os do crescimento e da inflação, ao mesmo tempo que persevera no estudos das flutuações de curto prazo e do desemprego cíclico – e tudo se reorienta e reavalia de acordo com as mais recentes tendências para a internacionalização, para a supranacionalidade e para a mundialização, envolvendo as questões macroeconómicas em redes de interdependência e de solidariedade globais que tornam todas as questões mais complexas e ao mesmo tempo mais amplas, ambiciosas e decisivas.

Nota-se igualmente, consumado o êxito histórico da sua missão inicial, a tendência da Macroeconomia para evoluir num sentido mais «normativo», menos vocacionado para abrir novos rumos e novas áreas de aplicação teórica e prática e mais direccionado para a avaliação do universo de soluções já propostas e experimentadas no seio da Macroeconomia, incorporando nessa avaliação todos os contributos mais recentes da ciência económica, suspendendo o seu ânimo interventor o tempo suficiente para reavaliar a sua vocação e o seu sucesso[3848].

17 – b) Procura e oferta agregadas

Se concebermos que no curto prazo ocorre a referida interacção dos planos real e nominal, poderemos admitir que as flutuações sejam analisadas num modelo em que são postas em presença as variáveis «quantidades» e «preços» – um modelo que já nos é familiar, pois é o mesmo que usámos já repetidamente para representarmos o mecanismo da oferta e da procura nos mercados.

Nesse modelo:

– o eixo das quantidades corresponde ao Produto Interno Bruto calculado *em termos reais*, o que nos dá uma medida do total de bens e serviços produzidos anualmente – mais precisamente, o somatório do valor monetário de todos os produtos finais, de todos os bens e serviços que não são usados na produção de outros bens e serviços, e

que aparecem no mercado num determinado ano –, sem que essa medição seja contaminada pelo padrão usado, nomeadamente pelas desvalorizações a que esse padrão monetário esteja sujeito, de ano para ano;
– o eixo dos preços é representado pelo índice de preços no consumidor ou pelo «deflator do PIB» – duas medidas não inteiramente coincidentes, uma que representa o nível médio de preços do consumo típico, e por isso se pode tomar como uma indicação representativa do nível geral dos preços com que se defrontam as decisões económicas, a outra representando mais amplamente a variação média dos preços de *todos* os bens e serviços incluídos no PIB, indicando em suma o desfasamento entre o PIB real e o PIB nominal, ou seja, a extensão dos efeitos da variação do valor da moeda (a divergência entre preços *correntes* e preços *constantes*[3849]) no cálculo do PIB;
– o PIB é, nesse modelo, a variável real; o índice de preços, ou mais amplamente o «deflator», a variável nominal.

O modelo centra-se numa nova «cruz marshalliana», formada agora pelas curvas da procura agregada e da oferta agregada, e respectiva intersecção:

– a curva da procura agregada, novamente espelhando uma correlação inversa entre preços e quantidades, representa a quantidade de despesa que o todo nacional está disposto a fazer, sob forma de consumo, de investimento ou de despesa pública a cada nível de preços – mais despesa se os preços estiverem baixos, menos despesa se eles estiverem elevados –;
– a curva da oferta agregada, também ela reflectindo novamente uma correlação directa entre preços e quantidades (no curto prazo), representa a quantidade de bens e serviços que o todo nacional está disposto a produzir a cada nível de preços – havendo maior disposição para produzir na eventualidade de uma subida do nível de preços do que na eventualidade da descida de preços –;
– a intersecção das curvas da procura e da oferta agregadas significa que existe um ponto de equilíbrio, uma combinação de «preço - quantidade» – especificamente, um binómio «índice de preços - PIB» – que pode ter virtualidades optimizadoras.

[3848] Taylor, J.B. (2000), 22.

[3849] O PIB *real* mede a variação de produção em termos físicos, e por isso é calculado *a preços constantes*; o PIB *nominal* mede a mede a variação de produção em termos monetários, e por isso +e calculado *a preços correntes*. Cfr. Dornbusch, R., S. Fischer & R. Startz (2004), 37.

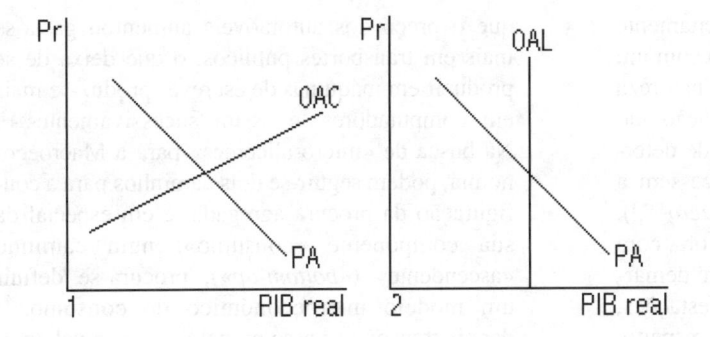

Gráfico 17.2. *Equilíbrio macroeconómico*

1: equilíbrio de curto prazo
2: equilíbrio de longo prazo
Pr: nível de preços
PA: procura agregada
OAC: oferta agregada de curto prazo
OAL: oferta agregada de longo prazo

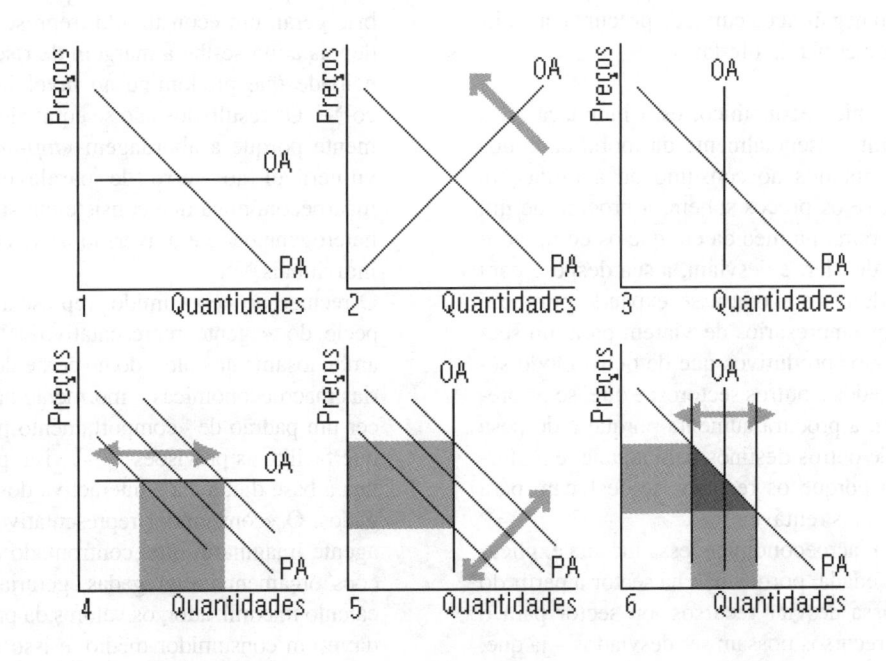

Gráfico 17.3. *Procura e oferta agregadas no curto, médio e longo prazos*[3850]:

1: curto prazo
2: médio prazo (a curva da oferta agregada desloca-se para a sua posição vertical)
3: longo prazo
4: no curto prazo, deslocações da procura agregada determinam alterações *exclusivamente* no nível de produção
5: no longo prazo, deslocações da procura agregada determinam alterações *exclusivamente* no nível de preços

6: no longo prazo, deslocações da oferta agregada determinam alterações tanto no nível de produção como no de preços
PA: procura agregada
OA: oferta agregada (note-se que a oferta agregada tem uma reacção temporal oposta à da oferta na Microeconomia: nesta, a oferta torna-se mais elástica no longo prazo, enquanto que na macroeconomia a oferta agregada se torna se torna rígida no longo prazo)

Retira-se destes gráficos, em síntese, que no *longo prazo* o nível de produção é exclusivamente determinado pelo lado da oferta, e os preços são determinados pela intersecção das curvas da oferta e da procura agregadas[3851], enquanto que no *curto prazo* a produção é

determinada exclusivamente pela procura agregada e os preços não são afectados pelo nível da produção[3852].

Antes, porém, que prossigamos, há que advertir contra a tentação de tudo extrapolarmos a partir dos modelos microeconómicos que já nos são familiares –

[3850] Dornbusch, R., S. Fischer & R. Startz (2004), 9-10.
[3851] Dornbusch, R., S. Fischer & R. Startz (2004), 7.
[3852] Dornbusch, R., S. Fischer & R. Startz (2004), 9.

o que no fundo equivaleria a partirmos implicitamente do princípio de que não estamos a lidar senão com um problema de dimensão, mas não de diferente natureza (ainda que abordemos já de seguida a ponderação, tão actual, sobre a possibilidade e conveniência de determinação de «micro-alicerces» que restabelecessem a «ponte» entre as formas de análise *micro e macro*[3853]).

Para percebermos que estamos a lidar, por ora, com questões de diferentes índoles, suficientemente demarcadas nos seus pressupostos e nas suas manifestações, e sem embargo do que adiante diremos a esse respeito, basta-nos por agora pensarmos naquilo que, em cada um desses planos, determina a inclinação das duas curvas, a inclinação negativa da curva da procura e a inclinação positiva da curva da oferta:

– No âmbito microeconómico, essa inclinação das curvas resulta essencialmente da mobilidade dos recursos atribuídos ao consumo ou à produção, sendo que, se os preços sobem, a procura de um produto se retrai na medida em que os compradores podem desviar, e desviam, a sua despesa para outros produtos, e a oferta se expande porque é possível aos empresários desviarem para um sector os recursos produtivos que de outro modo seriam destinados a outros sectores; e que, se os preços descem, a procura aumenta porque a despesa se desvia de outros destinos para aquele, e a oferta se retrai porque os recursos se deslocam para afectações mais rentáveis.

– No âmbito macroeconómico, essa mesma explicação é-nos vedada, porque não há sector a partir do qual se possa desviar recursos, ou sector para o qual esses recursos possam ser desviados – já que, como é óbvio, estamos a lidar com valores agregados, que por definição abarcam todos os sectores de uma economia, não influenciando o cômputo geral de todos os sectores as reafectações de meios e recursos que sejam internas à própria economia, as deslocações inter-sectoriais de recursos: por exemplo, o que se gasta a menos em gasolina por-

que o preço dos automóveis aumentou gasta-se mais em transportes públicos, o que deixa de se produzir em máquinas de escrever produz-se mais em computadores, e assim sucessivamente[3854].

– Na busca de «micro-alicerces» para a Macroeconomia, podem seguir-se dois caminhos para a configuração da procura agregada, e em especial da sua componente «consumo»: num caminho «ascendente» («*bottom-up*»), procura-se definir um modelo microeconómico de consumo, e depois transpõe-se esse modelo para o nível agregado[3855]; num caminho «descendente» («*top-down*») procura-se definir o que será, num equilíbrio geral, um «consumidor representativo»[3856], e depois adita-se-lhe a margem de risco e heterogeneidade que predomine ao nível microeconómico[3857]. Os resultados não se equivalem, particularmente porque a abordagem «*top-down*» é muito vulnerável ao «erro de paralaxe» da análise macroeconómica que consiste em subestimar-se a heterogeneidade e a aversão ao risco dos agentes individuais[3858].

– O recurso ao «consumidor representativo», subespécie do «agente representativo»[3859] que é mais ambiciosamente colocado no cerne de algumas teorias macroeconómicas – mormente para lhes fornecer um padrão de «comportamento predominante» que facilite as previsões[3860] –, visa, pois, fazer justiça à base dinâmica e interactiva dos valores agregados. O «consumidor representativo» será aquele agente imaginário que, confrontado com as restrições orçamentais agregadas, geraria, por simples cálculo maximizador, os valores da procura agregada: é um consumidor médio, e isso só por si gera questões de representatividade[3861], ainda que facilite imensamente os cálculos[3862].

Estas tão simples observações bastariam para constatarmos que a Macroeconomia tem uma lógica própria, e reclama explicações que sejam algo mais do que meras extrapolações a partir da realidade microeconó-

[3853] Besley, T. (2001), 357-374.

[3854] Isto sem embargo de a tendência geral de substituibilidade das afectações de recursos poder ser amplamente desmentida nalguns casos particulares, por diferenças de produtividade e de elasticidade entre sectores, ou por efeitos dinâmicos, de «externalidades de rede» e outros.

[3855] Zeldes, S.P. (1989b), 275-298; Deaton, A. (1991), 1221-1248; Carroll, C.D. (1992), 61-135.

[3856] Para uma crítica ao expediente macroeconómico de recurso a um «agente representativo», cfr. Kirman, A.P. (1992), 117-136.

[3857] Aiyagari, S.R. (1994), 659-684; Krusell, P. & A.A. Smith Jr. (1998), 867-896.

[3858] Carroll, C.D. (2000), 110.

[3859] Hartley, J.E. (1997).

[3860] Martínez, P.S. (2004), 221ss..

[3861] Como dissemos, essa média tende a fazer tábua-rasa da heterogeneidade da base estatística, porque o simples valor médio nada nos diz acerca da dispersão de valores de que ele é a bissectriz – faltando para isso indicar medidas de dispersão, como a variância, ou o desvio-padrão.

[3862] Têm-se desenvolvido vários esforços no sentido da reintrodução de factores de heterogeneidade na configuração do «consumidor representativo». Cfr. Caselli, F. & J. Ventura (2000), 909-910; Stiglitz, J.E. (1969b), 382-397; Chatterjee, S. (1994), 97-119; Bertola, G. (1993), 1184-1198; Alesina, A. & D. Rodrik (1994), 465-490; Persson, T. & G. Tabellini (1994), 600-621.

mica. Mesmo o elementar modelo de oferta e procura reclama, no âmbito macroeconómico, uma explicação peculiar, uma explicação que pode não ser muito intuitiva – como já ficou sugerido com a peculiar relevância aqui assumida pelo horizonte temporal das questões[3863]. Preparemo-nos, por isso, para as dificuldades de mudança de paradigma, de lógica explicativa e de terminologia que acompanham esta transição para os temas da Macroeconomia.

17 – b) – i) A procura agregada

Procuremos uma explicação para o facto de a curva da procura agregada ter um declive negativo.

Como já referimos, a procura agregada é um somatório de parcelas, cada uma representando uma faceta, ou um destino, da despesa que é possível a cada agente económico fazer: o consumo, o investimento, a despesa pública, e aquilo que poderíamos designar como as «exportações líquidas», ou seja a diferença entre aquilo que é gasto nas exportações nacionais pelos habitantes de outros países e aquilo que é gasto, pelos habitantes do próprio país, nas importações.

De entre as várias parcelas da procura agregada, podemos admitir que a despesa pública, dependente que está de critérios de racionalidade política, não demonstre sensibilidade às variações do nível de preços[3864], mas já não será de estranhar que as demais componentes revelem uma tal sensibilidade – porque afinal é de esperar que a *procura agregada* seja essencialmente uma resposta, em termos de quantidade procurada de PIB, às variações do nível de preços:

– No *consumo*, uma quebra dos preços faz com que se registe, mesmo que apenas no plano imediato, um aumento na riqueza disponível dos detentores de moeda: com a mesma quantidade de moeda, é possível consumir mais, e por isso o consumo expande-se, mesmo que apenas por um prazo curtíssimo. Este «efeito de riqueza» é normalmente designado como «efeito de Pigou», visto ser associado ao nome de Arthur Cecil Pigou[3865]. Todavia, esta asserção é frágil, dependendo da legitimidade do recurso à figura do «consumidor representativo», ou, em alternativa, a factores de estabilidade e previsibilidade no consumo agregado (a possibilidade de absorção de «choques no rendimento», por forma a garantir no consumo a aparência de um «rendimento permanente»)[3866].

– No *investimento* – o fluxo que acrescenta ao «*stock*» de capital[3867] –, a mesma quebra de preços, fazendo com que o nível de consumo possa manter-se com menos dispêndio de moeda, libertará uma maior parcela do rendimento para a poupança e para o investimento, sendo que o remanescente do rendimento que não é destinado ao consumo é normalmente depositado nos bancos, os quais se encarregam de encaminhar esses fundos em direcção aos empresários. Esse aumento de oferta de fundos para investimento faz descer as taxas de juro – o «preço» desses fundos – e isso incentiva a expansão da procura de fundos, do recurso ao investimento, naquilo que é conhecido como «efeito de Keynes», já que esta explicação é atribuída a John Maynard Keynes. Aproveitemos para sublinhar desde já que o investimento tem características especiais na macroeconomia[3868], e ainda que as fronteiras entre consumo e investimento são fluidas, ao menos nestes domínios da Macroeconomia[3869].

– Nas *exportações líquidas*, a descida das taxas de juro – que, sendo o «preço» dos fundos, são um custo para os empresários mas são a remuneração dos investidores – levará a que alguns destes investidores procurem aplicações alternativas nos mercados estrangeiros, provocando uma «fuga de capitais» em consequência da qual aumentará a

---

3863 Por exemplo, para um problema que se estenda para mais de uma geração são irrelevantes considerações de política monetária; para abordarmos temas de hiperinflação, é irrelevante considerarmos a vertente tecnológica; e assim por diante. Cfr. Dornbusch, R., S. Fischer & R. Startz (2004), 13.

3864 Sobre a despesa pública, cfr. Franco, A.L.S. (2002), II, 1ss.

3865 Tem sido difícil encontrar «micro-alicerces» para esta relação entre «riqueza» e «consumo», dada a heterogeneidade e os traços idiossincráticos que ressaltam nas motivações de consumo individuais (o problema do «ruído» que pode tornar inutilizáveis os dados estatísticos), ainda que por vezes tente analisar-se o impacto no consumo individual de alguns «choques» nos rendimentos privados (por exemplo, uma súbita euforia bolsista, ou um súbito desagravamento fiscal). Cfr..ERP (2003), 32.

3866 Ludvigson, S.C. & A. Michaelides (2001), 644.

3867 Dornbusch, R., S. Fischer & R. Startz (2004), 362.

3868 A volatilidade do investimento é especialmente responsável pelas flutuações de curto prazo; é por intermédio do investimento que as taxas de juro desempenham o seu principal papel de instrumentos de política monetária; uma boa parte da política orçamental passa pelo regime fiscal do investimento; e é o nível de investimento e do capital que o propicia que determinam o crescimento e o PIB potencial. Cfr. Dornbusch, R., S. Fischer & R. Startz (2004), 361.

3869 Por exemplo, o *investimento* em capital humano é tido, em termos de contabilidade nacional, como *consumo* (na parte suportada pelos particulares) ou *despesa pública* (na parte que cabe ao Estado). Cfr. Dornbusch, R., S. Fischer & R. Startz (2004), 28.

procura da moeda estrangeira e diminuirá a procura da moeda nacional[3870]. Essa alteração de oferta
e procura no mercado dos câmbios levará a uma
desvalorização da moeda nacional face à estrangeira, o que por sua vez fará com que fiquem relativamente mais caros os produtos estrangeiros e
mais baratos os produtos nacionais. Ficando, pois,
neste quadro de desvalorização cambial as exportações favorecidas relativamente às importações,
aquelas tenderão para o aumento e estas para a
retracção – registando-se, em suma, uma expansão
das «exportações líquidas», naquilo que é conhecido como «efeito cambial» ou «efeito Mundell-
Fleming», dada a sua formulação pioneira pelos
economistas Robert Mundell[3871/3872] e J. Marcus
Fleming[3873/3874].

Se, portanto, uma quebra do nível de preços expande o consumo, expande o investimento e expande as
«exportações líquidas» – qualquer um deles ou todos
em simultâneo –, sucedendo o inverso no caso de uma
subida do nível de preços, podemos concluir sem grande dificuldade que existe uma correlação inversa entre
variação de nível de preços e variação de nível de procura agregada[3875].

17 – b) – i) – α) As deslocações da curva da procura agregada

Tal como aconteceu relativamente à nossa análise da
curva da procura no modelo central da Microeconomia,
também aqui é possível distinguir *variações* ao longo da
curva e *deslocações* da própria curva. Das primeiras,
que no seu conjunto são representadas pela própria
curva, acabámos de falar, e constituem respostas da procura agregada a simples variações do nível de preços.

As segundas, contracções e expansões no todo da procura agregada, são ditadas por outros factores que não a
simples variação do nível de preços, e mormente derivam
de decisões de consumidores ou de investidores quanto à

alteração dos seus hábitos de despesa, ou decisões políticas que interferem no nível de despesa pública[3876].

– Por exemplo, as expectativas quanto à instabilidade conjuntural, a perspectiva de que se avizinham situações de
agravamento de desemprego, leva a que muitos consumidores se retraiam nas suas despesas, começando por aquelas que sustentariam através do endividamento, e a que
muitos investidores façam o mesmo, sobretudo no que respeita ao investimento em empresas que vendem produtos
àqueles segmentos da população nos quais é mais provável a incidência de desemprego – duas atitudes que,
ambas, contribuem para uma quebra na procura agregada.
– Por sua vez, algumas decisões políticas podem tentar
provocar a deslocação da curva da procura agregada,
por exemplo contrariando a quebra da despesa privada
através de um abaixamento de impostos que, deixando
maior quantidade de moeda na posse dos agentes económicos, permita aumentos de consumo e de investimento, ou através de um aumento directo das despesas
públicas, compensador de uma quebra nas demais parcelas da procura agregada.

Por fim, não são de subestimar os efeitos externos,
internacionais, na modificação da escala da procura
agregada – bastando pensar-se que, por exemplo, a subida de valor cambial da moeda estrangeira retrai a procura de importações, e que a subida do rendimento nos países estrangeiros tende a aumentar as exportações.

Em suma, a curva da procura agregada há-de deslocar-se no sentido da expansão quando ocorre uma ou
várias das seguintes hipóteses:

– uma expectativa de aumento de rendimentos futuros;
– um aumento dos lucros;
– uma quebra de impostos ou de taxas de juro;
– um aumento da massa monetária e da inflação;
– um aumento da despesa pública;
– uma quebra de valor das divisas estrangeiras ou um
  aumento do rendimento nos países estrangeiros.

[3870] Sobre a vertente macroeconómica das relações económicas internacionais, e a sua articulação com os problemas macroeconómicos de uma *economia aberta*, cfr. Pentecost, E.J. (2000).

[3871] Mundell, R.A. (1960), 227-257; Mundell, R.A. (1961), 509-517; Mundell, R.A. (1961b), 154-172; Mundell, R.A. (1962), 70-79; Mundell, R.A. (1963), 475-485; Connolly, M.B. (2001), 585-594.

[3872] O nome de Robert Mundell ganhou especial notoriedade em conexão com o conceito de «zonas monetárias óptimas», que está subjacente à unificação monetária e ao advento do Euro. Cfr. Anastácio, G.G. (1998), 69ss..

[3873] Fleming, J.M. (1962), 369-379.

[3874] Os desagravamentos tributários da «era Reagan» permitiram precisamente pôr à prova o modelo «Mundell-Fleming». Cfr. Mundell, R.A. (2000), 336.

[3875] Ainda haveria a considerar um 4º efeito além destes três, que é o «efeito do nível de preços inter-temporal», que provoca mecanismos especulativos. Cfr. Colander, D.C. (1995); Saltz, I., P. Cantrell & J. Horton (2002), 61-65.

[3876] Antes que a confusão se instale no espírito do leitor, e para não tomarmos surrepticiamente partido num ponto crucial e controvertido da política macroeconómica, distingamos desde já *expansão* (aumento da despesa) de *crescimento* (aumento da capacidade produtiva) – sendo que a relação entre ambos os conceitos não é de modo algum óbvia, mesmo para os que aceitam que essa relação existe.

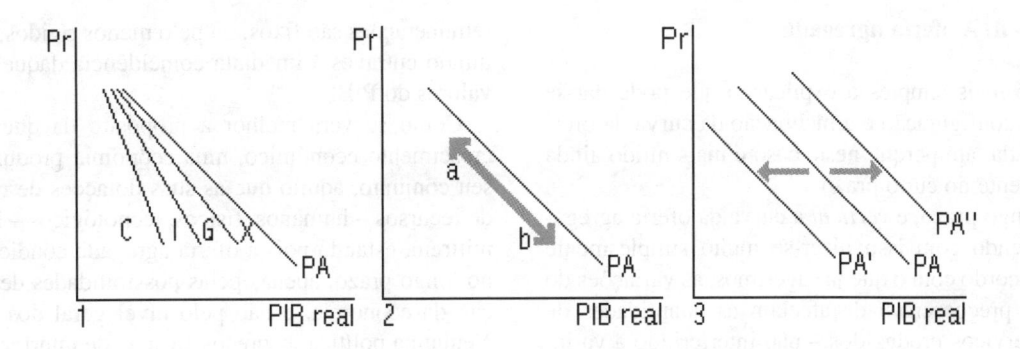

Gráfico 17.4. *Procura agregada*

1: curvas parcelares de que se compõe a curva da procura agregada
2: movimentos ao longo da curva da procura agregada
3: deslocações da curva da procura agregada
Pr: nível de preços
C: Consumo; I: Investimento; G: Despesa pública; X: Exportações líquidas

PA: procura agregada
PA': contracção da procura agregada
PA'': expansão da procura agregada
a: diminuição da quantidade de PIB real procurado
b: aumento da quantidade de PIB real procurado

Sendo que a mesma curva da procura agregada há-de deslocar-se no sentido da contracção quando ocorra uma ou várias das hipóteses inversas àquelas que acabámos de enunciar.

Dado que a curva da procura agregada representa o equilíbrio simultâneo do mercado de produtos e do mercado monetário, ela pode deslocar-se em resposta a movimentos no mercado dos produtos (por efeito da política orçamental, ou por oscilações na confiança dos consumidores) ou a movimentos no mercado monetário (por efeito da política monetária)[3877].

Adiantemos, para terminar este ponto, que admitir-se que a procura agregada tenha um papel determinante sobre o PIB equivale a reconhecer-se que a economia não se encontra em pleno emprego – visto que, a haver pleno emprego, ele impediria uma eficiente reafectação de recursos que desse resposta aos aumentos da procura agregada –. A haver pleno emprego, o papel determinante na conformação do PIB passaria a ser desempenhado pela oferta agregada, pelas condições de produtividade que fossem susceptíveis de trazer a produção até novos limites potenciais, pela expansão da fronteira de possibilidades de produção: o que novamente nos dá uma chave para a compreensão daquilo que há pouco vimos afirmado, nomeadamente que o sucesso da política macroeconómica na estabilização de curto prazo através da gestão da procura agregada pode ter já levado ao esgotamento dessa via, abrindo-se agora como única alternativa, para essas economias «encostadas» ao pleno emprego, a via da expansão da oferta agregada[3878].

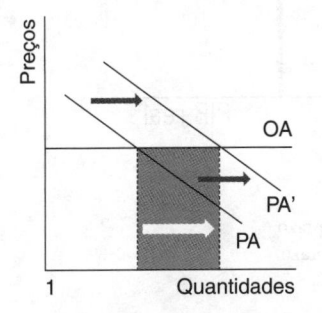
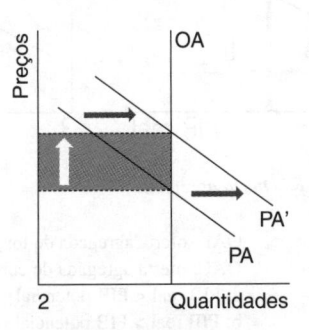

Gráfico 17.5. *Efeitos da expansão da procura agregada*[3879]

1: Curva de curto prazo, «*keynesiana*». A deslocação da procura agregada tem impacto apenas nas quantidades.
2: Curva de longo prazo, «*clássica*». A deslocação da procura agregada tem impacto apenas nos preços.
OA: oferta agregada
PA: procura agregada
PA': expansão da procura agregada

[3877] Dornbusch, R., S. Fischer & R. Startz (2004), 102.
[3878] Para uma análise do crescimento através da Fronteira de Possibilidades de Produção, cfr. Porto, M.C. L. (2002), 504ss.
[3879] Dornbusch, R., S. Fischer & R. Startz (2004), 104-105.

17 – b) – ii) A oferta agregada

Não é mais simples a explicação que pode dar-se quanto à configuração e à inclinação da curva da oferta agregada, até porque neste caso é mais nítido ainda o ascendente do curto prazo.

No longo prazo, é *vertical* a curva da oferta agregada, querendo com isso dizer-se muito simplesmente que, de acordo com o que já sugerimos, as variações do nível de preços em nada afectam as quantidades de bens e serviços produzidos – não interferindo a variável nominal (preços) na variável real (quantidades), prevalecendo antes uma situação de neutralidade monetária, de que resulta ser o PIB potencial independente do nível de preços.

A curva da oferta agregada é, no longo prazo, ao mesmo tempo uma vertical e o somatório de curvas de oferta de bens e serviços que têm, cada uma delas, uma inclinação positiva: a razão está em que, mais uma vez, as variações dos preços *relativos* dos produtos podem fazer desviar recursos de umas produções para outras, mas esses desvios, expansões e contracções intra- e inter-sectoriais se anulam reciprocamente num total para o qual não vigoram preços *relativos*, já que a curva da oferta agregada de longo prazo representa o nível de produção que se alcançaria se, havendo perfeita flexibilidade de preços e de remunerações, se verificasse pleno emprego, se o PIB *real* coincidisse com o PIB *potencial* – tal como, ao invés, a curva da oferta agregada de curto prazo pressupõe que os preços ou as remunerações são fixos, ou pelo menos rígidos, constituindo entraves à imediata coincidência daqueles dois valores do PIB.

Como se verá melhor a propósito da questão do crescimento económico, uma economia produzirá, no seu conjunto, aquilo que as suas dotações de recursos de recursos – humanos, físicos, tecnológicos – lhe permitirem, estando pois a oferta agregada condicionada, no longo prazo, apenas pelas possibilidades de produção da economia, e não pelo nível geral dos preços. Nenhuma política de preços é capaz de interferir nesse resultado da capacidade produtiva, sendo apenas susceptível de induzir-lhe distorções e flutuações de curto prazo, ou seja, nos resultados parcelares de que aquele resultado de longo prazo é composto.

Por outras palavras, a oferta agregada representaria, no longo prazo, o *crescimento potencial* ou o *nível de produção de pleno emprego* que correspondesse às características estruturais de uma economia nacional, se não fosse dar-se a possibilidade de a economia flutuar globalmente, o que faz com que a curva vertical da oferta agregada não seja senão um ponto focal para o qual tende a produção nacional, um ponto que pode, portanto, ficar por atingir ou ser ultrapassado numa flutuação de curto prazo, mas ao qual o nível agregado da produção regressa, em reequilíbrio, passado esse curto prazo.

O PIB *potencial* é, portanto, o valor do que *podia ser produzido* se existisse pleno emprego de recursos, o quantitativo que os produtores estariam dispostos a

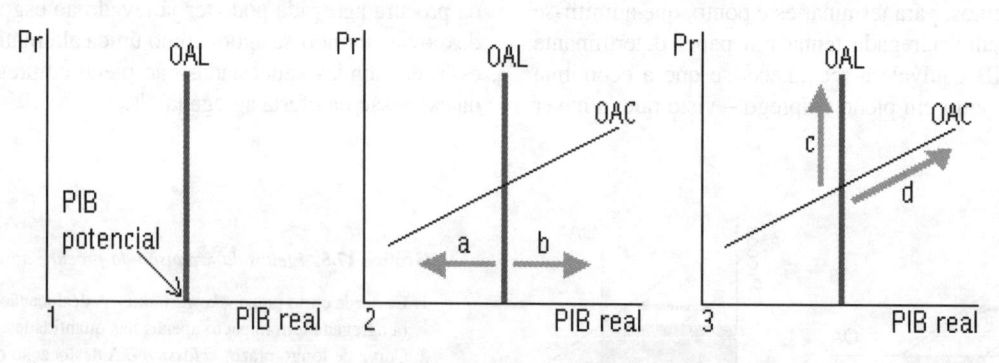

Gráfico 17.6. *Oferta agregada*

1: oferta agregada no longo prazo (inteiramente inelástica, significando que no longo prazo as oscilações de preços não influenciam o nível de actividade, ou seja, que os efeitos *nominais* não se convertem em efeitos *reais*)

2: oferta agregada no curto prazo (mais elástica, significando que no curto prazo as oscilações de preços têm influência nas variáveis reais – até que estas ajustem aos valores de longo prazo)

3: movimentos ao longo das curvas da oferta agregada

Pr: nível de preços

OAL: oferta agregada de longo prazo

OAC: oferta agregada de curto prazo

a: PIB real < PIB potencial

b: PIB real > PIB potencial

c: a subida do nível de preços é acompanhada da subida correspondente dos rendimentos nominais, deixando inalterado o PIB

d: a subida do nível de preços não é acompanhada da subida correspondente dos rendimentos nominais, interferindo no valor do PIB

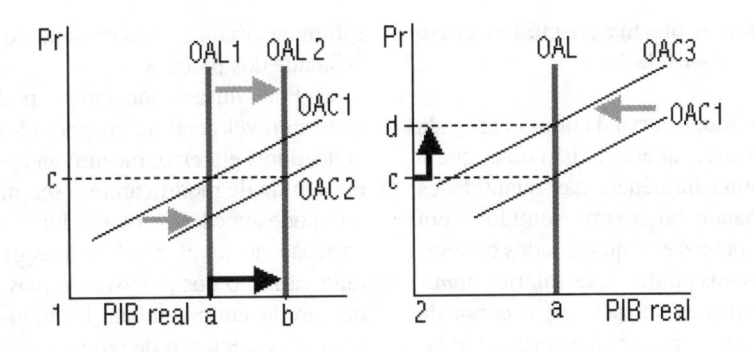

Gráfico 17.7. *Deslocações de curto prazo na oferta agregada*

1: expansão do PIB potencial (aumenta o PIB real, não se alteram os preços)
2: subida dos rendimentos nominais (sobem os preços, mantém-se o PIB real)
Pr: nível de preços
OAL, OAL1: oferta agregada de longo prazo
OAL2: expansão da oferta agregada de longo prazo
OAC1: oferta agregada de curto prazo
OAC2: oferta agregada de curto prazo correspondente à expansão do PIB potencial

OAC3: oferta agregada de curto prazo correspondente à subida dos rendimentos nominais
a: PIB potencial
b: expansão do PIB potencial
c: preço de equilíbrio inicial
d: preço de equilíbrio correspondente à subida dos rendimentos nominais

oferecer no mercado, dada uma certa dotação de recursos e uma flexibilidade de remunerações e preços tal que estes se ajustassem perfeitamente, permitindo a absorção de todos os recursos; é o valor em torno do qual gravita o PIB *real*, sendo as flutuações de curto prazo não mais do que essas «gravitações» do PIB real em torno do PIB potencial. Quando o PIB real e o PIB potencial coincidem, isto é, quando procura agregada e oferta agregada de curto prazo se cruzam num valor de PIB coincidente com a oferta agregada de longo prazo, temos um equilíbrio de pleno emprego.

Essa curva vertical da oferta agregada de longo prazo não é imóvel, e pode deslocar-se, tanto no sentido da retracção como no da expansão, ao sabor de variadíssimas influências (que não a variação no nível de preços):

– influências internas – aumento de dotações em bens de capital ou melhoria do capital humano, conjuntura climatérica, progresso tecnológico, medidas de política macroeconómica, aumento da quantidade de trabalho correspondente ao *pleno emprego*, isto é, variação do nível de equilíbrio do desemprego –;
– influências internacionais – conjuntura do comércio internacional, grau de desenvolvimento econó-

mico comparado, grau de cooperação ou integração económica.

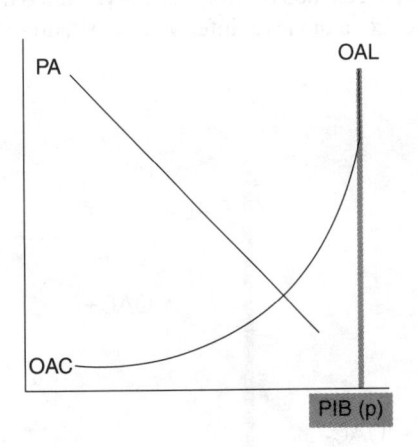

Gráfico 17.8. *Procura agregada e oferta agregada de curto e longo prazo*[3880]

PA: procura agregada
OAC: oferta agregada de curto prazo, ou afastada do PIB potencial («*keynesiana*»)
OAL: oferta agregada de longo prazo, ou próxima do PIB potencial («*clássica*»)
PIB (p): PIB potencial

[3880] Dornbusch, R., S. Fischer & R. Startz (2004), 100.

17 – b) – ii) – α) A curva da oferta agregada no curto prazo: «erros» e «viscosidades»

No curto prazo, contudo, a curva da oferta agregada tem uma inclinação positiva, querendo isto dizer que o nível de preços tem uma influência nas quantidades totais produzidas, variando no mesmo sentido – em correlação directa – os preços e as quantidades oferecidas. Variando os preços dos produtos, os salários *nominais* ou outras remunerações de factores, a curva da oferta de curto prazo reage – já que ela exprime a relação entre o PIB real e o nível de preços –, ainda que a curva da oferta de longo prazo se mantenha inalterada, na medida em que no longo prazo os preços relativos se recompõem, anulando quaisquer incentivos para modificações no esforço produtivo. Ora, neste caso da oferta agregada de curto prazo, como justificar a não--neutralidade da moeda, uma das pedras de toque da construção keynesiana?[3881]

Várias explicações têm sido adiantadas, das quais destacaríamos três variações sobre o tema das «imperfeições de mercado» que alegadamente induzem uma disparidade entre o nível de preços que efectivamente vigora e aquele nível que corresponderia às expectativas dos agentes – sendo que, se essa disparidade se traduz no facto de o nível de preços efectivo ser superior ao esperado, a oferta agregada oscila no sentido de uma expansão, sucedendo o inverso se porventura o nível de preços se fixa a um nível inferior ao esperado –: a «ilu-são monetária», a «viscosidade dos salários» e a «viscosidade dos preços».

a) Por «ilusão monetária», pode ser que as variações no nível geral de preços induzam os produtores e vendedores em *erro*, incentivando-os temporariamente no sentido de modificarem o seu nível de produção – o que pode suceder se os produtores interpretarem uma variação do nível geral de preços como se ela fosse uma variação dos preços *relativos* dos bens e serviços que produzem e vendem, levando-os a tomarem decisões de reafectação de recursos que causam alterações no volume *realmente* produzido e vendido.

Remonta a A.C. Pigou a ideia da «ilusão monetária», o apego dos trabalhadores à dimensão *nominal* das suas remunerações[3882] – uma ideia inteiramente subscrita por Keynes[3883], e que mantém ainda hoje intactas muitas das suas virtualidades explicativas[3884]. Na mais sintética formulação possível, diremos que uma pessoa está livre da «ilusão monetária» se uma mera mudança no nível de preços deixa inalterado o seu comportamento *real*, incluindo a procura *real* de moeda[3885].

Por exemplo, o relojoeiro apercebe-se da queda dos preços de mercado dos seus produtos *antes* de se aperceber de que o preço das matérias-primas, os salários dos trabalhadores, o preço da energia, o preço de *tudo* o resto baixou também, e por isso num primeiro momento retrai a oferta, só mais tarde percebendo que essa

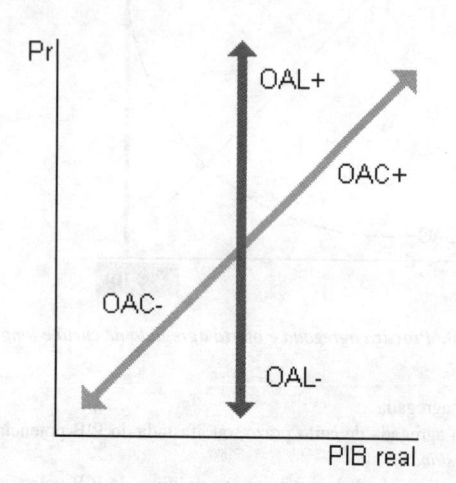

Gráfico 17.9. *Efeitos das flutuações de curto prazo na oferta agregada*

OAL+: quando sobe o nível de preços, no longo prazo sobem as remunerações *nominais*, mas as remunerações *reais* mantêm-se inalteradas

OAL-: quando desce o nível de preços, no longo prazo diminuem as remunerações *nominais*, mas as remunerações *reais* mantêm-se inalteradas

OAC+: quando sobe o nível de preços, no curto prazo as remunerações *reais* diminuem, propiciando uma expansão do emprego e do PIB real

OAC-: quando desce o nível de preços, no curto prazo as remunerações *reais* aumentam, fazendo diminuir o emprego e o PIB real

Pr: nível de preços

[3881] Fontana, G. (2001), 711-743.

[3882] Pigou, A.C. (1927), 217.

[3883] Keynes, J.M. (1936), 8-9.

[3884] Akerlof, G.A., W.T. Dickens & G.L. Perry (1996), 3ss.; Dunlop, J.T. (1998), 225ss..

[3885] Shafir, E., P. Diamond & A. Tversky (1997), 341-374.

retracção foi prematura. O produtor de maçãs interpreta um aumento do preço das maçãs como um incentivo à expansão da produção, antes de se aperceber dos aumentos de todos os «*inputs*» da produção, que tornam inapropriada e prematura aquela expansão[3886].

A «ilusão monetária» resulta, como sugerimos já sinteticamente, do facto de a maior parte das pessoas pensar na maior parte dos seus problemas económicos em termos *nominais*, usando para padrão aferidor dos seus interesses e valores o equivalente monetário, a moeda corrente – pelo que mesmo os «choques nominais» são «filtrados» por esse hábito mental e percebidos como dados não-monetários, perturbando o discernimento dos agentes no sentido da promoção *real* da eficiência agregada (o que, a ser empiricamente verificado, se torna um «micro-alicerce» crucial para o problema de «erros» e «viscosidades»[3887]).

Em termos gerais, diremos que, por «ilusão monetária», uma apreciável «inércia nominal agregada» se segue aos choques nominais, positivos ou negativos[3888].

b) Dada a «viscosidade» dos salários nominais para se ajustarem a novas condições do nível geral de preços, os produtores podem ter que variar as quantidades produzidas e vendidas para compensarem a disparidade que possa gerar-se entre salários nominais e reais, especificamente para compensarem a rigidez dos salários relativamente à hipótese de descida remuneratória[3889].

Especificando esta «teoria keynesiana», suponha-se que os salários foram nominalmente fixados por um período longo, e que entretanto o nível geral de preços baixou: nesse caso, esses salários nominais aumentam em termos reais, o que significa que eles passam a pesar mais nos custos reais das empresas, as quais se vêem, por isso, forçadas a sacrificar alguns recursos – por exemplo, a contratar menos trabalhadores do que aqueles que projectavam – e a diminuir os seus níveis de produção e de oferta. Se, ao invés, os preços tivessem subido, o custo *relativo* dos salários teria diminuído, o que teria permitido às empresas, *ceteris paribus*, expandirem a sua produção. Assim, salvo hipóteses de modificação tecnológica, uma subida de preços poderá conduzir a um aumento da oferta agregada, e a descida de preços a uma diminuição da oferta agregada – uma diminuição que poderá até significar, no limite, a eclosão de desemprego involuntário[3890], como veremos.

Compreende-se a «viscosidade» dos salários, a resistência à baixa das remunerações nominais, por mais evidente que seja que se trata apenas de ajustar essas remunerações ao novo nível *real*, por mais evidente que se torne que existe uma «ilusão monetária» nesse apego a remunerações *nominais* que ficaram momentaneamente empoladas face à produtividade *real*: primeiro por causa da aversão ao risco de cada indivíduo, de cada trabalhador[3891]; e em segundo lugar porque, nos termos do «contrato implícito» que se pode ter por subjacente às relações laborais, o trabalhador prescinde de uma participação nos lucros, e aceita remunerações fixas e baixas, para não ter, em contrapartida, de arcar com os riscos e incertezas da produção – incluindo nelas, muito obviamente e porventura até prioritariamente, a incerteza macroeconómica, a possibilidade de as condições conjunturais fazerem cair abruptamente o nível dos lucros, lucros que deveriam, pois, servir de amortecedor e de reserva estratégia contra estas eventualidades.

E, com efeito, não será estranho que os empresários aceitem receber todos os lucros quando há bonança, e queiram partilhar os prejuízos com os trabalhadores quando chega a tempestade? Não será injusto que os trabalhadores sejam privados de participar em lucros que lhes complementariam o rendimento, permitindo-lhes formar uma reserva contra tempos difíceis, e sejam depois, sem qualquer aforro formado, pressionados a descerem os seus rendimentos laborais para permitirem aos empresários manterem as suas margens de lucro, mesmo em tempos difíceis? Em inquéritos levados a cabo junto de trabalhadores em momentos recessivos, o que mais ressalta é precisamente a consciência de que é injusta essa repercussão das dificuldades financeiras da empresa sobre os trabalhadores[3892].

Para aqueles que, mais cépticos, sustentarem que há muito pouco de justiça e muito de jogo de poder nessas relações laborais, a «viscosidade» dos salários resultará antes da elasticidade e da força negocial dos traba-

---

[3886] Bakhshi, H. (2002), 27-33.

[3887] Fehr, E. & J.-R. Tyran (2001), 1259-1260.

[3888] Ainda que possa haver assimetria, e a inércia possa ser maior no caso de choques negativos do que no caso de choques positivos. Cfr. Fehr, E. & J.-R. Tyran (2001), 1239-1262.

[3889] Para um extenso levantamento estatístico sobre situações de viscosidade de salários e respectivas causas, cfr. Bewley, T.F. (1999).

[3890] Todavia, a agilidade que a tecnologia consente ao processo produtivo permite sustentar a separação dos fenómenos da viscosidade dos salários e do desemprego involuntário (ou acalentar a esperança de que essa separação possa vir a dar-se, anulando os efeitos nocivos da viscosidade salarial). Cfr. De Vroey, M. (2002), 293-307.

[3891] McDonald, I.M. & H. Sibly (2001), 532-546.

[3892] Bewley, T.F. (1999); Howitt, P. (2002), 125-126.

lhadores contra os empresários. Chegado um momento de recessão, verificado o desajustamento «em alta» das remunerações *nominais*, verificado que elas ultrapassam as remunerações *de equilíbrio* no mercado dos factores, os trabalhadores «agarrar-se-ão» aos seus contratos duradouros se eles forem imperfeitamente indexados, usando de todo o peso negocial de que disponham (em especial se existir uma organização sindical)[3893/3894]; ou então, na ausência de contratos duradouros, procurarão, seja usar a sua vantagem de «*insiders*» para dissuadirem o empresário quanto à sua intenção de abaixamento dos salários nominais[3895], seja ameaçá-lo com quebras de produtividade retaliatórias no caso de o empresário perseverar no seu intuito[3896] (fazendo-o gastar em monitorização e manutenção de disciplina o que pouparia em salários, confrontando-o, em suma, com o colapso da função incentivadora dos salários[3897]), ainda que isso possa suscitar, por sua vez, atitudes retaliatórias por parte do empresário[3898], sobretudo se se verificar empiricamente que a viscosidade é tanto maior quanto mais elevado é o nível salarial praticado pela empresa (por comparação com o nível de equilíbrio de mercado)[3899].

Há ainda a considerar um facto cada vez mais sublinhado, que é a relutância dos próprios empresários em baixarem os salários nominais[3900], sendo por isso que a inflação, por moderada que seja, pode ajudar a abrandar os efeitos dessa «viscosidade à descida dos salários nominais» bilateralmente induzida[3901], razão pela qual uma «inflação zero» imporia custos reais permanentes à economia, ao menos por esta razão que referimos[3902] – enquanto que, por seu lado, um congelamento salari-

al, ou um aumento dos salários abaixo da taxa de inflação corrente, não suscitaria o mesmo tipo de resistências e relutâncias que seriam suscitadas por um abaixamento ostensivo dos salários nominais[3903].

Dado que nem todos os ajustamentos de curto prazo, mormente a redução das remunerações *nominais* até ao nível de equilíbrio *real*, terão efeitos macroeconómicos significativos, nem tudo é «viscosidade» na resistência imediata àqueles ajustamentos. Pense-se que essa resistência poderia ser ditada pelo interesse colectivo em manter-se um nível de consumo elevado, até uma pressão inflacionista, que abreviasse a manifestação recessiva em vez de ampliá-la, como tende a suceder com a descida dos salários nominais e com o aumento do desemprego. E essa resistência é ainda mais justificada pela consideração do «contrato implícito» a que aludimos atrás: porque haveria o empresário de precipitar-se no esforço de ajustar o salário nominal a uma produtividade marginal que baixou (porque a procura no mercado dos produtos se retraiu), se ele pode em contrapartida compensá-lo tantas e tantas vezes, ao longo de uma relação contratual duradoura, com períodos em que paga aos trabalhadores *abaixo* do que corresponde à produtividade marginal deles – se o que ele paga momentaneamente *a mais* pode ser compensado com o que ele paga recorrentemente *a menos*?[3904]

Afigura-se, assim, que também aqui a «ilusão monetária» (um conceito por muito tempo desacreditado na ciência económica[3905]) pode causar uma considerável «inércia agregada» depois de um «choque nominal», e muito em especial depois de um choque *negativo*[3906], e que isso é tão notório que de facto fica demonstrada a

---

[3893] Taylor, J.B. (1979), 108-113; Barro, R.J. (1979), 54-59.

[3894] Em todo o caso, essa resistência colectiva está limitada por custos de transacção e pelos nossos já conhecidos problemas de descoordenação – quantos, por preguiça ou até por medo, não procurarão ir à boleia dos activistas, mesmo em casos extremos? Cfr. Olson, M. (1988), 43-69; Olson, M. (1989), 377-381.

[3895] Por exemplo, convencendo-o de que estão em risco os investimentos específicos (por exemplo em formação, em capital humano) que o empresário tenha feito neles, ou de que está em risco a opção «capital-intensiva» que depende da especialização específica *daqueles* trabalhadores, ameaçando despedir-se e «regressar ao mercado». Cfr. Lindbeck, A. & D.J. Snower (1988); Marshall, A. (1899); Hicks, J.R. (1932).

[3896] Trata-se aqui de um corolário da teoria dos «salários de eficiência», a que regressaremos adiante. Cfr. Katz, L.F. (1986), 235-276; Summers, L.H. (1988), 383-388; Ball, L. & D. Romer (1990), 183-203; Raff, D.M.G. (1988), 387-399; Bulow, J.I. & L.H. Summers (1986), 376--414; Rebitzer, J.B. & M.D. Robinson (1991), 710-715.

[3897] Romer, D. (1993), 12; Ball, L.& N.G. Mankiw (1994), 25.

[3898] Que, sabendo que a prática de salários acima do seu nível mínimo, ou do nível de equilíbrio de mercado, o deixará refém da «viscosidade» no caso de uma recessão, nunca ultrapassará os mínimos aceitáveis, nunca praticará «salários de eficiência». Cfr. Dickens, W.T. & L.F. Katz (1987), 48-89; Krueger, A.B. & L.H. Summers (1987), 17-47.

[3899] Hanes, C. (2001), 1432-1434, 1443-1444; Schmalensee, R. (1989), 951-1009.

[3900] Groshen, E.L. & M.E. Schweitzer (1997).

[3901] Card, D. & D. Hyslop (1997), 71-114; Hanes, C. & J.A. James (2003), 1414ss.; Kahn, S. (1997), 993-1008.

[3902] Akerlof, G.A., W.T. Dickens & G.L. Perry (1996), 2.

[3903] Gordon, R.J. (1996), 60-66; Mankiw, N.G. (1996), 66-70.

[3904] Bewley, T.F. (1999); Howitt, P. (2002), 136-137.

[3905] Tobin, J. (1972), 3; Fehr, E. & J.-R. Tyran (2001), 1239. Note-se a omissão de uma definição do conceito em: Friedman, B. & F.M. Hahn (orgs.) (1990).

[3906] Já que um dos postulados da teoria keynesiana é que a «viscosidade» é assimétrica, verificando-se no sentido descendente mas praticamente não no sentido ascendente (Cover, J.P. (1992), 1261-1282; De Long, J.B. & L.H. Summers (1988), 433-480; Tsiddon, D. (1993), 889--902; Ball, L. & N.G. Mankiw (1994), 247-261); contudo, há quem sustente que existe bidireccionalidade, mesmo que não perfeitamente simé-

não-neutralidade monetária no curto prazo[3907], embora naturalmente, como ficou sugerido, aquela ilusão seja apenas uma explicação complementar para a «inércia nominal» quando se realçam os constrangimentos contratuais[3908], as ineficiências informativas[3909], os custos «friccionais» de ajustamento[3910] ou a racionalidade limitada[3911].

Recapitulando, a viscosidade salarial pode em parte ser explicada pela «ilusão monetária» das expectativas dos trabalhadores[3912], em parte pela prática dos «salários de eficiência»[3913], pelas vantagens dos *insiders* que conseguem manter os desempregados fora da mesa das negociações[3914], pelo facto de os contratos de trabalho não serem todos simultânea e instantaneamente revistos e renegociados, mas serem-no antes faseadamente, de forma sobreposta[3915].

O ponto é mais importante para a Macroeconomia do que aquilo que à primeira vista poderia afigurar-se, porque a eliminação de «viscosidades», tanto de salários como de preços, é tida por alguns como a via para a denominada «síntese neoclássica», a esperança de que, chegada a economia à situação de pleno emprego (depois de uma longa e criteriosa aplicação da «terapêutica keynesiana») as proposições dos clássicos voltariam a ser válidas – *mesmo* no curto prazo –[3916]; enquanto que outros duvidam que haja uma eficiência de mercado que esteja a ser tolhida por essas «viscosidades» e se liberte com a sua «cura», sustentando antes

que as «viscosidades» são sintomáticas de uma estrutura de mercado que receia *excessos de flexibilidade* (e «degenerações em espiral») e por isso se precavê espontaneamente contra elas[3917]. Como melhor se perceberá adiante, de certo modo é a viscosidade das remunerações (e eventualmente dos preços) que determina as tensões que acabam reflectidas na «Curva de Phillips»[3918].

Se alguns agora defendem que a queda dos salários na «Grande Depressão», que foi de cerca de um terço, deveria ter sido ainda maior para dar uma oportunidade ao mercado para recuperar mais depressa – em vez de induzir uma exacerbação da tendência cíclica[3919] –, liberto de «viscosidades» e de «falhas de intervenção», cabe perguntar que eficiência oculta era essa que não se manifestou *apesar* das viscosidades e falhas de intervenção, que deixou que os problemas macroeconómicos nascessem, se avolumassem e degenerassem progressivamente – sendo que as intuições da «Economia da Informação», que tão repetidamente abordámos, reforçaram a noção de que essa eficiência pura e simplesmente não existia, e nunca existiu[3920/3921].

c) Numa «variante neo-keynesiana», não são só os salários que exibem alguma «viscosidade» perante as variações do nível geral de preços, visto que o mesmo sucede com o preço de bens e serviços, que podem ficar relativamente presos a determinadas ineficiências, como por exemplo:

trica, na «viscosidade» (Barro, R.J. (1972), 17-26; Mankiw, N.G. (1985), 529-539), havendo também quem aponte para uma relativa indefinição quanto à simetria (Blinder, A.S. (1991), 89-96; Carlton, D.W. (1986), 637-658).

[3907] Akerlof, G.A., W.T. Dickens & G.L. Perry (1996), 1-59; Bernanke, B.S. & K. Carey (1996), 853-883; Card, D. & D. Hyslop (1997), 71--114; Kahn, S. (1997), 993-1008; Bewley, T.F. (1998), 459-490; Blinder, A.S., E.D. Canetti, D.E. Lebow & J.B. Rudd (1998).

[3908] Fischer, S. (1977), 191-205; Taylor, J.B. (1979), 108-113.

[3909] Lucas Jr., R.E. (1972b), 103-124.

[3910] Mankiw, N.G. (1985), 529-538.

[3911] Akerlof, G.A. & J.L. Yellen (1985), 823-838.

[3912] Fuhrer, J.C. & G.R. Moore (1995), 127-160; Holden, S. & J.C. Driscoll (2003), 1369ss.. Cfr. ainda: Brayton, F., A. Levin, R. Tryon & J.C. Williams (1997), 43-81; Romer, D. (2000), 295ss.; Walsh, C.E. (1998), 224ss., 460ss., 472ss..

[3913] Akerlof, G.A. & J.L. Yellen (orgs.) (1986).

[3914] Lindbeck, A. & D.J. Snower (1988).

[3915] Taylor, J.B. (1980), 1-23; Taylor, J.B. (1999d), 1009-1050.

[3916] Samuelson, P.A. (1947).

[3917] Stiglitz, J.E. (2002), 462-463.

[3918] Dornbusch, R., S. Fischer & R. Startz (2004), 127.

[3919] Abraham, K.G. & J.C. Haltiwanger (1995), 1215-1264; Bean, C. (1994), 573-619; Beaudry, P. & J. Dinardo (1991), 665-688; Bils, M. (1985), 666-689; Blanchard, O. & P. Diamond (1990b), 159-201; Blanchflower, D.G. & A.J. Oswald (1994); Boldrin, M. & M. Horvath (1995), 972-1004; Dickens, W.T. & L.F. Katz (1987), 28-89; Gomme, P. & J. Greenwood (1995), 91-124; Gordon, R.J. (1983), 85-121; Gray, J.A. (1976), 221-235; Hall, R.E. (1975), 301-335; Krueger, A.B. & L.H. Summers (1988), 259-293; Solon, G., R. Barsky & J.A. Parker (1994), 1--26; Taylor, J.B. (1979), 108-113.

[3920] Greenwald, B.C. & J.E. Stiglitz (1987), 119-133; Greenwald, B.C. & J.E. Stiglitz (1988), 207-260.

[3921] É ainda a viscosidade que explica o resultado algo paradoxal de um aumento de produtividade laboral, que pode significar incremento do nível de vida colectivo, implicar também um agravamento do problema do desemprego – já que só taxas de crescimento progressivamente mais elevadas poderão assegurar quedas do desemprego em ambientes de crescente produtividade laboral (nos quais a produtividade por trabalhador pode significar desemprego estrutural para aqueles que são tornados redundantes por aquela produtividade), suscitando-se assim a possibilidade até de, em ambientes de elevada produtividade induzida pela recente revolução tecnológica e informática, se começarem a multiplicar episódios de expansão no ciclo macroeconómico sem verdadeiros ganhos de nível de emprego – embora em contrapartida passem a existir possibilidades de crescimento mais rápido (traduzido numa mais ágil expansão do PIB *potencial*). Cfr. ERP (2004), 46, 48-49.

1. aos «custos de ajustamento» («*menu costs*»[3922], isoladamente considerados ou em combinação com outros factores de rigidez[3923], perspectivados de forma absoluta[3924] ou de forma «dinâmica»[3925]), podendo imaginar-se que um hipermercado que vende vários milhares de tipos de produtos não esteja particularmente interessado em mudar constantemente o preço de cada um deles, seja no sentido da descida seja até no sentido da subida[3926], só para acompanhar as oscilações do nível geral de preços, visto que isso envolve custos que podem ser desproporcionadamente elevados, o mesmo se dizendo de um vendedor por catálogo quanto à eventualidade de ter que reenviar várias edições sucessivas do seu catálogo, só para actualizar os preços[3927/3928];

2. à percepção de riscos filtrada pela imperfeição informativa – visto que, desconhecendo todas as implicações de uma variação de preços dos produtos e de remunerações dos factores nos respectivos mercados, os produtores preferirão não arriscar, e alteram antes o seu próprio volume de produção –;

3. à «procura quebrada» que se verifica na concorrência imperfeita – como aquela que referimos a propósito dos oligopólios, e que «imobiliza» o produtor num só nível de preços e de remunerações –.

4. ao conservadorismo assente em persistência de hábitos[3929], com a concomitante inelasticidade no consumo[3930/3931], ou com outros efeitos de «histerese» em

variáveis macroeconómicas, com maior ou menor ascendente de factores de irracionalidade[3932].

Em qualquer destes casos, um preço que, por exemplo, se revele desajustadamente baixo após uma subida inesperada do nível geral de preços pode tornar necessária uma compensação no volume de vendas, resultando assim numa expansão *real* da oferta; e um preço excessivamente alto pode conduzir, pelas razões opostas, a uma retracção *real* da oferta.

A variante «neo-keynesiana»[3933] não é, de resto, tão original como poderia pensar-se, já que ela aponta para uma tradição analítica que remonta a Irving Fisher, e que se reportava já a diversas causas de viscosidade, e não apenas à viscosidade salarial privilegiada pelo keynesianismo[3934], basicamente explicando a viscosidade como uma reacção ditada pela aversão ao risco em contextos dominados pela incompletude dos contratos ou por incompleta indexação dos rendimentos – explicando o que há de dramático nas situações em que tanto os preços como as próprias remunerações nominais descem, apenas não descendo harmonicamente, ocasionando assimetrias nas velocidades de ajustamento[3935].

São numerosos os exemplos verificados de falta de ajustamento de preços, mesmo dos preços que maximizariam os lucros, por parte de produtores que se defrontam com «custos de ajustamento», ou de «reta-

---

[3922] Mankiw, N.G. & D. Romer (1991); Andersen, T.M. (1994); Dixon, H.D. & N. Rankin (1994), 171-199.

[3923] Ball, L. & D. Romer (1989), 507-524; Ball, L. & D. Romer (1990), 183-203; Levy, D., M. Bergen, S. Dutta & R. Venable (1997), 791-825.

[3924] Akerlof, G.A. & J.L. Yellen (1985), 823-838; Blanchard, O. & N. Kiyotaki (1987), 647-666; Mankiw, N.G. (1985), 529-537; Parkin, M. (1986), 200-224.

[3925] Danziger, L. (1999), 878ss..

[3926] Romer, D. (1993), 5-22.

[3927] Sobre os problemas «friccionais» dos «*price-adjustment costs*», cfr. Danziger, L. & C.T. Krainer (2002), 433-444.

[3928] Sobre a influência de vários paradigmas concorrenciais nesta matéria, cfr. Bennett, J. & M.M.A. La Manna (2001), 1556; Tirole, J. (1988); Hansen, P.S., H.P. Mollgaard, P.B. Overgaard & J.R. Sorensen (1996), 183-188.

[3929] Murphy, J.B. (1994), 536-582; Plotkin, H.C. (1994).

[3930] Algumas aplicações em: Duesenberry, J.S. (1949); Houthakker, H.S. & L.D. Taylor (1966). Sobre as razões para o abandono generalizado desta abordagem, cfr. Green, F. (1979), 33-60. Sobre a visão hoje prevalecente de que a estabilidade *agregada* é compatível com a anulação recíproca e o reequilíbrio do micro-caos das condutas individuais (desdramatizando por isso o problema da busca de «micro-alicerces»), cfr. Becker, G.S. (1962), 1-13; Chiaromonte, F. & G. Dosi (1993), 39-63; Gode, D.K. & S. Sunder (1993), 119-137; Rizvi, S.A.T. (1994), 357-377.

[3931] Factores cuja explicação tem sido muito facilitada pela abordagem institucionalista, sem embargo de hoje pulularem «teorias alternativas» sobre as determinantes da conduta dos consumidores. Cfr. Mason, R. (1995), 871-881.

[3932] Deve notar-se que os neo-keynesianos tendem crescentemente a admitir a racionalidade dos agentes, temperando-a embora com a lentidão com que os mercados chegam ao equilíbrio «clássico» – uma lentidão que, por isso, têm que atribuir a factores «exógenos». Cfr. Bénassy, J.-P. (1995), 15-33; Dixon, H.D. & N. Rankin (1995), 34-62; Startz, R. (1995), 63-80; Mankiw, N.G. (1985), 529-538; Akerlof, G.A. & J.L Yellen (1985), 823-838; Dornbusch, R., S. Fischer & R. Startz (2004), 543-544, 563-566.

[3933] Se é que o termo tem um referente inequívoco, já que o neo-keynesianismo é na verdade uma colecção mais ou menos desconexa de modelos que gravitam em torno de explicações para a «viscosidade» de rendimentos e preços (a rigidez *real* e *nominal*, falhas de coordenação, histerese). Cfr. Benassi, C., A. Chirco & C. Colombo (1994).

[3934] Mesmo neste caso há que procurar desfazer a impressão de uniformidade ou de monolitismo, sublinhando-se que em pleno apogeu do keynesianismo havia já ortodoxias e variantes, desde os «marshallianos» até aos seguidores de Sraffa ou de Kalecki, passando por variantes «financeiras» (Hyman Minsky) e «veblenianas», antecessoras de muitas das heterodoxias contemporâneas. Cfr. King, J.E. (2002).

[3935] Pela simples razão de que muitos desses preços são fixados nas transacções de mercado e estão inteiramente expostos à volatilidade das expectativas, enquanto outros estão ligados a contratos mais ou menos estáveis e duradouros. Cfr. Greenwald, B.C. & J.E. Stiglitz (1988), 207-260; Greenwald, B.C. & J.E. Stiglitz (1989), 364-369; Greenwald, B.C. & J.E. Stiglitz (1990), 160-165; Greenwald, B.C. & J.E. Stiglitz (1990b), 15-42; Greenwald, B.C. & J.E. Stiglitz (1993b), 77-114; Greenwald, B.C. & J.E. Stiglitz (1995), 219-225; Stiglitz, J.E. (1999c), 75ss..

belamento», causando efeitos de retracção ou expansão da produção e do emprego, em vez de causarem efeitos inflacionistas ou deflacionistas[3936] – sendo tais exemplos particularmente frequentes em situações de concorrência imperfeita, e nomeadamente em casos de monopólios incontestados[3937] e de concorrência monopolística[3938], e em casos em que o ciclo do produto no mercado está a chegar ao fim e se trata agora apenas de alcançar lucros residuais, fortemente «descontados» a partir da perspectiva do investimento inicial (e por isso não se afigura vantajoso ajustar, seja os preços, seja a qualidade, seja mesmo a estrutura de custos[3939]).

Em todo o caso, a preferência pelo ajustamento de quantidades para poupar no ajustamento de preços não é assim tão óbvia, dado que há também custos de ajustamento de quantidades, que podem envolver decisões complexas sobre o nível e o ritmo de produção, sobre o recurso ao mercado dos factores, sobre a contratação, sobre a estruturação da empresa[3940], pelo que a proeminência dos *menu costs*, ou até o seu impacto *real* no curto prazo, podem ser postos em dúvida[3941], a menos que se opte pela via da consideração conjunta dos dois tipos de custos de ajustamento, o respeitante aos preços e o respeitante às quantidades[3942].

A verdade é que um dos primeiros sintomas de uma recessão é o persistente desfasamento entre oferta e procura, uma retracção da procura que muito frequentemente não é acompanhada de um rápido abaixamento dos preços, significando isso que existe um excesso de capacidade, ou mais simplesmente que a maioria dos produtores gostaria de produzir e vender mais do que aquilo que consegue escoar ao preço corrente no mercado, o que inequivocamente denota por sua vez, como sabemos já, que o preço de mercado está bem acima do custo marginal, e que por isso o produtor que se defronta com este tipo de problema tem poder de mercado (não é atomístico). Mas porque não baixa ele o preço, então, se o deseja e tem poder para fazê-lo?[3943] Será por causa daquele «palpite especulativo», meio irracional, aquele «faro» que detecta problemas à distância (aquilo que Keynes designava por *animal spirits*), que faz os produtores retraírem os seus níveis de produção e de emprego na expectativa de uma retracção da procura, provocando a recessão (por «efeito de Édipo»[3944])? Ou será por simples «viscosidade», por simples lentidão e inércia reactiva?[3945]

Fica subentendido, em qualquer destas explicações, que, ultrapassado o prazo dessas «disfunções», ajustadas as expectativas dos agentes económicos ao nível de preços efectivo, eliminados «erros» e «viscosidades», deixa de haver disparidades susceptíveis de manterem a oferta agregada aquém do seu nível de equilíbrio – qualquer que seja o nível geral de preços que vigora em cada momento[3946].

Aparentemente, restar-nos-ia, analisada a inclinação positiva da curva da oferta agregada no curto prazo, ou seja, a correlação entre a variável nominal dos preços e a variável real que é a oferta, analisar todas as outras situações que causam, não *variações* ao longo da curva mas *deslocações* da própria curva, como por exemplo modificações nas dotações em capital físico e humano, na tecnologia, etc..

De entre estas últimas cumpre destacar muito especialmente o papel das expectativas relativamente ao futuro nível geral de preços – expectativas que vimos na base dos «erros» e «viscosidades» que afectam a oferta agregada no curto prazo, e que, se se alteram autonomamente, podem por elas mesmas provocar deslocações da própria curva da oferta agregada –. Uma expectativa de preços elevados tende a contrair toda a curva da oferta agregada no curto prazo – porque, entre outros efeitos, a expectativa de preços elevados faz subir os salários nominais, repercutindo nos custos das empresas, induzindo-as a produzirem menos –, a de preços baixos tende

---

[3936] Rotemberg, J.J. (1983), 433-436; Kuran, T. (1986), 407-418; Naish, H.F. (1986), 219-230; Danziger, L. (1988), 633-646; Danziger, L. (1999), 878-901; Benabou, R. & J.D. Konieczny (1994), 290-297; Konieczny, J.D. (1990), 201-218; Benabou, R. (1988), 353-376; Benabou, R. (1992), 299-329; Diamond, P.A. (1993), 53-68.

[3937] Danziger, L. (2001), 1609ss..

[3938] Akerlof, G.A. & J.L. Yellen (1985), 823-838; Blanchard, O. & N. Kiyotaki (1987), 647-666; Mankiw, N.G. (1985), 529-538.

[3939] Andersen, T.M. (1995), 343-349.

[3940] Bresnahan, T.F. & V.A. Ramey (1994), 593-624; Hamermesh, D.S. (1989), 674-689; Hamermesh, D.S. & G.A. Pfann (1996), 1264--1292; Davis, S.J. & J.C. Haltiwanger (1992), 819-863; Caballero, R.J., E.M.R.A. Engel & J.C. Haltiwanger (1997), 115-137; Cooper, R., J. Haltiwanger & L. Power (1999), 921-946.

[3941] Doms, M. & T. Dunne (1998), 409-429; Levy, D., M. Bergen, S. Dutta & R. Venable (1997), 791-825; Dutta, S., M. Bergen, D. Levy & R. Venable (1999), 683-703; Greenwald, B.C. & J.E. Stiglitz (1993), 23-44; Ball, L. & N.G. Mankiw (1994b), 127-151; Kashyap, A.K. (1995), 245-274; Blinder, A.S., E.D. Canetti, D.E. Lebow & J.B. Rudd (1998).

[3942] Danziger, L. (2001), 1617-1618; Akerlof, G.A. & J.L. Yellen (1985), 823-838; Ball, L. & D. Romer (1989), 507-524; Ball, L. & D. Romer (1990), 183-203; Mankiw, N.G. (1985), 529-537; Parkin, M. (1986), 200-224; Sheshinski, E. & Y. Weiss (1977), 287-303.

[3943] Solow, R.M. (1998), 1.

[3944] Farmer, R.E.A. (1999).

[3945] Chiarella, C., P. Flaschel & W. Semmler (2001), 119-145.

[3946] É possível sustentar-se que a inflação, estimulando o retabelamento de preços e por isso fazendo vencer esta «viscosidade dos preços», incrementará nalgumas circunstâncias a eficiência do mecanismo dos preços. Cfr. Andersen, T.M. (2002), 375-389.

a expandir a oferta agregada no curto prazo – pois contribui por si mesma para baixar os custos –.

As expectativas quanto ao futuro nível de preços desempenham, pois, um papel crucial no ajustamento intertemporal da economia, entre o curto prazo, no qual essas expectativas são fixas, e o longo prazo, no qual a possibilidade de reajustamento das expectativas permite aos agentes acompanharem a deslocação da curva da oferta agregada até à sua posição vertical – isto é, acompanharem a evolução dos pontos de intersecção entre a curva da procura agregada e uma curva da oferta agregada que paulatinamente se desloca em direcção à sua posição de longo prazo.

17 – c) As flutuações de curto prazo

Com o modelo das curvas de oferta e procura agregadas, já nos é possível perceber algo melhor o mecanismo das flutuações macroeconómicas de curto prazo. Em equilíbrio, a curva da procura agregada intercepta a vertical de longo prazo da oferta agregada, sendo nesse ponto que se apuram tanto o nível geral de preços como o nível de produção de equilíbrio; se não houver «erros» nem «viscosidades», a curva de curto prazo da oferta agregada também interceptaria nesse mesmo ponto de equilíbrio as outras duas, não haveria distinção entre PIB *real* e PIB *potencial*, nem flutuações do primeiro em torno do segundo.

O ciclo económico apresentará, no curto prazo, um aspecto como o seguinte:

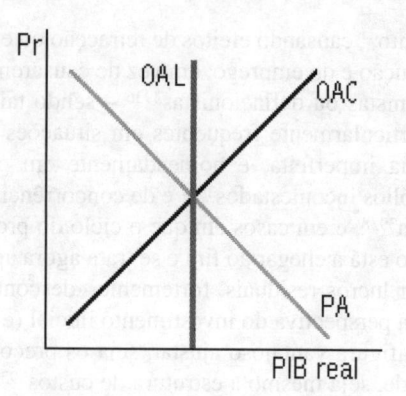

Gráfico 17.10. *O equilíbrio de pleno emprego*

Pr: nível de preços   OAL: oferta agregada de longo prazo
PA: procura agregada   OAC: oferta agregada de curto prazo

Recordemos a tese geral de que o equilíbrio macroeconómico de curto e de longo prazo divergem fundamentalmente pelo seguinte: no curto prazo, as remunerações *nominais* dos factores são fixas e não se ajustam para propiciarem a coincidência entre PIB real e PIB potencial que caracteriza o *pleno emprego*[3947], coisa que só acontece no longo prazo – ou melhor, vai acontecendo progressivamente à medida que avançamos para o longo prazo –[3948].

Enquanto dura o curto prazo, podem assim ocorrer dois tipos de «hiatos do produto» («*output gaps*», diferenças entre a produção *corrente* e a produção *potencial*[3949]):

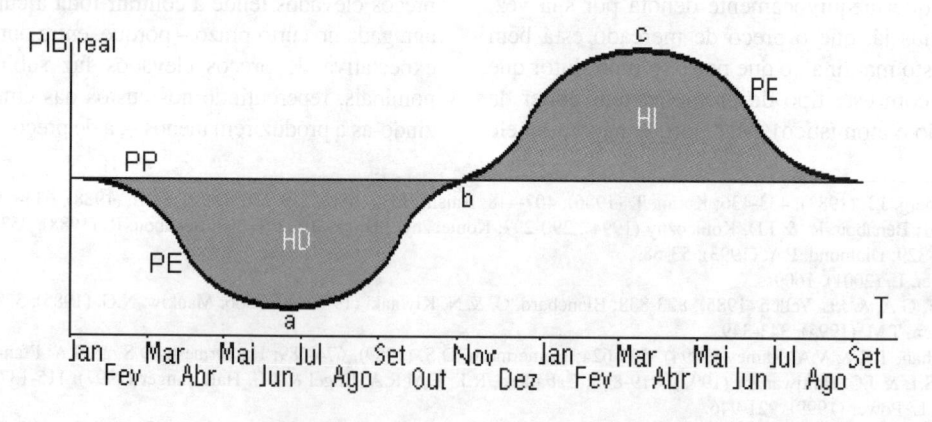

Gráfico 17.11. *O ciclo económico no curto prazo*

T: passagem do tempo   HD: hiato deflacionista
PP: PIB potencial   HI: hiato inflacionista
PE: PIB efectivamente verificado   a, b, c: pontos críticos

[3947] Dornbusch, R., S. Fischer & R. Startz (2004), 113.
[3948] Fanti, L. (2001), 383-405.
[3949] Dornbusch, R., S. Fischer & R. Startz (2004), 15.

– que o PIB real esteja acima do PIB potencial, que se forme um equilíbrio acima do equilíbrio de pleno emprego que se traduzirá num desfasamento, um «hiato inflacionista» («*inflationary gap*»), um aumento da curva da procura agregada mais rápido do que a expansão da curva da oferta de longo prazo;

– que o PIB real esteja abaixo do PIB potencial, que se forme um equilíbrio inferior ao equilíbrio de pleno emprego que se traduzirá num desfasamento, um «hiato deflacionista» («*recessionary gap*», também por vezes designado como «hiato do desemprego»[3950]), um aumento da curva da procura agregada mais lento do que a expansão da curva da oferta de longo prazo.

Em suma, o que basicamente determina as flutuações de curto prazo é o facto de o conjunto dos agentes económicos não se adaptarem instantaneamente ao potencial produtivo que, em cada momento, uma economia representa: algumas vezes, produzir-se-á, e gastar-se-á, para além desse potencial, induzindo inflação; outras produzir-se-á, e gastar-se-á, de menos, conduzindo a uma recessão – com perda de valor real dos salários, com diminuição de segurança dos empregos, com degradação da qualidade de vida. Em ambos os casos, as flutuações, se não são simples «solavancos» provocados por «choques tecnológicos» schumpeterianos, não apenas entravam o normal curso do crescimento económico como ainda impedem os mercados de desempenharem cabal e livremente as suas funções optimizadoras.

Mais precisamente, o hiato do produto é a distância que separa, em cada momento, o produto efectivo (o produto observado) do produto potencial, aquele que corresponderia à posição de longo prazo, de utilização plena *e sustentável* da capacidade produtiva instalada, e por isso se compreende que ele seja o principal «padrão de medida» na análise conjuntural e estrutural (a posição de uma economia nas flutuações de curto prazo e nas tendências de longo prazo, o «sobreaquecimento», o «arrefecimento») e nas propostas de política macroeconómica de estabilização e de crescimento[3951], dependendo, neste caso, do rigor de medição que consiga alcançar-se[3952]; de uma perspectiva dinâmica, dir-se-á que a variação do hiato do produto corresponde ao quociente do crescimento da procura agregada pelo crescimento do PIB potencial[3953]. Por exemplo, já dis-

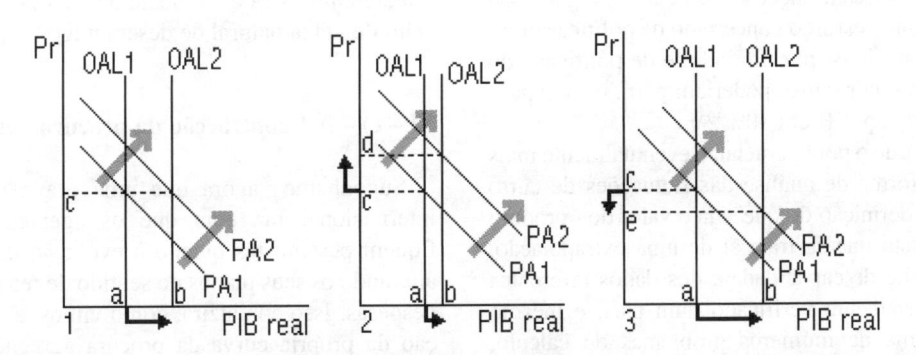

Gráfico 17.12. *Crescimento e inflação*

1: o PIB real e a procura agregada crescem proporcionalmente – há crescimento sem inflação
2: a procura agregada cresce mais do que o PIB real – há crescimento com inflação
3: o PIB real cresce mais do que a procura agregada – há crescimento com inflação negativa
Pr: nível de preços
PA1: procura agregada
PA2: expansão da procura agregada

OAL1: oferta agregada de longo prazo
OAL2: expansão da oferta agregada de longo prazo
a: PIB potencial
b: expansão do PIB potencial
c: preço de equilíbrio inicial
d: preço de equilíbrio correspondente à expansão mais do que proporcional da procura agregada (d > c)
e: preço de equilíbrio correspondente à expansão mais do que proporcional do PIB real (e < c)

[3950] O «hiato do desemprego» será, mais particularmente, a distância entre a taxa *efectiva* e a taxa *natural* de desemprego. Se o desemprego está *acima* da taxa natural, os salários tendem a descer, e tendem a subir se a taxa de desemprego está *abaixo* da taxa natural. Cfr. Dornbusch, R., S. Fischer & R. Startz (2004), 118.

[3951] Com algumas reflexões nesta matéria e propostas de aferição, cfr. Pinheiro, M. (1998), 59ss..

[3952] Orphanides, A. & S. van Norden (2002), 569-583.

[3953] Walsh, C.E. (2003), 266.

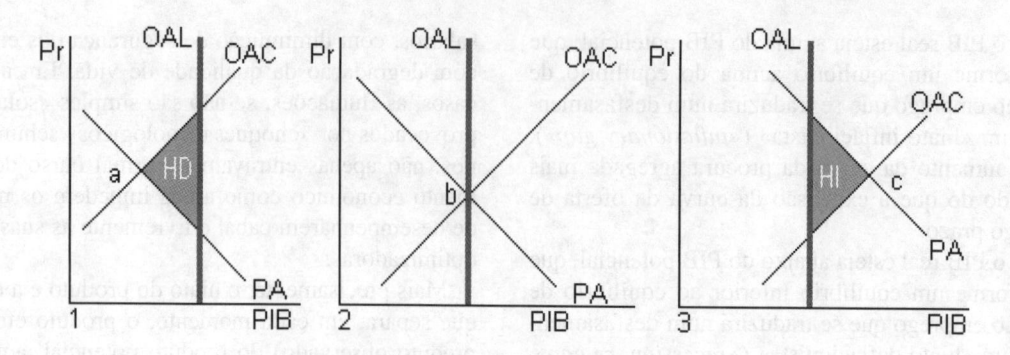

Gráfico 17.13. *O ciclo económico*

1: equilíbrio de sub-emprego, com desfasamento («hiato») deflacionista
2: equilíbrio de pleno emprego
3: equilíbrio acima do pleno emprego, com desfasamento («hiato») inflacionista
Pr: nível de preços

PA: procura agregada
OAL: oferta agregada de longo prazo
OAC: oferta agregada de curto prazo
HD: hiato deflacionista
HI: hiato inflacionista
a, b, c: pontos de equilíbrio

semos anteriormente que o Japão regista, nesta viragem de século, um «hiato do produto» negativo muito amplo, de cerca de 10%, significando isso, pois, que uma espontânea reanimação da procura agregada, ou que um adequado esforço concertado de políticas orçamentais e monetárias, por um lado, e de políticas «do lado da oferta», por outro, poderiam permitir a expansão *sustentável* do PIB em 10%[3954].

É evidente que o ponto crucial, e eventualmente mais frágil, desta forma de análise das flutuações de curto prazo está na definição do que seja o valor do «produto potencial», visto que se trata aí de uma extrapolação, para um «limite de capacidade», dos dados referentes ao PIB efectivamente verificado num país, e mesmo este já enferma de inúmeros problemas de cálculo, como veremos. Essa extrapolação procede fundamentalmente por eliminação de efeitos sazonais e cíclicos, e de perturbações irrelevantes, por forma a chegar-se à estimação de uma «tendência longa» de crescimento da economia e da produtividade[3955], o que pode fazer-se por recurso a diversas técnicas quantitativas[3956].

Por fim, sublinhemos que as disparidades entre PIB efectivo e PIB potencial, que aqui vimos atribuídas ao «hiato do produto» e que caracterizámos como causadoras de flutuações de curto prazo, podem ser reapreciadas, com vantagem, a propósito do conceito de «taxa

natural de desemprego» e das flutuações da taxa efectiva de desemprego em torno desse valor, pelo que algumas das conclusões que aqui poderíamos retirar as remeteremos para o momento de abordarmos esse conceito de «taxa natural de desemprego».

17 – c) – i) A contracção da procura agregada

Suponhamos agora que uma grave crise política internacional faz com que os agentes económicos fiquem pessimistas quanto à evolução da conjuntura, alterando os seus planos no sentido de retraírem as suas despesas. Isso conduzirá, como vimos, a uma deslocação da própria curva da procura agregada como um todo, significando isso que, a qualquer nível de preços que venha a verificar-se, o nível de despesa será sempre inferior ao que era antes. Note-se que qualquer quebra de consumo, de investimento, de despesa pública ou de «exportações líquidas» pode resultar igualmente numa retracção da curva da procura agregada – uma retracção que, quando é inesperada, se designa por «choque do lado da procura», tal como podem ocorrer «choques do lado da oferta», como por exemplo o já aludido «choque schumpeteriano» resultante da introdução de uma inovação tecnológica que altera profun-

[3954] Krugman, P.R. (2000), 172; Posen, A. (1998).

[3955] Ainda que isso seja muitas vezes obtido por simples técnicas estatísticas que fazem tábua-rasa da interpretação económica acerca da relevância particular dos dados apurados. Cfr. Botas, S., C.R. Marques & P.D. Neves (1998), 49-50.

[3956] Para uma panorâmica dos diversos métodos, e em especial dos métodos de tendência linear, do «filtro de Hodrick-Prescott» («filtro HP») e da função de produção, cfr. Botas, S., C.R. Marques & P.D. Neves (1998), 49-57.

damente a produtividade[3957], um conjunto de impulsos exógenos, «choques» – naturais, de mercado ou de intervenção[3958] – que depois são «propagados» pela própria estrutura económica (para usarmos uma terminologia vulgarizada por Ragnar Frisch[3959]).

Dada essa deslocação da curva da procura agregada, onde é que ocorre a nova intersecção com a curva da oferta agregada? Lembremos que existem essencialmente duas curvas da oferta agregada, uma de curto prazo e outra de longo prazo. A intersecção com a curva de curto prazo faz-se num ponto em que desceram simultaneamente o nível de preços e as quantidades produzidas – sendo pois que podemos constatar que, no curto prazo, a retracção da procura agregada tem efeitos *reais*, já que determina uma quebra generalizada da produção, das trocas, da actividade económica: uma *recessão*.

Simplesmente, essa quebra de produção não corresponde a uma falha estrutural da capacidade produtiva do todo da economia: essa capacidade produtiva subsiste e está subaproveitada – os empresários desempregaram recursos para reagirem de imediato, e prematuramente, à sua percepção particular relativa à queda dos preços –, pelo que se seguirá inevitavelmente um reajustamento de longo prazo, que conduza o ponto de equilíbrio de curto prazo em direcção ao ponto de equilíbrio de longo prazo, aquele no qual a nova curva de procura agregada – a curva deslocada que espelha a retracção – se cruza com a vertical de longo prazo da oferta agregada.

Como é que isso sucederá? Podem ocorrer várias circunstâncias – entre as quais a de a curva da procura agregada voltar a expandir –, mas talvez a mais inevitável seja a deslocação da curva da oferta agregada de curto prazo em direcção à nova posição de equilíbrio: corrigidos os «erros» e «viscosidades» que possam impedir a oferta de trabalhar ao nível da capacidade produtiva de equilíbrio, esta é atingida por uma nova expansão da oferta, até que novamente se interceptem, num ponto só, a curva da procura agregada e as duas curvas que representam, no curto e no longo prazo, a oferta agregada.

O que é que sucede, pois, no longo prazo, em sequência de uma recessão? Se a contracção inicial da procura agregada se mantiver no longo prazo, se não se registar uma recuperação dos níveis da procura agregada – se por exemplo subsistir o pessimismo nas expectativas, nos *«animal spirits»*, dos agentes –, temos que os efeitos *reais* se esbaterão com o tempo, e a economia regressará à sua capacidade de equilíbrio. O único efeito subsistente será um efeito *nominal*, o da quebra do nível geral de preços, visto que, com a deslocação da curva da procura agregada no sentido de uma contracção, a intersecção com a vertical da oferta agregada se fará num ponto correspondente a um nível de preços inferior – o que em termos práticos significa que a produção regressa aos seus níveis pré-recessão, mas que consumidores e produtores estão dispostos a gastar menos recursos monetários com ela.

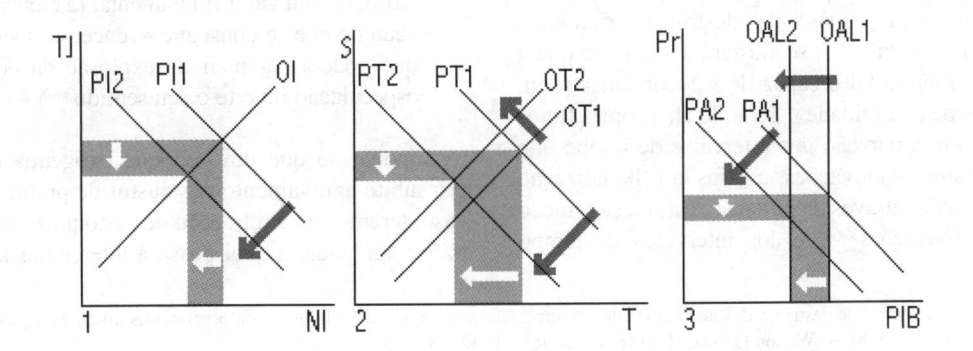

Gráfico 17.14. *Efeitos* reais *de uma recessão*

1: efeitos no mercado de capitais – reduz-se a poupança, o investimento e as taxas de juro reais

2: efeitos no mercado de trabalho – aumenta o desemprego e desce o nível dos salários reais

3: efeitos na oferta e procura agregadas – o PIB real e o nível de preços contraem-se ambos

TJ: taxas de juro reais

NI: nível de investimento

PI1, PI2: procura de investimento

OI: oferta de fundos

S: salários *reais*

T: volume de trabalho

PT1, PT2: procura de trabalho

OT1, OT2: oferta de trabalho

Pr: nível de preços (deflator do PIB)

PA1, PA2: procura agregada

OAL1, OAL2: oferta agregada de longo prazo

Recordemos que, nestes termos, no curto prazo as expectativas podem ter impactos relevantes e *reais* na economia, provocando elas próprias os efeitos esperados: o pessimismo pode provocar a recessão, o optimismo pode causar a expansão (e excessos de pessimismo ou de optimismo podem causar efeitos excessivos). Assim se compreende que um ponto inicial, e fundamental, da Macroeconomia tenha sido a insistência no interesse de se contrariar, no próprio curto prazo, os movimentos da procura agregada – o que se afigurava fácil ao menos quanto à parcela da despesa pública, por estar inteiramente dependente de decisões políticas. Mas também se percebe que muitos economistas, sobretudo passadas algumas euforias doutrinárias da Macroeconomia, tenham sentido a necessidade de sublinharem o facto de as recessões se auto-remediarem no longo prazo, vencidas as ineficiências que impedem o ajustamento imediato da curva da oferta agregada de curto prazo – não subsistindo, no longo prazo, senão meras consequências *nominais* que não afectam a capacidade produtiva global.

Para conclusão deste ponto, deve notar-se que o estudo separado das fontes das flutuações de curto prazo e das determinantes do crescimento no longo prazo tem levado a subentender-se frequentemente, na Macroeconomia, que os ciclos de curto prazo não passam de «choques aleatórios» em torno de uma tendência evolutiva determinística, conclusão que todavia contradiz as abundantes provas de que a volatilidade de curto prazo influencia directamente os factores do crescimento[3960], o que é especialmente enfatizado pelas «teorias endógenas» do crescimento[3961].

A mesma percepção pode até ser associada à ideia schumpeteriana que, fazendo da «destruição criativa» o motor do crescimento[3962], se ajustará à noção de que a actividade empresarial é capaz de se «condensar» em «momentos de criatividade», gerando ela própria flutuações[3963], com a duração dos intervalos de tempo que medeiam entre as inovações, a difusão e banalização dessas inovações através da imitação, e a sua superação por outras inovações[3964], e dos intervalos de tempo

necessários para reafectar os recursos, para reorganizar as empresas[3965], até para «construir» o ambiente necessário para subsequentes inovações[3966].

17 – c) – ii) A contracção da oferta agregada e a «estagflação»

Mais graves e difíceis de resolver são, uma vez mais, os impactos de curto prazo provindos do lado da oferta agregada.

Pensemos nas consequências, para a oferta agregada, de um «choque exógeno», entendendo-se como tal um embate na estrutura produtiva, não uma deficiência estrutural permanente:

– por exemplo, é «choque exógeno» uma calamidade natural que destrói algumas vias de comunicação, tornando mais lentos e dispendiosos os transportes de mercadorias, ou a decisão de um cartel de produtores que faz subir drasticamente o custo de fontes de energia, ou a introdução de uma nova tecnologia, a alteração dos gostos dos consumidores, dos termos de troca no comércio internacional ou do regime tributário, etc.[3967]

– mas já será um «factor endógeno» o resultado de assimetria informativa nas transacções, ou o resultado de um excesso de confiança, ou até da euforia, dos investidores na manutenção de uma tendência de alta no mercado, conduzindo a «bolhas especulativas» – sendo uma «bolha especulativa» a conjectura de que o preço de mercado de títulos bolsistas poderá afastar-se, por movimentos auto-sustentados, do seu valor fundamental (a crença generalizada de que se consegue «vencer ao mercado»), o que poderá conduzir à «explosão da bolha» se a especulação inverte o seu sentido[3968] –.

Suponha-se que um «choque exógeno» determina um súbito agravamento dos custos de produção. Nesse caso, teremos uma retracção de curto prazo da curva da oferta agregada, a qual passa a interceptar a curva da

---

[3957] Para uma tentativa de destrinça das influências de «choques» tecnológicos e de «choques» da procura nos níveis agregados de produção, cfr. Shapiro, M.D. & M.W. Watson (1988), 111-148; Lucas Jr., R.E. (2003), 4-5.

[3958] Iacobucci, E.M., M.J. Trebilcock & H. Haider (2001).

[3959] Frisch, R.A.K. (1933), 171-205; Fuhrer, J.C. & S. Schuh (orgs.) (1998).

[3960] François, P. & H. Lloyd-Ellis (2003), 530ss.; Ramey, G. & V.A. Ramey (1995), 1138-1151; Zarnowitz, V. (1998), 39-45.

[3961] Aghion, P. & P. Howitt (1992), 323-351; François, P. & S. Shi (1999), 226-257; Grossman, G.M. & E. Helpman (1991); Segerstrom, P.S., T.C.A. Anant & E. Dinopoulos (1990), 1077-1091.

[3962] Schumpeter, J.A. (1927), 286-311.

[3963] Aghion, P. & P. Howitt (1998); Matsuyama, K. (1999), 335-347.

[3964] Shleifer, A. (1986), 1163-1190.

[3965] Hall, R.E. (2000), 1-22.

[3966] Freeman, S., D.P. Hong & D. Peled (1999), 403-432.

[3967] Lucas Jr., R.E. (2003), 6.

[3968] Roehner, B. (2001).

procura agregada num ponto que corresponde simultaneamente a uma quebra generalizada de produção e a um aumento do nível geral de preços, uma combinação bizarra de recessão e de inflação que tem sido designada por «estagflação» – um composto de «estagnação» e «inflação», conjugando os dois problemas da inflação e do desemprego numa poderosa «conspiração» contra o crescimento económico[3969] –. A «estagflação» apanhou até de surpresa, no início dos anos 70 do século XX, muitos cultores da Macroeconomia, que não só viviam tranquilamente à sombra dos sucessos que a estabilização económica tinha conhecido na década anterior (no auge da difusão internacional das políticas keynesianas[3970]) e julgavam já ultrapassados os principais problemas macroeconómicos, como ainda tinham sempre, no seguimento de Keynes, concentrado as suas atenções sobre a hipótese de retracção da *procura* agregada, e tinham menosprezado a hipótese de contracção da *oferta* agregada[3971].

Confrontados com uma tal situação insólita, alguns economistas não preconizaram remédio algum, senão o de esperar que, vencidos «erros» e «viscosidades», o efeito *real* da recessão desaparecesse no longo prazo, por uma paulatina recuperação da oferta agregada: por exemplo, a subsistência do desemprego causado pela recessão levaria com o tempo a que fosse ultrapassada a «viscosidade salarial», determinando uma queda do nível dos salários – nem que fosse apenas relativamente aos novos trabalhadores – e uma diminuição dos custos do lado da oferta, facilitando-lhe a expansão. Para esses economistas, não haveria verdadeiramente outro remédio para a «estagflação» que não fosse a passagem do tempo, embora seja normal que muitos lamentassem a «esclerose institucional» que, conferindo rigidez ao mercado laboral, induzia flutuações e entraves ao crescimento, atrasando o processo de recuperação[3972].

Aproveitemos a oportunidade para, de passagem, enfatizarmos a noção de que a inflexibilidade das leis de emprego é uma causa crucial para os níveis de desemprego, dado que elas constituem um *dissuasor ao emprego*[3973], e que esse efeito depressivo é especialmente nítido na Europa, em larga medida por força do enraizamento de tradições «proteccionistas», por inércia institucional, por efeito cumulativo na formação de hábitos e de expectativas de rigidez[3974]. O problema não se prende tanto com os salários mínimos, cujo impacto no desemprego é controverso[3975], salvo porventura no que respeita ao emprego de jovens[3976], sendo nitidamente problemática apenas a legislação de «protecção de emprego», que eterniza subsídios de emprego, que interfere politicamente nas negociações colectivas em favor dos sindicatos, e que perturba incentivos à valorização do «capital humano» através do mercado.

Outros economistas, contudo, recomendaram uma política activa de combate à «estagflação», mas nesse caso a solução complicava-se em razão da fundamental incompatibilidade de objectivos entre o combate ao desemprego e o combate à inflação.

Suponhamos que a opção é a de dar prioridade ao combate contra os aspectos recessivos da «estagflação», e que são tomadas medidas macroeconómicas de fomento da procura agregada, que provocam a deslocação da respectiva curva no sentido da expansão; nessa circunstância, a curva da oferta agregada retraída e a curva da procura agregada expandida podem interceptar-se novamente num ponto que coincida com a vertical de longo prazo do nível de produção de equilíbrio, caso em que se dirá que a recessão foi vencida e os efeitos *reais* de curto prazo eliminados – mas à custa da subsistência, no longo prazo, de uma situação de inflação, um problema que, apesar de meramente *nominal*, pode ter, como veremos, consequências graves para a economia.

Com efeito, no caso de retracção da oferta agregada seguida de expansão da procura agregada, as duas curvas só poderão voltar a coincidir num ponto que, correspondendo ao nível de equilíbrio da produção, contudo corresponde a um nível geral de preços mais elevado – a produção regressa aos seus níveis pré-«estagflação», mas consumidores e produtores são obrigados a gastar mais recursos monetários com ela –.

A provar a realidade desta asserção teórica e do problema que ela traduz, está o legado de desemprego e inflação que se seguiu aos «choques petrolíferos» dos anos 70 do século XX, com soluções variáveis, de país para país, quanto à prioridade concedida no combate

---

[3969] Na economia norte-americana, em que o efeito foi primeiramente detectado, designa-se por «*stagflation*» o período entre 1973 e 1983, em que subsistiu uma média anual de 8,4% de inflação e 7,2% de desemprego. Cfr. ERP (2000), 25.

[3970] Heller, W.W. (1966), 2.

[3971] Orphanides, A. (2002), 115.

[3972] Bober, S. (2001).

[3973] Malinvaud, E. (1988); Bean, C., R. Layard & S. Nickell (orgs.) (1987).

[3974] Bentolila, S. & G. Bertola (1990), 381-402; Lindbeck, A. (1996), 609-637; Nickell, S. (1997), 55ss.; Siebert, H. (1997), 39ss.. Em termos mais gerais, cfr. Lazear, E.P. (1990), 699-726.

[3975] Card, D. & A.B. Krueger (1995).

[3976] Dolado, J., F. Kramarz, S. Machin, A. Manning, B. Margolis & C. Teulings (1996), 319-372.

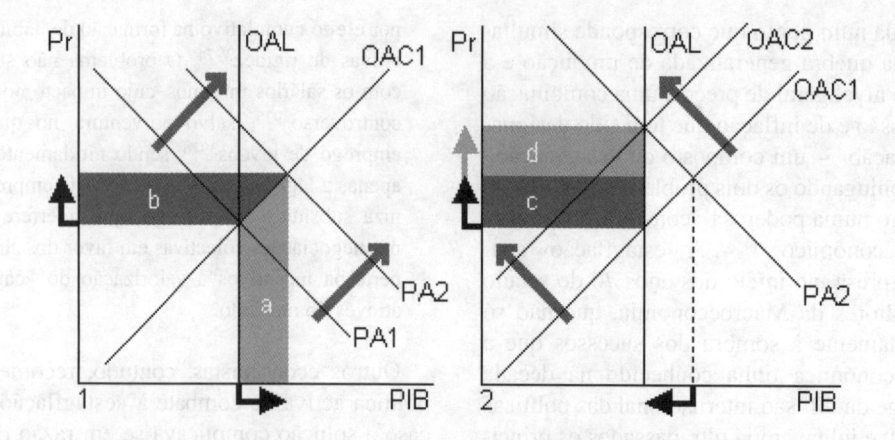

Gráfico 17.15. *A expansão da procura agregada*

1: efeito da expansão da procura agregada no curto prazo
2: efeito da expansão da procura agregada no longo prazo
Pr: nível de preços
OAL: oferta agregada de longo prazo
PA1: procura agregada inicial
PA2: procura agregada expandida

OAC1: oferta agregada de curto prazo inicial
OAC2: oferta agregada de curto prazo correspondente a PA2
a: expansão do PIB no curto prazo (efeito *real*)
b: subida de preços no curto prazo
c+d: subida de preços no longo prazo (efeito *nominal*)

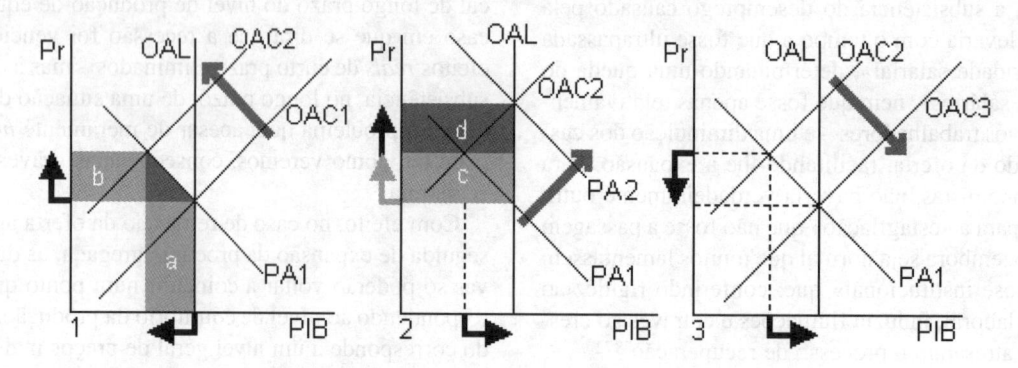

Gráfico 17.16. *A estagflação e duas soluções de longo prazo*

1: estagflação por contracção da oferta agregada
2: solução através da expansão da procura agregada, com inflação
(efeito *nominal*)
3: solução através da expansão da oferta agregada, sem inflação (solução *supply-side*)
Pr: nível de preços
OAL: oferta agregada de longo prazo
OAC1: oferta agregada de curto prazo inicial
OAC2: retracção da oferta agregada de curto prazo

OAC3: expansão da oferta agregada de curto prazo até aos seus valores iniciais
PA1: procura agregada inicial
PA2: procura agregada expandida
a: contracção do PIB no curto prazo (efeito *real* de recessão)
b: subida de preços no curto prazo (efeito *nominal* de inflação)
a+b: estagflação (recessão + inflação)
c+d: subida de preços no longo prazo (efeito *nominal*)

aos dois problemas; e está-o também a diminuição simultânea dos níveis do desemprego e da inflação que foi propiciada pelo «choque positivo» resultante da queda dos preços petrolíferos no último decénio do século XX. Nenhum remédio de política macroeconó-

mica foi tão poderoso a resolver a situação de estagflação como a ocorrência de um choque de sentido inverso àquele que inicialmente tinha dado origem à situação (ampliado, como já dissemos, pela evolução tecnológica que permitiu o aumento de elasticidade-preço da procura dos produtos petrolíferos[3977], à mistura com muita batota entre os membros do cartel dos países exportadores de petróleo). Talvez tivessem razão aqueles que preconizavam que nada se fizesse para combater a estagflação, porque o remédio atrasaria a cura.

O legado mais perene do ambiente de «estagflação» foi a profunda desilusão que causou nas hostes keynesianas, abrindo caminho para a «contra-revolução neoclássica» liderada por Robert Lucas[3978] que transformou profundamente toda a disciplina da Macroeconomia, e hoje a tornou mais aberta à consideração dos seus «micro-alicerces», ao ascendente da «Economia da Informação»[3979] e às virtualidades auto-regeneradoras dos mercados.

[3977] Lucas Jr., R.E. (2003), 4; Kydland, F.E. & E.C. Prescott (1982), 1345-1370; Hansen, G.D. (1985), 309-327; Solow, R.M. (1957), 312--320.

[3978] Lucas Jr., R.E. (1981); Blinder, A.S. (1987), 130-136; Chari, V.V. (1998), 171-186; Greenwald, B.C. & J.E. Stiglitz (1987), 119-132; Mankiw, N.G. (1988), 436-449.

[3979] Shapiro, C. & H.R. Varian (1999); Brynjolfsson, E. & B. Kahin (2000); Choi, S.-Y. & A.B. Whinston (2000); Jorgenson, D.W. (2001), 28.

Capítulo 18 – O crescimento[3980]

> *"É a grande multiplicação das produções de todas as actividades, consequência da divisão do trabalho, que origina, numa sociedade bem administrada, a opulência generalizada que se estende até às camadas inferiores da população. Cada trabalhador dispõe de uma quantidade de trabalho próprio muito superior àquela que pode utilizar; e, uma vez que todos os outros trabalhadores estão exactamente na mesma situação, é possível àquele trocar uma grande quantidade dos seus próprios produtos por uma grande quantidade, ou, o que vem a dar no mesmo, pelo preço de uma grande quantidade dos deles. Fornece-lhes em abundância aquilo de que necessitam e eles fornecem-lhe, com igual profusão, tudo o que ele pretende, difundindo-se a abundância pelas diferentes camadas sociais"* – Adam Smith[3981].

Quando falámos dos problemas da pobreza, indicámos que existe uma faceta interna e uma faceta internacional para se avaliar o fenómeno. Embora aí colocássemos ênfase sobretudo na dimensão *relativa* do fenómeno, na injustiça resultante da repartição desigual de rendimentos, é também possível abordar o tema pelo lado da sua dimensão *absoluta*, ou seja, pela referência à dimensão do produto total da actividade económica e daquilo que essa dimensão possibilita em termos de sustentação de uma certa qualidade de vida – ao menos, ressalvemos, daquela qualidade de vida que consegue aferir-se pela acumulação de bens materiais e pela multiplicação de serviços (sendo a própria ciência económica forçada a reconhecer, como veremos ainda, que há muito mais coisas envolvidas no *desenvolvimento humano* do que a mera melhoria de condições materiais) –.

Dito de outro modo, é possível abordar-se a questão da prosperidade económica por duas vias complementares que não se excluem mutuamente: a da proporção, igualdade ou desigualdade, das fatias do bolo, e a da dimensão do próprio bolo. Uma concentra-se em aspectos de *justiça*, a outra em aspectos de *eficiência*.

Ao longo da história do pensamento económico tem havido oscilações no entendimento relativo à prioridade a conceder, nas políticas que afectam o todo da economia, aos objectivos da justiça e da eficiência:

– Para uns, a igualdade da repartição deve sobrelevar e deve ser preservada em primeiro lugar, assegurando que não haverá disparidades gritantes no acesso aos resultados da produção – garantindo que ninguém será muito pobre, mas possivelmente dissuadindo também alguém, ou toda a gente, das suas intenções de enriquecimento, e dos seus esforços nesse sentido –.

– Para outros, o objectivo primordial deve ser o da eficiência na maximização dos resultados da produção, o incremento absoluto da *base* sobre a qual é possível estabelecer-se a repartição, defendendo estes que não devem criar-se desincentivos ao enriquecimento, porque na medida em que todos contribuam para o incremento do cômputo total mais aumenta a possibilidade de todos serem beneficia-

[3980] Abel, A.B. & B.S. Bernanke (2002), 184ss.; Andrade, J.S. (1998), X.3ss.; Arnold, R.A. (2000b), 384ss.; Auerbach, A.J. & L.J. Kotlikoff (1998), 3ss.; Barro, R.J. (1997), 389ss.; Blanchard, O. (2002), 203ss., 219ss., 243ss., 463ss.; Branson, W.H. (2001), 757ss., 785ss.; Burda, M.C. & C. Wyplosz (2002), 43ss.; Carbaugh, R.J. (2002), 329ss.; Colander, D.C. (1997), 157ss.; Colander, D.C. & E. Gamber (2001), 135ss.; Dunnett, A. (1998), 170ss.; Ekelund, R.B. & R.D. Tollison (2000), 508ss., 529ss., 562ss.; Franco, A.L.S. (2002), II, 294ss.; Gordon, R.J. (2002), 269ss.; Gwartney, J.D. & *al.* (2002), 369ss.; Hardwick, P. & *al.* (1999), 504ss.; Heijdra, B.J. & F. v.d. Ploeg (2002), 404ss.; Lipsey, R.G. & *al.* (1999), 720ss.; Mankiw, N.G. (2000), 237ss.; Mankiw, N.G. (2001), 529ss., 553ss.; McConnell, C.R. & S.L. Brue (2001), 365ss.; McConnell, C.R. & S.L. Brue (2001c), 379ss.; Miller, R.L. (2002), 187ss.; O'Sullivan, A. & S.M. Sheffrin (2002), 462ss.; Porto, M.C.L. (2004), 501ss.; Romer, D. (2000), 5ss.; Samuelson, P.A. & W.D. Nordhaus (2001), 567ss., 591ss.; Schiller, B.R. (2004), 305ss.; Slavin, S.L. (2001), 377ss.; Sloman, J. (2002), 613ss.; Spencer, M.H. & O.M. Amos Jr. (1993), 176ss.; Stanlake, G.F. (1993), 708ss.; Stiglitz, J.E. & C.E. Walsh (2002), 411ss., 873ss.; Taylor, J.B. (2001), 482ss.

[3981] Smith, A. (1976b), 22 (=I, 89).

dos em termos absolutos – o que equivale a dizer, de forma mais simples, que quanto maior for o bolo mais pode haver para todos, e que por isso a insistência na igualdade das fatias pode deixar todos igualitariamente mais pobres do que o ficaria aquele a quem coubesse a menor fatia num bolo menos igualitário, mas absolutamente *maior* –.

Um dos problemas centrais da Macroeconomia é, portanto, o do crescimento económico – e é-o tanto mais quanto mais disponíveis e fiáveis são os dados estatísticos a nível mundial[3982], consolidando os alicerces desta área temática[3983] –: como é que uma economia nacional atinge e mantém um nível de prosperidade? Como é que é possível medir-se essa prosperidade, sem se incorrer em ilusões *nominalistas*? Como é que se assegura uma afectação eficiente de recursos para que os membros de uma economia nacional possam experimentar colectivamente os benefícios da prosperidade e possam ser incentivados a promovê-la, preservá-la e transmiti-la aos vindouros? Como é que é possível ultrapassar-se colectivamente o círculo da pobreza? Como é que é possível constituir-se e consolidar-se um *potencial* de prosperidade, e definir os limites do enriquecimento colectivo? Quanto sacrifício de consumo presente será justificável em nome dos desígnios do crescimento, já que a renúncia ao consumo é o principal *custo de oportunidade* do crescimento?

Como acabámos de sugerir, podemos dar a estas questões respostas qualitativas e quantitativas, e por

agora avultará, como decorre da simples expressão «crescimento», a resposta quantitativa, centrando-se no crescimento anual do PIB *real per capita*, ou seja no aumento percentual do rendimento globalmente gerado pelos residentes de um país, e dividido pelo número desses residentes (devendo realçar-se o facto de essa perspectiva nacional não ser exclusiva[3984], sendo igualmente legítimo abordar-se o tema do crescimento económico em termos regionais[3985] e mesmo locais[3986], já para não falarmos das óbvias incidências internacionais): mas esse valor médio do PIB *real per capita* não nada nos dirá quanto à repartição das riquezas, quanto à extensão da pobreza, quanto à mortalidade infantil, quanto à saúde e à expectativa de vida, quanto ao nível de emprego, quanto ao nível de alfabetização[3987].

A perspectiva passa agora a ser dominantemente a do longo prazo, ou seja, a da análise de variáveis e condicionantes sem os constrangimentos e perturbações que vimos presentes nas flutuações de curto prazo, sendo que essas flutuações não são mais do que *acidentes* no processo do crescimento. Se abstrairmos desses acidentes, o crescimento económico será referido em termos de tendência evolutiva estrutural, de reflexo de características estáveis que se encontram implantadas, ou não, no tecido produtivo de uma nação.

Se quisermos comparar alguns valores de crescimento do Produto Interno Bruto *real* (significando isso que foi aplicado ao PIB um deflator que compensa os efeitos *nominais* das variações dos preços), temos, em valores médios anuais[3988]:

País \ PIB	(1) 1980-1990	(2) 1990-1999	(3) 1998-1999	(4) PIB per capita, 1998-1999
Portugal	3,1%	2,5%	3,1%	2,9%
Bulgária	3,4%	-2,7%	3%	3,5%
China	10,1%	10,7%	7,2%	6,3%
Espanha	3%	2,2%	3,7%	3,6%
Estados Unidos	3%	3,4%	4,1%	3,1%
Irlanda	3,2%	7,9%	8,6%	8%
Reino Unido	3,2%	2,2%	1,7%	1,6%

[3982] Temple, J. (1999), 112ss..
[3983] Baumol, W.J. (1986), 1072-1085; Lucas Jr., R.E. (1988), 3-42; Romer, P.M. (1986), 1002-1037.
[3984] Barro, R.J. (1991), 407-443.
[3985] Barro, R.J. & X. Sala-i-Martin (1992), 223-251.
[3986] Glaeser, E.L., H. Kallal, J. Scheinkman & A. Shleifer (1992), 1126-1152.
[3987] ERP (2003), 214.
[3988] Banco Mundial (2001), Anexo, Parte I, Quadros 1 e 11.

O que é que pode retirar-se da comparação das colunas (1) e (2)?

– Que, entre 1980 e 1990, Portugal conheceu um crescimento médio anual do seu Produto Interno Bruto (recordemos, o valor de mercado da totalidade de bens e serviços finais produzidos dentro do país em cada ano) similar aos que, no mesmo período, se verificavam na Bulgária, em Espanha, nos Estados Unidos, na Irlanda e no Reino Unido[3989].

– Que, no período subsequente (1990-1999), esse crescimento médio conheceu uma quebra visível[3990], tendência em que foi acompanhado pela Espanha e pelo Reino Unido, e ultrapassado pela Bulgária, que conheceu até, entre 1990 e 1999, uma tendência para o crescimento negativo do seu PIB – e não um simples abrandamento da cadência média de crescimento –, que pode ser atribuída aos eventos subsequentes a 1989 no Leste Europeu; que os Estados Unidos conseguiram manter a sua tendência de crescimento, acelerando-a até um pouco, e a Irlanda conheceu um explosivo incremento na sua tendência de crescimento económico.

Refira-se, de passagem, que o panorama de persistente crescimento negativo é especialmente grave na África sub-sahariana, na qual *desde 1965* o crescimento médio tem sido negativo (-0,2% do PIB por ano)[3991/3992], o que significa que na realidade está a ocorrer uma descapitalização a ritmos insustentáveis: a região sub-sahariana perdeu *metade* da sua riqueza nas últimas três décadas do século XX[3993].

– Que a China se destacou pelos seus índices de crescimento, verdadeiramente ímpares[3994/3995], e que só não impressionam mais porque há uma parte desses índices que pode ser atribuída ao crescimento demográfico e à migração rural-urbana dos anos 80 na região (aquilo que pode ser mesmo considerado como o maior movimento populacional da história, envolvendo mais de 50 milhões de pessoas[3996] – e isto apesar de resistências a esse movimento migratório, tanto culturais[3997] como institucionais[3998]), e uma parte que deve ser atribuída à própria base de cálculo dos índices – quanto mais pequeno é o PIB de referência, mais fácil é atingir-se um índice elevado de crescimento: um PIB que varia de 1000 para 1200 cresce 200 em termos absolutos, 20 em termos percentuais; um PIB que varia de 10000 para 11000 cresce 1000 em termos absolutos, 10 em termos percentuais –[3999].

E o que é que pode retirar-se da comparação das colunas (2) e (3)?

– Que, no final do período a que se referia a coluna (2), Portugal, a Bulgária e a Espanha estavam a recuperar a sua cadência de crescimento, coisa de que o Reino Unido não fora capaz, que Estados Unidos e Irlanda continuavam a acelerar essa cadência[4000], e que a China parecia finalmente experimentar um abrandamento na sua cadência de crescimento.

Por fim, a comparação entre as colunas (3) e (4) denota essencialmente os efeitos demográficos, quer

---

[3989] Para uma representação da taxa anual de crescimento do PIB em Portugal entre 1960 e 1995, cfr. Mateus, A.M. (2001), 142.

[3990] Especialmente por causa da recessão de 1993, podendo ilustrar-se este ponto com a evolução percentual do PIB português, de ano para ano, de 1990 a 2000:

1990	1991	1992	1993	1994	1995	1996	1997	1998	1999	2000
4.0	4.4	1.1	-2.0	1.0	4.3	3.8	3.9	4.5	3.4	3.4

(Eurostat Yearbook 2002 – Economy and Finance, p. 4)

[3991] Lomborg, B. (2001), 77.

[3992] Durante os anos 80, o PIB *per capita* africano desceu 1,3% por ano, 5 pontos percentuais abaixo da média dos países mais pobres do mundo; durante os anos 90, a descida acentuou-se para 1,8% ao ano, 6 pontos percentuais abaixo daquela média. Cfr. Collier, P. & J.W. Gunning (1999), 64.

[3993] Dasgupta, P. (2001).

[3994] Chow, G.C. (2002).

[3995] Talvez o aspecto mais espectacular do crescimento económico chinês é a sua faceta agrícola: hoje a China é capaz de sustentar alimentarmente 1/5 da população mundial com apenas 1/15 do total de terra arável. Desde 1978 que o valor da produção agrícola duplicou, e os rendimentos dos agricultores aumentaram em média 15% por ano, baixando o número de pobres de 33% para 12% do total da população, e o número daqueles que enfrentam a fome para 1/4 do seu número em 1978; o número de trabalhadores agrícolas baixou de cerca de 80% para 50% do total da população, enquanto que a ingestão de calorias *per capita* aumentou para o dobro. Cfr. Lomborg, B. (2001), 66-67.

[3996] Zhao, Y. (1999), 281.

[3997] Hare, D. & S. Zhao (1999); Mallee, H. (1999); Meng, X. (1999).

[3998] Yang, D.T. (1997), 101-116.

[3999] Os países em desenvolvimento têm tido um crescimento anual médio de 4,2%, contra 3,2% de crescimento médio anual dos países industrializados – só que esse esforço de aproximação tem sido contrariado pelo superior crescimento demográfico, o que desfavorece os valores *per capita* dos países em desenvolvimento – cfr. Lomborg, B. (2001), 71.

[4000] Como dissemos acerca da recuperação do ciclo de estagflação, a partir dos anos 90 verificou-se em muitas das economias desenvolvidas um decréscimo simultâneo de inflação e desemprego, contribuindo para um longo ciclo de crescimento que perdurou na viragem do século.

efeitos internos quer efeitos migratórios – dir-se-á que *por definição*, já que o PIB *per capita* mais não é do que o resultado da divisão dos números do PIB pelo número total de residentes no ano em causa.

– Assim, no caso português, espanhol, irlandês e britânico, a disparidade de valores não é muito acentuada, denotando essencialmente um ligeiro aumento populacional atribuível essencialmente à imigração. Mais pronunciados são os efeitos do aumento populacional nos casos de Estados Unidos e China – sendo neste segundo caso o efeito tão vincado que a China perde terreno em comparação com a Irlanda –.

– O único caso, dos sete que escolhemos, em que a quebra populacional – por efeito combinado de diminuição de natalidade e de incremento da emigração – faz com que o aumento percentual do PIB *per capita* seja superior ao aumento percentual do PIB é o da Bulgária: pois nela, para voltarmos a uma imagem anterior, há agora menos gente pela qual dividir o bolo.

Impõe-se uma prevenção de ordem geral quanto a estas comparações internacionais: o PIB de Portugal é calculado com os preços que vigoram em Portugal, o de Espanha com os preços correntes em Espanha, o PIB da China com os preços correntes por lá. Sucede, todavia, que há bens que são muito caros em Portugal e muito baratos na China, e serviços que são muito baratos em Espanha e muito caros na China; e que há serviços que têm muito pouco peso na produção chinesa e muito peso na produção portuguesa, e bens que são muito mais produzidos em Espanha do que em Portugal. Por isso, tem-se evoluído no sentido de se adoptar bases comuns de cálculo do PIB dos vários países, por exemplo calculando a produção de um aos preços correntes no outro, ou calculando a produção de acordo com uma média internacional de preços para os produtos – um esforço de nivelamento que afinal tenta superar divergências *nominais* entre os vários valores de PIB reconduzindo-os a um denominador comum de valores *reais*, mormente através do recurso à «*paridade do poder de compra*», um valor que tem servido de padrão às comparações internacionais[4001/4002] – poden-

do dizer-se que existe «*paridade do poder de compra*» entre duas moedas quando as mesmas unidades de uma e de outra permitem comprar o mesmo cabaz de bens e serviços em qualquer das áreas em que essas moedas têm curso[4003], reflectindo portanto o valor *real* dos rendimentos monetários, de acordo aliás com a intuição já transmitida por Adam Smith: "*A opulência de um Estado depende da proporção entre o rendimento monetário do trabalho e o preço das mercadorias a adquirir com aquele rendimento. Se se conseguir comprar grande quantidade com ele, então há opulência; se não, haverá pobreza*"[4004].

Refira-se que o crescimento demográfico pode ter um efeito de curto prazo no declínio marginal do crescimento do PIB, e não apenas o efeito de fazer diminuir, por aumento de quociente, o valor do PIB *per capita*: é que o aumento populacional repercute no aumento da população activa, do factor produtivo trabalho, o que, se for desacompanhado de um aumento simultâneo de todos os outros factores – o nosso já conhecido aumento de escala de produção –, provocará um previsível declínio da produtividade marginal: por exemplo, se existem mais 10% de trabalhadores disponíveis mas os equipamentos fabris não aumentaram e são os mesmos que funcionavam já no limite de capacidade antes do aumento demográfico, haverá congestionamento do factor trabalho, na hipótese de o excesso de oferta de trabalhadores não redundar em desemprego.

O problema, muito característico das economias sub-desenvolvidas, agrava-se relativamente ao investimento em capital humano, caso em que a sobrelotação das escolas por pressão demográfica pode comprometer gravemente a eficiência desse investimento[4005], o que tem levado alguns a colocarem ênfase na correlação entre elevadas taxas de crescimento demográfico e taxas diminutas de crescimento económico, e outros, em tonalidade neo-malthusiana, a advogarem o controlo demográfico como requisito no esforço de desenvolvimento económico: um requisito de verificação muito difícil já que, como parece óbvio, quanto maior for a pobreza e maior a discriminação contra as mulheres, menos custos de oportunidade terá cada mulher (que sobreviver ao infanticídio, o qual nalgumas regiões do

---

[4001] Balassa, B. (1964), 584-596.

[4002] Para se ficar com uma ideia, diremos que Rendimento Nacional Bruto *per capita* em 2001 era em Portugal de U$ 10.670 (= U$ 17.270 em *Purchasing Power Parity*), sendo, por comparação, esses valores de 35.990 / 27.430 para o Japão, de 36.970 / 31.320 para a Suíça, de 34.870 / 34.870 para os Estados Unidos, de 41.770 / 48.080 para o Luxemburgo, de 11.780 / 17.860 para a Grécia, de 14.860 / 20.150 para a Espanha, de 500 / 1550 para Angola, de 3.060 / 7.450 para o Brasil, de 210 / 1000 para Moçambique, de 1.310 / 4.870 para Cabo Verde, de 160 / 710 para a Guiné-Bissau.

[4003] Dornbusch, R., S. Fischer & R. Startz (2004), 308, 519-521.

[4004] "Lectures on Jurisprudence. *Report of 17623*" (LJ(A)), *in* Smith, A. (1978), 350.

[4005] Tudo se perturba com o «pacto inter-generacional» que faz com que, em condições de pobreza, os pais encarem os filhos como fontes de sustento através de fornecimento de trabalho não-especializado (constituindo o investimento em capital humano, deste prisma, um atraso no retorno do investimento que o trabalho infantil e juvenil pode representar). Cfr. Jellal, M. & F.-C. Wolff (2002), 636-648.

mundo atinge cruelmente as recém-nascidas[4006]) em abandonar a população activa, a busca de emprego, em resultado de uma gravidez, e por isso menores serão os desincentivos *económicos* à natalidade – podendo bem dizer-se que existem simultaneamente um padrão «em U» a relacionar o desenvolvimento económico com a participação feminina no mercado de trabalho[4007], e novamente um padrão de «curva de Kuznets» (em U invertido) para a fertilidade[4008/4009], padrões que, embora de forma atenuada, continuam a verificar-se no âmbito da desigualdade interna dos países mais desenvolvidos e neles constituem obstáculos difíceis para as políticas redistributivas e de integração social[4010].

Poderemos nós retirar alguma conclusão da análise isolada da coluna (4)?

Decerto, que os Estados Unidos, que ocupavam em 1999 o 8.º lugar no *ranking* mundial do PIB *per capita*, estavam, com a sua taxa de crescimento mais elevada do que a do Reino Unido, a afastarem-se deste[4011], que naquele *ranking* ocupava o 22.º lugar – um lugar ameaçado pela Irlanda, que com o seu crescimento explosivo prometia subir rapidamente do seu 30.º lugar no *ranking*. Por seu lado, a Espanha, no 40.º lugar do *ranking*, afastava-se de Portugal, que ocupava o 47.º lugar e demonstrava um menor índice de crescimento do PIB *per capita*, verificando-se ainda que a China, no seu 140.º lugar, ameaçava ultrapassar rapidamente o 121.º lugar ocupado pela Bulgária.

E se, porventura, da análise dos dados do quadro não se retirou uma conclusão muito sugestiva, lembremos agora que mesmo as mais ínfimas variações percentuais significam não apenas grandes quantidades em termos absolutos, mas ainda variações cumulativas, ou seja, efeitos que se vão ampliando de ano para ano:

Uma economia que, como o fez a chinesa durante algum tempo, aumentar em média 10% do seu PIB por ano duplicará o seu PIB em *sete* anos, graças a esse efeito cumulativo das percentagens anuais; uma economia que, como a portuguesa, conseguisse manter um ritmo de crescimento na ordem dos 3% de média anual duplicaria o seu PIB apenas ao fim de 24 anos[4012]; e um simples aumento de média de 3% para 4% bastaria para encurtar em 6 anos, de 24 para 18 anos, o prazo em que esse objectivo de duplicação poderia ser alcançado.

Um pequeno impulso no ritmo de crescimento económico anual pode significar, pois, uma grande diferença nos resultados globais, volvidos poucos anos.

Antes de prosseguirmos, adiantemos algumas das taxas de variação (percentual) dos principais indicadores económicos em Portugal, totais e por sectores de actividade, de 1999 a 2001[4013]:

	1999	2000	2001
Inflação (IPC)	2,3	2,9	4,4
Inflação (Índice Harmonizado)	2,2	2,8	4,4
Deflator do PIB	3,1	3,1	5,1
Remunerações nominais	5,3	6,0	5,8
PIB	3,8	3,7	1,9
Procura interna total	5,2	3,1	1
Consumo privado	5,3	2,8	0,8
Consumo público	5,7	4	3,2
Formação bruta de capital fixo	4,6	4,8	-0,5
Rendimento disponível dos particulares	4,5	4,5	1,8
Poupança Interna / PIB	19,8	18,7	18,9
Taxa de desemprego	4,4	4	4,1
Balança corrente + balança de capitais / PIB	-6,3	-8,8	-8
Exportações	3,4	8,5	3,3
Importações	7,5	5,7	0,5
Agricultura, silvicultura, pescas	12,8	-5,4	1,5
Indústria	-0,2	0,5	0,5
Electricidade, gás, água	5,4	5,5	4,8
Construção	4,1	4,6	2,6
Serviços	4,4	4,8	2,4

[4006] Veja-se o terrível argumento de Amartya Sen, de que há, só na Ásia, cerca de 100 milhões de mulheres a menos (das quais mais de 30 milhões na União Indiana), dado um excesso de mortalidade feminina (por infanticídio mas também por negligência e subinvestimento em alimentação e saúde) da ordem dos 6 a 11%. Cfr. Sen, A.K. (1990), 60-66; Croll, E.J. (2001), 225-244.

[4007] Mammen, K. & C. Paxson (2000), 143-144; Sinha, J.N. (1967), 336-337; Durand, J. (1975); Psacharopoulos, G. & Z. Tzannatos (1989), 187-201; Goldin, C. (1995); Horton, S. (1996).

[4008] Greenwood, J. & A. Seshadri (2002), 158; Razin, A. & U. Ben-Zion (1975), 923-933; Becker, G.S. & R.J. Barro (1988), 1-25; Galor, O. & D. Weil (2000), 806-826.

[4009] Registe-se, de passagem, que o crescimento populacional, a nível global, tem vindo a declinar: seja em termos percentuais (o que não admiraria, porque se em termos absolutos houver um incremento uniforme ele será em termos percentuais marginalmente declinante, dado o aumento constante da base percentual), seja mesmo em termos absolutos: de 2,17% ao ano em 1964 para 1,26% em 2000 (com a projecção de 1% para 2016), e em termos absolutos de 87 milhões em 1990 para 76 milhões em 2000. Entretanto, a população dos países (hoje) mais desenvolvidos vai continuar a declinar percentualmente, de 32% em 1950 para 13% da população total em 2050. Cfr. Bailey, R. (org.) (1995), 12; Lomborg, B. (2001), 14, 47.

[4010] Moffitt, R.A. (2000), 373; Moffitt, R.A. (1998), 50-97; Becker, G.S. (1973), 299-344; Becker, Gary S. (1991).

[4011] Blanchflower, D.G. & A.J. Oswald (2000); Easterlin, R.A. (1974), 89-125; Easterlin, R.A. (2001), 472ss..

[4012] O PIB aumentou em média 3,5% ao ano em Portugal, entre 1910 e o fim do século XX (enquanto o rendimento *per capita* aumentava a uma taxa de 2,8%, decuplicando nesses 90 anos), o que pode contrastar-se com o aumento médio anual da economia norte-americana de 2,1% ao ano durante esse mesmo período. Registe-se também que de 1945 a 1973 a economia portuguesa cresceu a uma taxa média de 5,6% por ano. Cfr. Mateus, A.M. (2001), 15-17, 77ss.; ERP (2000), 23.

[4013] Banco de Portugal (2002), 14, 111; Banco de Portugal (2002b), 9.

18 – a) A produtividade e o crescimento

A razão básica que subjaz às diferenças de ritmos de crescimento entre países – e, dentro do mesmo país, a variações de ritmo intertemporais *e de longo prazo* – centra-se na produtividade, e mais propriamente na produtividade média dos trabalhadores de um país, o PIB real por hora de trabalho, que equivale à quantidade de bens e serviços *úteis* que cada trabalhador é capaz de produzir por unidade de tempo. Note-se que, variando significativamente a produtividade ao longo das flutuações de curto prazo, a medição das tendências evolutivas na produtividade faz-se por referência aos «picos» de mais elevado emprego dentro dessas flutuações.

Significa isso que estamos a privilegiar o trabalho dentro do conjunto dos factores produtivos, subalternizando os demais? Não, estamos antes a sublinhar o facto de a produção de bens e serviços ser uma *actividade humana*, uma actividade em relação à qual os outros factores de produção são meramente *instrumentais*, sejam eles os bens materiais – máquinas, instalações, ferramentas, alfaias – que apoiam e ampliam a eficiência mecânica do esforço humano e que constituem o capital, sejam os recursos naturais de que provêm as matérias primas, as fontes de energia, seja o próprio espaço necessário à laboração –.

Dito de outro modo, só a intervenção humana revela a *intencionalidade* da produção, só nela existe a deliberação dos fins da produção – pelo que se compreende que as variações da produtividade sejam atribuíveis a essa vontade empenhada de criar utilidades através do esforço de aproveitamento e transformação de recursos.

Num outro sentido ainda a produtividade de que falamos é essencialmente a produtividade *laboral*, já que, apesar de a oferta agregada – o PIB *real* criado – depender não apenas da quantidade de trabalho disponível mas também da quantidade de capital e da qualidade tecnológica, podemos admitir que em cada momento estes dois «*inputs*» são fixos e dependem de decisões anteriormente tomadas, dependem de opções de longo prazo, enquanto que a quantidade de trabalho depende de variações demográficas e sobretudo de oscilações mais ou menos incontroláveis no mercado do trabalho, variações que, fazendo o nível salarial oscilar em torno de um ponto de equilíbrio, determi-

nam que o nível de emprego coincida com a taxa de *pleno emprego*, a exceda ou fique aquém dela. A produtividade pode medir-se em termos de uma «função de produção» que relaciona as variações do PIB real com as variações de quantidade de trabalho aplicado na produção, *ceteris paribus*[4014].

A produtividade laboral analisa-se nos contributos da «*qualidade do trabalho*», da «*quantidade de capital*» por unidade de esforço (o «*capital deepening*») e da «*produtividade total dos factores*», uma categoria residual que completa a explicação dos aumentos de rendimento, na margem que não seja atribuível aos *inputs* de trabalho e de capital[4015]. Deve ter-se também presente as inúmeras dificuldades que rodeiam a determinação precisa dos valores da *produtividade laboral* e da sua relação com o crescimento económico[4016] – dada a convencionalidade de muitas das demarcações nesta área, dada a complexidade gerada pelas interdependências de factores, e sobretudo dada a crescente predominância do sector dos serviços, com as suas peculiaridades[4017], o que autoriza a suspeita, hoje difundida, de que a taxa de crescimento esteja cronicamente subavaliada[4018].

Neste ponto deve admitir-se a adequação à própria dimensão macroeconómica das várias exortações, mais ou menos enfáticas e mais ou menos alegóricas, ao esforço e empenho individuais na participação no esforço produtivo, porque também aqui enriquece quem mais, e melhor, trabalha, e empobrece relativamente quem menos, ou pior, trabalha – estejamos nós a falar de um indivíduo, de um grupo ou de um todo nacional. Aquele que não se esforça por produzir a sua própria base de sobrevivência ver-se-á em apuros se viver isolado, ou se viver num meio social em que prevaleça um critério rígido de justiça assente no prémio do esforço – porque ninguém lhe fornecerá, *a troco de nada*, a base mínima indispensável àquela sobrevivência; e aquele que se esforça descobrirá, nas mesmas condições, que não só a sua sobrevivência está mais assegurada como ainda que o grau geral da sua satisfação se vai elevando tanto mais quanto mais se esforça, mais se empenha na actividade produtiva.

Também em termos macroeconómicos só se pode consumir na medida em que se produziu, e portanto o nível de produção é decisivo: só pode haver dispêndio se houver produto que possa ser, ou consumido directamente, ou trocado internacionalmente por produto a

---

[4014] Bartelsman, E.J. & M. Doms (2000), 569.

[4015] ERP (2004), 46-47.

[4016] Griliches, Z. (1994), 1-23.

[4017] Por exemplo, pense-se na dificuldade de se *medir* o impacto dos computadores na produtividade – ainda quando se admita que esse impacto é *óbvio*.

[4018] Fogel, R.W. (1999), 1ss..

ser consumido. Assim, considerada isoladamente ou dentro de um contexto de trocas internacionais dominadas por critérios de justiça comutativa, uma nação será tanto mais próspera quanto mais e melhor tiver produzido, e tanto menos próspera quanto menos tiver feito. As taxas de crescimento a que nos referimos acima mais não são do que variações na capacidade produtiva, na produtividade – as quais, implicando diferentes volumes de produção, acabarão por reflectir-se no padrão de vida dos países respectivos, fazendo com que uns disponham de cada vez mais, e outros de cada vez menos, produtos úteis para satisfação das suas necessidades.

A produtividade não depende apenas, obviamente, do empenho do trabalhador no processo produtivo – mas depende também, como dissemos, da qualidade e quantidade dos meios instrumentais de que dispõe, da localização da sua actividade, da acessibilidade de recursos, da proximidade dos consumidores finais; e, não menos importante, depende do próprio grau de habilidade, de formação, de proficiência técnica, do trabalhador.

A produtividade será, pois, o resultado da combinação de diversos factores, de que poderíamos destacar:

1. a dotação em capital físico – quanto maior o acervo de instrumentos físicos de que dispuser o trabalhador com vista ao aumento da eficiência do seu esforço aplicado, ou seja, quanto mais elevada for a percentagem de investimento face ao valor do PIB – dentro dos limites impostos pela produtividade marginal decrescente –, maior será o volume da produção por hora de trabalho, e menos horas de trabalho serão necessárias para alcançar o mesmo nível produtivo ou o mesmo grau de satisfação: pelo que pode dizer-se que a intensificação do emprego de utensílios é uma medida de libertação do trabalhador face à sua necessidade de empenho protraído no esforço produtivo[4019];

2. o nível de investimento em capital humano – que se revela no grau de habilidade, de eficiência, com que o trabalhador aborda o processo produtivo e domina as técnicas de produção, em resultado de um esforço de aprendizagem, formação e treino a que se tenha sujeito – portanto, uma *produção* de qualidades humanas *intermediárias* ou

instrumentais na produção de bens e serviços finais, com grande paralelismo com o investimento em capital físico, e daí, como já vimos, a designação de «capital humano» –;

3. a dotação em recursos naturais – quanto maior e mais duradouro for o conjunto de meios geograficamente disponíveis, sob formas renováveis como as dos recursos hídricos, piscícolas, cinegéticos, ou não renováveis como as dos recursos minerais fósseis, maiores são as possibilidades de produção. Houve tradicionalmente a noção de que esta dotação em recursos naturais poderia constituir um limite absoluto ao crescimento, em termos de não poder haver expansão da produção para lá das possibilidades de sustentação da força produtiva nas «subsistências» fornecidas pela natureza, e isso poder conflituar até, de forma violenta, com a expansão demográfica – a linha de pensamento que já designamos por «malthusianismo», e que tendia a fazer tábua-rasa da circunstância de os incrementos de produtividade dependerem da combinação dos factores que vimos analisando, e não deste apenas –;

4. o nível de sofisticação tecnológica – sendo que a tecnologia é essencialmente uma forma de conhecimento, reportada às formas de optimização do próprio processo produtivo, pelo que a sua obtenção, e até a sua difusão através do investimento em capital humano, é decisiva para a aplicação dessas formas de optimização e, portanto, para a melhoria dos resultados da produção[4020], o que envolverá o esforço de compaginação com o conhecimento tecnológico comum (o «*technological catch-up*»[4021]) – por exemplo, a tecnologia básica do recurso aos computadores e à informática – e a aquisição da sofisticação tecnológica que, por qualquer razão, não tenha entrado no domínio comum revestindo-se de características de bem público – porque porventura esteja temporariamente protegida por uma patente, ou constitua definitivamente um segredo de fabrico –. Note-se que, entre as consequências práticas da difusão da tecnologia:

– uma é a reafectação de recursos, dos sectores com menor produtividade para sectores com maior produtividade, como pode verificar-se com a perda de peso rela-

---

[4019] Milhares de anos de exortações morais, políticas, jurídicas, religiosas não conseguiram fazer tanto pela abolição da escravatura como a «Revolução Industrial», que veio substituir progressivamente a prestação de força bruta por parte de homens e de animais pela força bruta de máquinas – já vimos que cada consumidor norte-americano dispõe hoje de energia correspondente ao esforço ininterrupto de 300 pessoas, e cada europeu a energia correspondente ao esforço de 150 pessoas.

[4020] A *tecnologia* é, pois, uma combinação de máquinas, de trabalhadores com aptidões para trabalharem com essas máquinas e de conhecimento que permite optimizar essas aptidões, quando aplicadas no emprego das máquinas ao esforço produtivo. Cfr. Caselli, F. (1999), 78ss..

[4021] Kumar, S. & R.R. Russell (2002), 528.

tivo da actividade agrícola – bastando referir-se que, ainda em plena dinâmica da «revolução agrícola», só entre 1990 e 1997 o número de trabalhadores agrícolas por 100 hectares de terra arável desceu em Portugal de 39 para 28[4022] –;

– outra é a reorientação dos recursos em direcção a utilizações ecologicamente sustentáveis – reduzindo os níveis de externalização negativa sobre o ambiente e a depauperação de recursos comuns, adiando o esgotamento de recursos não-renováveis, evitando o esgotamento dos renováveis e limitando o sacrifício da biodiversidade –.

Pode dizer-se que a produtividade depende de uma qualquer combinação destas variáveis, e por isso é comum a referência a uma *função de produção* que relaciona as quantidades empregues de cada uma delas com os resultados quantitativos no total da produção[4023].

Recapitulando, o produto total dependerá, num dado contexto tecnológico – que é, por assim dizer, o «elemento qualitativo» –, da quantidade de trabalho, capital humano, capital físico e recursos naturais que forem empregues no processo produtivo; podendo ainda dizer-se que há um «limiar de produtividade» resultante da combinação destes factores que constitui condição mínima para que se inicie ou mantenha um determinado nível de crescimento económico[4024]. A produtividade poderá variar, em suma, em função do aumento de investimentos em capital por hora de trabalho (o referido «*capital deepening*»[4025]), em função dos aumentos qualitativos do capital humano (em especial na educação e na formação) e em função da produtividade total dos factores tecnologicamente induzida («*total factor productivity*»), sectorial ou nacional – recentemente ilustrada pela «revolução informática»[4026/4027].

Observemos que só o aumento de produtividade é que permite que haja um aumento de rendimento superior ao incremento de esforço, traduzido numa subida do PIB *per capita* – o que não ocorreria se porventura não houvesse outro aumento de rendimento que não o estritamente proporcional ao aumento demográfico –; devendo ainda notar-se, por outro lado, que é também o incremento de produtividade que, mitigando o aumento, ou propiciando até uma diminuição, dos custos médios do factor trabalho, permite frequentemente refrear a pressão inflacionista por via dos custos[4028].

Mas não se pense que é a produtividade apenas, o simples incremento de eficiência traduzido em aumento de PIB por hora de trabalho, que é o objecto do progresso tecnológico, já que outras finalidades se têm vindo a acrescentar àquela, e até a disputar-lhe a primazia como alvos prioritários daquele progresso tecnológico, como sejam a eficiência energética, por exemplo, ou a qualidade ambiental.

A deficiência numa destas determinantes da produtividade pode ser compensada, ou mais do que compensada, por outras:

– por exemplo, um país que não disponha de clima adequado à plantação de cacau pode, contudo, ser um grande produtor e exportador de chocolates (casos da Bélgica, ou da Suíça)[4029];

– um país desprovido dos necessários recursos minerais pode ser produtor e até exportador de automóveis (caso do Japão);

[4022] Dados *Eurostat*.

[4023] Na sua formulação mais elementar, dir-se-á que a produção é função de *inputs* (trabalho e capital) e do nível de tecnologia. A produtividade dos *inputs* é apenas o quociente do PIB *real* para cada um desses *inputs* (que, na «função de produção Cobb-Douglas», têm a sua ponderação especificamente atribuída, no caso dos EUA, como 75% para o trabalho e 25% para o capital). Cfr. Dornbusch, R., S. Fischer & R. Startz (2004), 54.

[4024] Por exemplo, calcula-se que a probabilidade de se alcançar um crescimento de 2,5% ao ano durante cinco anos se reduz drasticamente se o investimento em capital físico não ultrapassa o limiar dos 15% do PIB. Cfr. Banco Mundial (2003), 22.

[4025] Embora curiosamente ressalte das estatísticas internacionais que, salvo raras excepções (como a do Brasil), em geral a baixa produtividade do trabalho é independente da baixa intensidade de capital. Cfr. Baily, M.N. & R.M. Solow (2001), 157.

[4026] ERP (2003), 67-69.

[4027] Será certamente elucidativo acrescentarmos alguns dados relativos à variação percentual das remunerações nominais e da produtividade (Banco de Portugal [2002], 136; Banco de Portugal [2000b], 9):

	1997	1998	1999	2000	
Remunerações em Portugal	5,8	6	5,3	5,7	
Produtividade em Portugal	1,8	1,9	1,3	1,7	
Remunerações na zona Euro	2,1	1,4	1,9	2,4	
Produtividade na zona Euro	1,5	1,1	0,7	1,6	
			1999	2000	2001
Produtividade por pessoa (= PIB / emprego total)			1,9	1,9	0,3
Produtividade horária (= PIB / horas totais)			3	2,6	0,1

[4028] ERP (2004), 47.

[4029] Note-se que já tem sido atribuída a um «efeito de dissipação» a circunstância – algo surpreendente – de os países com maiores dotações naturais tenderem a ser *os mais pobres*. Cfr. Sachs, J.D. & A.M. Warner (1999), 43-76.

– um país que tenha sido bafejado por um clima muito benigno pode tentar compensar na sua produção agrícola ou na indústria do turismo aquilo que sejam as suas carências em capital e em tecnologia (caso de muitos países em vias de desenvolvimento);

– um país que, depauperado de recursos naturais e de capital instalado, queira vencer o atraso registado na sua produtividade poderá sempre concentrar o seu esforço na formação de capital humano e na aquisição de tecnologia (caso de muitas «economias de transição»).

Valerá a pena referir-se que alguns destes temas são objecto da disciplina da «Geografia Económica», que versa a distribuição espacial da actividade económica, e que apresenta três principais vectores de análise[4030]:

– as teorias das economias de escala externas («*increasing returns*»), que como anteriormente referimos enfatizam as vantagens dos «*clusters*» de actividade em termos de externalidades positivas, a difusão de conhecimento, a partilha de recursos e infra-estruturas, a circulação de factores, a poupança de custos de transporte – levando a uma «polarização» de centros de actividade que entre si disputam recursos e preservam bens públicos «de clube», ou locais[4031];

– a teoria do crescimento aleatório, que sustenta que os «pólos de desenvolvimento» resultam de meros acasos, de simples acumulações estocásticas de factores e vantagens produtivas, gerando «externalidades de rede» e «*path dependences*»[4032] – de acordo com um paradigma de concorrência imperfeita induzida por disparidades de distribuição espacial[4033];

– a teoria das vantagens de localização, uma variante da teoria anterior que sustenta que é mais a distribuição espacial de factores que é aleatória, e não tanto o processo de formação de «pólos de desenvolvimento» e, através deles, de cidades[4034].

Aproveitemos para regressar por momentos ao tema da «Economia do Urbanismo».

– O estudo económico das concentrações urbanas tem já uma longa história[4035], que foi progressivamente privilegiando, como já deixámos sugerido, a análise da formação e dos efeitos das «economias de escala externas»[4036], e das suas incidências na formação de «bens públicos locais» e de «capital humano»[4037] – sem esquecer as incidências do aumento de diversidade de oferta nos mercados urbanos[4038], da intensificação da divisão de trabalho e da especialização[4039], da mais fácil mobilidade entre empregos[4040], das resultantes «escalas de eficiência» que asseguram a rentabilidade de algumas actividades altamente especializadas, ou mesmo únicas[4041]; e do incremento também, em contrapartida, das externalidades negativas por efeito da concentração urbana[4042], degenerando no congestionamento[4043], na poluição, na insegurança[4044], na formação de bolsas de pobreza[4045], na elevação dos custos de transporte para os subúrbios[4046].

– Embora a tradição tenha sempre associado, explícita ou implicitamente, a urbanização à presença de economias de escala[4047], o recurso a formas mais sofisticadas de análise dos mercados, das incidências de assimetrias e imperfeições, levou a admitir-se que a pressuposta cor-

[4030] Davis, D.R. & D.E. Weinstein (2002), 1269-1270.

[4031] Fujita, M., P.R. Krugman & A.J. Venables (1999); Henderson, J.V. (1974), 640-656; Krugman, P.R. (1991), 483-499.

[4032] Simon, H.A. (1955), 425-440; Gabaix, X. (1999), 739-767.

[4033] Abdel-Rahman, H.M. & M. Fujita (1990), 165- 183; Dixit, A.K. & J.E. Stiglitz (1976), 297-308; Fujita, M. (1988), 87-124; Fujita, M. & T. Mori (1997), 399-442; Gabszewicz, J.J. & J.-F. Thisse (1986), 1-71; Henderson, J.V. & E. Slade (1993), 207-229; Hotelling, H. (1929), 41-57; Krugman, P.R. (1991), 483-499; Krugman, P.R. (1993), 129-144; Murphy, K.M., A. Schleifer & R.W. Vishny (1989b), 1003-1026; Schulz, N. & K. Stahl (1996), 542-562.

[4034] Krugman, P.R. (1996), 399-418.

[4035] Alonso, W. (1964); Haig, R.M. (1926), 402-434. Cfr. Quigley, J.M. (1998), 127ss..

[4036] Chinitz, B. (1961), 279-289; Mills, E.S. (1967), 197-210; Mirrlees, J.A. (1972), 114-135; Vernon, R. (1962).

[4037] Acemoglu, D. (1996), 779-804; Helsley, R.W. & W.C. Strange (1990), 189-212; Krugman, P.R. (1993), 129-144; Lucas Jr., R.E. (1988), 3-42; Mills, E.S. & B.W. Hamilton (1984); Romer, P.M. (1994), 3-22.

[4038] Glaeser, E.L., H. Kallal, J. Scheinkman & A. Shleifer (1992), 1126-1152; Henderson, J.V. (1974), 640-656.

[4039] Baumgardner, J.R. (1988), 509-527; Henderson, J.V., A. Kuncuro & M. Turner (1995), 1067-1090.

[4040] Krugman, P.R. (1991b).

[4041] Rosen, S. (1981), 854-858.

[4042] O'Regan, K.M. & J.M. Quigley (1996), 692-702; O'Regan, K.M. & J.M. Quigley (1996b), 41-58; Wheaton, W.C. (1977), 620-631.

[4043] Ades, A. & E.L. Glaeser (1995), 195-228; Tolley, G. (1974), 325-345.

[4044] Cohen, M.A. (1990), 139-146; Glaeser, E.L., B. Sacerdote & J.A. Scheinkman (1996), 508-548; Roback, J. (1982), 1257-1278; Sah, R. (1991), 1272-1295; Thaler, R.H. (1978), 137-145; Wirth, L. (1938), 1-24.

[4045] Benabou, R. (1993), 619-652; Cutler, D.M. & E.L. Glaeser (1997), 827-873; Glaeser, E.L., J. Scheinkman & A. Shleifer (1995), 117-143.

[4046] Chinitz, B. (1961), 279-289; Glaeser, E.L. (1998), 140ss.; Jacobs, J. (1969); Jaffe, A.B., M. Trajtenberg & R. Henderson (1993), 577-598; Lucas Jr., R.E. (1988), 3-42; Muth, R.E. (1969).

[4047] Christaller, W. (1933); Harris, C.D. (1954), 315-348; Lösch, A. (1944); Pred, A.R. (1966); Weber, A. (1909).

relação nem sempre existisse[4048], e que as cidades pudessem coexistir, por exemplo, com um potencial não-realizado de economias de escala[4049] – o que também explicaria o facto, muito frequentemente comprovado, de a dimensão das empresas em grandes cidades ser comparativamente menor do que a de empresas do mesmo sector em cidades mais pequenas, assegurando comparativamente uma mais que proporcional diversidade de oferta[4050].

– Dado que o fenómeno do urbanismo pode também ser analisado em termos de «bem-estar», ou seja, em termos de impacto da vontade das pessoas no sentido de obterem um incremento de satisfação derivável da aglomeração[4051], daí se tem partido para a análise do que possa entender-se ser a «dimensão óptima» das cidades[4052], especialmente em termos da distribuição espacial que assegure aquele ponto de equilíbrio a partir do qual a expansão urbana se pulveriza em fenómenos suburbanos[4053], e os «ganhos de aglomeração» (mormente a produção de «bens públicos locais»[4054]) são submergidos por custos de transporte e de congestionamento de acessos[4055] – desta abordagem da teoria dos «bens de clube» se evoluindo para a consideração da legitimidade democrática da imposição de regras administrativas de organização urbana, nomeadamente através dos planos directores municipais, com as suas definições de uso dos solos («*zoning*»)[4056].

– Uma das evoluções temáticas mais férteis neste domínio da «Economia do Urbanismo» respeita à proliferação, e crescente sofisticação, de redes de telecomunicações que permitem a desintegração vertical das empresas, a sua dispersão geográfica mais ou menos ampla, a sua diluição em formas de mercado que dispensam «baixas» e «centros de negócios»[4057], ou a sua reintegração em agregações «em rede»[4058] – com a consequência de que essas formas de desintegração «vertical», mais do que colocarem em crise o figurino tradicional das «fronteiras» da empresa, põem em causa algumas das vantagens tradicionalmente associadas aos fenómenos de aglomeração geográfica e de «economias de escala externas».

Antes mesmo de considerarmos em particular, nos pontos seguintes, cada uma das variáveis de que depende o crescimento económico, sublinhemos uma vez mais a relevância do quadro institucional: por exemplo, o que dissemos já quanto às perdas de eficiência advindas, seja da existência de recursos comuns – com o concomitante risco de «tragédia dos baldios» –, seja da existência de custos de transacção muito elevados, parece aconselhar uma definição muito rigorosa, extensa e clara dos direitos de apropriação de todos e quaisquer recursos:

– por um lado, para que a internalização de custos se dê de forma mais simples e directa, conduzindo a um alinhamento mais próximo da eficiência individual com o bem-estar social;
– por outro lado, para que fique facilitada a coordenação na divisão do trabalho e das trocas, propiciando uma maior percepção dos custos individuais e da legitimidade na fixação de preços.

Além disso, o esforço de produção assenta numa expectativa de remuneração que é o *incentivo* daquele, pelo que a protecção institucional dos direitos de apropriação é especialmente importante para que não se perca esse incentivo num contexto em que vigorasse a impunidade da apropriação ilegítima ou a impunidade do incumprimento dos deveres assumidos aquando da divisão do trabalho plasmada nas relações contratuais.

Trata-se de uma protecção que é importante também relativamente à própria conduta do Estado, a qual, dados os poderes e prerrogativas públicos, pode ser especialmente lesiva das expectativas em que assentam a produção, a repartição e as trocas – quando, por exemplo, a corrupção, sinalizando negativamente[4059], permite desequilibrar no «mercado dos favores políti-

---

[4048] Ou nem sempre existisse em termos lineares.
[4049] Ades, A. & E.L. Glaser (1995), 195-227; Krugman, P.R. (1998b), 163ss..
[4050] Hoover, E.M. & R. Vernon (1959).
[4051] Arnott, R.J. & J.E. Stiglitz (1979), 471-500; Gordon, P. & H.W. Richardson (1997), 95-106.
[4052] Anas, A., R. Arnott & K.A. Small (1998), 1426ss..
[4053] Garreau, J. (1991); Gordon, P., A. Kumar & H.W. Richardson (1989), 138-151; White, M.J. (1976), 323-343.
[4054] Stiglitz, J.E. (1977), 274-333.
[4055] Arnott, R.J. (1979), 294-316; Downs, A. (1992); Glaeser, E.L., H. Kallal, J. Scheinkman & A. Shleifer (1992), 1126-1152; Helsley, R.W. & W.C. Strange (1991), 96-112; Hoover, E.M. (1948); Jacobs, J. (1984); Mills, E.S. (1972); Moses, L. & H.F. Williamson Jr. (1967), 211-222; Papageorgiou, Y.Y. & T.R. Smith (1983), 1109-1119; Robinson, E.A.G. (1931); Starrett, D. (1974), 418-448; Wheaton, W.C. (1978), 622-632.
[4056] Anas, A. (1992), 243-258; Downs, A. (1994); Orfield, M. (1997); Rusk, D. (1993).
[4057] Anas, A. & I. Kim (1996), 232-256; Chinitz, B. (1961), 279-289; Fujita, M. & H. Ogawa (1982), 161-196; Vernon, R. (1962).
[4058] Borukhov, E. & O. Hochman (1977), 849-856; Gaspar, J. & E.L. Glaeser (1998), 136-156; Jacobs, J. (1969); Powell, W.W. (1990), 295--336; Romer, P.M. (1986), 1002-1037; Saxenian, A. (1994); Scott, A.J. (1988); Scott, A.J. (1991), 22-35; Solow, R.M. & W.S. Vickrey (1971), 430-447.
[4059] Dado que o reconhecimento de direitos confere aos particulares «trunfos» contra os interesses públicos comuns, pode interessar aos governos sinalizarem a sua disposição de arcarem com o custo desses direitos, abrindo mão das suas prerrogativas no curto prazo por forma a

cos» o equilíbrio e complementaridade de vantagens alcançados nos mercados dos produtos e dos factores produtivos, perturbando as expectativas dos agentes quanto à segurança e justiça com que possam encontrar-se protegidos os incentivos básicos que norteiam o seu empenho e esforço produtivo[4060].

– Quanto a este último aspecto, é determinante a «qualidade» das instituições dentro dos vários contextos nacionais de crescimento económico: se o quadro jurídico e o aparelho judiciário não são capazes de aplicar o direito de forma rápida, segura e eficaz, faltará a confiança para celebrar contratos e para investir, faltará a definição dos factores de apropriação e de legitimação que alicerçam a poupança, faltará o ponto de referência que seria a confiabilidade do Estado nas suas tarefas de preservação da imparcialidade das regras e de imposição de alguns resultados rectificadores do funcionamento de mercado[4061].

– Isto traz-nos de volta ao problema da corrupção e do seu impacto no crescimento económico. Ainda que alguns, com grande optimismo, vejam nela um «escape» que é susceptível de aumentar o bem-estar relativamente a situações de acatamento de espartilhos legais muito rígidos[4062], a verdade é que a esmagadora maioria da ciência económica não é tão generosa (ou ingénua) neste ponto, e sustenta que a corrupção – e até o mais inocente «rent-seeking»[4063] – destrói incentivos à eficiência, seja dos corruptores[4064] seja dos corrompidos[4065], gerando distorções fundas no funcionamento dos mercados, como fica bem ilustrado com a formação de «redes de influências» que «capturam renda» coligando-se estavelmente em «cartéis parasitários»[4066].

– Considere-se uma vez mais a especial incidência da questão no desenvolvimento dos países pobres, nos quais o desvio, por governos cleptocratas, das ajudas económicas fornecidas por terceiros países, tem redundado tantas vezes em aumento ineficiente da despesa pública, frequentemente dirigida, não para a erradicação da fome ou da pobreza extrema, mas antes para o seu

aumento através do prolongamento de conflitos militares internos e transfronteiriços – constituindo antes essas ajudas económicas uma «renda» que, aguçando a cobiça dos cleptocratas num «efeito de voracidade»[4067], pode ser profundamente contraproducente em termos humanitários, e claro está, também em termos de crescimento económico[4068].

Realcemos que as comparações internacionais de produtividade, seja a laboral seja a do conjunto dos factores, por entre algumas dificuldades de normalização que são comuns a toda a estatística[4069], tendem crescentemente a atender a dados microeconómicos, sectoriais e mesmo empresariais, procurando dar uma visão mais detalhada da economia em funcionamento e em crescimento, uma visão «bottom-up» que permite à ciência económica diagnosticar com mais rigor as próprias fontes básicas de que emergem os «solavancos» de curto prazo[4070].

Sublinhemos neste ponto uma das vinte ideias a reter depois do exame final: O investimento em capital físico e em «capital humano» tem a virtualidade de incrementar o nível de vida futuro.

18 – b) O investimento e a tecnologia

A prioridade mais óbvia no esforço de crescimento económico é a da acumulação de capital físico, e é ela que tem contribuído largamente para a difusão da convicção de que o crescimento económico é sinónimo de industrialização e de obras públicas. Não pode, contudo, deixar de se reconhecer que a opção pelo investimento em capital, e pela poupança que precede esse investimento, é um destino da despesa que tem virtualidades *instrumentais* potenciadoras do crescimento mais evidentes do que as do destino alternativo, mormente o da despesa em consumo imediato.

---

obterem no longo prazo as vantagens do aumento de confiança dos particulares (por exemplo, a «descontracção» na prossecução de objectivos políticos de fundo pode «sinalizar» aos particulares que o Governo está a operar com baixas taxas de desconto, e que por isso a probabilidade de uso de meios coercivos, e de recurso à expropriação, é baixa, e também será baixa a probabilidade de interferência na independência judicial, etc.), tudo contribuindo para criar um ambiente favorável à segurança dos investimentos «estruturantes» e, através deles, do crescimento. Cfr. Farber, D.A. (2002), 83-98.

[4060] Para um estudo panorâmico sobre a relação internacional entre níveis de corrupção e níveis de crescimento, cfr. Mauro, P. (1995), 681-711.
[4061] ERP (2003), 236.
[4062] Leff, N. (1964), 8-14.
[4063] Shleifer, A. & R.W. Vishny (1998).
[4064] Shleifer, A. & R.W. Vishny (1993), 599-617.
[4065] Becker, G.S. & G.J. Stigler (1974), 1-19.
[4066] Porter, R.H. & D.J. Zona (1993), 518-538; McAfee, R.P. (1992), 579-599; Fisman, R. (2001), 1095-1102.
[4067] Lane, P.R. & A. Tornell (1996), 213-241; Tornell, A. & P.R. Lane (1999), 22-46.
[4068] Alesina, A. & B. Weder (2002), 1126; Svensson, J. (2000), 437-461;.
[4069] Schreyer, P. (2001), 37-51.
[4070] Baily, M.N. & R.M. Solow (2001), 151-152.

Mais do que a alegoria da cigarra e da formiga, seja-nos permitido recordarmos o que já ficou visto a propósito da *fronteira de possibilidades de produção* e da susceptibilidade de expansão dessa fronteira através da intensificação da afectação de recursos escassos em direcção ao investimento, e através do sacrifício da satisfação presente e imediata das necessidades de consumo – uma opção pelo crescimento económico *com custos de oportunidade*, mas em benefício dos consumidores vindouros.

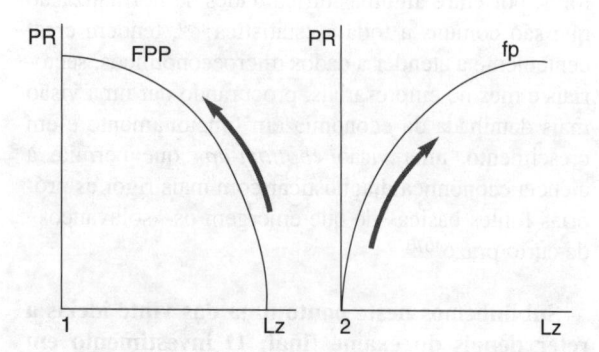

Gráfico 18.1. *Possibilidades de produção e função de produção*

1: a opção entre lazer e aumento de PIB
2: o aumento de volume de trabalho e o aumento do PIB
PR: PIB real
Lz: lazer
Tr: volume de trabalho
FPP: fronteira de possibilidades de produção
fp: função de produção

Independentemente da relação que encontremos, ou não, entre investimento em capital físico e produtividade *laboral* (abrindo espaço à consideração dos modelos de «*capital humano*»), está mais do que comprovada a relação directa entre crescimento e nível de poupança, seja a poupança que induz o crescimento, seja, algo surpreendentemente, o crescimento que induz a poupança[4071], interferindo aqui, como seria de esperar, seja a *ratio* entre taxas individuais e taxa social de desconto, seja a *ratio* entre inflação esperada e inflação verificada[4072].

É evidente que é possível alcançar o objectivo do aumento de investimento minimizando os custos para o consumo, recorrendo-se ao *investimento estrangeiro*, seja o investimento directo – o lançamento de uma empresa no país sustentada em capitais estrangeiros –, seja o investimento indirecto ou «em carteira de títulos» – permitindo que parte do capital de uma empresa nacional seja adquirida por estrangeiros –, pois em ambos os casos é o consumo estrangeiro que é sacrificado, na constituição de poupanças que são canalizadas para o investimento externo.

Já na remuneração desse investimento tem que se pressupor que, no país de origem daquele aforro que sustentou o investimento, o consumo futuro será particularmente beneficiado, visto que a motivação do investimento externo foi precisamente a expectativa de geração de um rendimento superior àquele que se obteria com o investimento no país de origem – sendo a saída dessas remunerações do investimento estrangeiro uma das razões pelas quais o Produto *Nacional* Bruto pode ser inferior ao Produto *Interno* Bruto, querendo isso significar que nem toda a riqueza gerada internamente é retida internamente no momento da repartição –.

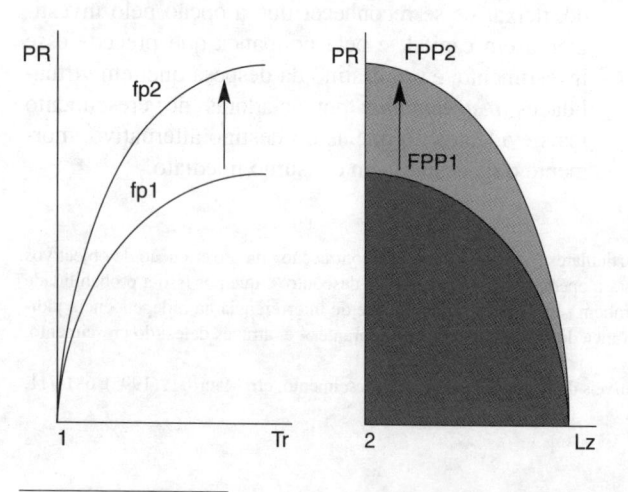

Gráfico 18.2. *Aumento de produtividade e expansão da fronteira de possibilidades de produção*

1: aumento de produtividade (do PIB por unidade de trabalho)
2: expansão da fronteira de possibilidades de produção (aumento do PIB por unidade de lazer a que se renuncia)
PR: PIB real
Tr: volume de trabalho
Lz: lazer
FPP1, FPP2: fronteiras de possibilidades de produção
fp1, fp2: funções de produção

[4071] Com efeito, se se previr que o crescimento aumentará, e salvo qualquer hipótese de inércia por «formação de hábitos», haverá menos incentivo à poupança, dado que qualquer um poderá prever que será mais rico no futuro do que no presente (por essa via aumentando drasticamente a sua taxa pessoal de desconto, a sua preferência pelo presente e pela não-poupança). Cfr. Carroll, C.D., J. Overland & D.N. Weil (2000), 341, 352.

[4072] Também por seu lado a elevação da inflação faz subir o preço relativo do consumo futuro, encorajando por isso o consumo presente e a diminuição do aforro. Cfr. Edmond, C. (2002), 146-147.

Mas como é no país de destino do investimento que esse rendimento é gerado, deve pressupor-se também que aí o investimento estrangeiro proporciona remunerações superiores – sejam elas de capital, de factores naturais ou, muito relevantemente, de trabalho – àquelas que se verificariam na sua ausência: pelo que, em mais uma ilustração do princípio da vantagem nas trocas, a livre circulação de capitais só ocorrerá se ela promover aumentos de eficiência e de bem-estar nos países envolvidos: isto já para não falarmos das vantagens em capital humano e em tecnologia que amiúde acompanham o investimento estrangeiro, especialmente na sua forma de investimento directo.

O ponto não é pacífico, contudo, porque a abertura ao exterior gera também riscos para os investidores e produtores nacionais, na medida em que os sujeita à concorrência de investidores e produtores estrangeiros, porventura mais fortes financeira e comercialmente. Neste ponto, tem-se desenvolvido até, ao longo da história do pensamento económico, o «argumento da indústria nascente», um argumento proteccionista que alega que a abertura ao exterior pode não se compadecer das fragilidades que novos investimentos, novas iniciativas de produção, novos produtos e serviços, costumam evidenciar – sugerindo-se que, ultrapassada essa protecção *temporária*, a produção nacional deixará de necessitar de protecção e se afirmará com eficiência e hipóteses de sucesso na concorrência internacional –.

Ganha cada vez mais adeptos, contudo, o argumento oposto, de que não é o proteccionismo mas muito pelo contrário a integração acelerada – com ou sem o passo intermédio da regionalização[4073] – que mais beneficia o crescimento das economias mais frágeis e pobres, permitindo-lhes através das trocas encontrarem mais rapidamente o seu «nicho» de vantagens comparativas, a especialização maximizadora da sua eficiência produtiva – dissuadindo mais rapidamente os países de cometerem aquela óbvia ineficiência que consiste em produzirem eles mesmos aquilo que conseguem adquirir com menos custo através das trocas internacionais (de insistirem em «fazer» o que sai mais barato «comprar») –[4074].

Mais ainda, alega-se, as trocas aceleram o acesso aos produtos mais sofisticados tecnologicamente, podendo libertar os países importadores do dispêndio que representaria a importação da própria tecnologia acompanhada do necessário investimento em capital humano: até porque, na medida em que a irrestrição das trocas internacionais aumenta a probabilidade de se estabelecerem transacções com o mais eficiente produtor, a nível mundial, de cada bem e serviço – naquilo que é designado como «efeito de criação de comércio» –, o incremento das trocas comerciais e a globalização aumentam a probabilidade de maximização simultânea do bem-estar de produtores e consumidores, de exportadores e importadores. A abertura das economias nacionais – pese embora o inerente aumento de riscos[4075] e a possibilidade de incidência em termos de bem-estar[4076] – é especialmente importante naqueles sectores em que é muito intensa a manifestação de efeitos de escala, de efeitos de rede e de «curvas de aprendizagem», como tende a suceder na «nova economia», sujeita à «Lei de Metcalfe» e a principal beneficiária da globalização[4077].

Apesar das reservas formuladas, parece verificar-se também que o nível de investimento em capital físico e o nível de crescimento tendem a correlacionar-se, e aparentemente a alimentarem-se um ao outro – o investimento acelerando a taxa de crescimento, e a prosperidade propiciada pelo crescimento libertando mais recursos para a opção pelo investimento –: ilustremo-lo com o facto de, no período de 1990 a 1999, a quebra de 2,7% no PIB da Bulgária ter sido acompanhada de uma quebra de 0,9% no nível de investimento, enquanto que a expansão de 10,7% no PIB da China era acompanhada de uma expansão no investimento na ordem dos 12,8%.

Deve observar-se, contudo, que também a este nível macroeconómico se verifica uma lei de rendimentos marginais decrescentes, e que portanto a opção pela acumulação indefinida de capital físico, mesmo que não fosse directamente desaconselhável pela via do agravamento dos custos de oportunidade – resultante do facto de cada nova dose de rendimento destinada ao investimento ser uma dose subtraída ao consumo –, se depararia com o declínio da eficiência marginal resultante da disparidade de afectação de recursos pelas várias determinantes da produtividade: será fácil concluir que de nada vale investir em equipamento hospitalar muito sofisticado se não se investir concomitantemente na formação de operadores para esse equipamento, por exemplo, ou que é imprudente aumentar e

[4073] Mota, P.I. (1999), 71-156; Mota, P.I. (2000).

[4074] Contudo, que toda a retórica internacionalista não foi ainda capaz de destruir as barreiras ao comércio, prova-o o facto de a integração económica ser muito mais intensa nas federações do que noutras formas de integração – facto revelador da resistência «inercial» de tradições e de instituições. Cfr. Hufbauer, G. & J. Chilas (1974), 3-38; Krugman, P.R. (1991b).

[4075] Helpman, E. & A. Razin (1978); Kalemli-Ozcan, S., B.E. Sorensen & O. Yosha (2003), 803ss.; Ruffin, R.J. (1974), 261-273.

[4076] Acemoglu, D. & F. Zilibotti (1997), 709-751; Feeney, J. (1999), 297-318; Greenwood, J. & B. Jovanovic (1990), 1076-1107; Obstfeld, M. (1994), 1310-1329; Saint-Paul, G. (1992), 763-781.

[4077] ERP (2001), 148-149.

tornar mais eficiente a frota pesqueira se não está assegurada a renovabilidade dos recursos piscícolas.

Pense-se também no caso japonês, em que tradicionalmente os elevados níveis de poupança significavam relativamente baixos níveis de consumo e de investimento (mesmo a baixíssimas taxas de juro), não sendo sequer compensados por políticas deficitárias por parte do governo japonês – razão pela qual a recessão interna foi apenas evitada pela intensificação das exportações, ficando assim a economia japonesa dependente, para a sua estabilidade, do consumo estrangeiro, e exposta à concorrência feroz, no comércio internacional, da China e dos «tigres asiáticos», assentes em vantagens comparativas manifestas a nível de custos de mão-de-obra, o que a empurrou para a desvalorização cambial: acabando finalmente por sacrificar os consumidores japoneses. Fora desta «escapatória internacional» que, como se vê, acaba por ser um paliativo temporário, o crónico desfasamento japonês entre poupança e investimento acabou por repercutir-se numa quebra de rendimentos e finalmente numa recessão[4078].

Existe, por isso, uma tendência – ainda que só verificável num prazo extra-longo – para que a intensificação da poupança deixe de ter uma repercussão na aceleração do crescimento. Significa isso, *a contrario*, que um país em que a poupança e o investimento se encontram a níveis ainda modestos tem mais possibilidades de crescimento, mais possibilidades de recuperar *em termos absolutos* – e não em termos da simples «ilusão percentual» que resulta do facto de partir de valores de referência mais baixos – a distância para países mais prósperos, ainda que essa mera *possibilidade* não seja muitas vezes aproveitada.

18 – b) – i) Capital humano e expansão demográfica

Quanto ao investimento em capital humano, as conclusões são claras a nível agregado, sobretudo se levarmos em conta, seja as exigências colocadas pelo progresso tecnológico e pela necessidade de acompanhamento da correspondente expansão do conhecimento, seja as externalidades positivas que inequivocamente resultam da inserção social de uma pessoa mais educada, mais apta, mais eficiente – e em especial se pensar-

mos não só que cada portador de um conhecimento mais vasto o usa e difunde dentro de um contexto colectivo em que aquele conhecimento se reveste de características de bem público, como ainda que a aquisição de formação por cada pessoa torna mais relevante a formação das outras pessoas que com ela interajam «em rede» –.

Mas essas conclusões, como já referimos noutro ponto, são menos claras a nível individual, já que os aumentos de rendimento proporcionados pelo investimento em capital humano não apenas são aumentos *médios*, gerando uma mera «expectativa de retorno», como sobretudo se defrontam com elevados custos de oportunidade, naqueles casos em que a formação implica afastamento do mercado de trabalho: se, por exemplo, nos países mais pobres a escassez de capital humano torna especialmente amplo o diferencial compensatório daqueles que investem na sua formação, em contrapartida é muito elevado o custo de oportunidade do afastamento do mercado de trabalho – dados os baixos níveis de aforro que são consentidos individualmente nesses países pobres, e que dificilmente permitem, mesmo com educação gratuita, cobrir os custos imediatos do adiamento do ingresso no mercado de trabalho[4079] –.

Muitas das desigualdades de repartição de rendimentos – e aliás sub-representadas no Coeficiente de Gini, dada a presença de externalidades dificilmente contabilizáveis – são atribuíveis a diferenças de idade e de investimento em educação, resultantes de escolhas individuais sobre estatuto e capacidade de geração de rendimentos pelo total do ciclo de vida, que por isso se espraiam para o futuro e não podem ser abarcadas no retrato instantâneo do rendimento individual corrente (como aliás já decorria da «hipótese de rendimento permanente»)[4080].

Também por esse motivo se dirá que a pobreza é um círculo vicioso, ou que a prosperidade é um «círculo virtuoso» e auto-sustentado, a ponto de não se poder determinar precisamente se o capital humano é mais causa, se é mais resultado, da prosperidade económica: a prosperidade permite intensificar o investimento em meios educativos e alongar os períodos de escolaridade – aumentando a idade média de ingresso no mercado de trabalho –, e é por sua vez esse incremento do nível educativo que propicia acelerações no ritmo de

---

[4078] Porque é que o governo japonês não reagiu imediatamente com uma política deficitária expansionista, apesar de ter sido internacionalmente pressionado a fazê-lo? A razão pode ter sido a da convicção relativa à verticalidade da Curva de Phillips, entendendo os governantes japoneses que a única coisa que se conseguiria com o aumento da despesa seria inflação, o que novamente afectaria as exportações e redundaria num maior agravamento da recessão. Cfr. Gao, B. (2001); Posen, A. (1998); Werner, R.A. (2003).

[4079] Razão pela qual, como vimos, o nível de trabalho infantil e juvenil é um indicador de pobreza.

[4080] Rosen, S. (2002), 11.

crescimento[4081]/[4082]. Esta divergência fica vincada pela clivagem entre países ricos e pobres, que continua a aumentar – sendo actualmente o rendimento *per capita* dos países mais ricos 35 vezes superior ao dos países mais pobres –, não podendo ser já atribuída, como o foi tradicionalmente[4083], a puras disparidades na industrialização, na data de início ou no ritmo dessa industrialização[4084].

Mas a mais inequívoca causa de crescimento económico é a tecnologia, o conhecimento que se reporta às técnicas de produção de bens e de organização de serviços, e que, uma vez difundido, se espraia como *bem público* pelo todo da sociedade, permitindo instantaneamente incrementos qualitativos e quantitativos no conjunto integral do tecido produtivo – razão pela qual surgem problemas de «falha de mercado», a reclamarem a intervenção estadual:

– seja na criação de condições de apropriação privada dos resultados da investigação e desenvolvimento tecnológicos – como os monopólios temporários assegurados pela atribuição de patentes –[4085], antes da produção (irreversível) de externalidades positivas a favor dos concorrentes que queiram «aproveitar a boleia»[4086];
– seja no estabelecimento de incentivos directos a essas actividades de investigação e desenvolvimento, como a atribuição de subsídios;
– seja ainda na criação directa de serviços públicos dedicados à investigação e desenvolvimento científico-tecnológicos – devendo registar-se, com desalento, que Portugal, dedicando à investigação e desenvolvimento uma despesa que foi cerca de 0,68% do PIB em 1997, gastou naquelas actividades cerca de um terço da média da União Europeia e cerca de um quarto da média dos países da OCDE –.

As ideias deprimentes de Thomas Malthus sobre a incapacidade da economia para sustentar um crescimento demográfico imparável, tornando inevitável a miséria e a fome, teriam hoje uma confirmação muito ampla, decerto, se não fossem os múltiplos «milagres económicos» que a tecnologia propiciou – entre eles avultando a «revolução agrícola», transmitindo à produtividade impulsos inesperados e decisivos. Aditemos alguns factos:

– Vimos atrás que cerca de 1.800 milhões de pessoas foram libertadas, nos últimos 50 anos, das garras da pobreza absoluta. Acrescentemos agora que em 1970, 35% da população dos países em desenvolvimento era afectada pela fome, enquanto em 1996 isso só sucedia para 18% dessa população (apesar da explosão demográfica), prevendo as Nações Unidas uma redução para 12% em 2010 – ou seja, cerca de 237 milhões de pessoas salvas directamente do flagelo da fome, no espaço de 40 anos. Ao mesmo tempo, em clara oposição às previsões malthusianas, o crescimento demográfico não levou à carência alimentar: bem pelo contrário, nos últimos 50 anos os preços agrícolas baixaram, em todo o mundo, aproximadamente para 1/3, ao mesmo tempo que a população mundial, que mais que duplicou em termos absolutos no mesmo período, ingere em média mais 24% de calorias, chegando-se hoje, como já referimos, ao valor médio das 2700 calorias[4087].
– A explosão demográfica (a duplicação da população total entre 1961 e 2001), que por extrapolação se prevê que termine em 2050[4088], já deixou de se dever a uma explosão de natalidade nos países em desenvolvimento – ao contrário da percepção popular –. Essa explosão de natalidade atingiu o seu topo em 1950, e a taxa de fertilidade nesses países é actualmente já de metade da que foi quando atingiu esse máximo (a média dos países em desenvolvimento tem taxas de fertilidade que voltaram a ser inferiores àquela que tinham os Estados Unidos ou a Austrália no início dos anos 60 do século XX). O que aumentou extraordinariamente foi a esperança média de vida, em larga medida por diminuição da mortalidade infantil, sendo que essa queda abrupta da taxa de morta-

[4081] Em 1960, a duração da escolaridade era em média de 2,2 anos nos países em desenvolvimento, de 7 anos nos países desenvolvidos, e 30 anos depois já tinha subido para 4,2 anos nos países em desenvolvimento e para 9,5 anos nos países desenvolvidos – cfr. Lomborg, B. (2001), 81.

[4082] Sobre essa correlação entre educação e crescimento, além do que já se disse a propósito do «capital humano», cfr. ainda: Lucas Jr., R.E. (1988), 3-42; Mankiw, N.G., D.H. Romer & D.N. Weil (1992), 407-437; Barro, R.J. (1991), 407-443.

[4083] Lucas Jr., R.E. (2000b), 159-168.

[4084] Gollin, D., S. Parente & R. Rogerson (2002), 160; Timmer, C.P. (1988), I, 275-331.

[4085] Para darmos um exemplo mais concreto, caducando a protecção das patentes, o monopólio do medicamento passa a ser contestado, conduzindo paulatinamente o preço em direcção ao custo marginal. Tipicamente, a entrada de um concorrente com um «genérico» tende a baixar o preço de ambos para 85% do preço inicial; a entrada de 2 baixa o preço para 75%, e assim sucessivamente até casos em que o preço final é menos de 10% do preço inicial – num processo que, apesar disso, tende a ser gradual e escalonado, sem dúvida por causa de «viscosidade» provocada pela fidelização monopolística dos consumidores e por causa da agressividade com que o «monopólio de facto» tenta dissuadir a «contestação de mercado». Cfr. Berndt, E.R. (2002), 63.

[4086] Hanel, P. & A. St-Pierre (2002), 305-322.

[4087] Lomborg, B. (2001), 5, 61-62, 67; Johnson, D.G. (2000), 1.

[4088] Ainda que com grandes margens de incerteza na extrapolação. Cfr. Cooper, R.N. & R. Layard (orgs.) (2002).

lidade faz aumentar a coexistência de gerações (e enve-lhece as populações)[4089].

– A explosão demográfica que conduziu aos actuais níveis de população é um dado novo na história: a população mundial terá duplicado entre 200 a.C. e 1100 d.C., e duplicou novamente nos 6 séculos subsequentes; a nova duplicação ocorreu entre 1700 e 1850, nova duplicação deu-se entre 1850 e 1950, e nova duplicação entre 1920 e 2000. O ponto de viragem dá-se, pois, no início do sécu-lo XVIII, determinando que a população mundial octupli-casse em 300 anos, quando se tinha mantido em níveis mais ou menos estáticos nos milhões de anos precedentes (tanto quanto os vestígios permitem reconstituir)[4090].

– A tendência demográfica actual é, portanto, apenas um passo numa evolução que se inicia na Europa em inícios do século XIX, primeiro com um declínio da mortalida-de, depois com um declínio da fertilidade, causando um incremento populacional seguido de um declínio popu-lacional, equilibrando-se com o alongamento das expec-tativas de vida e com o envelhecimento populacional. Desde 1800 até final do século XXI a população mun-dial terá decuplicado, sendo que haverá então 50 vezes mais idosos, mas apenas 5 vezes mais crianças – decu-plicando, pois, a proporção de idosos para crianças –. A esperança de vida, que duplicou já, poderá (a extrapolar-se a actual tendência) ter triplicado no final do século XXI em relação ao nível de 1800, enquanto os partos por mulher poderão ter descido de seis para dois[4091].

– Depois de um pico de 2,8 nascimentos por mulher nos anos 50, a maioria dos países mais desenvolvidos apro-ximou-se, no final do século XX, de taxas de fertilidade de 1,7 nascimentos por mulher (1,5 no caso do Japão e da Europa)[4092], enquanto que a taxa de fertilidade «de substituição», isto é, de sustentabilidade demográfica, é de 2,1 nascimentos por mulher – um indicador apenas atenuado pelo facto de muito frequentemente se assistir concomitantemente a simples adiamentos da decisão de procriar, com elevação da idade da mulher no seu pri-meiro parto[4093].

– Sendo claro que as taxas de fertilidade têm a ver com os custos de oportunidade ínsitos nas perspectivas de edu-cação e de trabalho abertas para as mulheres, algo resta

apurar-se quanto ao passo adicional da ascensão do poder das mulheres dentro da distribuição de funções intra-familiar, a sua afirmação no próprio seio fami-liar[4094]/[4095]. Na verdade, o «mercado de casamentos» é um veículo distributivo entre os sexos, na medida em que propicia arranjos prévios que cometem tarefas e benefícios patrimoniais entre os futuros cônjuges – ou, na ausência ou impedimento desse arranjo prévio, per-mite aos cônjuges, posteriormente, disputarem entre eles o «excedente de bem-estar» gerado pelo vínculo matrimonial – ao menos os «ganhos de aprendizagem» recíproca, o investimento em «capital humano» que seja específico de um determinado matrimónio, quadro den-tro do qual decorrerão as decisões básicas de procriação, vagamente ponderadas pelos ínfimos custos de acesso à contracepção[4096].

– Refira-se ainda que o impacto económico resultante do declínio de fertilidade e do envelhecimento, ao qual já tivemos ocasião de fazer algumas referências, tem que ser ponderado pelo valor que se atribua à utilidade expe-rimentada pelas gerações vindouras – seja a utilidade total (caso em que o óptimo consistiria numa expansão populacional irrestrita) seja a utilidade média (caso em que o declínio populacional pode ter o efeito benéfico de permitir o incremento do rendimento *per capita*[4097], desde que não se agrave a proporção entre trabalhadores e consumidores deles dependentes[4098]).

– Foram questões de sustentabilidade orçamental, de sus-ceptibilidade de manutenção da tendência evolutiva nas finanças públicas face à evolução demográfica, que dita-ram a rápida generalização das perspectivas da «conta-bilidade geracional», alastrando rapidamente, por exem-plo, para o conjunto dos países da União Europeia, nos quais se fazem notar os efeitos de um «duplo envelheci-mento» (taxas de fertilidade abaixo do nível estacioná-rio, taxas de mortalidade a declinarem ao ritmo de um ano de expectativa de vida por cada década no século XX)[4099].

Como não pode dizer-se que o progresso tecnológico seja menos decisivo do que as demais condicionantes na promoção e sustentação do crescimento económico, e

[4089] Lomborg, B. (2001), 45-46, 60; Miller Jr., G.T. (1998), 293.

[4090] Becker, G.S., E.L. Glaeser & K. Murphy (1999), 145ss.; McEvedy, C. & R. Jones (1978).

[4091] Lee, R.D. (2003), 167ss..

[4092] Bongaarts, J. (1999), 256.

[4093] Bongaarts, J. & G. Feeney (1998), 271-291; Ryder, N.B. (1964), 74-82; Ryder, N.B. (1983), 737-756.

[4094] Lundberg, S.J. & R.A. Pollak (1996), 140ss..

[4095] O que já não pode cingir-se a um puro modelo de preferências *ex ante*, de que a organização do núcleo familiar não seria senão o pas-sivo reflexo, como era sugerido no modelo de «consenso» de Samuelson e no modelo «altruísta» de Gary Becker. Cfr. Samuelson, P.A. (1956), 1-22; Becker, G.S. (1974), 1063-1094.

[4096] Becker, G.S. (1991), 13-15; Lundberg, S.J. & R.A. Pollak (1993), 988-1010; Lundberg, S.J. & R.A. Pollak (1996), 153ss..

[4097] Razin, A. & E. Sadka (1995); Weil, D.N. (1999), 251ss..

[4098] Cutler, D.M., J.M. Poterba, L.M. Sheiner & L.H. Summers (1990), 1-56.

[4099] Raffelhüschen, B. (1999), 167ss.. Para o caso japonês, cfr. Takayama, N. & Y. Kitamura (1999), 171ss..

porque a investigação é, por definição, uma actividade de resultados incertos, criando extensos riscos de «não-retorno» do investimento que se lhe dirige – não sendo possível, *por definição*, computar a probabilidade de uma descoberta *antes* de a descoberta ocorrer –, compreende-se, por um lado, que tanto esforço dos países mais economicamente desenvolvidos seja dedicado a essas tarefas de vanguardismo tecnológico – muitas vezes um esforço de «força bruta», jogando meios vultuosíssimos contra uma mera esperança de inovação –, e por outro lado que a liderança tecnológica e a sustentação do crescimento no progresso tecnológico sejam objectivos volúveis e contingentes, objectivos difíceis de atingir, de assegurar, de antever, e por isso capazes de provocar movimentos imprevisíveis e incontroláveis na tendência geral do crescimento económico, entrecortados até, como tivemos ocasião de ver, por «choques catastróficos»[4100]. É de não esquecer, igualmente, o impacto social da inovação tecnológica, que resulta do facto de ela contribuir para destruir empregos tanto como para criar empregos novos – o que pode fazer com que alguns paguem uma pesada factura pelo progresso (em especial a mão-de-obra não-especializada), justificando neles manifestações de misoneísmo anti-tecnológico, a «revolta contra a máquina» –.

Dir-se-á, relembrando o que já sabemos, que se a criação de «bens de informação» é fortemente geradora de externalidades positivas, natural é que se verifique uma subprodução de investigação e desenvolvimento tecnológico, relativamente àquilo que se poderia considerar como o óptimo de bem-estar social – e isso bastará para justificar *economicamente* a atribuição de subsídios, a provisão abaixo de custo de recursos de investigação – laboratórios, universidades públicas, etc. – ou a adjudicação de direitos monopolistas sobre a propriedade intelectual dos produtos do investimento tecnológico.

18 – c) Teorias do crescimento

A crescente consciência dos enormes ganhos de bem-estar deriváveis do crescimento económico, asso-ciada à percepção de que o crescimento é, de uma perspectiva internacional, uma corrida permanente pela prosperidade, que faz beneficiar da similitude e da complementaridade aqueles que acompanham o ritmo e o nível dos países mais avançados e deixa embaraço-samente isolados aqueles que se deixam atrasar nessa corrida, fazendo-lhes perder as vantagens daquela complementaridade, expondo a sua população à aproximação do limiar da pobreza (um conceito relativo, lembremo-lo), e expondo-os à predação, ou mais suavemente à «agressividade estratégica», dos países mais ricos e poderosos – tudo isso contribuiu para o incremento das teorias relativas ao processo do crescimento económico, multiplicando-se explicações sobre as relações entre as decisões individuais de consumo, poupança e investimento, por um lado, e o futuro estado da actividade económica nacional, por outro[4101].

Pode mesmo dizer-se que é este propósito de abordagem sintética de todas as variáveis macroeconómicas relevantes para o esforço do crescimento que levou à elaboração do já aludido modelo do «agente representativo»[4102], facilitando a imputação de uma multiplicidade de motivações e condutas heterogéneas a um «agente médio», um planificador social benevolente que tomaria decisões de investimento e consumo óptimas e intertemporalmente congruentes, em cada quadro de preferências colectivas e em cada estádio de evolução tecnológica[4103]. Um modelo que suscita sérias reservas[4104], dada a complexidade do problema da agregação das preferências em «funções de bem-estar» das quais possa fazer-se derivar a noção de «bem-estar social»[4105]: uma agregação que é necessária, seja para se formar uma ideia de «óptimo social (paretiano)», seja até, mais prosaicamente, para se aferir os termos e limites da compensação («Kaldor-Hicks») que deverá ocorrer para que as soluções colectivas sejam economicamente eficientes[4106], mas que esbarra com os obstáculos do processo *efectivo* de formação de preferências colectivas, em que, como vimos, emergem algumas «impossibilidades» a entravarem o passo a projectos «paretianos»[4107] – além de conflituar com o facto de a visão do crescimento não se esgotar em padrões médios, e dever atender também a

---

4100 Sobre a «afinação» dos instrumentos de política macroeconómica face a essas contingências, cfr. Franzese, R.J. (2002).

4101 Azariadis, C. (1993); Barro, R.J. & X. Sala-i-Martin (1995).

4102 Kirman, A.P. (1992), 117-136.

4103 Lei, V. & C.N. Noussair (2002), 549; Ramsey, F.P. (1928), 543-559; Cass, D. (1965), 233-240; Koopmans, T.C. (1965), 255-287.

4104 Gallegati, M. & A. Kirman (orgs.) (1999).

4105 Blackorby, C. & D. Donaldson (1988), 120-129; Gorman, W.M. (1953), 63-80; Robbins, L. (1932); Robbins, L. (1938), 635-641; Roberts, K.W.S. (1980), 277-298; Roberts, K.W.S. (1980b), 421-439; Samuelson, P.A. (1956), 1-22; Sen, A.K. (1977d), 1539-1571; Sen, A.K. (1979), 1-45; Sonnenschein, H. (1972), 549-563.

4106 Chipman, J.S. & J. Moore (1971), 1-77; Chipman, J.S. & J. Moore (1973), 153-181; Chipman, J.S. & J. Moore (1976), 391-418; Ruiz-Castillo, J. (1987), 34-53; Sen, A.K. (1970); Sen, A.K. (1973c).

4107 Arrow, K.J. (1951); Blackorby, C. & D. Donaldson (1990), 471-494; Gorman, W.M. (1955), 25-35; Hammond, P.J. (1976), 793-804.

diferenciais de ritmo, à heterogeneidade, à «dispersão» desses ritmos em torno da «tendência central»[4108], o que não raro remete para considerações históricas[4109].

Há a distinguir três teorias básicas sobre o crescimento económico[4110]:

1) Teoria Clássica – muitas vezes designada simplesmente por «*teoria malthusiana*» ou «*malthusianismo*», esta teoria sustenta essencialmente que não é possível um crescimento do PIB real – nem sequer através da intensificação da especialização e das trocas, como previra Adam Smith – senão em termos muito fugazes e limitados, já que todo o aumento de PIB *per capita* que ultrapassasse o simples limiar da sobrevivência resultaria numa explosão demográfica que novamente faria regressar o PBI *per capita* àquele nível mínimo de subsistência. A consequência, decerto deprimente, seria a de que o mecanismo económico condenaria as populações a estados generalizados de equilíbrio de pobreza, permanentemente expostos à degradação sociológica para estados de carência e fome – provocados, por cruel ironia, pelo próprio esforço individual de enriquecimento, naquilo que por vezes é designado por «armadilha malthusiana» –.

Não muito longínquas destas visões malthusianas estão naturalmente todas as teorias que postulam a existência de limites ao crescimento, que vêm na estrutura económica um «ponto de maturidade», ou de saturação de mercado de capitais, a partir do qual o rendimento de novos investimentos começaria a declinar (uma tese vulgarizada por Gunnar Myrdal[4111] e que vamos já examinar de seguida).

2) Teoria Neoclássica, ou «do crescimento exógeno» – introduz, por um lado, a consideração do papel do progresso tecnológico no crescimento económico, admitindo que as limitações físicas pressupostas na teoria clássica possam ser superadas por «saltos qualitativos» induzidos por refinamentos do conhecimento que permitam aumentos de poupança e investimento *per capita*; por outro lado, separa o crescimento económico do crescimento demográfico, atribuindo este último ao efeito combinado das restrições do crescimento

demográfico que advieram da entrada generalizada das mulheres no mercado de trabalho – aumentando os custos de oportunidade da fertilidade –, e dos efeitos demograficamente expansivos decorrentes do aumento da esperança de vida, em resultado dos progressos na área da saúde[4112].

O ponto crucial desta teoria – que tem o seu defensor mais proeminente no economista Robert Solow[4113] – é a ideia de que o progresso tecnológico não depende do crescimento económico, mas antes de factores exógenos, nos quais o acaso tem um peso determinante: o que permitirá acalentar a esperança de que possa ser «sacudida» uma economia que tenha caído num impasse ou que se aproxime de um círculo vicioso de subdesenvolvimento económico e tecnológico.

Por seu lado, a poupança e o investimento *per capita*, se estão dependentes *qualitativamente* da tecnologia, dependem *quantitativamente* de uma taxa natural de juro, de uma «taxa-alvo» acima da qual a taxa de juro *real* expande a poupança e o investimento (no caso, a taxa de juro *passiva* que remunera os depósitos e por isso aumenta a oferta de fundos para investimento, fazendo baixar a taxa de juro *activa*), os quais se contraem se, ao invés, a taxa de juro *real* fica abaixo daquela «taxa-alvo» (desincentivando a poupança e contraindo a oferta de fundos, o que por sua vez acabará por determinar a subida das taxas de juro *activas*) – sendo que é por esta via que a teoria neoclássica vislumbra um limite ao crescimento, não já um puro limite demográfico, mas um limite relacionado com o rendimento marginal decrescente do capital, que fará a economia convergir para a taxa de juro *natural* e limitar o crescimento à obtenção desse nível de equilíbrio.

Robert Solow, defensor da ideia de um crescimento a ritmo constante («*steady-state*»)[4114], faz esse crescimento depender da combinação de 3 factores: o ritmo de poupança e de investimento, isto é, de formação de capital; o ritmo de crescimento demográfico, isto é, de formação de capacidade laboral; o progresso tecnológico (o factor *qualitativo*, a produtividade susceptível de ser extraída das possíveis combinações de trabalho e capital). Segundo ele, para haver crescimento a uma taxa constante (afinal, uma estagnação *sustentável*, não-malthusiana, peran-

[4108] Pritchett, L. (1997), 3-17; Quah, D. (1997), 27-59; Ranis, G. & J.C.H. Fei (1988).

[4109] Easterly, W. (1994), 525-557; Temple, J. & H.-J. Voth (1998), 1343-1362.

[4110] Baumol, W.J. (1986), 1072-1085; Klenow, P.J. & A. Rodríguez-Clare (1997), 73-103, Mankiw, N.G., D. Romer & D.N. Weil (1992), 407-437; Eaton, J. & S.S. Kortum (1999), 537-570; Kumar, S. & R.R. Russell (2002), 527; Jones, C.I. (2002), 221.

[4111] Neves, J.C. (1998), 55.

[4112] Não valerá a pena recapitularmos tudo o que ficou já dito em matéria de efeitos inter-generacionais e de repercussão, nos sistemas de segurança social, da dimensão relativa de gerações sucessivas – mas o facto é que esses aspectos ganham uma grande relevância neste âmbito da teoria neoclássica do crescimento. Cfr. Macunovich, D.J. (2002).

[4113] Solow, R.M. (1956), 65-94; Solow, R.M. (1957), 312-320.

[4114] Neves, J.C. (1998), 105.

te o incremento populacional, que poderá dizer-se que caracteriza toda a era pré-industrial[4115]), o ritmo de poupança e investimento teriam que ajustar-se precisamente, seja às necessidades de amortização de investimentos já feitos, seja às necessidades de acompanhamento do crescimento da força de trabalho: se tudo se resumisse a isto, o crescimento seria inteira e exclusivamente determinado pela expansão demográfica, pois se limitaria a assegurar o quociente capital / trabalho, mantendo constantes os valores de produção e rendimento *per capita*. Contudo, porque manifestamente se regista um crescimento *per capita*, isto é, um crescimento do rendimento individual a uma taxa *superior* à da expansão demográfica, por uma margem significativa (o «*Solow residual*»[4116]), o crescimento terá também que atribuir-se ao progresso tecnológico (e ao capital humano *lato sensu*), o qual precisamente tem a virtualidade de alterar o quociente capital / trabalho, ou seja, a produtividade laboral[4117].

Assim, por exemplo, se se constata que o PIB *per capita* nos Estados Unidos é 20 vezes superior àquele que se verificava há 200 anos, nos termos da teoria neoclássica isso tem que atribuir-se à acumulação de conhecimento e de tecnologia, e não à acumulação de capital físico[4118] – no sentido de que o que foi decisivo para essa superação, pelas taxas de crescimento económico, das taxas de evolução demográfica, foi a adopção de novas técnicas, e a produção e consumo de uma infinidade de bens e serviços que nem sequer podiam ser imaginados há 200 anos (o leitor que imagine um mundo sem energia eléctrica, sem telefones, sem rádios, sem cinema, sem televisão, sem automóveis, sem aviões, sem antibióticos, sem betão armado[4119]), na medida em que tudo isso contribuiu para o incremento da produtividade laboral[4120].

Esta teoria neoclássica, centrada que está na noção de acumulação de capital, aponta para um limite ao crescimento, um «*steady-state equilibrium*» provocado pela quebra da produtividade marginal[4121] – um estado no qual a taxa de crescimento deixa de ser influenciada pelo ritmo da poupança, e passa a depender exclusivamente do mero crescimento demográfico – ou seja, de um factor puramente *exógeno* –. Note-se que, nesta perspectiva, se a poupança deixa de influenciar a partir de certo ponto a taxa de crescimento, em contrapartida continua a afectar o nível de rendimento, interferindo na evolução do quociente investimento / rendimento[4122].

– Esta teoria neoclássica do crescimento enfatizava especialmente as possibilidades de *convergência* internacional, de acordo com o «efeito de *catch-up*», prevendo que, se dois países tiverem a mesma taxa de crescimento demográfico, a mesma taxa de poupança e a mesma «função de produção», eles acabarão por chegar ao mesmo nível de rendimento (convergência absoluta) ou ao mesmo ritmo de crescimento (convergência condicional)[4123].

– Todavia, não parece que o «efeito de *catch-up*» se tenha verificado entre os países em desenvolvimento e os países mais desenvolvidos, ao contrário do que previam aqueles que entendiam que os países mais pobres não deixariam de beneficiar de rápidos impulsos de crescimento em direcção às suas possibilidades de produção de longo prazo[4124]; sendo que, pelo contrário, a divergência de produtividade e de riqueza tem vindo a aguizar-se constantemente[4125] – com a notável excepção dos «tigres asiáticos»[4126] –, sugerindo até a presença de «armadilhas de pobreza» a nível internacional[4127].

[4115] Hansen, G.D. & E.C. Prescott (2002), 1214-1215.

[4116] Estudando o período 1909-1949, Robert Solow descobriu que cerca de 80% do incremento de produtividade do trabalho nos EUA era atribuível a progresso tecnológico, seguido do efeito da acumulação de capital. Chama-se «Solow Residual» a forma de medição do progresso técnico (mais rigorosamente, da «produtividade total dos factores») por eliminação da ponderação dos *inputs*, dos factores de produção (os únicos que são directamente observáveis e mensuráveis). Cfr. Solow, R.M. (1957), 312-320.

[4117] Easterly, W. (2001); Mankiw, N.G., D.H. Romer & D.N. Weil (1992), 407-437.

[4118] De la Fuente, A. & R. Doménech (2001), 323.

[4119] Isso não quer dizer que os saltos qualitativos provocados pelos «choques tecnológicos» sejam todos da mesma amplitude, e dificilmente se assistirá hoje, por exemplo, mesmo contando com o advento da *Internet*, ao incremento de velocidade na transmissão de dados (por um factor de 3000) e à redução de custos (por um factor de 100) que assinalou a introdução do telégrafo em meados do século XIX. Cfr. Gordon, R.J. (2000), 68; Sichel, D.E. (1997).

[4120] Sem esta última ressalva, poderíamos facilmente encontrar a contraprova nos países mais pobres da actualidade que, dispondo de acesso a tecnologia moderna, têm PIB *per capita* 30 vezes inferior ao dos Estados Unidos, e por isso estão pior do que estava a população norte-americana de 1800 *sem* essa tecnologia. Como é evidente, uma coisa é o acesso à tecnologia, outra é o seu emprego efectivo no aumento de produtividade laboral. Cfr. Parente, S.L. & E.C. Prescott (2000).

[4121] Não se considerando autonomamente o factor tecnológico. Cfr. Solow, R.M. (1956), 65-94; Stiglitz, J.E. & H. Uzawa (orgs.) (1969).

[4122] Dornbusch, R., S. Fischer & R. Startz (2004), 61-71.

[4123] Barro, R.J. (1991), 407-433; Barro, R.J. (1997b).

[4124] Gerschenkron, A. (1962).

[4125] Barro, R.J. & X. Sala-i-Martin (1995); Levine, R. & D. Renelt (1992), 942-963.

[4126] Young, A. (1992), 13-54; Young, A. (1995), 641-680.

[4127] Abramovitz, M. (1986), 385-406; Barro, R.J. (1991), 407-443; Baumol, W.J. (1986), 1072-1085; Jones, C.I. (1997), 19ss.; Maddison, A. (1983), 27-41; Mankiw, N.G., D.H. Romer & D.N. Weil (1992), 407-438; Pritchett, L. (1997), 3ss.; Quah, D. (1993), 426-434; Quah, D. (1996b), 1045-1055.

3) Nova Teoria do Crescimento, ou «do crescimento endógeno» – uma visão principalmente desenvolvida pelos economistas Paul Romer[4128] e Robert Lucas[4129], e que aponta para o papel fulcral da *inovação* para o crescimento, sustentando agora – e contra o entendimento neoclássico – que a inovação não é fruto essencialmente do acaso, não sendo uma variável inteiramente exógena, resultando antes de opções de investimento em pesquisa e em desenvolvimento de tecnologias com *potencial* inovador, opções determinadas pela vontade de recuperar lucros extraordinários através da fuga ao equilíbrio competitivo[4130] – num processo de «destruição criativa» que já associámos ao nome de Joseph Schumpeter –[4131].

A teoria do crescimento endógeno envolve, pois, o abandono do velho pressuposto dos rendimentos marginais decrescentes, em especial dos rendimentos marginais decrescentes do capital, substituindo-o pelo pressuposto de que se o capital assegurar, só por si, rendimentos constantes à escala, então o aumento simultâneo de escala de *todos* os factores provocará rendimentos *crescentes* à escala. Todavia, objectar-se-á, a existirem economias de escala, não haveria limites ao crescimento das empresas, o que empiricamente se verifica não acontecer – sendo que, em resposta a esta objecção, a intuição de Paul Romer é a de que os rendimentos crescentes à escala se verificam, não exclusivamente no seio das empresas e condicionando a respectiva dimensão, mas também em termos de efeitos colectivos, por via de externalidades positivas[4132].

O que há de verdadeiramente revolucionário nesta «Nova Teoria» é o facto de ela, ao contrário das suas predecessoras, admitir portanto a hipótese de crescimento indefinido: a circunstância de as inovações serem conhecimento divulgável como bem público, utilizável sem custos de oportunidade e replicável

indefinidamente, a juntar ao facto de as nossas necessidades serem virtualmente inesgotáveis e sempre renováveis, conduzindo-nos a um inesgotável e insaciável desejo de novidades, de mudança, de progresso – mesmo que *ilusório* –, permitem que a produção possa expandir-se indefinidamente sem que as taxas de juro reais declinem, sem que decaia a produtividade marginal do capital e sem que seja desincentivada a respectiva acumulação – porque há sempre quem esteja, dentro da economia, a desenvolver actividades que rendem juros superiores à «taxa-alvo», servindo essas actividades, pois, de «locomotivas» da economia –.

No fundo, esta nova teoria do crescimento, que se liga à refutação do malthusianismo como teoria-base da evolução demográfica[4133], enfatizando cada vez mais o papel das inovações, das *ideias*, no crescimento económico[4134], como factores de indução de efeitos de escala[4135], conjuga-se perfeitamente com o ambiente de «euforia tecnológica» e de esperança na ciência[4136] que, no declinar do século XX, se seguiu ao advento da «Sociedade da Informação»[4137].

Em termos mais simples, a Nova Teoria do Crescimento acredita na capacidade inesgotável da imaginação humana para manter ritmos de inovação que contrariem os efeitos do declínio marginal do rendimento, verificando-se que, no fundo, a ênfase é definitivamente deslocada do crescimento entendido como *aumento bruto de recursos* avaliável em termos físicos, para o conceito de crescimento como *aumento de valor de recursos* através do seu rearranjo em *formas* progressivamente mais úteis – reabilitando-se o *lado qualitativo* do crescimento económico.

Com o impulso inicial de Paul Romer para destronar a abordagem neoclássica que dava o crescimento como mero resultado de uma função de produção agregada e de evolução tecnológica «exógena», multiplicaram-se os estudos que se orientavam no sentido de apurarem os elementos *endógenos* de cada economia nacional

---

[4128] Romer, P.M. (1986), 1002-1037.

[4129] Lucas Jr., R.E. (1988), 3-42; Lal, D. (1998).

[4130] Romer, P.M. (1986), 1002-1037; Lucas Jr., R.E. (1988), 3-42. Cfr. Romer, P.M. (1994), 3-22; Olson, M. (1996), 3-24; McCallum, B.T. (1996), 41-71.

[4131] Silva, M.M. (2003), 34-41.

[4132] Dornbusch, R., S. Fischer & R. Startz (2004), 79-81.

[4133] Galor, O. & D.N. Weil (1996), 374-387; Galor, O. & D.N. Weil (1999), 150ss..

[4134] Jones, C.I. (1999), 139ss.; Romer, P.M. (1986), 1002-1037; Romer, P.M. (1990), S71-S102.

[4135] Aghion, P. & P. Howitt (1992), 323-351; Grossman, G.M. & E. Helpman (1991). Formulando algumas reservas ao papel dos efeitos de escala, cfr. Jones, C.I. (1995), 759-784; Jones, C.I. (1995b), 495-525; Kortum, S. (1997), 1389-1419; Segerstrom, P.S. (1998), 1290-1310. Veja-se também posições intermédias em: Dinopoulos, E. & P. Thompson (1998), 313-335; Peretto, P. (1998), 283-311; Young, A. (1998), 41-63.

[4136] Acs, Z.J., D.B. Audretsch & M.P. Feldman (1992), 363-367; Acs, Z.J., D.B. Audretsch & M.P. Feldman (1994), 336-340; Adams, J. (1990), 673-702; Gambardella, A. (1995); Jaffe, A.B. (1989), 957-970; Mansfield, E. (1992), 295-296; Mansfield, E. (1995), 55-65; Price, D.J.D.S. (1986); Romer, P.M. (1994), 3-22; Rosenberg, N. (1982); Scherer, F.M. (1982), 225-237; Schmookler, J. (1966); Stephan, P.E. & S.G. Levin (1996), 177-188.

[4137] Zarnowitz, V. (1999), 64ss..

que seriam susceptíveis de desencadear e sustentar esse crescimento[4138] – usando como padrão aferidor a convergência com o nível produtivo dos Estados Unidos[4139] –, incluindo neles os próprios dados historico-evolutivos, os hábitos de produtividade já culturalmente arreigados, as opções políticas de promoção de bens públicos e de bens de mérito, especialmente os ligados à acumulação de capital humano[4140], e à inovação e à produção de externalidades positivas[4141].

De certa maneira, a Nova Teoria do Crescimento representa a culminação natural da ênfase já colocada por Solow na transição de níveis de vida constantes para níveis de vida evolutivos, sem fundamental alteração das estruturas económicas básicas (sem modificação dos parâmetros respeitantes a preferências subjectivas e à partilha de técnicas e contextos políticos), e por impulso inicial de uma «Revolução Industrial» que vinha propiciar a superação do uso intensivo das terras, a substituição de uma «tecnologia malthusiana» por uma «tecnologia solowiana»[4142], dando maior campo de acção a opções políticas de acumulação de capital humano ou de incremento qualitativo da fertilidade dos factores produtivos[4143].

Tudo isto se harmoniza com os temas microeconómicos da eficiência na afectação de recursos e da maximização do bem-estar em condições de equilíbrio geral, e mais ainda com o tema, também já versado por nós, dos efeitos sobre a inovação – sejam as teorias schumpeterianas, sejam as que se concentram nas virtualidades da concorrência monopolística e oligopolista[4144]. Uma demonstração específica de que o crescimento económico pode depender crucialmente de elementos qualitativos «de inovação» é dada por William Nordhaus – que por exemplo demonstra que em pouco mais de um século de existência as lâmpadas eléctricas se tornaram 25 vezes mais eficientes[4145].

Concentrando a sua atenção nos esforços de promoção da investigação e do desenvolvimento tecnológico, a Nova Teoria é igualmente adequada à compreensão dos efeitos de contágio e de sinergia no crescimento internacional da informação e das ideias, e naturalmente também dos resultantes efeitos de escala e das peculiaridades resultantes da não-rivalidade no consumo global da inovação – permitindo associar o esforço de desenvolvimento económico à esperança de que a difusão da tecnologia propicie uma maior convergência dos níveis internacionais de prosperidade (saltando algumas das «etapas» que as anteriores teorias postulavam como indispensáveis)[4146].

Especialmente fértil, como indicámos, é a relação do modelo com o paradigma da «destruição criativa» schumpeteriana[4147], que com facilidade explica as clivagens de produtividade entre países, e até entre países desenvolvidos[4148] – ainda que existam algumas reticências suscitadas pela produtividade marginal decrescente das actividades de investigação e inovação[4149], a relação entre produtividade e crescimento seja, para alguns, problemática[4150], e para outros predomine a convergência dos níveis internacionais de crescimento (a tendência para no longo prazo se nivelarem todas as taxas de crescimento), não apenas por força dos rendimentos marginais decrescentes mas também por força das transferências de tecnologia e das externalizações («spillovers»)[4151]. Nos termos do modelo, as economias abertas que recebam transferências de tecnologia e que invistam em inovação tenderão a convergir, enquanto as demais estagnarão, ainda que a tendência seja perturbada pela incerteza da ocorrência de inovações e do seu impacto de «destruição criativa», capaz de afectar decisivamente a produtividade, independentemente do acervo de capital (físico e humano) acumulado[4152]. Acrescentemos ainda que o paradigma da

[4138] Aghion, P. & P. Howitt (1998);

[4139] De Long, J.B. & L.H. Summers (1991), 445-502; De Long, J.B. & L.H. Summers (1993), 395-415; Barro, R.J. & X. Sala-i-Martin (1992), 223-251; Mankiw, N.G., D.H. Romer & D.N. Weil (1992), 407-437.

[4140] Nelson, R.R. & E.S. Phelps (1966), 69-75; Lucas Jr., R.E. (1988), 3-42; Romer, P.M. (1990), S71-S102; Manski, C.F. (2000), 116.

[4141] Grossman, G.M. & E. Helpman (1994b), 23-44; Quah, D. (1993), 426-434; Quah, D. (1993b), 427-443; Röller, L.-H. & L. Waverman (2001), 909.

[4142] Hansen, G.D. & E.C. Prescott (2002), 1205.

[4143] Hansen, G.D. & E.C. Prescott (2002), 1206; Becker, G.S., K.M. Murphy & R. Tamura (1990), S12-S37.

[4144] Um exemplo destas últimas, embora com grande pendor schumpeteriano: Baumol, W.J. (2002).

[4145] Nordhaus, W.D. (1997), 29-66.

[4146] Jones, C.I. (2002), 234.

[4147] Aghion, P. & P. Howitt (1992), 323-351; Aghion, P. & P. Howitt (1998).

[4148] Trefler, D. (1993), 961-987; Trefler, D. (1995), 1029-1046; Hall, R.E. & C.I. Jones (1999), 83-116.

[4149] Jones, C.I. (1995), 759-784.

[4150] Jorgenson, D.W. (1995); Young, A. (1995), 641-680.

[4151] Helliwell, J.F. & A. Chung (1991), 388-436; Parente, S.L. & E.C. Prescott (1994), 298-321; Eaton, J. & S.S. Kortum (1996), 251-278; Barro, R.J. & X. Sala-i-Martin (1997), 1-6; Basu, S. & D.N. Weil (1998), 1025-1054; Coe, D.T. & E. Helpman (1995), 859-897.

[4152] Howitt, P. (2000), 829-830.

«destruição criativa» parece especialmente apto para explicar as descontinuidades que se observam no desenvolvimento tecnológico[4153] e na sua desordenada incorporação no capital das empresas[4154]e nas infraestruturas[4155], aí causando impactos desequilibrados na produtividade[4156], com um desigual ritmo de difusão e adopção pelos produtores[4157].

Contudo, é especialmente nas comparações internacionais que mais dúvidas têm surgido quanto à validade destas teorias «endógenas» do crescimento, sustentando alguns que a maior parte das disparidades entre países ricos e pobres é cabalmente explicada por um simples modelo de Solow[4158], e outros que os países desenvolvidos têm convergido entre eles (numa espé-

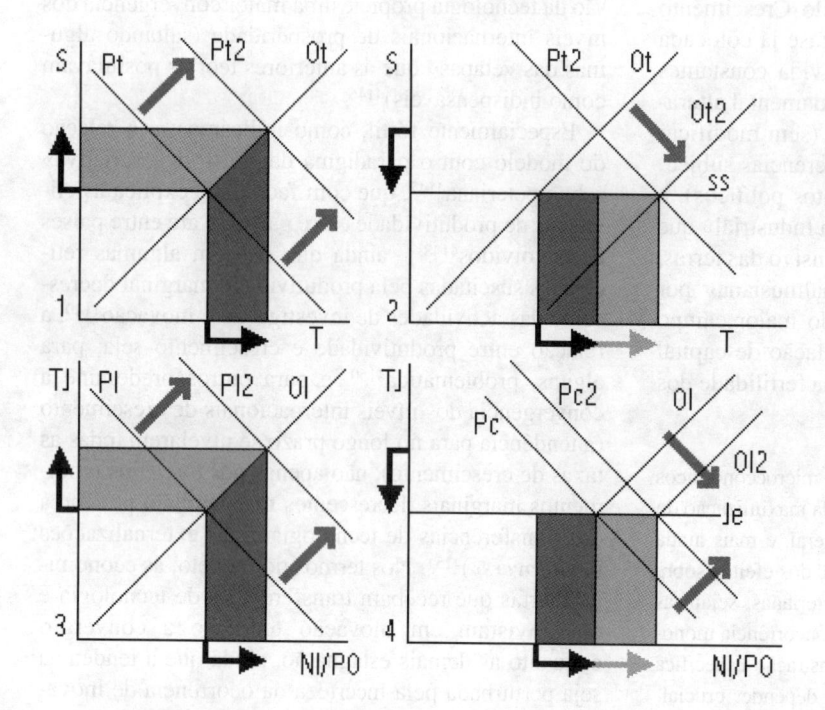

Gráfico 18.3. *Teorias do crescimento*

1, 2: teoria clássica
3, 4: teoria neoclássica
1: o progresso tecnológico e o aumento do capital aumentam a produtividade do trabalho e a procura de mão-de-obra, fazendo subir os salários
2: a subida dos salários provoca o aumento populacional e a oferta de trabalho, forçando a descida dos salários até ao seu nível mínimo, de subsistência (a economia *cresce*, mas não os salários reais)
3: o progresso tecnológico aumenta a procura de fundos, fazendo subir o investimento, a poupança e as taxas de juro
4: a subida de taxas de juro faz aumentar a oferta de fundos, fazendo aumentar novamente a poupança e o investimento até se regressar à taxa de juro de equilíbrio
S: salários *reais*
T: volume de trabalho

Pt: procura de trabalho
Pt2: expansão de Pt
Ot: oferta de trabalho
Ot2: expansão de Ot
ss: salário de subsistência
TJ: taxas de juro reais
NI / PO: níveis de investimento e de poupança
OI: oferta de fundos
OI2: expansão de OI induzida pela subida das taxas de juro
PI: procura de fundos
PI2: expansão de PI
Pc: procura de capitais correspondente a OI
Pc2: procura de capitais correspondente a OI2
Je: taxa de juro de equilíbrio

[4153] Wicksell, K. (1953), 67; Mokyr, J. (1990); Mokyr, J. (1990b); Laitner, J. & D. Stolyarov (2003), 1240ss..
[4154] Greenwood, J., Z. Hercowitz & P. Krusell (1997), 342-362; Solow, R.M. (1960), 89-104.
[4155] Gort, M., J. Greenwood & P. Rupert (1999), 207-230.
[4156] David, P.A. (1990), 355-361.
[4157] Hall, R.E. (2001), 1185-1202; Mowery, D.C. & N. Rosenberg (1998), 164ss.; Ray, G.F. (1984).
[4158] Mankiw, N.G., D.H. Romer & D.N. Weil (1992), 407-437.

cie de «convergência de clube»[4159]) muito mais do que seria de esperar se os factores endógenos de crescimento tivessem efectivamente a relevância que a Nova Teoria lhes atribui[4160]. Essas dúvidas podem ser dissipadas, todavia, se, levando em conta que as diferenças internacionais de ritmos de crescimento se devem, mais do que tudo, a factores institucionais[4161], e em especial factores financeiros[4162], reconhecermos que essas circunstâncias são já explicitamente abarcadas pelos pressupostos das teorias «endógenas» do crescimento económico[4163].

É possível fazer uma espécie de síntese das várias teorias num único modelo representativo da evolução do produto total, da população e da tecnologia – de um estádio «malthusiano» de baixo progresso tecnológico e elevada expansão populacional (travando com a «armadilha malthusiana» qualquer aumento sustentável do rendimento *per capita*) para um estádio «pós-malthusiano» no qual o progresso tecnológico já é suficientemente forte para não ser inteiramente «absorvido» pelo crescimento demográfico, desembocando no «regime moderno de crescimento» no qual a população declina e por isso deixa campo aberto a um progresso tecnológico e a uma expansão do rendimento *per capita* totalmente sustentável, e por isso passa a estar-se nos antípodas da estagnação inicial e do espectro malthusiano do esgotamento das «subsistências», que não apenas degradariam o rendimento *per capita* mas determinariam mesmo o necessário declínio da população até se recobrar a sustentabilidade demográfica assente numa produtividade estagnada[4165].

Gráfico 18.4. *Teorias de crescimento*[4164]

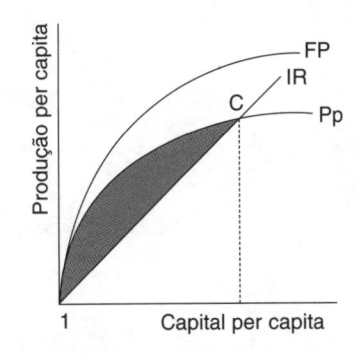 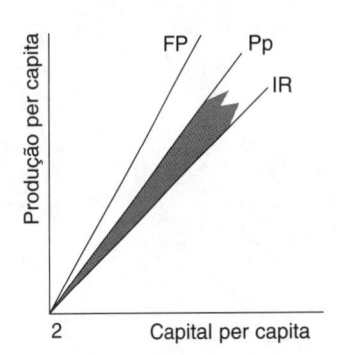

1: Teoria «*steady-state*» (Solow), com decrescente produtividade marginal do capital
2: Teoria do crescimento endógeno, com constante produtividade marginal do capital
FP: Função de produção (potencial de crescimento)
Pp: Poupança
IR: Investimento requerido para sustentar a taxa de crescimento
C: Ponto a partir do qual a poupança já não excede as necessidades de investimento, e por isso não há capital novo a ser injectado na economia (no crescimento endógeno, a ausência desse ponto de «*steady-state*» significa que quanto mais elevada a poupança maior é o seu excesso em relação às necessidades de investimento, e por isso maior o potencial de crescimento).

[4159] Durlauf, S.N. & P.A. Johnson (1995), 365-384; Quah, D. (1996), 95-124.
[4160] Barro, R.J. & X. Sala-i-Martin (1995); Evans, P. (1996), 1027-1049.
[4161] Barro, R.J. (1997b); Huang, H. & C. Xu (1999b), 438ss..
[4162] Greenwood, J. & B. Jovanovic (1990), 1076-1107; King, R.G. & R. Levine (1993), 717-737; Obstfeld, M. (1994), 1310-1329; Rajan, R.G. & L. Zingales (1998b), 559-586.
[4163] Aghion, P. & P. Howitt (1992), 323-351; Grossman, G.M. & E. Helpman (1991b), 43-61; Lucas Jr., R.E. (1988), 3-42; Romer, P.M. (1990), 71-102.
[4164] Dornbusch, R., S. Fischer & R. Startz (2004), 80.
[4165] Galor, O. & D.N. Weil (2000), 806-807, 810, 826-827; Galor, O. & D.N. Weil (1999), 150-154.

Capítulo 19 – O desemprego[4166]

> *"Mas se um excesso de população trabalhadora é o resultado necessário da acumulação, do desenvolvimento da riqueza numa base capitalista, essa população excedentária torna-se, por sua vez, a alavanca para a acumulação capitalista, ou mesmo a condição necessária para um modo de produção capitalista. Torna-se num exército industrial de reserva, descartável, ao dispor do capital como se tivesse sido este a criá-lo a suas expensas próprias. Independentemente dos limites das expansão demográfica corrente, isso cria, para as necessidades evolutivas da auto-expansão do capital, uma massa de recursos humanos sempre disponível para a exploração (...) O sobre-trabalho da população empregada aumenta as fileiras dos desempregados, enquanto que a pressão competitiva que os desempregados exercem sobre os empregados obriga estes a submeterem-se ao excesso de trabalho e a subjugarem-se aos ditames do capital (...) O exército de reserva industrial, durante períodos de estagnação e de prosperidade média, pesa sobre os trabalhadores empregados, e em períodos de sobreprodução e expansão trava as pretensões desses trabalhadores. O excesso relativo da população é, pois, o ponto fulcral em torno do qual opera a lei da oferta e da procura de trabalho, confinando o domínio de actuação dessa lei aos limites absolutamente convenientes à actividade de exploração e de domínio do capital"* – Karl Marx[4167].

Quando apreciamos a produção nacional como um todo, uma das coisas que mais bizarra pode parecer é a prevalência contínua de um certo grau de desemprego, ou seja, de não-aproveitamento de recursos disponíveis. No processo económico podem ocorrer muitas ineficiências, por motivos mais ou menos aparentes, mais ou menos subtis. Mas o desemprego afigura-se, à primeira vista, ser daquelas causas de ineficiência mais fáceis de explicar e mais fáceis de evitar, porque não parece ser senão o fruto de uma deliberada intenção de subaproveitar aqueles recursos que, afinal, estão disponíveis: o transportador que, dispondo de uma frota de camiões, apenas usa parte deles, o senhorio que não arrenda todos os andares de um prédio, o proprietário da vinha que não emprega nas vindimas todos os jornaleiros que aparecem a oferecer a sua mão de obra – são exemplos entre muitos em que parece evidenciar-se uma deliberação no sentido de se deixar de fora do processo produtivo elementos que contribuiriam para aumentar os resultados totais da produção. Em suma, a primeira reacção que o desemprego suscitará à análise económica prende-se com a consciência do *desperdício* de recursos disponíveis e não utilizados.

Por outro lado, quando se fala de desemprego é comum associar-se a expressão exclusivamente às incidências desse subaproveitamento no factor de produção trabalho, e aí a dimensão humana do problema sobreleva, conferindo à questão uma gravidade especial: é que se algumas das formas de desemprego evidenciam uma natureza essencialmente benigna – resul-

[4166] Auerbach, A.J. & L.J. Kotlikoff (1998), 85ss., 199ss., 265ss.; Barro, R.J. (1997), 207ss., 351ss.; Baumol, W.J. & A.S. Blinder (2000), 581ss.; Bierman, H.S. & L. Fernandez (1997), 119ss., 359ss.; Blanchard, O. (2002), 113ss., 267ss.; Carbaugh, R.J. (2002), 353ss.; Colander, D.C. & E. Gamber (2001), 203ss.; Dunnett, A. (1998), 65ss.; Gordon, R.J. (2002), 65ss.; Gregory, P.R. (2001), 197ss.; Gwartney, J.D. & al. (2002), 180ss.; Hardwick, P. & al. (1999), 548ss.; Heijdra, B.J. & F. v.d. Ploeg (2002), 159ss., 187ss., 213ss.; Hoag, A.J. & J.H. Hoag (2002), 218ss.; Hyman, D.N.N. (1996), 619ss.; Keenan, D. & M.H. Maier (1998), 61ss.; Landsburg, S.E. (1995), 127ss.; Lipsey, R.G. & al. (1999), 675ss.; Mankiw, N.G. (2000), 287ss.; Mankiw, N.G. (2001), 579ss.; McConnell, C.R. & S.L. Brue (2001), 171ss.; Romer, D. (2000), 146ss., 195ss., 241ss., 309ss., 345ss., 439ss.; Samuelson, P.A. & W.D. Nordhaus (2001), 661ss.; Sharp, A.M. & al. (2001), 320ss.; Sloman, J. (2002), 400ss., 588ss.; Spencer, M.H. & O.M. Amos Jr. (1993), 136ss.; Stiglitz, J.E. & C.E. Walsh (2002), 639ss., 662ss., 690ss., 821ss.; Taylor, J.B. (2001), 458ss.

[4167] *O Capital*, Vol. I, Parte VII, Cap. 25, Secção 3 (= Marx, K. (1973), 535, 538, 541).

tando, por exemplo, de simples fases de transição dentro de um processo ascensional de mobilidade profissional (aquele que abandona um emprego à procura de um emprego melhor) –, outras há que são particularmente malignas, pondo em causa até os próprios fundamentos da coesão social – visto que, como referimos noutro ponto, o desemprego pode ser, para aqueles que dependem dos seus rendimentos do trabalho, uma *via dolorosa* para a exclusão[4168], para a pobreza, e mesmo, no limite, para o crime[4169] –.

Com efeito, se podemos admitir que um desses fundamentos da coesão social é o da concepção da justiça como uma distribuição de direitos, deveres, prerrogativas e titularidades de acordo com um princípio geral e abstracto de minimização das perdas máximas, então é injusto que ocorra efectivamente uma «perda máxima» como aquela que, para um indivíduo, representa ver-se numa situação de desemprego crónico, permanentemente excluído da solidariedade social que preside não só à divisão do trabalho e ao processo produtivo como à repartição do rendimento e ao acesso à prosperidade.

Ao desempregado de longa duração é legítima a interrogação sobre o interesse da vida em sociedade – essa sociedade que, no jogo da afectação de recursos e de criação de meios de subsistência, lhe nega uma participação, vedando-lhe qualquer hipótese de uma integração condigna e de uma partilha justa de vantagens num ambiente de complementaridade e de interdependência... e de felicidade[4170/4171].

E à sociedade que tolera a persistência, no seu seio, de situações protraídas de desemprego involuntário cabe interrogar-se sobre o custo social e humano dos correlativos aumentos da marginalidade e da delinquência, especialmente pronunciados nas camadas mais jovens[4172] – isto embora o fenómeno seja complexo e resulte da confluência de muito diversos factores, como os familiares[4173], os de estigmatização e exclu-

são[4174], os de falta de apoio escolar[4175] ou de severidade repressiva[4176], além da inevitável margem de determinação idiossincrática que subjaz a cada história individual de delinquência[4177].

Dado que a maior parte das pessoas só pode aceder à repartição do rendimento através da remuneração do seu trabalho, não trabalhar significa normalmente empobrecer, desligar-se do processo produtivo e da dinâmica que esse processo impõe em termos de investimento em capital humano, significa ser-se excluído dos meios normais de interacção da população activa, das formas mais elementares que a sociedade proporciona à realização pessoal dentro da empresa comum da criação de riqueza – pelo que uma das mais sombrias implicações do desemprego é a sua tendência para a auto-perpetuação[4178].

Além disso, toda a comunidade em que se integram desempregados de longa duração sofre as consequências dessa situação, pois o desempregado que perde o seu poder de compra empobrece não apenas o núcleo dos que dele dependem mas também todos os comerciantes que deixam de lhe vender produtos, todos os serviços públicos que dependem dos impostos e taxas que deixam de ser pagos, e assim sucessivamente – sendo este ponto da *pauperização* um daqueles em que mais agudamente se podem sentir as consequências da interdependência económica –. Insistamos: se o desemprego de longa duração é em primeira linha um problema de justiça, ele não é menos um problema de eficiência, seja um problema quanto à ineficiência que o faz surgir, seja um problema quanto às ineficiências que provoca, o desperdício em que se traduz, o empobrecimento colectivo que acarreta. Se não houvesse desempregados de longa duração estaríamos *todos mais ricos*, literalmente.

Como melhor veremos adiante, a matriz analítica da Macroeconomia gravita em torno de um pressuposto

---

[4168] Sobre a exclusão social no âmbito da União Europeia, veja-se a antologia: Mayes, D.G., J. Berghman & R. Salais (orgs.) (2001).

[4169] Há várias formas de demonstrar a existência de correlações relevantes entre a desigualdade provocada pelo desemprego prolongado e os níveis de crime violento numa sociedade: seja estabelecendo uma correlação directa entre as estatísticas do crime e o Coeficiente de Gini, seja avaliando o impacto exógeno do desemprego prolongado e da pobreza, entre tantas outras possibilidades. Cfr. Fajnzylber, P., D. Lederman & N. Loayza (2002), 1-40.

[4170] Sobre o impacto psicológico do desemprego, cfr. Darity, W.A. & A. Goldsmith (1996), 121-140.

[4171] Mais especificamente sobre o pesadíssimo efeito negativo do desemprego crónico nos «índices de felicidade», cfr. Frey, B.S. & A. Stutzer (2002), 107.

[4172] Grogger, J. (1992), 100-106; Grogger, J. (1995), 51-71; Waldfogel, J. (1994), 62-81; Waldfogel, J. (1994b), 103-119; Freeman, R.B. (1995), 171-191.

[4173] Daag, P.K. (1991), 578-585; Levitt, S.D. & L. Lochner (2001), 327-373; Sampson, R. & J. Laub (1993); Wilson, J.Q. & R.J. Herrnstein (1985).

[4174] Grogger, J. (1998), 756-791.

[4175] Sherman, L.W. (1997), 327-348.

[4176] Levitt, S.D. (1998b), 1156-1185.

[4177] Jacob, B.A. & L. Lefgren (2003), 1560ss..

[4178] Tem havido um debate sobre o alcance destes efeitos auto-perpetuadores, dispersando-se a análise por diversos planos, como por exemplo o da duração do desemprego como «sinal», o do «desencorajamento» e abandono do mercado laboral, o da degradação do capital humano em função da duração do desemprego, etc.. Cfr. Decreuse, B. & V. di Paola (2002), 197-227.

de pleno emprego – mas essa ostensiva simplificação, similar nesse propósito ao paradigma da concorrência perfeita, visa apenas fornecer um quadro geral no qual alegadamente tudo funcionaria na perfeição, sem desperdícios, sem ineficiências, para depois se poder aferir, em termos de grau de afastamento desse padrão óptimo de funcionamento, a extensão e gravidade dos problemas que podem afectar a economia nos seus valores agregados, começando por este problema central da não afectação plena de recursos pelo todo da actividade económica.

Entender-se de outro modo seria sugerir a perfeita inutilidade da abordagem macroeconómica e a perfeita benignidade dos problemas formulados nessa abordagem, embora magro consolo fosse, para as vítimas de desemprego ou de inflação, responder-se que tudo seria solucionado no longo prazo – ou, para retomarmos a observação de Maynard Keynes, responder aos pedidos de socorro de náufragos numa tempestade com a observação de que *"depois da tempestade, vem a bonança"* –.

Como pode, pois, ocorrer uma situação que, para lá de ser individualmente cruel e colectivamente ineficiente, parece além disso não poder dever-se senão a uma deliberação intencional? Como pode a sociedade consentir nela? Como pode a economia provocá-la, evitá-la, ou adequar-se às suas consequências, na eventualidade de ela se revelar inevitável? Tal o problema macroeconómico do desemprego, que é atribuível a uma variedade de causas, nem todas domináveis por uma deliberação, seja ela maléfica ou benéfica, e que pode também assumir uma variedade de formas, seja a forma eventual resultante de um «choque exógeno», seja a forma cíclica que acompanha as flutuações de curto prazo no PIB, seja até a forma mais permanente ou estrutural de desemprego, correspondente a uma tendência evolutiva de longo prazo que é o centro de gravidade das oscilações cíclicas da taxa conjuntural de desemprego.

19 – a) A taxa de desemprego

Uma questão prévia que pode ser suscitada respeita à definição do que possa entender-se por desemprego – mesmo que nos restrinjamos ao desemprego que se refere ao factor produtivo trabalho.

Normalmente, entender-se-á que está desempregada a pessoa que, estando disposta a trabalhar e procurando activamente um emprego, não encontra uma colocação minimamente compatível com as suas capacidades

ou habilitações, ou, tendo-a encontrado, não deu início ainda à sua actividade. Essencial é que a pessoa esteja disposta a trabalhar, pois há pessoas que não trabalham e não *querem* trabalhar – no sentido específico de que não se dirigem ao mercado de factores produtivos à procura de uma remuneração do seu esforço.

Um estudante dedicado pode desenvolver muito mais esforço, em termos de desgaste e de horas, do que muitos trabalhadores, mas como não se dirige ao mercado de factores *enquanto estudante*, nessa condição ele não se encontra nem empregado, nem desempregado. Já vamos ver de seguida que a fronteira entre desemprego e inactividade é ténue e nebulosa e frequentemente atravessada em ambos os sentidos – pelo que a indicação da taxa de desemprego nem sequer revela tudo o que respeita à motivação individual de participação no esforço produtivo, ou à curvas de indiferença entre trabalho e lazer[4179].

Numa sociedade minimamente civilizada e organizada o trabalho infantil encontra-se proscrito e é reprimido, pelo que só a população adulta é que verdadeiramente conta para efeitos de se contabilizar o nível de emprego e de desemprego (adulta no sentido particular de ter idade socialmente aceite para trabalhar, o que muitas vezes se aceita que sejam os 15-16 anos ou a idade correspondente em média ao final da escolaridade obrigatória, não coincidindo necessariamente, pois, com a maioridade em termos jurídicos). Daquela população adulta temos que subtrair aqueles que se afastam, por sua vontade, por imperativos vários ou por força de convenções sociais, do mercado de trabalho – estudantes, donas de casa, reformados –, e encontraremos a «população activa», ou «força de trabalho», sendo que a proporção dessa população activa para o total da população adulta aparece geralmente designada como «taxa de actividade» ou «taxa de participação da população activa (no mercado de emprego)».

Tendo em conta estes pontos de referência, poderemos agora definir um pouco mais precisamente *desempregado* como aquele que não obtém emprego apesar de o procurar activamente, ou que se encontra afastado de um emprego ao qual tem a expectativa de regressar – por contraposição a *empregado*, que é aquele que, num período recente de referência, trabalhou, ou não trabalhou em cumprimento de estipulações contratuais ou imposições legais (férias, faltas, licenças, etc.)[4180].

Vejamos alguns dados comparativos das *taxas de actividade* em 1999[4181]:

[4179] Ryan, P. (2001), 37.

[4180] Dornbusch, R., S. Fischer & R. Startz (2004), 147.

[4181] *100 Basic Indicators from Eurostat Yearbook 2001.*

	Masculina (15-64)	Feminina (15-64)
Portugal	79,1	63
França	75,5	62,2
Espanha	76,2	48,5
Grécia	76.9	49,7
Dinamarca	85	76,1

É esta população activa que, por sua vez, é composta por empregados e desempregados: toda a população activa está disponível para trabalhar imediatamente, mas uma fracção, a que corresponde percentualmente a «taxa de desemprego», não consegue imediatamente uma colocação. Segundo dados do Instituto Nacional de Estatística (INE), no início de 2003 a taxa de desemprego em Portugal aproximava-se dos 6,4%, o que significa que cerca de 93,6% da população activa portuguesa estava empregada.

Note-se que, como a população activa é apenas uma parte da população total, os números são muito diferentes se compararmos a população empregada com a população total: porque aqueles que não se encontram empregados podem não participar sequer do mercado de trabalho, ou, participando, encontrar-se desempregados. Recapitulando, o nível de emprego pode ser medido através:

1. da taxa de desemprego – a proporção empregada da população activa –;

2. da taxa de participação no mercado de trabalho – a proporção da população com idade de trabalhar que pertence à população activa –;

3. da relação entre emprego e total da população com idade para trabalhar – a percentagem desta população que se encontra empregada –.

Sendo que estes dois últimos valores variaram muito no século XX por causa da maciça entrada de mulheres na população activa – não apenas o aumento da sua participação na força de trabalho, mas o próprio facto de o planeamento familiar ter permitido uma gestão mais precisa das carreiras profissionais (porque, como já vimos, a disponibilidade de meios contraceptivos permite reduzir os custos de empenhamento de investimentos longos em capital humano)[4182]. Além disso, em economias nas quais o trabalho a tempo parcial está mais difundido, o aumento do trabalho feminino pode ser analisado em termos de «margem extensiva» (mais ou menos participação em número de trabalhadoras) ou de «margem intensiva» (número de horas de trabalho prestado)[4183], ainda que, na maioria dos casos a nível internacional, a opção do tempo parcial seja ultrapassada pela opção «extensiva» dos contratos a termo[4184], e por isso não sejam aproveitadas todas as suas virtualidades (por exemplo, para minimizar a «armadilha da pobreza» que possa acompanhar o ingresso de mães solteiras no mercado de trabalho)[4185].

Por outro lado, o desemprego afecta diversos grupos sociais de forma desigual: vimos que a taxa de activi-

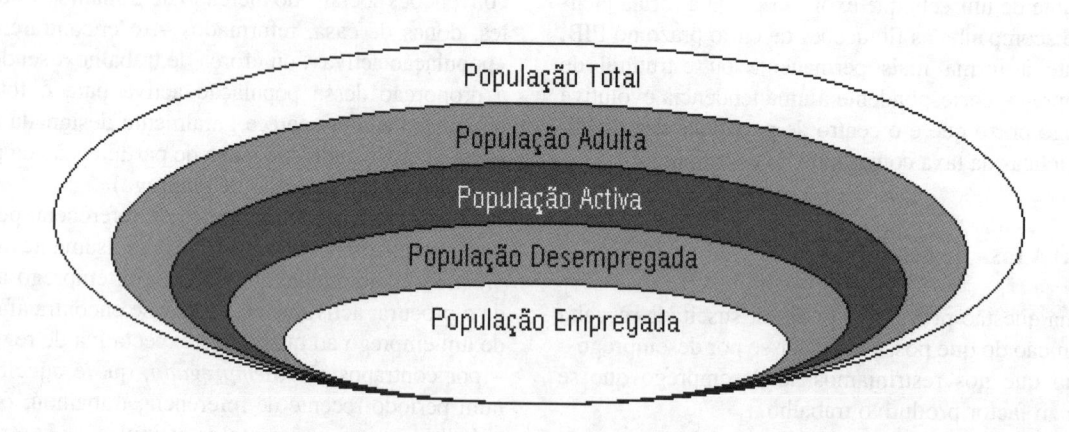

Gráfico 19.1. *Categorias relativas ao emprego*

[4182] Goldin, C. & L.F. Katz (2000), 461.

[4183] Meyer, B.D. (2002), 373; Heckman, J.J. (1993), 116-121; Kimmel, J. & T.J. Kniesner (1998), 289-301.

[4184] Meyer, B.D. & D.T. Rosenbaum (1999).

[4185] Meyer, B.D. (2002), 378; Browning, E.K. (1995), 23-43; Dickert-Conlin, S., S. Houser & J.K. Scholz (1995), IX, 1–50; Liebman, J. (2001), 196-233.

dade é muito superior para os homens do que o é para as mulheres, o que se explica pelo facto de haver muito mais mulheres do que homens que se afastam voluntariamente do mercado de emprego, muito frequentemente em razão da maternidade, sendo que mesmo essa diferença tem vindo a esbater-se ao longo dos anos, com o aumento progressivo da taxa de participação das mulheres; mas uma vez integradas na população activa, as mulheres passam a registar taxas de desemprego que não são muito superiores às dos homens – em Portugal e em 1998, a taxa de desemprego de 5,2% correspondia a 4,1% de desemprego para os homens e a 6,4% de desemprego para as mulheres –. O desemprego afecta ostensivamente sobretudo os mais jovens, aqueles que procuram o primeiro emprego, quando as estatísticas oficiais não sucumbem à tentação de ocultarem esse desemprego excluindo da população activa aqueles que pela primeira vez acedem ao mercado de trabalho[4186].

Vejamos alguns dados comparativos das taxas de desemprego em 1999 (A – Total, B – Abaixo dos 25 anos[4187], C – Masculino, D – Feminino)[4188]:

	A	B	C	D
Portugal	4,5	9	3,9	5,2
França	11,3	24,2	9,6	13,3
Espanha	15,9	29,5	11,2	23
Grécia	11,7	31,6	7,5	17,8
Luxemburgo	2,3	6,8	1,7	3,3

Convém deixar bem claro que ocorrem imperfeições na medição da taxa de desemprego, sobretudo devidas à aludida fluidez da fronteira entre desemprego e exclusão da população activa; se, dentro do total de desempregados em Portugal no início de 2001, só 1,9% (ou seja 0,076% da população activa) eram desempregados de longa duração, desempregados há mais de 12 meses, isso não significa de modo algum que tantas situações protraídas de desemprego se tenham resolvido pela admissão em postos de trabalho das pessoas afectadas, e bem pelo contrário, mais sombriamente, que muitos desempregados desistiram de concorrer no mercado de trabalho e se retiraram da população activa – melhor, foram «excluídos» dela[4189] –, para sobreviverem numa multiplicidade de situações, que vão da indigência absoluta à dependência económica total em relação a um trabalhador ou a um núcleo familiar, passando por diversas situações de recurso a «rendimentos garantidos» e a transferências em espécie: numa situação, pois, ainda abstractamente mais desesperante e socialmente corrosiva do que a do desemprego prolongado, visto que o desempregado não perdeu ainda a esperança de integração, e a sua presença assegura – para bem e para mal – condições concorrenciais no mercado de emprego. Trata-se de uma situação que convém distinguirmos daquela outra de afastamento temporário da população activa, que pode resultar das mais diversas causas e responder aos mais variados incentivos, incluindo puros incentivos económicos[4190].

A situação porventura mais grave de todas, a do *desencorajamento* do desempregado que se afasta do mercado dos factores e se exclui do jogo da economia – presumivelmente excluindo-se também do jogo social e adoptando práticas anti-sociais –, teria, pois, o resultado paradoxal de melhorar as estatísticas do desemprego: e assim, por exemplo, em momentos recessivos nos quais diminuísse a taxa de participação da população activa, a taxa de desemprego pareceria diminuir também!

Além disso, a relativa insignificância do número de desempregados de longa duração não significa que eles não tenham um peso desproporcionadamente elevado nas taxas de desemprego: para darmos um exemplo, se houver 50 desempregados por uma semana e um só

[4186] Para se calcular o impacto do desemprego em cada grupo social, recorre-se a uma «ponderação de Perry» da taxa de desemprego, que leva igualmente em conta o efeito discriminado do impacto da inflação. Cfr. Perry, G. (1970), 411-448.

[4187] Desemprego juvenil por níveis de escolaridade:

	1998	1999	2000	2001
Básico 1.º / 2.º Ciclos	8,3	7,1	8,3	8,1
Básico 3º Ciclo	10,5	8,9	8,4	9,7
Secundário	12,3	9,3	9,1	9
Superior	14,5	11,2	10	13,4

Cfr. Banco de Portugal (2002), 132.

[4188] *100 Basic Indicators from Eurostat Yearbook 2001.*

[4189] Fallick, B.C. (1996), 5-16.

[4190] Basta pensarmos que se os subsídios à pobreza não são muito inferiores ao subsídio de desemprego e são mais duradouros do que este, poderá haver incentivo para o abandono ostensivo do mercado de trabalho, por «subsídio-dependência». Cfr. Card, D. & W.C. Riddell (1993), 149-189.

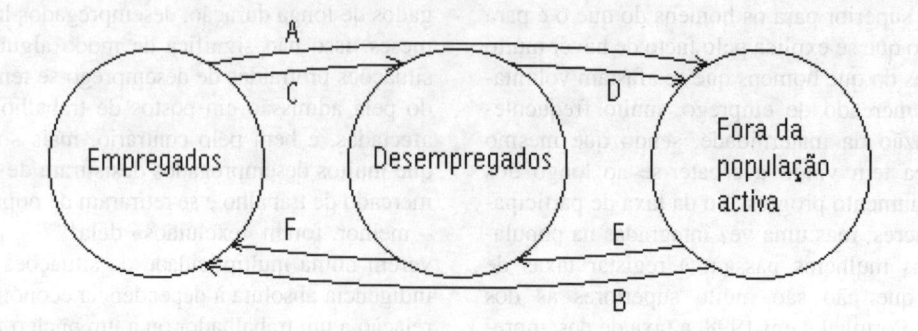

Gráfico 19.2. *Movimentos no mercado de trabalho*

A: abandonos de mercado, reformas (os que morrem, os que desistem do mercado de trabalho, os que atingem a idade da reforma, os que abandonam temporariamente o mercado de trabalho para prosseguirem finalidades pessoais ou familiares, os que emigram)

B: entradas e reentradas no mercado (os que terminam a escolaridade e ingressam pela primeira vez no mercado de trabalho, os que regressam ao mercado depois de ausências voluntárias, os imigrantes)

C: despedimentos

D: abandonos de mercado

E: entradas e reentradas no mercado

F: admissões

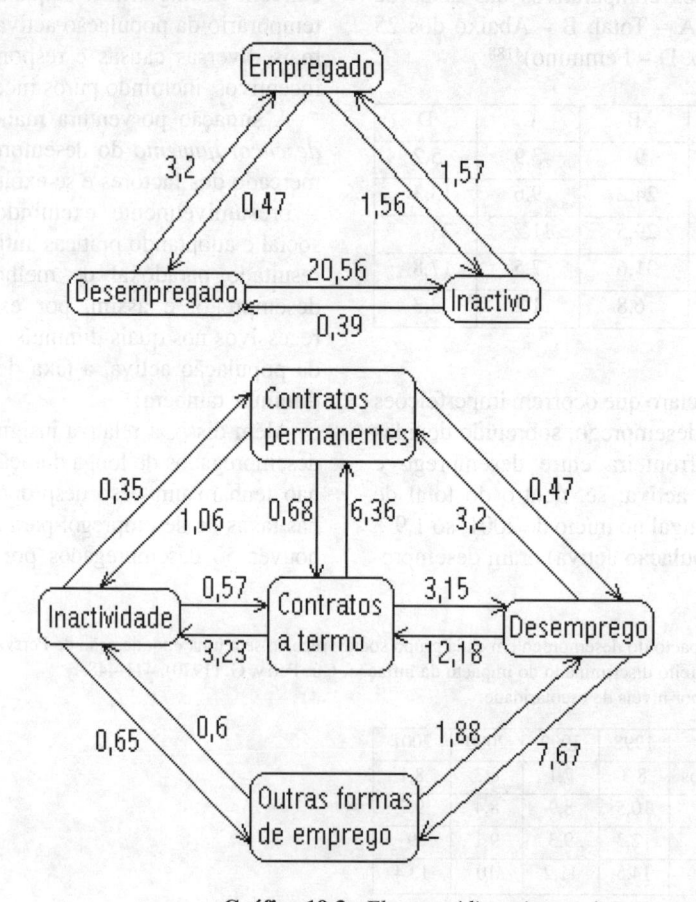

Gráfico 19.3. *Fluxos médios trimestrais no mercado de trabalho português em 2001 (percentagens dos valores de origem)*[4191]

[4191] Banco de Portugal (2002), 130.

desempregado de longa duração, este pesa mais no cômputo total para cálculo da taxa, pois só ele «vale» 52 semanas de desemprego por ano. Por isso a simples taxa de desemprego pode ocultar realidades muito diversas mas igualmente relevantes: maior ou menor proporção de desemprego de longa duração, maior ou menor duração média do desemprego, maior ou menor frequência de passagem pelo desemprego (de segurança de emprego), maior ou menor mobilidade, maior ou menor ritmo de criação de empregos, etc., sendo que cada um destes aspectos pode agudizar ou contrabalançar os outros no cômputo geral da taxa de desemprego[4192].

Por fim, as estatísticas têm demonstrado a grande variabilidade das taxas de desemprego, mormente o de curta duração, o que torna em larga medida ilegítimas as extrapolações de um determinado nível no presente para o cálculo de níveis futuros, ao menos com um grau aceitável de precisão. Essas imperfeições de medição – mais a mais quando elas concorrem com imprecisões terminológicas[4193] – não são facilmente remediáveis, nem sequer por recurso a convenções internacionais, visto que a inclusão e a exclusão na população activa depende em certa medida de uma interpretação de intenções e de atitudes que variam de pessoa para pessoa, e são dificilmente generalizáveis.

19 – a) – i) A taxa natural de desemprego

A taxa de desemprego vai variando ao longo do tempo, com oscilações em torno de uma tendência evolutiva geral – sendo que se designa por «desemprego cíclico» esse fenómeno de variação dos valores da taxa de desemprego para cima e para baixo de um valor central por causa da oscilação das variáveis económicas de curto prazo, e se designa por «taxa natural de desemprego» esse mesmo valor central, um valor de equilíbrio para o qual tendem as oscilações de curto prazo na taxa de desemprego[4194].

Adiantemos, muito sinteticamente, que as flutuações cíclicas no nível de emprego resultam de movimentos agregados de criação e destruição de postos de trabalho, de «crises de ajustamento» entre oferta e procura no mercado dos factores[4195], com repercussões

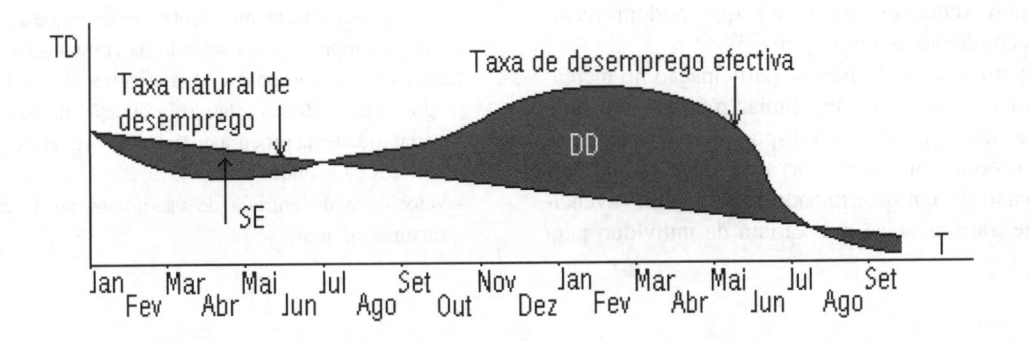

Gráfico 19.4. *Evolução de curto prazo da taxa de desemprego*

TD: Taxa de desemprego   SE: sobre-emprego (de desequilíbrio)
DD: desemprego de desequilíbrio   T: passagem do tempo

4192 E podem também advertir-nos para o facto de algumas medidas de combate ao desemprego serem muito menos eficientes do que parecem: por exemplo, a maior protecção de emprego pode reduzir a frequência do desemprego, mas aumentar em compensação a respectiva duração média (cfr. Blanchard, O. & P. Portugal (2001), 187, 205), embora não se consiga também aqui ser conclusivo, como pode comprovar-se pelo facto de dois países com iguais níveis de protecção de emprego, como por exemplo Portugal e Espanha, terem há muito taxas de desemprego muito diversas (cfr. Blanchard, O. & J.F. Jimeno (1995), 212-218; Bertola, G. (1990), 851-879; Bertola, G. & R. Rogerson (1997), 1147-1171; Blanchard, O. & J. Wolfers (2000), 1-33; Boeri, T. (1999), 65-89; Bover, O., P. Garcia-Perea & P. Portugal (2000), 379-428; Davis, S.J., J.C. Haltiwanger & S. Schuh (1996); Foote, C.L. (1998), 809-834; Lazear, E.P. (1990), 699-726; Leonard, J.S. (1987), 141-163; Mortensen, D.T. & C.A. Pissarides (1994), 397-415; Mortensen, D.T. & C.A. Pissarides (1999), 1171-1228; Nickell, S. (1997), 55-74).

4193 Veja-se Rogerson, R. (1997), 74, que dá o exemplo da fundamental equivalência de expressões de desemprego, como: "*long run = frictional = average = equilibrium = normal = full employment = necessary = steady state = lowest sustainable = efficient = Hodrick-Prescott trend = natural*".

4194 Araújo, F. (2001c), 204ss..

4195 Davis, S.J., J.C. Haltiwanger & S. Schuh (1996). Para o caso particular do mercado de trabalho, cfr. Hamermesh, D.S. (1989b), 51-59; Jacobson, L.S., R.J. LaLonde & D.G. Sullivan (1993), 685-709; Topel, R.H. (1990), 181-214.

dinâmicas – no sentido de que o processo é auto-sustentado, e tende a perpetuar-se sem reequilíbrio necessário[4196], existindo uma tendência para a destruição de emprego em momentos de recessão que parece não ter uma perfeita contrapartida na criação de emprego em momentos de expansão[4197].

Essa «taxa natural» começa por ter algo a ver com o desemprego de curta duração, já que, como referimos, esta forma de desemprego é geralmente o reflexo benigno da mobilidade dos trabalhadores e dos ajustamentos contratuais requeridos pela optimização dos resultados da relação laboral – pelo que a circunstância de não haver sequer esta forma de desemprego significaria que todos os trabalhadores teriam «estagnado» nos seus empregos e que todos os empregadores teriam desistido de proceder a optimizações do processo produtivo através de reafectações dos recursos laborais[4198].

As oscilações em torno dessa «taxa natural» poderão resultar das simples oscilações macroeconómicas de curto prazo, mas sobre elas podem adensar-se outros factores de turbulência, seja a disparidade entre as condições efectivas de mercado de trabalho e as condições para ele esperadas, sejam os jogos de poder entre «redes de influências» que entre elas «arbitram» as atitudes maximizadoras de trabalhadores e de empresários, sejam «choques exógenos» que podem recair sobre as condições de emprego[4199/4200].

Lembremos que a decisão de participação no mercado de trabalho há-de ter um limiar mínimo, em tudo similar ao limiar genérico da disposição de vender que assinala o ponto inferior da curva da oferta, e que portanto abaixo de um determinado salário – um «vencimento de transferência» que variará de indivíduo para indivíduo – não existe sequer disposição de trabalhar, de dedicar ao esforço produtivo qualquer número de horas.

Existir uma «taxa natural de desemprego» – que há-de ser calculada pela média da taxa de desemprego ao longo da totalidade de um período cíclico, multiplicada pela duração média do desemprego – significa que o *pleno emprego* não equivale a ausência absoluta de desemprego, mas antes mera ausência de desemprego *cíclico*, simples subsistência de desemprego friccional e estrutural ao nível daquela taxa natural.

A «taxa natural» é pois – algo paradoxalmente na sua formulação – o nível de desemprego do *pleno emprego*, o nível ao qual oferta e procura de trabalho se *equilibram* globalmente. Ora, tal como no processo de crescimento económico o PIB *real* oscila em torno do PIB *potencial*, também a taxa de desemprego *efectiva* gravita em torno da *taxa natural de desemprego*. Quando estas duas taxas coincidem, coincidem também o PIB real e o PIB potencial; quando a taxa de desemprego ultrapassa a taxa natural, o PIB real está aquém do PIB potencial; e quando a taxa de desemprego é inferior à taxa natural, o PIB real está para lá do PIB potencial – e há sobrecarga de recursos, abuso da capacidade produtiva representada no PIB potencial[4201].

Um pouco mais tecnicamente, diríamos que a taxa natural de desemprego é o resultado da combinação de cinco factores, os dois primeiros relativos à frequência do desemprego, os três últimos relativos à duração do desemprego:
– variabilidade da procura de trabalhadores entre os vários sectores da economia;
– velocidade de entrada de candidatos ao 1º emprego;
– factores cíclicos;

[4196] Andolfatto, D. (1996), 112-132; Blanchard, O. & P. Diamond (1989), 1-60; Blanchard, O. & P. Diamond (1990), 85-155; Caballero, R.J. (1992), 1279-1292; Caballero, R.J. & M. Hammour (1994), 1350-1368; Davis, S.J. & J.C. Haltiwanger (1990), 123-168; Hall, R.E. (1991), 17--47; Hamilton, J.D. (1988), 593-617; Hosios, A. (1994), 124-144; Mortensen, D.T. (1994b), 1121-1142; Mortensen, D.T. & C.A. Pissarides (1994), 397-415.

[4197] Davis, S.J., J.C. Haltiwanger & S. Schuh (1996).

[4198] Dornbusch, R., S. Fischer & R. Startz (2004), 101. Veremos também adiante que a ideia de que existe uma taxa natural de desemprego implicará que os esforços de combate ao desemprego podem converter-se, a partir de um certo limiar, em simples geradores de inflação, sem qualquer consequência já na diminuição do desemprego efectivo.

[4199] Bhaduri, A. (2002), 357-366.

[4200] Essas oscilações são facilmente detectadas em indicadores do mercado de trabalho em Portugal:

	1997	1998	1999	2000	2001
Variação das remunerações nominais	5,6	6,4	5,3	6	5,8
Variação das remunerações reais	2,5	3,6	2,9	2,9	1,2
Variação do emprego	1,9	2,3	1,8	1,7	1,6
Taxa de desemprego	6,7	5	4,4	4	4,1
Taxa de participação (15-64 anos)	68,5	70,1	70,6	71,1	71,8

Cfr. Banco de Portugal (2002), 123.

[4201] Sobre a evolução comparativa das taxas efectivas e da taxa natural de desemprego em Portugal desde 1953, cfr. gráfico 54 em: Mateus, A.M. (2001), 174.

– factores de estruturação e informação no mercado de emprego;
– factores demográficos[4202].

Voltaremos adiante a esta questão da *taxa natural de desemprego*, mormente quando tivermos que considerar a sua compatibilização com objectivos de combate à inflação.

19 – b) Tipos de desemprego

No que respeita ao desemprego, nem tudo é benigno ou resultante de uma deliberação optimizadora, como vimos: há razões estruturais e profundas para a ocorrência e recorrência de fenómenos de desemprego, tanto de curta como de longa duração, e portanto causas susceptíveis de desencadearem as nefastas consequências económicas, sociais, psicológicas, humanitárias, que podem ser associadas ao desemprego de longa duração e à exclusão social.

Pensemos no facto de mesmo o desemprego de curta duração, aquele que é habitualmente tido pela forma benigna de desemprego, poder ter consequências muito graves para a pessoa atingida e sua família – porque o seu rendimento corrente pode não lhe ter permitido aforrar, e agora a sua situação de falta de rendimento pode vedar-lhe o acesso ao crédito, dado o fenómeno de «racionamento de crédito» a que os intermediários financeiros recorrem para fugirem eles próprios dos efeitos da selecção adversa[4203].

– Suponha-se que um trabalhador tem ainda à sua frente uma perspectiva de mais 30 anos de vida activa, e que se encontra desempregado por 3 meses; mesmo partindo-se do princípio de que o seu rendimento não aumentaria no resto da sua vida activa, bastar-lhe-ia pedir emprestados os fundos correspondentes ao seu nível habitual de consumo nesses 3 meses, pois esse montante poderia ser facilmente pago através de um esforço que representaria pouco mais de 1/ 120 do seu rendimento mensal (1 / 120 = 3 meses / 360 meses). Contudo, no momento de pedir o empréstimo ele encontra-se desempregado, sem rendi-

mento corrente, e por isso pode acabar por ser vítima do «racionamento de crédito».
– Claro que uma das tarefas da política macroeconómica poderá ser a de evitar ou reduzir esse «racionamento de crédito», sobretudo através de uma política monetária expansionista que reduza o «custo do crédito» e contrabalance o risco do mutuante, e isso não apenas para resolver os problemas mais imediatos dos desempregados excluídos do crédito bancário, mas também para evitar colapsos de selecção adversa que se transformassem em «armadilhas do desenvolvimento económico»[4204].
– Dependendo da configuração concreta da respectiva elasticidade-rendimento, o desempregado que entra na «ladeira da exclusão» pode ver-se confrontado com um círculo vicioso em que até o seu capital humano e a sua saúde são sacrificados, e através deles começam a externalizar negativamente para a sociedade como um todo – razão pela qual têm aqui a máxima relevância e urgência os mecanismos redistributivos, que neste contexto passam a ser uma salvaguarda da própria prosperidade colectiva (dos níveis agregados de consumo e de investimento)[4205].

Genericamente, dir-se-á que a causa básica para a existência de desemprego a nível macroeconómico – ou seja, de desemprego com alguma disseminação e peso nos valores estatísticos – é a ineficiência e lentidão do ajustamento dos salários às variações na oferta e na procura de trabalho no respectivo mercado, do que resulta que por períodos mais ou menos prolongados, o tempo que levar a regressar-se a um equilíbrio de longo prazo, a relativa imobilidade dos salários – a sua «viscosidade», se *não* quisermos usar a originalíssima alternativa de Akerlof[4206] – manterá as remunerações efectivas a um nível superior ao de equilíbrio de mercado, e assim fará com que a oferta de mão-de-obra pelos trabalhadores exceda as vagas de emprego, ou seja, a procura de trabalhadores pelas empresas (ou ao menos pelas empresas que se encontram já nos seus limites de capacidade)[4207].

Trata-se de um ponto melindroso quanto às suas implicações jurídicas, porque é comum atribuir-se às leis laborais uma parte importante de responsabilidade

---

[4202] Baker, M. (1992), 313-321.

[4203] Dornbusch, R., S. Fischer & R. Startz (2004), 376, 429-430.

[4204] Espinosa-Vega, M.A., B.D. Smith & C.K. Yip (2002), 32-68.

[4205] Aghion, P., E. Caroli & C. García-Peñalosa (1999), 1615-1660; Bardhan, P., S. Bowles & H. Gintis (2000), 541-603; Deaton, A. (2003), 128.

[4206] Akerlof sustenta que existe uma margem de liberalidade, de dádiva, na relação laboral: os empregadores pagam aos trabalhadores acima do custo de oportunidade do trabalho, e os trabalhadores reciprocam com a oferta de um nível de trabalho que é em média superior ao esforço mínimo (esforço mínimo que o modelo puramente hedónico do «menor esforço» diria corresponder sempre à atitude mais racional da parte do trabalhador); retirando Akerlof a conclusão de que essa seria a razão pela qual alguns empresários demonstram relutância em baixar os salários num momento de recessão, contribuindo para a «viscosidade», como tem sido estatisticamente comprovado. Cfr. Akerlof, G.A. (1982), 543-569; Fehr, E. & S. Gächter (2000), 172.

[4207] Inderst, R. & A. Wambach (2002), 525-548.

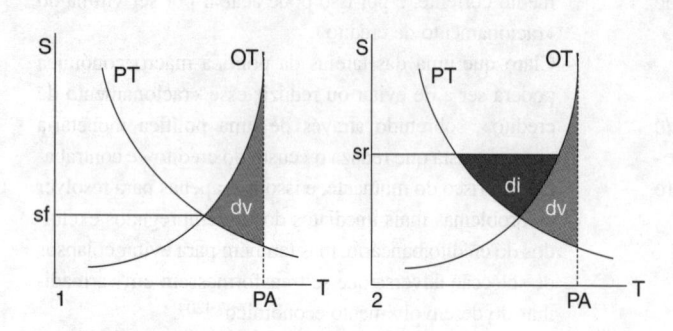

Gráfico 19.5. *Desemprego voluntário e involuntário*

1: situação de flexibilidade salarial e de desemprego voluntário
2: situação de rigidez salarial e de desemprego involuntário
S: salários reais
T: volume de trabalho
PA: limite da população activa
PT: procura de trabalho
OT: oferta de trabalho
sf: salário flexível
sr: salário rígido
dv: desemprego voluntário
di: desemprego involuntário

pela rigidez verificada nas questões salariais, com efeitos perversos não só na eficiência adaptativa do mercado de factores às variações registadas no mercado dos produtos, mas também, em última instância, no nível de emprego: se há qualquer verdade e aplicabilidade do paradigma do «mercado eficiente» nas relações laborais, de cada vez que se afirmam ou reforçam os direitos dos trabalhadores, garantindo-lhes o emprego e reduzindo-lhes os riscos, as suas remunerações médias tenderão a baixar: não é por acaso que Portugal, com as suas tímidas reformas da legislação laboral, acabou por encontrar-se na situação de ser, neste momento, o país da União Europeia com leis mais restritivas e com salários mais baixos.

A nível macroeconómico, o problema do desemprego centra-se essencialmente nas suas manifestações *cíclicas* e *involuntárias*, no desemprego que resulta de uma quebra da procura dos produtos para os quais o trabalho contribui, e de uma concomitante quebra da procura derivada do trabalho – situação que, *ceteris paribus*, levará a uma queda do salário de equilíbrio, o salário para o qual os salários efectivamente pagos tenderão a convergir no longo prazo (por muito que tentem resistir com a sua «viscosidade»).

Se porventura os trabalhadores recusarem uma descida nos seus salários, a procura de trabalhadores retrair-se-á ao nível salarial que subsistir, porque se trata de um nível superior ao de equilíbrio. A situação não seria ainda especialmente grave se, perante a rigidez salarial, se avançasse para a solução do *subemprego*, isto é, se se convencionasse distribuir generica e uniformemente o impacto da quebra da procura de mão-de-obra, comprometendo-se cada trabalhador a trabalhar menos horas (a «margem intensiva» de que falá-

mos há pouco). Todavia, não é isso que sucederá normalmente: os trabalhadores já empregados não recuam da defesa das suas remunerações nem do número de horas de trabalho – a base de cálculo das suas remunerações –, pelo que acaba por assistir-se a um fenómeno de racionamento, típico daquelas situações de interferência nos preços que também já analisámos: alguns conseguem manter intactas as suas posições laborais e as suas remunerações, mas à custa da carência absoluta de outros, nomeadamente daqueles que estariam dispostos a trabalhar ao salário de equilíbrio, mas se encontram afastados do mercado de trabalho porque o salário não desce até ao seu nível de equilíbrio.

O desemprego é *involuntário* porque ninguém o deseja[4208]:

– nem aqueles que deixam de procurar os produtos que asseguram o ganha-pão de outrem;
– nem aqueles que se apegam aos seus rendimentos e não querem suportar os efeitos da contracção do mercado – não devendo esquecer-se que, como já vimos, terá sido já por aversão ao risco que aceitaram remunerações relativamente baixas a troco de uma segurança na obtenção de rendimentos que lhes foi implicitamente garantida pelo empregador através do contrato (a ideia do «contrato implícito») –;
– nem aqueles que desejariam trabalhar e não encontram vagas com as remunerações que naquele momento vigoram no mercado.

E é também *involuntário* porque tende a perdurar através de factores de auto-perpetuação que o acompanham – e isto independentemente da flexibilidade do quadro institucional e jurídico, note-se[4209] –, seja a exclusão social e a perda das aptidões laborais que vão

---

[4208] Em bom rigor, as fronteiras entre o que é voluntário e involuntário são flutuantes: por exemplo, aquilo que para Keynes era desemprego voluntário é hoje desemprego involuntário para alguns neo-keynesianos, sobretudo os subscritores das teorias dos «salários de eficiência» e das teorias dos «insiders – outsiders». Cfr. Rivot, S. (2001), 121-144.

[4209] Visto que a rigidez pode resultar toda ela do comportamento individual de trabalhadores e de desempregados. Cfr. Klimovsky, E.A. (2002), 17-34.

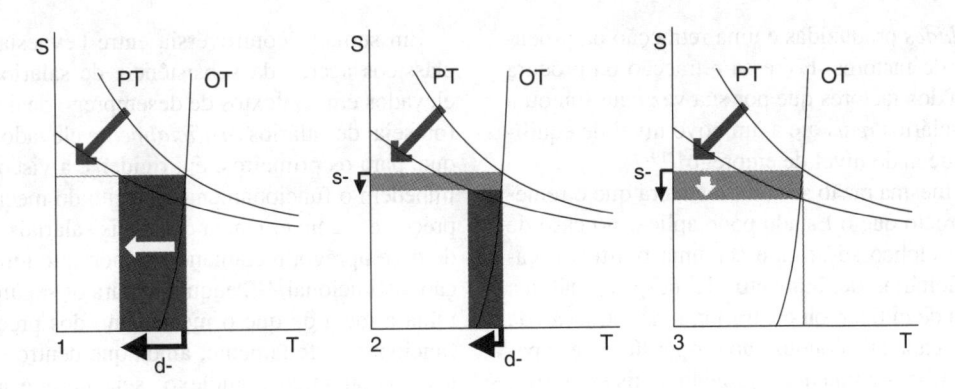

Gráfico 19.6. *Retracção da procura de trabalho, viscosidade salarial e desemprego*

1: rigidez salarial (desemprego máximo)
2: viscosidade salarial (provoca menos desemprego)
3: ajustamento perfeito dos salários (não há desemprego – corresponde à «Lei de Say» de equilíbrio necessário entre oferta e procura)
S: salários reais

T: volume de trabalho
PT: procura de trabalho
OT: oferta de trabalho
d-: desemprego
s-: quebra dos salários

afastando o desempregado da competitividade no mer-cado de factores e inviabilizando o seu reingresso, seja porque os trabalhadores empregados se auto-protegem contra os abaixamentos do salário de equilíbrio que ace-lerariam a readmissão dos desempregados, tudo facto-res que contribuem para uma certa «viscosidade tempo-ral» do desemprego, para um arrastamento dos seus efeitos quando por vezes as suas causas desapareceram já, naquilo que é designado por «efeito de *histere-se*»[4210], um conceito importado da Física – a histerese designando a incapacidade de um objecto de regressar à sua posição inicial, depois de ter sido afastado dela por uma perturbação exterior – e que, aplicado aos proble-mas laborais, pode contribuir para a elevação da «taxa natural» de desemprego[4211], caso não seja compensado de «efeitos de persistência» de sentido contrário[4212].

A *histerese*, que pode ser interpretada como a elevação temporária da taxa natural de desemprego por efeito de episódios longos de desemprego elevado[4213], tem sido entendida como uma das causas dominantes do desempre-go na Europa[4214], fruto da rigidez institucional e jurídica

que amplificam os efeitos da «viscosidade salarial» – como tem sido nítido na Península Ibérica[4215] e também no resto da Europa, com valores muito variáveis[4216] mas com especial incidência em áreas em que são fracos a especialização e o investimento em capital humano[4217], ou onde se registam falhas nas políticas de emprego[4218].

E o desemprego é *cíclico* quando o que está na sua origem são as já nossas conhecidas flutuações macroe-conómicas de curto prazo, as expansões e contracções da procura agregada no mercado dos produtos. Nesse mercado dos produtos os preços manifestam também uma certa *viscosidade* – seja porque há a considerar os «custos de ajustamento», os «*menu costs*», seja sobre-tudo porque um nível de razoável competitividade nos mercados tolherá aos produtores a possibilidade de descerem os preços em resposta a uma retracção da procura, o que de resto seria para eles sumamente arris-cado em termos de suscitarem reacções dos concorren-tes –, pelo que uma retracção da procura determinará, em maior ou menor grau, no grau consentido pela menor ou maior viscosidade dos preços, uma quebra

4210 Blanchard, O. & L.H. Summers (1986), 15-78; Blanchard, O. (1991), 277-292; Lindbeck, A. (1995), 9-15.
4211 Ball, L. (1999), 189-251; Ball, L. & N.G. Mankiw (2002), 119; Blanchard, O. & J. Wolfers (2000), C1–C33.
4212 Lindbeck, A. & D.J. Snower (2001), 172.
4213 Dornbusch, R., S. Fischer & R. Startz (2004), 156.
4214 Blanchard, O. & L.H. Summers (1986), 15-77.
4215 Blanchard, O. & J.F. Jimeno (1995), 212-218.
4216 Mortensen, D.T. (1994), 189-219; Nickell, S. & B. Bell (1996), 302-308.
4217 Krugman, P.R. (1994), 49-80.
4218 Saint-Paul, G. (1995), 575-592.

nas *quantidades* produzidas e uma retracção da procura derivada de factores. E é essa retracção da procura no mercado dos factores que por sua vez causará, ou a queda dos salários *reais* até a um novo nível de equilíbrio, ou a queda do nível de emprego[4219].

Por essa mesma razão se compreenderá que o remédio mais directo que o Estado pode aplicar no caso de desemprego cíclico se afigure ser uma política orçamental deficitária, de aumento da despesa pública como forma de mitigar, ou contrariar, uma retracção da procura agregada que conduza ao desperdício de capacidade produtiva – ainda que o remédio mais *poderoso*, mas menos directo, possa ser o de uma «política monetária» de manipulação das taxas de juro que conduza ao controlo simultâneo e harmónico das variáveis macroeconómicas, estimulando os outros elementos da procura agregada através de incentivos.

O facto, estatisticamente comprovado, é que os salários *reais* – o poder de compra conferido pelos salários, o quociente dos salários nominais pelo índice de preços, ou seja, os salários ajustados à inflação – tendem efectivamente a variar muito pouco, pelo que as grandes variações no nível de emprego constituirão em princípio *respostas adaptativas* a essa rigidez do nível remuneratório. Isso não impede que se verifiquem também evoluções do lado da oferta de trabalho, mais lentas como sucede com os movimentos demográficos e migratórios, ou mais rápidas como pode suceder em consequência de circunstâncias catastróficas (uma diminuição de população vitimada por um cataclismo, ou um aumento de população causado pelo súbito influxo de refugiados).

Em suma, sejam quais forem as razões profundas para a quebra na procura agregada de trabalho, o facto é que, se os salários *reais* se ajustassem eficientemente às condições de mercado, a manutenção do pleno emprego nunca seria posta em causa, pelo que podemos pacificamente assentar na ideia de que o desemprego involuntário é essencialmente um fenómeno de mercado, o resultado de um desequilíbrio nesse mercado[4220].

Em suma, a controvérsia entre keynesianos e neoclássicos acerca da subsistência de salários nominais elevados em contextos de desemprego de desequilíbrio (ou seja, de salários *artificialmente* elevados) significa que, para os primeiros, é a rigidez e a viscosidade que impedem o funcionamento perfeito do mecanismo dos preços e a convergência de níveis salariais e de níveis de desemprego, reclamando-se portanto uma rectificação institucional[4221], enquanto para os segundos predomina a ideia de que o mecanismo dos preços tende a funcionar perfeitamente, ainda que dentro de um contexto económico complexo: seja porque a oferta de mão-de-obra é muito elástica (dadas as preferências intertemporais dos trabalhadores[4222]) e por isso uma retracção da procura de trabalhadores tende a ter pouco impacto no nível salarial (e muito impacto no nível de emprego)[4223], seja porque os empregadores são forçados a oferecer implicitamente aos trabalhadores uma margem de «seguro de rendimento»[4224], seja finalmente por razões de equilíbrio geral[4225].

19 – c) Causas de desemprego de desequilíbrio

Entre as causas especificamente susceptíveis de provocarem desequilíbrios no mercado de trabalho, susceptíveis de impedirem o ajustamento perfeito e instantâneo da oferta e da procura de trabalho por intermédio do mecanismo dos preços – no caso, do mecanismo dos salários –, destacaríamos o estabelecimento de salários mínimos superiores ao salário de equilíbrio, a pressão sindical no mercado de trabalho, o recurso aos «salários de eficiência» como remédio à assimetria informativa, e as ineficiências e custos da busca de emprego.

19 – c) – i) Os salários mínimos

É-nos fácil perceber como o estabelecimento de salários mínimos acima do nível salarial de equilíbrio

---

[4219] Parece todavia que os factos não se ajustam perfeitamente ao modelo, e que em situações recessivas à queda de salários *reais* se segue muitas vezes uma recuperação desses salários reais ainda antes de terminada a situação de desemprego generalizado, acelerando o regresso ao equilíbrio de pleno emprego – não tanto por flexibilização «descendente» dos salários reais mas por queda da proporção entre salários reais e produtividade (sugerindo uma solução para o desemprego de desequilíbrio com políticas de *supply-side*»). Cfr. Batra, R. (2002), 117-138.

[4220] Não subestimemos as dúvidas e divergências, que ainda hoje subsistem, em torno da relação entre movimentos cíclicos e salários *reais*. Cfr. Keynes, J.M. (1939), 34-51; Abraham, K.G. & J.C. Haltiwanger (1995), 1215ss.; Barro, R.J. & R.G. King (1984), 817-839.

[4221] Modigliani, F. (1944), 45-88; Fischer, S. (1977), 191-205; Mankiw, N.G. & D. Romer (1991).

[4222] Yashiv, E. (2000), 1319.

[4223] A ideia é a de que o desemprego seria fundamentalmente o resultado de uma escolha do trabalhador, dadas as suas preferências intertemporais e a proporção entre salários presentes e futuros, representando em última análise um ajustamento do nível de trabalho à variação do nível salarial ao longo do ciclo económico. Cfr. Lucas Jr., R.E. & L.A. Rapping (1969), 721-754; Lucas Jr., R.E. & E.C. Prescott (1974), 188--209; Burdett, K. & D.T. Mortensen (1980), 652-672; Ham, J.C. & K.T. Reilly (2002), 905.

[4224] Barro, R.J. (1977b), 305-316.

[4225] Rogerson, R. (1988), 3-16.

pode causar desemprego, visto que esse é um exemplo clássico das repercussões da interferência no mecanismo dos preços de mercado na conjugação de oferta e procura: um preço arbitrariamente fixado acima do nível de equilíbrio provoca um excesso da oferta, visto que esse preço intercepta a curva da oferta num ponto em que as quantidades são superiores às oferecidas no ponto de equilíbrio, e intercepta a curva da procura num ponto em que as quantidades procuradas são inferiores àquelas que correspondem ao ponto de equilíbrio. E o excesso de oferta de trabalho em relação à procura do mesmo trabalho pelas empresas corresponde, muito simplesmente, a *desemprego* dessa oferta em excesso.

Note-se, contudo, que o estabelecimento de um salário mínimo genérico, para o todo da economia, só causará desemprego naqueles sectores nos quais exista um salário de equilíbrio inferior àquele salário mínimo, verificando-se ainda que existe em muitos sectores a tendência para que o primeiro emprego, ou o emprego dos mais jovens, seja remunerado com salários comparativamente muito baixos, pelo que o salário mínimo costuma afectar particularmente os jovens e aqueles que buscam o primeiro emprego – devendo ter-se presente ainda que na prática há sempre programas que resultam no pagamento legítimo de salários «sub-mínimos» (emprego a jovens, emprego precário, emprego temporário), o que por sua vez atenua os efeitos dos «salários mínimos» no nível de emprego[4226].

Em todos os demais casos esse salário não terá qualquer repercussão directa, servindo quando muito, e como vimos, de salvaguarda, como uma espécie de «seguro contra calamidades» no mercado de emprego, estabelecido a favor dos trabalhadores – ao garantir-lhes que as oscilações no salário de equilíbrio serão travadas sempre que se aproximem de um nível mínimo –, e ainda, de certo modo, um factor de «moralização» das relações laborais, remetendo implicitamente para normas sociais de justiça comutativa através da insistência na explicitação normativa de uma «valorização mínima» do trabalho[4227].

Em todo o caso, e como já sugerimos anteriormente, num tema politicamente tão «carregado» como o dos salários mínimos é de esperar que existam divergências doutrinárias fundas, e mais ainda que exista manipulação estatística para adequar os «factos» às teorias[4228] – sendo também por isso cada vez maior o cepticismo em torno da susceptibilidade de aferição rigorosa dos efeitos dos salários mínimos nos níveis de emprego[4229].

19 – c) – ii) O papel dos sindicatos[4230]

É muito frequente que no mercado de trabalho se verifique uma disparidade entre os graus de atomicidade da oferta e da procura, sendo que essa atomicidade é habitualmente maior do lado da oferta, do lado dos trabalhadores que oferecem os seus serviços a troco de um salário, o que faz com que eles sejam «*price-takers*», isto é, sejam incapazes de influenciar individualmente o nível salarial, defrontando-se frequentemente com «*price-makers*» que, do lado da procura, são capazes de, com as suas atitudes, influenciar individualmente, e decisivamente, não só o nível salarial como as demais condições de trabalho[4231]. Mais ainda, e como referimos já, a procura de um emprego significa para a maioria dos indivíduos a busca da única via de acesso possível à riqueza, a um rendimento, a um suporte da sua sobrevivência e integração social, compreendendo-se por isso que, não havendo sucedâneo para a obtenção de um emprego, não seja muito elevada a elasticidade da oferta de trabalho pelos candidatos ao emprego[4232].

Hoje é cada vez mais o Estado que toma a seu cargo a correcção dos efeitos que, dessa disparidade, possam resultar em desfavor muito pronunciado dos trabalhadores – rodeando a relação laboral de salvaguardas económicas e jurídicas que visam repor algum reequilíbrio contratual. Mas esse reequilíbrio foi em larga medida alcançado e sedimentado no Direito por pressão dos sindicatos, formas organizativas dos trabalhadores que, representando-os em negociações colectivas e assumindo formas de concertação «cartelizadas», poderiam devolver aos interesses dos seus representados algumas das vantagens da presença de oligopólios ou de monopólios num mercado – e de *eficientíssimos* «captadores de renda» no mercado de favores políticos,

---

[4226] Neumark, D. & W. Wascher (1992), 55-81.

[4227] Bewley, T.F. (1999).

[4228] Card, D. & A.B. Krueger (1995). Cfr. Kennan, J. (1995), 1950ss..

[4229] Brown, C., C. Gilroy & A. Kohen (1982), 487-528; Freeman, R.B. (1996b), 639-649.

[4230] Para uma abordagem geral do tema, veja-se a antologia: Booth, A.L. (org.) (2002).

[4231] Uma boa ilustração disso é a forma como os dirigentes desportivos e os intermediários são capazes de dispor livremente do destino dos desportistas, reduzindo-os a uma condição de semi-servidão – com as excepções dos jogadores sindicalizados, e daqueles que, tendo-se tornado em vedetas, reequilibraram o mercado em seu próprio proveito. Cfr. Kahn, L.M. (2000), 76.

[4232] Araújo, F. (2001c), 197ss.

como privilegiados «parceiros sociais»[4233], para não falarmos já nas incidências institucionais, «extra-mercado», da formação organizada de representação de interesses.

Mais especificamente, os sindicatos recobram poder de mercado, e elasticidade da oferta, para o lado dos trabalhadores, e podem retirar essa elasticidade ao lado dos empregadores com a ameaça da greve, e com a própria greve, não deixando aos empregadores nalgumas circunstâncias senão a hipótese de aceitarem as condições propostas em negociações colectivas, colocando-os perante a alternativa de perda máxima que para eles representaria a interrupção da laboração e a quebra total da produtividade.

O que especificamente nos interessa agora é que os sindicatos, dotados que são de algum poder de mercado, conseguem provocar aumentos salariais, que podem empurrar o nível salarial efectivo para um ponto acima do nível de equilíbrio, para uma situação em que o salário mais elevado incita mais candidatos a acorrerem ao mercado de trabalho, e faz os empresários retraírem a sua procura de trabalhadores – visto que os aumentos salariais são, para eles, aumentos de custos –, resultando, da combinação destes movimentos, a disparidade entre oferta e procura de trabalho que já identificámos como desemprego. Aos empregadores essa situação não interessa, e nisso a sua perspectiva converge com a dos desempregados, mas aqueles podem mesmo assim ser forçados a aceitar estes níveis salariais superiores ao equilíbrio do mercado ainda quando esse níveis superiores sejam nocivos para a rentabilidade das empresas – apenas para evitarem os danos imediatos de negociações ou greves prolongadas.

Esta nova causa de desemprego evoca mais nitidamente ainda os exemplos que demos de manipulação de preços em benefício de um grupo e em prejuízo de outro, alcançando vantagens para uns que significam carência absoluta para outros. No caso, os trabalhadores já empregados *e sindicalizados* podem alcançar, através das relações de força que são as negociações colectivas, vantagens que a simples dinâmica do mercado não lhes asseguraria, e nomeadamente salários mais elevados – mas fá-lo-ão à custa do despedimento de alguns trabalhadores, aqueles cujos salários já não sejam marginalmente suportáveis, como custos acres-

cidos, pelos empregadores, e sobretudo à custa da não-admissão de novos trabalhadores, por mais que estes sejam atraídos pela subida salarial alcançada. Em tal caso, dir-se-á que a presença dos sindicatos amplia a posição dos «*insiders*», que, em atenção aos custos do regresso ao mercado e de substituição de trabalhadores já formados que recaiam sobre o empregador, procuram mantê-lo refém, garantindo o seu rendimento e as suas regalias à custa das oportunidades de emprego dos candidatos «*outsiders*»[4234]; e evita também, mais importante porventura, que os trabalhadores sejam empurrados, por mero impulso da sua atomicidade, a desencadearem entre eles uma «guerra salarial», uma «corrida para o fundo»[4235].

De certo modo, poderá dizer-se que os sindicatos conseguem vantagens para os trabalhadores sindicalizados que são sustentadas por uma externalização de custos que recai sobre os não-trabalhadores e sobre os trabalhadores não-sindicalizados, o que por sua vez justifica que a lei se esforce por estender automaticamente aos não-sindicalizados as vantagens alcançadas pelos sindicatos – circunstância que, evitando a externalização, permite ao mesmo tempo um efeito de boleia sobre a acção dos sindicatos que praticamente destrói todos os incentivos à sindicalização, explicando por sua vez a pressão que os sindicatos exercem no sentido de obterem do poder político algumas prerrogativas extraordinárias[4236].

Não é despiciendo o efeito que a pressão política consegue alcançar na criação e manutenção de rigidez, já que ela gera «rendas» que podem ser disputadas tanto por trabalhadores como por empregadores, «rendas» que são desviadas do rendimento máximo que seria individualmente alcançável, em função da produtividade revelada, por cada trabalhador, num mercado de trabalho perfeitamente concorrencial.

Mesmo sob a fachada de propósitos redistributivos – a introdução de uma tributação progressiva que subrepticiamente instala uma «armadilha da pobreza» nos escalões mais baixos ao mesmo tempo que onera os empregadores com a admissão de novos trabalhadores, de um subsídio de desemprego que faz igualmente subir os custos e aumenta o desemprego – pode insinuar-se essa motivação imobilizadora que procura formar «rendas», ou «quase-rendas», pela exclusão de traba-

---

[4233] Pense-se, por exemplo, que um sindicato que se defronte com um empregador monopolista pode travar com ele uma guerra duopolista, mas pode também celebrar um pacto para a partilha, entre ambos, das rendas monopolísticas que tenham sido propiciadas, para o empregador, por uma política proteccionista e anti-competitiva (coligando-se ambos contra os interesses dos consumidores). Cfr. Straume, O.R. (2002), 117-134.

[4234] Lindbeck, A. & D.J. Snower (2001), 165; Lindbeck, A. & D.J. Snower (1986), 235-239.

[4235] Lindbeck, A. & D.J. Snower (2001), 165-166.

[4236] Muitas vezes, prerrogativas de imobilização do mercado e de introdução de barreiras de entrada ou saída, compensando as perdas de bem-estar (de manutenção dos trabalhadores em empregos menos do que óptimos) com alguma erradicação de riscos (aliciando-os com a maior duração média desses empregos sub-remunerados), celebrando novamente, em *aparente* benefício do universo de trabalhadores que representam, um novo «contrato implícito». Cfr. Saint-Paul, G. (2002), 672-704.

lhadores, seja a exclusão «bruta» que apenas visa restringir a oferta de mão-de-obra para fazer subir as remunerações, seja a exclusão «darwinista» dos trabalhadores menos qualificados por forma a fazer subir a média da produtividade dos trabalhadores restantes e desse modo propiciar uma elevação das remunerações de equilíbrio, seja até uma combinação dos dois tipos de exclusão.

O resto já sabemos: alcançado um determinado grau de rigidez, aqueles que dela beneficiam passam a constituir o eleitorado dos políticos que prometerem perpetuá-la – em nome de um qualquer valor grandiloquente, como é costume –, e a combinação passará até a constituir o respeitável «*status quo*» se entre os beneficiados com a rigidez estiver o nosso já conhecido votante mediano, o que tenderá a suceder, não sendo plausível admitir-se a sustentação de um regime político e económico que deixassem o votante mediano do lado dos desempregados[4237].

Numa palavra, trata-se, com a acção sindical, da formação de uma *renda* monopolista e da sua repartição pelos representados por essa força monopolista; ou, noutros casos, trata-se da captação de uma *quase-renda*, seja pela criação de desincentivos económicos à contratação de novos trabalhadores, seja pela colocação de entraves à mobilidade laboral requerida pela introdução de inovações tecnológicas no processo produtivo[4238].

Note-se que a elevação dos salários por pressão sindical provoca tanto menos desemprego quanto menos elástica for a procura de mão-de-obra, pelo que muito do esforço dos sindicatos pode dirigir-se para a formação de compromissos políticos e sociais que «amarrem» o patronato à obrigação de manter certos níveis de emprego, que reduzam a amplitude do efeito de substituição perante a contratação de trabalhadores – criando entraves às importações ou à admissão de trabalhadores estrangeiros, por exemplo – ou que incentivem obliquamente a contratação – promovendo a procura dos produtos das empresas empregadoras, ou prometendo a «paz social» a troco da manutenção de níveis de emprego –.

19 – c) – ii) – α) O declínio do movimento sindical

A evolução dos factos económicos não tem sido favorável ao incremento da sindicalização[4239]:

– em parte por causa do lento declínio do enquadramento ideológico que presidiu à maré-alta da sindicalização[4240];

– em parte por causa da perda da importância relativa dos ramos de actividade em que a sindicalização foi mais forte, como os tradicionais sectores industriais – o «sector secundário» –, em favor do sector dos serviços – o «sector terciário» – no qual o papel da sindicalização nunca foi tão proeminente, sendo hoje comum nas economias mais desenvolvidas que o grau de sindicalização não ultrapasse os 20%[4241];

– em parte porque, como referimos, muitas das vantagens asseguradas pela luta sindical são hoje universalmente garantidas pela lei.

Uma outra razão desfavorável ao protagonismo dos sindicatos é o declínio das estruturas patronais *monopsonistas* – situações de concentração industrial que chegaram ao limite da ocorrência de bairros e cidades operárias *de um só empregador* –, as quais propiciavam a formação salarial de acordo com a perspectiva do «*price maker*», que minimiza os seus custos abrindo menos vagas e oferecendo níveis salariais mais baixos do que aqueles que resultariam de um equilíbrio concorrencial entre empregadores atomísticos, visto ter à sua frente uma curva da oferta ascendente[4242], sabendo por isso que quanto mais trabalhadores contrata mais o nível salarial sobe, que o custo marginal da admissão de trabalhadores excede o nível salarial de equilíbrio[4243]. O declínio dos empregadores *monopsonistas*, em parte propiciado pelo aumento da mobilidade dos próprios trabalhadores, torna menos imprescindível a formação de um *monopólio bilateral* (ou *monopólio contrariado*) que procurasse contrabalançar a tendência monopsonista para a retracção do nível de emprego e do nível salarial, reequilibrando por essa via o mercado.

[4237] Saint-Paul, G. (2000).

[4238] Embora em contrapartida deva reconhecer-se que muitos sindicatos promovem a melhoria de habilitações técnicas dos trabalhadores que representam, sendo que isso constitui um paliativo à quebra de rendimentos que resulta da limitação do mercado laboral. Cfr. Wauthy, X. & Y. Zenou (2002), 417-436.

[4239] DiNardo, J., N.M. Fortin & T. Lemieux (1996), 1001-1044; Fortin, N.M. & T. Lemieux (1997), 77ss.; Hirsch, B.T. & D. Macpherson (1996); Troy, L. & N. Sheflin (1985).

[4240] Para uma análise da emblemática contenda entre Margaret Thatcher e os sindicatos dos mineiros britânicos no final dos anos 70, cfr. Parker, M.J. (2000).

[4241] Anderson, B.E. (2000), 213.

[4242] Sobre a tendência monopsonista para o subemprego, cfr. Lin, C. (2002), 29-35.

[4243] Isto para não falarmos no impacto do monopsónio na discriminação entre trabalhadores, na dispersão de remunerações, no sub-investimento em capital humano, etc.. Cfr. Bhaskar, V., A. Manning & T. To (2002), 155-174.

Aparentemente, o juízo económico sobre o papel dos sindicatos deveria ser desfavorável:

1. seja em termos de eficiência, porque:
   A. provocam ou agravam o problema macroeconómico do desemprego cíclico, no mínimo atrasando o processo de ajustamento das remunerações de factores ao nível de preços dos produtos, e no limite podendo bloquear até definitivamente essa possibilidade de ajustamento, se os sindicatos tiverem obtido a indexação salarial à taxa de inflação;
   B. criam dificuldades acrescidas às empresas que têm ao seu serviço trabalhadores sindicalizados, já que os seus custos sobem mais do que sucede nas empresas sem trabalhadores sindicalizados, reduzindo-lhe a competitividade;
2. seja em termos de justiça – porque, como vimos, os ganhos salariais de uns são obtidos à custa do desemprego de outros.

Por seu lado, a própria força sindical não parece poder coexistir com situações próximas da concorrência perfeita, já que nessas situações não há, para os produtores, lucros extraordinários ou rendas monopolistas que possam ser «captados» pelos sindicatos em benefício dos trabalhadores que representam, sendo que os produtores sem poder de mercado se vêem confrontados, por estritos imperativos de sobrevivência, com a impossibilidade de pagarem aos seus trabalhadores mais do que o nível salarial competitivo – já que os ganhos suplementares que o sindicato obtivesse teriam que representar aumentos de custos médios para lá do limite imposto pelo preço de mercado, implicando para os produtores a saída do mercado –.

Apesar do que fica dito, não devem subestimar-se as ineficiências e as injustiças que necessariamente decorreriam da subsistência de graves desequilíbrios negociais entre empregadores e trabalhadores – e candidatos a emprego –, nomeadamente quanto ao abaixamento dos níveis salariais até mínimos absolutos de subsistência, explorando o isolamento negocial, a assimetria informativa e a inelasticidade dos trabalhadores para provocar entre eles, e entre eles e os candidatos a emprego, uma «corrida para o fundo» em termos de condições salariais e condições de trabalho (o século XIX ilustra-o bem na Europa, o século XX ilustra-o nos países menos desenvolvidos). Por isso mesmo é que o declínio no protagonismo dos sindicatos tem provocado efeitos negativos, como o aumento das dispari-

dades salariais[4244], em parte devido à dispersão das «rendas» que a sindicalização propiciaria àqueles que reforçassem o poder monopolista dos sindicatos – facto igualmente notado nas privatizações e na desregulação[4245] – e também efeitos negativos quanto a níveis de emprego garantidos negocialmente[4246].

Além disso, os sindicatos são em larga medida formas de organização espontânea dos trabalhadores, e na medida em que sejam efectivamente representativos poupam aos empregadores muitos custos de transacção que adviriam da necessidade de comunicação entre o empregador e cada um dos trabalhadores, da necessidade de negociação e de renegociação do contrato laboral, da necessidade de coordenação de muitos aspectos periféricos da relação de trabalho. Ora se, a troco de algumas vantagens atribuídas aos sindicatos, os empregadores obtiverem destes, nas negociações colectivas, alguma informação sobre as perspectivas e interesses dos trabalhadores e algumas promessas em matéria de disciplina laboral, pode ser até que consigam livrar-se de custos equivalentes, ou até superiores, àqueles em que incorrem com as subidas salariais obtidas na negociação pelos sindicatos. Lembremos a «teoria da empresa» derivada do conceito de custos de transacção, e poderemos concluir que os sindicatos podem ser bons coadjuvantes na estruturação hierárquica dos factores produtivos.

Por último, é de não perder de vista qual a verdadeira natureza da negociação colectiva: a exploração bilateral do «excedente de eficiência» que, em princípio, para qualquer das partes deriva da subsistência e prolongamento da sua relação contratual, já que, na medida em que há muitos investimentos de capital humano que são específicos de uma empresa e são por isso irrecuperáveis no regresso ao mercado dos factores, existe para os trabalhadores um importante custo de oportunidade na transição para um novo emprego, e para a empresa um não menos importante custo de busca e de formação de novos trabalhadores – sendo, pois, que a negociação entre patrões e sindicatos tenta, no fundo, provocar um desfecho equilibrado no jogo de soma zero que é a partilha dos «ganhos do não-divórcio».

19 – c) – iii) O recurso aos salários de eficiência

Segundo a teoria dos «salários de eficiência», é compensador para as empresas pagarem salários acima do nível de equilíbrio do mercado, não apenas porque tais salários constituem um incentivo à diligência como

[4244] Freeman, R.B. (1980), 3-23; Katz, L.F. & A.B. Krueger (1991), 137-172; Lewis, H.G. (1986).
[4245] Peltzman, S. (1989), 1-41; Winston, C. (1993), 1263-1289.
[4246] Pencavel, J.H. (1991), 44ss..

também porque eles tornam os assalariados reféns (por elasticidade-rendimento) do nível de vida proporcionado pelos salários elevados e que eles não reencontram no mercado, caso sejam afastados, ou queiram afastar-se, da empresa, o que passa a funcionar como um dissuasor da negligência, um «incentivo negativo»[4247] – ampliando grandemente o «medo do desemprego», que será tanto maior, como é evidente, quanto maior for a taxa de desemprego –.

Pressupõe-se, como é óbvio, que a protecção do emprego não é tão grande que não haja risco de perda de emprego em caso de detecção de «risco moral», pois em tal caso o salário de eficiência nada incentivaria, e transformar-se-ia em pura renda que o trabalhador poderia explorar parasitariamente[4248]. Do mesmo modo, se os custos de despedimento forem elevados para o próprio empregador, de nada lhe valerá disputar os trabalhadores mais «motiváveis» numa concorrência de sector produtivo, e apenas lhe interessará evitar alguma manifestação de selecção adversa num recrutamento feito a preços de mercado[4249]; e também não parece que possa haver incentivos suplementares à eficiência se o regime remuneratório já é o do pagamento à peça[4250] ou mesmo o de pagamentos flexíveis[4251]. E não são só os salários elevados que alcançam esse objectivo, note-se, pois a existência de benefícios em espécie associados ao cargo, seguros de saúde particularmente amplos, cartões de crédito com limites generosos, automóvel de serviço, todo o tipo de *fringe benefits* que se percam com o despedimento, são também poderosos dissuasores contra o risco moral do trabalhador[4252].

No fundo, trata-se aqui de um sistema de remuneração salarial com partilha mitigada de riscos[4253], num jogo que deixa os resultados da produção mais à mercê do trabalhador, já que ele não é constantemente supervisionado (o que até pode ser inevitável em funções complexas com resultados de difícil avaliação), mas o submete a uma avaliação subjectiva susceptível de provocar uma penalização «catastrófica» para ele, tornando o espectro do desemprego num «mecanismo disciplinador»[4254/4255], isto mesmo sem considerarmos o impacto estigmatizador da própria situação de desemprego[4256]. Implicitamente, o trabalhador continua a ser isolado, em termos remuneratórios, dos riscos correntes (mormente dos respeitantes aos resultados económicos da produção), mas não o é de um risco único, resultante de uma divergência grave com os interesses da contraparte, plasmados nos objectivos do contrato[4257].

Assim, o custo mais elevado que resulta do pagamento de salários superiores aos níveis de equilíbrio de mercado pode ser mais do que compensado pelo aumento de diligência que se obtém, e pela poupança em meios alternativos que permitam assegurar essa diligência, e combater a negligência, pressupondo-se que o que se gasta em salários de eficiência é mais do que compensado pelo que se poupa em custos de supervisão[4258] – isto se se puder partir do princípio, claro está, de que a remuneração e a supervisão são fungíveis entre elas como meios de motivação do trabalhador (o que depende por sua vez da complexidade das tarefas, da assimetria informativa e dos resultantes custos de supervisão)[4259]. E com os «salários de eficiência» também pode poupar-se em custos de substituição de trabalhadores, de formação de novos empregados, na medida em que se reduza o grau de «volatilidade» dos trabalhadores, o seu abandono da empresa e o seu regresso ao mercado de trabalho, os chamados «*turnover costs*»[4260].

As vantagens nestes domínios só não são mais nítidas e susceptíveis de aferição porque, no outro extremo, surgem os problemas da avaliação da motivação e do esforço dos trabalhadores, problemas ditados genericamente pelas assimetrias informativas e pelo

---

[4247] Andreoni, J., W. Harbaugh & L. Vesterlund (2003), 893ss..

[4248] Epstein, R.A. (1984), 947-982.

[4249] Krueger, A.B. & L.H. Summers (1988), 259-294; Shapiro, C. & J.E. Stiglitz (1984), 433-444.

[4250] Chen, P. & P.-A. Edin (2002), 617-631.

[4251] Mancinelli, S. (2002), 147-183.

[4252] Gibbons, R. (1998), 115-132; Gibbons, R. & M. Waldman (1999), 2373-2437; Lazear, E.P. (1999), 199-236; Murphy, K.J. (1999), 2485--2563; Prendergast, C. (1999), 7-63.

[4253] Isso resulta do facto de os salários de eficiência serem situações em que os empregadores partilham com os trabalhadores uma parte de «rendas» acima dos seus salários de transferência, de modo a incentivá-los positiva e negativamente. Cfr. Groshen, E.L. & A. Krueger (1990), S134-S147; Prendergast, C. (1999),44ss.; Raff, D.M.G. (1988), 387-399; Shapiro, C. & J.E. Stiglitz (1984), 433-444.

[4254] Shapiro, C. & J.E. Stiglitz (1984), 433-444.

[4255] Colocando algumas reservas à eficiência do desemprego como mecanismo «disciplinador» (afinal, aquilo mesmo que Karl Marx tinha já apontado como a fonte da *passividade* dos trabalhadores face à exploração «capitalista», e que seria a ameaça com o «exército de reserva industrial», ou seja a ameaça com o desemprego), cfr. Spencer, D.A. (2002), 313-327.

[4256] Stiglitz, J.E. (1974), 5-26; Stiglitz, J.E. (1969), 1-27.

[4257] Baker, G.P. (1992), 598–614; Holmstrom, B. & P. Milgrom (1991), 24–51.

[4258] Araújo, F. (2001c), 226ss.

[4259] Allgulin, M. & T. Ellingsen (2002), 201-216.

[4260] Arnott, R.J. & J.E. Stiglitz (1985), 434-462; Arnott, R.J., A.J. Hosios & J.E. Stiglitz (1988), 1046-1066; Araújo, F. (2001c), 215.

«ruído» que circunda o cumprimento dos deveres do «comissário» e o alinhamento da sua conduta com os interesses do «comitente»[4261]:

– Por um lado, a avaliação subjectiva, aquela que está reservada ao «comitente», pode também ser distorcida por motivação do avaliador no sentido de poupar nos custos salariais – o que tem suscitado algumas propostas no sentido de se evitar essa distorção, como por exemplo o estabelecimento de cláusulas de «promoção ou despedimento» (regras *up or out*), que não permitam ao avaliador propor a compressão ou congelamento das remunerações, mas apenas a promoção ou, em alternativa, um despedimento que também implica custos para o próprio empregador (os referidos *turnover costs*)[4262].

– Por outro lado, se a avaliação subjectiva pode diminuir um pouco os efeitos do risco moral, também aqui podem verificar-se distorções como a da «compressão das classificações», o *centrality bias*[4263], ou as da complacência ou do favoritismo – levando os avaliados a despenderem muitos recursos no seu «jogo» de obtenção de favores por parte do avaliador, de forma a afastarem de si mesmos qualquer margem de risco contratual[4264], numa atitude que é mais um afloramento da conduta de «rent-seeking», uma conduta que especificamente se orienta, no caso, para a maximização das avaliações ou das reputações[4265], e com elas das remunerações, e não dos resultados[4266].

– Além disso, a avaliação cede frequentemente perante outras lógicas de incentivo, como a da competitividade e da emulação entre trabalhadores – por exemplo no uso de «concursos» como vias de promoção[4267] –, enfatizando mais os méritos relativos do que os méritos absolutos, mais a ambição «carreirista»[4268] e a avidez remuneratória[4269] (e até o egoísmo «darwinista»[4270], com ou sem consistência intertemporal[4271]) do que os valores mensuráveis da motivação e do esforço.

– Mais grave, a lógica empresarial privilegia muito frequentemente os incentivos que não têm a ver com a avaliação – como pode ilustrar-se com as diversas formas de gestão burocrática das carreiras profissionais (com remunerações rígidas, promoções por antiguidade, etc.[4272]), privilegiando o interesse hierárquico[4273] como escopo incentivador de «funcionários»[4274], descontado pelo «efeito de catraca»[4275].

Com efeito, pode admitir-se que os trabalhadores estarão tanto mais motivados quanto melhor forem remunerados, já que podem despender mais rendimento no seu lazer, na sua comodidade e saúde, na sua realização pessoal; um trabalhador saudável e feliz será, em princípio, mais produtivo do que um trabalhador infeliz e pouco saudável – sabendo-se que as baixas por doença, por exemplo, podem destruir todos os ganhos que um empregador queira alcançar através da prática de salários diminutos –. Se é verdadeira a premissa de que o empenho nas tarefas depende do nível da remuneração (o que é discutível, dada a já referida elasticidade-rendimento do trabalho), então certamente compensa pagar-se mais do que o nível salarial corrente no mercado – sobretudo se pensarmos que a motivação remuneratória pode conjugar-se com outros «diferenciais compensatórios», como por exemplo a lealdade à empresa ou o orgulho nos resultados últimos da produção, ou seja, o empenho «artesanal» na qualidade e sucesso dos produtos para os quais contribuiu[4276]. Por outro lado, não podemos subestimar, de modo algum, o

[4261] A própria comprovação empírica desta noção é algo equívoca. Cfr. Bushman, R., R. Indejikian & A. Smith (1996), 161-193; Garen, J. (1994), 1175-1199; Ittner, C., D. Larker & M. Rajan (1997), 231-255; Lambert, R. & D. Larker (1987), 85-125.

[4262] Baker, G.P., R. Gibbons & K.J. Murphy (1994), 1125-1156; Bull, C. (1987), 147-159; Demougin, D. & A. Siow (1994), 1261-1277; Kahn, C.M. & G. Huberman (1988), 423-444; MacLeod, W.B. & J.M. Malcomson (1989), 447-480; Prendergast, C. (1993), 757-770; Prendergast, C. (1993b), 523-534.

[4263] A mesma avaliação para todos, ou avaliações muito próximas, o que é profundamente desincentivador dos melhores (um ponto ao qual os melhores alunos são obviamente muito sensíveis). Cfr. Landy, F. & J. Farr (1980), 72-107; Murphy, K.R. & J. Cleveland (1991); Prendergast, C. (1999), 30ss..

[4264] Prendergast, C. (1999), 9ss..

[4265] Fama, E. (1980), 288-307; Gibbons, R. & K.J. Murphy (1992), 468-506; Meyer, M. & J. Vickers (1997), 547-581.

[4266] Allen, F. & D. Gale (1992), 1-26; Holmstrom, B. (1982), 324-340; Milgrom, P. (1988), 42-60; Milgrom, P. & J. Roberts (1988), S154-S179.

[4267] Nos termos da *tournament theory*. Cfr. Lazear, E.P. & S. Rosen (1981), 841-864; Mookherjee, D. (1984), 433-446; Prendergast, C. (1999), 33ss.; Rosen, S. (1982), 311-323.

[4268] Baker, G.P., M.C. Jensen & K.J. Murphy (1988), 593-616; Bernhardt, D. (1995), 315-339; Sattinger, M. (1993), 831-880.

[4269] Baker, G.P., M. Gibbs & B. Holmstrom (1994), 921-955; Baker, G.P., M. Gibbs & B. Holmstrom (1994b), 881-919; Ehrenberg, R.G. & M. Bognanno (1990), 74-89; Knoeber, C. (1989), 271-292; Knoeber, C. & W. Thurman (1994), 155-179.

[4270] Carmichael, H.L. (1983), 251-258; Drago, R. & G. Garvey (1998), 1-25; Lazear, E.P. (1989), 561-580.

[4271] MacLeod, W.B. (1994).

[4272] Freeman, R.B. & J. Medoff (1984); Spilerman, S. (1986), 41-102.

[4273] Lambert, R., D. Larker & K. Weigelt (1993), 438-461; Main, B., C. O'Reilly & J. Wade (1993), 606-628; Prendergast, C. (1999), 49ss..

[4274] Rosen, S. (1986), 921-939.

[4275] Gibbons, R. (1987), 413-429.

[4276] Deci, E. (1971), 105-115; Kreps, D.M. (1997), 359-365; Lepper, M., D. Greene & R. Nisbett (1973), 129-137; Staw, B. (1989).

entendimento mais simples sobre o «capital humano», a versão mais elementar sobre o que sejam «salários de eficiência», que se reporta singelamente às condições de sobrevivência dos trabalhadores, aos requisitos da sua alimentação e saúde que lhes permitem uma vida minimamente produtiva[4277] – sendo que, curiosamente, muitos estudos estatísticos demonstram a existência de correlações directas entre indícios de saúde e rendimento, como, por exemplo, entre estaturas médias e remunerações[4278].

Por outro lado, um trabalhador que não seja desincentivado de sair da empresa não só não se esforçará por alcançar ou ultrapassar os mínimos correspondentes à remuneração de equilíbrio (para não ficar refém da expectativa que se gere quanto ao seu nível habitual de esforço, o chamado «efeito de catraca»[4279]) como «regressará ao mercado» em busca de salários mais elevados ou de melhores condições laborais, provocando à empresa abandonada custos de duas ordens, por um lado a perda do capital humano que ela tenha investido no trabalhador e por outro lado o custo da menor eficiência que, até à plena adaptação e formação específica, é de esperar dos novos trabalhadores (o que mais uma vez integra o conceito de «turnover costs»).

Especialmente persuasiva quanto à adopção de salários de eficiência é uma consequência que, para a relação laboral, advém do próprio facto da divisão do trabalho: se ao empresário saísse menos dispendioso, em esforço e em tempo gasto, executar directamente as tarefas que ele comete aos trabalhadores, ele não contrataria trabalhador nenhum – pelo que esta contratação envolve para o empresário a consequência de que ele terá que confiar nas qualidades e na dedicação dos trabalhadores contratados para que sejam alcançados os resultados que deseja, já que pode ser que os trabalhadores disponham de aptidões ou conhecimentos de que ele não dispõe; e que, mesmo que assim não suceda, não lhe seria compensador empregar todo o seu tempo numa supervisão directa do esforço desenvolvido por eles, pois assim não ficaria «liberto», através da divisão do trabalho, para se dedicar às tarefas em que se

especializou (lembremos o que ficou dito a propósito da teoria das vantagens comparativas).

Contratar envolve *confiar*, e o custo da desconfiança pode ser tão elevado – visto que envolve o pôr-se em prática de estruturas de supervisão que, além de dispendiosas, podem não ser elas próprias muito fiáveis (pense-se na infiltração de margens crescentes de risco moral e de desalinhamento de incentivos em jogos com aprendizagem, em jogos repetidos e finitos[4280]) – que essa confiança pode ser reforçada mais eficazmente, com menos custos, através do mecanismo incentivador e dissuasor dos salários de eficiência[4281].

Os salários elevados reduzem, pois, o risco moral de uma divergência entre a actuação dos trabalhadores e os interesses do empregador, desincentivando o falseamento de resultados a que aqueles estariam tentados, jogando com a sua vantagem na assimetria informativa que coloca aquele em desvantagem. O falseamento de resultados, o empolamento de sucessos, o encobrimento de falhas, passa a ser menos aliciante[4282], seja porque as subidas salariais em função de resultados se tornam menos prováveis – já que a comparação com o nível inferior de salários que é praticado no mercado basta para retirar poder reivindicativo aos trabalhadores privilegiados –, seja porque a detecção de falhas e do seu encobrimento acarreta um risco de despedimento que tem agora consequências especialmente graves, envolvendo o regresso ao mercado e a perda do rendimento adicional incorporado no salário de eficiência[4283] – no fundo, uma pesada «penalização da desonestidade».

Claro que o problema do risco moral e da falta de incentivos de alinhamento dos interesses entre trabalhador e empregador poderia ser resolvido através de outros meios, porventura mais eficientes até, como o estabelecimento de uma estrita proporcionalidade entre remuneração e produtividade verificada pelos resultados, como se faz nos «pagamentos à peça» – pressupondo-se que os resultados são aferidos qualitativamente, e não apenas quantitativamente, sob pena de, na falta dessa verificação, se gerar uma nova situação de

---

[4277] Behrman, J.R. (1993), 1749-1772; Bhargava, A. (1997), 277-295; Deolalikar, A.B. (1988), 406-413; Imminck, M. & F. Viteri (1981), 251-287; Leibenstein, H. (1957b); Pitt, M.M. & M.R. Rosenzweig (1986), 153-182; Pollitt, E. (1997), 133-140; Rosenzweig, M.R. (1988), 713-762; Sahn, D. & H. Alderman (1988), 157-183; Schultz, T.P. & A. Tansel (1997), 251-286; Strauss, J. (1986), 297-320; Strauss, J. (1993), 149-172; Strauss, J. & D. Thomas (1998), 766ss..

[4278] Foster, A. & M. Rosenzweig (1993), 759-790; Friedman, G. (1982), 482-515; Haddad, L.J. & H.E. Bouis (1991), 45-68; John, M. (1988), 161-182; Margo, R. & R. Steckel (1982), 516-538; Pitt, M.M., M.R. Rosenzweig & M.N. Hassan (1990), 1139-1156; Thomas, D. & J. Strauss (1997), 159-186.

[4279] Araújo, F. (2001c), 243-244; Harris, M. & A. Raviv (1979), 231-259; Holmstrom, B. (1979), 74-91; Holmstrom, B. & P. Milgrom (1991), 24-52.

[4280] Bhaskar, V. & E. van Damme (2002), 16-39.

[4281] Isto para não falarmos já dos efeitos de contágio, de degradação da reciprocidade em retaliação, que podem advir da perda de confiança.

[4282] Pelo menos a pequena dissimulação, não ficando dissuadida a opção mais forte de corrupção pura e simples do sistema supervisor e sancionador da organização empresarial, por adulação, troca de favores e «captura» da hierarquia. Cfr. Chang, J. & C. Lai, (2002), 27-47.

[4283] Krashinsky, H. (2002), 84-96.

risco moral quanto ao trabalhador que é altamente remunerado por uma produtividade elevada *mas sem qualidade* –. Uma forma alternativa de incentivar a produtividade é, por exemplo, a atribuição de prémios a *grupos* de trabalhadores em função de resultados colectivos, o que em parte transfere para dentro desses grupos as iniciativas de supervisão e de entreajuda, já que a falha de um só dos membros repercute na remuneração de todos.

Concluamos observando que a teoria dos «salários de eficiência» tem sido fortemente controvertida[4284], sobretudo porque na sua base se encontram várias premissas equívocas[4285], algumas que remontam até a dados experimentais e psicológicos relativos a propensões para o egoísmo e para o altruísmo, e às tendências para a preguiça e para o oportunismo nas relações laborais[4286].

Lembremos, recapitulando, que embora seja relativamente fácil de imaginar, em teoria, o modo de configurar contratos que liguem a remuneração à produtividade e por isso contenham incentivos perfeitos, na prática há muitos obstáculos a que esses contratos possam ser elaborados e celebrados: pense-se, por exemplo, nas dificuldades de observação e aferição da produtividade individual em cadeias produtivas complexas, com assimetria informativa[4287] e com grande interdependência entre funções desempenhadas (com muito «ruído»); pense-se, noutro exemplo, na interferência de preocupações de formação de uma «reputação contratual» entre partes que estão, do ponto de vista formal, incompletamente vinculadas por um contrato (o papel incentivador da sedimentação de reputações de boa-fé, de fiabilidade, de empenho, com vista à continuação de relações contratuais prolongadas); pense-se também na inevitabilidade de aferições subjectivas e discricionárias insinuadas no estabelecimento de incentivos[4288] (e no potencial de injustiça, de erro e de conflito que essa inevitabilidade gera); pense-se ainda no impacto da função incentivadora das remunerações em agentes com graus diversos de neutralidade ou aversão ao risco[4289].

Mais genericamente, reconhecer-se-á que as relações contratuais duradouras geram problemas diversos, desde os problemas do risco moral, da monitorização e dos incentivos remuneratórios[4290], até uma variedade de problemas inerentes à assimetria informativa[4291] e de problemas aflorados no modelo dos jogos repetidos com aprendizagem[4292]. Pense-se de novo nos problemas de «*hold-up*»[4293], consistentes no facto de uma parte ficar refém de investimentos específicos à execução de um contrato, sem possibilidade de desinvestir ou contrair o volume dos investimentos – caso em que remédios jurídicos, de tutela da confiança e de execução específica das obrigações contratuais, devem ser considerados como instrumentos de aumento da eficiência contratual e do volume de transacções contratuais seguras[4294]. Essa aliás uma explicação adicional para a relação hierárquica que emerge das relações laborais – o facto de ambas as partes saberem o que têm a ganhar com esse «arranjo institucional»[4295], mormente quando há dificuldades de regresso ao mercado ou quando o mercado laboral funciona imperfeitamente[4296], ficando pois numa situação de «*hold-up*» recíproco.

19 – c) – iii) – α) Aversão ao risco e contrato implícito

Acontece todavia que esses sistemas remuneratórios são afastados pela aversão ao risco da maioria dos trabalhadores, que não desejam ver o seu rendimento dependente dos riscos do mercado, e não aceitariam a subordinação laboral senão em contrapartida dessa segurança no rendimento – com o resultado de que, para contratar trabalhadores, as empresas são obrigadas a generalizar o sistema de remunerações certas, mesmo sabendo que isso se traduz em dificuldades no plano dos incentivos económicos à produtividade dos trabalhadores.

Note-se também, por outro lado, que a aversão ao risco por parte dos trabalhadores faz com que tipica-

---

[4284] Idson, T.L. & W.Y. Oi (1999), 104ss.; Oi, W.Y. & T.L. Idson (1999).

[4285] Akerlof, G.A. (1984), 79-83; Fehr, E., G. Kirchsteiger & A. Riedl (1993), 437-459.

[4286] Goranson, R.E. & L. Berkowitz (1966), 227-232; Shafir, E. & A. Tversky (1992), 449-474.

[4287] Bull, C. (1987), 147-159; Klein, B. & K.B. Leffler (1981), 615-641; Kreps, D.M. (1990), 90-143; Shapiro, C. & J.E. Stiglitz (1984), 433-444.

[4288] Baker, G.P., R. Gibbons & K.J. Murphy (1994), 1125-1156.

[4289] Levin, J. (2003), 835ss..

[4290] Bernheim, B.D. & M.D. Whinston (1998), 902-932; Macaulay, S. (1963), 55-67; MacLeod, W.B. & J.M. Malcomson (1998), 388-411.

[4291] Holmstrom, B. (1979), 74-91; Laffont, J.-J. & J. Tirole (1993).

[4292] Abreu, D., D. Pearce & E. Stacchetti (1990), 1041-1063; Fudenberg, D., D.I. Levine & E. Maskin (1994), 997-1039.

[4293] Veja-se o tratamento desenvolvido em: Hart, O.D. (1995); Williamson, O.E. (1975).

[4294] Edlin, A.S. & S. Reichelstein (1996), 478-501; Grossman, S.J. & O. Hart (1986), 691-719.

[4295] Kohn, M.L. & C. Schooler (1983), 142ss.; Kohn, M.L. (1969); Kohn, M.L. (1990), 36-68; Kohn, M.L., A. Naoi, C. Schoenbach, C. Schooler & K.M. Slomczynski (1990), 964-1008; Simon, H.A. (1951), 293-305.

[4296] Bowles, S. & H. Gintis (1992), 324-353.

mente eles assumam atitudes de rigidez salarial similares àquelas que resultam das relações de poder entre patronato e sindicatos – atitudes que temos designado genericamente como «contrato implícito», e que consistem basicamente, como temos referido, na rejeição de remunerações dependentes das flutuações do mercado e na transferência de (quase) todo o risco para as empresas, as quais, seja pelo seu maior gabarito económico e pela sua maior capacidade de obtenção de fundos, seja pela sua estrutura externalizadora de riscos – através da responsabilidade limitada –, são mais capazes de resistirem às flutuações económicas[4297].

No fundo, o nosso já conhecido «contrato implícito» contém uma parte de contrato de seguro que faz com que as empresas se comportem com os seus trabalhadores *como se* lhes tivessem assegurado inicialmente uma remuneração certa, mesmo quando essa remuneração se encontra acima do nível de equilíbrio no mercado, a troco da possibilidade de contabilizarem exclusivamente a seu favor os ganhos extraordinários, os lucros – sem terem que os partilhar com os trabalhadores que para eles contribuíram – e a troco da possibilidade de pagarem aos seus trabalhadores *menos* do que o salário de equilíbrio do mercado, quando este, por alguma oscilação cíclica, eventualmente ultrapasse os vencimentos estipulados. De uma perspectiva «coaseana», dir-se-á que um trabalhador que desconhece as probabilidades de sucesso económico da empresa e um empresário que desconhece as capacidades e motivação do trabalhador tentam celebrar entre eles um «contrato óptimo» que reduza o risco e os custos de monitorização mútua do cumprimento dos pressupostos que os movem para celebrarem o contrato[4298]. De uma perspectiva «smithiana», mais cruamente se dirá que o que está implícito na relação laboral é o poder de exploração que os empregadores alcançam com a sua «cartelização» na negociação de partilha de riscos, isto porque *"Os patrões mantêm sempre e por toda a parte uma espécie de acordo tácito, mas constante e uniforme, tendente a que os salários do trabalho se não elevem para além do nível que vigora no momento"*[4299].

Em todo o caso, a teoria do contrato implícito[4300] não parece conseguir explicar satisfatoriamente porque é que por vezes as empresas alargam as suas condições contratuais aos novos trabalhadores, mesmo quando as condições de mercado estão abaixo daquelas que foram estipuladas para os antigos trabalhadores – o que pode precisamente ser explicado pela teoria dos salários de eficiência.

– Encarado de outra perspectiva, o contrato implícito é um *«modus vivendi»* entre dois jogadores que esperam que um resultado favorável da cooperação justifique a subsistência do jogo, ainda que não haja, nessa área de interesses partilhados, qualquer acordo oponível entre ambos: os empregadores implicitamente oferecem segurança e estabilidade remuneratória a troco de empenho, obediência e fidelidade dos empregados, para lá dos deveres que a própria lei, e o contrato explícito, possam estabelecer.

– De uma perspectiva algo mais técnica[4301], o contrato implícito é o fruto de um equilíbrio de negociação entre trabalhadores e empregadores sobre níveis de esforço produtivo e de remuneração (dada uma taxa marginal de substituição entre trabalho e lazer), em contextos de risco diversificável, reportados a um momento futuro no qual é possível às partes a verificação recíproca do respectivo cumprimento[4302]. O «contrato implícito» aparece geralmente ligado ao facto de os contratos explícitos serem necessariamente incompletos (por força dos custos de transacção), estabelecendo uma remuneração fixa e omitindo incentivos ao esforço, dando por isso lugar, quando falta uma predisposição cooperativa, ao «desalinhamento» de interesses entre as partes[4303], o que alguns têm mesmo interpretado como razão para disparidades na jurisdicidade prevalecente e por isso também no quadro institucional do crescimento económico[4304].

Em termos de Economia da Informação, o recurso a salários de eficiência pode ser uma defesa do empresário no momento da contratação, quando se trata de admitir alguns candidatos dentro de um universo de

[4297] Aqui entronca também, naturalmente, o facto de a empresa ser uma estrutura que se apresenta deliberadamente como alternativa ao recurso aos contratos e ao mercado – o que se coaduna perfeitamente à aversão ao risco daqueles que se integram subordinadamente nessas estruturas hierárquicas. Cfr. Prendergast, C. (2002), S115-S137.

[4298] O que até certo ponto permite explicar porque é que o regime do salariado é comum nas grandes estruturas empresariais de indústria e de serviços, enquanto que na actividade agrícola se multiplicam as formas contratuais que envolvem partilha de riscos entre proprietários e trabalhadores. Cfr. Agrawal, P. (2002), 33-61.

[4299] Smith, A. (1976b), 84 (=I, 177).

[4300] MacLeod, W.B. & J.M. Malcomson (1989), 447-480.

[4301] Rosen, S. (1985), 1144-1176; Bailey, M.N. (1974), 37-50; Azariadis, C. (1975), 1183-1202; Barro, R.J. (1977b), 305-316; Fischer, S. (1977b), 317-323; Osano, H. & T. Inoue (1991), 669-688; Beaudry, P. & J. DiNardo (1991), 665-688; Beaudry, P. & J. DiNardo (1995), 743-768.

[4302] Ham, J.C. & K.T. Reilly (2002), 912-913.

[4303] Williamson, O.E. (1985).

[4304] North, D. (1990); Fehr, E. & S. Gächter (2000), 168.

candidatos com diversas aptidões e méritos, mas faltam ao empregador os meios para apurar prévia e seguramente os melhores candidatos: num caso desses, a proposta de salários acima do nível do mercado aumenta a probabilidade de se encontrarem bons elementos no universo dos candidatos, enquanto que, inversamente, quanto menor for o salário oferecido mais aumenta a probabilidade de que só fiquem no mercado os candidatos piores, aqueles que, por qualquer razão conhecida deles próprios – mas possivelmente não do empregador –, estão dispostos a trabalhar por qualquer salário. Trata-se do risco da nossa conhecida *selecção adversa*, que faz com que uma empresa possa não tentar aproveitar o nível salarial de equilíbrio, que lhe acarreta uma probabilidade muito elevada de contratação de trabalhadores incompetentes – visto que todos os que se julgam com um valor superior a esse nível, e por isso não têm uma disposição de trabalhar àquele nível salarial, se retiram daquele mercado e se deslocam para outro sector –, e prefira praticar salários mais elevados que lhe aumentam a probabilidade de contratar bons candidatos, diminuindo a probabilidade de contratação de maus candidatos – sendo, pois, que o que é gasto a mais nos salários pode ser mais do que compensado no incremento da produtividade média (*ex ante*) dos trabalhadores admitidos –[4305].

Este último aspecto pode até entroncar na dispersão geográfica do trabalho, nos movimentos migratórios – em particular a migração «campo-cidade»[4306] – e na formação de «bolsas espaciais» de desemprego. E pode também explicar a subavaliação do trabalho em países pobres, e a forma como neles a expressão «salário de eficiência» ganha a conotação cruel de «salário que permite ao trabalhador ter a nutrição e a força para manter o seu esforço»[4307].

Refiramos de passagem o muito ambicioso conceito de «Curva dos Salários» («*Wage Curve*»), uma alegada correlação inversa e «estrutural» entre nível de desemprego local e nível de salários *reais*[4308] (a um determinado nível de produtividade e de salários de transferência[4309]), condicionada por movimentos migratórios[4310] e por choques cíclicos no mercado dos factores[4311], e que retrataria a relação

dinâmica entre remunerações e nível de emprego – tendo pretensões de se apresentar como uma sofisticada alternativa à «Curva de Phillips», ou seja, como um outro modo de explicação da formação de uma «taxa natural de desemprego»[4312]. A «*wage curve*» seria, no entender dos seus defensores, implicitada por praticamente todas as concepções de «taxa natural de desemprego», embora haja quem privilegie uma outra correlação inversa, esta entre desemprego e taxa *esperada* de evolução dos salários reais[4313].

Mas o facto insofismável é, em síntese, que as empresas que pagam esses salários de eficiência contribuem também para o desemprego, dado que, praticando salários acima do nível de equilíbrio, provocam uma disparidade entre oferta e procura no mercado de trabalho, disparidade em tudo similar, salvo porventura na amplitude, àquela que é causada por salários mínimos. Em ambos os casos, trata-se de situações nas quais se paga salários *reais* acima do nível salarial de equilíbrio, dando origem à necessidade de «racionamento de emprego», ou seja, de recurso a meios de recrutamento de trabalhadores diversos do da simples convergência num nível salarial de mercado.

E aí onde houvesse pleno emprego e o «salário de eficiência» fosse o salário de mercado, novamente a sua existência contribuiria para a ocorrência de desemprego de desequilíbrio, ou seja, de desemprego para lá da sua taxa natural: é que seriam as próprias empresas a travarem a descida salarial em direcção ao novo salário de equilíbrio, já que não seria este, mas antes aquele outro salário mais elevado, que maximizaria os seus lucros – pagar menos a todos os seus trabalhadores, repercutindo *proporcionadamente* sobre todos os efeitos da queda do valor salarial de equilíbrio do mercado, pura e simplesmente equivaleria à renúncia a todas as vantagens que vimos associadas à prática dos salários de eficiência –.

Para encerrarmos este ponto, regressemos ainda ao problema do «*hold-up*»[4314]:

– Uma das características peculiares do mercado de trabalho é o de que raramente ele opera como um mercado de oportunidade (um «*spot market*»), sendo as relações la-

[4305] Stiglitz, J.E. (2002), 464-465.
[4306] Todaro, M.P. (1969), 138-148; Harris, J.R. & M.P. Todaro (1970), 126-142; Araújo, F. (2002b), 178-180.
[4307] Leibenstein, H. (1957), 91-103.
[4308] Blanchflower, D.G. & A.J. Oswald (1994). Cfr. Card, D. (1995), 785ss.; Layard, R. & S.J. Nickell (1986), S121-S169; Layard, R., S.J. Nickell & R. Jackman (1991); Lindbeck, A. (1993); Phelps, E.S. (1992), 1476-1490; Phelps, E.S. (1994); Topel, R.H. (1986), S111-S143.
[4309] Blanchflower, D.G. & A.J. Oswald (1994).
[4310] Hall, R.E. (1970), 369-410; Hall, R.E. (1972), 709-756; Harris, J.R. & M.P. Todaro (1970), 126-142; Roback, J. (1982), 1257-1278.
[4311] Bartik, T.J. (1991); Bils, M. (1985), 666-689; Blanchard, O. & L.F. Katz (1992), 1-61; Solon, G., R. Barsky & J. Parker (1994), 1-26.
[4312] Blanchflower, D.G. & A.J. Oswald (1995), 153-167.
[4313] Blanchard, O. & L.F. Katz (1997), 51-72; Blanchard, O. & L.F. Katz (1999), 69ss..
[4314] Williamson, O.E. (1985). Cfr. Grout, P. (1984), 449-460.

borais dominadas, antes, por contratos mais ou menos estáveis, através dos quais se esboça um mínimo de esboço institucional de partilha de riscos, de estabelecimento de incentivos, de supervisão[4315].

– É por isso que a relação laboral está tão profundamente exposta à ocorrência de «*hold-up*», visto que:

a) os custos de mobilidade e de perda de investimentos específicos (irrecuperáveis) em capital humano geram uma «renda económica» pela continuidade da relação, uma renda a ser disputada pelas partes (que podem ameaçar-se mutuamente com o fim da relação)[4316];

b) os contratos são necessariamente incompletos, não podendo recobrir todas as contingências futuras, abrindo assim caminho para atitudes oportunistas e para a subversão do quadro de incentivos[4317];

c) existe sempre a possibilidade de livre renegociação do contrato pelas partes vinculadas por um primeiro contrato, e portanto as resultantes relações de poder são sempre contestáveis e estão expostas a erosão[4318].

– Como já antes referimos, a principal faceta do problema do «*hold-up*» resulta da circunstância de a contratação ser incompleta e de o relacionamento contratual exigir de alguma das partes, ou de ambas, investimentos *específicos*, isto é, que geram mais valor dentro da relação contratual do que fora dela – o que faz com que as partes possam ficar reféns uma da outra, ficar expostas ao comportamento oportunista da contraparte[4319], um risco, a juntar aos custos do contrato completo, que implica que as partes racionalmente se retrairão, investindo níveis sub-óptimos por esta via contratual[4320].

– Como reacção a esse problema de «*hold-up*» têm sido propostos diversos remédios, desde a troca de reféns[4321] à atribuição de poderes de controle ou de hierarquia através de uma integração vertical[4322]/[4323], passando pelo redesenho das titularidades e dos direitos de apropriação iniciais[4324] e da intensificação de sinais recíprocos e verificáveis[4325]. Mais recentemente, tem-se sustentado que os contratos incompletos podem, apesar de tudo, evitar esse problema e assegurar um investimento eficiente das partes, ao menos na medida em que o contrato incompleto tenha abertura suficiente para a sua renegociação, e desde que uma das partes fique na posição de suporte residual de todos os danos emergentes do não-cumprimento (ficando assim com o incentivo máximo a que o cumprimento ocorra), e além disso disponha da possibilidade de configurar unilateralmente todos os termos da renegociação, subsistindo para a outra parte apenas o poder negocial de aceitar ou rejeitar a proposta de renegociação – desde que uma das partes, em suma, seja investida na legitimidade decorrente da apropriação[4326].

19 – c) – iv) Os custos da busca de emprego

O mercado de trabalho evidencia sempre uma grande imperfeição informativa, que resulta essencialmente do facto de haver grandes custos de transacção implícitos na adequação de inúmeros candidatos a inúmeras vagas disponíveis. Se todos os postos de trabalho fossem iguais e se o fossem também todos os candidatos, e se todos coexistissem num espaço geográfico confinado, o preenchimento de vagas decorreria em condições de perfeita fungibilidade, sem necessidade de informação adicional, e por isso os custos de busca seriam inexistentes, ou quando muito insignificantes; também poderia conceber-se idealmente um sistema que fornecesse instantaneamente a todos os participantes no mercado de trabalho todas as informações relevantes e detalhadas, seja do lado da procura, seja do lado da oferta[4327].

Na realidade, a heterogeneidade das características dos candidatos ao emprego e sua dispersão geográfica, por um lado, e a diversidade das características dos

[4315] Hart, O.D. & B. Holmström (1987), 71-156; Malcomson, J.M. (1997), 1916ss.; Rosen, S. (1985), 1144-1175.

[4316] Abraham, K.G. & H.S. Farber (1987), 278-297; Altonji, J.G. & R. Shakotko (1987), 437-459; Barron, J.M., D.A. Black & M.A. Loewenstein (1989), 1-19; Brown, J.N. (1989), 971-991; Hall, R.E. & E.P. Lazear (1984), 233-257; Mincer, J. (1962), 5?-79; Topel, R.H. (1991), 145-176.

[4317] Hart, O.D. (1995); MacLeod, W.B. (1996), 788-810.

[4318] Baker, G.P., M. Gibbs & B. Holmstrom (1994), 921-955; Emerson, M. (1988), 775-817; Lazear, E.P. (1990), 699-726; McLaughlin, K.J. (1994), 383-414.

[4319] Che, Y.-K. & D.B. Hausch (1999), 125ss..

[4320] Grout, P. (1984), 449-460; Williamson, O.E. (1985); Tirole, J. (1986), 235-259; Hart, O.D. & J. Moore (1988), 755-785.

[4321] Williamson, O.E. (1983), 519-540.

[4322] Aghion, P. & J. Tirole (1997), 1-29; Aghion, P. & P. Bolton (1992), 473-494; Klein, B., R.G. Crawford & A.A. Alchian (1978), 297-326; Williamson, O.E. (1979), 233-262.

[4323] Defendendo a alternativa da *cooperação* e da *monitorização recíproca* entre as partes, cfr. Burt, D. (1989), 127-135; Dyer, J. & W. Ouchi (1993), 51-63; Kumar, N. (1996), 92-106; Nishiguchi, T. (1994), 138ss..

[4324] Grossman, S.J. & O. Hart (1986), 691-719; Hart, O.D. & J. Moore (1990), 1119-1158.

[4325] Moore, J. & R. Repullo (1988), 1191-1220.

[4326] Aghion, P., M. Dewatripont & P. Rey (1994), 257-282; Chung, T.-Y. (1991), 1031-1042; Edlin, A.S. & S. Reichelstein (1996), 275-291; Edlin, A.S. & S. Reichelstein (1996b), 478-501; Nöldeke, G. & K. Schmidt (1995), 163-179.

[4327] Parent, D. (2002), 375-404.

postos de trabalho a ocupar, por outro, e ainda o desejo de ambos os lados do mercado no sentido de optimizarem as condições da relação laboral e a lentidão na difusão de informação provocada pelas próprias dimensões do mercado, fazem com que a busca de emprego pelos trabalhadores e o processo de selecção e recrutamento de trabalhadores pelas empresas seja um processo muito complexo e custoso – o que se demonstra, aliás, pela proliferação, nesse mercado, de intermediários cuja função principal é a de reduzirem os custos de busca, promovendo a difusão de informação e absorvendo alguns dos custos de transacção associados à negociação das concretas relações laborais que encerrem a «busca» –.

Esses custos de busca e de ajustamento (*«matching costs»*)[4328] dão origem a uma forma de desemprego friccional, expressão que sugere que, se a engrenagem do mercado de trabalho funcionasse sem atrito, qualquer trabalhador que abandonasse o seu emprego à procura de um emprego melhor ingressaria imediatamente num tal emprego, caso ele existisse; e que qualquer empresa que procurasse um trabalhador com determinadas características poderia encontrá-lo e contratá-lo instantaneamente, caso ele existisse[4329] – e que a impossibilidade de que tais circunstâncias se verifiquem perfeitamente faz com que ocorra inevitavelmente um desfasamento entre verificação de necessidades de emprego ou de trabalhadores e a concretização da relação laboral, sendo esse desfasamento um motivo crónico para a ocorrência de desemprego, ainda que normalmente desemprego de curta duração[4330] –.

– Note-se que, de acordo com o *«matching approach»*[4331], as remunerações dos trabalhadores podem configurar-se como uma «negociação de Nash» entre duas partes dotadas de poder negocial: os trabalhadores com o poder decorrente do facto de não poderem ser substituídos instantaneamente e sem custos, os empregadores com o poder resultante do facto de não ser instantânea e gratuitamente localizável um emprego equivalente.
– E note-se ainda que às vezes se enfatiza demasiado a ideia de mobilidade laboral, a ideia de que o mercado de

trabalho tem elevado volume de «tráfego», empolando assim o valor esperado do «desemprego friccional»[4332].

Os custos de busca serão, pois, tanto maiores quanto maior for a amplitude das variações no tecido produtivo da economia, maior a segmentação ou congestionamento do mercado e da «sinalização contratual», maior a externalização dos custos negociais, e maior o reflexo daquelas variações no mercado de trabalho: maiores as oscilações no nível dos salários *reais*, maiores as alterações demográficas, maiores as modificações estruturais[4333]. E a duração da busca será tanto maior quanto mais elevado e longo for o subsídio de desemprego[4334] e quanto menor for o custo de oportunidade da busca de emprego – sabendo nós já que aquele que não recebe subsídio de desemprego ou não tiver constituído um fundo particular através de uma poupança motivada pela precaução terá elevados e óbvios custos de oportunidade na sua *busca de emprego*, resultando daí uma perda de elasticidade-preço que fará com que aceite a primeira proposta que apareça, em condições muito provavelmente menos do que óptimas –.

A frequência de informação incompleta e assimétrica no mercado laboral, a dependência de condições puramente locais e a heterogeneidade de candidatos e vagas de emprego tornam notoriamente aleatória a qualidade do ajustamento de uns a outras (ainda que a proliferação de instituições intermediárias, o aumento dos meios de comunicação e a aprendizagem recíproca através do mercado tendam a esbater a aleatoriedade)[4335]. As ineficiências «friccionais» explicariam tanto uma margem de desemprego como a própria disparidade salarial entre empregados, tanto uma margem de «histerese» no mercado laboral depois de choques agregados como a existência de «falhas de coordenação» – e explicariam mesmo, até certo ponto, a necessidade de recurso à expressão monetária da oferta e da procura do factor trabalho (por mais desumanizadora que essa redução se afigure)[4336].

A «função de combinação» (*«matching function»*), pese embora alguma indefinição quanto aos respectivos micro-alicerces[4337], refere-se ao conjunto de meios

[4328] Acemoglu, D. (1996), 779-804; Burdett, K. & M. Coles (1997), 115-140; Diamond, P.A. (1982b), 881-894; Mortensen, D.T. (1982), 968-979; Sattinger, M. (1995), 283-330.

[4329] Sobre os custos de recrutamento de novos trabalhadores, cfr. Barron, J.M., J. Bishop & W.C. Dunkelberg (1985), 43-52.

[4330] O mesmo já não se dirá dos efeitos dos custos de busca no desemprego dos jovens, dos que procuram primeiro emprego, que podem dar lugar a desemprego de longa duração. Cfr. Topel, R.H. & M.P. Ward (1992), 439-480.

[4331] Diamond, P.A. (1982), 217-227; Mortensen, D.T. & C.A. Pissarides (1994), 397-415; Pissarides, C.A. (2000).

[4332] Blanchard, O. & L.F. Katz (1997), 51.

[4333] Mortensen, D.T. & C.A. Pissarides (1999), 1171-1228; Pissarides, C.A. (2000); Yashiv, E. (2000), 1297, 1319.

[4334] Atkinson, A.B. (1999), 88-108.

[4335] Autor, D.H. (2001), 25-30.

[4336] Petrongolo, B. & C.A. Pissarides (2001), 390.

[4337] Petrongolo, B. & C.A. Pissarides (2001), 424.

que institucionalmente reduzem as «fricções» de mercado aproximando, em cada momento, o número de vagas criadas ao número de desempregados, tomando em conta o número de empregadores e outras variáveis – meios institucionais e meios informativos (agências de emprego, anúncios, boletins, «*sites*», «caçadores de talentos»[4338], redes de influências, etc.)[4339].

A ideia de que haveria um desemprego «friccional» constante, como um espécie de «ruído de fundo» estrutural, sempre presente em todos os momentos das flutuações de curto prazo, um desemprego «normal» que coexistiria com os níveis constantes da oferta e procura de emprego e resultaria da mobilidade laboral e do ritmo de criação e falência de empresas, surge já formulada em John Hicks[4340], em termos que fazem prefigurar a posterior «taxa natural de desemprego»[4341], e ainda ajudam, na formulação de Hicks, tanto a explicar a «viscosidade» na resposta de curto prazo dos salários *reais* a choques como a explicar a formação de rendas económicas a favor de alguns trabalhadores[4342].

É a partir da análise de William Hutt que começa a realçar-se que algumas das «fricções» de mercado resultam de decisões racionais sobre o tempo de busca óptimo (sendo que curiosamente Hutt defendia que esses, que hoje consideramos serem em rigor os *desempregados*, deveriam ser qualificados como empregados, no sentido de estarem activamente a promover, com o seu esforço, uma função socialmente útil[4343]). John Maynard Keynes reconhecerá que existem formas de desemprego «voluntário» e «friccional» compatíveis com o pleno emprego, mas desconsiderando-as desviará a atenção da análise macroeconómica para formas de desemprego de desequilíbrio[4344], formas nas quais as «fricções» ganham já a amplitude de «viscosidades» que impedem o ajustamento atempado dos salários *reais* à condições da procura agregada[4345].

Essa subalternização durará, como já sugerimos, até à consagração da «taxa natural»[4346], integrando-se as «fricções» num modelo de equilíbrio do fluxo de trabalhadores para as empresas, em ambiente de imperfeição informativa e de «custos de transacção» significativos[4347], embora várias críticas tenham demonstrado que a dispersão de emprego, e a dispersão salarial, desmentem algumas das pressuposições do modelo de «taxa natural de desemprego»[4348], apontando antes para a relevância decisiva dos meios tecnológicos empregues na «busca» de emprego, e novamente para a possibilidade de incremento de eficiência da busca, traduzido em abaixamento dos custos de transacção[4349].

O desemprego friccional, afinal o preço do dinamismo de uma economia evolutiva, que constantemente cria e destrói vagas de emprego, opõe-se a formas de:

– desemprego *estrutural* ou *tecnológico*, que tem a ver com ineficiências permanentes do mercado dos factores resultantes de «choques» tecnológicos[4350] ou da concorrência internacional, por exemplo, e que por isso costuma traduzir-se em desemprego de longo prazo, já que tende a envolver maciças deslocações de recursos e a necessidade de «reciclagem» desses recursos, que deixam permanentemente de estar aptos a responderem às novas solicitações do mercado e às novas vagas de emprego disponíveis[4351];
– desemprego *sazonal*, que é aquele que varia com os períodos do ano e com as correspondentes variações quantitativas e qualitativas da actividade económica;
– desemprego *cíclico*, aquele que, causado pelas flutuações de curto prazo nas variáveis macroeconómicas, aumentando nas recessões e diminuindo em fases de expansão, é precisamente o objecto

---

[4338] Finlay, W. & J.E. Coverdill (2002).

[4339] Petrongolo, B. & C.A. Pissarides (2001), 391.

[4340] Hicks, J.R. (1932), Cap. IV.

[4341] Phelps, E.S. (1967), 254-296; Friedman, M. (1968), 1-17.

[4342] Petrongolo, B. & C.A. Pissarides (2001), 425-427.

[4343] Hutt, W.H. (1939), 60.

[4344] Keynes, J.M. (1936), 6.

[4345] Keynes, J.M. (1936), 278.

[4346] Phelps, E.S. (1968), 678-711; Mortensen, D.T. (1970), 176-211; Holt, C.C. (1970), 53-123; Holt, C.C. (1970b), 224-256; Phelps, E.S. (1994); Salop, S.C. (1979b), 117-125.

[4347] Dow, J.C.R. & L.A. Dicks-Mireaux (1958), 1-33.

[4348] Rothschild, M. (1973), 1283-1308; Diamond, P.A. (1971), 156-168; Burdett, K. & D.T. Mortensen (1998), 257-273.

[4349] Jovanovic, B. (1979), 972-990; Butters, G.R. (1977), 465-491; Hall, R.E. (1979), 153-169; Pissarides, C.A. (1979), 818-833; Diamond, P.A. & E.S. Maskin (1979), 282-316; Bowden, R.J. (1980), 35-50.

[4350] Para uma comparação dos efeitos de curto e de longo prazo do «choque tecnológico» no desemprego, cfr. Postel-Vinay, F. (2002), 737-760.

[4351] Para se medir o nível de equilíbrio de desemprego estrutural, tem sido adoptada na OCDE a «taxa de desemprego que não acelera os salários», o indicador NAWRU («*non-accelerating wage rate of unemployment*»), uma variante da NAIRU a que nos referiremos adiante. Cfr. Holden, S. & R. Nymoen (2002), 87-104.

principal das preocupações desta vertente de análise – devendo recordar-se que é a ausência de um desemprego superior à tendência cíclica que define uma situação de *pleno emprego*, situação que coexiste com uma *taxa natural de desemprego* que recobre situações de desemprego friccional e estrutural[4352];

– desemprego *regional* ou *internacional*, aquele que resulta da deslocação das indústrias com grande intensidade de emprego de mão-de-obra em direcção às regiões ou países com salários mais baixos.

Muito do desemprego friccional evolui para desemprego estrutural, pois resulta de grandes movimentos na procura derivada de factores, que por vezes afectam sectores inteiros e levam à alteração global do tecido produtivo – forçando a que grandes números de trabalhadores devam migrar dos sectores em declínio para os sectores em que se verificou expansão da procura no mercado dos produtos, devendo entretanto sujeitar-se às demoras e custos da sua conversão aos novos postos de trabalho, do investimento em capital humano específico dos lugares de destino –. Também aqui se justifica, como medida de promoção do emprego, o investimento em formação dos trabalhadores que aumente as habilitações genéricas destes, facilitando-lhes a mobilidade inter-sectorial, e a instituição das já referidas vias de transmissão de informações.

Como vimos, o desemprego friccional está longe de ser considerado sempre um mal, e bem pelo contrário é frequentemente concebido como condição para que a elasticidade da oferta de trabalho pelos trabalhadores possa efectivamente fazer-se sentir – sendo esta ideia, mais do que qualquer propósito humanitário que não requereria mais do que a garantia de um mínimo de subsistência, que subjaz à atribuição do *subsídio de desemprego*, uma forma que, neutralizando temporariamente a quase totalidade dos custos individuais do desemprego, permite ao trabalhador alongar o seu tempo de busca da melhor oferta de emprego, evitando, como também vimos, que ele, pressionado pela urgência de obter um rendimento, aceite a primeira oferta que lhe seja feita, por menos adequadas que sejam as respectivas condições –. O subsídio de desemprego tende, pois, a alongar a duração do desemprego, mas as perdas resultantes desse alongamento podem ser mais do que compensadas pelos ganhos de eficiência que possam resultar da melhoria das probabilidades de ajustamento óptimo da oferta à procura de trabalho, uma melhoria que, ao menos até certo ponto, poderá sustentar-se que está directamente correlacionada com a duração da busca de emprego[4353].

O subsídio de desemprego tende a alongar, pois, os períodos de desemprego:

– primeiro porque, elevando a «*replacement ratio*» (a relação entre vencimento líquido enquanto desempregado e vencimento líquido enquanto empregado), torna menos atraente, e menos urgente, o regresso ao trabalho;

– segundo porque essa elevação da «*replacement ratio*» afecta o salário de transferência, a «*reservation wage*», o vencimento mínimo que o desempregado está disposto a receber para regressar à actividade[4354].

E a prova mais cabal desse efeito negativo do subsídio de desemprego é a de que a duração média do desemprego tende a exibir uma correlação com a duração máxima dos subsídios de desemprego[4355].

[4352] Lembremos que o desemprego *friccional* é aquele que subsiste mesmo em pleno emprego, enquanto que o desemprego *cíclico* é aquele que excede o desemprego friccional, ocorrendo quando a economia está abaixo do nível de pleno emprego. Cfr. Dornbusch, R., S. Fischer & R. Startz (2004), 149, 151.

[4353] Em paralelo com a Curva de Phillips, de que falaremos, também se tem analisado a Curva de Beveridge, que procura ilustrar o quociente entre desemprego (trabalhadores sem emprego) e persistência de vagas (lugares de emprego por ocupar), sendo que a diminuição do desemprego tende a fazer aumentar essas vagas persistentes (quanto mais gente estiver já empregada, menos provável é encontrar-se candidatos para vagas ainda disponíveis), servindo essas «fricções de mercado» para explicar uma parte da elevação da NAIRU. Cfr. Blanchard, O. & P. Diamond (1989), 1-60.

[4354] Feldstein, M. & J. Poterba (1984), 141-167.

[4355] Katz, L.F. & B. Meyer (1990), 973-1002.

CAPÍTULO 20 – A inflação[4356]

> *"Diz-se que Lenine terá declarado que a melhor forma de se destruir o Sistema Capitalista seria a de se lhe subverter a moeda. Por um processo contínuo de inflação, os Governos podem confiscar, de forma velada e indetectada, uma parte importante da riqueza dos seus cidadãos. Por essa via eles não apenas confiscam, mas fazem-no arbitrariamente, e, ao mesmo tempo que o processo empobrece muitos, também acaba por enriquecer alguns. A contemplação desta redistribuição arbitrária de riquezas destrói não apenas a segurança mas a própria confiança na justiça da repartição da riqueza. À medida que a inflação avança e o valor real da moeda flutua erraticamente de mês para mês, todas as relações permanentes entre credores e devedores, que constituem o alicerce mais profundo do capitalismo, ficam tão desordenadas que quase se tornam absurdas, e o processo de obtenção da riqueza degenera num jogo e numa lotaria. Lenine tinha absolutamente razão. Não há forma mais subtil nem mais eficaz de minar as bases actuais da Sociedade do que a de se subverter a moeda"* – John Maynard Keynes[4357].

Um dos factos macroeconómicos que é mais directamente perceptível pelo conjunto da população é a inflação, no seu sentido amplo de subida generalizada dos preços, de aumento do «custo de vida» para os consumidores; e, visto que todos os indivíduos são consumidores, os efeitos da inflação são sentidos por todos, ainda que o sejam com intensidades diferentes.

Dado que o fenómeno é tão persistente e difundido nas economias modernas, não há ninguém que não possa, numa retrospectiva dos seus hábitos passados, recordar tempos em que os preços da maioria dos bens eram mais baixos – embora muitas vezes se esqueça de recordar que os seus próprios rendimentos eram presumivelmente inferiores, pelo que o seu poder de compra não era superior quando esses preços eram menos elevados –.

O fenómeno inverso, que se designa por «inflação negativa» – também por vezes designada como «defla-

ção», sendo que a deflação normalmente se refere ao simples abrandamento da taxa de inflação, ou, *lato sensu*, a toda a redução deliberada do nível de actividade económica –, é também possível e já ocorreu em diversos momentos da história, sobretudo em contextos em que a sorte económica das nações dependia mais crucialmente da conjuntura agrícola, com consequências tanto ou mais graves do que a inflação. Só que, por motivos que analisaremos, a inflação é hoje o mais frequente dos dois fenómenos, e por isso aquele que mais interessa explicar.

Por outro lado, é também facilmente perceptível que a própria taxa de inflação varia ao longo do tempo, ou seja, que os aumentos de preços não têm a mesma amplitude de período para período, existindo momentos de inflação mais elevada, e outros em que ela quase não se destaca no pano de fundo das transacções monetárias. Como veremos, é o perigo de que a taxa de infla-

---

[4356] Andrade, J.S. (1998), XIII.3ss.; Barro, R.J. (1997), 235ss., 269ss.; Blanchard, O. (2002), 181ss., 489ss.; Branson, W.H. (2001), 663ss.; Burda, M.C. & C. Wyplosz (2002), 277ss.; Carbaugh, R.J. (2002), 373ss.; Colander, D.C. (1997), 358ss.; Dunnett, A. (1998), 10ss., 89ss.; Ekelund, R.B. & R.D. Tollison (2000), 652ss.; Gordon, R.J. (2002), 191ss., 226ss.; Hardwick, P. & *al.* (1999), 566ss.; Hoag, A.J. & J.H. Hoag (2002), 223ss., 245ss.; Hyman, D.N.N. (1996), 647ss.; Keenan, D. & M.H. Maier (1998), 65ss.; Lipsey, R.G. & *al.* (1999), 530ss., 549ss., 649ss.; Mankiw, N.G. (2000), 217ss., 331ss.; Mankiw, N.G. (2001), 627ss.; Mishkin, F.S. (2002), 659ss.; Porto, M.C.L. (2004), 355ss.; Romer, D. (2000), 388ss.; Sharp, A.M. & *al.* (2001), 346ss.; Sloman, J. (2002), 400ss., 588ss.; Stanlake, G.F. (1993), 507ss.; Stiglitz, J.E. & C.E. Walsh (2002), 791ss.; Taylor, J.B. (2001), 506ss.

[4357] "Inflation and Deflation" (1919), *in* Keynes, J.M. (1963), 78. Cfr. Keynes, J.M. (1919), 236. A atribuição a Lenine é incorrecta, mas isso não retira peso ao argumento: cfr. Fetter, F.W. (1977), 77-80.

ção se torne demasiado elevada, que surja a *hiperinfla-ção*[4358] – uma subida do nível de preços superior aos 50% *por mês*[4359], como aquela que se registou na Alemanha depois da 1ª Guerra Mundial ou no Zaire em 1994, ou como se ia registando, no mesmo ano, no Brasil, ou persistentemente nos anos 80 e 90, na Nicarágua[4360] – que faz com que ela se torne um problema macroeconómico da maior importância, a reclamar, no entender de muitos, medidas expeditas e drásticas por parte dos poderes públicos (e mais ainda porque o problema se coenvolve com demasiada frequência com situações de dissolução política e de guerra civil, como pode ilustrar-se com o exemplo da Sérvia[4361]).

Tentemos pois, primeiro uma explicação sintética para o fenómeno inflacionista, abordando de seguida as consequências económicas e políticas do fenómeno – os *custos* da inflação –. Mas sublinhemos desde já um aspecto que decorre da própria definição de inflação, e que veremos ser da maior importância em termos de política anti-inflacionista: a inflação é um *processo*, e não um episódio único e isolado de subida de preços, sendo que esse processo não se sustenta se não for alimentado pelo «combustível» que permite corresponder aos sucessivos aumentos de preços – *moeda* nova, moeda emitida *de novo* pelas autoridades monetárias –. Aí onde não haja mais moeda disponível *não pode haver* inflação; pode sentir-se uma pressão inflacionista, mas ela não «arderá» sem «combustível» adicional.

20 – a) O índice de preços no consumidor

> *"O trabalho tem, tal como os outros bens, um preço nominal e um preço real (...) o trabalhador é rico ou pobre, bem ou mal remunerado, consoante o preço real, e não o nominal, pago pelo seu trabalho"* – Adam Smith[4362].

Antes, porém, convém determinar como é que é medida a inflação; ou melhor, como é que se apura com maior precisão aquilo que é nitidamente percebido por simples comparações intertemporais: a variação ampla e generalizada dos preços, que faz com que um mesmo valor *nominal* de riqueza ou de rendimento signifique coisas inteiramente distintas em termos *reais* – especificamente, em termos de *poder de compra* que confere –, dependendo do momento que se tome como referência.

Se, por exemplo, folhearmos um jornal de há 50 anos e, nos anúncios, virmos os preços associados aos diversos produtos, difícil será resistirmos à tentação de imaginarmos «os bons tempos da vida barata»; contudo, um simples exame de anúncios de ofertas de emprego, se porventura estes aparecem acompanhados da indicação de salários oferecidos, dissipará a primeira impressão, e bem pelo contrário é capaz até de nos pôr a imaginar o oposto, «os maus tempos da penúria». Na verdade, uma comparação de alguns preços com os níveis salariais de há 50 anos é capaz de nos revelar que, do ponto de vista de uma prosperidade efectiva, de uma susceptibilidade de converter quantidades monetárias em quantidades de produtos e em níveis de satisfação no consumo, esses tempos recuados não são tão melhores nem tão piores do que os nossos, e que haverá quando muito a registar uma ténue melhoria que, descontado o efeito cumulativo da desvalorização sofrida pela moeda, se reporta ao *crescimento real*, efectivo, da economia, ao aumento da produtividade e, com ela, à melhoria (quantitativa e qualitativa, lembremo-lo) do potencial de satisfação de necessidades que passou a estar globalmente disponível.

A transformação de valores monetários em valores reais, isto é, em poder de compra – presumindo-se que seja evidente que, sendo a moeda principalmente um instrumento de trocas, *o instrumento geral das trocas*, o seu valor é aferido pela quantidade de bens úteis pela qual a moeda pode ser trocada –, reclama o recurso ao conceito de *índice de preços no consumidor*, ou *de preços «no retalho»*, um valor compósito cuja função é a de tornar nítido que, sendo o *preço* a expressão monetária do valor dos produtos pelos quais a moeda pode ser trocada, quanto mais elevados são os preços menores serão as quantidades que a moeda permite adquirir, e quanto menores os preços mais elevado será o poder de compra conferido por cada unidade monetária, maior será o «poder aquisitivo» da moeda.

Em rigor, pode também chegar-se ao cálculo da taxa de inflação fazendo incidir a análise no mercado dos factores, atendendo ao *índice de preços no produtor*[4363], o custo médio do «cabaz de factores» adquiridos pelo empresário típico. Contudo, porque somos todos consumidores mas nem todos somos empresários, porque nem todos ocupam o lado da procura no mercado dos factores, o índice de preços no consumidor revela com muito maior amplitude a extensão dos

---

[4358] Dornbusch, R., S. Fischer & R. Startz (2004), 466-473.

[4359] Por definição a situação começa no primeiro mês em que a taxa excede os 50%, e termina no último mês dos doze meses sucessivos em que a taxa se mantém inferior aos 50%. Cfr. Cagan, P. (1956), 25-117; Fischer, S., R. Sahay & C.A. Végh (2002), 837-838.

[4360] Na Nicarágua a inflação anual durante essas décadas foi em média de 1453%. Cfr. ERP (2003), 219.

[4361] Nafziger, E.W., F. Stewart & R. Vayrynen (orgs.) (2000); Grossman, H.I. (1991), 912-921.

[4362] Smith, A. (1976b), 51 (=I, 124).

[4363] Dornbusch, R., S. Fischer & R. Startz (2004), 41-42.

efeitos da inflação, e a forma como ela é sentida pelo homem comum. Isso não retira um interesse específico à complementaridade dos dois índices, seja porque uma variação dos preços no mercado dos factores pode repercutir no nível de preços do mercado dos produtos através da repercussão dos custos, seja porque os factores são objecto de uma «procura derivada», pelo que as variações do nível de preços no mercado dos produtos repercutirão igualmente no mercado dos factores – com a vantagem de que o conhecimento das variações num índice permitirá frequentemente prever variações no outro.

O índice de preços no consumidor é um valor estatístico que mede o custo médio dos bens e serviços adquiridos pelo consumidor normal, o consumidor típico *dos meios urbanos* – melhor, *afere a média dos preços pagos, ao longo do tempo, por consumidores urbanos na aquisição de um cabaz de bens e serviços finais*[4364] –, e é com recurso a ele que se procura medir a variação do custo de vida que, para a maior parte dos consumidores, para os consumidores «normais», é o efeito mais relevante do fenómeno inflacionista. O valor centra-se nos consumidores urbanos porque tende a considerar-se que a ampla margem de economia de subsistência que é *possível* nos meios rurais, gerando fenómenos de *auto-consumo* exteriores ao mercado e ao mecanismo de preços, a acrescer ao declinante peso demográfico das populações rurais nas economias mais evoluídas (mesmo em Portugal a população urbana já representa mais de 2/3 do total da população), podem autorizar a desconsideração dos padrões de consumo dessas populações.

Do ponto de vista da medição, a *inflação* é a variação do índice de preços – especificamente, o seu aumento –, sendo a *taxa de inflação* a amplitude percentual dessa variação entre dois períodos de referência. No fundo, trata-se de saber quanto é que os consumidores têm que pagar para adquirirem o mesmo conjunto de bens e serviços que adquiriram num período anterior (em suma, a equivalência entre os preços *correntes* e os hipotéticos «preços *constantes*»).

Os fenómenos de integração económica e monetária têm trazido com eles o recurso crescente a «índices de preços harmonizados», que permitem fáceis comparações entre as várias economias integradas[4365]. A nível interno, tem sido proposta a separação entre o índice de preços de bens e serviços transaccionáveis e o índice de preços de bens e serviços não-transaccionáveis (tentando reservar o primeiro para a análise do impacto internacional na inflação interna, e o segundo para o estudo dos factores puramente endógenos da inflação), preferindo-se contudo a decomposição do Índice de Preços no Consumidor em diferentes tipos de sub-índices referidos a alguns agregados de bens e serviços (por exemplo: bens alimentares não transformados, bens alimentares transformados, bens industriais não energéticos, bens industriais energéticos e serviços[4366]) – tudo como modo de fornecer uma imagem detalhada do que é a experiência da inflação junto do mais simples e básico dos consumidores.

O cálculo do índice de preços no consumidor envolve uma sequência de fases:

1. Escolher um «cabaz de compras» que represente o consumo habitual da maioria dos consumidores *urbanos*. E porquê essa escolha de um subconjunto apenas, dentro do universo dos consumos possíveis? Porque se pretende evitar que o índice, que é uma média – reportando-se ao custo *médio* de bens e serviços –, reflicta valores extremos que, distorcendo-o, lhe diminuíssem a representatividade.

Para a escolha dessa base representativa, pode prosseguir-se pela via de um índice Laspeyres – tomando-se por base um ponto qualquer do passado e calculando-se, até ao presente, o que custaria adquirir aquele cabaz de compras que se tomou por referência –, de um índice de Paasche – que toma por referência o consumo actual e projecta retrospectivamente o que teria custado no passado alcançar o mesmo nível de consumo –, ou de um índice de Fisher, uma síntese daqueles dois índices (havendo ainda outras formas de cálculo, de crescente sofisticação)[4367/4368].

E porquê uma base meramente parcial? Suponha-se que o índice abarcava o preço de todos os bens e serviços finais oferecidos no mercado, incluído nestes os iates de luxo, e suponha-se que estes sofriam, durante um ano, um aumento de 100% – aumento que, dados até os montantes anormalmente elevados envolvidos no preços de iates de luxo, repercutia pesadamente no índice de preços, provocando-lhe, por exemplo, um aumento de 2%. Quer isso dizer que o custo de vida se tinha agravado de 2% para a população em geral? Não, porque o nível de vida da esmagadora maioria dos consumidores é indiferente aos preços

---

[4364] Abraham, K.G. (2003), 46.

[4365] Podendo destacar-se 3 índices que nos dizem respeito, um referido à zona euro, o «*Monetary Union Index of Consumer Prices*» (MUICP), outro à «Europa dos quinze», o «*European Index of Consumer Prices*» (EICP), e outro abrangendo ainda a Noruega e a Islândia, o «*European Economic Area Index of Consumer Prices*» (EEAICP). Cfr. Eurostat Yearbook 2002 – Economy and Finance, 13.

[4366] Banco de Portugal (2001), 32-33.

[4367] Diewert, W.E. (1976), 114-145; Schultze, C.L. (2003), 5-8.

[4368] No Índice de Preços no Consumidor, tem havido defensores do recurso ao índice de Paasche, do recurso ao índice de Laspeyres, e do recurso a índices intermédios. Cfr. Fisher, I. (1922); Diewert, W.E. (1983), 163-233; Diewert, W.E. (1998), 47ss..

e quantidades envolvidos na venda de iates de luxo – que se venda mais ou menos iates de luxo, que o seu preço suba ou desça 100% ou 1000%, isso é praticamente irrelevante para o universo de consumo em que se integra a maioria da população –. Suscitaria, por isso, óbvios problemas de representatividade dizer que o índice subiu 2% quando a esmagadora maioria da população não experimentou subida alguma no custo médio dos produtos que transacciona no mercado.

Mas não suscita menos problemas a selecção do «cabaz de compras» que deva ter-se por base de cálculo do índice de preços, já que é logo neste ponto que pode começar a manipulação estatística dos valores da inflação (um dos mais melindrosos problemas de toda a Macroeconomia). Basta pensarmos que as variações de preços dos bens não se fazem em uníssono, nem em termos de amplitude, nem em termos de direcção: o preço da habitação tem vindo invariavelmente a subir nos últimos decénios, mas apenas em algumas regiões do país, havendo outras nas quais a desertificação demográfica tem provocado a queda do valor da propriedade e da habitação; também nos últimos decénios têm aumentado sempre os preços da alimentação e dos medicamentos, mas ao mesmo tempo os preços dos telemóveis e das televisões de gama média não têm parado de descer.

2. Determinar os preços correntes dos bens e serviços que compõem o referido «cabaz de compras» – coisa que já por si mesma não é fácil, se pensarmos na dispersão de preços que tende a existir para cada produto[4369], se pensarmos no número de produtos diferenciados que podem ser transaccionados simultaneamente[4370], se pensarmos nos próprios critérios que presidem à referida «diferenciação» (bastando lembrarmos as dificuldades e perplexidades que ocorrem na concorrência monopolística[4371]).

3. Calcular o custo médio do «cabaz de compras», o que pressupõe que se determine e fixe uma certa proporção quantitativa dos vários componentes, por forma a evitar distorções que resultassem da variação anual *também* dessa proporção e dessas quantidades, multiplicando o preço unitário de cada produto pelas quantidades respectivas, somando esses preços totais e dividindo a soma pela quantidade total dos produtos. Em termos simples, calcula-se uma média ponderada, sendo que alguns produtos contam mais do que outros para o cômputo do custo médio do «cabaz», contando genericamente em proporção com o volume de vendas de que são objecto. Refira-se que essa tarefa está hoje extraordinariamente facilitada pela massificação da leitura dos «códigos de barras», e pela computorização da maior parte do comércio de retalho, podendo crescentemente dispensar-se, por isso, os muito mais custosos, trabalhosos e falíveis levantamentos estatísticos periódicos[4372].

Se, numa economia hipotética de apenas 4 produtos, para o índice de preços conta 12,5% o preço das batatas, 12,5% o preço do óleo, 25% o preço dos ovos e 50% o preço da carne, significa isso que a carne tem uma ponderação 4 vezes superior à das batatas e do óleo, e 2 vezes superior à dos ovos, e que uma tal proporção deverá manter-se nos cálculos de anos sucessivos, para que o índice não seja distorcido por variações de importância relativa destes componentes (o «*weighting bias*»)[4373].

4. Escolher um ano como base – a chamada «base de números-índices» –, atribuindo-se ao índice respectivo o valor convencional de 100, por forma a facilitar e tornar mais intuitivas as comparações com os anos sucessivos, cujos índices de preços hão-de ser expressos em valores que evoluem a partir da base 100.

5. Calcular a taxa de inflação, que é a variação percentual do índice de preços no consumidor, ano a ano, o que implica que, em cada caso, a base de número-indice adoptada seja a do ano anterior.

Imaginemos um caso de evolução dos preços entre 2006 e 2010, tomando-se o ano de 2006 como base do índice de preços no consumidor:

	Cabaz de compras	Índice de preços	Taxa de inflação
2006	500	100	—
2007	525	105	5%
2008	550	110	4,76%
2009	625	125	13,64%
2010	675	135	8%

[4369] Anglin, P.M. & M.R. Baye (1987), 1179-1195; Baye, M.R. (1985), 217-223; Reinsdorf, M. (1994), 137-149.
[4370] Boskin, M.J., E.R Dulberger, R.J. Gordon, Z. Griliches & D.W. Jorgenson (1998), 5.
[4371] Pollak, R.A. (1998), 73ss..
[4372] Abraham, K.G. (2003), 46-47; Hausman, J.A. (2003), 24-25; Silver, M.S. & S. Heravi (2001), F383-F404.
[4373] Lebow, D.E. & J.B. Rudd (2003), 168.

Note-se como a taxa de inflação deve adoptar uma «base deslizante», sendo que o ano anterior é sempre a base de cálculo da taxa de inflação num ano considerado[4374]. E como aferir o efeito cumulativo da inflação? Muito simplesmente olhando para os índices de preços: se, tendo por base 2006, o índice é de 135 em 2010, isso significa que entre essas duas datas os preços subiram 35%, por efeito cumulativo de diversas taxas anuais de inflação.

Para ficarmos com uma noção mais realista, compararemos as taxas de inflação da «Europa dos quinze», da Irlanda, de Portugal e do Japão, e depois o respectivo efeito cumulativo usando um só ano base[4375/4376]:

	1997	1998	1999	2000
UE-15	1.7	1.3	1.2	2.1
Irlanda	1.2	2.1	2.5	5.3
Portugal	1.9	2.2	2.2	2.8
Japão	1.7	0.6	-0.3	-0.7

	1996	1997	1998	1999	2000
UE-15	100	101.7	103	104.3	106.4
Irlanda	100	101.2	103.4	106	111.5
Portugal	100	101.9	104.2	106.4	109.4
Japão	100	101.7	102.4	102.1	101.4

Não podemos terminar este ponto sem sublinharmos vigorosamente que, dependendo tantas medidas de política económica de uma referência ao valor da taxa de inflação, existe a óbvia tentação de fazer-se batota com os valores dessa taxa: porque, por exemplo, subestimar-se o seu valor permite ir desvalorizando algumas prestações que lhe estejam indexadas, uma desvalorização que pode acabar por ser cumulativa com a passagem do tempo e exonerar o devedor (sendo que tantas vezes o devedor em causa, o devedor interessado, é o próprio Estado)[4377].

20 – a) – i) Limitações nas comparações intertemporais

O índice de preços no consumidor tem algumas limitações como padrão aferidor do «custo de vida» e como base de comparação intertemporal, enfermando de enviesamentos entre os quais avultam:

1. O «efeito de substituição» que pode acompanhar as variações de preços dos produtos que compõem o «cabaz de compras», sendo que, porque os preços não variam em uníssono e com a mesma amplitude, os consumidores podem desviar o seu consumo para os produtos que, em resultado das variações, ficaram com preços relativamente mais baixos, o que não apenas pode alterar aquelas proporções entre o consumo dos produtos que devem estar na base das ponderações usadas no cálculo do índice, como até podem levar a que o «cabaz» básico deixe de ser inteiramente representativo, por força de uma fuga para produtos mais baratos que, por alguma razão, não tenham sido incluídos (levando a que seja sobrestimada a taxa de inflação[4378]). Um efeito similar é o da procura mais intensa de lojas de desconto quando os preços começam a subir, sendo que também este movimento dos consumidores não se espelha adequadamente no índice de preços[4379].

Se lembrarmos o que dissemos acerca dos índices de Laspeyres e de Paasche, perceberemos porque é que o primeiro tende a negligenciar a possibilidade de substituição no consumo, *empolando* os custos de manutenção do consumo que se tomou por base, e porque é que o segundo, no seu relance retrospectivo, presume que as pessoas tinham já feito, em todos os momentos passados, as substituições que estão consagradas no consumo presente, *minimizando* os custos inerentes à manutenção dos níveis de consumo em cada período passado – pelo que o índice de Laspeyres tende a oferecer, quanto à inflação, valores superiores aos do índice de Paasche.

[4374] Se n for o índice de preços do ano considerado e n^{-1} o índice de preços do ano anterior, a fórmula de cálculo da inflação para o ano considerado é: $[(n - n^{-1})/n^{-1} . 100]$. Por exemplo, o valor de 2010 foi calculado do seguinte modo: [(índice de 2010 – índice de 2009) / índice de 2009 . 100] = [(135 – 125) / 125 . 100] = 8%.

[4375] Usando índices harmonizados de preços no consumidor. Cfr. Eurostat Yearbook 2002 – Economy and Finance, 14.

[4376] Sobre a taxa de inflação em Portugal, entre 1910 e 1997, cfr. Mateus, A.M. (2001), 32 (gráfico 6).

[4377] Dornbusch, R., S. Fischer & R. Startz (2004), 40-41.

[4378] Tem-se calculado que o *substitution bias* pode empolar o índice de preços em cerca de 0.3% a 1.1% ao ano, ou mais. Cfr. Hausman, J.A. (2003), 33; Lebow, D.E. & J.B. Rudd (2003), 159; Schultze, C.L. & C. Mackie (orgs.) (2002).

[4379] O problema do «efeito de substituição» já é há muito debatido, e tem-se reflectido, como já sugerimos, numa sucessão de índices de crescente sofisticação. Cfr. Bowley, A.L. (1899), 640-651; Marshall, A. (1925), 188-211; Sidgwick, H. (1883); Fisher, I. (1922); Hausman, J.A. (2003), 23.

O «efeito de substituição» é, bem vistas as coisas, um mero corolário da elasticidade-preço (na base da qual tínhamos já detectado o efeito de substituição), e corresponde à muito compreensível tentativa que um consumidor fará no sentido de se livrar do impacto total da inflação, fugindo para os recantos da oferta de bens e serviços em que a inflação tenha uma expressão menor – tendo por isso o Índice de Preços no Consumidor, que é um índice Laspeyres, de adaptar-se por forma a reflectir essa estratégia minimizadora dos consumidores, e daí as propostas de índices «encadeados», mais sensíveis à alteração na composição do cabaz de compras, mais ágeis ou menos conceptualmente imobilizados[4380] –.

E não se pense que os *empolamentos* do índice de preços no consumidor são meros pretextos para preocupações teóricas – porque, como melhor veremos adiante, a aferição *precisa* da taxa de inflação é decisiva para o sucesso e insucesso da quase totalidade das políticas macroeconómicas, e mais especificamente uma deficiente aferição dessa taxa, por pequeno que seja o erro, pode dar origem a uma reacção de política monetária que será involuntariamente inflacionista ou deflacionista. Mais imediatamente, se existe a preocupação de indexar à taxa de inflação os aumentos salariais, os aumentos das pensões, os escalões dos impostos progressivos, o limiar de pobreza, os preços dos bens essenciais, por forma a evitar a degradação dos valores *reais* resultante da evolução dos correspondentes valores *nominais*, então a medição precisa da taxa de inflação, e antes dela do índice de preços no consumidor, é absolutamente vital para que não irrompam problemas económicos e sociais muito graves, não haja perturbação dos incentivos económicos básicos e o próprio crescimento económico não seja posto em causa[4381].

2. O «efeito de novidade» que resulta do aparecimento de um novo produto no mercado, disputando com os demais a atenção e a despesa dos consumidores, o que não só amplia a capacidade de escolha destes – aumentando abstractamente o *poder aquisitivo* da moeda, já que o universo das trocas passou a contar com mais um membro – mas sobretudo torna altamente provável algum desvio do consumo para esse novo produto (mormente se ele conquistou o estatuto de novo «standard»), produto que, por definição, não foi incluído no «cabaz de compras» do índice do ano-base. Este efeito torna aconselhável, também ele, a revisão periódica dos critérios de cálculo do índice de preços:

o índice de preços de 1970 tem que levar em conta o preço das máquinas de escrever e dos discos de vinil, o índice de preços do ano 2000 não deve levar em conta esses preços, mas deve levar antes em conta o preço dos computadores pessoais, dos telemóveis[4382], dos fornos micro-ondas e dos leitores de CDs. Quanto mais se demorar na revisão do cabaz de compras e maior for o dinamismo inovador do mercado, maior será a distorção do Índice de Preços[4383].

3. O «efeito de progresso tecnológico» que faz com que os mesmos produtos possam sofrer melhorias qualitativas que os tornam mais adequados à satisfação de necessidades, mais sofisticados e úteis, o que aumenta o nível de satisfação dos consumidores sem que isso se reflicta adequadamente nos preços.

As melhorias qualitativas são dificilmente quantificáveis: por exemplo, suponha-se que novas botas de montanhismo apareçam no mercado 50% mais caras, aumentando em 5% o preço do calçado, por hipótese, e em 0,05% o índice de preços no consumidor, o que aparentemente tem o sentido inequívoco de deteriorar o grau de satisfação dos consumidores. No entanto, as novas botas podem incorporar uma tal sofisticação tecnológica que a sua vida útil triplica em relação à média das suas concorrentes e antecessoras, e isso só por si pode determinar uma economia para os consumidores que mais do que compensa o aumento de preços, mas só poderá ser contabilizado, se o for, com a passagem do tempo, à medida que se perceber que os consumidores regressam menos frequentemente ao mercado à procura de botas de montanhismo (o aumento de durabilidade ou sofisticação de bens duradouros tenderá, pois, a empolar o índice no ano em que os bens são comprados, e a minimizar os índices dos anos correspondentes à vida útil desses bens).

Já que, portanto, o índice de preços no consumidor espelha uma certa realidade qualitativa dos produtos no ano-base, a evolução tecnológica aconselha, também ela, a revisão do índice, para que de novo não ocorra um empolamento do índice de preços e, através dele, da taxa de inflação do ano corrente[4384]. Contudo, a ideia, que é de enunciação simples, é de aplicação dificílima, se não impossível, já que não é fácil conceber-se um método pacífico de aferição e ponderação (quantificada) de mudanças *qualitativas* (sobretudo se nem toda essa evolução qualitativa se traduz em puro aumento de durabilidade)[4385]; só que um índice de pre-

---

[4380] Abraham, K.G. (2003), 49-51.

[4381] Lebow, D.E. & J.B. Rudd (2003), 163.

[4382] Deaton, A. (1998), 38ss.; Hausman, J.A. (1997), 209-237; Hausman, J.A. (1997c).

[4383] Abraham, K.G. (2003), 53.

[4384] Nordhaus, W.D. (1997), 29-66, Armknecht, P.A., W.F. Lane & K.J. Stewart (1997), 375-391; Boskin, M.J., E.R. Dulberger, R.J. Gordon, Z. Griliches & D.W. Jorgenson (1998), 3-26.

[4385] Lebow, D.E. & J.B. Rudd (2003), 172; Shapiro, M.D. & D.W. Wilcox (1996), 93-142.

ços no consumidor que não leve em conta as evoluções qualitativas do cabaz de compras – ou seja, um índice que não seja «superlativo»[4386] – não nos pode fornecer senão o limite máximo, o tecto, das mudanças no custo de vida, nada mais[4387].

Deparámo-nos com estas mesmas perplexidades, aliás, quando tratámos da Nova Teoria do Crescimento, e antes dela quando abordámos a elasticidade-rendimento: o facto de o enriquecimento não significar consumir-se mais mas sim consumir-se *melhor*, o facto de crescer não significar apenas *acumular* mas significar também, e talvez sobretudo, *inovar qualitativamente* – e até mais amplamente o facto elementar de toda a actividade económica tender a uma satisfação de necessidades que é avaliada subjectivamente por padrões hedónicos, ou seja, por padrões qualitativos[4388/4389].

– Entre algumas tentativas que têm sido feitas, avultam as da renovação da composição da amostra que é o «cabaz de compras», assente em relações de *similitude* (um bem que desaparece de circulação é substituído por um novo que possa apresentar-se como sucedâneo daquele), e a da rotação das amostras (força-se a entrada e a saída de uma percentagem fixa de elementos do «cabaz» ou varia-se percentualmente as fontes de recolha de dados, independentemente da verificação de mudanças na realidade – diminuindo-se assim, *preventivamente*, o risco de perda de representatividade)[4390].

– Outra via é a da aplicação de «coeficientes hedónicos» que tentam quantificar, com alguma aproximação, as diferenças qualitativas dos bens que passam na composição do cabaz de compras[4391] (por exemplo, presumindo-se que os preços relativos dos bens correspondem às diferenças de utilidade marginal dos bens para os consumidores, como a perspectiva marginalista sustenta que sucederia num ambiente concorrencial[4392]), aplicando à substituição intertemporal de bens os princípios que servem para fazer uma estimação de preços

omissos no mercado[4393], e tentando desse modo reconstituir o que possa ter sido o incremento de «excedente de bem-estar» resultante da introdução de novos bens no «cabaz de compras»[4394/4395] – embora haja sérias reservas quanto ao emprego dessa «abordagem hedónica»[4396].

Estas reservas metodológicas atingem mais amplamente a contabilidade nacional, o cálculo dos valores agregados de que depende o rigor da própria Macroeconomia – porque a detecção e incorporação rápida de inovações e de saltos qualitativos nesses valores que se pretendem representativos será tanto mais crucial quanto mais avançado, acelerado, mutável, estiver o processo do crescimento económico, quanto maior for a sofisticação tecnológica e maior a exigência qualitativa dos consumidores, naquilo que é porventura o mais premente e relevante desafio que presentemente se coloca às estatísticas económicas[4397].

Por outro lado, o nível de vida individual, mesmo naquilo que respeita exclusivamente à vertente económica, não se confina a padrões de consumo de bens e serviços adquiridos no mercado, e depende também de algumas condições exteriores, como sabemos: a qualidade e sustentabilidade ambiental, a produção de bens públicos e de bens de mérito, o enquadramento das trocas por salvaguardas institucionais dos direitos e da confiança recíproca, da segurança policial e da justiça – pelo que o Índice de Preços no Consumidor não pode passar, ao menos por enquanto (enquanto não se puder passar do «custo dos bens» para o «custo de vida», para um índice mais representativo dos valores hedónicos[4398]), de uma grosseira aproximação aos valores comuns que resultam da satisfação de necessidades que o jogo do mercado propicia[4399]. Isto sem embargo de se multiplicarem as recomendações no sentido de se conferir maior realismo ao Índice de Preços como indicador de «nível de vida», como indicador amplo de tudo

[4386] Diewert, W.E. (1976), 115-145.

[4387] Abraham, K.G., J.S. Greenlees & B.R. Moulton (1998), 28.

[4388] Bils, M. & P.J. Klenow (2001), 1006; Adelman, I. & Z. Griliches (1961), 535-548; Griliches, Z. (1961), 137-196.

[4389] Para o caso da economia portuguesa, estudaram os possíveis enviesamentos resultantes de alterações do cabaz de bens e serviços representativo: Neves, P.D. & L.M. Sarmento (1997), 25-33. Cfr. ainda: Covas, F. & J.S. Silva (1999), 81-90.

[4390] Schultze, C.L. (2003), 12.

[4391] Anderson, S.P., A. de Palma & J.-F. Thisse (1992); Berry, S., J. Levinsohn & A. Pakes (1995), 841-890; Epple, D.N. (1987), 59-80; Feenstra, R. (1995), 634-653; Griliches, Z. (1961), 173-196; Pakes, A. (2003), 1578ss.; Rosen, S. (1974), 34-55.

[4392] Schultze, C.L. (2003), 18.

[4393] Griliches, Z. (1990), 189.

[4394] Hausman, J.A. (1997), 209-237; Schultze, C.L. (2003), 18-19.

[4395] Por exemplo, já se calculou que o valor da inflação norte-americana de 2,16% de 1995 podia ser atribuída, em mais de metade, a novos modelos e variedades de bens correspondentes a 4% do cabaz de compras. Cfr. Fisher, F.M. & K. Shell (1971); Moulton, B.R. & K.E. Moses (1997), 337.

[4396] Hausman, J.A. (2003), 35.

[4397] Boskin, M.J. (2000), 247-251.

[4398] Schultze, C.L. & C. Mackie (orgs.) (2002).

[4399] Schultze, C.L. (2003), 8-11.

aquilo que comporta a uma família manter ou melhorar os seus padrões de bem-estar ao longo do tempo[4400].

Sublinhemos de novo que, ao desconsiderar o «efeito de substituição», o índice de preços no consumidor pode estar a empolar demasiado o impacto da subida dos preços, desconsiderando a agilidade que o consumidor demonstre para adaptar os seus hábitos de consumo a novos padrões maximizadores. Se o custo médio do «cabaz de compras» subiu muito, é altamente provável que muitos consumidores tenham já fugido parcialmente desse núcleo que passou a ficar incomportável, e tenham adoptado formas de consumo nas quais é minimizada a degradação do poder de compra – a fuga total será impossível, visto que o cabaz de compras inclui sempre bens indispensáveis, e costuma ser habilidosamente construído de forma a abarcar os bens e seus principais sucedâneos (precisamente por forma a minimizar o efeito de substituição) –.

Isto significa que o consumidor não costuma deixar-se vencer, sem luta, pela inflação. E algo de similar se dirá dos demais factores de desactualização que incidem no índice de preços: as inovações no consumo, a melhoria de qualidade dos produtos, são vias que o consumidor pode explorar, e explora, para se proteger das simples subidas de preços, verificando-se que muitas destas subidas só são toleradas por uma procura elástica porque existe a percepção de que elas são mais do que compensadas por benefícios qualitativos que, pelo facto de serem dificilmente mensuráveis, não são menos reais por isso.

Mas a situação é dilemática:

– desconsiderar todos os factores que podem perturbar o cálculo do índice de preços no consumidor é de facto expô-lo a um grave irrealismo, que tende sempre a distorcer as dimensões do fenómeno inflacionista, com graves consequências – sendo que, numa área carregada com o peso das expectativas como esta, a simples convicção de que a inflação é mais grave do que o é na realidade é suficiente para acelerar a pressão inflacionista, podendo ainda recordar-se que nas sociedades modernas existe a tendência para indexar rendimentos à taxa de inflação que tenha sido oficialmente calculada, e que por isso um erro de cálculo pode influir relevantemente no fenómeno inflacionista –;

– mas considerar aqueles factores é permitir que a base e a forma de cálculo do índice se vão modificando ao longo do tempo, inviabilizando a adopção de um padrão único e uniforme para as comparações intertemporais, privando-nos, com isso, de uma percepção clara da amplitude do fenómeno inflacionista, deixando-nos reféns de erros estatísticos.

Voltando às propostas de índices «encadeados», elas visariam combinar medidas que por um lado contrariassem o «efeito de substituição» e por outro permitissem incorporar no «cabaz de compras» a ponderação correspondente às despesas correntes (adoptando uma «base deslizante»), e não uma ponderação «histórica» e fixa, reportada a um ano-base – sendo que essa reponderação constante permitiria reflectir até os efeitos de substituição que ocorrem no interior do próprio cabaz de compras, em reacção à modificação do preço relativo dos seus componentes[4401]. Contudo, a cautela deve imperar, já que a substituição de padrões de medida irá também, só por ela, limitar a comparabilidade, seja a de anos contíguos, seja a de séries longas que incorporem esse ponto de mudança de padrões aferidores, falseando novamente os dados relativos à taxa de inflação, ainda que só o faça temporariamente[4402].

A questão básica é, afinal, a da adaptação dos números-índices por forma a permitir que eles captem adequadamente o efeito das novas tecnologias revolucionárias – pense-se, por exemplo, no impacto que a luz eléctrica teve no custo comparativo das tecnologias que ela veio tornar obsoletas[4403].

Sublinhemos ainda que algum do impacto da subida de preços dilui-se junto do consumidor graças à proliferação de bens fornecidos pelo Estado e entidades públicas, e de bens fornecidos pelas empresas aos seus empregados: pense-se, respectivamente, no aumento dos custos da saúde quando existe um sistema nacional de saúde tendencialmente gratuito, ou no aumento dos produtos alimentares quando as empresas fornecem uma refeição diária gratuita aos seus empregados [4404].

20 – b) Tipos de inflação

A própria expressão «inflação» sugere que o fenómeno pode ser figurativamente representado como um «inchaço»: mas de quê? Da massa monetária, do número de unidades monetárias disponíveis para as transacções em cada período de tempo, sendo que, em tese geral, podemos admitir, subscrevendo a *teoria quanti-*

[4400] Schultze, C.L. (2003), 3; Pollak, R.A. (1989).
[4401] ERP (2003), 50.
[4402] ERP (2000), 60-61.
[4403] Nordhaus, W.D. (1997), 29-66; Nordhaus, W.D. (1998), 62ss..
[4404] Nordhaus, W.D. (1997b), 48-54.

tativa do valor da moeda[4405], que quando aumenta a massa monetária *sem ter aumentado o volume de transacções monetárias*, e passa portanto a haver um maior número de unidades disponíveis para cada transacção, esse maior número de unidades será efectivamente despendido, daí resultando que, *em cada transacção*, maior quantidade de moeda será oferecida pela mesma quantidade de bens e de serviços – o que equivale a dizer que o *preço*, a expressão monetária desses bens e serviços, se elevou.

Os modernos monetaristas[4406], liderados por Milton Friedman[4407] – a vanguarda que, a partir de premissas quantitativistas[4408], veio introduzir o cisma no «império keynesiano»[4409/4410] –, são quem mais tem insistido nesta correlação entre expansão monetária e aumento de preços, dando a inflação como fenómeno essencialmente monetário[4411], ainda que admitam tratar-se de uma correlação *retardada*, isto é, admitam que medeia entre aquela expansão e as suas consequências inflacionistas um período de tempo relativamente longo[4412] (uma correlação que os seus adversários teóricos, quando a admitem, sustentam ser indicadora de uma causalidade em sentido inverso, que faz a expansão monetária ser mera consequência e não causa do fenómeno inflacionista[4413]).

É claro que pode ter aumentado o volume das transacções, se, por exemplo, a procura de alguns bens e serviços se expandiu, ou se, por um qualquer motivo, as condições de produção permitem agora uma oferta maior de produtos. Nesse caso, expandindo-se a oferta, ou a procura, ou ambas, o volume de transacções será mais elevado, ou serão mais elevadas as quantidades associadas a cada nível de transacções – e então, das duas uma:

– ou a massa monetária acompanha proporcionalmente essa expansão do volume de transacções, por forma a que a quantidade de moeda disponível para cada transacção se mantenha inalterada;
– ou a massa monetária fica aquém dessa expansão, e nesse caso existe menos moeda para ser oferecida em cada transacção, o que provocará uma queda dos preços, uma *inflação negativa*.

Temos assim que, em tese geral – e se abstrairmos da faceta das relações internacionais –, são duas as causas primárias da *pressão inflacionista*, que se converte em inflação efectiva conforme a reacção da oferta de moeda:

a) a expansão da procura agregada, a vontade de despender uma maior massa monetária num maior volume de transacções, e que *puxa* consigo os preços aceites pelos compradores – chamando-se-lhe por isso «inflação por via da procura» («*demand-pull inflation*») –;
b) a retracção da oferta agregada, o aumento de custos de produção, das remunerações no mercado dos factores, que *empurra* para cima os preços reclamados pelos vendedores – chamando-se-lhe por isso «inflação por via dos custos» («*cost-push inflation*») –.

A considerarmos o fenómeno no contexto de uma economia aberta, teríamos obviamente que incluir ainda a «inflação importada», ou seja, aquela que, passando pelo crivo das flutuações cambiais, repercutisse, ou nos custos de produção – caso em que poderia subsumir-se no segundo dos termos da dicotomia anteriormente referida –, ou nos preços dos bens e serviços directamente importados para o mercado dos produtos – caso em que se desencadearia uma inflação do primeiro tipo –.

A inflação «por via da procura» pode resultar de uma simples expansão da massa monetária, de um aumento da despesa pública ou de um aumento de exportações, que fazem subir a procura agregada sem que a oferta agregada consiga responder imediatamente com aumentos de quantidades – ainda que consiga expandir-se para um nível de desemprego *abaixo* da respectiva *taxa natural* –, vendo-se por isso a oferta agregada forçada a responder com aumentos de preços, a que corresponde um aumento da moeda necessária à cobertura dessas transacções – sendo que, como referimos, se a massa monetária não aumentar, o primeiro impulso na direcção da subida de preços esgotar-se-á sem dar origem a um *processo* inflacionista (não haverá combustível para alimentar a «fogueira inflacionista») –.

[4405] Blaug, M., W. Eltis, D. O'Brien, D. Patinkin, R. Skidelsky & G.E. Wood (1995).

[4406] Dornbusch, R., S. Fischer & R. Startz (2004), 464-465.

[4407] Sobre a influência científica e académica de Milton Friedman, cfr. Hammond, J.D. (org.) (1999).

[4408] Friedman, M. (1956), 3-21. Cfr. Johnson, H.G. (1971), 1-14; Tavlas, G.S. (1981), 317-337; Tavlas, G.S. (1997), 153-177; Tavlas, G.S. (1998), 211ss..

[4409] Moggridge, D. & S. Howson (1974), 226-247; Patinkin, D. (1987), 19-42.

[4410] Devendo sublinhar-se que a «contra-revolução» monetarista não se cingiu à Macroeconomia, surgindo aliada a uma concepção neoliberal sobre a eficiência dos mercados (um credo que crescentemente parece menosprezar as consequências das imperfeições concorrenciais), a primeira faceta mais associada à posição de Milton Friedman, a segunda mais à de George Stigler. Cfr. Leeson, R. (2000), 71ss..

[4411] Friedman, M. (1963).

[4412] A correlação directa e retardada entre inflação e massa monetária é nitidamente demonstrada, para Portugal, na série longa de 1910 a 1997, em: Mateus, A.M. (2001), 36 (gráfico 10).

[4413] Rossi, S. (2001); Fischer, S., R. Sahay & C.A. Végh (2002), 845-846.

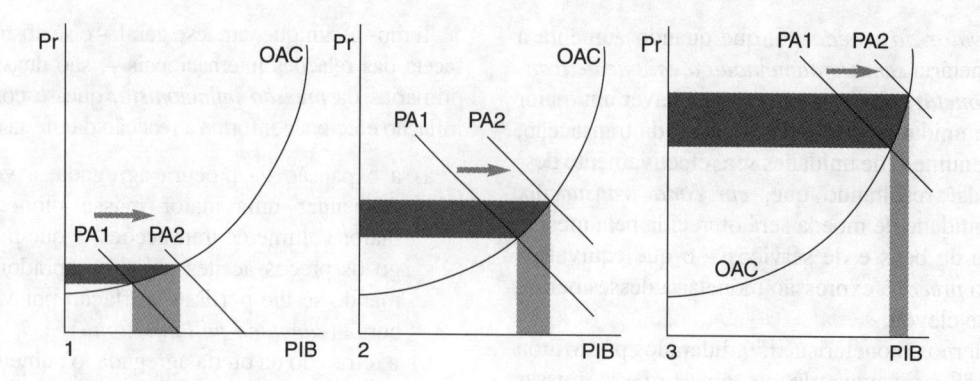

Gráfico 20.1. *Deslocações da procura agregada e excesso de capacidade e capacidade plena na oferta agregada*

1: expansão da procura agregada numa área de excesso de capacidade da oferta, determinando que uma pequena subida de preço cause um aumento mais do que proporcional da produção

2: expansão da procura agregada numa área intermédia, na qual se regista alguma proporcionalidade entre subidas de preços e aumentos de produção

3: expansão da procura agregada numa área de capacidade plena,

determinando que uma subida de preço já só suscite um pequeno aumento, menos do que proporcional, da produção.

Pr: nível de preços
OAC: oferta agregada de curto prazo inicial
PA1: procura agregada inicial
PA2: procura agregada expandida

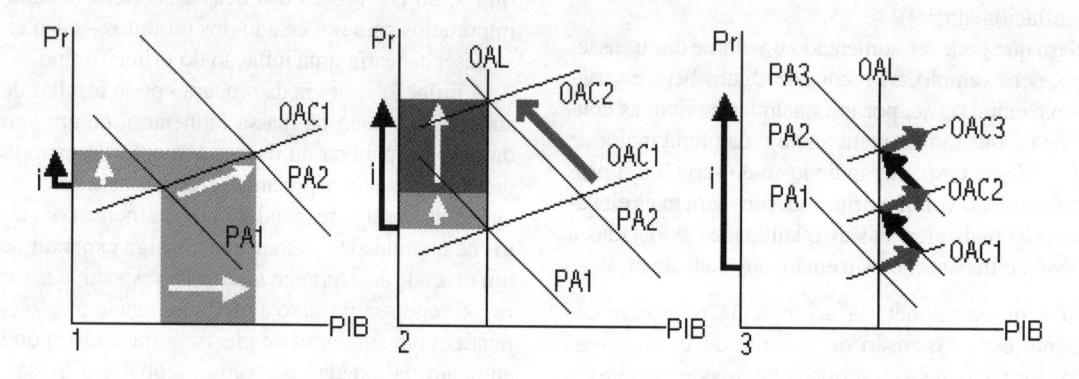

Gráfico 20.2. *Inflação induzida pela procura*

1: expansão inicial da procura agregada
2: ajustamento das remunerações (regresso aos níveis de longo prazo)
3: espiral inflacionista induzida pela procura
Pr: nível de preços (deflator do PIB)

PA1, PA2, PA3: procura agregada
OAC1, OAC2, OAC3: oferta agregada de curto prazo
OAL: oferta agregada de longo prazo
i: inflação

A inflação «por via da oferta» pode, por seu lado, resultar de várias causas, entre as quais o aumento *nominal* dos salários, ou o aumento dos preços das matérias-primas, e consiste numa repercussão desse aumento de custos nos preços, conduzindo a uma quebra inicial do PIB real e a uma subida do desemprego para cima da sua «taxa natural», até que a procura agregada se ajuste às novas condições da oferta, o que geralmente se fará por um esforço de expansão da procura através do aumento

dos rendimentos nominais, injectando nova moeda que reponha o poder de compra no curto prazo, já que sem esse esforço deliberado por parte das autoridades monetárias haverá o risco de a economia estagnar a um nível aquém do pleno emprego.

Mas o que verdadeiramente torna a inflação um problema macroeconómico é o facto de ela não se reportar a uma elevação parcelar, ou sectorial, dos preços, mas sim a uma elevação geral em todos os sectores da eco-

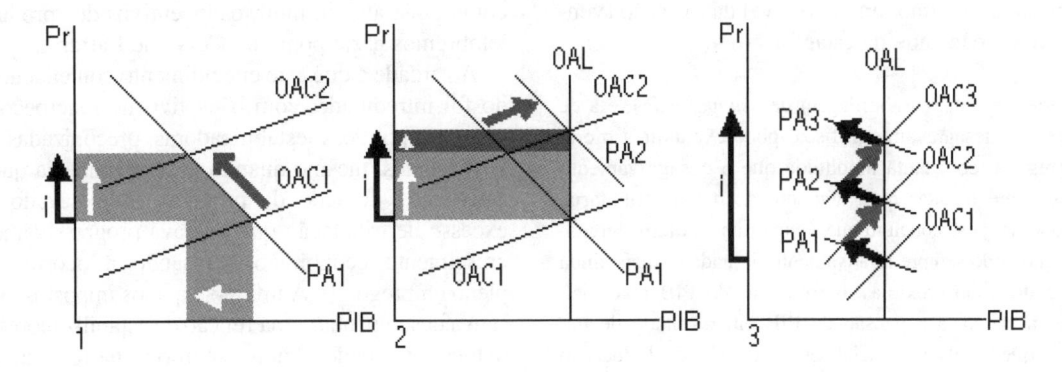

Gráfico 20.3. *Inflação induzida pelos custos*

1: contracção inicial da oferta agregada (com estagflação)
2: ajustamento das remunerações (regresso aos níveis de longo prazo)
3: espiral inflacionista induzida pela oferta
Pr: nível de preços (deflator do PIB)

PA1, PA2, PA3: procura agregada
OAC1, OAC2, OAC3: oferta agregada de curto prazo
OAL: oferta agregada de longo prazo
i: inflação

nomia. Ainda que se admita que alguns bens e serviços podem não acompanhar esse movimento, a inflação tem que ser um movimento maioritário que – ao menos para efeitos de medição – atinge os bens e serviços considerados básicos nos padrões dominantes do consumo de uma população.

Uma subida generalizada de preços significa duas coisas – ou, melhor, duas formas de designar uma mesma coisa –:

1. que o consumidor tem que pagar mais pelo mesmo conjunto de produtos que costuma adquirir;
2. que cada unidade monetária de que se compõe o seu rendimento disponível passou a valer menos, e contribui para a aquisição de uma menor quantidade de produtos.

Dito de outra forma: se o preço dos produtos é o seu valor monetário, ou seja, o número de unidades monetárias que é preciso entregar para adquirir esses produtos, uma elevação dos preços significa, *ceteris paribus*, uma desvalorização monetária, pelo que se a inflação se manifesta através de uma subida generalizada dos preços, ela implica, em primeira linha, a desvalorização da moeda, isto é, a perda do poder de compra que vem associado a cada unidade monetária como instrumento das trocas. Há mais moeda, mas isso faz somente com que cada unidade monetária tenha agora menor valor – como poderíamos adivinhar por aplicação

directa dos princípios marginalistas com que nos familiarizámos já –.

Quando falámos do desemprego *cíclico*, vimos na sua base as flutuações macroeconómicas de curto prazo, as expansões e contracções da procura agregada no mercado dos produtos. No caso da inflação, a *viscosidade* dos preços é ultrapassada (ao menos parcialmente[4414]) pela impossibilidade de, no curto prazo, os produtores carrearem factores produtivos em dimensão suficiente para responderem proporcionalmente a pressões da procura com as *quantidades* adequadas, pelo que uma expansão da procura determinará, em maior ou menor grau – o grau consentido pela menor ou maior rigidez dos factores no curto prazo –, um aumento de *preços* que perdurará até que a expansão da procura derivada de factores permita assegurar um nível superior de emprego e a produção das *quantidades* de equilíbrio.

20 – b) – i) As soluções do lado da oferta

Por essa mesma ordem de ideias, um aumento da oferta agregada poderá reduzir permanentemente a amplitude das pressões inflacionistas associadas ao excesso de procura agregada – o que até certo ponto corresponde às propostas dos «*supply-siders*», que entendem que um desagravamento fiscal do investimento e da produção permitiria acelerar o crescimento

---

[4414] Lucas Jr., R.E. (2003), 6.

e controlar, ao mesmo tempo, o nível da inflação (vencendo até o «pântano» da estagflação) –.

- A ideia básica, na abordagem de «*supply-side*», é a de que um desagravamento fiscal pode expandir a oferta agregada, com tanta amplitude que o desagravamento possa até resultar num aumento de receita tributária.
- Contudo, já se concluiu que a expansão da oferta agregada tem sido sempre relativamente limitada, e mais ainda quando estão próximas as fronteiras do PIB potencial: assim sendo, a expansão do PIB em resultado de um «choque fiscal» é essencialmente um efeito da deslocação da procura agregada, com efeitos de longo prazo muito mais mitigados – já que, se o aumento do PIB acabar por não ser muito pronunciado, um desagravamento fiscal não será compensador em termos de receita.
- Os «*supply-siders*» defendem-se alegando com a necessidade de «*dynamic scoring*», isto é, com a consideração de um período de tempo suficientemente longo para que se verifique não apenas um incremento da actividade tributável mas também um alargamento da base tributária, ambos contribuindo para atenuar a tendência deficitária resultante do «choque fiscal».
- Verifica-se hoje uma redução no entusiasmo quanto aos efeitos directos do «choque fiscal», sobretudo se desacompanhado de quebras na despesa pública – e por isso os «*supply-siders*» passaram a concentrar-se na redução da dimensão do Estado, por forma a consolidarem as suas teses[4415/4416].

Pese embora o facto de não existirem consensos neste ponto, o facto é que parece certo que um desagravamento tributário pode ter influência naquele nível de oferta de recursos – trabalho, capital, tecnologia – que caracterizará uma situação de *pleno emprego*, visto que é inequívoco que a tributação é uma poderosa interferência no plano dos incentivos de produtores e de consumidores, com extensos efeitos de «*deadweight loss*», sendo por isso de admitir que um corte nos impostos que tenha suficiente impacto nos incentivos pode fazer aumentar o PIB real mais amplamente, e com menos custos inflacionistas, do que qualquer política orçamental expansionista ou «reflacionista» que, agindo do lado da procura agregada, pode não só não aumentar,

como pode até diminuir, os incentivos dos produtores: lembremos neste ponto a «Curva de Laffer».

A verdade é que este entendimento contendeu, quando foi introduzido, com o «activismo macroeconómico» das políticas estabilizadoras preconizadas pelos keynesianos, mesmo quando já se reconhecia que esse activismo «do lado da procura» tinha levado a um excesso de tributação que onerava progressivamente o crescimento económico, atrasando a ocorrência do pleno emprego[4417]. Admitia-se que os impostos estivessem a desempenhar uma função de estabilizadores automáticos, travando alguma «euforia» na marcha para o pleno emprego, como era suposto acontecer; só que crescentemente se percebia que os impostos estavam a fazê-lo de modo excessivo, efectivamente travando o crescimento e, ironicamente, bloqueando a própria possibilidade do desejado equilíbrio orçamental.

Isso levou à adopção de «cortes nos impostos» a partir dos anos 60, de início adoptados de forma tímida e com imediatas consequências no agravamento da inflação, o que fez alguns economistas sugerirem a manutenção dos níveis desemprego próximos de uma «taxa natural» – sendo tudo isto posto em causa com o «choque petrolífero» de 1973 e a subsequente «estagflação». Recordemos que a «estagflação» resulta de uma retracção da *oferta* agregada, e por isso começou a generalizar-se a noção de que, em alternativa ou ao menos em complemento das políticas keynesianas exclusivamente concentradas no lado da procura agregada, o remédio prioritário teria agora que ser o da expansão dessa oferta agregada – retomando-se a ideia dos «cortes nos impostos», mormente pela redução das taxas marginais dos impostos progressivos, não com o objectivo de estimular a procura mas sim com o de «dar algum espaço» à recuperação da oferta agregada, aumentando o emprego[4418/4419].

O impulso decisivo nesse sentido foi dado a partir de 1981, e essas políticas de «*supply-side*», políticas de longo prazo dirigidas à expansão do PIB potencial, ficaram, como atrás vimos, conhecidas como «*reaganomics*» – com efeitos perversos no curto prazo, mormente níveis muito elevados de *deficit* orçamental, mas expandindo efectivamente as economias que adoptaram essas políticas[4420], e resultando em crescimento

---

[4415] Dornbusch, R., S. Fischer & R. Startz (2004), 106-108.

[4416] Para algumas reflexões sobre o «lado da oferta» no caso português, cfr. Lobo, C.B. (2000), 677-722.

[4417] Aquilo que se designa por um *superavit* orçamental «estrutural», ou seja, um excesso de receitas sobre despesas que resultaria da extrapolação da proporção corrente de umas e outras para um contexto de *pleno emprego*.

[4418] Burtless, G. (2002), 3-28.

[4419] Não podem subestimar-se aqui os efeitos da tendência para o aumento de despesas em antecipação de receitas, aquilo que já tem sido designado como «*tax lag*». Cfr. Shaviro, D. (1997), 4-5.

[4420] Não apenas os Estados Unidos mas também países como o Chile e o Botswana, que depois de aderirem ao «*supply-side*» acabaram por conhecer, entre 1980 e 2000, taxas anuais de crescimento respectivamente de 4,6% e 3,7% (muito acima da média mundial de 1,3%). Cfr. ERP (2003), 218-219.

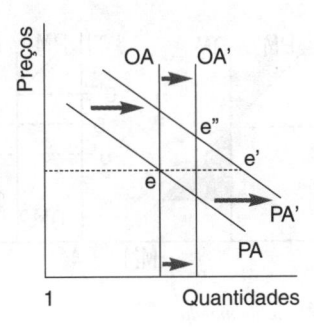 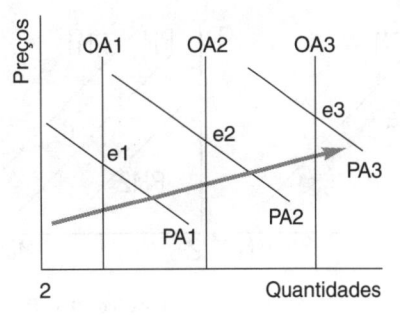

Gráfico 20.4. *Efeitos de um «choque fiscal» «supply-sider»*[4422]

1: Efeito de curto prazo (a economia começa por expandir-se de e para e', mas depois estabiliza em e")

2: Efeito de longo prazo (com *«dynamic scoring»*). A produção acaba por responder em termos de quantidades, com mitigadas incidências nos preços

OA, OA', OA1, OA2, OA3: oferta agregada
PA, PA', PA1, PA2, PA3: procura agregada
e, e', e", e1, e2, e3: pontos de equilíbrio

com baixos desemprego e inflação, o contrário da «estagflação», nos anos 90[4421].

Voltaremos a esta questão, mas sublinhemos desde já que a longa predominância dos métodos de análise e das propostas keynesianas, uma longa habituação dos mercados e das instituições económicas à intervenção do Estado nas tarefas de estabilização de curto prazo da procura agregada, até a tentação «político-eleitoral», ou demagógica, de apresentar resultados através do activismo de curto prazo, tudo contribuiu para dificultar a aplicação dos remédios «do lado da oferta», remédios novos e não-comprovados, implicando esforços longos, estruturais, sem retorno imediato, muitas vezes implicando modificações no quadro jurídico, em métodos de produção, em hábitos e até em convicções e expectativas de cada agente económico – podendo assim sustentar-se que o ciclo de política macroeconómica iniciado nos anos 80 está longe de ter atingido o seu auge, ou de ter destronado completamente o paradigma keynesiano.

20 – b) – ii) Procura e oferta de moeda

Voltando ao cerne do mecanismo inflacionário, diremos que aqui, como em tantos outros pontos, o valor é

determinado pela interacção de oferta e procura, podendo por isso partir-se do princípio de que também o valor da moeda é resultado da oferta e procura de moeda.

A oferta de moeda é determinada pela política de criação e destruição de moeda, uma política basicamente confiada aos bancos centrais.

Por seu lado, a procura de moeda, embora possa ser acidentalmente afectada por uma multiplicidade de factores – que vão das expectativas individuais quanto à evolução da conjuntura económica até à segurança que possa existir na opção de se constituir reservas de liquidez ou de se transportar grandes quantidades de numerário, passando pela rentabilidade da opção de renúncia à liquidez[4423] –, depende essencialmente do preço médio dos produtos a transaccionar, já que, tendo a moeda por principal função a de ser instrumento geral de trocas, as variações de preços reclamam variações na massa monetária disponível para as trocas. Ou, mais especificamente, quanto mais elevados são os preços e mais desvalorizada é a moeda, maior é a procura desta – sendo que, em suma, a moeda é tanto mais procurada quanto mais elevado for o volume de transacções em que o sujeito económico se encontra envolvido, e quanto mais elevado for o rendimento *nominal* requerido para fazer face a essas transacções –.

[4421] ERP (1999), 21-24.
[4422] Dornbusch, R., S. Fischer & R. Startz (2004), 106-108.
[4423] Para não falarmos ainda de outros efeitos «friccionais» na procura de moeda. Cfr. Christiano, L.J., M.S. Eichenbaum & C.L. Evans (1997), 1201-1249.

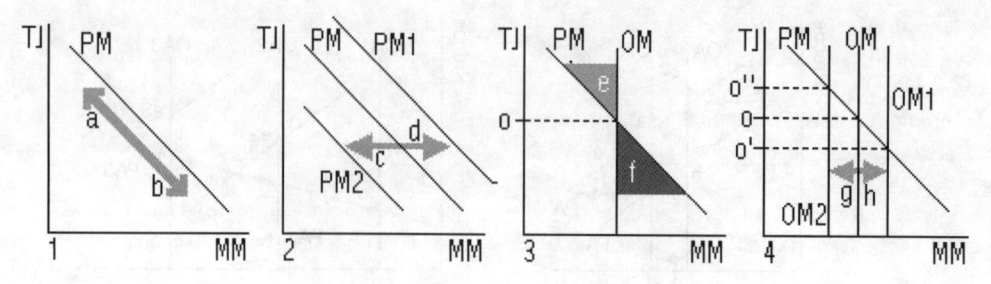

Gráfico 20.5. *Procura e oferta de moeda*

1: procura de moeda
2: deslocações da curva da procura da moeda
3: equilíbrio no mercado monetário
4: alteração das taxas de juro
TJ: taxas de juro
MM: massa monetária
PM, PM1, PM2: procura de moeda
OM, OM1, OM2: oferta de moeda
o, o', o'': taxas de juro de equilíbrio
a: a procura de moeda retrai-se por efeito da subida das taxas de juro
b: a procura de moeda expande-se por efeito da descida das taxas de juro
c: a qualquer taxa de juro, a quantidade de moeda procurada é menor (por exemplo, em consequência de uma queda do PIB real)

d: a qualquer taxa de juro, a quantidade de moeda procurada é maior (por exemplo, em consequência de um aumento do PIB real)
e: excesso de oferta de moeda (levará a que os detentores de moeda a troquem por valores, fazendo a taxa de juro descer para a sua posição de equilíbrio)
f: escassez de oferta de moeda (levará a que os detentores de valores tentem trocá-los por moeda, fazendo a taxa de juro subir para a sua posição de equilíbrio)
g: contracção da oferta de moeda (de OM para OM2), faz a taxa de juro de equilíbrio *subir* de o para o''
h: expansão da oferta de moeda (de OM para OM1), faz a taxa de juro de equilíbrio *descer* de o para o'

Se os preços fossem todos eles completa e instantaneamente flexíveis, quaisquer variações da oferta de moeda poderiam ser perfeitamente compensadas por variações de sinal contrário nos preços, neutralizando quaisquer efeitos *reais* que fossem prosseguidos através das variações da oferta de moeda. Não sendo os preços perfeitamente flexíveis, verificando-se neles um grau qualquer de «viscosidade», duas reacções são possíveis a um aumento da oferta de moeda:

– ou os beneficiários directos absorvem esse aumento de volume monetário, e aforram-no, ou entesouram-no, caso em que nada mais de especial acontece;
– ou então despendem o novo rendimento monetário e expandem a despesa agregada, caso em que, a verificar-se uma situação de desemprego, haverá aumento de produção e de rendimento – sendo esta última hipótese que pode alicerçar a validade conjuntural da política monetária como promotora do crescimento.

No longo prazo, o nível de preços tenderá a convergir com o nível no qual se interceptam a oferta e a procura de moeda: se o nível de preços está desequilibradamente elevado, haverá um excesso de procura de moeda sobre a respectiva oferta – daí resultando que, à falta de meios de pagamento, o volume de transacções se retrairá até que se reequilibrem oferta e procura de moeda –. Se o nível de preços está desequilibradamente baixo, haverá um excesso de oferta de moeda sobre a respectiva procura – sendo que esse excesso de meios de pagamento provocará um movimento inflacionista que reequilibrará a procura e a oferta de moeda –.

Dito de outro modo, afirmar-se que a moeda tem um *valor* é deixar-se implícito que numa economia as flutuações monetárias causam ineficiências *reais*, seja por «falhas de mercado» seja por «viscosidade» *nominal* dos rendimentos. Mas a ser assim, isso pode justificar, em contrapartida, o recurso a medidas monetárias para contrariar choques *reais*, aproveitando a não-neutralidade monetária para salvaguardar ou incrementar a eficiência macroeconómica – uma ideia simples cuja aplicação é tão complexa que ela continua a alimentar polémica no seio da Macroeconomia[4424].

20 – c) A teoria quantitativa da moeda

Suponha-se que ocorre uma injecção de moeda nova, porque as autoridades decidem aumentar a massa monetária em circulação.

Refira-se a propósito que a massa monetária se analisa nos seguintes valores agregados[4425]:

[4424] Lucas Jr., R.E. (2003), 3.
[4425] Dornbusch, R., S. Fischer & R. Startz (2004), 391-394.

M1 = Circulação monetária + Depósitos à ordem

M2 = M1 + Outros depósitos e equiparados até 2 anos + Depósitos com pré-aviso até 3 meses

M3 = M2 + Instrumentos negociáveis (Acordos de recompra, Títulos, excepto capital até 2 anos[4426])[4427].

Dado que a procura de moeda é representável por uma curva descendente, uma expansão da oferta de moeda há-de interceptar a curva da procura num ponto mais baixo, num ponto em que é mais baixo o valor da moeda – ou, o mesmo é dizer, um ponto em que são mais elevados os preços –. Segundo este entendimento, que esquematicamente corresponde à *teoria quantitativa do valor da moeda*, não há verdadeira inflação – na dupla faceta de subida de preços e de desvalorização monetária – se não houver aumento de massa monetária. É um entendimento que não é totalmente desprovido de intenção política, já que atribui a responsabilidade pela inflação exclusivamente às autoridades responsáveis pela criação de moeda, sugerindo que, *haja o que houver*, não ocorrerá inflação se as autoridades monetárias *não a quiserem*. É um entendimento que, por outras palavras, não precisa de se atardar muito na indagação das *causas* da inflação, na medida em que imediatamente descobre *culpados* por ela (aqueles que, alimentando com combustível as «brasas» da «pressão inflacionista», a transformaram numa verdadeira «fogueira» inflacionista).

Em bom rigor, a teoria quantitativa pretende descrever com um pouco mais de subtileza o mecanismo monetário, e por isso faz apelo à ideia de *circulação monetária* – o facto de a moeda, como meio de troca que é, implicar uma mudança de mãos em cada transacção, a troco de produtos ou de factores previamente avaliados em termos monetários –. Essa circulação consiste basicamente no produto da massa monetária por uma *velocidade de circulação*, pela cadência com que a moeda é trocada, expressa num valor médio que corresponde ao número de vezes que uma unidade monetária é empregue nas trocas num determinado intervalo de tempo. Trata-se aqui, mais especificamente, da *velocidade-rendimento*, o quociente entre PIB *nominal* e massa monetária em circulação, o que nos indica o número de vezes que cada unidade monetária disponível trocou de mãos, em média, para gerar aquele valor agregado, para financiar o fluxo anual de rendimento[4428].

De facto, o que conta no mecanismo monetário, e na própria definição do valor da moeda, é a *circulação*, não a *massa* monetária: é que uma pequena massa monetária empregue num grande volume de transacções pode exceder, no desempenho das funções de instrumento de trocas, uma grande massa monetária em relação à qual se registe pequena velocidade de circulação:

Uma massa de 100 Euros empregue 100 vezes permite realizar transacções no valor de 10.000 Euros, uma massa

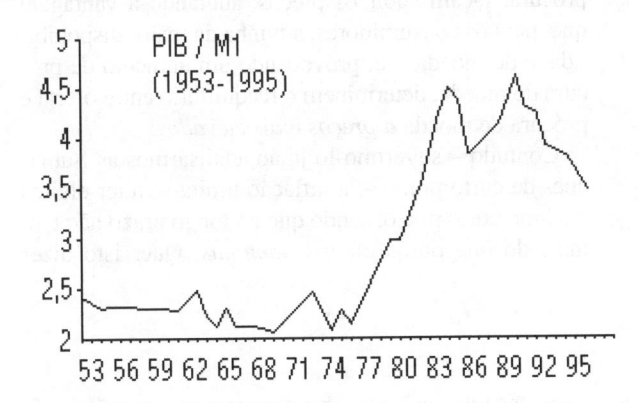

Gráfico 20.6. *Velocidade de circulação da moeda (PIB / M1) em Portugal*[4429]

[4426] Sobre a evolução do agregado monetário M3 em Portugal, desde 1983 até 2000, cfr. Mateus, A.M. (2001), 275 (gráfico 78). Cfr. ainda: Valério, N. (1984); Valério, N. (1991); Mata, E. & N. Valério (1994).

[4427] De certo modo, M2 e M3 equivalem à expressão tradicional «quase-moeda», que designava activos que, apesar de não apresentarem perfeita (imediata) liquidez, contudo poderiam desempenhar papel relevante nas trocas (a pessoa que sabe que vai dispor de maior liquidez daqui a 2 meses, por exemplo, pode comprar a crédito, ou por prestações, *contando já* com essa próxima liquidez).

[4428] Dornbusch, R., S. Fischer & R. Startz (2004), 404.

[4429] Banco de Portugal (1999b), 38.

de 1000 Euros empregue 5 vezes corresponde a um valor de apenas 5000 Euros nas transacções.

A circulação monetária é igual ao produto da massa monetária pela velocidade de circulação, pelo que, se fizermos a primeira corresponder ao símbolo M e a segunda ao símbolo V, a circulação será representada pelo produto MV.

Para completarmos a fórmula básica da teoria quantitativa do valor da moeda, por vezes designada como «equação geral das trocas» ou «equação de Fisher»[4430] – dado a sua formulação básica poder atribuir-se ao economista Irving Fisher[4431/4432] –, resta-nos dizermos que a circulação monetária corresponde à cobertura de um dado volume de transacções, as transacções nas quais a moeda é instrumental, e que esse volume de transacções corresponde ao produto do PIB *real* – simbolizado com a letra Y – pelo nível geral de preços, o mesmo que pode ser usado como «deflator» para converter o PIB *nominal* em PIB *real* – e que simbolizaremos com a letra P –, sendo pois que esse volume de transacções, que afinal corresponde ao PIB *nominal* – o produto do PIB real pelo nível de preços –, pode ser representado pela fórmula PY.

A «equação de Fisher» limita-se a estabelecer que MV = PY, afinal dando a indicação básica de que a circulação monetária equivale necessariamente ao valor do PIB nominal.

A fórmula, na sua simplicidade analítica, na sua feição tautológica, permite corolários de grande importância; quanto ao fenómeno que mais imediatamente nos ocupa agora, podemos retirar da fórmula que, havendo um aumento de massa monetária (M), uma de três consequências é, *ceteris paribus*, inevitável[4433]:

1. ou o PIB real (Y) aumentou antes ou aumenta concomitantemente, e na mesma proporção da massa monetária (M);
2. ou a velocidade de circulação (V, formalmente o quociente do PIB *nominal* pela massa monetária) se reduziu a ponto de anular completamente, no

cômputo da circulação monetária (MV), o aumento da massa monetária (M) – o que, diga-se já, se afigura particularmente pouco provável, dependente que está a velocidade de circulação de *hábitos* de despesa (hábitos de consumo, hábitos de contratação no mercado dos factores, etc.)[4434], e sobretudo da ponderação da margem de preferência pela liquidez que resiste à constatação de que, não se gerando um rendimento autónomo a partir da simples detenção de liquidez, há muitos bens pelos quais a moeda pode ser trocada que geram esse rendimento, ainda que com os seus inconvenientes da perda de liquidez[4435];

3. ou, última hipótese, o nível de preços (P) vai ter que subir, no mesmo sentido, e porventura até na mesma proporção, do aumento da massa monetária (M), e por isso o aumento de massa monetária provocou directa, e talvez proporcionalmente, a inflação.

Vimos já que o ajustamento do mercado que sucede a uma injecção monetária implica, no curto prazo, *efeitos reais*: por exemplo, o excesso de oferta de moeda acarreta a expansão do volume de transacções enquanto a subida dos preços não reequilibra o poder de compra ao nível anterior à expansão da oferta monetária. Existe um pequeno lapso de tempo dentro do qual os consumidores têm mais unidades monetárias e se apresentam a gastá-las, *antes* que os vendedores, defrontados com esse incremento de procura e incapazes de reagirem no curto prazo com um aumento *real* das quantidades oferecidas que seja proporcionado ao aumento da procura, façam subir os preços, anulando a vantagem que, para os consumidores, advinha da maior disponibilidade de moeda – e, provocando um aumento de procura de moeda, determinem o reequilíbrio entre oferta e procura de moeda *a preços mais elevados*.

Contudo – sugerimo-lo já ao analisarmos as flutuações de curto prazo –, a inflação limita-se a ter efeitos *reais* no curto prazo, sendo que no longo prazo não tem mais do que puros efeitos *nominais*. Quer isto dizer

---

[4430] Dornbusch, R., S. Fischer & R. Startz (2004), 405-406.

[4431] Sobre Irving Fisher, cfr. Mehrling, P. (2001), 47-61.

[4432] Sobre o sucesso da «equação de Fisher» (MV = PT, na sua formulação original, com T a designar o «volume de transacções»), cfr. Patinkin, D. (1969), 46-70.

[4433] Para Fisher, o problema não residia no facto de haver o hábito de se fixar rigidamente a quantidade de moeda, mas no facto de isso se fazer sem referência ao estado da economia, e especificamente ao volume de transacções a ter lugar com a quantidade total de moeda em circulação: e daí a equação das trocas, que vinha franquear as portas à possibilidade de se fazer uma utilização da emissão monetária como instrumento de política económica, especificamente como veículo de estabilização de preços – e isto mesmo antes da maturação do sistema de bancos centrais. Cfr. Fisher, I. (1911); Mehrling, P. (2002), 210ss.; Timberlake, R.H. (1995).

[4434] Este ponto foi objecto de particular atenção da parte de Fisher. Cfr. Dimand, R.W. (2001), 359-374.

[4435] Isto sem embargo de a multiplicação de formas de pagamento, crescentemente desmaterializadas e flexíveis, vir modificar os dados básicos da análise tradicional dos fenómenos monetários. Cfr. Green, E.J. (2002), 51; King, M.A. (1999), 397-415; Schreft, S.L. (1992), 283-296; Goodhart, C. (2000), 189-209.

que, no longo prazo, a inflação não afecta a produção, a repartição, o consumo, os níveis de emprego, a remuneração dos factores, tal como eles podem ser medidos em unidades não-monetárias; apenas afecta o padrão monetário no qual aquelas variáveis podem também ser medidas, os seus *valores nominais*.

Regressando à «equação de Fisher»: como o PIB real (Y) é determinado por factores materiais, humanos e tecnológicos que não são afectados, ao menos no longo prazo, pelos movimentos monetários nem podem alterar-se de imediato, e dado o pressuposto da quase invariabilidade da velocidade de circulação (V), uma injecção de moeda (um aumento de M) não pode deixar de repercutir-se completamente no valor do PIB nominal (PY), e especificamente no nível de preços (P). Em consequência, uma súbita injecção monetária não pode deixar de causar imediatamente a inflação.

20 – c) – i) Efeitos de curto e longo prazo

Quer isso dizer que os mecanismos monetários são irrelevantes no longo prazo? Não inteiramente, mas podemos dizer, uma vez mais, que são mais irrelevantes no longo do que no curto prazo, dadas as imperfeições que se registam no curto prazo e que dificultam a destrinça entre os aspectos *nominais* e *reais* do fenómeno monetário (a já referida não-neutralidade): o preço de um bem é um valor puramente *nominal*, mas o *preço relativo* de dois bens, expresso na mesma moeda, já é um valor *real*, visto que designa uma diferença de valor que poderia expressar-se igualmente em termos não-monetários; também o *juro*, enquanto expressão do preço relativo do mesmo bem em dois momentos separados no tempo, pode ser um valor *real*, desde que sejam descontados os efeitos da inflação, para que a moeda de referência possa ser a mesma.

É essa interpenetração de facetas *reais* e *nominais* do fenómeno monetário que pode, no curto prazo, associar efeitos reais à inflação, conferindo um amplo protagonismo, no curto prazo, ao mecanismo monetário; o mesmo que, como acabámos de referir, se esbate no longo prazo, apenas ficando a registar-se, neste longo prazo, as repercussões dos danos estruturais que as flutuações de curto de prazo possam ter provocado – em tudo o resto predominando um princípio de «neutralidade monetária».

A questão pode, aliás, ser ilustrada com a transição do Escudo para o Euro, como exemplo de indiferença pela

sucessão de denominações monetárias[4436]: todos os preços tiveram que ser alterados, o que pode ter causado as maiores perturbações e confusões no curto prazo; mas, passado algum tempo, adquirido o hábito de se lidar com o Euro, tornou-se aparente que as grandezas reais das economias não se tinham alterado, que *não* se tinha passado a produzir mais, que as pessoas *não* tinham passado a ganhar menos em termos de poder de compra – embora a nova unidade monetária os tivesse feito receber cerca de 200 vezes menos em termos nominais –, que até o valor relativo e intertemporal dos bens – o fundamento do juro – não se tinha alterado por mera substituição da denominação monetária dos valores em presença.

Quanto a este último aspecto, deve referir-se que a taxa de juro *nominal* costuma acompanhar as variações da taxa de inflação, preservando constante a taxa de juro *real*. No estabelecimento de taxas de juro os efeitos inflacionistas são especialmente melindrosos e nítidos, porque o juro reclama uma comparação directa do valor da moeda em dois momentos distintos.

Lembremos que o juro não é *realmente* senão uma compensação pela privação do uso de moeda, ou de bens avaliáveis em moeda, a partir do momento presente, uma compensação que deverá ultrapassar o desvalor que implica essa privação e a recuperação do uso a partir somente de um momento futuro – sendo que, independentemente de qualquer efeito inflacionista, o uso futuro de um bem é subjectivamente menos interessante do que o uso presente, designando-se por *desconto* essa diferença, essa «preferência pelo presente», e por *juro* a remuneração que compensa esse desconto –.

Se, a acrescer a esse desconto, se verificar a inflação, findo o prazo contratual de cedência de moeda ou de bens equivalentes estes regressam ao seu titular não apenas *subjectivamente descontados* mas também *objectivamente desvalorizados*. Assim sendo, a cedência de moeda tem que ser acompanhada de dois tipos de remunerações: uma que compense o desconto do uso futuro, que é o *juro real*, outra que salvaguarde o credor da devolução da moeda contra a eventual perda de valor aquisitivo da moeda que resulte da presença de inflação, e que poderíamos designar como «prémio de inflação», sendo a soma desses dois tipos de remuneração aquilo que se denomina de *taxa de juro nominal*.

– Suponhamos, num exemplo, que uma pessoa calcula em 3% a sua taxa de desconto anual[4437], e que, por isso, ela só se dispõe a emprestar o seu dinheiro a uma taxa de juro de 4% ao ano, pois a uma taxa inferior deixa de ter

---

[4436] Ferreira, E.P. (2002b), 833-854.

[4437] Lembremos que a taxa de desconto individual se agrava drasticamente quando a pessoa já não está muito longe do limite da sua expectativa de vida (e mais ainda se não tem motivação para legar por morte o seu património), mas em contrapartida o mercado neutraliza esses valo-

incentivo económico a privar-se por um ano do uso do seu dinheiro; e suponhamos agora que a taxa de inflação tinha estabilizado nos 6% anuais: a taxa de juro nominal será fixada nos 10% (4% + 6%), já que, sem esse «prémio de inflação», o mutuante ficaria prejudicado – se a taxa de juro nominal fosse fixada em 8%, por exemplo, a taxa de juro real seria de 2% (8% - 6%), e, sendo inferior à própria taxa de desconto, envolveria perdas para o mutuante, que ficaria totalmente desincentivado de emprestar o seu dinheiro.

– Aqueles aforradores portugueses que recordam saudosos os tempos em que os seus depósitos bancários eram remunerados com taxas de juro superiores aos 20% geralmente não sabem, ou esquecem, que essas taxas nominais correspondiam muitas vezes à ausência de juros reais ou mesmo a juros reais negativos, com a inflação a atingir ou a ultrapassar a taxa dos 20% (foi de 29,3% em 1984[4438]), e que o abaixamento das taxas de juro nominais foi antes de mais um indício do salutar abaixamento da taxa de inflação, de uma dificilmente perceptível, mas efectiva, recuperação das taxas de juro *reais*.

Por um lado, essa «sintonia» entre taxa de inflação e taxa de juro nominal não é uma verdade analítica, já que para ela concorrem duas ordens diferentes, e independentes, de causas: se a taxa de juro real é fruto do equilíbrio de oferta e procura no mercado dos fundos – na circulação do aforro, dos investidores para os empresários –, a taxa de inflação é essencialmente produto da política de criação de moeda.

Mas por outro lado, se a taxa de juro real é, como o nome indica, uma variável *real*, no longo prazo a «neutralidade monetária» significa que nenhum movimento monetário a afectará – o que necessariamente implica que a taxa de juro nominal se vá ajustando constantemente à taxa de inflação, significando isso que qualquer fenómeno inflacionista tenderá a manifestar-se ao mesmo tempo nos preços e nas taxas de juro nominais, sob pena de, a não ser assim, se verificar mais um efeito real, nomeadamente a erosão das taxas de juro reais.

Essa coincidência é por vezes designada como «efeito de Fisher»[4439] – novamente por referência a Irving Fisher[4440] –, efeito que implica também a ideia

de que qualquer aumento de inflação *esperada* provoca um aumento proporcional da taxa de juro efectiva por forma a deixar inalterada a taxa de juro real *esperada*, sendo que disto resulta que, se dispusermos dos dados que nos revelem a variação das taxas nominais de juro ao longo do tempo, não estaremos longe de conhecer as concomitantes variações na taxa de inflação[4441]. Como consequência directa teríamos que, se o nexo entre essas variáveis e a evolução futura da inflação fosse forte e precisamente determinado, a previsão da inflação ficaria praticamente assegurada, servindo de guia preciso para as políticas macroeconómicas[4442].

Contra, poderíamos citar o «efeito Mundell-Tobin» – formulado pelos economistas James Tobin e Robert Mundell –, que pretende exprimir o facto de as taxas de juro nominais variarem um pouco mais mitigadamente do que a taxa de inflação, devido ao facto de a presença de inflação levar as pessoas a procurarem menos liquidez monetária, circunstância que causaria a baixa da taxa de juro *real*[4443].

Aproveitemos para, de passagem, sublinhar uma das vinte ideias a reter depois do exame final: As taxas de juro, ajustadas à inflação, variam para adequarem os níveis de poupança aos níveis de empréstimo, determinando assim a afectação de recursos escassos entre os seus usos presente e futuro.

Antes de prosseguirmos, valerá a pena deixar sublinhados alguns pontos que não serão inteiramente intuitivos, mas que decorrem do que acabámos de analisar:

– As principais modificações nas taxas de juro nominais resultam mais de alterações na inflação esperada do que nas taxas de juro reais, pelo que as previsões de taxas de juro nominais futuras devem assentar mais naquelas expectativas do que em quaisquer atitudes das autoridades monetárias. A subida, no presente, das taxas de juro nominais significa essencialmente que, por motivo-especulação, os aforradores estão já a incorporar um «prémio de inflação» para se precaverem contra a subida da taxa de inflação que ele prevêem.

– Aqueles que confundirem taxas nominais elevadas com taxas reais elevadas e daí retirarem conclusões acerca da

res extremos com a entrada constante de pessoas jovens que não se colocam ainda esse problema, e que por isso a taxa *social* de desconto tende a ser estável ao longo do tempo, permitindo também (mas não *garantindo*) a estabilidade da taxa de juro de equilíbrio no mercado.

[4438] E três anos depois já tinha descido para os 9,3%. Cfr. Abreu, M. (2001), 19; Banco de Portugal (2000), 5.

[4439] Barsky, R.B. (1987), 3-24. Contudo, cfr. Samuelson, P.A. & R.M. Solow (1960), 177-194; Romer, C.D. (1999), 167-199; Weinstein, M.M. (1980).

[4440] Moosa, I.A., P. Silvapulle & M. Silvapulle (2001), 127-142.

[4441] Daí que aparentemente o papel das autoridades monetárias tantas vezes se confine à fixação de taxas de juro no curto prazo (ou melhor, taxas de redesconto que indicam o preço ao qual será disponibilizada liquidez ao sistema bancário). Cfr. Biefang-Frisancho Mariscal, I. & P. Howells (2002), 569-585.

[4442] Staiger, D., J.H. Stock & M.W. Watson (1997b), 41-42.

[4443] Mundell, R.A. (1963b), 280-283; Shrestha, K., S.S. Chan & C.F. Lee (2002), 305-320.

política monetária encontrar-se-ão em apuros num contexto inflacionário (a «regra de Taylor», de que falaremos adiante, tenta precisamente evitar esses «erros de leitura»).

– Como pode ser comprovado pela «viscosidade» das taxas de juro nominais no mercado obrigacionista, as autoridades monetárias conseguem de facto ter impacto nas taxas de juro no curto prazo, mas no longo prazo elas regressarão a um nível «natural» que tem novamente a ver com a expectativa do nível de inflação, e que prevalece sobre quaisquer oscilações de curto prazo (a menos que a própria política monetária consiga interferir com as expectativas colectivas).

– Assim, em bom rigor, só na ausência de uma mudança na inflação esperada é que se verificará a perfeita correspondência entre aumento de massa monetária e abaixamento das taxas de juro – de acordo com o modelo «canónico» –; à medida que a economia se vá aproximando do pleno emprego, mais provável se torna que um aumento da massa monetária interfira nas expectativas de inflação, gerando a impressão de que a inflação aumentará, e contribuindo por isso para o aumento das taxas de juro nominais[4444].

20 – d) O «imposto oculto» da inflação

Regressemos às causas da inflação. Se aceitarmos que ela resulta essencialmente de uma deliberação das autoridades, que decidem injectar moeda para lá daquilo que é reclamado pelo aumento do volume de transacções – ou, menos plausivelmente, para lá daquilo que seja reclamado por uma eventual quebra da velocidade de circulação –, a pergunta que se impõe é: porque é que as autoridades podem estar interessadas em aumentar a massa monetária? Que tentação é essa de criar mais moeda do que aquela que é indispensável? O que é que as autoridades monetárias ganham com isso?

Muitas vezes as autoridades monetárias causam inflação involuntariamente, por inépcia, por falta de informação – como é fácil de perceber se, usando os termos da «equação das trocas», aumentarem a massa monetária (M) no errado pressuposto de que o volume de transacções, o PIB real (Y), aumentou, ou aumentou com uma determinada amplitude, ou no errado pressuposto de que a velocidade de circulação (V) diminuiu, ou diminuiu num determinado montante –. Outras

vezes, as autoridades monetárias poderão causar *voluntariamente* inflação, naquelas hipóteses em que se entenda que há um aspecto *virtuoso* num qualquer grau de inflação (para contrabalançar os efeitos do desemprego, por exemplo, ou para evitar efeitos estagnadores da «inflação-zero»).

Contudo, menos virtuosamente, ao criar moeda e provocar a inflação, o Estado tenta muitas vezes resolver os problemas do seu próprio endividamento, o que faz através de uma iniciativa que é ao mesmo tempo uma tributação subreptícia e uma forma de externalização negativa.

A criação de moeda faz com que o Estado possa liquidar as suas dívidas *nominais*, aquelas que estão expressas em unidades monetárias, sem mais – e isto sem contar já com as próprias receitas da *senhoriagem*[4445]. É certo que o Estado tem modos de angariar fundos para cobrir as suas despesas e saldar as suas dívidas, o que pode fazer recorrendo à forma mais directa e menos onerosa – para ele – dos impostos, ou a várias formas ostensivas de endividamento: mas estas soluções têm os seus limites, mormente os que resultam das resistências suscitadas pelos cidadãos, quando estes tomam consciência de que essas soluções começam por ser subtracções à própria riqueza, ao próprio rendimento disponível, dos indivíduos. Para ultrapassar esses limites, o Estado pode muito simplesmente recorrer à simples criação de moeda, de forma a usá-la, como dissemos, na liquidação das suas dívidas expressas em termos nominais.

Contudo, ao criar moeda exclusivamente para resolver os seus próprios problemas de endividamento, de *deficit* orçamental[4446], em princípio o Estado provoca o fenómeno da inflação, do qual resulta em primeira linha a subida de preços e, em última análise, a desvalorização da moeda em termos *reais*, em termos de poder aquisitivo. Assim sendo, a criação de moeda resolve o problema do Estado à custa do empobrecimento *real* de todos os detentores de moeda, pelo que ele pode configurar-se como um imposto, ou melhor, como um «imposto oculto» – criado subrepticiamente, sem as formalidades e garantias que rodeiam a criação dos impostos em sentido próprio.

Tudo se passa como se o Estado subtilmente retirasse do bolso de todos uma parte do poder de compra que corresponde às unidades monetárias que cada um detém, por forma a resolver um problema de endivida-

---

[4444] Kennedy, P.E. (2000); Kennedy, P.E. (2000b), 82-84.

[4445] Senhoriagem (*«seigniorage»*) é a diferença entre o valor *facial* da moeda e o custo da sua produção, diferença que reverte a favor de quem tenha o monopólio de criação da moeda (e antigamente chegou a constituir um privilégio político outorgado aos senhores feudais, quando lhes era concedida «liberdade de cunhagem»).

[4446] Para se fazer uma ideia da forma como, de 1975 a 1992, se resolveu o défice do Estado através do financiamento monetário, cfr. Mateus, A.M. (2001), 179 (gráfico 56).

mento próprio *como se* tivesse angariado, através de um imposto, receitas para cobrir esse encargo. O expediente é tradicional, de resto, porque nos tempos em que as pessoas condicionavam a aceitação dos meios de pagamento à atribuição a estes de um valor intrínseco, já os governantes recorriam à «quebra da moeda», à desvalorização intrínseca dos meios de pagamento, como forma de multiplicarem as unidades monetárias com a mesma quantidade de metal, financiando-se à custa dos detentores de moeda.

Na realidade, a emissão de moeda para lá das necessidades das transacções, do aumento do PIB real, é uma espécie de empréstimo sem juros a que o Estado recorre, visto que obtém imediatamente bens e serviços em troca da moeda nova e só mais tarde tem que aceitar essa moeda de volta nos pagamentos que lhe são feitos, ao mesmo tempo que desvaloriza a moeda que já circulava, reduzindo o valor real dos encargos que tivesse assumido pelo seu valor nominal. É mesmo detectável uma *«deadweight loss»* de dimensão não despicienda, na medida em que, onerando a detenção de liquidez monetária que facilita as transacções, a inflação interfere na eficiência de todas as trocas monetárias.

Não é o Estado vítima da própria inflação que cria? Decerto, já que, desvalorizando a moeda em termos *reais*, não lhe será possível voltar a endividar-se aos mesmos valores nominais em que o fez anteriormente, devendo agora pagar mais unidades monetárias para saldar as novas dívidas – o que acaba por desfazer a vantagem que alcançou nos primeiros momentos subsequentes à injecção monetária. Os novos preços, o novo valor da moeda, as novas taxas de juro, aplicam-se-lhe do mesmo modo como se aplicam a todos os agentes na economia.

Todavia, aquilo que o Estado perde neste segundo momento é ínfimo em relação à vantagem que obtém no primeiro momento: é que a vantagem de saldar as suas dívidas através da emissão de moeda nova apenas a ele aproveita, enquanto que o custo correspondente é disseminado, sob forma de inflação, pela totalidade dos detentores de moeda. Trata-se de uma verdadeira e própria externalização negativa: todos suportam os custos para que um só obtenha vantagens; compreende-se que, nestes termos, seja praticamente irresistível a tentação de auto-financiamento do Estado através da inflação, através desse «imposto oculto» (uma *«inflation tax»*) que, de tão subtil, não suscita significativas resistências por parte daqueles que são afectados – sendo que, além disso, os custos de coordenação de uma resistência à inflação seriam, como pode imaginar-se, elevadíssimos, bastando pensar-se que resistir à aceitação da nova moeda equivaleria a privar-se, pelo tempo que durasse a resistência, das vantagens das trocas monetárias.

Mas é a tentação do recurso à inflação como «imposto oculto» que torna o fenómeno tão perigoso: o recurso sucessivo ao expediente descredibiliza o Estado, tornando-se previsível que os credores do Estado, sendo parcialmente defraudados nos seus créditos – visto que no momento de serem pagos verificam a concomitante perda do valor da moeda que recebem em pagamento –, vão sendo desincentivados de renovarem o crédito concedido. Mas quanto mais desacreditado está o Estado junto de potenciais credores e dos seus cidadãos, menos possibilidades tem de recorrer ao endividamento e à tributação como formas de obter receitas, e mais forçado se vê, pois, a recorrer ao «imposto oculto» da inflação – o que pode rapidamente degenerar numa espiral inflacionista e na hiperinflação.

Muitos episódios hiperinflacionistas ao longo da história têm feito sobressair esse padrão básico, o de um Estado que, muito empenhado em tarefas económicas e sociais, regista níveis elevados de despesa pública traduzidos numa crónica propensão para o endividamento, ao mesmo tempo que vê praticamente esgotadas as suas possibilidades de recurso ao crédito e à tributação – acabando por cair na tentação de criar moeda e de, através dessa criação, provocar uma degradação cumulativa e acelerada do valor da moeda, que só pode ser travada, antes do colapso total da moeda nacional como instrumento de trocas, através de um abrandamento da propensão para o endividamento público, um abrandamento que torne menos necessário e urgente o recurso ao «imposto oculto» da inflação. E de certo modo é a existência desse «imposto oculto» que explica em muitas circunstâncias como é que as hiperinflações terminam, porque também aqui há uma «Curva de Laffer» que faz com que as pessoas acabem por fugir dos meios de pagamento oficiais – forçando os Estados a travarem a emissão de moeda e a reorientarem as suas prioridades para outras formas mais *canónicas* e *visíveis* de obtenção de receitas[4447]. É, de todo o modo, cada vez mais comum a convicção de que os episódios de inflação elevada e descontrolada, até ao limite da hiperinflação, se deveram e devem fundamentalmente à incapacidade, ou falta de vontade, das autoridades para apresentarem instrumentos monetários que sejam credíveis para o grande público[4448].

[4447] Bruno, M. & S. Fischer (1990), 353-374; Bailey, M.J. (1956), 93-110.
[4448] Heymann, D. & A. Leijonhufvud (1995), 108.

Recapitulando, agora em termos mais técnicos:

– É possível a um governo obter receitas através da criação de moeda[4449]/[4450], sendo essa *senhoriagem* uma das razões para que a inflação seja ocasionalmente provocada, visando-se principalmente financiar défices através de emissões de moeda, emissões que o público absorve e acrescenta aos seus saldos *nominais*, num esforço para preservar o valor dos seus saldos *reais*.

– As receitas desse «imposto oculto» serão tanto maiores quanto menos desenvolvido for o sistema bancário e mais necessidade tiver a população de manter sob forma de liquidez as suas poupanças; mas maiores são também, nesse caso, os riscos de hiperinflação[4451].

– Quando um país é incapaz de reduzir o seu défice orçamental ou de financiá-lo através do mercado de capitais, então pode afigurar-se como necessária uma elevada «senhoriagem», e uma inflação elevada torna-se dificilmente evitável[4452]. Todavia, isso não quer dizer que não possam existir fenómenos de «bolha especulativa» por detrás de fenómenos de hiperinflação que ultrapassam amplamente as variações na «senhoriagem»[4453]; nem quer isso dizer que não se possa avançar para uma explicação desses episódios extremos através de modelos de «aprendizagem com racionalidade limitada»[4454], já que a travagem das tendências hiperinflacionistas através do abrandamento da expansão da massa monetária é uma clara ilustração das virtualidades dos processos de aprendizagem e de adaptação racional que subjazem a muita da dinâmica monetária e financeira[4455].

20 – e) A indexação

Apurado o Índice de Preços no Consumidor e, através dele, a taxa de inflação, já nos é possível fazer comparações intertemporais mais realistas.

Regressando ao exemplo que elaborámos antes, chegaríamos à conclusão de que um salário de 3000 Euros em 2006 equivaleria, em termos de poder de compra, a um salário de 4050 Euros em 2010, dado o aumento nominal induzido por uma inflação cumulativa de 35% – e que, portanto, ter um salário de 4000 Euros em 2010 é ganhar *realmente* menos do que aquilo que corresponde a um salário de 3000 Euros em 2006.

Compreende-se assim que, sabida qual a taxa de inflação, ou prevista com algum rigor essa taxa, os credores de rendimentos nominais procurem corrigir os seus créditos por forma a que o valor real dos seus rendimentos, o poder de compra que lhes é associado, não sofra os efeitos erosivos da desvalorização monetária – o que se consegue recorrendo a uma actualização dos valores nominais de acordo com a taxa de inflação.

Se essa actualização for assegurada por um expediente contratual que determine a revisão automática dos rendimentos nominais de cada vez que seja revelado o valor oficial da taxa de inflação, teremos em acção o mecanismo da *indexação* – a indexação à taxa de inflação que visa manter, ou repor, o valor real do rendimento, o poder de compra dos titulares de rendimentos nominais[4456] –.

A falta de indexação, como veremos adiante, pode causar graves efeitos redistributivos em detrimento desses titulares de rendimentos nominais, mas a indexação, sobretudo se associada a taxas de inflação indevidamente empoladas – como vimos ser fácil que suceda –, pode ajudar a acelerar a taxa de inflação, ou a mitigar o respectivo abrandamento[4457]/[4458]. Esse é aliás um argumento poderoso contra a admissão da discricionariedade na política monetária, visto que sujeita as autoridades monetárias a uma pressão social e política que quase invariavelmente resulta numa propensão inflacionista[4459].

20 – f) Os efeitos da inflação

Resta-nos apurar quais as consequências da inflação, pois é em função delas que poderá determinar-se

---

4449 Embora essa receita seja proporcionalmente muito diminuta nos países mais desenvolvidos.

4450 Quanto aos «ganhos de senhoriagem» advenientes da criação do Euro, cfr. Anastácio, G.G. (1998), 81.

4451 Keguel, M.A. & P.A. Neumeyer (1995), 672-682; Dornbusch, R., S. Fischer & R. Startz (2004), 475-480.

4452 Bental, B. & Z. Eckstein (1997), 725-752; Eckstein, Z. & L. Leiderman (1992), 389-410.

4453 Sargent, T.J. & N. Wallace (1987), 170-200.

4454 Arifovic, J., J. Bullard & J. Duffy (1997), 185-209; Evans, G.W. & S. Honkapohja (1993), 3-13; Evans, G.W., S. Honkapohja & R. Marimon (2001), 1-31; Marcet, A. & J.P. Nicolini (2003), 1476ss.; Timmermann, A. (1993), 1135-1145; Timmermann, A. (1996), 523-557.

4455 Marcet, A. & J.P. Nicolini (2003), 1476ss..

4456 Para uma ampla análise dos problemas do cumprimento dos contratos em contextos inflacionistas, cfr. Renner, S. (1999).

4457 Daí que a pressão de trabalhadores e pensionistas no sentido dos aumentos anuais deva ser cuidadosamente ponderada e «calibrada», por forma a evitar que os próprios «beneficiários» desses aumentos venham a ser as suas principais vítimas, em última análise. Cfr. Lechevalier, A. & L. Pelé (2002), 437-460.

4458 Dito de outra maneira, a indexação permite anular os efeitos da inflação esperada, mas apenas se ela resulta de «choques da procura»; se, pelo contrário, resulta de «choques da oferta», a indexação pode ampliar os efeitos inflacionistas em vez de atenuá-los. Cfr. Dornbusch, R., S. Fischer & R. Startz (2004), 170-171.

4459 Diana, G. (2002), 43-61.

se a inflação é deveras um problema macroeconómico da dimensão e gravidade que tantas vezes é sugerida – cientes que estamos já de que a perturbação induzida no curto prazo se esbate no longo prazo, tendendo a não deixar consequências reais significativas. Acrescente-se que muito foi feito pelos Estados e organizações internacionais, ao longo do século XX, no sentido de se mitigar as sequelas do fenómeno inflacionista, mormente imunizando, através da indexação, a remuneração dos recursos produtivos contra os efeitos de todos os movimentos inflacionistas, previstos ou não.

A consequência macroeconómica mais óbvia da inflação é o afastamento que provoca entre o PIB *real* e o PIB *potencial*, o afastamento que provoca na economia corrente em relação ao *pleno emprego*. Mas outras consequências mais específicas dão-nos uma boa medida dos malefícios que podem advir da «perturbação inflacionista»: a necessidade de rever frequentemente tabelas de preços, a necessidade de reduzir a quantidade de moeda detida em cada momento, a indexação imperfeita dos sistemas de tributação e das dívidas, a redistribuição não programada do rendimento e da riqueza, o acréscimo da incerteza sobre os preços futuros, a dificuldade em identificar alterações de preços relativos, o empolamento de «erros» e «viscosidades», um ambiente generalizado de turbulência e de ineficiência na economia.

Vejamos mais em particular algumas dessas outras consequências.

20 – f) – i) A ilusão da perda do poder de compra

A subida dos preços induz nos consumidores a impressão de que se perde o seu poder de compra, já que efectivamente se desvalorizaram, em consequência da inflação, as unidades monetárias de que dispunham. É verdade que se os consumidores só tivessem acesso a rendimentos nominais – por exemplo, juros nominais de depósitos, rendas nominais, pensões de montante fixo – o seu poder de compra estaria comprometido, e a inflação empobrecê-los-ia; mas a maior parte dos consumidores têm acesso – ou directamente, ou através dos seus núcleos familiares – a rendimentos que também eles sobem por efeito da inflação, o que não pode deixar de suceder na medida em que a subida dos preços afecta tanto compradores como vendedores, e é do lado dos vendedores que se gera a remuneração dos factores que constitui, por sua vez, o rendimento de que os consumidores dispõem.

A subida do preço dos produtos implica, em suma, a subida do preço dos factores, nada impedindo – salvo movimentos especulativos – que subam na mesma proporção, e por isso o poder de compra que vem associado à remuneração *real* destes factores não é em princípio afectado. Nem poderia deixar de ser assim, visto que se os preços subirem generalizadamente e a média das remunerações não acompanhar essa subida, criar-se-á a breve trecho uma disparidade entre oferta e procura que de novo empurrará para baixo os preços, esgotando o movimento inflacionista (voltando à alegoria da «fogueira», já dissemos que se não houver «combustível», ou seja uma injecção de moeda que precisamente faça subir as remunerações de factores, a *pressão* inflacionista não chegará a transformar-se efectivamente em *inflação*).

Contudo, não deve subestimar-se o problema da percepção relativa à perda do poder de compra, visto que ela pode induzir alterações, e até alterações permanentes, nos padrões de conduta dos agentes económicos, levando-os, por exemplo, a retraírem os níveis de consumo, contribuindo, por essa via, para o abrandamento da inflação – visto que esse abrandamento se traduz directamente na queda da velocidade de circulação da moeda –. E é de não esquecer também o factor de resistência que resulta da circunstância de os trabalhadores tenderem a ver os seus incrementos salariais como prémios ao seu esforço ou ao seu mérito, e não como reacção automática ao aumento de preços – um apoio mais para uma manifestação peculiar de «viscosidade» salarial, agora aquela que é manifestada face à inflação *esperada*[4460].

Os próprios consumidores tendem a tomar os seus aumentos de rendimentos como aumentos *reais*, pelo que essa percepção, que subentende a total ausência de inflação, faz com que encarem qualquer efeito da inflação como uma perda de rendimentos reais, e portanto como um empobrecimento – o que só sucederia claramente se a taxa de inflação fosse superior ao aumento *nominal* dos rendimentos[4461].

Só podemos falar em «ilusão de perda de poder de compra» em termos médios, é bom notar, pelo que esta noção nada indica, nem pretende indicar, quanto a efeitos redistributivos da inflação. Por outras palavras, se os números que exprimem a evolução dos salários *reais* são decerto úteis para reflectirem a evolução do bem-estar dos trabalhadores, especialmente em comparações internacionais e intertemporais, em contrapartida esses valores são *agregados*, pelo que eles podem fornecer imagens distorcidas, nomeadamente se não forem acompanhados da apreciação da evolução subja-

---

[4460] Dornbusch, R., S. Fischer & R. Startz (2004), 165.

[4461] Na realidade, mesmo em termos estatísticos tem-se confirmado a tendência das remunerações *reais* para acompanharem os movimentos cíclicos. Cfr. Krueger, A.B. & J.-S. Pischke (1997), 182-209.

cente das taxas de participação no mercado de trabalho: por exemplo, se não houver redistribuição de aptidões entre trabalhadores[4462], o nível de desemprego entre os trabalhadores menos remunerados aumentará a média dos salários *reais*, ainda que possa continuar a sustentar-se que o valor *agregado* do bem-estar dos trabalhadores não foi afectado[4463].

20 – f) – ii) Custos de adaptação à alteração continuada dos preços

Se a inflação é, deveras, um «imposto oculto», são de esperar as perdas de bem-estar que associámos à existência de toda a tributação, a interferência da oneração que o imposto representa nos incentivos individuais para a criação de riqueza, na distorção das condutas económicas, o desvio de recursos que, podendo ser destinados ao simples incremento de bem-estar através da complementaridade e das trocas, passam a estar consagrados à minimização dos impactos da inflação no rendimento das suas «vítimas».

Quando a inflação se agrava, diminui o incentivo das pessoas para deterem unidades monetárias – e mais ainda diminui o incentivo para deterem moeda prolongadamente, como *reserva de valor* –, dada a desvalorização que essas unidades monetárias sofrem.

Quando a inflação não é muito pronunciada, os trabalhadores não se importarão de receber mensalmente o seu salário, que podem conservar com eles, sob forma de liquidez imediatamente disponível ao longo de todo o espaço do mês, visto que a erosão que se verifique no poder de compra dessas unidades monetárias amealhadas não será muito pronunciada.

Mas se a inflação se agravar, muitos trabalhadores preferirão receber os seus salários semanalmente, ou mesmo diariamente – neste último caso se a taxa de inflação for tão elevada que sejam necessárias constantes revisões dos montantes nominais, ou a *indexação* destes à taxa de inflação –. Não lhes interessará conservarem com eles a moeda, e por isso será natural que intensifiquem o consumo, sabendo que a mesma quantidade de moeda só poderá assegurar-lhes um consumo mais reduzido logo no dia seguinte; a moeda que sobrar será trocada o mais rapidamente possível, ou por bens que não desvalorizem, ou por moeda estrangeira, seja no mercado oficial, seja mais plausivelmente no mercado negro – já que a explosão da procura de divisas rapidamente esgotará o mercado oficial, se nele se pretender uma relação cambial entre moedas que não seja demasiado desvantajosa para as relações económicas internacionais do país cuja moeda se desvaloriza –, ou então em aplicações financeiras nos bancos, em depósitos de curtíssima duração cujo rendimento nominal possa ultrapassar, no período considerado, a taxa de inflação.

Quando uma economia se aproxima de uma espiral inflacionista ou começa a entrever-se a possibilidade de uma hiperinflação, uma parte do dia daqueles que recebem rendimentos é gasta a fugirem dos efeitos erosivos da desvalorização monetária:

Recebido o salário diário, há que correr para as compras antes que a subida de preços destrua parte do poder de compra daquela quantidade de moeda que foi paga; há que correr para o mercado à procura de bens, ou divisas, pelos quais trocar a moeda; há que correr para os bancos, a tentar realizar depósitos que, em 24 horas, assegurem um rendimento que compense a referida desvalorização. Há que correr – as pessoas afadigam-se nessa luta contra a inflação, e o tempo gasto é retirado às actividades produtivas normais, com manifesto, e por vezes muito grave, desperdício de recursos e energias.

Estas ineficiências causadas pela inflação são por vezes designadas por «custos em solas de sapatos» («*shoeleather costs*»[4464]), forma sugestiva de referir o custo implicado na necessidade de se correr quotidianamente para os mercados e para os bancos, por vezes numa cadência frenética – na Alemanha hiperinflacionista chegou-se ao limite do pagamento de salários duas vezes por dia, de salários que tinham que ser gastos imediatamente –. Ora o ponto crucial é que estes custos de transacção são suportados com evidente desvio de recursos que poderiam ser utilizados na produção de bens e serviços, e isso compromete o crescimento económico, fazendo descer o valor do PIB potencial.

20 – f) – iii) Custos de ajustamento e perturbação dos preços relativos

Quanto mais acelerada se encontrar a inflação, mais frequentemente terão os vendedores que actualizar os preços dos bens e serviços que oferecem no mercado; numa situação limite, esse retabelamento ocorre várias vezes ao dia, causando diversos custos e ineficiências,

[4462] Heckman, J.J. & G. Sedlacek (1985), 1077-1125.

[4463] Bils, M.J. (1985), 666-689; Blundell, R., H. Reed & T.M. Stoker (2003), 1114ss.; Card, D. & T. Lemieux (2001), 705-746; Gosling, A., S. Machin & C. Meghir (2000), 635-666.

[4464] Lucas Jr., R.E. (2000), 247-274.

sejam os de ter de imprimir e colocar os preços em todos os produtos à venda, os nossos já conhecidos *«menu costs»* – imagine-se o que isso comporta, por exemplo numa loja de ferragens com milhares de artigos diferentes, ou num hipermercado –, seja os de ter que lidar com uma clientela naturalmente insatisfeita com a perturbação das suas expectativas de preços, e disposta a pôr em acção a sua elasticidade da procura.

Por outro lado, quanto mais elevada for a taxa de inflação, mais provável é que os preços relativos dos bens e serviços não se ajustem todos instantaneamente, mais provável é que eles induzam em erro os produtores e vendedores quanto à afectação dos recursos – já que, como referimos, os preços *relativos* são uma variável *real* –, determinando modificações efectivas daquilo que é produzido e vendido, como referimos já a propósito dos efeitos *reais* causados pelas flutuações de curto prazo. Se a taxa de inflação for baixa, por exemplo de 1%, nunca os preços relativos dos produtos poderão divergir muito uns dos outros; mas se for alta, por exemplo de 25% ao ano, esta é a amplitude *média* das variações de preços relativos, e por isso a amplitude também das ineficiências que podem ser causadas na afectação *real* de recursos.

20 – f) – iv) Ineficiências tributárias

Se as normas tributárias incidem sobre a expressão *nominal* da riqueza e do rendimento, e não sobre a sua base *real*, pode ser que a inflação crie meras aparências de modificações na riqueza tributável, onde a única coisa que variou foi, afinal, o padrão de medida dessa riqueza.

Isso é especialmente assim na tributação dos rendimentos de capital – por exemplo, na tributação das mais-valias que resultam da revenda de um bem a um preço superior ao da compra, caso em que essas mais-valias podem ser meramente aparentes e resultar apenas da inflação.

Uma pessoa adquire um imóvel e revende-o, 10 anos depois, por um preço 50% superior. Se o efeito cumulativo das taxas de inflação nesses 10 anos tiver sido de 40%, a mais-valia *real* é apenas de 10% – significando isso que o *poder de compra* do rendimento obtido na revenda é apenas 10% superior ao poder de compra do rendimento aplicado na compra do imóvel 10 anos antes. Se a inflação cumulativa tiver sido de 80%, há em termos reais uma *menos-valia* de 30%, significando que esta é a amplitude da perda de poder de compra registada entre os valores de compra e de revenda do imóvel referido. Em nenhum dos casos há um aumento *real* de riqueza na ordem dos 50%.

Se a norma tributária não estiver habilmente configurada de modo a permitir a correcção desses factores de desvalorização monetária cumulativa, a inflação pode converter-se num factor de pesado – ou mesmo pesadíssimo – agravamento da oneração tributária, guiando-se por simples *aparências* de rendimento, provocadas pela perturbação da base monetária de aferição.

Mais grave ainda é a tributação das taxas de juro nominais – dada a dificuldade prática de, atempadamente, se perceber qual é a taxa de juro *real* subjacente, até porque a tributação tem muitas vezes de preceder o momento em que pode determinar-se a taxa de inflação –. Existindo essa tributação, a inflação torna a poupança e o investimento menos atraentes: quanto mais elevada a inflação, mais a taxa de juro nominal se afasta da taxa de juro real – lembremos o «efeito de Fisher» –, mais elevada é a tributação que incide sobre a primeira, mais vincada é a erosão da segunda. No limite, a tributação de taxas de juro nominais muito elevadas, numa situação de inflação muito elevada, pode destruir a taxa de juro real, desincentivando *qualquer* poupança – e comprometendo com isso os níveis *reais* de investimento, dos quais depende crucialmente o crescimento económico. Também neste caso todo o cuidado é pouco na modulação das leis de imposto, para que a tributação de meras *aparências* de enriquecimento não gere, mais ainda do que ostensivas injustiças, graves desincentivos e ineficiências macroeconómicos.

O mesmo se dirá também da tributação dos próprios rendimentos do trabalho: se o imposto sobre o rendimento dos indivíduos for progressivo, fazendo incidir sobre aquele rendimento uma taxa de imposto que se vai agravando à medida que esse rendimento é mais elevado, é fácil de perceber que a inflação determina um agravamento da taxa de imposto para todos aqueles que viram os seus rendimentos serem *nominalmente* aumentados em função da desvalorização *real* da moeda.

Entre o ano passado e este ano, suponha-se, a inflação foi de 10%, e por isso os salários de um contribuinte qualquer foram aumentados em 10%. Se a lei de imposto não contiver uma qualquer salvaguarda contra a inflação, esse contribuinte, que não viu desde o ano passado a sua riqueza aumentar realmente – em termos de poder de compra –, vai pagar mais imposto, aquele imposto que seria devido com justiça se ele estivesse realmente 10% mais rico.

A inflação pode, pois, empurrar as pessoas para níveis de rendimento aparentemente mais elevados, o que pode gerar injustiças num sistema de tributação progressiva do rendimento: o fenómeno, conhecido por *«fiscal drag»* ou *«bracket creeping»*, «erosão das classes de rendimento», é aliás um dos inconvenientes mais notórios da progressividade na tributação do rendimento[4465].

A passagem do tempo e a «alta secular dos preços» acabam, pela mesma razão, por perverter alguns efeitos de uma tributação nominalmente calculada – como sucedeu com a «tributação mínima»[4466] instituída em finais dos anos 60 nos EUA para evitar a evasão de centena e meia dos contribuintes mais ricos, e que se prevê que abranja 36 milhões de contribuintes no ano de 2010[4467], numa clara perversão daquilo que parecia ser um objectivo claro de «justiça vertical» e entretanto se «deixou apanhar» pelas complexidades das «penalizações familiares», da progressividade e da regressividade das taxas, dos benefícios conferidos a alguns investimentos, etc. [4468], à medida que a falta de indexação à inflação fazia «deslizar» cada vez mais contribuintes para a área de incidência desse imposto[4469].

20 – f) – v) Perturbação das expectativas e perda de confiança

Uma inflação prevista é quase inócua, na medida em que permita a todos incorporarem atempadamente nos seus cálculos e nas suas condutas as escalas de preços previstas; mas quanto mais elevada é a taxa de inflação, mais difícil se torna prever uma continuidade evolutiva na conjuntura económica: a taxa é uma média que resulta de disparidade entre vários contextos de formação de preços – sendo que, se a taxa for baixa, essa disparidade não poderá necessariamente ser muito pronunciada, enquanto que se ela for elevada, a média mais provavelmente reflectirá situações de grande disparidade.

Uma taxa de inflação de 25% pode representar a situação de preços que se elevaram 1%, outros que se elevaram 10%, outros que se elevaram 50%, outros ainda 100%; uma taxa de 2,5% necessariamente não abarca uma tal frequência de variações de grande amplitude.

Mais ainda, o próprio cálculo do rendimento e das suas componentes torna-se mais difícil num contexto inflacionista, já que a base monetária, que é a base de cálculo, vai ela própria evoluindo ao longo dos períodos de referência; logo, mesmo aí onde a inflação não tenha tolhido completamente a possibilidade de se estabelecerem previsões, podem os mais elementares cálculos dos quais dependa a iniciativa empresarial estar perturbados, dificultando um discernimento claro e estável dos critérios da estratégia de actuação de cada agente económico: costuma observar-se que quanto mais rápida e imprevista é a inflação, mais ela transforma a economia numa espécie de «casino», no qual os ganhos e perdas se vão registando aleatoriamente, subordinados a um acaso não computável e insusceptível de controlo através de uma estratégia.

Mesmo a previsão da inflação pode contribuir muito pouco para mitigar estes efeitos, bastando, como melhor veremos adiante, que a inflação efectiva se afaste da inflação prevista – caso em que, por exemplo, poderá dar-se o caso de as taxas de juros *nominais* estarem mal graduadas face ao valor da inflação, provocando assim efeitos *reais* –, sendo de não esquecer ainda que a inflação, perturbando as expectativas, pode agravar a taxa individual de desconto a fazer subir as taxas de juro de equilíbrio, e na medida em que faz subir o preço relativo do consumo futuro desencoraja a poupança presente[4470].

Há também que contabilizar a perda de confiança na política económica e financeira do Estado, na medida em que as pessoas atribuam a inflação a erros grosseiros da governação em matéria orçamental ou em matéria monetária, ou a falhas de intervenção na prevenção dos efeitos de inflações causadas por choques exógenos, ou até à vontade recôndita e perversa de lançar o «imposto oculto» – uma perda de confiança que, por sua vez, pode comprometer seriamente a eficácia das medidas anti-inflacionistas que o Estado entenda aplicar.

É crescente a percepção do papel decisivo que a opinião pública, as expectativas sociais, a percepção dos leigos, têm em muitos domínios da economia, incluindo as opções de fundo da política económica, seja difusa e inorganicamente[4471], seja através da formação institucional da vontade política[4472], tornando por isso crucial prestar-se

[4465] Heinemann, F. (2001), 527-546.

[4466] Entretanto convertida em «*alternative minimum tax*».

[4467] Burman, L.E., W.G. Gale & J. Rohaly (2003), 173ss..

[4468] Burman, L.E., W.G. Gale & J. Rohaly (2003), 184ss.; Leonard, P.A. (1998), 27-47.

[4469] Graetz, M.J. & E. Sunley (1988), 385-419; Harvey, R.P. & J. Tempalski (1997), 453-473; Karlinsky, S. (1995), 139-150; Shaviro, D. (2001), 1455-1468.

[4470] Edmond, C. (2002), 146-147.

[4471] Erikson, R., G.C. Wright Jr. & J.P. McIver (1989), 729-750; Jacobs, L.R. & R.Y. Shapiro (1989), 1-24; Jacobs, L.R. & R.Y. Shapiro (1997), 3-5; Monroe, A.D. (1979), 3-19; Monroe, A.D. (1983), 27-42; Page, B.I. & R.Y. Shapiro (1983), 175-190; Page, B.I. & R.Y. Shapiro (1992); Shapiro, R.Y. & L.R. Jacobs (1989), 149-179; Wright Jr., G.C., R.S. Erikson & J.P. McIver (1987), 980-1001.

[4472] Fair, R.C. (1978), 159-173; Fair, R.C. (1996), 89-102; Lewis-Beck, M. & T. Rice (1992).

mais atenção a essa percepção do público (formada de percepções imediatas e contextuais de resultados económicos individuais, de desconfiança face às estatísticas oficiais e face à «retórica» política), sob pena de «autismo» na própria condução das políticas económicas[4473], ou ocasionalmente, de excessivo pessimismo induzido por excesso de informação[4474].

20 – f) – vi) Efeitos redistributivos

Uma inflação inesperada, ou não controlada, isto é, uma inflação contra a qual não estejam generalizadas as salvaguardas a que nos referimos – indexação, coeficientes de desvalorização monetária, etc. –, provoca a redistribuição de riqueza, em prejuízo dos credores de quantias nominalmente determinadas e de todos aqueles cujo rendimento não se ajuste automaticamente à inflação, e a favor dos respectivos devedores – já que quanto mais tempo passa, menos vale *em termos reais* a quantia devida, pelo que menor é o sacrifício do devedor no momento de pagar, e menor a vantagem do credor no momento de receber –.

E quanto mais amplamente, e mais frequentemente, varia a taxa de inflação, maior é o risco que deve ser coberto, nos juros nominais, pelo «prémio de inflação», pelo que, se os credores são as primeiras vítimas da inflação, as últimas e mais perenes vítimas são aqueles que, em função do aumento de risco e da concomitante subida dos juros nominais, acabam por ver dificultado o seu acesso ao crédito.

Nenhum critério de justiça preside a esta redistribuição, e o acaso dita que quem se encontra na posição de devedor de dívidas nominais, não-indexadas, enriqueça com a inflação, e quem se encontra na posição de

credor empobreça – sendo que, no limite, a hiperinflação praticamente *paga* as dívidas não-indexadas, porque a quantia que, no momento da constituição da obrigação, podia ser muito significativa em termos de poder de compra, pode, pelo efeito da hiperinflação, não ser mais do que uma quantia irrisória no momento do cumprimento –.

Se a inflação for previsível, ou se em casos próximos da hiper-inflação se conseguir sedimentar um equilíbrio colectivo de expectativas racionais[4475], pode o credor da quantia monetária estabelecer contratualmente uma salvaguarda que é o estabelecimento de uma taxa de juro nominal superior à taxa de juro real que equilibra o mercado de fundos, caso em que a salvaguarda preservará o valor *real* do seu crédito monetário – sendo a diferença entre as duas taxas, que já designámos como «prémio de inflação», ou «seguro anti-inflacionista», o valor esperado da taxa de inflação, de acordo com o «efeito de Fisher» –.

Mas se a inflação ocorre inesperadamente ou ela se revela já incontrolável, se as taxas de inflação são tão elevadas que a volatilidade dos preços é já extrema, vedando uma planificação estratégica, as salvaguardas não existem e são inoperantes, e então a inflação tem livre curso para deixar na sociedade as marcas da sua redistribuição injusta: não é inteiramente por acaso que tantos países recentemente sujeitos a fenómenos inflacionistas muito agudos continuam a patentear extremos de pobreza e de desigualdade na repartição do rendimento.

Concluamos sublinhando uma das vinte ideias a reter depois do exame final: O desemprego e a inflação têm efeitos nocivos muito extensos no bem-estar colectivo, ao menos na injustiça da redistribuição e na perturbação das expectativas.

[4473] Blendon, R.J., J.M. Benson, M. Brodie, R. Morin, D.E. Altman, D. Gitterman, M. Brossard & M. James (1997), 105ss.; Kinder, D.R., G.S. Adams & P.W. Gronke (1989), 491-515; Stein, H. (1994).

[4474] Iyengar, S. & D.R. Kinder (1987); Iyengar, S. (1991); McCombs, M. & D. Shaw (1972), 176-187; Patterson, T. (1993); Zucker, H.G. (1978), 225-240.

[4475] Vázquez, J. (2002), 1389-1397.

CAPÍTULO 21 – **A contabilidade nacional**[4476]

"O multiplicador foi muito favoravelmente recebido pelos governos como uma justifica-ção científica para aquilo que eles de qualquer modo estavam ansiosos por fazer, nome-adamente gastarem mais sem terem que aumentar os impostos" – Milton Friedman[4477].

A ideia central subjacente à análise macroeconómi-ca é a de que alguns valores agregados, que represen-tam o total das condições económicas nacionais, vari-am em uníssono, como se houvesse um efeito de con-tágio entre eles; e que, por isso, quando se fala de uma determinada conjuntura de expansão ou de recessão, de inflação ou de desemprego, o valor total com que se quantifica a amplitude do fenómeno agregado tende a representar as condições que prevalecem em qualquer dos sectores da economia.

Aparentemente, dir-se-ia que conhecer os principais indicadores estatísticos macroeconómicos equivaleria, pois, a dispor-se dos dados básicos referentes à «saúde» da economia, os dados indispensáveis para que uma qualquer decisão económica, fosse em que âmbito fosse, pudesse dizer-se fundada numa percep-ção ampla e realista da conjuntura em que era tomada.

A maior parte da informação que é transmitida ao público pelo jornalismo económico refere-se precisa-mente a esses indicadores macroeconómicos, pelo que mesmo a pessoa menos familiarizada com os princí-pios da ciência económica sabe reconhecer essa termi-nologia com que é constantemente confrontada – em noticiários, comentários, discursos, e tertúlias –, e que não raro passa a tomar como marcas identificativas do discurso económico, como seus pontos de referência indispensáveis: PIB, recessão, inflação, desemprego, *deficit* nas relações externas, etc..

Em termos algo caricaturais, dir-se-ia até que a sim-ples menção de algum desses indicadores transforma, no entender comum, a mais improvável das proposi-ções do mais néscio dos concidadãos numa respeitável asserção da ciência económica – servindo, pois, de «santo e senha» para o ingresso na categoria das verda-des científicas, e de ornamento às tiradas mais inflama-das e delirantes de charlatães e «*gurus*» do momento.

E tanto assim é que muitas vezes se perde de vista a inevitável interpenetração dos planos micro- e macroe-conómico, o facto de a miríade de decisões parcelares dos agentes nos mercados, dentro do âmbito restrito da sua eficácia decisória e da sua interacção e comple-mentaridade, ser inevitavelmente a base sobre que se erguem e compõem os valores agregados de que trata a perspectiva macroeconómica.

Como sugerimos a propósito do problema dos «micro-alicerces», os índices macroeconómicos, começando pelo PIB, que pretende ser representativo de um nível geral de prosperidade, são valores compos-tos, e, conquanto a sua consideração e a dos fenómenos em que se envolvem mereça alguma autonomia cientí-fica, não devem fazer perder de vista a sua base vivifi-cadora, sob pena de, soçobrando em irrealismo, se autorizar uma visão irresponsabilizante que sugere que as tarefas da prosperidade colectiva não começam no esforço mais confinado do enriquecimento individual, e que portanto seria possível a todos beneficiarem para-

[4476] Abel, A.B. & B.S. Bernanke (2002), 25ss.; Andrade, J.S. (1998), IV.14ss.; Arnold, R.A. (2000b), 113ss., 136ss.; Auerbach, A.J. & L.J. Kotlikoff (1998), 111ss.; Barre, R. & F. Teulon (1997), I, 239ss.; Burda, M.C. & C. Wyplosz (2002), 19ss.; Carbaugh, R.J. (2002), 322ss.; Colan-der, D.C. (1997), 183ss.; Colander, D.C. & E. Gamber (2001), 157ss.; Ekelund, R.B. & R.D. Tollison (2000), 490ss.; Gordon, R.J. (2002), 28ss.; Hardwick, P. & *al.* (1999), 387ss.; Hoag, A.J. & J.H. Hoag (2002), 231ss.; Keenan, D. & M.H. Maier (1998), 70ss.; Lipsey, R.G. & *al.* (1999), 466ss., 485ss., 509ss.; Mankiw, N.G. (2000), 199ss.; Mankiw, N.G. (2001), 493ss., 511ss.; McConnell, C.R. & S.L. Brue (2001), 105ss.; McConnell, C.R. & S.L. Brue (2001c), 119ss.; Miller, R.L. (2002), 163ss.; O'Sullivan, A. & S.M. Sheffrin (2002), 422ss.; Porto, M.C.L. (2004), 227ss.; Rohlf, W.D. (2001), 267ss.; Samuelson, P.A. & W.D. Nordhaus (2001), 434ss.; Slavin, S.L. (2001, 2001c), 153ss.; Sloman, J. (2002), 373ss.; Sowell, T. (2001), 215ss.; Spencer, M.H. & O.M. Amos Jr. (1993), 112ss.; Stanlake, G.F. (1993), 337ss.; Taylor, J.B. (2001), 414ss.; Wessels, W.J. (2000), 59ss..

[4477] Friedman, M. & R.D. Friedman (1998), 223.

sitariamente de uma riqueza global para a qual ninguém tivesse particularmente contribuído (todos iriam à boleia dos «milagres» macroeconómicos).

Por essa mesma razão, à medida que a teoria macroeconómica foi enriquecendo os seus quadros conceptuais por forma a fazer caber neles cada vez mais variáveis respeitantes a condições individuais, a expectativas, a projecções subjectivas, a impactos no bem-estar e no desenvolvimento humano, mais se foi admitindo que os seus valores básicos deveriam ser representados por uma multiplicidade de indicadores, eles próprios compósitos e amplos, e não apenas pelas categorias básicas tradicionais – à análise das quais nos dedicaremos de seguida[4478]. Por isso cabe referir, de passagem, alguns progressos de ampliação e normalização da contabilidade nacional como o *System of National Accounts* (SNA 93), desenvolvido sob a égide das Nações Unidas, ou o *European System of Accounts* (ESA 95) da União Europeia, ou ainda, no âmbito da OCDE e da União Europeia, indicadores como o *Composite Leading Indicator* (CLI) e o *Business Climate Indicator* (BCI) que procuram detectar inversões de tendência e pontos críticos, ou o *Economic Sentiment Indicator* (ESIN) que assenta numa amostragem de indicadores de confiança por sectores da economia.

21 – a) O conceito de Produto Interno Bruto (PIB)

Aquilo que já dissemos acerca da interdependência de mercados e do fluxo circular de produtos, factores e pagamentos aplica-se plenamente à consideração da economia como um todo, a partir dos valores agregados. Do mesmo modo, aquilo que já analisámos quanto à prosperidade individual aplica-se também ao plano global: em ambos os casos, a prosperidade, a susceptibilidade de incremento na satisfação de necessidades, depende essencialmente da geração de um rendimento, ou seja, de riqueza nova, de um diferencial de riqueza durante um período considerado.

Se uma nação, tal como um indivíduo, dispõe de riqueza mas não a incrementa através do rendimento seguido de poupança, só poderá sustentar um nível de prosperidade delapidando aquela riqueza não-renovada; o rendimento é que garante a sustentabilidade, e eventual incremento, dos recursos que compõem um determinado nível de prosperidade – no pressuposto de que uma parte desse rendimento seja destinado à poupança, pois é evidentemente apenas a poupança, e não o consumo, que acrescenta à *reserva patrimonial* que é, em cada momento, a riqueza nacional, sendo que um

país enriquecerá tanto mais rapidamente quanto maior for a propensão *média* para a poupança, quanto mais elevado for o quociente entre poupança e rendimento totais.

Como já vimos, o Produto Interno Bruto (PIB) é o *valor de mercado de todos os bens e serviços finais produzidos num país num determinado período de tempo*, e é através deste índice que se afere o rendimento gerado, e a despesa havida com a produção nacional. Na realidade, as perspectivas do rendimento e da despesa são complementares – pelo elementar motivo de que só existe rendimento, receita, nas vendas se tiver havido despesa nas compras correspondentes.

No mercado dos produtos, é às famílias que cabe a despesa na aquisição dos bens e serviços, e essa despesa é o rendimento das empresas vendedoras; no mercado dos factores, a despesa cabe às empresas, na aquisição desses factores, e aquilo que as empresas pagam é o rendimento das famílias, dos fornecedores de factores produtivos. Por isso o PIB pode ser medido no plano dos rendimentos e no plano das despesas, indiferentemente – e no cômputo global o total de rendimento não pode, por definição, ser diferente do total da despesa –. Na realidade, essa coincidência pode não registar-se durante um só período, seja porque, por exemplo, as famílias decidem aforrar e não despendem a totalidade do seu rendimento, seja porque parte do rendimento que é destinada ao pagamento de impostos não se converte imediatamente em despesa pública, não é imediatamente «reinjectada» no circuito económico.

Distingamos já, a propósito, o PIB do *Rendimento Pessoal*, a parte do rendimento total que chega às famílias, o que implica que sejam descontados os rendimentos gerados mas retidos dentro das empresas – para amortização ou reinvestimento, por exemplo –, e somados rendimentos de juros de investimentos pretéritos, e o valor de transferências redistributivas a favor das famílias. Destaquemos também a noção de Rendimento Pessoal *disponível*, a parte do rendimento que sobrevive à tributação, e que os indivíduos podem gerir livremente, destinando-o ao consumo, ao investimento, ou ao entesouramento sob forma de liquidez – sendo o entesouramento a conservação, por motivo de precaução ou outros, de unidades monetárias não investidas, o proverbial «dinheiro debaixo do colchão» –.

O PIB, como dissemos, é um valor que agrega a quantidade total do que é produzido num certo período de tempo num país, referida essa quantidade aos preços de mercado de cada unidade – subentendendo-se que o preço de mercado é um bom indicador do valor atribuído aos produtos, já que ele é o equilíbrio da disposição

---

[4478] Jackson, D. (2000).

de comprar e da disposição de vender dos agentes presentes no mercado –. O PIB pode também ser calculado a *custo de factores*, ou seja, aos preços praticados, não no mercado dos produtos, mas no dos factores – só que os dois valores não coincidirão na medida em que medeie entre os dois mercados a intervenção do Estado, seja através do lançamento de impostos indirectos sobre as transacções, seja através da atribuição de subsídios à produção, o que faz com que o total que os produtores pagam pelos factores produtivos não seja equivalente ao total pago pelos consumidores pelos produtos finais – enquanto que, se não houvesse subsídios e impostos indirectos, a coincidência seria perfeita –.

Ficam de fora da medição as actividades ilícitas, por óbvia dificuldade de aferição, e as actividades económicas que não passam no mercado[4479], como as de produção para auto-consumo, as do trabalho doméstico ou as de estudo e de esforço isolado de investimento em capital humano, quando são promovidas pelo próprio beneficiário ou por alguém que ele não tenha que remunerar: o serviço doméstico contratado é contabilizado no PIB, mas já não o são os actos materialmente idênticos aos do serviço doméstico que sejam desenvolvidos pelos donos da casa. Essa não-inclusão de actividades extra-mercado é, juntamente com a sub-contabilização dos recursos naturais e dos valores ambientais (e do valor do lazer), talvez a principal fragilidade da contabilidade nacional[4480] – seguidas ainda dos efeitos inter-geracionais, do peso do capital humano e da inovação[4481].

No fundo, trata-se não só de reconhecer que os diversos factores de que depende a prosperidade e o bem-estar, o próprio bem-estar económico, não se esgotam nas fronteiras do mercado ou das trocas monetárias, mas ainda de constatar que – quase como se se tratasse de mais uma «Curva de Kuznets» – à medida que a prosperidade e a sofisticação civilizacional avançam é proporcionalmente cada vez menor o tempo e o esforço que dedicamos a actividades de mercado, e maior o tempo de vida que estamos desligados de uma participação directa no mercado dos factores (por aumento de escolaridade obrigatória, por antecipação da idade da reforma e por aumento de longevidade); como ainda de constatar que, por evidente «falha», muitos valores cruciais para a prosperidade (a sofisticação tecnológica, a qualidade ambiental) são sub-representados ou deficientemente avaliados pelo mercado[4482].

Mas há pior ainda, porque não só a contabilidade do PIB, privilegiando as trocas no mercado, desconsidera indícios inequívocos de prosperidade, como algumas situações de lazer e de economia de auto-consumo – a jardinagem, o «*bricolage*» –, como ainda o PIB, abarcando todos os custos contabilizáveis, acaba por espelhar despesas que não contribuem propriamente para aumentar a nossa riqueza ou o nosso bem-estar: despesas com acidentes de viação ou com filas de espera no trânsito, com doenças relacionadas com «*stress*», com medidas de compensação pela degradação ambiental urbana, etc. O PIB, na sua actual definição, é muito mais um indicador da pujança do mercado do que do bem-estar nacional. É por isso que têm sido propostas diversas rectificações «*ad hoc*» aos princípios clássicos da contabilidade nacional, com diversos objectivos, como:

– a consideração de valores ambientais extra-mercado num «PIB verde» que explicite os custos de sustentabilidade ínsitos na produção, dando uma noção do impacto, e potencial de deterioração ambiental, que podem resultar do crescimento económico – em função da posição ocupada pela economia nacional dentro da tendência evolutiva da «curva de Kuznets ambiental» –, pressupondo-se que seja possível algum consenso acerca da quantificação dos valores em jogo, acerca da taxa social de desconto, e até acerca das balizas da sustentabilidade, e que tudo isso possa ser agregado em «contas-satélite» como o preconiza o «*System of Environmental and Economic Accounting*» das Nações Unidas[4483], especificamente uma contabilização separada para recursos naturais não-renováveis, para recursos naturais renováveis e para a qualidade ambiental de recursos comuns[4484];

– o reflexo do emprego individual do tempo, por forma a aferir a importância relativa dos investimentos individuais e familiares em lazer, em actividades pós-reforma, em actividades extra-mercado;

[4479] As Nações Unidas calculam que cerca de 1/3 da produção global não é contabilizada (e muito particularmente o trabalho feminino). As disparidades da contabilização devem ser enormes, e calcula-se que, enquanto nos Estados-Unidos só 9% da produção não é contabilizada no PIB, esse valor sobe para 17% para o conjunto dos países da OCDE e poderá ultrapassar os 75% em países como a Nigéria. Recorrendo a indícios indirectos (como o do dispêndio de energia eléctrica, ou a procura interna de divisas), Schneider e Enste calculam a dimensão do mercado «paralelo» em diversos países, encontrando valores como os de 68-76% no Egipto, 40-60% no México, 28-43% na Ucrânia, 25-35% no Brasil, 24-30% em Portugal e Espanha, 20-28% na Polónia, 20-27% na Rússia, 13-23% em França e na Alemanha, 13% em Hong-Kong e Singapura, 9-16% na República Checa, 8-10% no Japão e nos Estados Unidos. Cfr. Schneider, F. & D.H. Enste (2000), 77-114.

[4480] Nordhaus, W.D. & E. Kokkenlenberg (orgs.) (1999).

[4481] Boskin, M.J. (2000), 247.

[4482] Nordhaus, W.D. (2000), 259.

[4483] Landefeld, J.S. & C.S. Carson (1994), 33-49; ERP (1999), 87-88.

[4484] ERP (2000), 245-246.

– a ponderação dos investimentos em educação e capital humano, seja desligando-os de uma mera categoria de «despesas de consumo», seja apreciando as externalidades positivas geradas[4485];

– a reponderação dos níveis de poupança e investimento face à vertente qualitativa e tecnológica da produção (as estatísticas que registam declínios nas taxas de poupança têm muito frequentemente desconsiderado as despesas em capital humano e as melhorias de produtividade advindas de «saltos qualitativos», em especial dadas as dificuldades de apropriação dos bens públicos gerados pelos «spillovers» tecnológicos)[4486].

Em todo o caso, a rigidez conceptual na definição tradicional do PIB permite em compensação conservar algum rigor quantitativo: apenas ficam abrangidos os actos que, por terem quantificação fácil e imediata – por afinal terem sido objecto explícito de uma troca monetária em que o preço teve que ser fixado – podem ter o respectivo valor sujeito a uma simples soma, resultando num total que não é traído por quaisquer equívocos na mensuração das parcelas. Além disso, há situações-limite em que um mesmo serviço aparece em vestes diferentes.

Veja-se o exemplo da habitação, que pode ser fornecida através do mercado de arrendamento, ou fora de qualquer mercado, quando é o proprietário que ocupa a habitação própria: no primeiro caso o rendimento e a despesa são explícitos, e o segundo caso é geralmente contabilizado no PIB através do recurso a um rendimento e a uma despesa *implícitos*, calculando-se o «*valor rentável*» que as casas para habitação própria teriam se surgissem no mercado do arrendamento – sendo que o proprietário tem o rendimento correspondente ao arrendamento que é dispensado de fazer, àquilo que poupa, e tem a despesa correspondente à renda que deixa de receber por não arrendar a outrem a sua casa, ao custo de oportunidade do não-arrendamento –.

Os produtos que entram para o cálculo do PIB são bens e serviços *finais*, e não os bens e serviços que sejam instrumentais na produção daqueles, ou representem os seus estádios intermédios, o que visa impedir uma dupla contabilização dos mesmos bens e serviços, tendo que entender-se que o valor total dos bens e serviços *finais* incorpora já o somatório do *valor acrescentado* em cada um dos passos que conduzem ao término do processo produtivo.

Por outro lado, o PIB apenas se refere a bens produzidos no período de referência, pelo que não são contabilizadas as transacções respeitantes a bens produzidos em períodos anteriores, quer eles tenham sido armazenados para posterior colocação no mercado, quer sejam bens usados.

Por fim, o PIB não contabiliza as transacções de activos financeiros – as transacções de acções e de obrigações, por exemplo – porque estas se limitam a transferir *titularidades* sobre recursos já produzidos, não correspondendo enquanto tais à criação de capital novo.

O PIB refere-se ao que é produzido internamente num país, seja por nacionais residentes em permanência seja por estrangeiros, e nisso distingue-se da noção de Produto *Nacional* Bruto, que se centra naquilo que é produzido pelos nacionais, seja em território nacional seja no estrangeiro. O primeiro critério é mais objectivo ou *impessoal*, referindo-se à capacidade geograficamente *instalada* de geração de rendimento, enquanto que o segundo é predominantemente *pessoal*, reportando-se ao destino último (previsível) desse rendimento – pelo que sucintamente se dirá que, para se chegar ao valor do PNB, bastará deduzir, ao valor do PIB, os rendimentos pagos ao exterior, e somar-lhe os rendimentos obtidos no exterior. Como a maior parte dos produtores dentro de um país são domiciliados nesse país, os valores do PIB e do PNB não costumam divergir significativamente; contudo, a intensificação das relações internacionais, a deslocalização da prestação de serviços e a crescente mobilidade de factores podem fazer com que os dois valores venham a divergir mais amplamente no futuro.

Próximo está também o valor do Produto Nacional *Líquido*, no qual se desconta do rendimento a parte que necessariamente tem que ser destinada a cobrir as depreciações do capital, por forma a manter intacta a capacidade produtiva – já que uma nação ou um indivíduo que não reservassem uma parte do seu rendimento à reparação e conservação dos bens instrumentais da produção cedo veriam a sua capacidade produtiva declinar –[4487].

Dito de outra forma, nem tudo o que ingressa sob forma de rendimento é racionalmente disponível, sob pena de não-sustentabilidade do esforço de enriquecimento. O valor do PIB só faz tábua-rasa da depreciação e da necessidade de amortização do capital por causa da dificuldade extrema que acompanha o cálculo simultâneo de tantas taxas de depreciação quantos os

[4485] Eisner, R. (1989); Jorgenson, D.W. & B.M. Fraumeni (1992), 51-70.

[4486] Nordhaus, W.D. (2000), 259-262.

[4487] Refira-se que a taxa de desvalorização é tipicamente de 11% do PIB, pelo que o valor do Produto Interno Líquido é de cerca de 89% do PIB. Cfr. Dornbusch, R., S. Fischer & R. Startz (2004), 23.

diversos tipos e características do capital[4488], e por isso poderíamos dizer que o PIB é um valor que abarca tanto o investimento que se dirige ao aumento dos recursos disponíveis – o *investimento líquido* –, como o investimento que visa a manutenção e substituição dos recursos já instalados – despesas de amortização que conjuntamente com o investimento líquido compõem o *investimento bruto* –[4489]. Ou seja, porque o PIB tende a ignorar nos seus cálculos o problema da obsolescência dos recursos produtivos duradouros – comprovadamente um problema complexo[4490] –, ele dá uma «imagem virtual» de uma economia para lá da sua fronteira de possibilidades de produção, num ponto de insustentabilidade.

O período de referência do PIB é usualmente anual, mas também ocorrem referências ao PIB trimestral, que permitem determinar com mais detalhe tendências evolutivas e oscilações sazonais – ainda que geralmente os valores trimestrais sejam multiplicados por 4, para que se possa comparar a tendência trimestral com o valor anual do PIB –. Em todo o caso, é uma medida de *fluxo*, indicando-nos incrementos, ou variações negativas, por período de tempo, e não a medida estática da *riqueza* nacional: um país pode ser muito rico e gerar conjunturalmente um baixo rendimento, tal como um país mais pobre pode conjunturalmente gerar um rendimento muito superior – querendo isto apenas implicar que o segundo cresce mais do que o primeiro – acrescenta mais à sua riqueza em cada período –, e que a manter-se a situação as duas economias acabarão por convergir.

21 – b) O cálculo do Produto Interno Bruto

O PIB pode ser indiferentemente caracterizado como:

1. um total de rendimento – o que cada agente económico recebeu em remuneração do seu contributo para o processo produtivo –;
2. o somatório do valor acrescentado de todos os estádios intermédios da produção – o quanto cada produtor contribuiu para o processo produtivo –;
3. o total da despesa, o somatório do valor de mercado dos produtos finais – o que cada agente económico despendeu para que o processo produtivo chegasse ao seu final –.

Por outras palavras, o PIB a preços de mercado pode ser definido[4491]:
– Pela «óptica do rendimento», como o somatório dos usos dados ao rendimento gerado (remunerações e lucros, mais impostos menos subsídios);
– Pela «óptica da produção», como o somatório do valor acrescentado pelos vários sectores produtivos (mais impostos menos subsídios que incidam sobre os produtos);
– Pela «óptica das despesas», como o somatório do uso final de bens e serviços por residentes (consumo mais investimento).

Podemos perceber melhor o que está em causa apreciando graficamente alguns dos valores relevantes:

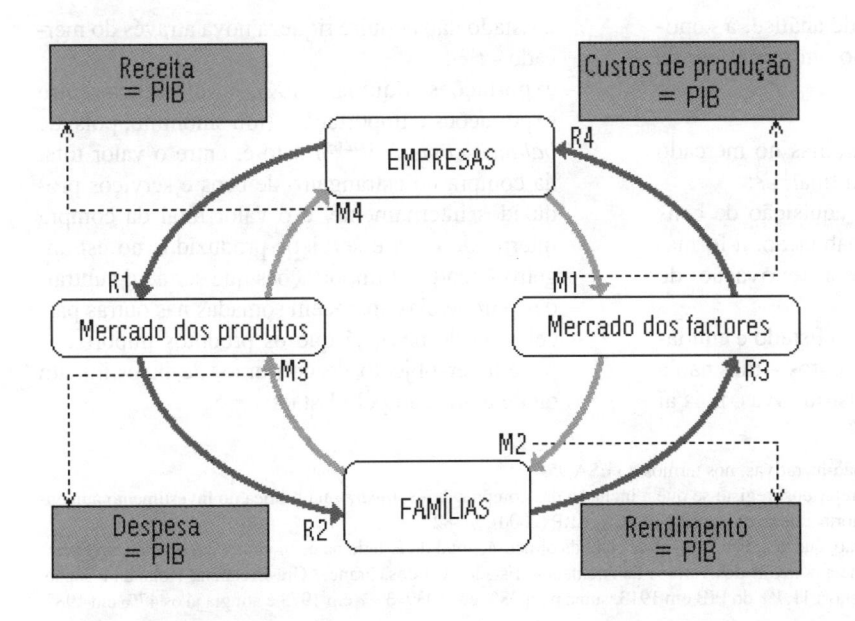

Gráfico 21.1. *O PIB, e de novo o circuito real e monetário*

R1-R4: Circuito real
M1-M4: Circuito monetário
R1: Oferta de bens e serviços
R2: Compra de bens e serviços
R3: Oferta de factores produtivos
R4: Compra de factores produtivos
M1: Remuneração dos factores produtivos
M2: Rendimento dos factores produtivos
M3: Pagamento dos bens e serviços
M4: Receita dos produtores

[4488] Embora pudesse cortar-se a direito, como de algum modo se faz no regime tributário. Cfr. Sanches, J.L.S. (2002), 273ss.
[4489] Para uma análise das incidências do «ciclo do produto» nesta matéria, cfr. Agarwal, R. & M. Gort (2002), 190.
[4490] Waldman, M. (2003), 131.
[4491] De acordo com as normas ESA 95: Eurostat Yearbook 2002 – Economy and Finance, 2-3.

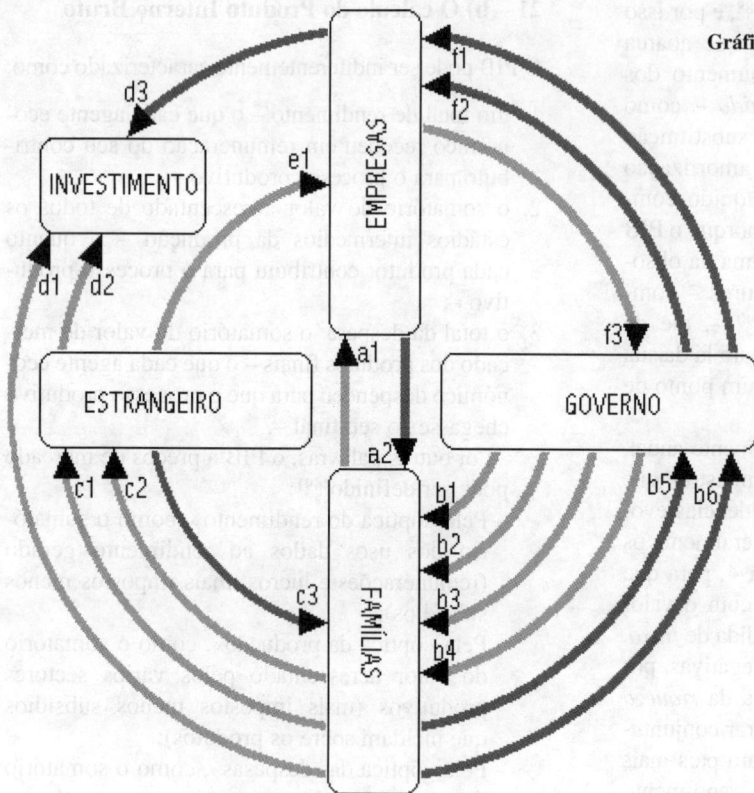

Gráfico 21.2. *Modelo do fluxo circular da riqueza*

a1: pagamento dos produtos
a2: pagamento dos factores
b1: prestação de serviços públicos
b2: pagamento de juros
b3: pagamento de salários
b4: subsídios e transferências
b5: impostos
b6: empréstimos (subscrição da dívida pública)
c1: remessa de fundos (por residentes)
c2: pagamento de importações
c3: remessas de fundos (por emigrantes)
d1: investimento nacional
d2: investimento estrangeiro
d3: reinvestimento de lucros não distribuídos
e1: pagamento de exportações
f1: aquisições de bens
f2: subsídios
f3: impostos

Comecemos por esta última via de análise, a «óptica das despesas», dando o PIB como um somatório de «usos finais de bens e serviços»:

– consumo (C), a despesa das famílias no mercado dos produtos, a despesa privada final[4492];
– investimento (I), a despesa na aquisição de bens de capital, de estruturas, e de habitação, a formação bruta de capital fixo e a renovação de «*stocks*»[4493];
– despesa pública (G), a despesa do Estado e entidades públicas na aquisição de produtos – mas não a despesa com transferências redistributivas, pois aí

o Estado não adquire riqueza nova através do mercado –[4494];
– exportações líquidas (nX), a diferença entre exportações e importações (um sinónimo, pois, de *balança comercial*[4495]), isto é, entre o valor total da compra no estrangeiro de bens e serviços produzidos internamente, e o valor total da compra interna de bens e serviços produzidos no estrangeiro – tendo as importações que ser aqui subtraídas porque elas aparecem somadas nas outras parcelas da despesa, já que os produtos importados podem ser objecto de consumo, de investimento ou de aquisição pelo Estado –[4496].

[4492] Incluindo a despesa de associações não-lucrativas, nos termos do ESA 95.

[4493] Para lembrarmos alguns aspectos já referidos, registe-se que a inclusão das compras de «*software*» na rubrica do investimento aumentou o crescimento anual médio do PIB *real* norte americano em 0,18%. Cfr. ERP (2000), 81-82.

[4494] É este valor, e sobretudo a sua evolução, que nos dá uma medida clara da dimensão total do Estado na economia. Para darmos um exemplo impressionante, se tomarmos por referência a *média* dos valores de Alemanha, Estados Unidos, França, Grã-Bretanha, Holanda e Japão, constataremos que a despesa pública representava 11,7% do PIB em 1913, subia para 28% em 1939, 37% em 1973 e atingia já os 47% em 1987. Cfr. Maddison, A. (1991), 77.

[4495] Dornbusch, R., S. Fischer & R. Startz (2004), 300ss..

[4496] As principais componentes da balança de pagamentos são: 1 – Balança corrente; 2 – Balança de capitais; 3 – Balança financeira. Ou, mais formalmente: a) Balança de transacções correntes; b) Rendimentos; c) Transferências unilaterais; d) Operações de capitais não monetários, adiantamentos/atrasos e ajustamentos estatísticos; e) Variação da posição externa dos Bancos; f) Variação das reservas oficiais líquidas.

É o conjunto C + I + G + nX que corresponde ao PIB, analisado na sua vertente de despesas: tudo o que se gasta anualmente numa sociedade tem que ter sido encaminhado para um destes quatro destinos. Não há aqui qualquer acaso ou coincidência: é a própria definição das quatro parcelas que acaba por não permitir que alguma despesa fique de fora[4497].

Acrescentemos mais uma descrição do fluxo de riqueza em que estes valores se integram:

	1981	1991	2000
Investimento Interno Bruto / PIB	35.1	26	28.2
Exportações de Produtos / PIB	23.3	30.3	31.4
Poupança Interna Bruta / PIB	19.1	18.8	16.2
Agricultura / PIB	12	7.1	3.8
Indústria / PIB	34.6	30.7	30.6
Serviços / PIB	53.4	62.2	65.6
Consumo Privado / PIB	66.3	63.1	63.3
Despesa Pública / PIB	14.6	18.1	20.5
Importações de Produtos / PIB	39.3	37.6	43.3

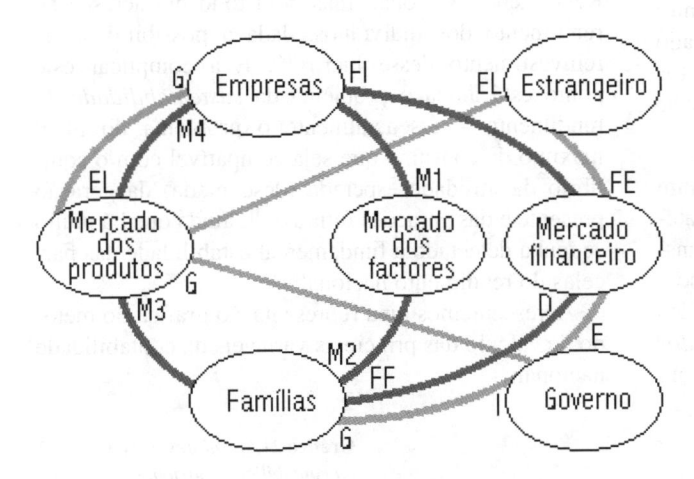

Gráfico 21.3. *Circulação do rendimento e da despesa*

M1: Remuneração dos factores produtivos
M2: Rendimento dos factores produtivos
M3: Pagamento dos bens e serviços
M4: Receita dos produtores
I: impostos
D: depósitos
G: despesas públicas
E: dívida pública interna
EL: exportações líquidas (exportações – importações)
FI: financiamento das empresas
FF: financiamento das famílias
FE: financiamento estrangeiro

E juntemos ainda um quadro que permite analisar a evolução temporal de algumas dessas componentes do fluxo de riqueza em Portugal (misturando, em termos percentuais, as «ópticas» do rendimento, da produção e da despesa) [4498]:

Isto ilustra uma das vinte ideias a reter depois do exame final: O nível nacional de rendimento, emprego e preços é resultado da interacção das decisões de produzir e consumir do conjunto de todos os agentes económicos nacionais.

[4497] Para usarmos apenas um exemplo, o dos componentes da procura agregada nos EUA, tipicamente 70% é consumo, 15% é investimento e 19% é despesa pública (indicando um *deficit* crónico nas contas internas), com um valor negativo para as exportações líquidas (um novo *deficit*). Cfr. Dornbusch, R., S. Fischer & R. Startz (2004), 30.

[4498] Valerá a pena comparar alguns desses valores em termos internacionais (usando percentagens do PIB, e valores referidos a 2001):

	Agricultura	Indústria	Serviços	Consumo Privado	Despesa Pública	Investimento
Portugal	4	31	66	63	20	28
Brasil	8	36	56	60	20	21
Moçambique	22	26	52	74	12	31
China	15	52	33	48	12	39
Alemanha	1	31	68	58	19	23
Espanha	4	31	66	59	17	26
Reino Unido	1	29	70	65	19	18

Cfr. Banco Mundial (2003), 234ss..

Encarado do ponto de vista do rendimento, o PIB há-de ser o somatório de:

– salários e contribuições sociais, aquilo que é pago às famílias pelo trabalho que prestam;
– juros, o que é pago às famílias pelo capital por elas cedido, directamente ou através de intermediários financeiros;
– rendas, o que é pago aos proprietários de factores naturais – ou poderia ser pago por factores não cedidos, se o fossem –;
– lucros, o que é pago àqueles que assumem as incertezas da produção – fundamentalmente os sócios –, ou é reincorporado como investimento;
– impostos indirectos, aquilo que é pago ao Estado em função das quantidades produzidas (impostos sobre a produção e sobre as importações, a que se subtrai o valor dos subsídios[4499]).

Note-se que os vários produtores integrados num processo produtivo têm ainda que pagar as suas matérias-primas, os bens intermédios que lhes cabe transformar e transmitir à cadeia subsequente no processo – só que é esse pagamento que se deduz dos resultados de cada produtor para se calcular o respectivo *valor acrescentado*, razão pela qual um cálculo do PIB com base no valor acrescentado deve ignorar esse pagamento do «*input*» dos bens intermédios.

Note-se ainda o facto de a noção de *Rendimento Nacional* não ser inteiramente intuitiva, não coincindo perfeitamente com aquilo que individualmente se pode ter por rendimento: por um lado, é possível a um indivíduo aumentar o seu rendimento através de mais-valias especulativas, de ganhos entre os valores de compra e de revenda de bens, mas isso não é representado no Rendimento Nacional, visto não corresponder à produção de novos bens e serviços; por outro lado, todo o lucro gerado pela produção é contabilizado no Rendimento Nacional, mas nem todo ele acresce ao rendimento dos indivíduos, dada a possibilidade de reinvestimento desse lucro[4500]. E a complicar este ponto está ainda o problema da *sustentabilidade* do rendimento – essencialmente o problema do nível máximo de consumo que seja compatível com o equilíbrio da utilidade esperada (descontada) da geração presente e das gerações futuras[4501], ainda que há muito se tenha detectado a fundamental estabilidade das parcelas do rendimento nacional[4502].

Acrescentemos uma representação gráfica do método de cálculo das principais variáveis da contabilidade nacional:

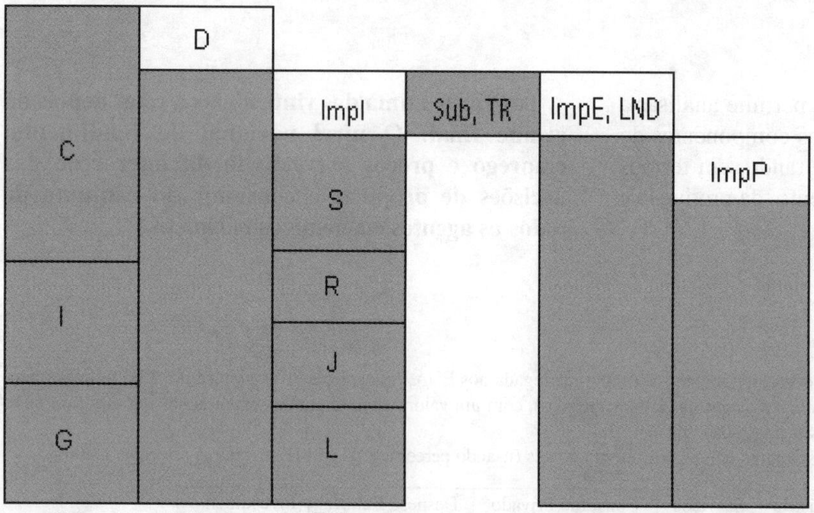

Gráfico 21.4. *Valores básicos da contabilidade nacional*

PIB: produto interno bruto
PIL: produto interno líquido
RN: rendimento nacional
RP: rendimento pessoal
RD: rendimento disponível
C: consumo
I: investimento
G: despesa pública
D: depreciação do capital
ImpI: impostos indirectos
S: salários
R: rendas
J: juros
L: lucros
ImpE: impostos directos sobre as empresas
LND: lucros não-distribuídos
Sub: subsídios
TR: transferências
ImpP: impostos directos sobre as pessoas singulares

[4499] Eurostat Yearbook 2002 – Economy and Finance, 5, 7.

[4500] Se considerarmos que os impostos indirectos têm um valor de cerca de 10% do Produto Interno Líquido, então o Rendimento Nacional ficará pelos 80% do PIB (dos quais 3/4 vão para salários e quase a totalidade do resto vai para a remuneração do capital, ficando um resíduo apenas para factores naturais na maior parte dos países industrializados). Cfr. Dornbusch, R., S. Fischer & R. Startz (2004), 24.

[4501] Pemberton, M. & D. Ulph (2001), 25-40.

[4502] Foi Simon Kuznets quem primeiro constatou a grande estabilidade das parcelas do rendimento nacional, de década para década: no caso, norte-americano, 70% para salários, 20% para lucros, 8% para juros e 2% para rendas.

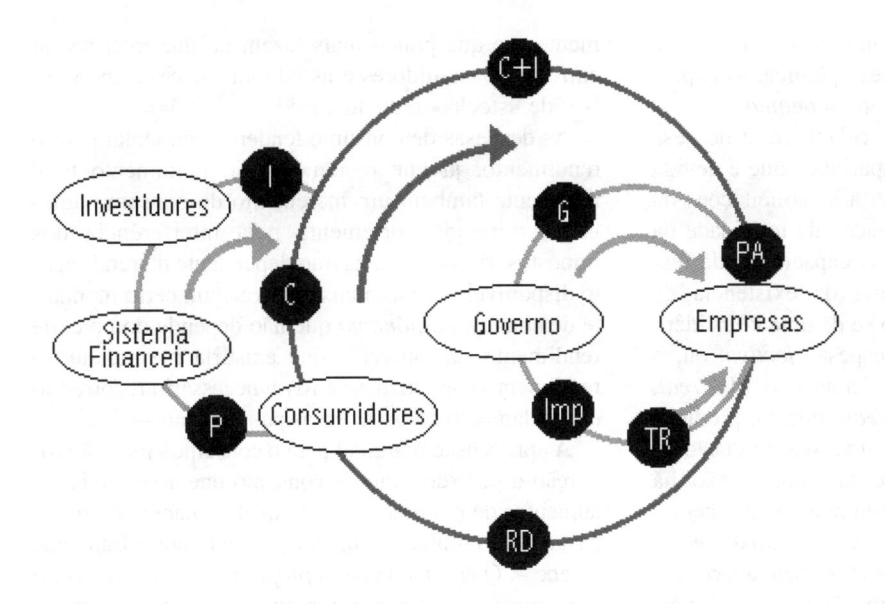

Gráfico 21.5. *Fluxo circular e contabilidade nacional*

P: poupança
C: consumo
I: investimento
G: despesa pública
PA: procura agregada
Imp: impostos
TR: transferências
RD: rendimento disponível

Trata-se, em qualquer dos casos de definição do PIB, de uma *identidade*, de uma igualdade por definição, uma tautologia. É tautológico que $PIB = C + I + G + nX$, tal como é uma tautologia a identidade entre PIB e somatório do valor acrescentado de todos os produtores, ou entre PIB e o total dos rendimentos individuais gerado pelos produtores. Retenha-se ainda, em fecho do «triângulo conceptual», que o facto de ambos serem iguais ao PIB determina a identidade entre *despesa agregada*, *produto agregado* e *rendimento agregado*, o que não nos surpreenderá se recordarmos as implicações do modelo de fluxo circular da economia.

Mas isso não quer dizer que rendimento agregado e despesa agregada coincidam *instantaneamente* em todas as circunstâncias, por duas razões básicas:

– numa circunstância extrema em que, por um qualquer motivo, não houvesse rendimento nacional ou ele fosse baixíssimo (por força de uma calamidade natural de âmbito nacional, por exemplo), nem por isso deixaria de haver despesa, ao menos despesa de consumo – por exemplo, uma despesa orientada exclusivamente para importações, para uma ajuda externa de emergência –;
– nem todo o rendimento disponível dos indivíduos é gasto, podendo haver um entesouramento improdutivo – a margem de liquidez que as pessoas guardam «debaixo do colchão», sem a depositarem em bancos ou a reinjectarem por qualquer outra via no circuito dos pagamentos.

Em todo o caso, *em equilíbrio* o rendimento agregado e a despesa agregada coincidirão, significando essa coincidência que, a um quantitativo determinado de produção, o que é produzido é vendido e pago, não havendo excessos de oferta que induzam o desemprego nem deficiências de oferta que provoquem a inflação. A determinação desse ponto de equilíbrio em que não há excedentes de produção desperdiçados – admitindo-se que a formação e armazenamento de excedentes possa ser, dentro de certos limites, um investimento que é compensado pela agilidade que confere às respostas de curto prazo aos aumentos da procura – é mesmo objecto de um tipo peculiar de indagação, a *«análise rendimento-despesa»* (*«income-expenditure analysis»*), a qual, para lá da determinação do nível de produção de equilíbrio, que obviamente se vai deslocando com o crescimento económico, se dedica também à análise dos efeitos da variação da despesa em cada patamar de rendimento.

21 – b) – i) A despesa agregada

Dentro da despesa agregada, podemos partir do princípio de que, no curto prazo, as parcelas respeitantes ao investimento, à despesa pública e às exportações são fixas, dependentes que estão de uma determinada capacidade produtiva – do PIB potencial –; mas as despesas de consumo e as despesas relativas às importações não são fixas no curto prazo, e dependem evidentemente do nível do PIB real. Dito de outro modo, dentro da despesa agregada temos uma parte que é *induzida* pelas variações do PIB real, e uma parte de *despesa autónoma* que não varia necessariamente em função das variações do PIB real – contando-se nesta segunda categoria o investimento, a despesa pública, as exportações, e uma margem de *consumo autónomo*.

Há ainda a considerar a disparidade entre despesa *planeada* e despesa *efectiva*, disparidade que é devida à capacidade de resposta da oferta às solicitações da procura que resultaria da efectivação da totalidade da despesa planeada, sendo que essa capacidade de resposta depende em larga medida da existência de «*stocks*» nos produtores; quando se dá uma coincidência entre despesa *planeada* e despesa *efectiva*, ou, o mesmo é dizer, entre despesa *planeada* e PIB *real*, pode falar-se de uma *despesa de equilíbrio*: o produtor descobre que conseguiu escoar *toda* a sua produção ao preço de equilíbrio, e que não há sobras, não há «*stocks*» remanescentes, o que tende a ser crescentemente facilitado, seja pelo constante aumento do sector dos serviços, seja, na produção de bens, pelo aperfeiçoamento das tecnologias de informação e pelo «comércio electrónico», que têm vindo a diminuir drasticamente os custos de armazenamento e a aumentar a «produção por encomenda», com procura garantida, ou a gestão de stocks «*just-in-time*»[4503] (pense-se no sucesso espectacular das «livrarias virtuais» na Internet – a que o autor destas linhas tem recorrido tão maciça-

mente – e que pouco mais fazem do que intermediar entre os consumidores e as editoras, necessitando por isso de «stocks» reduzidos)[4504].

As despesas de consumo tendem a aumentar com o rendimento, já que o aumento do rendimento total representa também um incremento do consumo agregado, mitigado fortemente pela interferência dos impostos, ficando o consumo dependente do rendimento disponível – salvo, mais uma vez, um certo montante de *consumo autónomo* que não depende do nível de rendimento disponível e que existiria mesmo que o rendimento não existisse e fosse necessário recorrer ao endividamento ou às reservas patrimoniais –.

A «propensão marginal para o consumo» mede a proporção do crescimento de consumo que acompanha os aumentos de rendimento disponível – quantos cêntimos gasta cada família em média por cada novo Euro que recebe –. O complemento à *propensão marginal para o consumo* é a «propensão marginal para a poupança», a medida em que a poupança aumenta quando o rendimento disponível aumenta, devendo lembrar-se que o consumo e a poupança esgotam praticamente os destinos possíveis do rendimento disponível, se exceptuarmos a porção, geralmente despicienda, de manutenção de uma reserva líquida *entesourada* e improdutiva.

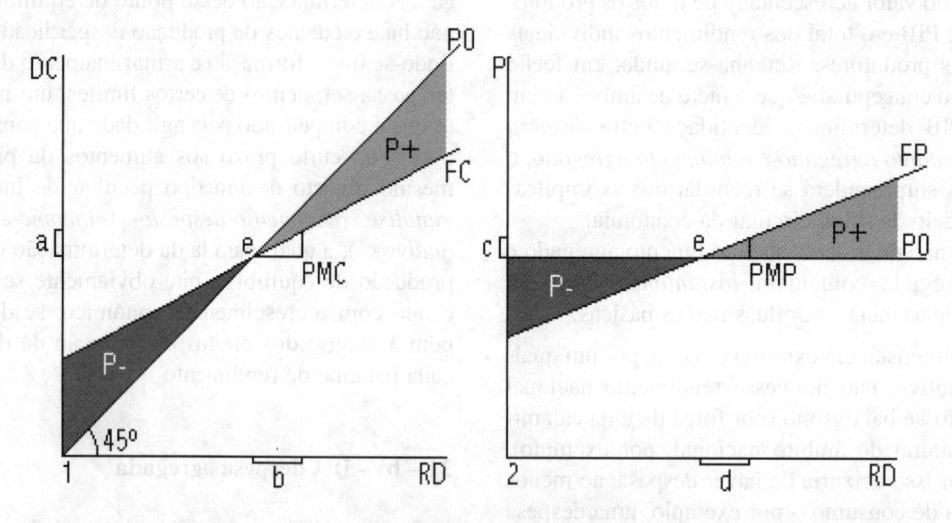

Gráfico 21.6. *Funções do consumo e da poupança, e propensões marginais para consumir e para poupar*

1: função do consumo e propensão marginal para consumir
2: função da poupança e propensão marginal para poupar
DC: nível de despesas de consumo
RD: rendimento disponível
P: nível de poupança
P-: poupança negativa

P+: poupança efectiva
FC: função do consumo
P0, e: poupança zero (DC / RD = 1) (linha de 45°)
PMC: propensão marginal para consumir (= a / b)
FP: função da poupança
PMP: propensão marginal para poupar (= c / d) (PMP + PMC = 1)

[4503] Dornbusch, R., S. Fischer & R. Startz (2004), 384.
[4504] ERP (2000), 76.

Se a carga tributária não se alterar, o rendimento disponível só varia em função do PIB real, e em proporção directa a este. E não esqueçamos que, no horizonte de possibilidades aberto pela riqueza disponível, o património acumulado e o *fluxo* de rendimento que o faz variar, o consumo condiciona, pela sua primazia, o valor residual da poupança, sendo que é a poupança, ou a falta dela, que por sua vez determina o montante da riqueza disponível – já que só o que é poupado se pode acrescentar à *reserva* patrimonial.

21 – b) – ii) A propensão para o consumo

Quanto às despesas de consumo, podemos portanto partir da hipótese mais simples e linear de que elas variam em função do rendimento disponível, líquido de impostos. Contudo, essa visão simplificadora – afinal, a visão keynesiana – faz tábua-rasa de algumas motivações básicas dos agentes económicos, como a de estes pretenderem manter inalterado o nível de consumo ao longo da vida, distribuindo uniformemente pelo ciclo das suas vidas os ganhos extraordinários que obtenham nalguns momentos, poupando nos momentos em que o rendimento é mais elevado por forma a poderem despender nos momentos em que o rendimento é mais baixo, reconhecendo não apenas, por «motivo-precaução», que existem revezes de fortuna, mas também que as remunerações que constituem a base do rendimento tendem a aumentar ao longo da vida activa e a quebrar abruptamente após a reforma – o que justifica que um aumento de rendimento possa não determinar um aumento proporcional do consumo, se os potenciais consumidores antevêem «vacas magras» nas suas perspectivas de manutenção de um rendimento disponível permanente, ou se estão motivados para pouparem de modo a poderem manter os seus valores médios de consumo após as suas reformas[4505].

Estas teorias do consumo «especulativo», entre as quais avulta a nossa conhecida «hipótese do rendimento permanente» mas também as mutualidades de gestão de risco, diminuem fortemente, pois, a validade explicativa da «propensão marginal para o consumo»: o facto de alguém receber um determinado rendimento não significa que seja automaticamente, mecanicamente, dirigida para o consumo uma parcela precisa desse rendimento, antes será de esperar que o beneficiário desse rendimento faça prudentemente a gestão desses novos recursos, ponderando as suas possibilidades de alcançar novos rendimentos no futuro.

Contudo, há ainda muito a fazer em termos de determinação mais precisa do impacto do «motivo-precaução», seja nas reacções a «choque exógenos», seja em termos de persistência e susceptibilidade de seguro das formas de rendimento individual, em especial face à volatilidade e aos efeitos cíclicos[4506] e à relação entre taxas de juro e tendência evolutivas do consumo[4507], no que elas podem revelar de «amortecimento do consumo» propiciado por anterior poupança[4508]. Por outro lado, fica igualmente por determinar, nos termos da «hipótese do rendimento permanente», a medida em que a poupança acumulada por «motivo-precaução» é capaz de contrabalançar a diminuição do esforço produtivo, e as concomitantes diminuições de remunerações e de consumo (ou até ineficientes diminuições de remunerações e de consumo independentes do grau de produtividade[4509]), e até a diminuição da participação no mercado dos factores e correspectiva participação na partilha mútua de riscos[4510], com a aproximação da idade da reforma[4511] – tudo isto ponderado pelo regime fiscal que se tenha estabelecido com o intuito de incrementar a gestão do «rendimento permanente», jogando na elasticidade da poupança a esses impulsos tributários[4512].

Em síntese, estas hipóteses de relevância do motivo-precaução na poupança (e indirectamente no consumo) significam inelasticidade-preço dos aforradores e dos consumidores (às taxas de juro e aos preços de mercado, respectivamente), devendo por isso as políticas que pretendam interferir neste contexto concentrar-se no plano das expectativas e das motivações, e não no plano dos incentivos imediatos, como por muito tempo se julgou ser suficiente – e constituiu «artigo de fé» do cânone keynesiano[4513].

Esta perspectiva da diversidade das motivações do consumo diminui, portanto, o papel de uma política de estímulo do consumo através de simples incrementos do rendimento disponível. Por exemplo, a redução dos impostos como forma de expandir a procura agregada poderá não ter grande sucesso se a «propensão margi-

[4505] Gourinchas, P.-O. & J.A. Parker (2001), 406.
[4506] Constantinides, G.M. & D. Duffie (1996), 219-240.
[4507] Parker, J.A. (2000), 317-369.
[4508] Gourinchas, P.-O. & J.A. Parker (2001), 411.
[4509] Storesletten, K., C.I. Telmer & A. Yaron (1999), 213-259.
[4510] Cullen, J.B. & J. Gruber (2000), 546-558.
[4511] Storesletten, K., C.I. Telmer & A. Yaron (2001b), 417
[4512] Cagetti, M. (2001), 418; Summers, L.H. (1981), 533-544; Evans, O.J. (1983), 398-410.
[4513] Cagetti, M. (2001), 420; Laibson, D.J., A. Repetto & J. Tobacman (1998), 91-172.

nal para o consumo» estiver conjunturalmente subalternizada por outra ordem de considerações que têm a
ver com as expectativas e a confiança dos consumidores no futuro dos seus rendimentos; o que, dito de
forma mais contundente, significa que, perdida a confiança na evolução favorável da conjuntura económica
e na sustentabilidade automática dos actuais níveis de
satisfação, o consumidor retrai-se e não se ilude com
«paliativos» de incrementos no seu rendimento actual
(não é inteiramente «pavloviano» nas suas respostas a
estímulos imediatos).

Dir-se-á, em suma, que os padrões de consumo são
relativamente rígidos e estáveis, presos que estão de
hábitos e não tanto das variações imediatas e conjunturais do rendimento disponível: mesmo no plano dos
valores agregados, um pronunciado incremento no rendimento pode não conduzir a aumentos significativos
no consumo e na procura agregada – o que significa,
sucintamente, que o multiplicador, de que falaremos
em seguida, pode ser bastante menor do que aquilo que
seria se tudo dependesse exclusivamente da «propensão marginal para o consumo» –. Mais ainda, a ideia de
que o consumo pode ser orientado por cálculos que se
prendem com o total das perspectivas de futuro do consumidor permite até concluir que não apenas o rendimento mas a própria riqueza patrimonial do consumidor, incluindo as mais-valias especulativas que se
gerem em torno desse valor patrimonial, podem
desempenhar papéis de relevo na sua conduta.

Sem embargo de tudo o que já foi pontualmente referido nesta matéria, aproveitemos para recapitular os motivos que têm sido apontados para a propensão das pessoas
para pouparem:

1) Por precaução, para se precaverem contra contingências futuras;
2) Para planearem o consumo médio no seu ciclo de vida,
procurando torná-lo independente das oscilações do
rendimento;
3) Para irem incrementando paulatinamente os padrões
de consumo futuro;
4) Para obterem juros, ou especulando com a possibilidade de valorização do consumo futuro;
5) Para beneficiarem de independência e se poderem permitir financiar decisões futuras e imprevistas, mesmo
que não vitais;

6) Para disporem de reservas para participarem numa
oportunidade de negócio que entretanto surja;
7) Para legarem um património a outros, nomeadamente
a herdeiros;
8) Por mera avareza, por persistente aversão à despesa;
9) Para fazerem face a planos de aquisição de bens de
grande valor sem terem que recorrer ao crédito[4514].

Isso não significa, todavia, que se deva abandonar
totalmente a correlação directa entre rendimento corrente e consumo, tal como ele fica consignado, porventura apenas com demasiada rigidez e automatismo, no
conceito de «propensão marginal para o consumo». É
do rendimento corrente que depende, por exemplo, a
compra de novos bens duradouros, ou seja, a substituição de bens duradouros antigos – não se afigurando
normalmente essa substituição como urgente, sendo
que a falta de um rendimento corrente suficiente se traduzirá num adiamento da compra com baixos custos de
oportunidade, porque a falta do novo bem é compensada pelo uso do bem duradouro antigo[4515] –.

E é também do rendimento corrente que depende em
larga medida a concessão do crédito ao consumo, pelo
facto de muitas famílias não terem um rendimento disponível suficiente para pouparem para os tempos das
«vacas magras», o que as deixa expostas a esses tempos, tempos nos quais que lhes é vedado, por «racionamento de crédito», por efeito da assimetria informativa
na posição dos credores, o acesso a empréstimos[4516] –
razão pela qual não lhes é possível senão gastarem à
medida do seu rendimento corrente, consumindo na
estrita medida em que vão obtendo rendimento adicional, vivendo para o dia-a-dia, naquilo que se designa na
gíria por «chapa ganha, chapa gasta» –.

21 – c) O multiplicador do investimento

Quanto às despesas de investimento, elas não
dependem fundamentalmente do rendimento, visto que
as suas principais determinantes são, por um lado, as
expectativas dos investidores quanto a conjunturas
económicas futuras, e por outro o nível das taxas de
juro (abstraindo-se aqui propositadamente de uma
determinante essencial do nível nacional de investimento, que é o recurso ao investimento estrangeiro).

[4514] Browning, M. & A. Lusardi (1996), 1797 – acrescentando apenas mais um motivo de poupança àqueles que tinham sido já enumerados
por Maynard Keynes na *Teoria Geral*.

[4515] Chemla, G. & A. Faure-Grimaud (2001), 1773-1792.

[4516] Como se tem evidenciado nas «economias de transição» (as ex-«economias socialistas»), as restrições no acesso ao crédito são tão ini-
bidoras da iniciativa privada como a deficiente consagração do direito de propriedade (ainda que a apropriação seja decisiva como incentivo ao
investimento e ao reinvestimento, e seja também indispensável para a constituição de garantias reais susceptíveis de «desbloquear» o crédito
racionado). Cfr. Johnson, S., J. McMillan & C. Woodruff (2002), 1335-1336.

Notável é o *efeito multiplicador* que tende a amplificar o impacto das decisões de investimento, como aliás de todas as *despesas autónomas*, no valor da *despesa de equilíbrio* e do PIB *real*, através de um encadeamento causal:

– um primeiro montante de investimento, aumentando as dotações de capital dos produtores, provoca um incremento na produção;

– incremento na produção que acaba por traduzir-se num incremento de rendimento dos factores envolvidos naquela produção;

– desse aumento de rendimento resultará por sua vez um aumento de consumo – maior ou menor em função da «propensão marginal para o consumo» –;

– esse aumento de procura provocará um aumento da oferta, um aumento de produção; e assim sucessivamente.

Por este encadeamento – rendimento adicional gera despesa adicional que gera rendimento adicional que gera despesa adicional, e assim por «ondas» sucessivas – se chegará a um volume de produção de equilíbrio (o do limite da própria motivação marginal para transformar consumo em aforro, e vice-versa) que pode ser várias vezes superior ao primeiro incremento de produção. O multiplicador é, portanto, o aumento da produção de equilíbrio resultante do aumento, em uma unidade, da despesa autónoma, tanto mais elevado quanto mais elevada for a propensão marginal para o consumo[4517].

Mas o *efeito multiplicador*, tal como o efeito *acelerador* que arranca de um impulso inicial do consumo e depende de uma taxa de expansão da produção[4518], opera em ambos os sentidos, tanto o da expansão como o da contracção – como uma «espada de dois gumes», é capaz de multiplicar tanto os aumentos como as diminuições de investimento:

– se se regista um aumento da despesa autónoma e a despesa agregada *planeada* ultrapassa o PIB *real*, os vendedores verão os seus «stocks» diminuírem muito rapidamente, forçando-os a investirem e a aumentarem o PIB *real*, o que por sua vez significará incremento do rendimento, da remuneração dos factores produtivos, e por isso um aumento da *despesa induzida*, da despesa de consumo, desencadeando o efeito multiplicador;

– se se registar uma queda da despesa autónoma e uma retracção da despesa agregada *planeada* para níveis inferiores ao do PIB real, os vendedores

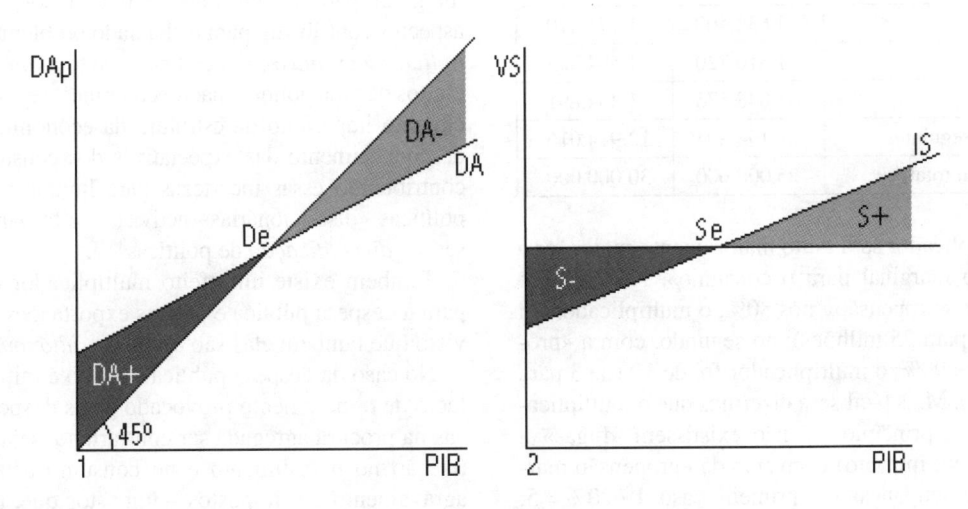

Gráfico 21.7. *Despesa agregada e gestão de «stocks»*

1: despesa de equilíbrio
2: variação de «*stocks*»
DAp: despesa agregada planeada
VS: variação de «*stocks*» (induzida pela despesa agregada)
DA: despesa agregada
DA+: excesso de despesa agregada sobre o PIB
DA-: insuficiência da despesa agregada em relação ao PIB

De: despesa agregada de equilíbrio (todo o PIB é gasto) (linha de 45°)
IS: investimento em «*stocks*»
S-: escassez de «*stocks*»
S+: excesso de «*stocks*»
Se: equilíbrio nos «*stocks*» (todo o PIB é gasto, não há variação de «*stocks*»)

4517 Dornbusch, R., S. Fischer & R. Startz (2004), 223.
4518 Sobre o «acelerador» keynesiano, cfr. Franco, A.L.S. (2002), II, 35ss.

sentirão que dispõem de um excesso de «*stocks*», e para reporem algum equilíbrio face às necessidades do mercado diminuirão a produção, baixando o PIB *real*, o que por sua vez significará redução do rendimento e da remuneração de factores, e por isso uma quebra da *despesa induzida*, da despesa de consumo, o que causará o efeito multiplicador que ampliará significativamente os efeitos dessa recessão.

Suponhamos que se fazia um investimento de 5 milhões de Euros num contexto económico em que a «propensão marginal para o consumo» fosse de 80%, e outro de 3 milhões de Euros num contexto em que se registe uma «propensão marginal para o consumo» de 90%. Teríamos a seguinte evolução por fases (fases cumulativas, recorde-se, por ondas sucessivas de investimento resultantes do consumo):

	80%	90%
1.ª fase	5.000.000	3.000.000
2.ª fase	4.000.000	2.700.000
3.ª fase	3.200.000	2.430.000
4.ª fase	2.560.000	2.187.000
5.ª fase	2.048.000	1.968.300
6.ª fase	1.638.400	1.771.470
7.ª fase	1.310.720	1.594.323
8.ª fase	1.048.576	1.434.891
9.ª fase e seguintes	4.194.304	12.914.016
Incremento total	25.000.000	30.000.000

O multiplicador será tanto maior quanto maior for a «propensão marginal para o consumo». No primeiro caso, com a «propensão» nos 80%, o multiplicador foi de 5 (de 5 para 25 milhões); no segundo, com a «propensão» nos 90%, o multiplicador foi de 10 (de 3 para 30 milhões). Mais fácil será dizermos que o multiplicador seria em princípio (se não existissem «fugas» a diminuir-lhe o impacto) o inverso da «propensão marginal para a poupança» (no primeiro caso, 1 / 20% = 5; no segundo, 1 / 10% = 10).

A ideia keynesiana de multiplicador é a de que, tendendo as pessoas a consumirem apenas uma parte dos seus rendimentos pessoais (destinando o remanescente para a poupança), de certo modo as receitas dos produtores estão nas mãos dos hábitos dos consumidores, e estão-no de uma forma *ampliada*, que permite às decisões individuais repercutirem fundamente no crescimento da produção e do emprego. Contudo, a ideia fragiliza-se seriamente se deixamos de admitir que haja verdadeiras *despesas autónomas* e começamos a reflectir na fundamental interdependência que as une[4519]; e as suas limitações tornam-se também muito evidentes se pensarmos que, na sua formulação inicial, o *multiplicador* desconsidera as externalidades de produção e de consumo em que pode envolver-se e que podem influenciar, num sentido ou noutro, a «taxa agregada de retorno» do investimento[4520].

Abstraiu-se ainda, em toda a análise precedente, dos efeitos possíveis de um movimento especulativo – da eventualidade de a procura agregada variar em função das suas expectativas dos preços futuros, antecipando ou adiando o consumo na medida em que respectivamente sejam previstas subidas ou descidas de preços: circunstância que evidentemente é decisiva para a amplitude do efeito multiplicador em cada momento. E abstraiu-se também, como se afigurará óbvio, do facto de o multiplicador depender igualmente, quer da «propensão marginal para *importar*», quer da taxa marginal de *imposto sobre o rendimento* do consumidor, que ambas reduzem a amplitude do multiplicador relativamente àquilo que ele seria se dependesse exclusivamente da «propensão marginal para o consumo». Combinados, estes dois aspectos contribuem para o chamado problema da «*multiplier uncertainty*», a incerteza quanto à *amplitude* dos efeitos de uma política macroeconómica, seja por conhecimento imperfeito da estrutura da economia, seja por desconhecimento das expectativas dos consumidores – contribuindo essas incertezas para limitar o recurso a políticas «discricionárias» activistas, e tornando necessária a *diversificação* de políticas[4521].

Também existe um efeito multiplicador específico para a despesa pública e para as exportações líquidas – visto que também elas são *despesas autónomas* –.

No caso da despesa pública o efeito é mitigado pelo facto de o incremento provocado pelas despesas públicas na procura agregada ser contrariado, seja pela contracção no investimento e no consumo causada pelo agravamento dos impostos – impostos que, para mais, acompanham no seu montante os aumentos do rendimento individual –, seja pela contracção no investimento causada pela diminuição da poupança pública.

Quando às exportações líquidas, tudo está em saber-se se as exportações excedem as importações, caso em que o mercado para os produtos nacionais se expande,

[4519] Ahiakpor, J.C.W. (2001), 745-773.
[4520] Hill, G. (2001), 1-11.
[4521] Brainard, W. (1967), 411-425.

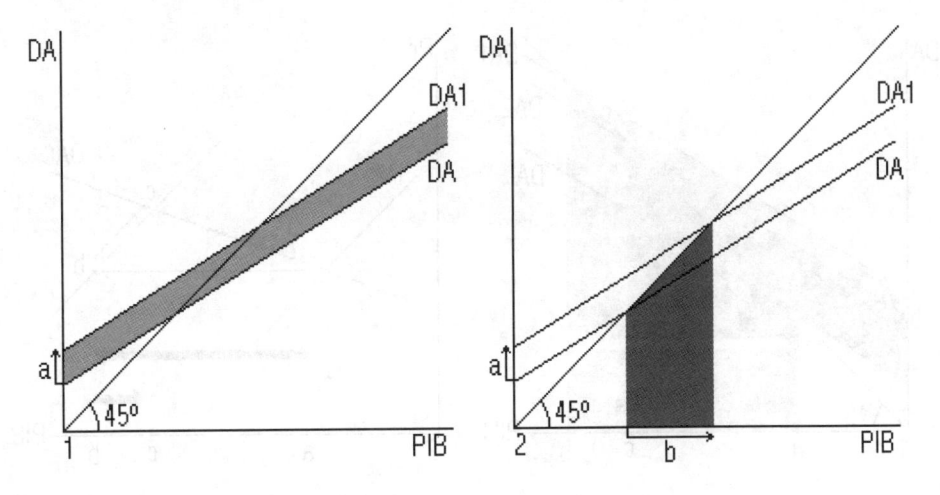

Gráfico 21.8. *O multiplicador*

1: um aumento da despesa agregada (de DA para DA1)
2: dá origem a uma expansão mais do que proporcional do PIB real
DA, DA1: despesa agregada

a: expansão da despesa agregada
b: expansão do PIB real (multiplicador = b / a)

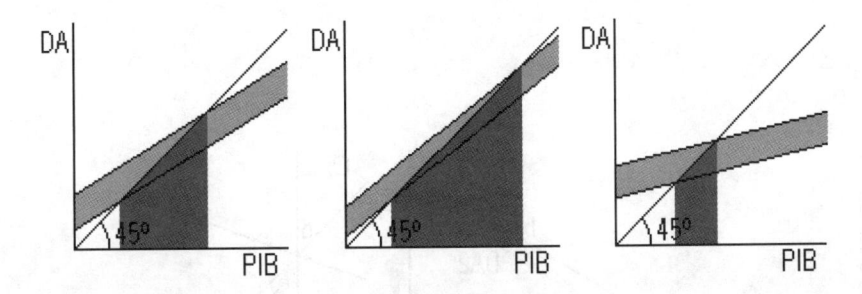

Gráfico 21.9. *A dimensão do multiplicador depende da inclinação da curva da despesa agregada*
(o mesmo é dizer, da propensão marginal para o consumo)

com efeito multiplicador, ou se ao contrário o saldo das exportações líquidas é negativo, caso em que há uma contracção do mercado, novamente com efeito multiplicador. Sendo que existe, como acabámos de referir, uma «propensão marginal para as importações» que aumenta à medida dos aumentos do rendimento disponível, e que acaba, pois, por ter no nível da procura agregada o mesmo efeito dos impostos progressivos sobre o rendimento, desviando para as importações uma parcela de cada nova unidade de rendimento, fazendo com que de cada vez que o rendimento é aumentado em cada fase do multiplicador, seja menor a proporção de bens nacionais que é consumida, e por-

tanto seja menor o rendimento internamente gerado para a fase seguinte: uma «fuga» em tudo similar à que ocorre por força da tributação do rendimento.

Note-se que no longo prazo o multiplicador não opera, dada a identidade entre PIB *real* e PIB *potencial* que naquele âmbito se pressupõe. Uma mudança na *despesa autónoma* não consegue repercutir-se no PIB *real* porque tanto o nível de preços como o nível das remunerações de factores têm plena mobilidade e ajustam-se (vão-se ajustando com a passagem do tempo), fazendo com que tudo se traduza em efeitos *nominais* que não interferem na convergência entre PIB *real* e *potencial*.

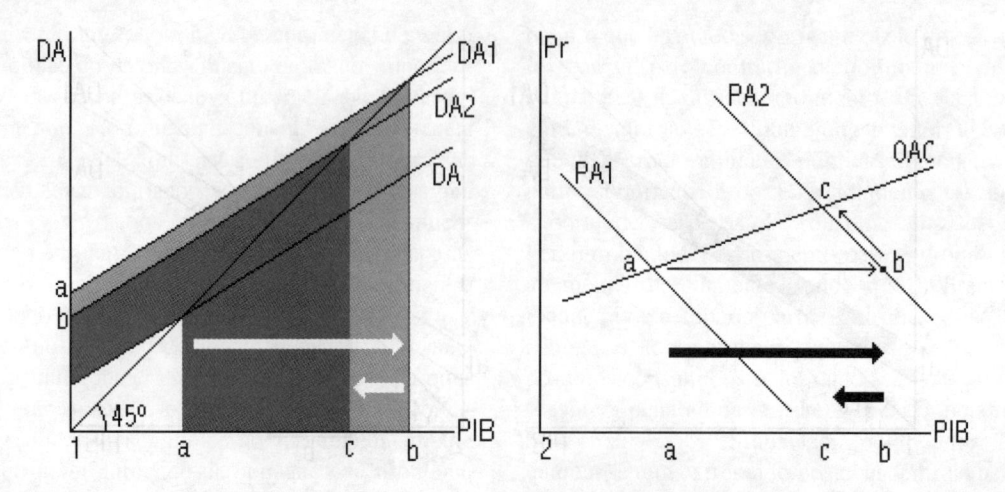

Gráfico 21.10. *O multiplicador no curto prazo*

1: perspectiva da despesa agregada
2: perspectiva da procura agregada
DA, DA1, DA2: despesa agregada
Pr: nível de preços (deflator do PIB)
PA1, PA2: procura agregada
OAC: oferta agregada de curto prazo
a: ponto de partida

b: a despesa agregada, a procura agregada e o PIB expandem-se inicialmente até este ponto
c: a subida de preços (a inclinação positiva da curva OAC) anula parcialmente a amplitude *real* da expansão da despesa e da procura agregadas e do PIB, reduzindo concomitantemente o valor do multiplicador

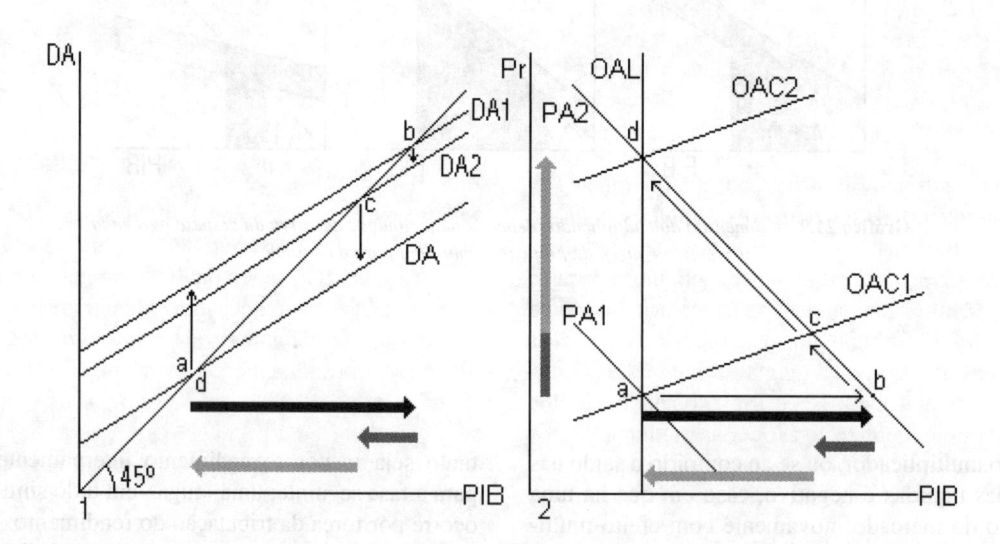

Gráfico 21.11. *O multiplicador no curto e no longo prazo*

1: perspectiva da despesa agregada
2: perspectiva da procura agregada
DA, DA1, DA2: despesa agregada
Pr: nível de preços (deflator do PIB)
PA1, PA2: procura agregada
OAC1, OAC2: oferta agregada de curto prazo
OAL: oferta agregada de longo prazo
– A despesa agregada, a procura agregada e o PIB expandem-se inicialmente (de a para b)

– A subida de preços (a inclinação positiva da curva OAC) anula parcialmente a amplitude *real* da expansão da despesa e da procura agregadas e do PIB, reduzindo concomitantemente o valor do multiplicador (de b para c)
– A retracção da oferta agregada de curto prazo para a sua posição de equilíbrio de longo prazo faz regressar o PIB real ao seu valor inicial, ainda que a preços mais elevados (de c para d)
– No longo prazo, subsistem apenas efeitos *nominais* (a subida de preços de a para d), e o multiplicador, é, por definição, igual a zero.

Similar ao funcionamento do multiplicador, e de certo modo simétrico deste, temos o referido efeito de *acelerador*, que pode ampliar a dimensão do PIB em consequência do incentivo que representa, por si mesmo, cada incremento parcelar do produto: cada aumento de vendas permite aos vendedores perspectivarem novos aumentos de vendas, para fazer face às quais investem mais, estimulando a actividade económica através do investimento e gerando maiores vendas com esse incremento de actividade, e assim sucessivamente. O motor básico do *acelerador*, o seu impulso inicial, é, portanto, o consumo que determina, ou não, os aumentos de vendas a que os vendedores reagem – investindo[4522/4523].

Ainda quanto às despesas de investimento, elas revelam uma variabilidade muito maior do que as despesas de consumo, e são por isso as principais responsáveis pelas variações que se registam na despesa agregada e no PIB.

Investimento é, para este efeito, a compra de instalações, equipamentos e matérias-primas *novos*, e não a compra de investimentos anteriores, ou a compra de títulos representativos de uma quota-parte dos activos investidos, pois embora se trate aí de verdadeiro e próprio investimento financeiro por parte daquele que compra, a única coisa que sucede é uma mudança de titularidade, por intermédio da qual aquilo que alguns investem é exactamente correspondente àquilo que outros desinvestem, nada se criando que tenha impacto nos valores totais – o que não significa sugerir-se a irrelevância dos investimentos financeiros e da circulação especulativa de activos financeiros, pois eles fornecem aos empresários os meios para a aquisição verdadeira e própria de novos recursos de capital físico –.

A maior *volatilidade* das decisões de investimento também é fruto da particular complexidade que lhes subjaz. É que, por um lado, o investimento tem que se defrontar com o problema do equilíbrio da taxa de juro de mercado com a taxa de desconto do investidor, e com a rentabilidade específica do investimento – ou seja, respectivamente o custo de oportunidade de investir no presente e a perspectiva de sustentabilidade futura do pagamento da dívida principal e dos juros –; por outro lado, o volume de investimento está crucialmente dependente:

– da avaliação subjectiva dos riscos e incertezas que se apresentem como possíveis dentro da duração do investimento;
– das formas que lhe sejam oferecidas para externalizar esses riscos e incertezas – a limitação da responsabilidade, o «véu da empresa», a dispersão do capital, etc. –;
– da acessibilidade de fundos – sendo natural, numa situação recessiva, que haja dificuldade na obtenção de financiamento exógeno, forçando as empresas que tenham essa possibilidade a recorrerem ao auto-financiamento por incorporação de lucros não-distribuídos –;
– do nível dos «*stocks*» – obrigando as empresas a terem matérias-primas, bens intermédios e produtos finais armazenados, seja para facilitar a produção e impedir que se lhes esgotem os «*inputs*» a meio da produção, seja para não ficarem dependentes das variações diárias das vendas, servindo os «*stocks*» de amortecedor entre a produção e as vendas –.

Uma coisa é de reter, e é que, dependendo de tantas variáveis, o volume de investimento não é directamente manipulável através da simples fixação de taxas de juro, apresentando-se, perante uma política macroeconómica concentrada nas taxas de juro, com uma margem de volatilidade que em larga medida se pode associar também a elementos irracionais de contágio de expectativas e de atitudes.

Essa volatilidade revela-se muito em especial na formação de «*stocks*» e de excedentes, já que o facto de eles estarem desligados dos níveis efectivos da procura em cada momento permite aos produtores darem livre curso à sua irracionalidade, ou à racionalidade da sua aversão ao risco, e sobretudo reagirem de forma anti-cíclica, acumulando «sobras» quando se dá uma fase de expansão e liquidando as «existências» quando se entra em recessão – no primeiro caso enviando à produção um impulso no sentido da expansão – ao mesmo tempo que as taxas de juro possivelmente estão já a subir para travarem essa expansão –, no segundo caso travando a produção – e por isso contrabalançando as reduções de taxas de juro que estejam naquele momento orientadas no sentido de incentivarem a produção –.

[4522] Bernanke, B.S., M. Gertler & S. Gilchrist (1996), 1-15; Eckstein, O. & A. Sinai (1986), 39-105.Veja-se os antecedentes em: Fisher, I. (1933), 337-357; Gurley, J.G. & E.S. Shaw (1955), 515-538; Gurley, J.G. & E.S. Shaw (1960); Wojnilower, A.M. (1980), 277-326.

[4523] Sobre a relação entre os conceitos de multiplicador e de acelerador, e a respectiva interacção no «propulsor», cfr. Almeida, A. (1998); Franco, A.L.S. (2002), II, 39ss..

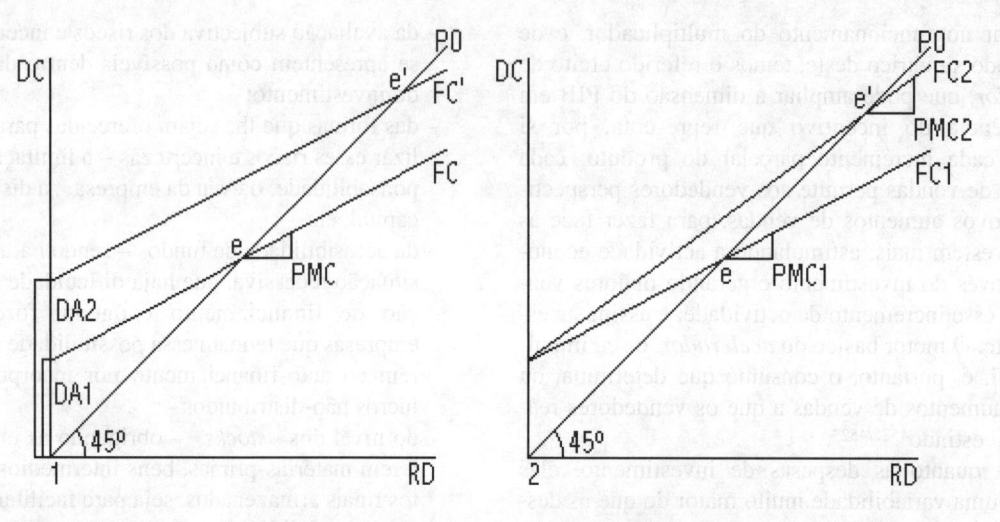

Gráfico 21.12. *Rendimento e produção de equilíbrio*[4524]

1: O nível de equilíbrio da produção (e, e') é tanto mais elevado quanto mais elevada for a despesa autónoma (DA)

2: O nível de equilíbrio da produção (e, e') é tanto mais elevado quanto mais elevada for a propensão marginal para consumir (PMC)

DC: nível de despesas de consumo

RD: rendimento disponível

DA1, DA2: despesa autónoma (DA2 > DA1)

FC, FC', FC1, FC2: função de consumo

PMC, PMC1, PMC2: propensões marginais para consumir (PMC2 > PMC1)

P0: poupança zero (DC / RD = 1) (linha de 45º)

e, e': pontos de equilíbrio (em que a procura agregada é quantitativamente igual à produção)

21 – d) Valores reais e nominais, e o deflator do PIB

O simples aumento do PIB nominal, a preços correntes, é equívoco, já que pode indiferentemente resultar de um aumento real do rendimento ou do mero efeito da inflação. Mas quando se trata de estudar o crescimento económico, e com esse fim em vista se analisa a evolução do PIB, é crucial fazer-se a destrinça entre aquilo que são valores *reais* – valores que não dependem das alterações no valor da moeda – e aquilo que são valores *nominais* – valores que, expressos em unidades monetárias *correntes*, dependem das variações no valor da moeda de referência –.

Comparar o PIB de dois anos, por forma a apurar o grau de variação entre ambos – o crescimento, a estagnação ou o declínio registado no todo da economia –, implica que o valor do PIB seja calculado numa base comum de avaliação, e essa terá que ser, ou o nível de preços de um dos anos, ou o nível de preços de um terceiro ano que possa usar-se como referência para os outros dois. Se soubermos qual a variação de preços registada entre os dois anos, essa variação pode ser *descontada* na comparação, encontrando-se assim a referida base comum. Na prática, nos cálculos referentes ao ano posterior descon-

ta-se o efeito da inflação registada desde o ano anterior, fazendo com que o registo do total de bens e serviços produzidos seja avaliado *como se* estivessem ainda em vigor nesse ano os preços que vigoravam para os mesmos bens e serviços no ano anterior. Essa avaliação da produção corrente a preços de anos passados – «a preços *constantes*» é a designação mais comum – conduz-nos ao valor do PIB *real*, aquele valor que permite apreciar as variações do crescimento económico sem perturbações induzidas pelo fenómeno inflacionista.

Cada um dos valores desempenha uma função útil: o PIB nominal é, de certo modo, o mais realista dos dois índices, já que nos revela o valor da produção corrente a preços correntes, e portanto nos dá uma visão aproximada do nível efectivo de despesa, do volume total de unidades monetárias que são empregues nas trocas através das quais a produção total é escoada e chega aos consumidores; mas é o PIB *real* que, permitindo uma comparação intertemporal, nos permite discernir tendências evolutivas nas quantidades produzidas e aferir, sob um ponto de vista dinâmico, as dimensões efectivas dos problemas relacionados com o crescimento – já que mesmo um declínio grave de produtividade, uma forte recessão, pode ser disfarçado nos

4524 Dornbusch, R., S. Fischer & R. Startz (2004), 220.

valores nominais por um aumento pronunciado da taxa de inflação, pelo que só o cálculo do PIB real permitirá detectar aquele declínio, facultando a adopção das medidas necessárias e atempadas –.

Neste contexto usa-se o já referido conceito de «deflator do PIB», um quociente do PIB nominal sobre o PIB real[4525] e que, servindo para destrinçar aquilo que na evolução do PIB nominal é atribuível à variações dos preços e aquilo que é atribuível às variações do PIB real, na realidade é uma outra forma de calcular a taxa de inflação, diferente da do índice de preços no consumidor, visto que no deflator se comparam os preços de *todos os bens* que entram no cálculo do PIB, enquanto que o índice de preços, como vimos, restringe a sua base de cálculo aos preços de um «cabaz de compras» tido por representativo do custo de vida do consumidor normal, seleccionando, pois, um subconjunto dentro do universo dos produtos que indiscriminadamente compõem o PIB.

O «deflator» é assim, em termos gerais, uma média de preços de *todos* os bens e serviços, usando-se para cada um uma ponderação que corresponde à importância específica que cada um tem no total do PIB. Para exemplificarmos, no quadro em que apresentámos a evolução comparativa do PIB real de vários países, incluindo Portugal, podemos agora acrescentar que o deflator aplicado no caso português foi de 18% anuais, em média, entre 1980 e 1990 – querendo isso dizer, que, por efeito cumulativo da inflação, os preços aumentaram mais de 4 vezes nesse intervalo de tempo (444%) –, e de 5,3% anuais, em média, para o período de 1990 a 1999 – querendo isso dizer que neste outro período os preços aumentaram 1,5 vezes (159%)[4526] –.

– Para calcularmos o PIB real, recorremos à base de 2006 para determinarmos os «preços constantes». Como, por objectivos de simplicidade, imaginámos uma hipótese de monoprodução, naturalmente que o deflator corresponde ao preço-base do produto – mas já não seria assim se no PIB imaginássemos a inclusão de mais do que um produto –.

– Repare-se que entre 2007 e 2008 se regista uma recessão na nossa economia hipotética, e isso é prontamente evidenciado nos valores do PIB real; mas repare-se também como uma muito vincada subida dos preços entre esses dois anos faz com que o PIB nominal de 2008, quando comparado com o PIB nominal de 2007, disfarce esse fenómeno.

Lembremos que, como as latas de sardinha representariam, quando muito, uma parte ínfima do «cabaz de compras» na base do qual se calcula o índice de preços no consumidor, a taxa de inflação assente nesse índice teria muito pouco a ver com o valor do «deflator do PIB». A inflação calculada pela via do índice de preços seria inevitavelmente, no caso vertente, quase totalmente «importada», mas o «deflator do PIB» resultaria em exclusivo, na situação hipotética que delineámos, das variações de preços de um só bem, as latas de sardinha.

Existe um paralelismo óbvio entre o deflator do PIB e o índice de preços no consumidor, já que ambos visam contrariar as distorções induzidas nos valores nominais pela inflação, e ambos o fazem recorrendo à técnica dos números-índices, estabelecendo uma relação entre os preços de um ano dado e os preços de um ano-base.

Contudo, e em síntese, são fáceis de perceber algumas diferenças entre estes valores, e especialmente as seguintes duas:

	2006	2007	2008	2009	2010
A – Preço por milhão de latas	10	12	16	17	20
B – Quantidade (em milhões de latas)	1000	1100	1050	1300	1400
C – PIB Nominal (= A . B)	10.000	13.200	16.800	22.100	28.000
D – PIB Real (= $A_{(2006)}$. B)	10.000	11.000	10.500	13.000	14.000
Deflator do PIB (= C / D . 100)	100%	120%	160%	170%	200%

Imagine-se uma economia que produzisse apenas latas de sardinha – e importasse tudo o resto –, sendo que o preço dessas latas de sardinha evoluía ao longo do tempo.

1. O deflator do PIB refere-se ao preço de todos os bens *produzidos* internamente, tenham eles sido consumidos internamente ou sido exportados, enquanto que o índice de preços no consumidor

---

[4525] A multiplicar por 100, dado que se trata de calcular uma percentagem.
[4526] Dados de: Banco Mundial (2001), Anexo, Parte I, Quadro 11.

se refere exclusivamente aos bens *consumidos* internamente, tenham eles sido produzidos internamente ou sido importados.

O aumento do preço dos vinhos alentejanos releva para efeitos de deflator, mas não inteiramente para efeitos de índice de preços, na medida em que parte da produção é exportada; o aumento do preço da carne releva para efeitos do índice de preços no consumidor, mas não inteiramente para efeitos do deflator do PIB, já que parte dela é importada.

Em suma, quanto maior é a abertura da economia ao comércio internacional, maiores são as possibilidades de divergência entre índice de preços no consumidor e deflator do PIB;

2. O deflator do PIB reflecte instantânea e automaticamente os preços da *totalidade* dos bens e serviços finais *correntemente* produzidos por uma economia nacional, enquanto que o índice de preços no consumidor se cinge às variações de preços dentro de um «cabaz de compras» que, considerado representativo de consumos típicos no ano-base, se mantém relativamente invariável ao longo do tempo, podendo suscitar, como indicámos, reservas quanto à representação dos consumos típicos *correntes*; assim sendo, a passagem do tempo tende a fazer com que o «cabaz fixo» de que depende o índice de preços no consumidor provoque divergências em relação aos valores do deflator do PIB, tendência que se vai agravando progressivamente até que se proceda à revisão daquele índice.

Mesmo assim, pode dizer-se que os dois valores não se têm afastado tanto como em abstracto se poderia admitir que sucedesse, e que pelo menos ambos têm a virtude de detectar pontos críticos, pontos de viragem na tendência evolutiva da taxa de inflação, quase em simultâneo – o que lhes confere uma igual relevância como instrumentos de política económica.

21 – e) O Produto Interno Bruto como padrão de bem-estar

O PIB é efectivamente representativo do nível de prosperidade nacional – podendo servir, sem grande perda de rigor, como base para comparações internacionais e intertemporais, como padrão para a aferição das amplitudes das flutuações de curto prazo e das tendências de crescimento de longo prazo –, mas não deve ignorar-se as limitações que se evidenciam na sua formulação e cálculo.

É verdade que, se qualquer pessoa deseja obter maior rendimento e deseja transformar esse rendimen-

to, através da despesa, num nível mais elevado de consumo e de satisfação de necessidades, o PIB «*per capita*», ou seja, o PIB dividido pelo número de residentes, fornece-nos um valor médio, a média daquilo que é individualmente acessível em termos de rendimento e de despesa *através do mercado*. Não nos iludamos, contudo, quanto à representatividade das médias, que muitas vezes não passam de uma amálgama pouco característica de valores extremos: uma melhoria do PIB *per capita* pode, por exemplo, resultar do facto de alguém estar individualmente muito mais próspero, o que pode compensar em termos de média o facto concomitante de muitos outros estarem um pouco mais pobres. Em todo o caso, e como já referimos, a consideração do valor *per capita* permite ao menos descontar, do crescimento económico, a quota-parte que seja atribuível à simples expansão demográfica.

Além disso, o bem-estar económico não depende *apenas* da produtividade e do nível quantitativo da despesa, embora, admitamos, dependa fundamentalmente deles: há muitos aspectos dificilmente determináveis, quantificáveis e mensuráveis de que depende o resultado final do bem-estar económico nacional, de que depende a fruição plena do estado de prosperidade, mas não há dúvida de que o acervo material que se acumula e de que o PIB é o registo aumenta os meios que permitem alcançar esse resultado final, aumenta o *potencial de bem-estar* que é aquilo que em primeira linha justifica a prosperidade.

Tal como sucede com os indivíduos, também as nações não se encontram colectivamente mais satisfeitas por mero efeito da riqueza que alcançaram: mas a riqueza aumenta as *possibilidades* de satisfação, disponibiliza mais meios, alarga os horizontes – e sobretudo, afastando das pressões da sobrevivência mais básica, *liberta* os indivíduos e as nações para uma realização mais gratificante das suas finalidades, para formas mais racionais e menos constrangidas de promoção dos seus ideais e representações –.

Mas um simples aumento do PIB nada resolve por si mesmo, se desacompanhado da consideração das finalidades que esse incremento de *meios económicos* permite alcançar.

Por exemplo, um sacrifício de horas de lazer, de fins-de-semana, de férias, de saúde, de desenvolvimento pessoal e familiar, em nome do puro aumento da riqueza material ou do PIB, mesmo que justificado por finalidades tão nobres como a do legado de uma prosperidade às gerações vindouras, seria profundamente *alienador*, arvorando em finalidade aquilo que não deve passar de meio – e que deve ser ponderado, na sua adequação de meios a fins, essencialmente com os olhos do presente, aplicando algum *desconto* à projecção no presente de valores futuros, por mais objectivamente relevantes que estes sejam, sob pena de se oferecer o presente em perene e recorrente holocausto ao futuro –.

Aliás, a mesma consideração pelo futuro impõe, como vimos, respeito pela sustentabilidade ambiental do esforço produtivo do presente, e isso tem que ser entendido como restrição ao crescimento forçado do PIB, quando ele significa a sobrecarga dos meios produtivos para lá de fronteiras de capacidade de absorção de impactos, e de renovação, dos recursos naturais[4527]. Por fim, já referimos que muitas decisões que revelam elevados níveis de bem-estar e de realização pessoal podem contribuir para diminuir o PIB – a dedicação a tarefas domésticas, o enriquecimento cultural, o trabalho voluntário a favor da comunidade, etc. –, o que, como também sublinhámos, evidencia uma fundamental incapacidade de um índice quantitativo como o PIB para captar as subtilezas qualitativas que se prendem com a vertente genuinamente humana da realização individual e colectiva.

Lembremos que o PIB é calculado com base em *preços*, e as variações de preços nem sempre nos revelam com segurança o que se passa com o valor económico dos produtos aos quais aqueles preços se referem: umas vezes apenas o preço variou sem que a qualidade dos produtos se tenha alterado, o que poderá dever-se a simples variações no valor da moeda, à inflação ou à deflação, outras o preço variou em correspondência com variações na qualidade dos produtos – pelo que, neste segundo caso, pode bem suceder que o «deflator» remeta para um cálculo de PIB *real* que está materialmente subavaliado, porque todo o aumento de preço foi indevidamente contabilizado como inflação.

Além disso, há que não perder de vista que, como já referimos, o PIB não representa adequadamente, ou não representa de todo:

a) a produção doméstica, a economia de subsistência e de auto-consumo, a riqueza que não é transaccionada no mercado, e que, sendo mais frequente em economias ditas «subdesenvolvidas» do que nas economias «desenvolvidas», tende a empolar o PIB destas e a desvalorizar o PIB daquelas, distorcendo a amplitude do crescimento económico – verificando-se que, pela mesma razão, o PIB tende a empolar tanto as recessões, nas quais a actividade que passa pelo mercado é parcialmente substituída por actividade doméstica, como as expansões, nas quais muita actividade doméstica «regressa» ao mercado –;

b) a «economia paralela», que, mormente por razões fiscais, foge às transacções no mercado normal, no mercado em que as estatísticas podem operar e podem contribuir para o cálculo do PIB – sendo que, apesar de se tratar de «cifras negras» cuja determinação rigorosa é impossível, todos os economistas calculam essa economia paralela como uma fracção muito significativa da actividade económica global[4528], o que não deixa de suscitar o aplauso dos economistas e filósofos *libertários*, que vêm em manifestações da pujança dessa economia paralela uma demonstração da capacidade da economia para sobreviver à tutela do Estado e para sacudir o seu jugo opressivo –;

c) as transformações qualitativas que podem acompanhar o simples aumento quantitativo da riqueza, e que podem traduzir-se em níveis superiores de educação, de saúde, de expectativa de vida à nascença, de segurança, etc.;

d) o valor do lazer, porventura o melhor indício da prosperidade ou o seu resultado mais palpável, e que no entanto serve para diminuir o valor do PIB, sendo certo que a progressiva libertação da *necessidade* de trabalhar para sobreviver permite formas de realização pessoal porventura mais gratificantes do que a da mera afirmação da *utilidade funcional* da alienação da força de trabalho, permitindo-nos sermos mais do que «peças na engrenagem», *sermos* mais do que *fazemos* por necessidade, mesmo que, na nossa alienação presente, continuemos a glorificar «a enxada», as «mãos calejadas» e o «suor do rosto»;

e) o custo ambiental da produção, dadas as inadequações que, da ausência de um mercado, resultam para a representação dos valores ambientais, ao menos de um modo tão directo, simples e intuitivo como sucede com os preços dos produtos transaccionados em mercados;

f) o peso civilizacional de outros valores que disputam a primazia social com a mera acumulação de riqueza pela produção de bens e serviços, sendo óbvio que a maximização do PIB não é um valor que se anteponha aos valores da justiça, da segurança, da liberdade política, da liberdade individual, e até de alguns valores democráticos – por mais que o acatamento das regras democráticas possa interferir na *eficiência absoluta* da produção total, ou da coordenação política do esforço

---

[4527] Como temos sugerido, a ultrapassagem dos limites de sustentabilidade acabaria por transformar o crescimento económico em vitória pírrica, degradando a qualidade ambiental e por isso comprometendo a avaliação qualitativa do crescimento – tal como a ultrapassagem dos limites de «pureza ambiental», a «tolerância-zero» da poluição, acabaria por representar a absoluta degradação do crescimento económico, significaria a estagnação na pobreza absoluta, numa miséria troglodita. Cfr. Chevé, M. & K. Schubert (2002), 117-136.

[4528] Apesar disso, existem estimativas, por exemplo que a dimensão da economia paralela, ou «subterrânea», representa, em relação ao total do PIB, 14% nos EUA, 7% na GB, 42% na Rússia. Cfr. Friedman, E., S. Johnson, D. Kaufmann & P. Zoido-Lobaton (2000), 495-520.

produtivo –. Como as sociedades modernas estão cada vez menos dispostas a admitirem esse «pacto faustiano» de troca de liberdade por prosperidade, é evidente que elas prezam altamente valores que *diminuem* o PIB.

Assim se compreende que as comparações estatísticas internacionais não se confinem aos valores do PIB ou do PIB *per capita* e se combinem imediatamente com outros indicadores de prosperidade e de bem-estar, como a expectativa de vida, as taxas de mortalidade infantil, de morbilidade na população activa, de alfabetização, as taxas de despesa em educação, em saúde, em preservação ambiental, etc..

E o que dizer quanto ao impacto destas imprecisões sobre a utilidade do PIB como padrão aferidor das tendências de curto e longo prazo de flutuações e de crescimento? Em princípio, se essas imprecisões não se alterarem de período para período o valor do PIB continuará a reflectir adequadamente – sempre com a mesma margem de erro *sistémico*, e por isso sem distorção dinâmica – a evolução das variáveis macroeconómicas.

Vejamos, por isso, a rematar, alguns dados comparativos[4529]:

A – PIB *real per capita* em 1999 (expresso em «*purchasing power standards*» – *PPS* –, uma unidade de conta independente das divisas nacionais[4530])

B – Benefícios sociais *per capita* (expressos em *PPS*), em 1997

C – Expectativa de vida à nascença (Feminina / Masculina), em 1998[4531]

D – Médicos por 100.000 habitantes, em 1996

E – Percentagem de população entre 25 e 29 anos com ensino secundário completo, em 1999[4532]/[4533]

F – Emissões de dióxido de carbono (tonelada *per capita*), em 1997

G – Assinantes de telemóveis por cada 100 habitantes, em 1999

H – Computadores pessoais por cada 100 habitantes, em 1999

I – Automóveis ligeiros por cada 100 habitantes, em 1998[4534]

	A	B	C	D	E	F	G	H	I
Portugal	16.065	2523	78,9 / 71,7	175	22	4,8	46,8	9,3	32,1
França	20.861	5782	82,3 / 74,6	303	63,4	6,1	36,3	22	45,6
Espanha	17.319	3215	82,4 / 75,1	422	37,7	6,2	31,2	12,2	40,8
Grécia	14.198	2807	80,6 / 75,5	397	53,9	7,9	31,4	6,1	25,4

[4529] *100 Basic Indicators from Eurostat Yearbook 2001*.

[4530] Os «Purchasing Power Standards» são unidades independentes das divisas nacionais que permitem fazer «comparações de volume» entre os Produtos Internos Brutos – sendo aferidas por médias ponderadas da proporção de preços relativos referidos a cabazes de bens e serviços representativos das economias nacionais, e no entanto suficientemente comparáveis. Cfr. Eurostat Yearbook 2002 – Economy and Finance, 3.

[4531] A nível do total da União Europeia, ela era, em 2001, de 81,2 anos para as recém-nascidas e de 74,9 para os recém-nascidos. Cfr. Eurostat Yearbook 2002 – People in Europe, 7.

[4532] Para uma representação gráfica das taxas de escolarização em Portugal desde 1960 até 1995, denunciando claramente a baixíssima frequência do ensino superior, cfr. gráfico 47 em: Mateus, A.M. (2001), 155. Para uma comparação europeia do nível educacional da população, veja-se a não menos angustiante demonstração no gráfico 99 de Mateus, A.M. (2001), 320.

[4533] No conjunto da União Europeia, o valor para as mulheres entre os 25 e 64 anos (61%) estava em 2001 abaixo da média de ambos os sexos (64%), tendendo para a convergência nas camadas etárias mais jovens; em contrapartida, na Finlândia, na Suécia, na Bélgica, na Irlanda e em Portugal o valor era superior para mulheres do que para homens (o que não se reflecte numa melhoria da taxa de desemprego feminino, que tende a ser 50% maior do que a dos homens). Cfr. Eurostat Yearbook 2002 – People in Europe, 15.

[4534] A título de ilustração, acrescentemos alguns dados do Banco Mundial relativos a valores de *crescimento anual médio* em Portugal:
a) da população total entre 1995 e 2001: 0.5%
b) da população activa entre 1995 e 2001: 0.8%
c) do PIB: 3.6% entre 1981 e 1991, 2.9% entre 1991 e 2001
d) do PIB *per capita*: 3.6% entre 1981 e 1991, 2.6% entre 1991 e 2001
e) da agricultura: 3.1% entre 1981 e 1991, -0.2% entre 1991 e 2001
f) da indústria: 3.7% entre 1981 e 1991, 3.5% entre 1991 e 2001
g) dos serviços: 2.9% entre 1981 e 1991, 2.3% entre 1991 e 2001
h) do consumo privado: 2.9% entre 1981 e 1991, 3% entre 1991 e 2001
i) da despesa pública: 5.5% entre 1981 e 1991, 2.6% entre 1991 e 2001
j) do investimento interno bruto: 4.8% entre 1981 e 1991, 5.6% entre 1991 e 2001
k) das importações de produtos: 8.8% entre 1981 e 1991, 7.5% entre 1991 e 2001.

Capítulo 22 – **O modelo de pleno emprego**[4535]

> *"Num país que tivesse adquirido aquele conjunto total de riquezas que a natureza do respectivo solo e clima, bem como a sua situação relativamente a outros países, lhe permitisse atingir, país esse que não poderia, portanto, desenvolver-se mais, mas que não estaria igualmente a regredir, é provável que tanto os salários do trabalho como os ganhos do capital fossem muito baixos (...) A concorrência seria, portanto, máxima por toda a parte e, consequentemente, o lucro médio seria mínimo. Mas talvez até agora nenhum país tenha atingido este grau de opulência"* – Adam Smith[4536].

Os problemas básicos da Macroeconomia podem ser reanalisados tomando por ponto focal o problema do emprego, procurando saber-se porque é que o todo da economia nem sempre absorve imediatamente todos os recursos produtivos disponíveis, e porque é que essa absorção tende a melhorar com a passagem do tempo, ou seja, porque é que no longo prazo a economia tende a incorporar no seu funcionamento todos os recursos que vão surgindo.

Os mercados são, face à duração esperada de todos os recursos produtivos, *locais de passagem*, de que anualmente saem muitos recursos e entram muitos outros, não sendo muito óbvia qual a afectação final que está destinada a cada um dos novos recursos que entram, o tempo que demorarão a encontrar uma procura correspondente no mercado dos factores, que funções lhes serão cometidas, que remuneração obterão. Parece que na economia nada está predeterminado à absorção de novos recursos, sobretudo quando eles excedem em dimensão os recursos que saem do mercado – quando há crescimento, em suma –; e no entanto, sem que ninguém tenha o intuito ou o poder de supervisionar a afectação total de recursos, quase todos eles acabam por encontrar o seu «nicho», por se enquadrar no esforço produtivo, por se integrar na complementaridade e no jogo da divisão do trabalho: é tudo uma questão de tempo.

A interrelação entre mercados está subjacente a essa possibilidade que a economia tem de absorver todos os novos recursos que vão surgindo na sociedade: o candidato ao primeiro emprego vai acabar por encontrar uma vaga – mesmo que seja uma vaga que não existia antes de ele se propor concorrer no mercado laboral – porque ele é ao mesmo tempo um consumidor, e a remuneração do seu trabalho sustentará os salários, as rendas, os juros relativos tanto ao processo produtivo que ele integrará do lado da oferta, como aos múltiplos processos produtivos que ele sustentará com a sua procura. Dado o fluxo circular que subjaz ao funcionamento da economia, isto quer dizer que os mercados, considerados globalmente, não têm um verdadeiro problema de dimensão: salvo casos excepcionais, há sempre lugar para mais um, já que a riqueza necessária para sustentar esse «mais um» pode ser gerada pelo próprio através da sua integração no processo produtivo (mais ainda, essa riqueza não apenas *pode* ser gerada como acaba, no longo prazo e em valores médios, por ser *efectivamente* gerada).

22 – a) O equilíbrio geral

No longo prazo, podemos confiar que todos os mercados interrelacionados, e as variáveis que neles se

---

[4535] Abel, A.B. & B.S. Bernanke (2002), 61ss.; Arnold, R.A. (2000b), 159ss., 189ss.; Barro, R.J. (1997), 59ss., 167ss.; Baumol, W.J. & A.S. Blinder (2000), 527ss., 547ss., 565ss.; Blanchard, O. (2002), 135ss.; Branson, W.H. (2001), 75ss.; Burda, M.C. & C. Wyplosz (2002), 223ss., 247ss.; Carbaugh, R.J. (2002), 393ss.; Colander, D.C. (1997), 280ss.; Gordon, R.J. (2002), 193ss.; Gwartney, J.D. & *al.* (2002), 200ss., 224ss.; Heijdra, B.J. & F. v.d. Ploeg (2002), 29ss.; Hyman, D.N.N. (1996), 671ss., 696ss., 718ss., 740ss.; McConnell, C.R. & S.L. Brue (2001), 129ss.; McConnell, C.R. & S.L. Brue (2001c), 166ss., 191ss., 213ss.; Miller, R.L. (2002), 205ss.; O'Sullivan, A. & S.M. Sheffrin (2002), 443ss., 589ss.; Rohlf, W.D. (2001), 326ss., 423ss.; Samuelson, P.A. & W.D. Nordhaus (2001), 455ss.; Slavin, Stephen L. (2001c), 213ss.; Spencer, M.H. & O.M. Amos Jr. (1993), 292ss.; Stiglitz, J.E. & C.E. Walsh (2002), 590ss., 617ss.

[4536] Smith, A. (1976b), 111 (=I, 223-224).

manifestam, poderão coincidir temporalmente num equilíbrio geral: a presença do novo candidato a um emprego há-de repercutir-se nos vários mercados interdependentes até que os preços no mercado dos produtos consintam um nível salarial no mercado dos factores que comporte a remuneração do novo trabalhador, no pressuposto de que ele será minimamente produtivo – sendo que é o nivelamento de remunerações e preços que permite a formação, e preservação, de um rendimento *real*, de um rendimento expresso não em unidades monetárias mas em quantidades de produtos susceptíveis de serem adquiridos com ele –.

Daqui resulta que, no longo prazo, está assegurado o *pleno emprego*, não ficando por empregar nenhum recurso, não ficando por admitir nenhum trabalhador que aceite a remuneração de equilíbrio no mercado: teoricamente, essa será uma situação sem um qualquer caso de desemprego (ou, mais realisticamente, sem desemprego para lá de uma *taxa natural*) e com remunerações de equilíbrio formadas na intersecção da procura de factores com uma oferta absolutamente inelástica de factores, dado o pleno emprego.

Numa situação destas:

– um aumento da oferta de recursos – por exemplo, uma descoberta de um novo jazigo mineral, ou um aumento demográfico – acabaria por ditar, nesse longo prazo, a descida das remunerações de equilíbrio;

– uma descida da oferta – por esgotamento de um recurso natural não-renovável, por envelhecimento da população – ditará a subida das remunerações de equilíbrio;

– a expansão da procura de recursos – por exemplo, por aumento de condições tecnológicas que incrementam a produtividade do trabalho, ou por um capricho qualquer de *moda* na procura do mercado dos produtos – fará subir as remunerações;

– uma contracção da procura de recursos – em resultado, por exemplo, de uma descapitalização do processo produtivo que diminui a produtividade dos trabalhadores – determinará a descida das remunerações, ao menos, no caso, a descida das remunerações do trabalho especializado cuja produtividade dependesse do enquadramento de significativos investimentos em capital.

Do lado do mercado dos produtos, esta mesma situação traduz-se numa oferta agregada de pleno emprego, na situação-limite que já vimos designada por «PIB potencial», oferta essa que se configura como inteiramente inelástica às remunerações *nominais*, visto que

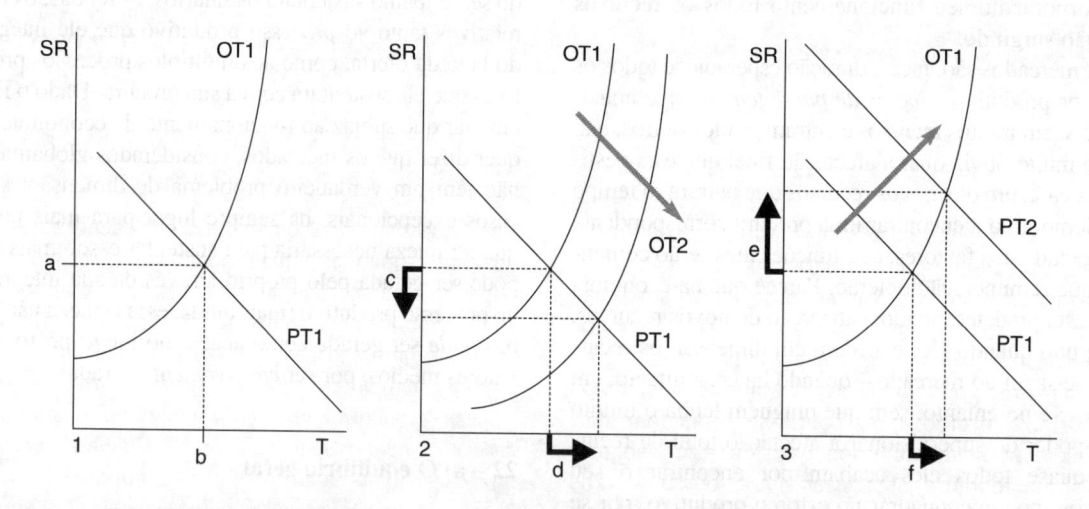

Gráfico 22.1. *Pleno emprego e perturbações do equilíbrio de pleno emprego*

1: equilíbrio de pleno emprego
2: expansão da oferta de trabalho (ex.: aumento demográfico)
3: expansão da procura de trabalho (ex.: aumento de produtividade laboral)
SR: salários *reais*
T: volume de trabalho
OT1: oferta de trabalho em pleno emprego
OT2: expansão da oferta de trabalho
PT1: procura de trabalhadores em pleno emprego
PT2: expansão da procura de trabalhadores

a: salários reais em pleno emprego
b: pleno emprego
c: queda dos salários reais em resultado da expansão da oferta de trabalho
d: aumento do pleno emprego em resultado da expansão da oferta de trabalho
e: subida dos salários reais em resultado da expansão da procura de trabalhadores
f: aumento do pleno emprego em resultado da expansão da procura de trabalhadores

no longo prazo os mercados se ajustam eficientemente à manutenção do nível *real* das remunerações. Também já referimos que o próprio limite do pleno emprego (a fronteira de possibilidades de produção) pode ser ocasionalmente ultrapassado, quando alguma «euforia produtiva» descure as necessidades de manutenção e de recuperação dos recursos, ou se ultrapassem os limites do congestionamento dos recursos, ou da sustentabilidade no longo prazo de algumas cadências produtivas (um pouco como o estudante cábula que em vésperas de exames estuda um número de horas arrasador, sabendo que seria insustentável e improdutivo estudar constantemente àquele ritmo).

Por outras palavras, o ponto de equilíbrio formar-se-á na intersecção da oferta agregada com a curva da procura agregada, curva representativa do quanto o todo da economia está disposto a consumir, a investir, a gastar em despesas públicas ou nas trocas internacionais – sendo o PIB *potencial* o valor da produção total que corresponderia ao pleno emprego dos recursos disponíveis, o valor em torno do qual gravita o PIB *real*, o valor pelo qual que se afere a taxa de crescimento de longo prazo, visto que o próprio crescimento *real* gravita em torno de um crescimento *potencial*[4537] –.

Quanto ao mercado de capitais, também o longo prazo assegura o equilíbrio entre a oferta de fundos – a

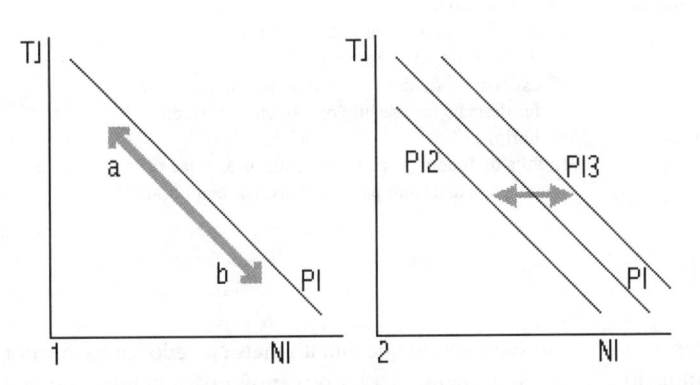

Gráfico 22.2. *Procura de investimento*

1: efeito de variação da taxa de juro
2: efeito de variação das expectativas de rendibilidade dos investimentos
TJ: taxas de juro reais
NI: nível de investimento

PI: procura de investimento
PI2: contracção de PI por diminuição da rendibilidade esperada
PI3: expansão de PI por aumento da rendibilidade esperada
a: uma subida da taxa de juro reduz o nível de investimento
b: uma descida da taxa de juro aumenta o nível de investimento

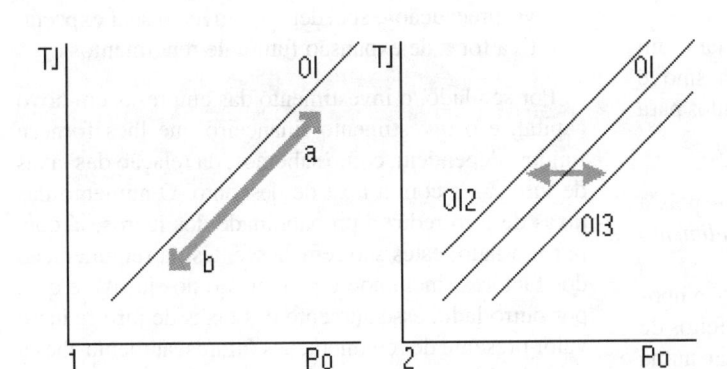

Gráfico 22.3. *Oferta de fundos*

1: efeito de variação da taxa de juro
2: efeito de variação das expectativas na poupança
TJ: taxas de juro reais
Po: nível de poupança
OI: oferta de fundos

OI2: contracção de OI em função das expectativas
OI3: expansão de OI em função das expectativas
a: uma subida da taxa de juro aumenta o nível de poupança
b: uma descida da taxa de juro reduz o nível de poupança

[4537] Sobre as oscilações do PIB efectivo em torno do PIB potencial, em Portugal, entre 1910 e 1997, cfr.: Mateus, A.M. (2001), 23 (gráfico 3).

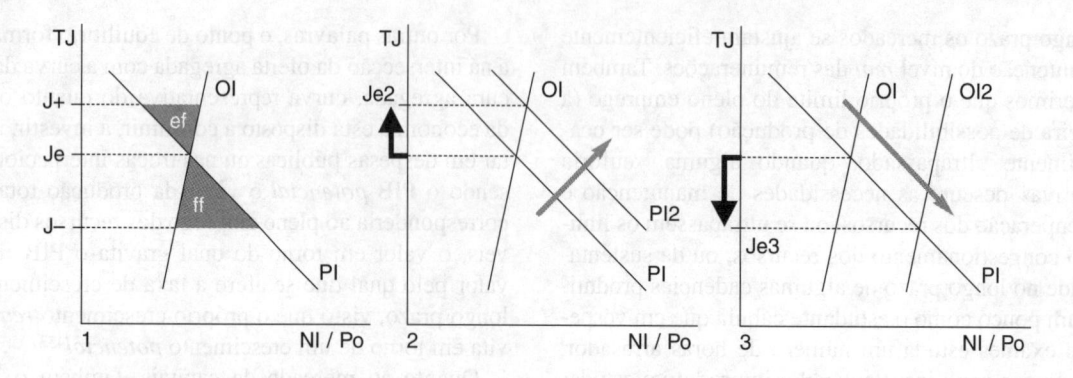

Gráfico 22.4. *Equilíbrio global do mercado de capitais*

1: posição de equilíbrio inicial
2: expansão da procura de fundos (subida da taxa de juro de equilíbrio)
3: expansão da oferta de fundos (descida da taxa de juro de equilíbrio)
TJ: taxas de juro reais
NI / Po: níveis de investimento e de poupança
OI: oferta de fundos
OI2: expansão de OI

PI: procura de fundos
PI2: expansão de PI
Je, Je2, Je3: taxas de juro de equilíbrio
J+, J-: taxas de juro desequilibradas
ef: excesso de fundos (excesso de poupança, o que faz descer a taxa de juro para o seu nível de equilíbrio)
ff: falta de fundos (escassez de poupança, o que faz subir a taxa de juro para o seu nível de equilíbrio)

poupança das famílias – e a procura de fundos – o investimento das empresas –. Se, a um determinado nível de dotação de recursos, os preços e as remunerações se ajustarem por forma a propiciarem o equilíbrio dos mercados, teremos um volume fixo de produção agregada, a que corresponderá, por definição, um nível fixo de rendimento, na medida em que o que é gasto na aquisição dos produtos é necessariamente rendimento de alguém.

Lembremos que esse rendimento propiciará um determinado volume de poupança, ou, o mesmo é dizer, um determinado volume de oferta de fundos para investimento, dependente:

– em primeiro lugar do peso dos impostos – pois a poupança só pode fazer-se a partir do *rendimento disponível* –;
– em segundo lugar das taxas de juro *reais* – embora seja de notar que o sentido oposto dos efeitos de substituição e de rendimento pode resultar numa quase total inelasticidade da poupança perante as variações das taxas de juro, visto que, se o aumento de uma taxa de juro remunera mais elevadamente a poupança, ele permite ao mesmo tempo obter o mesmo rendimento *com menor poupança*, desincentivando-a –;
– em terceiro lugar do valor *real* dos activos existentes, em termos de poder de compra conferido por

eles, sendo que quanto mais elevado for esse valor real menor será a propensão para poupar – o que equivale a dizer que quanto mais se tiver poupado no passado, menos necessária é a poupança no presente –;
– em quarto lugar da expectativa quanto aos rendimentos futuros, visto que a perspectiva de quebra de rendimentos incentivará a poupança por «motivo-precaução», sucedendo o inverso se a expectativa for a de expansão futura de rendimentos.

Por seu lado, o investimento das empresas em novo capital, e o investimento financeiro que lhes fornece fundos, dependem, como sabemos, da relação das taxas de juro *reais* com a taxa de desconto. O aumento das taxas de juro reduz a probabilidade dos lucros, já que, por um lado, estes são remanescentes da remuneração dos factores (incluindo o pagamento dos juros), e que, por outro lado, esse aumento das taxas de juro reduz o valor presente de remunerações futuras, aumenta-lhes a taxa de desconto, o custo de oportunidade do investimento presente.

Se, a uma taxa de juro composta de 7%, 1 Euro se transforma em 2 Euros em pouco mais de 10 anos, 1 Euro daqui a 10 anos vale hoje 1/2 Euro, ou 50 Cêntimos; se a taxa subir para 14%, 1 Euro transforma-se em 4 Euros no mesmo período, pelo que 1 Euro daqui a dez anos passa a valer hoje apenas 1/4 de Euro, ou 25 cêntimos.

O aumento das taxas de juro faz, por isso, descer o nível agregado do investimento, e a descida das taxas incrementa esse nível de investimento (sendo o juro um *custo* do investimento), pelo que é fácil de concluir que haverá uma taxa de juro de equilíbrio que nivela o investimento com a poupança – também por vezes designada como «eficiência marginal do capital», o retorno do investimento adicional que, se for superior à taxa de juro, ditará que vale a pena investir –.

Em todo o caso, não percamos de vista que os mercados monetário e financeiro não são entidades perfeitas e infalíveis: com milhões de mutuantes e de mutuários no mercado pode decerto chegar-se, no livre jogo da oferta e da procura, a um juro de equilíbrio – mas nada permite concluir de antemão que esse juro corrente seja, ao mesmo tempo, aquele que assegura precisamente aquele nível de *poupança líquida* e de investimento que é necessário à manutenção de um patamar não-inflacionista de pleno emprego (aquele nível de produção de bens instrumentais e intermediários que asseguram a manutenção da capacidade produtiva, que excedem os puros imperativos de amortização do capital[4538]). Fica, por isso, inteiramente em aberto a questão da necessidade de uma rectificação política das taxas de juro espontaneamente formadas no mercado[4539].

Percebendo a extrema mobilidade de capitais propiciada pelas novas tecnologias e pela mundialização da economia, podemos até conceber o mercado de capitais como um mercado mundial, e por isso como um mercado fechado[4540], no qual as taxas de juro *reais* ajustam a oferta e procura de fundos mutuáveis, fazendo os capitais circularem dos países com mais baixas taxas de juro reais para os países com mais elevadas taxas de juro reais – compensada essa circulação pelo factor *risco*, já que as taxas de juro reais tendem a acompanhar *no mesmo sentido* os graus de risco dos investimentos (em mais um afloramento da tendência para o «mercado eficiente») –[4541].

Se num país as taxas de juro reais estão acima da média mundial – e o seu risco não é superior à média mundial – afluirão para ele as poupanças, até que estas excedam o investimento, momento em que as taxas de juro reais voltam a descer até ao nível médio mundial, já que a perpetuação de taxas de juro acima da média faria com que os aforradores acabassem por ter dificuldades em mutuar os seus fundos, podendo até gerar-se aquilo que se designa por um «*capital overhang*» (um excesso de capital disponível face às necessidades de produção).

Se, pelo contrário, num país as taxas de juro reais estiverem abaixo da média mundial – e o seu risco não for inferior à média mundial –, registar-se-ão saídas de capitais até estes serem insuficientes para o nível interno de investimento, momento a partir do qual as taxas de juro voltarão a subir até chegarem ao nível mundial. Atingido e generalizado em todos os países o nível médio mundial das taxas de juro, ponderadas pelo risco, poderia chegar-se até eventualmente a um equilíbrio em que momentaneamente deixaria de haver movimentos internacionais de capitais.

Refira-se, de passagem, que o que temos dito não deve entender-se como uma simplificação que ignora as controvérsias que se têm multiplicado em torno do papel do sistema financeiro na promoção do crescimento económico[4542] – um ponto que se prende com a existência de «fricções» e «custos de transacção» que podem causar falhas no próprio mercado financeiro[4543], dificultando a canalização das poupanças[4544], a afectação de recursos[4545], a manutenção de *liquidez*[4546], a «monitorização»

[4538] ERP (2002), 74.

[4539] Aliás, as próprias diferenças internacionais de estruturas financeiras, ditadas por diferentes tradições institucionais e jurídicas, demonstram a inexistência de formas teoricamente «óptimas». Cfr. Bencivenga, V. & BD. Smith (1992), 767-790; Boyd, J.H. & B.D. Smith (1996), 371-396; Engerman, S.L. & K.L. Sokoloff (1996), 260-304; Haber, S.H. (1991), 559-580; Patrick, H.T. (1966), 174-189; Roubini, N. & X. Sala-i-Martin (1995), 275-301.

[4540] Ao menos um circuito fechado entre os países desenvolvidos, já que nos países sub-desenvolvidos as debilidades institucionais e as deficiências na definição de direitos de apropriação dificultam a formação, neles, de mercados de capitais devidamente estruturados. Cfr. De Soto, H. (2000).

[4541] A propósito do risco, refira-se que um dos obstáculos ao desenvolvimento dos países mais pobres resulta da falta de um quadro jurídico estável e de instituições políticas fortes, capazes de resistir à voracidade de grupos sociais dominantes e ao resultante enfeudamento – uma fraqueza especialmente visível no ascendente do «*rent-seeking*» no desenho das soluções tributárias, ao qual consegue furtar-se o capital internacional, sempre dotado de mais elevada «elasticidade». Cfr. Tornell, A. & P.R. Lane (1999), 22ss..

[4542] Chandavarkar, A. (1992), 133-142; Gertler, M. (1988), 559-588; Goldsmith, R.W. (1969); Levine, R. (1997), 688ss.; Lucas Jr., R.E. (1988), 6ss.; Meier, G.M. & D. Seers (1984); Robinson, J. (1952), 86ss.; Stern, N. (1989), 597-685.

[4543] Arrow, K.J. (1964), 91-96; Debreu, G. (1959); Merton, R.C. (1992b), 12-22; Merton, R.C. & Z. Bodie (1995), 12ss..

[4544] De Long, J.B. (1991), 205-236; King, R.G. & C.I. Plosser (1986), 93-115; Lamoreaux, N.R. (1994); Levhari, D. & T.N. Srinivasan (1969), 153-163; McKinnon, R.I. (1973), 13ss.; Williamson, S. & R. Wright (1994), 104-123.

[4545] Bencivenga, V. & B.D. Smith (1993), 97-122; Merton, R.C. (1987), 483-510; Sharpe, S.A. (1990), 1069-1087; Sirri, E.R. & P. Tufano (1995), 81-128; Stiglitz, J.E. & A. Weiss (1981), 393-410; Stiglitz, J.E. & A. Weiss (1983), 912-927.

[4546] Bhide, A. (1993), 31-51; Diamond, D.W. & P. Dybvig (1983), 401-419; Gorton, G. & G. Pennacchi (1990), 49-71; Holmstrom, B. & J. Tirole (1993), 678-709; Jappelli, T. & M. Pagano (1994), 83-109; Kyle, A.S. (1984), 45-64; Levine, R. (1991), 1445-1465.

dos agentes financeiros[4547], a gestão do risco[4548], a prestação de serviços[4549] e a partilha de informação[4550].

Conjugando tudo o que dissemos acerca dos vários mercados, concebe-se como possível que coincidam níveis de remunerações, de preços e de taxas de juro, de forma a que haja equilíbrio simultâneo nos mercados dos factores, dos produtos e dos capitais, um equilíbrio de oferta e de procura que assegura o PIB *potencial* e a afectação de todos os recursos, um equilíbrio que ao mesmo tempo evidenciaria a neutralidade da moeda, a insusceptibilidade de, em pleno emprego e no longo prazo, as variações no valor da moeda terem repercussões *reais*, repercussões que não se cinjam ao mero plano das variações dos preços – porque tudo depende, em pleno emprego, de variáveis reais e da sua interdependência, ao contrário do que sucede com as flutuações de curto prazo, nas quais as «ilusões monetárias» desempenham, como vimos, um papel determinante (não-neutral).

Esta forma ideal e simplificada de um modelo de equilíbrio de pleno emprego tem pelo menos a virtude de permitir analisar o impacto global de qualquer perturbação em qualquer dos mercados, a sua repercussão em cadeia através de todas as interdependências causais, instantâneas ou sucessivas, de que depende o equilíbrio geral. Pense-se, por exemplo, no impacto de aumentos na despesa pública:

– seja no mercado dos produtos, em que por um lado aumenta a procura agregada – já que a despesa pública consiste essencialmente na aquisição de bens e serviços – e por outro lado essa procura agregada diminui – já que o aumento da despesa

pública implicará normalmente o aumento das receitas públicas, e por isso o agravamento tributário e a redução do rendimento disponível dos consumidores –;

– seja no mercado de capitais, em que o agravamento tributário deixa menos rendimento disponível para a poupança, causando a subida da taxa de juro de equilíbrio – subida agravada com a falta de poupança pública – e provocando a quebra no investimento.

A partir do modelo simplificado de pleno emprego – uma base analítica tão consensual quanto possível[4551] –, poderemos concluir que o aumento da despesa pública se traduzirá, afinal, num sacrifício de recursos privados em benefício da intensificação do uso de recursos públicos, naquilo que na sua acepção mais ampla se designa por «*crowding-out*»[4552], significando que, numa economia fechada, o que o Estado gasta *a mais* envolve sempre o sacrifício dos níveis de investimento e de consumo privados – sendo o «*crowding-out*» o resultado da concorrência do Estado com os agentes privados para a obtenção de fundos, um resultado que ocorre quando o Estado, em vez de poupar e acumular fundos, tem políticas deficitárias que o levam a recorrer ao endividamento, fazendo subir as taxas de juro e podendo com isso anular o próprio impacto de uma estimulação «reflacionista» –[4553/4554].

22 – b) As políticas deficitárias e a poupança[4555]

Temos assim que a simples visão macroeconómica *estrutural*, de longo prazo – no pressuposto do pleno

[4547] Boyd, J.H. & E.C. Prescott (1986), 211-232; Diamond, D.W. (1984), 393-414; Diamond, D.W. & R.E. Verrecchia (1982), 275-287; Jensen, M.C. & K.J. Murphy (1990), 225-264; Jensen, M.C. & W.H. Meckling (1976), 305-360; Krasa, S. & A.P. Villamil (1992), 197-221; Morck, R.K., A. Shleifer & R.W. Vishny (1990), 31-48; Scharfstein, D. (1988), 185-199; Shleifer, A. & L.H. Summers (1988), 33-56; Shleifer, A. & R.W. Vishny (1986), 461-488; Stein, J.C. (1988), 61-80.

[4548] Bencivenga, V. & B.D. Smith (1991), 195-209; Devereux, M.B. & G.W. Smith (1994), 535-550; Jacklin, C.J. (1987), 26-47; King, R.G. & R. Levine (1993b), 513-542; Obstfeld, M. (1994), 10-29; Saint-Paul, G. (1992), 763-781.

[4549] Bernanke, B.S. & M. Gertler (1989), 14-31; Bernanke, B.S. & M. Gertler (1990), 87-114; Gale, D. & M. Hellwig (1985), 647-663; Townsend, R. (1979), 265-293; Von Thadden, E.-L. (1995), 557-575; Williamson, S.D. (1987), 1196-1216.

[4550] Aghion, P. & P. Howitt (1992), 323-351; Bencivenga, V., B.D. Smith & R.M. Starr (1995), 153-177; Carosso, V. (1970); Grossman, G.M. & E. Helpman (1991b), 43-61; Grossman, S.J. & J.E. Stiglitz (1980), 393-408; Myers, S.C. & N.S. Majluf (1984), 187-221; Rebelo, S. (1991), 500-521; Romer, P.M. (1986), 1002-1037; Romer, P.M. (1990), S71-S102; Stiglitz, J.E. (1985), 133-152.

[4551] Apesar das divergências que subsistem, a que voltaremos no final, há convergências na Macroeconomia: por exemplo, agora que os keynesianos já admitem o uso de modelos de equilíbrio geral dinâmico (e «estocástico»), pode dizer-se que todos «escalaram a montanha Walrasiana» e descobriram para lá dela um universo pós-Walrasiano de equilíbrios múltiplos e de caos, no qual agentes com racionalidade limitada precisam de instituições como mecanismos de coordenação – um universo complexo, no qual são possíveis (com segurança) quaisquer resultados agregados. Cfr. Colander, D. (org.) (1996), 60ss..

[4552] Argimon, I., J.M. Gonzalez-Paramo & J.M. Roldán (1997), 1001-1010; Brunner, E.J. (1997), 261-279; Turnovsky, S.J. & W.H. Fisher (1995), 747-786.

[4553] O «*crowding in*» há-de ser o efeito simétrico, de aumento de investimento privado que acompanha a redução da despesa pública e a concomitante redução das taxas de juro. Cfr. Alesina, A., S. Ardagna, R. Perotti & F. Schiantarelli (2002), 571, 586; Ahmed, H. & S. Miller (2000), 124-133.

[4554] Sobre o recurso ao crédito por parte do Estado, cfr. Franco, A.L.S. (2002), II, 80ss.

[4555] Quanto ao défice orçamental e a sua relação com o princípio do equilíbrio orçamental, cfr. Franco, A.L.S. (2002), I, 365ss., 379ss.

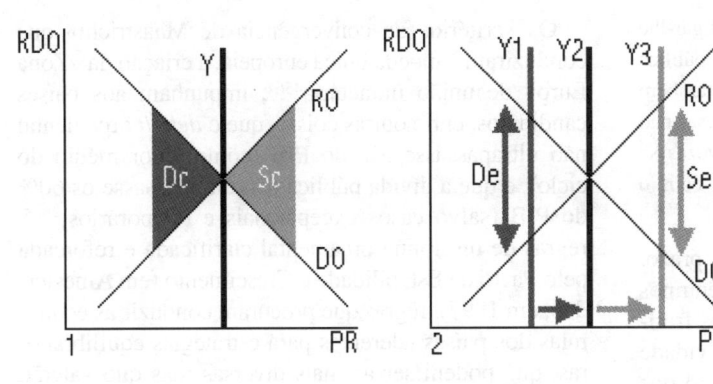

Gráfico 22.5. *Deficits e superavits*

1: deficit e superavit cíclicos (desfasamentos entre PIB real e PIB potencial)
2: deficit e superavit estruturais (deslocações do PIB potencial)
RO: receitas públicas
DO: despesa pública
Y, Y1, Y2, Y3: PIB potencial

RDO: receitas / despesas públicas
PR: PIB real
Dc: deficit cíclico
Sc: superavit cíclico
De: deficit estrutural
Se: superavit estrutural

emprego, e ainda sem levar em consideração as perturbações de curto prazo ou os contributos de visões alternativas[4556] –, permite já, por si mesma, a análise de alguns aspectos cruciais no funcionamento global da economia. Ilustremo-lo de novo com uma referência mais ampla aos problemas dos «*deficits*» e da poupança.

O excesso das despesas sobre as receitas públicas provoca *deficits* orçamentais (que há que distinguir dos *deficits* que se registam nas trocas comerciais e financeiras com o exterior). Um aumento de despesas públicas sem agravamento de impostos, ou um desagravamento fiscal sem diminuição de despesas públicas, tornam necessário o endividamento, salvo se o Estado dispuser de reservas acumuladas em «*superavits*» anteriores – ou se pura e simplesmente optar pela via do «imposto oculto» da inflação[4557].

A dívida pública é o somatório de *deficits* passados, menos os *superavits* que tenham ocorrido, porque os *deficits* têm que ser cobertos por recurso ao endividamento – sendo que, por um lado, o Estado só salda verdadeiramente as suas dívidas à medida que vai registando *superavits*, e que, por outro lado, a dívida pública pode aumentar por si mesma, na medida em que o pagamento de juros pode requerer mais endividamen-

to, que por sua vez agrava o montante do capital e dos juros em dívida, e assim sucessivamente[4558].

Veremos que as políticas deficitárias são soluções características do keynesianismo – mas advirtamos já que, ao contrário do que poderá ter ficado sugerido pela rápida degeneração das políticas keynesianas em pretextos para a intervenção e regulação constantes da actividade económica, e para o paternalismo do «*Welfare State*», a estabilização inicialmente preconizada por Keynes envolvia indiferentemente tanto momentos de *deficit* como momentos de *superavit* orçamental, momentos que se anulariam reciprocamente convergindo para a tendência de longo prazo – não se tornando, pois, de modo algum inevitável a acumulação de *deficits* e a sua conversão em dívida pública permanente, aquela acumulação que acabou por suceder generalizadamente e contribuiria para o descrédito e o declínio do paradigma keynesiano.

Está hoje provado que, apesar da retórica intervencionista, o défice orçamental norte-americano dos anos 30 foi muito reduzido e muito constante[4559], só começando a aplicação de medidas estabilizadoras contra-cíclicas a operar verdadeiramente nos anos 60[4560], e mesmo então

---

[4556] Para uma visão alternativa à da corrente neoclássica em sede de macroeconomia – uma visão que dispensa o recurso a «equilíbrios gerais» walrasianos e a ficções de «agentes representativos», cfr. Hahn, F. & R. Solow (1995).

[4557] Existe um perfeito paralelismo com o recurso ao endividamento a nível municipal. Cfr. Rebelo, M. (2004). Veja-se especialmente o caso norte-americano, *ibid.*, 27-53.

[4558] Por isso se usa aqui o conceito de «défice *primário*», que é aquele que não respeita a juros de dívidas. Cfr. Dornbusch, R., S. Fischer & R. Startz (2004), 482.

[4559] De Long, J.B. (1998), 67-85.

[4560] Stein, H. (1969).

sem prevenir o advento da estagflação e sem mitigar-lhe os efeitos[4561]. Que o simples aumento da despesa pública não assegura o crescimento, demonstram-no também dados internacionais relativos a aumentos de despesas não respeitantes à educação e à defesa, que tantas vezes se descobre estarem inversamente correlacionadas com o crescimento[4562].

A ser possível aquele equilíbrio de longo prazo, seria possível encarar-se a perspectiva de genuínos *deficits* «virtuosos» que resultassem de despesas frutíferas, isto é, capazes de aumentarem a produtividade nacional de acordo com uma judiciosa aplicação dos critérios keynesianos – de um aumento de despesa pública que visasse unicamente compensar a retracção dos consumo ou do investimento privados, e desaparecesse *imediatamente* quando essa retracção deixasse de se registar, coisa que será de perceber que não tenha sucedido, dada a lógica própria do «mercado político» e da «captura de renda», ambos fortemente dependentes da subsistência, e até do progressivo agravamento, da despesa pública em quaisquer contextos macroeconómicos.

Vejamos alguns dados intertemporais e comparativos de alguns valores de *superavits*, *deficits* e de dívida pública – respectivamente com os valores do *superavit* ou *deficit* (-) como percentagem do PIB / dívida pública como percentagem do PIB[4563]:

	1991	1995	1999
Portugal	-6,3 / 69,3	-5,7 / 65,9	-2 / 55,8
Espanha	-4,5 / 45,6	-7,1 / 64,2	-1,1 / 63,7
Bélgica	-6,5 / 127,7	-3,8 / 132	-0,7 / 116,1
Luxemburgo	1,9 / 4,2	1,8 / 5,8	4,4 / 6
Irlanda	-2,2 / 96	-2,1 / 78,4	1,9 / 50,1

Os «critérios de convergência de Maastricht» que conduziram à moeda única europeia, à criação da «Zona Euro» de união monetária[4564], impunham aos países candidatos, entre outras coisas, que o *deficit* orçamental não ultrapassasse 3% do PIB (como valor médio do ciclo), e que a dívida pública não ultrapassasse os 60% do PIB (salvo casos excepcionais e temporários)[4565], regras de disciplina orçamental clarificada e reforçada pelo Pacto de Estabilidade e Crescimento (em Amesterdão, em 1997), regras que procuram conduzir as economias dos países aderentes para estratégias equilibradoras, que podem ser as mais diversas mas que valerão pelo resultado de equilíbrio orçamental generalizado que permitam promover[4566], e pela estabilidade de preços que possam gradualmente propiciar (aplacando a inflação até valores «normais»), através de fixação de uma «inflação-alvo»[4567], estreitamente dependente do rigor de previsões monetárias[4568].

Verificar-se-á, pelo quadro, que Portugal, Luxemburgo e Irlanda cumpriam ambos os critérios em 1999, mas que Espanha e Bélgica estavam aquém deles em matéria de dívida acumulada; o Luxemburgo estava na posição invejável de ter uma dívida muito reduzida, em resultado da acumulação de sucessivos *superavits*, e a Irlanda, transitando de uma situação deficitária para uma situação superavitária, via a sua dívida pública reduzir-se muito significativamente[4569].

Entretanto, dado que o Programa de Estabilidade assentava num pressuposto optimista das condições dominantes no final do século XX[4570], e entretanto se instalaram, em muitos dos países-membros, condições macroeconómicas de recessão, com progressivo agravamento do «hiato do produto», os objectivos de eliminação dos *deficits* crónicos e de redução da dívida pública acumulada ficaram comprometidos, ou adiados, apesar de muita «bato-

---

4561 Blinder, A.S. (1979).
4562 Barro, R.J. (1991), 407-433; Perotti, R. (1996), 149-187.
4563 *100 Basic Indicators from Eurostat Yearbook 2001*.
4564 Carlberg, M. (2000); Eijffinger, S.C.W. & J. De Haan (2000).
4565 Sobre os «critérios de convergência» do Tratado de Maastricht, veja-se uma síntese em: Ferreira, E.P. (2001), 157ss.
4566 Dworak, M., F. Wirl, A. Prskawetz & G. Feichtinger (2002), 665-686.
4567 Bernanke, B.S., T. Laubach, F.S. Mishkin & A.S. Posen (1999); Svensson, L.E.O. (1997), 1111-1146.
4568 Svensson, L.E.O. (2000), 95-96; Svensson, L.E.O. (1999c), 607-654; Svensson, L.E.O. (1999d), 79-136.
4569 Convergência entre Portugal (P) e a média da «Europa dos Quinze» (UE15):

	P 1985	P 1991	P 1998	UE15 1985	UE15 1991	UE15 1998
PIB *per capita* (PPP, UE15 = 100)	53	64,4	74,8	—	—	—
PIB (variação anual)	2,8	2,3	3,5	2,6	1,7	2,7
Inflação	19,4	12,2	1,8	5,9	5,8	1,7
Desemprego	8,7	4	5,2	10	8,1	9,9
Défice das Administrações Públicas	10,3	5,9	2,1	4,5	4,2	1,5
Dívida pública (% do PIB)	68	65,9	56,5	53,6	55,2	69

Cfr. Abreu, M. (2001), 18.
4570 Creel, J. (2002), 570-595.

ta estatística» por parte dos Estados face às normas SEC 954[4571], o que só pode significar que não estavam inteiramente desenvolvidos os mecanismos de impostos e transferências que deveriam, dentro de uma união monetária, permitir aos países-membros normalizarem e manterem níveis de consumo depois de choques no seu rendimento nacional[4572], tirando o máximo proveito da integração em «zonas monetárias óptimas» (pense-se o que uma moeda única permite poupar em custos de transacção, e o que ela permite em termos de redução dos riscos – tanto riscos cambiais como outros, como os resultantes de dificuldades de comparação nominal), ultrapassados os problemas transitórios da integração[4573].

O endividamento significa simultaneamente duas coisas: o desvio para o Estado de recursos gerados pela poupança privada, e a falta de poupança pública – o que por sua vez significa diminuição de fundos disponíveis para o investimento, com a concomitante subida das taxas de juro, e, num plano temporal mais dilatado, acaba por implicar diminuição das dotações de capital disponíveis para o processo produtivo, e queda de produtividade. É por isso que é particularmente sugestivo medir-se o *deficit* em termos de percentagem do PIB, pois isso não apenas facilita as comparações intertemporais e internacionais como ainda nos permite perceber imediatamente o impacto médio que esse *deficit* tem sobre o rendimento de cada cidadão.

Os mesmos efeitos acabam por decorrer do endividamento externo, já que a poupança interna acaba por ser onerada com o serviço da dívida ou com a desvalorização cambial, ainda quando não sinta imediatamente os efeitos do desvio de recursos privados e do aumento das taxas de juro. O *deficit* comercial, o excesso de importações sobre as exportações, tem que ser compensado:

– seja com o endividamento no exterior – a obtenção de crédito junto dos exportadores –;
– seja com o investimento estrangeiro – com a entrada de capitais financeiros susceptíveis de dotarem a economia nacional dos meios de pagamento necessários para fazer frente ao excesso de importações –;
– seja com desvalorizações cambiais – a diminuição da paridade da moeda nacional face às moedas estrangeiras, por forma a espelhar o excesso de procura de moeda estrangeira e a quebra de procura da moeda nacional, ao mesmo tempo tornando

mais caras as importações e mais competitivas as exportações, ou seja, contrariando a tendência deficitária –.

O recurso aos capitais estrangeiros é, pois, uma solução fácil mas perigosa: fácil porque permite a manutenção de níveis de importação superiores aos da exportação e permite níveis de investimento que não oneram imediatamente a poupança privada e a poupança pública, nem requerem agravamentos tributários ou subidas das taxas de juro; perigosa porque esse endividamento leva inevitavelmente, com a passagem do tempo, ao agravamento dos pagamentos de juros e dividendos aos credores e investidores estrangeiros – pelo que, se o investimento assente no recurso a capitais estrangeiros não assegurou a sua rentabilidade e a cobertura do serviço da dívida, os recursos nacionais vão ter que ser sacrificados à necessidade desses pagamentos, desviando-os da poupança destinada ao investimento interno, e do consumo interno: vai ter que haver sacrifício do nível de vida nacional.

Como evitar ou minimizar, então, o recurso aos capitais estrangeiros sem comprometer o investimento? Só há duas vias: a do aumento da poupança privada – o que pode revelar-se menos fácil, dado que a poupança depende de *hábitos* que não se alteram de um momento para outro[4574] – ou a do aumento da poupança pública, ou seja, da redução do *deficit* orçamental – o que, esbarrando também com uma multidão de obstáculos, mormente da parte de grupos de pressão que vejam ameaçadas as suas «rendas económicas», ao menos tem a vantagem de poder resultar de uma simples decisão política, com meios coercivos ao seu serviço –.

Por seu lado, a promoção do crescimento económico pressupõe incrementos de produtividade, que dependem de aumentos de poupança e de investimento – investimento em capital humano, em capital físico e em tecnologia –, e, numa economia aberta, da taxa de juro no mercado internacional de capitais.

Internamente, o estímulo à poupança assenta na especificação de medidas capazes de vencer a inelasticidade da poupança às variações das taxas de juro – por exemplo, aditando estímulos fiscais à poupança, como nas contas «poupança-habitação», ou «poupança-reforma», etc., sem que, todavia, esses estímulos fiscais possam converter-se em perdas de receita fiscal tão amplas que contribuam para um novo agravamento do *deficit* orçamental –.

[4571] Banco de Portugal (1998), 21.
[4572] Miguel Palacios, C. (2002), 179-199.
[4573] De Grauwe, P. (2000).
[4574] Deaton, A. (1992); Gale, W.G. & J.K. Scholz (1994), 145-160; Hubbard, R.G., J. Skinner & S.P. Zeldes (1995), 360-399; King, M.A. (1985), 227-294; Poterba, J.M. (1994).

E o estímulo interno ao investimento depende, entre outras medidas, do reconhecimento da maior importância relativa das despesas de investimento sobre as despesas de consumo, ou do reconhecimento da importância que têm os prazos de amortização do capital e as taxas de desconto, levando à adopção de medidas fiscais que discriminem a favor dos investimentos e reinvestimentos, ou que permitam uma ampla dedução das despesas necessárias à renovação do capital, novamente dentro dos limites do não-agravamento sério do *deficit*.

Mas, como dissemos, o ponto decisivo, e o mais acessível à intervenção directa do Estado, é o da poupança pública, ou seja, o da redução do *deficit* orçamental – o que, pela sua dimensão, tem imediatamente impacto no nível agregado da poupança. O problema está em que a redução do *deficit* orçamental pode implicar desinvestimento público não inteiramente compensado pelo «*crowding-in*» do investimento privado – ou seja, por um aumento de investimento privado em resultado da diminuição do *deficit* e da concomitante descida das taxas de juro que não ultrapassa o investimento produtivo que era alimentado através de *deficits* –, e isto por uma qualquer das seguintes razões:

– as taxas de juro descem com o aumento de poupança disponível, reduzindo a respectiva remuneração;

– a poupança privada é inelástica perante as variações das taxas de juro;

– o investimento privado não é adequado à produção de todos os bens para os quais é adequado o investimento público – bastando pensarmos nalguns bens públicos «puros» e nos bens de mérito –.

Assim, se a redução do *deficit* atingir os investimentos produtivos em capital humano e físico, ou em investigação tecnológica, cabe bem perguntar-se se o que se ganha com aquela redução compensa aquilo que se perde em produtividade e crescimento (o contrário de um *deficit* virtuoso pode ser um equilíbrio orçamental perverso).

Tudo está, pois, em saber-se se os investimentos produtivos em nome dos quais o Estado se endivida têm uma taxa *social* de rendimento que supera a taxa de juro que o Estado suporta em razão do endividamento – ou se, pelo contrário, predominam investimentos com baixas taxas de rendimento, ou se a proporção entre o valor do endividamento e o valor dos activos de que dispõem as entidades públicas demonstra que uma parte significativa do endividamento se dirigiu ao suporte de despesas de consumo, insusceptíveis de gerarem qualquer rendimento para o próprio Estado – ao menos directamente, sendo que indirectamente o Estado pode recuperar parte dessas despesas através da tributação do rendimento daqueles que forneceram os produtos consumidos pelo Estado –.

Vale a pena ainda uma referência à ideia de equilíbrio orçamental[4575], uma ideia polarizadora em torno da qual se têm extremado posições, entre o apoio entusiástico como o de James Buchanan[4576] e o vivo repúdio, como o de Charles Schultze[4577] – mas uma ideia no mínimo *disciplinadora*, e *esclarecedora* na medida em que propicia avaliações da política macroeconómica que pretendem ser independentes da posição que a economia momentaneamente ocupe no ciclo de curto prazo:

– sendo, por um lado (prescritivo), igual à unidade o multiplicador do orçamento equilibrado, implicando que se se aumenta a despesa e a receita no mesmo montante, a expansão do PIB será estritamente proporcional a esses aumentos[4578];

– e sendo, por outro lado (descritivo), a diferença entre a posição orçamental corrente e a posição orçamental de pleno emprego aquilo que corresponde à componente cíclica do orçamento[4579].

Quanto ao alcance prescritivo e disciplinador da noção de equilíbrio orçamental, basta pensarmos nos efeitos do desrespeito por ele, visíveis na génese do colapso económico da Argentina em 2002[4580], propiciado por uma autêntica exuberância de políticas deficitárias e de endividamento público[4581], despoletado por «choques exógenos» e agravado pela auto-limitação da política monetária (através da rigidez cambial que ligou o *peso* argentino ao *dólar* norte-americano[4582/4583].

Dito isto, regressemos ao quadro mais complexo dos problemas de curto prazo.

[4575] Rosen, H.S. (2002), 130ss..

[4576] Buchanan, J.M. (1995), 347-356.

[4577] Schultze, C.L. (1995), 317-328.

[4578] Dornbusch, R., S. Fischer & R. Startz (2004), 233.

[4579] Dornbusch, R., S. Fischer & R. Startz (2004), 233-234.

[4580] Traduzido, entre outros índices, por uma queda do PIB em 10,5% nesse ano.

[4581] Mussa, M. (2002), 51ss..

[4582] Por sua vez conduzindo à sobrevalorização cambial do peso, em grave prejuízo dos exportadores argentinos.

[4583] Não podendo esquecer-se que o colapso tem sido muitas vezes atribuído também à excessiva obsessão do FMI com a austeridade, à imposição pelo FMI de políticas orçamentais demasiado restritivas já depois de iniciado o cataclismo – o que constituiria um «excesso de remédio», num prazo muito curto. Procurando defender o FMI dessa acusação, cfr. Mussa, M. (2002), 24ss..

CAPÍTULO 23 – O combate à inflação e ao desemprego[4584]

> *"O preço natural é, portanto, por assim dizer o preço central, para o qual tendem constantemente os preços de todos os bens. Várias circunstâncias podem, por vezes, mantê-los suspensos bastante acima dele e, por vezes, forçá-los a manterem-se um tanto abaixo. Mas, sejam quais forem os obstáculos que os impeçam de se fixarem nesse ponto de equilíbrio estável, eles tendem continuamente para ele"* – Adam Smith[4585].

Dois dos principais problemas macroeconómicos, e certamente os dois que são politicamente mais relevantes, a inflação e o desemprego, enredam-se mutuamente no curto prazo, em termos que seriamente limitam e comprometem as medidas políticas que visem preveni-los e combatê-los.

O que dissemos já quanto às causas de um e de outro dos fenómenos no longo prazo permite concluir que, nesse plano, os dois são independentes, já que o desemprego resulta de razões estruturais – salários mínimos, pressão sindical, salários de eficiência, custos de busca, etc. – e a inflação resulta de opções políticas respeitantes à criação de moeda, por parte das autoridades monetárias, dirijam-se elas, ou não, à solução de problemas estruturais.

Contudo, no curto prazo o combate à inflação implica normalmente a contracção da procura agregada, e isso causa desemprego; e o combate ao desemprego implica uma expansão da procura agregada que não pode deixar de traduzir-se em aumento da pressão inflacionista – sendo por isso legítimo perguntar-se se o combate pela redução da taxa de inflação para lá de um certo limiar, ou o combate pela redução da taxa de desemprego, igualmente para lá de um certo ponto, valem verdadeiramente a pena, e se não são susceptíveis de provocar mais problemas e custos do que aqueles que aparentemente visam resolver.

Em tese geral, tudo o que já dissemos acerca do desemprego e da inflação permite-nos formularmos alguns princípios gerais quanto à correlação entre os dois fenómenos, entre os quais os seguintes:

– enquanto existir desemprego, o aumento da procura agregada tende a resultar num aumento de produção, sem grande impacto nos preços;
– quando a economia se aproxima do pleno emprego, o aumento da procura agregada tende a resultar num aumento de preços, sem grande impacto no volume da produção.

Daqui resulta que seja consensual entre os economistas a ideia de que não é possível erradicar inteiramente a pressão inflacionista sem um custo desproporcionado em termos de agravamento de taxa de desemprego, e de que não é possível uma aproximação sequer a um «grau zero» de desemprego sem que o esforço nesse sentido degenere numa pressão inflacionista intolerável.

Esses custos estão particularmente assentes nas ineficiências de curto prazo que respeitam ao ajustamento de preços e remunerações de factores, e são tanto maiores quanto mais demorada for a transição para o cenário de longo prazo, no qual se registam ajustamentos perfeitos nos preços e nas remunerações.

Existe mesmo uma regra mais ou menos empírica e meramente tendencial, a *«Regra de Okun»* – formula-

[4584] Abel, A.B. & B.S. Bernanke (2002), 445ss.; Arnold, R.A. (2000b), 207ss., 232ss.; Baumol, W.J. & A.S. Blinder (2000), 683ss., 705ss.; Blanchard, O. (2002), 161ss.; Branson, W.H. (2001), 693ss.; Colander, D.C. & E. Gamber (2001), 335ss.; Ekelund, R.B. & R.D. Tollison (2000), 580ss., 597ss.; Gwartney, J.D. & al. (2002), 719ss.; Hardwick, P. & al. (1999), 491ss.; Heyne, P. & al. (2002), 451ss., 473ss.; Hoag, A.J. & J.H. Hoag (2002), 271ss., 282ss., 295ss.; Jacquemin, A., H. Tulkens & P. Mercier (2001), 421ss.; Keenan, D. & M.H. Maier (1998), 73ss.; Lipsey, R.G. & al. (1999), 696ss.; Mankiw, N.G. (2000), 401ss., 455ss.; Mankiw, N.G. (2001), 701ss., 733ss., 761ss.; McConnell, C.R. & S.L. Brue (2001), 196ss.; McConnell, C.R. & S.L. Brue (2001b), 324ss.; McConnell, C.R. & S.L. Brue (2001c), 338ss.; O'Sullivan, A. & S.M. Sheffrin (2002), 486ss., 507ss., 604ss.; Rohlf, W.D. (2001), 358ss.; Samuelson, P.A. & W.D. Nordhaus (2001), 476ss., 491ss., 659ss.; Schiller, B.R. (2004), 251ss.; Slavin, S.L. (2001, 2001c), 237ss.; Sloman, J. (2002), 465ss.; Spencer, M.H. & O.M. Amos Jr. (1993), 316ss.; Stanlake, G.F. (1993), 689ss.; Stiglitz, J.E. & C.E. Walsh (2002), 772ss., 843ss.; Taylor, J.B. (2001), 528ss., 554ss., 574ss.; Wessels, W.J. (2000), 138ss., 195ss.
[4585] Smith, A. (1976b), 75 (=I, 163-164).

da pelo economista Arthur Okun[4586] – que sustenta que uma redução percentual no nível de desemprego tende a provocar um incremento no PIB que é percentualmente o dobro[4587/4588]: uma redução de 0,5% no desemprego traduzir-se-ia num aumento de 1% no PIB, num efeito amplificado de correlação inversa entre movimentos da taxa de desemprego e movimentos do PIB real que parece desmentir as regras da produtividade marginal decrescente, e que se explica pelo facto de poder haver, em situações recessivas, muito desemprego disfarçado, muito subemprego, que desaparecem ao mesmo tempo que os verdadeiramente desempregados encontram vagas disponíveis – no fundo, a ideia de que a produtividade varia em termos pró-cíclicos, sempre que o PIB real evolui em sentido divergente da tendência de fundo da evolução do PIB potencial[4589], uma ideia amplamente confirmada[4590/4591] e que evidentemente tem repercussões no cálculo de uma «taxa natural de desemprego»[4592].

No curto prazo – recapitulemos – o excesso da procura agregada em relação à oferta agregada determina a inflação *enquanto os factores não ajustam as quantidades produzidas ao novo nível de equilíbrio*, e por seu lado o excesso de oferta agregada em relação à procura agregada provoca o desemprego *enquanto os factores não ajustam as remunerações ao novo nível de equilíbrio*.

23 – a) A Curva de Phillips

A correlação inversa entre os dois valores do desemprego e da inflação pode expressar-se numa curva de inclinação negativa, que ficou conhecida como a «curva de Phillips» – assim denominada graças à sua formulação pioneira, em 1958, pelo economista neo-zelandês A.W. Phillips[4593], logo seguida de formulações alternativas por parte de Paul Samuelson e Robert Solow –[4594].

Essa Curva de Phillips, aplicada a séries cronológicas longas, parecia confirmar estatisticamente que as épocas de elevado desemprego eram épocas de baixa inflação, e que a subida da inflação atenuava fortemen-

te o problema do desemprego. Cedo se encontrou uma explicação para o fenómeno na relação entre os dois valores e o nível da procura agregada, a qual pode formular-se nos termos que acabámos de usar[4595].

Mas essa explicação envolvia um limite às políticas macroeconómicas que eram aplicadas, desde os alvores do keynesianismo, no combate ao desemprego e à inflação, e que assentavam sempre na manipulação do nível da procura agregada, estimulando a sua expansão ou a sua contracção. E isto porque as conclusões que agora se impunham eram as de que:

– desejar uma determinada taxa de desemprego era inevitavelmente desejar também uma determinada taxa de inflação, e vice-versa;
– os dois problemas não podiam ser inteiramente resolvidos em simultâneo;
– qualquer solução separada ou parcelar de um dos problemas envolvia sempre um sério risco de degradação e descontrolo do outro.

Na realidade, a Curva de Phillips mais não é do que o conjunto de pontos de intersecção entre as curvas da procura agregada e da oferta agregada de curto prazo, quando é a curva da procura agregada que se desloca, no sentido da expansão ou da retracção, por efeito das políticas macroeconómicas que incidem sobre os níveis dessa procura agregada:

– se, de um período para outro, a procura agregada se contraiu, a nova curva que a representa intercepta a curva da oferta agregada de curto prazo num ponto que corresponde a preços e quantidades mais baixos – *preços* mais baixos significando que a inflação ou é negativa, ou não existe, ou, se é positiva, não é muito pronunciada, enquanto que *quantidades* mais reduzidas significam menor produção e um abaixamento do emprego, e portanto *maior desemprego*;
– se, ao invés, a curva da procura agregada se expandiu, ela intercepta a curva da oferta agregada de curto prazo num ponto que corresponde a preços e quantidades mais elevados – sendo que neste caso *preços* mais elevados significam *agra-*

[4586] Okun, A.M. (1962), 98-103.

[4587] E inversamente que um aumento do PIB acima da sua tendência média de aumento provoca uma quebra de desemprego que é proporcionalmente de metade. Cfr. Sögner, L. (2001), 553-564.

[4588] Engloba-se no cálculo desta «Lei de Okun» *todas* as perdas de produto ou rendimento, incluindo as perdas individuais resultantes do desemprego. Cfr. Dornbusch, R., S. Fischer & R. Startz (2004), 132, 145, 161-162.

[4589] Gordon, R.J. (2000), 54; Oi, W.Y. (1962), 538-555.

[4590] Sögner, L. & A. Stiassny (2002), 1775-1787.

[4591] Relativamente ao caso português, cfr. Gaspar, V. & S. Luz (1997), 27ss..

[4592] Grant, A.P. (2002), 95-113.

[4593] Phillips, A.H.W. (1958), 283-289; Phillips, A.H.W. (2000).

[4594] Samuelson, P.A. & R.M. Solow (1960), 177-194.

[4595] Sobre a Curva de Phillips, cfr. Almeida, A. (2001), 87ss.; Porto, M.C.L. (2004), 377ss.

vamento da inflação, e maiores *quantidades* significam mais produção, menos desemprego.

Muitas explicações causais podem ser aduzidas para a Curva de Phillips, e a mais elementar que ocorre é esta:

– quando o desemprego é muito elevado os salários baixam – baixa a elasticidade da oferta de trabalho por parte dos trabalhadores, para os quais o espectro do desemprego se torna mais visível, e eles passam a aceitar salários que não estariam dispostos a aceitar num contexto de emprego mais elevado, com menor oferta de trabalhadores –;
– a baixa dos salários médios faz baixar também os preços no mercado dos produtos – salários mais baixos significam menos custos para os produtores, e menor poder de compra para os consumidores, pelo que há, no mercado dos produtos, uma expansão da oferta e uma retracção da procura –;
– a baixa dos salários e dos preços traduz-se numa diminuição da inflação.

Fácil será conjecturar a situação simétrica, resultante de uma diminuição do desemprego, e o modo como ela provoca aumentos na taxa de inflação. De certo modo, quase pode dizer-se que a Curva de Phillips parece «um ovo de Colombo», uma ideia por demais evidente e portanto praticamente intuitiva – depois de formulada. Mas o seu carácter tão evidente também fragiliza muito este «*trade-off*» que tão esquematicamente a Curva de Phillips vinha explicitar, porque o facto é que a simples incorporação da ideia na planificação macroeconómica bastará para amortecer a tensão entre os dois valores, chamando a atenção para o «preço a pagar» por cada decisão macroeconómica que privilegia a promoção de um deles – constatação que acabou por realçar a existência de «taxas naturais» tanto do desemprego como da inflação, ideia consumada na crítica de Robert Lucas contra a manipulação «fina» e constante dos níveis de desemprego e de inflação no curto prazo[4596], o que parecia ter terminado o ciclo de vida útil da Curva de Phillips, não fosse dar-se o caso de, apesar de tudo, a curva ter continuado a ser amplamente empregue na teoria e na política macroeconómicas[4597].

Encontramos aqui uma das «dez ideias para reflectir»: tende a existir, no curto prazo, uma cor- **relação inversa entre os valores da inflação e do desemprego.**

23 – b) A perspectiva de longo prazo

Por aquilo que já estudámos sobre as diferenças profundas que separam as dimensões de curto prazo e de longo prazo na macroeconomia, não será de estranhar que restrinjamos a forma «canónica» da Curva de Phillips, aquela que retrata uma correlação inversa entre desemprego e inflação, ao curto prazo, e que por isso sejamos levados a admitir, seja que a Curva de Phillips significa algo de diverso no longo prazo, seja que existe um contínuo de transição entre as formas que a curva assume, no curto e no longo prazo. Terá já ficado claro que o processo de transição de curto para longo prazo é um dos pontos cruciais na macroeconomia (talvez mesmo o mais central e definidor). Trata-se de saber: a) qual é, num dado momento, a inclinação da curva da oferta agregada; b) qual a velocidade de ajustamento dos preços (o que é representado pela Curva de Phillips)[4598].

É que se, como temos insistido, existe neutralidade monetária no longo prazo, então as medidas causadoras da inflação nada fazem para melhorar ou agravar a taxa de desemprego nesse longo prazo, dependente que esta taxa de desemprego está de factores estruturais que, no longo prazo, a moeda não consegue perturbar. Postas as coisas nestes termos, uma política de longo prazo não tem que se preocupar com os efeitos perversos que o combate cingido a um dos problemas possa provocar no outro, sendo possível, pois, uma separação de planos.

É a partir da análise de Milton Friedman[4599] e de Edmund Phelps[4600] que começou a generalizar-se a ideia de que a Curva de Phillips seria, no longo prazo, vertical, implicando isso que o nível de inflação poderia variar infinitamente sem que isso afectasse o nível de emprego, o qual gravitaria em torno de um nível que tenderia a estabilizar. Dada a neutralidade monetária, as iniciativas que visassem resolver os problemas macroeconómicos através da criação de moeda não poderiam ter outro efeito do que o agravamento da inflação, pois nada fariam para aumentar o nível de emprego no longo prazo – equivalendo isto a asseverar-se que o problema do desemprego não se resolve, no longo prazo, através da inflação, ou, o mesmo é dizer, que no longo prazo um problema *real* não se resolve através da manipulação de variáveis *nominais*.

4596 Lucas Jr., R.E. (1976), 19-46.
4597 Sargent, T.J. (1999); Marimon, R. (2000), 405.
4598 Dornbusch, R., S. Fischer & R. Startz (2004), 10.
4599 Friedman, M. (1968), 1-17
4600 Phelps, E.S. (1967), 22–44; Phelps, E.S. (1968), 678-711.

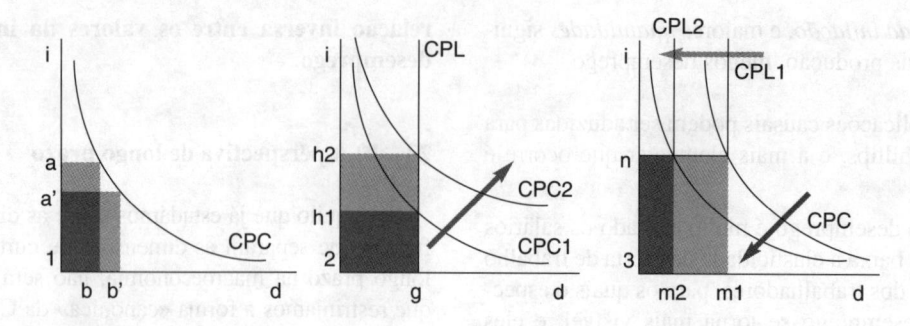

Gráfico 23.1. *Curva de Phillips*

1: Curva de Phillips de curto prazo
2: Curvas de Phillips de curto e de longo prazo e alteração da inflação esperada
3: Curvas de Phillips de curto e de longo prazo e alteração da taxa natural de desemprego
CPC, CPC1, CPC2: Curvas de Phillips de curto prazo
CPL, CPL1, CPL2: Curvas de Phillips de longo prazo
i: inflação
d: desemprego
a, a': taxas de inflação esperadas

b: taxa de desemprego correspondente à inflação esperada a
b': taxa de desemprego correspondente à inflação esperada a'
g: taxa natural de desemprego (correspondente à CPL)
h1, h2: taxas de inflação esperadas (a subida de h1 para h2 provoca a deslocação de CPC1 para CPC2)
m1, m2: taxas naturais de desemprego (correspondentes às CPL1 e CPL2, respectivamente): a deslocação de m1 para m2 provoca a deslocação tanto da CPC como da CPL
n: taxa de inflação esperada em m1 e m2

Mais ainda, tal como a curva vertical da oferta agregada de longo prazo denotava um nível natural de produção, associado aos factores estruturais da produtividade, também o facto de a Curva de Phillips ser vertical no longo prazo revelaria a presença de uma «taxa natural de desemprego», um nível de desemprego – ou de emprego, se quisermos – para o qual a economia converge no longo prazo e que depende exclusivamente de factores estruturais.

Além disso, visto que é inegável que existe uma tensão entre inflação e desemprego no curto prazo[4601] e que essa tensão não se regista no longo prazo, interessa averiguar em que momento é que essa tensão se dissolve – mas para apurá-lo há que recorrer à consideração das expectativas de preços[4602].

O qualificativo de «natural» não significa, note-se, que se trata de uma taxa de desemprego socialmente desejável – ou que algum economista, num delírio de extremo cinismo, tenha por moralmente aceitável qualquer situação de desemprego involuntário –; significa antes que esse nível de desemprego depende essencialmente de políticas estruturais, se porventura elas existirem, e não está à mercê dos instrumentos de política macroeconómica de curto prazo, mormente daqueles

que tentam dominar a procura agregada através do controlo da massa monetária. A expressão «natural» ganha, neste contexto, a conotação de «inevitável», não a de «desejável» ou de «saudável».

Falar-se de uma taxa natural de desemprego não significa, pois, que não possa haver formas de diminuir esse desemprego no longo prazo, através de políticas estruturais especificamente vocacionadas para o efeito, mas significa antes que o combate ao desemprego através das políticas macroeconómicas tradicionais não é susceptível de ultrapassar o âmbito do curto prazo, findo o qual subsiste apenas o efeito inflacionista – o que, bem vistas as coisas, é um correctivo necessário para o «entusiasmo keynesiano» daqueles que, esquecendo as advertências do próprio Maynard Keynes, quiseram aplicar ao longo prazo remédios que tinham sido declaradamente concebidos para uma aplicação exclusivamente de curto prazo –.

Por seu lado, as descobertas de Friedman e Phelps não sustentavam que a Curva de Phillips fosse vertical no *curto* prazo, pelo que neste curto prazo continuava a manter-se válida a ideia de correlação inversa entre inflação e desemprego, e continuava a admitir-se a susceptibilidade, tanto de combate ao desemprego cíclico

---

[4601] Mankiw, N.G. (2001c), C45-C61.

[4602] Na verdade, o desemprego é muito mais condicionado pela expectativa de inflação (para o período de duração dos contratos), e por isso verdadeiramente ele só é afectado significativamente por uma inflação que se afaste da expectativa (sendo a expectativa formada por extrapolação da história recente da inflação). Cfr. Dornbusch, R., S. Fischer & R. Startz (2004), 120.

através de políticas inflacionistas, como de contenção da inflação através da contracção da procura agregada (e possível agravamento do desemprego). Mas advertiam que, passado um momento em que uma política inflacionista fosse susceptível de diminuir o desemprego, este regressaria, contudo, à sua taxa natural – pelo que o risco subsistia, e grave, de que não houvesse nada mais nas políticas macroeconómicas expansionistas de curto prazo do que um único efeito duradouro, a inflação.

Friedman e Phelps privilegiaram a ideia de que seria determinante, nas percepções de curto prazo, uma certa expectativa quanto ao nível de inflação, o que predisporia as pessoas a formarem uma escala de preços relativos, a qual seria perturbada, com os consequentes efeitos *reais*, sempre que as autoridades monetárias interferissem na massa monetária, provocando divergências entre o nível *efectivo* de inflação e o seu nível *esperado*.

Contudo, essa possibilidade de provocar flutuações através da *inflação inesperada* estaria limitada ao curto prazo, já que o ajustamento das expectativas no longo prazo, vencidos «erros» e «viscosidades» nas percepções dos agentes, esbateria o impacto até se chegar ao estado de pura neutralidade económica – sendo que esse ajustamento de longo prazo seria compatível com qualquer taxa de inflação, por mais elevada que esta fosse (as pessoas sobrevivem até a hiperinflações, por mais «solas de sapatos» que gastem) –.

Em termos muito esquemáticos, dir-se-á que, segundo este entendimento, a taxa de desemprego só diverge da taxa natural de desemprego se a taxa de inflação *efectiva* divergir da taxa de inflação *esperada*[4603] – coisa que só pode ocorrer em flutuações de curto prazo, pois só no curto prazo é que as pessoas não têm tempo para reverem a sua expectativa de inflação, sendo surpreendidas pelas medidas de expansão e de contracção da procura agregada que envolvam modificações na massa monetária –.

Não sendo a Curva de Phillips estável ao longo do tempo[4604], isso não impede, pois, que os termos básicos da tensão de curto prazo entre inflação e desemprego se mantenham por entre esses «deslizamentos» temporais da curva. Insistamos, o que passou a ter-se em conta foi

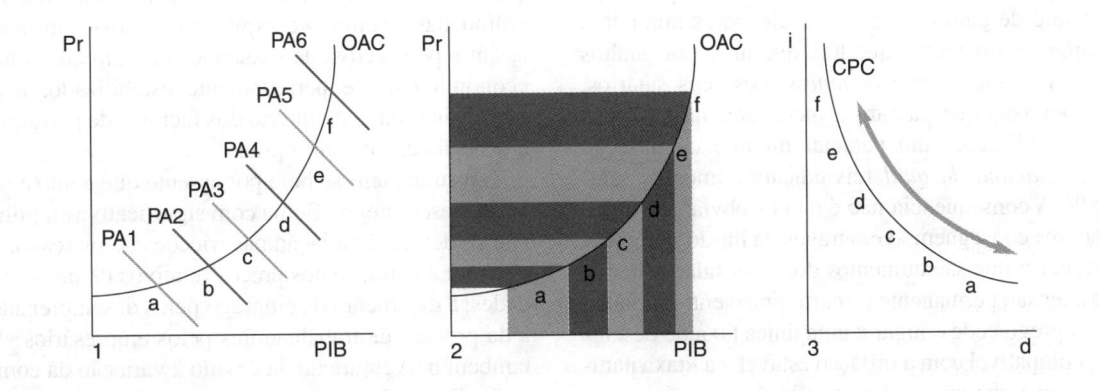

Gráfico 23.2. *Deslocações da procura agregada e movimentos ao longo da curva de Phillips*

1: expansão da procura agregada, de uma área de excesso de capacidade da oferta (PA1, PA2) até a uma área de capacidade plena (PA5, PA6)
2: correlações preços / quantidades a vários níveis de oferta agregada de curto prazo
3: correlações inflação / desemprego (curva de Phillips de curto prazo)

Pr: nível de preços
OAC: oferta agregada de curto prazo
i: inflação
d: desemprego
CPC: curva de Phillips de curto prazo
PA1, ... , PA6: níveis de expansão da procura agregada
a, ... , f: correlações preços / quantidades, e inflação / desemprego

---

[4603] Não esqueçamos que a «inflação esperada» (o conjunto de expectativas de inflação) é uma das variáveis mais relevantes do funcionamento da economia, já que são essas expectativas que condicionam negociações salariais, a fixação de taxas de juro *nominais*, a indexação de preços e rendimentos em geral (pense-se, por exemplo, na actualização das pensões), os próprios movimentos internacionais de capitais, as especulações com taxas de câmbios, etc.. Cfr. Thomas Jr., L.B. (1999), 125ss..

[4604] Como já o pressentiam: Samuelson, P.A. & R.M. Solow (1960), 177-194.

a variação, ao longo do tempo, entre nível de inflação efectiva e nível de inflação esperada[4605], passando a «taxa natural de desemprego» a ser aquela que se verificaria sempre que se confirmasse o nível esperado de inflação – tendendo a coincidir com o nível de longo prazo, se se admitir um grau razoável de racionalidade nas expectativas e se excluir a hipótese de inesperados «choques do lado da oferta»[4606].

Recapitulando, a Curva de Phillips é porventura a mais importante das relações macroeconómicas, já que ela põe em presença, e em jogo, os valores de desemprego, inflação, inflação esperada e oferta agregada – dela resultando a definição do que são os limites da política monetária e de quais são as ilusões do combate ao desemprego (quando ela adverte que, ultrapassado um determinado limiar, não se que se consegue mais do que provocar inflação).

A sua base intuitiva, como já o dissemos, é a de que quando há pressão da procura e o desemprego é baixo os trabalhadores conseguem obter maiores ganhos nas suas remunerações *nominais* do que quando não existe pressão da procura e o desemprego é elevado – e que as empresas convertem em inflação dos *preços* a inflação das *remunerações* (repercutem o fenómeno do mercado dos factores no mercado dos produtos).

Friedman e Phelps nada mais fizeram do que sublinhar que é de admitir que os trabalhadores aprendam rapidamente a perceber que têm que lutar por ganhos *reais*, e não meramente *nominais*, dos seus salários, sendo por isso que passam a incorporar na base das suas reivindicações um patamar mínimo de inflação esperada, *acima da qual* reivindicam aumentos salariais[4607]. A consequência não é menos óbvia: se os trabalhadores conseguem «ver através da ilusão nominal» e perceber o que são aumentos dos seus salários reais, então a tensão permanente de curto prazo entre inflação e desemprego cede o lugar a uma única taxa de desemprego compatível com a inflação estável – a «taxa natural», a «taxa que não acelera a inflação», a única posição na qual a inflação esperada e a inflação efectiva coincidem.

Se a taxa de desemprego estiver abaixo da «taxa natural» e os trabalhadores obtiverem aumentos salariais *reais*, isto é, acima da inflação esperada, as empresas tenderão a converter esses aumentos em subidas de preços dos produtos, fazendo a inflação efectiva passar acima da inflação esperada[4608]. Isso derrota o intuito inicial dos trabalhadores retirando-lhes qualquer ganho real; e se eles reagirem pressionando a obtenção de novos aumentos *reais*, o mesmo sucederá sempre, *enquanto o nível de desemprego for muito baixo*: a única coisa que se conseguirá é mais inflação, a aceleração da tendência inflacionista. Simetricamente, se a taxa de desemprego estiver acima da «taxa natural» a tendência será a de qualquer movimento nas remunerações provocar uma aceleração *deflacionista*. Em suma, e como melhor veremos de seguida, só um nível intermédio de desemprego conseguiria provocar o equilíbrio entre as tensões inflacionistas e deflacionistas[4609].

O colapso da Curva de Phillips de curto prazo, no início dos anos 70, viria a conferir um enorme prestígio a estas intuições de Friedman e Phelps, e seria decisivo para o triunfo teórico e político do monetarismo no final do século XX[4610], e mais do que isso para o acalentar da esperança de que, dominadas progressivamente as forças macroeconómicas cuja descoordenação tinha feito soar o alarme da Curva de Phillips, fosse possível promover, com políticas «do lado da oferta», combinações de níveis cada vez mais baixos de inflação e de desemprego, combinações cada vez mais «blindadas» contra «choques exógenos», abrindo-se assim a perspectiva de sustentação de um crescimento económico quase perfeitamente estabilizado, isto é, quase integralmente liberto dos factores de perturbação e de oscilação de curto prazo[4611].

Em suma, tem-se hoje por assente que a «taxa natural de desemprego» flutua com significativa amplitude, não só devido à variação nas fricções do mercado, mas também à variação nos preços relativos de duas actividades, a da procura de emprego pelos desempregados e a da procura de trabalhadores pelos empresários[4612], e também porventura ainda devido à variação da composição demográfica e etária da população activa[4613] – no fundo, uma rectificação à formulação mais rígida da intuição de Edmund Phelps e Milton Friedman de que há um nível estável de desemprego, ao lado do qual existe uma componente, inevitavelmente transitória, que é sensível a inflexões da política macroeconómi-

[4605] Friedman, M. (1968), 1-17.

[4606] Ball, L. & N.G. Mankiw (1995), 161-193.

[4607] Um pouco como se negociassem ao mesmo tempo um «prémio de inflação» e um aumento salarial *real*.

[4608] Só assim não sucederá se houver, pelo meio, aumentos de produtividade.

[4609] Akerlof, G.A. (2002), 418-420.

[4610] De Long, J.B. (2000), 90.

[4611] Shilling, A.G. (2001), 40-45.

[4612] Hall, R.E. (2003), 145.

[4613] Perry, G. (1970), 411-441.

ca[4614]. Além disso, dado esse carácter transitório a política monetária de estabilização seria impotente para diminuir (permanentemente) o desemprego para lá desse nível «natural»[4615], porventura só conseguindo fazê-lo, em termos *reais*, pelo tempo durante o qual faltasse aos agentes uma informação completa acerca da origem e natureza desses «choques»[4616].

23 – c) A taxa de desemprego que não acelera a inflação

A ideia de que as opções de política macroeconómica de curto prazo têm um efeito temporal limitado no que toca a manter o desemprego abaixo da sua taxa natural – e que portanto, como vimos, o desfecho de políticas expansionistas e inflacionistas é apenas *mais inflação*, e não menos desemprego – passou a designar-se como a «hipótese da taxa natural» («*natural-rate hypothesis*»), expressão que dava como subentendido que, verificada tal hipótese, a Curva de Phillips teria que ser abandonada como critério absoluto de política macroeconómica, e que a tensão «desemprego – inflação» deveria ser repensada[4617].

Por outras palavras, a incorporação de expectativas inflacionistas na conduta dos agentes económicos levou ao desenho de uma nova Curva de Phillips, uma curva «aumentada pelas expectativas», com o resultado de que a curva passaria a estabilizar num novo ponto, aquele em que a inflação *corrente*, *efectiva*, coincidisse com a inflação *esperada*[4618] – e incorporada, através das expectativas, nos cálculos e condutas do agentes económicos –. Assim, dada a Curva de Phillips «aumentada pelas expectativas», se a inflação *efectiva* for igual à inflação *esperada*, então o desemprego situar-se-á na sua «taxa natural». Mas se a inflação *esperada* for muito alta e a inflação *efectiva* for inferior (apesar de elevada), então teremos *estagflação*, ou seja essa inflação elevada, combinada com desemprego crescente[4619].

Esse ponto corresponderia a uma «taxa natural de desemprego», ou mais especificamente à «taxa de desemprego que não acelera a inflação» («*non-accelerating inflation rate of unemployment*», habitualmente designada pela sigla NAIRU), denotando-se com esta expressão a circunstância de todos os esforços políticos no sentido do abaixamento da taxa de desemprego a um nível inferior ao da taxa natural redundarem não apenas numa aceleração da taxa de inflação *efectiva* mas também numa subida da taxa de inflação *esperada*, gerando-se entre ambas uma dialéctica que poderá determinar subidas incessantes da taxa de inflação, agravamentos espontâneos e degenerativos, enquanto a taxa de desemprego permanecer abaixo no seu nível «natural»[4620].

A NAIRU, que é aproximadamente equivalente à taxa natural de desemprego[4621], implica por seu lado que sempre que se admita que uma mudança na política monetária e na procura agregada provoca, no curto prazo, evoluções divergentes da inflação e do desemprego, a primeira prioridade deve ser a de preservação de um nível de desemprego compatível com um nível estável de inflação[4622].

Apesar do gosto que têm todas as ciências em multiplicarem os seus conceitos e as suas minúcias classificativas, hoje tende a aceitar-se que NAIRU e «taxa natural» são sinónimos[4623], até porque dizer de uma taxa de desemprego que ela não acelera a inflação equivale a dizer-se que é a taxa que se mantém quando a taxa de inflação não muda – verificando-se o equilíbrio quando a inflação efectiva coincidir de modo estável com a inflação esperada, e o desemprego estiver no nível da NAIRU. Isso não quer dizer que não haja dificuldades com o conceito, mas apenas que as dificuldades são similares às que acompanharam a introdução do conceito de «Curva de Phillips» por Samuelson e Solow[4624], a proposta de Milton Friedman quanto à «taxa natural de desemprego»[4625], e a sua evolução para a NAIRU[4626].

[4614] Friedman, M. (1968), 1-17; Phelps, E.S. (1967), 254-281.

[4615] A primeira demonstração formal deve-se a: Sargent, T.J. (1971), 721-725.

[4616] Lucas Jr., R.E. (1972b), 103-124.

[4617] Em especial quando a expansão dos anos 90 permitia entrever um crescimento sustentado acompanhado de aumento de salários *reais*, atenuando fortemente a tensão entre os objectivos de combate ao desemprego e combate à inflação. Cfr. Sargent, J.R. (2002), 69-86.

[4618] Sobre a medição estatística das expectativas de inflação, cfr. Berk, J.M. (2002), 122-132; Wright, S. (2002), 61-90.

[4619] Dornbusch, R., S. Fischer & R. Startz (2004), 121-123.

[4620] Como é evidente em todos os conceitos-chave da Macroeconomia, há muita controvérsia em torno do conceito de NAIRU e da sua relevância como instrumento político. Cfr. Krueger, A.B. & R.M. Solow (orgs.) (2001).

[4621] Chiarini, B. & P. Piselli (2001), 585-611.

[4622] Ball, L. & N.G. Mankiw (2002), 115.

[4623] Stiglitz, J.E. (1997), 3

[4624] Samuelson, P.A. & R.M. Solow (1960), 177-194.

[4625] Friedman, M. (1968), 1-17.

[4626] Ainda em 1986, Robert Solow confessava não perceber bem o que é que se pretendia designar quando se falava de «taxa natural de desempre». Cfr. Solow, R.M. (1986b), S24. Cfr. ainda: Hall, R.E. (1979), 153-170.

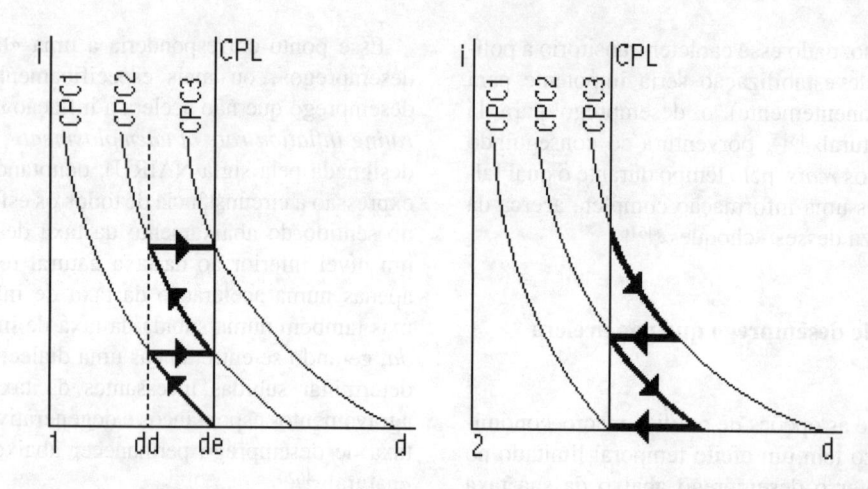

Gráfico 23.3. *Porque é que a Curva de Phillips é vertical no longo prazo*

1: Se se tentar diminuir a taxa de desemprego, provoca-se inflação, mas isso aumenta as expectativas inflacionistas e desloca a curva de Phillips para uma nova posição ajustada às novas expectativas inflacionistas, fazendo a taxa de desemprego voltar à sua posição de equilíbrio, e assim sucessivamente, sendo por isso que a única coisa que efectivamente se obtém, nesse esforço de redução do desemprego abaixo da sua posição de equilíbrio (NAIRU), é o agravamento da inflação. O carácter vertical da curva de Phillips de longo prazo significa que são infrutíferas, no longo prazo, as tentativas de reduzir o desemprego para lá da sua «taxa natural», visto que a única coisa que efectivamente se alcança são efeitos *nominais*, especificamente inflação.

2: Em contrapartida, é possível combater a inflação sem grandes receios de impacto no desemprego (sem grande «taxa de sacrifício»), visto que as expectativas de uma inflação menor vão reconduzindo o desemprego, que aumenta no curto prazo a cada descida da inflação, de volta ao seu nível «natural» de longo prazo.

i: inflação
d: desemprego
de: desemprego de equilíbrio (NAIRU)
dd: desemprego de desequilíbrio
CPL: Curva de Phillips de longo prazo
CPC1, CPC2, CPC3: Curvas de Phillips de curto prazo ajustadas às expectativas inflacionistas (com expectativas quanto a um grau crescente, em 1., e decrescente, em 2., da inflação)

A determinação da NAIRU pode ser, de resto, totalmente empírica, bastando apurar-se qual a taxa de desemprego efectiva abaixo da qual começam a registar-se pressões inflacionistas nas remunerações e nos preços (um dos sucessos desta teoria, como de quase todas as teorias, resulta da sua simplicidade, da sua *parcimónia*, e também do facto de continuar a ser válida como tendência geral, independentemente da uma verificação muito rigorosa[4627] – querendo dizer-se com isto que hoje já não se debate verdadeiramente a existência da NAIRU, mas apenas o seu nível, os valores que a exprimem[4628]).

A NAIRU tem sido estimada entre 5,4 e 6,5 para Portugal[4629], concentrando-se as divergências doutrinárias mais no aspecto da maior ou menor estabilidade temporal dessa taxa de desemprego, e em conceitos próximos e condicionantes como o da avaliação do PIB potencial e do «hiato do produto» que corresponda em cada momento às variações em torno da NAIRU[4630], sem descurar, no caso português, a ponderação dos efeitos que possa ter, nesta sede, o fenómeno da integração económica a da introdução da moeda única[4631] – isto sem embargo de, mais uma vez, a própria estimativa da NAIRU ser base suficiente para a adopção de

---

[4627] ERP (1997), 46.
[4628] Stiglitz, J.E. (1997), 3ss..
[4629] Botas, S., C.R. Marques & P.D. Neves (1998), 55.
[4630] Botas, S., C.R. Marques & P.D. Neves (1998), 49-57.
[4631] Sobre o processo que conduziu à moeda única, e sobre as fragilidades básicas da experiência do Euro, cfr. Cunha, P.P. (2003), 37ss., 77ss., 97ss., 111ss.

medidas de política macroeconómica que contribuam para a sua evolução, nomeadamente para o seu abaixamento[4632], seja por incrementos de produtividade, seja mais imediatamente por diminuição dos «custos de busca» e das «fricções» no mercado de trabalho[4633].

No fundo, a hipótese de estabilidade da «taxa de desemprego que não acelera a inflação» assenta nos pressupostos de que:

a) uma taxa de inflação efectiva tende a perpetuar-se através das expectativas de inflação futura que ela induz;

b) as subidas da taxa de desemprego provocam directamente a queda da taxa de inflação, e as descidas da taxa de desemprego fazem subir a taxa de inflação.

Ora o facto é que, a partir do começo dos anos 70 do século XX, no momento em que as políticas macroeconómicas começaram a levar em conta a Curva de Phillips, ela deixou de se verificar empiricamente, deixou de ser detectável nas estatísticas, naquela forma claramente reveladora de uma correlação inversa que tinha conduzido à sua descoberta: e isso começou por ser tido como confirmação da «hipótese da taxa natural», da crítica que Friedman e Phelps lhe tinham dirigido, uma confirmação tanto mais nítida quanto mais por todo o mundo as autoridades se embrenhavam em políticas inflacionistas sem que o desemprego diminuísse. Alguns keynesianos obstinaram-se ainda na concepção da Curva de Phillips como uma relação estrutural essencialmente estável[4634], sendo a «turbulência» erradicável através de alguns ajustamentos reclamados pela comprovação econométrica[4635] – isto ao mesmo tempo que os monetaristas neoclássicos lhe anunciavam o colapso, teórico e empírico[4636].

Contudo, em breve essa ideia de que o aparente «desgoverno» da Curva de Phillips era a consequência perversa das políticas macroeconómicas de curto prazo começou a coexistir com uma outra explicação, a de que o comportamento inesperado daquela curva se devia sobretudo a um «choque exógeno» do lado da oferta agregada, nomeadamente o «choque petrolífero» dos anos 70[4637], o qual, provocando uma inesperada retracção da curva da oferta agregada, provocava simultaneamente a recessão, o desemprego e a inflação (a *estagflação*, em suma)[4638], seguida de um período de expansão e estabilidade «do lado da oferta», sem significativa pressão no sentido da subida dos salários nominais, período não menos atípico[4639] – razão pela qual há quem duvide que tenha emergido um «novo paradigma» no contexto da expansão dos anos 90[4640].

Colocando noutro nível, a outros valores, o compromisso de curto prazo entre inflação e desemprego, esse «choque exógeno» dos anos 70 deslocou efectivamente a Curva de Phillips num sentido que limitou mais ainda as opções de política macroeconómica, tendência que só poderia ser invertida se porventura as expectativas dominantes provocassem uma especulação estabilizadora, ou se lhe sucedesse um «choque positivo»; sendo que, em suma, o choque negativo do lado da oferta acentuou muito as tendências tanto para o agravamento do desemprego como para o agravamento da inflação – e deixou numa posição muito pouco desafogada as autoridades que mantivessem veleidades de aplicarem medidas macroeconómicas de curto prazo.

Um consenso subsistia, e subsiste, relativamente às novas limitações das políticas macroeconómicas:

– qualquer esforço para lá das fronteiras da «taxa de desemprego que não acelera a inflação» (NAIRU) faz subir a «Curva de Phillips aumentada pelas expectativas» e desencadeia um processo inflacionista potencialmente maligno, que não traz consigo quaisquer elementos auto-correctores;

– a inflação pode ser eficientemente combatida através da manutenção de uma taxa de desemprego acima da NAIRU, e pode ser mantida a um nível aceitável se se assegurar uma taxa efectiva de desemprego coincidente com a NAIRU – tendo contudo que se levar em conta o carácter *inercial* dos fenómenos inflacionistas, que tendem a persistir alicerçados nas expectativas dos agentes

---

[4632] Estima-se que a NAIRU norte-americana tenha baixado mais de 2 pontos percentuais (dos 6 para os 4) entre os anos 70 e a actualidade. Cfr. Baily, M.N. (2002), 13.

[4633] Gordon, R.J. (1998), 297-333; Katz, L.F. & A.B. Krueger (1999), 1-65; Pissarides, C.A. (1990).

[4634] King, R.G. & M.W. Watson (1994), 160.

[4635] Gordon, R.J. (1977), 253-277.

[4636] Lucas Jr., R.E. & T.J. Sargent (1978), 49-72.

[4637] Bruno, M. & J. Sachs (1985).

[4638] Ao facto também não terá sido alheia a circunstância de as expectativas não serem indiferentes ao tipo de política estabilizadora que o Governo e as autoridades monetárias estejam a assumir em cada momento, introduzindo desfasamentos entre os valores do desemprego e da inflação e aumentando a imprevisibilidade. Cfr. Bonatti, L. (2002), 109-123.

[4639] Não sendo por isso possível inferir dos dados peculiares do final do século XX se a formulação «canónica» da Curva de Phillips está definitivamente obsoleta ou se não será possível regressar-se à sua verificação no plano dos factos. Cfr. Blank, R.M. (2000), 16.

[4640] Matthews, P.H. & I.T. Kandilov (2002), 181-202.

económicos, mesmo quando os fenómenos subjacentes estão já controlados (um efeito de «histerese» transposto para o domínio da inflação[4641]).

E esse consenso sobrevive à constatação das inúmeras dificuldades que acompanham qualquer tentativa de determinação rigorosa da NAIRU – admitindo-se que, como referimos, mesmo um valor aproximado chegue já para validar as teses básicas em torno do conceito, conferindo-lhe uma notória relevância política[4642/4643]. As flutuações da NAIRU, em especial na Europa, têm sido demasiado amplas, e demasiado correlacionadas com a taxa efectiva de desemprego, para que possa dizer-se que o conceito de NAIRU é totalmente fiável – embora possa admitir-se calmamente que ele é aproveitável dentro de uma «banda» de aproximação estatística[4644] –.

Basta pensarmos que pode agora reformular-se a noção de «Curva de Phillips de longo prazo», observando que ela será vertical no ponto que corresponde à NAIRU, com a implicação de que, nesse longo prazo, qualquer esforço de aumento do nível de emprego degenerará numa pressão inflacionista dificilmente controlável, remediável porventura apenas com o aumento do desemprego – e que portanto o compromisso entre inflação e desemprego, que é relativamente maleável no curto prazo, se inflexibiliza com a passagem do tempo –. Com efeito, se se admitir que existe apenas uma NAIRU, então a «Curva de Phillips» será rigorosamente vertical nessa taxa de desemprego – caso em que seria possível à estabilização macroeconómica «domar» a inflação, bastando para isso manter a taxa de desemprego coincidente com a NAIRU, ou mantê-la acima, no caso de se desejar um abaixamento da inflação. Compreende-se assim o quão valioso será, em termos de política económica – de controle da inflação mas também de redução do «hiato do produto» e de promoção do PIB potencial[4645] –, determinar-se o valor da NAIRU com alguma precisão[4646].

Em contrapartida, é pertinente a crítica de que a NAIRU não passa muitas vezes de um expediente «*ad hoc*», um coelho que é tirado da cartola para justificar o que se quiser: se não houver um padrão unívoco de aferição objectiva, basta observar uma qualquer pressão inflacionista para imediatamente se asseverar que a NAIRU há-de ser *superior* à taxa de desemprego efectiva, podendo afirmar-se o inverso se, com os mesmos valores de desemprego, se verificar uma queda na taxa de inflação: fazendo-se a sua definição ao sabor das conveniências do momento, por mais aberrante que seja o contexto (um pouco aquilo que se acusa de acontecer com a «sobrevivência forçada» da Curva de Phillips)[4647].

Dado o consenso maioritário, poucos serão hoje os governos capazes de propor que se empurre o desemprego para lá da NAIRU, e nem mesmo a impopularidade do desemprego justificará sequer alguns esforços de curto prazo que explorem o facto de os ganhos do aumento de emprego antecederem o aparecimento dos custos da inflação. Em todo o caso, a NAIRU continuará a ser essencialmente um instrumento de previsão económica, que simplificadamente adverte que sempre que o desemprego efectivo está abaixo de um determinado nível é de esperar que a inflação suba, e é de esperar que ela desça quando o desemprego efectivo está acima desse nível[4648]; permitindo, em suma, previsões de inflação que, apesar de tudo, são mais fiáveis do que as alternativas[4649].

– Mais recentemente tem sido dispensada particular atenção ao declínio nos valores da NAIRU, que se tem atribuído a factores demográficos, a factores de produtividade e ao incremento genérico de competitividade nos mercados dos factores e dos produtos – reconhecendo-se que o envelhecimento populacional tem feito predominar no mercado de trabalho grupos nos quais a «taxa natural» de desemprego é mais baixa, contribuindo assim para esse abaixamento da NAIRU.

– Também quanto à produtividade, tem-se aventado a hipótese de que, depois de decénios de «ilusão nominalista», com as correspondentes viscosidades e a sua pressão inflacionista (o movimento de «*wage aspiration*»), os trabalhadores tiveram tempo para ajustar as suas perspectivas salariais às tendências evolutivas da

---

[4641] Em alternativa à ideia de deslocação da própria Curva de Phillips, tem-se aventado a «*behavioural inertia hypothesis*» para justificar o facto de no final do século XX algumas economias mais desenvolvidas terem experimentado anos sucessivos de desemprego abaixo da NAIRU sem que se tivesse desencadeado uma espiral inflacionista, antes o contrário. Cfr. Stanley, T.D. (2002), 753-757.

[4642] Sobre o cálculo (e aferição econométrica) da inflação esperada e da NAIRU, cfr. Gordon, R.J. (1998), 297-333; Staiger, D., J.H. Stock & M.W. Watson (1997), 195-246.

[4643] Tem havido tentativas no sentido da «flexibilização» do cálculo da NAIRU, a que se tem resistido por se crer que se ganha mais em não desligar o respectivo conceito do de «taxa natural de desemprego», mais intuível e pedagógico.

[4644] Gordon, R.J. (1997), 28.

[4645] Galbraith, J.K. (1997), 98ss..

[4646] Gordon, R.J. (1997), 11ss..

[4647] Solow, R.M. (2000), 156-157.

[4648] Ball, L. & N.G. Mankiw (2002), 121.

[4649] Stock, J.H. & M.W. Watson (1999), 293-335. Sobre o impacto, nesta sede, da expansão monetária inesperada, cfr. Barro, R.J. (1977), 101-115.

produtividade, tornando desnecessária uma tão elevada NAIRU – sendo que, por outro lado, o maior dinamismo dos mercados pode ter provocado um efeito de «histerese» ao contrário: quanto menos tempo os trabalhadores estão desempregados, menos provável se torna que caiam novamente no desemprego ou que este se prolongue, visto que há cada vez menos degradação do capital humano, e por isso cada vez menor «taxa natural»[4650].

Refiramos ainda que o facto de o valor da NAIRU não ter servido de baliza muito precisa para os efeitos que lhe eram atribuídos, mormente o facto de a taxa de desemprego ter estado longamente abaixo da NAIRU sem que a inflação tivesse sequer subido, quanto mais «acelerado»[4651], levou à reformulação do conceito, em termos de «variabilidade temporal»[4652] ou de assimetria entre os efeitos de uma taxa de desemprego *acima* da NAIRU e os efeitos de uma taxa *abaixo* da NAIRU[4653] – sendo que nem isso travou as críticas[4654], mas também não levou ao abandono do conceito[4655].

Nos anos 80 começou a generalizar-se a ideia de que o agravamento constante da combinação de valores da inflação e do desemprego só poderia ser contrariado através de uma rigorosa política *deflacionista* – de abrandamento, ou até inversão, da tendência inflacionista – através da contracção da massa monetária. A lógica era a de que, dada a neutralidade monetária no longo prazo, essa contracção da massa monetária não provocaria danos *reais* duradouros, subsistindo apenas, no longo prazo, a *deflação* – a diminuição da taxa de inflação, não necessariamente uma taxa negativa –[4656].

Contudo, não podia ignorar-se que, no curto prazo,

até que as expectativas dos agentes se ajustassem e vencessem «erros» e «viscosidades», a contracção da massa monetária significaria retracção da procura agregada, e por isso recessão e agravamento do desemprego – efeitos *reais*. O tempo que, em suma, o desemprego demorasse a voltar à sua «taxa natural» representaria, assim, um período de sacrifício, de «apertar de cinto», de crescimento interrompido – tendo-se chegado a calcular uma «taxa de sacrifício»[4657], que dava como inevitável uma redução de 5% no crescimento potencial do PIB por cada 1% de diminuição na taxa de inflação[4658].

Essa «taxa de sacrifício» pode ser agravada por efeitos de pura *persistência da inflação*, o que tem levado alguns a abandonarem o pressuposto da racionalidade das expectativas[4659], outros a levarem em conta a lentidão da difusão de informação e da formação das expectativas sobre a evolução das condições macroeconómicas[4660], outros a colocarem a hipótese de haver alguma «viscosidade» na própria resposta inflacionista aos choques do lado da procura que seja atribuível a «desfasamentos produtivos», atrasos no ajustamento às condições de mercado agravados pela dificuldade de ajustamento das próprias taxas de juro, reais[4661] e nominais[4662], e obstáculos presentes na produção de bens intermédios[4663], nos *«menu costs»*[4664] e na estabilidade dos contratos[4665].

Pelo menos até à «revolução das expectativas racionais», afigurava-se difícil alcançar-se objectivos deflacionistas que não fossem, no curto prazo, depressivos em termos reais, e é essa ideia que subjaz à noção de «taxa de sacrifício»[4666] (uma espécie de «imposto de

[4650] Stiglitz, J.E. (1997), 7ss..

[4651] Coen, R.M., R. Eisner, J.T. Marlin & S.N. Shah (1999), 52.

[4652] Phelps, E.S. (1994); Gordon, R.J. (1997), 11-32.

[4653] Eisner, R. (1997), 106-130; Eisner, R. (1998), 454-487.

[4654] Cross, R. (org.) (1995); Blanchard, O.J. & L.F. Katz (1997), 51-72; Galbraith, J.K. (1997), 93-108; Solow, R.M. (1986b), S23-S34; Tobin, J. (1993), 45-65.

[4655] Fair, R.C. (1999), 58ss.; Akerlof, G.A., W.T. Dickens & G.L. Perry (1996), 1-76; Gordon, R.J. (1997), 11-32; Staiger, D., J.H. Stock & M.W. Watson (1997), 195-242; Staiger, D., J.H. Stock & M.W. Watson (1997b), 33-49.

[4656] O lado direito do Gráfico 23.3 ilustra o processo que se tinha em vista.

[4657] Dornbusch, R., S. Fischer & R. Startz (2004), 472-474.

[4658] Dornbusch, R., S. Fischer & R. Startz (2004), 144. O conceito relaciona-se com os estudos sobre a «felicidade» dos destinatários, uma amplificação da análise hedónica tradicional. Cfr. Easterlin, R.A. (1974), 89-125; Morawetz, D., E. Atia, G. Bin-Nun, L. Felous, Y. Gariplerden, E. Harris, S. Soustiel, G. Tombros & Y. Zarfaty (1977), 511-522; Frank, R.H. (1985); Inglehart, R. (1990); Ng, Y.-K. (1996), 1-27; Oswald, A.J. (1997), 1815-1831; Winkelmann, L. & R. Winkelmann (1998), 1-15; Ng, Y.-K. (1997), 1848-1858; Kahneman, D., P.P. Wakker & R. Sarin (1997), 375-406; Diener, E. (1984), 542-575; Pavot, W., E. Diener, C.R. Colvin & E. Sandvik (1991), 149-161; Myers, D. (1993).

[4659] Ball, L. (2000); Galí, J. & M. Gertler (1999), 195-222.

[4660] Mankiw, N.G. & R. Reis (2002), 1295-1328.

[4661] Ibbotson, R. (1989); Homer, S. & R. Sylla (1991); Mishkin, F.S. (1993).

[4662] Fisher, I. (1925), 179-201; Tobin, J. (1975), 195-202.

[4663] Basu, S. (1995), 512-531; Blanchard, O. (1987), 57-122.

[4664] Caplin, A. & D. Spulber (1987), 703-726.

[4665] Lindbeck, A. & D.J. Snower (1999), 81ss..

[4666] Fischer, S., R. Sahay & C.A. Végh (2002), 865; Okun, A.M. (1978), 348-352; Gordon, R.J. (1982), 11-40; Fischer, S. (1986), 247-269.

capitação» que impõe perdas de bem-estar no consu-mo[4667], em benefício da poupança[4668]), a qual chegou a ser usada como argumento contra a independência dos bancos centrais, alegando-se que a atribuição de pode-res deflacionistas a autoridades monetárias indepen-dentes poderia convertê-las num contra-poder suscep-tível de destruir todos os benefícios advindos das demais políticas macroeconómicas e redistributivas dos Governos[4669].

Tudo isto contribuiu para insinuar, no seio da Macroeconomia, uma «função de bem-estar social» que dependeria do equilíbrio de curto prazo entre infla-ção e desemprego, e que minimizaria a «taxa de sacri-fício» das políticas estabilizadoras[4670] – uma função que definiria os custos da inflação em termos de desemprego e os custos do desemprego em termos de inflação[4671].

Já analisámos os custos *reais* da inflação, embora não esgotássemos na nossa análise todo o género de custos implícitos[4672]; mas a «taxa de sacrifício» signi-ficava agora também que a deflação – não a inflação negativa mas a simples travagem da inflação – tinha custos, e custos muito manifestos e politicamente sen-síveis, o que levou à alegação de que os países mais desenvolvidos acabariam por se preocupar demasiado com a estabilidade dos preços *nominais*[4673], desinteres-sando-se do incomensuravelmente maior «sacrifício» resultante do desemprego[4674].

Há boas razões para se pôr em dúvida a «hipótese da taxa natural», e é bem possível que ela resulte de sim-plificações que não resistiriam a uma segunda análi-se[4675]. Contudo, em política «o que parece é», e a sim-ples aparência de validade dessa «hipótese» determi-

nou profundas inflexões de política macroeconómica, o triunfo do monetarismo e a predominância de políticas monetárias deflacionistas – no fundo, a apologia do «regresso ao *laissez-faire*» nestes domínios[4676] –, «encostadas» à convicção de que o combate ao desem-prego poderia cingir-se à promoção de uma taxa efec-tiva não-nula, a «taxa natural»; políticas deflacionistas que, insiste-se, só não eram mais radicais porque, durante algum tempo, se julgou que os «custos de ajus-tamento» seriam muito elevados, implicando sacrifí-cios politicamente incomportáveis.

23 – d) As expectativas racionais

É neste contexto que ocorre a revolução das «expec-tativas racionais»[4677] – liderada por economistas como John Muth[4678], Robert Lucas[4679/4680], Thomas Sargent e Robert J. Barro[4681/4682] –, que vinha sustentar que os agentes económicos usam toda a informação disponí-vel, incluindo as previsões oficiais e os critérios políti-cos, para ajustarem as suas condutas, e que por isso esse ajustamento se dá instantaneamente, em termos de não se poder discernir uma divergência relevante entre inflação *esperada* e a inflação *efectiva*[4683] – o que, entre outras consequências, não só anularia a diferença, segundo o «modelo Friedman - Phelps»[4684], entre curto e longo prazo, para efeito de justificação das políticas macroeconómicas, mas ainda tornaria ínfima, ou despi-cienda, a «taxa de sacrifício» associável à estabilização monetária –

Pelo menos, alegava-se, os agentes económicos esforçam-se por erradicar das suas previsões os erros

---

[4667] Zee, H.H. (2000), 376-393.

[4668] Edmond, C. (2002), 141.

[4669] Cukierman, A. (2002), 1-25.

[4670] Barro, R.J. & D.B. Gordon (1983), 589-610; Blanchard, O. & S. Fischer (1989); Burda, M. & C. Wyplosz (2002); Hall, R.E. & J.B. Taylor (1997); Barro, R.J. & D.B. Gordon (1983), 589-610.

[4671] Di Tella, R., R.J. MacCulloch & A.J. Oswald (2001), 335, 340.

[4672] Shiller, R.J. (1997), 13-65; Bailey, M.J. (1956), 64–93; Friedman, M. (1969); Fischer, S. (1981), 5-41; Lucas Jr., R.E. (1981b), 43-52.

[4673] Di Tella, R., R.J. MacCulloch & A.J. Oswald (2001), 340.

[4674] Clark, A. & A.J. Oswald (1994), 648-659; Frey, B.S. & A. Stutzer (2002b), 428-430.

[4675] Por exemplo, a ideia de que a inflação se descontrolaria permanentemente quando se ultrapassasse a NAIRU, e que iria num crescendo irrestrito, não resiste à constatação da tendência assimptótica para a formação de um limite de equilíbrio. Para usarmos uma imagem sugestiva de Akerlof, se duas pessoas começam com o mesmo peso mas uma ingere mais 100 calorias diárias do que outra, isso não significa que esta última acabe por ficar, ao fim de alguns anos, com o dobro do peso da primeira (dado que a certa altura o maior peso que tem já só consegue ser expandido com a ingestão de mais do que aquele suplemento de 100 calorias diárias). Cfr. Akerlof, G.A. (2002), 418-420.

[4676] Kasper, S.D. (2002).

[4677] Dornbusch, R., S. Fischer & R. Startz (2004), 544-555; Gonçalves, J.R. (1992).

[4678] Muth, J.F. (1960), 299-306; Muth, J.F. (1961), 315-335.

[4679] Lucas Jr., R.E. & E.C. Prescott (1971), 659-681; Lucas Jr., R.E. (1972b), 103-124. Cfr. Gurley, J.G. (1961), 307-308; Samuelson, P.A. (1958), 467-482.

[4680] Hoover, K.D. (org.) (1999).

[4681] Sobre os alvores da «Revolução das Expectativas Racionais», cfr. Young, W. & W. Darity Jr. (2001), 773-813.

[4682] Ver ainda: Arrow, K.J. (1951b); Debreu, G. (1959).

[4683] Franco, A.L.S. (2002), II, 292.

[4684] Friedman, M. (1968), 1-17; Phelps, E.S. (1968), 678-711; Phelps, E.S. (org.) (1970).

sistémicos ou recorrentes – sendo «racional» a expectativa que só falha por causa da aleatoriedade inerente ao contexto circundante –, e por isso a tendência evolutiva é para o desaparecimento do erro do agente médio, tornando descabido conceber-se uma solução macroeconómica assente no pressuposto de que os erros de previsão dos indivíduos nunca se corrigirão.

Especificamente, a perspectiva das *expectativas racionais* sustentava que os participantes no mercado conseguiam incorporar com grande rapidez uma previsão suficientemente rigorosa acerca da inflação, provocando uma subida muito veloz da «Curva de Phillips aumentada pelas expectativas», e decerto mais veloz do que o que sucederia se as expectativas dos agentes económicos fossem meramente «adaptativas», acompanhando lentamente, e sempre com algum desfasamento temporal, as variações da inflação[4685]. E de facto, num mundo crescentemente informado, crescentemente povoado de analistas sofisticados e de meios de partilha e obtenção de dados, é cada vez mais provável que a informação privada equivalha à pública, se lhe antecipe ou até a «expulse» como referência relevante dentro dos mercados[4686], isto sem embargo das virtualidades que a própria informação pública revela[4687].

Numa crítica aos modelos econométricos habitualmente usados para avaliar as políticas macroeconómicas – e que se converteria numa das mais profundas contestações ao paradigma keynesiano[4688] (introduzindo até novos paradigmas[4689] e novos temas[4690] na análise macroeconómica[4691]) –, Robert Lucas observou, muito elementarmente, que a evolução das políticas económicas afecta a eficiência dessas mesmas políticas sobre a actividade económica, porque os agentes económicos tendem a incorporar instantaneamente nos seus cálculos e decisões as novas balizas de política económica, visto que a sua atitude mental é muito mais *prospectiva* do que *retrospectiva*, age muito mais em função daquilo que se *espera* do que daquilo que se *está habituado a fazer*[4692]; por isso, os modelos econométricos tradicionais, dando dos agentes económicos uma imagem reveladora de hábitos e tradições, não forneceriam informação suficientemente útil acerca das consequências de adopção de uma qualquer política – porque muito simplesmente a própria estrutura da economia muda instantaneamente com a adopção dessa política[4693].

Daí que progressivamente se evoluísse para a formulação de modelos de «ciclo real» (a que voltaremos), nos quais os agentes eram já movidos por projecções *prospectivas*[4694], por «expectativas racionais»[4695], embora tenham subsistido, e coexistido com eles, modelos *retrospectivos* de análise da política monetária[4696], na sua forma mais tradicional, que alguns consideram ainda a forma mais conforme aos dados estatísticos[4697].

De uma forma muito esquemática (um pouco caricaturada), dir-se-ia que a visão de Robert Lucas aponta para um «equilíbrio auto-confirmado» segundo a seguinte sequência: 1- as autoridades postulam uma Curva de Phillips que se adequa aos dados do passado; 2- a opção política adoptada segue esta «percepção» da Curva de Phillips; 3- os particulares têm «expectativas racionais» e incorporam instantaneamente nas suas previsões de inflação a política anti-inflacionista adoptada; 4- a «verdadeira» Curva de Phillips surge desta circunstância; 5- as autoridades apercebem-se da «verdadeira» Curva de Phillips e passam a comportar-se como agentes com «expectativas racionais»[4698].

Robert Lucas, o exemplo mais rematado do economista polivalente da actualidade (veja-se a sua impor-

---

4685 Fanti, L. (2002), 305-332.

4686 Morris, S. & H.S. Shin (2002), 1532-1533.

4687 Morris, S. & H.S. Shin (2002), 1521; Shiller, R.J. (2000).

4688 Chari, V.V. (1998), 171ss..

4689 Cooley, T.F. (org.) (1995); Sargent, T.J. (1996), 535-548.

4690 Sargent, T.J. (1976), 207-237.

4691 Calvo, G. (1978), 1411-1428; Chari, V.V. (1998), 181ss.; Kydland, F.E. & E.C. Prescott (1977), 473-491; Taylor, J.B. (1979b), 1267--1286.

4692 Lucas Jr., R.E. (1976), 19-46.

4693 As «expectativas racionais» têm algum paralelismo com algumas teorias da «racionalidade do votante», que também concebem os votantes como agentes *forward-looking*», capazes de previsões correctas (em média) sobre o desfecho e impacto económico das votações. Cfr. Denzau, A.T. & R.J. Mackay (1981), 762-779; Epple, D.N. & J.B. Kadane (1990), 165-175.

4694 Ainda que houvesse reservas quanto à «super-exogeneidade» desta hipótese puramente prospectiva. Cfr. Sims, C.A. (1982), 107-152; Engle, R.F., D.F. Hendry & J.-F. Richard (1983), 277-304, Engle, R.F. & D.F. Hendry (1993), 119-139; Ericsson, N.R. & J.S. Irons (1995), 263--312; Lindé, J. (2001), 986-1005.

4695 Lucas Jr., R.E. (1975), 1113-1144; Lucas Jr., R.E. (1977), 7-29; Lucas Jr., R.E. (1988b), 137-167, Kydland, F.E. & E.C. Prescott (1982), 1345-1370.

4696 Lindé, J. (2001), 986-987; Ball, L. (1999b), 63-83; Svensson, L.E.O. (1997), 1111-1146; Rudebusch, G.D. & L.E.O. Svensson (1999), 203-246; Taylor, J.B. (1999c), 655-679.

4697 Fuhrer, J.C. (1997), 338-350.

4698 Sargent, T.J. (1999); Marimon, R. (2000), 406-407.

tância noutros ramos, como a economia da empresa[4699], as finanças públicas[4700], a teoria monetária[4701], a economia internacional[4702], a teoria do crescimento económico[4703], até questões metodológicas[4704]) fez derivar dessa crítica a ofensiva pela refundamentação microeconómica dos princípios da macroeconomia (a questão dos «micro-alicerces»[4705]) – insistindo que os valores agregados truncam a necessária percepção do comportamento dos agentes em mercados particulares, e muito especificamente impedem a adequada avaliação do efeito das expectativas particulares no sucesso ou insucesso das políticas macroeconómicas; mais especificamente, a «Crítica de Lucas» é a de que o modelo básico «Procura agregada / Oferta agregada» pressupõe que os agentes económicos elaborem previsões económicas que são inconsistentes com as previsões económicas que o próprio modelo faz[4706].

Implicita-se na «crítica» que muita da «involuntariedade» deva ser retirada dos fenómenos macroeconómicos, de acordo com o novo paradigma de «expectativas», possibilitando a sua crescente atribuição a agentes individuais que façam do contexto económico o seu palco decisório, e sejam muito menos vítimas de «erros» e «viscosidades» do que se pressupunha na abordagem keynesiana[4707].

Note-se que a crítica de Lucas é até certo ponto reversível, visto que ela deixa subentendida a racionalidade limitada das autoridades monetárias, visto não considerar a hipótese de a decisão política incorporar já a previsão de uma reacção interactiva e instantânea dos destinatários – ainda que não possa excluir-se que a própria «crítica de Lucas» fosse dirigida em primeira linha àquelas autoridades, na esperança de que elas aprendessem alguma coisa[4708]. E a ideia de que as

«expectativas racionais» estabilizariam a Curva de Phillips (ao contrário das «expectativas adaptativas» que cumulativamente a destabilizariam[4709]) fragiliza também a crítica de Lucas, dada a aleatoriedade prevalecente nas deslocações da Curva de Phillips, logo a partir dos anos 70 do século passado[4710].

Em suma, há quem entenda que a «crítica de Lucas» é correcta – sobretudo no seu ataque à ilusão de rigor que derivava da fundamentação econométrica na Macroeconomia[4711] – mas irrelevante, não bastando para afastar completamente os recursos econométricos como instrumentos da política macroeconómica[4712]. Mais importante, a «crítica de Lucas» tornou mais evidente a ausência de alicerces para o desequilíbrio pressuposto no modelo keynesiano[4713], e depois a ausência de uma explicitação clara para o papel das expectativas no comportamento agregado[4714], e depois ainda o carácter «ad hoc» de muitas bases para o sistema de equações em que assentava o modelo keynesiano (as «funções», «propensões», e «preferências»[4715]), de certo modo insensibilizadas face a parâmetros tão básicos como o dos gostos e da tecnologia[4716].

Em todo o caso, esta ênfase extrema nas aptidões de racionalidade média do agente económico individual não destoa de algumas simplificações que fizeram progredir as ciências sociais, e porventura a ciência política em particular, na qual o postulado da racionalidade é fulcral[4717]. E além disso, lembremo-lo, as expectativas racionais são mais fruto de um processo médio de eliminação de erro do que o fruto de uma informação completa e perfeita que não se coadunaria com a base microeconómica – exige-se a apreensão imediata, pelos particulares, dos vectores principais das opções

[4699] Lucas Jr., R.E. (1978b), 1429-1445.

[4700] Lucas Jr., R.E. & N. Stokey (1983), 55-94.

[4701] Lucas Jr., R.E. (1980), 203-220; Lucas Jr., R.E. & N. Stokey (1987), 491-514.

[4702] Lucas Jr., R.E. (1982), 335-360.

[4703] Lucas Jr., R.E. (1988), 3-42.

[4704] Lucas Jr., R.E. (1980b), 696-715.

[4705] Chen, P. (2002), 327-344.

[4706] Dornbusch, R., S. Fischer & R. Startz (2004), 546.

[4707] Veja-se, por exemplo, como a ideia de «ciclo económico» vai sendo subtilmente substituída pela de «*sunspots*», de múltiplos equilíbrios de «expectativas racionais» resultantes de «flutuações endógenas», propiciados pela *sinalização* pública que serve de mecanismo coordenador, de ponto focal para a acção colectiva de *actores* independentes. Cfr. Azariadis, C. (1981), 380-396; Cass, D. & K. Shell (1983), 193-227; Guesnerie, R. (2001); Howitt, P. & R.P. McAfee (1992), 493-507; Woodford, M. (1990), 277-307; Morris, S. & H.S. Shin (2002), 1521.

[4708] Marcellino, M. & M. Salmon (2002), 167-185.

[4709] Sargent, T.J. (1971), 721-725; Lucas Jr., R.E. (1972), 50-59.

[4710] Barsky, R.B. (1987), 3-24.

[4711] Summers, L.H. (1991), 129-148.

[4712] Blinder, A.S. (1998).

[4713] Mankiw, N.G. & D. Romer (orgs.) (1991); Phelps, E.S., G.C. Archibald & A.A. Alchian (1970).

[4714] Muth, J.F. (1960), 299-305; Muth, J.F. (1961), 315-335; Sargent, T.J. & N. Wallace (1975), 241-254.

[4715] Prescott, E.C. (1986), 9-33.

[4716] Lucas Jr., R.E. & E.C. Prescott (1971), 659-681; Lucas Jr., R.E. (1972b), 103-124; Nelson, C.R. (1972), 902-917.

[4717] Drazen, A. (2001); Persson, T. & G. Tabellini (2000).

políticas e das respectivas repercussões no equilíbrio geral, mas evidentemente isso tem que ser reduzido a termos de plausibilidade (sob pena de se cair no irrealismo de se conceber uma sociedade exclusivamente constituída por economistas sofisticados)[4718]. Mesmo assim, se a «revolução das expectativas racionais» veio fornecer um modelo genericamente plausível da atitude dos agentes económicos, ela deixou algumas clareiras na explicação dos modos de formação e de manutenção das expectativas, e suscita grandes reservas quanto ao nível e custo de informação que alimentaria essas expectativas[4719]. A plausibilidade aumenta, de resto, numa formulação «suave» das «expectativas racionais», e que se limita a afirmar que as previsões consensuais tendem a produzir melhores resultados do que qualquer previsão individual (ainda que isso não obste a que o economista *típico* consiga melhores resultados do que o sujeito económico *típico* em matéria de previsão)[4720].

A confirmar-se a perspectiva das «expectativas racionais», um qualquer movimento do Estado no combate ao desemprego que ultrapassasse o limiar da NAIRU implicaria quase instantaneamente um «disparo» da inflação; em contrapartida, a travagem da inflação seria muito mais célere, e menos «custosa»[4721], do que no caso de se conceber uma dinâmica *inercial* no fenómeno inflacionista, bastando agora provocar-se com sucesso uma «inversão de expectativas».

A justificação para as tradicionais políticas macroeconómicas de combate ao desemprego e à inflação ficava agora extremamente fragilizada, já que, depois do «assalto» de Friedman e Phelps, essa justificação se tinha centrado no desfasamento entre as expectativas dos agentes e uma alegada visão privilegiada e mais ágil de que disporiam as autoridades monetárias – sendo que, alegava-se, era a inércia das expectativas, a irracionalidade dos seus «erros» e «viscosidades», que não permitia antever um combate deflacionista sem custos e sem delongas.

Por outro lado, insistamos que não menos evidente era o corolário de que, com expectativas racionais, a «taxa de sacrifício» da deflação tenderia para o zero[4723], verificando-se, quando muito, um abrandamento negligenciável no crescimento do PIB – e que,

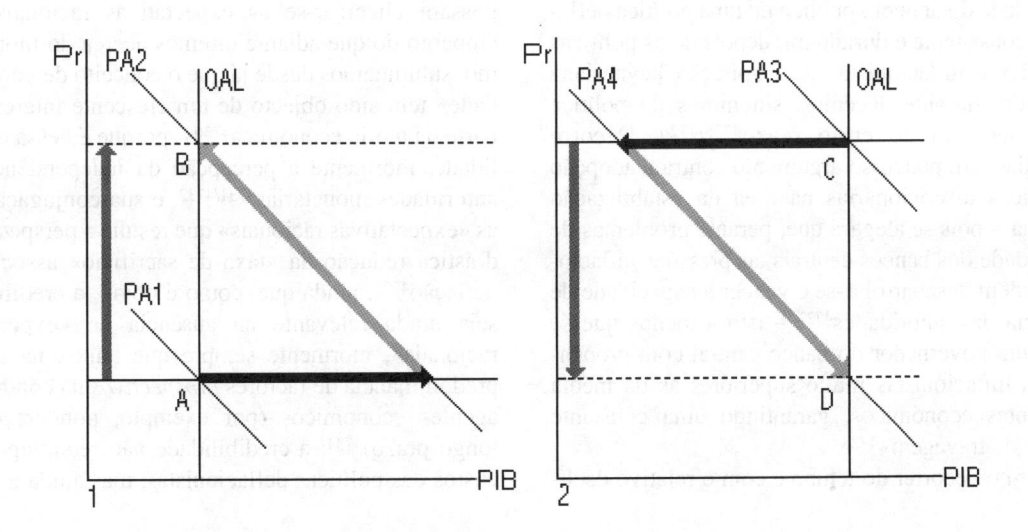

Gráfico 23.4. *Esquema básico da moderna interpretação macroeconómica*[4722]

1: Expansão
2: Contracção
Pr: nível de preços (deflator do PIB)
PA1, PA2, PA3, PA4: procura agregada

OAL: oferta agregada de longo prazo (= PIB potencial)
A, C: posição (e nível de inflação) de equilíbrio inicial
B, D: posição (e nível de inflação) de equilíbrio final

[4718] Saint-Paul, G. (2000b), 917.
[4719] Sargent, T.J. (1993); Evans, G.W. & S. Honkapohja (2001).
[4720] Zarnowitz, V. & P. Braun (1993).
[4721] Mesmo em casos hiperinflacionistas. Cfr. Sargent, T.J. (1982), 41-97; Fischer, S., R. Sahay & C.A. Végh (2002), 839.
[4722] Taylor, J.B. (2000b), 92.
[4723] Veja-se que, no lado direito do Gráfico 23.4, os preços descem *sem qualquer diminuição* do PIB.

por isso, não havia razão nenhuma para se demorar a entrada em vigor de medidas deflacionistas, por mais drásticas que estas fossem: bastaria aos Governos anunciarem uma intenção firme de encetarem uma política deflacionista para que os agentes económicos ajustassem as suas expectativas a níveis mais baixos de inflação, sem grandes custos, demoras e ineficiências.

Recordemos, recapitulando, que o modelo de equilíbrio de expectativas racionais sustenta, com optimismo, que os mercados equilibram sem que a política monetária possa fazer algo de decisivo e estruturante quanto à produção e ao desemprego – presumindo-se que os agentes usam, nas suas decisões, toda a informação disponível, e que por isso todas as perturbações e desvios em relação ao pleno emprego, por erros de previsão, não podem senão ser temporários[4724]. Só que os factos vieram de certo modo contradizer esse optimismo dos cultores das expectativas racionais, já que as políticas deflacionistas não deixaram de provocar aumentos iniciais de desemprego – ainda que, significativamente, com taxas de sacrifício muito menores do que aquelas que tinham sido inicialmente previstas –. A razão mais plausível para que tenha ocorrido essa «irracionalidade» das expectativas parece residir na fraca credibilidade do anúncio público de uma política deflacionista consistente e duradoura, depois de as políticas deficitárias e inflacionistas de inspiração keynesiana terem sido, durante decénios, sinónimos de política macroeconómica de curto prazo[4725]/[4726]. Decorre daqui, aliás, um poderoso argumento contra a adopção de políticas discricionárias na área da estabilização monetária – pois se alegará que, perante problemas de credibilidade dos bancos centrais, as pressões inflacionistas podem descontrolar-se e vencer a capacidade de resistência das autoridades[4727] – isto a menos que se escolha um governador do banco central com propensões anti-inflacionistas muito superiores às da média dos agentes económicos, garantindo uma constante «pressão de travagem»[4728].

Só com o decorrer do tempo e com o relativo declí-

nio da ideologia keynesiana e neo-keynesiana – com a sua coexistência com o monetarismo, com os «supply-siders», com políticas subordinadas à prioridade da desintervenção e da desregulação – é que as políticas deflacionistas foram ganhando credibilidade[4729] e as atitudes dos agentes se foram agilizando e adaptando à ideia de que as inflexões políticas de curto prazo não têm que ser todas do mesmo sentido, e que é compensador individual e colectivamente estar preparado para incorporar racionalmente a informação oficial no quadro das expectativas: ideia que é favorecida, já pelo aumento da previsibilidade das políticas macroeconómicas – sendo crescente o consenso doutrinário quanto ao facto de nem a melhor das intenções rectificadoras compensar os danos que um comportamento político errático é capaz de causar –, já pela demonstração de que é mantido um controlo apertado da criação da moeda, e de que, em quaisquer circunstâncias, o Estado não sucumbirá à tentação inflacionista – o que tem sido alcançado através de uma progressiva autonomização das autoridades monetárias face ao poder central do Estado –.

Tudo se joga, pois, na *credibilidade* das autoridades monetárias, dos bancos centrais, e na confiança em que possam alicerçar-se as expectativas racionais. Sem embargo do que adiante diremos acerca do monetarismo, sublinhemos desde já que o conceito de «credibilidade» tem sido objecto de um crescente interesse por parte da teoria económica[4730] – porque é dessa credibilidade, mormente a percepção da independência das autoridades monetárias[4731]/[4732], e sua conjugação com as «expectativas racionais» que resulta a perspectiva da drástica redução da «taxa de sacrifício» associável à deflação[4733], ainda que, como é óbvio, a credibilidade seja ainda relevante na ausência de «expectativas racionais», mormente sempre que haja uma simples predominância de factores *prospectivos* na conduta dos agentes económicos (por exemplo, ponderações de longo prazo)[4734]: a credibilidade não reduz apenas os custos das políticas deflacionistas, mas ajuda a manter

---

[4724] Dornbusch, R., S. Fischer & R. Startz (2004), 539-541.

[4725] Burdekin, R.C.K. & F.K. Langdana (1995).

[4726] A «revolução das expectativas racionais» aparece no momento em que o «choque petrolífero» e a *estagflação* estavam por si sós a forçar os Estados a reponderarem o figurino tradicional da «terapêutica keynesiana», pelo que a coincidência não favoreceu uma sucessão pacífica de paradigmas. Cfr. Dodge, D. (2002), 187-201.

[4727] Barro, R.J. & D.B. Gordon (1983), 589-610; Blinder, A.S. (1997), 3-19; Kydland, F.E. & E.C. Prescott (1977), 473-491; McCallum, B.T. (1997), 99-112.

[4728] Rogoff, K. (1985b), 1169-1189.

[4729] Também foi decisiva a gravidade dos problemas anteriores à estabilização – sendo naturalmente tanto mais eficientes as políticas macroeconómicas quanto mais ampla for a margem de melhoramento possível. Cfr. Henry, P.B. (2002), 1617-1648.

[4730] Dornbusch, R., S. Fischer & R. Startz (2004), 189-190.

[4731] Donário, S. (1999); Morais, L.D.S. (2000), 447-474.

[4732] Para o caso europeu, cfr. Ferreira, E.P. (1997), 35ss.; Ferreira, E.P. (1999), 89-106; Portugal, A.M. (1999), 3-73.

[4733] Sargent, T.J. (1982), 41-97; Taylor, J.B. (1983), 981-993; Ball, L. (1991), 49-52.

[4734] Blinder, A.S. (2000), 1421; Ball, L. (1994), 155-182.

em níveis baixos a taxa de inflação, além de que contribui para o apoio popular à independência dos bancos centrais e à destreza destes na defesa da moeda face às flutuações cambiais e às especulações financeiras (e poderíamos evidentemente referir ainda os ganhos contratuais e obrigacionais)[4735].

A credibilidade respeita, num plano imediato, à divulgação de informação susceptível de condicionar a reacção do público, a reacção dos mercados – e em especial dos mercados «hiper-sensíveis» nos quais a especulação e a previsão desempenhem um papel crucial (todos sabemos como algumas bolsas vivem numa constante, febril e neurótica auscultação das notícias nacionais e internacionais). As decisões sobre *o que* revelar, *como*, *quando* e *quanto* revelar, são hoje elementos fundamentais da política monetária – mais ainda quando esta se concentra na transmissão de impulsos ao mercado, no estabelecimento de «alvos» e «metas» que só podem alcançar-se com a colaboração activa dos próprios agentes privados, e por isso o que é decisivo é a gestão das expectativas desses agentes[4736].

A perda de credibilidade é um afloramento da categoria mais ampla das «falhas de intervenção», e como estas encontra a sua explicação básica no «efeito de boleia»[4737], ainda que tenha outras explicações[4738]:

a) a dificuldade do Governo para se manter fiel aos seus compromissos (a dificuldade da congruência intertemporal dentro de um quadro dinâmico, mesmo apesar das salvaguardas constitucionais[4739]);

b) a instabilidade dos compromissos e coligações de que depende a formação da vontade política[4740];

c) a concorrência destrutiva (aquela que se concentra na criação de dificuldades e de barreiras, e por isso dificulta o consenso);

d) a aversão à mudança, especialmente em contextos que se possam afigurar próximos do paradigma do «jogo de soma zero» (ou em que a assime-

tria informativa vede ao cidadão comum a percepção dos interesses colectivos em jogo[4741]).

O problema da informação publicitada é o de que ela é uma «espada de dois gumes», visto que, se ela é o veículo por excelência de que as autoridades monetárias dispõem para influenciarem a conduta prevalecente nos mercados, ela pode tornar-se demasiado eficiente, no sentido de poder suscitar reacções excessivas, em particular por parte de agentes privados que, cépticos quanto à credibilidade daquela informação, procuram «ver através dela» e descobrir motivações recônditas na gestão da informação divulgada, para poderem interagir estrategicamente com uma representação de intuitos políticos ocultos que a informação divulgada, no seu conteúdo, na sua forma, na sua oportunidade, pode involuntariamente indiciar[4742].

Com efeito, já seria de esperar que a noção de «expectativas racionais» não ficasse limitada à sua formulação inicial, e alimentasse também processos dinâmicos e evolutivos, com «revisão de expectativas» adequadas à mudança de «sinalização» e de informação partilhada entre os componentes do modelo[4743], com abertura à consideração das incidências da assimetria informativa na atitude *prospectiva* dos agentes – e particularmente da assimetria informativa existente entre os bancos centrais e os mercados[4744], a assimetria entre níveis de inflação esperados (ao menos o desfasamento temporal entre as previsões dos bancos centrais e a sua divulgação e incorporação nas expectativas dos particulares[4745]), tal como ela se espelha no impacto da política monetária no mercado obrigacionista[4746].

Em última análise, talvez o contributo decisivo e mais perene de Robert Lucas nestes domínios tenha sido o de dispensar previsões rigorosas ou a omnisciência dos agentes económicos como pressupostos das «expectativas racionais». Se a omnisciência existisse, então nunca haveria flutuações de curto prazo – mas na verdade o que se assevera em Lucas[4747] é que há movimentos previsíveis que são incorporados com seguran-

[4735] Blinder, A.S. (2000), 1422; Barro, R.J. & D.B. Gordon (1983), 589-610.

[4736] Morris, S. & H.S. Shin (2002), 1522-1523.

[4737] Olson, Mancur (1965).

[4738] Stiglitz, J.E. (1998), 8ss..

[4739] Buchanan, J.M. (1975b); Buchanan, J.M. (1991).

[4740] Bruno, M. (1993).

[4741] Slovic, P., M. Layman & J. Flynn (1993).

[4742] Morris, S. & H.S. Shin (2002), 1532.

[4743] Estrella, A. & J.C. Fuhrer (2002), 1013; Mankiw, N.G. (1985b), 353-362; Roberts, J.M. (1995), 975-984; McCallum, B.T. & E. Nelson (1999), 15-45; Rotemberg, J.J. & M. Woodford (1997), 297-346; Lucas Jr., R.E. (1976), 19-46.

[4744] Sargent, T.J. & N. Wallace (1975), 241-254; Barro, R.J. (1976), 1-32; Barro, R.J. & D.B. Gordon (1983b), 101-121; Canzoneri, M.B. (1985), 1056-1070; Cukierman, A. & A.H. Meltzer (1986), 1099-1128.

[4745] Romer, C.D. & D.H. Romer (2000), 455-456; Sims, C.A. (1980), 1-48; Bernanke, B.S. & A.S. Blinder (1992), 901-921.

[4746] Romer, C.D. & D.H. Romer (2000), 429; Cook, T. & T. Hahn (1989), 331-351; Barsky, R.B. (1987), 3-24.

[4747] Lucas Jr., R.E. (1973), 326-334.

ça nas expectativas, e que as flutuações ficam a depender apenas de movimentos imprevisíveis (em especial os movimentos de criação e oferta de moeda). O que equivale a dizer que o que as «expectativas racionais» vêm sustentar é que a transição da curva da oferta agregada de curto para o longo prazo é muito mais rápida do que inicialmente se julgava.

Esse abrandamento de requisitos (tornando menos caricaturalmente irrealistas as premissas da teoria das «expectativas racionais») coadunam-se com o progressivo reconhecimento da falência dos modelos de previsão macroeconómica de larga escala[4748], hoje substituídos por esforços parcelares que dedicam maior atenção à componente econométrica e à incidência das expectativas[4749], integradas em modelos «estruturais» mais sensíveis a efeitos dinâmicos e estocásticos[4750], mais abertos a esforços de «calibragem»[4751/4752].

Refira-se ainda que muitos destes desenvolvimentos teóricos conflituam hoje com o ascendente da «teoria do caos» na Macroeconomia[4753] e noutros recantos da Ciência Económica[4754], uma tentativa de cobertura teórica de fenómenos mais extremos de «desgoverno» generalizado a partir de pequenos «detonadores de turbulência» iniciais[4755], que tem pretensões de constituir uma alternativa à vanguarda neoclássica que alegadamente as «expectativas racionais» representariam, substituindo-a por uma construção de dinâmica «caótica»[4756], uma «visão de complexidade» que se considera a si mesma como «pós-walrasiana»[4757] e propiciadora de convergências com a «racionalidade limitada»[4758] e com considerações institucionalistas[4759/4760], que julga capazes de conjuntamente fornecerem o desenho de «bandas de flutuação» ou «corredores de estabilidade» com as quais seja possível «domar» as manifestações caóticas[4761]. Contribui para este quadro também o crescente recurso da previsão macroeconómica a dados da bolsa e dos mercados financeiros, enfatizando a componente especulativa em preços que reflectem projecções e expectativas em ambientes de turbulência e «ruído», e por isso permitem antecipar, nesses mesmos ambientes, valores de produção[4762], de inflação[4763], até de volatilidade[4764] – embora haja quem entenda que o valor preditivo com base nesses dados não se afasta muito, por motivos óbvios, daquilo que poderia resultar da aplicação de um puro modelo de «passeio aleatório»[4765], reconhecendo-se a futilidade de esforços para o domínio daquilo que seja definido como «caos».

[4748] Diebold, F.X. (1998), 175ss..

[4749] Fair, R.C. (1984); Fair, R.C. (1994); Sargent, T.J. & C.A. Sims (1977); Taylor, J.B. (1993).

[4750] Cooley, T.F. (org.) (1995); Hansen, L.P. & T.J. Sargent (1980), 7-46; Ingram, B. & C. Whiteman (1994), 497-510; Kydland, F.E. & E.C. Prescott (1982), 1345-1371.

[4751] Kydland, F.E. & E.C. Prescott (1996), 69-86; Sims, C.A. (1996), 105-120.

[4752] Exemplos em: Canova, F., M. Finn & A.R. Pagan (1994); Diebold, F.X. & G.D. Rudebusch (1996), 67-77; Geweke, J.F. (1977), 365-383; King, R.G., C.I. Plosser, J.H. Stock & M.W. Watson (1991), 819-840; Leeper, E.M. & C.A. Sims (1994), 81-117; Leeper, E.M., C.A. Sims & T. Zha (1996), 1-78.

[4753] Gleick, J. (1987).

[4754] Dechert, W.D. (org.) (1996); Goodwin, R.M. (1990); Radzicki, M.J. (1990), 57-102.

[4755] Veja-se alguns exemplos em: Blume, L.E. (1997), 425-460; Brock, W.A. (1993), 3-55; Brock, W.A. & C.H. Hommes (1997), 1059-1095; Durlauf, S.N. (1996), 75-93; Durlauf, S.N. (1996b), 505-534; Ioannides, Y.M. (1997), 129-167; Kirman, A.P. (1997), 491-531; Rosser Jr., J.B. & M.V. Rosser (1997), 103-122; Rosser Jr., J.B. (1998), 133-143.

[4756] Benhabib, J. & R.H. Day (1982), 37-55; Grandmont, J.-M. (1998), 741-781; Rosser Jr., J.B. (1990), 265-291; Rosser Jr., J.B. (1998b), 288-302.

[4757] Colander, D.C. (1998), 277-287; Davidson, P. (1996), 479-508; Mankiw, N.G. & D. Romer (orgs.) (1991).

[4758] Arthur, W.B., J.H. Holland, B. LeBaron, R. Palmer & P. Tayler (1997), 15-44; Heiner, R.A. (1989), 233-257; Hommes, C.H. & G. Sorger (1998), 287-321; Leijonhufvud, A. (1997), 321-335; Sargent, T.J. (1993).

[4759] Colander, D.C. & H.v. Ees (1996), 207-220.

[4760] Isto sem embargo de se reconhecer que as «falhas de intervenção» e as deficiências estruturais do desenho institucional são susceptíveis de gerar uma dinâmica «caótica» especialmente maligna. Cfr. DeCoster, G.P. & D.W. Mitchell (1992), 267-287; Dwyer Jr., G.P. (1992), 40-46.

[4761] Leijonhufvud, A. (1981); Rosser Jr., J.B. & M.V. Rosser (1997b), 211-223.

[4762] Kim, C.-J. & C.R. Nelson (1999), 608-616; McConnell, M.M. & G. Perez-Quiros (2000), 1464-1476; Blanchard, O. & J. Simon (2001), 135-164; Stock, J.H. & M.W. Watson (1999b), 1-44; Stock, J.H. & M.W. Watson (2002), 159-218.

[4763] Stock, J.H. & M.W. Watson (2003), 788ss..

[4764] Clements, M.P. & D.F. Hendry (1999); Poon, S.-H. & C.W.J. Granger (2003), 478-539; Stock, J.H. & M.W. Watson (1996), 11-29.

[4765] Atkeson, A. & L.E. Ohanian (2001), 2-11.

Capítulo 24 – **As políticas de estabilização**[4766]

> *"A proporção entre esses diferentes fundos necessariamente determina, em todos os países, o carácter geral dos seus habitantes no que respeita à sua actividade ou ociosidade. Nós somos mais industriosos do que os nossos antepassados porque os fundos actualmente destinados à promoção da actividade económica são muito mais elevados relativamente aos que estão disponíveis para alimentarem o ócio, em confronto com a proporção verificada há dois ou três séculos. Os nossos antepassados eram mais ociosos por falta de suficiente incentivo à sua actividade. Como diz o provérbio, a troco de nada é melhor brincar do que trabalhar"* – Adam Smith[4767].

Dado um quadro de flutuações macroeconómicas de curto prazo, resultantes do jogo da oferta e da procura agregadas, impõe-se considerar o conjunto de soluções políticas que possam prevenir, remediar ou minorar os efeitos reais e nominais dessas flutuações, compensando as ineficiências que «erros» e «viscosidades» do tecido económico possam causar no ajustamento da oferta à procura agregadas, e evitando que o descontrolo dos problemas de crescimento, inflação, desemprego ou desequilíbrio da balança de pagamentos possa deixar «cicatrizes» estruturais, no longo prazo, mormente atrasos muito manifestos no processo de crescimento económico.

Para esse efeito, os instrumentos básicos da macroeconomia são as políticas orçamentais e monetárias, dois modos de interferir na procura agregada. Naturalmente que o nível da procura agregada e o seu impacto nos níveis de emprego e de preços dependem de muitos outros factores que não apenas o da modelação obtida pela conjugação dessas duas políticas – nomeadamente, a propensão revelada pelos diversos agentes económicos para consumirem, para investirem, para entesourarem, propensão essa que pode ir variando com maior ou menor rapidez e amplitude, com maior ou menor previsibilidade.

Sublinhemos neste ponto uma das vinte ideias a reter depois do exame final: O nível de emprego, de produção e de preços podem ser influenciados pelos governos e pelos bancos centrais através de políticas orçamentais e monetárias.

Dir-se-á por isso que o principal objectivo dessas políticas de curto prazo, que é a estabilização, deve fazer-se em primeiro lugar contra os factores que por qualquer forma possam tornar mais volátil o comportamento espontâneo da procura agregada, e em segundo lugar contra as próprias perversões que possam acompanhar o desenvolvimento daquelas políticas, seja por causa da sua aplicação descoordenada, seja em consequência imprevista da combinação de ambas. Aplicar-se-á aqui, pois, a «regra de Tinbergen» segundo a qual cada objectivo de política económica deve idealmente ser prosseguido em exclusivo por um acervo de medi-

---

[4766] Abel, A.B. & B.S. Bernanke (2002), 287ss., 354ss., 527ss.; Andrade, J.S. (1998), VII.9ss.; Auerbach, A.J. & L.J. Kotlikoff (1998), 139ss., 295ss.; Barbosa, A.S.P. (1997), 99ss.; Barre, R. & F. Teulon (1997), II, 300ss.; Barro, R.J. (1997), 433ss.; Baumol, W.J. & A.S. Blinder (2000), 599ss.; Blanchard, O. (2002), 289ss., 529ss., 549ss.; Branson, W.H. (2001), 227ss.; Burda, M.C. & C. Wyplosz (2002), 361ss.; Carbaugh, R.J. (2002), 421ss.; Colander, D.C. (1997), 333ss.; Colander, D.C. & E. Gamber (2001), 366ss.; Ekelund, R.B. & R.D. Tollison (2000), 680ss.; Forte, F. (2002), 343ss.; Franco, A.L.S. (2002), II, 235ss., 243ss.; Gordon, R.J. (2002), 123ss., 361ss., 436ss.; Gregory, P.R. (2001), 213ss., 257ss.; Gwartney, J.D. & *al.* (2002), 267ss., 319ss., 346ss.; Hardwick, P. & *al.* (1999), 531ss.; Heijdra, B.J. & F. v.d. Ploeg (2002), 134ss., 359ss.; Hoag, A.J. & J.H. Hoag (2002), 310ss., 366ss.; Hyman, D.N.N. (1996), 851ss., 880ss., 908ss., 934ss.; Landsburg, S.E. (1995), 106ss.; Lipsey, R.G. & *al.* (1999), 483ss.; McConnell, C.R. & S.L. Brue (2001c), 234ss., 362ss.; Miller, R.L. (2002), 273ss., 388ss.; Mishkin, F.S. (2002), 458ss.; O'Sullivan, A. & S.M. Sheffrin (2002), 625ss.; Samuelson, P.A. & W.D. Nordhaus (2001), 683ss., 730ss.; Sloman, J. (2002), 542ss.; Sowell, T. (2001), 237ss.; Spencer, M.H. & O.M. Amos Jr. (1993), 334ss., 360ss., 376ss., 392ss., 406ss.; Stiglitz, J.E. (1999), 772ss.; Stiglitz, J.E. & C.E. Walsh (2002), 903ss.; Taylor, J.B. (2001), 592ss., 610ss.

[4767] Smith, A. (1976b), 335 (=I, 589).

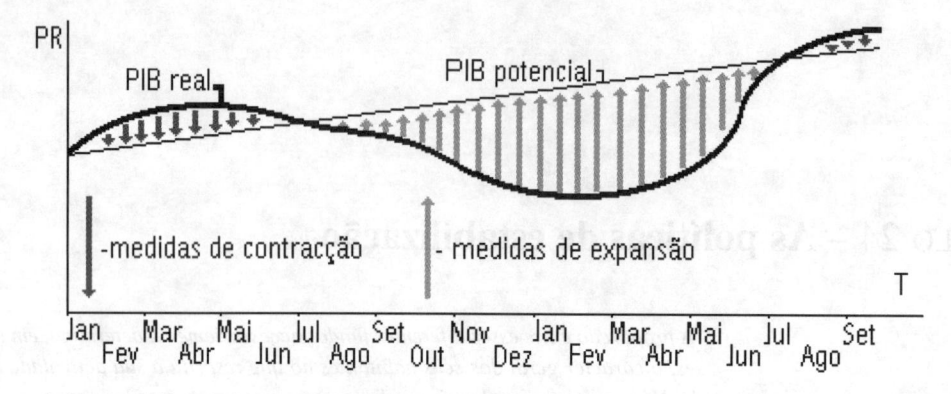

Gráfico 24.1. *Estabilização de curto prazo*

PR: PIB real   T: passagem do tempo

das de política objectivamente adequadas àquele objectivo, nada devendo sacrificar-se a um objectivo de compatibilização conjuntural (pragmaticamente, deve haver tantos remédios quantas as doenças).

O leitor reparará que, por detrás de uma expressão aparentemente tão inócua como a de «políticas de estabilização», se insinua um preconceito de largo alcance: o de que as variáveis macroeconómicas são intrinsecamente instáveis e que a estabilidade requer a imposição de uma política, a intervenção do Estado – uma proposição que, por tudo o que temos visto, já podemos esperar que não seja pacífica, nem sequer no seio da Macroeconomia, podendo até mesmo sustentar-se, com algum paralelismo com o que vimos a propósito das «falhas de intervenção», que muitos dos problemas da Macroeconomia começaram por surgir de uma errada concepção do protagonismo económico do Estado, e que ainda hoje algumas estruturas económicas dinamicamente estáveis podem ser «destabilizadas» por políticas macroeconómicas inadequadas, que por exemplo reajam excessivamente a choques estocásticos e transitórios, não dando sequer tempo à recuperação espontânea, mesmo quando ela pudesse ser muito rápida[4768/4769].

Retenhamos ainda, antes de prosseguirmos, que a *estabilização* que é prosseguida através da combinação de políticas macroeconómicas não é um valor absoluto nem uma prioridade incontestável, podendo haver pelo menos outros três «estados» que lhe disputam a primazia como objectivos políticos:

– a justiça na repartição;

– a eficiência na produção;
– o progresso tecnológico.

24 – a) A política monetária

Recordemos que a inclinação negativa da curva da procura agregada pode resultar de três efeitos que, separada ou cumulativamente, explicam o aumento de quantidades procuradas quando o nível de preços baixa, e vice-versa: o «efeito de Pigou» ou «efeito de riqueza», que permite aumentar o partido que se tira imediatamente de uma determinada quantia monetária, quando os preços baixam, o «efeito de Keynes» que consiste num abaixamento das taxas de juro em sequência de um abaixamento de preços, o qual cria maior disponibilidade para a poupança de fundos, e o «efeito Mundell-Fleming» resultante da fuga de capitais e da desvalorização da moeda nacional, a qual favorece as exportações líquidas. Tem-se entendido que o «efeito de Pigou» é despiciendo, dado que em média não são muito significativas as reservas líquidas de que cada família dispõe – sendo que em geral apenas uma pequena fracção do rendimento mensal é conservada como disponibilidade líquida destinada a custear o consumo futuro (e é-o cada vez menos, dada a multiplicação de meios de pagamento que não reclamam a conservação de uma liquidez perfeita) –; o «efeito Mundell-Fleming» é mais importante nas economias abertas, e tenderá a sê-lo cada vez mais, à medida que a liberdade de circulação de capitais e a

---

[4768] Barnett, W.A. & Y. He (2002), 713-747.

[4769] Não acabam aí as complicações, tanto as práticas como até as teóricas: por exemplo, o que seja estabilização monetária é algo que é dificultado seja pela indefinição que rodeia o índice de preços e a taxa de inflação, seja pelas inerradicáveis margens de distorção presentes nos índices de preços. Cfr. Blinder, A.S. (1997), 4ss..

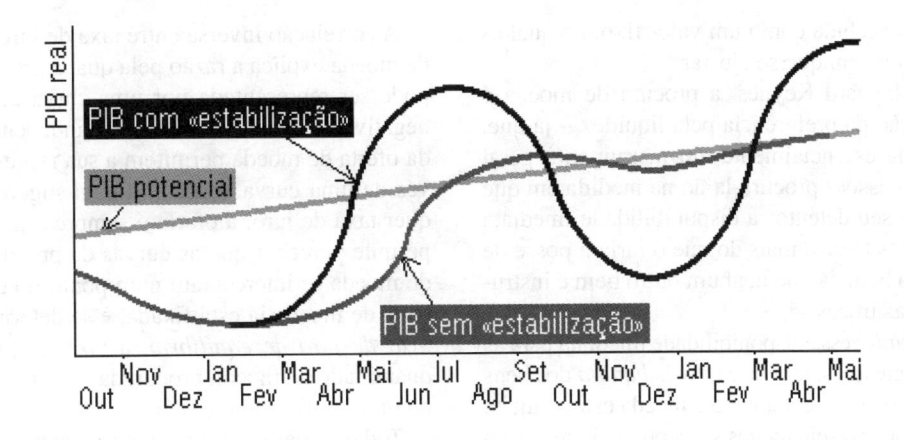

Gráfico 24.2. *Efeitos de uma «estabilização» que, incidindo sobre perturbações temporárias,*
acabará por tornar-se destabilizadora e «pró-cíclica»

mundialização dos interesses económicos aumentam a elasticidade dos investidores às variações das taxas de juro.

Antes de prosseguirmos, sublinhemos que o verdadeiro impacto da política monetária é objecto de viva controvérsia, que se origina logo em questões como a da não-neutralidade monetária, e a da rigidez nominal no curto prazo[4770].

24 – a) – i) Keynesianismo, taxas de juro e preferência pela liquidez

Mas o factor condicionante que mais tem sido objecto de atenção é o «efeito de Keynes», que atribui o papel central às taxas de juro para a conformação da procura agregada.

John Maynard Keynes elaborou a teoria da «preferência pela liquidez» para explicar a formação das taxas de juro *reais* e a sua função, que ele entendia ser essencialmente a de ajustarem a oferta e a procura de moeda. Os princípios básicos da abordagem keynesiana sobre teoria monetária são que:

1. a taxa de juro *nominal* é o custo de oportunidade da *liquidez*, da detenção de moeda na sua forma imediatamente disponível;
2. a procura da moeda varia na razão inversa das taxas de juro;

3. a taxa de juro *real* equilibra no ponto de intersecção entre oferta e procura de moeda.

O intuito de Keynes era o de atacar a teoria tradicional da moeda, que estabelecia uma absoluta clivagem entre a dimensão *real* e a dimensão *monetária* dos problemas económicos, desligando os aspectos monetários de qualquer relevância efectiva no plano real – aquilo que ele designou como a «dicotomia clássica», que subentendia a total *neutralidade* da moeda como instrumento de trocas, dando-a como «véu das trocas», como o preciso equivalente dos valores reais efectivamente permutados. Para Keynes, esta convicção tradicional era desmentida pela procura especulativa da moeda, que gerava uma taxa de juro determinada por puros factores monetários, e não por factores reais (sendo estes últimos, recordemo-lo, aqueles que dão a taxa de juro como uma compensação da taxa de desconto)[4771].

A oferta de moeda é o resultado de uma deliberação política de criação de moeda, que envolve o sistema bancário e operações de resgate de títulos contra moeda, ou de multiplicação de crédito; pode dizer-se que a oferta de moeda depende inteiramente da decisão das autoridades monetárias – sendo elas que fixam a quantidade oferecida, quantidade que não se altera sem que elas o decidam também –. Como a oferta de moeda resulta, assim, de uma decisão que não é automaticamente condicionada por qualquer contexto económico,

---

[4770] Smithin, J. (2003).
[4771] Johnson, L.E., R. Ley & T. Cate (2001), 409-418.

ela pode ser concebida como um valor fixo, ao qual as demais variáveis têm que se ajustar.

Segundo Maynard Keynes, a procura de moeda é que seria função da preferência pela liquidez – já que, sendo a moeda essencialmente um instrumento geral das trocas, as pessoas procurá-la-ão na medida em que ela confere ao seu detentor a disponibilidade imediata para proceder às trocas, mais do que o faria a posse de qualquer outro bem, já que nenhum outro bem é instrumento geral das trocas –[4772].

Sendo a *liquidez* essa disponibilidade imediata para as trocas, é evidente que a moeda é o mais *líquido* dos bens que se pode possuir. E, conquanto a moeda esteja sujeita à inflação, e por isso seja menos susceptível de manter o seu valor do que outros bens, ou até do que a maioria dos bens que nos satisfazem directamente as necessidades e pelos quais trocamos a moeda, é indesmentível que a posse de uma reserva de moeda imediatamente disponível mantém o seu interesse nas mais diversas circunstâncias, mesmo as mais extremas – embora se deva admitir que a tradicional vantagem da disponibilidade imediata de unidades monetárias foi bastante mitigada com a generalização dos cartões de crédito –.

Ora a preferência pela liquidez é condicionada pela taxa de juro, em termos de ser a quantidade de moeda procurada tanto maior quanto menor for a taxa de juro, e vice-versa. De facto, sendo a taxa de juro a remuneração pela privação do uso presente de um bem – no caso, a moeda –, quanto mais elevada for a taxa de juro maior será o *custo de oportunidade* da não-privação desse uso, isto é, da insistência em conservar uma liquidez monetária. Ao invés, quanto menor for a taxa de juro menos remunerada é aquela privação da liquidez, menor será o custo de oportunidade de se constituir ou conservar uma reserva monetária imediatamente disponível.

Em termos mais simples:

– se a taxa de juro sobe, a moeda sai dos bolsos das pessoas, e dos depósitos à ordem, e dirige-se para o aforro e para o investimento – para os depósitos a prazo, para os títulos bolsistas, para os fundos de investimento –, perdendo-se a sua disponibilidade imediata, a sua liquidez; subindo a taxa de juro, torna-se dificilmente compreensível uma inelasticidade de que resulte a manutenção de uma mesma proporção de liquidez[4773];

– se a taxa de juro desce, o aforro e o investimento tornam-se menos atraentes, e as pessoas voltam a ter mais incentivos para guardarem a moeda nos bolsos – e nos depósitos à ordem –.

A correlação inversa entre taxa de juro e quantidade de moeda explica a razão pela qual a procura de moeda pode ser representada por uma curva com inclinação negativa, tal como a fixidez e a independência causal da oferta de moeda permitem a sua representação através de uma curva vertical, a qual sugere que, a qualquer taxa de juro, a oferta é sempre a mesma[4774]. Isso permite perceber que as curvas da procura e da oferta de moeda se interceptam num ponto no qual a quantidade de moeda já está fixada, e se determina apenas a *taxa de juro de equilíbrio*, a taxa de juro na qual a quantidade de moeda procurada se ajusta à quantidade de moeda oferecida.

Todas as demais taxas de juro que possam formar-se no mercado são *desequilibradas*, no sentido de que provocam excesso ou falta de procura de moeda face à quantidade oferecida:

– no caso de a taxa de juro efectiva estar acima da taxa de juro de equilíbrio, as pessoas querem menos liquidez do que aquela que é disponibilizada pela oferta de moeda, e correm a colocar a sua moeda em depósitos a prazo e em fundos de investimento – só que este aumento de aforro e de investimento faz com que os juros oferecidos pelos depósitos a prazo e pelos fundos de investimento desçam, o que novamente recomeça a tornar interessante a liquidez monetária, e dita uma expansão da procura de moeda, até que a taxa de juro efectiva ajuste a quantidade procurada à quantidade de moeda oferecida, momento em que a taxa de juro regressa à posição de equilíbrio –;

– se a taxa de juro efectiva estiver abaixo do seu nível de equilíbrio, haverá mais procura de liquidez do que aquela que é propiciada pela oferta de moeda, e as pessoas começarão a liquidar os seus depósitos a prazo e as suas participações em fundos de investimento – caso em que, em parte para estancar essa debandada e em parte por força dela, as remunerações dos depósitos a prazo e dos fundos de investimento terão que ir subindo até que, de novo, a taxa de juro efectiva volte a tornar mais aliciante a renúncia à liquidez, abrandando a procura de moeda, trazendo-a até ao ponto em que a quantidade procurada volta a coincidir com a quantidade de moeda oferecida –.

Até aqui, partimos do princípio de que os preços não variavam; mas se eles sobem ou descem, cresce ou diminui também a procura de moeda: a preços mais

---

[4772] Davidson, P. (2002).

[4773] A menos que sobrelevem outras razões, como aquela que leva os criminosos a deterem grandes quantidades de moeda na sua forma líquida, dada a dificuldade de detecção policial de pagamentos que não passam pelo sistema bancário.

[4774] Reveja-se o gráfico 20.5.

elevados, o mesmo volume de transacções reclama maiores quantidades de moeda, e por isso as disponibilidades monetárias imediatas, a liquidez, passam a ser mais intensamente procuradas.

Isso significa que, subindo os preços, a curva da procura de moeda se desloca, como um todo, no sentido da *expansão*, e que ela passa a interceptar a curva vertical da oferta de moeda num ponto mais elevado, que representa uma elevação da taxa de juro de equilíbrio.

Mas ao mesmo tempo a subida dessa taxa de juro de equilíbrio:

– desincentiva o investimento, já que o investimento passa a ser acompanhado de um mais elevado custo da remuneração do capital;
– desincentiva o consumo, já que, a taxas de juro mais elevadas, o custo de oportunidade de não se aforrar é maior, tornando relativamente menos vantajosa a opção pelo consumo.

Desincentivados o investimento e o consumo, não surpreende que a retracção do mercado dos produtos se siga imediatamente. Temos, assim, a outra faceta do «efeito de Keynes»: uma correlação inversa entre nível de preços e nível de procura agregada, por intermédio do mecanismo das taxas de juro.

Vistas as coisas por outro prisma, suponha-se que, a um aumento da massa monetária, decidido pelas autoridades monetárias – uma deslocação da curva vertical da oferta de moeda no sentido da *expansão* –, não se seguia imediatamente um correspondente aumento do nível geral de preços, isto é, tudo não se esgotava imediatamente, no curto prazo, em meros efeitos *nominais*.

Essa nova curva interceptaria a curva descendente da procura de moeda num ponto inferior, daí resultando uma descida da taxa de juro de equilíbrio – devendo lembrar-se que é só com uma taxa de juro mais baixa que as pessoas se dispõem a procurar mais moeda, o que seria necessário para se absorver o novo aumento da massa monetária –. Ao mesmo tempo, haveria maior propensão:

– para o consumo, visto que, com taxas de juro inferiores, diminui o custo de oportunidade de não aforrar;
– para o investimento, visto que menor juro é menor custo de remuneração do capital a ser suportado pelo empresário.

Temos assim que a redução das taxas de juro, induzindo um aumento combinado de investimento e de consumo, significa expansão do mercado dos produtos. Em suma, uma injecção de moeda determina, a qualquer nível de preços, uma diminuição da taxa de juro

de equilíbrio, e esta propicia uma expansão da procura agregada, do nível total de despesa.

Esta a razão pela qual a política monetária tem a sua principal «alavanca» nas taxas de juro, na manipulação das taxas de juro em torno no seu nível de equilíbrio: nos termos da teoria da preferência pela liquidez, a política monetária pode ser indiferentemente descrita em termos de taxas de juro ou em termos de criação de moeda: estabelecer uma taxa de juro de referência determina, aliás, que se injecte ou retire moeda de circulação, até que oferta e procura equilibrem à taxa de juro pretendida – taxa de juro que, como vimos, implica uma determinada modulação do nível da procura agregada.

No que fica acima dito, podem gerar-se alguns equívocos entre a dimensão *real* e a dimensão *puramente monetária* da taxa de juro. Ambas as dimensões apontam para prazos diferentes:

1. no longo prazo, dado que o nível do PIB é estruturalmente determinado por factores não-monetários, a taxa de juro ajusta a oferta e a procura de fundos nos mercados em que eles são transaccionados, e a oferta e procura de moeda repercutem exclusivamente no nível de preços – no longo prazo, a produção e a taxa de juro de equilíbrio são *dados*, e as flutuações na oferta e na procura da moeda traduzem-se em flutuações nos preços, com efeitos puramente *nominais* –;
2. no curto prazo, dados os «erros» e «viscosidades» que atrasam o ajustamento dos preços às condições da oferta e da procura da moeda, altera-se o quadro que é válido no longo prazo, e é agora o nível de preços que pode aceitar-se como um *dado*, o que obriga as taxas de juro a flutuarem de modo a ajustarem a oferta e a procura de moeda, o que por sua vez tem efeitos *reais*, já que a procura agregada de bens e serviços oscila em função das taxas de juro – significando isso que no curto prazo as taxas de juro têm *efeitos reais*, pelo que a consideração da preferência pela liquidez e das opções políticas disponíveis podem ter uma relevância efectiva sobre as variáveis macroeconómicas –.

Quanto a este último aspecto: dado que no curto prazo são de esperar desvios significativos face às condições de pleno emprego, não pode partir-se do princípio de que ocorrerá a neutralidade monetária, devendo partir-se antes do princípio oposto, o de que a política monetária é relevante para a determinação dos valores do emprego e do PIB, e de que a falta de uma política monetária pode deixar a economia exposta tanto a efeitos inflacionários como a efeitos depressivos.

Isso não significa que haja sempre consenso quanto à eficácia da política monetária, quantitativamente aferida, e quanto aos mecanismos que possam assegurar essa eficácia. Algum consenso existe, contudo, relativamente à situação de recessão profunda, situação grave na qual:

– por um lado, a procura de moeda é já relativamente insensível a abaixamentos ulteriores das taxas de juro, dado o pessimismo prevalecente entre os investidores quanto às perspectivas de evolução imediata dos preços, investidores que podem estar já a desenhar, com as suas «expectativas racionais», uma tendência de inflação negativa[4775];

– por outro lado, o já elevado grau de desemprego – de desperdício de recursos – significa que não é de esperar rendimento marginal positivo da intensificação do investimento, sendo pelo contrário provável que o aumento de capacidade instalada se traduza apenas em agravamento do desemprego, e em deterioração das condições de endividamento das empresas.

E por isso tende a aceitar-se que, para lá de uma determinada gravidade, a recessão não é remediável através da política monetária – não havendo taxa de juro suficientemente baixa para reanimar os agentes da despesa agregada, gerando-se equilíbrios de expectativa deflacionista que redundam em «armadilhas de liquidez» («*liquidity traps*»)[4776] – aquilo que precisamente sucedeu no Japão na viragem do século XX para o XXI[4777], e se receia que seja a antecâmara de «espirais deflacionistas».

O facto, aliás, não é novo: já na depressão dos anos 30, com a queda do consumo, dos preços e do investimento, a oferta de moeda acabou por exceder a procura de fundos, e isto apesar da queda das taxas de juro; isso porque, apesar dessa queda aparentemente incentivadora, as perspectivas de lucro nos investimentos eram tão escassas que o abaixamento das taxas de juro era já inoperante, tendo-se entrado numa faixa de inelasticidade dos investidores. O volume de empréstimos bancários reduziu-se, e com ele a oferta de moeda decaiu, agravando ainda a queda dos preços e das remunerações – constatando-se que é mais fácil reduzir a circulação de moeda do que aumentá-la, mormente quando as expectativas necessárias à manutenção de

níveis de procura de moeda foram seriamente perturbadas e se esgotaram. Nestes casos, já tem sido sugestivamente observado que uma corda serve para *puxar*, não para *empurrar*...

24 – a) – ii) A alternativa monetarista[4778]

Mas mesmo este consenso quanto à recessão profunda não conta com o apoio dos *monetaristas*, um conjunto de economistas que muito simplesmente não reconhece qualquer eficácia *real* à política monetária, porque parte do princípio de que os preços são suficientemente flexíveis, mesmo no curto prazo, e que isso faz com que aumentos induzidos na massa monetária resultem exclusivamente em aumentos de preços, e não em incrementos nos níveis de produção e de emprego – no fundo, exactamente o que sucederia se as mesmas medidas monetárias fossem aplicadas em situação de pleno emprego –.

Pegando na «equação de Fisher» ($MV = PY$), os monetaristas insistem em que a velocidade de circulação (V) é uma constante, um valor fixo, pelo que, se se altera a proporção entre o PIB *real* (Y) e a massa monetária (M), a única coisa que varia são os preços (P). Tal é, como se recordará, a *teoria quantitativa do valor da moeda*: as variações quantitativas da oferta de moeda reflectem-se exclusivamente no PIB *nominal*, as variações da massa monetária repercutem-se exclusivamente no *nível de preços*, já que dizer-se que a procura da moeda não depende das taxas de juro equivale a dizer-se que a velocidade de circulação é constante.

Assim, concluem, a única política monetária legítima e eficaz é aquela que vai aumentando a massa monetária na exclusiva medida dos aumentos do PIB *real*, preservando desse modo a estabilidade dos preços, evitando a inflação.

O monetarismo do século XX tem as suas raízes em Irving Fisher[4779], e arranca da opinião de que o factor decisivo para a compreensão dos preços, das taxas de juro e até das flutuações de curto prazo é a massa monetária (o que por sua vez remete para as intuições pioneiras de David Hume, como vimos[4780]); seguiu-se-lhe a primeira vaga de «monetaristas de Chicago», como Viner, Simons e Knight (que denunciaram a Grande Depressão como fruto de políticas monetárias

---

[4775] Aproveitemos para sublinhar que o interesse teórico na «estratégia óptima de investimento» pode ter várias repercussões práticas, uma delas relativa precisamente ao impacto das políticas monetárias e fiscais no comportamento das empresas. Cfr. Hubbard, R.G. (1998), 193ss..

[4776] Benhabib, J., S. Schmitt-Grohé & M. Uribe (2002), 535-563.

[4777] Bayoumi, T. (2001), 241-259; Krugman, P.R. (2000b), 221-237.

[4778] Sobre a tensão «keynesianismo - monetarismo», cfr. Franco, A.L.S. (2002), II, 269ss., 288ss.; Nunes, A.J.A. (1989-1993), 97-163; 49--115; 69-132; 1-59; 1-139; Nunes, A.J.A. (1991), 209-326; Nunes, A.J.A. (1988).

[4779] Fisher, I. (1896); Fisher, I. (1907); Fisher, I. (1911).

[4780] De Long, J.B. (2000), 85.

deflacionistas[4781]). Depois da maré-alta do keynesianismo (com a sua insistência na não-neutralidade monetária, com a sua preferência pela estabilização através da política monetária, com a sua concentração no curto prazo desconsiderando o plano do PIB potencial, com os seus apelos ao activismo estabilizador e aos efeitos multiplicadores[4782]), o monetarismo regressou em força no final dos anos 70, num momento em que as ideias de Milton Friedman[4783] vinham apontar uma saída para uma situação grave de NAIRU elevada e de baixos efeitos multiplicadores – o colapso prático das políticas keynesianas –[4784].

Um misto de convicções acerca da estabilidade da procura de moeda, acerca da falibilidade e lentidão das políticas estabilizadoras, acerca de uma «taxa natural de desemprego» alcançável a partir da taxa efectiva, acerca do valor relativamente baixo do multiplicador keynesiano, acerca do poder estabilizador de regras monetárias e bancárias invariáveis, alguns dos quais remontavam aos anos 50, animava agora a «contra-ofensiva» do paradigma monetarista[4785], assente, como já referimos, na convicção da fundamental estabilidade da velocidade de circulação monetária e na função decisiva da massa monetária – devolvendo aos bancos centrais o protagonismo de toda a política macroeconómica relevante[4786]. Se alguma coisa corresse mal, como tinha corrido na Grande Depressão, o culpado era fácil de identificar: o banco central, na medida em que não tivesse segurado a massa monetária contra as pressões inflacionistas dos privados, ou na medida em que não tivesse feito crescer essa massa monetária ao ritmo adequado[4787].

Por outras palavras, Milton Friedman aparecia agora a liderar a oposição à ideia de que políticas monetárias expansionistas e contraccionistas tivessem uma função verdadeiramente estabilizadora, preconizando em vez disso uma quase imobilidade dos bancos centrais, a sua adesão a políticas de longo prazo praticamente invariáveis, que servissem de âncora às expectativas inflacionistas dos particulares (e eliminassem a propensão do Estado para a tributação «oculta» da moeda).

Quanto à política expansionista, o seu efeito no abaixamento das taxas de juro não poderia ser senão muito limitado e breve, na medida em que quem empresta fixa logo, como se viu a propósito da «crítica de Lucas», uma taxa nominal que incorpora um «prémio de inflação» relativamente à inflação esperada em resultado da política expansionista (para se livrar da erosão provocada nos seus juros por essa inflação), sendo que, por isso, como a política monetária inflacionista aumenta o nível da inflação esperada, os juros nominais «ajustariam imediatamente», retirando aos mutuários, àqueles que procurassem fundos e pedissem empréstimos, qualquer vantagem que lhes fosse destinada através da política monetária inflacionista[4788].

Por seu lado, dado que o nível de emprego, resultando de uma miríade de decisões não-organizadas, convergiria para uma «taxa natural», qualquer objectivo expansionista de uma política monetária, esbarrando nessa «taxa natural», acabaria por limitar-se a puros efeitos nominais no longo prazo (no longo prazo, recapitulemos, a aceleração da emissão monetária só poderia significar inflação e subida das taxas de juro nominais, e não poderia significar crescimento económico ou aumento das taxas de juro reais).

Por isso, na perspectiva monetarista o ideal seria fixar-se uma regra rígida de expansão monetária, imune às contingências de curto prazo, capaz de condicionar as expectativas e por isso de servir de sucedâneo eficaz a uma política estabilizadora que, para poder ser operativa no mundo real, teria que ultrapassar as limitações impostas pelas deficiências informativas e pelas «falhas de intervenção» (mormente pelo desfasamento temporal que tantas vezes involuntariamente convertia medidas anti-cíclicas em medidas pró-cíclicas[4789]).

As taxas de juro *nominais* deveriam até, idealmente, convergir para o zero e aí permanecer, forçando o abaixamento dos preços ao longo do tempo (para compensar a subsistência de taxas de juro *reais* positivas), de acordo com aquilo que ficou conhecido como a «regra de Friedman», uma regra de «não-tributação oculta» da

---

[4781] De Long, J.B. (2000), 86.

[4782] De Long, J.B. (2000), 83-84.

[4783] De Long, J.B. (2000), 84-85; Friedman, M. (1953b), 117-132; Friedman, M. (1960); Friedman, M. (1968), 1-17; Friedman, M. & A.J. Schwartz (1963); Gordon, R.J. (org.) (1974); Brunner, K. (1968), 8-24; Brunner, K. & A.H. Meltzer (1963), 319-334.

[4784] Leeson, R. (2000).

[4785] Friedman, M. (1956), 3-21; Friedman, M. (1957); Cagan, P. (1956), 25-117; Anderson, L. & J. Jordan (1970), 7-25; De Long, J.B. (2000), 88-89.

[4786] Tornando a estabilidade dos preços a maior responsabilidade dos bancos centrais no longo prazo. Cfr. Blinder, A.S. (1998), 33.

[4787] De Long, J.B. (2000), 91.

[4788] Isto já para não complicarmos a questão com as suas incidências inter-temporais e inter-generacionais. Cfr. Bloise, G., S. Currarini & N. Kikidis (2002), 369-386.

[4789] A isto haveria a acrescer os efeitos de «perda de bem-estar» das medidas contra-cíclicas, além dos seus efeitos desincentivadores. Cfr. Kreiner, C.T. (2002), 384-401.

moeda[4790/4791]. Em suma, a expansão controlada da massa monetária, acompanhada da estabilidade da velocidade de circulação[4792], seria um veículo muito mais seguro de promoção da estabilidade no emprego e nos preços do que a política orçamental.

Também quanto a esta Milton Friedman e os monetaristas vinham manifestar a sua oposição (sobretudo quanto ao «cânone Keynes-Samuelson»). Essa política orçamental estaria dependente da verificação de um significativo efeito multiplicador entre aumento de despesa pública e expansão do PIB[4793]; mas para isso, seria por sua vez necessário que esse multiplicador fosse estável e mensurável, o que os monetaristas contestavam – bastando lembrarmos que a já mencionada «hipótese do rendimento permanente» desmentia que a keynesiana «propensão para o consumo» fosse uma fracção estável do rendimento individual corrente, um valor do qual se pudesse fazer derivar com segurança a amplitude do «multiplicador».

O principal apoio à «abordagem monetarista» foram, evidentemente, os embaraços teóricos e políticos registados no cânone keynesiano, mormente a constatação genérica de que a produção e a despesa se subordinavam efectivamente a influências atípicas, influências tão difíceis de computar e de prever que o melhor seria, concluía-se, abandonar todas as tentações estabilizadoras através de políticas discricionárias, substituindo-as por regras fixas ou automáticas de estabilização[4794].

Os dados empíricos demonstram, contudo, que a velocidade de circulação da moeda varia, e até com alguma imprevisibilidade (ainda que sem grande amplitude), tanto mais quanto mais se multiplicam meios de pagamento, quanto mais se abrem as fronteiras e os fundos circulam livremente, quanto mais facilmente a liquidez pode ser substituída pelo acesso ao crédito ao consumo (sendo que a velocidade pode até descontrolar-se, como vimos no exemplo de intensificação de «custos de solas de sapatos»); resta saber se a muito pequena amplitude dessas variações bastará para impedir a refutação da tese monetarista, e da sua *teoria quantitativa do valor da moeda*. Mas um dado empírico fornece um argumento poderoso à tese monetarista: o facto de, ao longo dos anos, as taxas *reais* de juro variarem muito pouco, e muito menos do que o registado para as taxas *nominais*, ao sabor das flutuações

das taxas de inflação – o que parece demonstrar que muitos esforços de política monetária keynesiana pouco registo efectivo deixaram no historial das taxas de juro *reais*.

Foi James Tobin[4795] que mais se notabilizou na análise das condições que invalidavam o pressuposto monetarista da velocidade de circulação constante, fazendo a sua análise incidir sobretudo sobre a *procura* de moeda, sobre os factores que influenciam a vontade de formação de uma reserva monetária imediatamente disponível para as transacções, isto é, a formação de uma *liquidez* (avaliando a decisão de constituição dessa reserva imediatamente disponível em confronto com os respectivos custos de oportunidade, que são sobretudo os de se prescindir de juros, de uma compensação pela «renúncia à liquidez» em favor de um mutuário).

Para Tobin, o ponto mais fraco da construção de Friedman seria o pressuposto de que, numa recessão, havendo uma maior «renúncia à liquidez», um movimento no sentido de se trocar moeda por activos (por títulos, acções, obrigações), isso aumentaria a velocidade de circulação e contrabalançaria o declínio da despesa e da actividade económica. Para Tobin isso não é evidente, já que, com a queda dos rendimentos, das remunerações, com a iminência do desemprego, com a própria queda dos dividendos e juros que respectivamente remuneram a subscrição de acções e obrigações, não se lhe afigurava como muito plausível que as pessoas quisessem renunciar à liquidez, sendo bem pelo contrário de esperar que, por «motivo-precaução» (mais amplamente, por «elasticidade da procura de moeda às variações das taxas de juro»), elas quisessem manter uma reserva líquida, e por esse motivo a velocidade de circulação de moeda, ao invés de aumentar, pudesse até diminuir por força do ambiente recessivo.

Já o dissemos, se a velocidade de circulação da moeda diminuir, o abaixamento das taxas de juro fica inviabilizado como instrumento estabilizador; e mais genericamente a própria regra da rigidez na expansão da massa monetária estaria dependente, para o seu sucesso como política estabilizadora, da «elasticidade aos juros» da procura de moeda. É que, para James Tobin, uma elevada elasticidade aos juros por parte da procura de moeda poderia desencadear a «armadilha da liquidez», o já referido desejo de manter reservas líqui-

---

[4790] Friedman, M. (1969). Cfr. Correia, I. & P. Teles (1999), 27-32; Correia, I. & P. Teles (1996), 223-244; Nicolini, J.P. (1998), 215-232.

[4791] No fundo porque, sendo a moeda um bem puramente intermediário e de custo de produção insignificante, a tributação óptima deveria ser nula. Cfr. Diamond, P.A. & J.A. Mirrlees (1971), 8-27, 261-268.

[4792] A estabilidade do quociente entre PIB real e massa monetária, a qualquer nível de preços, afinal um corolário apenas da «equação geral das trocas». Cfr. Baumol, W.J. (1952), 545-556.

[4793] Como se explicará adiante, especificamente um multiplicador que ao menos ultrapassasse o efeito de *«crowding-out»*.

[4794] Sobre o declínio do keynesianismo, veja-se a síntese de: Cunha, P.P. (2001), 59-61.

[4795] Neves, J.C. (1998), 87.

das e de não renunciar à liquidez, mormente nos momentos recessivos em que as expectativas de emprego e a segurança dos investimentos estejam ambos em aberto declínio – por mais que as taxas de juro nominais se aproximem do zero[4796].

Insistamos que, quanto à procura de moeda em geral, há que levar em conta que muita coisa mudou no mercado desde os tempos das primeiras formulações macroeconómicas. Com efeito, a relação «canónica» entre procura de moeda e nível de rendimento tem sido posta em causa através de várias constatações:

– a de que, graças a progressos tecnológicos, a moeda é mais procurada para o desenvolvimento de trocas de activos financeiros do que para a compra dos produtos que são contabilizados no PIB, o que destrói a correlação simples e directa entre volume de transacções e volume de produção – correlação subentendida na tal visão tradicional –;

– a de que as transacções a crédito se multiplicaram e se expandiram a todos os recantos das despesas de consumo, dispensando progressivamente a procura prévia de uma liquidez monetária;

– a de que proliferam depósitos à ordem que pagam juros, desmentindo a ideia keynesiana de que a taxa de juro é o custo de oportunidade da liquidez – o que faz com que tenha que se reformular a questão, ao menos *mitigando* o valor daquele custo de oportunidade –.

24 – a) – iii) A «taxa-alvo» de inflação

Antes que se formule um juízo demasiado severo sobre o fundamento e a eficácia da política monetária, refiramos que ela dispõe de outros instrumentos para lá do controlo das taxas *reais* de juro, como sejam o «racionamento do crédito» por parte dos bancos, ou os efeitos que as simples taxas *nominais* de juro podem ter nas opções individuais de investimento.

– Lembremos, por exemplo, que uma subida das taxas de juro desvaloriza as obrigações de longo prazo que rendam convencionalmente menos juros *nominais* do que aqueles que passam a vigorar no mercado. Sentindo-se os anteriores investidores obrigacionistas mais pobres, consumirão menos; e os novos investidores tenderão agora a comprar mais obrigações – à nova taxa de juro

– e menos acções, fazendo descer o preço destas, o que por sua vez deixa mais pobres os investidores accionistas. E assim sucessivamente até que acaba por consumar-se uma verdadeira retracção do investimento e do consumo.

– E o mesmo se poderia dizer numa hipótese de descida das taxas nominais de juro, com efeitos simétricos nas opções dos investidores quanto à composição das suas carteiras de títulos.

Em abstracto, uma política monetária óptima poderia cingir-se a operações de «mercado aberto»[4797], de compra e venda de títulos obrigacionistas (de baixa liquidez) emitidos pelo Estado, títulos que seriam comprados pelos indivíduos com baixa utilidade marginal no consumo – o que, retirando moeda de circulação, aumentaria o «poder de compra» da moeda que subsistisse nas mãos dos indivíduos com elevada utilidade marginal no consumo (servindo, portanto, a compra de títulos para *deslocar a liquidez* em direcção daqueles que mais precisariam dela, e sendo por isso tanto mais vantajosa a emissão de títulos e a concomitante redução da massa monetária quanto mais é ampla a disparidade entre os indivíduos com baixa e com alta utilidade marginal no consumo)[4798]. A política seria óptima na medida em que, em suma, reduzisse os custos de transacção, as «fricções», na obtenção de um «equilíbrio de liquidez» correspondente a uma posição intermédia de utilidade marginal[4799]. E ela concentrar-se-ia no estabelecimento de «taxas-alvo» de inflação[4800], uma resposta pragmática às inoperantes complexidades de uma política monetária guiada por valores monetários agregados e por taxas de câmbio, contrapondo-se-lhes despretenciosamente que agora tudo praticamente se cinge, em termos de estabilização macroeconómica, ao anúncio público *credível* de uma meta de inflação – ainda que, como em tudo, haja resultados positivos e negativos na comparação com a prática anteriormente dominante[4801].

Na verdade, o que parece constatar-se é que as autoridades monetárias, longe de promoverem activamente políticas óptimas, se remetem a uma posição mais passiva e reactiva, limitando-se a fixar taxas de juro nominais de curto prazo em função de uma determinada estimativa de inflação e de actividade económica agregada (PIB real), no fundo limitando-se a adoptar uma *feedback rule* de comprovação empírica, e que é hoje conhecida como «regra de Taylor»[4802]. Essa regra, que pretende na essência ser não mais do que uma

[4796] Gameiro, I.M. & M. Pinheiro (1999), 33-41.

[4797] Sobre as políticas monetárias de «*open market*», cfr. Dornbusch, R., S. Fischer & R. Startz (2004), 270.

[4798] Kocherlakota, N.R. (2002), 58-59; Kocherlakota, N.R. (1998), 232-251; Wallace, N. (2001), 847-869.

[4799] Kocherlakota, N.R. (2002), 61.

[4800] Como foi praticado pioneiramente pelo *Reserve Bank* da Nova Zelândia.

[4801] Loayza, N. & R. Soto (orgs.) (2002).

[4802] Taylor, J.B. (1993), 195-214.

constatação[4803], uma verificação do sucesso das políticas monetárias nos dois últimos decénios[4804], pode, por sua vez, ganhar uma intenção prescritiva[4805] e converter-se num instrumento estabilizador *activo*: se o banco central estabeleceu uma «taxa-alvo» de inflação e a taxa corrente a ultrapassar, bastará fixar taxas de juro nominais *acima* da taxa corrente para, fazendo subir desse modo as taxas de juro *reais*, abrandar a pressão inflacionista (graças em larga medida à presença de «expectativas racionais»), até se regressar à «taxa-alvo»[4806], uma «taxa-alvo» correspondente a uma «taxa de juro *real* neutra»[4807].

De acordo com esta tão simples e intuitiva «regra de Taylor» (simples mas não isenta de riscos[4808] e de alcance teórico[4809], e afinal o fruto mais recente da velha tradição do uso de instrumentos monetários na estabilização macroeconómica[4810/4811], agora progressivamente adensada com a consideração de tempos de resposta como condição de «afinação óptima» da transição de curto para o longo prazo[4812], e de aplicabilidade dos mesmos instrumentos numa variedade de contextos macroeconómicos[4813] com graus variáveis de empenhamento e de credibilidade das autoridades monetárias[4814]), os bancos centrais limitar-se-iam a fazer subir as taxas de juro para conterem uma inflação acima de certo nível, e a baixarem essas taxas de juro quando a inflação, encontrando-se abaixo desse nível, apontasse para riscos de estagnação[4815].

Para facilitarem a sua tarefa – que, apesar da simplicidade da regra, não é assim tão fácil[4816] – é que estabeleceriam uma «taxa-alvo»[4817], ou uma «banda de tolerância» em torno da tendência evolutiva de longo prazo para a taxa de inflação, «ancorando» as expectativas a esse horizonte previsível, com um determinado «intervalo de confiança»[4818] – um procedimento *prospectivo* (desligado de constrangimentos «históricos») que é de certo modo a contrapartida da atitude *prospectiva* que a teoria das «expectativas racionais» atribui aos agentes individuais[4819].

A «regra de Taylor» é, pois, a regra *activista* por excelência, que sugere às autoridades monetárias que taxa de juro adoptar com vista à obtenção de uma *taxa-alvo de inflação*[4820].

– A sua fórmula é: [Taxa de Juro]=2+[Inflação corrente] +0,5*([Inflação corrente]-[Inflação-alvo])+0,5*(100* (([PIB real]-[PIB potencial])/[PIB real])). Ou, numa formulação mais esquemática: [Taxa de Juro]=2+[Inflação corrente]+0,5*[Excesso de inflação face à taxa-alvo] +0,5*[Hiato do produto][4821].

[4803] Taylor, J.B. (org.) (1999).

[4804] Woodford, M. (2001), 232; Taylor, J.B. (1999b), 319-341; Martins, F. (2000), 51.

[4805] A qual aliás esteve presente na sua génese, antes de sobrelevarem as virtualidades descritivas e preditivas do modelo de Taylor – a sua capacidade para explicar a não-linearidade da sucessão de atitudes reactivas de curto prazo dos bancos centrais, as constantes avaliações, revisões, rectificações, «afinações» de que se compõe essa «regulação fina» dos eventos relevantes. Cfr. Meyer, L.H., E.T. Swanson & V.W. Wieland (2001), 230.

[4806] Benhabib, J., S. Schmitt-Grohé & M. Uribe (2002b), 72.

[4807] Martins, F. (2000), 52, 57.

[4808] Pense-se que a atitude de «*feedback*» é oscilante, e por isso não consegue alicerçar devidamente as expectativas dos agentes económicos (pode assim incrementar-se até a turbulência de equilíbrios múltiplos, de «*sunspots*»). Cfr. Alonso González, L.A. & A. Palacio Vera (2002), 1-24; Carlstrom, C.T. & T.S. Fuerst (2002), 79; Woodford, M. (2001), 233.

[4809] Ela pura e simplesmente prescinde de um dos alicerces do monetarismo que é a teoria quantitativa do valor da moeda, substituindo-a pelo propósito de «afinação» de uma taxa de inflação que compatibilize, sem «hiatos», o crescimento da procura agregada com o crescimento da oferta agregada (permitindo, contudo, o controle «oblíquo» da massa monetária). Cfr. Dalziel, P. (2002), 511-527; Alvarez, F., R.E. Lucas Jr. & W.E. Weber (2001), 219.

[4810] Henderson, D.W. & W.J. McKibbin (1993), 221-317; McCallum, B.T. (1988), 173-204; Meltzer, A.H. (1987), 1-13 – além do precursor absoluto: Wicksell, K. (1898).

[4811] Veja-se também a estimação estatística dos instrumentos monetários, em: Christian, J.W. (1968), 465-477; Dewald, W.G. & H.G. Johnson (1963), 171-189.

[4812] Rudebusch, G.D. & L.E.O. Svensson (1999), 203-246; Svensson, L.E.O. (1997), 1111-1146.

[4813] Levin, A., V. Wieland & J.C. Williams (1999); Rudebusch, G.D. (2002), 402-432.

[4814] Bernanke, B.S., T. Laubach, F. Mishkin & A. Posen (1999).

[4815] Mankiw, N.G. (2001b). Contudo, há quem invoque aqui a excepcionalidade da «Nova Economia»: cfr. Ball, L. & R.R. Tchaidze (2002), 108.

[4816] Por exemplo, pressupõe-se o conhecimento preciso dos valores do PIB real, nominal e potencial, o que geralmente demora bastante tempo. Cfr. Orphanides, A. (2001), 964.

[4817] Bernanke, B.S., T. Laubach, F. Mishkin & A. Posen (1999).

[4818] Erceg, C.J. (2002), 85ss..

[4819] Woodford, M. (2000), 100.

[4820] Para análises genéricas da «regra de Taylor», cfr. Benhabib, J., S. Schmitt-Grohé & M. Uribe (2001), 167-186; Bryant, R.C., P. Hooper & C.L. Mann (orgs.) (1993); Clarida, R., J. Galí & M. Gertler (1998b), 1033-1067; Clarida, R., J. Galí & M. Gertler (1999), 1661-1707; Hetzel, R.L. (2000), 1-33; Judd, J.P. & G.D. Rudebusch (1998), 3-16; Kozicki, S. (1999), 5-33; McCallum, B.T. (1999); Woodford, M. (2001), 232--237.

[4821] O valor 2 corresponde à taxa de juro real média no longo prazo.

– Em aplicação da fórmula, suponhamos que a inflação corrente é de 5%, que o PIB está 1% acima do PIB potencial e que a inflação-alvo é de 2%. Nesse caso, a taxa de juro deveria ser de 9% (=2+5+(0,5*3)+(0,5*1)). Suponhamos que a inflação corrente é de 5%, que estamos em pleno emprego e que a inflação-alvo é de 2%. Nesse caso, a taxa de juro deveria ser de 8,5% (=2+5+(0,5*3)+(0,5*0)). Suponhamos ainda que a inflação corrente é de 4%, que o PIB está 1% acima do PIB potencial e que a inflação-alvo é de 2%. Nesse caso, a taxa de juro deveria ser de 7,5% (=2+4+(0,5*2)+ (0,5*1)).

– Numa síntese, dir-se-á que a fórmula sugere as seguintes regras:

a. sempre que a inflação varie 1%, as autoridades monetárias devem variar a taxa de juro em 1,5%, e no mesmo sentido (subindo a taxa de juro quando o «hiato do produto» aumenta, descendo a taxa de juro quando o «hiato do produto» diminui)[4822].

Se, por exemplo, a inflação elevada denotar, através de uma «Curva de Phillips aumentada pelas expectativas», que o PIB real está para lá do PIB potencial, que há um «hiato do produto», a reacção dos bancos centrais, embora focalizada nos efeitos inflacionistas, contribuirá para uma retracção do PIB real até aos limites da sua sustentabilidade de longo prazo: o que significa que a política das autoridades monetárias propicia a combinação de valores de taxa efectiva e «taxa-alvo» de inflação, de PIB real e procura agregada numa só ordem de considerações:

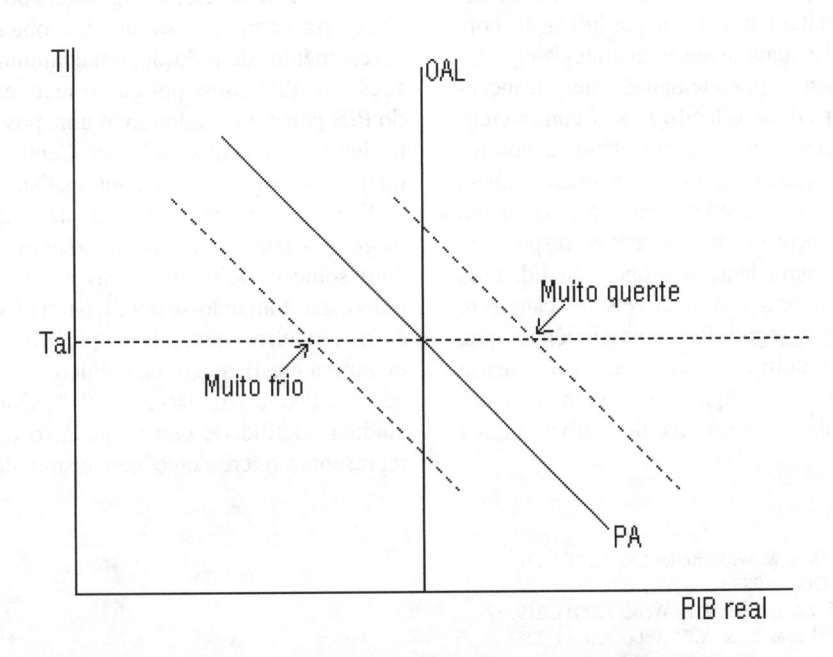

Gráfico 24.3. *O estabelecimento de uma taxa-alvo de inflação*[4823]

TI: taxa de inflação
TaI: taxa-alvo de inflação (linha de ajustamento da inflação)

PA: procura agregada
OAL: oferta agregada de longo prazo (PIB potencial)

mesmo sentido (subindo a taxa de juro quando a inflação sobe, descendo a taxa de juro quando a inflação desce);

b. sempre que o «hiato do produto» varie 1% as autoridades monetárias devem variar a taxa de juro em 0,5%, e

A «regra de Taylor» é apenas uma das vias alternativas de gestão da inflação por «alvos», e a mais directa, não sendo excluído que os mesmos resultados fossem promovidos por uma via indirecta, e mais tradicional, de manipulação discricionária da emissão de

4822 Dornbusch, R., S. Fischer & R. Startz (2004), 200.
4823 Taylor, J.B. (2000), 24. Note-se que, por necessidade de simplificação, não se considerou no gráfico as oscilações da própria linha da «taxa-alvo», que subirá em caso de «hiato inflacionista» e descerá em caso de «hiato deflacionista».

moeda e de outras variáveis monetárias[4824]. Acontece que, das duas alternativas, a «regra de Taylor» é a mais simples, a mais parcimoniosa, e isso torna-a motivo de preferência não só por parte das autoridades monetárias (pese embora, insiste-se, a complexidade informativa que está subjacente a essa simplicidade, e por isso pode gerar uma margem de incerteza[4825]), que preferem essa via indirecta de controlo da massa monetária[4826] – e isto apesar de, na sua feição *prescritiva*, a «regra de Taylor» ser assaz restritiva das possibilidades de actuação das autoridades monetárias (limitando-as a uma gestão corrente e de curto prazo das taxas de juro nominais em função dos desvios da inflação efectiva em relação à «taxa-alvo»)[4827] – como também por parte da ciência económica, visto que a simplicidade, a modéstia descritiva e mesmo a universalidade pragmática da «regra de Taylor», com a sua tolerância a margens de erro, permitem a sua compatibilização com modelos teóricos das mais diversas matrizes[4828].

Retirar-se-ia daqui, aparentemente, que, alcançando-se todos os objectivos estabilizadores contra-cíclicos através da simples política monetária, a política orçamental ficaria inutilizada – o que parecia também confirmado pela crescente eficiência e protagonismo das autoridades monetárias nessas tarefas, respondendo em tempo útil e com adequada proporcionalidade às flutuações de curto prazo susceptíveis de causarem danos *reais* a nível agregado[4829], uma eficiência que, na verdade, só uma política orçamental discricionária parecia poder perturbar (daqui se retirando mais um argumento para a despromoção da alternativa política de estabilização).

Na realidade, essas conclusões não podem ser tão lineares, como o têm demonstrado análises mais profundas e estruturais dos efeitos macroeconómicos da política monetária[4830], nomeadamente no que se refere à articulação com as «expectativas racionais»[4831] ou com a congruência de regimes monetários sucessivos, no que se refere ao impacto no bem-estar agregado, dadas as «fricções», a «viscosidade» de hábitos de despesa e as eventuais «taxas de sacrifício» da utilização predominante ou exclusiva de instrumentos monetários[4832].

Recapitulando, impõe-se reconhecer que a «regra de Taylor»[4833] e o «*inflation targeting*»[4834] vieram reanimar o debate em torno da política monetária[4835], levando até a uma nova reconsideração da influência *real* da política monetária, especificamente em termos de influência efectiva sobre as flutuações de curto prazo[4836]. Em síntese, as regras da «boa política monetária» passaram a resumir-se à obtenção de baixos níveis médios de inflação, em conjunto com a estabilização do PIB numa posição o mais próxima possível do PIB potencial – admitindo uma posição inteiramente flexível e reactiva do Banco Central[4837], sem quaisquer constrangimentos ou automatismos[4838].

É essencialmente por essa razão que o «*inflation targeting*» tem sido um processo muito variável, dúctil, com soluções idiossincráticas a nível nacional[4839] – nuns casos tomando-se por alvo um nível de preços que é fixo, noutros tomando-se por alvo uma tendência evolutiva pré-fixada (com o único requisito de se tratar de uma taxa-alvo «não-zero»)[4840]. Outra razão para a aludida ductilidade deriva do facto de o «*targeting*» representar o crescente cepticismo dos economistas

[4824] Flaschel, P., G. Gong & W. Semmler (2001), 101-136.

[4825] Orphanides, A. (2001), 983.

[4826] Alvarez, F., R.E. Lucas Jr. & W.E. Weber (2001), 219.

[4827] Alvarez, F., R.E. Lucas Jr. & W.E. Weber (2001), 225.

[4828] Benhabib, J., S. Schmitt-Grohé & M. Uribe (2001), 185; Taylor, J.B. (1993), 195-214; Taylor, J.B. (1999); Levin, A., V. Wieland & J.C. Williams (1999), 263-299; Rotemberg, J.J. & M. Woodford (1999), 57-119.

[4829] Uma resposta com uma rapidez e uma agilidade que não estão ao alcance dos mecanismos das políticas orçamentais. Cfr. Taylor, J.B. (2000), 27-28.

[4830] Romer, C.D. & D.H. Romer (1989), 121-170; Bernanke, B.S. & A.S. Blinder (1992), 901-921; Christiano, L.J., M.S. Eichenbaum & C.L. Evans (1996), 36-74.

[4831] Fuhrer, J.C. & G.R. Moore (1995), 219-239; Fuhrer, J.C. (2000), 367-368.

[4832] King, R.G. & A.L. Wolman (1996); Rotemberg, J.R. & M. Woodford (1997), 297-346; McCallum, B.T. & E. Nelson (1999b), 296-316; McCallum, B.T. & E. Nelson (1999), 15-45; Taylor, J.B. (1980), 1-23.

[4833] Taylor, J.B. (1993), 195-214; Taylor, J.B. (1999b).

[4834] Bernanke, B.S. & F. Mishkin (1997), 97-116; Cecchetti, S.G. (1998), 121-140; Cecchetti, S.G. (2000), 43-59; Rogoff, K. (1985b), 1169--1189; Sims, C.A. (1980), 1-48; Svensson, L.E.O. (1997), 1111-1147; Svensson, L.E.O. (1999c), 607-654; Walsh, C.E. (1998).

[4835] Clarida, R., J. Galí & M. Gertler (1999), 1661ss..

[4836] Bernanke, B.S. & A.S. Blinder (1992), 901-921; Bernanke, B.S. & I. Mihov (1997), 1025-1053; Bernanke, B.S., M. Gertler & M. Watson (1997), 91-142; Christiano, L.J., M.S. Eichenbaum & C.L. Evans (1996b), 16-34; Galí, J. (1992), 709-738; Goodfriend, M.S. & R.G. King (1997), 223-283; Leeper, E.M., C.A. Sims & T. Zha (1996), 1-63; Romer, C.D. & D.H. Romer (1989), 121-170.

[4837] Svensson, L.E.O. (2003b), 426ss..

[4838] McCallum, B.T. (2000), 273-286.

[4839] Bernanke, B.S. & F. Mishkin (1997), 98ss..

[4840] Goodhart, C. & J. Vinals (1994), 139-187.

quanto ao rigor e eficácia das políticas monetárias contra-cíclicas, representar em suma a generalização da «Curva de Phillips vertical» (a inexistência de um tensão de longo prazo entre desemprego e inflação, e por isso a subsistência de puros efeitos nominais no longo prazo), a crescente ênfase nos valores da estabilidade, da transparência e da credibilidade como pressupostos da actuação das autoridades monetárias, até a convicção de que uma inflação «não-zero», e mantida dentro de limites de previsibilidade, é capaz de promover a eficiência e o crescimento no longo prazo[4841] – e isto apesar da crescente comprovação de que a estabilização nominal pelo «targeting» não se faz sem grandes sacrifícios a nível de produção e de emprego, gerando fortes pressões depressivas na economia[4842]. Podendo assim dizer-se, em conclusão, que de certo modo o «targeting» representa um triunfo da estabilização *por regras* contra a estabilização *discricionária* – embora pareça mais razoável falar-se de um compromisso entre as duas tendências de estabilização[4843].

24 – b) A política orçamental

Não é só através da política monetária que é possível manipular no curto prazo a procura agregada; o mesmo objectivo pode ser prosseguido através da política orçamental[4844], que genericamente poderíamos definir como um conjunto de decisões que respeitam ao nível global das despesas e das receitas do Estado (normalmente por via da sua integração no Orçamento do Estado, a previsão periódica de receitas e despesas públicas), com o mesmo objectivo de alcançar ou manter o pleno emprego, promover o crescimento económico e alcançar a estabilidade dos preços[4845].

Se pensarmos que a despesa pública é uma das parcelas da procura agregada, torna-se evidente que o Estado consegue manipular a procura agregada, fazendo-a deslocar-se no sentido da expansão ou da retracção, por simples decisões que respeitam ao aumento ou diminuição das suas aquisições de produtos. Basta para tanto que não haja ainda pleno emprego, que não se esteja ainda nos valores do PIB potencial, e que o incremento do PIB *real* seja suficientemente pronunciado para despertar uma reacção expansiva do investimento.

De cada vez que o Estado decide aumentar a despesa pública, desencadeia dois efeitos opostos a que já nos referimos, e que condicionam a repercussão desse impulso no nível da procura agregada:

– por um lado, esse aumento de despesa pública pode desencadear um efeito em cadeia que porá em movimento muito mais forças produtivas do que aquelas que são directamente remuneradas pelo aumento de despesa, provocando eventualmente uma expansão mais do que proporcional da procura agregada – o «efeito de *multiplicador*» –;

– por outro lado, o aumento de despesa pública representa necessariamente uma diminuição da poupança pública, até eventualmente um agravamento do endividamento público para financiar a despesa, e isso significa diminuição da oferta de fundos no mercado, ou aumento da procura de fundos, ou ambos simultaneamente, o que não pode deixar de provocar a subida das taxas de juro, subida que acarreta, pelas razões que já conhecemos, a contracção da procura agregada – aquilo que vimos designado por «efeito de *crowding-out*», o efeito de expulsão ou sacrifício dos níveis de consumo e investimento privado a favor da despesa pública

24 – b) – i) Despesa pública, multiplicador e «crowding-out»

A decisão de modular o nível de procura agregada através da despesa pública, ou, mais especificamente, a decisão de expandir a procura agregada, de promover o crescimento e de combater o desemprego, de vencer a recessão, através de uma política de despesas públicas, de uma política *deficitária* – afinal, o próprio cerne da «solução keynesiana» na sua configuração original, dirigida a remediar no curto prazo a Grande Depressão – dependerá portanto da força relativa destes dois efeitos: se o efeito multiplicador for o mais forte dos dois, o aumento de despesa pública poderá eficientemente expandir a procura agregada, o que já não será o caso se prevalecer o efeito de «*crowding-out*». O sucesso desta «receita keynesiana» está espelhado no facto de o cômputo total das despesas públicas do conjunto dos países do mundo ser deficitário.

A ideia subjacente ao efeito de multiplicador é a de que a interdependência económica provoca o contágio

4841 Barro, R.J. & D.B. Gordon (1983b), 101-121; Calvo, G. (1978), 1411-1428; Kydland, F.E. & E.C. Prescott (1977), 473-492.

4842 Debelle, G. & S. Fischer (1994), 195-221; Posen, A. (1995), 253-274.

4843 Bernanke, B.S. & F. Mishkin (1997), 104ss.; Friedman, B. & K. Kuttner (1996), 77-125.

4844 Pode traduzir-se «*fiscal policy*» também como «política financeira anticonjuntural» - cfr. Franco, A.L.S. (2002), I, 113.

4845 Noutros termos, «política orçamental» é aquela que incide no nível de aquisições públicas, de transferências e de tributação. Cfr. Dornbusch, R., S. Fischer & R. Startz (2004), 226.

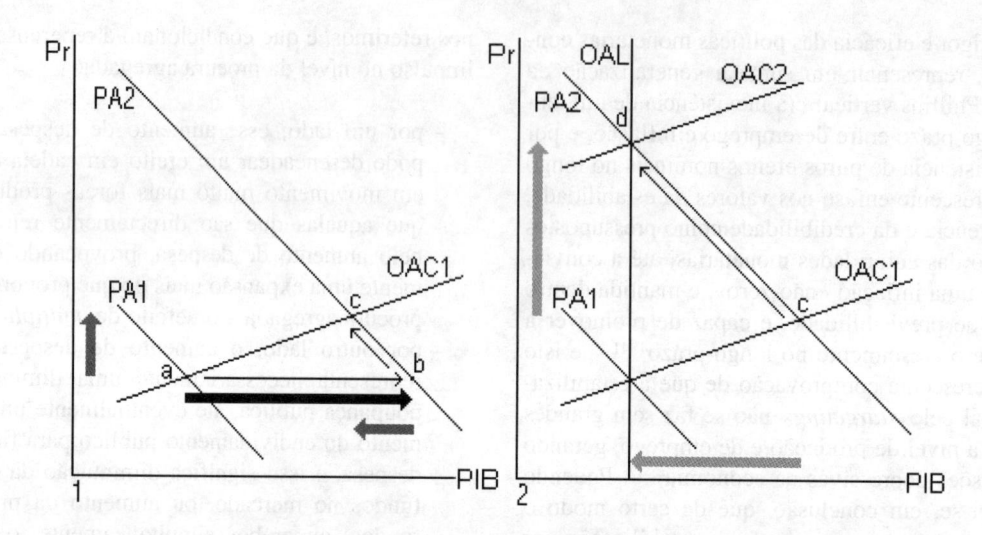

Gráfico 24.4. *Política orçamental no curto e no longo prazo*

1: perspectiva de curto prazo
2: perspectiva de longo prazo
Pr: nível de preços (deflator do PIB)
PA1, PA2: procura agregada
OAC1, OAC2: oferta agregada de curto prazo
OAL: oferta agregada de longo prazo
– A despesa agregada, a procura agregada e o PIB expandem-se inicialmente (de a para b)
– A subida de preços (a inclinação positiva da curva OAC) anula

parcialmente a amplitude *real* da expansão da despesa e da procura agregadas e do PIB, reduzindo concomitantemente o valor do multiplicador (de b para c)
– A retracção da oferta agregada de curto prazo para a sua posição de equilíbrio de longo prazo faz regressar o PIB real ao seu valor inicial, ainda que a preços mais elevados (de c para d)
– No longo prazo, a política orçamental tem apenas efeitos *nominais* (a subida de preços de a para d), tendo pois efeitos *reais* apenas no curto prazo

dos benefícios que a despesa pública traz para aqueles que são directamente remunerados por ela, daí resultando que aumenta a procura de bens e serviços de muitas outras empresas que não aquelas cujos produtos são o objecto inicial da procura pelo Estado.

Suponha-se que o Estado, preocupado com a perspectiva de uma recessão, decide promover um programa de obras públicas, por exemplo a abertura de mais auto-estradas: a despesa pública será destinada em primeiro lugar ao pagamento dos empreiteiros que levarão a cabo essas obras, mas estes, por seu lado, procurarão mais trabalhadores, possivelmente oferecendo melhores salários, e esse aumento de emprego e de rendimento disponível fará com que aumente a procura de bens de consumo; as empreitadas farão aumentar a procura de cimento e de aço para a construção dos necessários viadutos e túneis, e as empresas cimenteiras, vendo aumentar a procura dos seus produtos, poderão remunerar mais elevadamente os seus factores de produção, o que por sua vez poderá traduzir-se em mais uma expansão do consumo, e assim sucessivamente.

Em abstracto, o multiplicador será o cômputo geral dos efeitos de contágio e reverberação que resultam

encadeadamente desse impulso inicial – admitindo-se, como o nome indica, que esse resultado final seja um *múltiplo* do incremento de despesa inicialmente decidido. O mecanismo causal subjacente, que já analisámos a propósito do multiplicador do *investimento*, é de formulação simples e iterativa: mais despesa significa mais rendimento para os vendedores, mais rendimento significa maior remuneração dos factores, maior remuneração significa mais rendimento disponível por parte dos compradores, significa mais despesa, e assim sucessivamente – desconsiderando-se aqui outros efeitos que podem ampliar os efeitos deste processo, como o facto de o aumento de rendimento e o optimismo induzido pela animação dos mercados poderem traduzir-se em concomitantes aumentos de investimento, contribuindo com aquilo que já designámos como o «efeito de *acelerador*» –.

Naturalmente que nem todo o aumento de rendimento disponível se traduz num aumento de consumo, sendo que parte desse rendimento será normalmente destinado ao aforro; por isso, a «bola de neve» em que se traduz este «contágio de euforia» no consumo vai perdendo a sua força em cada novo passo, até, atingido um certo limite, esgotar as suas virtualidades dinâmi-

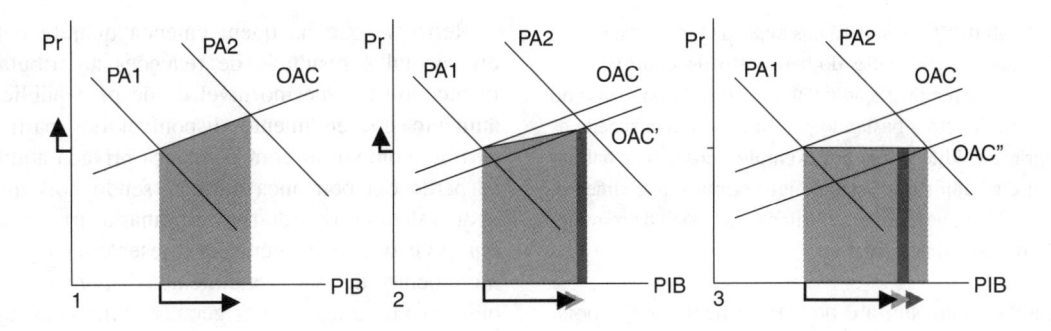

Gráfico 24.5. *Política orçamental de curto prazo e efeitos do lado da oferta* («supply-side»)

1: situação sem efeitos do lado da oferta
2: situação com moderados efeitos do lado da oferta (efeito do lado
da oferta = OAC' – OAC)
3: situação com acentuados efeitos do lado da oferta (efeito do lado
da oferta = OAC" – OAC)

Pr: nível de preços (deflator do PIB)
PA1, PA2: procura agregada
OAC, OAC', OAC": oferta agregada de curto prazo
– Quanto mais elevado o efeito do lado da oferta, maior o multipli-
cador da política orçamental, e menor a subida de preços

cas – o que significa, como também já vimos, que o multiplicador causará tanto mais impacto quanto maior for a «propensão marginal para o consumo» que se verifique no meio económico considerado –. É nesse momento de esgotamento do impulso inicial que teoricamente o valor do efeito de multiplicador seria susceptível de medição na sua amplitude total.

O «efeito de *crowding-out*», o desincentivo do investimento provocado pelos *deficits* orçamentais, reflecte o custo de oportunidade de uma política orçamental expansionista e deficitária: o aumento da despesa pública é a diminuição da poupança pública ou o aumento do endividamento público, e daí a designação de «deficitária» que é reservada a esta política, visto que ela é capaz de colocar o Estado a suportar mais despesas do que as receitas de que dispõe, tornando inevitável o seu endividamento, o agravamento da dívida pública através da acumulação de *deficits*.

Como dissemos, a falta de poupança pública significa uma diminuição da oferta de fundos no mercado da poupança e do investimento – seja o *mercado monetário* ou de curto prazo, seja o *mercado financeiro* ou de longo prazo –, e o endividamento público só pode significar o aumento da procura no mesmo mercado: em ambos os casos, aumentando (em função de uma determinada produtividade média do capital[4846]) a taxa de juro de equilíbrio que se forma na intersecção da oferta com a procura.

Ora já conhecemos o efeito da subida da taxa de juro de equilíbrio no nível de procura agregada, a qual tende

a descer, já porque a produção se retrai – tendo aumentado os custos de remuneração do factor capital –, já porque se retrai o consumo – cujo custo de oportunidade é mais elevado, tendo subido a remuneração do aforro –.

Em conclusão, o efeito de «*crowding-out*» pode conduzir ao resultado paradoxal de verificar-se uma contracção na procura agregada resultante de uma política orçamental expansionista. Note-se, contudo, que a contracção provocada pelo «*crowding-out*» pode não ser muito pronunciada porque ela se faz acompanhar de um aumento de taxas de juro *reais* capaz de estimular a poupança e a oferta de fundos – sendo que um tal efeito estimulador, a ser perfeitamente equivalente à amplitude do «*crowding-out*», confirmaria a tese da «equivalência ricardiana» de que falaremos já de seguida.

Suponha-se que, pagos os empreiteiros que construíram as auto-estradas e remunerados, através desses empreiteiros, os respectivos trabalhadores e fornecedores, e os trabalhadores dos fornecedores, e assim sucessivamente, isso se traduz num aumento do rendimento disponível de uma multidão de trabalhadores, que para transformarem o seu aumento de rendimento em aumento de satisfação procuram maiores quantidades de moeda, de liquidez. Se as autoridades decidirem manter fixa a quantidade de moeda oferecida – por recearem a inflação, por exemplo –, o aumento da procura de moeda vai forçar a subida da taxa de juro de equilíbrio, até ao ponto em que a nova curva da procura de moeda intercepta a curva ver-

---

tical da oferta[4847]. A subida das taxas de juro retrai o consumo, não só por causa do seu custo de oportunidade, dada a maior remuneração do aforro, mas até por causa do seu custo directo – bastando pensarmos no que sucede às compras a crédito, como por exemplo a compra de habitação –; e a subida das taxas de juro retrai o investimento, na medida em que, como referimos, os custos da remuneração do capital aumentaram.

A queda no consumo e no investimento pode, pois, ser maior do que o incremento na despesa pública, determinando que o somatório dessas parcelas da procura agregada venha a resultar num valor inferior para o total dessa procura agregada. É nisso que consiste a «expulsão», o «*crowding-out*»: para que a despesa pública possa aumentar, são sacrificados os níveis de consumo e de investimento privado, a economia privada é «empurrada» para fora do esforço de dinamização tentado pela via da procura agregada.

Refira-se que há quem entenda que, se o *deficit* orçamental é resultado de reduções na tributação – mantendo-se o mesmo nível de despesa pública –, o aumento do rendimento disponível dos particulares permite compensar com poupança privada aquilo que se perde em poupança pública, sendo pois que esta «equivalência ricardiana» eliminaria o «*crowding-out*», visto que as gerações presentes pouparam o incremento do seu rendimento disponível, com o objectivo de o legarem às gerações vindouras, ajudando estas, pois, a pagar a factura do endividamento público.

A «equivalência ricardiana», ou «efeito Barro-Ricardo» – assim designada porque David Ricardo teria sido o pioneiro na sua formulação, apesar de a ter abandonado, e por ela ter sido retomada apenas recentemente pelo economista Robert J. Barro[4848] –, implicaria a fundamental indiferença, em termos macroeconómicos, entre a solução do financiamento da despesa

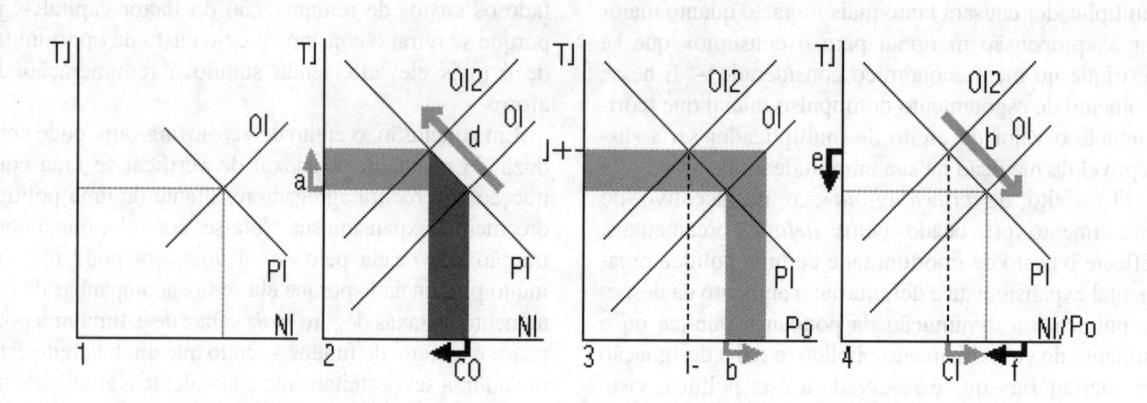

Gráfico 24.6. *Efeito de expulsão* («crowding out») *e efeito «Barro-Ricardo» no mercado de fundos mutuáveis*

1: situação inicial de equilíbrio de mercado
2: por efeito do «*crowding-out*», retracção da oferta de fundos, subida das taxas de juro e descida do nível de investimento
3: aumento da poupança por efeito da subida das taxas de juro – gera-se um desfasamento entre os níveis de poupança e de investimento
4: efeito «Barro-Ricardo», expansão da oferta de fundos por efeito do aumento do investimento, descida das taxas de juro e dos níveis de poupança, com regresso aos valores iniciais (no pressuposto de que b=d)
TJ: taxas de juro reais
NI: nível de investimento
Po: nível de poupança

OI: oferta de fundos
OI2: contracção de OI por efeito do *deficit* orçamental
PI: procura de fundos
J+: taxa de juro desequilibrada
a: subida da taxa de juro
b: aumento do nível de investimento
CO: «*crowding out*» (quebra no investimento)
CI: «*crowding in*» (retoma do investimento)
d: *deficit* orçamental (falta de poupança pública)
e: descida da taxa de juro
f: diminuição do nível de poupança
i-: nível reduzido de investimento (resultante do «*crowding out*»)

[4847] Reveja-se novamente o gráfico 20.5.
[4848] Barro, R.J. (1974), 1095-1117; Barro, R.J. (1978); Barro, R.J. (1989), 37-54. Entre os críticos da «equivalência ricardiana», cfr. Blanchard, O. (1985), 223-247; Bernheim, B.D. (1989), 55-72.

pública através de impostos e a solução de financiamento através de empréstimos[4849]. As famílias integrariam os aumentos ou diminuições do orçamento estadual dentro do âmbito das suas próprias decisões, e por isso tratariam uma quebra de impostos ou uma quebra de despesa pública como equivalentes, e como equivalentes também um aumento dos impostos ou da despesa pública, na medida em que qualquer dessas situações repercutiria nos recursos privados[4850]. Assim sendo, uma política orçamental deficitária teria um impacto diminuto, praticamente negligenciável, sobre as taxas de juro reais[4851].

O conceito de «equivalência ricardiana» parece, contudo, insustentável, sobretudo se levarmos em conta as muito previsíveis reacções dos particulares, os quais:

– não experimentam directamente as consequências do endividamento e só difusamente se sentem afectados pelas repercussões negativas do *deficit* orçamental, no duplo sentido de que:
  1. os seus efeitos se expandem pelo total da coisa pública, diluindo-se por detrás do «véu» do Estado;
  2. uma política deficitária onera especialmente gerações futuras, cujos interesses podem ser fortemente desconsiderados por uma «taxa social de desconto» muito elevada;
– mas sentem imediata e vividamente os efeitos até do mais ténue agravamento tributário – sendo prova disso que o sucesso eleitoral depende tantas vezes de promessas que envolvem políticas deficitárias, mas dificilmente se diria o mesmo de promessas de agravamento fiscal, por mais que se tentasse transmitir aos eleitores a ideia de que, em última análise, as duas vias se equivalem no plano macroeconómico –;
– sendo ainda de considerar que tudo depende de condições assaz improváveis[4852], como a de que a maior parte das pessoas não sentiria limitações no

acesso à liquidez (e até no recurso à evasão fiscal, porventura[4853]), a de que os impostos não causariam distorções nos incentivos económicos, ou a de que toda a gente, não sendo imortal, teria filhos e não sujeitaria a qualquer taxa de desconto o «valor de legado» do património que aforrasse (o pressuposto das «famílias infinitas»[4854]).

A «equivalência ricardiana» pretende ser uma resposta ao modelo mais tradicional das «gerações sucessivas», segundo o qual as pessoas procuram optimizar o seu «rendimento permanente» ao longo do ciclo de vida mas não têm qualquer motivação especial para legarem esse rendimento aos vindouros – caso em que o endividamento público presente é, apesar do imediato *crowding out*, um favorecimento das gerações actuais em detrimento das futuras, eventualmente assente numa elevada taxa de desconto[4855/4856]. Na «equivalência ricardiana» supõe-se, ao invés, que famílias de duração potencialmente infinita conseguem, com os seus legados, inverter os resultados de distribuição inter-geracional da oneração tributária operada pelo endividamento público[4857/4858]. Nenhuma das alternativas, contudo, se afigura particularmente realista, já que ambas pressupõem, seja que o rendimento corrente *não é* determinante da despesa corrente, seja que a média das famílias dispõe de património acumulado suficiente para espraiá-lo pelo ciclo de vida de uma ou várias gerações – desconsiderando a posição dos pobres, e daqueles que ganham para o dia a dia, e ignorando a dicotomia, que exista nos demais, entre «poupadores» e «gastadores», em função das suas propensões para aforrarem ou para consumirem[4859].

Dir-se-á, em suma, que a «equivalência ricardiana» é uma hipótese não-confirmada que tem, todavia, a virtude de apontar numa certa direcção, de esboçar uma certa tendência – sendo natural que haja alguma reacção *compensadora* por parte dos contribuintes[4860], mas difícil que ela ocorra com a *amplitude* prevista. Assim,

---

[4849] E, de passagem, tornaria neutra a opção entre nacionalização e privatização. Cfr. Schipke, A. (2001).

[4850] Shapiro, M.D. & J. Slemrod (2003), 383.

[4851] As taxas de juro reais seriam antes determinadas pela relação entre dívida pública acumulada e o PIB, daí podendo concluir-se que um desagravamento fiscal terá sobretudo efeitos «do lado da oferta»: cfr. Barro, R.J. (2003), 12.

[4852] Schipke, A. (2001).

[4853] Panadés, J. (2001), 799-815.

[4854] Barro, R.J. (1974), 1095-1117.

[4855] Diamond, P.A. (1965), 1126-1150.

[4856] Não pode esquecer-se que, para lá da taxa de desconto, também é decisiva a previsão relativa à prosperidade alcançável pelas gerações futuras, já que se se antevir uma elevada prosperidade dessas gerações (e por isso uma baixa utilidade marginal no consumo) a taxa de desconto apropriada será também ela elevada. Cfr. Elmendorf, D.W. & L.M. Sheiner (2000), 59.

[4857] Mankiw, N.G. (2000b), 120.

[4858] Veja-se o impacto destas ideias sobre a «contabilidade inter-geracional», em: Kotlikoff, L.J. (1992).

[4859] Mankiw, N.G. (2000b), 121-122, 124; Campbell, J.Y. & N.G. Mankiw (1989), 185-216.

[4860] Está empiricamente comprovado que o aumento do *deficit* orçamental tende a reduzir o nível de poupança privada. Cfr. Pradhan, G. & K.P. Upadhyaya (2001), 1745-1750.

será útil considerar a possibilidade de um «efeito ricardiano» ajudar à solvência orçamental e ao equilíbrio inter-geracional, ou até de uma estabilização ser promovida por um «regime ricardiano» de política macroeconómica[4861].

Lembremos, neste ponto, que a dívida púbica *interna* não é algo que, em rigor, tenha que ser pago em algum momento – já que se pressupõe que a existência do Estado é algo de continuado, sem um final previsível. Isso não quer dizer que o endividamento do Estado possa crescer indefinidamente acima dos aumentos do rendimento nacional, devendo antes o valor actual das receitas fiscais nivelar-se com a despesa *primária* do Estado (aquela que não corresponde ao «serviço da dívida», mormente ao pagamento de dívidas), já que não pode haver «cortes de impostos» ou «expansões deficitárias» da despesa pública que possam manter-se indefinidamente sem uma perfeita contrapartida em receitas públicas, sob pena de acumulação irrestrita do endividamento público[4862].

Esse «efeito ricardiano» pode até contribuir com um novo alento para a obtenção de equilíbrios ou de *superavits* orçamentais, naqueles países ou naquelas conjunturas em que seja perceptível que são demasiadamente baixos os níveis de poupança privada[4863], como já vimos que sucedia actualmente nas sociedades economicamente desenvolvidas e confrontadas com o envelhecimento da população[4864]: sendo mesmo que há quem sustente que o principal objectivo de longo prazo da política orçamental pode ser a promoção de um nível óptimo de poupança (o que, por sua vez, se abranger a poupança pública e a privada, pressuporá que não se aplica a «equivalência ricardiana»)[4865].

Refira-se ainda, de passagem, que parte do nível nacional de poupança e de investimento depende da posição de um país nas trocas internacionais, já que por definição a circulação de fundos com o exterior depende do valor das exportações líquidas: se existe um *superavit* nas trocas comerciais, o país tem que compensá-lo com a concessão de crédito aos países de destino das suas exportações, e se pelo contrário se regista um *deficit* na balança comercial tem que endividar-se junto dos países de onde importa – pelo que a direcção e amplitude desses *deficits* ou *superavits* dependem da relação entre poupança e investimento internos, e depois acabam, por sua vez, por condicioná-los –[4866].

Deve notar-se por fim que, dado que as medidas de política orçamental afectam desfasadamente a procura e a oferta agregadas, geralmente atingindo a procura agregada num prazo muito mais curto do que o fazem do lado da oferta agregada, têm surgido propostas de aferição *dinâmica* do Orçamento e do Rendimento:

– por exemplo, um «choque fiscal» é capaz de, a muito breve trecho, expandir a procura agregada, nas vertentes de consumo e de investimento (sobretudo se, por um lado, a despesa pública não se reduzir, pois se isso ocorrer a retracção desta pode contrariar a expansão daquelas; e se, por outro lado, não houver um abrandamento do estímulo monetário que seja motivado pela constatação da presença do estímulo orçamental) [4867].

– contudo, esse efeito do lado da procura agregada durará só o tempo que o preços e os rendimentos demorarem a ajustar-se às condições do mercado – o curto prazo –, sendo que depois disso só subsistirão os efeitos do lado da oferta, os estímulos advindos da exoneração dos factores produtivos, os correspondentes incrementos na eficiência, na produtividade e na rentabilidade.

– ora, como captar os ganhos do lado da oferta resultantes de um «choque fiscal», se os modelos dominantes privilegiam as análises de curto prazo e do lado da procura?[4868]

Daí a proposta de aferição *dinâmica* que abarcasse a integralidade dos efeitos da política orçamental, incluindo os de mais longo prazo – não se cingindo aliás a puros efeitos tributários, mas incidindo também, por exemplo, na própria estrutura da despesa pública; não se excluindo que esta abordagem alternativa tenha até o efeito terapêutico de evidenciar, seja algumas inconsistências temporais entre políticas de curto e de longo prazo, seja algumas amplificações e atenuações

---

[4861] Canzoneri, M.B., R.E. Cumby & B.T. Diba (2001), 1221; Sims, C.A. (1994), 381-399; Woodford, M. (1994), 345-380, Woodford, M. (1995), 1-46; Woodford, M. (1998), 173-219; Woodford, M. (1998b), 390-418; Woodford, M. (1998c), 117-154; Woodford, M. (2001b), 669--728; Cochrane, J.H. (1998), 323-384; Cochrane, J.H. (2001), 69-116.

[4862] ERP (2004), 125-126.

[4863] Elmendorf, D.W. & L.M. Sheiner (2000), 57.

[4864] Elmendorf, D.W. & L.M. Sheiner (2000), 57-58; Cutler, D.M., J.M. Poterba, L.M. Sheiner & L.H. Summers (1990), 1-73.

[4865] Elmendorf, D.W. & L.M. Sheiner (2000), 58; Elmendorf, D.W. & N.G. Mankiw (1999), 1615-1669.

[4866] Agénor, P. (2001), 853-875.

[4867] Se não considerarmos aqui o efeito adicional do «*crowding-out*».

[4868] Por exemplo, ignora-se quase sempre o efeito da acumulação de capital na dinâmica da inovação tecnológica, ou até na redução da «taxa natural de desemprego» – efeito que, a existir, evidentemente amplificará muito os efeitos, no crescimento económico, de um «choque fiscal» de desagravamento da tributação dos ganhos de capital. Cfr. ERP (2004), 127.

dos efeitos «estabilizadores» resultantes da passagem do tempo[4869].

24 – b) – ii) A regulação da carga tributária

Um instrumento da política orçamental intensamente usado é a regulação da carga tributária, de forma a diminuir ou aumentar o rendimento disponível dos consumidores. Um agravamento tributário deixará menos rendimento disponível, provocando uma retracção no consumo e, através dele, na procura agregada, enquanto que um desagravamento tributário tenderá, pela mesma razão, a favorecer a expansão da procura agregada.

Os cortes nos impostos podem provocar também:

– um efeito de multiplicador (ou de acelerador), visto que deixar mais dinheiro nas mãos dos contribuintes é permitir mais despesa em consumo, mais rendimento na produção, mais elevada remuneração de factores, novamente mais despesa em consumo por parte dos factores remunerados, e assim sucessivamente;
– um efeito de «crowding-out», na medida em que, na falta de um aumento da emissão de moeda e na ausência de uma contracção da despesa pública, a perda de receita pública faz subir o endividamento público e concomitantemente a taxa de juro de equilíbrio – com efeitos restritivos sobre a actividade económica privada –.

Insista-se que a política orçamental pode mesmo alastrar para a dimensão do longo prazo: como referimos já noutro passo, um desagravamento fiscal pode estimular tanto a oferta que a própria receita fiscal aumenta, tal como a despesa pública em bens de capital ou em capital humano pode ultrapassar o seu objectivo confinado de estímulo da procura agregada no curto prazo para passar a constituir a base estrutural da produtividade futura, ampliando de forma consistente as fronteiras do crescimento potencial[4870]. Não é, por isso, despicienda a escolha dos meios através dos quais se concretiza essa política orçamental no curto prazo, dada a *oportunidade* que esses meios fornecem de se estabelecer, em simultâneo, as bases da sustentabilidade da política de crescimento: por exemplo, não é a

mesma coisa aumentar a despesa pública na promoção de eventos efémeros, culturais ou desportivos, ou aumentá-la na construção de bibliotecas e de escolas.

No entanto, a regulação da carga tributária não é o instrumento mais ágil e eficiente para se lidar com as flutuações macroeconómicas de curto prazo:

– seja porque a matéria dos impostos surge tradicionalmente rodeada de melindres politico-jurídicos que não consentem grandes e súbitas inflexões do regime tributário sem processos de legitimação relativamente complexos e morosos – por exemplo, a necessidade de enquadramento orçamental não permite a modificação das taxas de imposto no decurso do ano, e apenas consente a sua alteração para o ano seguinte, o que pode ser um atraso demasiado para a aplicação deste «remédio» –;
– seja porque as expectativas quanto a um instrumento de política económica tão visível e proeminente jogam um papel decisivo, razão pela qual se a percepção é a de que um agravamento ou desagravamento tributários são temporários, o comportamento especulativo dos contribuintes pode bastar para contrariar os efeitos de «arrefecimento» ou de estímulo que sejam pretendidos.

Por exemplo, se existir a percepção de que é meramente temporário o benefício fiscal que atinge a constituição voluntária de complementos de reforma, poucos ou nenhuns serão aqueles que modificarão os seus hábitos de poupança e a disposição do seu rendimento disponível, enquanto que se a percepção for a de que aquele benefício é permanente e irreversível, o estímulo à formação de complementos de reforma através da poupança será, por expectativa racional, muito maior – um aspecto de «sinalização» que novamente entronca no problema da *credibilidade* dos instrumentos políticos.

O impacto da modulação tributária nas variações do nível da procura agregada depende assim muito vincadamente de um contexto de expectativas e de percepções – e até da seriedade com que possam ser tomadas as proclamações do Governo quanto às suas intenções em matéria de política tributária –[4871].

Em abstracto, a política monetária é mais adequada do que a política orçamental para promover combinadamente os objectivos do crescimento económico e do

---

[4869] ERP (2004), 122-125.

[4870] Lembremos a perspectiva dos «*supply-siders*» e a «Curva de Laffer».

[4871] A própria progressividade das taxas de imposto pode ser justificada por objectivos macroeconómicos de estabilização – se, retirando poder de compra aos consumidores mais poderosos, e transferindo algum desse poder de compra a favor dos consumidores menos poderosos, for possível atenuar a volatilidade do consumo no curto prazo (mormente *travando* o impacto das oscilações do rendimento nas oscilações do consumo que consumidores com baixa utilidade marginal no consumo e com elevada elasticidade-preço, como são os consumidores ricos, tendem a provocar).

pleno emprego – visto que deixa nas mãos dos particulares, ou lhes devolve, maior quantidade de recursos de investimento, mais do que sucede quando se recorre exclusivamente à política orçamental e não se aumenta a oferta de moeda. Em concreto, resta saber se o investimento privado tem maior ou menor produtividade do que o investimento público, pois pode dar-se o caso – admita-se, excepcional – de o investimento público ser, dos dois, o mais estimulante do crescimento.

24 – c) A controvérsia sobre a estabilização

Agora que já conhecemos as duas principais «alavancas» da política macroeconómica, a alavanca monetária das taxas de juro e a alavanca orçamental da despesa e da receita pública, cabe perguntar se é pertinente lançar-se mão de qualquer delas, ou de ambas, com o objectivo de mitigar ou erradicar as flutuações económicas de curto prazo, mais a mais se pensarmos que a coordenação das duas políticas nem sempre é fácil, até porque normalmente elas são encabeçadas por entidades diversas, a política das taxas de juro pelos bancos centrais, a política da despesa pública pelos governos, podendo suceder que, na falta de coordenação entre elas, cada uma das políticas contribua para anular os efeitos da outra. Em todo o caso, lembremos que a independência dos bancos centrais é um ideal a ser prosseguido e preservado, porque a ausência de pressão política sobre as decisões monetárias pode ter efeitos benéficos, como por exemplo o de bloquear as possibilidades de recurso à inflação como forma de financiamento do Estado.

Na melhor das hipóteses, as duas «alavancas» podem até operar combinadamente, como lâminas de uma tesoura, uma tentando mitigar os efeitos da aplicação da outra.

Por exemplo, uma descida de taxas de juro pode contrabalançar uma iniciativa de contracção do *deficit* orçamental, fazendo-se com que a redução da despesa pública seja compensada pela expansão da despesa privada, para lá daquilo que resulta já da redução do «crowding-out». Também uma travagem da subida da taxa de juro que acompanhe uma expansão promovida por uma política orçamental deficitária pode mitigar o «crowding-out».

Como tendência geral, pode dizer-se que a difusão e triunfo da visão económica keynesiana na segunda metade do século XX levou a maioria dos Estados a aceitar, mais ou menos acriticamente, a estabilização das variáveis macroeconómicas de curto prazo como um dos objectivos da governação, o que acabou por legitimar o protagonismo permanente do Estado na «regulação fina» da conjuntura, traduzido num certo providencialismo na criação e sustentação de condições de pleno emprego, numa presença que não raro se envolveu em propósitos intervencionistas e dirigistas e que, gerando dependências estruturais, muito frequentemente transformou o «remédio estabilizador» em «doença destabilizadora», tornando o Estado no principal responsável pelas flutuações macroeconómicas[4872].

A ideia básica da estabilização é a de que, sendo as referidas flutuações fruto de «erros» e «viscosidades» irracionais que dificultam o ajustamento imediato das variáveis macroeconómicas (na ausência, portanto, de «expectativas racionais»), o Estado deveria tomar atitudes que contrariassem os efeitos da tendência irracional dominante, de acordo com uma atitude que deveria ser sobretudo contra-cíclica, a atitude de «desmancha-prazeres»:

– quando a irracionalidade predominante provocasse o «aquecimento» das variáveis macroeconómicas, intensificando a procura agregada e adensando a pressão inflacionista, as autoridades monetárias deveriam visar a subida das taxas de juro, tal como o Governo deveria restringir a despesa pública, em ambos os casos esfriando a «euforia despesista»;
– quando, pelo contrário, o pessimismo prevalecesse, provocando problemas de desemprego e de recessão, a «receita estabilizadora» não seria outra do que aquela que, em traços gerais, Maynard Keynes preconizara nos anos 30 do século XX, ou seja o abaixamento das taxas de juro e dos impostos e o aumento da despesa pública, se necessário através do défice orçamental e do endividamento, por forma a «reaquecer» o «clima de desconfiança» que levara à retracção do consumo e do investimento.

Lembremos ainda que, entre outras dificuldades, uma política orçamental deficitária pode onerar injustamente as gerações futuras – salvo se as políticas deficitárias contribuírem para a expansão da capacidade produtiva a ponto de o rendimento futuro ultrapassar a própria oneração da dívida (o que por sua vez pressupõe a redução ao mínimo do efeito de «crowding-out», ou seja a manutenção, tanto quanto possível intacto, do próprio nível de investimento privado): e daí, recordemos também, a necessidade de adopção da perspectiva da «contabilidade geracional», aceite-se, ou não, a hipótese de «equivalência ricardiana»[4873].

4872 Sobre a «ressaca» institucional a essa tendência, cfr. Karagiannis, N. (2001), 17-47.
4873 Bonnet, C. (2002), 719-766.

Existem muitas dúvidas, pois, quanto à efectiva pertinência e eficiência das políticas de estabilização.

Por um lado, há quem entenda que o esforço de estabilização de curto prazo não devia constituir um objectivo macroeconómico, e que os recursos empregues nas políticas estabilizadoras deveriam ser desviados, com vantagem, para a formação de condições estruturais de minimização da inflação e do desemprego e de aceleração do crescimento económico – sobretudo aquelas condições conexas com a produtividade da oferta, como a dotação em recursos, o investimento em capital físico e humano, o progresso tecnológico –. E daí que estas posições caracterizem um movimento colectivamente designado de «*supply-side economics*», a que nos referimos a propósito da questão da *eficiência tributária*.

Por outro lado, há quem duvide da eficácia das políticas de estabilização por dá-las como irremediavelmente viciadas por um desfasamento temporal que as torna, no mínimo, «remédios inoportunos» para problemas de curto prazo.

– No caso dos impostos, como já vimos, em princípio só é possível reagir no ano seguinte àquele em que os fenómenos se verificam – e isto no pressuposto de que as pessoas reagem da forma mais previsível às variações da carga tributária, sendo de considerar-se, no entanto, que os consumidores, estimulados pelo próprio desagravamento fiscal e alertados por ele contra um eventual agravamento estrutural de que ele fosse o prenúncio, podem especular contra ele, aforrando por «motivo-precaução» em vez de consumirem mais, como se pretenderia –.
– Mas mesmo a redução da despesa pública envolve geralmente resistências daqueles que estão mais dependentes dessa despesa, os «subsídio-dependentes» e os «captadores de renda», o que força o Governo a encetar negociações, podendo a instabilidade gerada ser superior à instabilidade remediada por uma medida tomada abruptamente.
– Nem mesmo as taxas de juro, aparentemente mais dúcteis, fazem sentir de imediato os seus efeitos, já que muitos agentes económicos desenvolvem as suas actividades dentro de quadros institucionais estáveis, por exemplo no âmbito de contratos de duração certa, sendo que só podem reajustar as suas decisões ao novo quadro monetário no momento de renegociarem (isto sem esquecermos a «armadilha da liquidez» que acompanha os limites mínimos das taxas de juro nominais).

Ora, se tais medidas devem ser aplicadas para contrariarem flutuações de curto prazo, o desfasamento temporal torna-se crítico, gerando o risco de que muitos «remédios» sejam aplicados, não «em contra-ciclo» mas no mesmo sentido das próprias flutuações que visariam contrariar, quando não apenas deixaram já de ser necessários, pois, como até passaram a ser inoportunos.

Entre os desfasamentos temporais que afectam a política de estabilização, destacaríamos o tempo que leva a identificar os problemas que reclamam uma reacção, designado por «*recognition lag*», o tempo que demora a adoptar uma política, designado por «*inside lag*» (e que se poderia decompor em demora na decisão, o «*decision lag*», e demora na execução do que foi decidido, «*action lag*»), e finalmente o tempo que a política adoptada leva a produzir os seus efeitos, designado por «*outside lag*» (geralmente com efeitos dispersos ao longo de um período de tempo). É notório que a política orçamental tem, em relação à política monetária, um maior «*inside lag*», mas tem um menor «*outside lag*»; contudo, dado o seu mais ou menos longo «*inside lag*», a política orçamental tende a ser menos usada na estabilização «discricionária», dados os riscos de conversão em política pró-cíclica[4874].

Suponha-se que se detecta uma tendência recessiva na economia, e que as autoridades deliberam aplicar uma combinação de políticas monetárias e fiscais expansionistas; se se demorarem nessa aplicação, pode bem suceder que ela ocorra numa outra conjuntura bem diversa, numa conjuntura inflacionista em que a tendência básica só pode ser agravada com a entrada em vigor daquelas políticas expansionistas.

Um aumento de despesa pública pode ser praticamente imediato (se não houver preocupações quanto ao *deficit* orçamental); mas, como já vimos, não se pode dizer o mesmo de uma redução da despesa pública; uma intervenção nas taxas de juro terá uma eficácia retardada pela duração média das relações contratuais à renovação das quais se possam aplicar as novas taxas; uma alteração do quadro tributário requer no mínimo um ano, dados os requisitos de legalidade e de anualidade que rodeiam essa matéria[4875]. E todas estas demoras não levam em conta sequer a possibilidade de entraves políticos – divergências políticas quanto às medidas a aplicar, ou embaraços no processo de escolha pública – e de inércia administrativa – a resistência

---

[4874] Dornbusch, R., S. Fischer & R. Startz (2004), 184ss..

[4875] Acerca do princípio da legalidade em matéria fiscal, cfr. Dourado, A.P. (1996), 429-475; Dourado, A.P. & R. Prokisch (1999), 35-78; Sanches, J.L.S. (2002), 32; Nabais, J.C. (2003), 133ss.

burocrática à alteração de procedimentos subentendida nestas medidas –.

Claro que o desfasamento temporal poderia ser reduzido se a previsão económica permitisse detectar à distância o sentido e a amplitude das flutuações macroeconómicas, dando tempo a que fossem postas em prática as medidas preventivas e curativas dos problemas que causam aquelas flutuações. Mas o facto é que as previsões são o «calcanhar de Aquiles» da ciência económica, e é diminuta a sua fiabilidade perante fenómenos irracionais como aqueles que presidem às flutuações de curto prazo; embora seja de salientar, numa nota mais positiva, que a evolução da Macroeconomia envolveu muita aprendizagem, muita racionalização e muito apuramento de métodos de previsão e de aferição dos dados, e que por isso são de acalentar fundadas esperanças relativamente à possibilidade de, com a cooperação de uma sociedade cada vez mais próspera e ágil em termos informativos, se reduzir à insignificância os entraves a uma atitude política genuína e eficientemente *prospectiva*.

24 – c) – i) Estabilização automática e discricionária

Existe, por tudo isso, um relativo consenso quanto à actual ineficiência de puras políticas ditas «discricionárias» para assegurarem a estabilização no curto prazo – sendo «discricionário» usado aqui, com alguma impropriedade, como sinónimo de «deliberado», que usa de toda a informação disponível, incluindo a aprendizagem com erros passados, para proceder de um modo inovador face a circunstâncias novas[4876] –, aspecto que aliás reforça a alternativa monetarista, que privilegia as soluções fixas, aquelas em torno das quais possam formar-se e estruturar-se as expectativas individuais, ou que reajam de forma inteiramente mecânica, transparente e previsível às oscilações conjunturais, sem necessidade de intervenção estadual (recordemos a ideia de criação de moeda a uma taxa invariável, e a convicção relativa às propriedades estabilizadoras dessa firmeza política anunciada).

Tem-se discutido muito qual a amplitude com que se manifesta – ou deve manifestar – a discricionariedade

de autoridades monetárias, dados certos objectivos políticos democraticamente estabelecidos e uma função de bem-estar social estabilizada, e a opinião dominante é a de que, no mínimo, deve preservar-se uma independência das autoridades monetárias face aos governos, conferindo-lhes pleno domínio dos principais instrumentos de estabilização monetária, e esperando deles uma atitude mais conservadora, isto é, uma especial concentração em metas de inflação compatíveis com níveis de produção *abaixo* do socialmente óptimo: visto não ser atribuição das autoridades monetárias preocuparem-se com o quadro geral da estabilização e da promoção do bem-estar social, mas apenas com o seu domínio particular, no qual assumidamente podem adoptar a estratégia de «travão»[4877], promovendo parcelarmente uma política de «*second-best*»[4878], o que podem fazer, mesmo assim, dentro de uma perspectiva de adesão a regras ou de estratégia discricionária[4879], com ou sem concertação com os objectivos e desenvolvimento da política orçamental[4880] – sendo forçoso reconhecer que a não-cooperação faz correr o risco de se chegar, na política macroeconómica, a um «equilíbrio de Nash» entre várias autoridades e várias políticas, com evidentes prejuízos para a economia[4881].

É isso que torna mais interessante o recurso àquilo que se designa por «estabilizadores automáticos», mecanismos que contrariam automaticamente a tendência dominante, reduzindo a amplitude das reacções da actividade económica a «choques»[4882], mas ao mesmo tempo dispensando total ou parcialmente o esforço de permanente acompanhamento e «regulação detalhada» das variáveis macroeconómicas – mecanismos que não são deliberados *ad hoc*, que são válidos nas mais diversas conjunturas e dos quais se espera que reajam espontaneamente, uma vez reunidos os pressupostos necessários. Genericamente, os estabilizadores são variáveis orçamentais que, num momento de recessão, determinam o aumento da despesa pública e a redução das receita pública, e num momento de expansão diminuem a despesa e aumentam a receita pública, travando as quedas e arrefecendo as subidas, colocando o saldo orçamental numa posição que se obteria numa situação cíclica neutra, sem «hiatos do produto», junto do PIB potencial[4883] – sendo que, em rigor, estes

[4876] Laffont, J. (2001), 255-268.

[4877] Dixit, A.K. & L. Lambertini (2003), 1522ss.; Barro, R.J. & D.B. Gordon (1983), 589-610; Rogoff, K. (1985b), 1169-1189; Svensson, L.E.O. (1997b), 98-114.

[4878] Persson, T. & G. Tabellini (1993), 53-84; Walsh, C.E. (1995), 150-167.

[4879] Kydland, F.E. & E.C. Prescott (1977), 473-491.

[4880] Alesina, A. & G. Tabellini (1987), 619-630; Debelle, G. & S. Fischer (1994), 195-221; Dixit, A.K. & L. Lambertini (2001), 977-987; Dixit, A.K. & L. Lambertini (2003), 235-247; Kehoe, P.J. (1989), 289-296; Rogoff, K. (1985), 199-217.

[4881] Dixit, A.K. & L. Lambertini (2003), 1537-1538.

[4882] Dornbusch, R., S. Fischer & R. Startz (2004), 186.

[4883] Pinheiro, M. (1998), 59.

estabilizadores automáticos são mistos de «medidas flexíveis» que interagem com a variação das condições e de «regras fixas» que se aplicam independentemente das condições da economia, sendo que as vantagens de ductilidade das primeiras são compensadas pela segurança e previsibilidade das segundas[4884].

Entre esses estabilizadores automáticos avulta o próprio *sistema tributário*: na medida em que seja tributado o rendimento, numa recessão a actividade tributável diminui, e isso por sua vez provoca uma quebra nos impostos – tanto maior quanto maior for a progressividade das taxas de imposto[4885] –, devolvendo uma parte do rendimento disponível aos contribuintes. E o inverso sucederá numa fase de expansão, a qual será travada pelo agravamento automático da carga tributária[4886]. Outro estabilizador automático é o *subsídio de desemprego*, que faz aumentar a despesa pública sempre que o desemprego aumenta, e trava a queda no consumo que se registaria na ausência daquele subsídio, e diminui a despesa pública, contraindo a despesa agregada, quando o nível de emprego aumenta. E nem podemos ignorar que a estabilização automática estende os seus efeitos ao lado da oferta agregada[4887].

Como dissemos, tem sido crescente o reconhecimento de que as políticas estabilizadoras discricionárias tendem a conduzir a resultados inferiores àqueles que se obteriam com a simples adesão do Estado a regras fixas e a estabilizadores automáticos[4888], e daí a crescente predominância, nos últimos 40 anos, dos estabilizadores automáticos[4889].

Pense-se, por exemplo, no desincentivo ao investimento que advém, seja da imprevisibilidade quanto ao regime tributário que se aplicará aos rendimentos futuros que resultem desse investimento, seja da falta de credibilidade da promessa de que esse regime tributário será favorável, se o anúncio for feito num ambiente

político onde impera a estabilização discricionária[4890] (e onde será de esperar, portanto, que, uma vez feito os investimentos, e em especial incorridos os custos irrecuperáveis, o Estado procure oportunisticamente agravar a carga tributária)[4891], ou onde a instabilidade politico-partidária não permite aferir o rigor dos compromissos eleitorais de longo prazo[4892].

E pense-se também como a volatilidade induzida pela discricionariedade favorece a «captura de renda» pelos «*lobbies*», já que a pressão política tem tanto maior oportunidade de ganhos quanto maior for a margem de manobra das políticas estabilizadoras de curto prazo, e mais provável se torna a «licitação de benesses» por parte de governantes corruptos[4893] – não sendo por acaso que o keynesianismo, como já referimos, deu lugar a um «Estado-providência» que se arrogou uma pose paternalista e distributiva muito para além de qualquer propósito macroeconómico estabilizador, e que tantos governos interventores e parasitários, corruptos e corruptores, floresceram à sombra das «economias mistas» que o keynesianismo parecia legitimar[4894].

Nesse aspecto, os compromissos internacionais, os pactos de estabilidade e crescimento como aquele que tem ocupado a posição central na política mais recente (e monetarista[4895]) da União Económica e Monetária permitem acalentar algumas esperanças em termos de credibilidade[4896] – mas notar-se-á que esses pactos favorecem o estabelecimento de normas e critérios rígidos, já que não só visam promover a convergência e não a dispersão da discricionariedade, nomeadamente impondo limites absolutos à política orçamental deficitária e prevendo «margens de segurança» do saldo orçamental médio ao longo do ciclo que assegurem a resistência contra «choques exógenos»[4897], como ainda dão campo de actuação aos estabilizadores auto-

---

[4884] Bénassy, J. (2002), 429-441.

[4885] Este é um argumento poderoso contra a *«flat tax»*, à qual falta, efectivamente, um poder estabilizador comparável ao dos impostos progressivos. Cfr. Kniesner, T.J. & J.P. Ziliak (2002), 591-592; Hausman, J.A. (1981b), 27-72; Kniesner, T.J. & J.P. Ziliak (1998); Varian, H.R. (1980), 49-68.

[4886] É evidente que a estabilização dependerá não apenas das variações que cause no rendimento disponível, mas também da elasticidade-rendimento, da sensibilidade do consumo a essas variações. Cfr. Auerbach, A.J. & D. Feenberg (2000), 37-38.

[4887] Auerbach, A.J. & D. Feenberg (2000), 48.

[4888] Kydland, F.E. & E.C. Prescott (1977), 473-491; Persson, T. & G. Tabellini (1990).

[4889] Taylor, J.B. (2000), 34.

[4890] A estabilização discricionária, note-se, pode ser abrupta (*«cold-turkey policies»*) ou gradualista (*«gradualist policies»*), ambas com vantagens e inconvenientes. Cfr. Dornbusch, R., S. Fischer & R. Startz (2004), 188.

[4891] Rogoff, K. (1985), 199-217, Tabellini, G. (1990), 245-265; Garfinkel, M.R. (1994), 1294-1309.

[4892] Alesina, A. (1988), 796-805; Alesina, A. & G. Tabellini (1990), 403-414.

[4893] Bernheim, B.D. & M.D. Whinston (1986), 1-31; Grossman, G.M. & E. Helpman (1994), 833-850.

[4894] Garfinkel, M.R. & J. Lee (2000), 649-650; Persson, T. & G. Tabellini (1993), 53-84; Walsh, C.E. (1995), 150-167; Persson, T. & G. Tabellini (1994b), 53-70.

[4895] Pense-se na convergência nominal na União Económica e Monetária. Cfr. Anastácio, G.G. (1998), 88ss..

[4896] Banco de Portugal (2001b), 34-36.

[4897] Trata-se de assegurar que, numa fase inicial, os Estados aproveitem as fases «altas» das flutuações de curto prazo para reforçarem essa «margem de segurança», e por isso inicialmente os estabilizadores automáticos deverão ceder perante os objectivos de consolidação orçamental,

máticos nas suas tarefas de erosão dos «hiatos do produto», tanto os positivos como os negativos (subalternizando as medidas discricionárias contra-cíclicas a uma missão de apoio aos estabilizadores automáticos). Resta saber se, sem harmonização fiscal e sem coordenação entre os demais estabilizadores automáticos, a tentação de «batota» entre os Estados-partes num pacto de estabilidade e crescimento não sobrelevará a tudo (como vimos que resulta da teoria estratégica dos jogos[4898]), e se isso por sua vez não terá que conduzir ao restabelecimento, no primeiro plano, da estabilização discricionária[4899].

Além disso, pelos exemplos dos impostos e do subsídio de desemprego se pode concluir que o efeito dos estabilizadores automáticos não pode ser mais do que parcelar, mitigando as flutuações sem as eliminar completamente: não é concebível que se pretendesse abolir inteiramente a tributação, ou subsidiar prolongadamente uma situação de desemprego muito generalizado, só para contrariar uma tendência recessiva. Em todo o caso, a estabilização é uma questão de grau, e estes estabilizadores automáticos *diminuem* a volatilidade que, sem eles, se evidenciaria nas flutuações de curto prazo, servindo ainda, eventualmente, de «guarda avançada» às medidas discricionárias que, por desfasamento temporal, estejam já aprovadas mas ainda não operantes.

Além disso, não esqueçamos que a ideia de estabilização automática apareceu já acompanhada do propósito de mitigar também os «excessos de estabilização» que poderiam advir das políticas discricionárias, e portanto não se lhes deve conferir aptidões que fizessem renascer, agora porventura de uma forma ainda mais permanente, os excessos anteriores. Num momento em que já aparece formulada a ideia de «consumação histórica» da política macroeconómica, num momento em que, por exemplo, se estima que a intensificação de políticas contra-cíclicas já só conseguiria melhorar em 0,01% o crescimento da economia norte-americana[4900],

há que ter muita cautela quanto às esperanças depositadas na estabilização, não vá dar-se o caso, aliás expressamente admitido e analisado, de a eliminação dos últimos resíduos de flutuações de curto prazo acabar por ter efeitos negativos no bem-estar[4901], como seria manifesto no caso de essas flutuações «residuais» serem o espelho da reacção eficiente dos mercados a simples impulsos «schumpeterianos», ou a variações caprichosas das preferência dos consumidores[4902] (para usarmos uma alegoria algo cruel, não se esperará que o médico mate o paciente só para que o paciente deixe de registar episódios febris, por mais ínfimos que eles sejam).

Por isso se pode concluir realçando os riscos inerentes a uma ideia aparentemente tão salutar como a da redução do *deficit* orçamental, porque, como acabámos de ver, se essa redução se impuser como princípio, isso inviabilizará temporariamente o estabelecimento de estabilizadores automáticos, os quais têm por uma das suas principais funções precisamente a de provocarem o aumento da despesa pública, em termos expansionistas e deficitários, quando o crescimento económico abranda e se orienta no sentido de uma recessão.

Convirá também considerar o facto de a política orçamental *discricionária* produzir os seus efeitos acompanhada de dois *multiplicadores*:

– o multiplicador da despesa pública – a que aludimos já por termos referido a despesa pública como uma *despesa autónoma* capaz de provocar aumentos directos do PIB real e, através destes, aumentos de *despesa induzida* em consumo susceptíveis de desencadear o multiplicador[4903] – o qual, também neste caso, terá uma amplitude condicionada pela «propensão marginal para o consumo» –[4904];
– o multiplicador dos impostos e subsídios de capitação, ou de «quota fixa» – ou melhor, de todos os impostos e subsídios que não variam em função das variações do rendimento pessoal ou do PIB real, as «*lump-sum taxes*»[4905] e os «*lump-sum sub-*

---

de redução do *deficit* até se entrar numa «banda de tolerância» que é o limite razoável da convergência nominal – após o que se confiará no funcionamento em pleno dos estabilizadores automáticos.

[4898] Alho, K.E.O. (2001), 4-33.

[4899] Creel, J. (2002b), 91-127.

[4900] Lucas Jr., R.E. (2003), 1.

[4901] Lucas Jr., R.E. (2003), 9, 11.

[4902] Lucas Jr., R.E. (2003), 11-12.

[4903] Lawrence Klein notabilizar-se-á na elaboração de um modelo «estrutural», o «modelo Wharton» que, entre outros objectivos, procurava determinar, com algum rigor, o valor dos multiplicadores keynesianos, sendo que uma das conclusões a que chegou foi a de que a política orçamental deficitária tende a ter um impacto maior na actividade económica do que propriamente nas receitas públicas (por exemplo, o modelo prevê que o aumento das despesas públicas pode gerar receitas tributárias adicionais que permitem recuperar as despesas públicas em menos de 6 meses – enquanto que, em contrapartida, um desagravamento fiscal, por exemplo a diminuição dos impostos sobre o rendimento, geralmente apenas gera um rendimento adicional compensador de um terço da perda de receitas). Cfr. Evans, M.K. & L.R. Klein (1967).

[4900] Sobre multiplicador e acelerador da perspectiva das finanças públicas, cfr. Franco, A.L.S. (1992), I, 21ss. Sobre o multiplicador da despesa pública, *ibid.*, II, 21ss. Cfr. ainda: Harms, P. (2002), 44-55.

[4905] Sobre os impostos de quota fixa, cfr. Nabais, J.C. (2003), 55-56.

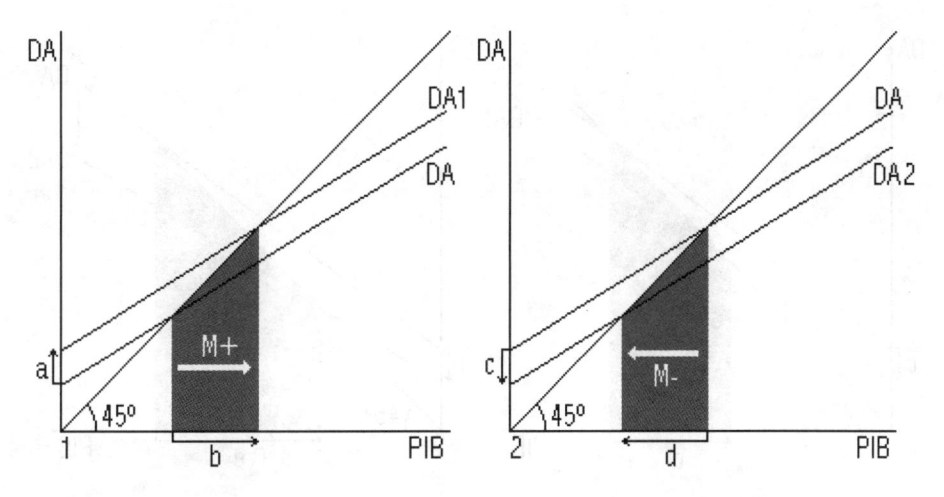

Gráfico 24.7. *O multiplicador da despesa pública e dos impostos de capitação* («lump-sum taxes»)

1: multiplicador (positivo) da despesa pública (M+)
2: multiplicador (negativo) dos impostos de capitação (M-)
DA, DA1, DA2: despesa agregada
a: aumento da despesa pública

b: expansão do PIB real resultante do aumento da despesa pública
c: imposto de capitação (uniforme para todas as classes de rendimento)
d: contracção do PIB real resultante da aplicação de c

sidies»[4906] –, um multiplicador *negativo* que indica a medida em que um aumento de tais impostos, reduzindo o rendimento disponível, reduz também a despesa agregada, e em especial a *despesa induzida* em consumo susceptível de pôr em marcha o multiplicador, ou um multiplicador *positivo*, que faz o inverso no caso dos subsídios.

Recorde-se, neste último caso, que são muito raros os impostos e subsídios de capitação, isto é, que sejam calculados individualmente e independentemente das variações do rendimento e da capacidade contributiva, no caso dos impostos, ou das necessidades correntes, no caso dos subsídios, embora a tributação do património – por exemplo, as várias formas de contribuição predial que têm sido experimentadas – se tenha por vezes aproximado desse paradigma da pura «capitação»[4907].

Pelo contrário, os impostos tendem, como já vimos, a ser definidos por uma incidência sobre um rendimento, seja esse a globalidade do rendimento pessoal ou meramente o rendimento gerado por uma transacção isolada: e por isso esses impostos variam em função do PIB real, sendo caracterizáveis como *impostos «induzidos»*, que, longe de contribuírem para o funcionamento de um multiplicador da política orçamental, bem pelo contrário contrariam esse multiplicador – e com tanta mais eficiência quanto maior é a taxa marginal desses impostos[4908]. O mesmo se dirá, *mutatis mutandis*, para os subsídios que variam em função das necessidades correntes dos seus destinatários – e que, incidindo já sobre o nível de *despesa induzida*, contribuem para mitigar os efeitos do multiplicador –.

Também aqui somos levados a concluir que os efeitos de expansão ou contracção que se alcancem com a política orçamental estão limitados ao curto prazo, e que no longo prazo o multiplicador é zero, dada a inevitabilidade de ajustamento de rendimentos e preços no longo prazo, fazendo a economia regressar a um valor de equilíbrio coincidente com o PIB potencial, no qual persistirão, quando muito, meras «cicatrizes» *nominais* dos impulsos de curto prazo que as políticas orçamentais tenham conseguido alcançar.

[4906] Viard, A.D. (2001), 483-500.

[4907] Isso não quer dizer que não haja muito interessantes propostas de impostos e subsídios de quota fixa. Por exemplo, a proposta em alternativa à segurança social, de que seja atribuída um quantia uniforme a todos os cidadãos – 80 mil dólares a todos os que atinjam os 21 anos –, uma forma interessante de nivelamento de oportunidades e de promoção de externalidades positivas no início, e não no fim, da vida activa, com vantagens no incremento do investimento em capital humano e na disseminação da propriedade. Sobre o projecto e a forma de o financiar (evitando a «espiral despesista» em que se têm convertido os esquemas redistributivos), cfr. Ackerman, B. & A. Alstott (1999).

[4908] Os impostos «achatam» a curva da procura agregada, e é por isso que tendem a reduzir o multiplicador – sendo pela mesma razão que os impostos podem servir de estabilizadores automáticos –. Cfr. Dornbusch, R., S. Fischer & R. Startz (2004), 227.

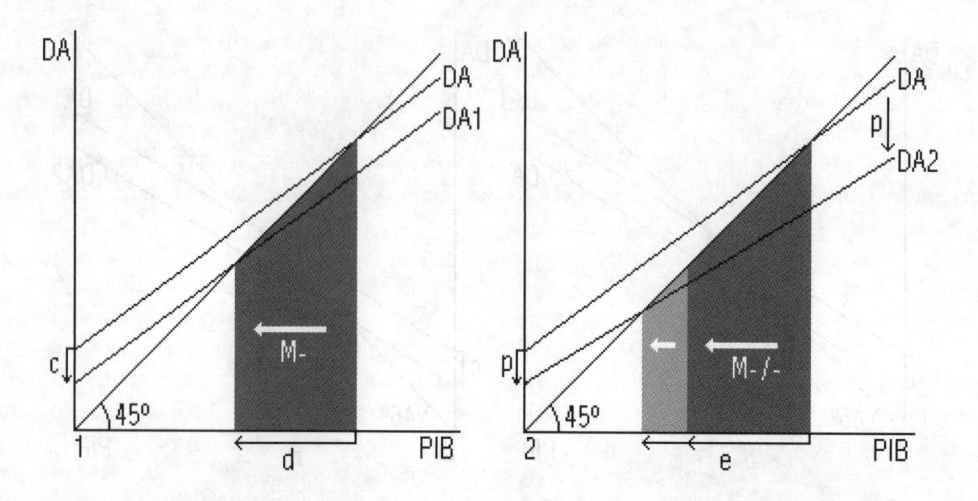

Gráfico 24.8. *Multiplicador de imposto de capitação e de imposto proporcional / progressivo*

1: multiplicador dos impostos de capitação (M-)
2: multiplicador dos impostos proporcionais / progressivos (M-/-)
DA, DA1, DA2: despesa agregada
c: imposto de capitação (uniforme para todas as classes de rendimento)

p: imposto proporcional / progressivo
d: contracção do PIB real resultante da aplicação de c
e: contracção do PIB real resultante da aplicação de p

Quanto aos estabilizadores automáticos, para lá da vantagem óbvia que apresentam pelo facto de dispensarem a intervenção *ad hoc* do Estado – permitindo por isso a poupança dos custos de supervisão e de intervenção deliberada, para além dos custos que a ineficiência dessa supervisão ou dessa intervenção possam provocar –, permitem ainda uma adequação relativamente rápida do *deficit* orçamental às flutuações de curto prazo do PIB real, já que as recessões e as expansões se traduzem em perdas de receitas e aumento de despesas públicas, num caso, e em aumento de receitas e diminuição das despesas públicas, no outro. O resultado mais directo da actuação desses estabilizadores automáticos consiste, como o próprio nome logo sugere, na travagem dos efeitos dos multiplicadores da política orçamental.

Contudo, note-se, o alcance dos estabilizadores automáticos é limitado ao âmbito cíclico, não conseguindo resolver aqueles *deficits*, ou *superavits*, estruturais que ultrapassam as meras flutuações de curto prazo e continuariam a manifestar-se numa situação de *pleno emprego* – e que por isso sempre reclamariam uma política discricionária para poderem ser resolvidos –. Lembre-

mos a «armadilha da liquidez»[4909]: se as taxas de juro correntes que assegurariam a taxa-alvo da inflação se aproximam do zero, existe um risco real de a tendência recessiva não ser travada por qualquer estabilizador automático, caso em que uma política orçamental discricionária recobra toda a sua relevância[4910], ao menos no sentido de injectar moeda em circulação – por forma a, provocando um mínimo de inflação, evitar a fixação de taxas de juro nominais próximas do zero.

Em todo o caso, os já mencionados sucessos da política monetária nas últimas décadas, e um pouco por todo o lado, parecem aconselhar que, a haver política discricionária, ela seja restringida à vertente monetária, remetendo-se a maior parte, se não a totalidade, da política orçamental à operação dos estabilizadores automáticos (salvo casos extremos como o da «armadilha da liquidez»). Não só uma política orçamental discricionária dificilmente melhoraria os resultados já alcançáveis pelas medidas de política monetária, como ainda poderia interferir no funcionamento eficiente desta última, perturbando a estabilização macroeconómica por causa de «choques de prioridades»[4911] – um risco de que já demos conta.

[4909] Keynes, J.M. (1936), 207.
[4910] Taylor, J.B. (2000), 28-29.
[4911] Taylor, J.B. (2000), 34-35.

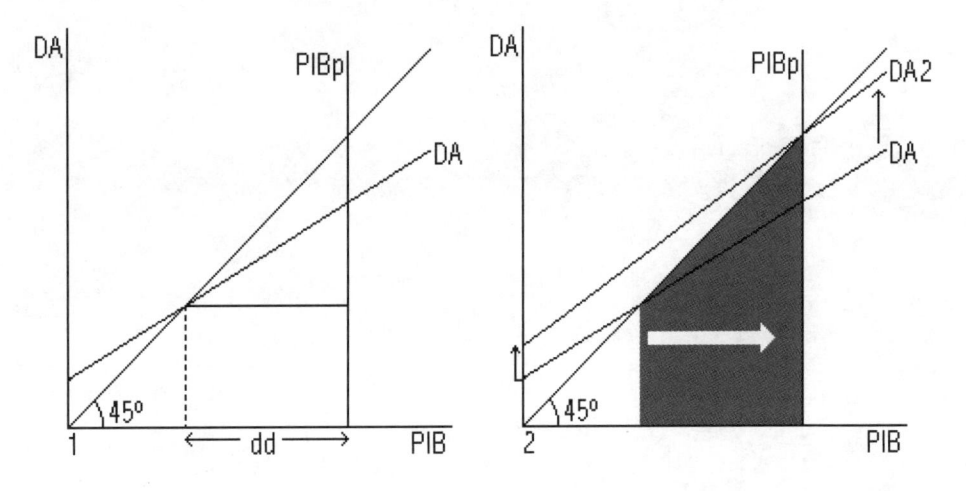

Gráfico 24.9. *Como um desagravamento tributário pode evitar uma recessão*

1: situação de desfasamento («hiato do produto») deflacionista
2: desagravamento de um imposto proporcional / progressivo, expansão da despesa e, através do multiplicador, do PIB real
dd: hiato deflacionista

PIBp: PIB potencial
DA: despesa agregada
DA2: aumento da despesa agregada por força do desagravamento tributário

Em conclusão, reconheça-se uma vez mais que mesmo aqueles que sustentam que o «momento histórico» da Macroeconomia se esgotou o fazem porque reconhecem que ela praticamente conseguiu debelar os principais problemas que genuinamente identificou (embora tenha suscitado muitos outros problemas falsos e adulterado muitas questões). Em especial, as flutuações internamente verificadas no desemprego e na inflação, e os «solavancos» e oportunidades perdidas que isso causava na tendência para o crescimento eco-nómico, têm sido progressivamente mitigados, ao menos nas economias mais desenvolvidas[4912], o que deixa a esperança de que o ideal do crescimento econó-mico estabilizado, a marcha imperturbada rumo à pros-peridade geral, esteja cada vez mais próximo – o que constituiria um extraordinário triunfo social e político, atribuível em larga medida à transbordante inteligência e sofisticação teórica que se tem espelhado na ciência económica, isto é, no labor dos economistas.

CAPÍTULO 25 – Os sistemas monetário e financeiro[4913]

> *"A moeda, graças à qual o rendimento total da sociedade é regularmente distribuído entre todos os seus membros, não faz, em si mesma, parte daquele rendimento. A grande roda da circulação é completamente diferente dos bens que por meio dela se faz circular. O rendimento da sociedade consiste unicamente nesses bens e não na roda que os faz circular"* – Adam Smith[4914].

25 – a) O sistema financeiro

O financiamento das iniciativas económicas envolve uma troca prévia de moeda, quando o promotor dessas iniciativas não dispõe de recursos monetários adequados ao respectivo financiamento, ou seja, quando não existem reservas monetárias suficientes para a aquisição dos factores produtivos dos quais depende o sucesso da iniciativa. Nesse caso, a pessoa que pretende gastar mais do que poupou terá que proceder a uma troca com pessoas que tenham poupado mais do que aquilo que pretendem gastar, sendo que nessa troca se permutam recursos monetários contra uma promessa de remuneração.

Recordemos que um empresário à busca de financiamento tem à sua frente duas possibilidades: a de obter um empréstimo junto de bancos, de fundos de investimento, de simples particulares, comprometendo-se a remunerar a cedência desse capital com juros, e a devolver esse capital findo o prazo convencionado; ou a de oferecer sociedade a esses detentores de fundos, tornando-os contitulares do capital da empresa, fazendo-os partilhar os riscos económicos mas abrindo-lhes também a perspectiva de participação directa nos lucros – ou seja, sem a segurança da remuneração dos juros e da devolução do capital investido, mas com a possibilidade de ganhos sem limite máximo –.

Por outro lado, aqueles que poupam, que não destinam ao consumo a totalidade do seu rendimento disponível, propõem-se sacrificar esse consumo presente por troca com um consumo futuro que, encarado do presente, se afigura desvalorizado por uma taxa de desconto – sendo, pois, que só são incentivados a fazê-lo se a esse sacrifício vier associada uma remuneração que ultrapasse em valor aquela taxa de desconto. Também a esses aforradores se oferecem duas possibilidades: a de cederem a sua poupança a um empresário a troco de uma remuneração fixa – transferindo, pois, para o empresário o risco da empresa e a responsabilidade pela remuneração do capital, mas reservando também para o empresário o exclusivo da fruição de quaisquer ganhos extraordinários –; ou a de entrarem numa sociedade com o empresário, partilhando com ele os riscos de perda total do capital investido, mas obtendo

[4913] Abel, A.B. & B.S. Bernanke (2002), 219ss.; Andrade, J.S. (1998), VIII.3ss.; Arnold, R.A. (2000b), 274ss., 312ss., 340ss.; Arroja, P. (1993), 261ss.; Auerbach, A.J. & L.J. Kotlikoff (1998), 169ss.; Barre, R. & F. Teulon (1997), II, 249ss.; Barro, R.J. (1997), 91ss., 133ss.; Baumol, W.J. & A.S. Blinder (2000), 619ss., 641ss.; Blanchard, O. (2002), 55ss., 87ss., 311ss.; Branson, W.H. (2001), 451ss., 491ss., 519ss.; Burda, M.C. & C. Wyplosz (2002), 169ss.; Carbaugh, R.J. (2002), 455ss.; Colander, D.C. (1997), 207ss.; Colander, D.C. & E. Gamber (2001), 255ss., 276ss.; Dunnett, A. (1998), 47ss.; Ekelund, R.B. & R.D. Tollison (2000), 623ss.; Gordon, R.J. (2002), 402ss.; Gregory, P.R. (2001), 179ss.; Gwartney, J.D. & *al.* (2002), 290ss.; Hardwick, P. & *al.* (1999), 428ss.; Heijdra, B.J. & F. v.d. Ploeg (2002), 311ss.; Heyne, P. & *al.* (2002), 431ss., 497ss.; Hoag, A.J. & J.H. Hoag (2002), 329ss., 341ss., 352ss.; Hyman, D.N.N. (1996), 777ss., 797ss., 825ss.; Jacquemin, A., H. Tulkens & P. Mercier (2001), 301ss.; Keenan, D. & M.H. Maier (1998), 93ss.; Lipsey, R.G. & *al.* (1999), 573ss., 626ss.; Mankiw, N.G. (2000), 263ss., 311ss.; Mankiw, N.G. (2001), 607ss.; Martinez, P.S. (1998), 521ss., 662ss.; McConnell, C.R. & S.L. Brue (2001), 243ss., 264ss.; McConnell, C.R. & S.L. Brue (2001c), 253ss., 276ss.; Miller, R.L. (2002), 317ss.; Mishkin, F.S. (2002), 3ss.; Neves, J.C. (2001), 185ss.; O'Sullivan, A. & S.M. Sheffrin (2002), 534ss., 551ss., 569ss.; Porto, M.C.L. (2004), 297ss.; Rohlf, W.D. (2001), 387ss.; Samuelson, P.A. & W.D. Nordhaus (2001), 511ss., 541ss.; Schiller, B.R. (2004), 269ss., 287ss.; Slavin, S.L. (2001, 2001c), 279ss.; Sloman, J. (2002), 491ss., 518ss.; Sowell, T. (2001), 223ss.; Spencer, M.H. & O.M. Amos Jr. (1993), 204ss., 224ss., 246ss., 264ss.; Stanlake, G.F. (1993), 343ss.; Stiglitz, J.E. & C.E. Walsh (2002), 717ss., 746ss.; Wessels, W.J. (2000), 152ss., 165ss., 181ss.

[4914] Smith, A. (1976b), 289 (=I, 515).

também uma participação directa nos lucros. No primeiro caso está explícito, e no segundo implícito, que a poupança só se dirige ao suporte de determinada iniciativa económica porque a remuneração que daí resultará será superior à taxa de desconto – tornando, pois, compensador o sacrifício do consumo presente.

Temos assim configurados os lados da procura e da oferta num mercado em que são transaccionados fundos que, originados na poupança, se dirigem para o investimento. Esse mercado encontra-se, na maior parte das economias modernas, fortemente estruturado e institucionalizado num *sistema financeiro*, que poderíamos definir amplamente como o conjunto de mercados e instituições intermediárias que coordenam a oferta de fundos aforrados com a procura de fundos para investir, que ajustam poupança e investimento, tanto nas suas ocorrências casuísticas como nos seus níveis globais.

Começando pelo mercado financeiro, recapitulemos que o empresário pode obter fundos através de dois tipos de títulos, as obrigações e as acções, que emite a favor dos aforradores que estejam dispostos a permutarem os fundos necessários. Se emitir obrigações, o empresário titula uma *dívida* que tem para com os aforradores que lhe *cederam* temporariamente um capital, contra o pagamento de um juro e a garantia de reembolso; as obrigações, como sabemos, atraem os aforradores mais avessos ao risco, que por esse motivo prescindem de qualquer remuneração extraordinária eventualmente proporcionada aos lucros obtidos, e se contentam com a relativa segurança dos seus créditos de juros, e de reembolso – créditos que não estão contingentemente dependentes da boa fortuna da empresa, e continuam a ser devidos mesmo quando não é gerado qualquer lucro, ficando expostos apenas ao risco de falência da empresa –; os juros serão, em princípio, tanto mais elevados quanto mais longo for o prazo de reembolso – o que faz aumentar a taxa de desconto – e menor for a confiança que os subscritores das obrigações têm no respectivo emissor – quanto mais elevada for a probabilidade de falência, de não-reembolso integral –.

Também já sabemos que, se emitir acções, o empresário confere aos subscritores dos títulos uma legitimidade para participarem directamente nos destinos económicos da empresa, como sócios, sendo que cada acção confere uma fracção da propriedade total das dotações em capital da empresa: pelo que, em contrapartida de assumir o risco de perder todo o seu investimento, cada accionista fica com o direito de receber uma parte dos lucros distribuídos – os *dividendos* – proporcional ao número de acções subscritas. A acção

titula uma legitimidade de proprietário, enquanto que a obrigação titula apenas um crédito, e, por isso, para o melhor e para o pior, o accionista assume, formalmente ao menos, uma posição *interna* nos destinos da empresa, ganha e perde em função do que a empresa ganha ou perde globalmente, e, no caso de falência e de liquidação, o accionista só terá direito ao remanescente, só será pago depois de satisfeitos os créditos dos obrigacionistas, e na medida em que tenha sobrado algo depois de integralmente pago o último dos obrigacionistas; assim sendo, as acções atraem sobretudo os aforradores menos avessos ao risco, quando estes calculem que, para o mesmo montante investido, a remuneração obtida com os dividendos ultrapassará com alta probabilidade o rendimento que seria obtido com juros.

É essencialmente em torno da emissão e circulação das acções, e formação das respectivas *cotações* – preços de equilíbrio objecto de uma divulgação oficial – que se organizam as Bolsas de Valores, instituições complexas nas quais os títulos são procurados e oferecidos com base em dois tipos de percepções, uma relativa ao sucesso ou insucesso previstos para a empresa emissora dos títulos, outra que se reporta a puros juízos especulativos assentes num cálculo que se reporta às atitudes esperadas nos demais participantes no mercado – ambas contribuindo para a circulação dos títulos, para a respectiva transacção a uma determinada velocidade. Formalmente, as Bolsas são hierarquias de regras de negociação que balizam as interacções estratégicas entre partes com interesses e valores heterogéneos e complementares (crescentemente desmaterializadas e internacionalizadas)[4915].

Quanto aos intermediários financeiros, temos os bancos e os fundos de investimento. No caso dos bancos, eles atraem o aforro através da remuneração dos seus depósitos com um juro, e é com base nestes depósitos que concedem crédito, ou *descontam* títulos de crédito que lhes sejam apresentados para pagamento, cobrando um juro ligeiramente superior àquele com que remuneram os depósitos – sendo que a diferença é a remuneração dos seus próprios serviços de intermediação –[4916]. Além de proporcionarem à sociedade uma multiplicidade de meios de pagamento e de conseguirem ampliar os movimentos de expansão e retracção da massa monetária, os bancos desempenham esta função crucial de encaminhamento das poupanças para o investimento, constituindo-se em angariadores universais de fundos e em fornecedores universais de capitais, estendendo as funções do mercado bolsista àqueles que, pelas mais variadas razões, não queiram ou não

---

[4915] Lee, R. (1998).

[4916] Diamond, D.W. & R.G. Rajan (2001), 422; Diamond, D.W. & R.G. Rajan (2001b), 287-327.

possam dirigir para esse mercado as suas poupanças, ou dele obter as suas fontes de financiamento. Sem a intermediação financeira, o simples aforro poderia ser improdutivo, dando lugar ao já mencionado «paradoxo da avareza» («*paradox of thrift*»[4917]): a acumulação de reservas não investidas, o simples entesouramento, não assegura a formação de capital e por isso empobrece não apenas o aforrador mas o todo da economia.

Os fundos de investimento captam as poupanças de aforradores cuja dimensão ou aversão ao risco os desincentiva de participarem por conta própria nos mercados financeiros, oferecendo-lhes uma participação numa empresa que gere profissionalmente uma carteira de títulos, minimizando os riscos médios através da diversificação dos investimentos e do acompanhamento permanente dos mercados – evitando as surpresas e irracionalidades a que está sujeito um investidor ocasional –, quando não mesmo através da conquista de algum poder de mercado com a constituição de um carteira de dimensões não-atomísticas, alcançando algum controlo sobre as cotações de certos títulos que componham a sua carteira.

Em termos genéricos, os intermediários financeiros justificam-se porque:

- criam liquidez, na medida em que aceitam ser depositários a curto prazo – ou curtíssimo prazo, ou mesmo sem prazo, como no caso dos depósitos à ordem que podem ser imediata e integralmente levantados – e ao mesmo tempo credores a longo prazo, concedendo empréstimos de prazo fixo e com o benefício do prazo estabelecido a favor do devedor;
- minimizam os custos de transacção entre aforradores e investidores, captando indiscriminadamente fundos de um grande número de aforradores e disponibilizando-os a um grande número de investidores, de forma a diluírem nos grandes números os custos de busca e negociação que emergiriam das transacções bilaterais;
- minimizam os custos de supervisão dos fornecedores de fundos sobre os respectivos utilizadores, constituindo-se eles mesmos em devedores dos primeiros – aos quais oferecem a garantia da sua própria dimensão e recursos próprios – e em credores dos segundos, usando novamente dos seus meios e da especialização das suas funções;

- repartem e diluem os riscos, dado o elevado número de operações a que se dedicam – o que permite que algum insucesso que se verifique seja compensado por um grande número de operações bem sucedidas, convertendo-se numa percentagem insignificante cuja repercussão na posição dos depositantes seja ínfima –.

25 – b) O mercado dos fundos mutuáveis

Em termos macroeconómicos, a coordenação da poupança e do investimento é crucial, porque ela corresponde a uma identidade fundamental entre variáveis. Recordemos que o PIB é equivalente à soma dos valores do consumo, investimento, despesa pública e exportações líquidas. Se, por razões de simplificação, presumirmos que estamos numa economia fechada e não considerarmos o impacto de importações e exportações, podemos reformular o valor do PIB como o equivalente ao somatório das parcelas *consumo, investimento* e *despesa pública*; e, dessa equivalência, retirar a conclusão de que o investimento é equivalente à subtracção das parcelas consumo e despesa pública ao valor total do PIB. Mas essa subtracção (PIB – Consumo – Despesa Pública) equivale à Poupança Total, o que bem se compreende se sublinharmos que esta é o somatório das poupanças individuais, e também elas são resultado da subtracção ao rendimento individual da parte destinada a impostos e encargos similares – o que forma o rendimento disponível – e das despesas de consumo[4918].

Se (PIB - Consumo - Despesa Pública) é sinónimo de Poupança Total e é quantitativamente equivalente a Investimento, temos estabelecida a fundamental equivalência macroeconómica entre Poupança e Investimento. Mas será que essa equivalência nos valores agregados traduz uma equivalência a todos os níveis?

Não, o quanto cada um poupa, o quanto cada um investe, o quanto cada um está disposto a emprestar, em que medida cada um está disposto a endividar-se, são valores que dependem de decisões livres e descoordenadas de uma multidão de agentes económicos, e é só graças ao sistema financeiro que a multiplicidade de decisões e de vectores de conduta são complementados e compensados por forma a que aquela equivalência total jamais deixe de verificar-se.

[4917] Keynes, J.M. (1936), 210-211; Bryant, J. (1987), 1231-1235.

[4918] A identidade [Poupança - Investimento = (Despesa pública + Transferências - Impostos) + Exportações Líquidas] significa que a diferença entre Poupança e Investimento equivale ao somatório do *défice orçamental* com as exportações líquidas. Assim, o excesso de poupança sobre investimento equivale ao saldo do défice orçamental e do défice da balança de pagamentos: se, por exemplo, houver equilíbrio perfeito entre Poupança e Investimento no sector privado (se a subtracção for igual a zero), então o défice orçamental tem que corresponder a um *superavit* na balança de pagamentos, e vice-versa. Cfr. Dornbusch, R., S. Fischer & R. Startz (2004), 32.

Basta estabelecermos uma divisão elementar na Poupança Total para compreendermos como a sua equivalência macroeconómica com o Investimento não é algo de automaticamente assegurado, antes é o resultado de um sistema financeiro que tem que estar bem agilizado para promover os ajustamentos necessários. Se considerarmos que não há receitas públicas que não sejam suportadas pelos particulares, poderemos distinguir a Poupança Privada (PIB – Encargos com a Receita Pública – Consumo) da Poupança Pública (Receita Pública – Despesa Pública). Ora sabemos já que o Estado pode assumir uma política orçamental deficitária, que se traduz na circunstância de a Despesa Pública ultrapassar a Receita Pública, tal como pode optar por uma política orçamental superavitária, com a Despesa Pública inferior à Receita Pública – podendo ainda optar por um estrito equilíbrio dos dois valores –.

Havendo *superavit* ou *deficit* na Poupança Pública, note-se agora que a equivalência macroeconómica (Poupança Total = Investimento) reclama que exista respectivamente um *deficit* ou um *superavit* do lado da Poupança Privada, *simétrico* daquele que se verifica no lado da Poupança Pública, para que ambos possam compensar-se.

Como é que isto se alcança?

Uma forma de explicar o sistema financeiro é a de representá-lo num modelo único, que procura sintetizar todas as operações como se elas se passassem num único mercado – modelo que tem sido designado como o do «mercado dos fundos mutuáveis» («*market for loanable funds*»)[4919], o mercado ao qual acorreriam, do lado da oferta, todos os aforradores, privados ou públicos, e do lado da procura todos os investidores, também públicos ou privados, um mercado ideal no qual existiria uma única taxa de juro, a remuneração de todos os mutuantes e o custo de todos os mutuários –.

Na realidade, frequentemente se toma esse mercado como uma aproximação ao *mercado monetário*, o mercado onde têm lugar as transacções financeiras de curto prazo (prazo de 3 meses ou menos). Havendo uma taxa única que ajusta, como referimos, as quantidades de fundos oferecidas e procuradas, e dado que a taxa de juro *real* representa uma remuneração da oferta e um custo da procura, sucede, como já seria de esperar, que uma subida das taxas de juro *reais* provoca a retracção da procura e uma expansão da oferta, e que uma descida das taxas de juro *reais* provoca a retracção da oferta e a expansão da procura de fundos.

O modelo tem amplas virtualidades explicativas:

a) Suponha-se, por exemplo, que uma reforma fiscal vinha evitar a dupla tributação da poupança que resulta da maior parte dos regimes de tributação do rendimento pessoal – por exemplo, desviando a incidência sobretudo para o lado do consumo –. Num caso desses, o incentivo para poupar aumentaria para todos os níveis de rendimento, deslocando a curva da oferta de fundos no sentido da expansão; o novo ponto de intersecção com a curva da procura de fundos corresponderia, *ceteris paribus*, a um abaixamento da taxa de juro de equilíbrio, aumentando o volume das transacções.

b) Suponha-se, noutro exemplo, que eram criados ou intensificados os benefícios fiscais atribuídos a certas actividades económicas: os empresários, vendo reduzidos os seus custos tributários, teriam um incentivo a investir e a produzir mais, aumentando a procura de fundos, deslocando a respectiva curva no sentido da expansão – o que, *ceteris paribus*, significaria uma intersecção com a curva da oferta de fundos num ponto de equilíbrio correspondente a uma taxa de juro mais elevada, com mais elevado volume de transacções.

c) Noutro exemplo, imagine-se que esses mesmos benefícios fiscais eram retirados, significando isso um desincentivo ao investimento: seria de prever que, pelas razões opostas às do exemplo anterior, a taxa de juro de equilíbrio descesse, descendo também o volume das transacções financeiras.

d) Num último exemplo, reconstituamos o «efeito de *crowding-out*» resultante de uma política orçamental deficitária. A falta de poupança pública provoca uma quebra da oferta de fundos, o que, traduzindo-se numa deslocação da curva da oferta no sentido da retracção, resultará numa intersecção das duas curvas num ponto de equilíbrio correspondente a uma taxa de juro mais elevada e a uma quebra no volume de transacções. Neste caso, é mais difícil fazer-se apelo à cláusula *ceteris paribus*, visto que é de esperar que um *deficit* orçamental provoque não apenas uma retracção da oferta de fundos mas também uma expansão na procura de fundos, o que tenderá a atenuar a quebra no volume de transacções, mas à custa de um superior aumento da taxa de juro de equilíbrio, um agravamento do efeito de «*crowding-out*».

Veja-se, em síntese, como o irrealismo do modelo (insistamos, a ideia de que em pleno emprego, aquilo que cada um de nós, independentemente, está disposto a poupar coincide globalmente – graças à elasticidade perante as variações das taxas de juro *reais* – com aquilo que os empresários estão dispostos a investir, e que portanto nenhuma parcela do rendimento nacional se perde nessa circulação de aforradores para investidores) é mais do que compensado pela sua capacidade

---

[4919] Fleischer, B.M. & K.J. Kopecky (1987), 19-33; Nadler, M.A. (1989), 253-258; Fleisher, B.M. & K.J. Kopecky (1987b), 259-260; Holmstrom, B. & J. Tirole (1997), 663-691.

simplificadora e explicativa[4920]. Em quatro casos de política económica de configurações diversificadas, foi-nos fácil discernirmos uma tendência nos resultados: uma intensificação da actividade do sistema financeiro nos casos a) e b), uma quebra de actividade nos casos c) e d), uma subida da taxa de juro de equilíbrio nos casos b) e d), e uma descida dessa mesma taxa nos casos a) e c).

25 – c) A vantagem das trocas monetárias

Se há coisa que revela a convencionalidade das nossas relações sociais e das referências e instituições que as fazem funcionar, essa coisa é a moeda[4921]. Usá-la nas trocas é fazer com que as pessoas trabalhem, produzam, alienem o seu património, tudo a troco de bocados de metal ou de papel com diminuto valor intrínseco e que não satisfazem directamente nenhuma necessidade relevante, ou a troco de ordens dadas a bancos para que procedam de forma equivalente à entrega de quantidades desses bocados de metal e de papel.

Aparentemente, a troca de bens e serviços por moeda é a troca de algo por nada – visto que a moeda não é um bem apto a satisfazer directamente quaisquer necessidades, salvo as dos coleccionadores, dos numismatas –. Mas como a moeda é um instrumento de trocas, um instrumento geral que pode servir a quaisquer trocas, aquele que recebe a moeda em pagamento representa-se o valor de tudo o que pode ser adquirido com a moeda, ou especificamente a susceptibilidade que aquela quantidade de moeda que recebe tem de lhe propiciar a aquisição de bens e serviços de que necessita. A moeda representa, para aquele que a recebe, uma reserva de valor que pode ser convertida em bens e serviços, ou factores de produção, de valor equivalente àquela reserva, sendo que essa equivalência é facilitada pela circunstância de o valor de produtos e factores de produção aparecer correntemente, no mercado, expresso em unidades monetárias, traduzido num *preço*.

Na falta de um intermediário geral nas trocas como o é a moeda, restaria aos agentes económicos procederem a trocas directas, as quais têm, relativamente às trocas monetárias, a desvantagem de exigirem uma dupla coincidência de necessidades, e ainda uma coincidência temporal e uma coincidência de valores:

O sapateiro que precisa de uma consulta no dentista tem que ir à procura de um dentista que, *naquele preciso momento*, precise de um par de sapatos, e ambos têm que concordar que uma consulta é rigorosamente equivalente a um par de sapatos; o advogado que queira almoçar num restaurante terá que encontrar um dono de restaurante que esteja simultaneamente necessitado de recorrer a serviços jurídicos, exigindo-se que ambos concordem que os serviços jurídicos prestados correspondem precisamente ao valor da refeição.

Imagine-se a dificuldade de verificação *cumulativa* dessas quatro coincidências, dessa *dupla complementaridade*[4922], e a vantagem das trocas monetárias, nas quais nenhuma dessas coincidências é exigida:

O sapateiro vende os sapatos que produziu a qualquer pessoa que ofereça por eles um preço que ele considere adequado, e gasta, na consulta do dentista, uma quantia monetária que pode ser superior ou inferior àquela que recebeu pela venda de um par de sapatos, mas que há-de ser a quantia que ele considere justa em função da utilidade que associa a ela; mais, a consulta no dentista não tem que coincidir com a venda de sapatos, já que é possível constituir uma reserva monetária que não perde, com a passagem do tempo, as suas virtualidades como instrumento de trocas.

A coincidência de valores entre os bens ou serviços que são transaccionados através das trocas monetárias não é agora reclamada – mas mesmo a verificação da coincidência, ou não-coincidência, de valores é agora facilitada pela existência de um padrão comum, as unidades monetárias nas quais é expresso o *preço* –.

É, pois, a troca monetária, e não a troca directa, que permite explorar, com o mínimo de entraves, as vantagens da complementaridade e da divisão de trabalho, pois cada troca monetária faz a moeda circular, ajudando a normalizar a percepção social sobre o valor dos produtos e dos factores, libertando os agentes para decidirem qual o momento próprio para transaccionar, quanto despender, quanto aceitar como remuneração adequada do seu esforço produtivo – sem serem pressionados pela urgência de formar coincidências como as que são requeridas pela troca directa –. Mas há mais, pois a moeda consegue, em bom rigor, superar mais

---

[4920] Nesse ponto, o modelo de «*loanable funds*» não está muito distante do modelo IS-LM proposto em 1936 por John Hicks e que constituiu durante tanto tempo o exemplo mais rematado de síntese da perspectiva keynesiana «canónica» (as relações entre produção e taxas de juro, seja no equilíbrio entre poupança e investimento, seja no equilíbrio entre emissão monetária e preferência pela liquidez, depois complementadas pela consideração da oferta agregada, no modelo IS-LM-AS, ou com variantes de «money targeting» no modelo IS-MP-IA), e por isso se revela especialmente adequado para explicar sucintamente o cerne da transição de paradigmas entre keynesianismo e monetarismo. Cfr. Romer, D. (2000b), 149-158; Taylor, J.B. (1993), 195-214; Hall, R.E. & J.B. Taylor (1997); Goodfriend, M.S. (1993), 1-24.

[4921] Para uma panorâmica histórica, teórica e comparativa da moeda, cfr. Handa, J. (2000).

[4922] Kiyotaki, N. & J. Moore (2002), 62.

alguns tipos de «fricções» nas trocas, como as limitações na reacção jurídica ao incumprimento (que podem ser superadas pela posse e pela circulação da moeda[4923]) e as limitações na manutenção de registos (que também podem ser superadas pela transmissão *definitiva* de um instrumento geral de trocas)[4924]. Isso não quer dizer que não surjam por vezes situações de colapso das trocas monetárias, umas vezes por força de hiperinflações, outras em resultado de fortes perturbações políticas – e que a economia das trocas directas não possa surgir, e até florescer por força de «efeitos de rede», como recentemente se verificou nas «economias de transição» do Leste Europeu[4925].

25 – d) As funções monetárias

A moeda desempenha três funções principais[4926]:

1. de instrumento geral de trocas, sendo aceite universalmente como meio de pagamento, em qualquer transacção, o que por sua vez tranquiliza aquele que recebe a moeda em pagamento quanto à possibilidade de converter essa moeda em quaisquer bens ou serviços – verificando-se que a lei ajuda essa circulação, impondo o curso legal da moeda nacional, isto é, a obrigatoriedade da sua aceitação em pagamentos de qualquer montante –[4927].

2. de padrão de valor, servindo para exprimir o valor de todos os produtos e factores de produção que sejam transaccionados, sendo o *preço* a expressão monetária desse valor. Essa função não tem que acompanhar a outra, o que pode ilustrar-se com o exemplo do Euro, que começou por servir como unidade de conta antes de servir como meio de pagamento. Quando se diz que alguma coisa *não tem preço*, o que geralmente se transmite é a vontade de não transaccionar essa coisa, já que quando a vontade de transaccionar existe é inevitável a formação de um preço – salvo novamente a hipótese de troca directa –.

3. de reserva de valor, permitindo que um determinado poder aquisitivo seja diferido para o futuro

– obtendo agora moeda em pagamento de uma transacção, e gastando essa quantia apenas mais tarde, numa outra transacção qualquer –. É verdade que praticamente todos os bens duradouros podem servir de reserva de valor, e alguns parecem estar menos sujeitos à desvalorização do que a própria moeda, mas tais reservas colocam um problema de *liquidez*, isto é, de pronta convertibilidade num instrumento geral de trocas. A constituição de um património, de uma reserva de valor, coloca um problema de equilíbrio entre liquidez e resistência à desvalorização, sendo que a forma básica de vencer a desvalorização de uma reserva de valor é associá-la a uma remuneração periódica que é um prémio pela renúncia à liquidez. A esse respeito, e como referimos já, é comum distinguir os meios de pagamento em função da respectiva liquidez: desde as espécies monetárias com curso legal e que apresentam o máximo de liquidez, acompanhadas de perto pelos depósitos à ordem, com a sua disponibilidade assegurada por cheques e cartões de débito, até à *quase-moeda*, um conjunto de meios de pagamento com liquidez reduzida, mas no entanto com uma disponibilidade tão próxima que ela pode ser considerada nas transacções, como por exemplo depósitos a prazo ou títulos de crédito, em ambos os casos quando os prazos são curtos ou há a hipótese de resgate antecipado, com pré-aviso. Convencionalmente, entende-se que a massa monetária é composta por estes dois blocos, o da moeda e o da quase-moeda[4928]; e não menos convencionalmente ainda, os saldos dos cartões de crédito são excluídos do cálculo da massa monetária – pela razão de que, consistindo apenas numa forma de adiar pagamentos, considerar aqueles saldos seria contabilizar duas vezes o mesmo pagamento –.

Qualquer bem duradouro e ao qual convencionalmente se associe um valor estável pode servir de instrumento das trocas, pode desempenhar funções monetárias básicas: a antropologia e a história multiplicam os

[4923] O pagamento monetário é um acto suficientemente simples e inequívoco para poder ser considerado como *definidor* do cumprimento da maior parte das obrigações (e não apenas das obrigações *pecuniárias*).

[4924] Kocherlakota, N.R. (2002), 58.

[4925] Seabright, P. (org.) (2000); Kranton, R.E. (1996), 830–851; Marin, D. & M. Schnitzer (2002).

[4926] Dornbusch, R., S. Fischer & R. Startz (2004), 394-196.

[4927] O próprio surgimento de um instrumento geral das trocas – de um bem relativamente ao qual existe um número suficientemente grande de sujeitos interessados em prescindir do seu emprego no consumo ou na produção em favor da expectativa racional do seu emprego na aquisição, por troca, de bens com valor intrínseco para aqueles sujeitos, numa generalização de «externalidades de rede» – está subordinado aos pressupostos de um «equilíbrio de Nash». Cfr. Kiyotaki, N. & R. Wright (1989), 927-954; Kiyotaki, N. & R. Wright (1991), 215-235; Kiyotaki, N. & R. Wright (1993), 63-77. Cfr. ainda: Aiyagari, S.R. & N. Wallace (1992), 447-464; Duffy, J. & J. Ochs (1999), 847ss..

[4928] Lembremos a contabilização do agregado monetário M3.

exemplos de bens que serviram de moeda, e conquanto estejamos habituados a lidar com a moeda com curso legal, acabámos de reconhecer que existem meios onde a carência absoluta de moeda oficial determina o recurso a sucedâneos, e que um colapso inflacionista pode determinar o regresso generalizado a esses sucedâneos, por parte do conjunto da sociedade.

A dificuldade cultural em assimilar-se a natureza puramente convencional do valor da moeda, a sua natureza puramente instrumental, levou a que durante muito tempo se reclamasse um valor intrínseco para a moeda, um valor como produto – como se, afinal, na falência do sistema de trocas monetárias, fosse ainda possível resgatar uma última vez o valor da moeda através do seu uso como *objecto* das trocas (presumivelmente, agora trocas directas) –.

25 – e) A desmaterialização da moeda

No processo de desmaterialização que resume a própria história da evolução dos meios de pagamento, passou-se da pura moeda-mercadoria para a moeda metálica – as moedas de prata, *argentum*, com que se pagava aos soldados romanos, para que eles comprassem sal, calçado, óleo ou vinho, roupas, e daí a designação do que recebiam como *salarium*, *calcearium*, *congiarium*, ou *vestiarium* –, sendo que, como o metal incorporado não satisfaz já directamente necessidades de consumo, imperceptivelmente as pessoas que recebiam as espécies metálicas em pagamento ficavam dependentes da aceitação sucessiva dessas mesmas espécies em pagamento.

Razões de segurança determinaram a transição da moeda-metálica para a moeda-papel, ficando aquela cingida aos pequenos pagamentos, visto que o transporte de metais preciosos expunha o transportador ao risco de assaltos. Daí ter-se concebido um sistema generalizado de depósitos, no qual os possuidores de moeda-metálica confiavam as suas reservas à guarda de entidades bancárias, contra a emissão, por estas, de certificados de depósito que podiam circular, também eles, como moeda – se o certificado de depósito titulasse a obrigação de pagamento, pelo banco, da quantia indicada no certificado ao respectivo portador, ou a alguém indicado pelo depositante inicial, a circulação do certificado de depósito como meio de pagamento equivaleria à circulação da moeda metálica representada pelo certificado de depósito –.

À comodidade do uso da moeda-papel acrescia ainda a possibilidade de aumento da massa monetária pelos próprios bancos – que, confiantes na baixa probabilidade de que todos os depósitos de moeda metálica fossem simultaneamente resgatados, e que o resgate de uns fosse compensado por novos depósitos de outros, passaram a emitir certificados de depósito, vulgarmente designados por *notas de banco*, de valor total superior ao valor total dos depósitos em moeda metálica –.

Esse passo, aparentemente fraudulento quanto à expectativa individual de cada depositante relativa à intangibilidade dos seus depósitos, era todavia indispensável, seja para expandir a massa monetária e propiciar o alastramento das trocas monetárias para lá do que era aparentemente consentido pela necessidade de «cobertura metálica», seja para permitir aos bancos remunerarem os depósitos – atraindo cada vez mais depositantes, generalizando o sistema – e mesmo assim terem uma actividade lucrativa: actividade que passava a consistir essencialmente na intermediação financeira e não já na simples guarda de valores, permitindo-se agora ao banqueiro que emprestasse a quase totalidade dos depósitos recebidos, cobrando por esses empréstimos juros superiores àqueles com que remunerava os depósitos, e ganhando com a diferença.

Uma pequena porção apenas dos depósitos recebidos ficava imobilizada, em *cobertura* desses depósitos – ou seja, para assegurar que o número previsível de depositantes que resgatariam os seus depósitos num determinado período não se sentisse defraudado nas suas expectativas de troca dos certificados de depósito pela moeda metálica inicialmente depositada –.

Mas porque a conversão instantânea de todas as notas de banco no seu equivalente em moeda metálica passava a ser impossível, aqueles que, presos ainda da «maior materialidade» da moeda metálica, fizessem depender o valor das notas da sua convertibilidade em moeda metálica teriam que confiar que, chegado o momento do resgate de umas por outras, eles não veriam as suas pretensões frustradas – já que uma tal desconfiança significaria «corrida aos levantamentos» e tornaria inevitável a frustração da maioria desses depositantes –. Tudo passava a depender da confiança, pois (*fiducia*, em latim), incluindo elementos contextuais muito mais amplos (políticos, ideológicos, culturais) do que os da simples credibilidade dos bancos[4929], pelo que a circulação da moeda, nestas condições, passou a designar-se como «circulação fiduciária»[4930].

Essa circulação, que na essência não é distinta daquela que ainda hoje domina, gerava contudo uma pressão muito forte sobre os bancos, e, através dessa pressão, um grande risco para todos os utilizadores de moeda – o risco de colapso bancário através de uma «corrida aos

[4929] Kelly, M. & C. Ó Gráda (2000), 1123.
[4930] Diamond, D.W. & R.G. Rajan (2002), 41.

bancos», um problema de descoordenação através do qual todos eram susceptíveis de prejudicar todos, por simples contágio de desconfiança –[4931]. A tentativa de retirada dos fundos bancários generalizada e simultânea, num momento de pânico, não podia deixar de gerar consequências muito mais graves do que aquelas que eram receadas, porque mesmo aquele que, tendo-se antecipado aos demais no «assalto» ao recurso comum dos fundos bancários, conseguisse ainda assim resgatar a quantia depositada em moeda metálica, assistiria ao colapso do sistema bancário e a uma violenta contracção da massa monetária, que não deixaria de determinar, no curto prazo, a queda dos preços, a diminuição da actividade económica e o desemprego generalizado[4932] – lesando todos, num efeito de contágio múltiplas vezes verificado nos últimos séculos[4933] –.

Observemos que as corridas aos bancos são em larga medida puros efeitos de contágio, «efeitos de rede», frutos da convicção «em cascata» de que ninguém quer ser um dos últimos que não terão ocasião de levantar os seus depósitos[4934]; contudo, os problemas de contágio na crise bancária que conduziu à Depressão dos anos 30, tidos tão longamente como paradigmáticos (e de certo modo, como vimos, «fundadores» da própria temática macroeconómica) têm que ser analisados de forma mais detalhada do que o que resultou das visões panorâmicas[4935], já que há efeitos locais e regionais muito relevantes[4936], além de causas conexas com atributos particulares dos bancos[4937] – ainda que haja lições gerais que ficaram adquiridas, mormente em termos de garantias públicas à cobertura dos depósitos bancários[4938] – sendo que entre as consequências positivas da Grande Depressão foi a criação, no rescaldo desse fenómeno, dos sistemas de seguro dos depósitos e de Segurança Social, hoje mundializados[4939].

Para evitar que isso sucedesse, os Estados cedo perceberam que tinham que impor o curso legal, forçado, das notas de banco, o que, num primeiro momento, tornaria desnecessária a conversão das notas em moeda metálica, porque esta deixava de ser *mais aceite* nos pagamentos do que aquela, para mais tarde determinarem a própria *inconvertibilidade* da moeda-papel nos metais amoedáveis: ou seja, não apenas a inutilidade, mas a impossibilidade, de «corridas aos bancos» para efeitos de conversão da moeda-papel (que, com estas características, muitos convencionaram passar a designar por «*papel-moeda*»)[4940]. A inconvertibilidade era, dos dois, o passo politicamente mais melindroso, já que podia suscitar problemas graves nos pagamentos internacionais, visto que os vendedores estrangeiros não podiam ser legalmente forçados a aceitar nos pagamentos as notas de banco, subsistindo pois, nas trocas internacionais, uma componente *fiduciária*.

Sublinhemos neste ponto uma das vinte ideias a reter depois do exame final: A moeda facilita as trocas, os empréstimos, a poupança, o investimento, as comparações de valores.

25 – f) A oferta de moeda

Nas modernas economias, são os bancos centrais que regulam a emissão de moeda, e por essa razão supervisionam também o sistema bancário[4941]. Eles actuam como garantes da fiabilidade e estabilidade do sistema bancário, assegurando que cada banco é capaz de honrar os seus compromissos, e fornecendo a cada um deles os meios de se endividarem eles próprios – servindo de mutuantes de último recurso, aqueles a quem se pode recorrer sempre, assegurando a liquidez quando não existe mais crédito disponível no sistema[4942] –; mas, mais importante, são os bancos centrais, como *bancos emissores*, que delineiam e executam a política monetária, controlando a oferta de moeda, emitindo moeda, lançando-a em circulação ou retirando-a de circulação. Para isso dispõem de três instrumentos básicos da chamada *política monetária*:

– as operações de mercado aberto, nas quais a moeda é introduzida ou retirada de circulação por troca com títulos emitidos pelo Estado;

[4931] Kelly, M. & C. Ó Gráda (2000), 1110; Ricardo, D. (1951), 68; Shiller, R.J. (1989); Shiller, R.J. & J. Pound (1989), 47-66; Hertz, E. (1998).

[4932] Diamond, D.W. & R.G. Rajan (2001), 425; Diamond, D.W. & R.G. Rajan (2000), 2431-2465.

[4933] Kelly, M. & C. Ó Gráda (2000), 1111; Diamond, D.W. & P. Dybvig (1983), 401-419; Chari, V.V. & R. Jagannathan (1988), 749-760; Calomiris, C.W. & G. Gorton (1991), 109-173; Calomiris, C.W. & J.R. Mason (1997), 863-883.

[4934] Diamond, D.W. & P. Dybvig (1983), 401-419.

[4935] Friedman, M. & A.J. Schwartz (1963); Wicker, E. (1996).

[4936] Calomiris, C.W. & J.R. Mason (1997), 863-883.

[4937] Calomiris, C.W. & J.R. Mason (2003b), 1637ss..

[4938] Mason, J.R. (2001), 77-95.

[4939] Hall, T.E. & J.D. Ferguson (1998).

[4940] Diamond, D.W. & R.G. Rajan (2002), 38.

[4941] Sobre o Sistema Europeu de Bancos Centrais e o «Eurosistema», cfr. Cunha, P.P. (2003), 81ss.

[4942] Dornbusch, R., S. Fischer & R. Startz (2004), 419.

– a imposição, aos bancos, de taxas de cobertura dos depósitos;

– a fixação de uma «taxa de redesconto», que é o preço que o banco central cobra por ceder liquidez aos demais bancos – e por isso constitui a base das taxas de juro efectivas no mercado[4943].

A forma mais directa e simples de introdução e retirada da moeda é a das operações de mercado aberto («open-market»): o banco central lança moeda em circulação adquirindo, no mercado de capitais, obrigações e outros títulos de crédito detidos pelos particulares, aumentando desse modo a quantidade de moeda nas mãos dos particulares; e retira moeda de circulação vendendo títulos emitidos pelo Estado[4944], se necessário forçando os bancos a comprarem esses títulos, diminuindo assim a quantidade de moeda nas mãos dos particulares.

Dado que a liquidez é composta não apenas pela moeda que as pessoas detêm em espécie, em unidades físicas, mas também pelos saldos dos depósitos à ordem, os bancos têm ao seu alcance a possibilidade de multiplicarem a massa monetária, bastando-lhes multiplicarem esses saldos. Para que isso não suceda, o banco central tem que impor restrições ao sistema bancário: na actualidade, essas restrições não obstam ao facto de serem os bancos os responsáveis pela maior parte dos meios de pagamento disponíveis – ainda que seja uma parte não especialmente conotada com a percepção corrente acerca do que seja a moeda, sendo as espécies monetárias apenas a face visível da pluralidade de meios de pagamento –[4945].

25 – f) – i) O multiplicador de crédito

A única forma de evitar em absoluto essa multiplicação seria proibir aos bancos que concedessem empréstimos com base nos depósitos recebidos, e que portanto se mantivessem apegados a uma regra de cobertura integral dos depósitos. No entanto, e como vimos, a rentabilidade dos bancos, a sua susceptibilidade de gerarem lucros, depende crucialmente da possibilidade de remunerarem os depósitos para atraírem cada vez mais depositantes, e essa possibilidade de remuneração dos depósitos depende por sua vez da possibilidade de concederem crédito com base nesses depósitos, obtendo dessa concessão uma remuneração superior àquela que estabelecem para os depósitos –

em alternativa, poderiam os bancos cobrar aos depositantes a guarda dos seus valores, mas isso atrairia decerto muito menos depositantes –.

Para que possam conceder crédito com base nos seus depósitos, os bancos não podem conservar nos seus cofres senão uma parcela desses depósitos, uma parcela das unidades monetárias efectivamente entregues pelos depositantes, uma parcela que assegure a cobertura parcial do crédito concedido – no sentido de assegurar um fluxo normal e previsível de levantamentos, mas não o improvável levantamento total e simultâneo dos depósitos –.

– Imaginemos que, por imposição do banco central, os bancos que integram o sistema bancário são obrigados a manter em reserva 10% dos depósitos que recebem – obrigados, pois, a uma taxa de cobertura, uma «reserve ratio», de 10% –. Num caso desses, se considerarmos por hipótese o sistema bancário como um sistema fechado – isto é, abstraindo das possibilidades de movimentação internacional da moeda – e desprezarmos o fenómeno do entesouramento fora do sistema financeiro – o já referido e proverbial «dinheiro debaixo do colchão» –, uma emissão monetária de 1000 Euros acabará por redundar em depósitos bancários de 1000 Euros – directamente através da poupança, indirectamente através do consumo que sustenta a poupança dos produtores e vendedores –.

– Destes 1000 Euros depositados resultarão logo 100 Euros em reservas, os 10% de cobertura, sendo os restantes 900 Euros disponibilizados imediatamente sob forma de crédito concedido; e assim, com uma tal taxa de cobertura a massa monetária passa a ser de 1900 Euros, sendo 900 Euros aditados pelos bancos.

– A criação de moeda pelos bancos não se esgota, todavia, num único ciclo, e é por isso que se fala de um «multiplicador de crédito»: os 900 Euros criados pelo sistema bancário regressam ao sistema sob forma de depósitos, o que por sua vez autoriza, à mesma taxa de cobertura de 10%, a concessão de crédito, e a criação de moeda, no valor adicional de 810 Euros.

– Por sua vez esses 810 Euros regressarão ao sistema bancário, e com eles poderão ser gerados 729 Euros, com os quais se gerarão 656,10 Euros, com os quais se gerarão 590,49 Euros, e assim sucessivamente.

– Se este processo pudesse prolongar-se indefinidamente, constataríamos que a soma das várias quantias geradas perfaria um total de 10.000 Euros, ou seja, traduzir-se-ia num multiplicador de crédito com o valor de 10: cada

---

[4943] A taxa de desconto do Banco de Portugal oscilou entre os 2,5% e os 3% entre 1947 e 1969, a partir daí foi subindo até atingir os 25% em 1983-1985, voltando a descer desde então, passando para baixo da barreira dos 10% em 1995. Cfr. Banco de Portugal (1999), 45-47.

[4944] Como já dissemos, títulos de baixa liquidez, não imediatamente convertíveis em moeda.

[4945] Barnett, W.A. & A. Serletis (orgs.) (2000).

novo Euro depositado daria origem, quase que como por um passe da mágica, a 10 Euros de novos depósitos.

– Claro que poderíamos levar em conta as «fugas» que diminuem, também aqui, o efeito multiplicador: o facto de alguns dos remunerados entesourarem sob forma de liquidez uma parte do seu rendimento, não o reintegrando no sistema bancário, fazendo depósitos no estrangeiro, amealhando divisas, etc., faz com que não haja uma mesma acumulação multiplicadora em cada fase dos depósitos bancários.

– O multiplicador de crédito é o inverso da taxa de cobertura: se esta for de 10%, o multiplicador será 10; se for de 20%, o multiplicador será 5; se for de 50%, o multiplicador será 2. E, como vimos já, se a taxa de cobertura fosse de 100%, o multiplicador seria 1.

Isto confere ao banco central um meio simples de controlar a criação de moeda pelos bancos, que é o estabelecimento da taxa obrigatória de cobertura dos depósitos: quanto mais elevada esta for, menor será a amplitude do multiplicador no aumento da massa monetária em relação à emissão monetária inicial – só podendo cada banco criar moeda a partir das reservas que tenha *em excesso* daquelas que lhe são impostas em cobertura dos depósitos –. Note-se, todavia, que o multiplicador de crédito aumenta a liquidez, não a riqueza – fornece mais meios de pagamento, mas isso não significa necessariamente correspondência com um aumento do volume de transacções –.

E note-se também que o multiplicador de crédito, como outros multiplicadores que analisámos já, é uma «faca de dois gumes»: amplia as emissões de moeda, mas amplia também, do mesmo modo e com a mesma força, a retirada de moeda da circulação – menos moeda em circulação implica levantamentos nos depósitos, o que, a uma dada taxa de cobertura, implica a retracção do crédito, a subsequente diminuição de depósitos, e assim sucessivamente –.

Contudo, o instrumento de política monetária que é o estabelecimento de taxas de cobertura enferma ainda de debilidades mais evidentes. O que é válido para o todo de um sistema bancário fechado não o é para os bancos que o integram, o que pode gerar problemas de descoordenação e de retraimento:

– seja do lado dos bancos, já que o pressuposto de que todo o crédito concedido regressa sob forma de depósitos não é evidentemente válido para cada banco em particular, em especial se houver concorrência entre bancos, e por isso pode cada banco não querer aproveitar todas as virtualidades multiplicadoras que a taxa de cobertura lhe proporcione, operando antes com um excesso de reservas;

– seja do lado dos particulares, que podem, com alguma volatilidade, alterar as proporções entre aforro e consumo, modificando a velocidade do regresso dos fundos ao sistema bancário.

Daí que a política monetária se desenvolva fundamentalmente através de uma combinação de instrumentos, nomeadamente a combinação das operações de mercado aberto e do estabelecimento de taxas de cobertura dos depósitos, ambas já referidas, com a fixação da taxa de redesconto – a taxa à qual o banco central empresta aos demais bancos, a taxa que lhes cobra para lhes permitir reconstituírem os seus fundos e respeitarem as taxas de cobertura, e por isso a taxa de facilidade ou dificuldade com que os próprios bancos emprestam aos particulares –. Com as suas exigências em matéria de taxas de cobertura de depósitos, o banco central afecta directamente os montantes que os bancos são obrigados a deter, mesmo que improdutivamente (isto é, com o custo de oportunidade do não-empréstimo de mais fundos); com a fixação de taxas de redesconto, o banco central fornece aos bancos comerciais uma indicação dos custos em que incorrem no caso de não disporem de reservas suficientes; e com as suas operações de mercado aberto, o banco central controla directamente a oferta de reservas.

Ao mesmo tempo, o banco central supervisiona o mercado bancário e confere-lhe segurança:

– seja porque assegura aos depositantes de qualquer banco que ele fornecerá fundos a esse banco quando, por alguma razão, este os tenha esgotado – servindo, como já referimos, de «mutuante de último recurso» –;

– seja porque impõe e verifica a existência das taxas de cobertura, evitando, quer o «descoberto» total dos depósitos, quer a emissão ilimitada de moeda bancária;

– seja porque impõe e verifica a existência de uma certa proporção («*ratio*») entre capital dos bancos e volume de depósitos, por forma a atenuar os riscos da insolvência, assegurando ao menos o pagamento dos depósitos – evitando que os dirigentes de um banco tentassem externalizar uma gestão imprudente sobre os próprios depositantes, servindo-se do escudo da responsabilidade limitada –;

– seja enfim porque coordena os vários sistemas de seguro de depósitos que contratualizam a transmissão dos riscos de insolvência para uma entidade especializada, incutindo no universo dos aforradores uma confiança genérica acerca da fiabilidade do sistema da intermediação financeira.

E no entanto, o desenvolvimento da política monetária por parte do banco central pode ficar profundamente comprometido, senão totalmente inutilizado, pela «arbitragem» de movimentos especulativos que, por exemplo alimentados por «expectativas racionais», tenham algum sucesso a prever as decisões do banco central e a anteciparem-se a elas *no mercado bolsista*.

– Suponha-se que o banco central decide subir as taxas de juro: uma subida de taxas de juro equivale, *ceteris paribus*, a uma perda de valor das obrigações – porque, como sabemos, uma obrigação anterior à subida das taxas de juro passa a render menos do que as obrigações adquiridas depois da subida –.

– Por isso, se a medida do banco central for prevista, é prevista a queda de valor dos títulos obrigacionistas existentes, e no mercado bolsista todos os detentores desses títulos procurarão vendê-los, caso em que só uma subida das taxas de juro permitirá aos emitentes de obrigações «reconquistarem» os aforradores e assegurarem a manutenção do fluxo de fundos – movimento de que resultará, portanto, uma perda do valor das obrigações e uma subida das taxas de juro *mesmo antes* de o banco central se decidir –.

– Se pelo contrário for previsto um abaixamento das taxas de juro, prever-se-á igualmente uma valorização dos títulos obrigacionistas existentes (que renderão juros superiores aos novos títulos), o que determinará a compra maciça de títulos e, pelas razões que já indicámos, a queda das taxas de juro correspondentes a esses títulos, já que os emitentes das obrigações não terão que pagar tanto para atraírem os aforradores, se houver uma pressão de procura de títulos da parte destes – pelo que, neste caso, ocorrerá uma subida de valor das obrigações e uma queda das taxas de juro *antes mesmo* de qualquer iniciativa nesse sentido por parte do banco central.

Em suma, dado que o valor das obrigações e o nível das taxas de juro se ajustam às previsões de política monetária, se estas previsões forem exactas elas produzirão antecipadamente os efeitos desta política, *inutilizando-a* – o que constitui uma limitação séria para aquela política monetária –.

CAPÍTULO 26 – Consenso e debate na política macroeconómica[4946]

"Os economistas são mensageiros que frequentemente trazem más notícias, e por isso ficaram com a reputação desse tipo de mensageiros. Não considero que esse papel público seja desnecessário ou irrelevante. Uma sociedade que faz coisas que são ineficientes ou perversas nos seus efeitos precisa de alguém que lho diga" – George Stigler[4947].

26 – a) Pontos de consenso

A Economia ocupou desde sempre um lugar proeminente nas opções da política geral, e com o advento dos meios de comunicação de massa as questões económicas, e em especial as macroeconómicas, passaram a ter uma grande visibilidade no debate ideológico e jornalístico, suscitando profundas e apaixonadas reflexões sobre as prioridades e os destinos das colectividades políticas.

A Macroeconomia fornece os meios para uma análise suficientemente objectiva dos mecanismos que fazem funcionar a economia como um todo, das possibilidades de rectificação política desses mecanismos e dos custos globais do sucesso ou insucesso da política económica. Mas *objectividade* não é sinónimo de *unanimidade*, e a Macroeconomia é um objecto de debates apaixonados e férteis, através dos quais é frequentemente possível sondar-se a fundo o potencial de realização colectiva dos ideais da prosperidade partilhada. Podem esses debates suscitar mais dúvidas do que certezas – o que, ao menos do ponto de vista académico, não deixa de constituir um atractivo suplementar –:

mas ignorar esses debates e os temas de política económica que eles vivificam seria, no actual contexto civilizacional, passar à margem das motivações e condicionantes essenciais da evolução das sociedades modernas, seria desconhecer aquilo que verdadeiramente as põe em marcha e as mantém em movimento.

Admitamos que são inequívocas as prioridades que de certo modo justificam, e até identificam, a política macroeconómica[4948] – ainda que se reconheça que o próprio sucesso prático da Macroeconomia vá tornando crescentemente dispensáveis as «terapêuticas» que preconiza (à medida que o paciente se restabelece)[4949]:

– a prossecução da mais elevada taxa sustentável de crescimento do PIB potencial – mormente fomentando a poupança e o investimento –, compatibilizando essa meta do crescimento com a concepção solowiana e com a Nova Teoria do Crescimento;
– a estabilização de flutuações *indesejáveis* do PIB real no curto prazo – evitando ao menos atrasos ou congestões no crescimento –, mitigando os «erros» e «viscosidades» de que depende, no curto prazo, o dilema entre desemprego e inflação;

4946 Abel, A.B. & B.S. Bernanke (2002), 396ss.; Auerbach, A.J. & L.J. Kotlikoff (1998), 201ss., 229ss.; Barro, R.J. (1997), 641ss.; Baumol, W.J. & A.S. Blinder (2000), 661ss.; Bierman, H.S. & L. Fernandez (1997), 167ss.; Blanchard, O. (2002), 509ss. 571ss.; Carbaugh, R.J. (2002), 442ss., 520ss.; Chirichiello, G. (1994); Colander, D.C. (1997), 245ss., 306ss., 424ss., 446ss.; Colander, D.C. & E. Gamber (2001), 317ss.; Gordon, R.J. (2002), 531ss.; Heyne, P. & *al.* (2002), 547ss.; Mankiw, N.G. (2000), 481ss.; Mankiw, N.G. (2001), 791ss.; McConnell, C.R. & S.L. Brue (2001), 305ss.; McConnell, C.R. & S.L. Brue (2001c), 317ss.; O'Sullivan, A. & S.M. Sheffrin (2002), 376ss.; Rohlf, W.D. (2001), 298ss., 455ss.; Samuelson, P.A. & W.D. Nordhaus (2001), 709ss.; Schiller, B.R. (2004), 325ss.; Sharp, A.M. & *al.* (2001), 404ss.; Slavin, S.L. (2001), 335ss., 369ss.; Snowdon, B. & *al.* (1995), 188ss., 236ss., 286ss., 351ss., 408ss.; Sowell, T. (2001), 261ss..

4947 Stigler, G.J. (1988), 6.

4948 Assentes por sua vez nalguns consensos metodológicos, como o de que é proveitoso encarar a macroeconomia como um ponto de confluência de opções racionais, mas temporalmente condicionadas, de agentes movendo-se em contextos de relativa ignorância e incerteza; o de que é revelante a «dicotomia clássica» entre não-neutralidade e neutralidade monetária no curto e no longo prazo, respectivamente; o de que a confusão de planos entre valores reais e nominais é fonte da maior parte das flutuações de curto prazo. Ficando ainda, do ponto de vista teórico, por esclarecer se nessas flutuações de curto prazo desempenham algum papel a dimensão inter-temporal das escolhas ou as «falhas de coordenação», e se existe margem para a exploração política deliberada das clivagens entre valores reais e nominais. Cfr. Parkin, M. (2000b), 85.

4949 Drazen, A. (2001).

– havendo a consciência de que no longo prazo não há «*trade-off*» entre inflação e desemprego, a manutenção de um nível reduzido de desemprego, seja fazendo a respectiva taxa convergir para a «taxa natural» (a *NAIRU*), seja baixando esta «taxa natural» com medidas estruturais, quando tal se afigure possível[4950];

– a manutenção de um nível reduzido de inflação, que deixe margem para os aumentos de preços provocados por melhorias e inovações qualitativas, mas não perturbe significativamente os preços relativos e não introduza turbulência e *imprevisibilidade* – dada a presença de expectativas racionais *endógenas* relevantes –, para o que se preconiza a adopção de regras monetárias puramente reactivas[4951].

Quanto a alguns destes objectivos, comecemos por insistir que é notável o declínio da volatilidade macroeconómica de curto prazo na maior parte das economias desenvolvidas – o que não será exclusivamente mérito das políticas estabilizadoras[4952] mas também o é de novas características estruturais da produção, seja em termos de optimização do efeito amortecedor da gestão de «stocks»[4953], seja em termos de aperfeiçoamento da produção de bens duradouros mais expostos à variação das taxas de juro (e até da crescente deslocação da actividade económica em direcção ao sector dos serviços)[4954].

Relativamente ao abaixamento da NAIRU, já a ele nos referimos, e a sua verificação clara no final do século XX corresponde fundamentalmente, também sem muito mérito político, à «ressaca» da estagflação que deu origem, mais ou menos mecanicamente, à imagem simétrica da estagflação[4955], ou seja, a expansão da oferta agregada determinando um grande impulso no crescimento e mantendo taxas reduzidas de inflação e desemprego[4956], fazendo dos anos 90 «a década fabulosa» para os macroeconomistas[4957], uma década em que algumas autoridades monetárias se permitiram até

o luxo de displicentemente aderirem a simples atitudes minimalistas e reactivas, seja a nossa conhecida «regra de Taylor», seja a do controlo directo da NAIRU[4958].

Para lá de se ter já conjecturado a possibilidade de existência de uma correlação inversa entre o nível da NAIRU e o nível de produtividade[4959], parece indesmentível que o abaixamento da NAIRU depende de constrangimentos demográficos e respectivas repercussões intertemporais e inter-geracionais[4960], de balizas jurídicas e institucionais, como a consolidação da Segurança Social[4961] ou a redução do desemprego «friccional»[4962], mas também e principalmente, como já sublinhámos, dos mesmos impulsos tecnológicos de que dependem, na visão moderna, os «saltos» na produtividade e a ilimitação no crescimento[4963].

Concluamos este ponto referindo que o consenso teórico e político alastra também a algumas tarefas que estão por resolver pela Macroeconomia – por muitos que sejam já os triunfos averbados no caminho para o seu escopo principal e «fundador», que é o da estabilização de curto prazo. Numa enumeração exemplificativa, poderíamos destacar[4964]:

– a subsistência de desemprego involuntário;
– a subsistência de alguns efeitos reais na política monetária;
– a persistência de subidas de inflação mesmo quando a taxa de desemprego efectiva excede a NAIRU;
– a incidência de frequentes «miopias» na afectação intertemporal de recursos;
– a excessiva volatilidade dos títulos bolsistas;
– a persistência de ineficiências redistributivas e da ineficiência absoluta da pobreza.

26 – a) – i) O modelo IS-LM

Cabe aqui uma breve referência ao modelo IS-LM. Trata-se, com este modelo, de incorporar as taxas de

---

[4950] O que, no entender de muitos, tem já efectivamente acontecido com o advento da revolução informática e da «Nova Economia». Cfr. Jorgenson, D.W. (2001), 1.

[4951] Taylor, J.B. (2000b), 90; Taylor, J.B. (1997), 233-235.

[4952] Clarida, R., J. Galí & M. Gertler (1998).

[4953] Sichel, D.E. (1994), 269-277.

[4954] McConnell, M.M. & G. Perez-Quiros (2000), 1474-1475.

[4955] Ainda que possam apontar-se outros factores, tanto internos como internacionais. Cfr. ERP (2000), 92.

[4956] Gordon, R.J. (1998), 297-333; Gordon, R.J. (2000), 49-74.

[4957] Ball, L. & R.R. Tchaidze (2002), 113; Blinder, A.S. & J.L. Yellen (2001), 91-156.

[4958] Meyer, L.H., E.T. Swanson & V.W. Wieland (2001), 226.

[4959] Ball, L. & N.G. Mankiw (2002), 115ss.; Brockway, G.P. (1995), 897-910; ERP (2001), 73-74.

[4960] Shimer, R. (1999), 11-61; Shimer, R. (2001), 969-1008.

[4961] Ball, L. & N.G. Mankiw (2002), 126.

[4962] Cohen, J.L., W.T. Dickens & A. Posen (2001), 219-259.

[4963] Stiglitz, J.E. (1997), 3-10.

[4964] Akerlof, G.A. (2002), 412.

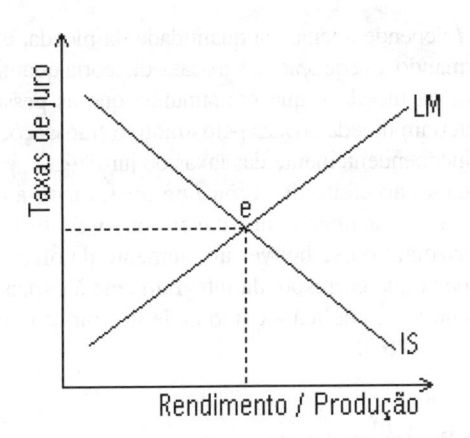

Gráfico 26.1. *Modelo IS-LM de equilíbrio do mercado de bens e do mercado monetário*[4967]

IS: relação investimento / poupança no *mercado de bens*
LM: relação procura / oferta de moeda no *mercado monetário*
e: ponto de equilíbrio de taxa de juro e nível de rendimento no qual a massa monetária é suficiente e a despesa é equivalente à produção.

juro como determinantes do investimento e por isso da procura agregada, passando o modelo a incorporar o mercado monetário e a forçar-nos a estudar a relação entre os mercados de produtos e o mercado monetário.

Ganham agora proeminência duas variáveis, o PIB real e a taxa de juro, passando o mercado dos bens a ser representado pela curva IS, «*investment / saving*», e o mercado monetário pela curva LM, «*money demand / money supply*» – já que o modelo visa encontrar os valores do PIB e da taxa de juro que sejam susceptíveis de equilibrar simultaneamente o mercado dos bens e o mercado monetário[4965].

A curva IS representa o contínuo de combinações de taxas de juro e níveis de produção que asseguram o equilíbrio da despesa e do rendimento, a curva LM representa o contínuo de combinações de taxas de juro e de níveis de produção que asseguram o equilíbrio de procura e oferta de moeda. Por outras palavras, a curva IS representa os equilíbrios no mercado de bens, a curva LM representa os equilíbrios no mercado monetário, e a intersecção das duas representa o nível de produção e as taxas de juro para um dado nível de preços (isto é, no curto prazo)[4966].

Dentro deste quadro teórico, é possível derivar a curva da procura agregada a partir do modelo IS-LM: a curva da procura agregada representará o contínuo de equilíbrios IS-LM que correspondem a puras variações de preços[4968]. E com o mesmo modelo IS-LM é possível sintetizar as políticas macroeconómicas do seguinte modo:

a) Uma política monetária expansionista desloca a curva LM para a direita, aumentando o rendimento e baixando as taxas de juro;

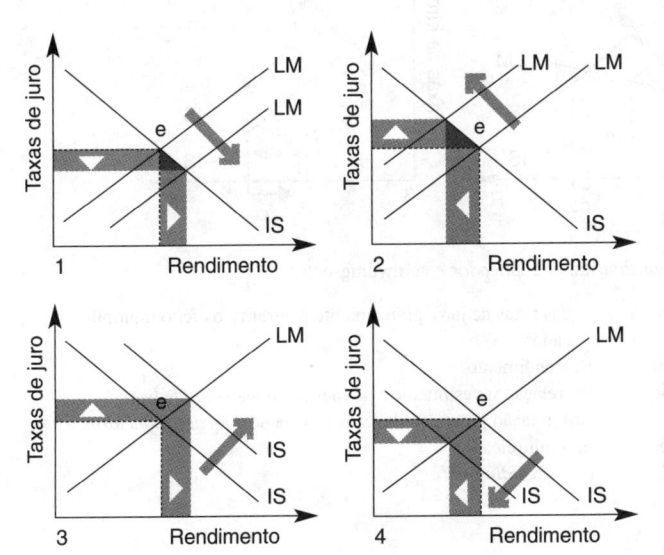

Gráfico 26.2. Políticas macroeconómicas no modelo IS-LM[4969].

1: Política monetária expansionista
2: Política monetária contraccionista
3: Política orçamental expansionista
4: Política orçamental contraccionista
IS: relação investimento / poupança no *mercado de bens*
LM: relação procura / oferta de moeda no *mercado monetário*
e: ponto de equilíbrio de taxa de juro e nível de rendimento no qual a massa monetária é suficiente e a despesa é equivalente à produção.

[4965] O primeiro esboço do modelo apareceu em: Hicks, J.R. (1937), 147-159.
[4966] Dornbusch, R., S. Fischer & R. Startz (2004), 244, 252, 269-270.
[4967] Dornbusch, R., S. Fischer & R. Startz (2004), 259.
[4968] No pressuposto de se manterem constantes a oferta de moeda e a despesa autónoma. Cfr. Dornbusch, R., S. Fischer & R. Startz (2004), 261.
[4969] Dornbusch, R., S. Fischer & R. Startz (2004), 270.

b) Uma política monetária contraccionista desloca a curva LM para a esquerda, reduzindo o rendimento e subindo as taxas de juro;

c) Uma política orçamental expansionista desloca a curva IS para a direita, aumentando o rendimento e as taxas de juro;

d) Uma política orçamental contraccionista desloca a curva IS para a esquerda, reduzindo o rendimento e as taxas de juro.

Isso pode ser representado pelo gráfico 26.2.

Sem querer minimamente esgotar as virtualidades explicativas do modelo IS-LM – e comungando do cepticismo há muito formulado relativamente às suas pretensões teóricas ou às suas virtualidades pedagógicas[4970] –, acrescentemos apenas mais duas ilustrações:

– Quanto à «armadilha da liquidez», a situação em que, a uma certa taxa de juro, o público está disposto a guardar toda a quantidade de moeda que for oferecida, tornando impotente a política monetária como meio de estabilização ou de estímulo da economia, diremos que se trata de uma situação em que a curva LM se aproxima da horizontal[4971].

– Se, pelo contrário, a curva LM se aproxima da vertical, temos aquilo que se designa por «caso clássico» («*classical case*»), a situação em que o PIB *nominal* depende apenas da quantidade da moeda, confirmando a «equação das trocas» da teoria quantitativa da moeda – que pressupunha que as pessoas deteriam moeda apenas pelo «motivo-transacções», e independentemente das taxas de juro[4972].

– Quanto ao efeito de «*crowding-out*», dir-se-á que ele é praticamente inevitável, salvo se LM for horizontal ou se houver um aumento de oferta de moeda que corresponda integralmente à expansão da despesa pública – como pode ilustrar-se com o gráfico 26.3.

26 – b) Pontos de debate

Vejamos agora alguns dos temas macroeconómicos nos quais subsistem divisões doutrinárias – na solução dos quais é possível adoptar orientações divergentes, inflectindo rumos de política económica[4974/4975]:

26 – b) – i) A estabilização através das políticas orçamental e monetária

Já que as variáveis macroeconómicas tendem a flutuar no curto prazo, e já que, como vimos, é possível

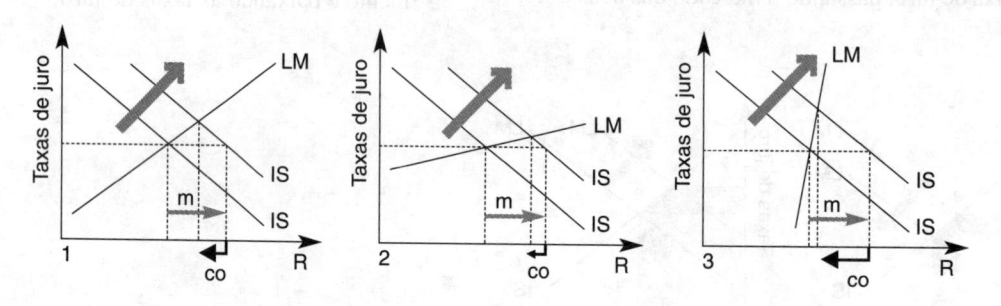

Gráfico 26.3. *Política orçamental expansionista, multiplicador e* «crowding-out»[4973]

1: «*Crowding-out*» intermédio, a subida das taxas de juro provoca um equilíbrio que atenua os efeitos do multiplicador
2: «*Crowding-out*» diminuto, a curva LM quase-horizontal (próxima da «armadilha da liquidez») impede uma grande subida das taxas de juro
3: «*Crowding-out*» elevado, a curva LM quase-vertical (próxima do «caso clássico»), provocando uma grande subida

das taxas de juro, praticamente neutraliza o efeito multiplicador
R: Rendimento
IS: relação investimento / poupança no *mercado de bens*
LM: relação procura / oferta de moeda no *mercado monetário*
m: multiplicador
co: «*crowding-out*»

[4970] George Shackle, por exemplo, era um feroz opositor do esquema IS-LM proposto por Hicks, esquema que ele considerava um esforço, em larga medida absurdo, de tentar reduzir o keynesianismo a uma teoria de «equilíbrio geral», indiferente aos factores da incerteza e da informação imperfeita. Cfr. Ford, J.L. (1994).

[4971] Dornbusch, R., S. Fischer & R. Startz (2004), 273-275.

[4972] Dornbusch, R., S. Fischer & R. Startz (2004), 278-279.

[4973] Dornbusch, R., S. Fischer & R. Startz (2004), 280-281.

[4974] Moseley, F., C. Gunn & C. Georges (1991), 235–240.

[4975] Também aqui encontraríamos pontos de divergência puramente teórica ou metodológica, em especial aqueles que dividem os

tentar contrariar essas flutuações através de políticas monetárias e orçamentais de escopo estabilizador, a pergunta que se impõe é se essa estabilização é necessária ou conveniente. Antes mesmo de prosseguirmos, sublinhemos o facto de haver outras políticas macroeconómicas para lá das políticas orçamental e monetária: políticas de rendimentos e preços, que directamente tentam a estabilização de custos e de preços, políticas industriais, políticas regionais, estratégias quanto ao comércio externo, políticas cambiais.

Numa sistematização muito breve e recapitulativa das principais teorias sobre o ciclo macroeconómico de curto prazo, diríamos que elas se dividem entre as que se concentram no comportamento da procura agregada – o que abarca keynesianos, monetaristas, neoclássicos e neo-keynesianos defensores da «teoria das expectativas racionais» – e a que incide sobre o «ciclo real» (a *«real business cycle theory»*). Enumeremos-lhes os traços básicos:

– teoria keynesiana – atribui as flutuações de curto prazo à volatilidade das expectativas, aos *«animal spirits»* que instilam ânimo ou desânimo nas decisões de investimento de acordo com projecções acerca de vendas e lucros, a partir de informações mais ou menos imperfeitas e incompletas e de extrapolações de uma racionalidade limitada. Dada a «luz verde» a um investimento inicial, possivelmente sem uma razão aparente muito clara, o multiplicador entra em acção e nada entrava a economia em direcção ao pleno emprego. Quando, porém, o investimento se retrai, a viscosidade salarial trava o ajustamento do PIB real ao PIB potencial e faz nascer a possibilidade de um equilíbrio *abaixo* do pleno emprego, a reclamar uma rectificação exógena. O processo afecta o PIB *real* e pode ter uma origem espontânea, mas nem sempre se reajusta sem uma ajuda externa.

– teoria monetarista – atribui as flutuações de curto prazo a variações na massa monetária, sendo possível provocar a expansão ou a recessão através de acelerações ou desacelerações do ritmo de crescimento da massa monetária. O aumento real de moeda faz cair as taxas de juro e induz aumentos de investimento, consumo e exportações líquidas, desencadeando o efeito de multiplicador rumo ao pleno emprego. A viscosidade salarial é meramente

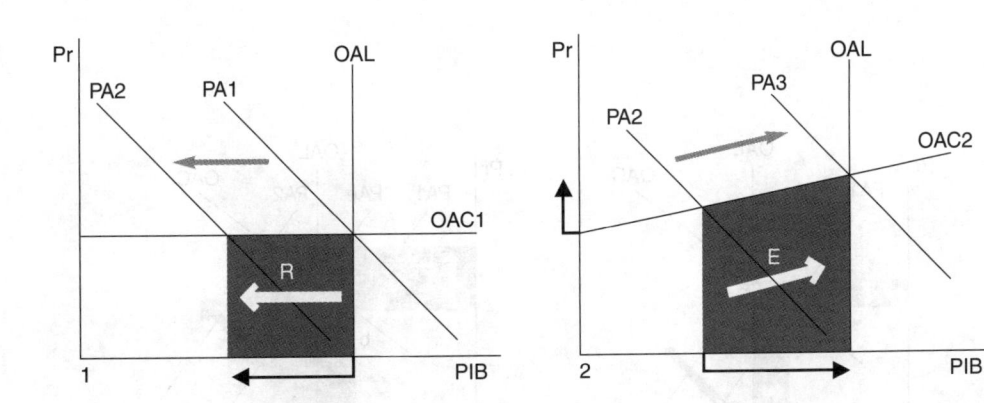

Gráfico 26.4. *Modelo keynesiano de flutuações de curto prazo*

1: recessão – a contracção da procura agregada causa a recessão, dada a viscosidade dos salários
2: expansão – a recuperação da procura agregada provoca expansão e inflação, dada a flexibilidade salarial no sentido da subida
Pr: nível de preços (deflator do PIB)
PA1, PA2, PA3: procura agregada
OAC1: oferta agregada de curto prazo (horizontal, dada a viscosidade dos salários que impede a queda dos preços)
OAC2: oferta agregada de curto prazo (ascendente, dada a flexibilidade dos salários no sentido da subida)
OAL: oferta agregada de longo prazo
R: recessão
E: expansão
i: inflação

---

veneradores do adensamento formalista da Macroeconomia, por um lado, dos que condenam o irrealismo gerado por esse «casamento espúrio» entre o restritivo paradigma neoclássico e o paradigma originariamente aberto e multiforme da análise de John Maynard Keynes. Cfr. Akerlof, G.A. (2002), 427-428.

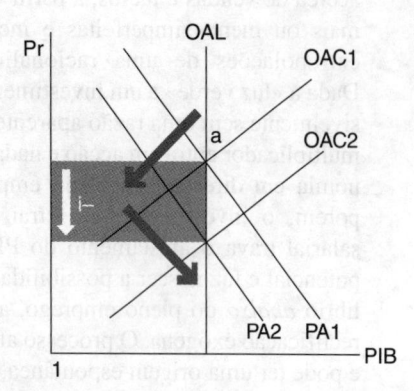
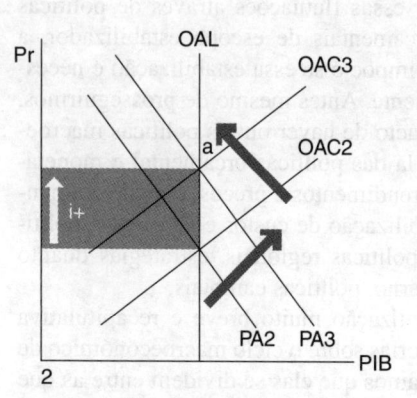

Gráfico 26.5. *Modelo monetarista das flutuações de curto prazo*

1: recessão – a contracção da procura agregada causa a recessão, mas a concomitante queda dos rendimentos nominais provoca a expansão da oferta agregada de curto prazo, até ao nível de equilíbrio de longo prazo (= equilíbrio de pleno emprego)

2: expansão – o aumento da emissão de moeda faz crescer a procura agregada e provoca expansão e inflação, mas a subida dos rendimentos nominais faz retrair a oferta agregada de curto prazo, até ao nível de equilíbrio de longo prazo. Em suma, na visão moneta-

rista a flutuação começa e termina no mesmo ponto (a), apenas se verificando significativas flutuações de preços ao longo do ciclo

Pr: nível de preços (deflator do PIB)

PA1, PA2, PA3: procura agregada

OAC1, OAC2, OAC3: oferta agregada de curto prazo

OAL: oferta agregada de longo prazo

i- : inflação negativa

i+ : inflação

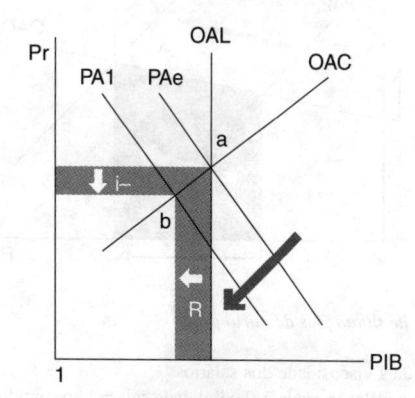
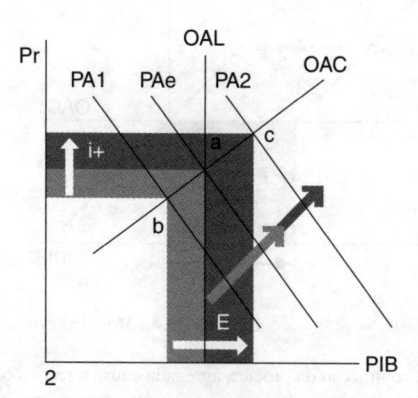

Gráfico 26.6. *Modelo de expectativas racionais quanto a flutuações de curto prazo*

1: recessão – como a procura agregada fica aquém do nível de procura agregada *esperada*, regista-se uma *inesperada* recessão com queda dos preços

2: expansão – se a procura agregada se situa para além do nível *esperado*, ocorre uma expansão inflacionista

Pr: nível de preços (deflator do PIB)

PAe: procura agregada *esperada*

PA1, PA2: procura agregada

OAC: oferta agregada de curto prazo

OAL: oferta agregada de longo prazo

i- : inflação negativa

i+ : inflação

R: recessão

E: expansão

a: ponto de equilíbrio *esperado*

b: equilíbrio na recessão

c: equilíbrio na expansão

temporária, mesmo no sentido da descida, sendo pois que o regresso ao pleno emprego é automático, ainda que possa ser lento. O processo afecta o PIB *real* e não tem uma origem espontânea, tendo que ser provocado; mas uma vez iniciado, e independentemente da direcção do impulso inicial, o reajustamento é automático, ainda que envolva um período de recessão e outro de expansão.

– teoria das expectativas racionais – na sua versão neoclássica atribui as flutuações de curto prazo a oscilações *inesperadas* na procura agregada, enquanto que na sua versão neo-keynesiana aquelas flutuações são atribuíveis também às próprias oscilações *esperadas* da procura agregada. Em ambas as versões, a expansão e a recessão resultam de disparidades entre a amplitude *esperada* da variação de procura agregada e a amplitude *verificada* – sendo que uma coincidência entre ambos os valores impede perturbações significativas no nível de emprego e no PIB real, causando apenas eventuais efeitos *nominais* e não qualquer oscilação de curto prazo –. Na versão neo-keynesiana, a duração dos contratos torna os rendimentos viscosos e vulneráveis às próprias oscilações *espera-*

das, causando efeitos no PIB real que só cessam quando a procura agregada atinge efectivamente o seu nível *esperado*. O processo afecta o PIB *real* e não tem uma origem espontânea, mas uma vez iniciado regressa ao equilíbrio de pleno emprego, quase instantaneamente na versão neoclássica, com algum atraso na versão neo-keynesiana.

Sintetizemos no gráfico 26.7 as várias possibilidades:

– teoria do «ciclo real» («*Real Business Cycle*»[4976]) – um simples desenvolvimento da teoria das «expectativas racionais» na sua vertente neoclássica, associado principalmente ao nome de Robert Lucas e à Nova Teoria do Crescimento, atribui as flutuações de curto prazo a oscilações aleatórias na produtividade, «choques reais exógenos», com as mais diversas origens[4977] e formas de propagação[4978], mas essencialmente relacionados com a cadência do progresso tecnológico: uma inovação tecnológica pode causar quebras de produtividade enquanto não é generalizadamente adoptada mas interfere já, e pode interferir *catastroficamente*, na produtividade da tecnologia anteriormente adopta-

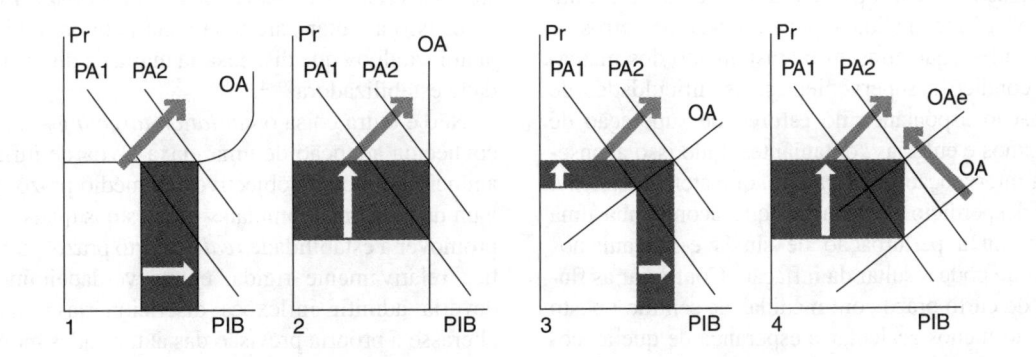

Gráfico 26.7. *Perspectivas quanto às consequências da expansão da procura agregada*

1: perspectiva keynesiana extrema – puros efeitos reais
2: perspectiva monetarista / neoclássica extrema – puros efeitos nominais
3: perspectiva keynesiana «moderada» – combinação de efeitos nominais e efeitos reais

4: perspectiva das «expectativas racionais» – puros efeitos nominais (no caso da inflação «esperada»)
Pr: nível de preços (deflator do PIB)
PA1, PA2: procura agregada
OA: oferta agregada
Oae: oferta agregada esperada

[4976] Danthine, J.-P. & J.B. Donaldson (1993), 1-35; Huh, C. & B. Trehan (1991), 3-17; Kydland, F.E. & E.C. Prescott (1982), 1345-1370; Mankiw, N.G. (1989), 79-90; McCallum, B.T. (1989), 16-50; Stadler, G.W. (1994), 1750ss.. Cfr. ainda: Danthine, J.-P. & J.B. Donaldson (1991), 299-318; Romer, C.D. & D.H. Romer (1989), 120-170; Stoker, T.M. (1993), 1827-1874.
[4977] Black, F. (1986), 529-543; Blatt, J.M. (1978), 292-300; Eckstein, O. & A. Sinai (1986); Zarnowitz, V. (1992).
[4978] Galí, J. (1999), 249ss..

da como «standard» – isto é, enquanto destrói mais empregos do que aqueles que vai criar – , o que por sua vez pode provocar quebras na procura de fundos para investimento e na procura de factores[4979]. Por outro lado, a taxa de juro real pode ter relevância na distribuição intertemporal do esforço produtivo, visto que pesa na decisão do *quando* trabalhar – sendo que, para os defensores desta teoria, uma baixa taxa de juro real reduz o custo de oportunidade do adiamento das remunerações, e do aforro que estas permitem, daí resultando uma retracção da oferta de trabalho –. O processo afecta o PIB *potencial* e tem uma origem espontânea no próprio fenómeno do crescimento económico, com o qual partilha a causa dos impulsos tecnológicos: só que agora se considera que os ciclos têm uma natureza benigna e representam os «solavancos» induzidos pela introdução das inovações tecnológicas, são pulos no crescimento que não haveria interesse nenhum em neutralizar ou estabilizar[4980], porque isso equivaleria a limitar o impacto benéfico daqueles impulsos tecnológicos (ao menos dentro de um dado contexto de padrões de despesa pública[4981] e de preferências do investimento e do consumo[4982].

De acordo com a orientação «canónica» keynesiana, a estabilização de curto prazo é uma necessidade e um benefício. A irracionalidade generalizada, os «erros» e «viscosidades» que atrasam o ajustamento dos mercados às condições supervenientes, as dificuldades de coordenação espontânea no esforço de superação de pessimismos e euforias contagiantes, tudo isso aconselha uma intervenção rectificadora, que atempadamente evite o desperdício de recursos que acompanha uma recessão, ou a perturbação de sinais e mecanismos básicos que pode resultar da inflação. Contrariar as flutuações de curto prazo com medidas de sentido oposto permite ao menos acalentar a esperança de que a economia funcione de modo mais estabilizado, poupando à sociedade os efeitos nocivos, os custos, daquelas flutuações – todas as flutuações são sobressaltos, «soluços», no caminho do crescimento económico, da prosperidade, são, dessa perspectiva, puras perdas de tempo e de energia.

Os economistas neo-keynesianos continuam a defender que a economia não se auto-sustenta nesse caminho para a prosperidade, e que cabe aos governos promover o caminho mais directo e menos flutuante possível para essa meta de pleno emprego e de expansão da fronteira de possibilidades de produção – ainda que confiem mais nalgumas virtualidades regeneradoras do funcionamento dos mecanismos microeconómicos, e neles se contém já mais adeptos da adopção de «estabilizadores automáticos» do que das políticas discricionárias[4983].

Uma posição «ortodoxa mitigada» que tenta não abusar da discricionariedade e reconhece a vantagem da adopção de algumas regras fixas e simples é aquela – associada ao nome de James Tobin – que se concentra numa «estabilização *nominal*», apontando para metas específicas de PIB *nominal*, partindo do princípio de que a estabilização dos valores *nominais* permite já um compromisso entre as pressões inflacionistas e as pressões recessivas que se espelhariam nos valores nominais: o PIB nominal seria já um resultado compósito dos vectores opostos que fazem oscilar o PIB real, e por isso apontar para uma meta nominal poderia ser já um «atalho» que dispensaria muita da discricionariedade estabilizadora[4984].

Não é outra coisa o «*inflation targeting*», a nossa já conhecida adopção de uma «taxa-alvo» de inflação, o anúncio público de objectivos de médio prazo que sirvam de «âncoras nominais» através das quais se possa promover a estabilidade *real* de curto prazo – uma política relativamente rígida, e que verdadeiramente só deveria admitir inflexões discricionárias quando se alterasse a própria previsão das autoridades monetárias

---

[4979] Galí, J. (1999), 249-271; Watson, M.W. (1993), 1011-1041; Dornbusch, R., S. Fischer & R. Startz (2004), 542, 560-563. Para uma crítica de fundo a estes modelos, cfr. Plosser, C. (1989), 51-77; Mankiw, N.G. (1989), 79-90.

[4980] Se é que isso se considera possível, já que se existirem choques permanentes, então a estabilização através da manipulação da procura agregada pode ser irrelevante, ou equivalente a uma atitude errática de «passeio aleatório». Cfr. Nelson, C.R. & C.I. Plosser (1982), 139-162; Dornbusch, R., S. Fischer & R. Startz (2004), 541, 556-560.

[4981] Christiano, L.J. & M.S. Eichenbaum (1992), 430-450.

[4982] Bencivenga, V. (1992), 449-471.

[4983] Messori, M. (org.) (1999).

[4984] Clarida, R., J. Galí, & M. Gertler (1999), 1661-1707; Rosende, F. (2002), 203-233; Svensson, L.E.O. (1999), 200; Walsh, C.E. (2003), 265ss..

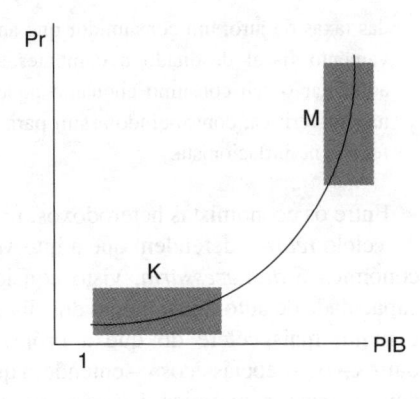 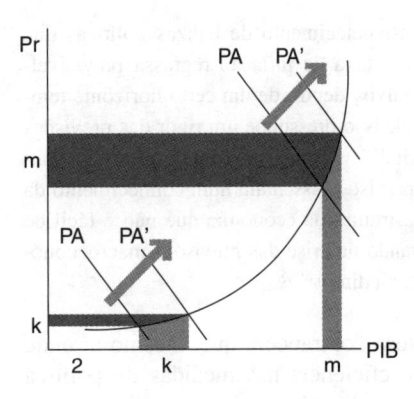

Gráfico 26.8. *Conciliação das duas perspectivas, keynesiana e monetarista*[4985]

1: regiões keynesiana e monetarista
2: o exemplo dos efeitos de uma política expansionista: na zona keynesiana é possível a expansão do PIB sem grande pressão inflacionista, na zona monetarista praticamente todo o esforço de expansão redunda em pura pressão inflacionista

Pr: nível de preços (deflator do PIB)
K: região keynesiana
M: região monetarista
k, m: efeitos da expansão da procura agregada
PA, PA': procura agregada

quanto à futura taxa de inflação[4986], ou quando os «choques exógenos» fossem especialmente graves[4987/4988]. A sua rigidez causa o mínimo de divergência possível em relação às «expectativas racionais», e daí têm resultado não só o enfraquecimento das «expectativas evolutivas» e dos efeitos inerciais dos movimentos inflacionistas pretéritos, mas também baixas «taxas de sacrifício» na estabilização – o que, conjuntamente com a progressiva sedimentação da credibilidade e da independência dos bancos centrais, tem determinado o recente sucesso, a nível mundial, desta política de «*inflation targeting*»[4989], uma orientação que não só isola a política monetária das pressões governamentais capazes de perpetuarem ineficiências[4990], mas também se adequa à «nova síntese neoclássica» que, atendendo às expectativas racionais, se furta à «crítica de Lucas»[4991]. É verdade que há outro tipo de «taxas-alvo» (por exemplo, o crescimento nominal[4992]), mas a visibilidade da taxa de inflação torna-a um candidato natural à sua proeminência como «alvo»[4993].

– Já falámos do «*inflation targeting*», mas explicitemos agora um pouco melhor que o «*targeting*» macroeconómico pode tomar por alvo não apenas a inflação mas também o PIB real, ou o PIB nominal[4994]. Os que preferem metas *nominais* são os que concebem a curva da oferta agregada como quase vertical, sendo os «keynesianos» mais favoráveis à prossecução de metas *reais*, mesmo que isso signifique riscos de inflação[4995].
– Por outro lado, têm-se multiplicado as propostas de generalização dos regimes de «*inflation targeting*»

[4985] A curva da oferta agregada de curto prazo, ou «*keynesiana*», indica que os produtores fornecerão qualquer quantidade de bens que seja procurada ao nível de preços corrente (por «viscosidade de preços no curto prazo», geralmente atribuída à existência de desemprego e à possibilidade de expansão da produção sem aumento imediato de custos). Por isso a curva tende a ser plana abaixo do PIB potencial, tendendo a tornar-se vertical perto ou acima dele (a curva de procura agregada «*clássica*»). Cfr. Dornbusch, R., S. Fischer & R. Startz (2004), 99.
[4986] Bernanke, B.S. & M. Gertler (2001), 253; Bernanke, B.S. & M. Gertler (1999), 17-52; Bernanke, B.S. & F. Mishkin (1997), 97-116.
[4987] Jensen, H. (2002), 928.
[4988] Ellingsen, T. & U. Söderström (2001), 1594; Cook, T. & T. Hahn (1989), 331-351; Romer, C.D. & D.H. Romer (2000), 429-457.
[4989] Corbo, V., O. Landerretche & D.K. Schmidt-Hebbel (2001), 343-368.
[4990] Alesina, A. (1987), 651-678; Kydland, F.E. & E.C. Prescott (1977), 473-491; Barro, R.J. & D.B. Gordon (1983), 589-610.
[4991] Jensen, H. (2002), 928; Goodfriend, M.S. & R.G. King (1997), 231-283; McCallum, B.T. (2001), 258; Lucas Jr., R.E. (1976), 19-46.
[4992] Jensen, H. (2002), 929-930.
[4993] Svensson, L.E.O. (1999b); Rotemberg, J.J. & M. Woodford (1997), 297-346.
[4994] Cecchetti, S.G. (1995), 189-219; Hall, R.E. & N.G. Mankiw (1994), 71-94; Taylor, J.B. (1985), 61-84.
[4995] Dornbusch, R., S. Fischer & R. Startz (2004), 201-203.

explícito – o estabelecimento de balizas políticas que assegurem que a taxa de inflação regressa previsivelmente ao um «alvo» dentro de um certo horizonte temporal[4996]; só que isso pressupõe um rigor das previsões que se torna vital[4997], ao mesmo tempo que se evidencia que essas previsões assentam num conhecimento da «verdadeira» estrutura da economia que não é fácil de abarcar, resultando na crise das previsões macroeconómicas, a que já aludimos[4998].

Os «heterodoxos» contrapõem que, mesmo aí onde haja em abstracto eficiência nas medidas de política monetária e orçamental, ambas enfermam de uma incurável lentidão que, na melhor das hipóteses, as converte em remédios tardios, e na pior hipótese as torna em medidas aplicadas no pior momento do ciclo, remédios pró-cíclicos que agravam a tendência que conjunturalmente se verifica, ampliando as flutuações[4999]. Tudo se evitaria, alegam, se fosse possível tomar medidas atempadas com base em previsões rigorosas, o que não se verifica, dada a notória imprecisão das previsões macroeconómicas, imprecisão que alastra até para alguns conceitos e parâmetros – sendo, por exemplo, muito difícil de determinar, na prática, quando é que o PIB *real* está aquém ou está além do PIB *potencial*, e qual a amplitude do «hiato do produto» (quando, e em que medida, é que os recursos produtivos estão a ser empregues, ou *abusados*, para lá dos limites de sustentação da sua produtividade, e por isso se abeiram do seu esgotamento) –.

Mais ainda, acrescentam, a aplicação constante de medidas de estabilização de curto prazo pode ter um outro efeito perverso, que é o de gerar «habituação aos remédios», diminuindo a eficácia dos mecanismos de recuperação automática que, como vimos, acabam por estabilizar a economia no longo prazo, gerando nos agentes económicos uma expectativa e uma dependência quanto a essas medidas de estabilização que é muitas vezes puramente desresponsabilizadora dos seus próprios esforços, e indutora de atitudes puramente inerciais.

Por exemplo, uma empresa que apostaria na adopção rápida de tecnologia para reduzir os seus custos num contexto de recessão pode nada fazer, se espera que os seus custos venham a ser reduzidos através de uma diminuição das taxas de juro; um consumidor que antecipa um agravamento fiscal destinado a combater a inflação pode aumentar o seu consumo enquanto aquele agravamento não se verifica, contribuindo assim para a aceleração do fenómeno inflacionista.

Entre os economistas heterodoxos, uns – os teóricos do «ciclo *real*» – defendem que a intervenção macroeconómica é *desnecessária*, visto considerarem que a capacidade de auto-ajustamento dos diversos mercados é muito mais célere do que a própria intervenção; outros – os «neoclássicos» – entendem que toda a intervenção macroeconómica é *ineficiente*, salvo quanto a ganhos efémeros de curto prazo, visto que o sector privado, dotado de «expectativas racionais», é capaz:

– de detectar os aumentos de oferta de moeda e de perceber que esses aumentos não podem ter outros efeitos que não os puramente nominais, procedendo pois, quase instantaneamente, a subidas de preços que invalidam quaisquer efeitos *reais* expansionistas que fossem pretendidos com aqueles aumentos;
– de contrariar políticas deficitárias aumentando o nível de poupança por modo a fazer face aos inevitáveis agravamentos tributários futuros.

Todos os heterodoxos partilham da convicção de que os inevitáveis desfasamentos da intervenção macroeconómica, e a perversão deliberada de prioridades em função dos ganhos políticos dentro do «ciclo eleitoral», podem torná-la contraproducente e perigosa para os objectivos mais gerais do crescimento económico – julgando-se neste ponto que pouco mais se poderá acrescentar ao que já foi dito acerca da manipulação política das variáveis económicas, da perpetuação eleitoral dos políticos no poder, do favorecimento de clientelas ou do votante mediano. Acrescentemos apenas que é notória a pressão para o aumento dos *deficits* orçamentais em vésperas de eleições e para a sua drástica diminuição logo após, que monetarismo e keynesianismo têm sido respectivamente favorecidos por partidos «de direita» e «de esquerda»[5000], que estes são mais favoráveis ao estímulo da economia por «*deficits* virtuosos» e que aqueles são mais favoráveis ao «arrefecimento» da economia através da prioridade dada ao combate à inflação[5001].

[4996] Svensson, L.E.O. (1999c), 607-654.
[4997] Já não se pode agir por simples reacção aos resultados efectivos e correntes da estabilização.
[4998] Levin, A., V. Wieland & J.C. Williams (2003), 622ss.; McCallum, B.T. (1988), 173-203; Taylor, J.B. (1999c), 655-679.
[4999] Alesina, A. (2000), 11.
[5000] Sapir, A. & K. Sekkat (2002), 195-205.
[5001] Saint-Paul, G. (2000b), 921.

26 – b) – ii) Regras e discricionariedade na política monetária

Como vimos, os bancos centrais têm a possibilidade de contribuírem para a estabilização económica de forma mais ou menos discricionária, alterando as condições de emissão de moeda, ou de retirada de moeda da circulação, com base nas suas próprias estimativas das variáveis macroeconómicas e das flutuações de curto prazo, e, mais importante, com base na sua própria interpretação do objectivo estabilizador – lembremos que isso não quer dizer que essas medidas façam sentir os seus efeitos imediatamente, dado que elas interferem com hábitos e planos de emprego da moeda que podem ser relativamente estáveis –.

Não se discute que a edificação de uma estrutura produtiva intrinsecamente estável deve ser a prioridade na acção do Estado, e que os impulsos e rectificações discricionários são soluções parciais e de contingência; e lembremos que aquilo que para uns – os «activistas keynesianos» – é tarefa indeclinável do Estado, nomeadamente a estabilização de flutuações agravadas pela presença da «viscosidade» nos rendimentos nominais, para outros – os monetaristas – pode ser a própria origem do problema, dado não haver flutuações que não sejam provocadas por oscilações deliberadas da massa monetária. E que, portanto, a solução de uns – a regra de «*feedback*» keynesiana – é para os outros parte do próprio problema, tornando-os apologistas de regras *fixas* na actuação macroeconómica. Não é difícil perceber que as regras, se têm a vantagem da estabilidade e da previsibilidade, apresentam o inconveniente de «amarrarem» as autoridades, o que pode ser grave em situações de alteração profunda das circunstâncias[5002].

Para alguns, essa discricionariedade dos bancos centrais significa antes de mais flexibilidade, agilidade na forma de resolverem contextos emergentes que, mais do que serem imprevisíveis, são muito diversificados, reclamando soluções com dimensões muito variadas – soluções contingentes que não podem ser abarcadas numa formulação geral e abstracta, de duração indefinida, das regras decisórias, mais a mais atenta uma

séria dificuldade prática, a da possível falta de consenso doutrinário quanto às regras gerais a adoptar –.

Além disso, a formulação de regras que vinculassem a política monetária dos bancos centrais na sua actuação concreta, na aplicação de regras prudenciais, não poderia constituir uma forma velada de fazer regressar ao governo a direcção efectiva da política monetária, com os riscos que vimos associados a essa solução, nomeadamente, o financiamento de défices orçamentais através do «imposto oculto» da inflação, ou a «flutuação induzida» na política monetária pelas exigências do «ciclo eleitoral» – como denunciaram economistas como Bruno Frey ou William Nordhaus?[5003]

Esta «*Political Business Cycle Theory*», que enfatiza os paralelismos entre ciclos económicos e ciclos eleitorais[5004], tende a sobrestimar as capacidades de manipulação das variáveis macroeconómicas pelas autoridades políticas, subestimando as independências e equilíbrios institucionais, e a capacidade de reacção popular contra o cinismo das manipulações[5005]. Para a perspectiva da escolha pública, os paralelismos nada têm de coincidência, sendo antes o resultado da indução de ciclos macroeconómicos como uma estratégia partidária racional[5006].

Para outros economistas, a discricionariedade dos bancos centrais é um «cheque em branco» com o qual podem transbordar, para um domínio tão crucial como é o da política monetária, todas as manifestações de incompetência e de prepotência – devendo questionar-se se é verdadeiramente do interesse colectivo que haja uma instituição que pode interferir tão profundamente no funcionamento corrente da economia sem que ela seja «espartilhada» a objectivos claros, que permitam aferir a respectiva actuação e estabelecer critérios de responsabilização[5007].

Por exemplo, o que fazer, numa situação destas, para evitar ou punir a actuação de um banco central que, por subserviência para com o governo e com o partido no poder, decide o abaixamento das taxas de juro e a compra maciça de títulos do Tesouro em vésperas de eleições legislativas, sabendo que a «factura inflacionista» só aparecerá depois das eleições?

[5002] Dornbusch, R., S. Fischer & R. Startz (2004), 199-200.

[5003] Frey, B.S. (1983); Frey, B.S. (org.) (1997); Nordhaus, W.D. (1975), 169-190; Moura, F.P. (1981), 263-288.

[5004] A favor dessa abordagem, Alesina, A. (1988), 13-52; Alesina, A. & N. Roubini (1997); Garfinkel, M.R. & A. Glazer (1994), 169-173; Hibbs Jr., D.A. (1994), 1-23; Nordhaus, W.D. (1989), 1-68. Para uma visão crítica dessa abordagem, cfr. Chrystal, K.A. & D.A. Peel (1986), 62-65; Drazen, A. (2000), 75-137.

[5005] Lembremos ainda que a abordagem das «expectativas racionais» advertia já para a possibilidade de tais iniciativas não terem senão impactos *nominais*, ou apenas ínfimos impactos reais.

[5006] Alesina, A. & N. Roubini (1997), 63.

[5007] Lembremos que o problema é tanto mais agudo quanto mais elevada se concebe que seja a «taxa de sacrifício» das políticas deflacionistas. Para os monetaristas defensores das «expectativas racionais», a independência dos bancos centrais não representa, pois, qualquer risco.

Por outro lado, a discricionariedade pode degenerar naquilo que temos designado por «inconsistência inter-temporal», ou seja, na variação conjuntural dos crité-rios decisórios e na discrepância com objectivos está-veis que tenham sido anunciados.

– A «*inconsistência dinâmica*» é, nestes domínios, a ten-tação dos aplicadores discricionários de políticas estabi-lizadoras de tomarem iniciativas de curto prazo que são incompatíveis com os objectivos de longo prazo – apre-sentando-se como possível remédio o «amarrar-se» do político a uma *reputação de consistência*, ou a escolha de um Governador do Banco Central mais independen-te[5008] ou mais resistente à pressão inflacionista (ou, como já referimos, com um credo abertamente «defla-cionista», ou mais incentivado a resistir à pressão infla-cionista de curto prazo), ou limitar-se a discricionarieda-de com que possa tomar-se a opção demagógica que consistirá em combater-se o desemprego sem se ponde-rar os custos da inflação. Para isso também é crucial a independência das autoridades monetárias, especifica-mente dos Bancos Centrais.

– Com efeito, uma das mais óbvias «falhas de interven-ção» resulta da tendência que as políticas têm para per-sistirem depois de tomadas, com indiferença pelas cir-cunstâncias supervenientes, e mesmo por vezes com indiferença pelo próprio sucesso das políticas na solu-ção dos problemas que começaram por convocá-las:

1. Pense-se nas políticas agrícolas, tantas vezes institu-ídas para combater situações episódicas de pobreza entre os agricultores, e depois mantidas mesmo quando os rendimentos dos agricultores são mesmo superiores aos da média dos contribuintes que finan-ciam essas políticas e transferências[5009].

2. Pense-se em medidas de discriminação positiva, a subsistirem muito para lá da erradicação da discrimi-nação negativa que visavam contrariar[5010].

3. Pense-se no proteccionismo da substituição das importações e de protecção das indústrias nascentes, tantas vezes prolongado muito para lá das condições iniciais que poderiam justificá-lo, criando entraves desastrosos nos países em desenvolvimento[5011].

– A explicação dominante para a «inconsistência dinâmi-ca» é a de que grupos de pressão asseguram uma pres-são favorável às políticas, garantindo a sua «cristaliza-ção» – mas isso não explica porque é que se cria um ambiente favorável à manutenção do «*status quo*», já que os grupos de pressão, se têm força, podem usá-la tanto para manter como para destruir uma política, não tendo eles próprio que comportar-se como invariavel-mente conservadores[5012].

– A persistência das políticas parece prender-se antes com a adaptação e o conformismo das expectativas e da gera-ção de interesses em torno delas[5013], e é em função disso que se estabilizam e gravitam os «mercados de favores políticos»[5014], e com eles a própria dinâmica partidária, a formação de vontades maioritárias[5015], até a percepção da contabilização intergeracional de ganhos e perdas[5016].

Em mais um exemplo da questão da *credibilidade*, sabendo-se que não existe, no longo prazo, a necessida-de de compromisso entre combate à inflação e combate ao desemprego – que é vertical a Curva de Phillips de longo prazo –, nada impede um banco central de tomar como alvo de médio prazo o abaixamento drástico da inflação. Mas a expectativa das pessoas, que é a de que nenhum banco central seja capaz de se manter determi-nado nesse objectivo e de resistir por muito tempo às pressões governamentais no sentido de haver uma polí-tica expansionista que diminua o desemprego no curto prazo, leva a que proclamações nesse sentido por parte de quaisquer bancos centrais sejam aceites com reser-vas, e que todos actuem na expectativa de uma taxa de inflação, o que acaba por determinar, por si só, que a inflação subsista, numa tendência aparentemente iner-radicável e que por vezes é designada como «alta secu-lar dos preços».

Uma regra que impedisse os bancos centrais de emi-tirem moeda a um ritmo superior ao do crescimento económico, ao do aumento do volume de transacções, ou até uma regra que com maior flexibilidade ligasse o aumento percentual da massa monetária ao aumento percentual do desemprego acima da sua taxa natural, impediriam também – alegam estes outros economistas no campo monetarista – que actuações abusivas, por incompetência, por conivência, por arbítrio, perturbas-sem o rumo da política monetária ou frustrassem as expectativas dos agentes económicos quanto aos valo-res resultantes dessa política.

[5008] Dornbusch, R., S. Fischer & R. Startz (2004), 203-205.
[5009] Rausser, G.C. (1992), 133-157.
[5010] Sowell, T. (1990).
[5011] Brainard, S.L. & T. Verdier (1994), 586-595; Krueger, A.O. (1993).
[5012] Baldwin, R.E. (1989), 119-135; Tullock, G. (1975), 671-678.
[5013] Coate, S. & S. Morris (1999), 1327ss..
[5014] Barro, R.J. (1973), 19-42; Ferejohn, J. (1986), 5-25; Grossman, G.M. & E. Helpman (1994), 833-850.
[5015] Alesina, A. & A. Drazen (1991), 1170-1188; Fernandez, R. & D. Rodrik (1991), 1146-1155.
[5016] Glomm, G. & B. Ravikumar (1992), 813-834; Krusell, P. & J.-V. Ríos-Rull (1996), 301-329.

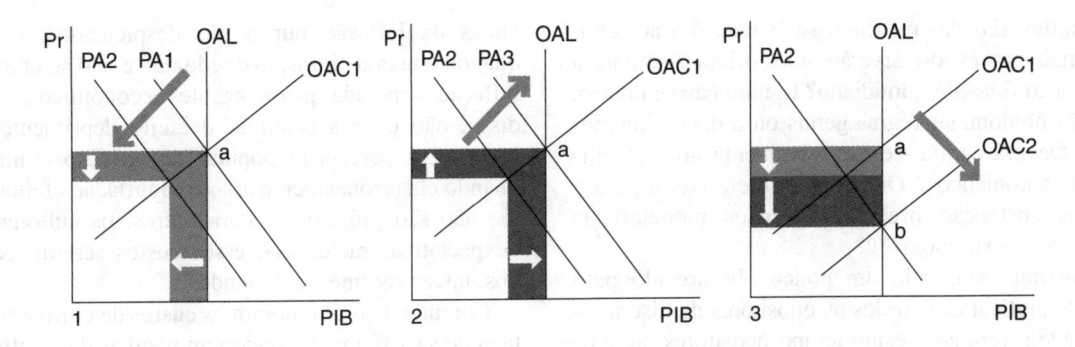

Gráfico 26.9. *Estabilização por regras discricionárias ou por regras fixas*

1: situação inicial de recessão (por deslocação de PA1 para PA2)

2: regra discricionária – tenta-se a expansão do PIB para o seu nível inicial (de regresso ao ponto a, deslocando PA2 para PA3)

3: regra fixa – não se tenta a expansão do PIB; se o choque recessivo for temporário, a economia regressa espontaneamente ao ponto a; se o choque for permanente, o aumento de desemprego e o abaixamento das remunerações acabará por fazer expandir a oferta

agregada de curto prazo até ao seu nível de equilíbrio (ponto b, por deslocação de OAC1 para OAC2), acabando por subsistir meros efeitos nominais (uma inflação negativa)[5017]

Pr: nível de preços (deflator do PIB)

PA1, PA2, PA3: procura agregada

OAC1, OAC2: oferta agregada de curto prazo

OAL: oferta agregada de longo prazo

E assim se conseguiria imediatamente uma maior adequação aos objectivos de longo prazo, e uma tutela mais séria das expectativas dos agentes económicos, uma maior segurança quanto à consistência das opções políticas ao longo do tempo: a mais sólida raiz da estabilidade, alegam estes opositores da discricionariedade, é a possibilidade de as pessoas celebrarem contra-

tos de longa duração, fixando remunerações, sem terem que se defrontar com a necessidade de preverem flutuações futuras e erráticas da procura agregada induzidas pela actuação discricionária de bancos centrais ou de governos.

A questão a que somos conduzidos é esta: deverá haver activismo nas políticas macroeconómicas?[5018] E,

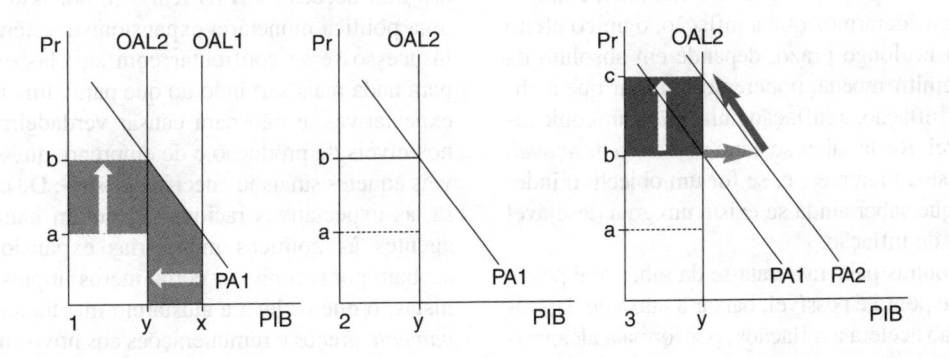

Gráfico 26.10. *Reacção a uma quebra estrutural (por exemplo, a uma perda de produtividade)*

1: situação inicial de quebra estrutural (deslocação de OAL1 para OAL2)

2: regra fixa – o governo não reage e aceita tanto a quebra do PIB para o ponto y como a subida da inflação para o ponto b

3: regra discricionária – o governo tenta a expansão do PIB, mas em

vão, sendo que a única consequência é a subida da inflação até ao ponto c

Pr: nível de preços (deflator do PIB)

PA1, PA2: procura agregada

OAL1, OAL2: oferta agregada de longo prazo

[5017] Um ponto primário na política macroeconómica é a distinção entre perturbações temporárias (auto-corrigíveis) e persistentes (dificilmente corrigíveis a tempo, quase-permanentes), sendo que para as primeiras a melhor política é, a maior parte das vezes, a da abstenção total de intervenção. Cfr. Dornbusch, R., S. Fischer & R. Startz (2004), 183-184.

[5018] Para um quadro geral, cfr. Sheffrin, S.M. (1989).

se sim, deverão elas restringir-se às reacções aos choques mais graves, ou deverão antes orientar-se para a «regulação fina» do quotidiano? E, num caso e noutro, deverão predominar regras gerais ou a discricionariedade? Deverá confiar-se exclusivamente nos estabilizadores automáticos? Ou não será preferível a pura e simples abstenção preconizada pelos monetaristas (salvo casos extremos)?[5019]

O assunto tem sido um pouco obscurecido pelo facto de praticamente todos os opositores da discricionariedade serem ao mesmo tempo opositores do activismo, o que torna difícil encontrar-se uma formulação consequente de um activismo *por regras*.

26 – b) – iii) A eliminação da inflação

A luta contra a inflação tem tido um estrondoso sucesso nos últimos decénios, quase a nível global[5020]. Contudo, isso não é desprovido de riscos – por exemplo, o de aumento da probabilidade de que choques negativos inesperados se convertam em recessão e deflação, caso em que o recurso ao abaixamento das taxas de juro pode esbarrar com limites mínimos abaixo dos quais já não é possível ir em termos de incentivos, gerando-se uma «armadilha de liquidez» que não permita o encurtamento da recessão e da deflação[5021].

Com efeito, se considerarmos que existe, no curto prazo, uma tensão de objectivos entre combate ao desemprego e combate à inflação, e que essa tensão desaparece no longo prazo, dada a neutralidade monetária, e se considerarmos que a inflação, o único efeito que perdura no longo prazo, depende em absoluto da decisão de emitir moeda, poderemos admitir que a eliminação da inflação, a inflação nula, *não é* um objectivo inatingível. Resta saber se é um objectivo *desejável*, dados os custos inerentes; e, se for um objectivo indesejável, há que saber ainda se existe um grau desejável ou tolerável de inflação.

Dito por outras palavras, trata-se da saber se é possível, e até que ponto é possível, baixar a «taxa de desemprego que não acelera a inflação», por forma a alcançar-se a estabilidade dos preços ao mínimo custo de desemprego, ou, o mesmo será dizer, reduzir as flutuações através da manutenção de níveis elevados de emprego que pudessem estar isentos de efeitos inflacionistas.

Para alguns, os custos e perdas de eficiência resultantes da inflação nunca são despiciendos, mesmo quando a taxa de inflação é reduzida e não se afasta da inflação esperada pelos agentes económicos. Além disso, não é de subestimar o efeito deprimente que pode ter a percepção popular da inflação – mesmo quando ela erroneamente associa à inflação efeitos que lhe não são próprios –. Para outros, os cultores das «expectativas racionais», esses custos seriam reduzidos, talvez mesmo despiciendos.

Contudo, não se ignoram os custos de curto prazo, a taxa de sacrifício, que poderiam resultar das ineficiências de ajustamento a um contexto sem qualquer inflação, e que consistiriam num forte agravamento do desemprego e na desaceleração do crescimento, tornando quase inevitável a recessão. Só que, alega-se, um benefício permanente mais do que compensaria alguns sacrifícios temporários, a eliminação da inflação superaria em benefícios as consequências, limitadas no tempo, de uma deflação com tendências recessivas. Mais ainda, essas consequências de curto prazo podem ser muito mitigadas na medida em que a política monetária seja credível e os agentes não tardem a ajustar as suas expectativas à progressiva eliminação do fenómeno inflacionista – argumento que favoreceria o estabelecimento de regras gerais de enquadramento da política monetária –.

Extraindo mais um corolário da abordagem das «expectativas racionais», insistamos que as expectativas de inflação permanente são expectativas de crescimento da oferta monetária acima do nível de aumento das transacções (do PIB real) – e por isso o recurso a uma política monetária expansionista estará votado ao insucesso se se confrontar com aquelas expectativas, para nada mais servindo do que para alimentar aquelas expectativas, e não para causar verdadeiros impulsos nos níveis de produção e de emprego, que são insensíveis àqueles sinais já «decifrados»[5022]. De certa maneira, as expectativas racionais denotam habituação dos agentes às políticas monetárias expansionistas, que acabam por reconhecer como meros impulsos inflacionistas, o que os leva a ajustarem imediata e *prospectivamente* preços e remunerações aos novos níveis *nominais*, sem alterarem os valores *reais* da sua participação no esforço produtivo e no mercado – destruindo a correlação inversa entre desemprego e inflação, «verticalizando» a Curva de Phillips e bloqueando verdadeiras expansões no nível de produção e de emprego[5023].

[5019] Friedman, M. (1968), 1-17.

[5020] Romer, C.D. & D.H. Romer (orgs.) (1997).

[5021] Svensson, L.E.O. (2001), 277-312; Svensson, L.E.O. (2003), 145ss..

[5022] Beaudry, P., M. Caglayan & F. Schiantarelli (2001), 649; Lucas Jr., R.E. (1973), 326-334.

[5023] Em desespero, chegou a sugerir-se que as únicas políticas expansionistas que manteriam a sua eficácia seriam aquelas que maquiavelicamente conseguissem apanhar de surpresa os agentes económicos, enganando-os e frustrando-lhes as expectativas.

Por outro lado, uma política expansionista indiscriminada não permitiria aos produtores, no meio da pressão inflacionista generalizada, discernir com nitidez as variações de rentabilidade que tivessem ocorrido entre sectores, em função de variações de procura entre eles (se o aumento de preços é generalizado, mais difícil se torna detectar um aumento de preços que seja provocado pela pressão da procura, sinalizando os produtores para se dirigirem a esse sector de mercado). Além disso, uma política inflacionista não gera incentivos específicos para a antecipação da intensificação da produção e do emprego – pois a constante subida de preços parece aconselhar, antes, que se venda amanhã, a um preço mais favorável, aquilo que deixou de se vender hoje.

Quererá isso dizer que os defensores das «expectativas racionais» são apologistas de uma «não-política»? Até certo ponto sim, embora mais crucial seja, como vimos, o estabelecimento de uma política o mais previsível que se possa – o regresso ao crescimento monetário advogado por Milton Friedman, um crescimento dos meios de pagamento inteiramente adaptado às expectativas, conforme com o ritmo de crescimento *real* experimentado e esperado pelos agentes económicos, e por isso desprovido de pressões pró-inflacionistas: visto permitir aos agentes económicos um espaço de tempo suficientemente largo para ajustarem as suas condutas e expectativas a esse quadro evolutivo lento. Afinal, a visão é fortemente institucionalista, sugerindo a configuração de instituições que incorporem essa racionalidade, balizando-a e convertendo-a numa rotina simples e universal.

Por fim, a eliminação permanente da inflação poderia significar o fim da «falácia inflacionista», a dupla ilusão de que a inflação degrada o «nível de vida» e de que os aumentos nominais de rendimentos melhoram esse «nível de vida»: finalmente todos poderiam perceber que qualquer aumento de rendimento, sendo agora inevitavelmente *real*, só poderia suceder na estrita medida em que tivessem ocorrido aumentos *reais* de produtividade[5024]. Como vimos oportunamente, o facto de a inflação perturbar a percepção dos preços relativos e induzir «erros» nos agentes económicos faz com que a respectiva redução aumente o teor informativo dos preços, e através dele incremente a afectação eficiente de recursos[5025]; reduzindo-se a dispersão de preços, reduzir-se-á idealmente a dispersão de todos os outros índices e sinalizações de que depende o cálculo optimizador dos produtores[5026].

Os custos de eliminação de uma inflação moderada poderiam ser comportáveis, mormente se as quebras na produção e no emprego fossem contrabalançadas pelos ganhos de produtividade que pudessem ter sido alcançados em períodos em que o desemprego tivesse estado abaixo da NAIRU. Tudo poderia conciliar-se com o abaixamento permanente dessa NAIRU, através da adopção de medidas estruturais como a do aumento da mobilidade de emprego e da flexibilização das leis laborais, a do fomento da competitividade, e a do estabelecimento de condições genéricas de incremento da velocidade de ajustamento dos preços às remunerações, e vice-versa. Para outros economistas, as vantagens da «inflação zero» sobre uma taxa moderada de inflação são tão reduzidas que elas não justificam qualquer taxa de sacrifício, por mais ínfima, que seria reclamada para se transitar desta para aquela, através da deflação, sobretudo daquela deflação que deixasse «cicatrizes de longo prazo» em termos de oportunidades perdidas e de quebra de ritmo no crescimento económico.

Além disso, seriam inteiramente legítimas algumas perguntas incómodas: quem aceitaria ficar desempregado? Quem aceitaria ver reduzido o seu rendimento em função da quebra do crescimento no PIB? Quem garantiria que os sacrifícios da deflação eram colectivamente assumidos e distribuídos com um mínimo de justiça?

Nesta outra perspectiva do problema, os custos de uma inflação moderada são efectivamente despiciendos, sobretudo se as expectativas dos agentes económicos já estiverem ajustadas à taxa de inflação, e se algumas reformulações dos dispositivos jurídicos permitirem mais facilmente a indexação dos rendimentos nominais; o objectivo político da «inflação nula» seria, em suma, uma receita violenta para uma debilidade menor, com a qual nos habituámos a viver. Além disso, é possível sustentar, acompanhando o pensamento de James Tobin, que um nível baixo de inflação seria sempre benéfico, não apenas porque permitiria ir baixando a taxa natural de desemprego mas também porque propiciaria um discreto instrumento político de abaixamento dos salários *reais* através de meros «congelamentos» dos salários nominais, ou de incrementos salariais abaixo da taxa de inflação[5027] – como tem acontecido com o «congelamento» das remunerações da função pública em Portugal, nestes primeiros anos do século XXI.

[5024] Bailey, M.J. (1956), 93-110; Lucas Jr., R.E. (2000), 247-274; Lucas Jr., R.E. (2003), 2.

[5025] Beaudry, P., M. Caglayan & F. Schiantarelli (2001), 648.

[5026] Beaudry, P., M. Caglayan & F. Schiantarelli (2001), 661.

[5027] Tobin, J. (1972), 1-18; Akerlof, G.A., W.T. Dickens & G.L. Perry (1996), 1-75.

A simples aproximação à «inflação nula» não é isenta de riscos, e riscos graves. Em especial num processo deflacionista com expectativas de deflação, mesmo um juro *nominal* de 0% corresponde ainda a um juro *real* positivo, superior àquele nível que seria necessário para estimular a economia a sair da tendência recessiva e deflacionista: contudo, se se estabelece um juro *nominal* abaixo de zero, cairá abruptamente o nível de empréstimos e de depósitos, visto que as pessoas preferirão guardar as suas reservas monetárias sob forma de liquidez. Daí que, chegando-se a esse «limite-zero» do juro *nominal*, se vislumbre o impasse da «armadilha da liquidez», ou seja a situação em que a política monetária, em qualquer das suas vertentes, ficaria basicamente inutilizada.

Daí que muitos recomendem a adopção de medidas preventivas de emergência, a serem aplicadas pelos bancos centrais[5028] – por exemplo a indução, nos agentes económicos, de expectativas de inflação futura (prometendo uma expansão monetária), de modo a poder-se baixar a taxa *real* de juro e aproximá-la da taxa *nominal* de zero, expediente cujo sucesso dependerá da credibilidade das autoridades monetárias[5029], para além das óbvias condicionantes próprias de políticas monetárias em economias abertas[5030].

Em síntese, poderíamos dizer que a «inflação zero» era bem capaz de aumentar substancialmente a taxa de desemprego mínima sustentável, do mesmo modo que o descontrolo inflacionista era capaz de arrastar consigo a degradação das próprias condições de emprego – aconselhando pois a manutenção de taxas reduzidas de inflação, mas não a sua eliminação absoluta.

26 – b) – iv) O equilíbrio orçamental

Um tema de Macroeconomia que tem recentemente suscitado aceso debate doutrinário, mormente nos E.U.A., é o da necessidade ou conveniência de uma política de estrito equilíbrio orçamental, a qual teria como consequência primeira a de vedar o recurso a políticas orçamentais deficitárias para promover a expansão da economia no curto prazo. A própria implantação do Euro exigiu uma disciplina orçamental que vedou aos países envolvidos o recurso a políticas que agravassem o *déficit* para lá de uma pequena percentagem do PIB, e que visa expressamente a generalização do equilíbrio orçamental, a breve trecho, naqueles países[5031].

Os defensores da política de equilíbrio orçamental alegam que a acumulação de dívida pública por efeito de uma política orçamental deficitária, além do «*crowding-out*» que vai sucessivamente provocando, acaba por significar uma oneração das gerações futuras, visto que se remete para elas, ou o pagamento da dívida pública através do aumento das receitas públicas – por exemplo, através do agravamento dos impostos –, ou o próprio aumento da dívida pública para ir pagando os encargos da dívida herdada – adiando sempre um pouco mais o momento do pagamento –[5032].

De certo modo, o endividamento público presente é um alívio dos contribuintes actuais à custa da oneração adicional de contribuintes futuros: recorre-se menos a receitas públicas agora, recorrer-se-á mais futuramente, para cobrir as dívidas acumuladas[5033]. O próprio «*crowding-out*» tem efeitos cumulativos, visto que, resultando já da redução dos valores agregados da poupança nacional, ele provoca, com a subida das taxas de juro, uma quebra no investimento – tudo isto redundando numa diminuição da acumulação de capital, novamente em prejuízo das gerações vindouras –.

Em contrapartida, os «*supply-siders*» insistiram que um aligeiramento da tributação, sobretudo daquela que incide sobre as mais-valias de capital, poderia expandir a economia em termos mais do que compensadores das eventuais perdas em investimentos públicos produtivos que resultassem da redução da despesa pública requerida pelo equilíbrio orçamental.

Isso não significa, contudo, que o equilíbrio orçamental seja defendido como uma regra inflexível ou como uma panaceia universal. Mesmo os defensores do equilíbrio orçamental reconhecem que há momentos em que o endividamento é a melhor das soluções, se comparada com o aumento das receitas por via tributária, com o seu concomitante efeito de «*deadweight loss*»:

– em momentos de queda abrupta da produtividade ou de quebra do crescimento do PIB – quando a carga tributária desce, desempenhando a sua função de *estabilizador automático*, altura em que seria dificilmente justificável que uma regra de equilíbrio orçamental rigidamente entendida vies-

[5028] Svensson, L.E.O. (1999), 195-259.

[5029] Bernanke, B.S. (2000), 149-166; Coenen, G. & V. Wieland (2003), 1071-1101; Krugman, P.R. (1998), 137-187; Orphanides, A. & V. Wieland (2000), 327-365; Posen, A. (1998).

[5030] Obstfeld, M. & K. Rogoff (2002), 503-536.

[5031] Sobre o Euro, veja-se as sínteses em: Cunha, P.P. (1997), 365-369; Cunha, P.P. (2000b), 595-597; Cunha, P.P. (2003b), 9-22.

[5032] Bourgrine, H. (org.) (2000).

[5033] Em contrapartida, além dos efeitos expansionistas do *déficit*, pode o mesmo visar a constituição de «amortecedores», de reservas contra choques futuros. Cfr. Andersen, T.M. & R.R. Dogonowski (2002), 415-431.

se impor o agravamento tributário, o que tenderia a agravar a flutuação recessiva –, devendo notar-se que a maior parte dos ataques contra o equilíbrio orçamental se têm centrado na questão da sua incompatibilidade com os estabilizadores automáticos[5034];
– em momentos de súbito e drástico agravamento da despesa pública, como situações de guerra ou de calamidade – altura em que o recurso ao aumento das receitas públicas para cobrir o aumento das despesas iria onerar demasiado a geração dos actuais contribuintes, eles que se encontrariam já confrontados com a situação calamitosa que determinava o aumento da despesa pública –.

Tudo estaria, pois, em reformular-se a defesa do equilíbrio orçamental, sustentando-se que esse equilíbrio deve constituir a regra, e que só se devem admitir excepções em casos extremos. Mesmo esta reformulação moderadora não convence, contudo, os opositores da regra do equilíbrio orçamental, para os quais os níveis correntes de endividamento público não afectam gravemente a prosperidade das gerações futuras, visto que o endividamento *per capita* tende a ser uma fracção reduzida do rendimento médio esperado para o ciclo de vida de cada membro dessas gerações; por outro lado, os problemas das gerações futuras devem ser *descontados* no seu valor presente, não devem servir de pretexto para a subalternização dos problemas do presente, e não é responsabilidade das gerações presentes libertarem as gerações futuras de todos os problemas – aplicando-se, até um certo ponto, o aforismo bíblico *"a cada dia seu cuidado"* –.

Além disso, alegam os opositores da regra do equilíbrio orçamental, a proibição do endividamento público é demasiado limitativa, mesmo em tempos de normalidade conjuntural: basta imaginarmos que, sem a possibilidade de *deficit* orçamental, o governo pode ver-se forçado a cortar os seus investimentos em capital humano e em tecnologia – pelo que aquilo que as gerações vindouras ganham com a redução do endividamento que possa recair sobre elas, pagando presumivelmente menos impostos, podem perdê-lo na falta de recursos estruturais que, do «lado da oferta», sustentem o progresso da produtividade[5035].

Se, por outro lado, tiver algum fundo de verdade a teoria da «equivalência ricardiana», o alívio tributário e o aumento do rendimento disponível das gerações presentes permitir-lhes-á destinarem maiores quantias ao aforro a favor das gerações futuras, transmitindo-lhes pela via privada aquilo que lhes é negado pela falta de poupança pública – sendo que, por outras palavras, o *deficit* orçamental confere às gerações presentes a *possibilidade* de consumirem à custa do nível de consumo das gerações futuras, mas *não os obriga* a fazê-lo, nem os exonera da *responsabilidade* que individualmente tenham para com os seus sucessores.

Por fim, basta que o crescimento económico seja mais rápido do que o crescimento da dívida pública para que a questão do endividamento perca muito do seu significado «catastrófico», dado que a verificação daquela circunstância permite encarar a perspectiva de aumento indefinido da dívida pública em termos sustentáveis, isto é, sem que seja necessário verificar-se um momento crítico no qual o Estado se veja intimado a pagar instantaneamente a totalidade da dívida pública, ou, vendo-se intimado, não disponha de meios para o fazer, ao menos faseadamente (ao contrário do que sucede com os indivíduos, o Estado não tem uma «expectativa de vida» que lhe limite a sua capacidade de cumprir as suas dívidas).

A levar-se até ao fim o objectivo do equilíbrio orçamental, aos Estados restaria tentarem promover a estabilidade de preços pela única via da política monetária – solução sumamente frágil em momentos de recessão grave em que, como já vimos, o investimento não reage já a abaixamentos das taxas de juro, e o próprio aumento da oferta de moeda pode ter um impacto insignificante no abaixamento das taxas de juro, sendo que por isso parece nada restar a fazer senão «aguardar pelo longo prazo», deixando a recessão seguir todo o seu curso, deixando o tecido produtivo esboroar-se em falências maciças, vergando-se ao peso das pressões deflacionistas, e comprometendo gravemente a sua própria cadência de crescimento (a «armadilha da liquidez» de que acabou de padecer o Japão, a «armadilha» que se adensa com as políticas superavitárias[5036], e que a rigidez dos critérios de convergência europeus parece querer promover, com surpreendente insensibilidade).

[5034] No momento em que se escrevem estas linhas, Portugal debate-se precisamente com esse problema, com a necessidade de geração de maiores receitas públicas, e com a concomitante necessidade de agravamento tributário, num momento de recessão em que os estabilizadores automáticos fizeram reduzir a carga tributária e as receitas públicas.

[5035] É discutível que a eliminação da dívida pública a longo prazo seja um objectivo inteiramente válido, e não apenas em função dos sacrifícios que impõe à geração presente em benefício das gerações futuras – porque também podem resultar dela a acumulação excessiva de capital, a ineficiência de transferências inter-generacionais, a ineficiência na diversificação da poupança na presença de incertezas e de turbulência estrutural. Cfr. Artus, P. (2001), 1251-1278.

[5036] Alesina, A. (2000), 3.

Por outro lado, a preocupação com o equilíbrio orçamental faria perder quaisquer vantagens advindas do efeito de multiplicador: já que todo o aumento da despesa pública teria que ser acompanhado de um correspondente aumento de receitas através dos impostos, aquele aumento significaria necessariamente uma redução do rendimento disponível dos particulares, e por isso uma redução no consumo – na proporção da propensão marginal para o consumo –, pelo que o «multiplicador» ficaria reduzido à unidade, ou seja, o PIB cresceria apenas pelo montante do aumento da despesa pública, e não por um múltiplo deste aumento – como sucederia se não tivesse havido simultâneo incremento das receitas públicas –[5037].

Tudo está, pois, em saber-se se existe a vontade política (ou a convicção ideológica anti-estatista[5038]) de, em nome da necessidade de equilíbrio orçamental, o Estado *destabilizar* a economia em plena flutuação macroeconómica de curto prazo:

– baixando os impostos e aumentando a despesa pública quando há uma expansão, um «aquecimento» do mercado eventualmente com tendências inflacionistas – só para evitar um *superavit* orçamental –;
– aumentando os impostos e contendo a despesa pública quando há recessão – apenas para evitar o *deficit* orçamental –.

Aplicando deliberadamente, em suma, medidas orçamentais inoportunas, eventualmente compensadas por medidas de política monetária que, dentro da sua limitada eficácia, poderiam elas próprias gerar turbulência nalguns sectores da economia, em especial nos sectores mais sensíveis às taxas de juro de mercado, dada a necessidade de ampliar os movimentos das taxas de juro como meio para abarcar, com o uso exclusivo desse meio, todos os objectivos que poderiam de outro modo ser prosseguidos através de uma combinação de políticas estabilizadoras. Ficando ainda por saber-se se o optimismo que encara como possível o equilíbrio orçamental ou a obtenção repetida de *superavits* não será fruto de uma extrapolação de uma simples conjuntura transitória que, no final do século XX, permitiu a situação ímpar de melhoria simultânea de todos os índices macroeconómicos[5039].

Dadas todas essas dificuldades, também já tem sido proposto que o equilíbrio orçamental seja referido, não à situação corrente, mas à situação do PIB *potencial*, do pleno emprego, o que permitiria reenquadrar e perspectivar as políticas orçamentais deficitárias, dando-as como boas na medida em que elas efectivamente promovessem o crescimento da economia no sentido de uma situação de pleno emprego na qual o *deficit* acabasse por desaparecer – sendo que na prática o *deficit* de pleno emprego é sempre menor do que o *deficit* em situações de desemprego, visto que, aumentando a produção até ao limite do PIB *potencial*, aumentam também as receitas fiscais e diminuem algumas importantes despesas públicas, como as relativas aos subsídios de desemprego, ou ao combate à exclusão e à pobreza, etc. –.

26 – b) – v) O regime fiscal da poupança

Dado que a prosperidade de uma nação depende, no longo prazo, da sua produtividade, e dado que essa produtividade resulta em larga medida dos investimentos em capital físico e humano – do quanto se poupa e investe em capacidade produtiva futura, do quanto se opta, na fronteira das possibilidades de produção, no sentido de expansão dessa fronteira, no sentido da ampliação do crescimento *potencial* –, cabe perguntar se a tributação não deveria favorecer a poupança, na medida em que é dela que depende o processo que conduz a esse progresso de longo prazo.

Para os defensores de uma reforma fiscal que favoreça a poupança, a correlação entre prosperidade e índices de poupança é inequívoca nas estatísticas comparativas a nível internacional, pelo que se afiguram mais do que justificados todos os incentivos económicos ao incremento da poupança – incluindo o correspondente desagravamento tributário –[5040].

Sucede que a tributação da poupança tende a tornar-se pesada pela simples acumulação dos seus efeitos com a passagem do tempo.

Por exemplo, um imposto que marginalmente reduza uma taxa de juro de 6% para 5% provocará uma redução de 1% nos juros recebidos ao fim de um ano, mas ao fim de 7 anos já se recebe por ano menos 6,42% de juros, e ao fim de 15 anos o rendimento dos juros já é inferior em 13,03% àquele que se receberia se inicialmente o juro fosse 1% superior; se o juro fosse de 6%, o capital dupli-

---

[5037] Diga-se em abono da verdade que, passada a «maré-alta» do keynesianismo, hoje a convicção dominante é a de que o «multiplicador» se aproxima da unidade – o que já era subentendido na abordagem monetarista, e ajuda no argumento anti-*deficit*, dado que inviabiliza a hipótese de o multiplicador ser superior ao «*crowding-out*».

[5038] Alesina, A. (2000), 14; Persson, T. & L. Svensson (1989), 325-345; Alesina, A. & G. Tabellini (1990), 403-414.

[5039] Alesina, A. (2000), 17-18.

[5040] ERP (2003), 208.

caria em menos de 12 anos, mas sendo o juro de 5% essa duplicação só ocorrerá passados 15 anos sobre o investimento original. A tributação da poupança *multiplica-se*, *reverbera*, com a passagem do tempo.

Além disso, recordemo-lo, a poupança costuma ser duplamente tributada:

– quer quando ela, tributada já na origem como rendimento pessoal, se converte em investimento e dá origem a uma tributação do lucro empresarial, repetida como tributação dos dividendos individualmente recebidos;
– quer quando a poupança é transmitida por morte, caso em que sobre ela incide a tributação sucessória – a qual incentiva a dissipação de todo o património em vida, através do consumo –[5041].

A discriminação contra a poupança extravasa, aliás, do mero domínio tributário, alastrando àqueles domínios em que a redistribuição de riqueza desfavorece aqueles que, através do aforro, constituíram um património – e são obrigados a transferir parte desse património, por via tributária, a favor daqueles que dispõem de menos património, porventura pela razão, entre muitas possíveis, de não se terem entregue ao esforço e ao sacrifício de aforrarem[5042].

Nalguns economistas, predomina o cepticismo quanto à possibilidade de, através de simples modulações tributárias, se incentivar a poupança, que têm por um factor altamente inelástico, preso que está de hábitos que não dependem exclusivamente da percepção que se tenha de pequenas variações no grau de remuneração da poupança. Por seu lado, para os opositores de uma reforma fiscal que favoreça a poupança, o problema reside na circunstância de esse ser apenas um entre vários objectivos pelos quais podem ser aferidas a eficiência e a justiça da tributação, podendo verificar-se uma indesejável regressividade nas taxas de imposto se se favorecer uma poupança que é proporcionalmente mais vultuosa nos contribuintes de mais elevados rendimentos do que nos contribuintes mais pobres; ao invés, alguns sugerem a solução do agravamento da progressividade como forma de se aumentar as receitas

públicas e diminuir o *deficit* orçamental, ganhando em poupança pública aquilo que eventualmente se possa perder em poupança privada.

Além disso, alegam, o resultado de um desagravamento fiscal da poupança não é perfeitamente previsível: como já observámos noutro ponto, perante uma remuneração mais elevada, pode a poupança aumentar, se predominar um efeito de substituição que realce os ganhos futuros conexos com o sacrifício presente, mas também pode diminuir se, por um efeito de rendimento, os aforradores perceberem que a remuneração futura que esperavam pode ser agora alcançada, a níveis superiores de remuneração, com menores níveis de aforro presente.

Afigura-se, em todo o caso, que uma forma plausível de se incentivar a poupança e, através dela, o investimento em capital físico e humano e o crescimento *potencial*, é deslocar-se o ponto focal da tributação, do rendimento – como ainda hoje sucede predominantemente – para o consumo, tributando apenas o gasto da riqueza pessoal quando esse gasto ocorre, e não quando ele *pode ocorrer*.

Poupar envolveria imediatamente a não-tributação, até ao momento em que essa poupança se convertesse em consumo, e isso constituiria um poderoso incentivo *económico* à poupança; além de que, deixando nas mãos das pessoas um maior rendimento disponível *se elas assim o quisessem*, contribuiria para alargar o leque de opções económicas individuais, tornando mais nítidas as contrapartidas da renúncia ao consumo imediato – e, fazendo porventura aumentar a dimensão do «bolo», permitiria repartições e redistribuições de riqueza a níveis de maior prosperidade média, com maiores «fatias» –.

Por fim, pode até alegar-se que a tributação do consumo é mais justa do que a tributação do rendimento, porque é no consumo, na despesa privada, na aplicação de recursos escassos à satisfação de necessidades, que é verdadeiramente possível discernir o nível de riqueza de cada um, o proveito que retira dos meios de que dispõe – logo, a capacidade que tem para suportar a sua quota-parte nas receitas públicas, e o benefício que retira no jogo colectivo da apropriação do rendimento –[5043].

[5041] Gale, W.G. & J.B. Slemrod (2001), 205.
[5042] ERP (2003), 203.
[5043] ERP (2003), 196-197.

Índice

Bibliografia – disponível em: http://www.almedina.net/catalog/product_info.php?products_id=4548